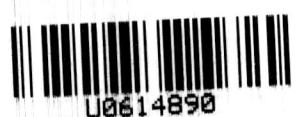

遼寧省第一批珍貴古籍名録圖録

第二册

《遼寧省第一批珍貴古籍名録圖録》編委會　編

國家圖書館出版社

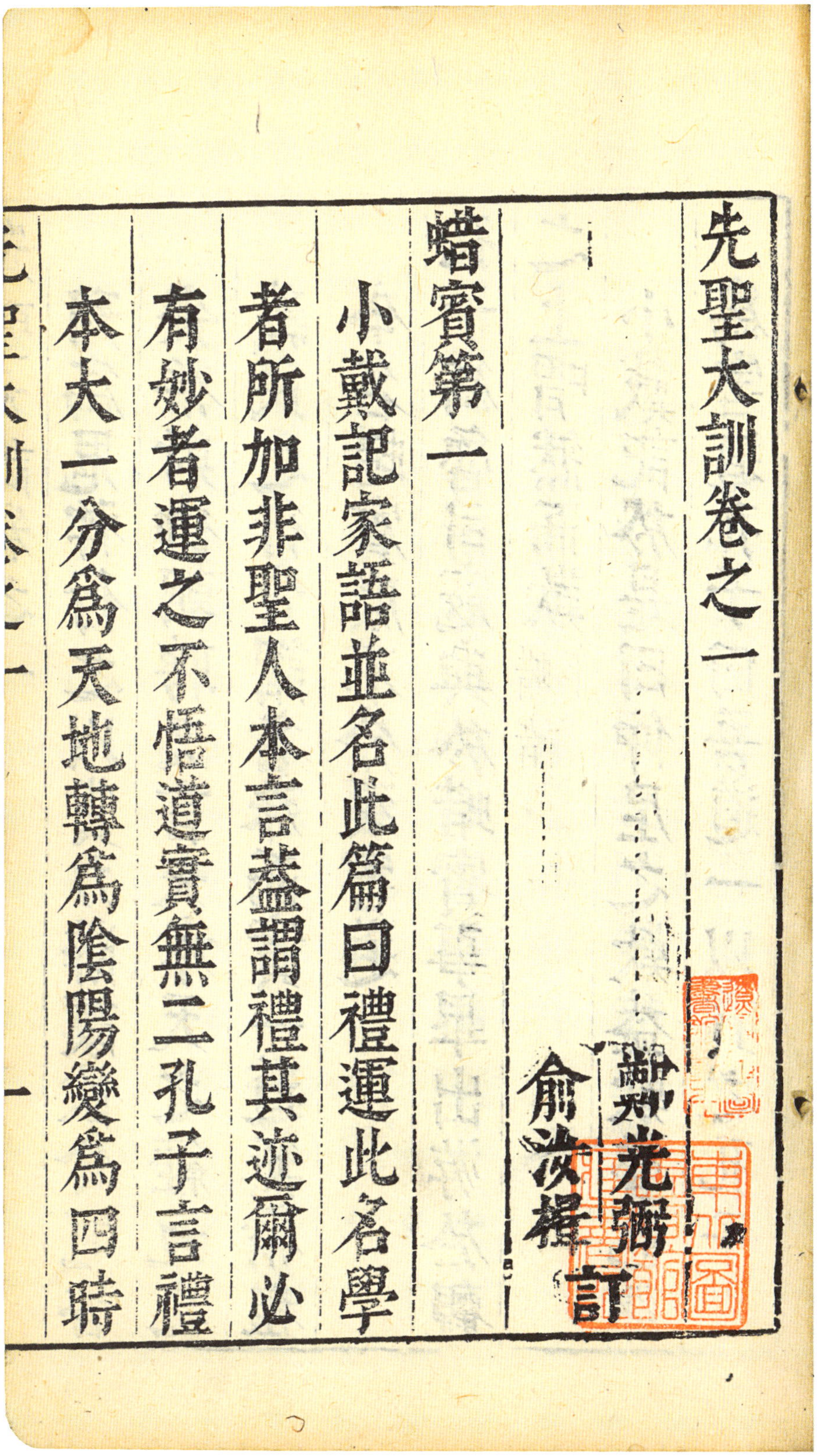

先聖大訓卷之一

鄒光衡訂
俞汝楫

蜡賓第一

小戴記家語並名此篇曰禮運此名學者所加非聖人本言蓋謂禮其迹爾必有妙者運之不悟道實無二孔子言禮本大一分爲天地轉爲陰陽變爲四時

10220　先聖大訓六卷　（宋）楊簡撰　明萬曆四十三年（1615）張翼軫刻本

遼寧省圖書館

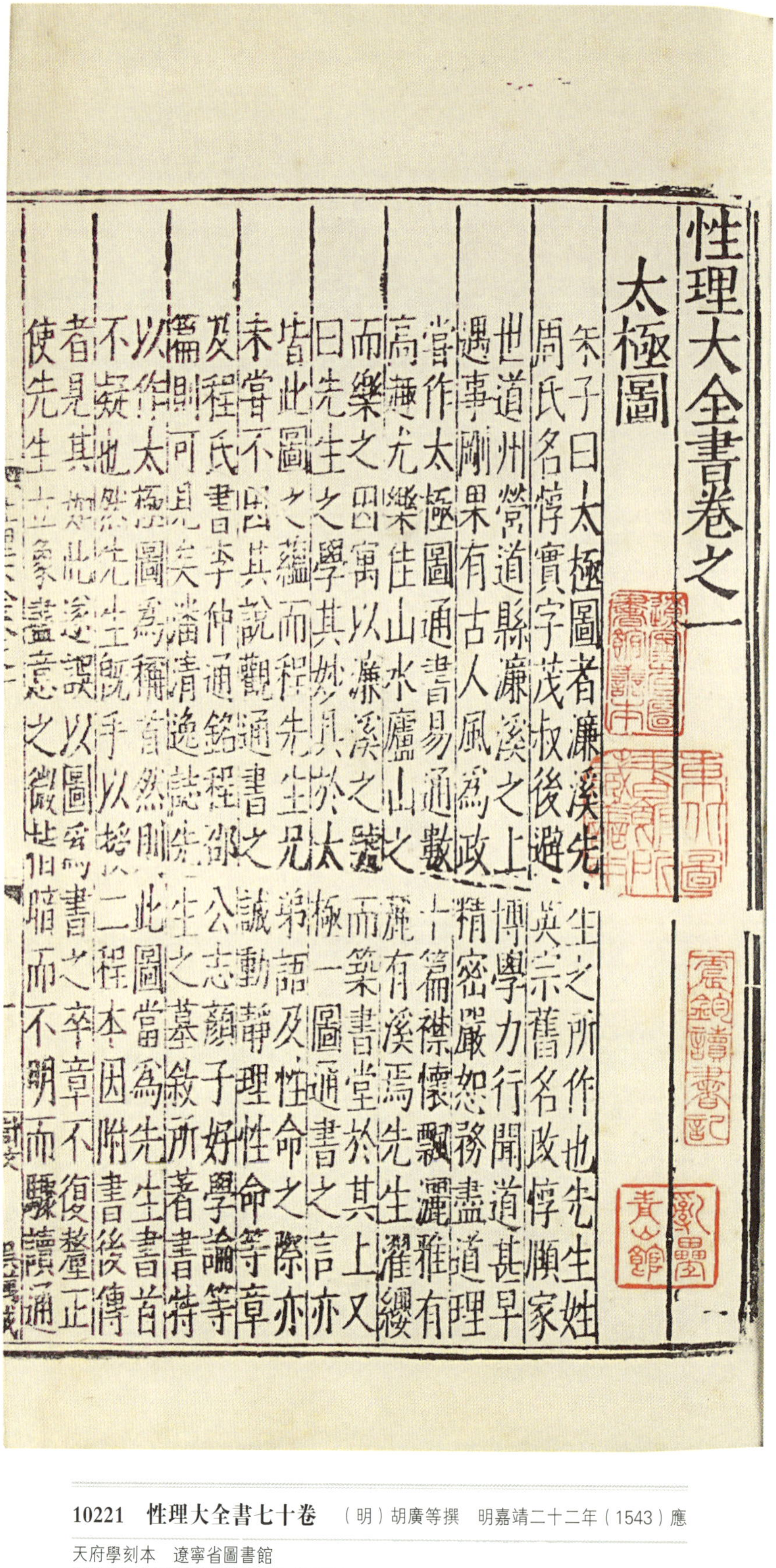
性理大全書卷之一
太極圖
朱子曰太極圖者濂溪先生之所作也先生姓
周氏名惇實字茂叔後避英宗舊名改惇頤家
世道州營道縣濂溪之上博學力行聞道甚早
遇事剛果有古人風為政精密嚴恕務盡道理
嘗作太極圖通書易通數十篇襟懷飄灑雅有
高趣尤樂佳山水廬山之麓有溪焉先生濯纓
而樂之因寓以濂溪之號而築書堂於其上又
曰先生之學其妙具於太極一圖通書之言亦
皆此圖之蘊而程先生兄弟語及性命之際亦
未嘗不因其說觀通書之誠動靜理性命等章
及程氏書李仲通銘程邵公志顏子好學論等
篇則可見矣潘清逸誌先生之墓敘所著書特
以作太極圖為稱首然則此圖當為先生書首
不疑也然先生既手以授二程本因附書後傳
者見其如此遂誤以圖為書之卒章不復釐正
使先生立象盡意之微旨暗而不明而驟讀通

10221　性理大全書七十卷　（明）胡廣等撰　明嘉靖二十二年（1543）應天府學刻本　遼寧省圖書館

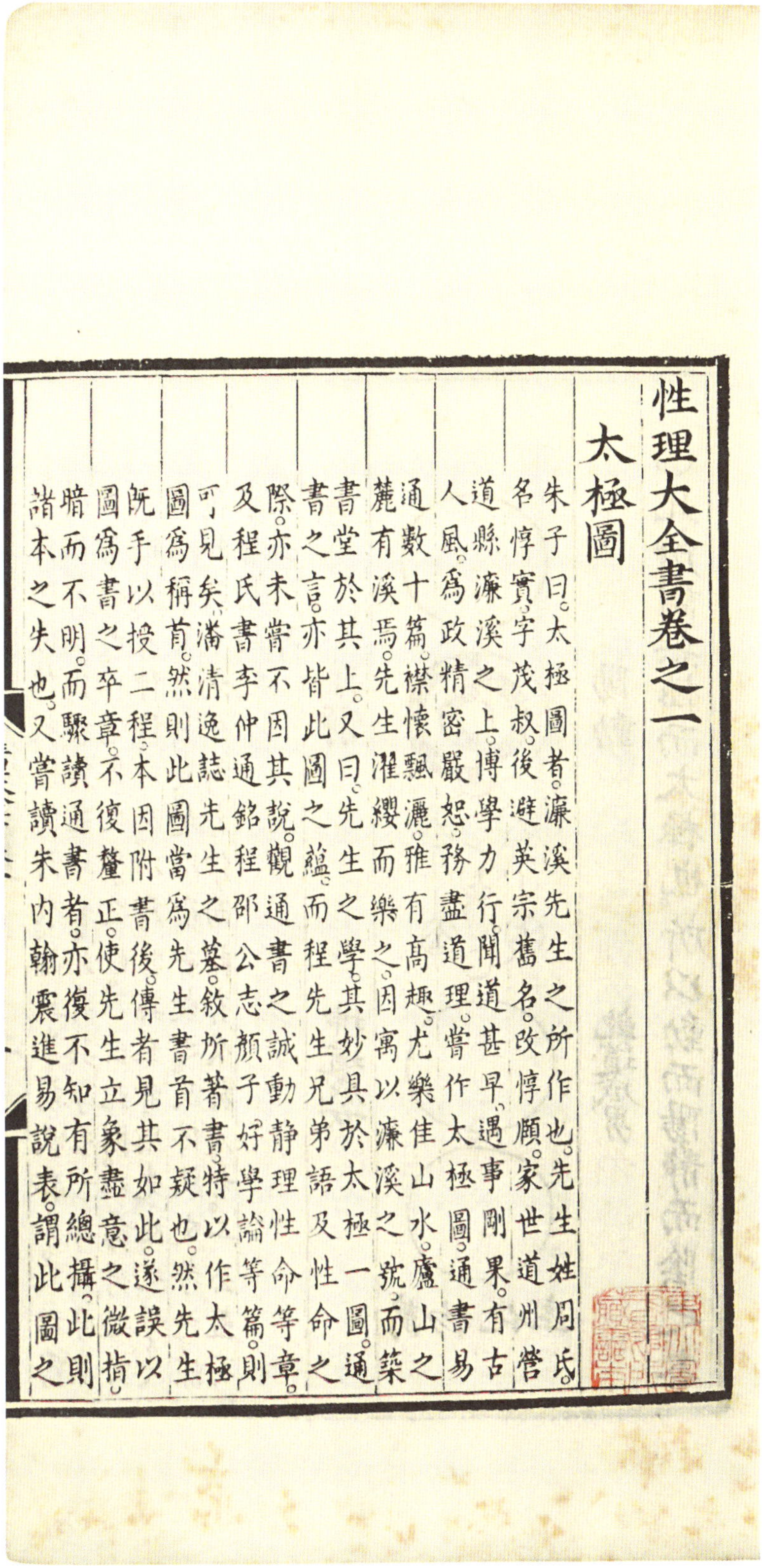

性理大全書卷之一

太極圖

朱子曰太極圖者濂溪先生之所作也先生姓周氏名惇實字茂叔後避英宗舊名改惇頤家世道州營道縣濂溪之上博學力行聞道甚早遇事剛果有古人風爲政精密嚴恕務盡道理嘗作太極圖通書易通數十篇襟懷飄灑雅有高趣尤樂佳山水廬山之麓有溪焉先生濯纓而樂之因寓以濂溪之號而築書堂於其上又曰先生之學其妙具於太極一圖通書之言亦皆此圖之蘊而程先生兄弟語及性命之際亦未嘗不因其說觀通書之誠動靜理性命等章及程氏書李仲通銘程邵公志顔子好學論等篇則可見矣潘清逸誌先生之墓敘所著書特以作太極圖爲稱首然則此圖當爲先生書首不疑也然先生既手以授二程本因附書後傳者見其如此遂誤以圖爲書之卒章不復釐正使先生立象盡意之微指暗而不明而驟讀通書者亦復不知有所總攝此則諸本之失也又嘗讀朱內翰震進易說表謂此圖之

10222　性理大全書七十卷　（明）胡廣等撰　明永樂司禮監刻清康熙十二年（1673）内府重修本　遼寧省圖書館

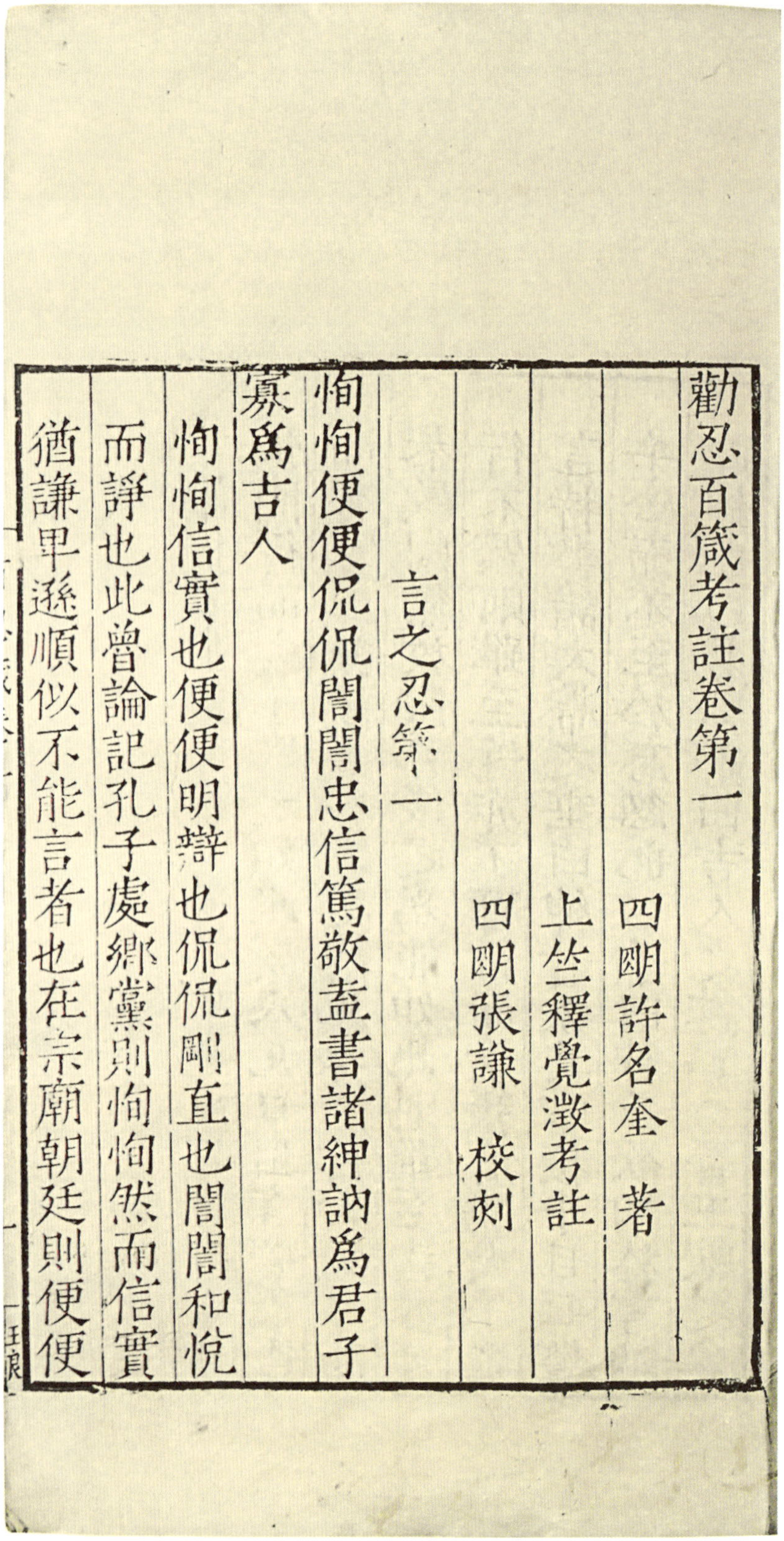

勸忍百箴考註卷第一
四明許名奎　著
上竺釋覺澂考註
四明張謙　校刻
言之忍第一
恂恂便便侃侃誾誾忠信篤敬盍書諸紳訥爲君子
寡爲吉人
恂恂信實也便便明辯也侃侃剛直也誾誾和悅
而諍也此曾論記孔子處鄉黨則恂恂然而信實
猶謙卑遜順似不能言者也在宗廟朝廷則便便

10223　勸忍百箴考註四卷　（元）許名奎撰　明嘉靖二十七年（1548）張謙刻本　遼寧省圖書館

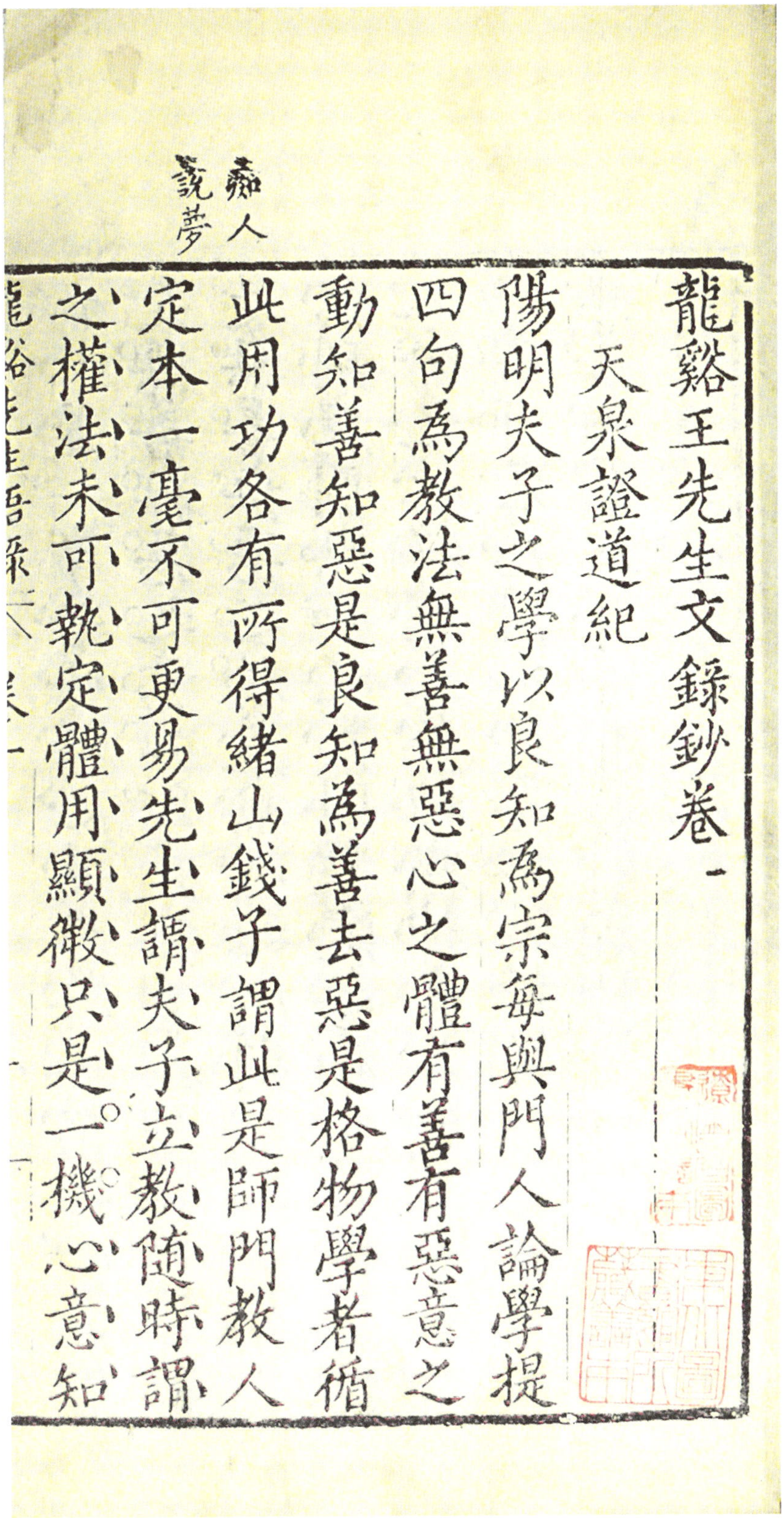
痴人說夢
龍谿王先生文録鈔卷一
天泉證道紀
陽明夫子之學以良知爲宗每與門人論學提四句爲教法無善無惡心之體有善有惡意之動知善知惡是良知爲善去惡是格物學者循此用功各有所得緒山錢子謂此是師門教人定本一毫不可更易先生謂夫子立教隨時謂之權法未可執定體用顯微只是一機心意知

10224　龍谿王先生文録鈔九卷　（明）王畿撰　（明）李贄評　明萬曆二十七年（1599）何繼高刻本　遼寧省圖書館

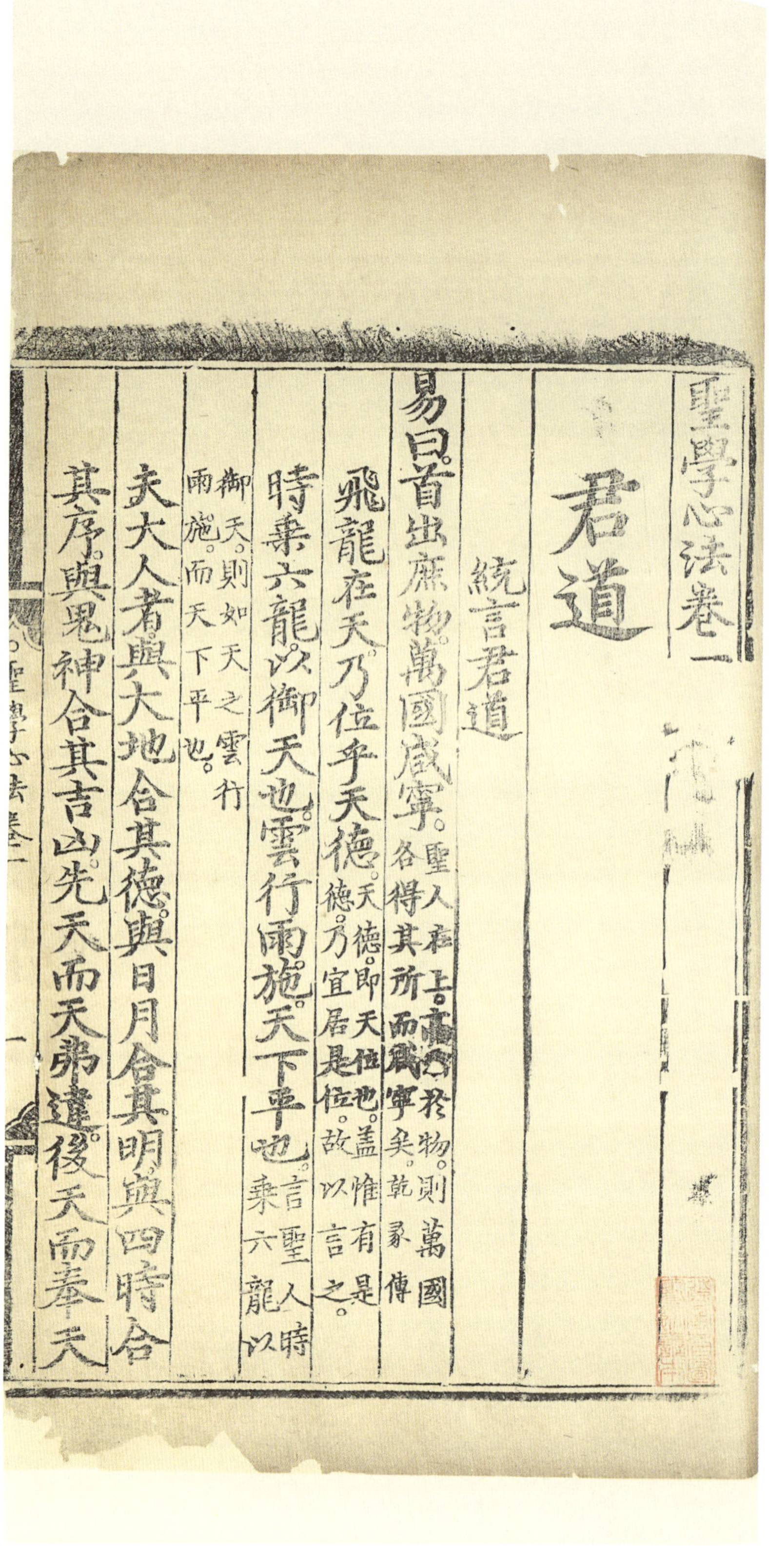

聖學心法卷一

君道

統言君道

易曰首出庶物萬國咸寧。聖人在上高出於物則萬國各得其所而咸寧矣乾彖傳

飛龍在天乃位乎天德。天德即天位也蓋惟有是德乃宜居是位故以言之。

時乘六龍以御天也雲行雨施天下平也。言聖人時乘六龍以御天則如天之雲行雨施而天下平也。

夫大人者與天地合其德與日月合其明與四時合其序與鬼神合其吉凶先天而天弗違後天而奉天

聖學心法卷一 一

10225 聖學心法四卷 （明）成祖朱棣撰 明永樂七年（1409）内府刻本

遼寧省圖書館

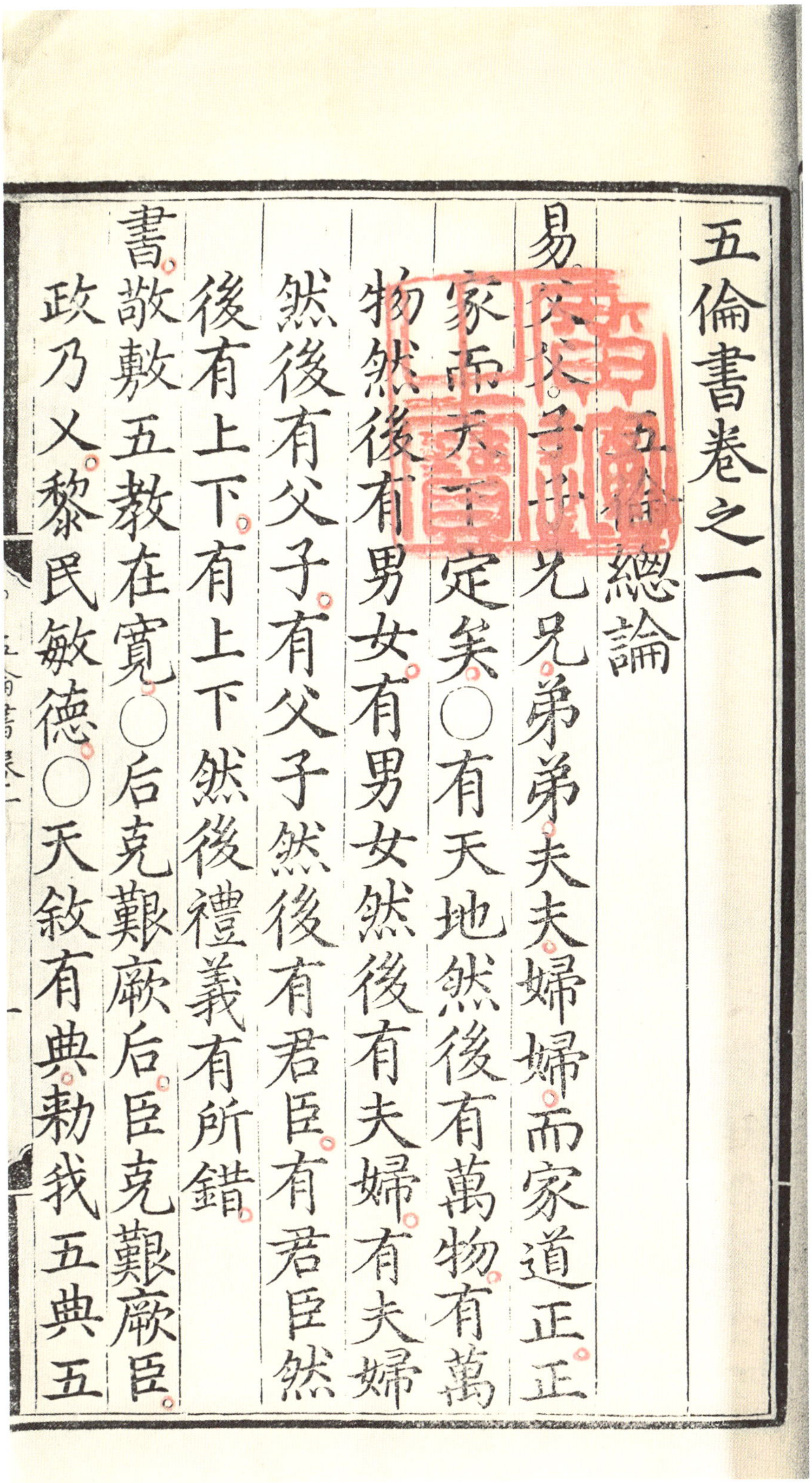

五倫書卷之一

五倫總論

易父父子子兄兄弟弟夫夫婦婦而家道正正家而天下定矣〇有天地然後有萬物有萬物然後有男女有男女然後有夫婦有夫婦然後有父子有父子然後有君臣有君臣然後有上下有上下然後禮義有所錯

書敬敷五教在寬〇后克艱厥后臣克艱厥臣政乃乂黎民敏德〇天敘有典勅我五典五

10226　五倫書六十二卷　（明）宣宗朱瞻基撰　明正統十二年（1447）内府刻本　遼寧大學圖書館

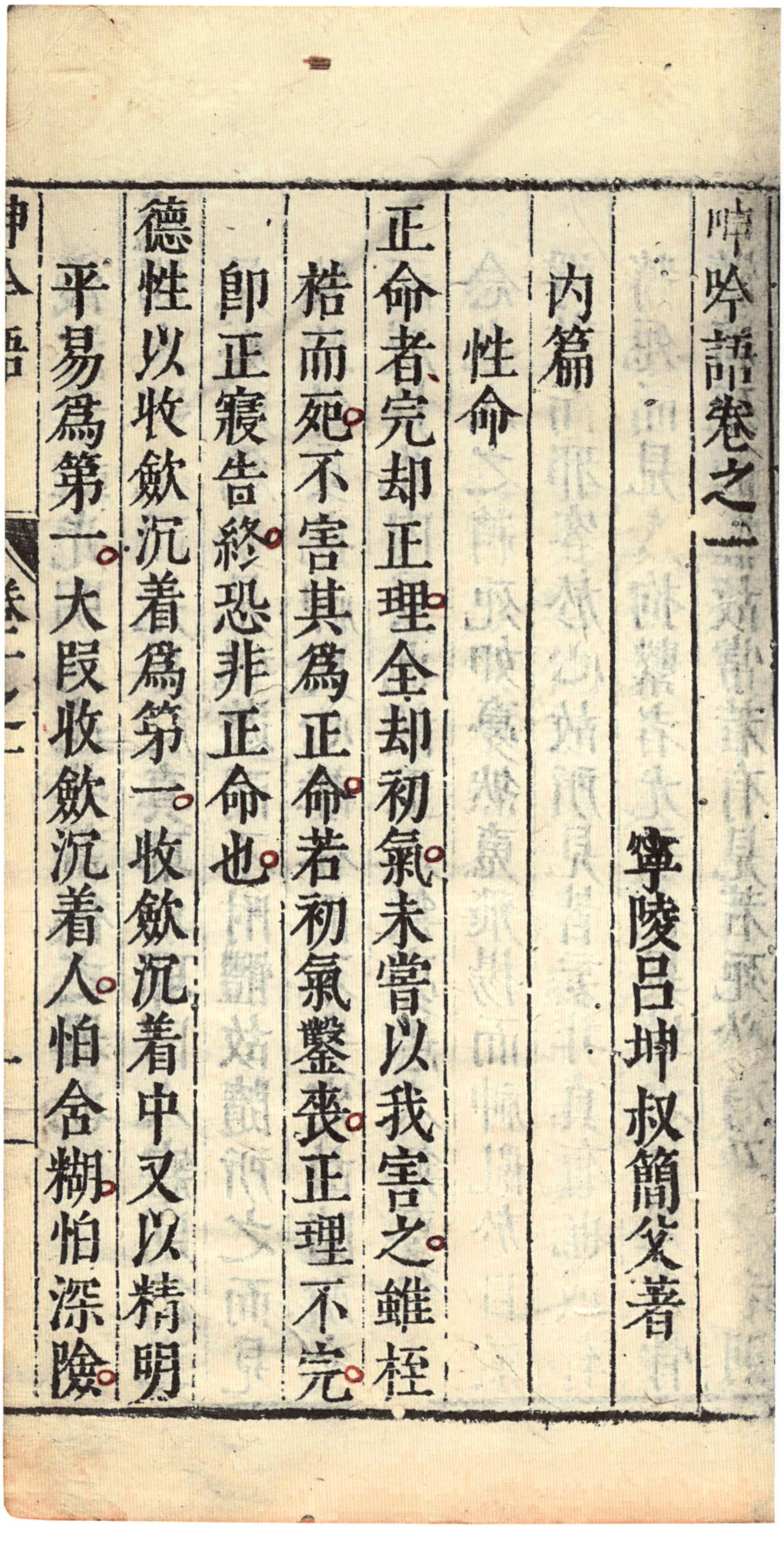
呻吟語卷之一
寧陵呂坤叔簡父著
內篇
性命
正命者完却正理全却初氣未嘗以我害之雖桎
梏而死不害其爲正命若初氣鑿喪正理不完
卽正寢告終恐非正命也
德性以收歛沉着爲第一收歛沉着中又以精明
平易爲第一大段收歛沉着人怕含糊怕深險
呻吟語　卷之一

10227　呻吟語六卷　（明）呂坤撰　明萬曆二十一年（1593）刻本　丹東市圖書館

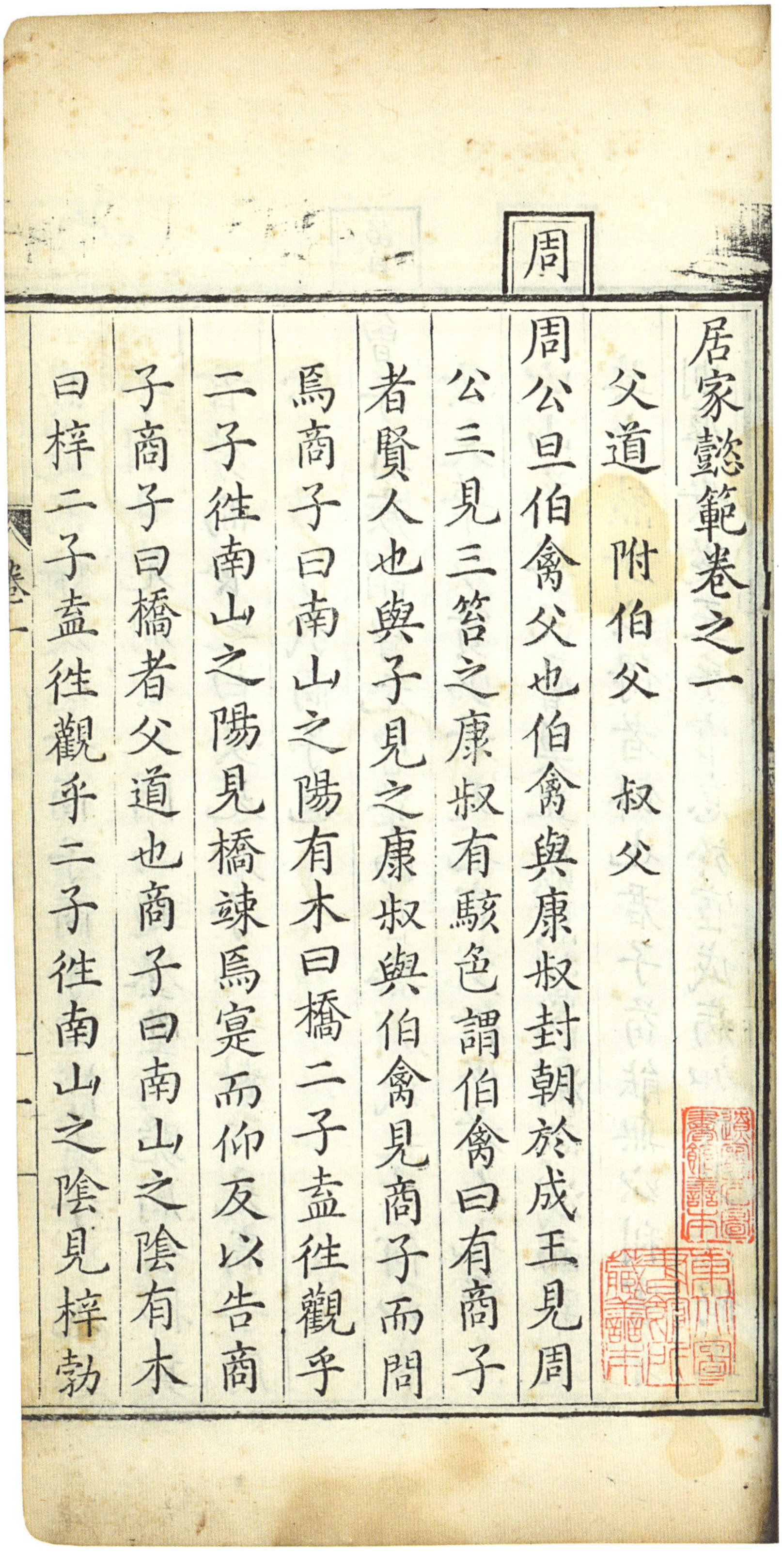
周

居家懿範卷之一

父道 附伯父 叔父

周公旦伯禽父也伯禽與康叔封朝於成王見周公三見三笞之康叔有駭色謂伯禽曰有商子者賢人也與子見之康叔與伯禽見商子而問焉商子曰南山之陽有木曰橋二子盍往觀乎二子往南山之陽見橋竦焉寔而仰反以告商子商子曰橋者父道也商子曰南山之陰有木曰梓二子盍往觀乎二子往南山之陰見梓勃

10228 居家懿範八卷 （明）龔廷賓輯 明萬曆二十七年（1599）自刻本

遼寧省圖書館

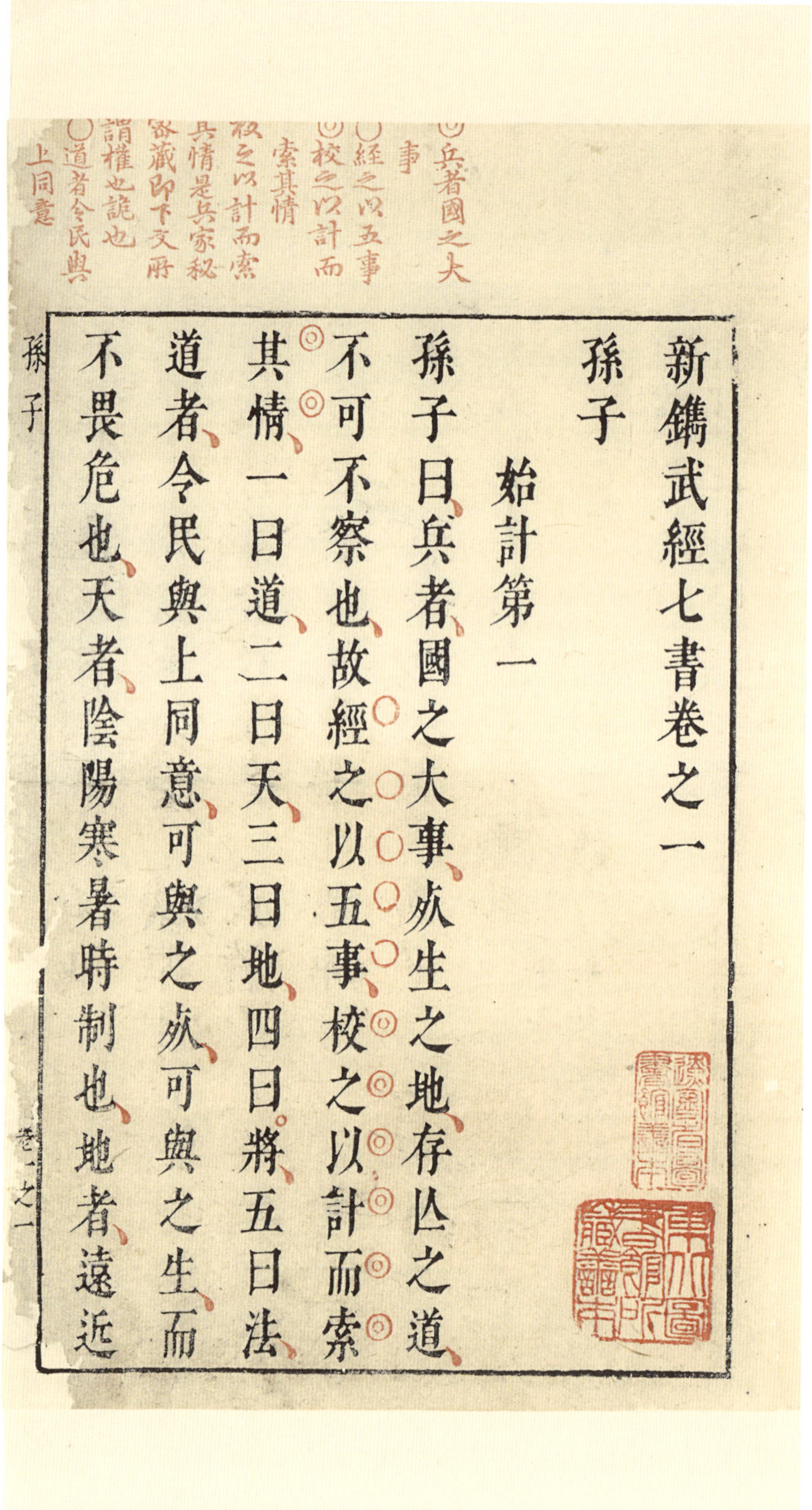

◎兵者國之大事

○經之以五事

◎校之以計而索其情

校之以計而索兵情是兵家秘密藏即下文所謂權也詭也

○道者令民與上同意

新鐫武經七書卷之一

孫子

始計第一

孫子曰兵者國之大事死生之地存亡之道不可不察也故經之以五事校之以計而索其情一曰道二曰天三曰地四曰將五曰法道者令民與上同意可與之死可與之生而不畏危也天者陰陽寒暑時制也地者遠近

孫子　卷之一

10229　新鐫武經七書十二卷　（明）王守仁批點　（明）胡宗憲參評　明天啓元年（1621）茅震東刻朱墨套印本　遼寧省圖書館

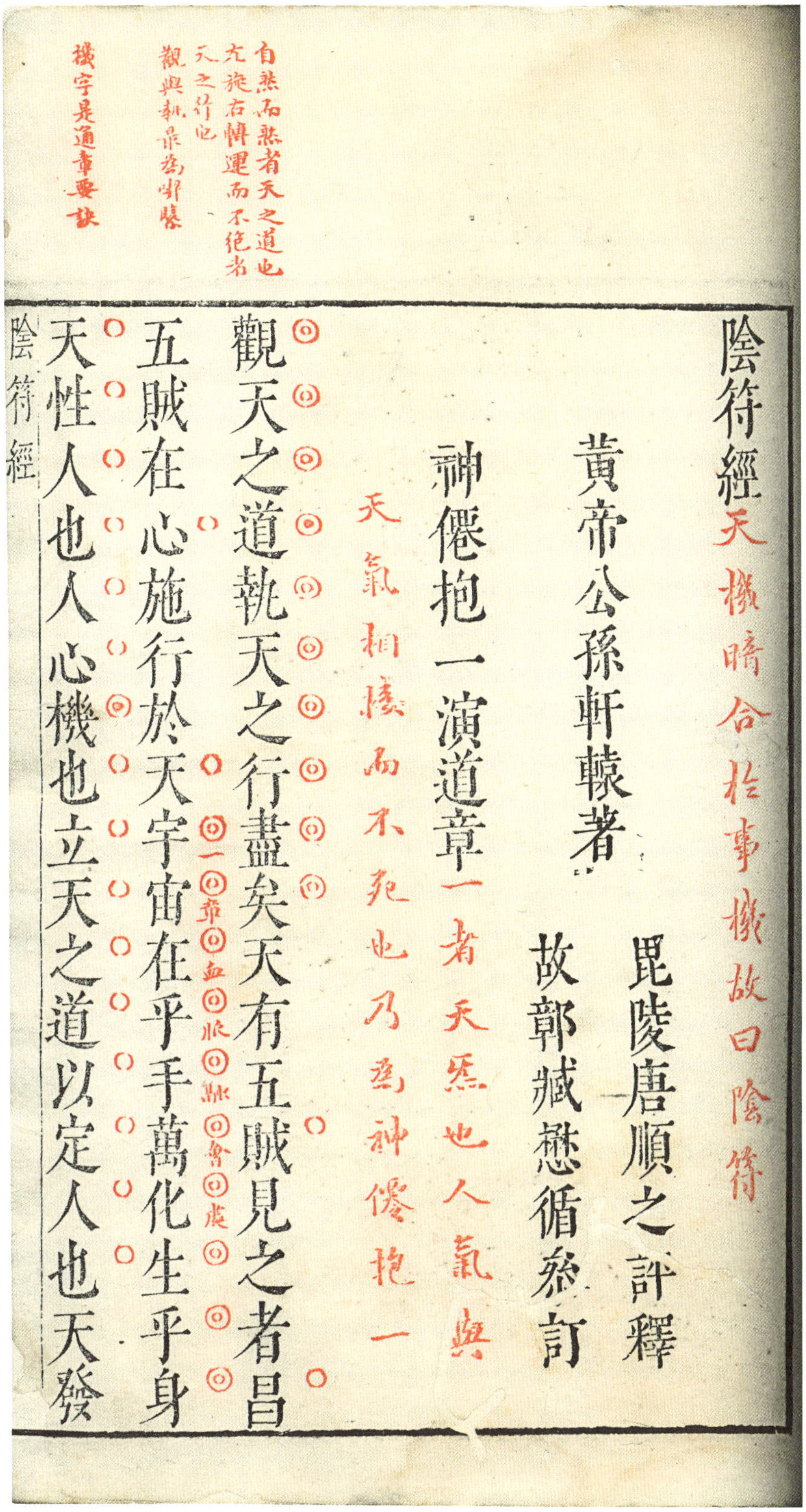
自然而然者天之道也
左旋右轉運而不絕者
天之行也
觀與執是為要緊
提字是通章要訣

陰符經天機暗合於事機故曰陰符
黃帝公孫軒轅著　毘陵唐順之許釋
故鄣臧懋循叅訂
神僊抱一演道章一一者天然也人氣與天氣相接而不死也乃為神僊抱一
觀天之道執天之行盡矣天有五賊見之者昌
五賊在心施行於天宇宙在乎手萬化生乎身
天性人也人心機也立天之道以定人也天發
陰符經

10230　兵垣四編四卷附二種二卷　（明）閔聲編　明天啓元年（1621）閔聲刻朱墨套印本　遼寧大學圖書館

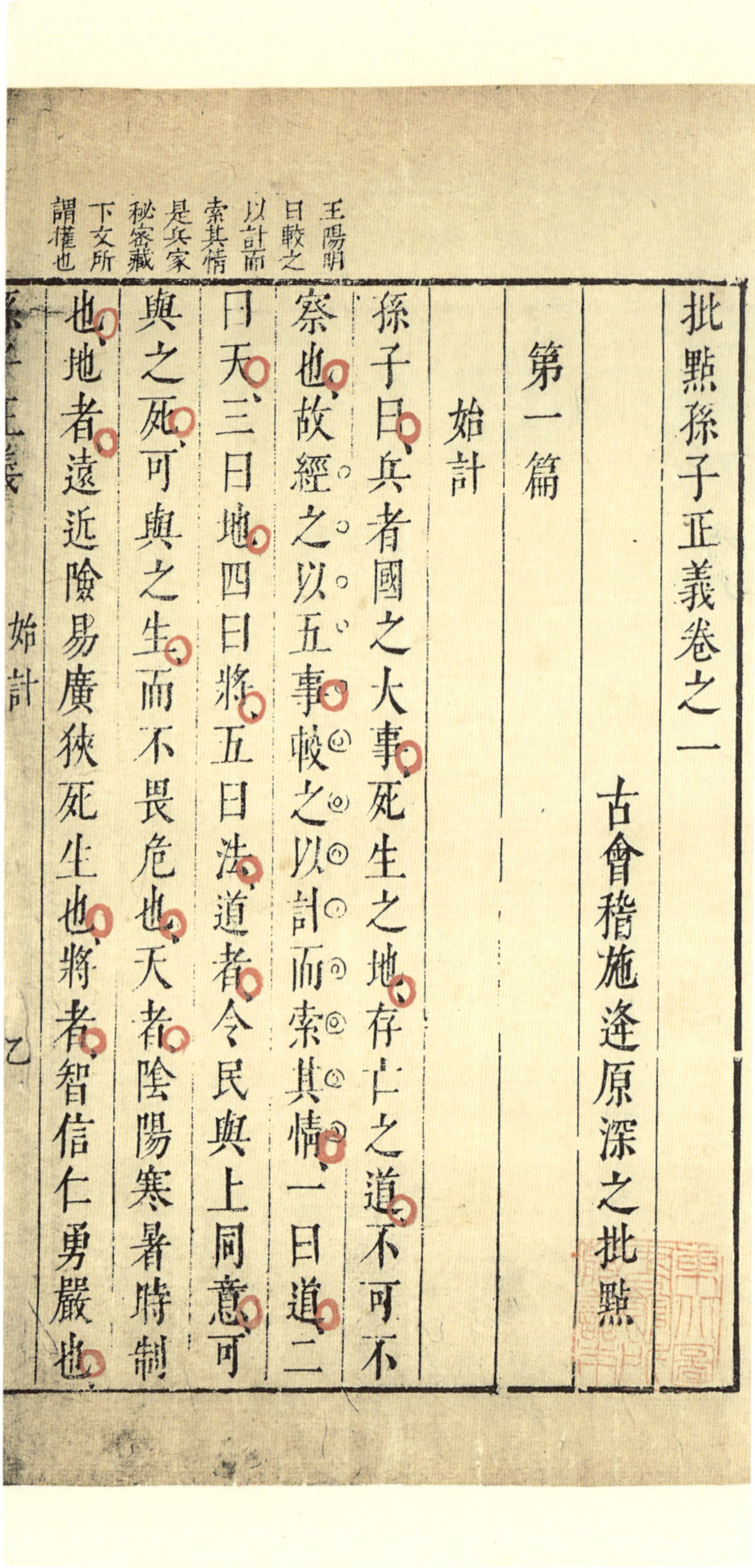
王陽明曰較之以計而索其情是兵家秘密藏下文所謂權也

批點孫子正義卷之一

古會稽施逢原深之批點

第一篇

始計

孫子曰兵者國之大事死生之地存亡之道不可不察也故經之以五事較之以計而索其情一曰道二曰天三曰地四曰將五曰法道者令民與上同意可與之死可與之生而不畏危也天者陰陽寒暑時制也地者遠近險易廣狹死生也將者智信仁勇嚴也

10231　批點孫子正義十三卷　（明）施逢原批點　**新鐫孫子兵法衍義十三卷**　（明）施逢原撰　明崇禎十二年（1639）自刻本　遼寧省圖書館

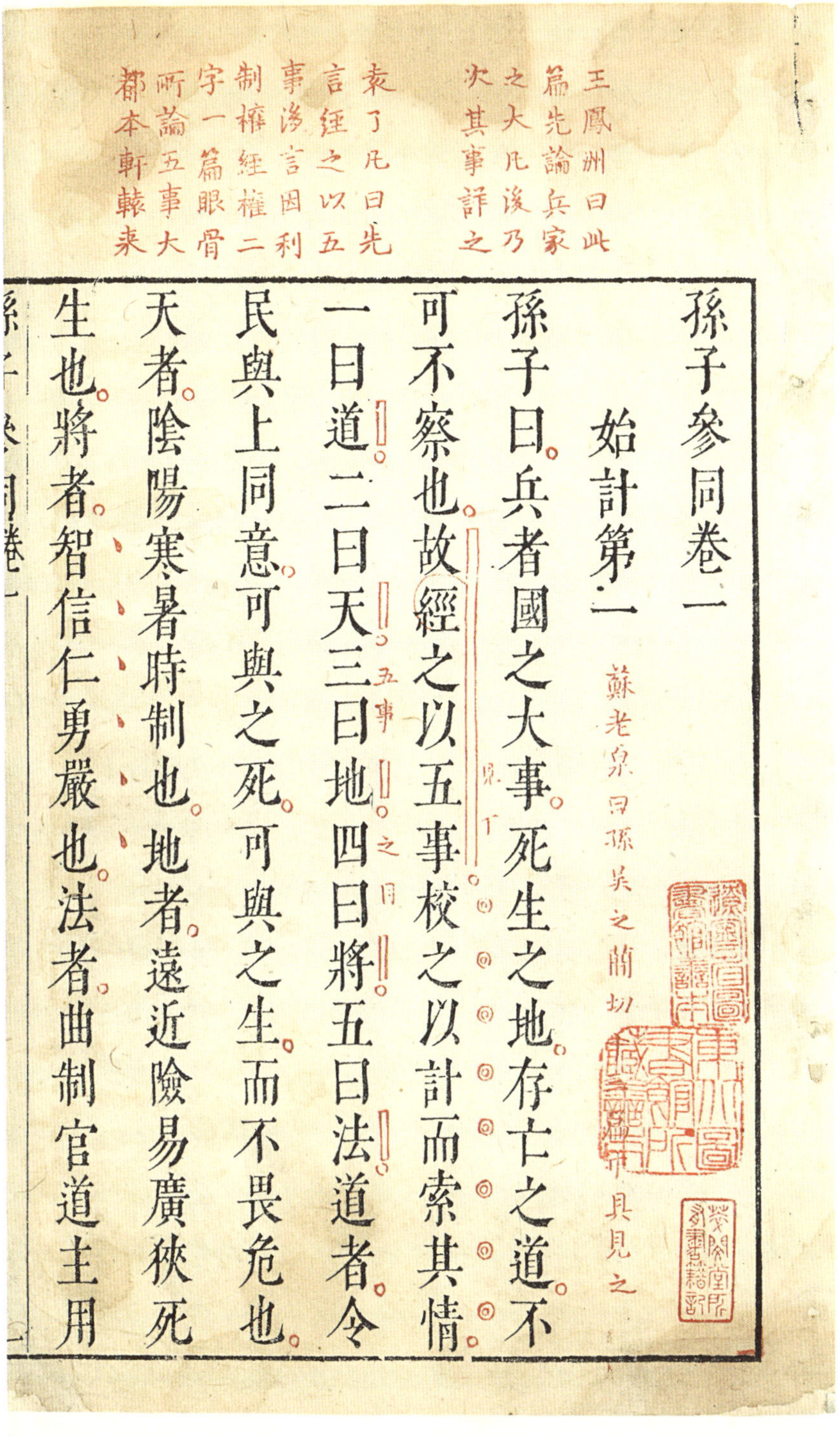
王鳳洲曰此篇先論兵家之大凡後乃次其事詳之

袁了凡曰先言經之以五事從言因利制權經權二字一篇眼骨所論五事大都本軒轅來

孫子參同卷一

始計第一

蘇老泉曰孫吳之簡切……具見之

孫子曰兵者國之大事死生之地存亡之道不可不察也故經之以五事校之以計而索其情一曰道二曰天三曰地四曰將五曰法道者令民與上同意可與之死可與之生而不畏危也天者陰陽寒暑時制也地者遠近險易廣狹死生也將者智信仁勇嚴也法者曲制官道主用

孫子參同卷一

10232　孫子參同五卷　（明）閔于忱輯　明萬曆四十八年（1620）閔于忱松筠館刻朱墨套印本　遼寧省圖書館

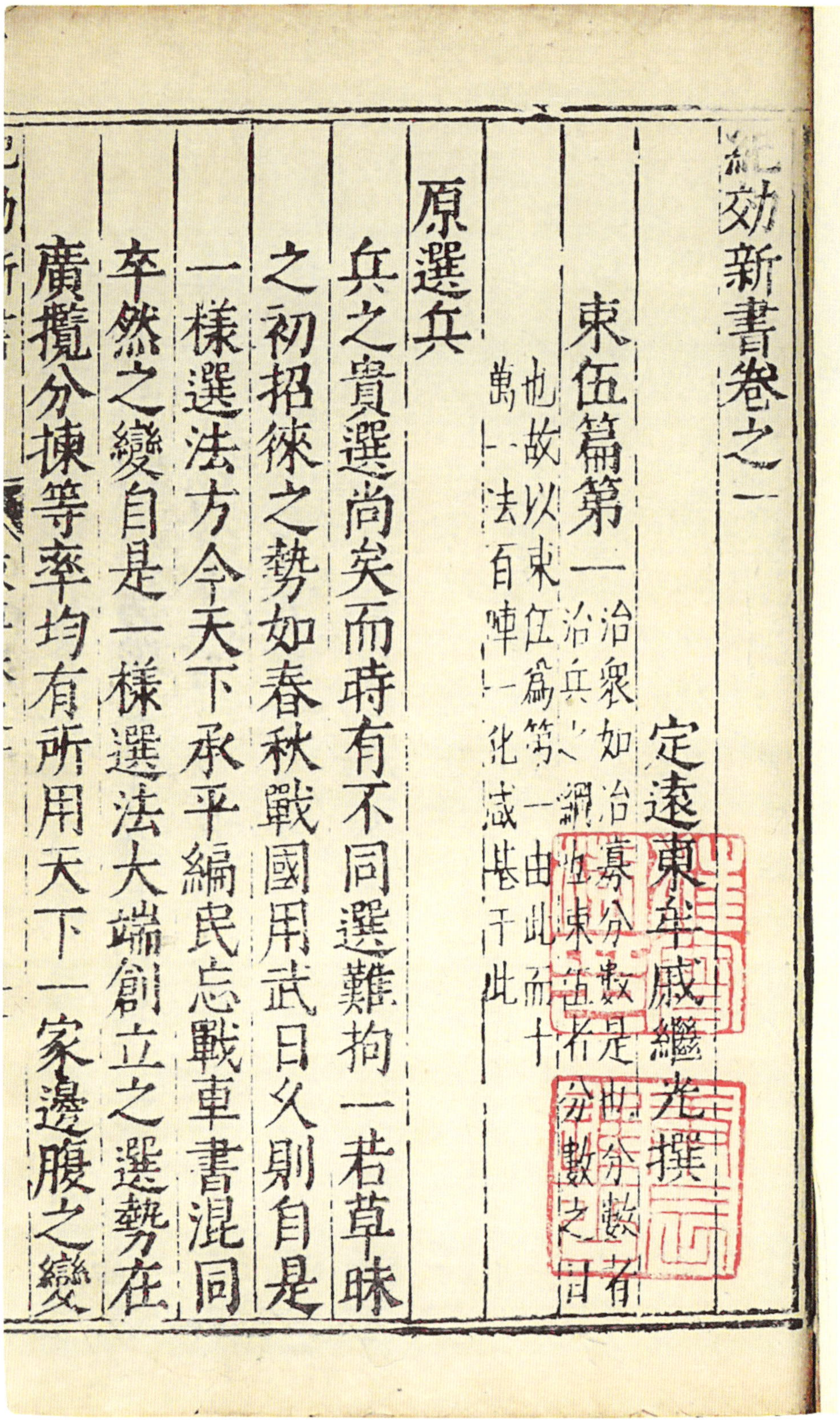
紀効新書卷之一
定遠東牟戚繼光撰
束伍篇第一 治衆如治寡分數是也分數者治兵之綱在束伍若分數之目也故以束伍爲第一由此而十萬法百陣一化咸基于此
原選兵
兵之貴選尚矣而將有不同選難拘一若草昧之初招徠之勢如春秋戰國用武日久則自是一樣選法方今天下承平編民忘戰車書混同卒然之變自是一樣選法大端創立之選勢在廣攬分揀等率均有所用天下一家邊腹之變

10233　紀効新書十八卷首一卷　（明）戚繼光撰　明萬曆二十三年（1595）周世選刻本　遼寧省圖書館

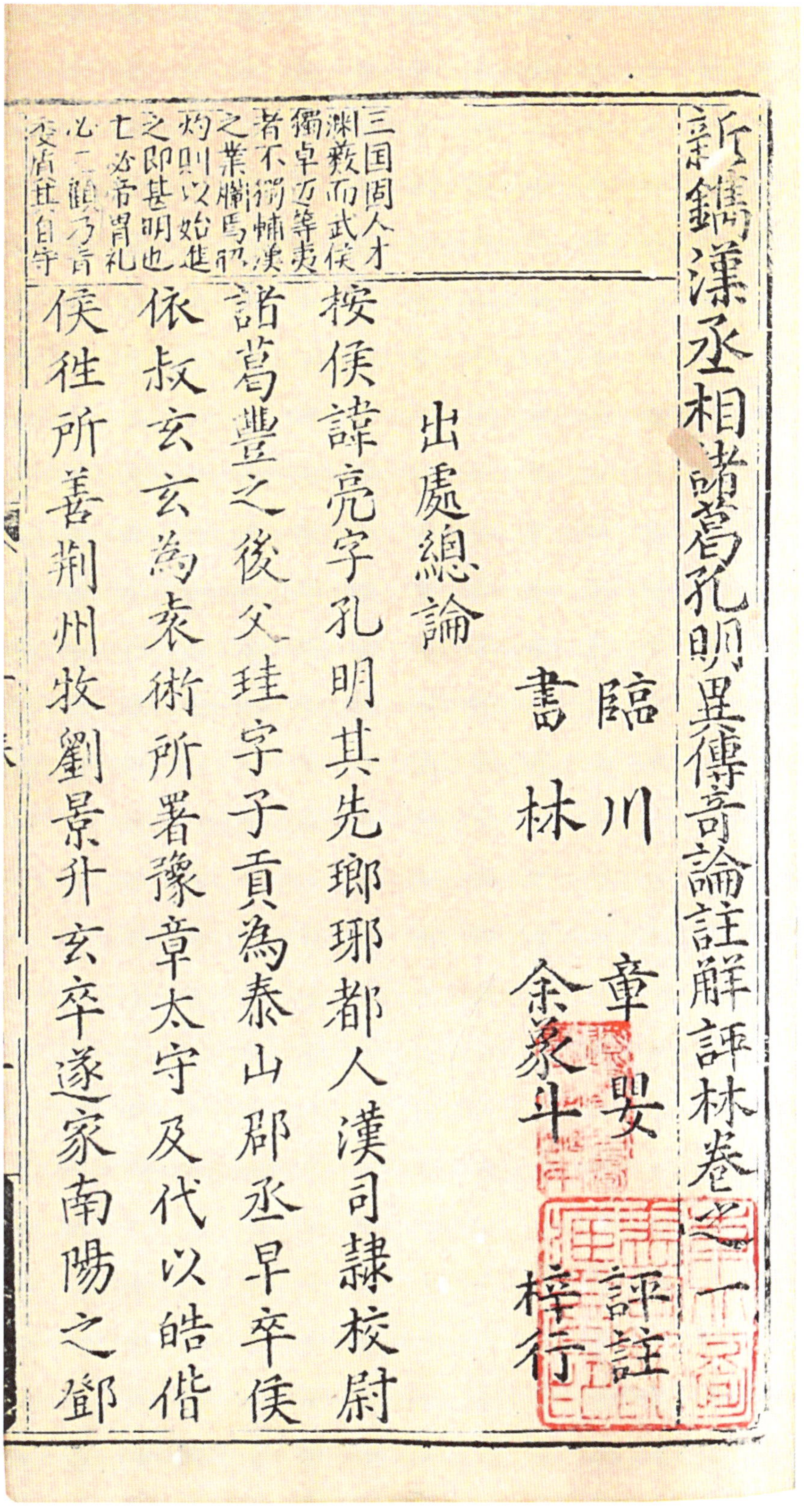

新鐫漢丞相諸葛孔明異傳奇論註解評林卷之一

臨川　章嬰　評註

書林　余象斗　梓行

出處總論

按侯諱亮字孔明其先瑯琊都人漢司隸校尉

諸葛豐之後父珪字子貢為泰山郡丞早卒侯

依叔玄玄為袁術所署豫章太守及代以皓偕

侯往所善荊州牧劉景升玄卒遂家南陽之鄧

三國固人才
淵藪而武侯
獨卓邁等夷
者不獨輔漢
之業爛焉如
之即其明也
七必一顧乃音
必一顧甚自守
變廣廷自守

10234　新鐫漢丞相諸葛孔明異傳奇論註解評林五卷　〔明〕章嬰撰

明萬曆二十六年（1598）書林雙峰堂余象斗刻本　遼寧省圖書館

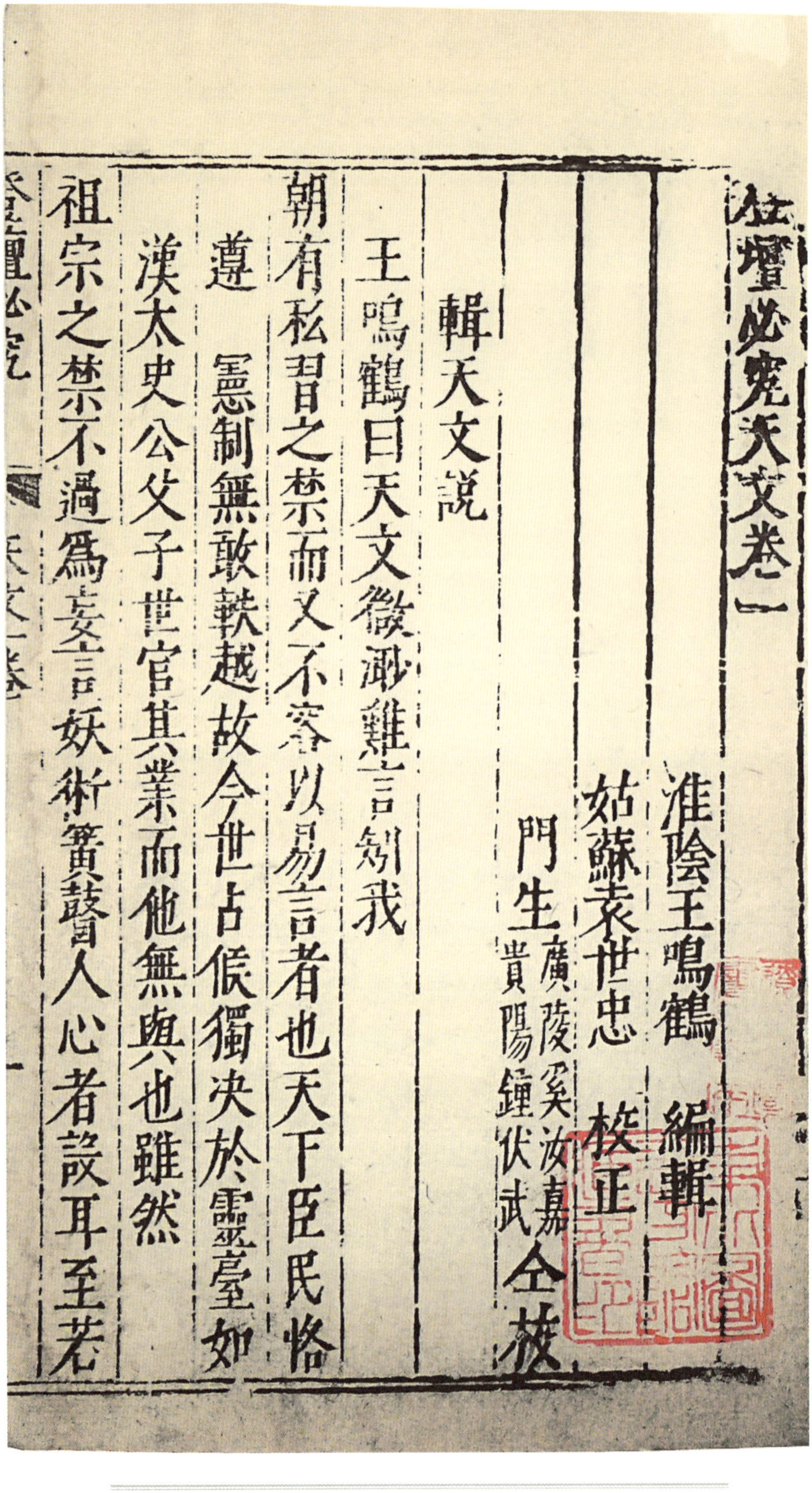
登壇必究天文卷一
淮陰王鳴鶴　編輯
姑蘇袁世忠　校正
門生廣陵奚汝嘉 貴陽鍾伏武 仝校
輯天文說
王鳴鶴曰天文微渺難言矧我
朝有私習之禁而又不容以易言者也天下臣民恪
遵　憲制無敢軼越故今世占候獨決於靈臺如
漢太史公父子世官其業而他無與也雖然
祖宗之禁不過爲妄言妖術簧鼓人心者設耳至若

10235　登壇必究四十卷　（明）王鳴鶴撰　明萬曆刻本　遼寧省圖書館

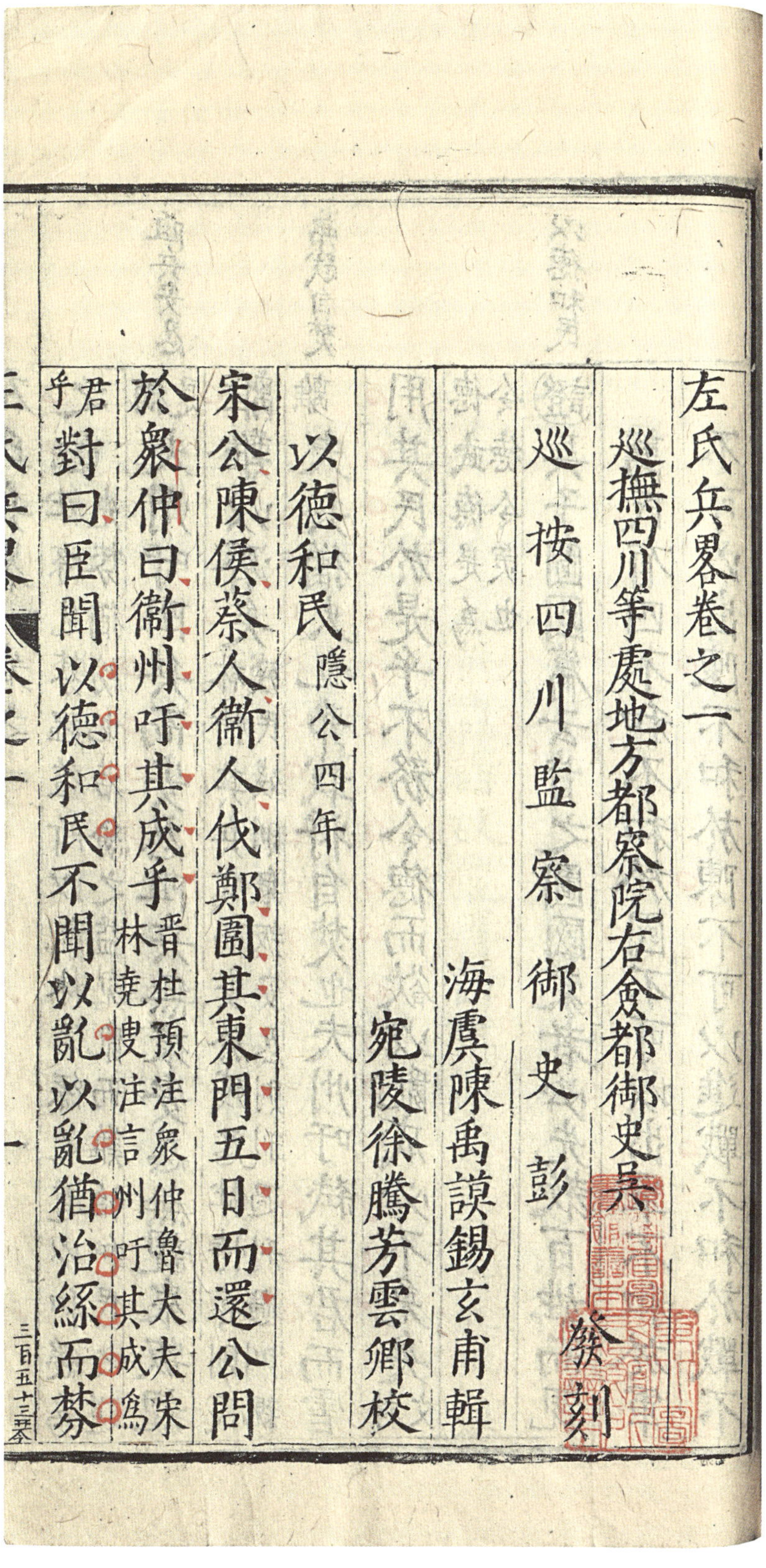

左氏兵畧卷之一

巡撫四川等處地方都察院右僉都御史吳

巡按四川監察御史彭

發刻

海虞陳禹謨錫玄甫輯

宛陵徐騰芳雲卿校

以德和民 隱公四年

宋公陳侯蔡人衛人伐鄭圍其東門五日而還公問於衆仲曰衛州吁其成乎 晋杜預注衆仲魯大夫宋林堯叟注言州吁其成爲君乎 對曰臣聞以德和民不聞以亂以亂猶治絲而棼

10236　左氏兵畧三十二卷　（明）陳禹謨撰　明萬曆吴用先、彭端吾等刻本　遼寧省圖書館

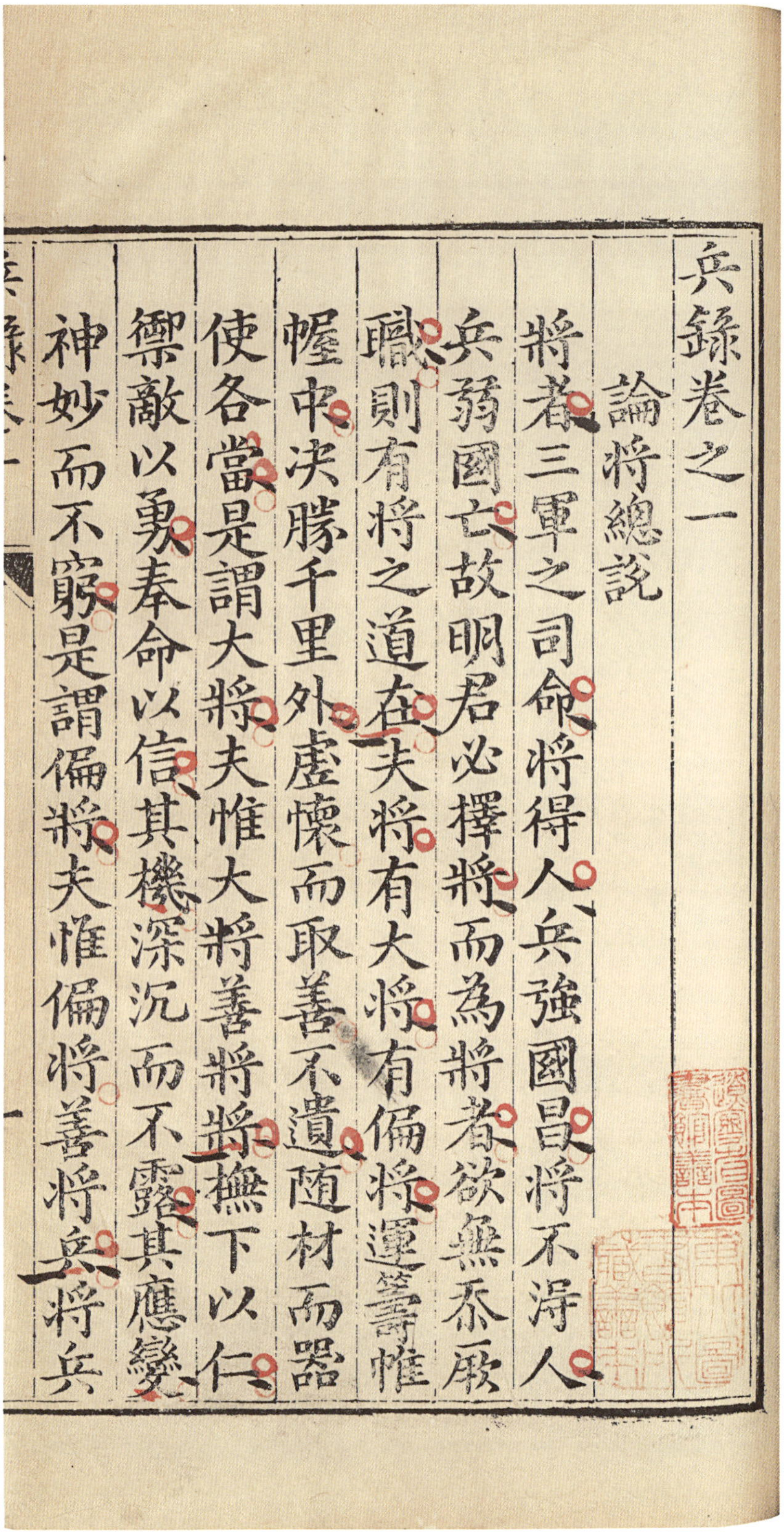
兵録卷之一
論將總說
將者三軍之司命將得人兵強國昌將不得人
兵弱國亡故明君必擇將而爲將者欲無忝厥
職則有將之道在夫將有大將有偏將運籌帷
幄中決勝千里外虛懷而取善不遺隨材而器
使各當是謂大將夫惟大將善將將撫下以仁
禦敵以勇奉命以信其機深沉而不露其應變
神妙而不窮是謂偏將夫惟偏將善將兵將兵

10237　兵録十四卷　（明）何汝賓輯　明崇禎五年（1632）刻本　遼寧省圖書館

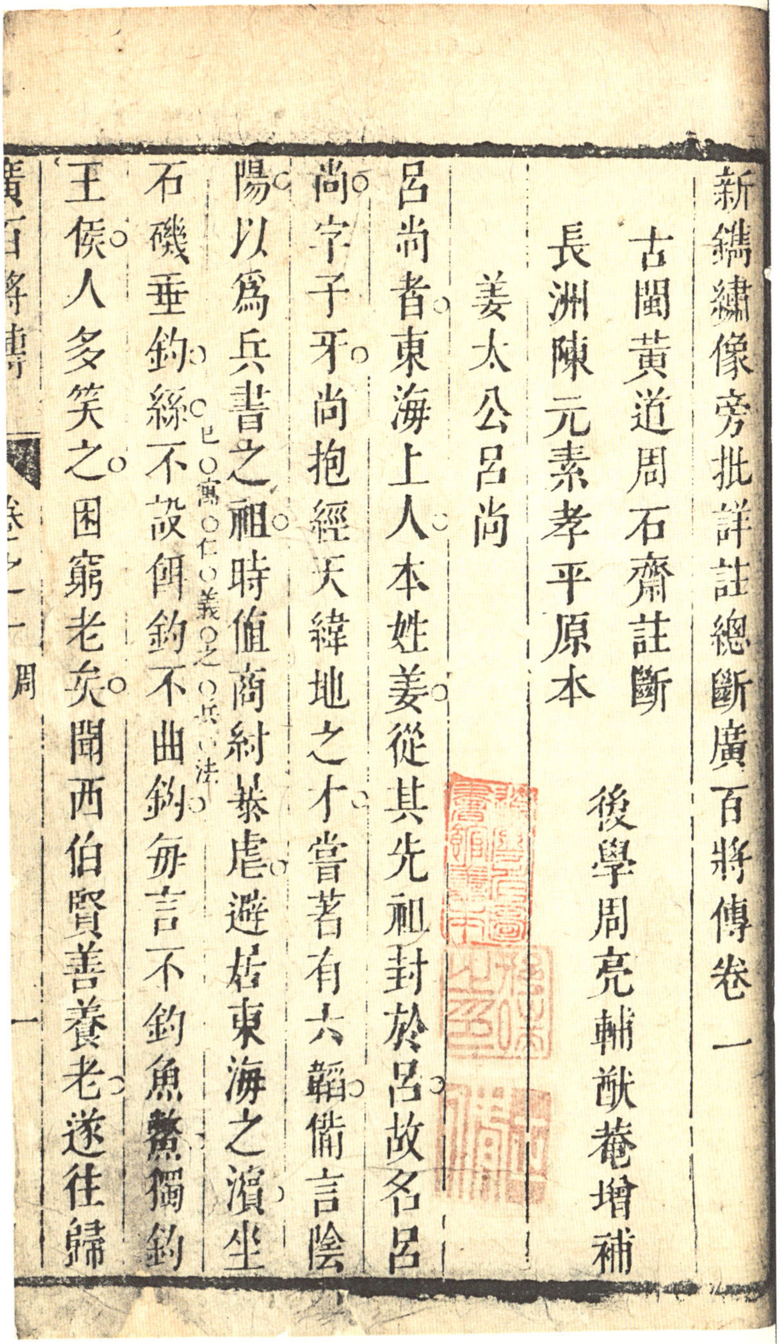

新鐫繡像旁批詳註總斷廣百將傳卷一
古閩黄道周石齋註斷
後學周亮輔猷菴增補
長洲陳元素孝平原本
姜太公呂尚
呂尚者東海上人本姓姜從其先祖封於呂故名呂
尚字子牙尚抱經天緯地之才嘗著有六韜備言陰
陽以爲兵書之祖時値商紂暴虐避居東海之濱坐
已寓仁義之兵法
石磯垂釣絲不設餌鈎不曲鈎毋言不釣魚鱉獨釣
王侯人多笑之困窮老矣聞西伯賢善養老遂往歸
廣百將傳　卷之一　周　一

10238　新鐫繡像旁批詳註總斷廣百將傳二十卷　（明）黄道周撰　（明）周亮輔增補　明崇禎十六年（1643）本立堂刻本　遼寧省圖書館

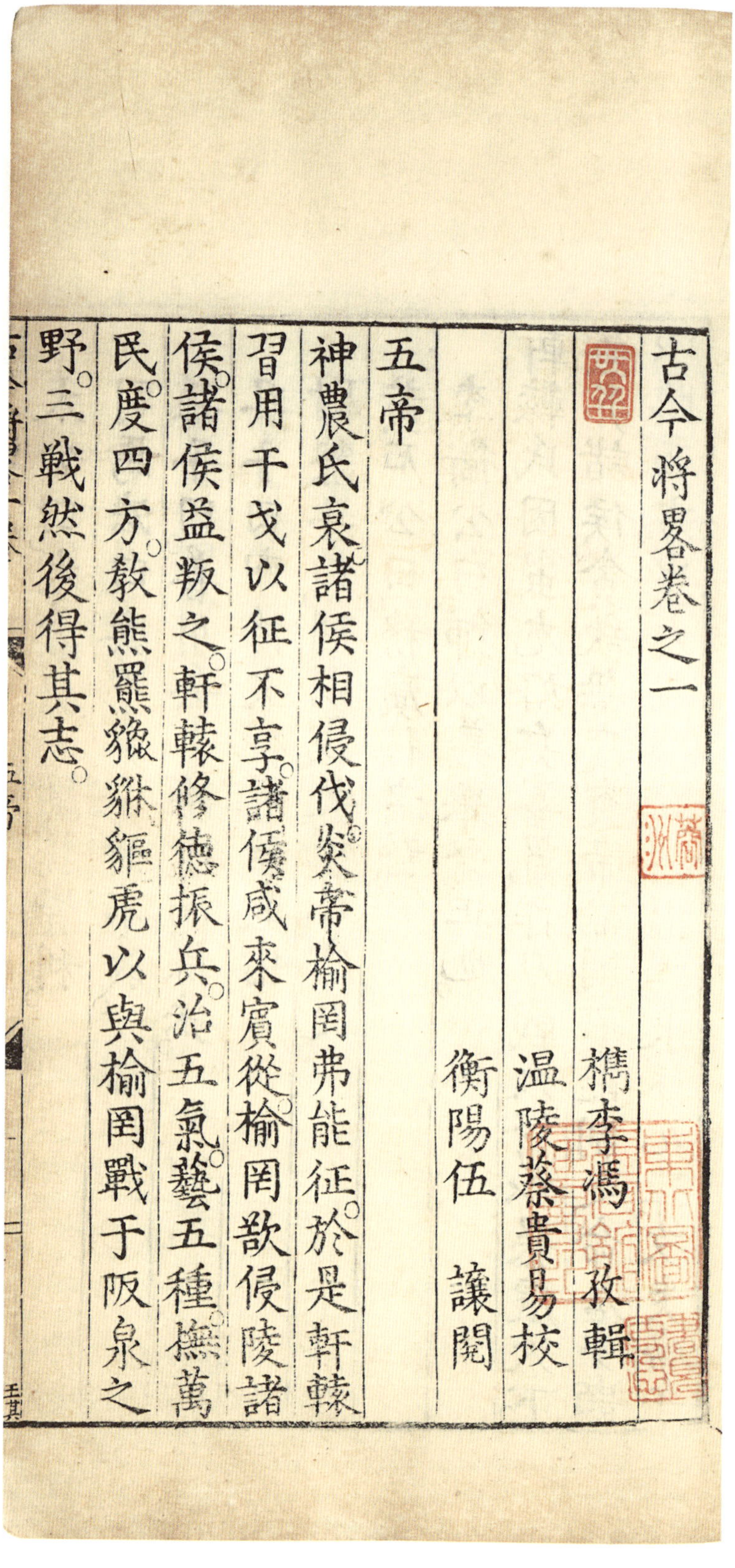
古今将畧卷之一

檇李馮孜輯

温陵蔡貴易校

衡陽伍　讓閲

五帝

神農氏衰諸侯相侵伐炎帝榆罔弗能征於是軒轅習用干戈以征不享諸侯咸來賓從榆罔欲侵陵諸侯諸侯益叛之軒轅修德振兵治五氣藝五種撫萬民度四方教熊羆貔貅貙虎以與榆罔戰于阪泉之野三戰然後得其志

10239　古今将畧四卷　（明）馮孜輯　明萬曆十八年（1590）刻本　遼寧省圖書館

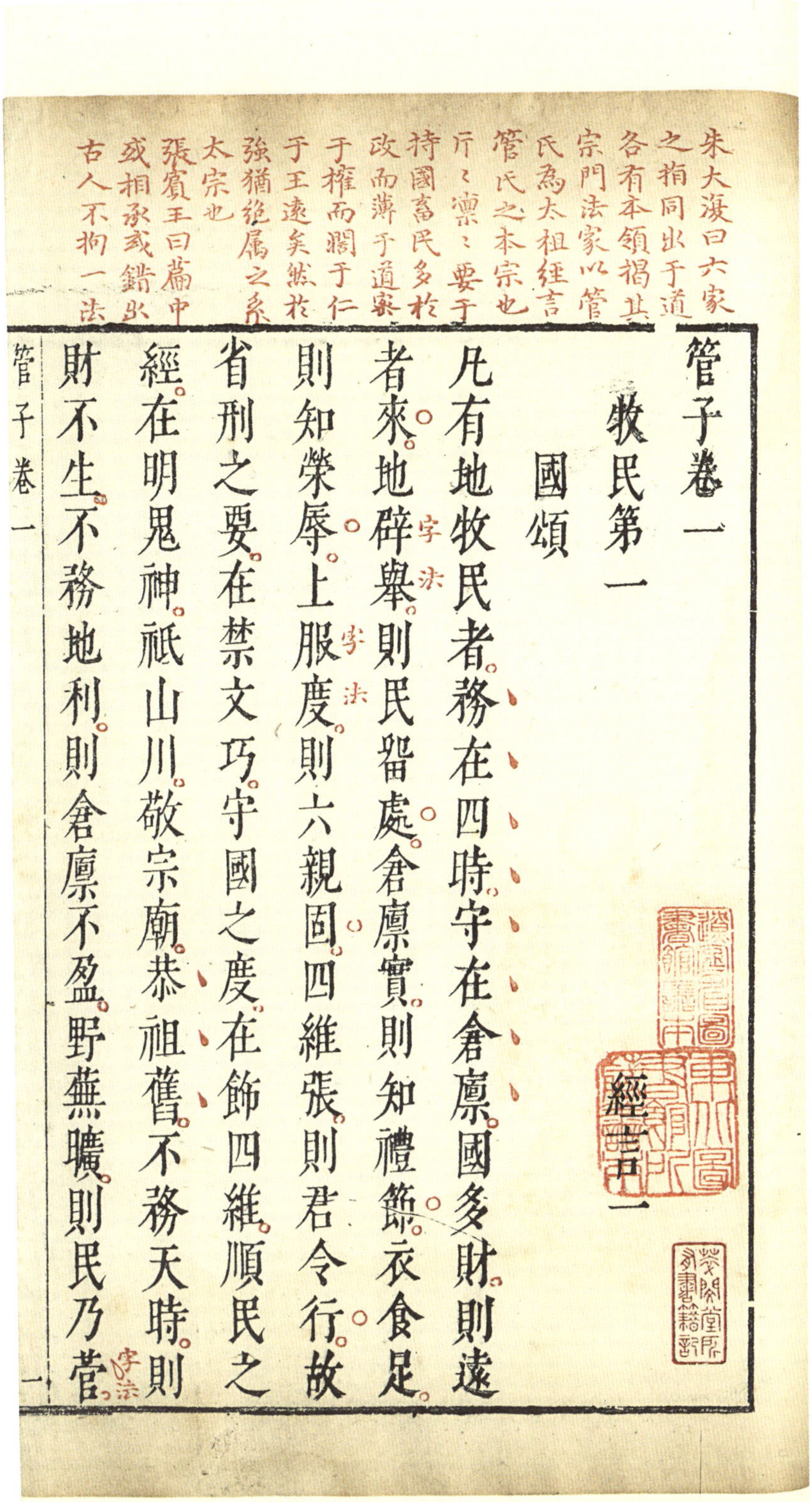
朱大溪曰六家之指同出于道各有本領揭其宗門法家以管氏為太祖經言管氏之本宗也斤斤凜凜要于持國富民多於政而薄于道家于權而潤于仁于王遠矣然於強猶絕屬之系太宗也
張賓王曰篇中或相承或錯出古人不拘一法

管子卷一
牧民第一　經言一
國頌
凡有地牧民者務在四時守在倉廩國多財則遠者來地辟舉則民留處倉廩實則知禮節衣食足則知榮辱上服度則六親固四維張則君令行故省刑之要在禁文巧守國之度在飾四維順民之經在明鬼神祗山川敬宗廟恭祖舊不務天時則財不生不務地利則倉廩不盈野蕪曠則民乃菅

10240　管子二十四卷　（明）凌汝亨集評　明萬曆四十八年（1620）凌汝亨刻朱墨套印本　遼寧省圖書館

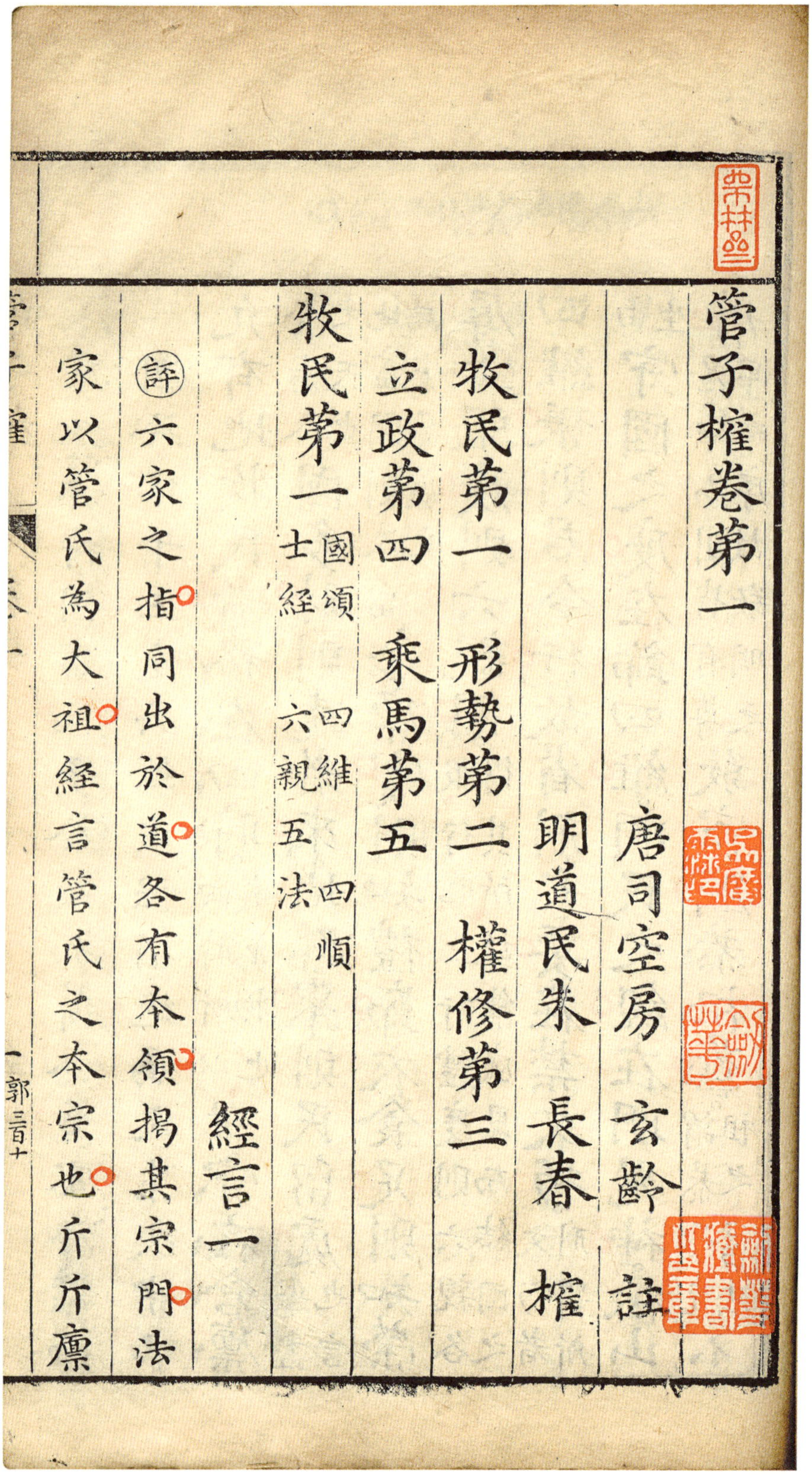

管子榷卷第一

唐司空房　玄齡　註

明道民朱　長春　榷

牧民第一　形勢第二　權修第三

立政第四　乘馬第五

牧民第一　國頌　四維　四順　士經　六親　五法

經言一

評 六家之指同出於道各有本領揭其宗門法

家以管氏為大祖經言管氏之本宗也斤斤廩

10241　管子榷二十四卷　（明）朱長春撰　明萬曆四十年（1612）張維樞刻本　大連圖書館

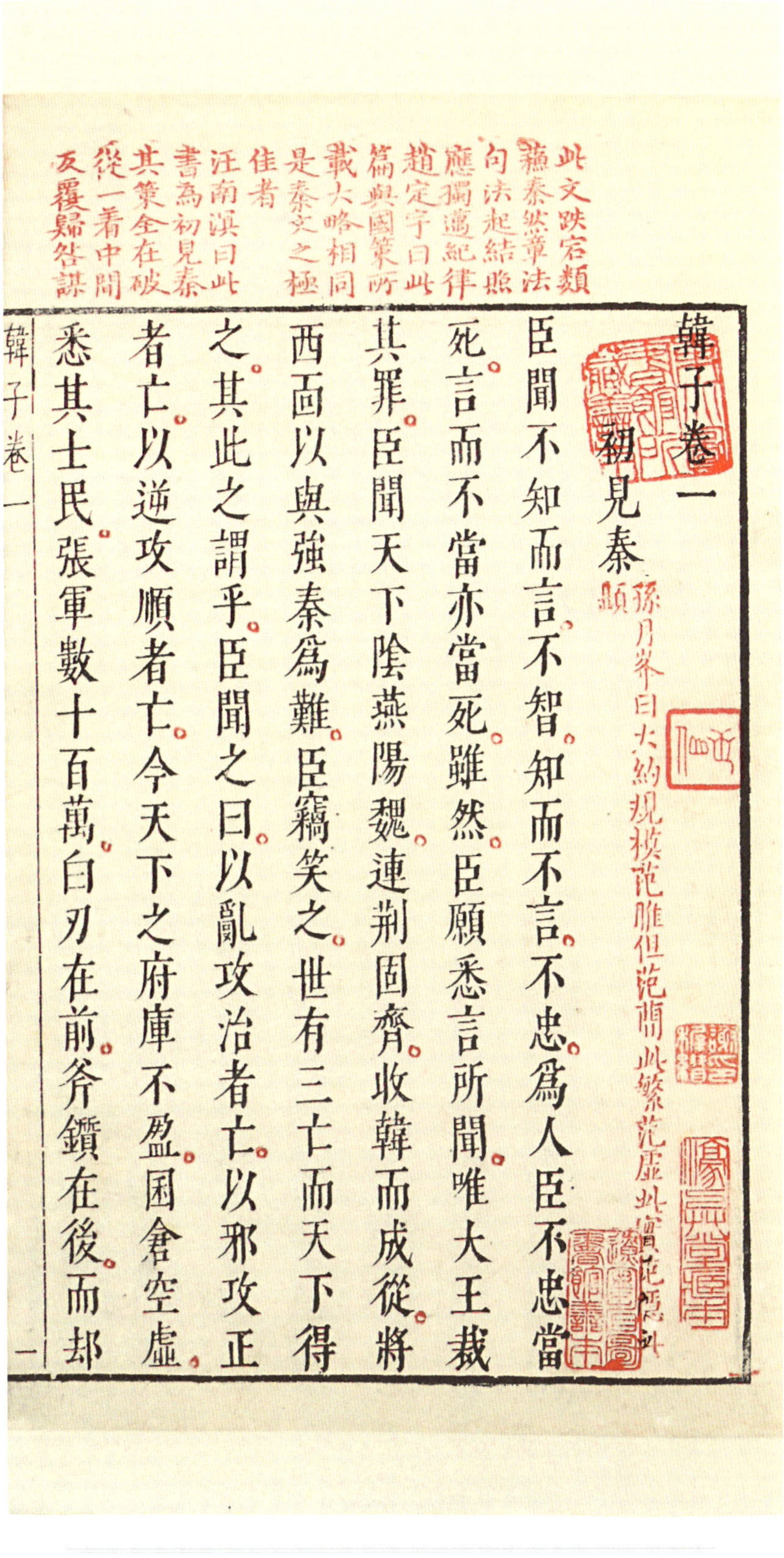
此文跌宕類
藉秦然章法
句法起結照
應獨適紀律
趙定宇曰此
篇與國策所
載大略相同
是秦文之極
佳者
汪南溟曰此
書爲初見秦
其策全在破
從一着中間
反覆歸咎謀
韓子卷一
初見秦
頴 孫月峯曰大約規模范雎但范簡此繁范虛此實
臣聞不知而言不智知而不言不忠爲人臣不忠當
死言而不當亦當死雖然臣願悉言所聞唯大王裁
其罪臣聞天下陰燕陽魏連荊固齊收韓而成從將
西面以與強秦爲難臣竊笑之世有三亡而天下得
之其此之謂乎臣聞之曰以亂攻治者亡以邪攻正
者亡以逆攻順者亡今天下之府庫不盈囷倉空虛
悉其士民張軍數十百萬白刃在前斧鑕在後而却
韓子卷一
一

10242　韓子迂評二十卷　題（明）門無子撰　明凌氏刻朱墨套印本　遼寧省圖書館

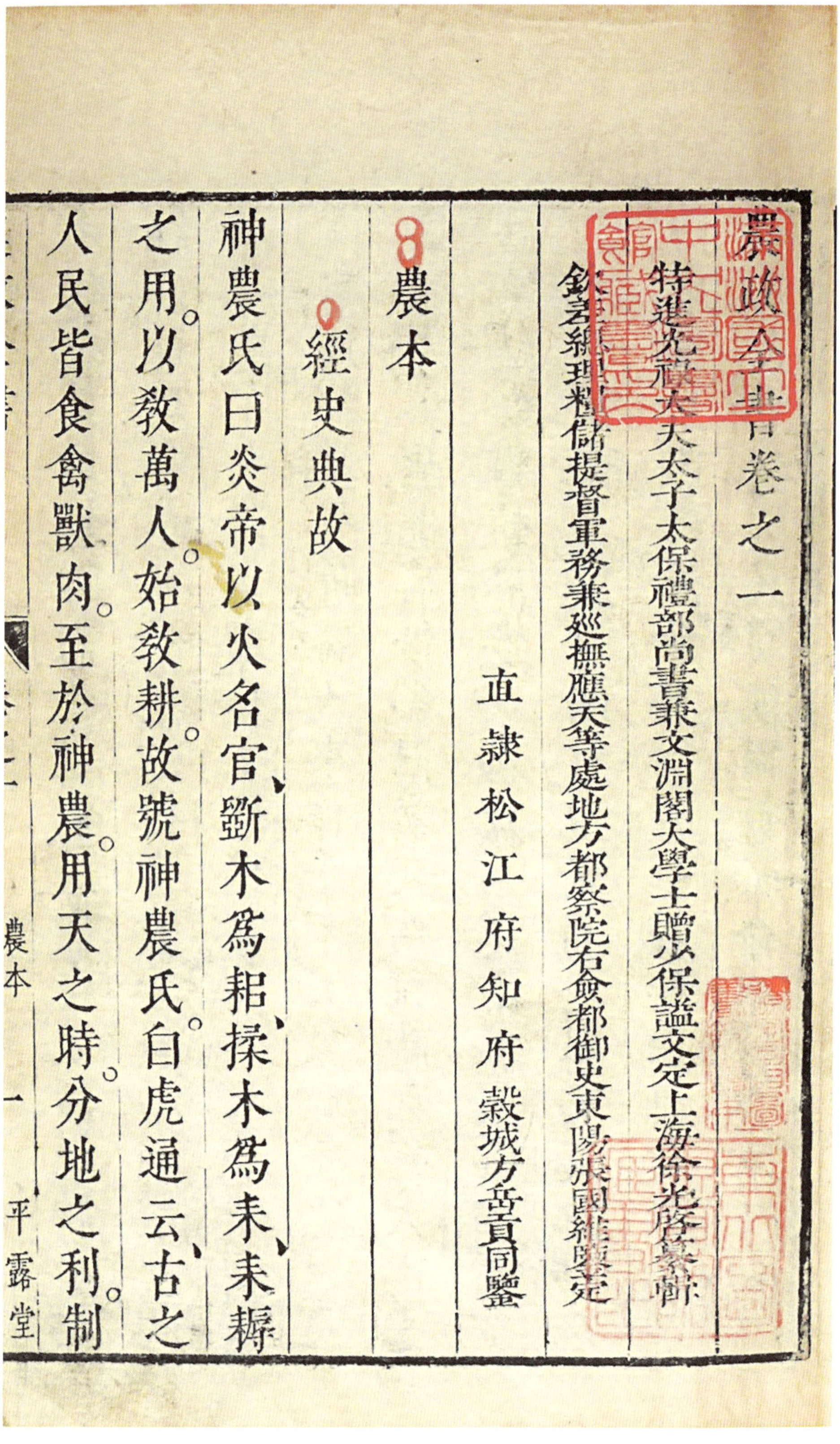
農政全書卷之一
特進光祿大夫太子太保禮部尚書兼文淵閣大學士贈少保謚文定上海徐光啓纂輯
欽差總理糧儲提督軍務兼巡撫應天等處地方都察院右僉都御史東陽張國維鑒定
直隸松江府知府穀城方岳貢同鑒
農本
經史典故
神農氏曰炎帝以火名官斲木爲耜揉木爲耒耒耨之用以教萬人始教耕故號神農氏白虎通云古之人民皆食禽獸肉至於神農用天之時分地之利制
農政全書 卷之一 農本 一 平露堂

10243 農政全書六十卷 （明）徐光啓撰 明崇禎十二年（1639）平露堂刻本 遼寧省圖書館

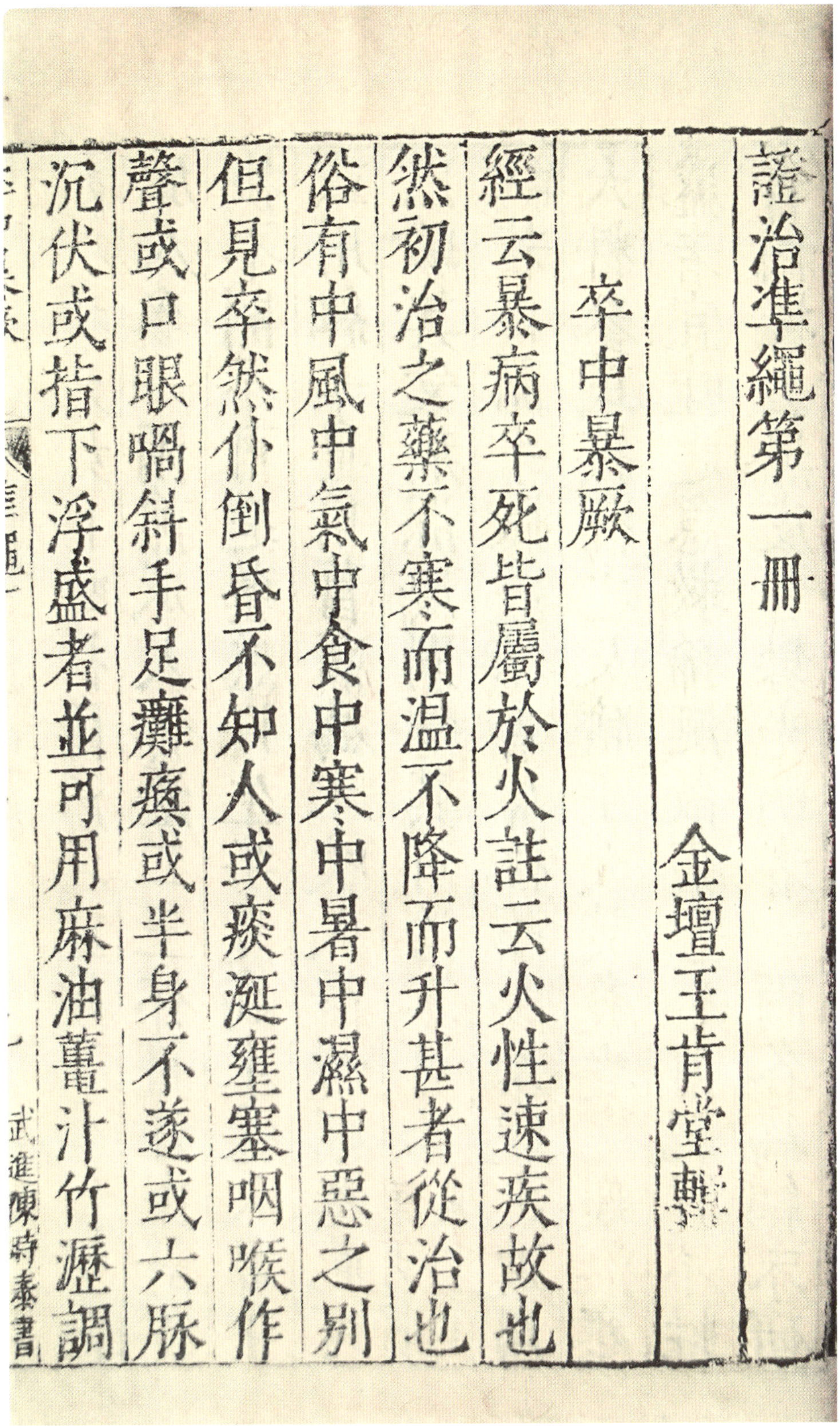

證治準繩第一冊

金壇王肯堂輯

卒中暴厥

經云暴病卒死皆屬於火註云火性速疾故也然初治之藥不寒而溫不降而升甚者從治也俗有中風中氣中食中寒中暑中濕中惡之別但見卒然仆倒昏不知人或痰涎壅塞咽喉作聲或口眼喎斜手足癱瘓或半身不遂或六脉沉伏或指下浮盛者並可用麻油薑汁竹瀝調

武進陳時泰書

10244　證治準繩六種四十四卷　（明）王肯堂撰　明萬曆三十年至三十六年（1602—1608）刻本　中國醫科大學圖書館

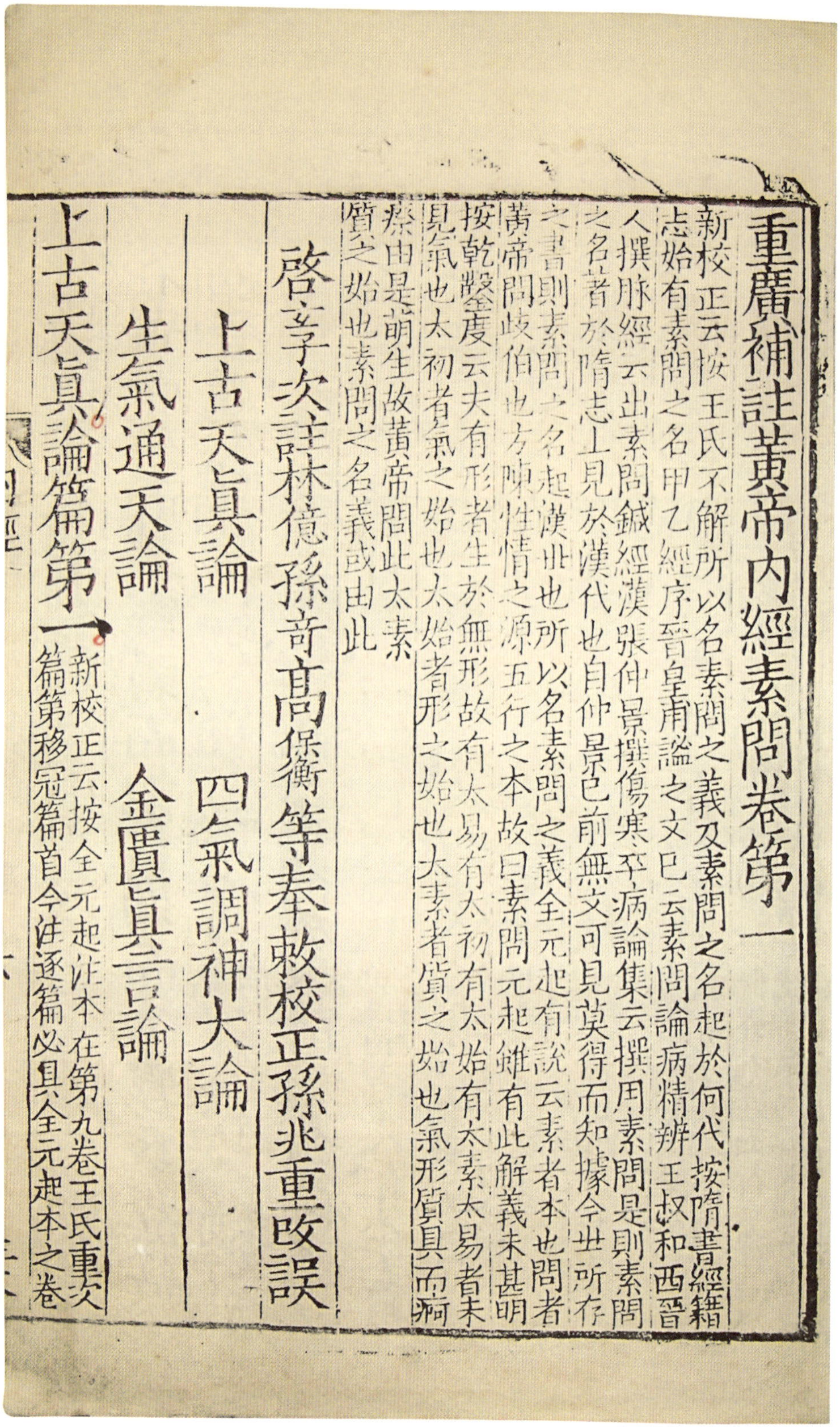
重廣補註黃帝内經素問卷第一
新校正云按王氏不解所以名素問之義及素問之名起於何代按隋書經籍志始有素問之名甲乙經序晉皇甫謐之文已云素問論病精辨王叔和西晉人撰脉經云出素問鍼經漢張仲景撰傷寒卒病論集云撰用素問是則素問之名著於隋志上見於漢代也自仲景已前無文可見莫得而知據今世所存之書則素問之名起漢世也所以名素問之義全元起有説云素者本也問者黃帝問岐伯也方陳性情之源五行之本故曰素問元起雖有此解義未甚明按乾鑿度云夫有形者生於無形故有太易有太初有太始有太素太易者未見氣也太初者氣之始也太始者形之始也太素者質之始也氣形質具而痾瘵由是萌生故黃帝問此太素質之始也素問之名義或由此
啓玄子次註林億孫奇高保衡等奉敕校正孫兆重改誤
上古天眞論　四氣調神大論
生氣通天論　金匱眞言論
上古天眞論篇第一　新校正云按全元起注本在第九卷王氏重次篇第移冠篇首今注逐篇必具全元起本之卷

10245　重廣補註黃帝内經素問二十四卷　（唐）王冰注　（宋）林億等校正　（宋）孫兆改誤　明嘉靖二十九年（1550）顧從德刻本　中國醫科大學圖書館

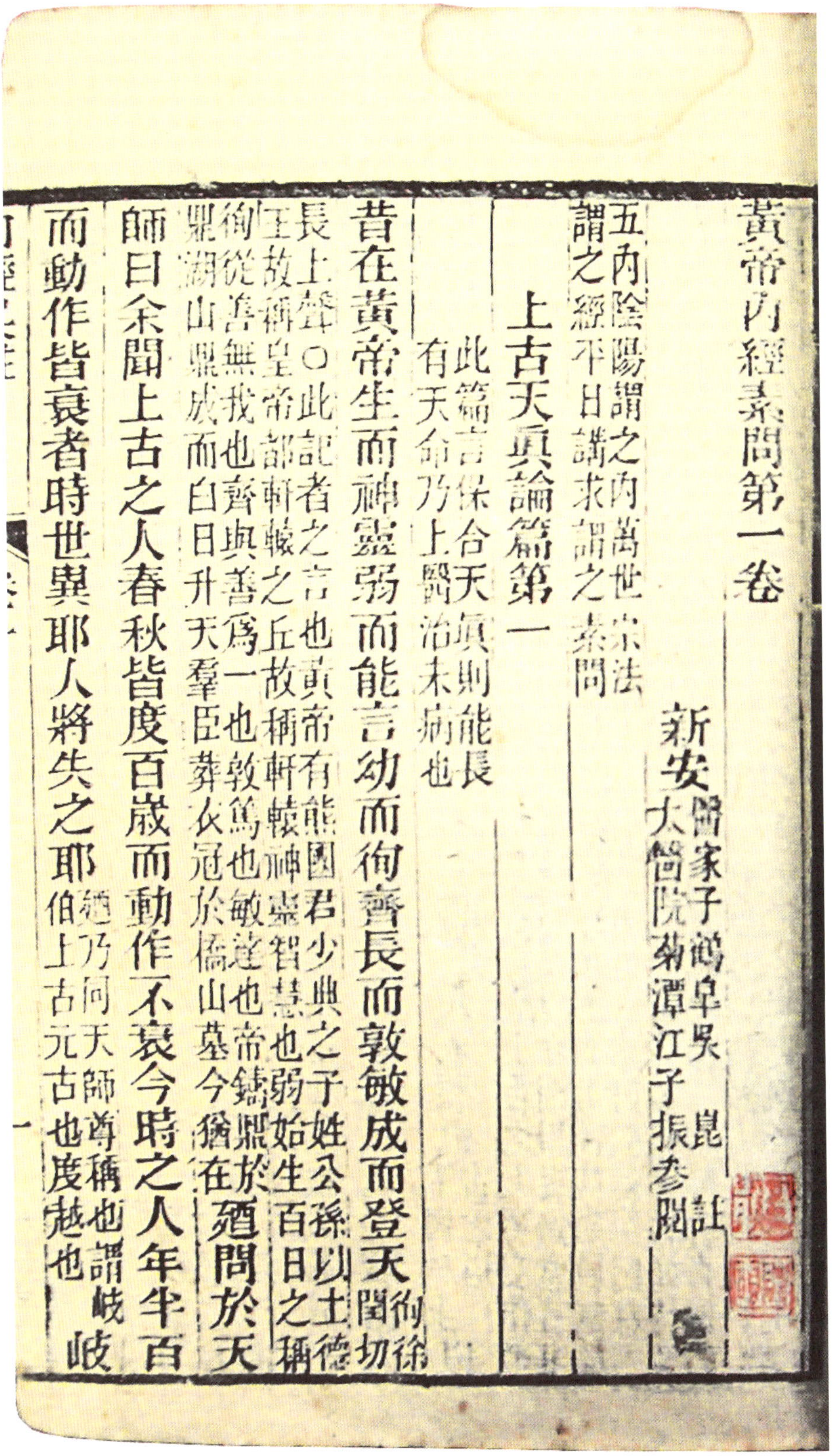
黃帝內經素問第一卷

新安醫家子鶴皋吳崑註
太醫院菊潭江子振參閱

五內陰陽謂之內萬世宗法謂之經平日講求謂之素問

上古天眞論篇第一

此篇言保合天眞則能長有天命乃上醫治未病也

昔在黃帝生而神靈弱而能言幼而徇齊長而敦敏成而登天徇徐切長上聲○此記者之言也黃帝有熊國君少典之子姓公孫以土德王故稱黃帝都軒轅之丘故稱軒轅神靈智慧也弱始生百日之稱徇從善無我也齊與善爲一也敦篤也敏達也帝鑄鼎於鼎湖山鼎成而白日升天羣臣葬衣冠於橋山墓今猶在迺問於天師曰余聞上古之人春秋皆度百歲而動作不衰今時之人年半百而動作皆衰者時世異耶人將失之耶迺乃同天師尊稱也謂岐伯上古元古也度越也岐

10246　黃帝內經素問二十四卷　（明）吴崑注　明萬曆三十七年（1609）刻本　遼寧中醫藥大學圖書館

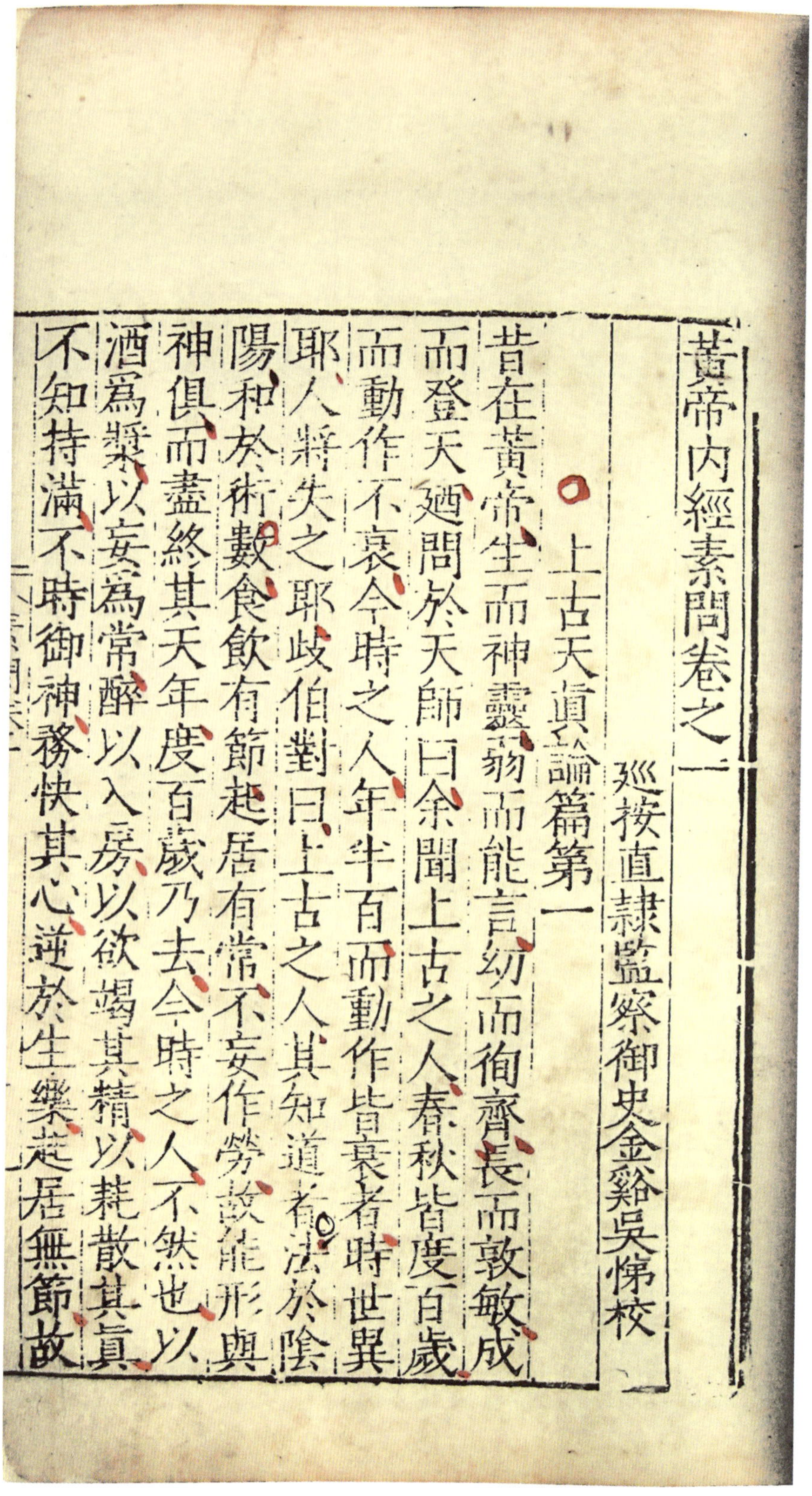

黄帝内經素問卷之一
廵按直隷監察御史金谿吴悌校
上古天眞論篇第一
昔在黄帝生而神靈弱而能言幼而徇齊長而敦敏成而登天廼問於天師曰余聞上古之人春秋皆度百歲而動作不衰今時之人年半百而動作皆衰者時世異耶人將失之耶岐伯對曰上古之人其知道者法於陰陽和於術數食飲有節起居有常不妄作勞故能形與神俱而盡終其天年度百歲乃去今時之人不然也以酒爲漿以妄爲常醉以入房以欲竭其精以耗散其眞不知持滿不時御神務快其心逆於生樂起居無節故

10247 黄帝内經素問十二卷 明嘉靖刻本 中國醫科大學圖書館

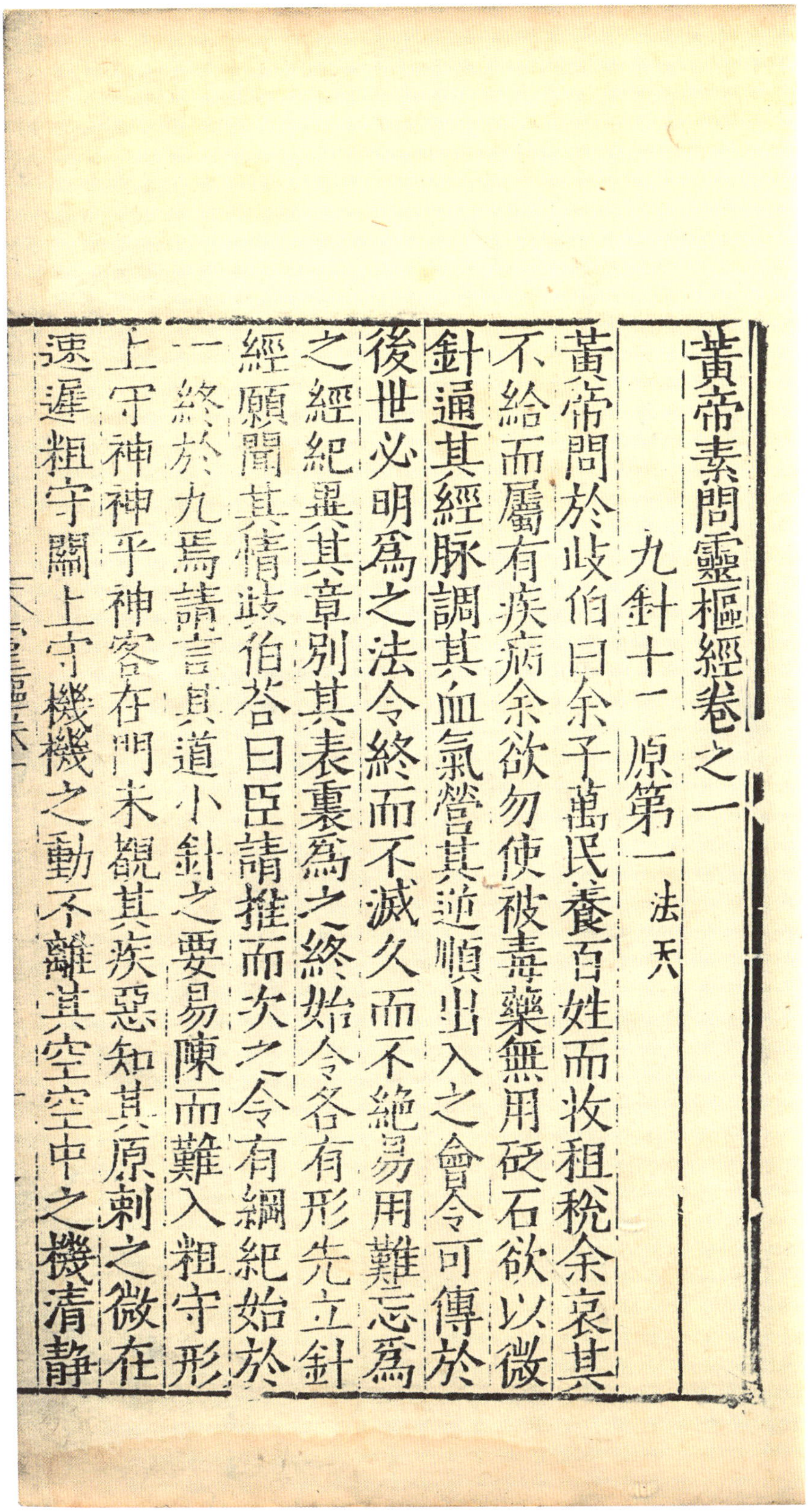
黃帝素問靈樞經卷之一
九針十一原第一 法天
黃帝問於岐伯曰余子萬民養百姓而收租稅余哀其不給而屬有疾病余欲勿使被毒藥無用砭石欲以微針通其經脉調其血氣營其逆順出入之會令可傳於後世必明爲之法令終而不滅久而不絕易用難忘爲之經紀異其章別其表裏爲之終始令各有形先立針經願聞其情岐伯荅曰臣請推而次之令有綱紀始於一終於九焉請言其道小針之要易陳而難入粗守形上守神神乎神客在門未覩其疾惡知其原刺之微在速遲粗守關上守機機之動不離其空空中之機清靜

10248　黃帝素問靈樞經十二卷　明嘉靖刻本　中國醫科大學圖書館

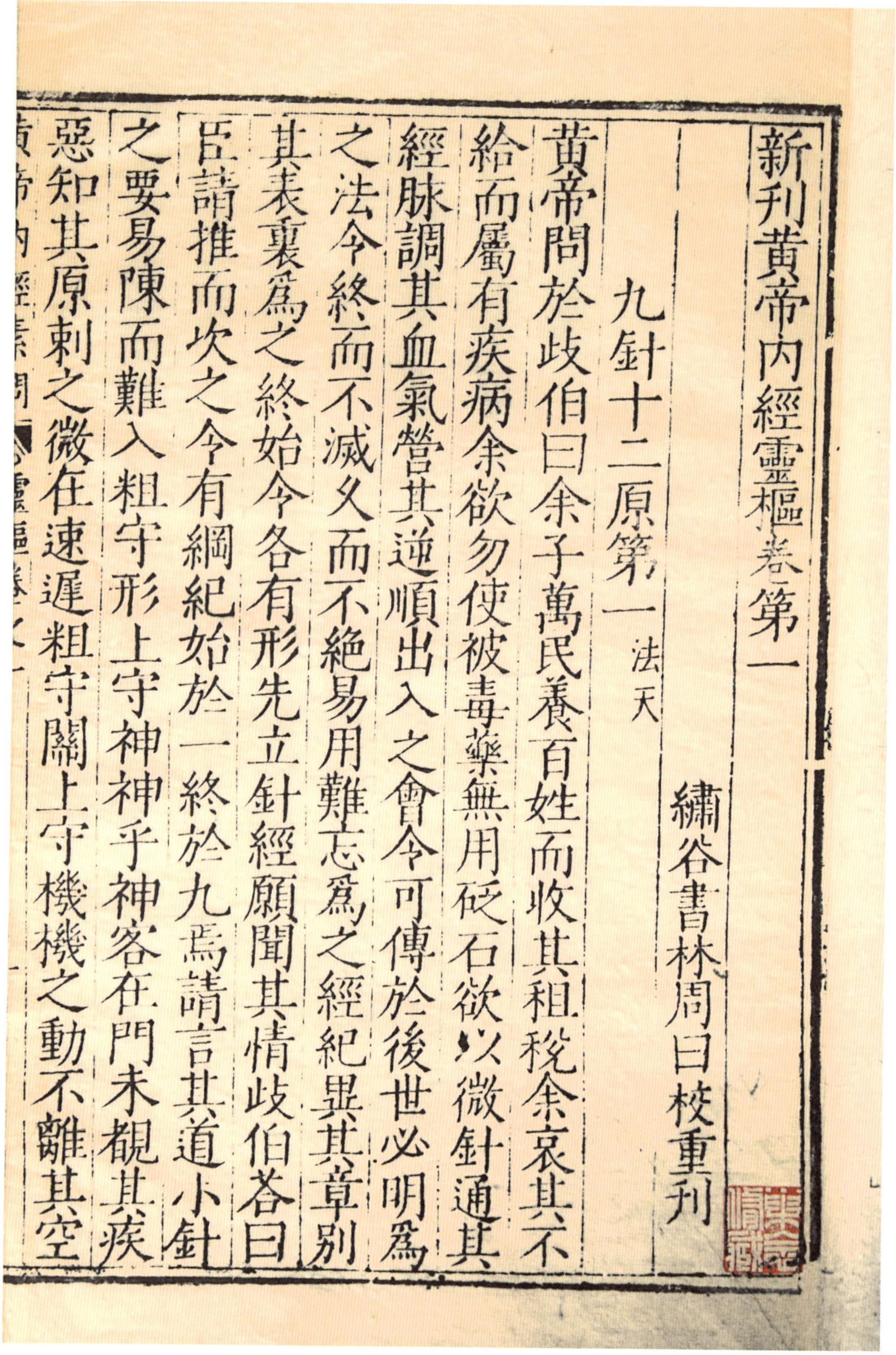

新刊黄帝內經靈樞卷第一

繡谷書林周曰校重刊

九針十二原第一 法天

黄帝問於岐伯曰余子萬民養百姓而收其租稅余哀其不給而屬有疾病余欲勿使被毒藥無用砭石欲以微針通其經脉調其血氣營其逆順出入之會令可傳於後世必明為之法令終而不滅久而不絶易用難忘為之經紀異其章別其表裏為之終始令各有形先立針經願聞其情岐伯荅曰臣請推而次之令有綱紀始於一終於九焉請言其道小針之要易陳而難入粗守形上守神神乎神客在門未覩其疾惡知其原刺之微在速遲粗守關上守機機之動不離其空

10249　新刊黄帝内經靈樞二十四卷　（宋）史崧音釋　明綉谷書林周曰校刻本　遼寧中醫藥大學圖書館

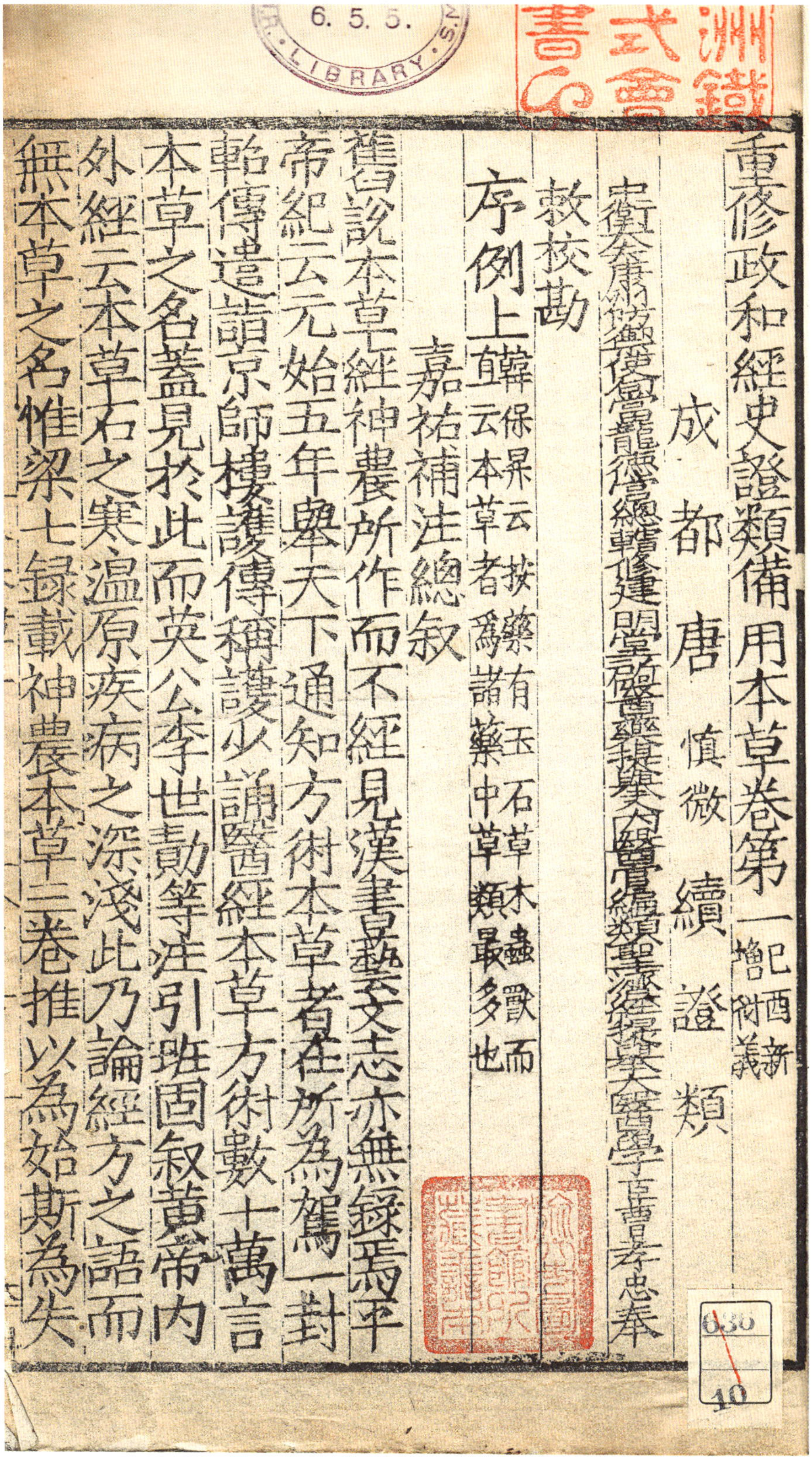

重修政和經史證類備用本草卷第一 新增衍義
成都唐慎微續證類
宋衛大夫康州防禦使句當龍德宮總轄修建明堂所醫藥提舉入內醫官編類聖濟經提舉太醫學曹孝忠奉
敕校勘
序例上 韓保昇云按藥有玉石草木蟲獸而云本草者為諸藥中草類最多也
嘉祐補注總叙
舊說本草經神農所作而不經見漢書藝文志亦無錄焉平
帝紀云元始五年舉天下通知方術本草者在所為駕一封
軺傳遣詣京師樓護傳稱護少誦醫經本草方術數十萬言
本草之名蓋見於此而英公李世勣等注引班固叙黄帝内
外經云本草石之寒温原疾病之深淺此乃論經方之語而
無本草之名惟梁七錄載神農本草三卷推以為始斯為失

10250　重修政和經史證類備用本草三十卷　（宋）唐慎微撰　（宋）寇宗奭衍義　明嘉靖三十一年（1552）周珫、李遷刻本（卷一、四至五有補抄）　大連圖書館

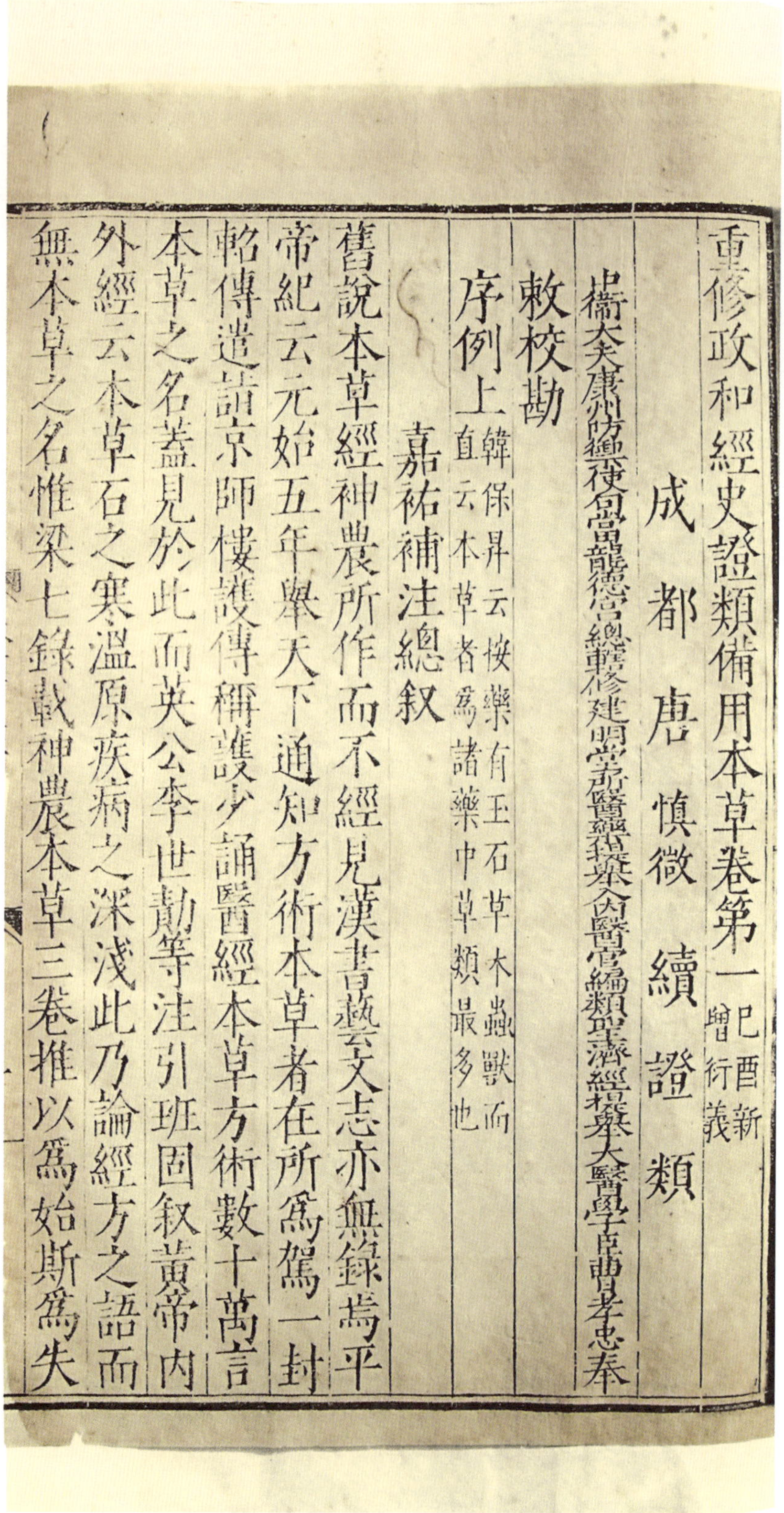
重修政和經史證類備用本草卷第一 已酉新增衍義
成都唐慎微續證類
中衛大夫康州防禦使勾當龍德宮總轄修建明堂所醫藥提舉入內醫官編類聖濟經提舉太醫學臣曹孝忠奉
敕校勘
序例上 韓保昇云按藥有玉石草木蟲獸而直云本草者爲諸藥中草類最多也
嘉祐補注總叙
舊說本草經神農所作而不經見漢書藝文志亦無錄焉平
帝紀云元始五年舉天下通知方術本草者在所爲駕一封
軺傳遣詣京師樓護傳稱護少誦醫經本草方術數十萬言
本草之名蓋見於此而英公李世勣等注引班固叙黃帝內
外經云本草石之寒溫原疾病之深淺此乃論經方之語而
無本草之名惟梁七錄載神農本草三卷推以爲始斯爲失

10251　重修政和經史證類備用本草三十卷　（宋）唐慎微撰　（宋）寇宗奭衍義　明隆慶三年（1569）刻本　中國醫科大學圖書館

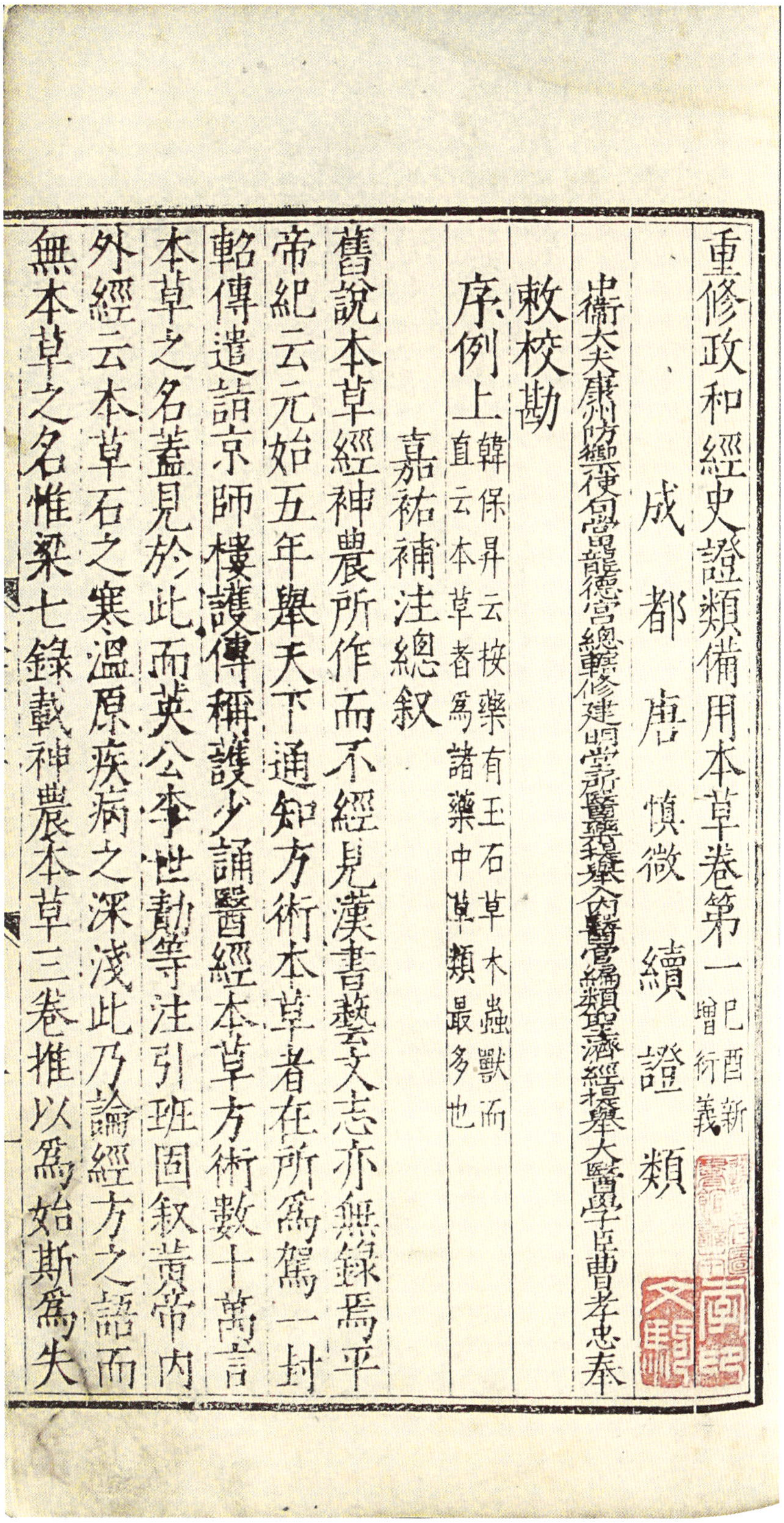
重修政和經史證類備用本草卷第一已酉新增衍義
成都唐慎微續證類
中衛大夫康州防禦使句當龍德宮總轄修建明堂所醫藥提舉入内醫官編類聖濟經提舉太醫學臣曹孝忠奉
敕校勘
序例上韓保昇云按藥有玉石草木蟲獸而直云本草者爲諸藥中草類最多也
嘉祐補注總叙
舊說本草經神農所作而不經見漢書藝文志亦無錄焉平
帝紀云元始五年舉天下通知方術本草者在所爲駕一封
軺傳遣詣京師樓護傳稱護少誦醫經本草方術數十萬言
本草之名蓋見於此而英公李世勣等注引班固叙黃帝内
外經云本草石之寒溫原疾病之深淺此乃論經方之語而
無本草之名惟梁七錄載神農本草三卷推以爲始斯爲失

10252　重修政和經史證類備用本草三十卷　（宋）唐慎微撰　（宋）寇宗奭衍義　明隆慶六年（1572）施篤臣、曹科刻公文紙印本　羅振玉題識　遼寧省圖書館

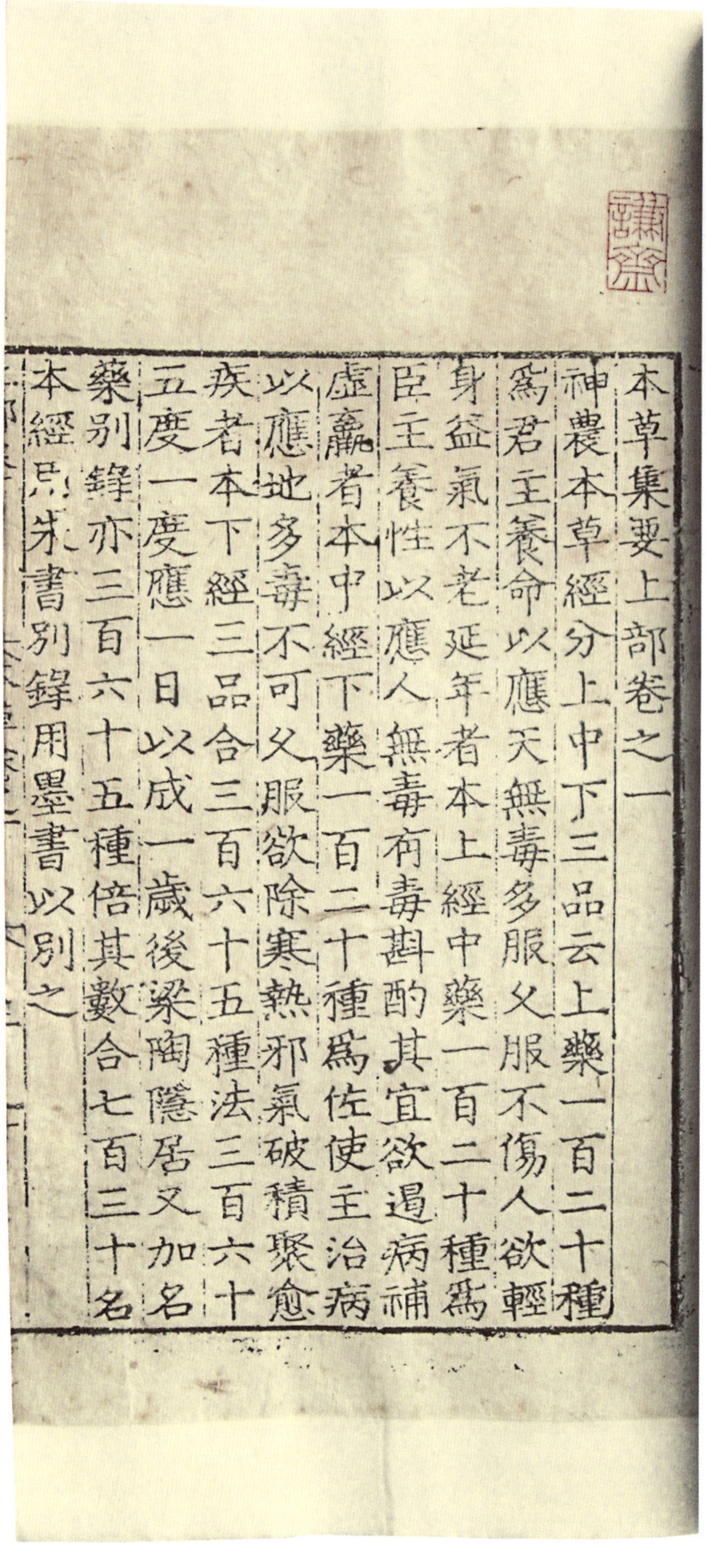

本草集要上部卷之一
神農本草經分上中下三品云上藥一百二十種
爲君主養命以應天無毒多服久服不傷人欲輕
身益氣不老延年者本上經中藥一百二十種爲
臣主養性以應人無毒有毒斟酌其宜欲遏病補
虛羸者本中經下藥一百二十種爲佐使主治病
以應地多毒不可久服欲除寒熱邪氣破積聚愈
疾者本下經三品合三百六十五種法三百六十
五度一度應一日以成一歲後梁陶隱居又加名
醫別錄亦三百六十五種倍其數合七百三十名
本經只朱書別錄用墨書以別之

10253　本草集要八卷　（明）王綸撰　明正德五年（1510）羅汝聲刻本　中國醫科大學圖書館

存五卷（一、四至五、七至八）

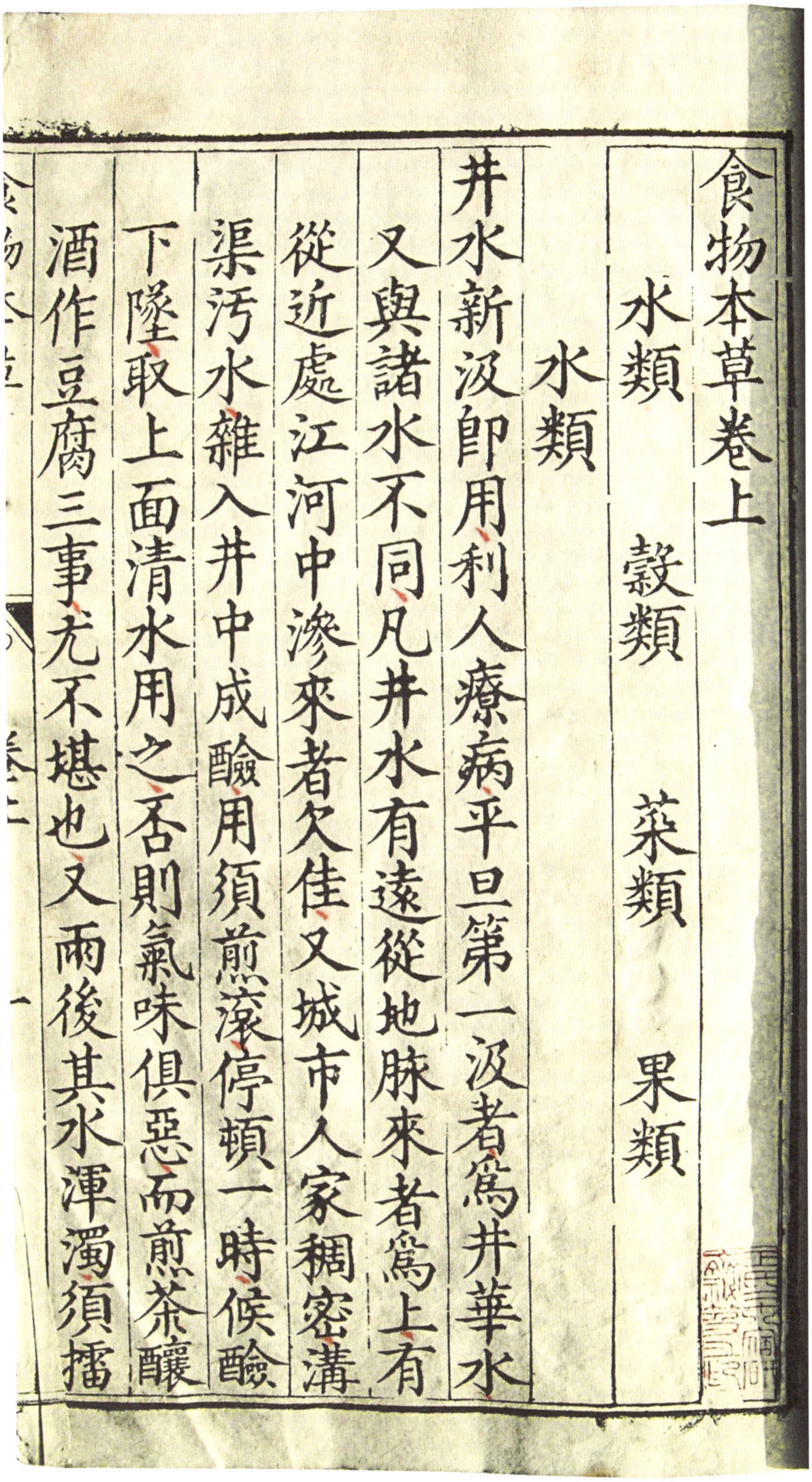

食物本草卷上

水類　穀類　菜類　果類

水類

井水新汲即用利人療病平旦第一汲者爲井華水又與諸水不同凡井水有遠從地脉來者爲上有從近處江河中滲來者欠佳又城市人家稠密溝渠污水雜入井中成鹼用須煎滾停頓一時候鹼下墜取上面清水用之否則氣味俱惡而煎茶釀酒作豆腐三事尤不堪也又雨後其水渾濁須擂

10254　食物本草二卷　明隆慶四年（1570）谷中虚刻本　中國醫科大學圖書館

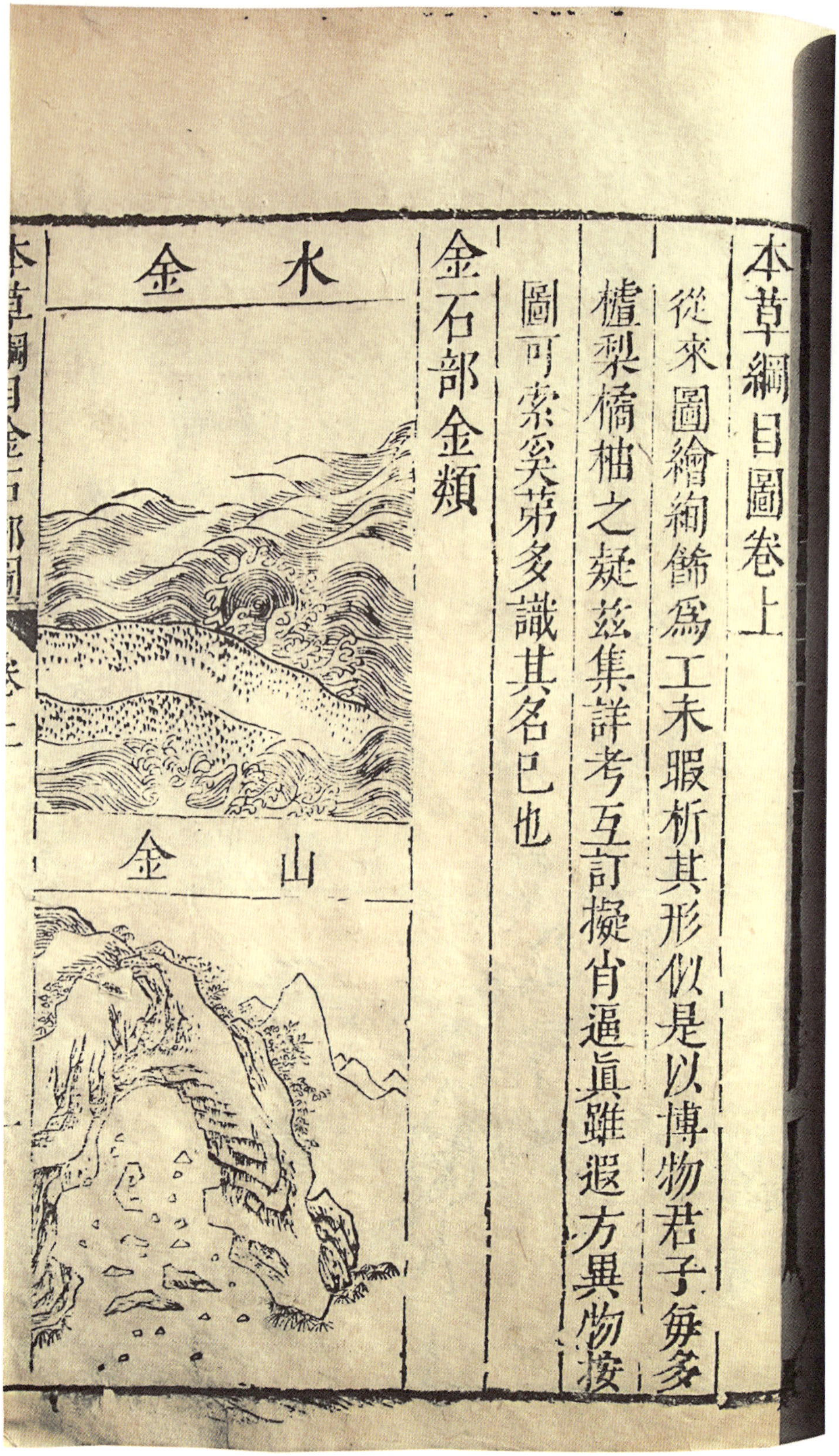
本草綱目圖卷上
從來圖繪絢飾爲工未暇析其形似是以博物君子每多
櫨梨橘柚之疑茲集詳考互訂擬肖逼眞雖遐方異物按
圖可索奚苐多識其名已也
金石部金類

10255　本草綱目五十二卷附圖三卷瀕湖脈學一卷脈訣考證一卷奇經八脈考一卷　（明）李時珍撰　明崇禎十三年（1640）錢蔚起刻本　中國醫科大學圖書館

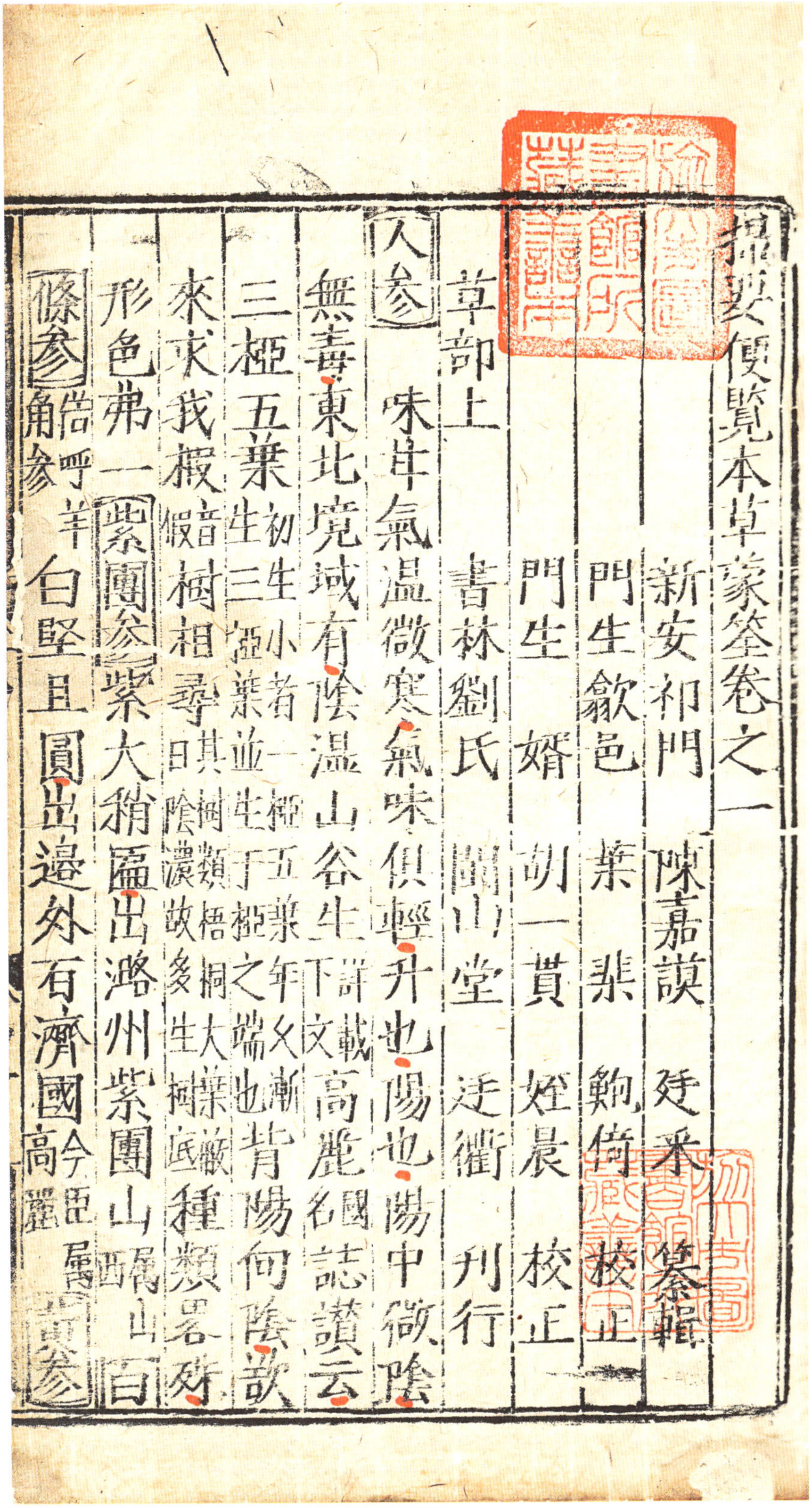

10256　撮要便覽本草蒙筌十二卷首一卷　（明）陳嘉謨撰　明劉氏本誠書堂刻本　大連圖書館

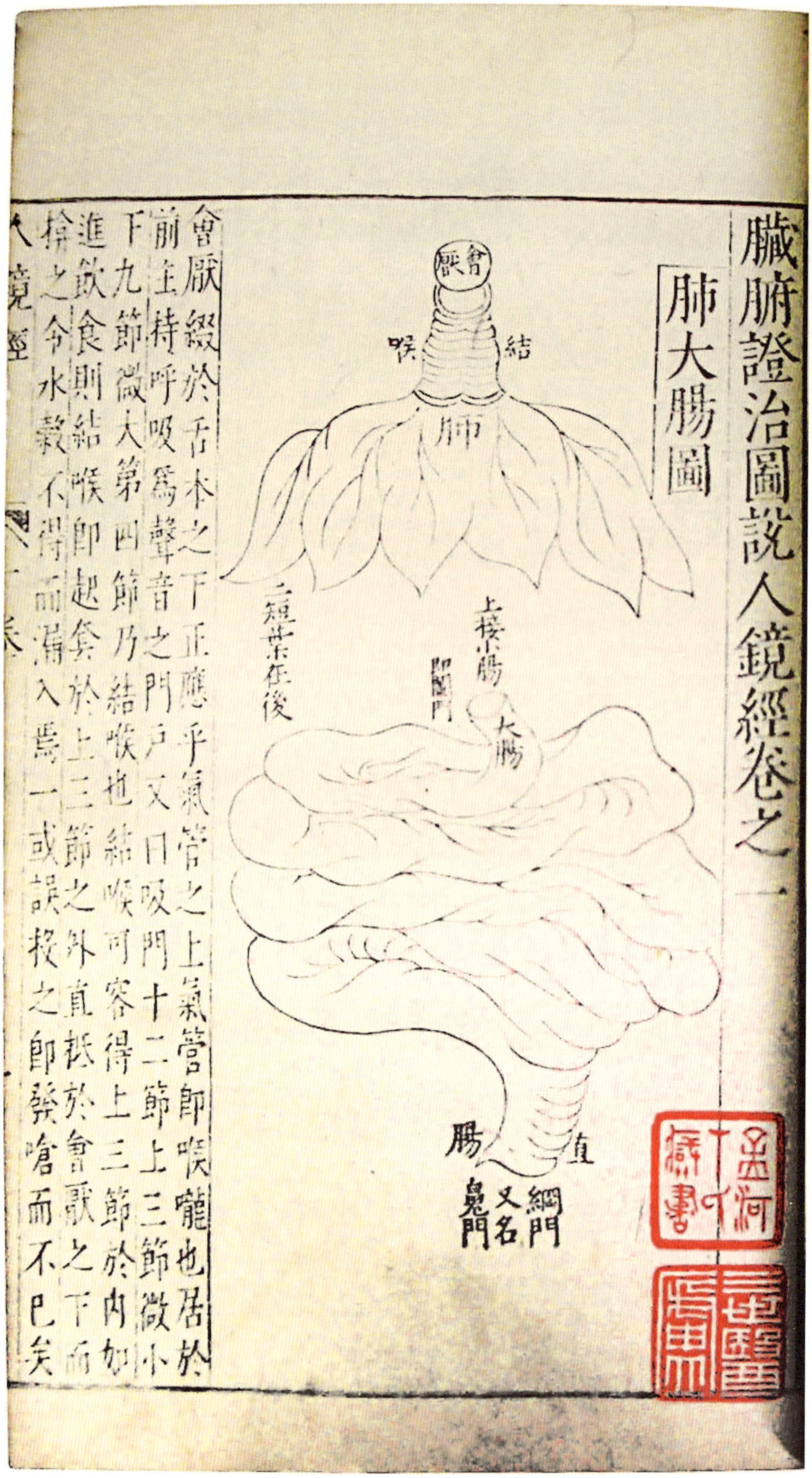

臟腑證治圖說人鏡經卷之一

肺大腸圖

會厭綴於舌本之下正應乎氣管之上氣管即喉嚨也居於前主持呼吸爲聲音之門戶又曰吸門十二節上三節微小下九節微大第四節乃結喉也結喉可容得上三節於內如進飲食則結喉即起併於上三節之外直抵於會厭之下而揜之令水穀不得而漏入焉一或誤投之即發嗆而不已矣

人鏡經

10257　臟腑證治圖說人鏡經八卷　（明）錢雷撰　明萬曆三十四年（1606）洪啓睿刻本　遼寧中醫藥大學圖書館

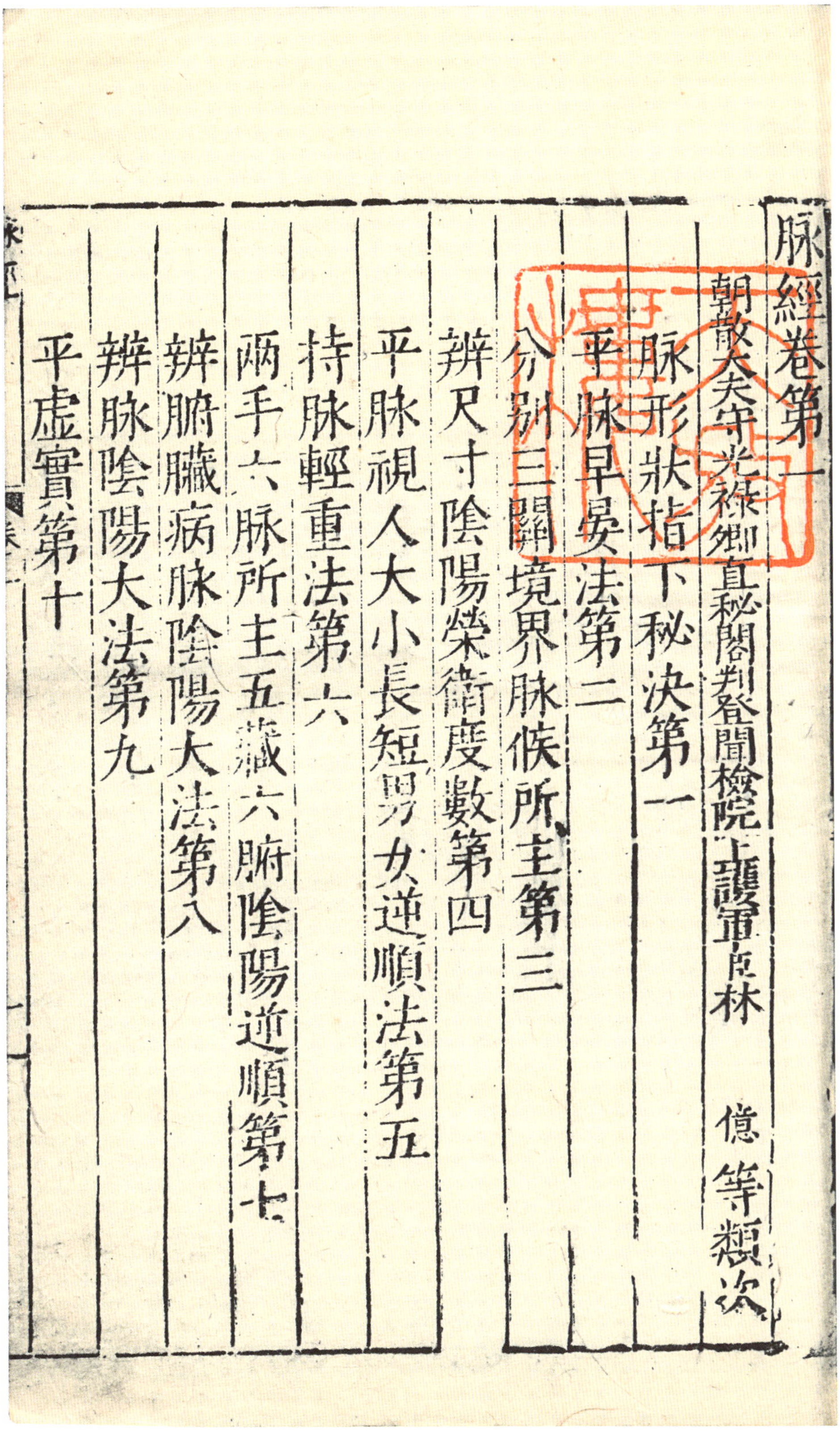

脉經卷第一

朝散大夫守光祿卿直秘閣判登聞檢院上護軍臣林　億　等類次

脉形狀指下秘決第一
平脉早晏法第二
分别三關境界脉候所主第三
辨尺寸陰陽榮衛度數第四
平脉視人大小長短男女逆順法第五
持脉輕重法第六
兩手六脉所主五藏六腑陰陽逆順第七
辨臟腑病脉陰陽大法第八
辨脉陰陽大法第九
平虛實第十

10258　脉經十卷　（晋）王叔和撰　（宋）林億等校定　明萬曆三年（1575）福建布政司督糧道刻本　中國醫科大學圖書館

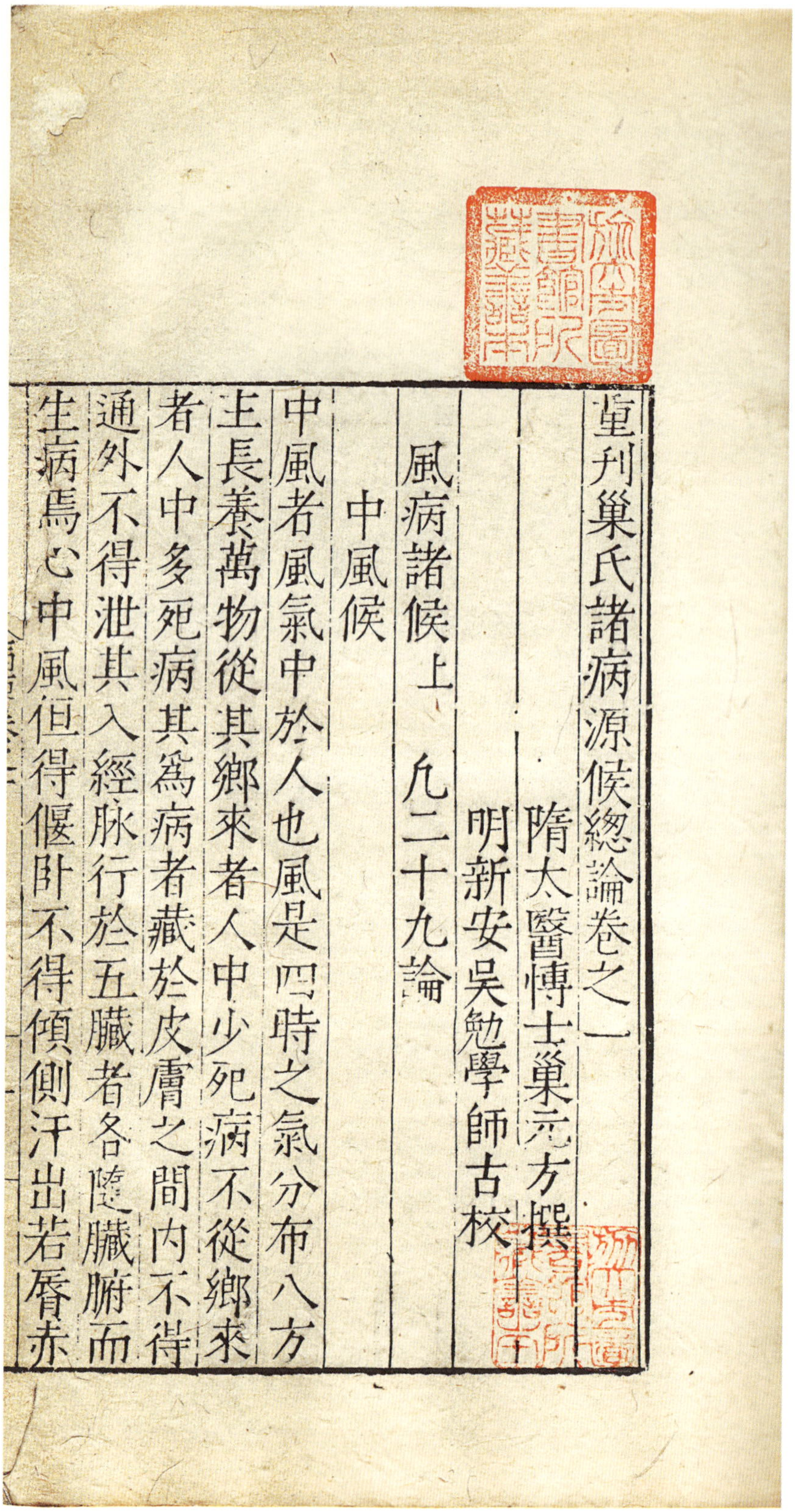

重刊巢氏諸病源候總論卷之一
隋太醫博士巢元方撰
明新安吴勉學師古校
風病諸候上　凡二十九論
中風候
中風者風氣中於人也風是四時之氣分布八方
主長養萬物從其鄉來者人中少死病不從鄉來
者人中多死病其爲病者藏於皮膚之間内不得
通外不得泄其入經脉行於五臟者各隨臟腑而
生病焉心中風但得偃卧不得傾側汗出若唇赤

10259　重刊巢氏諸病源候總論五十卷　（隋）巢元方撰　明方東雲聚奎堂刻本　大連圖書館

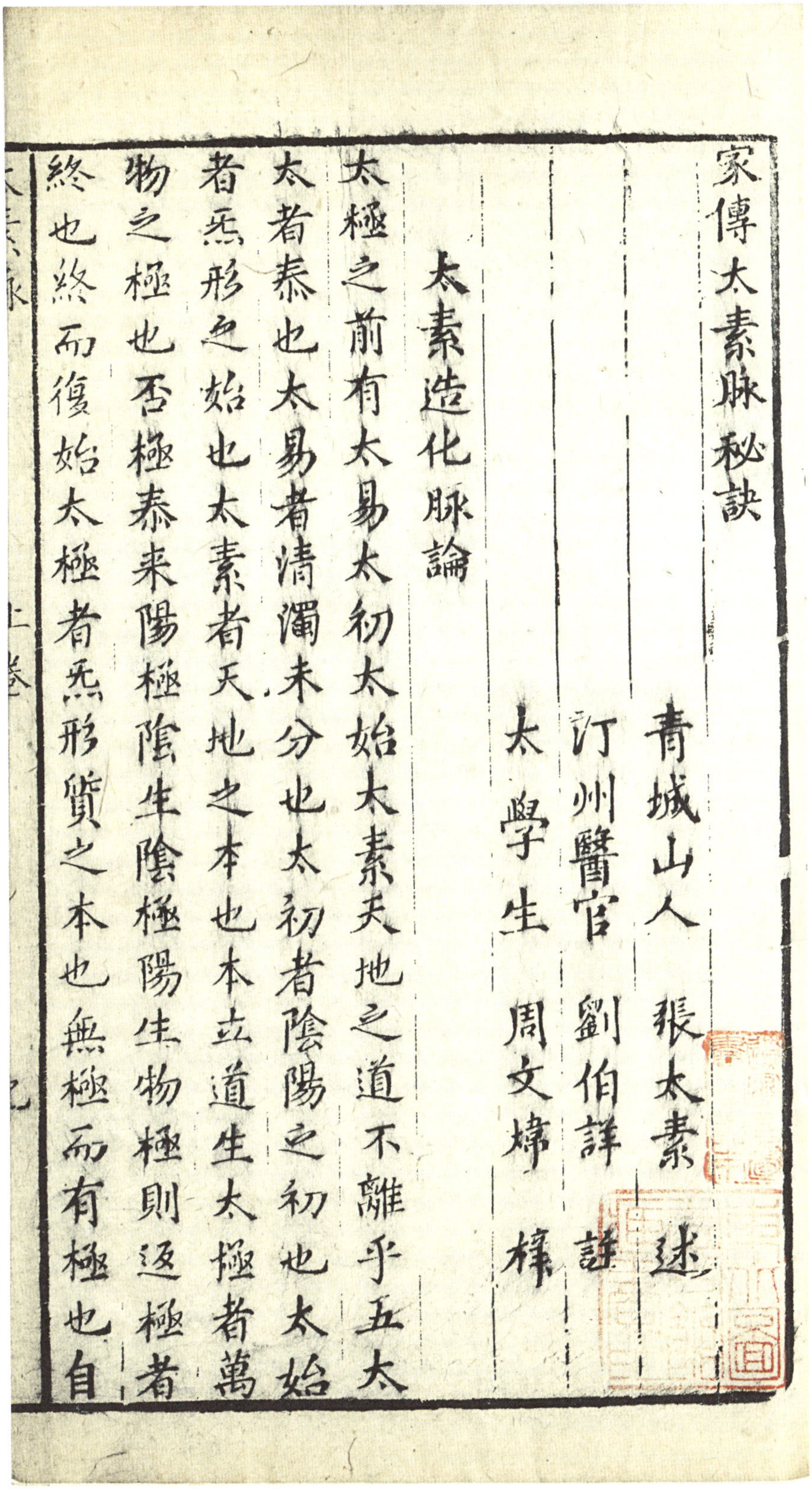

家傳太素脉秘訣

青城山人　張太素　述
汀州醫官　劉伯詳　註
太學生　周文煒　梓

太素造化脉論

太極之前有太易太初太始太素天地之道不離乎五太太者泰也太易者清濁未分也太初者陰陽之初也太始者炁形之始也太素者天地之本也本立道生太極者萬物之極也否極泰来陽極陰生陰極陽生物極則返極者終也終而復始太極者炁形質之本也無極而有極也自

10260　家傳太素脉秘訣二卷　（明）劉伯詳注　明周文煒刻本　遼寧省圖書館

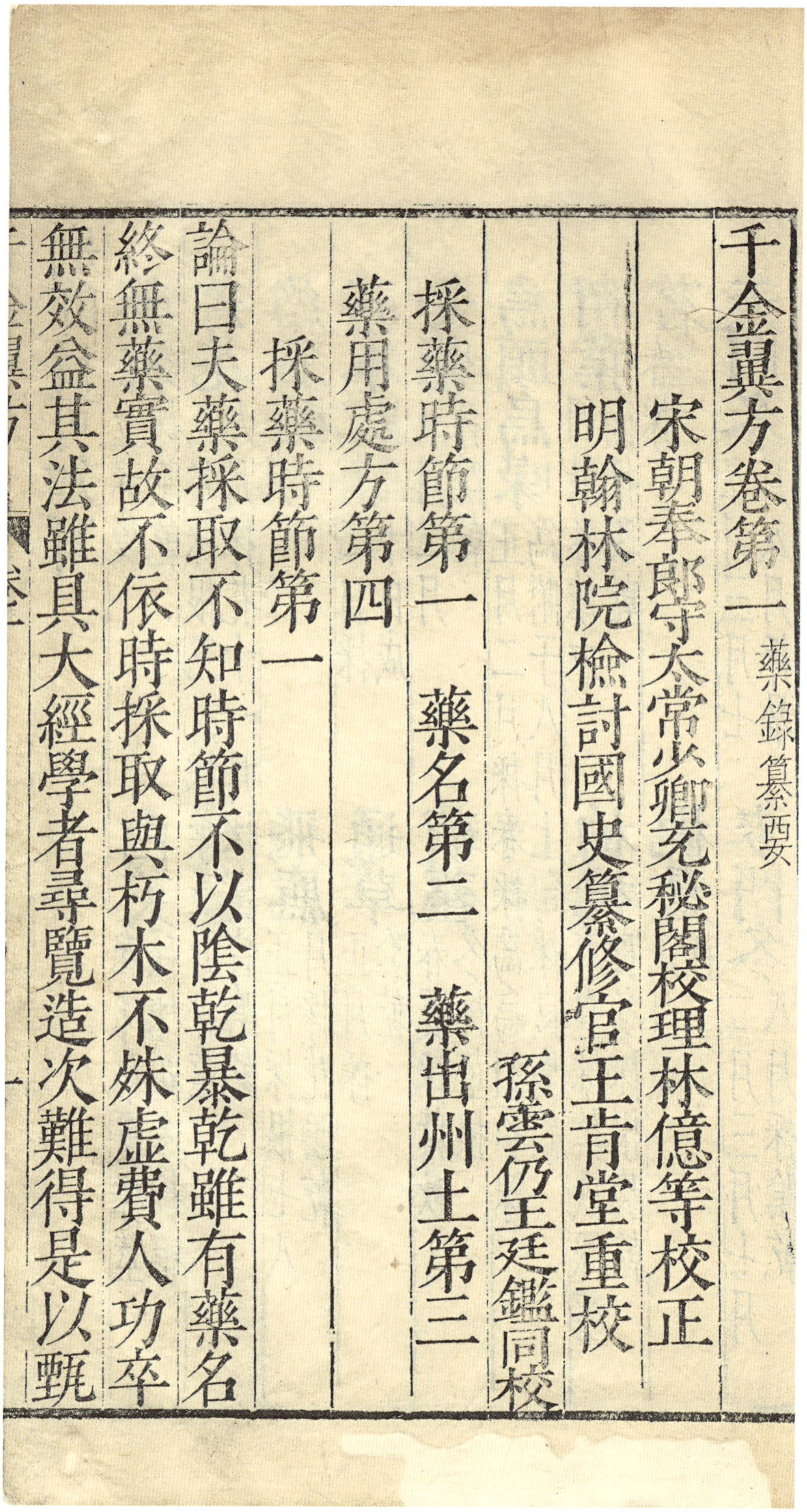
千金翼方卷第一　藥錄纂要
宋朝奉郎守太常少卿充秘閣校理林億等校正
明翰林院檢討國史纂修官王肯堂重校
孫雲仍王廷鑑同校
採藥時節第一　藥名第二　藥出州土第三
藥用處方第四
採藥時節第一
論曰夫藥採取不知時節不以陰乾暴乾雖有藥名
終無藥實故不依時採取與朽木不殊虚費人功卒
無效益其法雖具大經學者尋覽造次難得是以甄
千金翼方　卷一　一

10261　千金翼方三十卷　（唐）孫思邈撰　明萬曆三十三年（1605）王肯堂刻本　大連圖書館

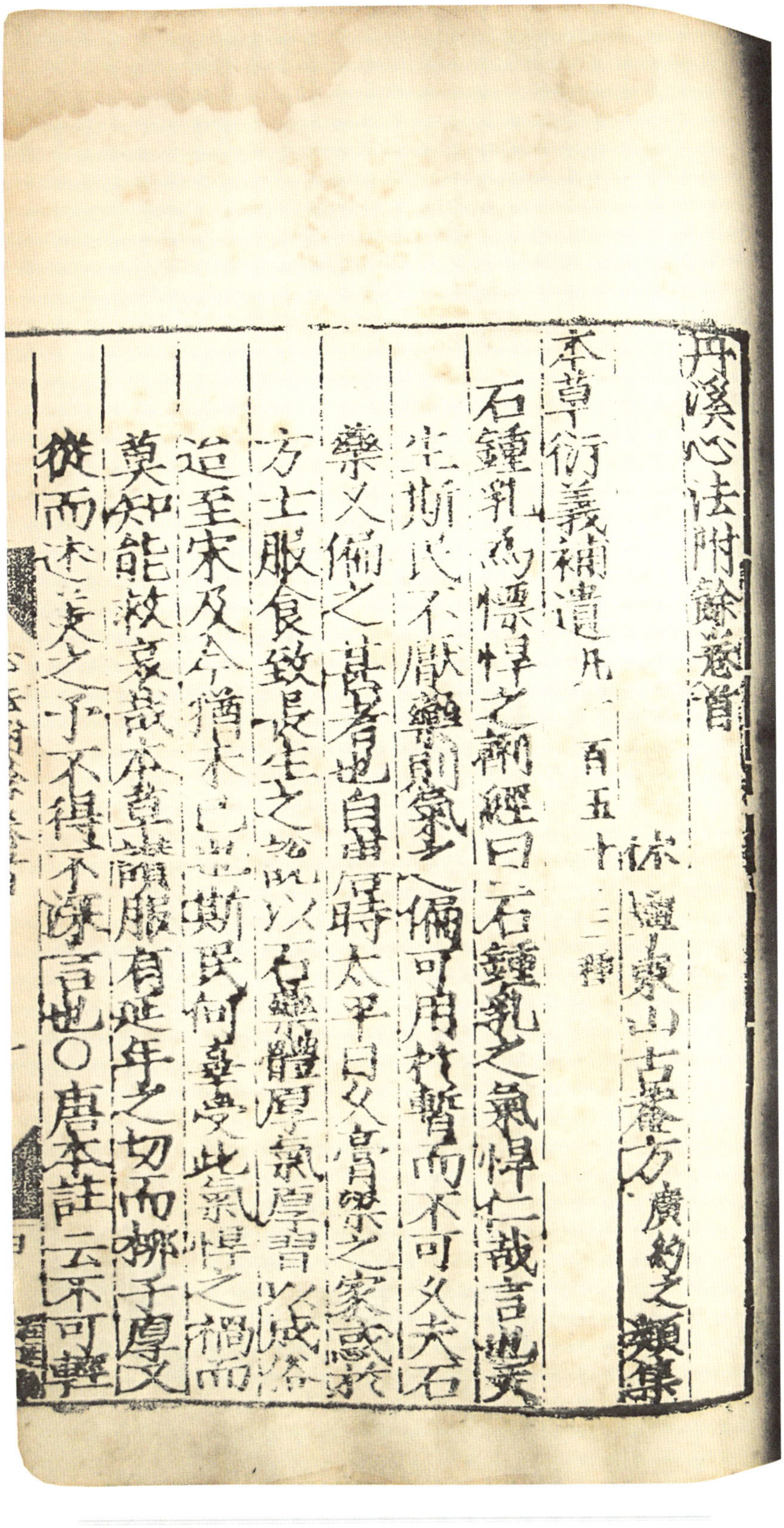
丹溪心法附餘卷首
休寧東山古菴方廣約之類集
本草衍義補遺凡一百五十三種
石鍾乳爲慓悍之劑經曰石鍾乳之氣悍仁哉言也天
生斯民不厭藥則氣之偏可用於暫而不可久夫石
藥又偏之甚者也自唐時太平日久膏粱之家惑於
方士服食致長生之說以石藥體厚氣厚習以成俗
迨至宋及今猶未已也斯民何辜受此氣悍之禍而
莫知能救哀哉本草讃服有延年之功而柳子厚又
從而述美之予不得不深言也○唐本註云不可輕

10262　丹溪心法附餘二十四卷　（明）方廣撰　明隆慶六年（1572）刻本

中國醫科大學圖書館

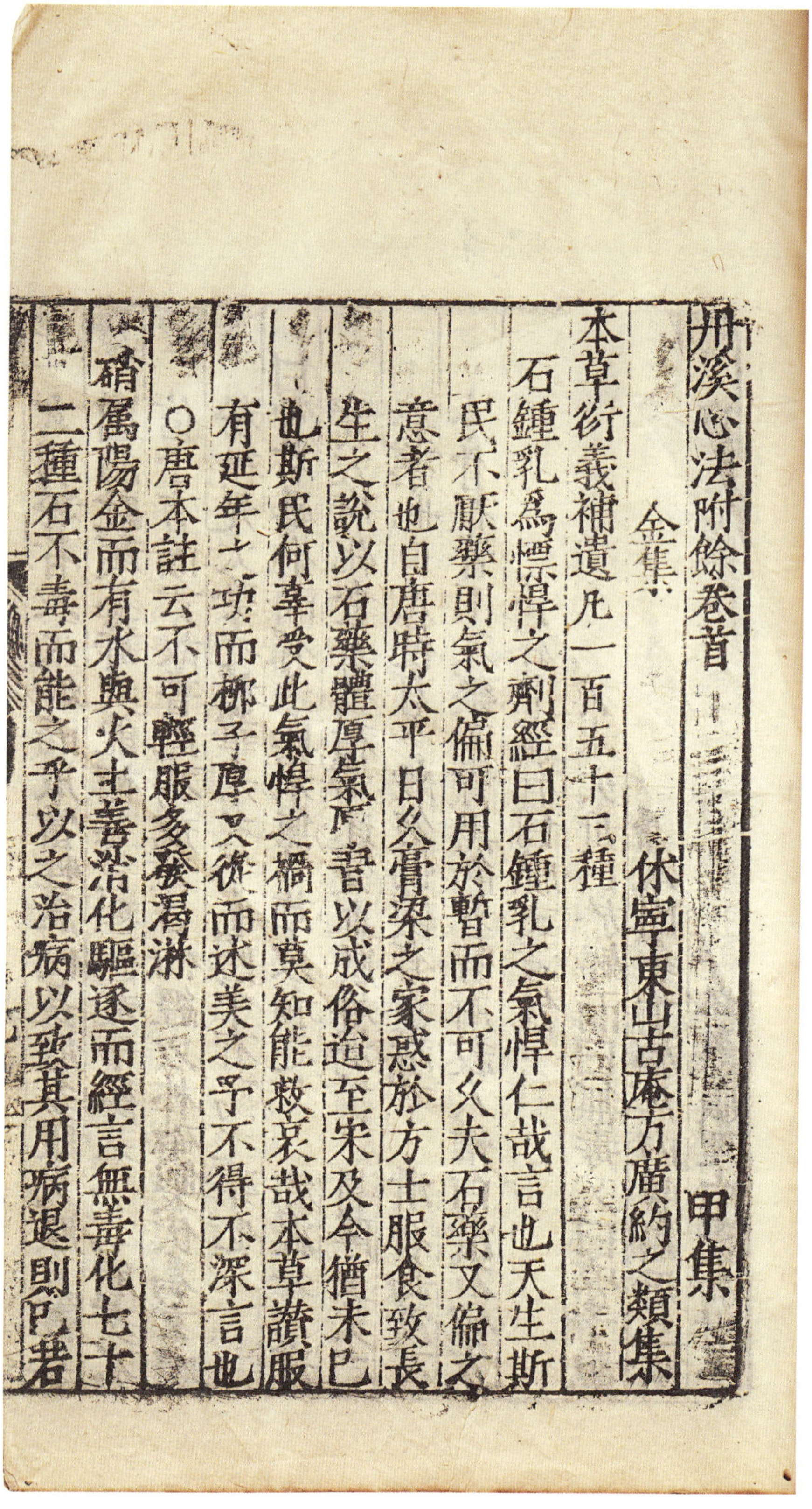
丹溪心法附餘卷首　　甲集
金集　　休寧東山古菴方廣約之類集
本草衍義補遺凡一百五十二種
石鍾乳爲慓悍之劑經曰石鍾乳之氣悍仁哉言也天生斯
民不厭藥則氣之偏可用於暫而不可久夫石藥又偏之
意者也自唐時太平日久膏梁之家惑於方士服食致長
生之說以石藥體厚氣厚習以成俗迨至宋及今猶未已
也斯民何辜受此氣悍之禍而莫知能救哀哉本草讚服
有延年之功而柳子厚又從而述美之予不得不深言也
○唐本註云不可輕服多發渴淋
硝屬陽金而有水與火土善消化驅逐而經言無毒化七十
二種石不毒而能之乎以之治病以致其用病退則已若

10263　丹溪心法附餘二十四卷首一卷　（明）方廣撰　明刻本　大連圖書館

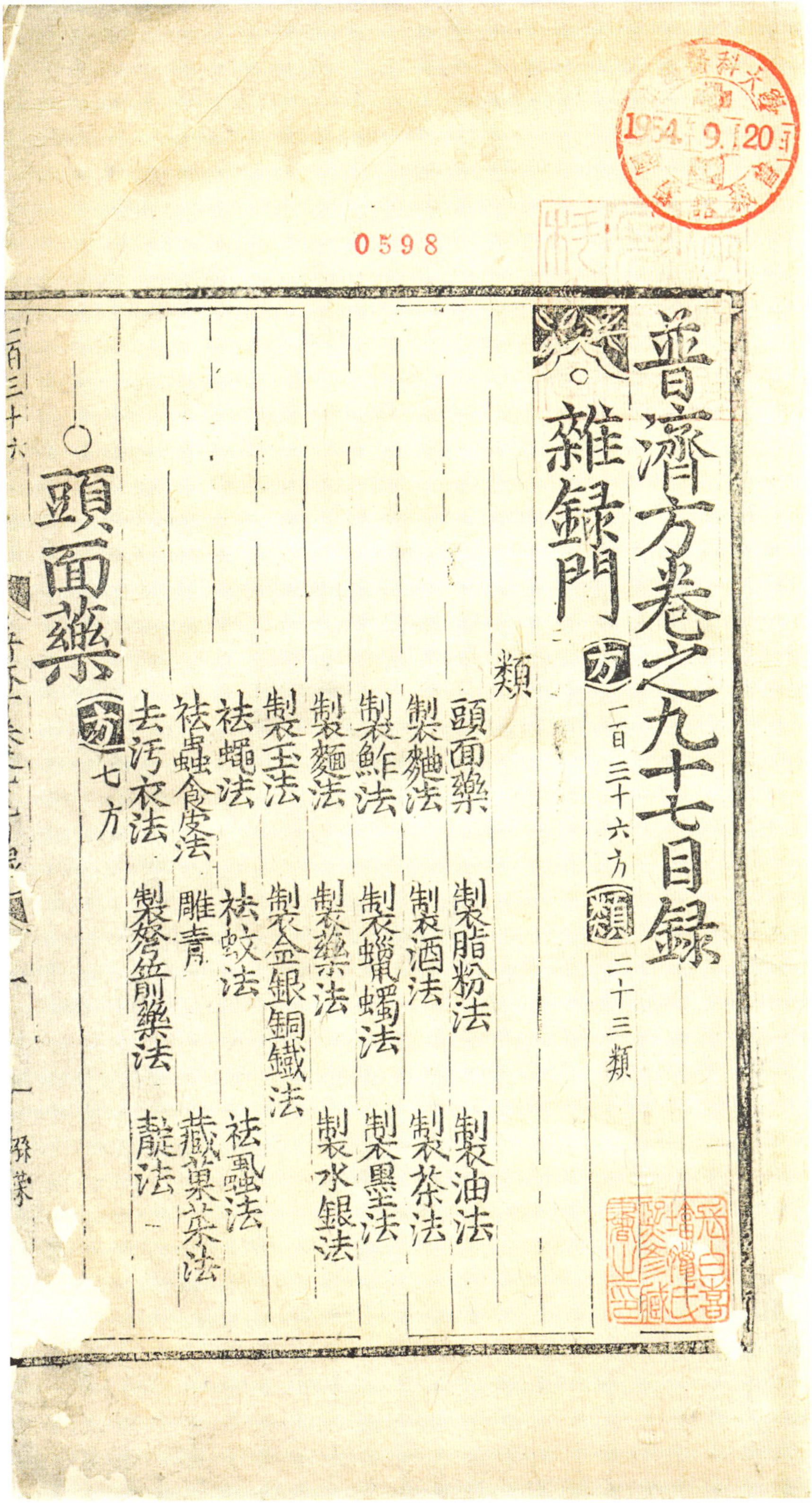

10264 普濟方一百六十八卷 （明）朱橚撰 明永樂周藩刻本 中國醫科大學圖書館

存二卷（九十七至九十八）

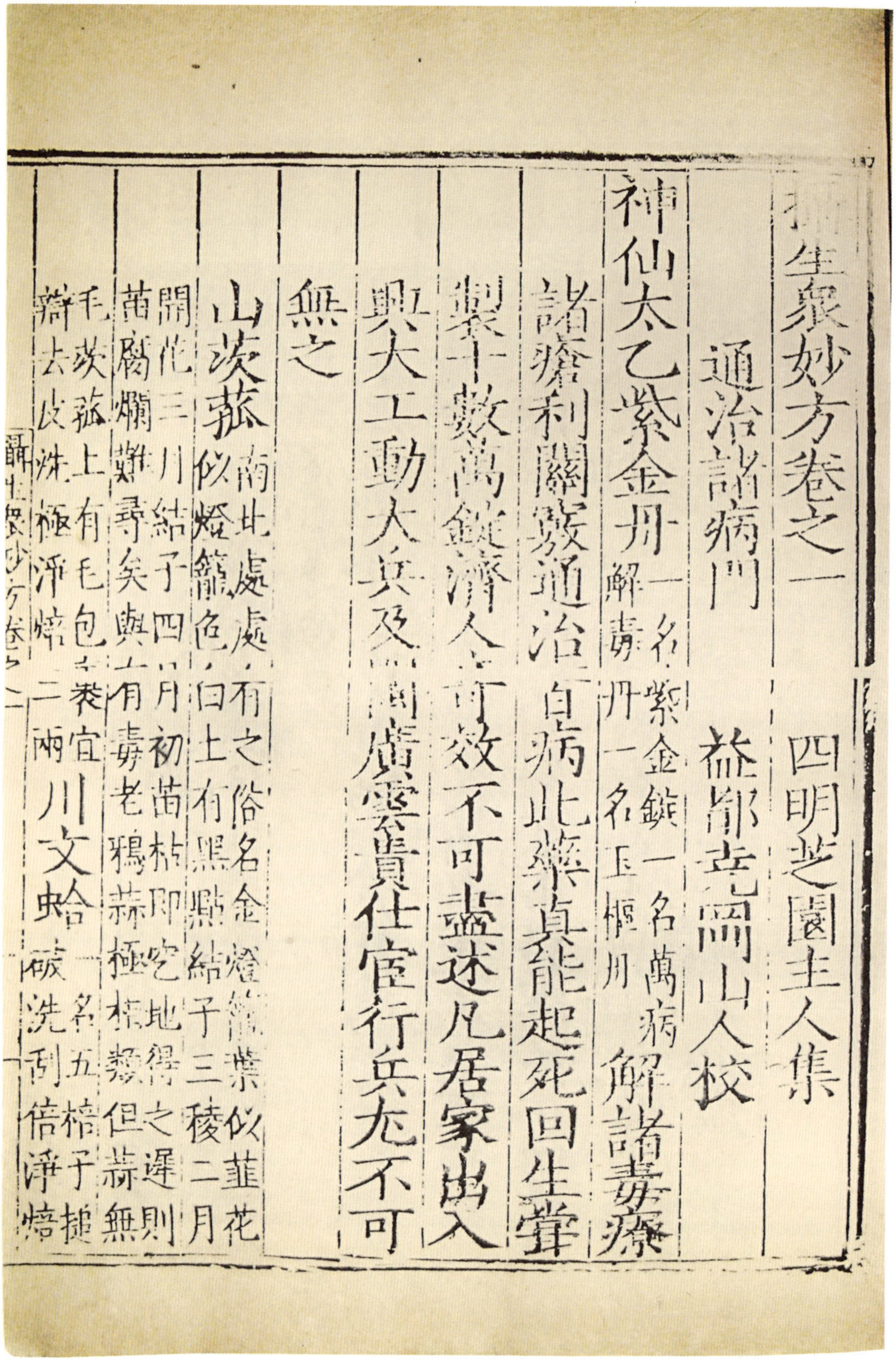
攝生衆妙方卷之一　四明芝園主人集
通治諸病門　益都嵩岡山人校
神仙太乙紫金丹一名紫金錠一名萬病解毒丹一名玉樞丹解諸毒療諸瘡利關竅通治百病此藥眞能起死回生嘗製千數萬錠濟人有效不可盡述凡居家出入與夫工動大兵及幽闇處要貴仕宦行兵尤不可無之
山茨菰南北處處有之俗名金燈籠葉似韭花似燈籠色白上有黑點結子三稜二月開花三月結子四月初苗枯即挖地得之遲則苗腐爛難尋矣與有毒老鴉蒜極相類但蒜無毛茨菰上有毛包裹者宜揀去皮洗極淨焙二兩　川文蛤一名五棓子搥破洗刮倍淨焙

10265　攝生衆妙方十一卷　（明）張時徹撰　**急救良方二卷**　（明）張時徹輯　明隆慶三年（1569）衡府刻本　中國醫科大學圖書館

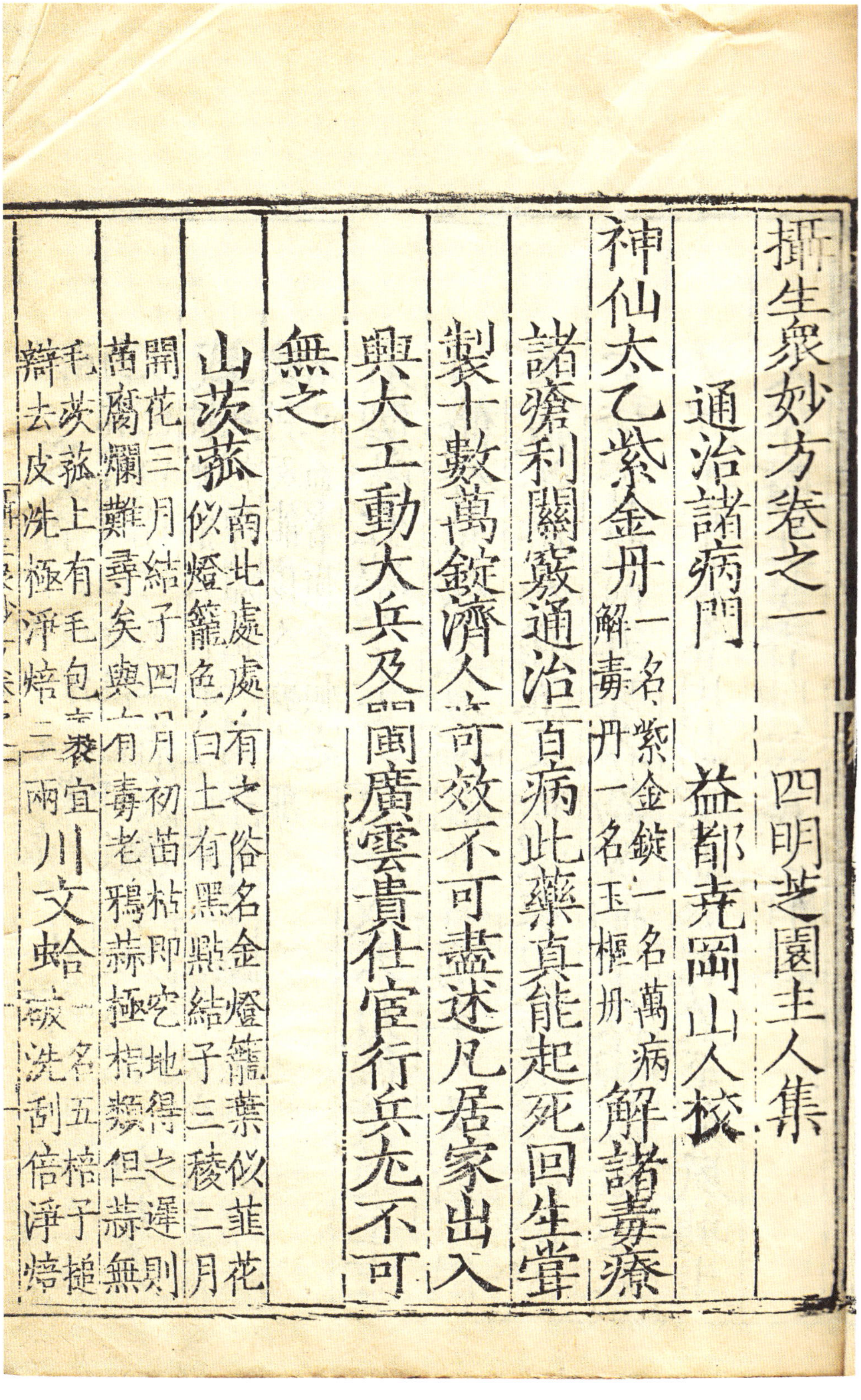
攝生衆妙方卷之一　四明芝園主人集
通治諸病門　益都堯岡山人校
神仙太乙紫金丹一名紫金錠一名萬病解毒丹一名玉樞丹解諸毒療
諸瘡利關竅通治百病此藥真能起死回生嘗
製十數萬錠濟人全可效不可盡述凡居家出入
與夫工動大兵及出閩廣雲貴仕宦行兵尤不可
無之
山茨菰南北處處有之俗名金燈籠葉似韭花似燈籠色白上有黑點結子三稜二月開花三月結子四五月初苗枯即挖地得之遲則苗腐爛難尋矣與老鴉蒜極相類但蒜無毛茨菰上有毛包裹宜辯去皮洗極淨焙二兩
川文蛤一名五棓子搥破洗刮倍淨焙

10266　攝生衆妙方十一卷　（明）張時徹撰　明隆慶三年（1569）衡府刻本　大連圖書館

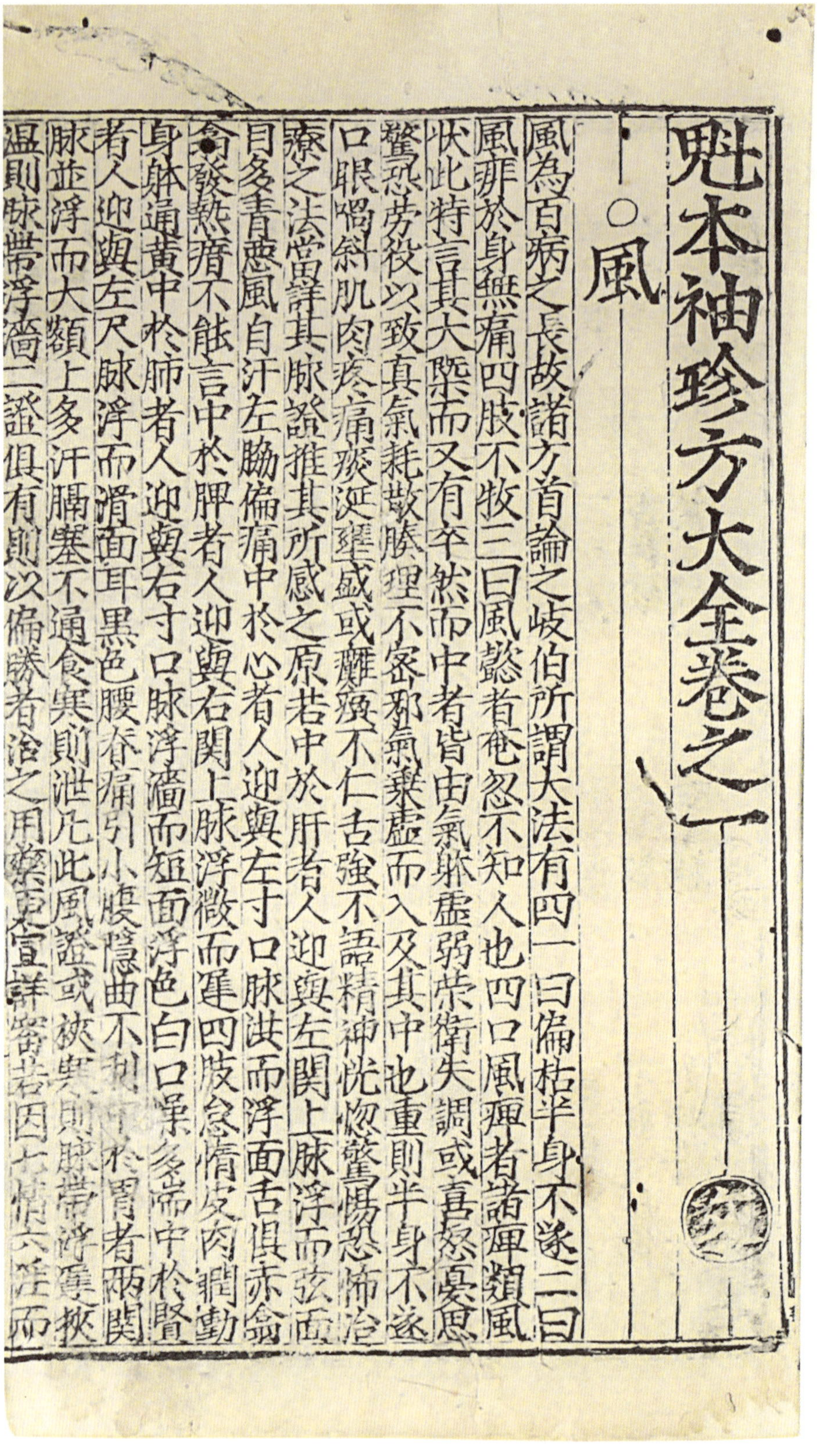
魁本袖珍方大全卷之一

○風

風為百病之長故諸方首論之岐伯所謂大法有四一曰偏枯半身不遂二曰風痱於身無痛四肢不收三曰風懿者奄忽不知人也四曰風痺者諸痺類風狀此特言其大槩而又有卒然而中者皆由氣體虛弱榮衛失調或喜怒憂思驚恐勞役以致真氣耗散腠理不密邪氣乘虛而入及其中也重則半身不遂口眼喎斜肌肉疼痛痰涎壅盛或癱瘓不仁舌強不語精神恍惚驚惕恐怖治療之法當詳其脉證推其所感之原若中於肝者人迎與左關上脉浮而弦面目多青惡風自汗左脇偏痛中於心者人迎與左寸口脉洪而浮面舌俱赤翕翕發熱瘖不能言中於脾者人迎與右關上脉浮微而遲四肢怠惰皮肉瞤動身體通黃中於肺者人迎與右寸口脉浮濇而短面浮色白口燥多喘中於腎者人迎與左尺脉浮而滑面耳黑色腰脊痛引小腹隱曲不利中於胃者兩關脉並浮而大額上多汗膈塞不通食寒則泄凡此風證或挾寒則脉帶浮遲挾溫則脉帶浮濇二證俱有則以偏勝者治之用藥更宜詳審若因七情六淫而

10267　新刊袖珍方大全四卷　（明）李恒撰　明嘉靖十八年（1539）楊氏清江書堂刻本　遼寧省圖書館

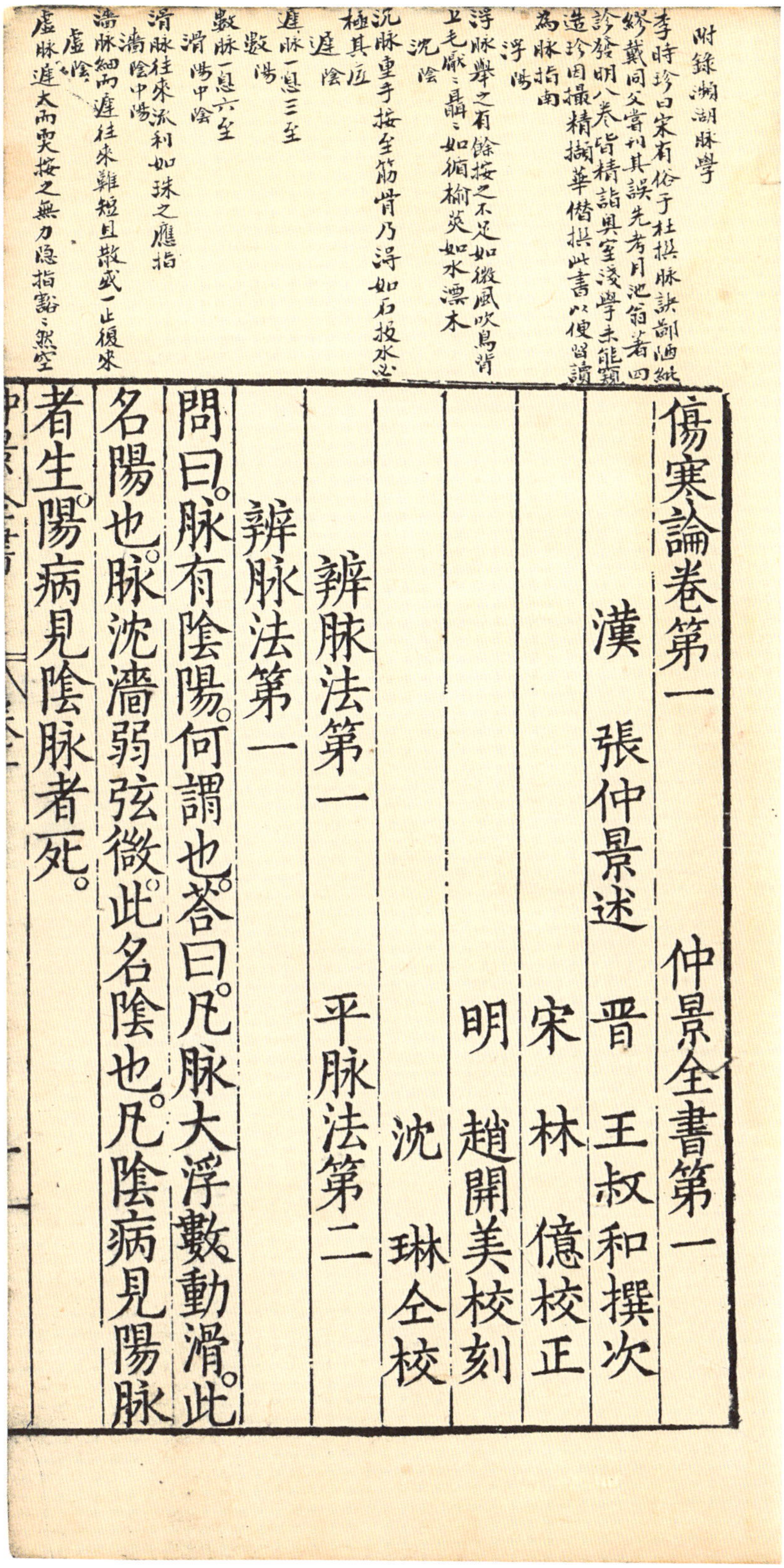

附錄瀕湖脈學
李時珍曰宋有俗子杜撰脈訣鄙陋紕繆戴同父嘗刊其誤先考月池翁著四診發明八卷皆精詣奥室淺學未能窺造珍因撮精擷華僭撰此書以便習讀為脈指南
浮陽
浮脈舉之有餘按之不足如微風吹鳥背上毛厭厭聶聶如循榆莢如水漂木
沈陰
沉脈重手按至筋骨乃得如石投水必極其底
遲陰
遲脈一息三至
數陽
數脈一息六至
滑陽中陰
滑脈往來流利如珠之應指
濇陰中陽
濇脈細而遲往來難短且散或一止復來
虛陰
虛脈遲大而耎按之無力隱指豁豁然空

傷寒論卷第一　　仲景全書第一
漢　張仲景述　晉　王叔和撰次
宋　林　億校正
明　趙開美校刻
沈　琳仝校
辨脈法第一　平脈法第二
辨脈法第一
問曰。脈有陰陽。何謂也。答曰。凡脈大浮數動滑。此名陽也。脈沈濇弱弦微。此名陰也。凡陰病見陽脈者生。陽病見陰脈者死。

10268　仲景全書二十六卷　（漢）張仲景撰　明萬曆二十七年（1599）趙開美刻本　中國醫科大學圖書館

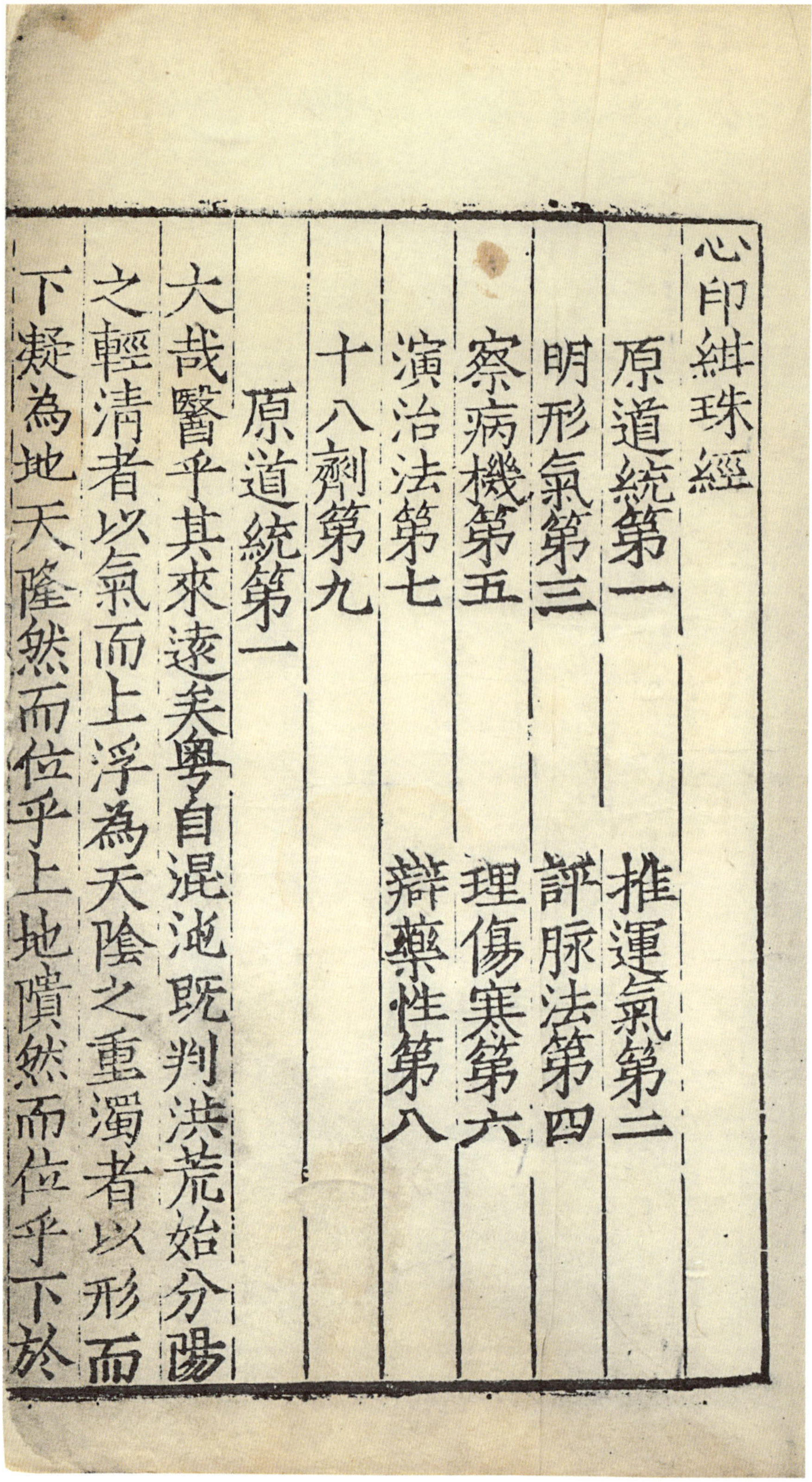

心印紺珠經

原道統第一　推運氣第二
明形氣第三　評脉法第四
察病機第五　理傷寒第六
演治法第七　辯藥性第八
十八劑第九

原道統第一

大哉醫乎其來遠矣粵自混沌既判洪荒始分陽之輕清者以氣而上浮為天陰之重濁者以形而下凝為地天隆然而位乎上地隤然而位乎下於

10269　心印紺珠經二卷　（明）李湯卿撰　明嘉靖二十一年（1542）邢址刻本　遼寧中醫藥大學圖書館

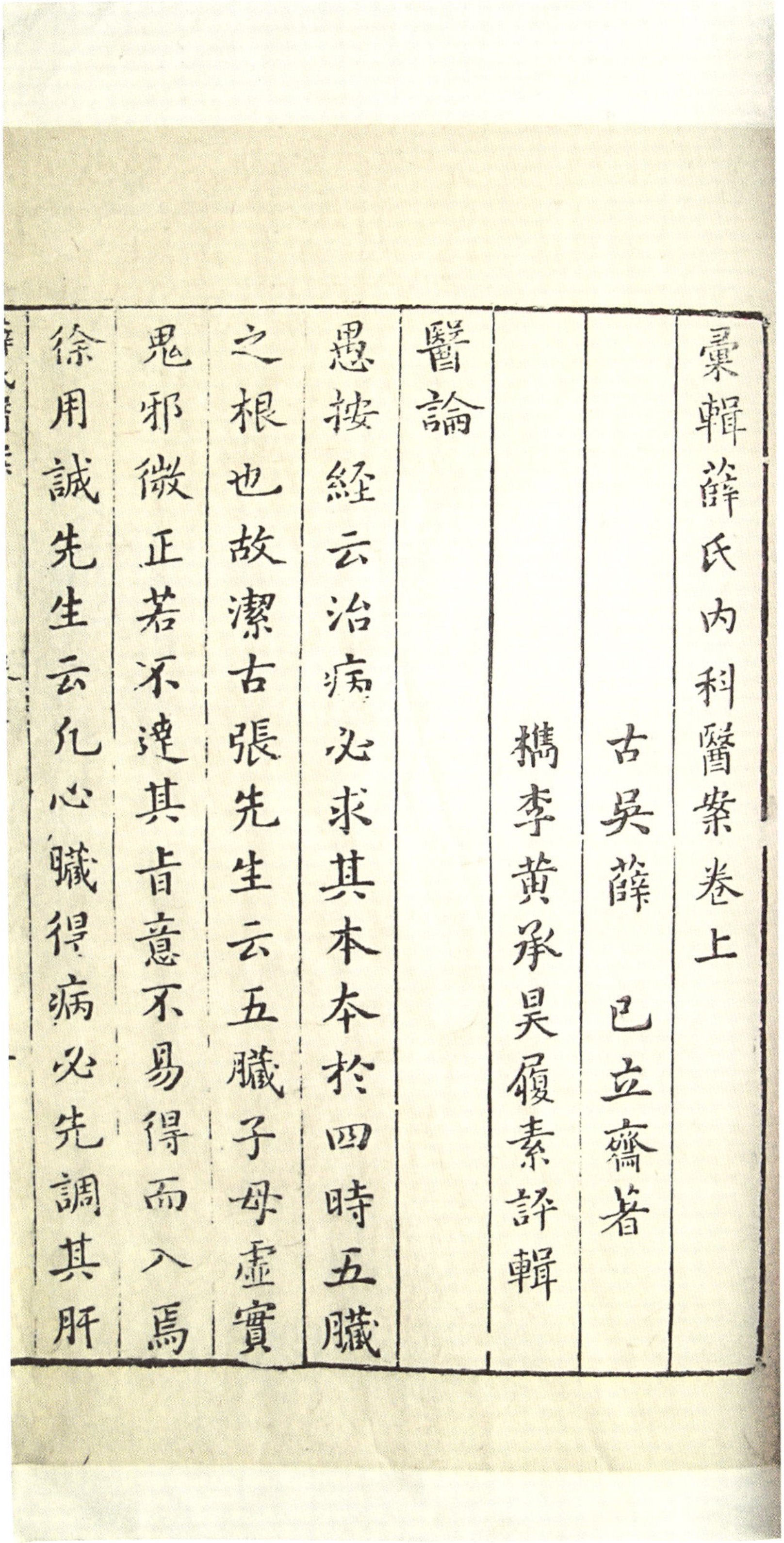

彙輯薛氏內科醫案卷上

古吳薛　己立齋著

檇李黄承昊履素評輯

醫論

愚按經云治病必求其本本於四時五臟

之根也故潔古張先生云五臟子母虛實

鬼邪微正若不達其旨意不易得而入焉

徐用誠先生云凡心臟得病必先調其肝

10270　彙輯薛氏内科醫案三卷附方一卷　（明）薛己撰　（明）黄承昊評輯　明崇禎刻本　中國醫科大學圖書館

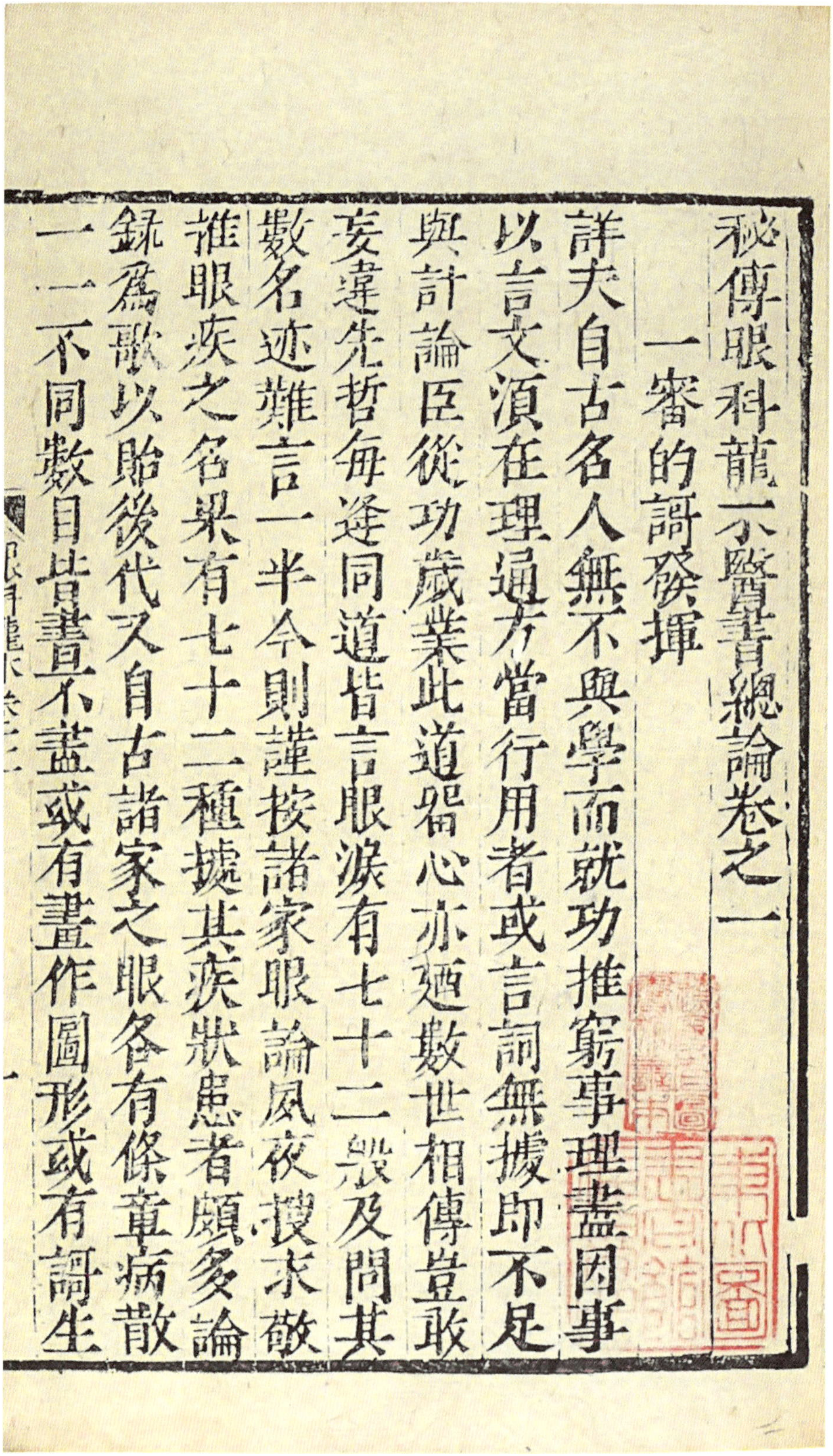

秘傳眼科龍木醫書總論卷之一
一審的詞發揮
詳夫自古名人無不與學而就功推窮事理盡因事
以言文須在理通方當行用者或言詞無據即不足
與討論臣從功歲業此道留心亦通數世相傳豈敢
妄違先哲每逢同道皆言眼疾有七十二般及問其
數名迹難言一半今則謹按諸家眼論夙夜搜求敬
推眼疾之名果有七十二種據其疾狀患者頗多論
録爲歌以貽後代又自古諸家之眼各有條章病散
一一不同數目皆盡不盡或有畫作圖形或有詞生

眼科龍木卷之一　一

10271　秘傳眼科龍木醫書總論十卷附葆光道人秘傳眼科一卷　題（明）葆光道人撰　明萬曆三年（1575）刻本　遼寧省圖書館

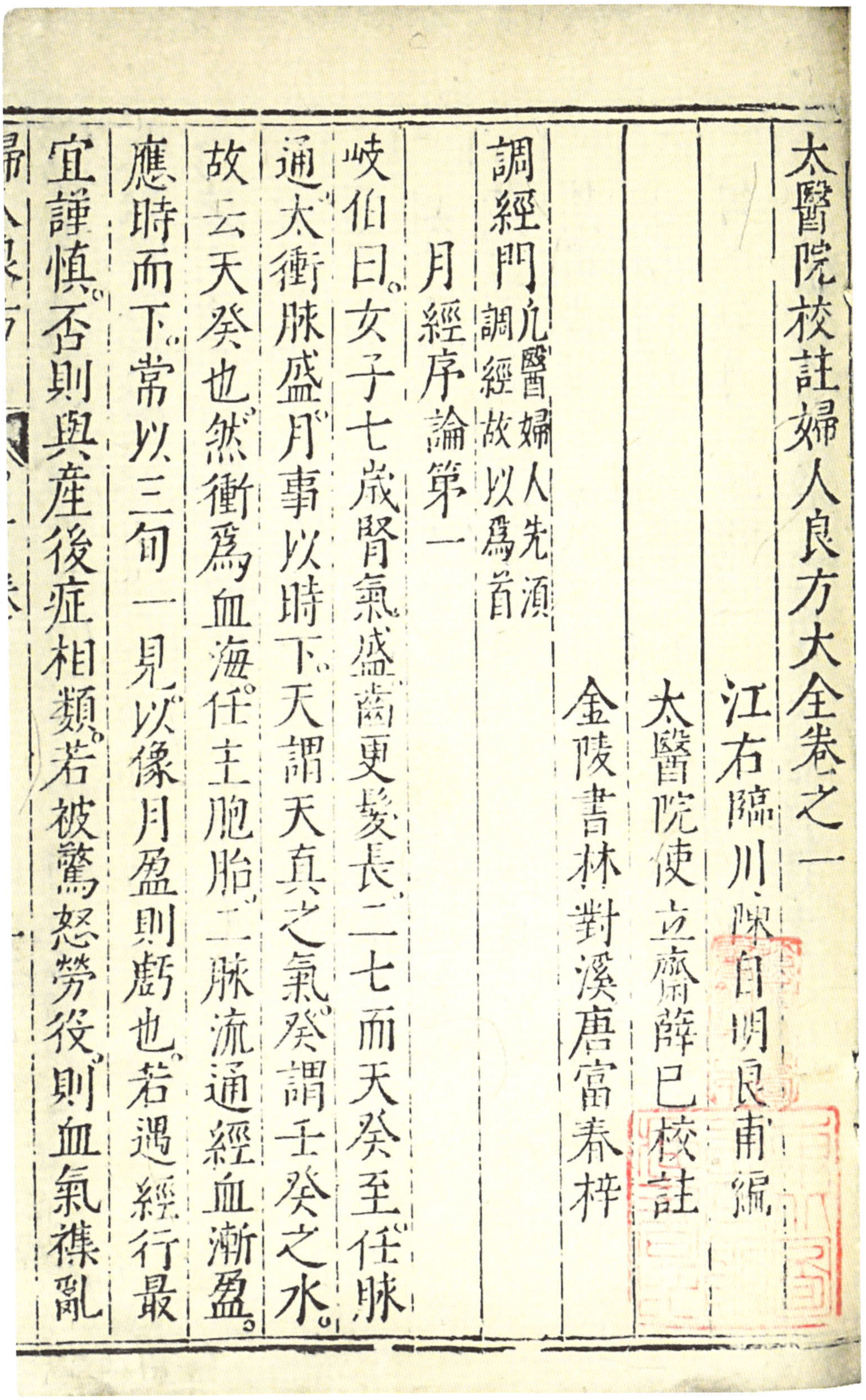
太醫院校註婦人良方大全卷之一
江右臨川陳自明良甫編
太醫院使立齋薛已校註
金陵書林對溪唐富春梓
調經門凡醫婦人先須調經故以爲首
月經序論第一
岐伯曰女子七歲腎氣盛齒更髮長二七而天癸至任脉通太衝脉盛月事以時下天謂天真之氣癸謂壬癸之水故云天癸也然衝爲血海任主胞胎二脉流通經血漸盈應時而下常以三旬一見以像月盈則虧也若遇經行最宜謹慎否則與産後症相類若被驚怒勞役則血氣錯亂

10272 太醫院校註婦人良方大全二十四卷 （宋）陳自明撰 （明）薛己注 明陳長卿刻本 遼寧省圖書館

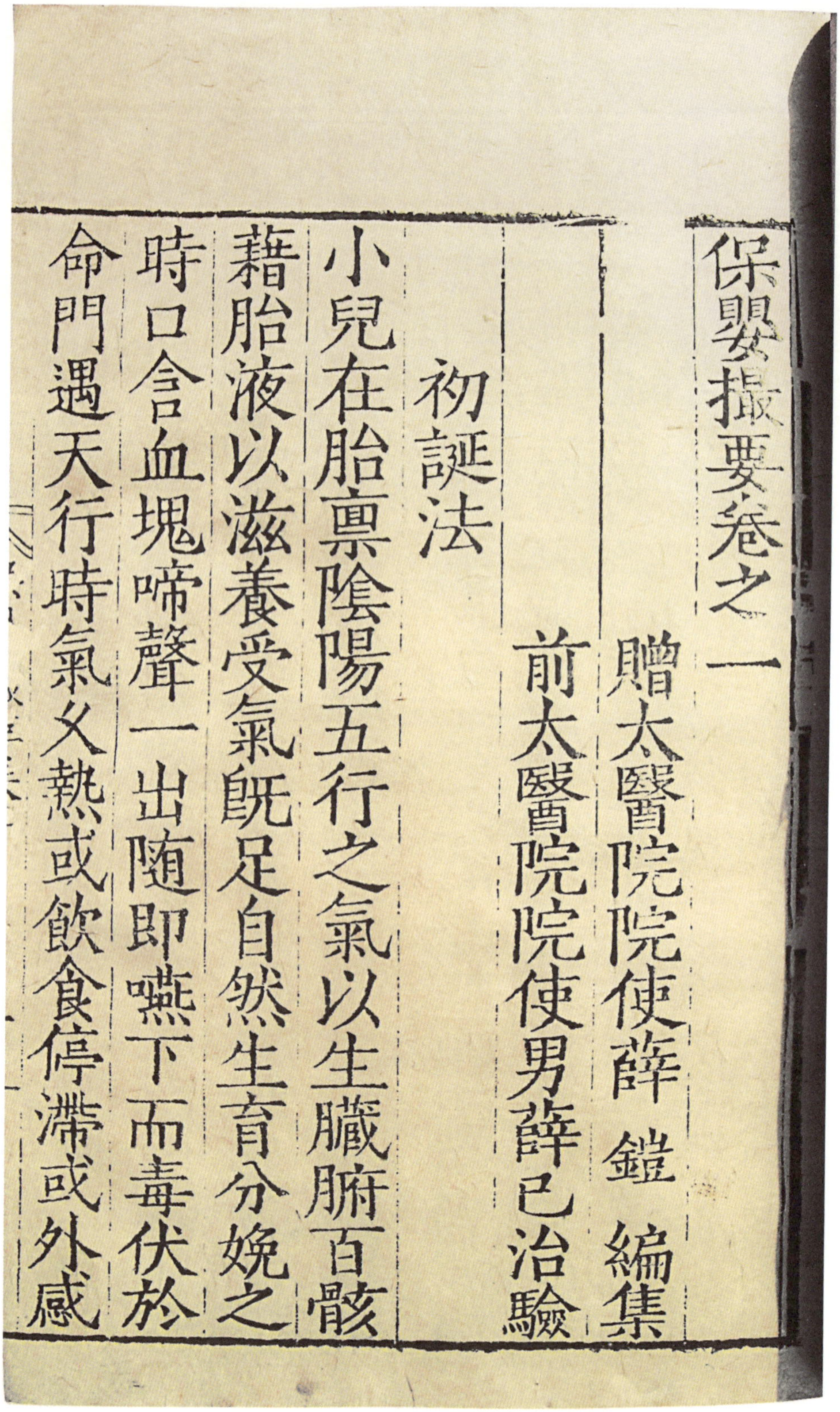

保嬰撮要卷之一

贈太醫院院使薛　鎧　編集

前太醫院院使男薛己治驗

初誕法

小兒在胎稟陰陽五行之氣以生臟腑百骸藉胎液以滋養受氣既足自然生育分娩之時口含血塊啼聲一出隨即嚥下而毒伏於命門遇天行時氣久熱或飲食停滯或外感

10273　保嬰撮要二十卷　（明）薛鎧撰　明刻本　中國醫科大學圖書館

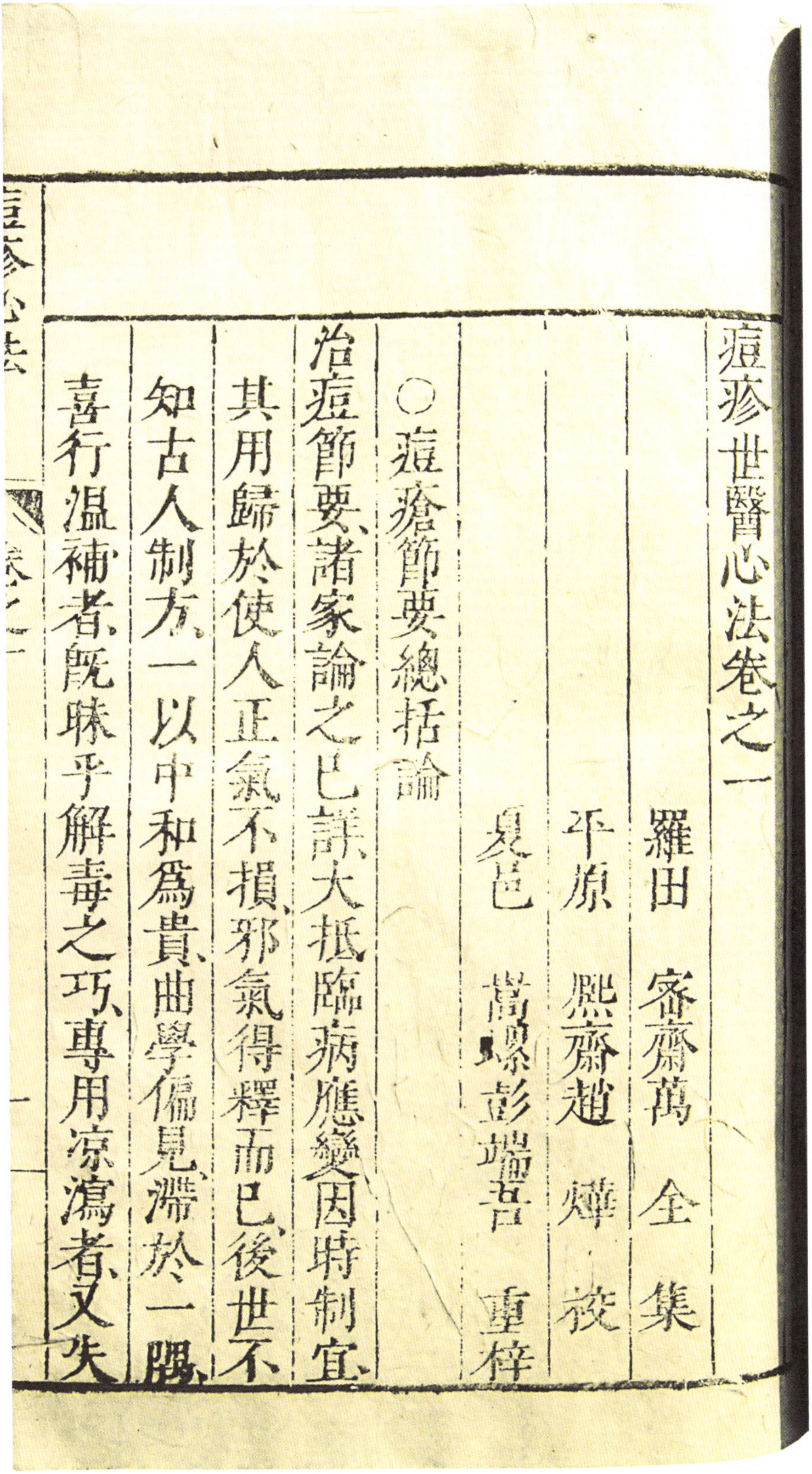

痘疹世醫心法卷之一

羅田　密齋萬　全　集

平原　熙齋趙　燁　校

夏邑　嵩螺彭端吾　重梓

○痘瘡節要總括論

治痘節要、諸家論之已詳、大抵臨病應變、因時制宜、其用歸於使人正氣不損、邪氣得釋而已、後世不知古人制方、一以中和爲貴、曲學偏見、滞於一隅、喜行温補者、既昧乎解毒之巧、專用凉瀉者、又失

痘疹心法　卷之一　一

10274　痘疹全書十六卷　（明）萬全撰　明萬曆三十八年（1610）彭端吾刻本　中國醫科大學圖書館

存十四卷（痘疹世醫心法十二卷、痘疹碎金賦二卷）

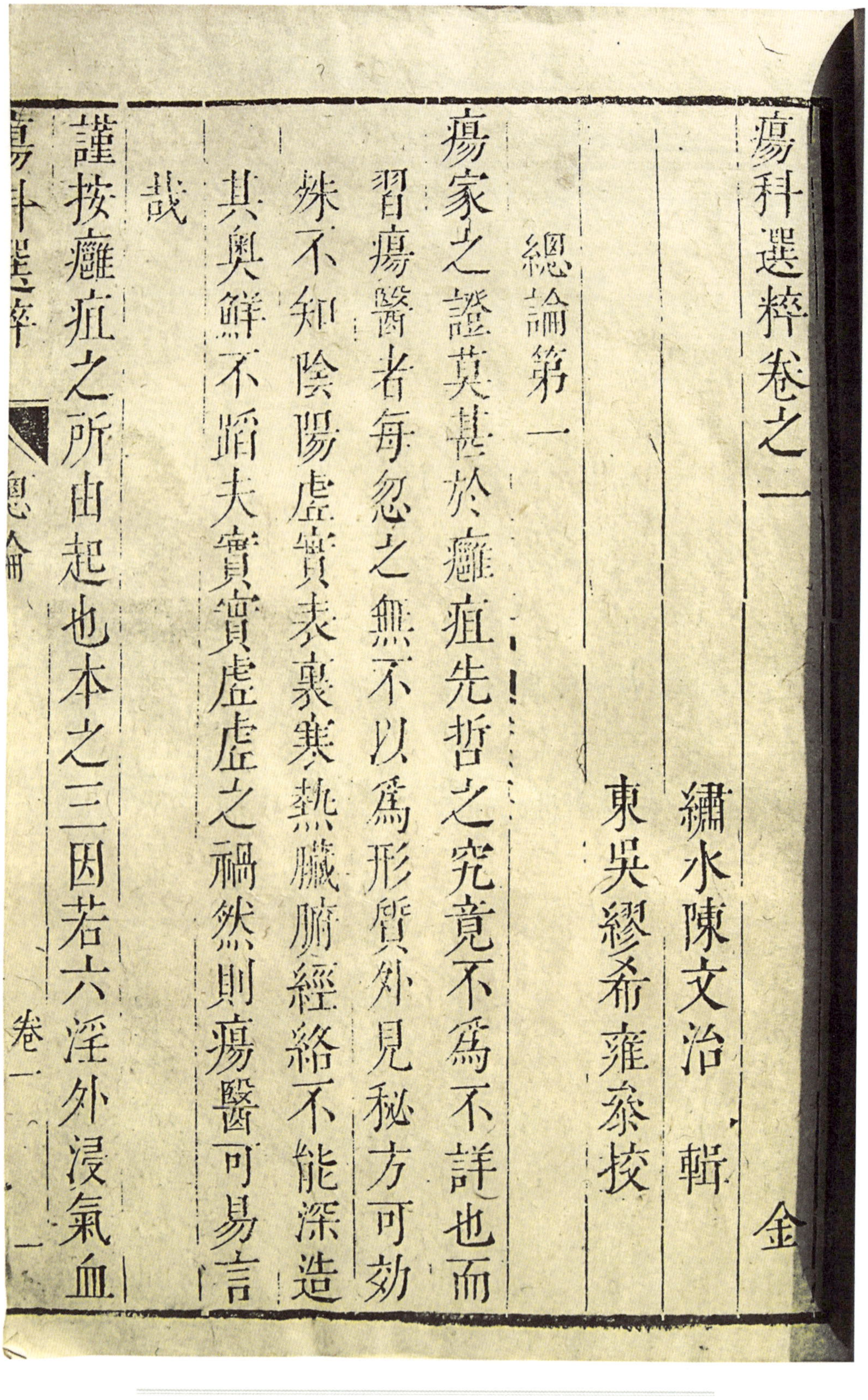
瘍科選粹卷之一　　金

繡水陳文治　輯

東吳繆希雍　參校

總論第一

瘍家之證莫甚於癰疽先哲之究竟不爲不詳也而習瘍醫者每忽之無不以爲形質外見秘方可効殊不知陰陽虛實表裏寒熱臟腑經絡不能深造其奥鮮不蹈夫實實虛虛之禍然則瘍醫可易言哉

謹按癰疽之所由起也本之三因若六淫外浸氣血

瘍科選粹　總論　卷一　一

10275　瘍科選粹八卷　（明）陳文治撰　明崇禎元年（1628）許僖刻本　中國醫科大學圖書館

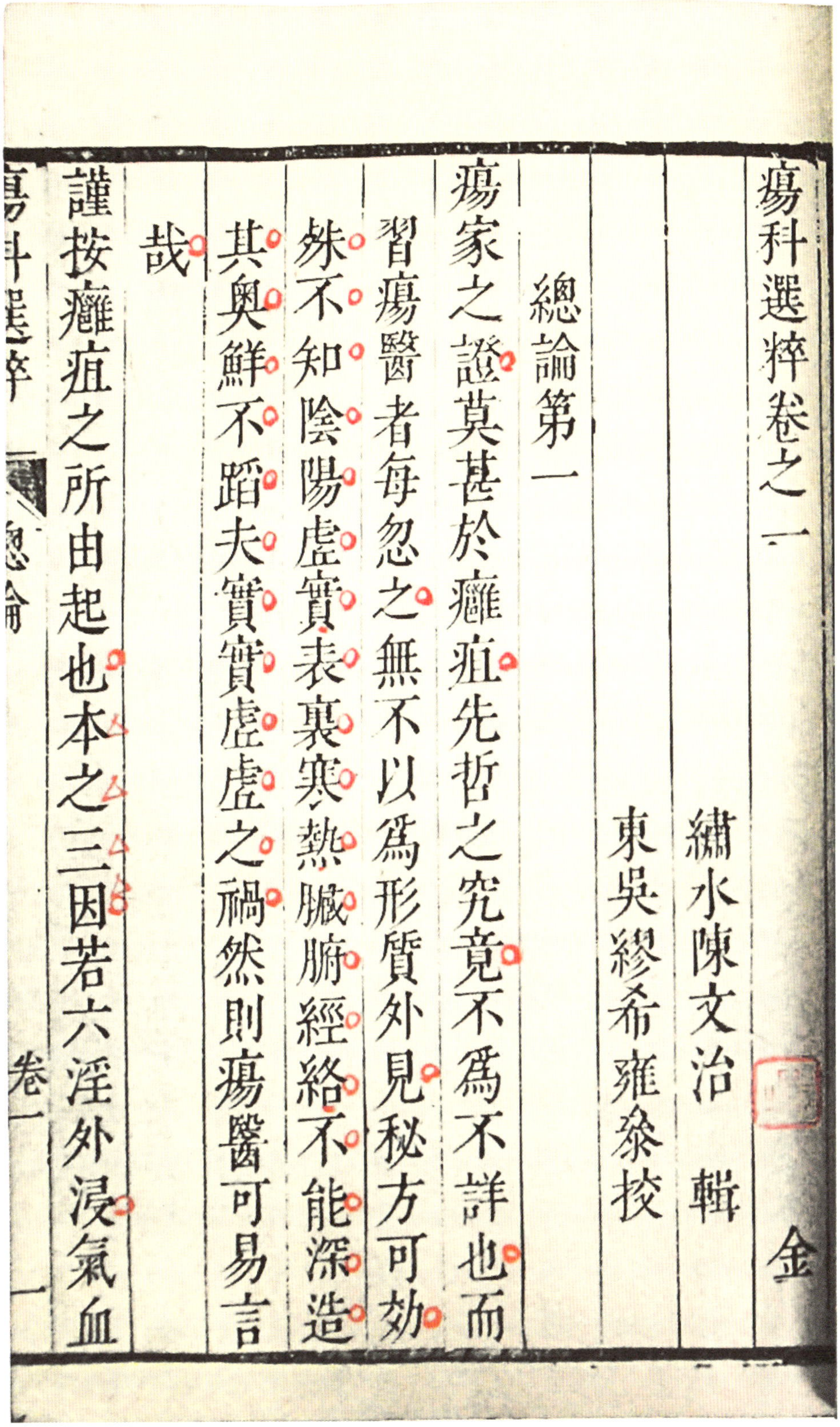
瘍科選粹卷之一

繡水陳文治　輯
東吳繆希雍叅挍

總論第一

瘍家之證莫甚於癰疽先哲之究竟不爲不詳也而習瘍醫者每忽之無不以爲形質外見秘方可効殊不知陰陽虛實表裏寒熱臟腑經絡不能深造其奥鮮不蹈夫實實虛虛之禍然則瘍醫可易言哉

謹按癰疽之所由起也本之三因若六淫外浸氣血

瘍科選粹　卷一　總論　一

10276　瘍科選粹八卷　（明）陳文治撰　明崇禎元年（1628）許僖刻本　遼寧中醫藥大學圖書館

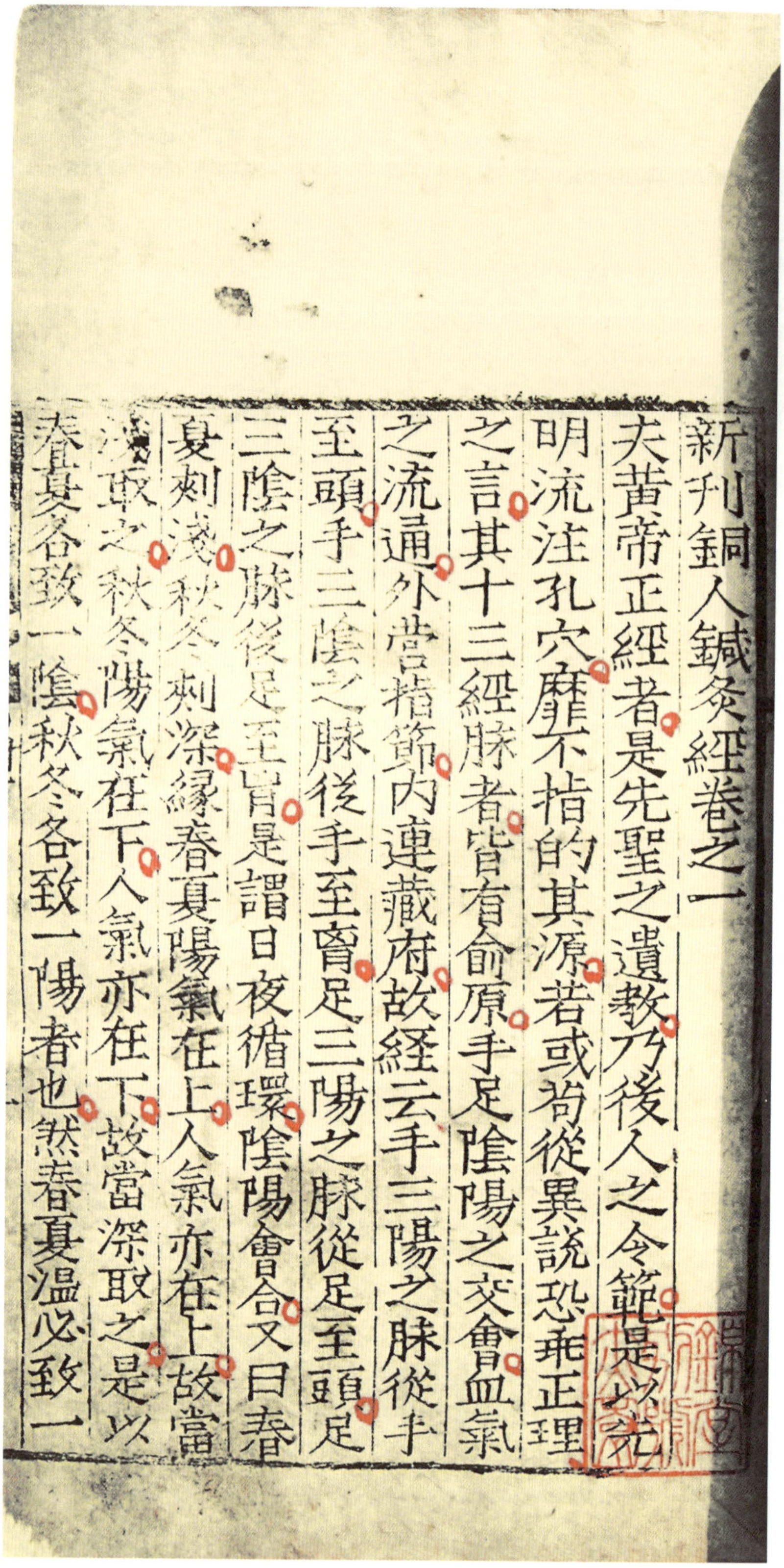

新刊銅人鍼灸經卷之一
夫黃帝正經者是先聖之遺教乃後人之令範是以先
明流注孔穴靡不指的其源若或苟從異説恐乖正理
之言其十二經脉者皆有俞原手足陰陽之交會血氣
之流通外營指節內連藏府故經云手三陽之脉從手
至頭手三陰之脉從手至胷足三陽之脉從足至頭足
三陰之脉從足至胷是謂日夜循環陰陽會合又曰春
夏刺淺秋冬刺深緣春夏陽氣在上人氣亦在上故當
淺取之秋冬陽氣在下人氣亦在下故當深取之是以
春夏各致一陰秋冬各致一陽者也然春夏溫必致一

10277　新刊銅人鍼灸經七卷新編西方子明堂灸經八卷　明山西平陽府刻本　中國醫科大學圖書館

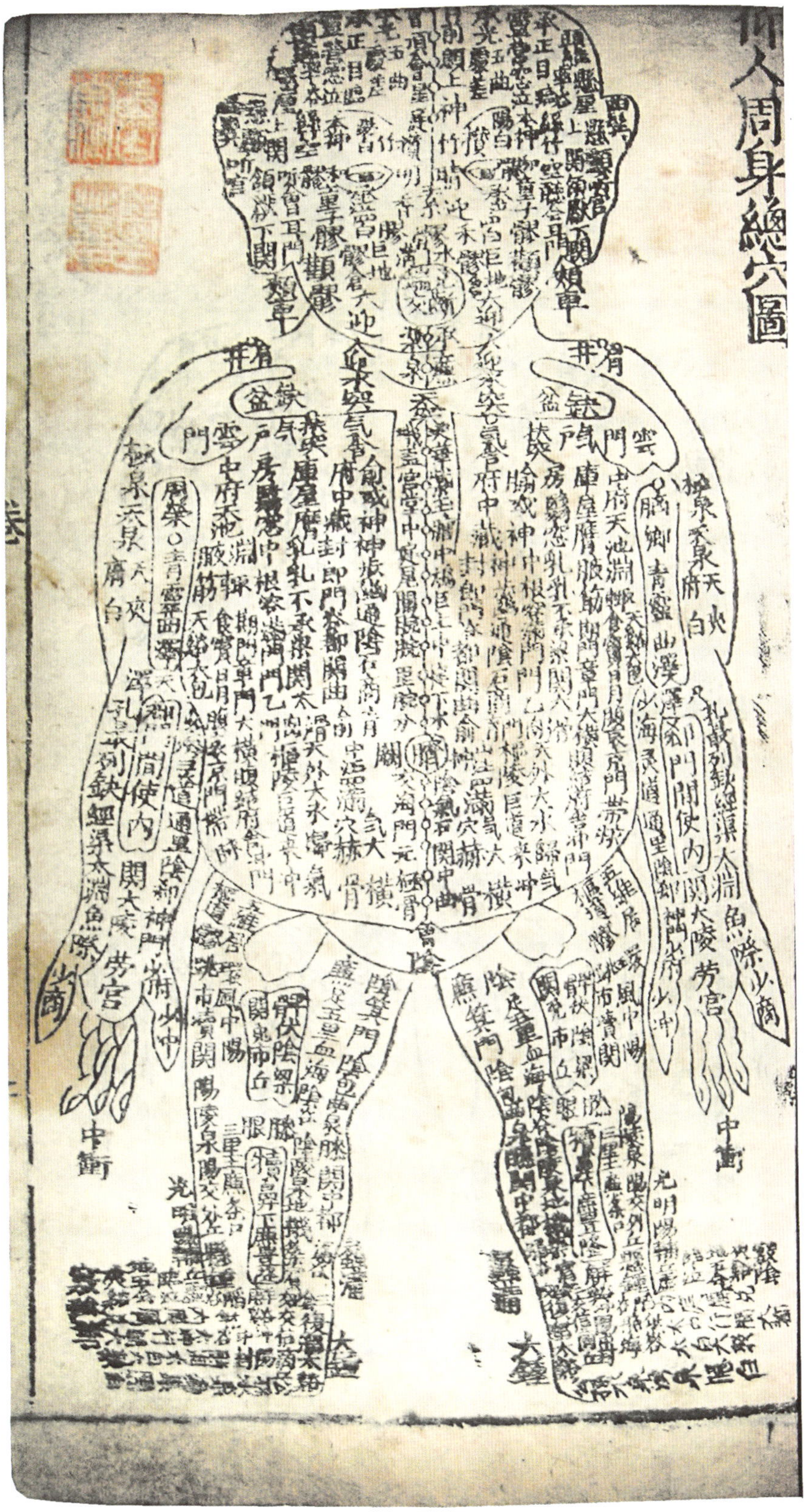

10278　針灸大成十卷　（明）楊繼洲撰　明萬曆二十九年（1601）趙文炳刻本　中國醫科大學圖書館

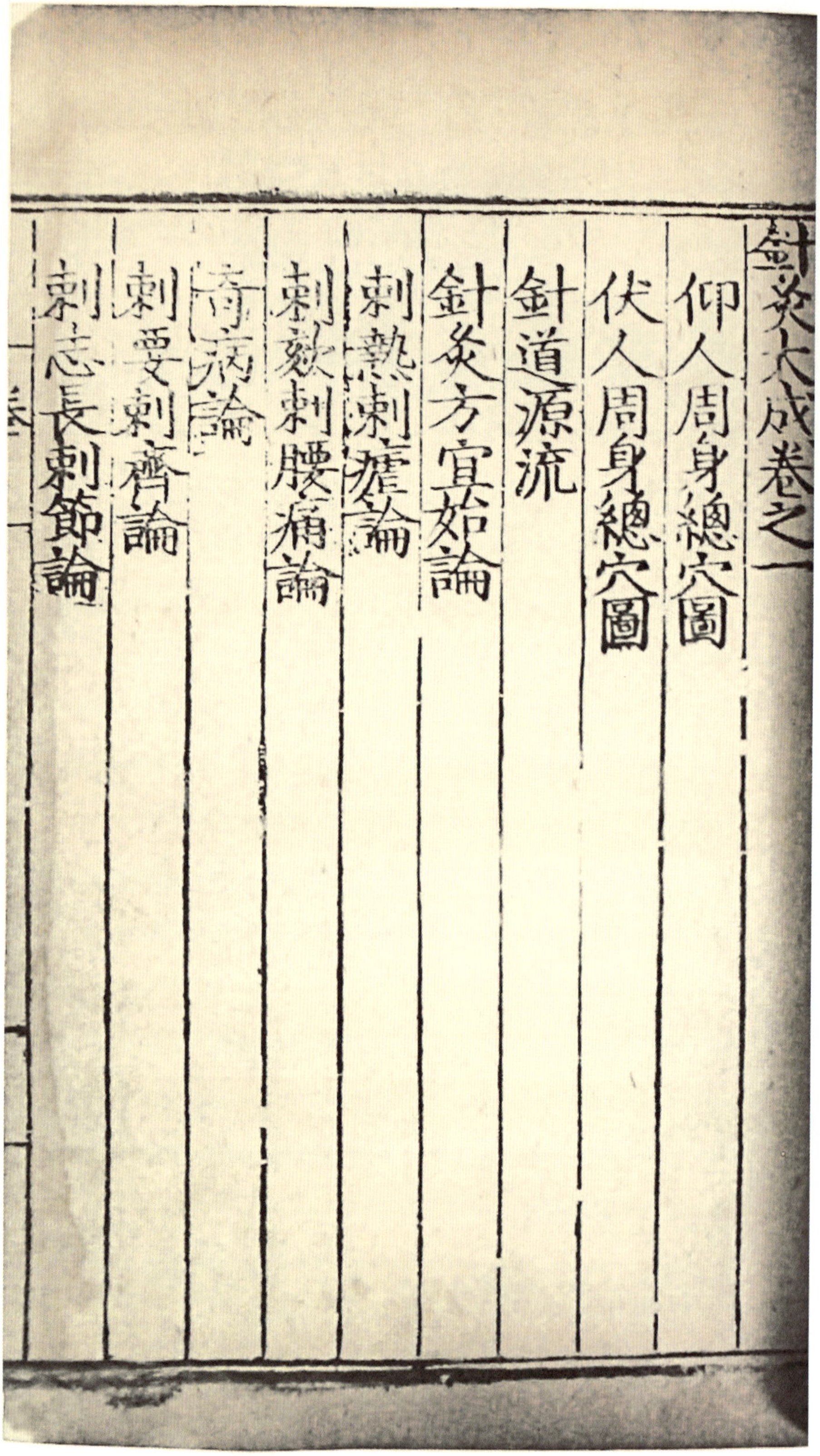
針灸大成卷之一
仰人周身總穴圖
伏人周身總穴圖
針道源流
針灸方宜始論
刺熱刺瘧論
刺欬刺腰痛論
奇病論
刺要刺齊論
刺志長刺節論

10279 針灸大成十卷 （明）楊繼洲撰 明萬曆二十九年（1601）趙文炳刻本 遼寧中醫藥大學圖書館

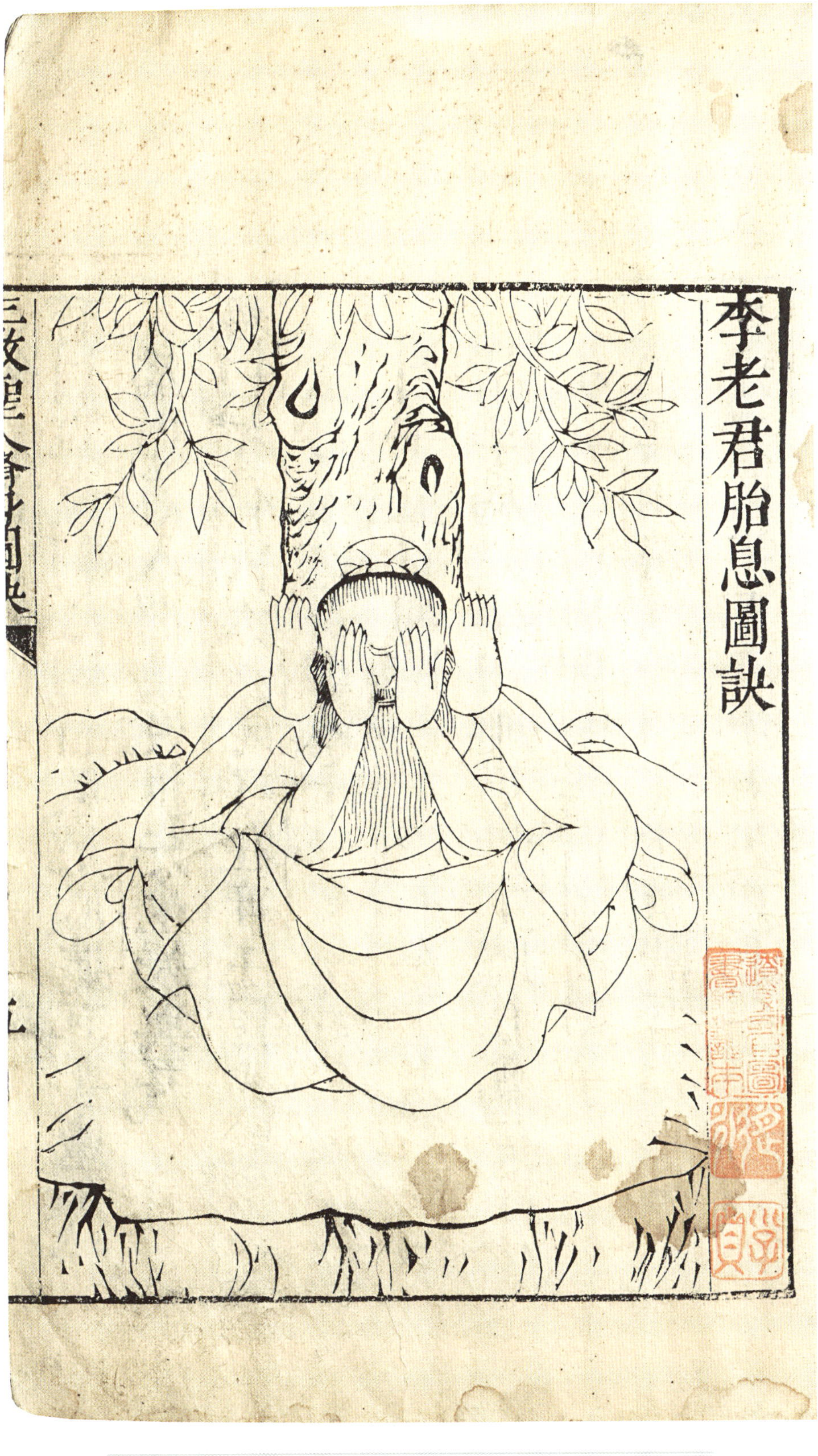

10280　三教聖人修身圖訣一卷清修捷徑一卷　（明）張我續撰　明崇禎刻本　遼寧省圖書館

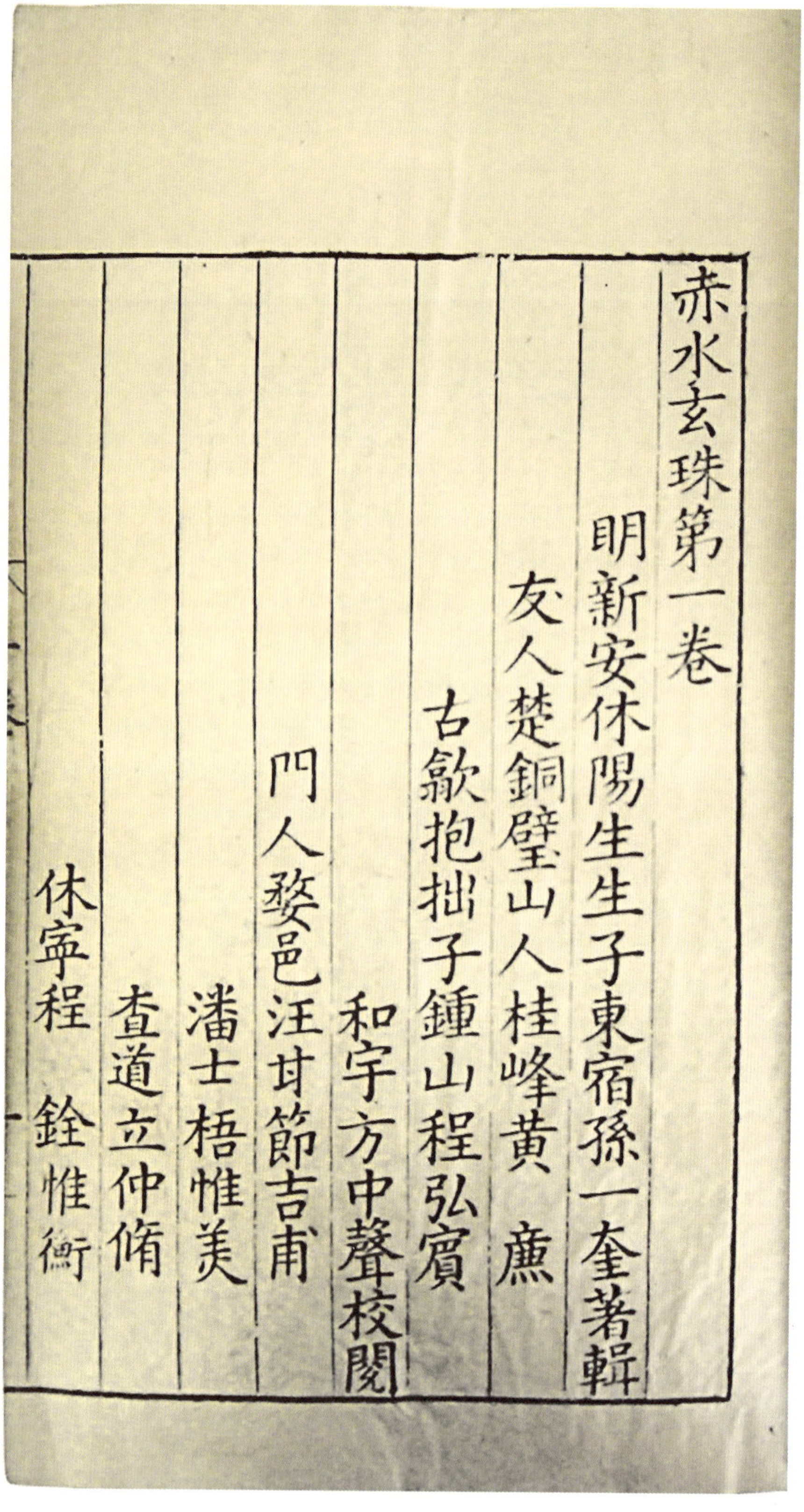
赤水玄珠第一卷
明新安休陽生生子東宿孫一奎著輯
友人楚銅壁山人桂峰黃　廉
古歙抱拙子鍾山程弘賓
和宇方中聲校閱
門人婺邑汪甘節吉甫
潘士梧惟美
查道立仲脩
休寧程　銓惟衡

10281　赤水玄珠三十卷　（明）孫一奎撰　明萬曆二十四年（1596）孫泰來、孫朋來刻本　遼寧中醫藥大學圖書館

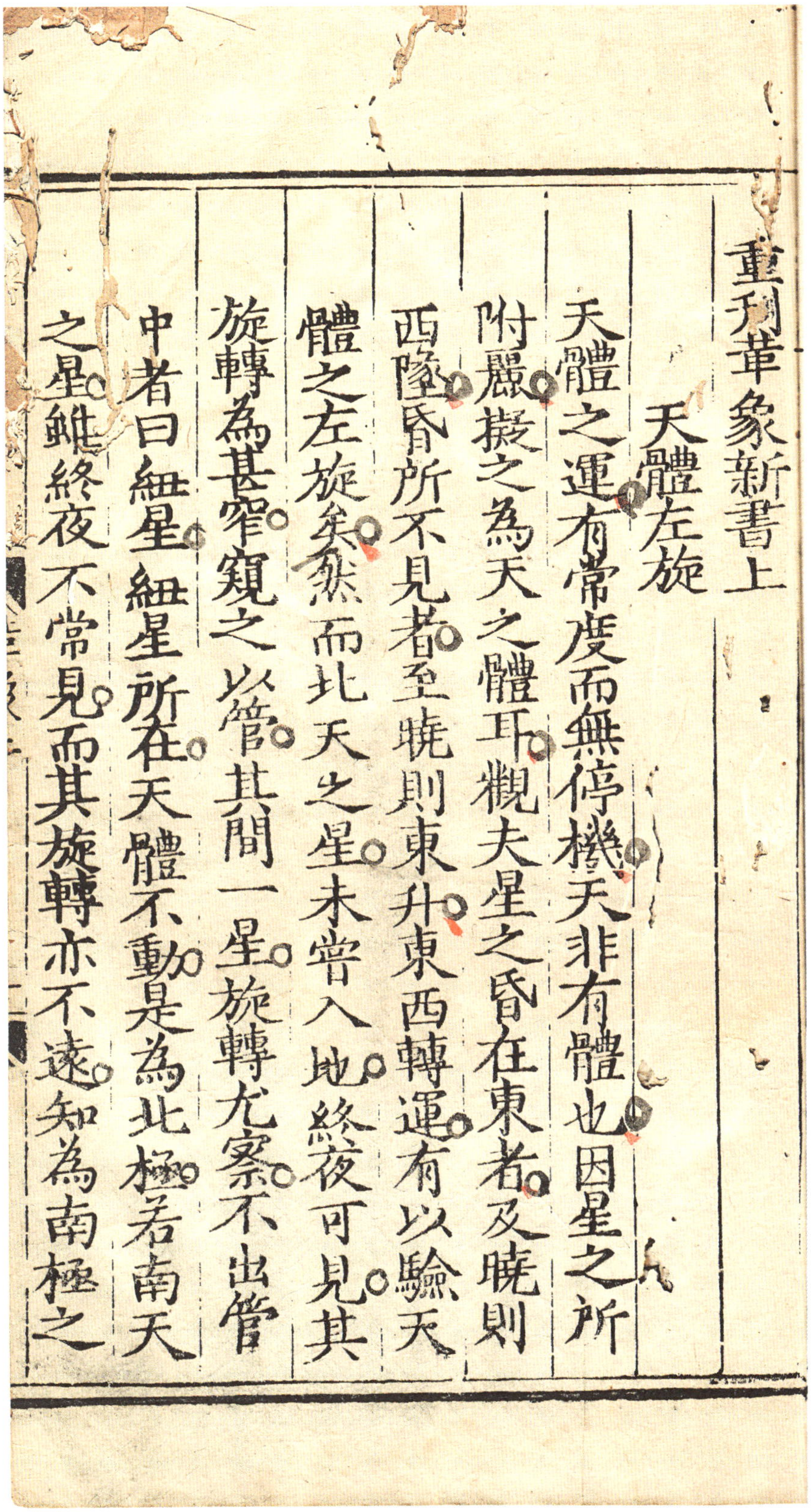
重刊革象新書上
天體左旋
天體之運有常度而無停機天非有體也因星之所
附麗擬之為天之體耳觀夫星之昏在東者及曉則
西墜昏所不見者至曉則東升東西轉運有以驗天
體之左旋矣然而北天之星未嘗入地終夜可見其
旋轉為甚窄窺之以管其間一星旋轉尤察不出管
中者曰紐星紐星所在天體不動是為北極若南天
之星雖終夜不常見而其旋轉亦不遠知為南極之

10282　重刊革象新書二卷　（元）趙友欽撰　（明）王禕删定　明刻本

大連圖書館

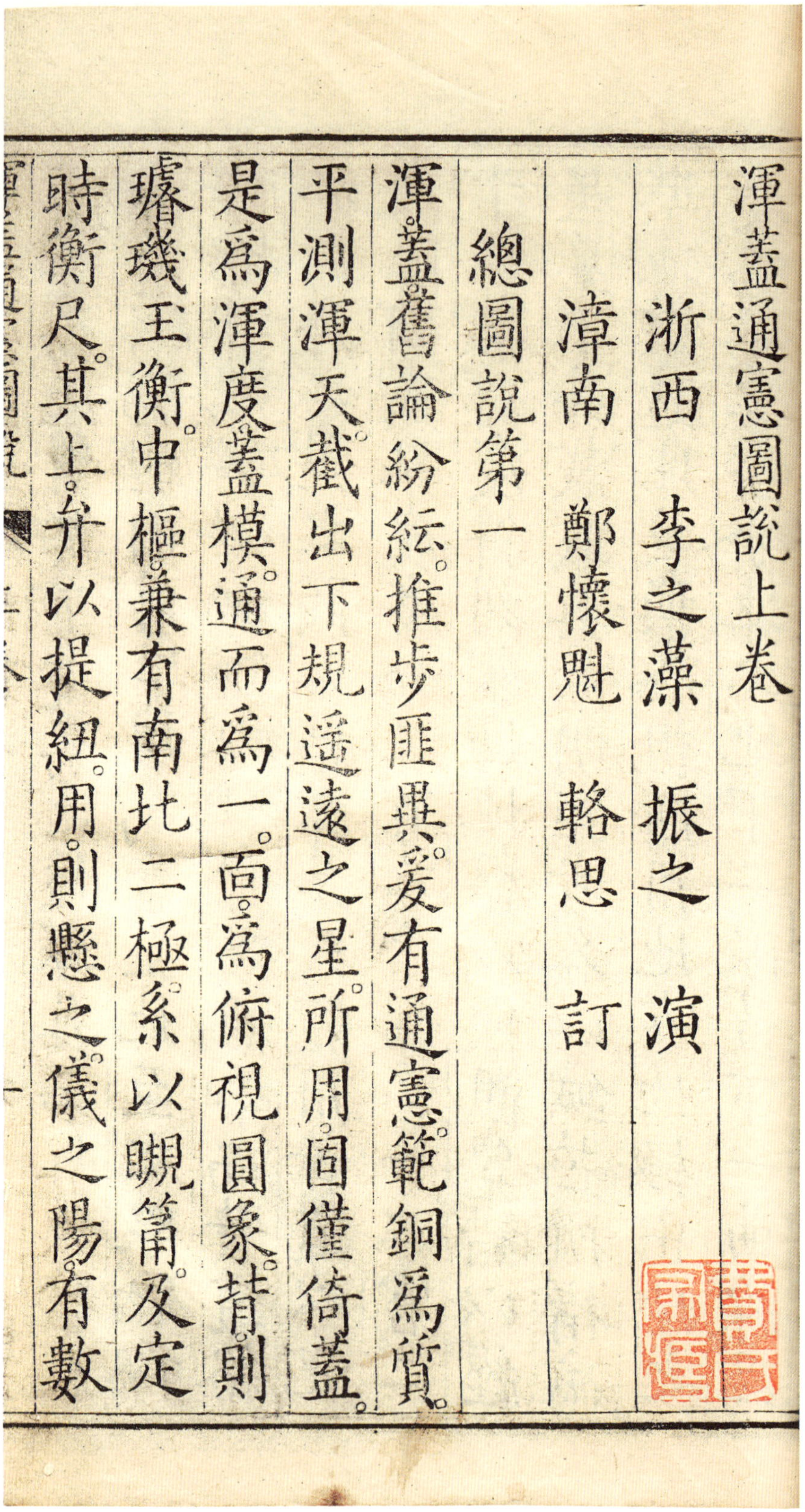
渾蓋通憲圖說上卷
浙西　李之藻　振之　演
漳南　鄭懷魁　輅思　訂
總圖說第一
渾蓋舊論紛紜。推步匪異。爰有通憲。範銅爲質。
平測渾天。截出下規。遥遠之星。所用固僅倚蓋。
是爲渾度蓋模。通而爲一。面爲俯視圓象。背則
璿璣玉衡。中樞兼有南北二極。系以賙箭。及定
時衡尺。其上弁以提紐。用則懸之。儀之陽有數

10283　渾蓋通憲圖說二卷首一卷　（明）李之藻撰　明萬曆三十五年（1607）鄭懷魁刻本　大連圖書館

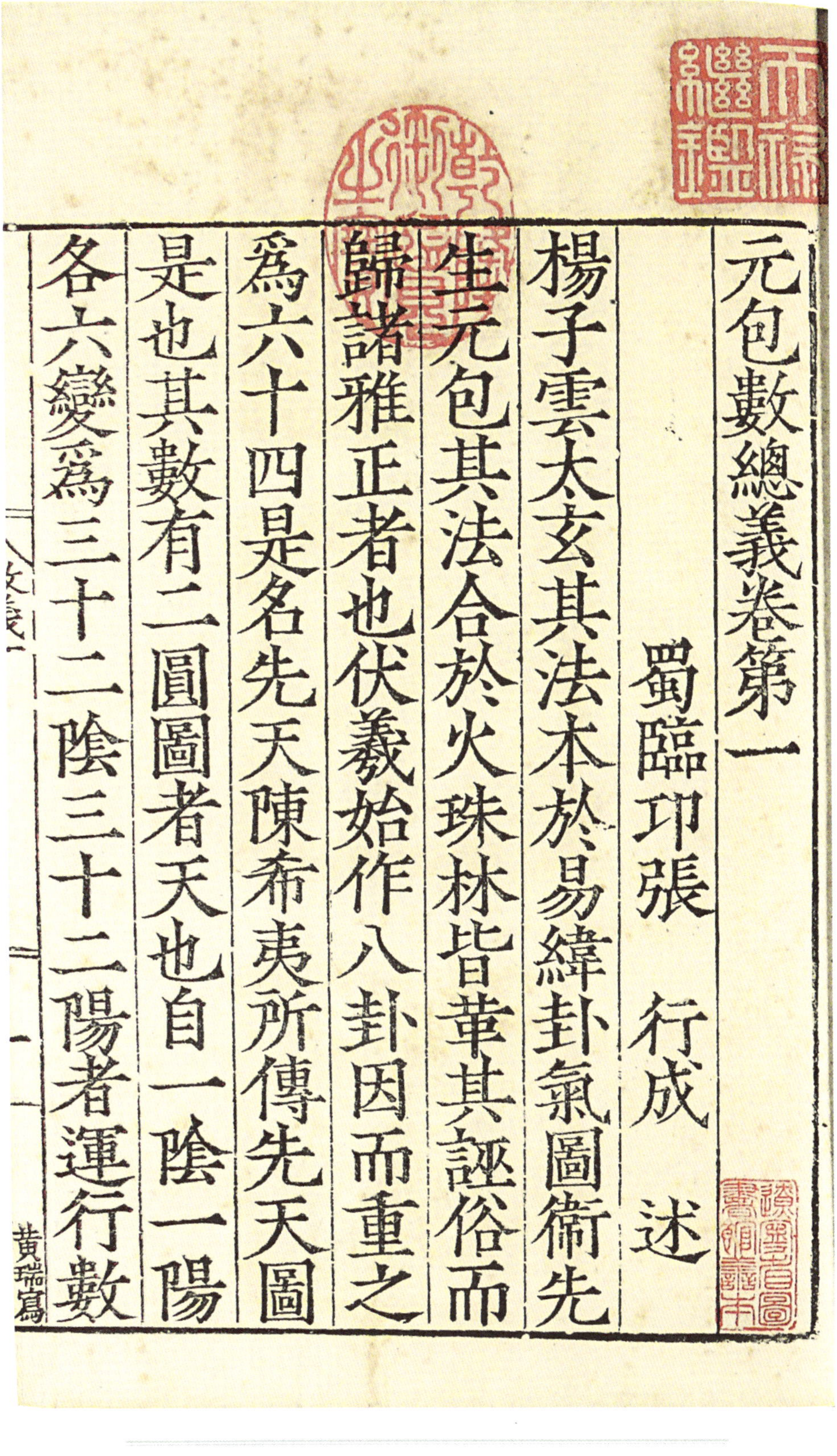
元包數總義卷第一
蜀臨卭張　行成　述
楊子雲太玄其法本於易緯卦氣圖衛先
生元包其法合於火珠林皆華其誣俗而
歸諸雅正者也伏羲始作八卦因而重之
爲六十四是名先天陳希夷所傳先天圖
是也其數有二圓圖者天也自一陰一陽
各六變爲三十二陰三十二陽者運行數
黄瑞寫

10284　元包經傳五卷　（北周）衛元嵩撰　（唐）蘇源明傳　（唐）李江注

元包數總義二卷　（宋）張行成撰　明刻本　遼寧省圖書館

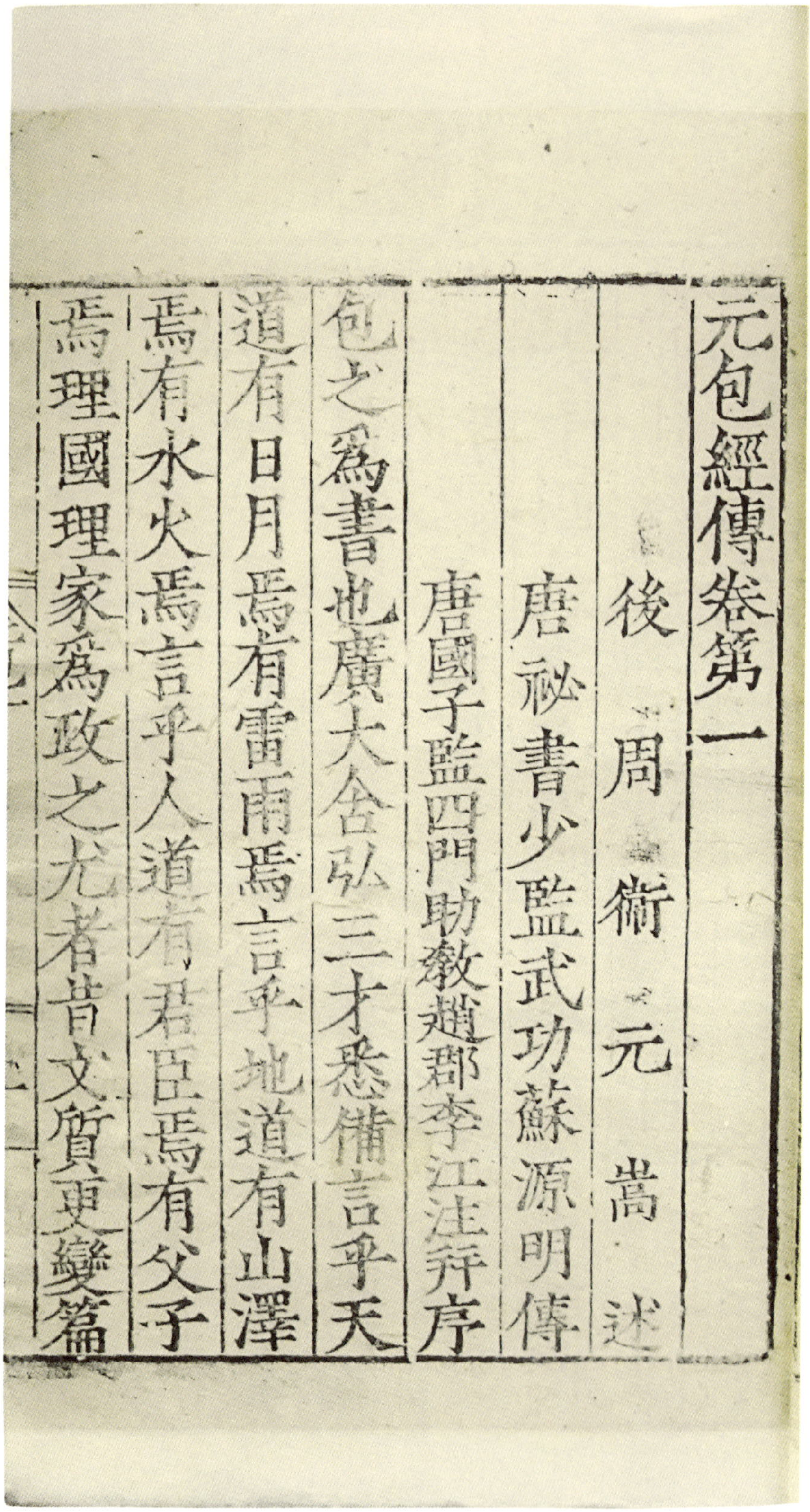
元包經傳卷第一
後周衛元嵩述
唐祕書少監武功蘇源明傳
唐國子監四門助教趙郡李江注并序
包之爲書也廣大含弘三才悉備言乎天
道有日月焉有雷雨焉言乎地道有山澤
焉有水火焉言乎人道有君臣焉有父子
焉理國理家爲政之尤者昔文質更變篇

10285　元包經傳五卷　（北周）衛元嵩撰　（唐）蘇源明傳　**元包數總義二卷**　（宋）張行成撰　明刻本　錦州市圖書館

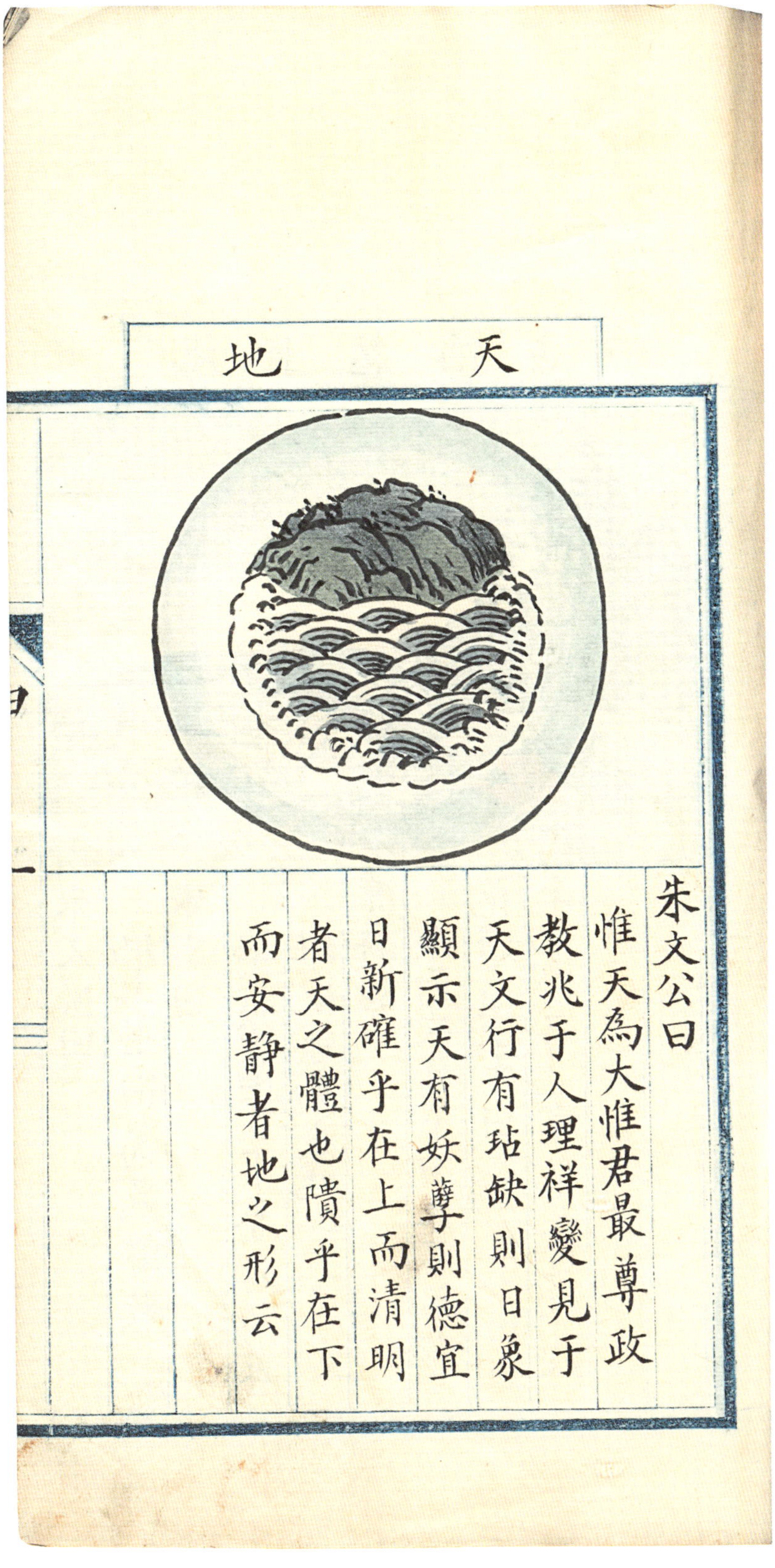
天地

朱文公曰
惟天爲大惟君最尊政
教兆于人理祥變見于
天文行有玷缺則日象
顯示天有妖孽則德宜
日新確乎在上而清明
者天之體也隤乎在下
而安靜者地之形云

10286 天元玉曆祥異賦不分卷 （明）仁宗朱高熾撰 明抄本 遼寧大學圖書館

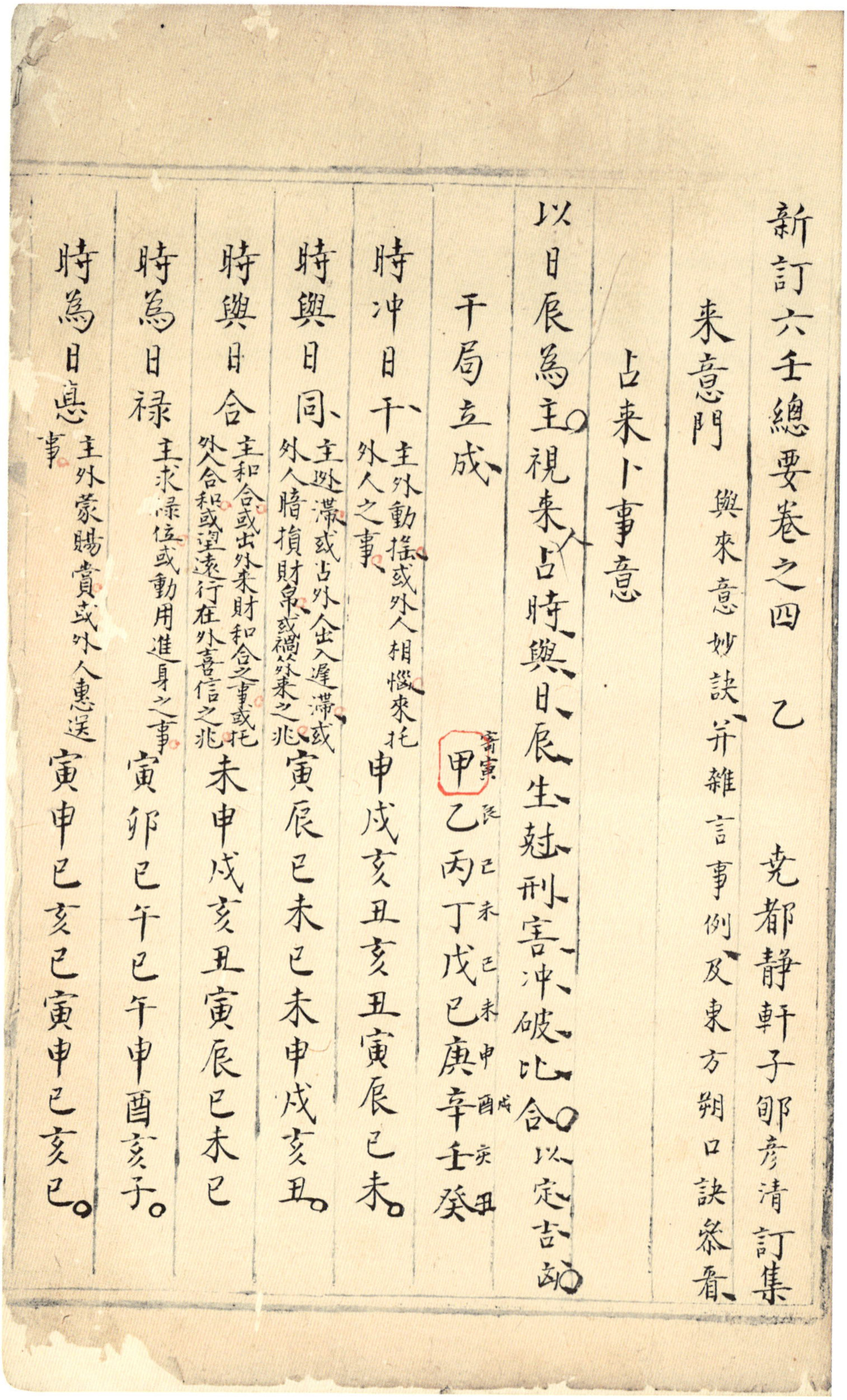
新訂六壬總要卷之四 乙　兗都靜軒子郈彥清訂集
来意門　與來意妙訣幷雜言事例及東方朔口訣叅看
占来卜事意
以日辰為主視来占時與日辰生尅刑害冲破比合以定吉凶
干局立成
甲寄寅 乙辰 丙巳 丁未 戊巳 己未 庚申 辛酉戌 壬亥 癸丑
時冲日干 主外動搖或外人相惱來托 申戌亥丑亥丑寅辰巳未
時與日同 主迍滯或占外出入遲滯或外人暗損財帛或禍從外來之兆 寅辰巳未巳未申戌亥丑
時與日合 主和合或出外求財和合之事或托外合和或望遠行在外喜信之兆 未申戌亥丑寅辰巳未巳
時為日祿 主求祿位或動用進身之事 寅卯巳午巳午申酉亥子
時為日悳事 主外蒙賜賞或外人惠送 寅申巳亥巳寅申巳亥巳

10287　新訂六壬總要四十八卷　明抄本　周道暹題跋　大連圖書館

存二十九卷（四至十四、三十一至四十八）

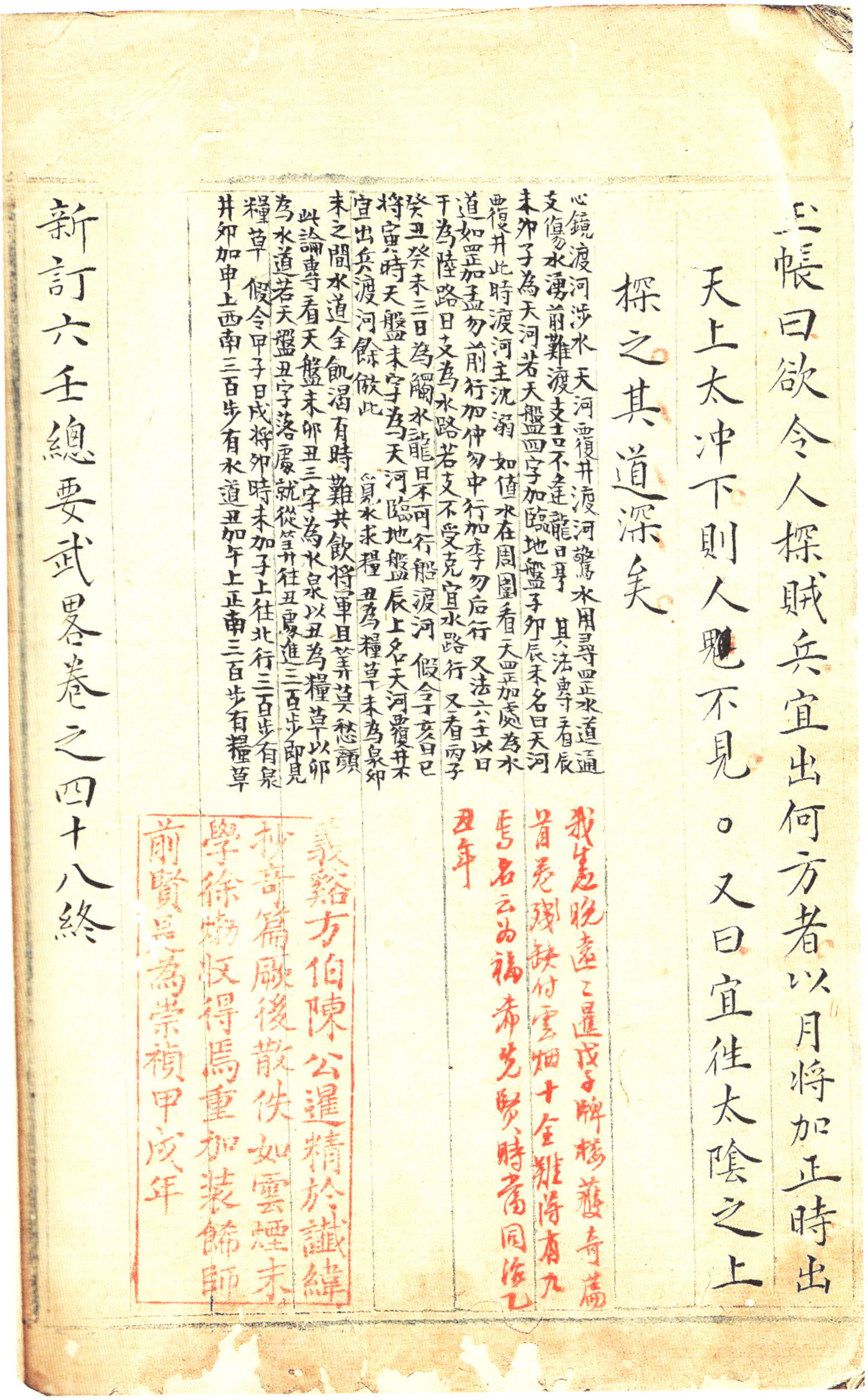

上帳曰欲令人探賊兵宜出何方者以月將加正時出天上太冲下則人見不見。又曰宜往太陰之上探之其道深矣

心鏡渡河涉水　天河覆井渡河驚水用尋四正水道通支復水湧前難渡支上不逢龍日尋　其法專看辰未卯子為天河若天盤四字加臨地盤子卯辰未名曰天河覆井此時渡河主沉溺　如值水在周圍看天四正加處為水道如四正加孟勿前行加仲勿中行加季勿后行　又法六壬以日干為陸路日支為水路若支不受克宜水路行　又看丙子癸丑癸未三日為竭水龍日不可行船渡河　假令亥日巳將寅時天盤未字為天河臨地盤辰上名天河覆井不宜出兵渡河餘倣此

負水求糧　丑為糧草未為泉卯未之間水道全飢渴有時難共飲將軍且筭莫愁顏

此論專看天盤未卯丑三字為水泉以丑為糧草以卯為水道若天盤丑字落處就從筭往丑處進三百步即見糧草　假令甲子日戌將卯時未加子上往北行三百步有泉井卯加申上西南三百步有水道丑加午上正南三百步有糧草

我生也晚遠已遲戊子購樓護奇篇首尾殘缺付雲烟十金難得有九馬君云為福壽光賢時當同治乙丑年

義谿方伯陳公遲精於讖緯抄奇篇厥後散佚如雲煙末學徐楙仅得焉重加裝飾師前賢吕喬崇禎甲戌年

新訂六壬總要武畧卷之四十八終

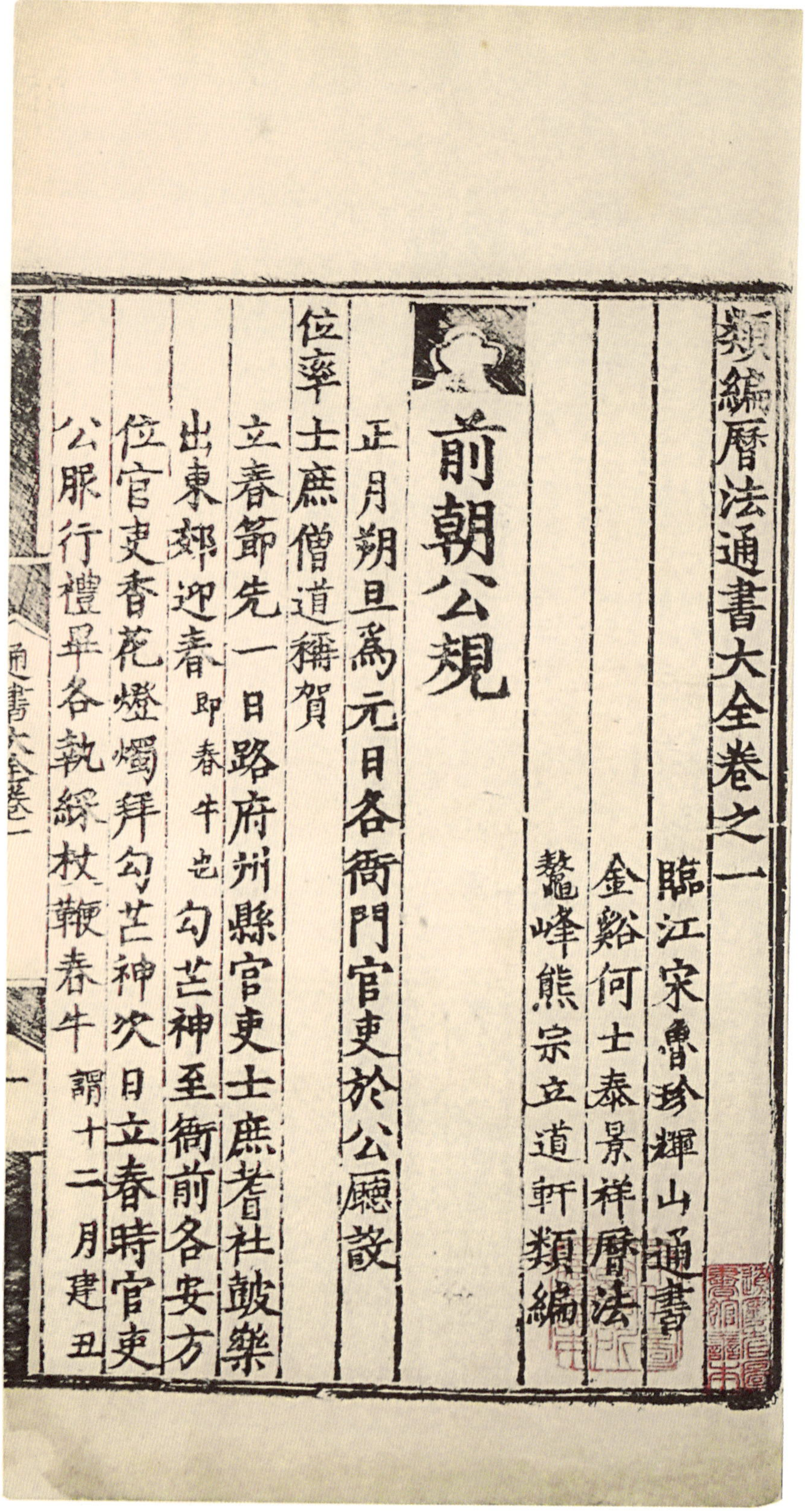

類編曆法通書大全卷之一
臨江宋魯珍輝山通書
金谿何士泰景祥曆法
鼇峰熊宗立道軒類編
前朝公規
正月朔旦爲元日各衙門官吏於公廳設
位率士庶僧道稱賀
立春節先一日路府州縣官吏士庶耆社鼓樂
出東郊迎春即春牛也勾芒神至衙前各安方
位官吏香花燈燭拜勾芒神次日立春時官吏
公服行禮畢各執綵杖鞭春牛謂十二月建丑

通書大全卷一　一

10288　類編曆法通書大全三十卷　（元）宋魯珍通書　（元）何士泰曆法
（明）熊宗立類編　明刻本　遼寧省圖書館

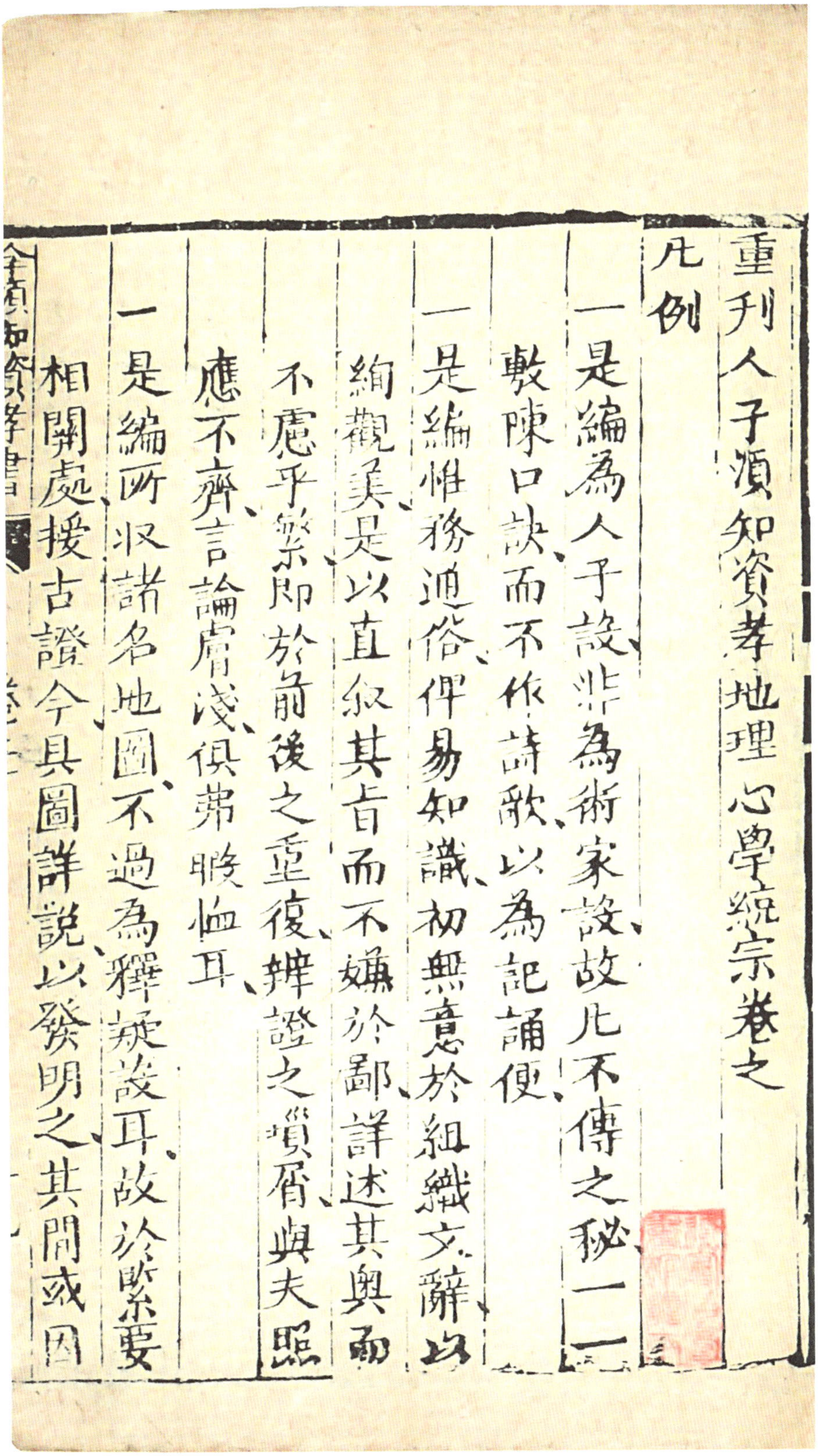
重刊人子須知資孝地理心學統宗卷之

凡例

一是編為人子設非為術家設故凡不傳之秘一一敷陳口訣而不作詩歌以為記誦便

一是編惟務通俗俾易知識初無意於組織文辭以絢觀美是以直叙其旨而不嫌於鄙詳述其與而不慮乎繁即於前後之重複辨證之瑣屑與夫照應不齊言論膚淺俱弗暇恤耳

一是編所收諸名地圖不過為釋疑設耳故於緊要相關處援古證今具圖詳說以發明之其間或因

10289　重刊人子須知資孝地理心學統宗三十九卷　（明）徐善繼　徐善述撰　明萬曆十一年（1583）曾璠刻本　遼寧省圖書館

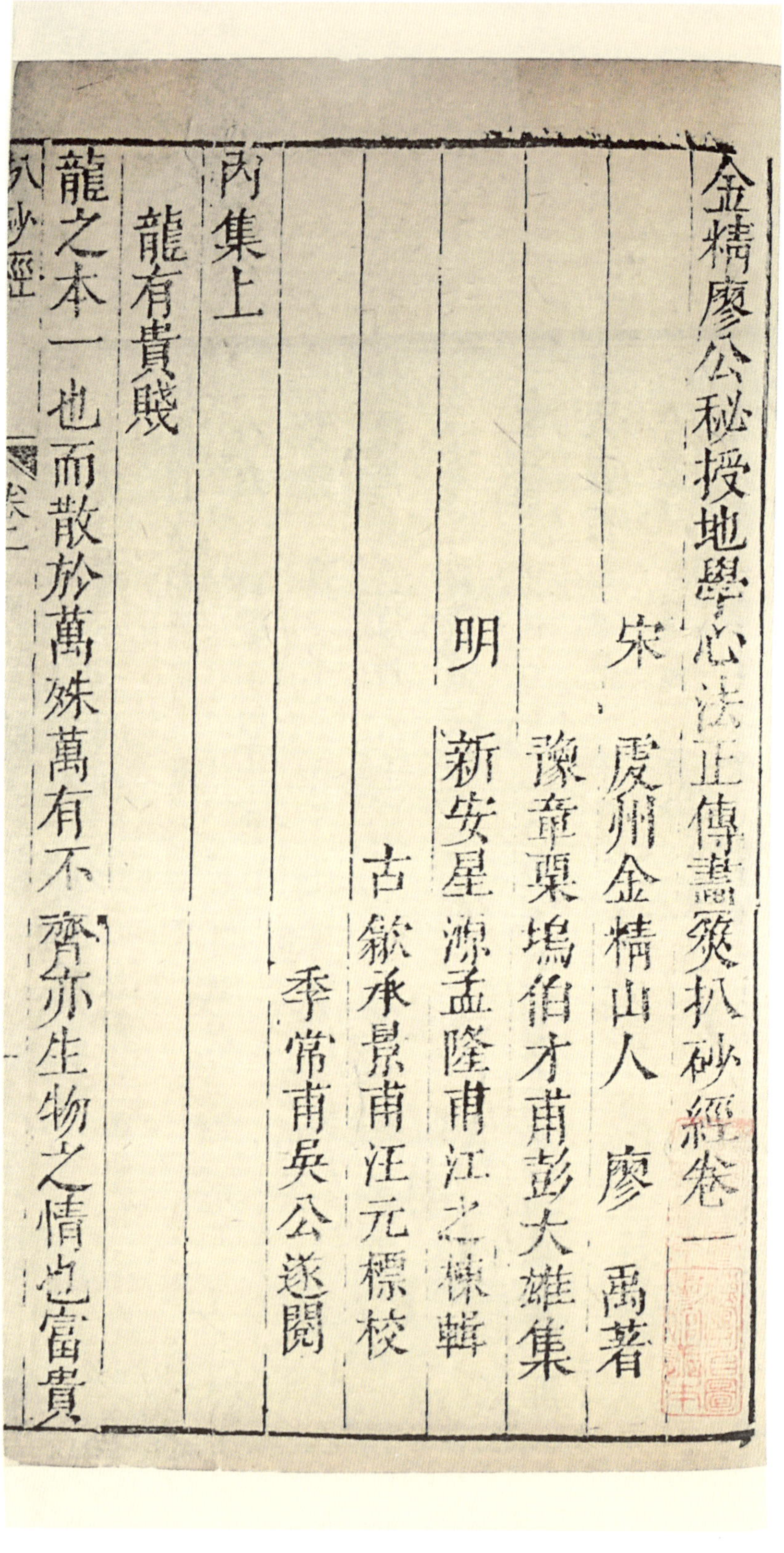
金精廖公秘授地學心法正傳畫筴扒砂經卷一
宋　虔州金精山人　廖　禹著
豫章栗塢伯才甫彭大雄集
明　新安星源孟隆甫江之棟輯
古歙承景甫汪元標校
季常甫吳公遂閲
丙集上
龍有貴賤
龍之本一也而散於萬殊萬有不齊亦生物之情也富貴
扒砂經　卷之一　一

10290　金精廖公秘授地學心法正傳畫筴扒砂經四卷補遺一卷（宋）廖禹撰　（宋）彭大雄輯　明萬曆四十二年（1614）刻本　遼寧省圖書館

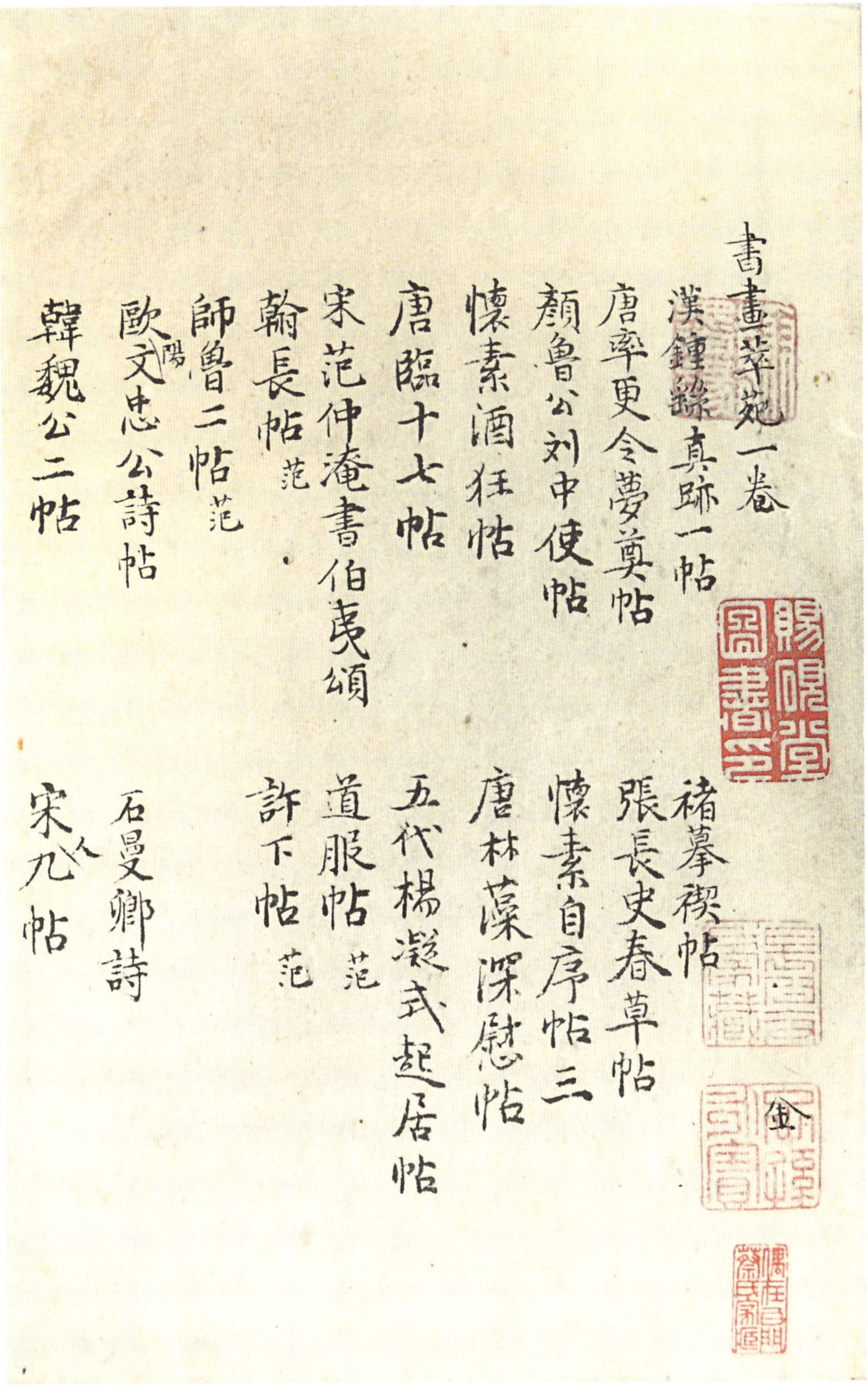

10291 書畫萃苑八卷 （明）懷褐山人輯 稿本 遼寧省圖書館

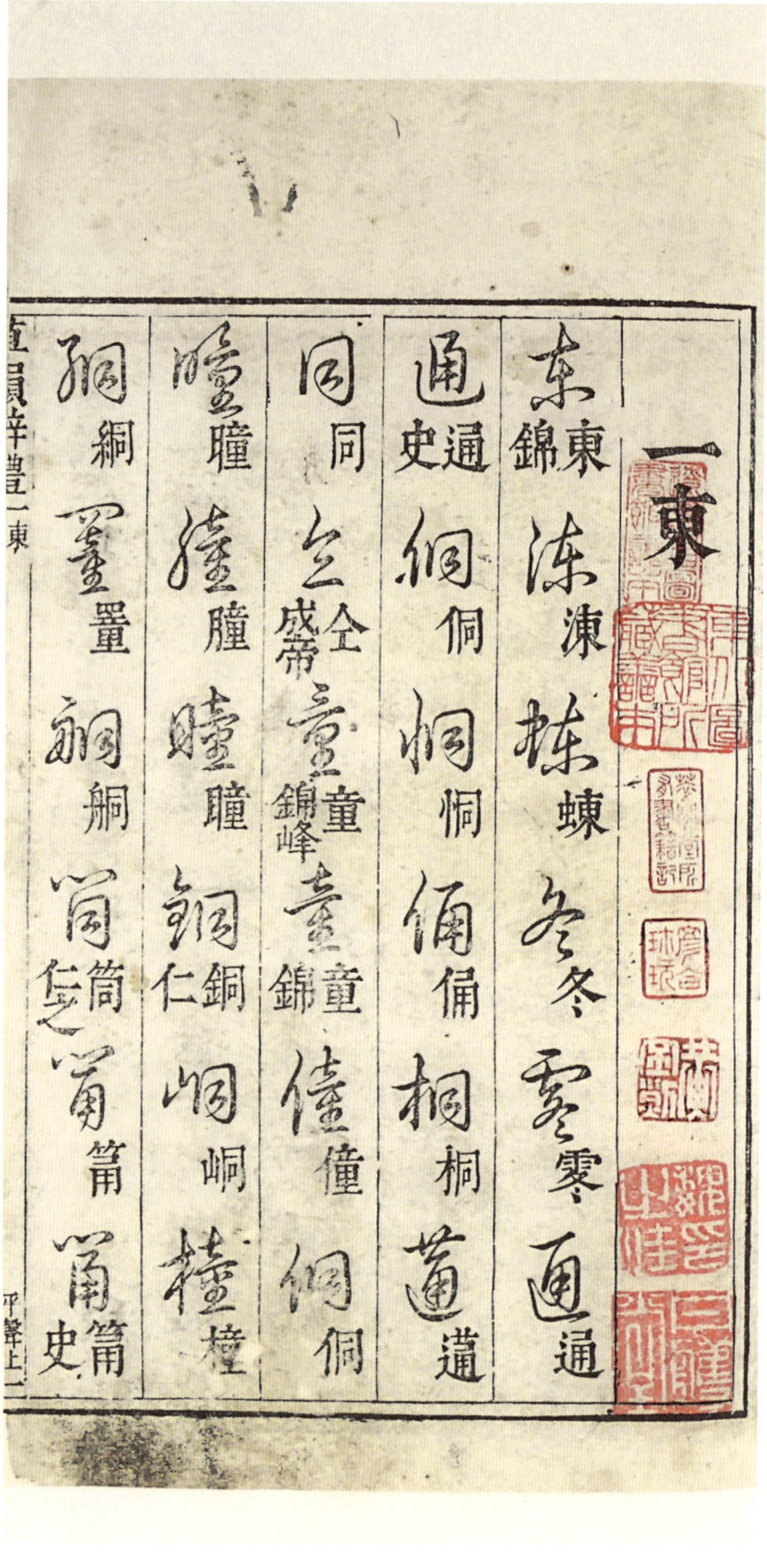

10292　草韻辨體五卷　（明）郭諶輯　明崇禎六年（1633）閔齊伋刻三色套印本（序文朱色，正文墨色，跋藍色）　遼寧省圖書館

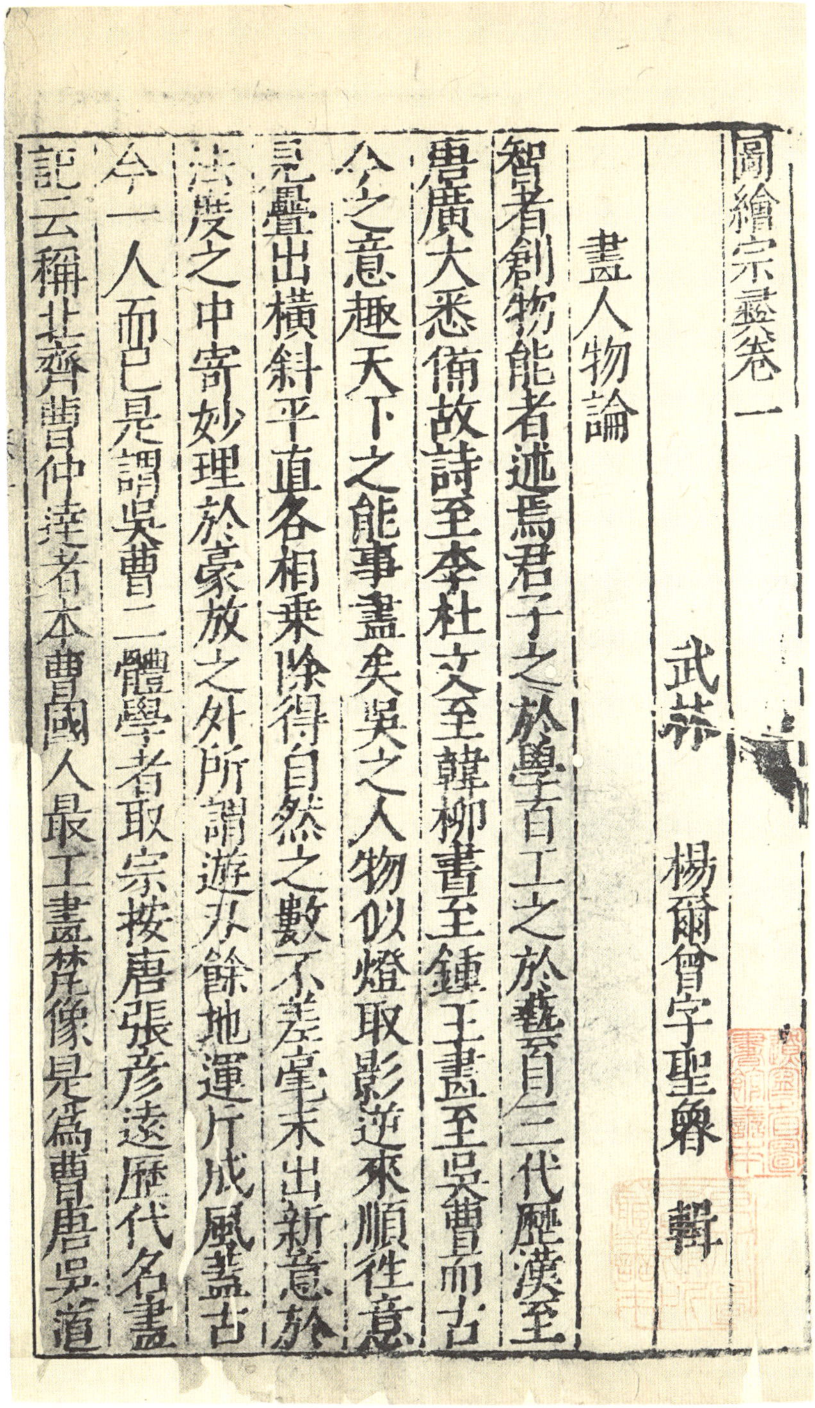

圖繪宗彝卷一

武林　楊爾曾字聖魯　輯

畫人物論

智者創物能者述焉君子之於學百工之於藝自三代歷漢至唐廣大悉備故詩至李杜文至韓柳書至鍾王畫至吳曹而古今之意趣天下之能事盡矣吳之人物似燈取影逆來順往意旨疊出横斜平直各相乘除得自然之數不差毫末出新意於法度之中寄妙理於豪放之外所謂遊刃餘地運斤成風蓋古今一人而已是謂吳曹二體學者取宗按唐張彦遠歷代名畫記云稱北齊曹仲達者本曹國人最工畫梵像是爲曹唐吳道

10293　圖繪宗彝八卷　（明）楊爾曾輯　明萬曆三十五年（1607）金陵文林閣刻本　遼寧省圖書館

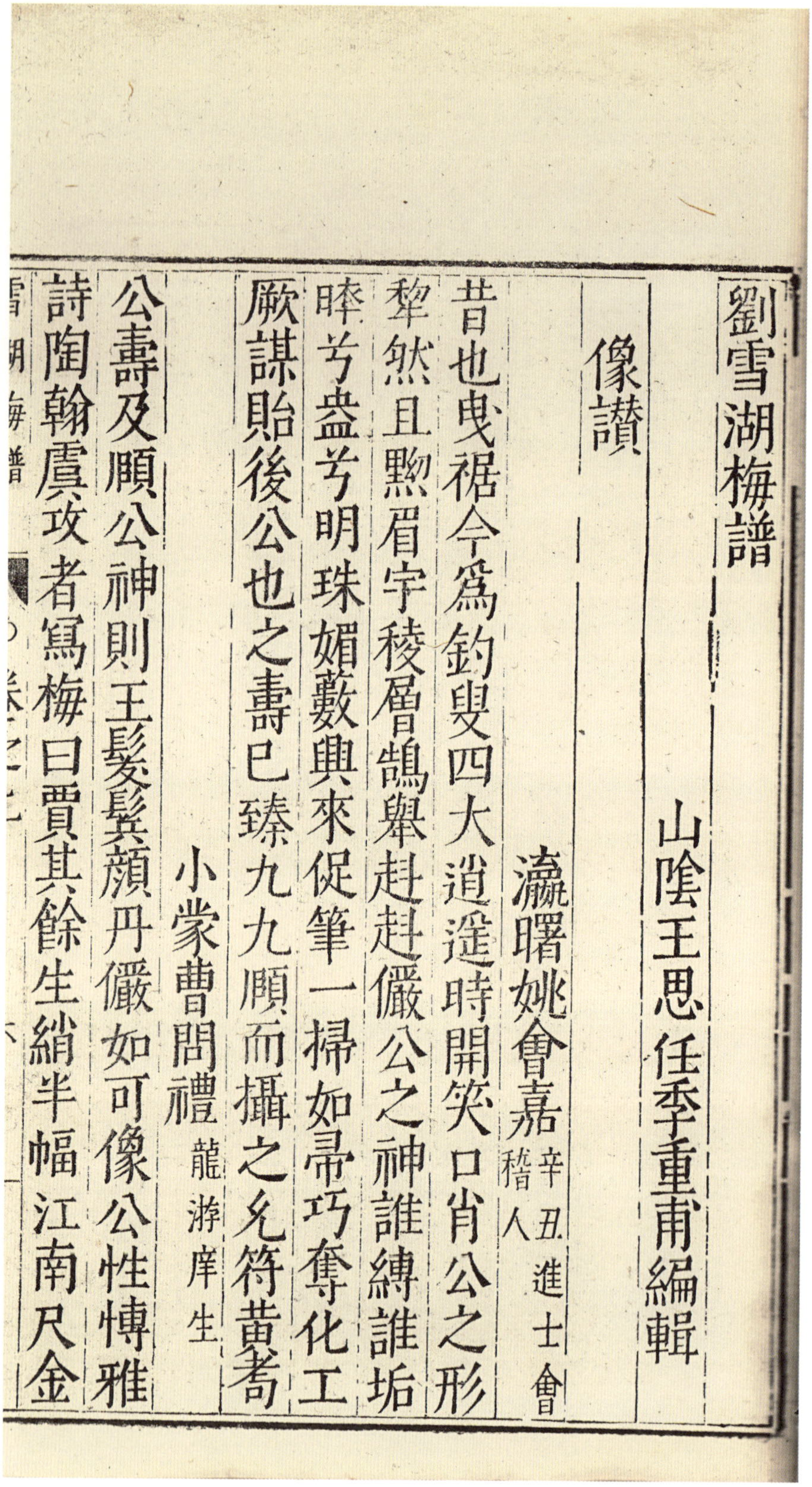
劉雪湖梅譜

山陰王思任季重甫編輯

像讚

瀛曙姚會嘉 辛丑進士會稽人

昔也曳裾今爲釣叟四大逍遥時開笑口肖公之形
犂然且黝眉宇稜層鶻舉赳赳儼公之神誰縳誰垢
睟兮盎兮明珠媚藪與來促筆一掃如帚巧奪化工
厥謀貽後公也之壽已臻九九順而攝之允符黄耇

小篆曹問禮 龍游庠生

公壽及順公神則王髮鬒顔丹儼如可像公性愽雅
詩陶翰廣攻者寫梅曰買其餘生綃半幅江南尺金

雪湖梅譜　卷之上

10294　劉雪湖梅譜二卷　（明）劉世儒撰　**像贊評林贈言二卷**　（明）王思任輯　明萬曆二十三年（1595）刻清初墨妙山房印本　大連圖書館

10295　漢郎中鄭固碑　東漢延熹元年（158）刻石　明拓本　旅順博物館

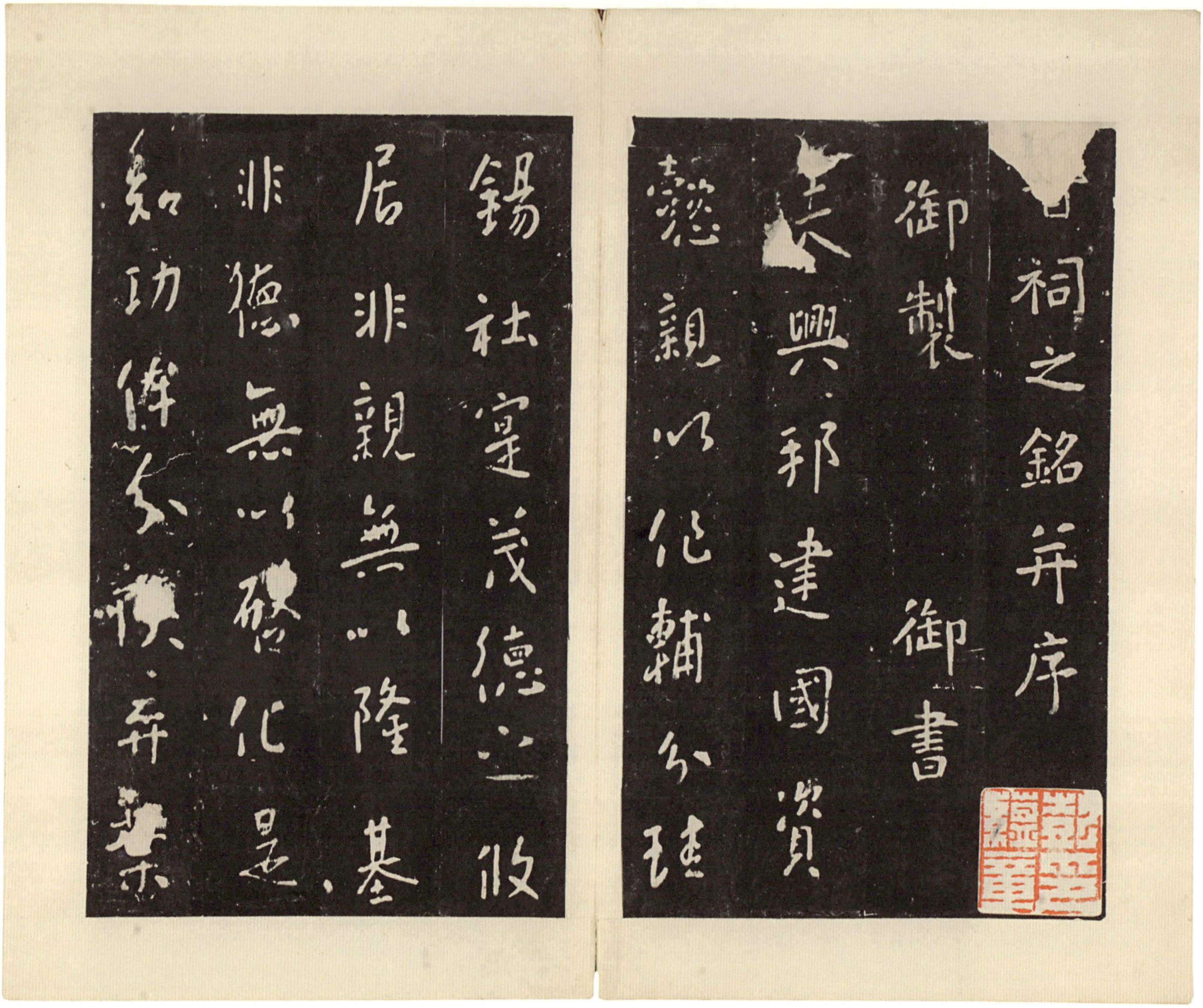

10296　晉祠銘　（唐）太宗李世民撰并書　唐貞觀二十年（646）刻石　明拓本　旅順博物館

10297　雁塔聖教序　（唐）褚遂良書　唐永徽四年（653）刻石　明拓本
旅順博物館

10298　千字文　（宋）釋夢英篆書　北宋乾德三年（965）刻石　明拓本　旅順博物館

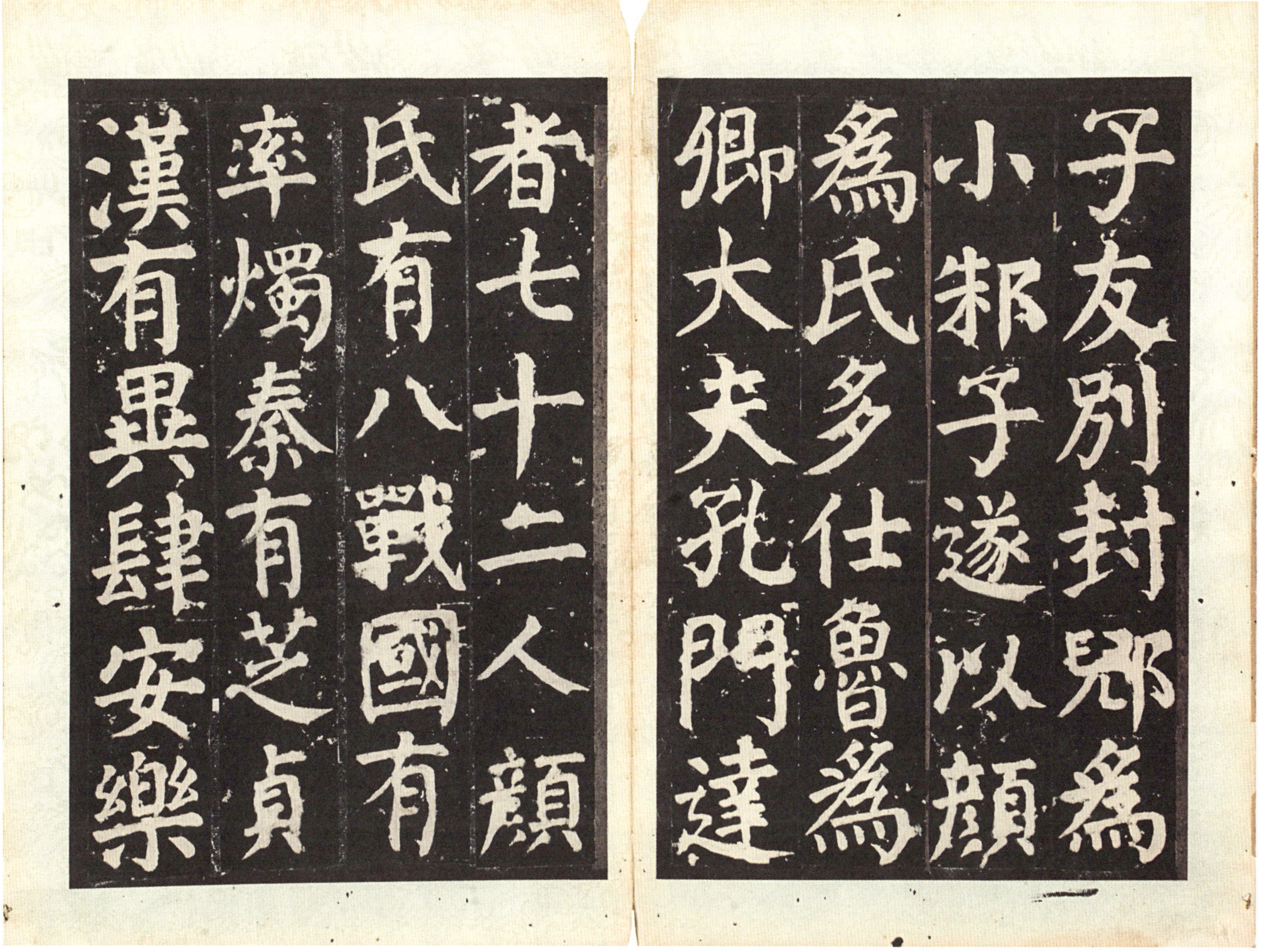

10299　顏氏家廟碑　（唐）顏真卿撰并書　（唐）李陽冰篆額　明拓本　旅順博物館

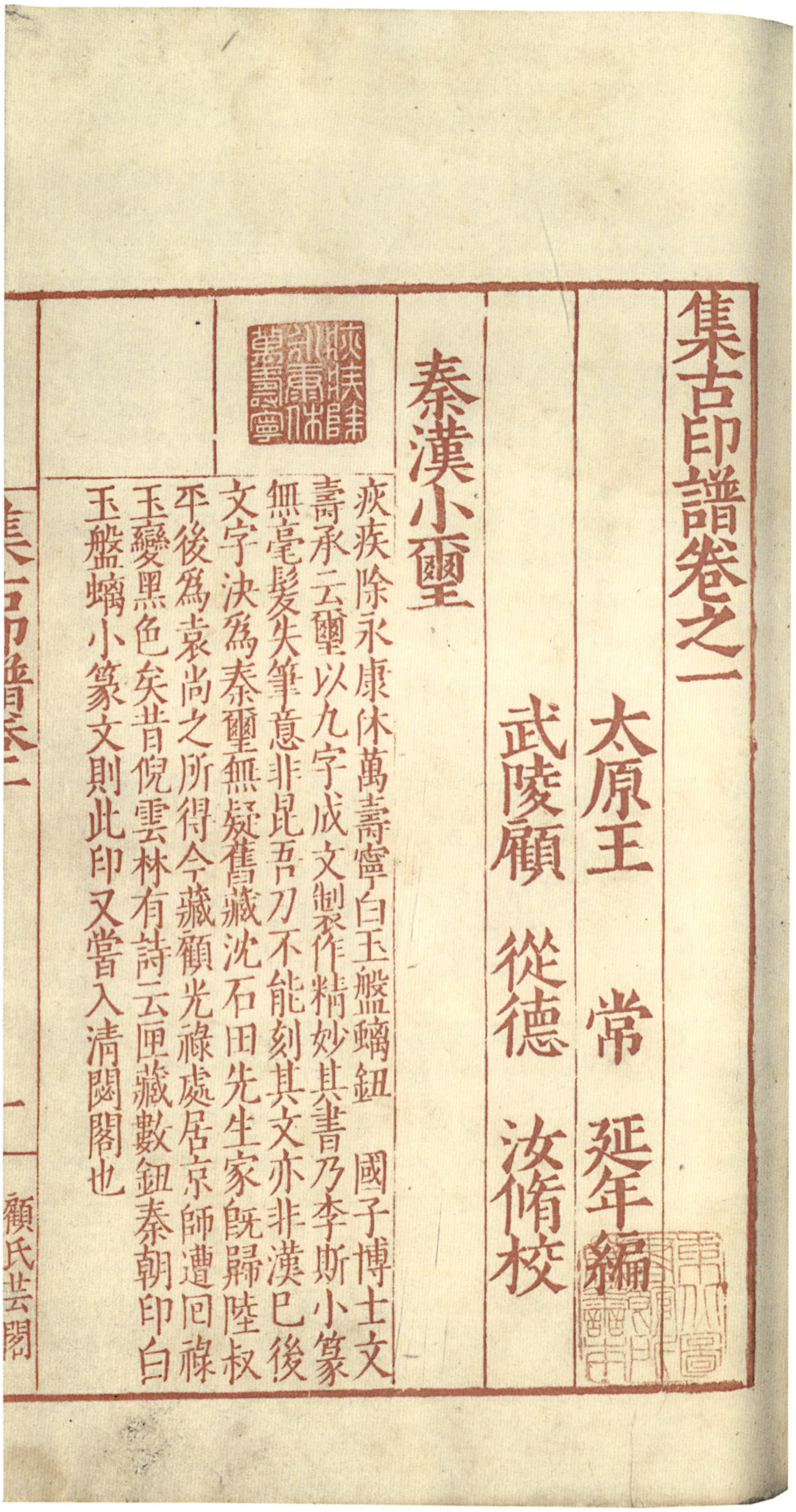

集古印譜卷之一
太原王　常　延年編
武陵顧　從德　汝脩校
秦漢小璽
疢疾除永康休萬壽寧白玉盤螭鈕　國子博士文壽承云璽以九字成文制作精妙其書乃李斯小篆無毫髮失筆意非昆吾刀不能刻其文亦非漢巳後文字決爲秦璽無疑舊藏沈石田先生家既歸陸叔平後爲袁尚之所得今藏顧光祿處居京師遭回祿玉變黑色矣昔倪雲林有詩云匣藏數鈕秦朝印白玉盤螭小篆文則此印又嘗入清閟閣也
集古印譜卷之一　一　顧氏芸閣

10300　集古印譜六卷　（明）王常輯　明萬曆三年（1575）顧從德刻本　遼寧省圖書館

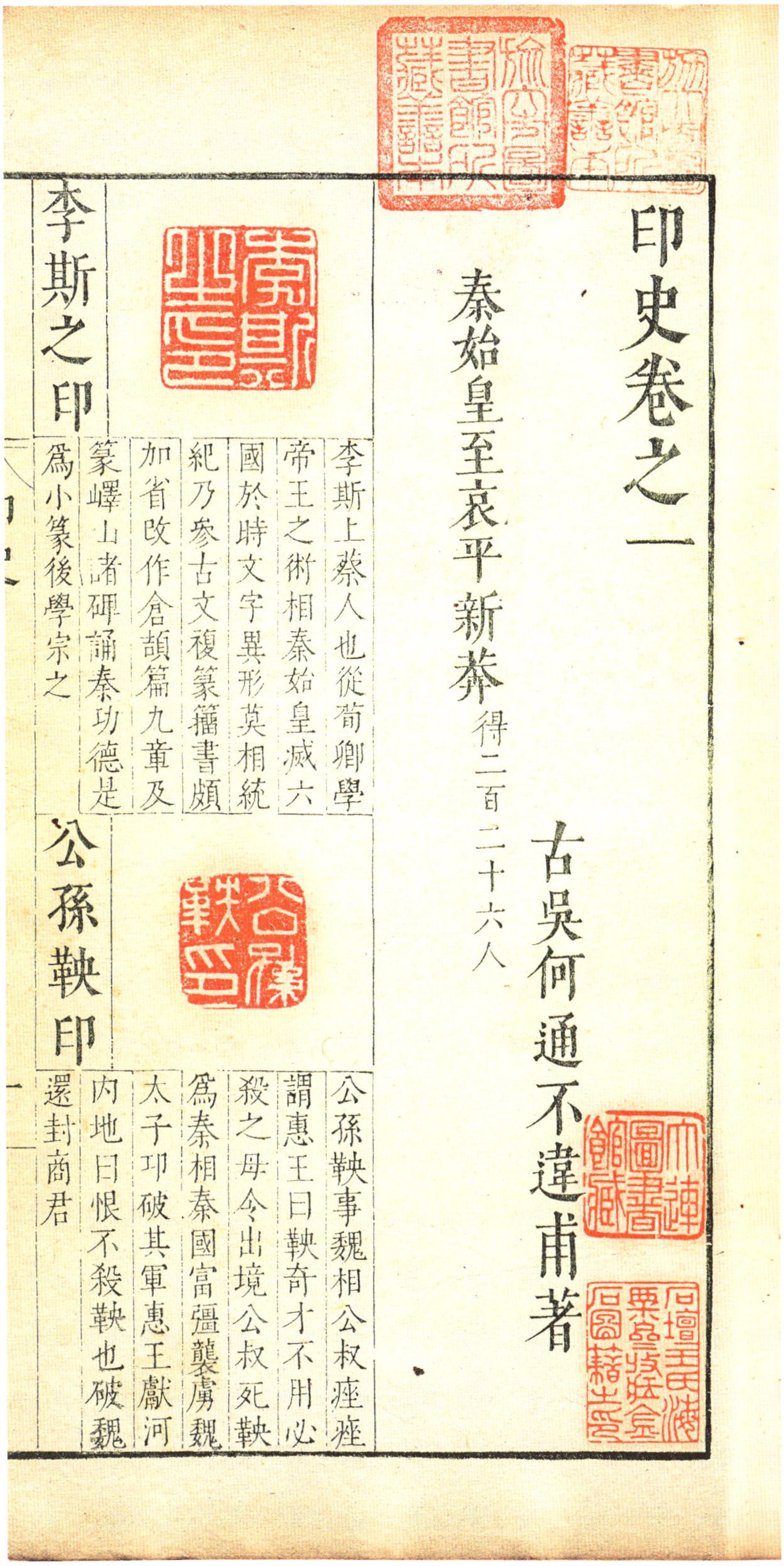

印史卷之一

古吳何通不違甫著

秦始皇至哀平新莽得二百二十六人

李斯之印

李斯上蔡人也從荀卿學帝王之術相秦始皇滅六國於時文字異形莫相統紀乃參古文複篆籀書頗加省改作倉頡篇九章及篆嶧山諸碑誦秦功德是爲小篆後學宗之

公孫鞅印

公孫鞅事魏相公叔痤痤謂惠王曰鞅奇才不用必殺之毋令出境公叔死鞅爲秦相秦國富彊襲虜魏太子卬破其軍惠王獻河內地曰恨不殺鞅也破魏還封商君

10301 印史五卷 （明）何通撰 明天啓刻鈐印本 大連圖書館

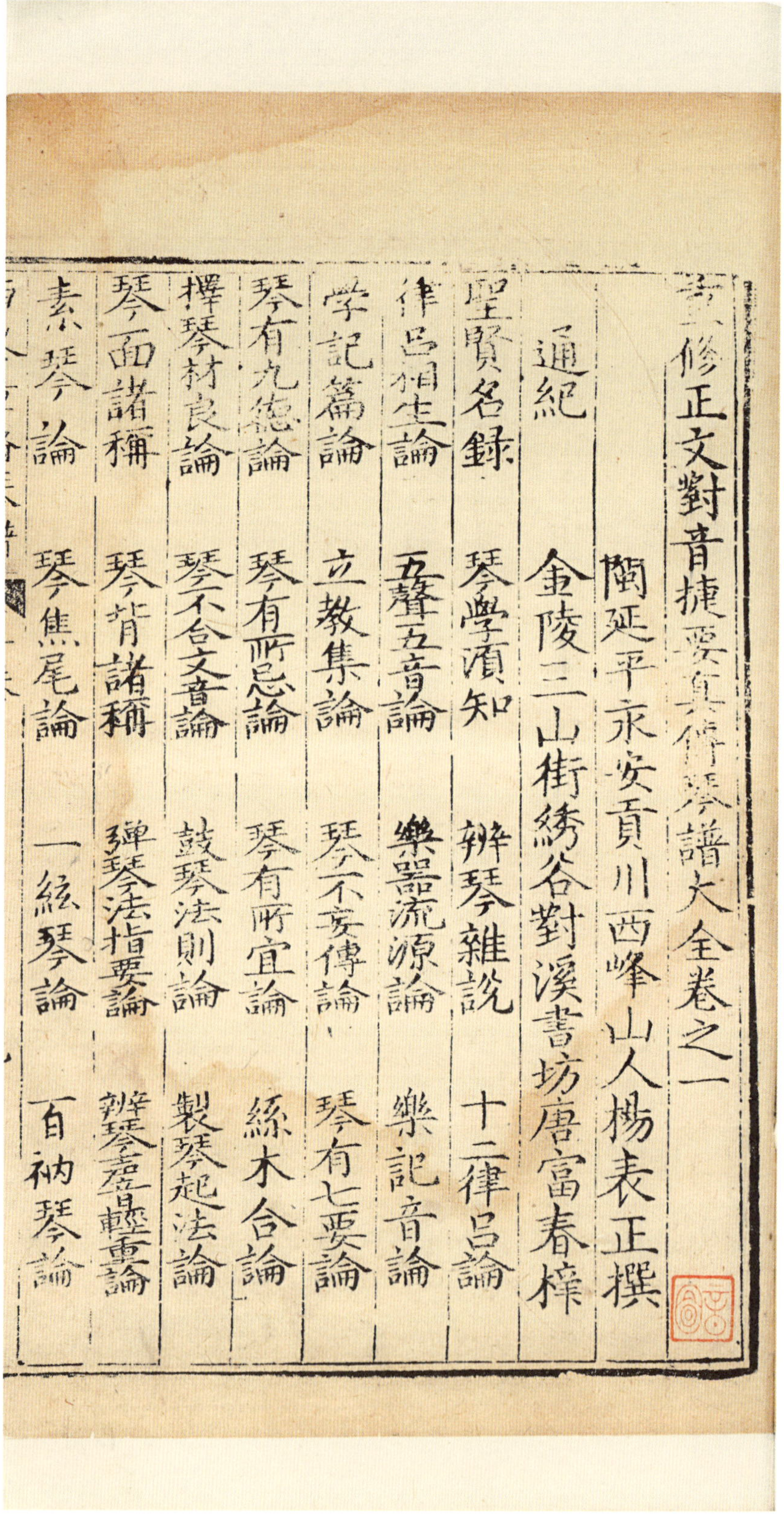
重修正文對音捷要真傳琴譜大全卷之一
閩延平永安貢川西峰山人楊表正撰
金陵三山街綉谷對溪書坊唐富春梓
通紀
聖賢名録　琴學須知　辨琴雜說　十二律呂論
律呂相生論　五聲五音論　樂器流源論　樂記音論
學記篇論　立教集論　琴不妄傳論　琴有七要論
琴有九德論　琴有所忌論　琴有所宜論　絲木合論
擇琴材良論　琴不合文音論　鼓琴法則論　製琴起法論
琴面諸稱　琴背諸稱　彈琴法指要論　辨琴音輕重論
素琴論　琴焦尾論　一絃琴論　百衲琴論

10302　重修正文對音捷要真傳琴譜大全十卷　（明）楊表正撰　明翼聖堂刻本　瀋陽音樂學院圖書館

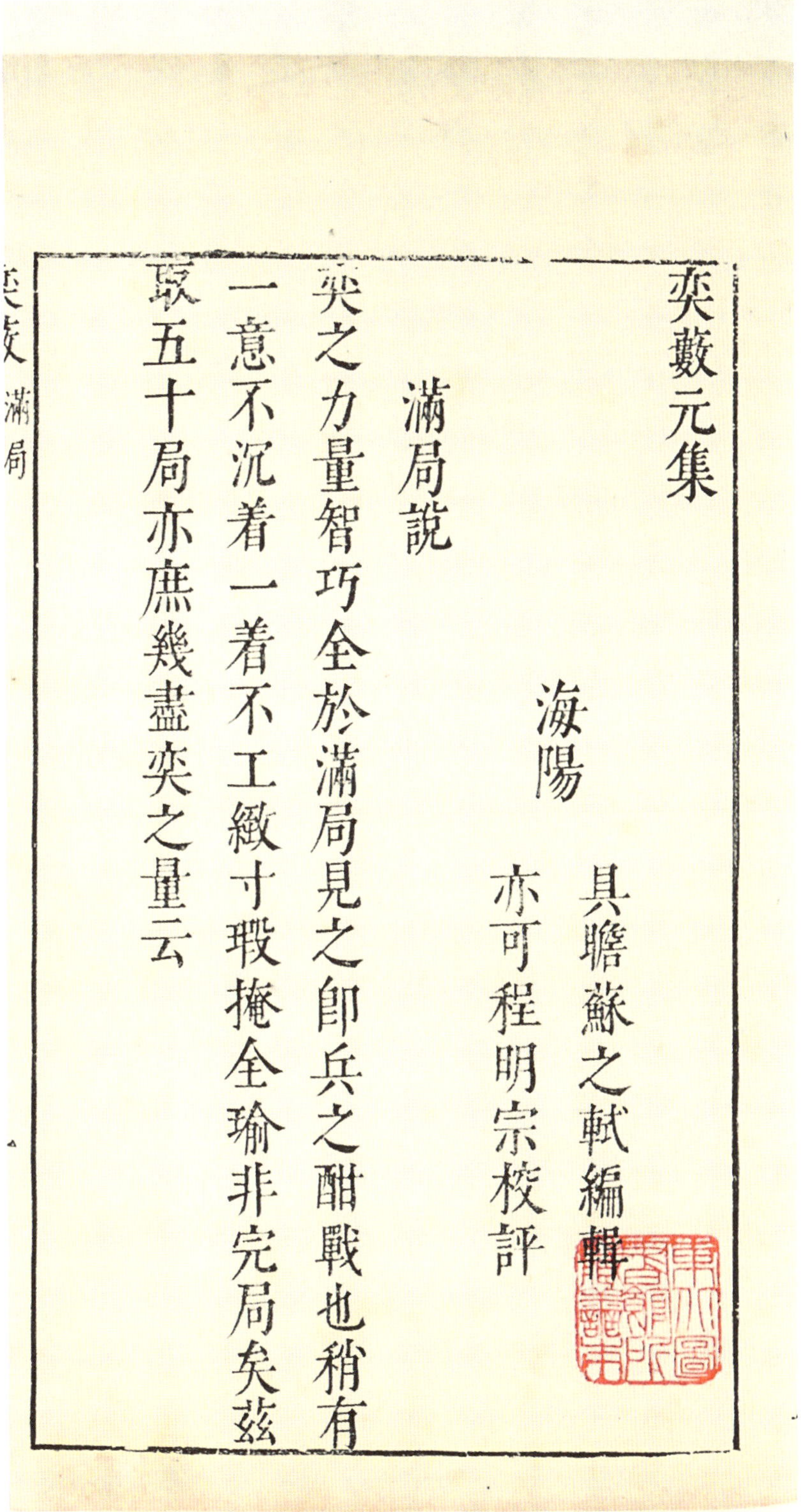
奕藪元集
海陽
具瞻蘇之軾編輯
亦可程明宗校評
滿局説
奕之力量智巧全於滿局見之卽兵之酣戰也稍有
一意不沉着一着不工緻寸瑕掩全瑜非完局矣玆
取五十局亦庶幾盡奕之量云
奕藪 滿局

10303　奕藪四卷附棋經注一卷　（明）蘇之軾撰　（明）程明宗校評　明天啓二年（1622）自刻三色套印本　遼寧省圖書館

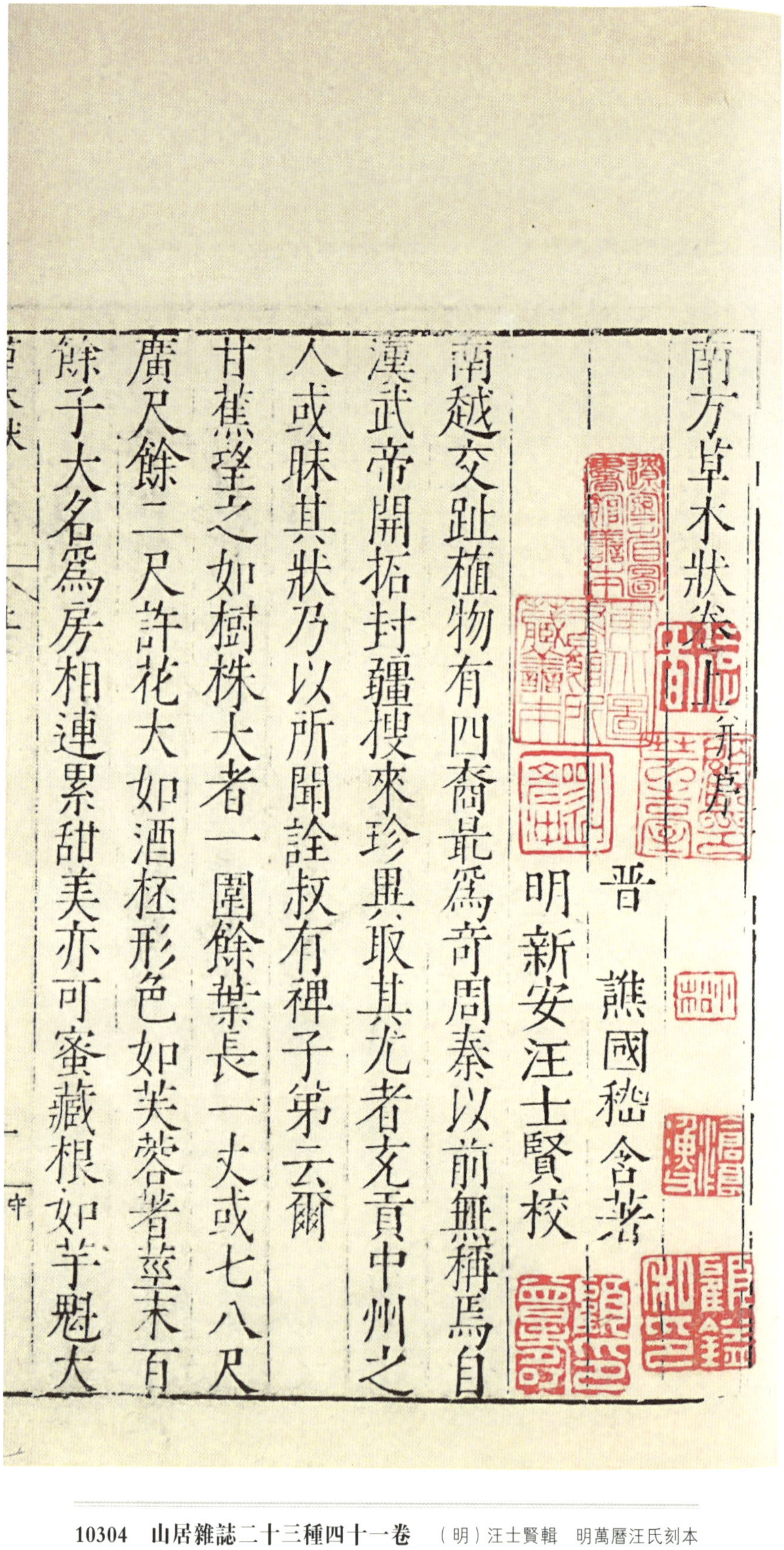

南方草木狀卷上

晉　譙國嵇含著

明　新安汪士賢校

南越交趾植物有四裔最爲奇周秦以前無稱焉自漢武帝開拓封疆搜來珍異取其尤者充貢中州之人或昧其狀乃以所聞詮叙有裨子弟云爾

甘蕉望之如樹株大者一圍餘葉長一丈或七八尺廣尺餘二尺許花大如酒杯形色如芙蓉著莖末百餘子大名爲房相連累甜美亦可蜜藏根如芋魁大

10304　山居雜誌二十三種四十一卷　（明）汪士賢輯　明萬曆汪氏刻本

遼寧省圖書館

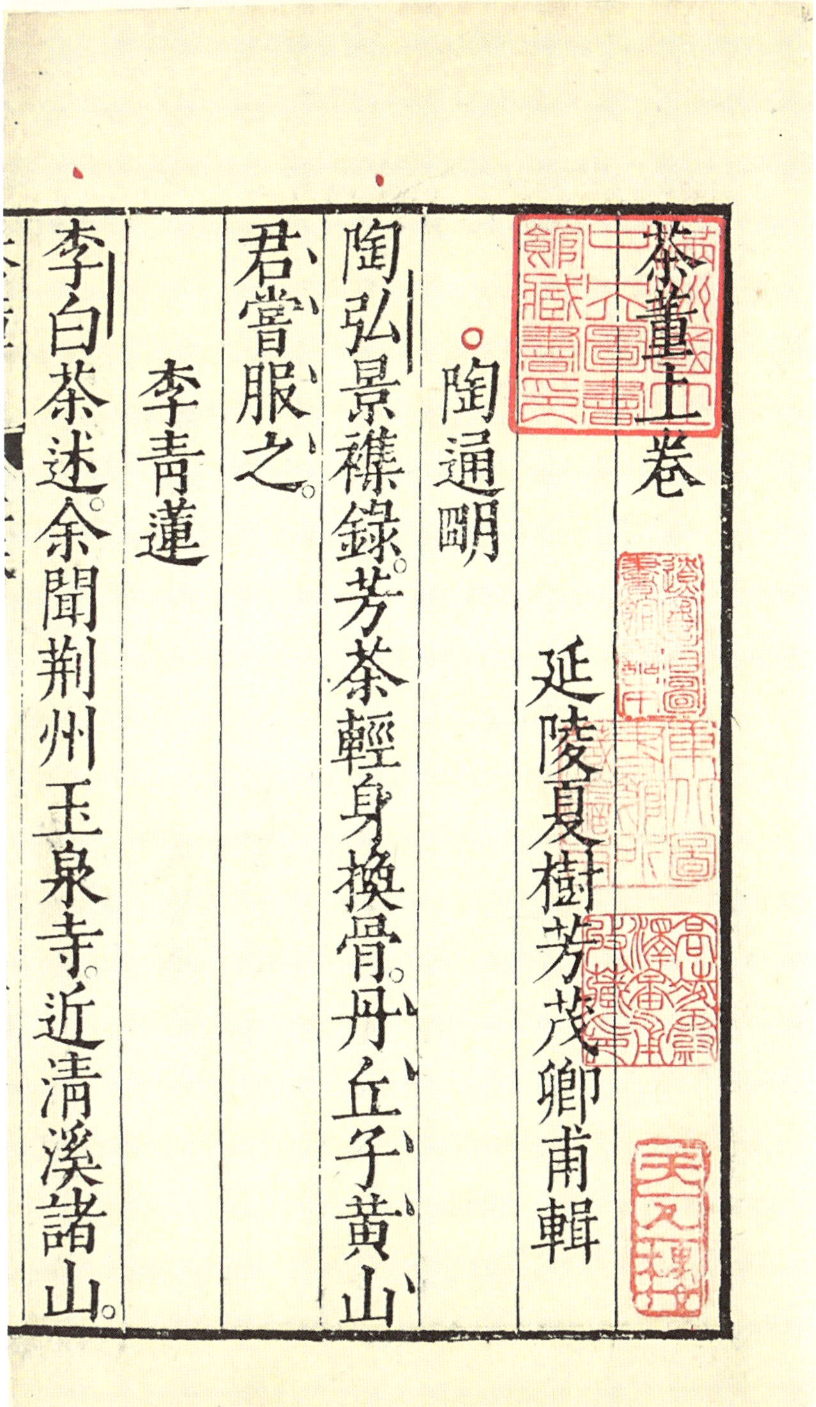
茶董上卷
延陵夏樹芳茂卿甫輯
陶通明
陶弘景雜錄。芳茶輕身換骨。丹丘子黃山
君嘗服之。
李青蓮
李白茶述。余聞荊州玉泉寺。近清溪諸山。

10305　茶董二卷酒顛二卷　（明）夏樹芳輯　明萬曆夏氏清遠樓刻本　遼寧省圖書館

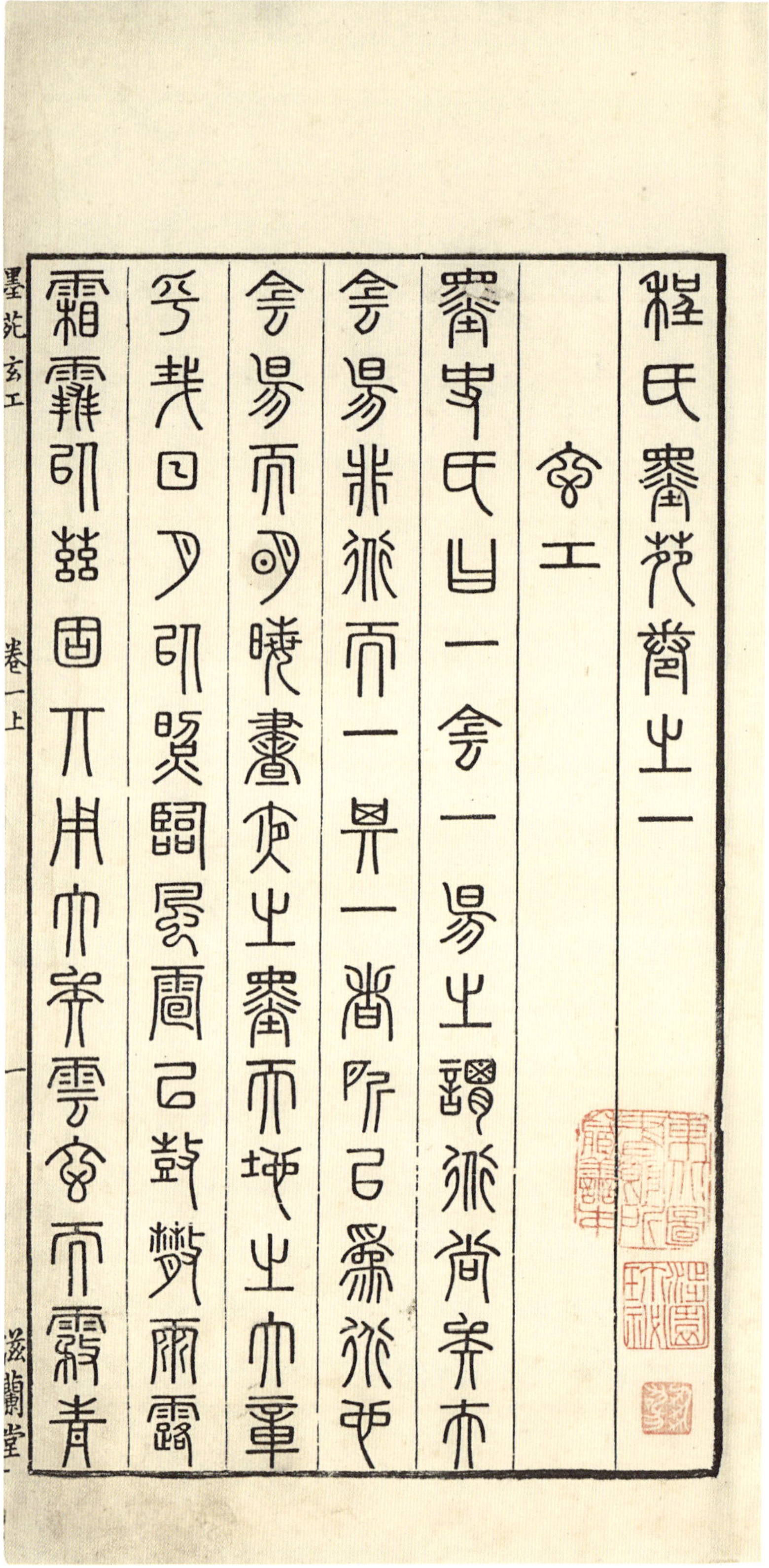

10306 程氏墨苑十四卷人文爵里九卷 （明）程大約撰 明萬曆程氏滋蘭堂刻本 遼寧省圖書館

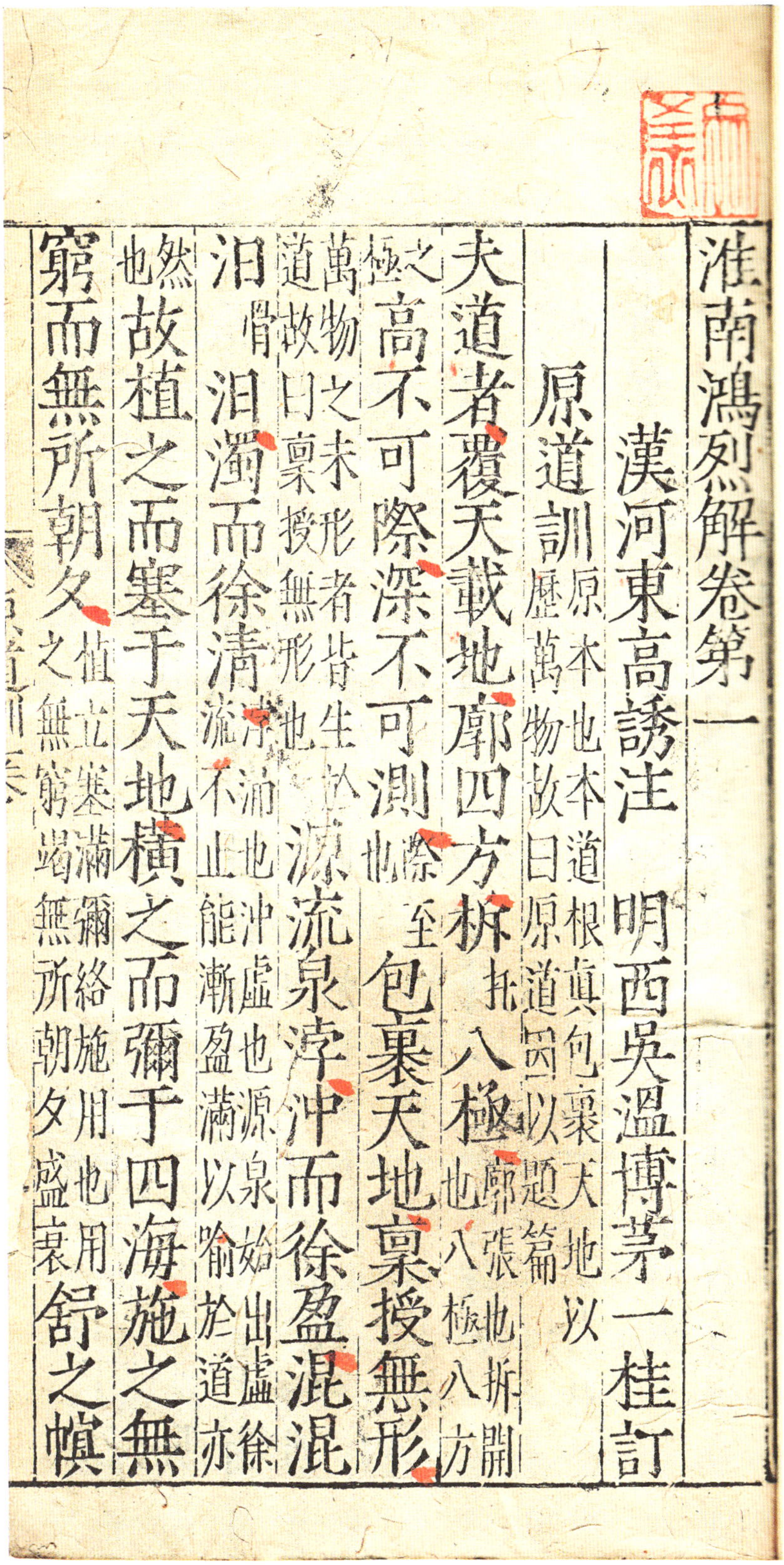
淮南鴻烈解卷第一
漢河東高誘注　明西吴温博茅一桂訂
原道訓原本也本道根真包裹天地以歷萬物故曰原道因以題篇
夫道者覆天載地廓四方柝八極廓張也柝開也八極八方之極也高不可際深不可測際至也包裹天地稟授無形萬物之未形者皆生於道故曰稟授無形也源流泉浡沖而徐盈混混汩骨汩濁而徐清浡涌也沖虛也源泉始出虛徐流不止能漸盈滿以喻於道亦然也故植之而塞于天地橫之而彌于四海施之無窮而無所朝夕植立塞滿彌絡施用也用之無窮竭無所朝夕盛衰舒之幎

10307　淮南鴻烈解二十一卷　（漢）劉安撰　（漢）高誘注　明萬曆八年（1580）茅一桂刻本　大連圖書館

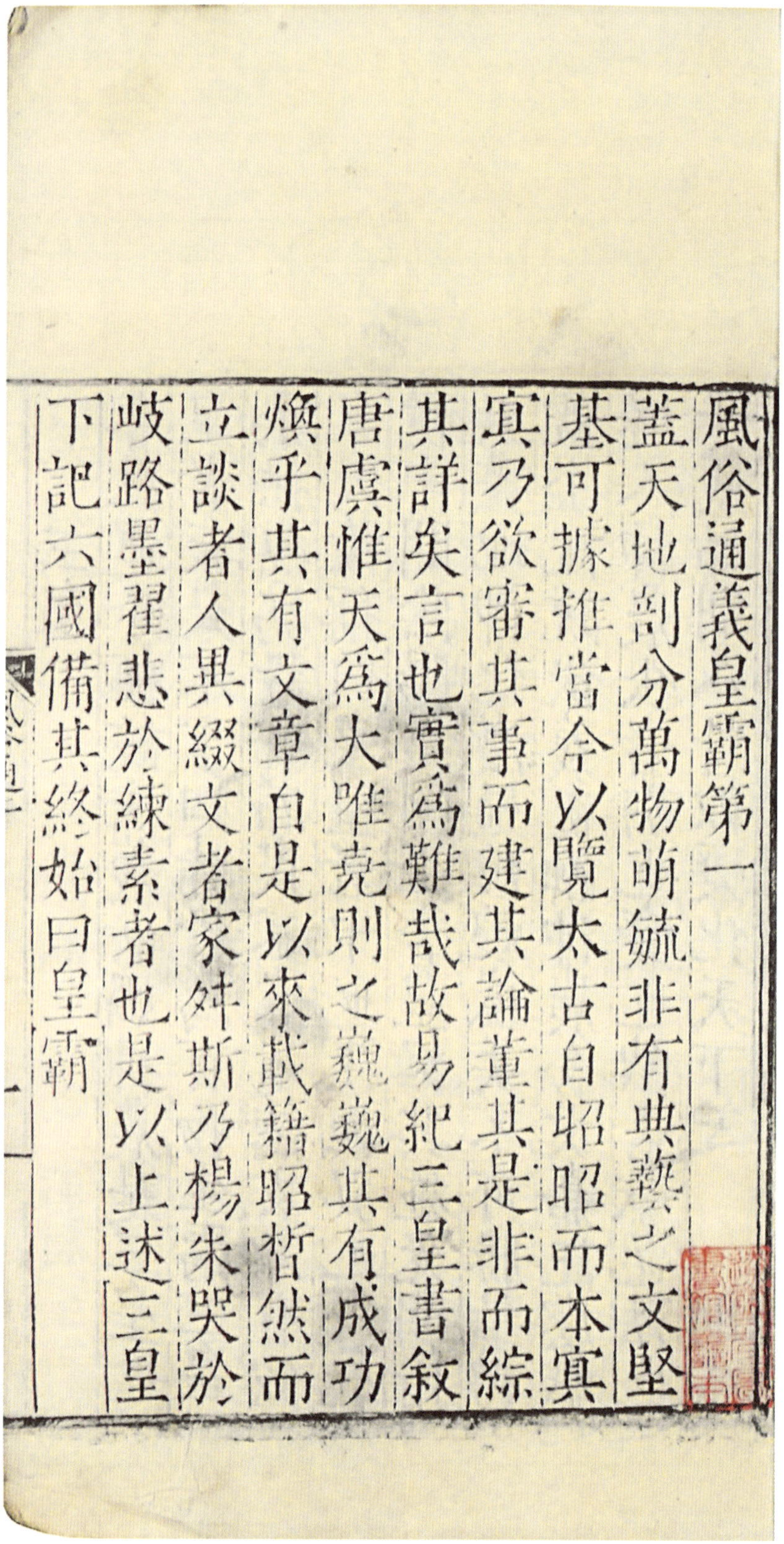

風俗通義皇霸第一

蓋天地剖分萬物萌毓非有典藝之文堅基可據推當今以覽太古自昭昭而本冥冥乃欲審其事而建其論董其是非而綜其詳矣言也實爲難哉故易紀三皇書叙唐虞惟天爲大唯堯則之巍巍其有成功煥乎其有文章自是以來載籍昭晳然而立談者人異綴文者家舛斯乃楊朱哭於岐路墨翟悲於練素者也是以上述三皇下訖六國備其終始曰皇霸

10308　風俗通義十卷　（漢）應劭撰　明刻本　遼寧省圖書館

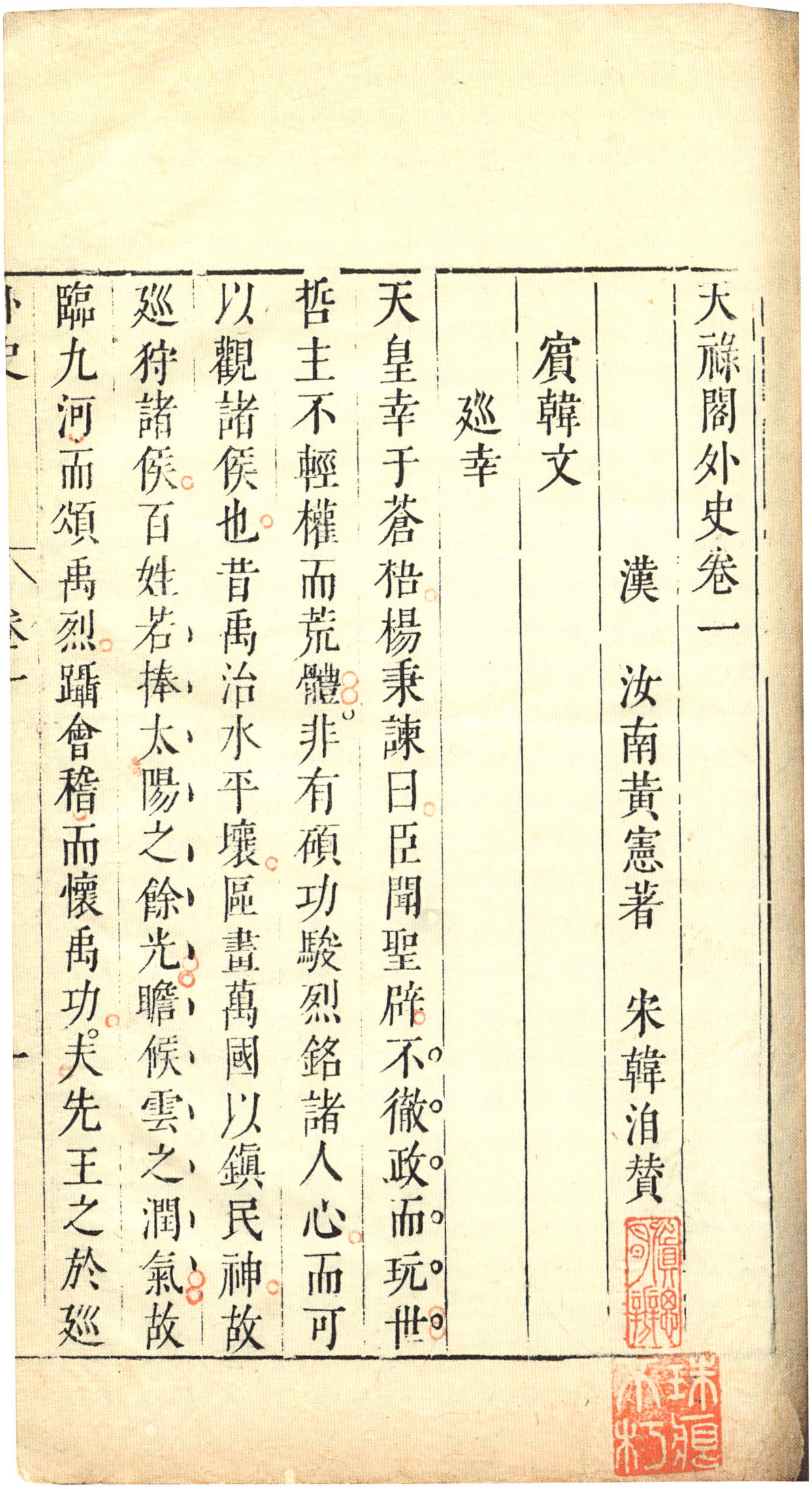

天祿閣外史卷一

漢　汝南黃憲著　宋韓洎贊

賓韓文

巡幸

天皇幸于蒼梧楊秉諫曰臣聞聖辟不徹政而玩世哲主不輕權而荒體非有碩功駿烈銘諸人心而可以觀諸侯也昔禹治水平壤區畫萬國以鎮民神故巡狩諸侯百姓若捧太陽之餘光瞻候雲之潤氣故臨九河而頌禹烈躡會稽而懷禹功夫先王之於巡

外史　卷一

10309　天祿閣外史八卷　題（漢）黃憲撰　明刻本　遼寧大學圖書館

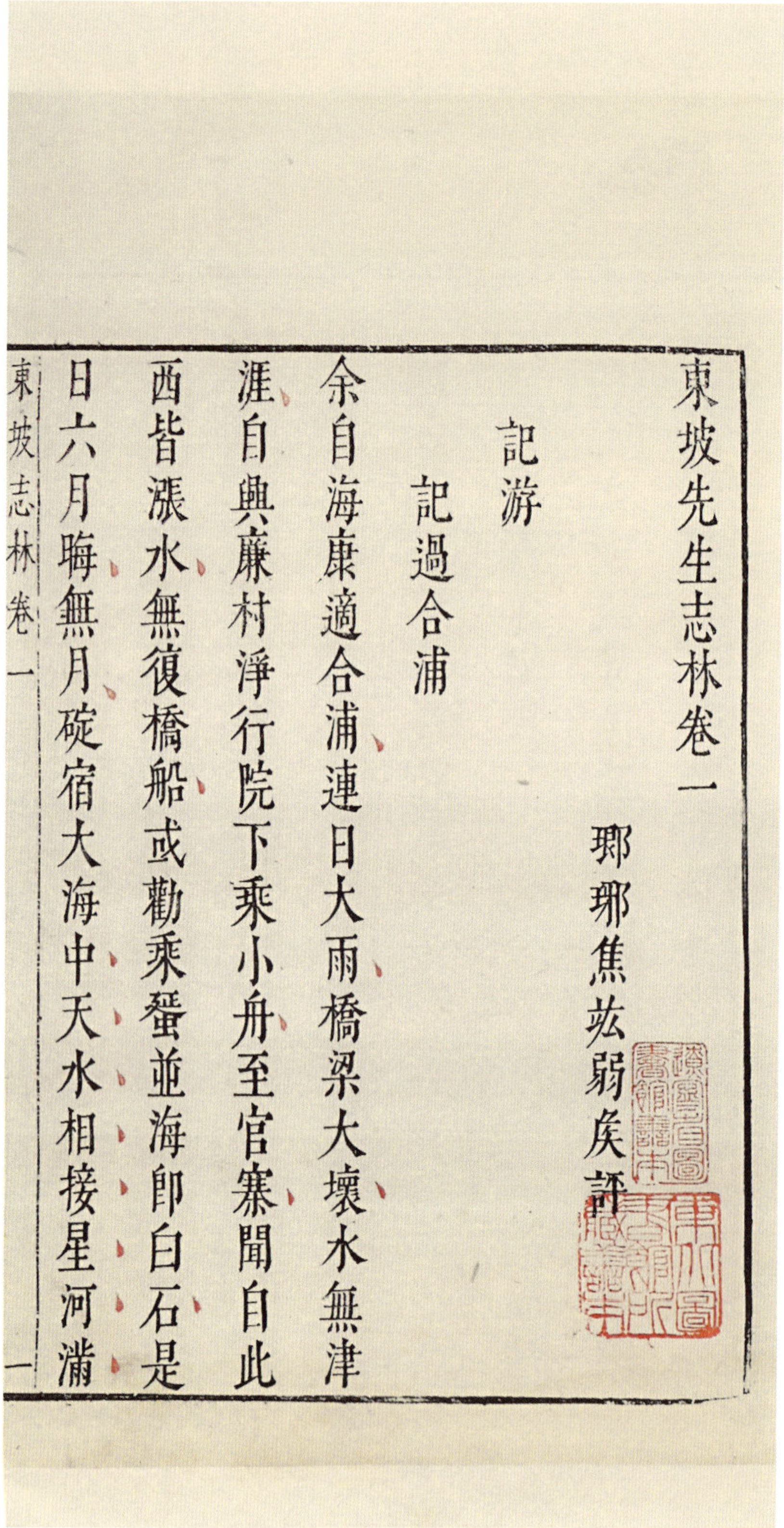

東坡先生志林卷一

瑯琊焦竑弱矦評

記游

記過合浦

余自海康適合浦連日大雨橋梁大壞水無津涯自興廉村淨行院下乘小舟至官寨聞自此西皆漲水無復橋船或勸乘蜑並海即白石是日六月晦無月碇宿大海中天水相接星河滿

東坡志林卷一　一

10310　東坡先生志林五卷　（宋）蘇軾撰　明刻朱墨套印本　遼寧省圖書館

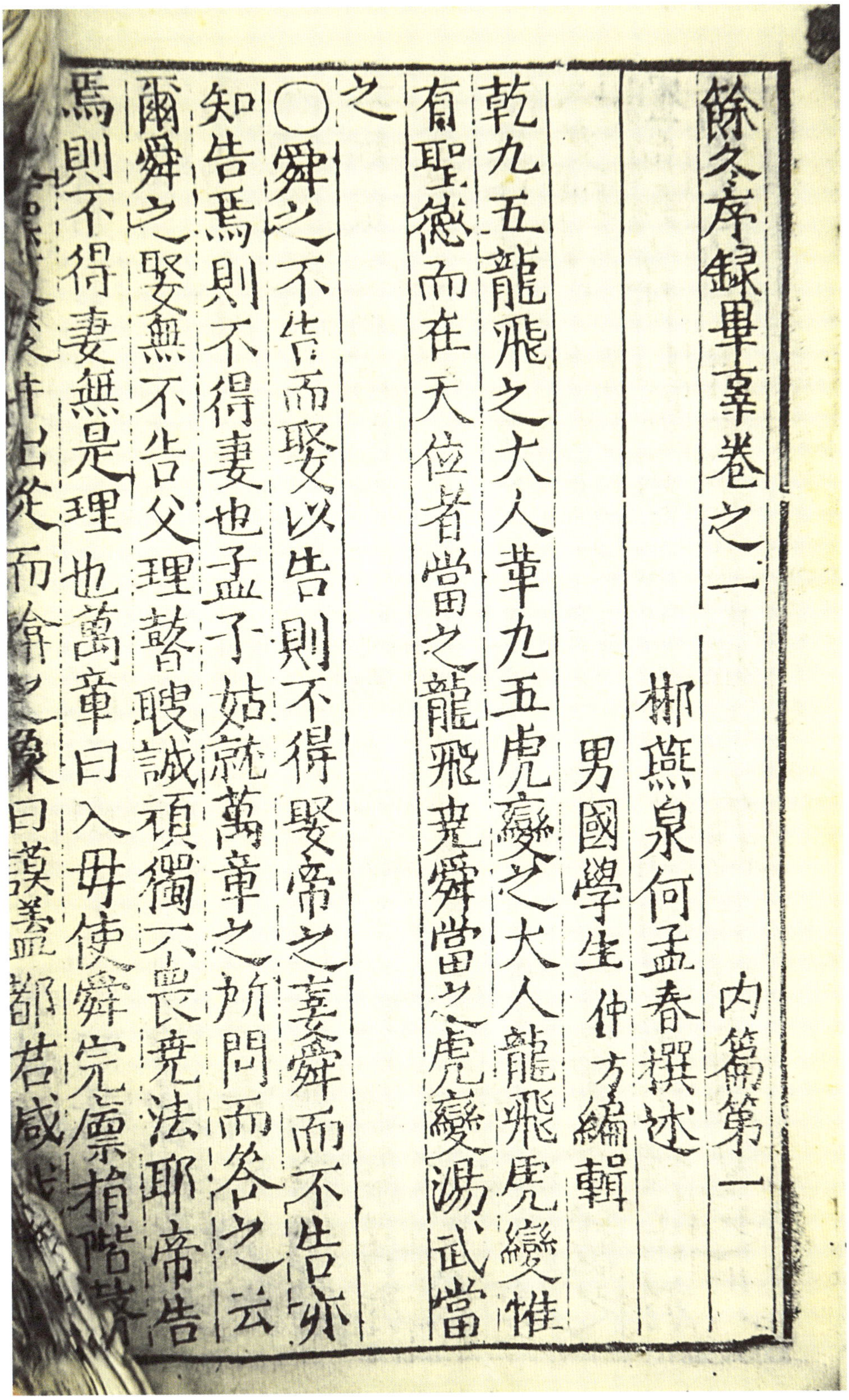

餘冬序録畢辛卷之一　内篇第一
郴燕泉何孟春撰述
男國學生仲方編輯
乾九五龍飛之大人革九五虎變之大人龍飛虎變惟
有聖德而在天位者當之龍飛堯舜當之虎變湯武當
之
○舜之不告而娶以告則不得娶帝之妻舜而不告亦
知告焉則不得妻也孟子姑就萬章之所問而答之云
爾舜之娶無不告父理瞽瞍誠頑獨不畏堯法耶帝告
焉則不得妻無是理也萬章曰父母使舜完廩捐階瞽
瞍焚廩使浚井出從而揜之象曰謨蓋都君咸我

10311　餘冬序録六十五卷　（明）何孟春撰　明嘉靖七年（1528）郴州家塾刻明修本　撫順市圖書館

存四十五卷（一至十、二十六至六十）

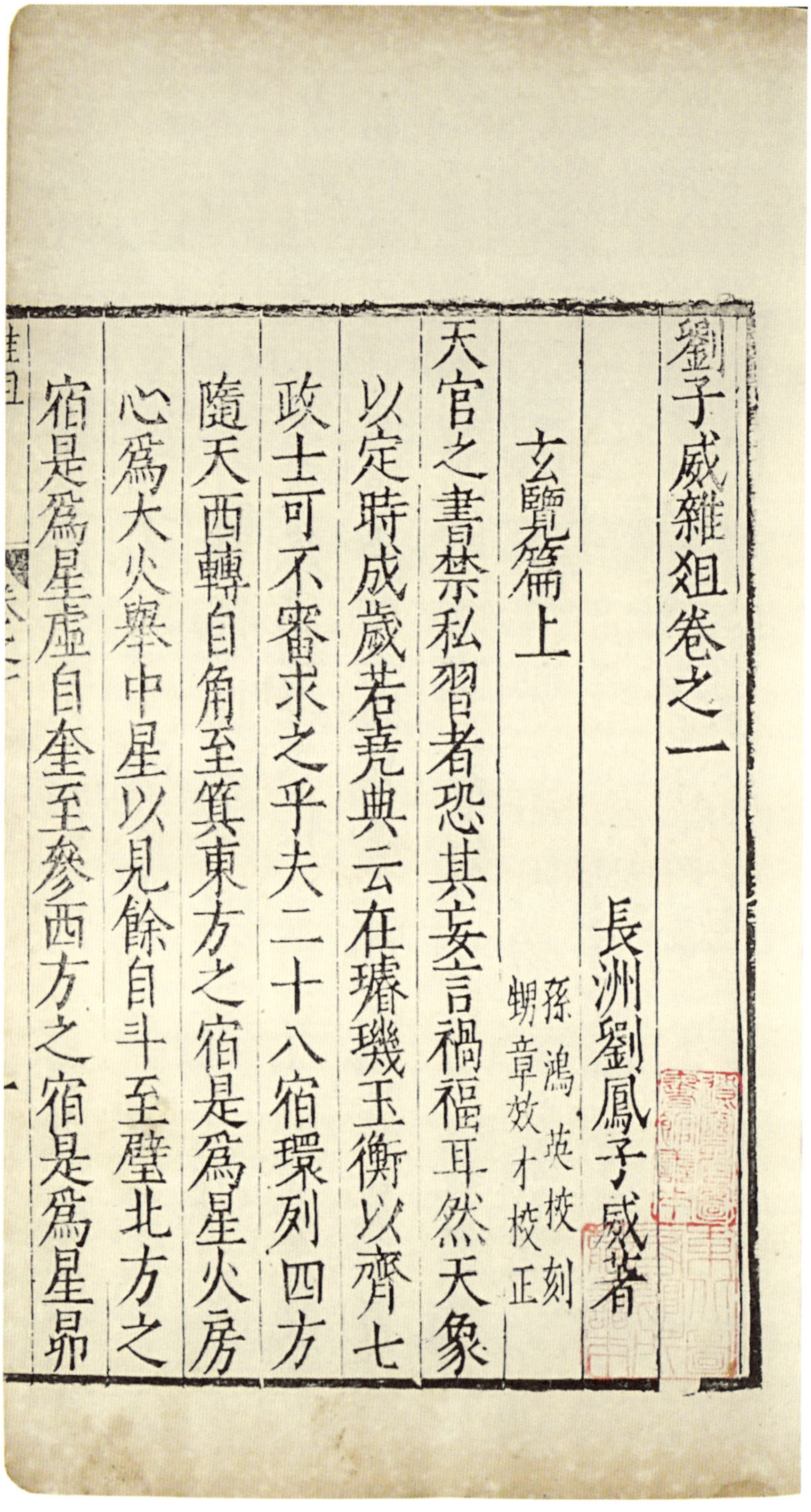
劉子威雜俎卷之一
長洲劉鳳子威著
孫鴻英校刻
甥章效才校正
玄覽篇上
天官之書禁私習者恐其妄言禍福耳然天象以定時成歲若堯典云在璿璣玉衡以齊七政士可不審求之乎夫二十八宿環列四方隨天西轉自角至箕東方之宿是爲星火房心爲大火舉中星以見餘自斗至壁北方之宿是爲星虛自奎至參西方之宿是爲星昴

10312　劉子威雜俎十卷　（明）劉鳳撰　明萬曆劉鴻英刻本　遼寧省圖書館

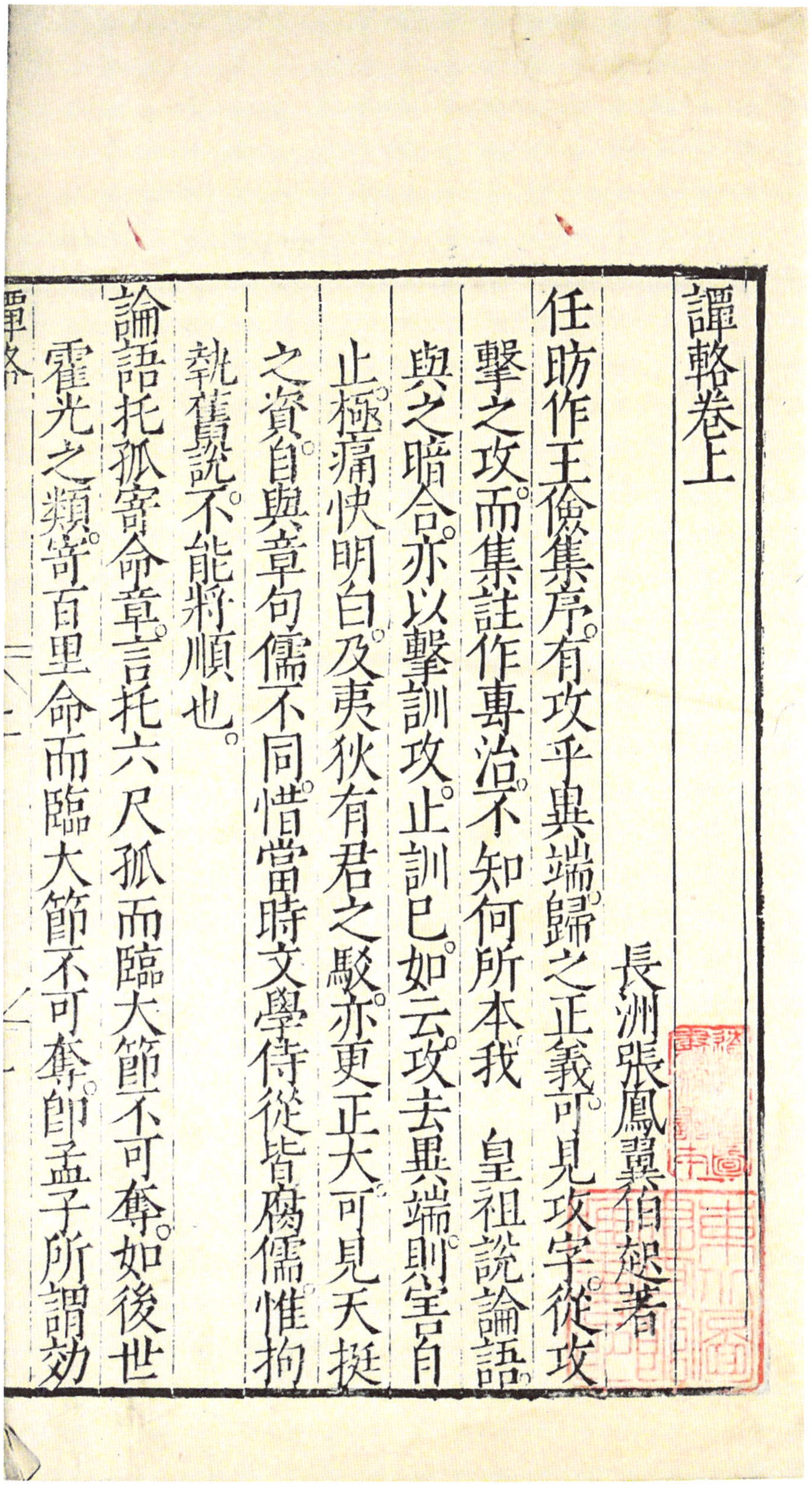
譚輅卷上
長洲張鳳翼伯起著
任昉作王儉集序有攻乎異端歸之正義可見攻字從攻擊之攻而集註作專治不知何所本我　皇祖説論語與之暗合亦以擊訓攻止訓已如云攻去異端則害自止極痛快明白及夷狄有君之駁亦更正大可見天挺之資自與章句儒不同惜當時文學侍從皆腐儒惟拘執舊説不能將順也
論語托孤寄命章言托六尺孤而臨大節不可奪如後世霍光之類寄百里命而臨大節不可奪即孟子所謂効

10313　譚輅三卷　（明）張鳳翼撰　明萬曆刻本　遼寧省圖書館

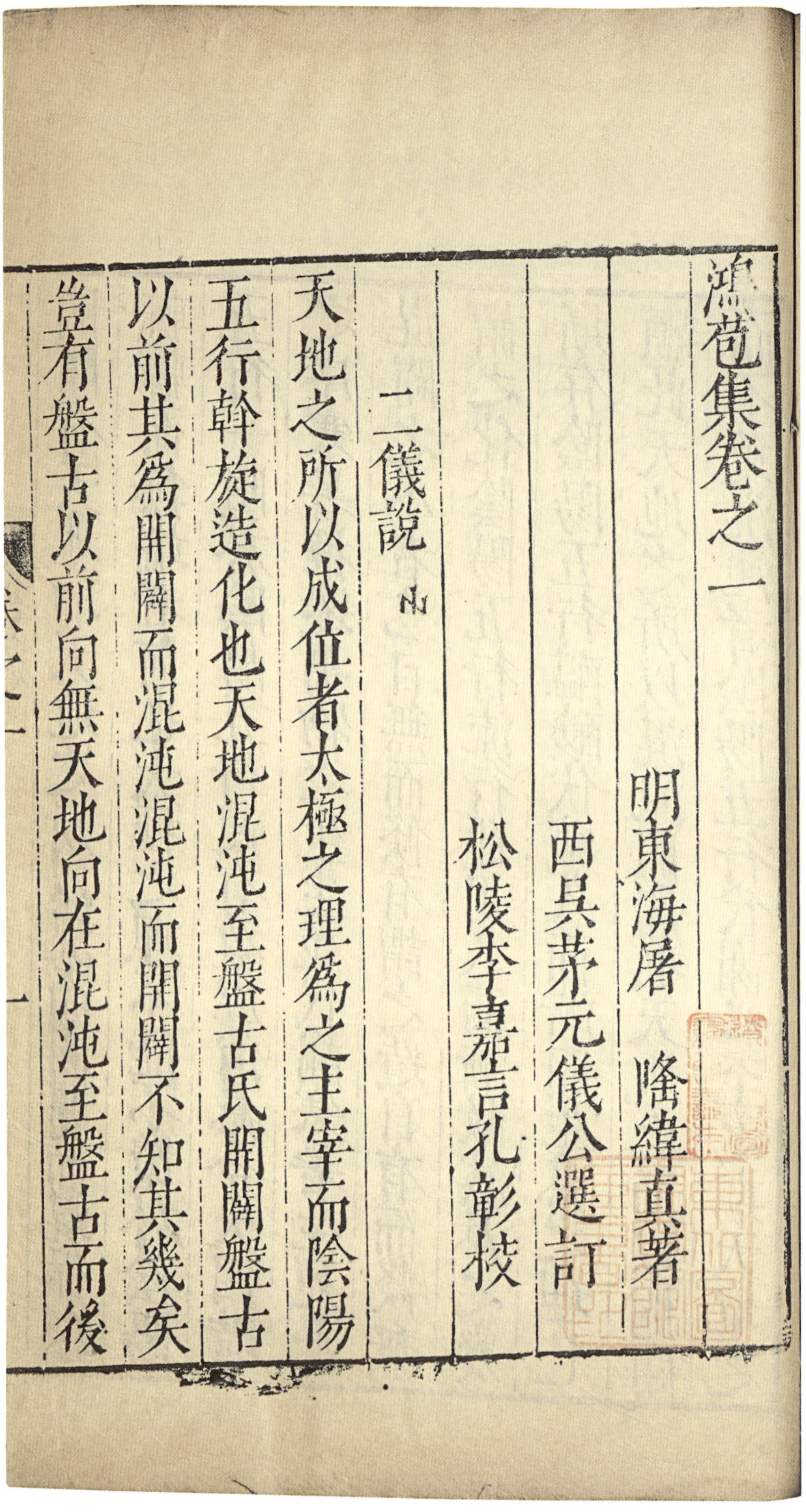

鴻苞集卷之一

明東海屠　隆緯真著

西吳茅元儀公選訂

松陵李嘉言孔彰校

二儀說

天地之所以成位者太極之理爲之主宰而陰陽
五行幹旋造化也天地混沌至盤古氏開闢盤古
以前其爲開闢而混沌混沌而開闢不知其幾矣
豈有盤古以前向無天地向在混沌至盤古而後

10314　鴻苞集四十八卷　（明）屠隆撰　（明）茅元儀訂　明萬曆刻本　遼寧省圖書館

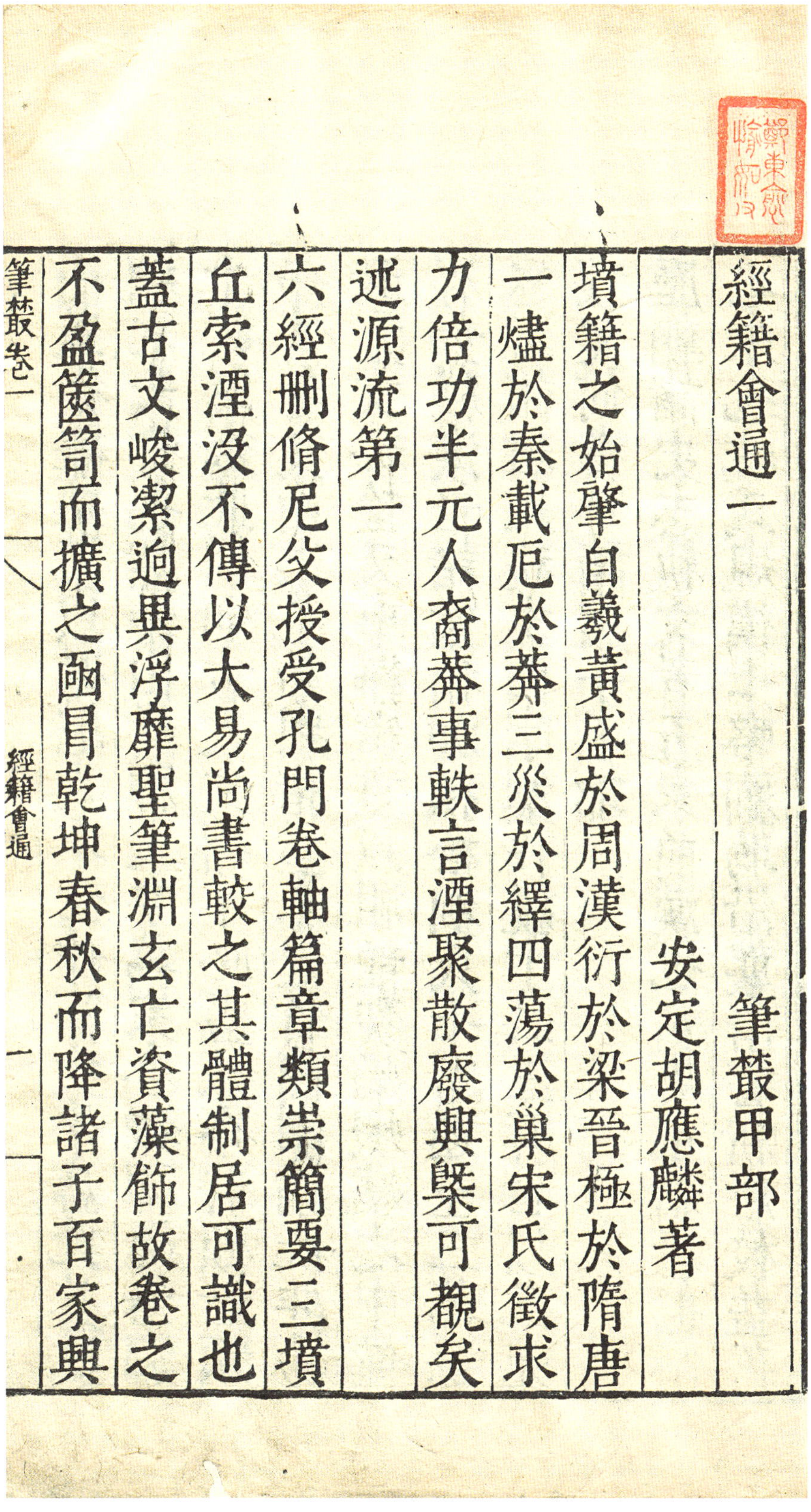
經籍會通一
筆叢甲部
安定胡應麟著
墳籍之始肇自羲黃盛於周漢衍於梁晉極於隋唐
一燼於秦載厄於莽三災於繹四蕩於巢宋氏徵求
力倍功半元人裔莽事軼言湮聚散廢興槩可覩矣
述源流第一
六經刪脩尼父授受孔門卷軸篇章類崇簡要三墳
丘索湮沒不傳以大易尚書較之其體制居可識也
蓋古文峻潔迫與浮靡聖筆淵玄亡資藻飾故卷之
不盈篋笥而擴之函目乾坤春秋而降諸子百家與
筆叢卷之一　經籍會通　一

10315　筆叢正集三十二卷續集十六卷　（明）胡應麟撰　明萬曆三十四年（1606）吴勉學刻本　大連圖書館

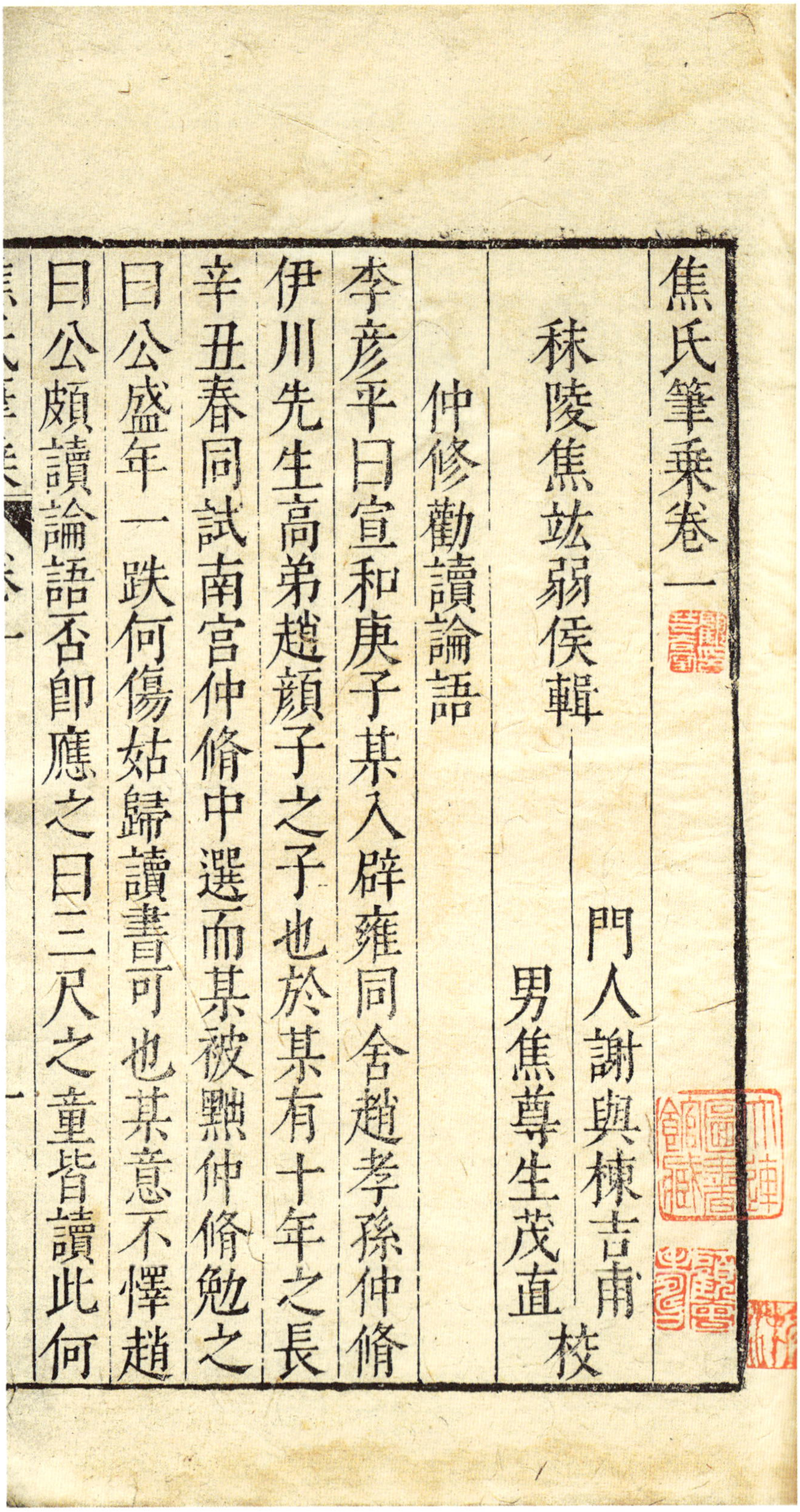

焦氏筆乘卷一

秣陵焦竑弱侯輯　門人謝與棟吉甫
男焦尊生茂直　校

仲修勸讀論語

李彥平日宣和庚子某入辟雍同舍趙孝孫仲脩伊川先生高弟趙顏子之子也於某有十年之長辛丑春同試南宮仲脩中選而某被黜仲脩勉之曰公盛年一跌何傷姑歸讀書可也某意不懌趙曰公頗讀論語否即應之曰三尺之童皆讀此何

10316　焦氏筆乘六卷續集八卷　（明）焦竑撰　明萬曆三十四年（1606）謝與棟刻本　大連圖書館

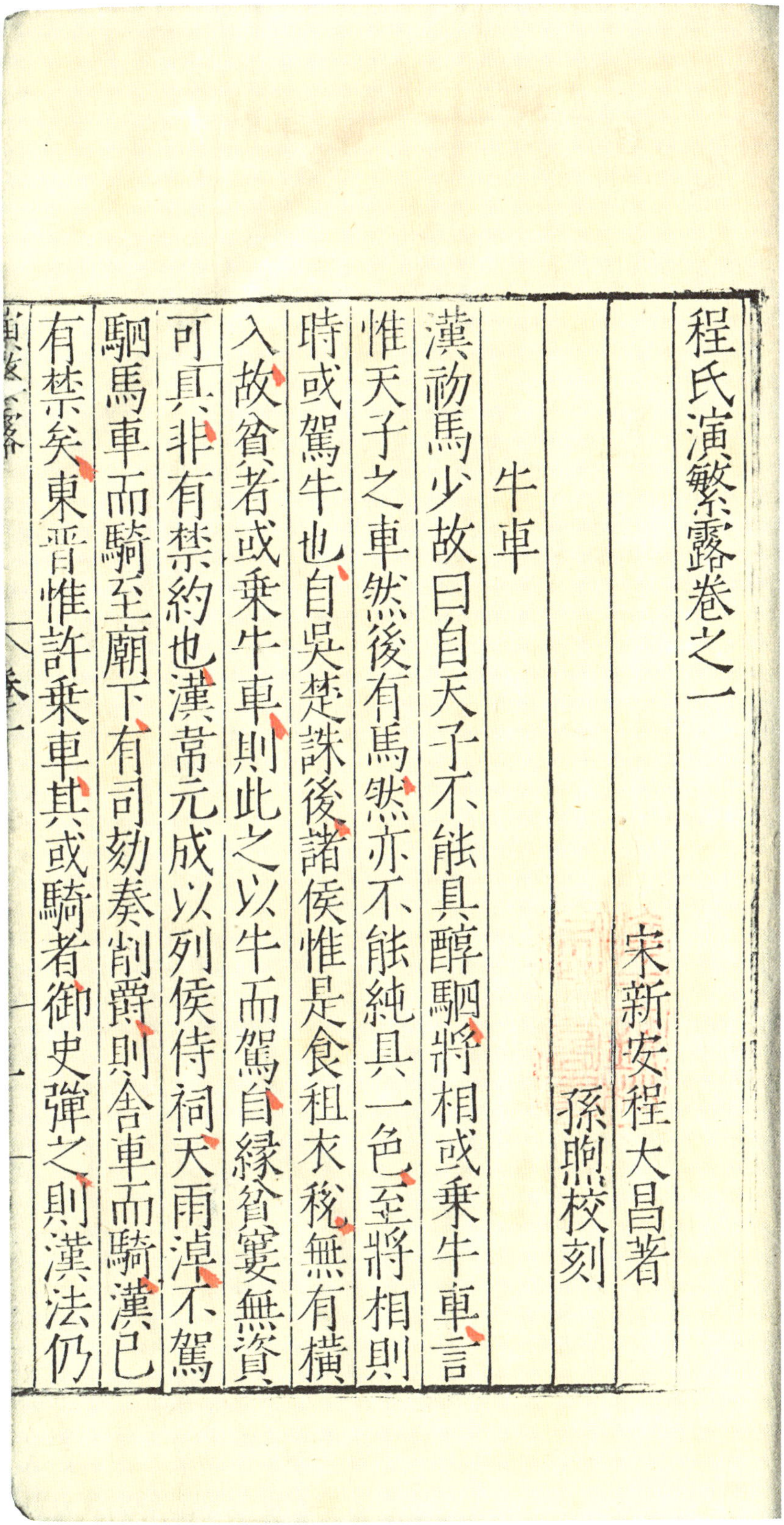
程氏演繁露卷之一
宋新安程大昌著
孫煦校刻
牛車
漢初馬少故曰自天子不能具醇駟將相或乘牛車言
惟天子之車然後有馬然亦不能純具一色至將相則
時或駕牛也自吳楚誅後諸侯惟是食租衣稅無有橫
入故貧者或乘牛車則此之以牛而駕自緣貧窶無資
可具非有禁約也漢帝元成以列侯侍祠天雨淖不駕
駟馬車而騎至廟下有司劾奏削爵則舍車而騎漢已
有禁矣東晉惟許乘車其或騎者御史彈之則漢法仍
演繁露　卷一　一

10317　程氏演繁露十六卷　（宋）程大昌撰　明嘉靖刻本　羅振玉題記

旅順博物館

演繁露十六卷　明嘉靖刻本

此書近通行者乃張氏照曠閣本与續集六卷合刊此僅正集十六卷而無續集每卷之首有明旗商（此三字乃人挖去）程煦校刻題張刻續集後有嘉靖辛亥煦跋似此本亦与續集同刊者而東友島田彥楨翰言彼國圖書館所藏嘉靖本亦無續集不知何也以此本与張本相校卷四張本缺旗節梅雨佛骨三條卷十張本缺穿時衣冠袁樹主牛喘月虎任舊松六條卷十六張本缺嚐家立仗馬銅柱兩漢闕至含五條卷三北虜放達奚所錄魚題北虜張本作契丹卷十一此本目錄馬乳蒲萄下有蒲盧而書中並亡此條張本則並目亦亡之則此本又可貴矣又此本首有秘書省看書郎露後一節末有俞成跋四行張本亦亡之宣統紀元屠維作噩冬十月上虞羅振玉記

卷中未翔等字皆空格貞元作正元乃翻刻宋本之據是此刻從宋本出也附存又記

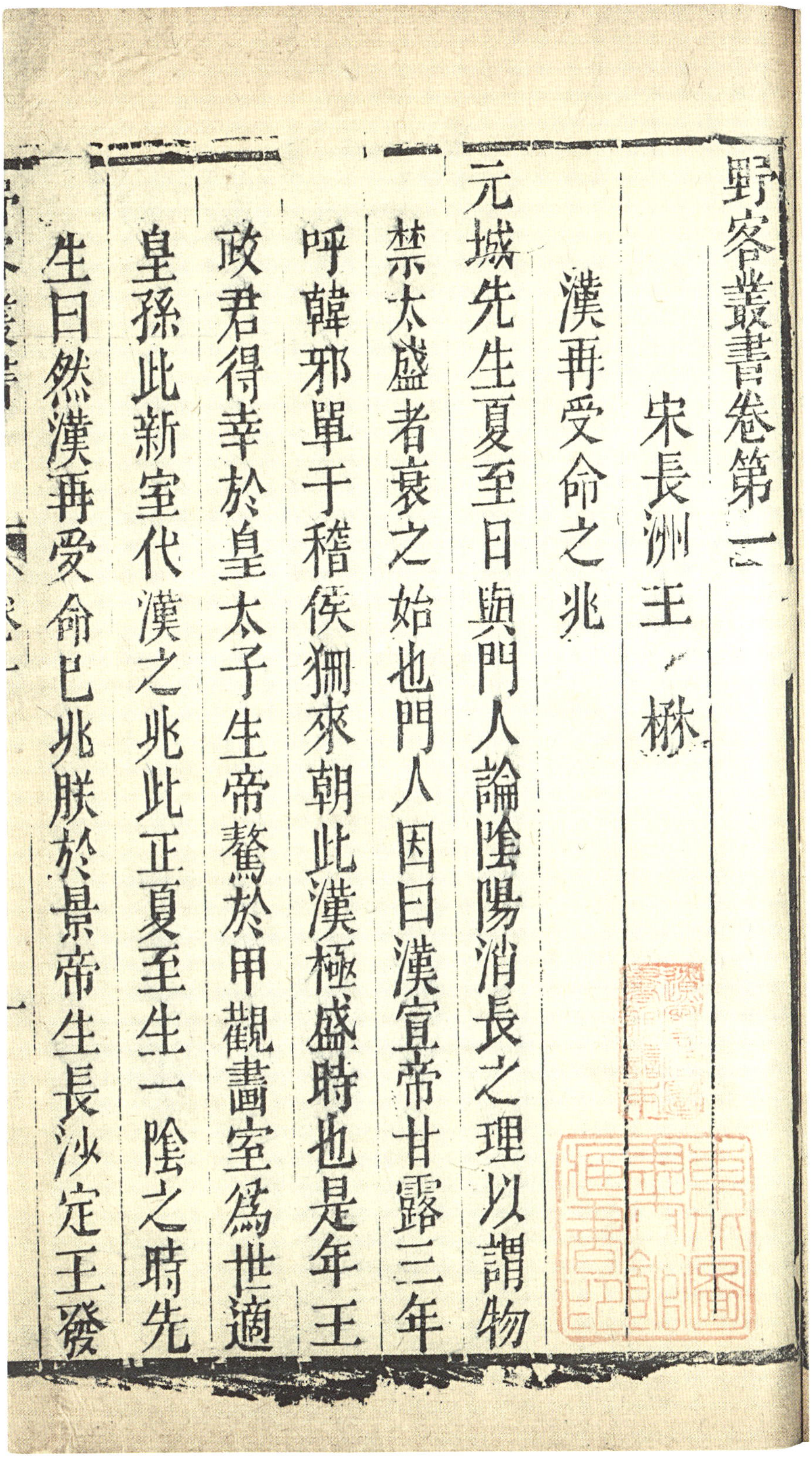

野客叢書卷第一
宋長洲王　楙
漢再受命之兆
元城先生夏至日與門人論陰陽消長之理以謂物
禁太盛者衰之始也門人因曰漢宣帝甘露三年
呼韓邪單于稽侯狦來朝此漢極盛時也是年王
政君得幸於皇太子生帝驁於甲觀畫室爲世適
皇孫此新室代漢之兆此正夏至生一陰之時先
生曰然漢再受命已兆朕於景帝生長沙定王發
野客叢書　卷一

10318　野客叢書三十卷附録野老記聞一卷　（宋）王楙撰　明刻本　遼寧省圖書館

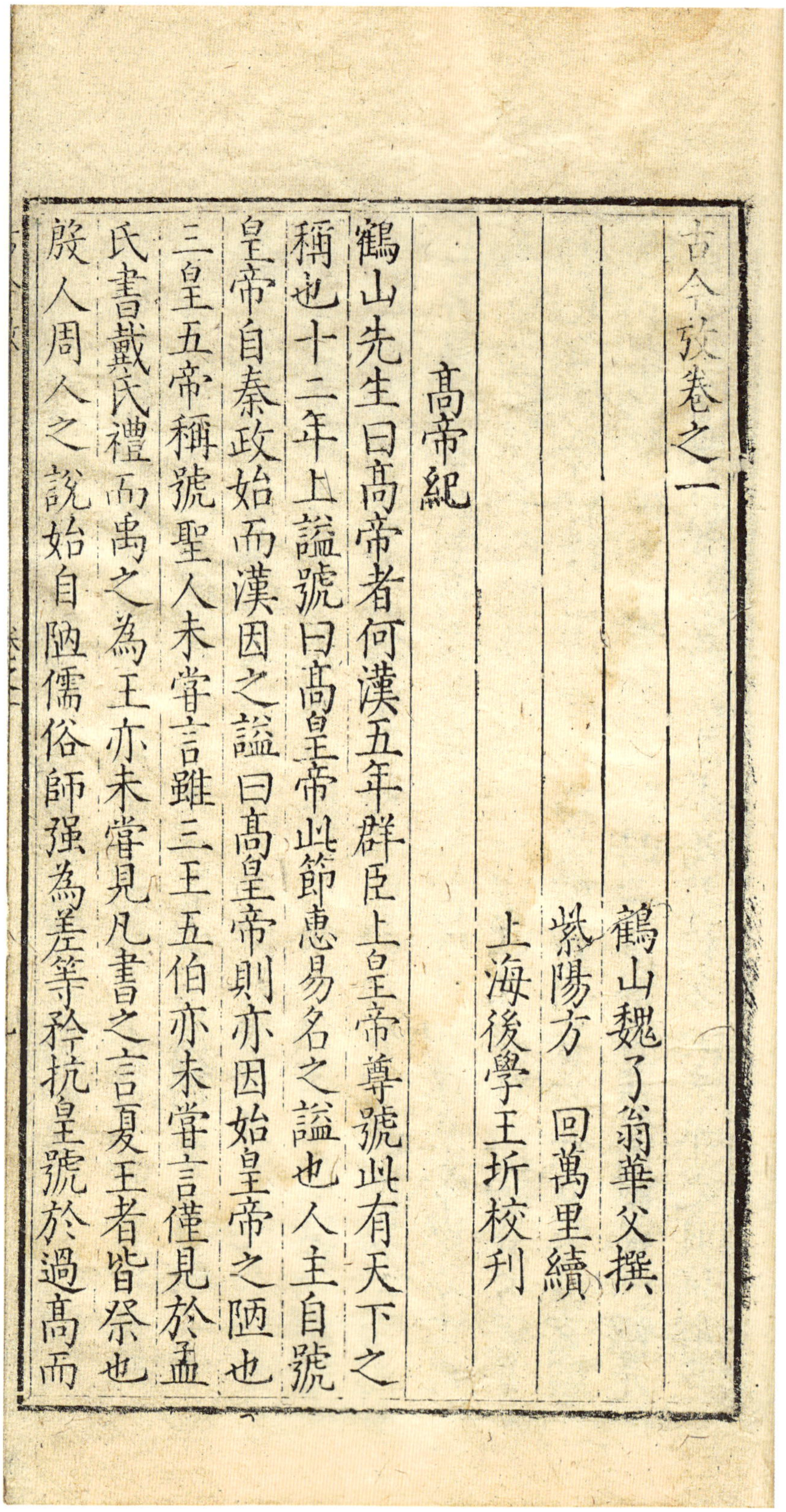

古今攷卷之一
鶴山魏了翁華父撰
紫陽方　回萬里續
上海後學王圻校刊
高帝紀
鶴山先生曰高帝者何漢五年群臣上皇帝尊號此有天下之稱也十二年上諡號曰高皇帝此節惠易名之諡也人主自號皇帝自秦政始而漢因之諡曰高皇帝則亦因始皇帝之陋也三皇五帝稱號聖人未嘗言雖三王五伯亦未嘗言僅見於孟氏書戴氏禮而禹之為王亦未嘗見凡書之言夏王者皆祭也殷人周人之說始自陋儒俗師强為差等矜抗皇號於過高而

10319　古今攷三十八卷　（宋）魏了翁撰　（元）方回續　明萬曆十二年（1584）王圻刻本　大連圖書館

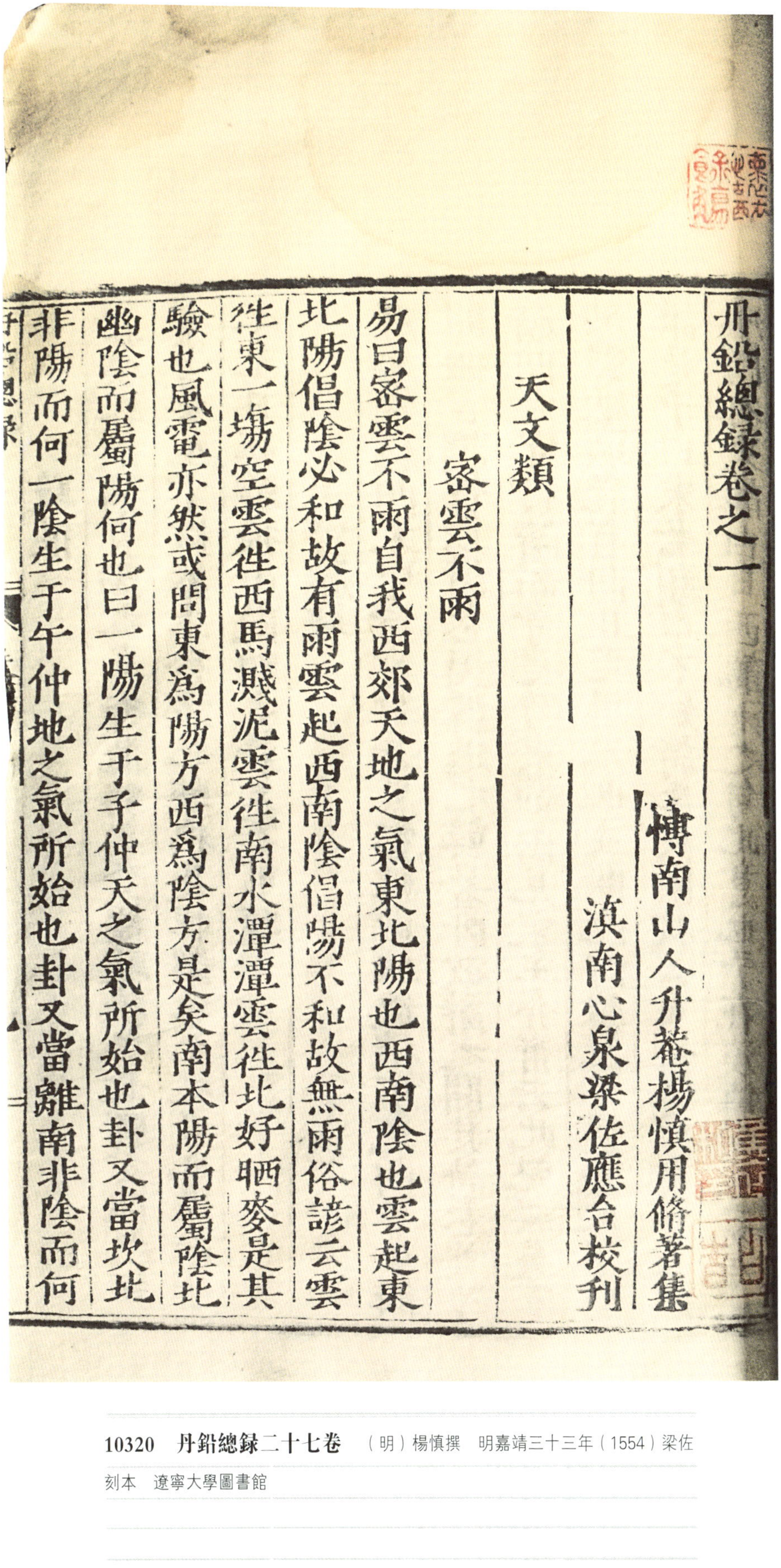

丹鉛總録卷之一

博南山人升菴楊慎用脩著集

滇南心泉梁佐應台校刊

天文類

密雲不雨

易曰密雲不雨自我西郊天地之氣東北陽也西南陰也雲起東北陽倡陰必和故有雨雲起西南陰倡陽不和故無雨俗諺云雲徃東一場空雲徃西馬濺泥雲徃南水潭潭雲徃北好晒麥是其驗也風雹亦然或問東爲陽方西爲陰方是矣南本陽而屬陰北幽陰而屬陽何也曰一陽生于子仲天之氣所始也卦又當坎北非陽而何一陰生于午仲地之氣所始也卦又當離南非陰而何

10320　丹鉛總録二十七卷　（明）楊慎撰　明嘉靖三十三年（1554）梁佐刻本　遼寧大學圖書館

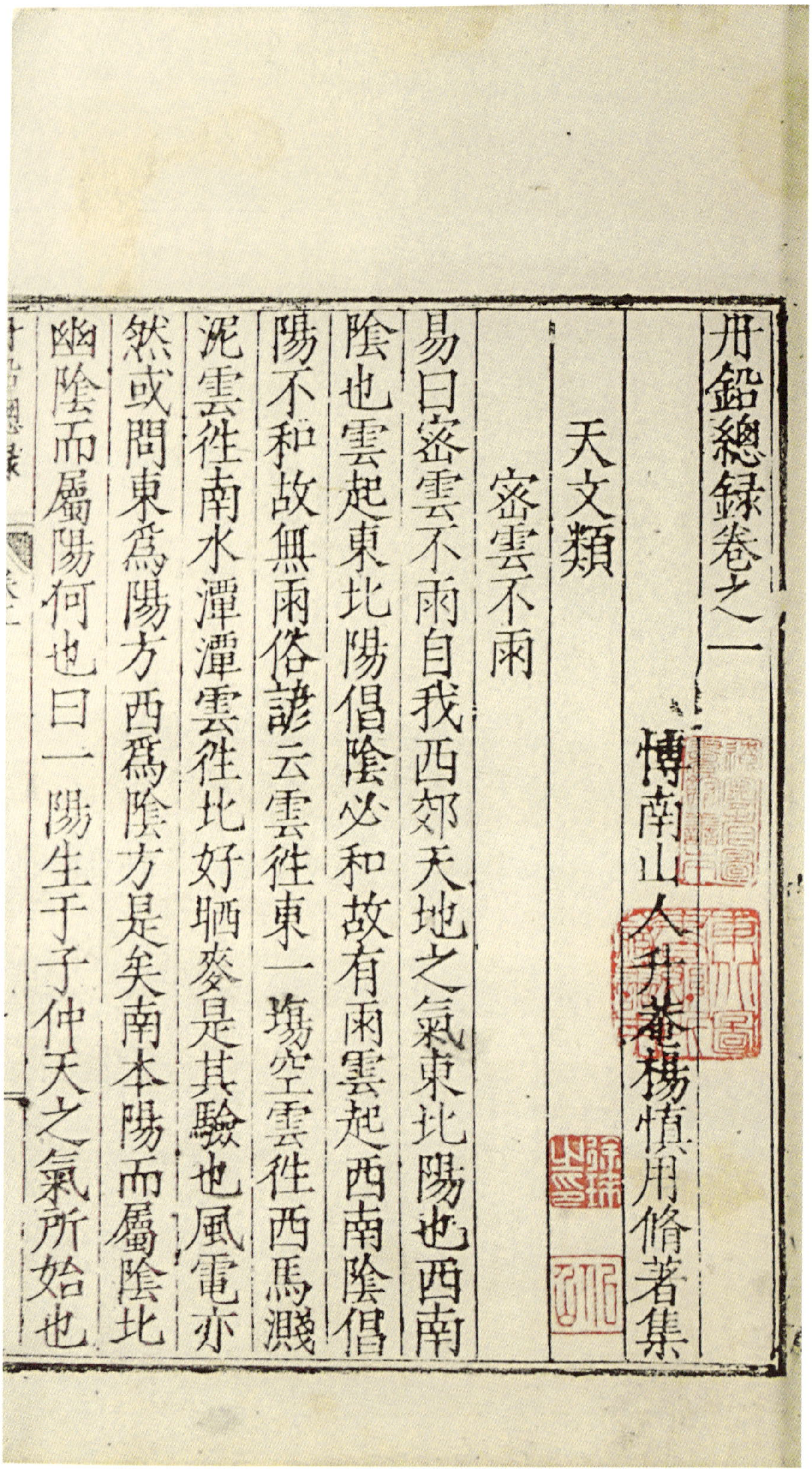

丹鉛總録卷之一
博南山人升菴楊慎用脩著集
天文類
宻雲不雨
易曰宻雲不雨自我西郊天地之氣東北陽也西南陰也雲起東北陽倡陰必和故有雨雲起西南陰倡陽不和故無雨俗諺云雲往東一場空雲往西馬濺泥雲往南水潭潭雲往北好晒麥是其驗也風雹亦然或問東爲陽方西爲陰方是矣南本陽而屬陰北幽陰而屬陽何也曰一陽生于子仲天之氣所始也

10321　丹鉛總録二十七卷　（明）楊慎撰　明隆慶凌雲翼、黄思近刻本
遼寧省圖書館

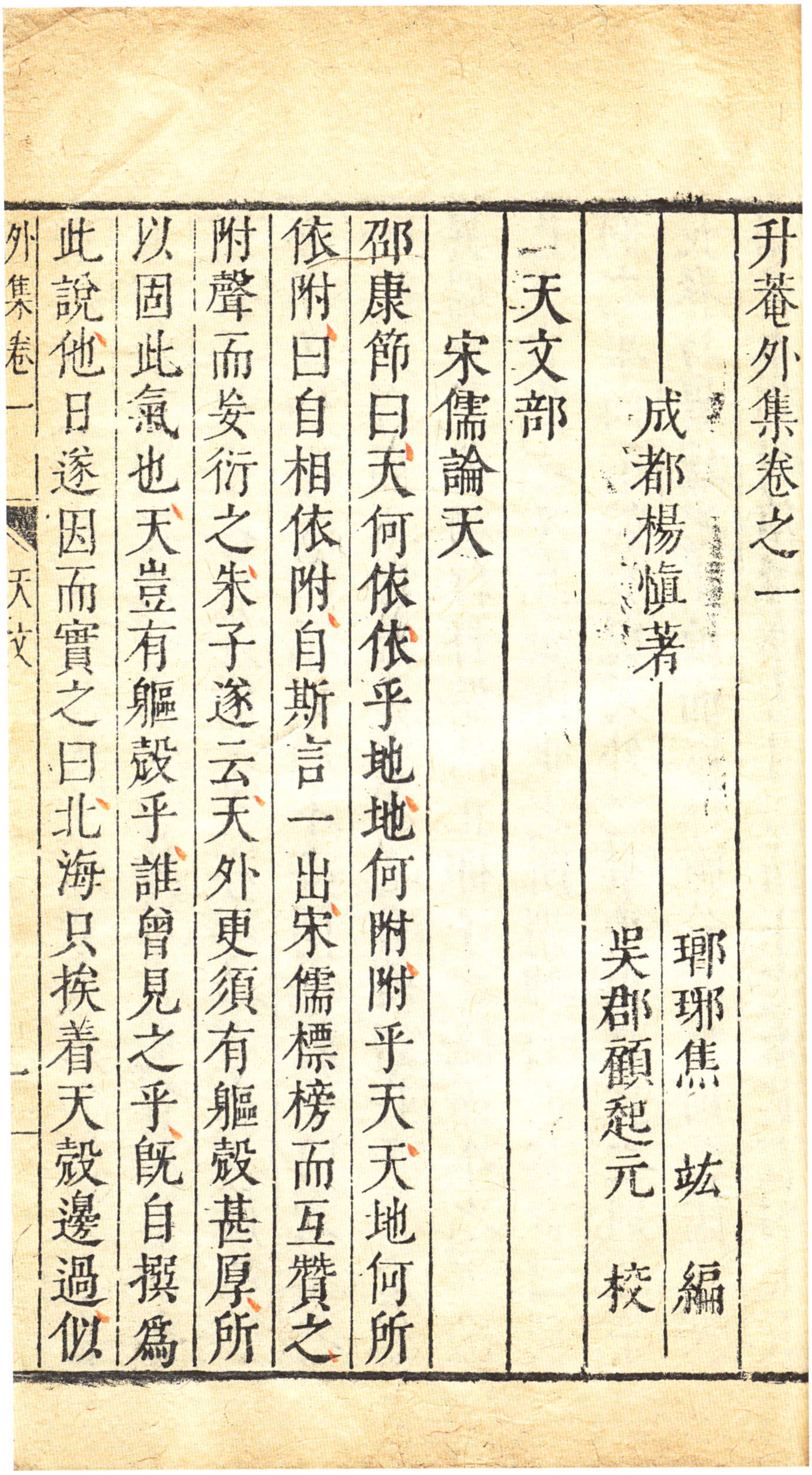
升菴外集卷之一
成都楊愼著　瑯琊焦竑編
吳郡顧起元校
天文部
宋儒論天
邵康節曰天何依依乎地地何附附乎天天地何所
依附曰自相依附自斯言一出宋儒標榜而互贊之
附聲而妄衍之朱子遂云天外更須有軀殼甚厚所
以固此氣也天豈有軀殼乎誰曾見之乎既自撰爲
此說他日遂因而實之曰北海只挨着天殼邊過似
外集卷一　天文　一

10322　升庵外集一百卷　（明）楊愼撰　（明）焦竑輯　明萬曆四十五年（1617）刻本　大連圖書館

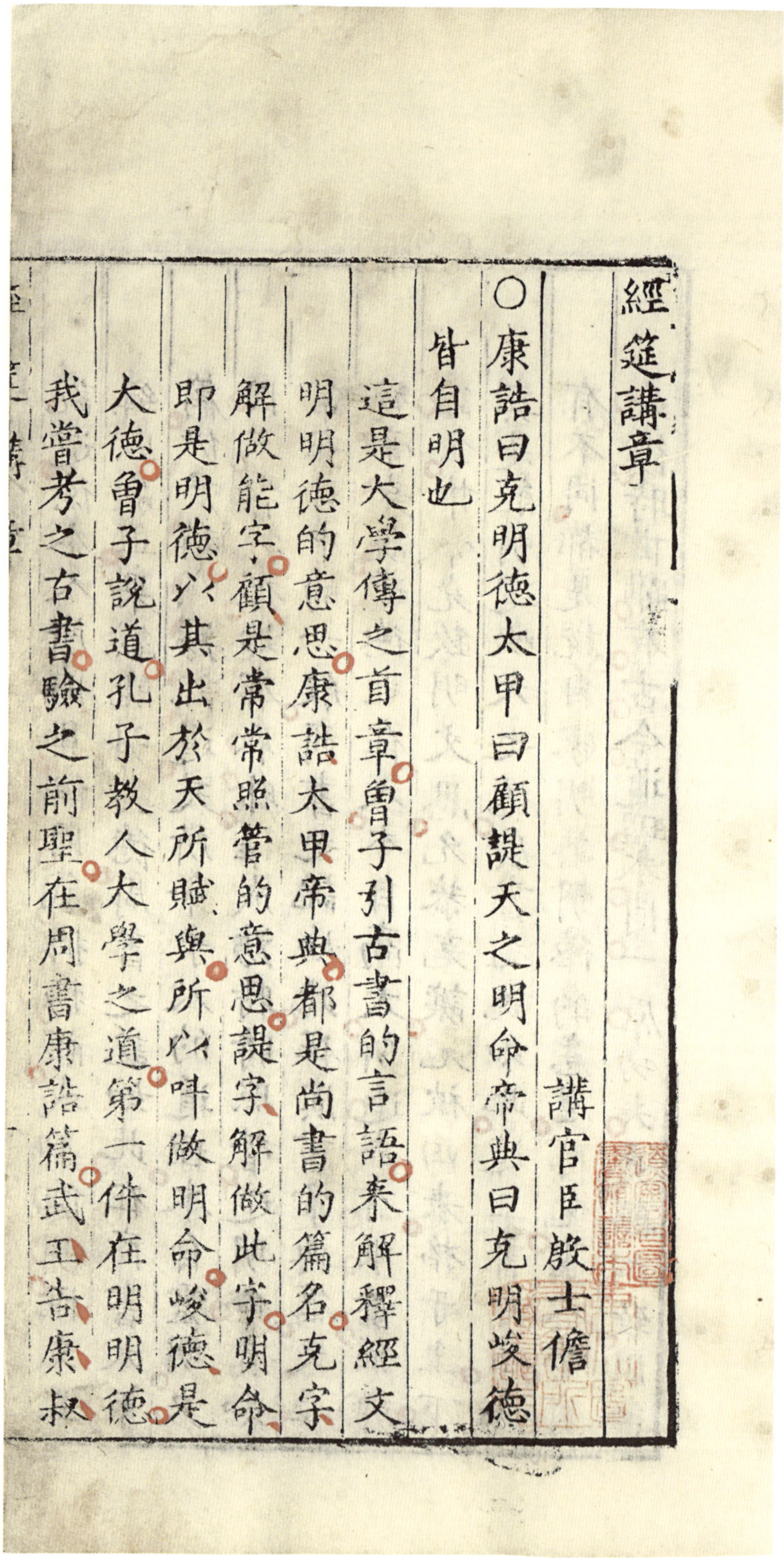
經筵講章
講官臣殷士儋
○康誥曰克明德太甲曰顧諟天之明命帝典曰克明峻德
皆自明也
這是大學傳之首章曾子引古書的言語來解釋經文
明明德的意思康誥太甲帝典都是尚書的篇名克字
解做能字顧是常常照管的意思諟字解做此字明命
即是明德以其出於天所賦與所以叫做明命峻德是
大德曾子說道孔子教人大學之道第一件在明明德
我嘗考之古書驗之前聖在周書康誥篇武王告康叔

10323　經史直解六卷　（明）殷士儋撰　明隆慶元年（1567）郝杰刻本　遼寧省圖書館

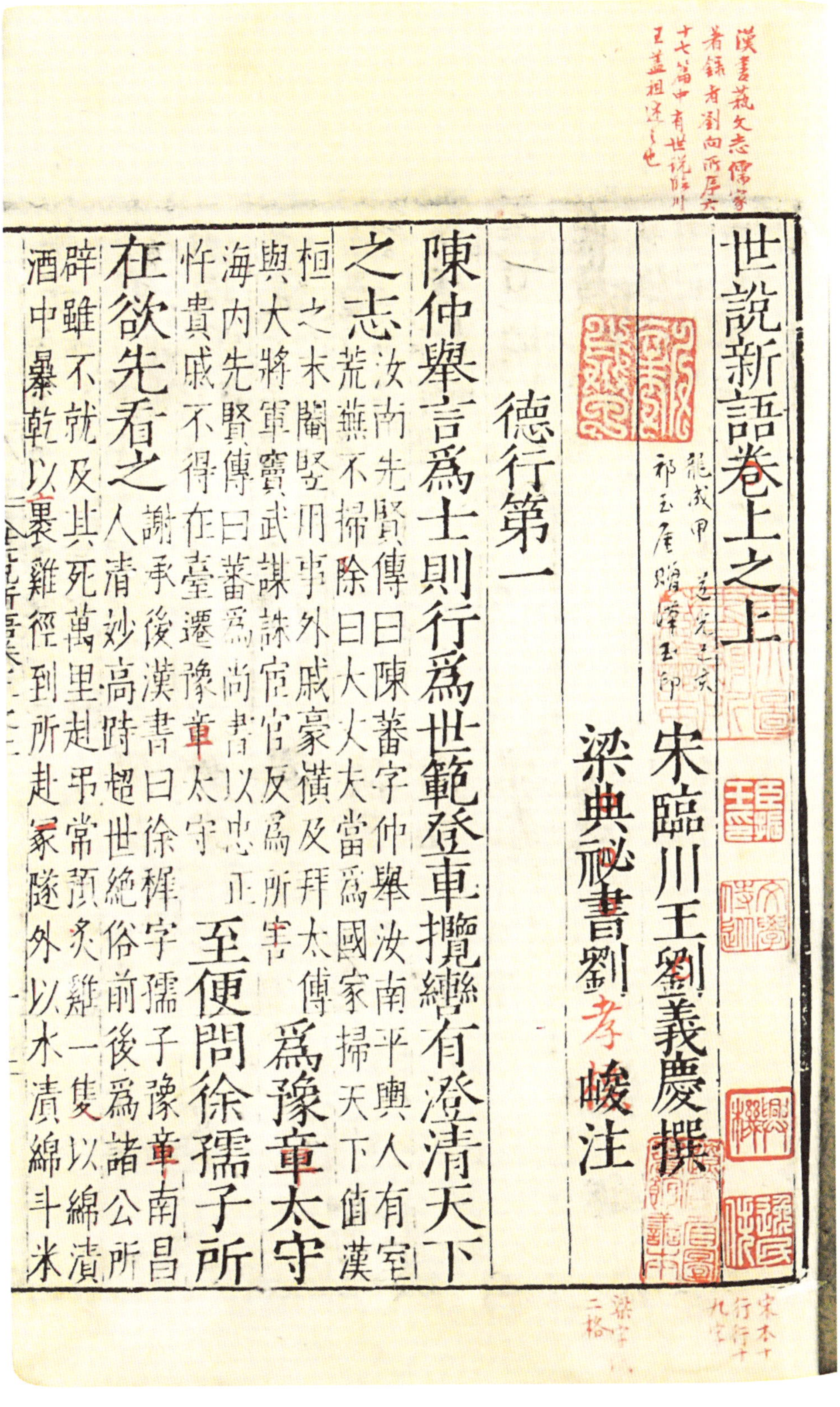

世說新語卷上之上
宋臨川王劉義慶撰
梁典祕書劉孝峻注
德行第一
陳仲舉言爲士則行爲世範登車攬轡有澄清天下之志汝南先賢傳曰陳蕃字仲舉汝南平輿人有室荒蕪不掃除曰大丈夫當爲國家掃天下値漢桓之末閹豎用事外戚豪橫及拜太傅與大將軍竇武謀誅宦官反爲所害爲豫章太守海內先賢傳曰蕃爲尚書以忠正忤貴戚不得在臺遷豫章太守至便問徐孺子所在欲先看之謝承後漢書曰徐穉字孺子豫章南昌人清妙高跱超世絕俗前後爲諸公所辟雖不就及其死萬里赴弔常預炙雞一隻以綿漬酒中暴乾以裹雞徑到所赴冢隧外以水漬綿斗米

10324　世說新語三卷　（南朝宋）劉義慶撰　（南朝梁）劉孝標注　明萬曆二十五年（1597）趙氏野鹿園刻本　張拱端批校題跋　羅振玉題識　遼寧省圖書館

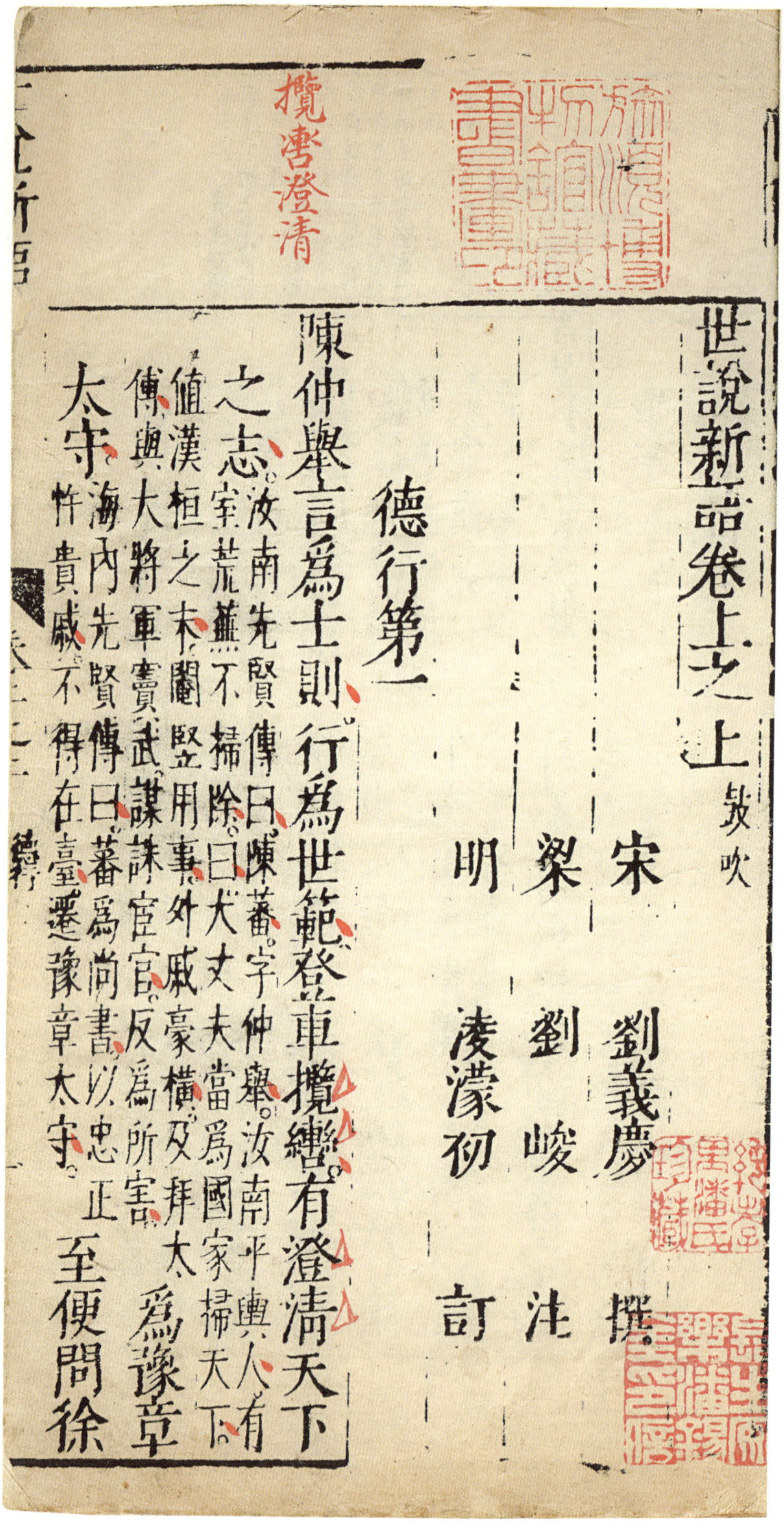
世說新語卷上之上

宋 劉義慶 撰
梁 劉峻 注
明 凌濛初 訂

德行第一

陳仲舉言爲士則，行爲世範，登車攬轡，有澄清天下之志。汝南先賢傳曰：陳蕃字仲舉，汝南平輿人。有室荒蕪不掃除，曰：大丈夫當爲國家掃天下。值漢桓之末，閹豎用事，外戚豪橫。及拜太傅，與大將軍竇武謀誅宦官，反爲所害。爲豫章太守，海內先賢傳曰：蕃爲尚書，以忠正忤貴戚，不得在臺，遷豫章太守。至便問徐

攬轡澄清

10325　世説新語三卷　（南朝宋）劉義慶撰　（南朝梁）劉孝標注　明刻本
羅振玉題跋　旅順博物館

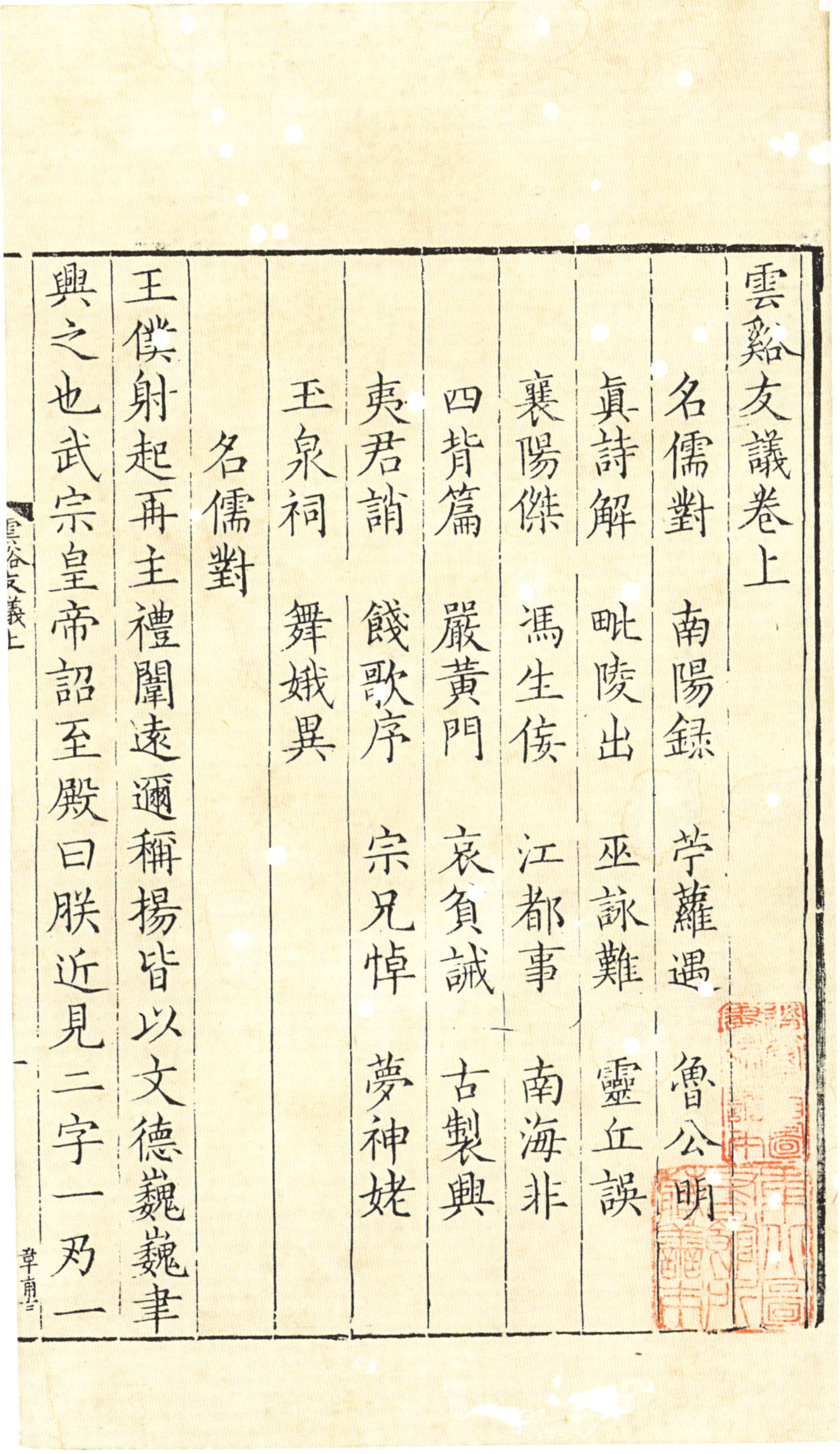
雲谿友議卷上
名儒對　南陽録　苧蘿遇　魯公明
眞詩解　毗陵出　巫詠難　靈丘誤
襄陽傑　馮生佞　江都事　南海非
四背篇　嚴黄門　哀貧誡　古製興
夷君誚　餞歌序　宗兄悼　夢神姥
玉泉祠　舞娥異
名儒對
王僕射起再主禮闈遠邇稱揚皆以文德巍巍聿
興之也武宗皇帝詔至殿曰朕近見二字一刃一
雲谿友議上　章甫言

10326　雲谿友議三卷　（明）范攄撰　明刻本　遼寧省圖書館

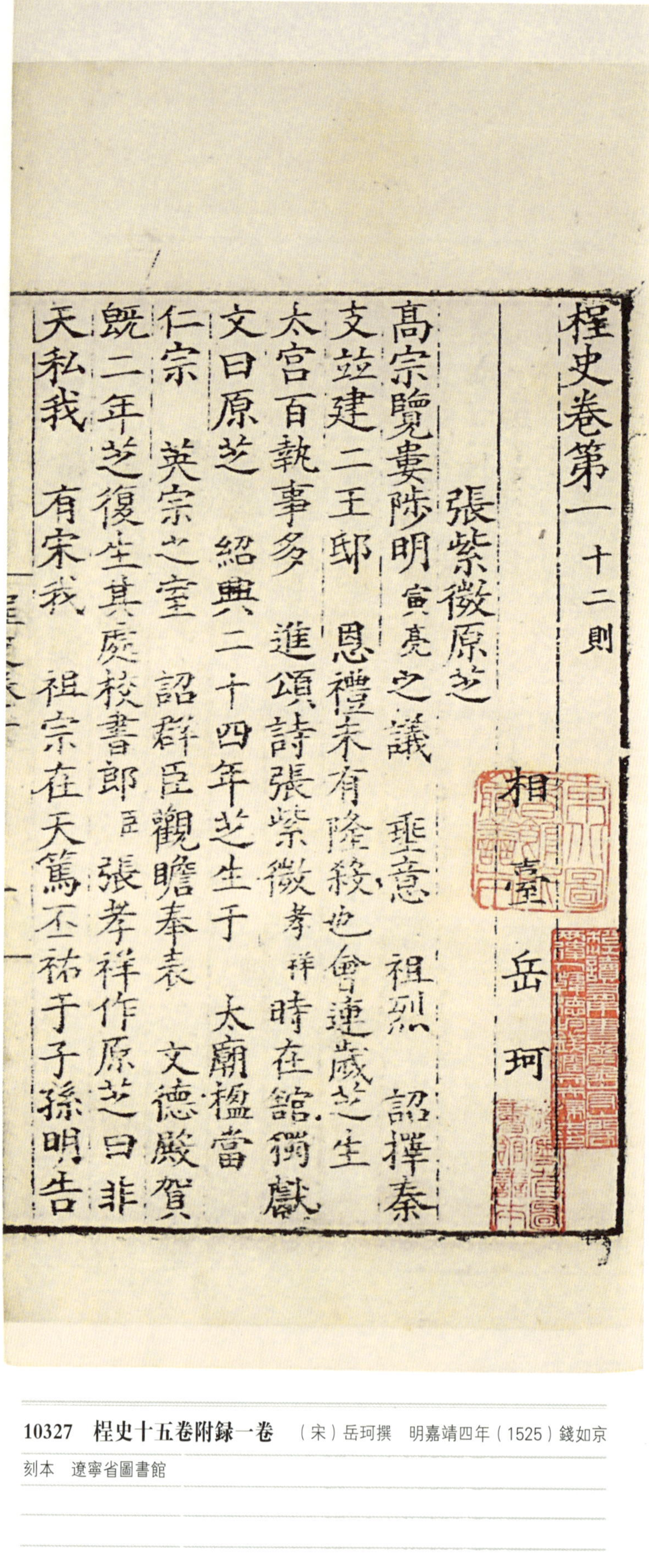
程史卷第一 十二則
相臺 岳珂
張紫微原芝
高宗覽婁陟明寅亮之議 埀意 祖烈 詔擇秦
支茲建二王邸 恩禮未有隆殺也會連歲芝生
太宮百執事多 進頌詩張紫微孝祥時在館獨獻
文曰原芝 紹興二十四年芝生于 太廟楹當
仁宗 英宗之室 詔群臣觀瞻奉表 文德殿賀
既二年芝復生其處校書郎臣張孝祥作原芝曰非
天私我 有宋我 祖宗在天篤丕祐于子孫明告

10327 程史十五卷附録一卷 （宋）岳珂撰 明嘉靖四年（1525）錢如京刻本 遼寧省圖書館

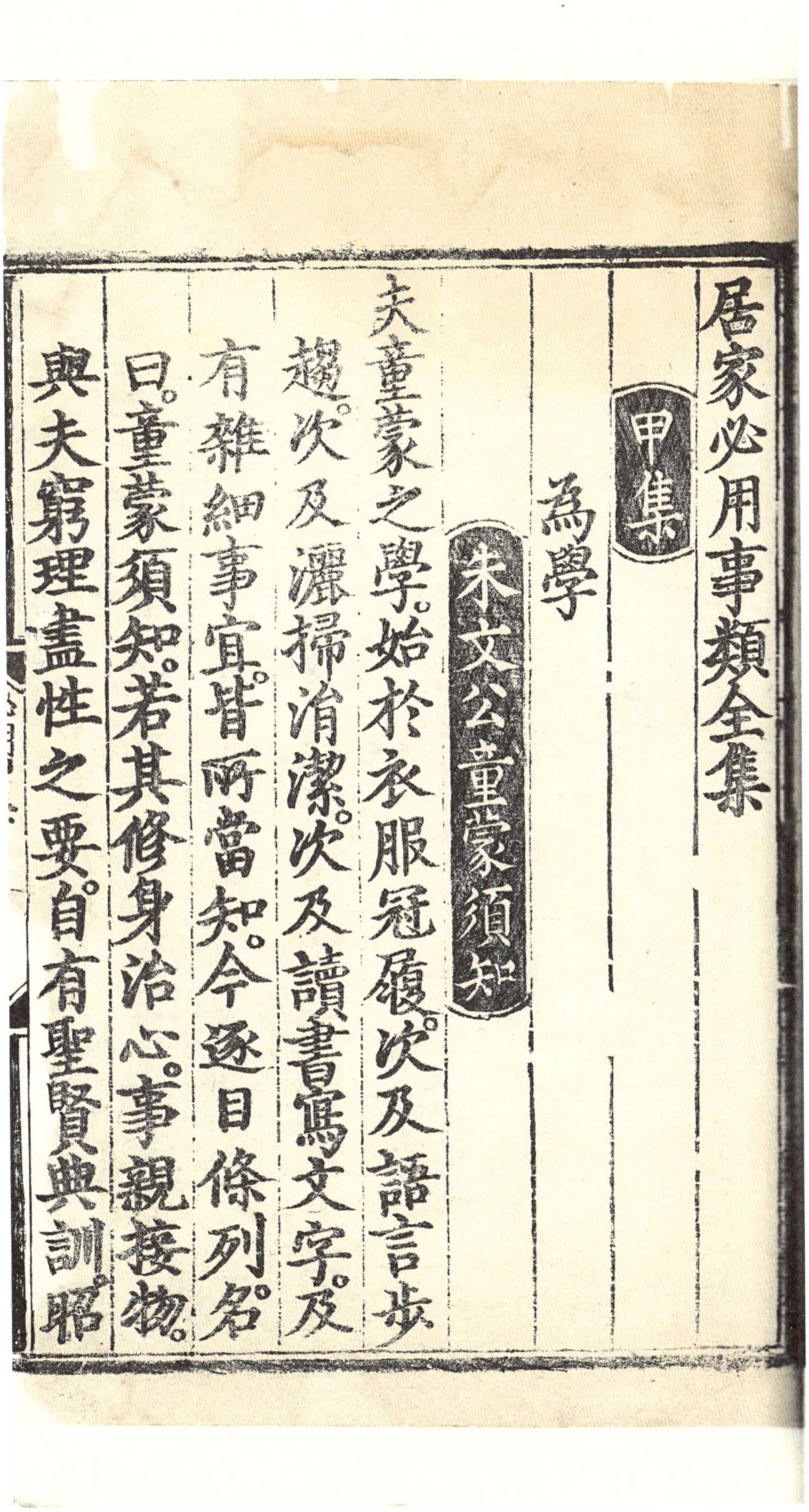

居家必用事類全集
甲集
為學
朱文公童蒙須知
夫童蒙之學。始於衣服冠履。次及語言步
趨。次及灑掃涓潔。次及讀書寫文字。及
有雜細事宜。皆所當知。今逐目條列。名
曰。童蒙須知。若其修身治心。事親接物。
與夫窮理盡性之要。自有聖賢典訓。昭

10328 居家必用事類全集十卷 明刻本 大連圖書館

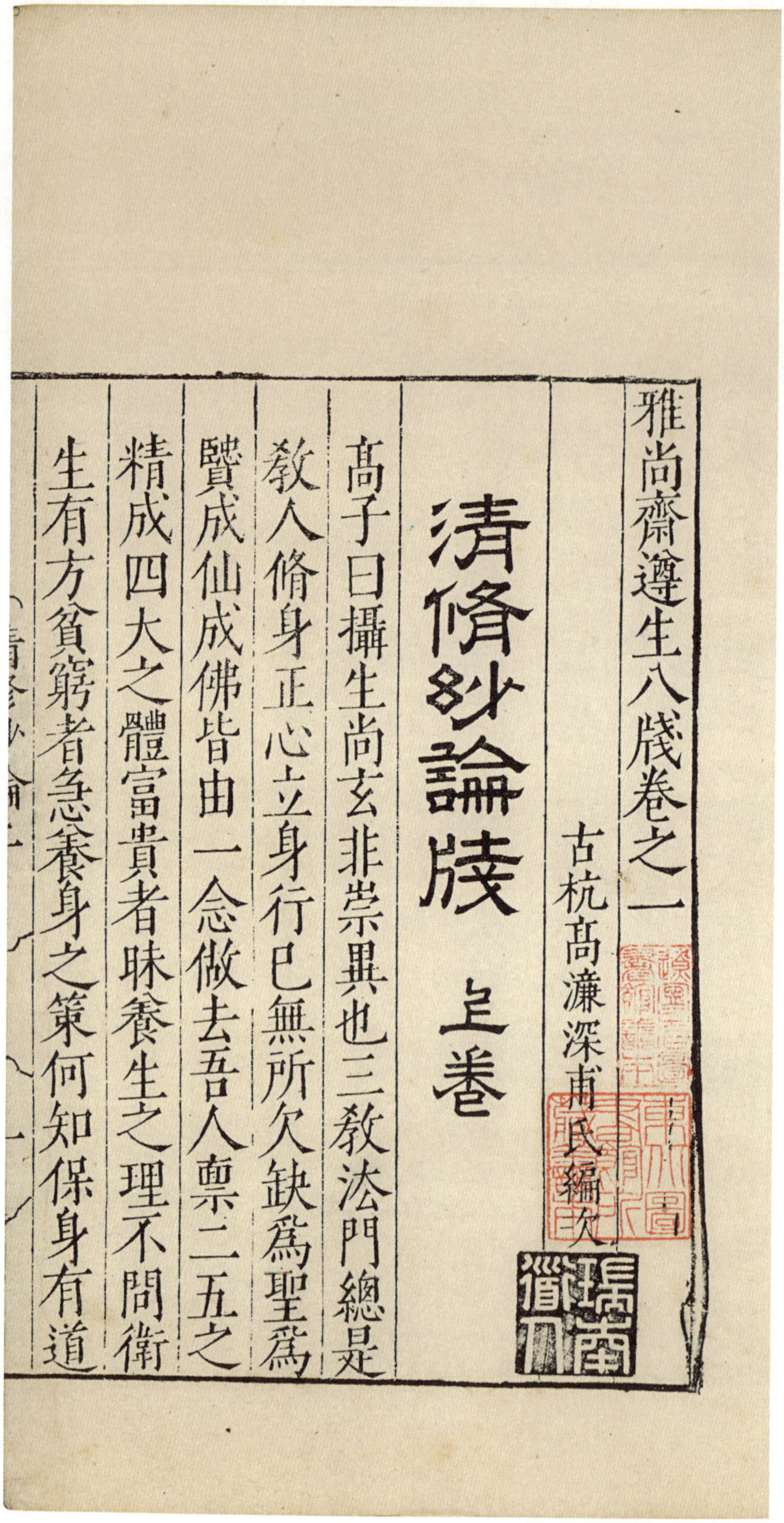
雅尚齋遵生八牋卷之一
古杭高濂深甫氏編次
清脩妙論牋 上卷
高子曰攝生尚玄非崇異也三教法門總是教人脩身正心立身行己無所欠缺爲聖爲賢成仙成佛皆由一念做去吾人禀二五之精成四大之體富貴者昧養生之理不問衛生有方貧窮者急養身之策何知保身有道

10329 雅尚齋遵生八箋十九卷 （明）高濂撰 明萬曆十九年（1591）自刻本（目録一卷抄配） 遼寧省圖書館

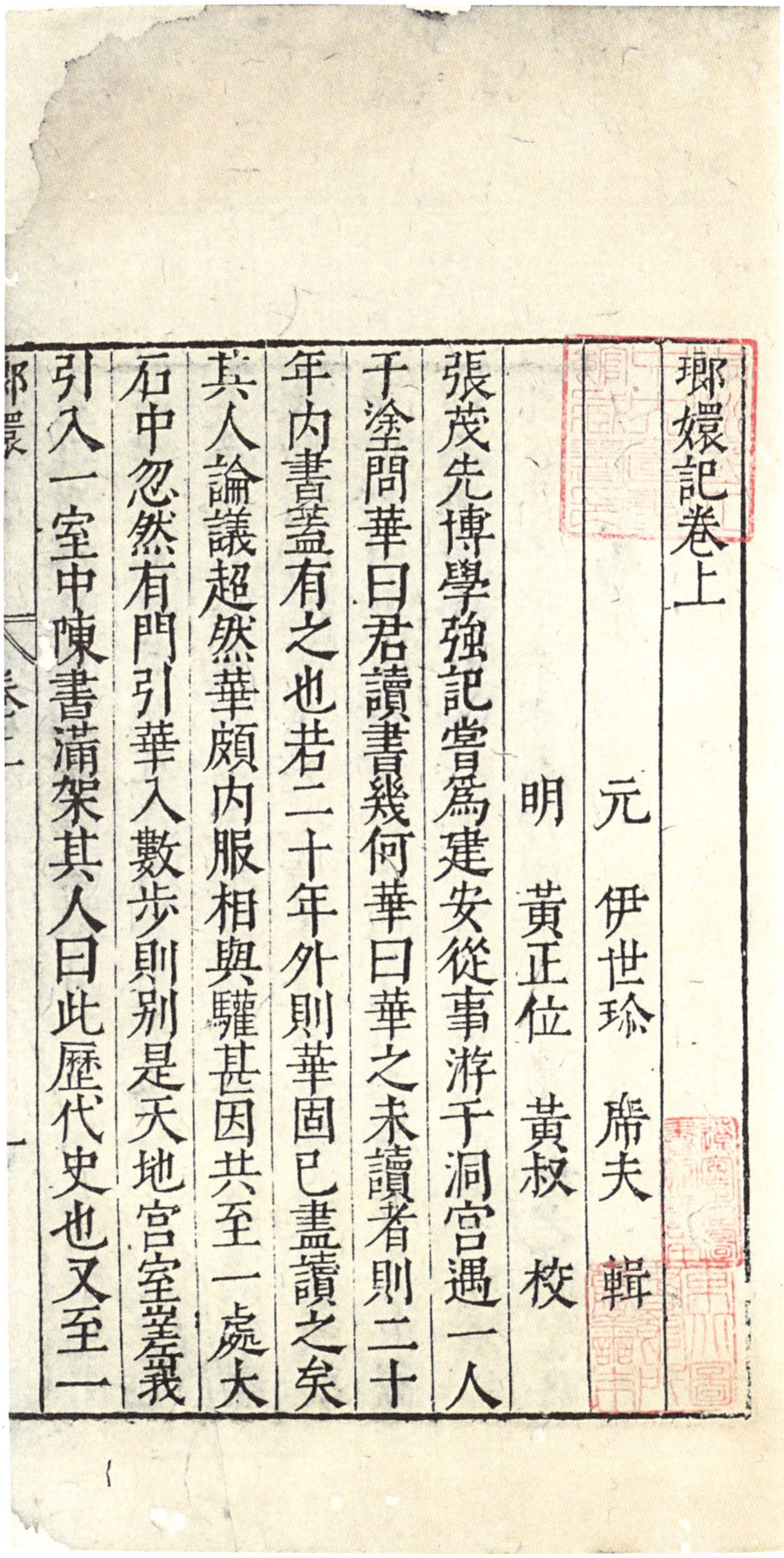
瑯嬛記卷上
元　伊世珍　席夫　輯
明　黄正位　黄叔　校
張茂先博學強記嘗爲建安從事游于洞宮遇一人于塗問華曰君讀書幾何華曰華之未讀者則二十年内書蓋有之也若二十年外則華固已盡讀之矣其人論議超然華頗内服相與驩甚因共至一處大石中忽然有門引華入數步則別是天地宮室嵯峩引入一室中陳書滿架其人曰此歷代史也又至一
瑯嬛　卷上　一

10330　瑯嬛記三卷　題（元）伊世珍輯　明萬曆曹學佺刻本　遼寧省圖書館

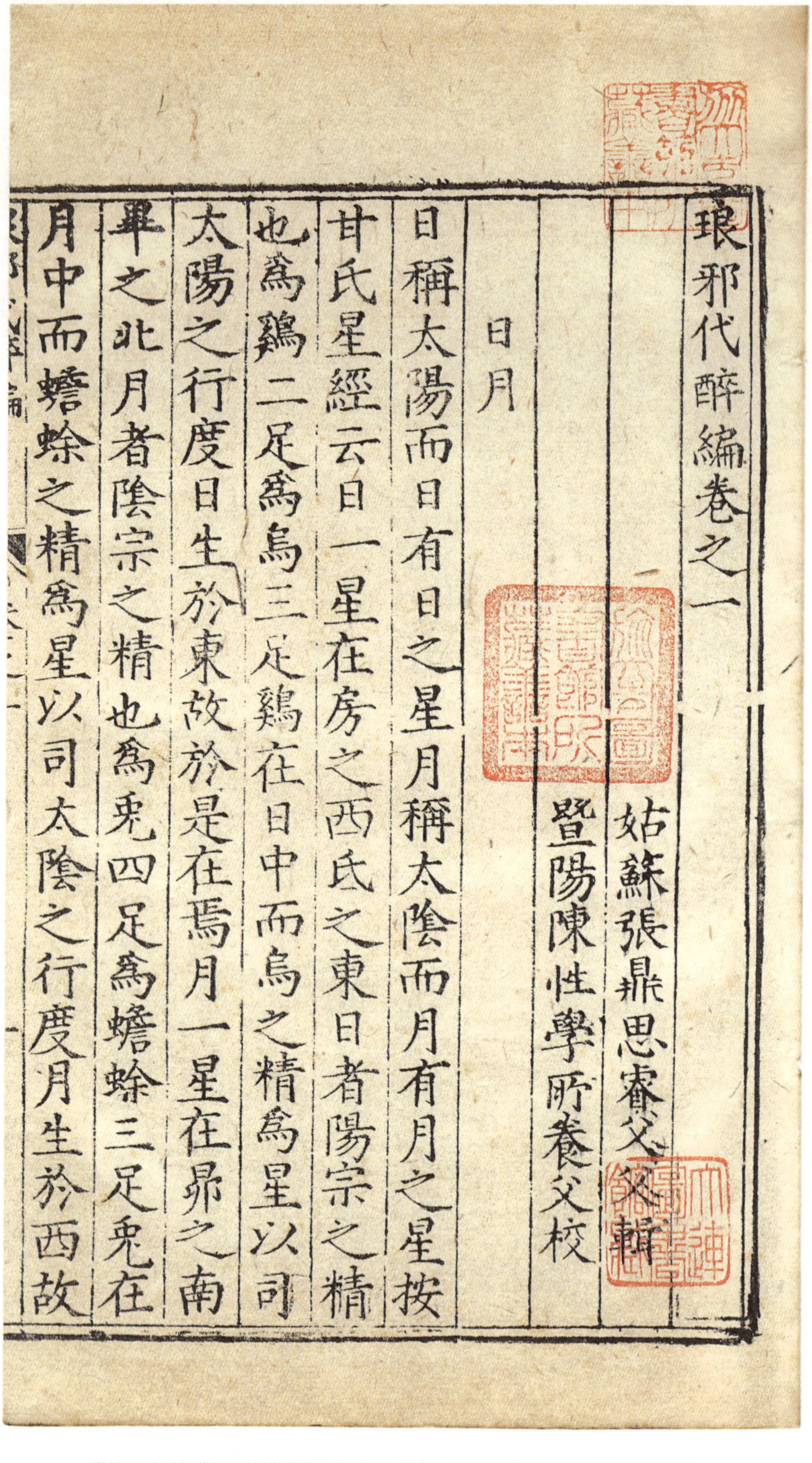

琅邪代醉編卷之一

姑蘇張鼎思睿父輯

豊陽陳性學所養父校

日月

日稱太陽而日有日之星月稱太陰而月有月之星按甘氏星經云日一星在房之西氐之東日者陽宗之精也爲鷄二足爲烏三足鷄在日中而烏之精爲星以司太陽之行度日生於東故於是在焉月一星在昴之南畢之北月者陰宗之精也爲兎四足爲蟾蜍三足兎在月中而蟾蜍之精爲星以司太陰之行度月生於西故

10331　琅邪代醉編四十卷　（明）張鼎思輯　明萬曆二十五年（1597）陳性學刻本　遼寧省圖書館

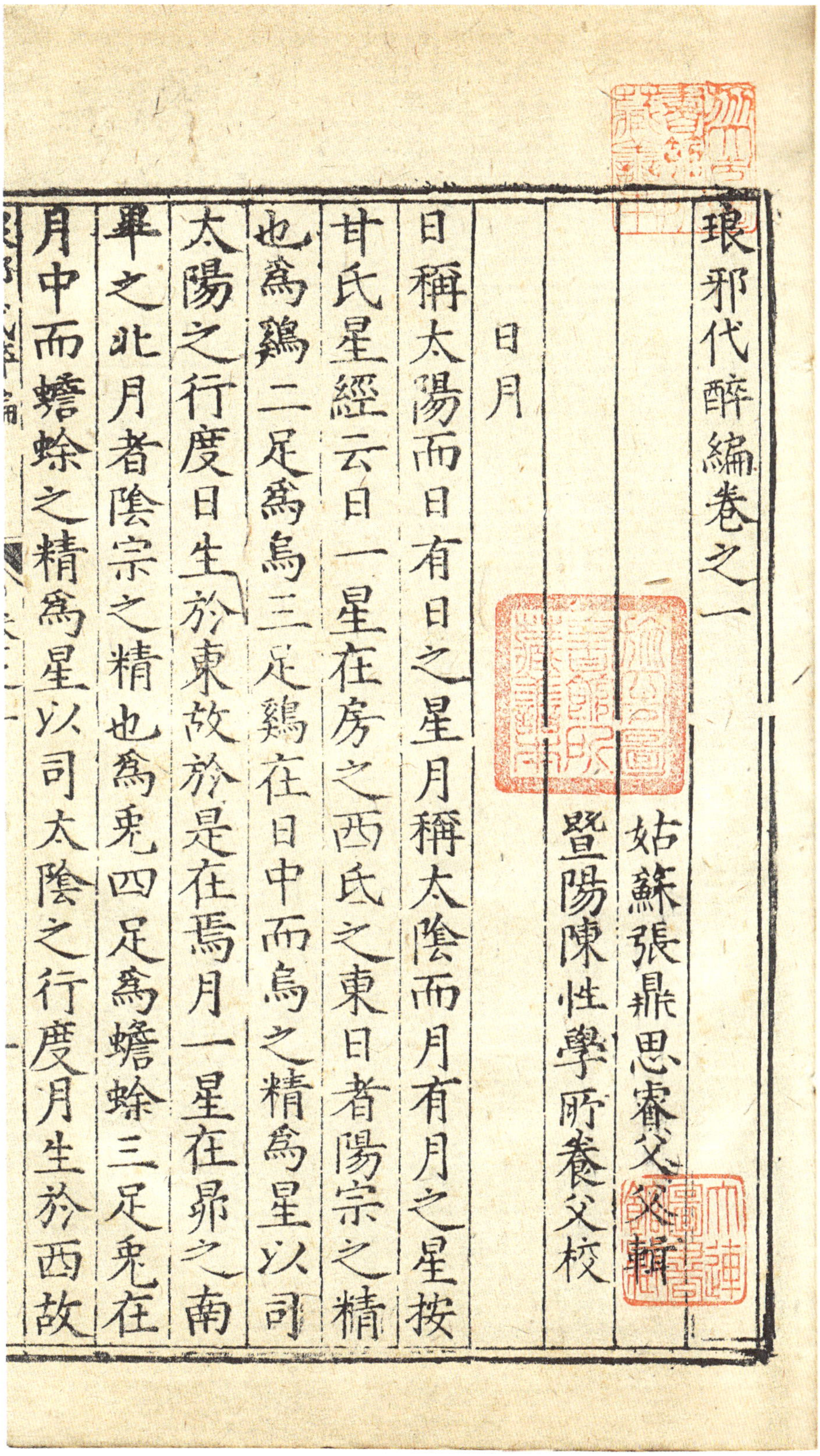

琅邪代醉編卷之一

姑蘇張鼎思睿父輯
暨陽陳性學所養父校

日月

日稱太陽而日有日之星月稱太陰而月有月之星按甘氏星經云日一星在房之西氐之東日者陽宗之精也爲鷄二足爲烏三足鷄在日中而烏之精爲星以司太陽之行度日生於東故於是在焉月一星在昴之南畢之北月者陰宗之精也爲兎四足爲蟾蜍三足兎在月中而蟾蜍之精爲星以司太陰之行度月生於西故

10332　琅邪代醉編四十卷　（明）張鼎思輯　明萬曆二十五年（1597）陳性學刻本　大連圖書館

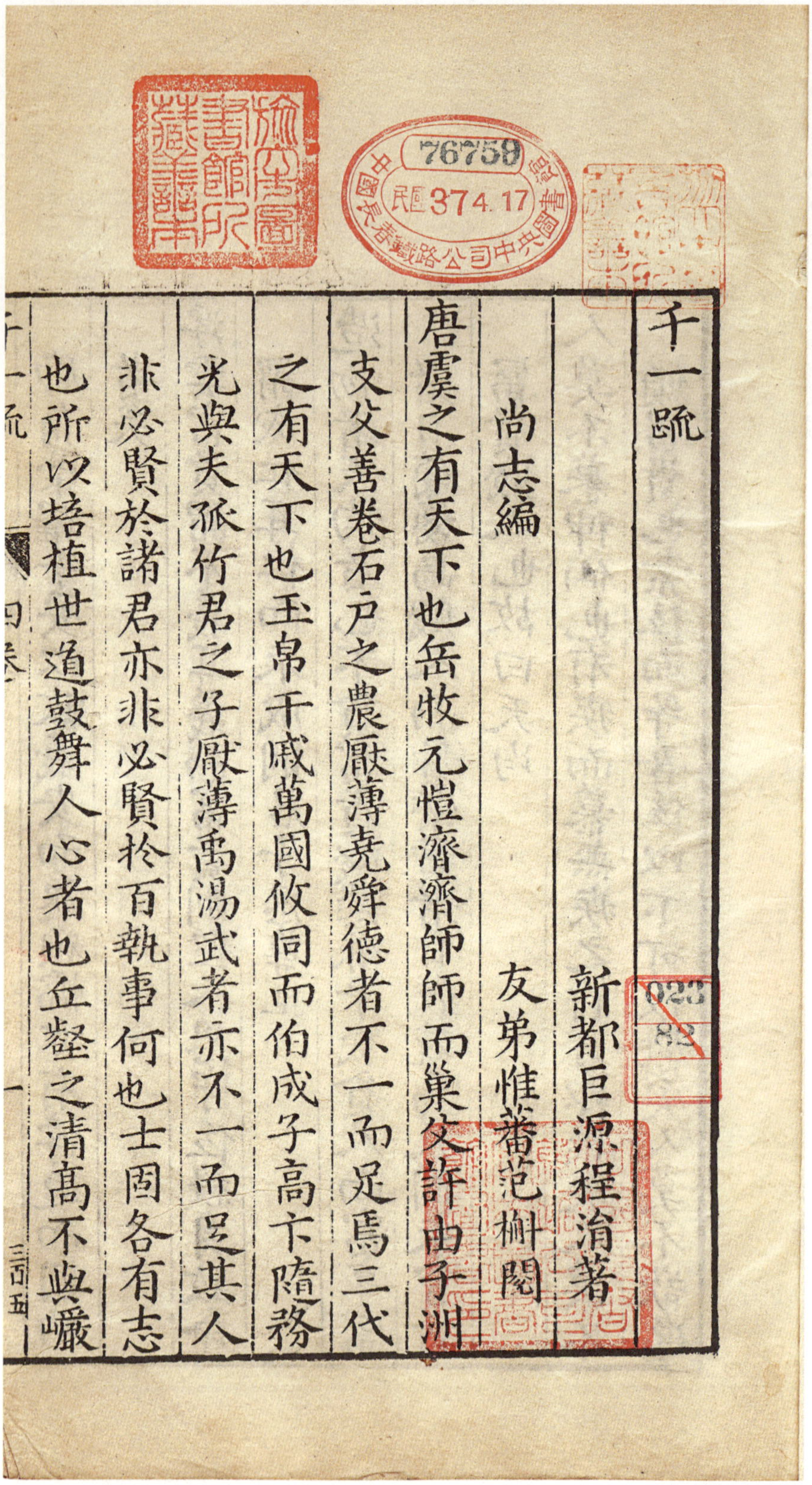

千一疏
新都巨源程涓著
尚志編　友弟惟蕃范槲閲
唐虞之有天下也岳牧元愷濟濟師師而巢父許由子州
支父善卷石户之農厭薄堯舜德者不一而足焉三代
之有天下也玉帛干戚萬國攸同而伯成子高卞隨務
光與夫孤竹君之子厭薄禹湯武者亦不一而足其人
非必賢於諸君亦非必賢於百執事何也士固各有志
也所以培植世道鼓舞人心者也丘壑之清高不與巖

10333　千一疏二十二卷　（明）程涓撰　明萬曆三十七年（1609）陳所學、范槲刻本　大連圖書館

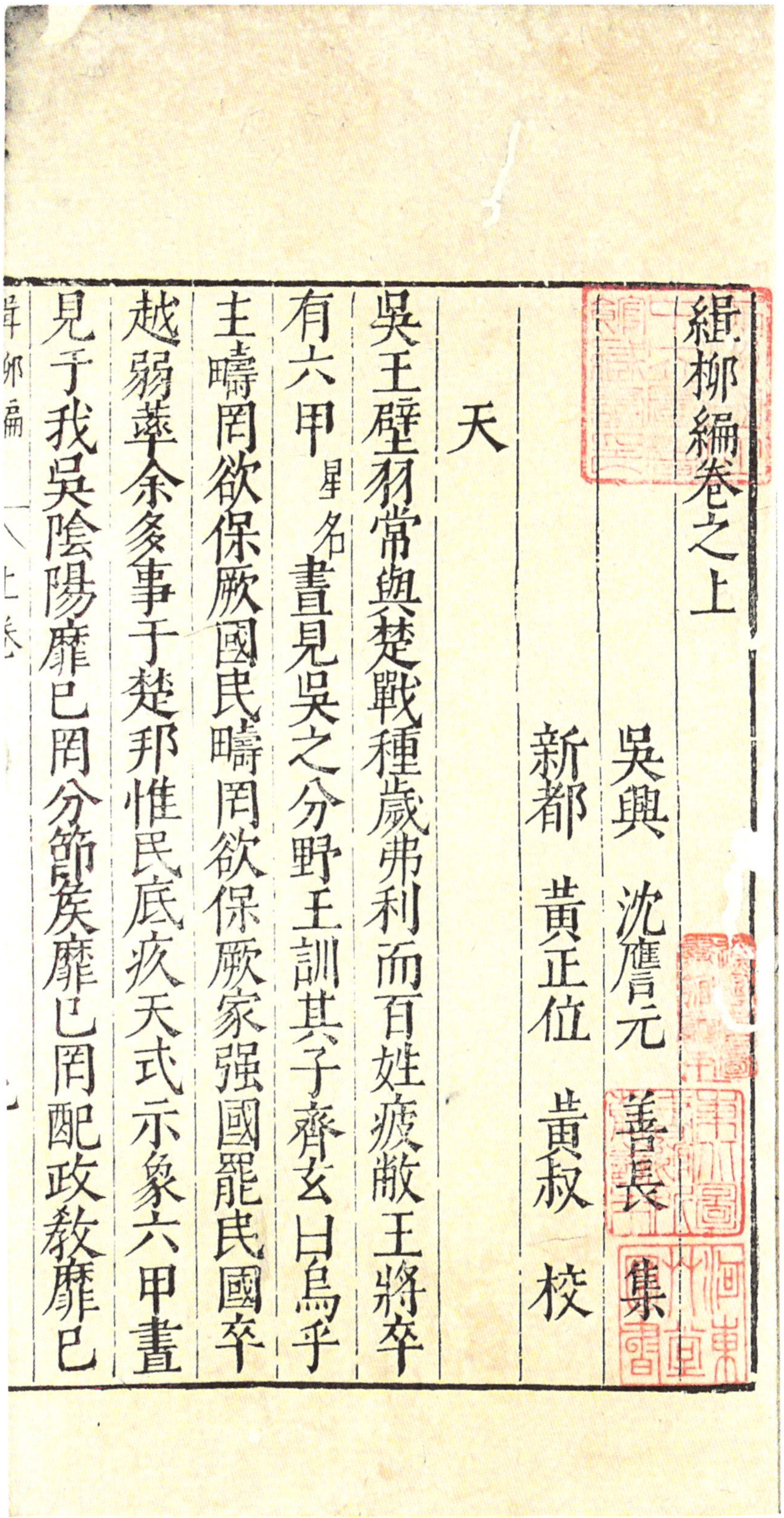

緝柳編卷之上

吳興　沈麐元　善長　集

新都　黄正位　黄叔　校

天

吳王壁羽常與楚戰種歲弗利而百姓疲敝王將卒有六甲（星名）晝見吳之分野王訓其子齊玄曰烏乎主疇罔欲保厥國民疇罔欲保厥家强國罷民國卒越弱華余多事于楚邦惟民底疚天式示象六甲晝見于我吳陰陽靡已罔分節疾靡已罔配政教靡已

緝柳編

10334　緝柳編三卷　（明）沈麐元輯　明黄正位刻本　遼寧省圖書館

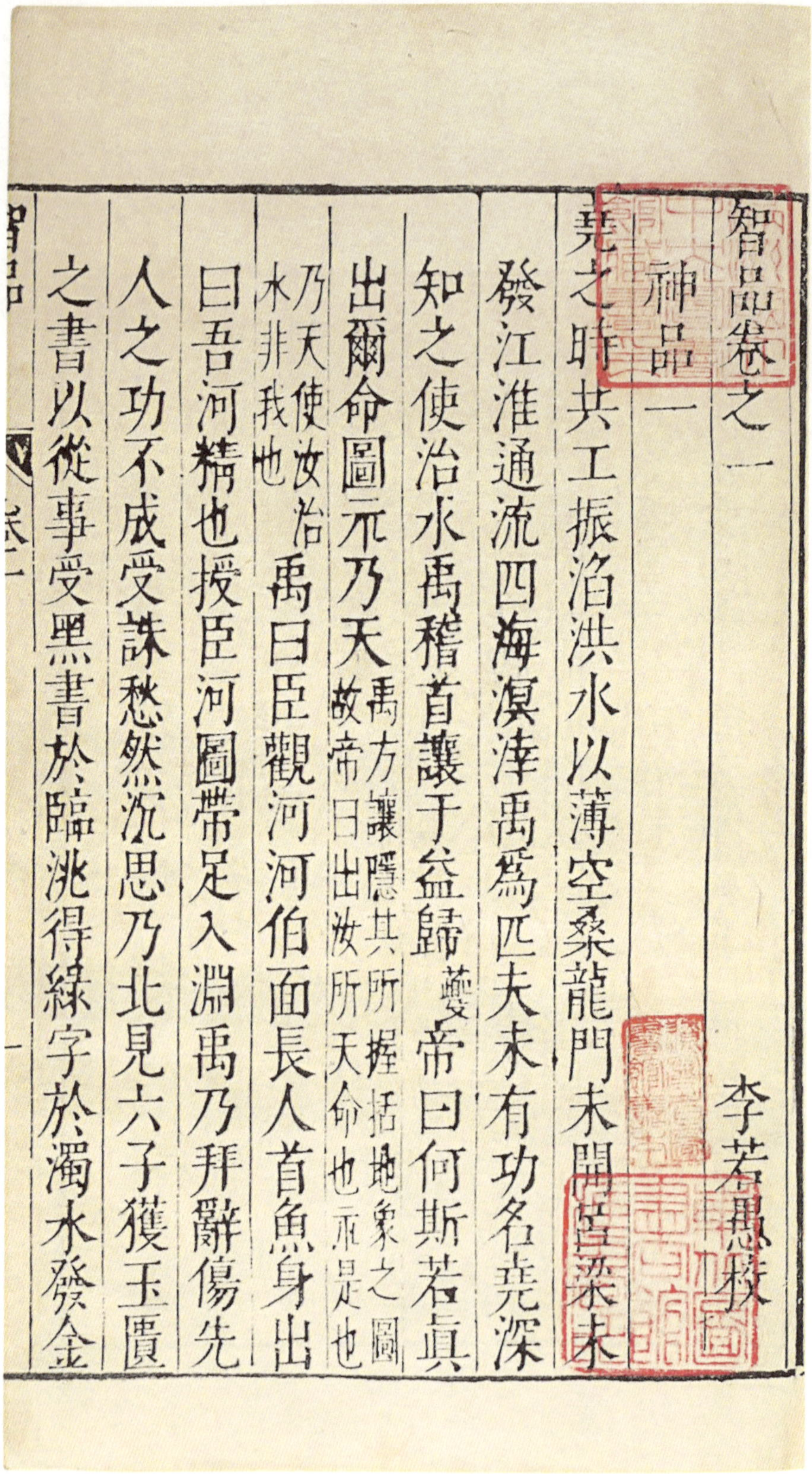

智品卷之一

神品一　李若愚校

堯之時共工振滔洪水以薄空桑龍門未開呂梁未發江淮通流四海溟涬禹爲匹夫未有功名堯深知之使治水禹稽首讓于益歸夔帝曰何斯若眞出爾命圖示乃天禹方讓隱其所握括地象之圖故帝曰出汝所天命也示是也乃天使汝治水非我也禹曰臣觀河河伯面長人首魚身出曰吾河精也授臣河圖帶足入淵禹乃拜辭傷先人之功不成受誅愁然沉思乃北見六子獲玉匱之書以從事受黑書於臨洮得綠字於濁水發金

智品　卷一　一

10335　智品十三卷　（明）樊玉衡撰　（明）于倫增補　明萬曆四十二年（1614）于斯行刻本　遼寧省圖書館

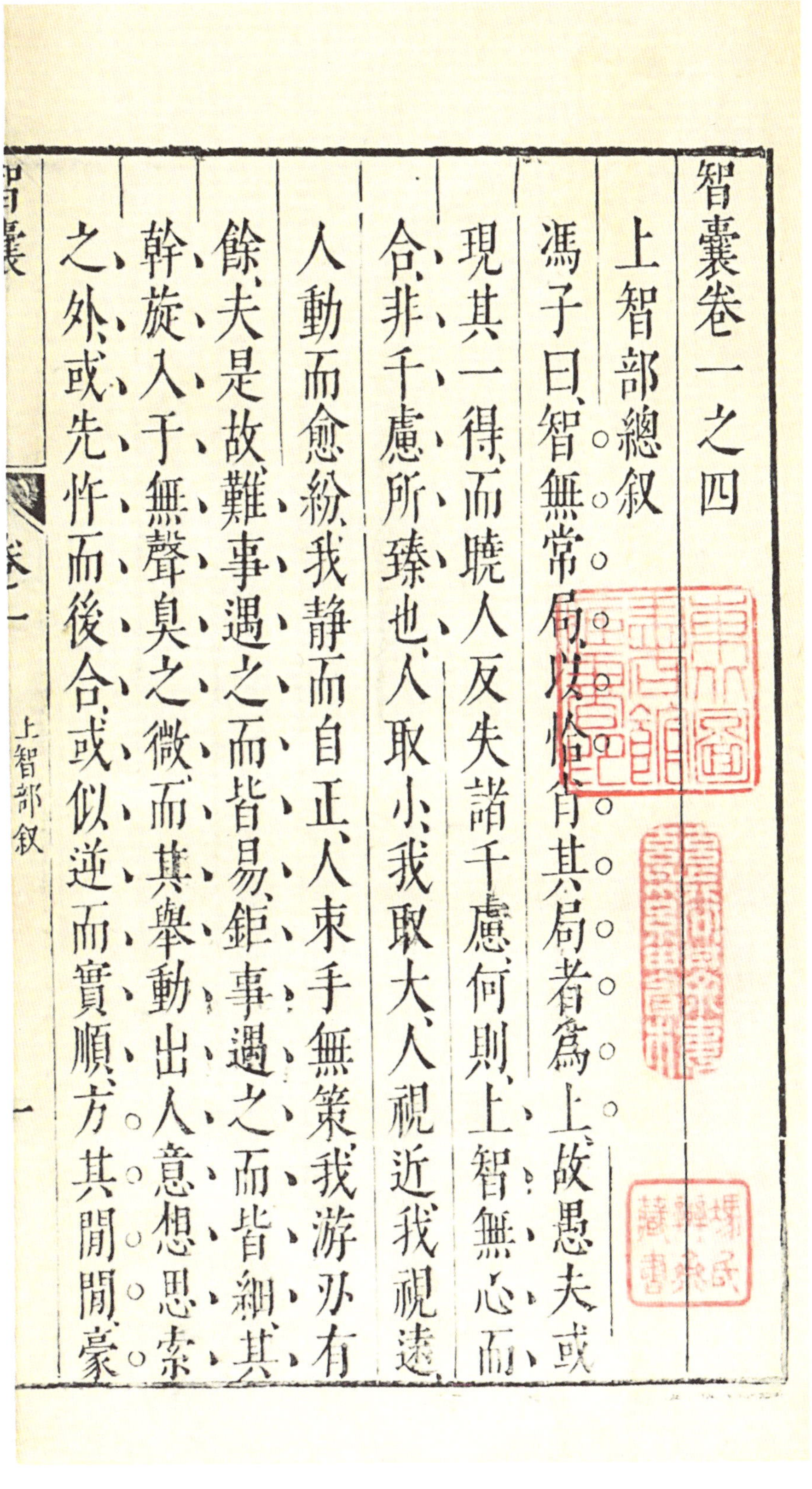
智囊卷一之四
上智部總叙
馮子曰智無常局以恰肖其局者爲上故愚夫或
現其一得而曉人反失諸千慮何則上智無心而
合非千慮所臻也人取小我取大人視近我視遠
人動而愈紛我静而自正人束手無策我游刃有
餘夫是故難事遇之而皆易鉅事遇之而皆細其
斡旋入于無聲臭之微而其舉動出人意想思索
之外或先忤而後合或似逆而實順方其閒閒豪

智囊　卷之一　上智部叙　一

10336　智囊二十八卷　（明）馮夢龍輯　明末刻本　遼寧省圖書館

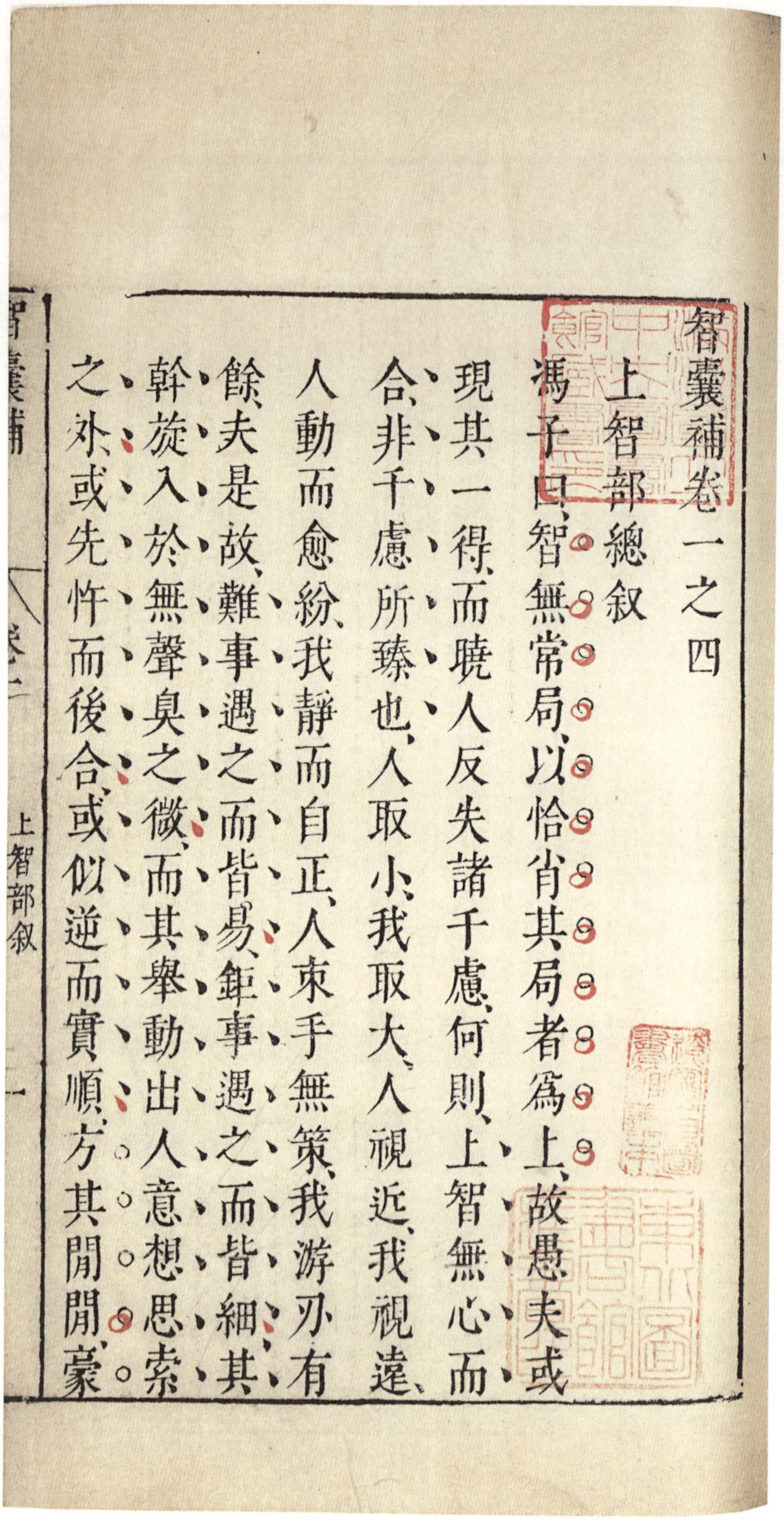

智囊補卷一之四

上智部總叙

馮子曰智無常局以恰肖其局者爲上故愚夫或現其一得而曉人反失諸千慮何則上智無心而合非千慮所臻也人取小我取大人視近我視遠人動而愈紛我靜而自正人束手無策我游刃有餘夫是故難事遇之而皆易巨事遇之而皆細其斡旋入於無聲臭之微而其舉動出人意想思索之外或先忤而後合或似逆而實順方其閒閒豪

智囊補　卷一　上智部叙　一

10337　智囊補二十八卷　（明）馮夢龍輯　明末刻本　遼寧省圖書館

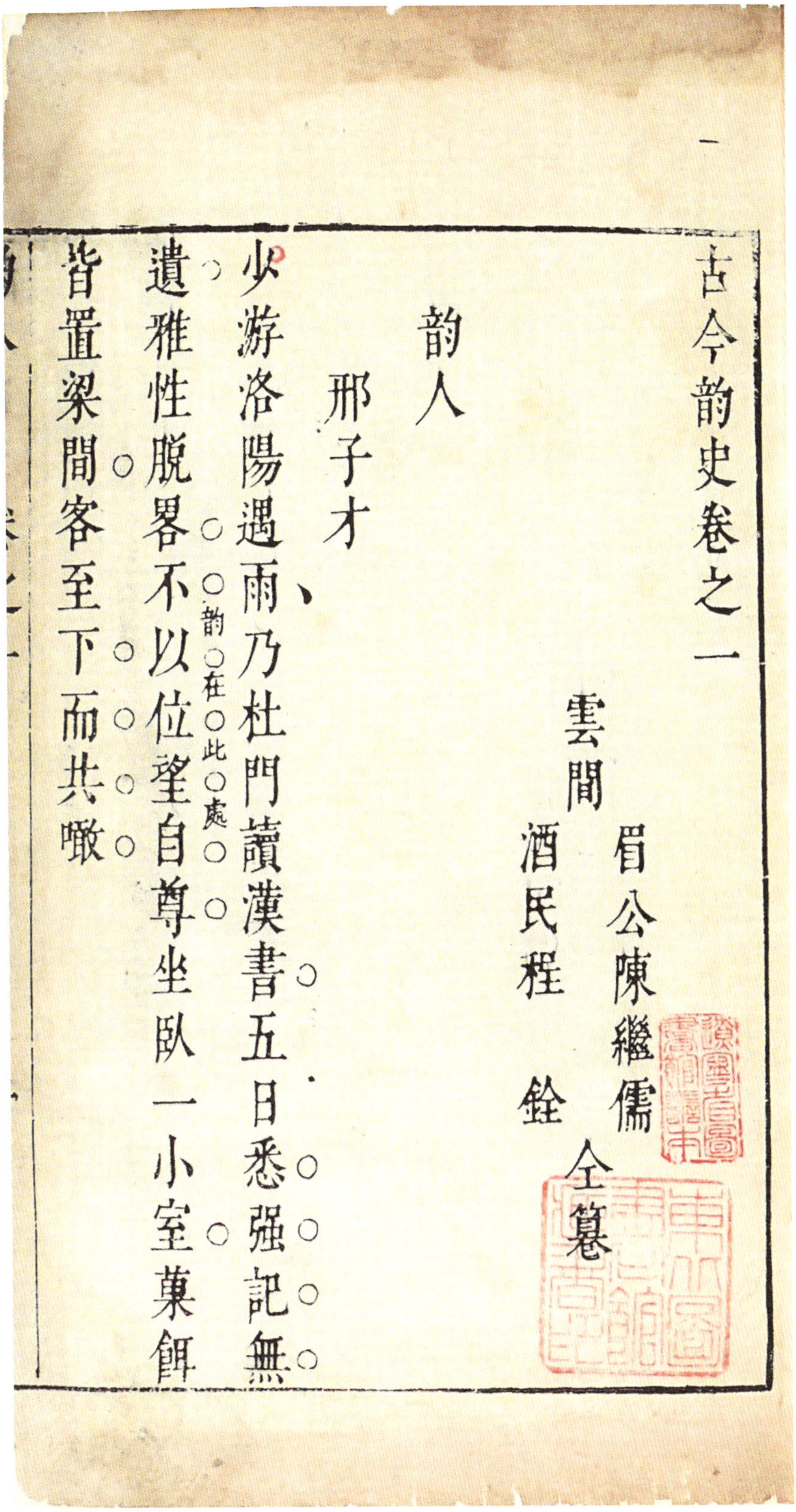
古今韻史卷之一

雲間　眉公陳繼儒　仝篹

酒民程　銓

韻人

邢子才、

少游洛陽遇雨乃杜門讀漢書五日悉强記無

韻在此處

遺雅性脫畧不以位望自尊坐臥一小室菓餌

皆置梁間客至下而共噉

10338　古今韻史十二卷　（明）陳繼儒　程銓撰　明崇禎刻本　遼寧省圖書館

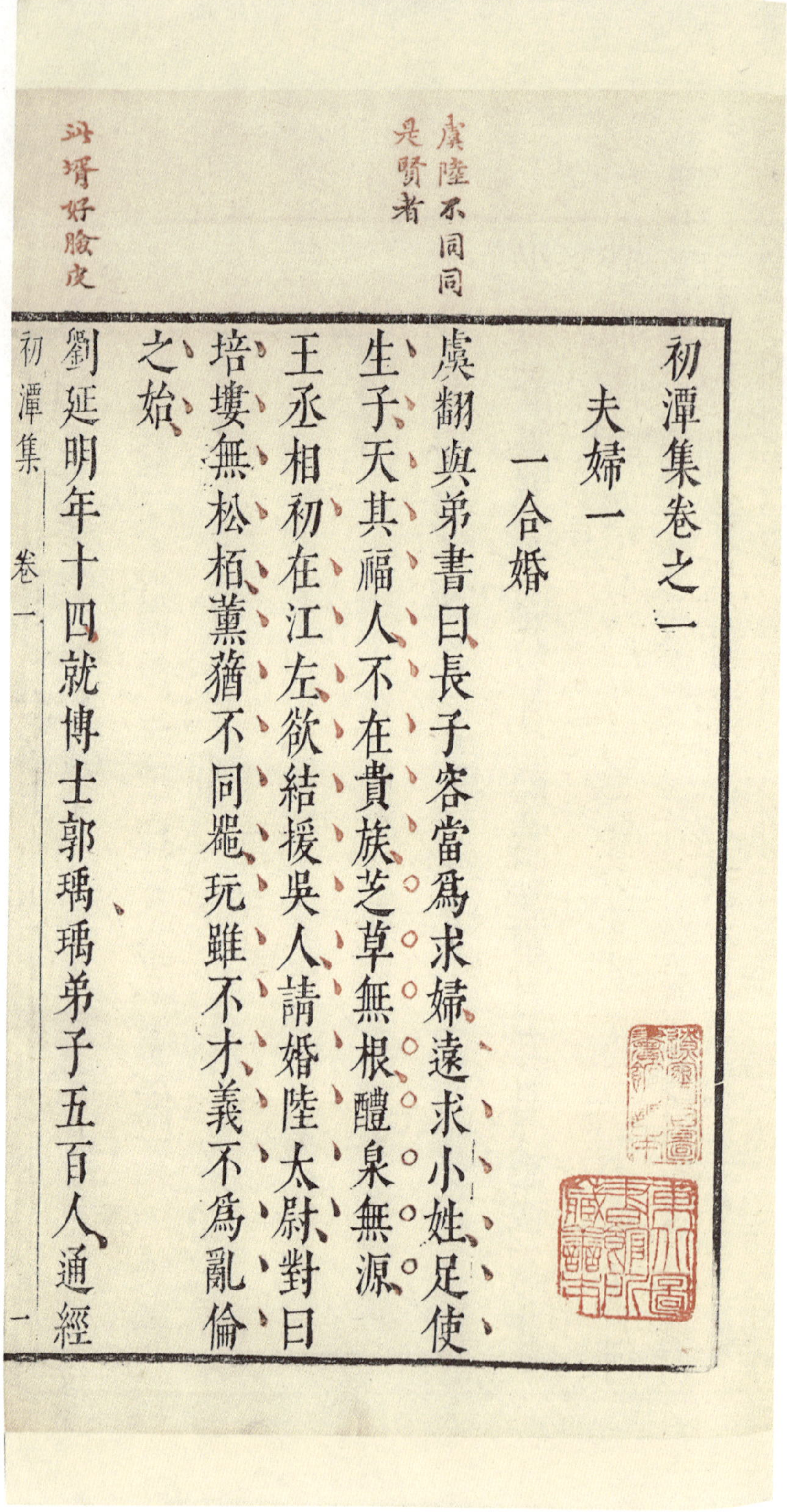

虞陸不同同是賢者

斗壻好臉皮

初潭集卷之一

夫婦一

一合婚

虞翻與弟書曰長子容當爲求婦遠求小姓足使生子天其福人不在貴族芝草無根醴泉無源王丞相初在江左欲結援吳人請婚陸太尉對曰培塿無松柏薰蕕不同器玩雖不才義不爲亂倫之始

劉廷明年十四就博士郭瑀瑀弟子五百人通經

初潭集　卷一　一

10339　初潭集三十卷　（明）李贄撰　（明）閔邃　閔杲輯評　明閔氏刻朱墨套印本　遼寧省圖書館

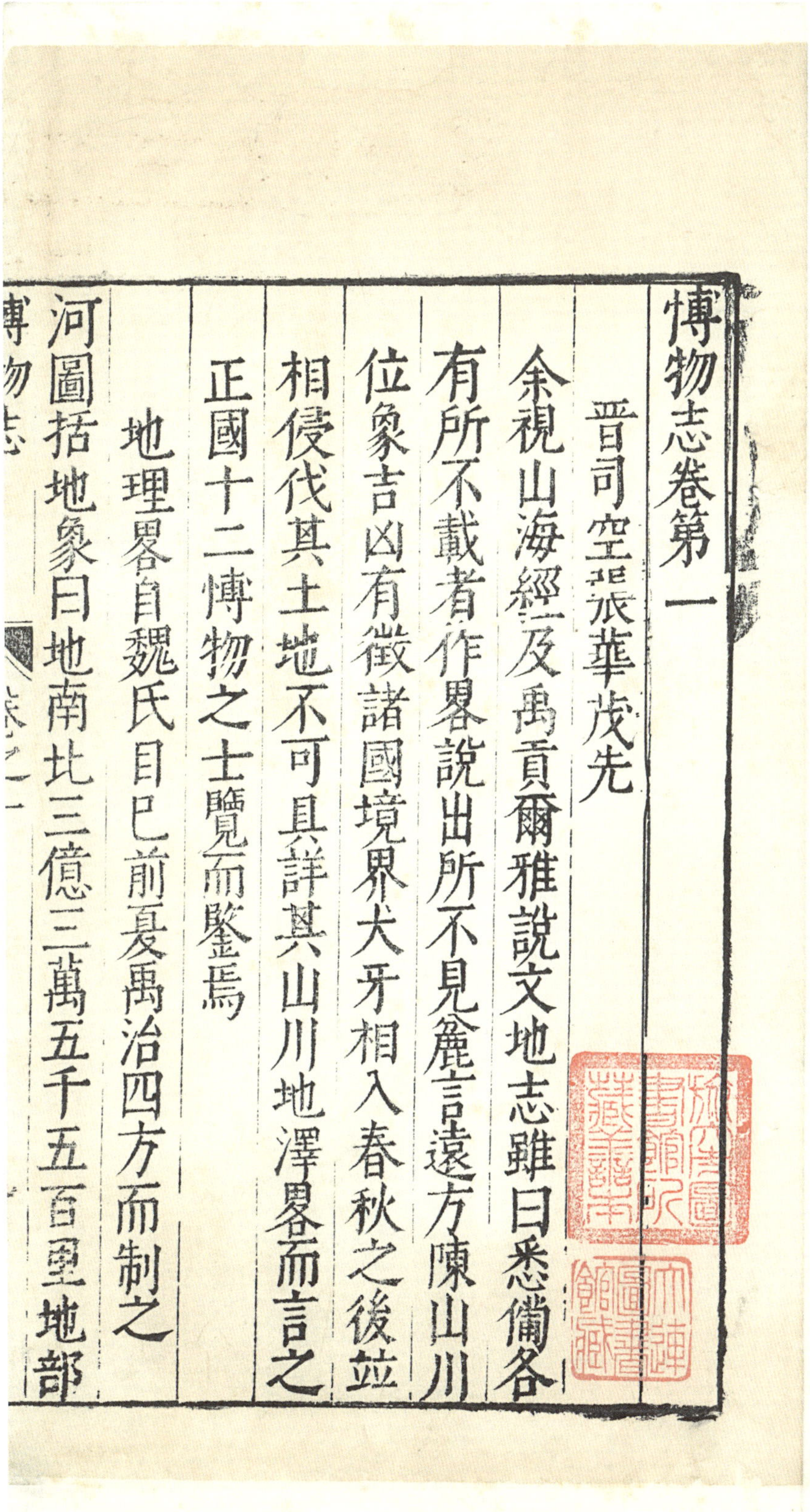

博物志卷第一
晋司空張華茂先
余視山海經及禹貢爾雅說文地志雖曰悉備各有所不載者作畧說出所不見麄言遠方陳山川位象吉凶有徵諸國境界犬牙相入春秋之後竝相侵伐其土地不可具詳其山川地澤畧而言之正國十二博物之士覽而鑒焉
地理畧自魏氏目已前夏禹治四方而制之
河圖括地象曰地南北三億三萬五千五百里地部
博物志　卷之一

10340　博物志十卷　題（晋）張華撰　**續志十卷**　題（宋）李石撰　明刻本　大連圖書館

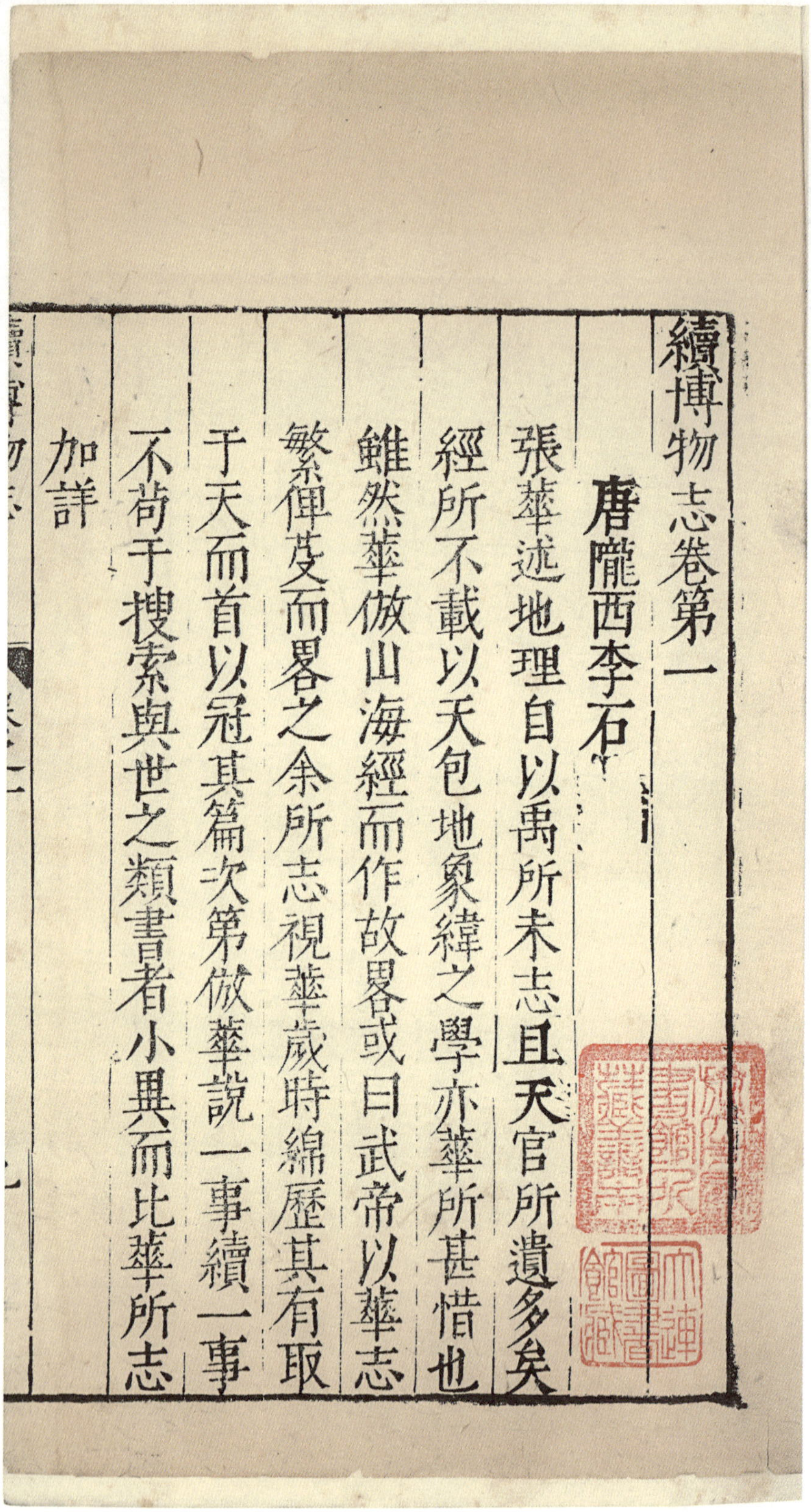

續博物志卷第一

唐隴西李石

張華述地理自以禹所未志且天官所遺多矣經所不載以天包地象緯之學亦華所甚惜也雖然華倣山海經而作故畧或曰武帝以華志繁俾芟而畧之余所志視華歲時綿歷其有取于天而首以冠其篇次第倣華説一事續一事不苟于搜索與世之類書者小異而比華所志加詳

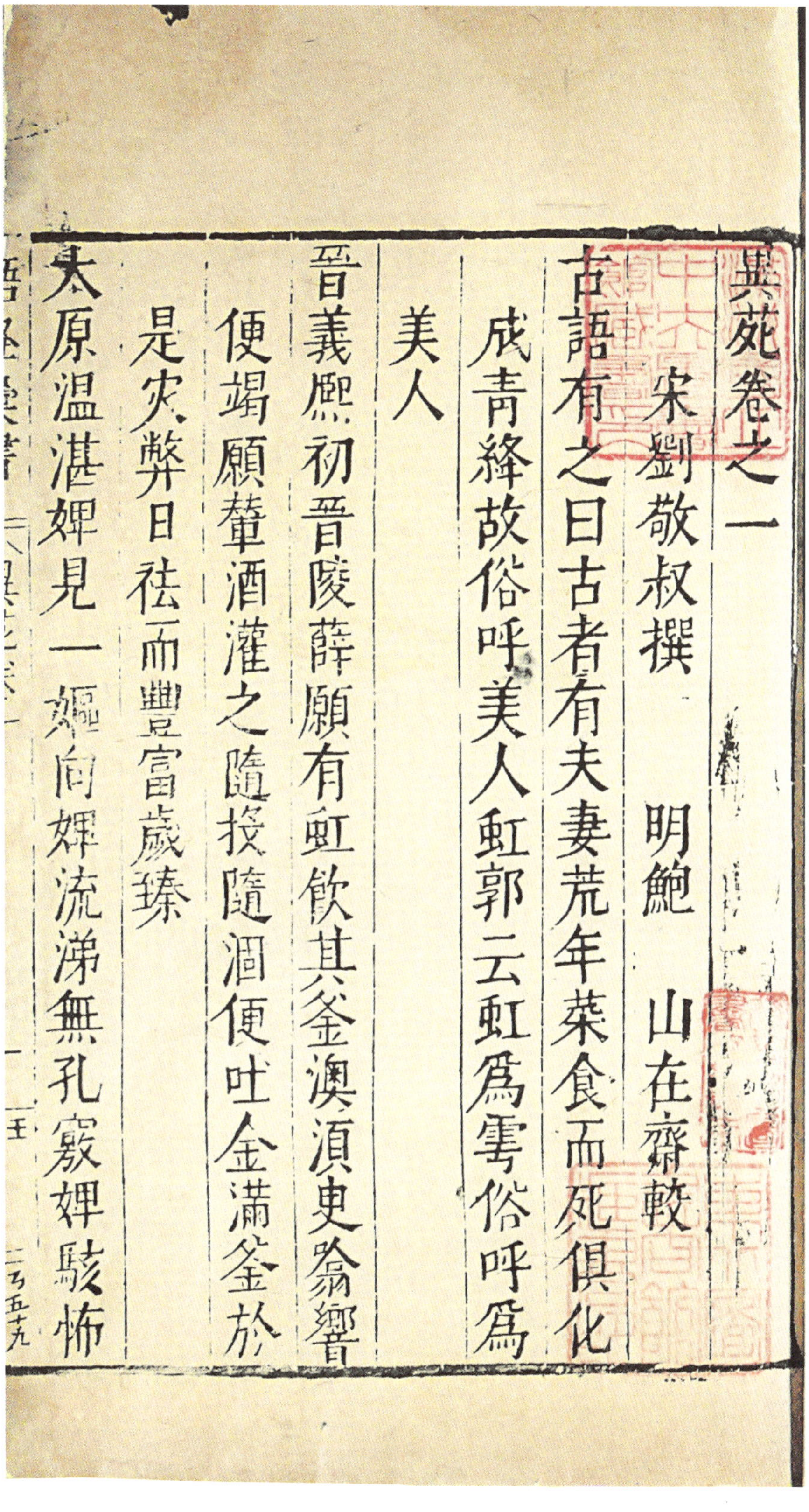
異苑卷之一
宋劉敬叔撰　明鮑　山在齋較
古語有之曰古者有夫妻荒年菜食而死俱化
成青絳故俗呼美人虹郭云虹爲雩俗呼爲
美人
晉義熙初晉陵薛願有虹飲其釜澳須臾翕響
便竭願輦酒灌之隨投隨涸便吐金滿釜於
是灾弊日祛而豐富歲臻
太原溫湛婢見一嫗向婢流涕無孔竅婢駭怖

10341　語怪彙書□□種□□卷　明末刻本　遼寧省圖書館

存二種十八卷（異苑十卷、録異記八卷）

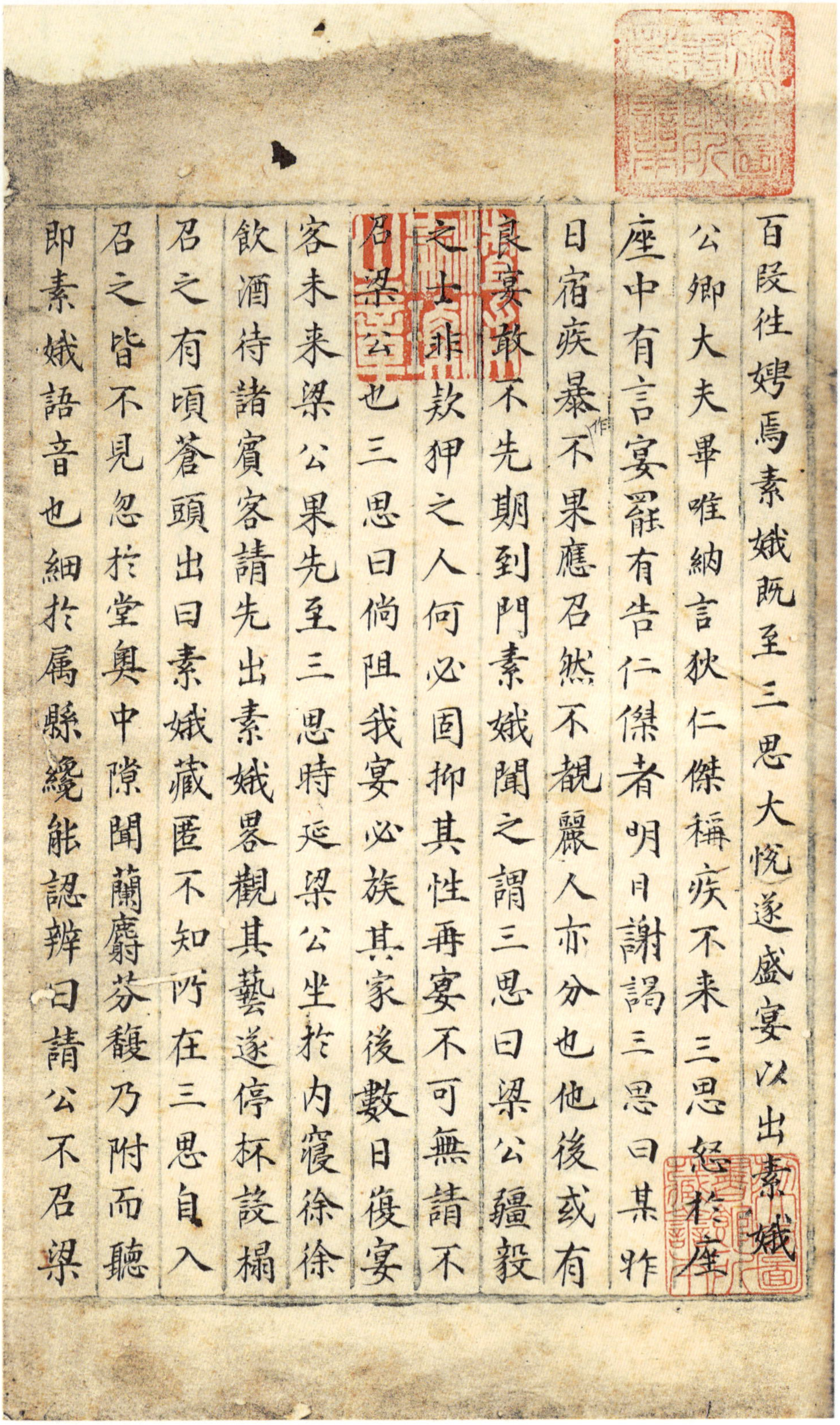

百叚往娉焉素娥既至三思大悅遂盛宴以出素娥
公卿大夫畢唯納言狄仁傑稱疾不来三思怒於座
座中有言宴罷有告仁傑者明日謝謁三思曰某昨
日宿疾暴不果應召然不覩麗人亦分也他後或有
良宴敢不先期到門素娥聞之謂三思曰梁公疆毅
之士非款狎之人何必固抑其性再宴不可無請不
召梁公也三思曰倘阻我宴必族其家後數日復宴
客未来梁公果先至三思特延梁公坐於内寢徐徐
飲酒待諸賓客請先出素娥畧觀其藝遂停杯設榻
召之有頃蒼頭出曰素娥藏匿不知所在三思自入
召之皆不見忽於堂奥中隙聞蘭麝芬馥乃附而聽
即素娥語音也細於屬縣纔能認辨曰請公不召梁

10342　甘澤謡一卷　（唐）袁郊撰　**附録一卷**　明抄本　大連圖書館

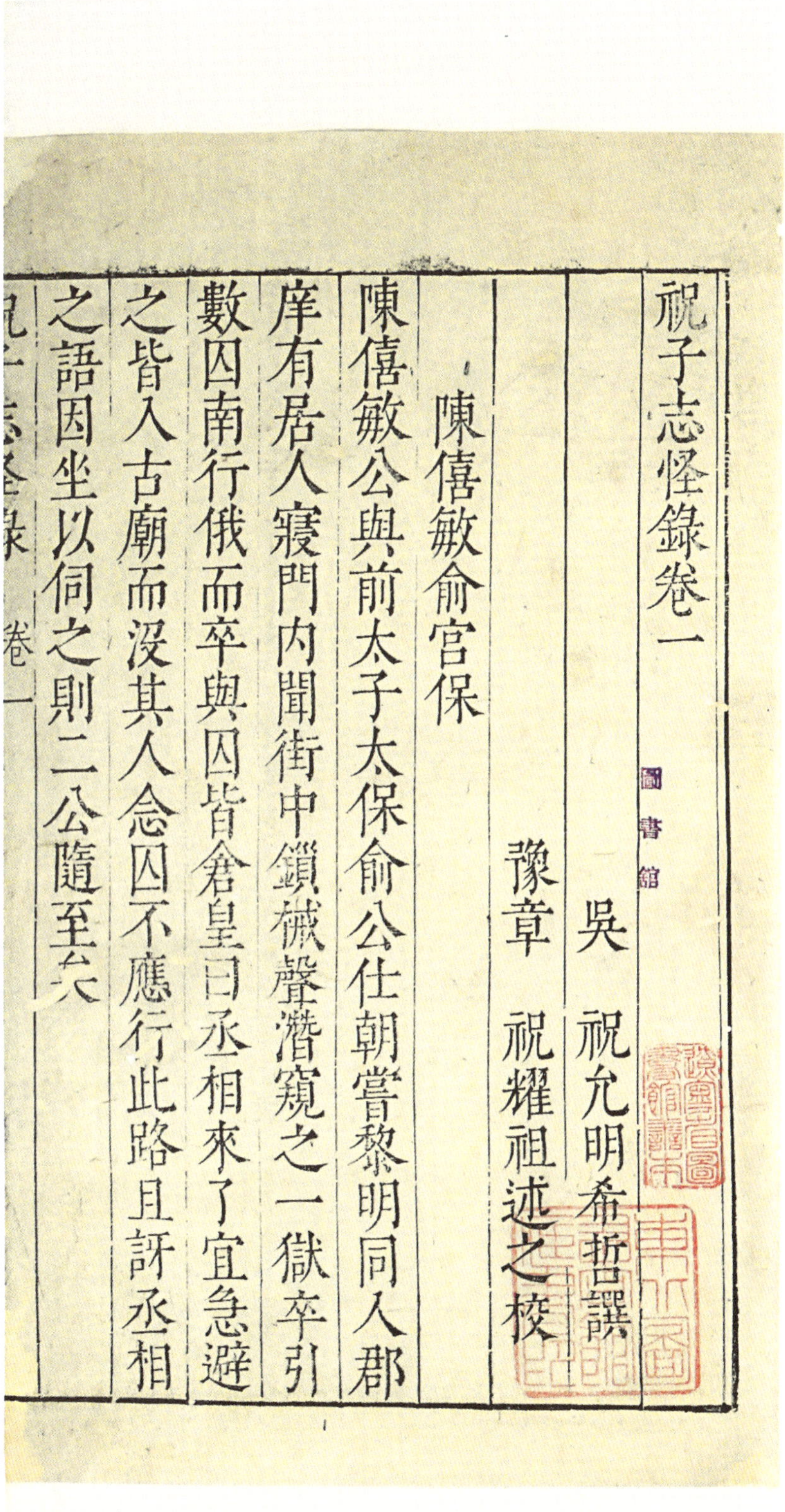
祝子志怪錄卷一
吳　祝允明希哲譔
豫章　祝耀祖述之校
陳僖敏俞宫保
陳僖敏公與前太子太保俞公仕朝嘗黎明同入郡
庠有居人寢門内聞街中鎖械聲潛窺之一獄卒引
數囚南行俄而卒與囚皆倉皇曰丞相來了宜急避
之皆入古廟而沒其人念囚不應行此路且訝丞相
之語因坐以伺之則二公隨至矣
祝子志怪錄　卷一

10343　祝子志怪錄五卷　（明）祝允明撰　明萬曆四十年（1612）祝世廉刻本　遼寧省圖書館

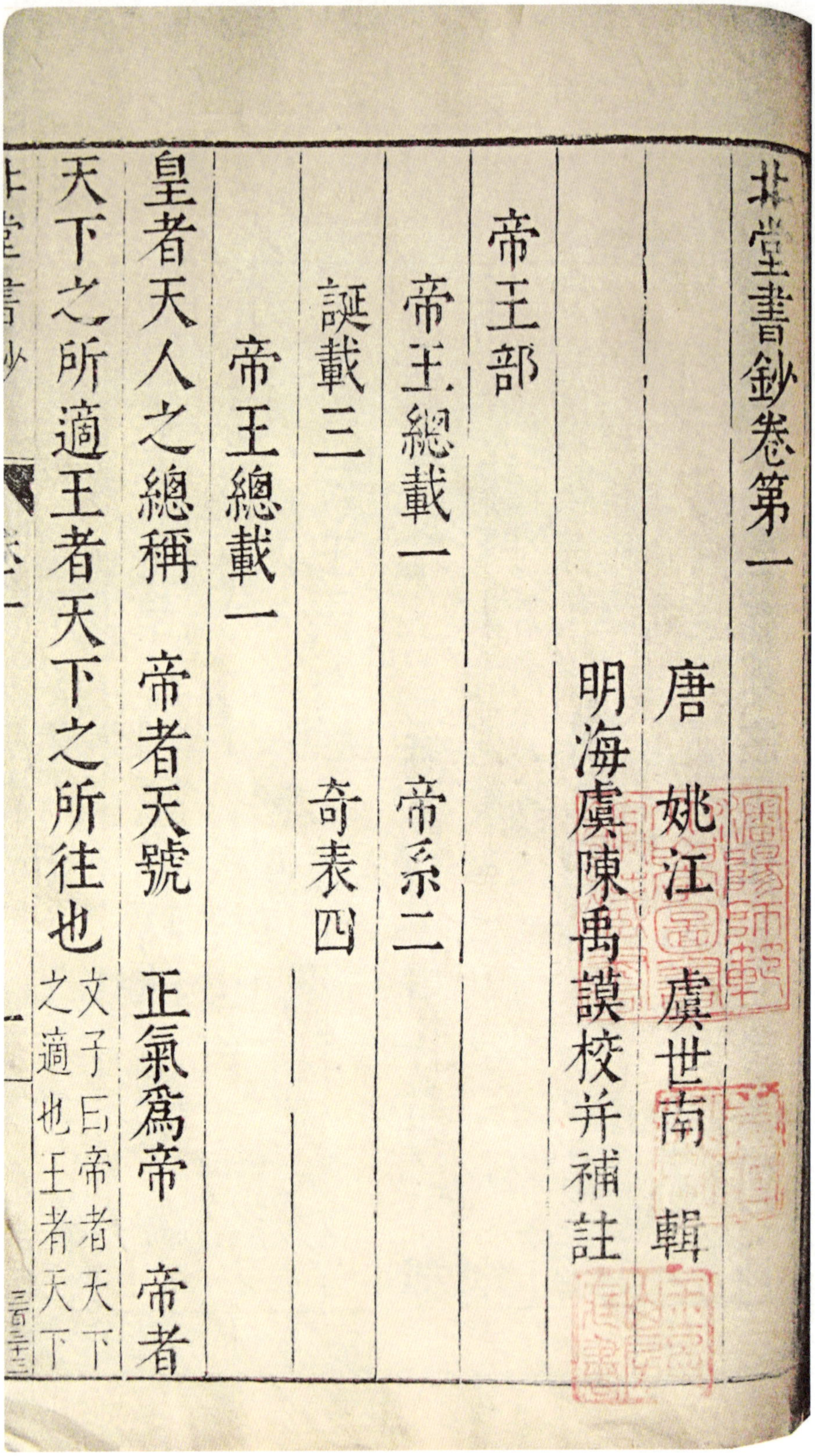
北堂書鈔卷第一
唐　姚江　虞世南　輯
明　海虞　陳禹謨　校并補註
帝王部
帝王總載一　帝系二
誕載三　奇表四
帝王總載一
皇者天人之總稱　帝者天號　正氣爲帝　帝者
天下之所適王者天下之所往也 文子曰帝者天下之適也王者天下
北堂書鈔　卷一

10344　北堂書鈔一百六十卷　（唐）虞世南輯　（明）陳禹謨補注　明萬曆二十八年（1600）陳禹謨刻本（卷九十一至一百六補抄）　瀋陽師範大學圖書館

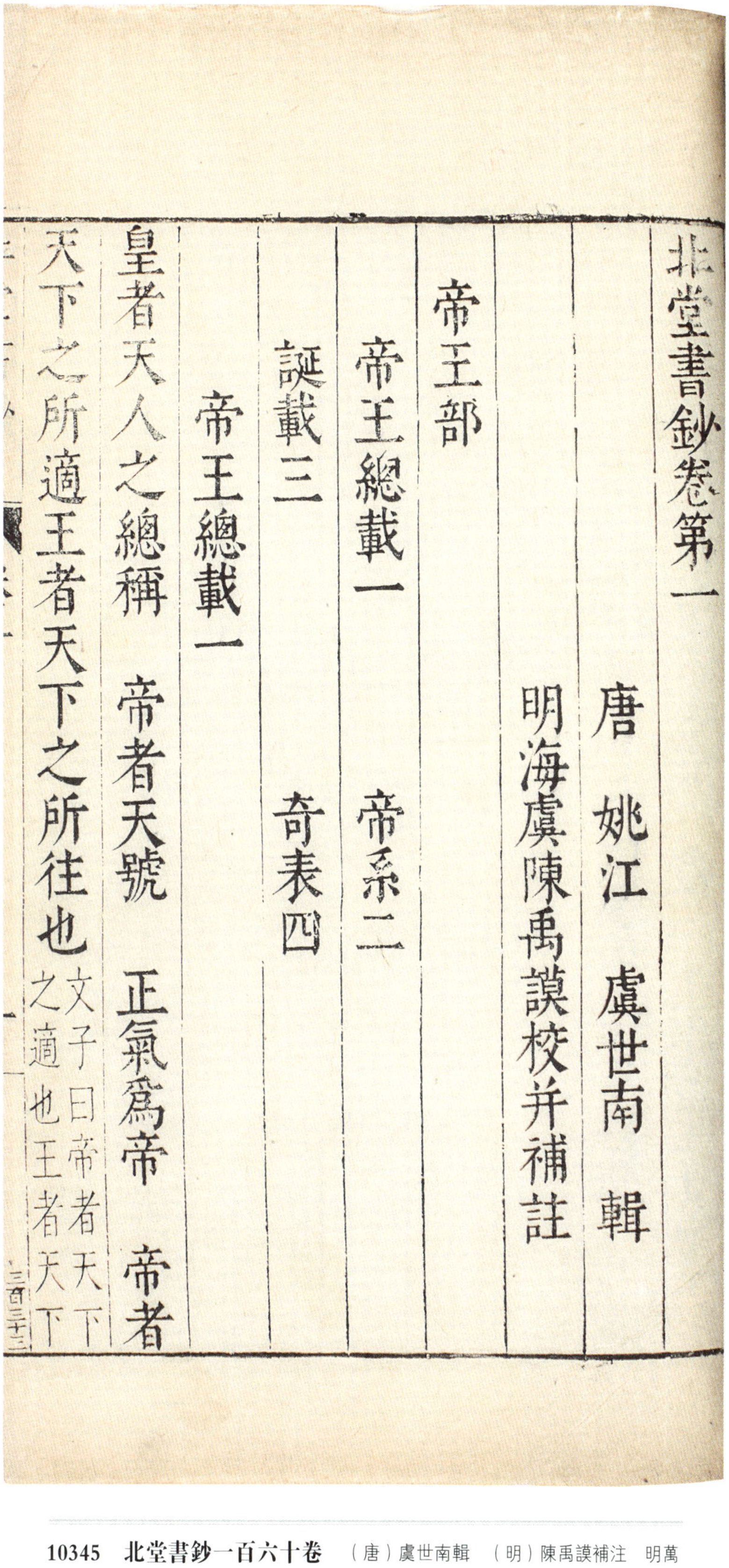
北堂書鈔卷第一
唐 姚江 虞世南 輯
明海虞陳禹謨校并補註
帝王部
帝王總載一 帝系二
誕載三 奇表四
帝王總載一
皇者天人之總稱 帝者天號 正氣爲帝 帝者
天下之所適王者天下之所往也 文子曰帝者天下之適也王者天下

10345 北堂書鈔一百六十卷 （唐）虞世南輯 （明）陳禹謨補注 明萬曆二十八年（1600）陳禹謨刻本 遼寧省博物館

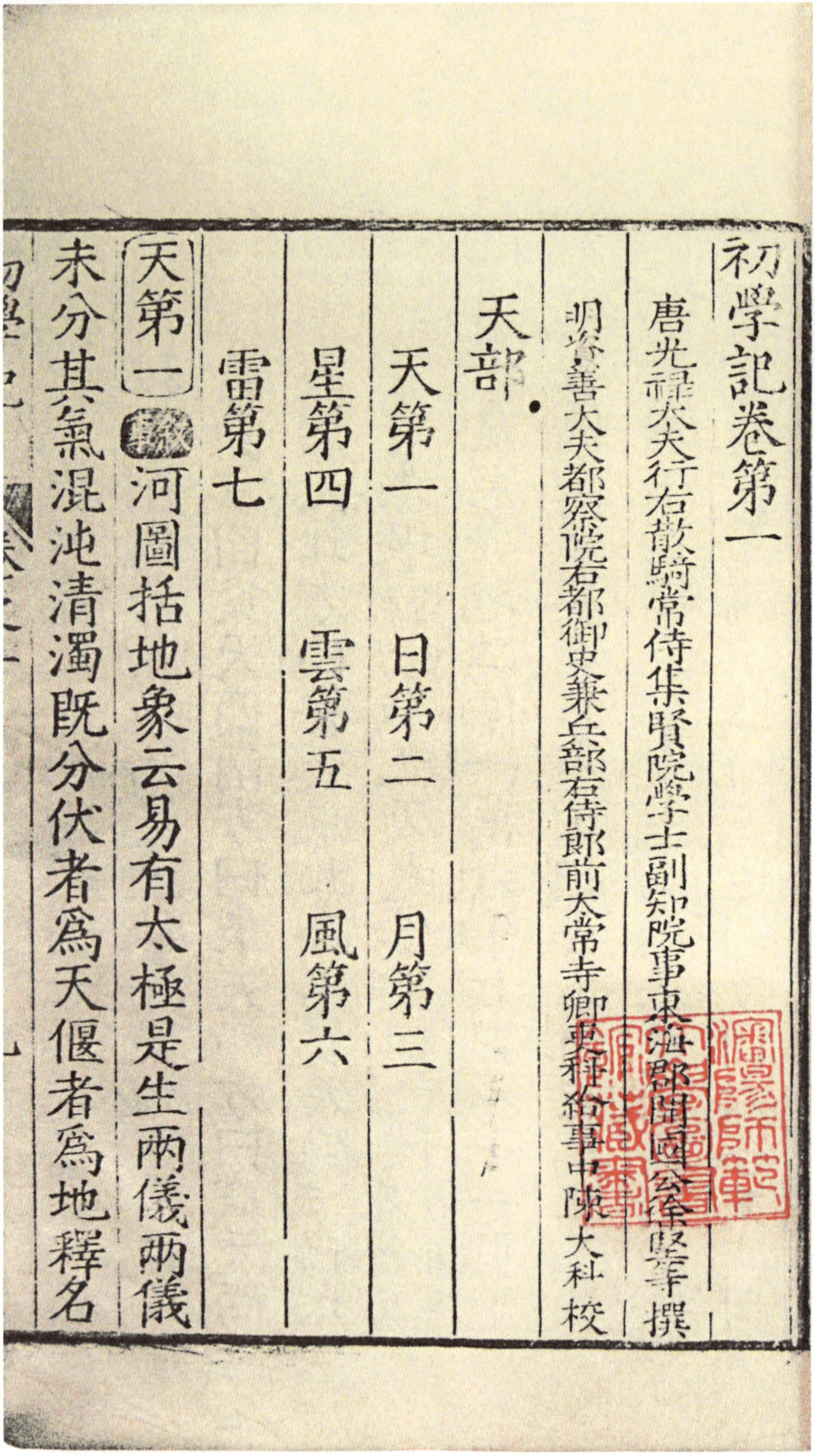

初學記卷第一
唐光祿大夫行右散騎常侍集賢院學士副知院事東海郡開國公徐堅等撰
明資善大夫都察院右都御史兼兵部右侍郎前太常寺卿吏科給事中陳大科校
天部
天第一　日第二　月第三
星第四　雲第五　風第六
雷第七
天第一 敍事 河圖括地象云易有太極是生兩儀兩儀未分其氣混沌清濁既分伏者爲天偃者爲地釋名

10346　初學記三十卷　（唐）徐堅等撰　明萬曆陳大科刻本　瀋陽師範大學圖書館

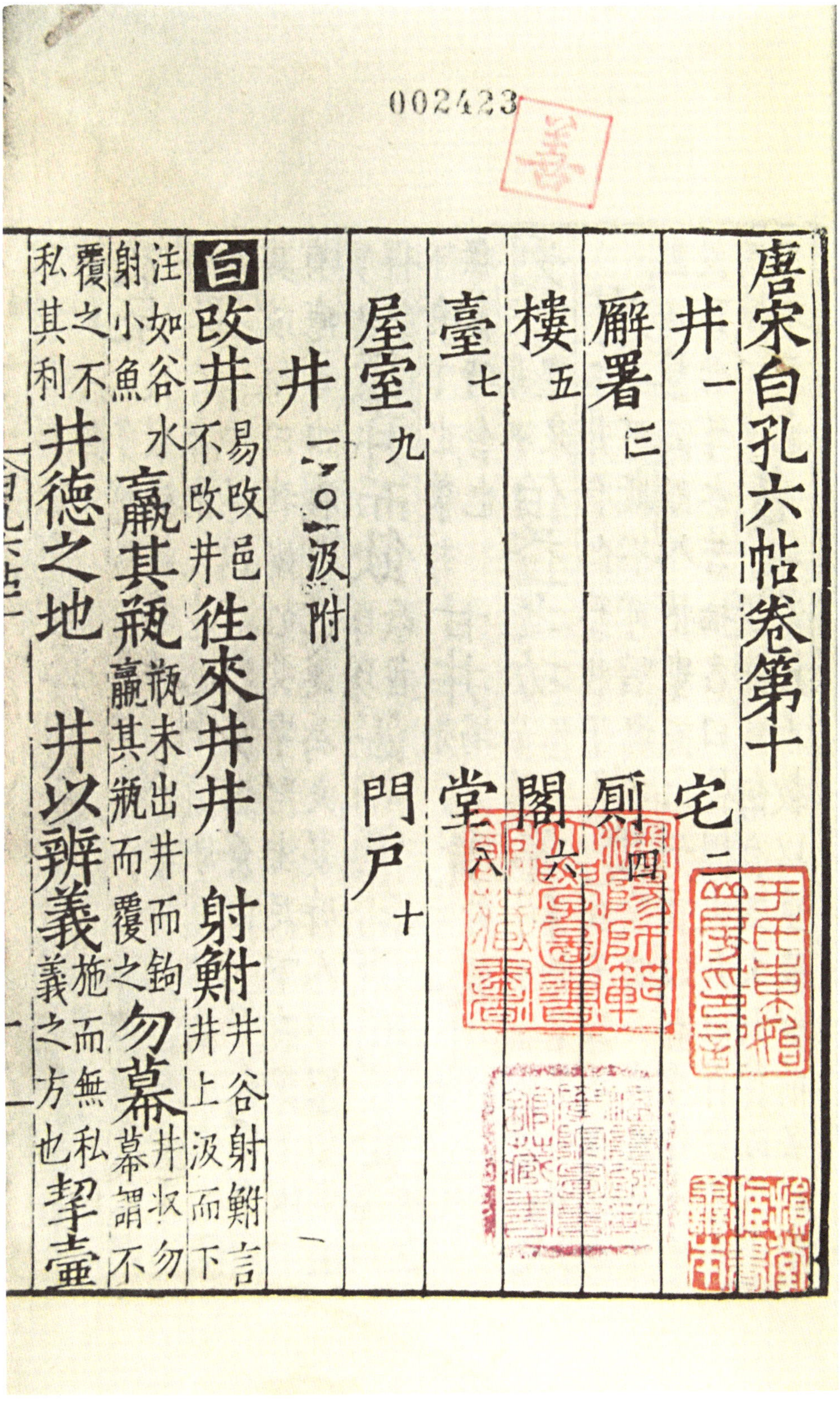
002423

唐宋白孔六帖卷第十

井一　宅二

廨署三　廁四

樓五　閣六

臺七　堂八

屋室九　門戶十

井一（○汲附）

白　改井易改邑不改井　往來井井　射鮒井谷射鮒言井上汲而下注如谷水射小魚　羸其瓶瓶未出井而鉤羸其瓶而覆之　勿幕井收勿幕謂不覆之不私其利　井德之地　井以辨義義施而無私義之方也　挈壺

10347　唐宋白孔六帖一百卷目録二卷　（唐）白居易　（宋）孔傳輯

明刻本（卷十六至二十五、六十二、一百補抄）　瀋陽師範大學圖書館

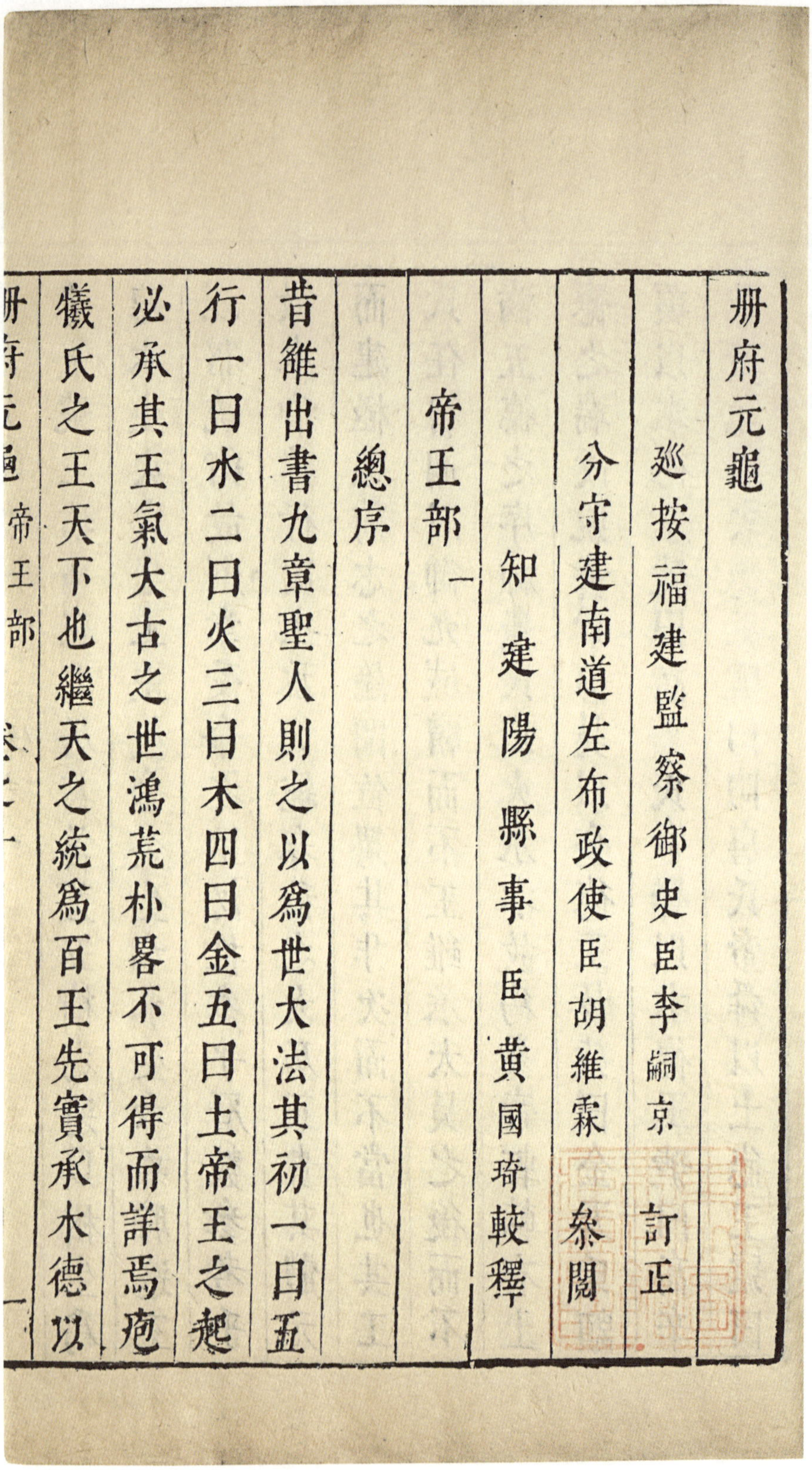

册府元龜

廵按福建監察御史臣李嗣京 訂正

分守建南道左布政使臣胡維霖 參閱

知建陽縣事臣黄國琦 較釋

帝王部一

總序

昔雒出書九章聖人則之以爲世大法其初一曰五

行一曰水二曰火三曰木四曰金五曰土帝王之起

必承其王氣大古之世鴻荒朴畧不可得而詳焉庖

犧氏之王天下也繼天之統爲百王先實承木德以

册府元龜 帝王部 卷之一 一

10348 册府元龜一千卷目録十卷 （宋）王欽若等輯 明崇禎十五年（1642）黄國琦刻本 遼寧省圖書館

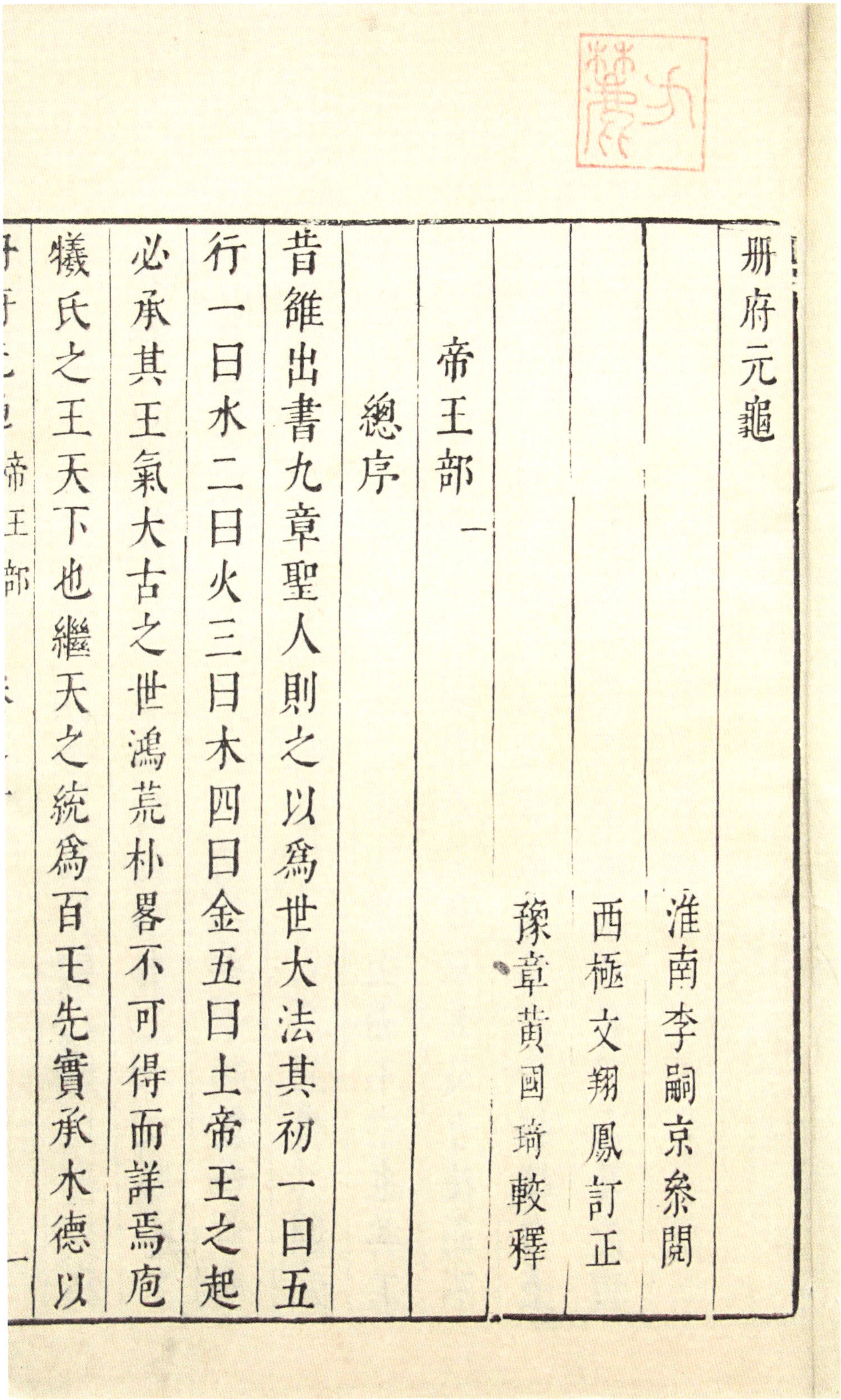

冊府元龜

淮南李嗣京叅閱

西極文翔鳳訂正

豫章黄國琦較釋

帝王部一

總序

昔雒出書九章聖人則之以爲世大法其初一曰五行一曰水二曰火三曰木四曰金五曰土帝王之起必承其王氣大古之世鴻荒朴畧不可得而詳焉庖犧氏之王天下也繼天之統爲百王先實承木德以

冊府元龜　帝王部　卷一　一

10349　冊府元龜一千卷目録十卷　（宋）王欽若等輯　明崇禎十五年（1642）黄國琦刻本　魯迅美術學院圖書館

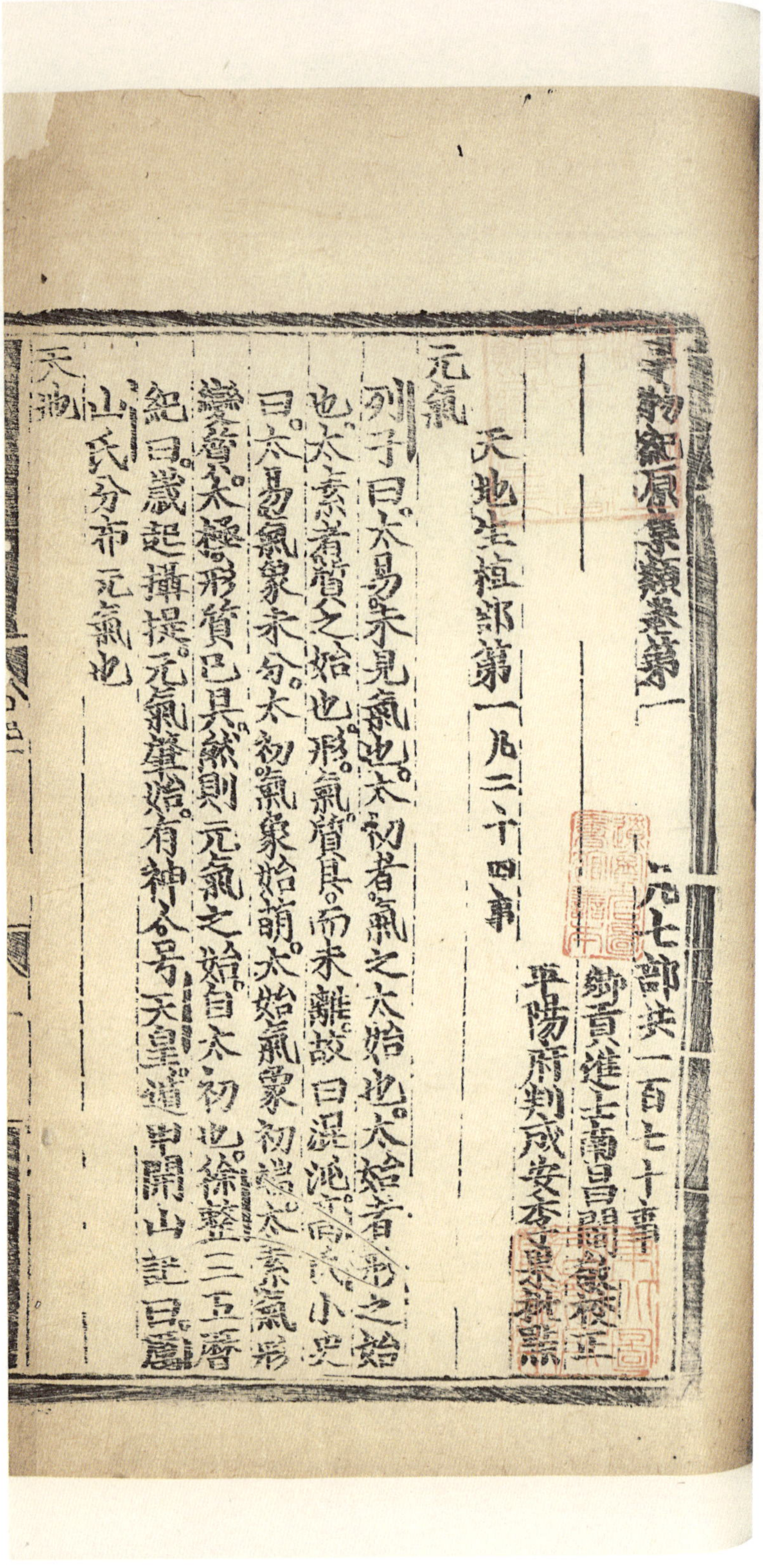
事物紀原集類卷第一 凡七部共一百七十事
欽貢進士南昌閻敬校正
平陽府判成安李果鋟梓
天地生植部第一 凡二十四事
元氣
列子曰。太易未見氣也。太初者氣之太始也。太始者形之始也。太素者質之始也。形氣質具而未離。故曰混沌。宋均氏小史曰。太易忽氣象未分。太初氣象始萌。太始氣象初端。太素氣形變質。太極形質已具。然則元氣之始自太初也。徐整三五曆紀曰。歲起攝提。元氣肇始。有神人號天皇。遁甲開山註曰。巨靈山氏分布元氣也
天地

10350 事物紀原集類十卷 （宋）高承輯 （明）閻敬校 明成化八年（1472）李果刻本 遼寧省圖書館

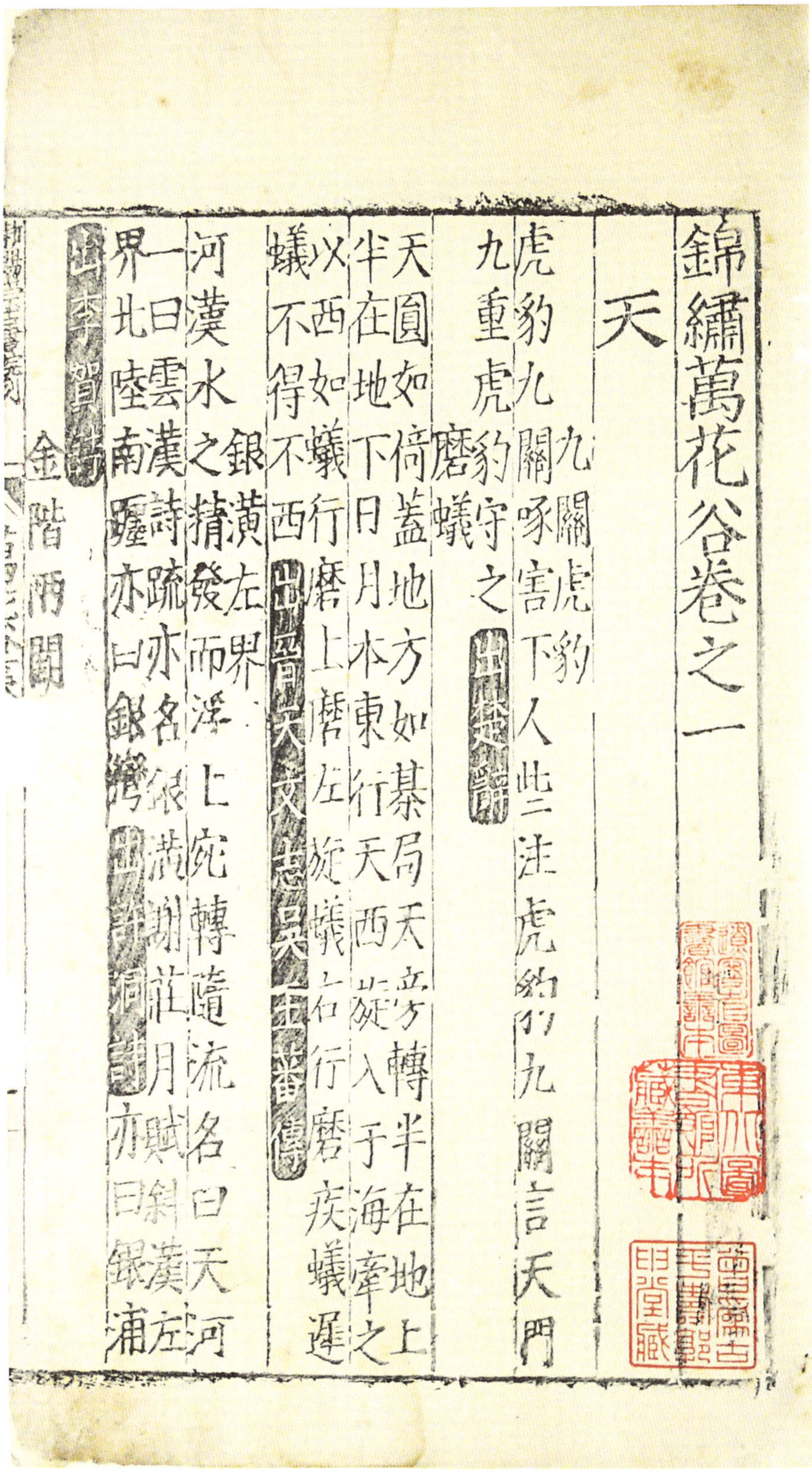

10351　錦繡萬花谷前集四十卷後集四十卷續集四十卷　明嘉靖十四年（1535）徽藩崇古書院刻本　遼寧省圖書館

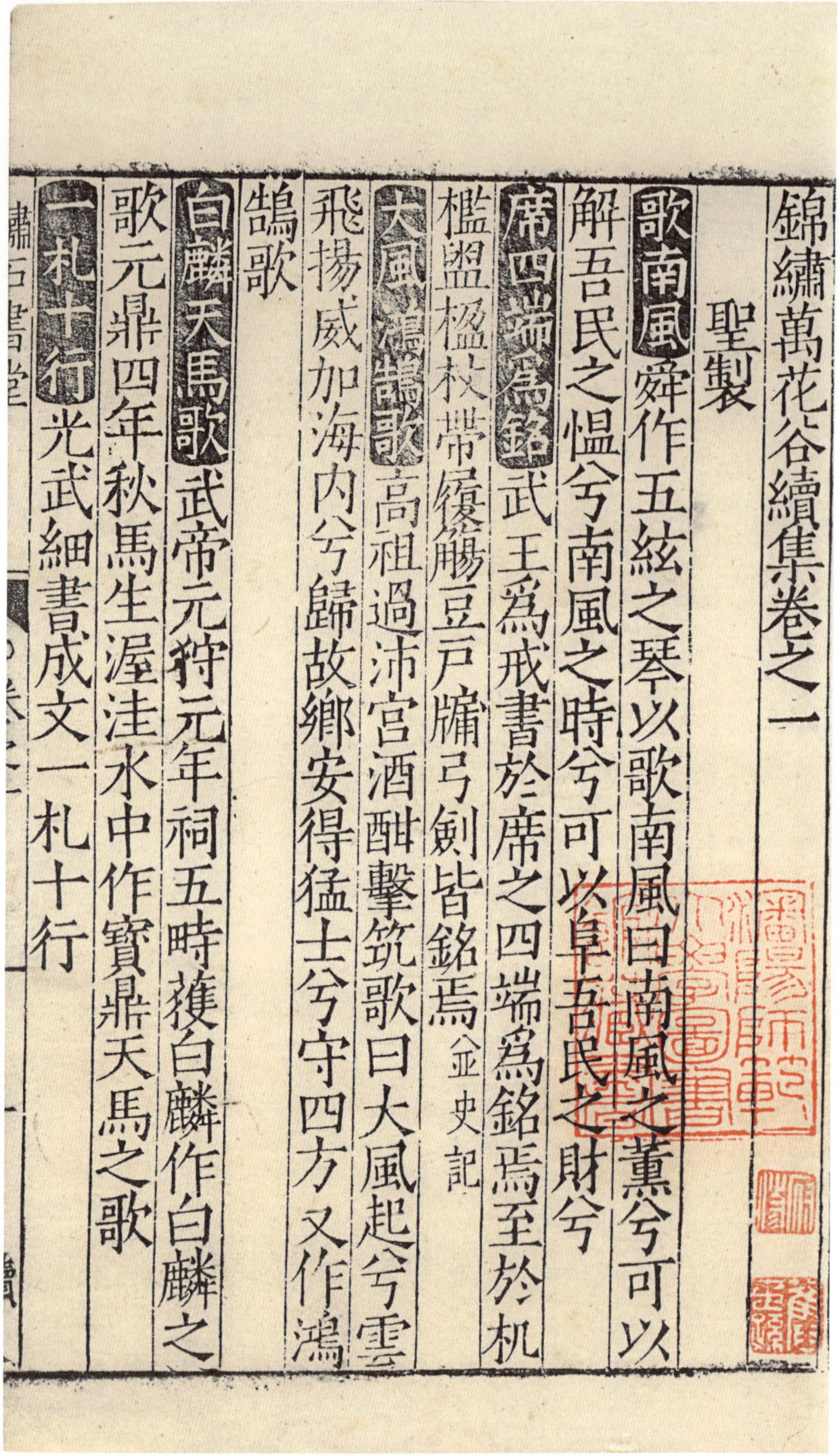
錦繡萬花谷續集卷之一
聖製
歌南風　舜作五絃之琴以歌南風曰南風之薰兮可以
解吾民之慍兮南風之時兮可以阜吾民之財兮
席四端爲銘　武王爲戒書於席之四端爲銘焉至於机
檻盥楹杖帶屨觴豆戶牖弓劍皆銘焉金史記
大風鴻鵠歌　高祖過沛宮酒酣擊筑歌曰大風起兮雲
飛揚威加海內兮歸故鄉安得猛士兮守四方又作鴻
鵠歌
白麟天馬歌　武帝元狩元年祠五時獲白麟作白麟之
歌元鼎四年秋馬生渥洼水中作寶鼎天馬之歌
一札十行　光武細書成文一札十行
繡石書堂

10352　錦繡萬花谷前集四十卷後集四十卷續集四十卷　明刻本　瀋陽師範大學圖書館

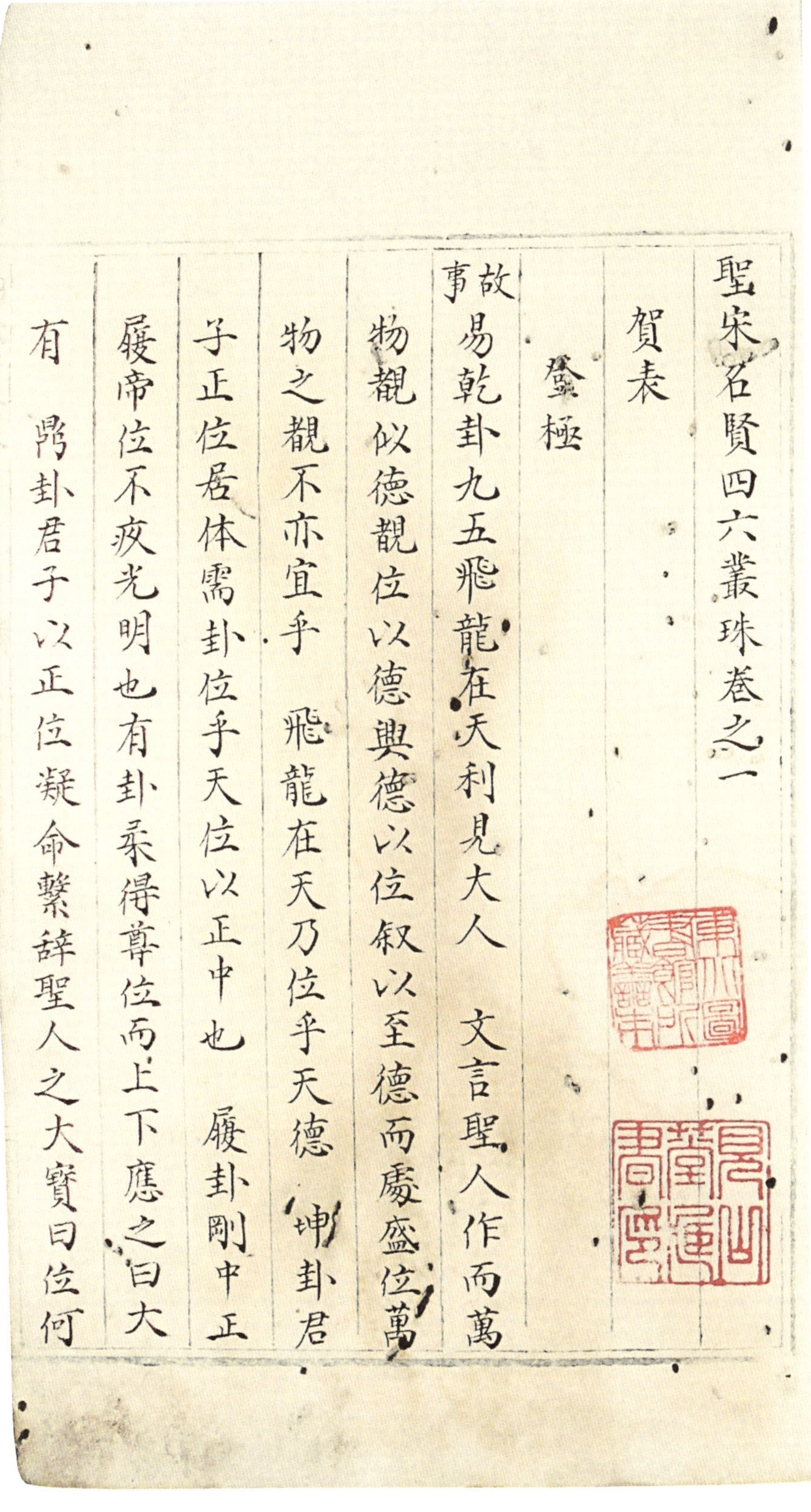
聖宋名賢四六叢珠卷之一
賀表
登極
故事　易乾卦九五飛龍在天利見大人　文言聖人作而萬
物覩似德覩位以德輿德以位叙以至德而處盛位萬
物之覩不亦宜乎　飛龍在天乃位乎天德　坤卦君
子正位居体需卦位乎天位以正中也　履卦剛中正
履帝位不疚光明也有卦柔得尊位而上下應之曰大
有　鼎卦君子以正位凝命繫辭聖人之大寶曰位何

10353　聖宋名賢四六叢珠一百卷　（宋）葉蕡輯　明抄本　遼寧省圖書館

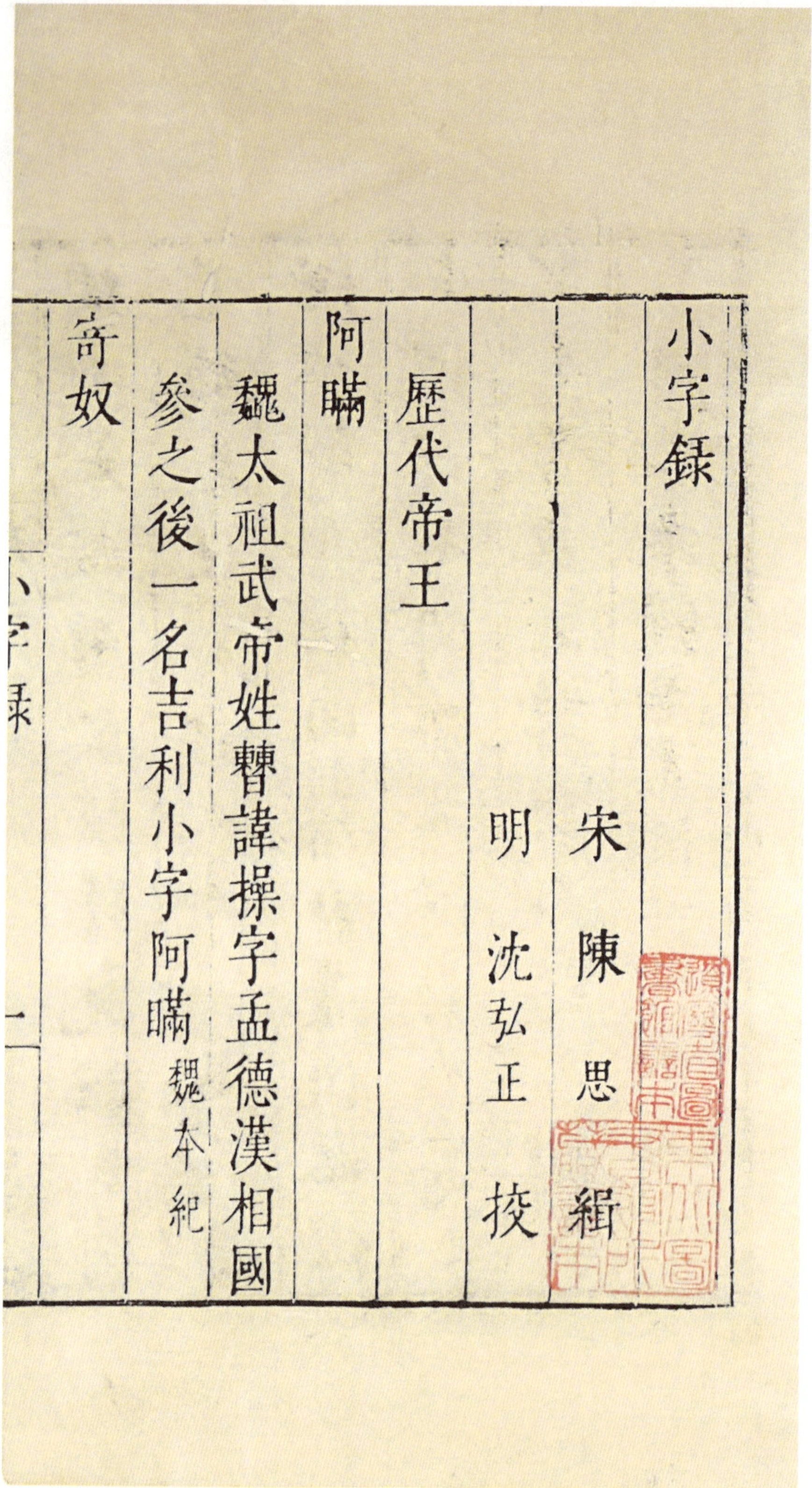
小字録
宋　陳思　緝
明　沈弘正　挍
歷代帝王
阿瞞
魏太祖武帝姓曹諱操字孟德漢相國
參之後一名吉利小字阿瞞魏本紀
奇奴
小字録　一

10354　小字録一卷小字録補六卷　（宋）陳思輯　明萬曆四十七年（1619）刻本　遼寧省圖書館

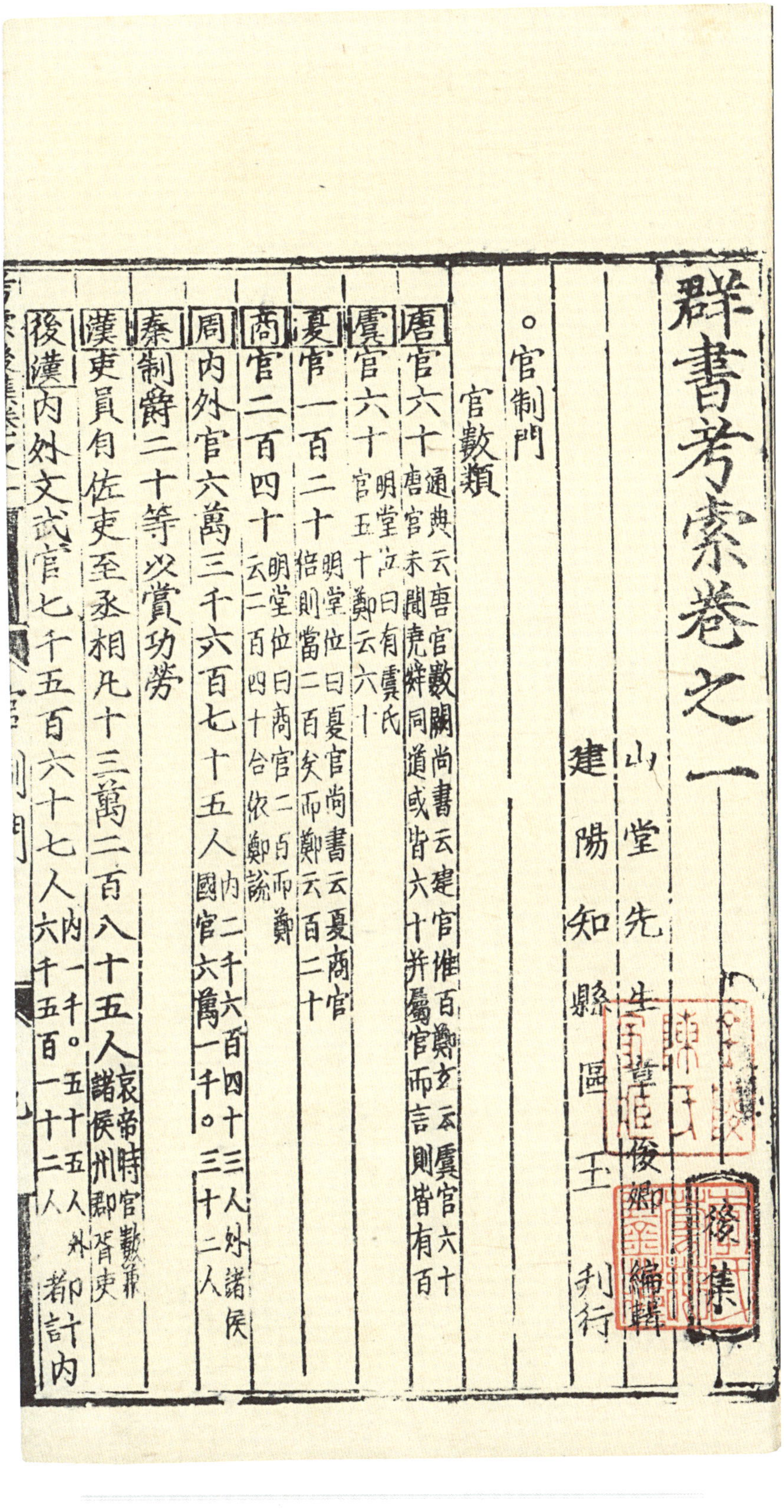
群書考索卷之一 後集
山堂先生章俊卿編輯
建陽知縣區玉刊行
。官制門
官數類
唐官六十 通典云唐官數闕尚書云建官惟百鄭玄云虞官六十唐官亦闕堯舜同道或皆六十并屬官而言則皆有百
虞官六十 明堂位曰有虞氏官五十鄭云六十
夏官一百二十 明堂位曰夏官尚書云夏商官倍則當二百矣而鄭云百二十
商官二百四十 明堂位曰商官二百而鄭云二百四十合依鄭說
周內外官六萬三千六百七十五人 內二千六百四十三人外諸侯國官六萬一千。三十二人
秦制爵二十等以賞功勞
漢吏員自佐吏至丞相凡十三萬二百八十五人 哀帝時官數兼諸侯州郡胥吏
後漢內外文武官七千五百六十七人 內一千。五十五人外六千五百一十二人都計內

10355　群書考索前集六十六卷後集六十五卷續集五十六卷別集二十五卷　（宋）章如愚輯　明正德三年至十三年（1508—1518）劉洪慎獨書齋刻十六年（1521）重修本　大連圖書館

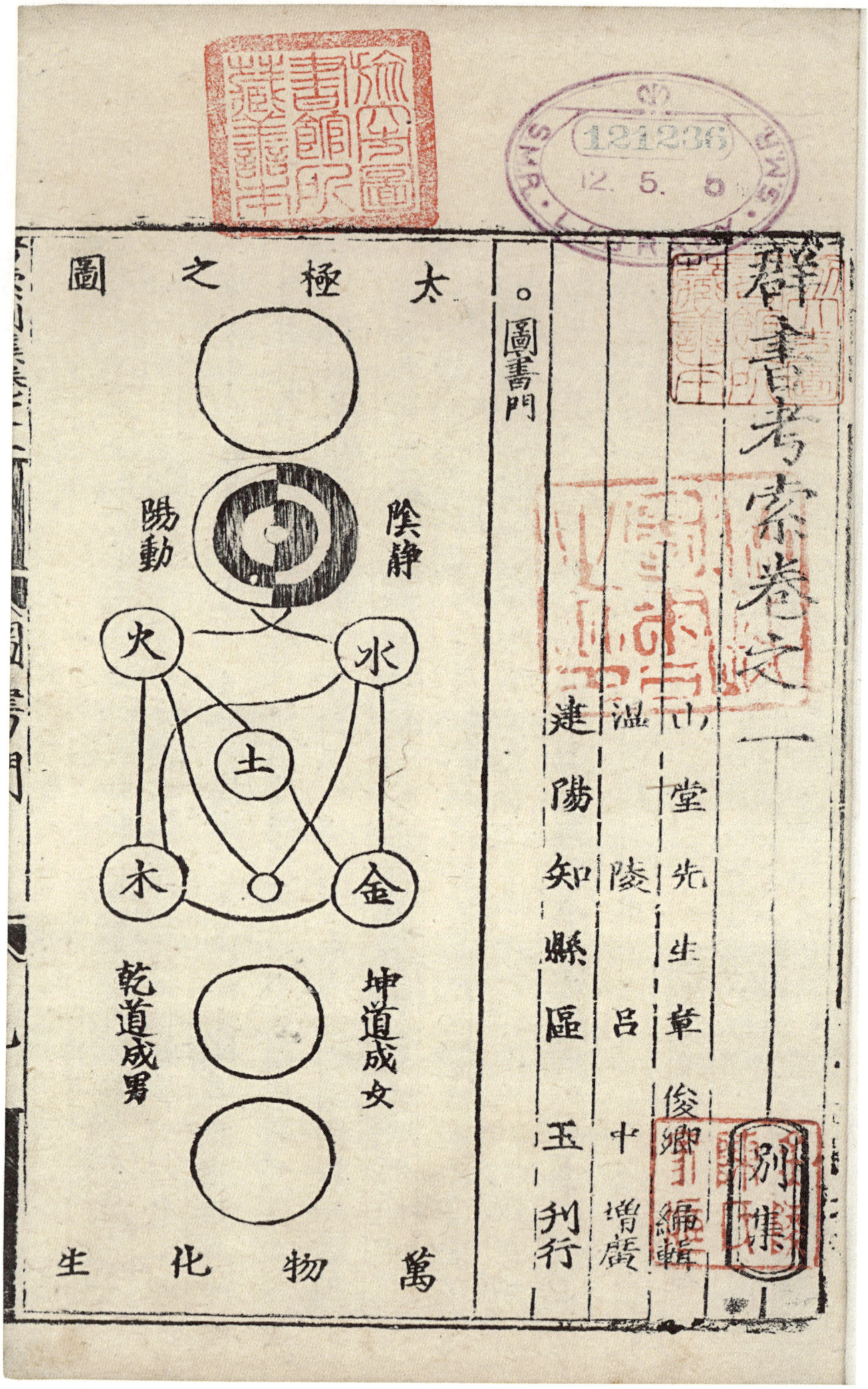

群書考索卷之一 別集

山堂先生章俊卿編輯

温陵十呂增廣

建陽知縣區玉刊行

○圖書門

太極之圖

陰靜 陽動

火 水

土

木 金

坤道成女 乾道成男

萬物化生

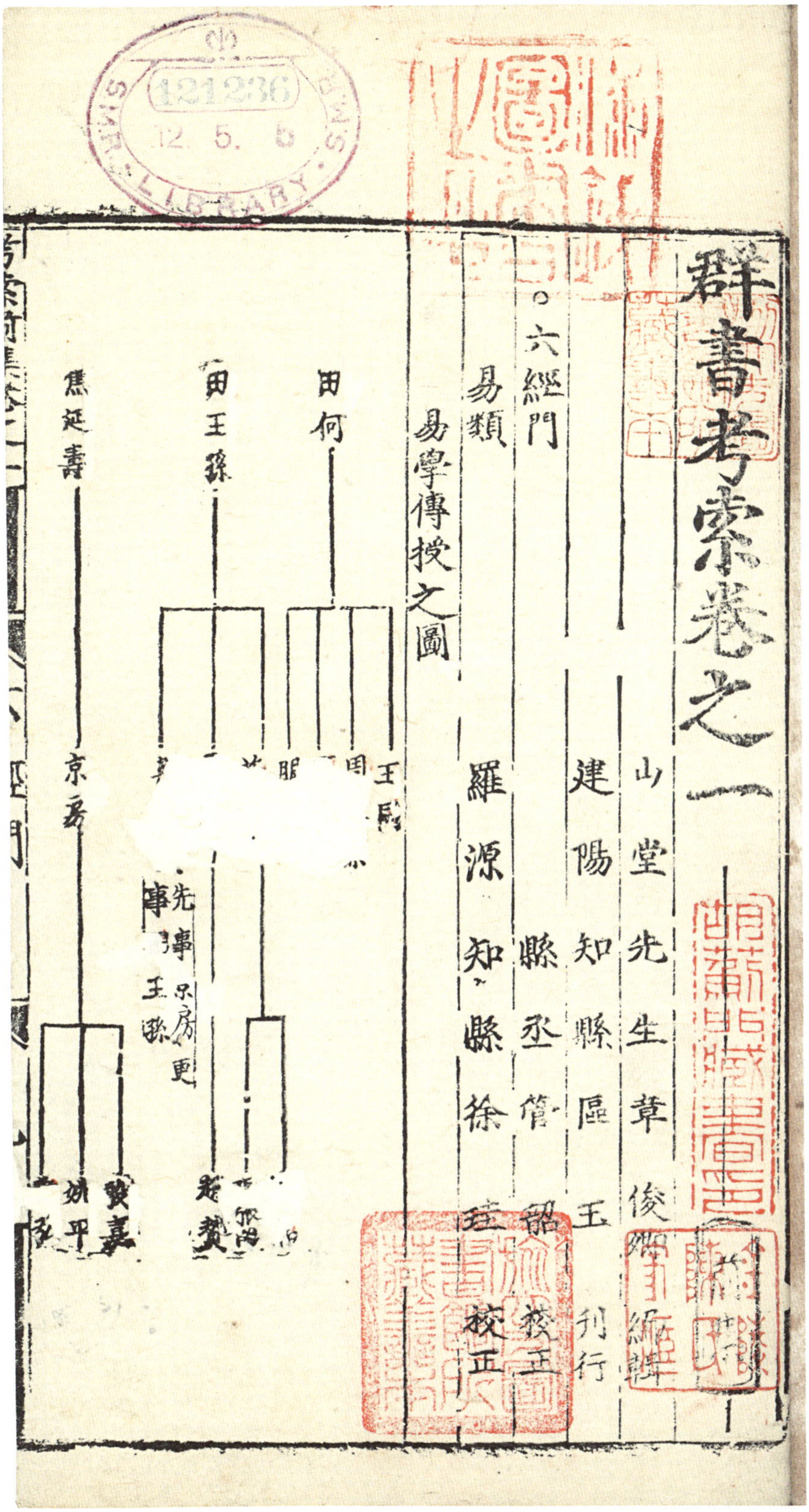

群書考索卷之一

山堂先生章俊卿編輯

建陽知縣區玉 刊行

縣丞管韶 校正

羅源知縣徐珏 校正

六經門

易類

易學傳授之圖

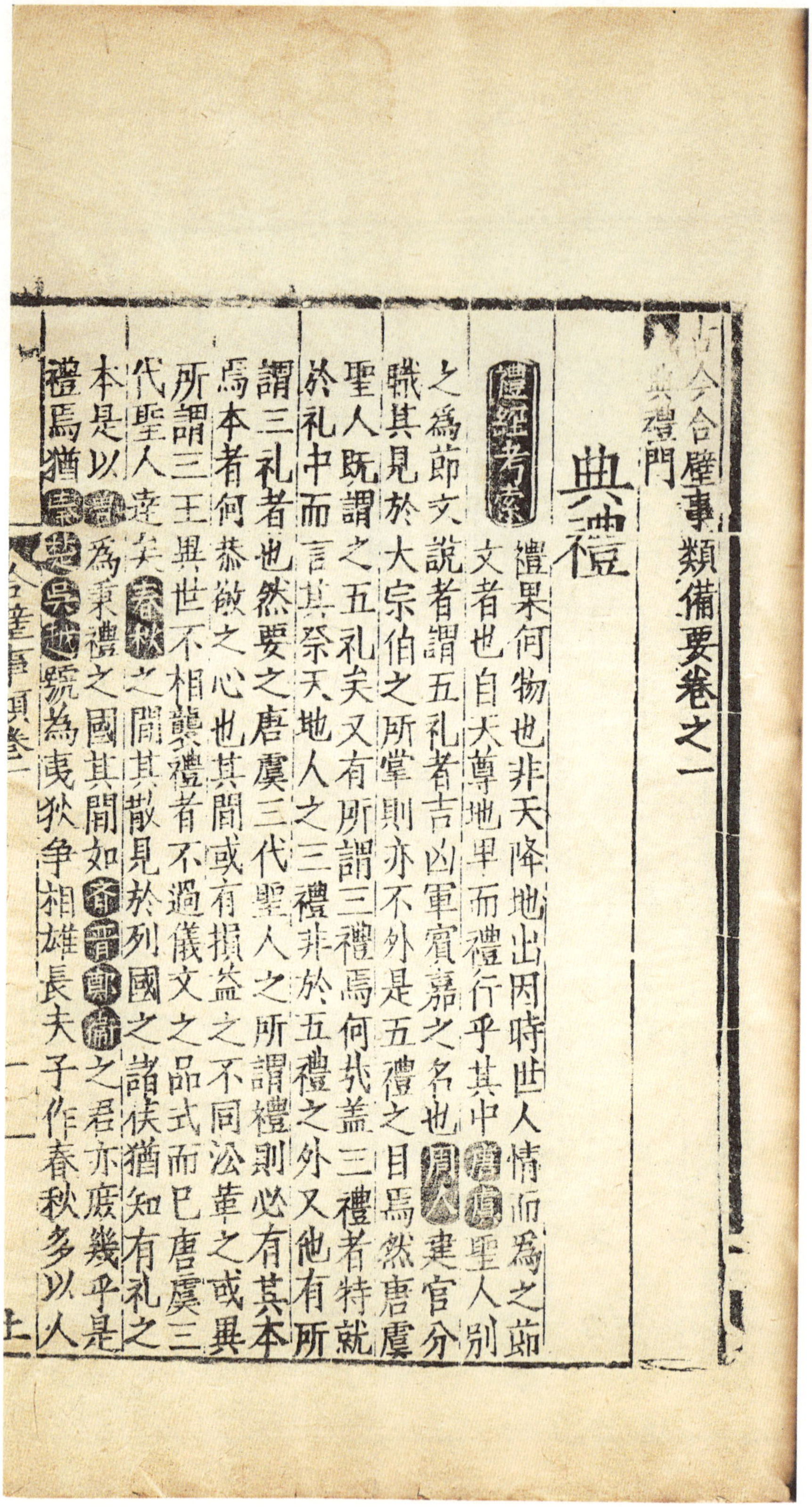
古今合璧事類備要卷之一
典禮門
典禮
禮經考索 禮果何物也非天降地出因時世人情而爲之節
文者也自天尊地卑而禮行乎其中唐虞聖人別
之爲節文説者謂五礼者吉凶軍賓嘉之名也周人建官分
職其見於大宗伯之所掌則亦不外是五禮之目焉然唐虞
聖人既謂之五礼矣又有所謂三禮焉何哉蓋三禮者特就
於礼中而言其祭天地人之三禮非於五禮之外又他有所
謂三礼者也然要之唐虞三代聖人之所謂禮則必有其本
焉本者何恭敬之心也其間或有損益之不同沿革之或異
所謂三王異世不相襲禮者不過儀文之品式而已唐虞三
代聖人遠矣春秋之間其散見於列國之諸侯猶知有礼之
本是以魯爲秉禮之國其間如齊晉鄭衛之君亦庶幾乎是
禮焉猶秦楚吳越號爲夷狄爭相雄長夫子作春秋多以人

10356　古今合璧事類備要前集六十九卷後集八十一卷續集五十六卷　（宋）謝維新輯　**別集九十四卷外集六十六卷**　（宋）虞載輯　明嘉靖三十一年至三十五年（1552—1556）夏相刻本　大連圖書館

存六十六卷（外集六十六卷）

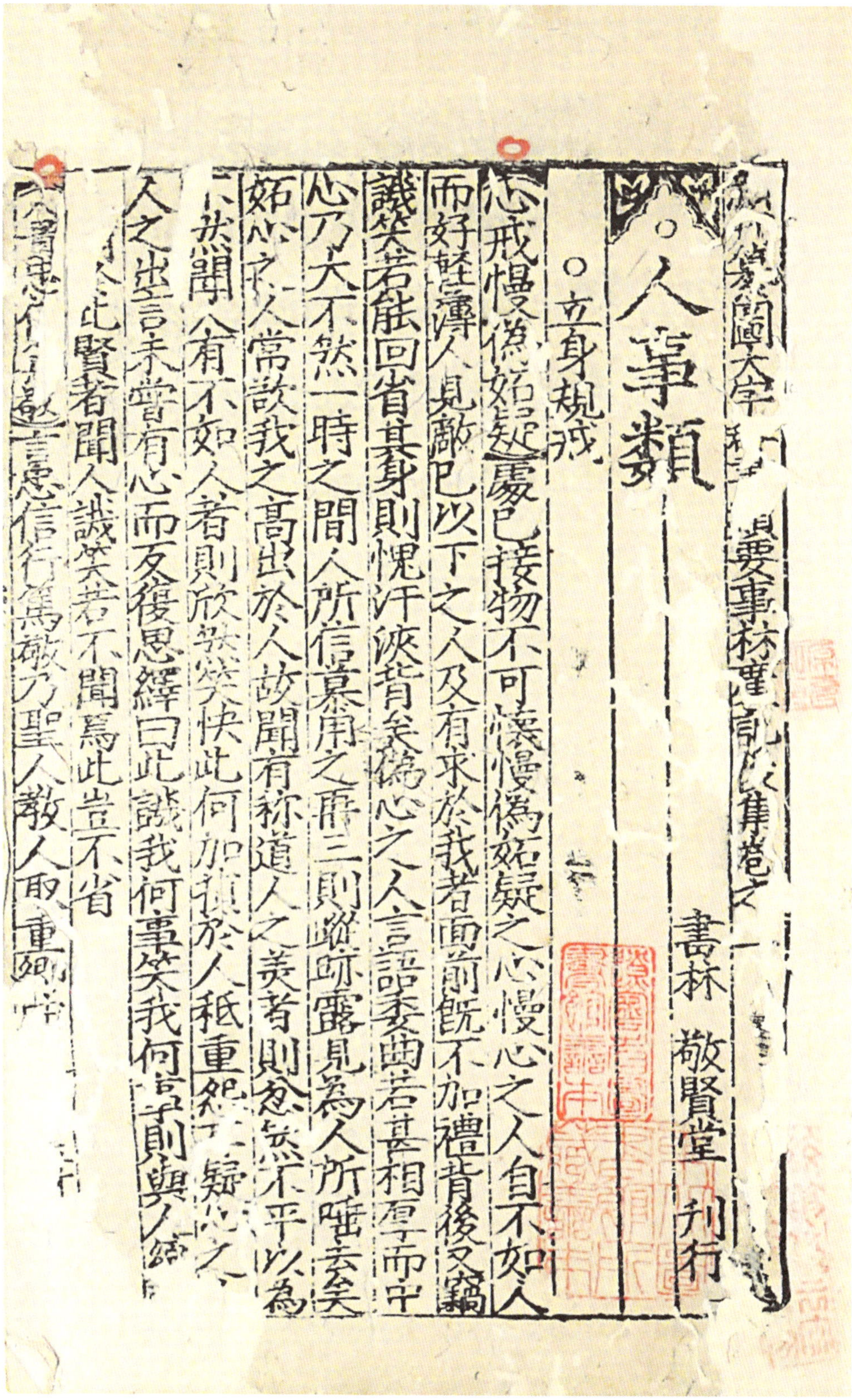

新刊纂圖大字群書類要事林廣記□集卷之一
書林　敬賢堂　刊行
○人事類
○立身規戒
心戒慢偽妬疑履已接物不可懷慢偽妬疑之心慢心之人自不如人
而好輕薄人見敵已以下之人及有求於我者而前既不加禮背後又竊
議笑若能回省其身則愧汗浹背矣偽心之人言語委曲若甚相厚而中
心乃大不然一時之間人所信慕用之再三則蹤跡露見為人所唾去矣
妬心之人常欲我之高出於人故聞有稱道人之美者則忿然不平以為
不然聞人有不如人者則欣然笑快此何加損於人秖重招怨耳疑心之
人之出言未嘗有心而反復思繹曰此譏我何事笑我何事則與人締
人此賢者聞人譏笑若不聞焉此豈不省
言忠信行篤敬乃聖人教人取重

10357　新刊纂圖大字群書類要事林廣記□□卷　（宋）陳元靚輯　（明）佚名補輯　明嘉靖二十年（1541）余氏敬賢堂刻本　遼寧省圖書館

存五卷（後集一卷、續集一卷、别集一卷、外集一卷、新集一卷）

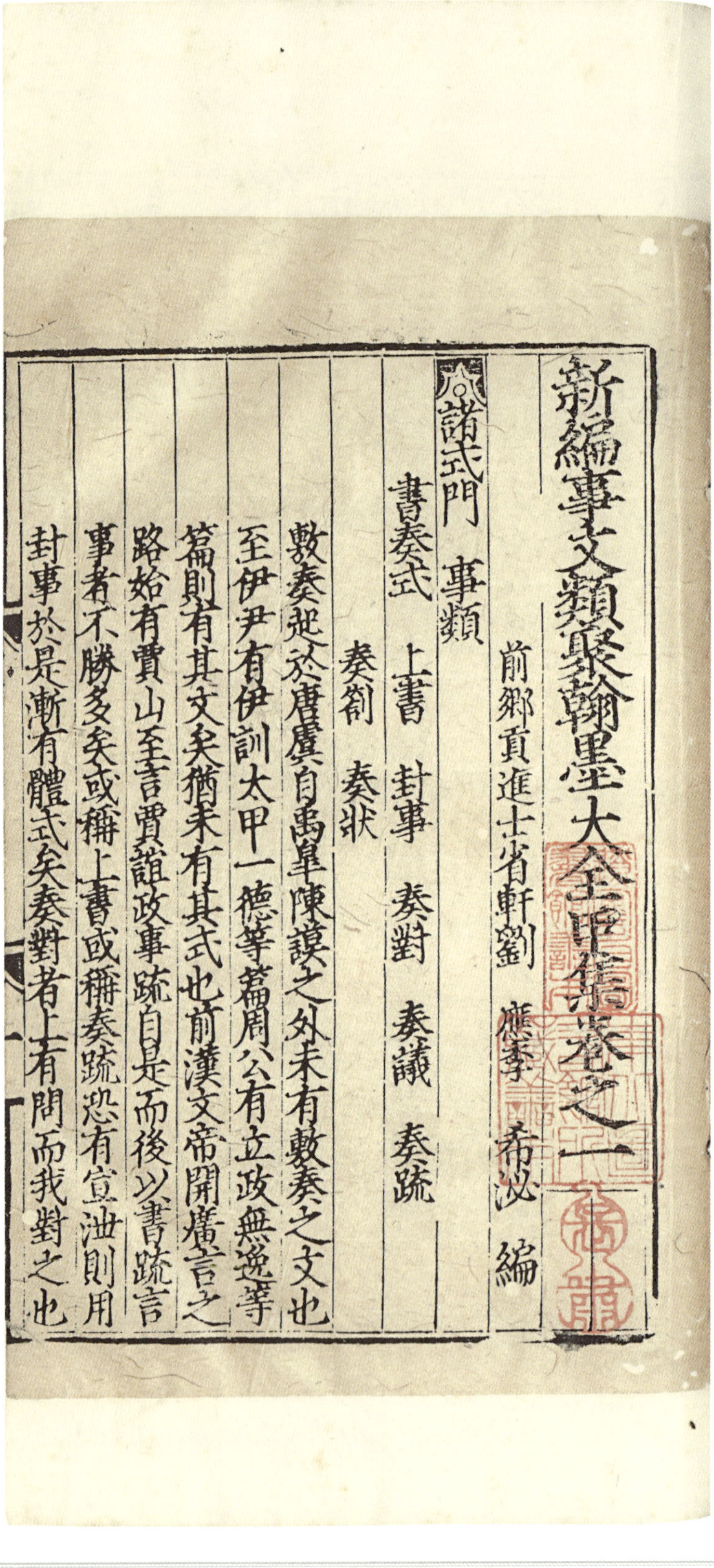
新編事文類聚翰墨大全甲集卷之一
前鄉貢進士省軒劉　應李　希泌　編
諸式門　事類
書奏式　上書　封事　奏對　奏議　奏疏
奏劄　奏狀
敷奏起於唐虞自禹皐陳謨之外未有敷奏之文也
至伊尹有伊訓太甲一德等篇周公有立政無逸等
篇則有其文矣猶未有其式也前漢文帝開廣言之
路始有賈山至言賈誼政事疏自是而後以書疏言
事者不勝多矣或稱上書或稱奏疏恐有宣洩則用
封事於是漸有體式矣奏對者上有問而我對之也

10358　新編事文類聚翰墨大全甲集十二卷乙集十八卷丙集十四卷丁集十一卷戊集十三卷己集十二卷庚集十五卷辛集十六卷壬集十七卷癸集十七卷後甲集十五卷後乙集十三卷後丙集十二卷後丁集十四卷後戊集九卷　（元）劉應李輯　明初刻本　遼寧省圖書館

存一百二十三卷（甲集十二卷，乙集十八卷，丙集一至十、十三至十四，丁集一至七，戊集一至二、六至十，己集十二卷，庚集一至六、九至十，辛集十六卷，壬集一至二、六至十七，癸集十七卷）

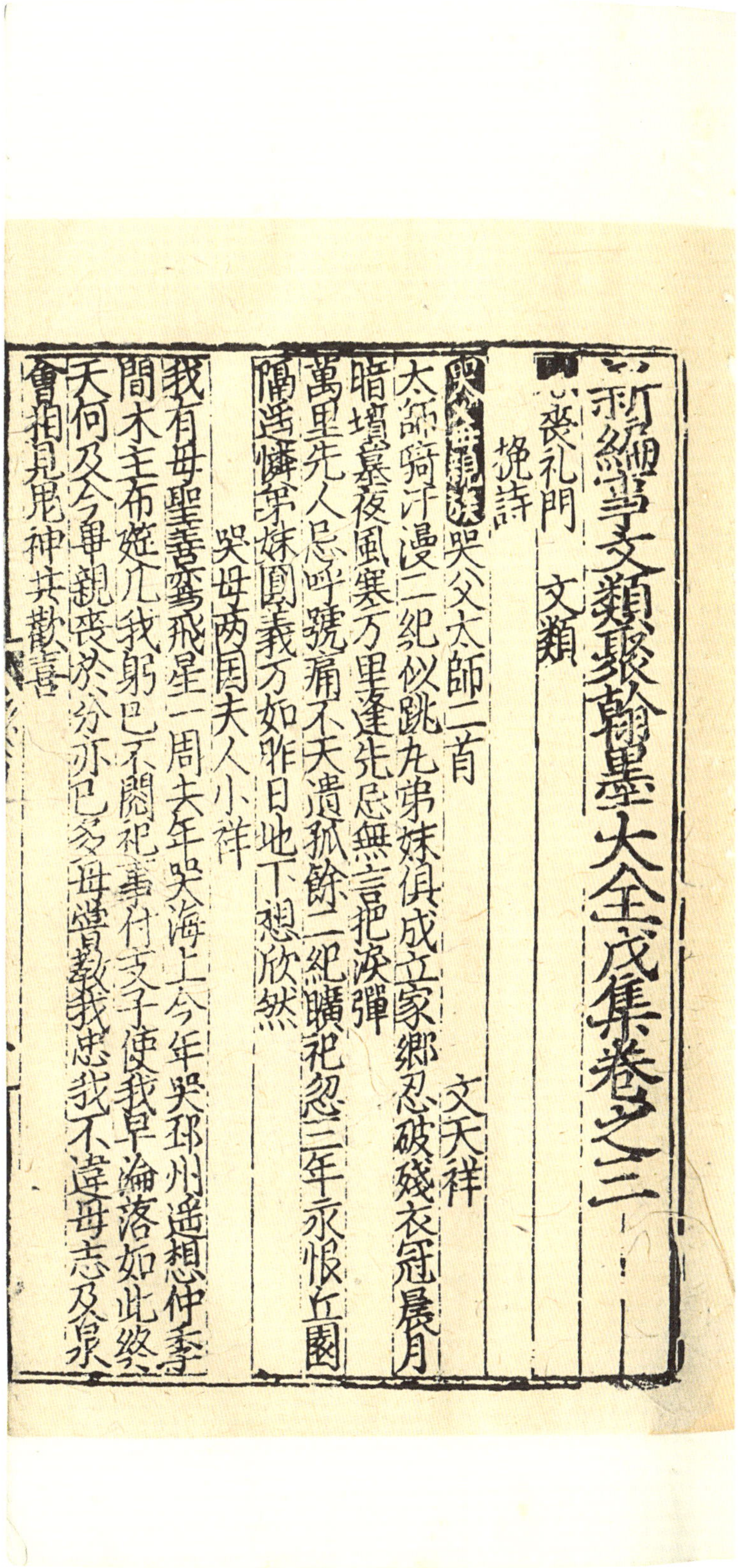
新編事文類聚翰墨大全戊集卷之三
喪礼門　文類
挽詩
哭父母親族　哭父太師二首　文天祥
太師狩汀邊二紀似跳丸弟妹俱成立家鄉忍破殘衣冠晨月
暗墳墓夜風寒万里逢先忌無言把淚彈
萬里先人忌呼號痛不天遺孤餘二紀曠祀忽三年永恨丘園
隔遥憐宇宙圓義方如昨日地下想欣然
哭母兩國夫人小祥
我有母聖善鸞飛星一周去年哭海上今年哭邳州遥想仲季
間木主布筵几我躬已不閲祀事付支子使我早淪落如此終
天何及今畢親喪於分亦已矣母嘗教我忠我不違母志及泉
會相見鬼神共歡喜

10359　新編事文類聚翰墨大全甲集十二卷乙集十八卷丙集十四卷丁集十一卷戊集十三卷己集十二卷庚集十五卷辛集十六卷壬集十七卷癸集十七卷後甲集十五卷後乙集十三卷後丙集十二卷後丁集十四卷後戊集九卷　（元）劉應李輯　明初刻本　旅順博物館

存三卷（丁集八、十，戊集三）

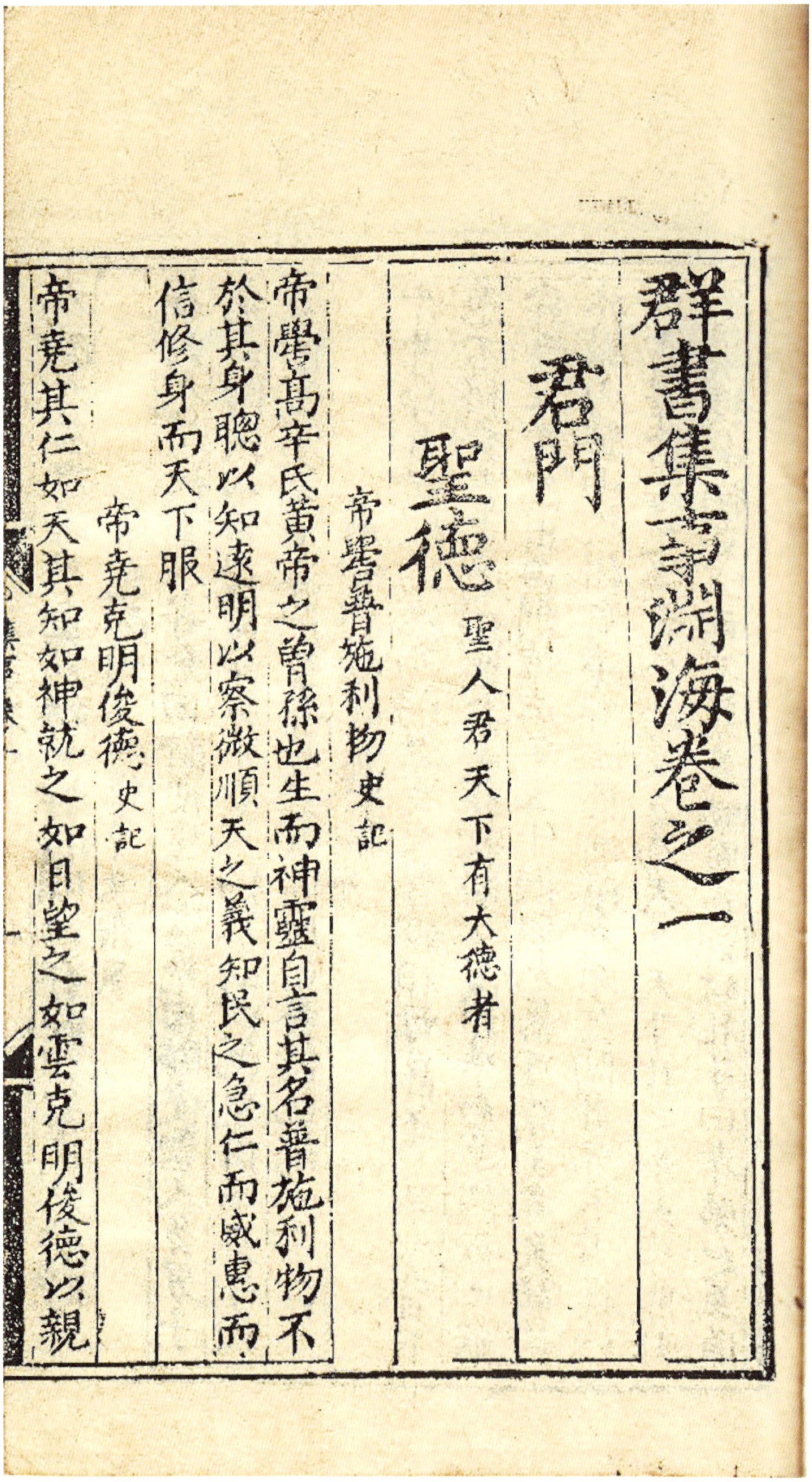
群書集事淵海卷之一
君門
聖德
聖人君天下有大德者
帝嚳普施利物 史記
帝嚳高辛氏黃帝之曾孫也生而神靈自言其名普施利物不於其身聰以知遠明以察微順天之義知民之急仁而威惠而信修身而天下服
帝堯克明俊德 史記
帝堯其仁如天其知如神就之如日望之如雲克明俊德以親

10360 群書集事淵海四十七卷 明弘治十八年（1505）賈性刻本 大連圖書館

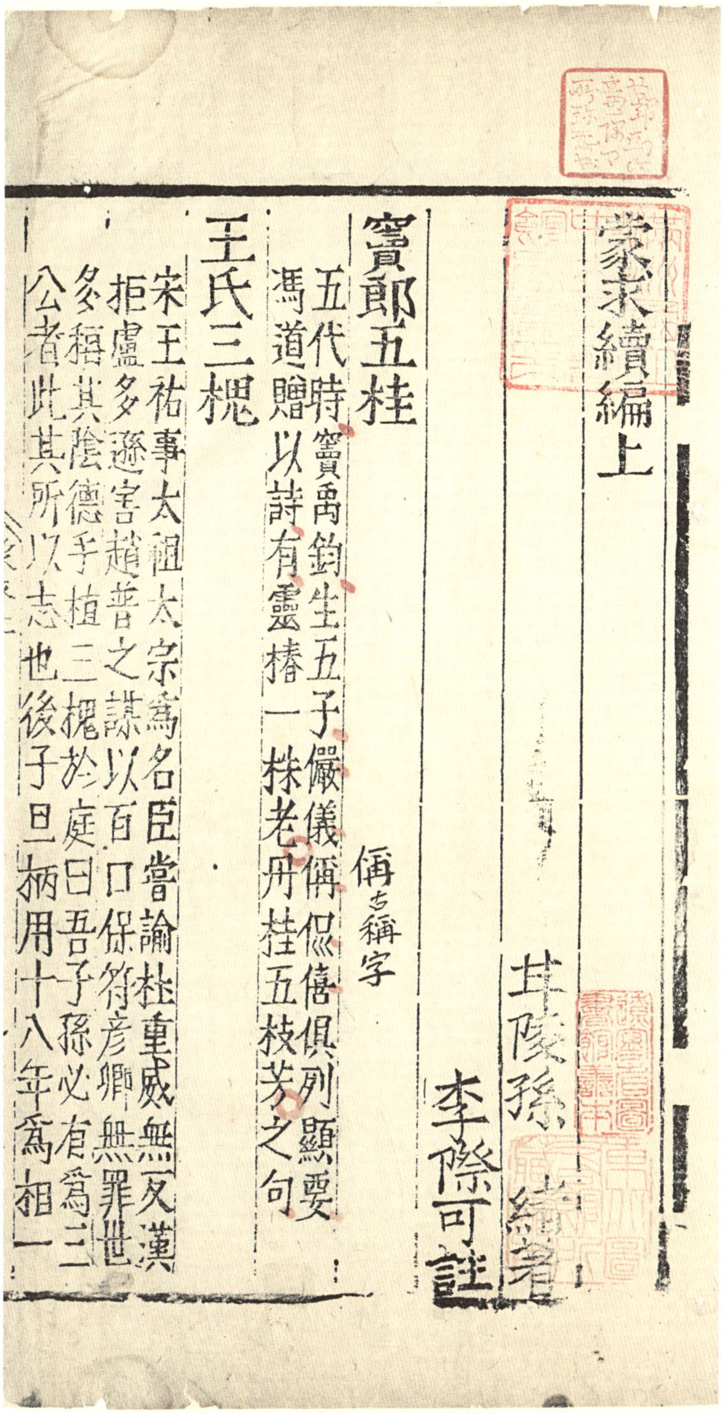
蒙求續編上
甘陵孫緒著
李際可註
竇郎五桂 偁去稱字
五代時竇禹鈞生五子儀儼侃偁僖俱列顯要馮道贈以詩有靈椿一株老丹桂五枝芳之句
王氏三槐
宋王祐事太祖太宗為名臣嘗論杜重威無反漢拒盧多遜害趙普之謀以百口保符彥卿無罪世多稱其陰德手植三槐於庭曰吾子孫必有為三公者此其所以志也後子旦柄用十八年為相一

10361　蒙求續編二卷　（明）孫緒撰　（明）李際可注　明嘉靖十六年（1537）孫悟刻本　遼寧省圖書館

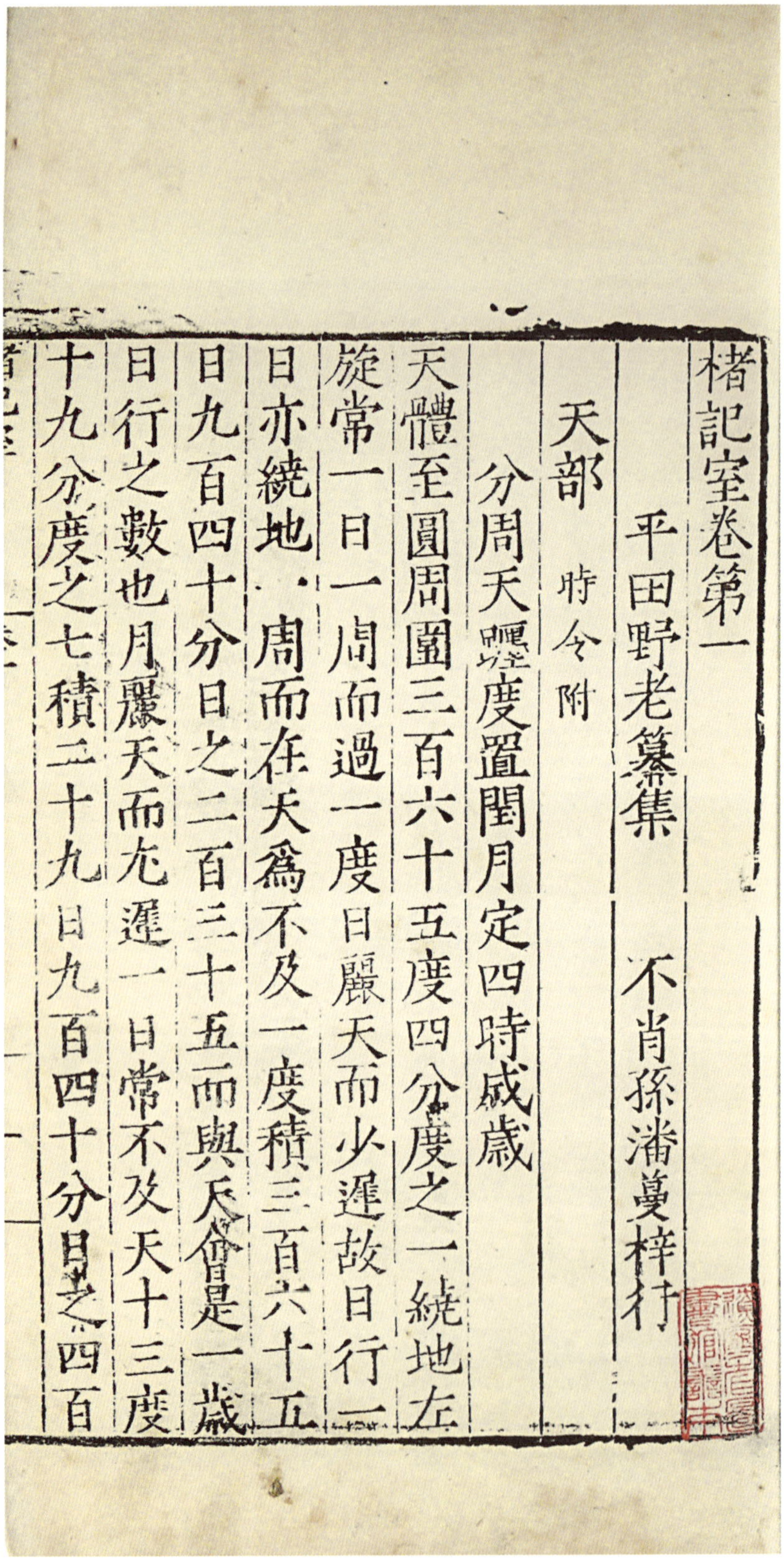
楮記室卷第一
平田野老纂集　不肖孫潘蔓梓行
天部　時令附
分周天躔度置閏月定四時成歲
天體至圓周圍三百六十五度四分度之一繞地左
旋常一日一周而過一度日麗天而少遲故日行一
日亦繞地一周而在天爲不及一度積三百六十五
日九百四十分日之二百三十五而與天會是一歲
日行之數也月麗天而尤遲一日常不及天十三度
十九分度之七積二十九日九百四十分日之四百

10362　楮記室十五卷　（明）潘塤輯　明嘉靖潘蔓刻本　遼寧省圖書館

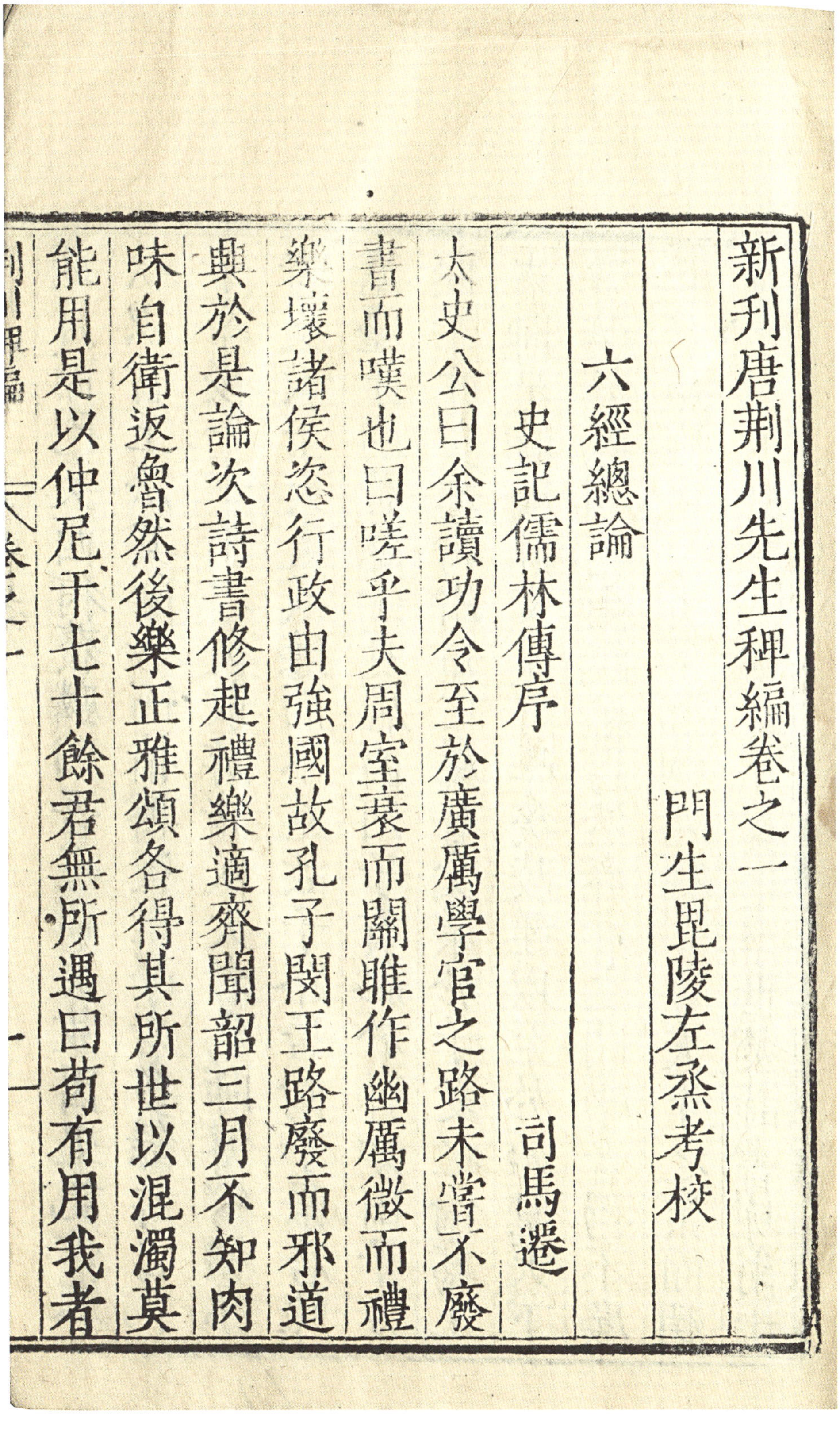
新刊唐荊川先生稗編卷之一
門生毘陵左烝考校
六經總論
史記儒林傳序　司馬遷
太史公曰余讀功令至於廣厲學官之路未嘗不廢
書而嘆也曰嗟乎夫周室衰而關雎作幽厲微而禮
樂壞諸侯恣行政由強國故孔子閔王路廢而邪道
興於是論次詩書修起禮樂適齊聞韶三月不知肉
味自衛返魯然後樂正雅頌各得其所世以混濁莫
能用是以仲尼干七十餘君無所遇曰苟有用我者
荊川稗編　卷之一　一

10363　新刊唐荊川先生稗編一百二十卷目録三卷　（明）唐順之輯

明萬曆九年（1581）茅一相文霞閣刻本　遼寧省圖書館

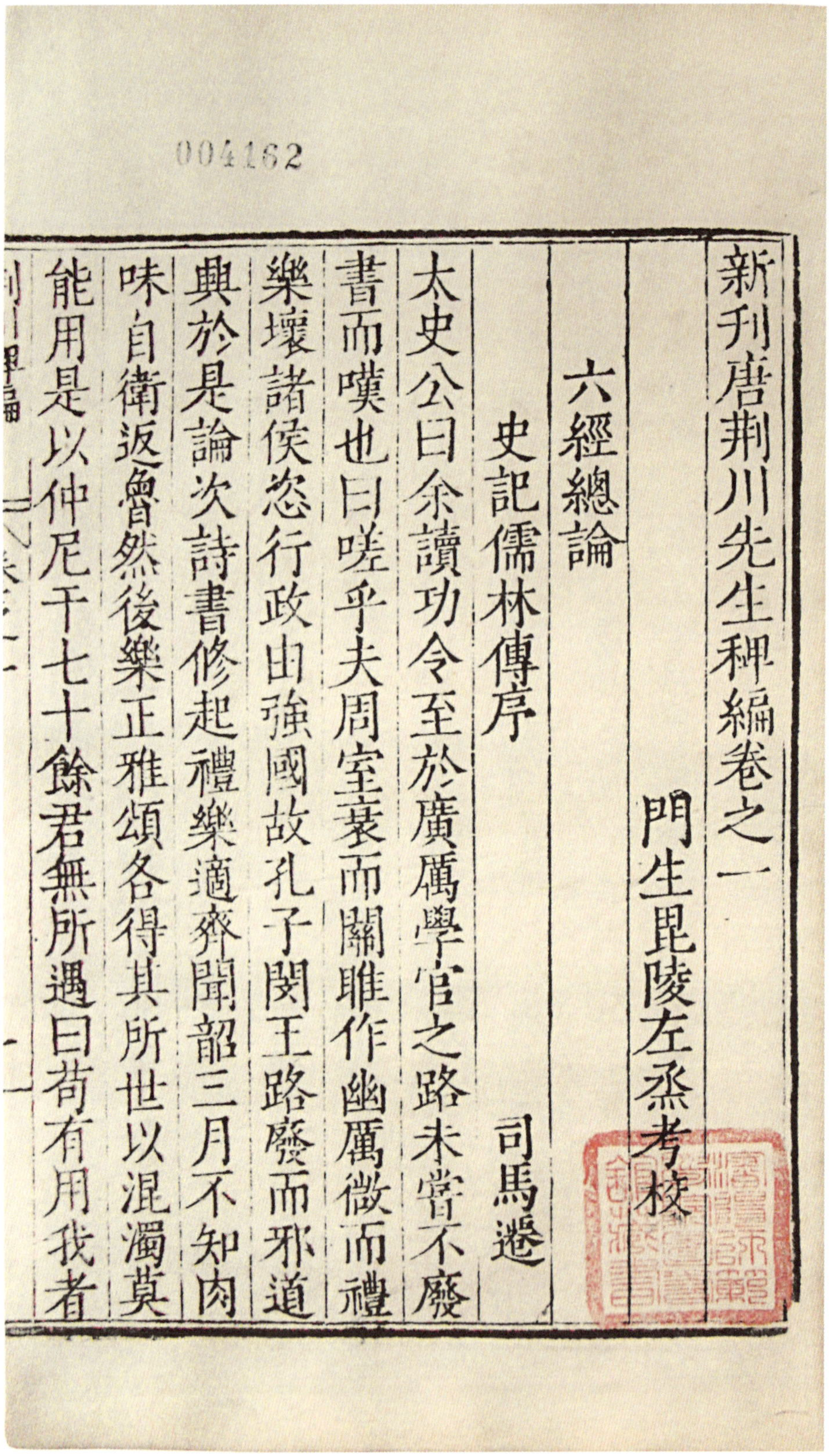

004162

新刊唐荆川先生稗編卷之一

門生毘陵左叅考校

六經總論

史記儒林傳序　司馬遷

太史公曰余讀功令至於廣厲學官之路未嘗不廢書而嘆也曰嗟乎夫周室衰而關雎作幽厲微而禮樂壞諸侯恣行政由強國故孔子閔王路廢而邪道興於是論次詩書修起禮樂適齊聞韶三月不知肉味自衛返魯然後樂正雅頌各得其所世以混濁莫能用是以仲尼干七十餘君無所遇曰苟有用我者

10364　新刊唐荆川先生稗編一百二十卷目録三卷　（明）唐順之輯

明萬曆九年（1581）茅一相文霞閣刻本　瀋陽師範大學圖書館

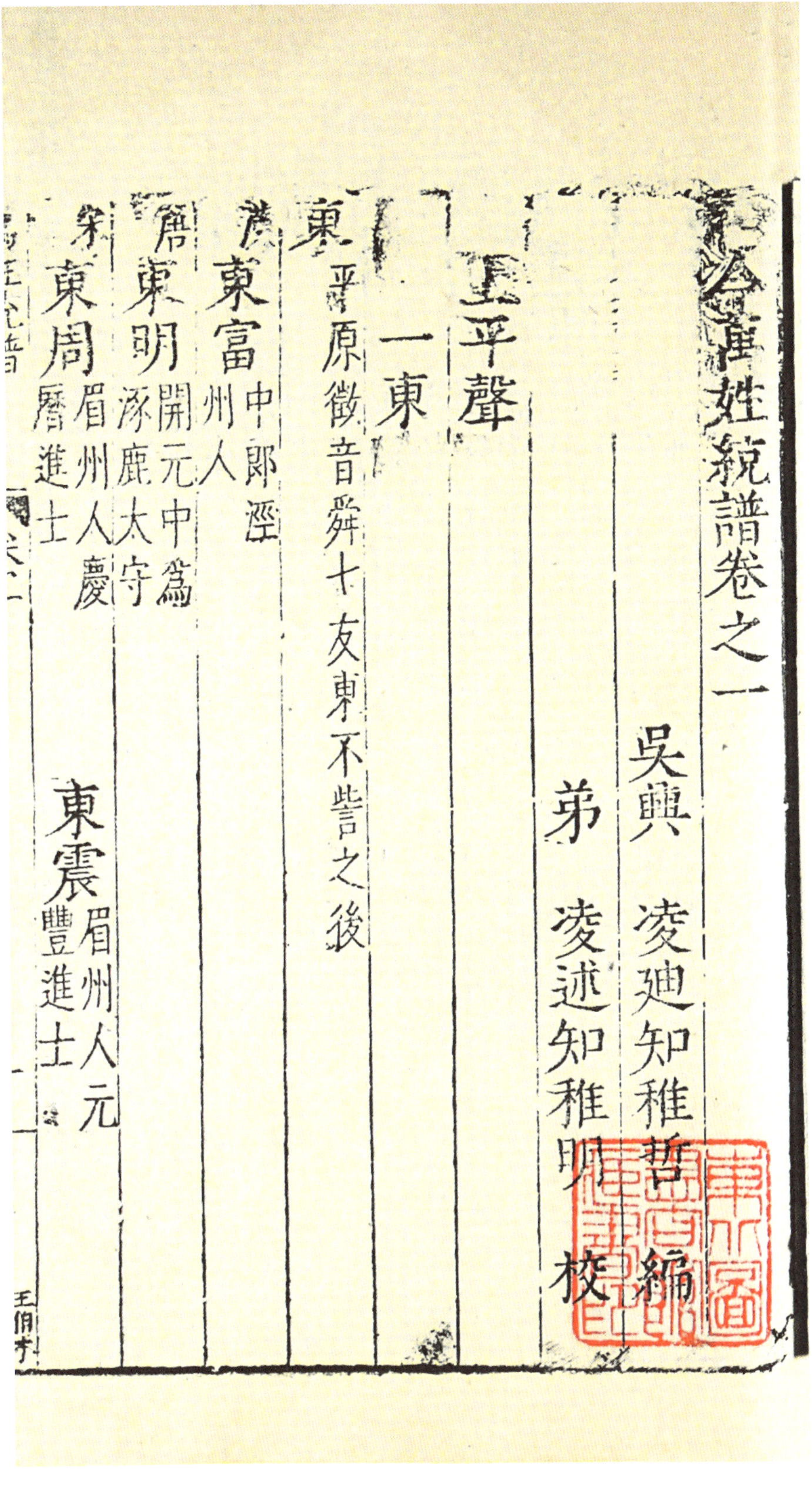
古今萬姓統譜卷之一
吴興 凌迪知稚哲編
弟 凌述知稚明校
上平聲
一東
東 平原徵音舜七友東不訾之後
漢 東富 中郎涇州人
唐 東明 開元中爲涿鹿太守
宋 東周 眉州人慶曆進士　東震 眉州人元豐進士

10365　古今萬姓統譜一百四十卷歷代帝王姓系統譜六卷氏族博考十四卷　（明）凌迪知輯　明萬曆刻本　遼寧省圖書館

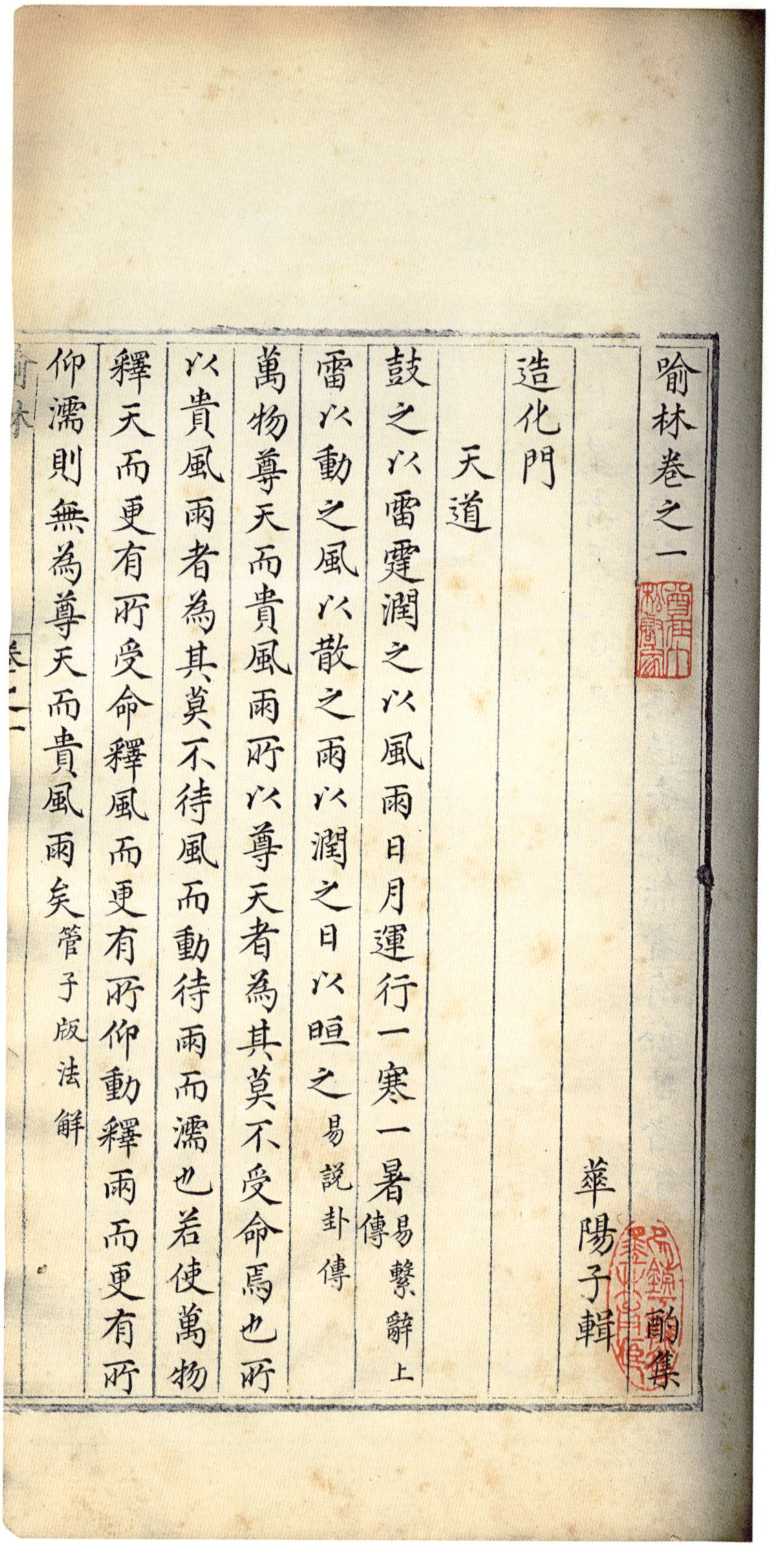

喻林卷之一

華陽子輯

造化門

天道

鼓之以雷霆潤之以風雨日月運行一寒一暑易繫辭上傳

雷以動之風以散之雨以潤之日以晅之易說卦傳

萬物尊天而貴風雨所以尊天者為其莫不受命焉也所以貴風雨者為其莫不待風而動待雨而濡也若使萬物釋天而更有所受命釋風而更有所仰動釋雨而更有所仰濡則無為尊天而貴風雨矣管子版法解

喻林　卷之一

10366　喻林五十卷　（明）徐元太輯　明抄本　大連圖書館

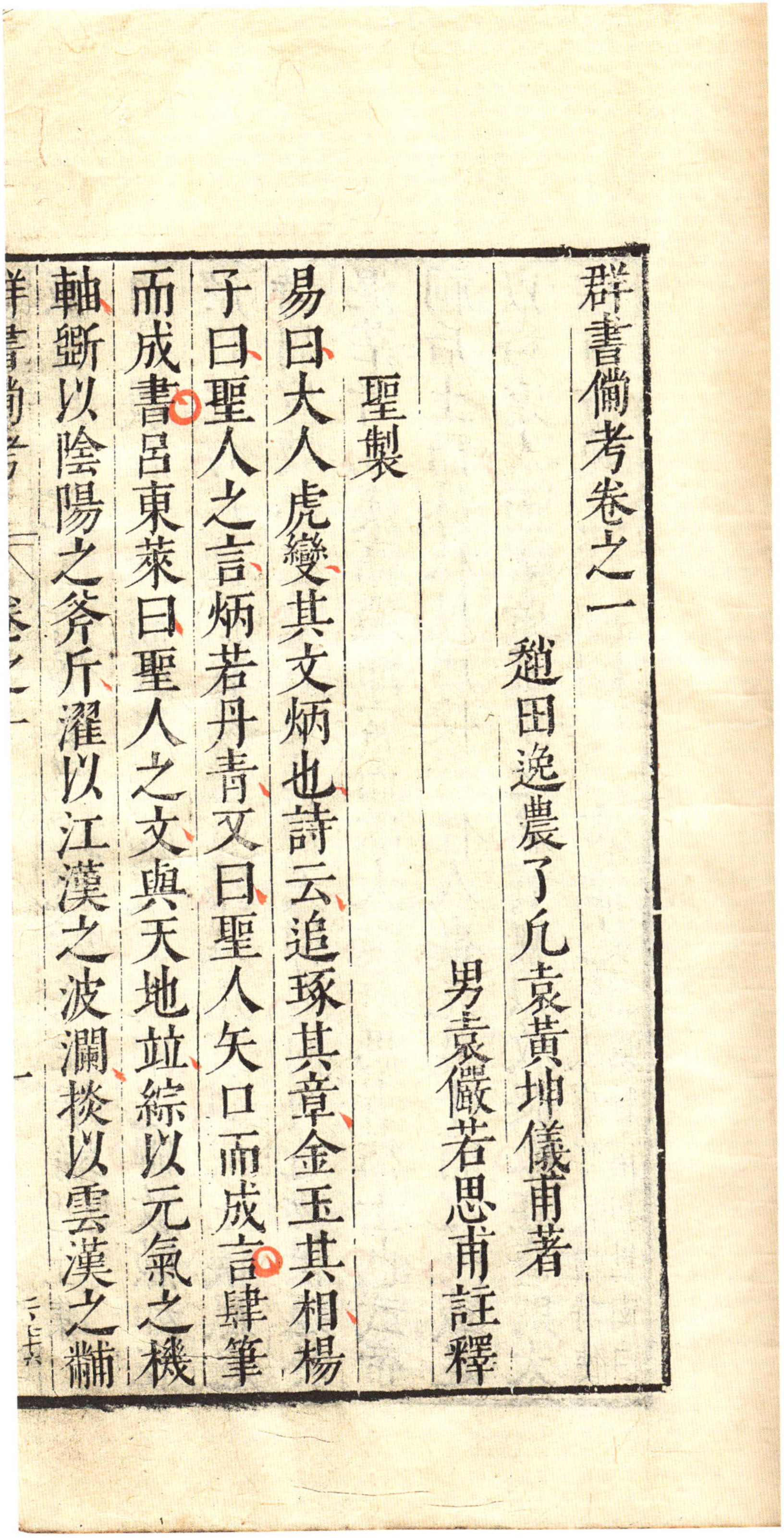

群書備考卷之一

趙田逸農了凡袁黃坤儀甫著

男袁儼若思甫註釋

聖製

易曰大人虎變其文炳也詩云追琢其章金玉其相楊子曰聖人之言炳若丹青又曰聖人矢口而成言肆筆而成書呂東萊曰聖人之文與天地竝綜以元氣之機軸斲以陰陽之斧斤濯以江漢之波瀾撥以雲漢之黼

群書備考　卷之一　一

10367　群書備考六卷　（明）袁黄撰　**續二三場群書備考三卷**　（明）袁儼撰　明刻本　大連圖書館

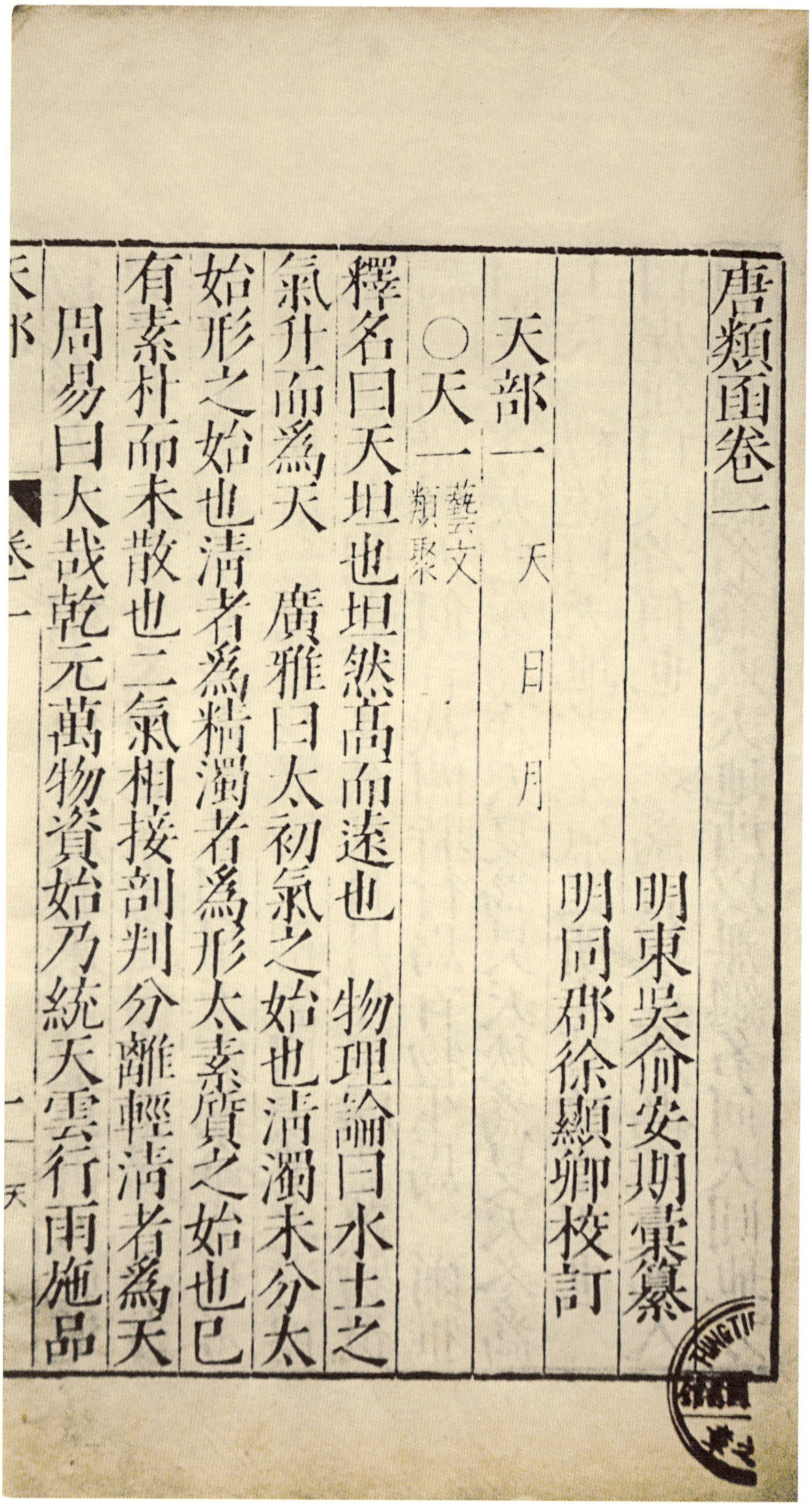

唐類函卷一
明東吴俞安期彙纂
明同郡徐顯卿校訂
天部一　天　日　月
〇天一　藝文類聚
釋名曰天坦也坦然高而遠也　物理論曰水土之
氣升而為天　廣雅曰太初氣之始也清濁未分太
始形之始也清者為精濁者為形太素質之始也已
有素朴而未散也二氣相接剖判分離輕清者為天
周易曰大哉乾元萬物資始乃統天雲行雨施品
天部　卷一　一　天

10368　唐類函二百卷目録二卷　（明）俞安期輯　明萬曆三十一年（1603）自刻本　瀋陽市圖書館

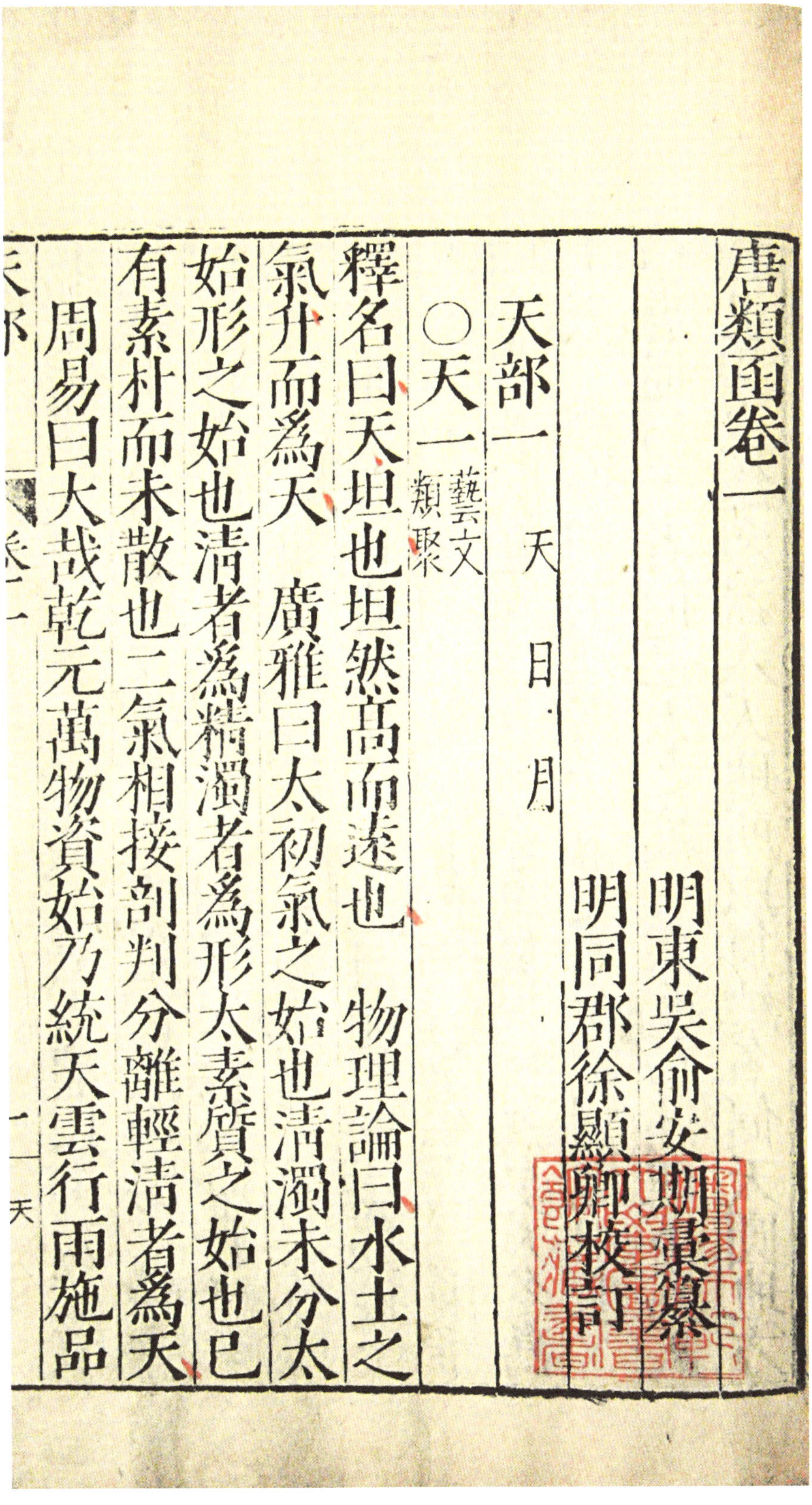
唐類函卷一
明東吳俞安期彙纂
明同郡徐顯卿校訂
天部一　天　日　月
〇天一 藝文類聚
釋名曰天坦也坦然高而遠也　物理論曰水土之
氣升而為天　廣雅曰太初氣之始也清濁未分太
始形之始也清者為精濁者為形太素質之始也已
有素朴而未散也二氣相接剖判分離輕清者為天
周易曰大哉乾元萬物資始乃統天雲行雨施品
天部　卷一　一　天

10369　唐類函二百卷目録二卷　（明）俞安期輯　明萬曆三十一年（1603）自刻本　瀋陽師範大學圖書館

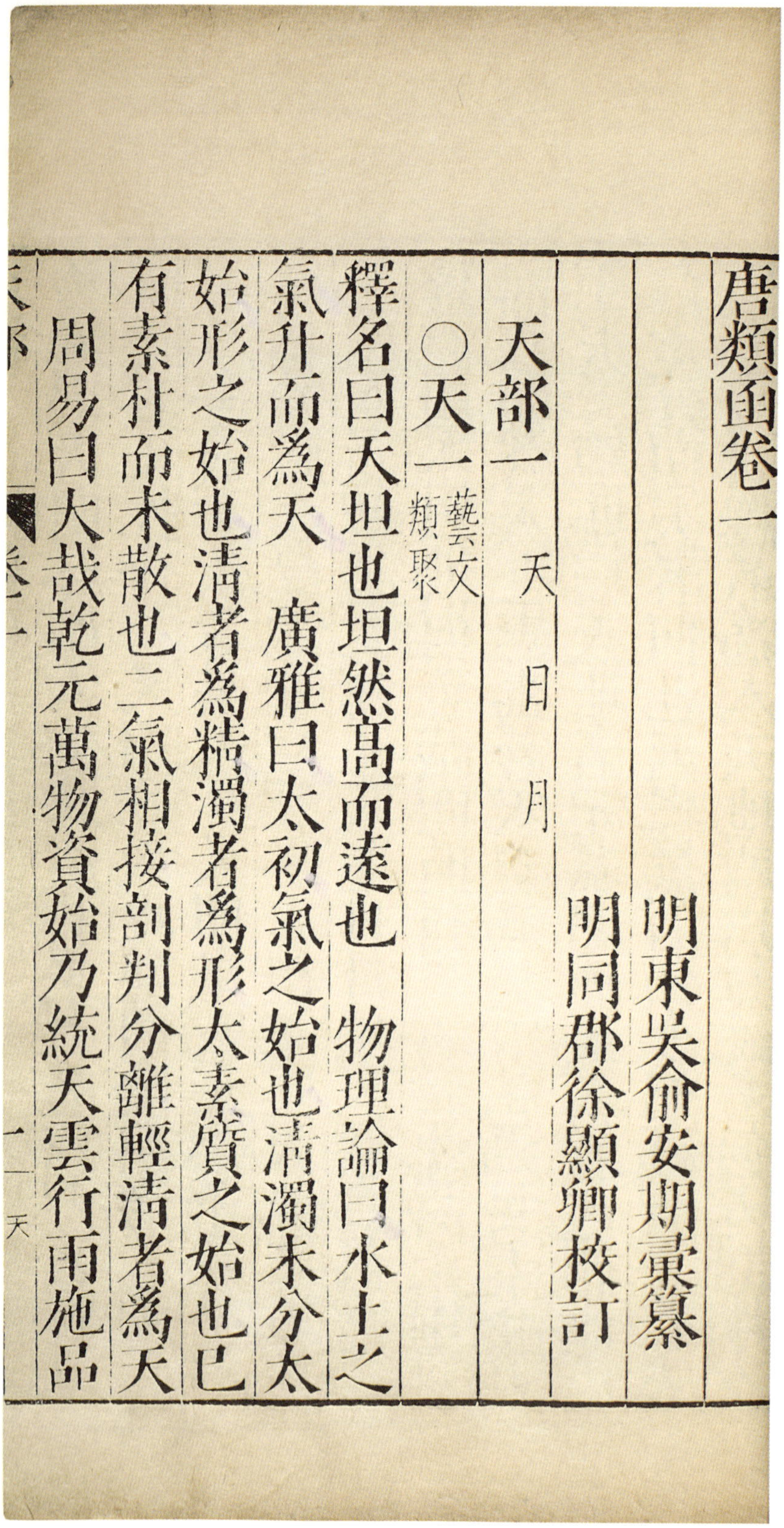
唐類函卷一
明東吳俞安期彙纂
明同郡徐顯卿校訂
天部一　天　日　月
○天一 藝文類聚
釋名曰天坦也坦然高而遠也　物理論曰水土之
氣升而爲天　廣雅曰太初氣之始也清濁未分太
始形之始也清者爲精濁者爲形太素質之始也已
有素朴而未散也二氣相接剖判分離輕清者爲天
周易曰大哉乾元萬物資始乃統天雲行雨施品
天部一　卷之一　二　天

10370　唐類函二百卷目録二卷　（明）俞安期輯　明萬曆三十一年（1603）
自刻本　遼寧省博物館

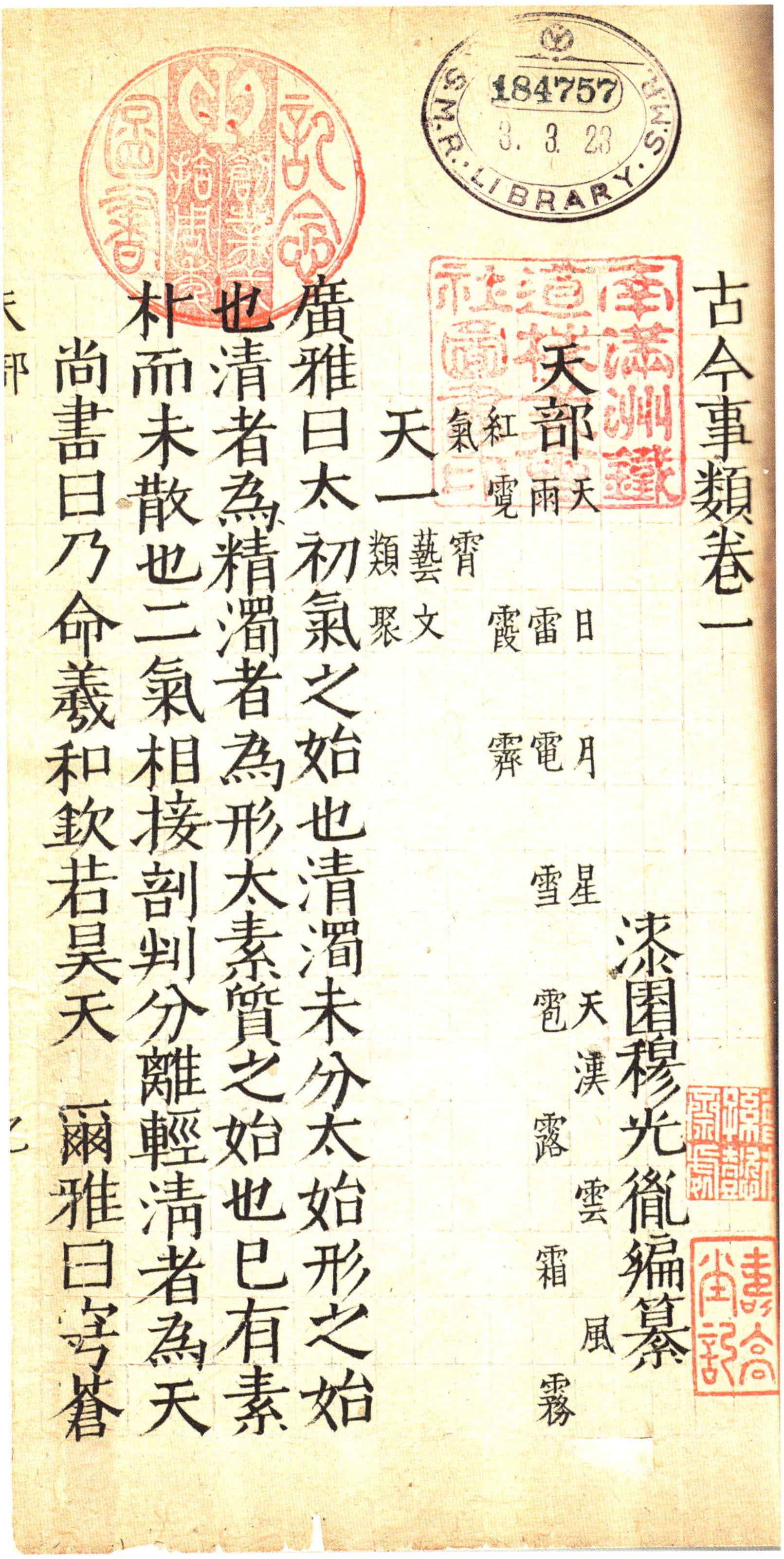

10371　古今事類四十九卷　（明）穆光胤輯　明抄本　大連圖書館

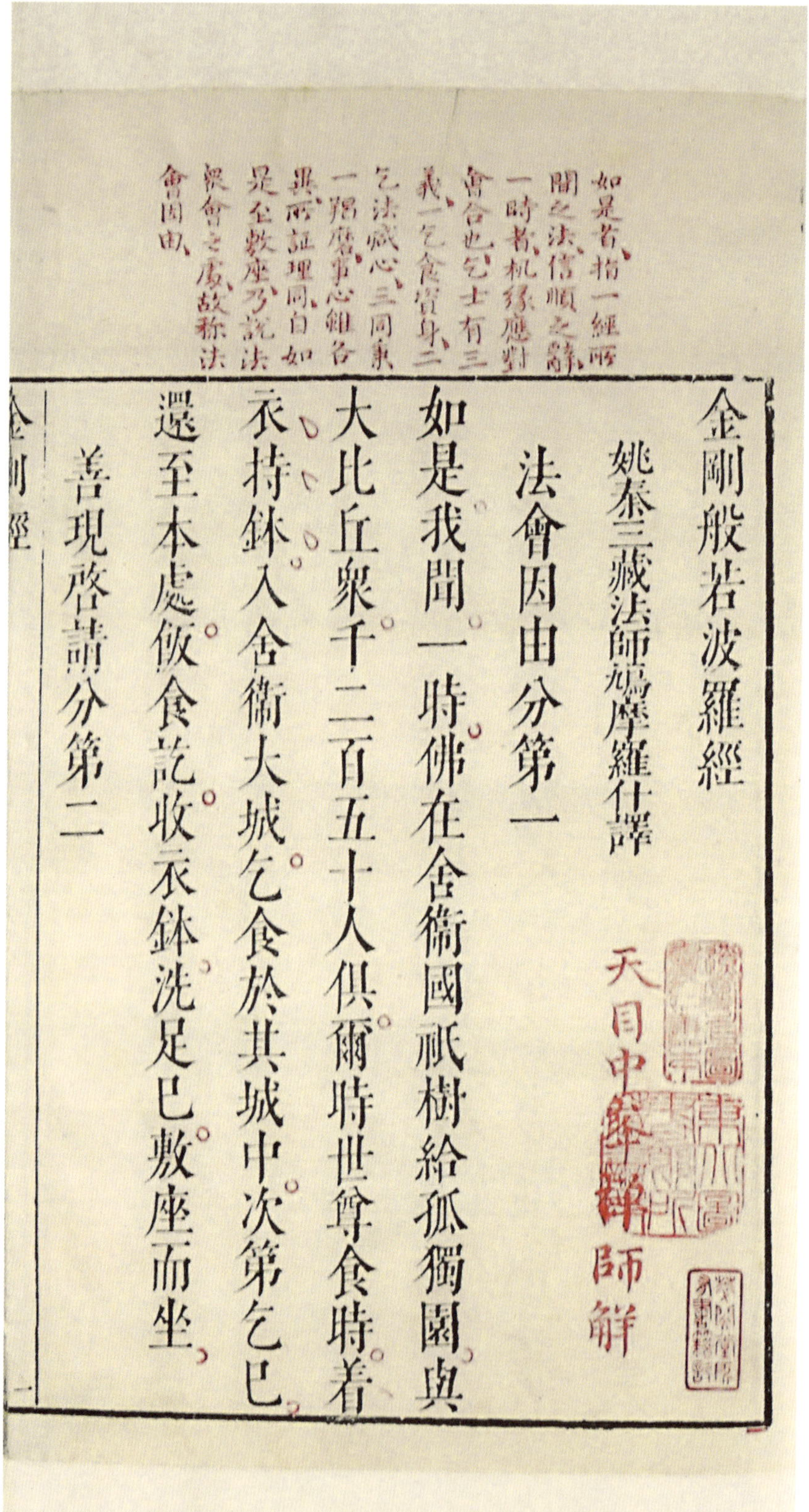
如是者指一經所聞之法信順之辭一時者机緣應對會合也乞士有三義一乞食資身二乞法感心三同聚一踞磨事心細合異所証理同自如是至數座乃說法衆會之處故称法會因由

金剛般若波羅經

姚秦三藏法師鳩摩羅什譯

天目中峰禪師解

法會因由分第一

如是我聞一時佛在舍衛國祇樹給孤獨園與大比丘衆千二百五十人俱爾時世尊食時着衣持鉢入舍衛大城乞食於其城中次第乞已還至本處飯食訖收衣鉢洗足已敷座而坐

善現啓請分第二

金剛經 一

10372　金剛般若波羅蜜經一卷　（後秦）釋鳩摩羅什譯　**解一卷**　（元）釋明本撰　**般若波羅蜜多心經一卷**　（唐）釋玄奘譯　（明）釋如玘注　（明）李贄評　**解一卷**　（元）釋中峰禪師撰　明刻套印本　遼寧省圖書館

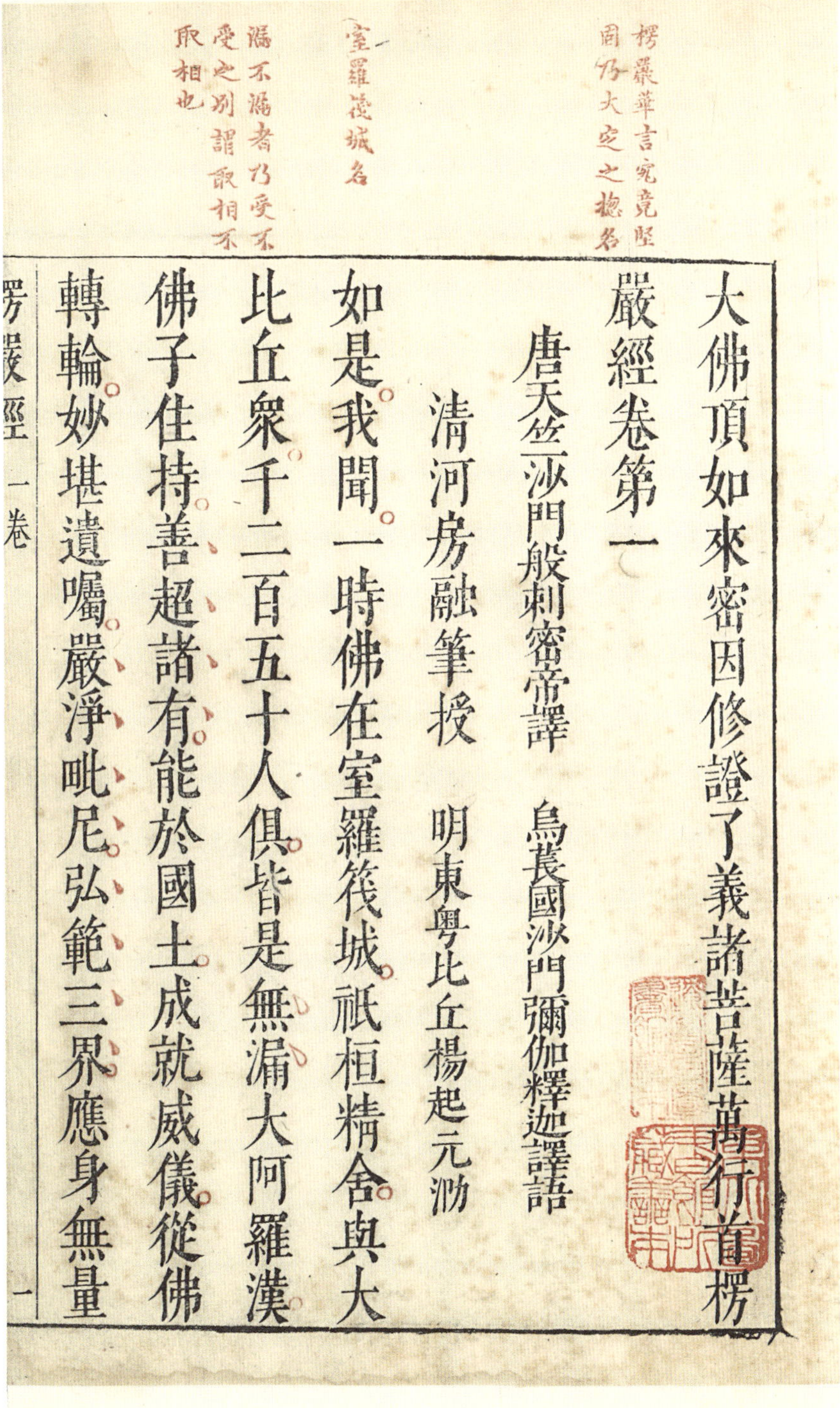
楞嚴華言究竟堅固乃大定之總名
室羅筏城名
漏不漏者乃受不受之別謂取相不取相也
大佛頂如來密因修證了義諸菩薩萬行首楞
嚴經卷第一
唐天竺沙門般刺密帝譯　烏萇國沙門彌伽釋迦譯語
清河房融筆授　明東粵比丘楊起元渤
如是我聞一時佛在室羅筏城祇桓精舍與大
比丘衆千二百五十人俱皆是無漏大阿羅漢
佛子住持善超諸有能於國土成就威儀從佛
轉輪妙堪遺囑嚴淨毗尼弘範三界應身無量
楞嚴經　一卷　一

10373　大佛頂如來密因修證了義諸菩薩萬行首楞嚴經十卷　（唐）釋般刺密帝　彌伽釋迦譯　明凌毓柟刻朱墨套印本　遼寧省圖書館

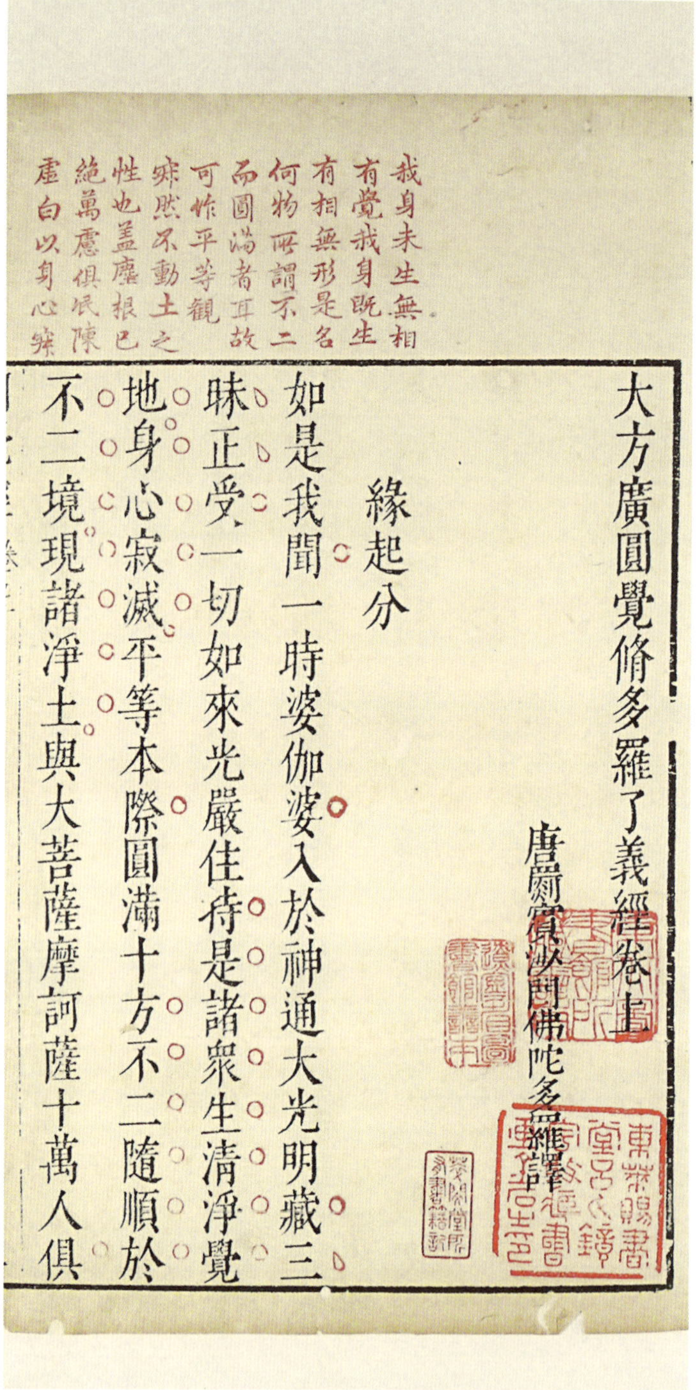
我身未生無相
有覺我身既生
有相無形是名
何物所謂不二
而圓滿者耳故
可作平等觀
寐然不動土之
性也盖塵根已
絶萬慮俱泯陳
虛白以身心寐
大方廣圓覺脩多羅了義經卷上
唐罽賓沙門佛陀多羅譯
緣起分
如是我聞一時婆伽婆入於神通大光明藏三
昧正受一切如來光嚴住持是諸衆生清淨覺
地身心寂滅平等本際圓滿十方不二隨順於
不二境現諸淨土與大菩薩摩訶薩十萬人俱

10374　大方廣圓覺脩多羅了義經二卷　（唐）釋佛陀多羅譯　明刻朱墨套印本　遼寧省圖書館

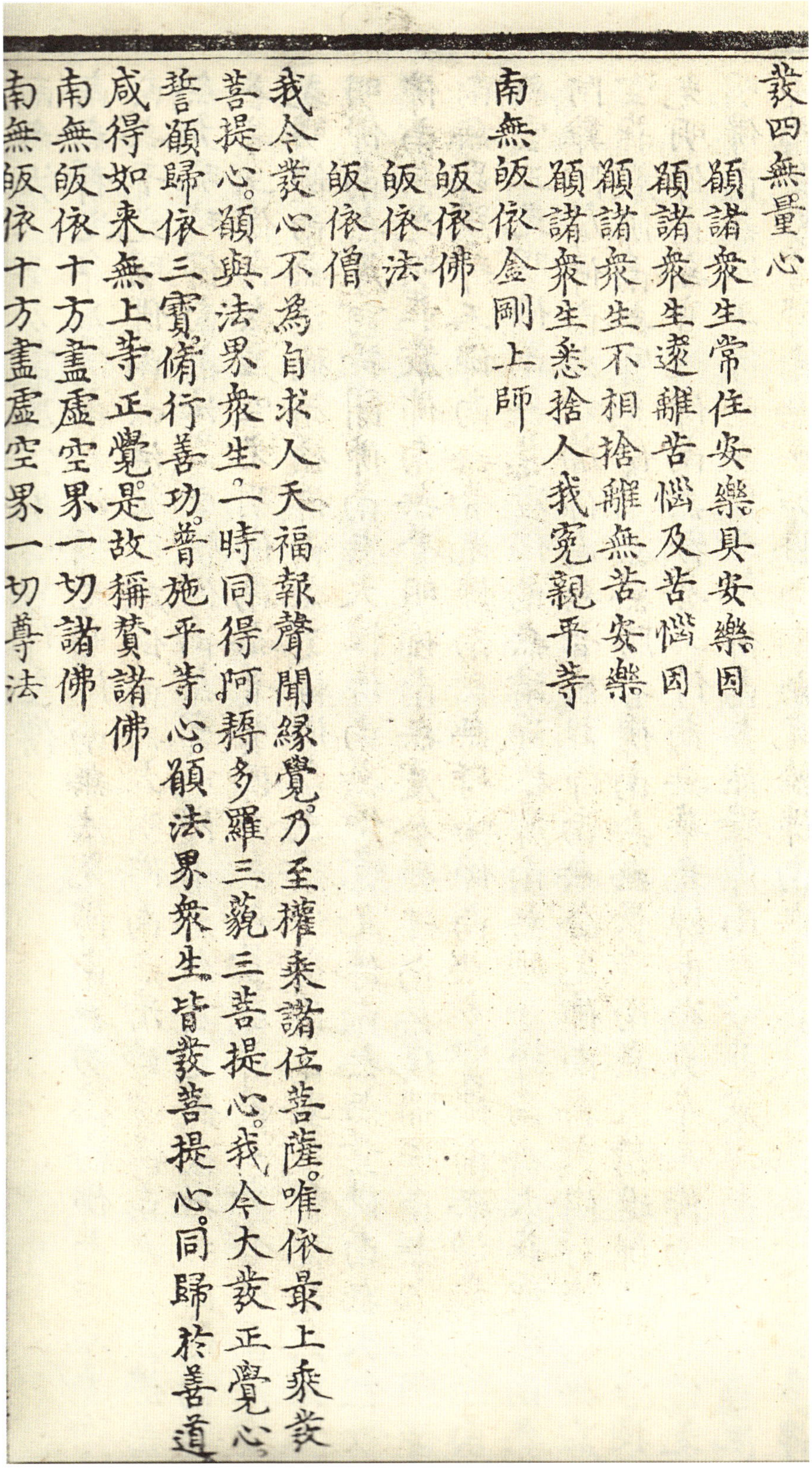

發四無量心
願諸衆生常住安樂具安樂因
願諸衆生遠離苦惱及苦惱因
願諸衆生不相捨離無苦安樂
願諸衆生悉捨人我冤親平等
南無皈依金剛上師
皈依佛
皈依法
皈依僧
我今發心不為自求人天福報聲聞緣覺乃至權乘諸位菩薩唯依最上乘發
菩提心願與法界衆生一時同得阿耨多羅三藐三菩提心我今大發正覺心
誓願歸依三寶脩行善功普施平等心願法界衆生皆發菩提心同歸於善道
咸得如來無上等正覺是故稱贊諸佛
南無皈依十方盡虛空界一切諸佛
南無皈依十方盡虛空界一切尊法

10375　諸佛世尊如來菩薩尊者神僧名經不分卷　（明）成祖朱棣撰

明永樂十五年（1417）刻本　大連圖書館

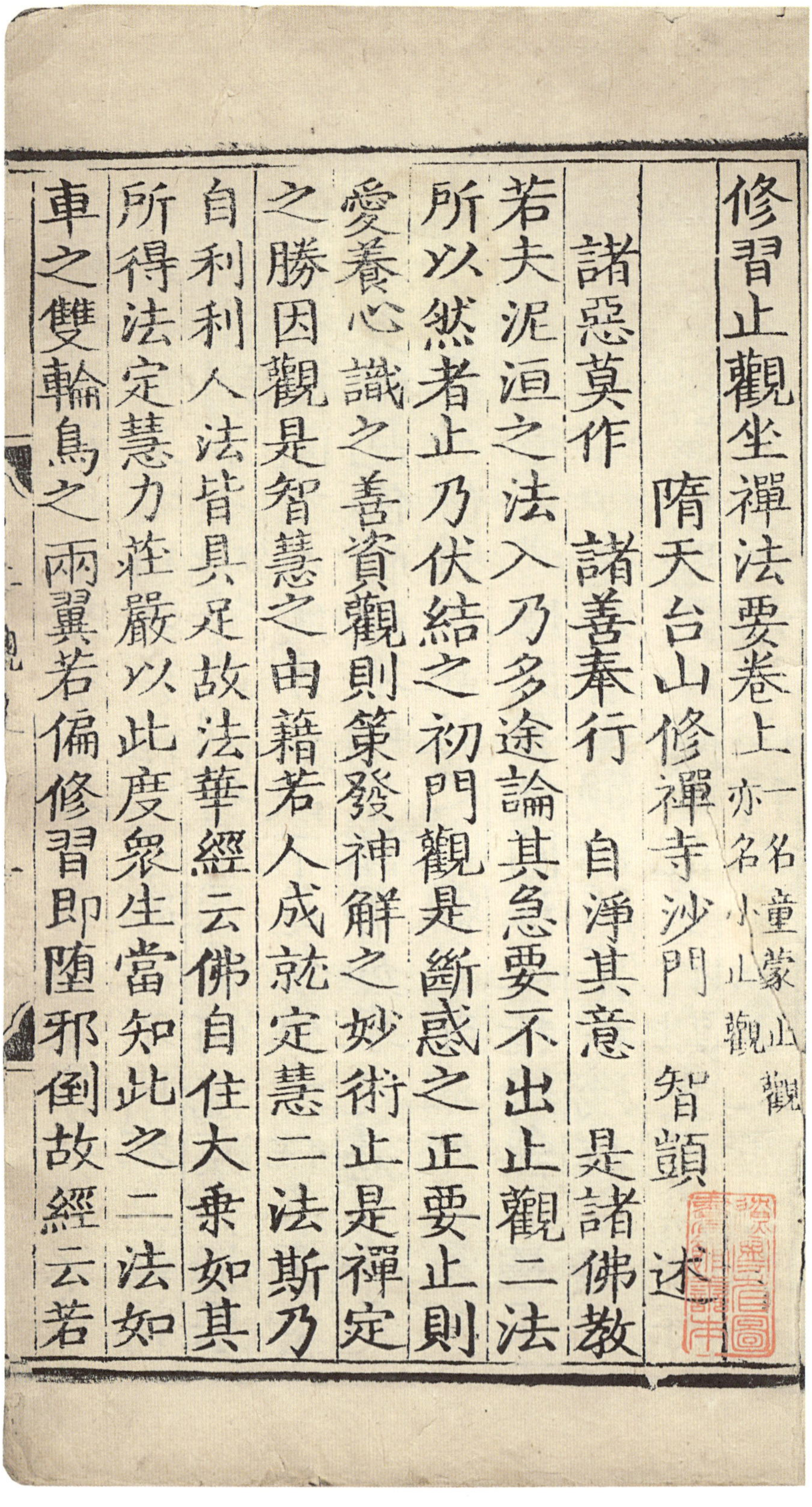

修習止觀坐禪法要卷上一名童蒙止觀亦名小止觀

隋天台山修禪寺沙門　智顗　述

諸惡莫作　諸善奉行　自淨其意　是諸佛教

若夫泥洹之法入乃多途論其急要不出止觀二法所以然者止乃伏結之初門觀是斷惑之正要止則愛養心識之善資觀則策發神解之妙術止是禪定之勝因觀是智慧之由藉若人成就定慧二法斯乃自利利人法皆具足故法華經云佛自住大乘如其所得法定慧力莊嚴以此度衆生當知此之二法如車之雙輪鳥之兩翼若偏修習即墮邪倒故經云若

10376　修習止觀坐禪法要二卷　（隋）釋智顗撰　明嘉靖四十三年（1564）趙瓚、秦鉞等刻本　遼寧省圖書館

禪林寶訓卷上

東吳沙門　淨善　重集

明教嵩和尚曰。尊莫尊乎道。美莫美乎德。道德之所存。雖匹夫非窮也。道德之所不存。雖王天下非通也。伯夷叔齊昔之餓夫也。今以其人而比之。而人皆喜榮。紂幽厲昔之人主也。今以其人而比之。而人皆怒。是故學者患道德之不充乎身。不患勢位之不在乎己。

明教曰聖賢之學固非一日之具。日不足。

10377　禪林寶訓二卷　〔宋〕釋浄善輯　明弘治七年（1494）刻本　遼寧省圖書館

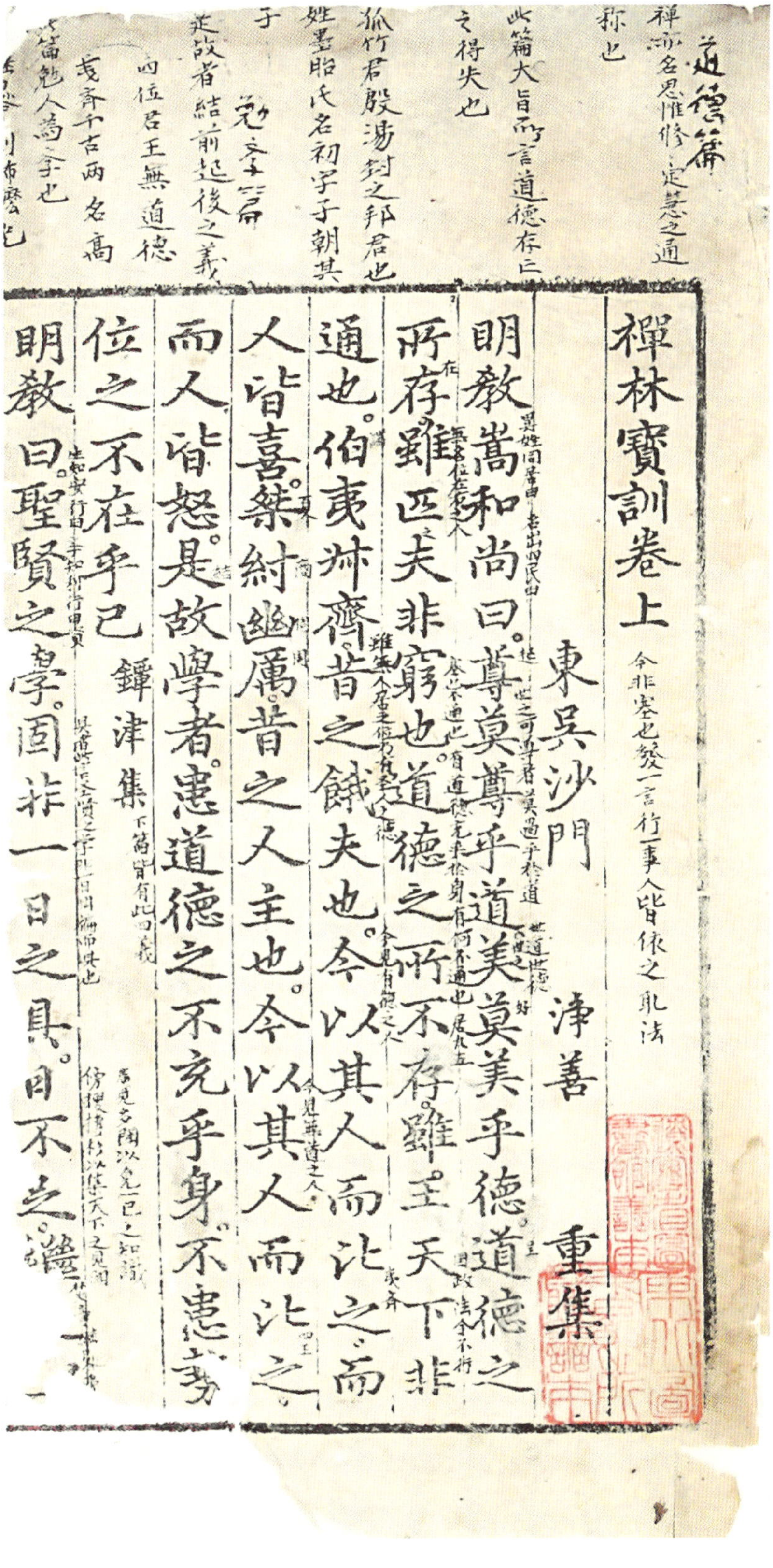

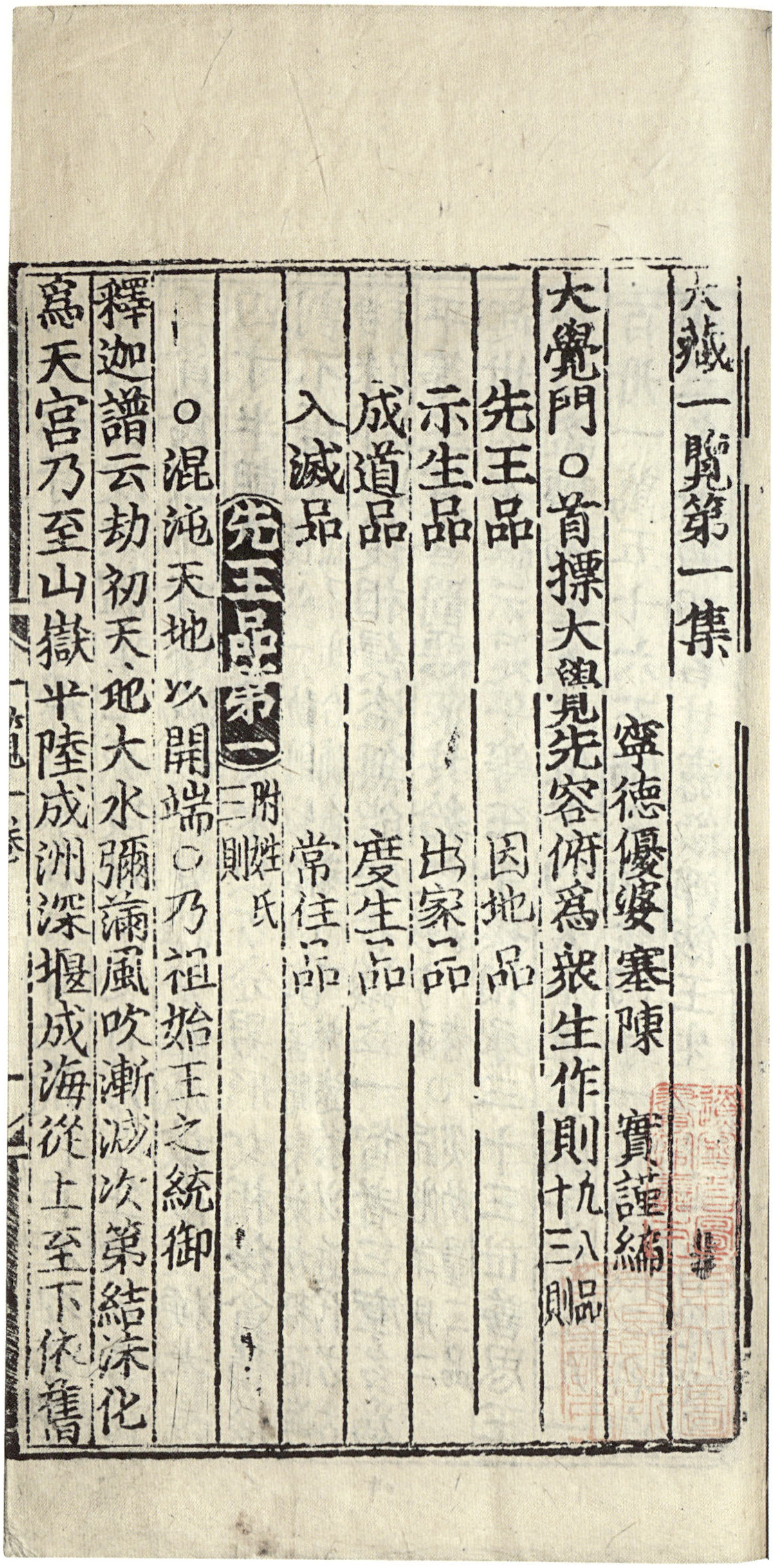

大藏一覽第一集
寧德優婆塞陳　實謹編
大覺門○首標大覺先容俯爲衆生作則九八品十三則
先王品　因地品
示生品　出家品
成道品　度生品
入滅品　常住品
先王品第一附姓氏三則
○混沌天地以開端○乃祖始王之統御
釋迦譜云劫初天地大水彌滿風吹漸減次第結沫化
爲天宮乃至山嶽平陸成洲深堰成海從上至下依舊

10378　大藏一覽十卷　（明）陳實撰　明吴覺隆刻本　遼寧省圖書館

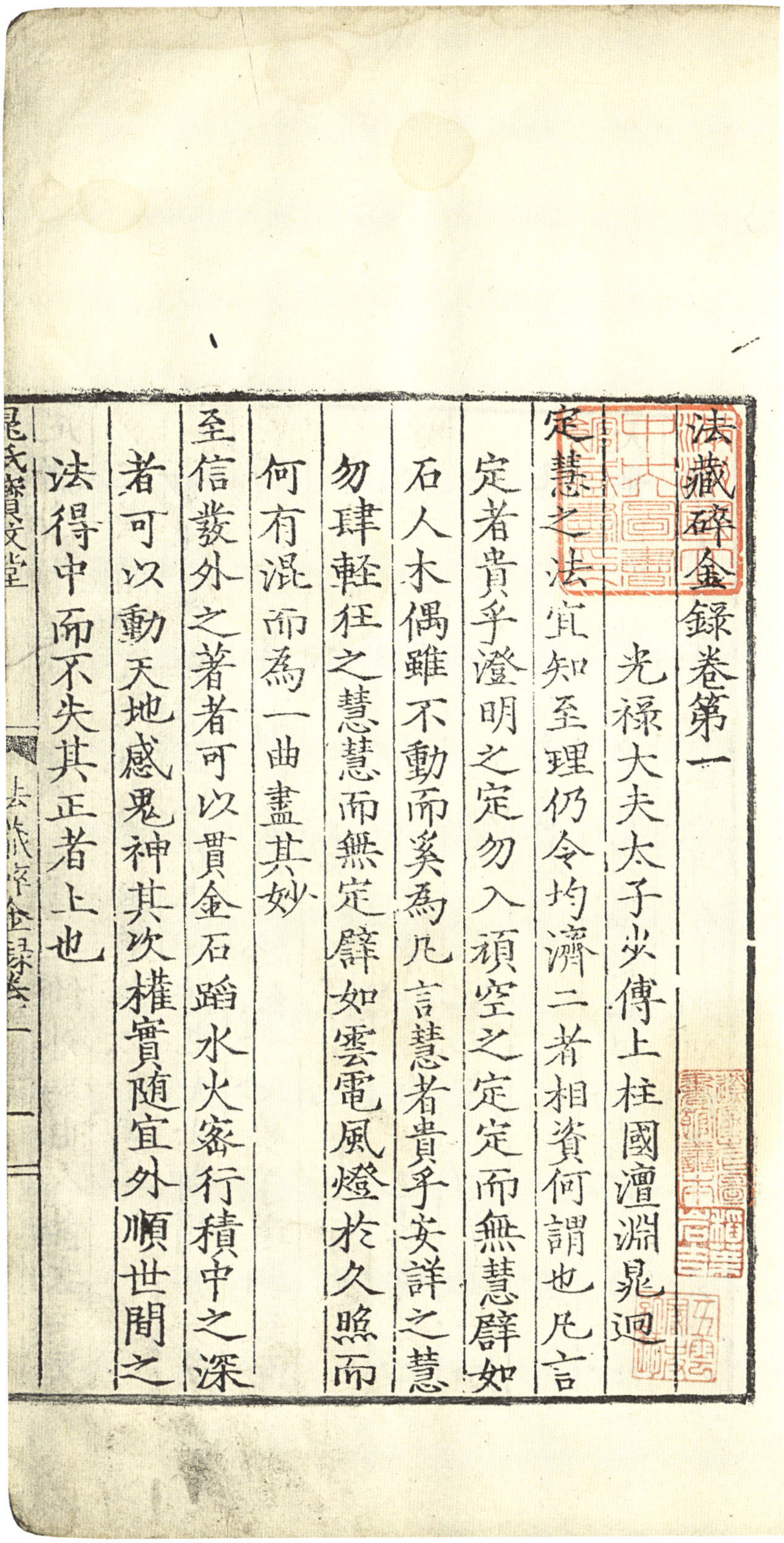
法藏碎金録卷第一
光禄大夫太子少傅上柱國澶淵晁迥
定慧之法宜知至理仍令均濟二者相資何謂也凡言
定者貴乎澄明之定勿入頑空之定定而無慧辟如
石人木偶雖不動而奚為凡言慧者貴乎安詳之慧
勿肆輕狂之慧慧而無定辟如雲電風燈於久照而
何有混而為一曲盡其妙
至信發外之著者可以貫金石蹈水火密行積中之深
者可以動天地感鬼神其次權實隨宜外順世間之
法得中而不失其正者上也
晁氏寶文堂
法藏碎金録卷一
一

10379　法藏碎金録十卷　（宋）晁迥撰　明嘉靖二十五年（1546）晁氏寶文堂刻本　遼寧省圖書館

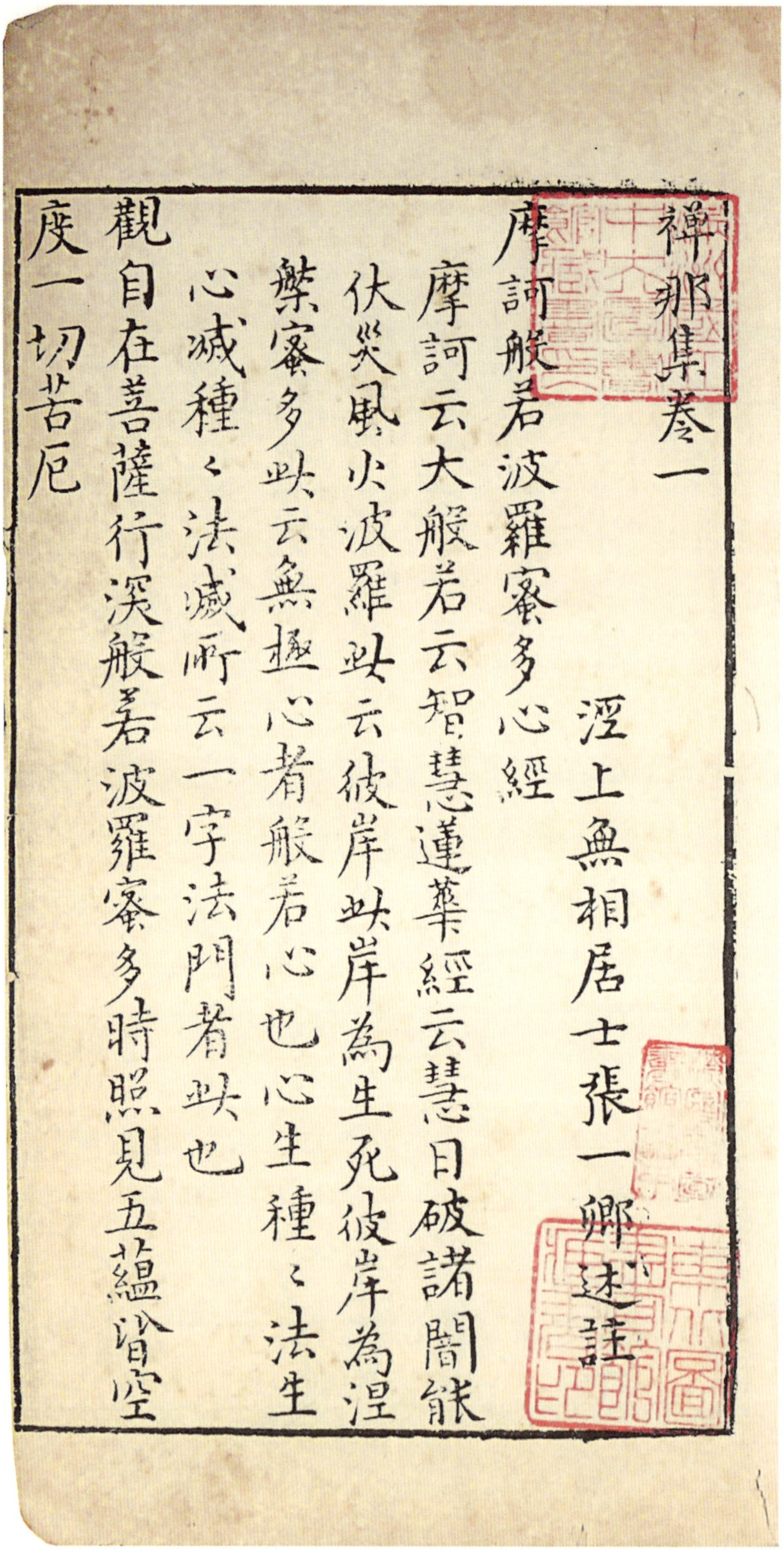

禪那集卷一

涇上無相居士張一卿述註

摩訶般若波羅蜜多心經

摩訶云大般若云智慧蓮華經云慧日破諸闇能伏災風火波羅蜜云彼岸此岸為生死彼岸為涅槃蜜多此云無極心着般若心也心生種々法生心滅種々法滅所云一字法門着此也

觀自在菩薩行深般若波羅蜜多時照見五蘊皆空度一切苦厄

10380　禪那集四卷　（明）張一卿撰　明萬曆二十四年（1596）刻本　遼寧省圖書館

存一卷（一）

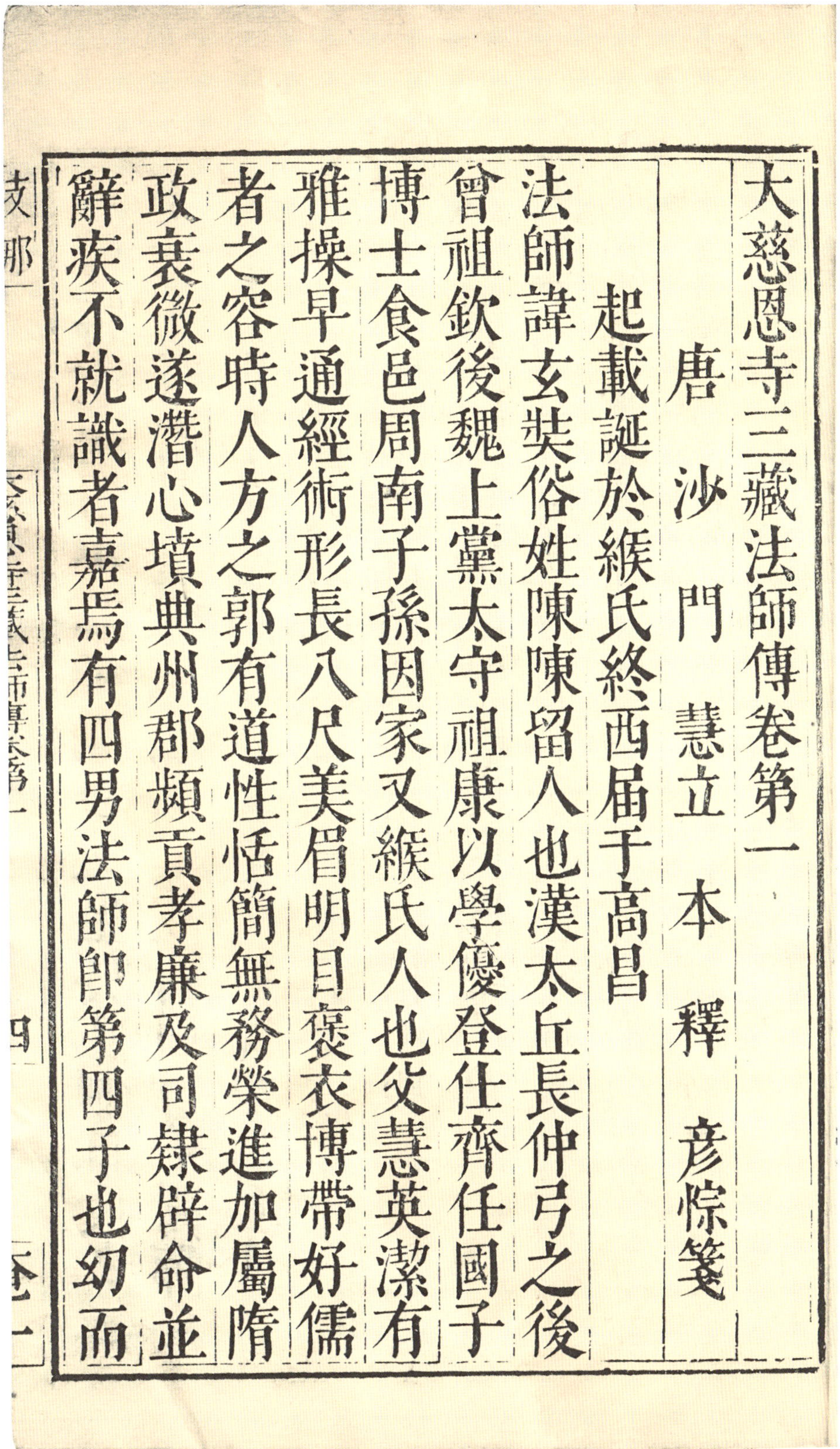
大慈恩寺三藏法師傳卷第一
唐 沙 門 慧立 本 釋 彥悰 箋
起載誕於緱氏終西屆于高昌
法師諱玄奘俗姓陳陳留人也漢太丘長仲弓之後曾祖欽後魏上黨太守祖康以學優登仕齊任國子博士食邑周南子孫因家又緱氏人也父慧英潔有雅操早通經術形長八尺美眉明目褒衣博帶好儒者之容時人方之郭有道性恬簡無務榮進加屬隋政衰微遂潛心墳典州郡頻貢孝廉及司隸辟命並辭疾不就識者嘉焉有四男法師即第四子也幼而

10381 大慈恩寺三藏法師傳十卷 （唐）釋慧立撰 （唐）釋彥悰箋 明崇禎八年（1635）徑山化城寺刻本 瀋陽市圖書館

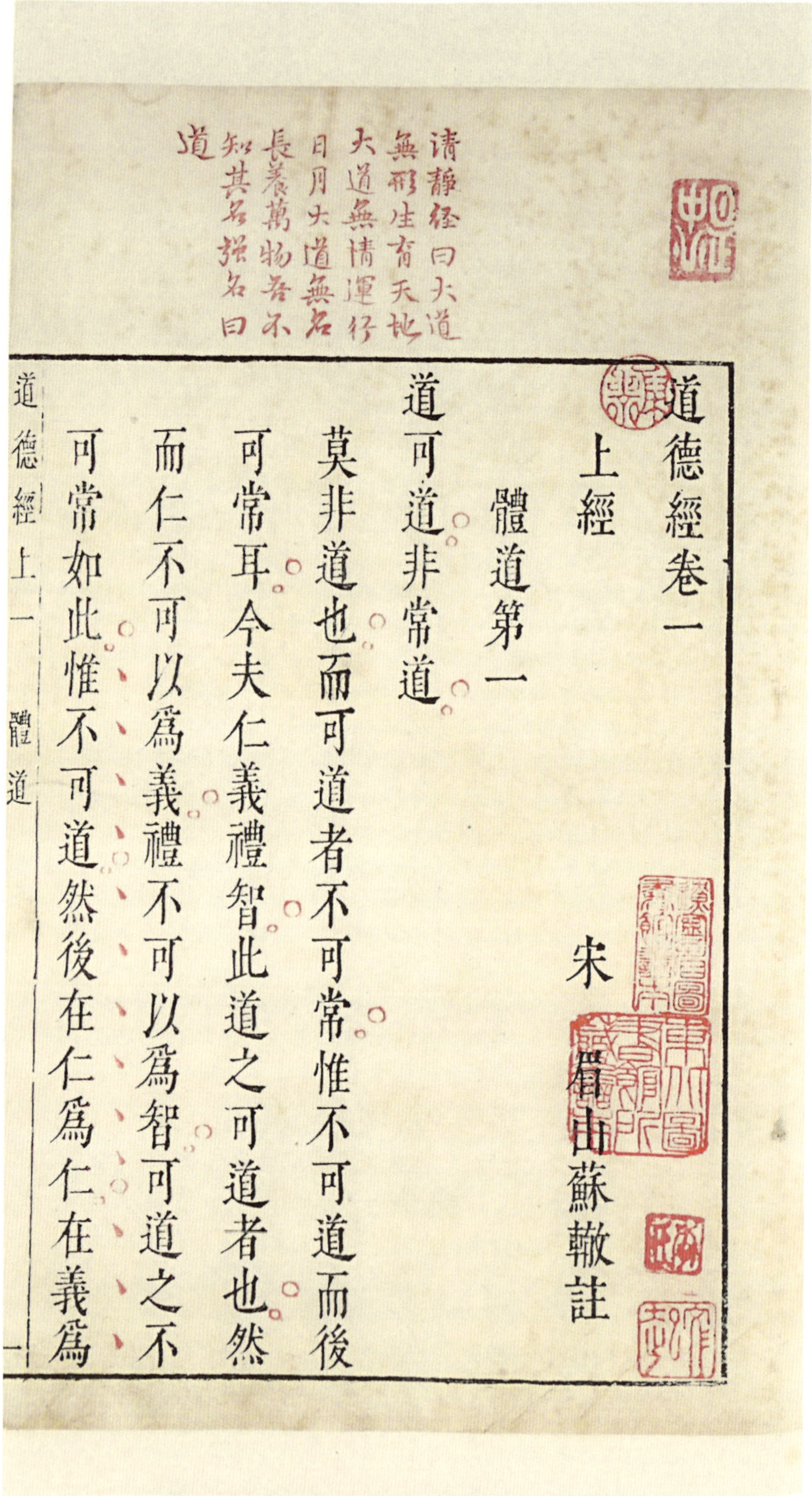
清静經曰大道無形生育天地大道無情運行日月大道無名長養萬物吾不知其名强名曰道

道德經卷一
上經　宋　眉山蘇轍註
體道第一
道可道非常道
莫非道也而可道者不可常惟不可道而後可常耳今夫仁義禮智此道之可道者也然而仁不可以爲義禮不可以爲智可道之不可常如此惟不可道然後在仁爲仁在義爲

道德經上一　體道　一

10382　道德經二卷老子考異一卷　（宋）蘇轍注　（明）凌以棟批點　明凌氏刻朱墨套印本　遼寧省圖書館

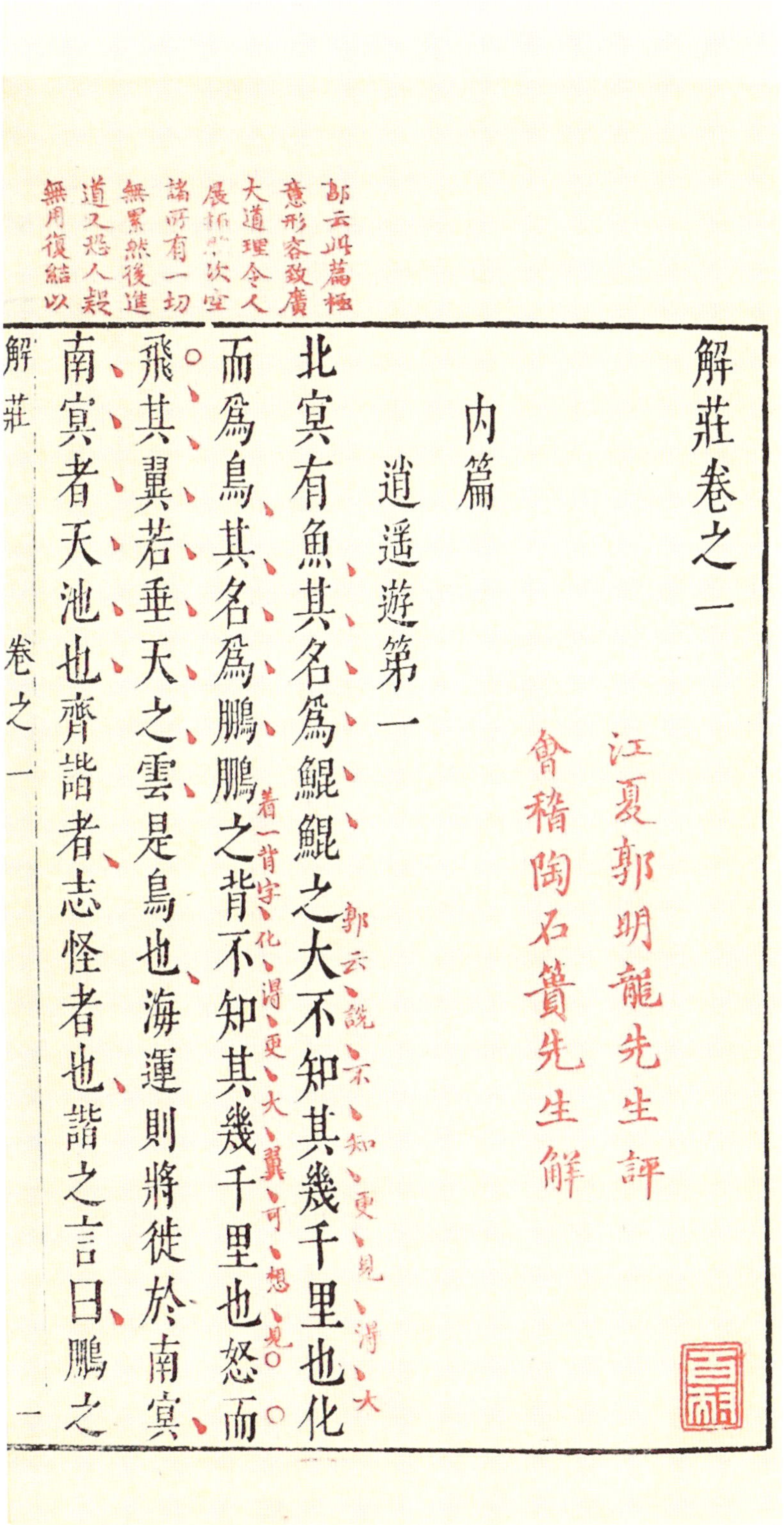

郭云此篇極意形容致廣大道理令人展拓胸次空諸所有一切無累然後進道又恐人騖無用復結以

解莊卷之一

江夏郭明龍先生評
會稽陶石簣先生解

內篇

逍遥遊第一

北冥有魚其名爲鯤鯤之大不知其幾千里也化而爲鳥其名爲鵬鵬之背不知其幾千里也怒而飛其翼若垂天之雲是鳥也海運則將徙於南冥南冥者天池也齊諧者志怪者也諧之言曰鵬之

郭云説不知更見得大

着一背字化得更大翼可想見

解莊　卷之一　一

10383　解莊十二卷　（明）郭正域評　（明）陶望齡解　明天啓元年（1621）茅兆河刻朱墨套印本　遼寧省圖書館

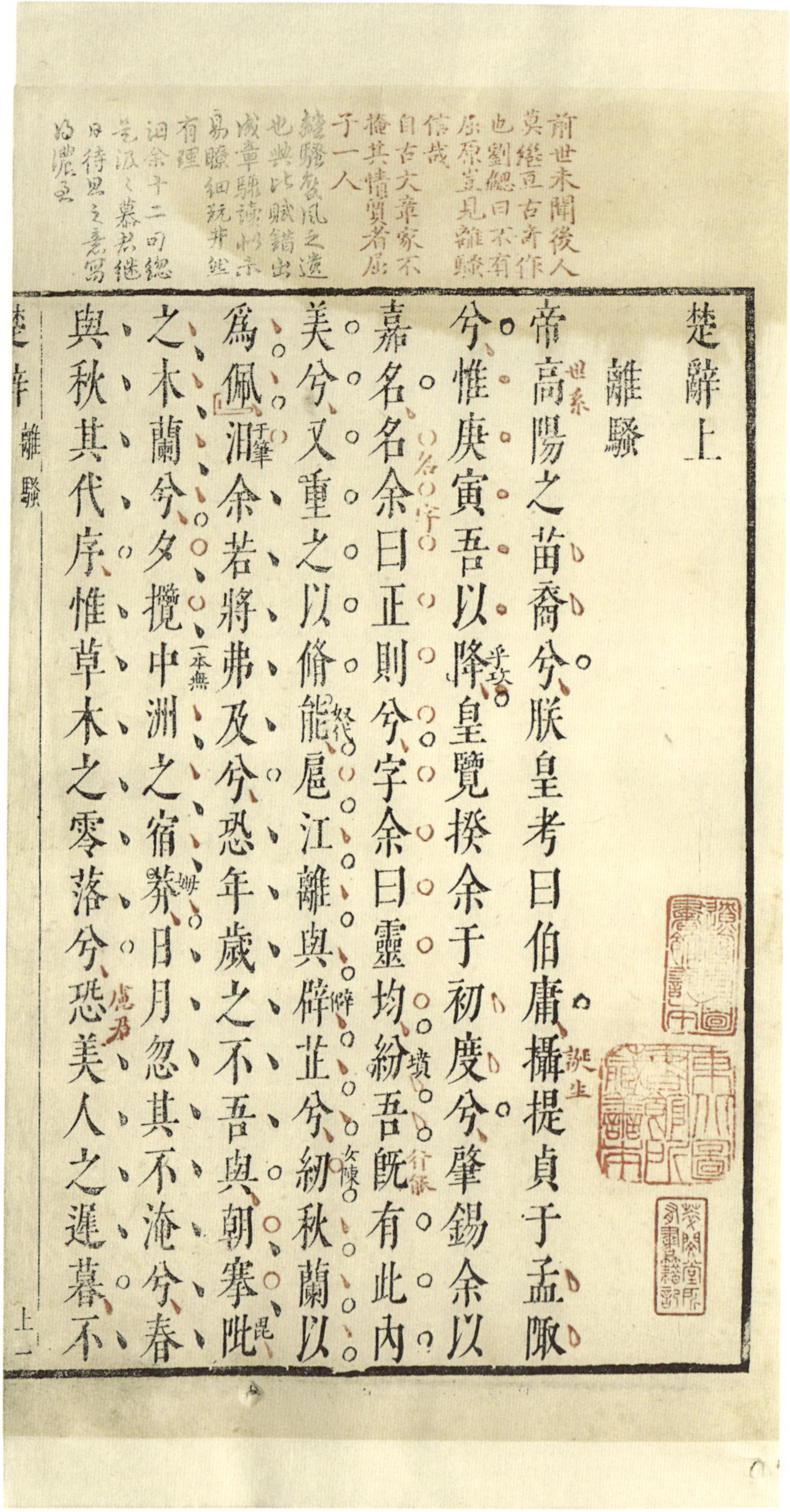

前世未聞後人莫繼亘古奇作也劉勰曰不有屈原豈見離騷信哉
自古文章家不揜其情質者屈子一人
離騷發風之遺也興比賦錯出成章驟讀似紊易騷細玩井然有理
汩余千二回總是汲汲慕君繼日待思之意寫的濃至

楚辭上

離騷

帝高陽之苗裔兮朕皇考曰伯庸攝提貞于孟陬兮惟庚寅吾以降皇覽揆余于初度兮肇錫余以嘉名名余曰正則兮字余曰靈均紛吾既有此內美兮又重之以脩能扈江離與辟芷兮紉秋蘭以爲佩汨余若將弗及兮恐年歲之不吾與朝搴阰之木蘭兮夕攬中洲之宿莽日月忽其不淹兮春與秋其代序惟草木之零落兮恐美人之遲暮不

楚辭　離騷　上一

10384　楚辭二卷　（戰國）屈原　宋玉　（漢）賈誼等撰　明萬曆四十八年（1620）閔齊伋刻三色套印本　遼寧省圖書館

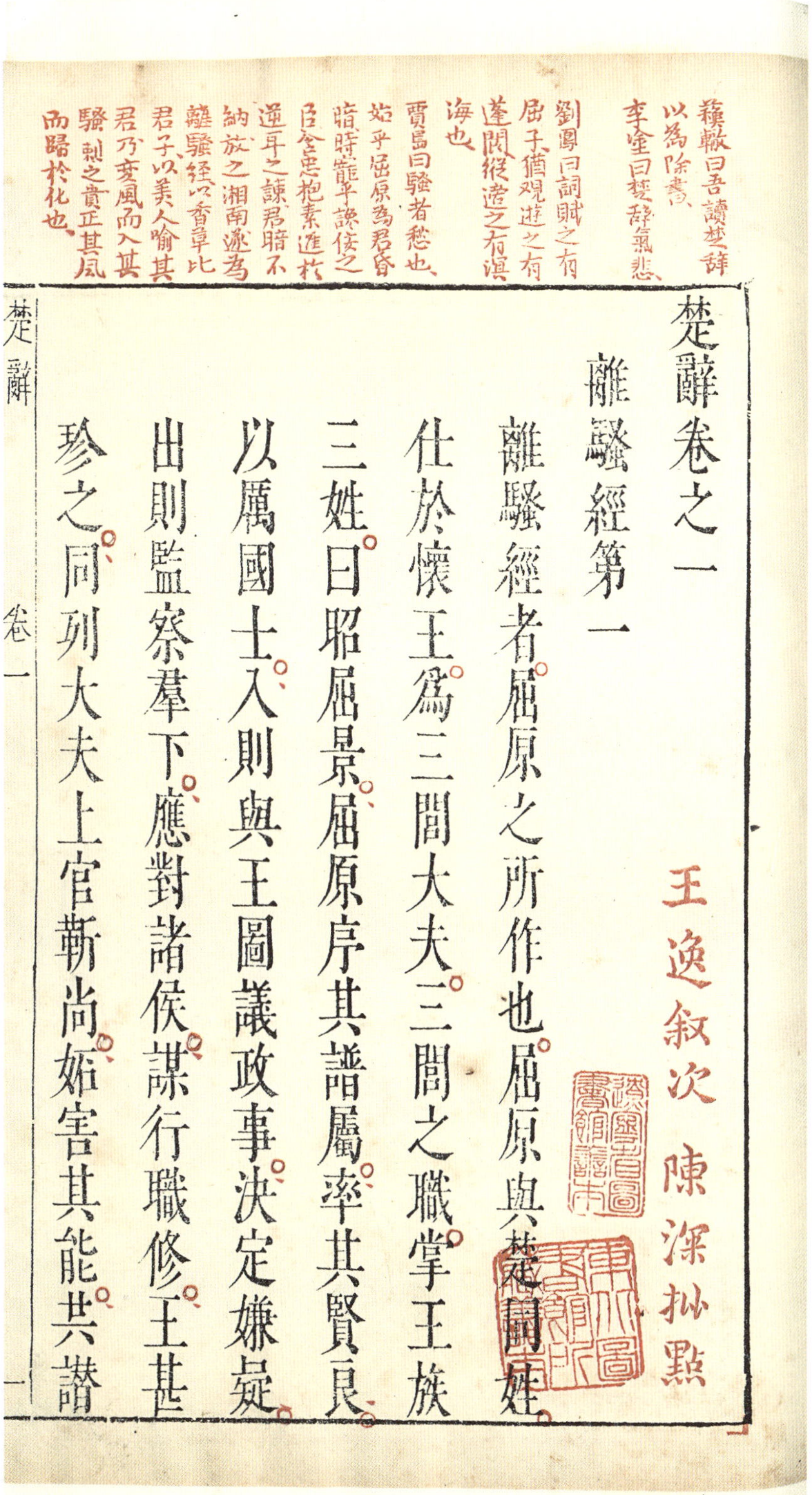
蘇轍曰吾讀楚辭
以為除書
李塗曰楚辭氣悲
劉勰曰詞賦之有
屈子猶觀遊之有
蓬閬從遊之有溟
海也
賈島曰騷者愁也
始乎屈原為君昏
暗時寵乎讒佞之
臣含忠抱素進於
逆耳之諫君暗不
納放之湘南遂為
離騷經以香草比
君子以美人喻其
君乃變風而入其
騷刺之貴正其風
而歸於化也
楚辭卷之一
王逸叙次 陳深批點
離騷經第一
離騷經者屈原之所作也屈原與楚同姓
仕於懷王為三閭大夫三閭之職掌王族
三姓曰昭屈景屈原序其譜屬率其賢良
以厲國士入則與王圖議政事決定嫌疑
出則監察羣下應對諸侯謀行職修王甚
珍之同列大夫上官靳尚妬害其能共譖
楚辭 卷一 一

10385 楚辭二卷 （戰國）屈原 宋玉 （漢）賈誼等撰 明萬曆四十八年（1620）閔齊伋刻三色套印本 遼寧省圖書館

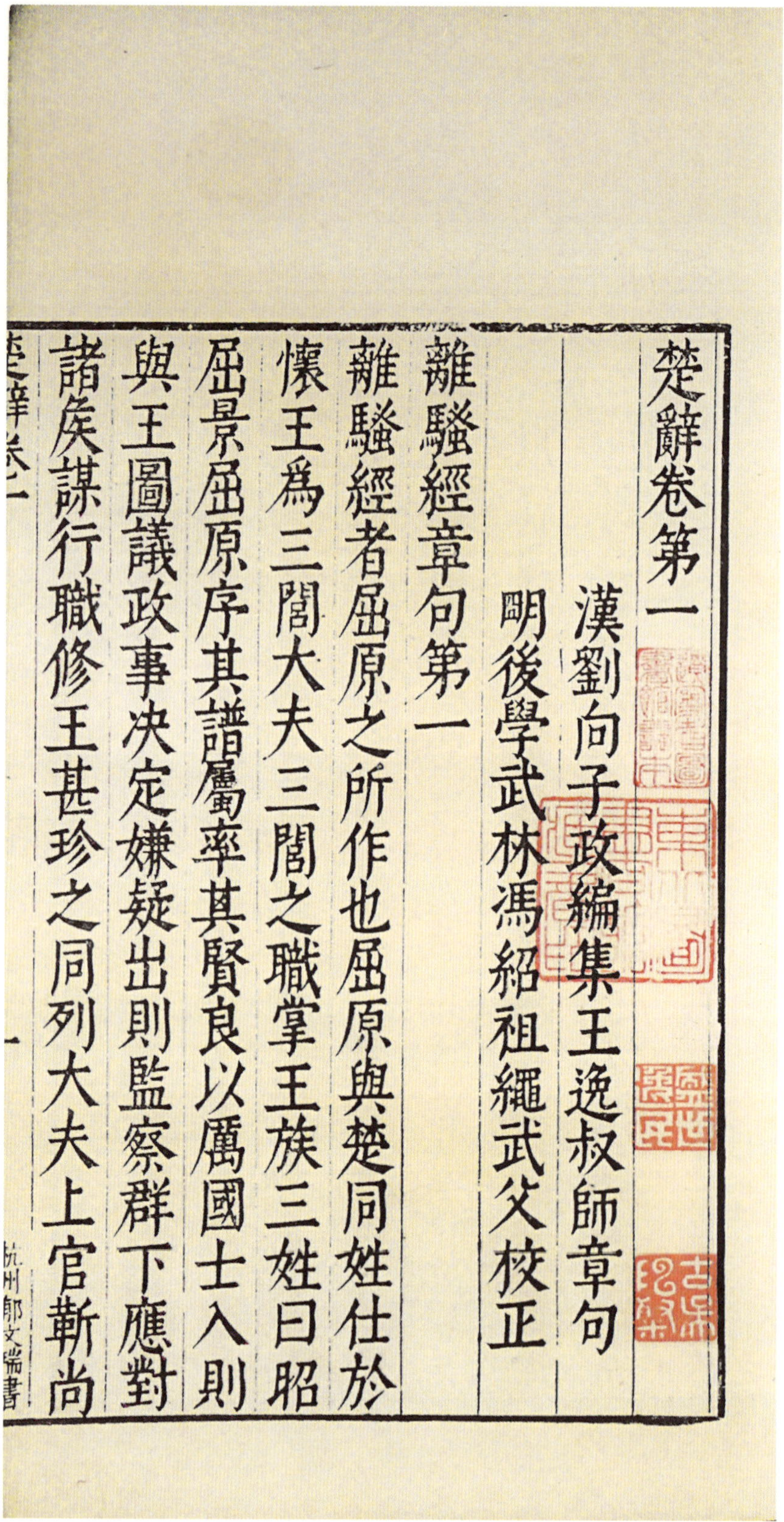
楚辭卷第一
漢劉向子政編集王逸叔師章句
明後學武林馮紹祖繩武父校正
離騷經章句第一
離騷經者屈原之所作也屈原與楚同姓仕於
懷王爲三閭大夫三閭之職掌王族三姓曰昭
屈景屈原序其譜屬率其賢良以厲國士入則
與王圖議政事決定嫌疑出則監察群下應對
諸侯謀行職修王甚珍之同列大夫上官靳尚
楚辭卷一　一　杭州郭文端書

10386　楚辭章句十七卷　（漢）王逸撰　明萬曆十四年（1586）馮紹祖觀妙齋刻本　遼寧省圖書館

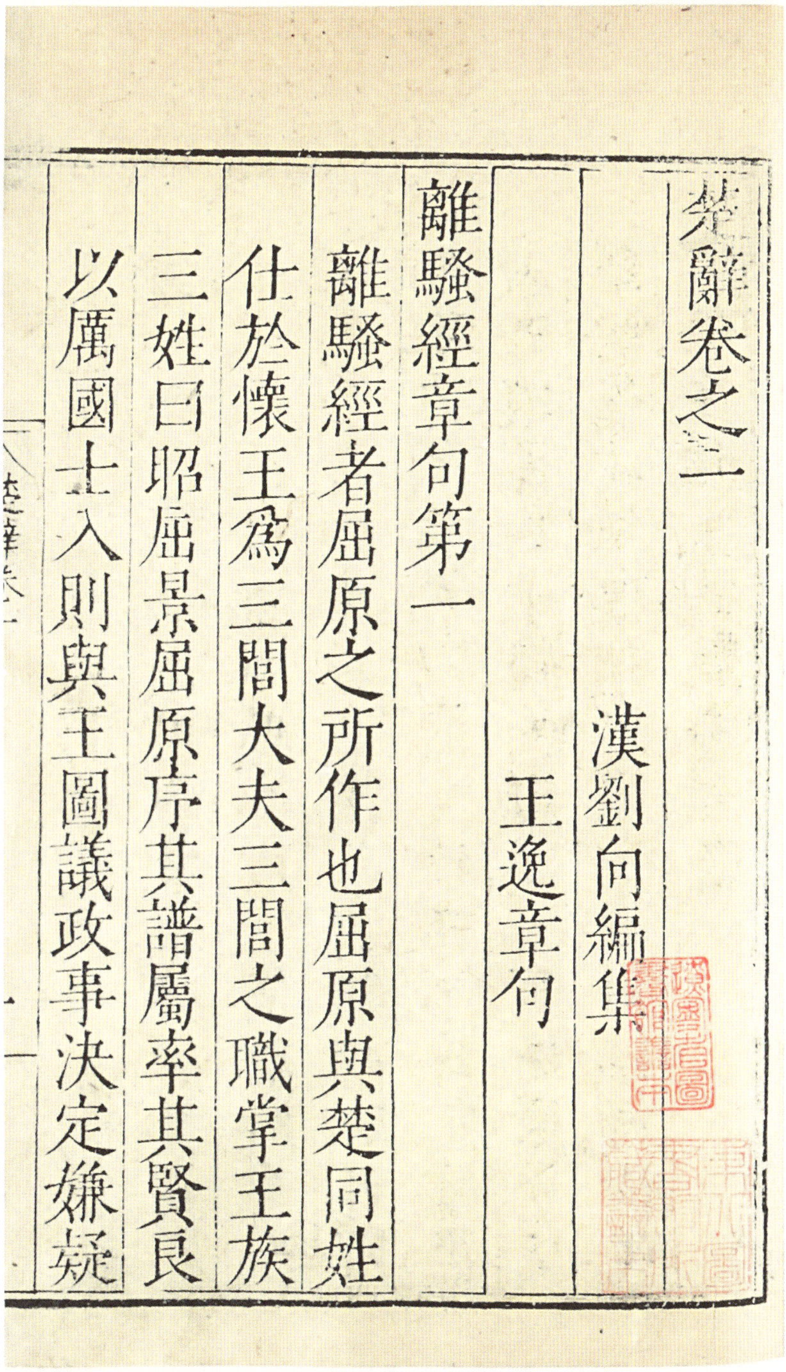
楚辭卷之一
漢劉向編集
王逸章句
離騷經章句第一
離騷經者屈原之所作也屈原與楚同姓
仕於懷王爲三閭大夫三閭之職掌王族
三姓曰昭屈景屈原序其譜屬率其賢良
以厲國士入則與王圖議政事決定嫌疑
楚辭卷之一

10387　楚辭章句十七卷　（漢）王逸撰　**疑字直音補一卷**　明崇禎十七年（1644）嚴敏刻本　遼寧省圖書館

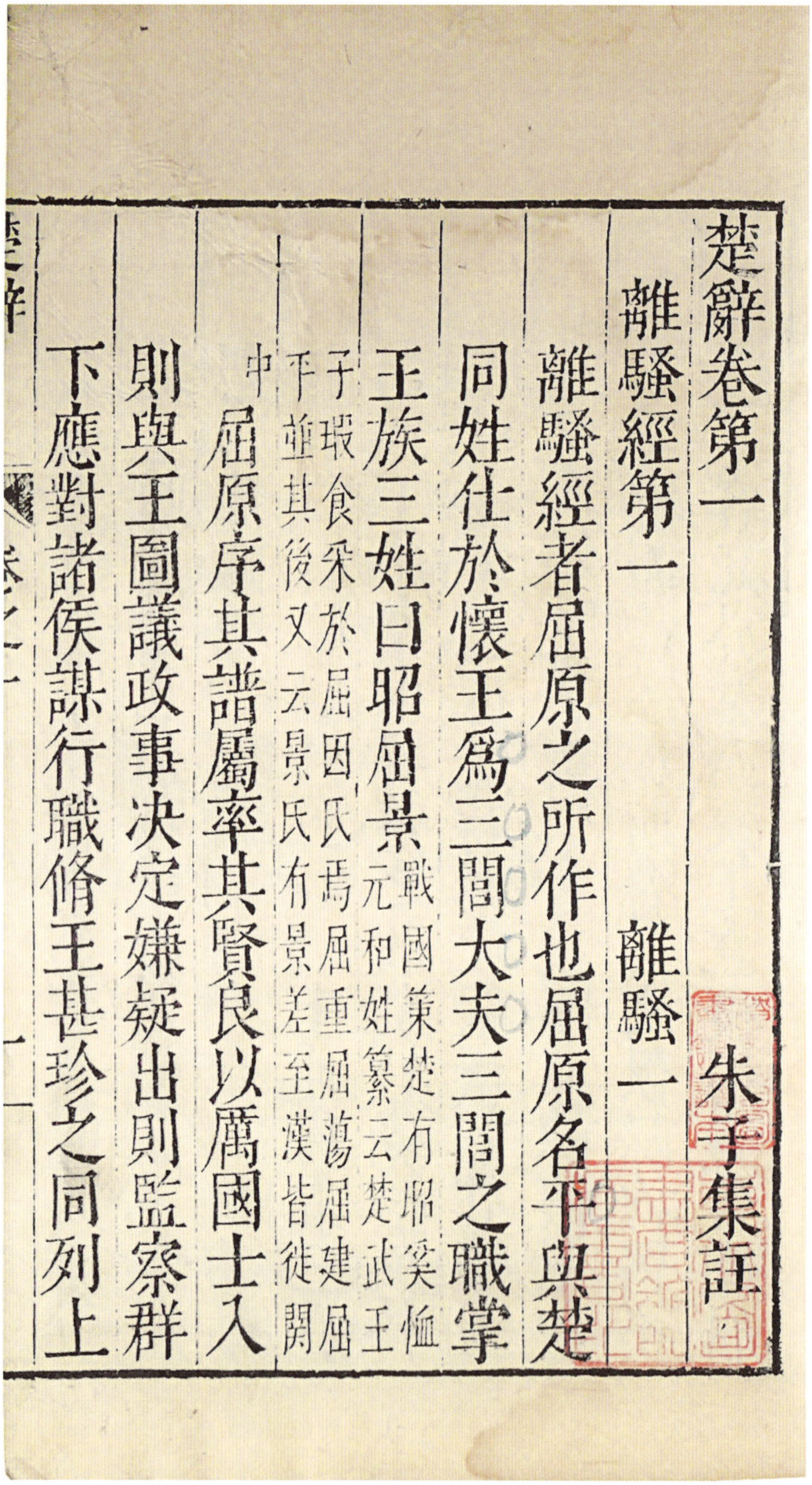

楚辭卷第一　朱子集註

離騷經第一　離騷一

離騷經者屈原之所作也屈原名平與楚同姓仕於懷王爲三閭大夫三閭之職掌王族三姓曰昭屈景戰國策楚有昭奚恤元和姓纂云楚武王子瑕食采於屈因氏焉屈重屈蕩屈建屈平並其後又云景氏有景差至漢皆徙關中屈原序其譜屬率其賢良以厲國士入則與王圖議政事決定嫌疑出則監察群下應對諸侯謀行職脩王甚珍之同列上

楚辭　卷之一　一

10388　楚辭集註八卷辯證二卷後語六卷　（宋）朱熹撰　明萬曆二十一年（1593）刻本　遼寧省圖書館

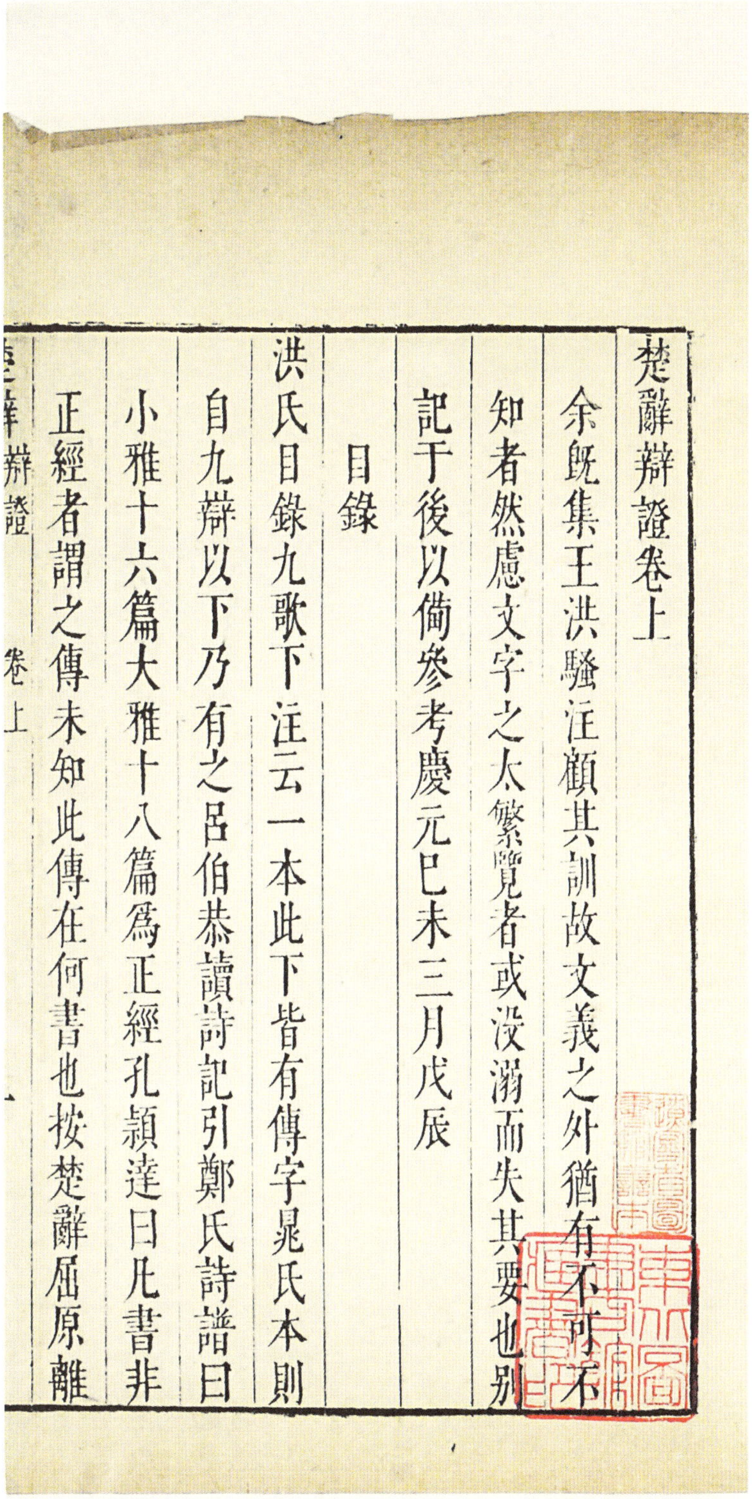

楚辭辯證卷上

余既集王洪騷注顧其訓故文義之外猶有不可不知者然慮文字之太繁覽者或没溺而失其要也別記于後以備參考慶元己未三月戊辰

目録

洪氏目録九歌下注云一本此下皆有傳字晁氏本則自九辯以下乃有之吕伯恭讀詩記引鄭氏詩譜曰小雅十六篇大雅十八篇爲正經孔頴達曰凡書非正經者謂之傳未知此傳在何書也按楚辭屈原離

楚辭辯證　卷上

10389　楚辭集注八卷辯證二卷後語八卷附覽二卷總評一卷　（宋）朱熹撰　（明）蔣之翹輯并評校　明天啓六年（1626）蔣之翹刻本　遼寧省圖書館

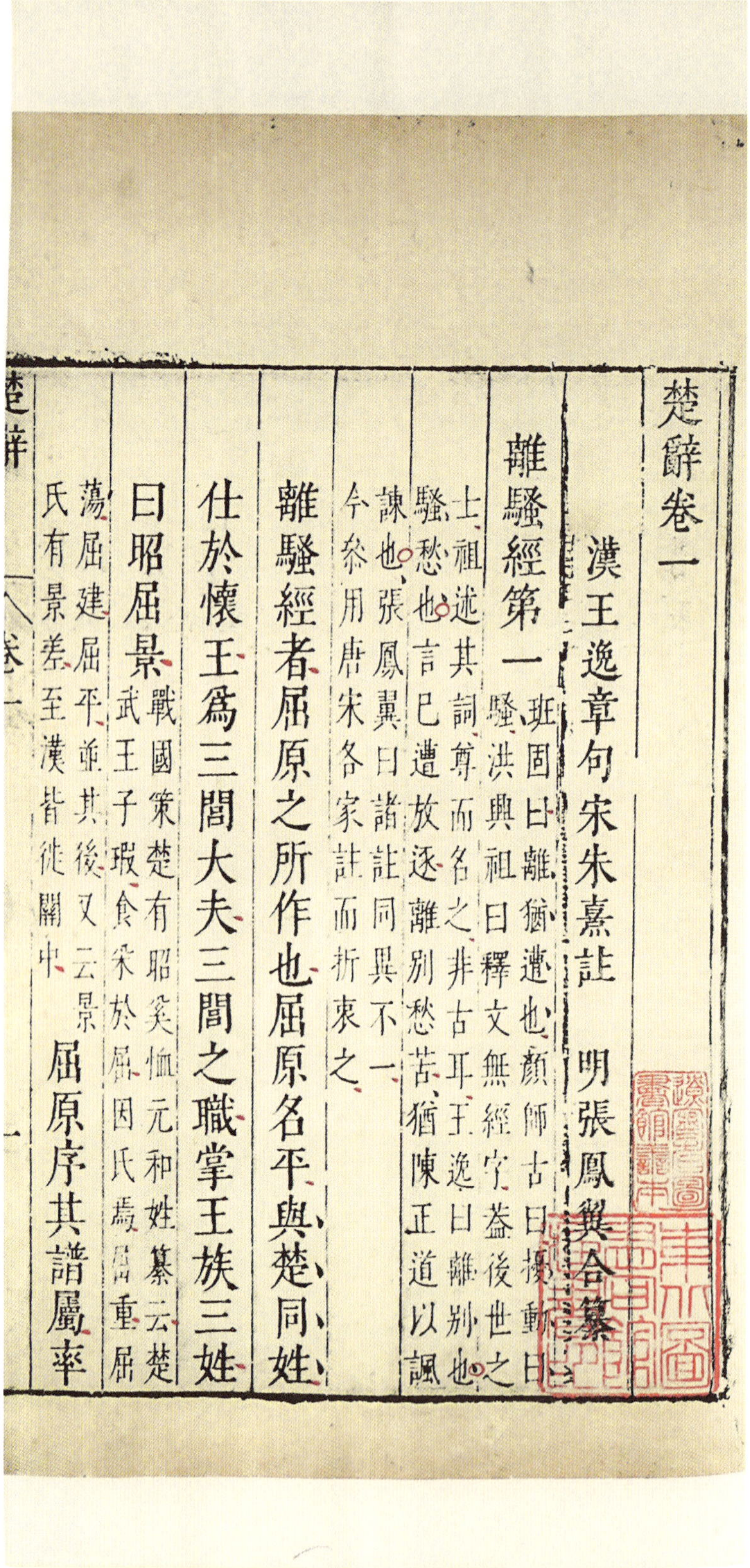
楚辭卷一
漢王逸章句宋朱熹註　明張鳳翼合纂
離騷經第一　班固曰離猶遭也顏師古曰擾動曰騷洪興祖曰釋文無經字蓋後世之士祖述其詞尊而名之非古耳王逸曰離別也騷愁也言已遭放逐離別愁苦猶陳正道以諷諫也張鳳翼曰諸註同異不一今參用唐宋各家註而折衷之
離騷經者屈原之所作也屈原名平與楚同姓
仕於懷王爲三閭大夫三閭之職掌王族三姓
曰昭屈景戰國策楚有昭奚恤元和姓纂云楚武王子瑕食采於屈因氏焉屈重屈蕩屈建屈平並其後又云景氏有景差至漢皆徙關中屈原序其譜屬率
楚辭　卷一　一

10390　楚辭十卷　（漢）王逸章句　（宋）朱熹注　（明）張鳳翼合纂　明末刻本　遼寧省圖書館

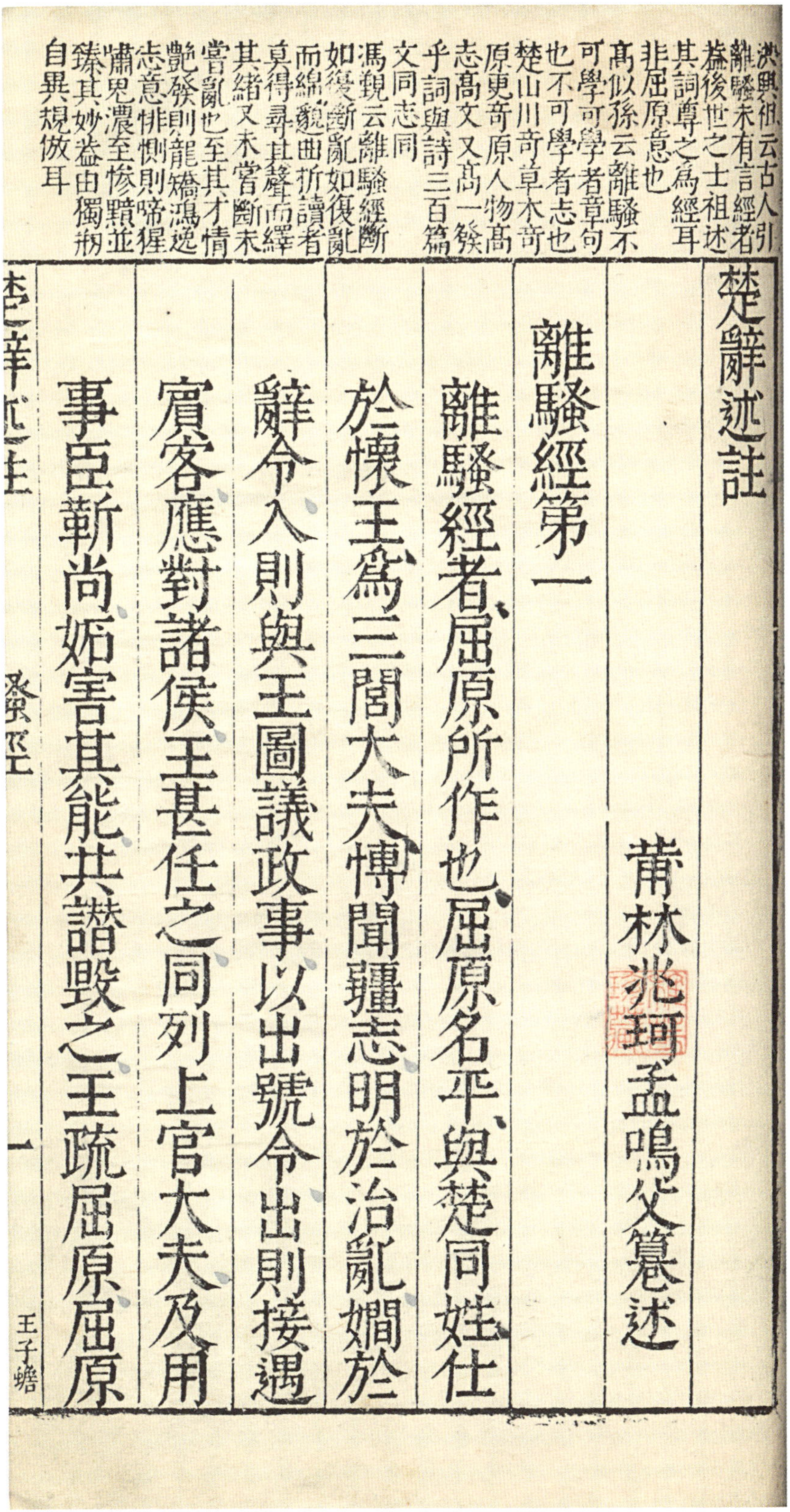
洪興祖云古人引離騷未有言經者葢後世之士祖述其詞尊之爲經耳非屈原意也
高似孫云離騷不可學可學者章句也不可學者志也楚山川奇草木奇原更奇原人物高志高文又高一發乎詞與詩三百篇文同志同
馮覲云離騷經斷如復斷亂如復亂而綿邈曲折讀者莫得尋其聲而繹其緒又未嘗斷未嘗亂也至其才情艷發則能嬌鴻逸志意悱惻則啼猩嘯兕濃至慘黯並臻其妙葢由獨剏自異規倣耳

楚辭述註

莆林兆珂孟鳴父纂述

離騷經第一

離騷經者屈原所作也屈原名平與楚同姓仕於懷王爲三閭大夫博聞彊志明於治亂嫻於辭令入則與王圖議政事以出號令出則接遇賔客應對諸侯王甚任之同列上官大夫及用事臣靳尚妬害其能共譖毀之王疏屈原屈原

楚辭述註　離騷經　一　王子蟾

10391　楚辭述註十卷　（明）林兆珂撰　明萬曆刻本　馬詒統題記　遼寧大學圖書館

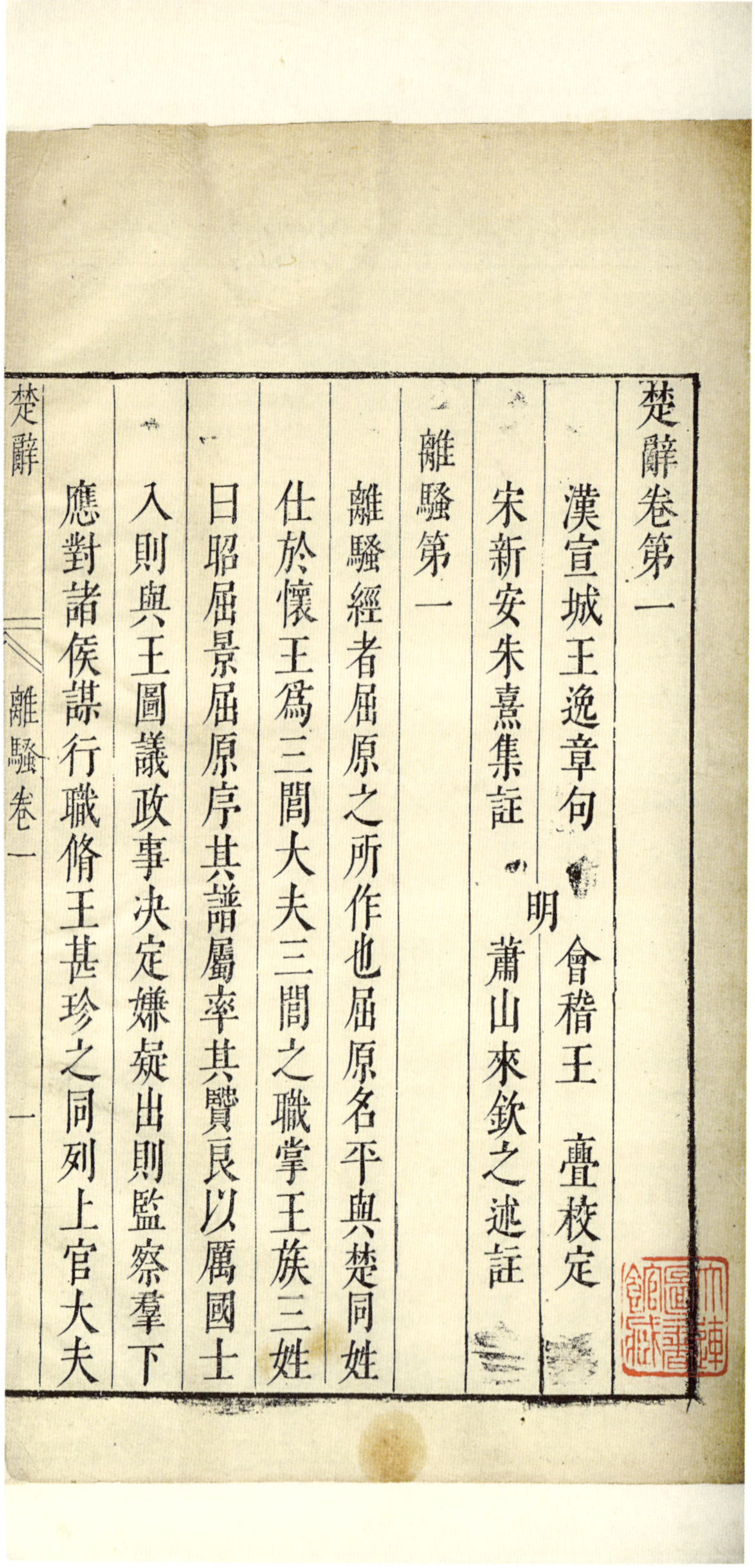

楚辭卷第一
漢宣城王逸章句　會稽王　亹校定
宋新安朱熹集註　明蕭山來欽之述註
離騷第一
離騷經者屈原之所作也屈原名平與楚同姓
仕於懷王爲三閭大夫三閭之職掌王族三姓
曰昭屈景屈原序其譜屬率其賢良以厲國士
入則與王圖議政事決定嫌疑出則監察羣下
應對諸侯謀行職脩王甚珍之同列上官大夫
楚辭　離騷卷一　一

10392　楚辭述註五卷　（明）來欽之撰　明崇禎十一年（1638）刻本　大連圖書館

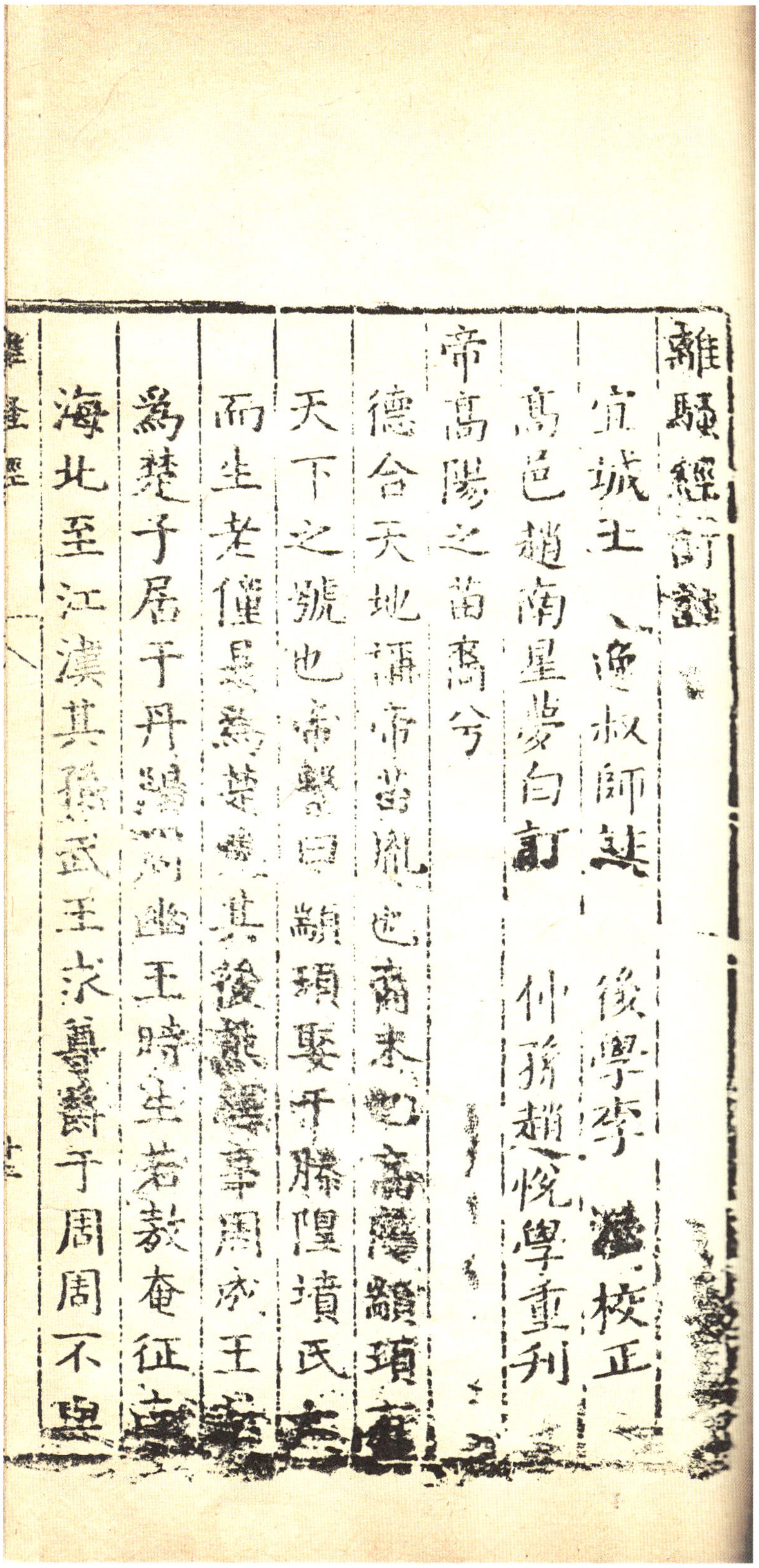
離騷經訂註
宜城王　逸叔師註　後學李　[illegible]校正
高邑趙南星夢白訂　仲孫趙悅學重刊
帝高陽之苗裔兮
德合天地稱帝苗胤也裔末也高陽顓頊有
天下之號也帝嚳曰顓頊娶于滕隍濆氏女
而生老僮是為楚先其後熊繹事周成王封
為楚子居于丹陽周幽王時生若敖奄征南
海北至江漢其孫武王求尊爵于周周不與

10393　離騷經訂注不分卷　（明）趙南星註　明萬曆四十一年（1613）高邑趙悅學刻本　大連圖書館

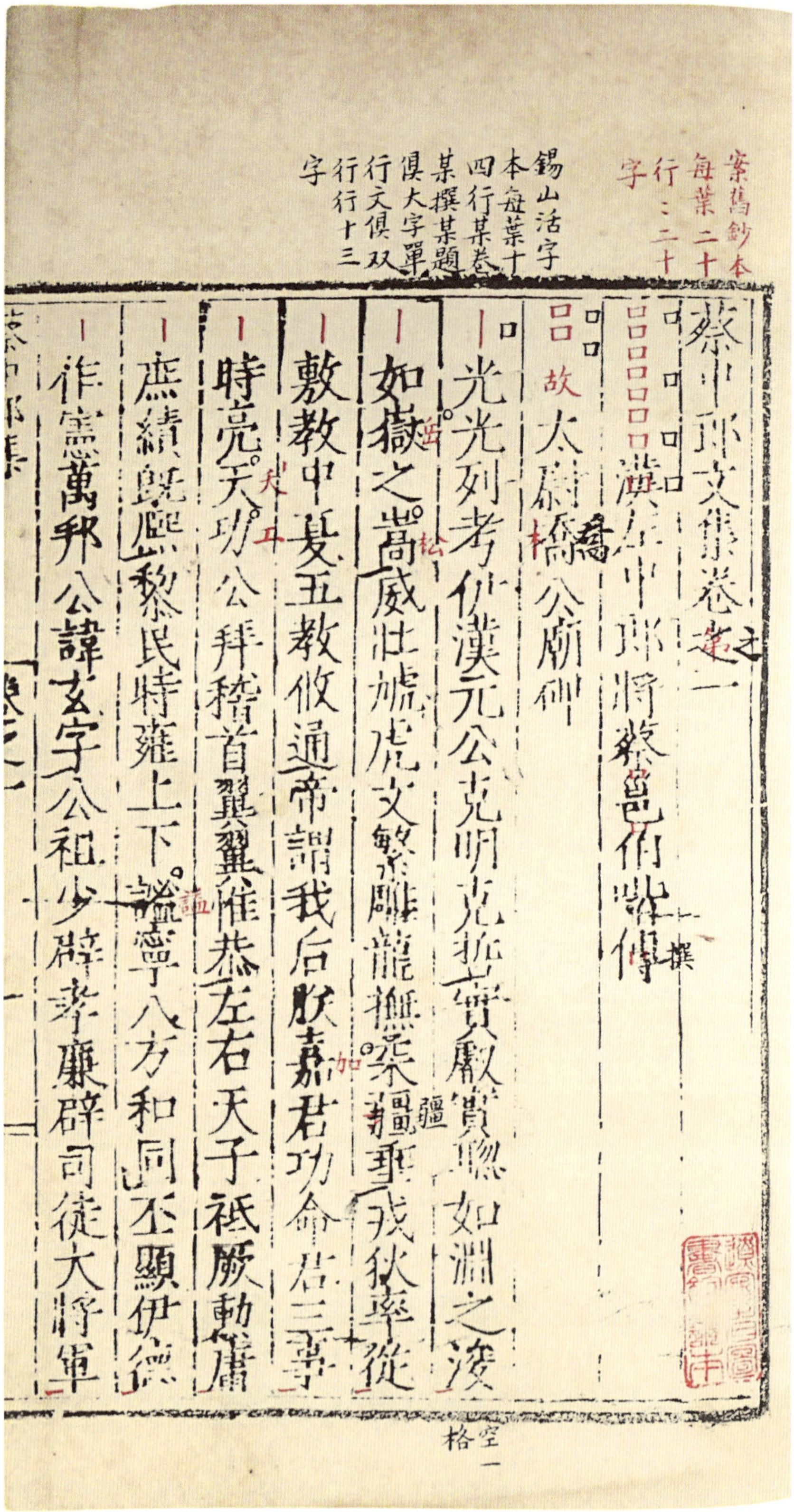
案舊鈔本每葉二十行行二十字
錫山活字本每葉十四行某卷某撰某題俱大字單行文俱双行行十三字
蔡中郎文集卷之一
漢左中郎將蔡邕伯喈撰
故太尉橋公廟碑
光光列考伊漢元公克明克哲實敏實聰如淵之浚
如嶽之嵩威壯虓虎文繁雕龍撫柔疆垂戎狄率從
敷教中夏五教攸通帝謂我后朕嘉君功命君三事
時亮天功公拜稽首翼翼惟恭左右天子祗厥勳庸
庶績既熙黎民時雍上下謐寧八方和同丕顯伊德
作憲萬邦公諱玄字公祖少辟孝廉辟司徒大將軍
空一格

10394 蔡中郎文集十卷外傳一卷 （漢）蔡邕撰 明萬曆二年（1574）徐子器刻本 佚名過録顧廣圻、黄丕烈校并跋 遼寧省圖書館

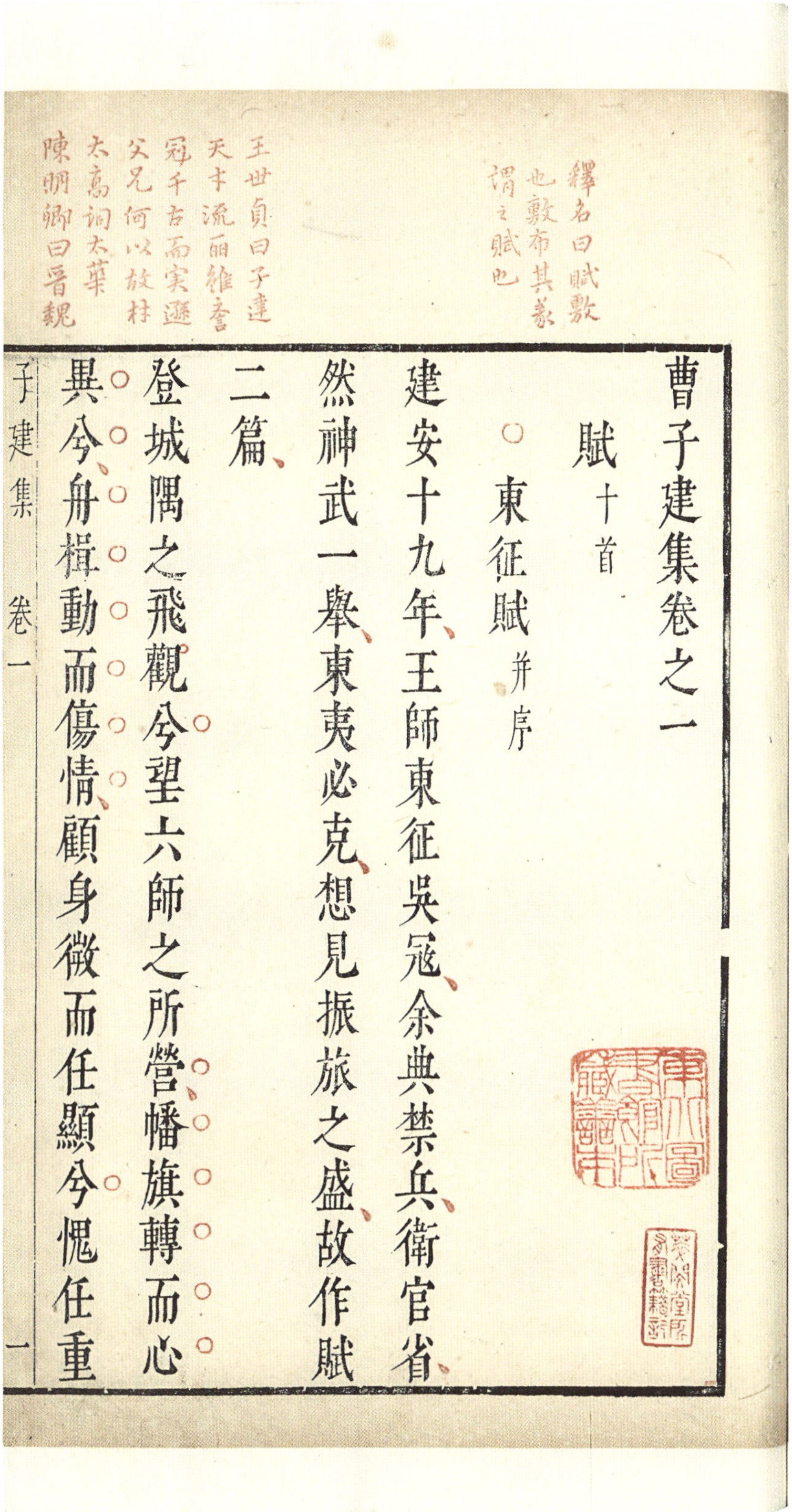
釋名曰賦敷也敷布其義謂之賦也

王世貞曰子建天才流麗雖譽冠千古而實遜父兄何以故材太高詞太華
陳明卿曰晉魏

曹子建集卷之一
賦十首
東征賦并序
建安十九年王師東征吳寇余典禁兵衛宮省然神武一舉東夷必克想見振旅之盛故作賦二篇
登城隅之飛觀兮望六師之所營幡旗轉而心異兮舟楫動而傷情顧身微而任顯兮愧任重

子建集　卷一　一

10395　曹子建集十卷　（三國魏）曹植撰　（明）李夢陽　王世貞評　明天啓元年（1621）凌性德刻朱墨套印本　遼寧省圖書館

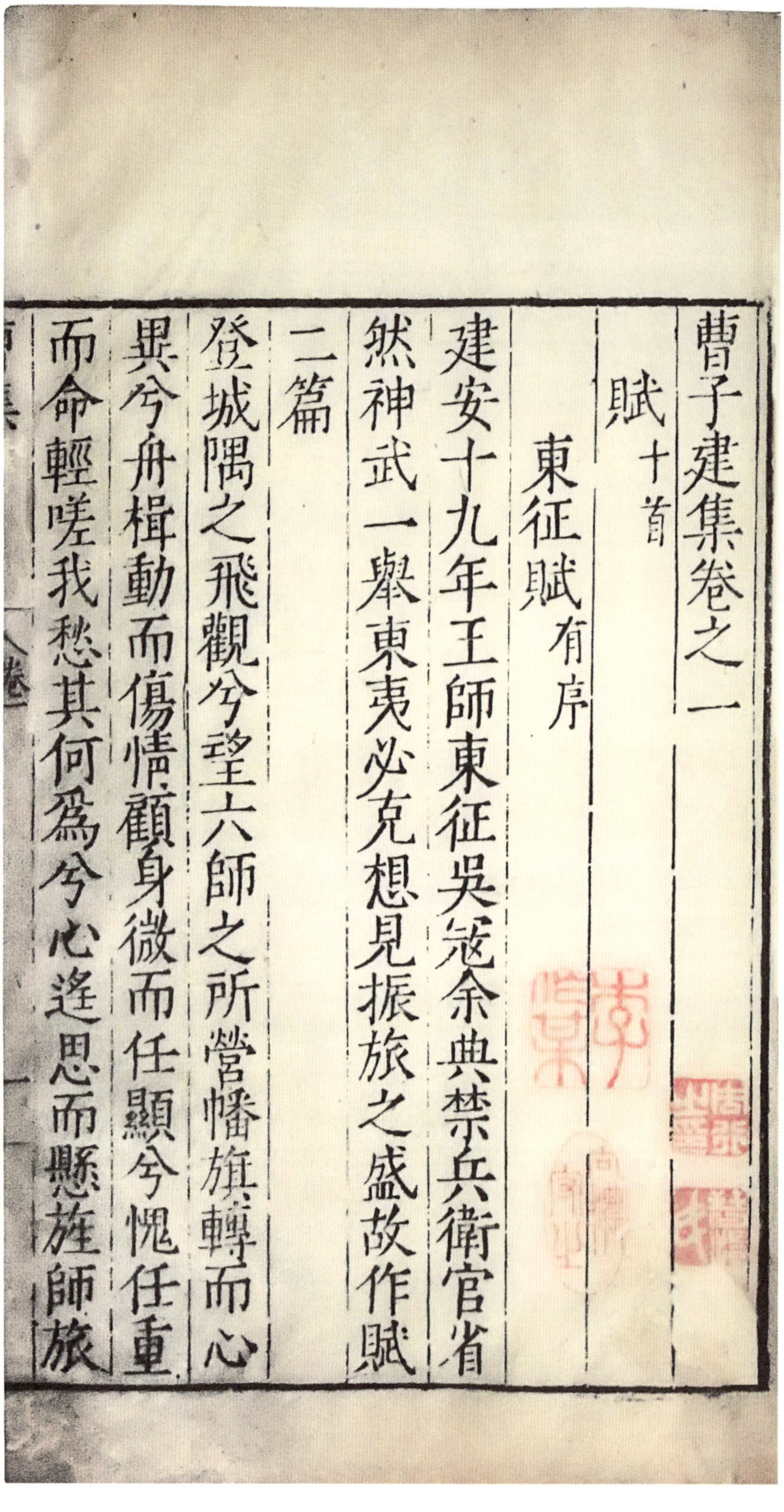

曹子建集卷之一
賦十首
東征賦有序
建安十九年王師東征吳寇余典禁兵衛宫省
然神武一舉東夷必克想見振旅之盛故作賦
二篇
登城隅之飛觀兮望六師之所營幡旗轉而心
異兮舟楫動而傷情顧身微而任顯兮愧任重
而命輕嗟我愁其何爲兮心遥思而懸旌師旅

10396 曹子建集十卷 （三國魏）曹植撰 明刻本 錦州市圖書館

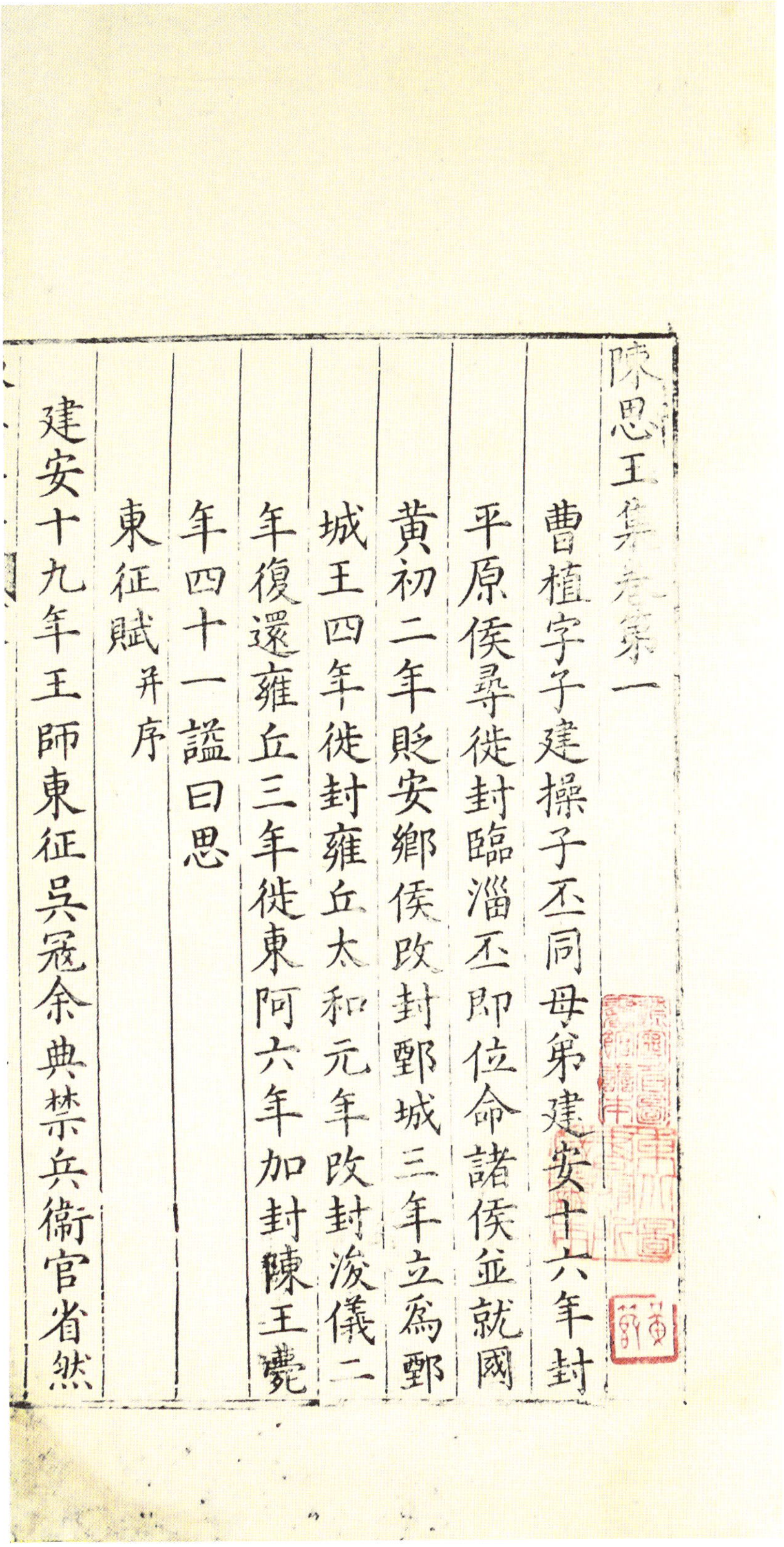
陳思王集卷第一

曹植字子建操子丕同母弟建安十六年封平原侯尋徙封臨淄丕即位命諸侯並就國黄初二年貶安鄉侯改封鄄城三年立爲鄄城王四年徙封雍丘太和元年改封浚儀二年復還雍丘三年徙東阿六年加封陳王薨年四十一謚曰思

東征賦并序

建安十九年王師東征吳寇余典禁兵衛宫省然

10397　陳思王集十卷　（三國魏）曹植撰　明萬曆二十年（1592）李楨刻本

遼寧省圖書館

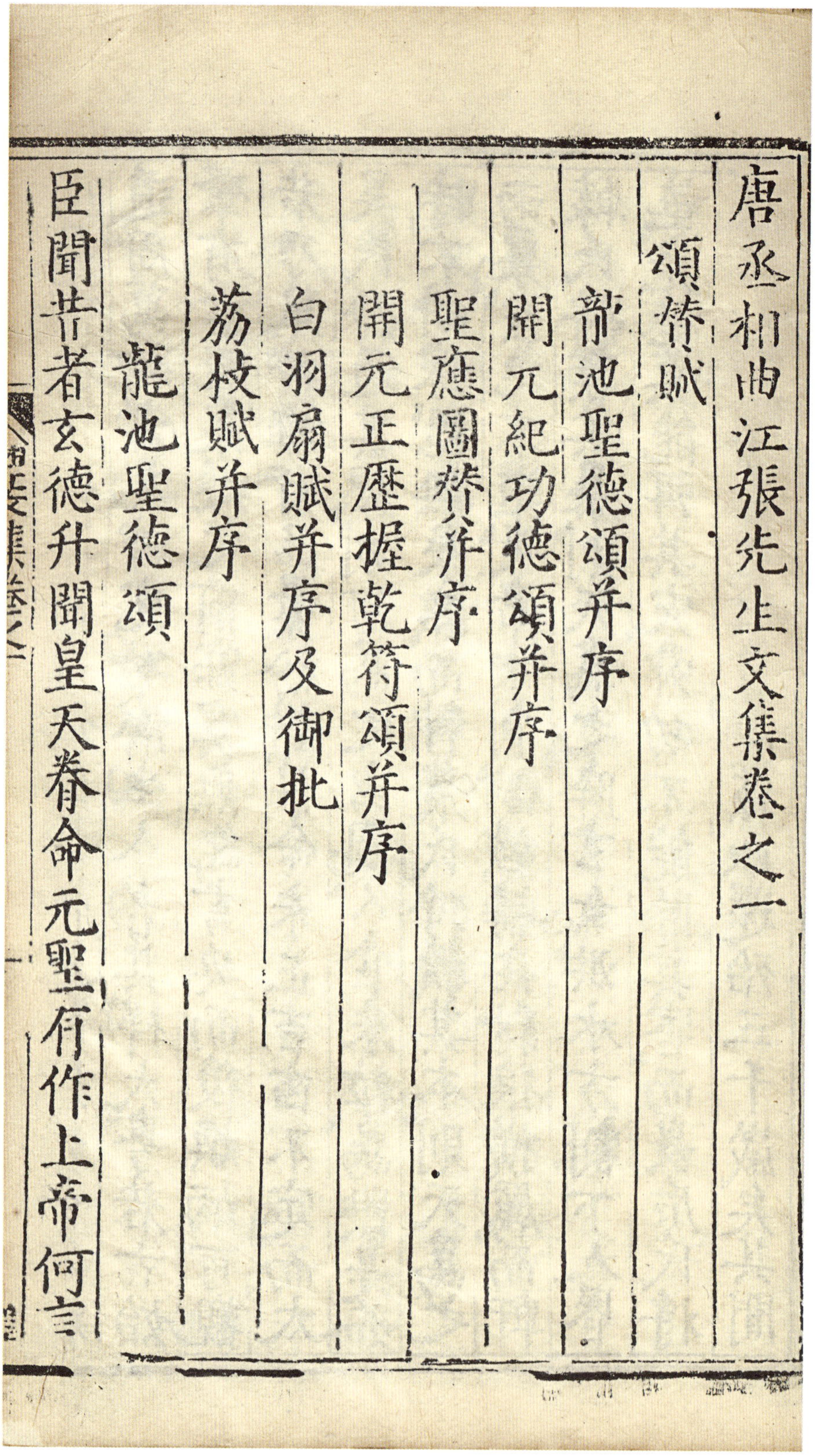

唐丞相曲江張先生文集卷之一

頌賛賦

龍池聖德頌并序

開元紀功德頌并序

聖應圖賛并序

開元正歷握乾符頌并序

白羽扇賦并序及御批

荔枝賦并序

龍池聖德頌

臣聞昔者玄德升聞皇天眷命元聖有作上帝何言

10398　唐丞相曲江張先生文集十二卷附録一卷　（唐）張九齡撰　明萬曆二十八年（1600）蔣杰、柳希點刻本　大連圖書館

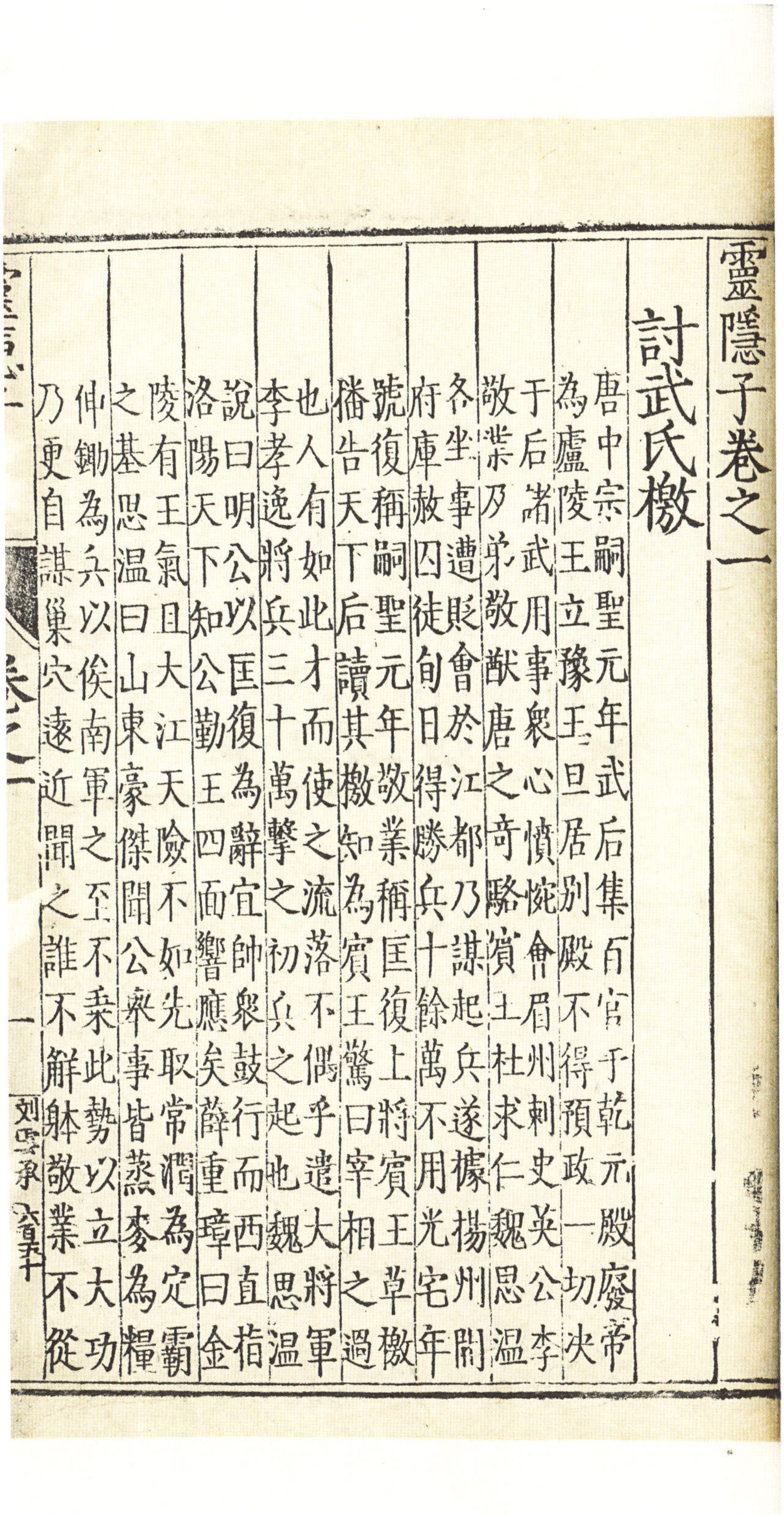

靈隱子卷之一

討武氏檄

唐中宗嗣聖元年武后集百官于乾元殿廢帝為盧陵王立豫王旦居别殿不得預政一切决于后諸武用事衆心憤惋會眉州刺史英公李敬業乃弟敬猷唐之奇駱賓王杜求仁魏思温各坐事遭貶會於江都乃謀起兵遂據揚州開府庫赦囚徒旬日得勝兵十餘萬不用光宅年號復稱嗣聖元年敬業稱匡復上將賓王草檄播告天下后讀其檄知為賓王驚曰宰相之過也人有如此才而使之流落不偶乎遣大將軍李孝逸將兵三十萬擊之初兵之起也魏思温說曰明公以匡復為辭宜帥衆鼓行而西直指洛陽天下知公勤王四面響應矣薛重璋曰金陵有王氣且大江天險不如先取常潤為定霸之基思温曰山東豪傑聞公舉事皆蒸麥為糧伸鋤為兵以俟南軍之至不乘此勢以立大功乃更自謀巢穴遠近聞之誰不解體敬業不從

卷之一　一

10399　靈隱子六卷　（唐）駱賓王撰　（明）陳魁士注　明萬曆二十四年（1596）陳大科刻本　大連圖書館

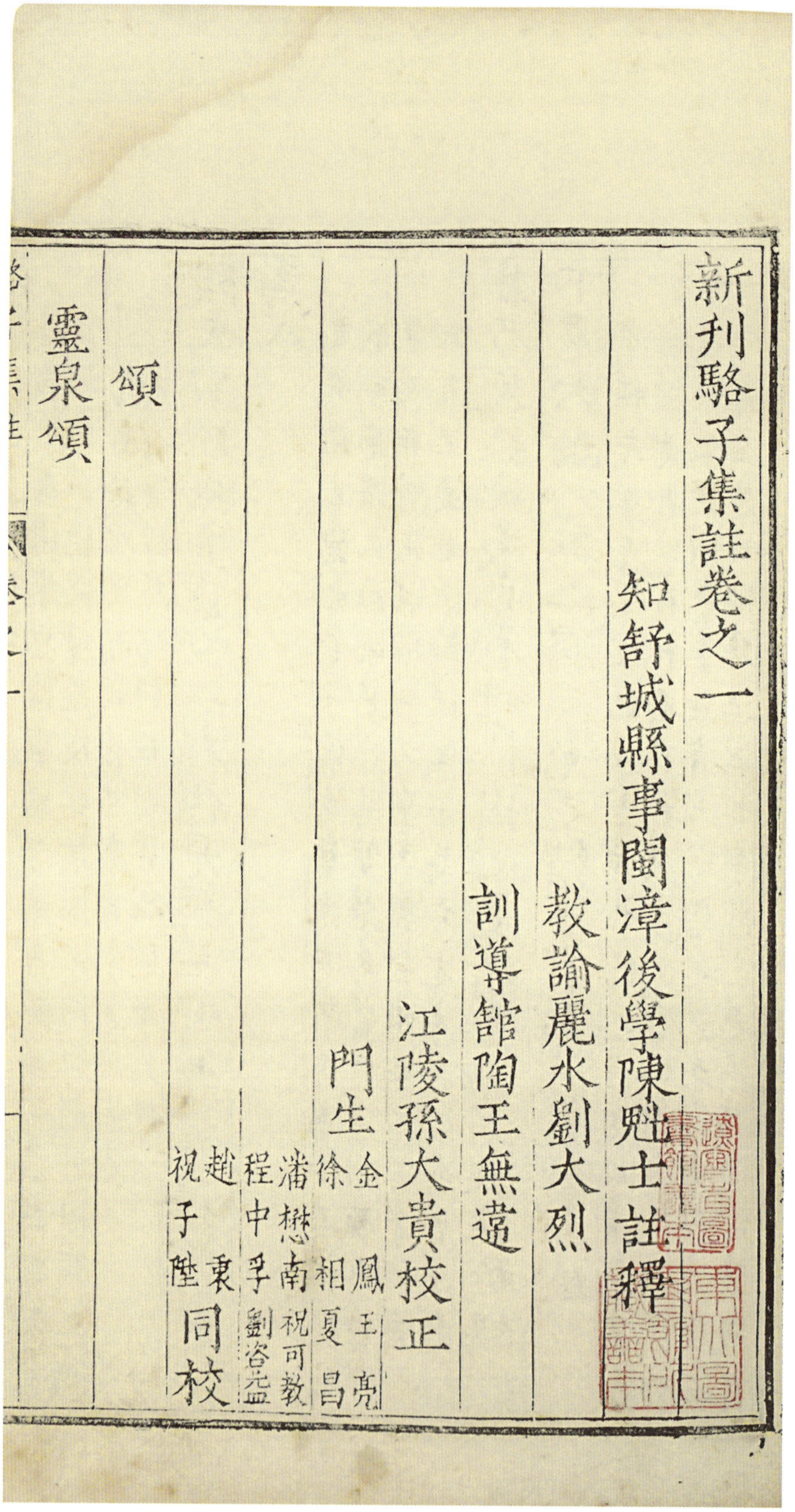

新刊駱子集註卷之一
知舒城縣事閩漳後學陳魁士註釋
教諭麗水劉大烈
訓導館陶王無遺
江陵孫大貴校正
門生金鳳玉亮
徐相夏昌
潘懋南祝可教
程中孚劉咨盍
趙秉
祝子陛同校
頌
靈泉頌

10400　新刊駱子集註四卷　（唐）駱賓王撰　（明）陳魁士注　明萬曆七年（1579）劉大烈等刻本　遼寧省圖書館

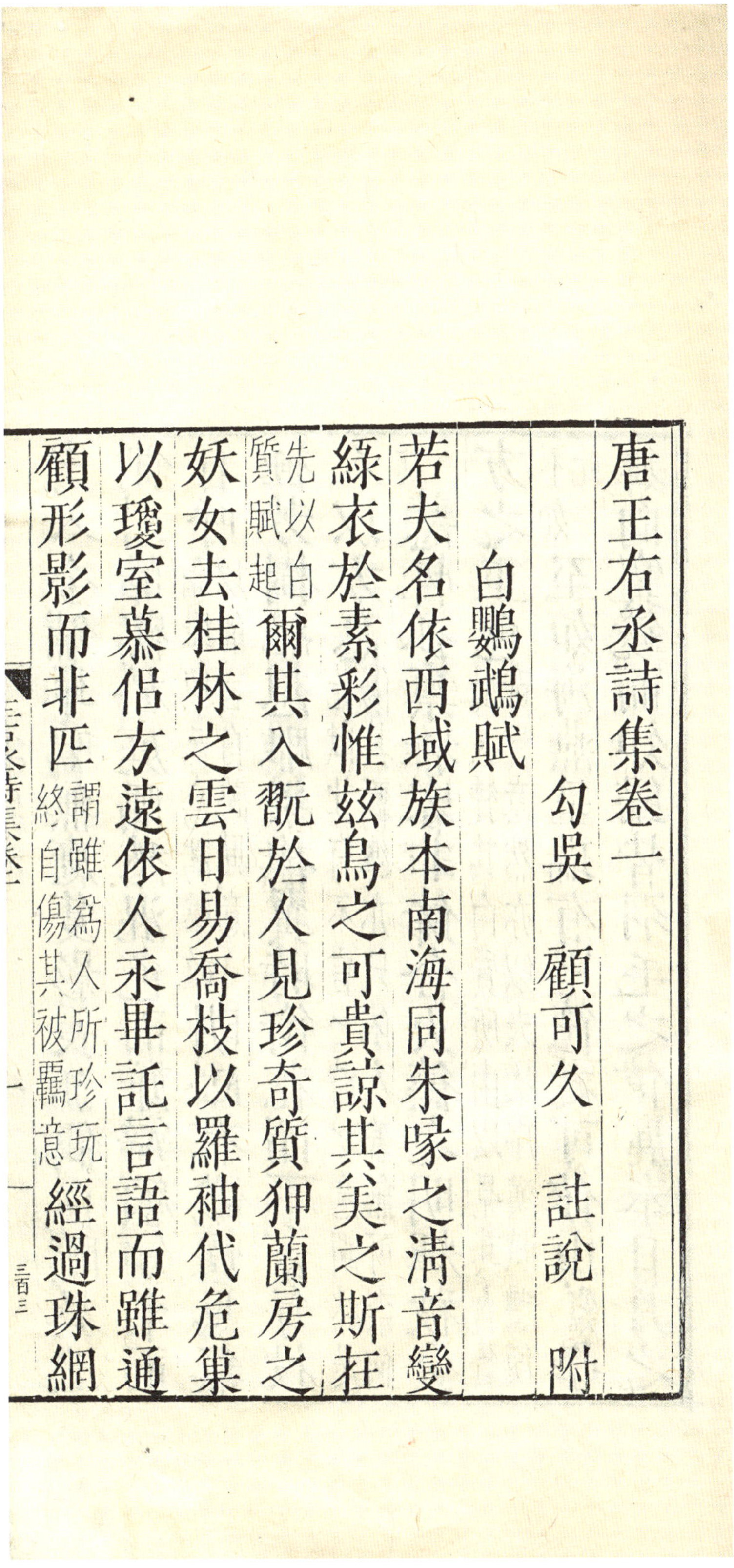

唐王右丞詩集卷一

勾吳　顧可久　註說　附

白鸚鵡賦

若夫名依西域族本南海同朱喙之清音變綠衣於素彩惟兹鳥之可貴諒其美之斯在先以白質賦起爾其入翫於人見珍奇質狎蘭房之妖女去桂林之雲日易喬枝以羅袖代危巢以瓊室慕侶方遠依人永畢託言語而雖通顧形影而非匹謂雖爲人所珍玩終自傷其被羈意經過珠網

王右丞詩集卷一　一　三百三

10401　唐王右丞詩集六卷　（唐）王維撰　（明）顧可久注　明萬曆十八年（1590）吴氏漱玉齋刻本　大連圖書館

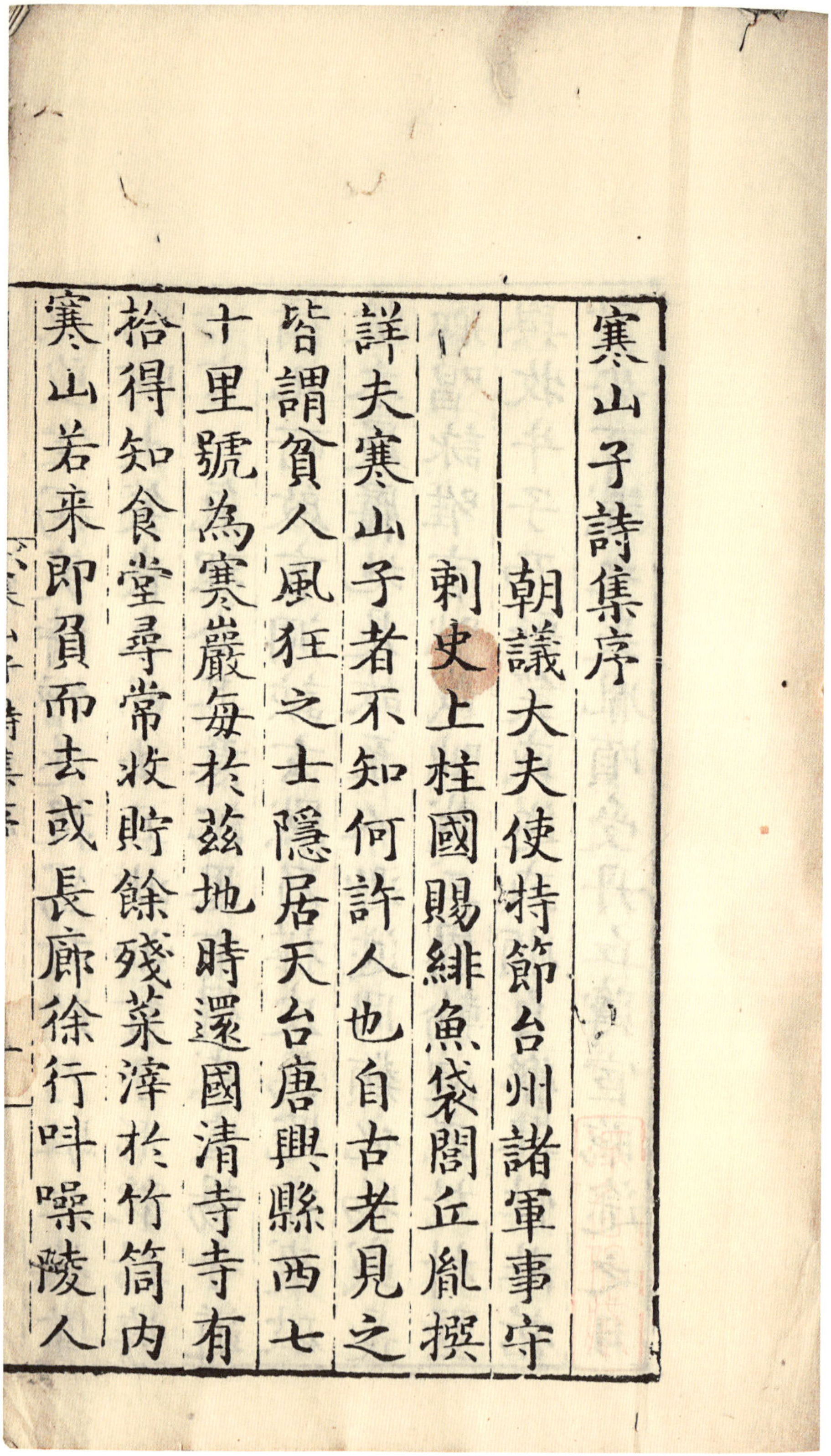

寒山子詩集序
朝議大夫使持節台州諸軍事守
刺史上柱國賜緋魚袋閭丘胤撰
詳夫寒山子者不知何許人也自古老見之
皆謂貧人風狂之士隱居天台唐興縣西七
十里號為寒巖每於茲地時還國清寺寺有
拾得知食堂尋常收貯餘殘菜滓於竹筒内
寒山若来即負而去或長廊徐行叫噪陵人

10402 寒山子詩集一卷 （唐）釋寒山子撰 明萬曆刻本 旅順博物館

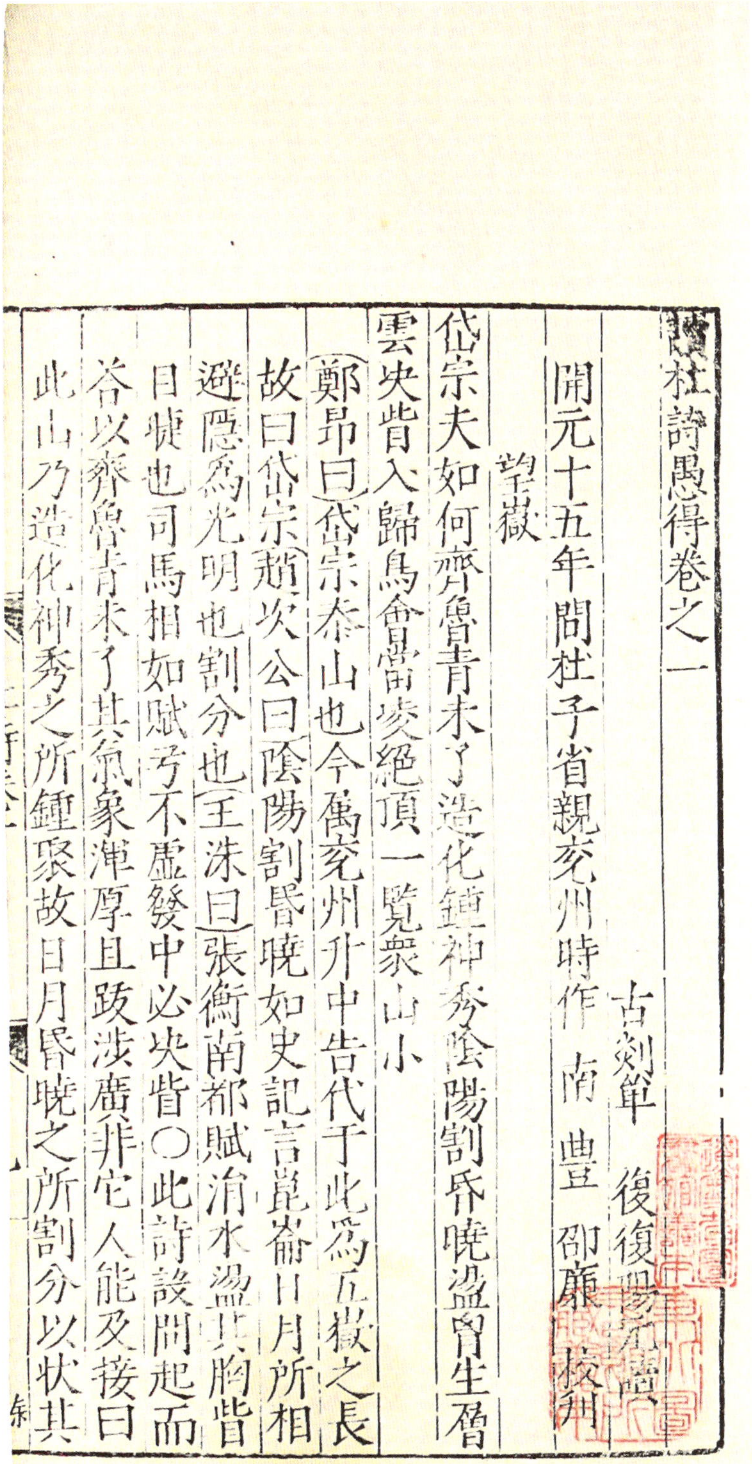

讀杜詩愚得卷之一
古剡單　復陽元著
南豐　邵廉　校刊
開元十五年間杜子省親兗州時作
望嶽
岱宗夫如何齊魯青未了造化鍾神秀陰陽割昏曉盪胸生層
雲決眥入歸鳥會當凌絕頂一覽衆山小
(鄭昂曰)岱宗泰山也今屬兗州升中告代于此爲五嶽之長
故曰岱宗(趙)次公曰陰陽割昏曉如史記言崑崙日月所相
避隱爲光明也割分也(王洙曰)張衡南都賦消水盪其胸背
目睫也司馬相如賦弓不虛發中必決眥○此詩設問起而
荅以齊魯青未了其氣象渾厚且跂涉廣非它人能及接曰
此山乃造化神秀之所鍾聚故日月昏曉之所割分以狀其

10403　讀杜詩愚得十八卷　（明）單復撰　明邵廉刻本　遼寧省圖書館

存十七卷（一至八、十至十八）

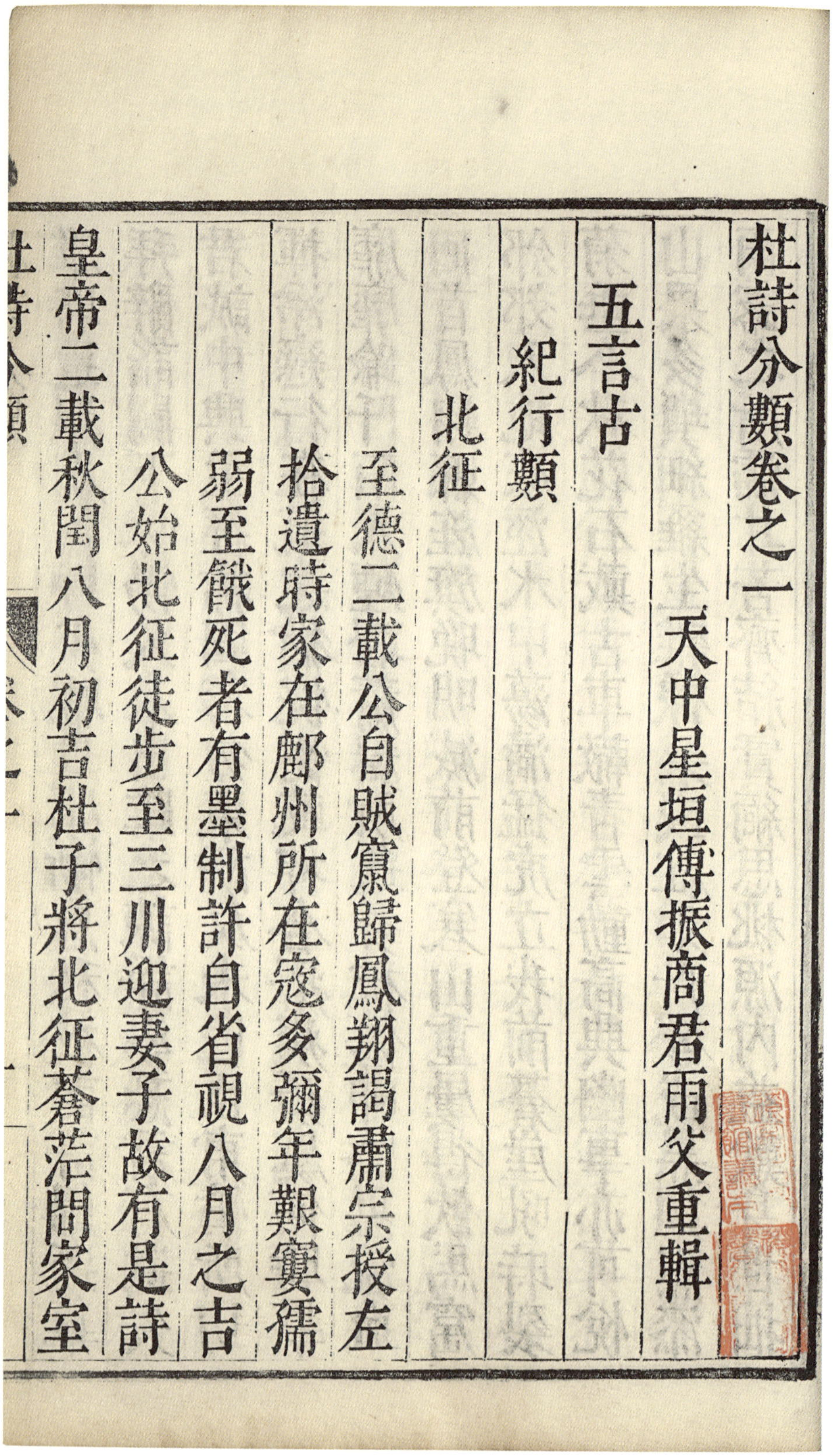
杜詩分類卷之一　天中星垣傅振商君雨父重輯
五言古
紀行類
北征
至德二載公自賊竄歸鳳翔謁肅宗授左
拾遺時家在鄜州所在寇多彌年艱窶孺
弱至餓死者有墨制許自省視八月之吉
公始北征徒步至三川迎妻子故有是詩
皇帝二載秋閏八月初吉杜子將北征蒼茫問家室

10404　杜詩分類五卷　（唐）杜甫撰　（明）傅振商輯　明萬曆四十六年（1618）刻本　遼寧省圖書館

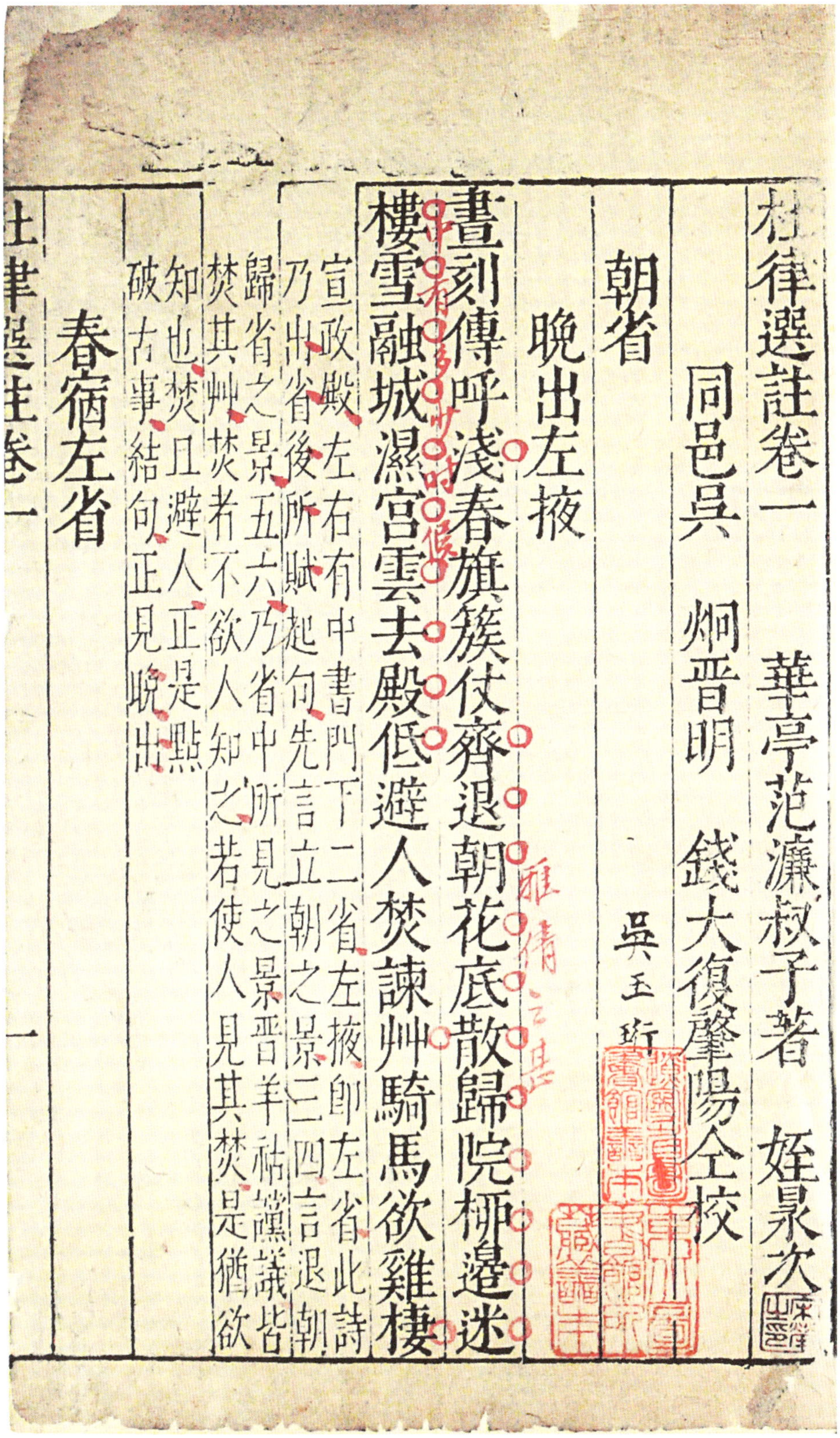

杜律選註卷一　華亭范濂叔子著　姪泉次
同邑吳　炯晋明　錢大復肇陽仝校
吳玉衍
朝省
晚出左掖
晝刻傳呼淺春旗簇仗齊退朝花底散歸院柳邊迷
樓雪融城濕宮雲去殿低避人焚諫艸騎馬欲雞棲
宣政殿左右有中書門下二省左掖卽左省此詩
乃出省後所賦起句先言立朝之景三四言退朝
歸省之景五六乃省中所見之景晋羊祜讜議皆
焚其艸焚者不欲人知之若使人見其焚是猶欲
知也焚且避人正是點
破古事結句正見晚出
春宿左省
杜律選註卷一　一

10405　杜律選註六卷　（唐）杜甫撰　（明）范濂注　明萬曆書林種德堂熊冲宇刻本　遼寧省圖書館

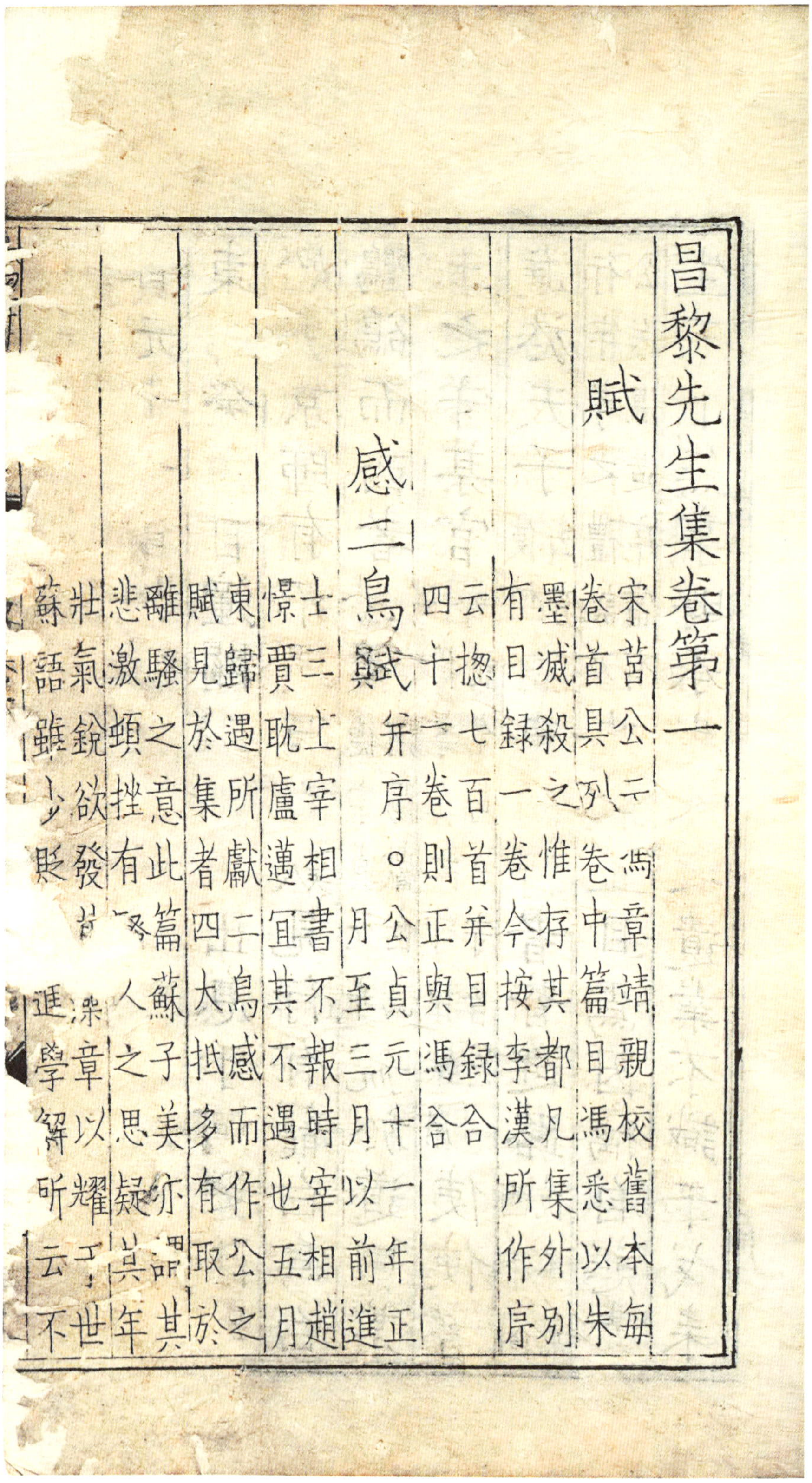

昌黎先生集卷第一

賦　宋莒公云馮章靖親校舊本每卷首具列卷中篇目馮悉以朱墨滅殺之惟存其都凡集外別有目録一卷今按李漢所作序云揔七百首并目録合四十一卷則正與馮合

感二鳥賦并序○公貞元十一年正月至三月以前進士三上宰相書不報時宰相趙憬賈耽盧邁宜其不遇也五月東歸遇所獻二鳥感而作公之賦見於集者四大抵多有取於離騷之意此篇蘇子美亦謂其悲激頓挫有騷人之思疑其年壯氣鋭欲發其[illegible]渫章以耀于世蘇語雖少貶[illegible]進學解所云不

10406　昌黎先生集四十卷外集十卷遺文一卷　（唐）韓愈撰　明徐氏東雅堂刻本　錦州市圖書館

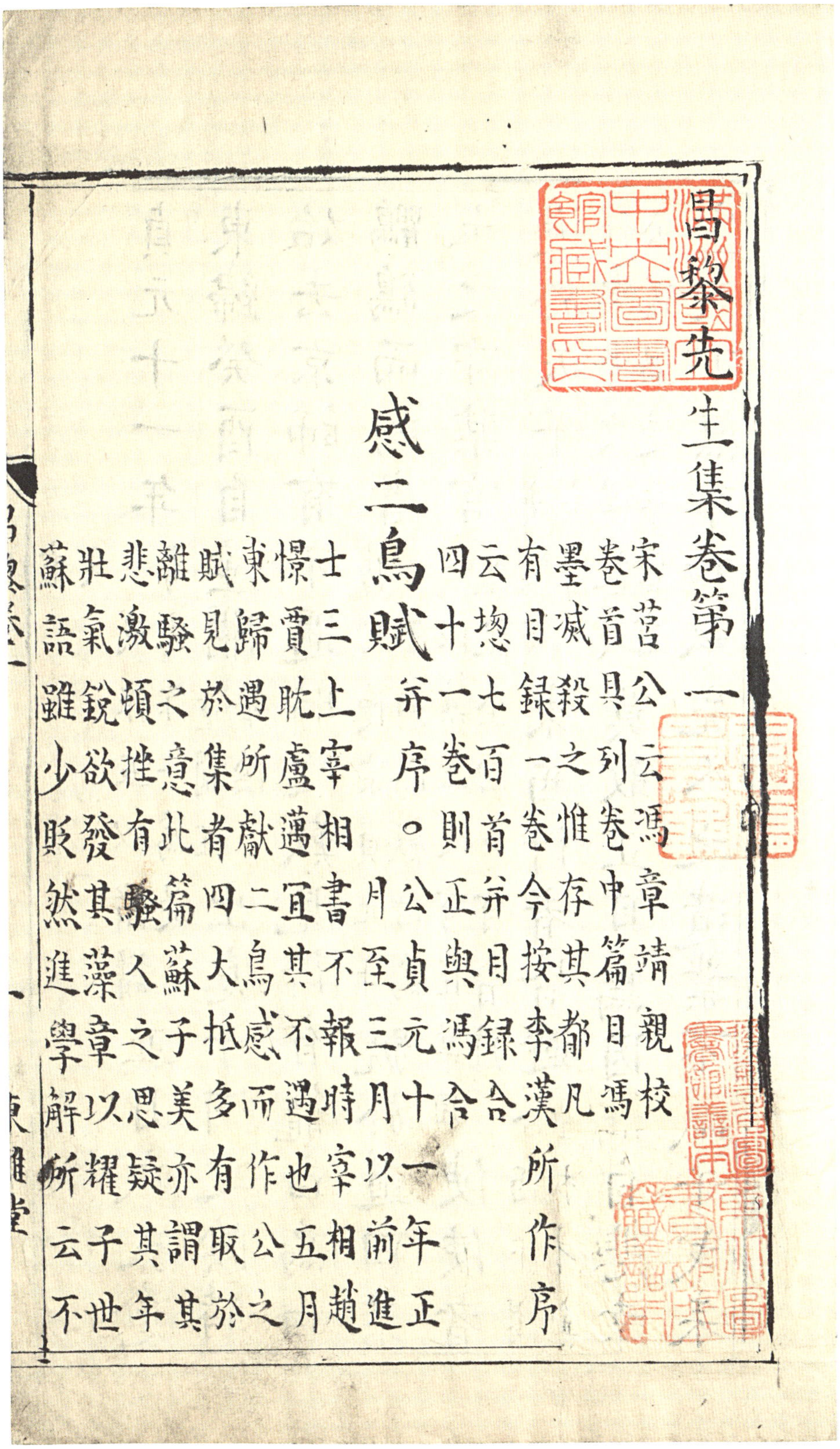

10407　昌黎先生集四十卷外集十卷遺文一卷朱子校昌黎先生集傳一卷　（唐）韓愈撰　（宋）廖瑩中校正　明徐氏東雅堂刻清初冠山堂重修本（卷一至二係補抄）　遼寧省圖書館

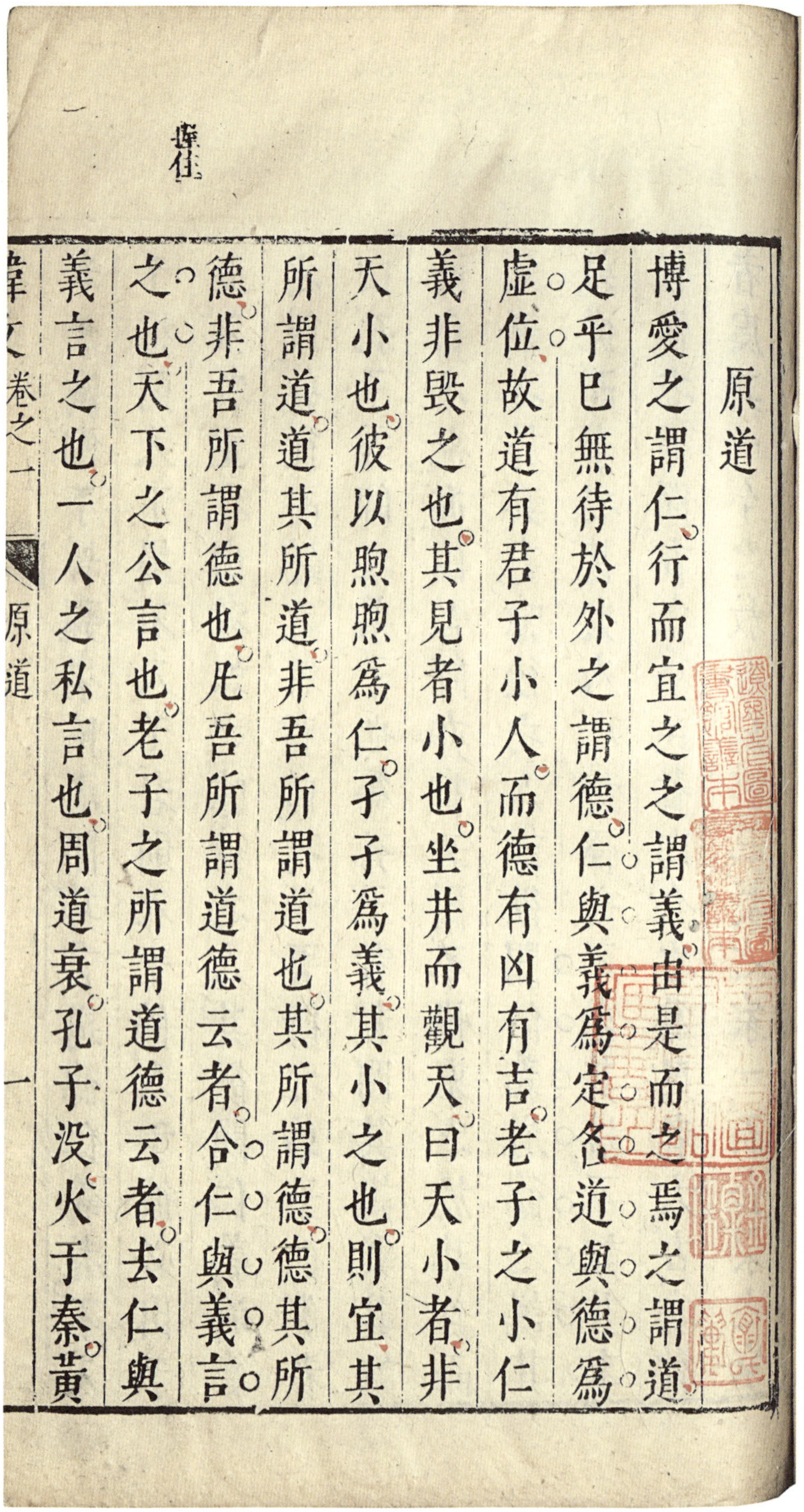
原道

博愛之謂仁行而宜之之謂義由是而之焉之謂道足乎已無待於外之謂德仁與義爲定名道與德爲虚位故道有君子小人而德有凶有吉老子之小仁義非毀之也其見者小也坐井而觀天曰天小者非天小也彼以煦煦爲仁孑孑爲義其小之也則宜其所謂道道其所道非吾所謂道也其所謂德德其所德非吾所謂德也凡吾所謂道德云者合仁與義言之也天下之公言也老子之所謂道德云者去仁與義言之也一人之私言也周道衰孔子沒火于秦黄

韓文 卷之一 原道 一

10408　顧瑞屏太史評閲韓昌黎先生全集四十卷　（唐）韓愈撰　（明）顧錫疇評　明崇禎六年（1633）胡文柱刻本　遼寧省圖書館

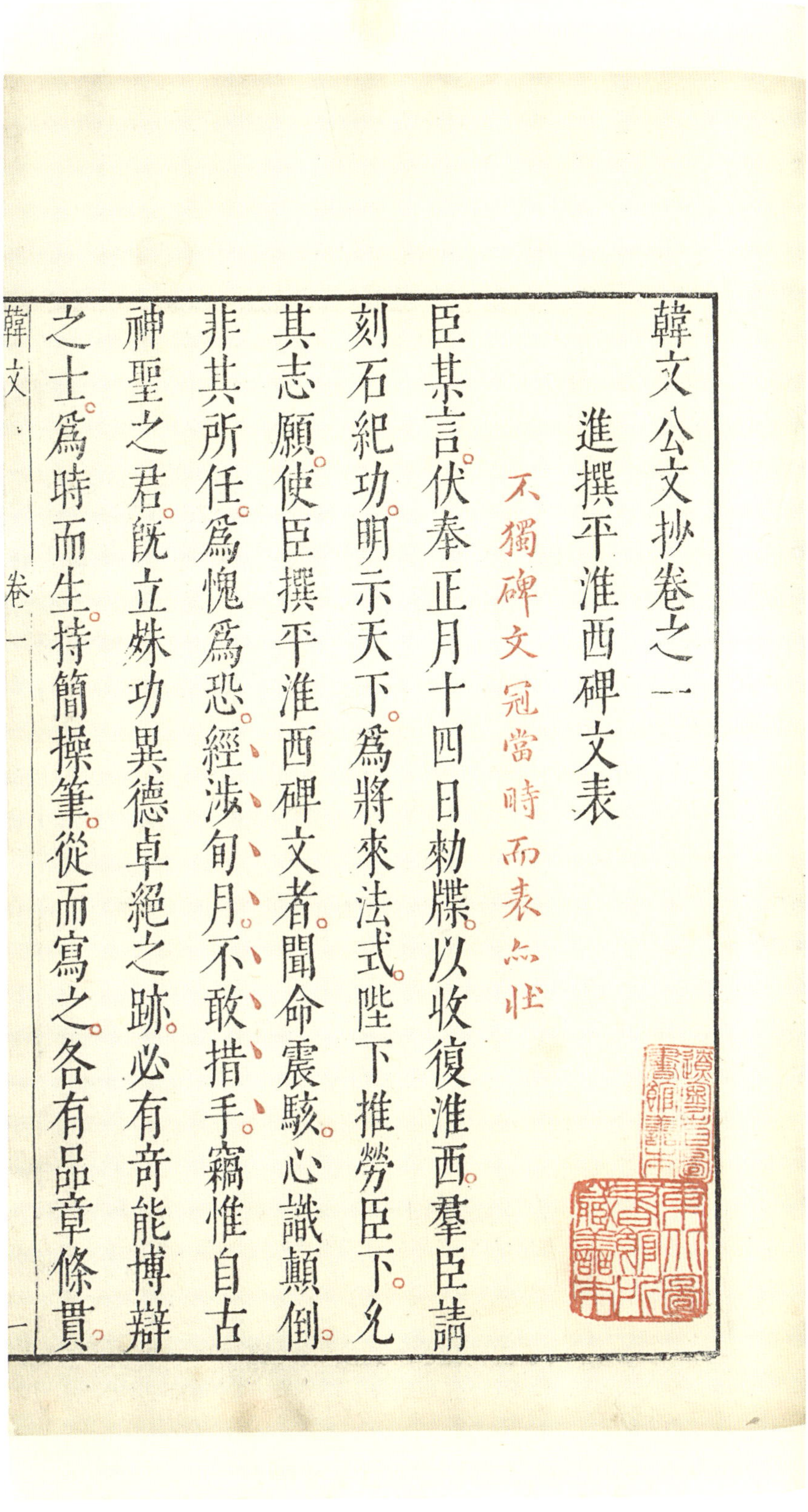
韓文公文抄卷之一
進撰平淮西碑文表
不獨碑文冠當時而表亦壯
臣某言伏奉正月十四日勑牒以收復淮西羣臣請
刻石紀功明示天下爲將來法式陛下推勞臣下允
其志願使臣撰平淮西碑文者聞命震駭心識顛倒
非其所任爲愧爲恐經涉旬月不敢措手竊惟自古
神聖之君既立殊功異德卓絶之跡必有奇能博辯
之士爲時而生持簡操筆從而寫之各有品章條貫
韓文　卷一　一

10409　韓文公文抄十六卷　（唐）韓愈撰　（明）茅坤評點　明萬曆四十五年（1617）閔齊伋刻朱墨套印本　遼寧省圖書館

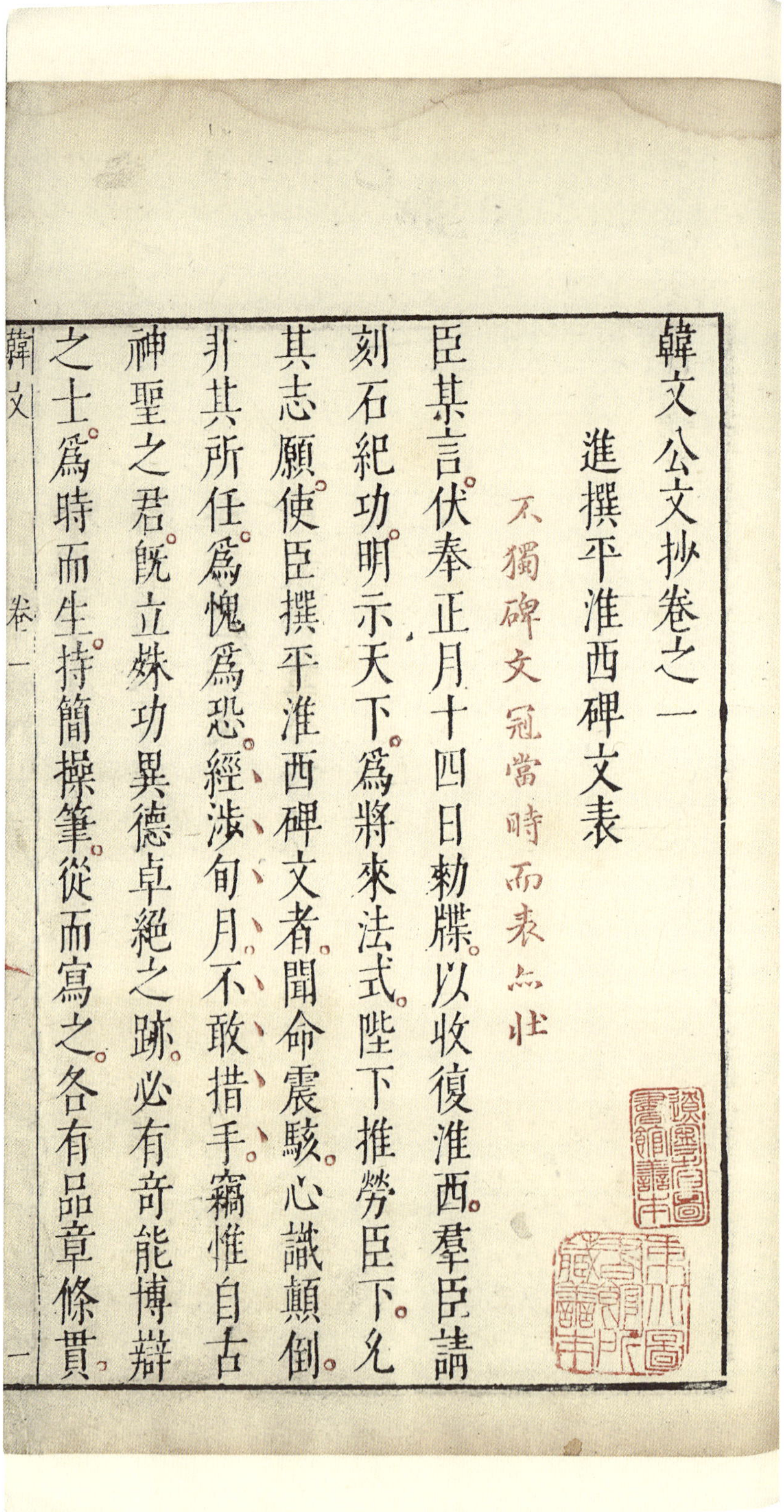

韓文公文抄卷之一

進撰平淮西碑文表

不獨碑文冠當時而表亦壯

臣某言伏奉正月十四日勑牒以收復淮西羣臣請刻石紀功明示天下爲將來法式陛下推勞臣下允其志願使臣撰平淮西碑文者聞命震駭心識顛倒非其所任爲愧爲恐經涉旬月不敢措手竊惟自古神聖之君既立殊功異德卓絕之跡必有奇能博辯之士爲時而生持簡操筆從而寫之各有品章條貫

韓文　卷一　一

10410　韓文公文抄十六卷　（唐）韓愈撰　（明）茅坤評點　明萬曆四十五年（1617）閔齊伋刻朱墨套印本　遼寧省圖書館

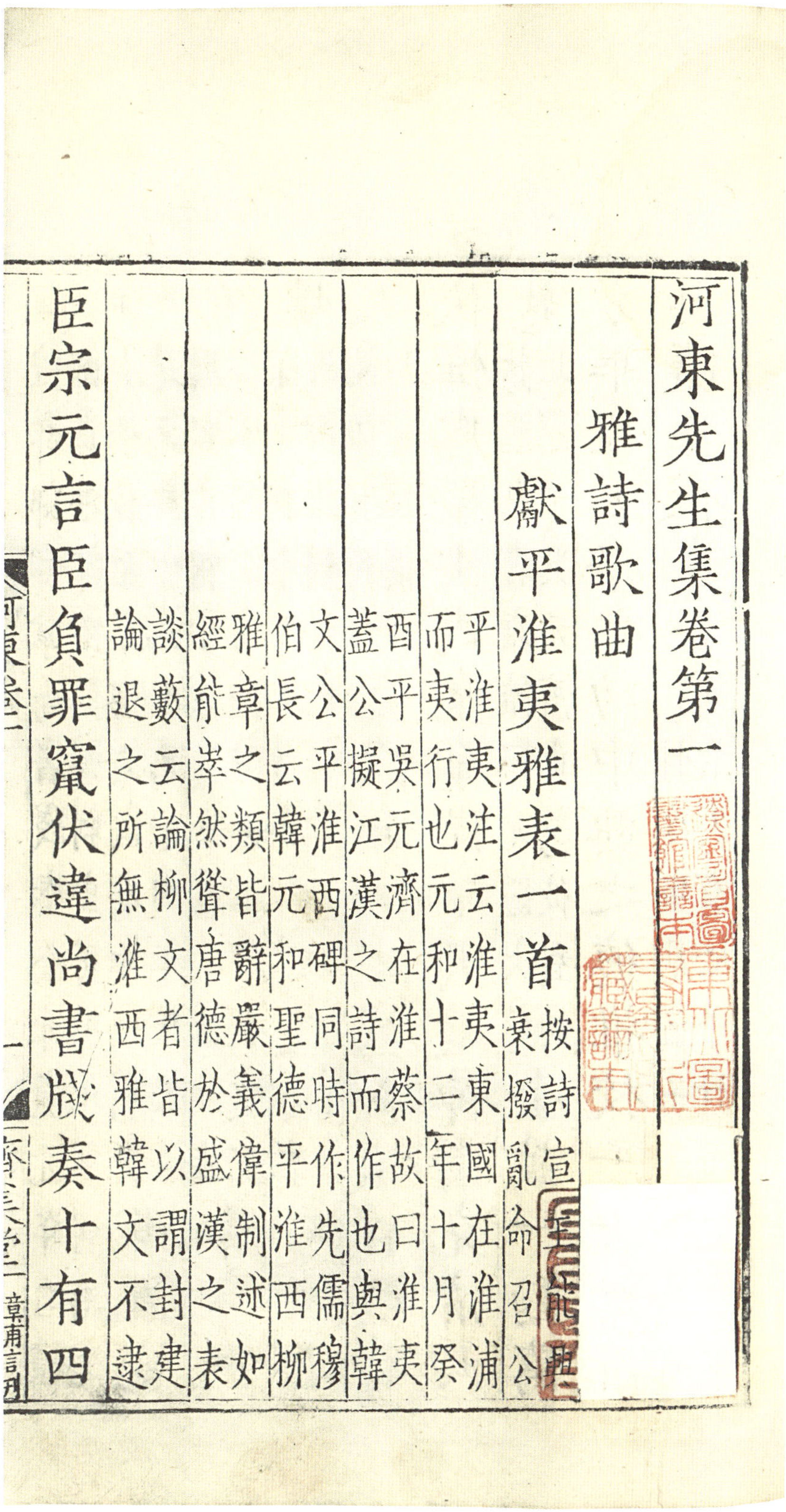

河東先生集卷第一

雅詩歌曲

獻平淮夷雅表一首 按詩宣 衰撥亂命召公 平淮夷注云淮夷東國在淮浦而夷行也元和十二年十月癸酉平吳元濟在淮蔡故曰淮夷蓋公擬江漢之詩而作也與韓文公平淮西碑同時作先儒穆伯長云韓元和聖德平淮西柳雅章之類皆辭嚴義偉制述如經能崒然聳唐德於盛漢之表談藪云論柳文者皆以謂封建論退之所無淮西雅韓文不逮

臣宗元言臣負罪竄伏違尚書牋奏十有四

10411　河東先生集四十五卷外集二卷龍城録二卷　（唐）柳宗元撰　（宋）廖瑩中校正　**附録二卷傳一卷**　明郭雲鵬濟美堂刻本　遼寧省圖書館

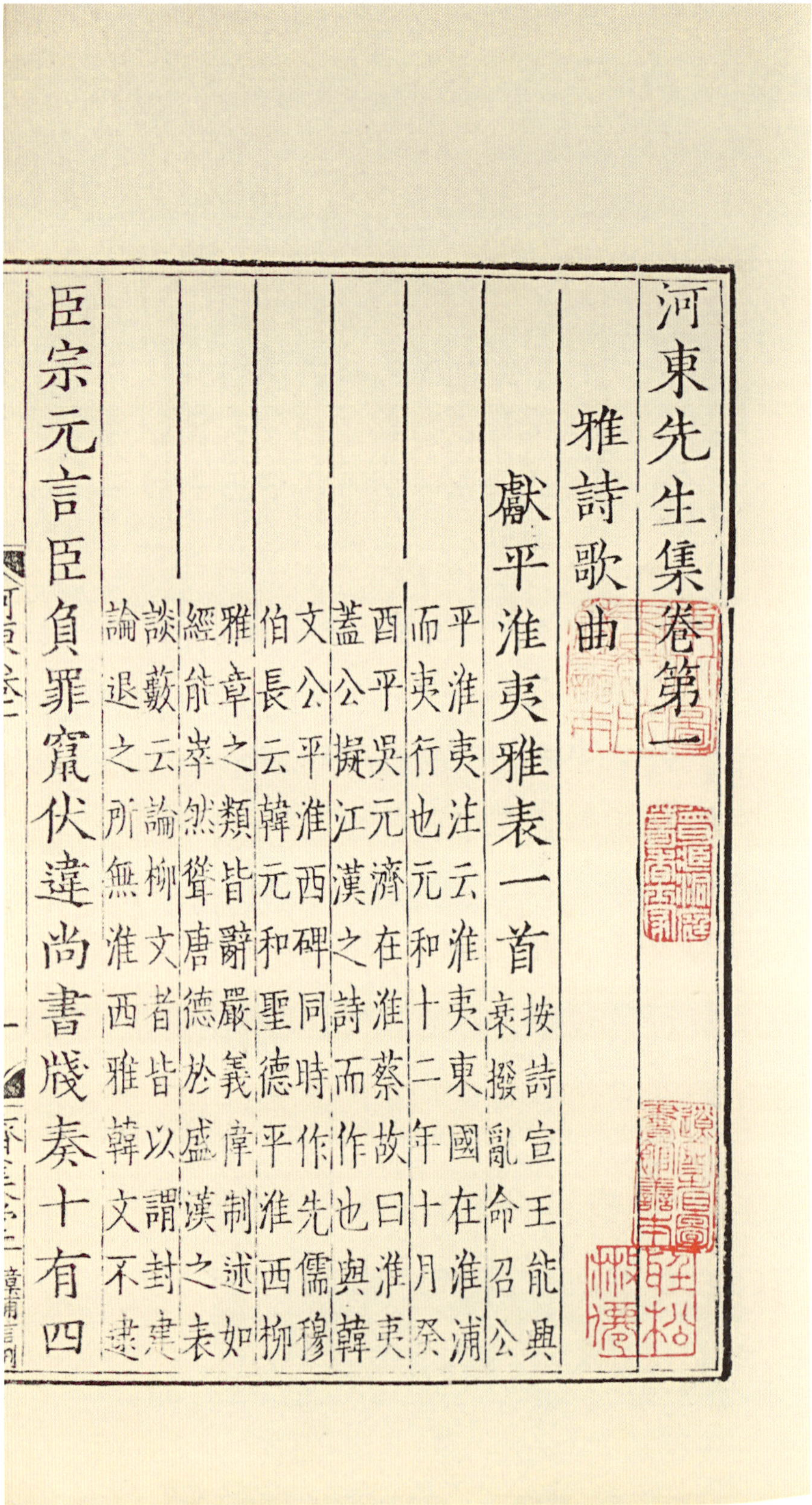
河東先生集卷第一

雅詩歌曲

獻平淮夷雅表一首　按詩宣王能興衰撥亂命召公平淮夷注云淮夷東國在淮浦而夷行也元和十二年十月癸酉平吳元濟在淮蔡故曰淮夷蓋公擬江漢之詩而作也與韓文公平淮西碑同時作先儒穆伯長云韓元和聖德平淮西柳雅章之類皆辭嚴義偉制述如經能崒然聳唐德於盛漢之表談藪云論柳文者皆以謂封建論退之所無淮西雅韓文不逮

臣宗元言臣負罪竄伏違尚書牋奏十有四

10412　河東先生集四十五卷外集二卷龍城録二卷　（唐）柳宗元撰　（宋）廖瑩中校正　**附録二卷傳一卷**　明郭雲鵬濟美堂刻本　遼寧省圖書館

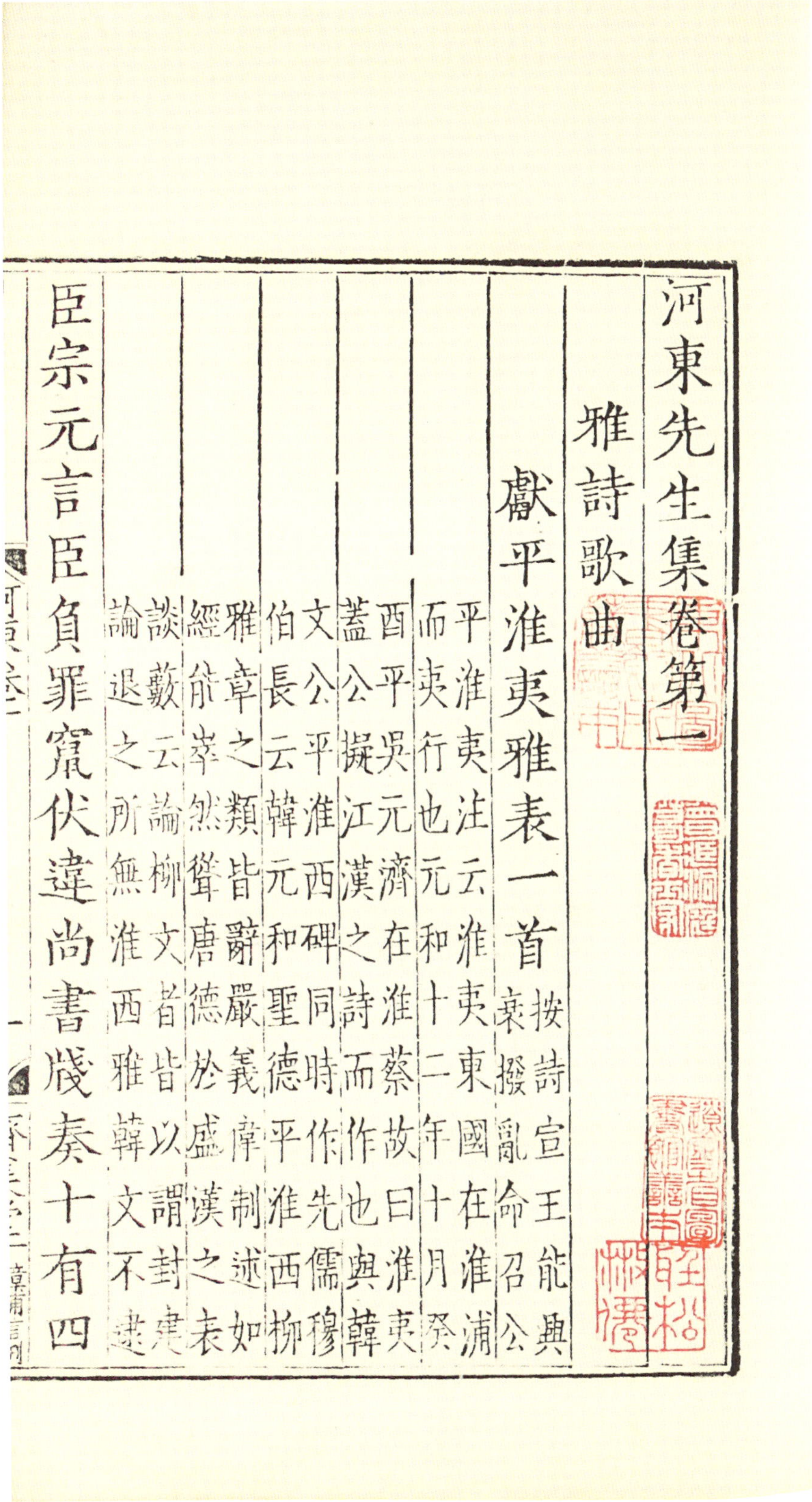
河東先生集卷第一
雅詩歌曲
獻平淮夷雅表一首 按詩宣王能興衰撥亂命召公
平淮夷注云淮夷東國在淮浦
而夷行也元和十二年十月癸
酉平吳元濟在淮蔡故曰淮夷
蓋公擬江漢之詩而作也與韓
文公平淮西碑同時作先儒穆
伯長云韓元和聖德平淮西柳
雅章之類皆辭嚴義庠制述如
經能萃然聳唐德於盛漢之表
談藪云論柳文者皆以謂封建
論退之所無淮西雅韓文不逮
臣宗元言臣負罪竄伏違尚書牋奏十有四

10413　河東先生集四十五卷外集二卷龍城録二卷　（唐）柳宗元撰　（宋）廖瑩中校正　**附録二卷傳一卷**　明郭雲鵬濟美堂刻本　遼寧省圖書館

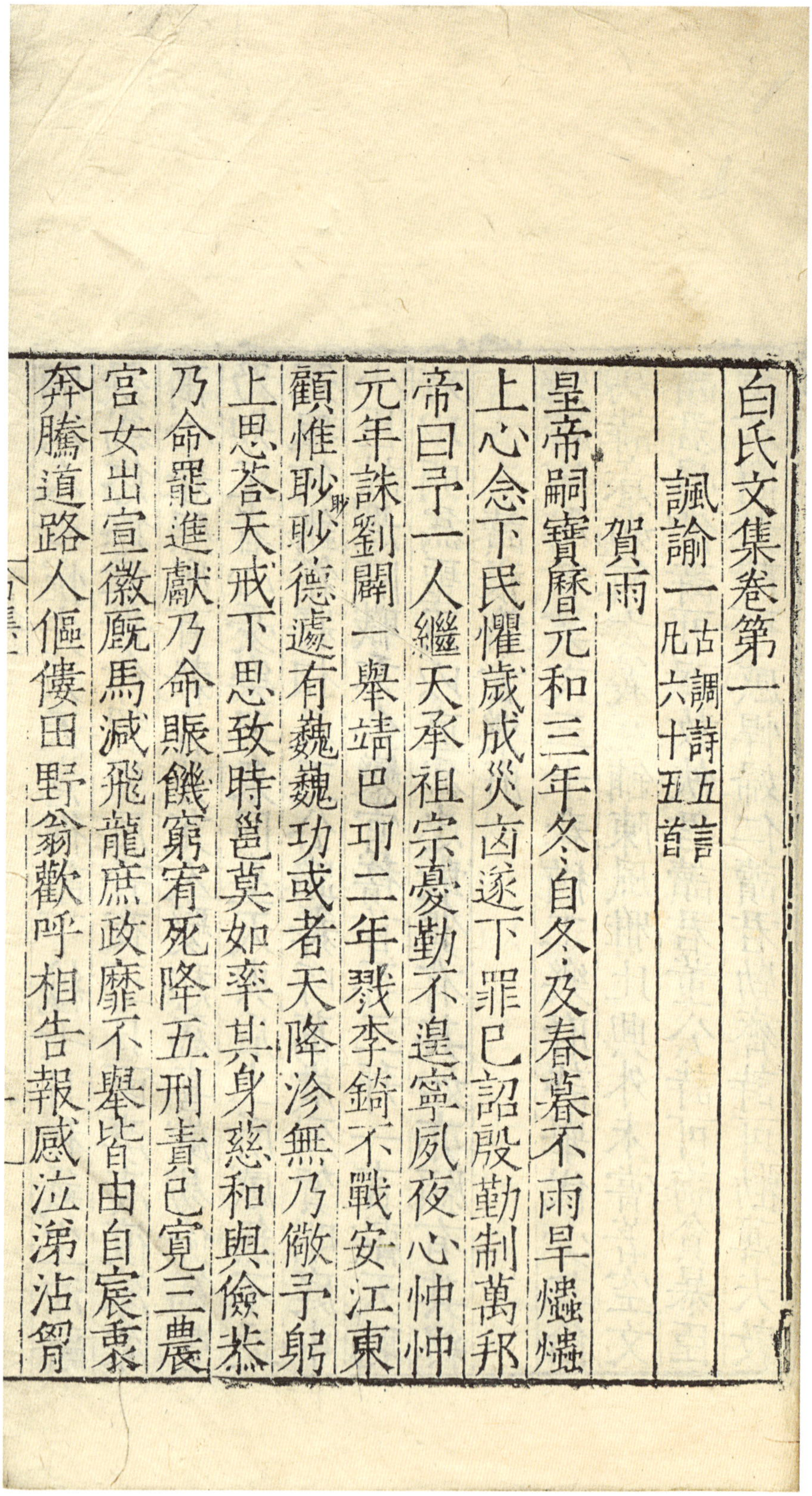
白氏文集卷第一
諷諭一 古調詩五言 凡六十五首
賀雨
皇帝嗣寳曆元和三年冬自冬及春暮不雨旱爞爞
上心念下民懼歲成災凶遂下罪巳詔殷勤制萬邦
帝曰予一人繼天承祖宗憂勤不遑寧夙夜心忡忡
元年誅劉闢一舉靖巴邛二年戮李錡不戰安江東
顧惟眇眇德遽有巍巍功或者天降沴無乃儆予躬
上思荅天戒下思致時邕莫如率其身慈和與儉恭
乃命罷進獻乃命賑饑窮宥死降五刑責巳寬三農
宮女出宣徽廏馬減飛龍庶政靡不舉皆由自宸衷
奔騰道路人傴僂田野翁歡呼相告報感泣涕沾胷

10414 白氏文集七十一卷 （唐）白居易撰 明嘉靖十七年（1538）伍忠光龍池草堂刻本 大連圖書館

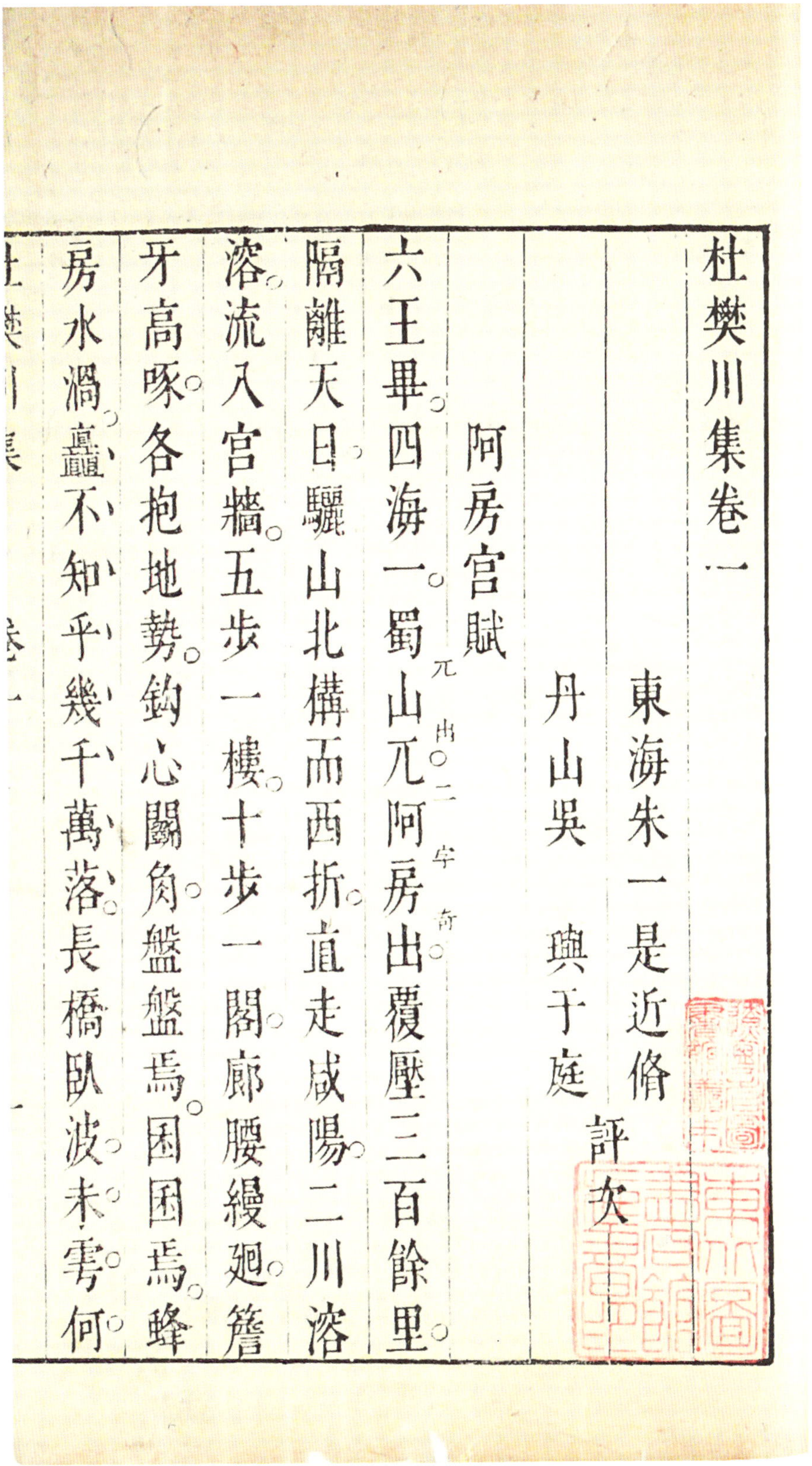

杜樊川集卷一
東海朱一是近脩
丹山吳　璵于庭　評次
阿房宮賦
六王畢四海一蜀山兀阿房出覆壓三百餘里（兀出二字奇）
隔離天日驪山北構而西折直走咸陽二川溶
溶流入宮牆五步一樓十步一閣廊腰縵廻簷
牙高啄各抱地勢鈎心鬬角盤盤焉囷囷焉蜂
房水渦矗不知乎幾千萬落長橋臥波未雲何
杜樊川集　卷一　一

10415　杜樊川集十七卷　（唐）杜牧撰　（明）朱一是　吴璵評　明末吴氏西爽堂刻本　遼寧省圖書館

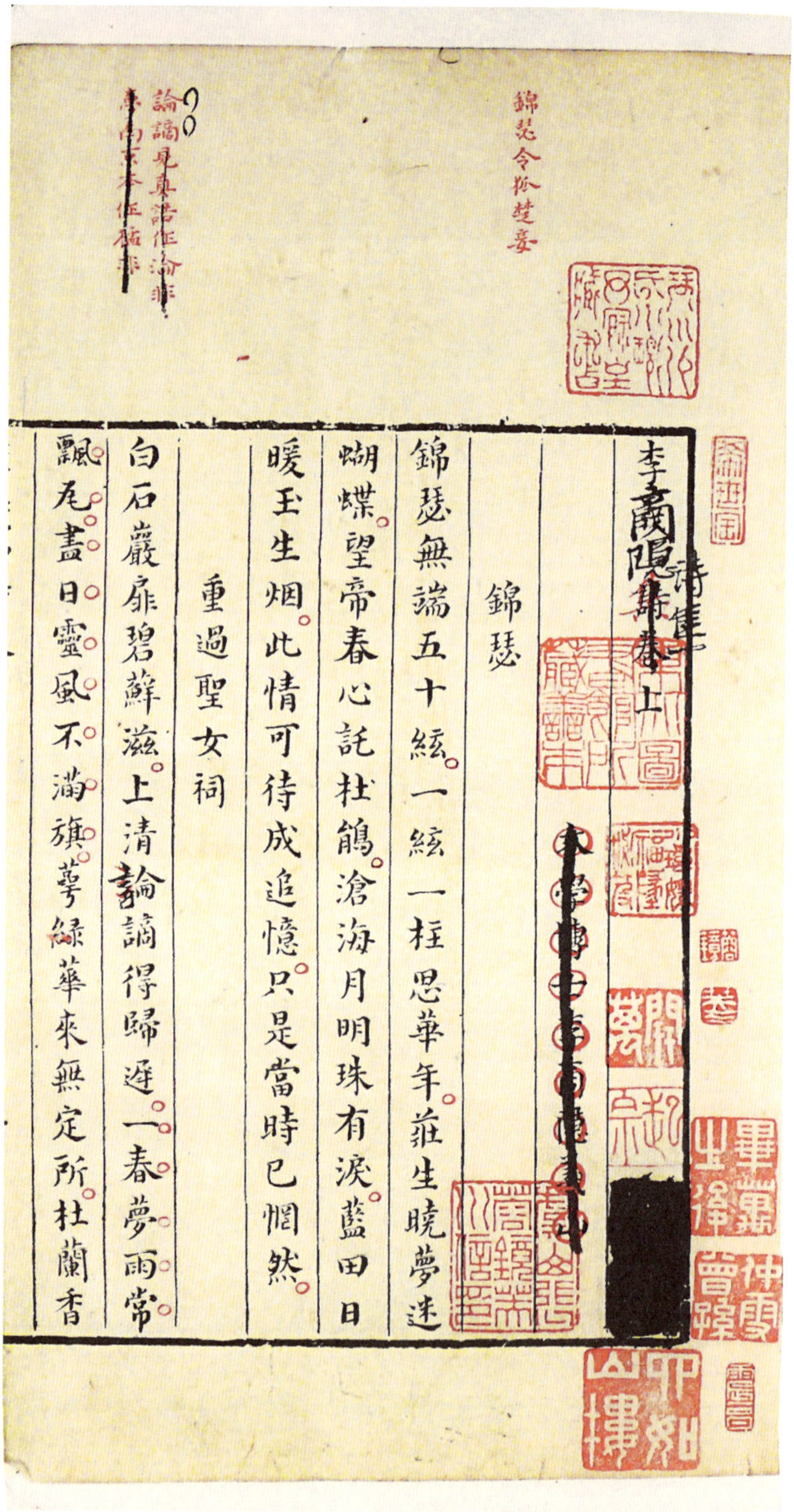
李商隱詩集卷上
錦瑟
錦瑟無端五十絃一絃一柱思華年莊生曉夢迷
蝴蝶望帝春心託杜鵑滄海月明珠有淚藍田日
暖玉生烟此情可待成追憶只是當時已惘然
重過聖女祠
白石巖扉碧蘚滋上清淪謫得歸遲一春夢雨常
飄瓦盡日靈風不滿旗萼綠華來無定所杜蘭香

10416　李商隱詩集三卷　（唐）李商隱撰　（明）錢謙益校正　明末錢謙益抄本　遼寧省圖書館

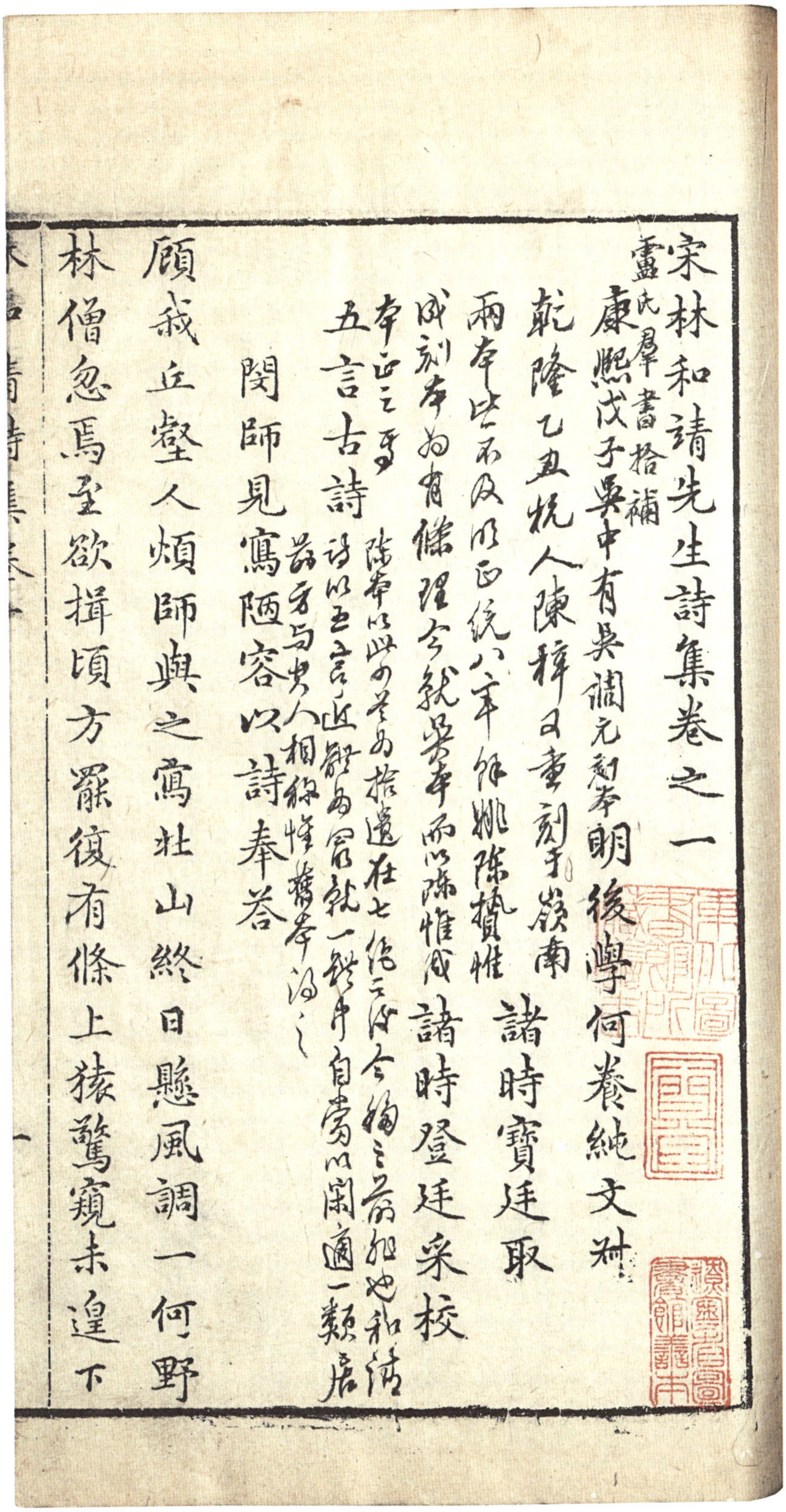

10417　林和靖先生詩集四卷補遺一卷省心録一卷附録一卷　（宋）林逋撰　（明）何養純　諸時寶等輯　明萬曆四十一年（1613）何養純等刻本　遼寧省圖書館

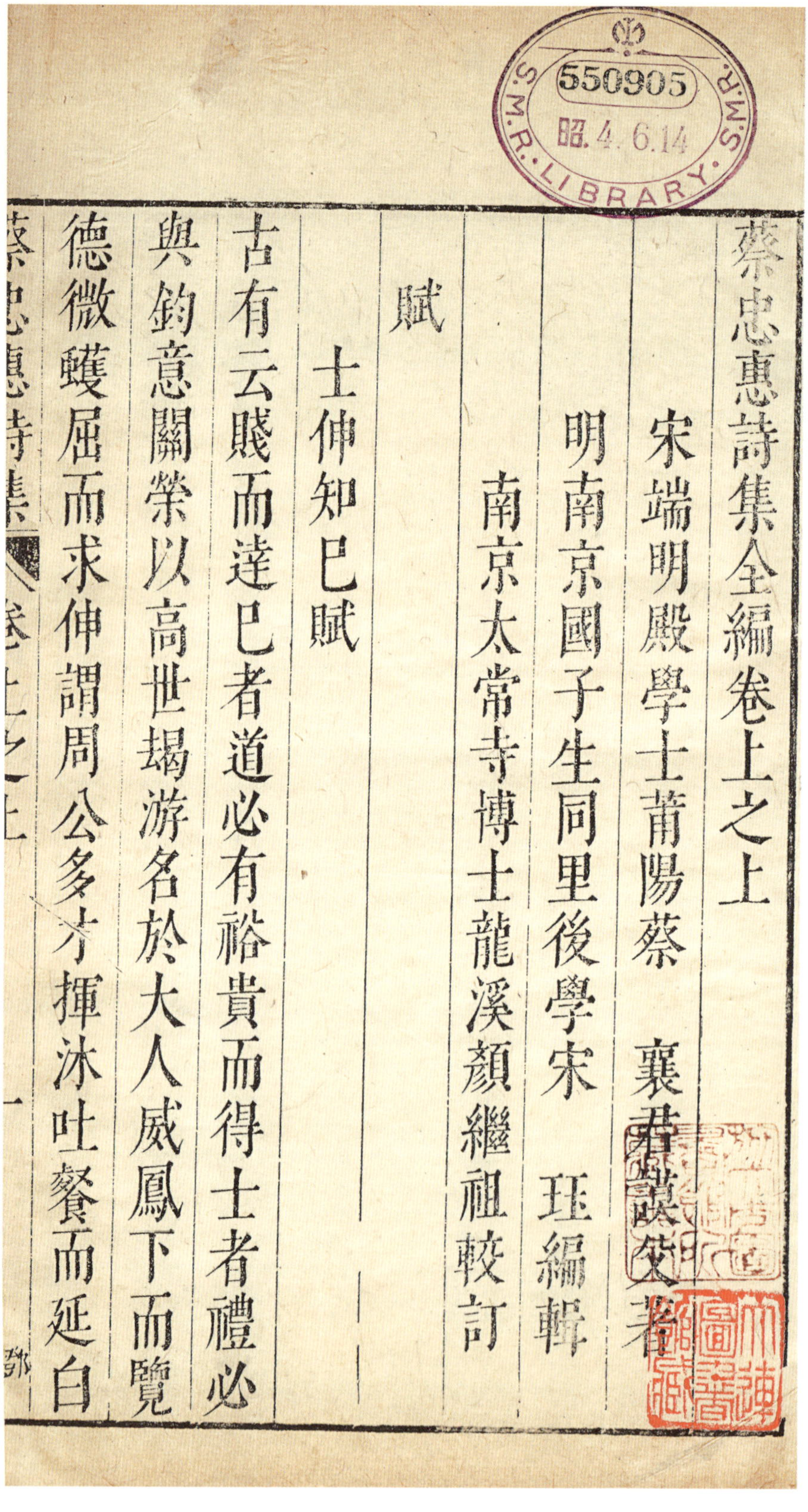

蔡忠惠詩集全編卷上之上

宋端明殿學士莆陽蔡　襄君謨父著

明南京國子生同里後學宋　珏編輯

南京太常寺博士龍溪顔繼祖較訂

賦

士伸知己賦

古有云賤而達己者道必有裕貴而得士者禮必與鈞意闕榮以高世揭游名於大人威鳳下而覽德微蠖屈而求伸謂周公多才揮沐吐餐而延白

蔡忠惠詩集　卷上之上　一

10418　蔡忠惠詩集全編二卷　（宋）蔡襄撰　（明）宋珏輯　明天啓二年（1622）顔繼祖等刻本　大連圖書館

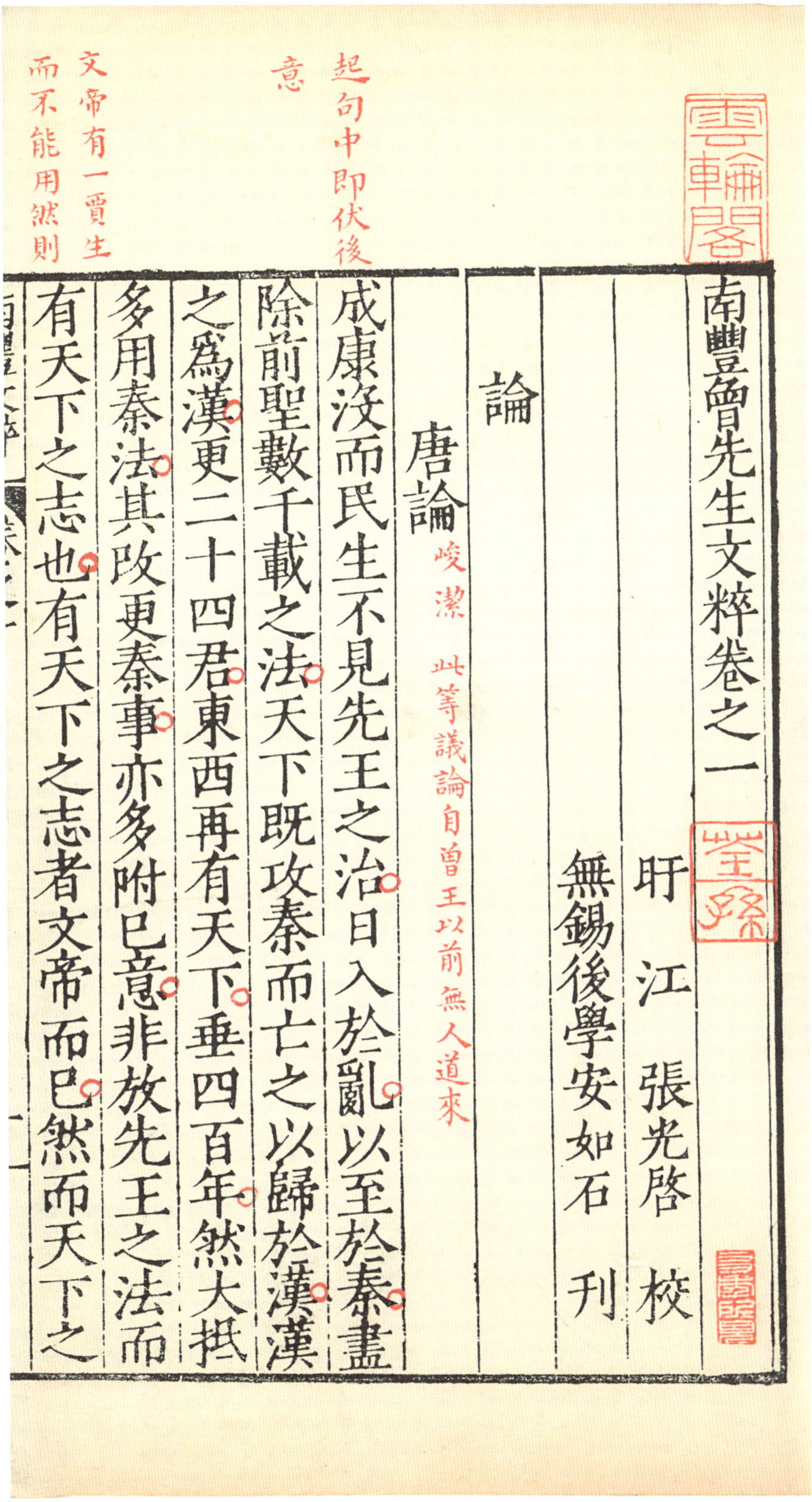
南豐曾先生文粹卷之一
盱江 張光啓 校
無錫後學安如石 刊
論
唐論
峻潔 此等議論自曾王以前無人道來
起句中即伏後意
成康沒而民生不見先王之治日入於亂以至於秦盡
除前聖數千載之法天下既攻秦而亡之以歸於漢漢
之爲漢更二十四君東西再有天下垂四百年然大抵
多用秦法其改更秦事亦多附已意非放先王之法而
文帝有一賈生而不能用然則
有天下之志也有天下之志者文帝而已然而天下之

10419 南豐曾先生文粹十卷 （宋）曾鞏撰 明嘉靖二十八年（1549）安如石刻本 遼寧大學圖書館

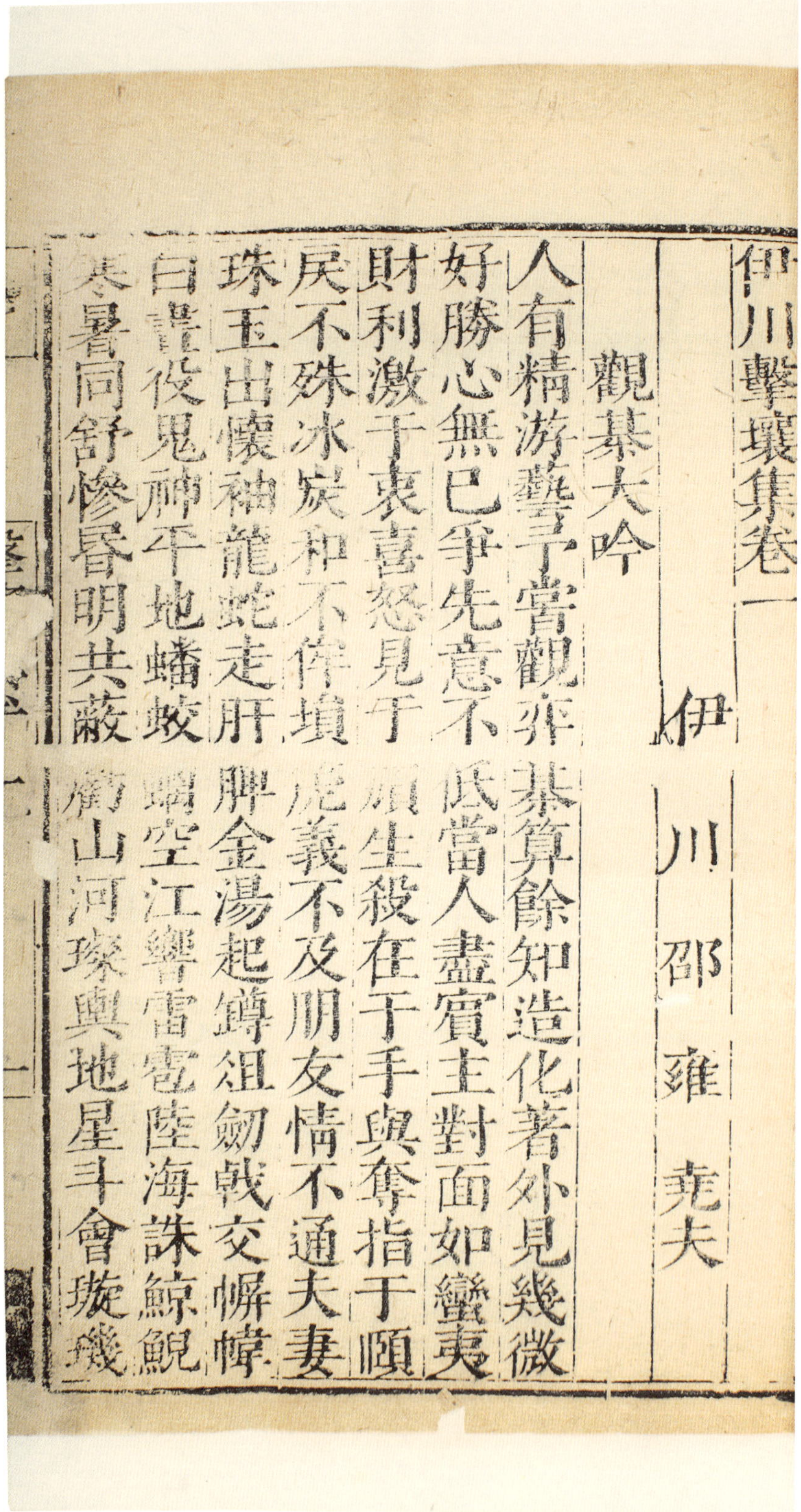

伊川擊壤集卷一

伊川　邵雍　堯夫

觀棊大吟

人有精游藝予嘗觀弈棊算餘知造化著外見幾微
好勝心無已爭先意不低當人盡賓主對面如蠻夷
財利激于衷喜怒見于顔生殺在于手與奪指于頤
戾不殊冰炭和不侔塤箎義不及朋友情不通夫妻
珠玉出懷袖龍蛇走肝脾金湯起罇俎劒戟交幈幃
白晝役鬼神平地蟠蛟螭空江響雷雹陸海誅鯨鯢
寒暑同舒慘昏明共蔽虧山河聚輿地星斗會璇璣

10420　伊川擊壤集二十卷　（宋）邵雍撰　明文靖書院刻本　遼寧省博物館

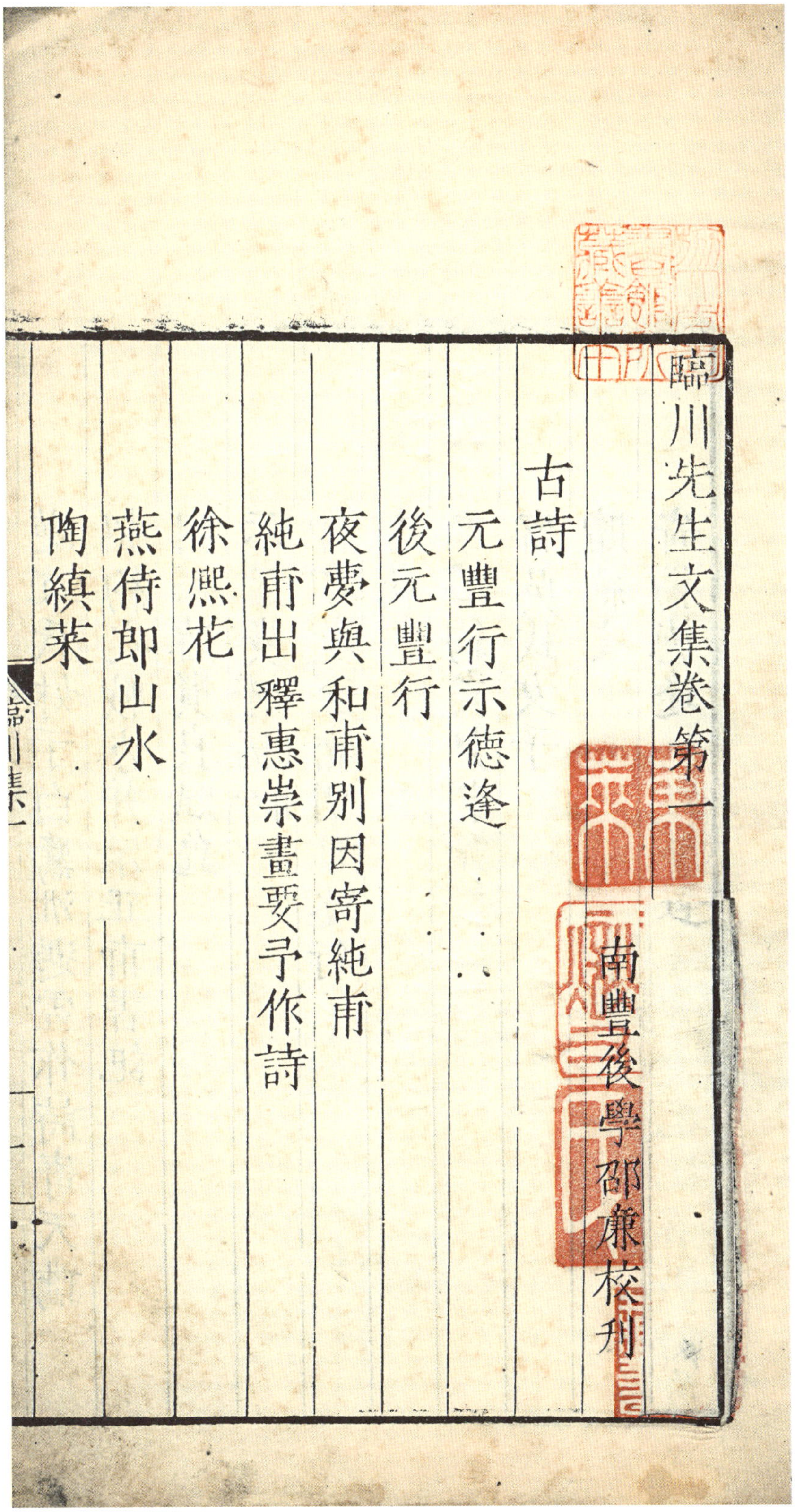

臨川先生文集卷第一

南豐後學邵廉校刊

古詩

元豐行示德逢

後元豐行

夜夢與和甫別因寄純甫

純甫出釋惠崇畫要予作詩

徐熙花

燕侍郎山水

陶縝菜

臨川集一

10421　臨川先生文集一百卷　（宋）王安石撰　明隆慶五年（1571）邵廉刻本　大連圖書館

存七十二卷（一至二十一、五十至一百）

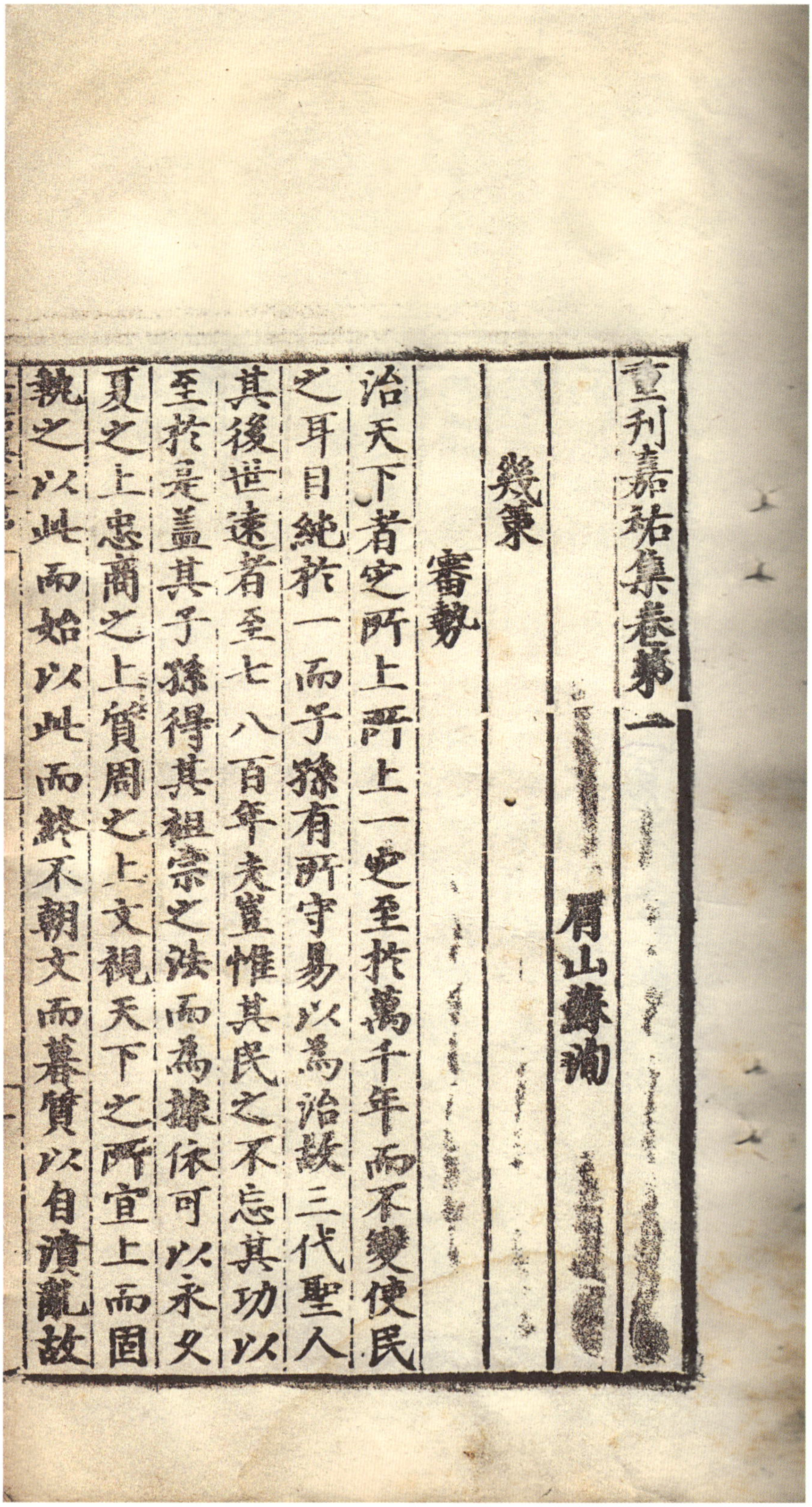

重刊嘉祐集卷第一　眉山蘇洵
幾策
審勢
治天下者定所上所上一定至於萬千年而不變使民
之耳目純於一而子孫有所守易以為治故三代聖人
其後世遠者至七八百年夫豈惟其民之不忘其功以
至於是蓋其子孫得其祖宗之法而為據依可以永久
夏之上忠商之上質周之上文視天下之所宜上而固
執之以此而始以此而終不朝文而暮質以自瀆亂故

10422　重刊嘉祐集十五卷　（宋）蘇洵撰　明嘉靖十一年（1532）太原府刻本　大連圖書館

存九卷（一至四、十一至十五）

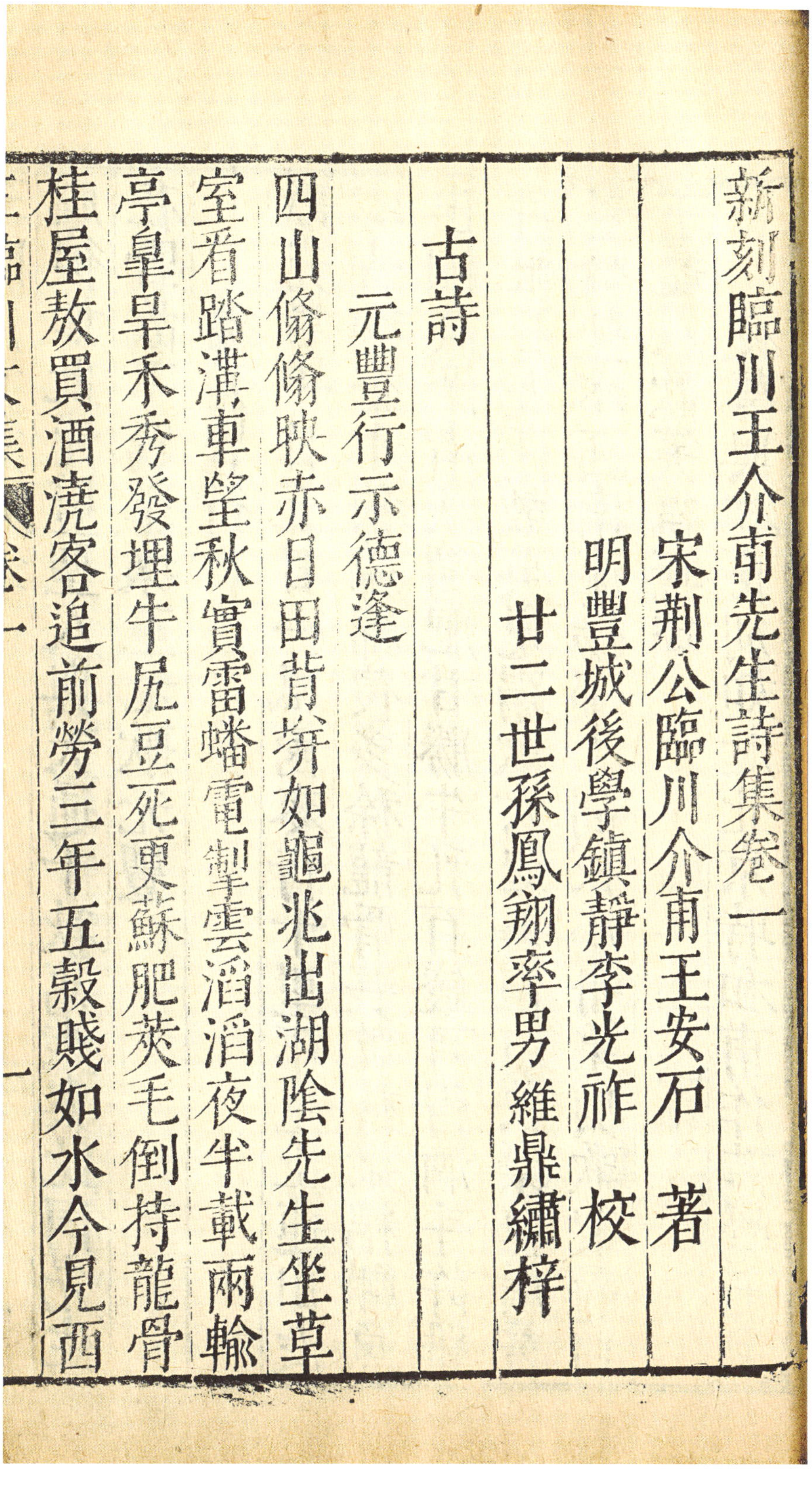
新刻臨川王介甫先生詩集卷一
宋荊公臨川介甫王安石　著
明豐城後學鎮靜李光祚　校
廿二世孫鳳翔率男維鼎繡梓

古詩

元豐行示德逢

四山翛翛映赤日田背坼如龜兆出湖陰先生坐草室看踏溝車望秋實雷蟠電掣雲滔滔夜半載兩輸亭皐旱禾秀發埋牛尻豆死更蘇肥莢毛倒持龍骨桂屋敖買酒澆客追前勞三年五穀賤如水今見西

10423　新刻臨川王介甫先生詩文集一百卷目録二卷　（宋）王安石撰

明萬曆四十年（1612）王鳳翔光啓堂刻本　大連圖書館

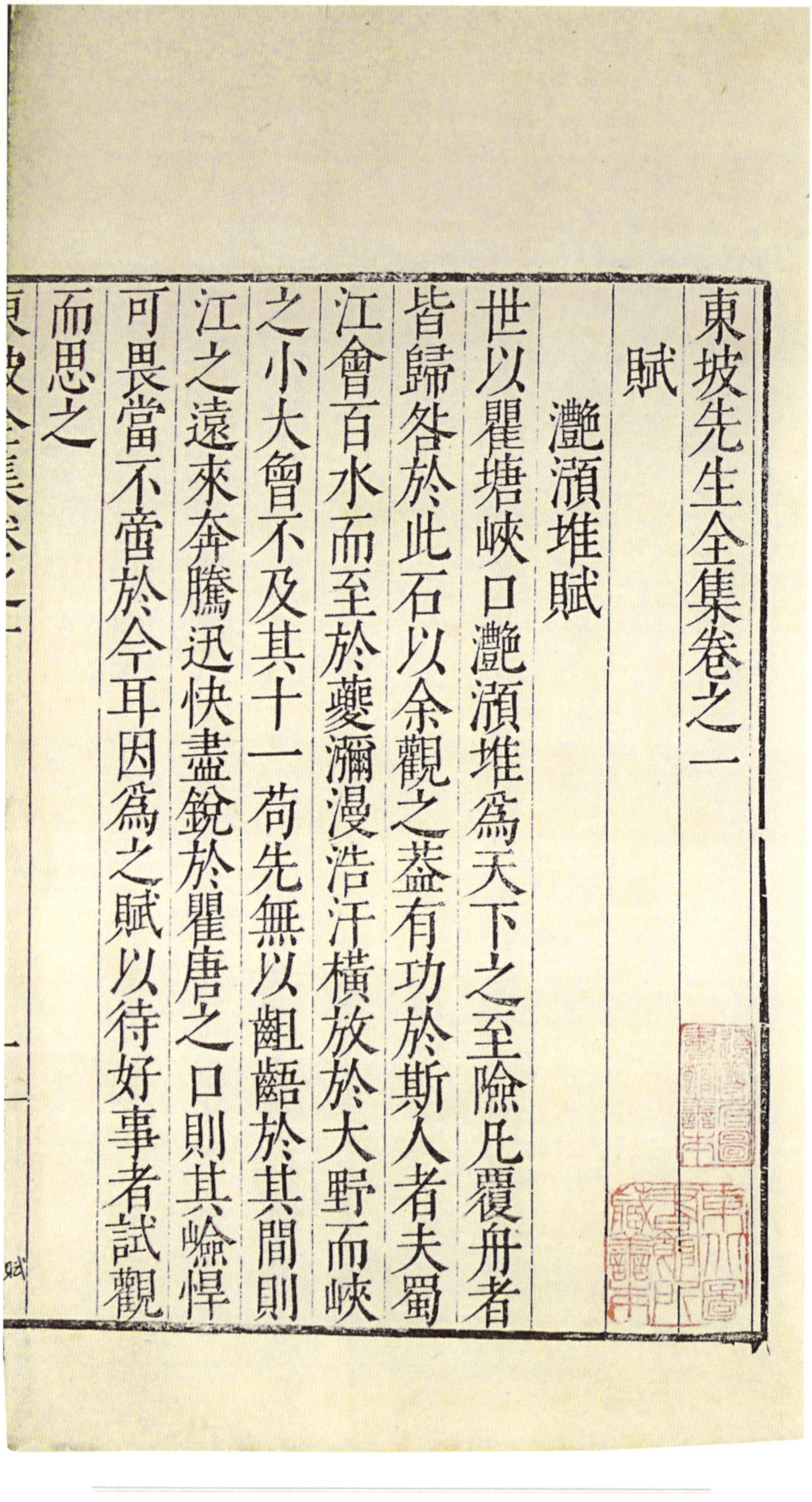

東坡先生全集卷之一

賦

灎澦堆賦

世以瞿塘峽口灎澦堆爲天下之至險凡覆舟者皆歸咎於此石以余觀之葢有功於斯人者夫蜀江會百水而至於夔瀰漫浩汗橫放於大野而峽之小大曾不及其十一苟先無以齟齬於其間則江之遠來奔騰迅快盡銳於瞿唐之口則其嶮悍可畏當不啻於今耳因爲之賦以待好事者試觀而思之

10424　東坡先生全集七十五卷　（宋）蘇軾撰　**宋史本傳一卷**　（元）脱脱撰　**東坡先生墓誌銘一卷**　（宋）蘇轍撰　**東坡先生年譜一卷**　（宋）王宗稷撰　明萬曆三十四年（1606）茅維刻本　遼寧省圖書館

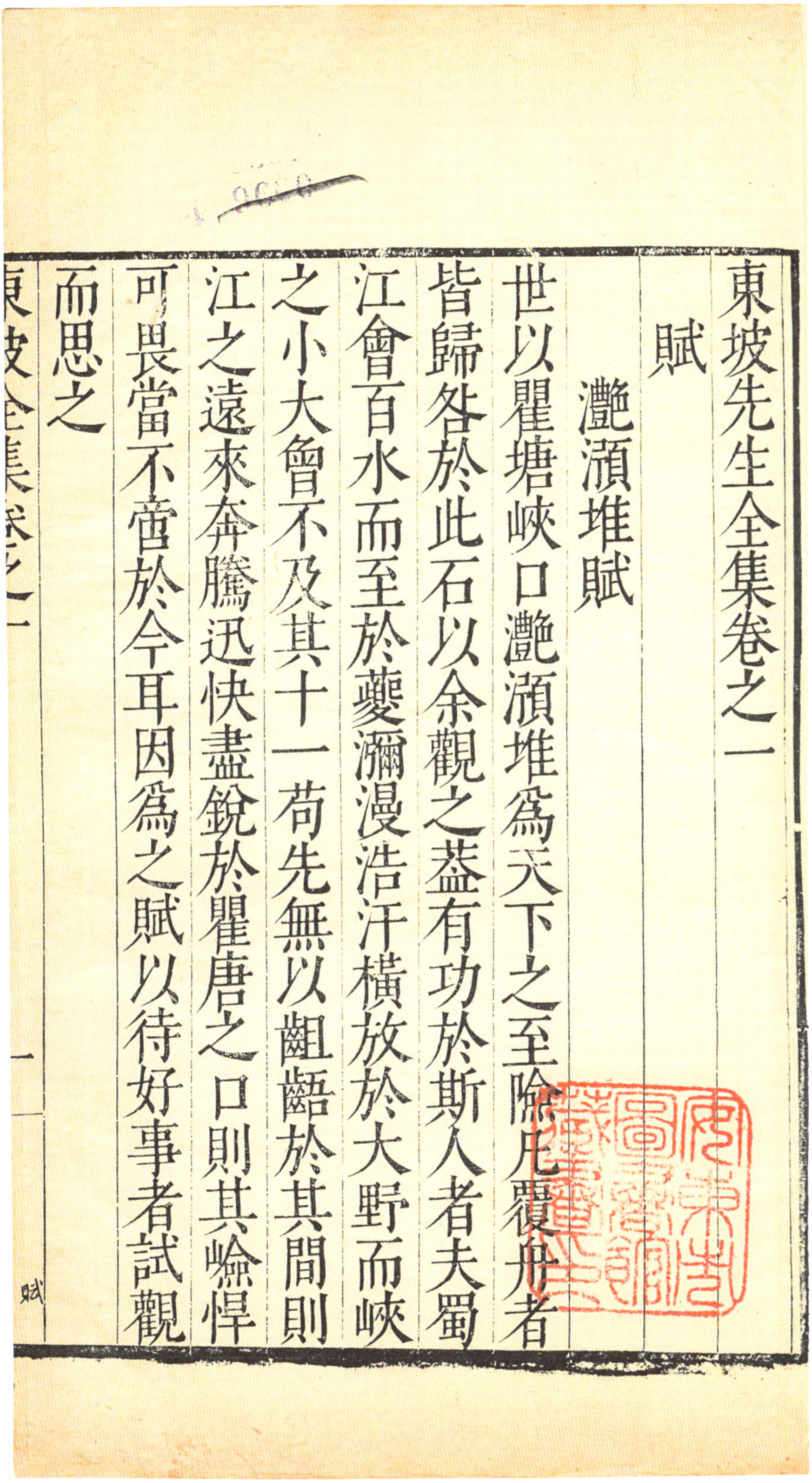
東坡先生全集卷之一

賦

灩澦堆賦

世以瞿塘峽口灩澦堆爲天下之至險凡覆舟者皆歸咎於此石以余觀之葢有功於斯人者夫蜀江會百水而至於夔瀰漫浩汗橫放於大野而峽之小大曾不及其十一苟先無以齟齬於其間則江之遠來奔騰迅快盡銳於瞿唐之口則其嶮悍可畏當不啻於今耳因爲之賦以待好事者試觀而思之

東坡全集卷之一　一　賦

10425　東坡先生全集七十五卷　（宋）蘇軾撰　明萬曆三十四年（1606）茅維刻本　丹東市圖書館

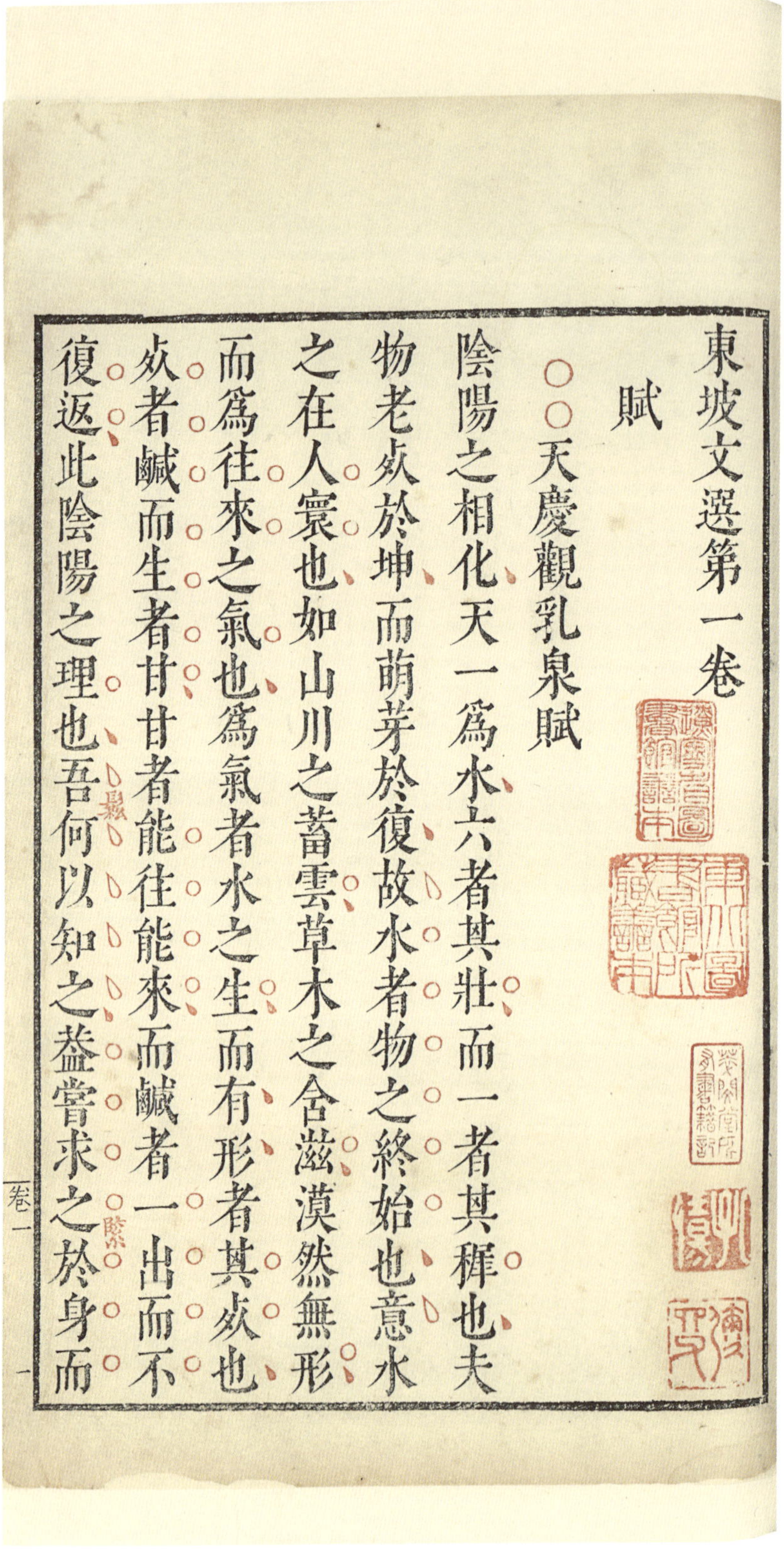

東坡文選第一卷

賦

○○天慶觀乳泉賦

陰陽之相化天一爲水六者其壯而一者其稺也夫物老死於坤而萌芽於復故水者物之終始也意水之在人寰也如山川之蓄雲草木之含滋漠然無形而爲往來之氣也爲氣者水之生而有形者其死也死者鹹而生者甘甘者能往能來而鹹者一出而不復返此陰陽之理也吾何以知之蓋嘗求之於身而

卷一　一

10426　東坡文選二十卷　（宋）蘇軾撰　（明）鍾惺評選　明萬曆四十八年（1620）閔氏刻朱墨套印本　遼寧省圖書館

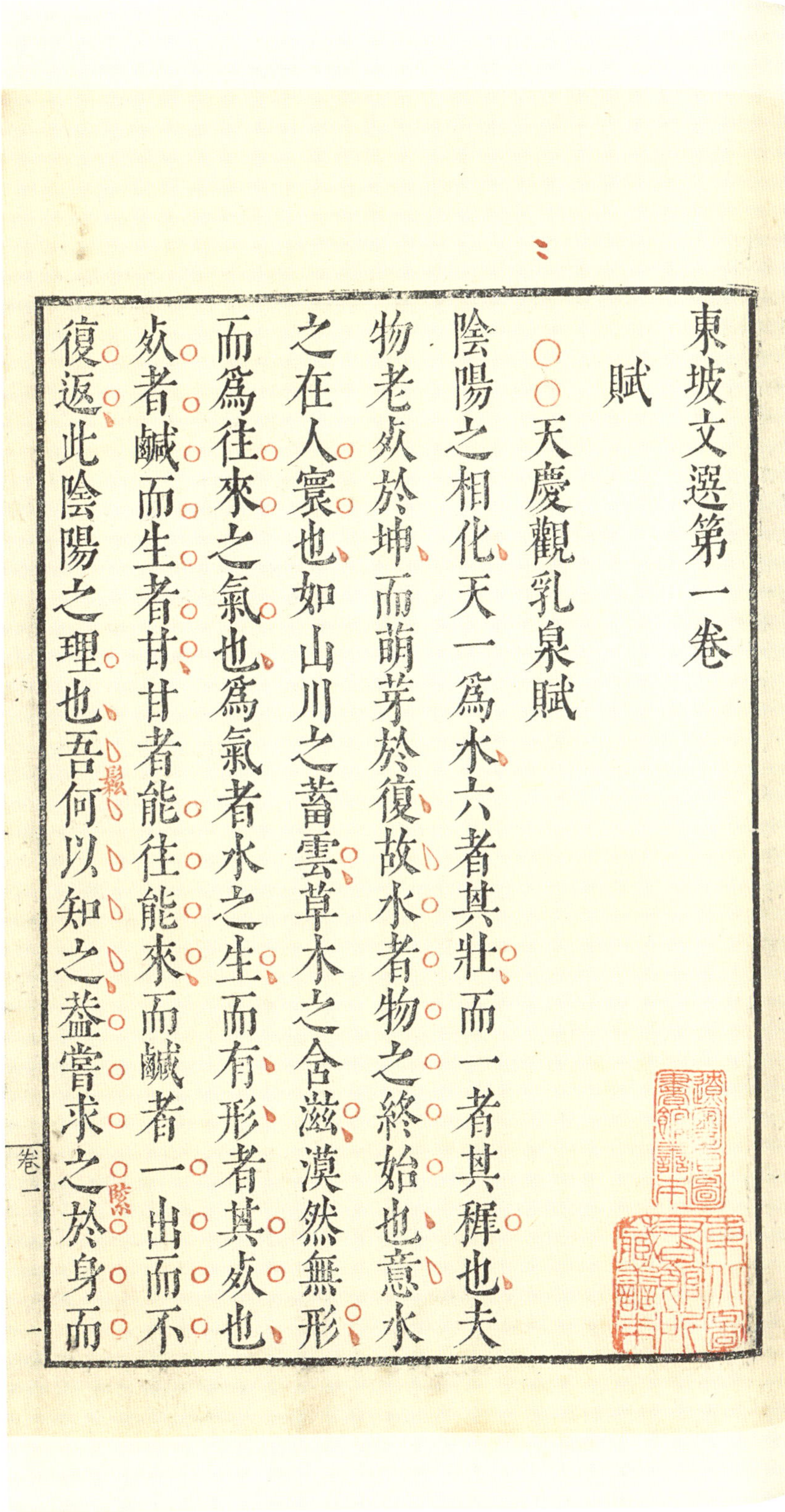

東坡文選第一卷

賦

○○天慶觀乳泉賦

陰陽之相化天一爲水六者其壯而一者其穉也夫物老死於坤而萌芽於復故水者物之終始也意水之在人寰也如山川之蓄雲草木之含滋漠然無形而爲往來之氣也爲氣者水之生而有形者其死也死者鹹而生者甘甘者能往能來而鹹者一出而不復返此陰陽之理也吾何以知之蓋嘗求之於身而

卷一　一

10427　東坡文選二十卷　（宋）蘇軾撰　（明）鍾惺評選　明萬曆四十八年（1620）閔氏刻朱墨套印本　遼寧省圖書館

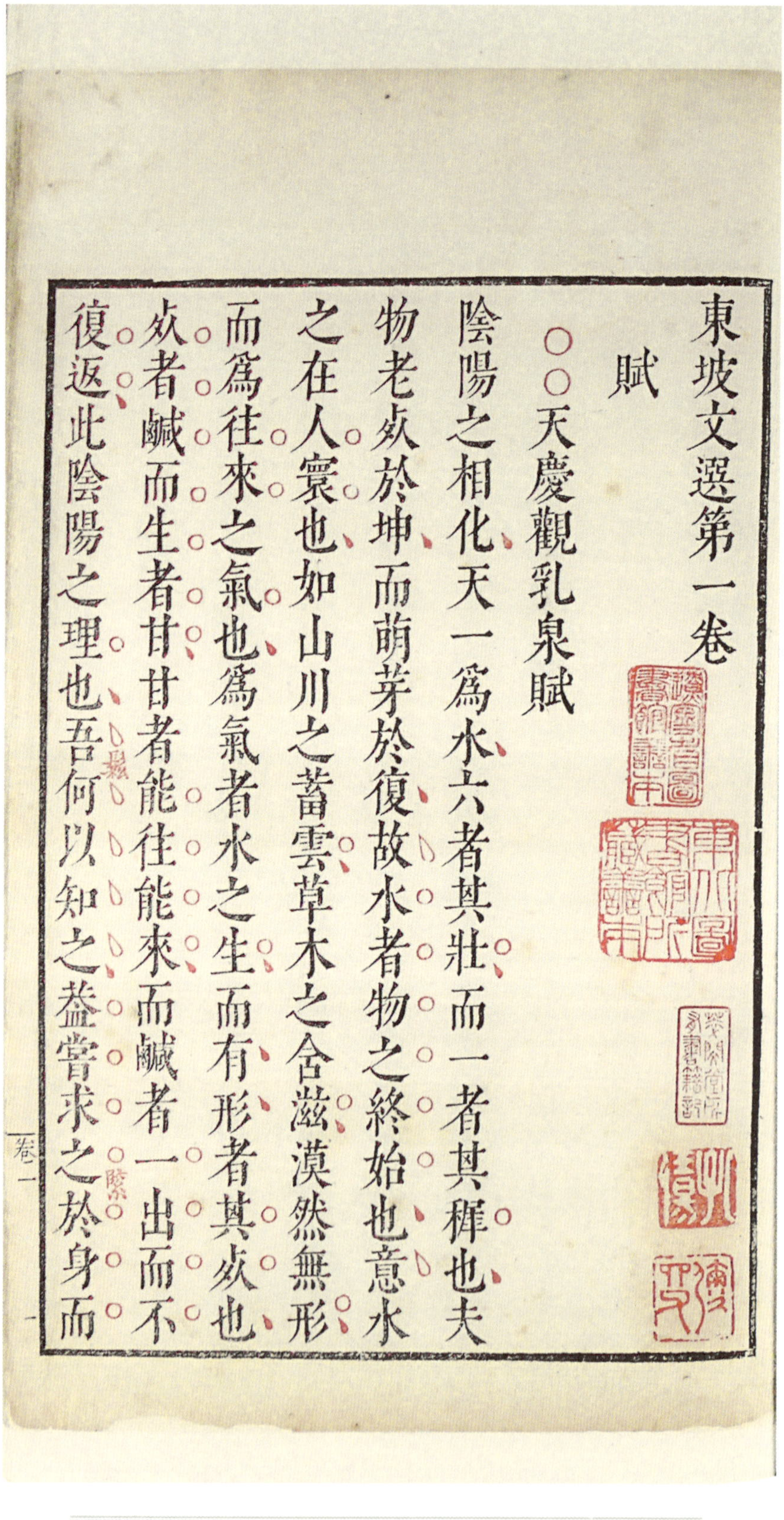

東坡文選第一卷

賦

○○天慶觀乳泉賦

陰陽之相化天一爲水六者其壯而一者其穉也夫物老死於坤而萌芽於復故水者物之終始也意水之在人寰也如山川之蓄雲草木之含滋漠然無形而爲往來之氣也爲氣者水之生而有形者其死也死者鹹而生者甘甘者能往能來而鹹者一出而不復返此陰陽之理也吾何以知之蓋嘗求之於身而

卷一　一

10428　東坡文選二十卷　（宋）蘇軾撰　（明）鍾惺評選　明萬曆四十八年（1620）閔氏刻朱墨套印本　遼寧省圖書館

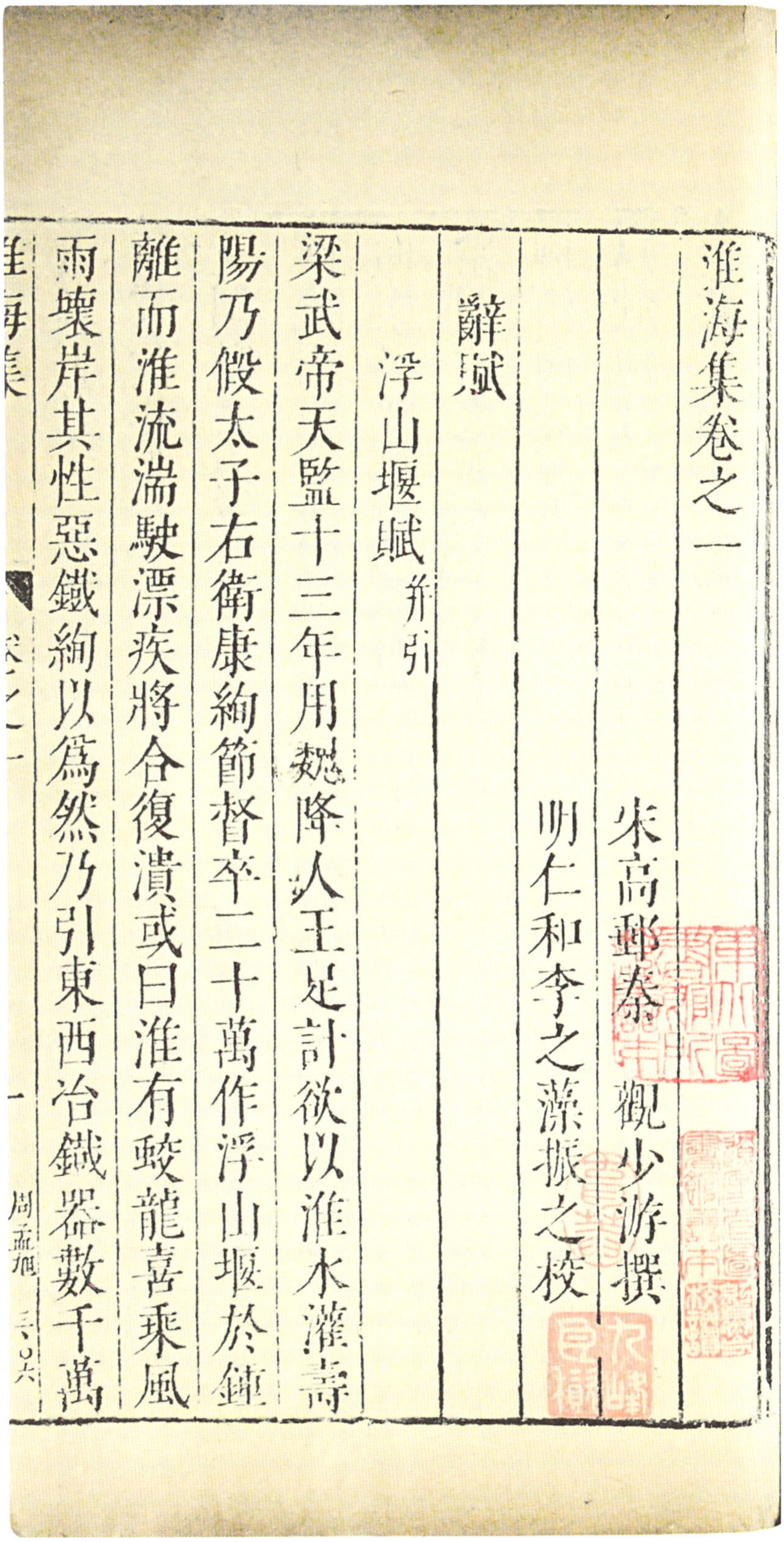

淮海集卷之一
宋高郵秦　觀少游撰
明仁和李之藻振之校
辭賦
浮山堰賦并引
梁武帝天監十三年用魏降人王足計欲以淮水灌壽
陽乃假太子右衛康絢節督卒二十萬作浮山堰於鍾
離而淮流湍駛漂疾將合復潰或曰淮有蛟龍喜乘風
雨壞岸其性惡鐵絢以爲然乃引東西冶鐵器數千萬
淮海集　卷之一　一　周孟桓　三、〇六

10429　淮海集四十卷後集六卷長短句三卷　（宋）秦觀撰　明萬曆四十六年（1618）李之藻刻本　遼寧省圖書館

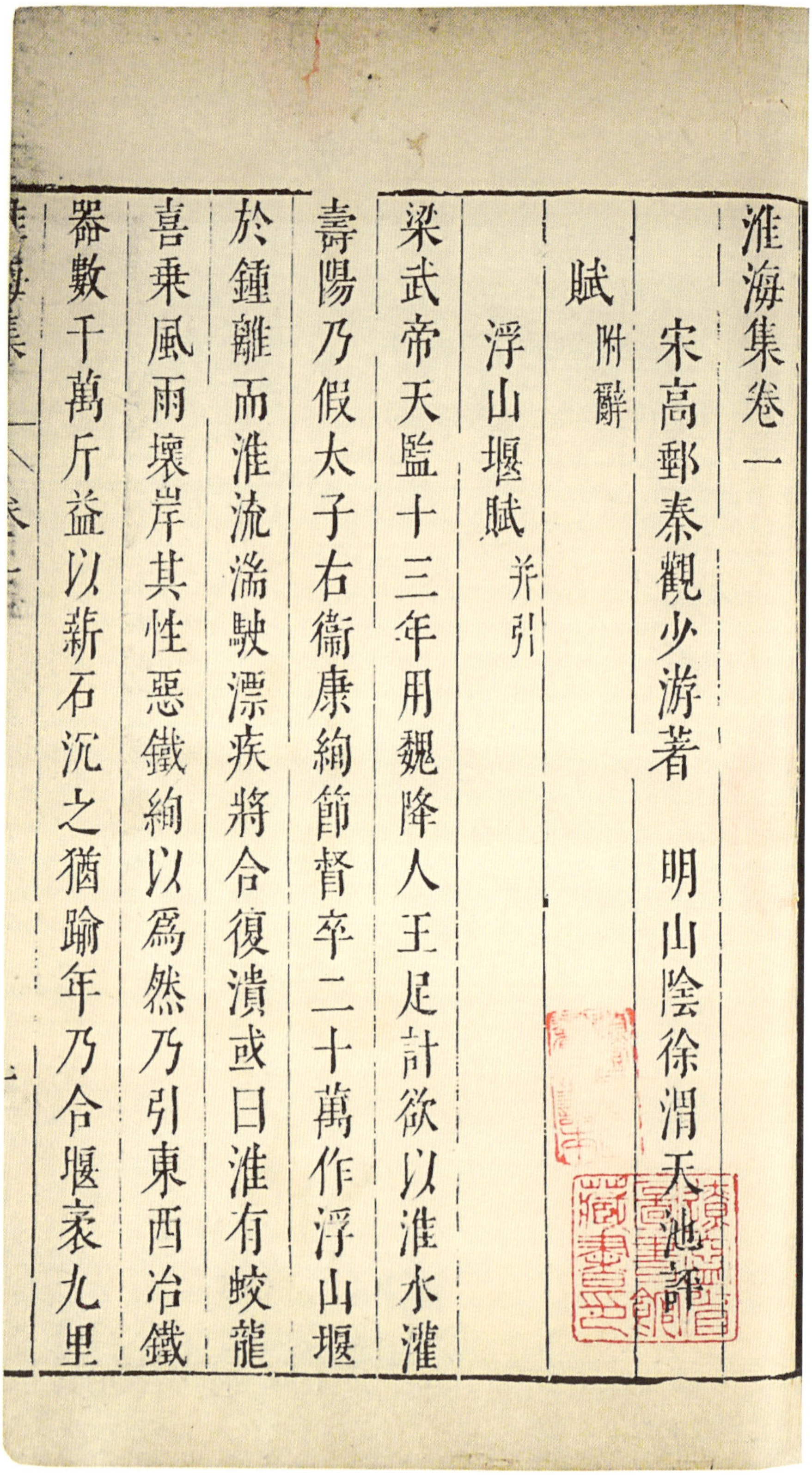
淮海集卷一
宋高郵秦觀少游著　明山陰徐渭天池評
賦　附辭
浮山堰賦并引
梁武帝天監十三年用魏降人王足計欲以淮水灌壽陽乃假太子右衛康絢節督卒二十萬作浮山堰於鍾離而淮流湍駛漂疾將合復潰或曰淮有蛟龍喜乘風雨壞岸其性惡鐵絢以爲然乃引東西冶鐵器數千萬斤益以薪石沉之猶踰年乃合堰袤九里

10430　**淮海集四十卷後集六卷長短句三卷**　（宋）秦觀撰　（明）徐渭評　**詩餘一卷**　（宋）秦觀撰　（明）鄧章漢輯　明末段之錦刻本　遼寧省圖書館

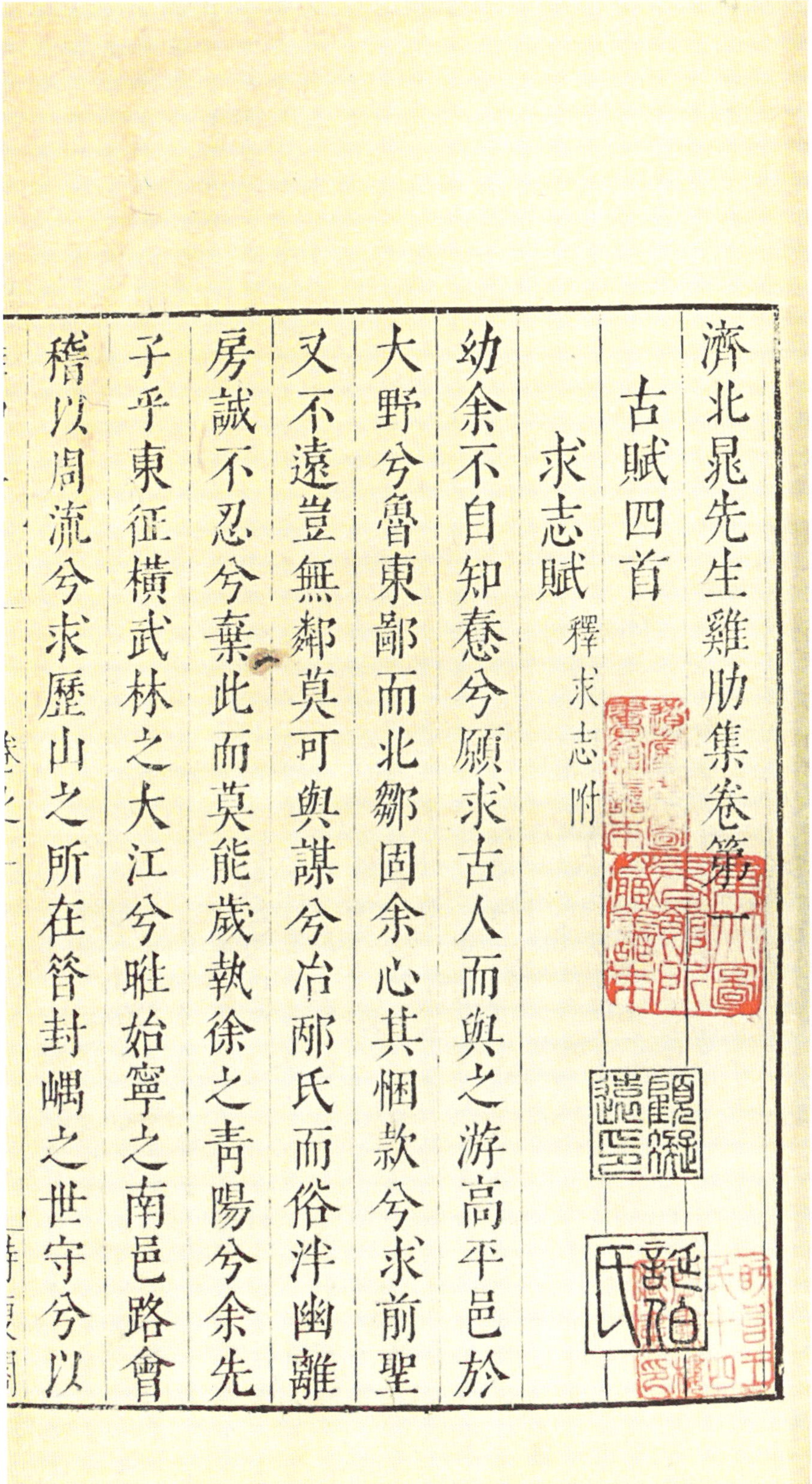
濟北晁先生雞肋集卷第一
古賦四首
求志賦 釋求志附
幼余不自知惷兮願求古人而與之游高平邑於
大野兮魯東鄙而北鄒固余心其悃款兮求前聖
又不遠豈無鄰莫可與謀兮冶郕氏而俗泮幽離
房誠不忍兮棄此而莫能歲執徐之青陽兮余先
子乎東征橫武林之大江兮睢始寧之南邑路會
稽以周流兮求歷山之所在昝封嵎之世守兮以

10431 濟北晁先生鷄肋集七十卷 （宋）晁補之撰 明崇禎八年（1635）顧凝遠詩瘦閣刻本 遼寧省圖書館

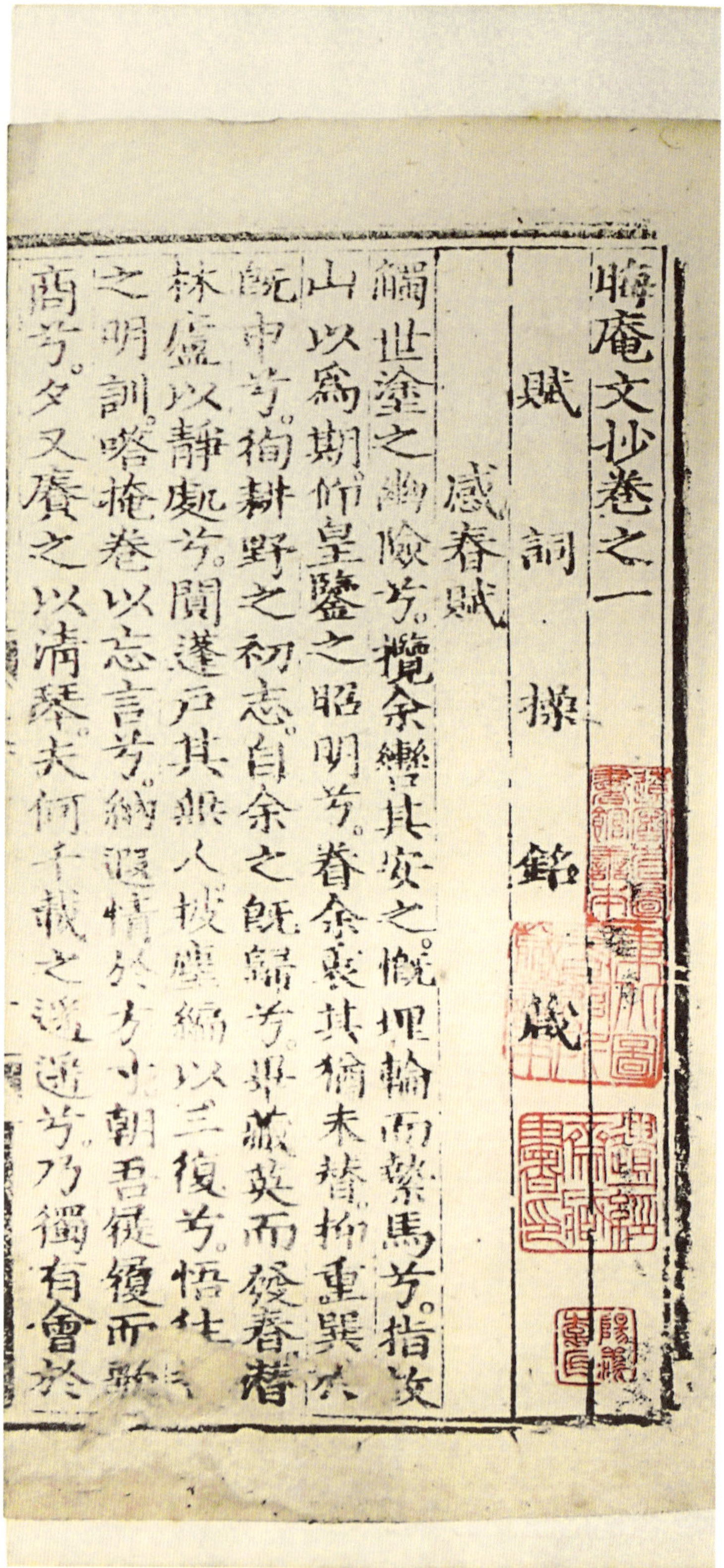

晦庵文抄卷之一

賦 詞 操 銘 箴

感春賦

觸世塗之幽險兮。攬余轡其安之。慨埋輪而繫馬兮。指汶山以爲期。仰皇鑒之昭明兮。眷余衷其猶未替。抑重巽於旣申兮。俯耕野之初志。因余之旣歸兮。畢藏英而發春。眷林廬以靜處兮。闔蓬戶其無人。披塵編以三復兮。悟往之明訓。喀掩卷以忘言兮。納遐情於方寸。朝吾從履而歌商兮。夕又賡之以淸琴。夫何千載之遙遙兮。乃獨有會於

10432　晦庵文抄七卷詩抄一卷　（宋）朱熹撰　（明）吴納輯　明成化十八年（1482）周鳳等刻本　遼寧省圖書館

存五卷（文抄一至四、詩抄一卷）

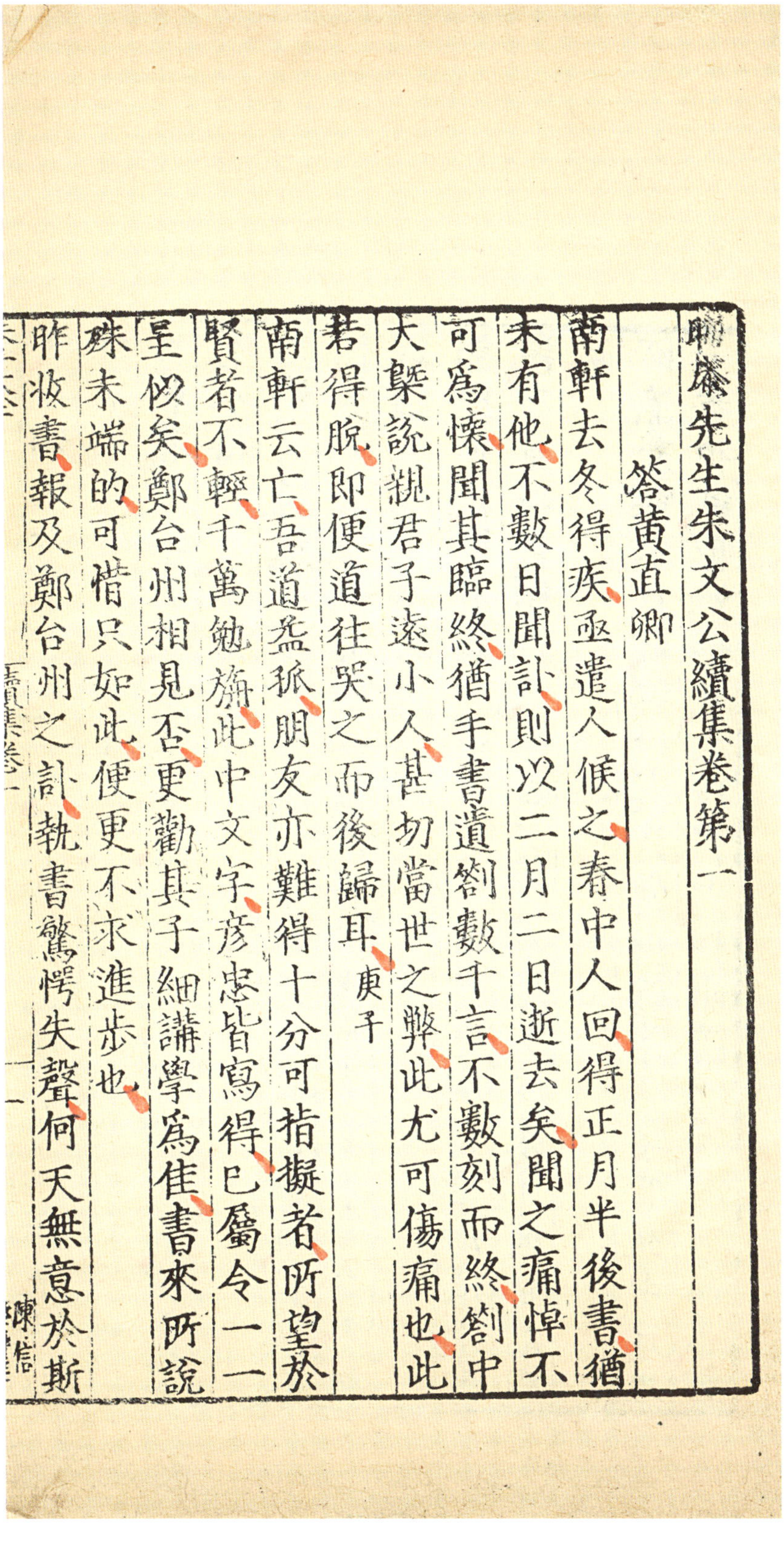

晦菴先生朱文公續集卷第一

答黃直卿

南軒去冬得疾亟遣人候之春中人回得正月半後書猶未有他不數日聞訃則以二月二日逝去矣聞之痛悼不可爲懷聞其臨終猶手書遺劉數千言不數刻而終劉中大槩說覩君子遠小人甚切當世之弊此尤可傷痛也此君得脫即便道往哭之而後歸耳 庚子

南軒云亡吾道益孤朋友亦難得十分可指擬者所望於賢者不輕千萬勉旃此中文字彥忠皆寫得已屬令一一呈似矣鄭台州相見否更勸其子細講學爲佳書來所說殊未端的可惜只如此便更不求進步也

昨收書報及鄭台州之訃執書驚愕失聲何天無意於斯

續集卷一　一　陳信

10433　晦庵先生朱文公文集一百卷續集十一卷別集十卷　（宋）朱熹撰　明嘉靖十一年（1532）張大輪、胡岳等刻本　大連圖書館

存六十七卷（四十三至五十三、六十六至一百，續集十一卷，別集十卷）

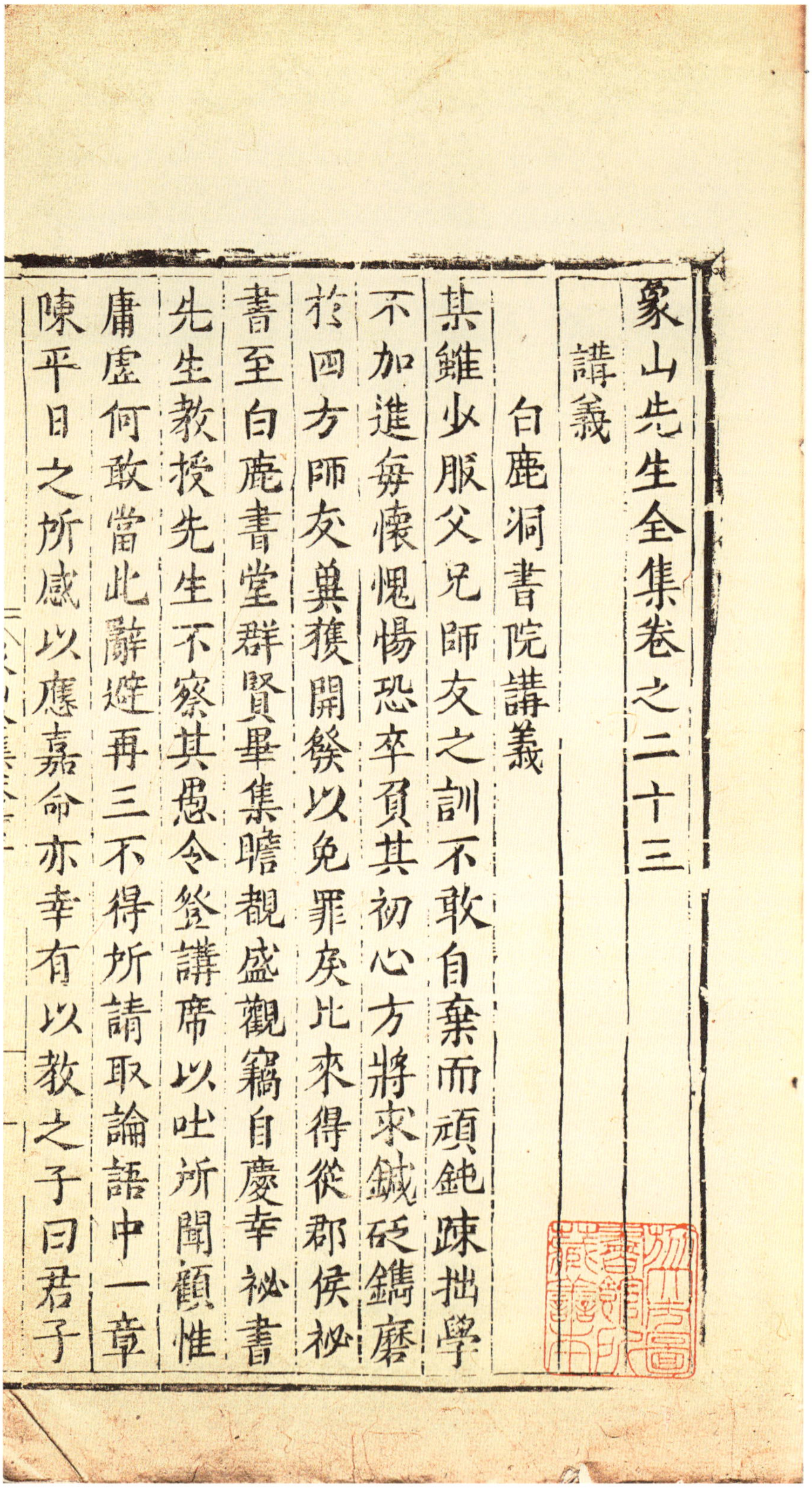
象山先生全集卷之二十三
講義
白鹿洞書院講義
某雖少服父兄師友之訓不敢自棄而頑鈍疎拙學
不加進每懷愧惕恐卒負其初心方將求鍼砭鐫磨
於四方師友冀獲開發以免罪戾比來得從郡侯祕
書至白鹿書堂群賢畢集瞻覩盛觀竊自慶幸祕書
先生教授先生不察其愚令登講席以吐所聞顧惟
庸虛何敢當此辭避再三不得所請取論語中一章
陳平日之所感以應嘉命亦幸有以教之子曰君子

10434　象山先生全集三十六卷　（宋）陸九淵撰　明嘉靖四十年（1561）

何氏刻本　大連圖書館

存八卷（二十三至二十七、三十三至三十五）

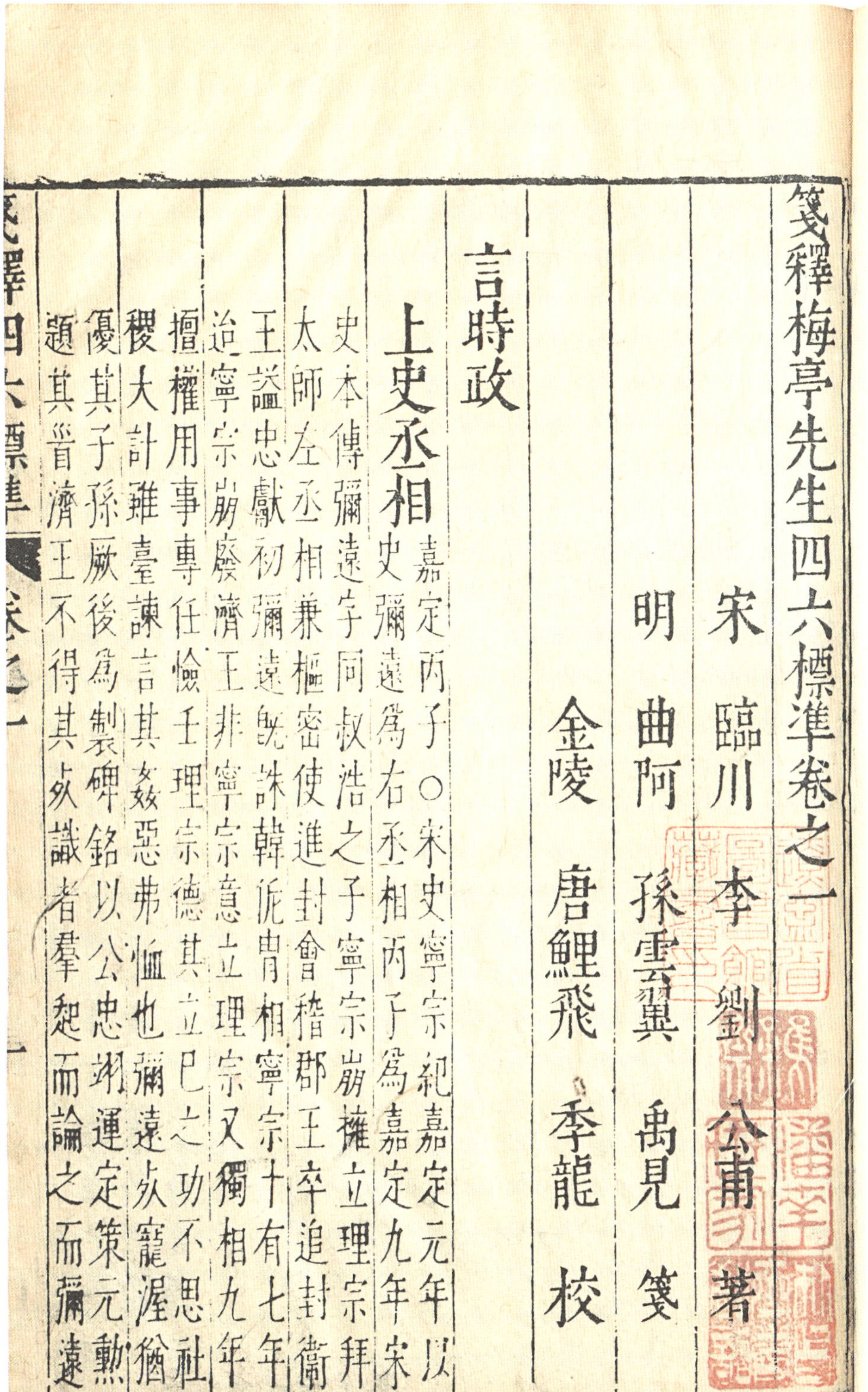

箋釋梅亭先生四六標準卷之一

宋　臨川　李劉　公甫　著

明　曲阿　孫雲翼　禹見　箋

金陵　唐鯉飛　季龍　校

言時政

上史丞相　嘉定丙子○宋史寧宗紀嘉定元年以史彌遠為右丞相丙子為嘉定九年宋史本傳彌遠字同叔浩之子寧宗崩擁立理宗拜太師左丞相兼樞密使進封會稽郡王卒追封衛王謚忠獻初彌遠既誅韓侂胄相寧宗十有七年迨寧宗崩廢濟王非寧宗意立理宗又獨相九年擅權用事專任憸壬理宗德其立己之功不思社稷大計雖臺諫言其姦惡弗恤也彌遠死寵渥猶優其子孫厥後為製碑銘以公忠翊運定策元勳題其首濟王不得其死識者羣起而論之而彌遠

箋釋四六標準　卷之一　一

10435　箋釋梅亭先生四六標準四十卷目録一卷　（宋）李劉撰　（明）孫雲翼箋　明萬曆四十四年（1616）金陵唐鯉飛刻本　遼寧省圖書館

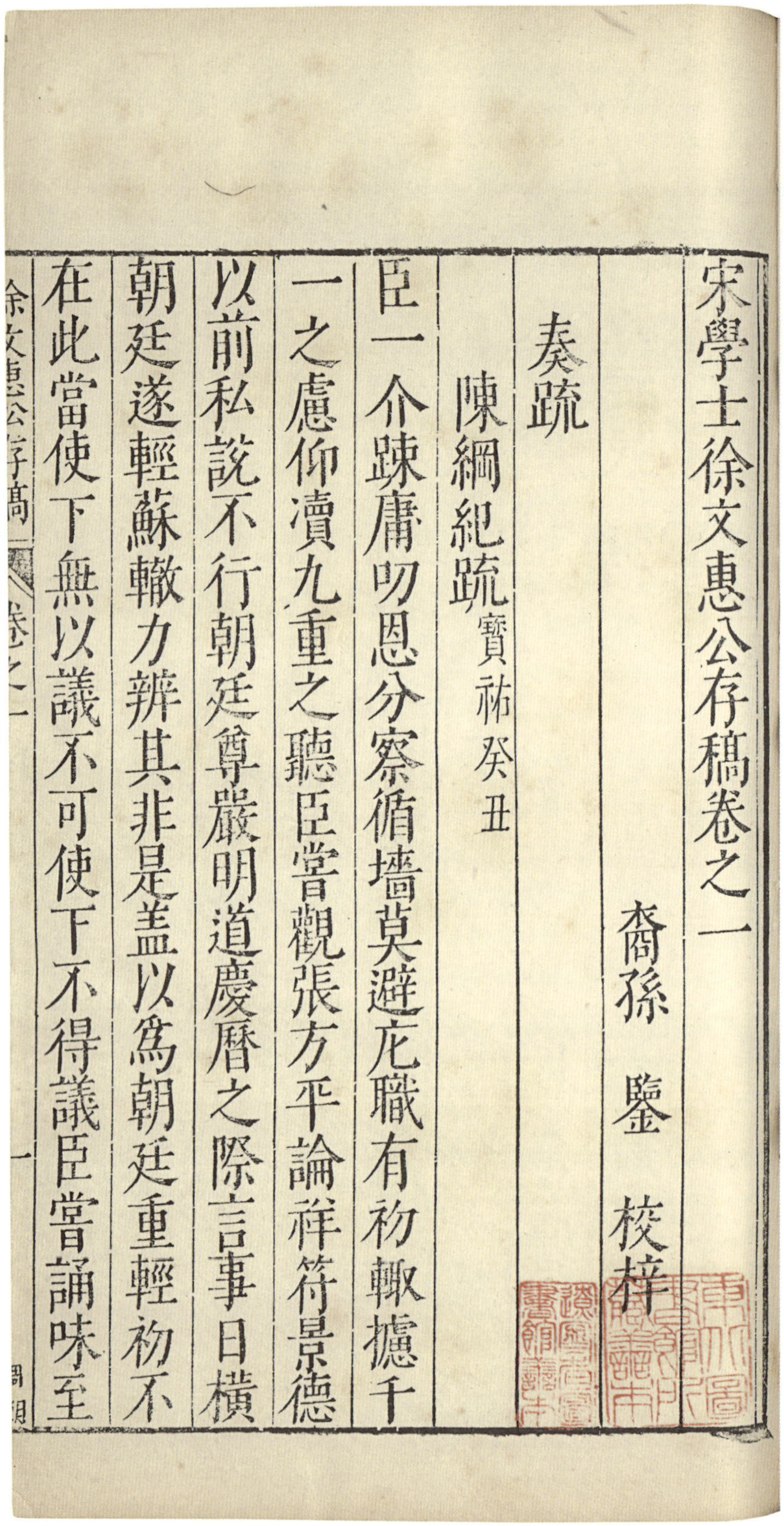
宋學士徐文惠公存稿卷之一
裔孫　鑒　校梓
奏疏
陳綱紀疏寶祐癸丑
臣一介踈庸叨恩分察循墻莫避庀職有初輙攄千
一之慮仰瀆九重之聽臣嘗觀張方平論祥符景德
以前私説不行朝廷尊嚴明道慶暦之際言事日横
朝廷遂輕蘇轍力辨其非是盖以爲朝廷重輕初不
在此當使下無以議不可使下不得議臣嘗誦味至
徐文惠公存稿　卷之一　一

10436　宋學士徐文惠公存稿五卷　（宋）徐經孫撰　**附録一卷**　明萬曆四十二年（1614）徐鑒刻本　遼寧省圖書館

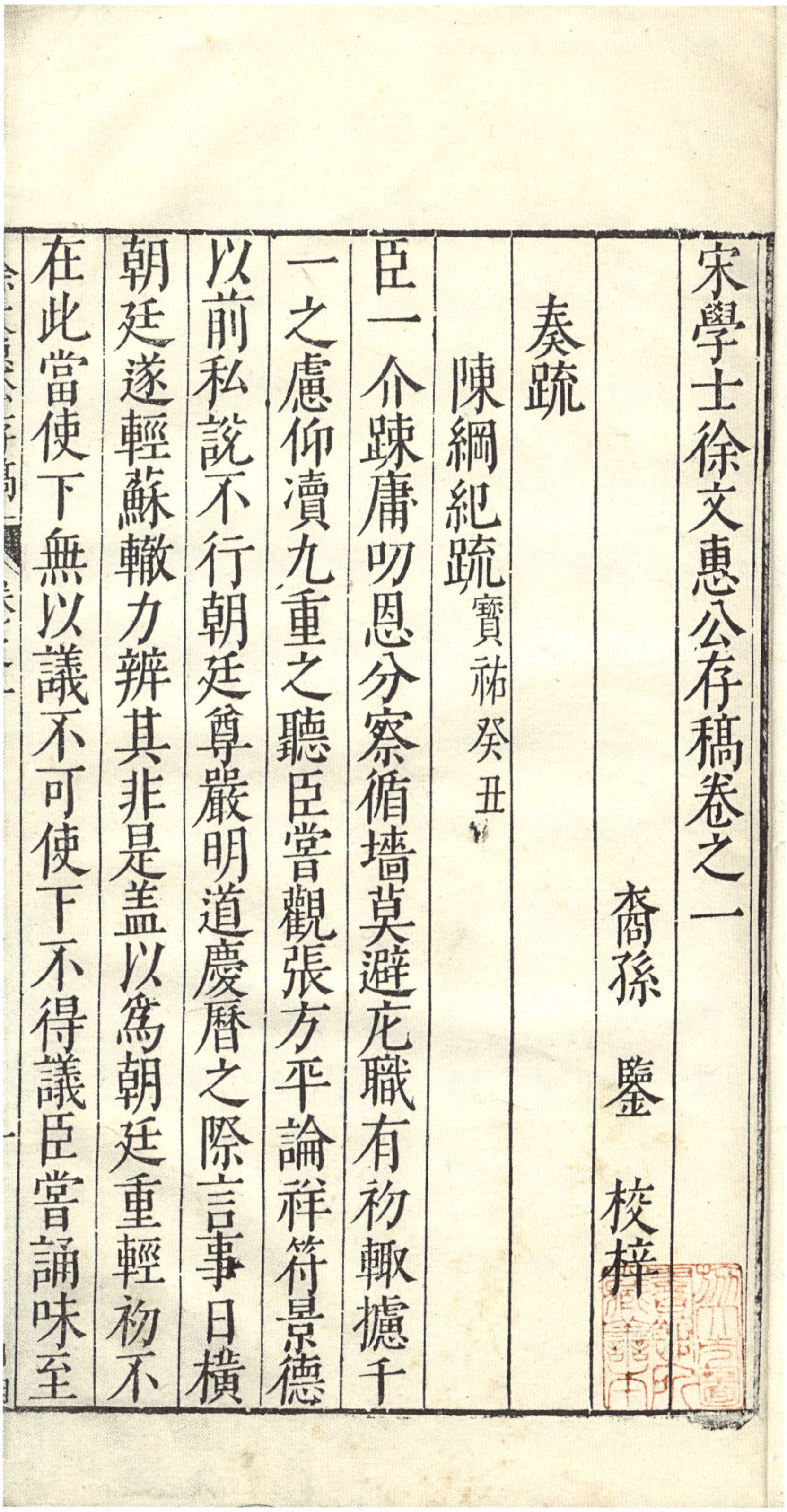
宋學士徐文惠公存稿卷之一
裔孫　鑒　校梓
奏疏
陳綱紀疏寶祐癸丑
臣一介疎庸叨恩分察循墻莫避庀職有初輙攄千
一之慮仰瀆九重之聽臣嘗觀張方平論祥符景德
以前私說不行朝廷尊嚴明道慶曆之際言事日横
朝廷遂輕蘇轍力辨其非是盖以爲朝廷重輕初不
在此當使下無以議不可使下不得議臣嘗誦味至

10437　宋學士徐文惠公存稿五卷　（宋）徐經孫撰　**附録一卷**　明萬曆四十二年（1614）徐鑒刻本　大連圖書館

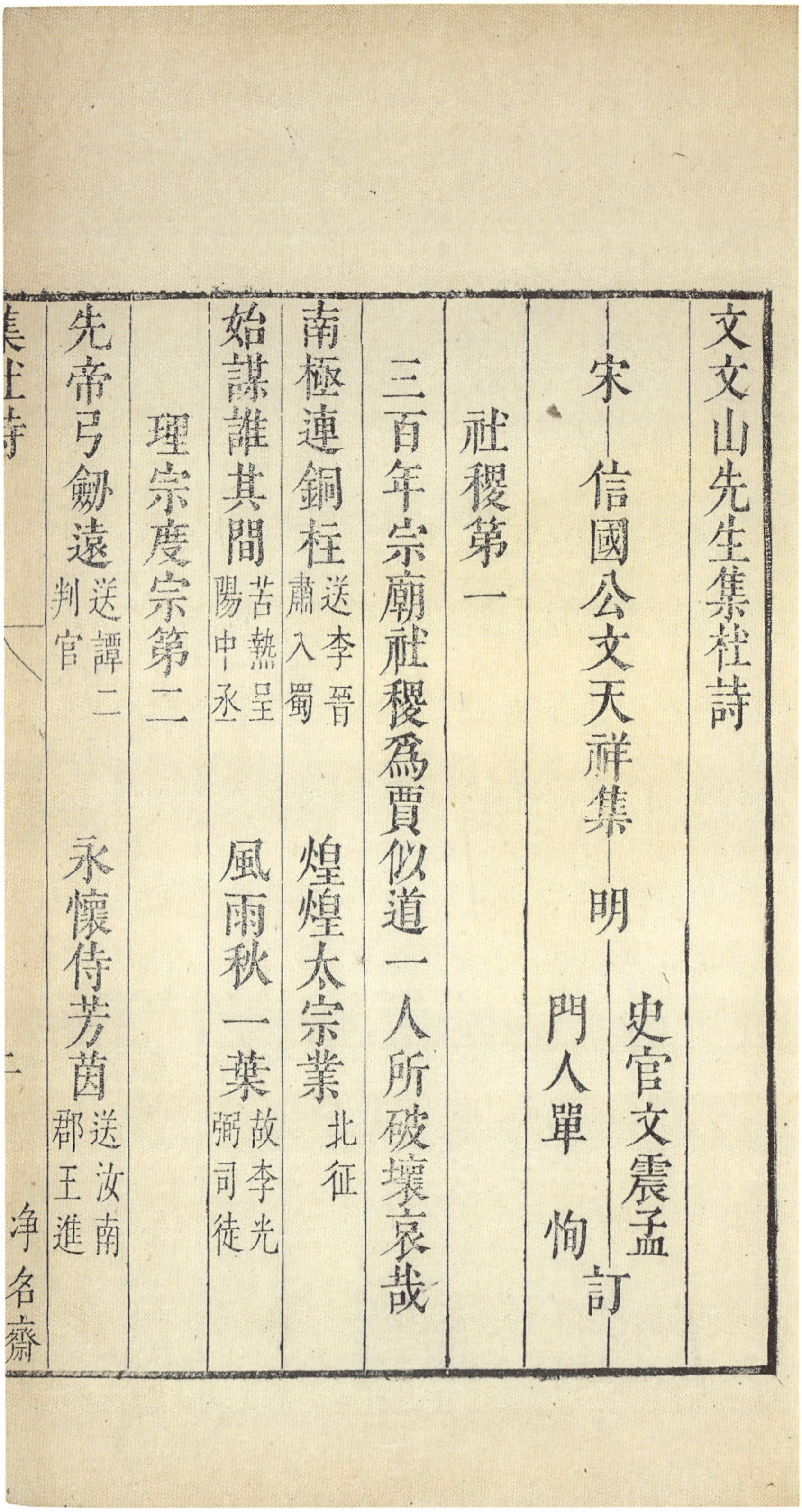

文文山先生集杜詩
宋　信國公文天祥集　明　史官文震孟
門人單　恂　訂
社稷第一
三百年宗廟社稷爲賈似道一人所破壞哀哉
南極連銅柱 送李晉肅入蜀　煌煌太宗業 北征
始謀誰其間 苦熱呈陽中丞　風雨秋一葉 故李光弼司徒
理宗度宗第二
先帝弓劒遠 送譚二判官　永懷侍芳茵 送汝南郡王進
集杜詩　二　净名齋

10438　文文山先生集杜詩不分卷　（宋）文天祥集　（明）文震孟　單恂訂　明崇禎十年（1637）净名齋刻本　遼寧省博物館

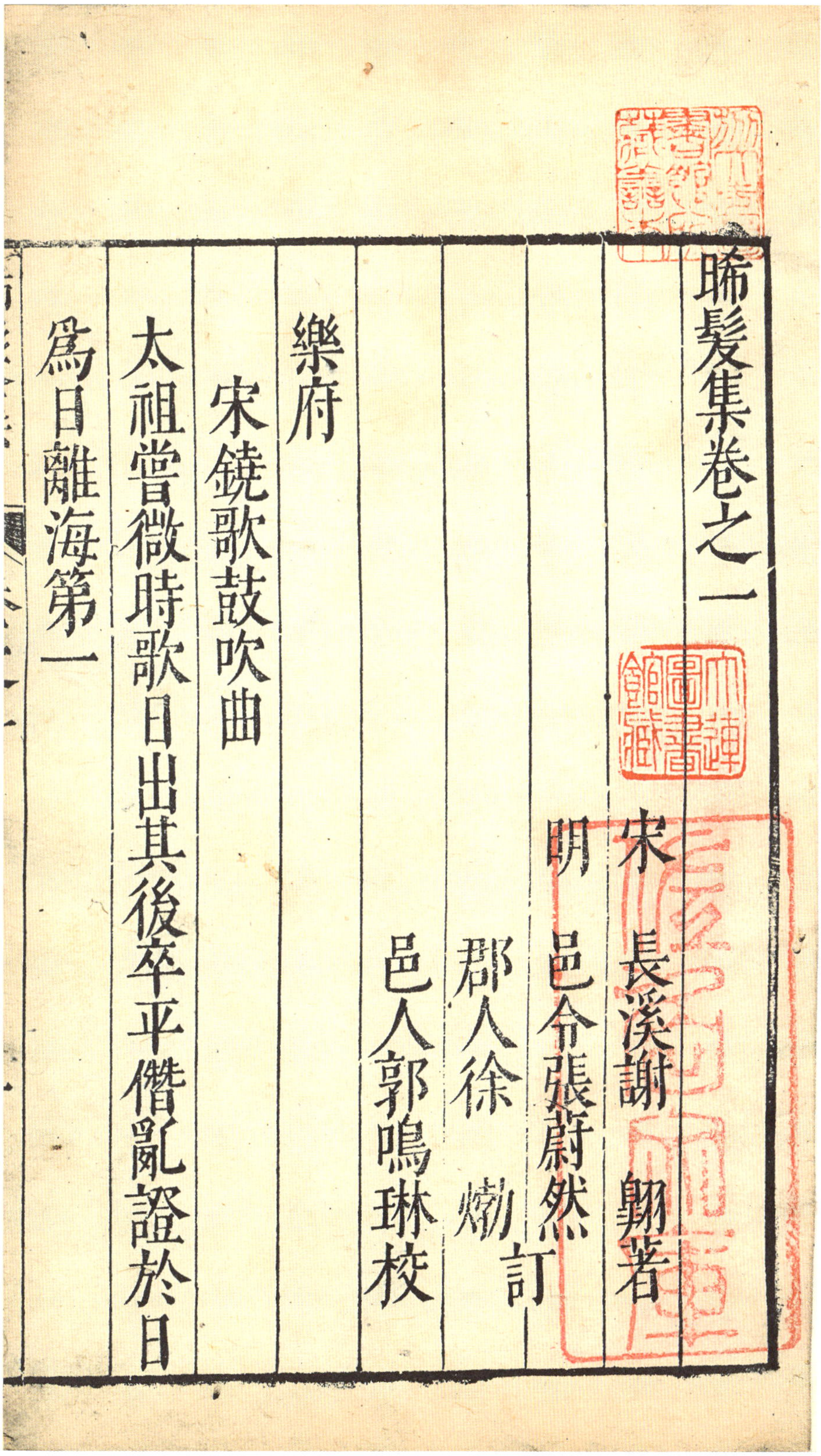
晞髮集卷之一
宋 長溪謝 翱著
明 邑令張蔚然 訂
郡人徐 𤊹
邑人郭鳴琳校
樂府
宋鐃歌鼓吹曲
太祖嘗微時歌日出其後卒平僭亂證於日
爲日離海第一

10439 晞髮集十卷 （宋）謝翱撰 明萬曆四十六年（1618）郭鳴琳刻本
大連圖書館

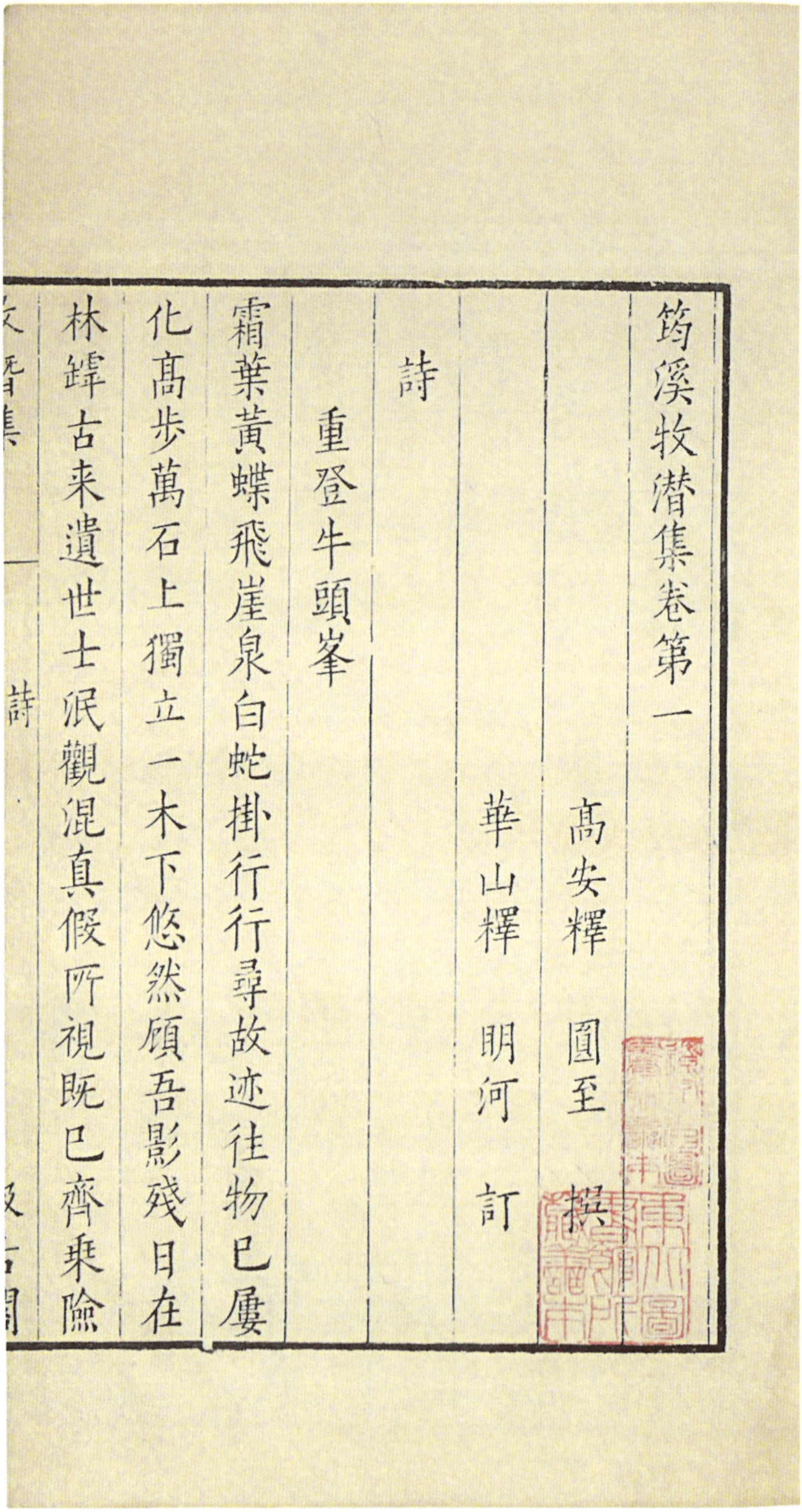
筠溪牧潛集卷第一
高安釋　圓至　撰
華山釋　明河　訂
詩
重登牛頭峯
霜葉黃蝶飛崖泉白蛇掛行行尋故迹往物已屢
化高步萬石上獨立一木下悠然顧吾影殘日在
林韡古來遺世士泯觀混真假所視既已齊乘險
牧潛集　詩　汲古閣

10440　筠溪牧潛集七卷　（元）釋圓至撰　明崇禎十二年（1639）毛氏汲古閣刻本　遼寧省圖書館

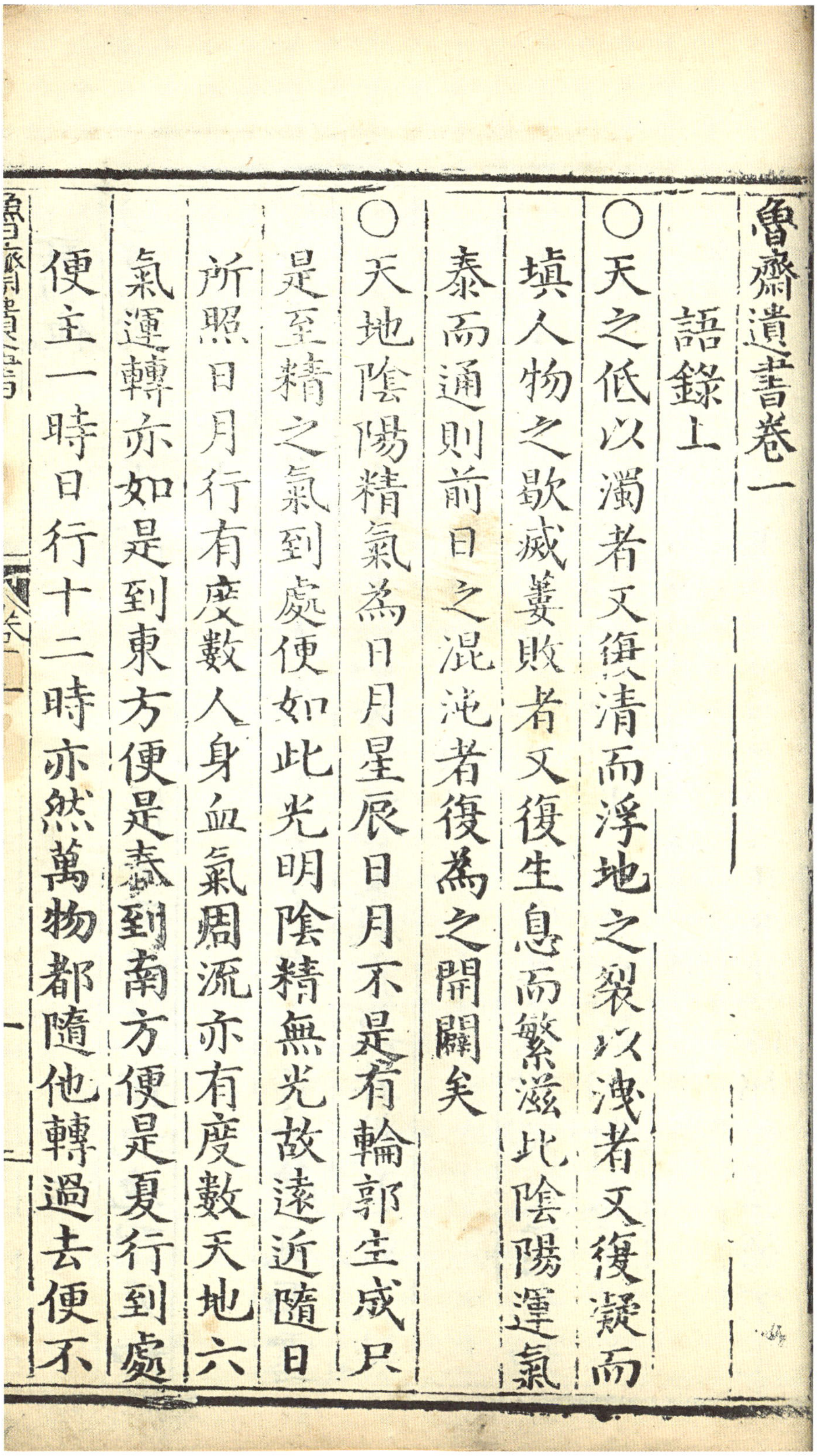
魯齋遺書卷一
語録上
○天之低以濁者又復清而浮地之裂以淺者又復凝而塡人物之歇滅萎敗者又復生息而繁滋此陰陽運氣泰而通則前日之混沌者復爲之開闢矣
○天地陰陽精氣爲日月星辰日月不是有輪郭生成只是至精之氣到處便如此光明陰精無光故遠近隨日所照日月行有度數人身血氣周流亦有度數天地六氣運轉亦如是到東方便是春到南方便是夏行到處便主一時日行十二時亦然萬物都隨他轉過去便不
魯齋遺書　卷一　一

10441　魯齋遺書十四卷　（元）許衡撰　（明）怡愉輯　明萬曆二十四年（1596）怡愉、江學詩刻本　大連圖書館

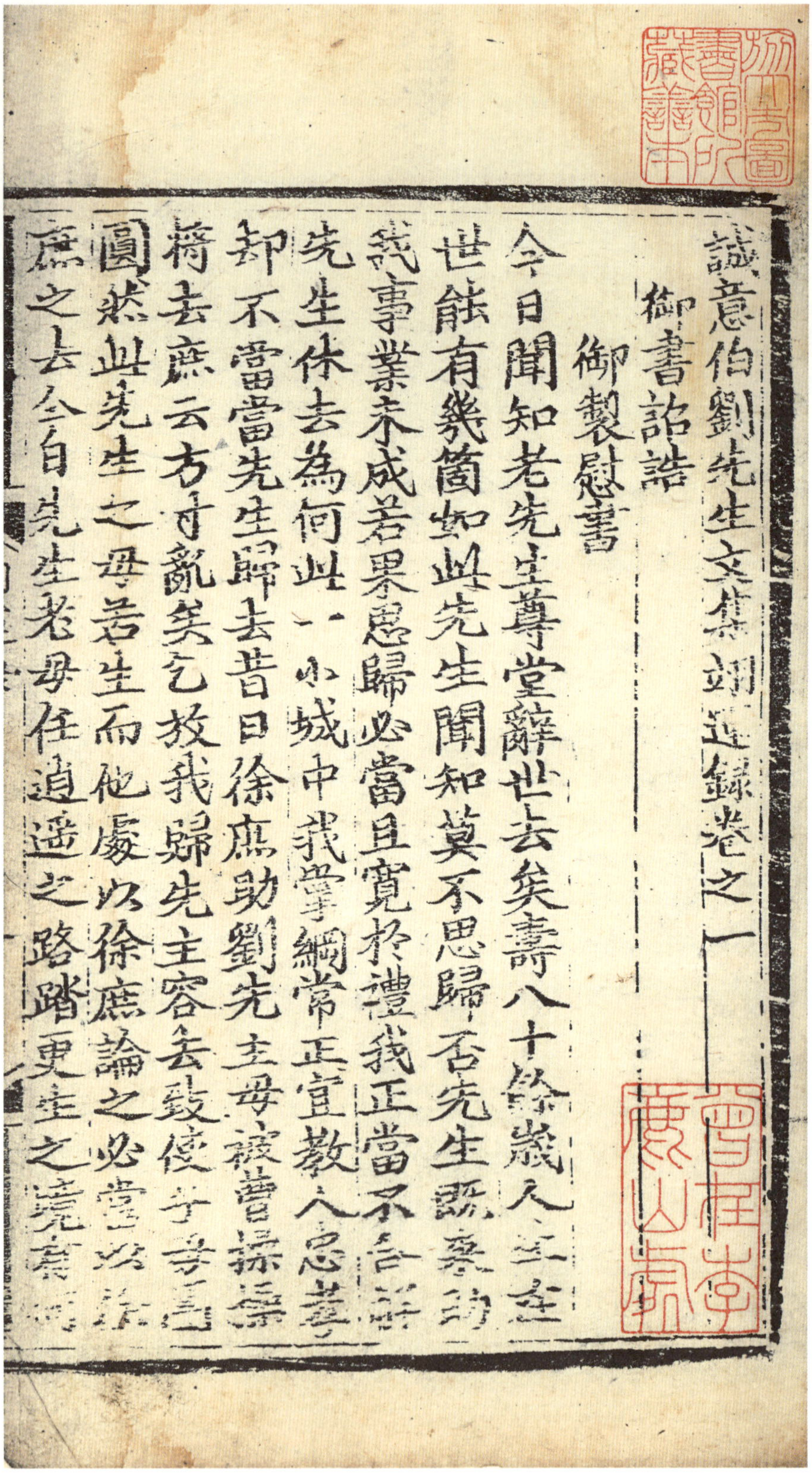
誠意伯劉先生文集翊運録卷之一
御書詔誥
御製慰書
今日聞知老先生尊堂辭世去矣壽八十餘歲人生在
世能有幾箇如此先生聞知莫不思歸否先生跡奔功
我事業未成若果思歸必當且寬於禮我正當不合許
先生休去為何此一小城中我掌綱常正宜教人忠孝
却不當當先生歸去昔日徐庶助劉先主母被曹操[illegible]
將去庶云方寸亂矣乞放我歸先主容去致使子母[illegible]
圓然與先生之母若生而他處以徐庶論之必當以[illegible]
庶之去今白先生老母任逍遥之路踏更生之境[illegible]

10442　誠意伯劉先生文集七卷　（明）劉基撰　明成化六年（1470）刻本

大連圖書館

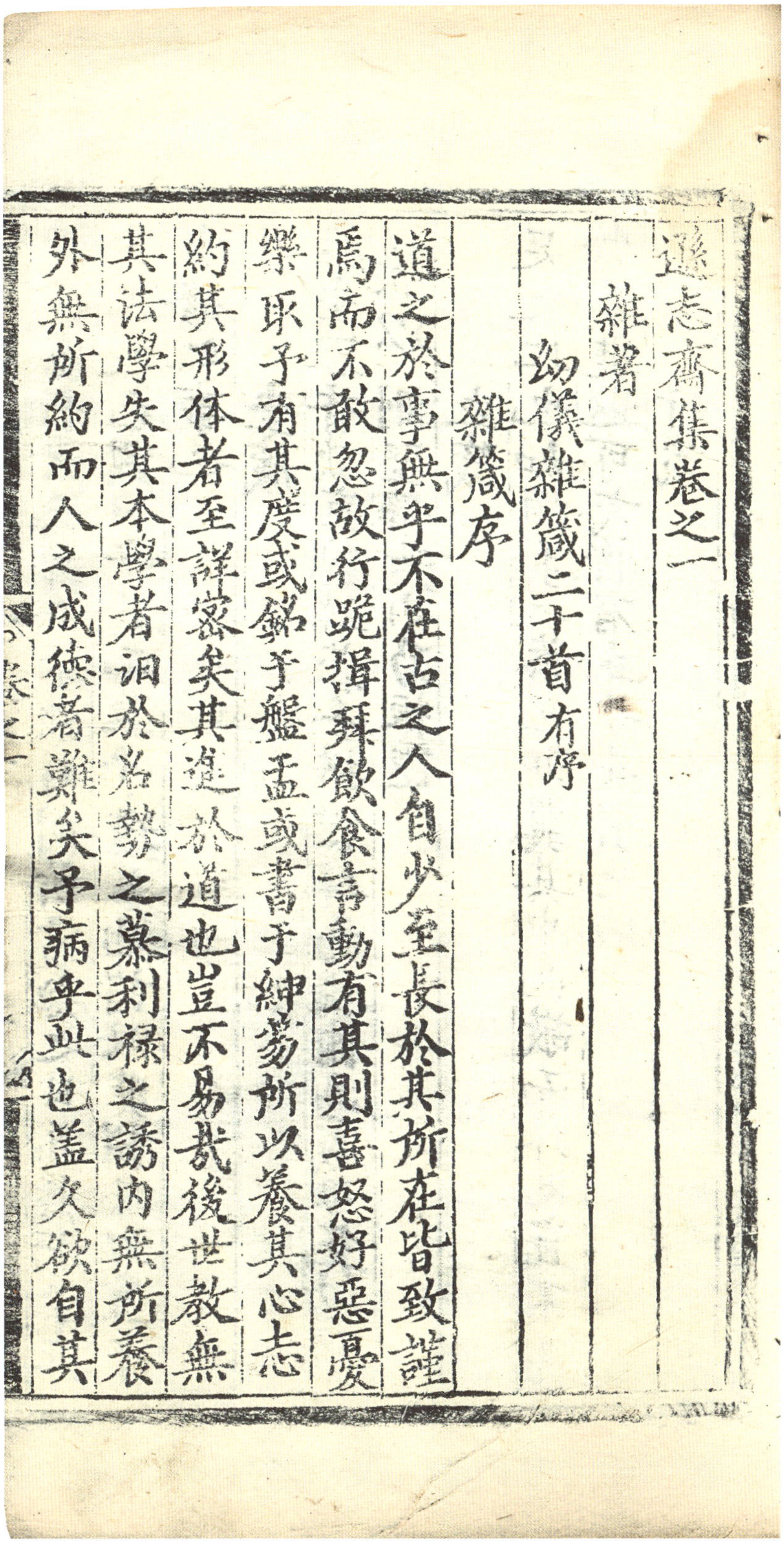

遜志齋集卷之一
雜著
幼儀雜箴二十首 有序
雜箴序
道之於事無乎不在古之人自少至長於其所在皆致謹焉而不敢忽故行跪揖拜飲食言動有其則喜怒好惡憂樂取予有其度或銘于盤盂或書于紳笏所以養其心志約其形体者至詳密矣其進於道也豈不易哉後世教無其法學失其本學者汩於名勢之慕利禄之誘內無所養外無所約而人之成德者難矣予病乎此也蓋久欲自其

10443　遜志齋集三十卷　（明）方孝孺撰　明成化十六年（1480）郭坤刻本　大連圖書館

存十七卷（一至九、十一至十五、十九至二十一）

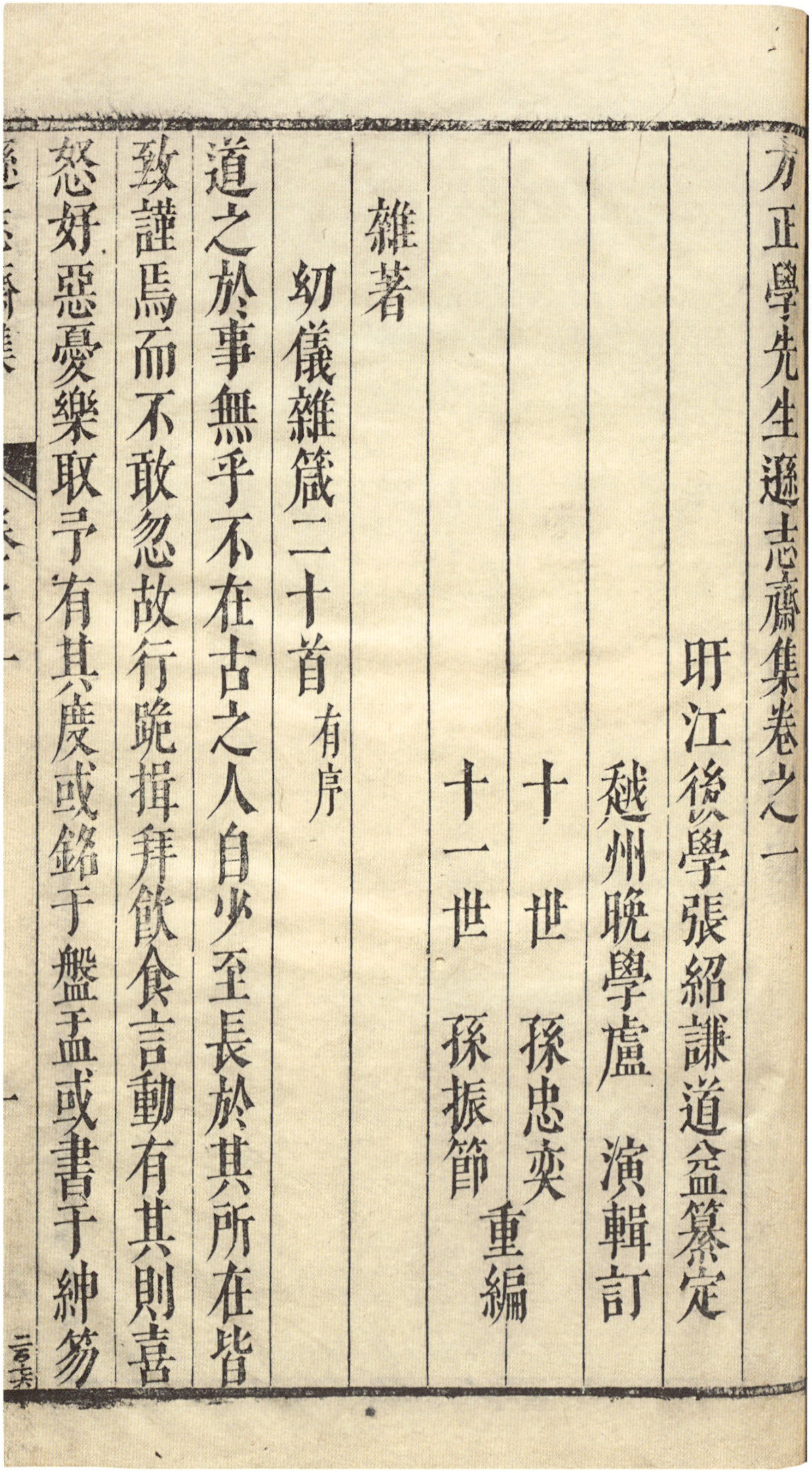

方正學先生遜志齋集卷之一
盱江後學張紹謙道益纂定
越州晚學盧　演輯訂
十　世　孫忠奕
十一世　孫振節　重編

雜著
幼儀雜箴二十首 有序
道之於事無乎不在古之人自少至長於其所在皆致謹焉而不敢忽故行跪揖拜飲食言動有其則喜怒好惡憂樂取予有其度或銘于盤盂或書于紳笏

10444　方正學先生遜志齋集二十四卷　（明）方孝孺撰　明崇禎十六年（1643）張紹謙刻本　大連圖書館

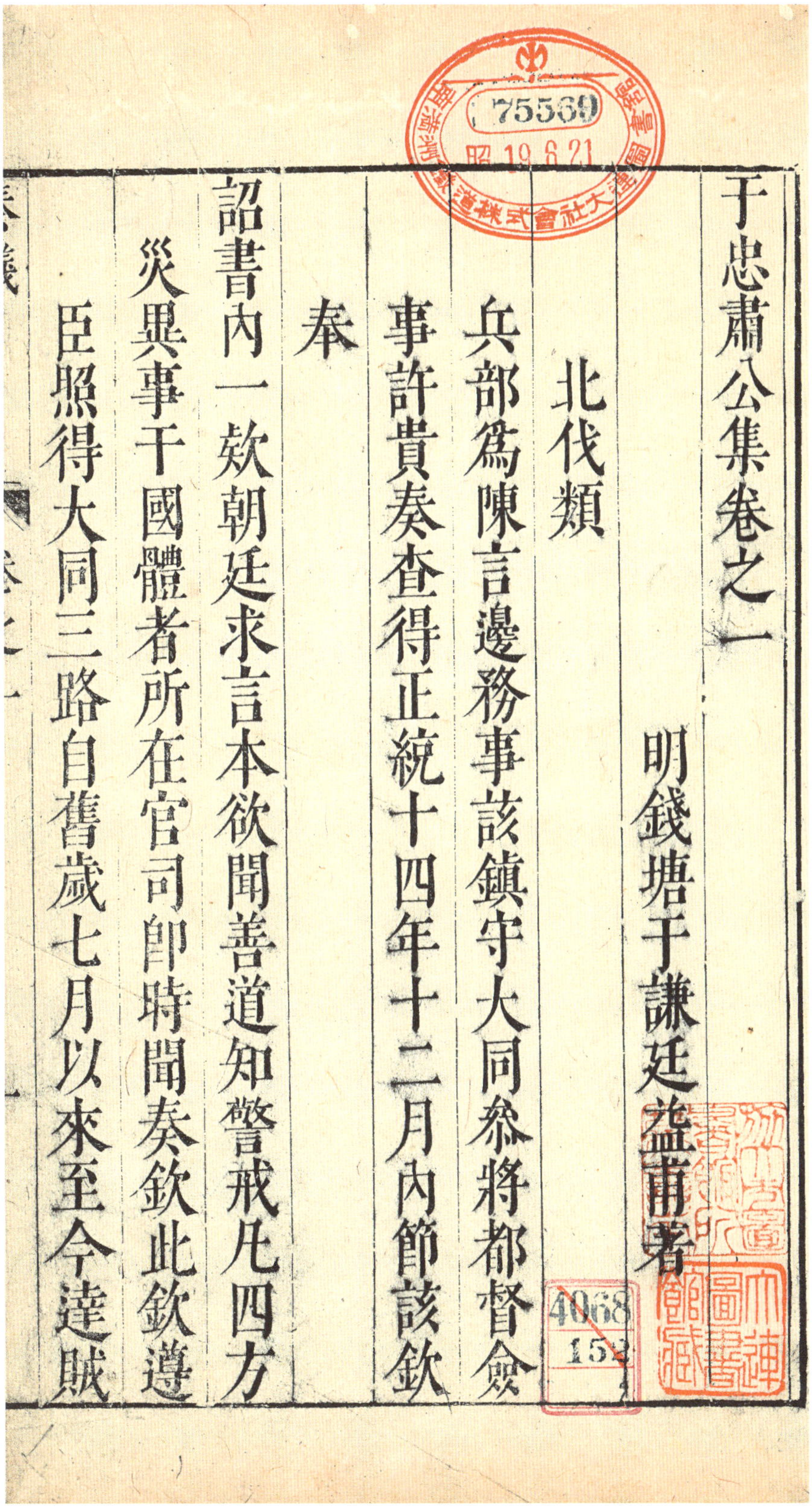
于忠肅公集卷之一
明錢塘于謙廷益甫著
北伐類
兵部爲陳言邊務事該鎮守大同叅將都督僉
事許貴奏查得正統十四年十二月內節該欽
奉
詔書內一欵朝廷求言本欲聞善道知警戒凡四方
災異事干國體者所在官司即時聞奏欽此欽遵
臣照得大同三路自舊歲七月以來至今達賊

10445　于忠肅公集十二卷附録四卷　（明）于謙撰　明天啓元年（1621）孫昌裔刻本　大連圖書館

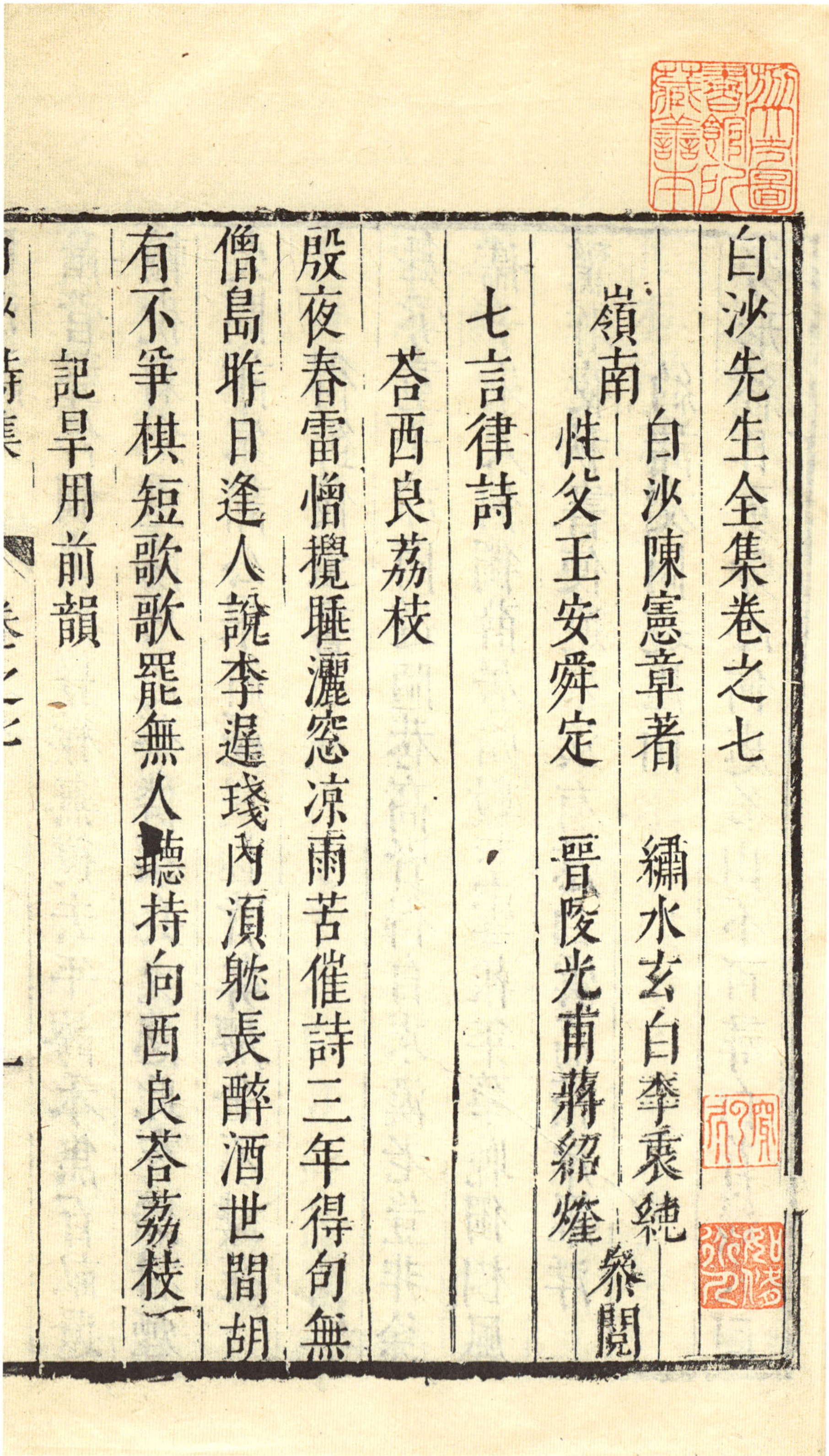

白沙先生全集卷之七
白沙陳憲章著　繡水玄白李衷純
嶺南　性父王安舜定　晉陵光甫蔣紹煃　參閱
七言律詩
荅西良荔枝
殷夜春雷僧攪驪灑窓涼雨苦催詩三年得句無
僧島昨日逢人說李遲餞內須躭長醉酒世間胡
有不爭棋短歌歌罷無人聽持向西良荅荔枝一
記旱用前韻

10446　白沙先生全集十二卷附録白沙先生行狀銘表一卷　（明）陳憲章撰　明天啓刻本　大連圖書館

存五卷（七至十一）

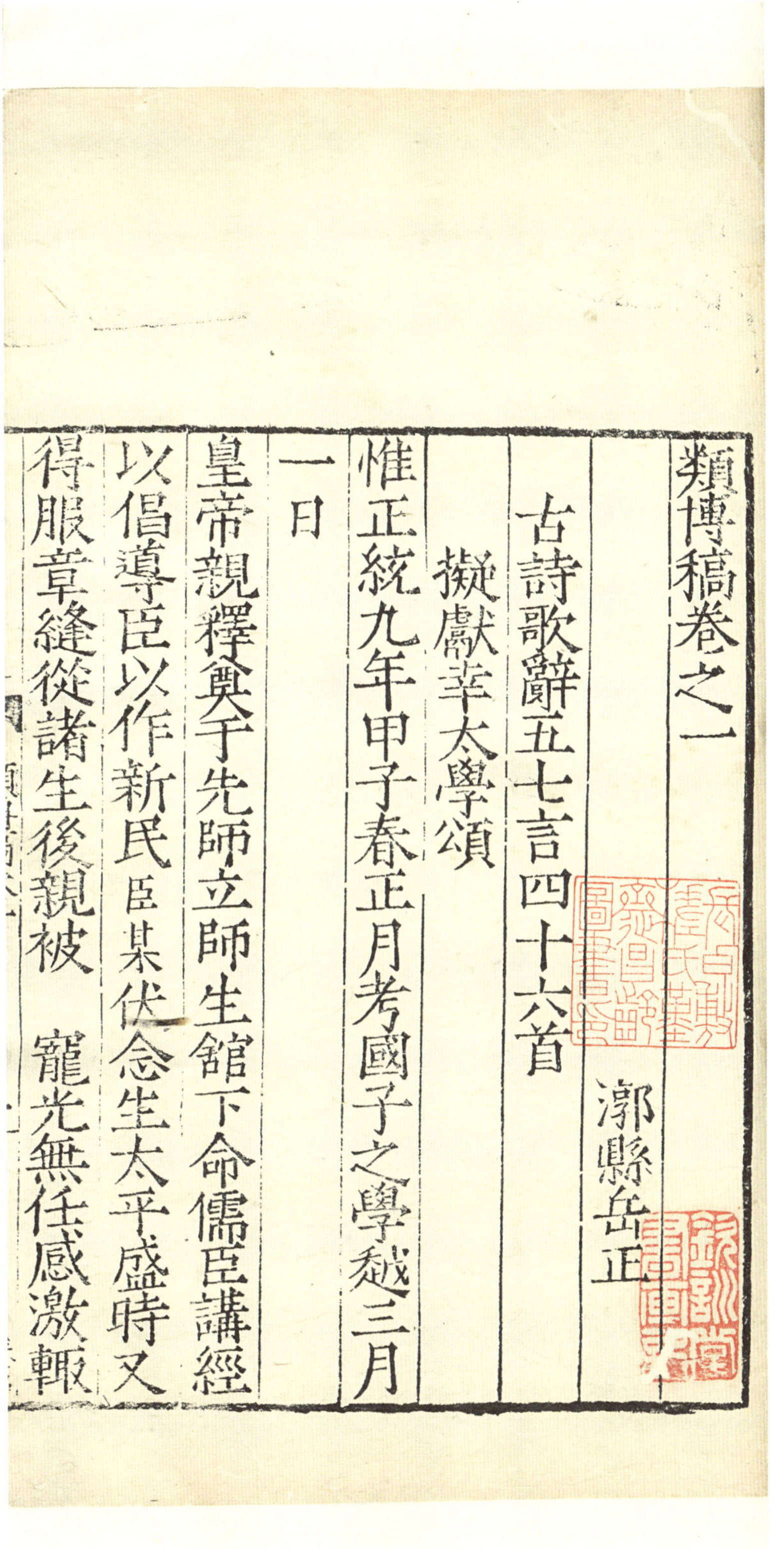
類博稿卷之一
鄞縣岳正
古詩歌辭五七言四十六首
擬獻幸太學頌
惟正統九年甲子春正月考國子之學越三月
一日
皇帝親釋奠于先師立師生館下命儒臣講經
以倡導臣以作新民臣某伏念生太平盛時又
得服章縫從諸生後親被　寵光無任感激輒

10447　類博稿十卷　（明）岳正撰　（明）李東陽輯　明嘉靖十八年（1539）吴逵刻本　大連圖書館

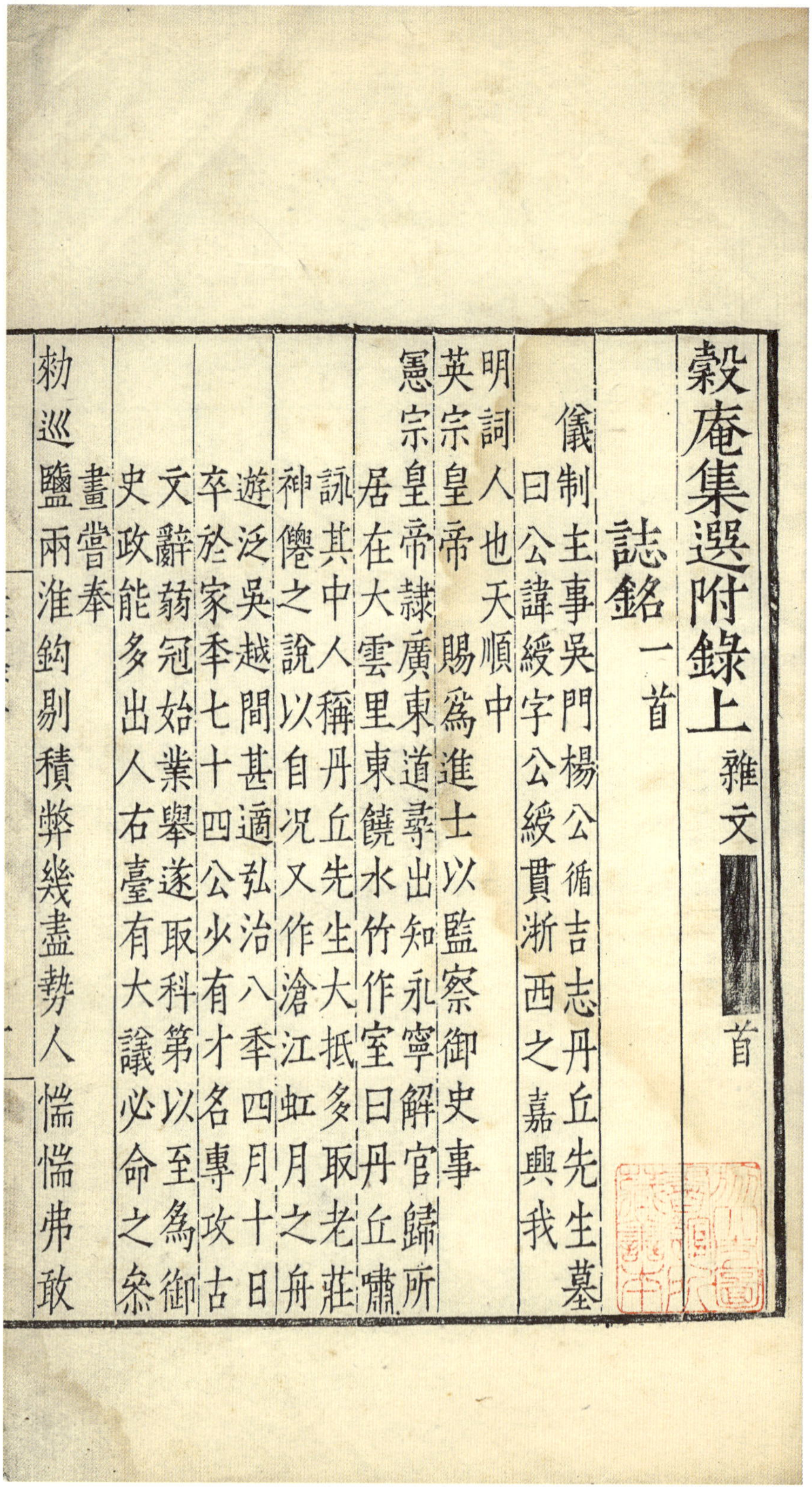
穀庵集選附錄上 雜文 首
誌銘一首
儀制主事吳門楊公循吉志丹丘先生墓
曰公諱綬字公綬貫浙西之嘉興我
明詞人也天順中
英宗皇帝賜爲進士以監察御史事
憲宗皇帝隸廣東道尋出知永寧解官歸所
居在大雲里東饒水竹作室曰丹丘嘯
詠其中人稱丹丘先生大抵多取老莊
神僊之說以自況又作滄江虹月之舟
遊泛吳越間甚適弘治八季四月十日
卒於家季七十四公少有才名專攻古
文辭蒻冠始業舉遂取科第以至爲御
史政能多出人右臺有大議必命之叅
畫嘗奉
勑巡鹽兩淮鈎剔積弊幾盡勢人惴惴弗敢

10448　穀庵集選十卷附錄二卷　（明）姚綬撰　明嘉靖三十五年（1556）刻本　大連圖書館

存二卷（附録二卷）

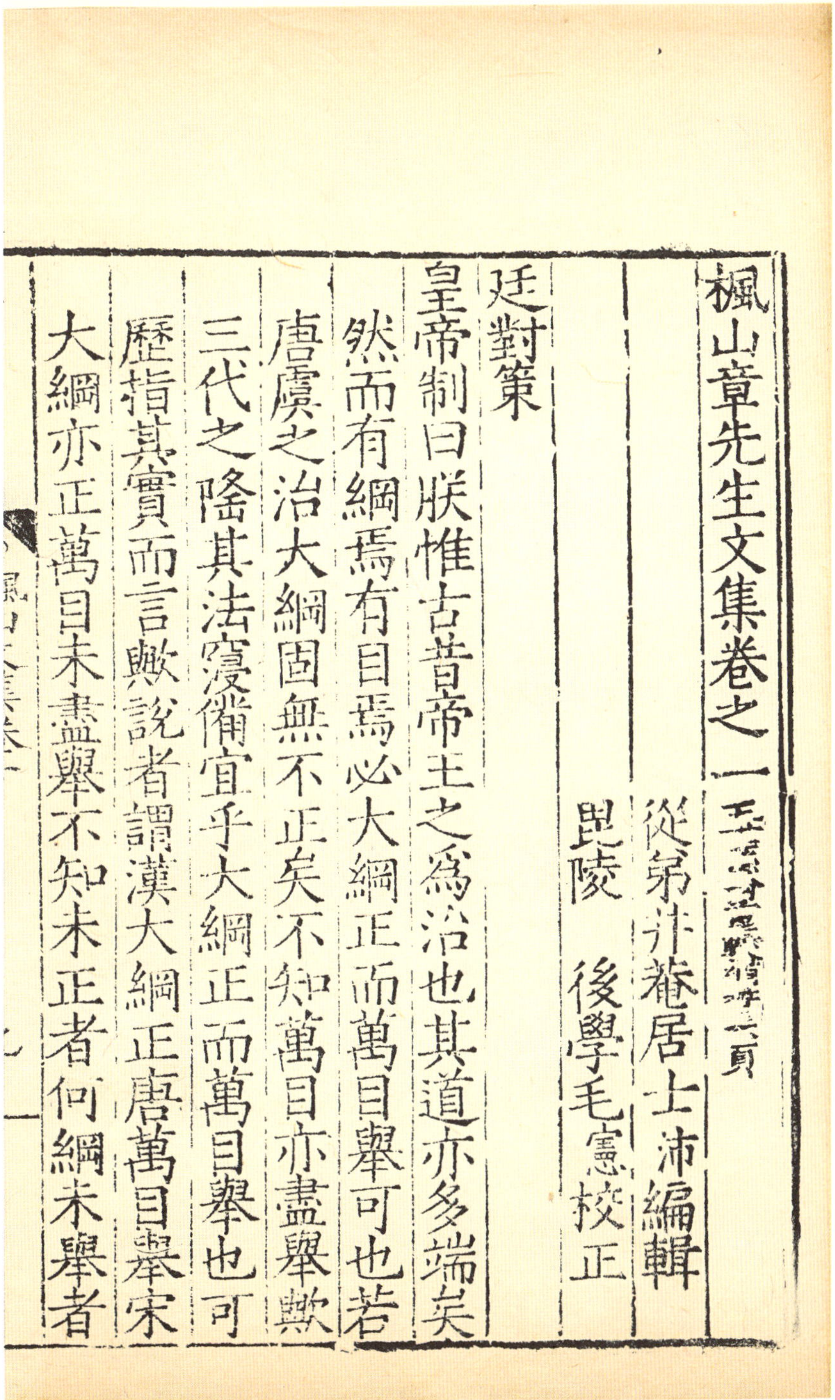

楓山章先生文集卷之一 [illegible]
從弟井菴居士沛編輯
毘陵 後學毛憲校正
廷對策
皇帝制曰朕惟古昔帝王之爲治也其道亦多端矣
然而有綱焉有目焉必大綱正而萬目舉可也若
唐虞之治大綱固無不正矣不知萬目亦盡舉歟
三代之隆其法寖備宜乎大綱正而萬目舉也可
歷指其實而言歟說者謂漢大綱正唐萬目舉宋
大綱亦正萬目未盡舉不知未正者何綱未舉者

10449　楓山章先生文集九卷　（明）章懋撰　（明）章沛輯　明嘉靖九年（1530）張大輪刻本　大連圖書館

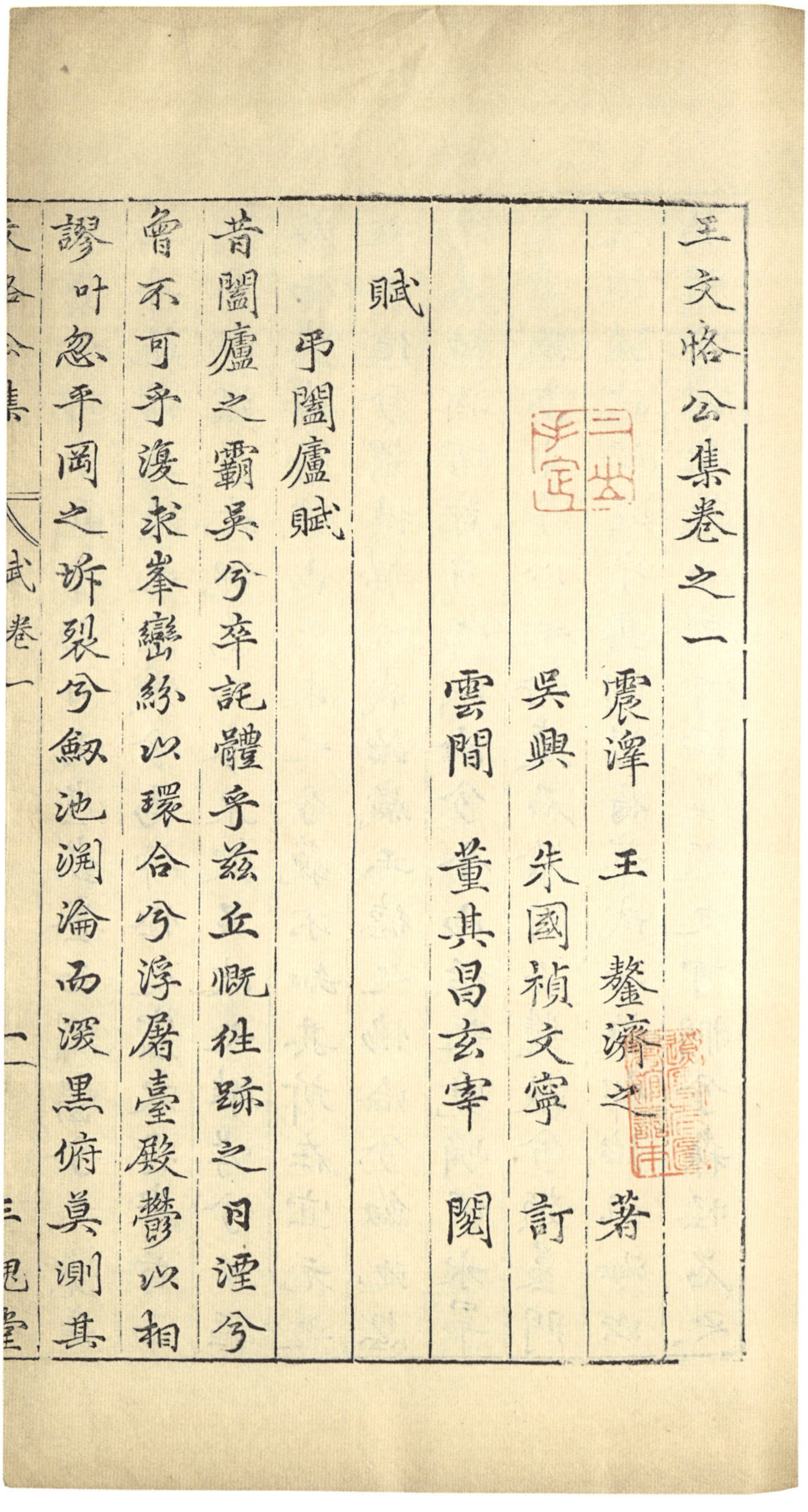
王文恪公集卷之一
震澤　王　鏊濟之　著
吳興　朱國禎文寧　訂
雲間　董其昌玄宰　閱
賦
弔闔廬賦
昔闔廬之霸吳兮卒託體乎茲丘既往跡之日湮兮
曾不可乎復求峯巒紛以環合兮浮屠臺殿鬱以相
謬叶忽平岡之圻裂兮斂池淵淪而深黑俯莫測其
文恪公集　賦卷一　二　三槐堂

10450　王文恪公集三十六卷　（明）王鏊撰　（明）朱國禎訂　明萬曆十七年（1589）三槐堂刻本　羅繼祖題記　遼寧省圖書館

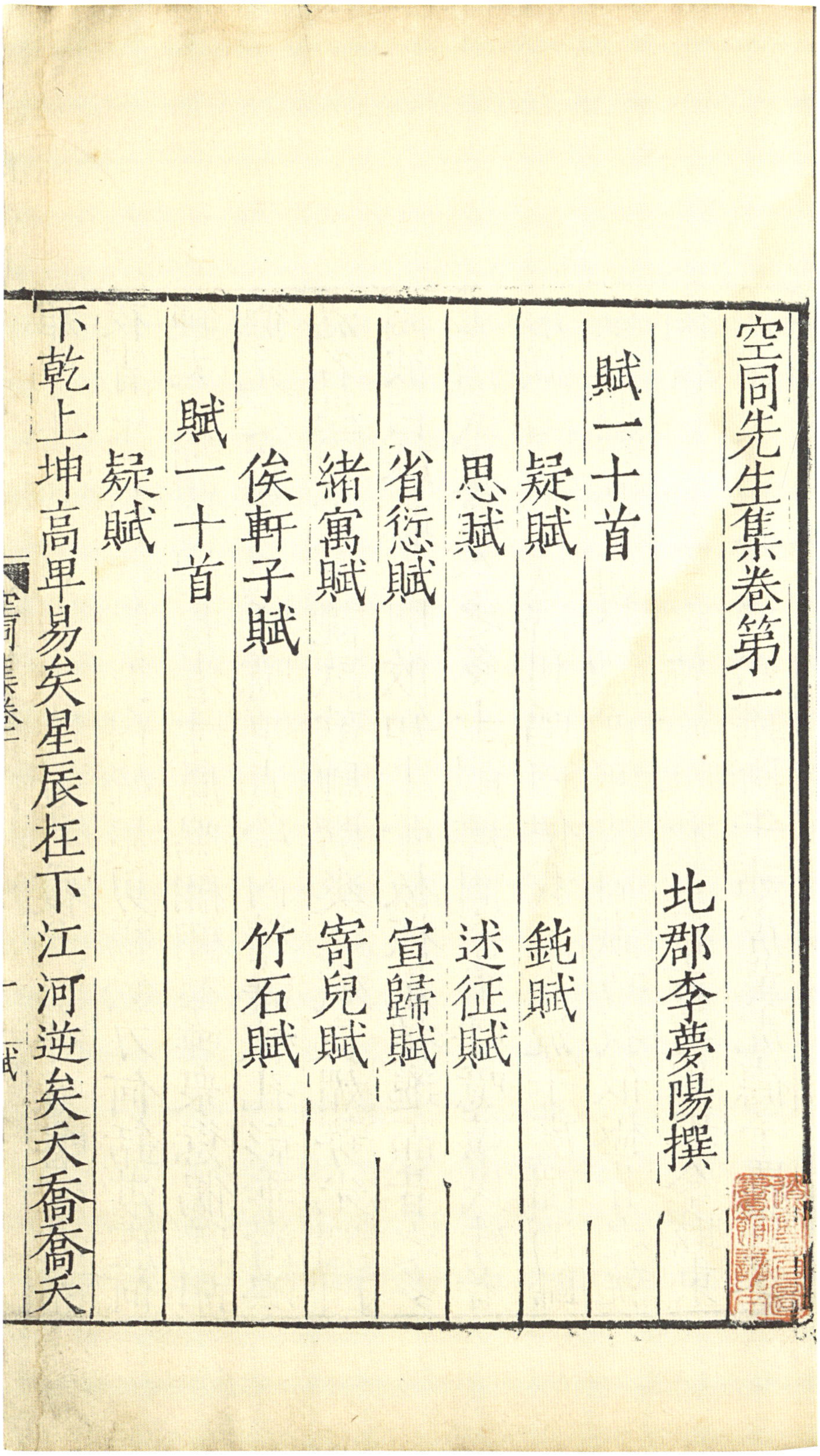
空同先生集卷第一
北郡李夢陽撰
賦一十首
疑賦　鈍賦
思賦　述征賦
省愆賦　宣歸賦
緒寓賦　寄兒賦
俟軒子賦　竹石賦
賦一十首
疑賦
下乾上坤高卑易矣星辰在下江河逆矣天喬喬天
空同集卷一

10451　空同先生集六十三卷　（明）李夢陽撰　明嘉靖刻本　遼寧省圖書館

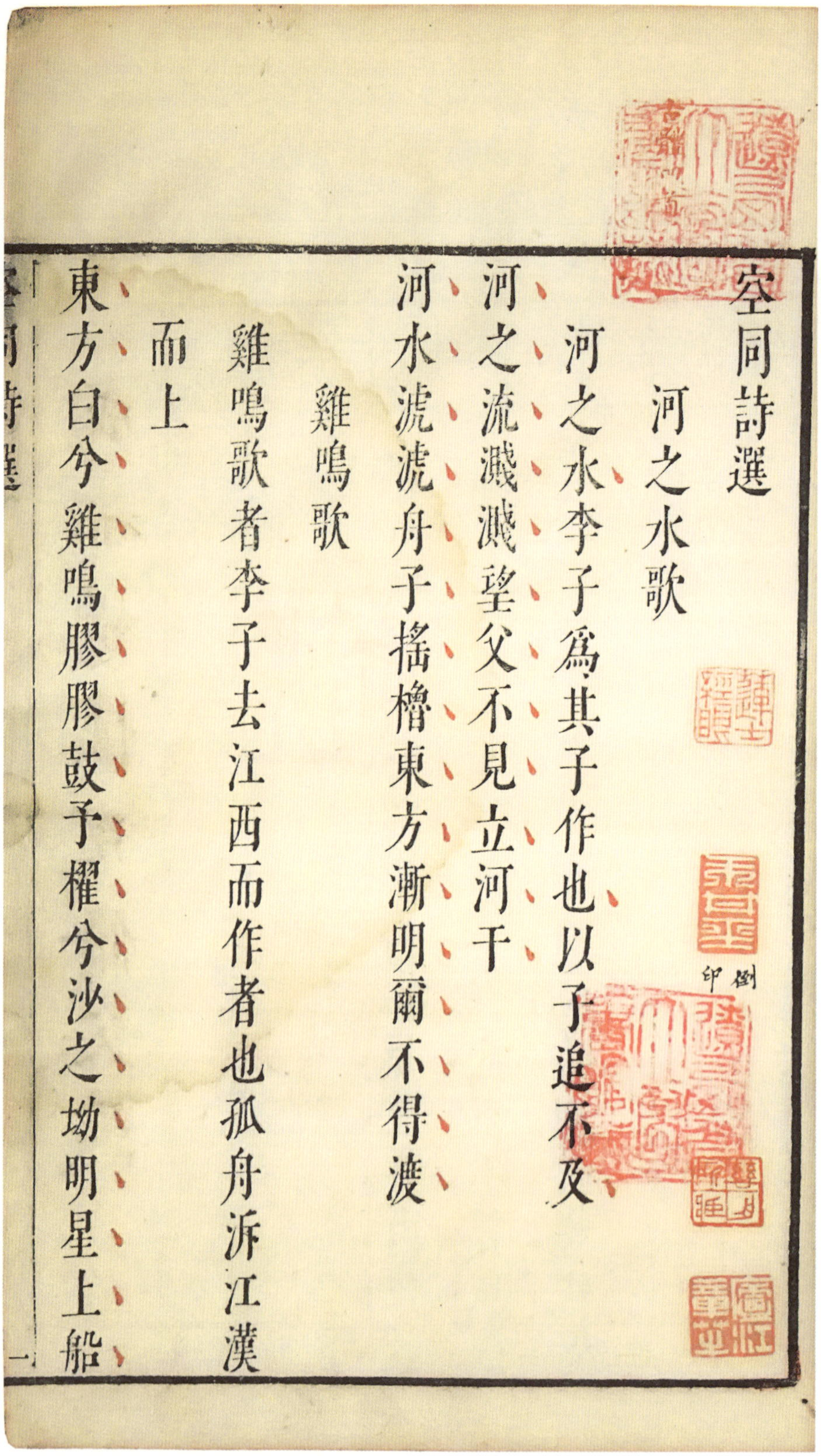

空同詩選

河之水歌

河之水李子爲其子作也以子追不及

河之流濺濺望父不見立河干

河水淲淲舟子搖櫓東方漸明爾不得渡

雞鳴歌

雞鳴歌者李子去江西而作者也孤舟泝江漢

而上

東方白兮雞鳴膠膠鼓予櫂兮沙之坳明星上船

空同詩選 一

倒印

10452　空同詩選一卷　（明）李夢陽撰　（明）楊慎評　明刻朱墨套印本

錦州市圖書館

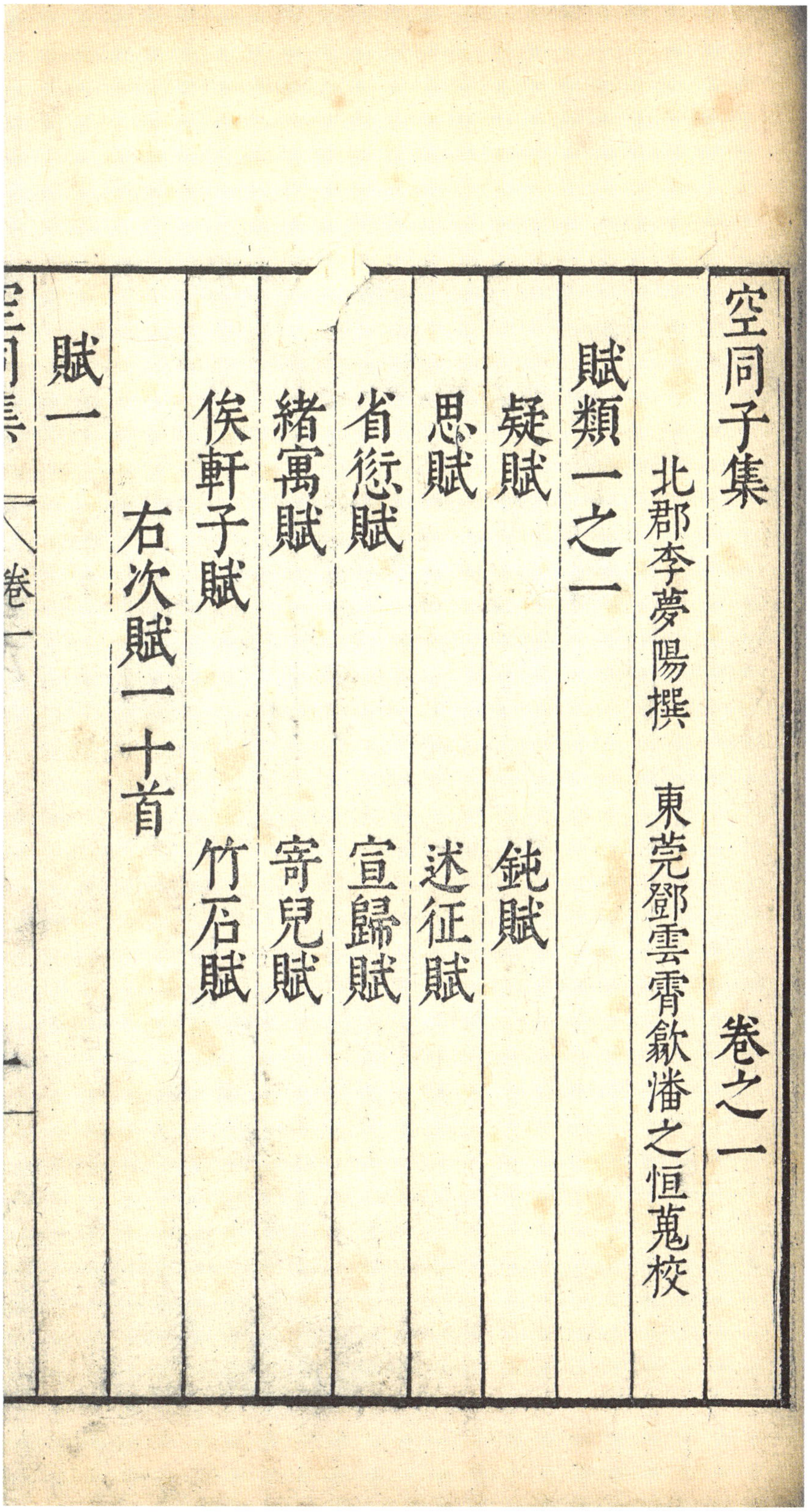

空同子集　卷之一
北郡李夢陽撰　東莞鄧雲霄歙潘之恒蒐校
賦類一之一
疑賦　鈍賦
思賦　述征賦
省愆賦　宣歸賦
緒寓賦　寄兒賦
俟軒子賦　竹石賦
右次賦一十首
賦一
空同集　卷一

10453　空同子集六十六卷　（明）李夢陽撰　明萬曆三十年（1602）鄧雲霄刻本　大連圖書館

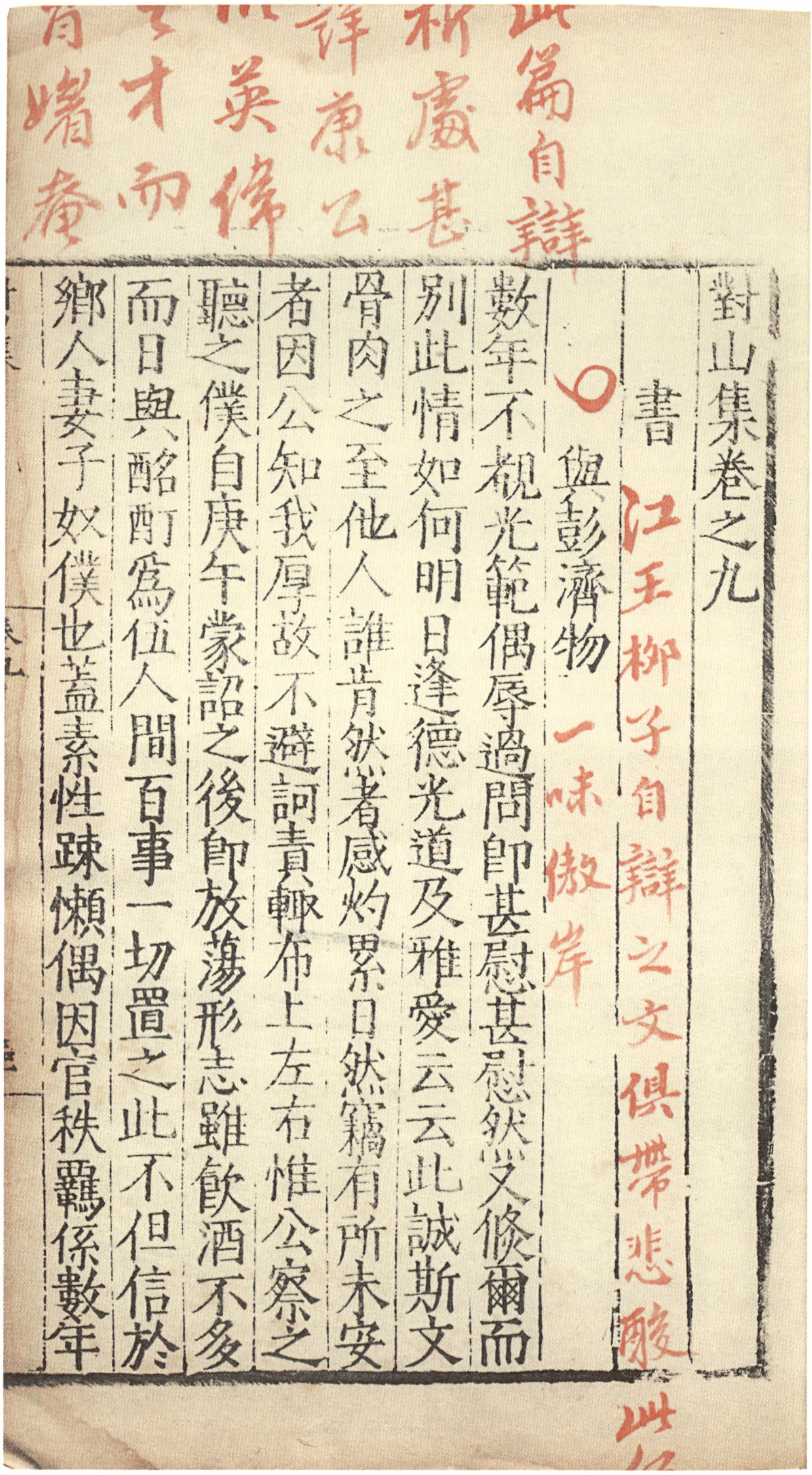
對山集卷之九
書
與彭濟物
數年不覩光範偶辱過問即甚慰甚慰然又倏爾而
別此情如何明日逢德光道及雅愛云云此誠斯文
骨肉之至他人誰肯然者感灼累日然竊有所未安
者因公知我厚故不避訶責輒布上左右惟公察之
聽之僕自庚午蒙詔之後即放蕩形志雖飲酒不多
而日與酩酊為伍人間百事一切置之此不但信於
鄉人妻子奴僕也蓋素性疎懶偶因官秩羈係數年

10454　對山集十九卷　（明）康海撰　明嘉靖二十四年（1545）吴孟祺刻本

大連圖書館

存三卷（八至十）

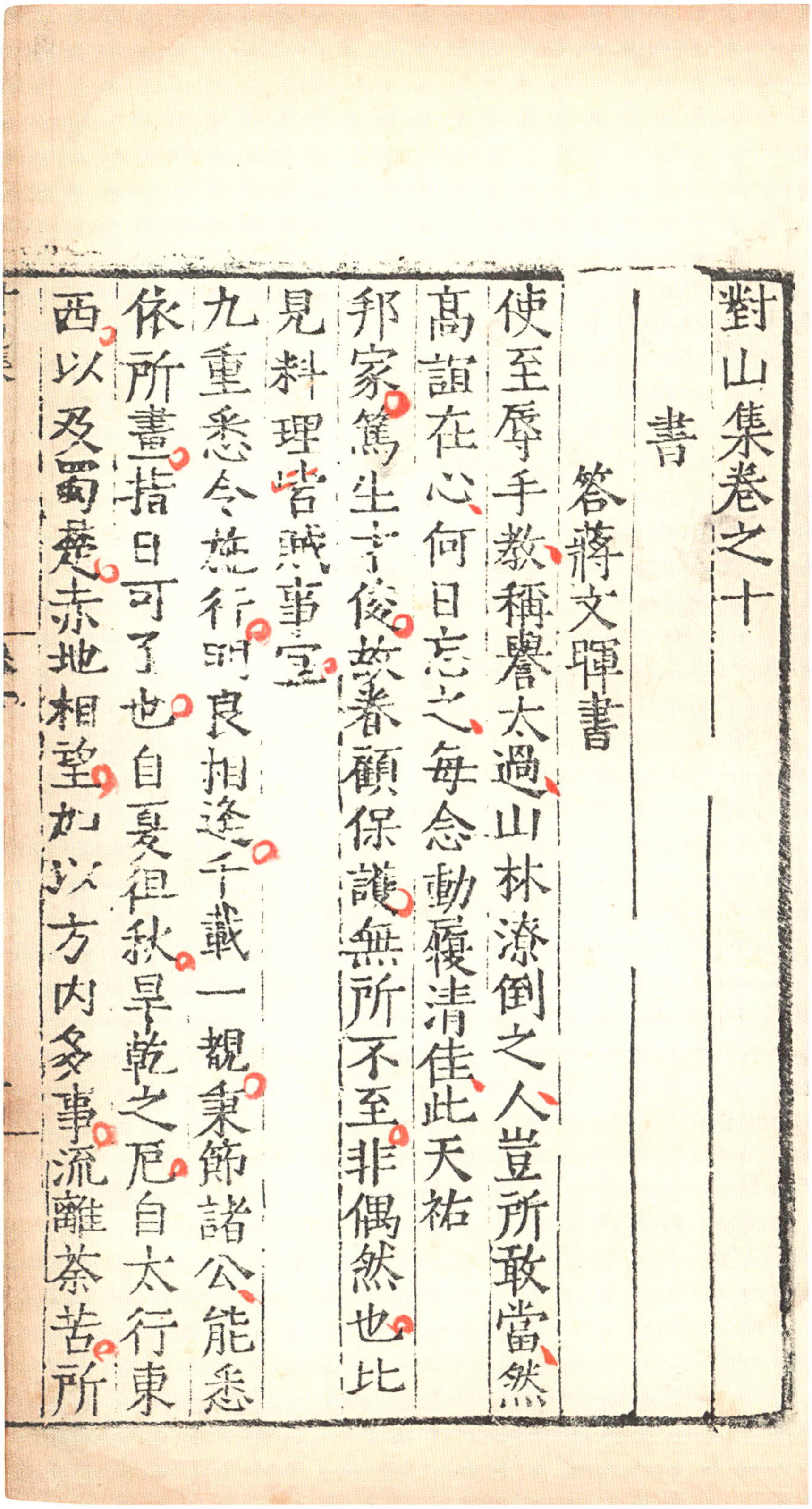

對山集卷之十

書

答蔣文暉書

使至辱手教稱譽太過山林潦倒之人豈所敢當然高誼在心何日忘之每念動履清佳此天祐邦家篤生才俊恭眷顧保護無所不至非偶然也比見料理皆賊事宜九重悉令施行明良相逢千載一覯秉節諸公能悉依所畫指日可了也自夏徂秋旱乾之厄自太行東西以及蜀楚赤地相望加以方内多事流離荼苦所

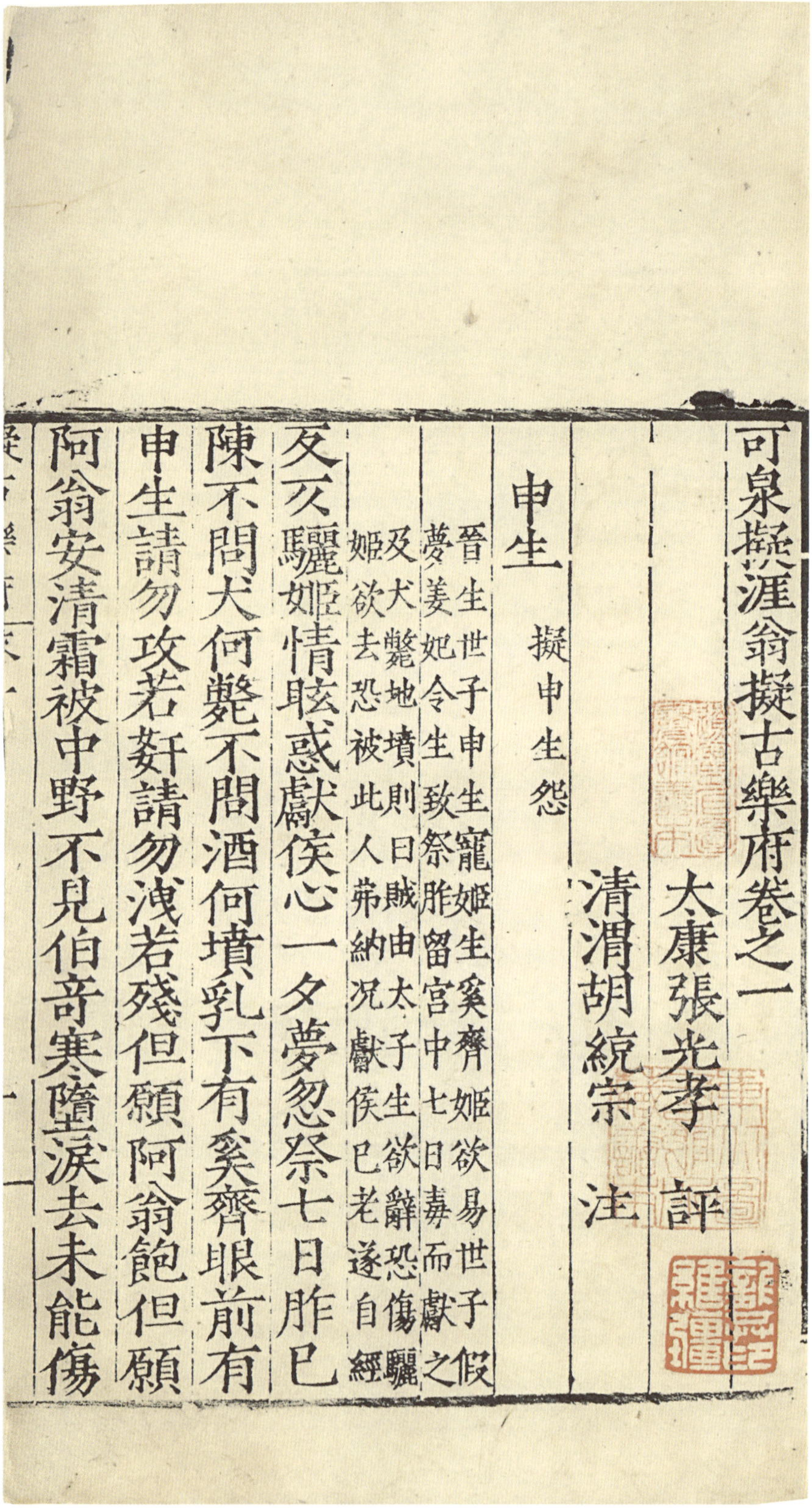
可泉擬涯翁擬古樂府卷之一
太康張光孝評
清渭胡統宗注
申生　擬申生怨
晉生世子申生寵姬生奚齊姬欲易世子假夢姜妃令生致祭胙留宮中七日毒而獻之及犬斃地墳則日賊由太子生欲辭恐傷驪姬欲去恐被此人弗納況獻侯已老遂自經
叐叐驪姬情眩惑獻侯心一夕夢忽祭七日胙巳陳不問犬何斃不問酒何墳乳下有奚齊眼前有申生請勿攻若姧請勿洩若殘但願阿翁飽但願阿翁安清霜被中野不見伯奇寒隳淚去未能傷

10455　可泉擬涯翁擬古樂府二卷　（明）胡纘宗撰　（明）張光孝評　（明）胡統宗注　明嘉靖三十六年（1557）汪瀚刻本　龔治初題識　遼寧省圖書館

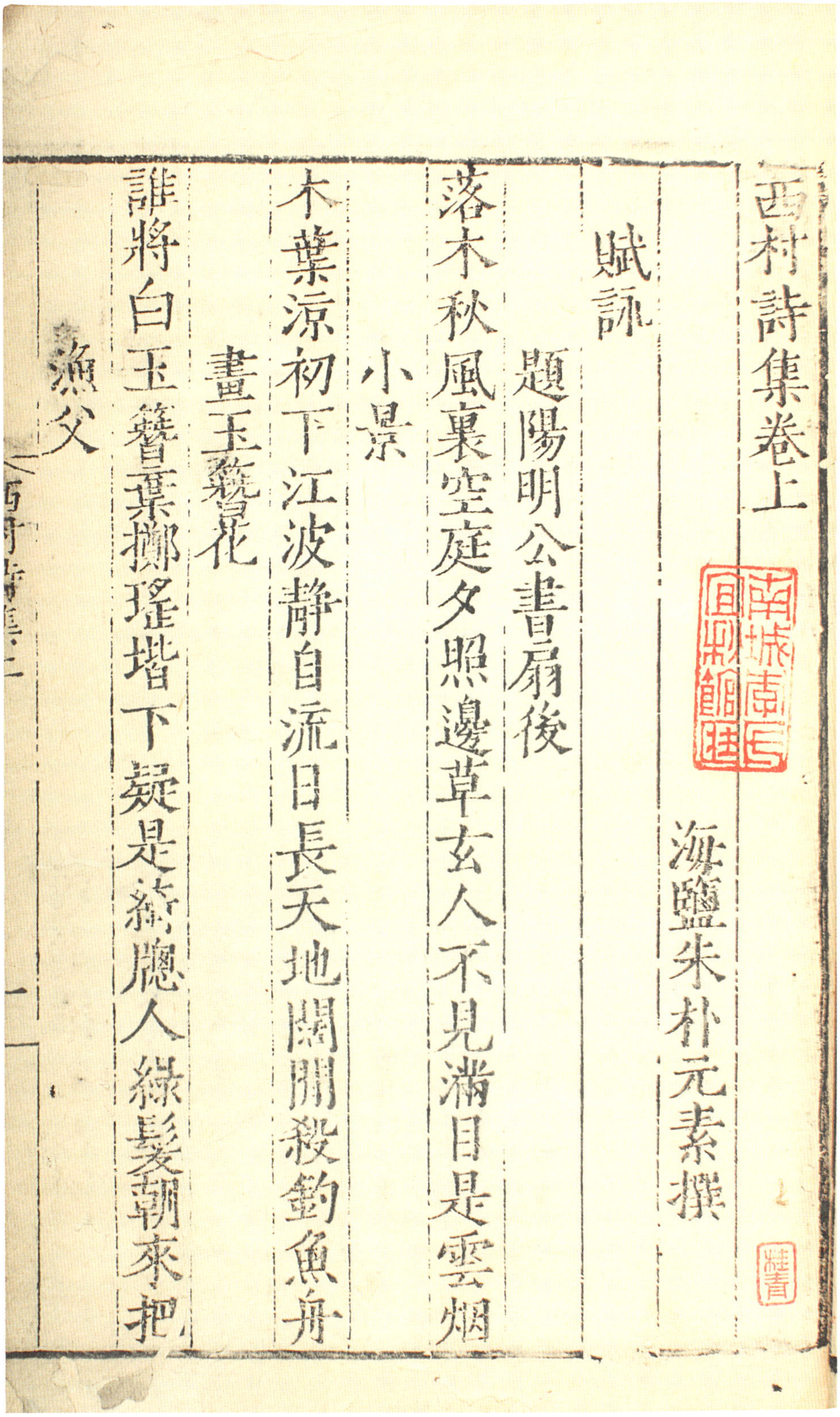
西村詩集卷上

海鹽朱朴元素撰

賦詠

題陽明公書扇後

落木秋風裏空庭夕照邊草玄人不見滿目是雲烟

小景

木葉涼初下江波靜自流日長天地闊閒殺釣魚舟

畫玉簪花

誰將白玉簪棄擲瑤堦下疑是綺牕人綠髮朝來把

漁父

西村詩集上　一

10456　西村詩集二卷補遺一卷　（明）朱朴撰　明嘉靖三十一年（1552）自刻萬曆二十九年（1601）朱彩續刻本　遼寧省博物館

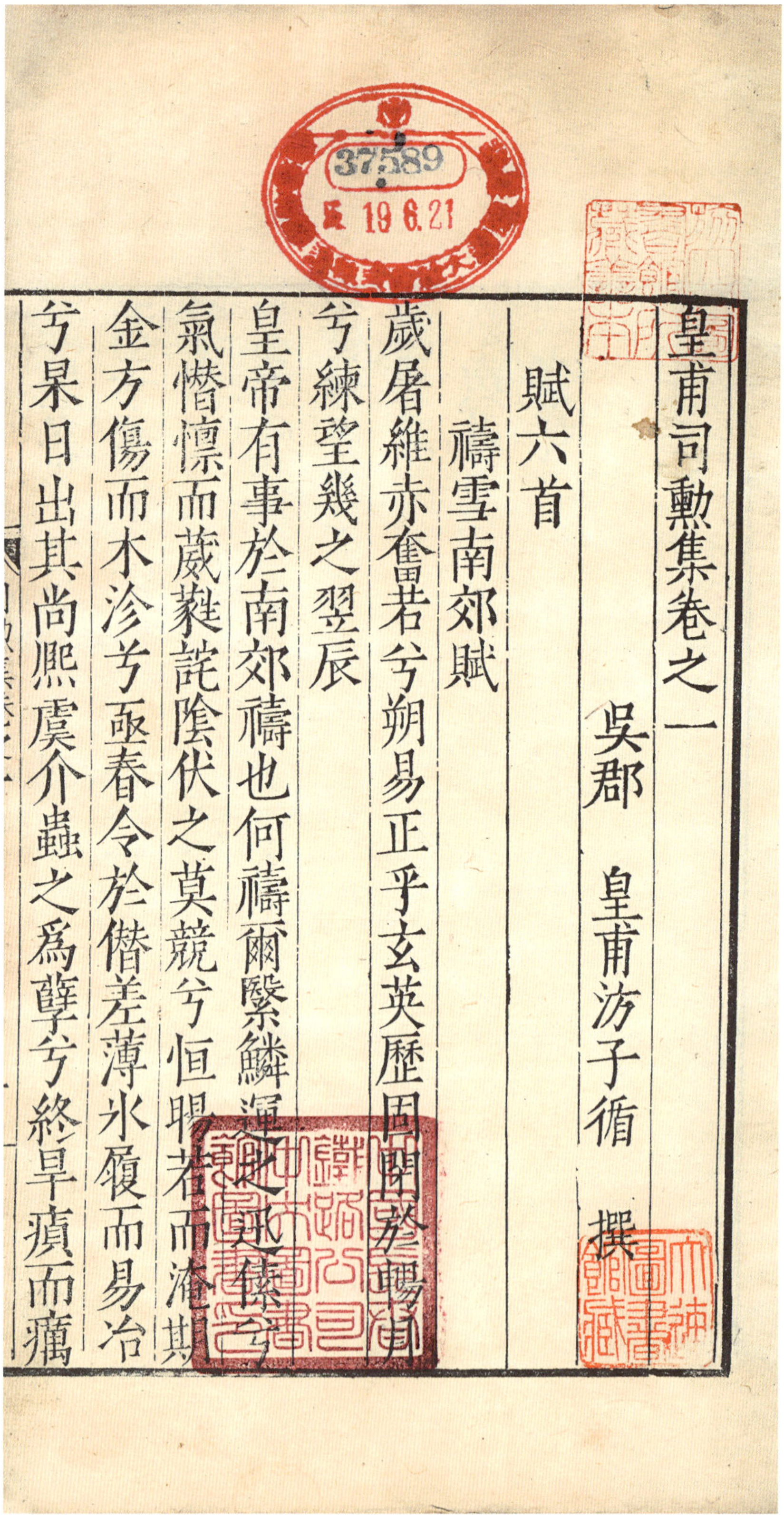
皇甫司勳集卷之一
吳郡　皇甫汸子循　撰
賦六首
禱雪南郊賦
歲屠維赤奮若兮朔易正乎玄英歷因閼於暘谷兮練望幾之翌辰
皇帝有事於南郊禱也何禱爾繄鱗渾之延傺兮氣憯懍而蕨蕤詑陰伏之莫競兮恒暘若而淹其金方傷而木沴兮亟春令於僭差薄氷覆而易冶兮杲日出其尚熈虞介蟲之爲孽兮終旱瘨而癘

10457　**皇甫司勳集六十卷**　（明）皇甫汸撰　明萬曆刻本　大連圖書館

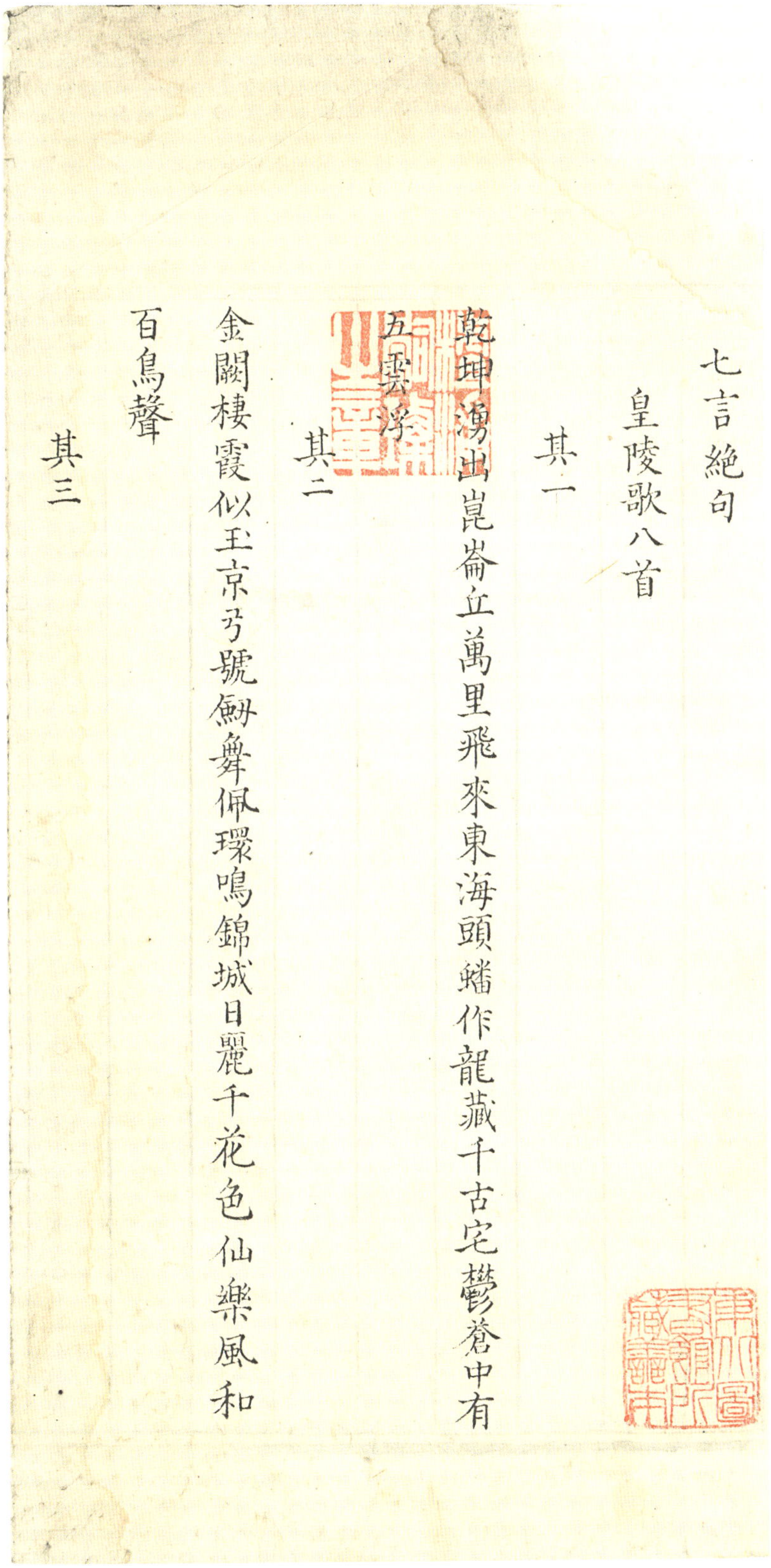
七言絶句
皇陵歌八首
其一
乾坤湧出崑崙立萬里飛來東海頭蟠作龍藏千古宅鬱蒼中有
五雲浮
其二
金闕棲霞似玉京弓號鼎彝佩環鳴錦城日麗千花色仙樂風和
百鳥聲
其三

10458 張月泉詩集不分卷 （明）張元諭撰 明抄本 遼寧省圖書館

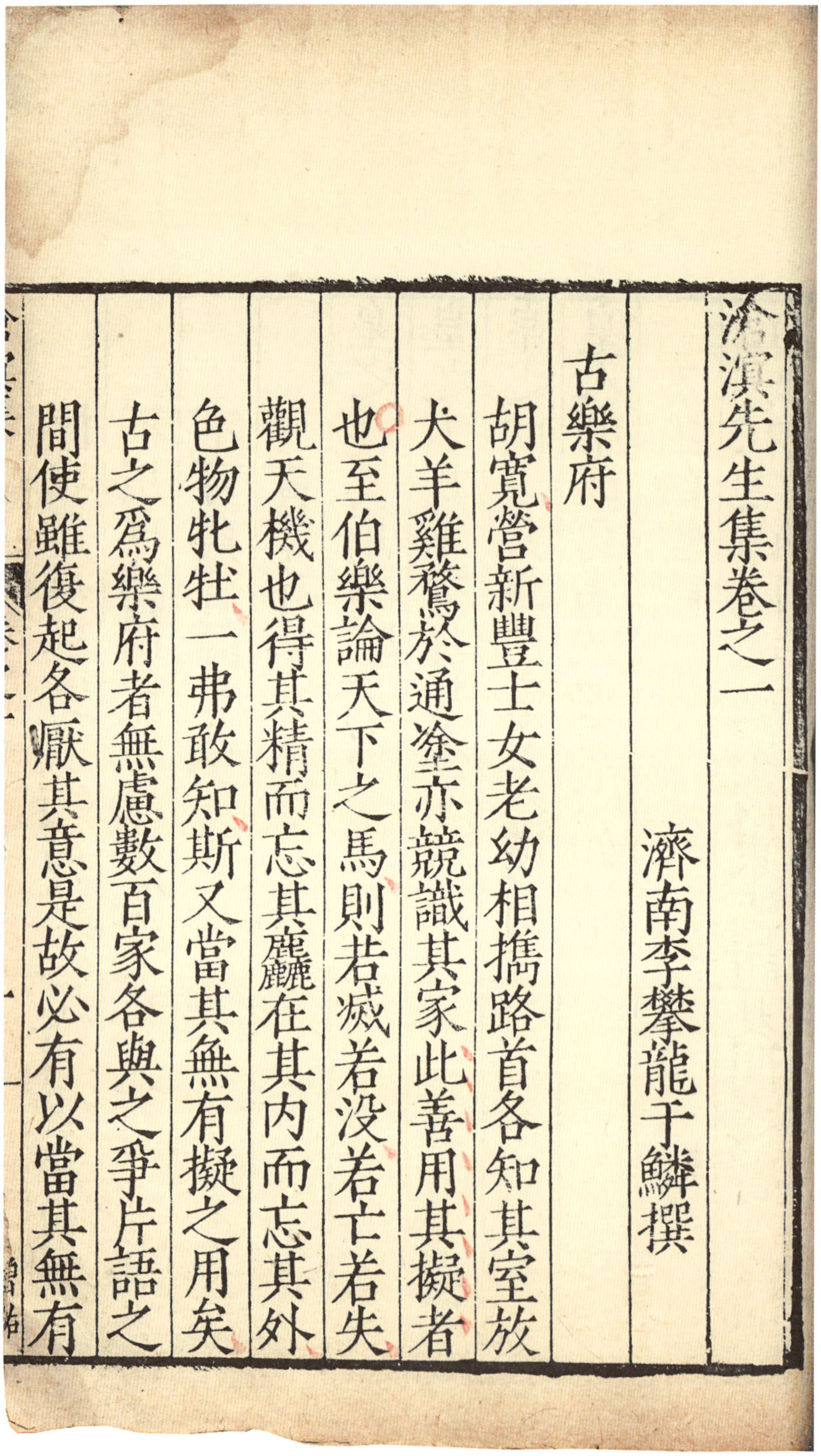
滄溟先生集卷之一
濟南李攀龍于鱗撰
古樂府
胡寬營新豐士女老幼相攜路首各知其室放
犬羊雞鶩於通塗亦競識其家此善用其擬者
也至伯樂論天下之馬則若滅若沒若亡若失
覿天機也得其精而忘其麤在其內而忘其外
色物牝牡一弗敢知斯又當其無有擬之用矣
古之爲樂府者無慮數百家各與之爭片語之
間使雖復起各厭其意是故必有以當其無有

10459　滄溟先生集三十二卷　（明）李攀龍撰　明萬曆二年（1574）徐中行刻本　遼寧大學圖書館

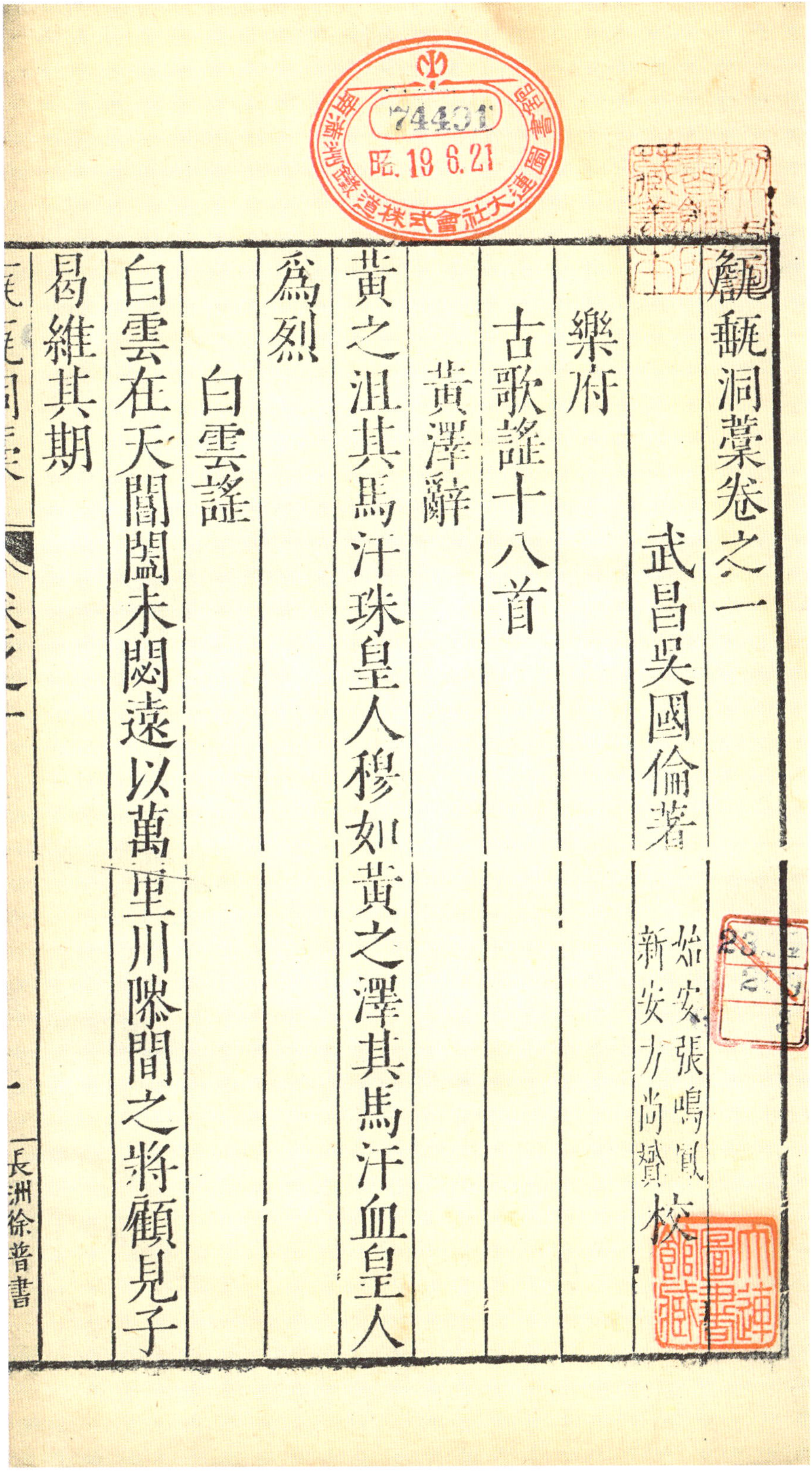
甔甀洞稾卷之一
武昌吳國倫著
始安張鳴鳳
新安方尚贇校
樂府
古歌謠十八首
黃澤辭
黃之沮其馬汗珠皇人穆如黃之澤其馬汗血皇人
爲烈
白雲謠
白雲在天閶闔未闓遠以萬里川隙間之將顧見子
曷維其期

甔甀洞稾　卷之一　一　長洲徐普書

10460　**甔甀洞稾五十四卷**　（明）吴國倫撰　明萬曆刻本　遼寧省圖書館

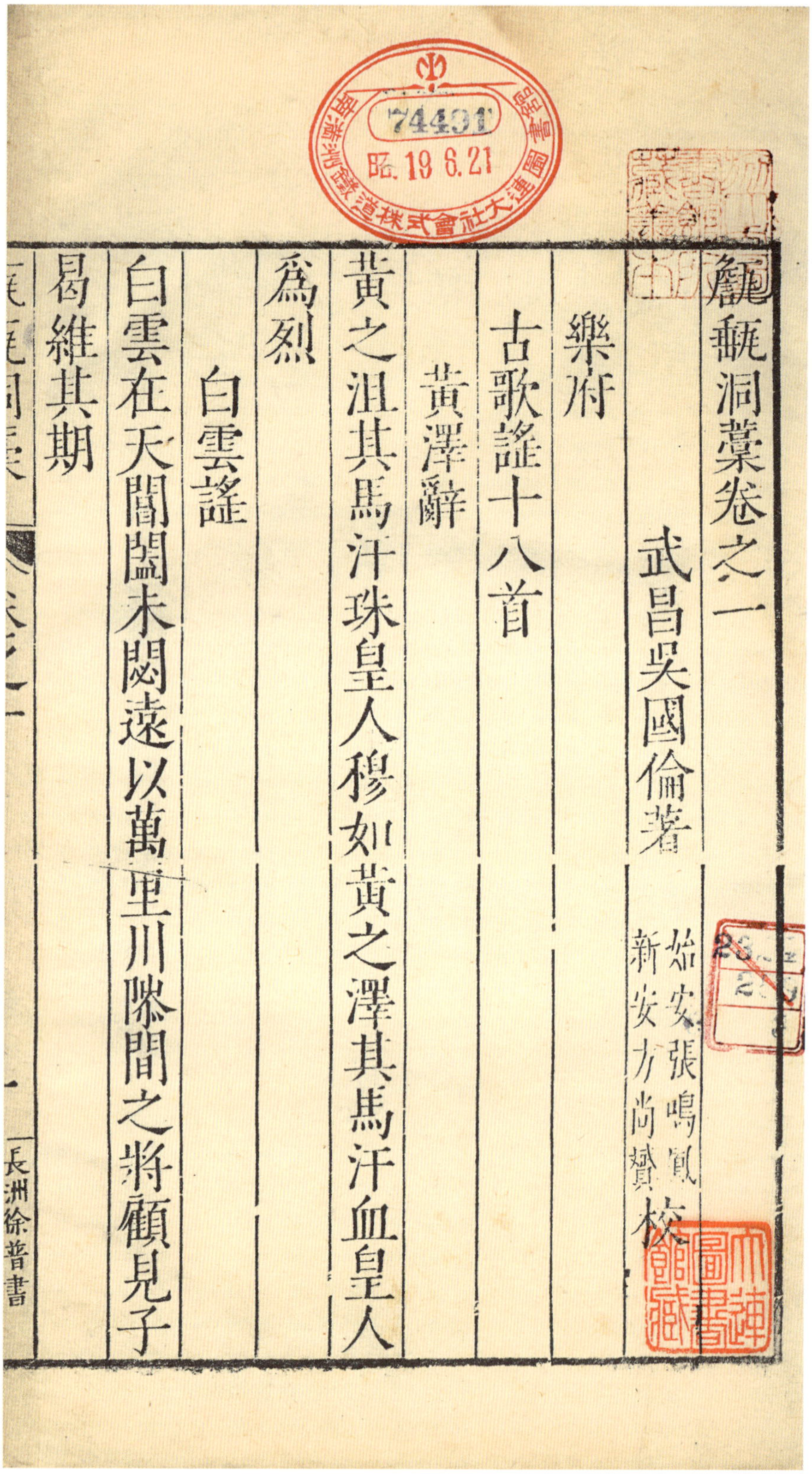

甔甀洞藁卷之一
武昌吴國倫著
始安張鳴鳳
新安方尚贇 校
樂府
古歌謠十八首
黃澤辭
黃之沮其馬汗珠皇人穆如黃之澤其馬汗血皇人
為烈
白雲謠
白雲在天閶闔未閟遠以萬里川隰間之將顧見子
曷維其期

甔甀洞藁 卷之一 長洲徐普書

10461 甔甀洞藁五十四卷 （明）吴國倫撰 明萬曆刻本 大連圖書館

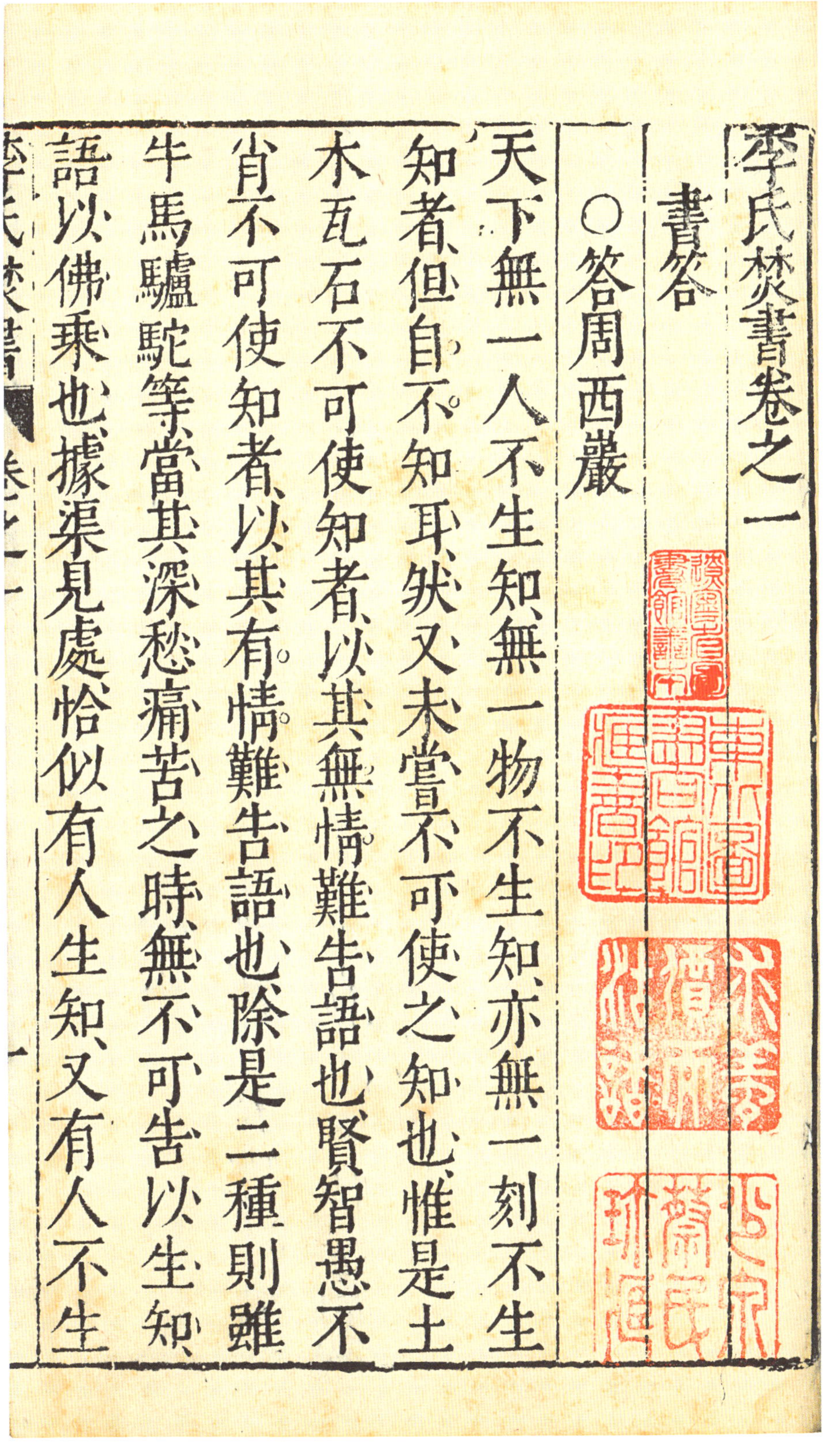
李氏焚書卷之一

書答

○答周西巖

天下無一人不生知、無一物不生知、亦無一刻不生
知者、但自不知耳、然又未嘗不可使之知也、惟是土
木瓦石不可使知者、以其無情難告語也、賢智愚不
肖不可使知者、以其有情難告語也、除是二種則雖
牛馬驢駝等、當其深愁痛苦之時、無不可告以生知、
語以佛乘也、據渠見處恰似有人生知、又有人不生

李氏焚書　卷之一　一

10462　李氏焚書六卷　（明）李贄撰　明刻本　遼寧省圖書館

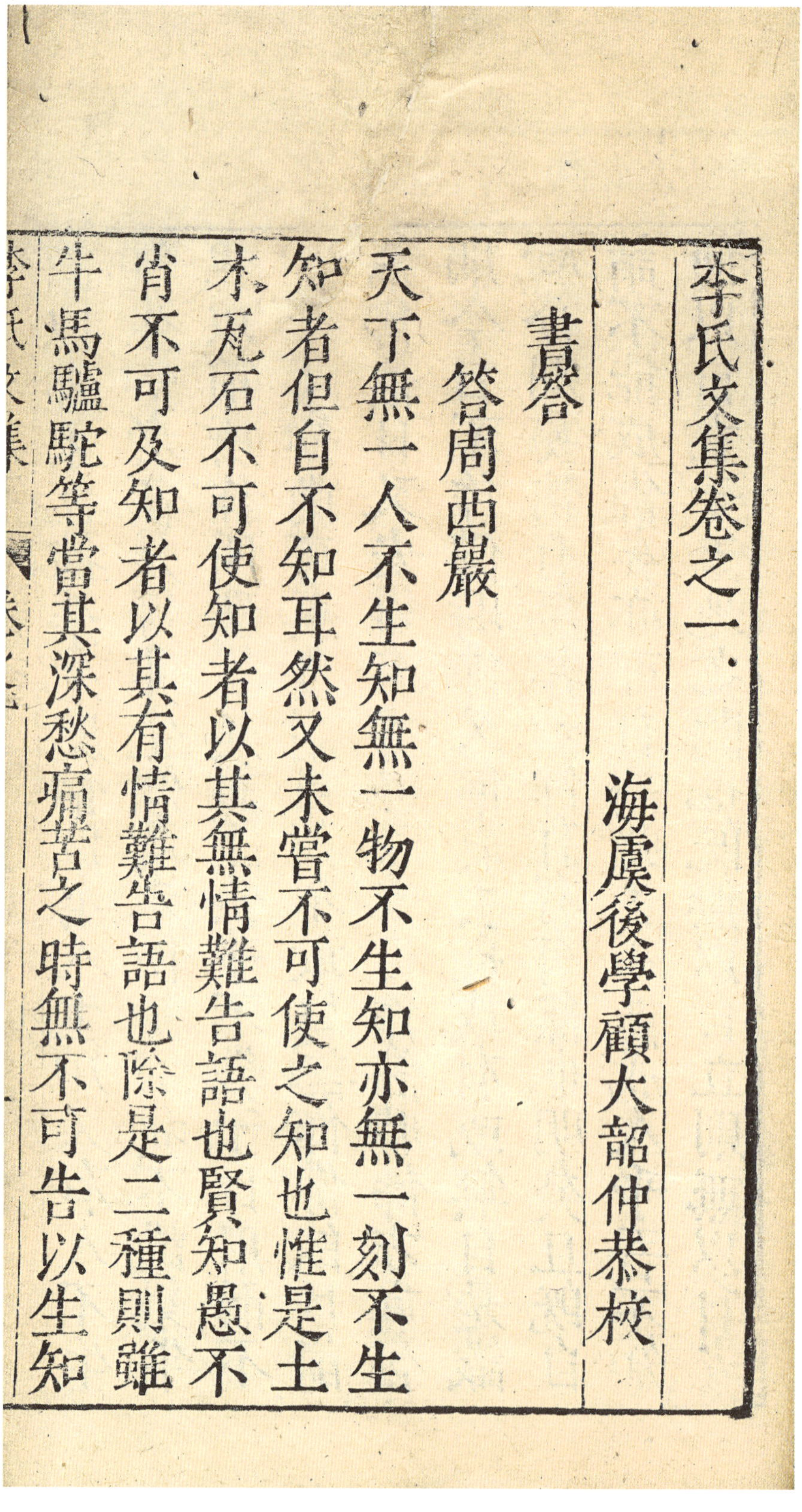

李氏文集卷之一
海虞後學顧大韶仲恭校
書答
答周西巖
天下無一人不生知無一物不生知亦無一刻不生
知者但自不知耳然又未嘗不可使之知也惟是土
木瓦石不可使知者以其無情難告語也賢知愚不
肖不可及知者以其有情難告語也除是二種則雖
牛馬驢駝等當其深愁痛苦之時無不可告以生知

10463　李氏文集十八卷　（明）李贄撰　明萬曆刻本　大連圖書館

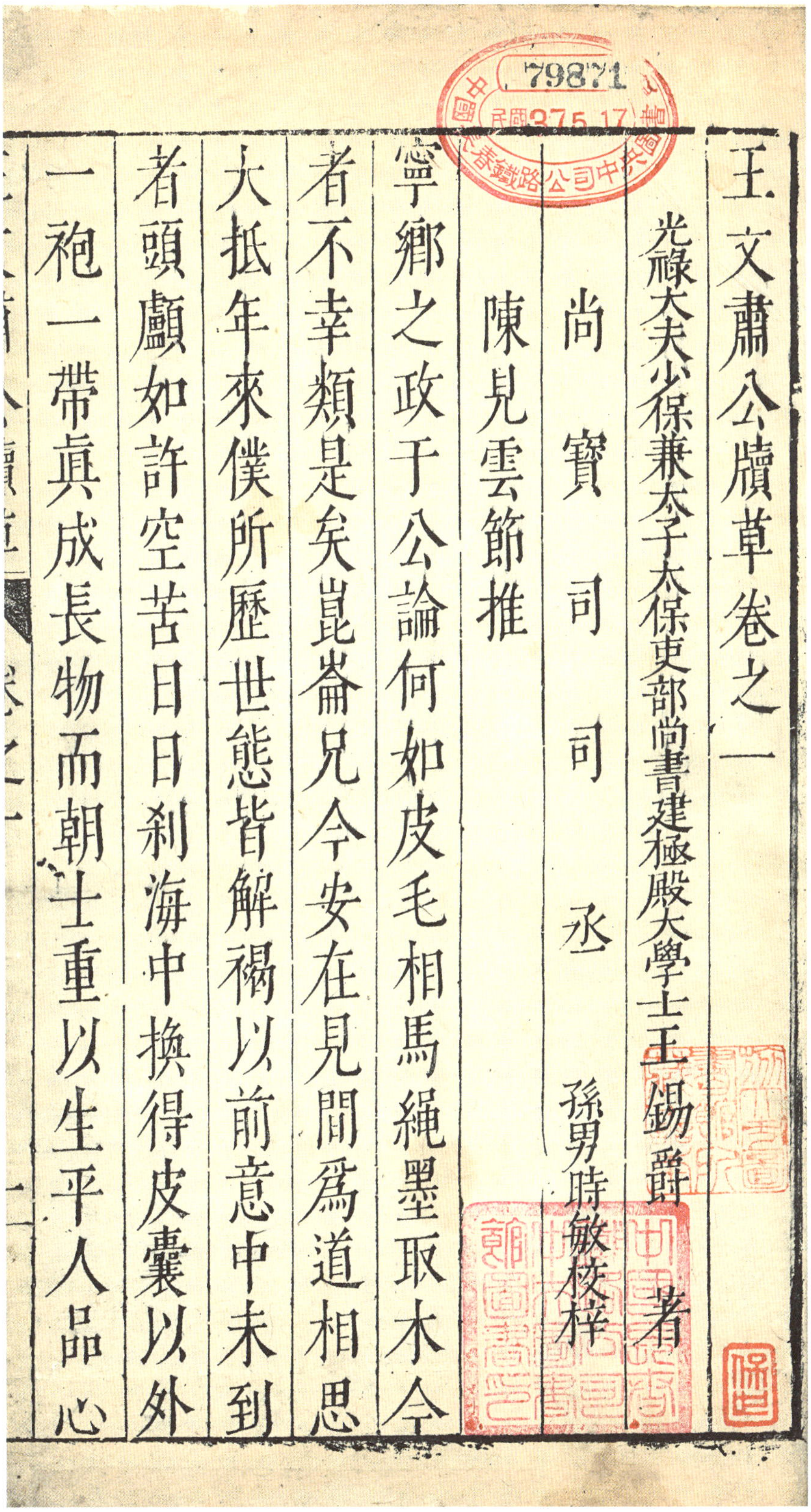
王文肅公牘草卷之一
光祿大夫少保兼太子太保吏部尚書建極殿大學士王錫爵 著
尚寶司司丞 孫男時敏校梓
陳見雲節推
雩鄉之政于公論何如皮毛相繩墨取木今
者不幸類是矣昆崙兒今安在見聞爲道相思
大抵年來僕所歷世態皆解褐以前意中未到
者頭顱如許空苦日日刹海中換得皮囊以外
一袍一帶眞成長物而朝士重以生平人品心

10464 王文肅公牘草十八卷 （明）王錫爵撰 明萬曆四十三年（1615）

王時敏刻本 大連圖書館

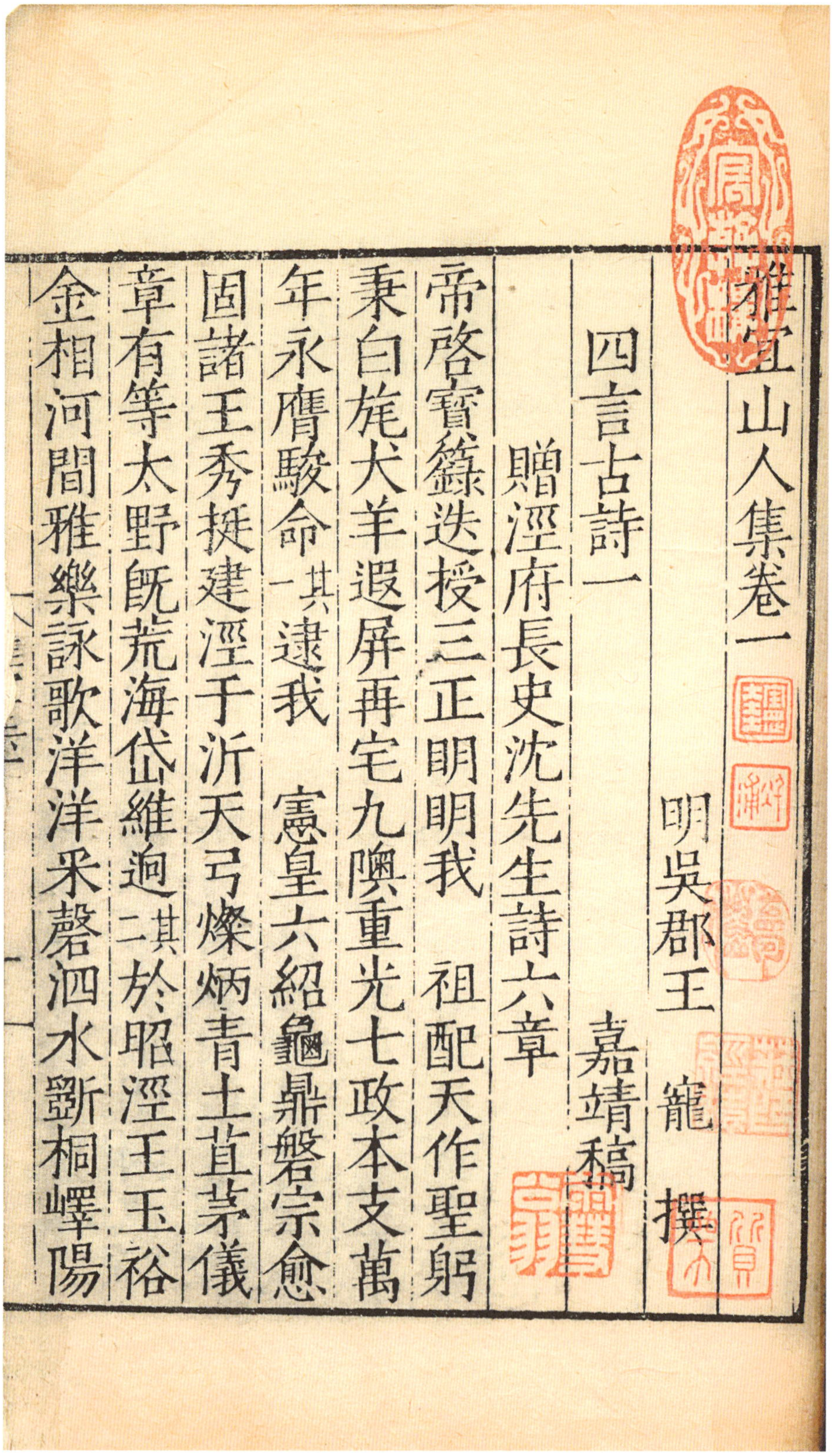

雅宜山人集卷一
明吳郡王　寵　撰
四言古詩一　嘉靖稿
贈涇府長史沈先生詩六章
帝啓寶籙迭授三正明明我　祖配天作聖躬
秉白旄犬羊遐屏再宅九隩重光七政本支萬
年永膺駿命其一遠我　憲皇六紹龜鼎磐宗愈
固諸王秀挺建涇于沂天弓爍炳青土苴茅儀
章有等太野既荒海岱維逈其二於昭涇王玉裕
金相河間雅樂詠歌洋洋采磬泗水斲桐嶧陽

10465　雅宜山人集十卷　（明）王寵撰　明嘉靖刻本　旅順博物館

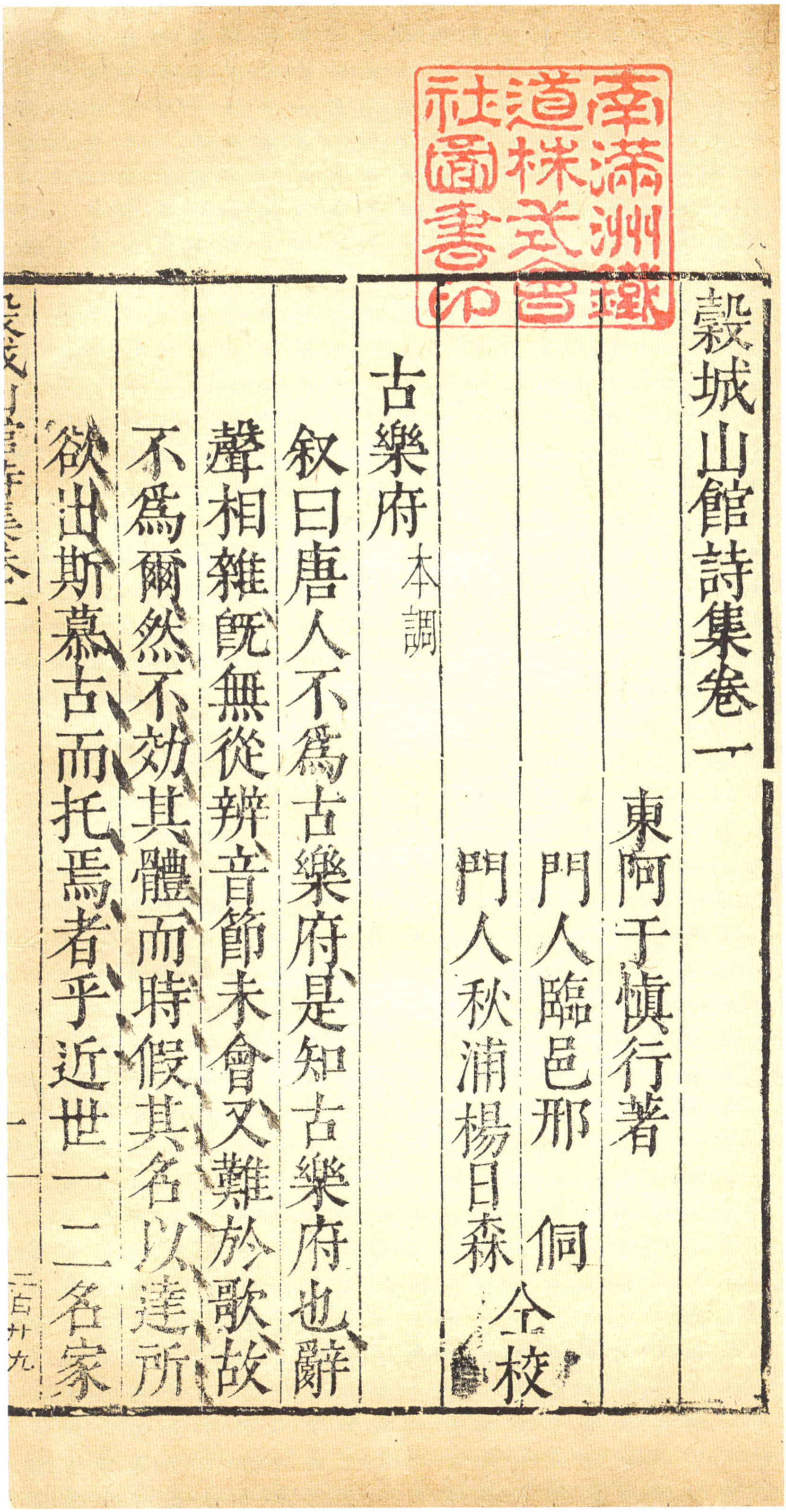

穀城山館詩集卷一

東阿于慎行著

門人臨邑邢　侗　仝校

門人秋浦楊日森

古樂府本調

敘曰唐人不爲古樂府是知古樂府也辭聲相雜既無從辨音節未會又難於歌故不爲爾然不效其體而時假其名以達所欲出斯慕古而托焉者乎近世一二名家

穀城山館詩集卷一　一　二百廿九

10466　穀城山館全集六十二卷　（明）于慎行撰　明萬曆刻本　大連圖書館

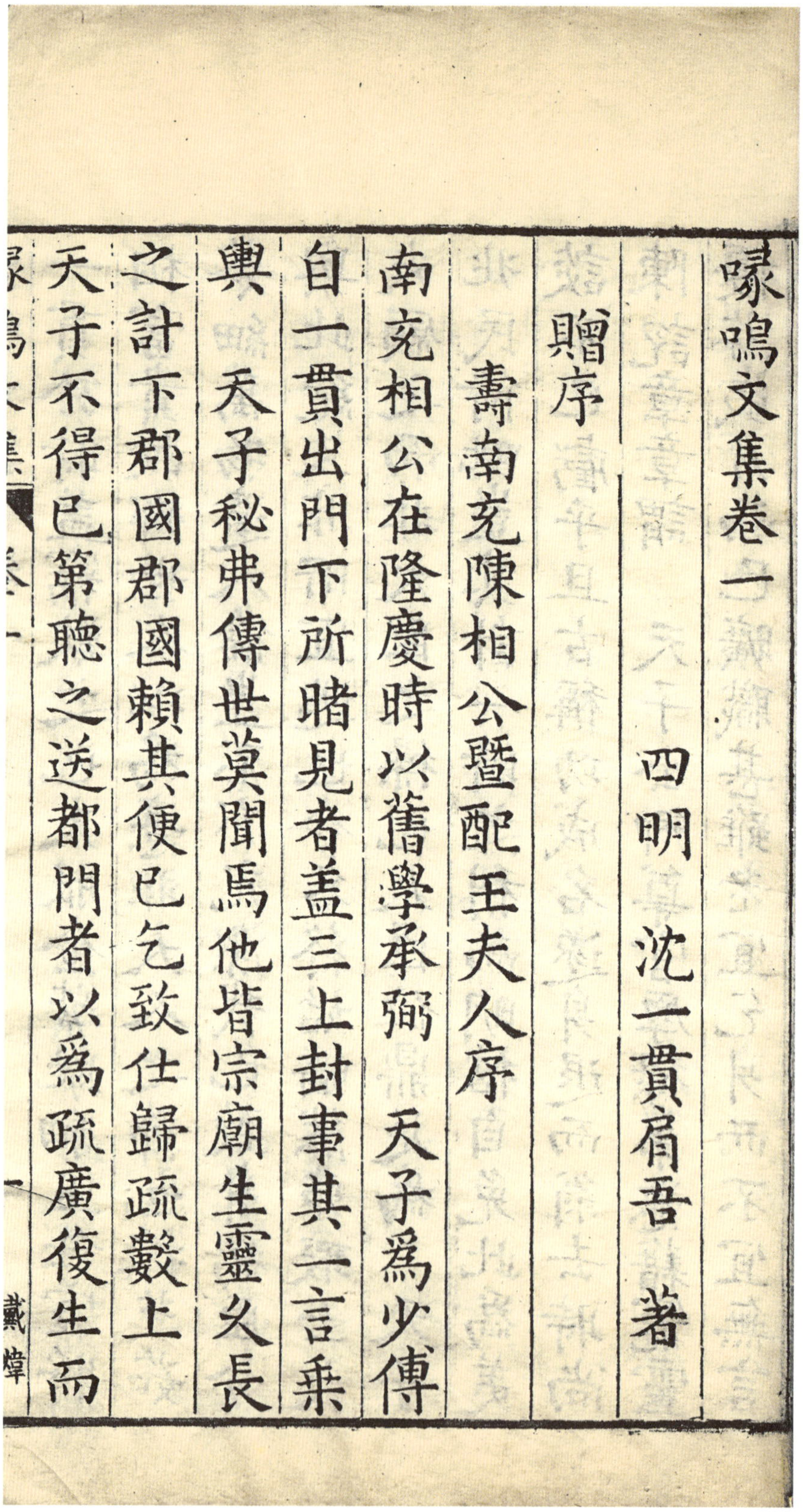

喙鳴文集卷一

四明沈一貫肩吾著

贈序

壽南充陳相公暨配王夫人序

南充相公在隆慶時以舊學承弼　天子爲少傅自一貫出門下所睹見者蓋三上封事其一言乘輿　天子秘弗傳世莫聞焉他皆宗廟生靈久長之計下郡國郡國賴其便已乞致仕歸疏數上　天子不得已第聽之送都門者以爲疏廣復生而

喙鳴文集　卷一　一　戴煒

10467　喙鳴文集二十一卷　（明）沈一貫撰　明刻本　大連圖書館

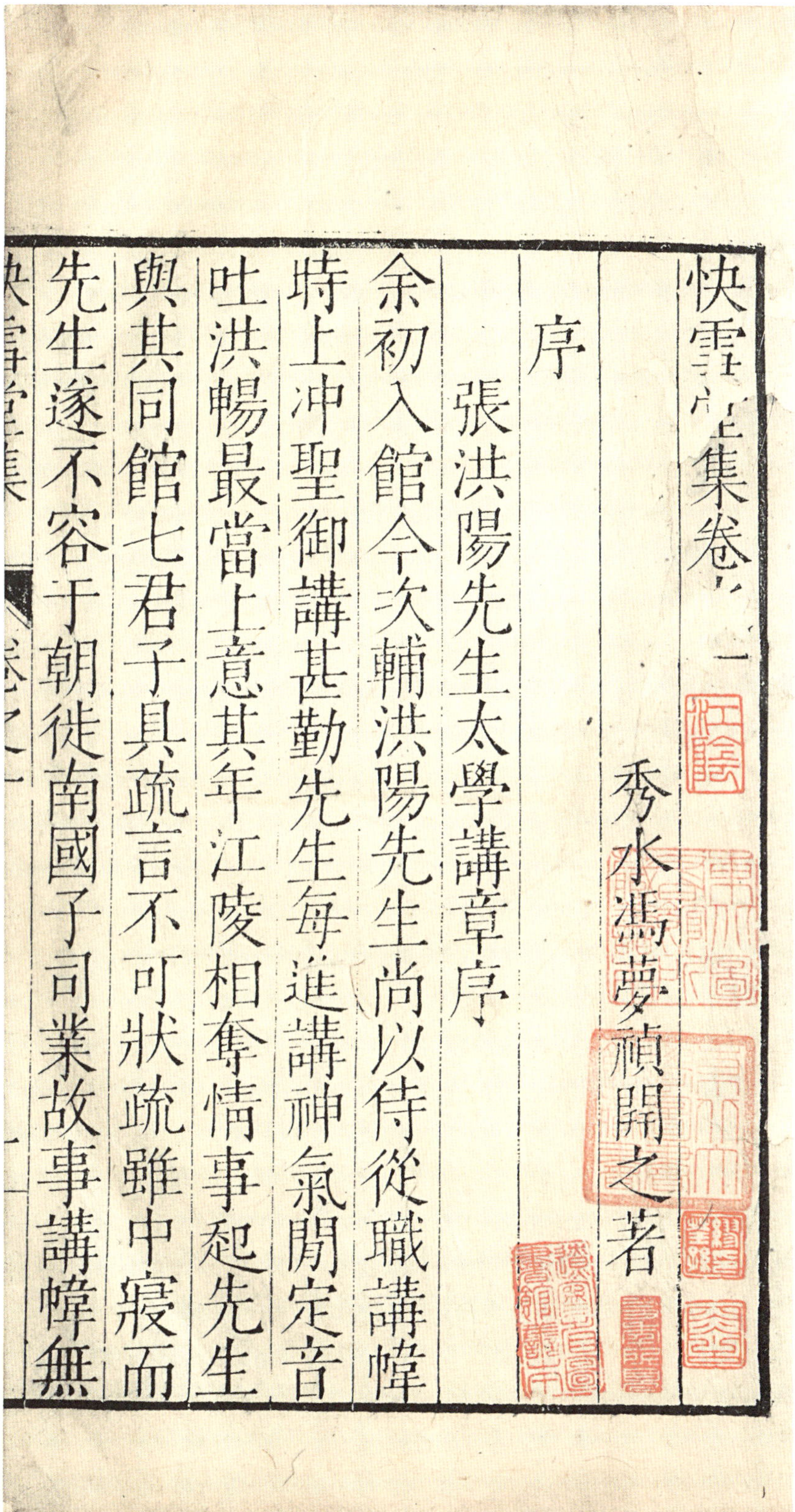

快雪堂集卷之一

秀水馮夢禎開之著

序

張洪陽先生太學講章序

余初入館今次輔洪陽先生尚以侍從職講幃時上冲聖御講甚勤先生每進講神氣閒定音吐洪暢最當上意其年江陵相奪情事起先生與其同館七君子具疏言不可狀疏雖中寢而先生遂不容于朝徙南國子司業故事講幃無

快雪堂集 卷之一 一

10468 快雪堂集六十四卷 （明）馮夢禎撰　明萬曆四十四年（1616）黄汝亨、朱之蕃等刻本　遼寧省圖書館

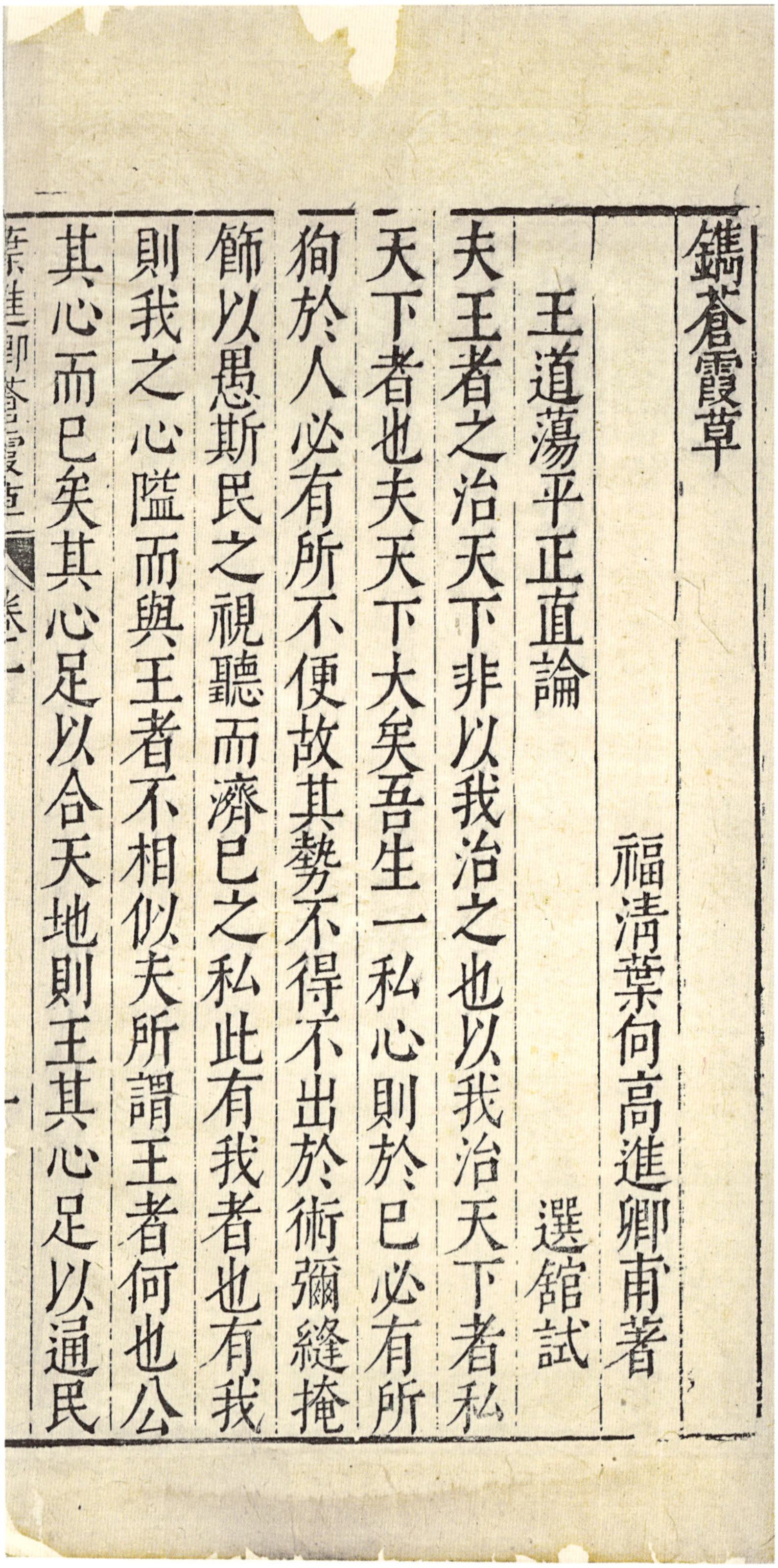
鐫蒼霞草
福清葉向高進卿甫著
王道蕩平正直論　選館試
夫王者之治天下非以我治之也以我治天下者私
天下者也夫天下大矣吾生一私心則於已必有所
狥於人必有所不便故其勢不得不出於術彌縫掩
飾以愚斯民之視聽而濟巳之私此有我者也有我
則我之心隘而與王者不相似夫所謂王者何也公
其心而巳矣其心足以合天地則王其心足以通民
葉進卿蒼霞草　卷之一　一

10469　鐫蒼霞草十五卷　（明）葉向高撰　明萬曆刻本　大連圖書館

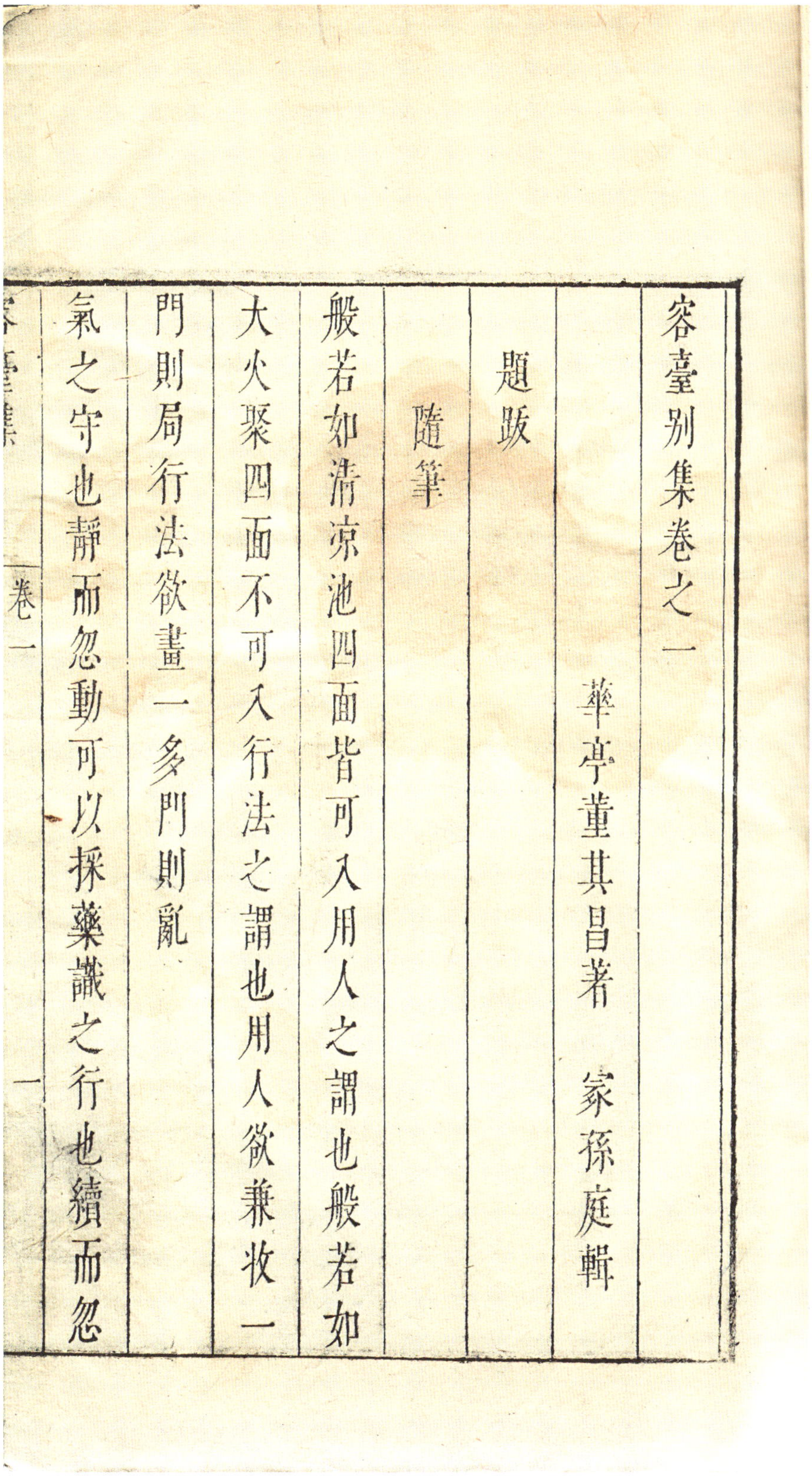

容臺別集卷之一

華亭董其昌著　家孫庭輯

題跋

隨筆

般若如清凉池四面皆可入用人之謂也般若如大火聚四面不可入行法之謂也用人欲兼收一門則局行法欲畫一多門則亂

氣之守也靜而忽動可以採藥識之行也續而忽

容臺集　卷一　一

10470　容臺文集九卷詩集四卷別集四卷　（明）董其昌撰　明崇禎三年（1630）董庭刻本　大連圖書館

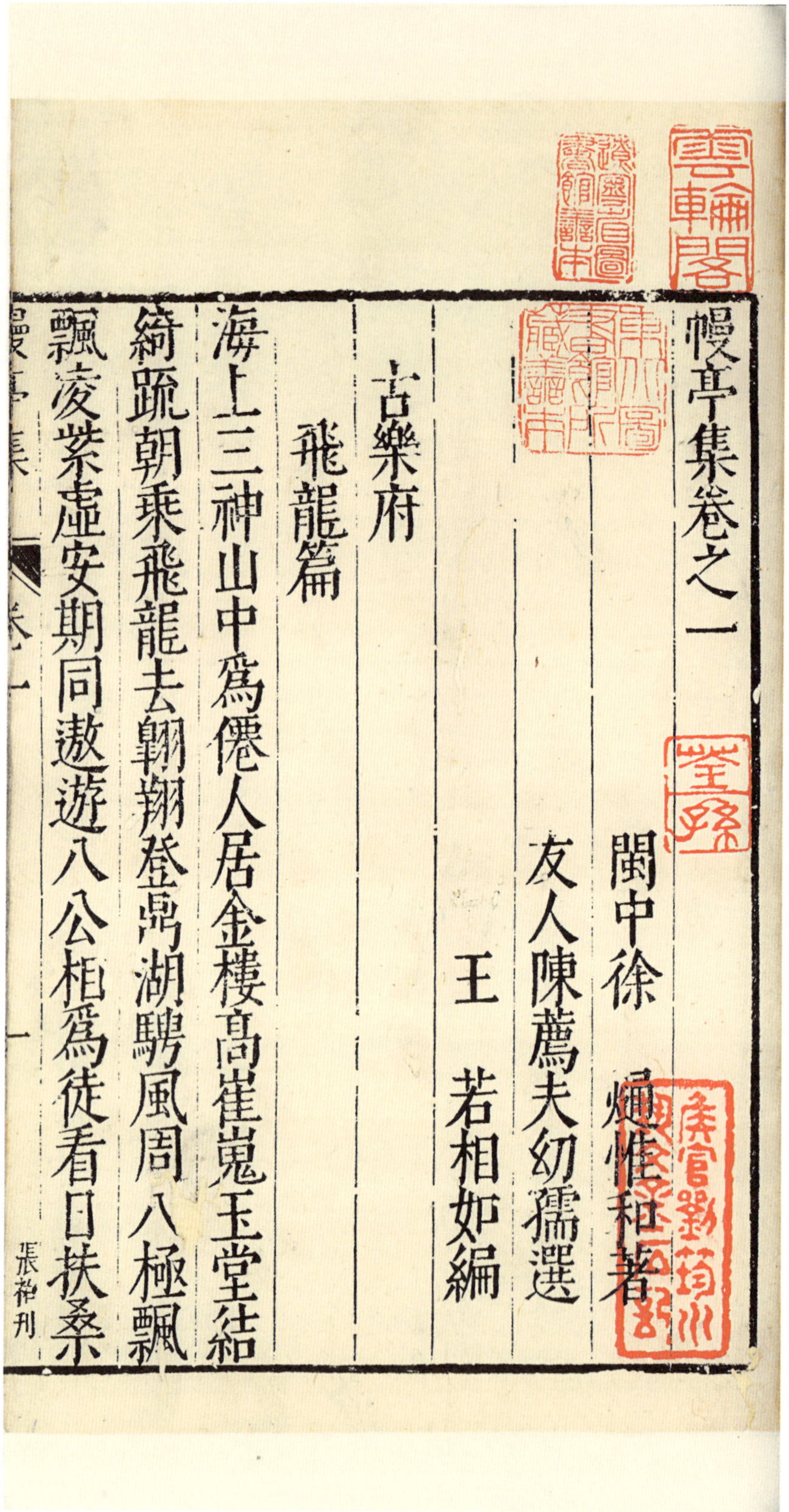
幔亭集卷之一
閩中徐熥惟和著
友人陳薦夫幼孺選
王若相如編
古樂府
飛龍篇
海上三神山中爲僊人居金樓高崔嵬玉堂結
綺疏朝乘飛龍去翱翔登鼎湖騁風周八極飄
飄凌紫虛安期同遨遊八公相爲徒看日扶桑
幔亭集　卷一　一
張祚刊

10471　幔亭集十五卷　（明）徐熥撰　（明）陳薦夫輯　明萬曆二十九年（1601）王若刻本（補抄九至十卷，計五十一葉，末册補半葉四行）　遼寧省圖書館

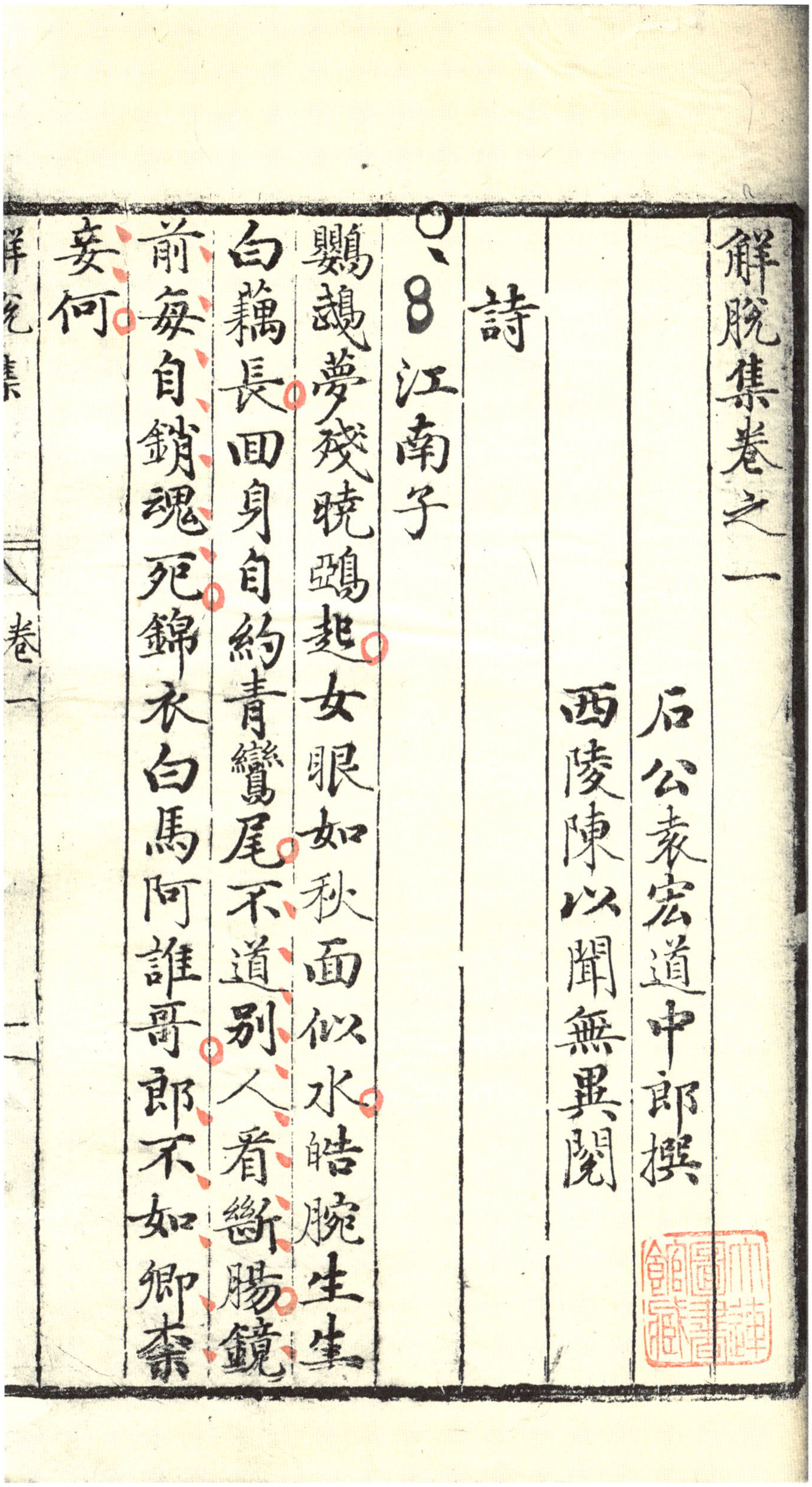
解脱集卷之一
石公袁宏道中郎撰
西陵陳以聞無異閲
詩
江南子
鸚鵡夢殘曉鵶起女眼如秋面似水皓腕生生
白藕長回身自約青鸞尾不道别人看斷腸鏡
前妝自銷魂死錦衣白馬阿誰哥郎不如卿秦
妾何

解脱集　卷一　一

10472　解脱集四卷　（明）袁宏道撰　明萬曆三十八年（1610）袁氏書種堂刻本　大連圖書館

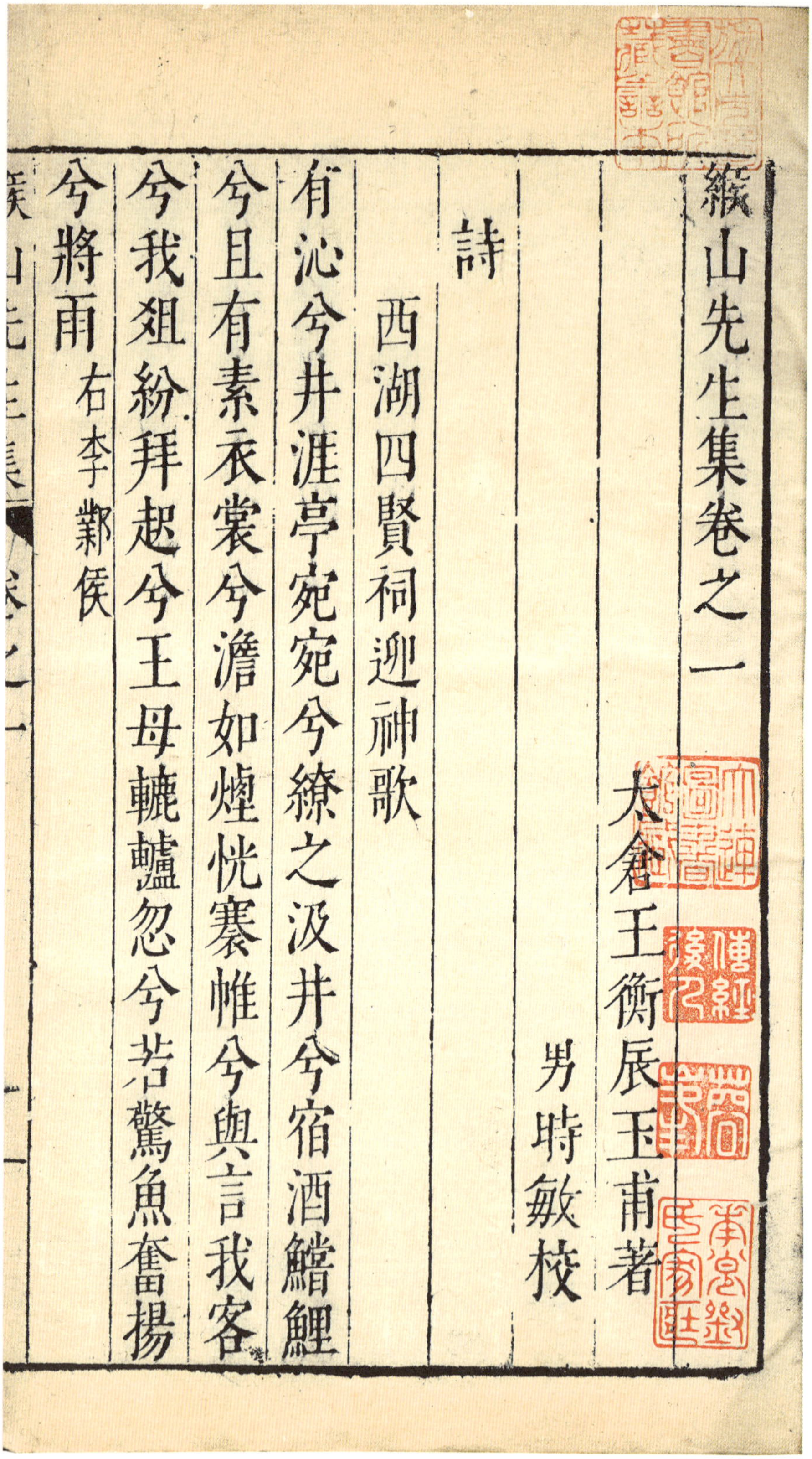

緱山先生集卷之一
太倉王衡辰玉甫著
男時敏校
詩
西湖四賢祠迎神歌
有沁兮井涯亭宛宛兮繚之汲井兮宿酒鱨鯉
兮且有素衣裳兮澹如煌恍褰帷兮與言我客
兮我俎紛拜起兮王母轆轤忽兮若驚魚奮揚
兮將雨　右李鄴侯

緱山先生集卷之一　一

10473　緱山先生集二十七卷　（明）王衡撰　明萬曆刻本　大連圖書館

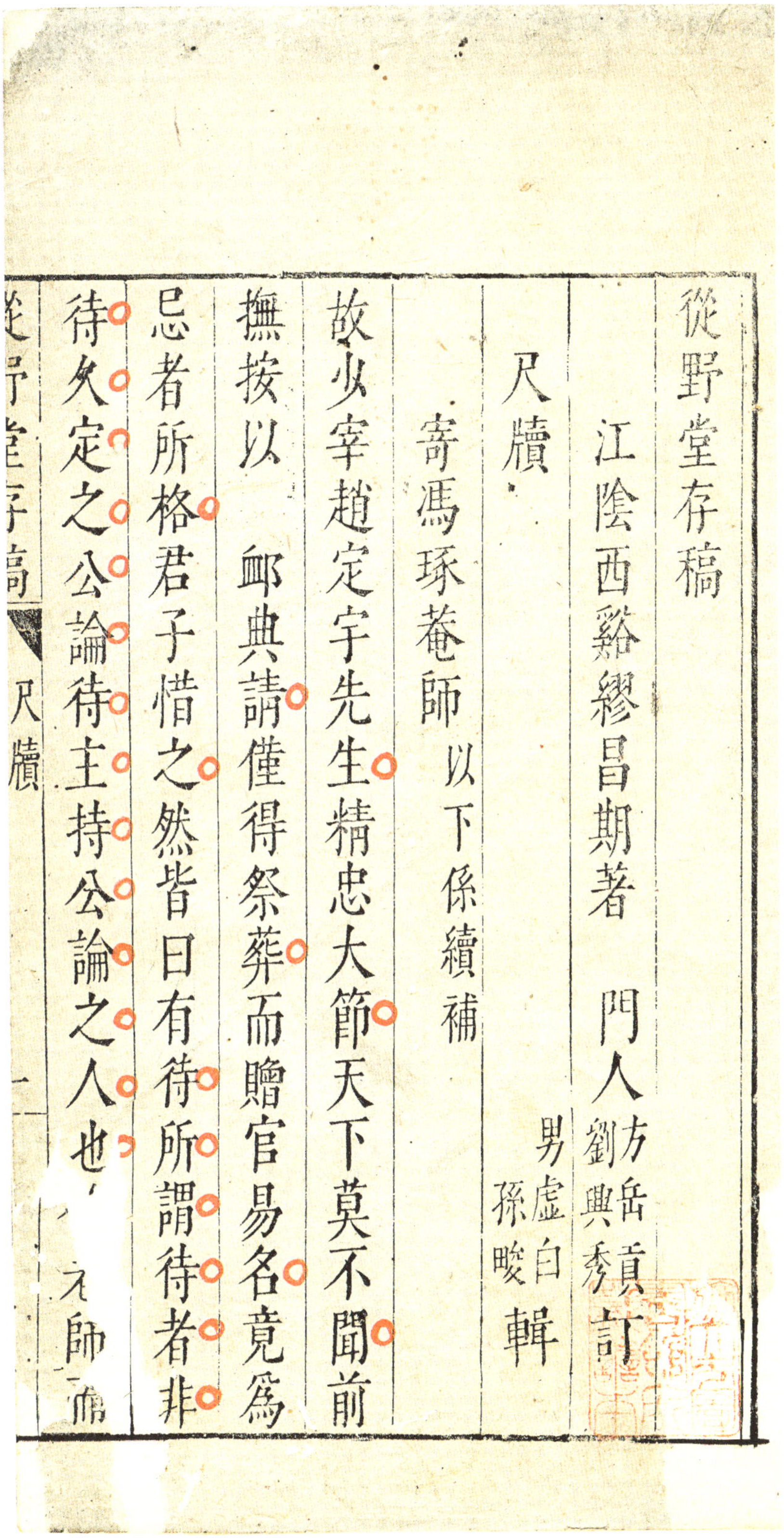
從野堂存稿
江陰西谿繆昌期著　門人方岳貢 劉興秀 訂
尺牘　男虛白 孫畯 輯
寄馮琢菴師　以下係續補
故少宰趙定宇先生精忠大節天下莫不聞前
撫按以　卹典請僅得祭葬而贈官易名竟爲
忌者所格君子惜之然皆曰有待所謂待者非
待久定之公論待主持公論之人也[illegible]師脩
從野堂存稿　尺牘　一

10474　從野堂存稿不分卷　（明）繆昌期撰　明崇禎十年（1637）繆虛白刻本　大連圖書館

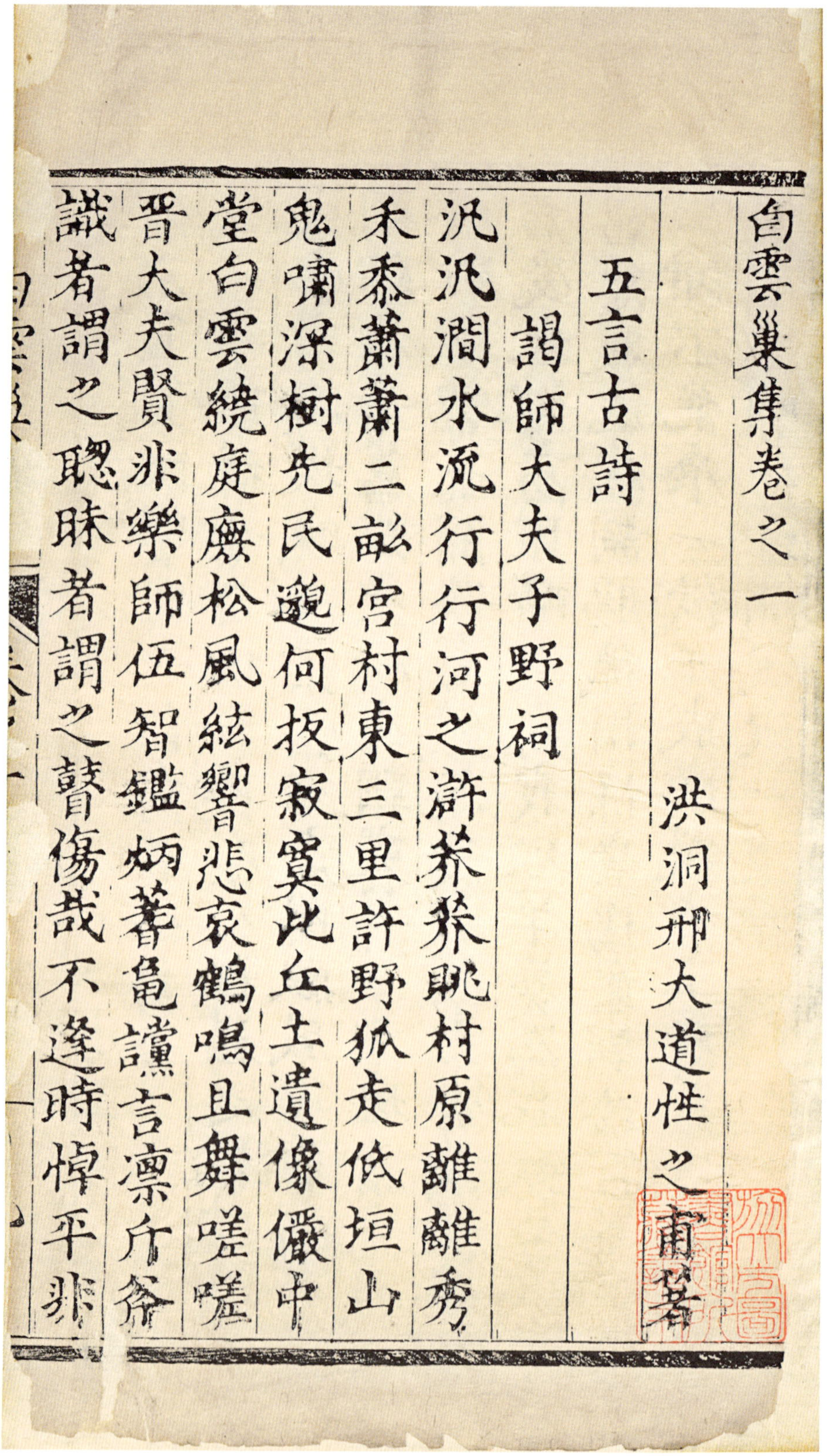
白雲巢集卷之一
洪洞邢大道性之甫著
五言古詩
謁師大夫子野祠
汎汎澗水流行行河之滸莽莽眺村原離離秀
禾黍蕭蕭二畝宮村東三里許野狐走低垣山
鬼嘯深樹先民邈何扳寂寞此丘土遺像儼中
堂白雲繞庭廡松風絃響悲哀鶴鳴且舞嗟嗟
晉大夫賢非樂師伍智鑑炳蓍龜讜言凛斤斧
識者謂之聦昧者謂之瞽傷哉不逢時悼平非

10475　白雲巢集二十四卷　（明）邢大道撰　明萬曆四十五年（1617）刻本　大連圖書館

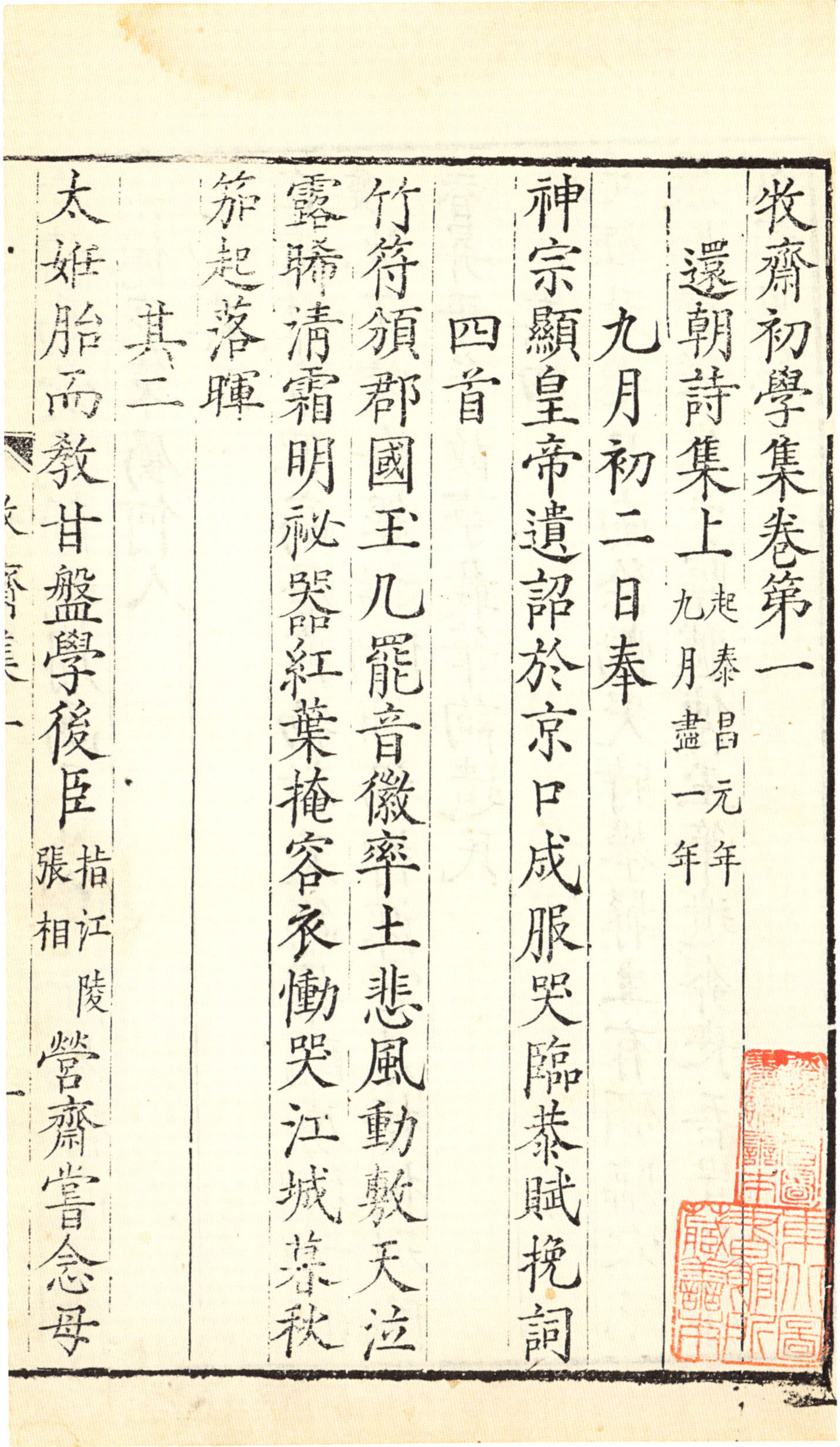
牧齋初學集卷第一
還朝詩集上起泰昌元年九月盡一年
九月初二日奉
神宗顯皇帝遺詔於京口成服哭臨恭賦挽詞
四首
竹符領郡國玉几罷音徽率土悲風動敷天泣
露晞清霜明祕器紅葉掩容衣慟哭江城暮秋
笳起落暉
其二
太姒胎而教甘盤學後臣指江陵張相營齋嘗念母

10476　牧齋初學集一百十卷目録二卷　（明）錢謙益撰　明崇禎十六年（1643）瞿式耜刻本　遼寧省圖書館

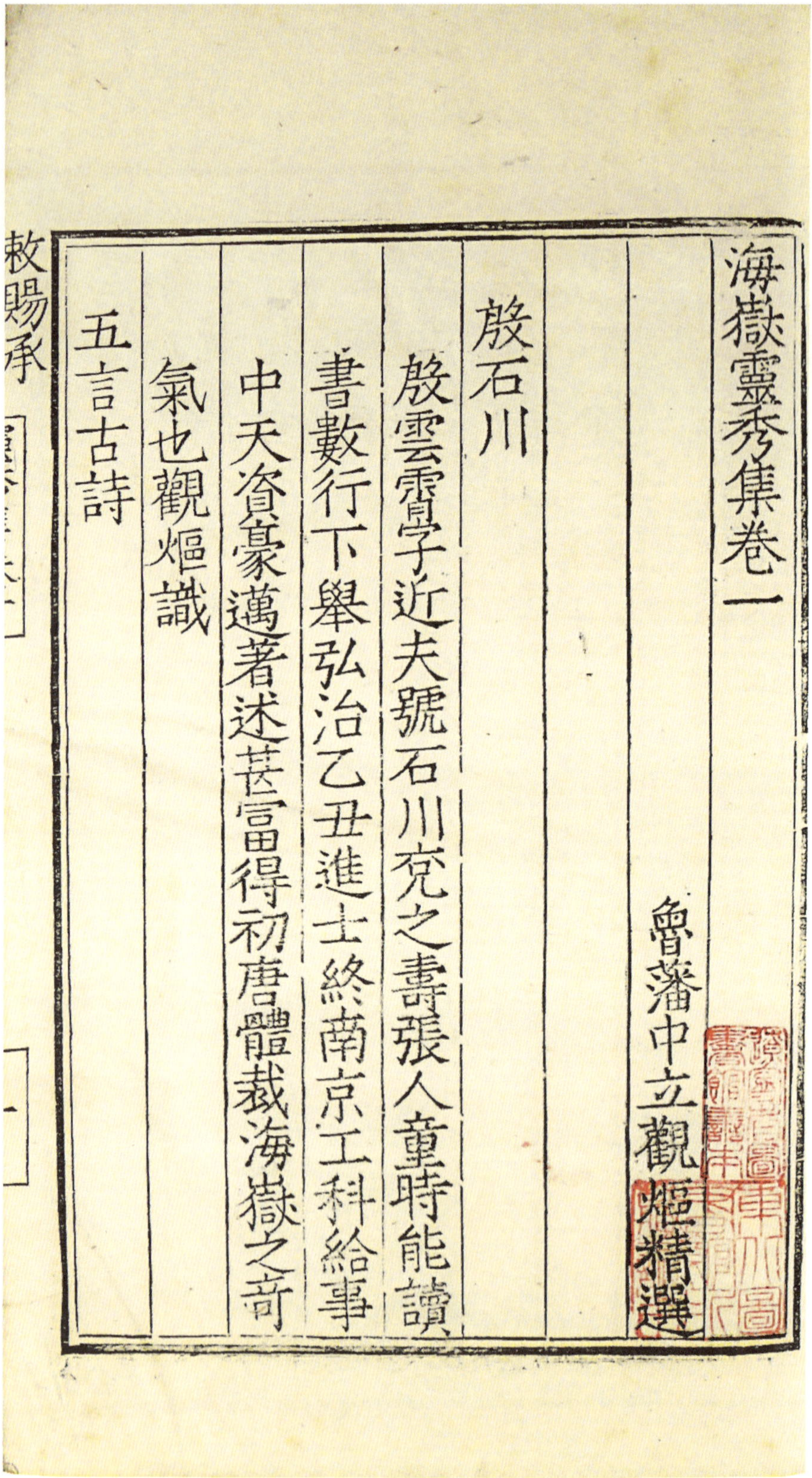

海嶽靈秀集卷一

魯藩中立觀熰精選

殷石川

殷雲霄字近夫號石川兗之壽張人童時能讀書數行下舉弘治乙丑進士終南京工科給事中天資豪邁著述甚富得初唐體裁海嶽之奇氣也觀熰識

五言古詩

敕賜承

10477　海嶽靈秀集二十二卷　（明）朱觀熰輯　明隆慶三年（1569）魯藩承訓書院刻本　遼寧省圖書館

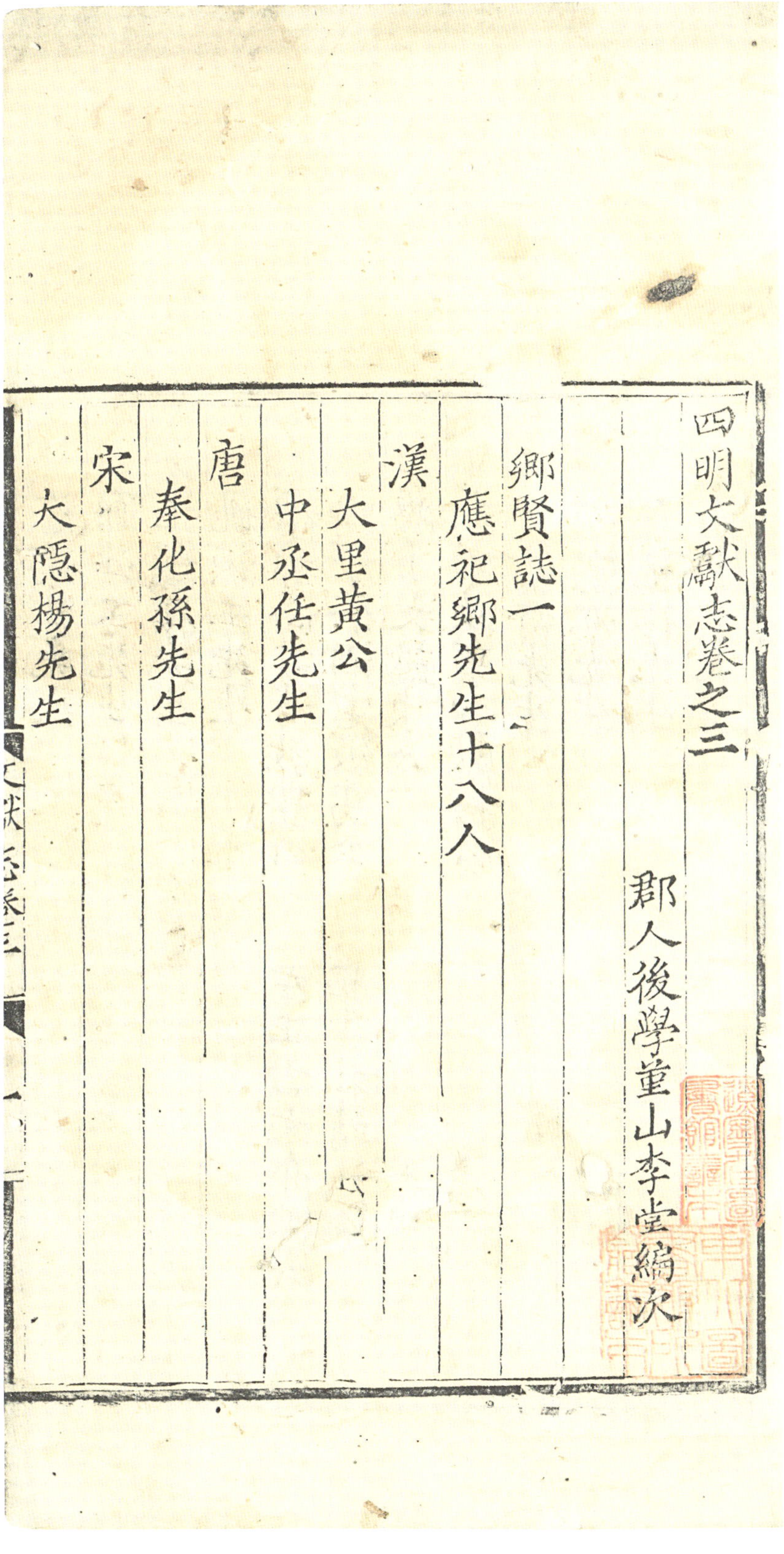
四明文獻志卷之三
郡人後學童山李堂編次
鄉賢誌一
應祀鄉先生十八人
漢
大里黃公
中丞任先生
唐
奉化孫先生
宋
大隱楊先生

10478　四明文獻志十卷　（明）李堂輯　明嘉靖刻本　遼寧省圖書館

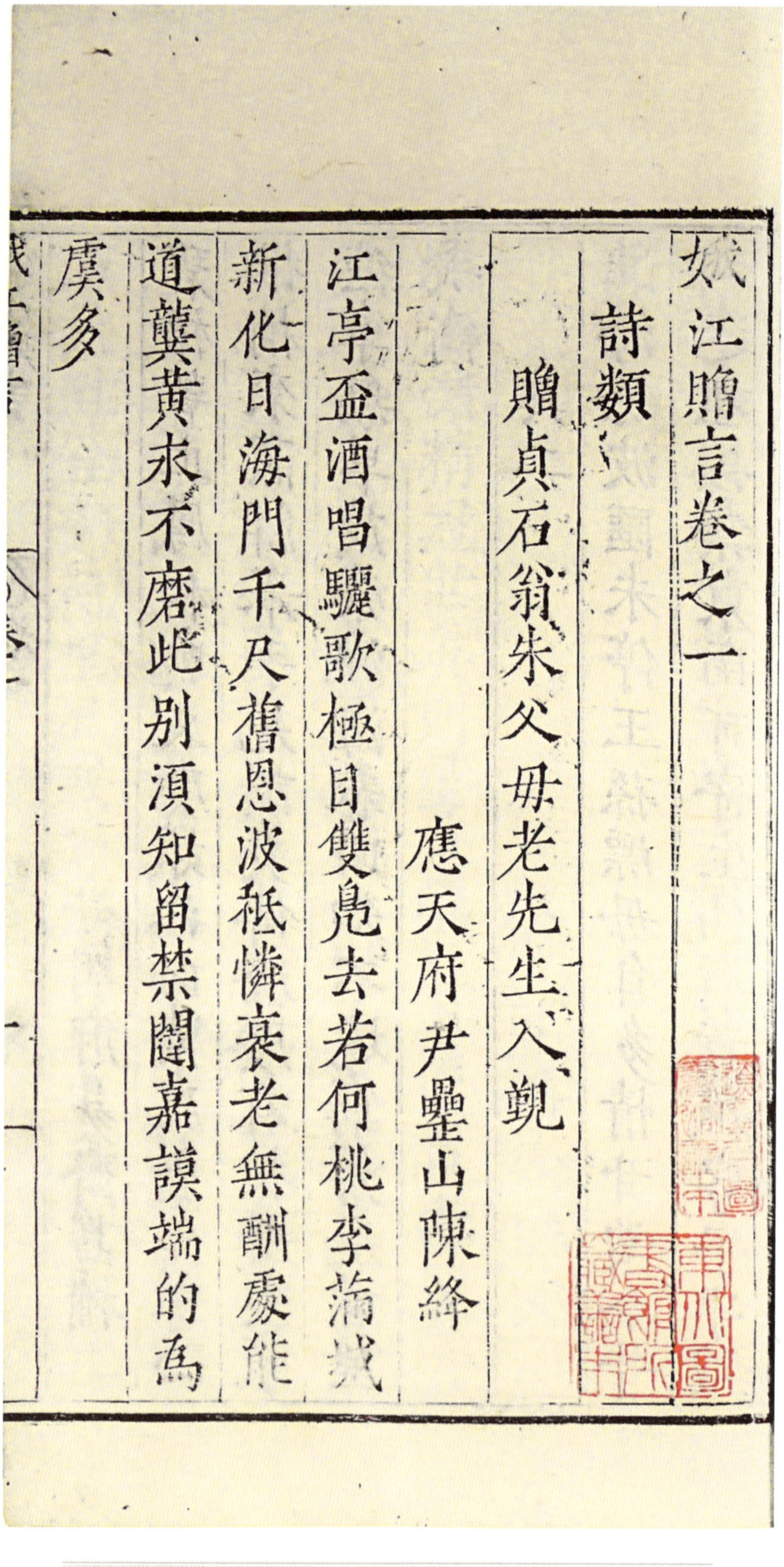
娍江贈言卷之一
詩類
贈貞石翁朱父毋老先生入覲
應天府尹壘山陳絳
江亭盃酒唱驪歌極目雙鳬去若何桃李蒲城
新化日海門千尺舊恩波秪憐衰老無酬處能
道龔黃求不磨此別須知留禁闥嘉謨端的爲
虞多

10479 娍江贈言三卷 （明）鍾谷 葛焜輯 明萬曆十一年（1583）刻本

遼寧省圖書館

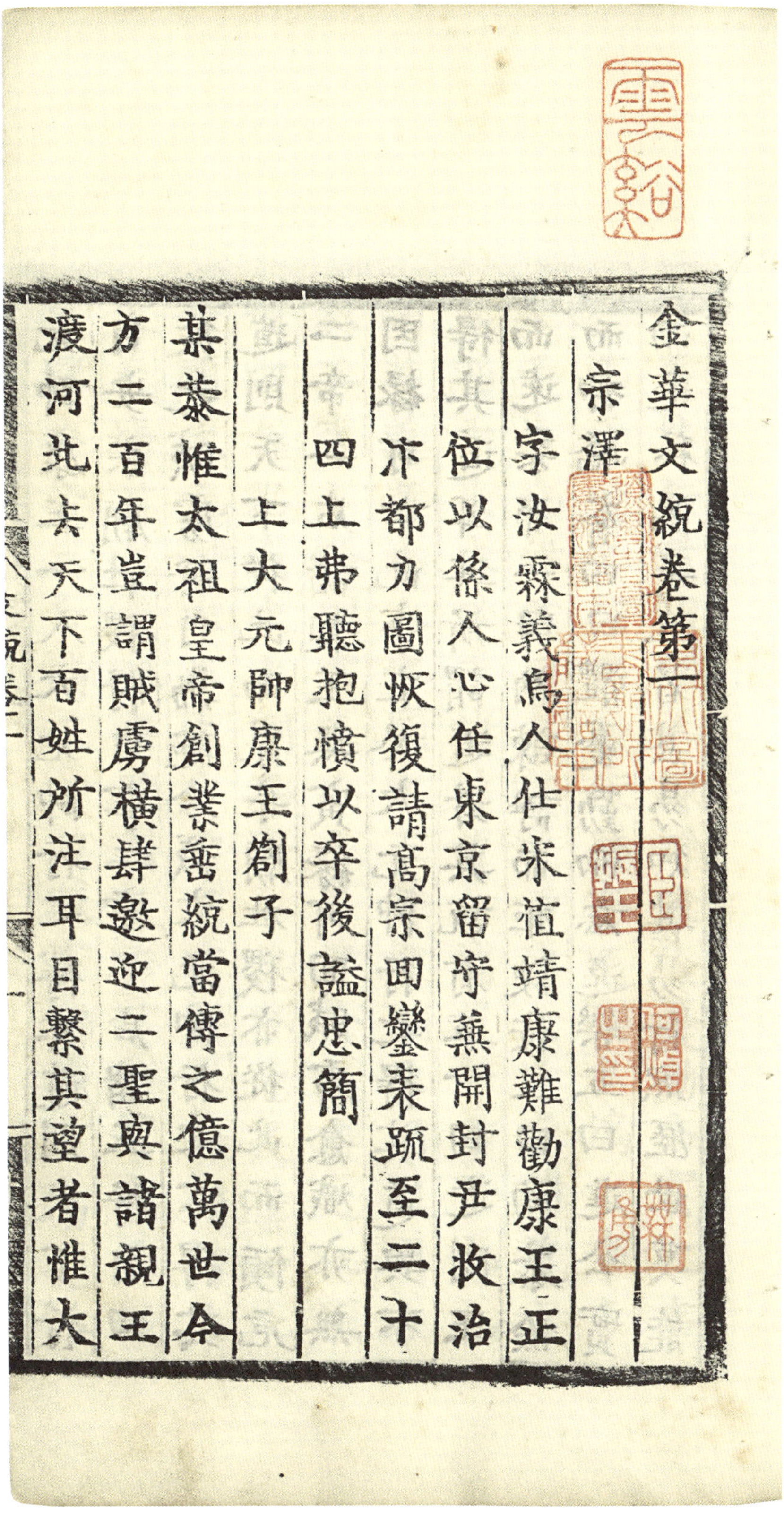

金華文統卷第一
宗澤
字汝霖義烏人仕宋值靖康難勸康王正
位以係人心任東京留守兼開封尹牧治
汴都力圖恢復請高宗回鑾表疏至二十
四上弗聽抱憤以卒後謚忠簡
上大元帥康王劄子
某恭惟太祖皇帝創業垂統當傳之億萬世今
方二百年豈謂賊虜橫肆邀迎二聖與諸親王
渡河北去天下百姓所注耳目繫其望者惟大

10480　金華文統十三卷　（明）趙鶴輯　明正德七年（1512）趙鶴、李玘刻本　遼寧省圖書館

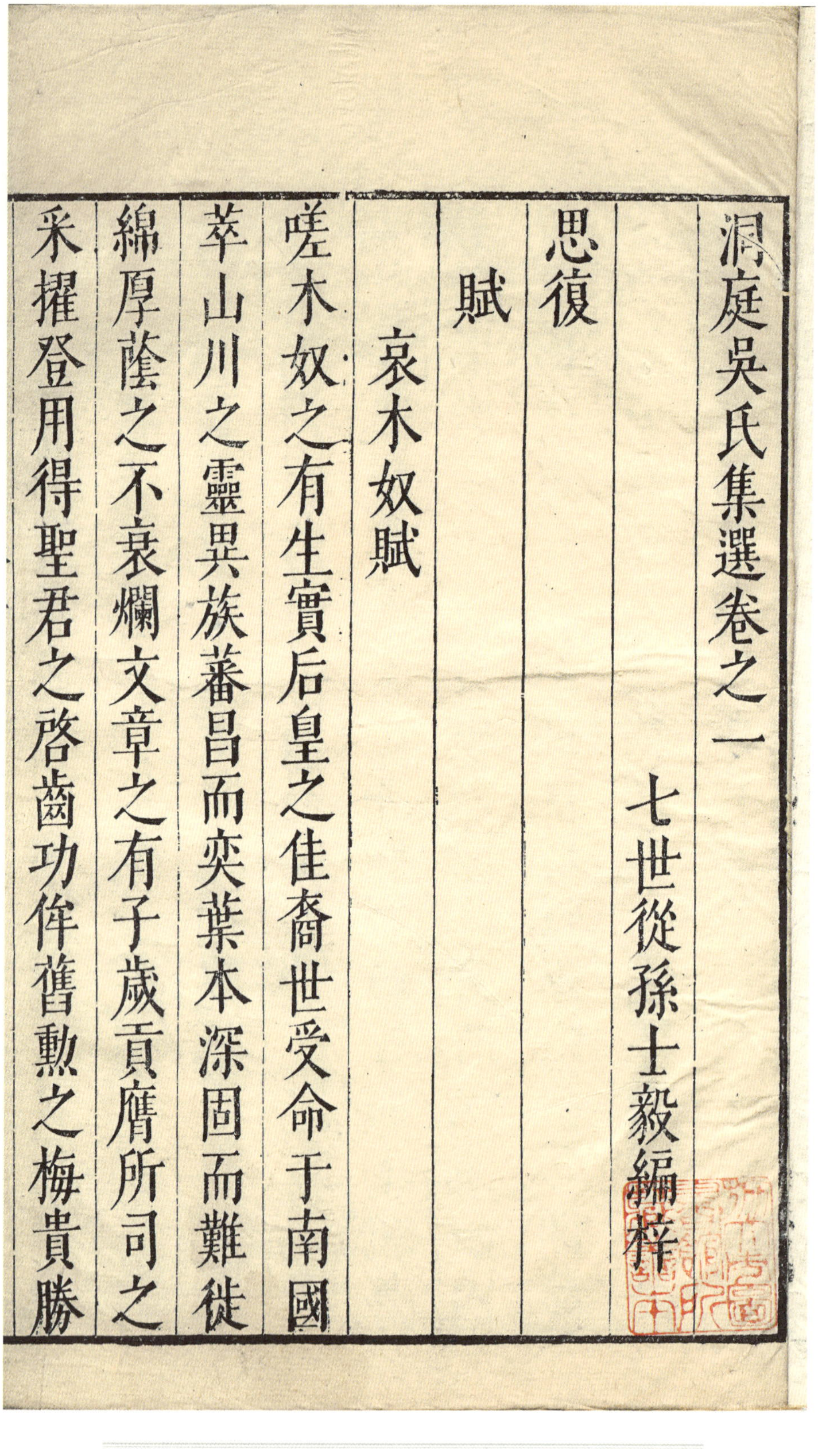
洞庭吳氏集選卷之一　七世從孫士毅編梓

思復

賦

哀木奴賦

嗟木奴之有生實后皇之佳裔世受命于南國萃山川之靈異族蕃昌而奕葉本深固而難徙綿厚蔭之不衰爛文章之有子歲貢膺所司之采擢登用得聖君之啓齒功侔舊勳之梅貴勝

10481　洞庭吳氏集選十二卷　（明）吴士毅輯　明天啓三年（1623）刻本

大連圖書館

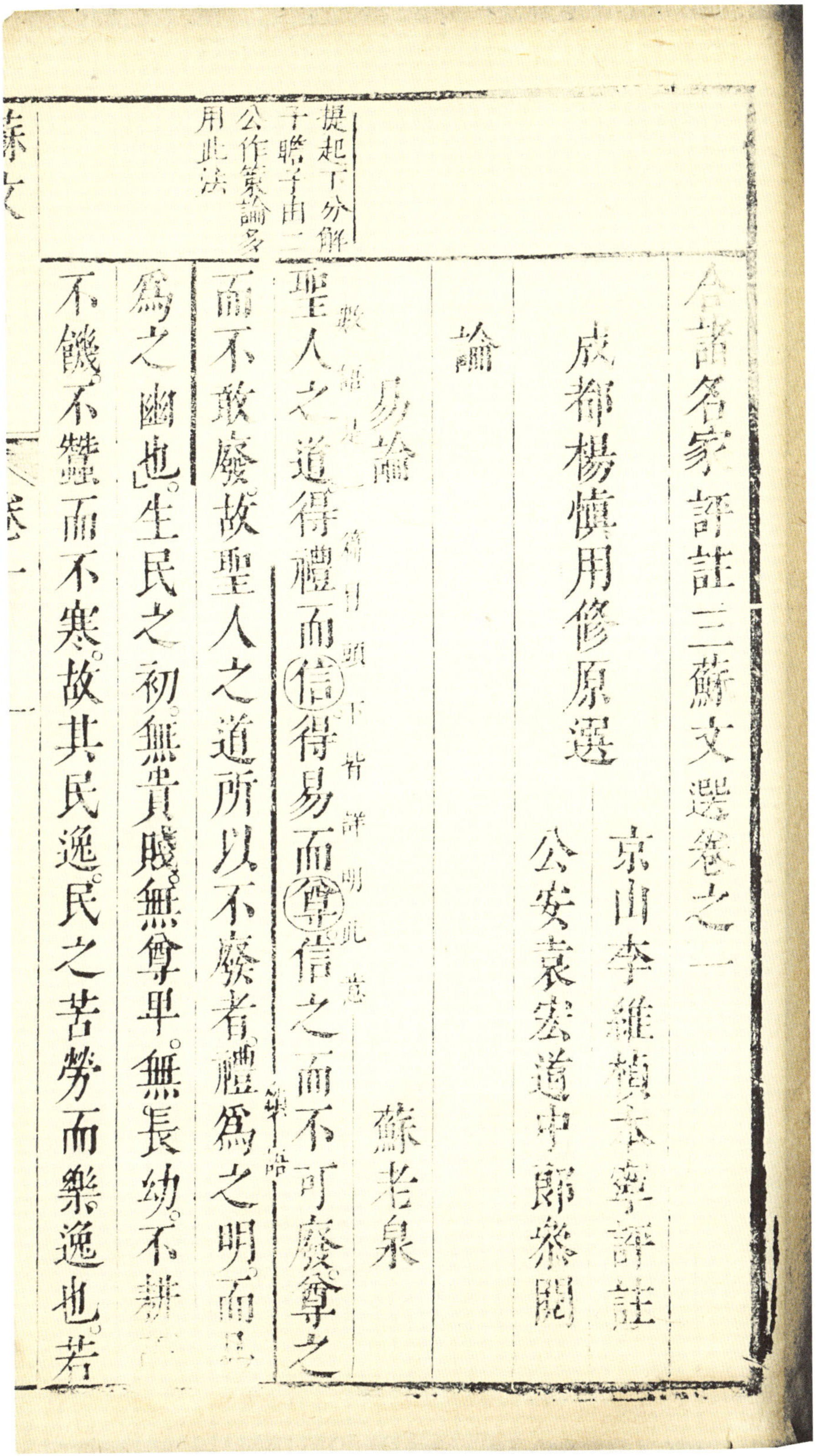

合諸名家評註三蘇文選卷之一

成都楊愼用修原選

京山李維楨本寧評註

公安袁宏道中郎參閱

論

易論　蘇老泉

提起下分解子瞻子由二公作策論多用此法

聖人之道得禮而信得易而尊信之而不可廢尊之而不敢廢故聖人之道所以不廢者禮爲之明而易爲之幽也生民之初無貴賤無尊卑無長幼不耕而不饑不蠶而不寒故其民逸民之苦勞而樂逸也若

數語提起　篇中每頭下皆詳明此意

蘇文　卷一

10482　合諸名家評註三蘇文選十八卷　（宋）蘇洵　蘇軾　蘇轍撰　（明）楊愼輯　（明）李維楨評注　明崇禎五年（1632）豹雯齋刻本　遼寧省博物館

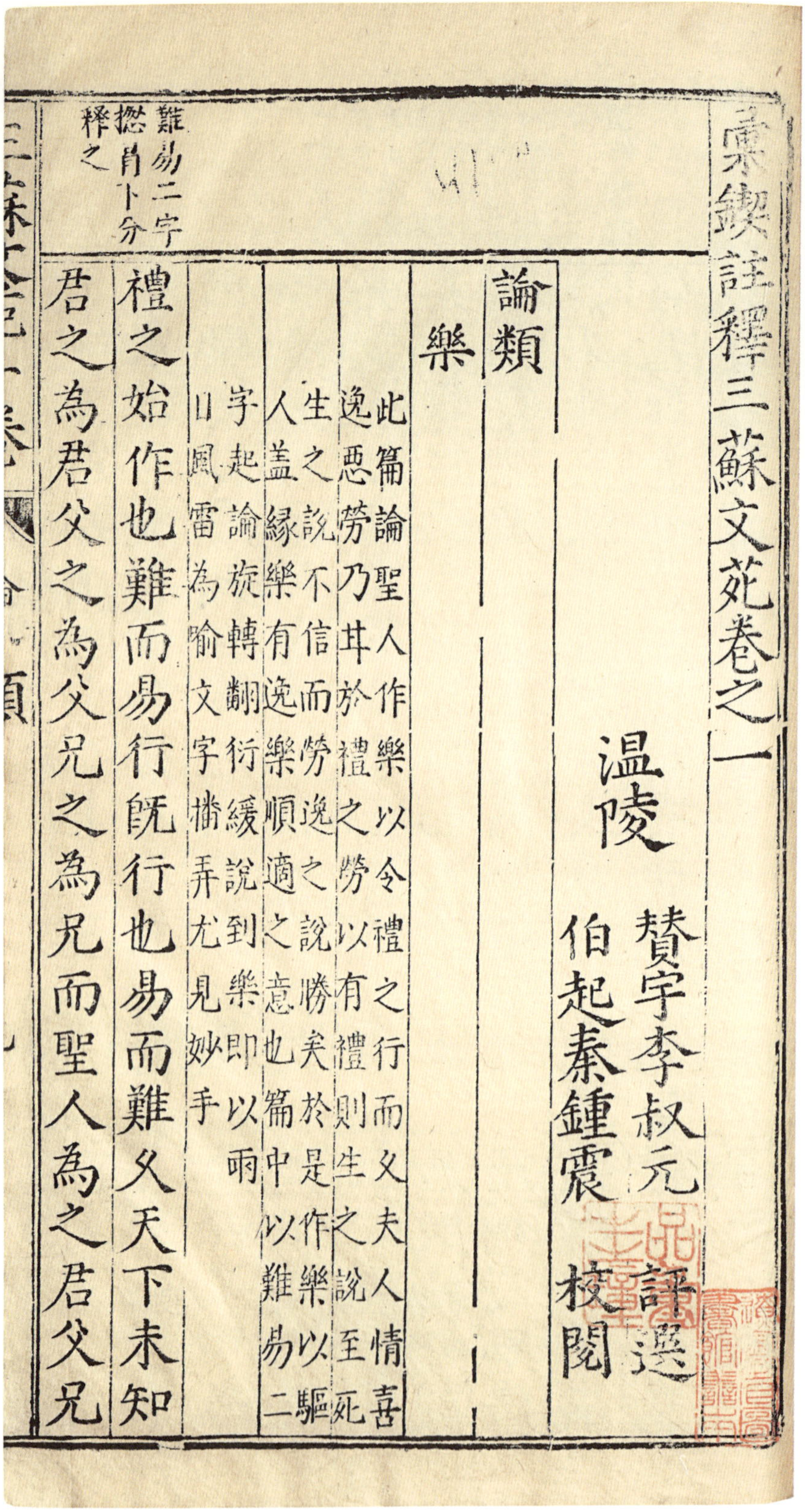

彙鍥註釋三蘇文苑卷之一

温陵　贊宇李叔元評選
　　　伯起秦鍾震校閱

論類

樂

此篇論聖人作樂以令禮之行而久夫人情喜逸惡勞乃丼於禮之勞以有禮則生之說至死生之說不信而勞逸之說勝矣於是作樂以驅人盖緣樂有逸樂順適之意也篇中以難易二字起論旋轉斛衍緩說到樂即以雨日風雷為喻文字播弄尤見妙手

難易二字揔首下分釋之

禮之始作也難而易行既行也易而難久天下未知君之為君父之為父兄之為兄而聖人為之君父兄

10483　彙鍥註釋三蘇文苑八卷　（明）李叔元輯　明萬曆三十二年（1604）建陽余泗泉萃慶堂刻本　遼寧省圖書館

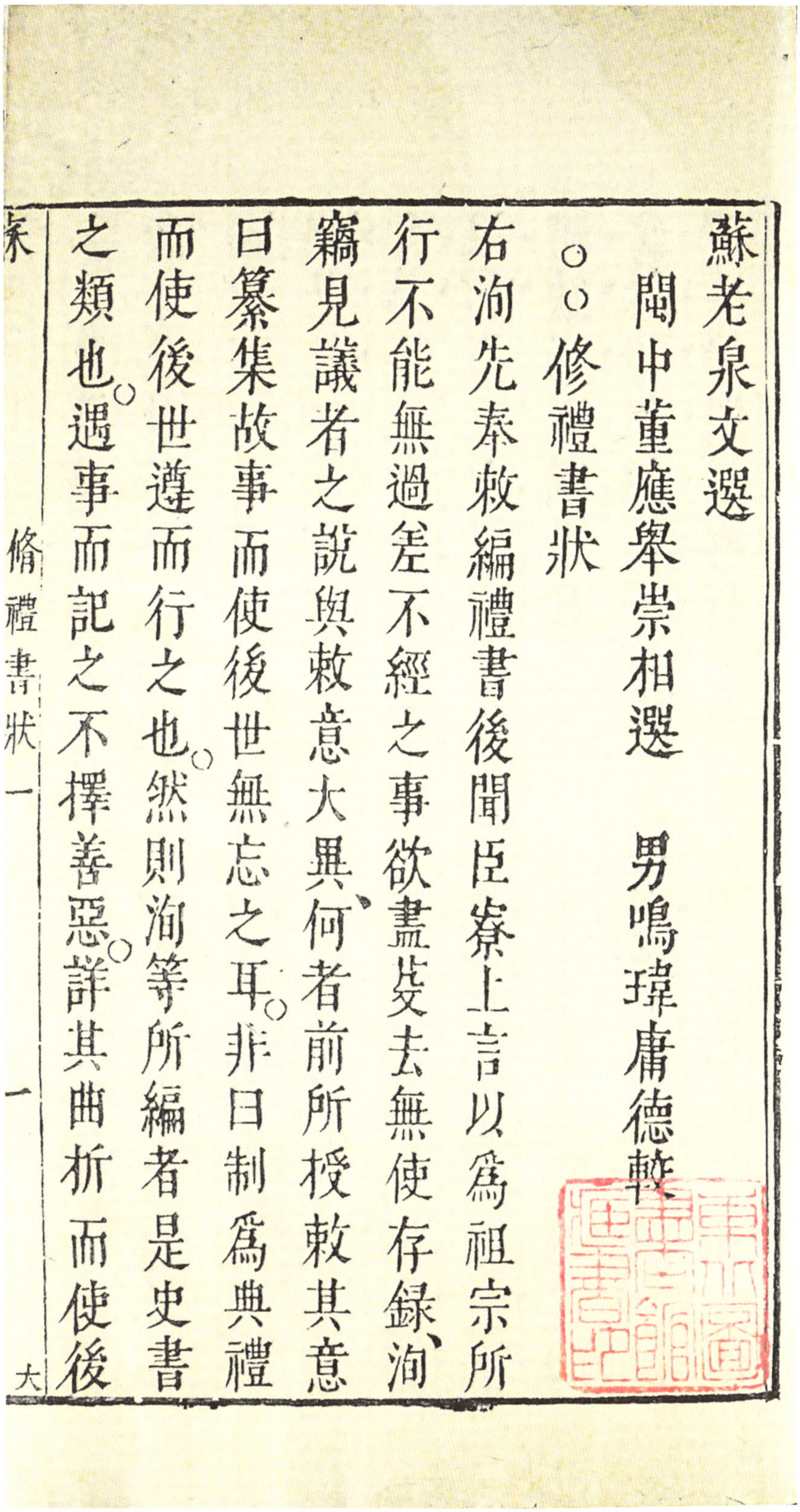
蘇老泉文選
閩中董應舉崇相選　男鳴瑋庸德較
○○修禮書狀
右洵先奉敕編禮書後聞臣寮上言以爲祖宗所
行不能無過差不經之事欲盡芟去無使存録洵
竊見議者之說與敕意大異何者前所授敕其意
曰纂集故事而使後世無忘之耳○非曰制爲典禮
而使後世遵而行之也○然則洵等所編者是史書
之類也○遇事而記之不擇善惡○詳其曲折而使後
蘇　修禮書狀一　一　大

10484　眉山蘇氏三大家文選四卷　（明）董應舉輯并評　明崇禎董慶舉刻本　遼寧省圖書館

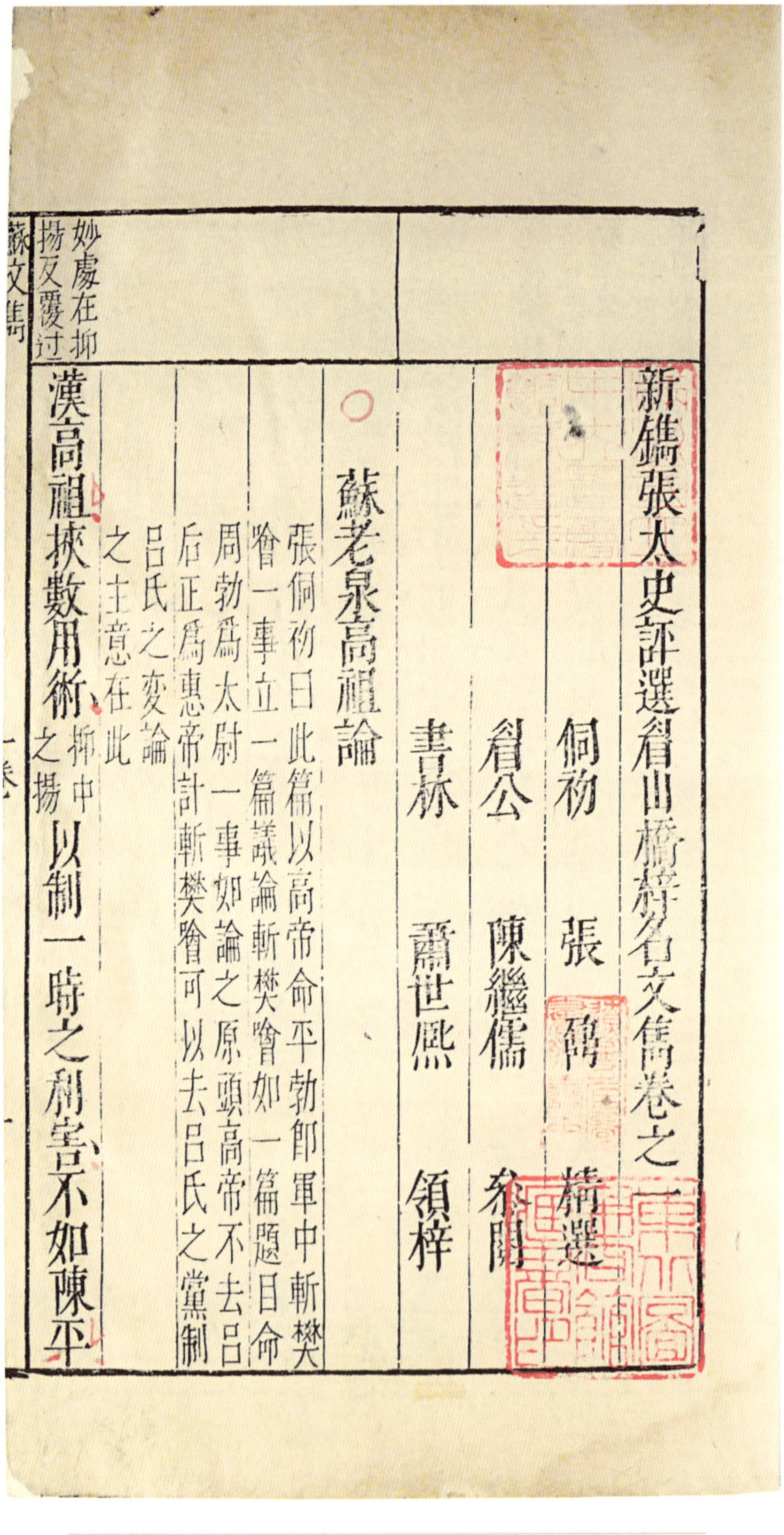

妙處在抑揚反覆过

新鐫張太史評選眉山橋梓名文雋卷之一

侗初　張　鼐　精選

眉公　陳繼儒　参閲

書林　蕭世熙　領梓

〇

蘇老泉高祖論

張侗初曰此篇以高帝命平勃即軍中斬樊噲一事立一篇議論斬樊噲如一篇題目命周勃爲太尉一事如論之原頭高帝不去呂后正爲惠帝計斬樊噲可以去呂氏之黨制呂氏之変論之主意在此

漢高祖挾數用術（抑中之揚）以制一時之利害不如陳平

蘇文雋　卷一　一

10485　新鐫張太史評選眉山橋梓名文雋三卷　（明）張鼐輯　明末書林蕭世熙刻本　遼寧省圖書館

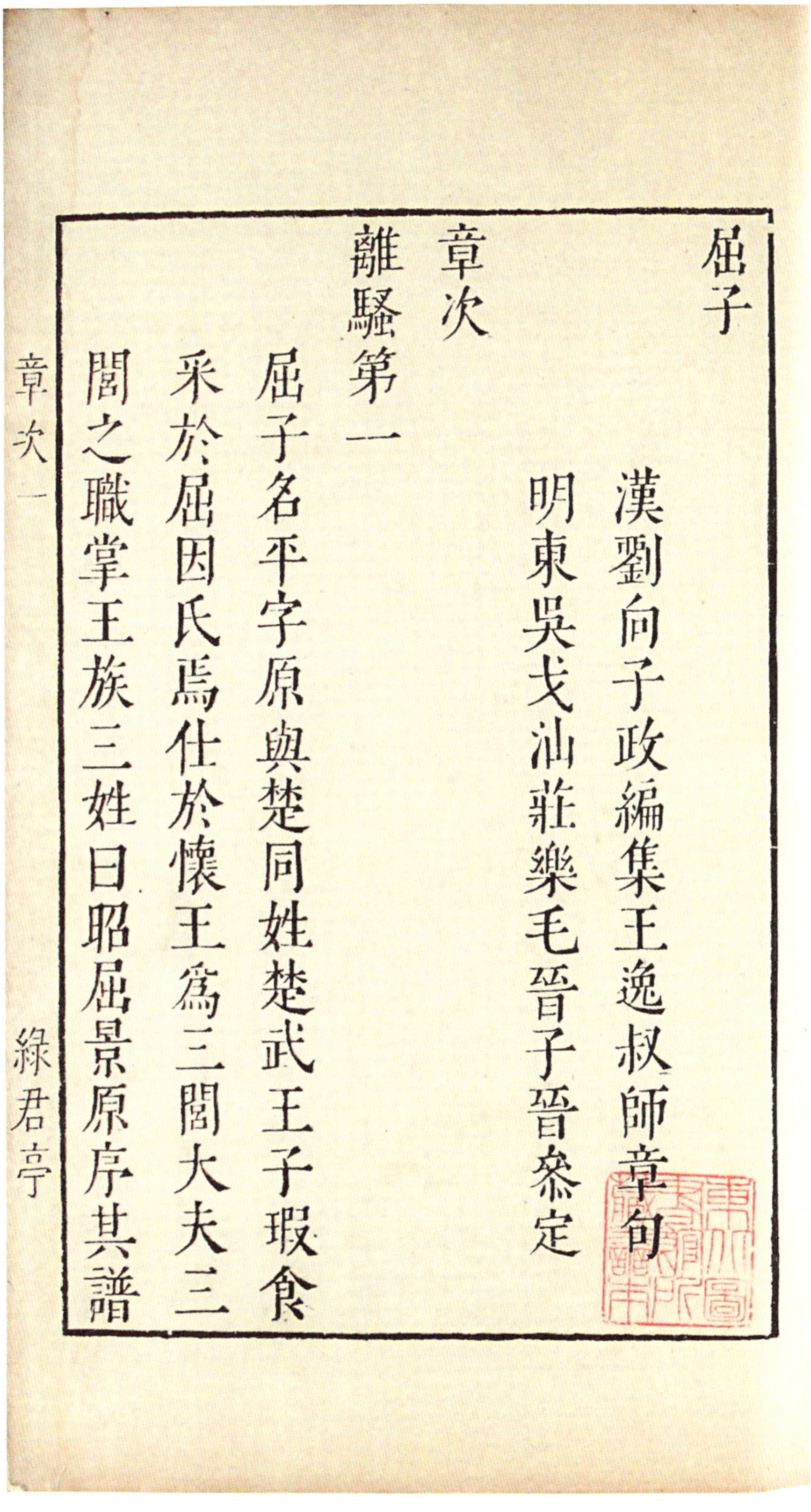
屈子
漢劉向子政編集王逸叔師章句
明東吳戈汕莊樂毛晉子晉叅定
章次
離騷第一
屈子名平字原與楚同姓楚武王子瑕食
采於屈因氏焉仕於懷王爲三閭大夫三
閭之職掌王族三姓曰昭屈景原序其譜
章次一　綠君亭

10486　屈陶合刻十六卷　（明）毛晉編　明萬曆四十六年（1618）天啓五年（1625）毛氏緑君亭刻本　遼寧省圖書館

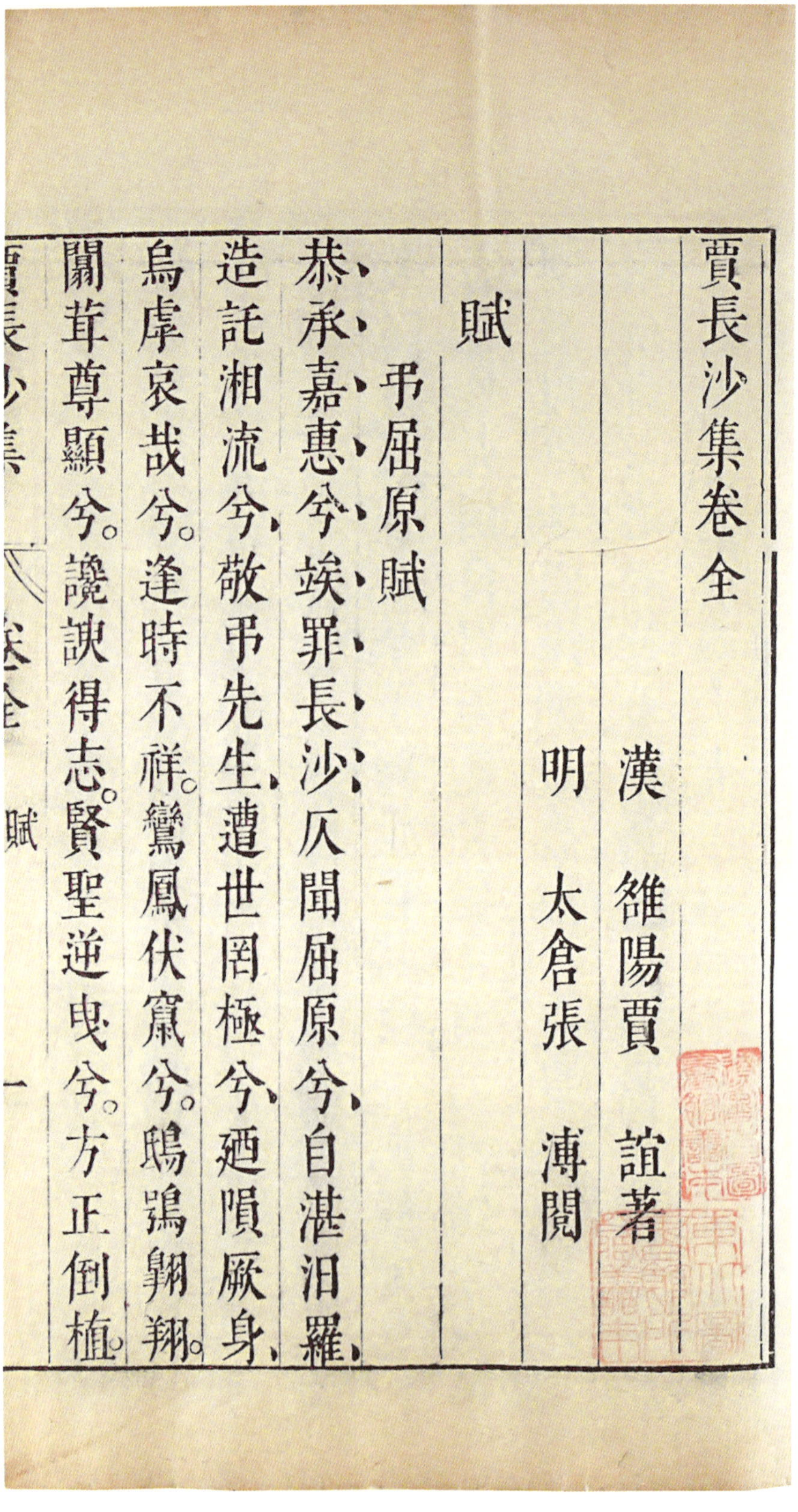
賈長沙集卷全
漢　雒陽賈　誼著
明　太倉張　溥閱
賦
弔屈原賦
恭承嘉惠兮竢罪長沙仄聞屈原兮自湛汨羅
造託湘流兮敬弔先生遭世罔極兮迺隕厥身
烏虖哀哉兮逢時不祥鸞鳳伏竄兮鴟鴞翺翔
闒茸尊顯兮讒諛得志賢聖逆曳兮方正倒植
賈長沙集　卷全　賦　一

10487　漢魏六朝百三家集一百十八卷　（明）張溥編　明婁東張氏刻本

遼寧省圖書館

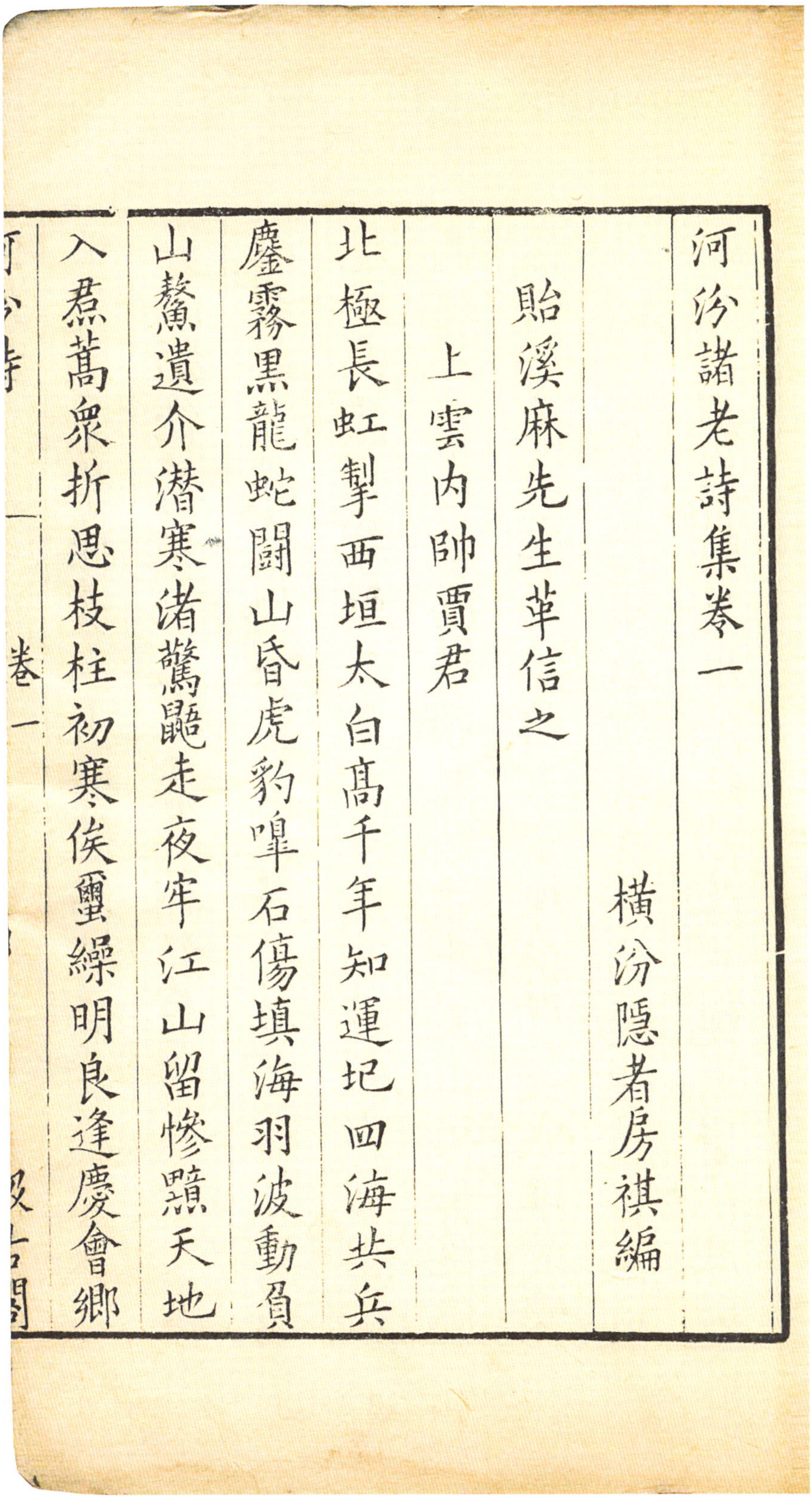
河汾諸老詩集卷一
橫汾隱者房祺編
貽溪麻先生革信之
上雲內帥賈君
北極長虹掣西垣太白高千年知運圮四海共兵
鏖霧黑龍蛇鬬山昏虎豹嘷石傷填海羽波動負
山鰲遺介潛寒渚鷩鼉走夜牢江山留慘黯天地
入焄蒿衆折思枝柱初寒俟璽繅明良逢慶會鄉
河汾詩　卷一　汲古閣

10488　詩詞雜俎十二種二十五卷　（明）毛晋编　明天啓至崇禎毛氏汲古閣刻本　瀋陽故宫博物院

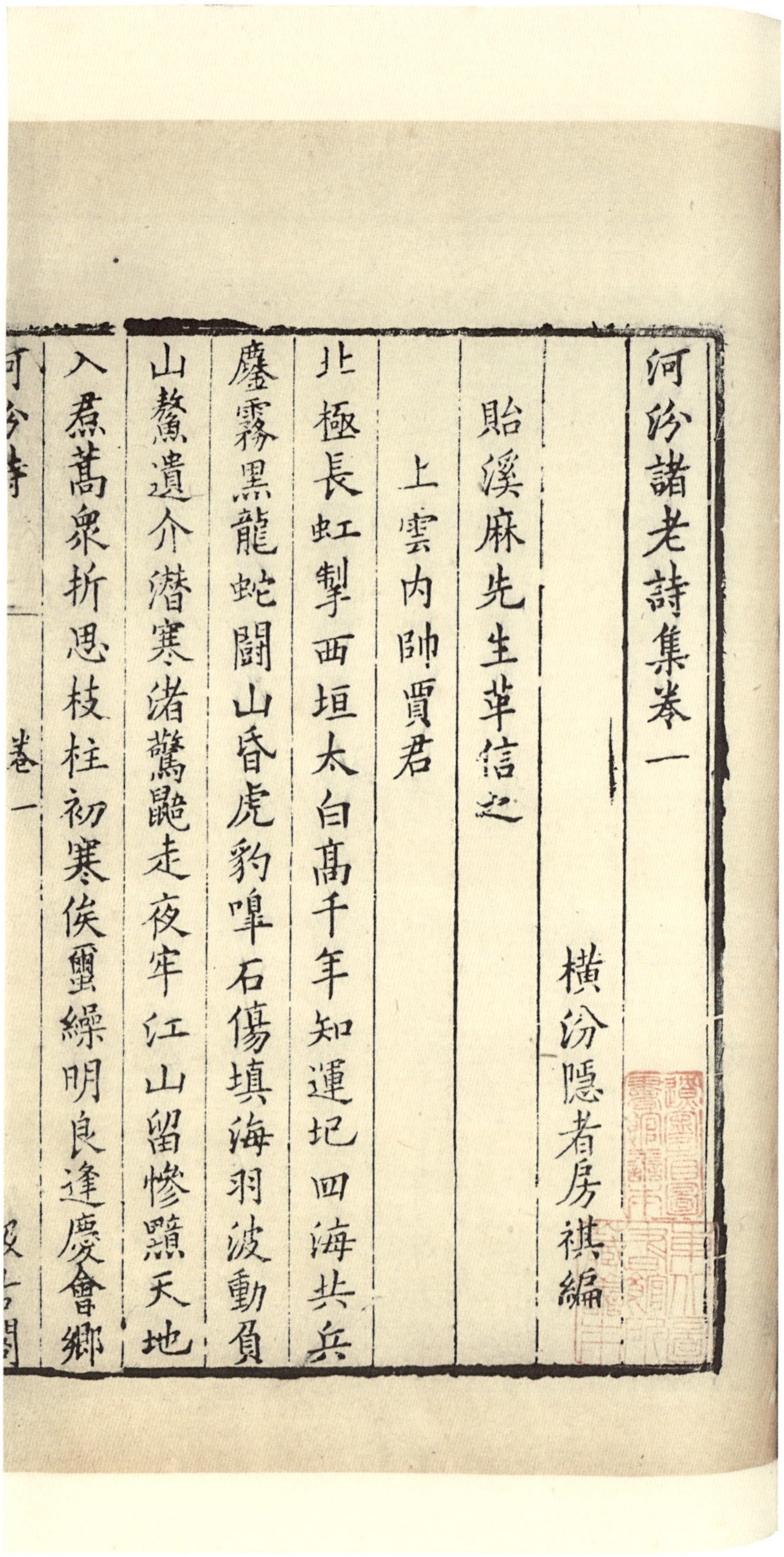
河汾諸老詩集卷一
橫汾隱者房祺編
貽溪麻先生革信之
上雲內帥賈君
北極長虹掣西垣太白高千年知運圮四海共兵
釐霧黑龍蛇鬬山昏虎豹嗥石傷填海羽波動負
山鰲遺介潛寒渚驚飈走夜牢江山留慘黯天地
入煮蒿衆折偲枝柱初寒俟璽繅明良逢慶會鄉
河汾詩 卷一 汲古閣

10489　詩詞雜俎十二種二十五卷　（明）毛晉編　明天啓至崇禎毛氏汲古閣刻清乾隆古松堂印本　遼寧省圖書館

存十一種二十四卷（衆妙集一卷、剪綃集二卷、范石湖田園雜興詩不分卷、月泉吟社詩一卷、谷音二卷、河汾諸老詩集八卷、三家宮詞三卷、二家宮詞二卷、漱玉詞一卷、斷腸詞一卷、龍輔女紅餘志二卷）

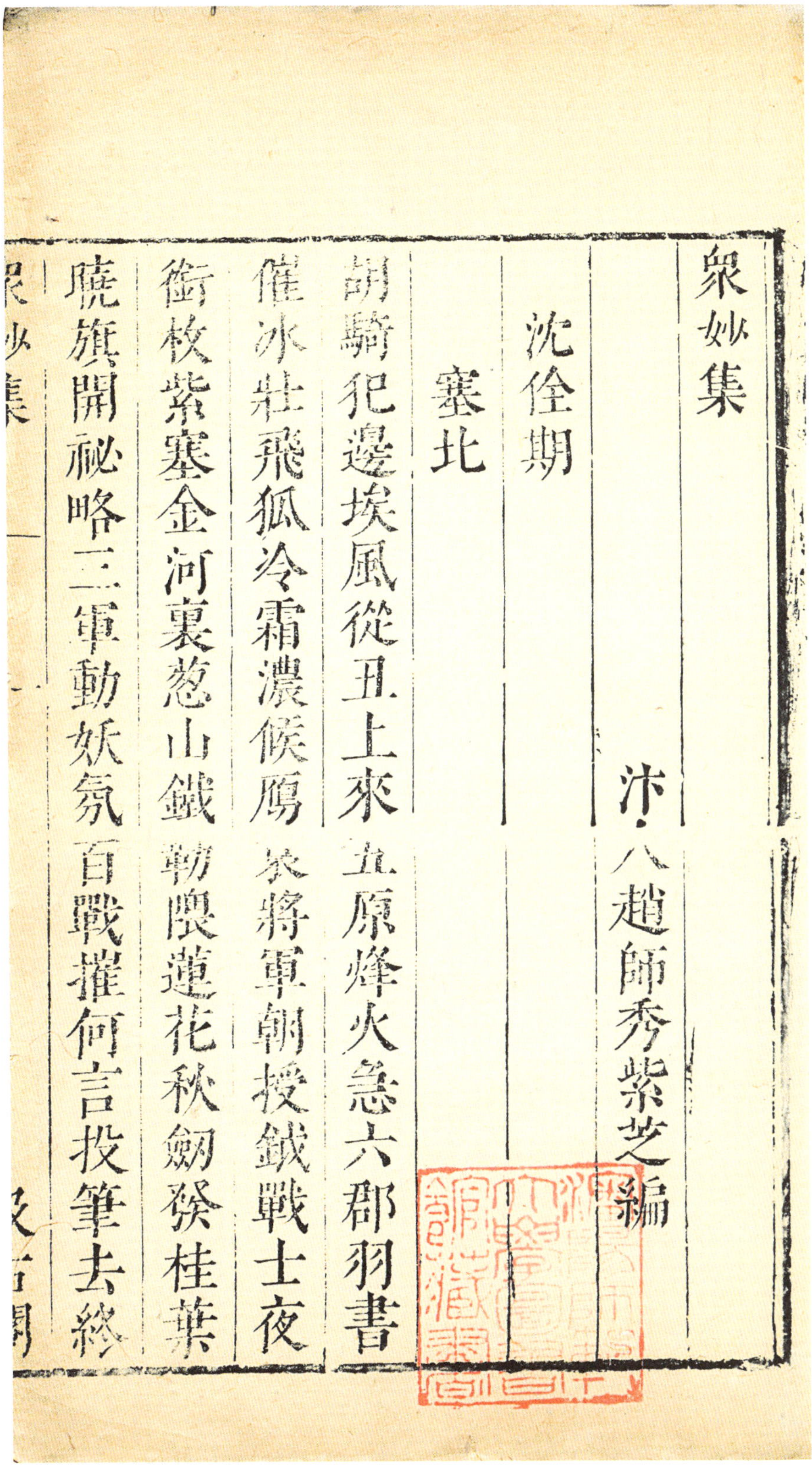
衆妙集
汴人趙師秀紫芝編
沈佺期
塞北
胡騎犯邊埃風從丑上來五原烽火急六郡羽書催冰壯飛狐冷霜濃候鴈哀將軍朝授鉞戰士夜銜枚紫塞金河裏葱山鐵勒隈蓮花秋劒發桂葉虓旗開祕略三軍動妖氛百戰摧何言投筆去終
衆妙集 汲古閣

10490 詩詞雜俎十二種二十五卷 （明）毛晉编 明天啓崇禎毛氏汲古閣刻清乾隆古松堂印本 瀋陽師範大學圖書館

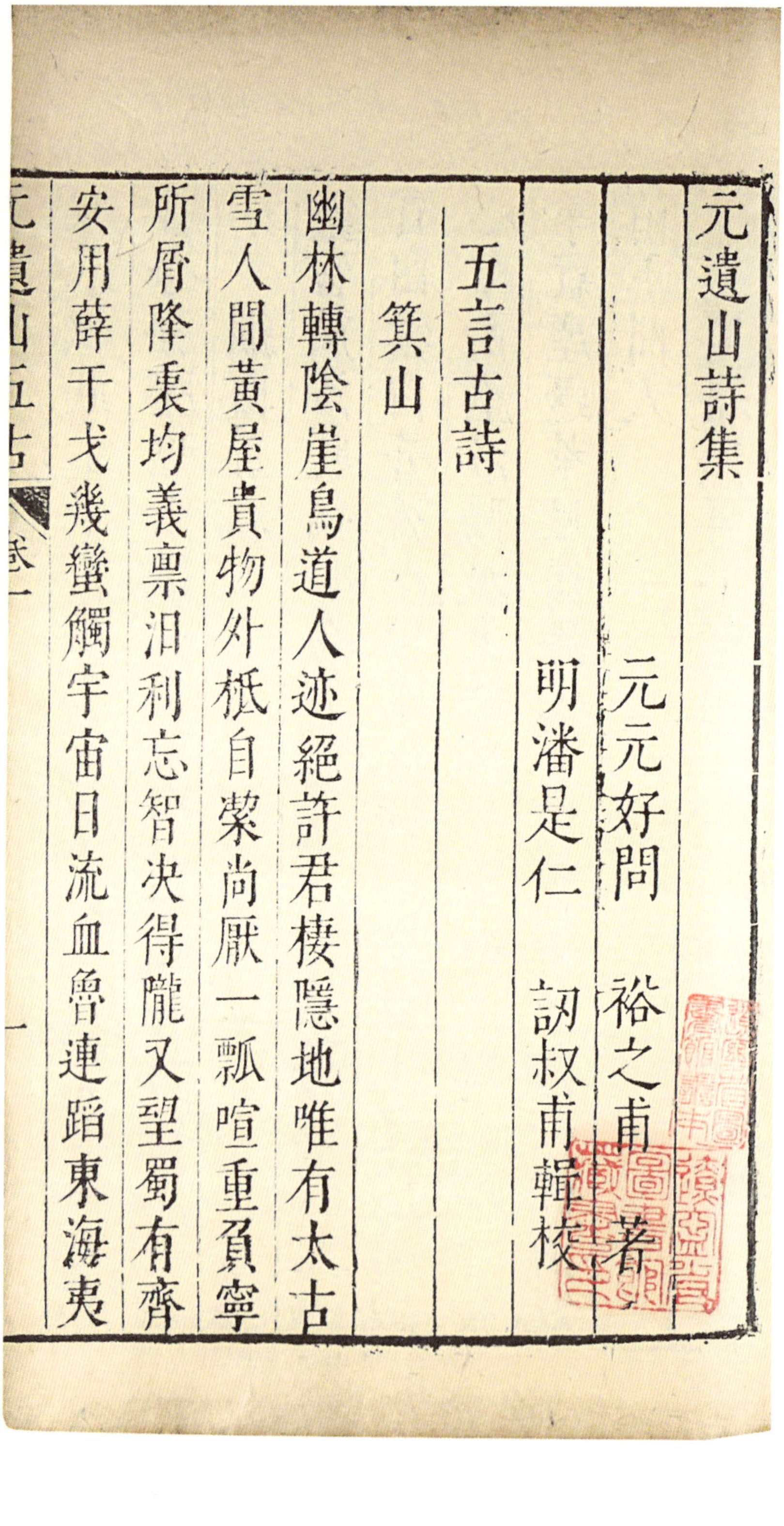

元遺山詩集
元元好問　裕之甫著
明潘是仁　訒叔甫輯校
五言古詩
箕山
幽林轉陰崖鳥道人迹絕許君棲隱地唯有太古
雪人間黃屋貴物外柢自絜尚厭一瓢喧重負寧
所屑降衷均義禀汨利忘智决得隴又望蜀有齊
安用薛干戈幾蠻觸宇宙日流血魯連蹈東海夷
元遺山五古　卷一　一

10491　宋元詩六十一種二百七十三卷　（明）潘是仁編　明萬曆四十三年（1615）潘是仁刻天啓二年（1622）重修本　遼寧省圖書館

存二十五種九十四卷（元遺山詩集十卷、劉静修詩集三卷、陳笏齋詩集六卷、貫酸齋詩集二卷、困學齋詩集二卷、松雪齋詩集七卷、薩天錫詩集八卷、倪雲林詩集六卷、句曲張外史詩集六卷、陳荔溪詩集三卷、貢南湖詩集七卷、楊鐵崖古樂府三卷、張蜕庵詩集四卷、傅玉樓詩集四卷、柳初陽詩集三卷、泰顧北詩集一卷、李五峰詩集二卷、余竹窗詩集二卷、貢玩齋詩集三卷、成柳莊詩集四卷、陸湖峰詩集一卷、乃前岡詩集三卷、魚軒詩集二卷、松谷詩集二卷）

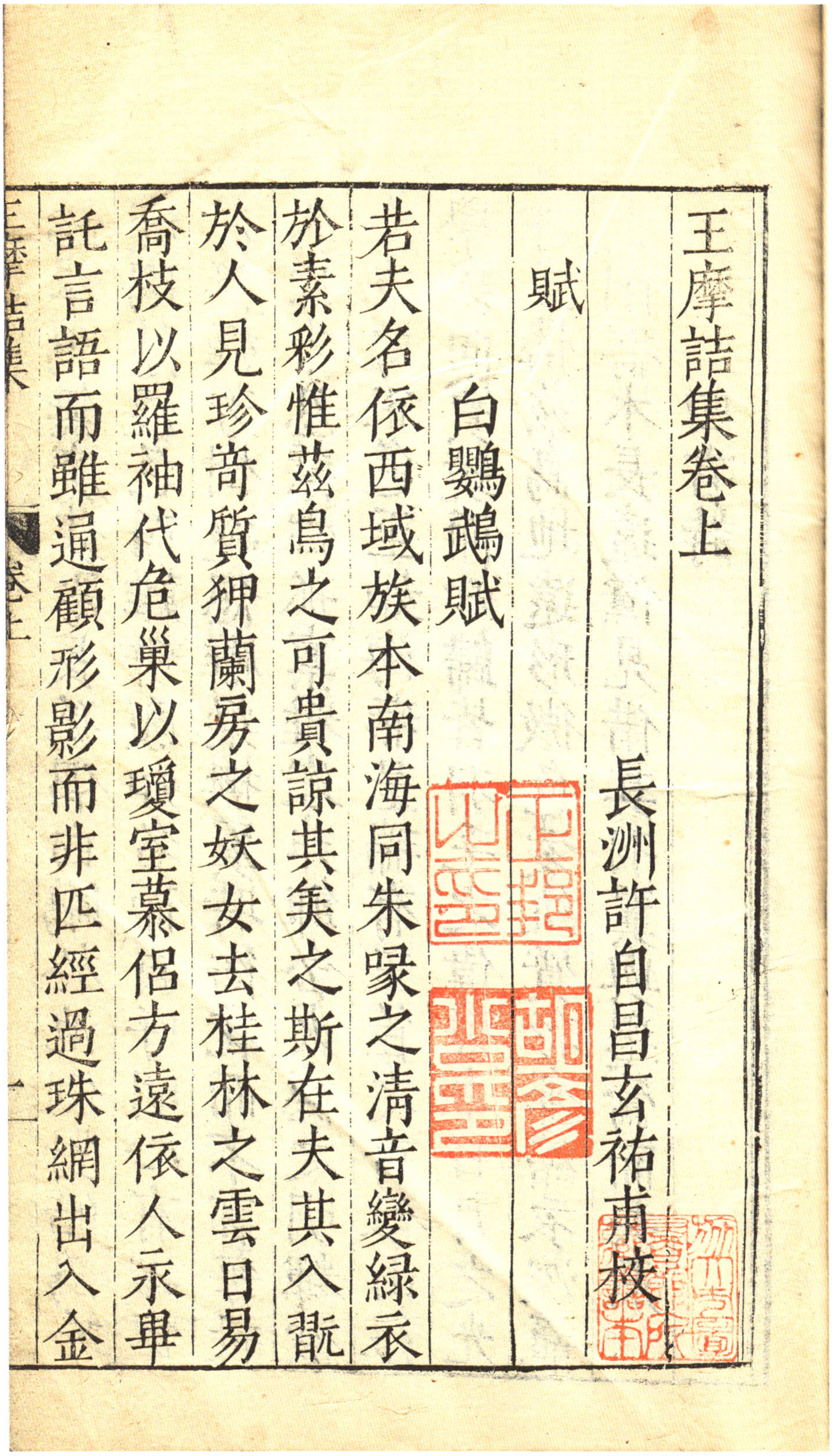

王摩詰集卷上
長洲許自昌玄祐甫校
賦
白鸚鵡賦
若夫名依西域族本南海同朱喙之清音變綠衣
於素彩惟茲鳥之可貴諒其美之斯在夫其入翫
於人見珍奇質狎蘭房之妖女去桂林之雲日易
喬枝以羅袖代危巢以瓊室慕侶方遠依人永畢
託言語而雖通顧形影而非匹經過珠網出入金

王摩詰集 卷上 一

10492　前唐十二家詩二十四卷　（明）許自昌編　明萬曆三十一年（1603）

霏玉軒刻本　大連圖書館

存四種八卷（王摩詰集二卷、孟浩然集二卷、高常侍集二卷、岑嘉州集二卷）

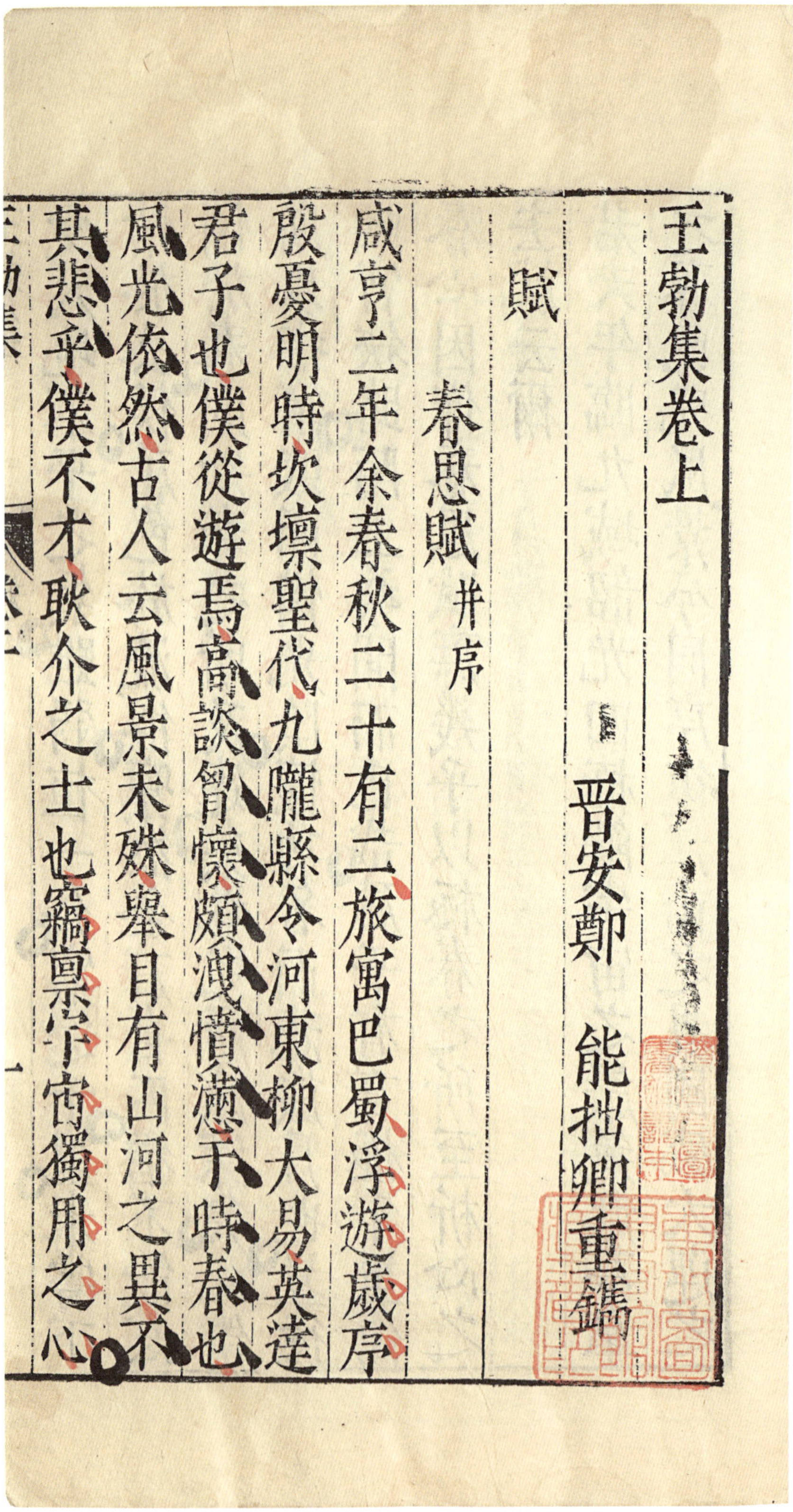
王勃集卷上
晉安鄭　能拙卿重鐫
賦
春思賦 并序
咸亨二年余春秋二十有二旅寓巴蜀浮遊歲序
殷憂明時坎壈聖代九隴縣令河東柳太易英達
君子也僕從遊焉高談胷懷頗洩憤懣于時春也
風光依然古人云風景未殊舉目有山河之異不
其悲乎僕不才耿介之士也竊禀宇宙獨用之心

10493　前唐十二家詩二十四卷　（明）許自昌編　明琅環齋鄭能刻本　遼寧省圖書館

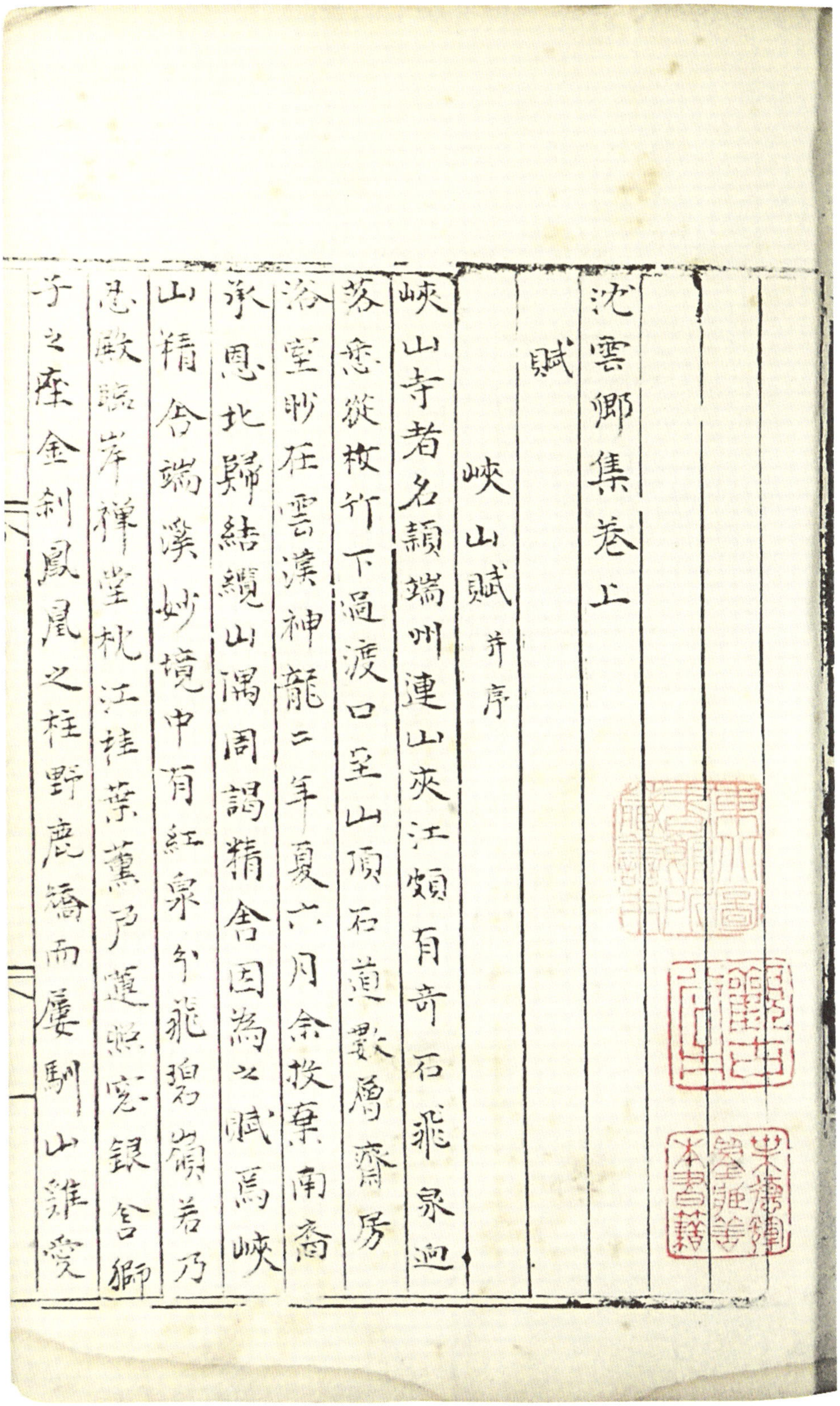
沈雲卿集卷上
賦
峽山賦 并序
峽山寺者名額端州連山夾江頗有奇石飛泉迴
落巒從枝竹下過渡口至山頂石道數層齋房
浴室眇在雲漢神龍二年夏六月余投棄南裔
承恩北歸結纜山隅周謁精舍因為之賦焉峽
山精舍端溪妙境中有紅泉分飛碧嶺若乃
宏敞臨岸禪堂枕江桂葉薰戶蓮照窓銀含卿
子之座金刹鳳凰之柱野鹿銜而屢馴山雞愛

10494 唐十二家詩四十九卷 明刻本 遼寧省圖書館

存六種二十一卷（駱賓王集二卷、陳伯玉集二卷、杜審言集二卷、沈雲卿集三卷、宋之問集二卷、高常侍集十卷）

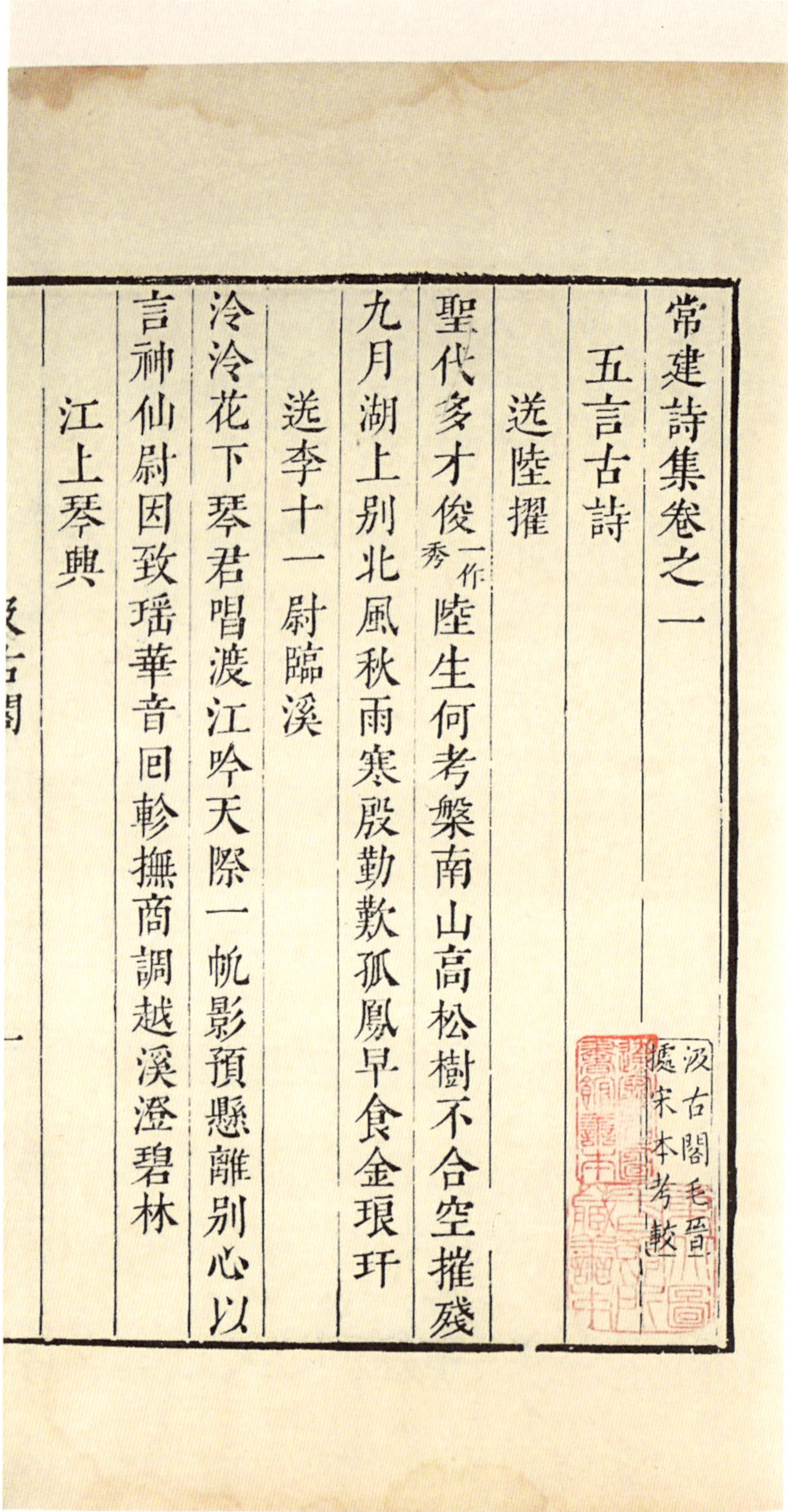
常建詩集卷之一　　　汲古閣毛晉據宋本考較

五言古詩

送陸擢

聖代多才俊一作秀陸生何考槃南山高松樹不合空摧殘

九月湖上別北風秋雨寒殷勤歎孤鳳早食金琅玕

送李十一尉臨溪

泠泠花下琴君唱渡江吟天際一帆影預懸離別心以

言神仙尉因致瑶華音回軫撫商調越溪澄碧林

江上琴興

10495　唐人六集四十二卷　（明）毛晉輯　明崇禎毛氏汲古閣刻本　遼寧省圖書館

遼寧省第一批珍貴古籍名録圖録

第三册

《遼寧省第一批珍貴古籍名録圖録》編委會　編

國家圖書館出版社

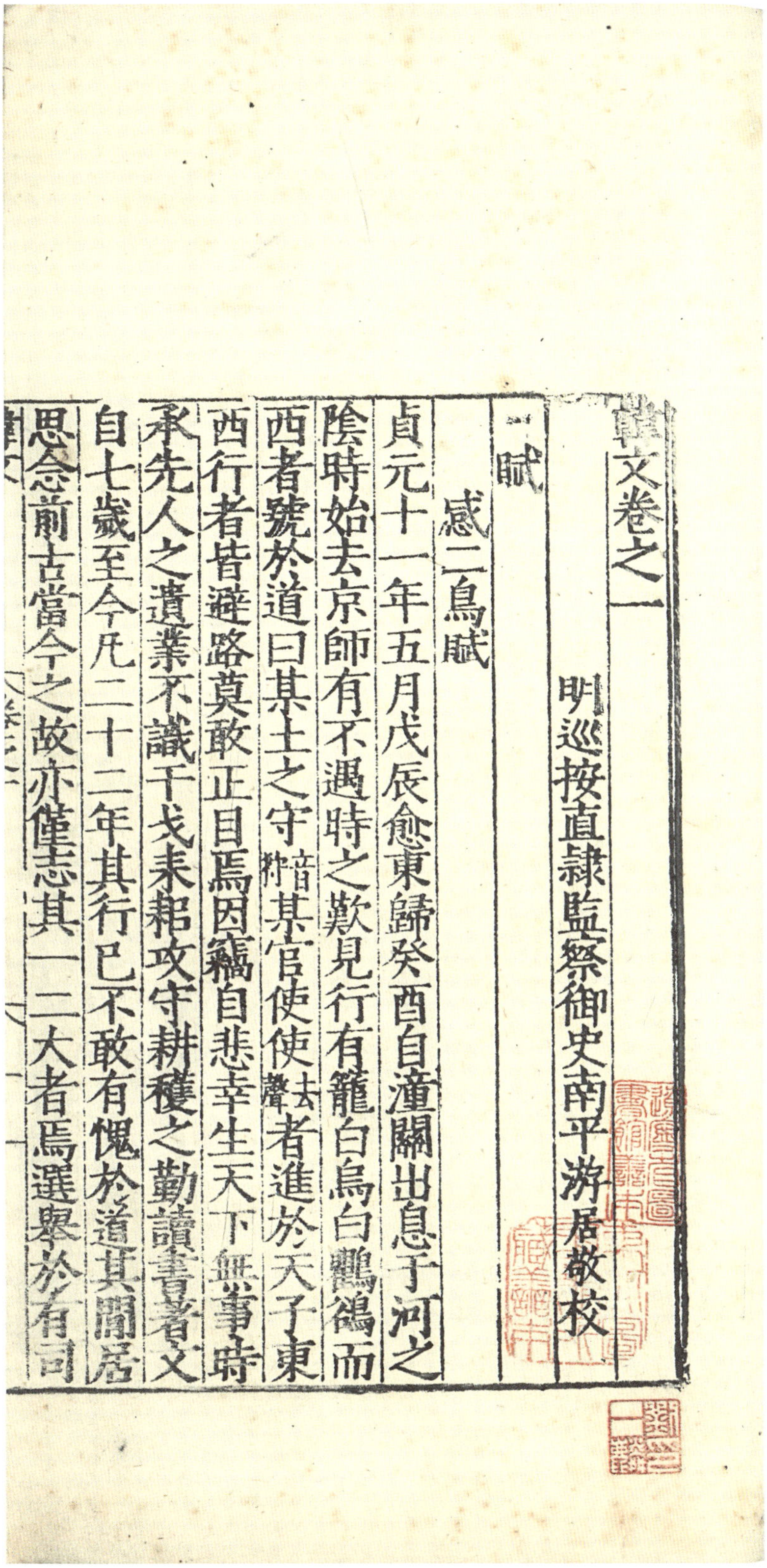

韓文卷之一

明巡按直隸監察御史南平游居敬校

賦

感二鳥賦

貞元十一年五月戊辰愈東歸癸酉自潼關出息于河之陰時始去京師有不遇時之歎見行有籠白烏白鸜鵒而西者號於道曰某土之守(音狩)某官使使(去聲)者進於天子東西行者皆避路莫敢正目焉因竊自悲幸生天下無事時承先人之遺業不識干戈耒耜攻守耕穫之勤讀書著文自七歲至今凡二十二年其行已不敢有愧於道其閒居思念前古當今之故亦僅志其一二大者焉選舉於有司

10496　韓柳文一百卷　（明）游居敬編　明嘉靖十六年（1537）游居敬刻本

遼寧省圖書館

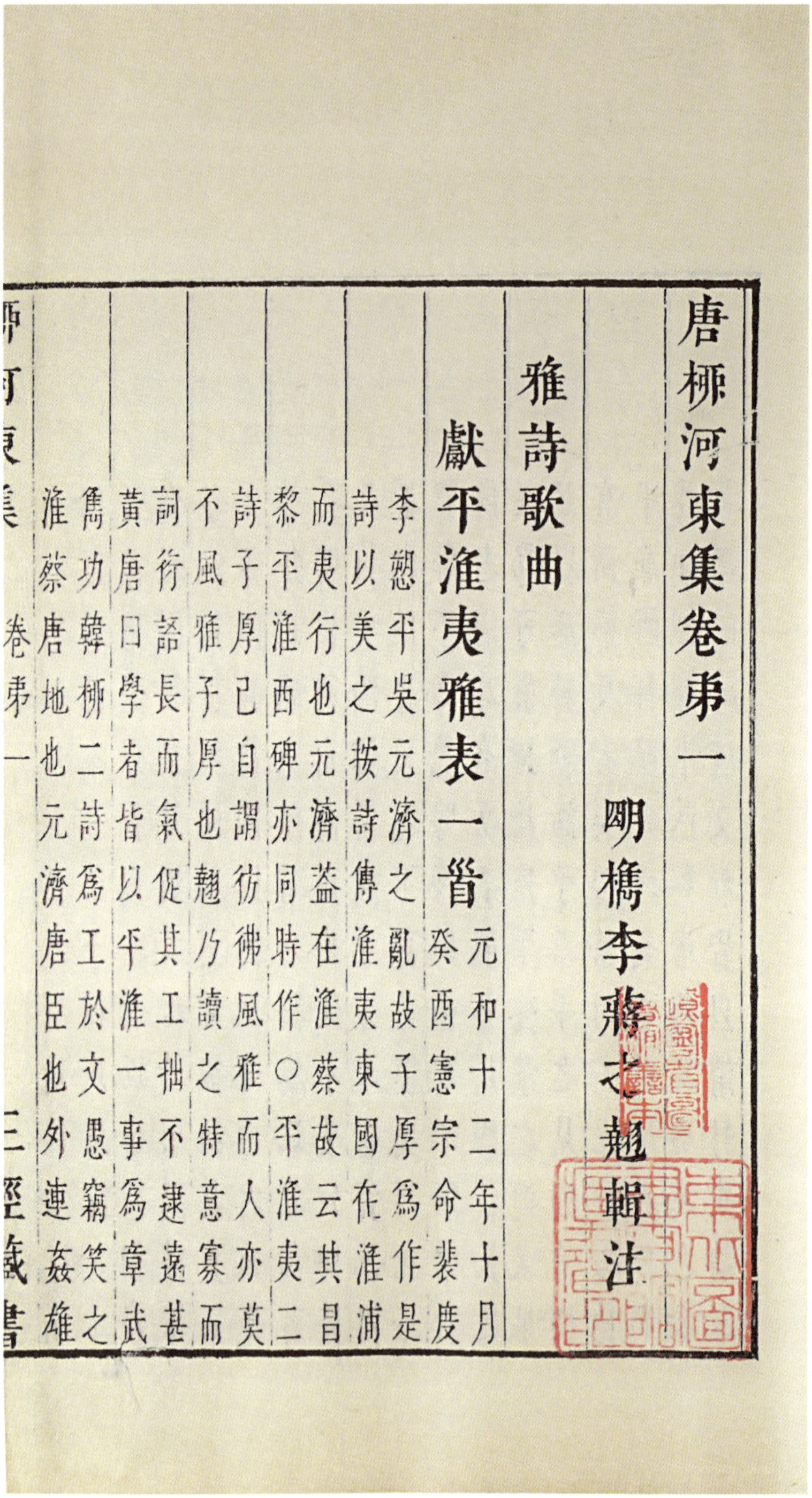
唐柳河東集卷弟一
明檇李蔣之翹輯注
雅詩歌曲
獻平淮夷雅表一首元和十二年十月
癸酉憲宗命裴度
李愬平吳元濟之亂故子厚爲作是
詩以美之按詩傳淮夷東國在淮浦
而夷行也元濟蓋在淮蔡故云其昌
黎平淮西碑亦同時作○平淮夷二
詩子厚已自謂彷彿風雅而人亦莫
不風雅子厚也翹乃讀之特意寡而
詞衍語長而氣促其工拙不逮遠甚
黃唐曰學者皆以平淮一事爲章武
雋功韓柳二詩爲工於文愚竊笑之
淮蔡唐地也元濟唐臣也外連姦雄
柳河東集卷弟一　三徑藏書

10497　韓柳全集一百四卷　（明）蔣之翹編　明崇禎六年（1633）蔣氏三徑草堂刻本　遼寧省圖書館

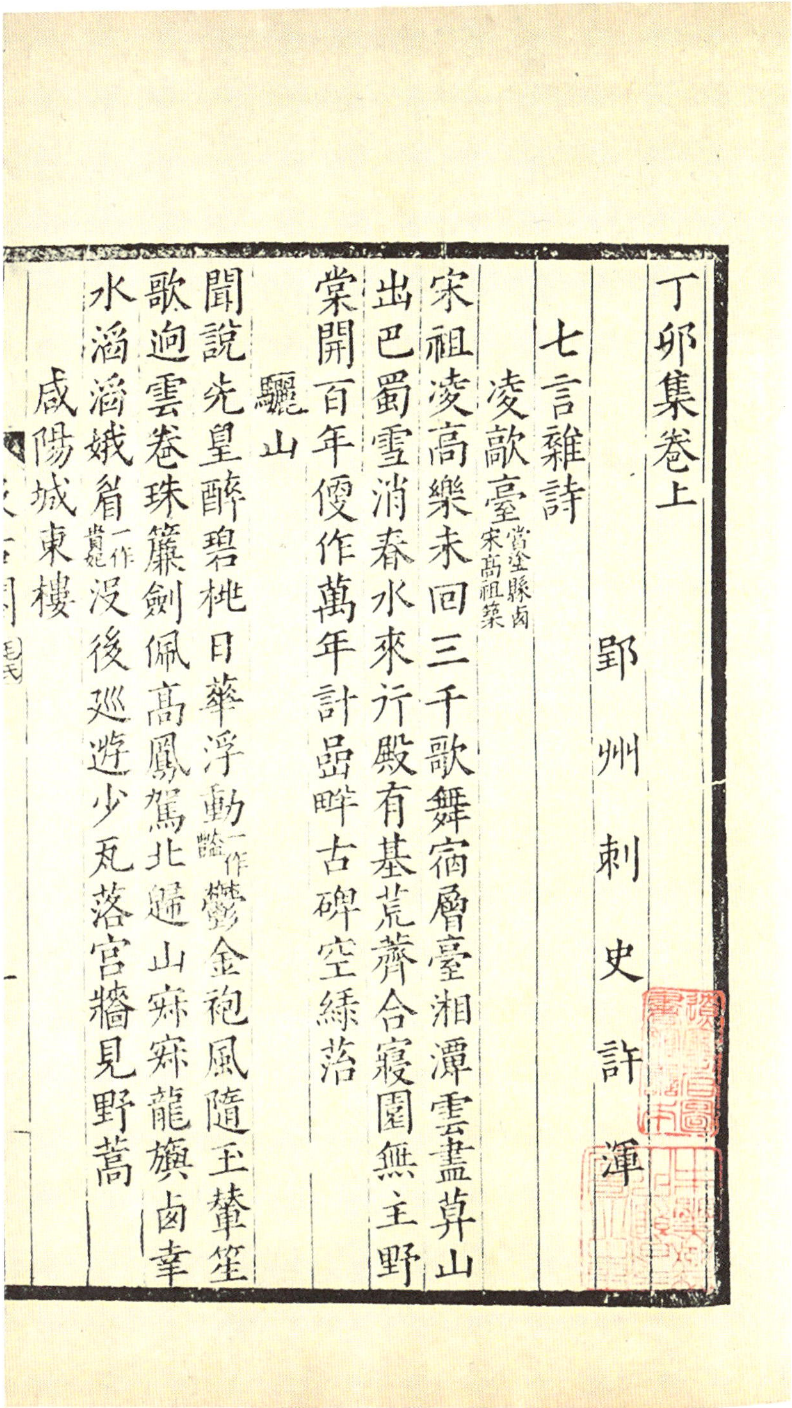

丁卯集卷上

郢州刺史許渾

七言雜詩

凌歊臺（當塗縣西宋高祖築）

宋祖凌高樂未回三千歌舞宿層臺湘潭雲盡暮山出巴蜀雪消春水來行殿有基荒薺合寢園無主野棠開百年便作萬年計嵓畔古碑空綠苔

驪山

聞說先皇醉碧桃日華浮動（一作豔）鬱金袍風隨玉輦笙歌迴雲卷珠簾劍佩高鳳駕北歸山寂寂龍旗西幸水滔滔娥眉（一作貴妃）沒後巡遊少瓦落宮牆見野蒿

咸陽城東樓

10498　唐人八家詩四十二卷　（明）毛晉編　明崇禎十二年（1639）毛氏汲古閣刻本　遼寧省圖書館

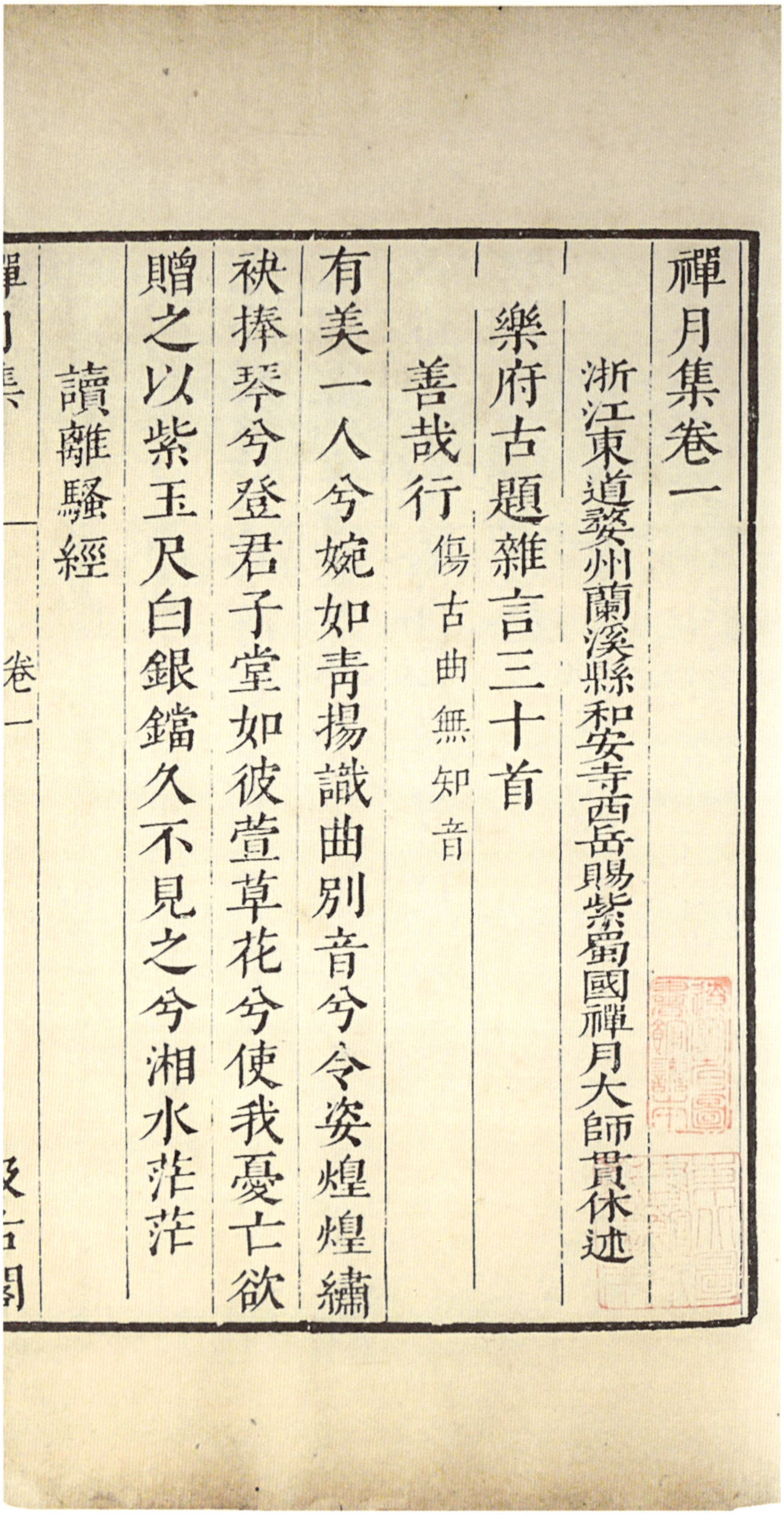

禪月集卷一
浙江東道婺州蘭溪縣和安寺西岳賜紫蜀國禪月大師貫休述
樂府古題雜言三十首
善哉行 傷古曲無知音
有美一人兮婉如青揚識曲別音兮令姿煌煌繡袂捧琴兮登君子堂如彼萱草花兮使我憂亡欲贈之以紫玉尺白銀鐺久不見之兮湘水茫茫
讀離騷經

禪月集 卷一 汲古閣

10499 唐三高僧詩集四十七卷 （明）毛晋編 明崇禎毛氏汲古閣刻本

遼寧省圖書館

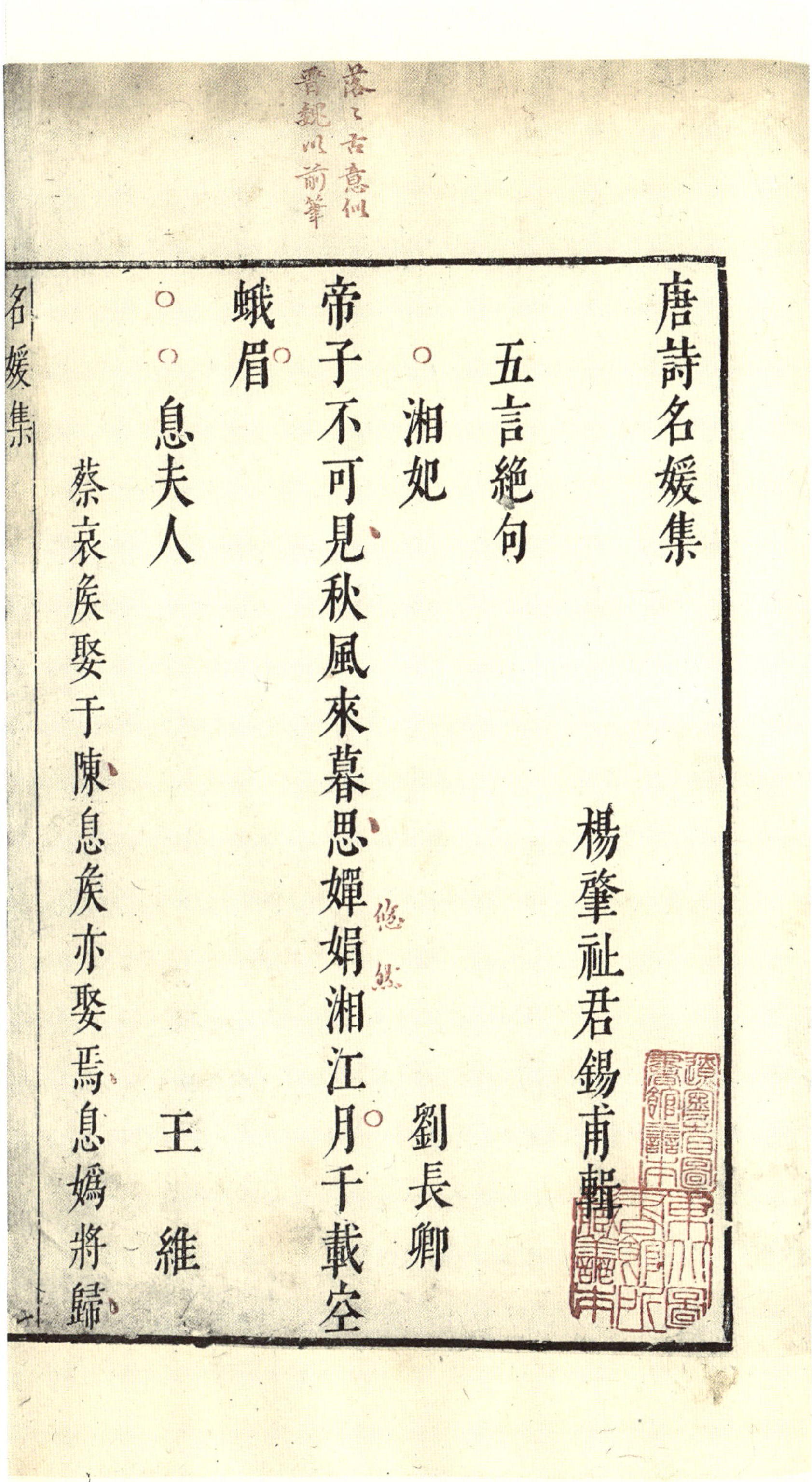

落落古意似晉魏以前筆
唐詩名媛集
楊肇祉君錫甫輯
五言絶句
湘妃
劉長卿
帝子不可見秋風來暮思嬋娟湘江月千載空
蛾眉
悠然
息夫人
王維
蔡哀侯娶于陳息侯亦娶焉息嬀將歸
名媛集

10500　唐詩艷逸品四卷　（明）楊肇祉輯　明天啓元年（1621）閔一栻刻朱墨套印本　遼寧省圖書館

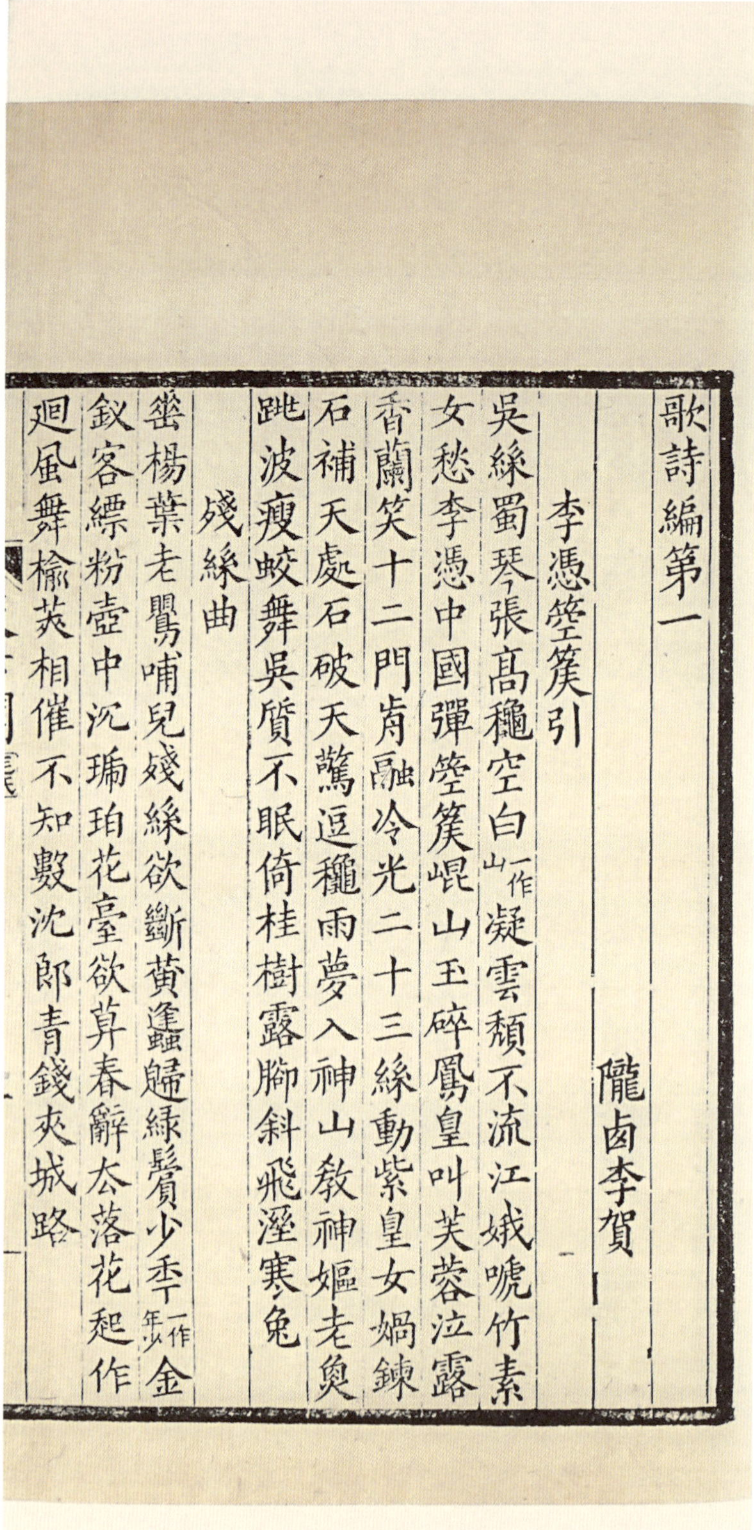

歌詩編第一
隴西李賀
李憑箜篌引
吴絲蜀琴張高秋空白（一作山）凝雲頹不流江娥啼竹素
女愁李憑中國彈箜篌崑山玉碎鳳皇叫芙蓉泣露
香蘭笑十二門前融冷光二十三絲動紫皇女媧鍊
石補天處石破天驚逗秋雨夢入神山教神嫗老魚
跳波瘦蛟舞吴質不眠倚桂樹露脚斜飛溼寒兔
殘絲曲
垂楊葉老鶯哺兒殘絲欲斷黄蜂歸綠鬢少年（一作年少）金
釵客縹粉壺中沉琥珀花臺欲暮春辭去落花起作
迴風舞榆莢相催不知數沈郎青錢夾城路

10501　唐人四集十二卷　（明）毛晉编　明崇禎毛氏汲古閣刻本　遼寧省圖書館

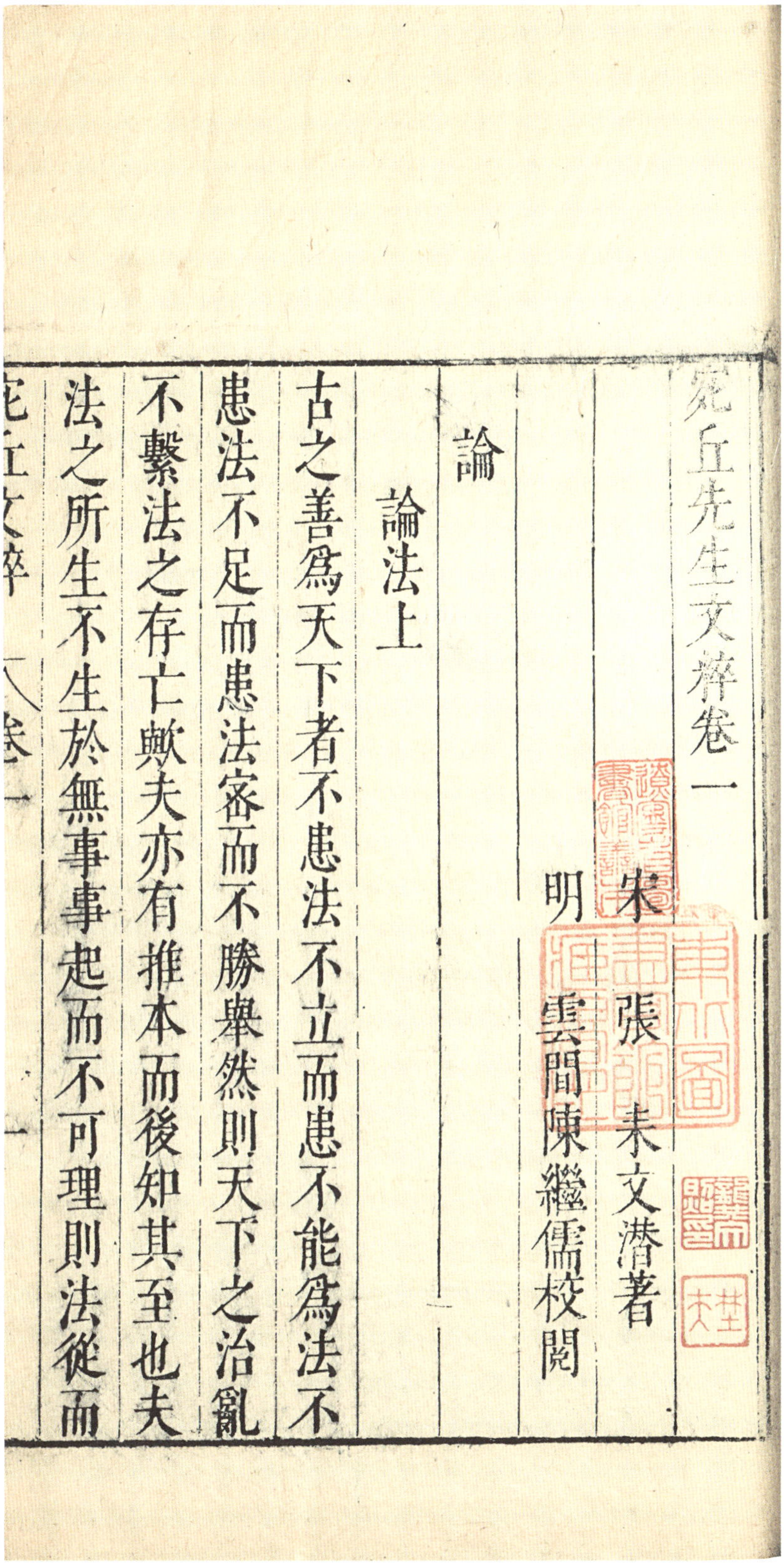

宛丘先生文粹卷一

宋　張　耒文潛著

明　雲間陳繼儒校閱

論

論法上

古之善爲天下者不患法不立而患不能爲法不患法不足而患法密而不勝舉然則天下之治亂不繫法之存亡歟夫亦有推本而後知其至也夫法之所生不生於無事事起而不可理則法從而

宛丘文粹　卷一　一

10502　蘇門六君子文粹七十卷　（宋）陳亮編　明崇禎六年（1633）胡潛刻本　遼寧省圖書館

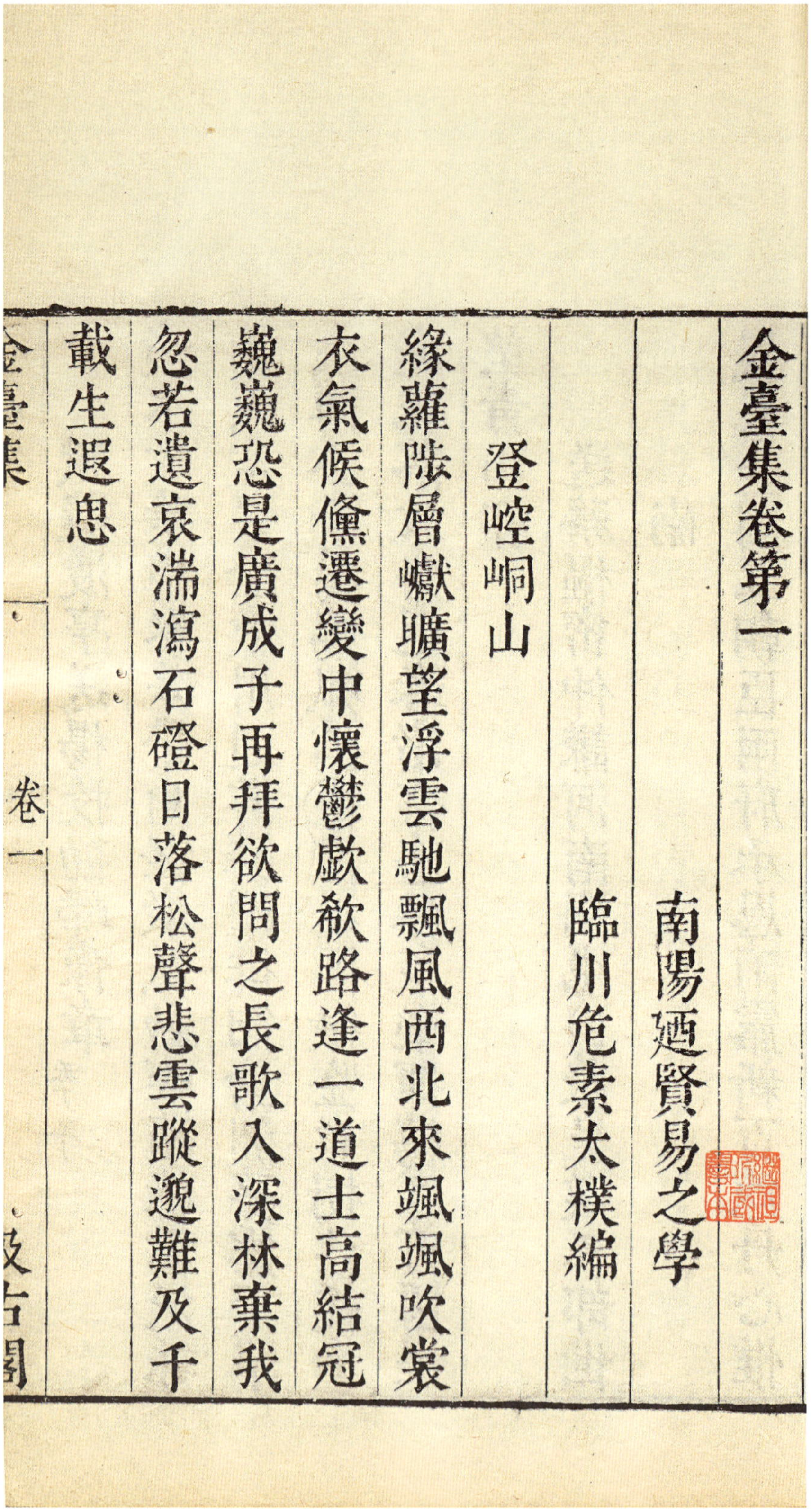
金臺集卷第一
南陽迺賢易之學
臨川危素太樸編
登崆峒山
緣蘿陟層巘曠望浮雲馳飄風西北來颯颯吹裳
衣氣候儵遷變中懷鬱歔欷路逢一道士高結冠
巍巍恐是廣成子再拜欲問之長歌入深林棄我
忽若遺哀湍瀉石磴日落松聲悲雲蹤邈難及千
載生遐思
金臺集　卷一　汲古閣

10503　元人集十種五十四卷　（明）毛晋編　明崇禎十一年（1638）毛氏汲古閣刻本　大連圖書館

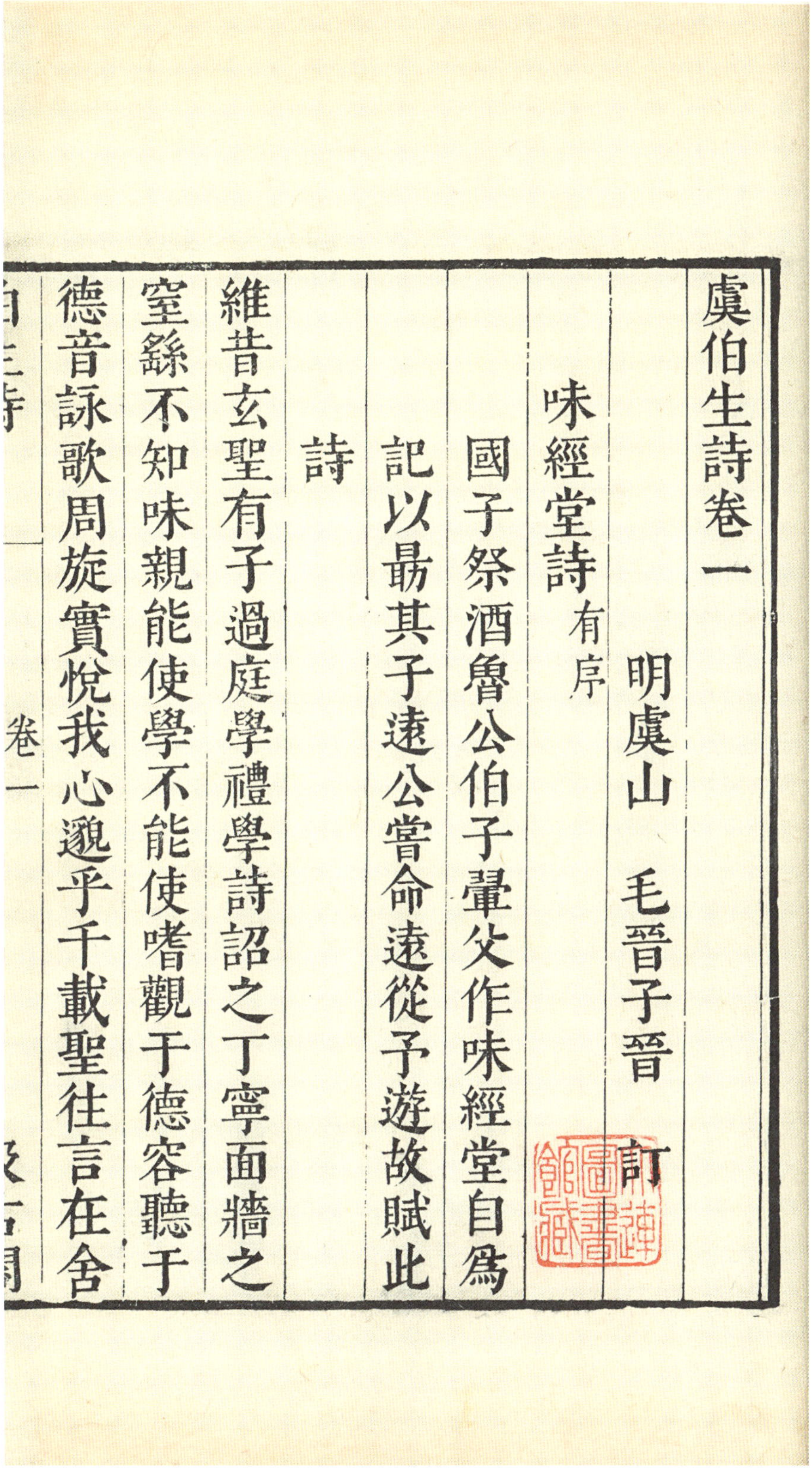

虞伯生詩卷一

明虞山　毛晉子晉　訂

味經堂詩有序

國子祭酒魯公伯子暈父作味經堂自爲記以朂其子遠公嘗命遠從予遊故賦此詩

維昔玄聖有子過庭學禮學詩詔之丁寧面牆之室繇不知味親能使學不能使嗜觀于德容聽于德音詠歌周旋實悅我心邈乎千載聖往言在舍

10504　元四大家詩集四種二十七卷　（明）毛晉編　明崇禎毛氏汲古閣刻本　大連圖書館

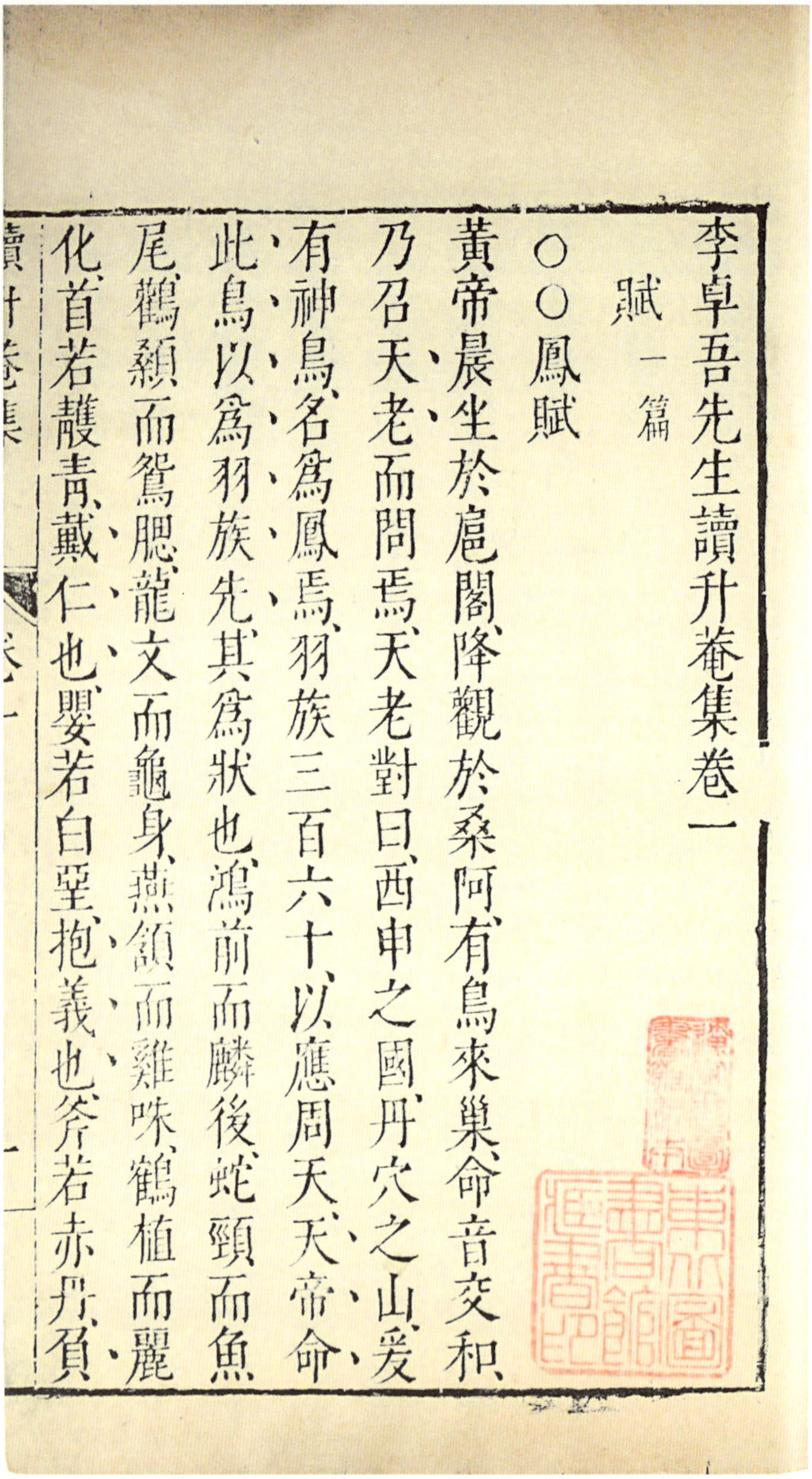
李卓吾先生讀升菴集卷一
賦 一篇
○○鳳賦
黃帝晨坐於扆閣降觀於桑阿有鳥來巢命音交和
乃召天老而問焉天老對曰西申之國丹穴之山爰
有神鳥名爲鳳焉羽族三百六十以應周天天帝命
此鳥以爲羽族先其爲狀也鴻前而麟後蛇頸而魚
尾鸛顙而鴛腮龍文而龜身燕頷而雞味鶴植而麗
化首若𧄼青戴仁也嬰若白至抱義也脊若赤丹負
讀升菴集 卷一 一

10505 李卓吾先生批評三大家文集三種二十八卷 （明）李贄評 （明）葉敬池輯 明萬曆葉敬池書種堂刻本 遼寧省圖書館

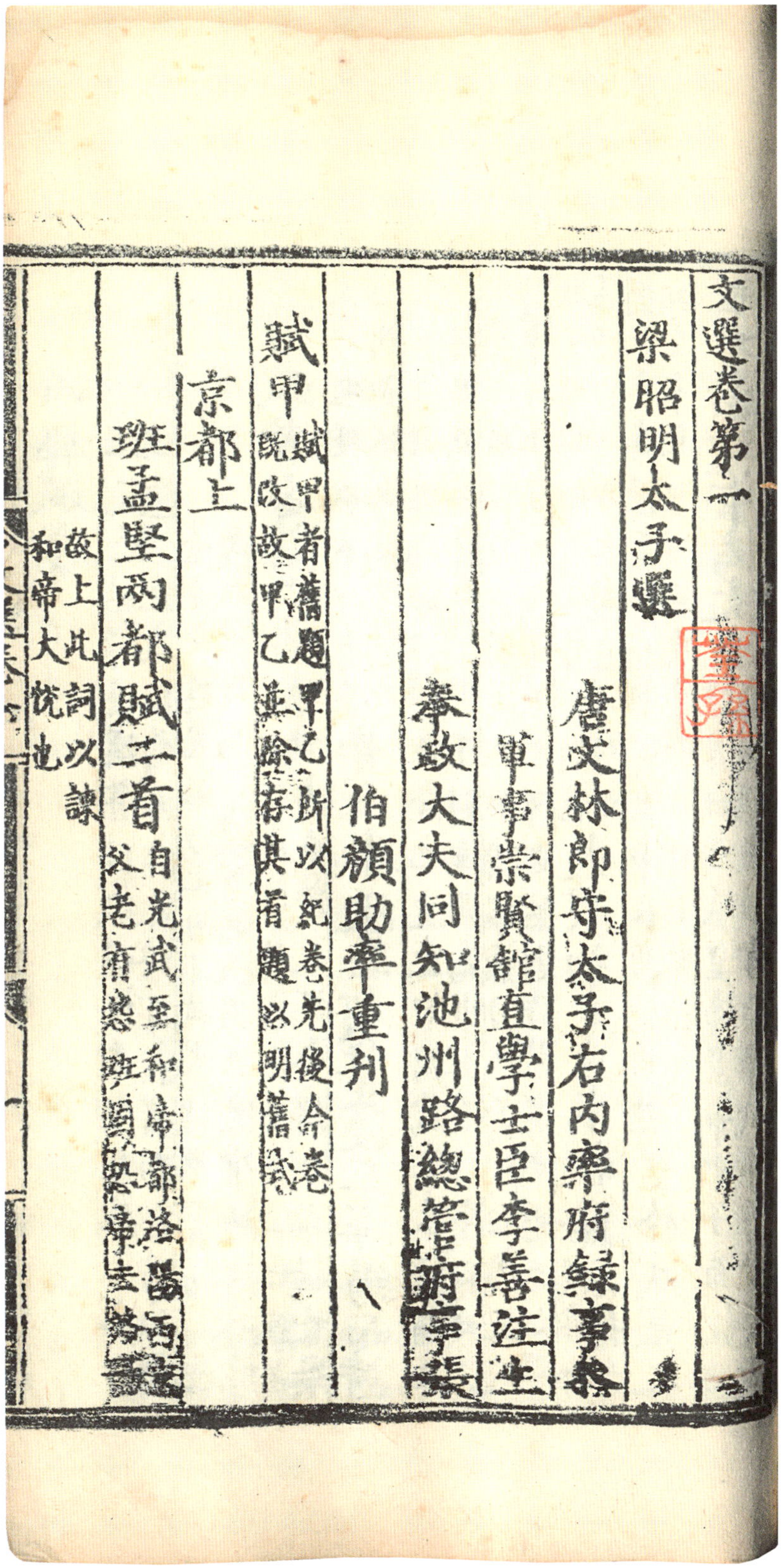
文選卷第一
梁昭明太子選
唐文林郎守太子右内率府録事參軍事崇賢館直學士臣李善注上
奉政大夫同知池州路總管府事張
伯顔助率重刊
賦甲 賦甲者舊題甲乙所以紀卷先後今卷既改故甲乙並除存其首題以明舊式
京都上
班孟堅兩都賦二首 自光武至和帝都洛陽西京父老有怨班固恐帝去洛陽故上此詞以諫和帝大悦也

10506 文選六十卷 （南朝梁）蕭統輯 （唐）李善注 明成化二十三年（1487）唐藩朱芝址刻本 旅順博物館

存五十卷（一至三十、三十五至四十一、四十八至六十）

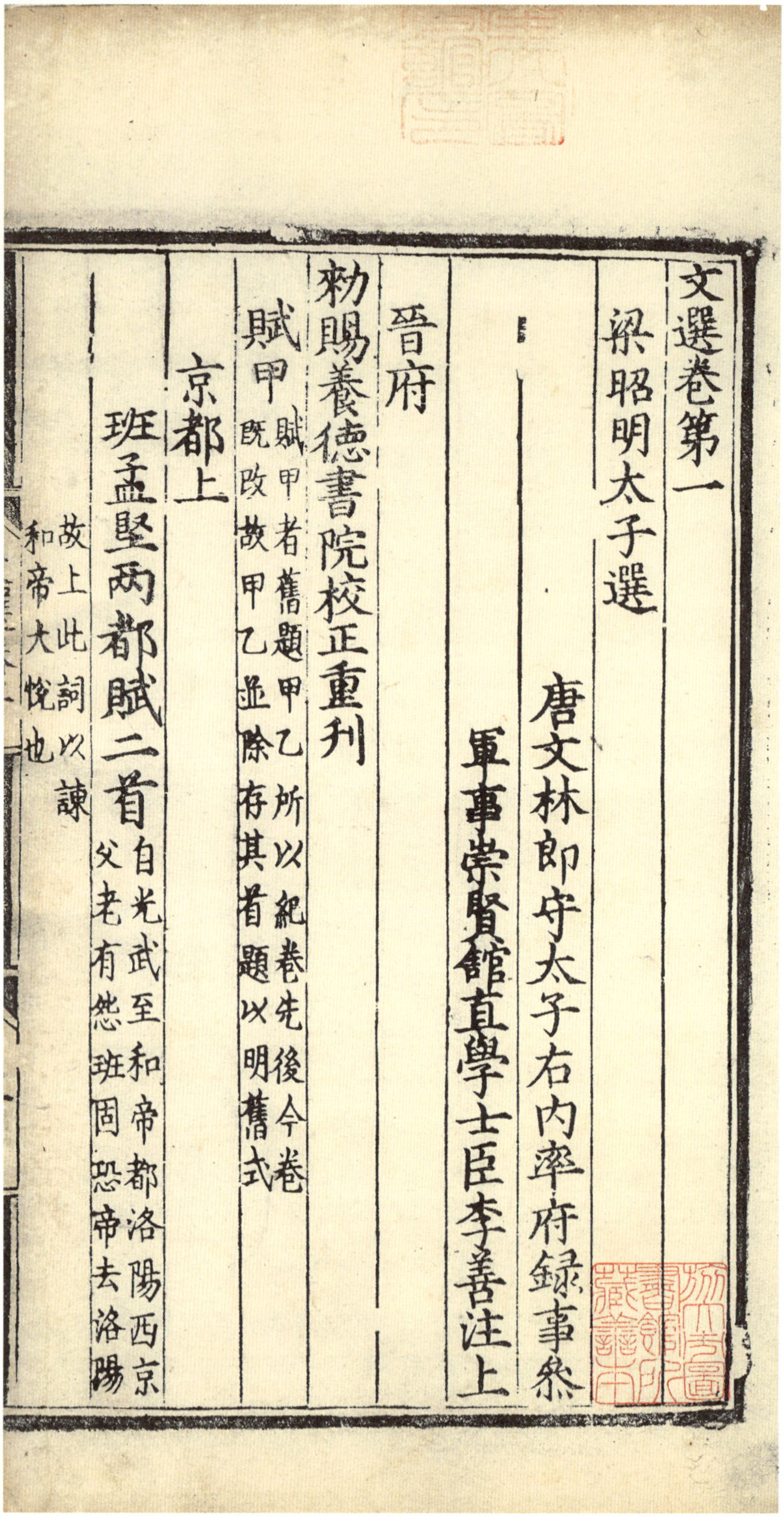
文選卷第一
梁昭明太子選
唐文林郎守太子右内率府録事參
軍事崇賢館直學士臣李善注上
晉府
勑賜養德書院校正重刊
賦甲 賦甲者舊題甲乙所以紀卷先後今卷既改故甲乙並除存其首題以明舊式
京都上
班孟堅兩都賦二首 自光武至和帝都洛陽西京父老有怨班固恐帝去洛陽故上此詞以諫和帝大悅也

10507 文選六十卷 （南朝梁）蕭統輯 （唐）李善注 明嘉靖四年（1525）晉府養德書院刻本 大連圖書館

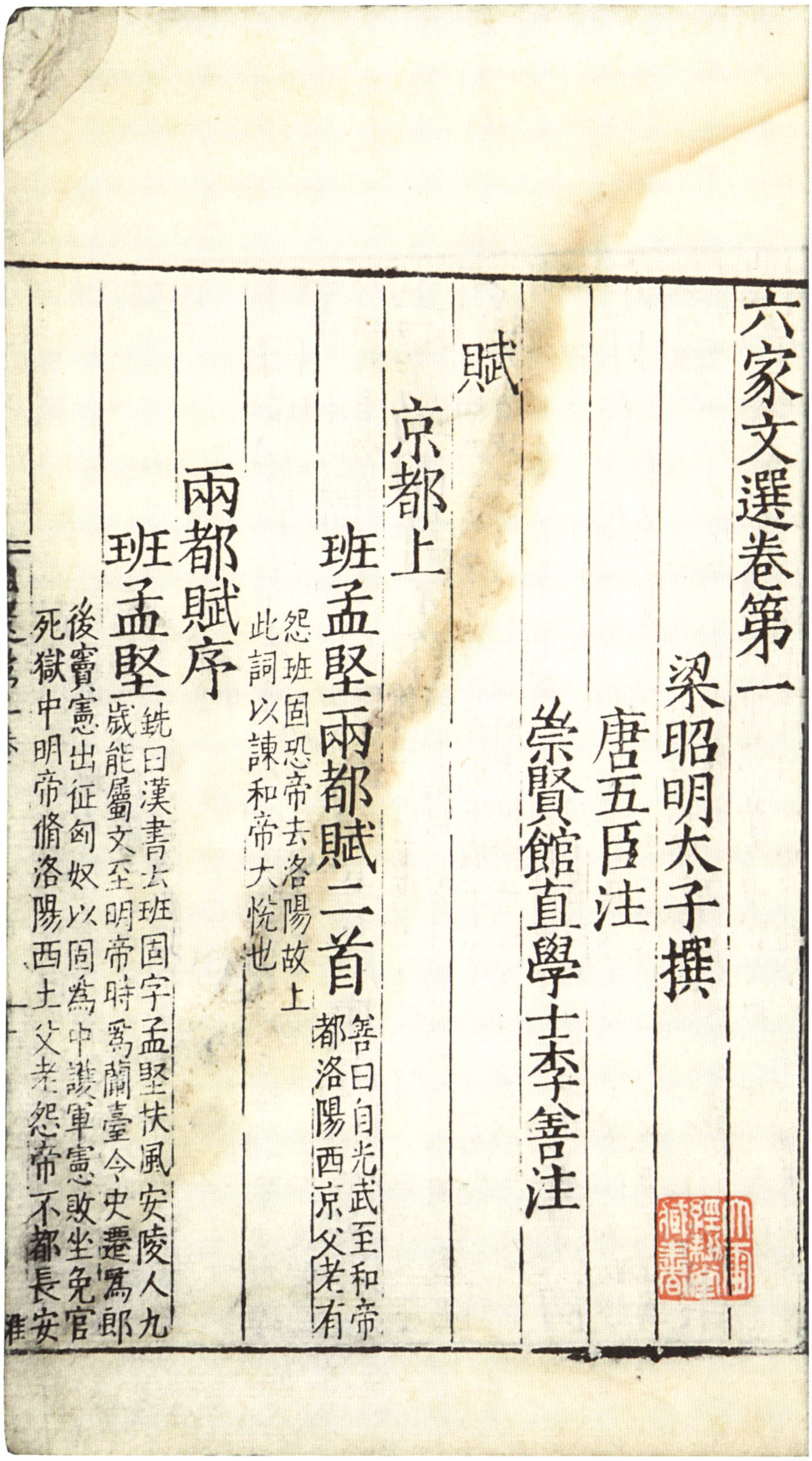
六家文選卷第一
梁昭明太子撰
唐五臣注
崇賢館直學士李善注
賦
京都上
班孟堅兩都賦二首 善曰自光武至和帝都洛陽西京父老有怨班固恐帝去洛陽故上此詞以諫和帝大悅也
兩都賦序
班孟堅 銑曰漢書云班固字孟堅扶風安陵人九歲能屬文至明帝時爲蘭臺令史遷爲郎後竇憲出征匈奴以固爲中護軍憲敗坐免官死獄中明帝脩洛陽西土父老怨帝不都長安

10508　六家文選六十卷　（南朝梁）蕭統輯　（唐）李善　吕延濟　劉良　張銑　李周翰　吕向注　明嘉靖十三年至二十八年（1534—1549）袁褧嘉趣堂刻本　遼寧師範大學圖書館

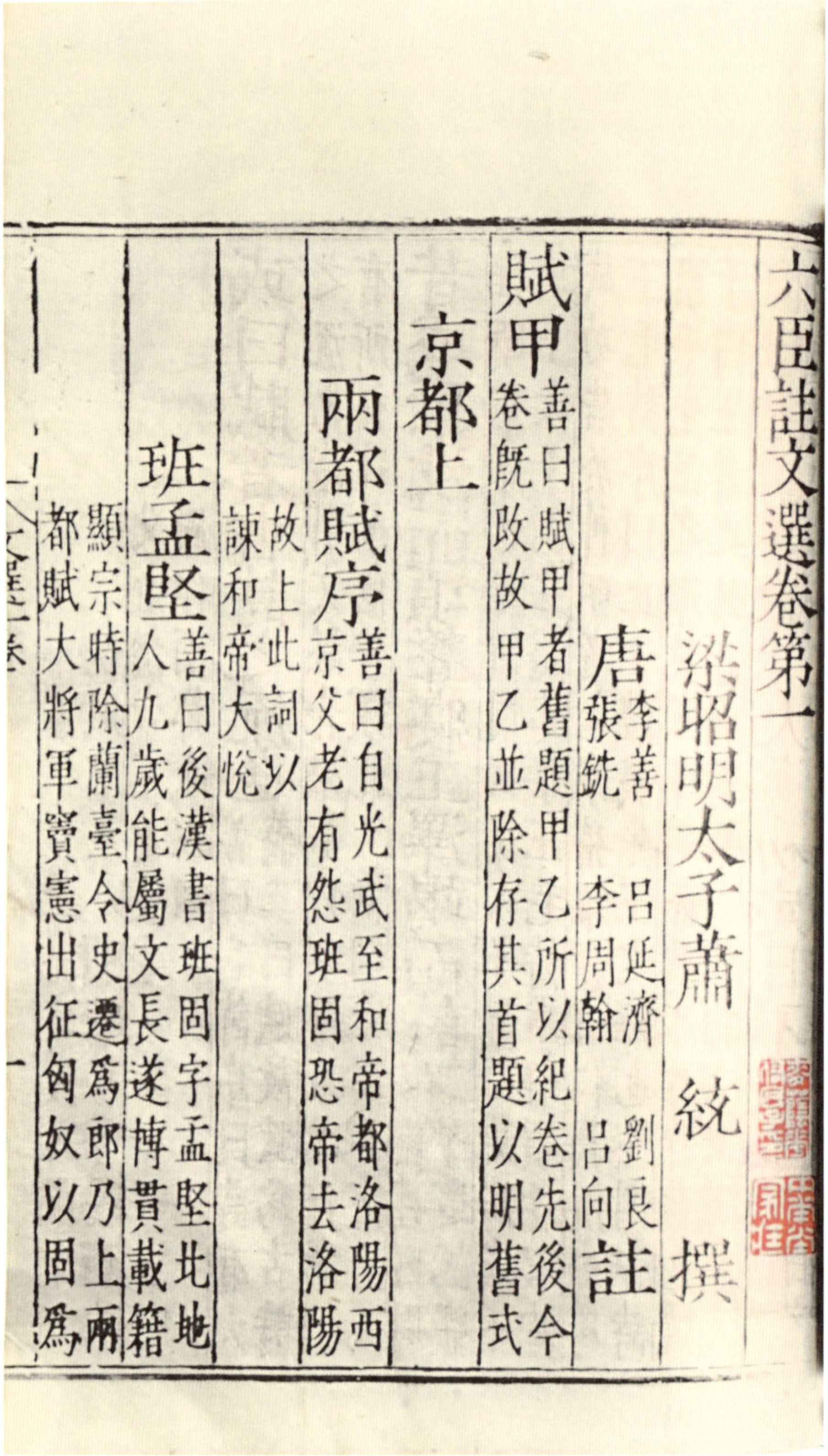

六臣註文選卷第一
梁昭明太子蕭　統　撰
唐李善　呂延濟　劉良
張銑　李周翰　呂向註
賦甲　善曰賦甲者舊題甲乙所以紀卷先後今
卷旣改故甲乙並除存其首題以明舊式
京都上
兩都賦序　善曰自光武至和帝都洛陽西
京父老有怨班固恐帝去洛陽
故上此詞以
諫和帝大悅
班孟堅　善曰後漢書班固字孟堅北地
人九歲能屬文長遂博貫載籍
顯宗時除蘭臺令史遷爲郎乃上兩
都賦大將軍竇憲出征匈奴以固爲
文選一卷　一

10509　六臣註文選六十卷　（南朝梁）蕭統輯　（唐）李善　呂延濟　劉良　張銑　李周翰　呂向注　明萬曆二年（1574）崔孔昕刻六年（1578）徐成位重修本　鞍山市圖書館

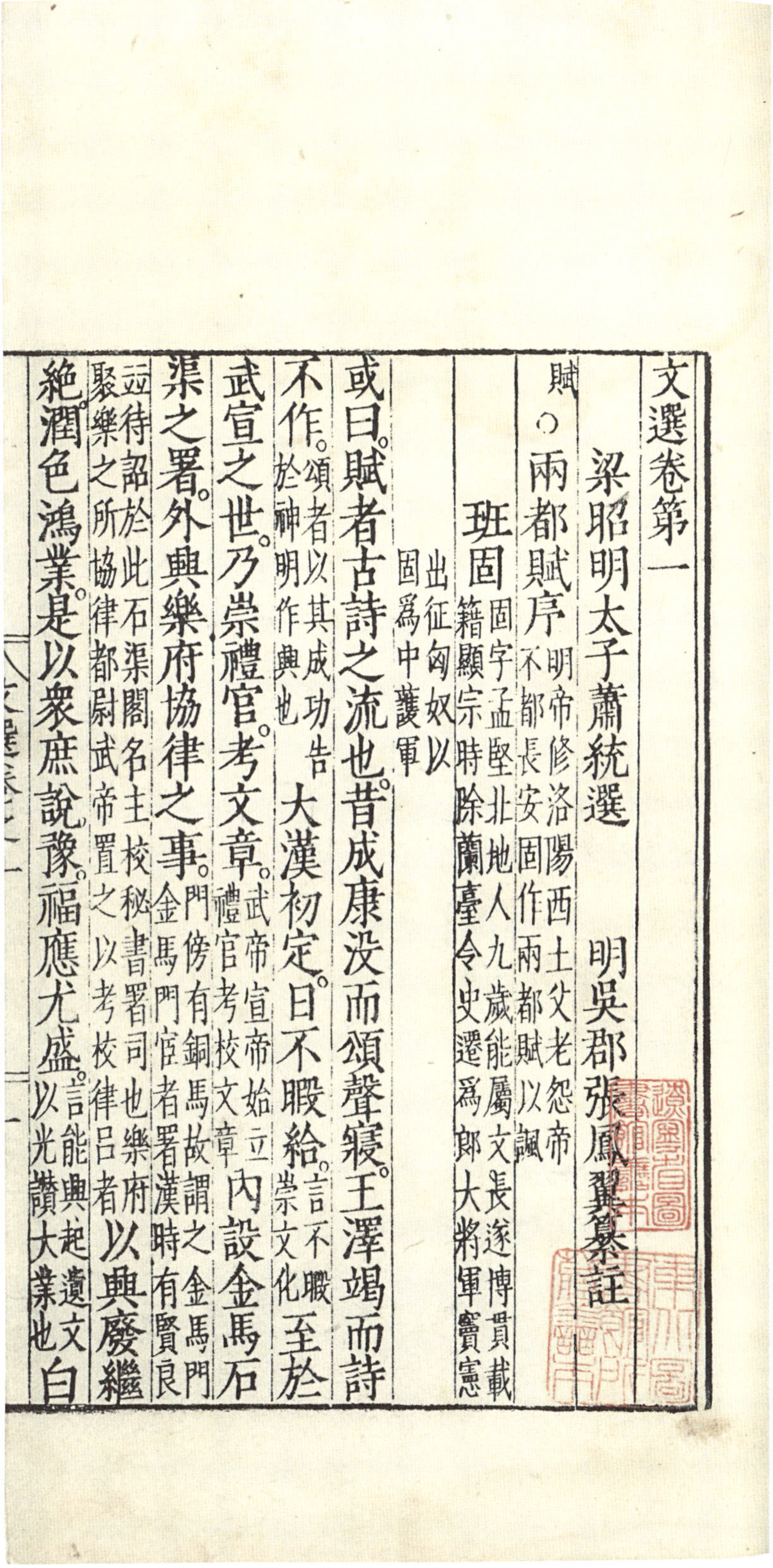

文選卷第一

梁昭明太子蕭統選　明吳郡張鳳翼纂註

賦〇兩都賦序明帝修洛陽西土父老怨帝不都長安固作兩都賦以諷

班固固字孟堅北地人九歲能屬文長遂博貫載籍顯宗時除蘭臺令史遷爲郎大將軍竇憲出征匈奴以固爲中護軍

或曰。賦者古詩之流也。昔成康沒而頌聲寢。王澤竭而詩不作。頌者以其成功告於神明作興也大漢初定。日不暇給。言不暇崇文化至於武宣之世。乃崇禮官。考文章。武帝宣帝始立禮官考校文章內設金馬石渠之署。外興樂府協律之事。門傍有銅馬故謂之金馬門金馬門官者署漢時有賢良丞待詔於此石渠閣名主校秘書署司也樂府聚樂之所協律都尉武帝置之以考校律呂者以興廢繼絕。潤色鴻業。是以眾庶說豫。福應尤盛。言能興起遺文以光讚大業也白

10510　文選纂注十二卷　（南朝梁）蕭統輯　（明）張鳳翼纂注　明萬曆刻本　遼寧省圖書館

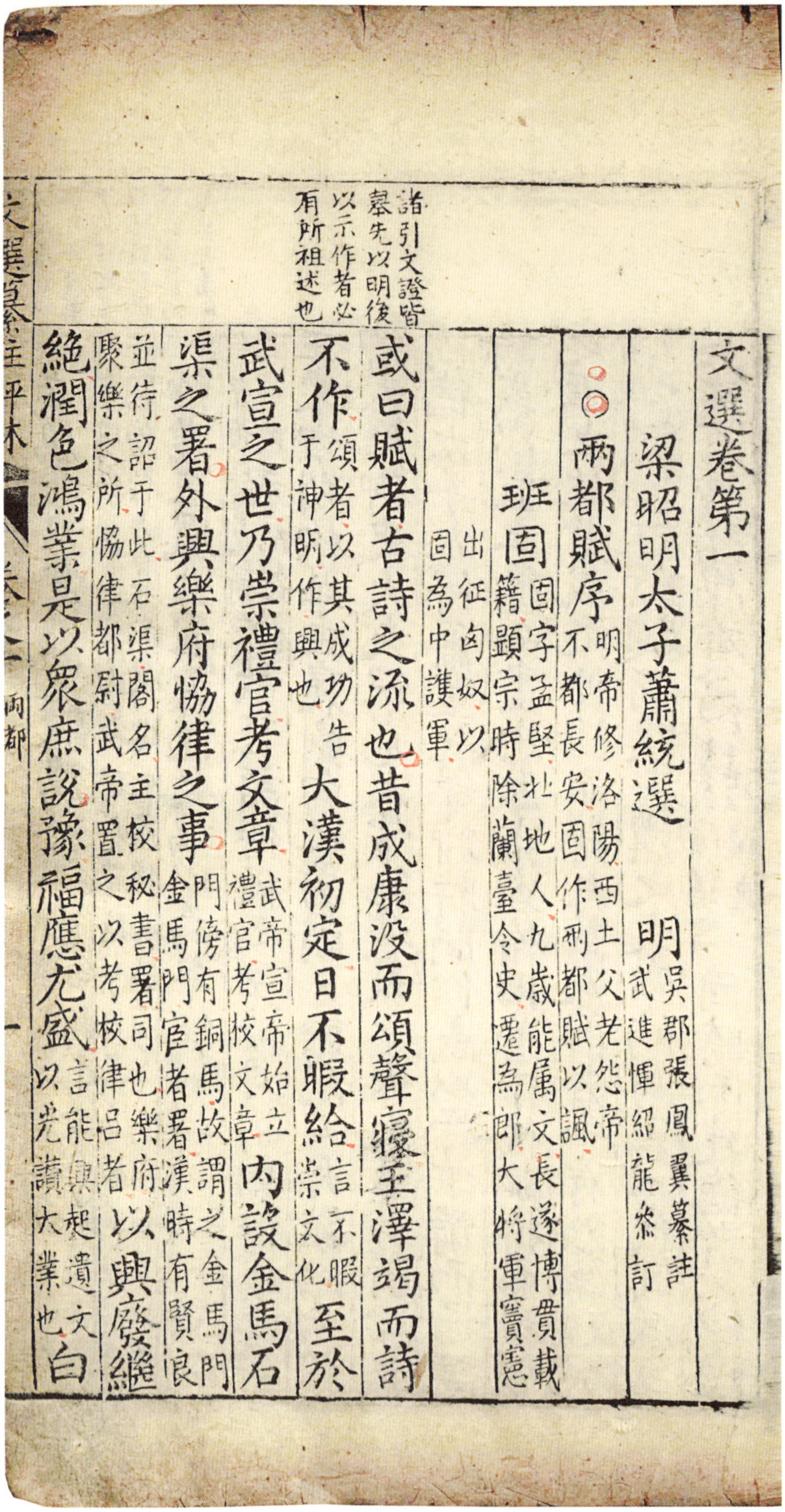

文選卷第一

梁昭明太子蕭統選　明吳郡張鳳翼纂註

武進惲紹龍参訂

◎兩都賦序 明帝修洛陽西土父老怨帝不都長安固作兩都賦以諷

班固 固字孟堅北地人九歲能屬文長遂博貫載籍顯宗時除蘭臺令史遷為郎大將軍竇憲出征匈奴以固為中護軍

諸引文證皆舉先以明後以示作者必有所祖述也

或曰賦者古詩之流也昔成康沒而頌聲寢王澤竭而詩不作 頌者以其成功告于神明作興也 大漢初定日不暇給 言不暇崇文化 至於武宣之世乃崇禮官考文章 武帝宣帝始立禮官考校文章 內設金馬石渠之署外興樂府協律之事 門傍有銅馬故謂之金馬門金馬門宦者署漢時有賢良並待詔于此石渠閣名主校秘書署司也樂府聚樂之所協律都尉武帝置之以考校律呂者 以興廢繼絕潤色鴻業是以眾庶說豫福應尤盛 言能興起遺文以光讃大業也 白

文選纂注評林 卷之一 兩都

10511　文選纂注評林十二卷　（南朝梁）蕭統輯　（明）張鳳翼纂注　（明）惲紹龍參訂　明萬曆二十九年（1601）三衢舒氏四泉刻本　錦州市圖書館

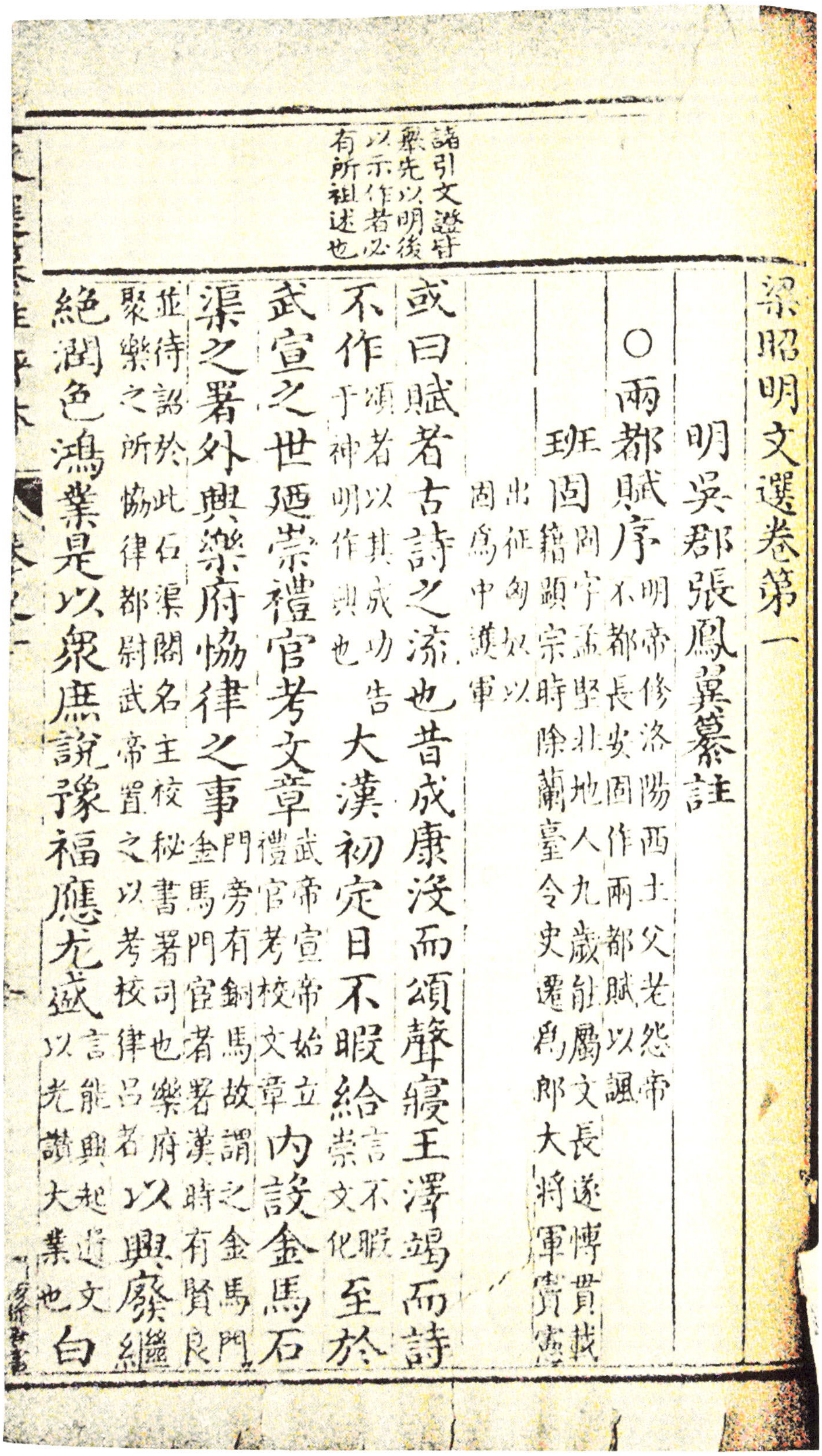
諸引文證皆舉先以明後以示作者必有所祖述也

梁昭明文選卷第一
明吳郡張鳳翼纂註
○兩都賦序 明帝修洛陽西土父老怨帝不都長安固作兩都賦以諷
班固 字孟堅扶風安陵人九歲能屬文長遂博貫載籍顯宗時除蘭臺令史遷爲郎大將軍竇憲出征匈奴以固爲中護軍
或曰賦者古詩之流也昔成康沒而頌聲寢王澤竭而詩不作 頌者以其成功告于神明作與也 大漢初定日不暇給 言不暇崇文化 至於武宣之世廼崇禮官考文章 武帝宣帝始立禮官考校文章 內設金馬石渠之署外興樂府協律之事 門旁有銅馬故謂之金馬門金馬門官者署漢時有賢良並待詔於此石渠閣名主校秘書署司也樂府聚樂之所協律都尉武帝置之以考校律呂者 以興廢繼絕潤色鴻業是以衆庶說豫福應尤盛 言能興起遺文以光讚大業也 白

10512　梁昭明文選十二卷　（南朝梁）蕭統輯　（明）張鳳翼纂注　明萬曆刻本　瀋陽市圖書館

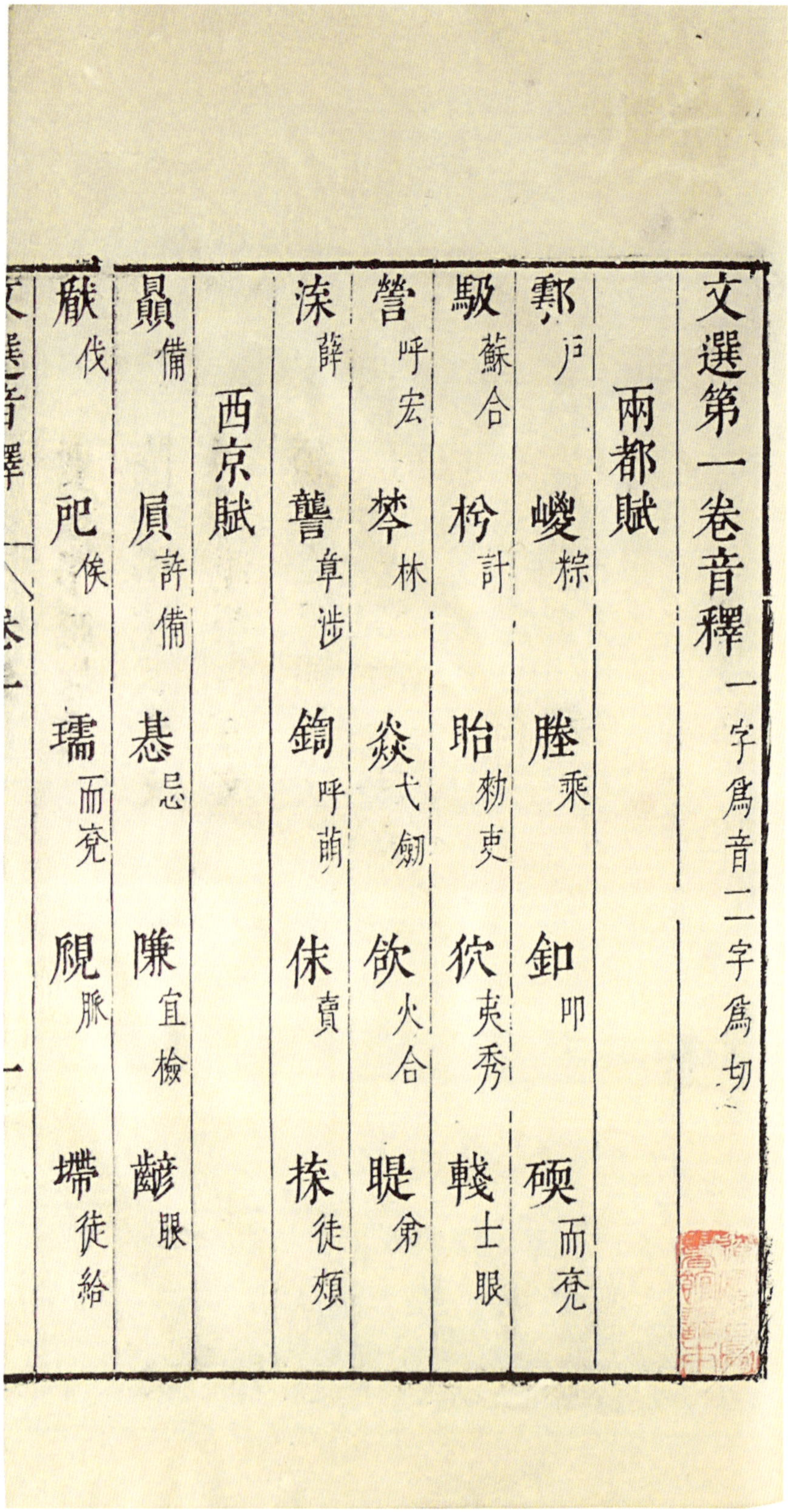
文選第一卷音釋　一字爲音二字爲切

兩都賦

鄠戶　嵏粽　塍乘　釦叩　碝而兗

駁蘇合　枍計　胎勑吏　狖夷秀　轙士眼

甍呼宏　棽林　焱弋劒　欱火合　踶弟

渫薛　讋章涉　鍧呼萌　侏責　揲徒頰

西京賦

贔備　屓許備　惎忌　嗛宜檢　齴眼

猒伐　戺俟　壖而兗　覛脈　墆徒給

文選音釋　卷一　一

10513　梁昭明文選二十四卷　（南朝梁）蕭統輯　（明）張鳳翼纂注　明天啓六年（1626）盧之頤刻本　遼寧省圖書館

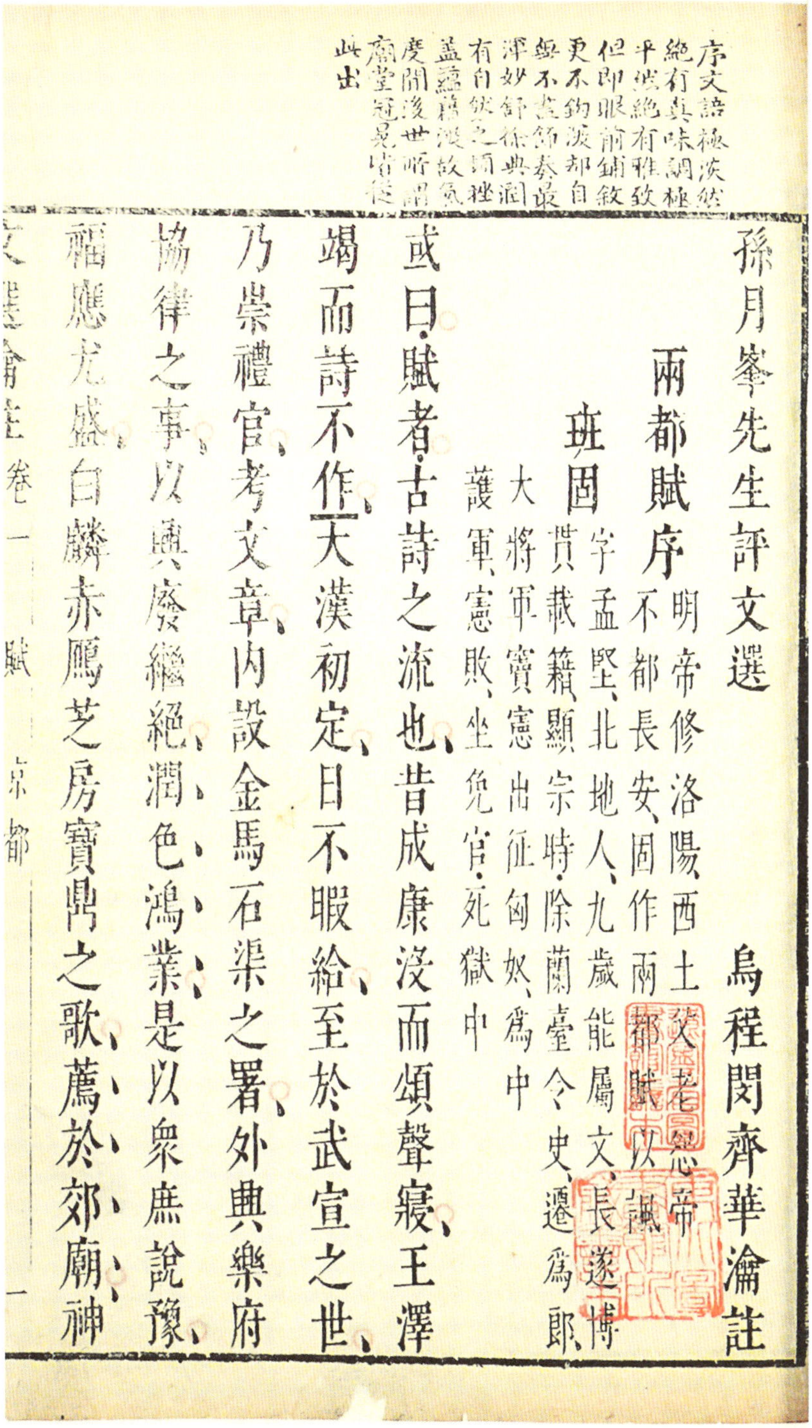

10514　孫月峯先生評文選三十卷　（南朝梁）蕭統輯　（明）孫鑛評　（明）閔齊華注　明末閔氏刻本　遼寧省圖書館

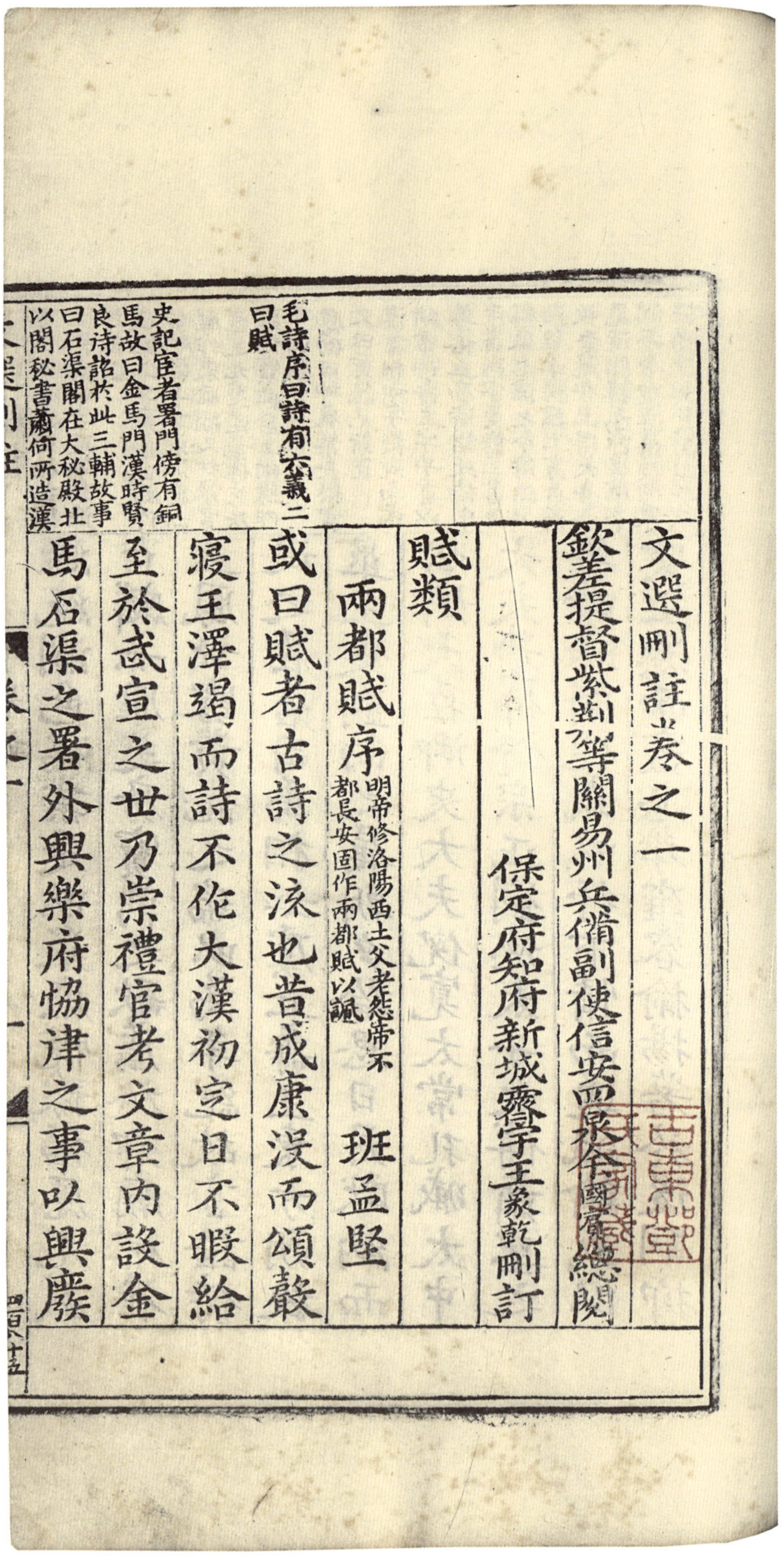

文選删註卷之一
欽差提督紫荆等關易州兵備副使信安四泉余國賓總閱
保定府知府新城霽宇王象乾删訂
賦類
兩都賦序［明帝修洛陽西土父老怨帝不都長安固作兩都賦以諷］　班孟堅
或曰賦者古詩之流也昔成康沒而頌聲
寢王澤竭而詩不作大漢初定日不暇給
至於武宣之世乃崇禮官考文章內設金
馬石渠之署外興樂府協律之事以興廢

毛詩序曰詩有六義二曰賦
史記宦者署門傍有銅馬故曰金馬門漢時賢良待詔於此三輔故事曰石渠閣在大秘殿北以閣秘書蕭何所造漢

10515　**文選删註十二卷**　（明）王象乾撰　明萬曆刻本　遼寧省圖書館

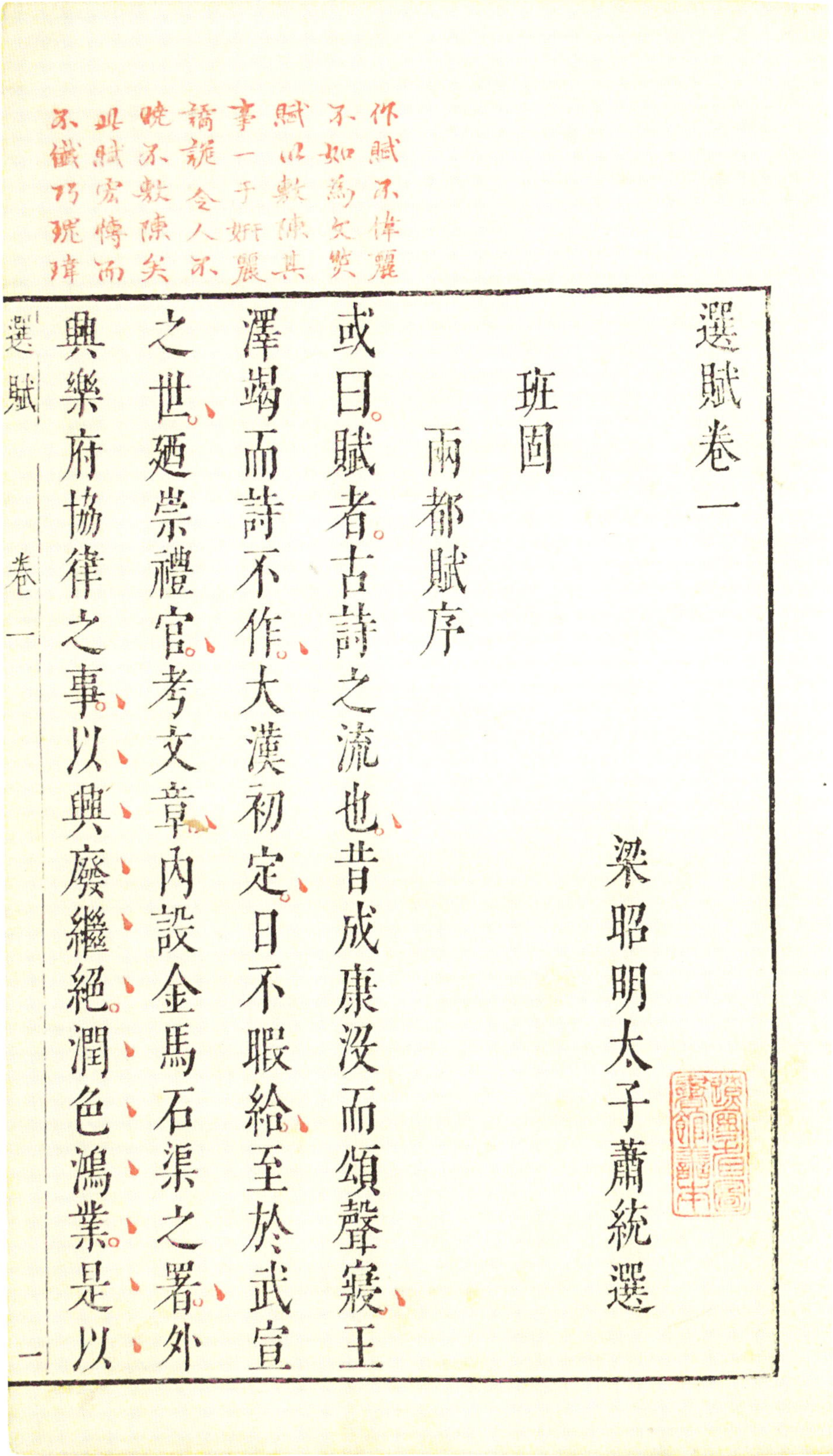

作賦不偉麗不如爲文焚賦以敷陳其事一于姸麗譎詭令人不曉不敷陳矣此賦宏博而不纖巧瑰瑋

選賦卷一

梁昭明太子蕭統選

班固

兩都賦序

或曰賦者古詩之流也昔成康沒而頌聲寑王澤竭而詩不作大漢初定日不暇給至於武宣之世廼崇禮官考文章內設金馬石渠之署外興樂府協律之事以興廢繼絕潤色鴻業是以

選賦　卷一　一

10516　選賦六卷　（南朝梁）蕭統輯　（明）郭正域評點　**名人世次爵里一卷**　明凌氏鳳笙閣刻朱墨套印本　遼寧省圖書館

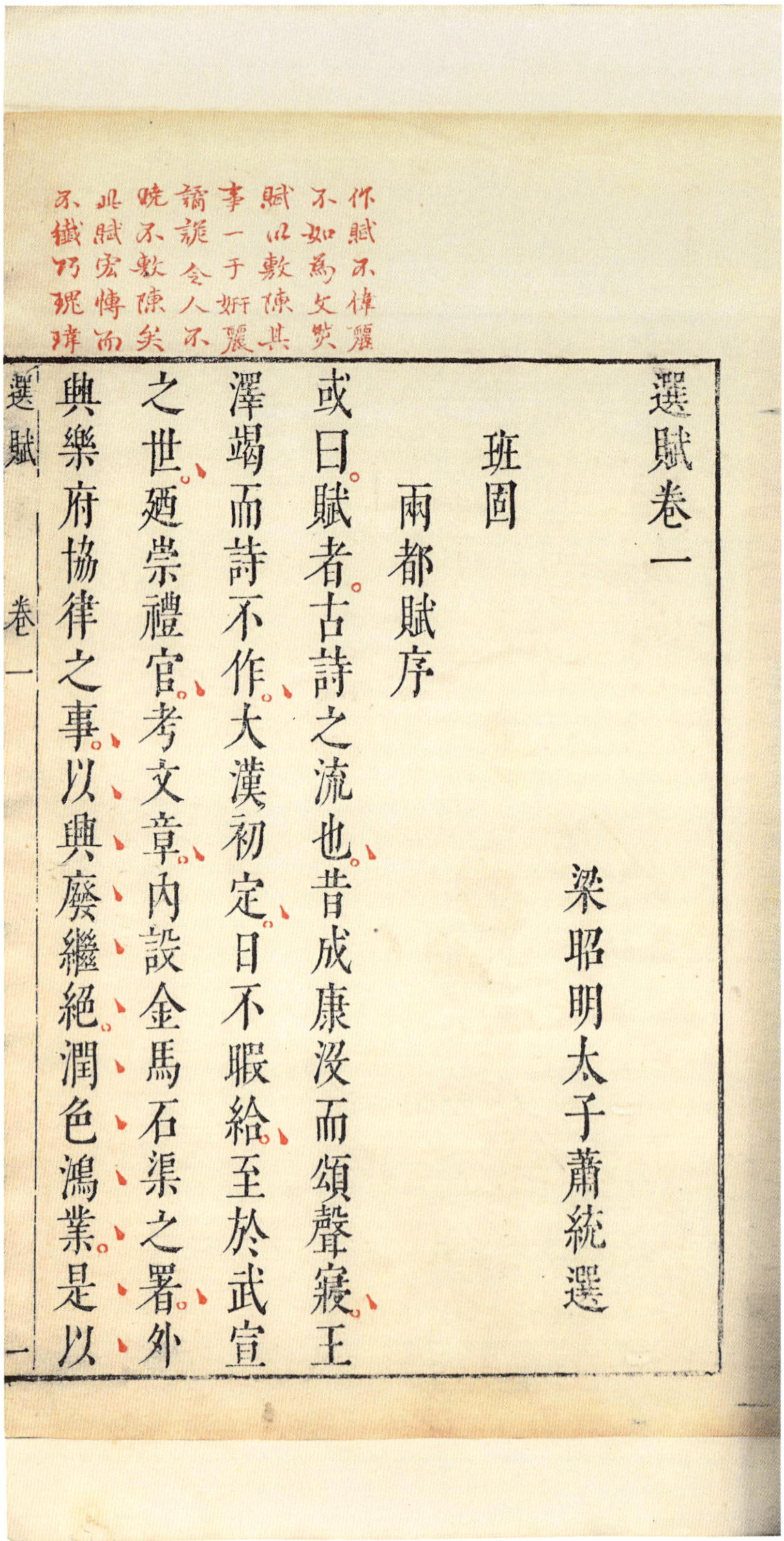

作賦不偉麗不如爲文笑賦以數陳其事一手妍麗讀誦令人不曉不數陳矣此賦宏博而不纖巧瑰瑋

選賦卷一

梁昭明太子蕭統選

班固

兩都賦序

或曰賦者古詩之流也昔成康沒而頌聲寢王澤竭而詩不作大漢初定日不暇給至於武宣之世迺崇禮官考文章內設金馬石渠之署外興樂府協律之事以興廢繼絕潤色鴻業是以

選賦　卷一　一

10517　選賦六卷　（南朝梁）蕭統輯　（明）郭正域評點　明凌氏鳳笙閣刻朱墨套印本　丹東市圖書館

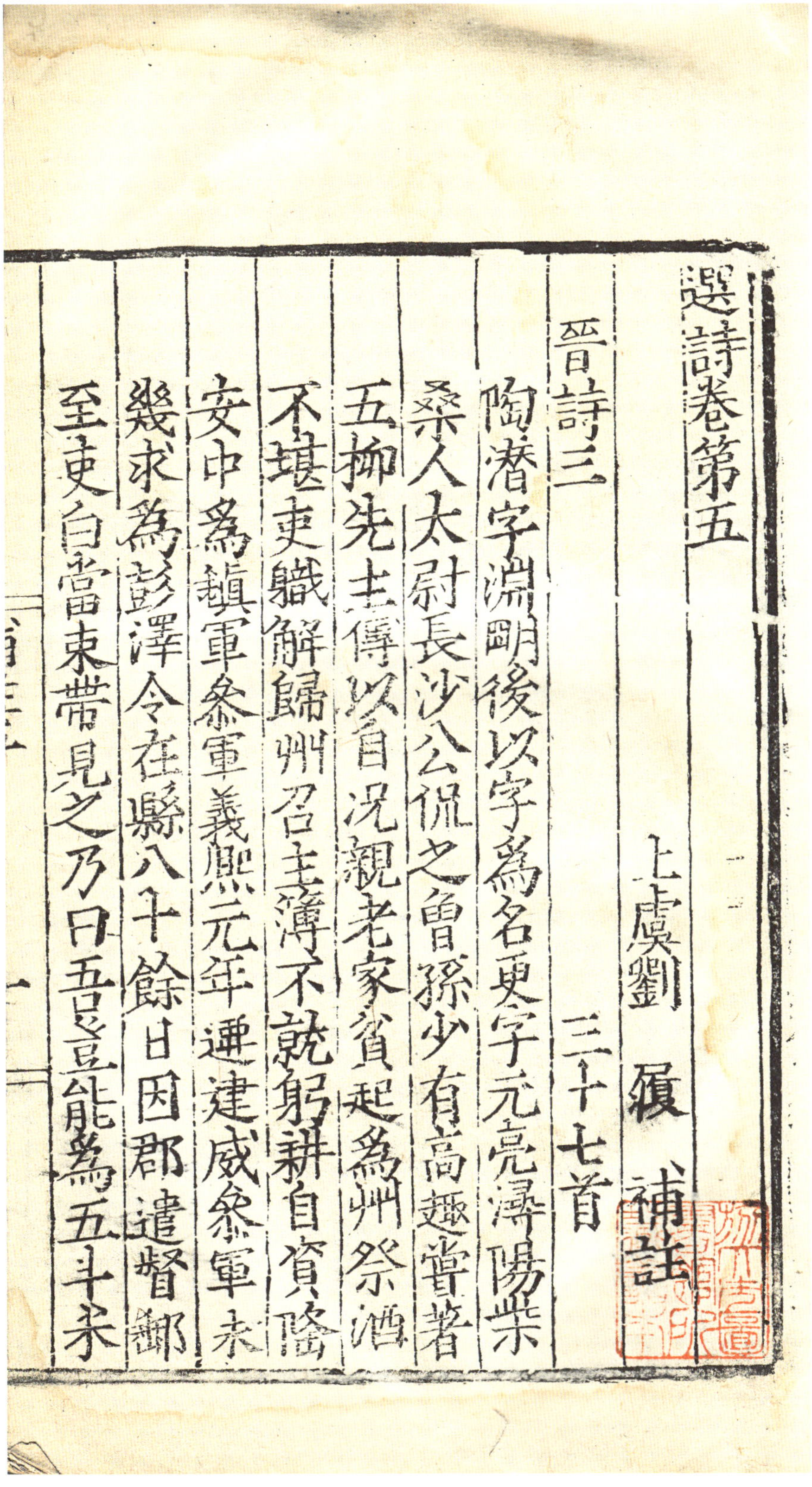

選詩卷第五

上虞劉　履　補註

晉詩三　　三十七首

陶潛字淵明後以字為名更字元亮潯陽柴桑人太尉長沙公侃之曾孫少有高趣嘗著五柳先生傳以自況親老家貧起為州祭酒不堪吏職解歸州召主簿不就躬耕自資隆安中為鎮軍參軍義熙元年遷建威參軍未幾求為彭澤令在縣八十餘日因郡遣督郵至吏白當束帶見之乃曰吾豈能為五斗米

10518　選詩補註八卷　（元）劉履輯　明嘉靖刻本　大連圖書館

存四卷（五至八）

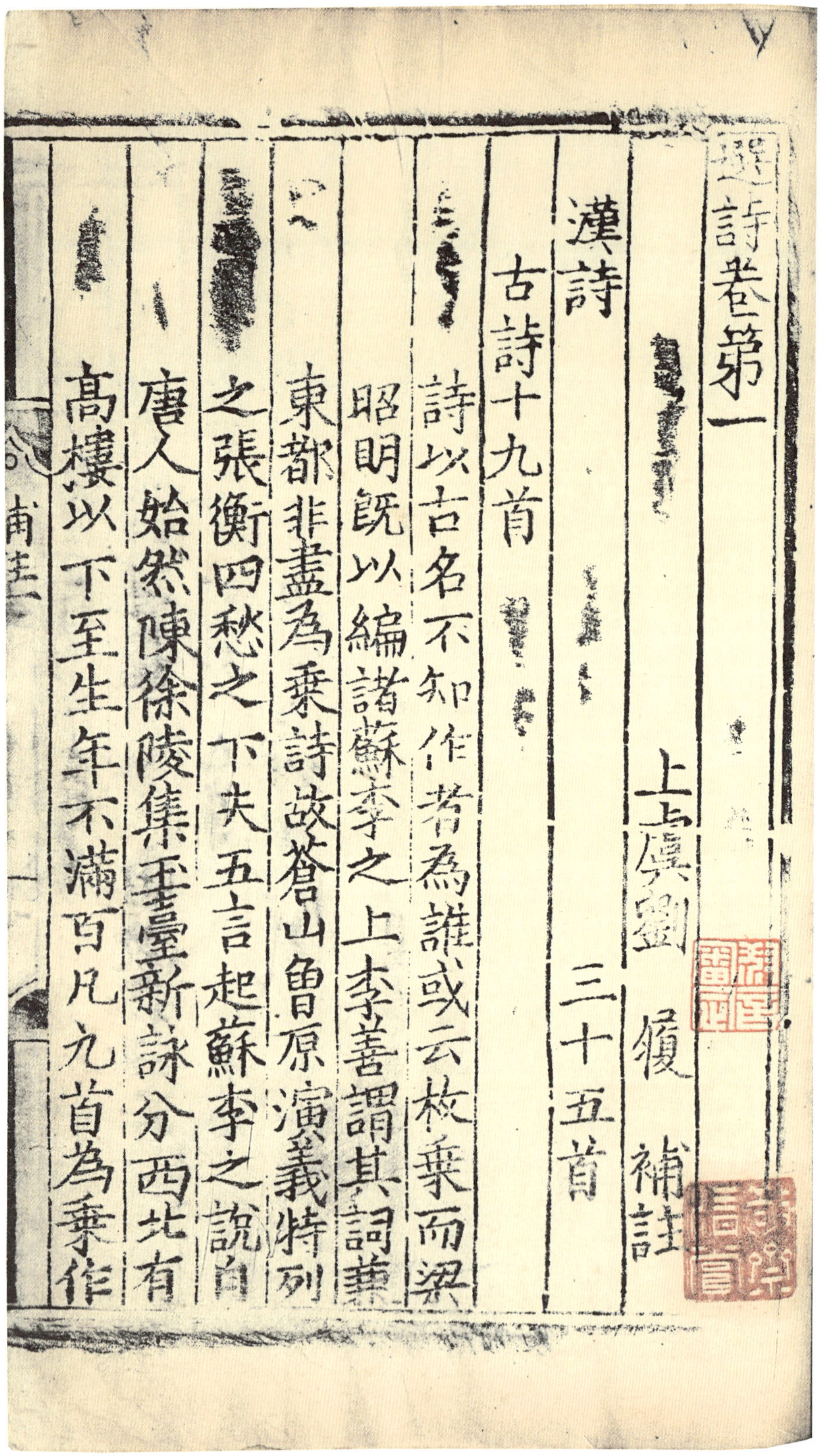

選詩卷第一
上虞劉履補註
漢詩　三十五首
古詩十九首
詩以古名不知作者為誰或云枚乘而梁
昭明既以編諸蘇李之上李善謂其詞兼
東都非盡為乘詩故蒼山曾原演義特列
之張衡四愁之下夫五言起蘇李之說自
唐人始然陳徐陵集玉臺新詠分西北有
高樓以下至生年不滿百凡九首為乘作

補註一

10519　選詩補註八卷存補遺二卷續編四卷　（元）劉履輯　明刻本　遼寧省圖書館

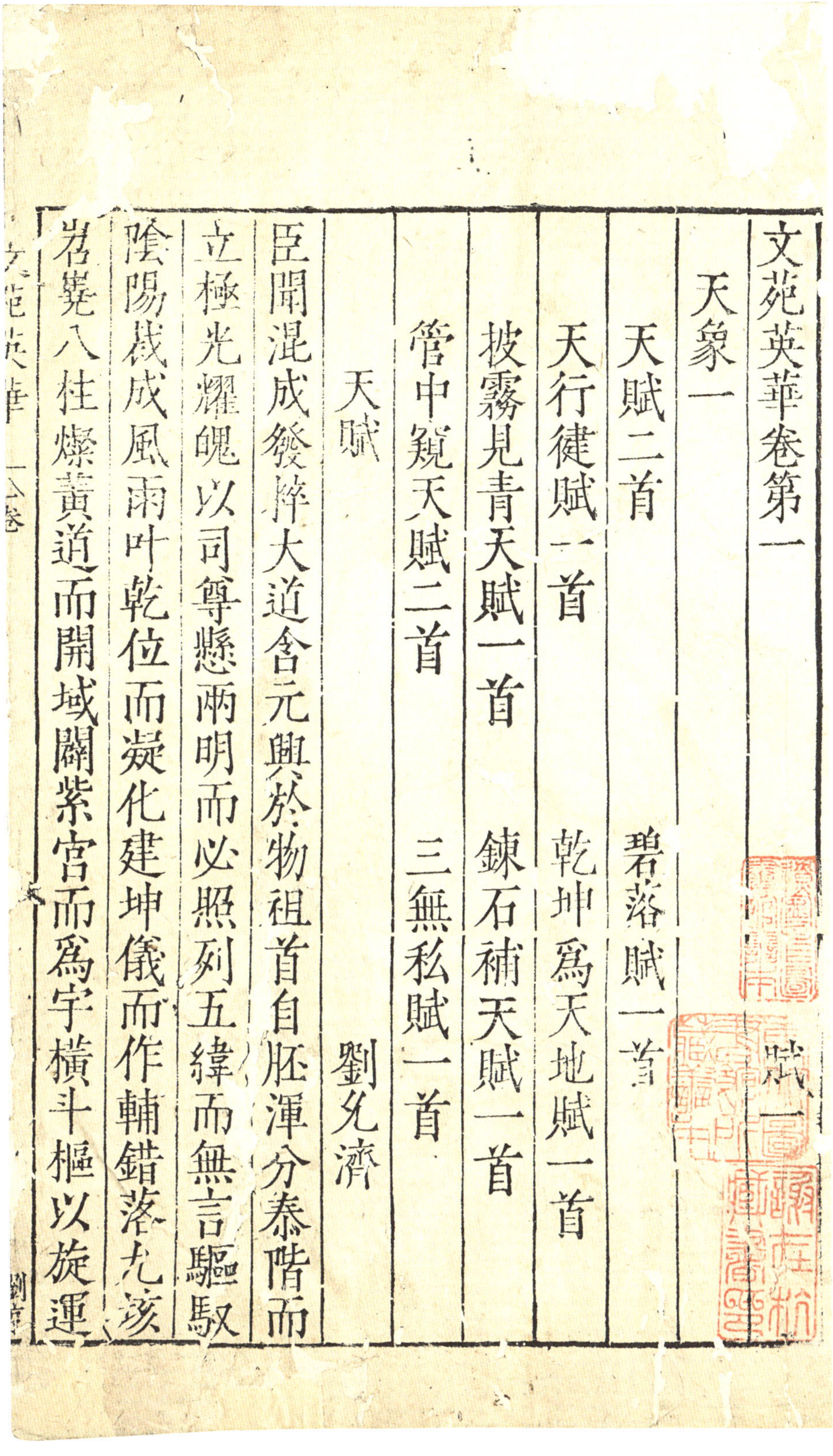
文苑英華卷第一　賦一
天象一
天賦二首　碧落賦一首
天行健賦一首　乾坤爲天地賦一首
披霧見青天賦一首　鍊石補天賦一首
管中窺天賦二首　三無私賦一首
天賦　劉允濟
臣聞混成發粹大道含元與於物祖首自胚渾分泰階而
立極光耀魄以司尊懸兩明而必照列五緯而無言驅馭
陰陽裁成風雨叶乾位而凝化建坤儀而作輔錯落九垓
岧嶤八柱爍黄道而開域闢紫宫而爲宇横斗樞以旋運

10520　文苑英華一千卷　（宋）李昉等輯　明隆慶元年（1567）胡維新、戚繼光刻本　遼寧省圖書館

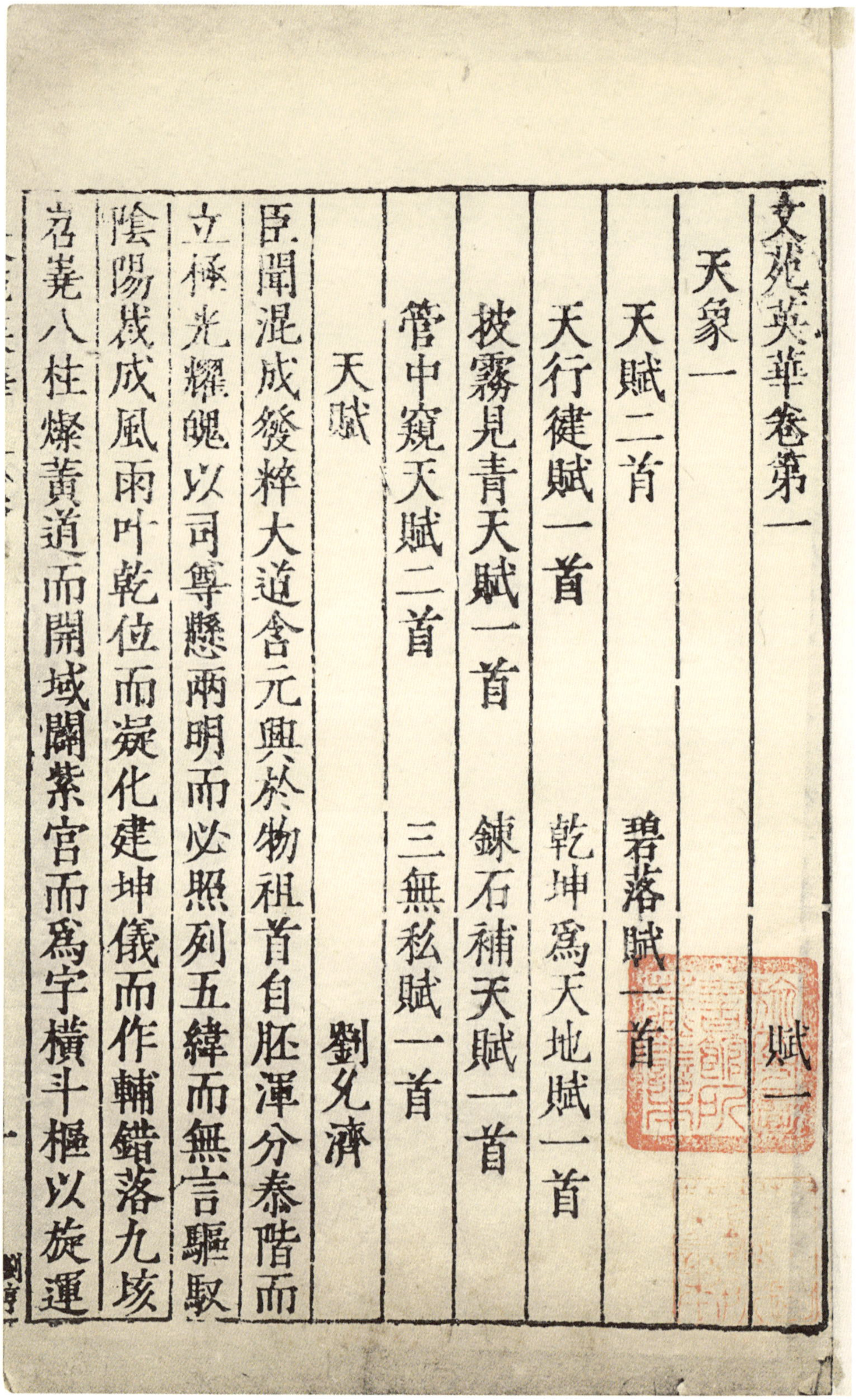

文苑英華卷第一　　賦一

天象一

天賦二首　碧落賦一首

天行健賦一首　乾坤爲天地賦一首

披霧見青天賦一首　鍊石補天賦一首

管中窺天賦二首　三無私賦一首

天賦　劉允濟

臣聞混成發粹大道含元興於物祖首自胚渾分泰階而立極光耀䰟以司尊懸兩明而必照列五緯而無言驅馭陰陽裁成風雨叶乾位而凝化建坤儀而作輔錯落九垓包羅八柱爍黃道而開域闢紫宮而爲宇橫斗極以旋運

10521　文苑英華一千卷　（宋）李昉等輯　明隆慶元年（1567）胡維新、戚繼光刻本　大連圖書館

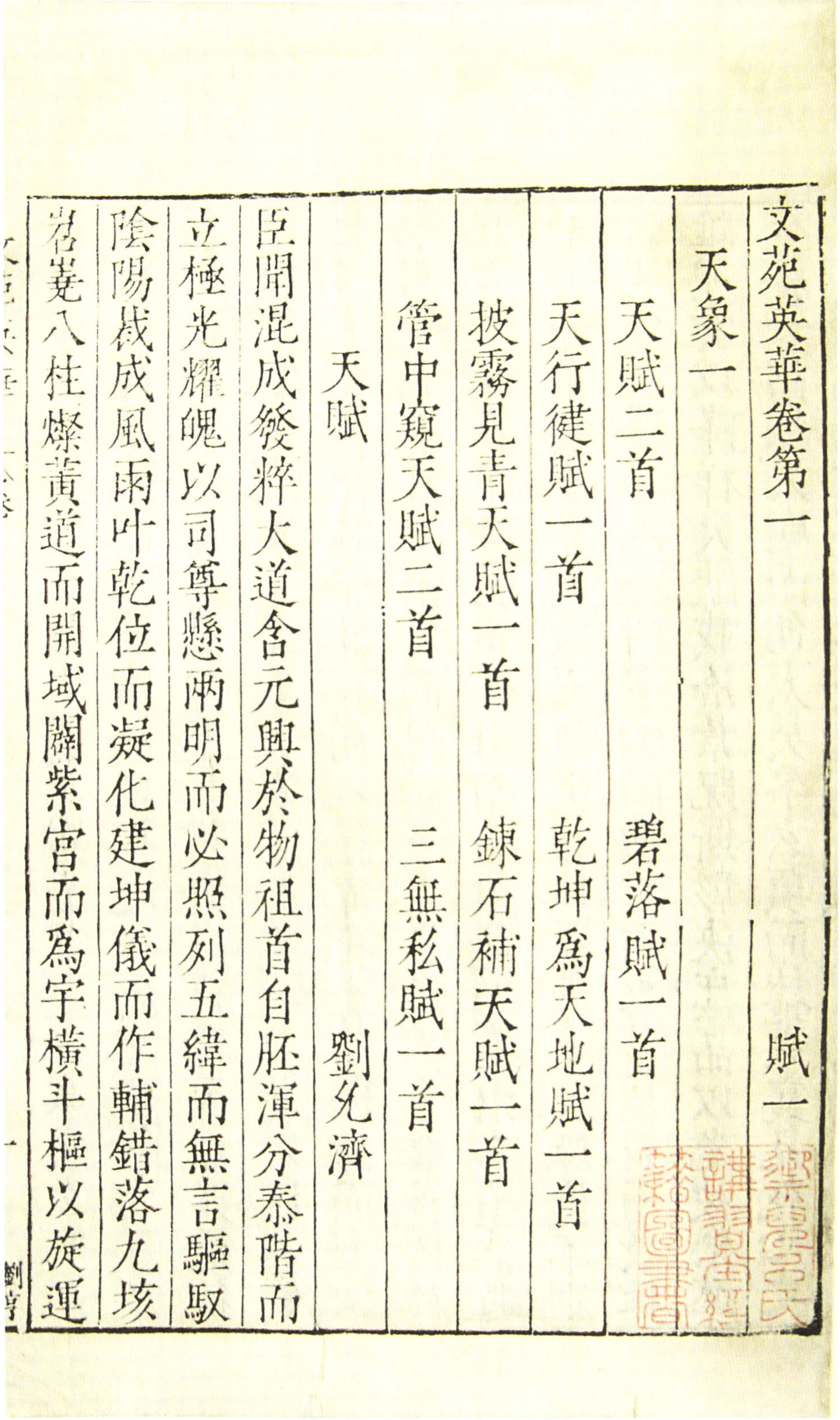

文苑英華卷第一　賦一
天象一
天賦二首　碧落賦一首
天行健賦一首　乾坤爲天地賦一首
披霧見青天賦一首　鍊石補天賦一首
管中窺天賦二首　三無私賦一首
天賦　劉允濟
臣聞混成發粹大道含元興於物祖首自胚渾分泰階而
立極光耀魄以司尊懸兩明而必照列五緯而無言驅馭
陰陽裁成風雨叶乾位而凝化建坤儀而作輔錯落九垓
岧嵯八柱爍黃道而開域闢紫宮而爲宇橫斗樞以旋運

10522　文苑英華一千卷　（宋）李昉等輯　明隆慶元年（1567）胡維新、戚繼光刻本　魯迅美術學院圖書館

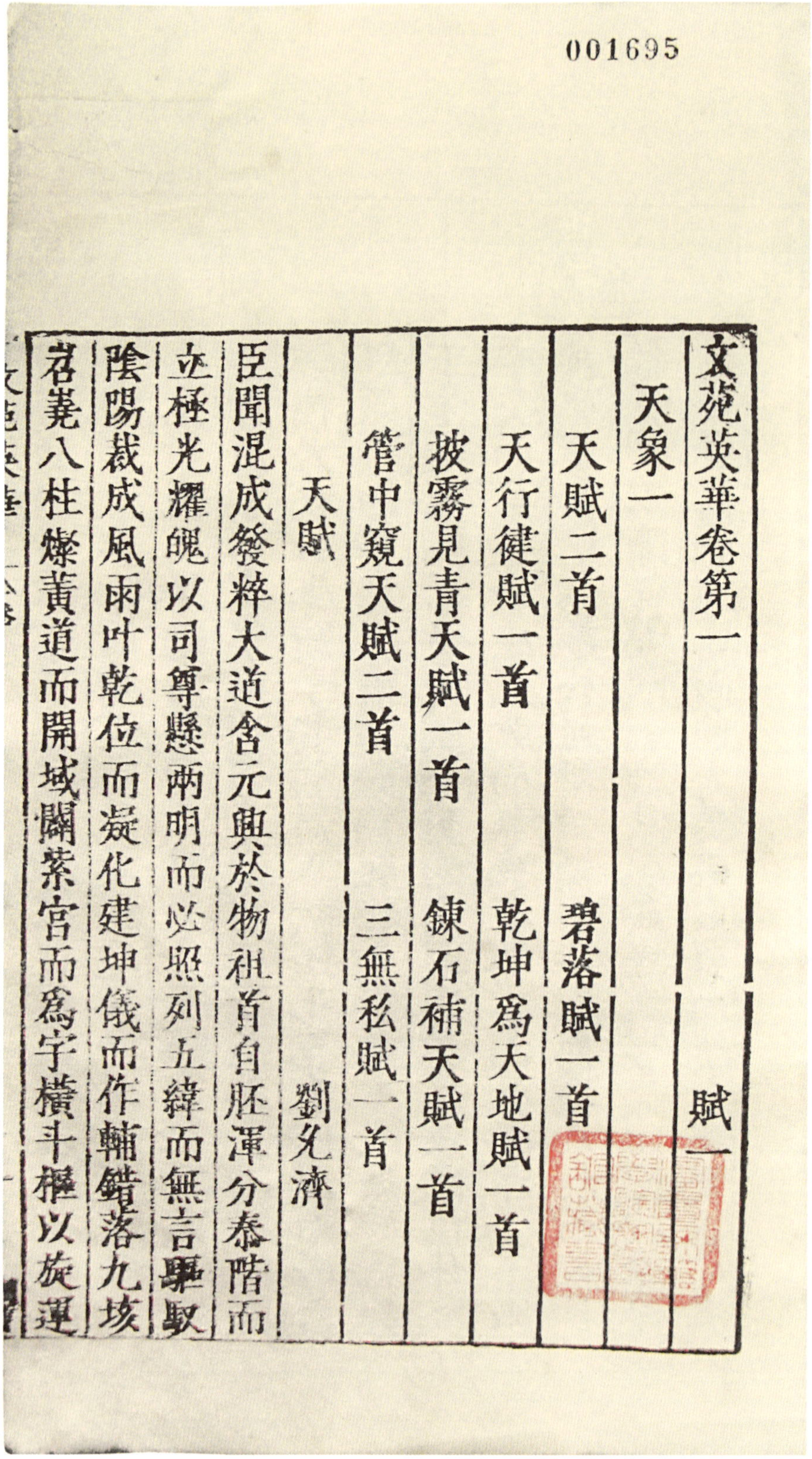
001695

文苑英華卷第一　　賦一
天象一
天賦二首　　碧落賦一首
天行健賦一首　　乾坤爲天地賦一首
披霧見青天賦一首　　鍊石補天賦一首
管中窺天賦二首　　三無私賦一首
天賦　　劉允濟
臣聞混成發粹大道含元興於物祖首自胚渾分泰階而
立極光耀魄以司尊懸兩明而必照列五緯而無言驅馭
陰陽裁成風雨叶乾位而凝化建坤儀而作輔錯落九垓
若羲八柱爍黃道而開域闢紫宮而爲宇横斗樞以旋運

10523　文苑英華一千卷　（宋）李昉等輯　明隆慶元年（1567）胡維新、戚繼光刻隆慶萬曆遞修本　瀋陽師範大學圖書館

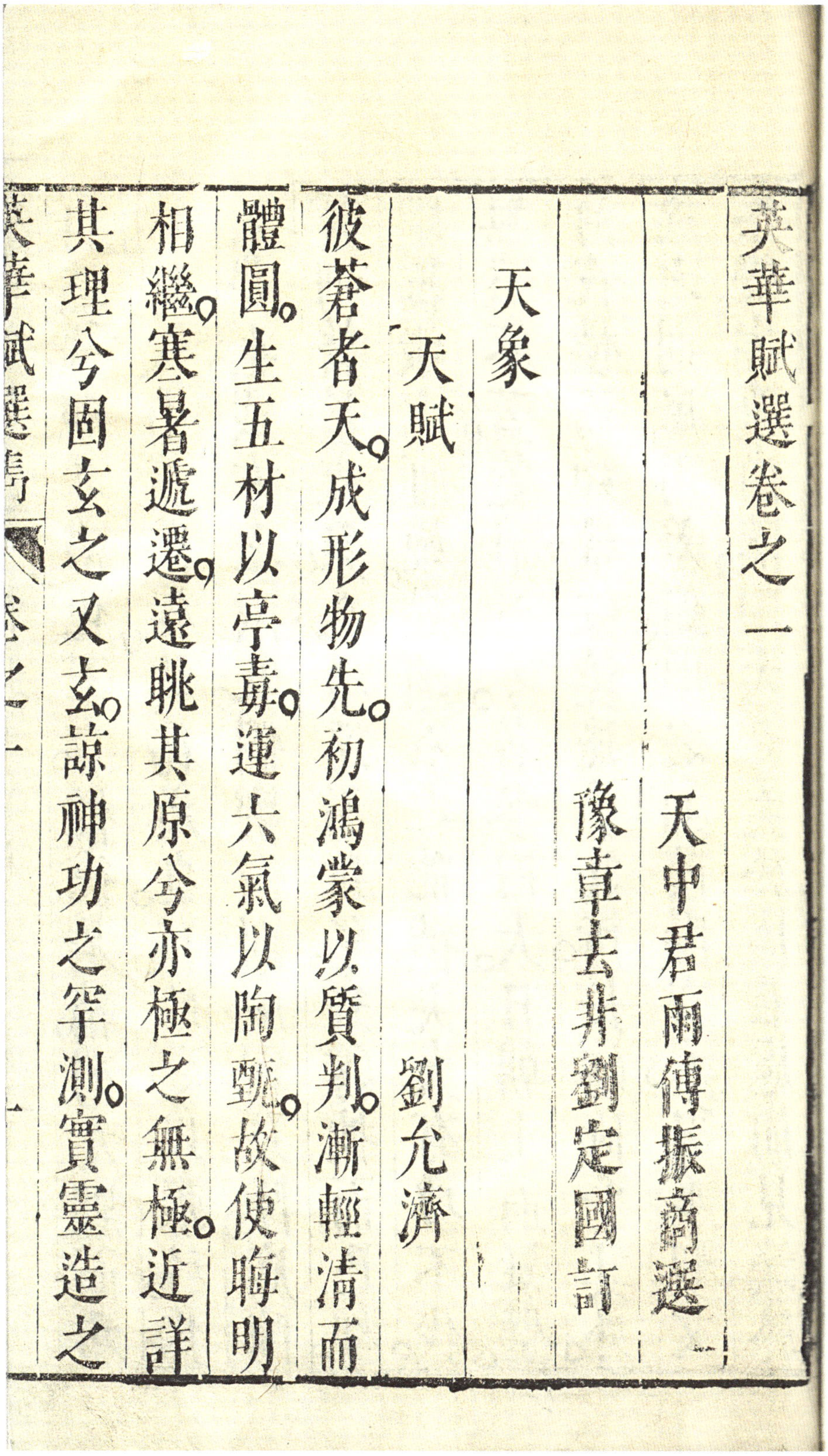
英華賦選卷之一
天中君爾傅振商選
豫章去非劉定國訂
天象
天賦　劉允濟
彼蒼者天。成形物先。初鴻濛以質判。漸輕清而
體圓。生五材以亭毒。運六氣以陶甄。故使晦明
相繼。寒暑遞遷。遠眺其原兮亦極之無極。近詳
其理兮固玄之又玄。諒神功之罕測。實靈造之
英華賦選雋　卷之一

10524　文苑英華選雋二十八卷　（明）傅振商輯　明崇禎六年（1633）刻本　大連圖書館

存十四卷（一至六、八至九、十一至十六）

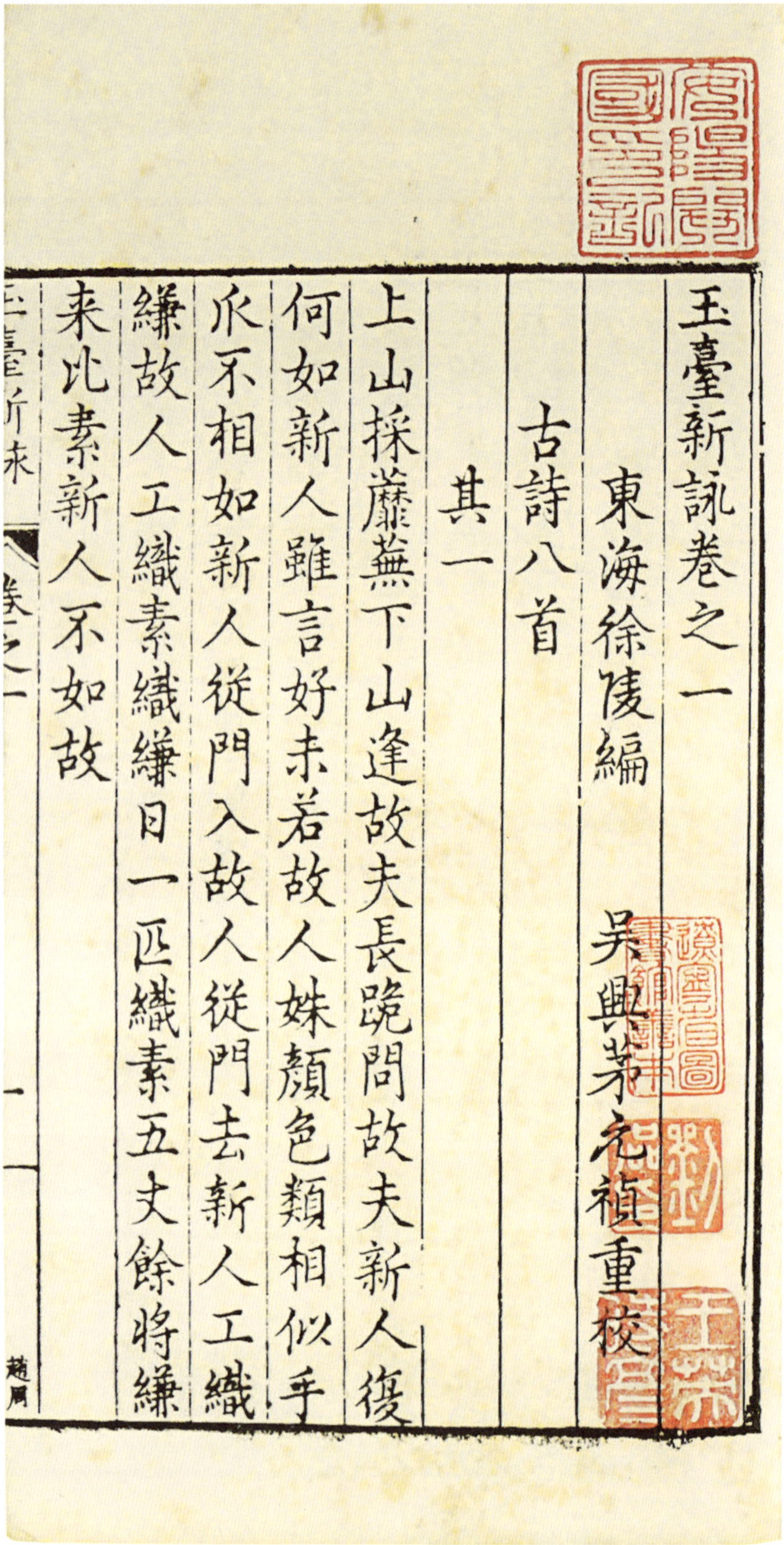

玉臺新詠卷之一
東海徐陵編　吳興茅元禎重校
古詩八首
其一
上山採蘼蕪下山逢故夫長跪問故夫新人復
何如新人雖言好未若故人姝顏色類相似手
爪不相如新人從門入故人從門去新人工織
縑故人工織素織縑日一匹織素五丈餘將縑
來比素新人不如故
玉臺新詠　卷之一　一
趙岡

10525　玉臺新詠十卷　（南朝陳）徐陵輯　**續玉臺新詠五卷**　（明）鄭玄撫輯　明萬曆七年（1579）吴興茅元禎刻本　方大年跋　遼寧省圖書館

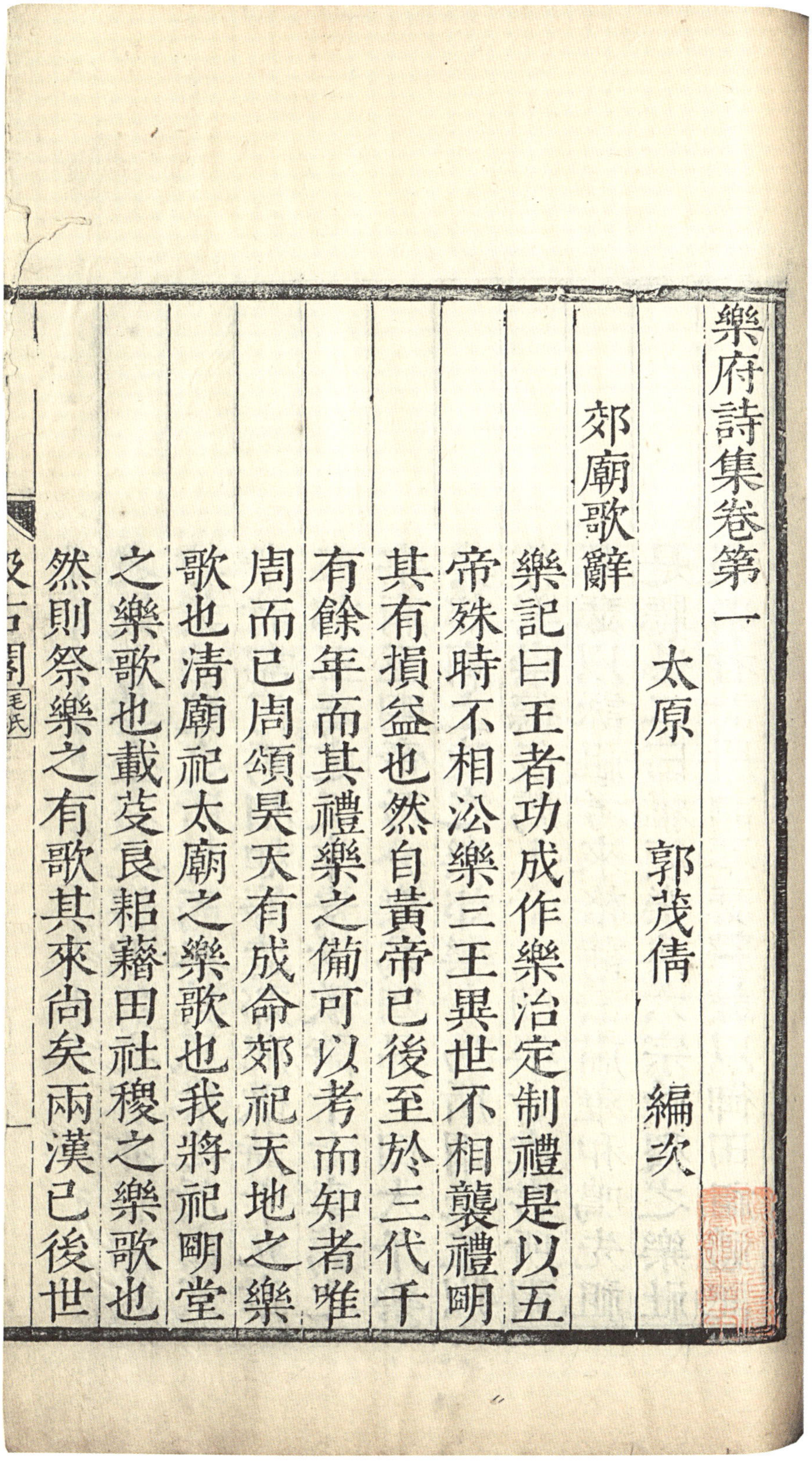

樂府詩集卷第一

太原　郭茂倩　編次

郊廟歌辭

樂記曰王者功成作樂治定制禮是以五帝殊時不相沿樂三王異世不相襲禮明其有損益也然自黃帝已後至於三代千有餘年而其禮樂之備可以考而知者唯周而已周頌昊天有成命郊祀天地之樂歌也清廟祀太廟之樂歌也我將祀明堂之樂歌也載芟良耜藉田社稷之樂歌也然則祭樂之有歌其來尚矣兩漢已後世

汲古閣　毛氏

10526　樂府詩集一百卷目録二卷　（宋）郭茂倩輯　明崇禎十二年（1639）毛氏汲古閣刻本　遼寧省圖書館

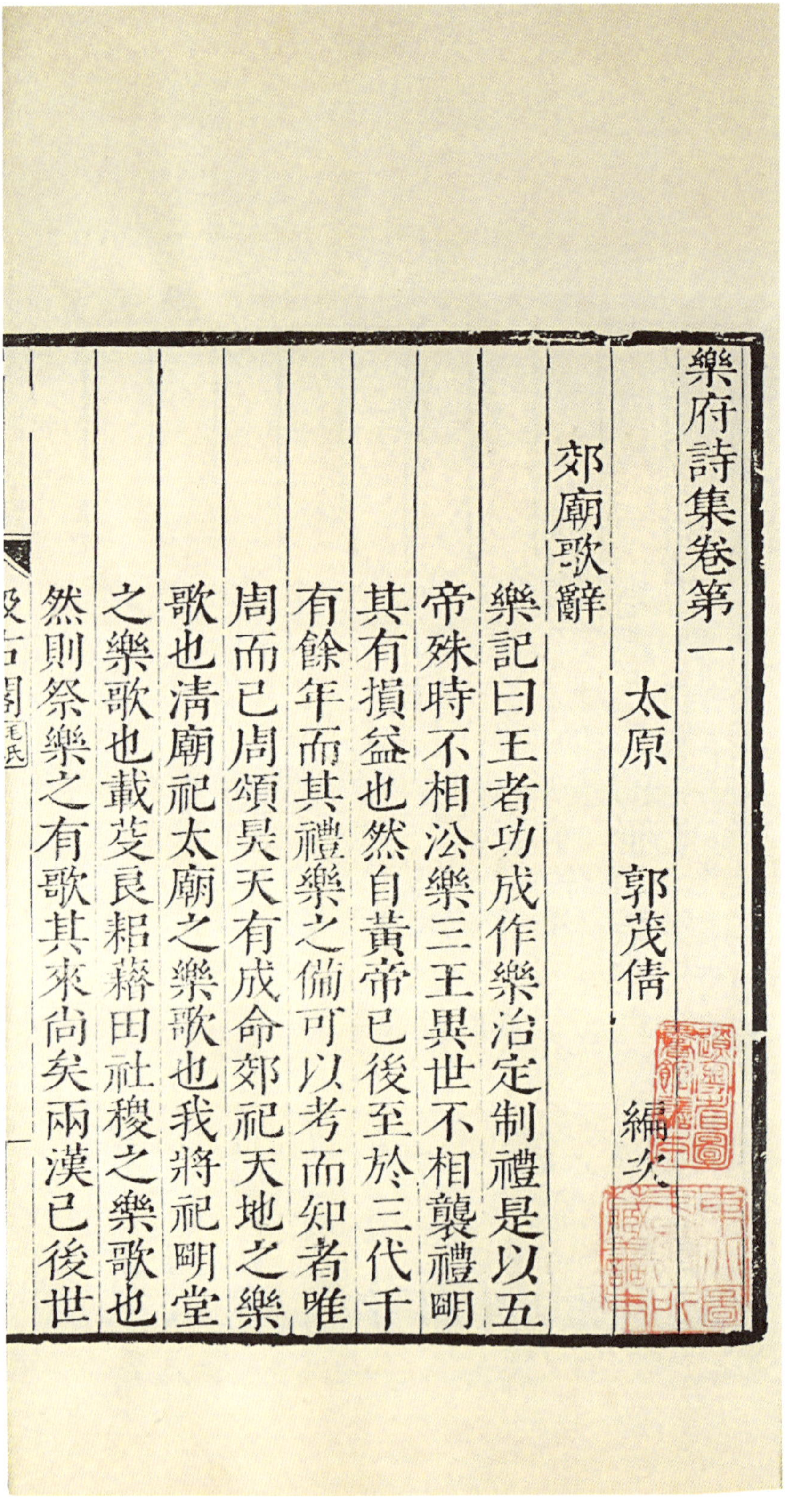
樂府詩集卷第一
太原　郭茂倩　編次
郊廟歌辭
樂記曰王者功成作樂治定制禮是以五
帝殊時不相沿樂三王異世不相襲禮明
其有損益也然自黃帝已後至於三代千
有餘年而其禮樂之備可以考而知者唯
周而已周頌昊天有成命郊祀天地之樂
歌也清廟祀太廟之樂歌也我將祀明堂
之樂歌也載芟良耜藉田社稷之樂歌也
然則祭樂之有歌其來尚矣兩漢已後世
汲古閣　毛氏

10527　樂府詩集一百卷目録二卷　（宋）郭茂倩輯　明崇禎十二年（1639）毛氏汲古閣刻康熙毛扆重修本　遼寧省圖書館

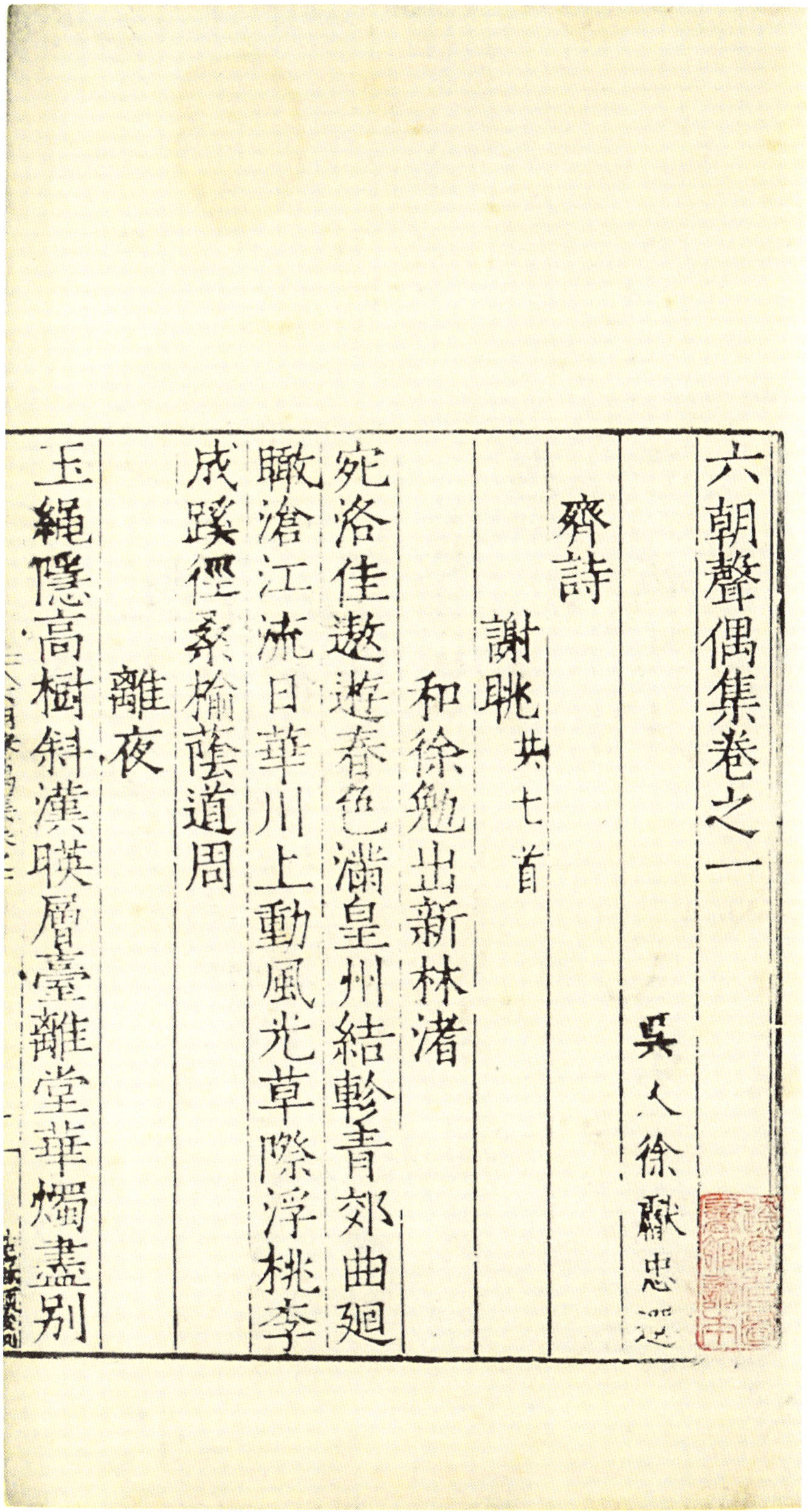

六朝聲偶集卷之一

吳人徐獻忠選

齊詩

謝朓共七首

和徐勉出新林渚

宛洛佳遨遊春色滿皇州結軫青郊曲迴
瞰滄江流日華川上動風光草際浮桃李
成蹊徑桑榆蔭道周

離夜

玉繩隱高樹斜漢耿層臺離堂華燭盡別

10528　六朝聲偶集七卷　（明）徐獻忠輯　明華亭徐氏文房刻本　遼寧省圖書館

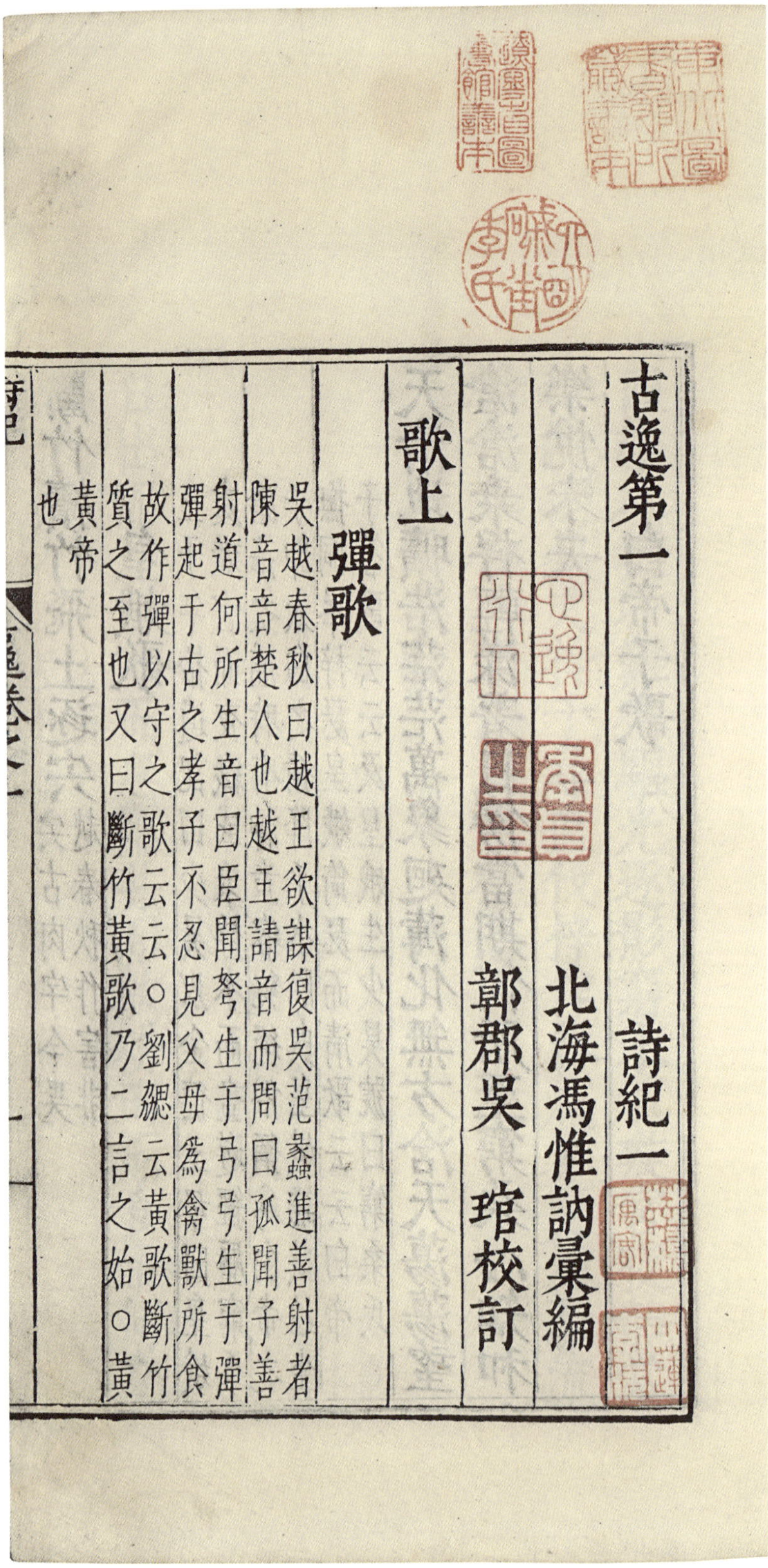
古逸第一　詩紀一
北海馮惟訥彙編
鄣郡吴　琯校訂
歌上
彈歌
吴越春秋曰越王欲謀復吴范蠡進善射者
陳音音楚人也越王請音而問曰孤聞子善
射道何所生音曰臣聞弩生于弓弓生于彈
彈起于古之孝子不忍見父母爲禽獸所食
故作彈以守之歌云云○劉勰云黄歌斷竹
質之至也又曰斷竹黄歌乃二言之始○黄
黄帝
也
詩紀　古逸卷之一

10529　詩紀一百五十六卷目録三十六卷　（明）馮惟訥輯　明萬曆吴琯、謝陛、陸弼、俞策刻本　遼寧省圖書館

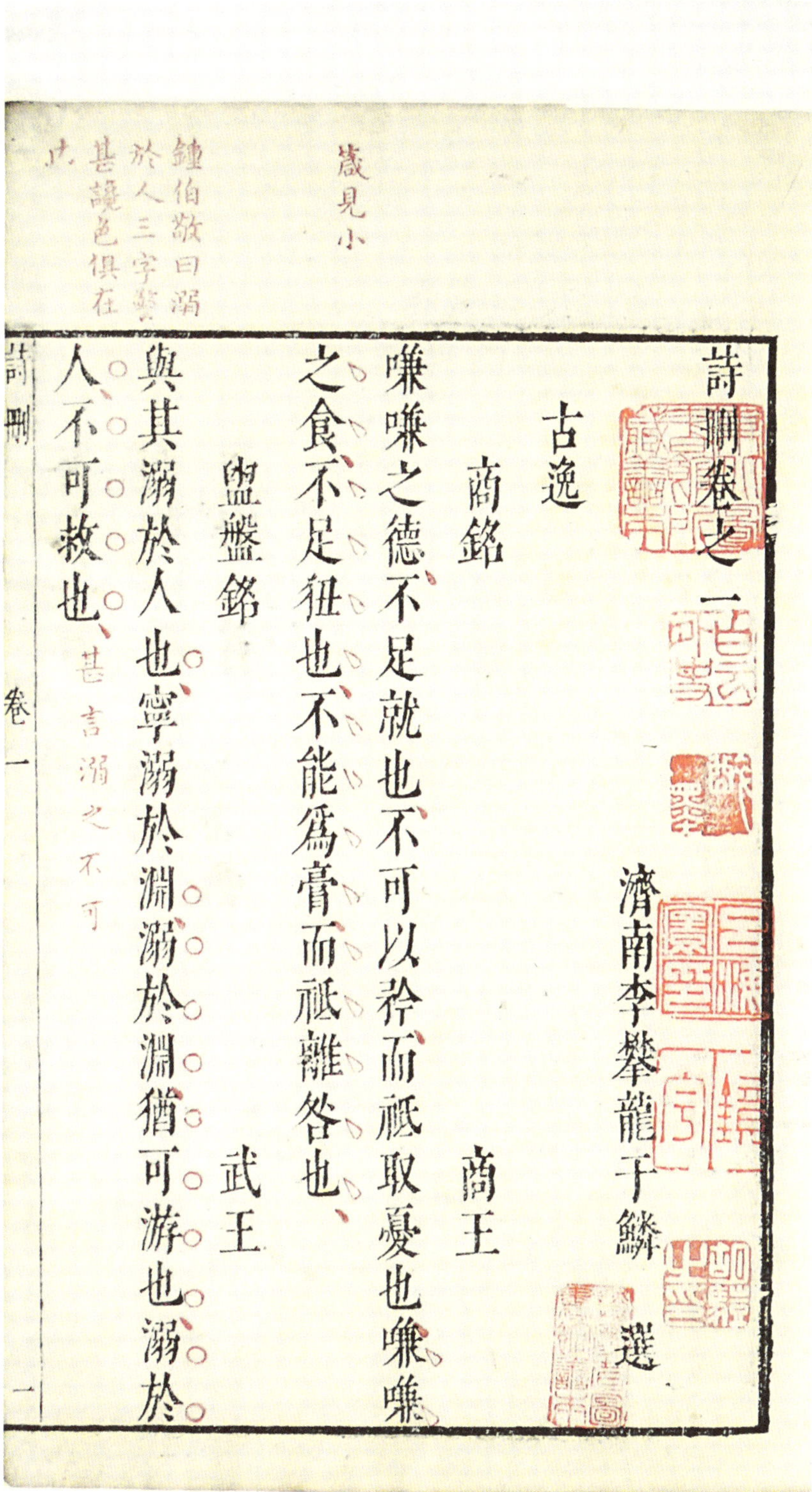

箴見小

鍾伯敬曰溺於人三字警甚聲色俱在此

詩刪卷之一

古逸

濟南李攀龍于鱗 選

商銘　商王

嗛嗛之德不足就也不可以矜而祗取憂也嗛嗛之食不足狃也不能爲膏而祗離咎也

盥盤銘　武王

與其溺於人也寧溺於淵溺於淵猶可游也溺於人不可救也

甚言溺之不可

詩刪　卷一　一

10530　詩刪二十三卷　（明）李攀龍輯　（明）鍾惺　譚元春評　明刻朱墨套印本　遼寧省圖書館

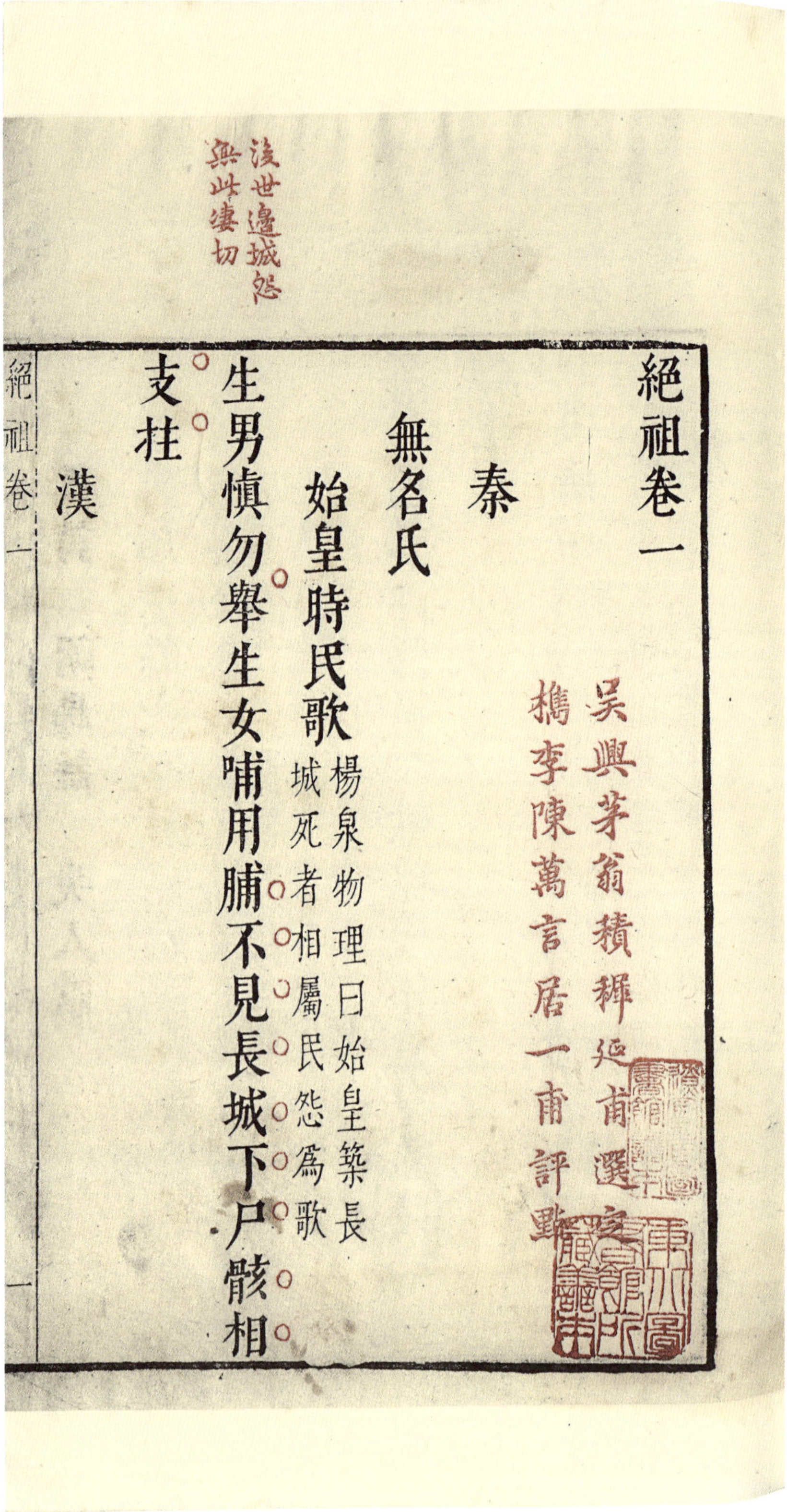
絕祖卷一
吴興茅翁積穉延甫選
檇李陳萬言居一甫評點
秦
無名氏
始皇時民歌 楊泉物理曰始皇築長城死者相屬民怨爲歌
生男慎勿舉生女哺用脯不見長城下尸骸相
支拄
漢
後世邊城怨無此淒切
絕祖卷一 一

10531 絶祖三卷 （明）茅翁積輯 明茅兆河刻朱墨套印本 遼寧省圖書館

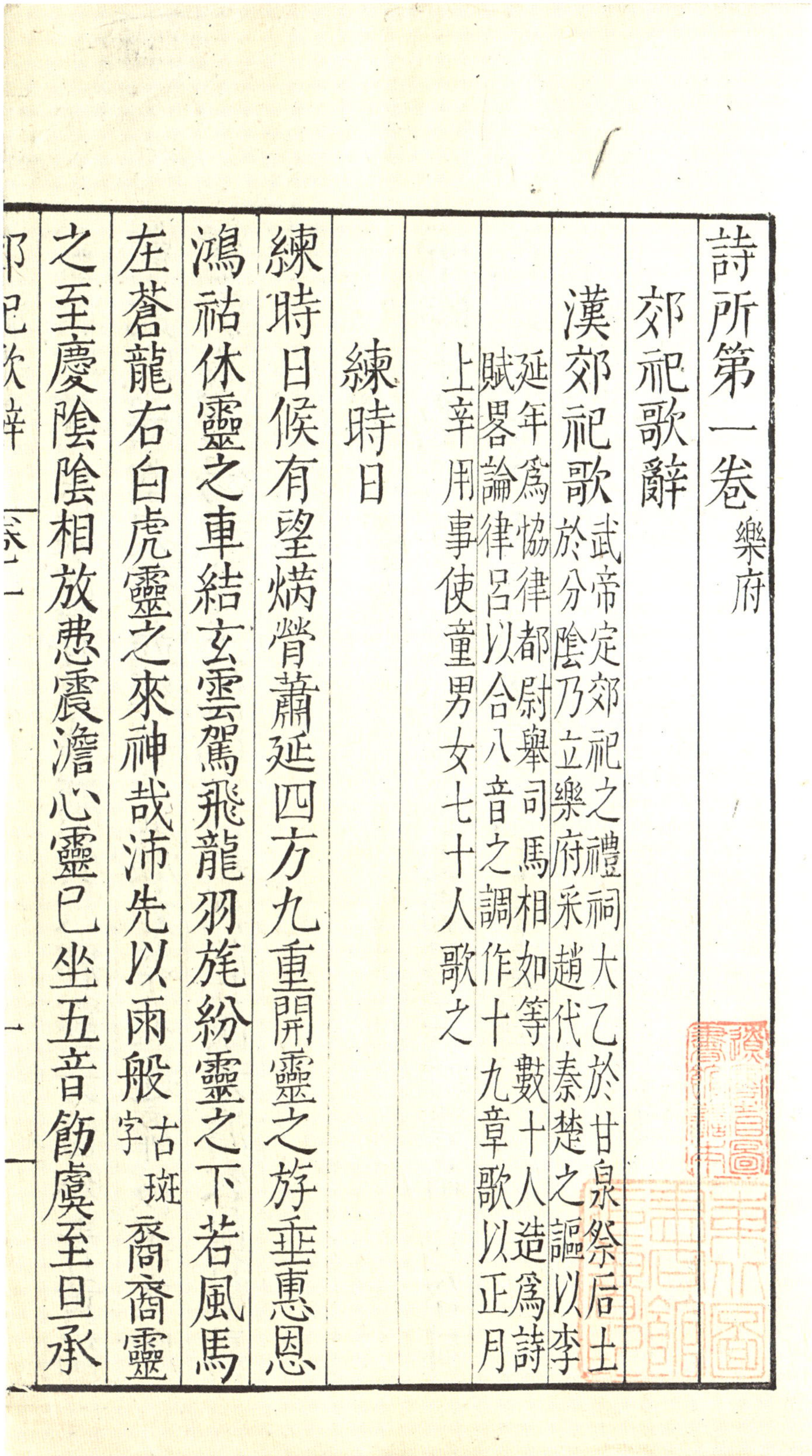
詩所第一卷　樂府

郊祀歌辭

漢郊祀歌　武帝定郊祀之禮祠大乙於甘泉祭后土於分陰乃立樂府采趙代秦楚之謳以李延年爲協律都尉舉司馬相如等數十人造爲詩賦畧論律呂以合八音之調作十九章歌以正月上辛用事使童男女七十人歌之

練時日

練時日候有望焫膋蕭延四方九重開靈之斿垂惠恩鴻祜休靈之車結玄雲駕飛龍羽旄紛靈之下若風馬左蒼龍右白虎靈之來神哉沛先以雨般古斑字裔裔靈之至慶陰陰相放怷震澹心靈已坐五音飭虞至旦承

郊祀歌辭　卷之一　一

10532　詩所五十六卷歷代名氏爵里一卷　（明）臧懋循輯　明萬曆雕蟲館刻本　遼寧省圖書館

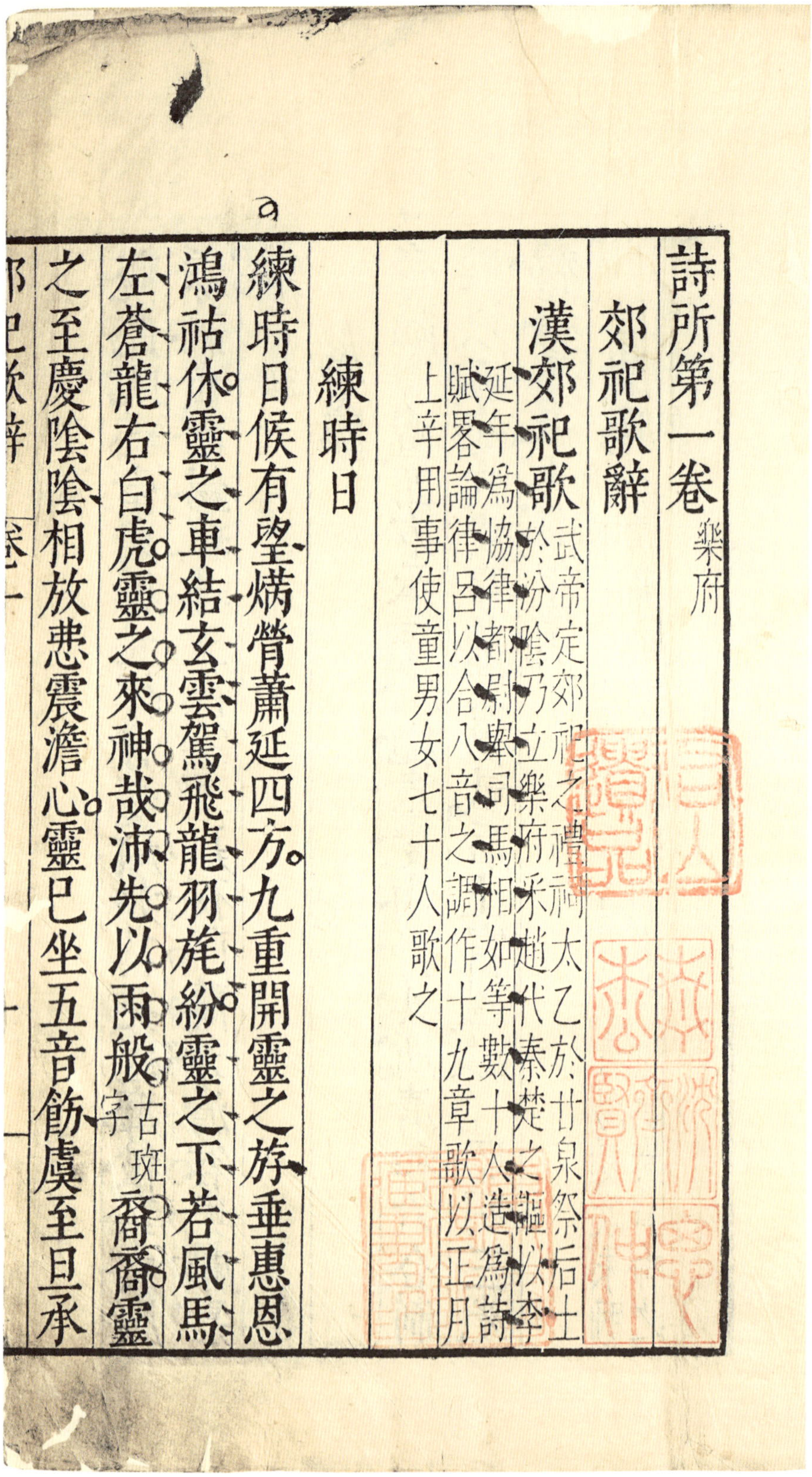
詩所第一卷 樂府
郊祀歌辭
漢郊祀歌 武帝定郊祀之禮祠太乙於甘泉祭后土於汾陰乃立樂府采趙代秦楚之謳以李延年爲協律都尉舉司馬相如等數十人造爲詩賦畧論律呂以合八音之調作十九章歌以正月上辛用事使童男女七十人歌之
練時日
練時日侯有望焫膋蕭延四方九重開靈之斿垂惠恩鴻祜休靈之車結玄雲駕飛龍羽旄紛靈之下若風馬左蒼龍右白虎靈之來神哉沛先以雨般古斑字裔裔靈之至慶陰陰相放悲震澹心靈已坐五音飭虞至旦承
郊祀歌辭 卷一 一

10533　詩所五十六卷歷代名氏爵里一卷　（明）臧懋循輯　明萬曆雕蟲館刻本　遼寧省圖書館

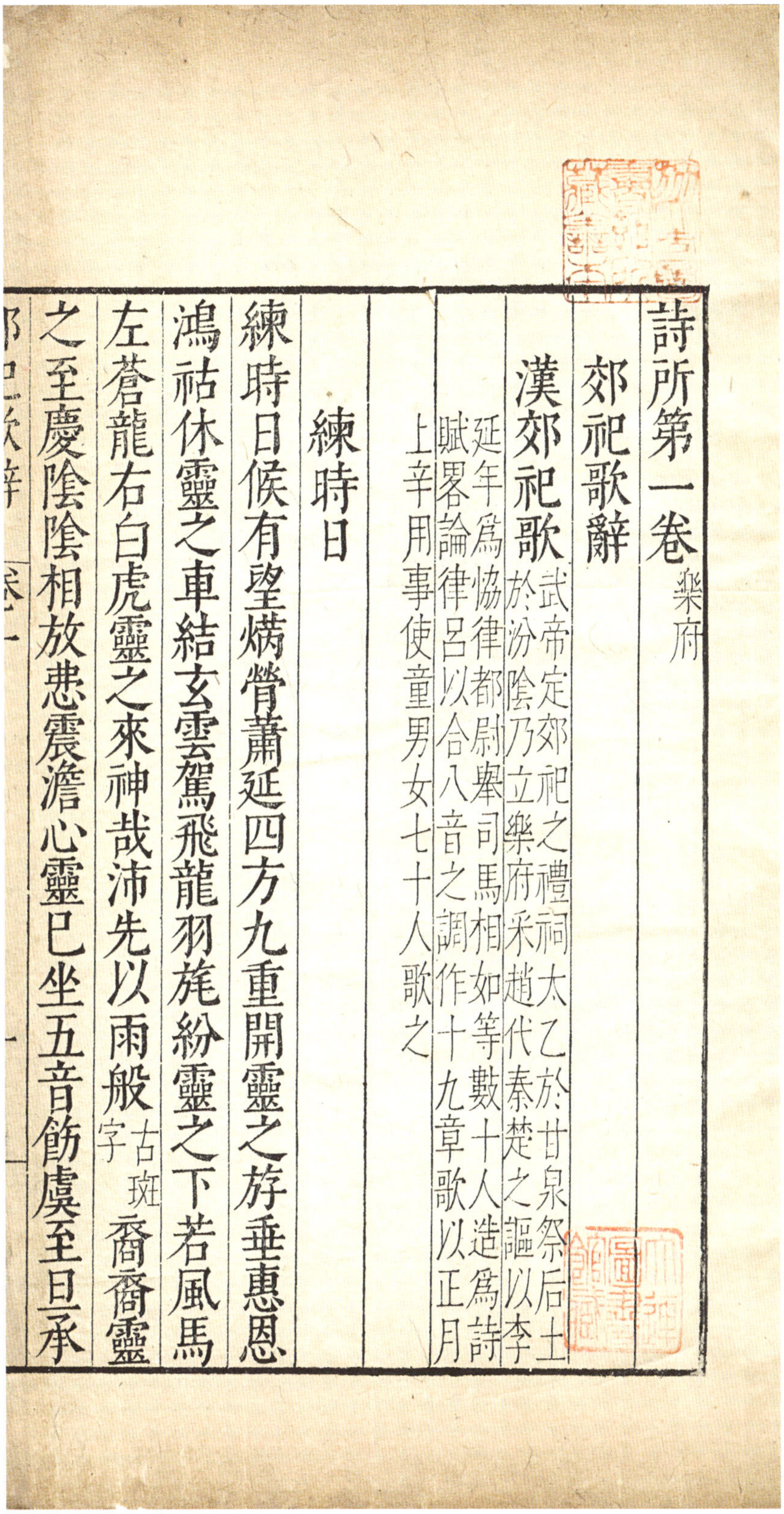
詩所第一卷 樂府
郊祀歌辭
漢郊祀歌 武帝定郊祀之禮祠太乙於甘泉祭后土於汾陰乃立樂府采趙代秦楚之謳以李延年爲協律都尉舉司馬相如等數十人造爲詩賦畧論律呂以合八音之調作十九章歌以正月上辛用事使童男女七十人歌之
練時日
練時日候有望爀膋蕭延四方九重開靈之斿垂惠恩鴻祜休靈之車結玄雲駕飛龍羽旄紛靈之下若風馬左蒼龍右白虎靈之來神哉沛先以雨般古斑字裔裔靈之至慶陰陰相放悲震澹心靈已坐五音飭虞至旦承
郊祀歌辭 卷一

10534 詩所五十六卷 （明）臧懋循輯 明萬曆雕蟲館刻本 大連圖書館

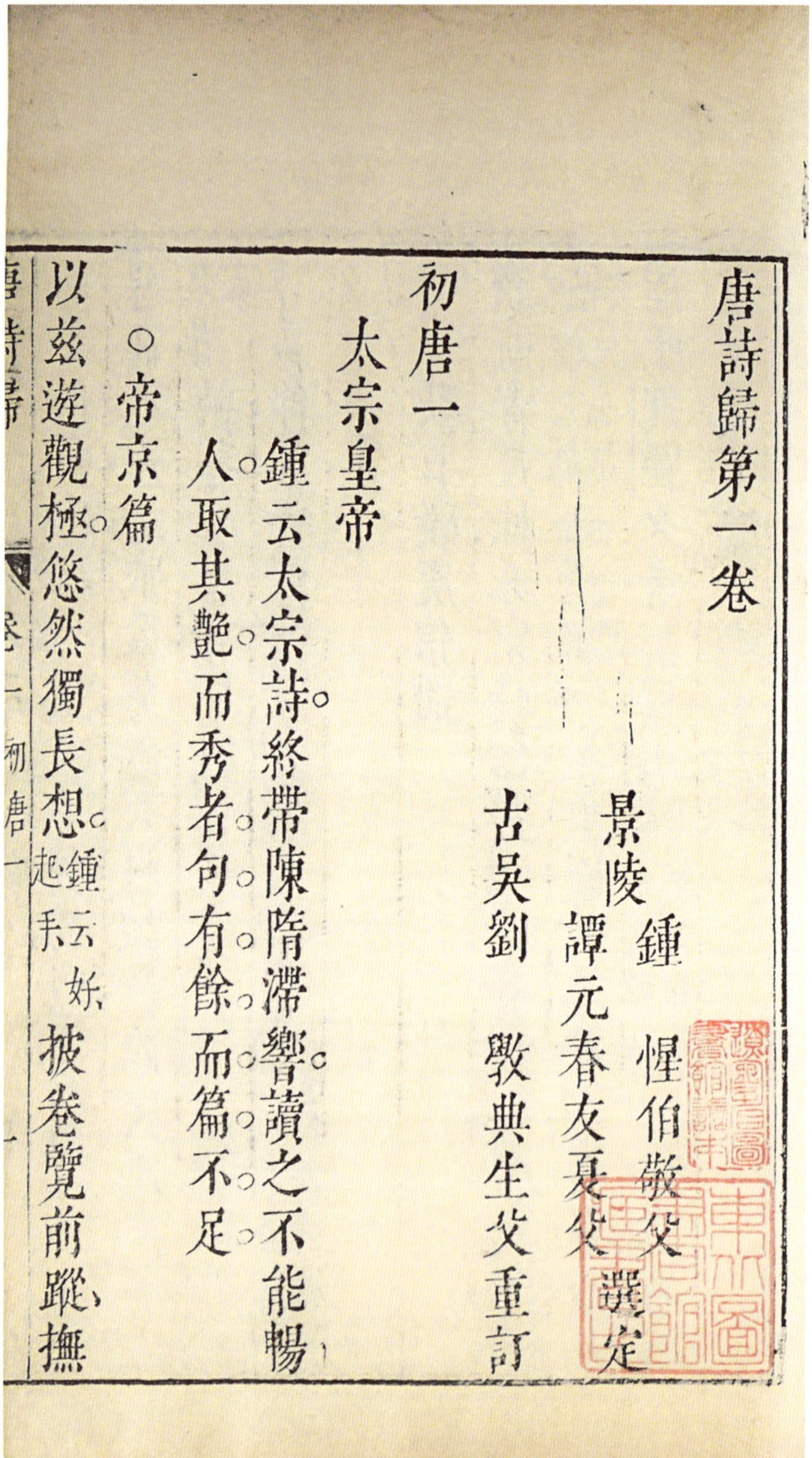

唐詩歸第一卷

景陵　鍾　惺伯敬父　選定

譚元春友夏父

古吳劉　斅典生父重訂

初唐一

太宗皇帝

鍾云太宗詩終帶陳隋滯響讀之不能暢人取其艷而秀者句有餘而篇不足

○帝京篇

以茲遊觀極悠然獨長想。鍾云起手妖　披卷覽前蹤撫

唐詩歸　卷一　初唐一　一

10535　詩歸五十一卷　（明）鍾惺　譚元春輯　明末刻本　遼寧省圖書館

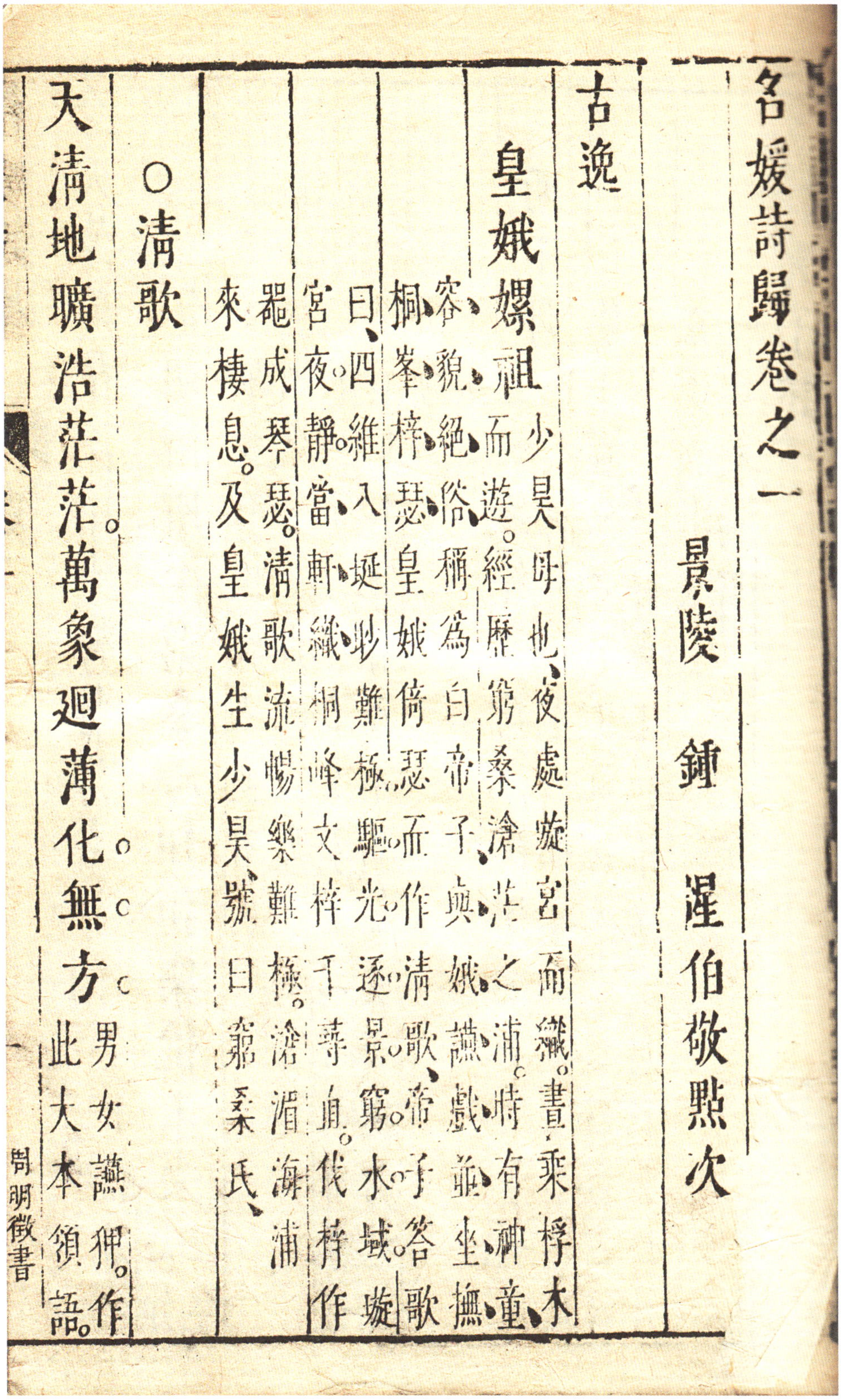
名媛詩歸卷之一
景陵　鍾　惺　伯敬點次
古逸
皇娥嫘祖　少昊母也。夜處璇宮而織，晝乘桴木而遊。經歷窮桑滄茫之浦。時有神童，容貌絕俗，稱爲白帝子，與娥讌戲，並坐撫桐峯梓瑟。皇娥倚瑟而作清歌，帝子答歌曰：四維八埏眇難極，驅光逐景窮水域。璇宮夜靜當軒織。桐峯文梓千尋直，伐梓作罷成琴瑟。清歌流暢樂難極，滄湄海浦來棲息。及皇娥生少昊，號曰窮桑氏。
○清歌
天清地曠浩茫茫。萬象迴薄化無方。　男女讌狎。作此大本領語。
閔明徵書

10536　名媛詩歸三十六卷　（明）鍾惺撰　明刻本　大連圖書館
存二十五卷（一至二十五）

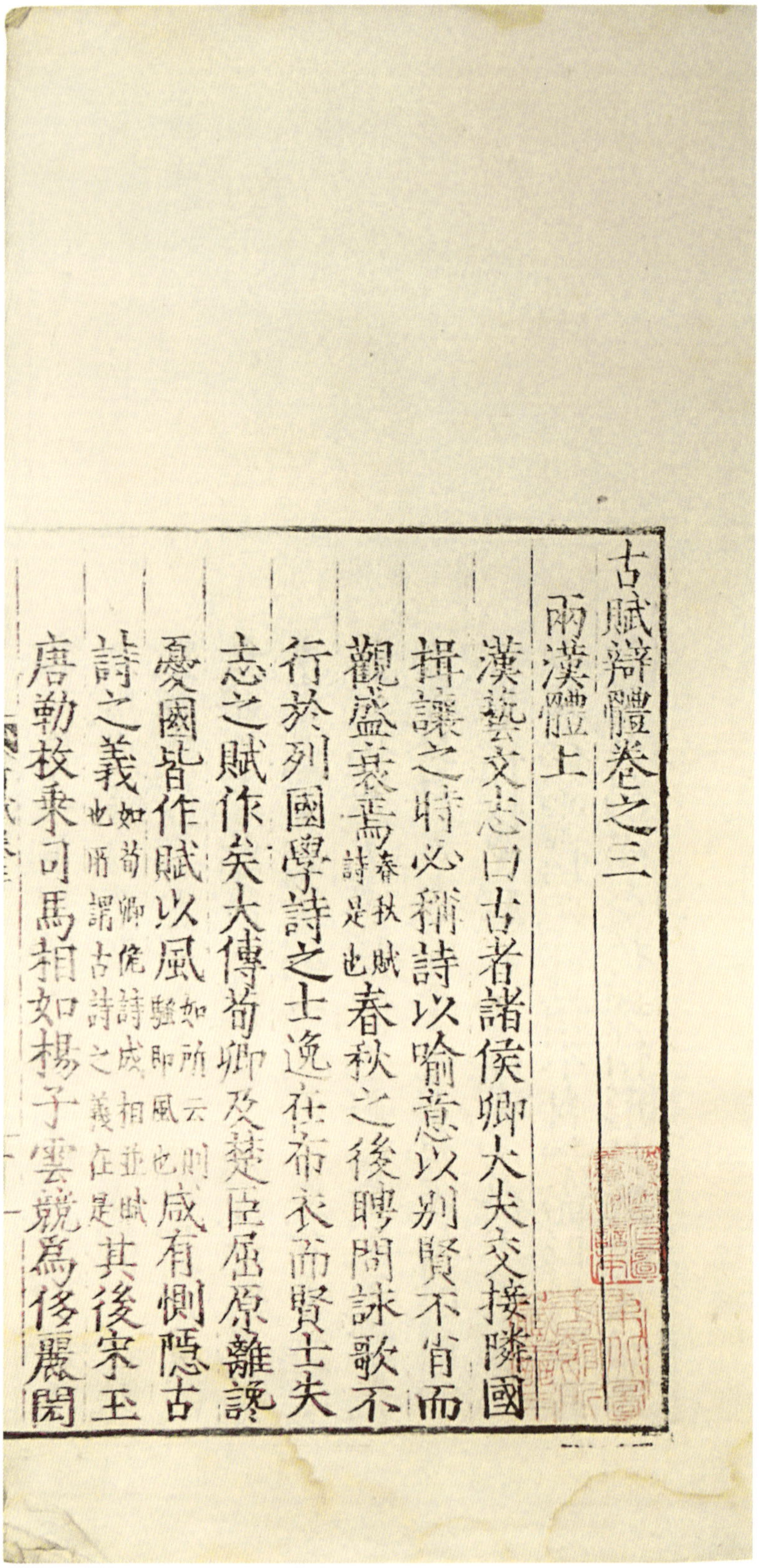
古賦辯體卷之三
兩漢體上
漢藝文志曰古者諸侯卿大夫交接鄰國揖讓之時必稱詩以喻意以別賢不肖而觀盛衰焉春秋賦詩是也春秋之後聘問詠歌不行於列國學詩之士逸在布衣而賢士失志之賦作矣大儒荀卿及楚臣屈原離讒憂國皆作賦以風如前所云則騷即風也咸有惻隱古詩之義如荀卿佹詩成相並賦也所謂古詩之義在是其後宋玉唐勒枚乘司馬相如揚子雲競爲侈麗閎

10537　古賦辯體十卷　（元）祝堯輯　明嘉靖十六年（1537）金宗潤刻本

遼寧省圖書館

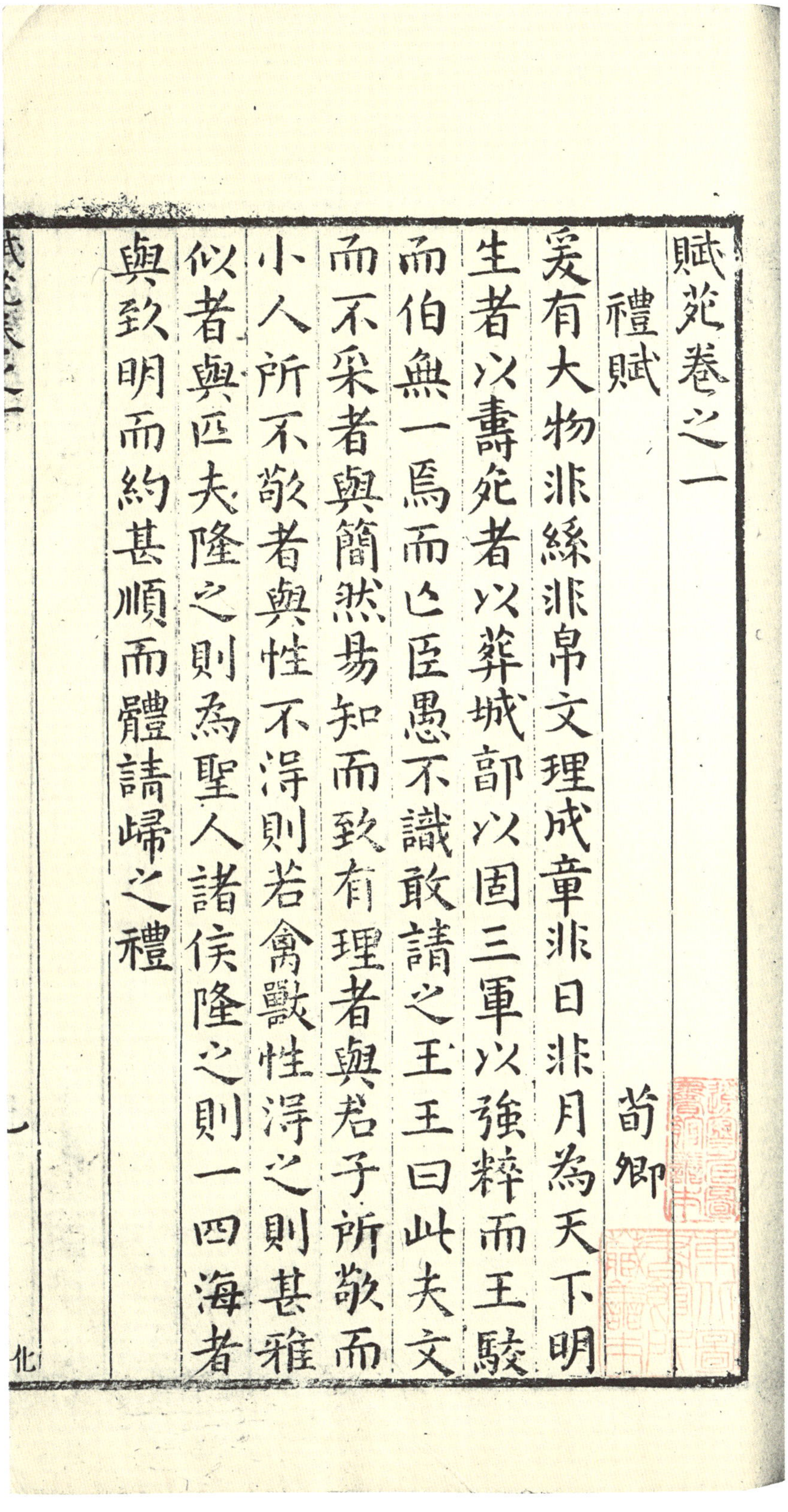

賦苑卷之一

禮賦　荀卿

爰有大物非絲非帛文理成章非日非月為天下明生者以壽死者以葬城郭以固三軍以強粹而王駁而伯無一焉而亾臣愚不識敢請之王王曰此夫文而不采者與簡然易知而致有理者與君子所敬而小人所不敬者與性不淂則若禽獸性淂之則甚雅似者與匹夫隆之則為聖人諸侯隆之則一四海者與致明而約甚順而體請歸之禮

10538　賦苑八卷　（明）李鴻輯　明萬曆刻本　遼寧省圖書館

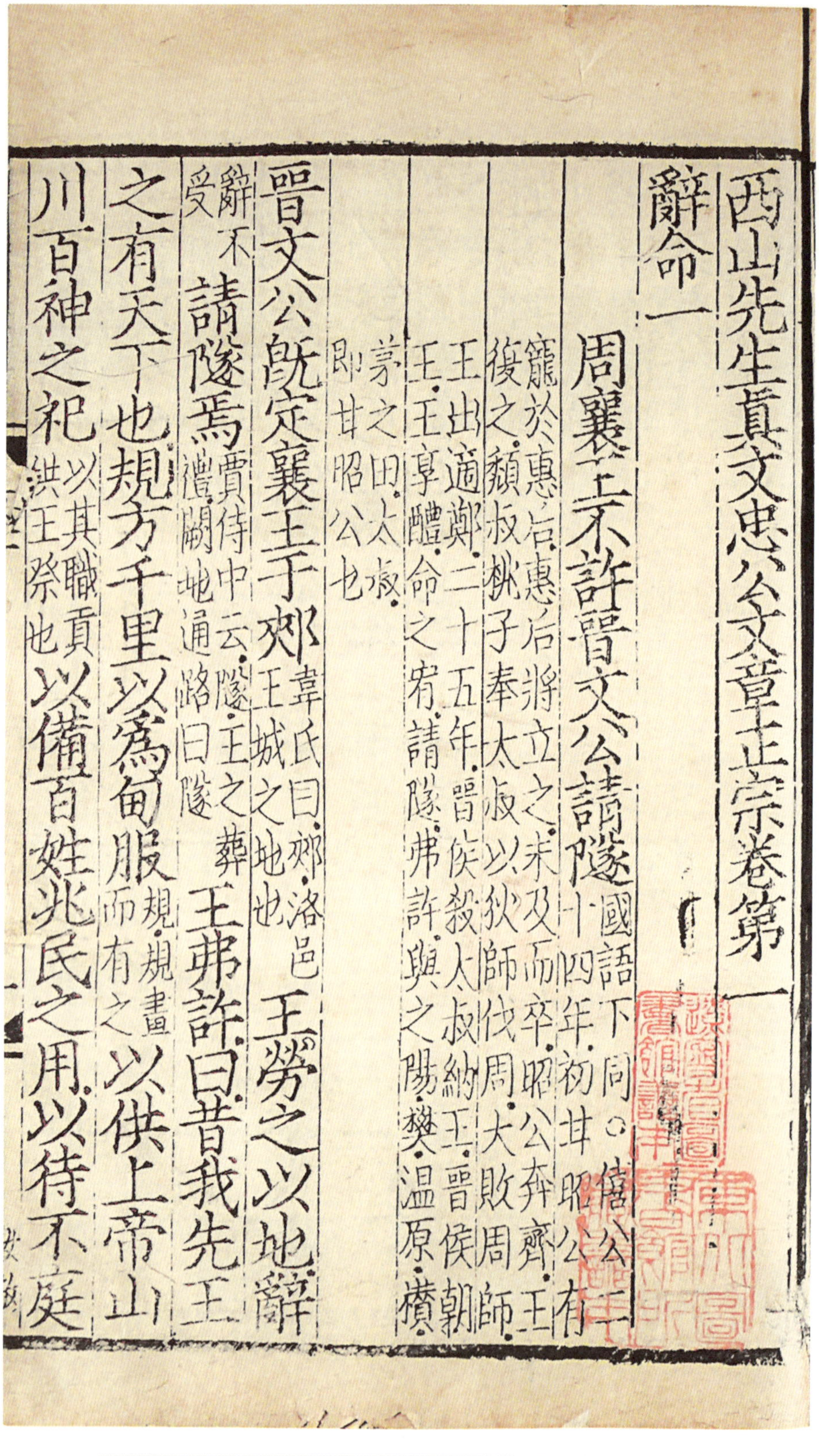

西山先生真文忠公文章正宗卷第一

辭命一

周襄王不許晉文公請隧 國語下同○僖公二十四年初甘昭公有寵於惠后惠后將立之未及而卒昭公奔齊王復之頹叔桃子奉太叔以狄師伐周大敗周師王出適鄭二十五年晉侯殺太叔納王晉侯朝王王享醴命之宥請隧弗許與之陽樊溫原欑茅之田太叔即甘昭公也

晉文公既定襄王于郟 韋氏曰郟洛邑王城之地也 王勞之以地辭 辭不受 請隧焉 賈侍中云隧王之葬禮闕地通路曰隧 王弗許曰昔我先王之有天下也規方千里以爲甸服 規規畫而有之 以供上帝山川百神之祀 以其職貢供王祭也 以備百姓兆民之用以待不庭

10539　西山先生真文忠公文章正宗二十四卷　（宋）真德秀編　明初刻本　遼寧省圖書館

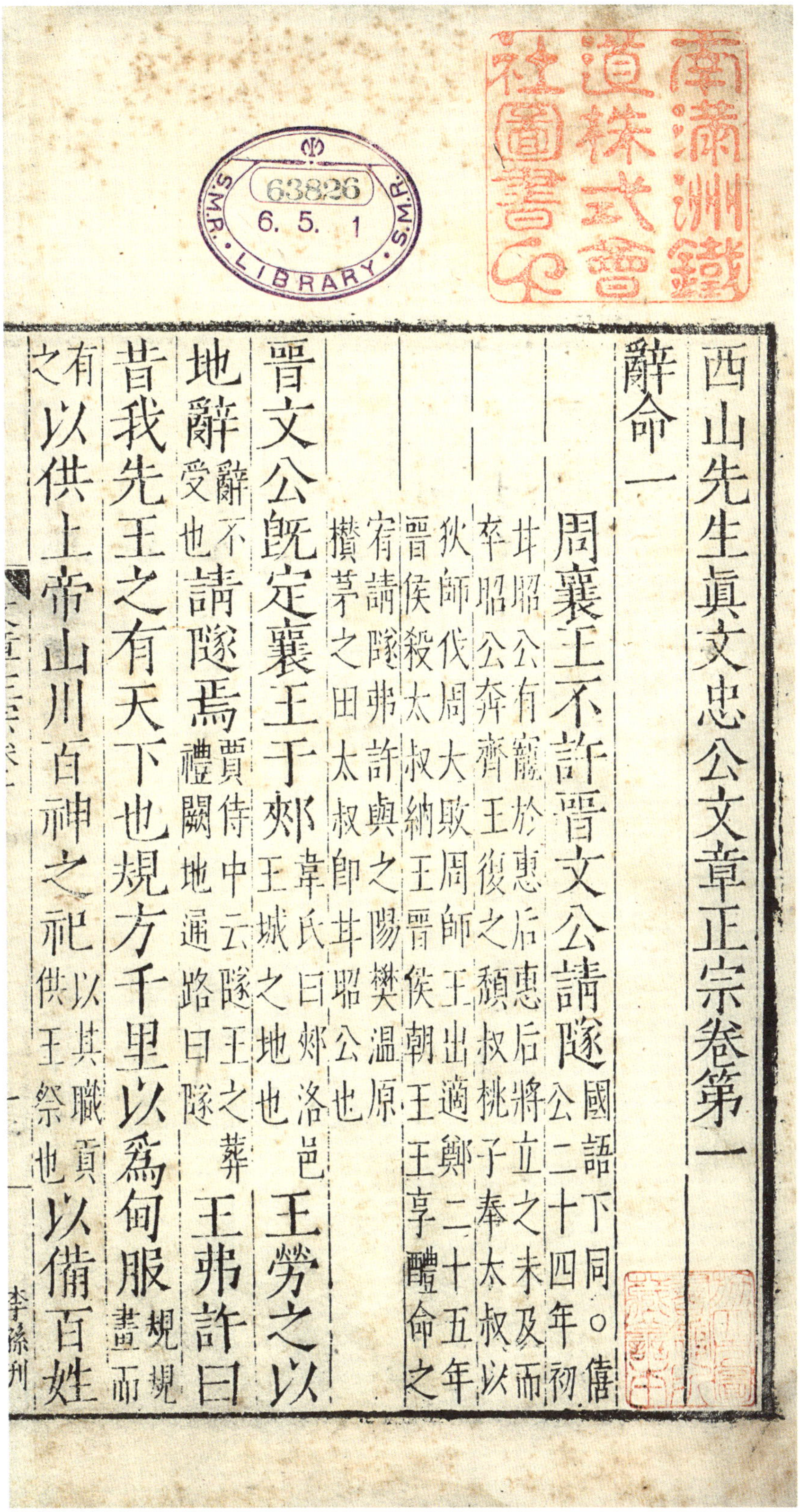

西山先生眞文忠公文章正宗卷第一
辭命一
周襄王不許晉文公請隧（國語下同。僖公二十四年初甘昭公有寵於惠后惠后將立之未及而卒昭公奔齊王復之頹叔桃子奉太叔以狄師伐周大敗周師王出適鄭二十五年晉侯殺太叔納王王晉侯朝王王享醴命之宥請隧弗許與之陽樊溫原攢茅之田太叔即甘昭公也）
晉文公既定襄王于郟（韋氏曰郟洛邑王城之地也）王勞之以地辭（辭不受也）請隧焉（賈侍中云隧王之葬禮闕地通路曰隧）王弗許曰昔我先王之有天下也規方千里以爲甸服（規規畫而有之）以供上帝山川百神之祀（以其職貢供王祭也）以備百姓

10540　西山先生真文忠公文章正宗二十四卷　（宋）真德秀编　明嘉靖四十三年（1564）李豸、李磐刻本　大連圖書館

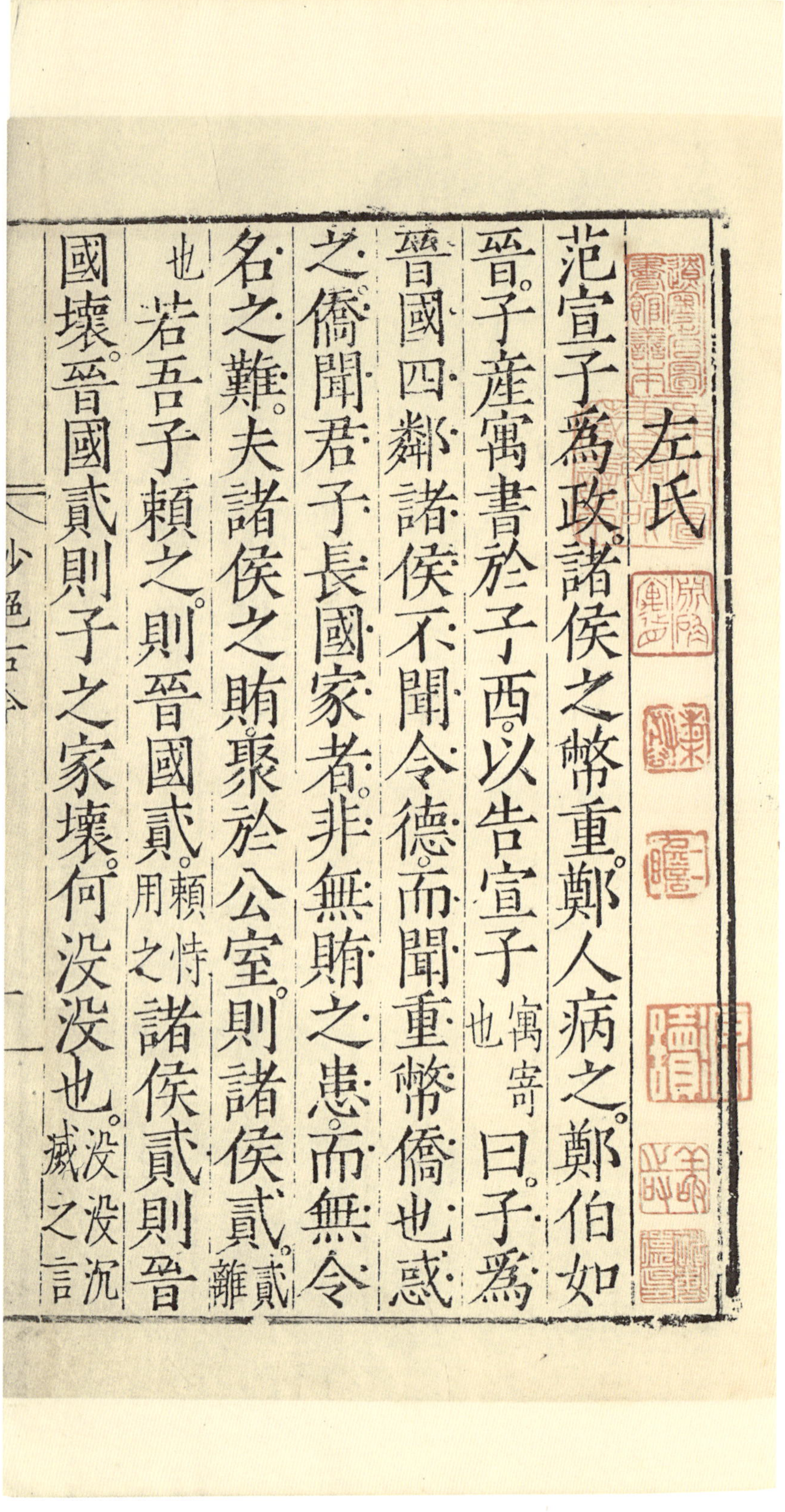

左氏

范宣子爲政。諸侯之幣重。鄭人病之。鄭伯如晉。子產寓書於子西。以告宣子。寓寄也曰。子爲晉國四鄰諸侯不聞令德。而聞重幣。僑也惑之。僑聞君子長國家者。非無賄之患。而無令名之難。夫諸侯之賄聚於公室。則諸侯貳。貳離也若吾子賴之。則晉國貳。賴恃用之諸侯貳。則晉國壞。晉國貳。則子之家壞。何沒沒也。沒沒沉滅之言

妙絕古今　二

10541　妙絕古今不分卷　（宋）湯漢輯　明刻本　遼寧省圖書館

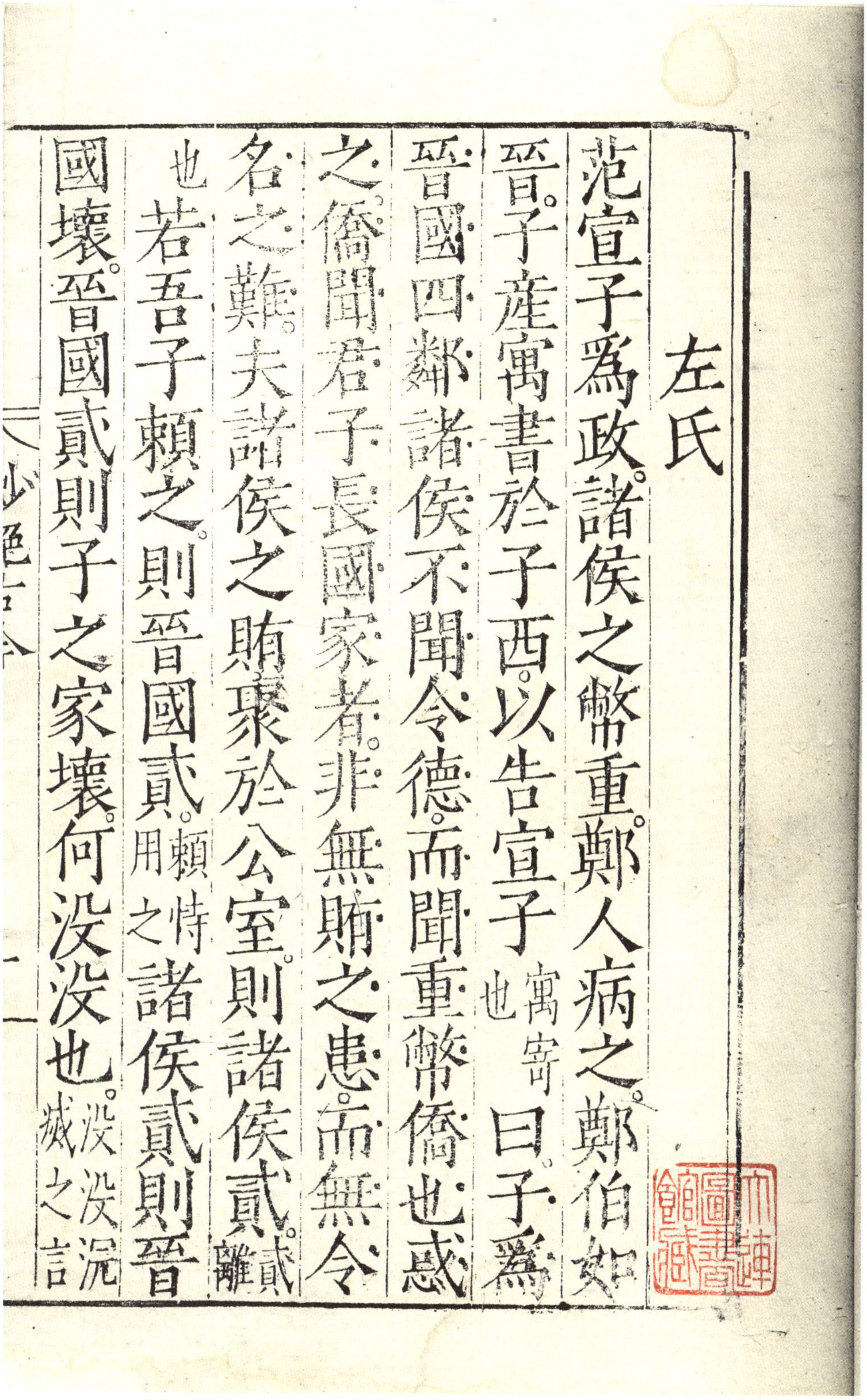

左氏

范宣子爲政。諸侯之幣重。鄭人病之。鄭伯如晉。子産寓書於子西。以告宣子寓寄也曰。子爲晉國。四鄰諸侯不聞令德。而聞重幣。僑也惑之。僑聞君子長國家者。非無賄之患。而無令名之難。夫諸侯之賄聚於公室。則諸侯貳。貳離也若吾子賴之。則晉國貳。賴恃用之諸侯貳則晉國壞。晉國貳則子之家壞。何沒沒也。沒沒沉滅之言

10542 **妙絶古今不分卷** （宋）湯漢輯 明刻本 大連圖書館

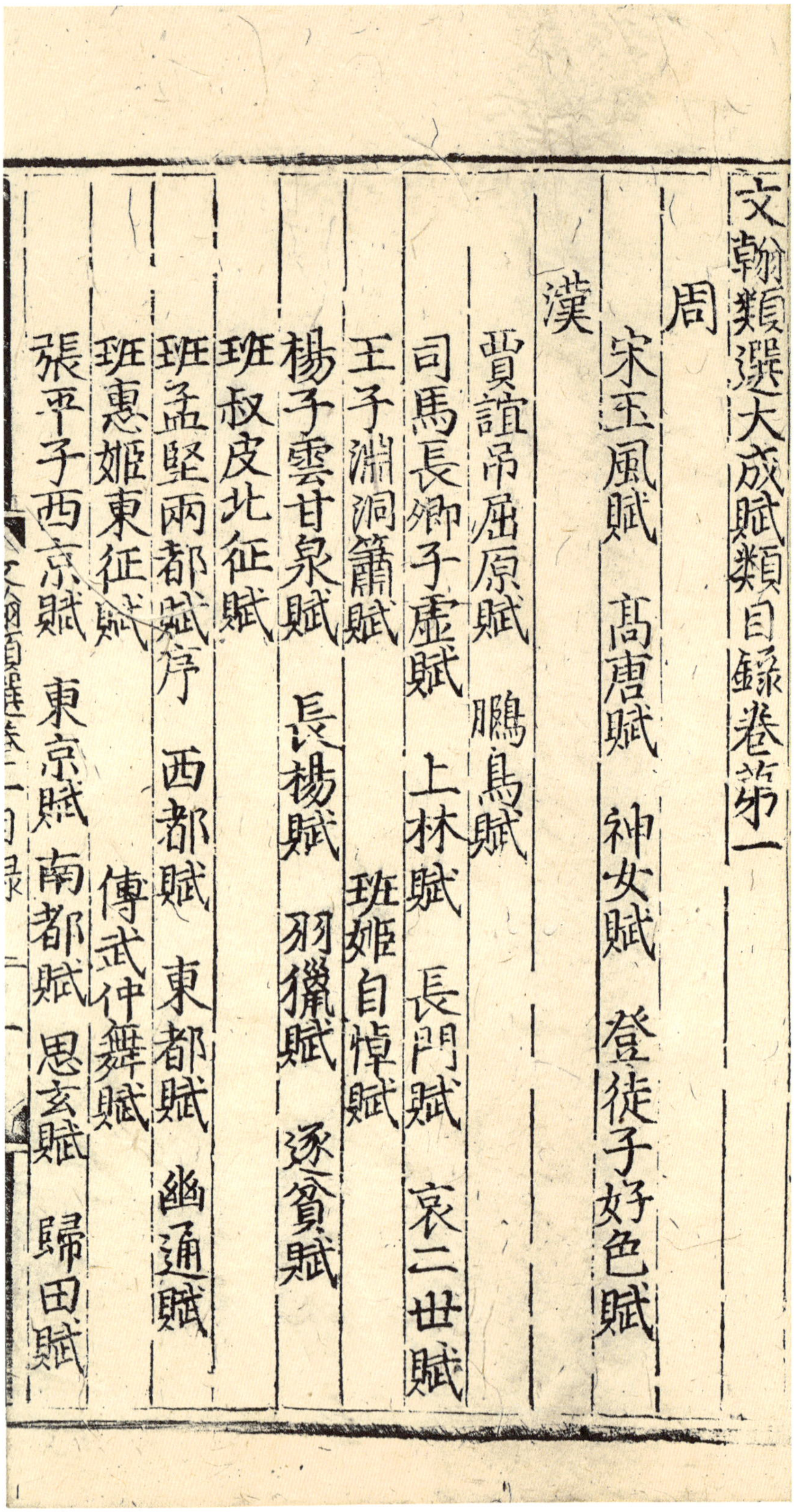

文翰類選大成賦類目録卷第一

周

宋玉風賦　高唐賦　神女賦　登徒子好色賦

漢

賈誼弔屈原賦　鵩鳥賦

司馬長卿子虛賦　上林賦　長門賦　哀二世賦

王子淵洞簫賦　班姬自悼賦

楊子雲甘泉賦　長楊賦　羽獵賦　逐貧賦

班叔皮北征賦

班孟堅兩都賦序　西都賦　東都賦　幽通賦

班惠姬東征賦　傅武仲舞賦

張平子西京賦　東京賦　南都賦　思玄賦　歸田賦

10543　文翰類選大成一百六十三卷　（明）李伯璵輯　明成化八年（1472）淮府刻弘治十四年（1501）、嘉靖二十五年（1546）遞修本（卷一百六十至一百六十一係明抄本）　大連圖書館

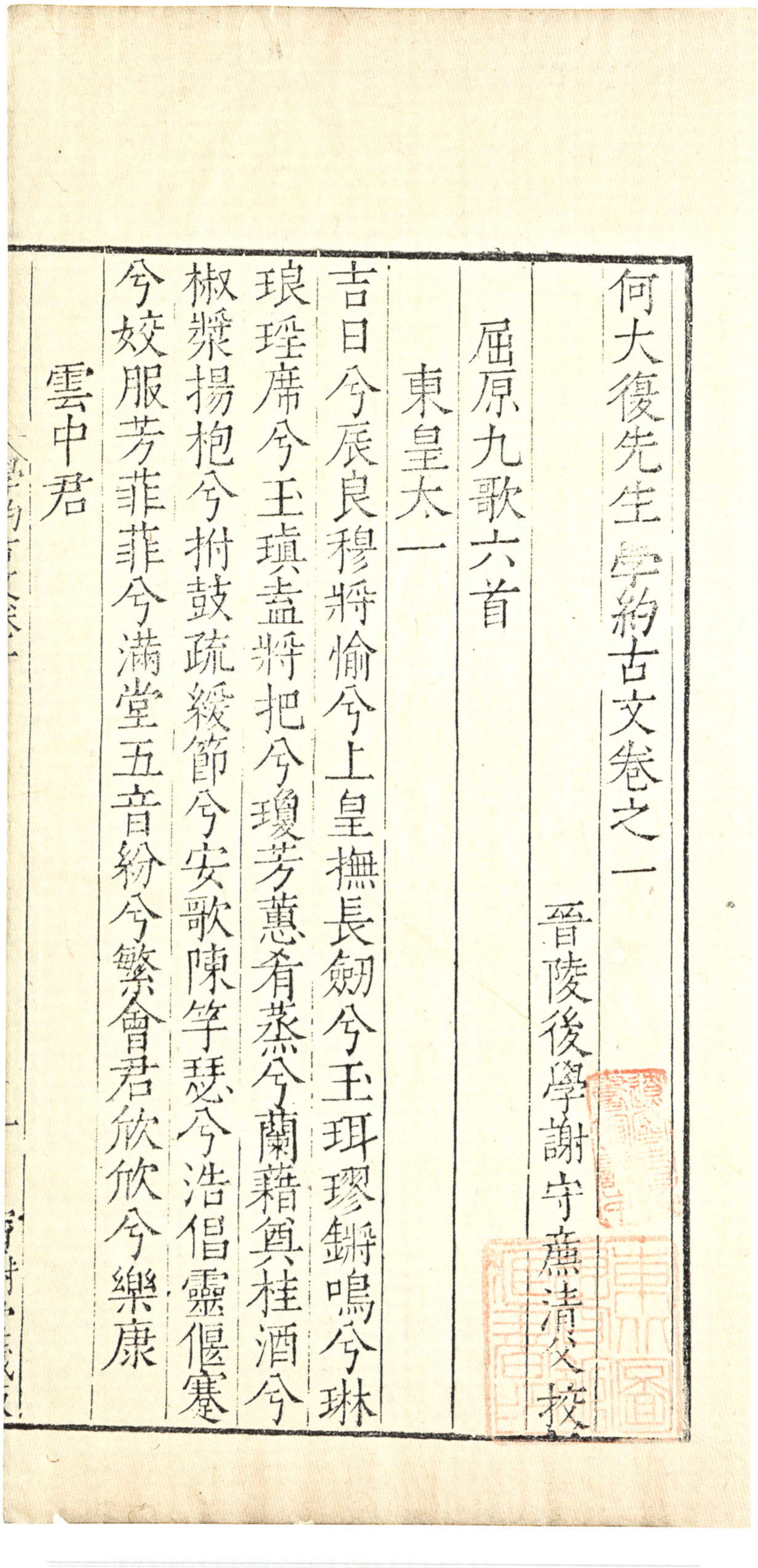
何大復先生學約古文卷之一
晉陵後學謝守廉清父校
屈原九歌六首
東皇太一
吉日兮辰良穆將愉兮上皇撫長劍兮玉珥璆鏘鳴兮琳
琅瑤席兮玉瑱盍將把兮瓊芳蕙肴蒸兮蘭藉奠桂酒兮
椒漿揚枹兮拊鼓疏緩節兮安歌陳竽瑟兮浩倡靈偃蹇
兮姣服芳菲菲兮滿堂五音紛兮繁會君欣欣兮樂康
雲中君

10544　何大復先生學約古文十卷　（明）何景明輯　明萬曆三十六年（1608）寶樹堂刻本　遼寧省圖書館

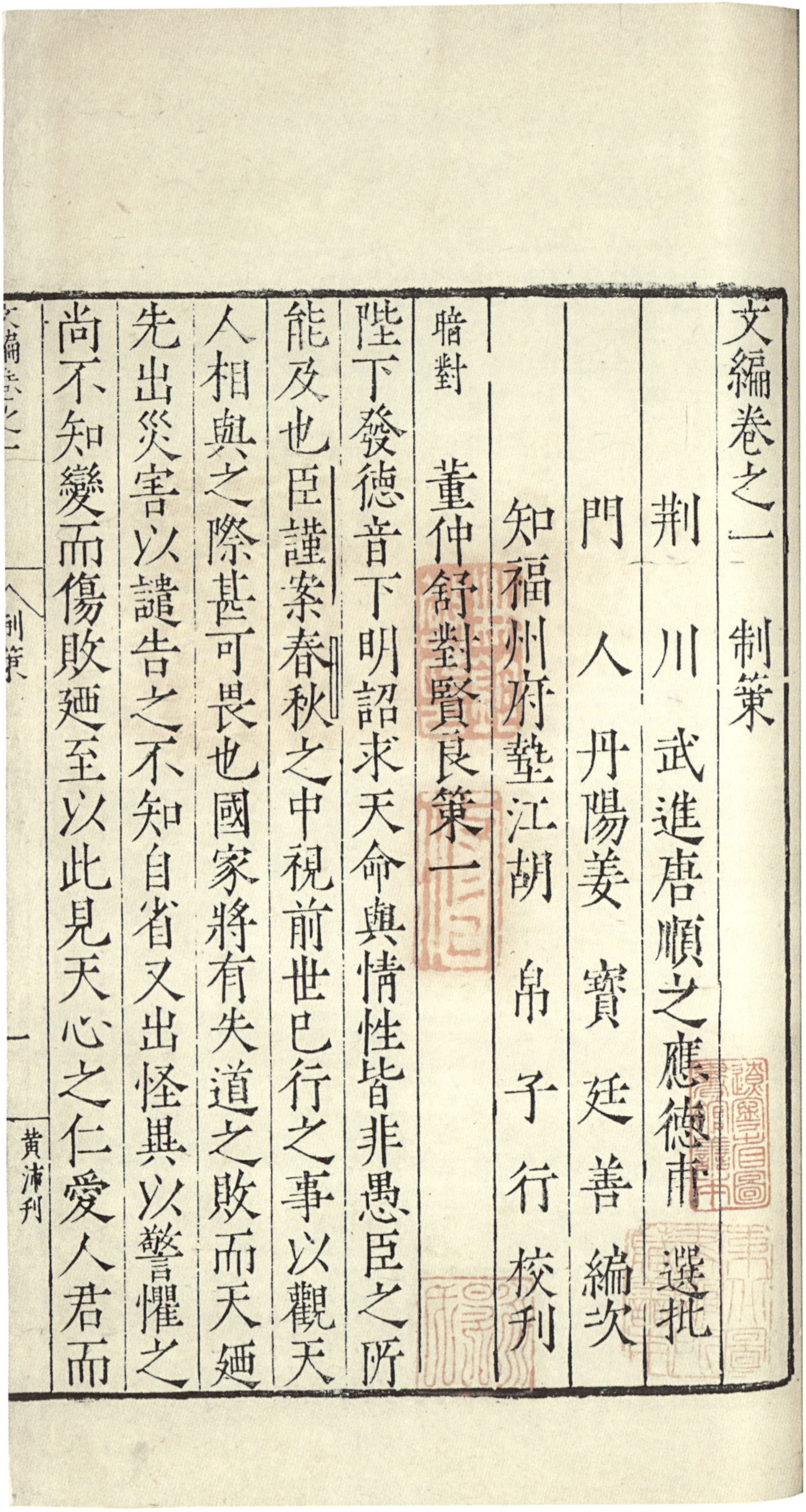

文編卷之一　制策

荆川武進唐順之應德甫　選批

門人丹陽姜寶廷善　編次

知福州府墊江胡帛子行　校刊

暗對　董仲舒對賢良策一

陛下發德音下明詔求天命與情性皆非愚臣之所能及也臣謹案春秋之中視前世已行之事以觀天人相與之際甚可畏也國家將有失道之敗而天迺先出災害以譴告之不知自省又出怪異以警懼之尚不知變而傷敗迺至以此見天心之仁愛人君而

文編卷之一　制策　一　黃沛刊

10545　文編六十四卷　（明）唐順之輯　明嘉靖胡帛刻本　遼寧省圖書館

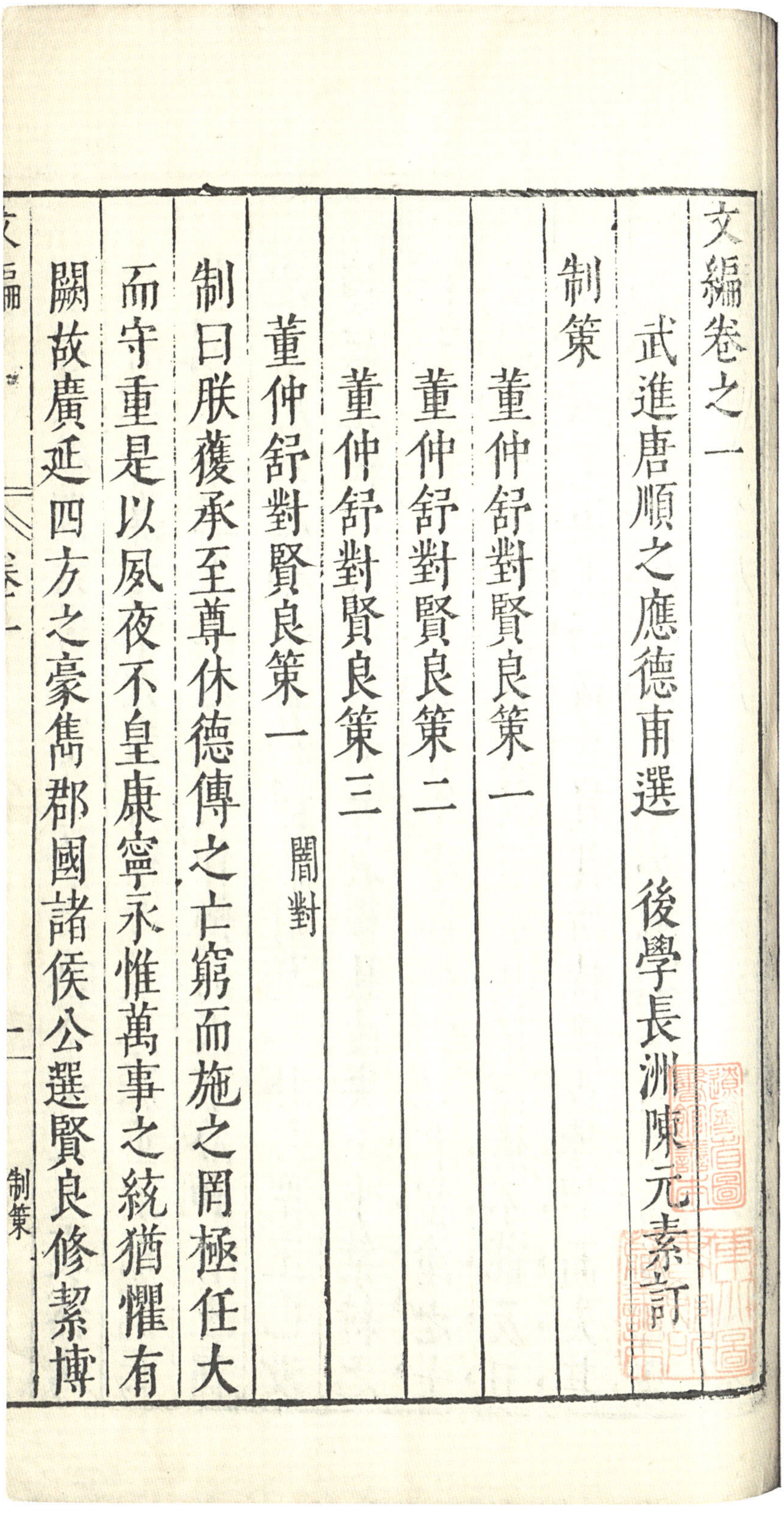
文編卷之一
武進唐順之應德甫選　後學長洲陳元素訂
制策
董仲舒對賢良策一
董仲舒對賢良策二
董仲舒對賢良策三
董仲舒對賢良策一　闕對
制曰朕獲承至尊休德傳之亡窮而施之罔極任大
而守重是以夙夜不皇康寧永惟萬事之統猶懼有
闕故廣延四方之豪儁郡國諸侯公選賢良修絜博
文編　卷一　一　制策

10546　文編六十四卷　（明）唐順之輯　明天啓刻本　遼寧省圖書館

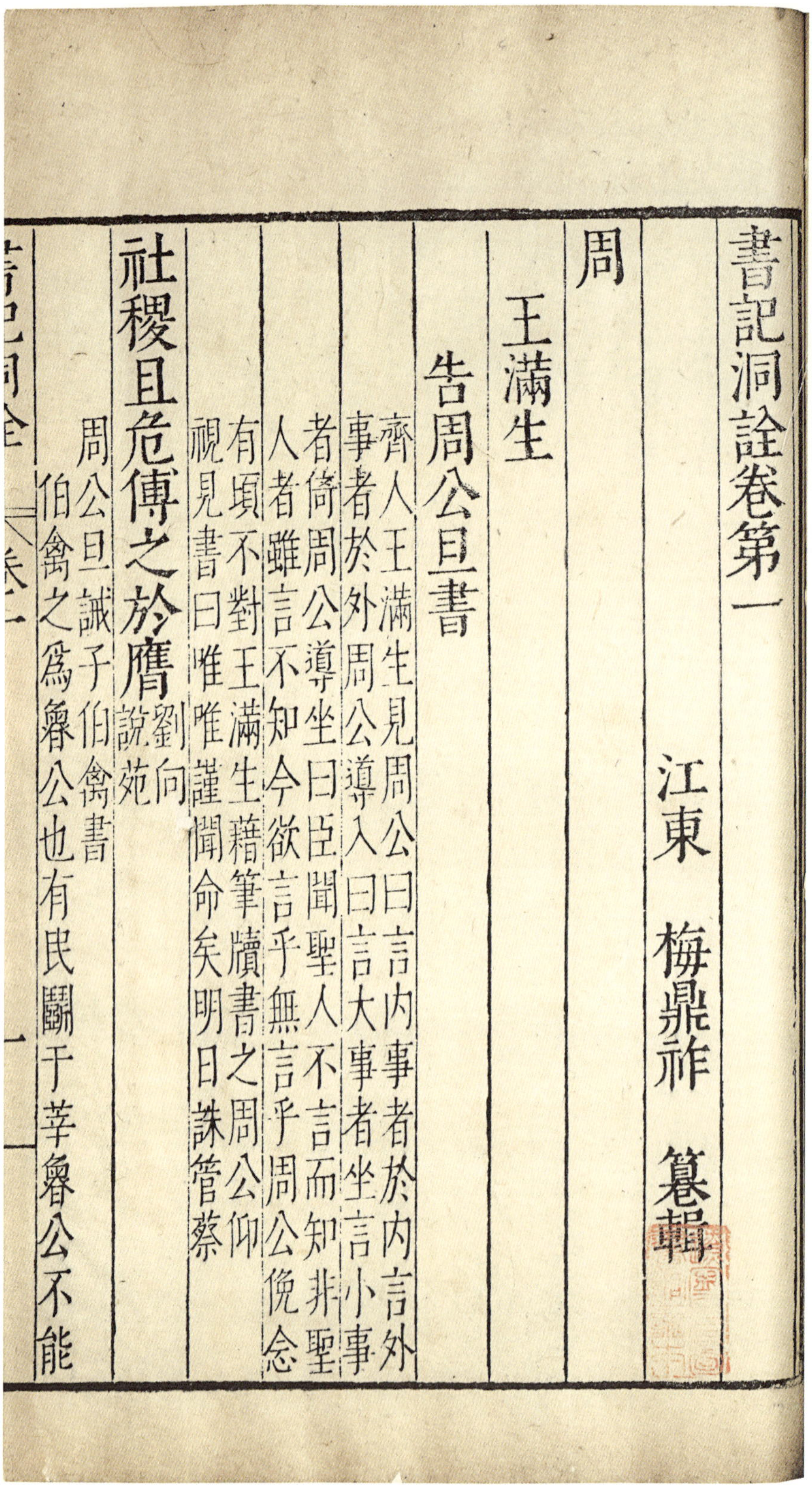

書記洞詮卷第一

江東　梅鼎祚　纂輯

周

王滿生

告周公旦書

齊人王滿生見周公曰言內事者於內言外事者於外周公導入曰言大事者坐言小事者倚周公導坐曰臣聞聖人不言而知非聖人者雖言不知今欲言乎無言乎周公俛念有頃不對王滿生藉筆牘書之周公仰視見書曰唯唯謹聞命矣明日誅管蔡社稷且危傳之於膺 劉向說苑

周公旦誡子伯禽書

伯禽之爲魯公也有民闢于莘魯公不能

書記洞詮　卷一　一

10547　書記洞詮一百二十卷目録十卷　（明）梅鼎祚輯　明萬曆二十五年至二十七年（1597—1599）玄白堂刻本　遼寧省圖書館

存一百十八卷（一至一百九、目録一至九）

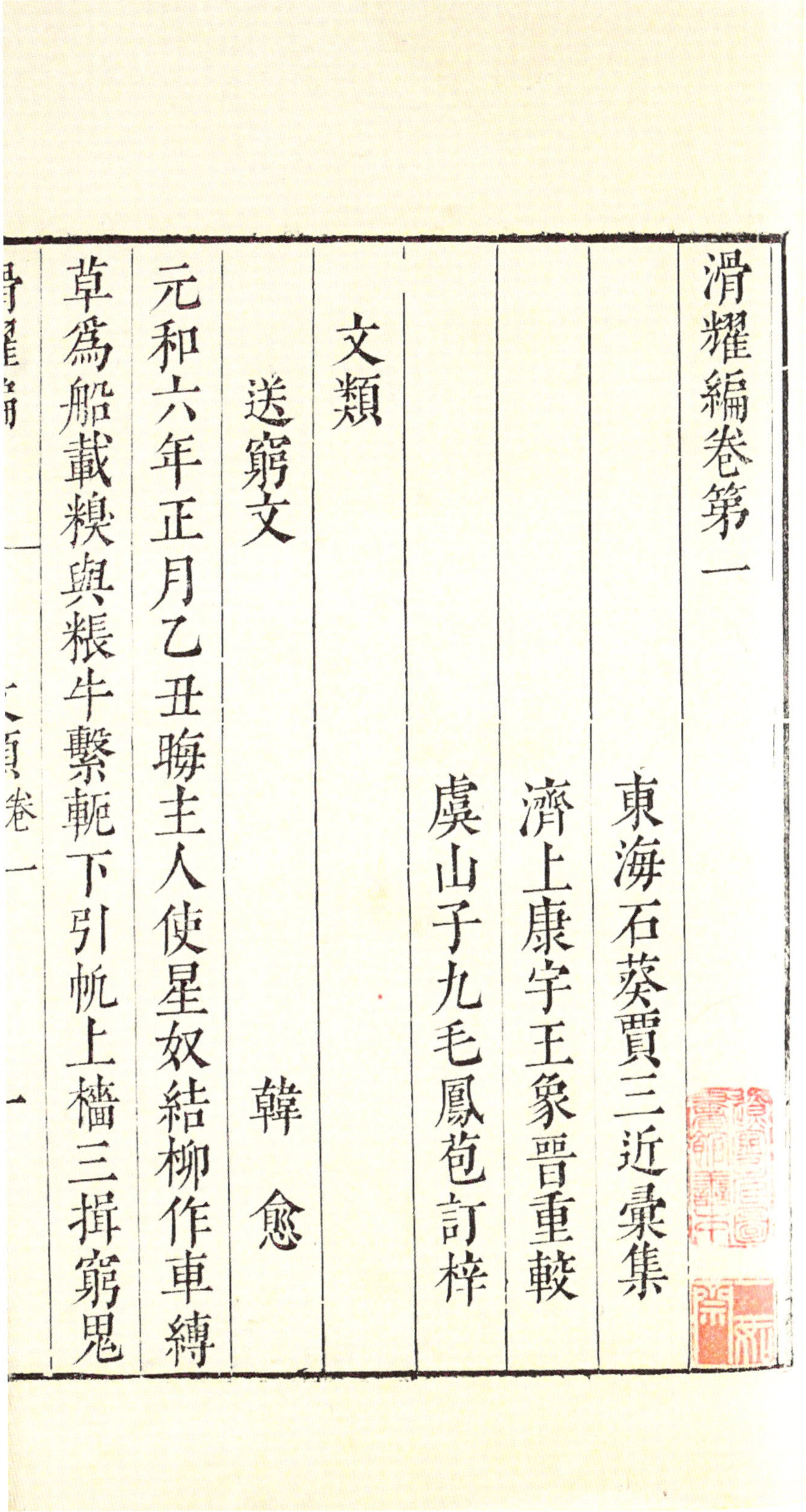

滑耀編卷第一
東海石葵賈三近彙集
濟上康宇王象晉重較
虞山子九毛鳳苞訂梓
文類
送窮文　韓愈
元和六年正月乙丑晦主人使星奴結柳作車縛
草爲船載糗與粻牛繫軛下引帆上檣三揖窮鬼
滑耀編　文類卷一　一

10548　滑耀編四卷　（明）賈三近輯　明末毛氏汲古閣刻本　遼寧省圖書館

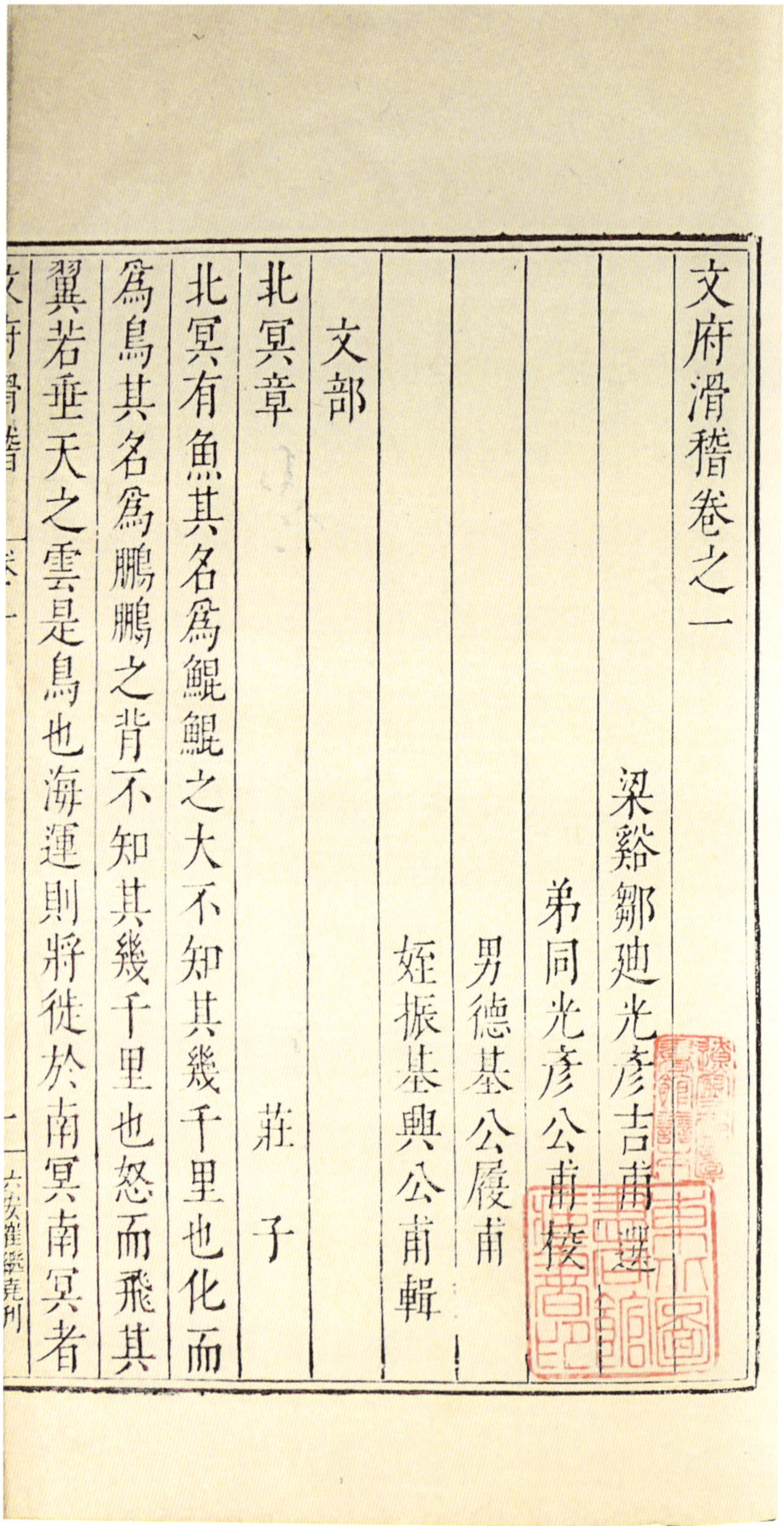

文府滑稽卷之一

梁谿鄒迪光彥吉甫選

弟同光彥公甫校

男德基公履甫

姪振基輿公甫輯

文部

北冥章　莊子

北冥有魚其名爲鯤鯤之大不知其幾千里也化而爲鳥其名爲鵬鵬之背不知其幾千里也怒而飛其翼若垂天之雲是鳥也海運則將徙於南冥南冥者

文府滑稽　卷一

10549　文府滑稽十二卷　（明）鄒迪光輯　明萬曆三十七年（1609）鄒同光刻本　遼寧省圖書館

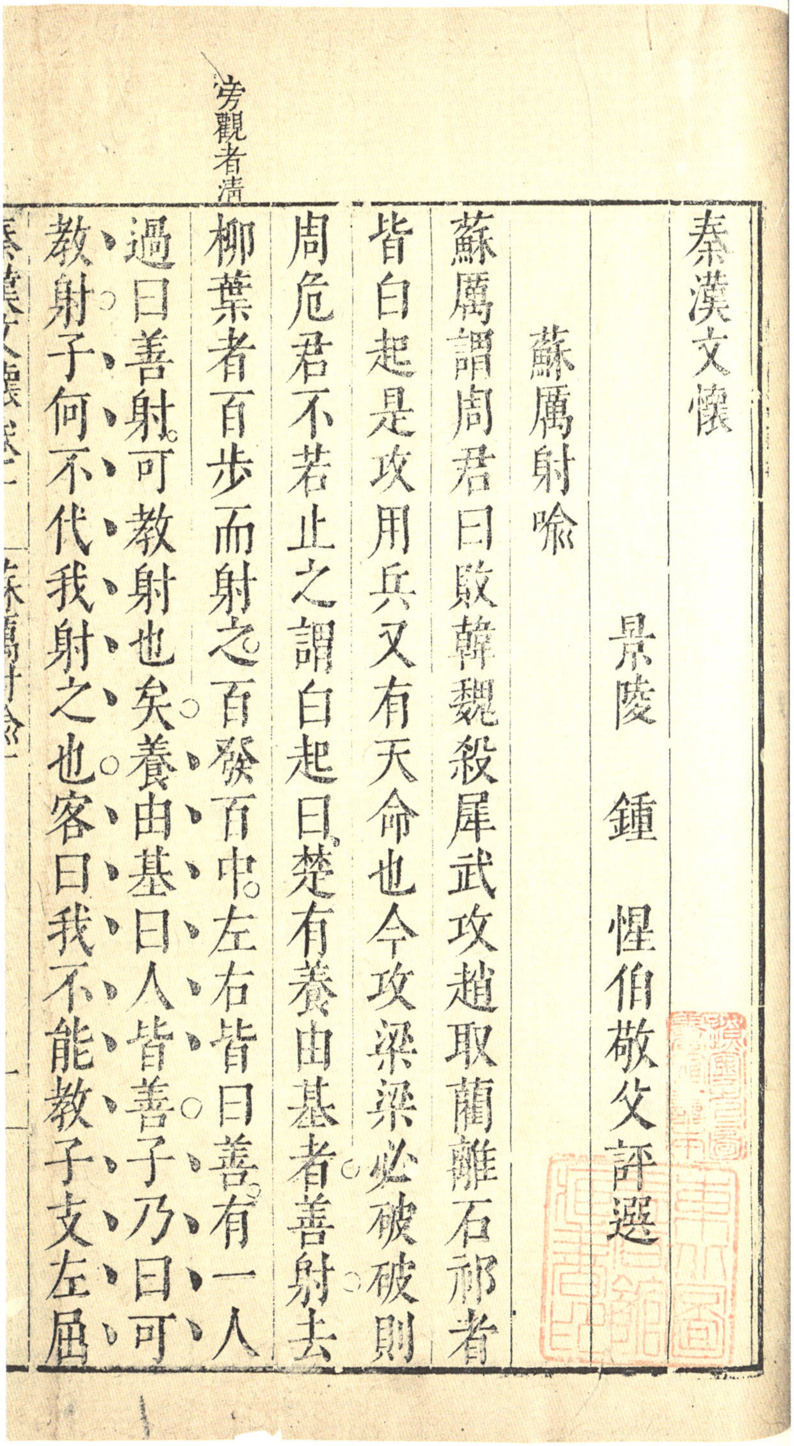

秦漢文懷

景陵　鍾　惺伯敬父評選

蘇厲射喻

蘇厲謂周君曰敗韓魏殺犀武攻趙取藺離石祁者皆白起是攻用兵又有天命也今攻梁梁必破破則周危君不若止之謂白起曰楚有養由基者善射去柳葉者百步而射之百發百中左右皆曰善有一人過曰善射可教射也矣養由基曰人皆善子乃曰可教射子何不代我射之也客曰我不能教子支左屈

旁觀者清

秦漢文懷卷二　蘇厲射喻　一

10550　秦漢文懷二十卷　（明）鍾惺輯并評　明崇禎六年（1633）刻本

遼寧省圖書館

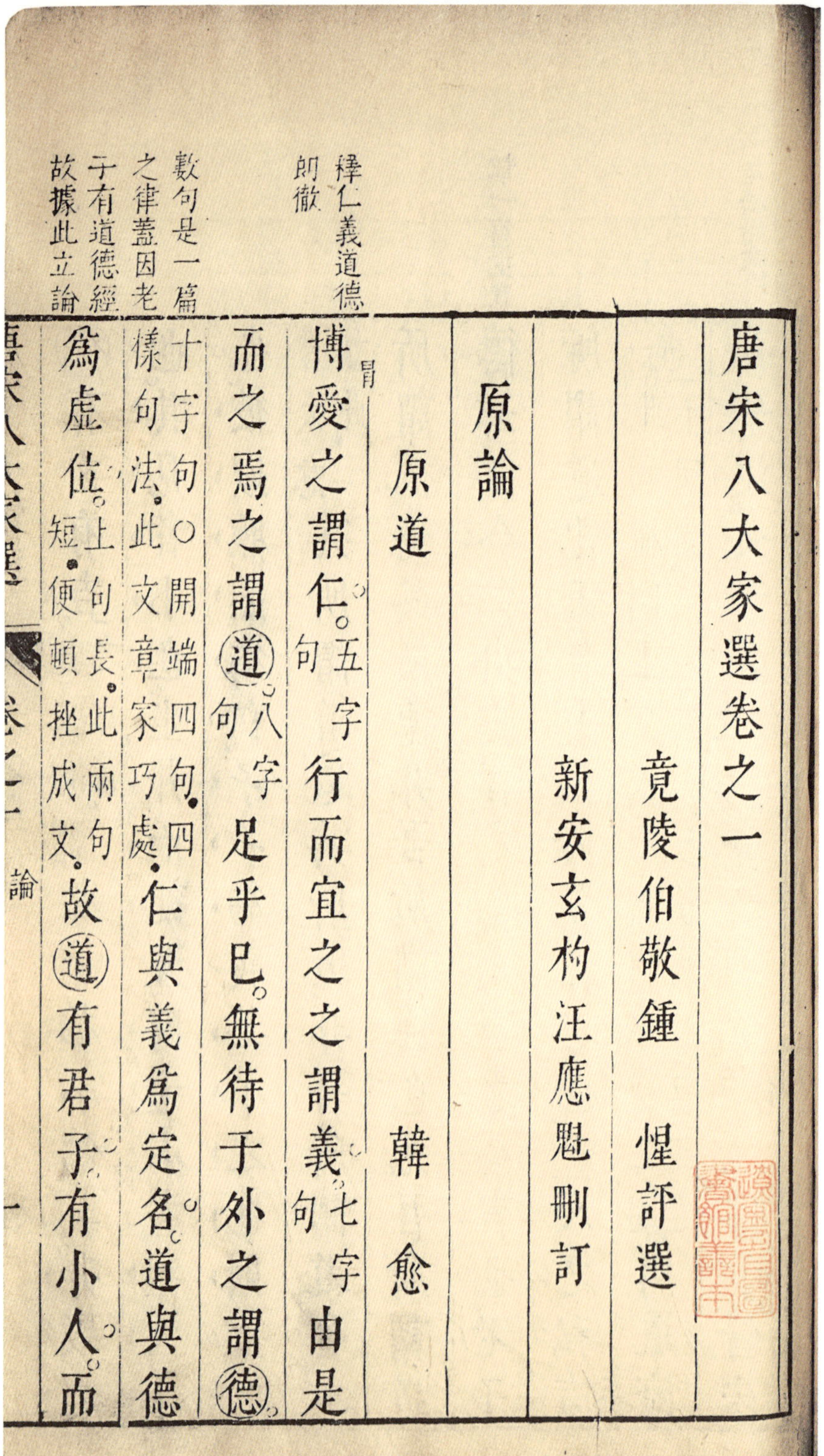

肆仁義道德朗徹

數句是一篇之律蓋因老子有道德經故據此立論

唐宋八大家選卷之一

竟陵伯敬鍾　惺評選

新安玄杓汪應魁刪訂

原論

原道　韓　愈

冐 博愛之謂仁。五字句 行而宜之之謂義。七字句 由是而之焉之謂道。八字句 足乎已。無待于外之謂德。十字句○開端四句●四樣句法●此文章家巧處● 仁與義爲定名。道與德爲虛位。上句長●此兩句短●便頓挫成文● 故道有君子有小人。而

唐宋八大家選　卷之一　論　一

10551　唐宋八大家選二十四卷　（明）鍾惺輯并評　（明）汪應魁刪訂

明崇禎五年（1632）汪應魁刻本　遼寧省圖書館

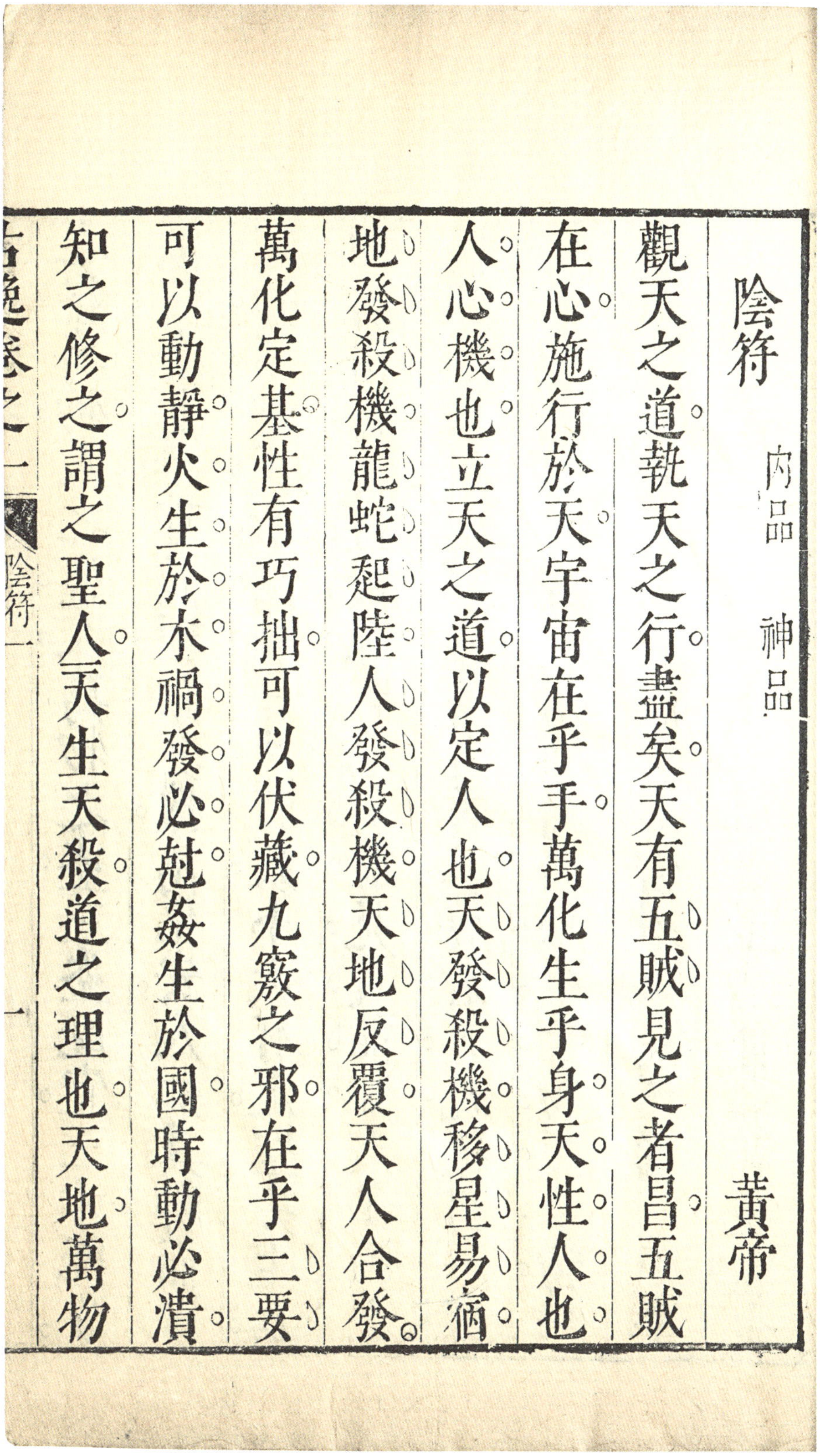

古逸書卷之二　陰符　一

陰符　内品　神品　黃帝

觀天之道執天之行盡矣天有五賊見之者昌五賊在心施行於天宇宙在乎手萬化生乎身天性人也人心機也立天之道以定人也天發殺機移星易宿地發殺機龍蛇起陸人發殺機天地反覆天人合發萬化定基性有巧拙可以伏藏九竅之邪在乎三要可以動靜火生於木禍發必尅姦生於國時動必潰知之修之謂之聖人天生天殺道之理也天地萬物

10552　古逸書三十卷首一卷末一卷　（明）潘基慶輯　明萬曆刻本　遼寧省圖書館

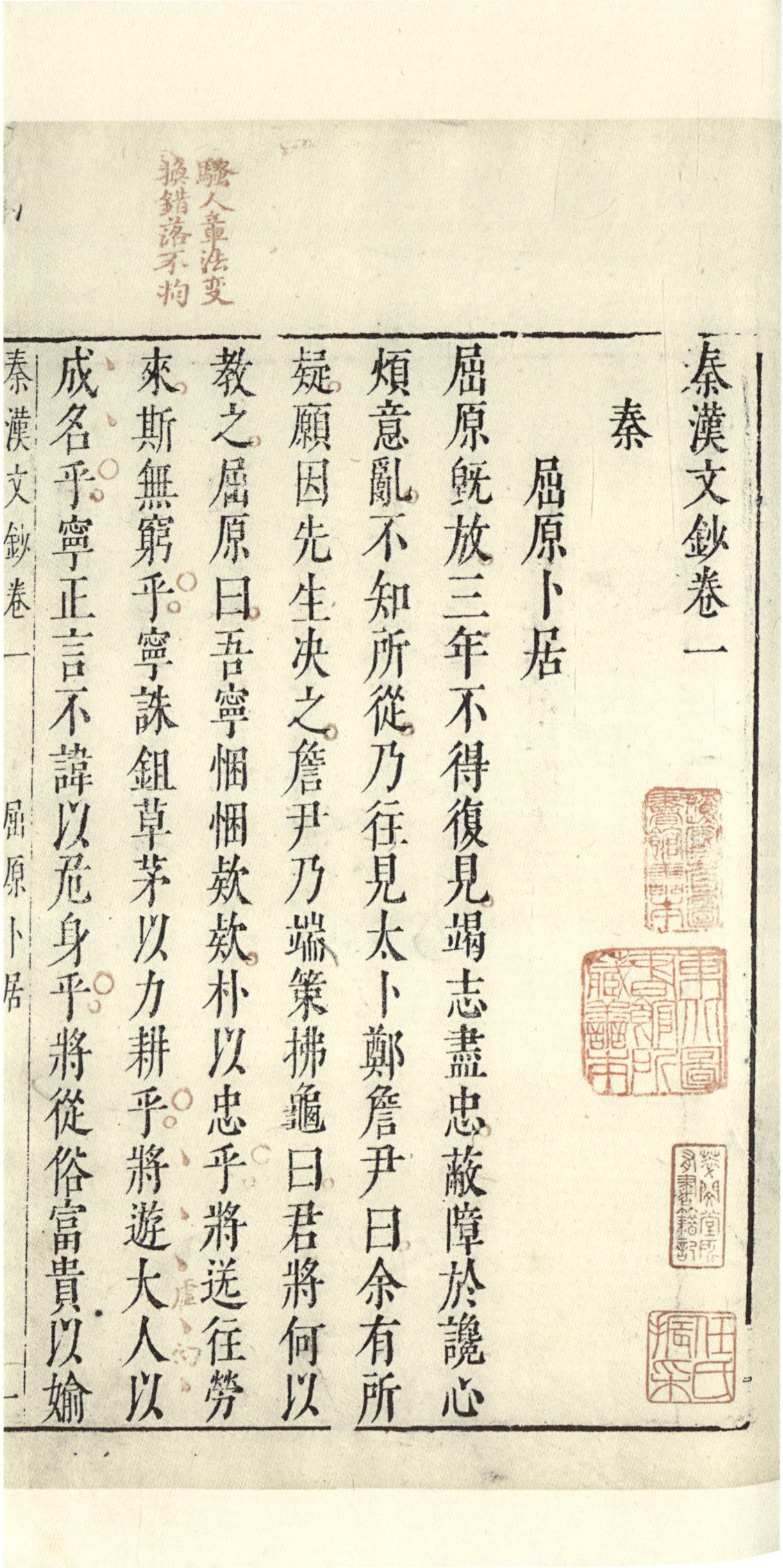

騷人章法變
換錯落不拘

秦漢文鈔卷一

秦

屈原卜居

屈原既放三年不得復見竭志盡忠蔽障於讒心煩意亂不知所從乃往見太卜鄭詹尹曰余有所疑願因先生决之詹尹乃端策拂龜曰君將何以教之屈原曰吾寧悃悃款款朴以忠乎將送往勞來斯無窮乎寧誅鋤草茅以力耕乎將遊大人以成名乎寧正言不諱以危身乎將從俗富貴以媮

秦漢文鈔卷一　屈原卜居　一

10553　秦漢文鈔六卷　（明）閔邁德等輯　（明）楊融博批點　明萬曆四十八年（1620）閔氏刻朱墨套印本　遼寧省圖書館

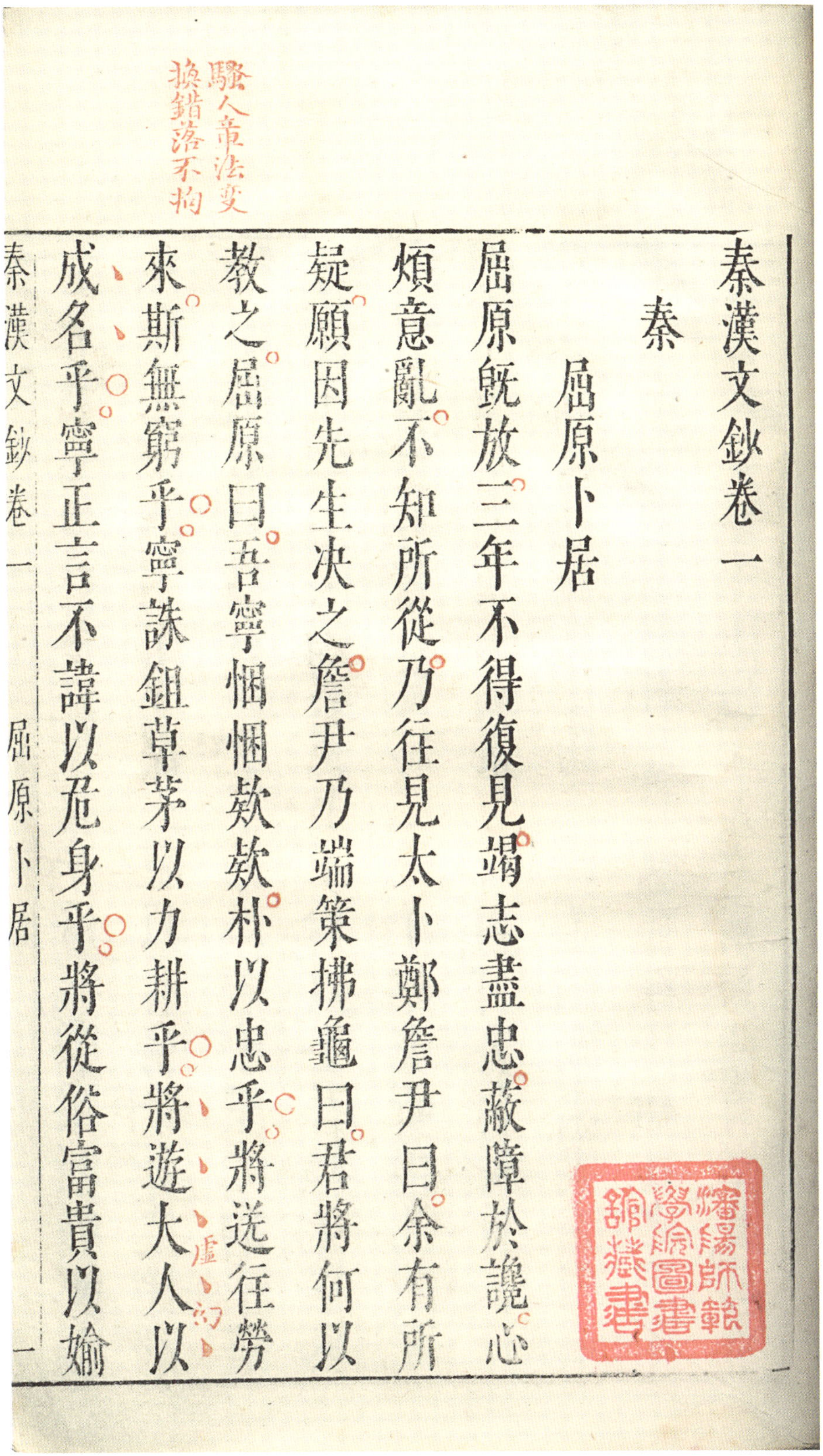
騷人帝法變
換錯落不拘
秦漢文鈔卷一
秦
屈原卜居
屈原既放三年不得復見竭志盡忠蔽障於讒心
煩意亂不知所從乃往見太卜鄭詹尹曰余有所
疑願因先生決之詹尹乃端策拂龜曰君將何以
教之屈原曰吾寧悃悃款款朴以忠乎將送往勞
來斯無窮乎寧誅鋤草茅以力耕乎將遊大人以
成名乎寧正言不諱以危身乎將從俗富貴以媮
秦漢文鈔卷一　屈原卜居　一
瀋陽師範學院圖書館藏書

10554　秦漢文鈔六卷　（明）閔邁德等輯　（明）楊融博批點　明萬曆四十八年（1620）閔氏刻朱墨套印本　遼寧大學圖書館

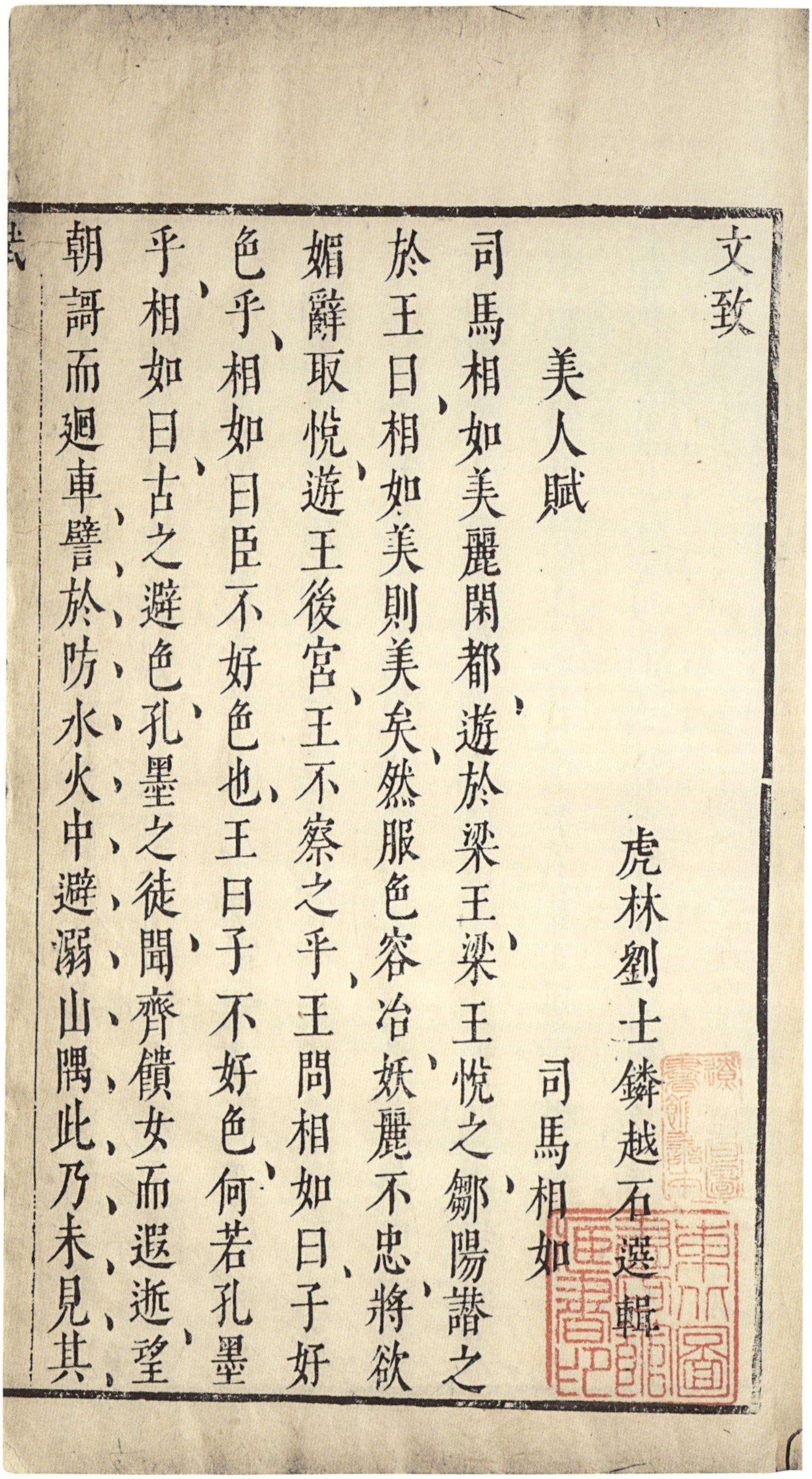

文致

虎林劉士鏻越石選輯

美人賦　司馬相如

司馬相如美麗閑都遊於梁梁王梁王悅之鄒陽譖之於王曰相如美則美矣然服色容冶妖麗不忠將欲媚辭取悅遊王後宮王不察之乎王問相如曰子好色乎相如曰臣不好色也王曰子不好色何若孔墨乎相如曰古之避色孔墨之徒聞齊饋女而遐逝望朝謌而迴車譬於防水火中避溺山隅此乃未見其

10555　文致不分卷　（明）劉士鏻輯　明末刻本　遼寧省圖書館

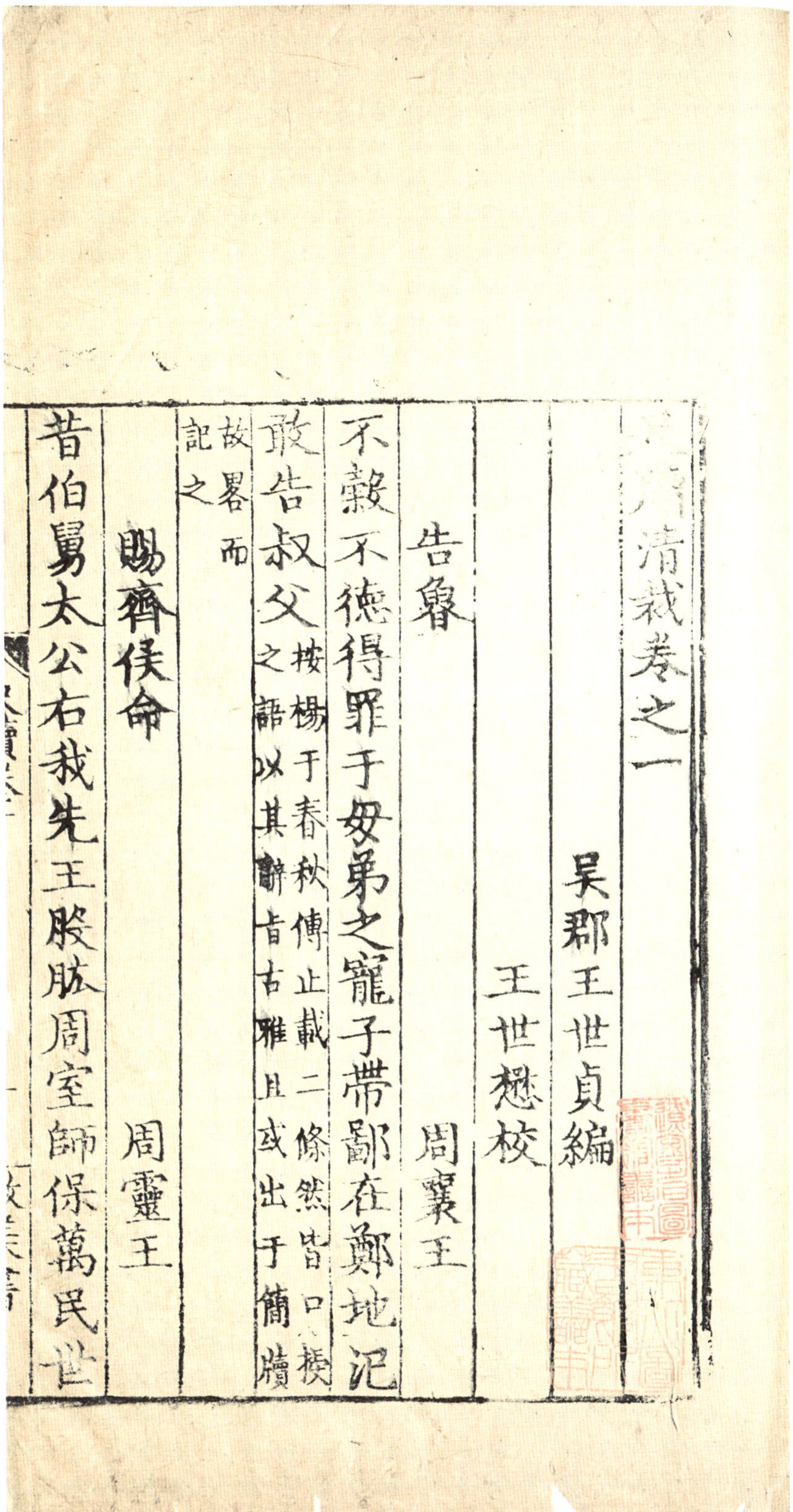

尺牘清裁卷之一
吴郡王世貞編
王世懋校
告魯　周襄王
不穀不德得罪于母弟之寵子帶鄙在鄭地汜
敢告叔父按楊于春秋傳止載二條然皆口授之語以其辭旨古雅且或出于簡牘故畧而記之
賜齊侯命　周靈王
昔伯舅太公右我先王股肱周室師保萬民世

10556　尺牘清裁六十卷補遺一卷　（明）王世貞輯　明隆慶五年（1571）自刻本　遼寧省圖書館

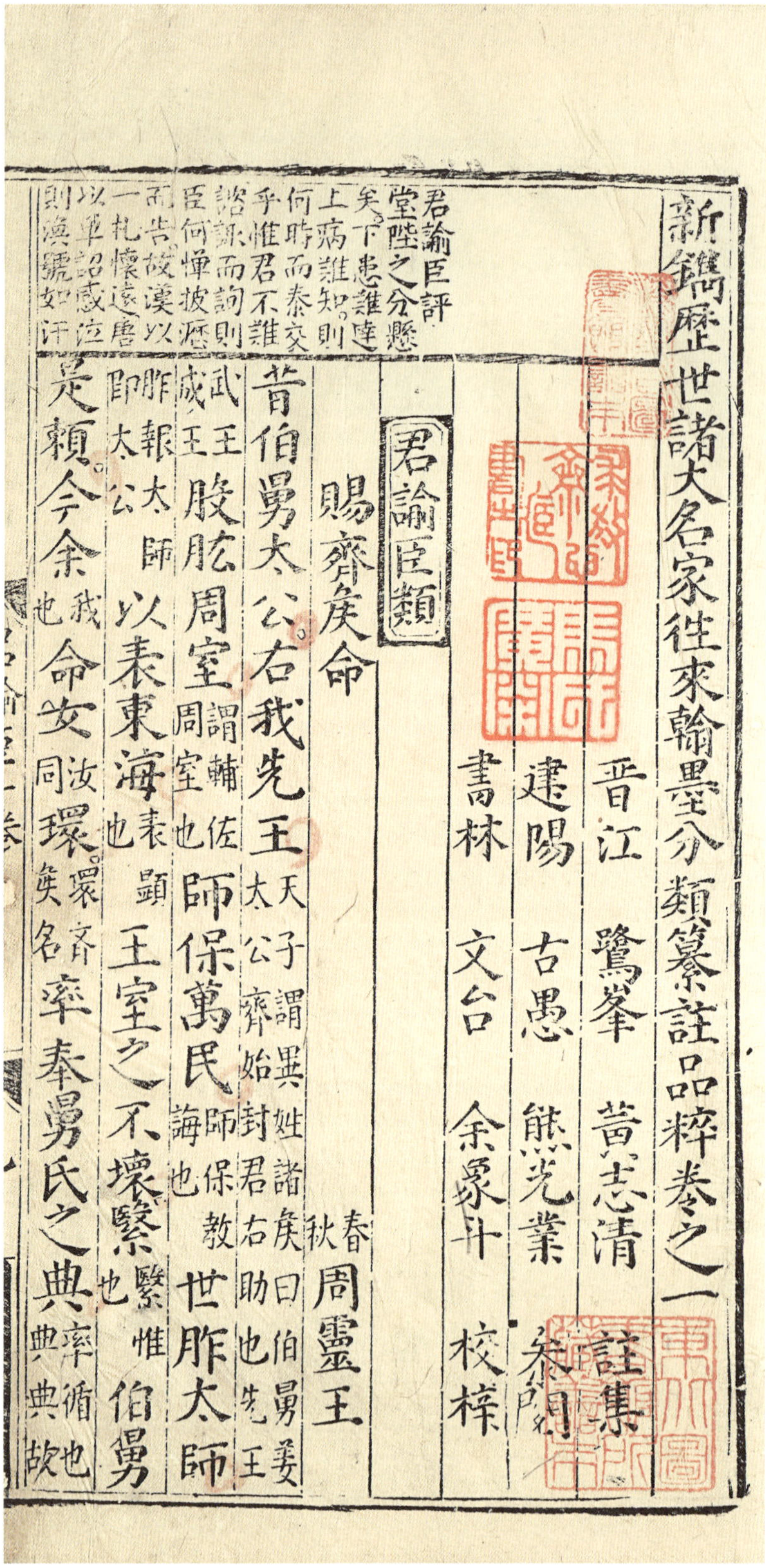

10557　新鐫歷世諸大名家往來翰墨分類纂註品粹　（明）黄志清輯

明萬曆二十五年（1597）書林余象斗刻本　遼寧省圖書館

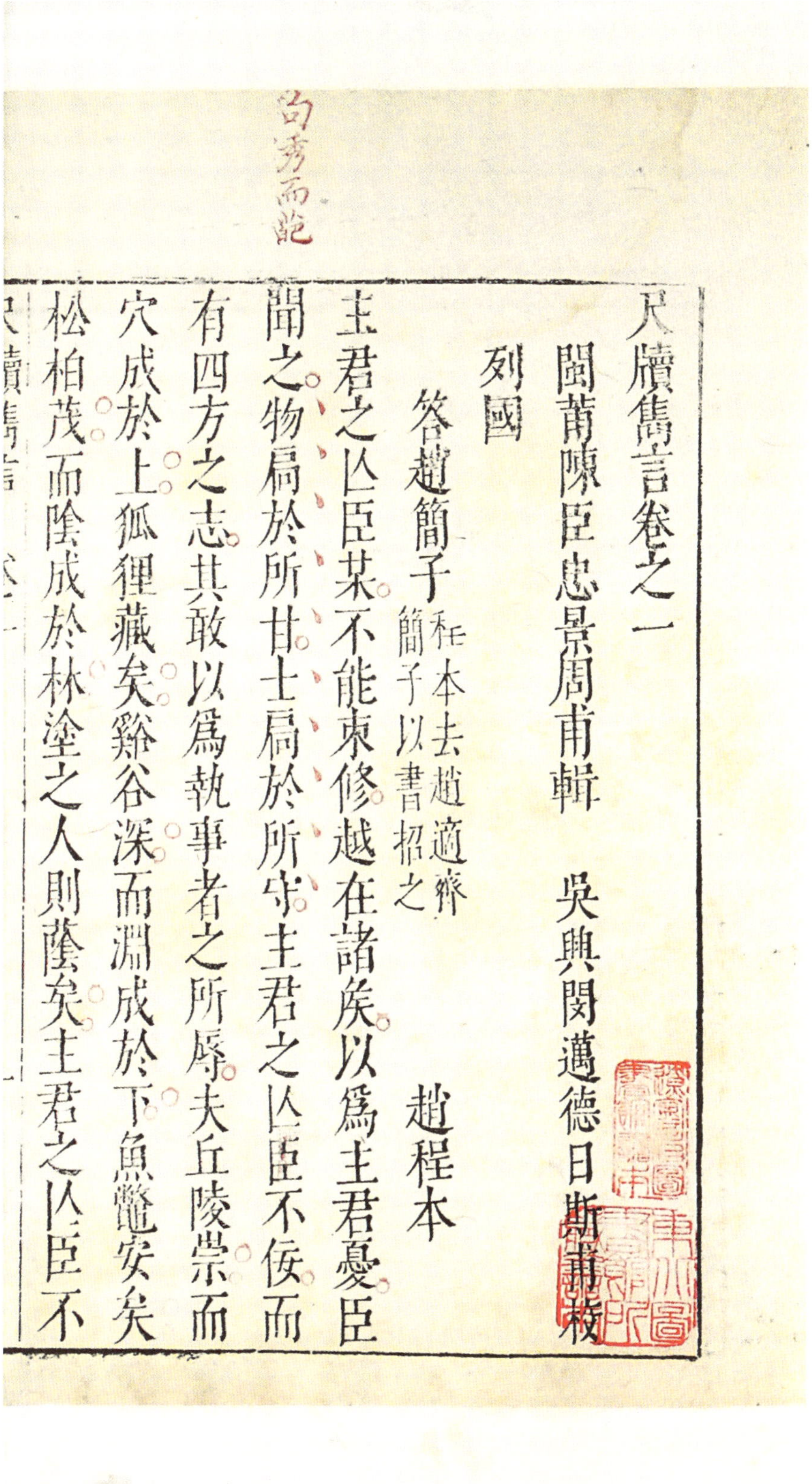

尺牘雋言卷之一

閩莆陳臣忠景周甫輯　吳興閔邁德日斯甫校

列國

答趙簡子　簡子程本去趙適齊簡子以書招之　趙程本

主君之亾臣某不能東修越在諸侯以爲主君憂臣聞之物局於所甘士局於所守主君之亾臣不佞而有四方之志共敢以爲執事者之所辱夫丘陵崇而穴成於上狐狸藏矣谿谷深而淵成於下魚鼈安矣松柏茂而陰成於林塗之人則蔭矣主君之亾臣不

尺牘雋言　卷之一　一

10558　尺牘雋言十二卷　（明）陳臣忠輯　明閔邁德刻朱墨套印本　遼寧省圖書館

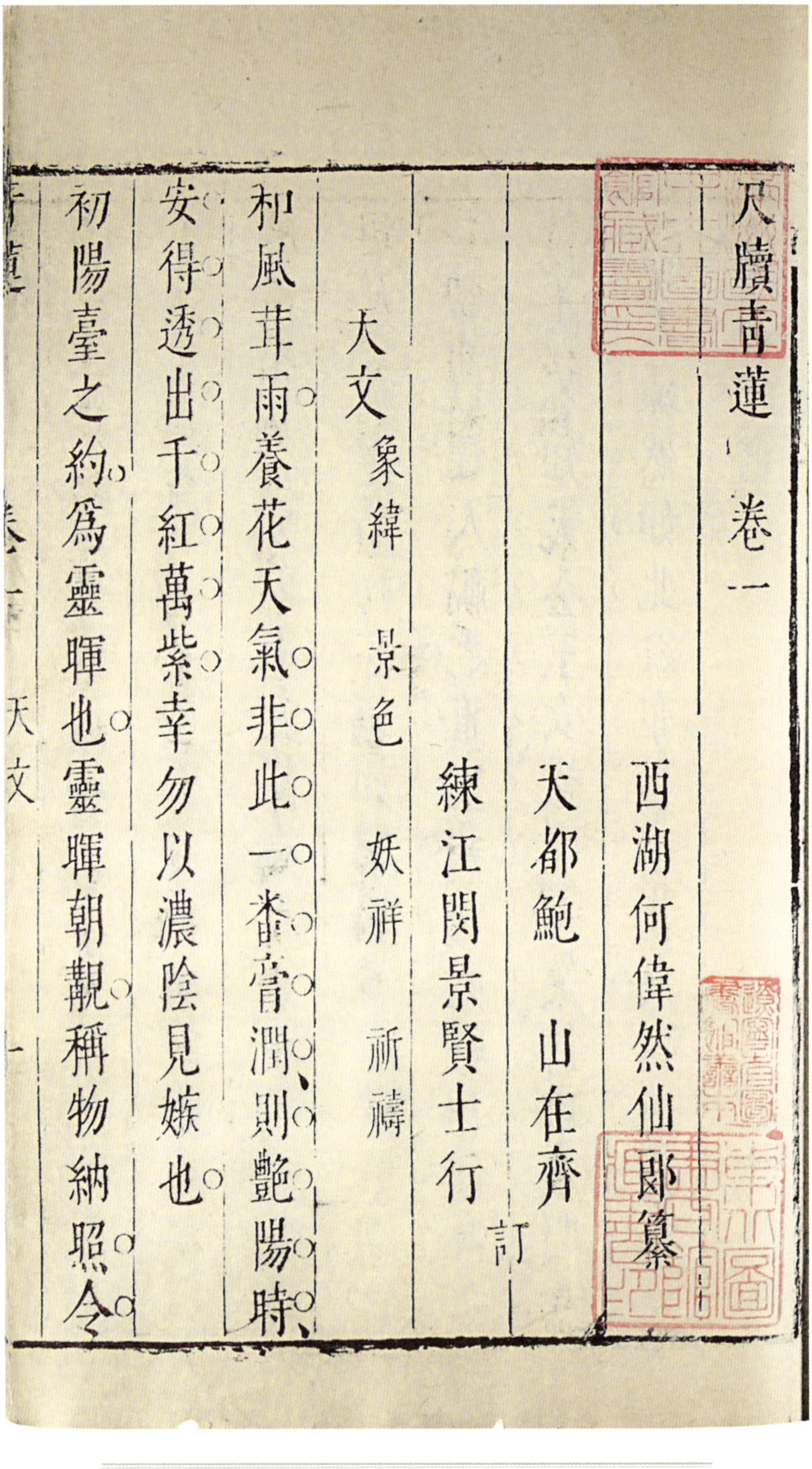
尺牘青蓮 卷一
西湖何偉然仙郎纂
天都鮑山在齊訂
練江閔景賢士行
天文 象緯 景色 妖祥 祈禱
和風茸雨養花天氣非此一番膏潤則艷陽時
安得透出千紅萬紫幸勿以濃陰見嫉也
初陽臺之約爲靈暉也靈暉朝覯稱物納照令

10559 尺牘青蓮鉢十二卷 （明）何偉然撰 明崇禎刻本 遼寧省圖書館

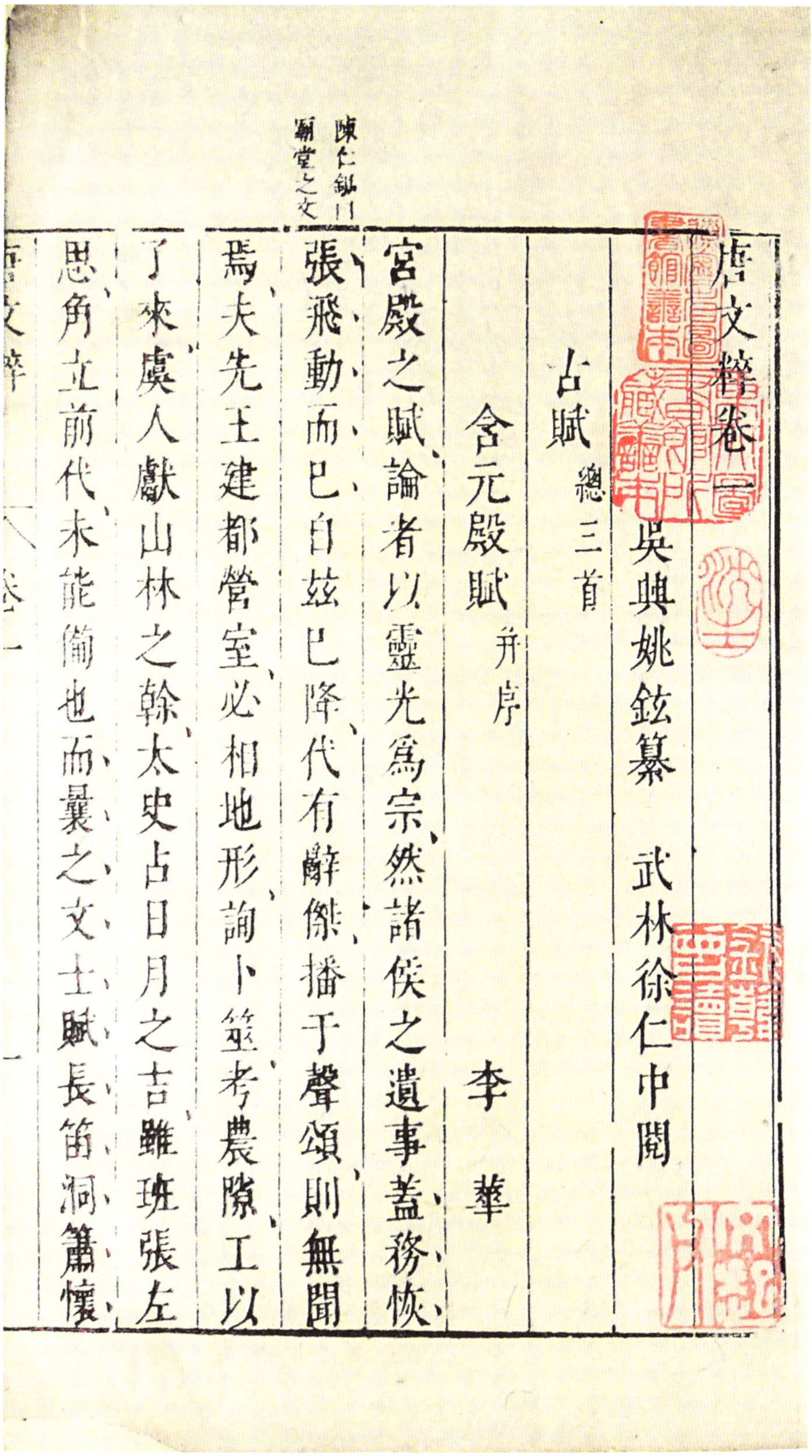
唐文粹卷一
吳興姚鉉纂　武林徐仁中閱
古賦　總三首
含元殿賦并序　李華
宮殿之賦論者以靈光爲宗然諸侯之遺事蓋務恢張飛動而已自茲已降代有辭傑播于聲頌則無聞焉夫先王建都營室必相地形詢卜筮考農隙工以了來虞人獻山林之榦太史占日月之吉雖班張左思角立前代未能備也而曩之文士賦長笛洞簫懷
唐文粹　卷一　一

10560　唐文粹一百卷　（宋）姚鉉輯　明末刻本（卷三十四補抄一頁、卷九十九補抄十頁、卷一百補抄十九頁）　沈欽韓批校　遼寧省圖書館

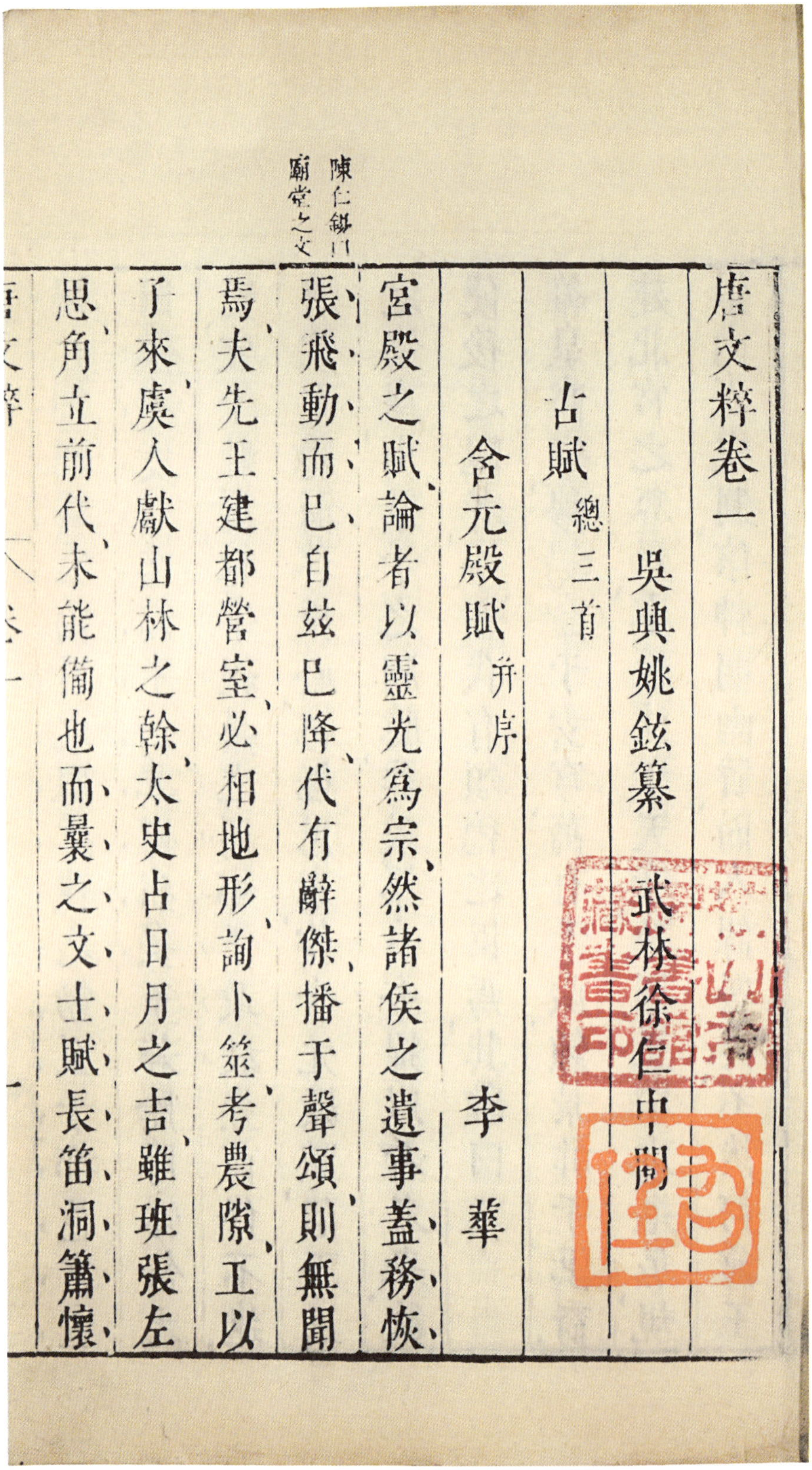

陳仁錫□
顧堂之文

唐文粹卷一　　吳興姚鉉纂　　武林徐仁中閲

古賦 總三首

含元殿賦 并序　　李華

宮殿之賦論者以靈光爲宗然諸侯之遺事蓋務恢
張飛動而已自茲已降代有辭傑播于聲頌則無聞
焉夫先王建都營室必相地形詢卜筮考農隙工以
子來虞人獻山林之榦太史占日月之吉雖班張左
思角立前代未能備也而曩之文士賦長笛洞簫懷

唐文粹　卷一　一

10561　唐文粹一百卷目録一卷　（宋）姚鉉輯　明末刻本　鞍山市圖書館

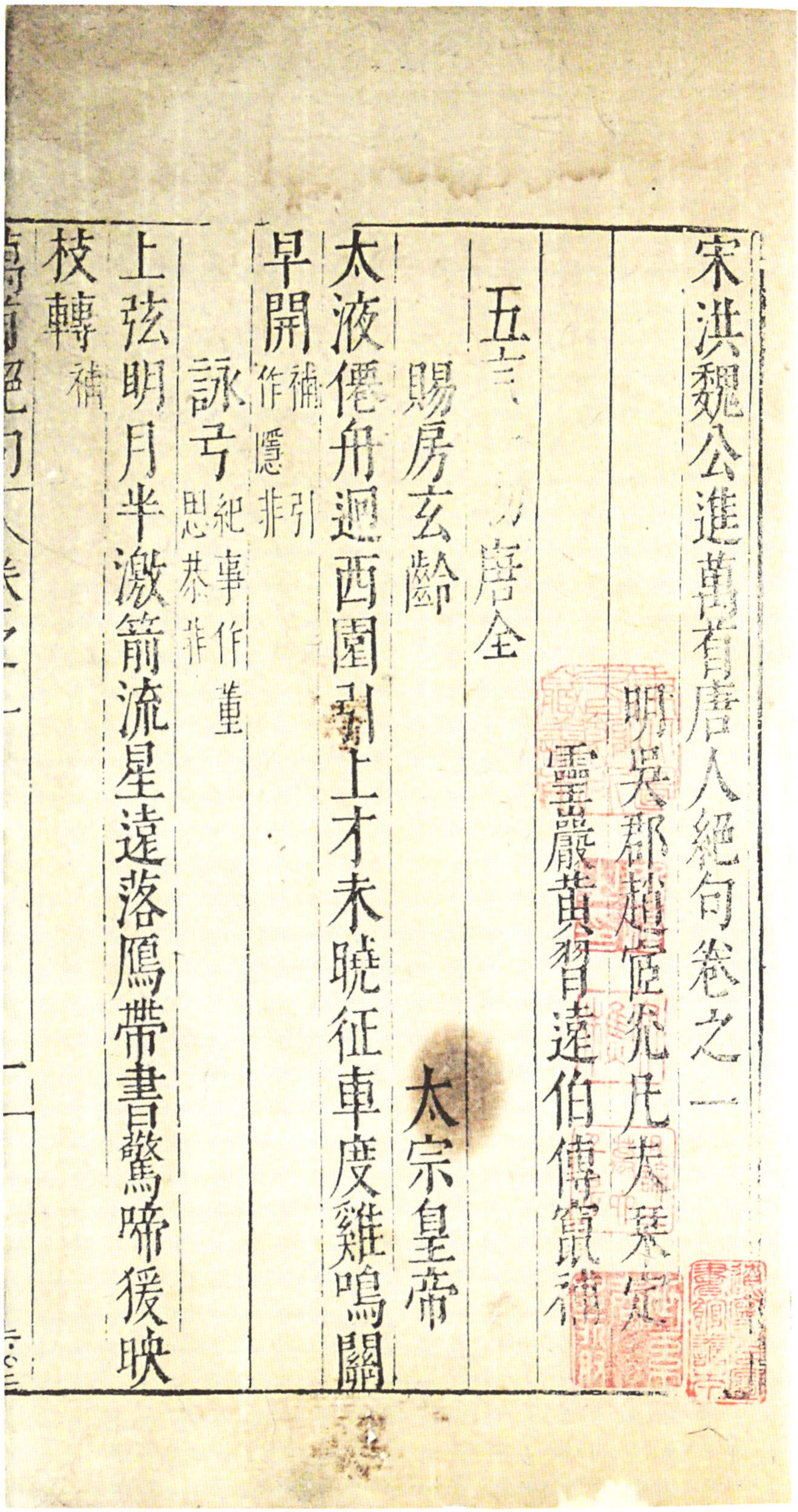
宋洪魏公進萬首唐人絶句卷之一
明吳郡趙宧光凡夫栞定
雲巖黄習遠伯傳竄補
五言初唐全
賜房玄齡　太宗皇帝
太液僊舟迴西園引上才未曉征車度雞鳴關
早開 補引作僊非
詠弓 紀事作董思恭非
上弦明月半激箭流星遠落鴈帶書驚啼猨映
枝轉 補
萬首絶句　卷之一

10562　宋洪魏公進萬首唐人絶句四十卷目録四卷　（宋）洪邁輯　（明）趙宧光　黄習遠補　明萬曆三十五年（1607）趙宧光刻本　遼寧省圖書館

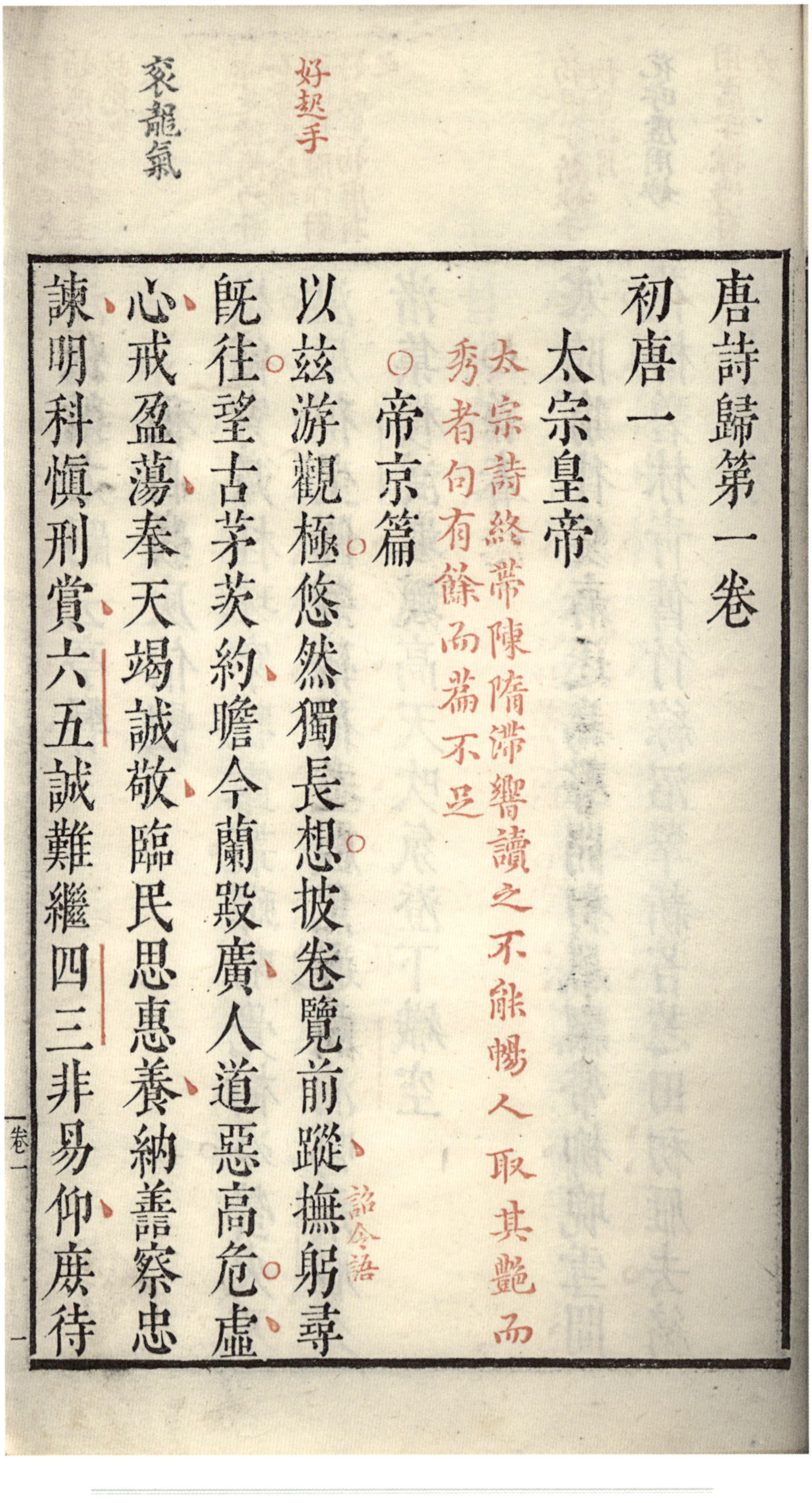
衮龍氣
好起手

唐詩歸第一卷
初唐一
太宗皇帝
太宗詩終帶陳隋滯響讀之不能暢人取其艷而秀者句有餘而篇不足
帝京篇
以茲游觀極悠然獨長想披卷覽前蹤撫躬尋
既往望古茅茨約瞻今蘭殿廣人道惡高危虛
心戒盈蕩奉天竭誠敬臨民思惠養納善察忠
諫明科慎刑賞六五誠難繼四三非易仰廣待

詔令語

卷一　一

10563　唐詩歸三十六卷　（明）鍾惺　譚元春輯　明閔振業、閔振聲刻三色套印本　遼寧大學圖書館

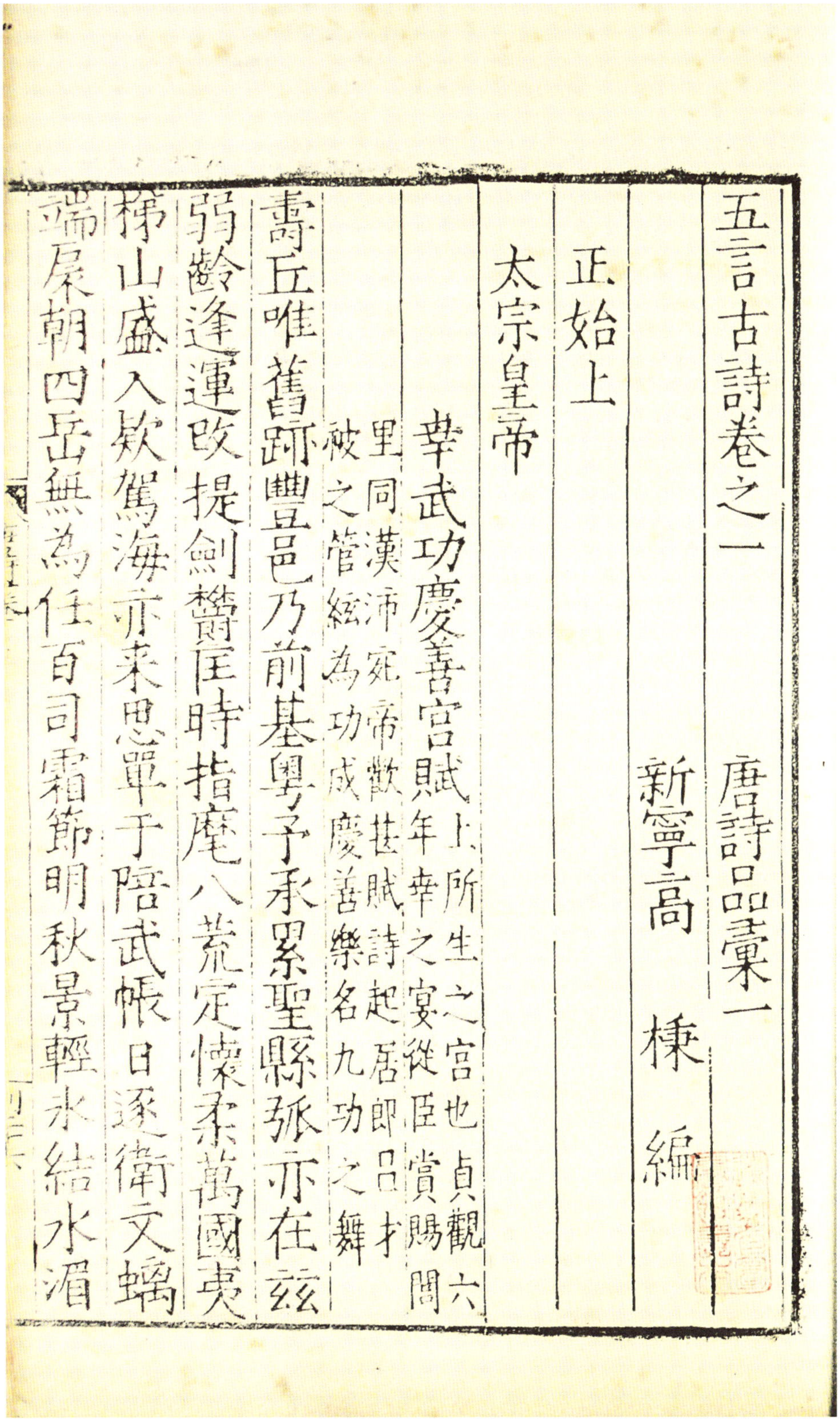
五言古詩卷之一　唐詩品彙一
新寧高　棅　編
正始上
太宗皇帝
幸武功慶善宫賦上所生之宫也貞觀六年幸之宴從臣賞賜閭里同漢沛宛帝歡甚賦詩起居郎呂才被之管絃為功成慶善樂名九功之舞
壽丘唯舊跡酆邑乃前基粵予承累聖懸弧亦在兹
弱齡逢運改提劍鬱匡時指麾八荒定懷柔萬國夷
梯山盛入欵駕海亦來思單于陪武帳日逐衛文螭
端扆朝四岳無為任百司霜節明秋景輕冰結水湄

10564　唐詩品彙九十卷拾遺十卷詩人爵里詳節一卷　（明）高棅輯

（明）汪宗尼校訂　明刻本　遼寧省圖書館

存八十卷（一至五十五、七十六至九十，拾遺十卷）

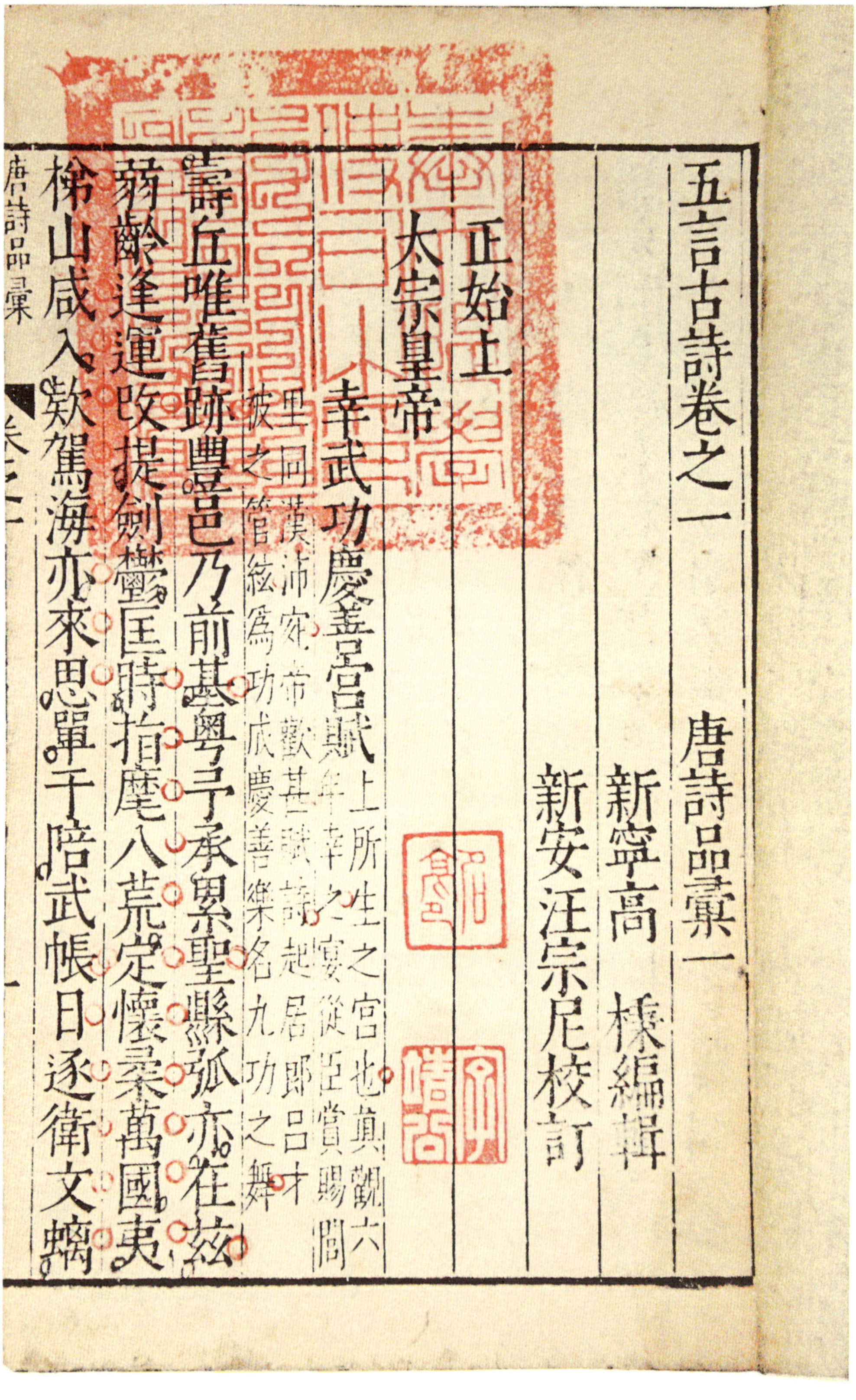
五言古詩卷之一　唐詩品彙一
新寧高　棅編輯
新安汪宗尼校訂
正始上
太宗皇帝
幸武功慶善宮賦上所生之宮也貞觀六年幸之宴從臣賞賜閭里同漢沛宛帝歡甚賦詩起居郎吕才被之管絃爲功成慶善樂名九功之舞
壽丘唯舊跡豐邑乃前基粤予承累聖懸弧亦在茲
弱齡逢運改提劍鬱匡時指麾八荒定懷柔萬國夷
梌山咸入欵馮海亦來思單于陪武帳日逐衛文螭
唐詩品彙　卷之一　一

10565　唐詩品彙九十卷　（明）高棅輯　（明）汪宗尼校訂　明梅墅石渠閣刻本　瀋陽市圖書館

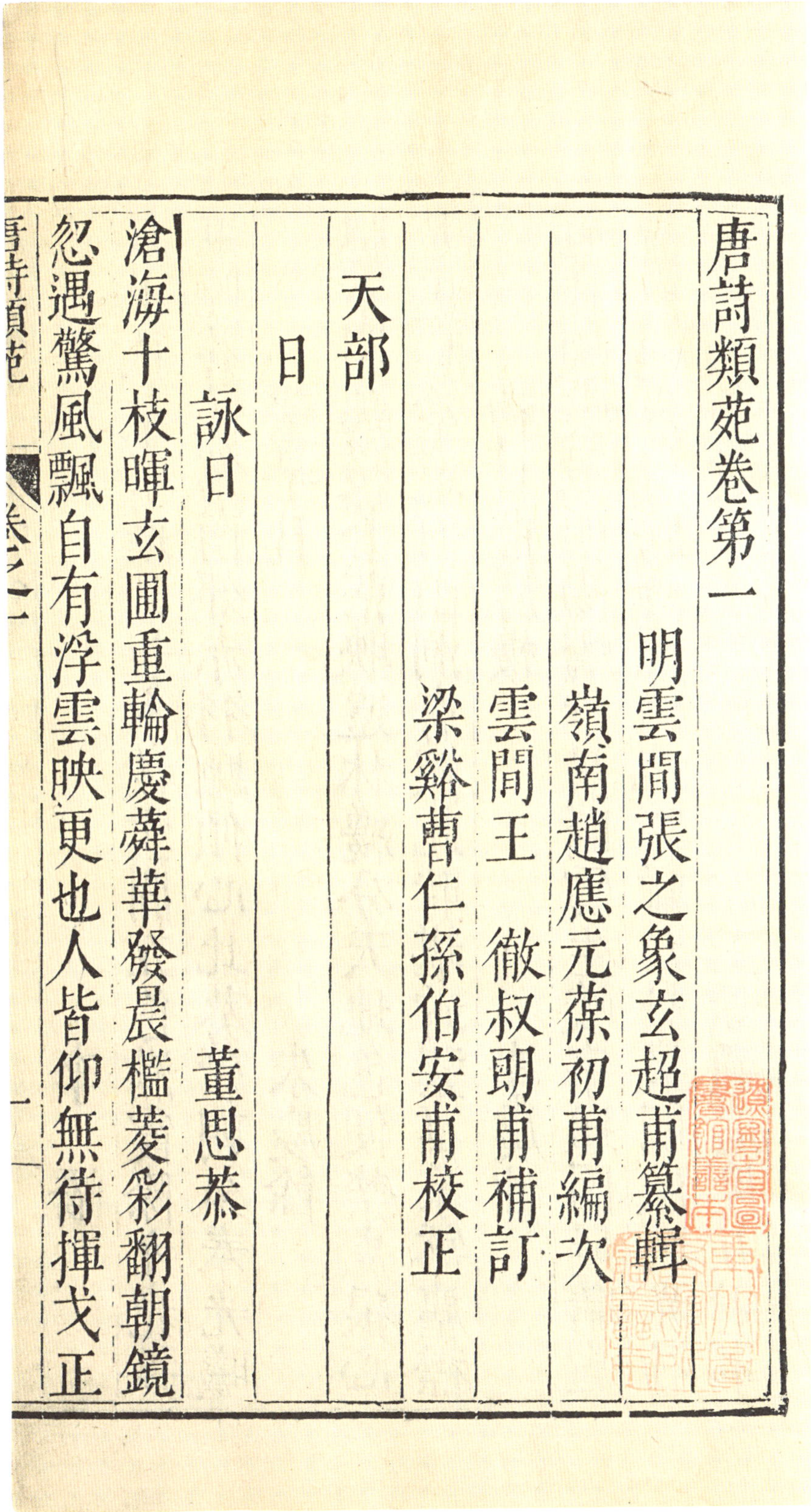

唐詩類苑卷第一

明雲間張之象玄超甫纂輯

嶺南趙應元葆初甫編次

雲間王　徹叔朗甫補訂

梁谿曹仁孫伯安甫校正

天部

日

詠日　董思恭

滄海十枝暉玄圃重輪慶蕣華發晨檻菱彩翻朝鏡

忽遇驚風飄自有浮雲映更也人皆仰無待揮戈正

唐詩類苑　卷之一　一

10566　唐詩類苑二百卷　（明）張之象纂輯　（明）王徹增補　明萬曆二十九年（1601）曹仁孫刻本　遼寧省圖書館

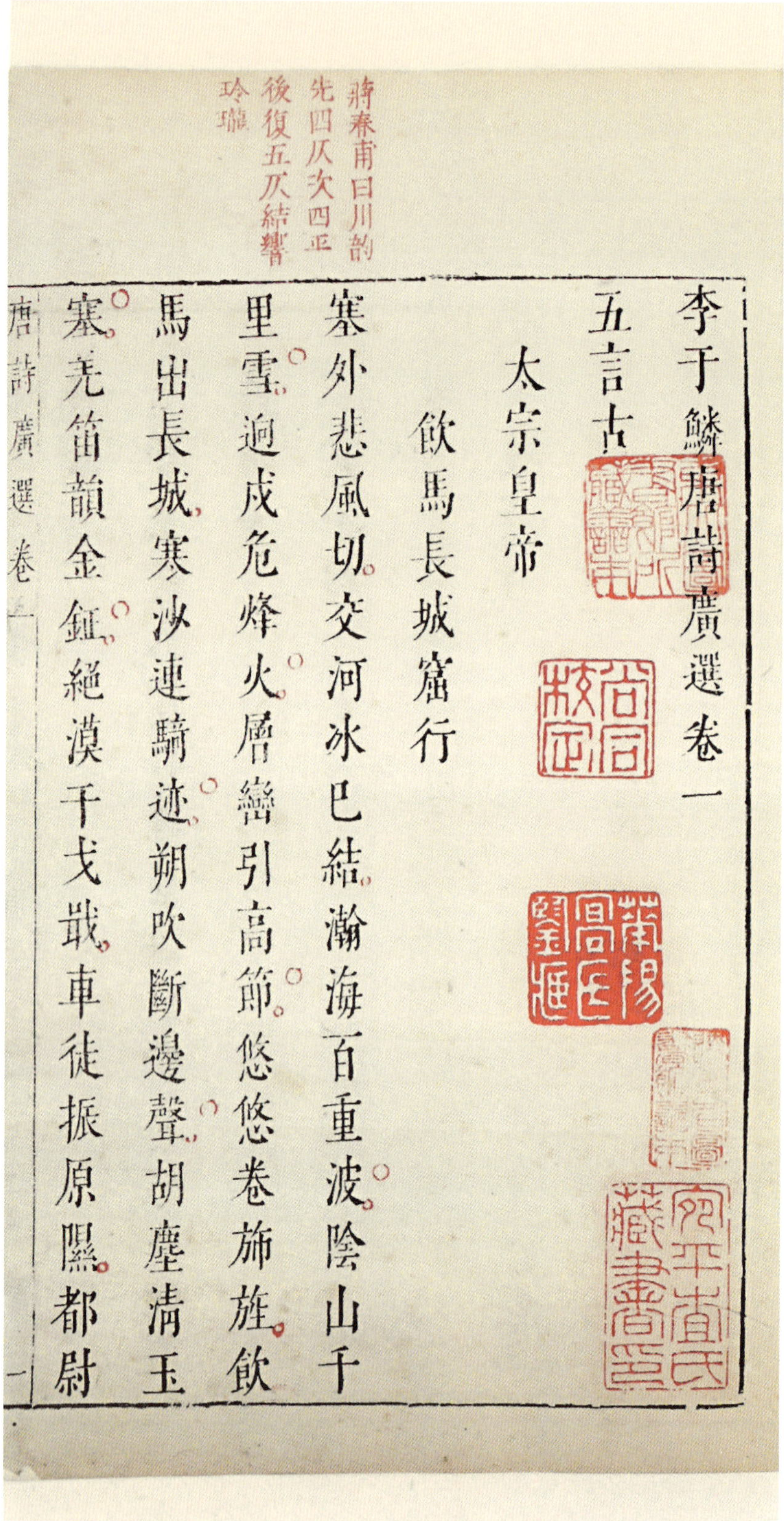

蔣舂甫曰川韵先四仄次四平後復五仄結響玲瓏

李于鱗唐詩廣選卷一

五言古

太宗皇帝

飲馬長城窟行

塞外悲風切交河冰已結瀚海百重波陰山千里雪迥戍危烽火層巒引高節悠悠卷旆旌飲馬出長城寒沙連騎跡朔吹斷邊聲胡塵清玉塞羌笛韻金鉦絶漠干戈戢車徒振原隰都尉

唐詩廣選　卷一　一

10567　李于鱗唐詩廣選七卷　（明）李攀龍輯　（明）凌瑞森　凌南榮輯評　明凌氏刻朱墨套印本　遼寧省圖書館

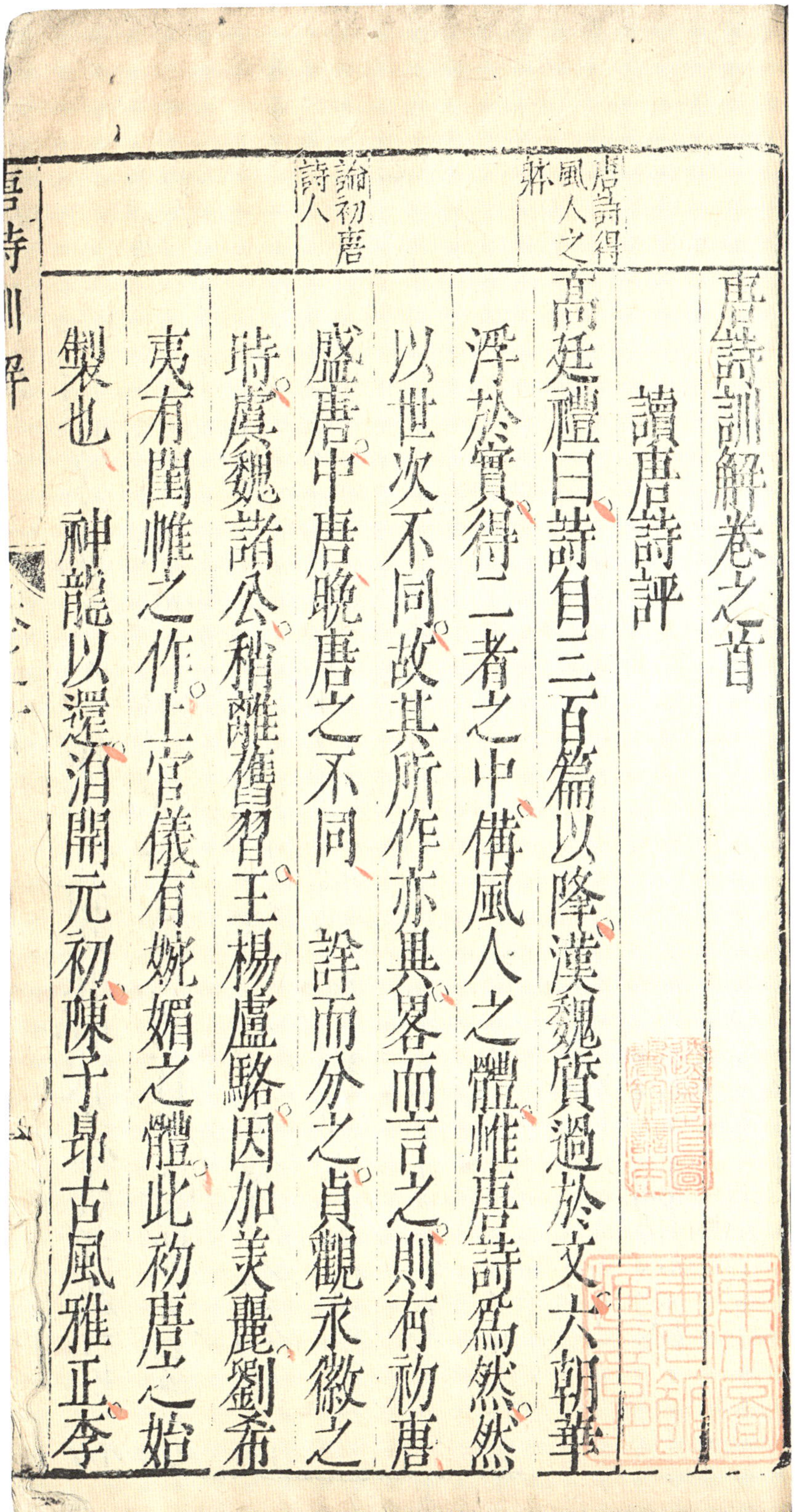

唐詩訓解卷之首

讀唐詩評

唐詩得風人之致

高廷禮曰詩自三百篇以降漢魏質過於文六朝華浮於實得二者之中備風人之體惟唐詩爲然然以世次不同故其所作亦異畧而言之則有初唐盛唐中唐晚唐之不同　詳而分之貞觀永徽之時虞魏諸公稍離舊習王楊盧駱因加美麗劉希夷有閨帷之作上官儀有婉媚之體此初唐之始製也　神龍以還洎開元初陳子昂古風雅正李

論初唐詩人

10568　新刻李袁二先生精選唐詩訓解七卷首一卷　（明）李攀龍輯　（明）袁宏道校　明萬曆四十六年（1618）居仁堂余獻可刻本　遼寧省圖書館

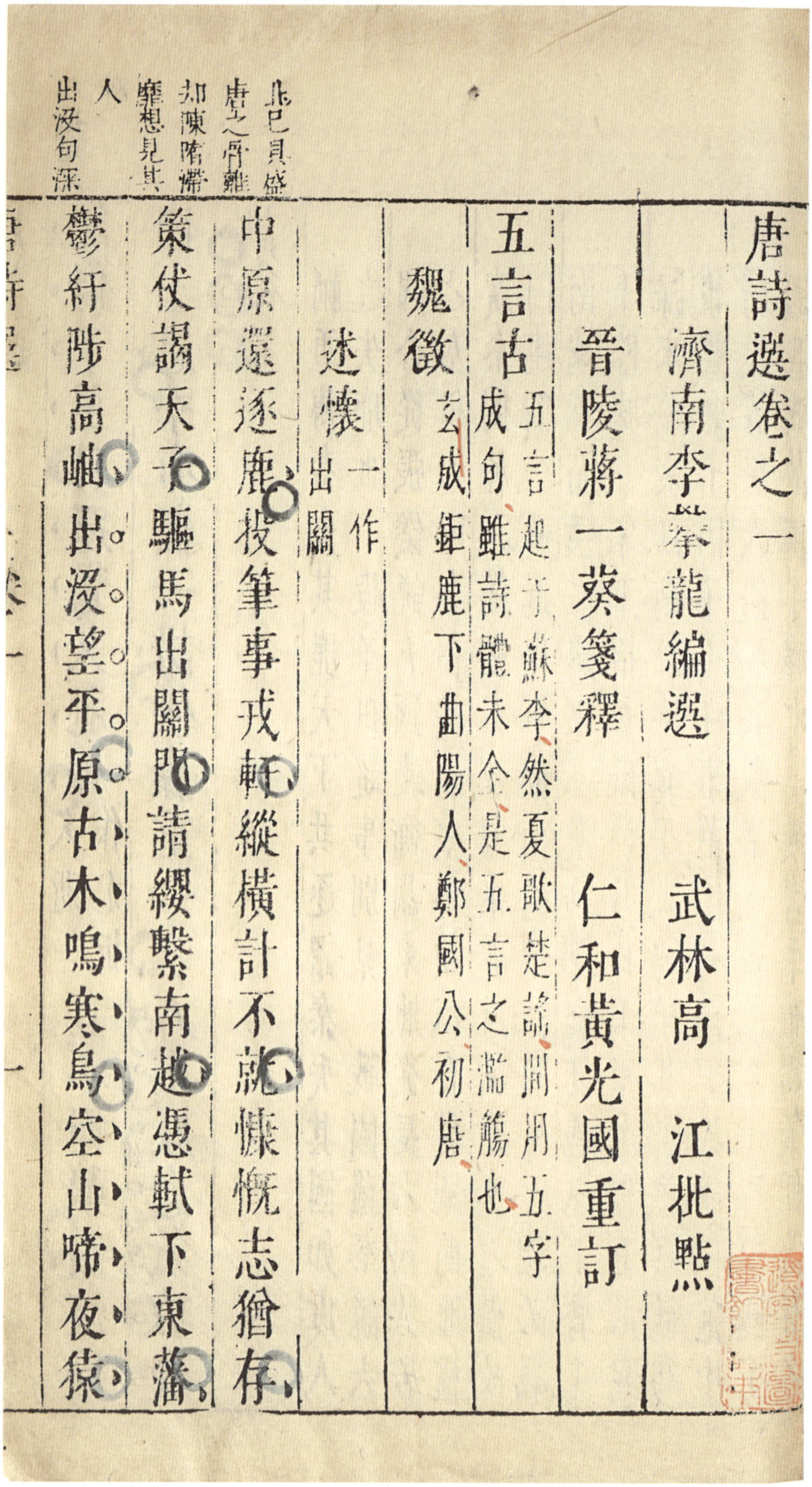

唐詩選卷之一

濟南李攀龍編選　武林高　江批點

晉陵蔣一葵箋釋　仁和黃光國重訂

五言古　五言起于蘇李然夏歌楚謠間用五字成句雖詩體未全是五言之濫觴也

魏徵　玄成鉅鹿下曲陽人鄭國公初唐

述懷　一作出關

此已具盛唐之骨雖如陳隋滯靡想見其人

中原還逐鹿投筆事戎軒縱橫計不就慷慨志猶存

策仗謁天子驅馬出關門請纓繫南越憑軾下東藩

出沒句深

鬱紆陟高岫出沒望平原古木鳴寒鳥空山啼夜猿

唐詩選　卷一　一

10569　唐詩選七卷　（明）李攀龍輯　（明）蔣一葵箋釋　（明）高江批點

明刻本　遼寧省圖書館

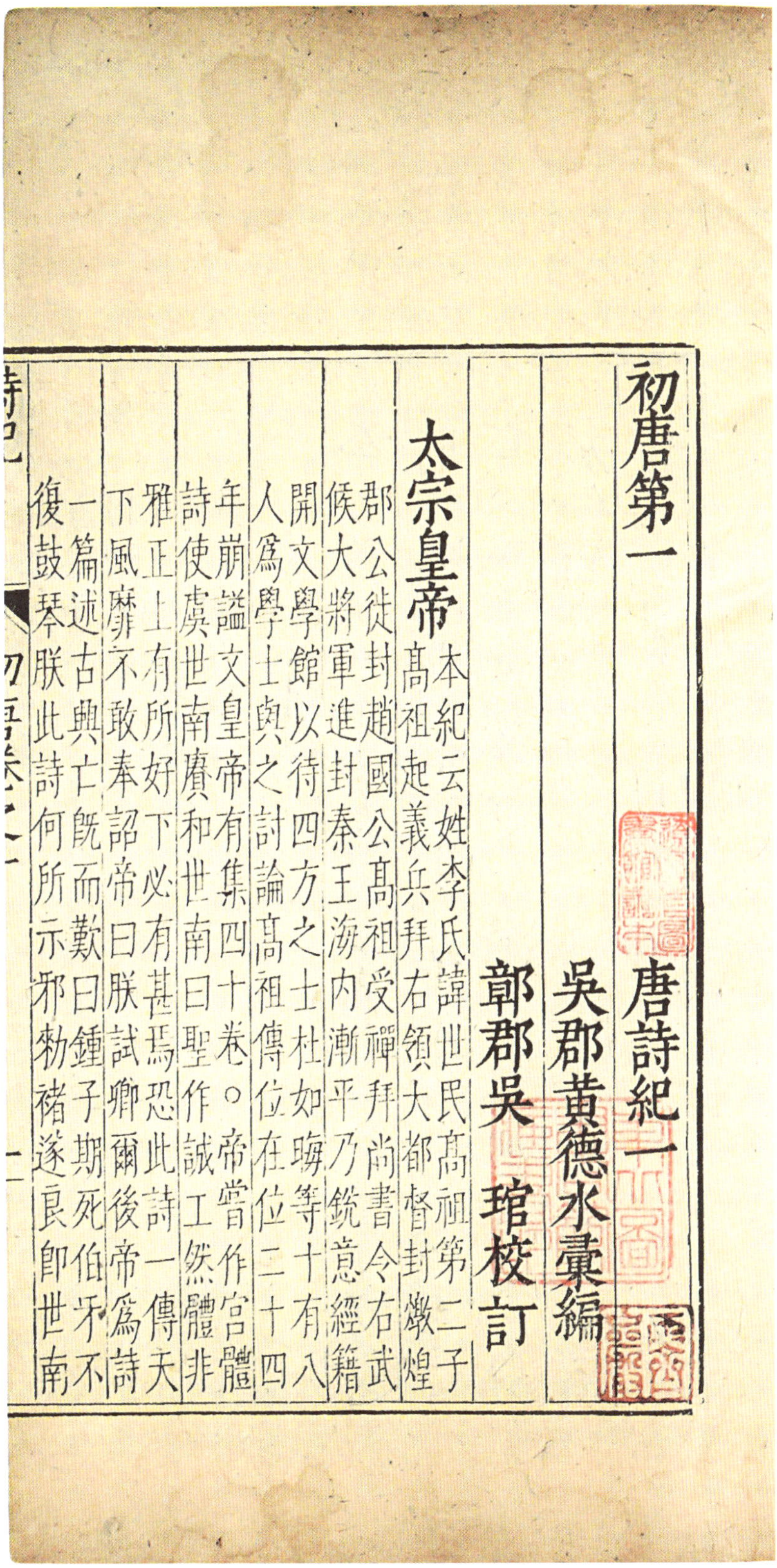

初唐第一　　　　唐詩紀一
吳郡黃德水彙編
鄣郡吳　琯校訂
太宗皇帝本紀云姓李氏諱世民高祖第二子
高祖起義兵拜右領大都督封燉煌
郡公徙封趙國公高祖受禪拜尚書令右武
候大將軍進封秦王海內漸平乃銳意經籍
開文學館以待四方之士杜如晦等十有八
人爲學士與之討論高祖傳位在位二十四
年崩謚文皇帝有集四十卷。帝嘗作宮體
詩使虞世南賡和世南曰聖作誠工然體非
雅正上有所好下必有甚焉恐此詩一傳天
下風靡不敢奉詔帝曰朕試卿爾後帝爲詩
一篇述古興亡既而歎曰鍾子期死伯牙不
復鼓琴朕此詩何所示邪勑褚遂良即世南

10570　唐詩紀一百七十卷目録三十四卷　（明）黃德水　吳琯輯　明萬曆十三年（1585）吳琯刻本　遼寧省圖書館

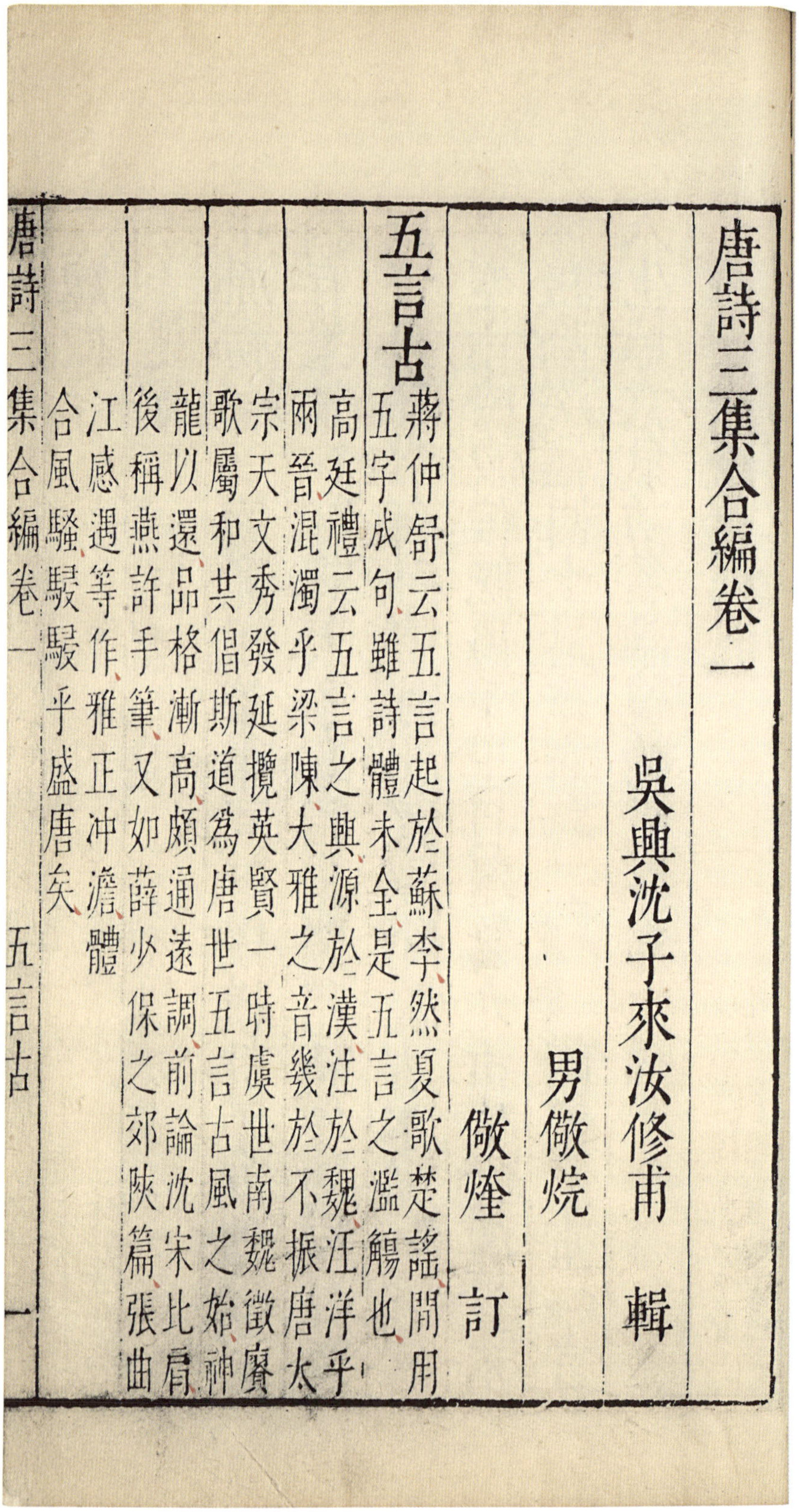

唐詩三集合編卷一

吳興沈子來汝脩甫　輯

男儆烷

儆熢　訂

五言古

蔣仲舒云五言起於蘇李然夏歌楚謠間用五字成句雖詩體未全是五言之濫觴也

高廷禮云五言之興源於漢注於魏汪洋乎兩晉混濁乎梁陳大雅之音幾於不振唐太宗天文秀發延攬英賢一時虞世南魏徵賡歌屬和共倡斯道爲唐世五言古風之始神龍以還品格漸高頗通遠調前論沈宋比肩後稱燕許手筆又如薛少保之郊陝篇張曲江感遇等作雅正冲澹體合風騷駸駸乎盛唐矣

唐詩三集合編卷一　五言古　一

10571　唐詩三集合編七十四卷首一卷　（明）沈子來輯　明天啓四年（1624）寧遠山房刻本　遼寧省圖書館

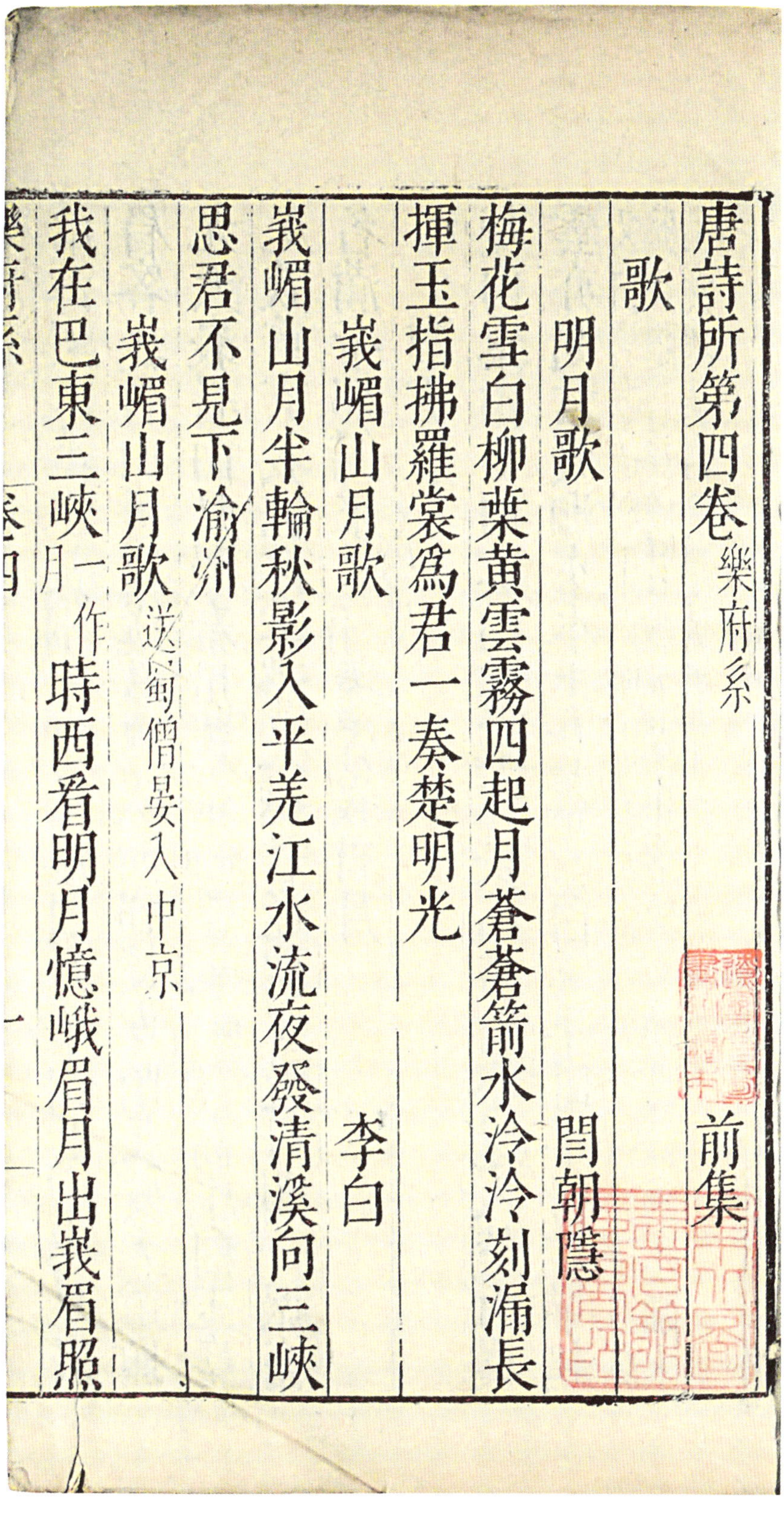

唐詩所第四卷 樂府系 前集

歌

明月歌 閆朝隱

梅花雪白柳葉黃雲霧四起月蒼蒼箭水泠泠刻漏長

揮玉指拂羅裳爲君一奏楚明光

峩嵋山月歌 李白

峩嵋山月半輪秋影入平羌江水流夜發清溪向三峽

思君不見下渝州

峩嵋山月歌送蜀僧晏入中京

我在巴東三峽一作月時西看明月憶峨眉月出峩眉照

樂府系 卷四 一

10572 唐詩所四十七卷 （明）臧懋循輯 明萬曆刻本 遼寧省圖書館

存四十四卷（四至四十七）

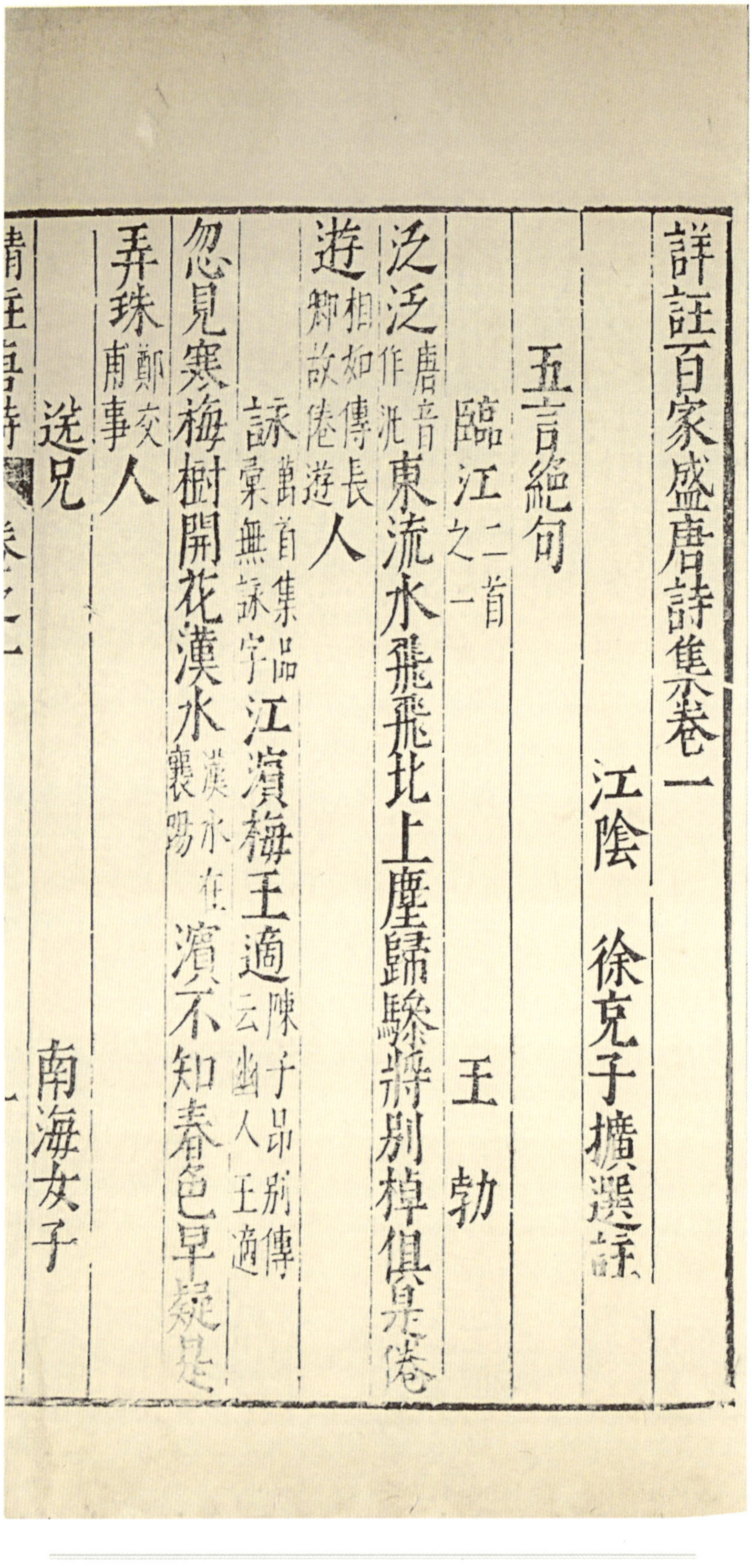

詳註百家盛唐詩彙選卷一

江陰　徐充子擴選註

五言絶句

臨江二首　王勃

臨江之一

泛泛（唐音作汎汎）東流水飛飛北上塵歸驂將別棹俱是倦遊（相如傳長卿故倦遊）人

詠（萬首集品彙無詠字）江濱梅　王適（陳子昂別傳云幽人王適）

忽見寒梅樹開花漢水（漢水在襄陽）濱不知春色早疑是弄珠（鄭交甫事）人

送兄　南海女子

詳註唐詩　卷之一

10573　詳註百家唐詩彙選三十卷　（明）徐充輯并注　明萬曆世美堂刻本

遼寧省圖書館

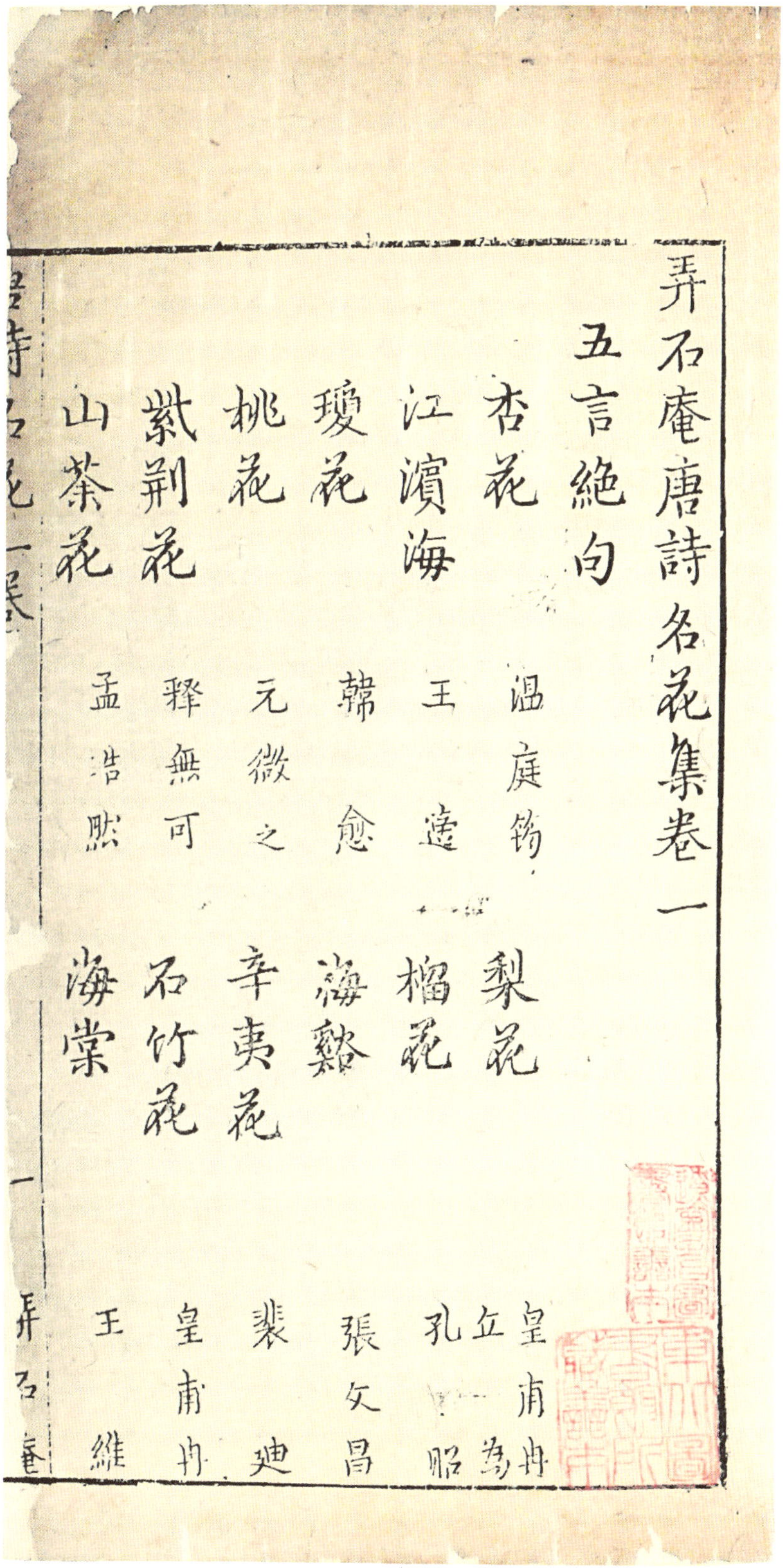

弄石庵唐詩名花集卷一

五言絶句

杏花　温庭筠　梨花　皇甫冉　丘為

江濱海　王適　榴花　孔昭

瓊花　韓愈　海[illegible]　張文昌

桃花　元微之　辛夷花　裴廸

紫荊花　釋無可　石竹花　皇甫冉

山茶花　孟浩然　海棠　王維

10574　弄石庵唐詩名花集四卷　（明）楊肇祉輯　明末弄石庵刻本　遼寧省圖書館

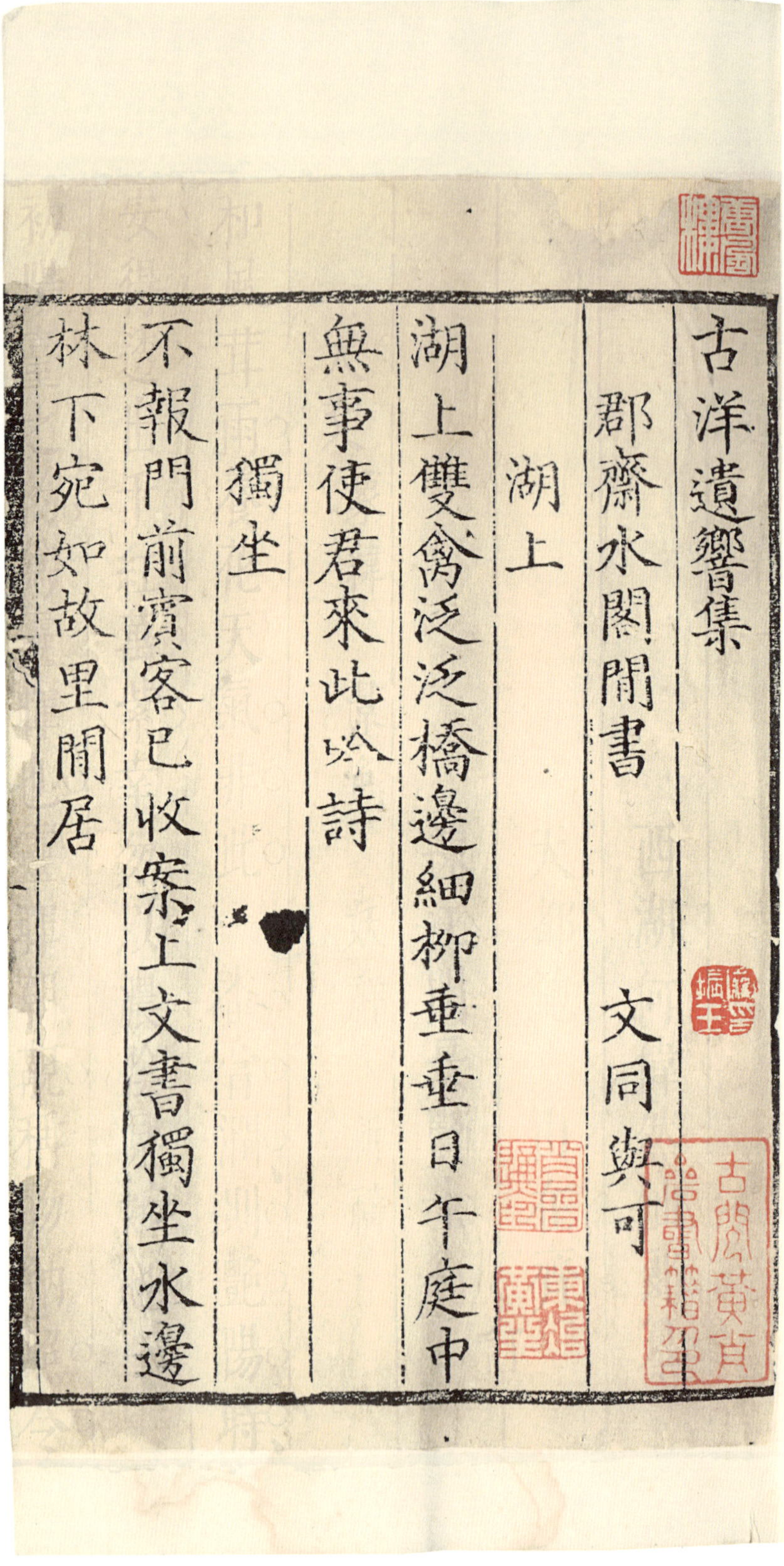

古洋遺響集

郡齋水閣閒書　文同與可

湖上

湖上雙禽泛泛橋邊細柳垂垂日午庭中
無事使君來此吟詩

獨坐

不報門前賓客已收案上文書獨坐水邊
林下宛如故里閒居

10575　古洋遺響集不分卷　（宋）文同撰　明刻本　旅順博物館

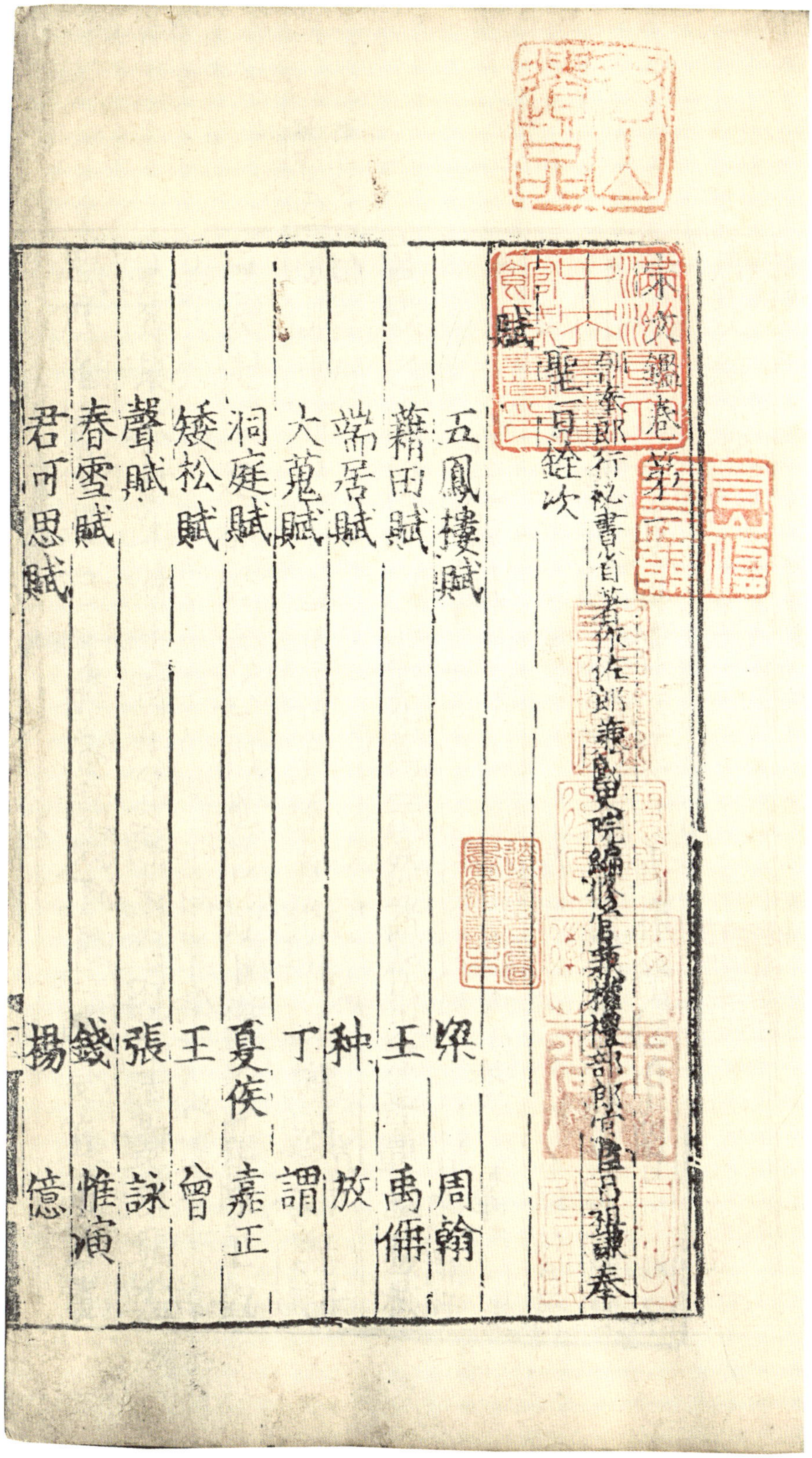

宋文鑑卷第一

朝奉郎行祕書省著作佐郎兼國史院編修官兼權禮部郎官臣呂祖謙奉

聖旨銓次

賦

五鳳樓賦　梁周翰

籍田賦　王禹偁

端居賦　种放

大蒐賦　丁謂

洞庭賦　夏侯嘉正

矮松賦　王曾

聲賦　張詠

春雪賦　錢惟演

君可思賦　楊億

10576　宋文鑑一百五十卷目録三卷　（宋）吕祖謙輯　明嘉靖五年（1526）晋藩朱知烊養德書院刻本　遼寧省圖書館

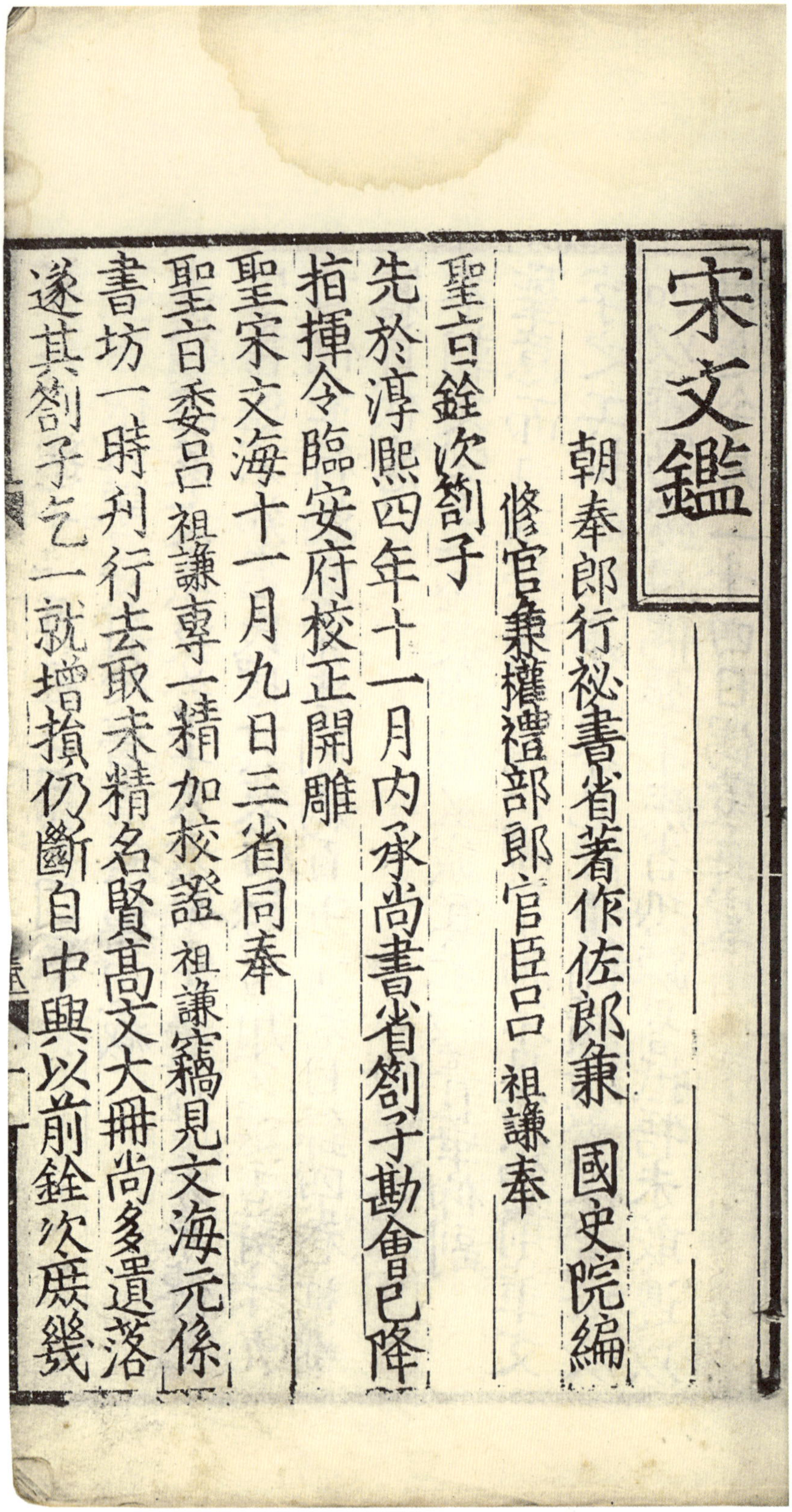
宋文鑑
朝奉郎行祕書省著作佐郎兼　國史院編
修官兼權禮部郎官臣呂　祖謙奉
聖旨銓次劄子
先於淳熙四年十一月内承尚書省劄子勘會已降
指揮令臨安府校正開雕
聖宋文海十一月九日三省同奉
聖旨委呂祖謙專一精加校讎　祖謙竊見文海元係
書坊一時刋行去取未精名賢高文大冊尚多遺落
遂具劄子乞一就增損仍斷自中興以前銓次庶幾

10577　宋文鑑一百五十卷目録三卷　（宋）吕祖謙輯　明嘉靖五年（1526）

晋藩朱知烊養德書院刻本　大連圖書館

存一百三十八卷（一至三十一、三十四至一百十、一百二十一至一百五十）

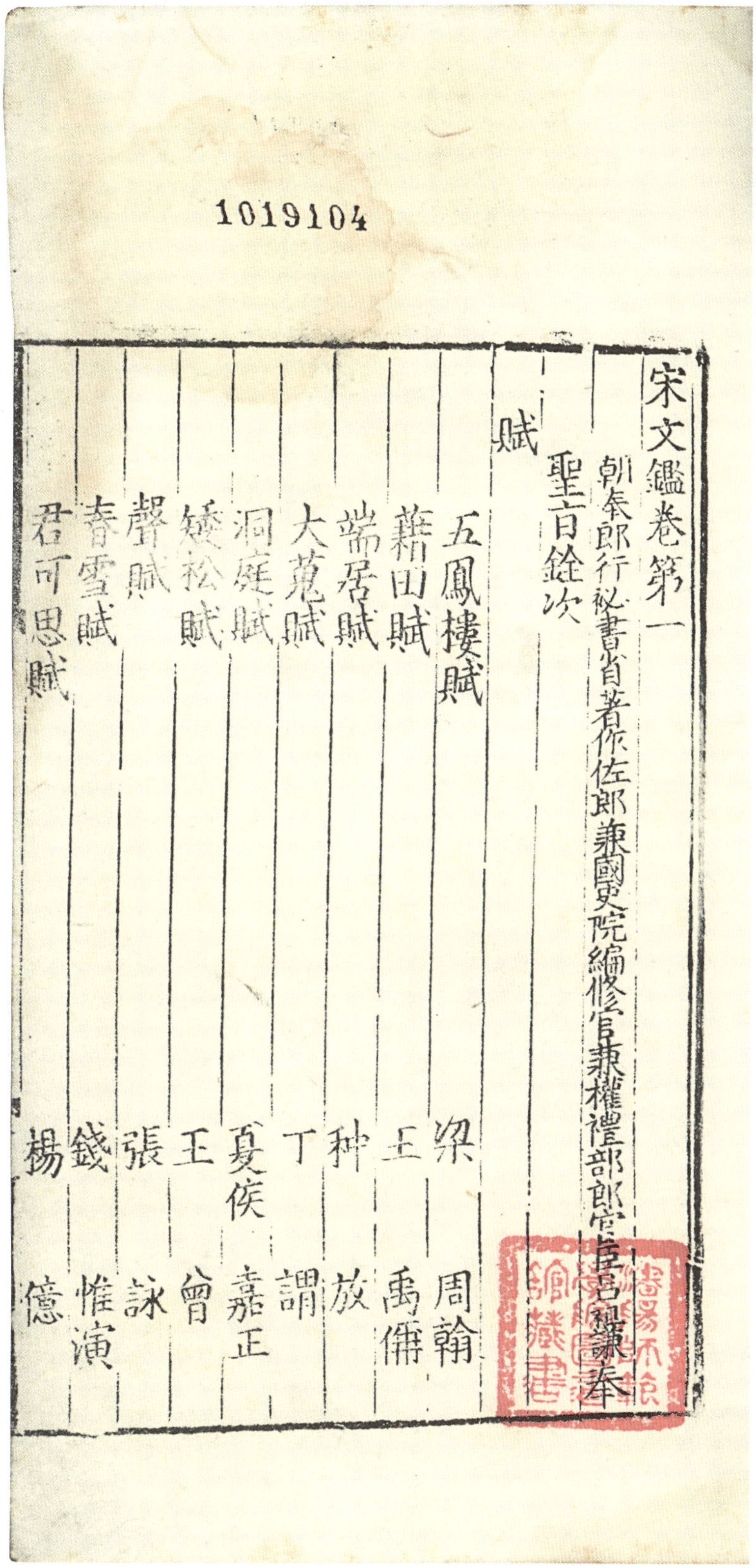
1019104

宋文鑑卷第一
朝奉郎行秘書省著作佐郎兼國史院編修官兼權禮部郎官臣呂祖謙奉
聖旨銓次
賦
五鳳樓賦　梁周翰
藉田賦　王禹偁
端居賦　种放
大蒐賦　丁謂
洞庭賦　夏侯嘉正
矮松賦　王曾
聲賦　張詠
春雪賦　錢惟演
君可思賦　楊億

10578　宋文鑑一百五十卷目録三卷　（宋）吕祖謙輯　明嘉靖五年（1526）晉藩朱知烊養德書院刻本　遼寧大學圖書館

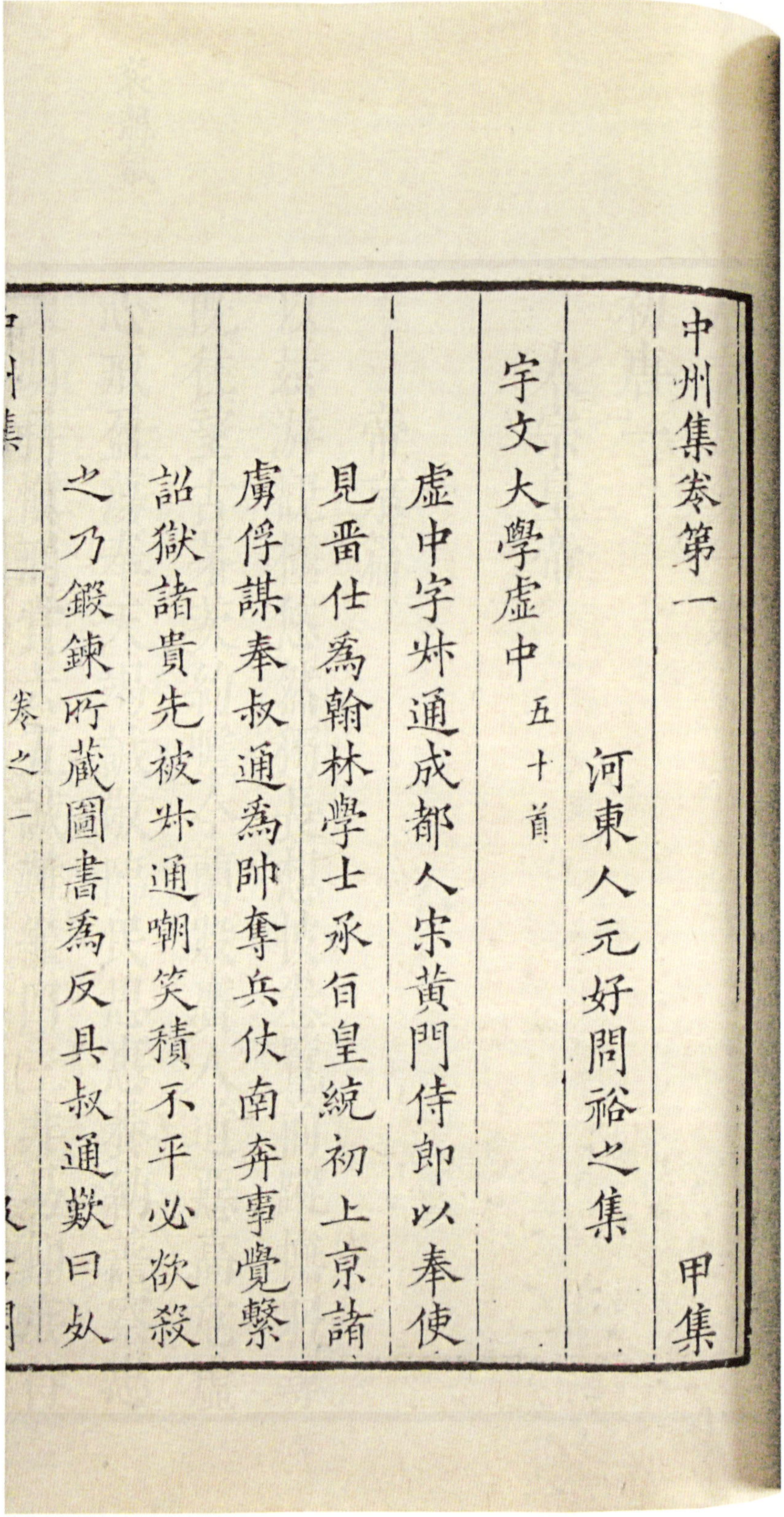
中州集卷第一　甲集
河東人元好問裕之集
宇文大學虚中　五十首
虚中字叔通成都人宋黄門侍郎以奉使
見畱仕爲翰林學士承旨皇統初上京諸
虜俘謀奉叔通爲帥奪兵仗南奔事覺繫
詔獄諸貴先被叔通嘲笑積不平必欲殺
之乃鍜鍊所藏圖書爲反具叔通歎曰奴
卷之一

10579　中州集十卷樂府一卷　（金）元好問輯　明末毛氏汲古閣刻本　魯迅美術學院圖書館

存八卷（一至六、九至十）

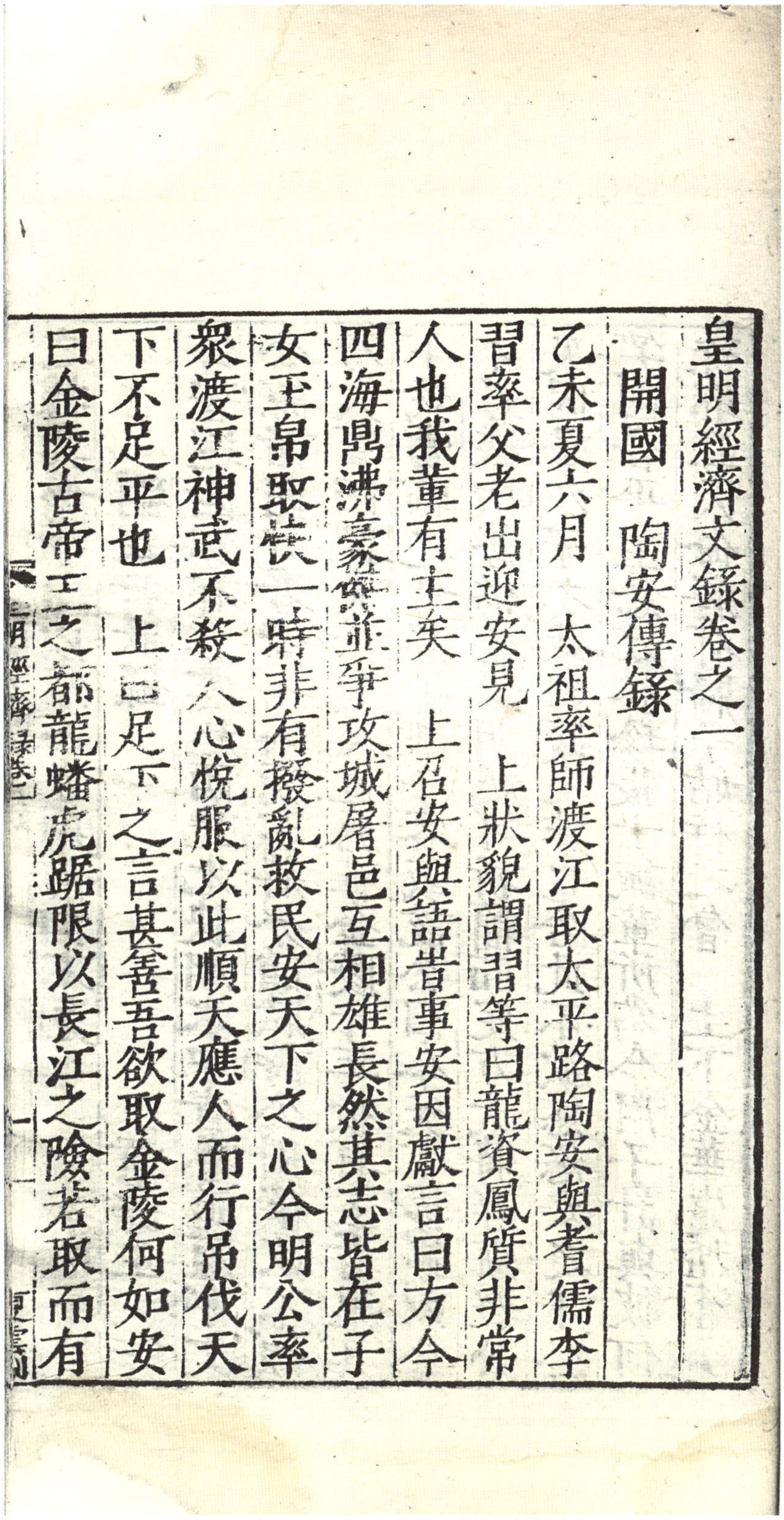

皇明經濟文錄卷之一

開國　陶安傳錄

乙未夏六月　太祖率師渡江取太平路陶安與耆儒李習率父老出迎安見　上狀貌謂習等曰龍資鳳質非常人也我輩有主矣　上召安與語咨事安因獻言曰方今四海鼎沸豪傑並爭攻城屠邑互相雄長然其志皆在子女玉帛取快一時非有撥亂救民安天下之心今明公率衆渡江神武不殺人心悅服以此順天應人而行弔伐天下不足平也　上曰足下之言甚善吾欲取金陵何如安曰金陵古帝王之都龍蟠虎踞限以長江之險若取而有

10580　皇明經濟文録四十一卷　（明）萬表輯　明嘉靖三十三年（1554）曲入繩、游居敬刻本（卷三十四至三十五、三十九至四十一係補抄）　大連圖書館

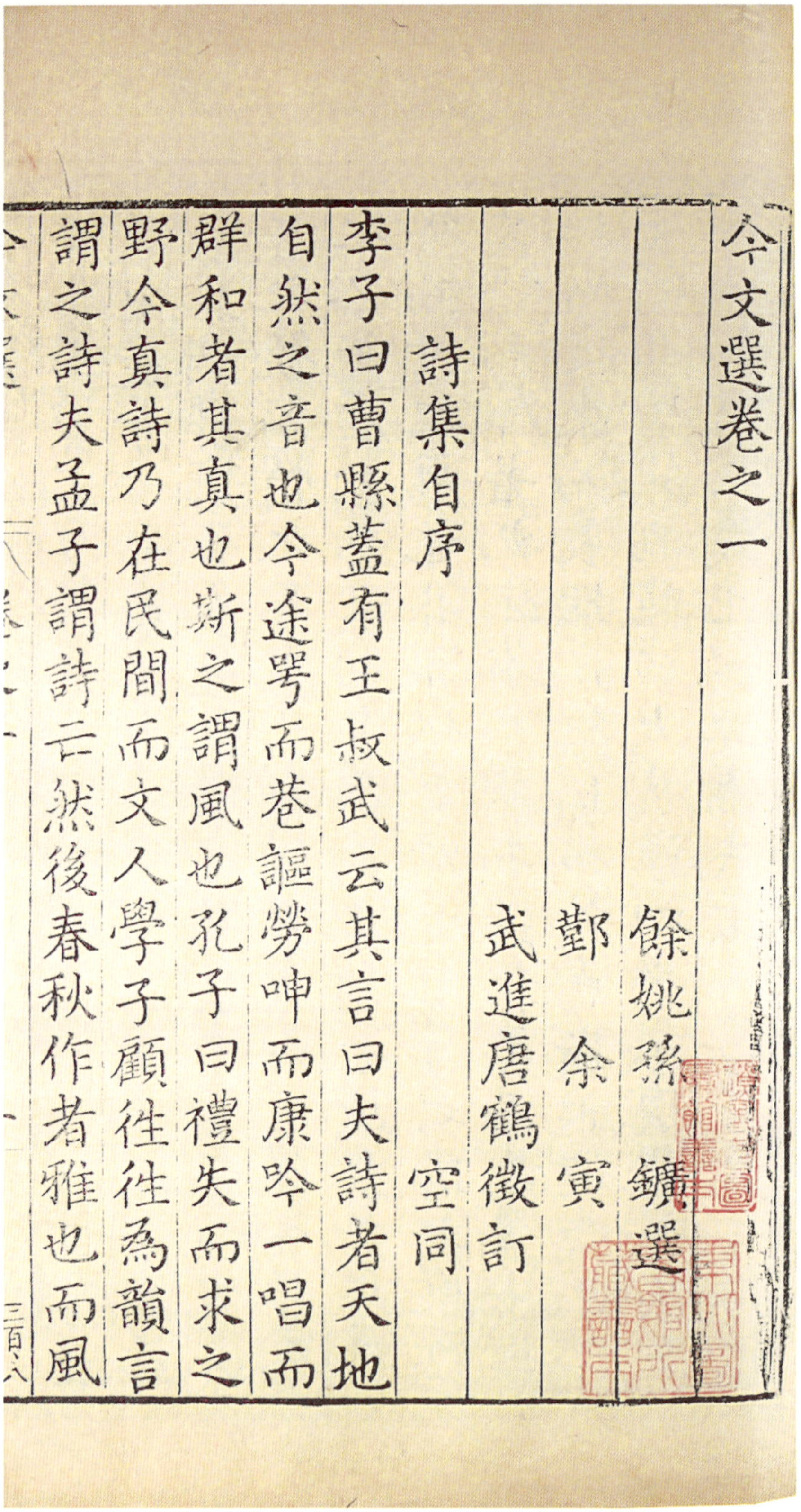

今文選卷之一

餘姚孫鑛選
鄞余寅
武進唐鶴徵訂

詩集自序　空同

李子曰曹縣蓋有王叔武云其言曰夫詩者天地自然之音也今途咢而巷謳勞呻而康吟一唱而群和者其真也斯之謂風也孔子曰禮失而求之野今真詩乃在民間而文人學子顧往往為韻言謂之詩夫孟子謂詩亡然後春秋作者雅也而風

今文選　卷之一　三百八

10581　今文選十二卷續今文選五卷　（明）孫鑛選　（明）余寅　唐鶴徵訂　明萬曆三十一年（1603）刻本　遼寧省圖書館

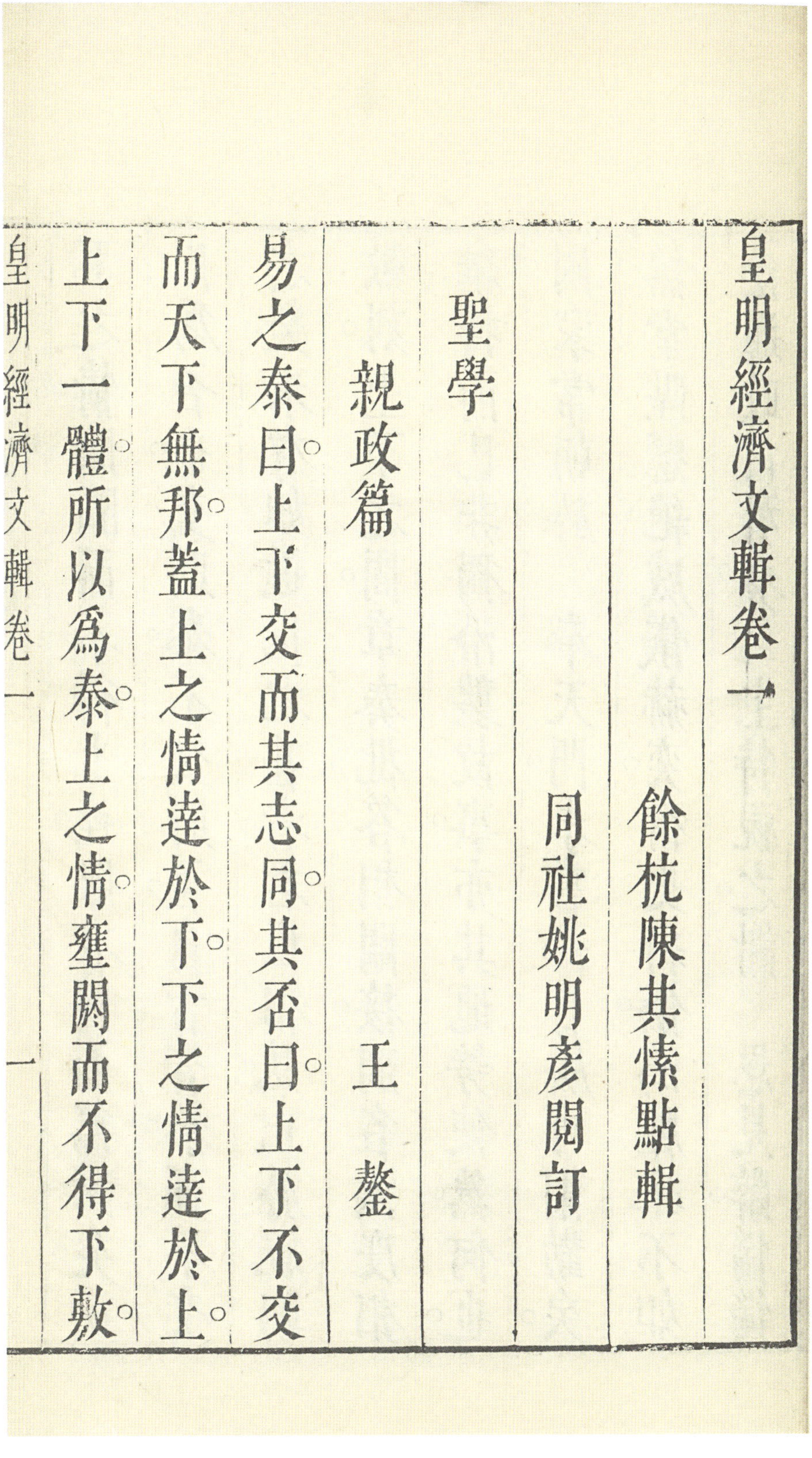

皇明經濟文輯卷一

餘杭陳其愫點輯

同社姚明彥閱訂

聖學

親政篇　王鏊

易之泰曰上下交而其志同其否曰上下不交

而天下無邦蓋上之情達於下下之情達於上

上下一體所以爲泰上之情壅閼而不得下敷

皇明經濟文輯卷一　一

10582　皇明經濟文輯二十三卷　（明）陳其愫輯　明天啓七年（1627）自刻本　大連圖書館

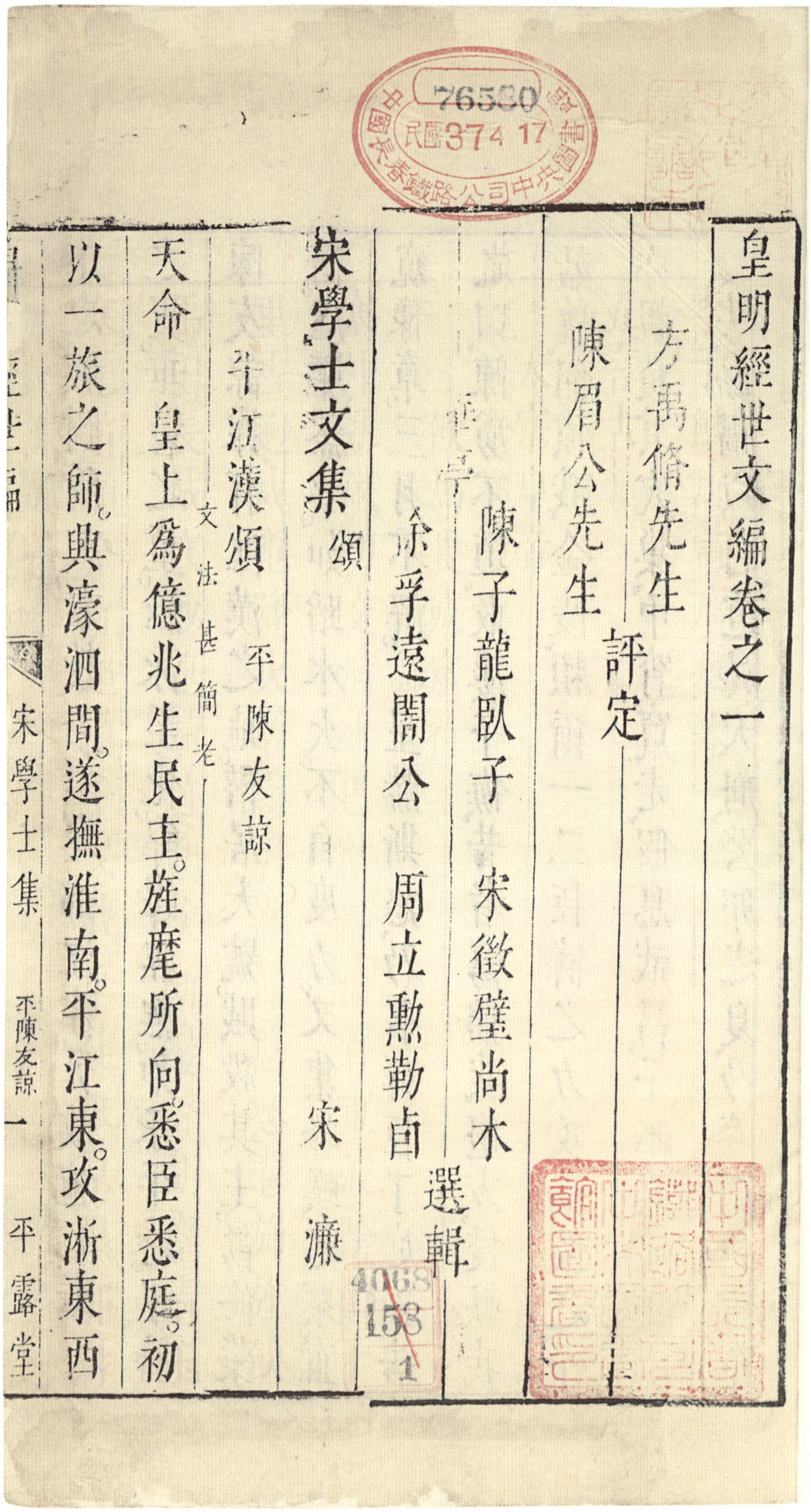
皇明經世文編卷之一
方禹脩先生
陳眉公先生　評定
陳子龍臥子　宋徵璧尚木
華亭　徐孚遠闇公　周立勳勒卣　選輯
宋學士文集　頌　宋濂
平江漢頌　平陳友諒
文法甚簡老
天命　皇上爲億兆生民主。旌麾所向。悉臣悉庭。初
以一旅之師。興濠泗間。遂撫淮南。平江東。攻浙東西
經世文編　宋學士集　平陳友諒　一　平露堂

10583　皇明經世文編五百四卷補遺四卷　（明）陳子龍等輯　明崇禎平露堂刻本（卷三十三至三十四、七十五至七十七、一百四十六至一百四十九、一百五十六至一百六十四、三百十六至三百二十六、三百三十七至三百四十五、三百五十一至三百五十六、三百六十一至三百六十九、三百七十四至三百八十七係補抄）
大連圖書館

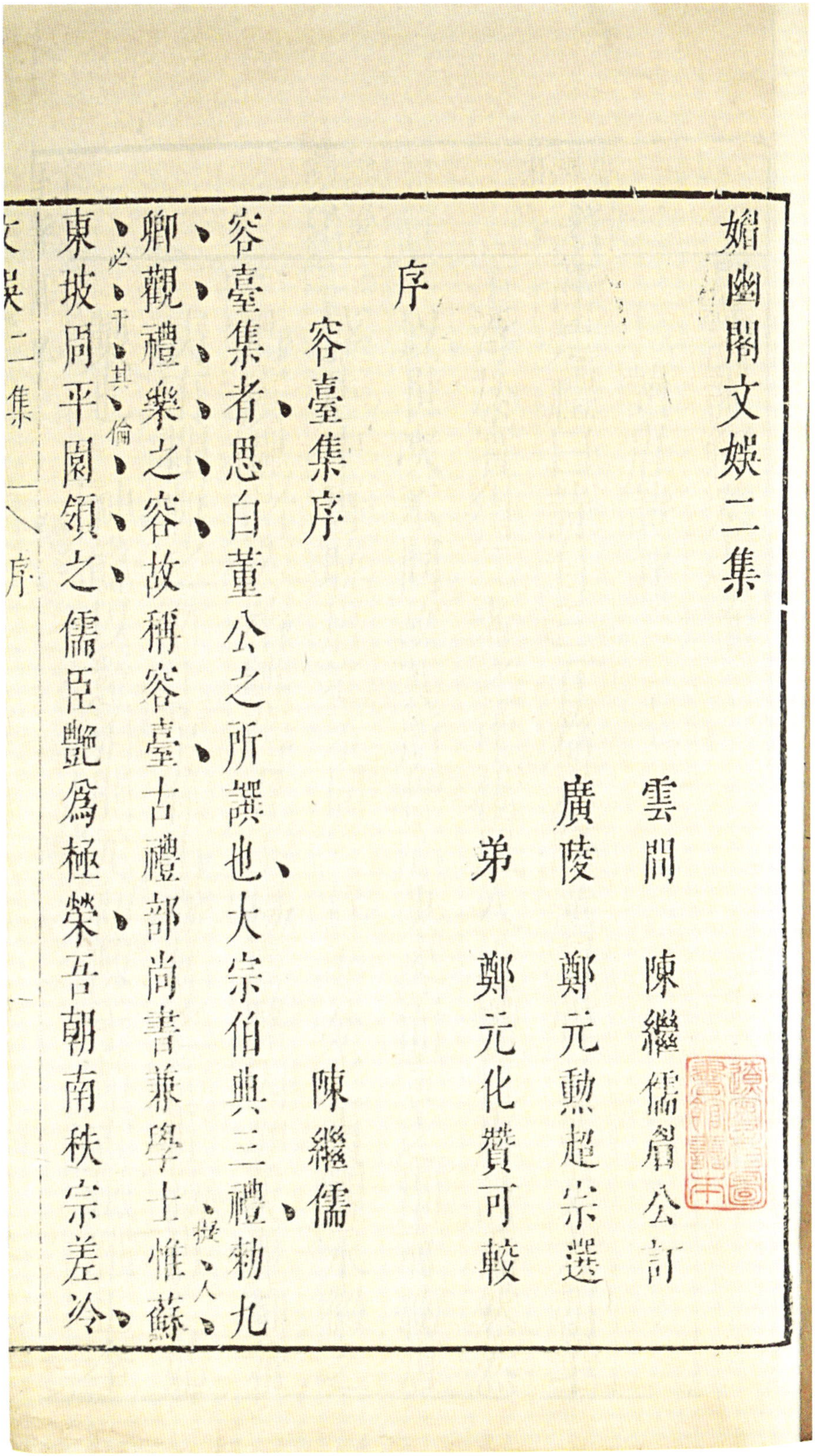

媚幽閣文娛二集

雲間　陳繼儒眉公訂
廣陵　鄭元勳超宗選
弟　鄭元化贊可較

序

容臺集序　陳繼儒

容臺集者思白董公之所撰也大宗伯典三禮勑九卿觀禮樂之容故稱容臺古禮部尚書兼學士惟蘇東坡周平園領之儒臣艷爲極榮吾朝南秩宗差冷

文娛二集　序

10584　媚幽閣文娛二集十卷　（明）鄭元勛輯　明崇禎十二年（1639）刻本　遼寧省圖書館

存五卷（甲、乙、戊、己、癸）

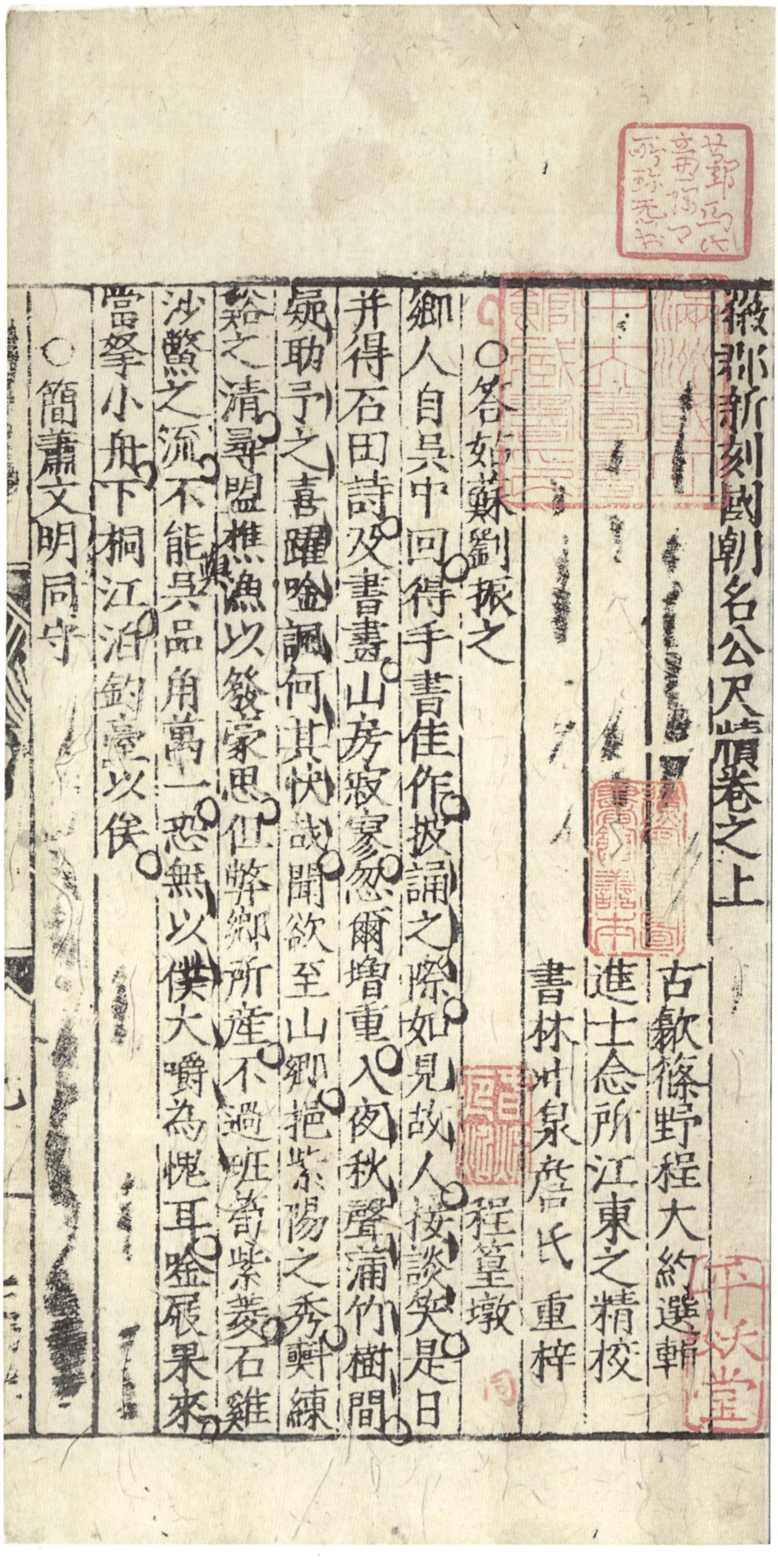
徽郡新刻國朝名公尺牘卷之上
古歙篠野程大約選輯
進士念所江東之精校
書林冲泉詹氏　重梓
程篁墩
○答姑蘇劉振之
鄉人自吳中回得手書佳作披誦之際如見故人接談矣是日
并得石田詩及書畫山房寂寥忽爾增重入夜秋聲滿竹樹間
疑助予之喜躍噫諷何其快哉聞欲至山鄉挹紫陽之秀輿練
谿之清尋盟樵漁以發家思但弊鄉所產不過班茶紫菱石雞
沙鱉之流不能與品角萬一恐無以供大嚼為愧耳噫展果來
當挐小舟下桐江泊釣臺以俟
○簡蕭文明同守

10585　徽郡新刻國朝名公尺牘三卷　（明）程大約輯　明書林冲泉詹氏刻本　遼寧省圖書館

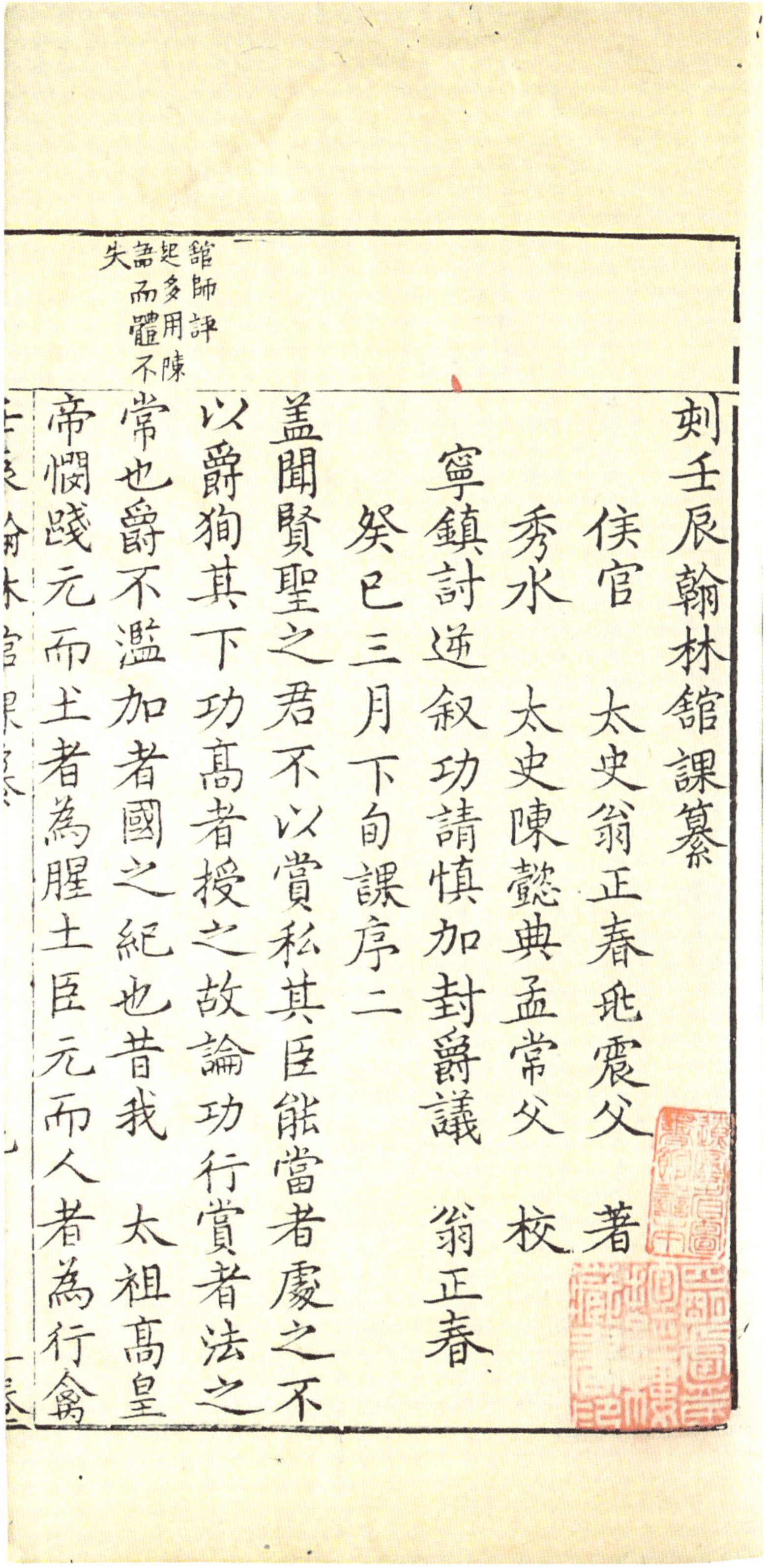
館師評起多用陳語而體不失

刻壬辰翰林館課纂

侍官　太史翁正春兆震父　著

秀水　太史陳懿典孟常父　校

寧鎮討逆叙功請慎加封爵議　翁正春

癸巳三月下旬課序二

蓋聞賢聖之君不以賞私其臣能當者處之不以爵猶其下功高者授之故論功行賞者法之常也爵不濫加者國之紀也昔我　太祖高皇帝憫践元而土者為腥土臣元而人者為行禽

10586　壬辰翰林館課纂二十三卷　（明）翁正春　焦竑等撰　明萬曆劉孔當刻本　遼寧省圖書館

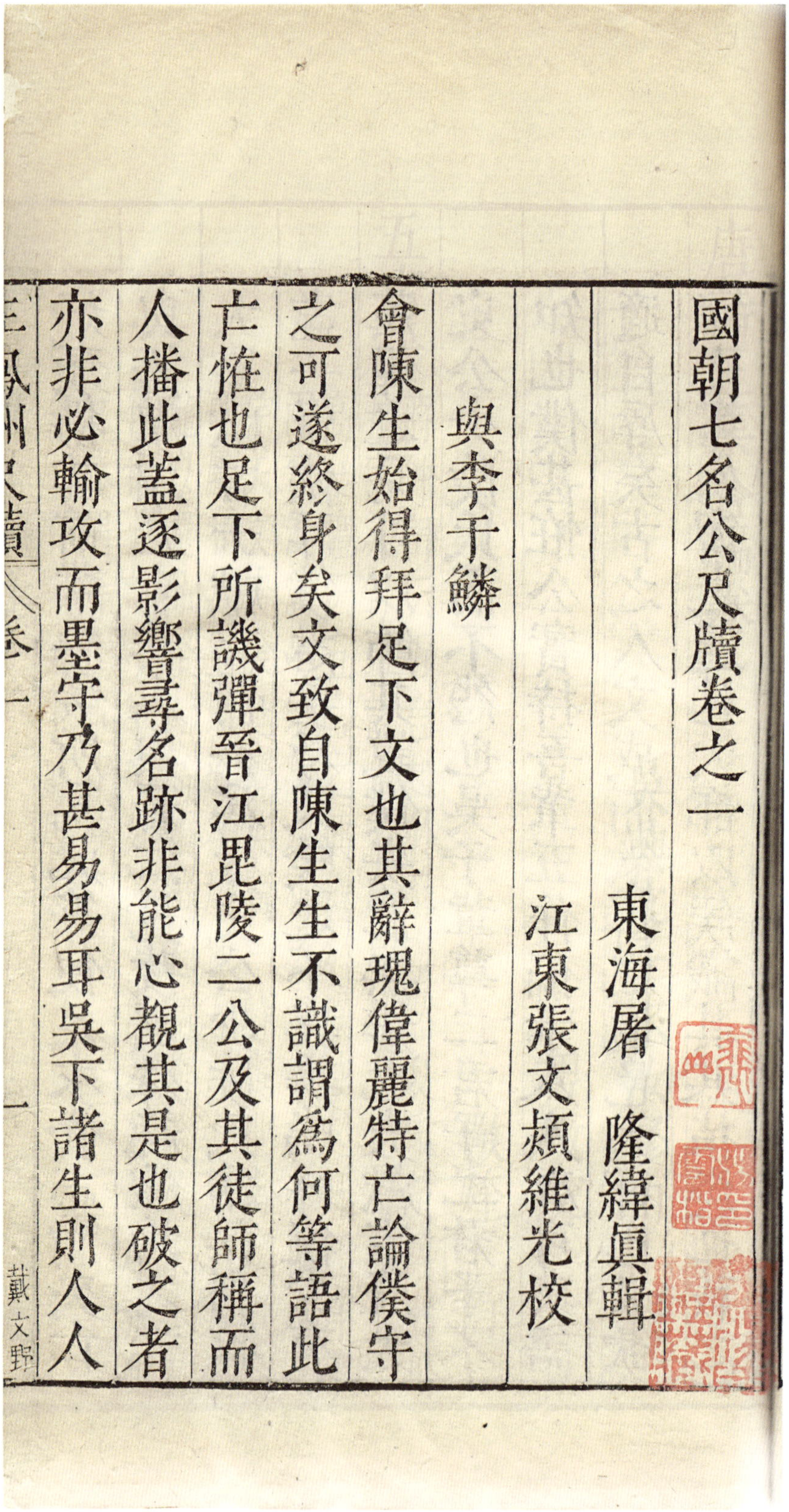

國朝七名公尺牘卷之一

東海屠　隆緯眞輯
江東張文頬維光校

與李于鱗

會陳生始得拜足下文也其辭瑰偉麗特亡論僕守之可遂終身矣文致自陳生生不識謂爲何等語此亡恠也足下所譏彈晉江毘陵二公及其徒師稱而人播此蓋逐影響尋名跡非能心覩其是也破之者亦非必輸攻而墨守乃甚易易耳吳下諸生則人人

王弇州尺牘　卷一　一　戴文野

10587　國朝七名公尺牘八卷　（明）屠隆輯　明萬曆文斐堂刻本　大連圖書館

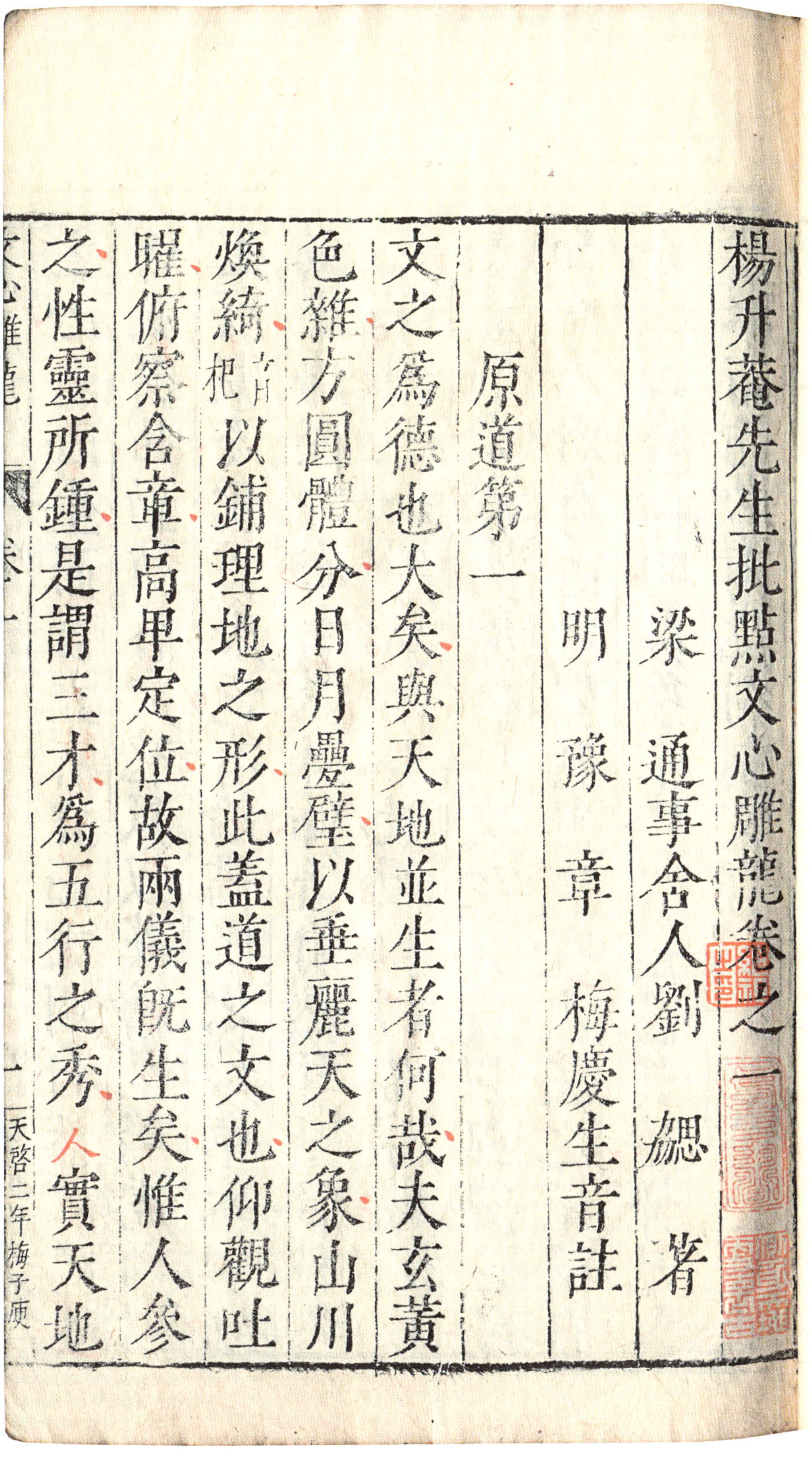

楊升菴先生批點文心雕龍卷之一
梁　通事舍人劉勰著
明　豫章梅慶生音註
原道第一
文之爲德也大矣與天地並生者何哉夫玄黃
色雜方圓體分日月疊璧以垂麗天之象山川
煥綺音杞以鋪理地之形此蓋道之文也仰觀吐
曜俯察含章高卑定位故兩儀既生矣惟人參
之性靈所鍾是謂三才爲五行之秀人實天地
文心雕龍　卷一　一　天啓二年梅子庚

10588　楊升庵先生批點文心雕龍十卷　（南朝梁）劉勰撰　（明）楊慎批點　（明）梅慶生音注　明萬曆三十七年（1609）梅慶生刻天啓二年（1622）重修本　旅順博物館

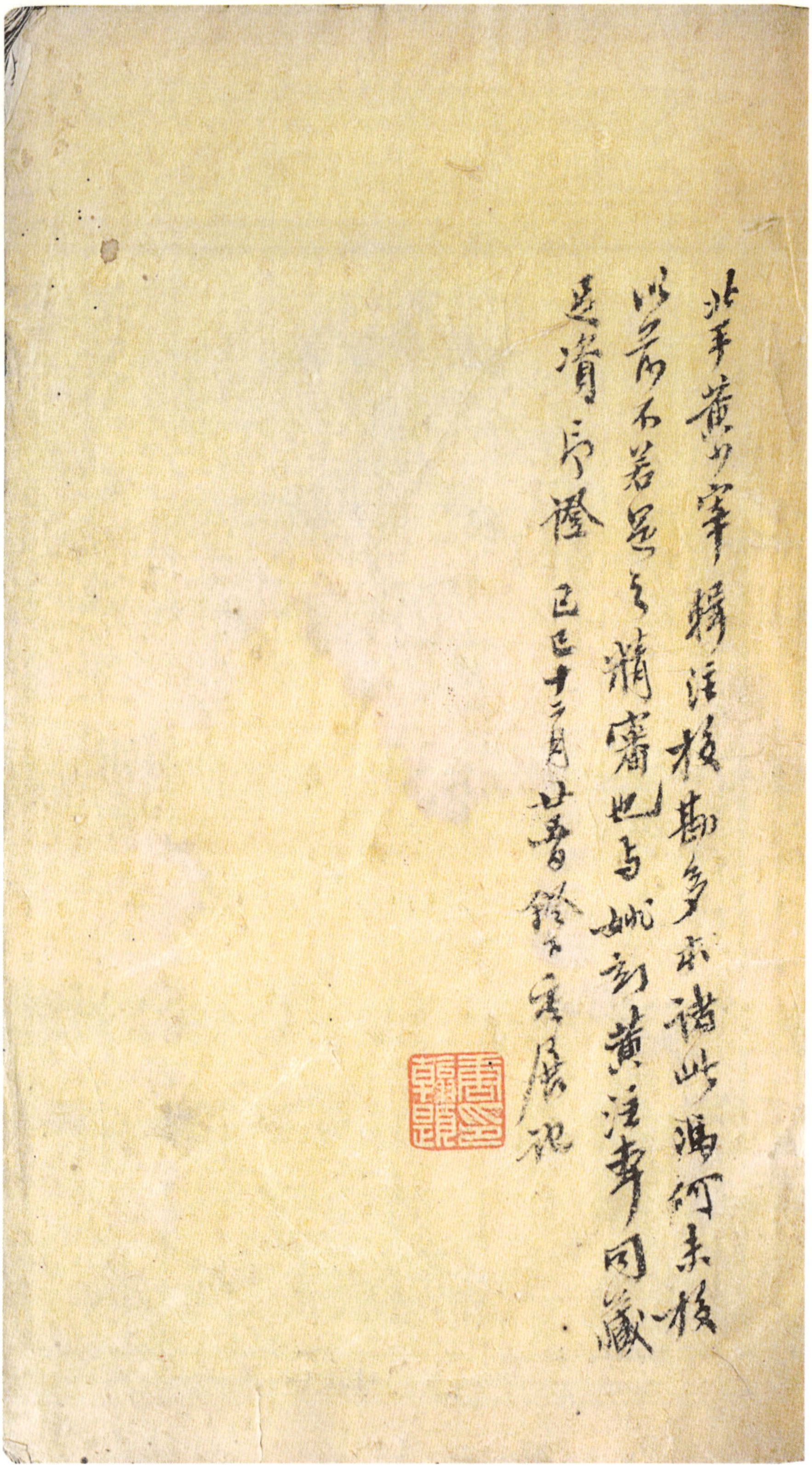
此本黃少宰精注校勘多采諸此，獨何未校
此書不若是之精審也。與姚刻黃注本同藏
足資參證。
己巳十二月廿四日[illegible]展視

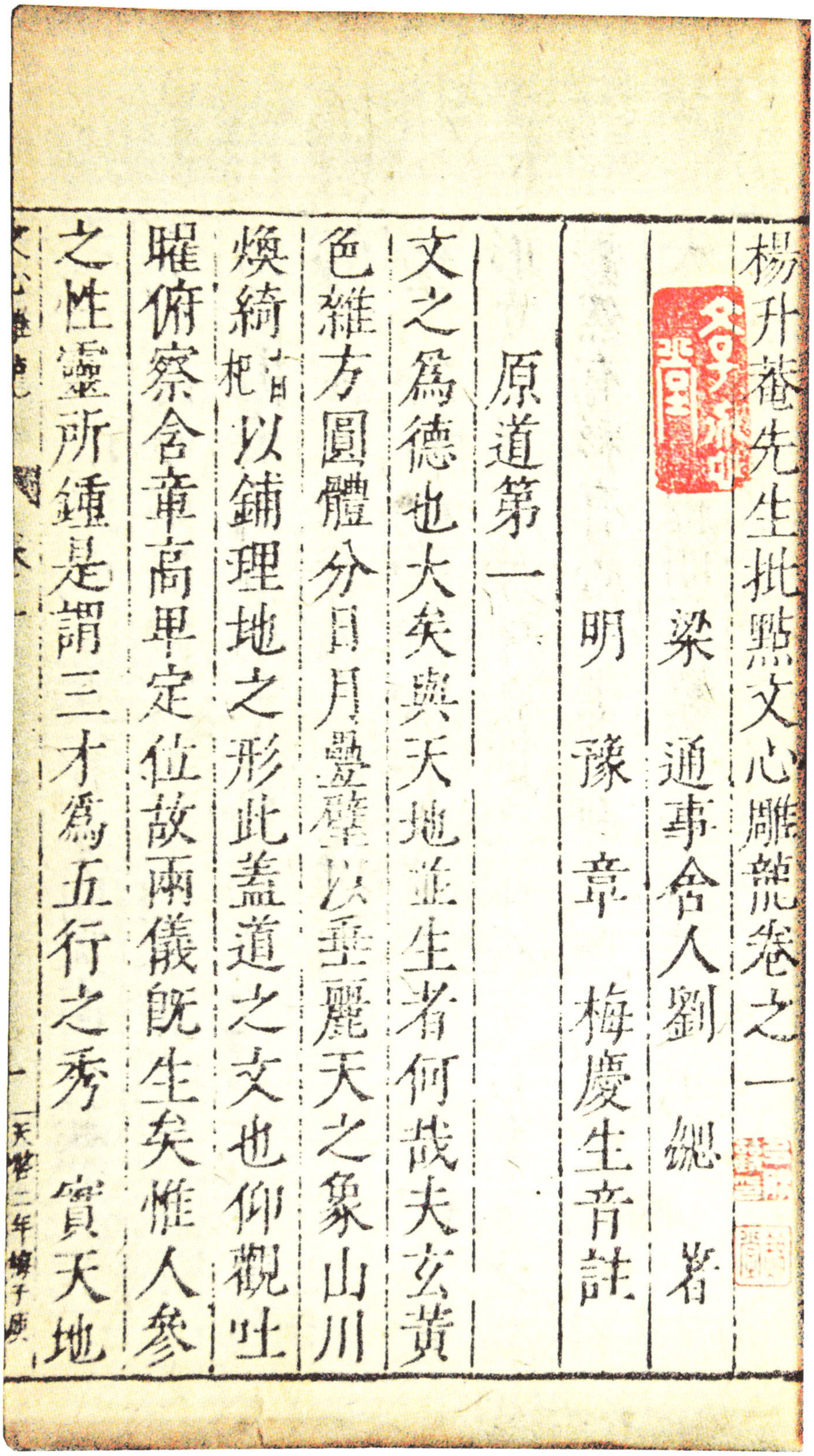
楊升菴先生批點文心雕龍卷之一
梁　通事舍人劉勰　著
明　豫章　梅慶生音註

原道第一
文之爲德也大矣與天地並生者何哉夫玄黄
色雜方圓體分日月疊壁以垂麗天之象山川
煥綺古把以鋪理地之形此蓋道之文也仰觀吐
曜俯察含章高卑定位故兩儀既生矣惟人參
之性靈所鍾是謂三才爲五行之秀　實天地

10589　楊升庵先生批點文心雕龍十卷　（南朝梁）劉勰撰　（明）楊慎批點　（明）梅慶生音注　明萬曆三十七年（1609）梅慶生刻天啓二年（1622）重修金陵聚錦堂印本　瀋陽市圖書館

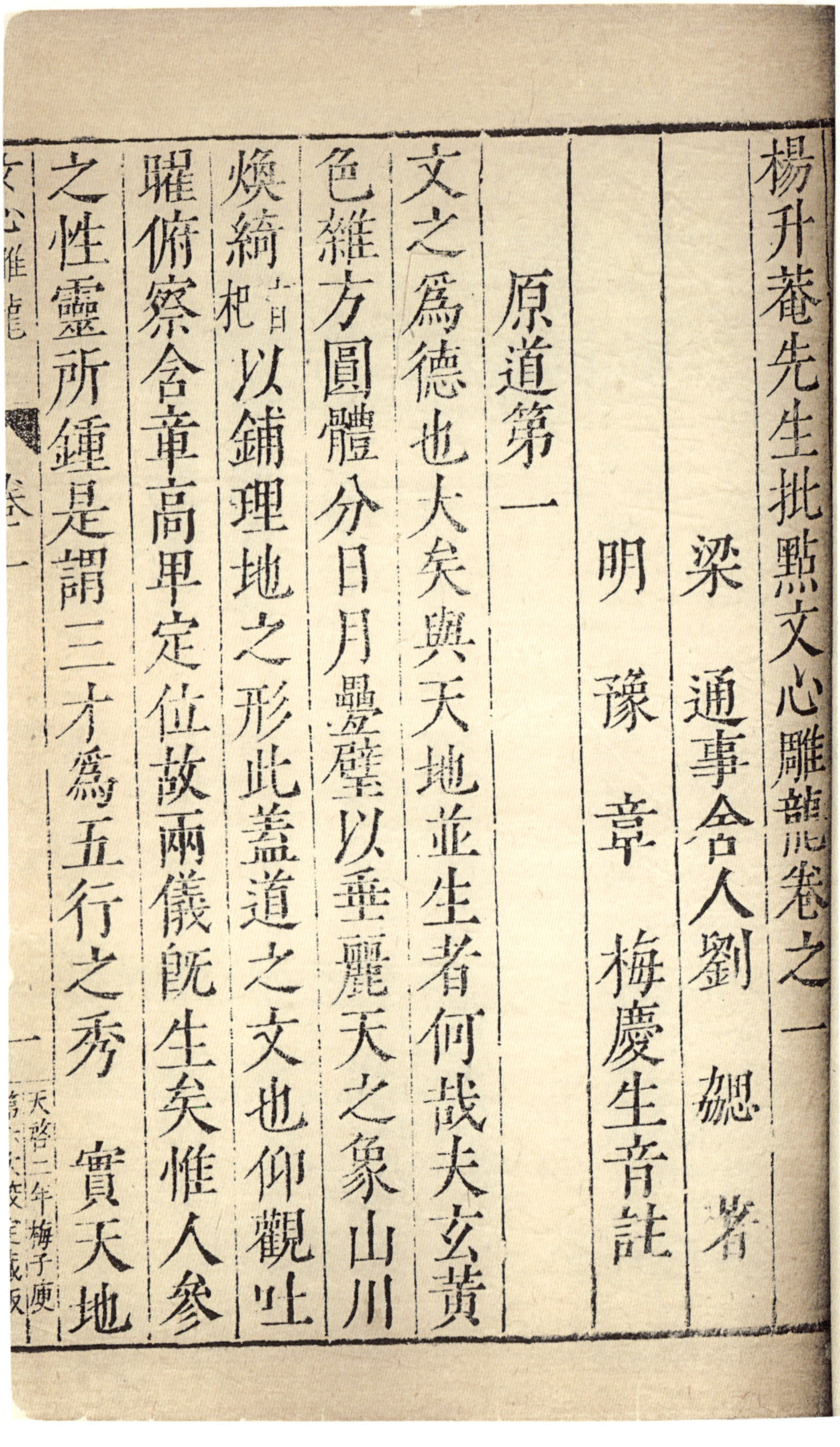

楊升菴先生批點文心雕龍卷之一
梁　通事舍人劉　勰　著
明　豫　章　梅慶生音註
原道第一
文之爲德也大矣與天地並生者何哉夫玄黄
色雜方圓體分日月疊璧以垂麗天之象山川
煥綺杞上以鋪理地之形此蓋道之文也仰觀吐
曜俯察含章高卑定位故兩儀既生矣惟人參
之性靈所鍾是謂三才爲五行之秀　實天地
文心雕龍　卷一　一
天啓二年梅子庚第六次校定藏版

10590　楊升庵先生批點文心雕龍十卷　（南朝梁）劉勰撰　（明）楊慎批點　（明）梅慶生音注　明萬曆三十七年（1609）梅慶生刻天啓二年（1622）重修金陵聚錦堂印本　大連圖書館

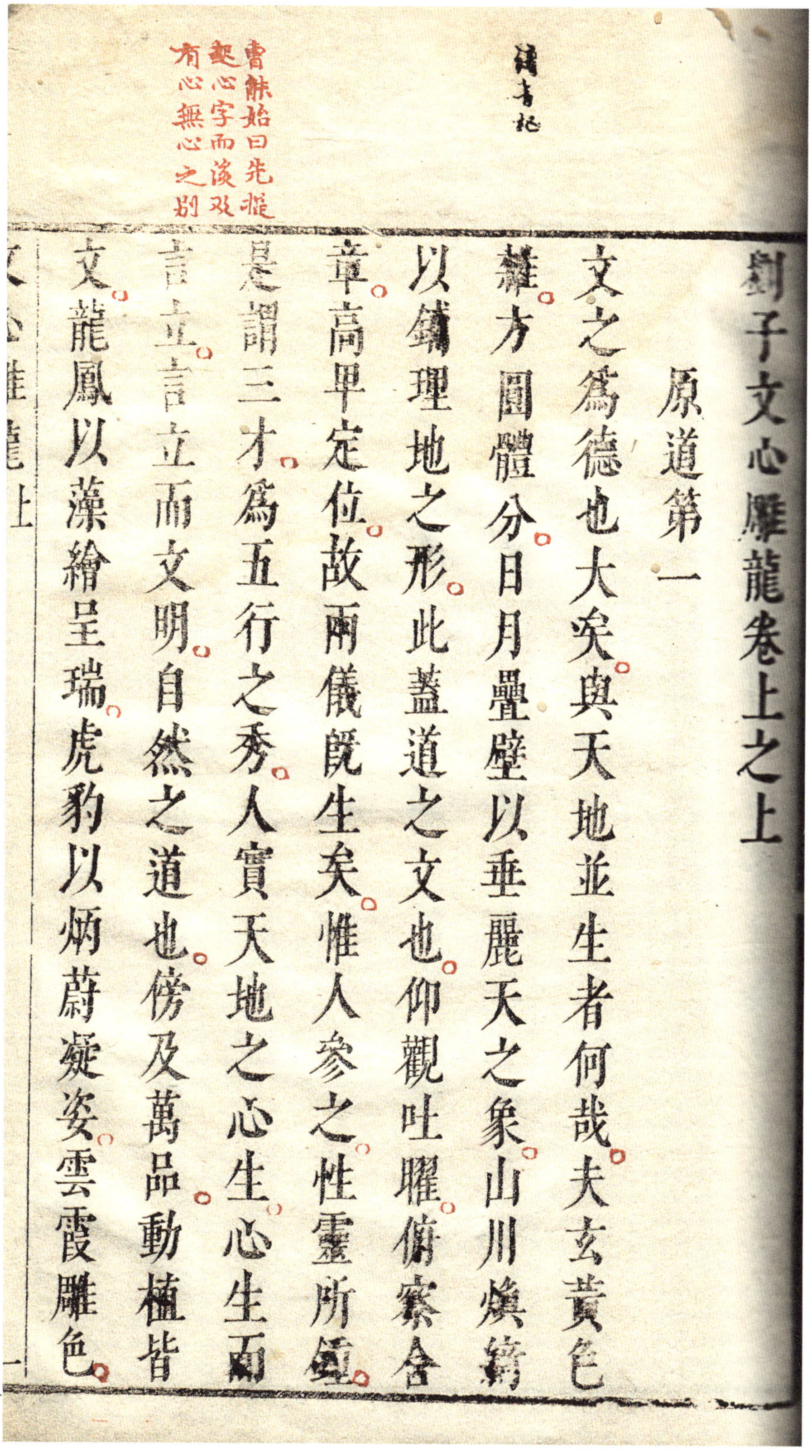

書餘始曰先擬起心字而後及有心無心之別

劉子文心雕龍卷上之上

原道第一

文之為德也大矣與天地並生者何哉夫玄黃色雜方圓體分日月疊璧以垂麗天之象山川煥綺以鋪理地之形此蓋道之文也仰觀吐曜俯察含章高卑定位故兩儀既生矣惟人參之性靈所鍾是謂三才為五行之秀人實天地之心生心生而言立言立而文明自然之道也傍及萬品動植皆文龍鳳以藻繪呈瑞虎豹以炳蔚凝姿雲霞雕色

文心雕龍上　一

10591　劉子文心雕龍二卷　（南朝梁）劉勰撰　（明）楊慎　（明）曹學佺等評點　**注二卷**　（明）梅慶生撰　明閔繩初刻五色套印本　大連圖書館

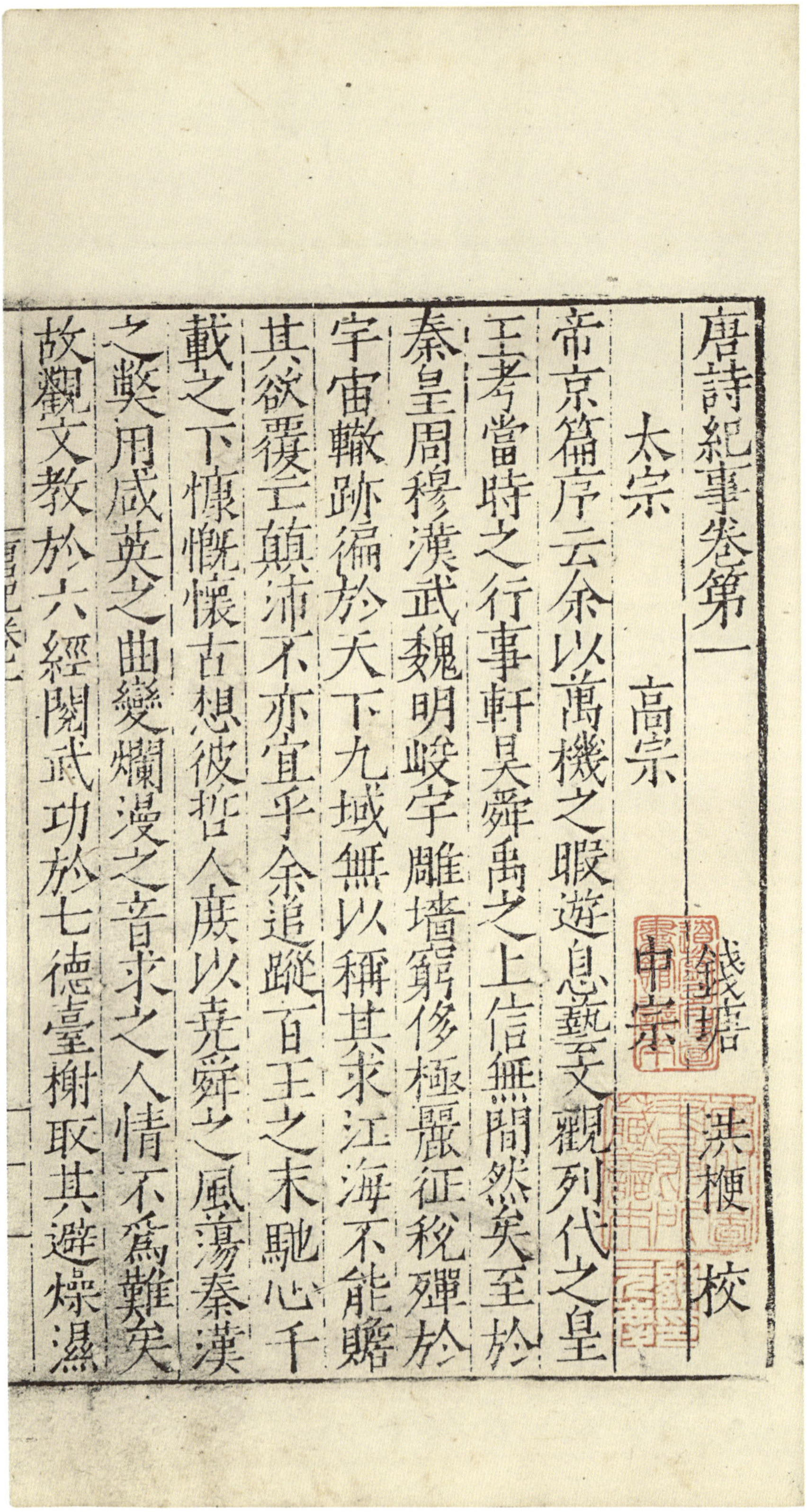

唐詩紀事卷第一　　錢塘　洪楩　校
太宗　高宗　中宗
帝京篇序云余以萬機之暇遊息藝文觀列代之皇
王考當時之行事軒昊舜禹之上信無間然矣至於
秦皇周穆漢武魏明峻宇雕墻窮侈極麗征稅殫於
宇宙轍跡徧於天下九域無以稱其求江海不能贍
其欲覆亡顛沛不亦宜乎余追蹤百王之末馳心千
載之下慷慨懷古想彼哲人庶以堯舜之風蕩秦漢
之弊用咸英之曲變爛漫之音求之人情不爲難矣
故觀文教於六經閱武功於七德臺榭取其避燥濕

10592　唐詩紀事八十一卷　（宋）計有功撰　明嘉靖二十四年（1545）洪楩清平山堂刻本　遼寧省圖書館

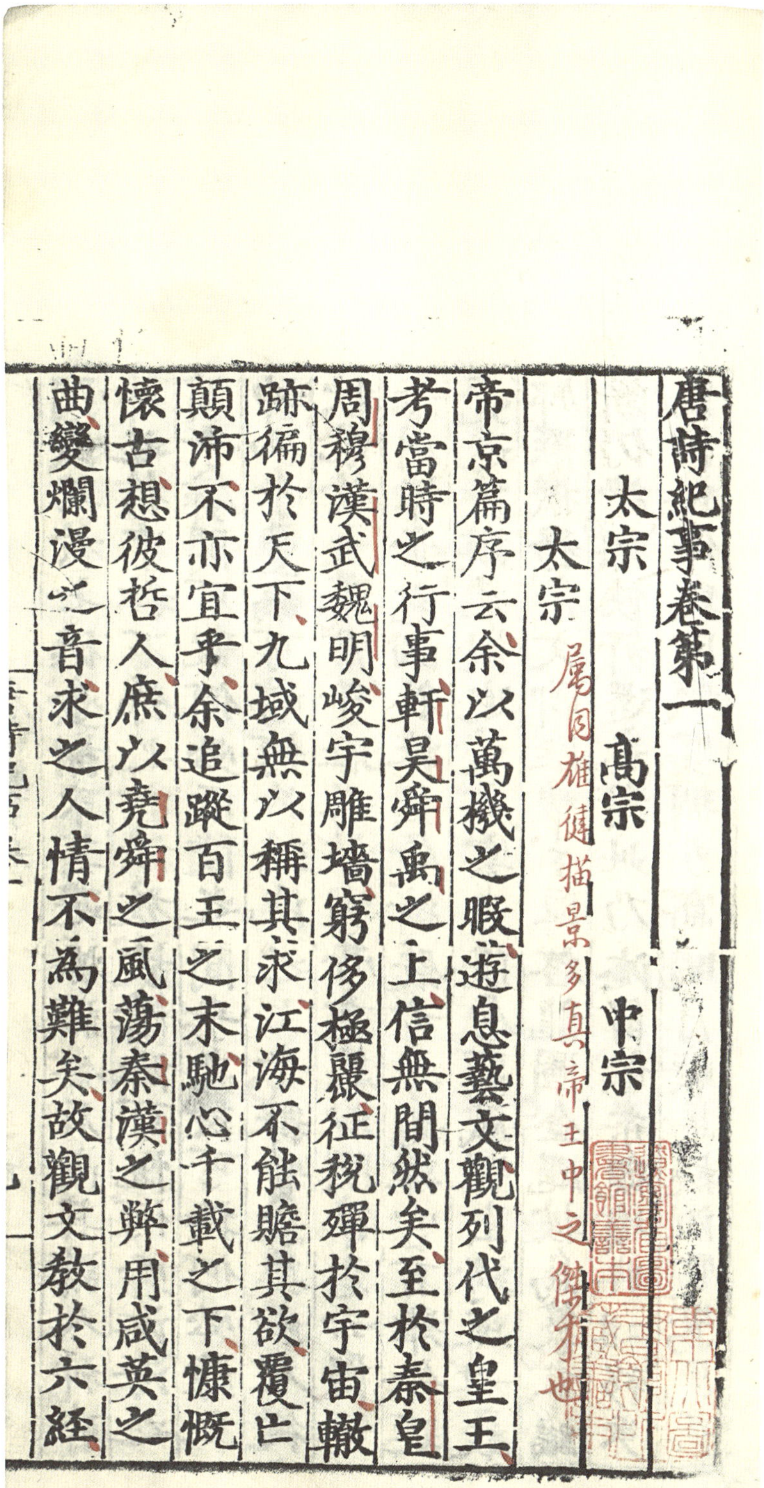

唐詩紀事卷第一

太宗　高宗　中宗

太宗　屬目雄健描畧多真帝王中之傑也

帝京篇序云余以萬機之暇遊息藝文觀列代之皇王考當時之行事軒昊舜禹之上信無間然矣至於秦皇周穆漢武魏明峻宇雕墻窮侈極麗征稅殫於宇宙轍跡徧於天下九域無以稱其求江海不能贍其欲覆亡顛沛不亦宜乎余追蹤百王之末馳心千載之下慷慨懷古想彼哲人庶以堯舜之風蕩秦漢之弊用咸英之曲變爛漫之音求之人情不為難矣故觀文教於六經

10593　唐詩紀事八十一卷　（宋）計有功撰　明嘉靖二十四年（1545）張子立刻本　遼寧省圖書館

存七十二卷（一至二十六、三十一至五十六、六十二至八十一）

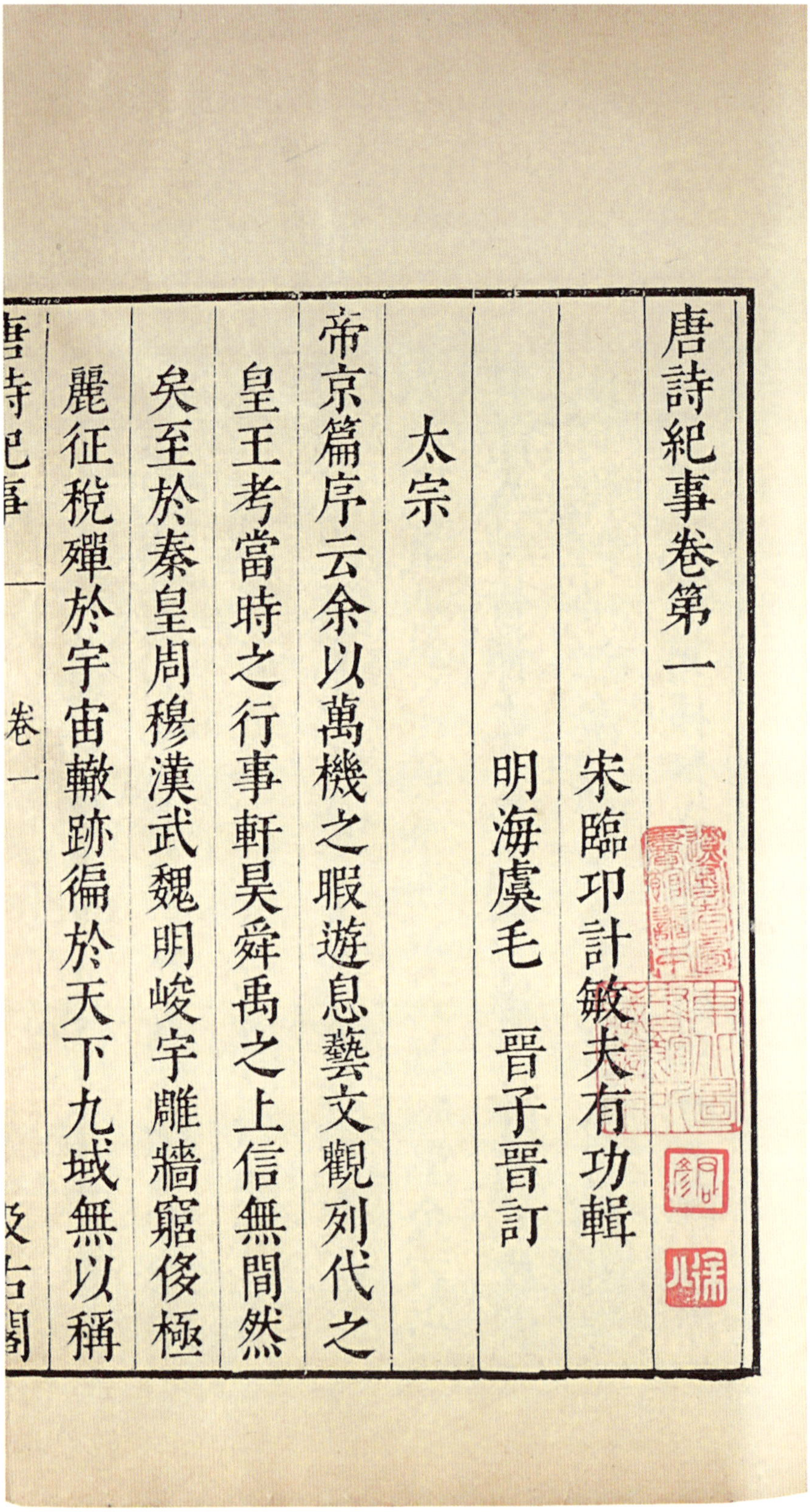

唐詩紀事卷第一

宋臨卭計敏夫有功輯

明海虞毛　晉子晉訂

太宗

帝京篇序云余以萬機之暇遊息藝文觀列代之皇王考當時之行事軒昊舜禹之上信無間然矣至於秦皇周穆漢武魏明峻宇雕牆窮侈極麗征稅殫於宇宙轍跡徧於天下九域無以稱

唐詩紀事　卷一　汲古閣

10594　唐詩紀事八十一卷　（宋）計有功撰　明崇禎五年（1632）毛氏汲古閣刻本　遼寧省圖書館

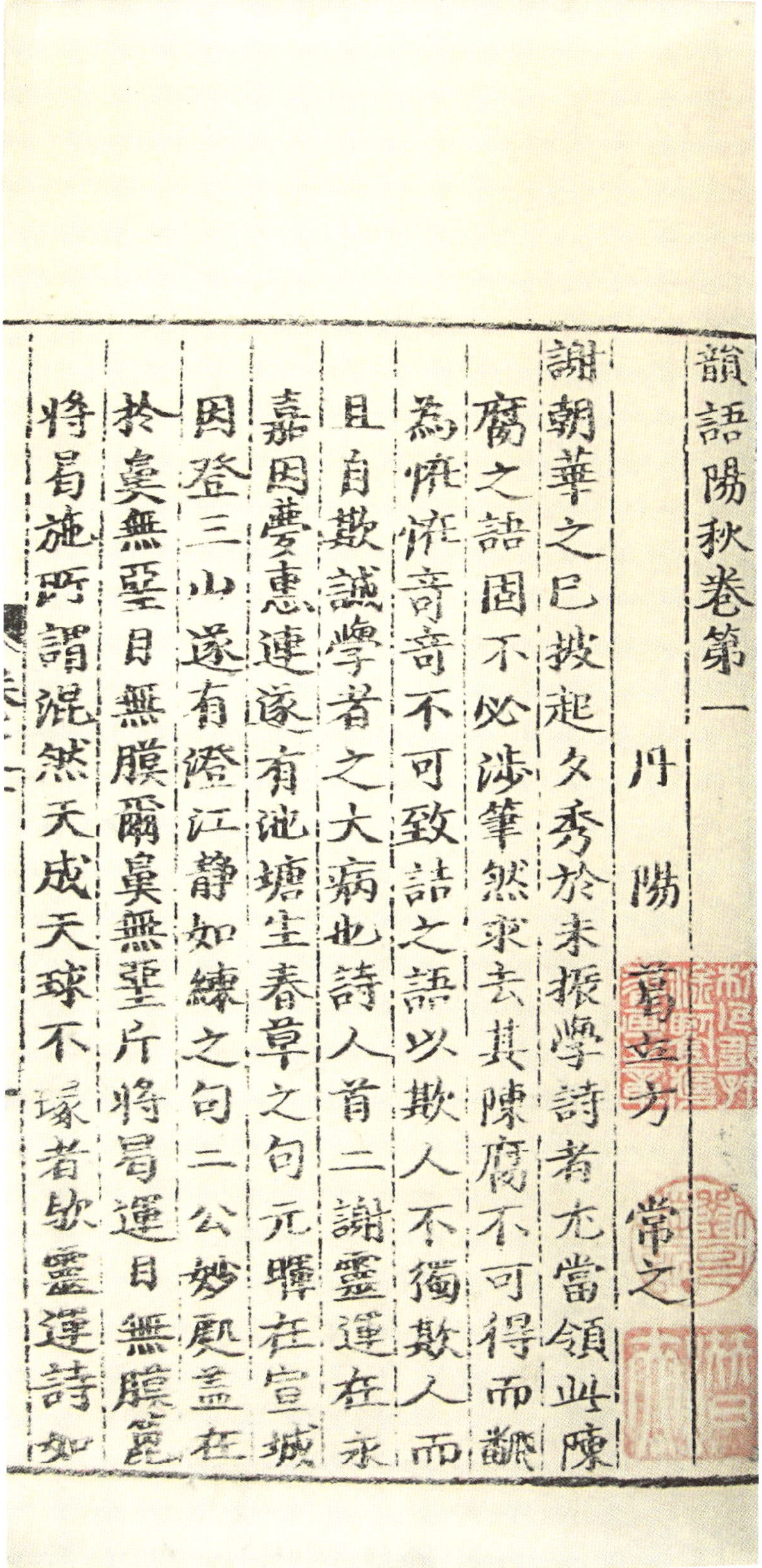

韻語陽秋卷第一
丹陽　葛立方　常之
謝朝華之巳披起夕秀於未振學詩者尤當領此陳
腐之語固不必涉筆然求去其陳腐不可得而飜
為恠恠奇奇不可致詰之語以欺人不獨欺人而
且自欺誠學者之大病也詩人首二謝靈運在永
嘉因夢惠連遂有池塘生春草之句元暉在宣城
因登三山遂有澄江靜如練之句二公妙處盖在
於鼻無堊目無膜爾鼻無堊斤將曷運目無膜篦
將曷施所謂混然天成天球不瑑者歟靈運詩如

10595　韻語陽秋二十卷　（宋）葛立方撰　明正德二年（1507）葛諶刻本

（卷二之九至十頁，卷四之五，七至八頁，卷八之三至四頁，卷十五之五至六頁，卷十六之七至八頁，卷十九之二至四、十一至十二頁補抄）　魯迅美術學院圖書館

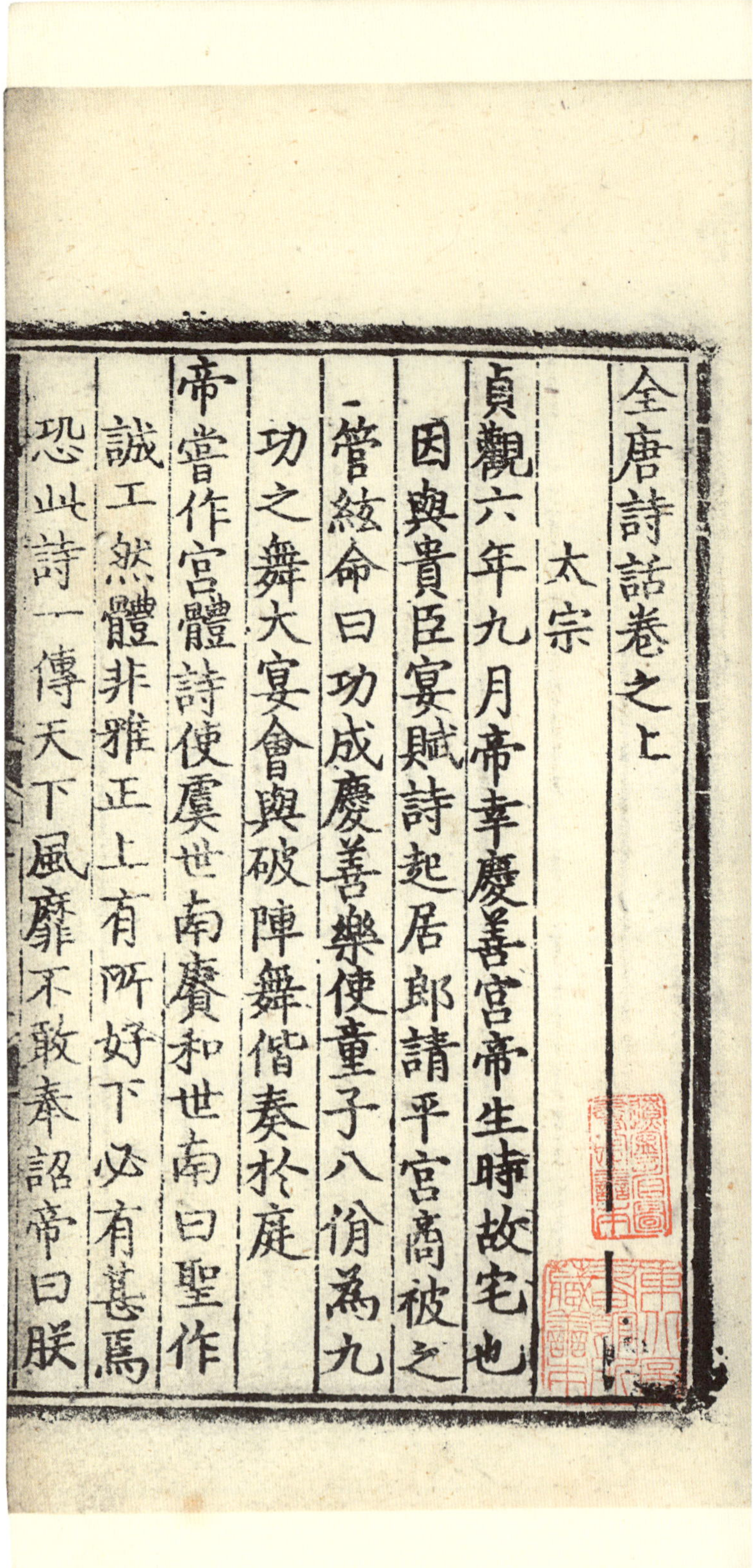

全唐詩話卷之上

太宗

貞觀六年九月帝幸慶善宮帝生時故宅也
因與貴臣宴賦詩起居郎請平宮商被之
管絃命曰功成慶善樂使童子八佾爲九
功之舞大宴會與破陣舞偕奏於庭
帝嘗作宮體詩使虞世南賡和世南曰聖作
誠工然體非雅正上有所好下必有甚焉
恐此詩一傳天下風靡不敢奉詔帝曰朕

10596　全唐詩話三卷　題（宋）尤袤撰　明正德二年（1507）秦昂刻本　遼寧省圖書館

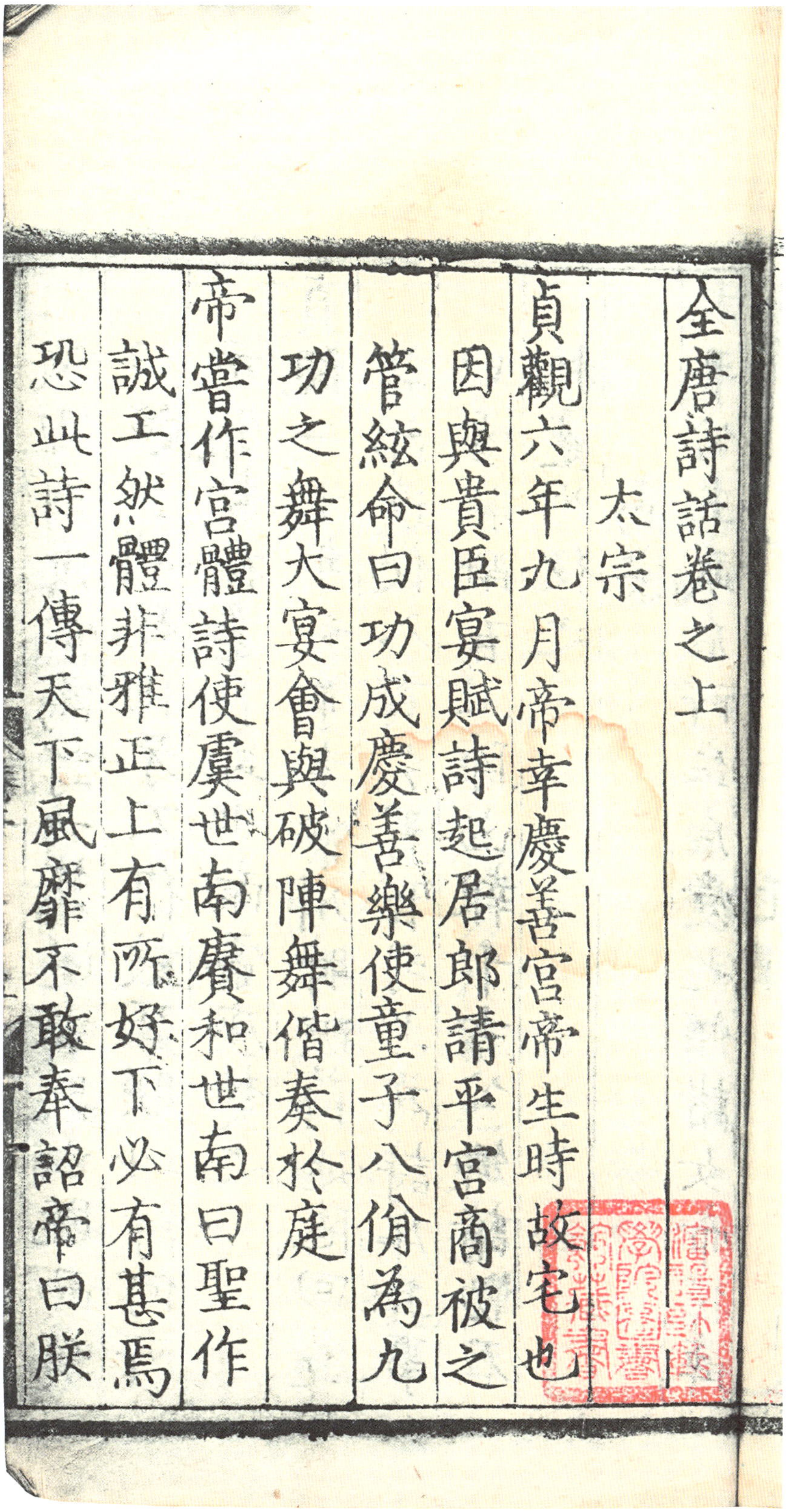
全唐詩話卷之上
太宗
貞觀六年九月帝幸慶善宫帝生時故宅也
因與貴臣宴賦詩起居郎請平宫商被之
管絃命曰功成慶善樂使童子八佾為九
功之舞大宴會與破陣舞偕奏於庭
帝嘗作宫體詩使虞世南賡和世南曰聖作
誠工然體非雅正上有所好下必有甚焉
恐此詩一傳天下風靡不敢奉詔帝曰朕

10597　全唐詩話三卷　題（宋）尤袤撰　明正德二年（1507）秦昂刻本　遼寧大學圖書館

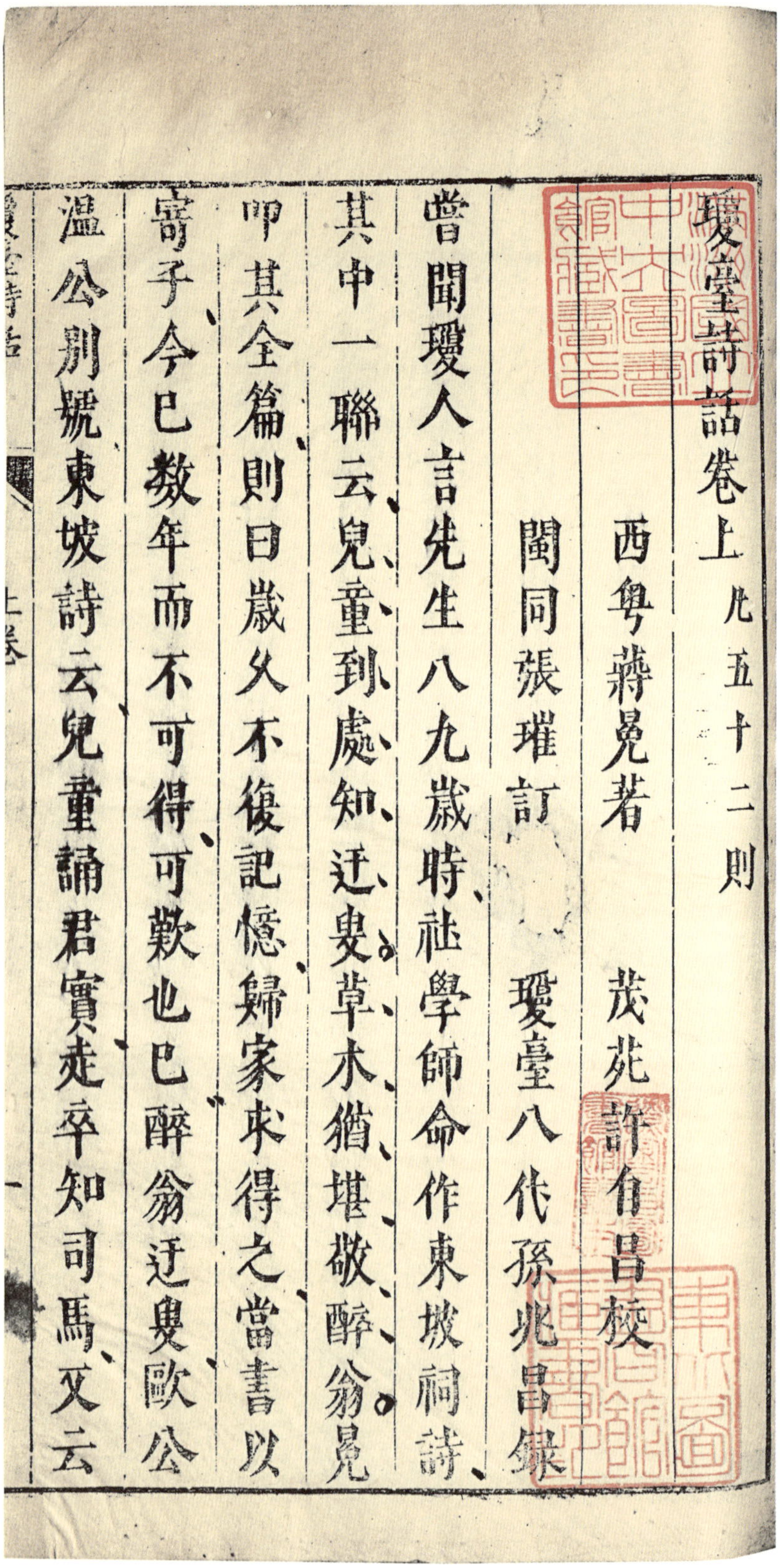
瓊臺詩話卷上　凡五十二則
西粤蔣冕著　茂苑許自昌校
閩同張瓘訂　瓊臺八代孫兆昌録
嘗聞瓊人言先生八九歲時社學師命作東坡祠詩
其中一聯云兒童到處知迂叟草木猶堪敬醉翁冕
叩其全篇則曰歲久不復記憶歸家求得之當書以
寄子今已數年而不可得可歎也已醉翁迂叟歐公
温公别號東坡詩云兒童誦君實走卒知司馬又云

瓊臺詩話　上卷　一

10598　瓊臺詩話二卷　（明）蔣冕撰　明崇禎十三年（1640）愛吾廬刻本

遼寧省圖書館

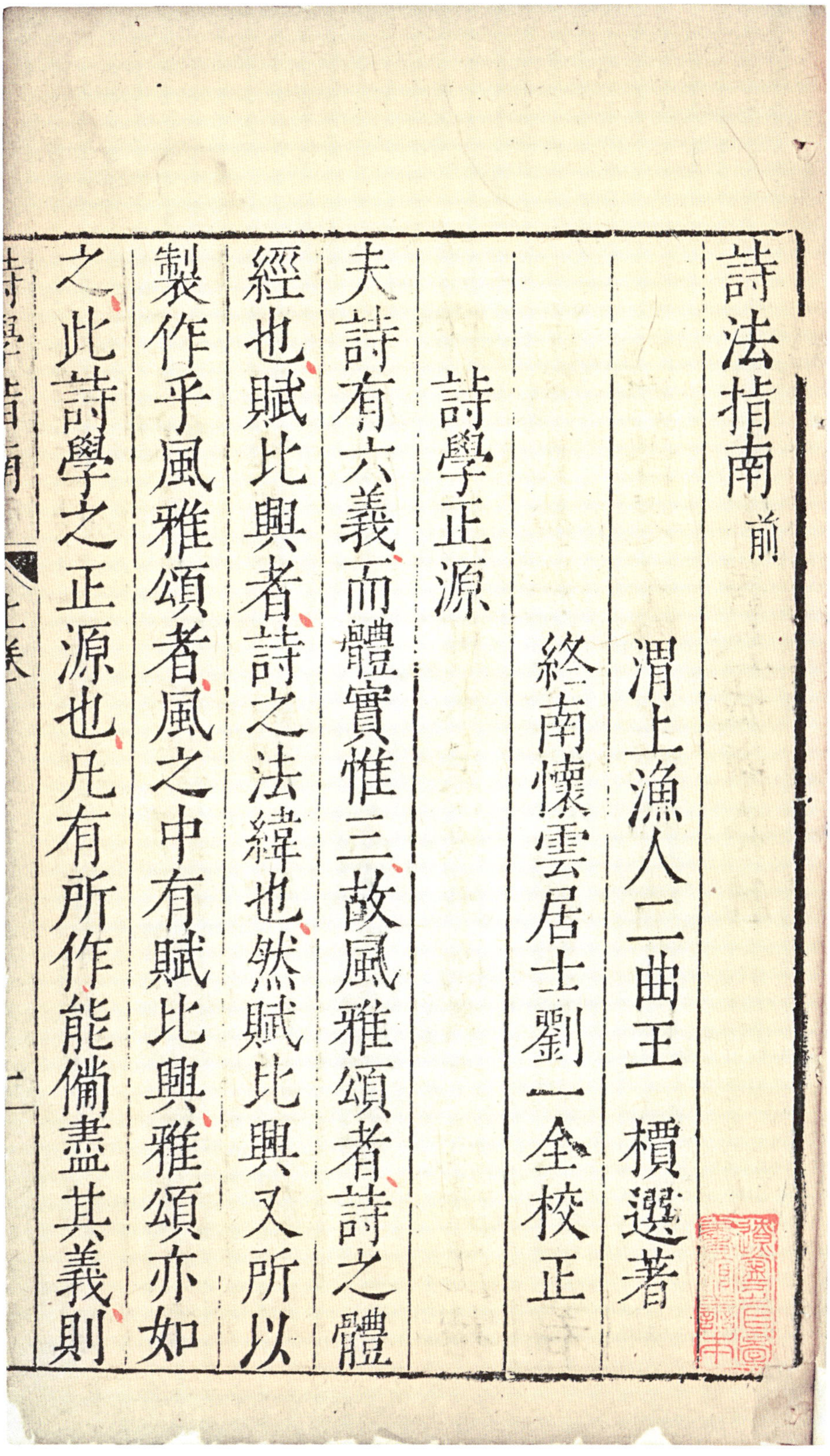
詩法指南 前
渭上漁人二曲王檟選著
終南懷雲居士劉一全校正
詩學正源
夫詩有六義而體實惟三故風雅頌者詩之體
經也賦比興者詩之法緯也然賦比興又所以
製作乎風雅頌者風之中有賦比興雅頌亦如
之此詩學之正源也凡有所作能備盡其義則
詩學指南 上卷 二

10599　詩法指南二卷　（明）王檟輯　明萬曆蘊古堂刻本　遼寧省圖書館

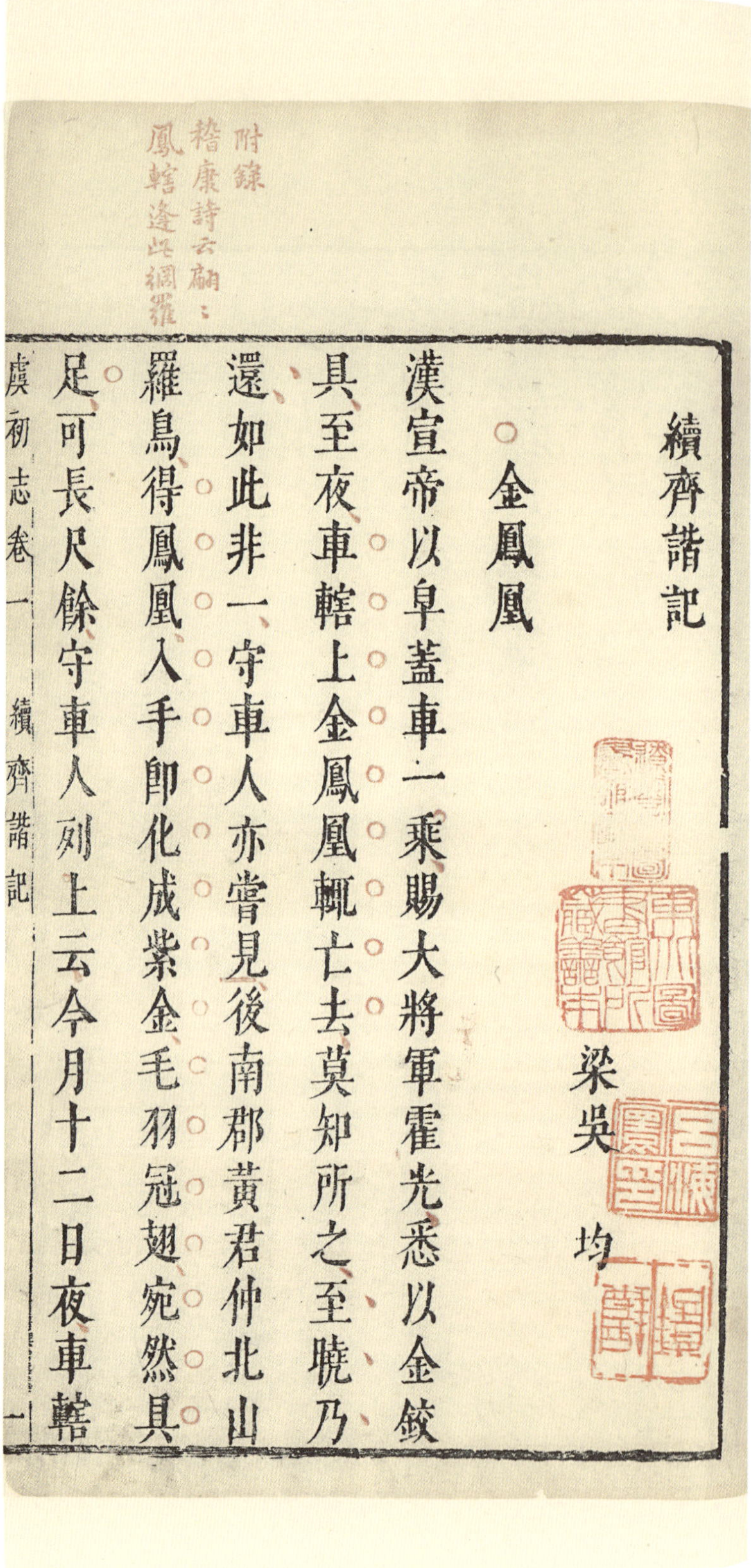
附錄 嵇康詩云翩翩鳳轄逢此網羅

續齊諧記

梁 吳 均

○金鳳凰

漢宣帝以皁蓋車一乘賜大將軍霍光悉以金鉸具至夜車轄上金鳳凰輒亡去莫知所之至曉乃還如此非一守車人亦嘗見後南郡黃君仲北山羅鳥得鳳凰入手即化成紫金毛羽冠翅宛然具足可長尺餘守車人列上云今月十二日夜車轄

虞初志卷一 續齊諧記 一

10600 虞初志七卷 （明）袁宏道評 （明）屠隆點閱 明凌性德刻朱墨套印本 遼寧省圖書館

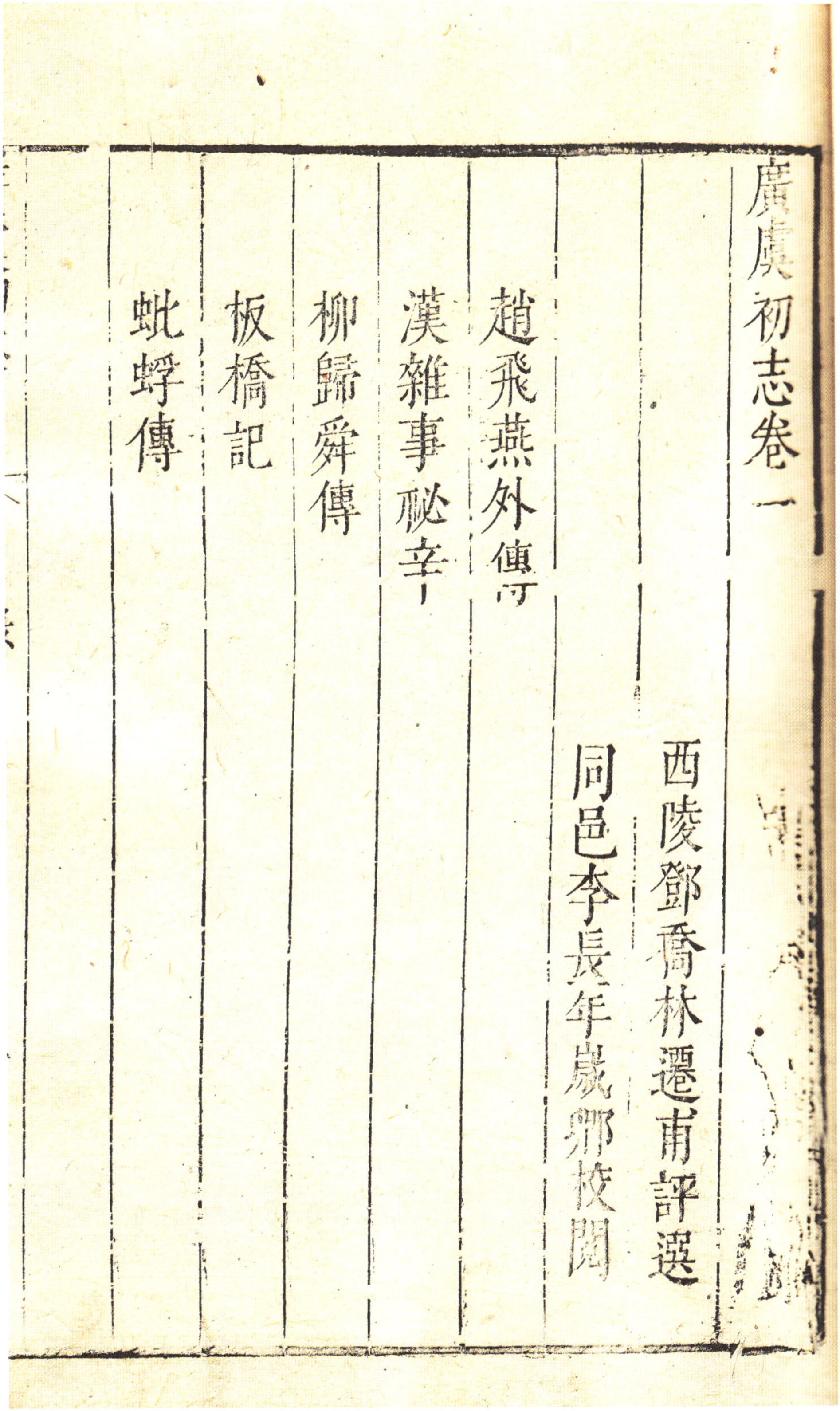
廣虞初志卷一
西陵鄧喬林遷甫評選
同邑李長年歲那校閲
趙飛燕外傳
漢雜事祕辛
柳歸舜傳
板橋記
蚍蜉傳

10601　廣虞初志四卷　（明）鄧喬林輯　明末刻本　大連圖書館

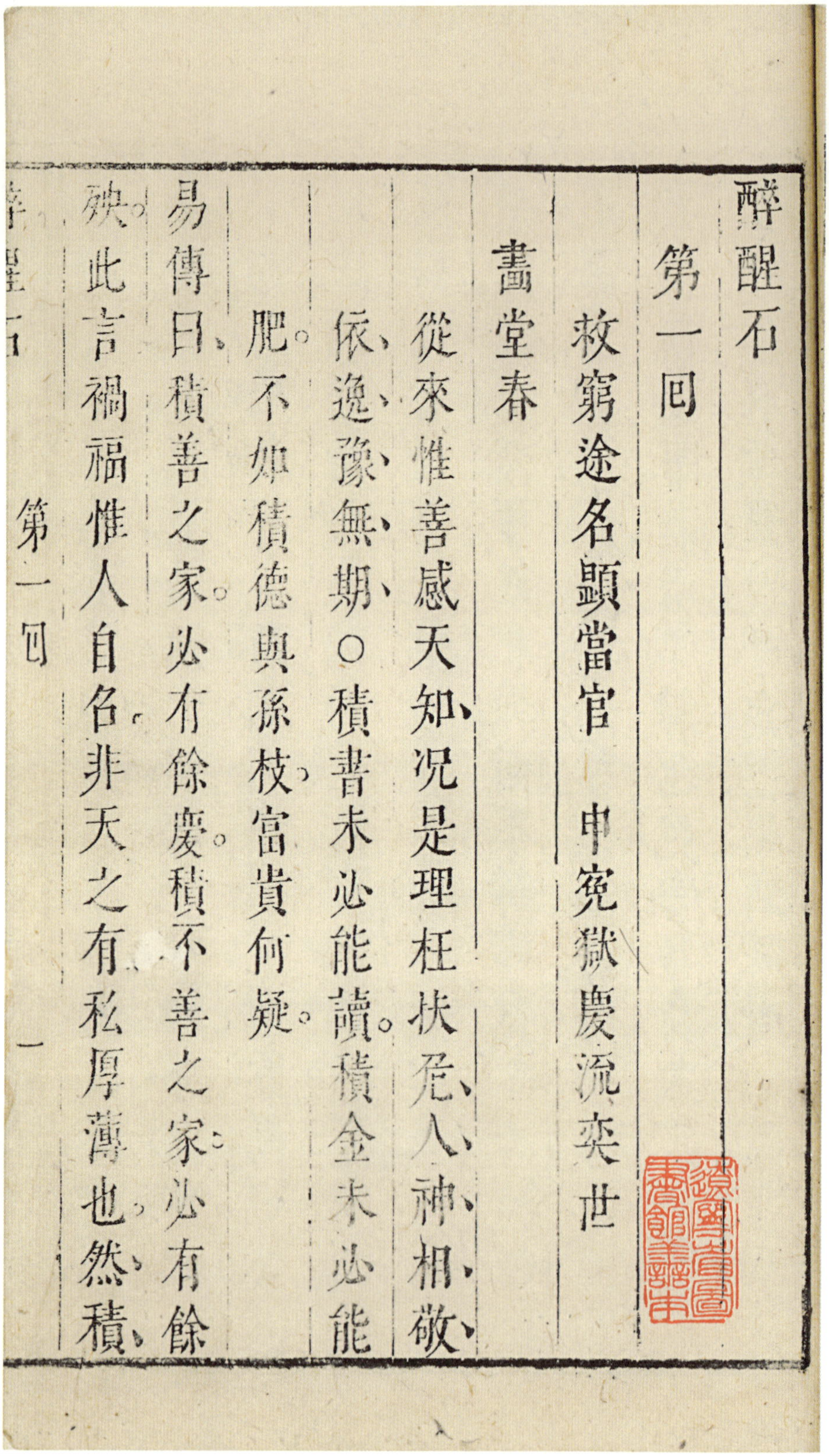
醉醒石
第一回
救窮途名顯當官　申冤獄慶流奕世
畫堂春
從來惟善感天知、況是理枉扶危、人神相敬、
依、逸、豫、無期、○積書未必能讀、積金未必能
肥。不如積德與孫枝、富貴何疑。
易傳曰、積善之家、必有餘慶、積不善之家、必有餘
殃。此言禍福惟人自名、非天之有私厚薄也、然積、
醉醒石　第一回　一

10602　醉醒石十五回　題（明）東魯古狂生撰　明末刻本　遼寧省圖書館

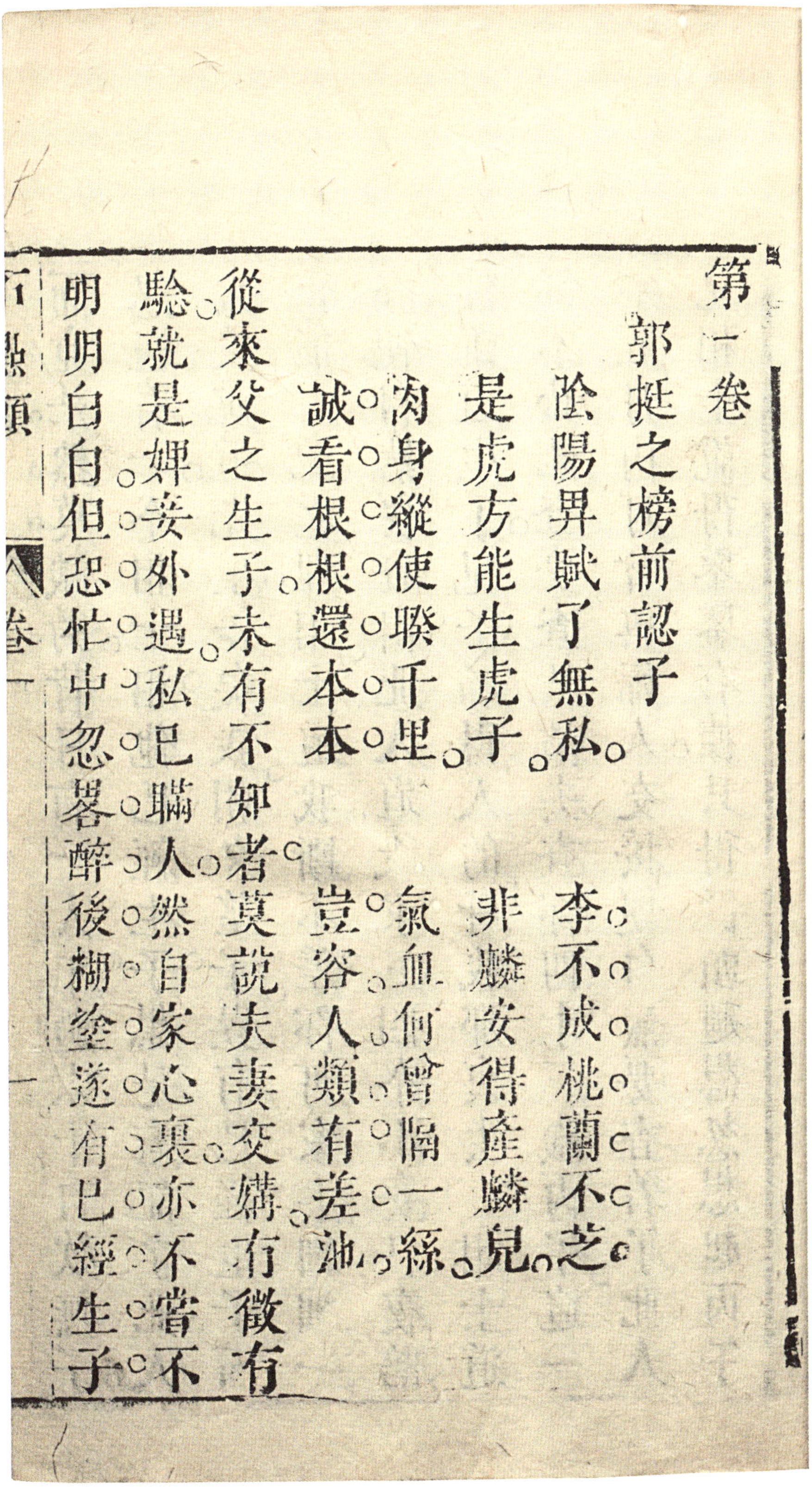

第一卷

郭挺之榜前認子

陰陽畀賦了無私。李不成桃蘭不芝。
是虎方能生虎子。非麟安得產麟兒。
肉身縱使聯千里。氣血何曾隔一絲。
誠看根根還本本。豈容人類有差池。

從來父之生子。未有不知者。莫說夫妻交媾有徵有驗。就是婢妾外遇。私已瞞人。然自家心裏亦不當不明明白白。但恐忙中忽畧。醉後糊塗。遂有已經生子

石點頭　卷一　一

10603　石點頭十四卷　題（明）天然痴叟撰　（明）馮夢龍評　明末金閶葉敬池刻遞修本　大連圖書館

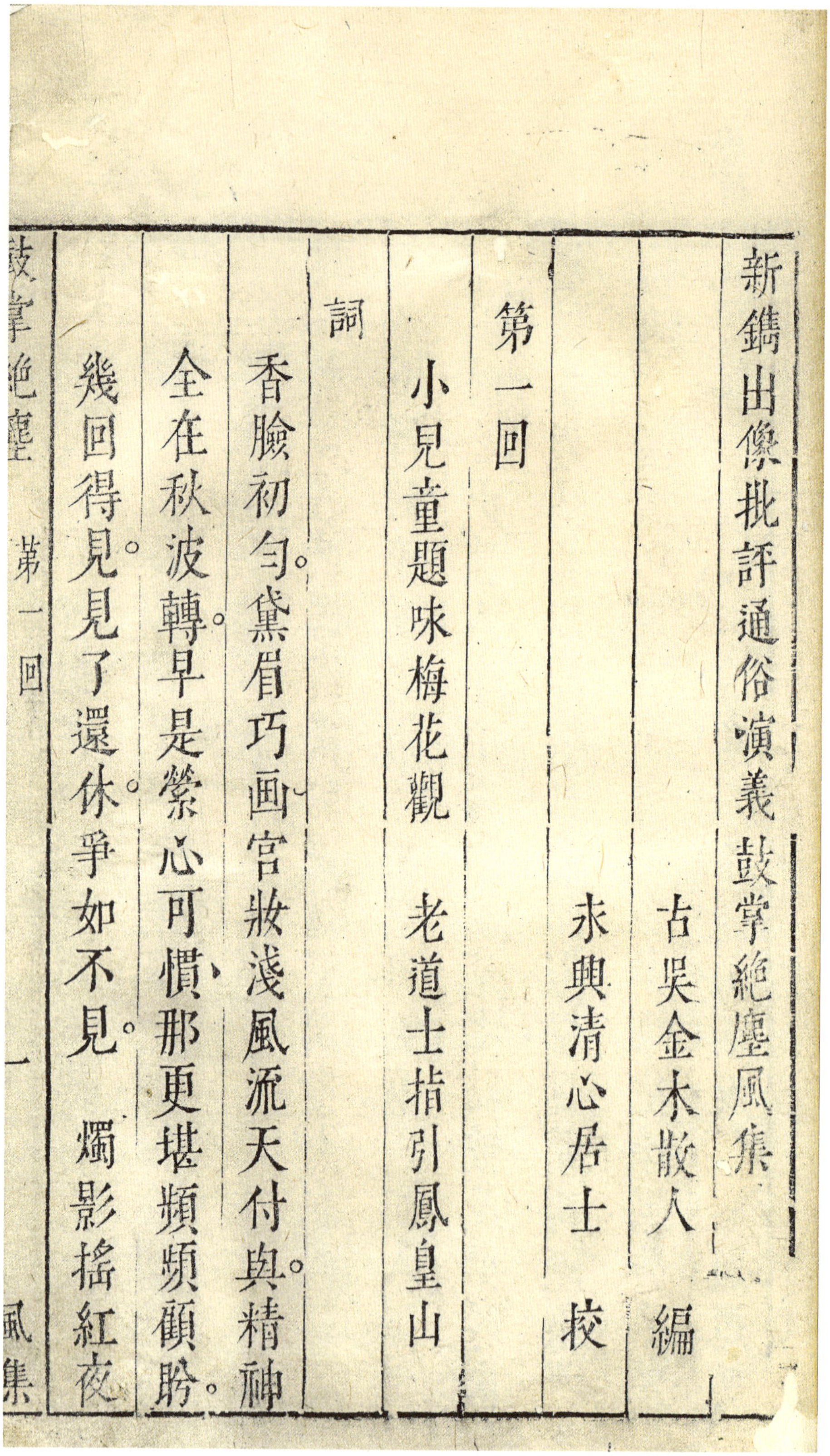
新鐫出像批評通俗演義鼓掌絕塵風集

古吳金木散人 編

永興清心居士 校

第一回

小兒童題咏梅花觀 老道士指引鳳皇山

詞

香臉初勻。黛眉巧畫宮妝淺。風流天付與。精神全在秋波轉。早是縈心可慣。那更堪頻頻顧盼。幾回得見。見了還休。爭如不見。 燭影搖紅夜

鼓掌絕塵 第一回 一 風集

10604 新鐫出像批評通俗小説鼓掌絶塵四集四十回 題（明）金木散人編 明崇禎刻本 大連圖書館

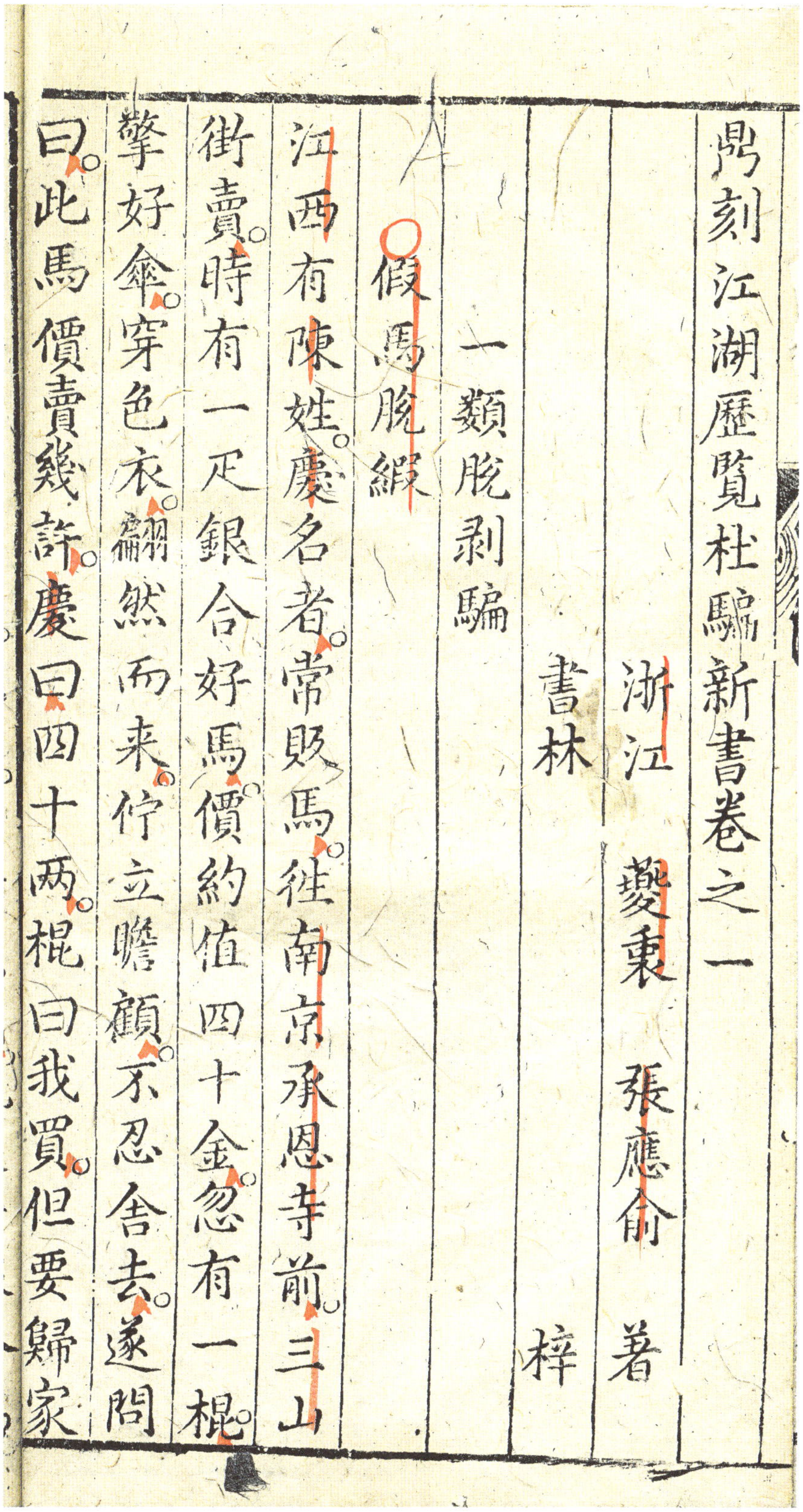

鼎刻江湖歷覽杜騙新書卷之一
浙江　夔衷　張應俞　著
書林　　梓
一類脫剥騙
假馬脫緞
江西有陳姓慶名者常販馬往南京承恩寺前三山
街賣時有一疋銀合好馬價約值四十金忽有一棍
擎好傘穿色衣翩然而來佇立瞻顧不忍舍去遂問
曰此馬價賣幾許慶曰四十兩棍曰我買但要歸家

10605　鼎刻江湖歷覽杜騙新書四卷　（明）張應俞撰　明刻本　大連圖書館

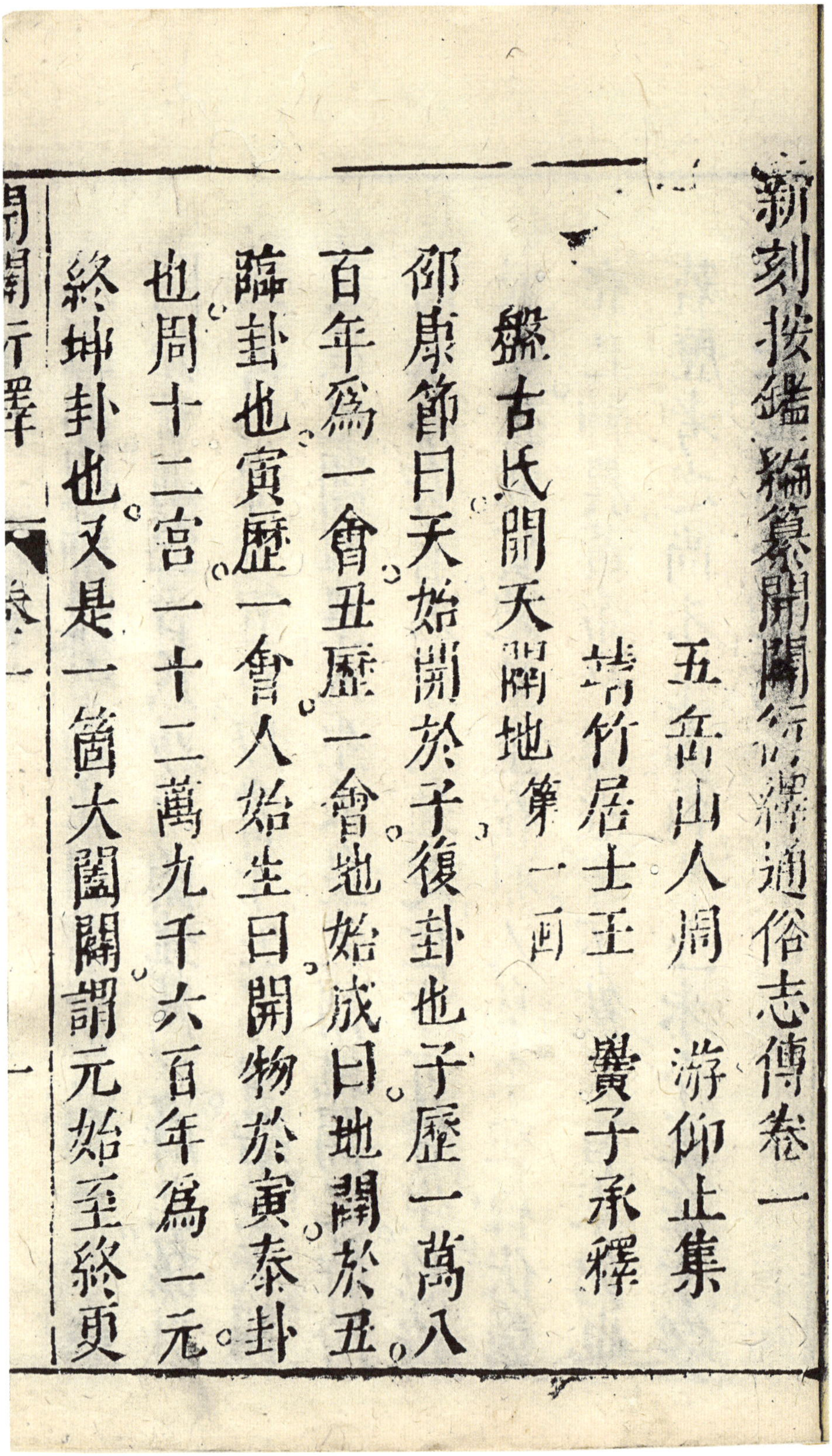

新刻按鑑編纂開闢衍繹通俗志傳卷一

五岳山人周　游仰止集

靖竹居士王　黌子承釋

盤古氏開天闢地第一回

邵康節曰天始開於子復卦也子歷一萬八百年爲一會丑歷一會地始成曰地闢於丑臨卦也寅歷一會人始生曰開物於寅泰卦也周十二宮一十二萬九千六百年爲一元終坤卦也又是一箇大闔闢謂元始至終更

開闢衍繹　卷一　一

10606　新刻按鑑編纂開闢衍繹通俗志傳六卷八十回　（明）周游撰　（明）王黌釋　明崇禎八年（1635）刻清書林麟瑞堂重修本　大連圖書館

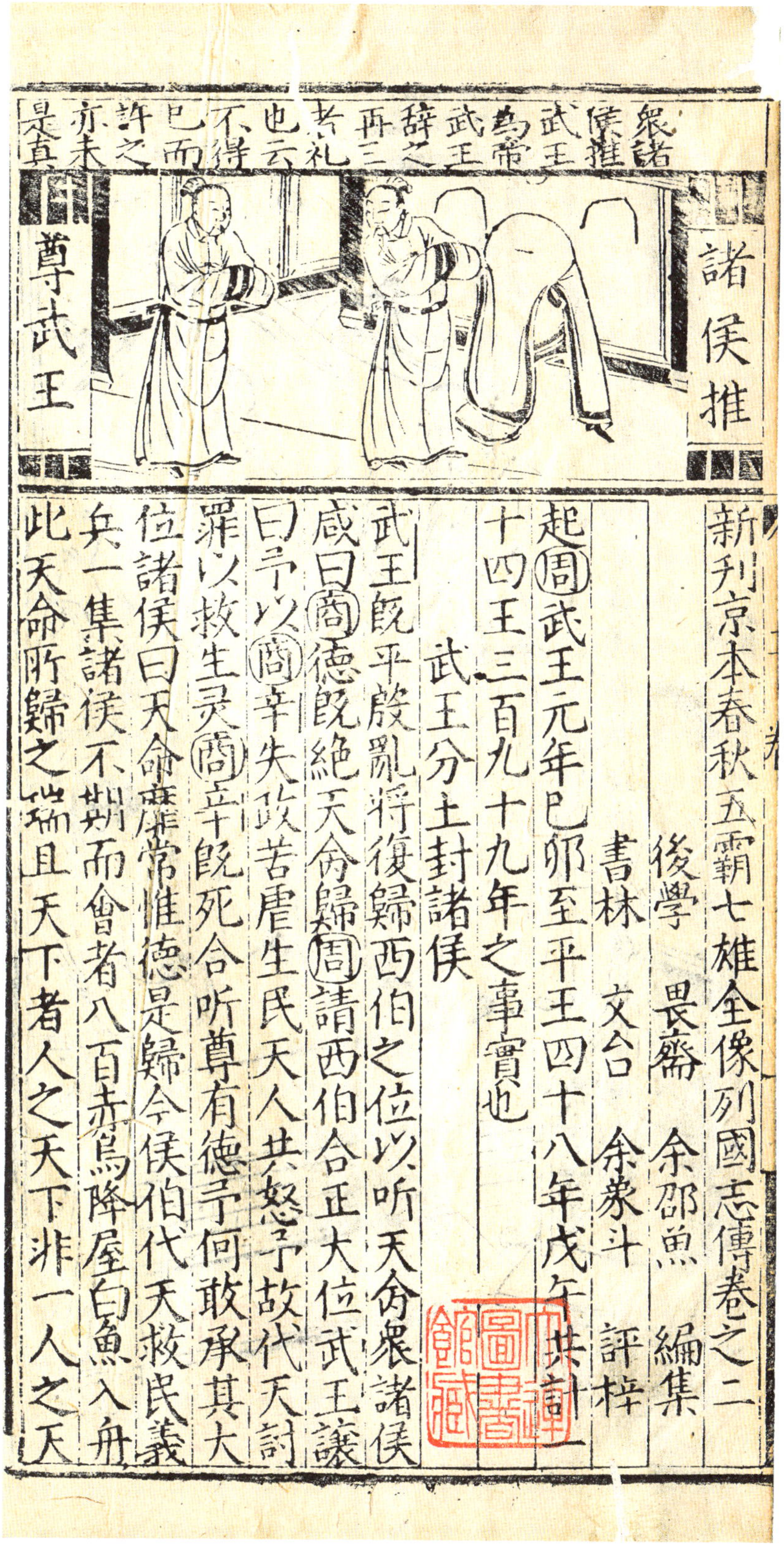

衆諸侯推武王爲帝武王辭之再三者礼也云不得已而許之亦未是真

新刊京本春秋五霸七雄全像列國志傳卷之二

後學　畏齋　余邵魚　編集

書林　文台　余象斗　評梓

起周武王元年己卯至平王四十八年戊午共計十四王三百九十九年之事實也

武王分土封諸侯

武王旣平殷亂將復歸西伯之位以听天命衆諸侯咸曰商德旣絶天命歸周請西伯合正大位武王讓曰予以商辛失政苦虐生民天人共怒予故代天討罪以救生灵商辛旣死合听尊有德予何敢承其大位諸侯曰天命靡常惟德是歸今侯伯代天救民義兵一集諸侯不期而會者八百赤烏降屋白魚入舟此天命所歸之瑞且天下者人之天下非一人之天

10607　新刊京本春秋五霸七雄全像列國志傳八卷　（明）余邵魚撰　（明）余象斗評　明萬曆書林余象斗三臺館刻本　大連圖書館

存五卷（二至六）

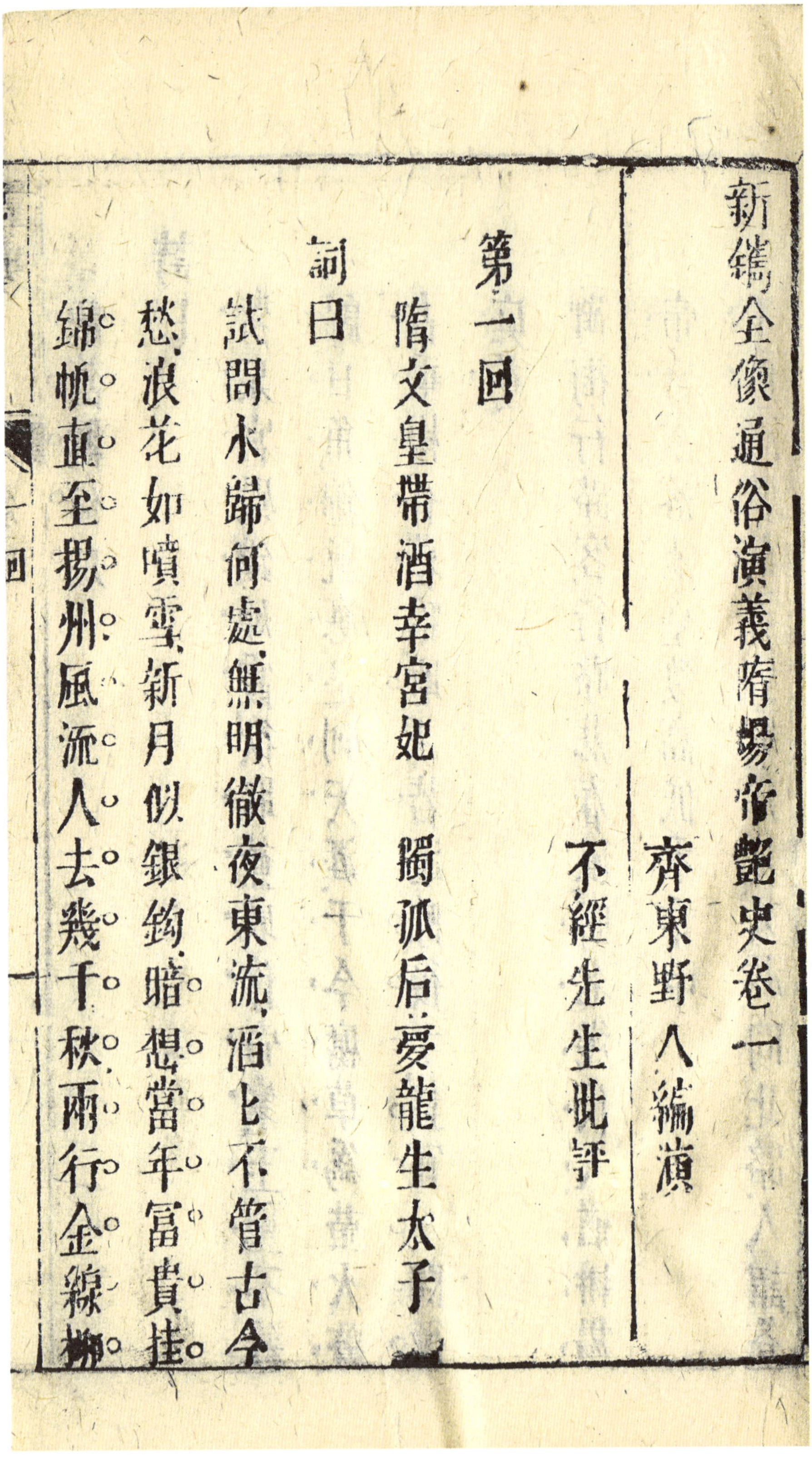

新鐫全像通俗演義隋煬帝艷史卷一
齊東野人編演
不經先生批評
第一回
隋文皇帶酒幸宮妃　獨孤后妬龍生太子
詞曰
試問水歸何處，無明徹夜東流，滔滔不管古今
愁。浪花如噴雪，新月似銀鈎。暗想當年富貴，挂
錦帆直至揚州。風流人去幾千秋。兩行金線柳

10608　新鐫全像通俗演義隋煬帝艷史八卷四十回　題（明）齊東野人撰　明崇禎人瑞堂刻本　大連圖書館

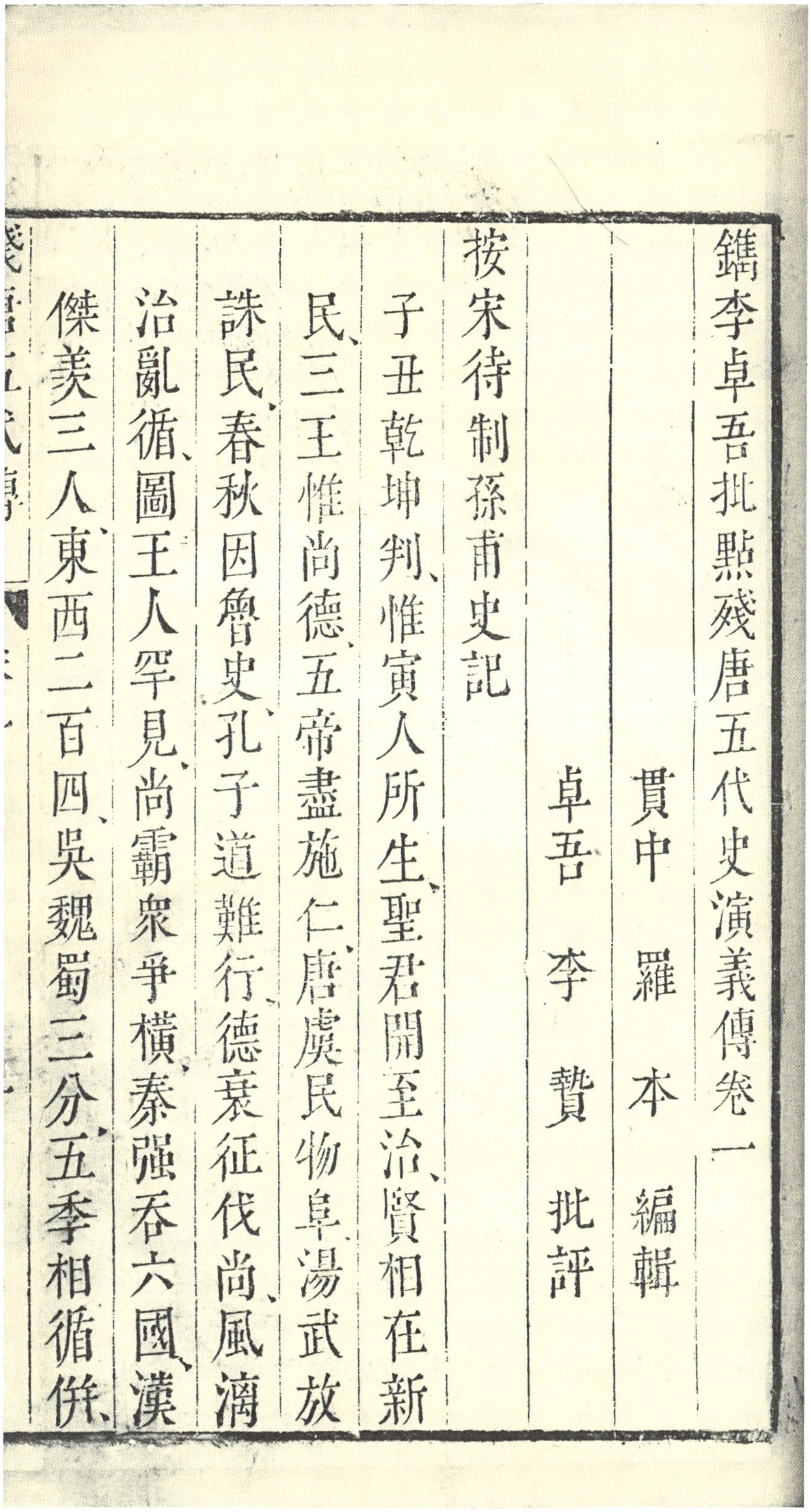

鐫李卓吾批點殘唐五代史演義傳卷一

貫中 羅 本 編輯

卓吾 李 贄 批評

按宋待制孫甫史記

子丑乾坤判、惟寅人所生、聖君開至治、賢相在新民、三王惟尚德、五帝盡施仁、唐虞民物阜、湯武放誅民、春秋因魯史、孔子道難行、德衰征伐尚、風漓治亂循、圖王人罕見、尚霸衆爭横、秦强吞六國、漢傑羡三人、東西二百四、吳魏蜀三分、五季相循併、

10609 鐫李卓吾批點殘唐五代史演義傳八卷六十回 （明）羅貫中撰 （明）李贄評 明末刻本 大連圖書館

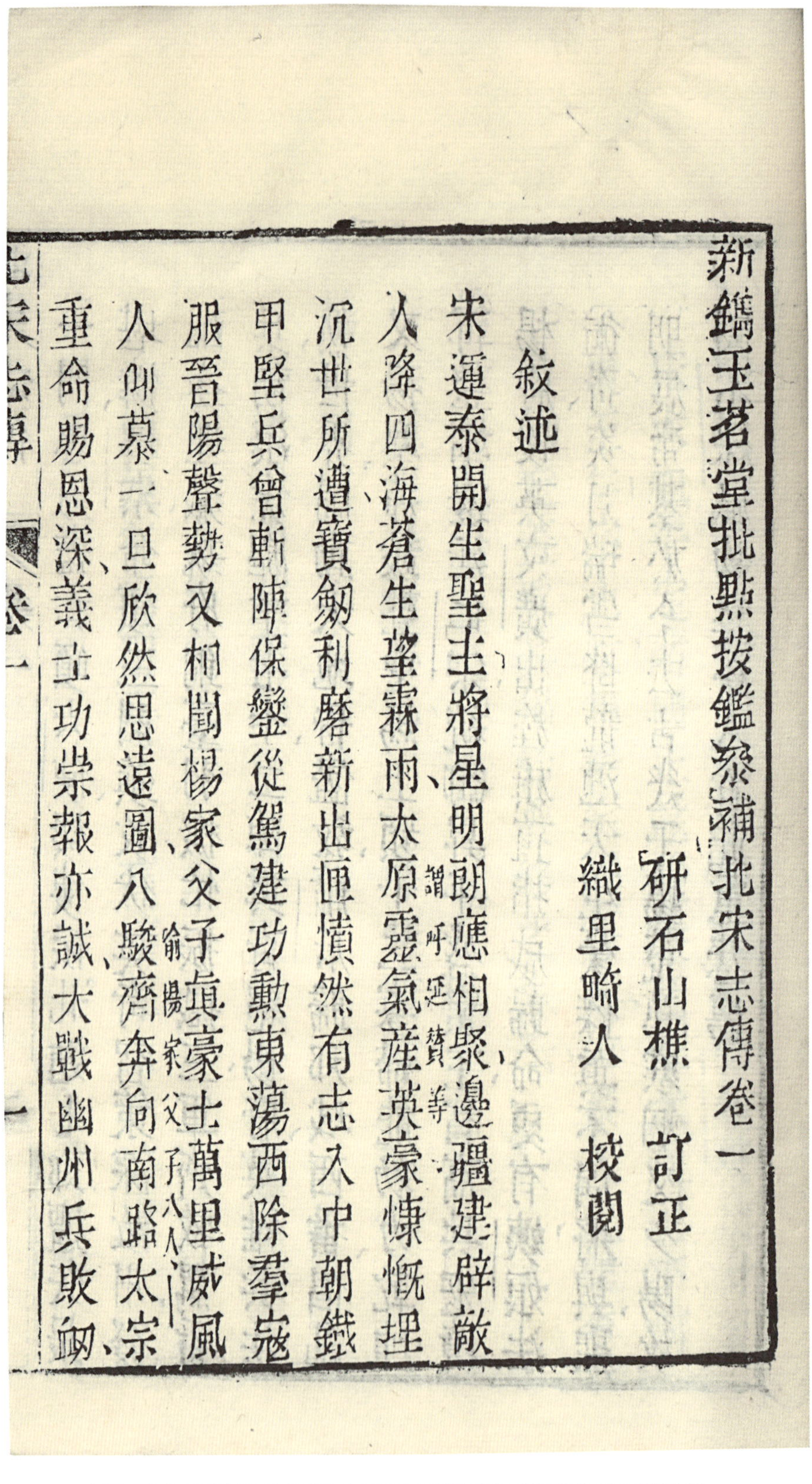
新鐫玉茗堂批點按鑑參補北宋志傳卷一
研石山樵　訂正
織里畸人　校閱
敘述
宋運泰開生聖主將星明朗應相聚、邊疆建辟敵
人降、四海蒼生望霖雨太原靈氣產英豪慷慨埋（謂呼延贊等）
沉世所遺寶劍利磨新出匣憤然有志入中朝鐵
甲堅兵曾斬陣保鑾從駕建功勳東蕩西除羣寇
服晉陽聲勢又相聞楊家父子真豪士萬里威風
人仰慕一旦欣然思遠圖入駿齊奔向南路太宗（諭楊家父子入）
重命賜恩深、義士功崇報亦誠、大戰幽州兵敗衂、
北宋志傳　卷一　一

10610　新鐫玉茗堂批點按鑑參補北宋志傳十卷五十回　（明）熊大木撰　明末刻本　大連圖書館

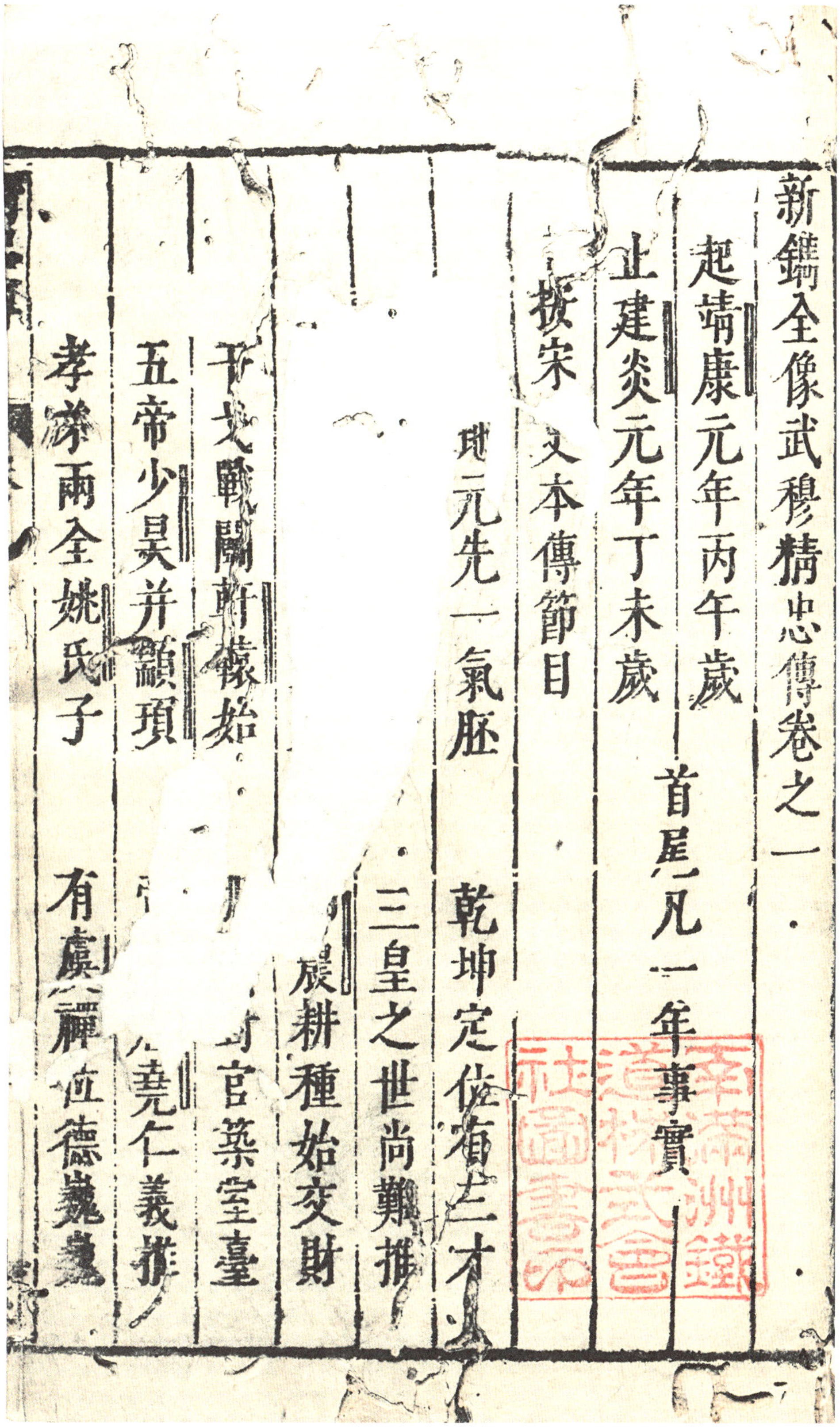

新鐫全像武穆精忠傳卷之一

起靖康元年丙午歲　首尾凡一十年事實

止建炎元年丁未歲

按宋史本傳節目

[illegible]元先一氣歷　乾坤定位有三才

三皇之世尚難推

稼耕種始交財

干戈戰鬭軒轅始　官築室臺

五帝少昊并顓頊　[illegible]堯仁義推

孝弟兩全姚氏子　有虞禪位德巍巍

10611　新鐫全像武穆精忠傳八卷　（明）李贄評　明末萃錦堂刻本　大連圖書館

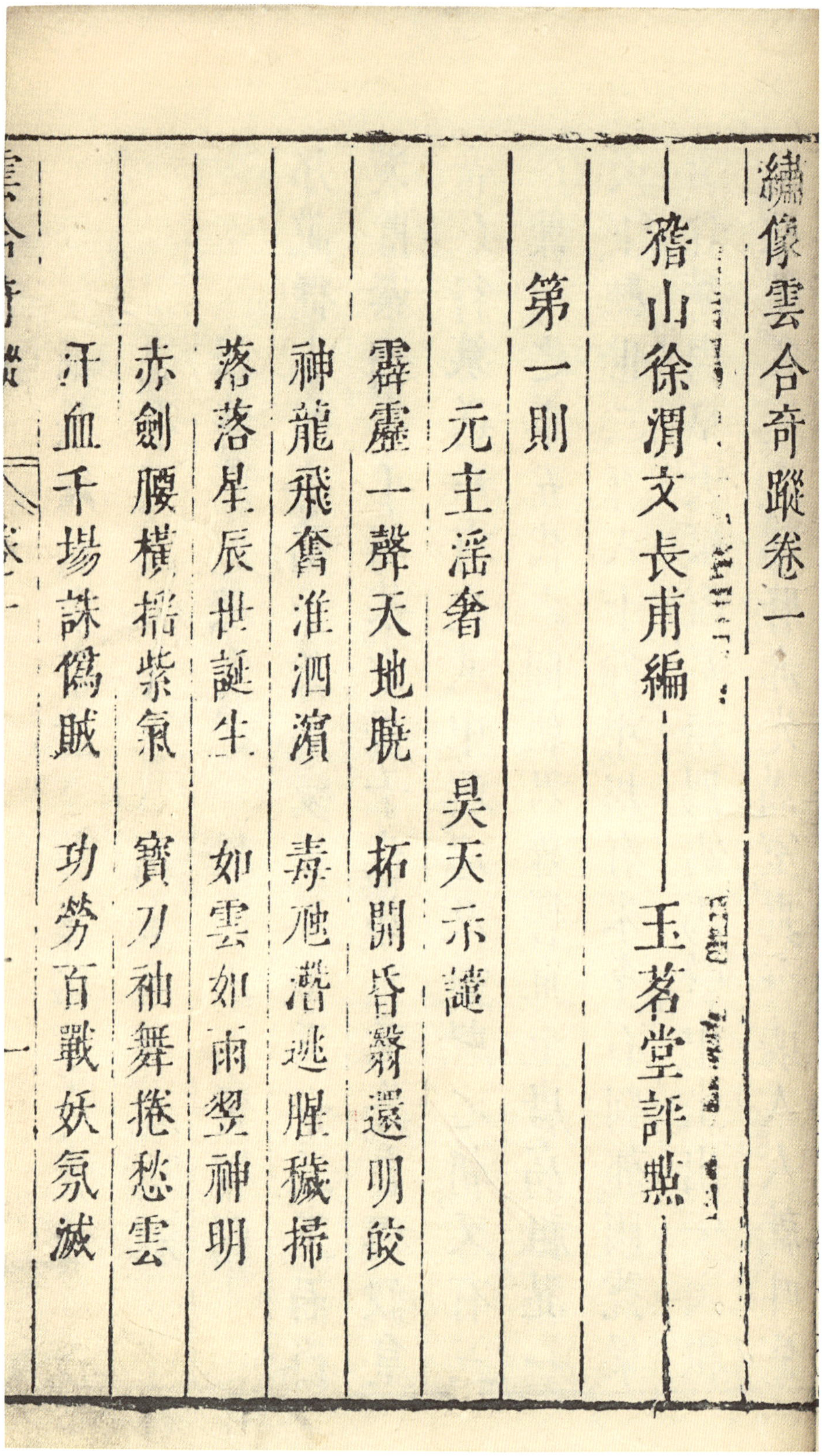
繡像雲合奇蹤卷一
稽山徐渭文長甫編　玉茗堂評點
第一則
元主淫奢　昊天不譴
霹靂一聲天地曉　拓開昏翳還明皎
神龍飛奮淮泗濱　毒虺潛逃腥穢掃
落落星辰世誕生　如雲如雨翌神明
赤劍腰橫揺紫氣　寶刀袖舞捲愁雲
汗血千場誅僞賊　功勞百戰妖氛滅
雲合奇蹤　卷一

10612　綉像雲合奇蹤二十卷　題（明）徐渭撰　明刻本　大連圖書館

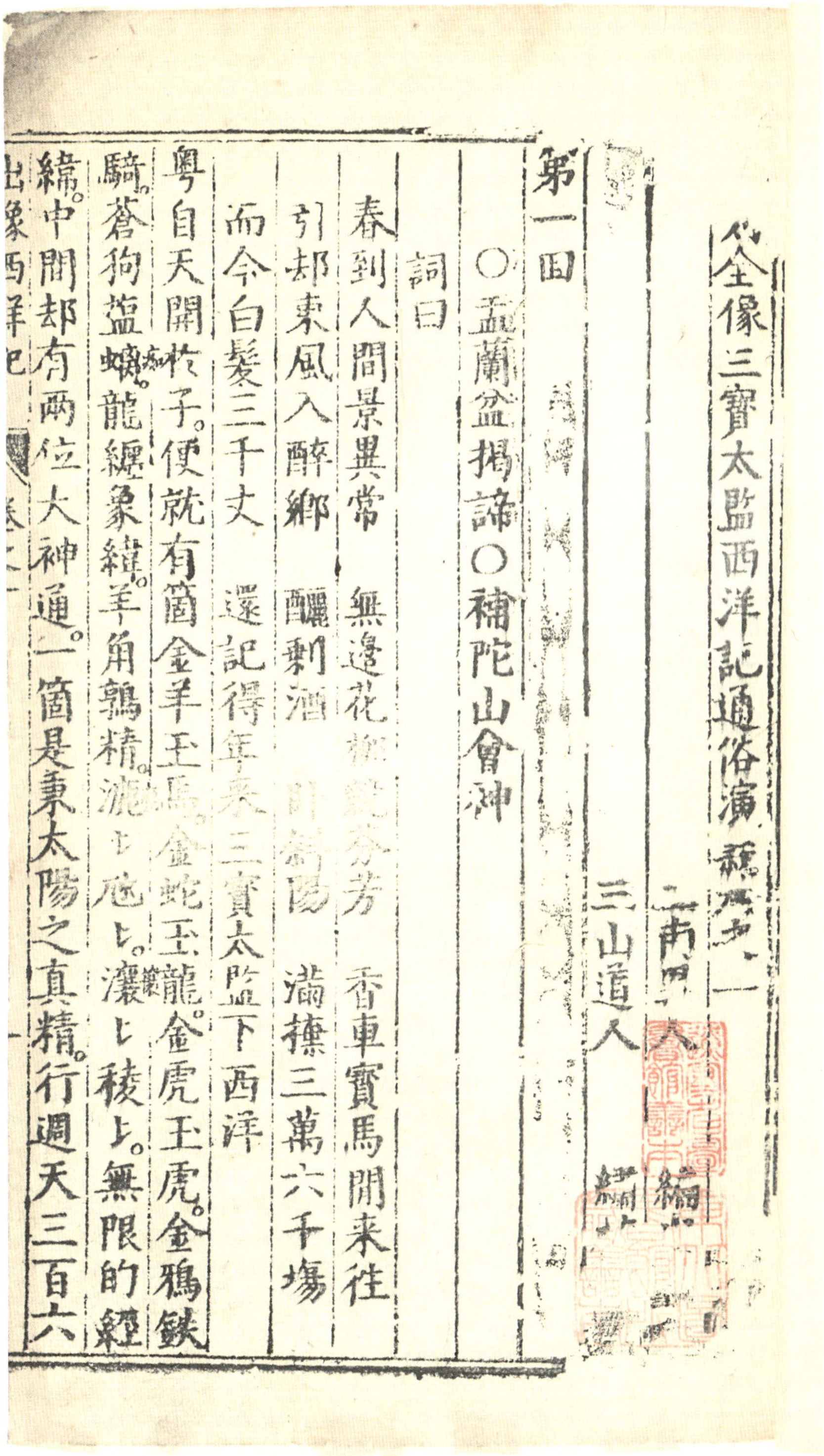

新刻全像三寶太監西洋記通俗演義卷之一

二南里人編次

三山道人繡梓

第一回

○盂蘭盆揭諦○補陀山會神

詞曰

春到人間景異常　無邊花柳競芬芳　香車寶馬閙來往

引却東風入醉鄉　釃剩酒　卧斜陽　滿擁三萬六千場

而今白髮三千丈　還記得年來三寶太監下西洋

粤自天開於子。便就有箇金羊玉馬。金蛇玉龍。金虎玉虎。金鴉鐵騎。蒼狗蛩螭。龍纏象緯。羊角鶉精。滮滮浥浥。瀼瀼稜稜。無限的經綸。中間却有兩位大神通。一箇是東太陽之真精。行週天三百六

出像西洋記　卷之一

10613　新刻全像三寶太監西洋記通俗演義二十卷一百回　（明）羅懋登撰　明三山道人刻清初步月樓重修本　遼寧省圖書館

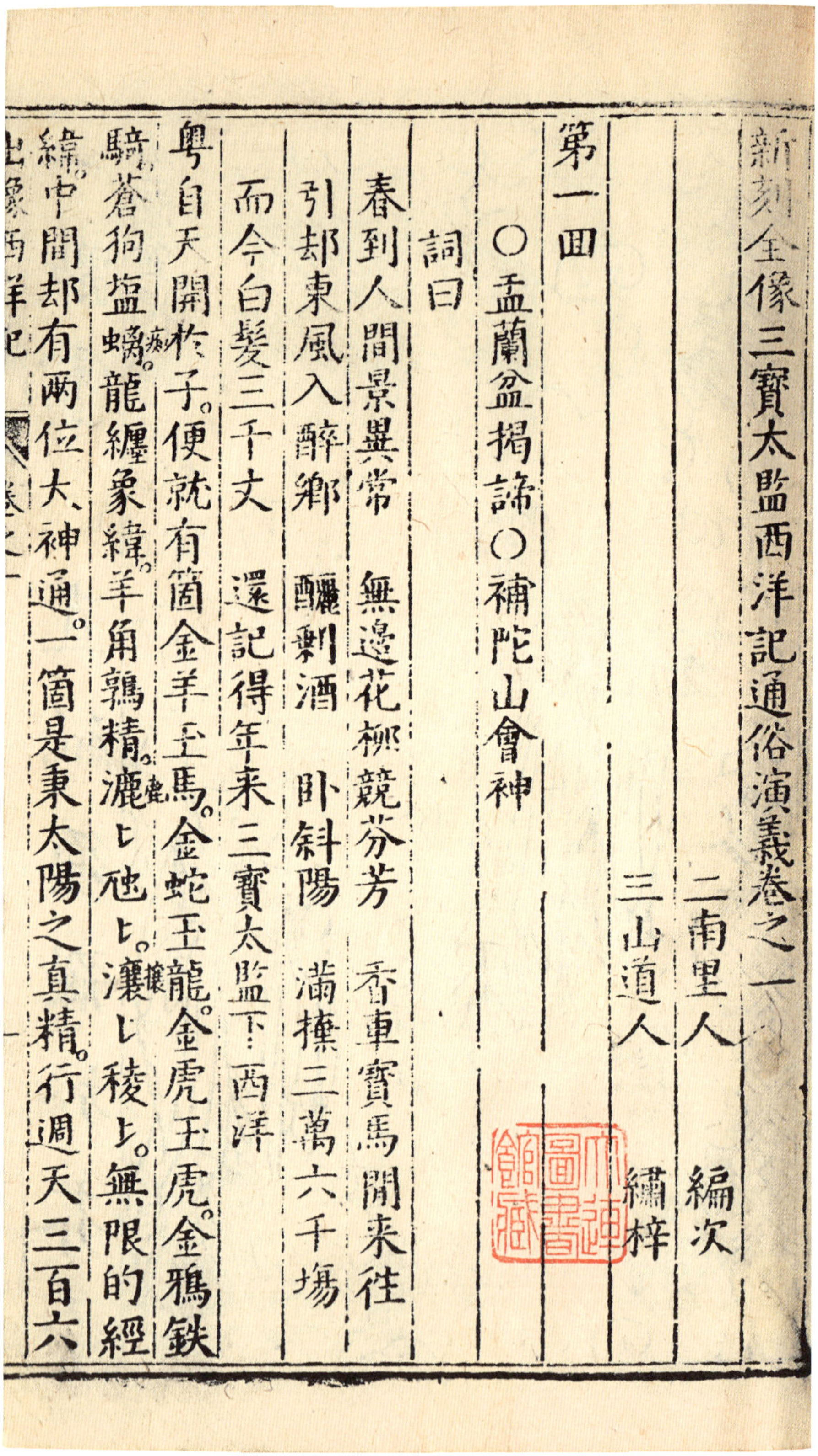

新刻全像三寶太監西洋記通俗演義卷之一
二南里人　編次
三山道人　繡梓
第一回
○盂蘭盆揭諦○補陀山會神
詞曰
春到人間景異常　無邊花柳競芬芳　香車寶馬鬧來往
引却東風入醉鄉　醲剩酒　卧斜陽　滿擁三萬六千場
而今白髮三千丈　還記得年來三寶太監下西洋
粵自天開於子。便就有箇金羊玉馬。金蛇玉龍。金虎玉虎。金鴉鉄
騎。蒼狗塩螭。龍纏象緯。羊角鶉精。漉漉虺虺。瀼瀼稜稜。無限的經
緯。中間却有两位大神通。一箇是東太陽之真精。行週天三百六
出像西洋記　卷之一

10614　新刻全像三寶太監西洋記通俗演義二十卷一百回　（明）羅懋登撰　明三山道人刻清初步月樓重修本　大連圖書館

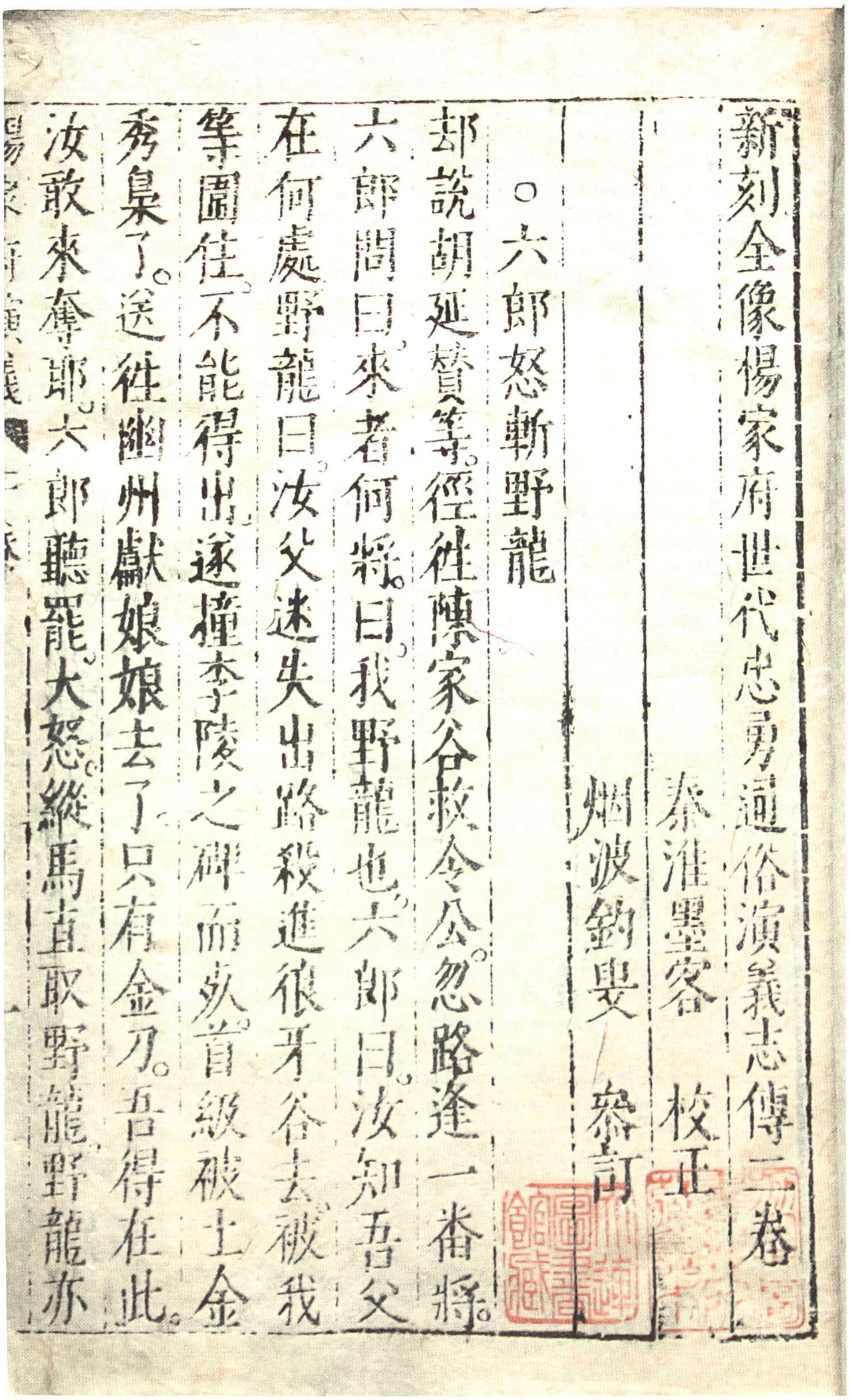
新刻全像楊家府世代忠勇通俗演義志傳二卷
秦淮墨客　校正
烟波釣叟　參訂
○六郎怒斬野龍
却說胡延贊等。徑往陳家谷救令公。忽路逢一番將。六郎問曰。來者何將。曰。我野龍也。六郎曰。汝知吾父在何處。野龍曰。汝父迷失出路。殺進很牙谷去。被我等圍住。不能得出。遂撞李陵之碑而死。首級被土金秀梟了。送往幽州獻娘娘去了。只有金刀。吾得在此。汝敢來奪耶。六郎聽罷。大怒。縱馬直取野龍。野龍亦

10615　新刻全像楊家府世代忠勇通俗演義志傳八卷　題秦淮墨客校正
題烟波釣叟參訂　明刻本　大連圖書館
存七卷（二至八）

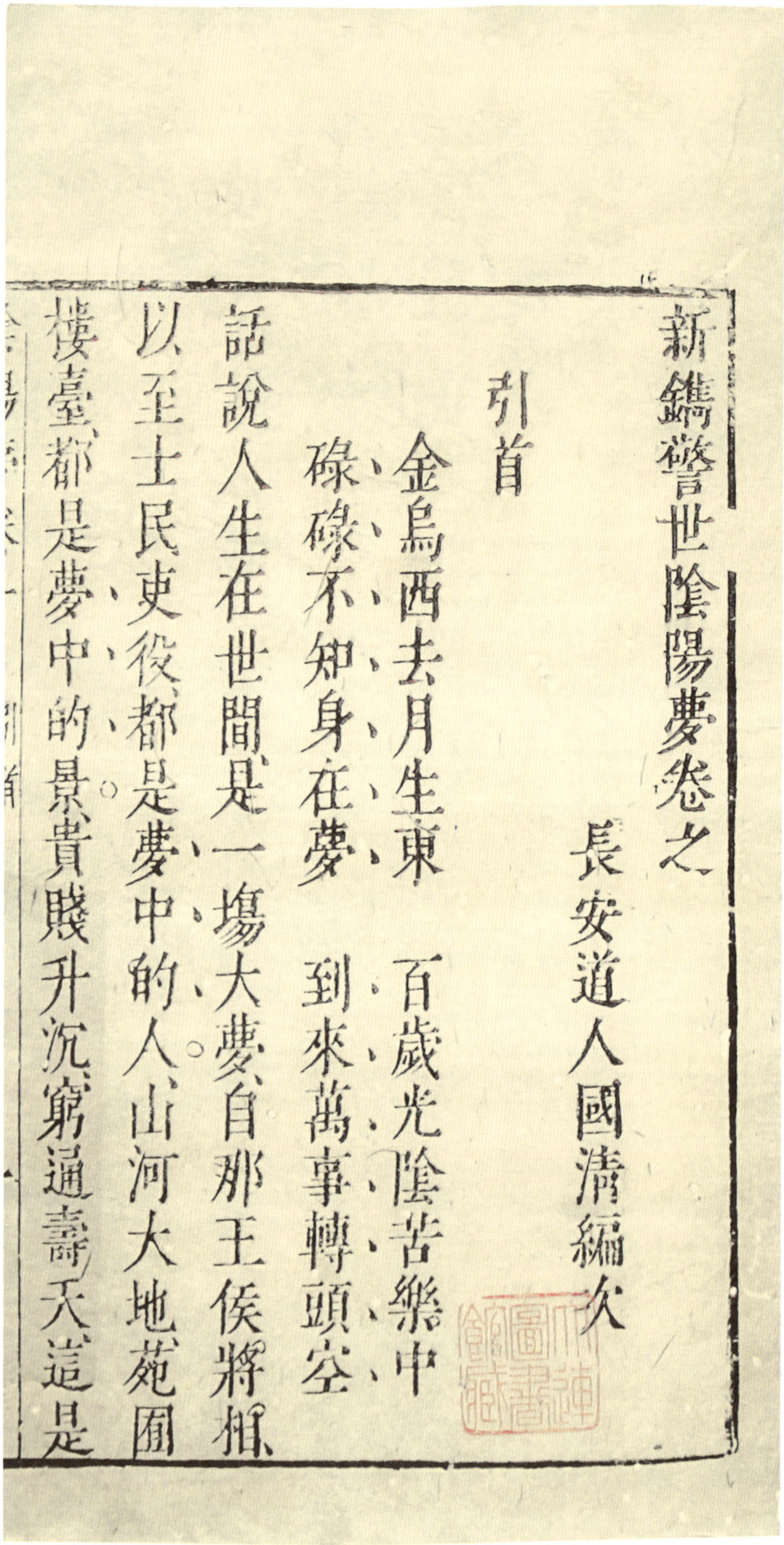
新鐫警世陰陽夢卷之
長安道人國清編次
引首
金烏西去月生東　百歲光陰苦樂中
碌碌不知身在夢　到來萬事轉頭空
話說人生在世間是一場大夢自那王侯將相
以至士民吏役都是夢中的人山河大地苑囿
樓臺都是夢中的景貴賤升沉窮通壽夭這是

10616　新鐫警世陰陽夢十卷四十回　題（明）長安道人國清撰　明崇禎元年（1628）刻本　大連圖書館

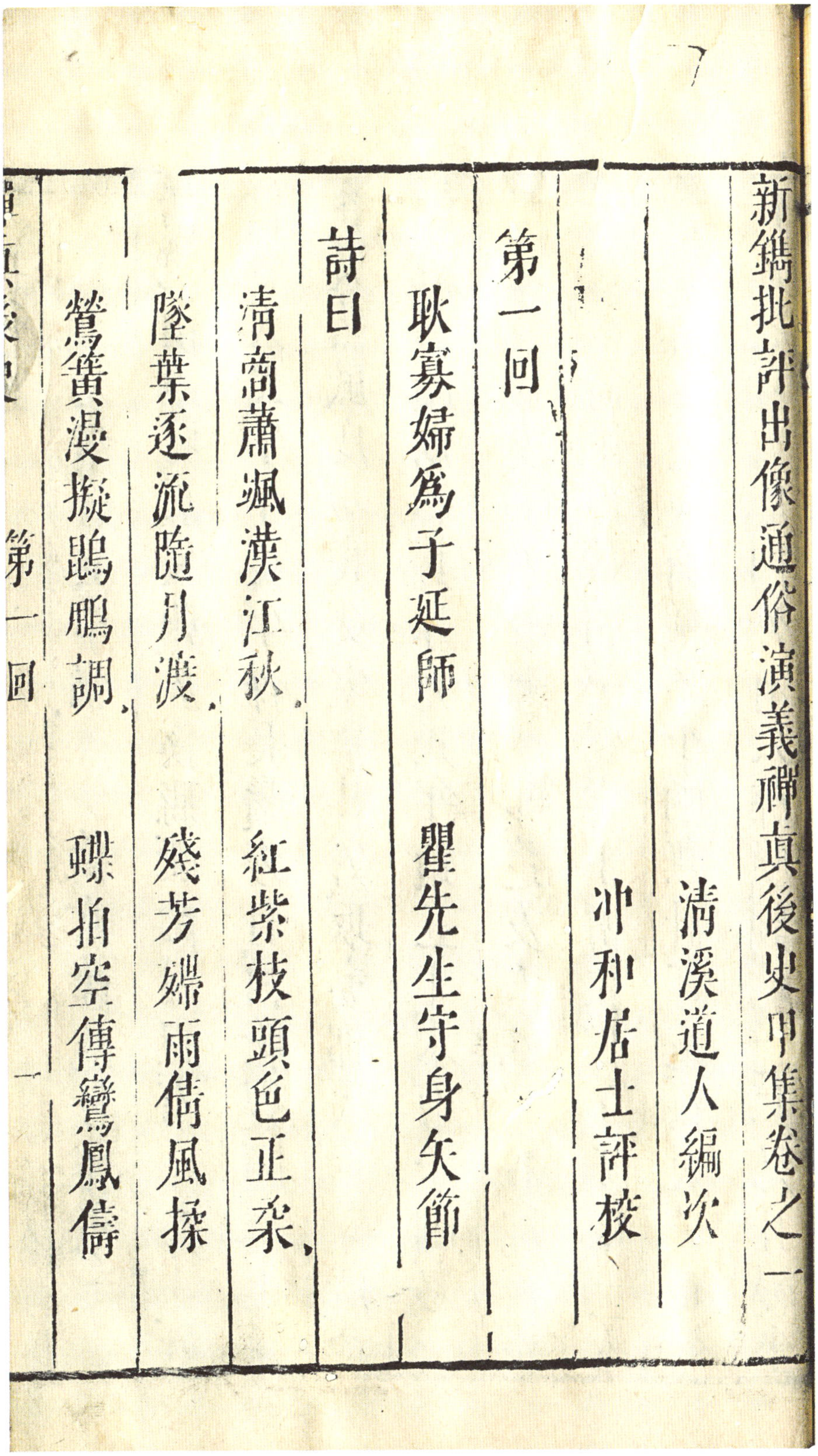

新鐫批評出像通俗演義禪真後史甲集卷之一

清溪道人編次
冲和居士評校

第一回

耿寡婦爲子延師　瞿先生守身矢節

詩曰

清商蕭颯漢江秋　紅紫枝頭色正柔
墜葉逐流隨月渡　殘芳殢雨倩風揉
鶯簧漫擬鵾鵬調　蝶拍空傳鸞鳳儔

禪真後史　第一回　一

10617　新鐫批評出像通俗演義禪真後史十集六十回　（明）方汝浩撰

明末金衙刻本　大連圖書館

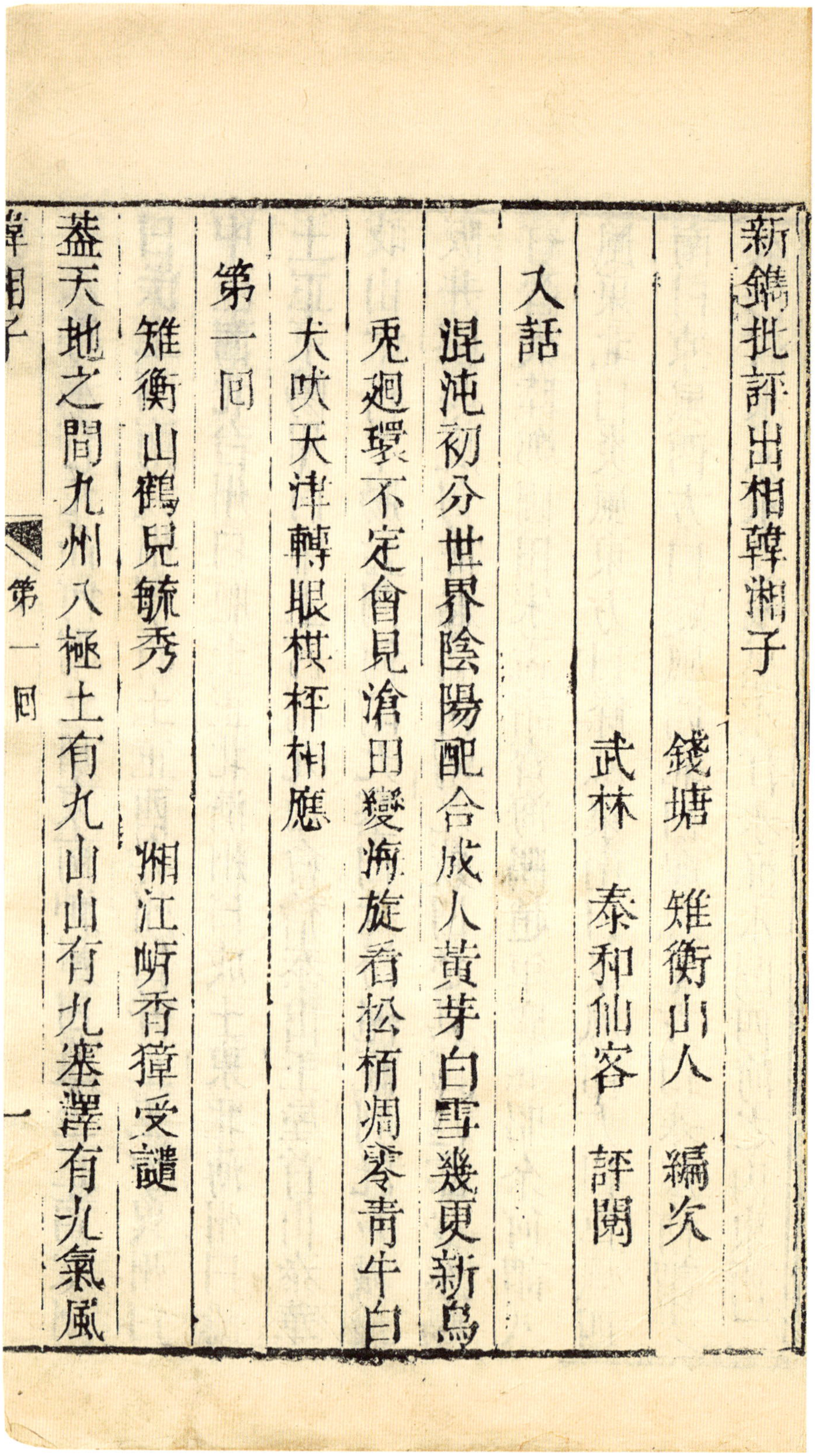

新鐫批評出相韓湘子

錢塘　雉衡山人　編次

武林　泰和仙客　評閱

入話

混沌初分世界陰陽配合成人黃芽白雪幾更新烏兎廻環不定會見滄田變海旋看松栢凋零青牛白犬吠天津轉眼棋枰相應

第一回

雉衡山鶴兒毓秀　湘江岢香獐受譴

蓋天地之間九州八極土有九山山有九塞澤有九氣風

韓湘子　第一回　一

10618　新鐫批評出相韓湘子三十回　（明）楊爾曾撰　明天啓刻金陵九如堂印本　大連圖書館

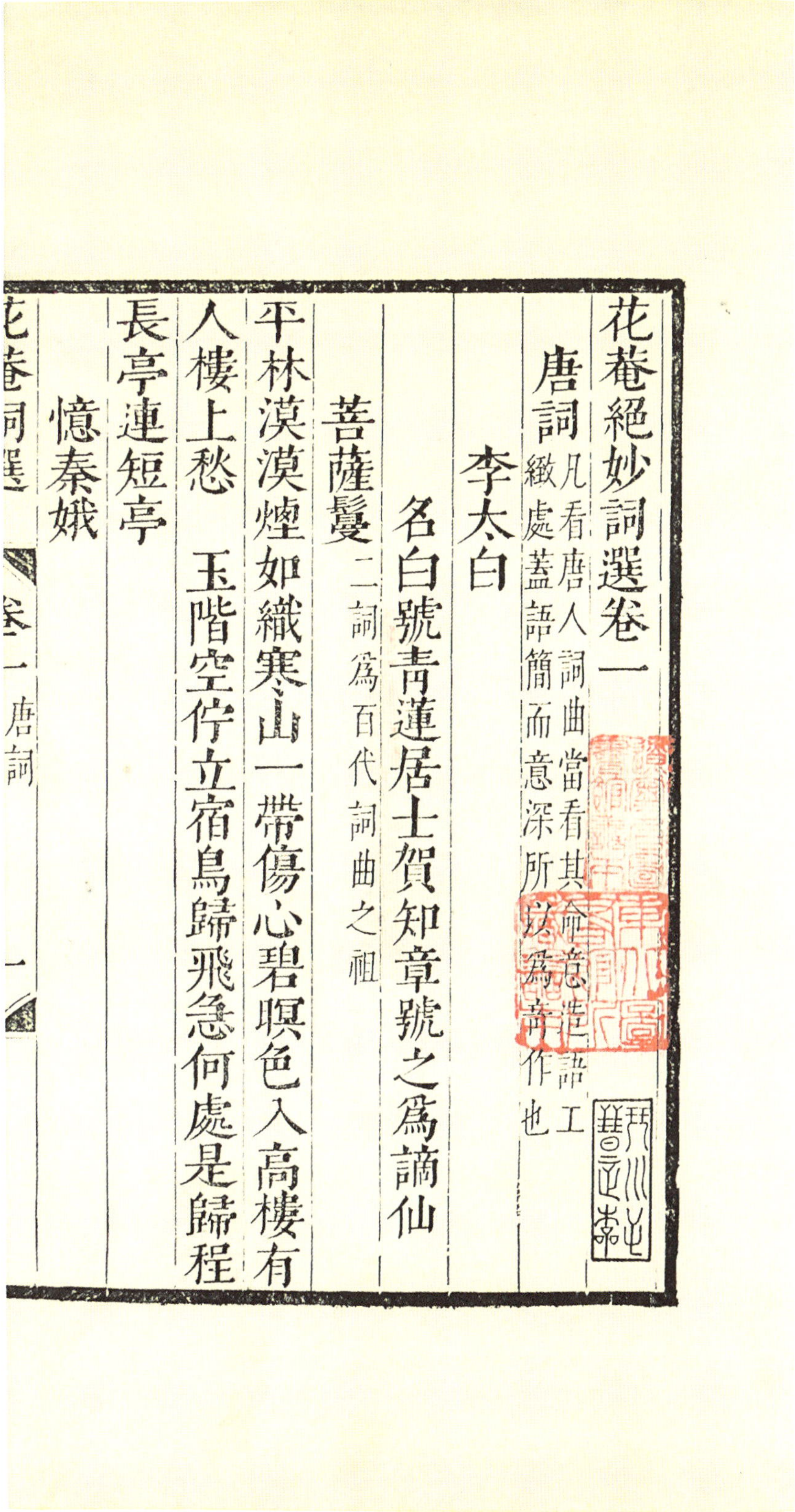
花菴絶妙詞選卷一
唐詞 凡看唐人詞曲當看其命意造語工緻處蓋語簡而意深所以爲奇作也
李太白
名白號青蓮居士賀知章號之爲謫仙
菩薩蠻 二詞爲百代詞曲之祖
平林漠漠煙如織寒山一帶傷心碧暝色入高樓有人樓上愁 玉階空佇立宿鳥歸飛急何處是歸程長亭連短亭
憶秦娥
花菴詞選 卷一 唐詞 一

10619 詞苑英華四十五卷 （明）毛晋編 明末毛氏汲古閣刻本 遼寧省圖書館

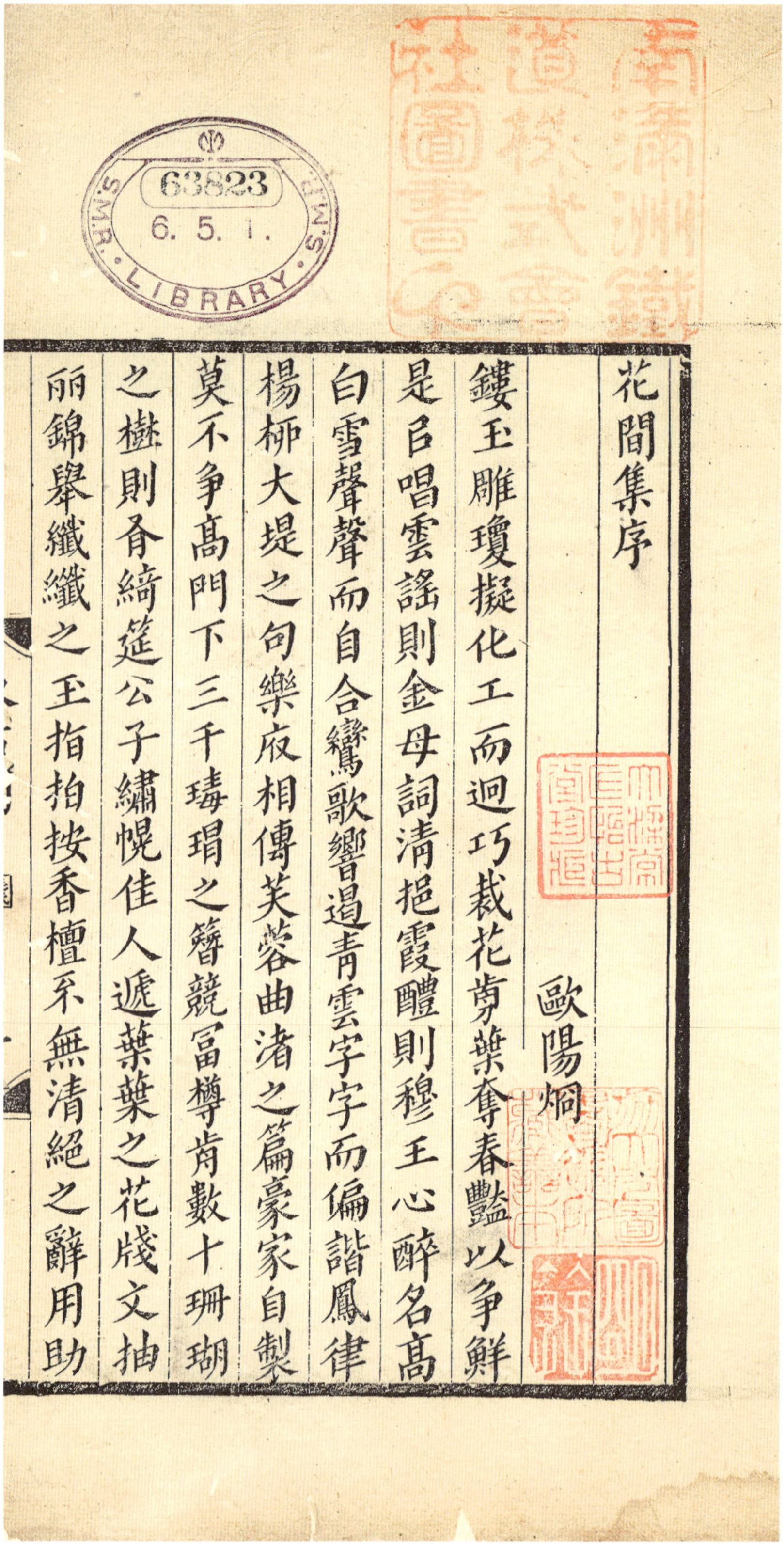

花間集序

歐陽烱

鏤玉雕瓊擬化工而迴巧裁花剪葉奪春豔以爭鮮是以唱雲謠則金母詞清挹霞醴則穆王心醉名高白雪聲聲而自合鸞歌響遏青雲字字而偏諧鳳律楊柳大堤之句樂府相傳芙蓉曲渚之篇豪家自製莫不爭高門下三千瑇瑁之簪競富樽前數十珊瑚之樹則有綺筵公子繡幌佳人遞葉葉之花箋文抽麗錦舉纖纖之玉指拍按香檀不無清絕之辭用助

10620　詞苑英華四十五卷　（明）毛晉編　明末毛氏汲古閣刻本　大連圖書館

存四十卷（花間集十卷、中興以來絶妙詞選十卷、樽前集二卷、草堂詩餘四卷、詞林萬選四卷、唐宋諸賢絶妙詞選十卷）

花間集卷一　五十首

溫助教 庭筠 五十首

菩薩蠻 十四首　更漏子 六首　歸國遥 二首

酒泉子 四首　定西番 三首　楊柳枝 八首

南歌子 七首　河瀆神 三首　女冠子 二首

玉胡蝶 一首

菩薩蠻　溫庭筠

小山重疊金明滅鬢雲欲度香顋雪嬾起畫蛾眉弄粧梳洗遲　照花前後鏡花面交相映新帖綉羅襦

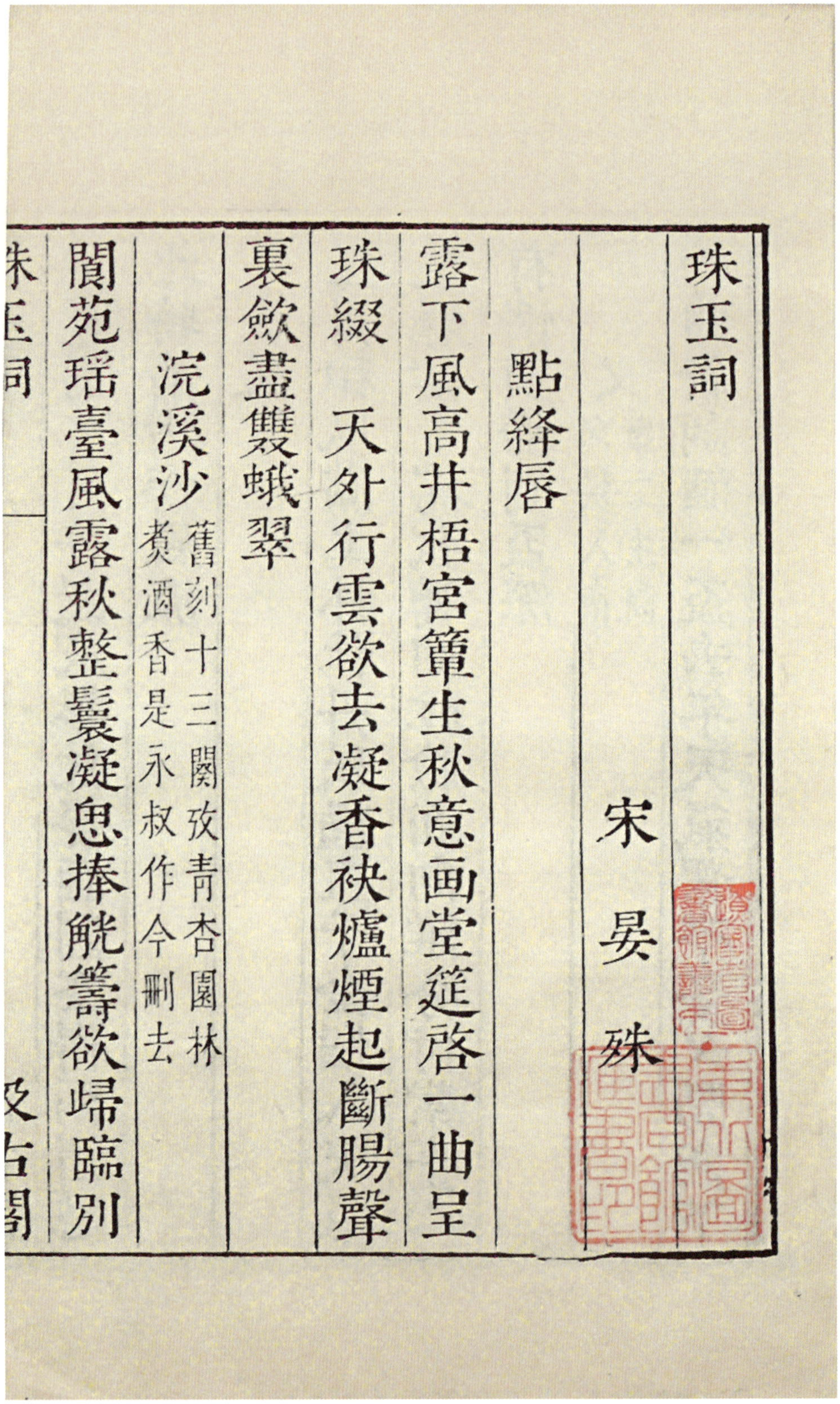
珠玉詞
宋　晏殊
點絳脣
露下風高井梧宮簟生秋意画堂筵啓一曲呈
珠綴　天外行雲欲去凝香袂爐煙起斷腸聲
裏斂盡雙蛾翠
浣溪沙　舊刻十三闋攷青杏園林煮酒香是永叔作今刪去
閬苑瑤臺風露秋整鬟凝思捧觥籌欲歸臨別
珠玉詞　汲古閣

10621　宋名家詞六十一種九十卷　（明）毛晋編　明崇禎毛氏汲古閣刻本

遼寧省圖書館

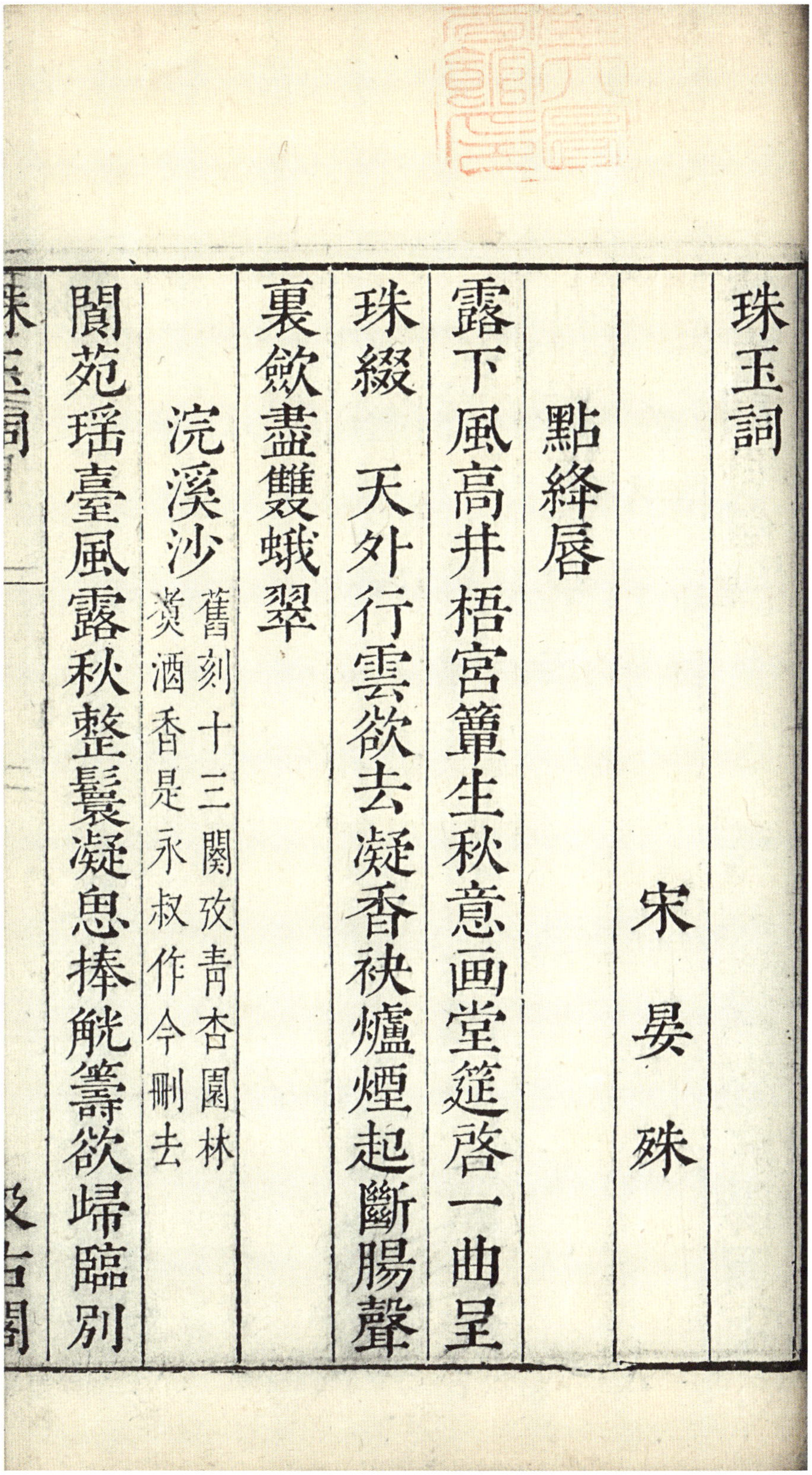

珠玉詞

宋　晏殊

點絳唇

露下風高井梧宮簟生秋意画堂筵啓一曲呈珠綴　天外行雲欲去凝香袂爐煙起斷腸聲裏歛盡雙蛾翠

浣溪沙　舊刻十三闋攷青杏園林煑酒香是永叔作今刪去

閬苑瑤臺風露秋整鬟凝思捧觥籌欲歸臨別

珠玉詞　汲古閣

10622　宋名家詞六十一種九十卷　（明）毛晋編　明崇禎毛氏汲古閣刻本

大連圖書館

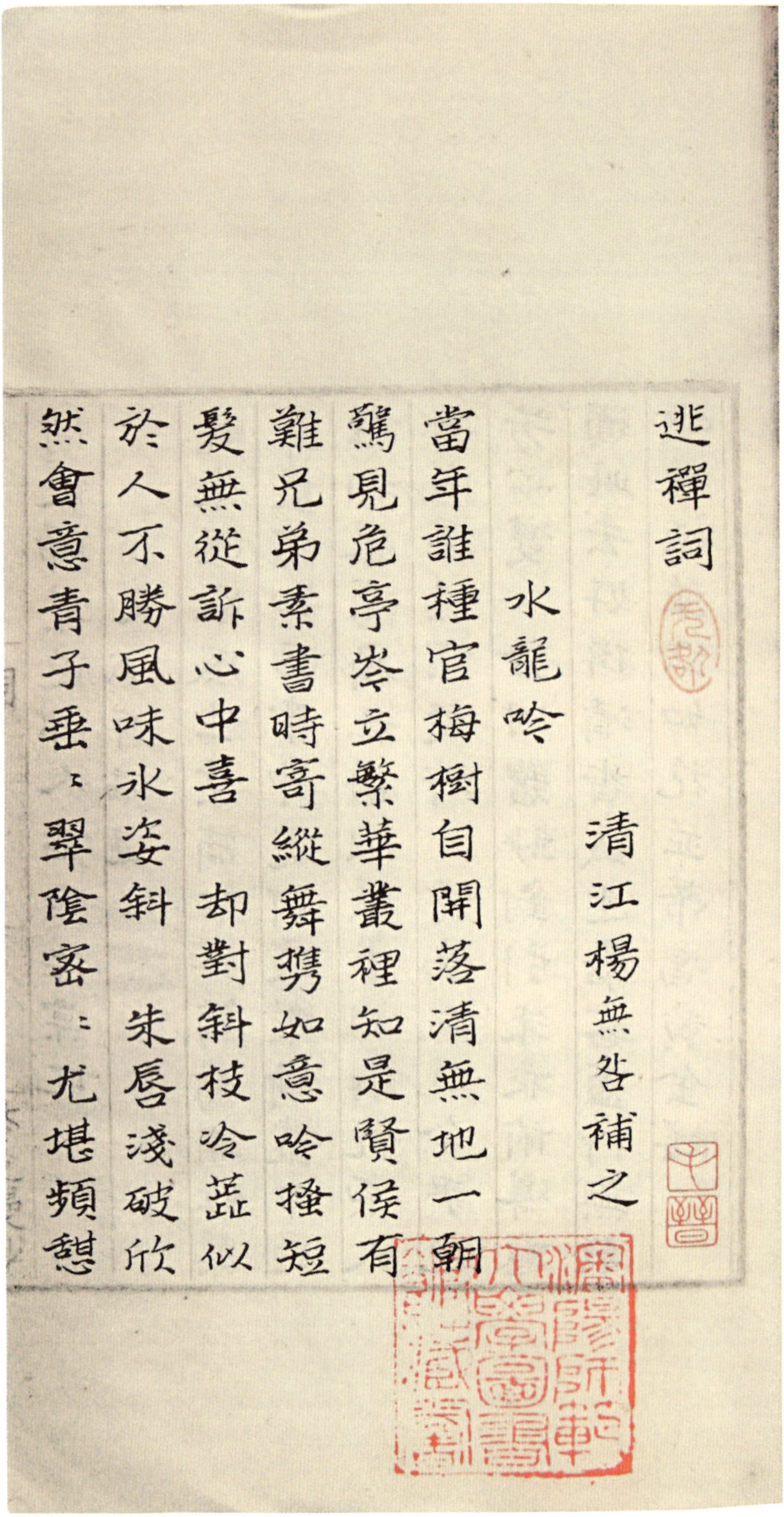

逃禪詞
清江楊無咎補之
水龍吟
當年誰種官梅樹自開落清無地一朝
驚見危亭岑立繁華叢裡知是賢侯有
難兄弟素書時寄縱舞擕如意吟搔短
髮無從訴心中喜 却對斜枝冷蕊似
於人不勝風味氷姿斜 朱唇淺破欣
然會意青子垂垂翠陰密密尤堪頻憩

10623 宋元名家詞抄二十一種 （明）毛晉编 明抄本 瀋陽師範大學圖書館

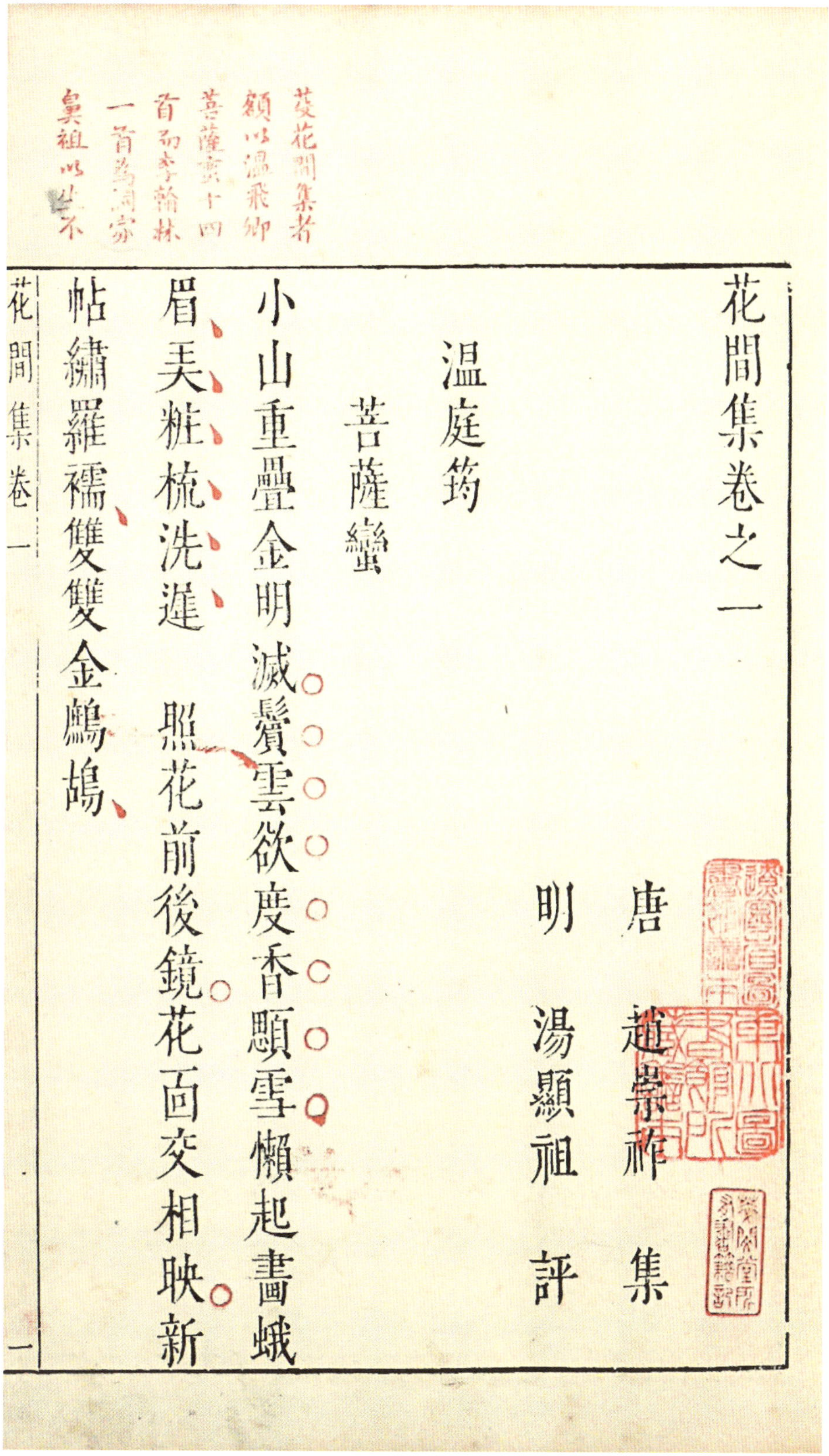
芟花間集者額以溫飛卿菩薩蠻十四首而李翰林一首為詞家鼻祖以生不

花間集卷之一
唐 趙崇祚 集
明 湯顯祖 評
温庭筠
菩薩蠻
小山重疊金明滅鬢雲欲度香顋雪懶起畫蛾眉妾粧梳洗遲 照花前後鏡花面交相映新帖繡羅襦雙雙金鷓鴣

花間集卷一 一

10624 花間集四卷 （後蜀）趙崇祚輯 （明）湯顯祖評 明刻朱墨套印本

遼寧省圖書館

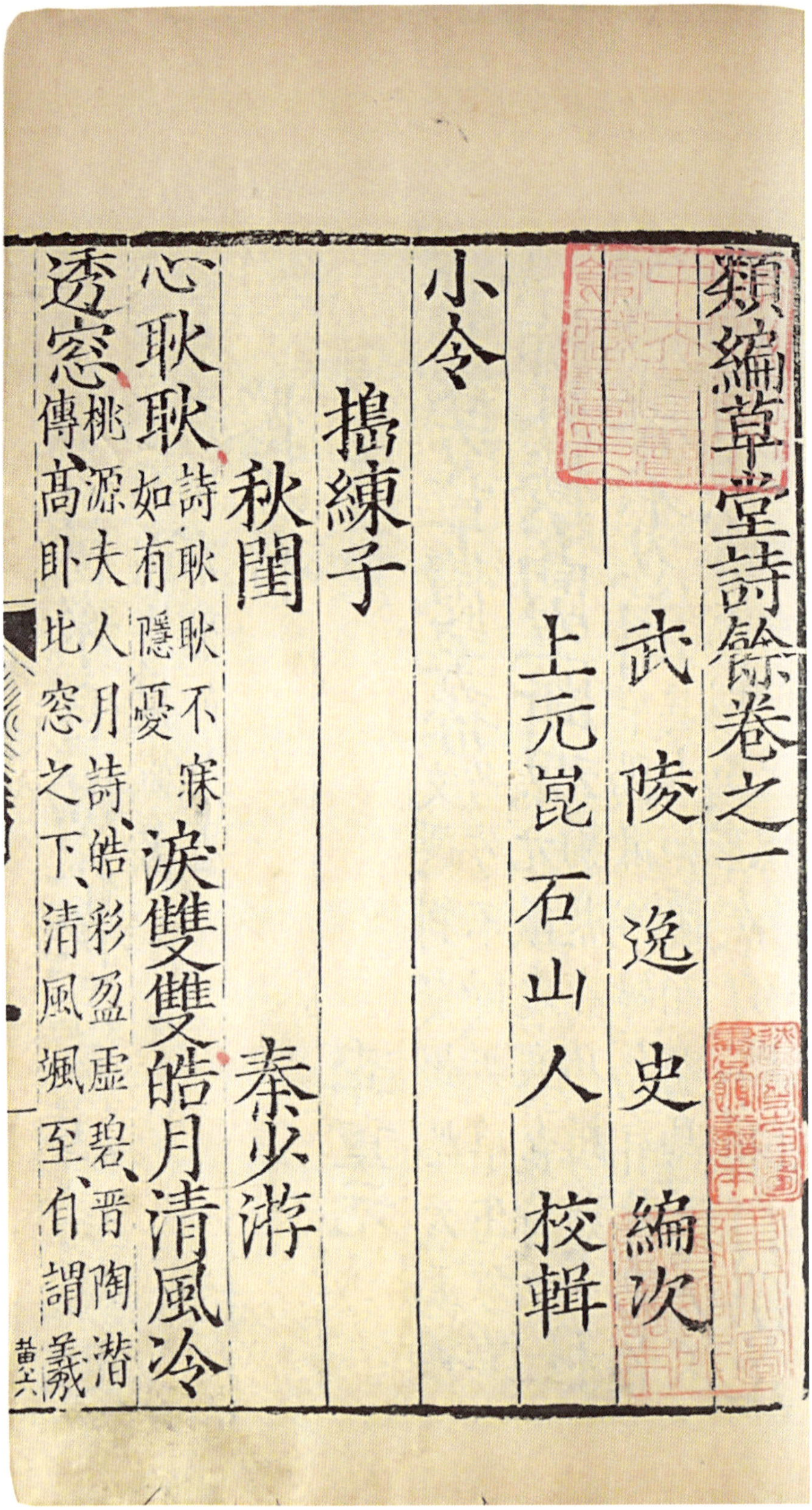
類編草堂詩餘卷之一
武陵逸史編次
上元崑石山人校輯
小令
搗練子
秋閨　秦少游
心耿耿詩耿耿不寐如有隱憂淚雙雙皓月清風冷透窗桃源夫人月詩皓彩盈虛碧、晉陶潛傳高卧北窗之下、清風颯至自謂羲

10625　類編草堂詩餘四卷　（宋）何士信輯　（明）武陵逸史編次　（明）崑石山人校輯　明刻本　遼寧省圖書館

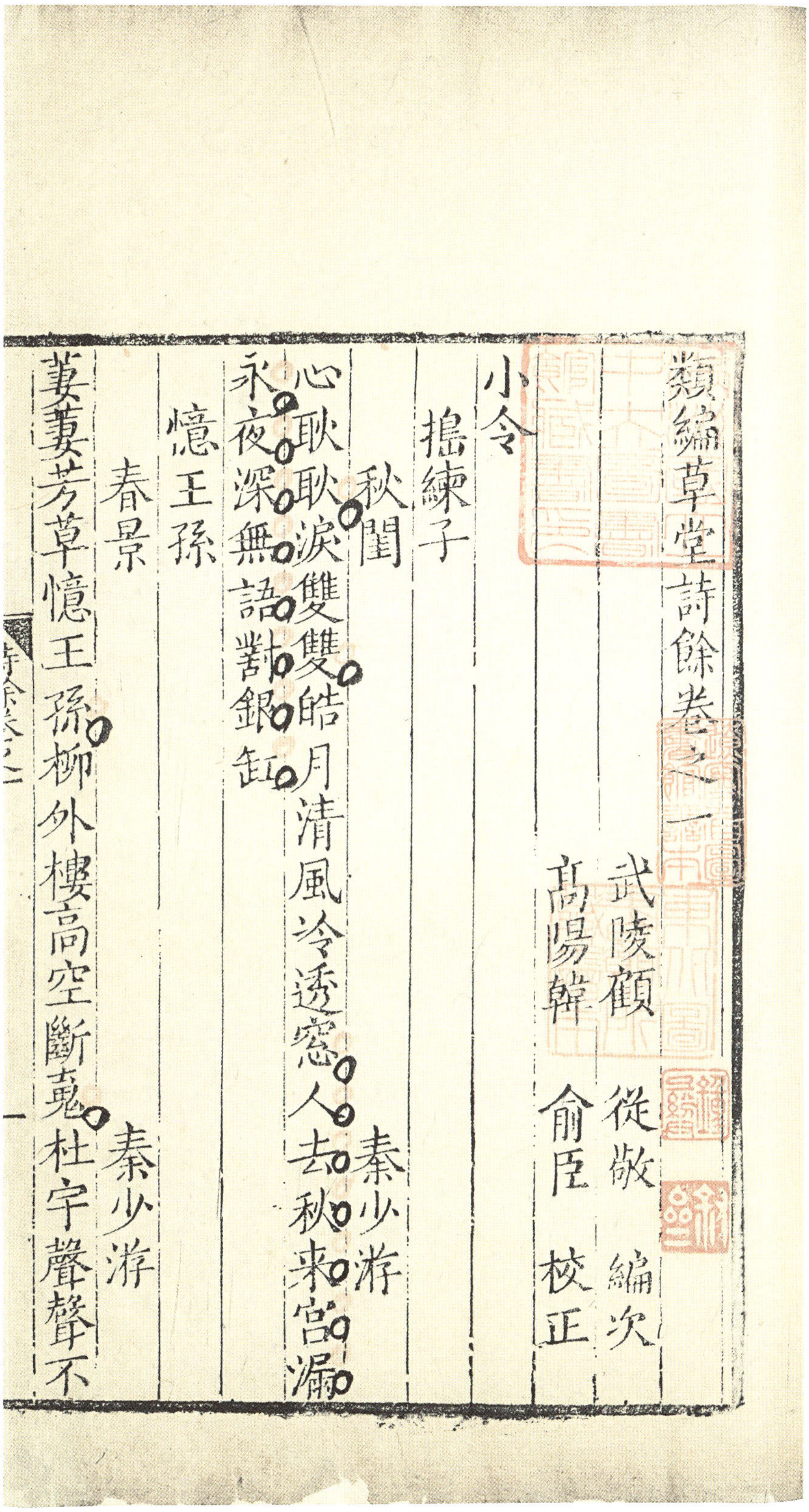
類編草堂詩餘卷之一
武陵顧　從敬　編次
高陽韓　俞臣　校正
小令
搗練子　秋閨　秦少游
心耿耿淚雙雙皓月清風冷透窻人去秋來宮漏
永夜深無語對銀釭
憶王孫　春景　秦少游
萋萋芳草憶王孫柳外樓高空斷魂杜宇聲聲不

10626　類編草堂詩餘四卷　（明）顧從敬編次　（明）韓俞臣校正　明博雅堂刻本　遼寧省圖書館

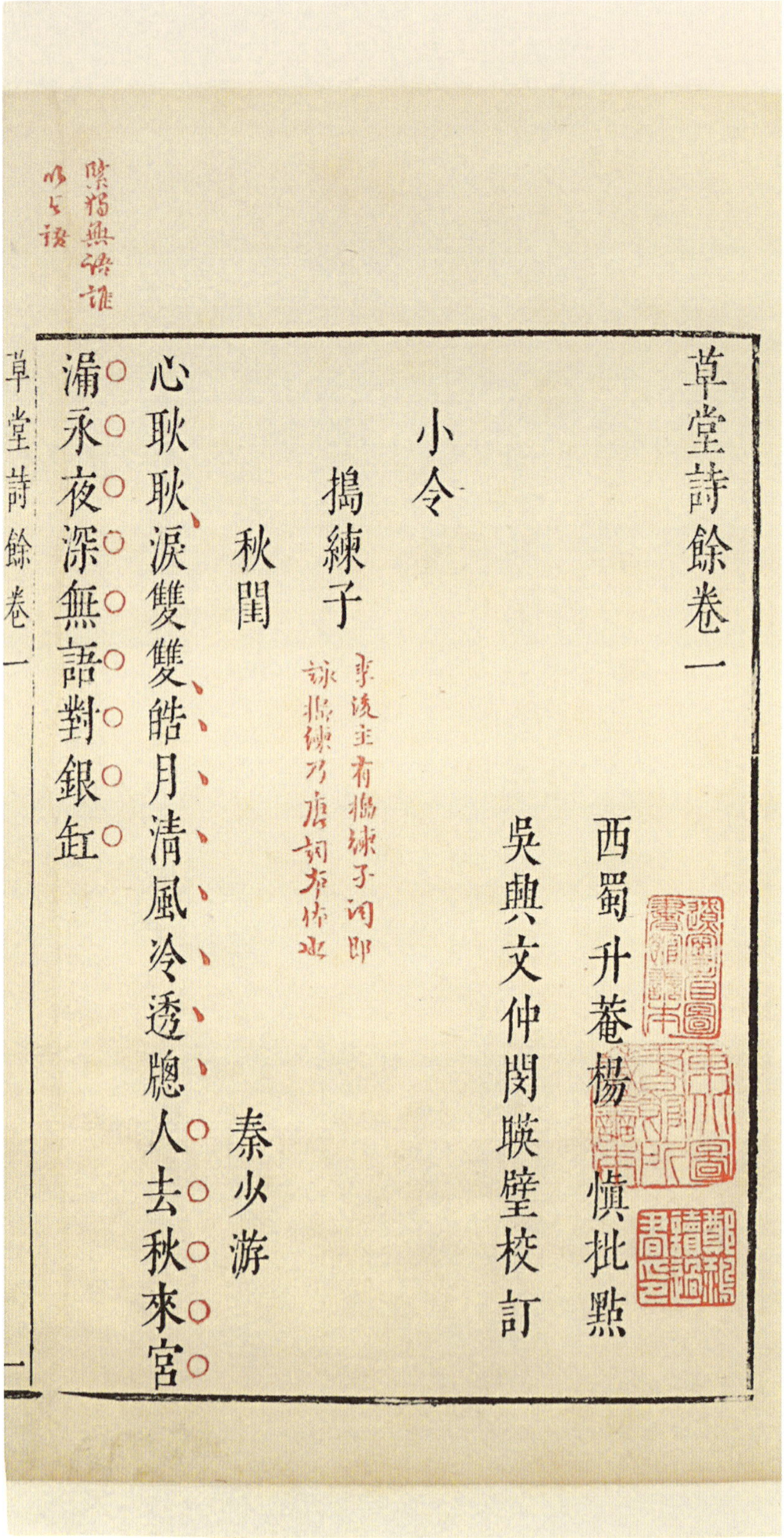
草堂詩餘卷一

西蜀升菴楊慎批點

吳興文仲閔暎璧校訂

小令

搗練子

秋閨　秦少游

心耿耿淚雙雙皓月清風冷透牕人去秋來宮漏永夜深無語對銀缸

草堂詩餘卷一　一

10627　草堂詩餘五卷　（明）楊慎評點　明閔暎璧刻朱墨套印本　遼寧省圖書館

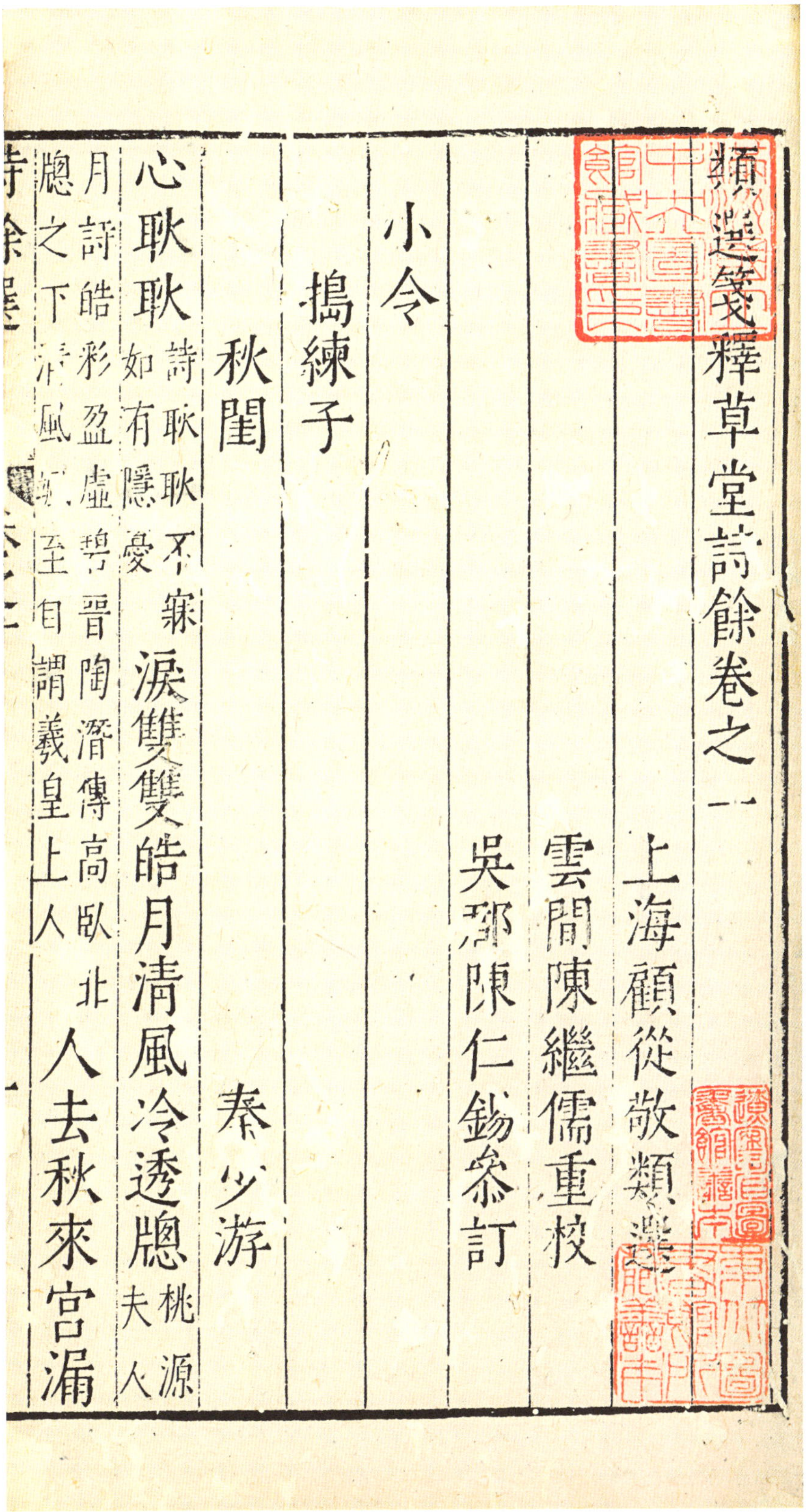

類選箋釋草堂詩餘卷之一
上海顧從敬類選
雲間陳繼儒重校
吳郡陳仁錫參訂
小令
搗練子
秋閨　秦少游
心耿耿詩耿耿不寐如有隱憂淚雙雙皓月清風冷透窻桃源夫人月詩皓彩盈虛碧晉陶潛傳高卧北窻之下清風颯至自謂羲皇上人人去秋來宮漏
詩餘選　卷之一

10628　類選箋釋草堂詩餘六卷　（明）顧從敬輯　**續選草堂詩餘二卷**　（明）錢允治箋釋　**類編箋釋國朝詩餘五卷**　（明）錢允治輯　（明）陳仁錫釋　明萬曆四十二年（1614）刻本　遼寧省圖書館

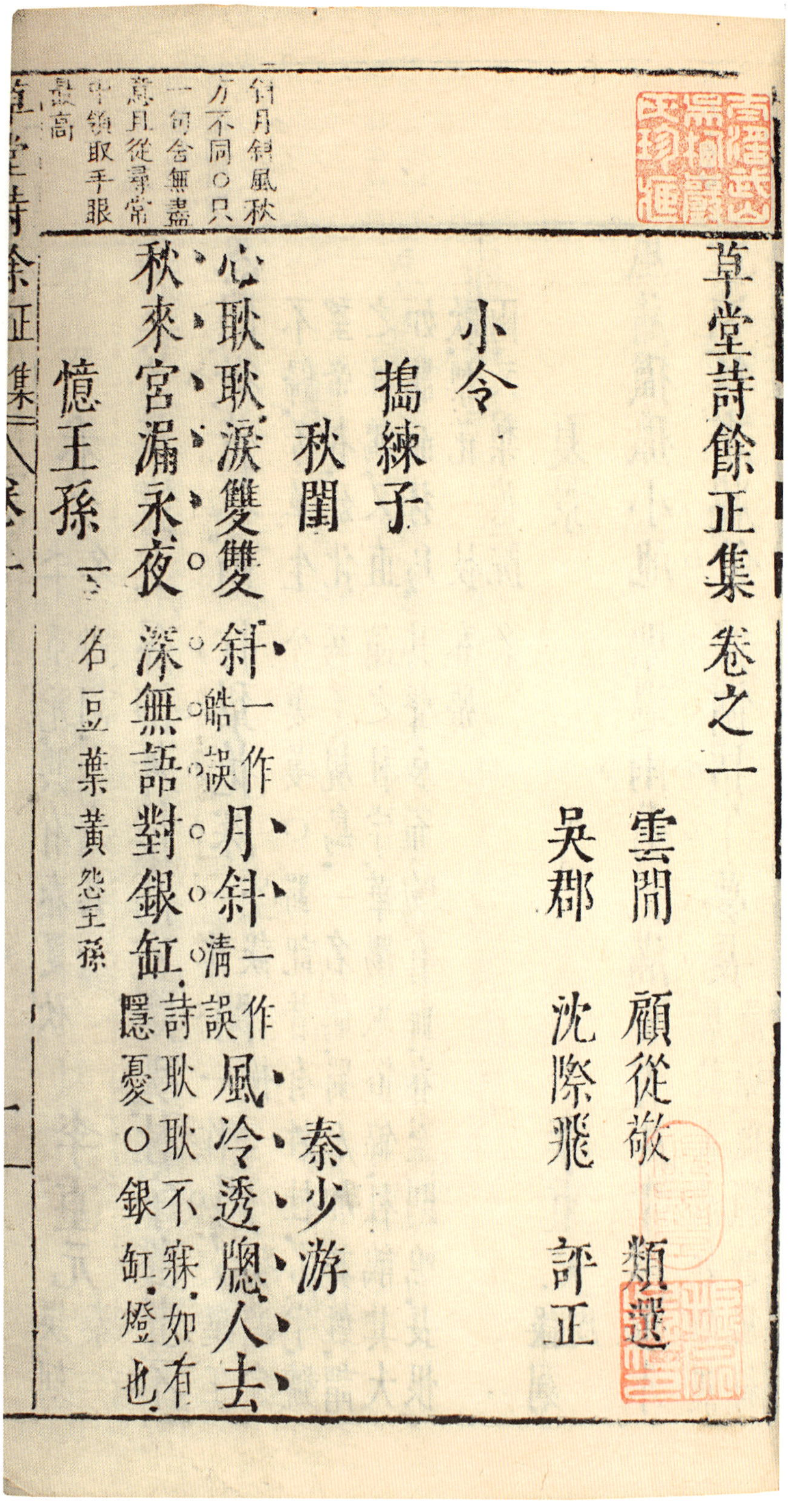

10629 古香岑草堂詩餘四集十七卷 明末刻本 遼寧省博物館

存十四卷（正集六卷、序集二卷、新集五卷、别集一卷）

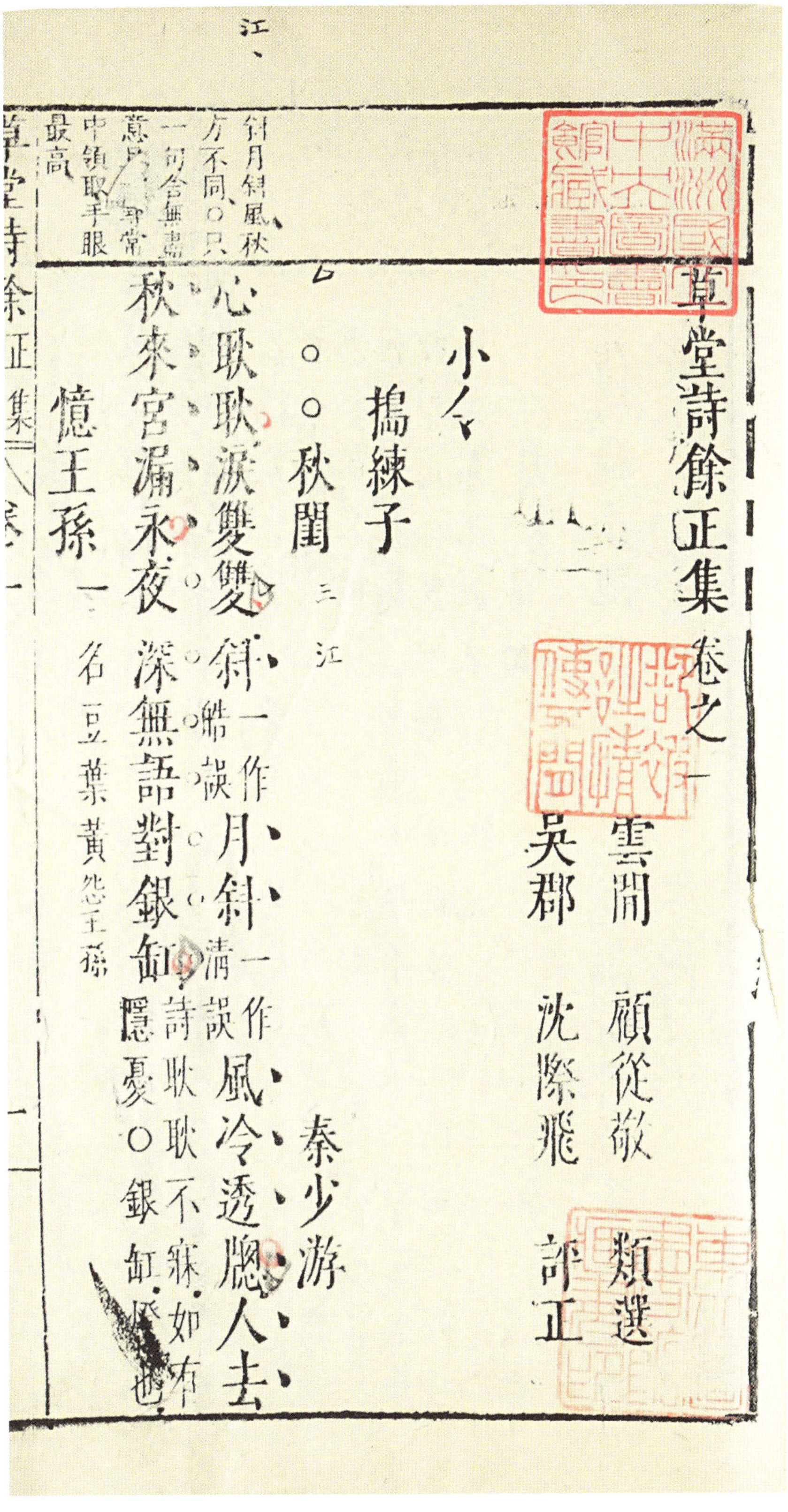
江、

斜月斜風、秋方不同、○只一句含無盡意尺[illegible]尋常中領取手眼最高

草堂詩餘正集卷之一

雲間　顧從敬　類選
吳郡　沈際飛　評正

小令

擣練子　秦少游

○○秋閨　三　江

心耿耿、淚雙雙。斜一作皓誤月、斜一作清誤風、冷透窗。人去、秋來宮漏永、夜深無語對銀缸。詩耿耿不寐，如有隱憂○銀缸燈也

憶王孫　一名豆葉黃　怨王孫

草堂詩餘正集　卷一　一

10630　**古香岑草堂詩餘四集十七卷**　明末刻童涌泉印本　遼寧省圖書館

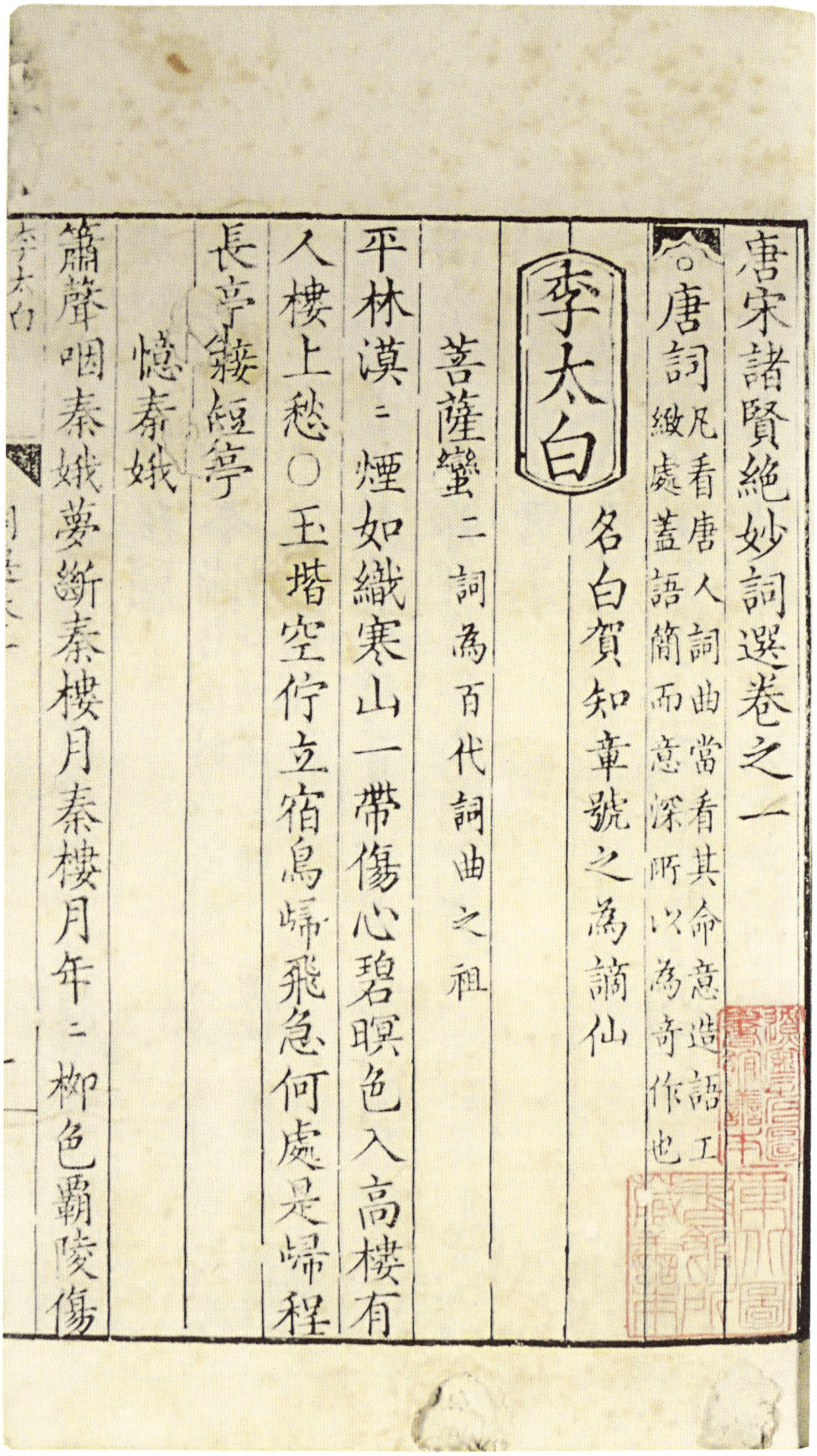

唐宋諸賢絶妙詞選卷之一
唐詞凡看唐人詞曲當看其命意造語工
緻處蓋語簡而意深所以為奇作也
李太白
名白賀知章號之為謫仙
菩薩蠻二詞為百代詞曲之祖
平林漠〻煙如織寒山一帶傷心碧暝色入高樓有
人樓上愁○玉堦空佇立宿鳥歸飛急何處是歸程
長亭接短亭
憶秦娥
簫聲咽秦娥夢斷秦樓月秦樓月年〻柳色霸陵傷

10631　唐宋諸賢絶妙詞選十卷　（宋）黄昇輯　明萬曆四十二年（1614）秦堣刻本　遼寧省圖書館

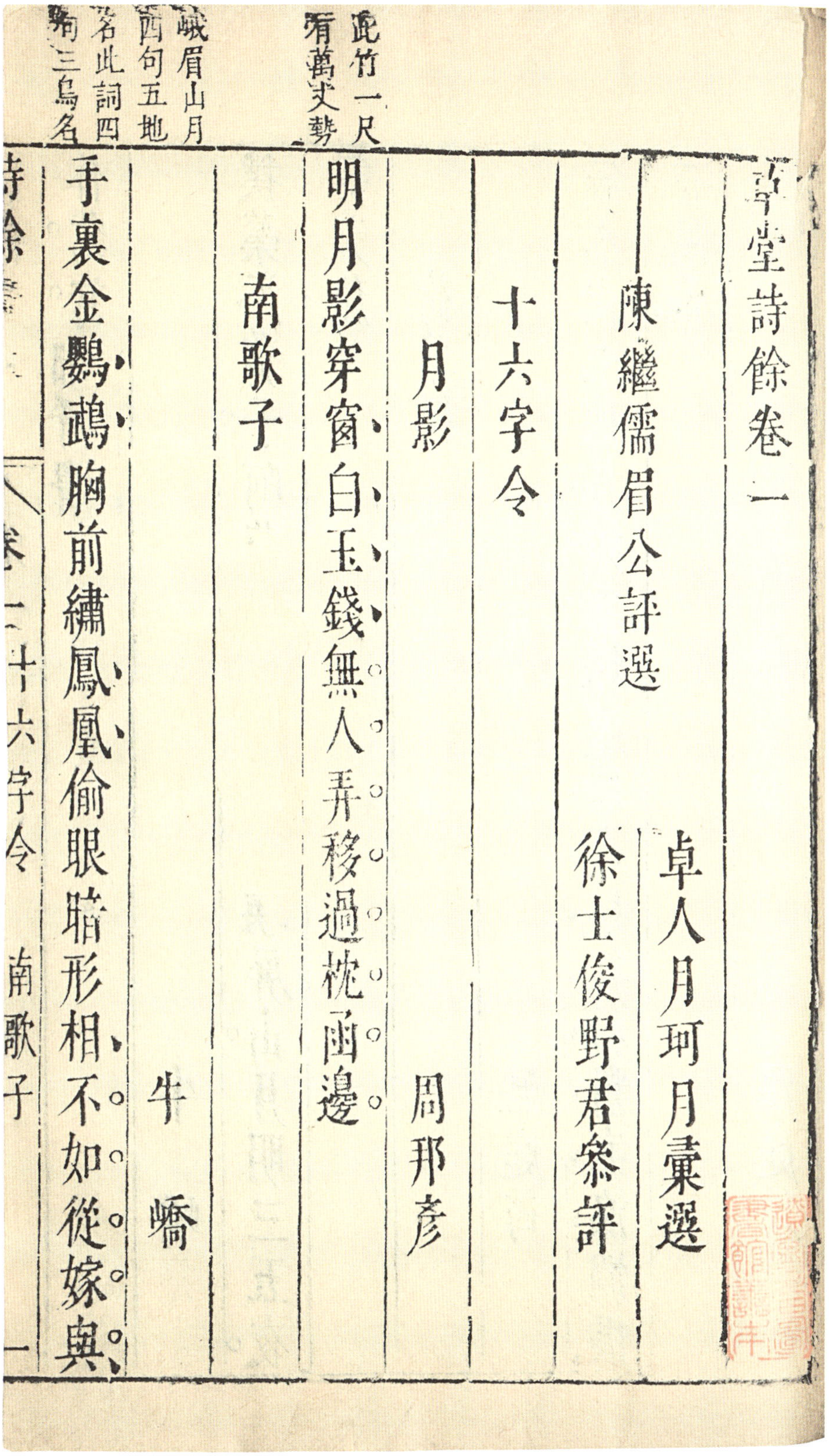
草堂詩餘卷一
陳繼儒眉公評選　卓人月珂月彚選
徐士俊野君叅評
十六字令
月影　周邦彦
既竹一尺有萬丈勢
明月影穿窗白玉錢無人弄移過枕函邊
南歌子　牛嶠
峨眉山月西句五地名此詞四物三鳥名
手裏金鸚鵡胸前繡鳳凰偷眼暗形相不如從嫁與
詩餘卷一　十六字令　南歌子　一

10632　草堂詩餘十六卷雜説一卷徐卓晤歌一卷　題（明）陳繼儒評選（明）卓人月彙選　（明）徐士俊參評　明崇禎刻本　遼寧省圖書館

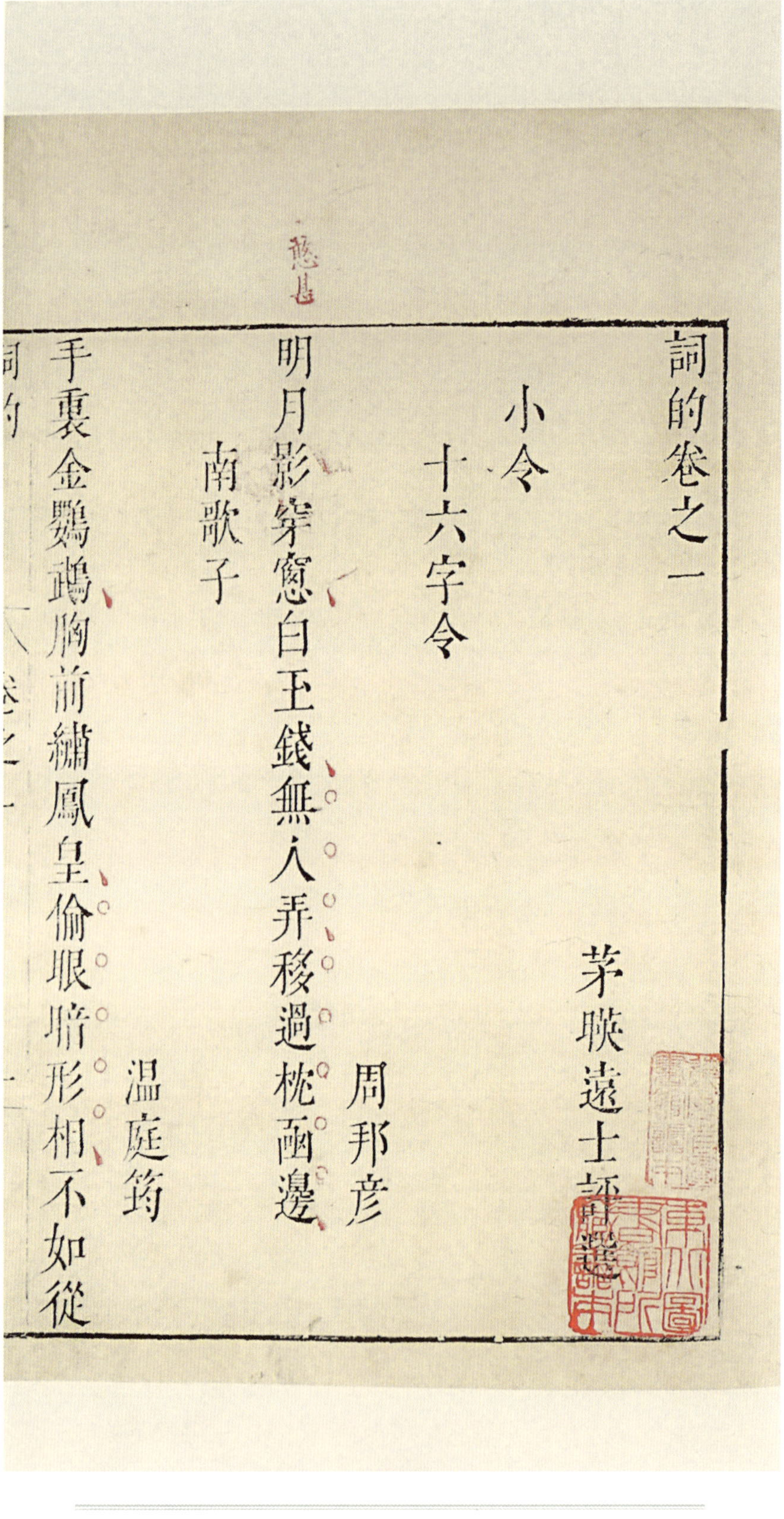
詞的卷之一
茅暎遠士評選
小令
十六字令
周邦彦
明月影穿窗白玉錢無人弄移過枕函邊
南歌子
温庭筠
手裏金鸂鶒胸前繡鳳皇偷眼暗形相不如從

10633　詞的四卷　（明）茅暎輯　明刻朱墨套印本　遼寧省圖書館

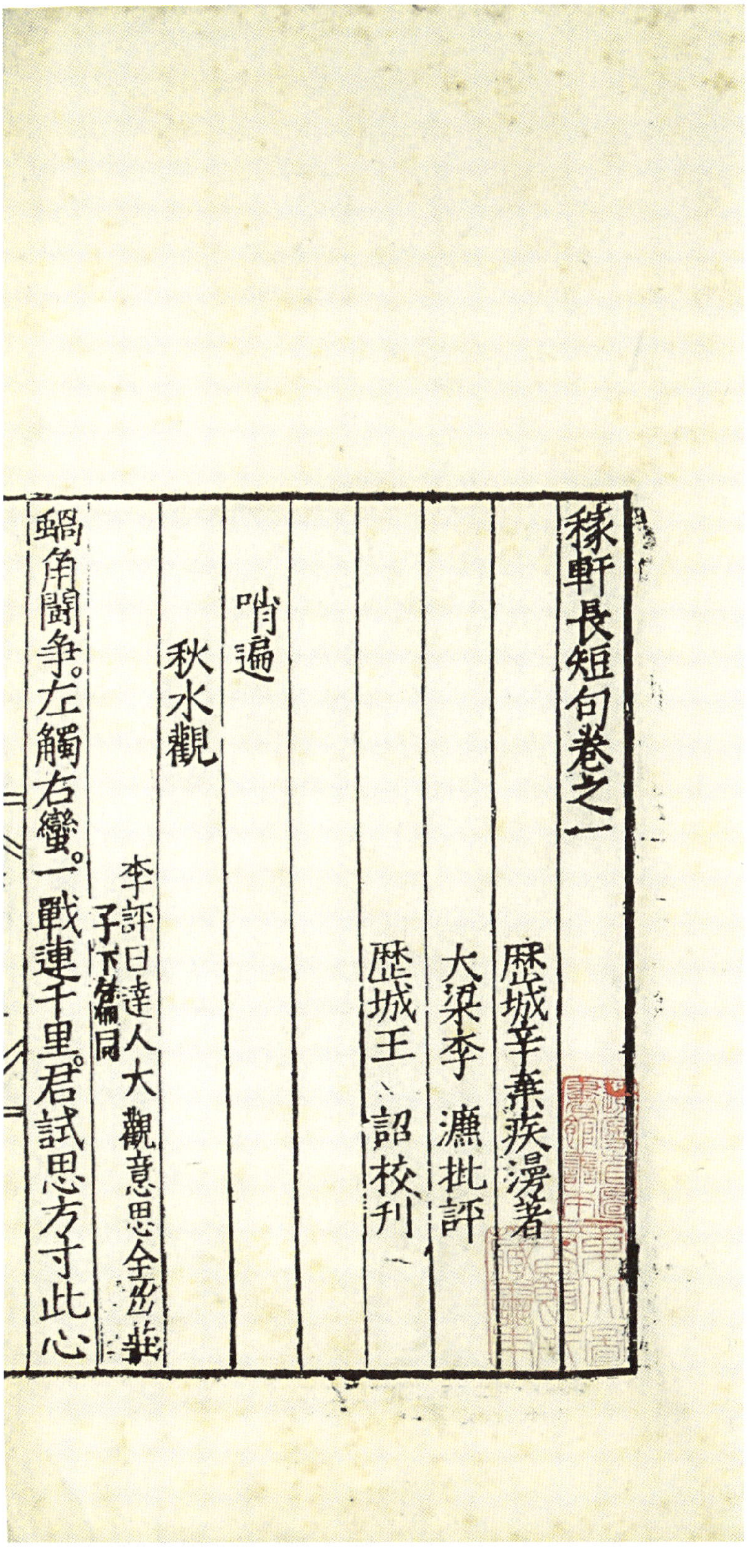
稼軒長短句卷之一
歷城辛棄疾漫著
大梁李　濂批評
歷城王　詔校刊
哨遍
秋水觀
李評曰達人大觀意思全出莊子下篇同
蝸角鬭爭。左觸右蠻。一戰連千里。君試思方寸此心

10634　稼軒長短句十二卷　（宋）辛棄疾撰　（明）李濂評　明嘉靖十五年（1536）王詔刻本　遼寧省圖書館

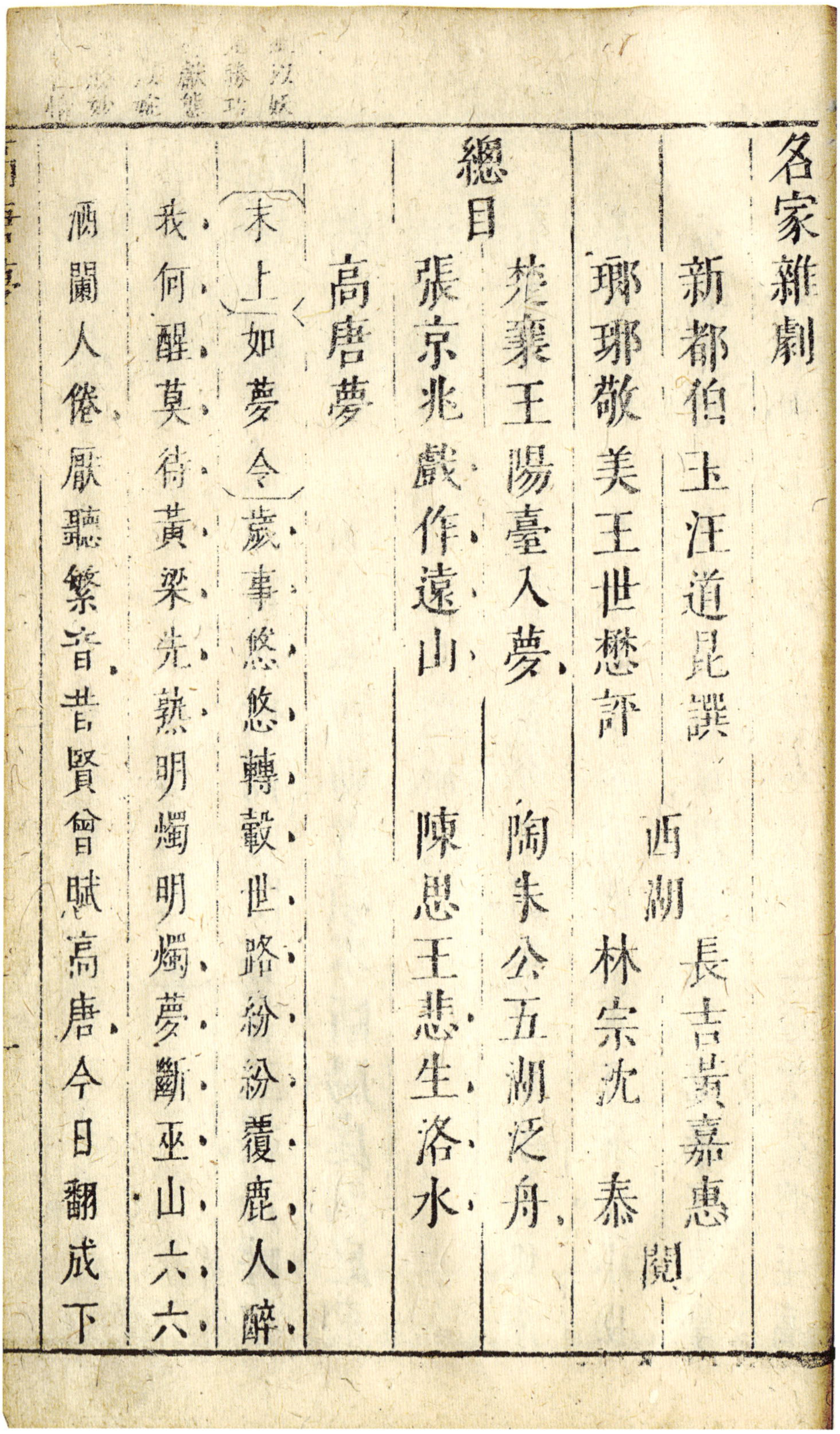

名家雜劇

新都伯玉汪道昆譔　西湖長吉黃嘉惠閱

瑯琊敬美王世懋評　林宗沈泰

總目

楚襄王陽臺入夢　陶朱公五湖泛舟

張京兆戲作遠山　陳思王悲生洛水

高唐夢

（末上）如夢令　歲事悠悠轉轂，世路紛紛覆鹿。人醉我何醒，莫待黃粱先熟。明燭明燭，夢斷巫山六六。

灑闌人倦厭聽繁音，昔賢曾賦高唐，今日翻成下

10635　盛明雜劇三十種三十卷　（明）沈泰編　明崇禎刻本　大連圖書館

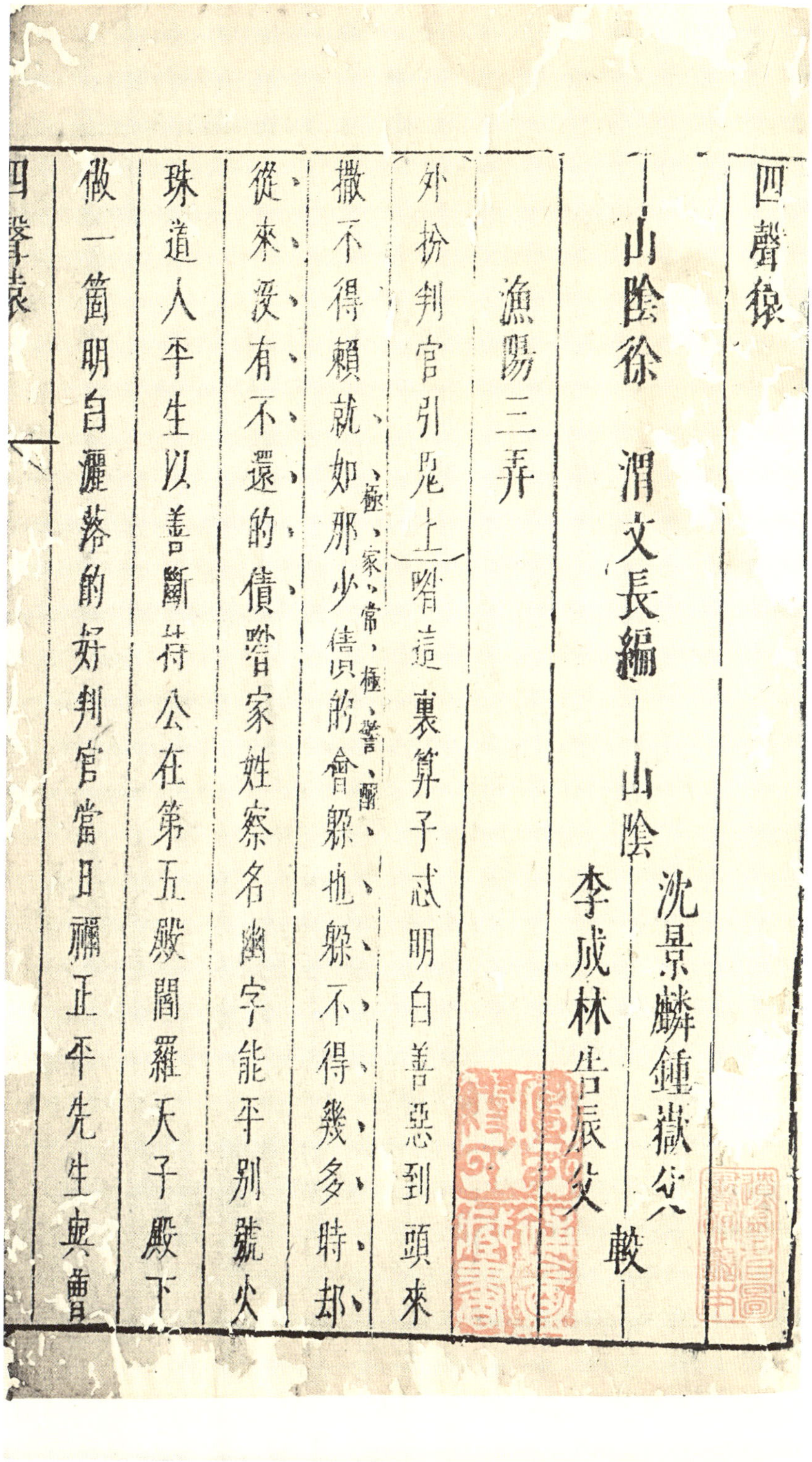

10636　四聲猿四卷　（明）徐渭撰　明延閣刻本　遼寧省圖書館

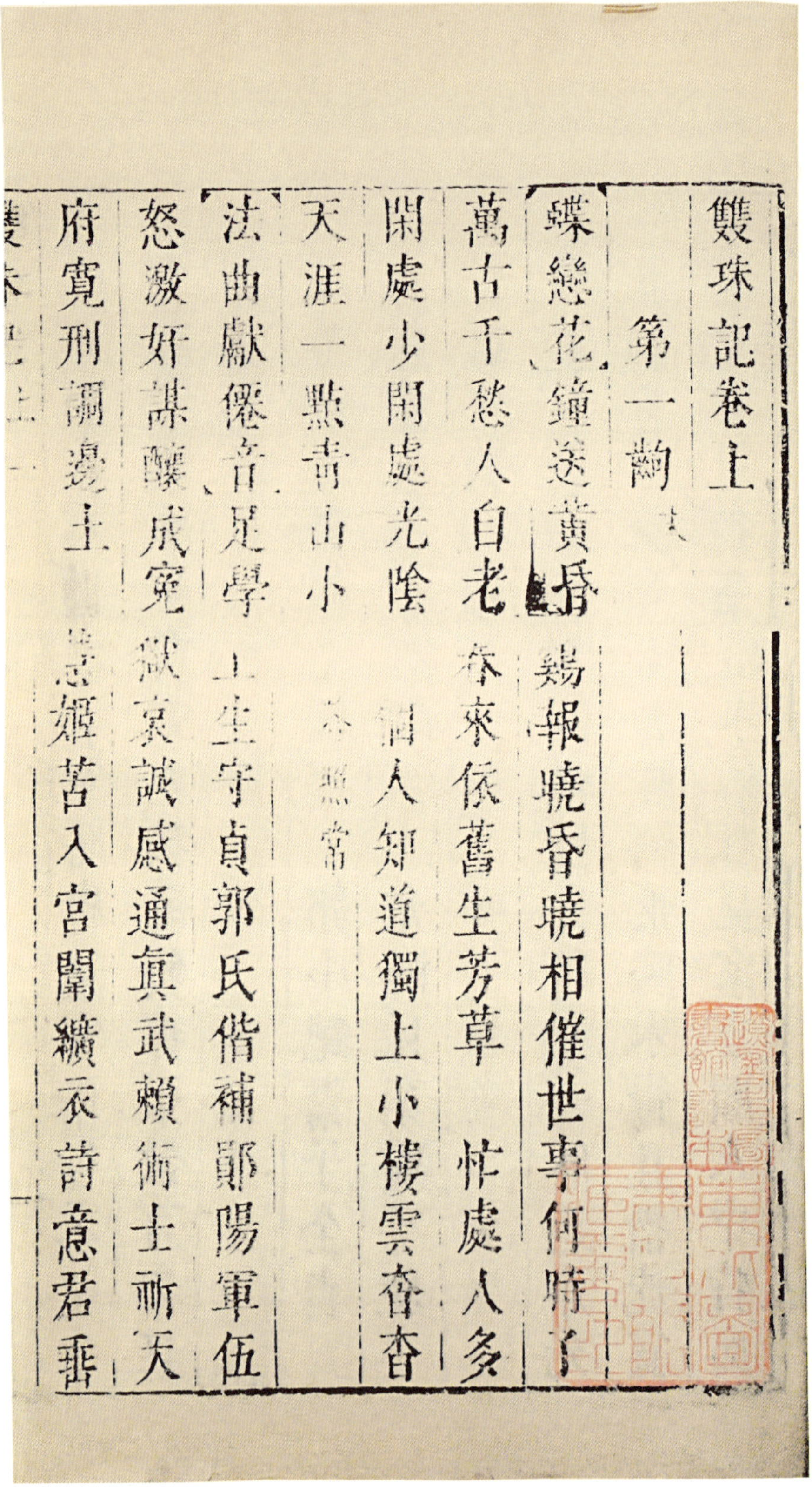

雙珠記卷上
第一齣
蝶戀花 鐘送黃昏鷄報曉昏曉相催世事何時了
萬古千愁人自老春來依舊生芳草忙處人多
閑處少閑處光陰箇人知道獨上小樓雲杳杳
天涯一點青山小
法曲獻僊音 足學王生守貞郭氏偕補鄖陽軍伍
怒激奸謀釀成冤獄哀誠感通眞武賴術士祈天
府寬刑讁邊土 慧姬苦入宮闈纊衣詩意君垂

10637 綉刻演劇六十種一百二十卷 （明）毛晉編　明末毛氏汲古閣刻本　遼寧省圖書館

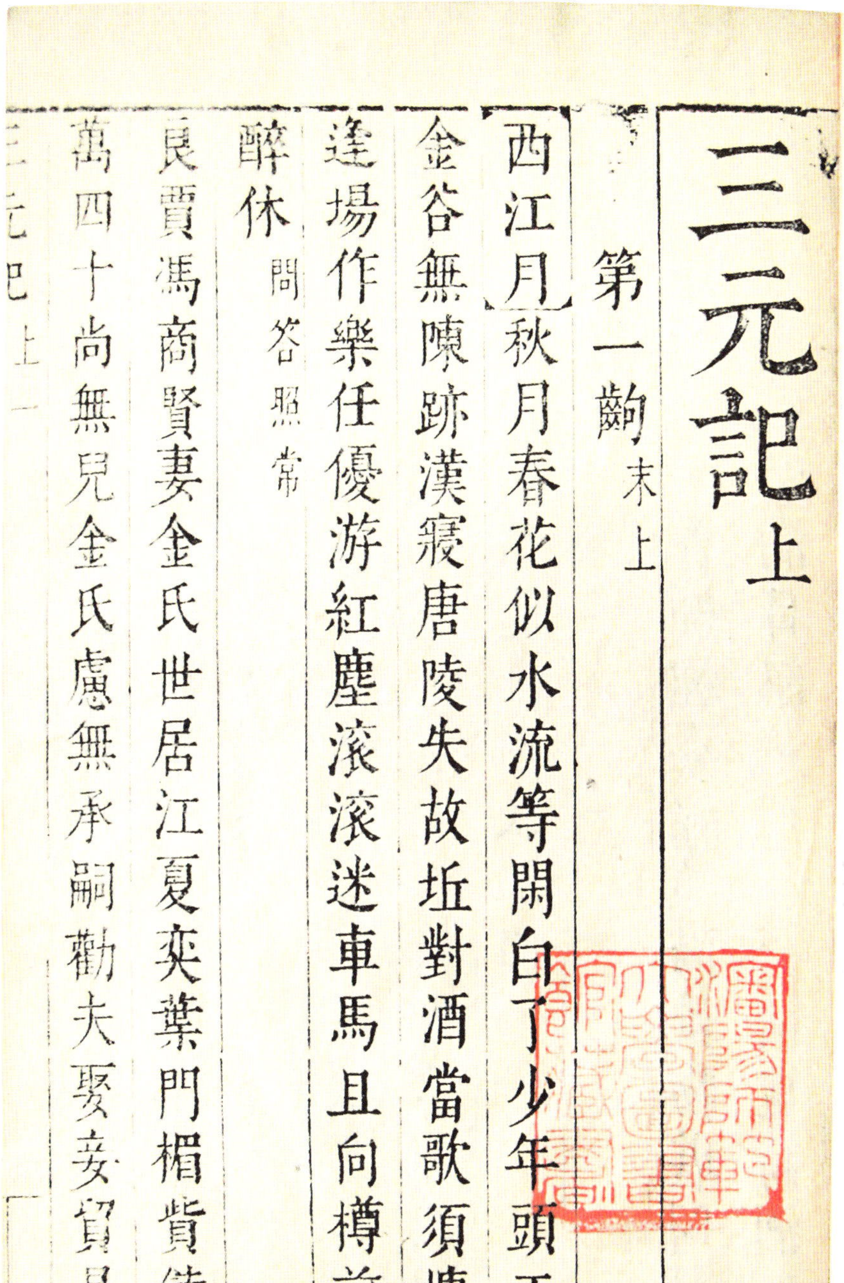

三元記上

第一齣 末上

西江月 秋月春花似水流等閒白了少年頭玉津金谷無陳跡漢寢唐陵失故坵對酒當歌須慷慨逢場作樂任優游紅塵滾滾迷車馬且向樽前一醉休 問答照常

良賈馮商賢妻金氏世居江夏奕葉門楣貲饒鉅萬四十尚無兒金氏慮無承嗣勸夫娶妾貿易京

三元記上 一

10638 綉刻演劇六十種一百二十卷 （明）毛晉編 明末毛氏汲古閣刻本 瀋陽師範大學圖書館

存五十四卷（三元記二卷、鳴鳳記二卷、琵琶記二卷、鸞鎞記二卷、懷香記二卷、玉合記二卷、青衫記二卷、白兔記二卷、金蓮記二卷、四喜記二卷、四賢記二卷、八義記二卷、精忠記二卷、節俠記下卷、紫簫記下、運甓記下、龍膏記下、投梭記二卷、金雀記二卷、玉簪記二卷、義俠記二卷、種玉記二卷、還魂記二卷、錦箋記二卷、蕉帕記二卷、灌園記二卷、玉玦記二卷、獅吼記二卷、水滸記二卷）

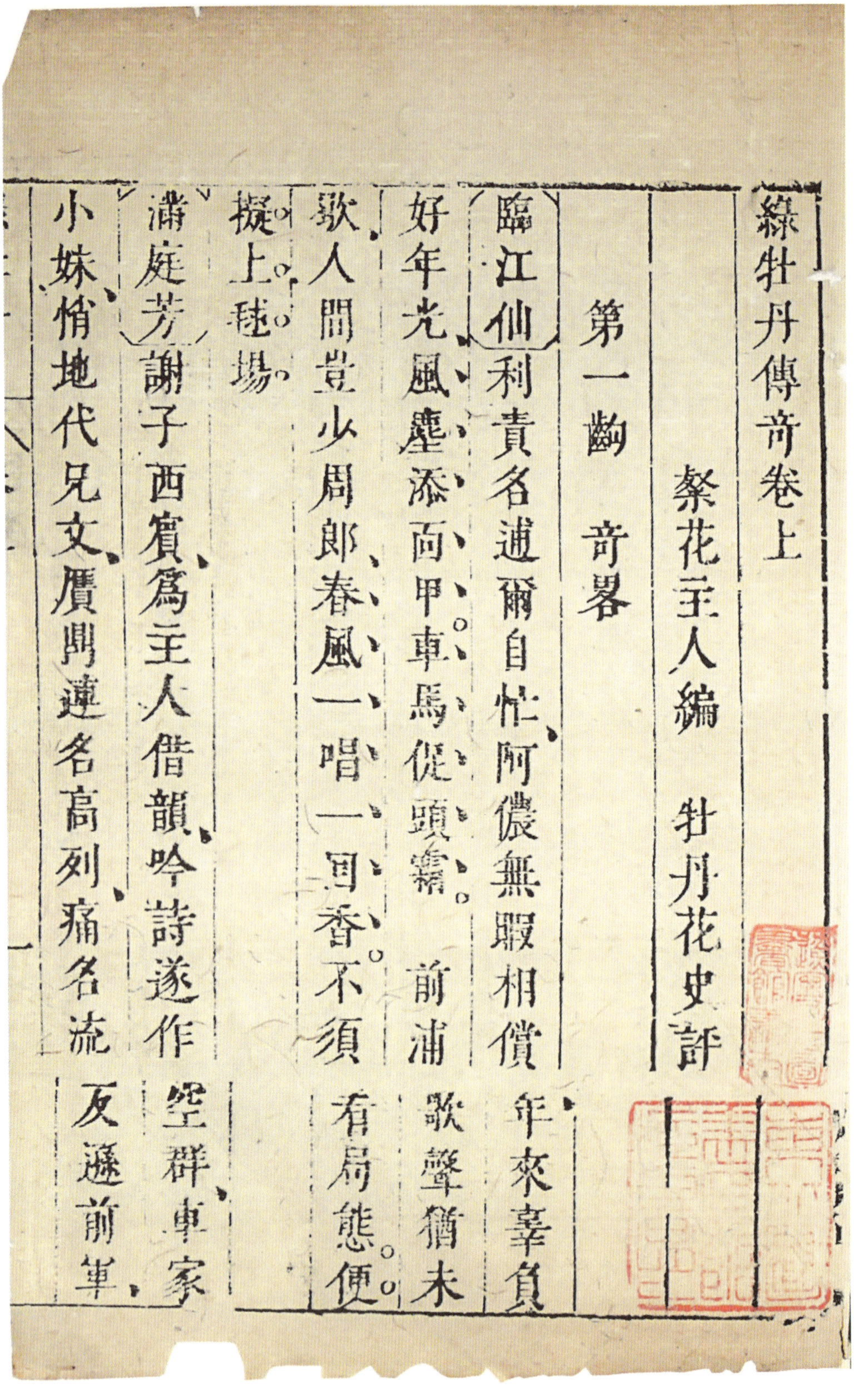
綠牡丹傳奇卷上
粲花主人編　牡丹花史評
第一齣　奇畧
臨江仙　利責名遒爾自忙阿儂無暇相償　年來辜負
好年光風塵添面甲車馬促頭霜　前浦歌聲猶未
歇人間豈少周郎春風一唱一回香不須看局態便
擬上毬場
滿庭芳　謝子西賓爲主人借韻吟詩遂作　空群車家
小妹悄地代兄文賡閧連名高列痛名流　反遜前輩

10639　粲花齋新樂府八卷　（明）吴炳撰　明末兩衡堂刻本　遼寧省圖書館

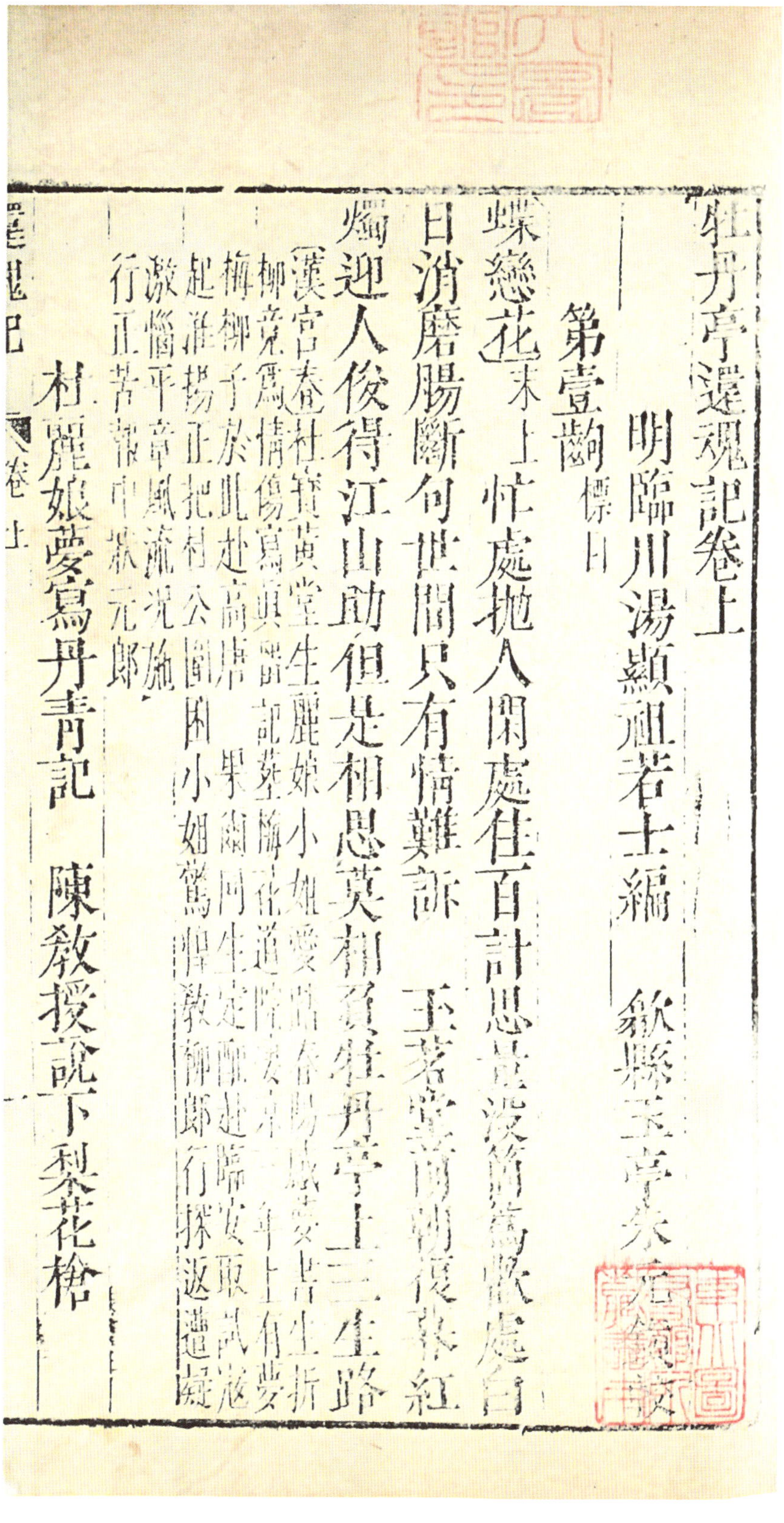

牡丹亭還魂記卷上

明臨川湯顯祖若士編　歙縣玉亭朱元鎮校

第壹齣　標目

蝶戀花 末上 忙處拋人閑處住百計思量沒箇爲歡處白日消磨腸斷句世間只有情難訴　玉茗堂前朝復暮紅燭迎人俊得江山助但是相思莫相負牡丹亭上三生路

漢宮春 杜寶黃堂生麗娘小姐愛踏春陽感夢書生折柳竟爲情傷寫真留記葬梅花道院淒涼三年上有夢梅柳子於此赴高唐果爾回生定配赴臨安取試寇起淮揚正把杜公圍困小姐驚惶教柳郎行探返遭疑激惱平章風流況施行正苦報中狀元郎

杜麗娘夢寫丹青記　陳教授說下梨花槍

還魂記　卷上

10640　牡丹亭還魂記二卷　（明）湯顯祖撰　（明）朱元鎮校　明末刻清懷德堂印本　遼寧省圖書館

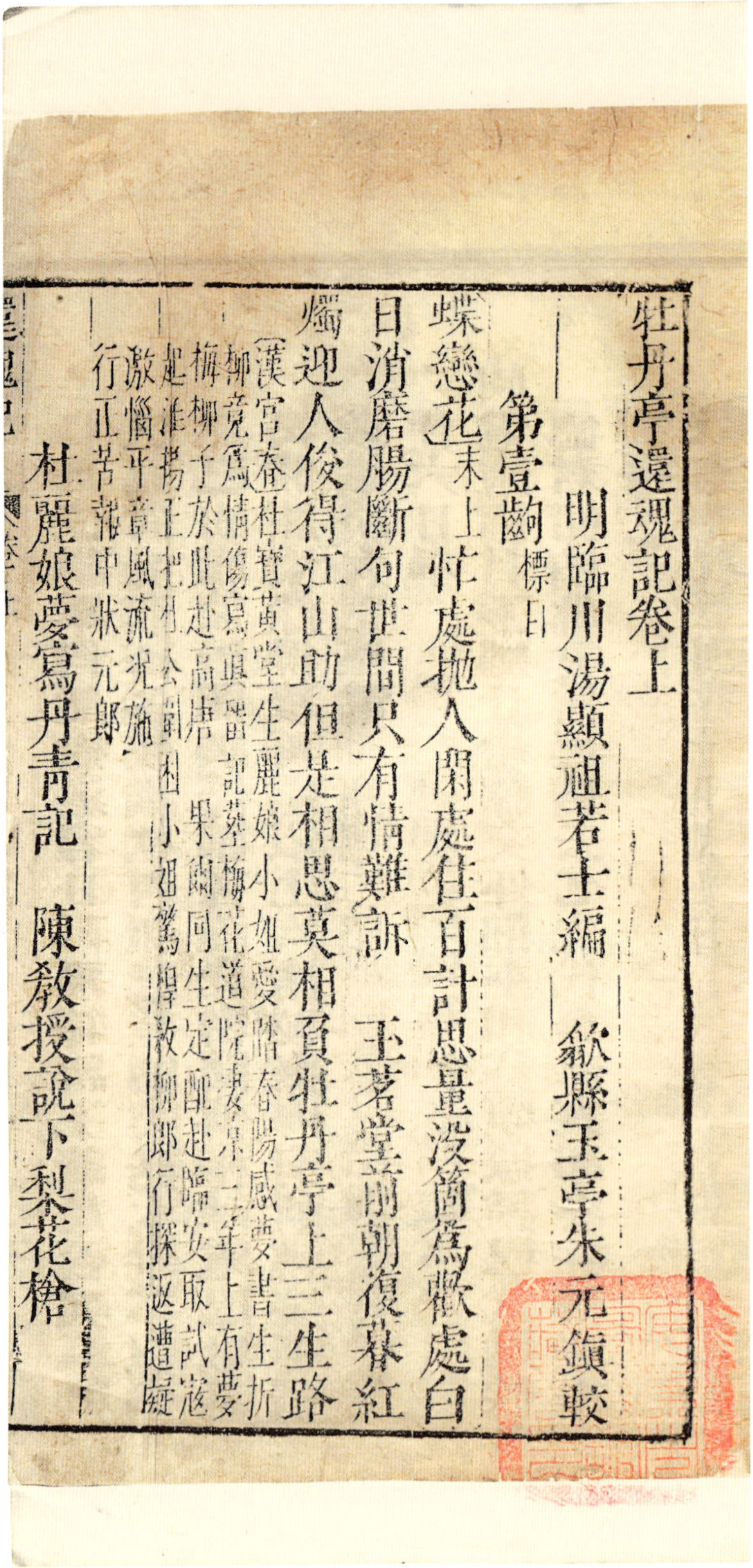

牡丹亭還魂記卷上

明臨川湯顯祖若士編　歙縣玉亭朱元鎮較

第壹齣　標目

蝶戀花　末上　忙處拋人閑處住百計思量沒箇爲歡處白日消磨腸斷句世間只有情難訴　玉茗堂前朝復暮紅燭迎人俊得江山助但是相思莫相負牡丹亭上三生路

漢宮春　杜寶黃堂生麗娘小姐愛踏春陽感夢書生折柳竟爲情傷寫真留記葬梅花道院淒涼三年上有夢梅柳子於此赴高唐果爾回生定配赴臨安取試寇起淮揚正把杜公圍困小姐驚惶教柳郎行探返遭疑激惱平章風流況施行正苦報中狀元郎

杜麗娘夢寫丹青記　陳教授說下梨花槍

10641　牡丹亭還魂記二卷　（明）湯顯祖撰　（明）朱元鎮校　明刻清懷德堂印本　丹東市圖書館

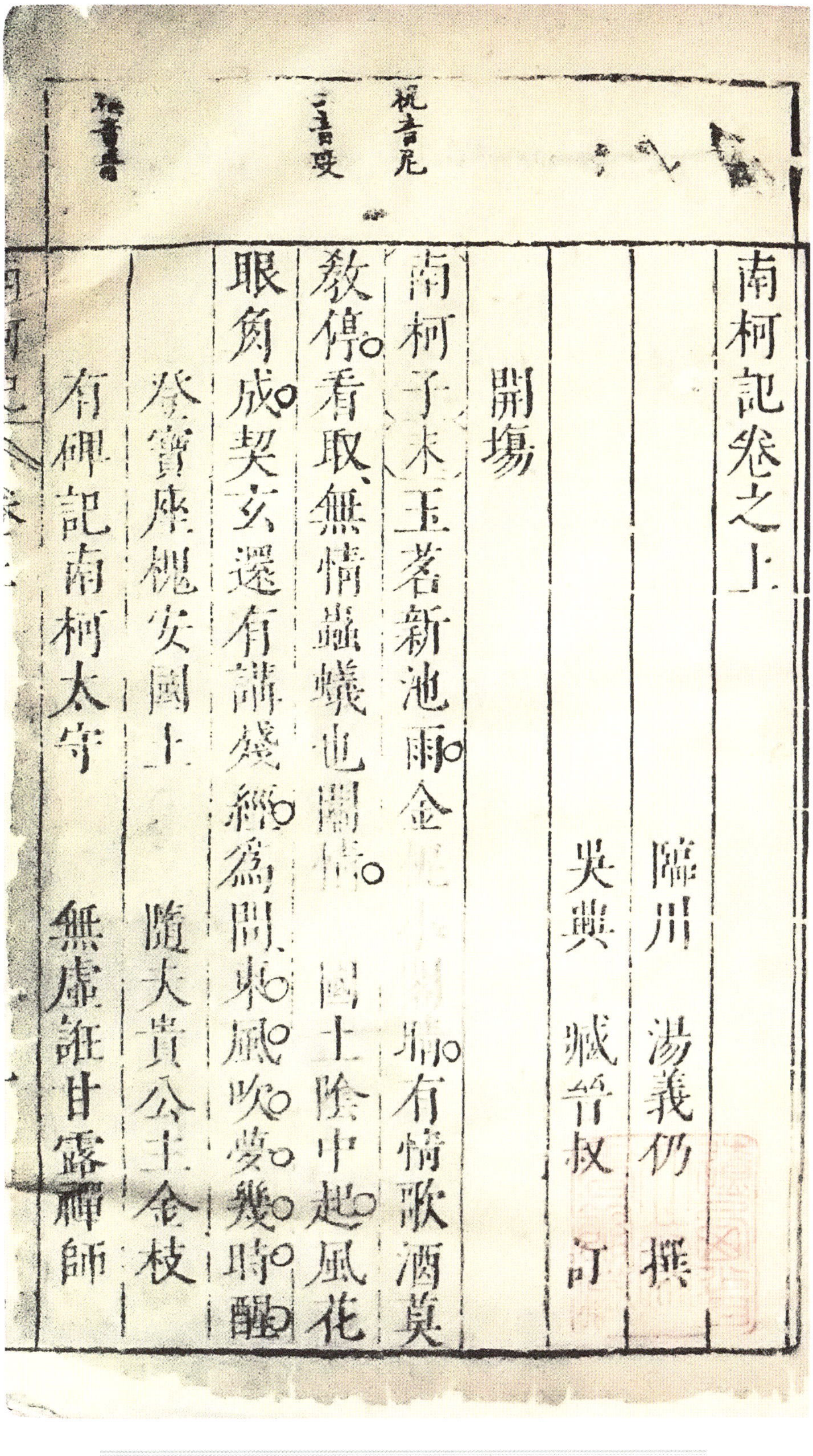

10642 南柯記二卷 （明）湯顯祖撰 （明）臧懋循訂 明萬曆刻本 錦州市圖書館

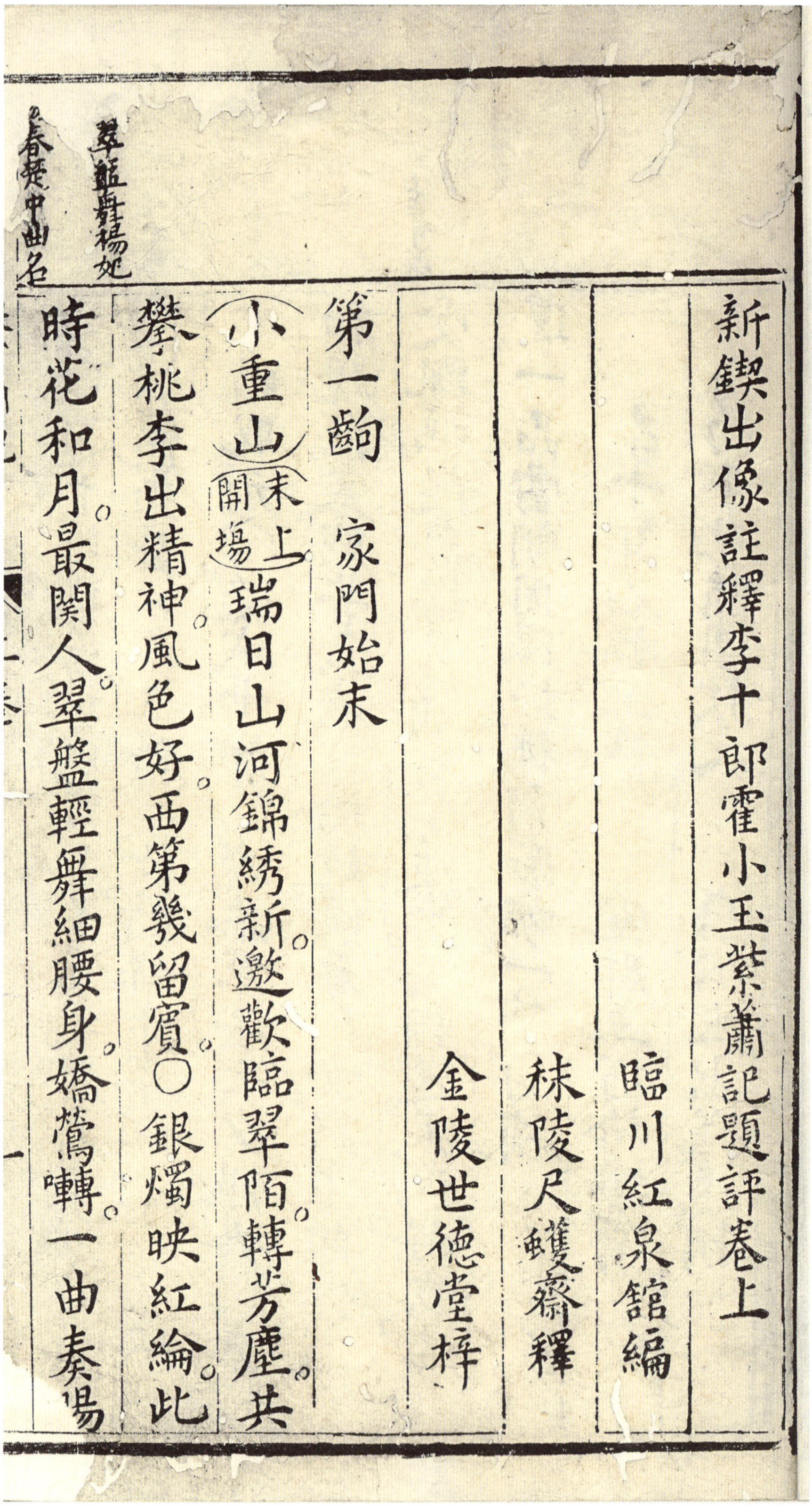

翠盤舞楊妃
春楚中曲名

新鍥出像註釋李十郎霍小玉紫簫記題評卷上
臨川紅泉舘編
秣陵尺蠖齋釋
金陵世德堂梓
第一齣　家門始末
小重山（末上開場）瑞日山河錦綉新邀歡臨翠陌轉芳塵共
攀桃李出精神風色好西第幾留賓○銀燭映紅綸此
時花和月最閑人翠盤輕舞細腰身嬌鶯囀一曲奏陽

10643　新鍥出像註釋李十郎霍小玉紫簫記題評二卷　（明）湯顯祖撰

明萬曆二十四年（1596）世德堂刻本　大連圖書館

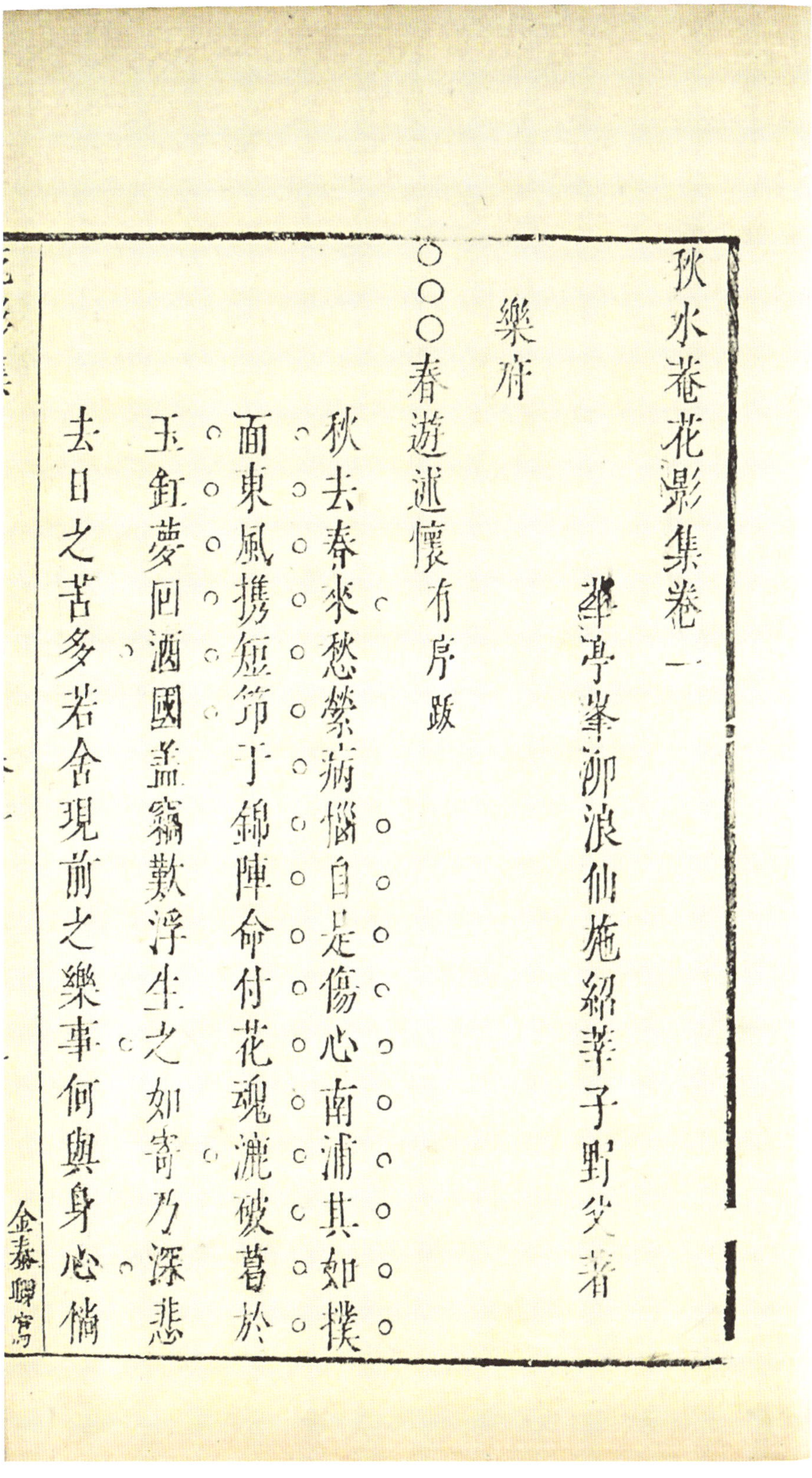

秋水菴花影集卷一
華亭峯泖浪仙施紹莘子野父著
樂府
〇〇〇春遊述懷有序跋
秋去春來愁縈病惱自是傷心南浦其如襆
面東風攜短節于錦陣命付花魂漉破萼於
玉缸夢回酒國盡竊歎浮生之如寄乃深悲
去日之苦多若舍現前之樂事何與身心備
金泰卿寫

10644 秋水庵花影集五卷 （明）施紹莘撰 明末刻本 遼寧省圖書館

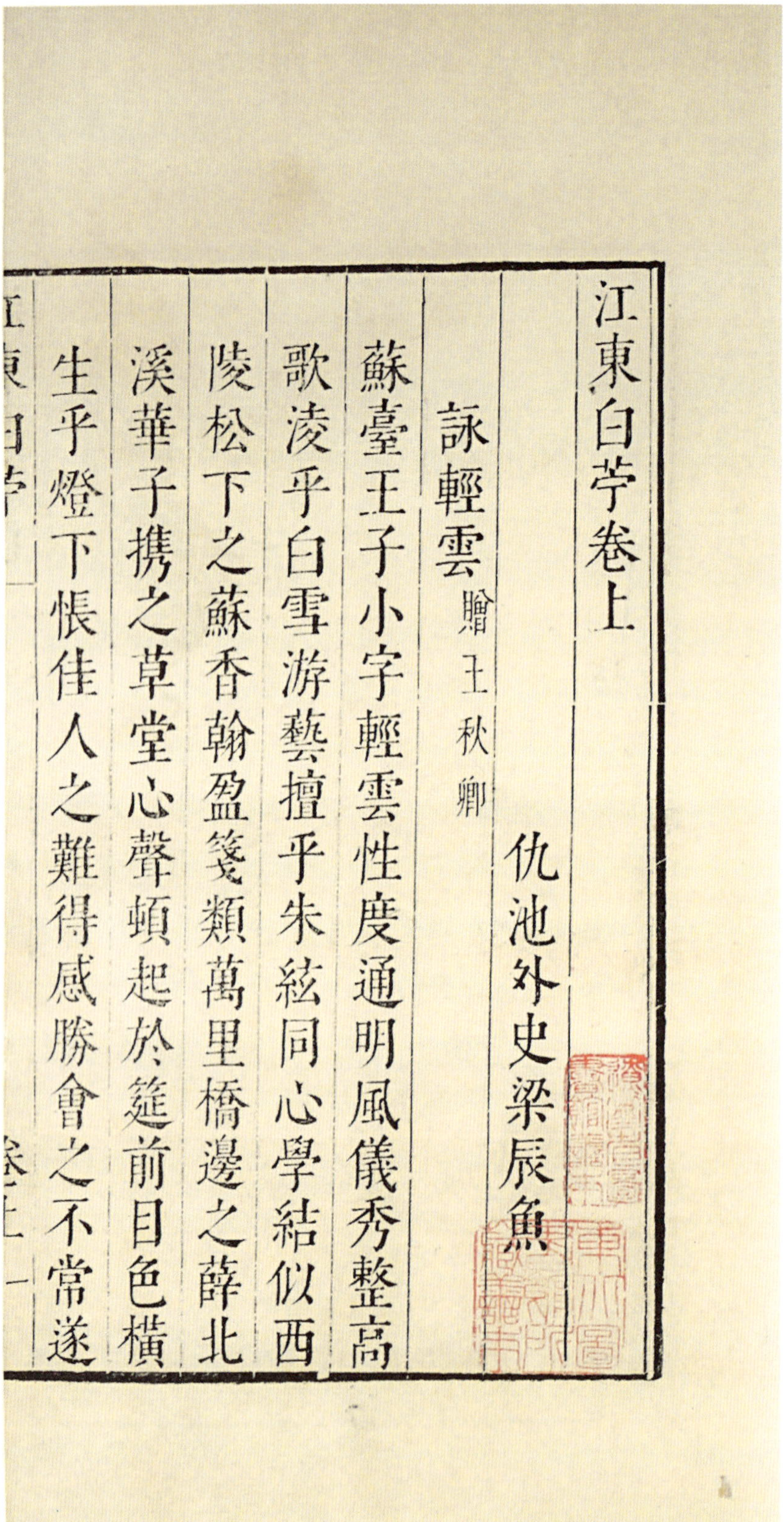

江東白苧卷上

仇池外史梁辰魚

詠輕雲贈王秋卿

蘇臺王子小字輕雲性度通明風儀秀整高歌淩乎白雪游藝擅乎朱絃同心學結似西陵松下之蘇香翰盈箋類萬里橋邊之薛北溪華子携之草堂心聲頓起於筵前目色橫生乎燈下悵佳人之難得感勝會之不常遂

江東白苧　卷上　一

10645　江東白苧二卷續二卷　（明）梁辰魚撰　明末刻本　遼寧省圖書館

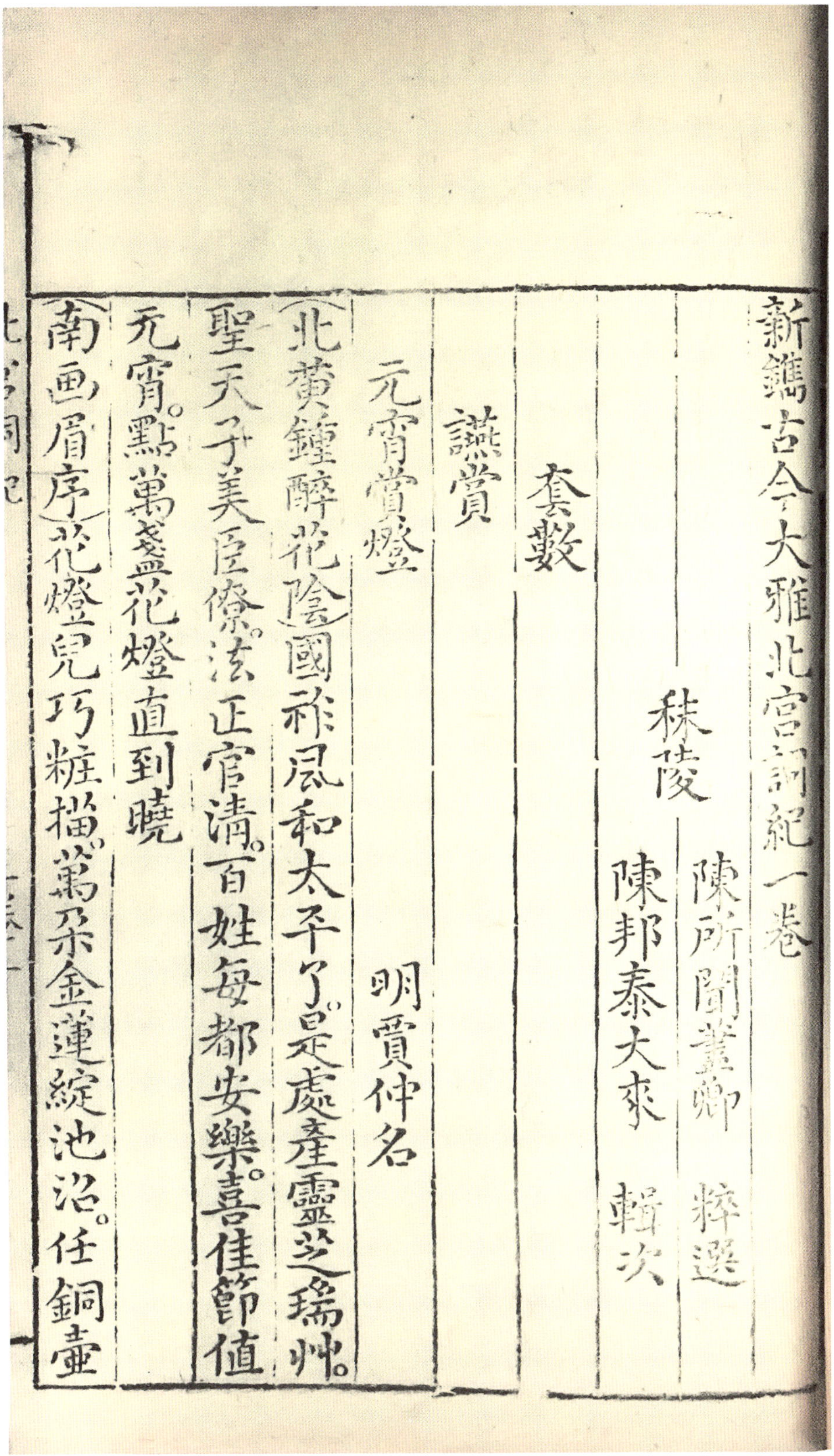

新鐫古今大雅北宮詞紀一卷
秣陵　陳所聞藎卿　粹選
陳邦泰大來　輯次
套數
讌賞
元宵賞燈　明賈仲名
(北黄鍾醉花陰)國祚風和太平了。是處產靈芝瑞艸。
聖天子美臣僚。法正官清。百姓每都安樂。喜佳節值
元宵。點萬盞花燈直到曉
(南画眉序)花燈兒巧粧描。萬朶金蓮綻池沼。任銅壺

10646　新鐫古今大雅北宮詞紀六卷　(明)陳所聞輯　明萬曆三十二年(1604)陳氏繼志齋刻本　錦州市圖書館

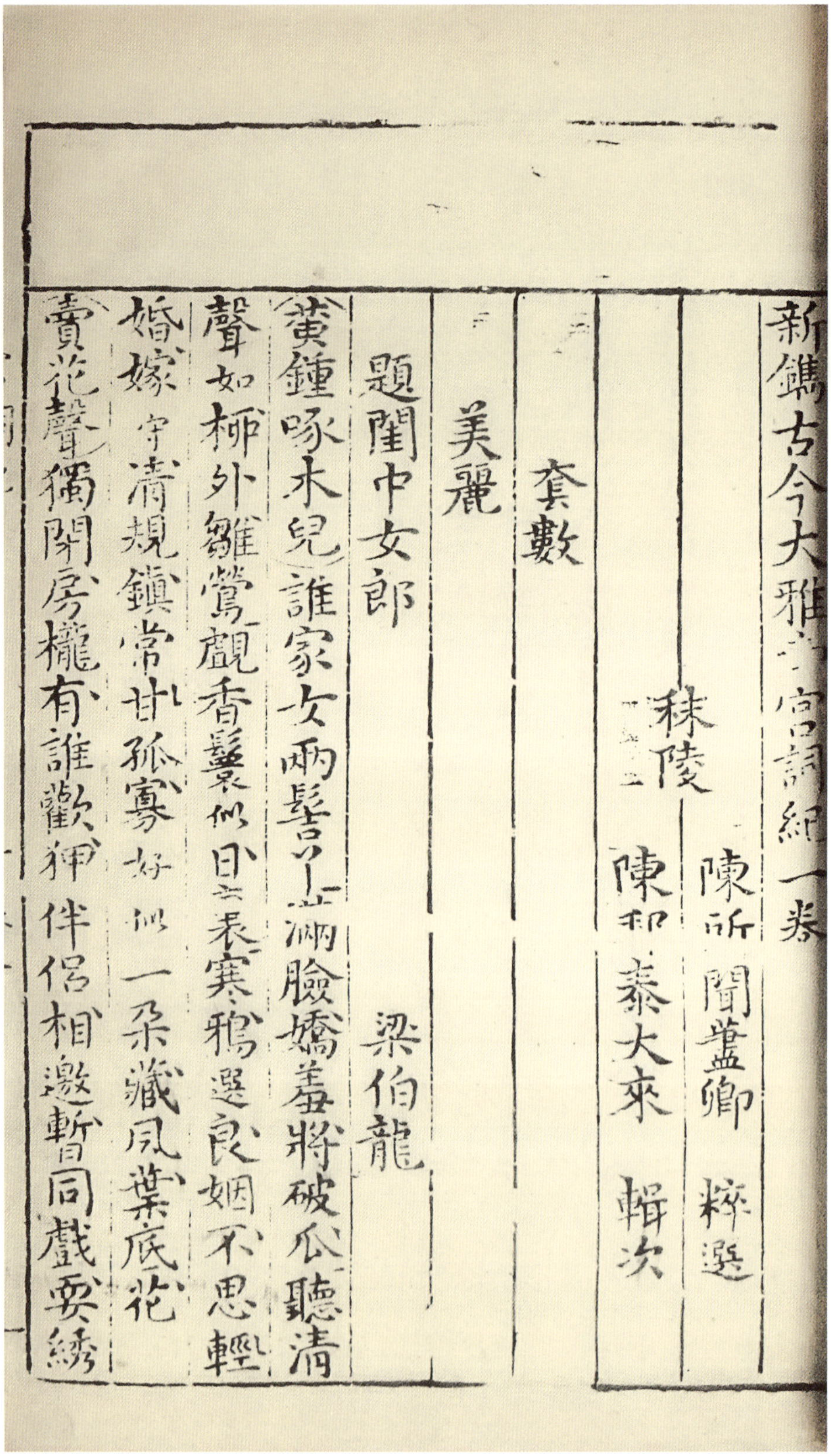
新鐫古今大雅南宮詞紀一卷
秣陵　陳所聞藎卿　粹選
陳邦泰大來　輯次
套數
美麗
題閨中女郎　梁伯龍
黃鍾啄木兒誰家女兩髻丫上滿臉嬌羞將破瓜聽清聲如柳外雛鶯覷香鬟似卧云表寒鴉選良姻不思輕婚嫁守清規鎮常甘孤寡好似一朵藏風葉底花
賣花聲獨閒房櫳有誰歡狎伴侶相邀暫同戲耍綉

10647　新鐫古今大雅南宮詞紀六卷　（明）陳所聞輯　明萬曆三十三年（1605）陳氏繼志齋刻本　錦州市圖書館

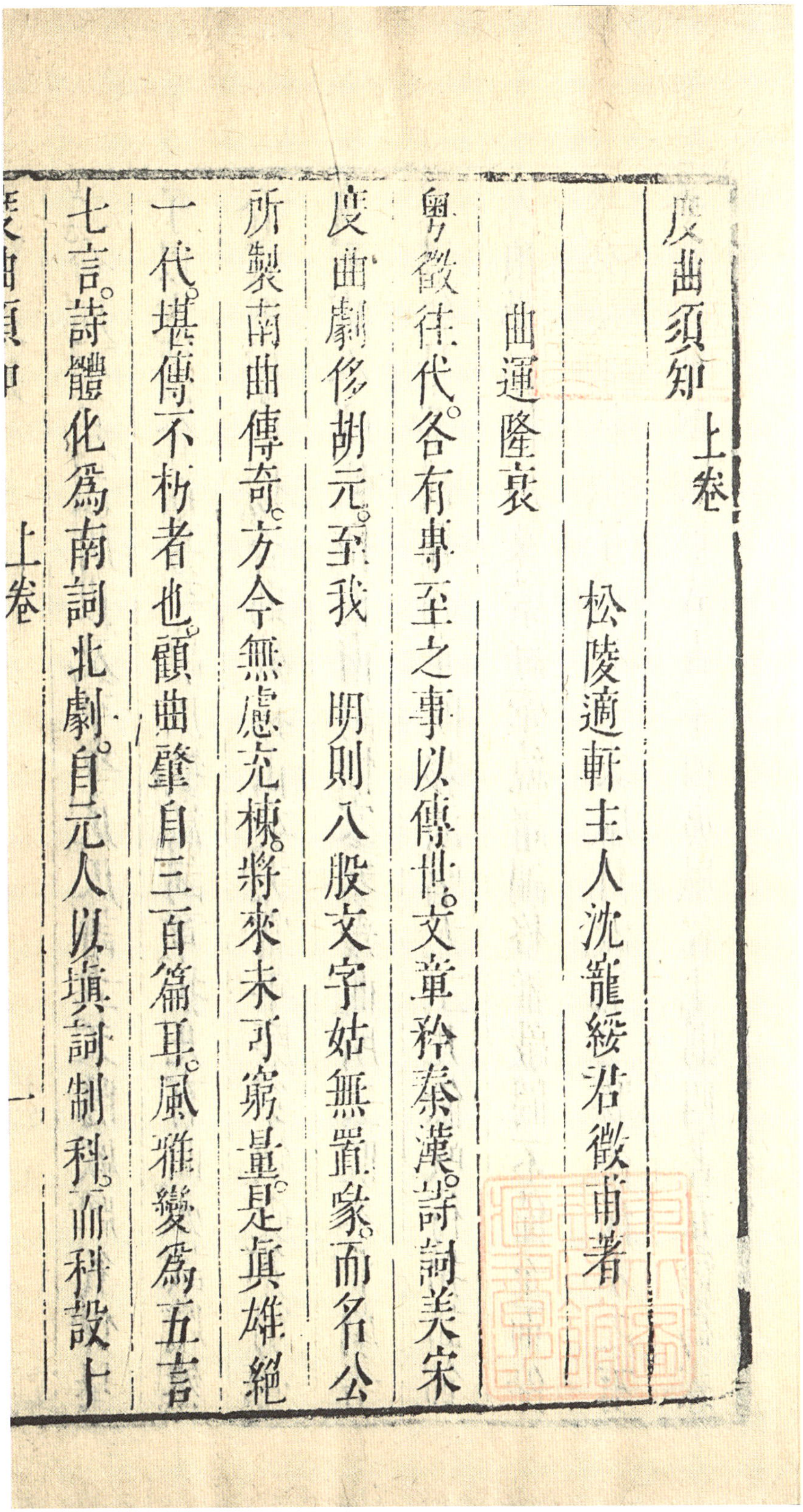

度曲須知 上卷

松陵適軒主人沈寵綏君徵甫著

曲運隆衰

粤徵往代。各有專至之事以傳世。文章矜秦漢。詩詞美宋
度曲劇侈胡元。至我 明則八股文字姑無置喙。而名公
所製南曲傳奇。方今無慮充棟。將來未可窮量。是真雄絕
一代。堪傳不朽者也。顧曲肇自三百篇耳。風雅變爲五言
七言。詩體化爲南詞北劇。自元人以塡詞制科。而科設上

度曲須知 上卷 一

10648 度曲須知二卷弦索辨訛二卷 （明）沈寵綏撰 明崇禎十二年（1639）自刻清順治六年（1649）沈標重修本 遼寧省圖書館

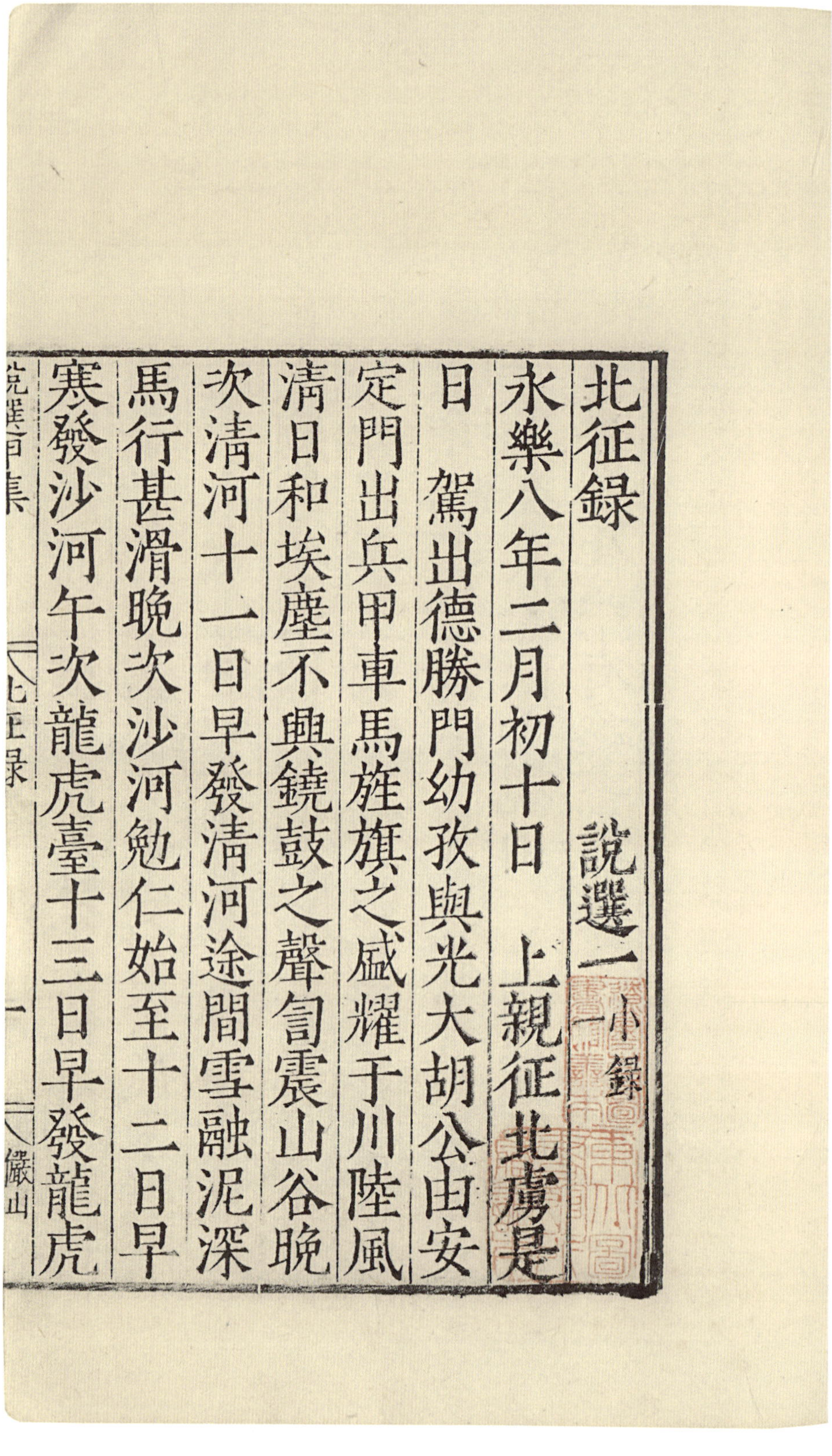
北征録　　說選一　小録
永樂八年二月初十日　上親征北虜是
日　駕出德勝門幼孜與光大胡公由安
定門出兵甲車馬旌旗之盛耀于川陸風
清日和埃塵不興鐃鼓之聲訇震山谷晚
次清河十一日早發清河途間雪融泥深
馬行甚滑晚次沙河勉仁始至十二日早
寒發沙河午次龍虎臺十三日早發龍虎
說選前集　北征録　一　儼山

10649　古今說海一百三十五種一百四十二卷　（明）陸楫等編　明嘉靖二十三年（1544）陸楫儼山書院、雲山書院刻本　遼寧省圖書館

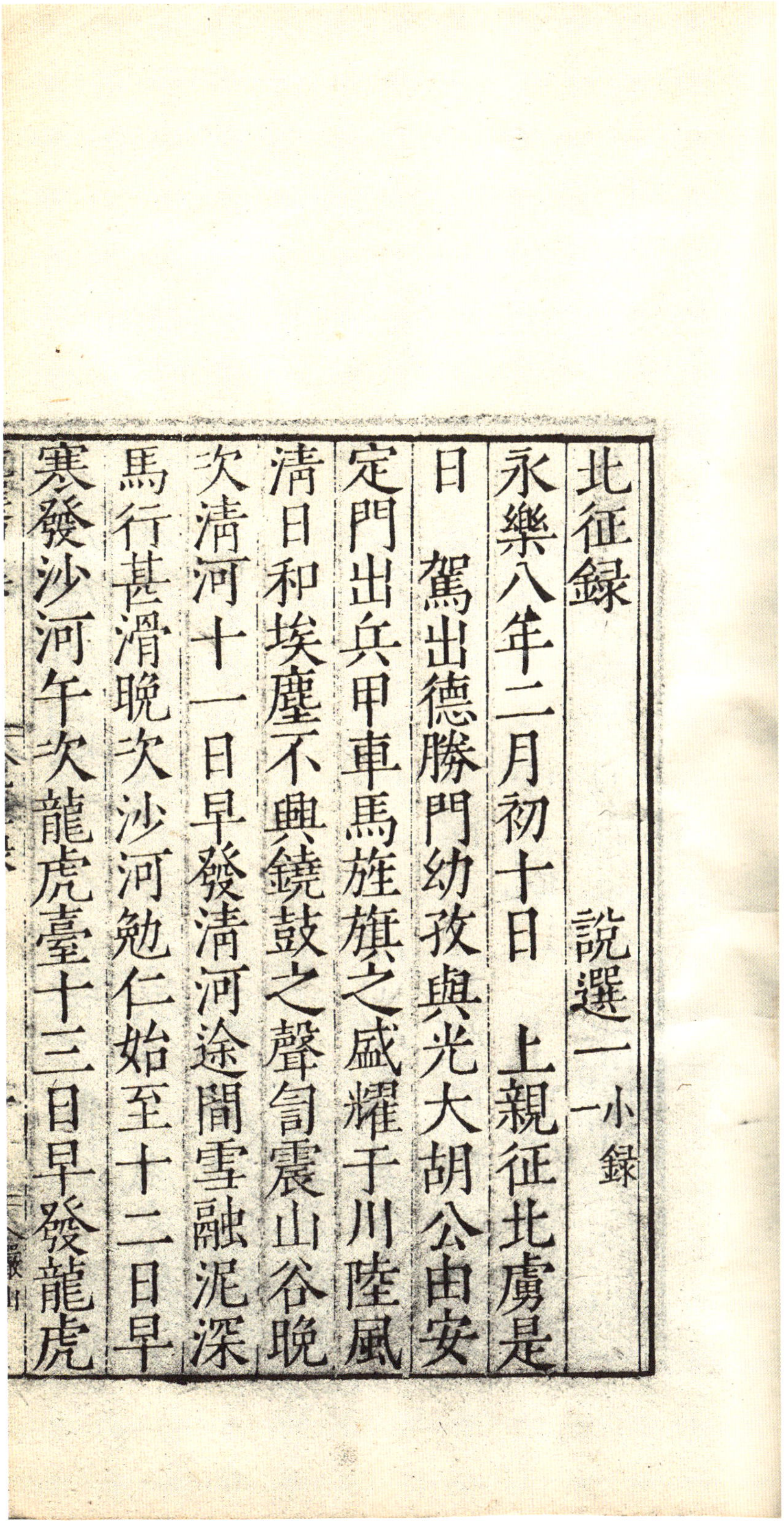

北征録　說選一　小録

永樂八年二月初十日　上親征北虜是日　駕出德勝門幼孜與光大胡公由安定門出兵甲車馬旌旗之盛耀于川陸風淸日和埃塵不興鐃鼓之聲訇震山谷晩次淸河十一日早發淸河途間雪融泥深馬行甚滑晩次沙河勉仁始至十二日早寒發沙河午次龍虎臺十三日早發龍虎

10650　古今説海一百三十五種一百四十二卷　（明）陸楫等編　明嘉靖二十三年（1544）陸楫儼山書院、雲山書院刻本（説淵四十四至五十九、説略三十一至三十二、説纂一至三配抄本，説纂二十一至二十三配明青藜館刻本）　大連圖書館

存一百十四卷(説選一至三、十五至二十三，説淵四至六十四，説略一至四、九至三十二，説纂一至十、二十一至二十三)

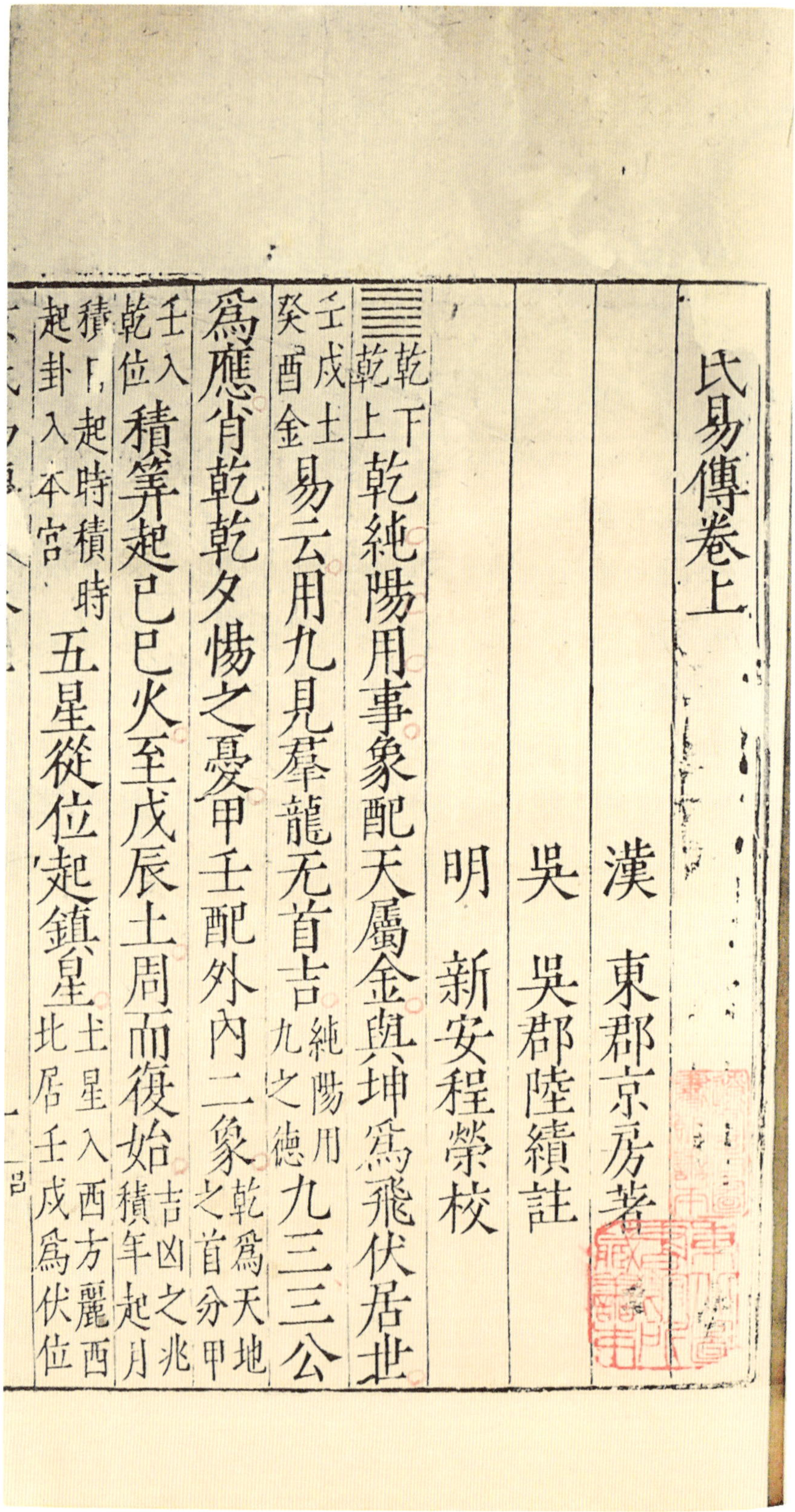

氏易傳卷上

漢 東郡京房著

吳 吳郡陸績註

明 新安程榮校

乾下乾上 乾純陽用事象配天屬金與坤爲飛伏居世 壬戌土癸酉金 易云用九見羣龍无首吉 純陽用九之德 九三三公爲應肖乾乾夕惕之憂甲壬配外內二象 乾爲天地之首分甲壬入乾位 積筭起巳巳火至戌辰土周而復始 吉凶之兆積年起月積日起時積時起卦入本宮 五星從位起鎮星 土星入西方麗西北居壬戌爲伏位

10651 漢魏叢書三十八種二百五十一卷 （明）程榮編 明萬曆二十年（1592）程榮刻本 遼寧省圖書館

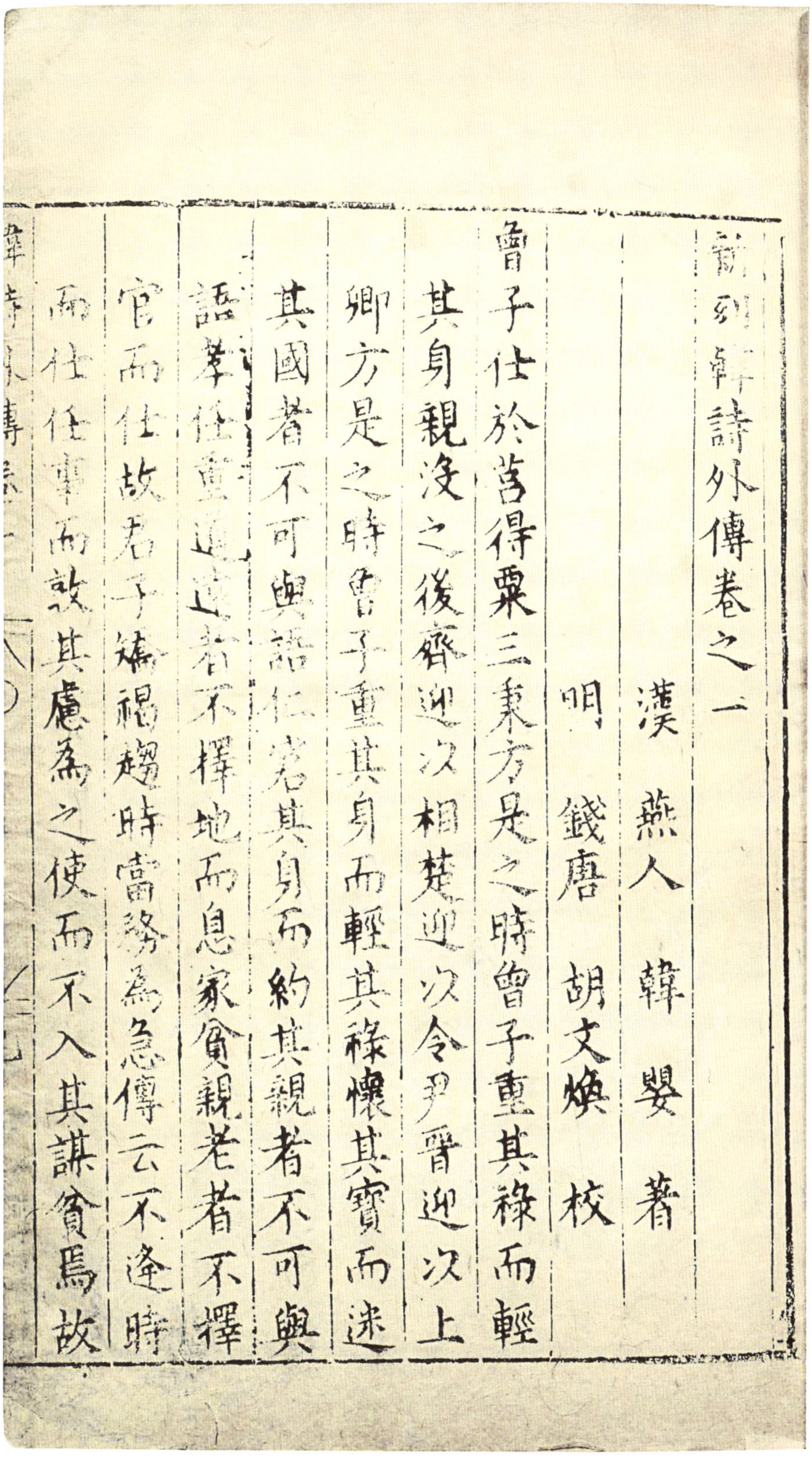

新刻韓詩外傳卷之一

漢　燕人　韓嬰　著

明　錢唐　胡文煥　校

曾子仕於莒得粟三秉方是之時曾子重其祿而輕其身親沒之後齊迎以相楚迎以令尹晉迎以上卿方是之時曾子重其身而輕其祿懷其寶而迷其國者不可與語仁窘其身而約其親者不可與語孝任重道遠者不擇地而息家貧親老者不擇官而仕故君子橋褐趨時當務為急傳云不逢時而仕任事而敦其慮為之使而不入其謀貧焉故

10652　格致叢書九十九種一百九十九卷　（明）胡文煥輯　明刻本　大連圖書館

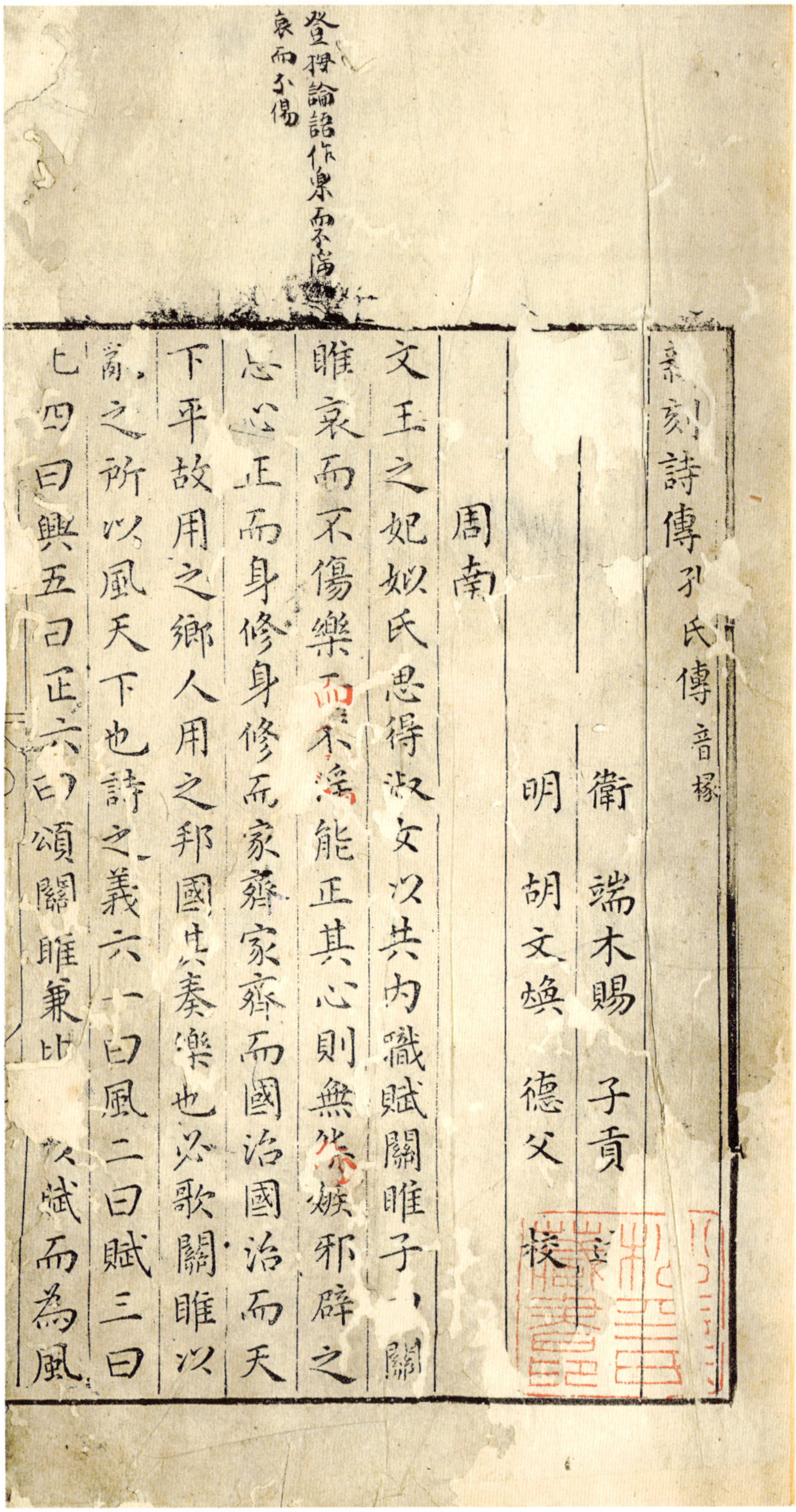

10653 百名家書一百種 （明）胡文煥輯 明刻本（目録抄配） 大連圖書館

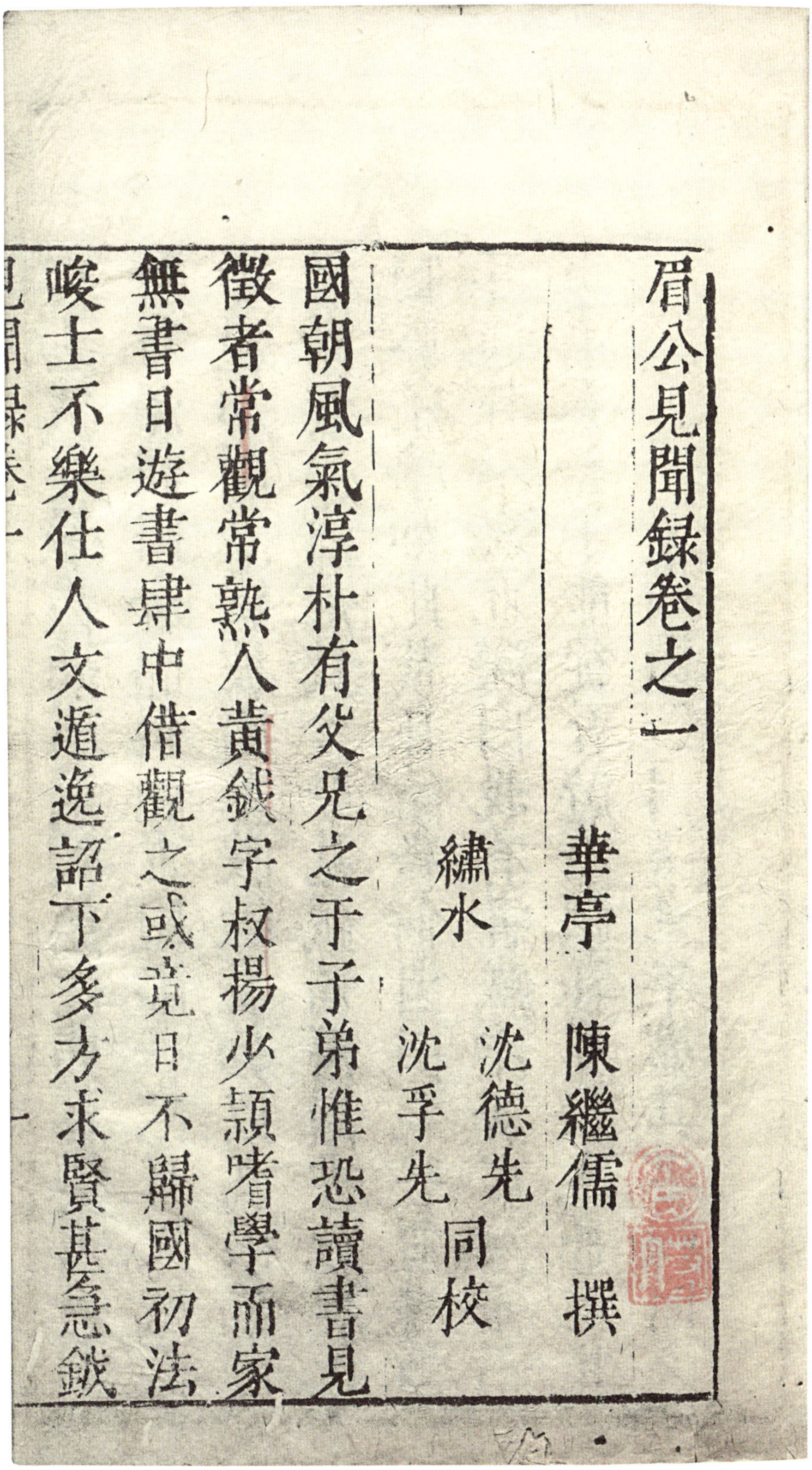
眉公見聞録卷之一

華亭　陳繼儒　撰

繡水　沈德先　沈孚先　同校

國朝風氣淳朴有父兄之于子弟惟恐讀書見徵者常觀常熟入黃鉞字叔揚少穎嗜學而家無書日遊書肆中借觀之或竟日不歸國初法峻士不樂仕人文遁逸詔下多方求賢甚急鉞

見聞録卷之一　一

10654　尚白齋鐫陳眉公寶顔堂祕笈十六種四十七卷　（明）陳繼儒編

明萬曆三十四年（1606）沈氏尚白齋刻本　大連圖書館

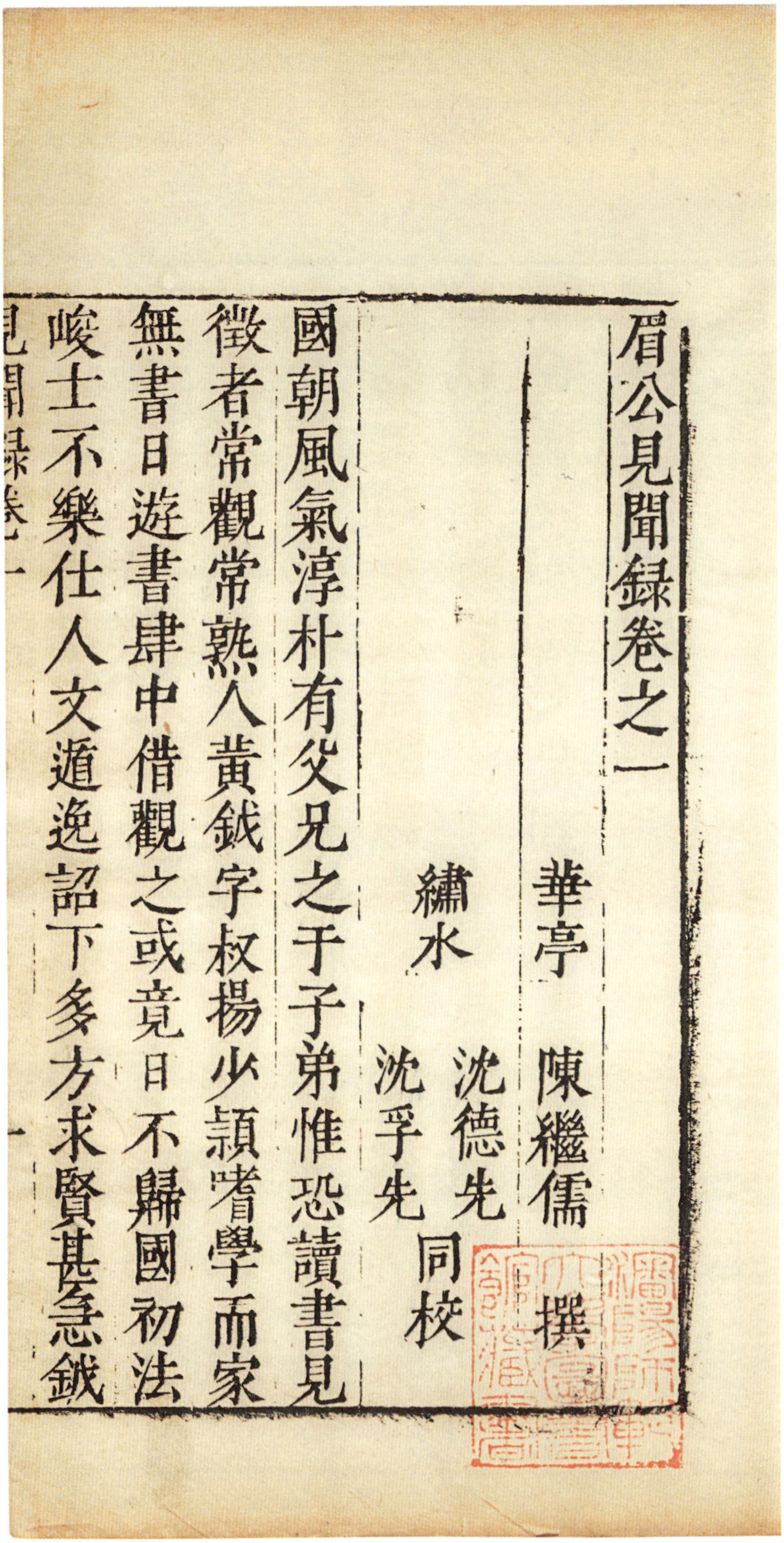

眉公見聞録卷之一

華亭　陳繼儒　撰

繡水　沈德先　沈孚先　同校

國朝風氣淳朴有父兄之于子弟惟恐讀書見
徵者常觀常熟人黄鉞字叔揚少頴嗜學而家
無書日遊書肆中借觀之或竟日不歸國初法
峻士不樂仕人文遁逸詔下多方求賢甚急鉞

見聞録卷之一　一

10655　尚白齋鐫陳眉公寶顔堂祕笈十六種四十七卷　（明）陳繼儒編

明萬曆三十四年（1606）沈氏尚白齋刻本　瀋陽師範大學圖書館

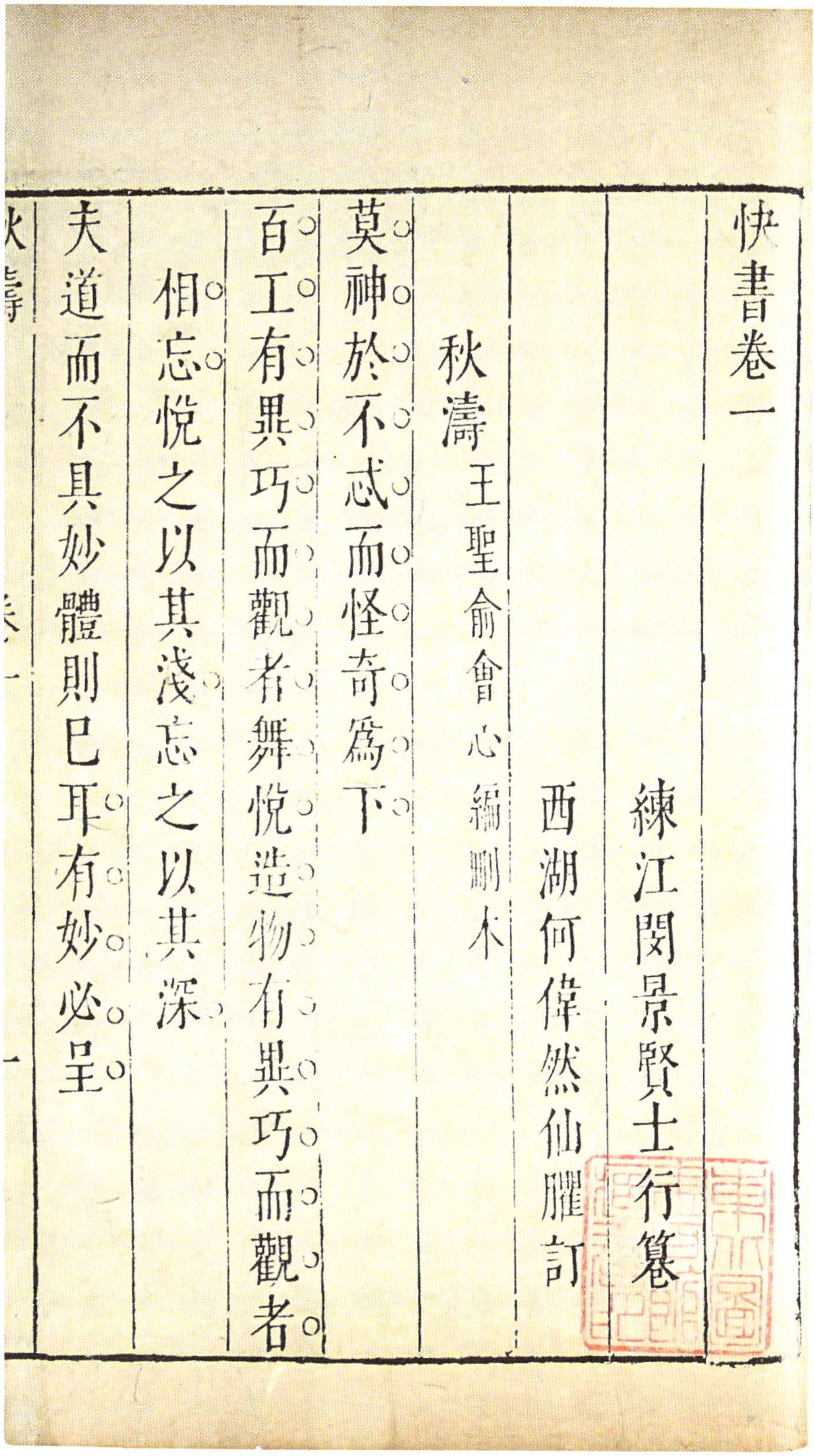

快書卷一
練江閔景賢士行纂
西湖何偉然仙臞訂
秋濤　王聖俞會心編删本
莫神於不忒而怪奇爲下
百工有異巧而觀者舞悅造物有異巧而觀者
相忘悅之以其淺忘之以其深
夫道而不具妙體則已耳有妙必呈
秋濤　卷一　一

10656　快書五十種五十卷　（明）閔景賢編　明天啓六年（1626）快堂刻本　遼寧省圖書館

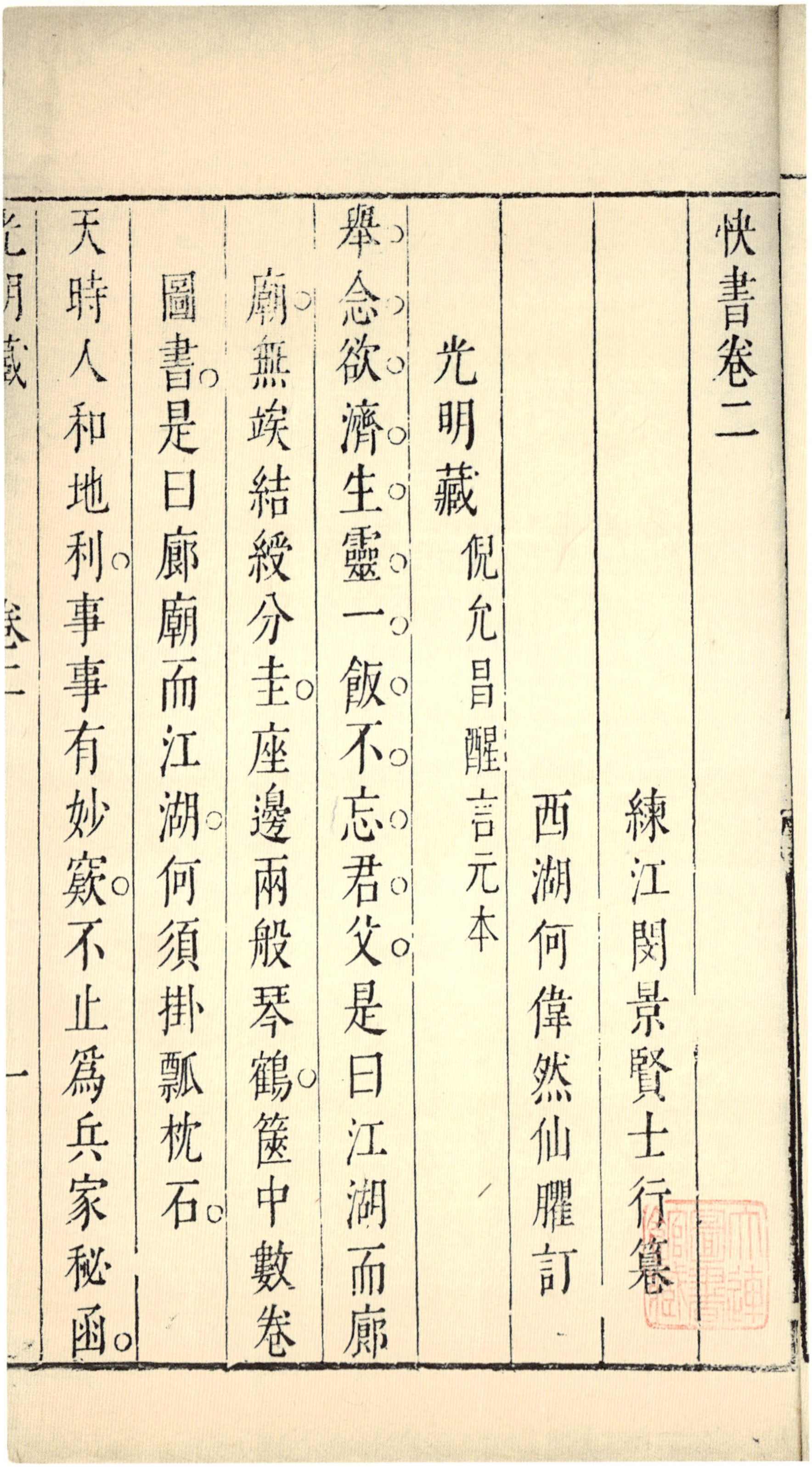
快書卷二

練江閔景賢士行纂

西湖何偉然仙臞訂

光明藏　倪允昌醒言元本

舉念欲濟生靈一飯不忘君父是曰江湖而廊
廟無竢結綬分圭座邊兩般琴鶴篋中數卷
圖書是曰廊廟而江湖何須掛瓢枕石
天時人和地利事事有妙竅不止爲兵家秘函

光明藏　卷二　一

10657　快書五十種五十卷　（明）閔景賢編　明天啓六年（1626）快堂刻本　大連圖書館

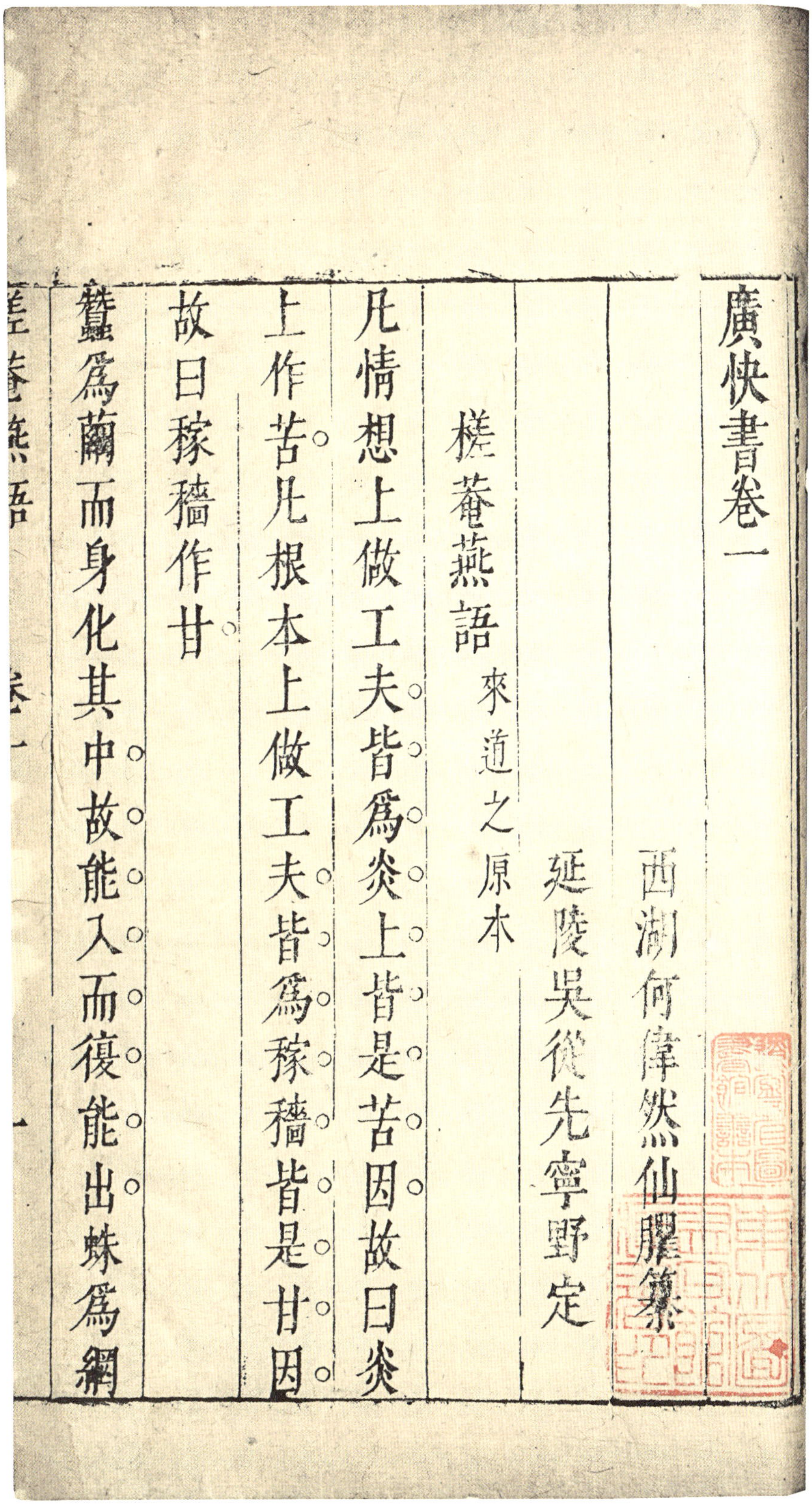

廣快書卷一

西湖何偉然仙臞纂

延陵吳從先寧野定

槎菴燕語 來道之原本

凡情想上做工夫皆爲炎上皆是苦因故曰炎上作苦凡根本上做工夫皆爲稼穡皆是甘因故曰稼穡作甘

蠶爲繭而身化其中故能入而復能出蛛爲網

槎菴燕語 卷一 一

10658 廣快書五十種五十卷 （明）何偉然編 明崇禎刻本 遼寧省圖書館

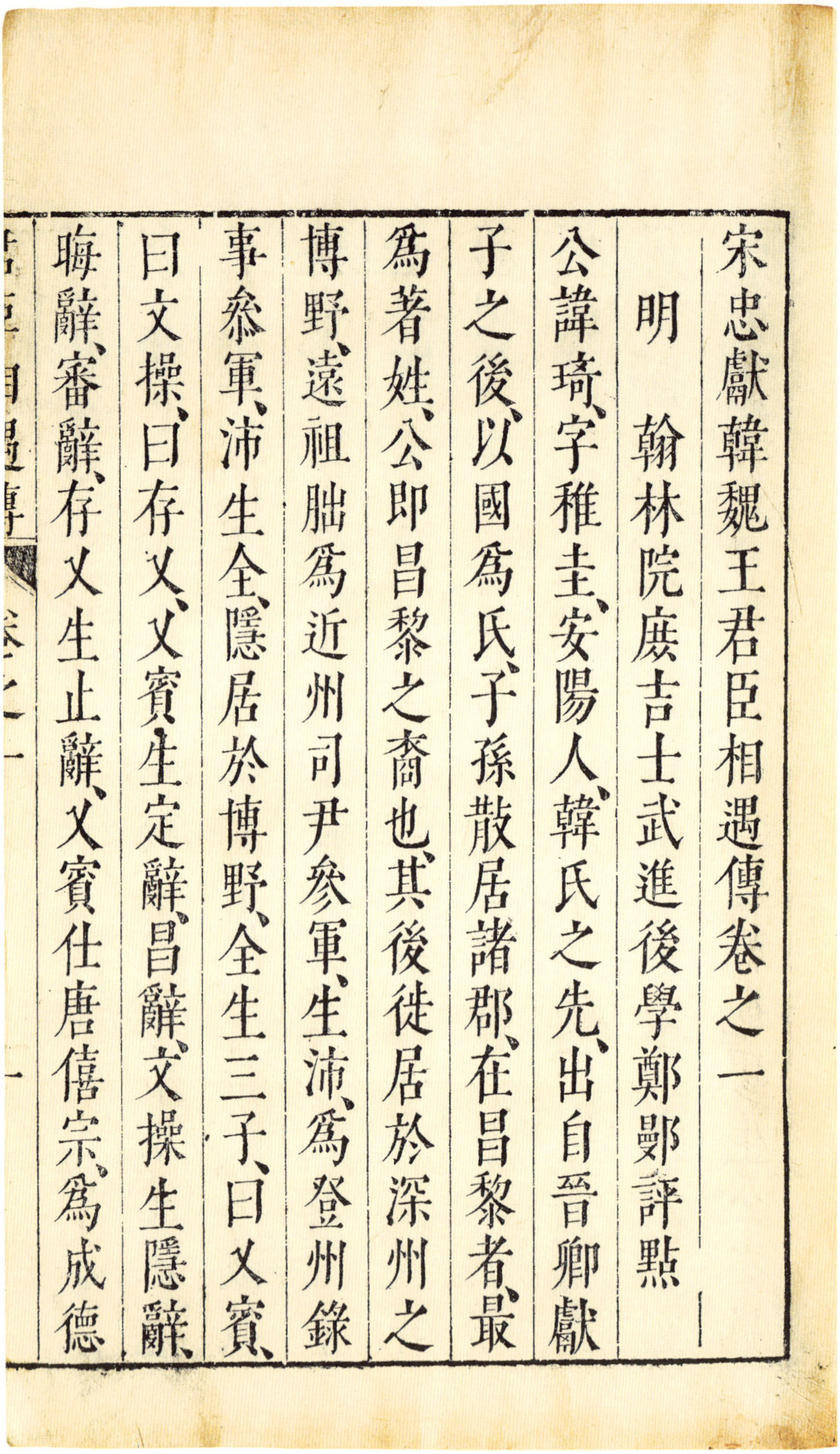
宋忠獻韓魏王君臣相遇傳卷之一
明　翰林院庶吉士武進後學鄭鄤評點
公諱琦、字稚圭、安陽人、韓氏之先、出自晉卿獻
子之後、以國爲氏、子孫散居諸郡、在昌黎者最
爲著姓、公即昌黎之裔也、其後徙居於深州之
博野、遠祖朏爲近州司尹參軍、生沛、爲登州錄
事參軍、沛生全隱、居於博野、全生三子、曰乂賓、
曰文操、曰存乂、乂賓生定辭、昌辭、文操生隱辭、
晦辭、審辭、存乂生止辭、乂賓仕唐僖宗、爲成德

10659　宋三大臣彙志十二種　（明）鄭鄤輯　明崇禎元年（1628）刻本

大連圖書館

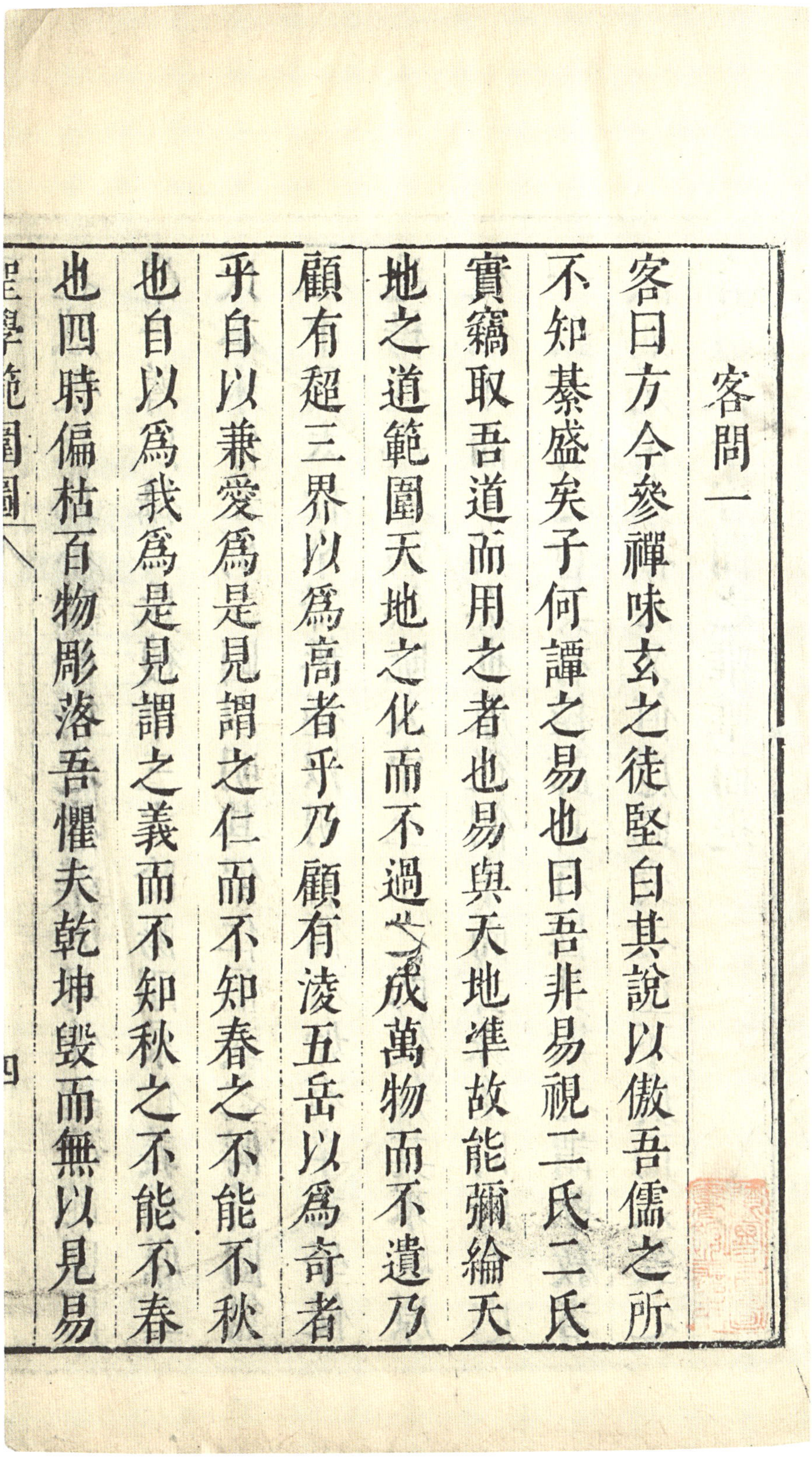

客問一

客曰方今參禪味玄之徒堅白其說以傲吾儒之所不知綦盛矣子何譚之易也曰吾非易視二氏二氏實竊取吾道而用之者也易與天地準故能彌綸天地之道範圍天地之化而不過曲成萬物而不遺乃顧有超三界以爲高者乎乃顧有淩五岳以爲奇者乎自以兼愛爲是見謂之仁而不知春之不能不秋也自以爲我爲是見謂之義而不知秋之不能不春也四時偏枯百物彫落吾懼夫乾坤毀而無以見易

聖學範圍圖　四

10660　廣百川學海一百三十種一百五十六卷　（明）馮可賓編　明末刻本　遼寧省圖書館

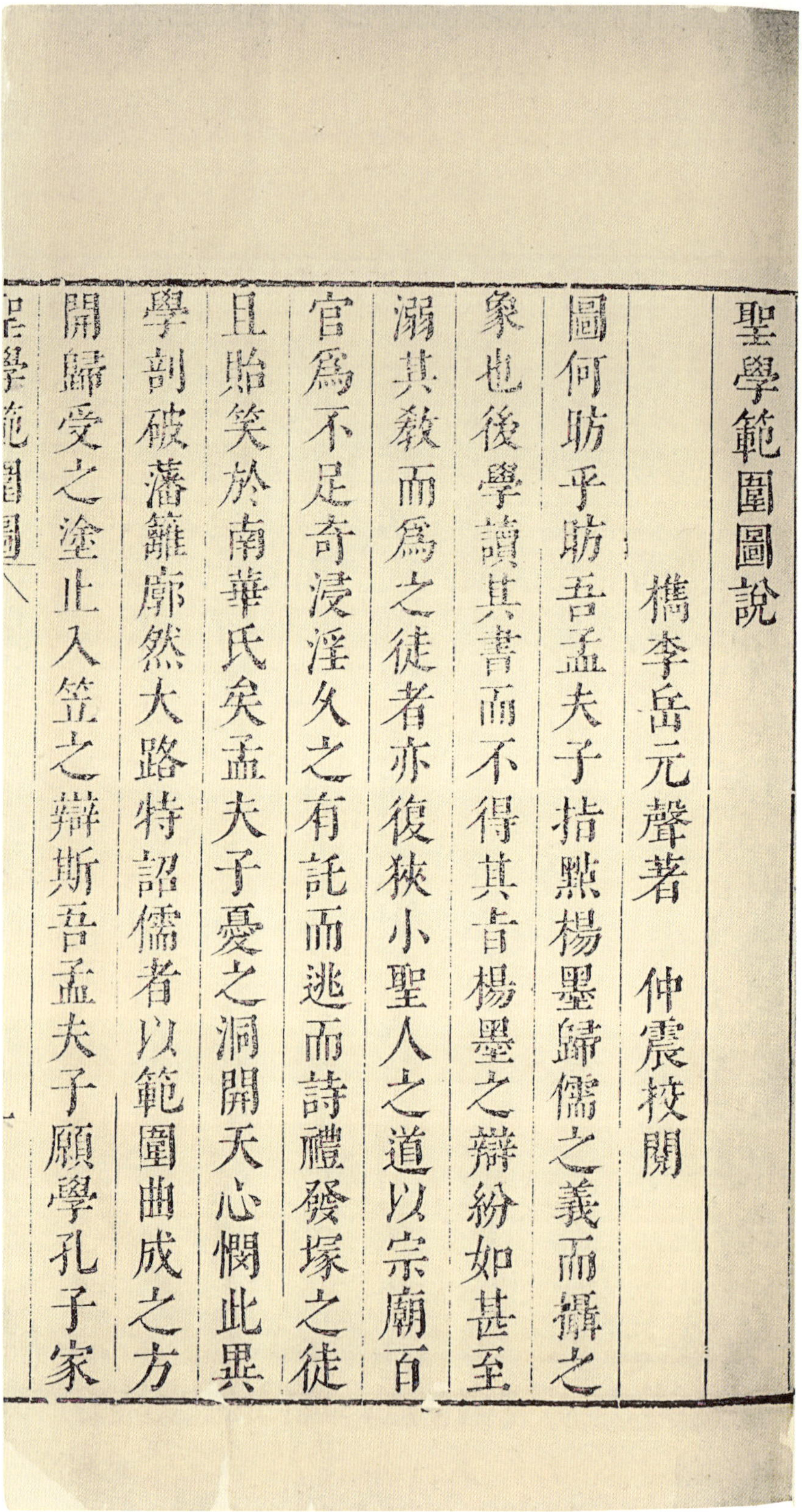

聖學範圍圖說

檇李岳元聲著　仲震校閱

圖何昉乎昉吾孟夫子指點楊墨歸儒之義而攝之象也後學讀其書而不得其旨楊墨之辯紛如甚至溺其教而爲之徒者亦復狹小聖人之道以宗廟百官爲不足奇浸淫久之有託而逃而詩禮發塚之徒且貽笑於南華氏矣孟夫子憂之洞開天心憫此異學剖破藩籬廓然大路特詔儒者以範圍曲成之方開歸受之塗止入笠之辯斯吾孟夫子願學孔子家

聖學範圍圖　一

10661　廣百川學海一百三十種一百五十六卷　（明）馮可賓編　明末刻本　大連圖書館

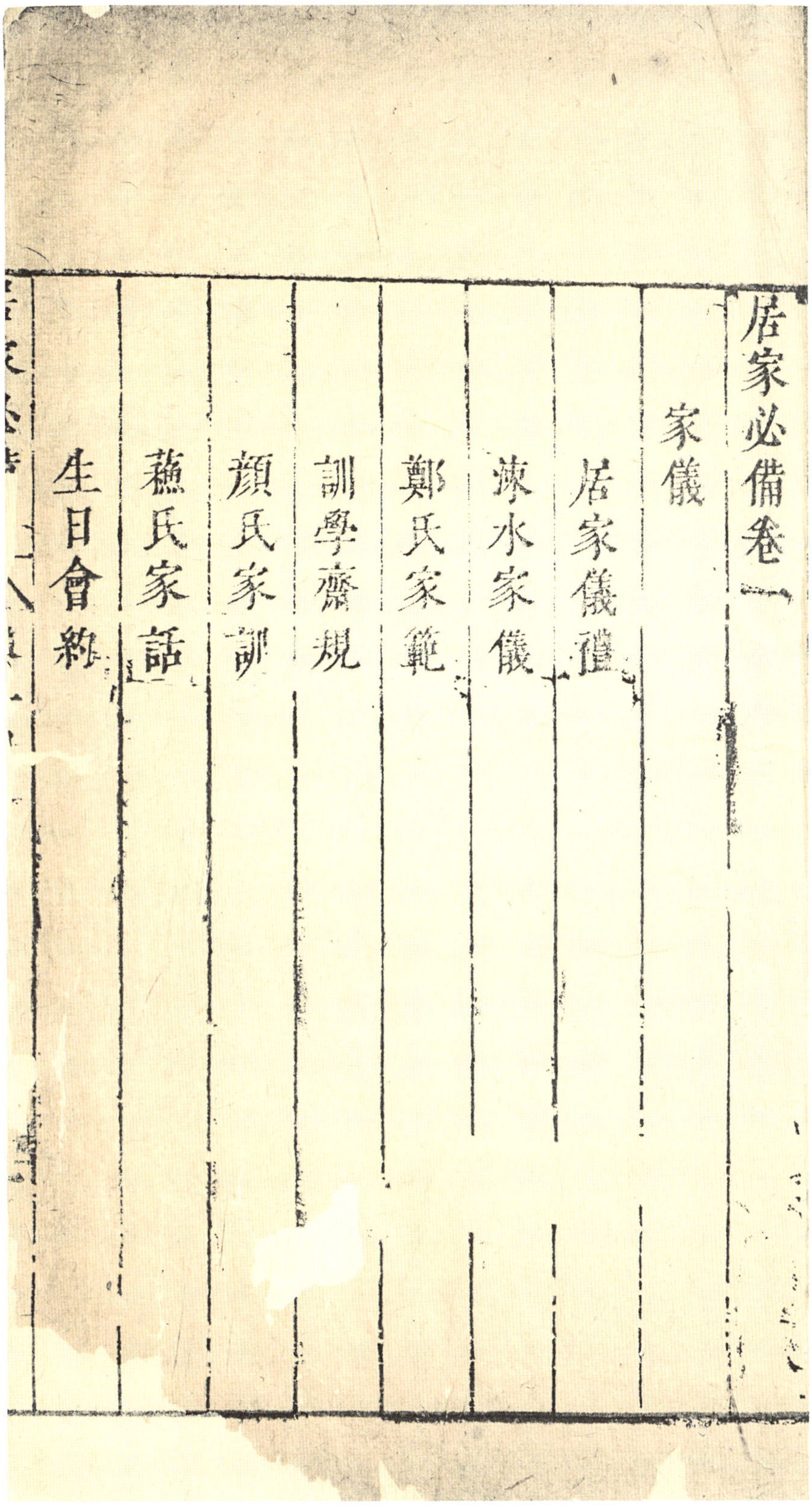

10662　居家必備十卷　明末刻本　遼寧省圖書館

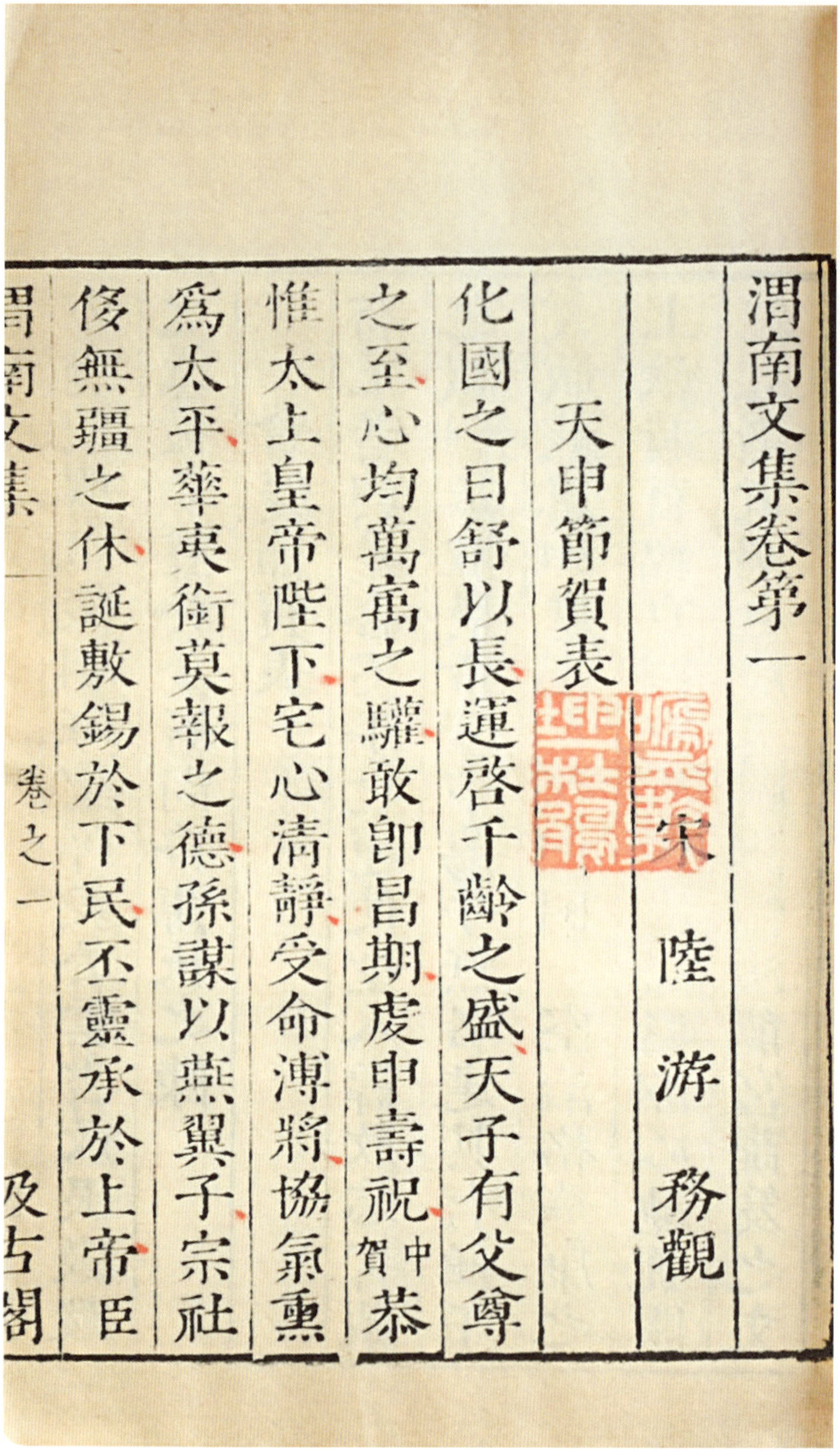

渭南文集卷第一

宋　陸游　務觀

天申節賀表

化國之日舒以長運啓千齡之盛天子有父尊之至心均萬寓之驩敢即昌期虔申壽祝中賀恭惟太上皇帝陛下宅心清靜受命溥將協氣熏爲太平華夷銜莫報之德孫謀以燕翼子宗社俾無疆之休誕敷錫於下民丕靈承於上帝臣

渭南文集　卷之一　汲古閣

10663　陸放翁全集六種一百五十七卷　（宋）陸游撰　明末毛氏汲古閣刻張氏詩禮堂印本　鞍山市圖書館

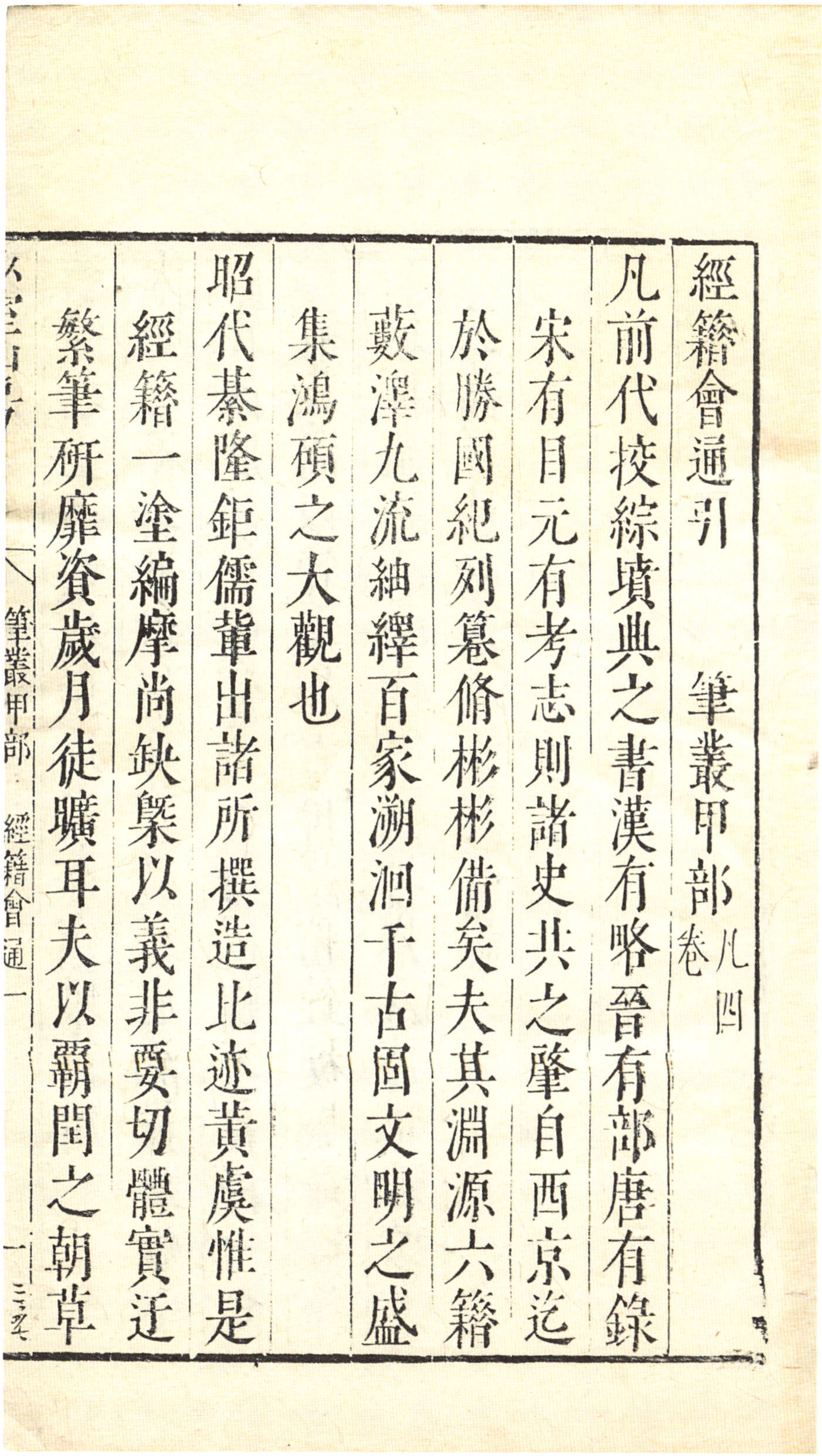
經籍會通引　筆叢甲部 凡四卷
凡前代校綜墳典之書漢有略晉有部唐有錄
宋有目元有考志則諸史共之肇自西京迄
於勝國紀列篹脩彬彬備矣夫其淵源六籍
藪澤九流紬繹百家溯洄千古固文明之盛
集鴻碩之大觀也
昭代綦隆鉅儒輩出諸所撰造比迹黄虞惟是
經籍一塗編摩尚鈌槩以義非要切體實迂
緐筆研靡資歲月徒曠耳夫以覇閏之朝草
少室山房筆叢甲部　經籍會通一　一

10664　少室山房四部一百八十九卷　（明）胡應麟撰　（明）江湛然編

明萬曆四十六年（1618）江湛然刻本　錦州市圖書館

存四十八卷（少室山房筆叢三十二卷、續筆叢十六卷）

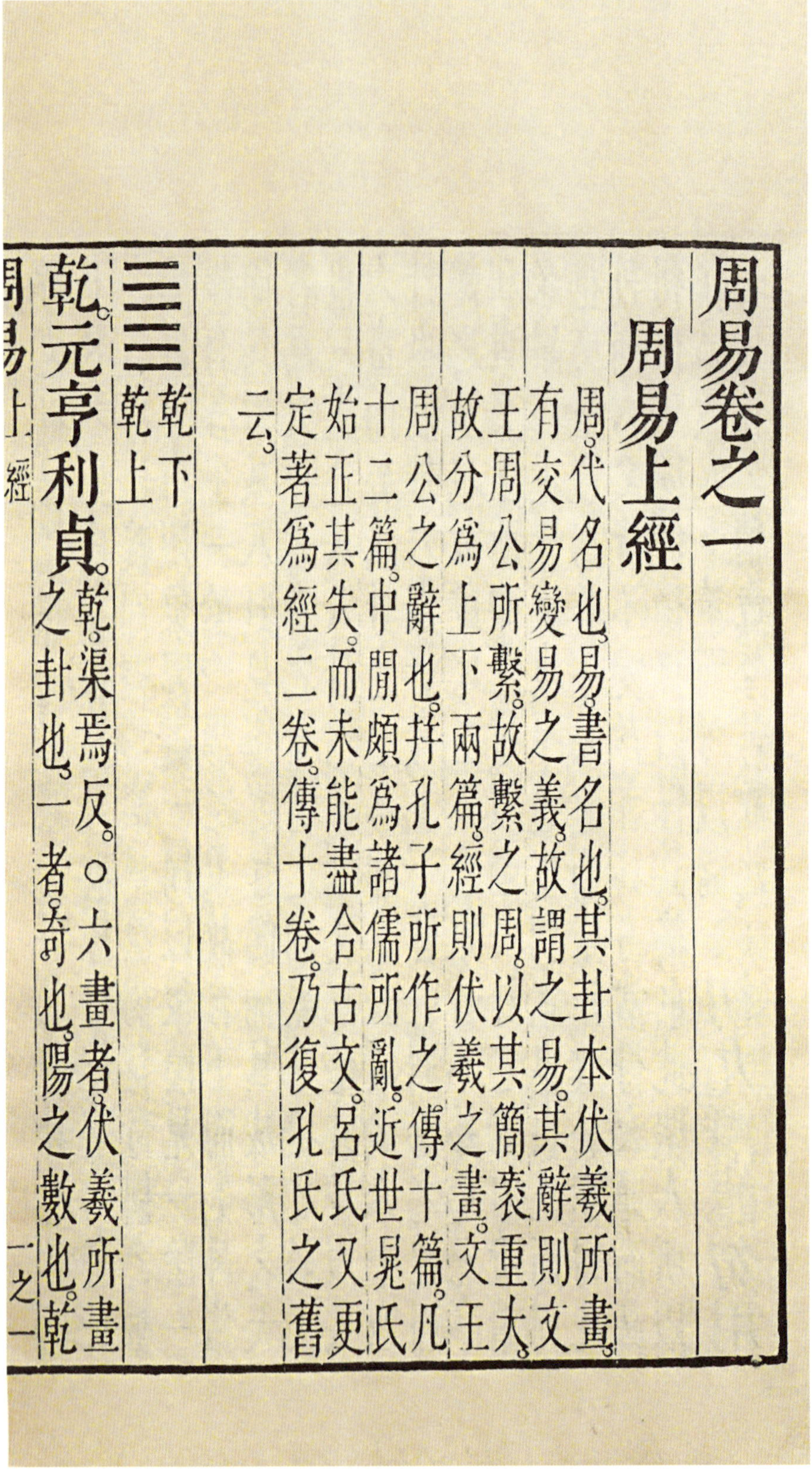

周易卷之一

周易上經

周代名也易書名也其卦本伏羲所畫有交易變易之義故謂之易其辭則文王周公所繫故繫之周以其簡袠重大故分爲上下兩篇經則伏羲之畫文王周公之辭也并孔子所作之傳十篇凡十二篇中閒頗爲諸儒所亂近世晁氏始正其失而未能盡合古文呂氏又更定著爲經二卷傳十卷乃復孔氏之舊云

䷀ 乾下乾上

乾元亨利貞乾渠焉反○六畫者伏羲所畫之卦也一者奇也陽之數也乾

周易上經　一之一

10665　五經四書讀本七十七卷　清雍正國子監刻本　遼寧省圖書館

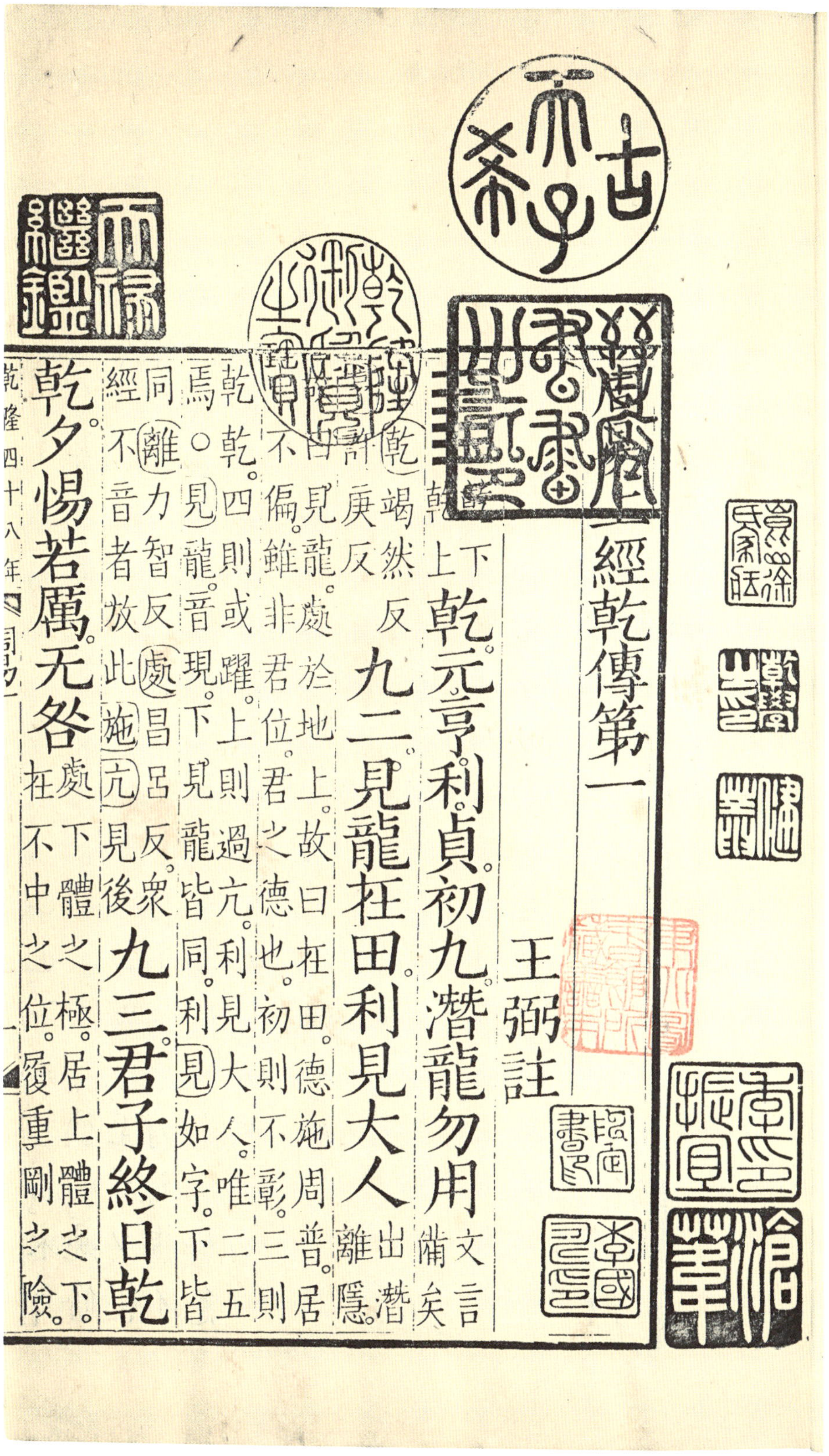

經乾傳第一
王弼註
乾下乾上 乾元亨利貞初九潛龍勿用文言備矣
乾竭然反 許庚反 九二見龍在田利見大人出潛離隱
曰見龍處於地上故曰在田德施周普居
不偏雖非君位君之德也初則不彰三則
乾乾四則或躍上則過亢利見大人唯二五
焉○見龍音現下見龍皆同利見如字下皆
同離力智反處昌呂反衆經不音者放此施亢見後 九三君子終日乾
乾夕惕若厲无咎處下體之極居上體之下在不中之位履重剛之險
乾隆四十八年　周易一

10666　御定仿宋相臺岳氏五經九十六卷附考證　（元）岳浚編　清乾隆四十八年（1783）武英殿刻本　遼寧省圖書館

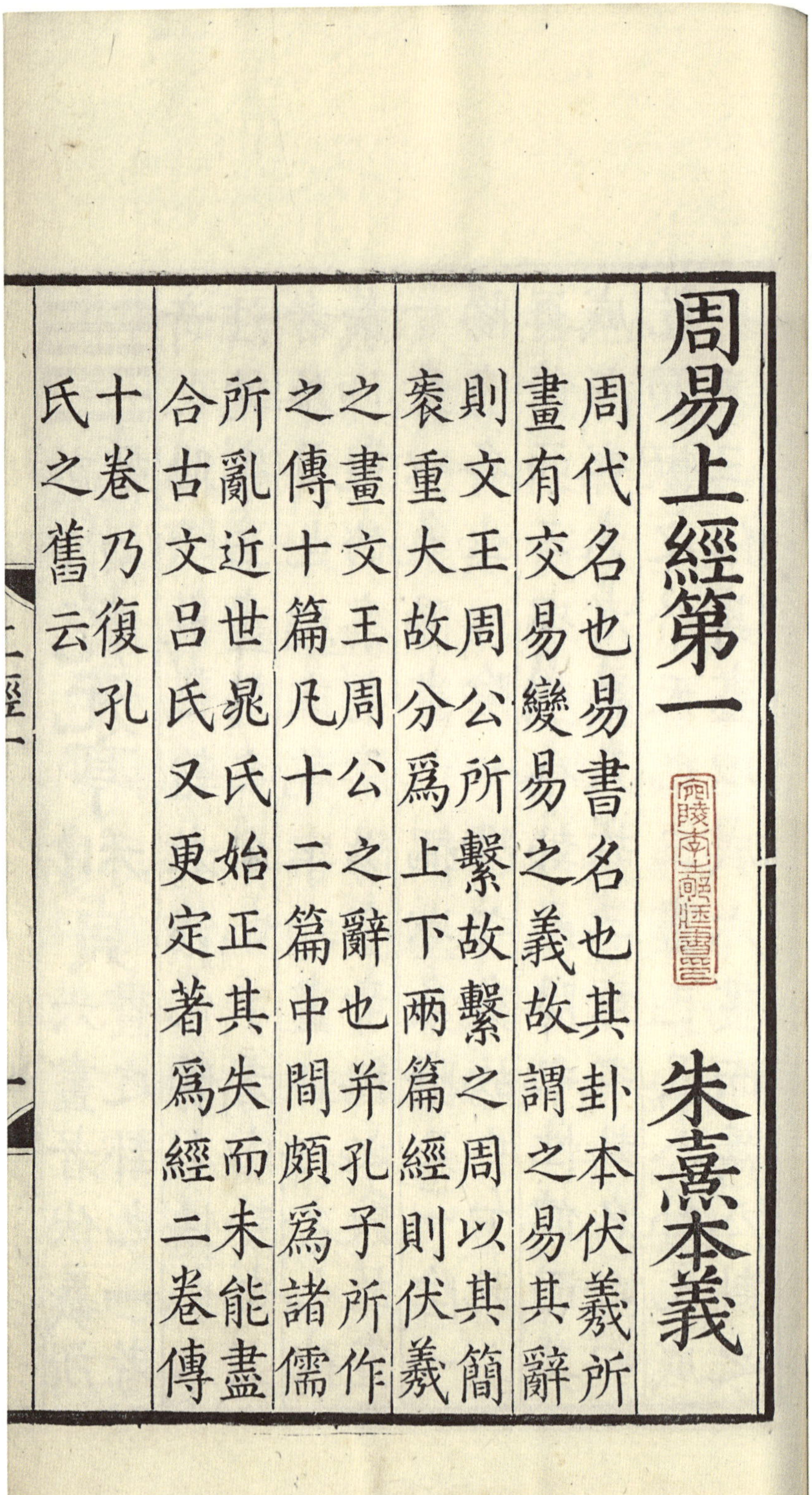

周易上經第一　朱熹本義

周代名也易書名也其卦本伏羲所畫有交易變易之義故謂之易其辭則文王周公所繫故繫之周以其簡袠重大故分爲上下兩篇經則伏羲之畫文王周公之辭也并孔子所作之傳十篇凡十二篇中間頗爲諸儒所亂近世晁氏始正其失而未能盡合古文呂氏又更定著爲經二卷傳十卷乃復孔氏之舊云

10667　周易本義十二卷易圖一卷五贊一卷筮儀一卷　（宋）朱熹撰

清康熙内府刻本　遼寧省圖書館

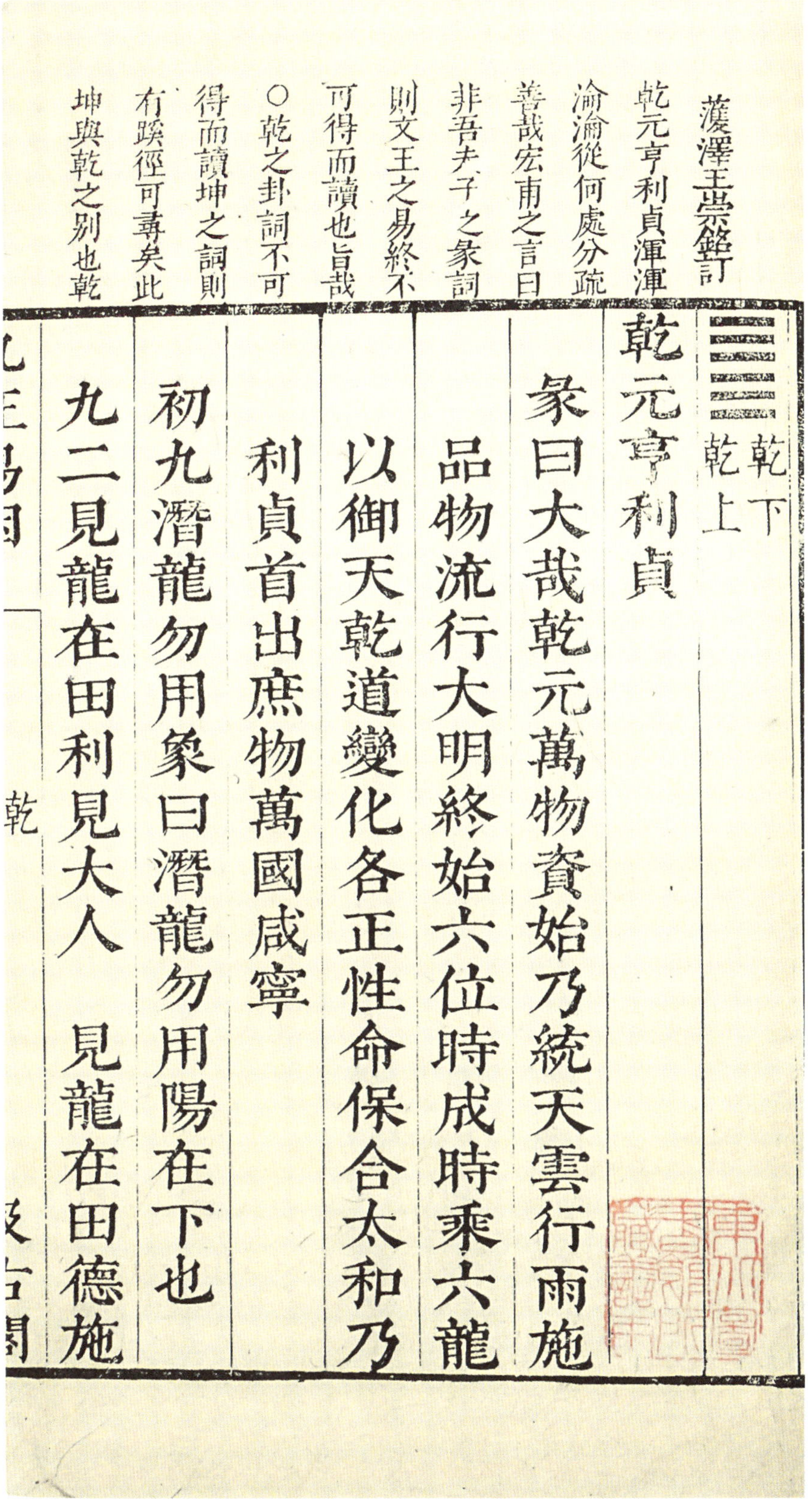
蘉澤王崇銘訂
乾元亨利貞渾渾
淪淪從何處分疏
善哉宏甫之言曰
非吾夫子之彖詞
則文王之易終不
可得而讀也旨哉
○乾之卦詞不可
得而讀坤之詞則
有蹊徑可尋矣此
坤與乾之别也乾

乾下
乾上
乾元亨利貞
彖曰大哉乾元萬物資始乃統天雲行雨施
品物流行大明終始六位時成時乘六龍
以御天乾道變化各正性命保合太和乃
利貞首出庶物萬國咸寧
初九潛龍勿用象曰潛龍勿用陽在下也
九二見龍在田利見大人　見龍在田德施

九正易因　乾　汲古閣

10668　九正易因二卷　（明）李贄撰　清初汲古閣刻本　遼寧省圖書館

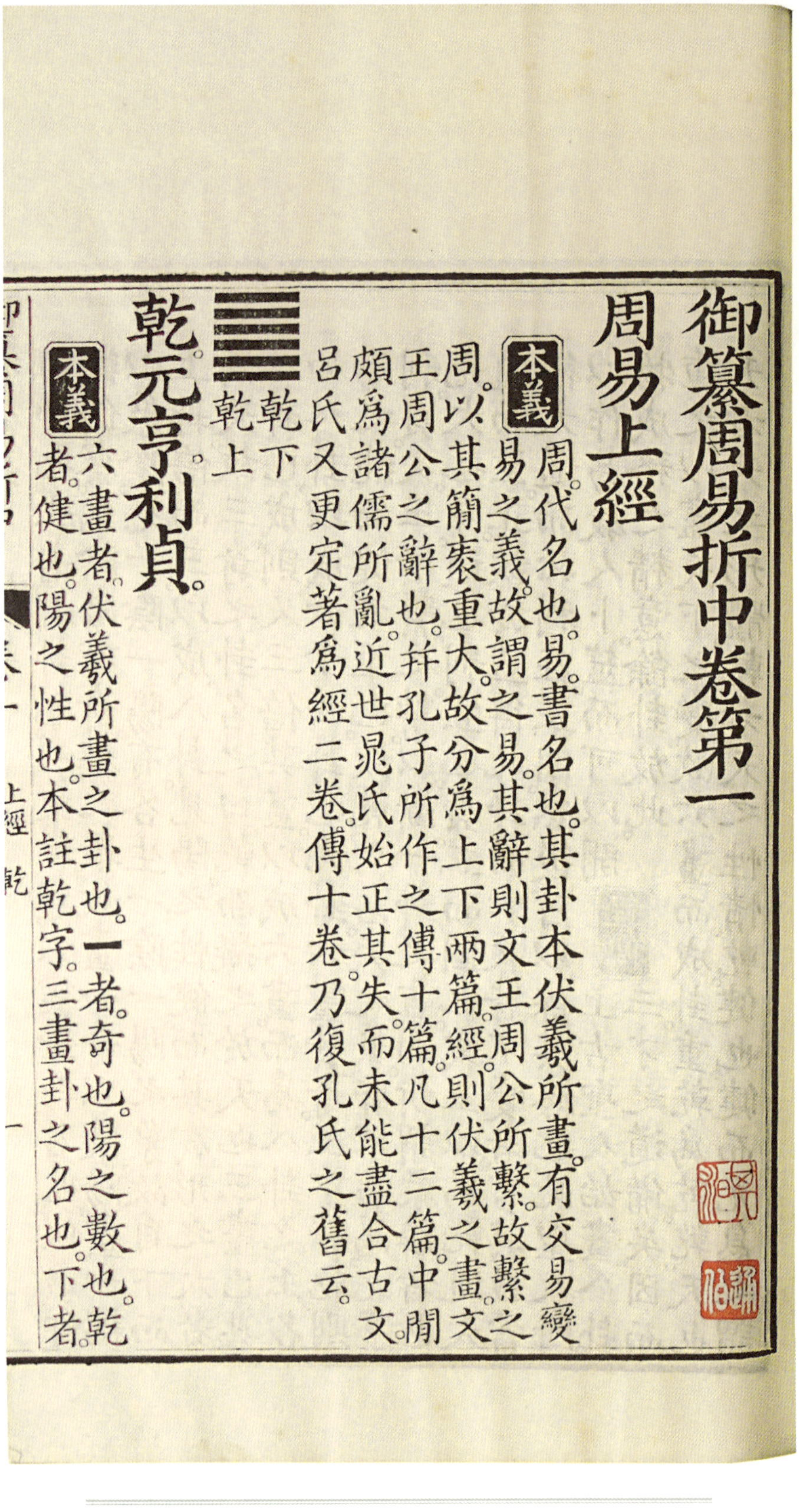
御纂周易折中卷第一
周易上經
本義 周代名也易書名也其卦本伏羲所畫有交易變易之義故謂之易其辭則文王周公所繫故繫之周以其簡袠重大故分爲上下兩篇經則伏羲之畫文王周公之辭也并孔子所作之傳十篇凡十二篇中閒頗爲諸儒所亂近世晁氏始正其失而未能盡合古文呂氏又更定著爲經二卷傳十卷乃復孔氏之舊云
䷀ 乾下乾上
乾元亨利貞
本義 六畫者伏羲所畫之卦也一者奇也陽之數也乾者健也陽之性也本註乾字三畫卦之名也下者
御纂周易折中 卷一 上經 乾 一

10669 御纂周易折中二十二卷首一卷 （清）李光地等撰 清康熙五十四年（1715）內府刻本 遼寧省圖書館

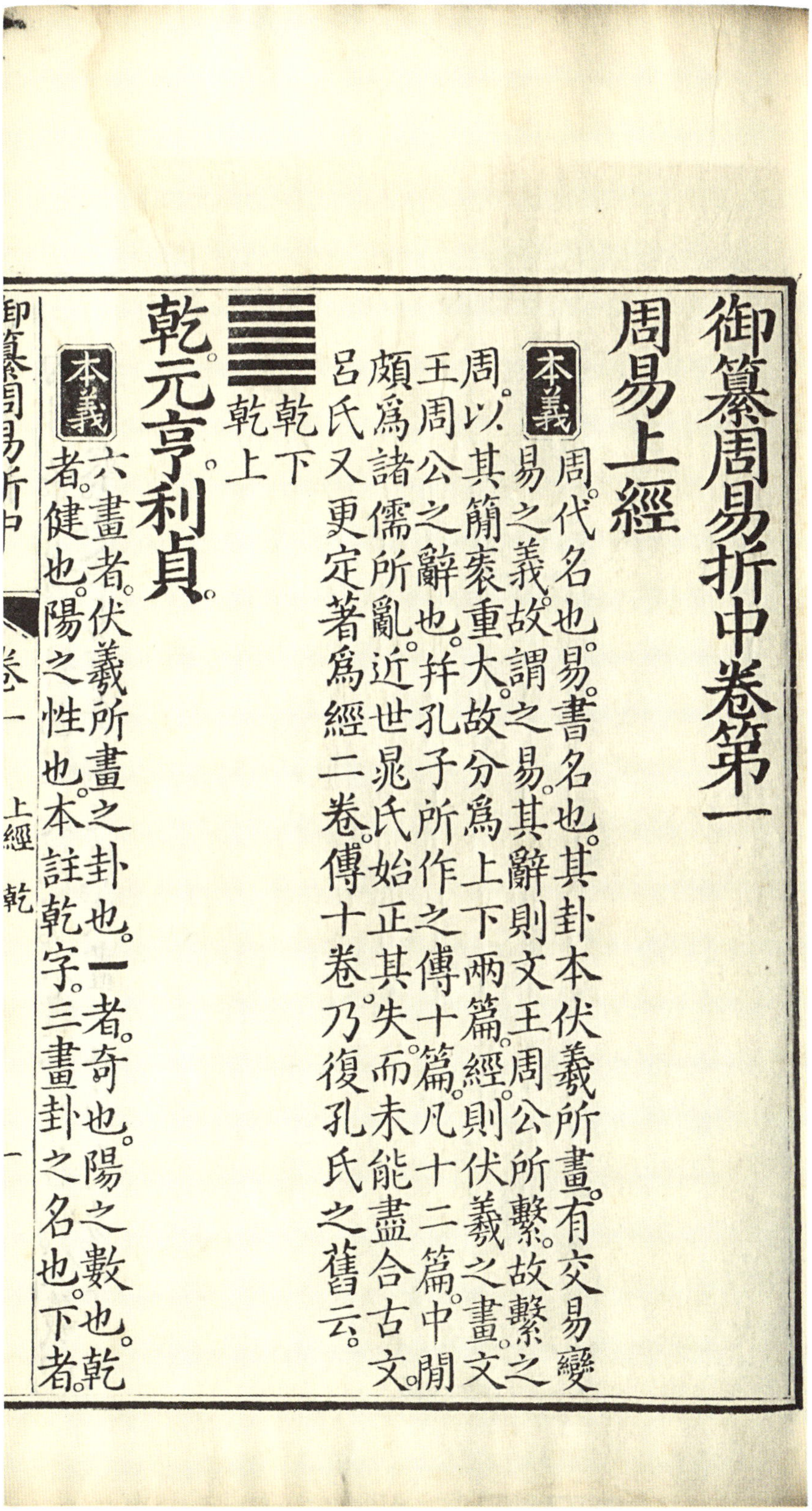
御纂周易折中卷第一
周易上經
本義 周代名也。易書名也。其卦本伏羲所畫。有交易變易之義。故謂之易。其辭則文王周公所繫。故繫之周。以其簡袠重大。故分爲上下兩篇。經則伏羲之畫。文王周公之辭也。并孔子所作之傳十篇。凡十二篇。中閒頗爲諸儒所亂。近世晁氏始正其失。而未能盡合古文。呂氏又更定著爲經二卷。傳十卷。乃復孔氏之舊云。
乾下
乾上
乾元亨利貞。
本義 六畫者。伏羲所畫之卦也。一者。奇也。陽之數也。乾者。健也。陽之性也。本註乾字。三畫卦之名也。下者。
御纂周易折中 卷一 上經 乾 一

10670　御纂周易折中二十二卷首一卷　（清）李光地等撰　清康熙五十四年（1715）內府刻本　大連圖書館

御纂周易折中卷第二

䷇ 坤下 坎上

程傳 比。序卦。衆必有所比。故受之以比。比。親輔也。人之類必相親輔然後能安。故既有衆則必有所比。比所以次師也。爲卦上坎下坤。以二體言之。水在地上。物之相切比無間。莫如水之在地上。故爲比也。又衆爻皆陰。獨五以陽剛居君位。衆所親附。而上亦親下。故爲比也。

比吉原筮元永貞无咎不寧方來後夫凶。

本義 比。親輔也。九五以陽剛居上之中而得其正。上下五陰比而從之。以一人而撫萬邦。以四海而仰一人之象。故筮者得之。則當爲人所親輔。然必再筮以自審。有元善長永正固之德。然後可以當衆之歸而无咎。

御纂周易折中 卷二 上經 比 一

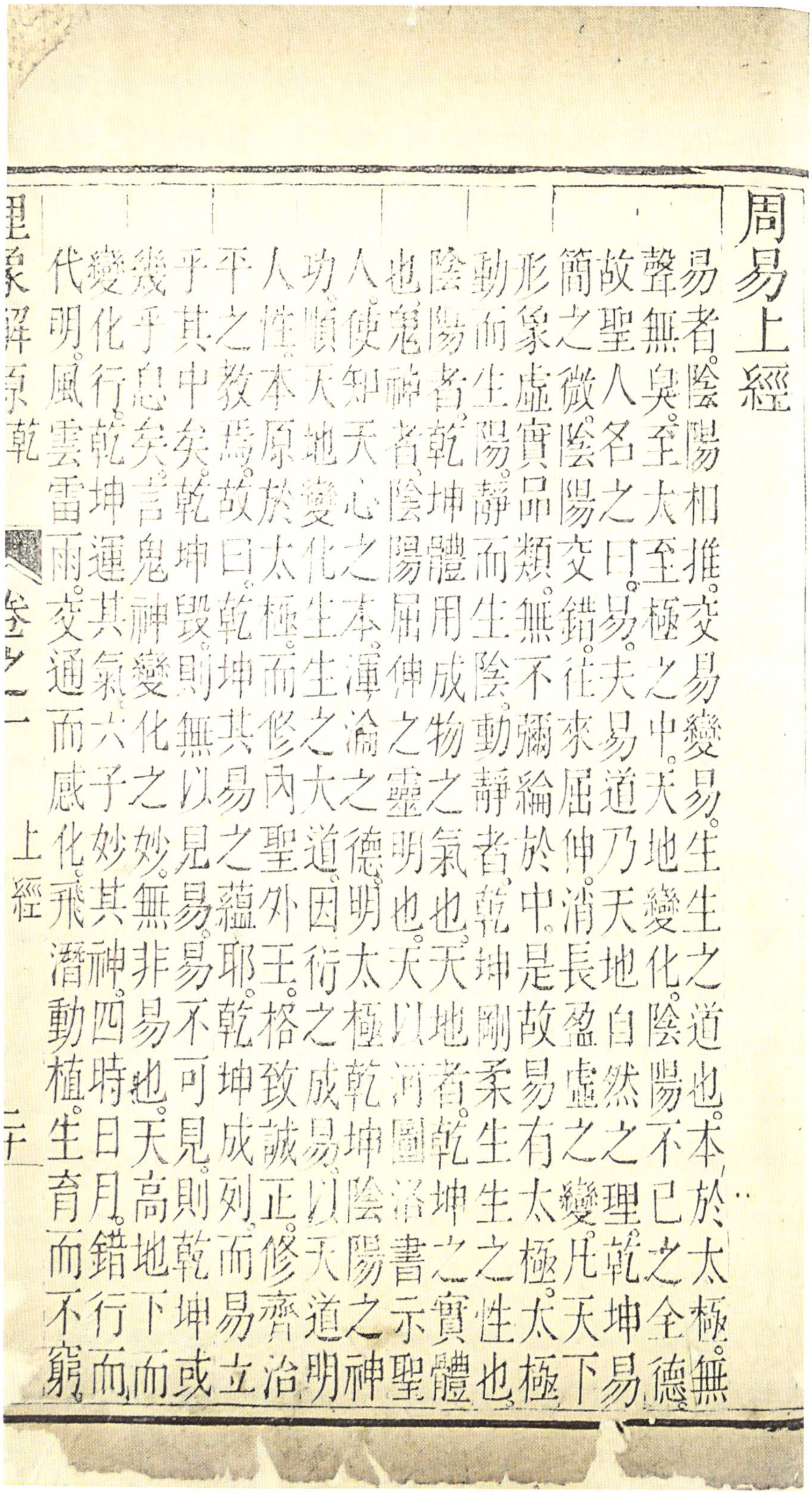

周易上經

易者陰陽相推交易變易生生之道也本於太極無聲無臭至太至極之中天地變化陰陽不已之全德故聖人名之曰易夫易道乃天地自然之理乾坤易簡之微陰陽交錯往來屈伸消長盈虛之變凡天下形象虛實品類無不彌綸於中是故易有太極太極動而生陽靜而生陰動靜者乾坤剛柔生生之性也陰陽者乾坤體用成物之氣也天地者乾坤之實體也鬼神者陰陽屈伸之靈明也天以河圖洛書示聖人使知天心之本渾淪之德明太極乾坤陰陽之神功順天地變化生生之大道因行成易以天道之明人性本原於太極而修內聖外王格致誠正修齊治平之教焉故曰乾坤其易之蘊耶乾坤成列而易立乎其中矣乾坤毀則無以見易易不可見則乾坤或幾乎息矣言鬼神變化之妙無非易也天高地下而變化行乾坤運其氣六子妙其神四時日月錯行而代明風雲雷雨交通而感化飛潛動植生育而不窮

理象解原　乾　卷之一　上經　一

10671　理象解原四卷　（清）朓圖撰　清乾隆十二年（1747）紫竹齋刻本

遼寧省圖書館

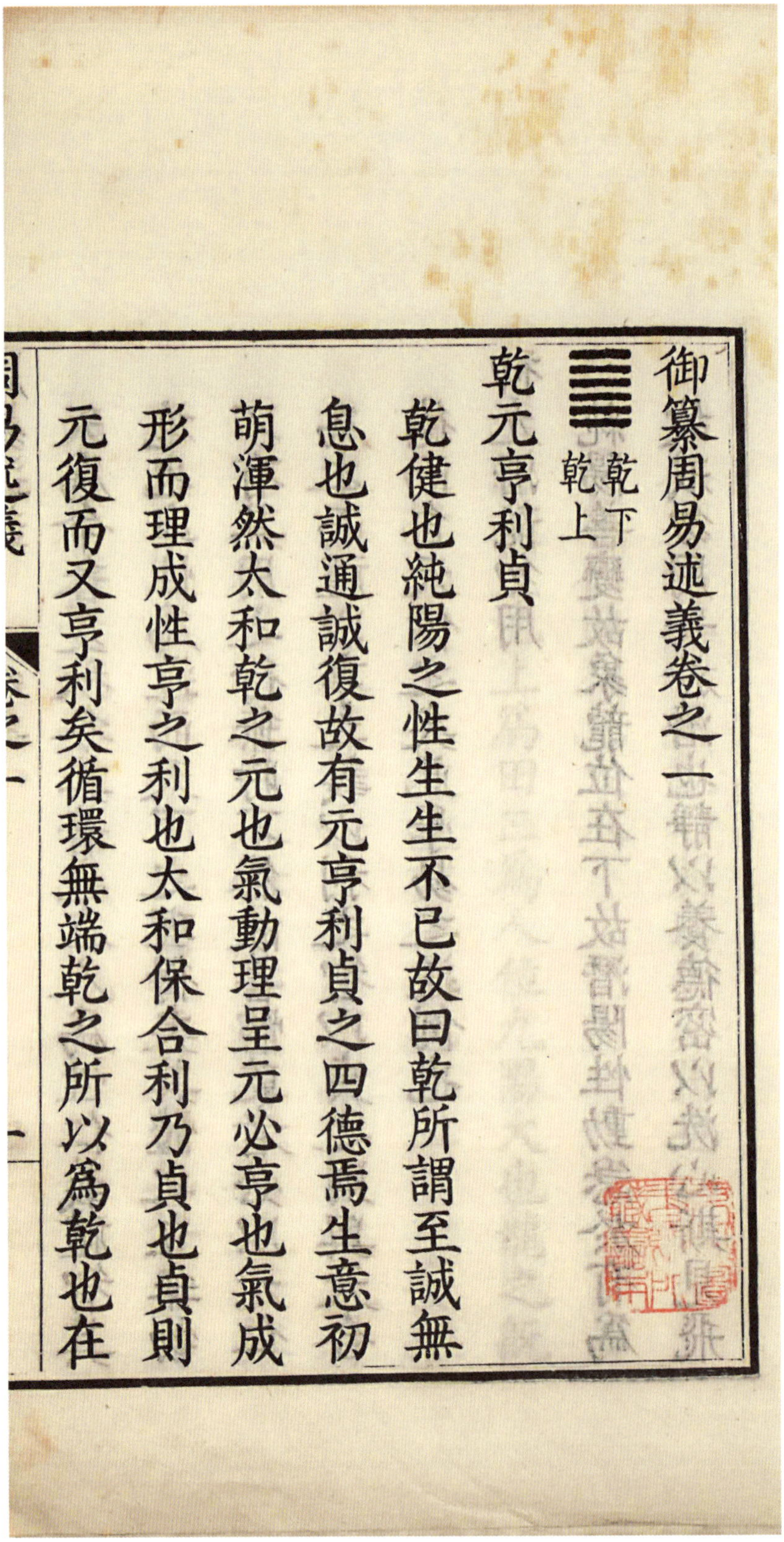
御纂周易述義卷之一

☰ 乾下乾上

乾元亨利貞

乾健也純陽之性生生不已故曰乾所謂至誠無息也誠通誠復故有元亨利貞之四德焉生意初萌渾然太和乾之元也氣動理呈元必亨也氣成形而理成性亨之利也太和保合利乃貞也貞則元復而又亨利矣循環無端乾之所以爲乾也在

周易述義　卷之一　一

10672　御纂周易述義十卷　（清）傅恒等撰　清乾隆二十年（1755）内府刻本　遼寧省圖書館

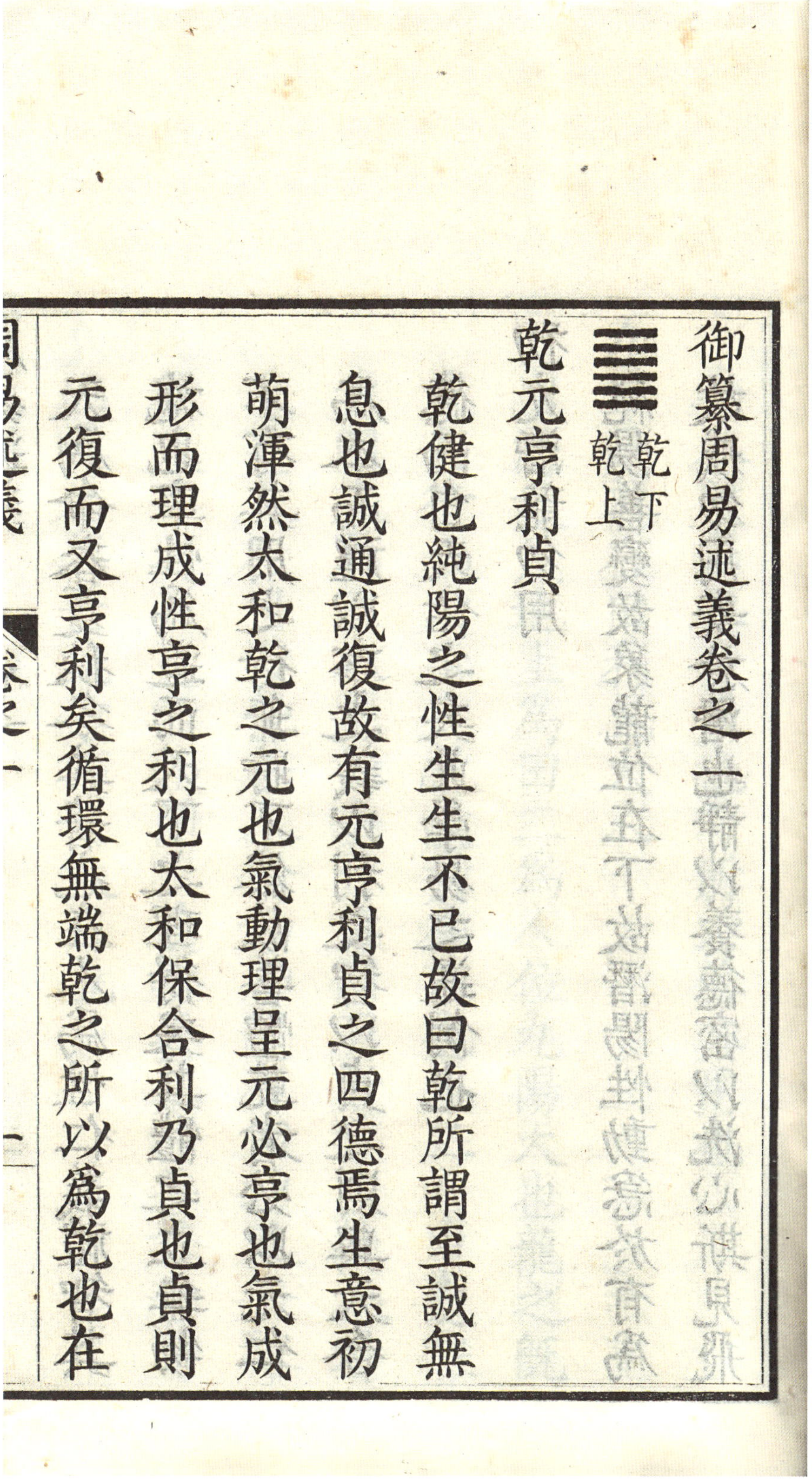

御纂周易述義卷之一

䷀ 乾下乾上

乾元亨利貞

乾健也純陽之性生生不已故曰乾所謂至誠無息也誠通誠復故有元亨利貞之四德焉生意初萌渾然太和乾之元也氣動理呈元必亨也氣成形而理成性亨之利也太和保合利乃貞也貞則元復而又亨利矣循環無端乾之所以爲乾也在

周易述義　卷之一　一

10673　御纂周易述義十卷　（清）傅恒等撰　清乾隆二十年（1755）内府刻本　大連圖書館

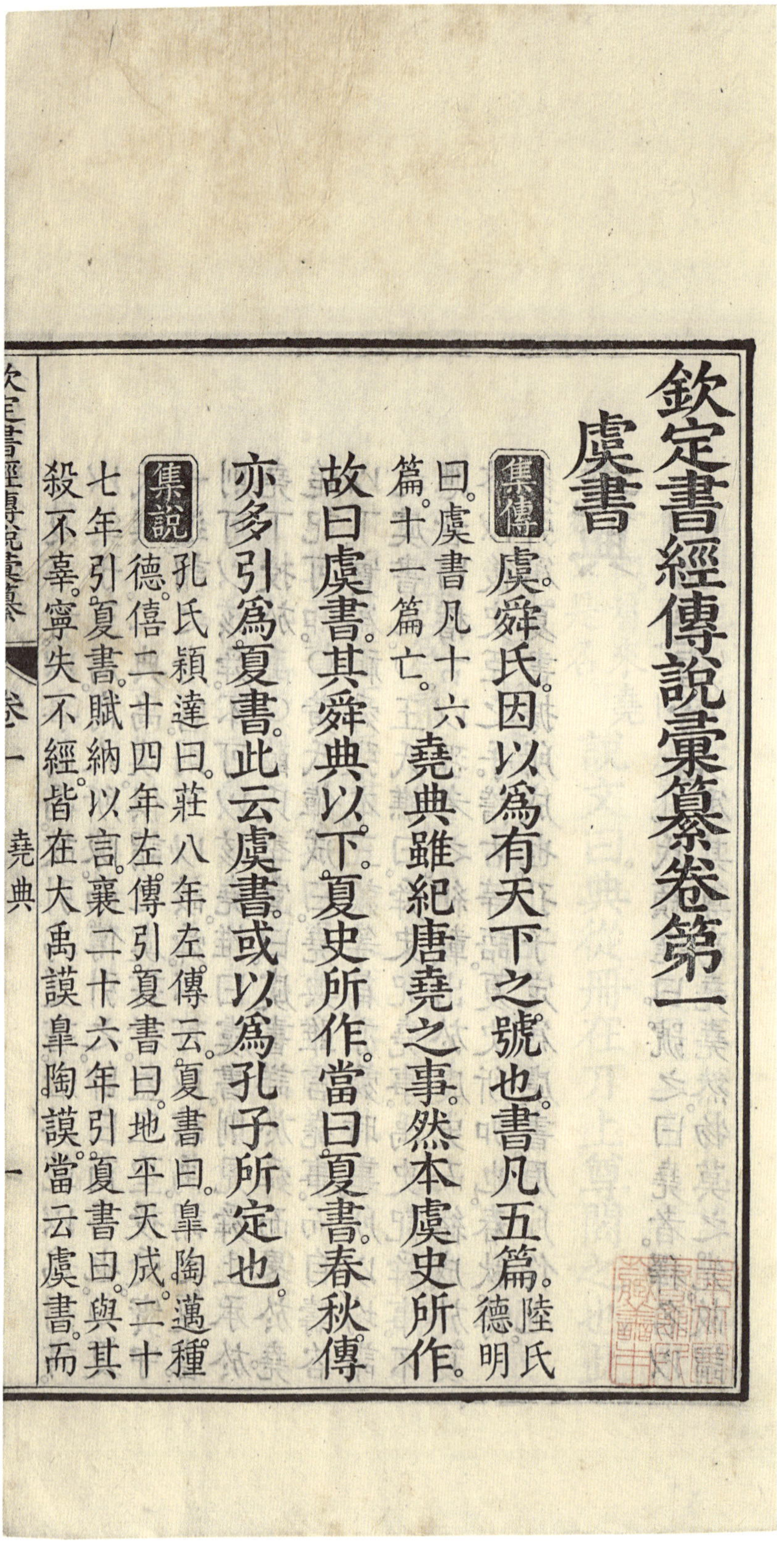
欽定書經傳說彙纂卷第一

虞書

集傳 虞舜氏因以爲有天下之號也書凡五篇陸氏德明曰虞書凡十六篇十一篇亡堯典雖紀唐堯之事然本虞史所作故曰虞書其舜典以下夏史所作當曰夏書春秋傳亦多引爲夏書此云虞書或以爲孔子所定也

集說 孔氏穎達曰莊八年左傳云夏書曰皐陶邁種德僖二十四年左傳引夏書曰地平天成二十七年引夏書賦納以言襄二十六年引夏書曰與其殺不辜寧失不經皆在大禹謨皐陶謨當云虞書而

欽定書經傳說彙纂　卷一　堯典　一

10674　欽定書經傳說彙纂二十一卷首二卷書序一卷　（清）王頊齡等撰　清雍正八年（1730）内府刻本　遼寧省圖書館

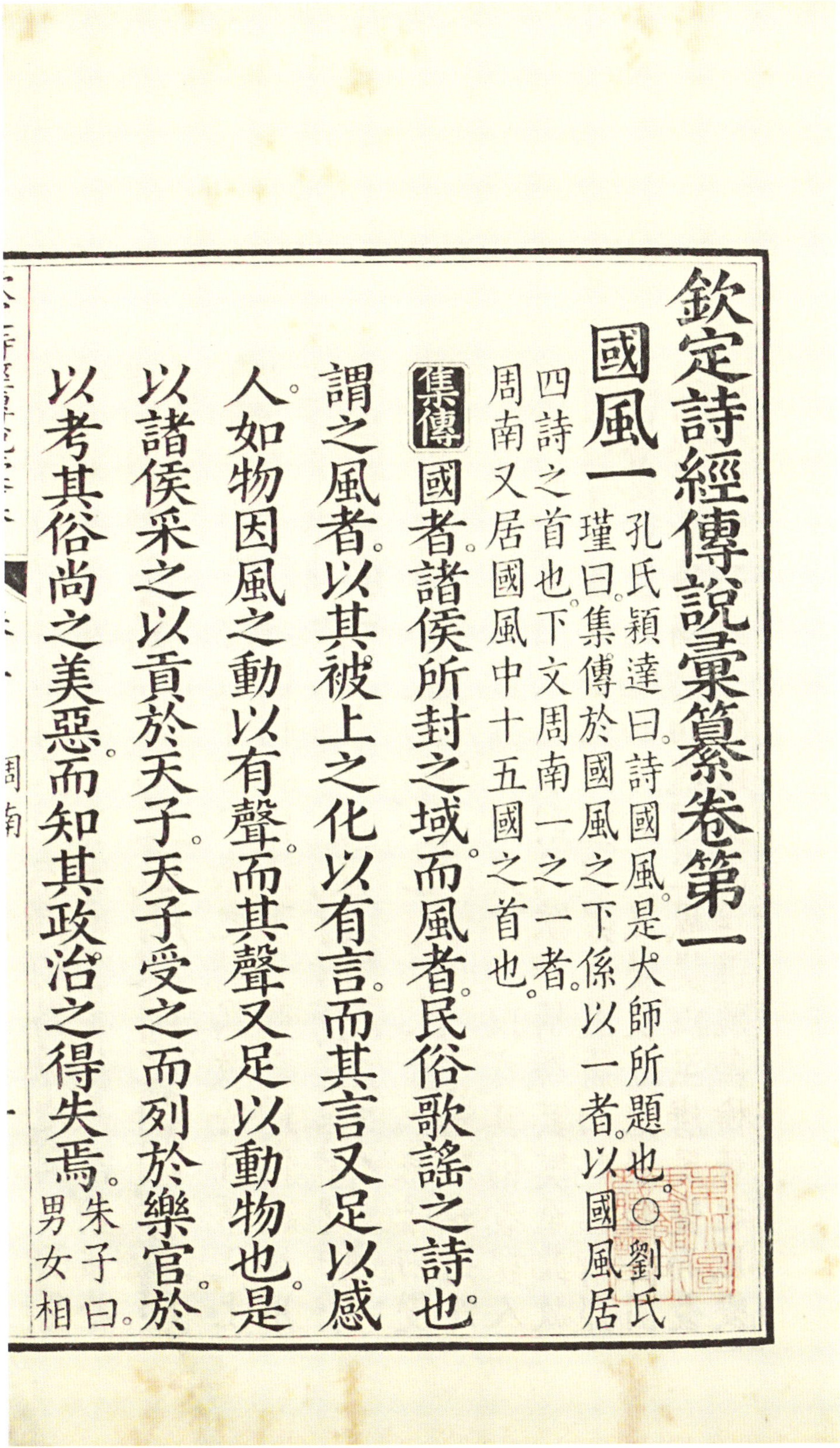
欽定詩經傳說彙纂卷第一

國風一 孔氏穎達曰詩國風是大師所題也○劉氏瑾曰集傳於國風之下係以一者以國風居四詩之首也下文周南一之一者周南又居國風中十五國之首也

集傳 國者諸侯所封之域而風者民俗歌謠之詩也謂之風者以其被上之化以有言而其言又足以感人如物因風之動以有聲而其聲又足以動物也是以諸侯采之以貢於天子天子受之而列於樂官於以考其俗尚之美惡而知其政治之得失焉 朱子曰男女相

10675 欽定詩經傳説彙纂二十一卷詩序二卷首二卷 （清）王鴻緒等撰 清雍正五年（1727）内府刻本 遼寧省圖書館

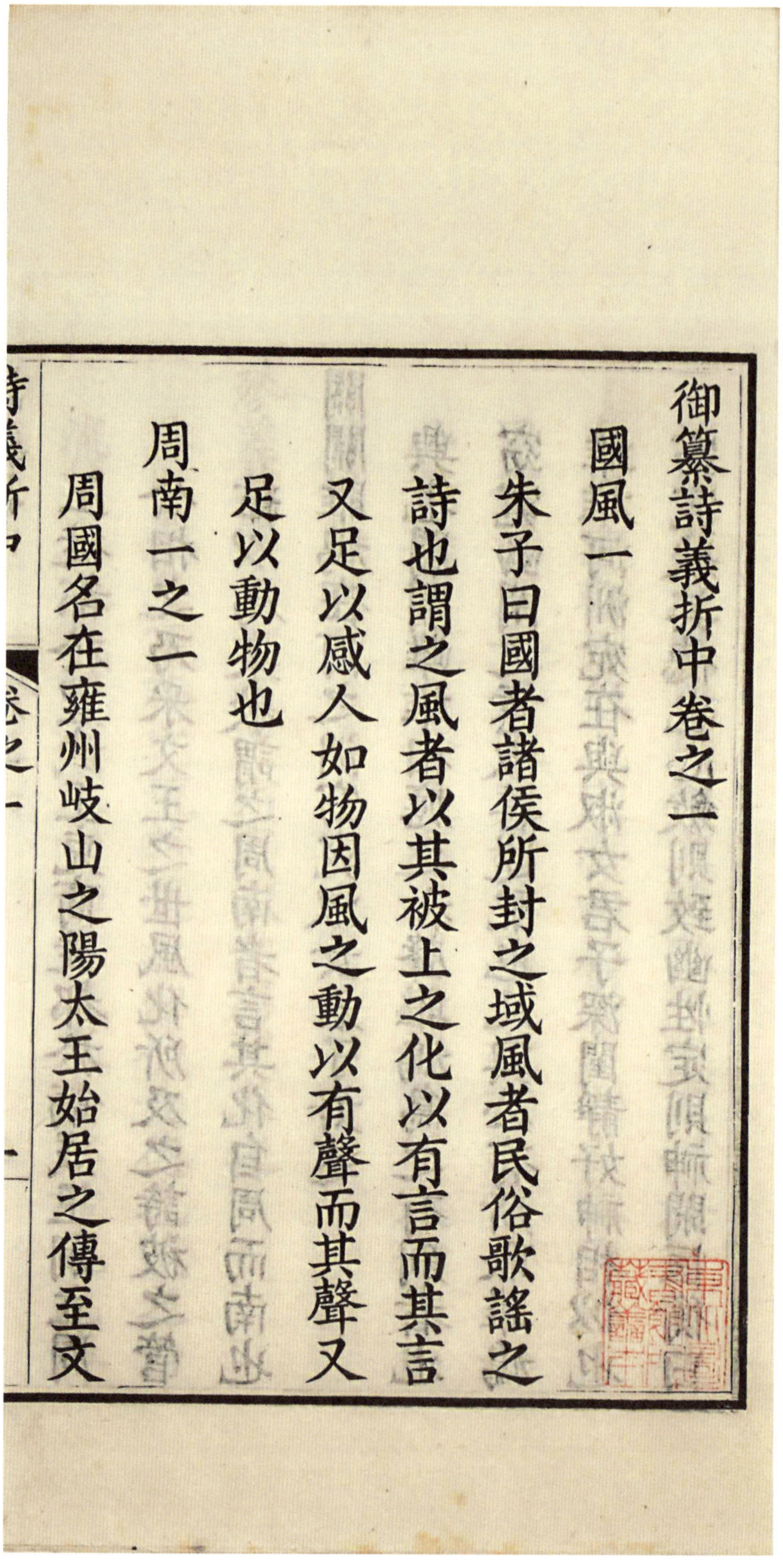

御纂詩義折中卷之一

國風一

朱子曰國者諸侯所封之域風者民俗歌謠之詩也謂之風者以其被上之化以有言而其言又足以感人如物因風之動以有聲而其聲又足以動物也

周南一之一

周國名在雍州岐山之陽太王始居之傳至文

詩義折中　卷之一

10676　御纂詩義折中二十卷　（清）孫嘉淦等撰　清乾隆二十年（1755）武英殿刻本　遼寧省圖書館

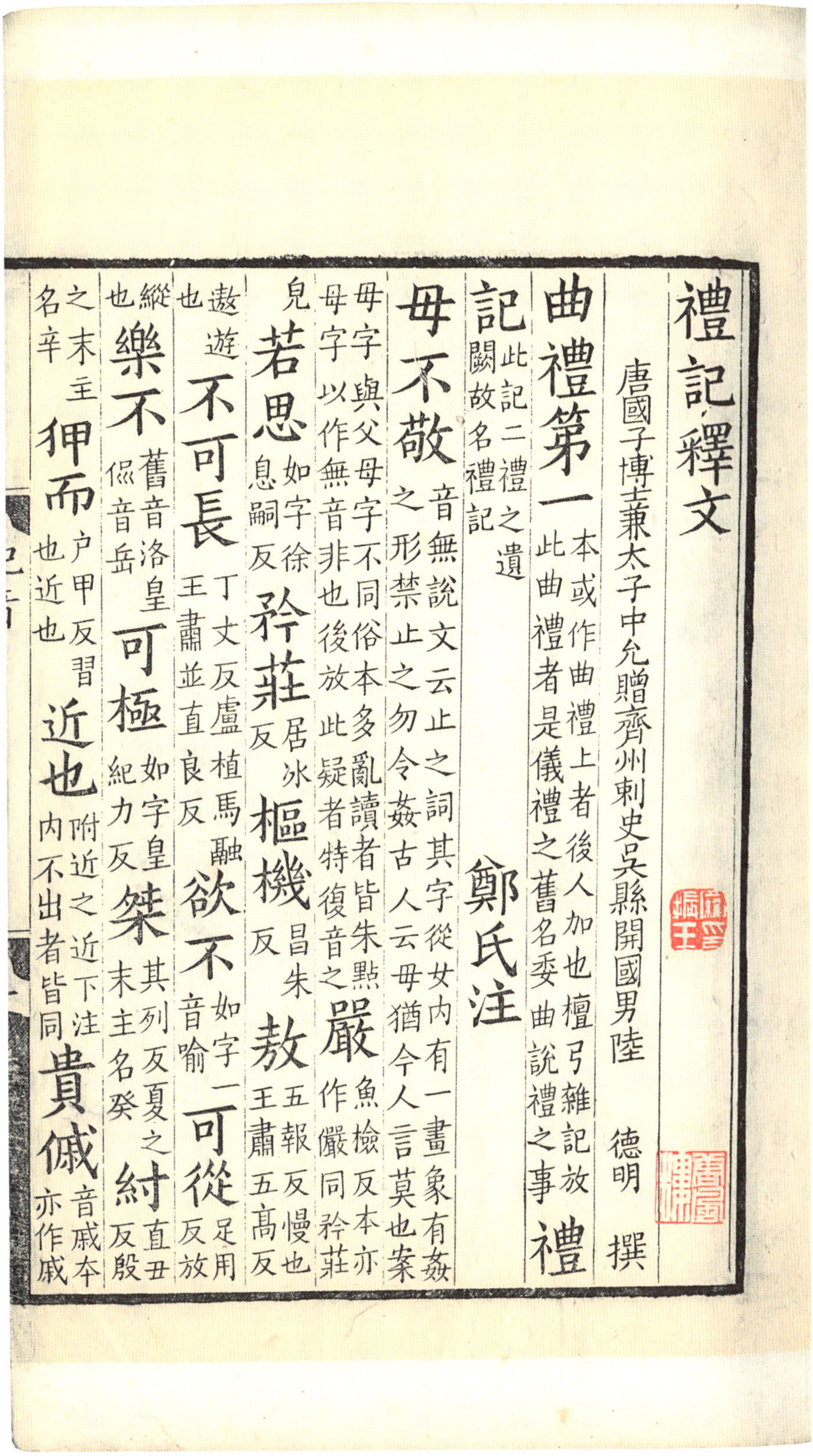

10677　禮記釋文不分卷　（唐）陸德明撰　清嘉慶十一年（1806）梅城張氏影宋刻本　旅順博物館

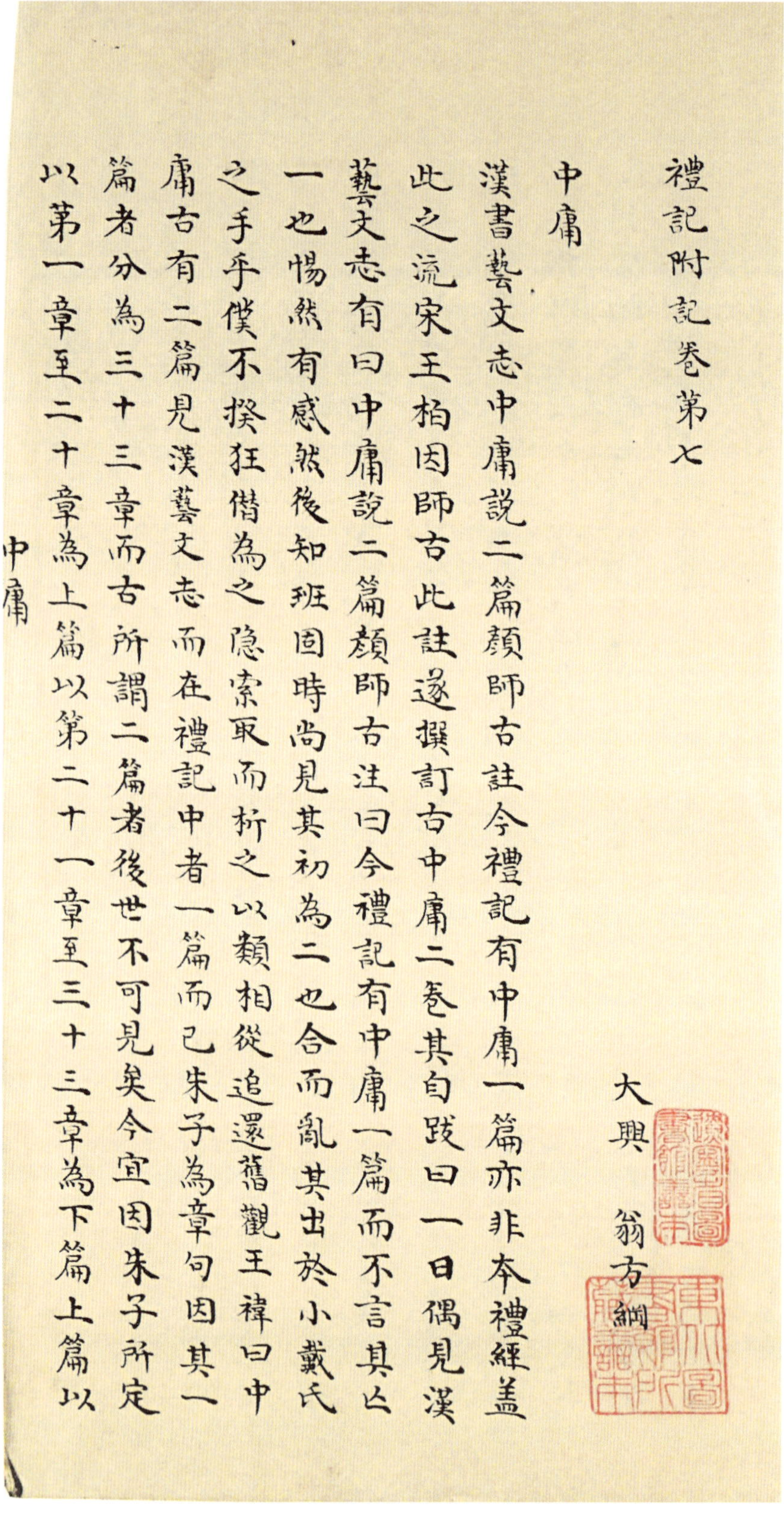

禮記附記卷第七　　大興　翁方綱

中庸

漢書藝文志中庸說二篇顏師古註今禮記有中庸一篇亦非本禮經蓋此之流宋王柏因師古此註遂撰訂古中庸二卷其自跋曰一日偶見漢藝文志有曰中庸說二篇顏師古注曰今禮記有中庸一篇而不言其亡一也惕然有感然後知班固時尚見其初為二也合而亂其出於小戴氏之手乎僕不揆狂僭為之隱索取而析之以類相從追還舊觀王禕曰中庸古有二篇見漢藝文志而在禮記中者一篇而已朱子為章句因其一篇者分為三十三章而古所謂二篇者後世不可見矣今宜因朱子所定以第一章至二十章為上篇以第二十一章至三十三章為下篇上篇以

中庸

10678　禮記附記□□卷　（清）翁方綱撰　稿本　遼寧省圖書館

存四卷（七至十）

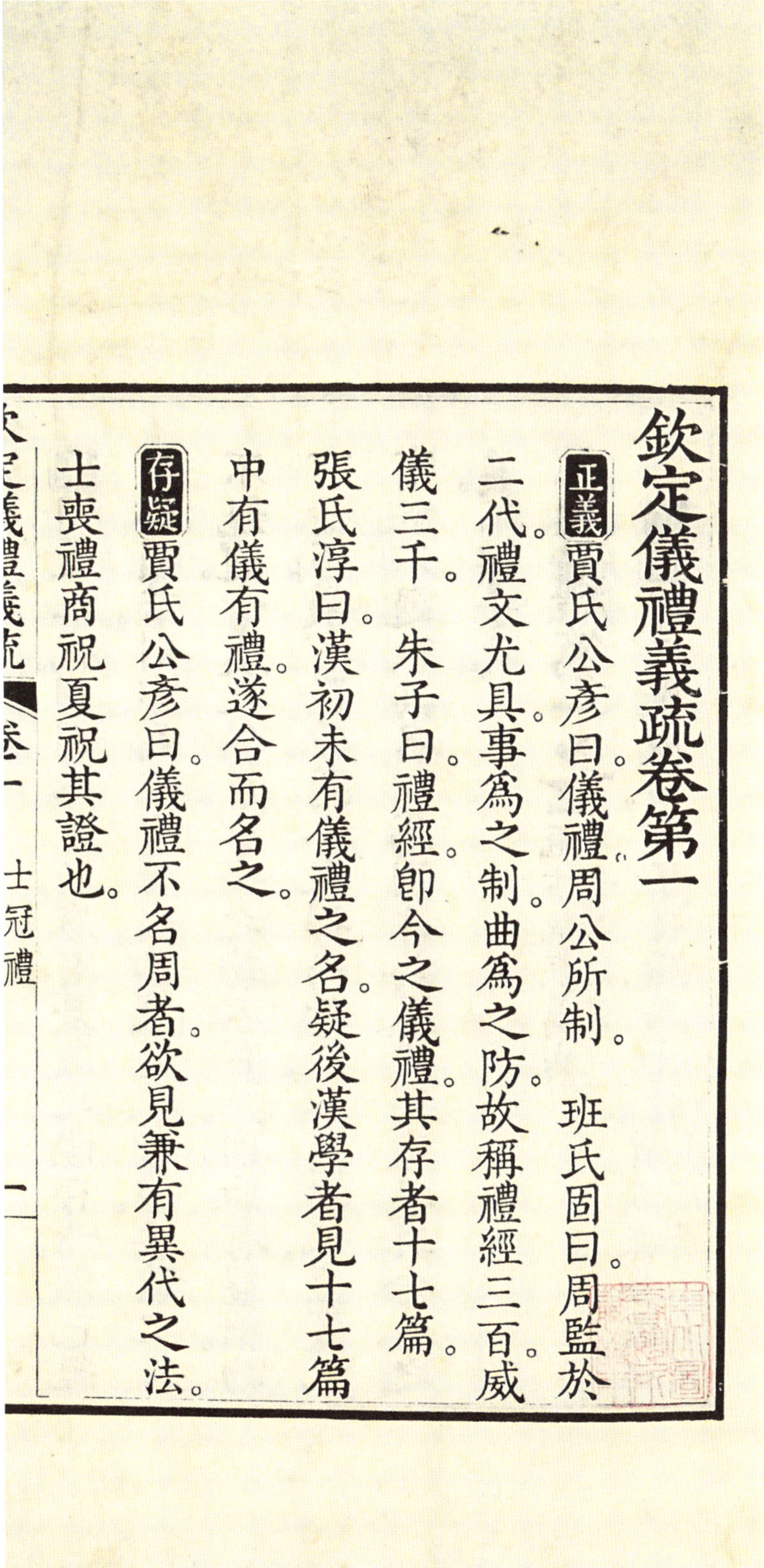

欽定儀禮義疏卷第一

正義 賈氏公彥曰儀禮周公所制。班氏固曰周監於二代禮文尤具事爲之制曲爲之防故稱禮經三百威儀三千。朱子曰禮經卽今之儀禮其存者十七篇。張氏淳曰漢初未有儀禮之名疑後漢學者見十七篇中有儀有禮遂合而名之。

存疑 賈氏公彥曰儀禮不名周者欲見兼有異代之法。士喪禮商祝夏祝其證也。

欽定儀禮義疏 卷一 士冠禮 一

10679 欽定三禮義疏一百七十八卷首四卷 （清）鄂爾泰等撰 清乾隆十九年（1754）武英殿刻本 遼寧省圖書館

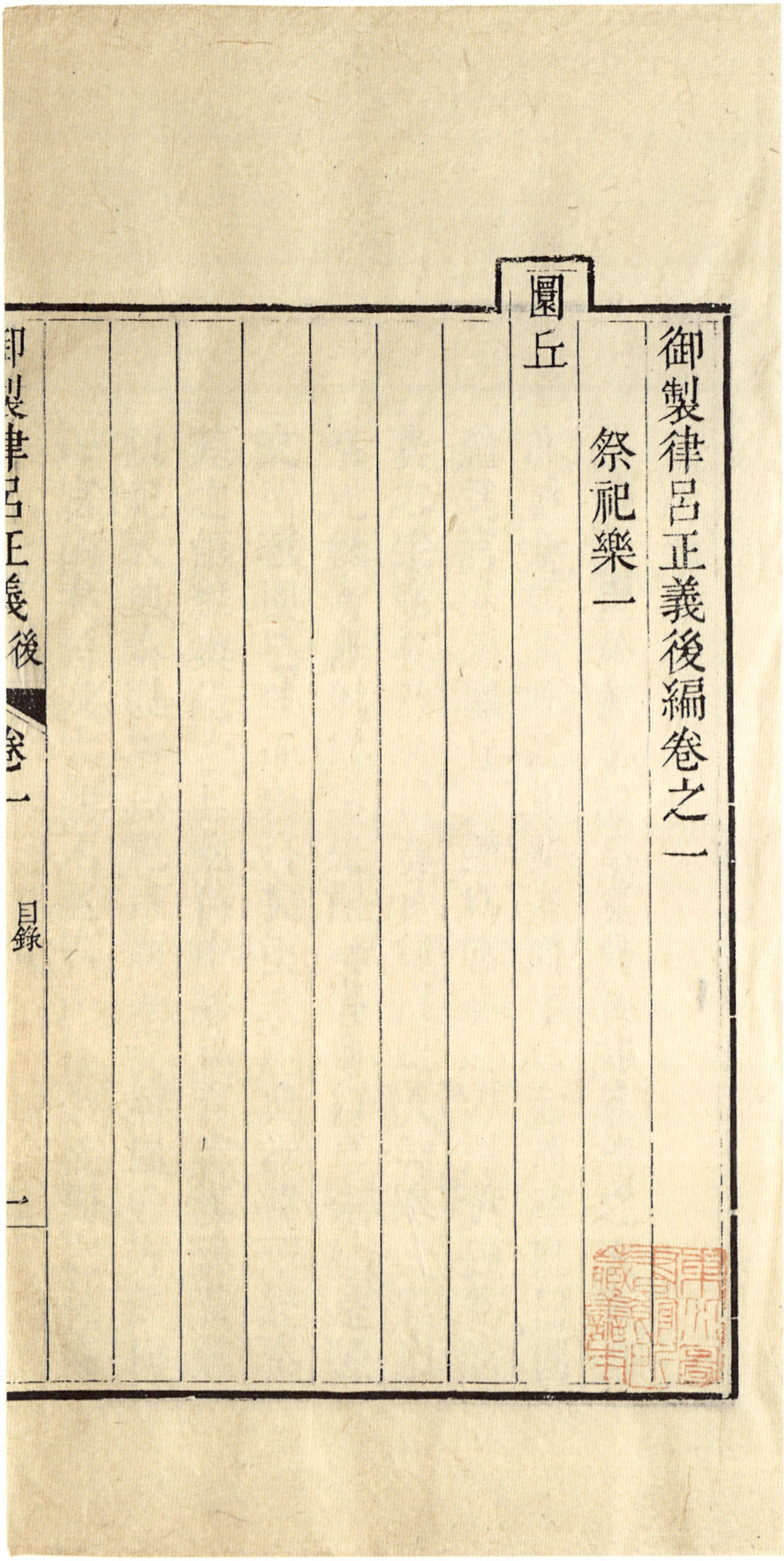
御製律呂正義後編卷之一
祭祀樂一
圜丘
御製律呂正義後
卷一
目錄
一

10680　御製律呂正義後編一百二十卷首一卷　（清）允禄　張照等撰

清乾隆十一年（1746）武英殿刻朱墨套印本　遼寧省圖書館

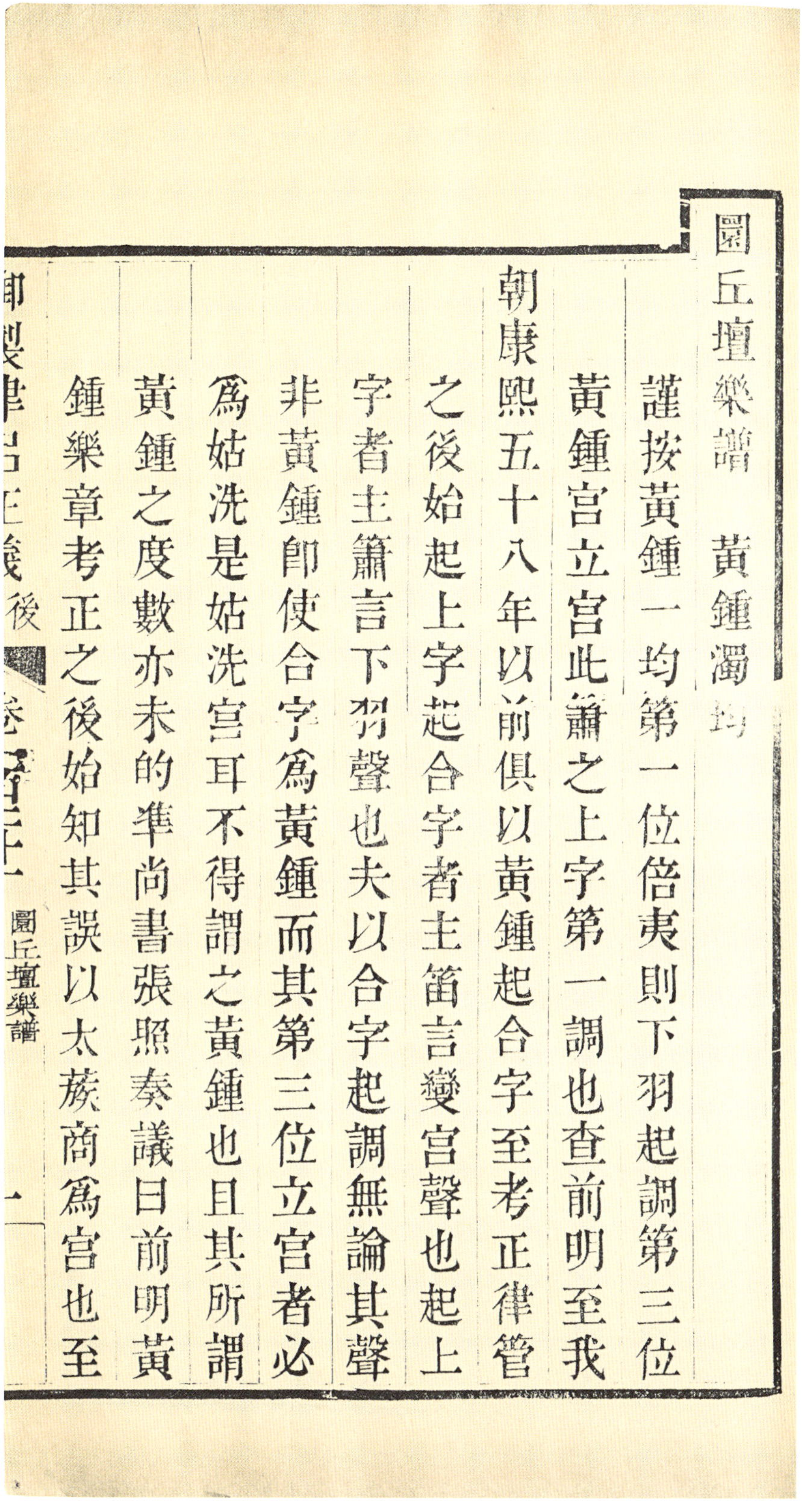

圜丘壇樂譜　黃鍾濁均
謹按黃鍾一均第一位倍夷則下羽起調第三位
黃鍾宮立宮此簫之上字第一調也查前明至我
朝康熙五十八年以前俱以黃鍾起合字至考正律管
之後始起上字起合字者主笛言變宮聲也起上
字者主簫言下羽聲也夫以合字起調無論其聲
非黃鍾即使合字爲黃鍾而其第三位立宮者必
爲姑洗是姑洗宮耳不得謂之黃鍾也且其所謂
黃鍾之度數亦未的準尚書張照奏議曰前明黃
鍾樂章考正之後始知其誤以太蔟商爲宮也至

御製律呂正義後編　卷一百二十一　圜丘壇樂譜　一

10681　御製律呂正義後編續八卷首一卷　（清）德保等撰　清乾隆五十一年（1786）武英殿刻朱墨套印本　遼寧省圖書館

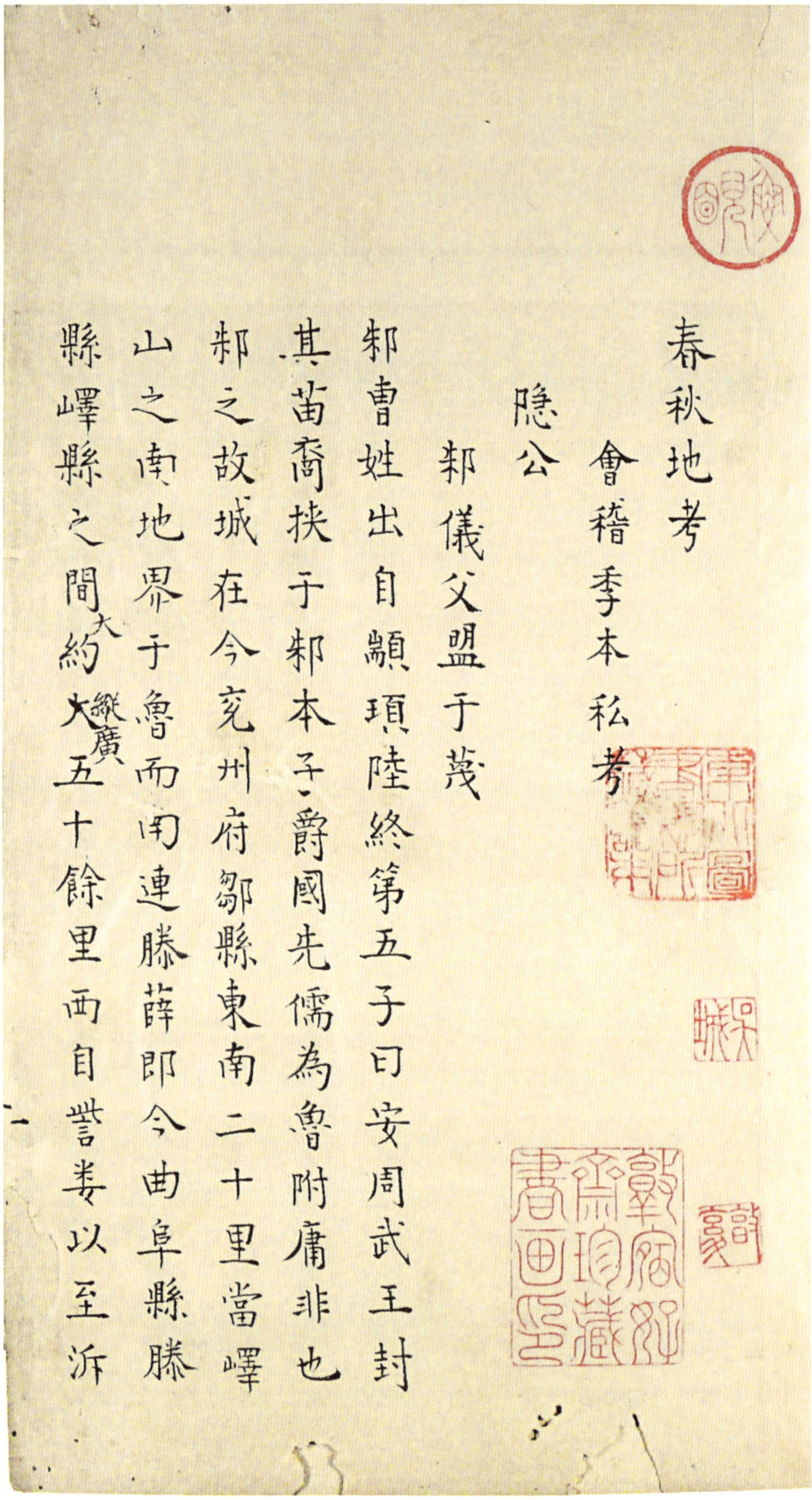

春秋地考

會稽季本私考

隱公

邾儀父盟于蔑

邾曹姓出自顓頊陸終第五子曰安周武王封
其苗裔挾于邾本子爵國先儒為魯附庸非也
邾之故城在今兗州府鄒縣東南二十里當嶧
山之南地界于魯而南連滕薛即今曲阜縣滕
縣嶧縣之間約大縱廣五十餘里西自訾婁以至沂

10682　春秋地考一卷　（明）季本撰　清初抄本　遼寧省圖書館

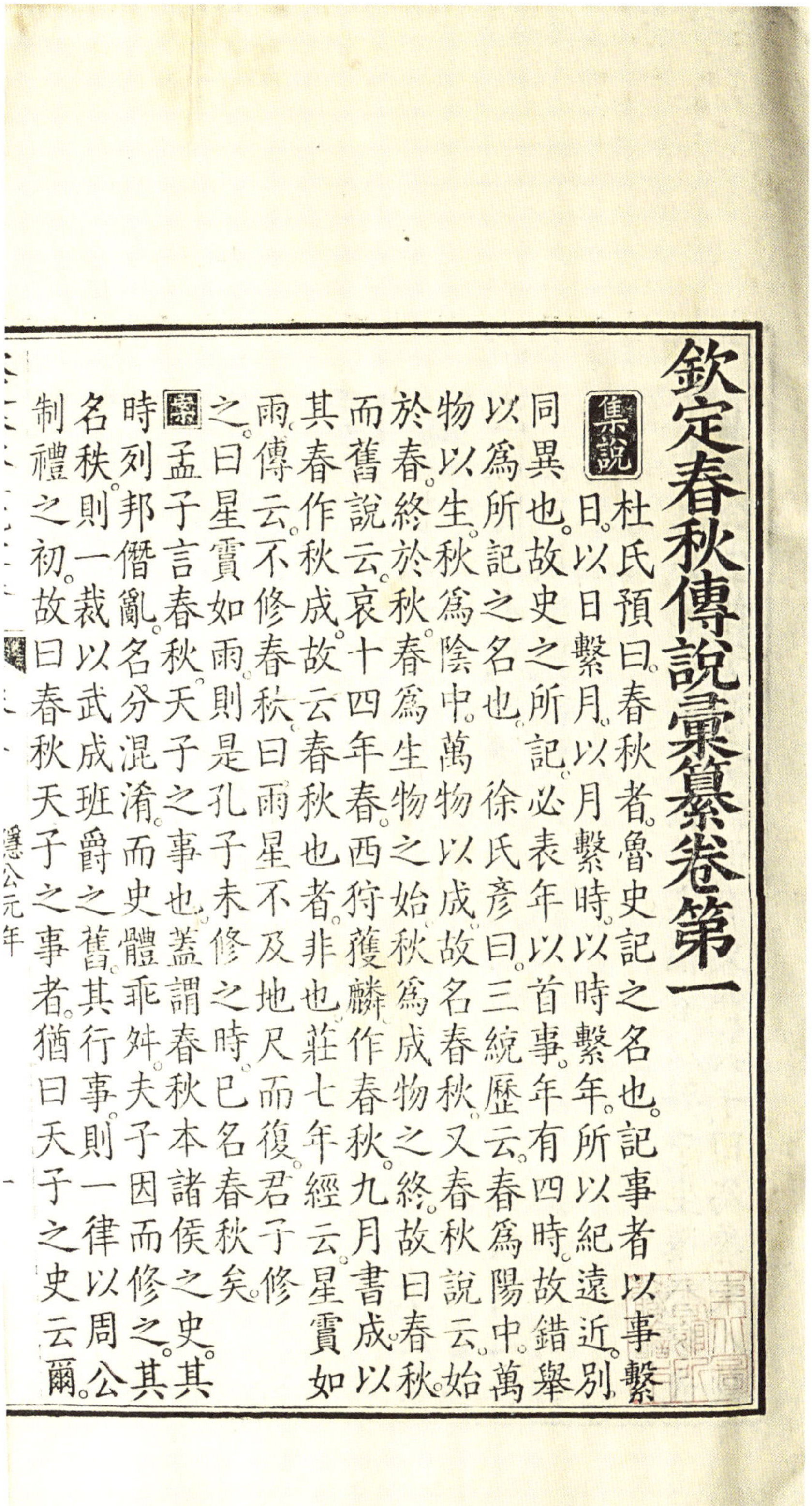
欽定春秋傳說彙纂卷第一
集說 杜氏預曰春秋者魯史記之名也記事者以事繫日以日繫月以月繫時以時繫年所以紀遠近別同異也故史之所記必表年以首事年有四時故錯舉以爲所記之名也徐氏彦曰三統歷云春爲陽中萬物以生秋爲陰中萬物以成故名春秋又春秋說云始於春終於秋春爲生物之始秋爲成物之終故曰春以秋而舊說云哀十四年春西狩獲麟作春秋九月書成以其春作秋成故云春秋也者非也莊七年經云星霣如雨傳云不修春秋曰雨星不及地尺而復君子修之曰星霣如雨則是孔子未修之時已名春秋矣
案 孟子言春秋天子之事也蓋謂春秋本諸侯之史其時列邦僭亂名分混淆而史體乖舛夫子因而修之其名秩則一裁以武成班爵之舊其行事則一律以周公制禮之初故曰春秋天子之事者猶曰天子之史云爾

10683　欽定春秋傳說彙纂三十八卷首二卷　（清）王掞　張廷玉等撰

清康熙六十年（1721）內府刻本　遼寧省圖書館

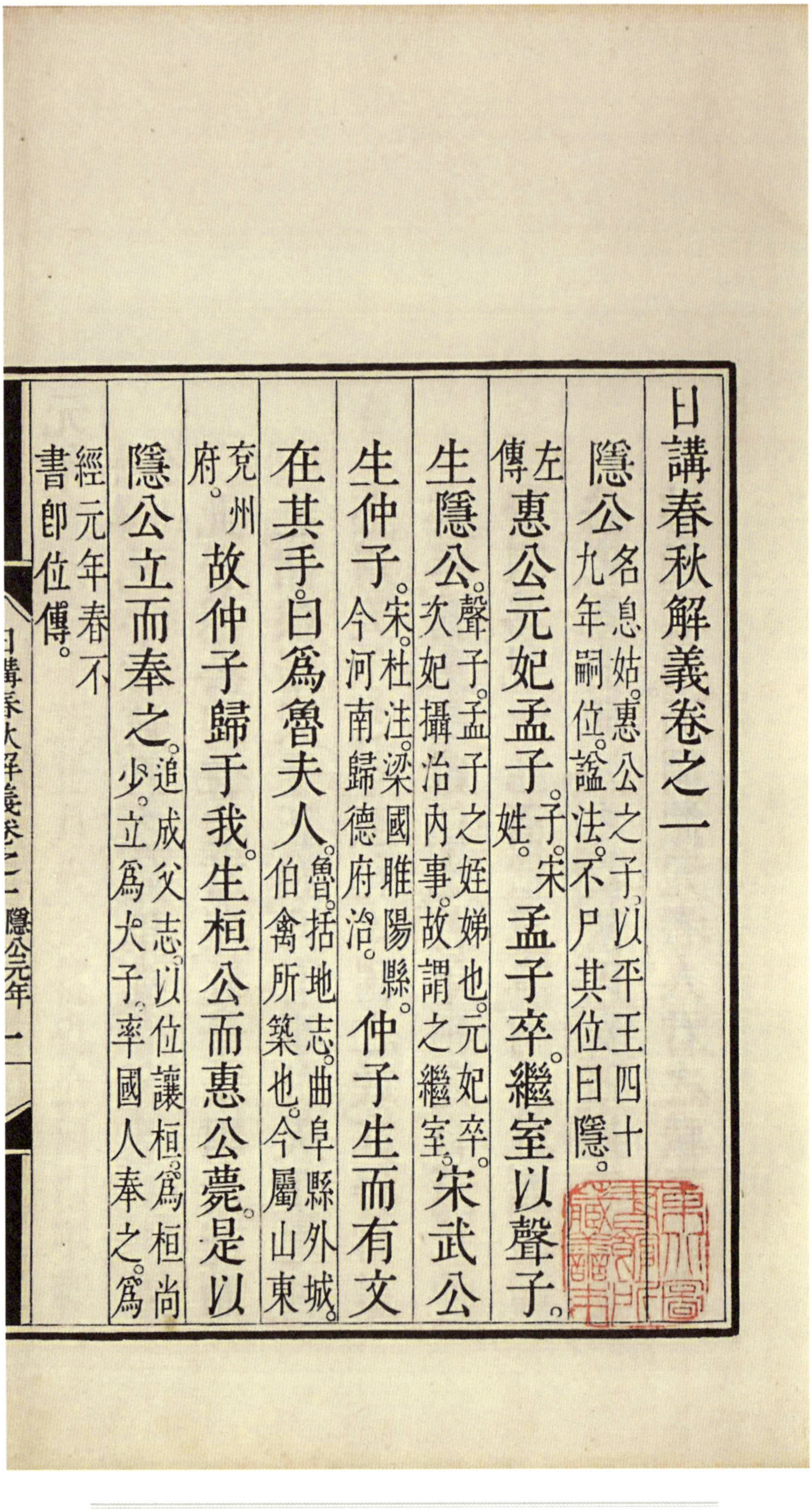

日講春秋解義卷之一

隱公名息姑。惠公之子。以平王四十九年嗣位。謚法。不尸其位曰隱。

左傳惠公元妃孟子。子。宋姓。孟子卒。繼室以聲子。生隱公。聲子。孟子之姪娣也。元妃卒。次妃攝治內事。故謂之繼室。宋武公生仲子。宋。杜注。梁國睢陽縣。今河南歸德府治。仲子生而有文在其手曰爲魯夫人。魯。括地志。曲阜縣外城。伯禽所築也。今屬山東兗州府。故仲子歸于我。生桓公而惠公薨。是以隱公立而奉之。追成父志。以位讓桓。爲桓尚少。立爲大子。率國人奉之。爲經元年春不書即位。傳。

日講春秋解義卷之一　隱公元年　一

10684　日講春秋解義六十四卷總説一卷　（清）庫勒納等撰　清乾隆二年（1737）武英殿刻本　遼寧省圖書館

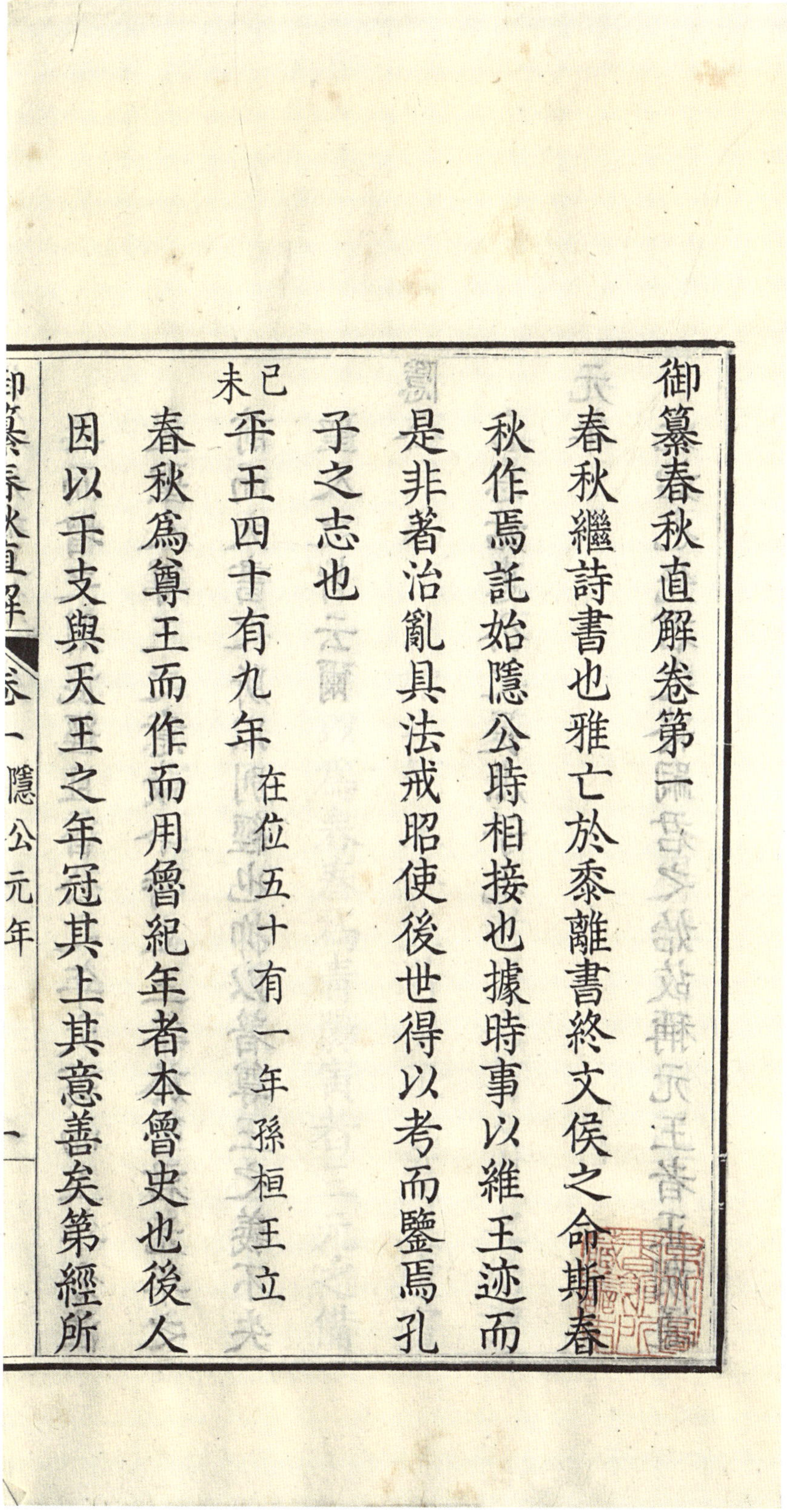

御纂春秋直解卷第一

春秋繼詩書也雅亡於黍離書終文侯之命斯春秋作焉託始隱公時相接也據時事以維王迹而是非著治亂具法戒昭使後世得以考而鑒焉孔子之志也

己未

平王四十有九年 在位五十有一年孫桓王立

春秋爲尊王而作而用魯紀年者本魯史也後人因以干支與天王之年冠其上其意善矣第經所

御纂春秋直解　卷一　隱公元年　一

10685　御纂春秋直解十二卷　（清）傅恒等撰　清乾隆二十三年（1758）武英殿刻本　遼寧省圖書館

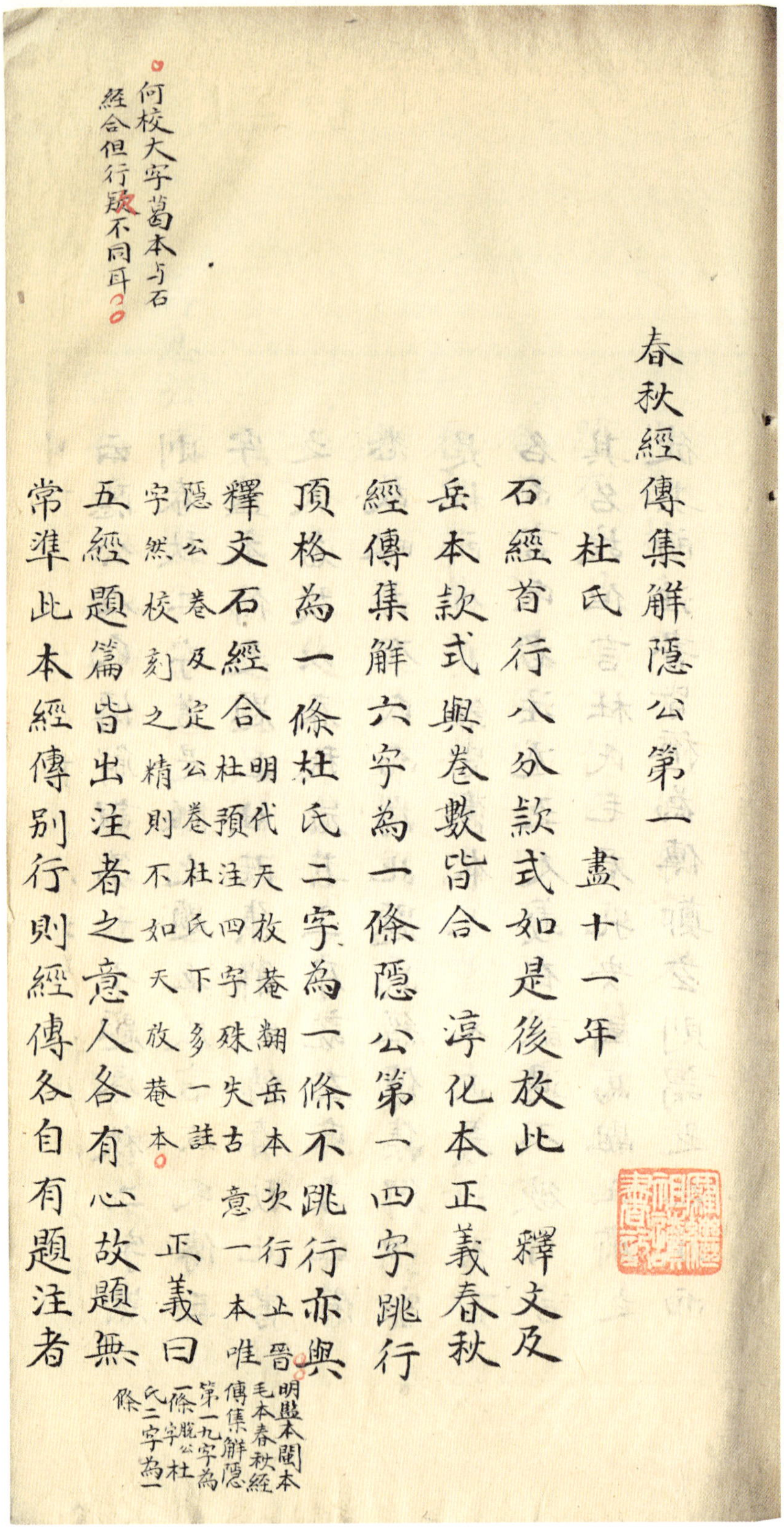
何校大字舊本与石經合但行欵不同耳
春秋經傳集解隱公第一
杜氏　盡十一年
石經首行八分款式如是後放此　釋文及
岳本款式與卷數皆合　淳化本正義春秋
經傳集解六字為一條隱公第一四字跳行
頂格為一條杜氏二字為一條不跳行亦與
釋文石經合明代天放菴翻岳本次行止晉杜預注四字殊失古意一本唯隱公卷及定公卷杜氏下多一註字然校刻之精則不如天放菴本　正義曰
五經題篇皆出注者之意人各有心故題無
常準此本經傳別行則經傳各自有題注者
明監本閩本毛本春秋經傳集解隱第一九字為一條隱公二字杜氏二字為一條

10686　春秋經傳集解考正五卷　（清）陳樹華撰　清稿本　旅順博物館

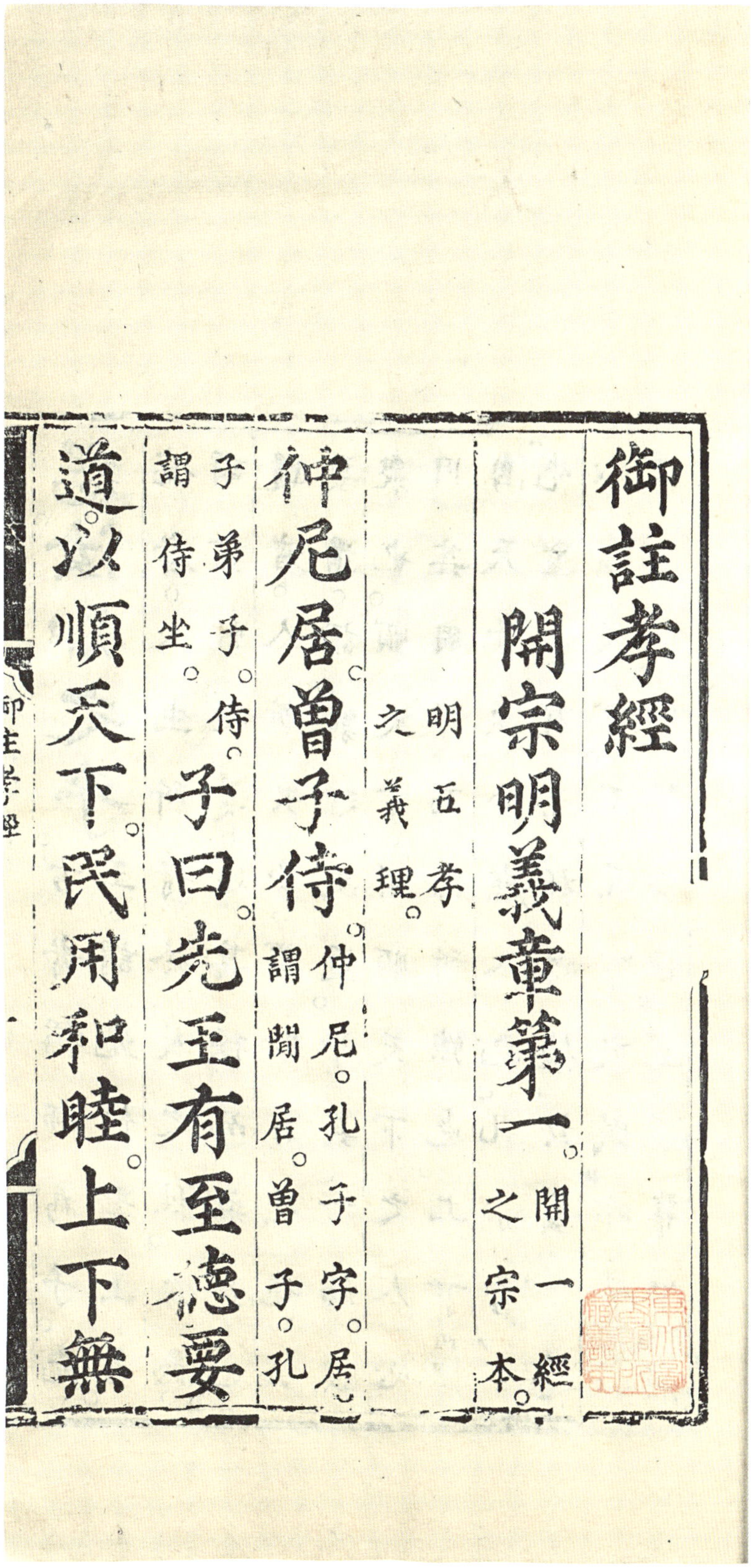
御註孝經
開宗明義章第一。開一經之宗本。
明五孝之義理。
仲尼居曾子侍。仲尼。孔子字。居。謂閒居。曾子。孔
子弟子。侍。謂侍坐。子曰先王有至德要
道以順天下民用和睦上下無
御註孝經

10687 御註孝經一卷 （清）世祖福臨撰 清順治內府刻本 遼寧省圖書館

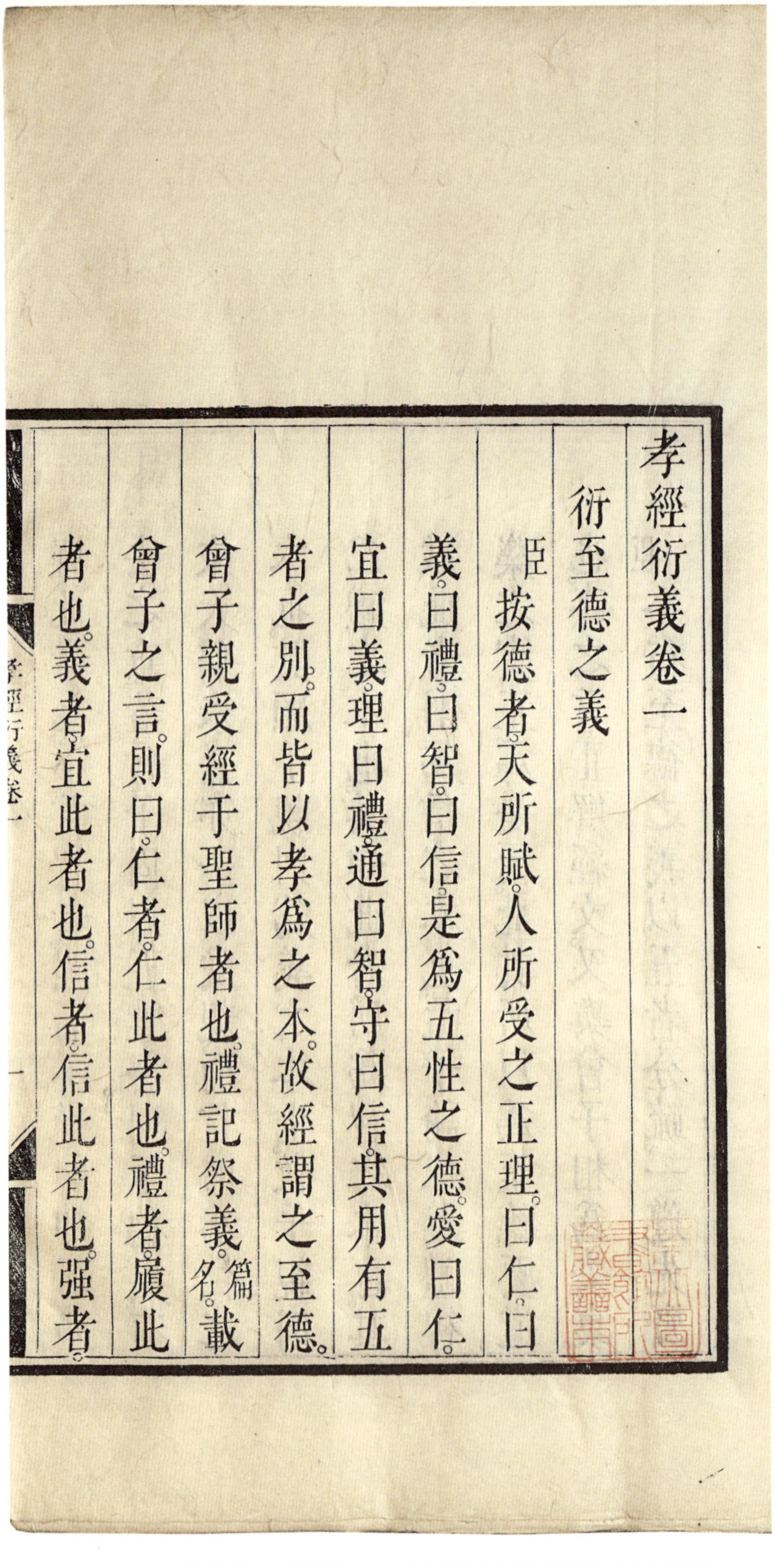

孝經衍義卷一

衍至德之義

臣按德者天所賦人所受之正理曰仁曰
義曰禮曰智曰信是爲五性之德愛曰仁
宜曰義理曰禮通曰智守曰信其用有五
者之別而皆以孝爲之本故經謂之至德
曾子親受經于聖師者也禮記祭義篇載
曾子之言則曰仁者仁此者也禮者履此
者也義者宜此者也信者信此者也强者

孝經衍義卷一　　一

10688　孝經衍義一百卷首二卷　（清）葉方藹等撰　清康熙二十九年（1690）內府刻本　遼寧省圖書館

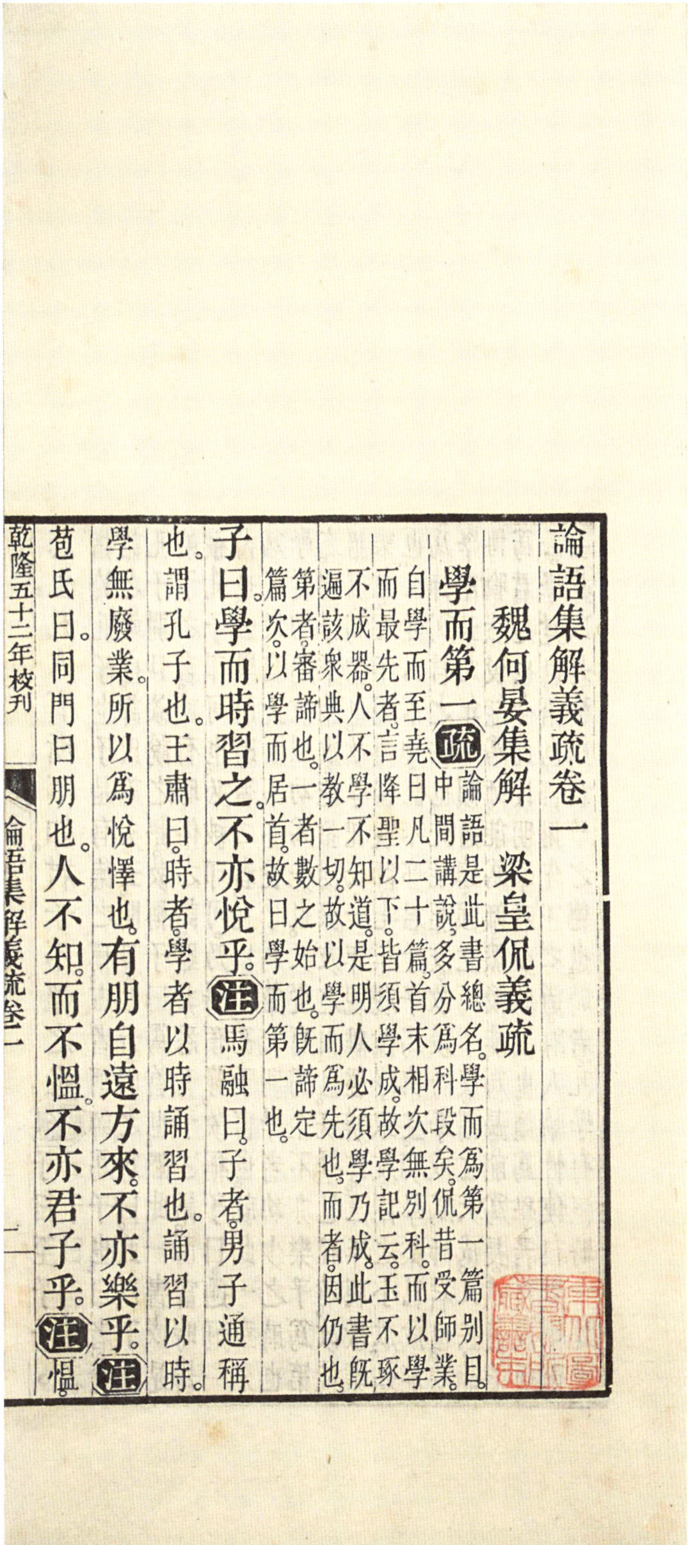

論語集解義疏卷一

魏何晏集解　梁皇侃義疏

學而第一 疏 論語是此書總名。學而爲第一篇別目。中間講說。多分爲科段矣。侃昔受師業。自學而至堯曰凡二十篇。首末相次無別科。而以學而最先者。言降聖以下。皆須學成。故學記云。玉不琢不成器。人不學不知道。是明人必須學乃成。此書既遍該衆典。以教一切。故以學而爲先也。而者。因仍也。第者。審諦也。一者。數之始也。既諦定篇次。以學而居首。故曰學而第一也。

子曰。學而時習之。不亦悅乎。注 馬融曰。子者。男子通稱也。謂孔子也。王肅曰。時者。學者以時誦習也。誦習以時。學無廢業。所以爲悅懌也。有朋自遠方來。不亦樂乎。注 苞氏曰。同門曰朋也。人不知而不慍。不亦君子乎。注 慍

乾隆五十二年校刊

論語集解義疏卷一　一

10689　論語集解義疏十卷　（三國魏）何晏集解　（南朝梁）皇侃義疏

清乾隆五十二年（1787）武英殿刻本　遼寧省圖書館

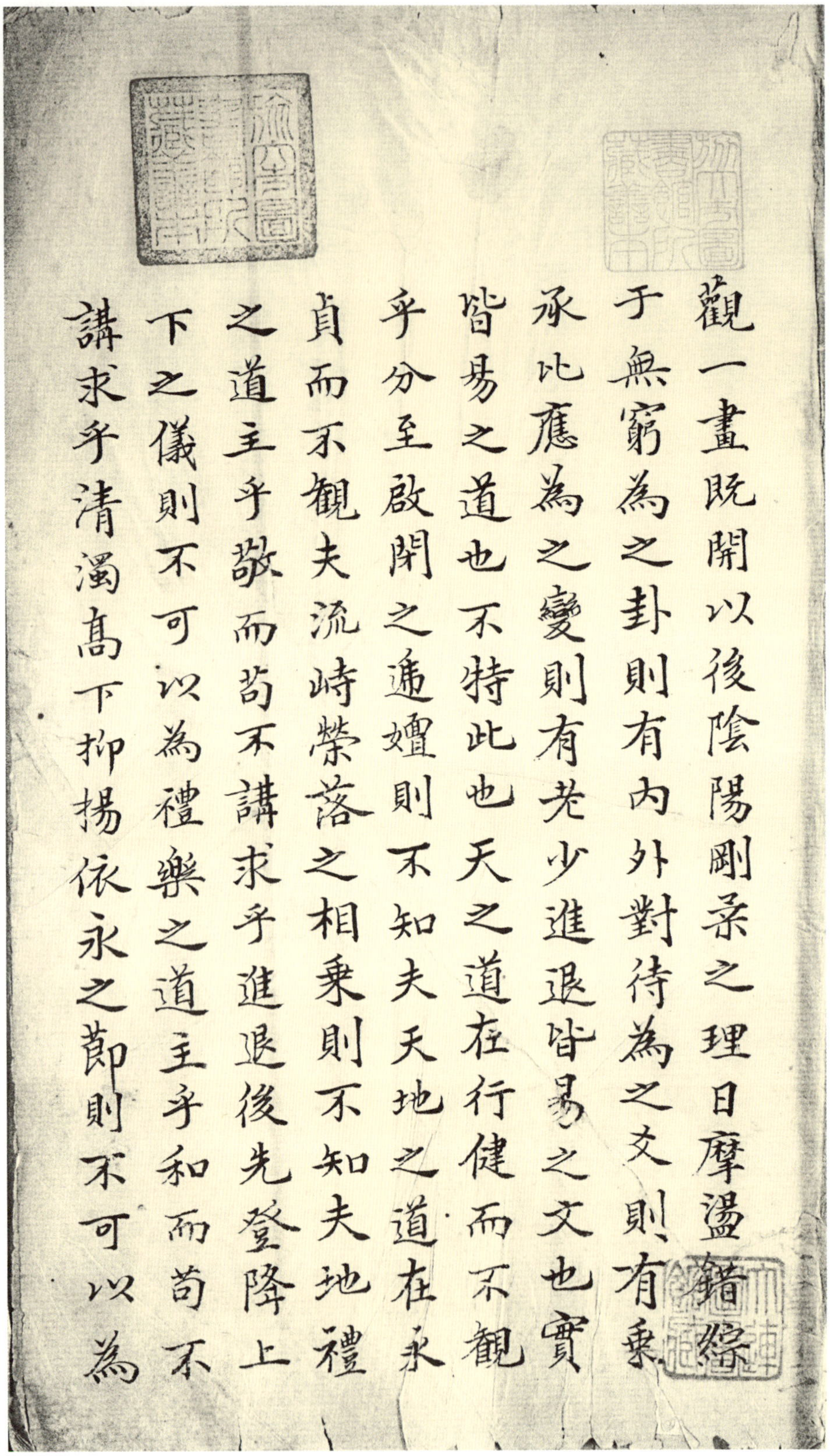

觀一畫既開以後陰陽剛柔之理日摩盪錯綜
于無窮為之卦則有內外對待為之文則有乘
承比應為之變則有老少進退皆易之文也實
皆易之道也不特此也天之道在行健而不觀
乎分至啟閉之遞嬗則不知夫天地之道在永
貞而不觀夫流峙榮落之相乘則不知夫地禮
之道主乎敬而苟不講求乎進退後先登降上
下之儀則不可以為禮樂之道主乎和而苟不
講求乎清濁高下抑揚依永之節則不可以為

10690　孟子論文七卷　（清）陳履中撰　稿本　大連圖書館

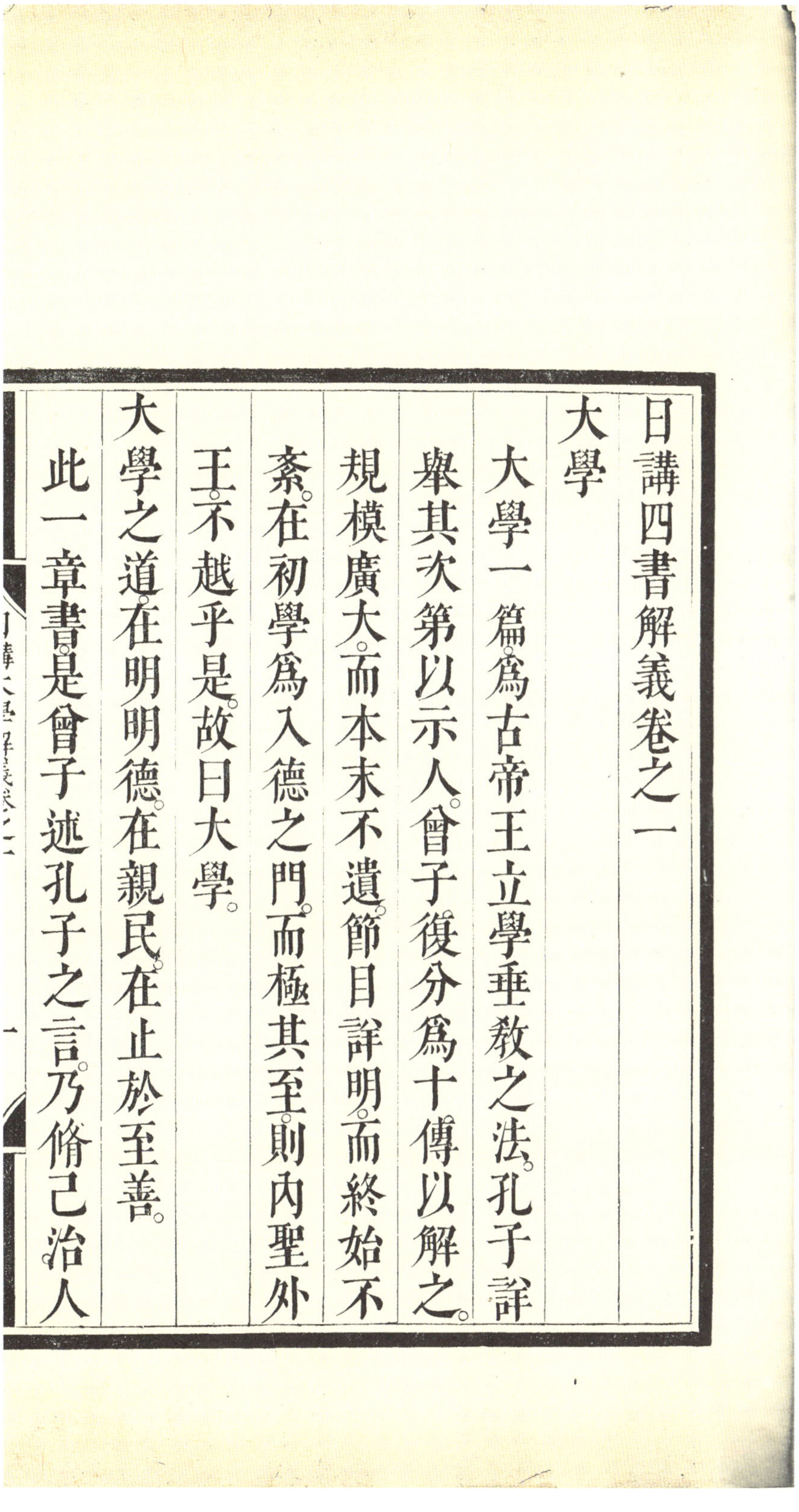

日講四書解義卷之一

大學

大學一篇爲古帝王立學垂教之法孔子詳舉其次第以示人曾子復分爲十傳以解之規模廣大而本末不遺節目詳明而終始不紊在初學爲入德之門而極其至則内聖外王不越乎是故曰大學

大學之道在明明德在親民在止於至善

此一章書是曾子述孔子之言乃脩己治人

10691 日講四書解義二十六卷 （清）沈荃撰 清康熙十六年（1677）内府刻本 大連圖書館

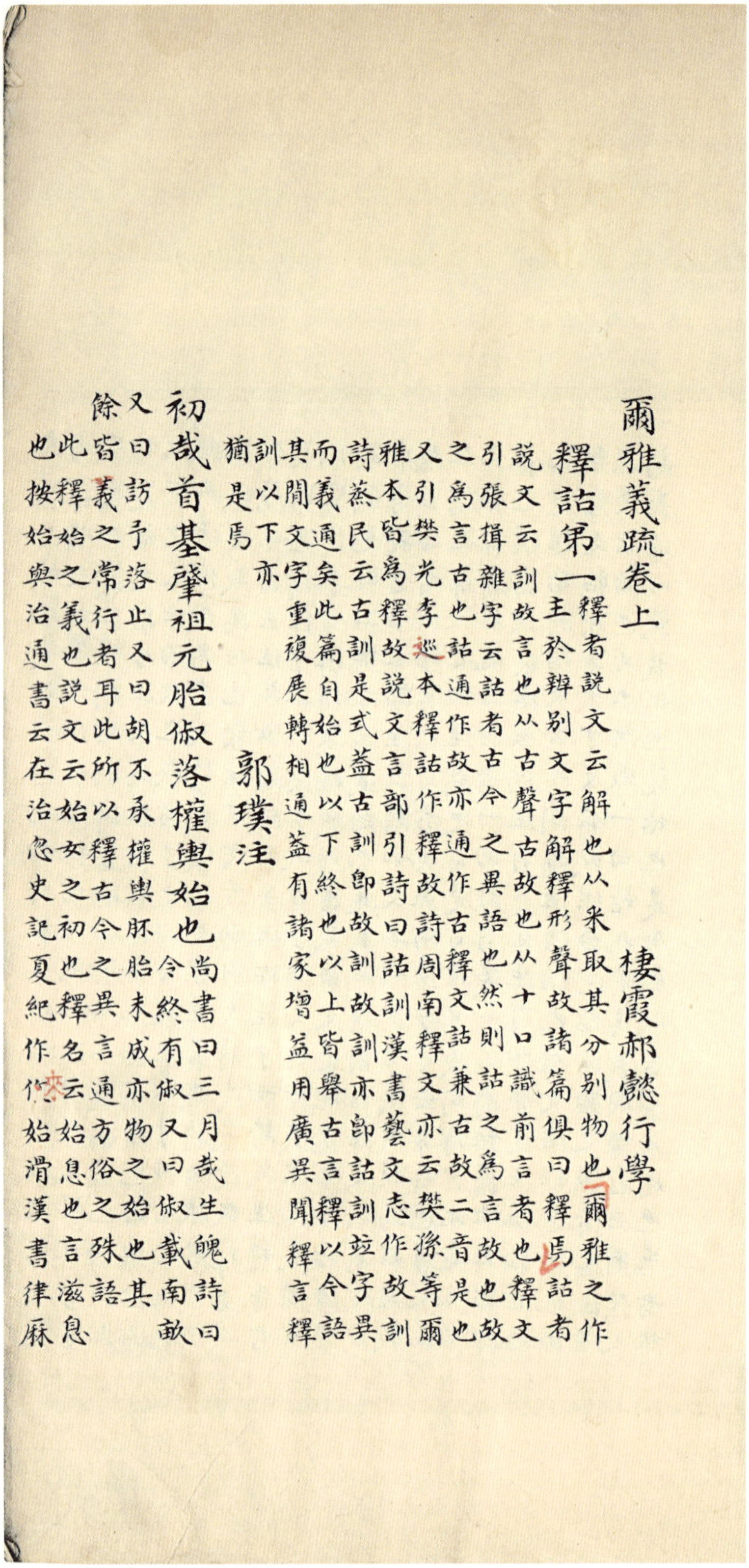
爾雅義疏卷上　　　　棲霞郝懿行學
釋詁第一　釋者說文云解也从釆取其分別物也爾雅之作
主於辨別文字解釋形聲故諸篇俱曰釋焉詁者
說文云訓故言也从古聲古故也从十口識前言者也釋文
引張揖雜字云詁者古今之異語也然則詁之爲言故也故
之爲言古也詁通作故亦通作古釋文詁兼古故二音是也
又引樊光李巡本釋詁作釋故詩周南釋文亦云樊孫等爾
雅本皆爲釋故說文言部引詩曰詁訓漢書藝文志作故訓
詩蒸民云古訓是式蓋古訓即故訓故訓亦即詁訓竝字異
而義通矣此篇自始也以下終也以上皆舉古言釋以今語
其閒文字重複展轉相通蓋有諸家增益用廣異聞釋言釋
訓以下亦
猶是焉
郭璞注
初哉首基肇祖元胎俶落權輿始也　尚書曰三月哉生魄詩曰
令終有俶又曰俶載南畝
又曰訪予落止又曰胡不承權輿胚胎未成亦物之始也其
餘皆義之常行者耳此所以釋古今之異言通方俗之殊語
此釋始之義也說文云始女之初也釋名云始息也言滋息
也按始與治通書云在治忽史記夏紀作來始滑漢書律厤

10692　爾雅義疏三卷　（清）郝懿行撰　稿本　王念孫批注　旅順博物館

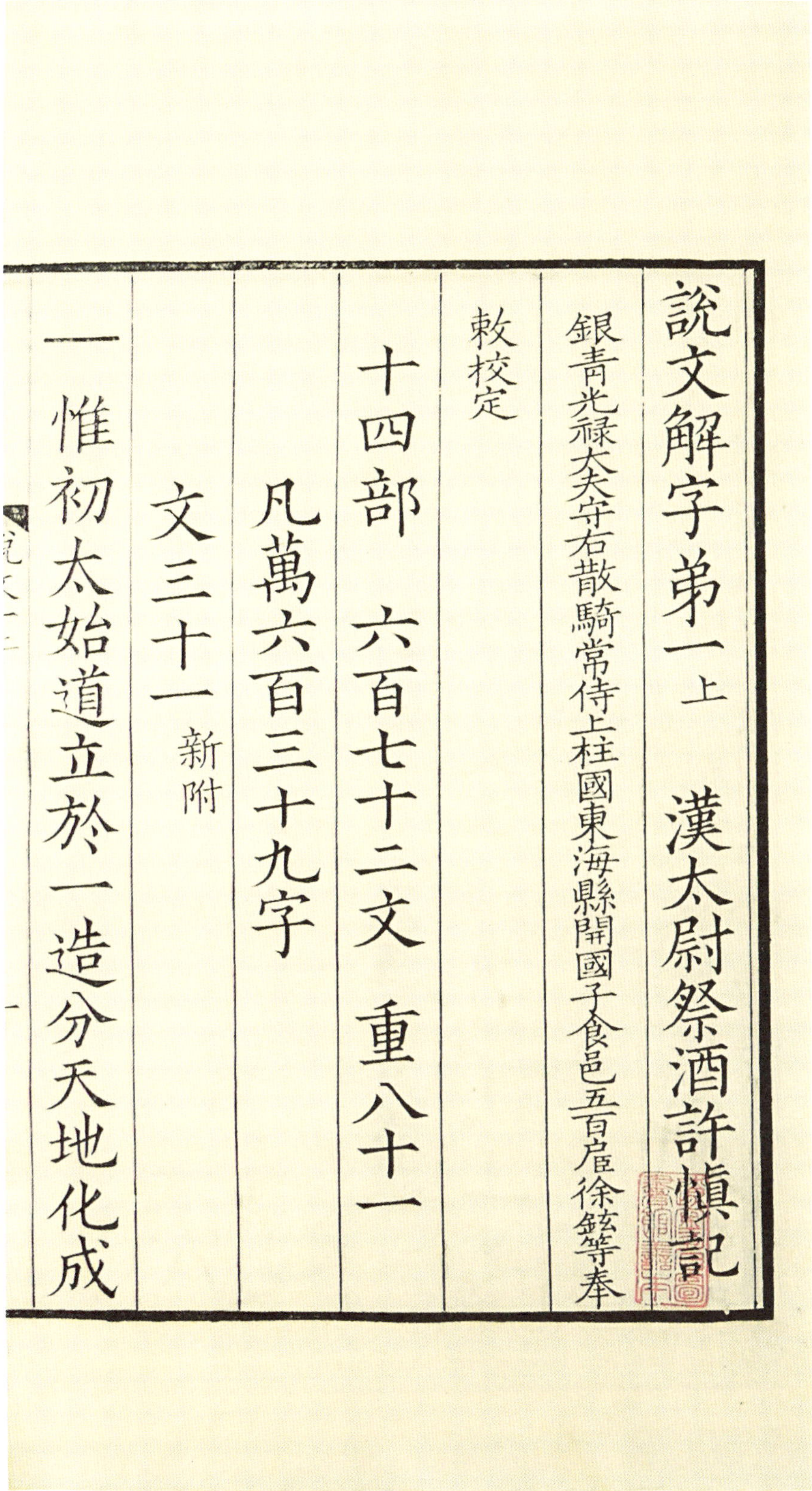
說文解字弟一上　漢太尉祭酒許慎記
銀青光祿大夫守右散騎常侍上柱國東海縣開國子食邑五百戶臣徐鉉等奉
敕校定
十四部　六百七十二文　重八十一
凡萬六百三十九字
文三十一 新附
一惟初太始道立於一造分天地化成

10693　說文解字十五卷　（漢）許慎撰　（南唐）徐鉉校定　清初毛氏汲古閣刻初印本　遼寧省圖書館

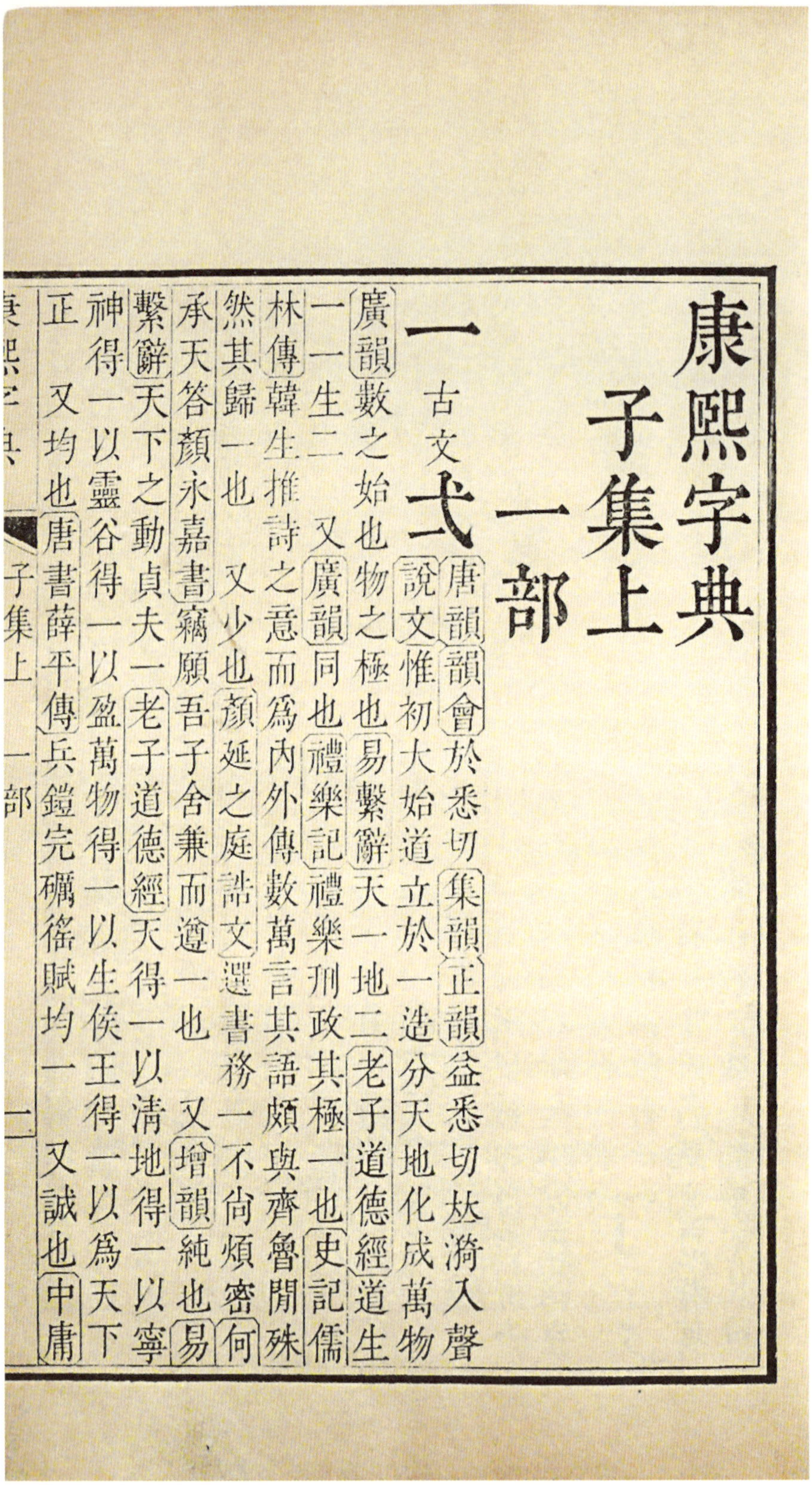

康熙字典

子集上

一部

一 古文弌 唐韻韻會於悉切 集韻正韻益悉切𠀤漪入聲 說文惟初大始道立於一造分天地化成萬物 廣韻數之始也物之極也易繫辭天一地二老子道德經道生一一生二 又廣韻同也禮樂記禮樂刑政其極一也史記儒林傳韓生推詩之意而爲內外傳數萬言其語頗與齊魯閒殊然其歸一也 又少也顏延之庭誥文選書務一不尚煩密何承天答顏永嘉書竊願吾子舍兼而遵一也 又增韻純也易繫辭天下之動貞夫一老子道德經天得一以清地得一以寧神得一以靈谷得一以盈萬物得一以生侯王得一以爲天下正 又均也唐書薛平傳兵鎧完礪徭賦均一 又誠也中庸

康熙字典 子集上 一部 一

10694 康熙字典十二集三十六卷總目一卷檢字一卷辨似一卷等韵一卷補遺一卷備考一卷 （清）張玉書等纂 清康熙五十五年（1716）内府刻本 遼寧省圖書館

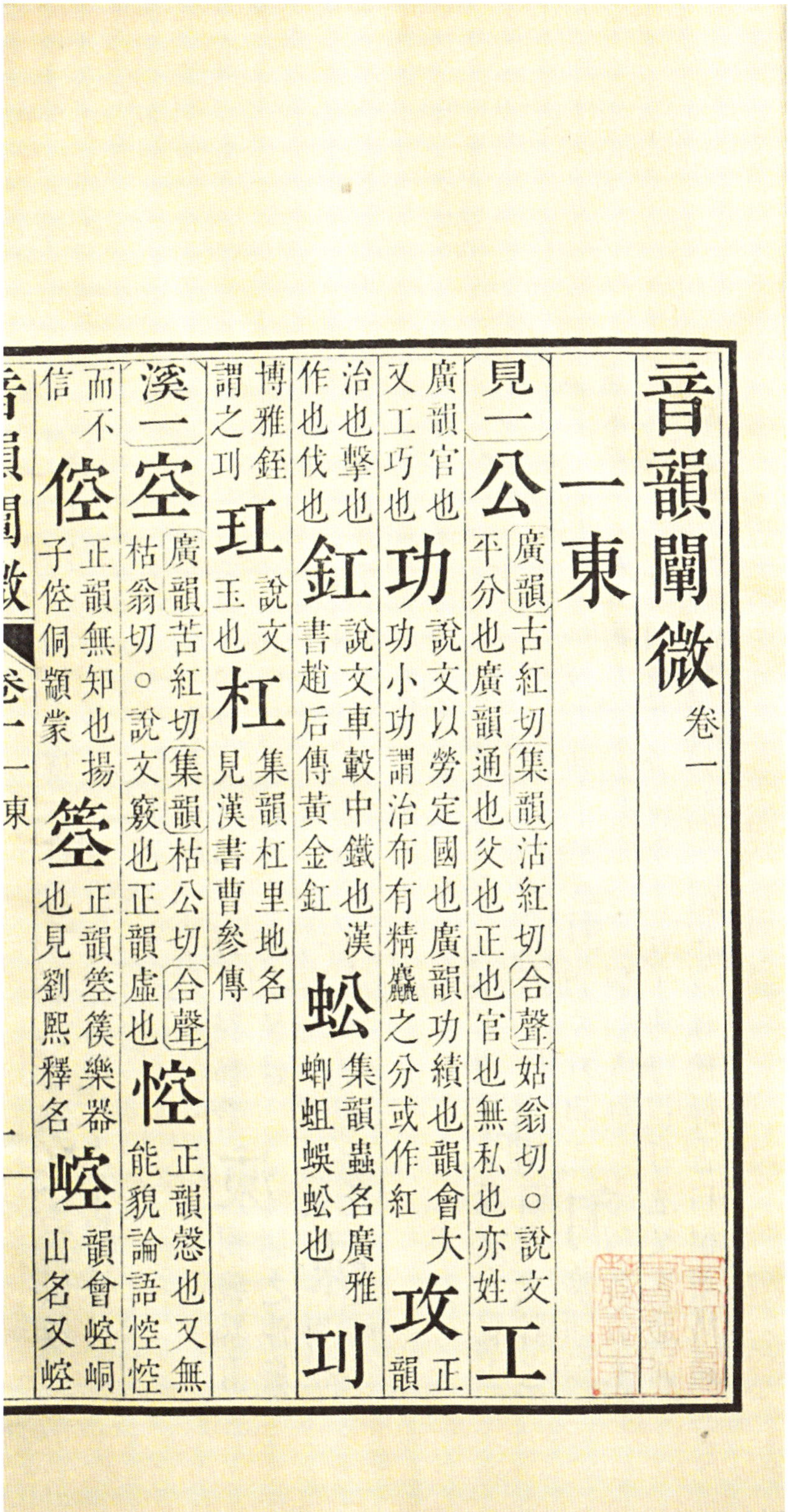
音韻闡微 卷一
一東
見一 公 廣韻古紅切集韻沽紅切合聲姑翁切○說文平分也廣韻通也父也正也官也無私也亦姓 工 廣韻官也又工巧也 功 說文以勞定國也廣韻功績也韻會大功小功謂治布有精麤之分或作紅 攻 正韻治也擊也作也伐也 釭 說文車轂中鐵也漢書趙后傳黃金釭 蚣 集韻蟲名廣雅蝍蛆蜈蚣也 刯 博雅銍謂之刯 玒 說文玉也 杠 集韻杠里地名見漢書曹參傳
溪一 空 廣韻苦紅切集韻枯公切合聲枯翁切○說文竅也正韻虛也 悾 正韻愨也又無能貌論語悾悾而不信 倥 正韻無知也揚子倥侗顓蒙 箜 正韻箜篌樂器也見劉熙釋名 崆 韻會崆峒山名又崆
音韻闡微 卷一 一東

10695　音韻闡微十八卷韻譜一卷　（清）李光地等撰　清雍正六年（1728）武英殿刻本　遼寧省圖書館

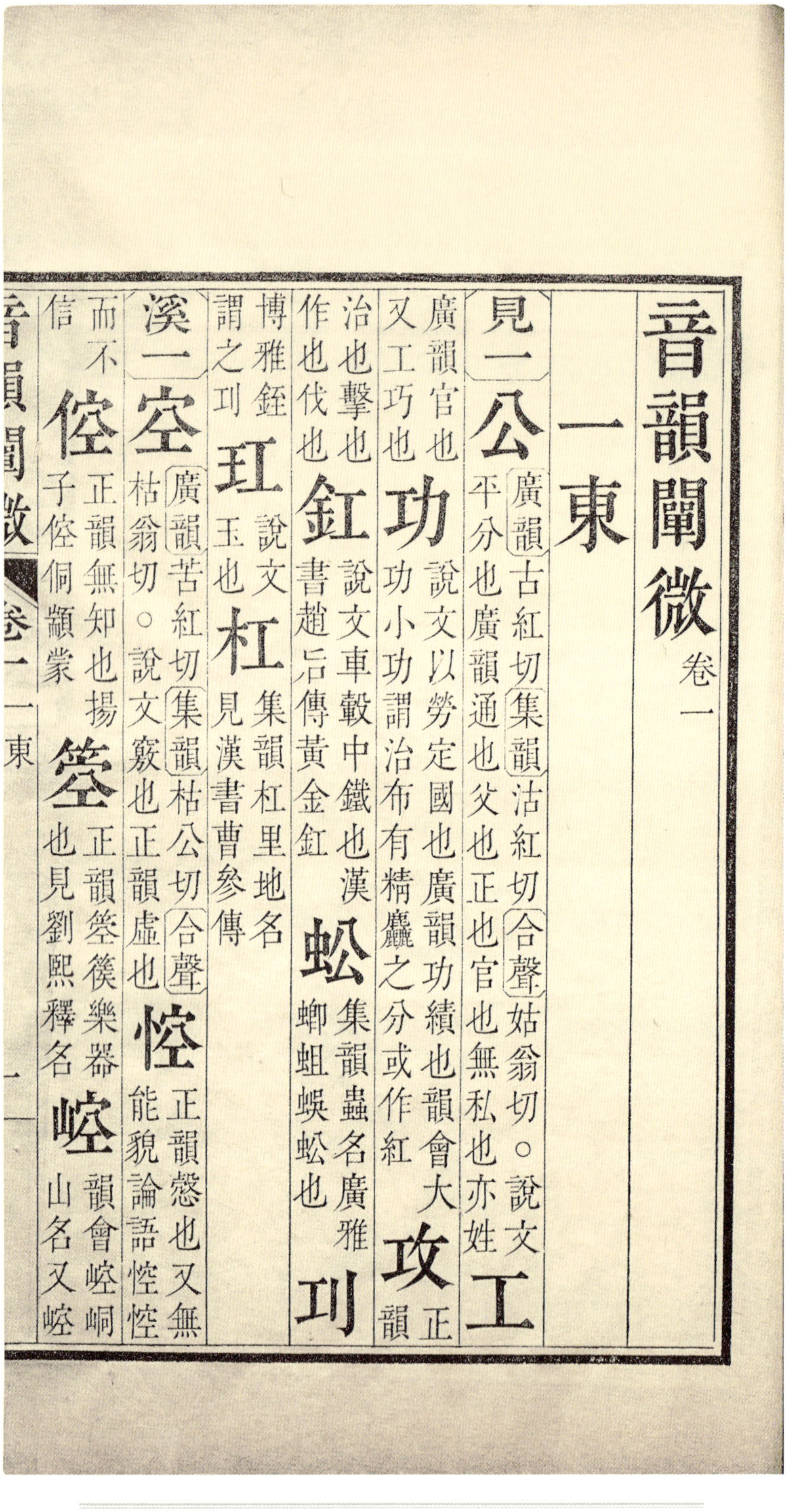

音韻闡微卷一

一東

見一 公 廣韻古紅切集韻沽紅切合聲姑翁切○說文平分也廣韻通也父也正也官也無私也亦姓 工 廣韻官也又工巧也 功 說文以勞定國也廣韻功績也韻會大功小功謂治布有精麤之分或作紅 攻 正韻治也擊也作也伐也 釭 說文車轂中鐵也漢書趙后傳黃金釭 蚣 集韻蟲名廣雅蝍蛆蜈蚣也 玒 博雅鉦謂之玒 玒 說文玉也 杠 集韻杠里地名見漢書曹參傳

溪一 空 廣韻苦紅切集韻枯公切合聲枯翁切○說文竅也正韻虛也 悾 正韻愨也又無能貌論語悾悾而不信 倥 正韻無知也揚子倥侗顓蒙 箜 正韻箜篌樂器也見劉熙釋名 崆 韻會崆峒山名又崆

音韻闡微 卷一 一東 一

10696　音韻闡微十八卷韻譜一卷　（清）李光地等撰　清雍正六年（1728）武英殿刻本　大連圖書館

音韻闡微 卷二

六魚 舊九魚

按廣韻集韻皆九魚。宋劉淵改爲六魚。

見三 居 廣韻九魚切集韻斤於切今用菊於切。說文蹲也廣韻當也處也安也 据 廣韻手病詩予手拮据 㝒 正韻貯也 椐 廣韻木名韻會木腫節可爲杖詩其檉其椐 琚 說文瓊琚也詩報之以瓊琚 裾 說文衣衺也集韻衣後裾 車 集韻輿輪總稱 鶋 集韻鶢鶋鳥名見爾雅通作居 崌 集韻山名北江所出見山海經 蜛 集韻蜛蠩蟲名見郭璞江賦

溪三 墟 廣韻去魚切集韻邱於切今用曲於切。正韻大邱也說文作虛 嘘 集韻崎嘘山峻 祛

音韻闡微 卷二 六魚 一

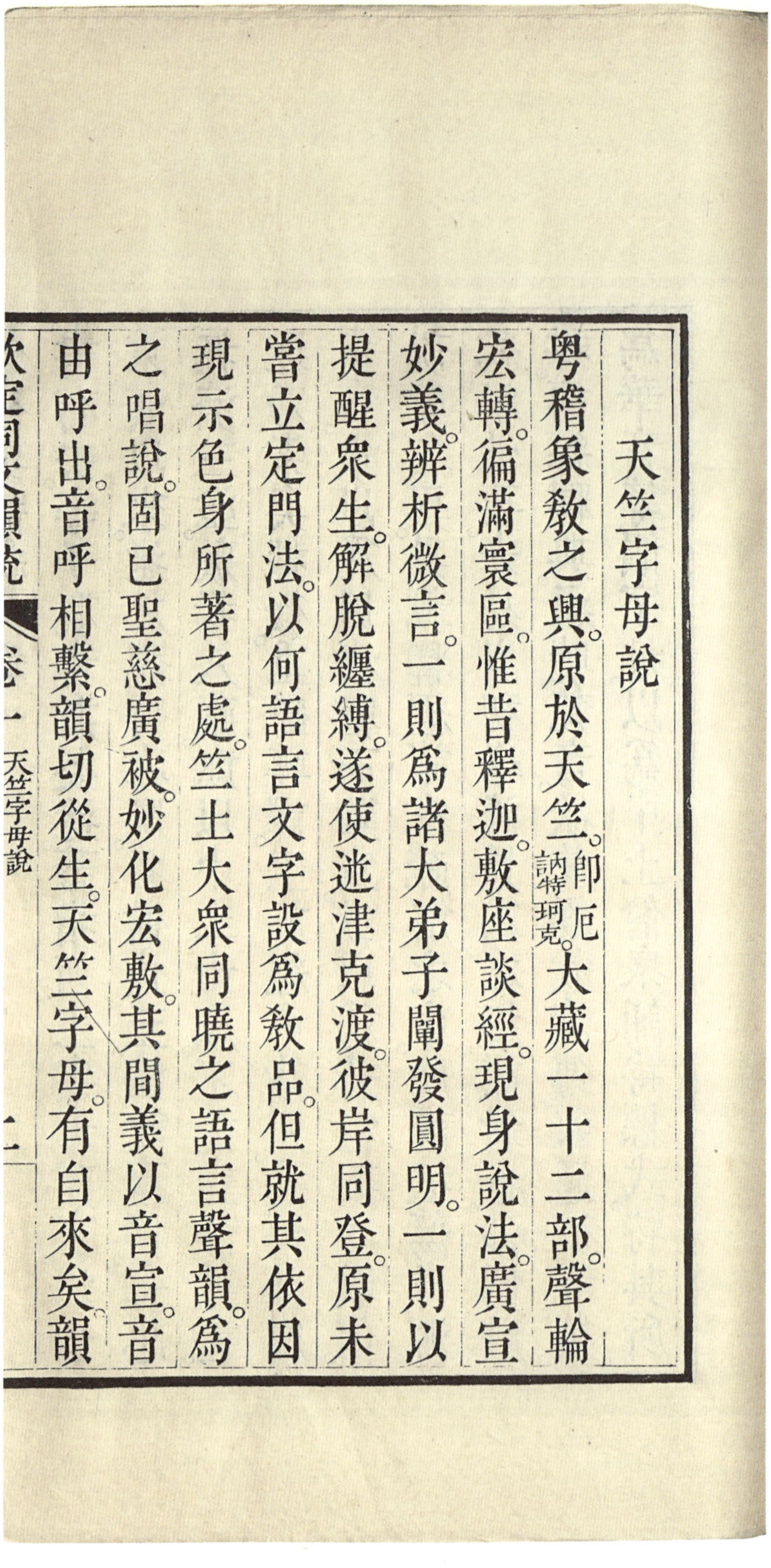

天竺字母說

粤稽象教之興原於天竺（印厄訥特珂克）大藏一十二部聲輪宏轉徧滿寰區惟昔釋迦敷座談經現身說法廣宣妙義辨析微言一則爲諸大弟子闡發圓明一則以提醒衆生解脫纏縛遂使迷津克渡彼岸同登原未嘗立定門法以何語言文字設爲教品但就其依因現示色身所著之處竺土大衆同曉之語言聲韻爲之唱說固已聖慈廣被妙化宏敷其間義以音宣音由呼出音呼相繫韻切從生天竺字母有自來矣韻

欽定同文韻統　卷一　天竺字母說　二

10697　欽定同文韻統六卷　（清）允禄等撰　清乾隆十五年（1750）武英殿刻朱墨套印本　遼寧省圖書館

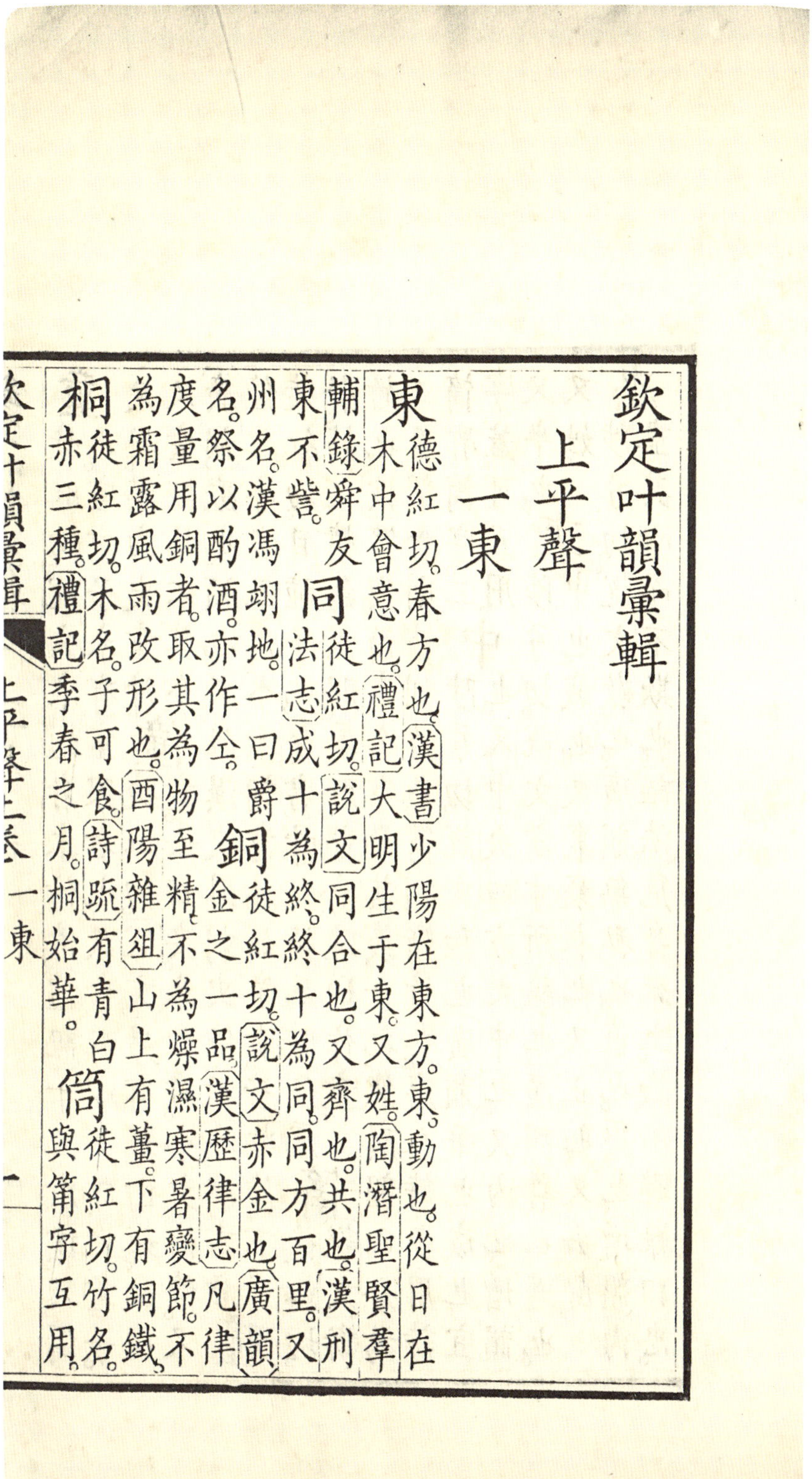

欽定叶韻彙輯

上平聲

一東

東 德紅切。春方也。漢書少陽在東方。東，動也。從日在木中會意也。禮記大明生于東。又姓。陶潛聖賢羣輔錄舜友東不訾。

同 徒紅切。說文同合也。又齊也。共也。漢刑法志成十為終。終十為同。同方百里。又州名。漢馮翊地。一曰爵名。祭以酌酒。亦作仝。

銅 徒紅切。說文赤金也。廣韻金之一品。漢歷律志凡律度量用銅者。取其為物至精。不為燥濕寒暑變節。不為霜露風雨改形也。酉陽雜俎山上有薑。下有銅鐵。

桐 徒紅切。木名。子可食。詩疏有青白赤三種。禮記季春之月。桐始華。

筒 徒紅切。竹名。與筩字互用。

欽定叶韻彙輯　上平聲上卷　一東　一

10698　欽定叶韻彙輯十卷　（清）梁詩正等撰　清乾隆十五年（1750）武英殿刻本　遼寧省圖書館

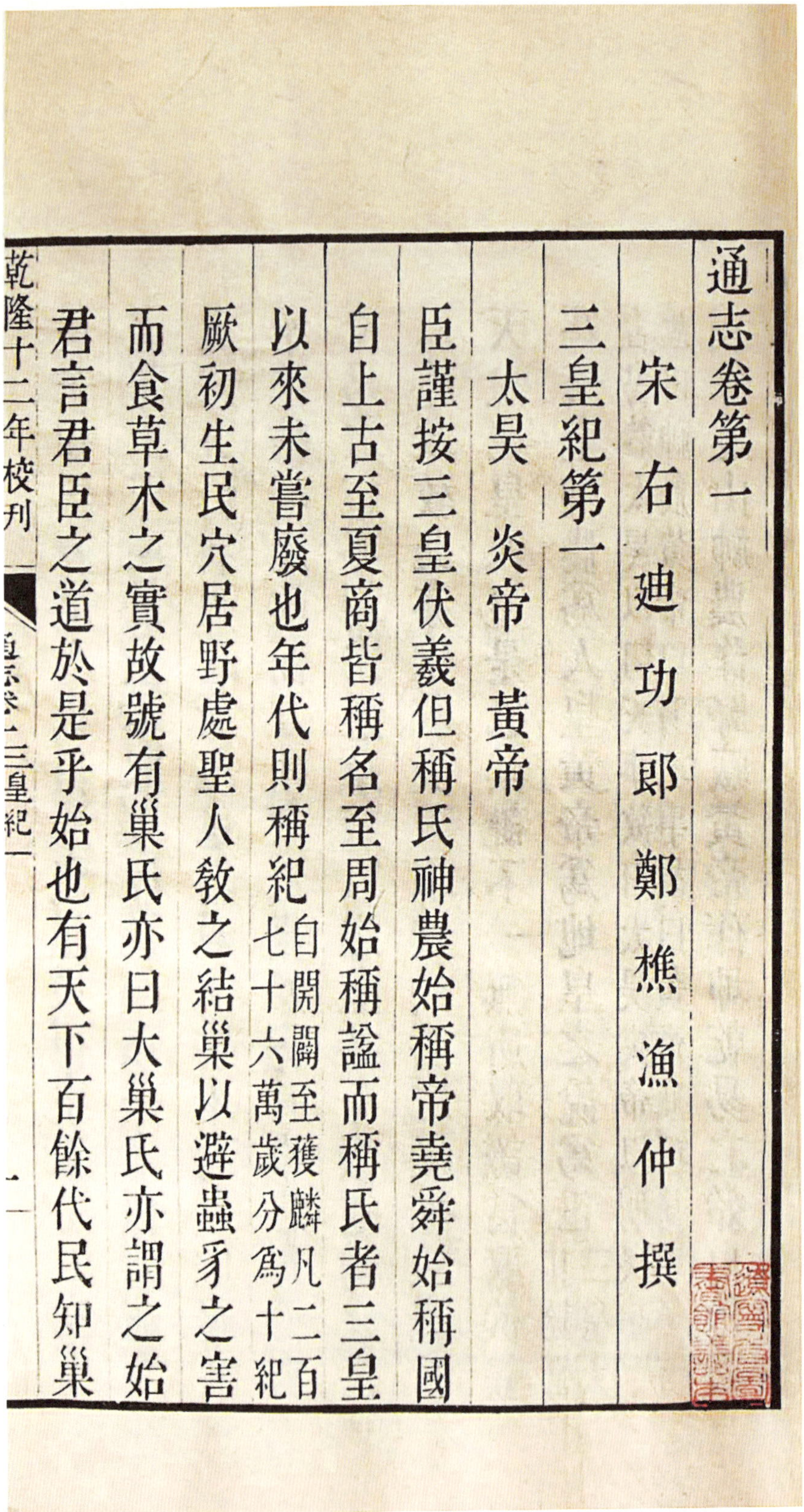

通志卷第一

宋右迪功郎鄭樵漁仲撰

三皇紀第一

太昊　炎帝　黃帝

臣謹按三皇伏羲但稱氏神農始稱帝堯舜始稱國自上古至夏商皆稱名至周始稱謚而稱氏者三皇以來未嘗廢也年代則稱紀自開闢至獲麟凡二百七十六萬歲分爲十紀厥初生民穴居野處聖人教之結巢以避蟲豸之害而食草木之實故號有巢氏亦曰大巢氏亦謂之始君言君臣之道於是乎始也有天下百餘代民知巢

乾隆十二年校刊　通志卷一三皇紀一　一

10699　通志二百卷　（宋）鄭樵撰　清乾隆十二年（1747）武英殿刻本　遼寧省圖書館

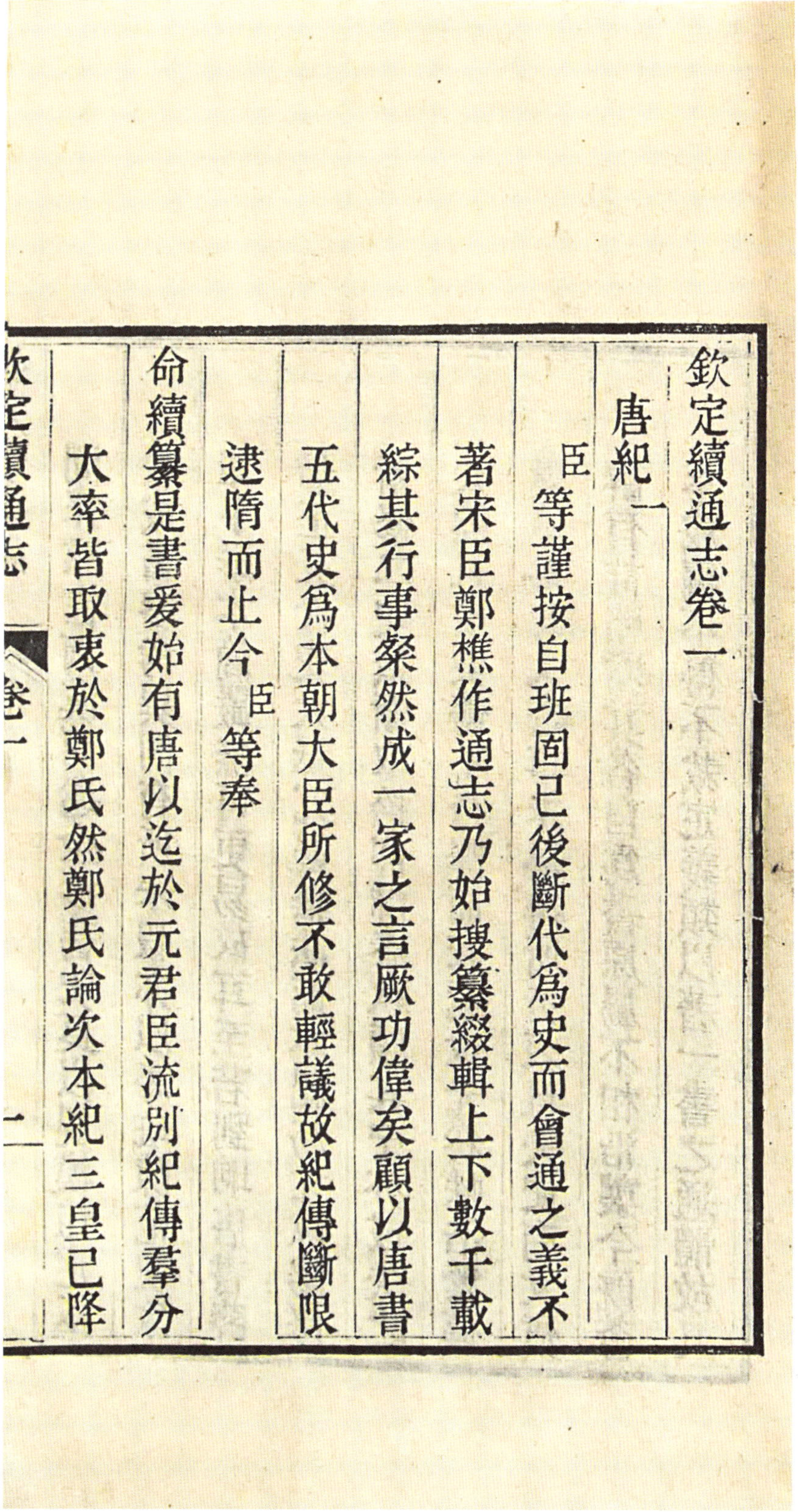

欽定續通志卷一

唐紀一

臣等謹按自班固已後斷代爲史而會通之義不
著宋臣鄭樵作通志乃始搜纂綴輯上下數千載
綜其行事粲然成一家之言厥功偉矣顧以唐書
五代史爲本朝大臣所修不敢輕議故紀傳斷限
逮隋而止今臣等奉
命續纂是書爰始有唐以迄於元君臣流別紀傳羣分
大率皆取束於鄭氏然鄭氏論次本紀三皇已降

欽定續通志　卷一　一

10700　欽定續通志六百四十卷　（清）嵇璜等撰　清乾隆武英殿刻本　遼寧省圖書館

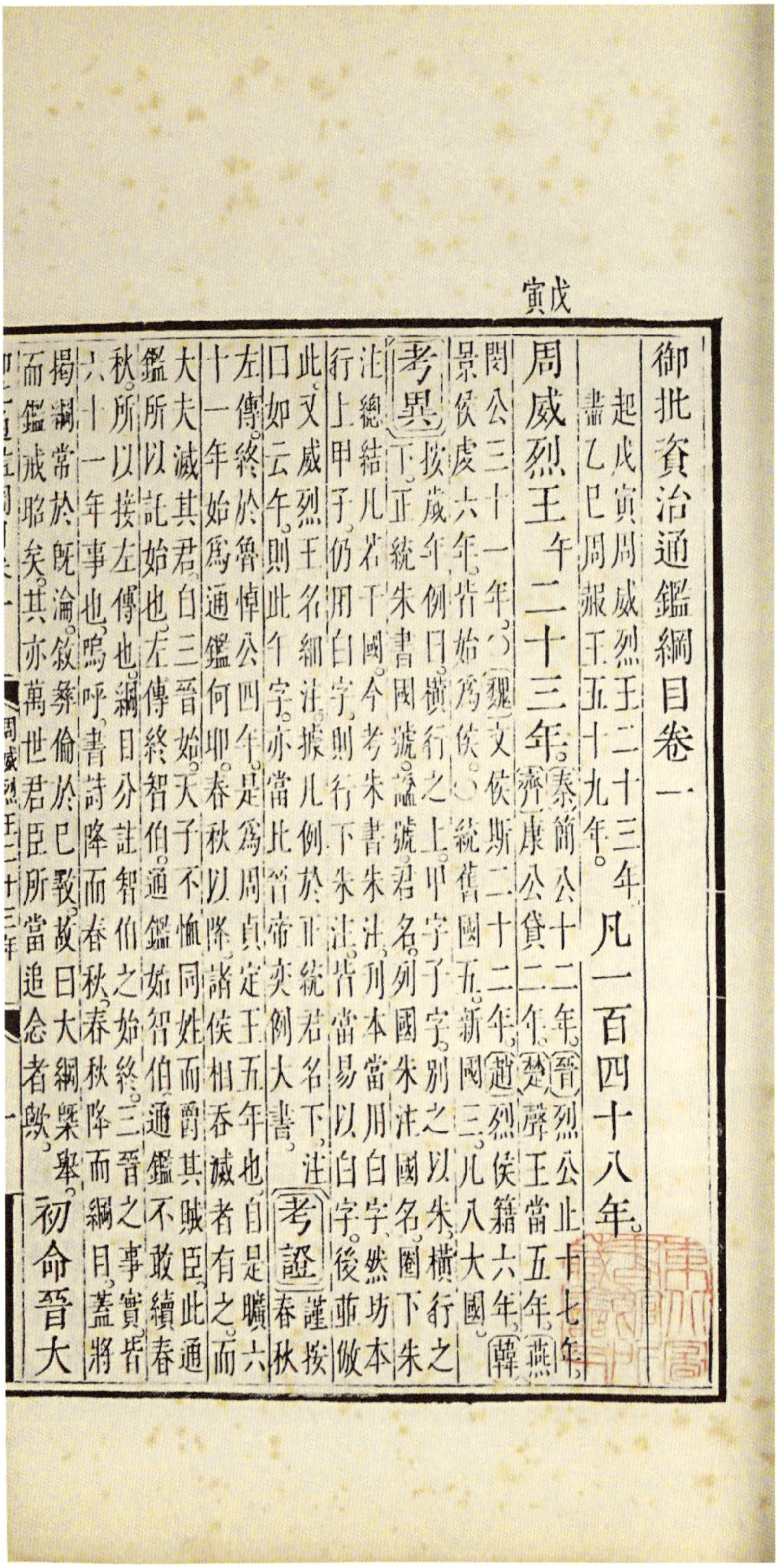

戊寅

御批資治通鑑綱目卷一

起戊寅周威烈王二十三年盡乙巳周赧王五十九年。凡一百四十八年。

周威烈王午二十三年。秦簡公十二年，晉烈公止十七年，齊康公貸二年，楚聲王當五年，燕閔公三十一年。魏文侯斯二十二年，趙烈侯籍六年，韓景侯虔六年。皆始爲侯。統舊國五，新國三，凡八大國。

考異 按歲年例曰。橫行之上甲字子字，別之以朱，橫行之下。正統朱書國號，謚號，君名。列國朱注國名，圈下朱注總結凡若干國。今考朱書朱注，刊本當用白字，然坊本行上甲子，仍用白字，則行下朱注，皆當易以白字。後並倣此。又威烈王名細注，據凡例於正統君名下注曰如云午。則此午字，亦當比晉帝奕例大書。

考證 謹按春秋左傳終於魯悼公四年，是爲周貞定王五年也。自是曠六十一年，始爲通鑑，何耶？春秋以降，諸侯相吞滅者有之。而大夫滅其君，自三晉始。天子不恤同姓，而爵其賊臣，此通鑑所以託始也。左傳終智伯，通鑑始智伯。通鑑不敢續春秋，所以接左傳也。綱目分註智伯之始終，三晉之事實，皆六十一年事也。嗚呼，書詩降而春秋，春秋降而綱目，蓋將揭綱常於既淪，敘彝倫於已斁，故曰大綱槩舉。而鑑戒昭矣。其亦萬世君臣所當追念者歟。

初命晉大

10701　御批資治通鑑綱目全書一百九卷　（清）宋犖等編　清康熙四十六年至四十九年（1707—1710）揚州詩局刻本　遼寧省圖書館

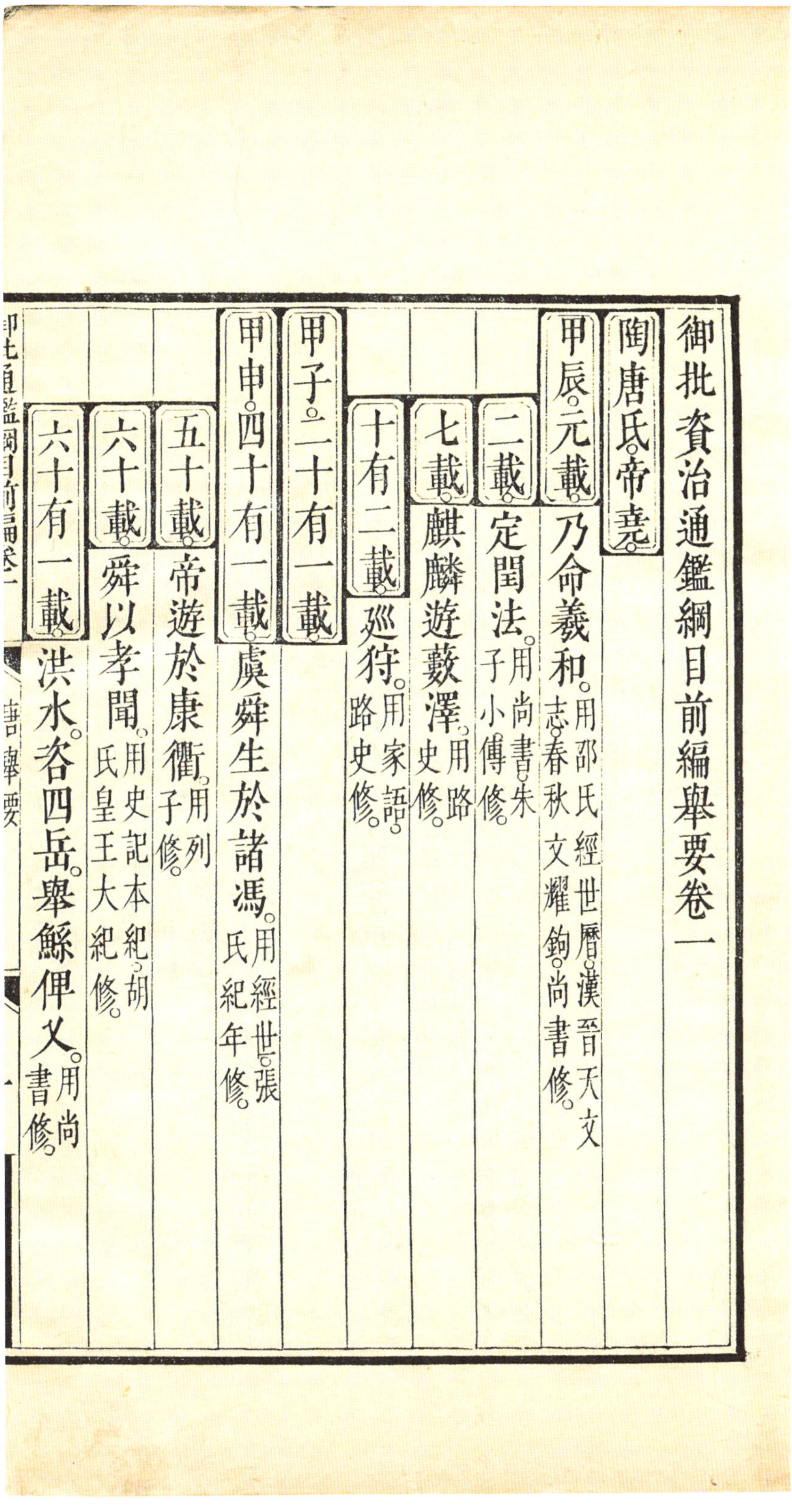

御批資治通鑑綱目前編舉要卷一

陶唐氏帝堯

甲辰。元載。乃命羲和。用邵氏經世曆、漢晉天文志、春秋文耀鉤、尚書修。

二載。定閏法。用尚書朱子小傳修。

七載。麒麟遊藪澤。用路史修。

十有二載。巡狩。用家語、路史修。

甲子。二十有一載。

甲申。四十有一載。虞舜生於諸馮。用經世、張氏紀年修。

五十載。帝遊於康衢。用列子修。

六十載。舜以孝聞。用史記本紀、胡氏皇王大紀修。

六十有一載。洪水。咨四岳。舉鯀俾乂。用尚書修。

御批通鑑綱目前編卷一　舉要

10702　御批資治通鑑綱目全書一百九卷　（清）宋犖等編　清康熙四十六年至四十九年（1707—1710）揚州詩局刻本　瀋陽故宫博物院

存一百七卷（正編五十九卷、前編十八卷、舉要三卷、續編二十七卷）

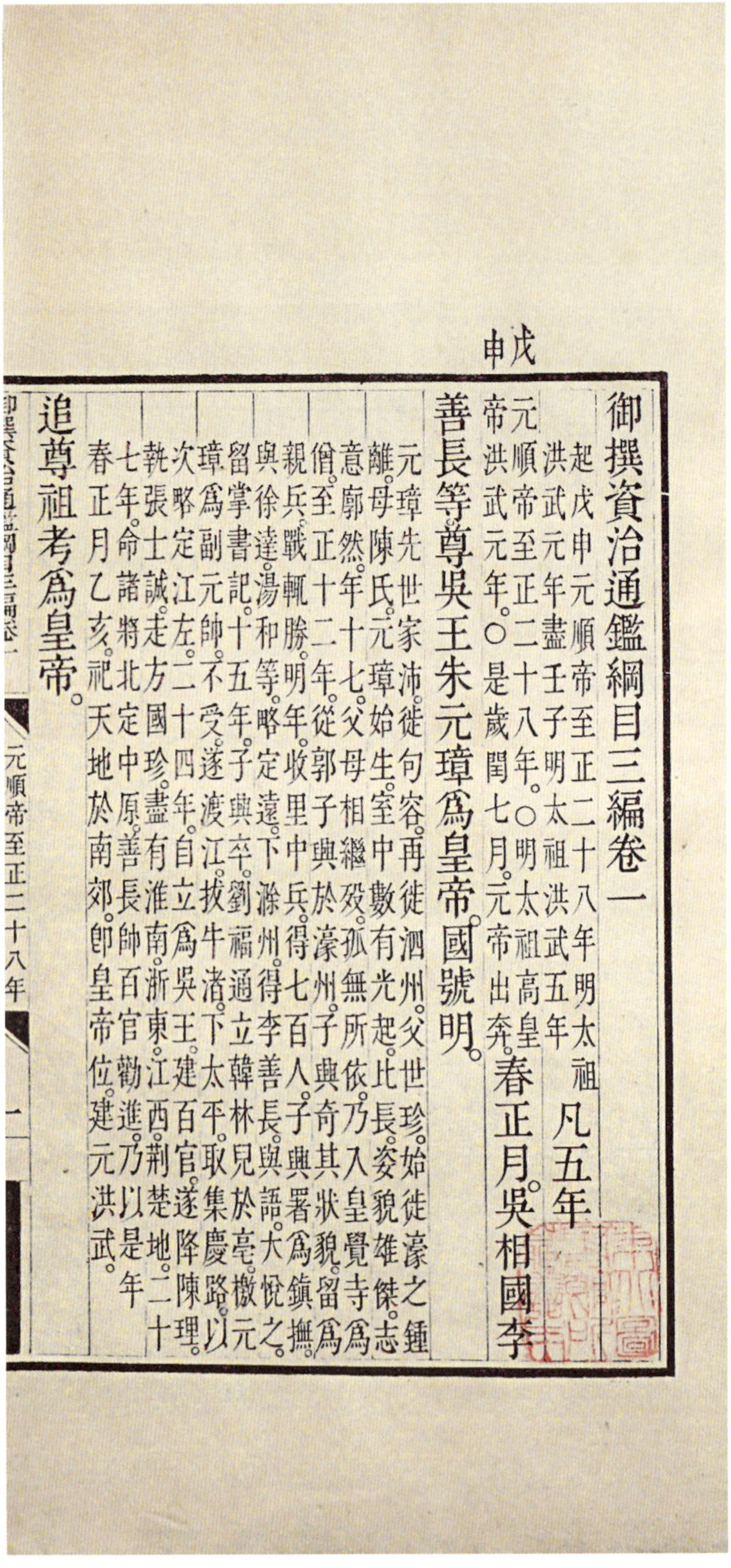

戊申

御撰資治通鑑綱目三編卷一

起戊申元順帝至正二十八年明太祖洪武元年盡壬子明太祖洪武五年 凡五年

元順帝至正二十八年。明太祖高皇帝洪武元年。是歲閏七月。元帝出奔。春正月。吳相國李善長等尊吳王朱元璋爲皇帝。國號明。

元璋先世家沛。徙句容。再徙泗州。父世珍。始徙濠之鍾離。母陳氏。元璋始生。室中數有光。起比長。姿貌雄傑。志意廓然。年十七。父母相繼歿。孤無所依。乃入皇覺寺爲僧。至正十二年。從郭子興於濠州。子興奇其狀貌。留爲親兵。戰輒勝。明年。收里中兵。得七百人。子興署爲鎮撫。與徐達湯和等略定遠。下滁州。得李善長。與語大悅之。留掌書記。十五年。子興卒。劉福通立韓林兒於亳。檄元璋爲副元帥。不受。遂渡江。拔牛渚。下太平。取集慶路。以次略定江左。二十四年。自立爲吳王。建百官。遂降陳理。執張士誠。走方國珍。盡有淮南浙東江西荆楚地。二十七年。命諸將北定中原。善長帥百官勸進。乃以是年春正月乙亥。祀天地於南郊。即皇帝位。建元洪武。

追尊祖考爲皇帝。

御撰資治通鑑綱目三編卷一　元順帝至正二十八年　一

10703　御撰資治通鑑綱目三編二十卷　（清）張廷玉等纂　清乾隆十一年（1746）蘇州詩局刻本　遼寧省圖書館

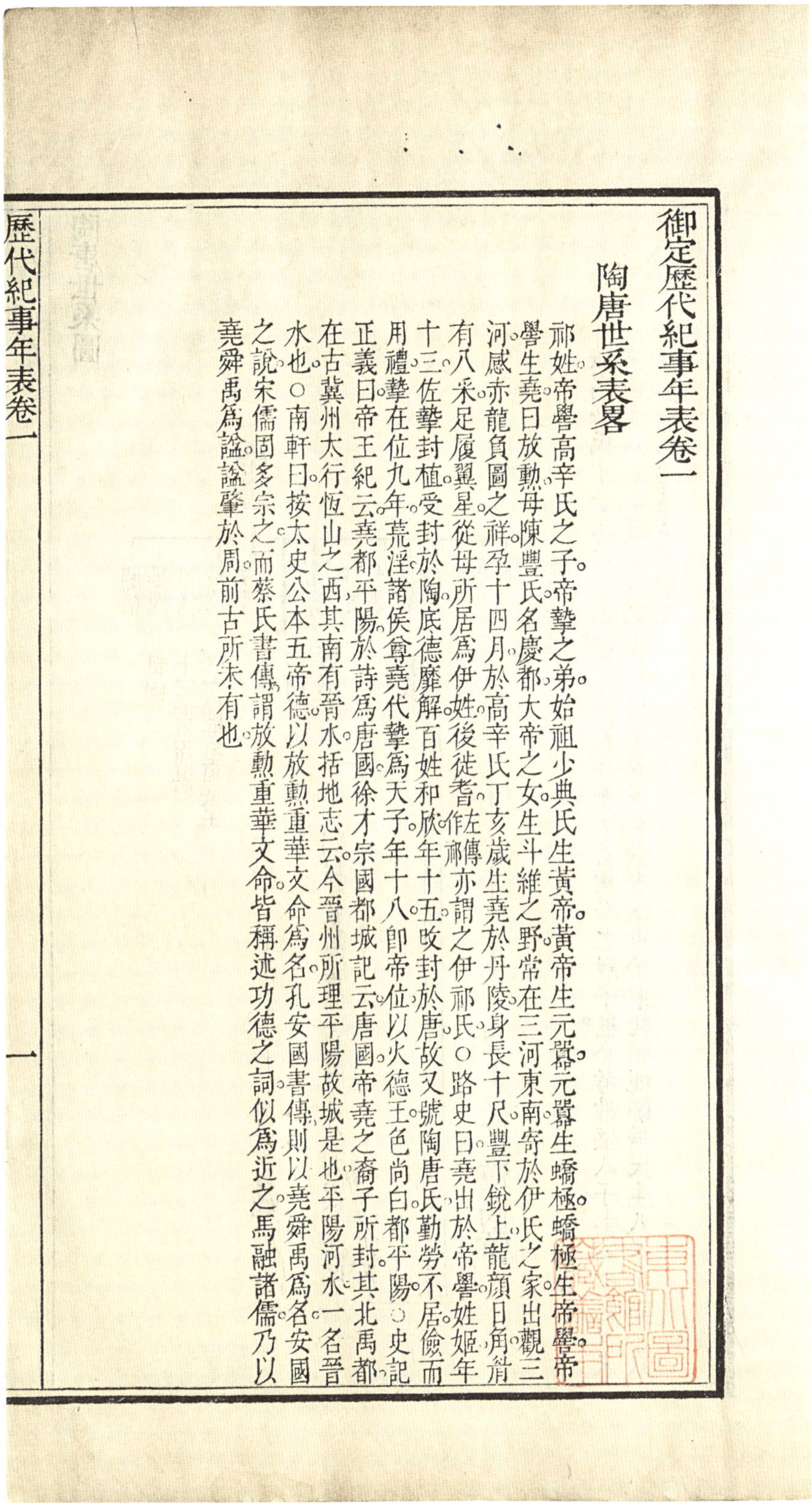
御定歷代紀事年表卷一
陶唐世系表畧
祁姓帝嚳高辛氏之子帝摯之弟始祖少典氏生黃帝黃帝生元囂元囂生蟜極蟜極生帝嚳帝
嚳生堯曰放勳母陳豐氏名慶都大帝之女生斗維之野常在三河東南寄於伊氏之家出觀三
河感赤龍負圖之祥孕十四月於高辛氏丁亥歲生堯於丹陵身長十尺豐下銳上龍顔日角眉
有八采足履翼星從母所居爲伊姓後徙耆作祁左傳亦謂之伊祁氏○路史曰堯出於帝嚳姓姬年
十三佐摯封植受封於陶底德靡解百姓和欣年十五改封於唐故又號陶唐氏勤勞不居儉而
用禮摯在位九年荒淫諸侯尊堯代摯爲天子年十八即帝位以火德王色尚白都平陽○史記
正義曰帝王紀云堯都平陽於詩爲唐國徐才宗國都城記云唐國帝堯之裔子所封其北禹都
在古冀州太行恒山之西其南有晉水括地志云今晉州所理平陽故城是也平陽河水一名晉
水也○南軒曰按太史公本五帝德以放勳重華文命爲名孔安國書傳則以堯舜禹爲名安國
之說宋儒固多宗之而蔡氏書傳謂放勳重華文命皆稱述功德之詞似爲近之馬融諸儒乃以
堯舜禹爲謚謚肇於周前古所未有也
歷代紀事年表卷一
一

10704　御定歷代紀事年表一百卷歷代三元甲子編年一卷　（清）龔士炯撰　（清）王之樞等續撰　清康熙五十四年（1715）王之樞刻内府印本　遼寧省圖書館

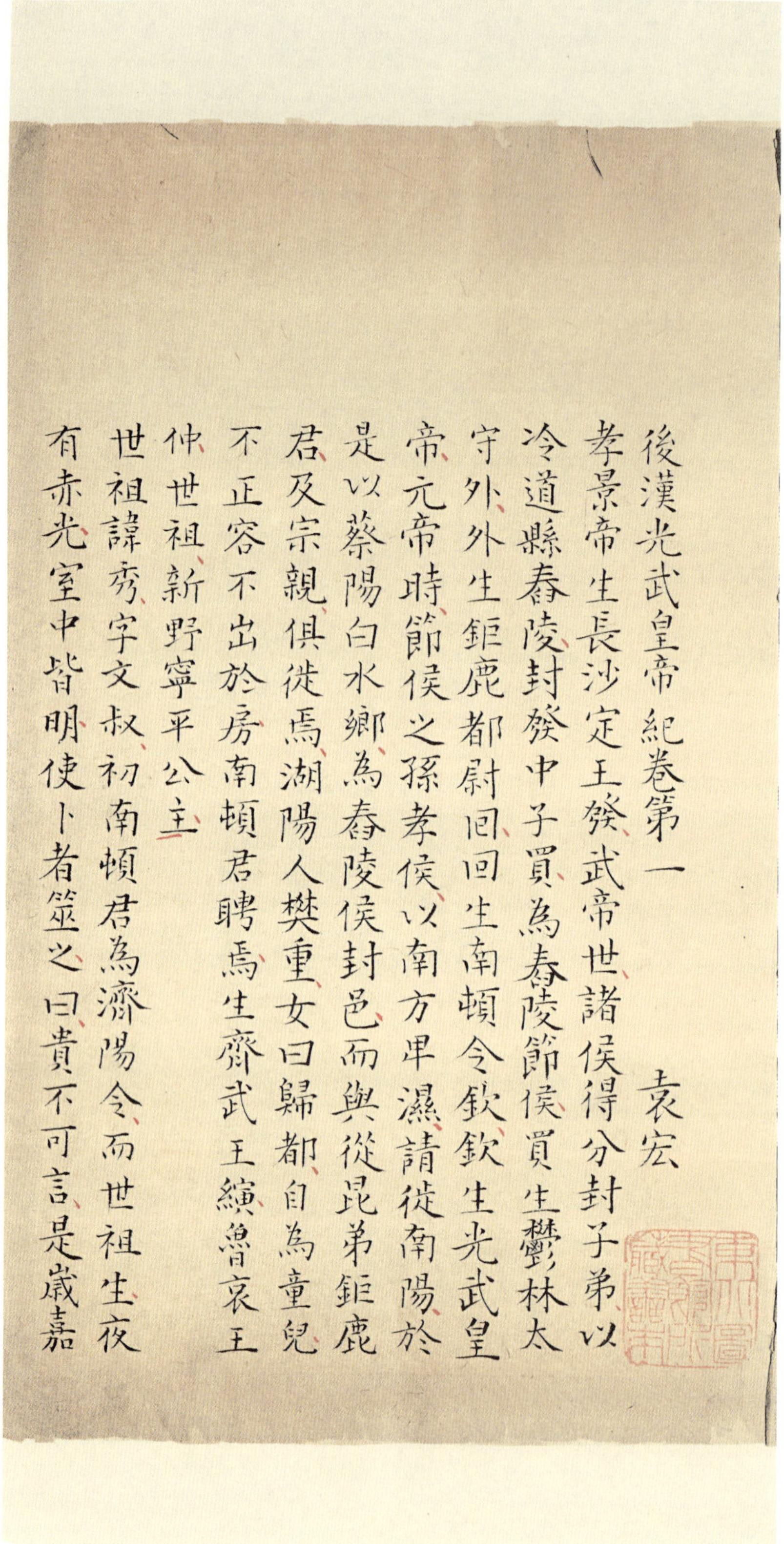
後漢光武皇帝紀卷第一　袁宏
孝景帝生長沙定王發武帝世諸侯得分封子弟以
冷道縣舂陵封發中子買爲舂陵節侯買生鬱林太
守外外生鉅鹿都尉回回生南頓令欽欽生光武皇
帝元帝時節侯之孫孝侯以南方卑濕請徙南陽於
是以蔡陽白水鄉爲舂陵侯封邑而與從昆弟鉅鹿
君及宗親俱徙焉湖陽人樊重女曰歸都自爲童兒
不正容不出於房南頓君聘焉生齊武王縯魯哀王
仲世祖新野寧平公主
世祖諱秀字文叔初南頓君爲濟陽令而世祖生夜
有赤光室中皆明使卜者筮之曰貴不可言是歲嘉

10705　後漢紀三十卷　（晉）袁宏撰　清初抄本　遼寧省圖書館

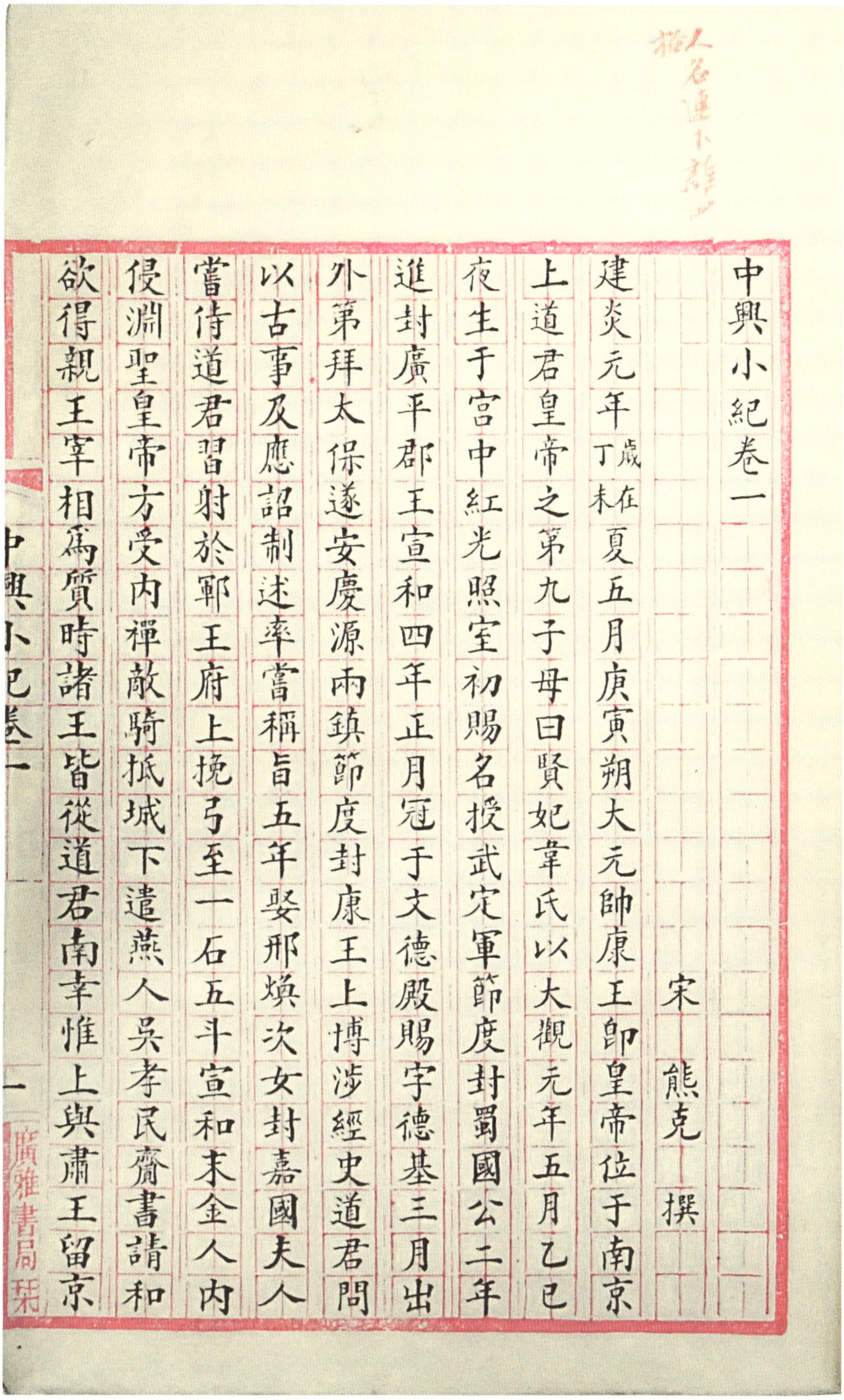
中興小紀卷一

宋　熊克　撰

建炎元年歲在丁未夏五月庚寅朔大元帥康王即皇帝位于南京上道君皇帝之第九子母曰賢妃韋氏以大觀元年五月乙巳夜生于宮中紅光照室初賜名搆武定軍節度封蜀國公二年進封廣平郡王宣和四年正月冠于文德殿賜字德基三月出外第拜太保遂安慶源兩鎮節度封康王上博涉經史道君問以古事及應詔制述率當稱旨五年娶邢煥次女封嘉國夫人嘗侍道君習射於鄆王府上挽弓至一石五斗宣和末金人內侵淵聖皇帝方受內禪敵騎抵城下遣燕人吴孝民齎書請和欲得親王宰相爲質時諸王皆從道君南幸惟上與肅王留京

中興小紀卷一　一

廣雅書局栞

10706　中興小紀四十卷　（宋）熊克撰　清抄本（廣雅書局付刊底本）　錦州市圖書館

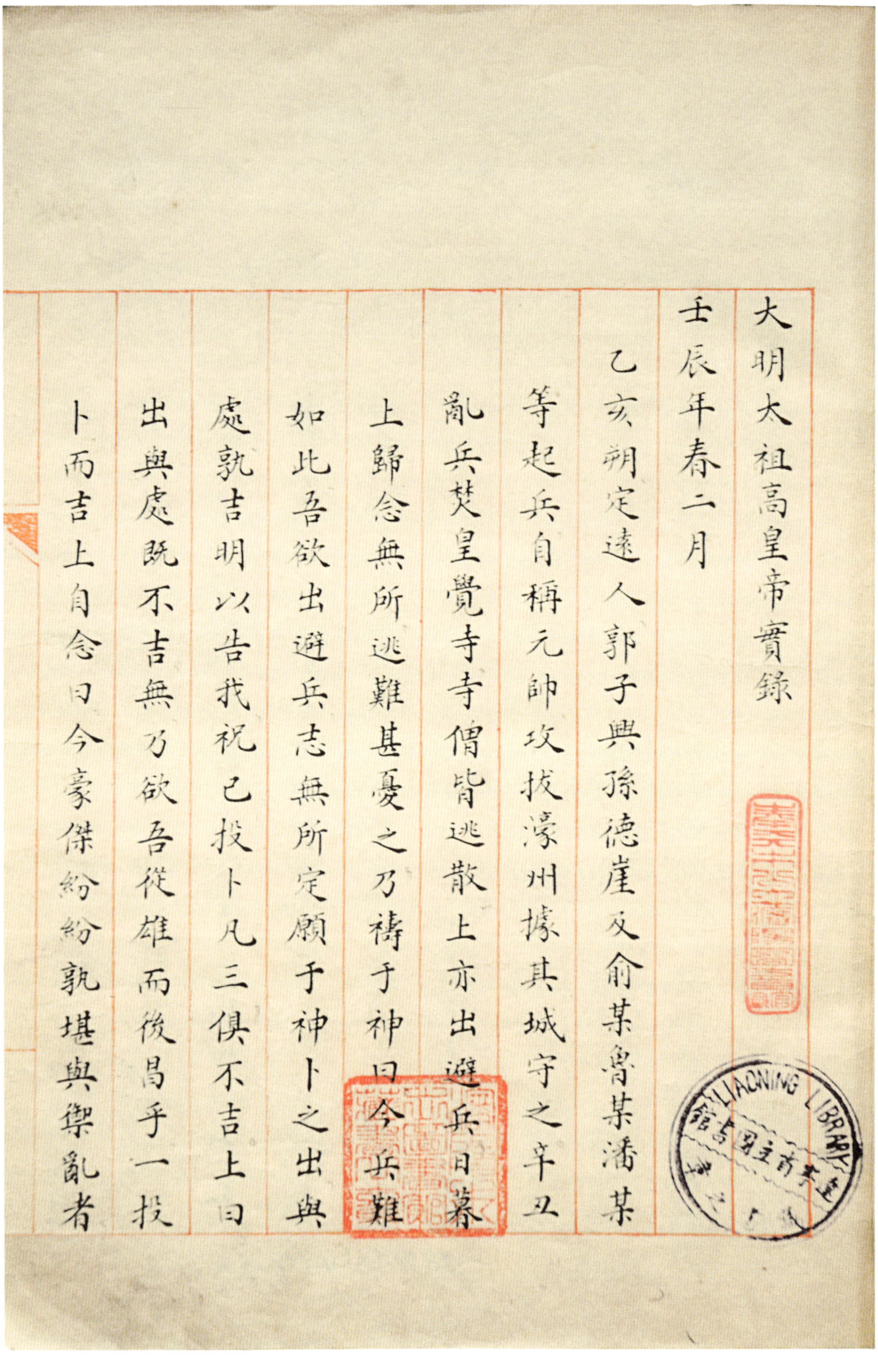
大明太祖高皇帝實録
壬辰年春二月
乙亥朔定遠人郭子興孫德崖及俞某魯某潘某
等起兵自稱元帥攻拔濠州據其城守之辛丑
亂兵焚皇覺寺寺僧皆逃散上亦出避兵日暮
上歸念無所逃難甚憂之乃禱于神曰今兵難
如此吾欲出避兵志無所定願于神卜之出與
處孰吉明以告我祝已投卜凡三俱不吉上曰
出與處既不吉無乃欲吾從雄而後昌乎一投
卜而吉上自念曰今豪傑紛紛孰堪與禦亂者

10707　明實録不分卷　清末民初吴廷燮抄本（宣德別録爲補配）　瀋陽市圖書館

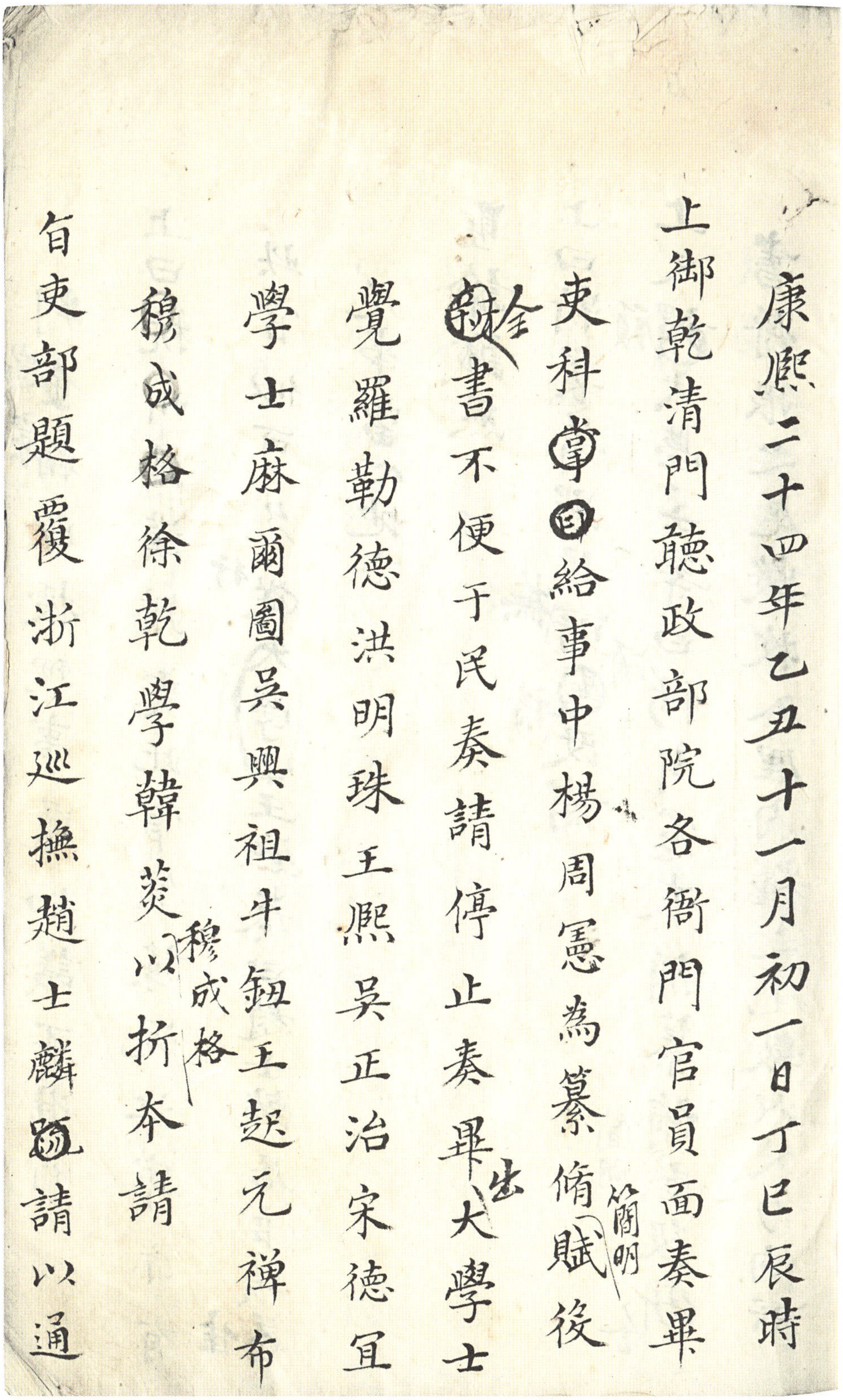
康熙二十四年乙丑十一月初一日丁巳辰時
上御乾清門聽政部院各衙門官員面奏畢
吏科掌印給事中楊周憲爲纂脩簡明賦役
全書不便于民奏請停止奏畢出大學士
覺羅勒德洪明珠王熙吳正治宋德宜
學士麻爾圖吳興祖牛鈕王起元禪布
穆成格徐乾學韓菼以折本請
旨吏部題覆浙江巡撫趙士麟疏請以通

10708　康熙起居注不分卷　稿本　旅順博物館

存（康熙十九年十月、二十一年十一月、二十四年二月、二十四年十一月）

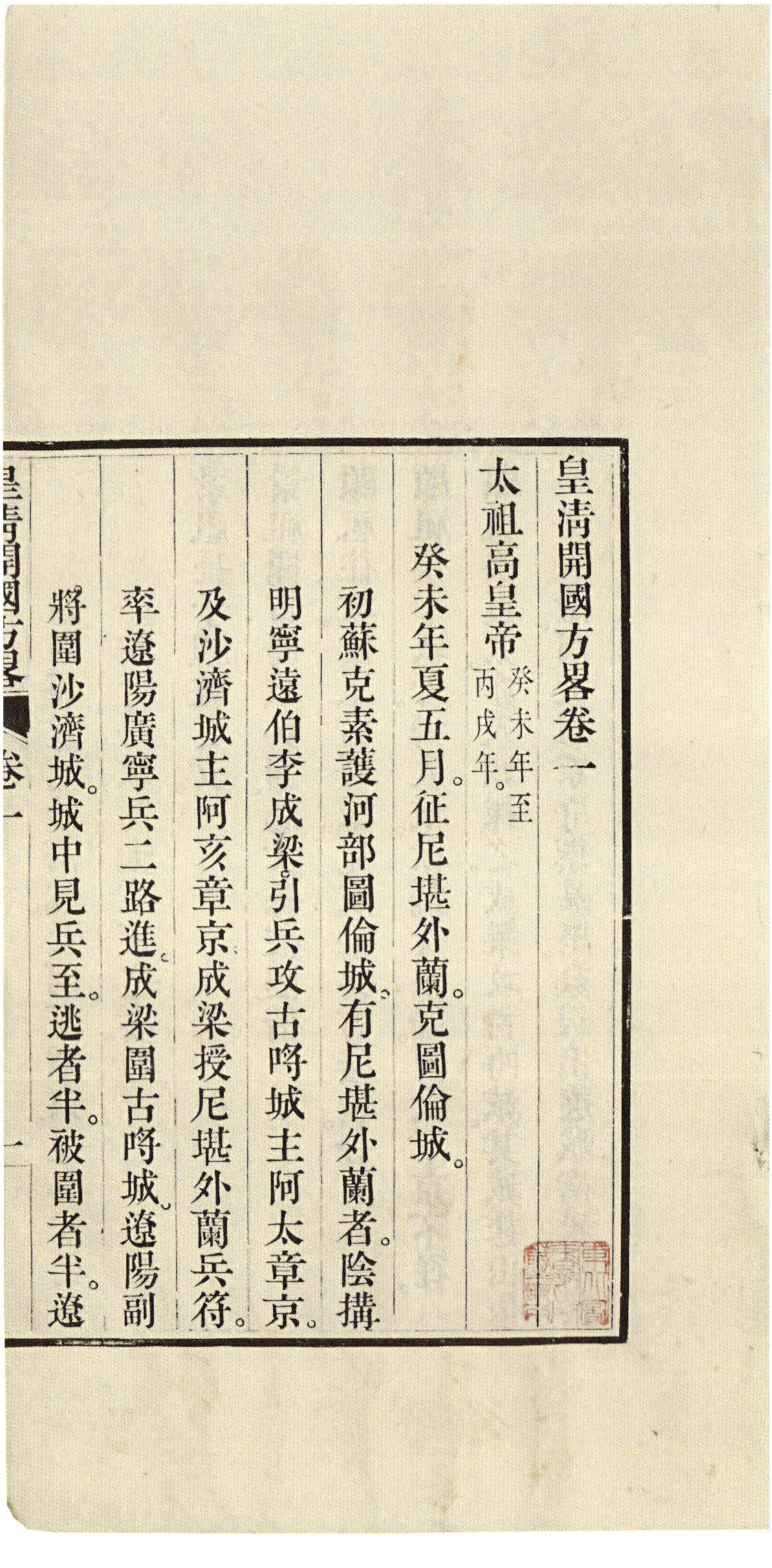
皇清開國方畧卷一

太祖高皇帝 癸未年至丙戌年。

癸未年夏五月。征尼堪外蘭克圖倫城。

初蘇克素護河部圖倫城。有尼堪外蘭者。陰搆

明寧遠伯李成梁引兵攻古哷城主阿太章京。

及沙濟城主阿亥章京。成梁授尼堪外蘭兵符。

率遼陽廣寧兵二路進。成梁圍古哷城。遼陽副

將圍沙濟城。城中見兵至。逃者半。被圍者半。遼

皇清開國方畧 卷一 一

10709 皇清開國方畧三十二卷首一卷 （清）阿桂等撰 清乾隆五十一年（1786）武英殿刻本 遼寧省圖書館

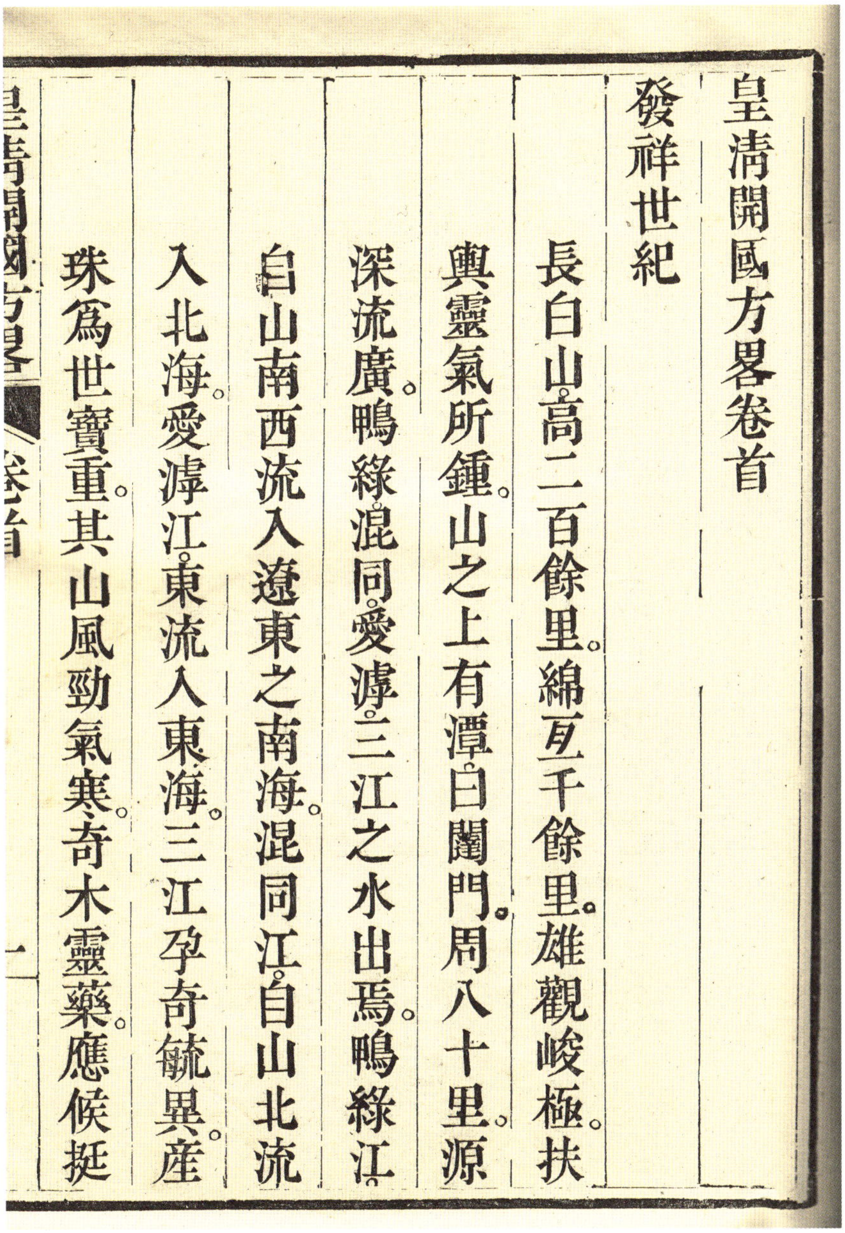
皇清開國方畧卷首

發祥世紀

長白山高二百餘里綿亘千餘里雄觀峻極扶
輿靈氣所鍾山之上有潭曰闥門周八十里源
深流廣鴨綠混同愛滹三江之水出焉鴨綠江
自山南西流入遼東之南海混同江自山北流
入北海愛滹江東流入東海三江孕奇毓異產
珠爲世寶重其山風勁氣寒奇木靈藥應候挺

皇清開國方畧 卷首 一

10710　皇清開國方畧三十二卷首一卷　（清）阿桂等撰　清乾隆五十一年（1786）武英殿刻本　大連圖書館

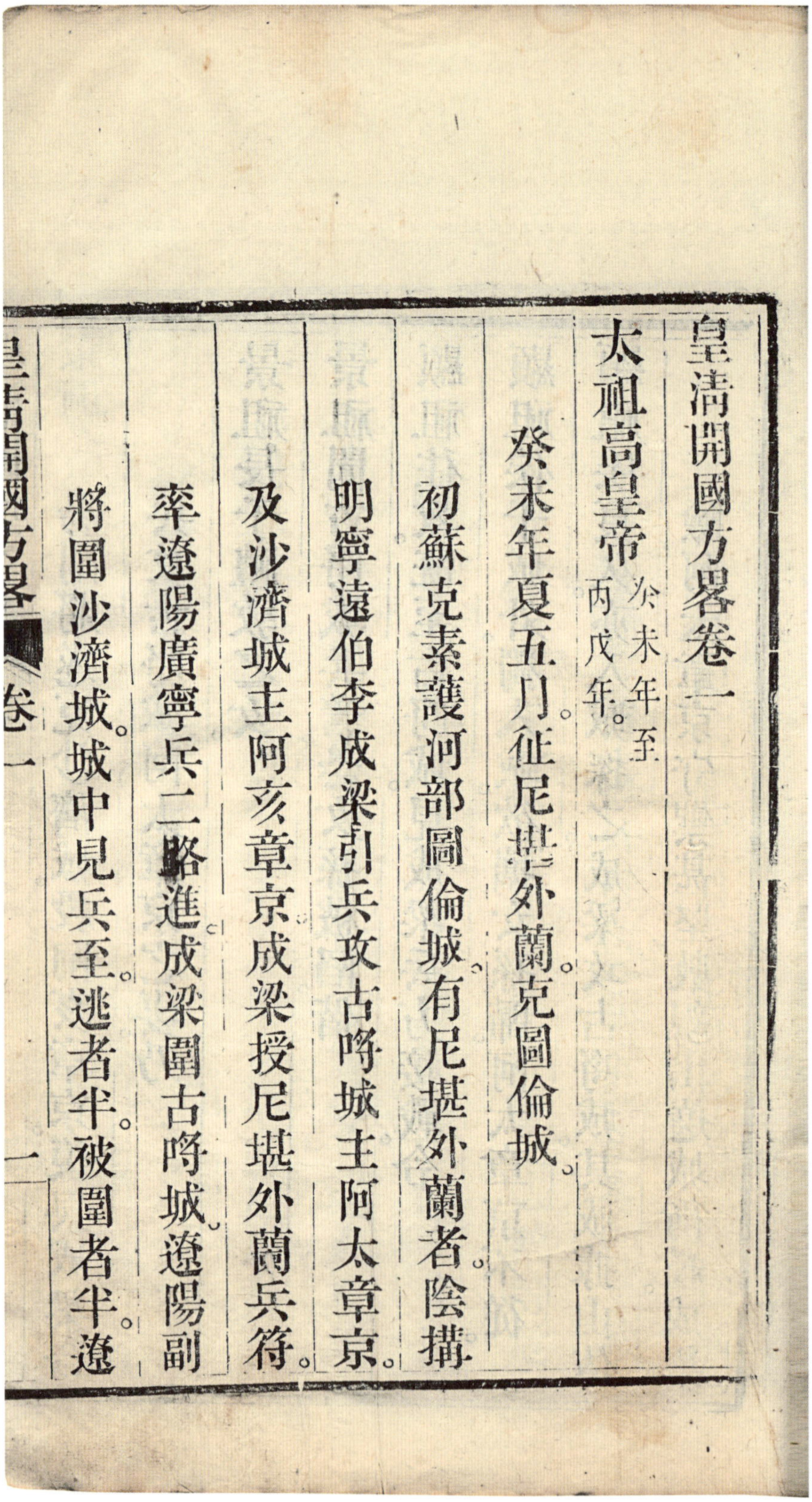

皇清開國方畧卷一

太祖高皇帝 癸未年至丙戌年。

癸未年夏五月。征尼堪外蘭。克圖倫城。

初蘇克素護河部圖倫城。有尼堪外蘭者。陰搆明寧遠伯李成梁引兵攻古埒城主阿太章京。及沙濟城主阿亥章京。成梁授尼堪外蘭兵符。率遼陽廣寧兵二路進。成梁圍古埒城。遼陽副將圍沙濟城。城中見兵至。逃者半。被圍者半。遼

皇清開國方畧 卷一 一

10711 皇清開國方畧三十二卷首一卷 （清）阿桂等撰 清乾隆五十一年（1786）武英殿刻本 錦州市圖書館

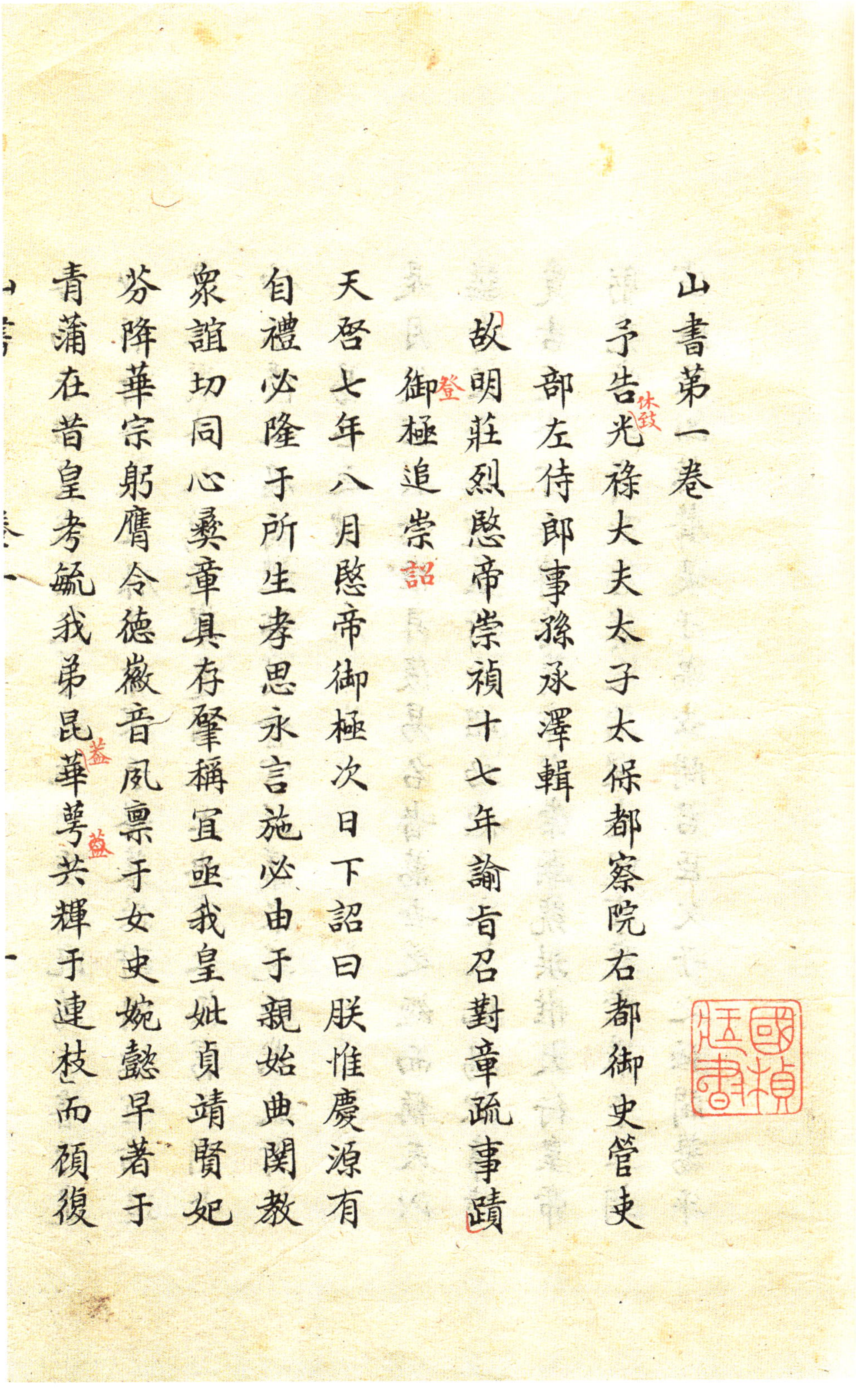

山書第一卷
予告光祿大夫太子太保都察院右都御史管吏
部左侍郎事孫承澤輯
故明莊烈愍帝崇禎十七年諭旨召對章疏事蹟
御極追崇詔
天啓七年八月愍帝御極次日下詔曰朕惟慶源有
自禮必隆于所生孝思永言施必由于親始典閲教
衆誼切同心彝章具存肇稱宜亟我皇妣貞靖賢妃
芬降華宗躬膺令德徽音夙稟于女史婉懿早著于
青蒲在昔皇考毓我弟昆華萼共輝于連枝而頎復

10712 山書十八卷 （清）孫承澤撰 清抄本 大連圖書館

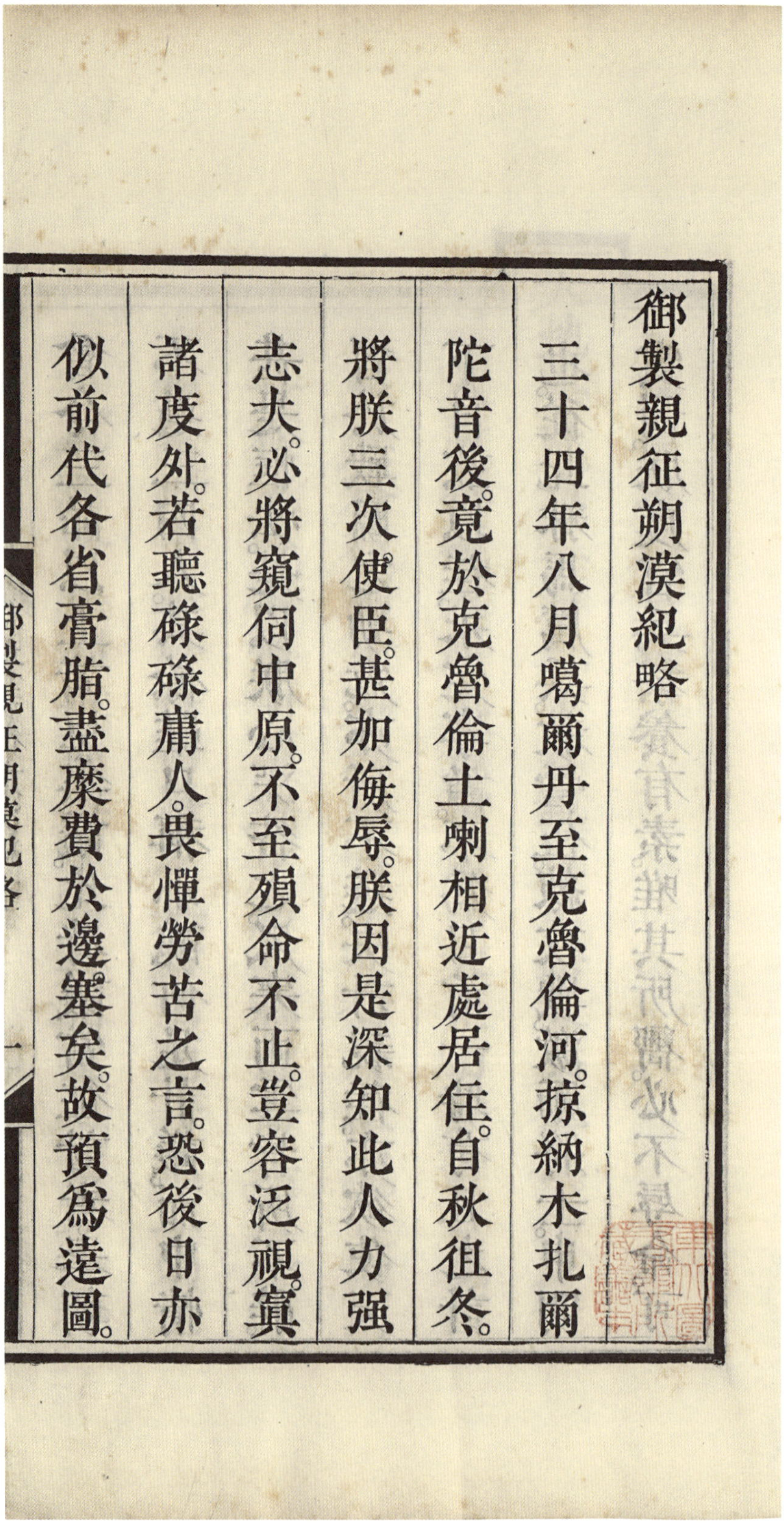

御製親征朔漠紀略
三十四年八月噶爾丹至克魯倫河。掠納木扎爾陀音後。竟於克魯倫土喇相近處居住。自秋徂冬。將朕三次使臣。甚加侮辱。朕因是深知此人力强志大。必將窺伺中原。不至殞命不止。豈容泛視。寘諸度外。若聽碌碌庸人。畏憚勞苦之言。恐後日亦似前代各省膏脂。盡靡費於邊塞矣。故預爲遠圖。

御製親征朔漠紀略 一

10713　御製親征朔漠紀略一卷　（清）聖祖玄燁撰　**親征平定朔漠方略四十八卷**　（清）温達等撰　清康熙四十七年（1708）内府刻本　遼寧省圖書館

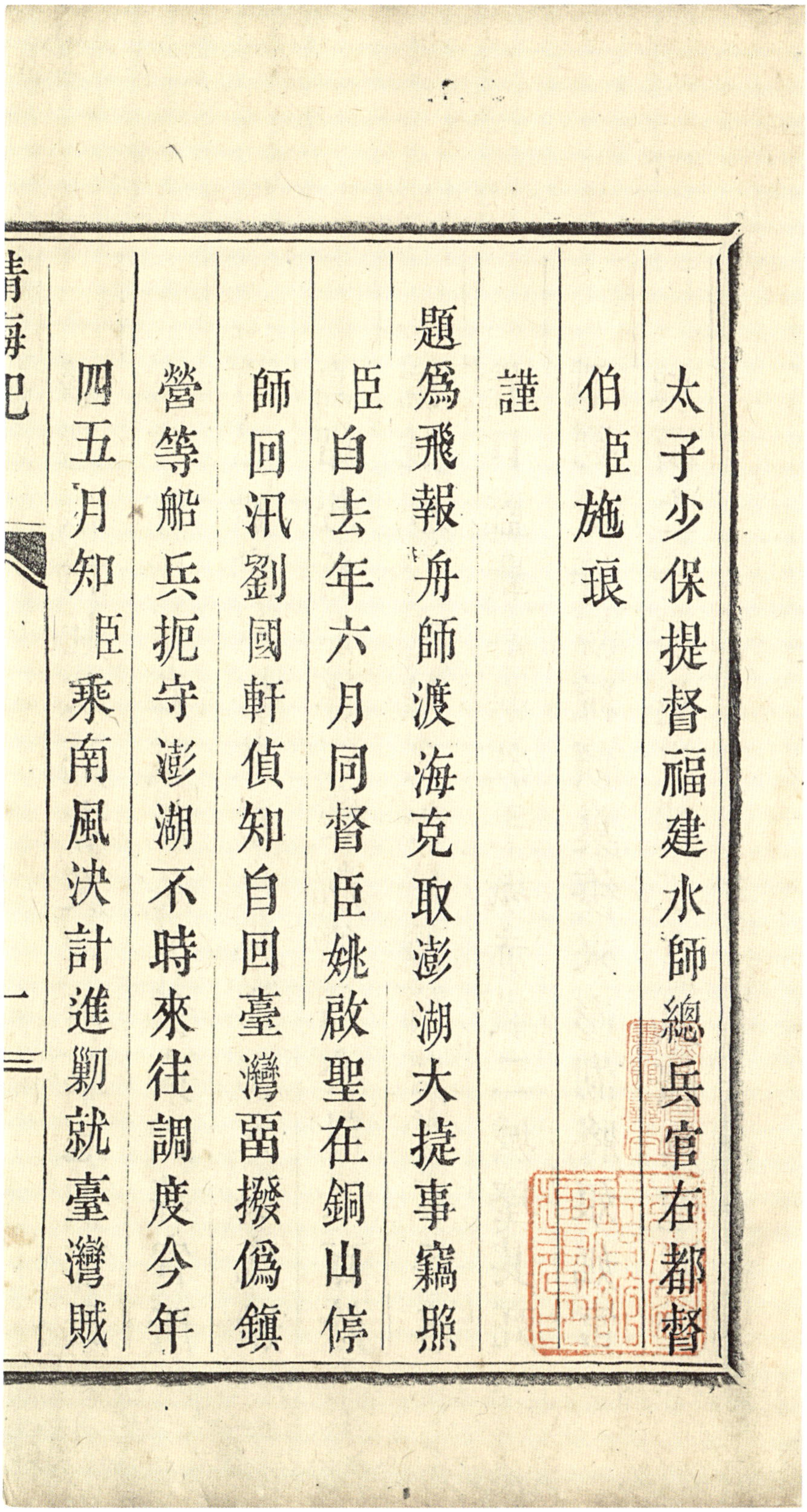

太子少保提督福建水師總兵官右都督
伯臣施琅
謹
題爲飛報舟師渡海克取澎湖大捷事竊照
臣自去年六月同督臣姚啟聖在銅山停
師回汛劉國軒偵知自回臺灣蒞撥僞鎮
營等船兵扼守澎湖不時來往調度今年
四五月知臣乘南風決計進剿就臺灣賊

靖海紀　一

10714　靖海紀不分卷　（清）施琅撰　（清）施世綸輯　清活字印本　遼寧省圖書館

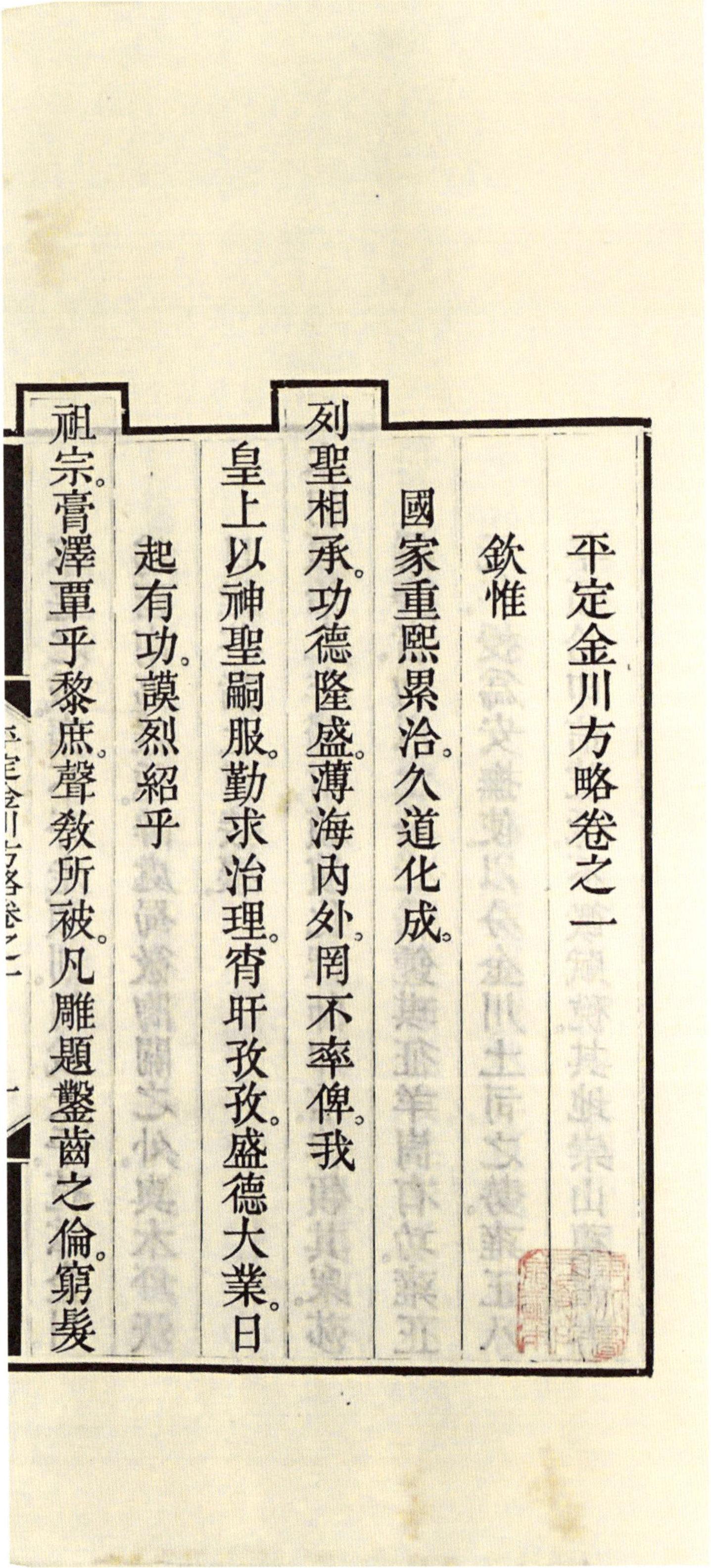

平定金川方略卷之一

欽惟

國家重熙累洽。久道化成。

列聖相承。功德隆盛。薄海內外。罔不率俾。我

皇上以神聖嗣服。勤求治理。宵旰孜孜。盛德大業。日

起有功。謨烈紹乎

祖宗。膏澤覃乎黎庶。聲教所被。凡雕題鑿齒之倫。窮髮

10715　平定金川方略二十六卷圖說一卷　（清）來保等撰　清乾隆十七年（1752）武英殿刻本　遼寧省圖書館

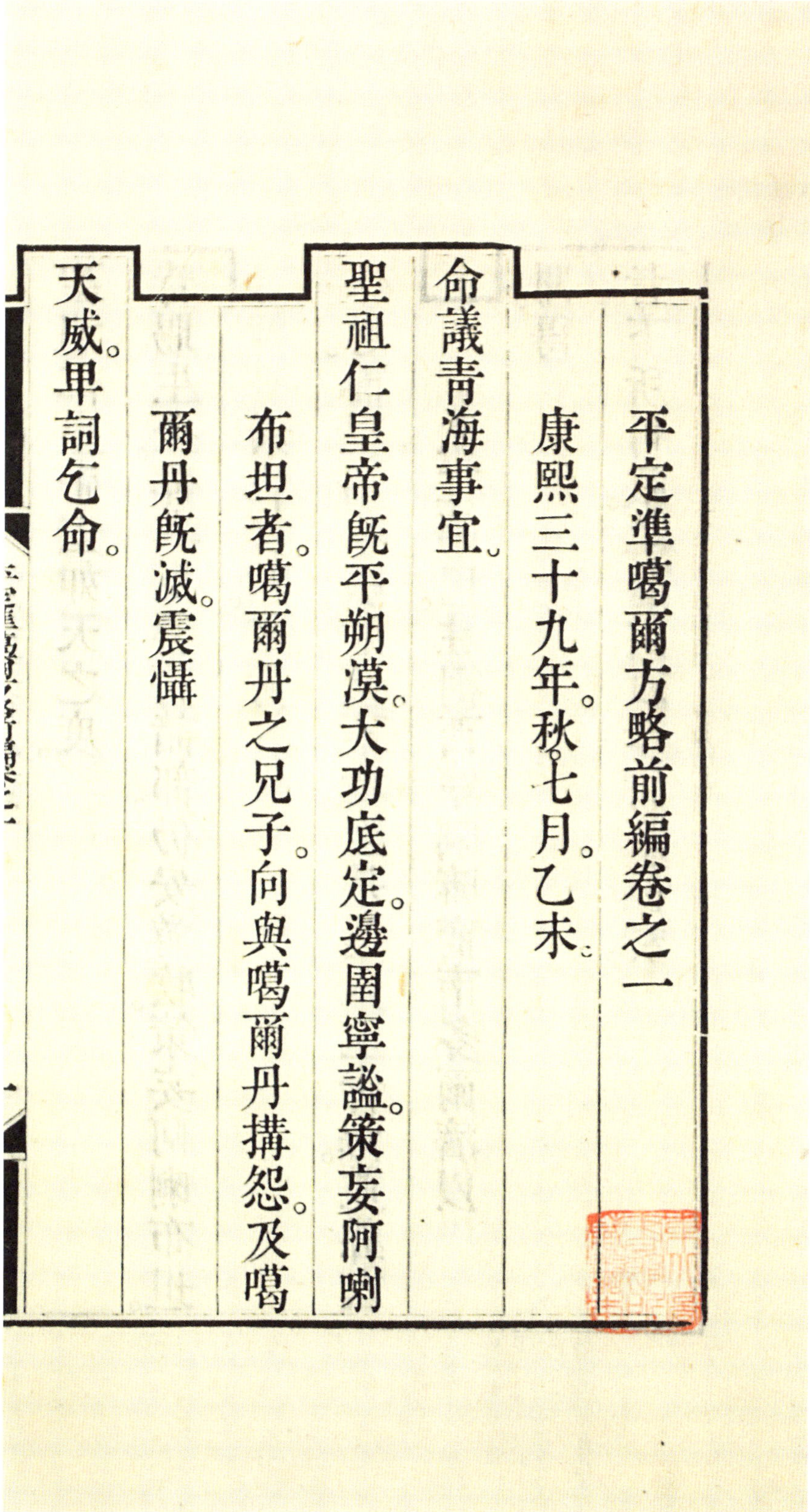

平定準噶爾方略前編卷之一

康熙三十九年秋七月乙未

命議青海事宜

聖祖仁皇帝既平朔漠大功底定邊圉寧謐策妄阿喇

布坦者噶爾丹之兄子向與噶爾丹搆怨及噶

爾丹既滅震懾

天威畀詞乞命

10716　平定準噶爾方略前編五十四卷正編八十五卷續編三十二卷紀略一卷　（清）傅恒等纂　清乾隆三十五年（1770）武英殿刻本　遼寧省圖書館

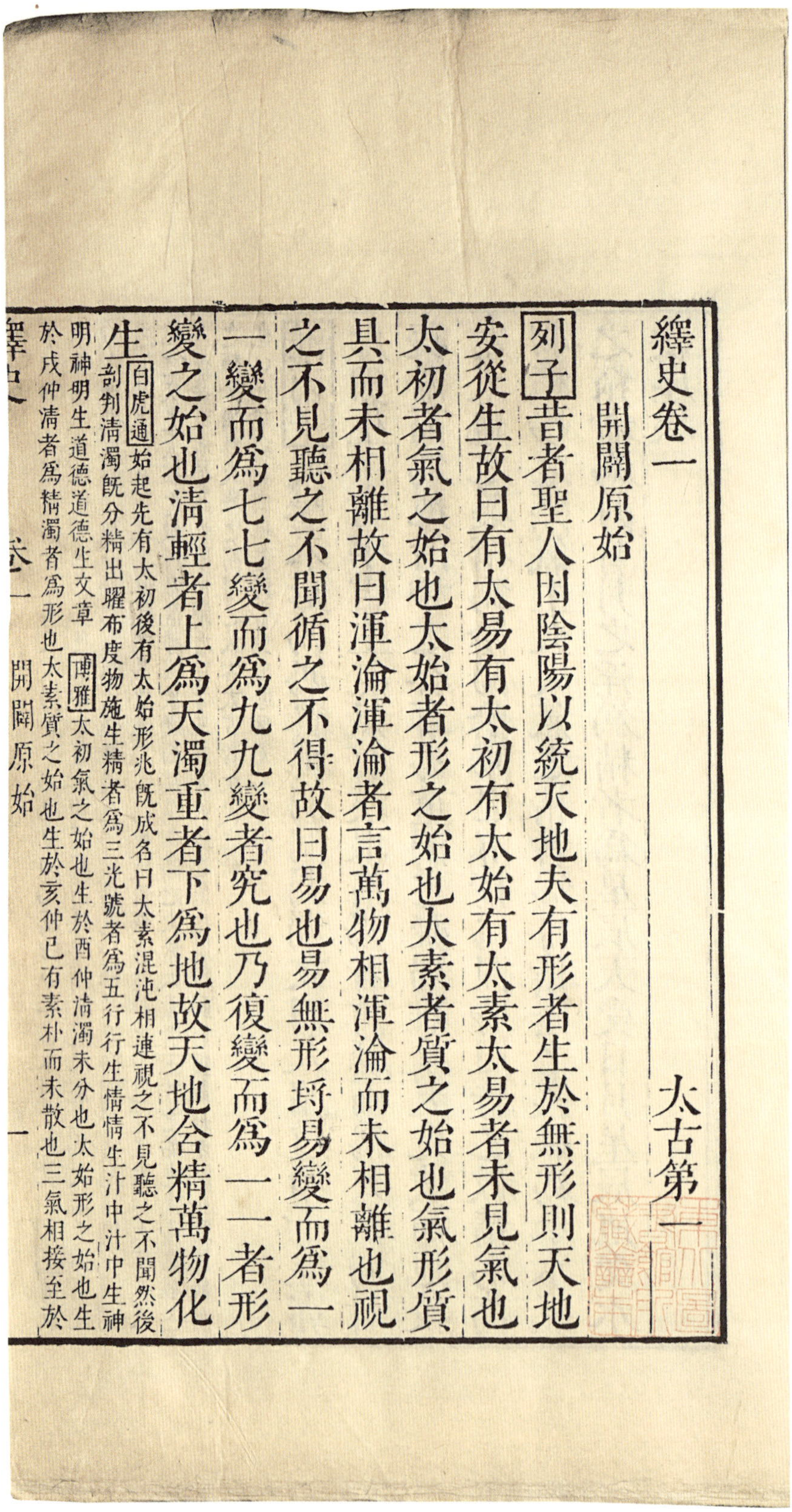

繹史卷一　太古第一

開闢原始

列子昔者聖人因陰陽以統天地夫有形者生於無形則天地安從生故曰有太易有太初有太始有太素太易者未見氣也太初者氣之始也太始者形之始也太素者質之始也氣形質具而未相離故曰渾淪渾淪者言萬物相渾淪而未相離也視之不見聽之不聞循之不得故曰易也易無形埒易變而爲一一變而爲七七變而爲九九變者究也乃復變而爲一一者形變之始也清輕者上爲天濁重者下爲地故天地含精萬物化生白虎通始起先有太初後有太始形兆既成名曰太素混沌相連視之不見聽之不聞然後剖判清濁既分精出曜布度物施生精者爲三光號者爲五行行生情情生汁中汁中生神明神明生道德道德生文章廣雅太初氣之始也生於酉仲清濁未分也太始形之始也生於戌仲清者爲精濁者爲形也太素質之始也生於亥仲已有素朴而未散也三氣相接至於

繹史　卷一　開闢原始　一

10717　繹史一百六十卷世系圖一卷年表一卷　（清）馬驌撰　清康熙九年（1670）馬驌刻内府印本　遼寧省圖書館

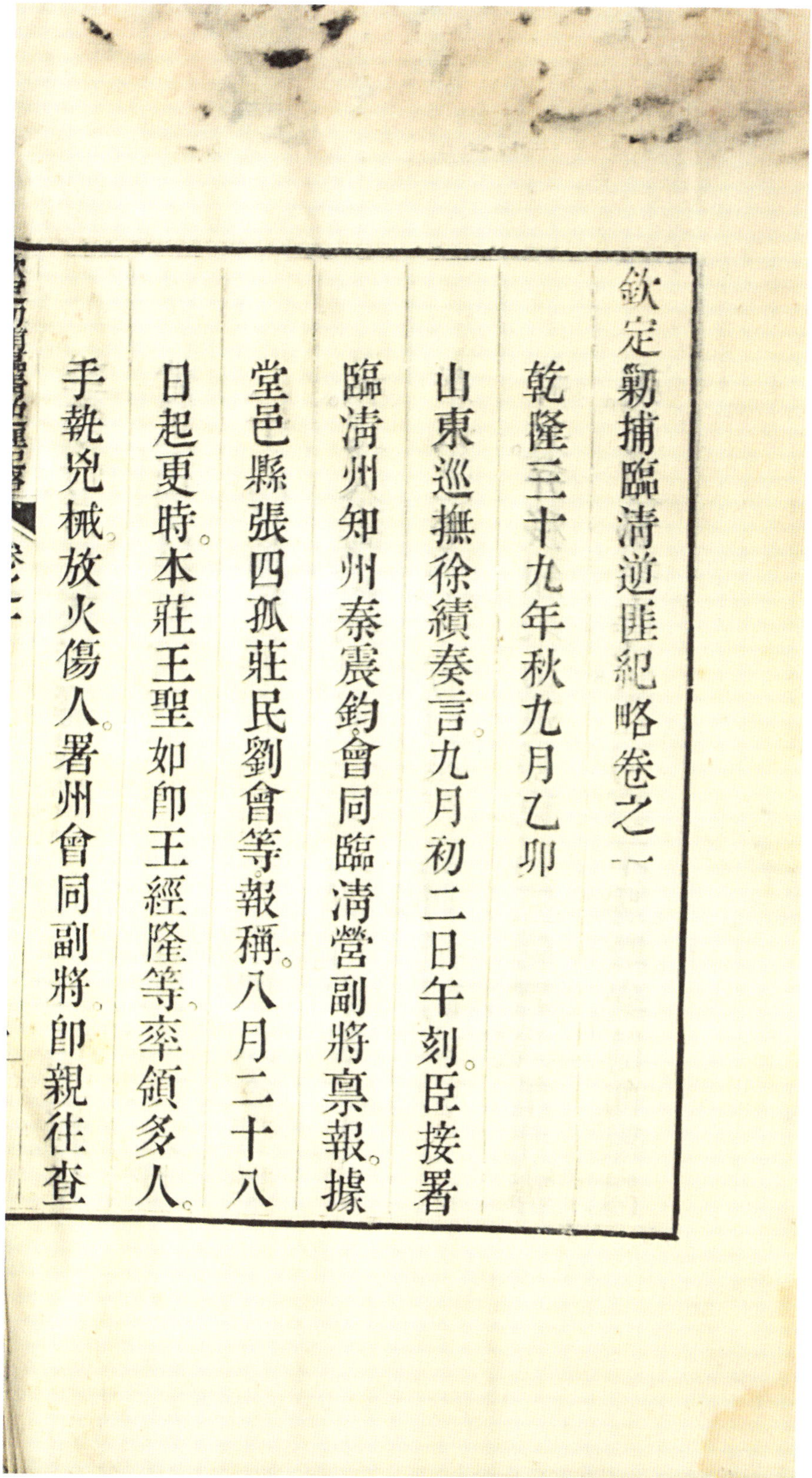

欽定勦捕臨清逆匪紀略卷之一
乾隆三十九年秋九月乙卯
山東巡撫徐績奏言九月初二日午刻臣接署
臨清州知州秦震鈞會同臨清營副將稟報據
堂邑縣張四孤莊民劉會等報稱八月二十八
日起更時本莊王聖如卽王經隆等率領多人
手執兇械放火傷人署州會同副將卽親往查

10718　欽定勦捕臨清逆匪紀略十六卷　（清）舒赫德等纂　清乾隆四十六年（1781）武英殿刻本　遼寧省圖書館

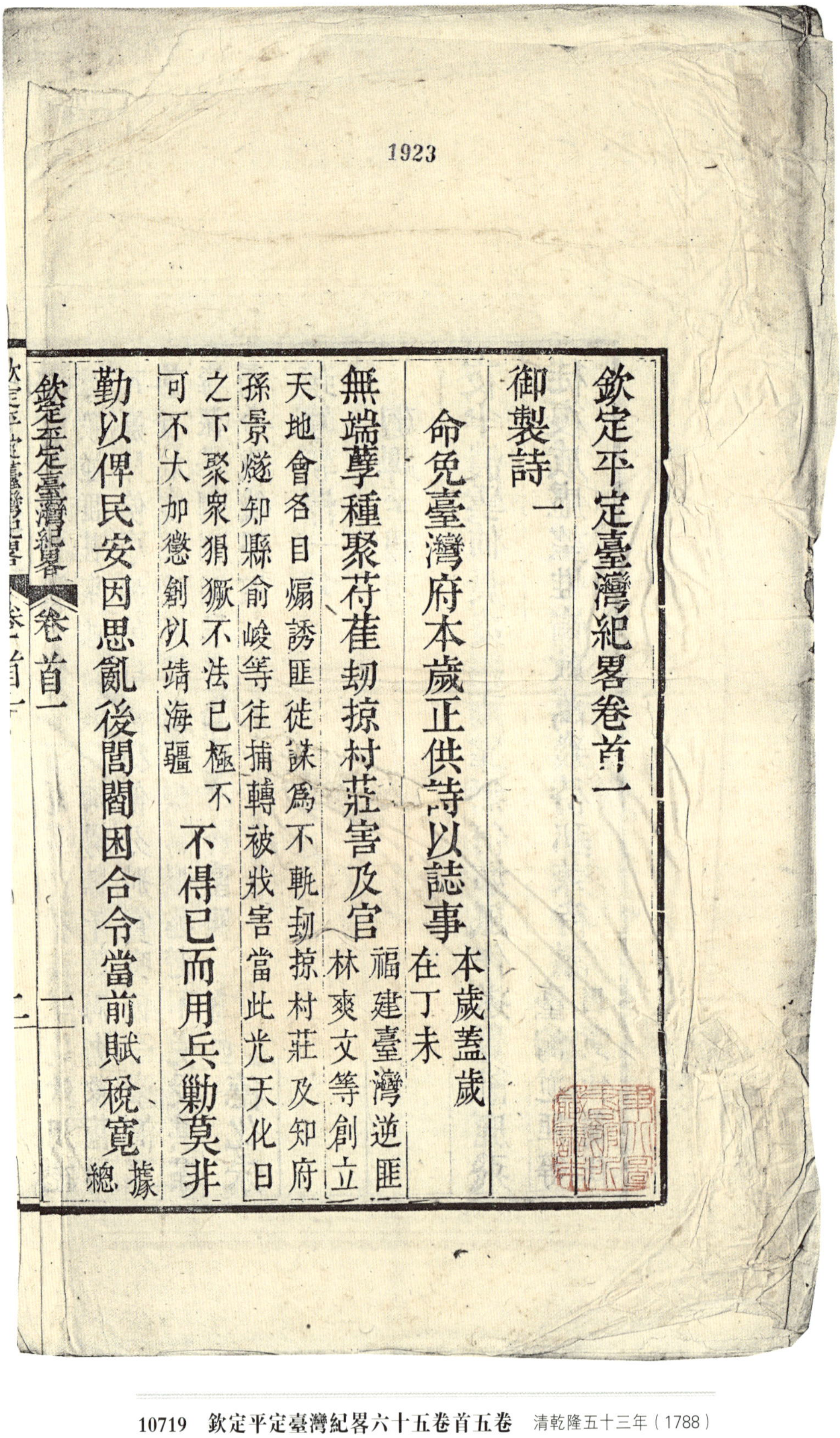

1923

欽定平定臺灣紀畧卷首一

御製詩一

命免臺灣府本歲正供詩以誌事 本歲蓋歲在丁未

無端孽種聚苻萑刼掠村莊害及官 福建臺灣逆匪林爽文等創立天地會名目煽誘匪徒謀爲不軌刼掠村莊及知府孫景燧知縣俞峻等往捕轉被戕害當此光天化日之下聚衆猖獗不法已極不可不大加懲剏以靖海疆 不得已而用兵勦莫非勤以俾民安因思亂後閭閻困合令當前賦稅寬 據總

欽定平定臺灣紀畧 卷首一 一

10719 欽定平定臺灣紀畧六十五卷首五卷 清乾隆五十三年（1788）

武英殿刻本 遼寧省圖書館

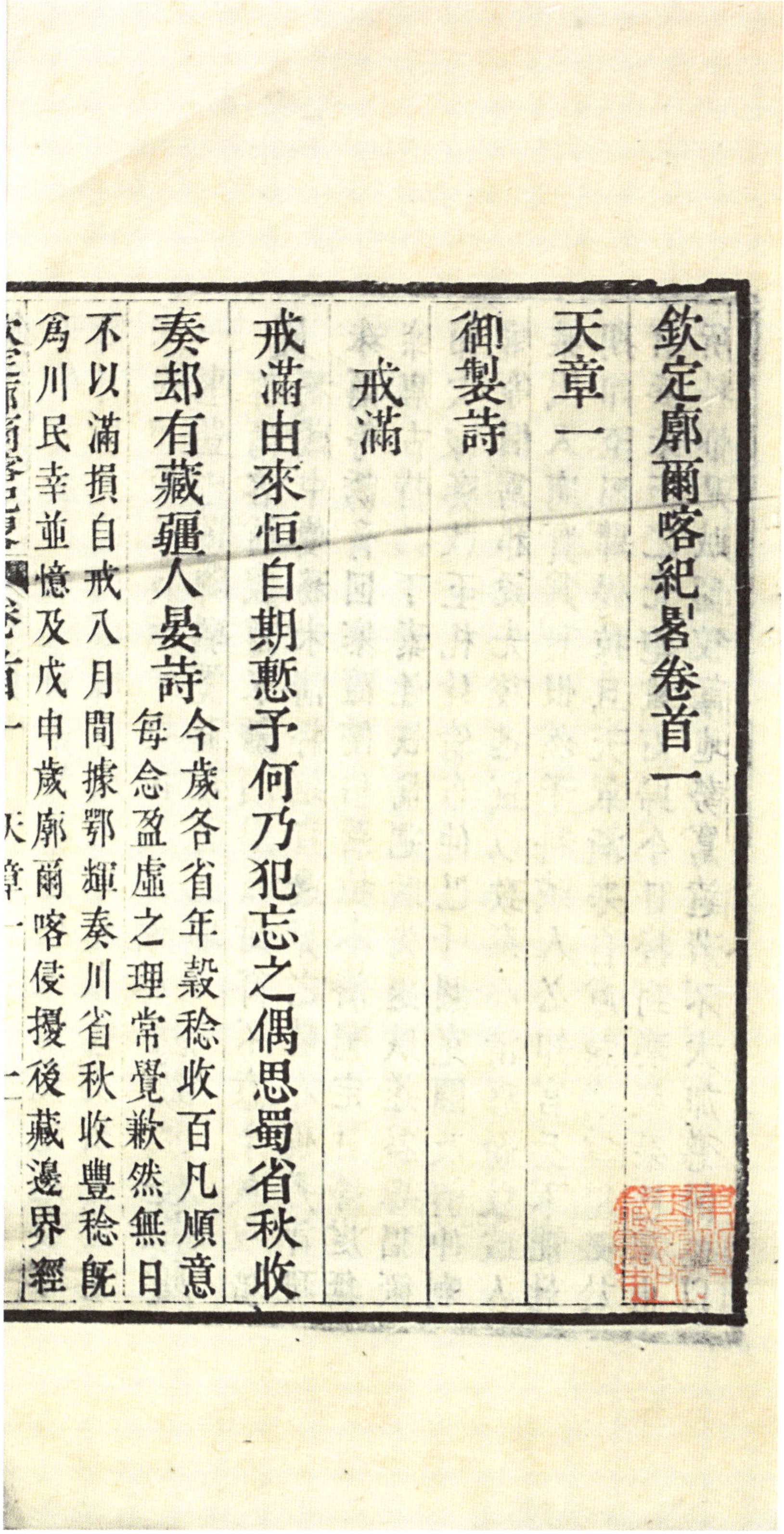
欽定廓爾喀紀畧卷首一
天章一
御製詩
戒滿
戒滿由來恒自期慙予何乃犯忘之偶思蜀省秋收
奏郤有藏疆人晏詩今歲各省年穀稔收百凡順意每念盈虛之理常覺歉然無日
不以滿損自戒八月間據鄂輝奏川省秋收豐稔旣
爲川民幸並憶及戊申歲廓爾喀侵擾後藏邊界經
欽定廓爾喀紀畧　卷首一　天章一

10720　欽定廓爾喀紀畧五十四卷首四卷　清乾隆六十年（1795）武英殿刻本　遼寧省圖書館

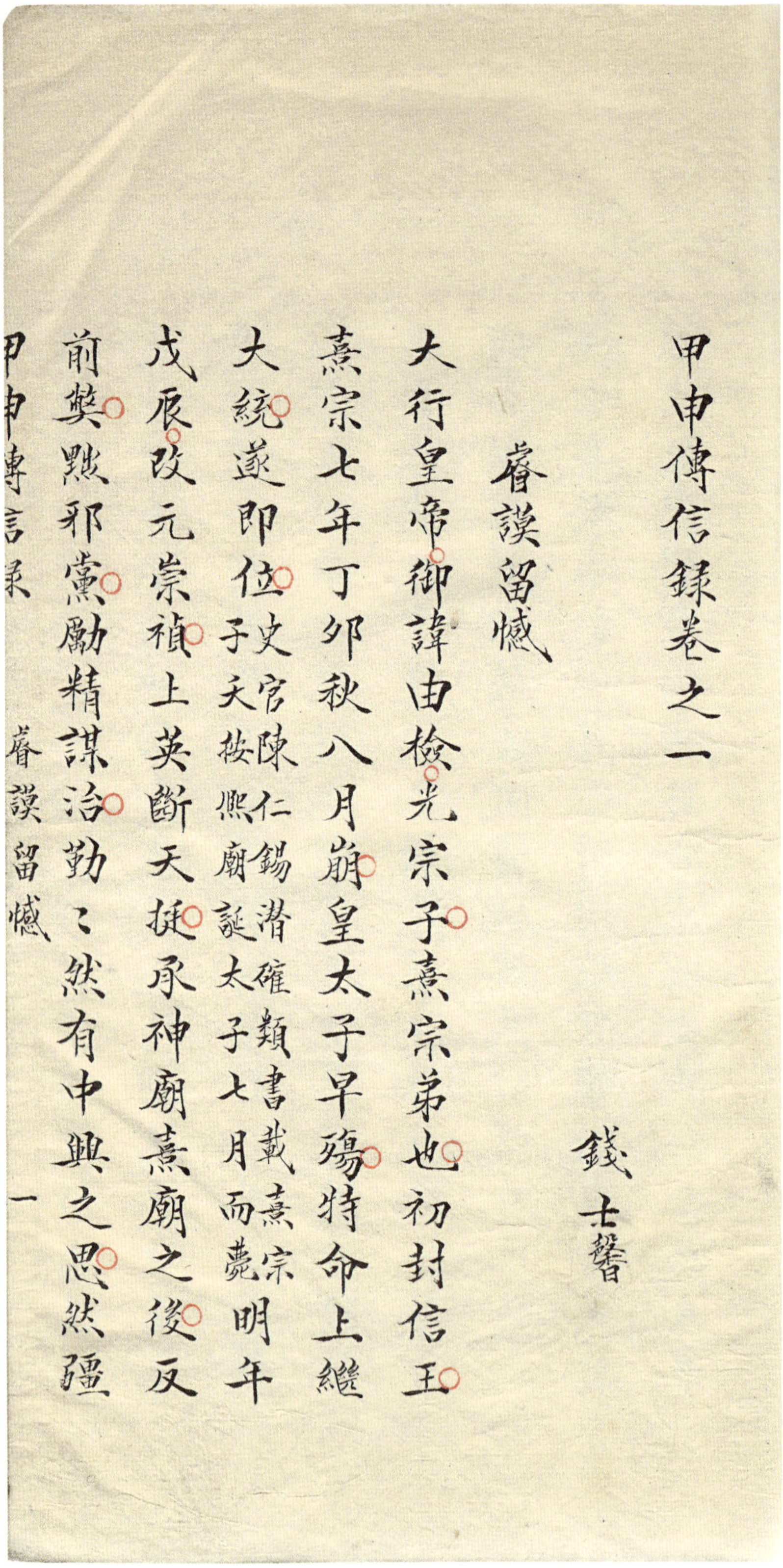
甲申傳信録卷之一
錢士馨
睿謨留憾
大行皇帝御諱由檢光宗子熹宗弟也初封信王
熹宗七年丁卯秋八月崩皇太子早殤特命上繼
大統遂即位史官陳仁錫潛確類書載熹宗子夭按熙廟誕太子七月而薨明年
戊辰改元崇禎上英斷天挺承神廟熹廟之後反
前弊黜邪黨勵精謀治勤勤然有中興之思然疆
甲申傳信録　睿謨留憾　一

10721　甲申傳信録十卷訂録一卷　（明）錢士馨撰　清抄本　大連圖書館

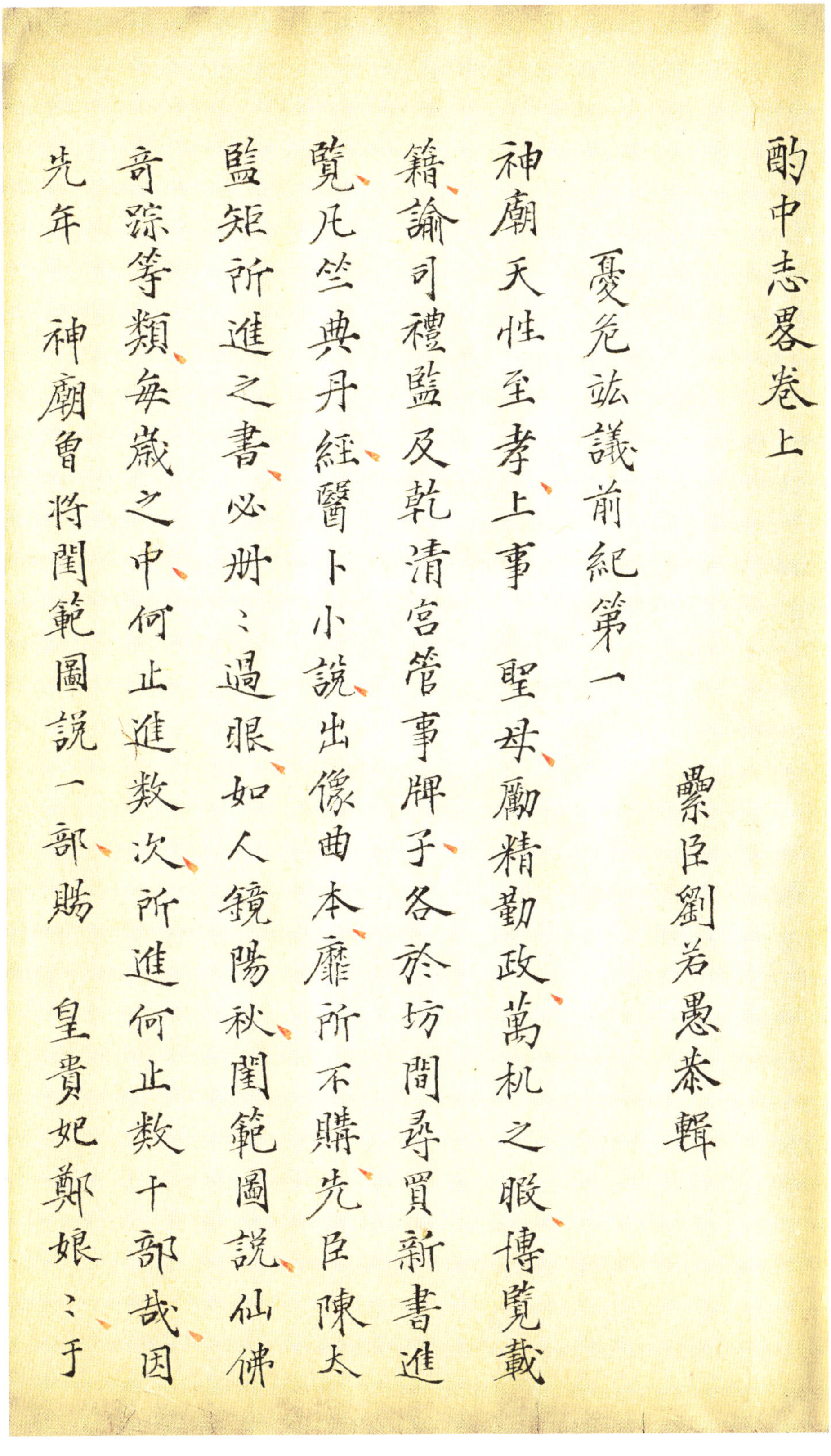
酌中志畧卷上
纍臣劉若愚恭輯
憂危竑議前紀第一
神廟天性至孝上事　聖母勵精勤政萬机之暇博覽載
籍諭司禮監及乾清宮管事牌子各於坊間尋買新書進
覽凡竺典丹經醫卜小說出像曲本靡所不購先臣陳太
監矩所進之書必册〻過眼如人鏡陽秋閨範圖說仙佛
奇踪等類每歲之中何止進數次所進何止數十部哉因
先年　神廟曾將閨範圖說一部賜　皇貴妃鄭娘〻于

10722　酌中志畧三卷　（明）劉若愚撰　清初抄本　大連圖書館

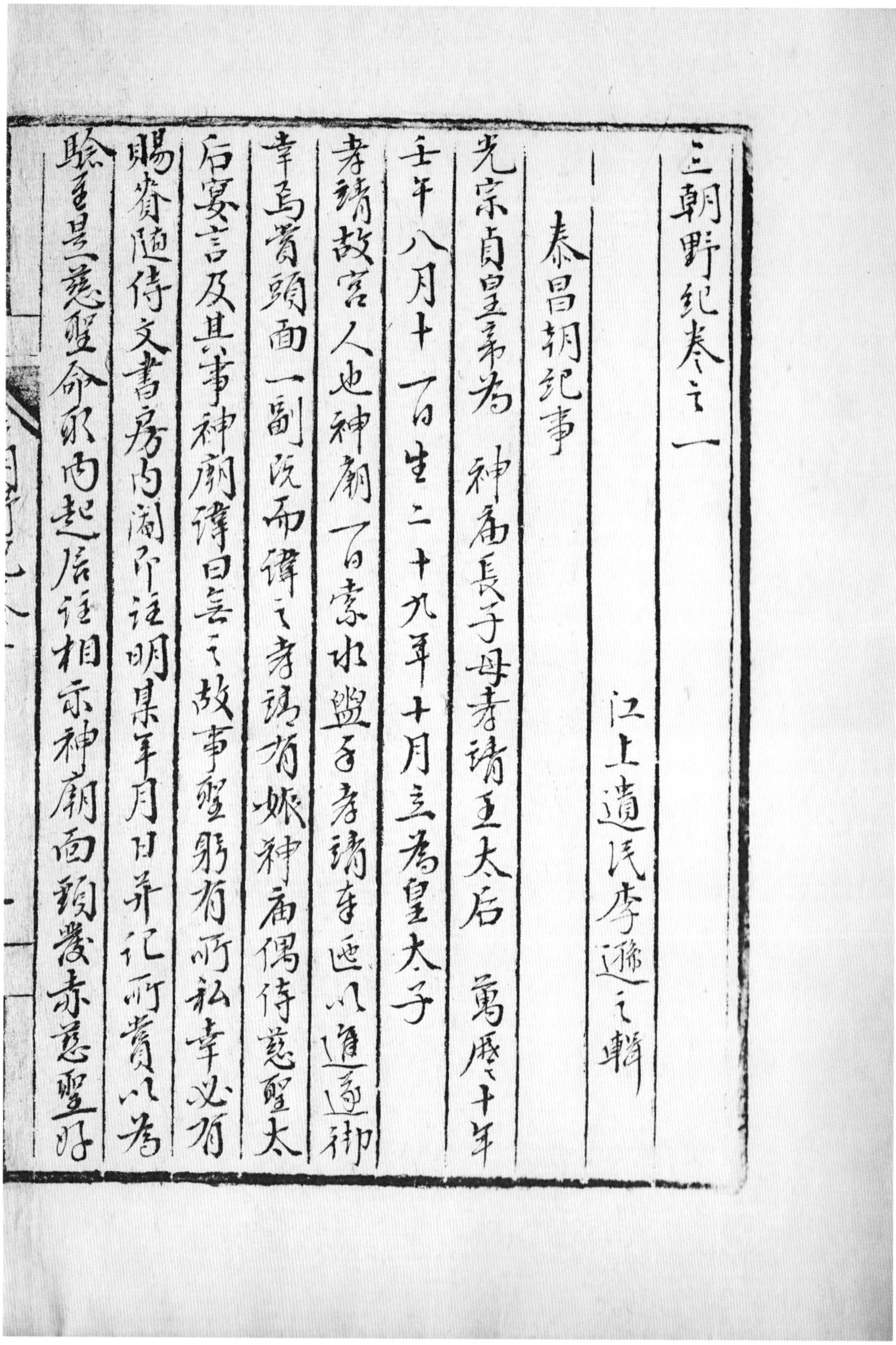

三朝野紀卷之一

江上遺民李遜之輯

泰昌朝紀事

光宗貞皇帝為 神廟長子母孝靖王太后 萬曆十年壬午八月十一日生二十九年十月立為皇太子孝靖故宮人也神廟一日索水盥手孝靖奉匜以進遂御幸焉賞頭面一副既而諱之孝靖有娠神廟偶侍慈聖太后宴言及其事神廟諱曰無之故事聖躬有所私幸必有賜賚隨侍文書房內閣即註明某年月日并記所賞以為驗至是慈聖命取內起居註相示神廟面頸發赤慈聖好

10723 三朝野紀七卷 （明）李遜之撰 清抄本 大連圖書館

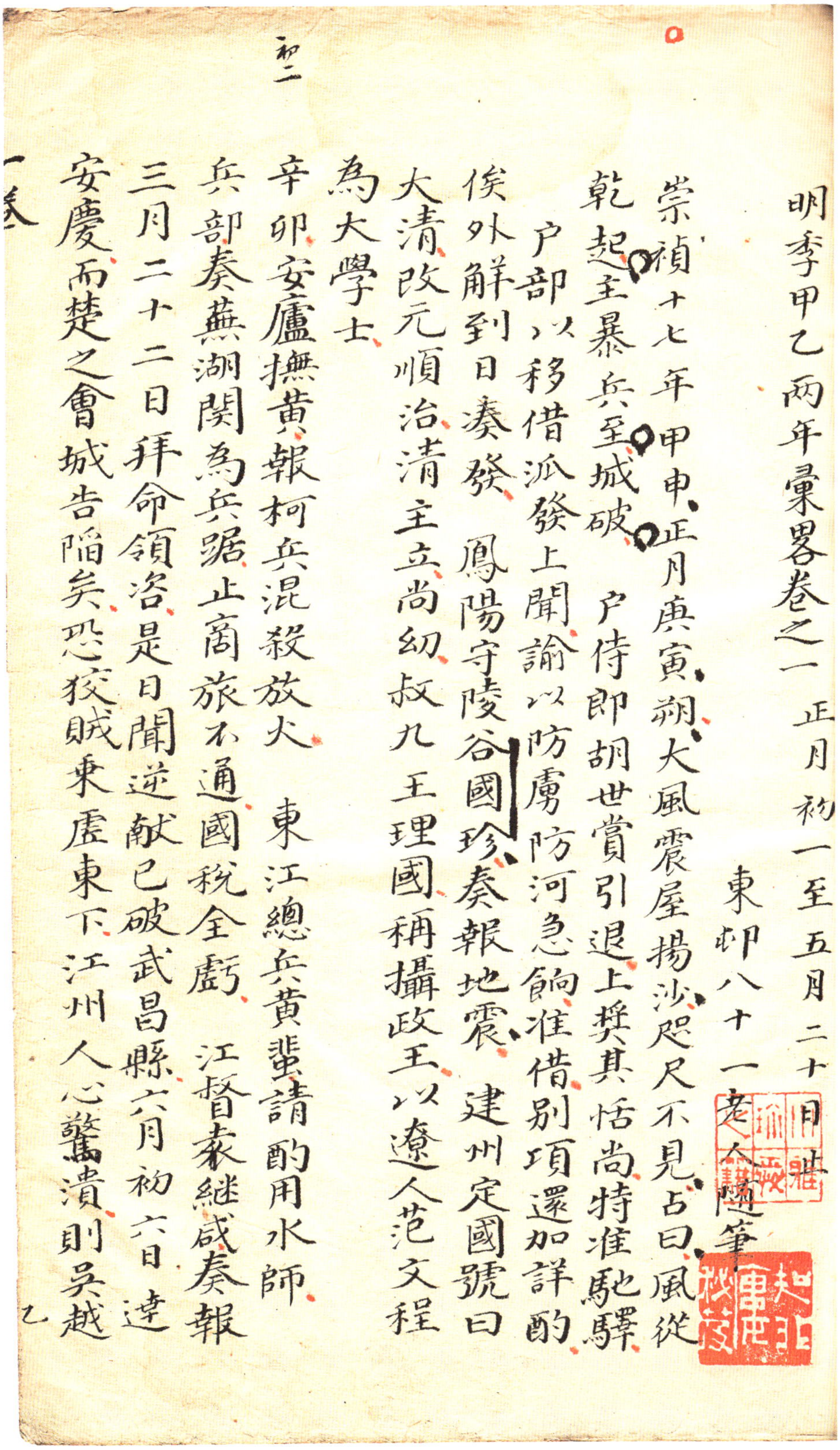

明季甲乙兩年彙畧卷之一　正月初一至五月二十日止

東村八十一老人隨筆

崇禎十七年甲申正月庚寅朔大風震屋揚沙咫尺不見占曰風從
乾起主暴兵至城破　户侍郎胡世賞引退上奬其恬尚特准馳驛
户部以移借泒發上聞諭以防虜防河急餉准借別項還加詳酌
俟外解到日奏發　鳳陽守陵谷國珍奏報地震　建州定國號曰
大清改元順治清主立尚幼叔九王理國稱攝政王以遼人范文程
為大學士

初二
辛卯安廬撫黄報柯兵混殺放火　東江總兵黄蜚請酌用水師
兵部奏蕪湖關為兵踞止商旅不通國税全虧　江督袁継咸奏報
三月二十二日拜命領咨是日聞逆献已破武昌縣六月初六日達
安慶而楚之會城告陷矣恐狡賊乘虛東下江州人心驚潰則吳越

乙
一卷

10724　明季甲乙两年彙畧三卷　（明）許重熙撰　清初抄本　大連圖書館

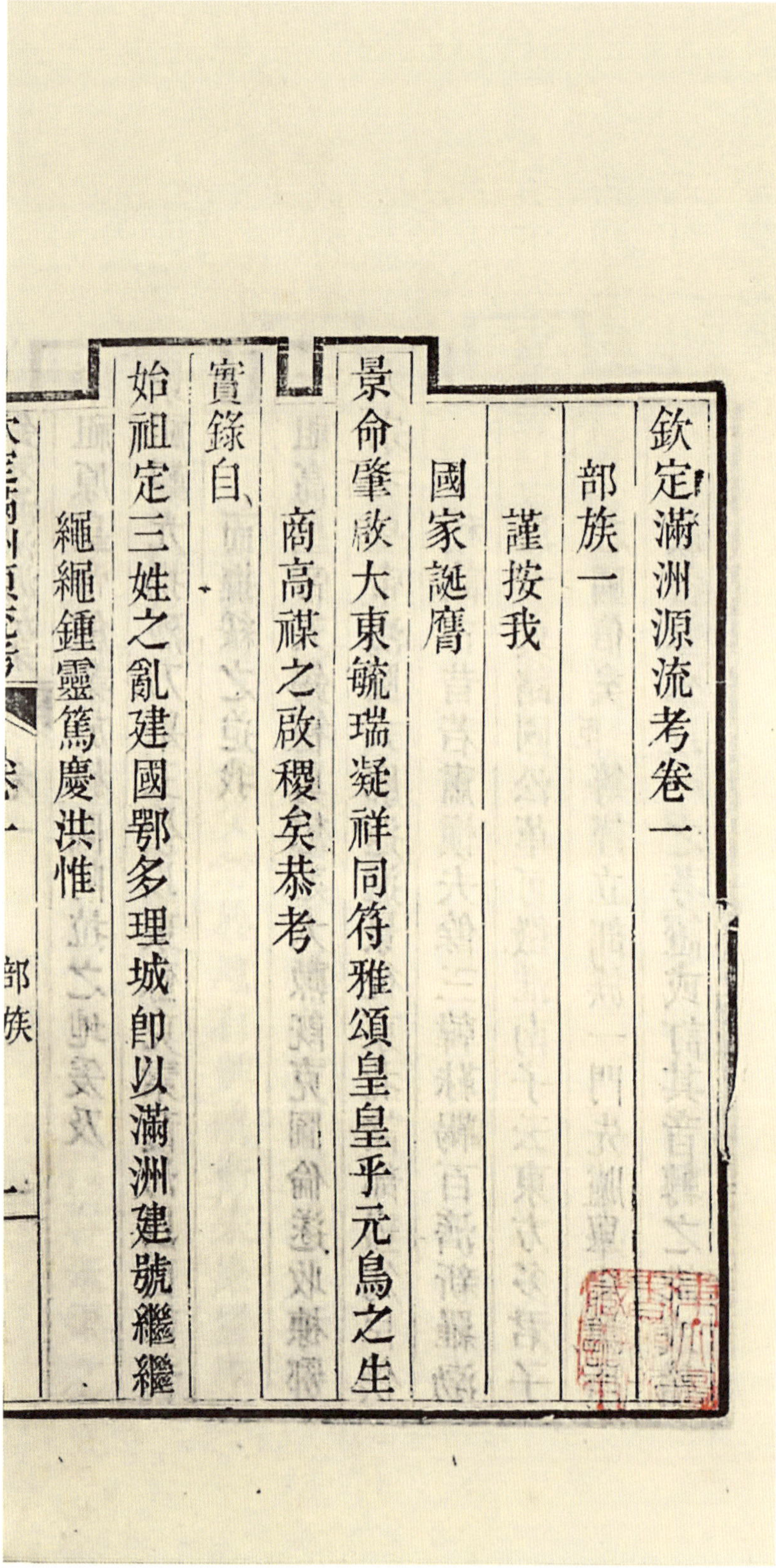
欽定滿洲源流考卷一
部族一
謹按我
國家誕膺
景命肇啟大東毓瑞凝祥同符雅頌皇皇乎元鳥之生
商高禖之啟稷矣恭考
實録自
始祖定三姓之亂建國鄂多理城即以滿洲建號繼繼
繩繩鍾靈篤慶洪惟

10725　欽定滿洲源流考二十卷　（清）阿桂等撰　清乾隆四十二年（1777）
武英殿刻本　遼寧省圖書館

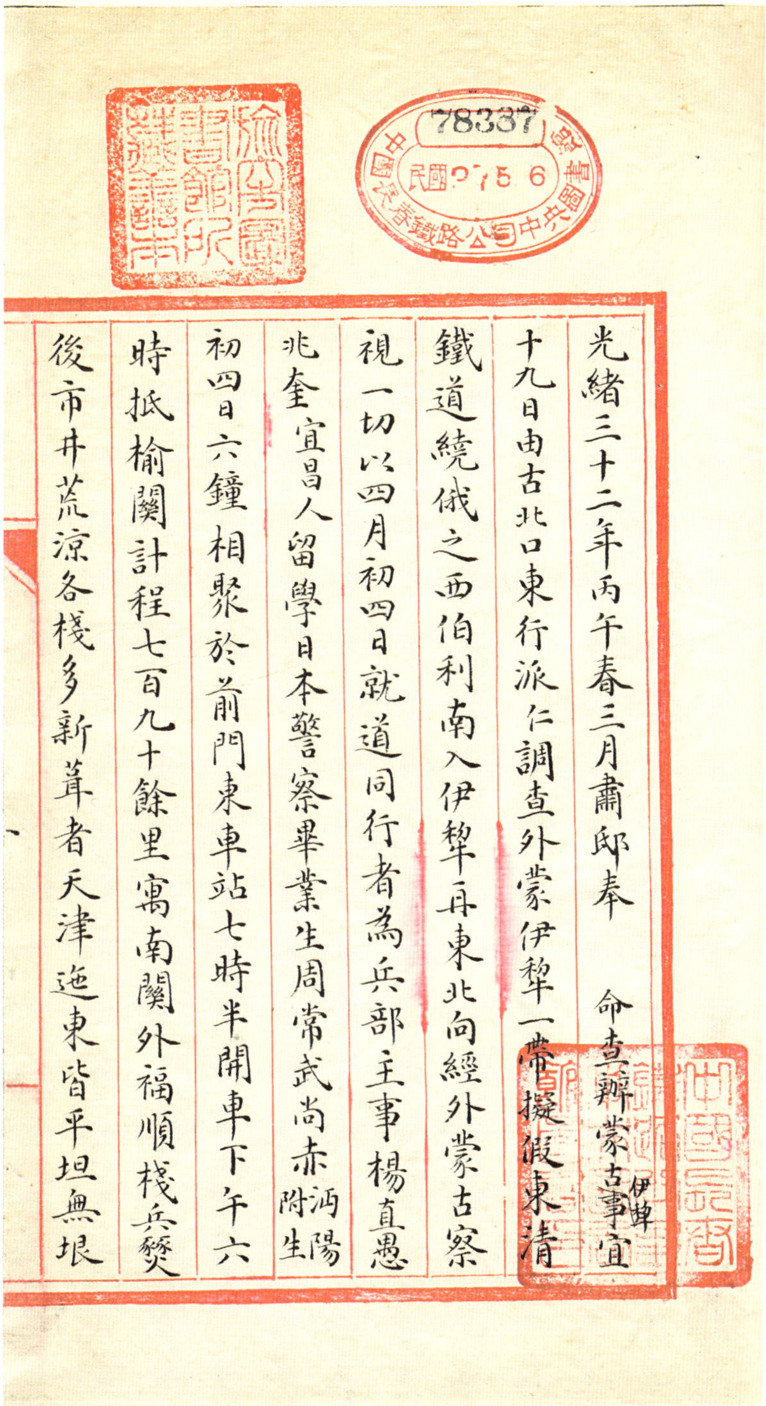
光緒三十二年丙午春三月肅邸奉
命查辦伊犁蒙古事宜
十九日由古北口東行派仁調查外蒙伊犁一帶擬假東清
鐵道繞俄之西伯利南入伊犁再東北向經外蒙古察
視一切以四月初四日就道同行者為兵部主事楊直愚
兆奎宜昌人留學日本警察畢業生周常武尚赤沔陽附生
初四日六鐘相聚於前門東車站七時半開車下午六
時抵榆關計程七百九十餘里寓南關外福順棧兵燹
後市井荒涼各棧多新葺者天津迤東皆平坦無垠

10726　查辦伊犁蒙古事宜不分卷　（清）善耆撰　清抄本　大連圖書館

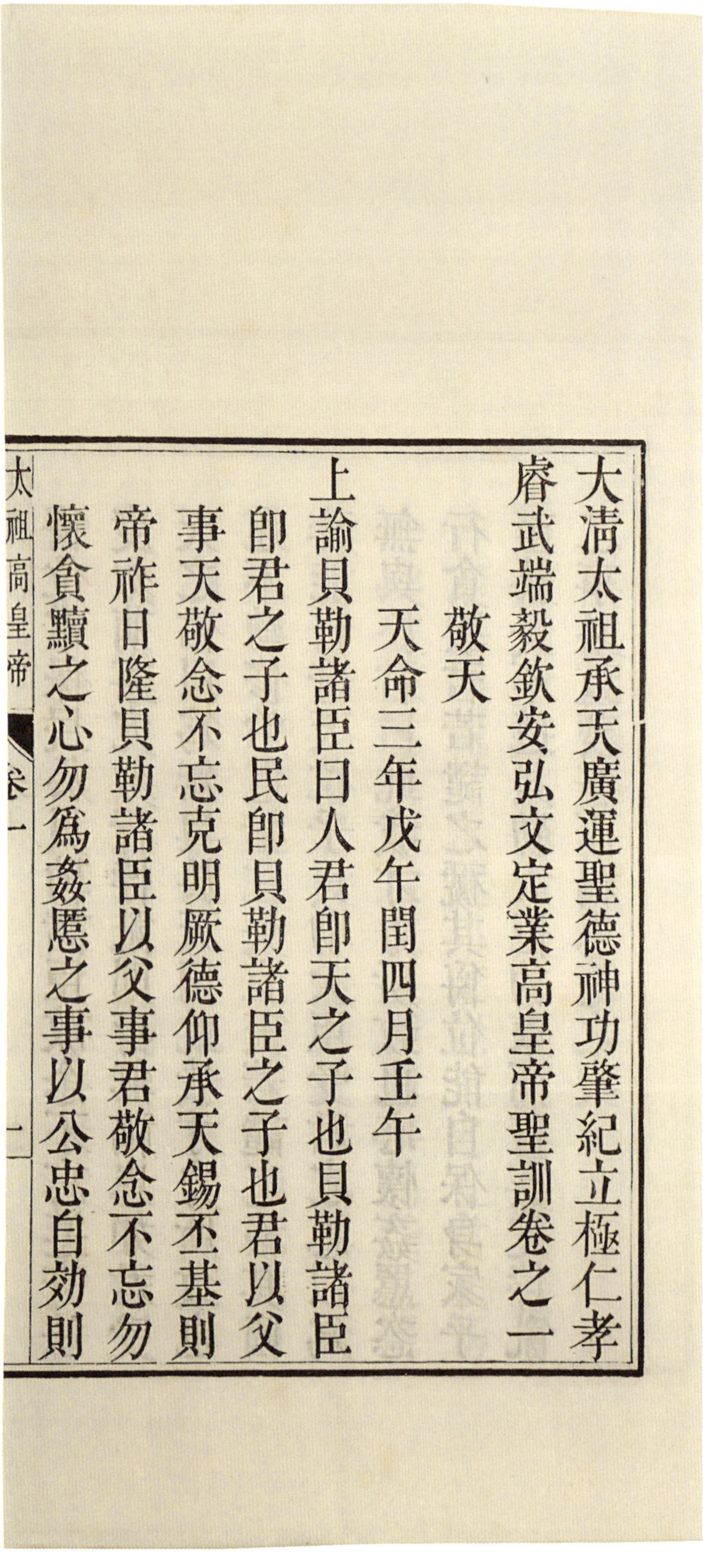

大清太祖承天廣運聖德神功肇紀立極仁孝
睿武端毅欽安弘文定業高皇帝聖訓卷之一
敬天
天命三年戊午閏四月壬午
上諭貝勒諸臣曰人君即天之子也貝勒諸臣
即君之子也民即貝勒諸臣之子也君以父
事天敬念不忘克明厥德仰承天錫丕基則
帝祚日隆貝勒諸臣以父事君敬念不忘勿
懷貪黷之心勿爲姦慝之事以公忠自効則

太祖高皇帝 卷一 一

10727 太祖高皇帝聖訓四卷 （清）太祖努爾哈赤撰 清乾隆四年（1739）武英殿刻本 遼寧省圖書館

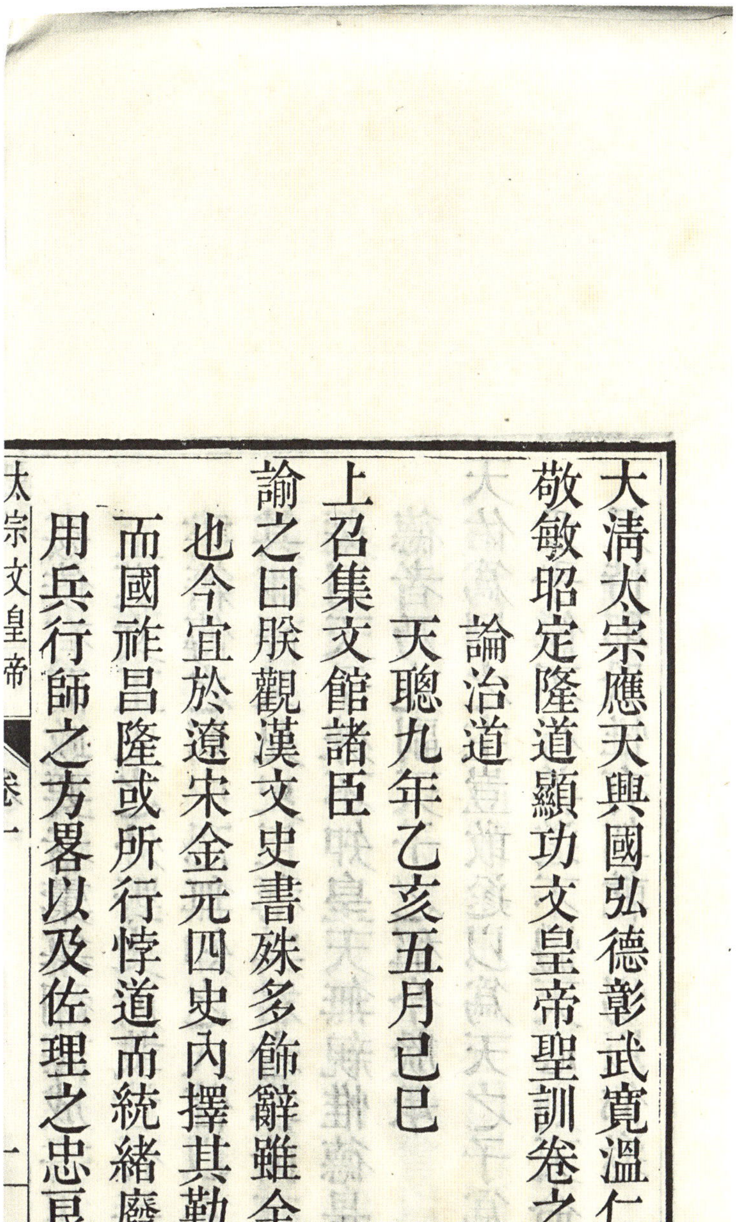

大清太宗應天興國弘德彰武寬溫仁聖睿孝
敬敏昭定隆道顯功文皇帝聖訓卷之一
論治道
天聰九年乙亥五月己巳
上召集文館諸臣
諭之曰朕觀漢文史書殊多飾辭雖全覽無益
也今宜於遼宋金元四史內擇其勤於求治
而國祚昌隆或所行悖道而統緒廢墜與夫
用兵行師之方畧以及佐理之忠良亂國之

太宗文皇帝　卷一　一

10728　太宗文皇帝聖訓六卷　（清）太宗皇太極撰　清乾隆四年（1739）武英殿刻本　遼寧省圖書館

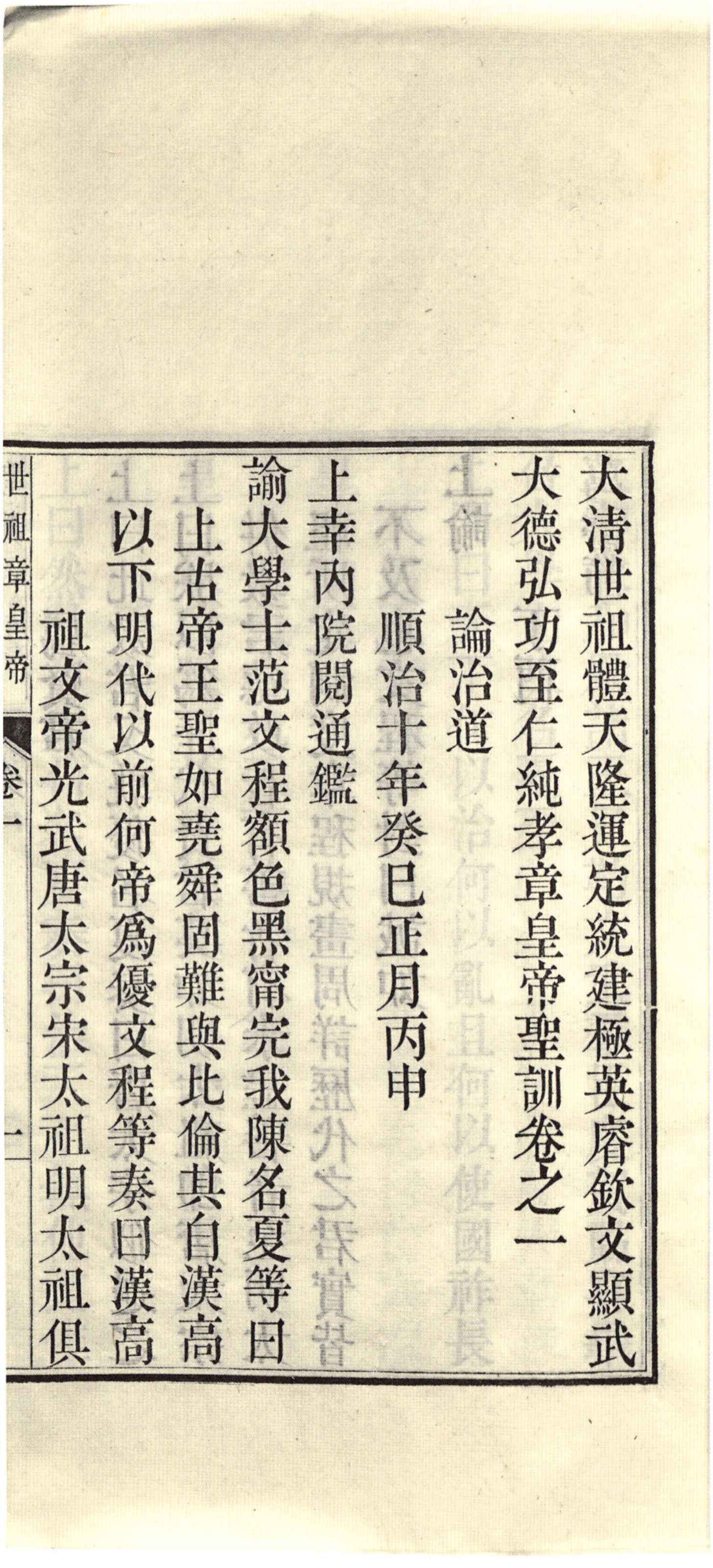
大清世祖體天隆運定統建極英睿欽文顯武
大德弘功至仁純孝章皇帝聖訓卷之一
論治道
順治十年癸巳正月丙申
上幸內院閱通鑑
諭大學士范文程額色黑甯完我陳名夏等曰
上古帝王聖如堯舜固難與比倫其自漢高
以下明代以前何帝爲優文程等奏曰漢高
祖文帝光武唐太宗宋太祖明太祖俱

世祖章皇帝　卷一　一

10729　世祖章皇帝聖訓六卷　（清）世祖福臨撰　清乾隆四年（1739）武英殿刻本　遼寧省圖書館

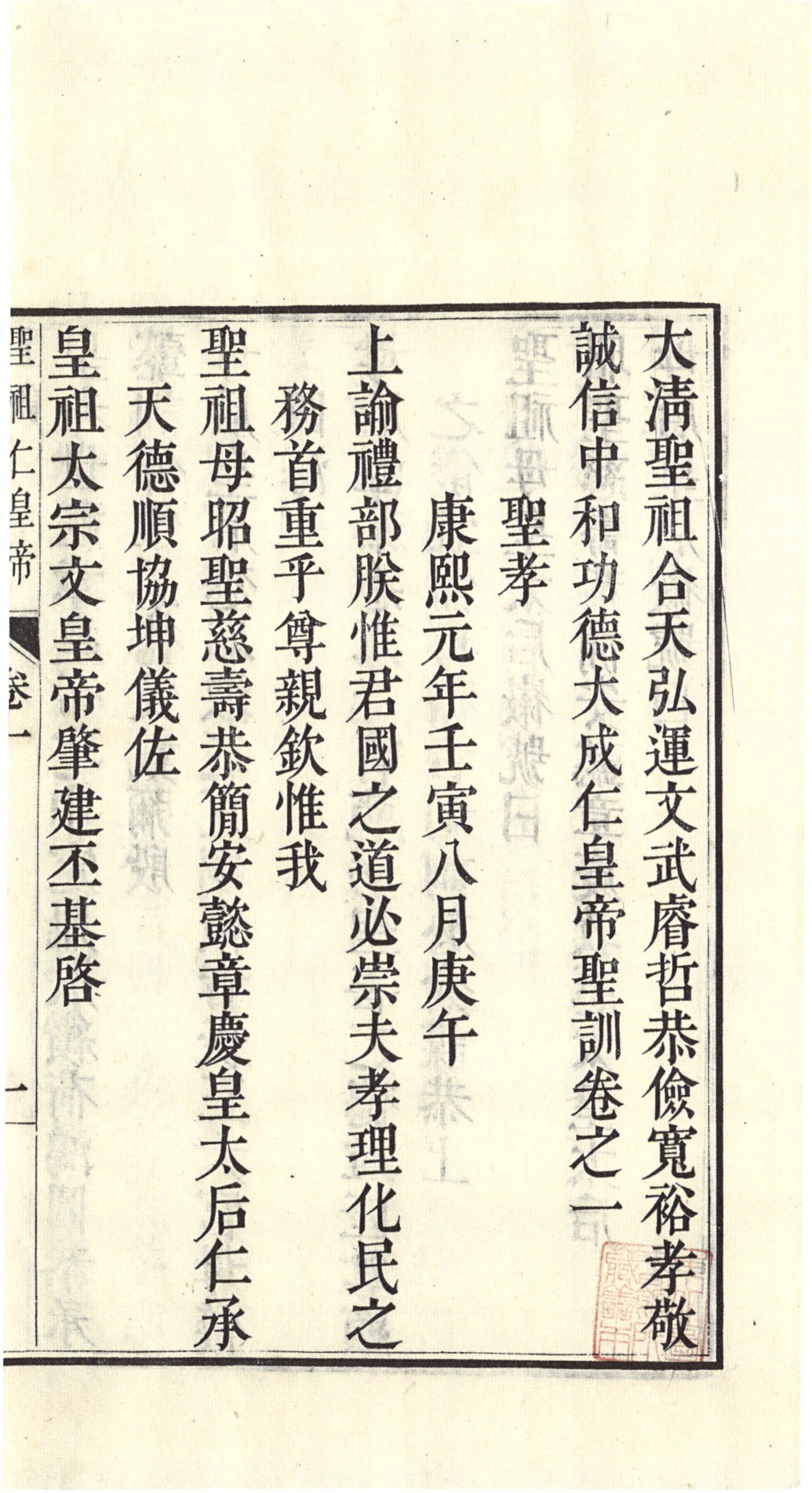
大清聖祖合天弘運文武睿哲恭儉寬裕孝敬
誠信中和功德大成仁皇帝聖訓卷之一
聖孝
康熙元年壬寅八月庚午
上諭禮部朕惟君國之道必崇夫孝理化民之
務首重乎尊親欽惟我
聖祖母昭聖慈壽恭簡安懿章慶皇太后仁承
天德順協坤儀佐
皇祖太宗文皇帝肇建丕基啓

聖祖仁皇帝　卷一　一

10730　聖祖仁皇帝聖訓六十卷　（清）聖祖玄燁撰　清乾隆六年（1741）武英殿刻本　遼寧省圖書館

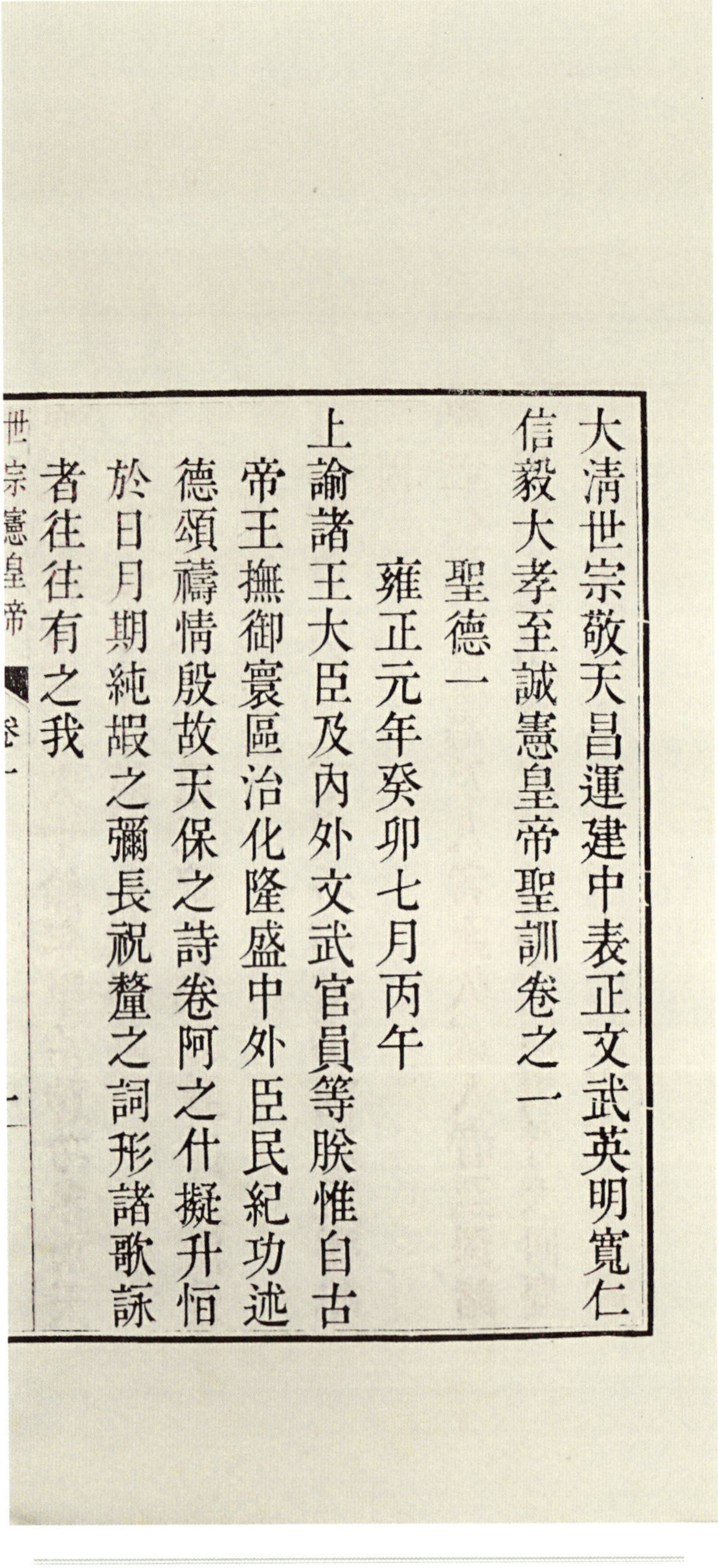

大清世宗敬天昌運建中表正文武英明寬仁
信毅大孝至誠憲皇帝聖訓卷之一
聖德一
雍正元年癸卯七月丙午
上諭諸王大臣及內外文武官員等朕惟自古
帝王撫御寰區治化隆盛中外臣民紀功述
德頌禱情殷故天保之詩卷阿之什擬升恒
於日月期純嘏之彌長祝釐之詞形諸歌詠
者往往有之我

世宗憲皇帝 卷一 一

10731 世宗憲皇帝聖訓三十六卷 （清）世宗胤禛撰 清乾隆六年（1741）武英殿刻本 遼寧省圖書館

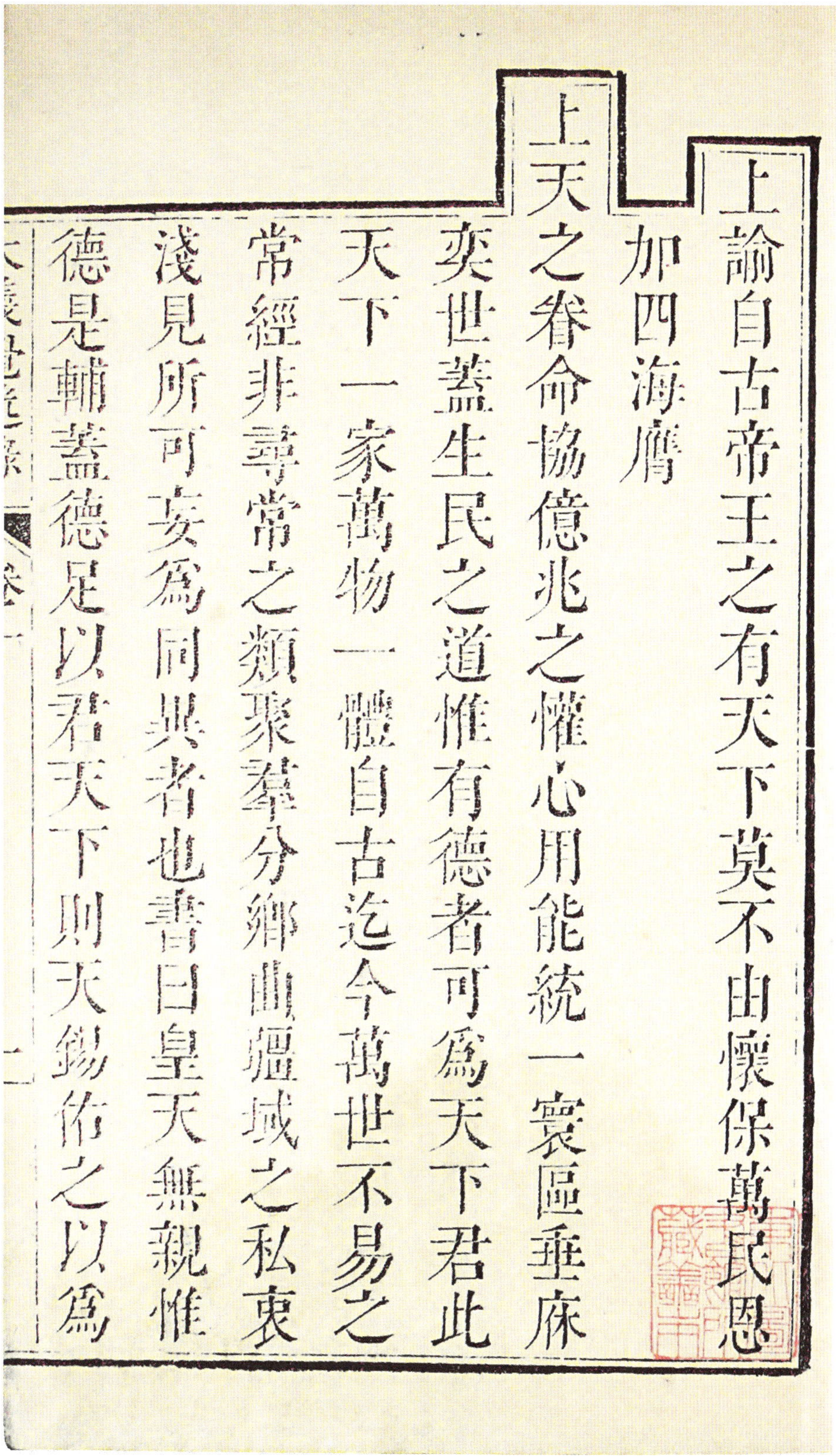
上諭自古帝王之有天下莫不由懷保萬民恩
加四海膺
上天之眷命協億兆之懽心用能統一寰區垂庥
奕世葢生民之道惟有德者可爲天下君此
天下一家萬物一體自古迄今萬世不易之
常經非尋常之類聚羣分鄉曲疆域之私衷
淺見所可妄爲同異者也書曰皇天無親惟
德是輔葢德足以君天下則天錫佑之以爲

大義覺迷錄　卷一

10732　大義覺迷録四卷　（清）世宗胤禛撰　清雍正八年（1730）内府刻本　遼寧省圖書館

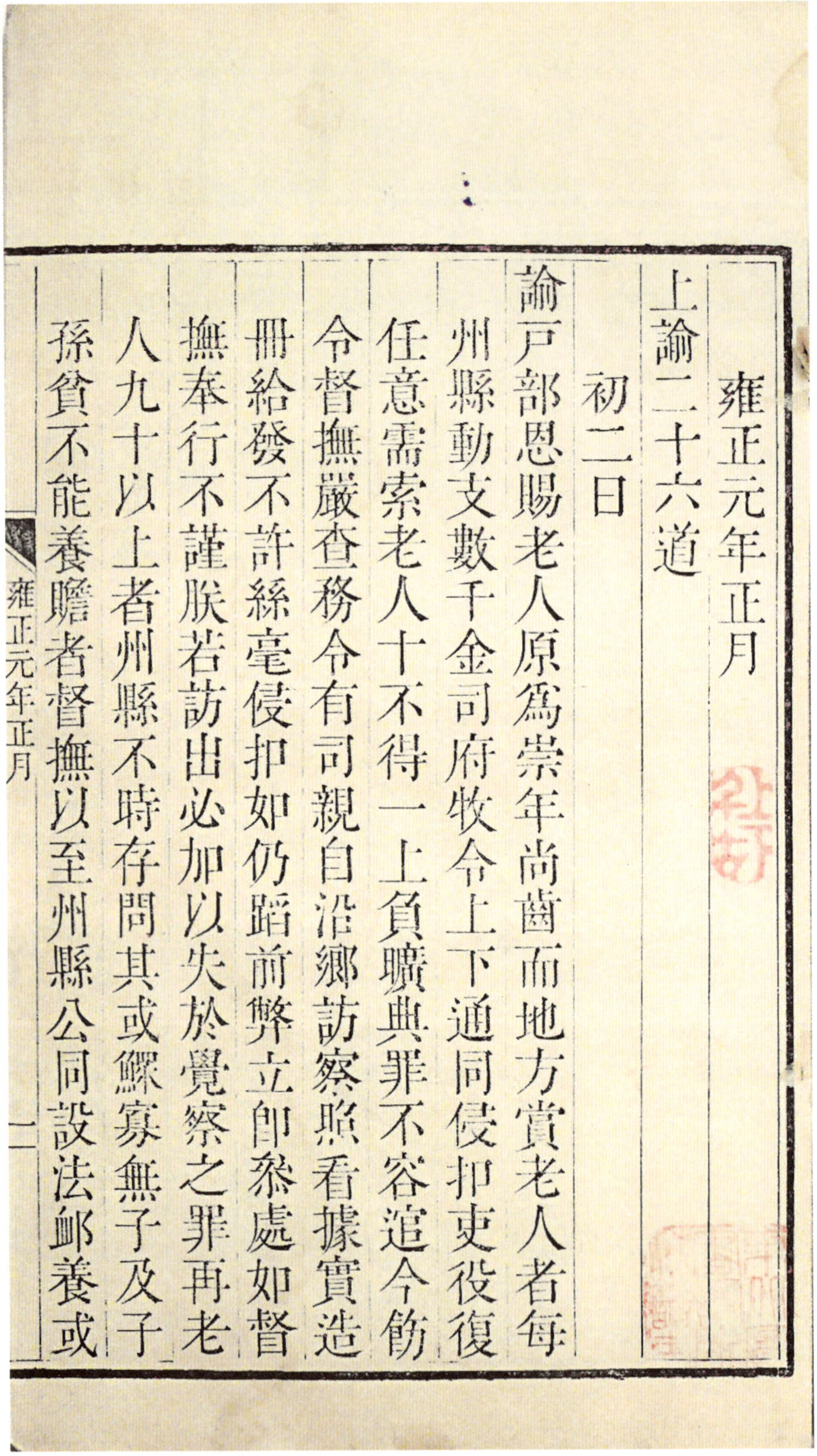
雍正元年正月

上諭二十六道

初二日

諭戸部恩賜老人原爲崇年尚齒而地方賞老人者每州縣動支數千金司府牧令上下通同侵扣吏役復任意需索老人十不得一上負曠典罪不容逭今飭令督撫嚴查務令有司親自沿鄉訪察照看據實造冊給發不許絲毫侵扣如仍蹈前弊立即叅處如督撫奉行不謹朕若訪出必加以失於覺察之罪再老人九十以上者州縣不時存問其或鰥寡無子及子孫貧不能養贍者督撫以至州縣公同設法䘏養或

雍正元年正月　二

10733　世宗上諭内閣一百五十九卷　（清）世宗胤禛撰　（清）允禄等編　清雍正九年（1731）内府刻乾隆六年（1741）武英殿續刻本　遼寧省圖書館

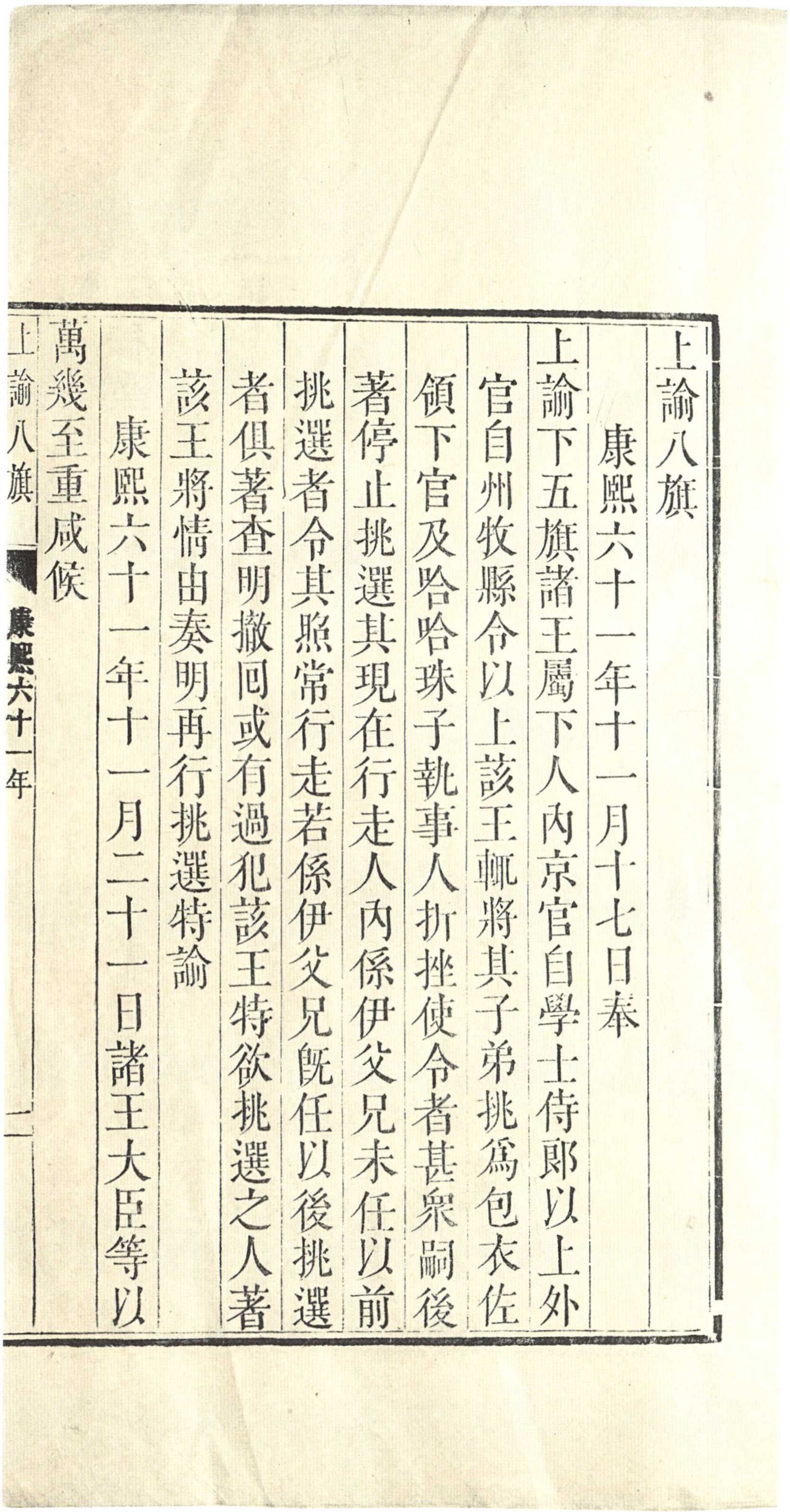

上諭八旗

康熙六十一年十一月十七日奉

上諭下五旗諸王屬下人內京官自學士侍郎以上外官自州牧縣令以上該王輒將其子弟挑爲包衣佐領下官及哈哈珠子執事人折挫使令者甚衆嗣後著停止挑選其現在行走人內係伊父兄未任以前挑選者令其照常行走若係伊父兄既任以後挑選者俱著查明撤回或有過犯該王特欲挑選之人著該王將情由奏明再行挑選特諭

康熙六十一年十一月二十一日諸王大臣等以

萬幾至重咸俟

上諭八旗　康熙六十一年　一

10734　世宗上諭八旗十三卷　（清）世宗胤禛撰　（清）允禄等編　清雍正九年（1731）內府刻乾隆六年（1741）武英殿續刻本　遼寧省圖書館

上諭旗務議覆

上諭外間草炭價值騰貴其故皆因諸王阿哥及家貲

豐裕大臣等令其家人出城遠迎邀截爭買居積待

價冀獲重利其不肖家人復捏增原價巧飾虛詞從

中隱瞞以圖肥己此等情獘係朕所洞悉者嗣後凡

草炭運至局厰鬻賣者聽其買用外不得仍前出城

遠迎各相爭買著交該部嚴行傳示倘仍蹈前轍令

該管官兵卽行緝拏再草炭價值如何可使得平之

處著該部定議施行特諭

戶部議覆京師草炭價值騰貴我

皇上厪念兵民生計特降

上諭旗務議覆一　雍正六十一年

二

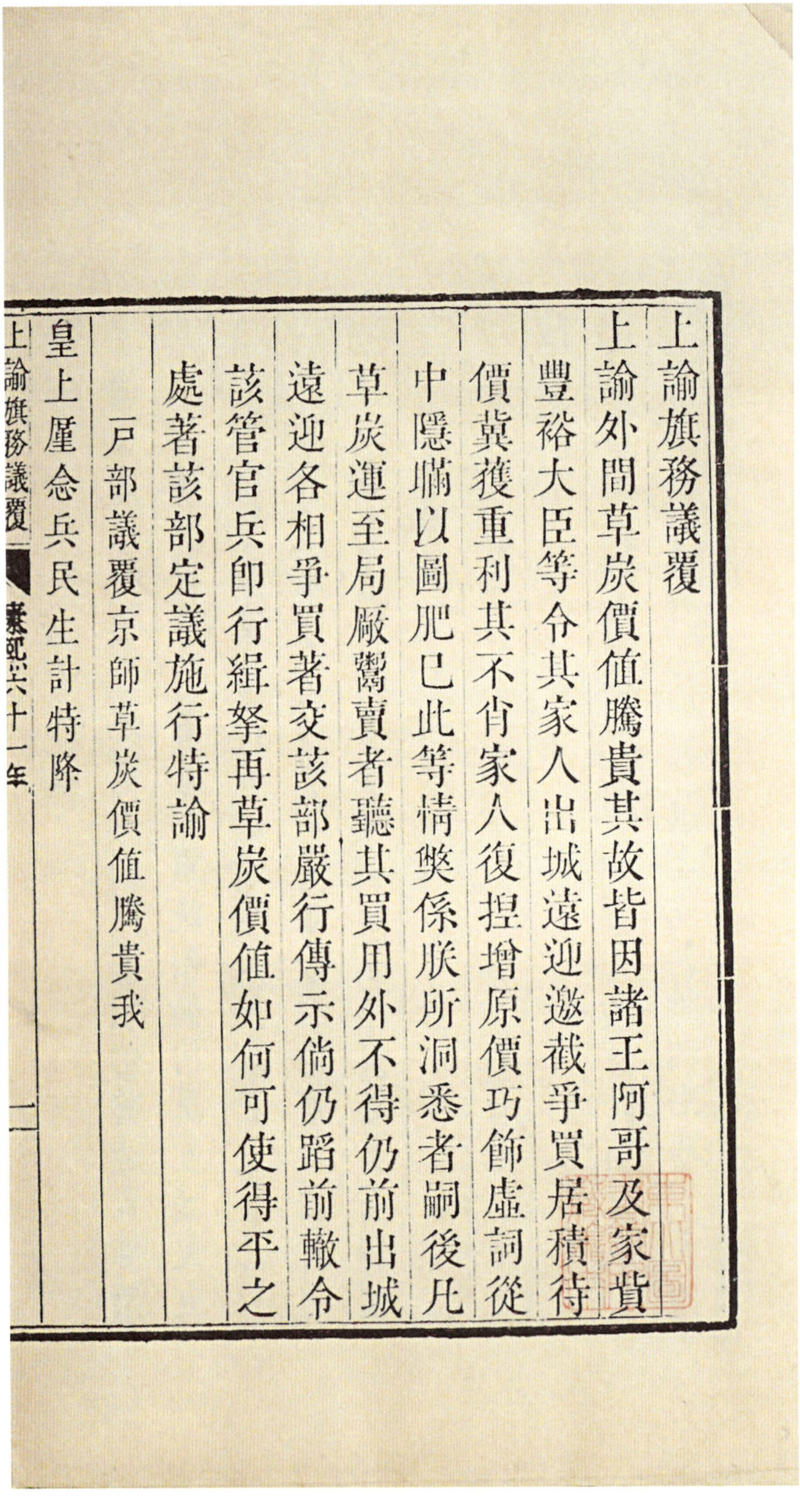

10735　**上諭旗務議覆十二卷**　（清）世宗胤禛撰　（清）允祿等編　清雍

正九年（1731）內府刻乾隆六年（1741）武英殿續刻本　遼寧省圖書館

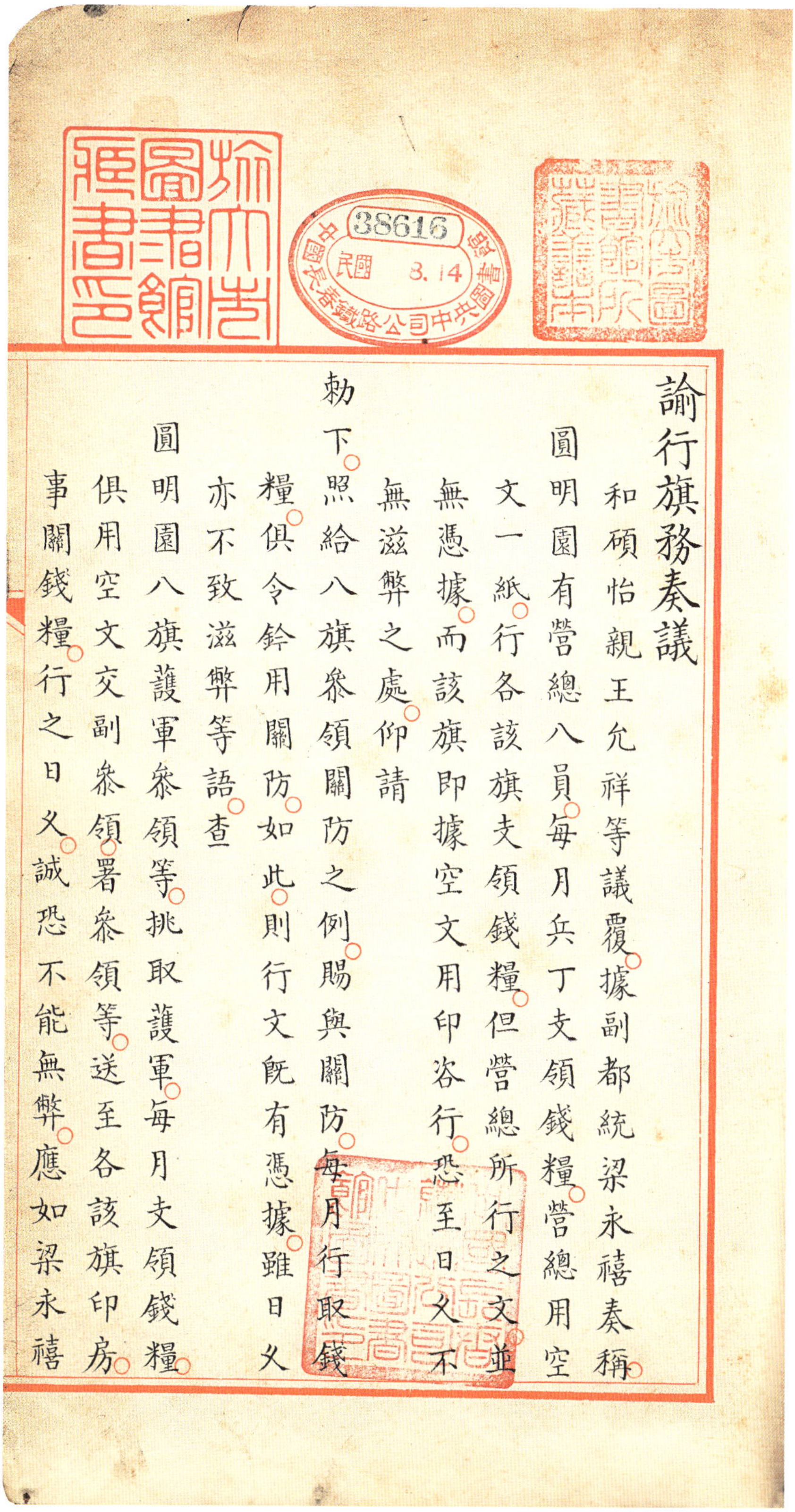

諭行旗務奏議
和碩怡親王允祥等議覆據副都統梁永禧奏稱
圓明園有營總八員每月兵丁支領錢糧營總用空
文一紙行各該旗支領錢糧但營總所行之文並
無憑據而該旗即據空文用印咨行恐至日久不
無滋弊之處仰請
勅下照給八旗叅領關防之例賜與關防每月行取錢
糧俱令鈐用關防如此則行文既有憑據雖日久
亦不致滋弊等語查
圓明園八旗護軍叅領等挑取護軍每月支領錢糧
俱用空文交副叅領署叅領等送至各該旗印房
事關錢糧行之日久誠恐不能無弊應如梁永禧

10736　諭行旗務奏議不分卷　（清）允祥等撰　清雍正內府抄本　大連圖書館

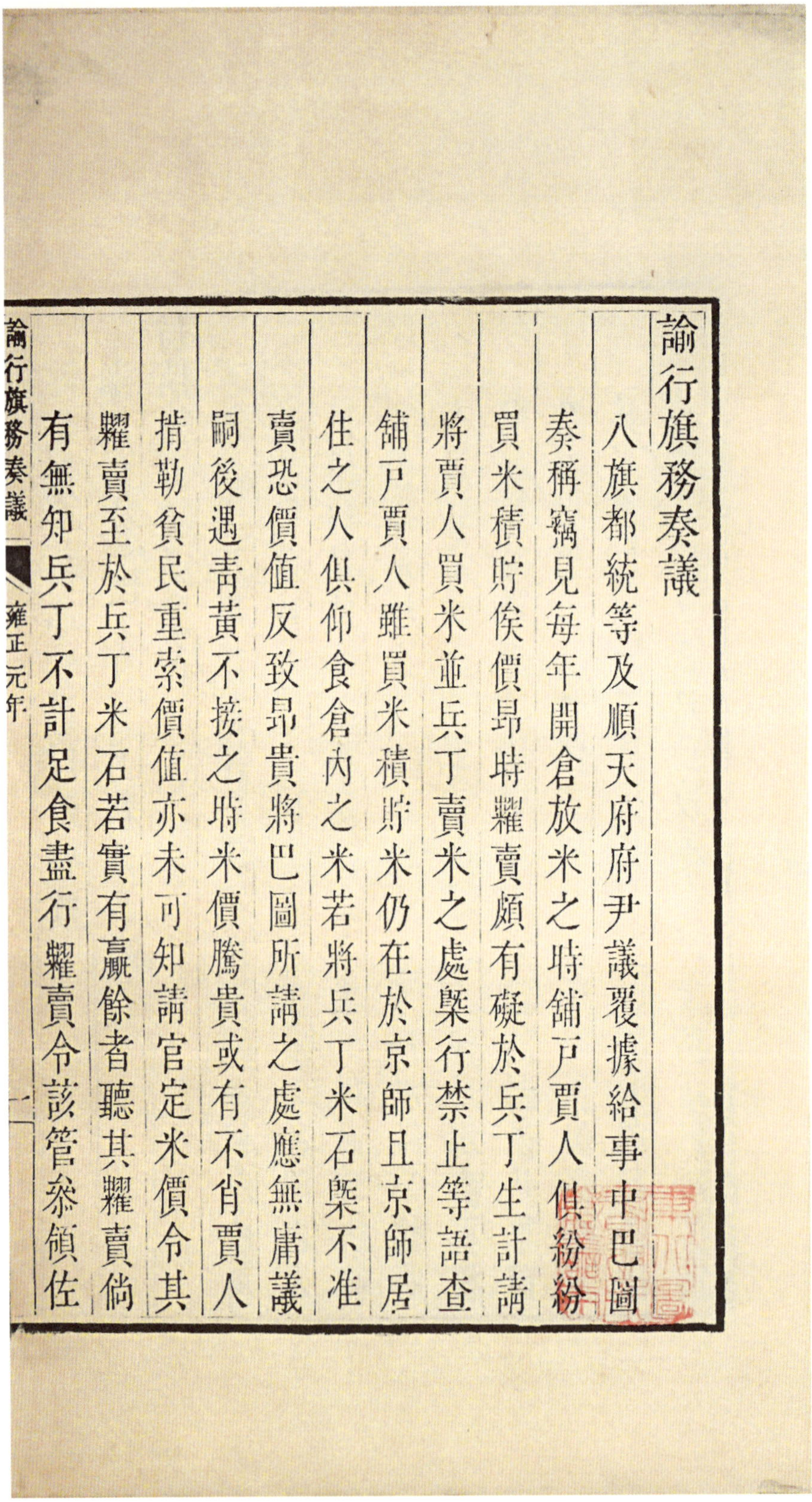

諭行旗務奏議

八旗都統等及順天府府尹議覆據給事中巴圖
奏稱竊見每年開倉放米之時舖戸賈人俱紛紛
買米積貯俟價昂時糶賣頗有礙於兵丁生計請
將賈人買米並兵丁賣米之處槩行禁止等語查
舖戸賈人雖買米積貯米仍在於京師且京師居
住之人俱仰食倉內之米若將兵丁米石槩不准
賣恐價值反致昂貴將巴圖所請之處應無庸議
嗣後遇青黃不接之時米價騰貴或有不肖賈人
措勒貧民重索價值亦未可知請官定米價令其
糶賣至於兵丁米石若實有贏餘者聽其糶賣倘
有無知兵丁不計足食盡行糶賣令該管叅領佐

諭行旗務奏議　一　雍正元年　一

10737　諭行旗務奏議十三卷　（清）世宗胤禛撰　（清）允禄等編　清雍正九年（1731）内府刻乾隆六年（1741）武英殿續刻本　遼寧省圖書館

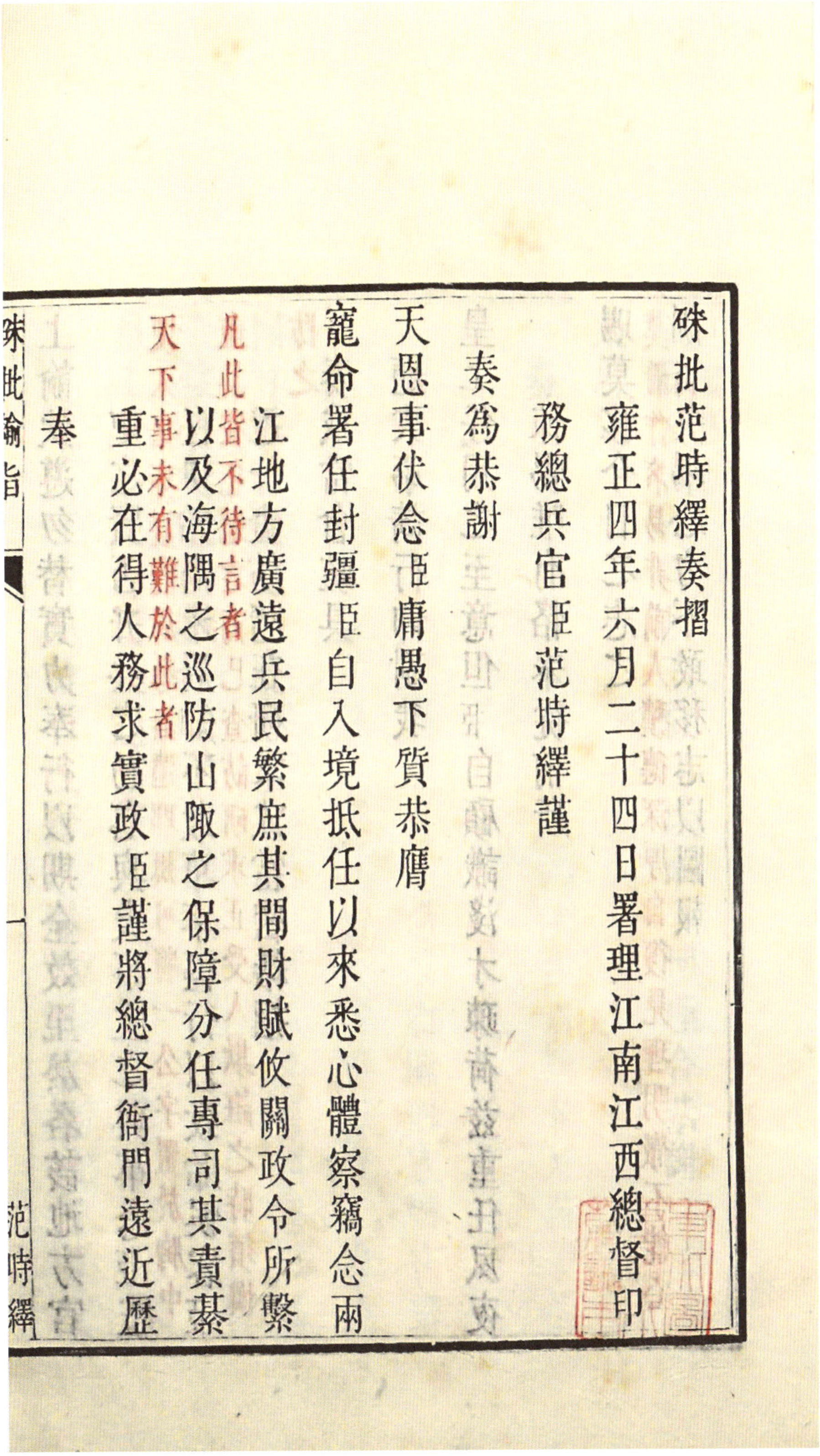

硃批范時繹奏摺
雍正四年六月二十四日署理江南江西總督印
務總兵官臣范時繹謹
奏爲恭謝
天恩事伏念臣庸愚下質恭膺
寵命署任封疆臣自入境抵任以來悉心體察竊念兩
江地方廣遠兵民繁庶其間財賦攸關政令所繫
以及海隅之巡防山陬之保障分任專司其責綦
凡此皆不待言者
天下事未有難於此者
重必在得人務求實政臣謹將總督衙門遠近歷
奉
硃批諭旨　范時繹

10738　硃批諭旨不分卷　（清）世宗胤禛撰　清雍正十年至乾隆三年（1732—1738）内府刻套印本　遼寧省圖書館

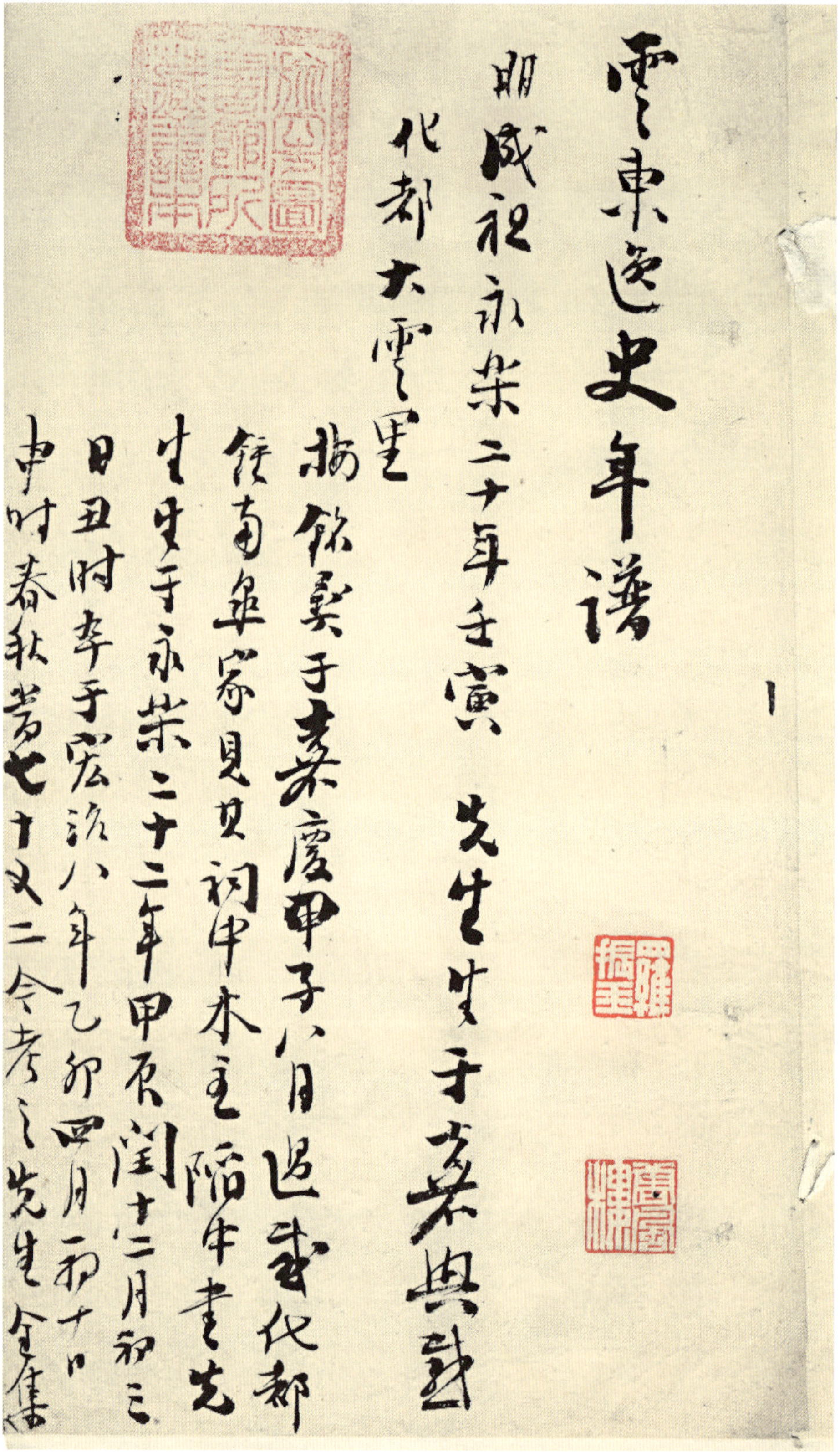
雲東逸史年譜
明成祖永樂二十年壬寅　先生生于嘉興縣
代郡大雲里
擁銘彝于嘉慶甲子六月過雲代郡
録南皋家見只詞中本是隨手書先
生生于永樂二十二年甲辰閏十二月初三
日丑時卒于宏治八年乙卯四月初十日
申時春秋當七十又二令考之先生全集

10739　雲東逸史年譜一卷　（清）沈銘彝撰　稿本　羅振玉題記　大連圖書館

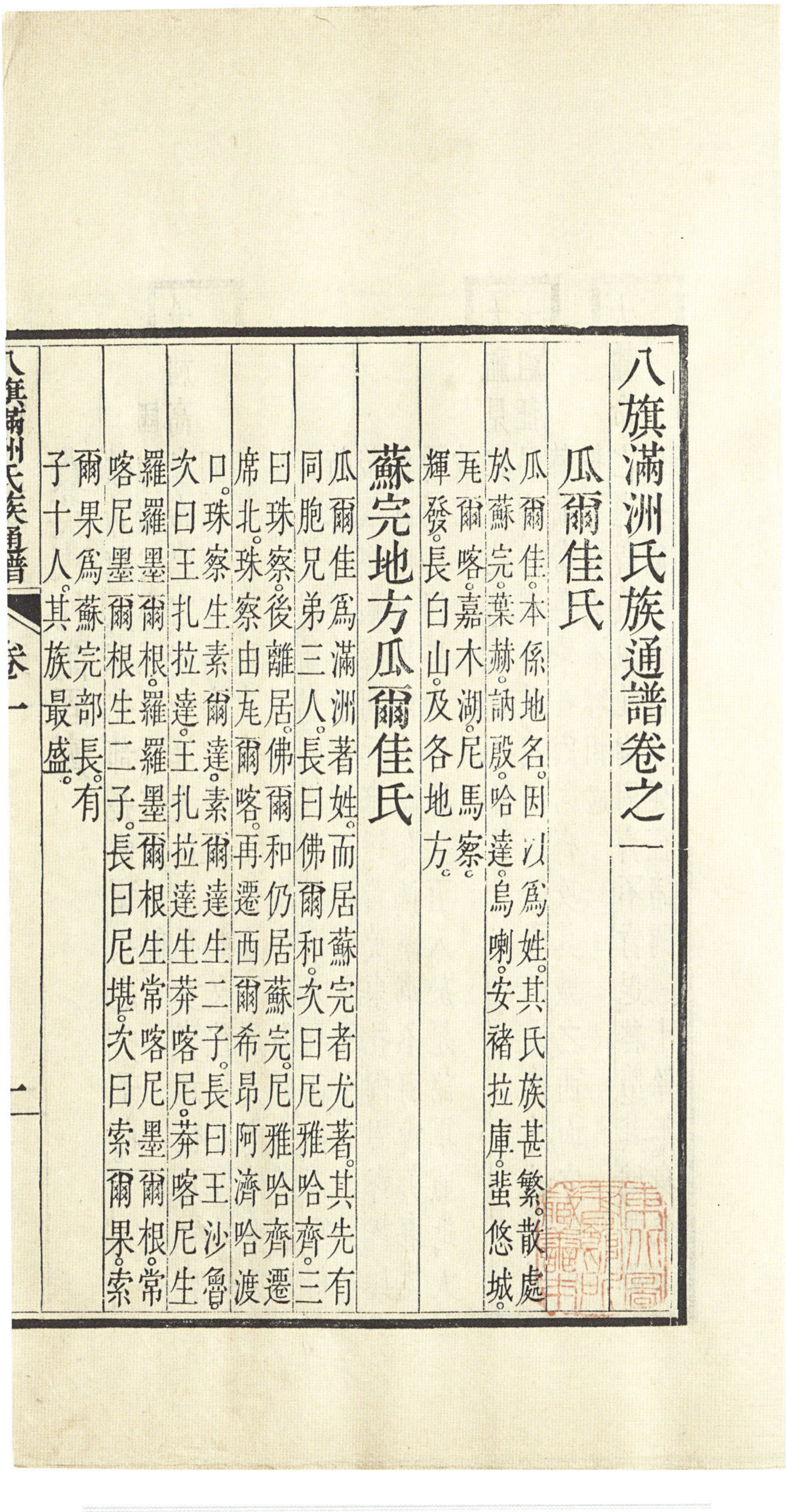

八旗滿洲氏族通譜卷之一

瓜爾佳氏

瓜爾佳。本係地名。因以爲姓。其氏族甚繁。散處於蘇完。葉赫。訥殷。哈達。烏喇。安褚拉庫。蜚悠城。瓦爾喀。嘉木湖。尼馬察。輝發。長白山。及各地方。

蘇完地方瓜爾佳氏

瓜爾佳爲滿洲著姓。而居蘇完者尤著。其先有同胞兄弟三人。長曰佛爾和。次曰尼雅哈齊。三曰珠察。後離居。佛爾和仍居蘇完。尼雅哈齊遷席北。珠察由瓦爾喀再遷西爾希昂阿濟哈渡口。珠察生素爾達。素爾達生二子。長曰王沙魯。次曰王扎拉達。王扎拉達生莽喀尼。莽喀尼生羅羅墨爾根。羅羅墨爾根生常喀尼墨爾根。常喀尼墨爾根生二子。長曰尼堪。次曰索爾果。索爾果爲蘇完部長。有子十人。其族最盛。

八旗滿洲氏族通譜　卷一　一

10740　八旗滿洲氏族通譜八十卷目録二卷　（清）鄂爾泰等撰　清乾隆九年（1744）武英殿刻本　遼寧省圖書館

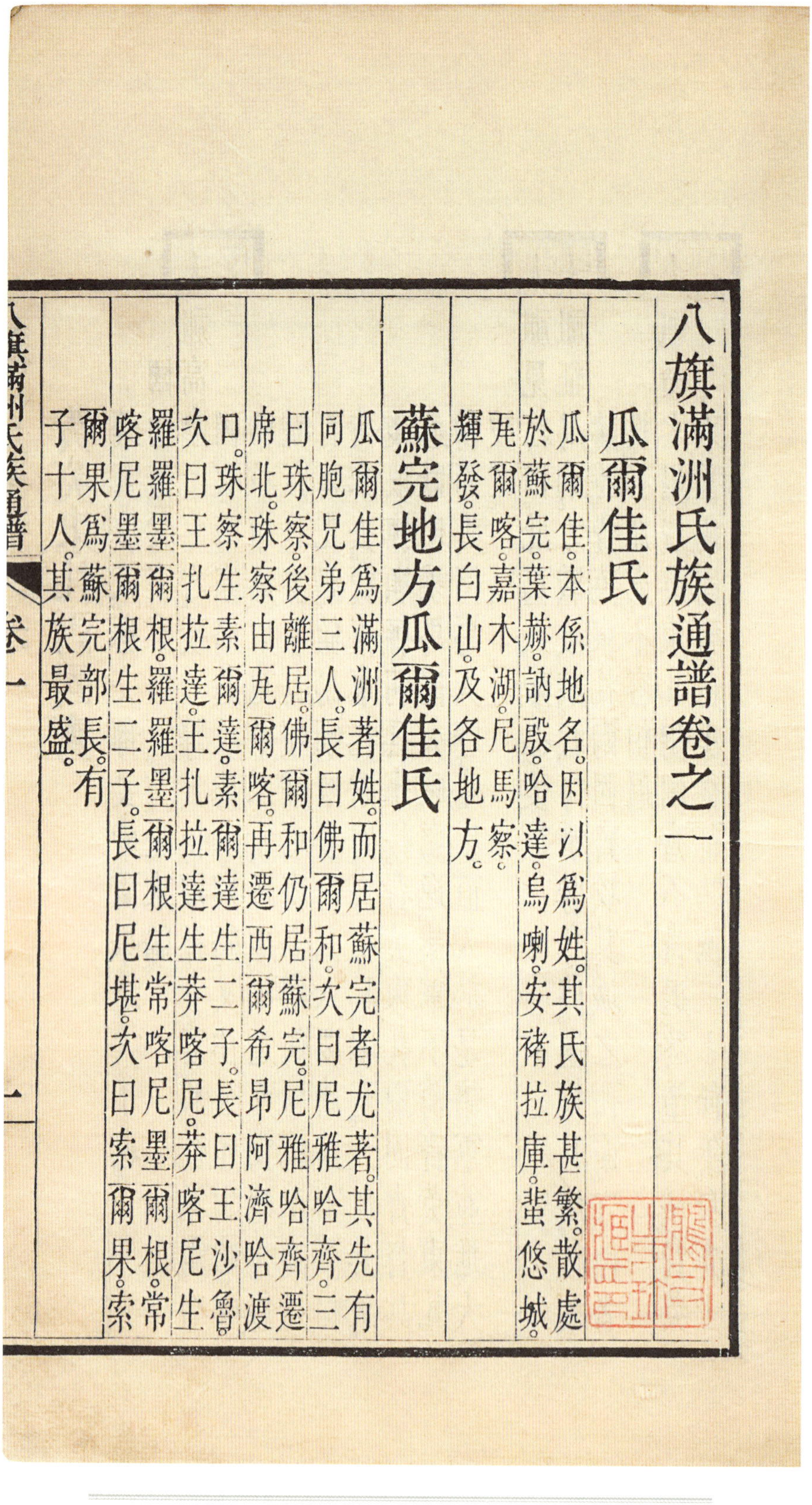

八旗滿洲氏族通譜卷之一

瓜爾佳氏

瓜爾佳。本係地名。因以爲姓。其氏族甚繁。散處於蘇完。葉赫。訥殷。哈達。烏喇。安褚拉庫。蜚悠城。瓦爾喀。嘉木湖。尼馬察。輝發。長白山。及各地方。

蘇完地方瓜爾佳氏

瓜爾佳爲滿洲著姓。而居蘇完者尤著。其先有同胞兄弟三人。長曰佛爾和。次曰尼雅哈齊。三曰珠察。後離居。佛爾和仍居蘇完。尼雅哈齊遷席北。珠察由瓦爾喀再遷西爾希昂阿濟哈渡口。珠察生素爾達。素爾達生二子。長曰王沙魯。次曰王扎拉達。王扎拉達生莽喀尼。莽喀尼生羅羅墨爾根。羅羅墨爾根生常喀尼墨爾根。常喀尼墨爾根生二子。長曰尼堪。次曰索爾果。索爾果爲蘇完部長。有子十人。其族最盛。

八旗滿洲氏族通譜 卷一 一

10741 八旗滿洲氏族通譜八十卷目録二卷 （清）鄂爾泰等撰 清乾隆九年（1744）武英殿刻本 瀋陽故宫博物院

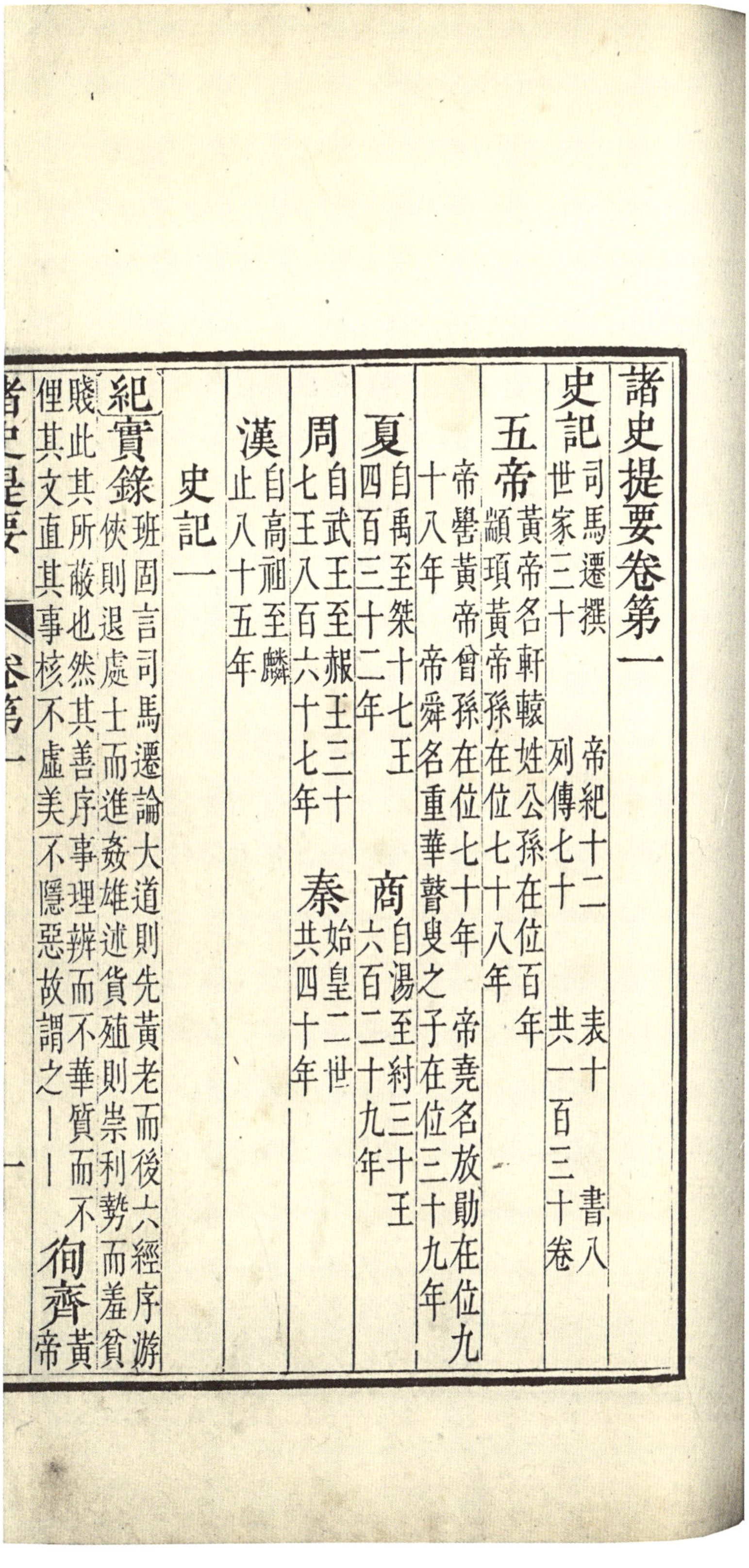

諸史提要卷第一

史記 司馬遷撰 帝紀十二 表十 書八
世家三十 列傳七十 共一百三十卷

五帝 黃帝名軒轅姓公孫在位百年
顓頊黃帝孫在位七十八年
帝嚳黃帝曾孫在位七十年 帝堯名放勛在位九
十八年 帝舜名重華瞽叟之子在位三十九年

夏自禹至桀十七王 商自湯至紂三十王
四百三十二年 六百二十九年

周自武王至赧王三十 秦始皇二世
七王八百六十七年 共四十年

漢自高祖至麟
止八十五年

史記一

紀實錄 班固言司馬遷論大道則先黃老而後六經序游
俠則退處士而進姦雄述貨殖則崇利勢而羞貧
賤此其所蔽也然其善序事理辨而不華質而不
俚其文直其事核不虛美不隱惡故謂之一一 御齊 黃帝

諸史提要　卷第一　一

10742　諸史提要十五卷　（宋）錢端禮撰　（清）張英補　清康熙五十二年（1713）張廷玉請旨刻本　遼寧省圖書館

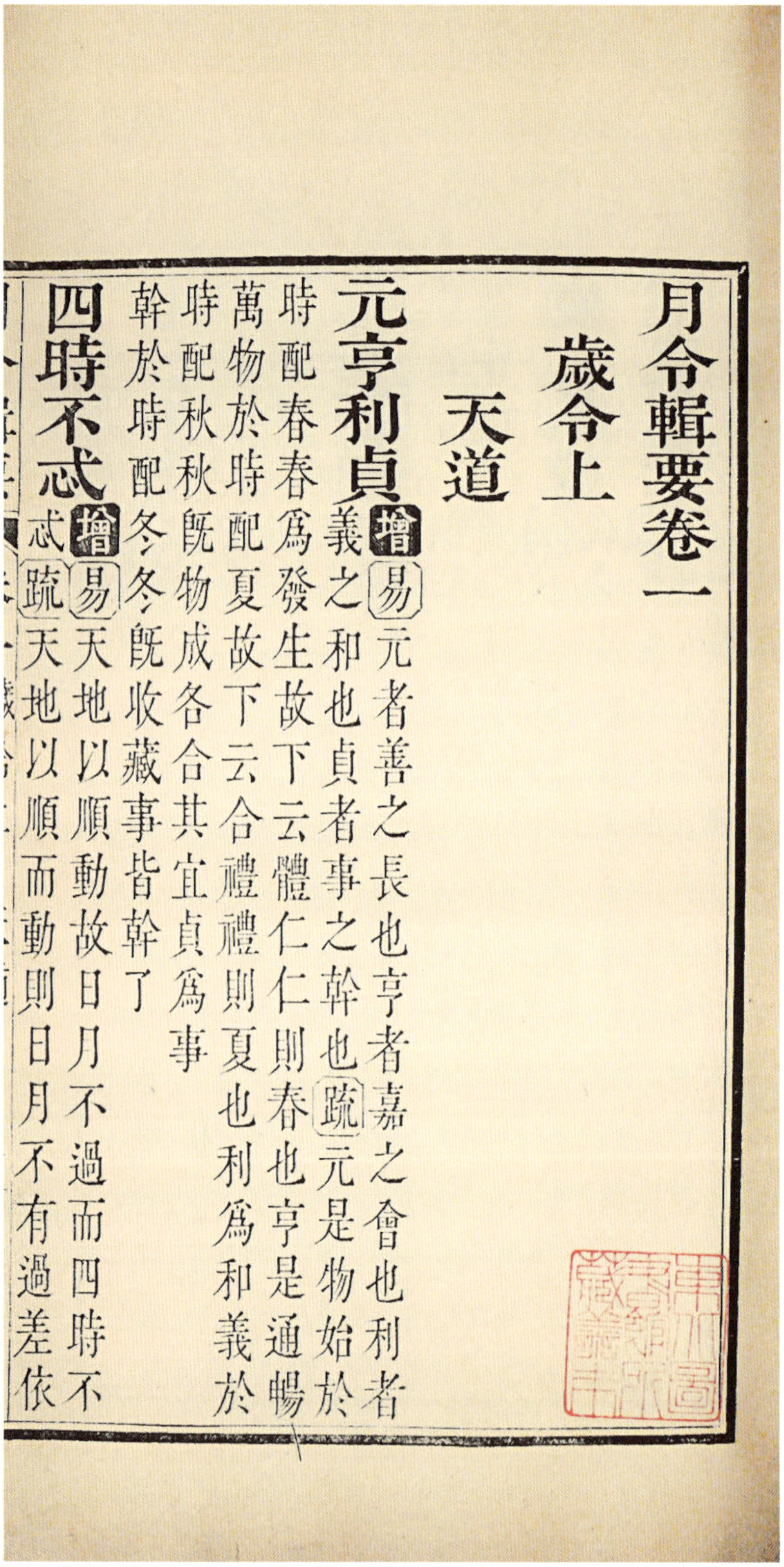

月令輯要卷一

歳令上

天道

元亨利貞 增 易 元者善之長也亨者嘉之會也利者義之和也貞者事之幹也 疏 元是物始於時配春春爲發生故下云體仁仁則春也亨是通暢萬物於時配夏故下云合禮禮則夏也利爲和義於時配秋秋既物成各合其宜貞爲事幹於時配冬冬既收藏事皆幹了

四時不忒 增 易 天地以順動故日月不過而四時不忒 疏 天地以順而動則日月不有過差依

10743　月令輯要二十四卷圖説一卷　（清）李光地等撰　清康熙五十五年（1716）内府刻本　遼寧省圖書館

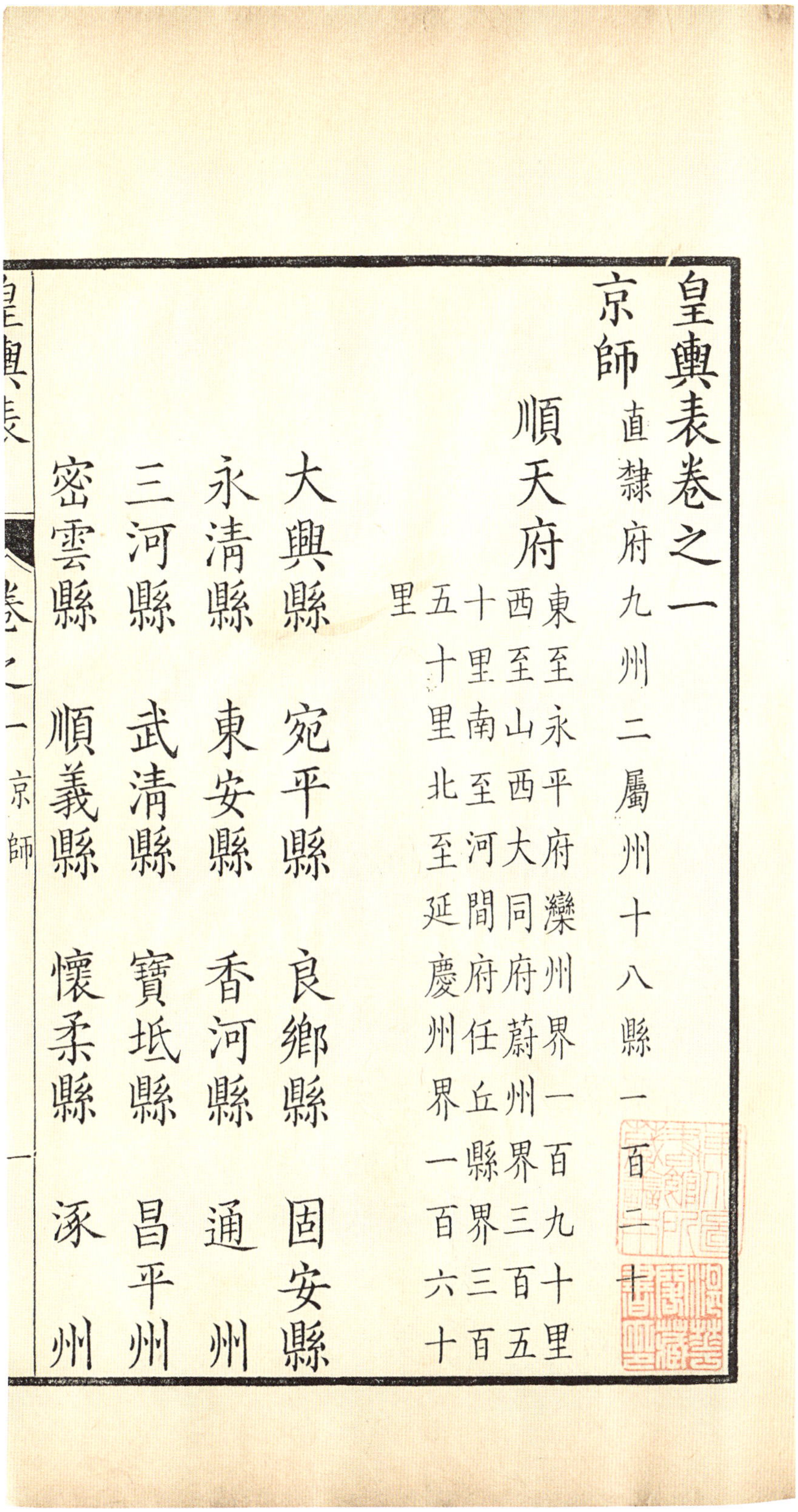
皇輿表卷之一
京師直隸府九州二屬州十八縣一百二十
順天府東至永平府灤州界一百九十里西至山西大同府蔚州界三百五十里南至河間府任丘縣界三百五十里北至延慶州界一百六十里
大興縣　宛平縣　良鄉縣　固安縣
永清縣　東安縣　香河縣　通州
三河縣　武清縣　寶坻縣　昌平州
密雲縣　順義縣　懷柔縣　涿州
皇輿表　卷之一　京師　一

10744　皇輿表十六卷　（清）喇沙裏等纂修　（清）揆叙增修　清康熙四十三年（1704）揚州詩局刻本　遼寧省圖書館

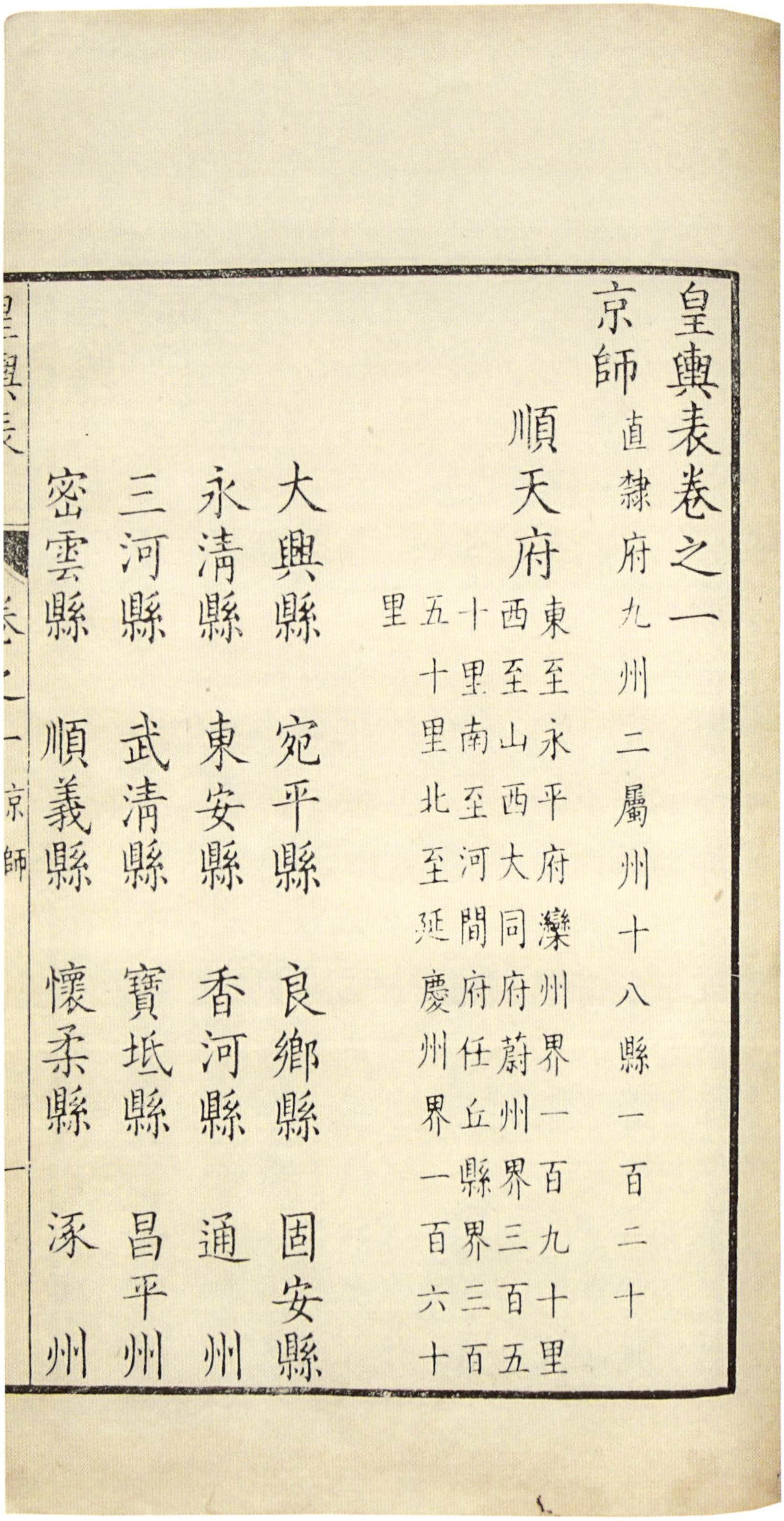
皇輿表卷之一
京師直隸府九州二屬州十八縣一百二十
順天府東至永平府灤州界一百九十里西至山西大同府蔚州界三百五十里南至河間府任丘縣界三百五十里北至延慶州界一百六十里
大興縣 宛平縣 良鄉縣 固安縣
永清縣 東安縣 香河縣 通州
三河縣 武清縣 寶坻縣 昌平州
密雲縣 順義縣 懷柔縣 涿州

皇輿表 卷之一 京師 一

10745 皇輿表十六卷 （清）喇沙裏等纂修 （清）揆敘增修 清康熙四十三年（1704）揚州詩局刻本 魯迅美術學院圖書館

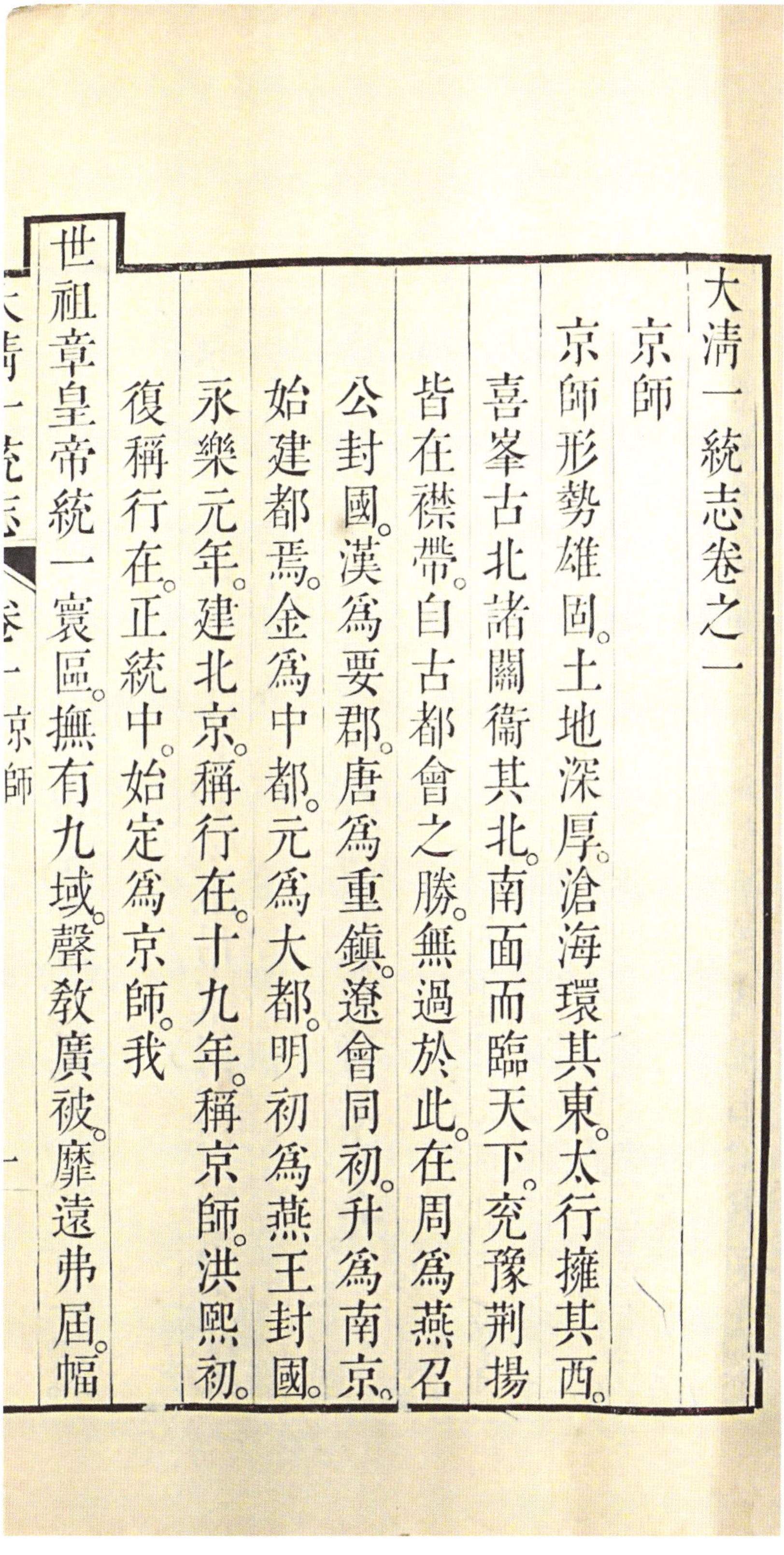

大清一統志卷之一

京師

京師形勢雄固。土地深厚。滄海環其東。太行擁其西。

喜峯古北諸關衛其北。南面而臨天下。兗豫荊揚

皆在襟帶。自古都會之勝。無過於此。在周爲燕召

公封國。漢爲要郡。唐爲重鎮。遼會同初。升爲南京。

始建都焉。金爲中都。元爲大都。明初爲燕王封國。

永樂元年。建北京。稱行在。十九年。稱京師。洪熙初。

復稱行在。正統中。始定爲京師。我

世祖章皇帝統一寰區。撫有九域。聲教廣被。靡遠弗屆。幅

大清一統志　卷一　京師　一

10746　大清一統志三百五十六卷　（清）蔣廷錫等纂　清乾隆九年（1744）武英殿刻本　遼寧省圖書館

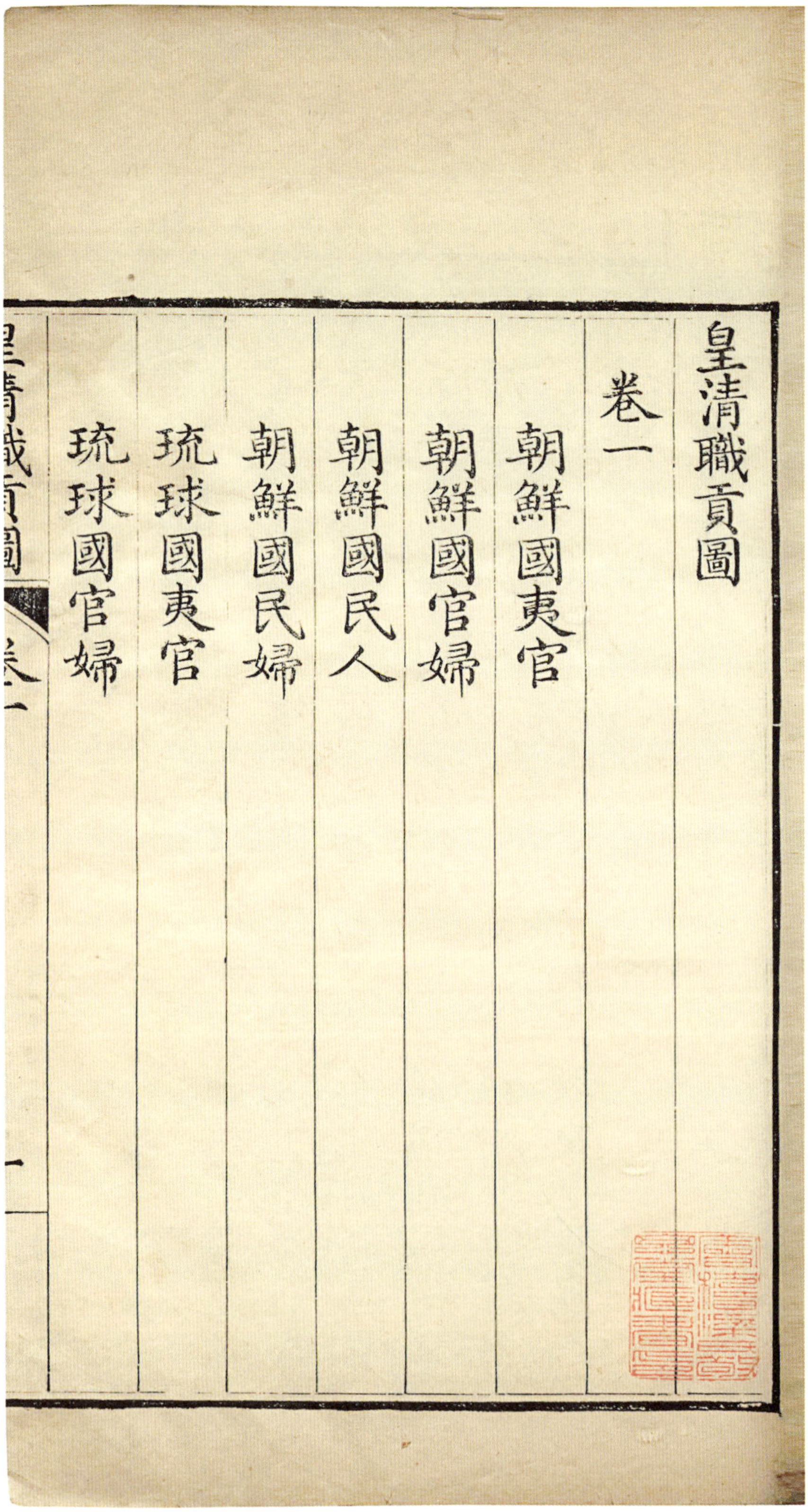

皇清職貢圖

卷一

朝鮮國夷官

朝鮮國官婦

朝鮮國民人

朝鮮國民婦

琉球國夷官

琉球國官婦

皇清職貢圖　卷一　一

10747　皇清職貢圖九卷　（清）傅恒等纂　（清）門慶安等繪　清乾隆武英殿刻本　瀋陽故宫博物院

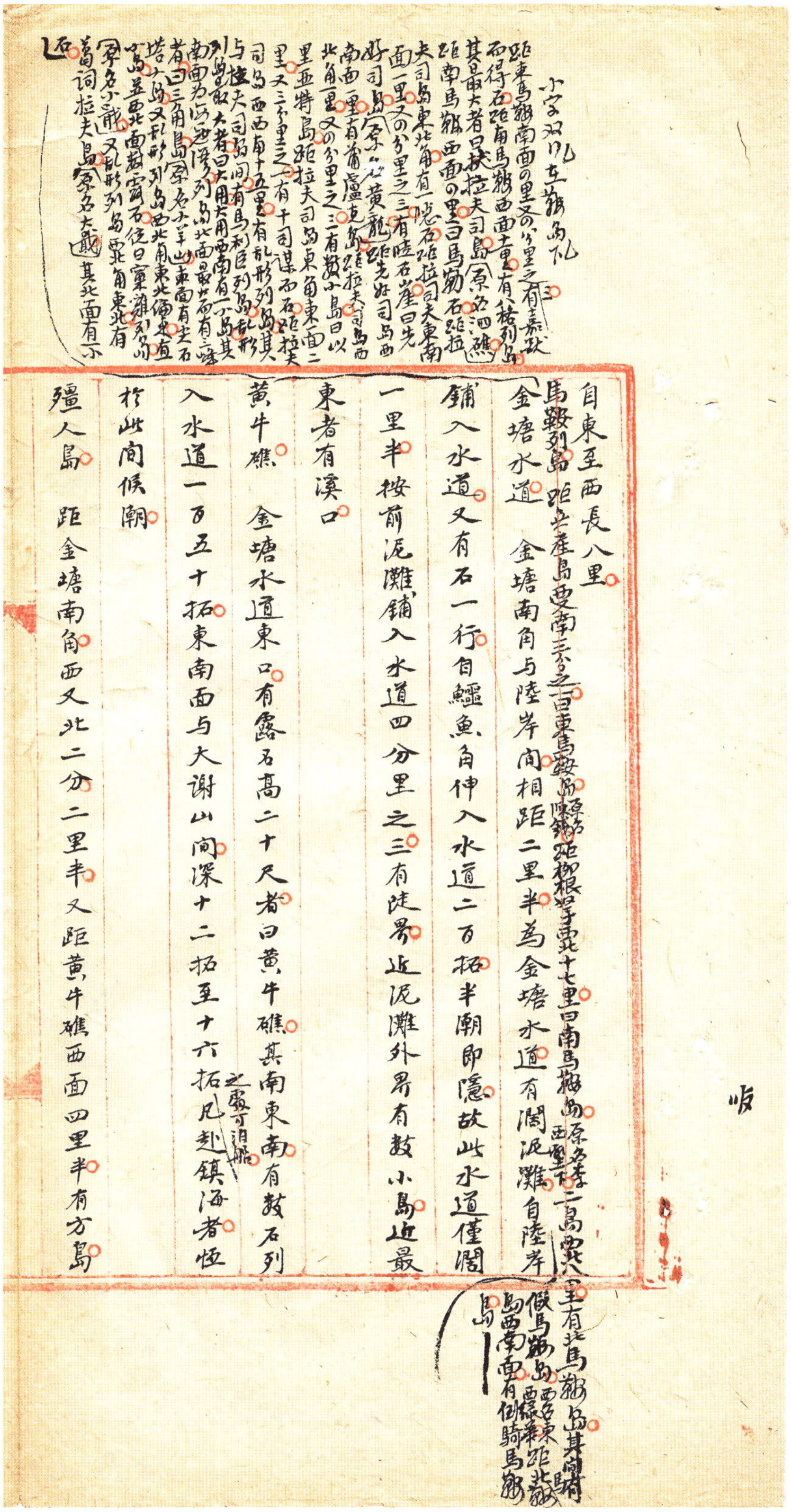

自東至西長八里

馬�斁列島　距尖產島要南三亞之白東馬蹁島原名鼓樓其距粮穿竟十七里曰南馬蹁島原名一高興八里有北島蹁島其閜門
金塘水道　金塘南角與陸岸相距二里半為金塘水道有閜泥灘自陸岸島西南東有個騎馬蹁
鋪入水道又有石一行自鰡魚角伸入水道二万拓半潮即隱故此水道僅閜
一里半梭葫泥灘鋪入水道四分里之三有陸景近泥灘外景有數小島近最
東者有溪口
黃牛礁　金塘水道東口有露石高二十尺者曰黃牛礁其南東南有數石列
入水道一万五十拓東南西與大謝山閜深十二拓至十六拓凡赴鎮海者恆
柠此閜候潮
殭人島　距金塘南角西又北二分二里半又距黃牛礁西面四里半有方島

（右欄欄外）

小字双圈在鋪東側

距東馬蹁南西馬之里之分里之有嘉袱
石得石距有狀拉夫島西
其最大者曰狀拉夫司島〔原名四礁〕
距南馬蹁西面之里曰司島〔原名四礁〕
面一里又西之分里之三有陸距拉夫先
夫司島東北角有陸距拉夫司島東南
距司島一里之好有司島東
南面里之分里之三有鱸小島以
北亞特島距拉夫島西以陸距拉夫東之
里亞特島西距三亞王三有數小島曰
司島西南之有十司島謀列島其東
與陸夫司島列島有亂形列島
大者曰司島同角有利司島東乱
角為亞列濱陽列島北角最曰島
者日三用島〔原名水羊山〕角有島
塔三角島徑白軍灘有鱸最立
高北又西北列島島之乱形又直
其某南北南面蜀石蜀岩乱角有若
軍名小乱　又亂形列島
塔軍名路列島　距角濱列島
葛詞拉夫島家名大圖
其北面東北有不

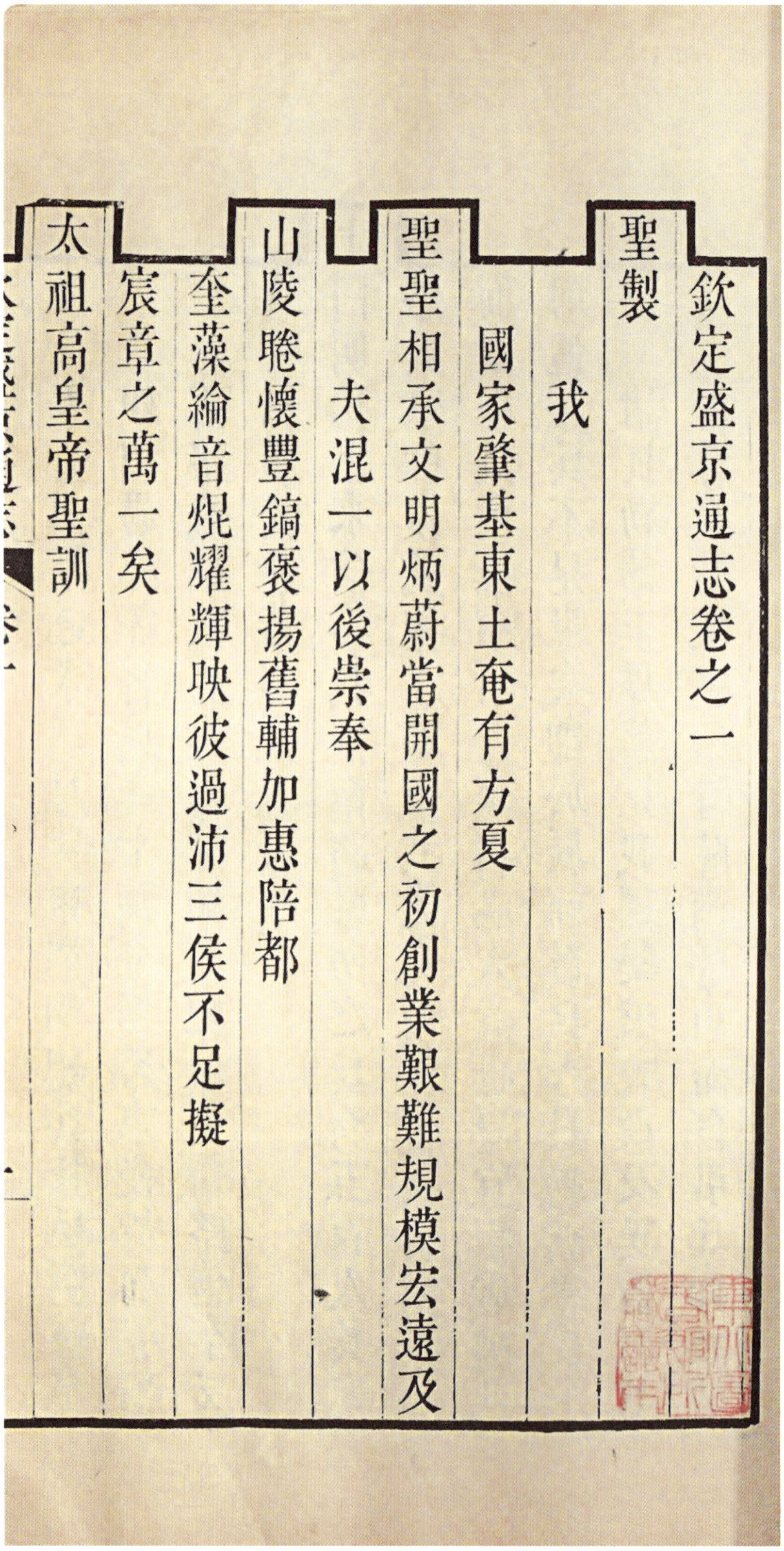
欽定盛京通志卷之一

聖製

我

國家肇基東土奄有方夏

聖聖相承文明炳蔚當開國之初創業艱難規模宏遠及

夫混一以後崇奉

山陵睠懷豐鎬褒揚舊輔加惠陪都

奎藻綸音焜耀輝映彼過沛三侯不足擬

宸章之萬一矣

太祖高皇帝聖訓

10749　欽定盛京通志三十二卷　（清）汪由敦等修　清乾隆武英殿刻本

遼寧省圖書館

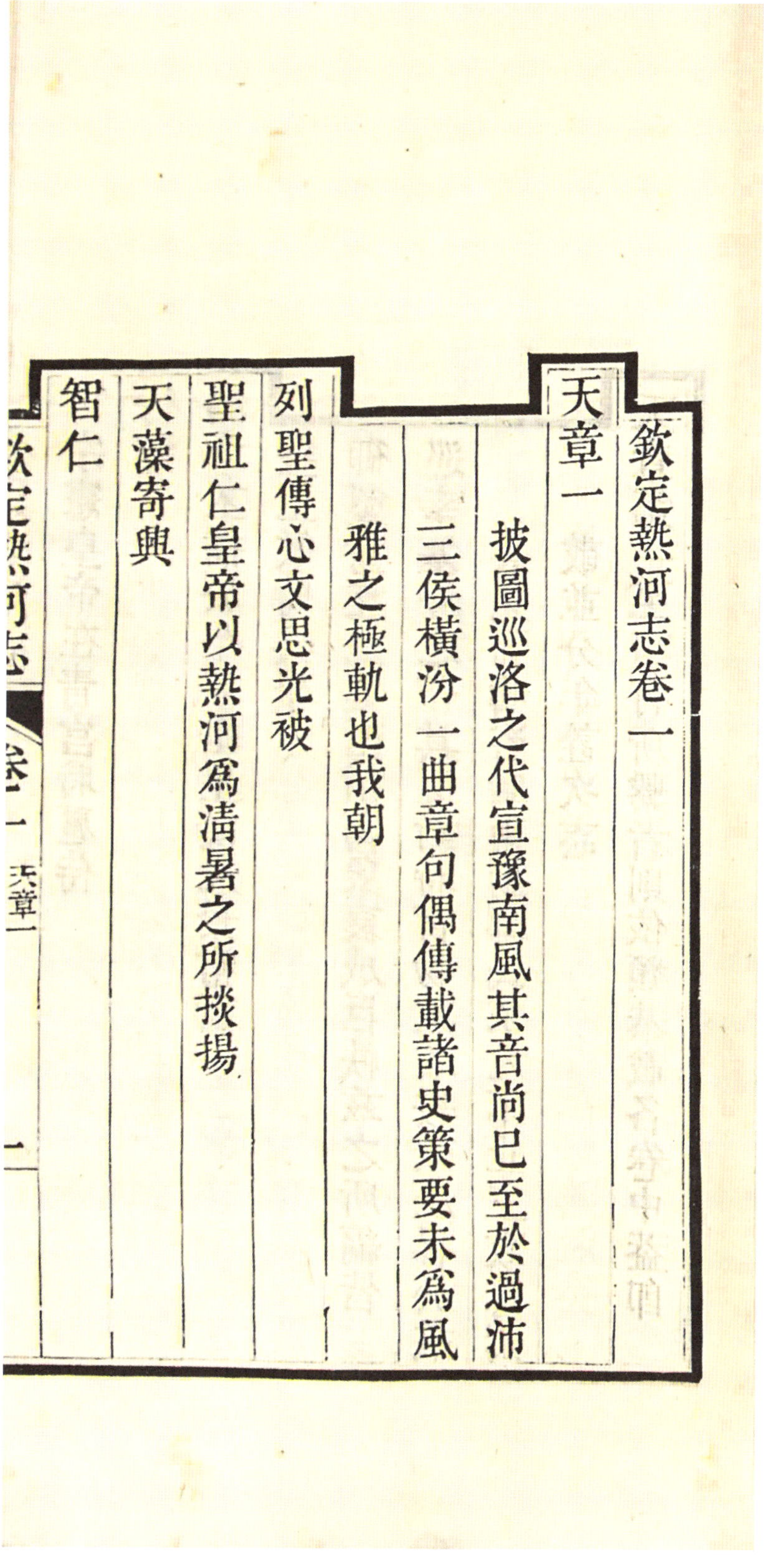
欽定熱河志卷一
天章一
披圖巡洛之代宣豫南風其音尚已至於過沛
三侯橫汾一曲章句偶傳載諸史策要未爲風
雅之極軌也我朝
列聖傳心文思光被
聖祖仁皇帝以熱河爲清暑之所摛揚
天藻寄興
智仁

欽定熱河志 卷一 天章一 一

10750　欽定熱河志一百二十卷　（清）和珅等纂　清乾隆四十六年（1781）武英殿刻本　遼寧省圖書館

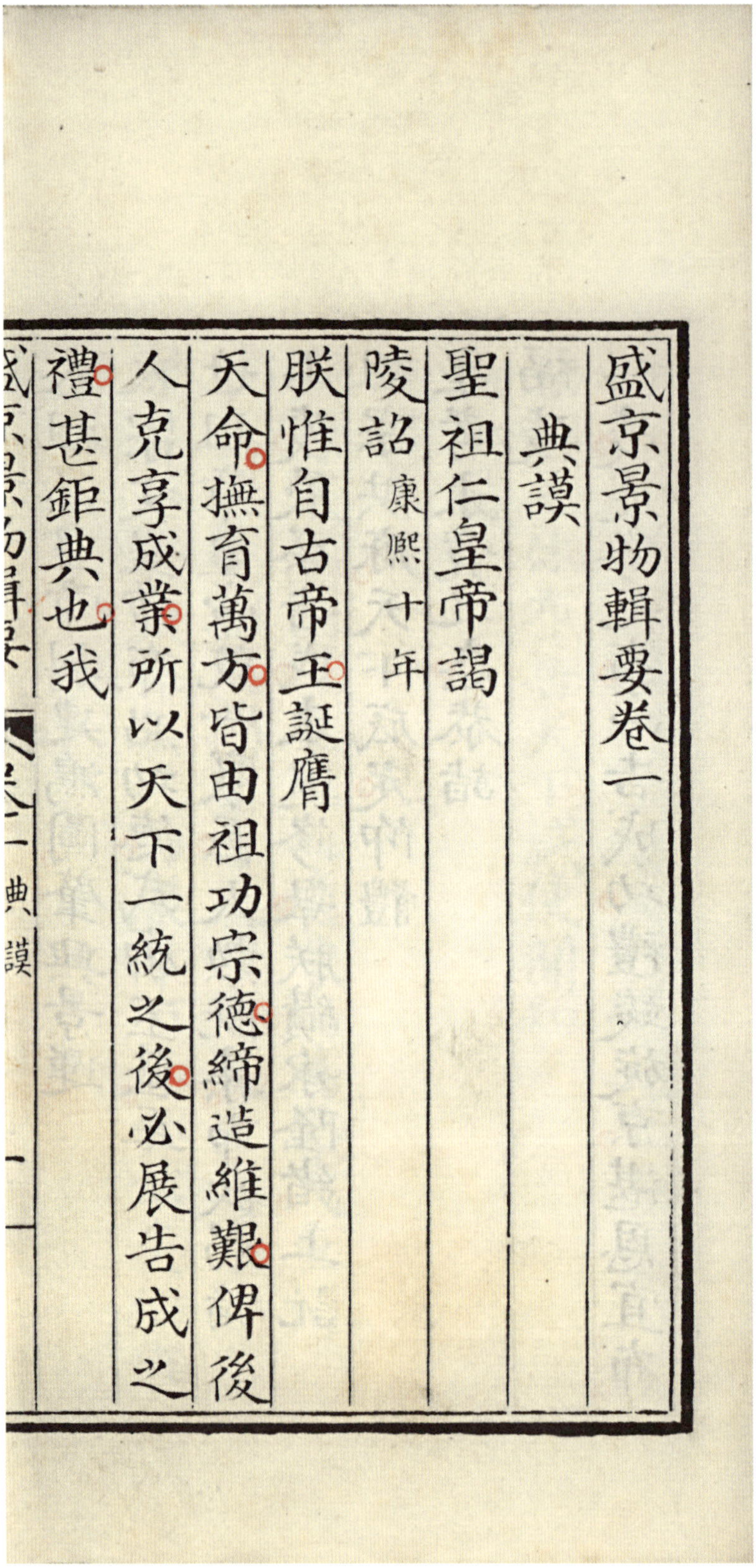

盛京景物輯要卷一

典謨

聖祖仁皇帝諭

陵詔 康熙十年

朕惟自古帝王誕膺

天命撫育萬方皆由祖功宗德締造維艱俾後

人克享成業所以天下一統之後必展告成之

禮甚鉅典也我

盛京景物輯要 卷一 典謨 一

10751 盛京景物輯要十二卷 （清）勵宗萬輯 清乾隆十九年（1754）進呈抄本 遼寧大學圖書館

存二十七頁（卷六之十四至四十頁）

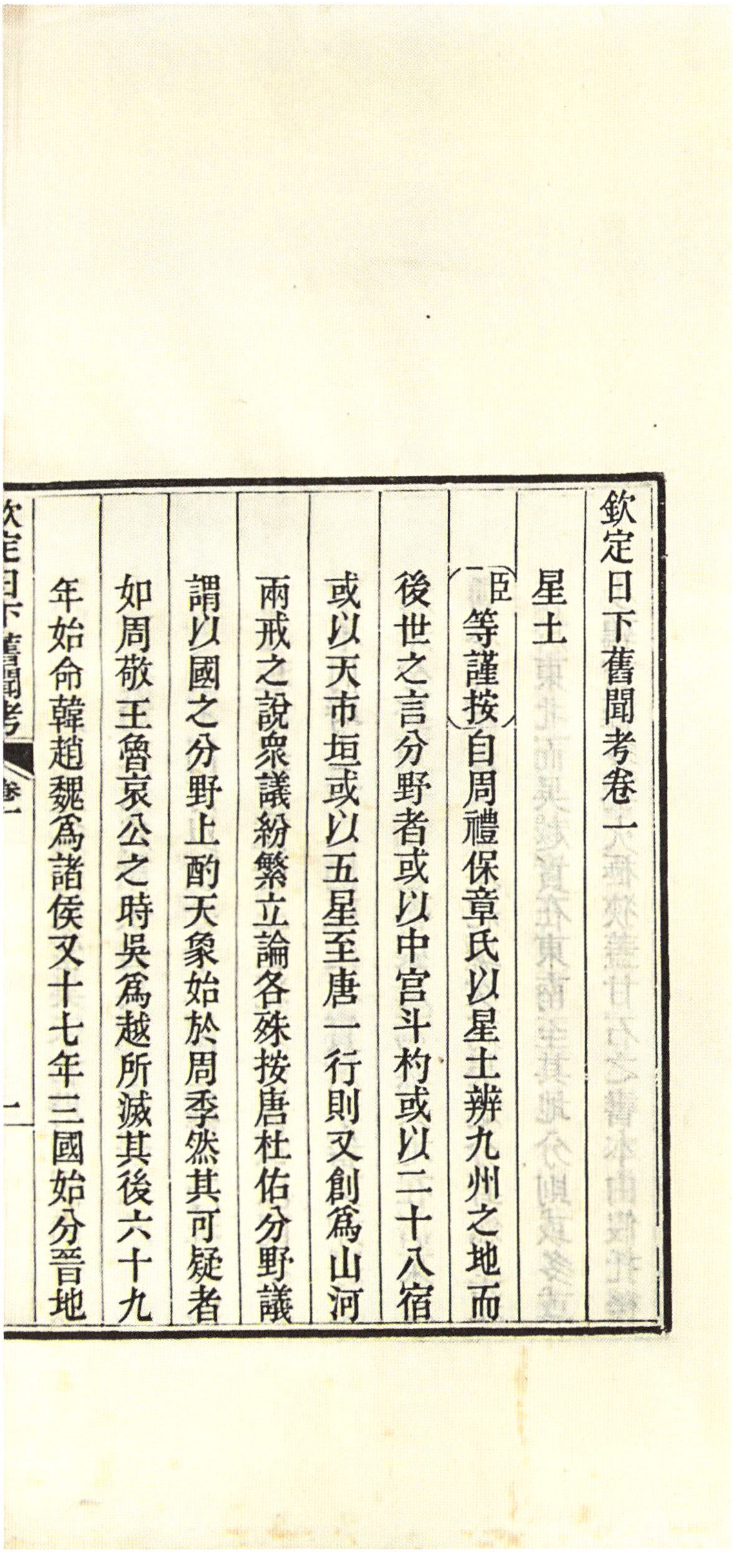
欽定日下舊聞考卷一

星土

臣等謹按自周禮保章氏以星土辨九州之地而後世之言分野者或以中宮斗杓或以二十八宿或以天市垣或以五星至唐一行則又創爲山河兩戒之說衆議紛繁立論各殊按唐杜佑分野議謂以國之分野上酌天象始於周季然其可疑者如周敬王魯哀公之時吳爲越所滅其後六十九年始命韓趙魏爲諸侯又十七年三國始分晉地

欽定日下舊聞考 卷一 一

10752 欽定日下舊聞考一百六十卷譯語總目一卷 （清）英廉等撰

清乾隆武英殿刻本 遼寧省圖書館

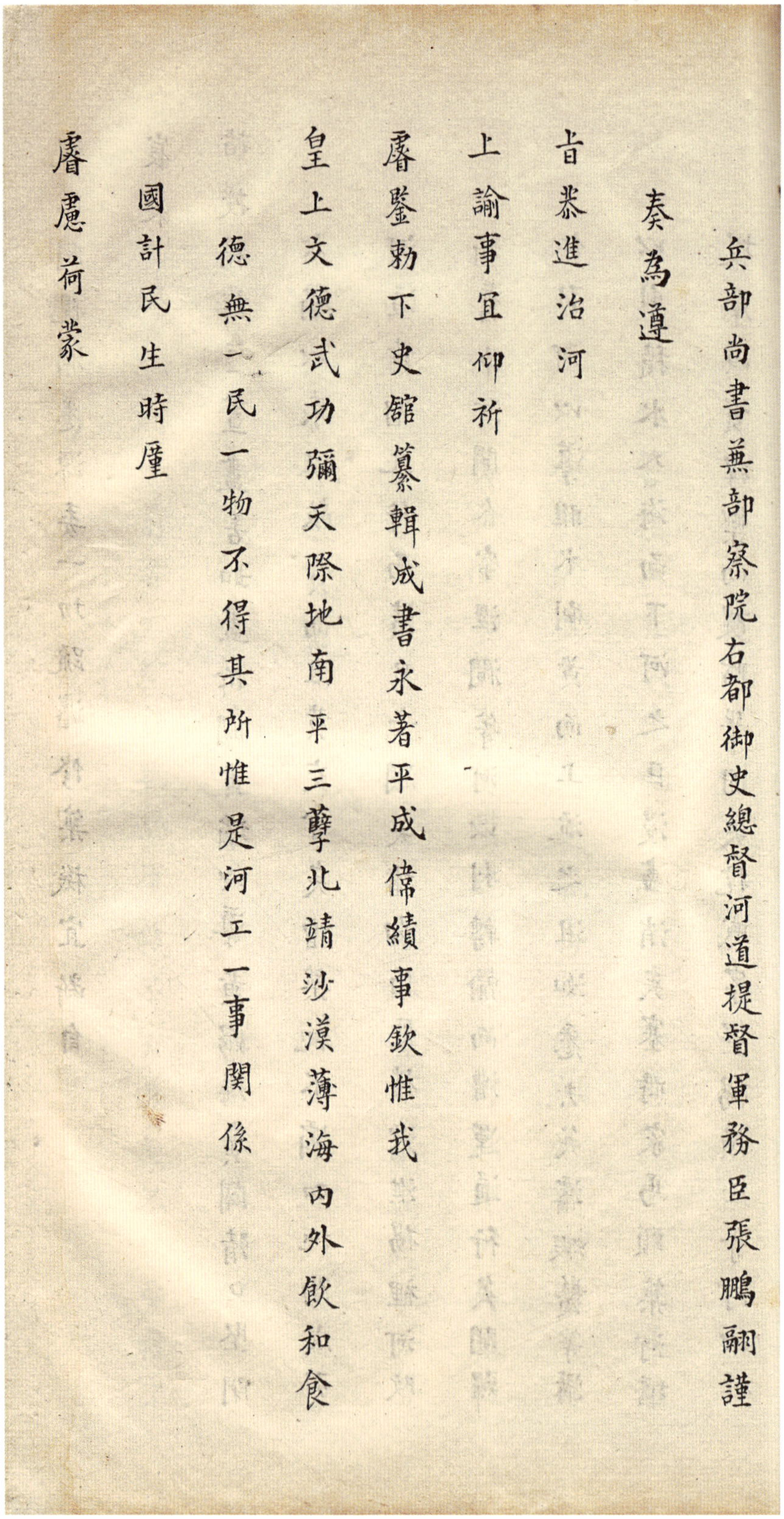
兵部尚書兼部察院右都御史總督河道提督軍務臣張鵬翮謹
奏為遵
旨恭進治河
上諭事宜仰祈
睿鑒勅下史館纂輯成書永著平成偉績事欽惟我
皇上文德武功彌天際地南平三孽北靖沙漠薄海内外飲和食
德無一民一物不得其所惟是河工一事關係
國計民生時厪
睿慮荷蒙

10753 治河上諭事宜二十四卷 （清）張鵬翮纂輯 清抄本 大連圖書館

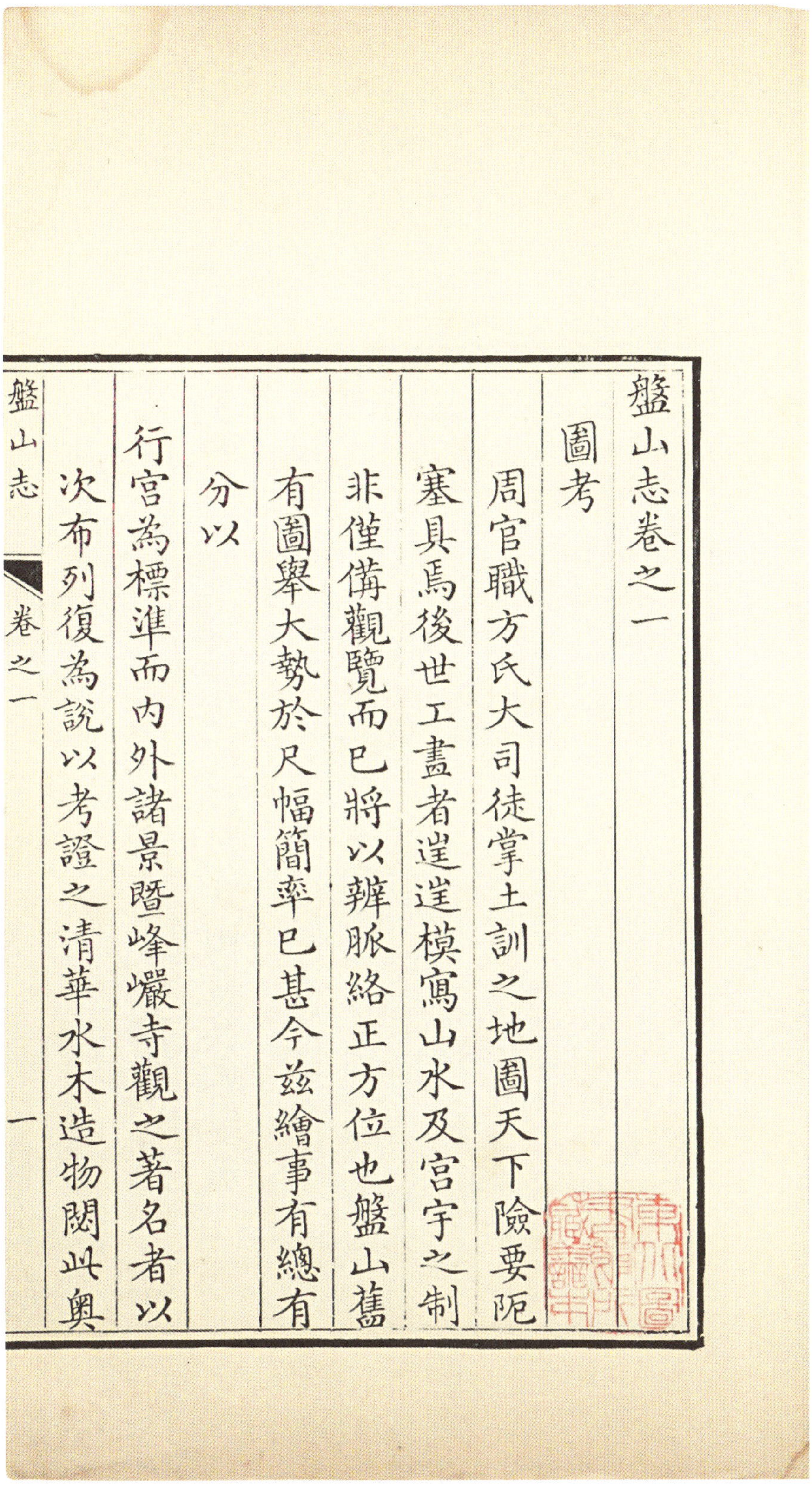

盤山志卷之一

圖考

周官職方氏大司徒掌土訓之地圖天下險要阨塞具焉後世工畫者往往模寫山水及宮宇之制非僅備觀覽而已將以辨脈絡正方位也盤山舊有圖舉大勢於尺幅簡率已甚今茲繪事有總有分以

行宮為標準而內外諸景暨峰巖寺觀之著名者以次布列復為說以考證之清華水木造物閟此奧

盤山志　卷之一　一

10754　盤山志十六卷首五卷　（清）蔣溥等纂　清乾隆二十年（1755）武英殿刻本　遼寧省圖書館

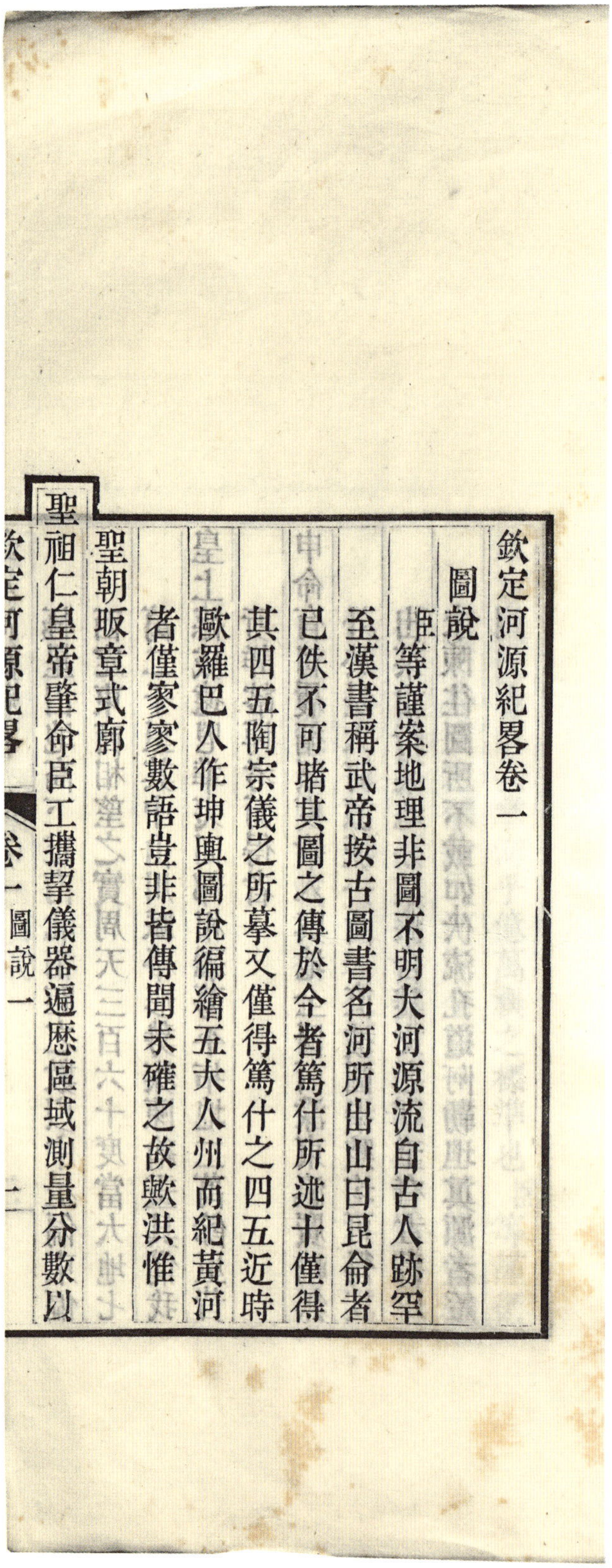

欽定河源紀畧卷一

圖說

臣等謹案地理非圖不明大河源流自古人跡罕至漢書稱武帝按古圖書名河所出山曰昆侖者已佚不可睹其圖之傳於今者篇什所述十僅得其四五陶宗儀之所摹又僅得篇什之四五近時歐羅巴人作坤輿圖說徧繪五大人州而紀黃河者僅寥寥數語豈非皆傳聞未確之故歟洪惟

聖朝版章式廓

聖祖仁皇帝肇命臣工攜挈儀器遍歷區域測量分數以

欽定河源紀畧　卷一　圖說　一

10755　欽定河源紀畧三十五卷首一卷　（清）紀昀等纂　清乾隆武英殿刻本　遼寧省圖書館

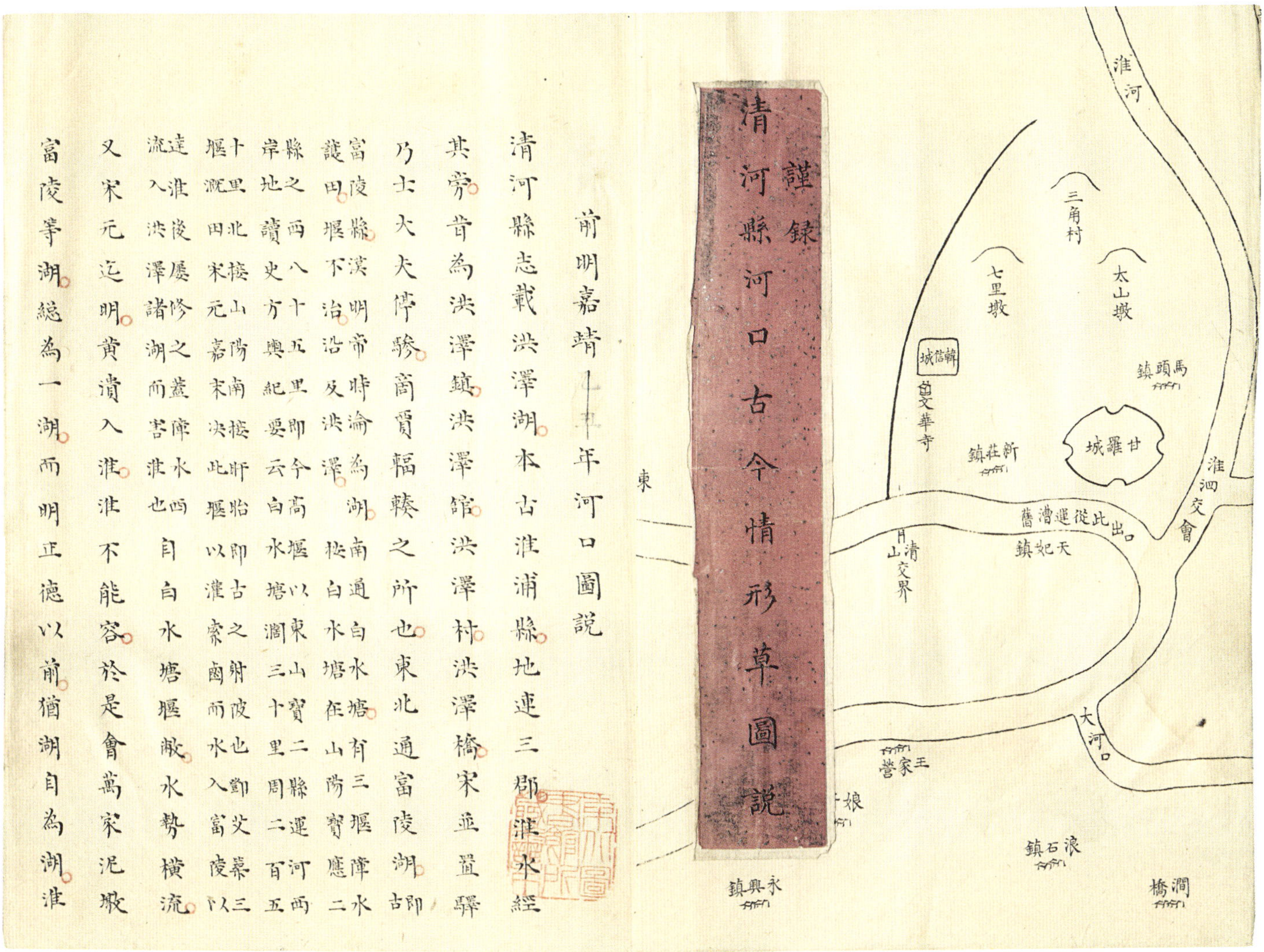
謹錄
清河縣河口古今情形草圖說

前明嘉靖十五年河口圖說

清河縣志載洪澤湖本古淮浦縣地連三郡淮水經其旁昔為洪澤鎮洪澤館洪澤村洪澤橋宋並置驛乃士大夫停驂商賈輻輳之所也東北通富陵湖古郎富陵縣漢明帝時淪為湖南通白水塘有三堰障水護田堰下治沿及洪澤　按白水塘在山陽寶應二縣之西八十五里即今高堰以東山寶二縣運河西岸地讀史方輿紀要云白水塘瀾三十里周二百五十里北接山陽南接盱眙即古之射陂也鄧艾慕三堰溉田宋元嘉末決此堰以灌索虜而水入富陵以達淮後屢修之蓋障水西流入洪澤諸湖而害淮也　自白水塘堰廢水勢橫流又宋元迄明黃潰入淮淮不能容於是會萬家泥墩富陵等湖總為一湖而明正德以前猶湖自為湖淮

10756　**清河縣河口圖說不分卷**　（清）徐仰庭等撰　稿本　遼寧省圖書館

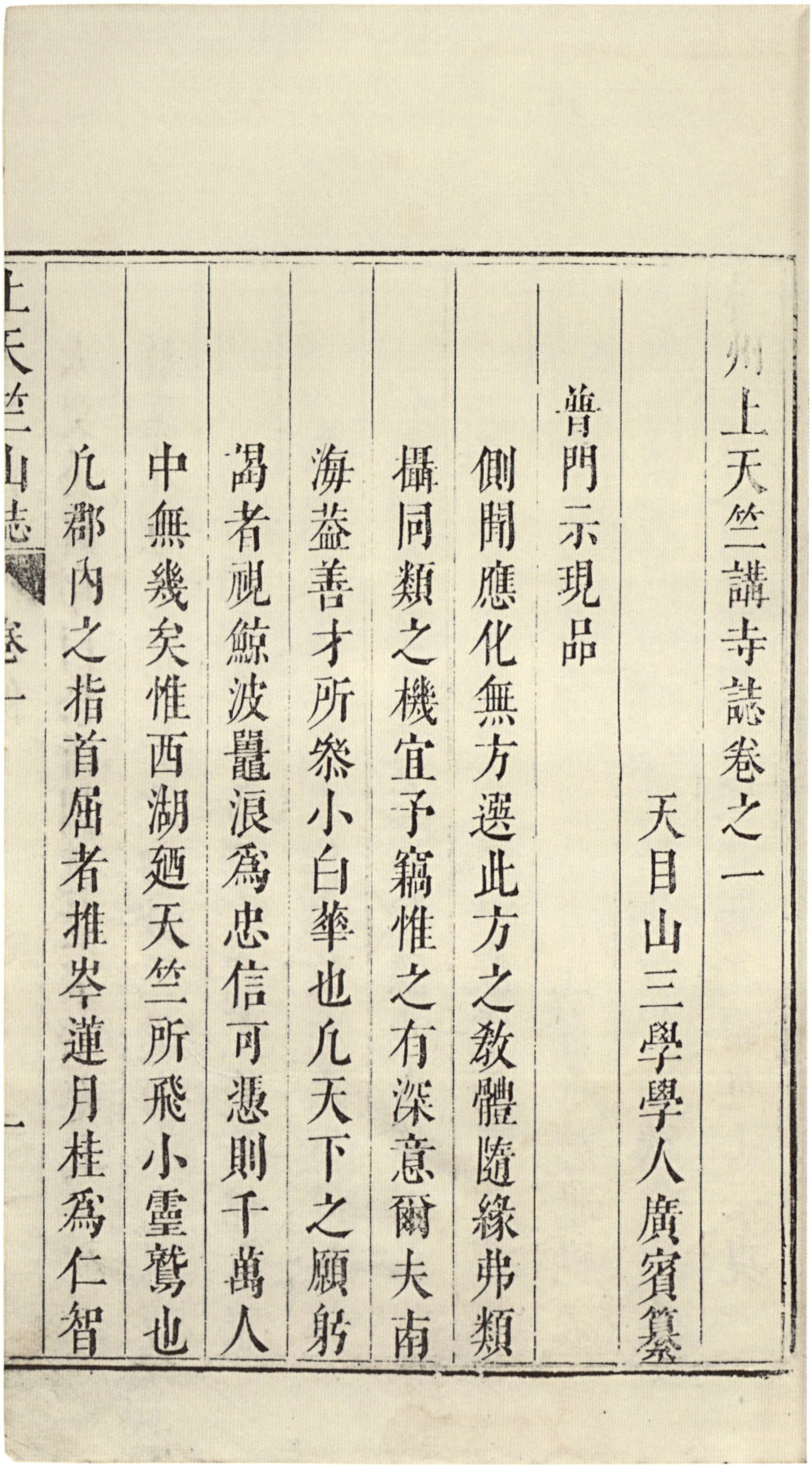
州上天竺講寺誌卷之一
天目山三學學人廣賓纂
普門示現品
側聞應化無方遝此方之教體隨緣弗類
攝同類之機宜予竊惟之有深意爾夫南
海薝善才所叅小白華也凡天下之願躬
謁者覩鯨波鼉浪爲忠信可憑則千萬人
中無幾矣惟西湖廼天竺所飛小靈鷲也
凡郡內之指首屈者推崒蓮月桂爲仁智
上天竺山志　卷一　一

10757　杭州上天竺講寺志十五卷首一卷　（清）釋廣賓纂　清順治三年（1646）刻本　大連圖書館

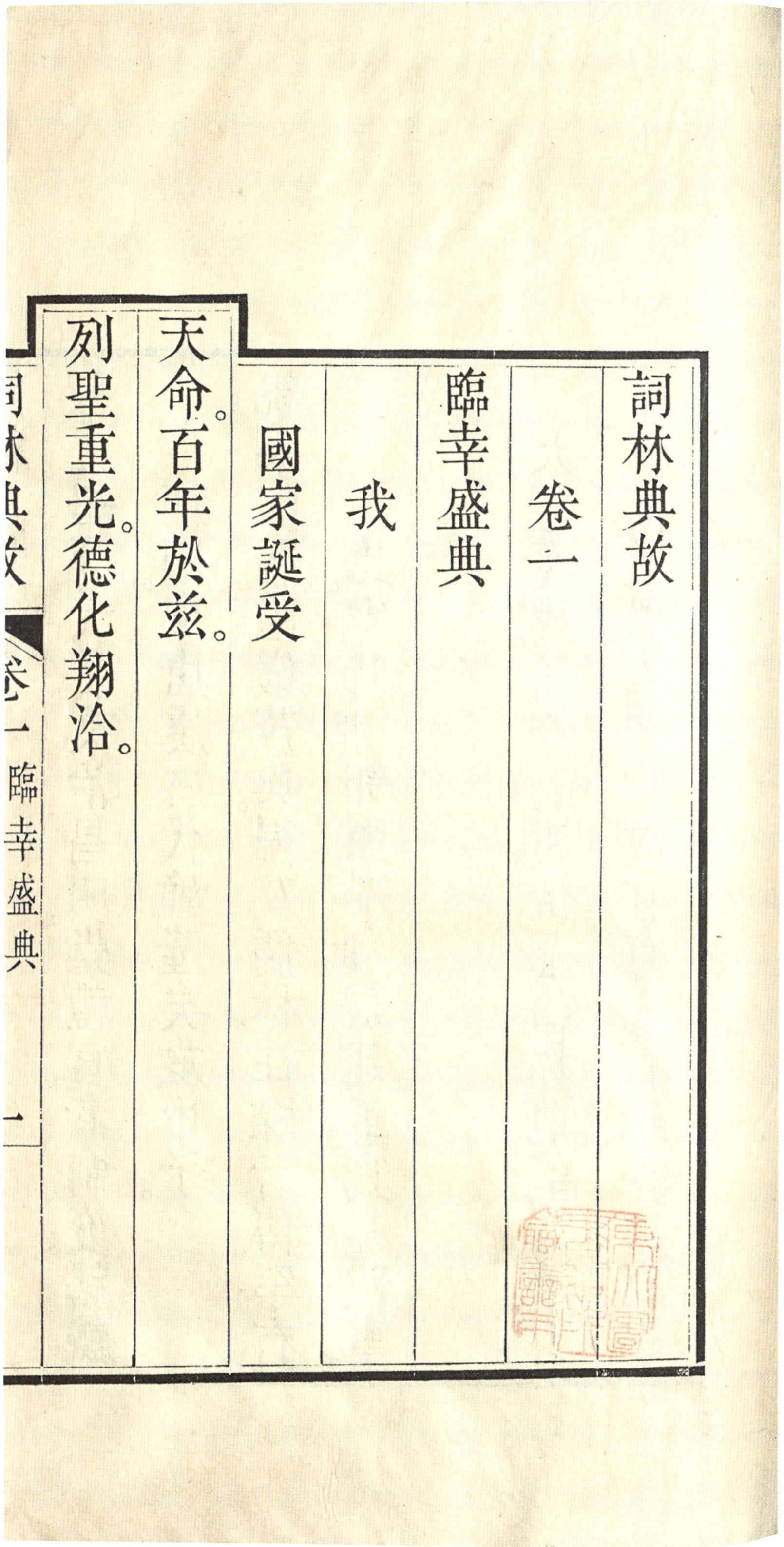

詞林典故
卷一
臨幸盛典
我
國家誕受
天命百年於茲。
列聖重光德化翔洽。

詞林典故　卷一　臨幸盛典　一

10758　詞林典故八卷　（清）張廷玉等撰　清乾隆十三年（1748）武英殿刻本　遼寧省圖書館

欽定歷代職官表卷一

宗人府表

宗	令	左右宗正	宗

（表中各欄為歷代沿革，自泰漢、後漢、三國、晉、宋齊、梁陳、魏、齊、後周、隋、唐、宋、遼、金、元、明等朝代職官：宗伯、宗伯、宗正卿、宗正卿、宗正卿、宗師、大夫、卿、太宗正、太宗正、太宗正等）

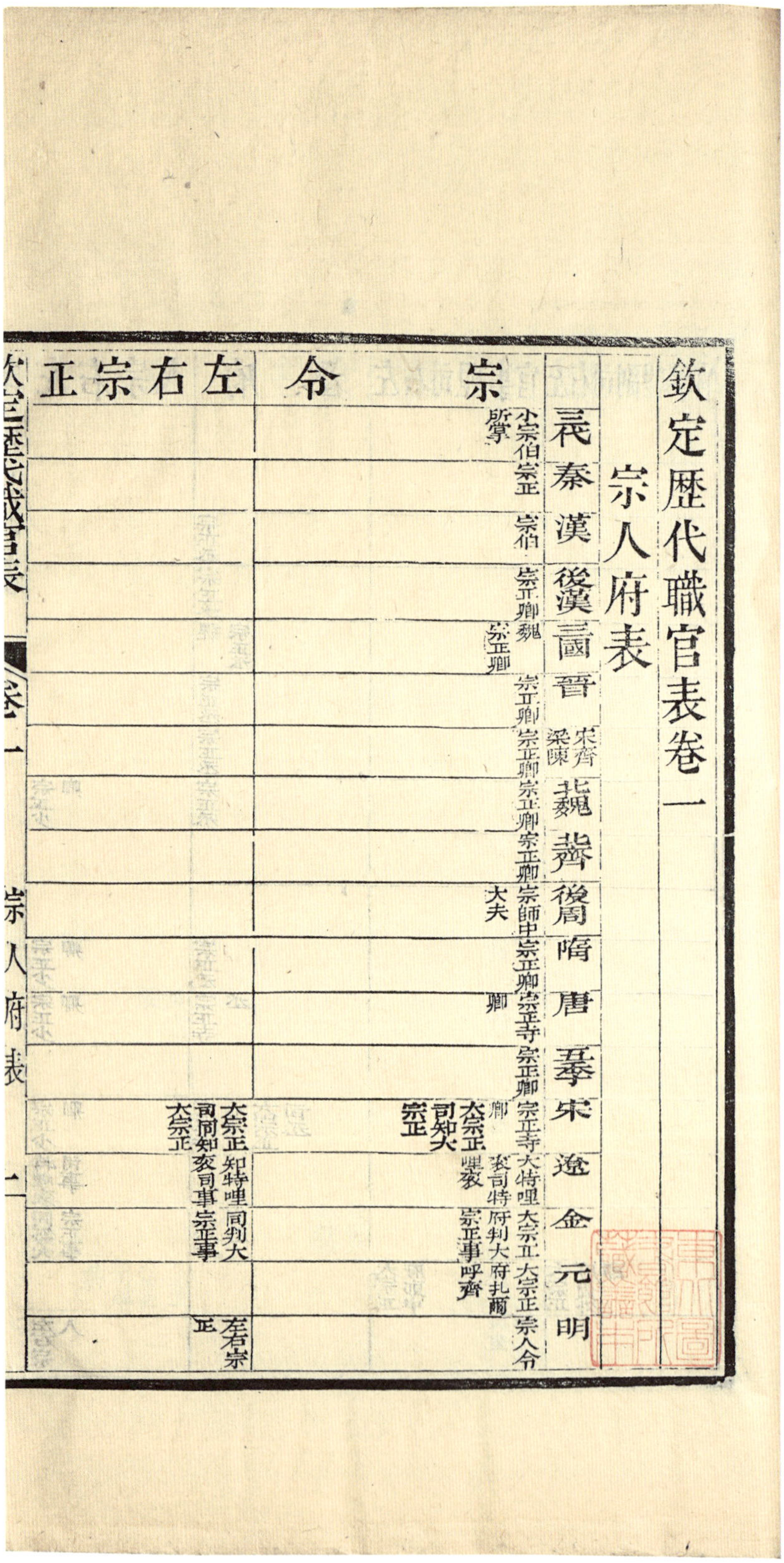

10759　欽定歷代職官表七十二卷首一卷　〔清〕紀昀等撰　清乾隆武英殿刻本　遼寧省圖書館

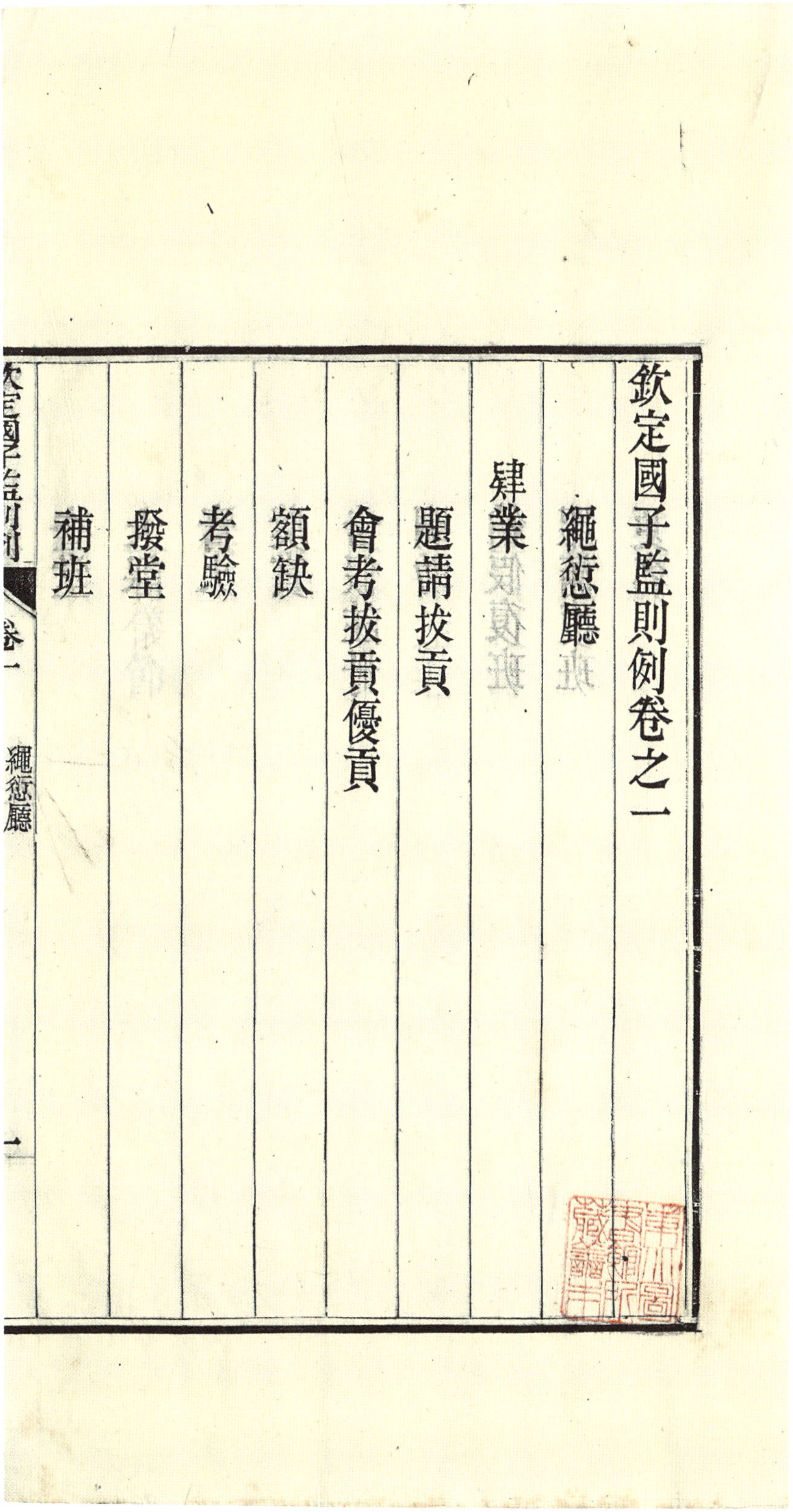

欽定國子監則例卷之一

繩愆廳

肄業

題請拔貢

會考拔貢優貢

額缺

考驗

撥堂

補班

欽定國子監則例　卷一　繩愆廳　一

10760　欽定國子監則例三十卷首二卷　（清）蔡新　達霖等纂修　清乾隆三十七年（1772）武英殿刻本　遼寧省圖書館

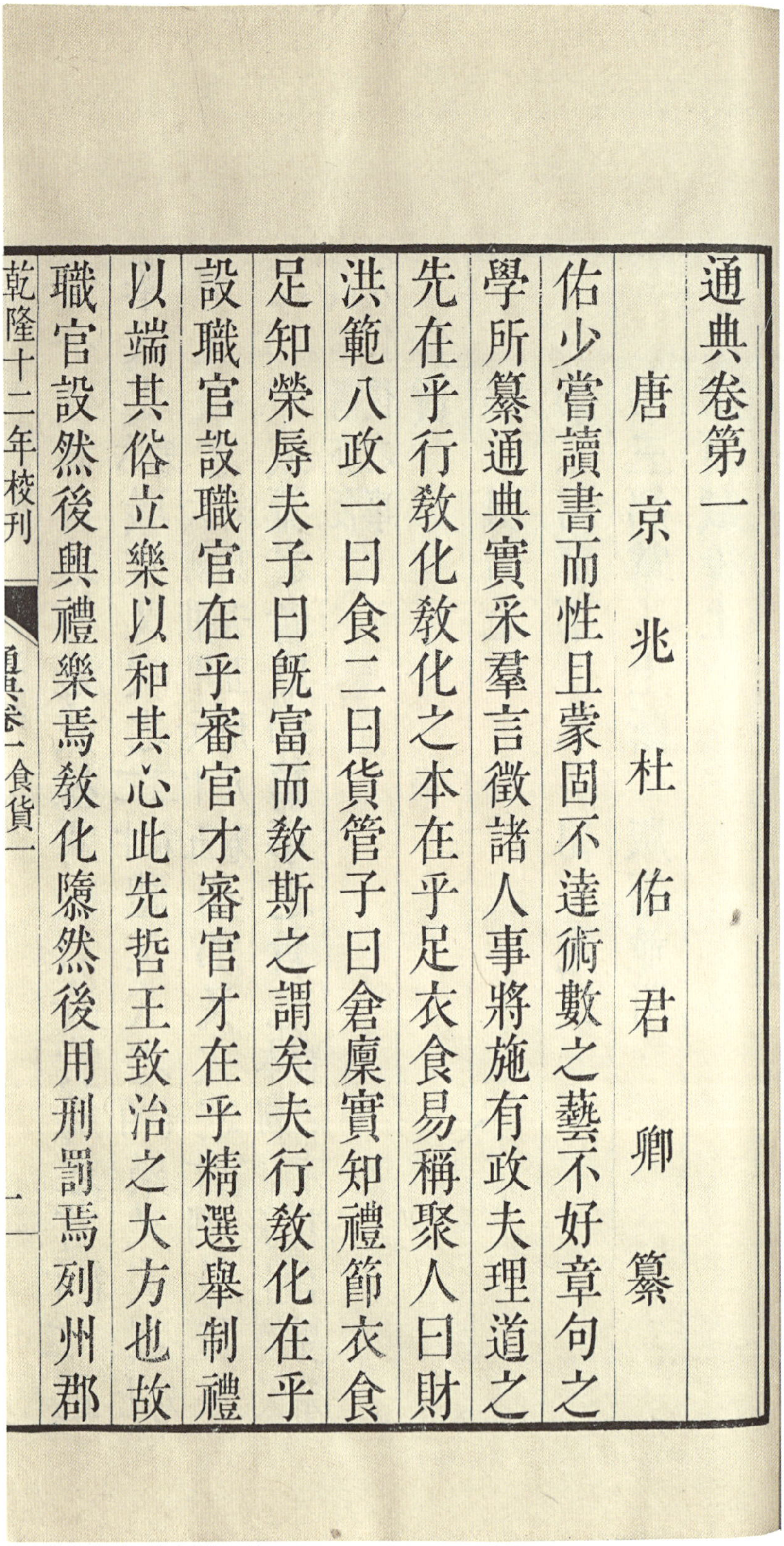
通典卷第一

唐京兆杜佑君卿纂

佑少嘗讀書而性且蒙固不達術數之藝不好章句之學所纂通典實采羣言徵諸人事將施有政夫理道之先在乎行教化教化之本在乎足衣食易稱聚人曰財洪範八政一曰食二曰貨管子曰倉廩實知禮節衣食足知榮辱夫子曰既富而教斯之謂矣夫行教化在乎設職官設職官在乎審官才審官才在乎精選舉制禮以端其俗立樂以和其心此先哲王致治之大方也故職官設然後興禮樂焉教化隳然後用刑罰焉列州郡

乾隆十二年校刊　通典卷一食貨一　一

10761　通典二百卷　（唐）杜佑撰　清乾隆十二年（1747）武英殿刻本　遼寧省圖書館

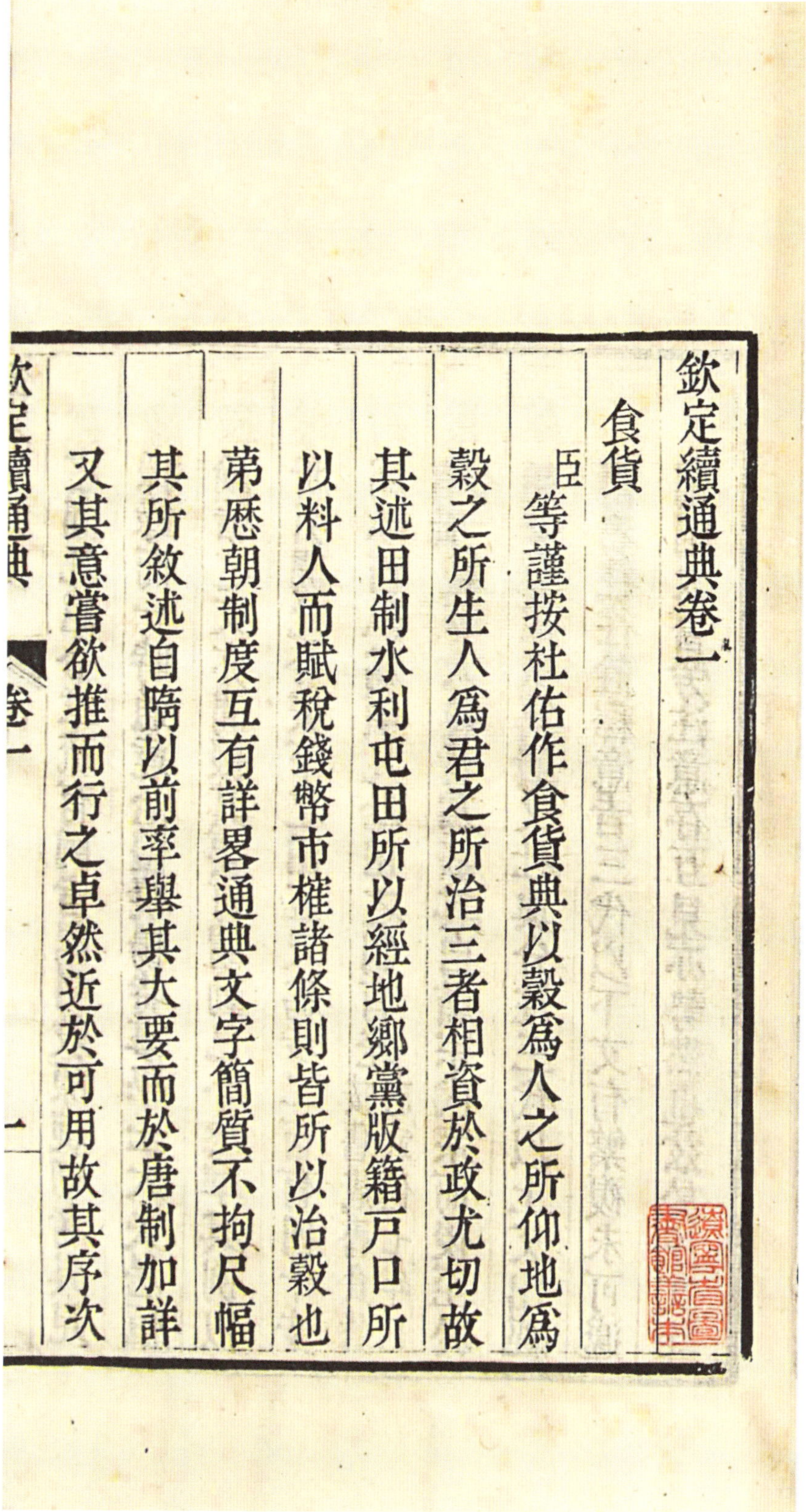
欽定續通典卷一
食貨
臣等謹按杜佑作食貨典以穀爲人之所仰地爲
穀之所生人爲君之所治三者相資於政尤切故
其述田制水利屯田所以經地鄉黨版籍戶口所
以料人而賦稅錢幣市榷諸條則皆所以治穀也
第歷朝制度互有詳畧通典文字簡質不拘尺幅
其所敘述自隋以前率舉其大要而於唐制加詳
又其意嘗欲推而行之卓然近於可用故其序次
欽定續通典 卷一 一

10762　欽定續通典一百五十卷　（清）嵇璜等撰　清乾隆武英殿刻本　遼寧省圖書館

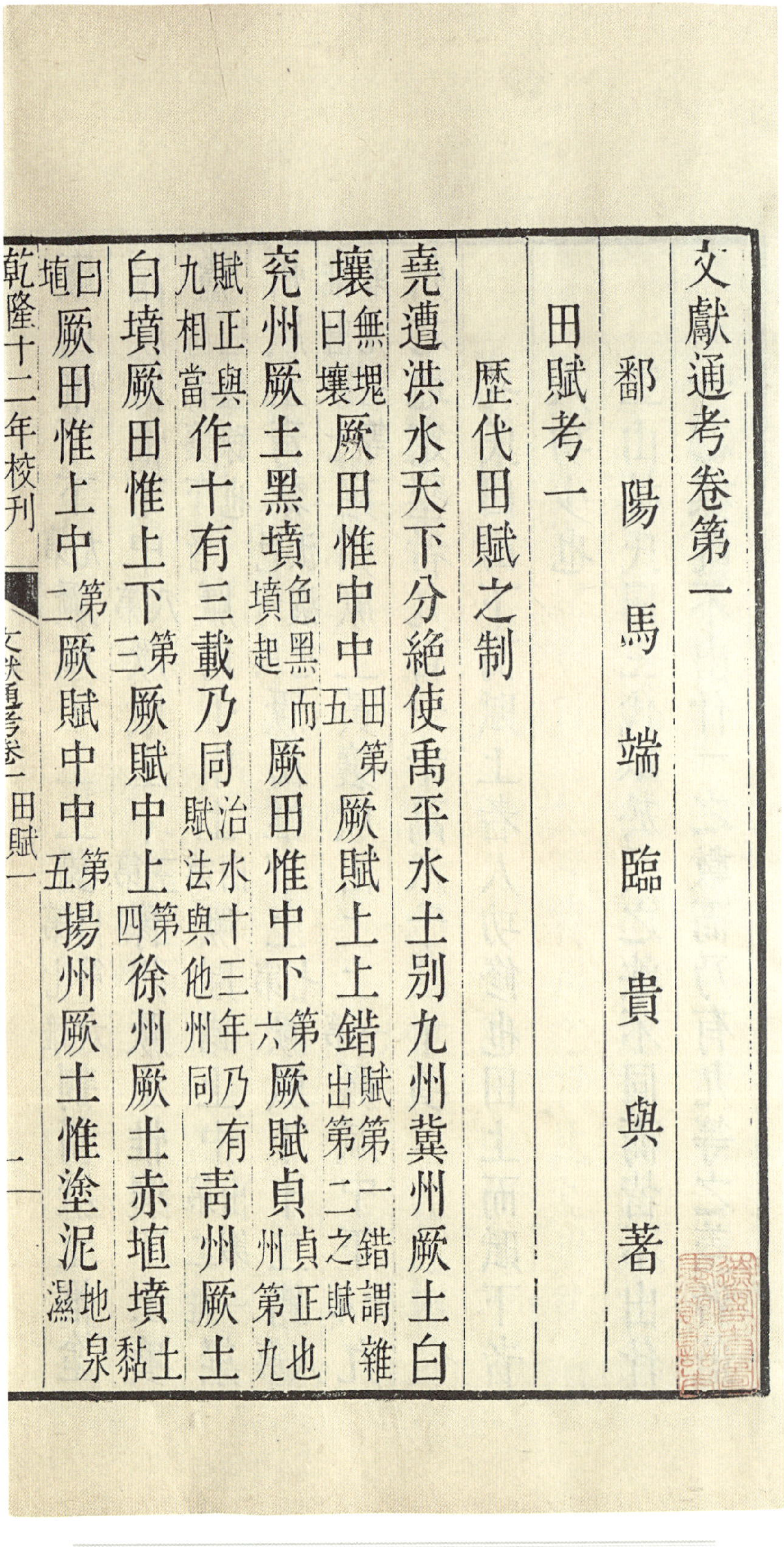

文獻通考卷第一

鄱陽馬端臨貴與著

田賦考一

歷代田賦之制

堯遭洪水天下分絶使禹平水土別九州冀州厥土白壤無塊曰壤厥田惟中中田第五厥賦上上錯賦第一錯謂雜出第二之賦兖州厥土黑墳色黑而墳起厥田惟中下第六厥賦貞貞正也州第九賦正與九州相當作十有三載乃同治水十三年乃有賦法與他州同青州厥土白墳厥田惟上下第三厥賦中上第四徐州厥土赤埴墳土黏曰埴厥田惟上中第二厥賦中中第五揚州厥土惟塗泥地泉濕

乾隆十二年校刊　文獻通考卷一　田賦一　一

10763　文獻通考三百四十八卷　（元）馬端臨撰　清乾隆十二年（1747）武英殿刻本　遼寧省圖書館

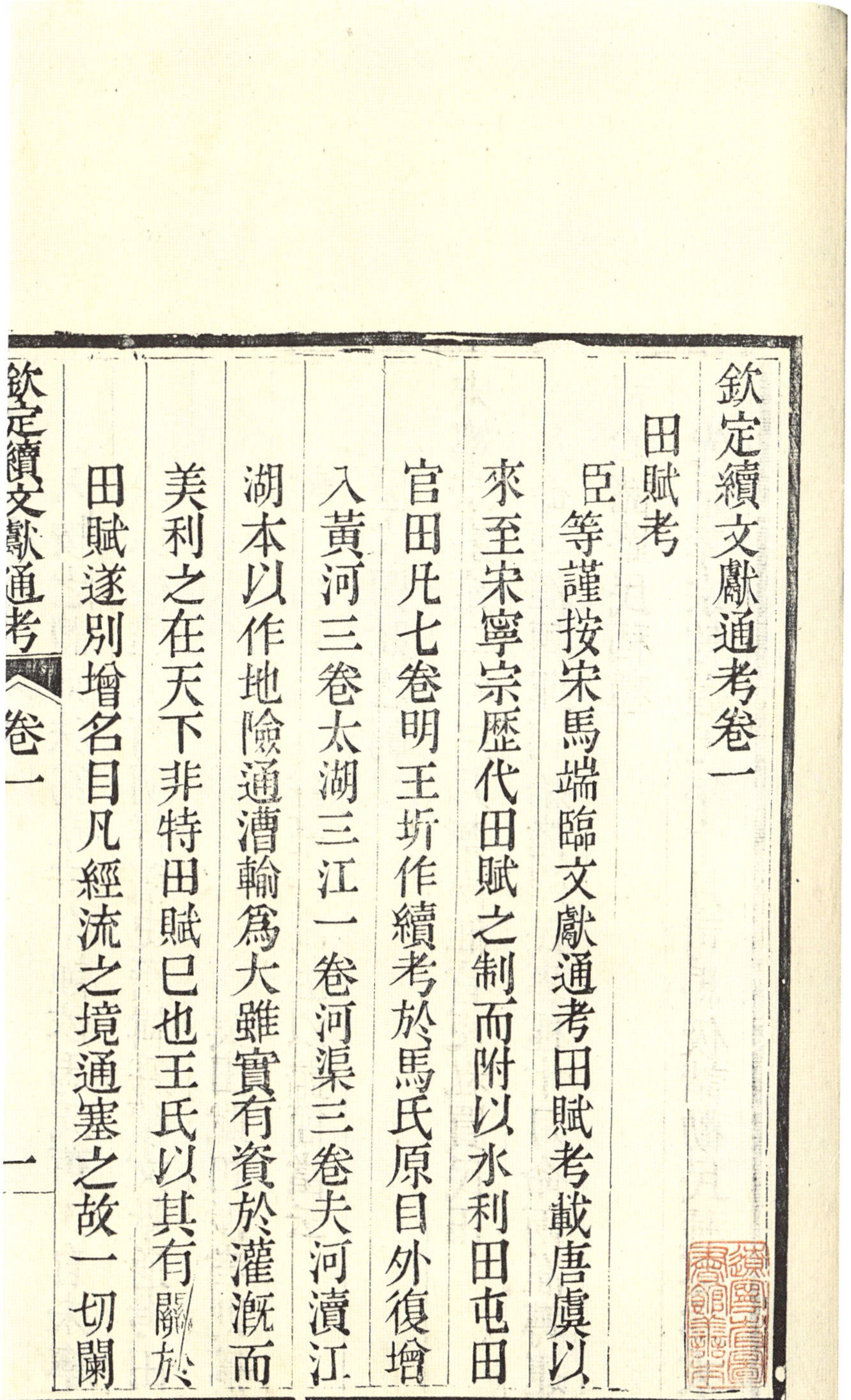

欽定續文獻通考卷一

田賦考

臣等謹按宋馬端臨文獻通考田賦考載唐虞以來至宋寧宗歷代田賦之制而附以水利田屯田官田凡七卷明王圻作續考於馬氏原目外復增入黃河三卷太湖三江一卷河渠三卷夫河瀆江湖本以作地險通漕輸爲大雖實有資於灌溉而美利之在天下非特田賦已也王氏以其有關於田賦遂別增名目凡經流之境通塞之故一切關

欽定續文獻通考　卷一　一

10764　欽定續文獻通考二百五十卷　（清）嵇璜等撰　清乾隆武英殿刻本　遼寧省圖書館

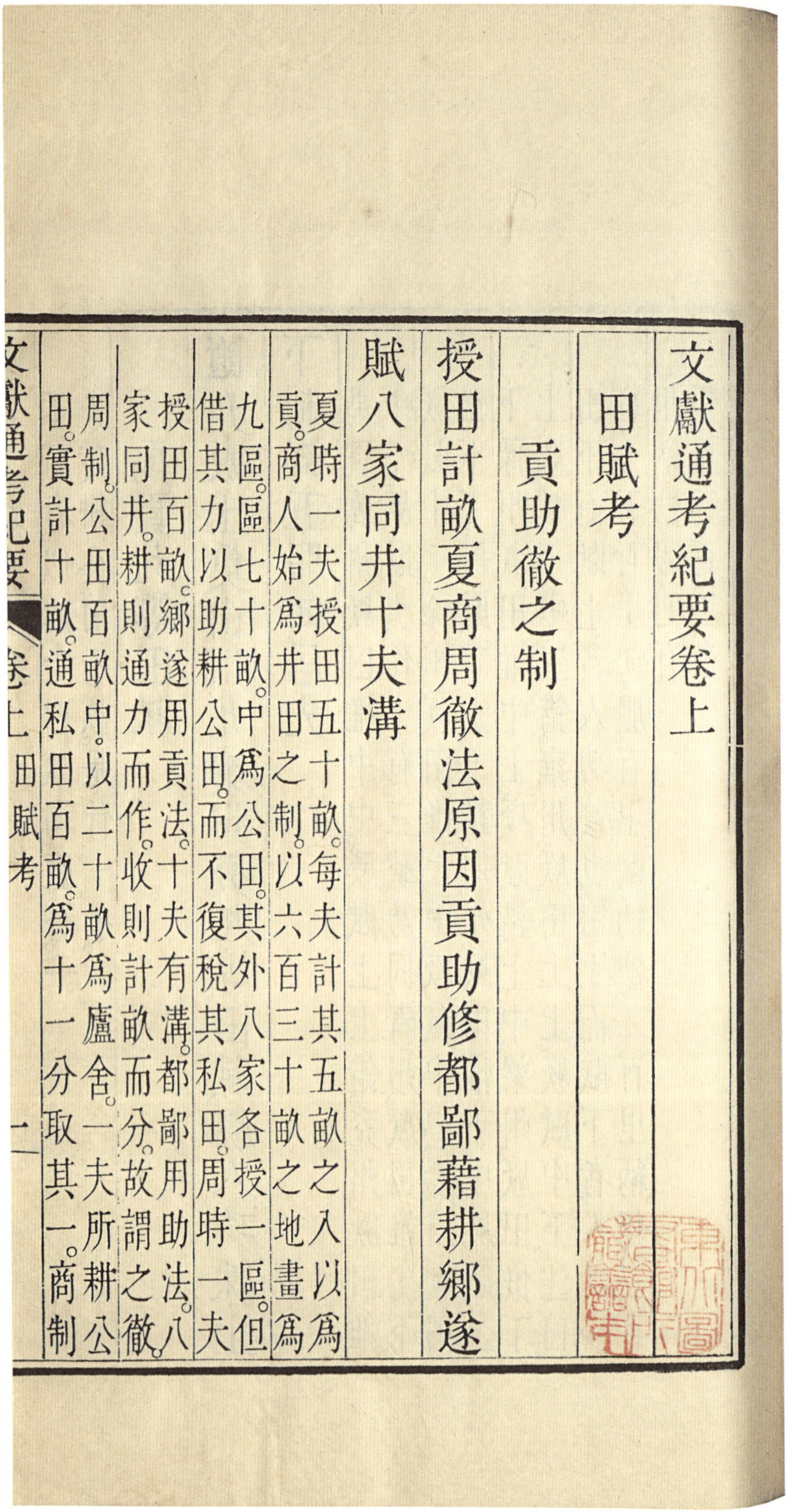

文獻通考紀要卷上

田賦考

貢助徹之制

授田計畝夏商周徹法原因貢助修都鄙藉耕鄉遂賦八家同井十夫溝

夏時一夫授田五十畝。每夫計其五畝之入以爲貢。商人始爲井田之制。以六百三十畝之地畫爲九區。區七十畝。中爲公田。其外八家各授一區。但借其力以助耕公田。而不復稅其私田。周時一夫授田百畝。鄉遂用貢法。十夫有溝。都鄙用助法。八家同井。耕則通力而作。收則計畝而分。故謂之徹。周制。公田百畝。中以二十畝爲廬舍。一夫所耕公田。實計十畝。通私田百畝。爲十一分取其一。商制

文獻通考紀要　卷上　田賦考　一

10765　文獻通考紀要二卷　清武英殿刻本　遼寧省圖書館

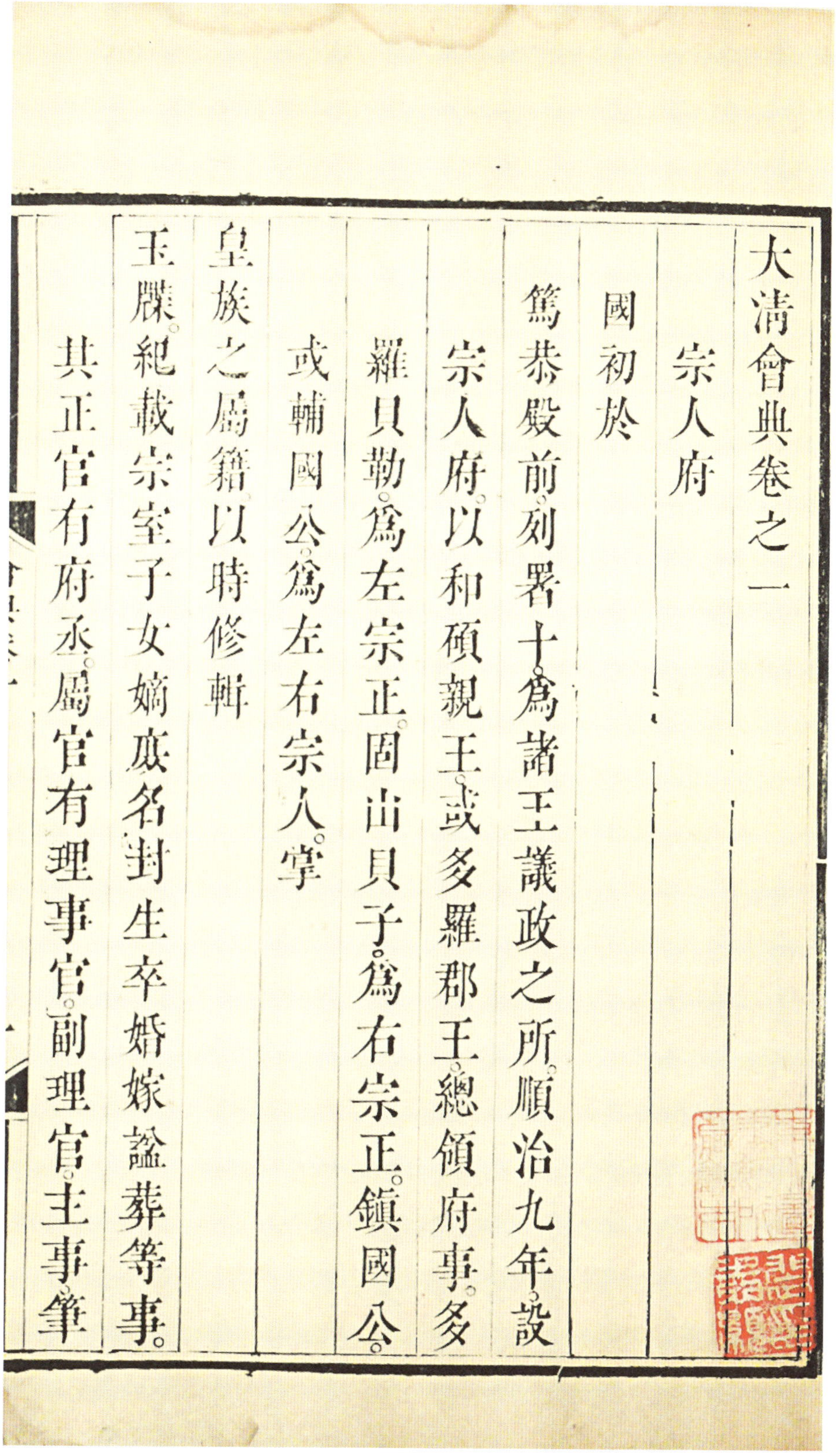
大清會典卷之一
宗人府
國初於
篤恭殿前列署十爲諸王議政之所順治九年設
宗人府以和碩親王或多羅郡王總領府事多
羅貝勒爲左宗正固山貝子爲右宗正鎮國公
或輔國公爲左右宗人掌
皇族之屬籍以時修輯
玉牒紀載宗室子女嫡庶名封生卒婚嫁謚葬等事
其正官有府丞屬官有理事官副理官主事筆

10766　大清會典一百六十二卷　（清）伊桑阿　王熙等纂　清康熙二十九年（1690）内府刻本（卷一百三十四、一百四十抄配）　遼寧省圖書館

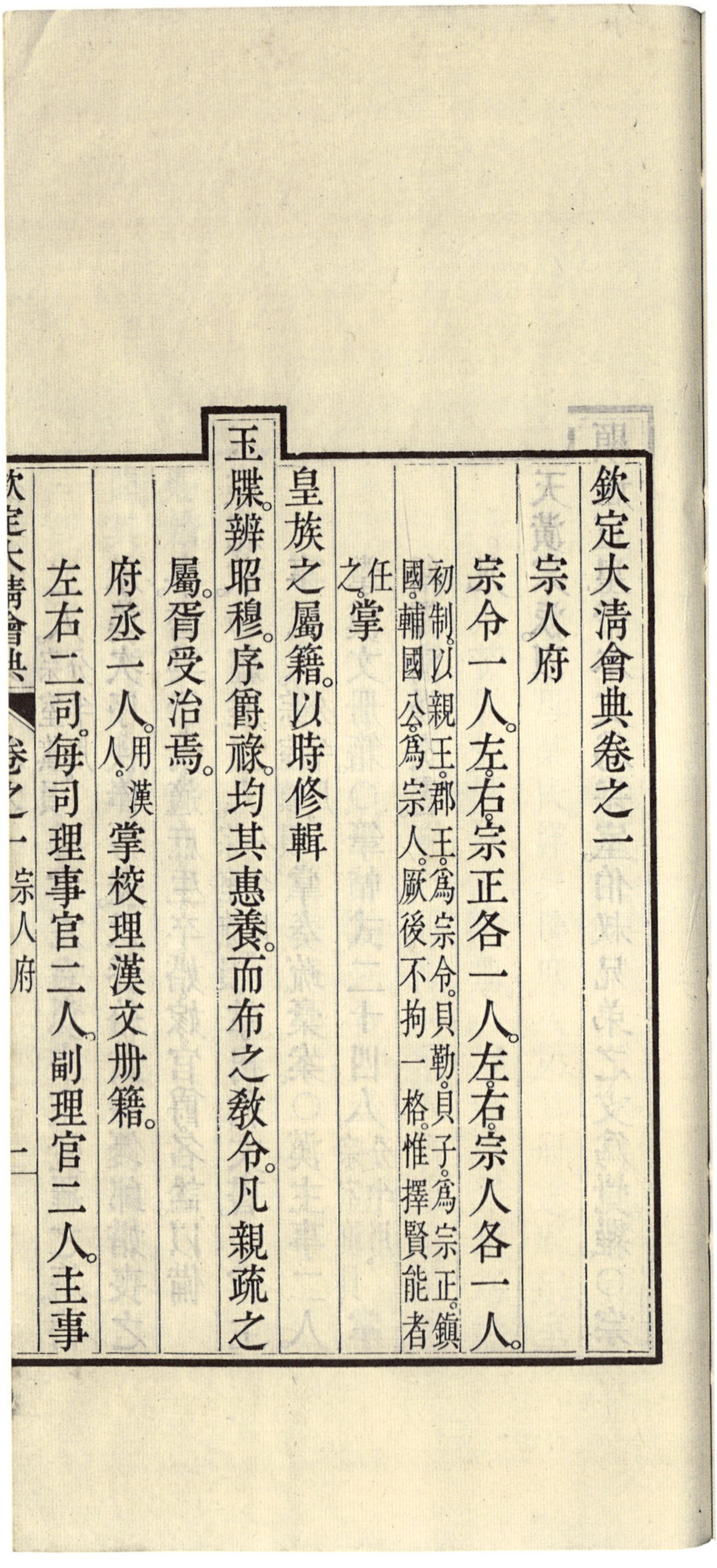
欽定大清會典卷之一
宗人府
宗令一人。左右宗正各一人。左右宗人各一人。初制。以親王。郡王。爲宗令。貝勒。貝子。爲宗正。鎮國。輔國。公。爲宗人。厥後不拘一格。惟擇賢能者任之。掌
皇族之屬籍。以時修輯
玉牒。辨昭穆。序爵祿。均其惠養。而布之教令。凡親疏之
屬。胥受治焉。
府丞一人。用漢人。掌校理漢文冊籍。
左右二司。每司理事官二人。副理官二人。主事
欽定大清會典　卷之一　宗人府　一

10767　欽定大清會典一百卷欽定大清會典則例一百八十卷　（清）

允祹等纂　清乾隆二十九年（1764）武英殿刻本　遼寧省圖書館

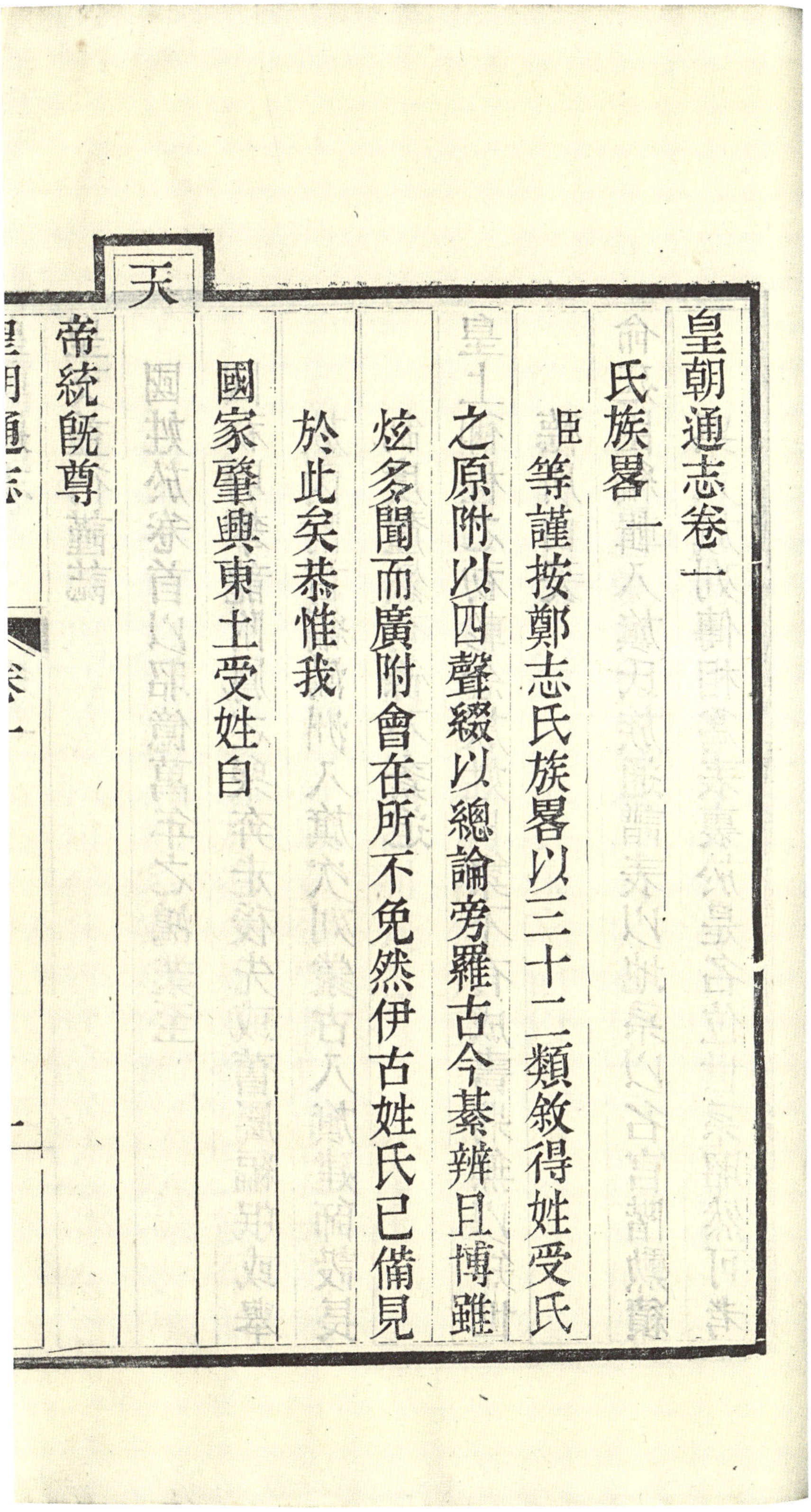

皇朝通志卷一

氏族畧一

臣等謹按鄭志氏族畧以三十二類敘得姓受氏之原附以四聲綴以總論旁羅古今綦辨且博雖炫多聞而廣附會在所不免然伊古姓氏已備見於此矣恭惟我

國家肇興東土受姓自

天

帝統既尊

皇朝通志 卷一

10768　皇朝通志一百二十六卷　（清）嵇璜等撰　清乾隆武英殿刻本　遼寧省圖書館

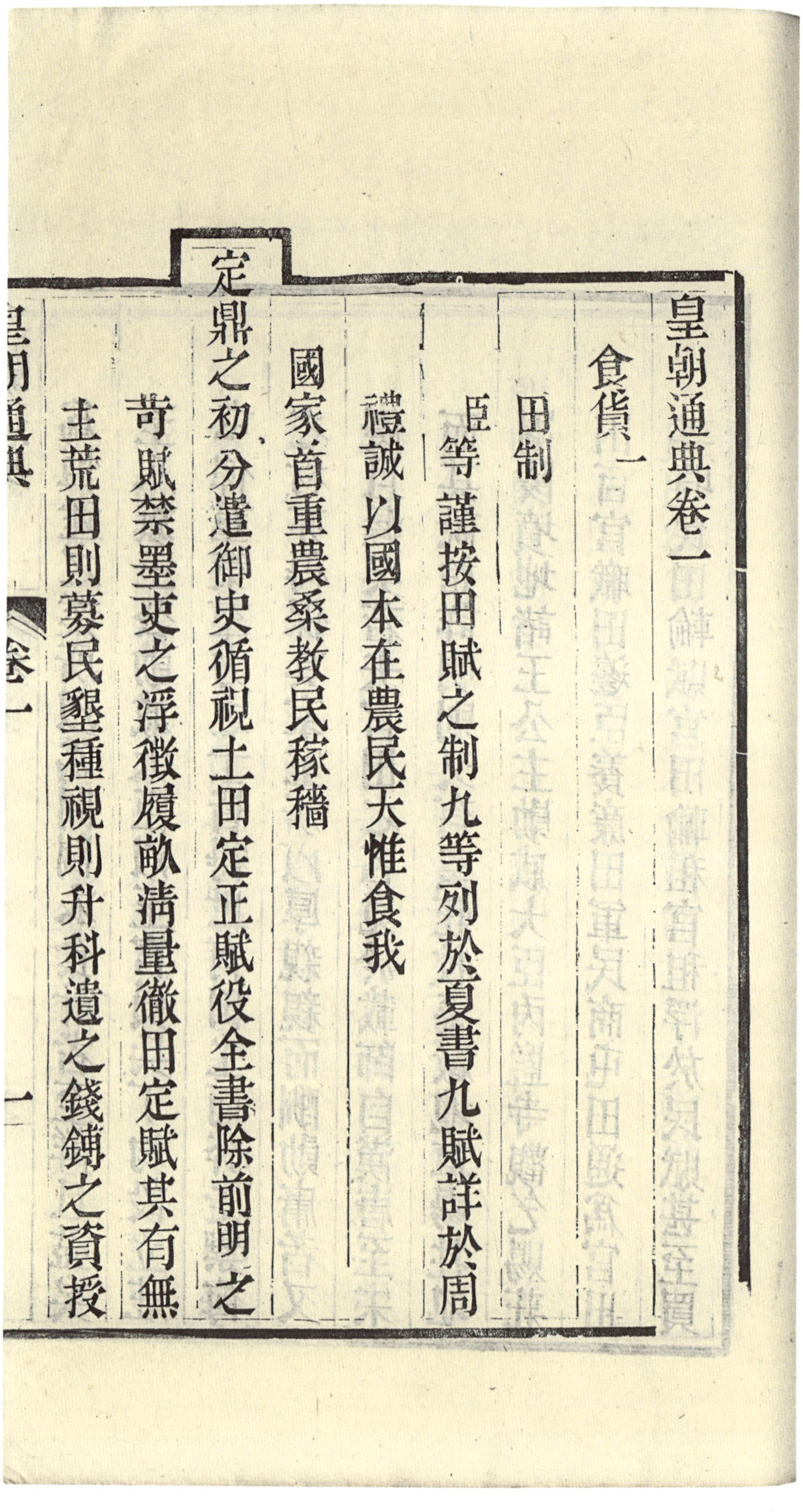
皇朝通典卷一
食貨一
田制
臣等謹按田賦之制九等列於夏書九賦詳於周
禮誠以國本在農民天惟食我
國家首重農桑教民稼穡
定鼎之初分遣御史循視土田定正賦役全書除前明之
苛賦禁墨吏之浮徵履畝清量徹田定賦其有無
主荒田則募民墾種視則升科遺之錢鎛之資授

10769 皇朝通典一百卷 （清）嵇璜等撰 清乾隆武英殿刻本 遼寧省圖書館

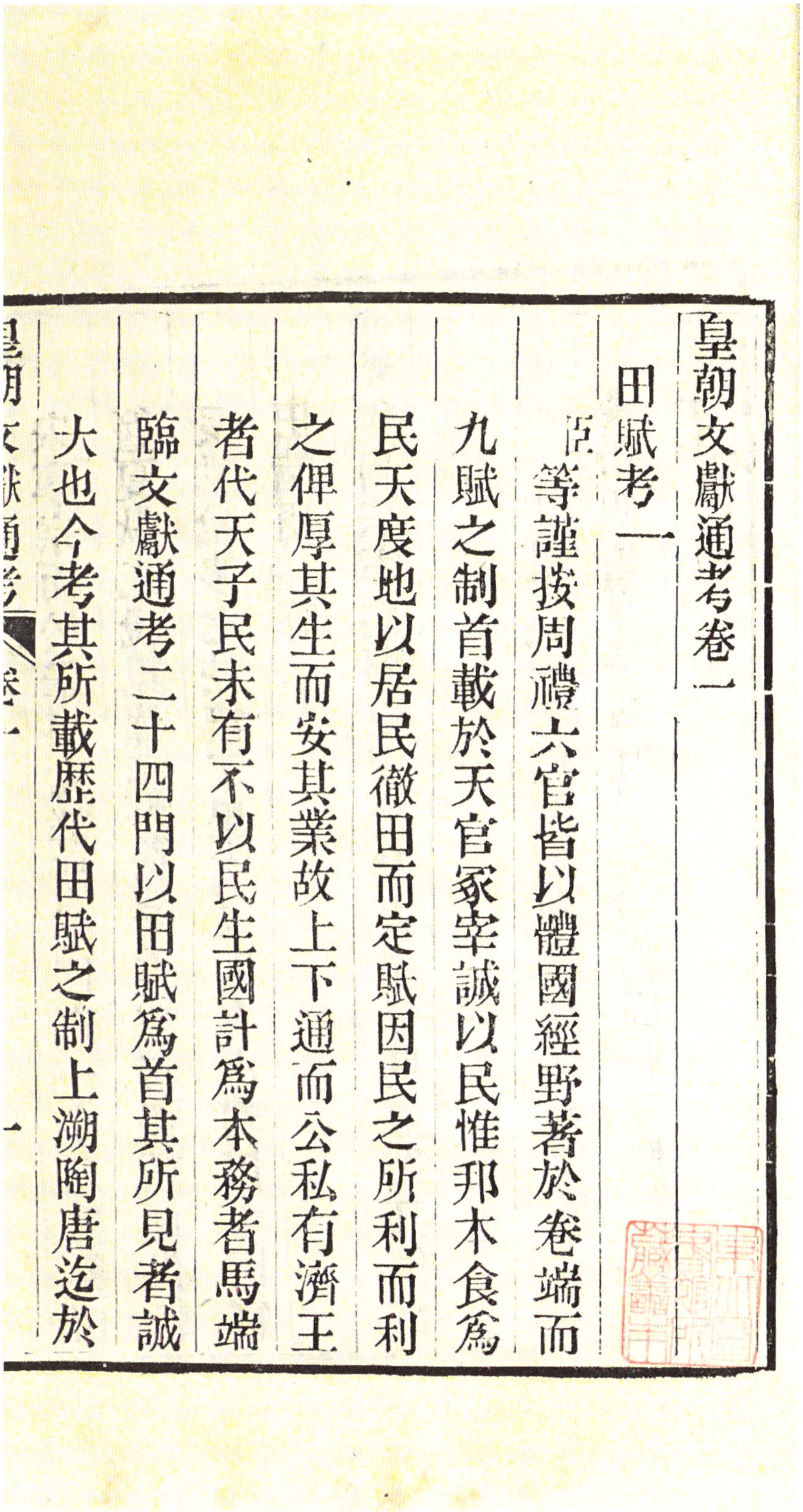
皇朝文獻通考卷一
田賦考一
臣等謹按周禮六官皆以體國經野著於卷端而
九賦之制首載於天官冢宰誠以民惟邦本食爲
民天度地以居民徹田而定賦因民之所利而利
之俾厚其生而安其業故上下通而公私有濟王
者代天子民未有不以民生國計爲本務者馬端
臨文獻通考二十四門以田賦爲首其所見者誠
大也今考其所載歷代田賦之制上溯陶唐迄於

10770 皇朝文獻通考三百卷 （清）嵇璜等撰 清乾隆武英殿刻本 遼寧省圖書館

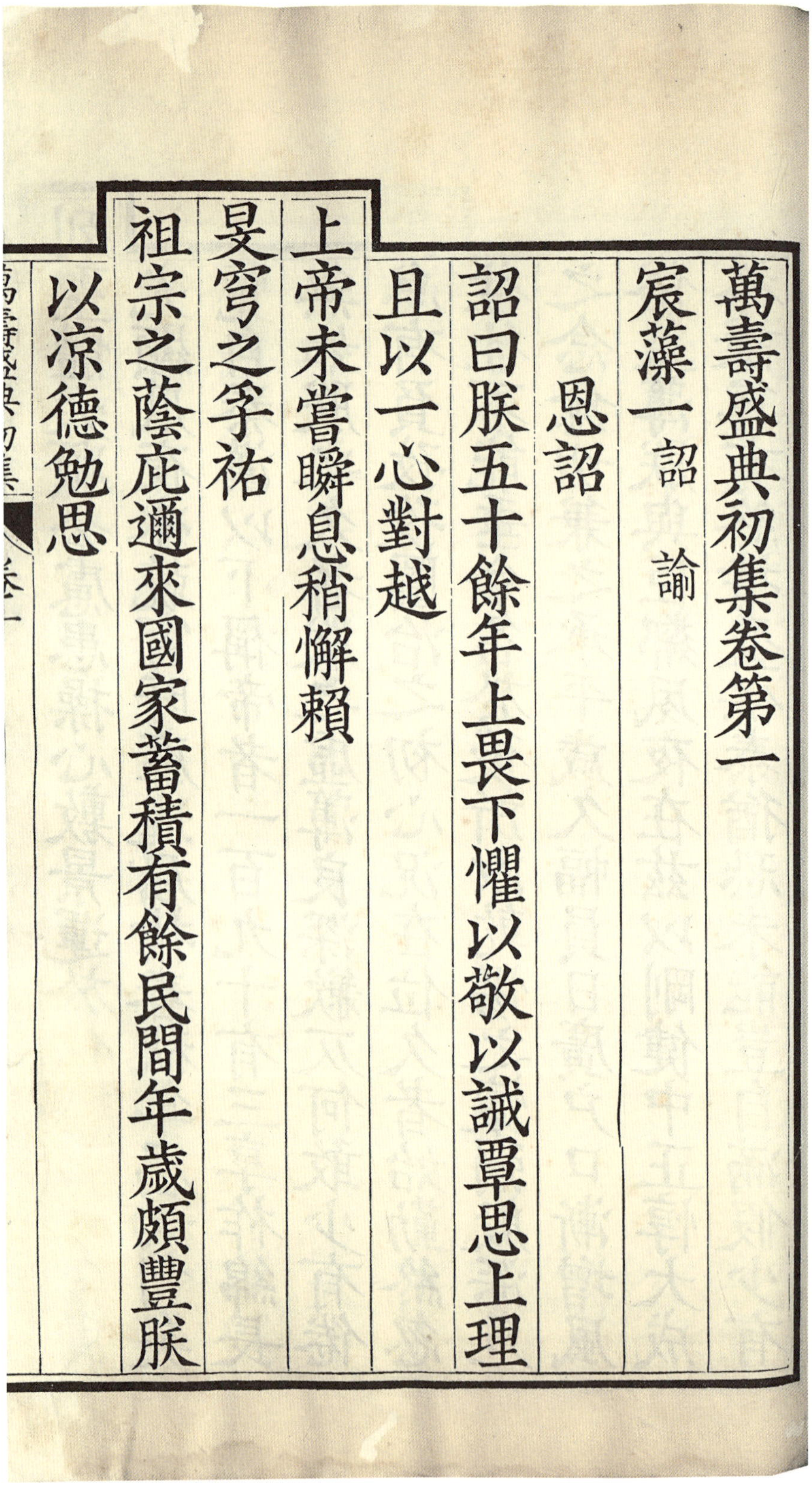

萬壽盛典初集卷第一
宸藻一　詔　諭
恩詔
詔曰朕五十餘年上畏下懼以敬以誠覃思上理
且以一心對越
上帝未嘗瞬息稍懈賴
旻穹之孚祐
祖宗之蔭庇邇來國家蓄積有餘民間年歲頻豐朕
以凉德勉思

萬壽盛典初集　卷一

10771　萬壽盛典初集一百二十卷　（清）王原祁等纂　清康熙五十四年至五十六年（1715—1717）武英殿刻本　遼寧省圖書館

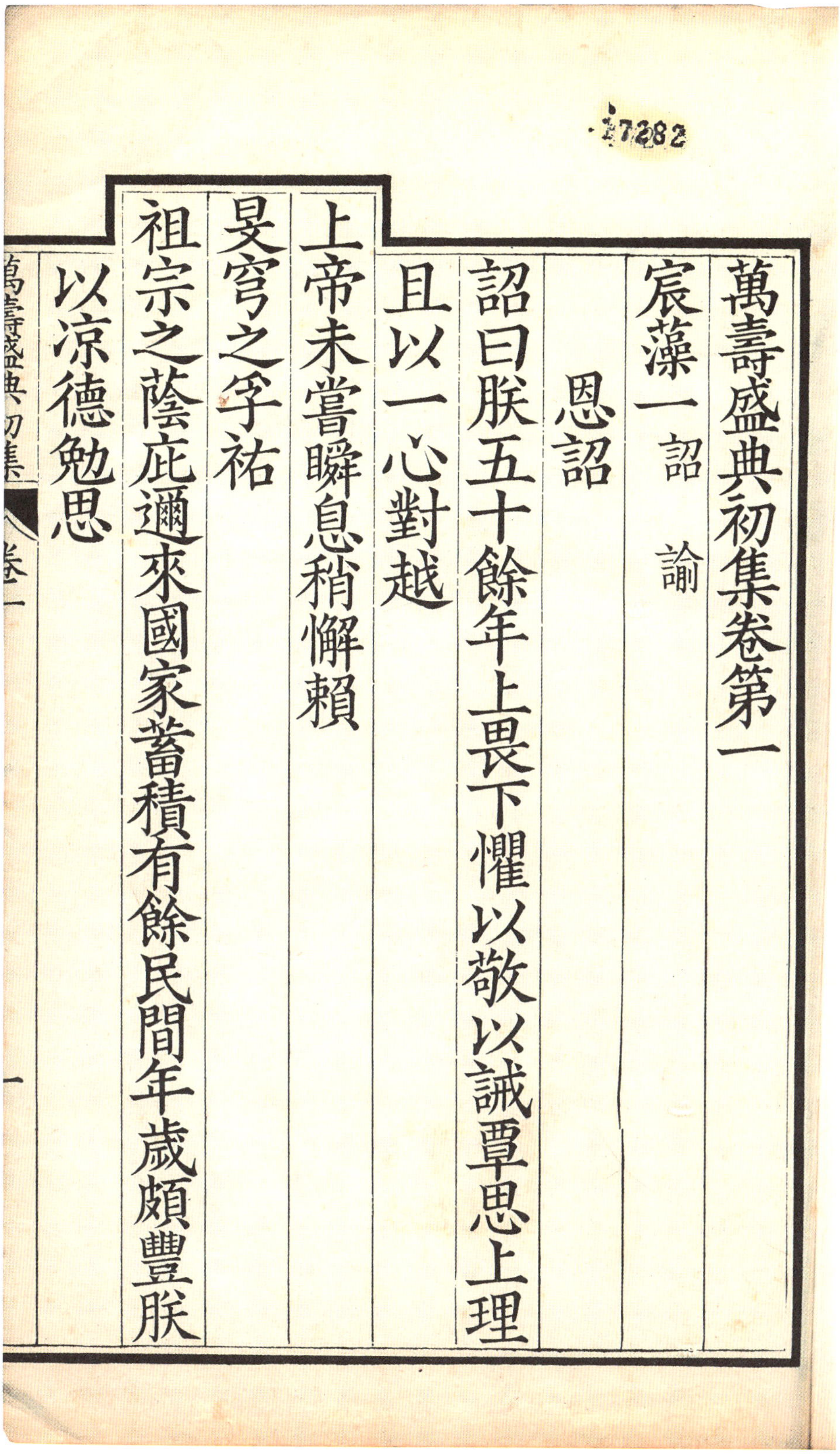

萬壽盛典初集卷第一
宸藻一 詔 諭
恩詔
詔曰朕五十餘年上畏下懼以敬以誠覃思上理
且以一心對越
上帝未嘗瞬息稍懈賴
昊穹之孚祐
祖宗之蔭庇邇來國家蓄積有餘民間年歲頗豐朕
以涼德勉思

萬壽盛典初集 卷一 一

10772 萬壽盛典初集一百二十卷 （清）王原祁等纂 清康熙五十四年至五十六年（1715—1717）武英殿刻本 魯迅美術學院圖書館

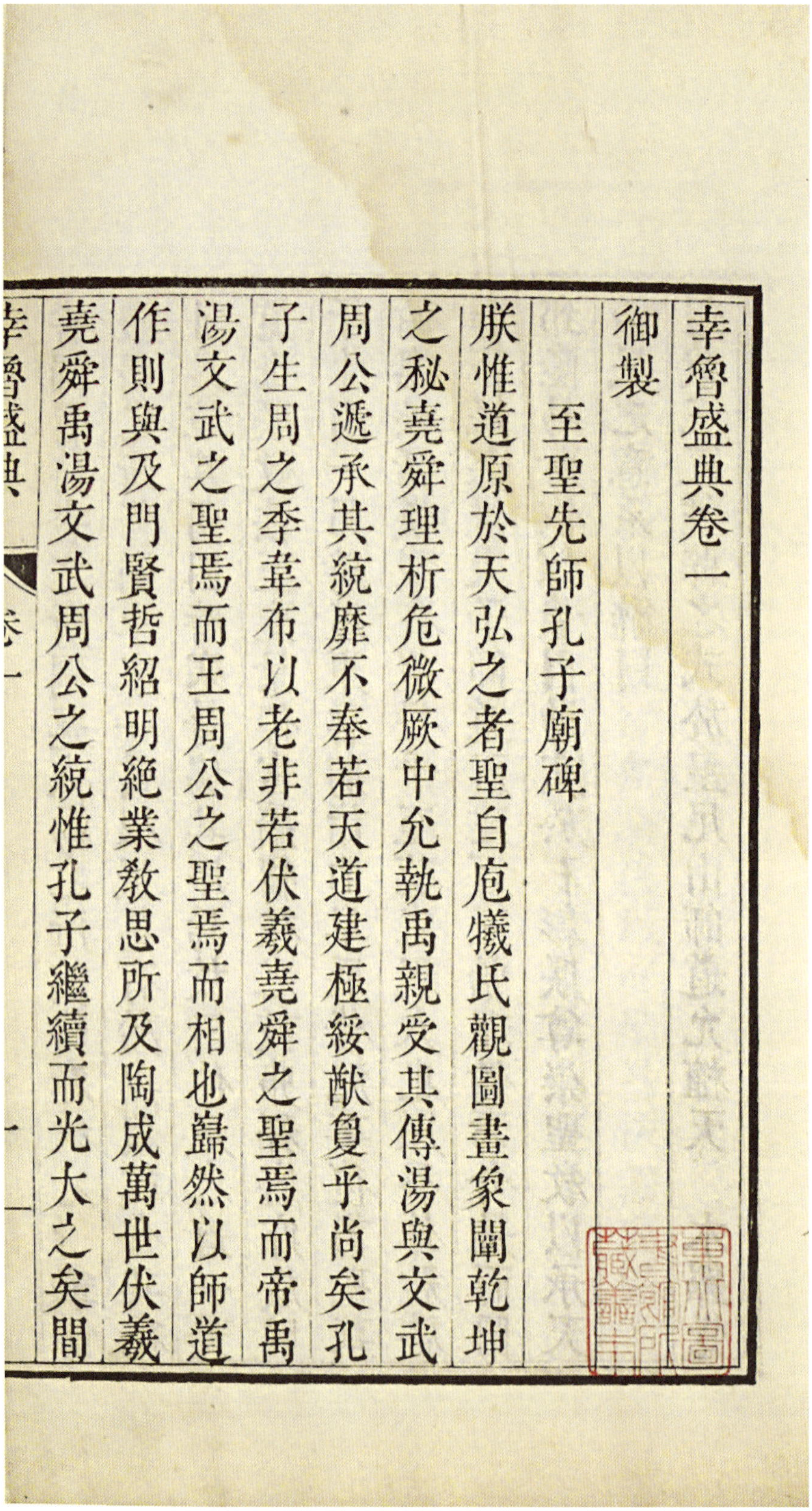

幸魯盛典卷一

御製

至聖先師孔子廟碑

朕惟道原於天弘之者聖自庖犧氏覩圖畫象闡乾坤之秘堯舜理析危微厥中允執禹親受其傳湯與文武周公遞承其統靡不奉若天道建極綏猷夐乎尚矣孔子生周之季韋布以老非若伏羲堯舜之聖焉而帝禹湯文武之聖焉而王周公之聖焉而相也巋然以師道作則與及門賢哲紹明絕業教思所及陶成萬世伏羲堯舜禹湯文武周公之統惟孔子繼續而光大之矣間

幸魯盛典　卷一　一

10773　幸魯盛典四十卷　（清）孔毓圻　金居敬等纂　清康熙五十年（1711）孔毓圻刻進呈本　遼寧省圖書館

遼寧省第一批珍貴古籍名録圖録

第四册

《遼寧省第一批珍貴古籍名録圖録》編委會　編

國家圖書館出版社

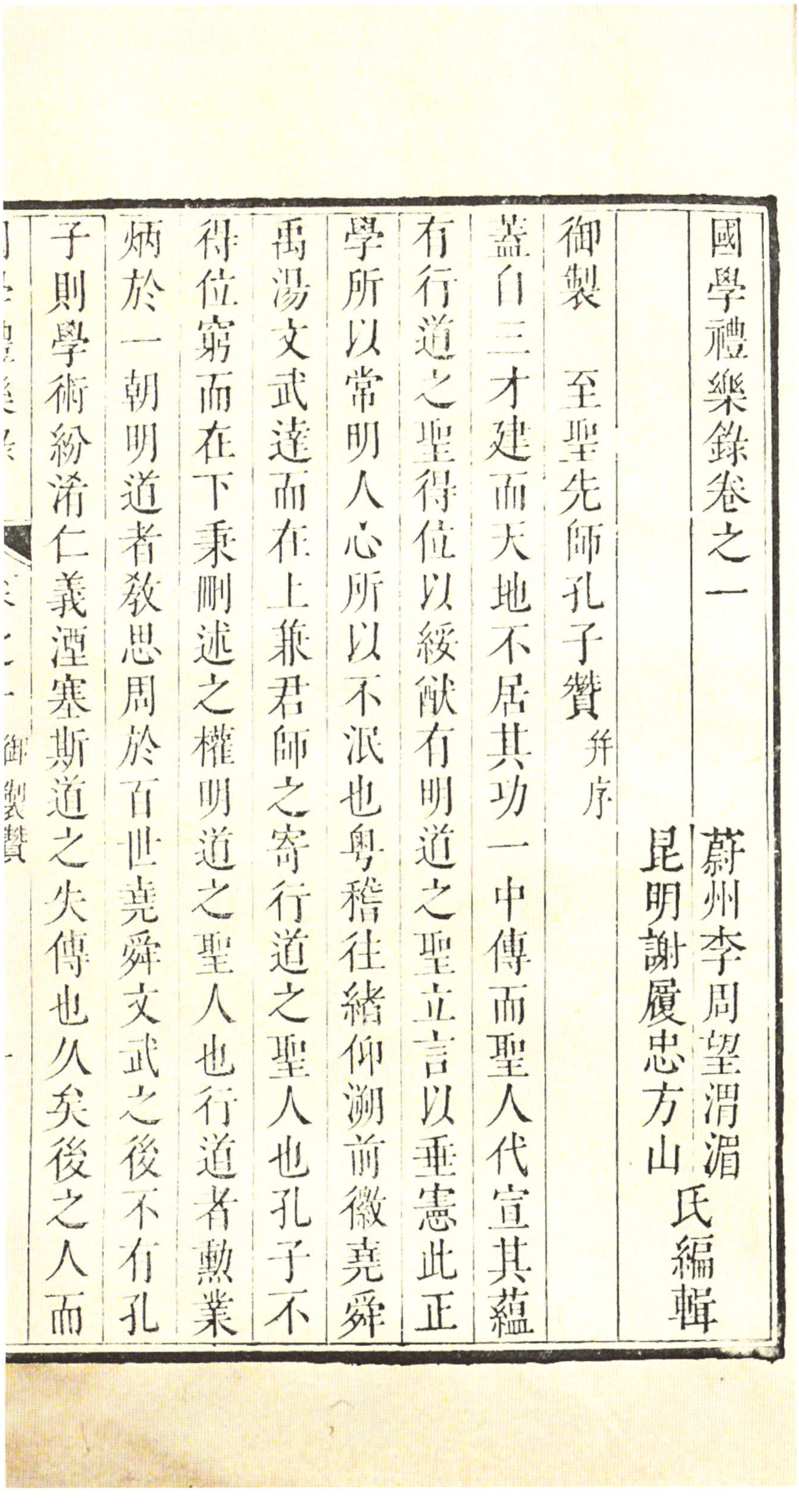
國學禮樂錄卷之一
蔚州李周望渭湄
昆明謝履忠方山　氏編輯
御製　至聖先師孔子贊并序
蓋自三才建而天地不居其功一中傳而聖人代宣其蘊有行道之聖得位以綏猷有明道之聖立言以垂憲此正學所以常明人心所以不泯也粤稽往緒仰溯前徽堯舜禹湯文武達而在上兼君師之寄行道之聖人也孔子不得位窮而在下秉删述之權明道之聖人也行道者勲業炳於一朝明道者教思周於百世堯舜文武之後不有孔子則學術紛淆仁義湮塞斯道之失傳也久矣後之人而
國學禮樂錄卷之一　御製贊

10774　國學禮樂錄二十卷　（清）李周望　謝履忠撰　清康熙五十八年（1719）國子監刻本　遼寧省圖書館

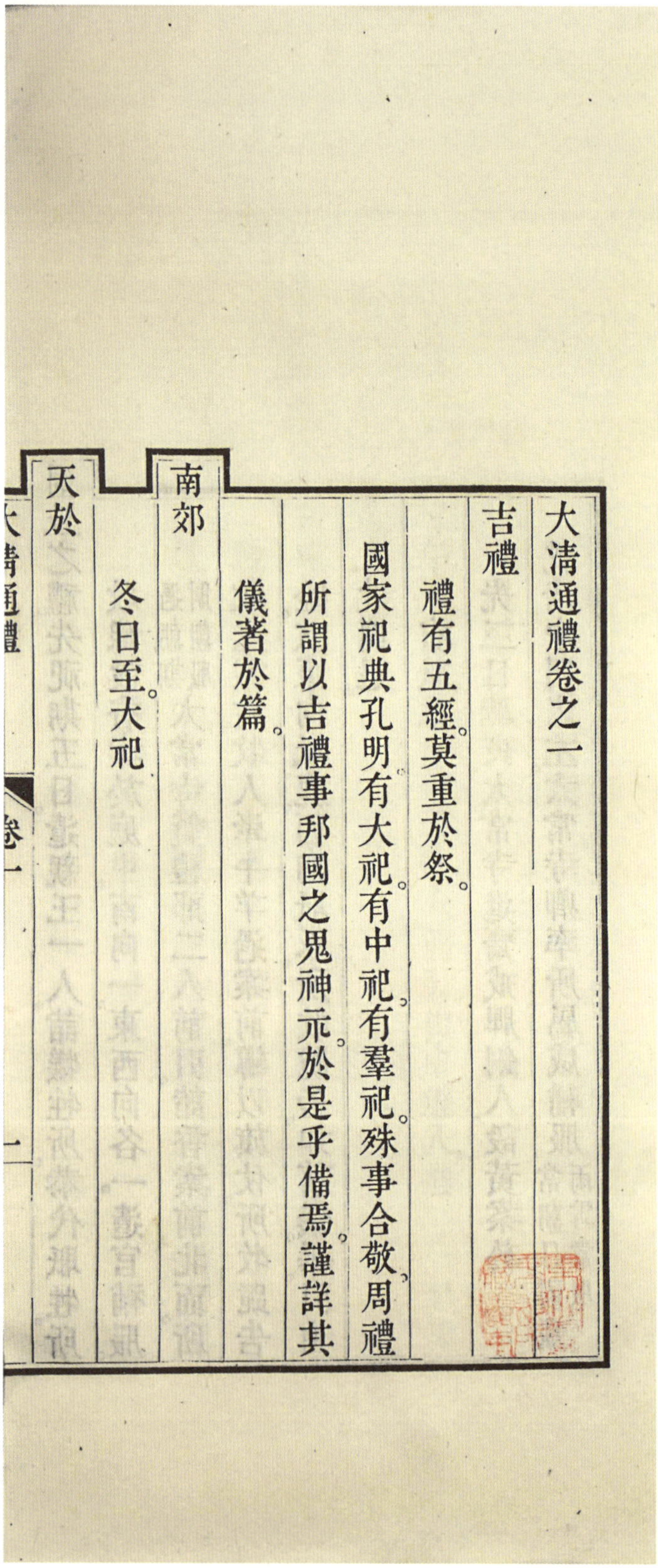

大清通禮卷之一

吉禮

禮有五經。莫重於祭。

國家祀典孔明有大祀。有中祀。有羣祀。殊事合敬。周禮

所謂以吉禮事邦國之鬼神示。於是乎備焉。謹詳其

儀著於篇。

南郊

冬日至。大祀

天於

大清通禮　卷一　一

10775　大清通禮五十卷　（清）來保等纂　清乾隆武英殿刻本　遼寧省圖書館

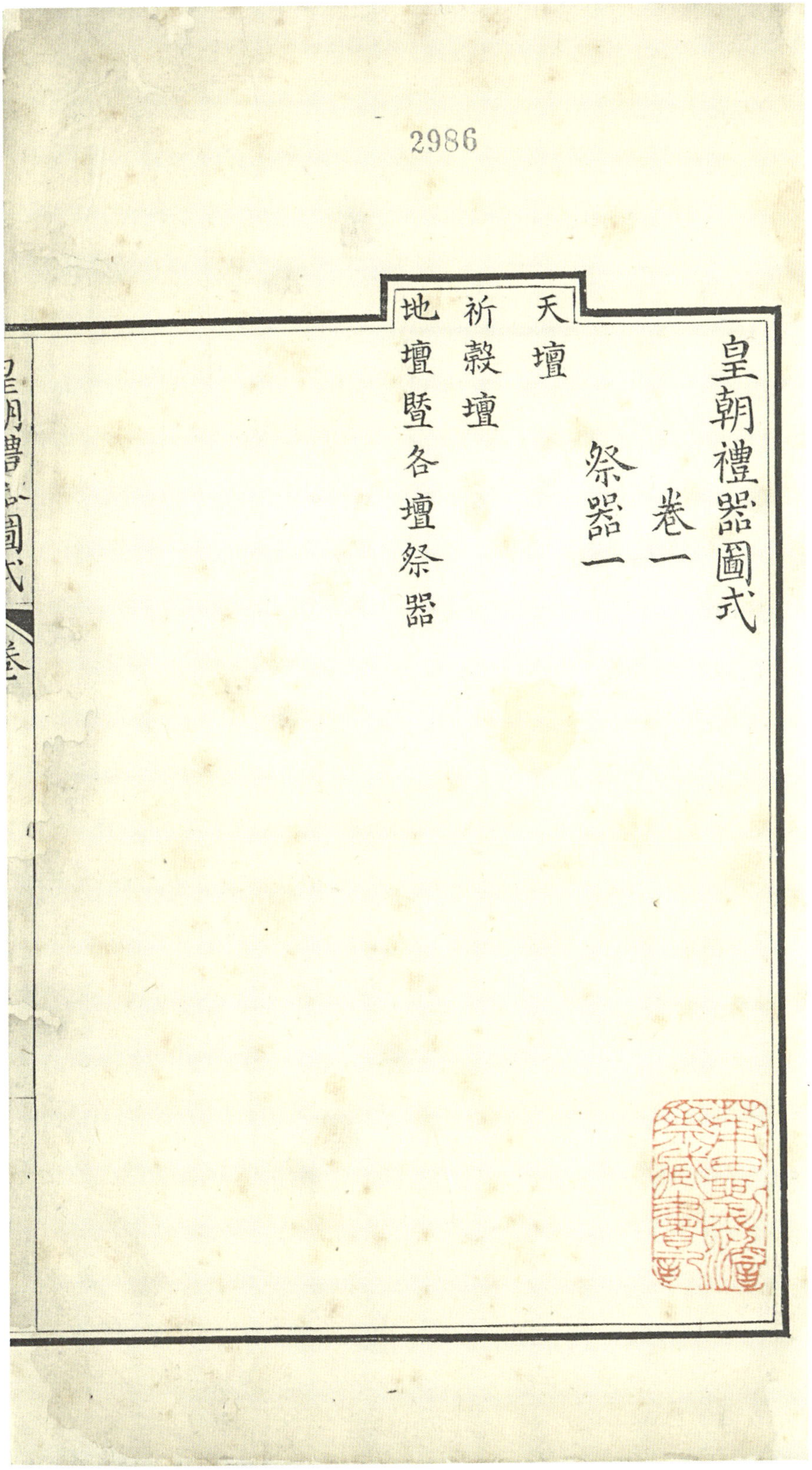
2986

皇朝禮器圖式

卷一

祭器一

天壇

祈穀壇

地壇暨各壇祭器

10776　皇朝禮器圖式十八卷目録一卷　（清）允禄等纂　（清）福隆安等補纂　清乾隆三十一年（1766）武英殿刻本　遼寧省圖書館

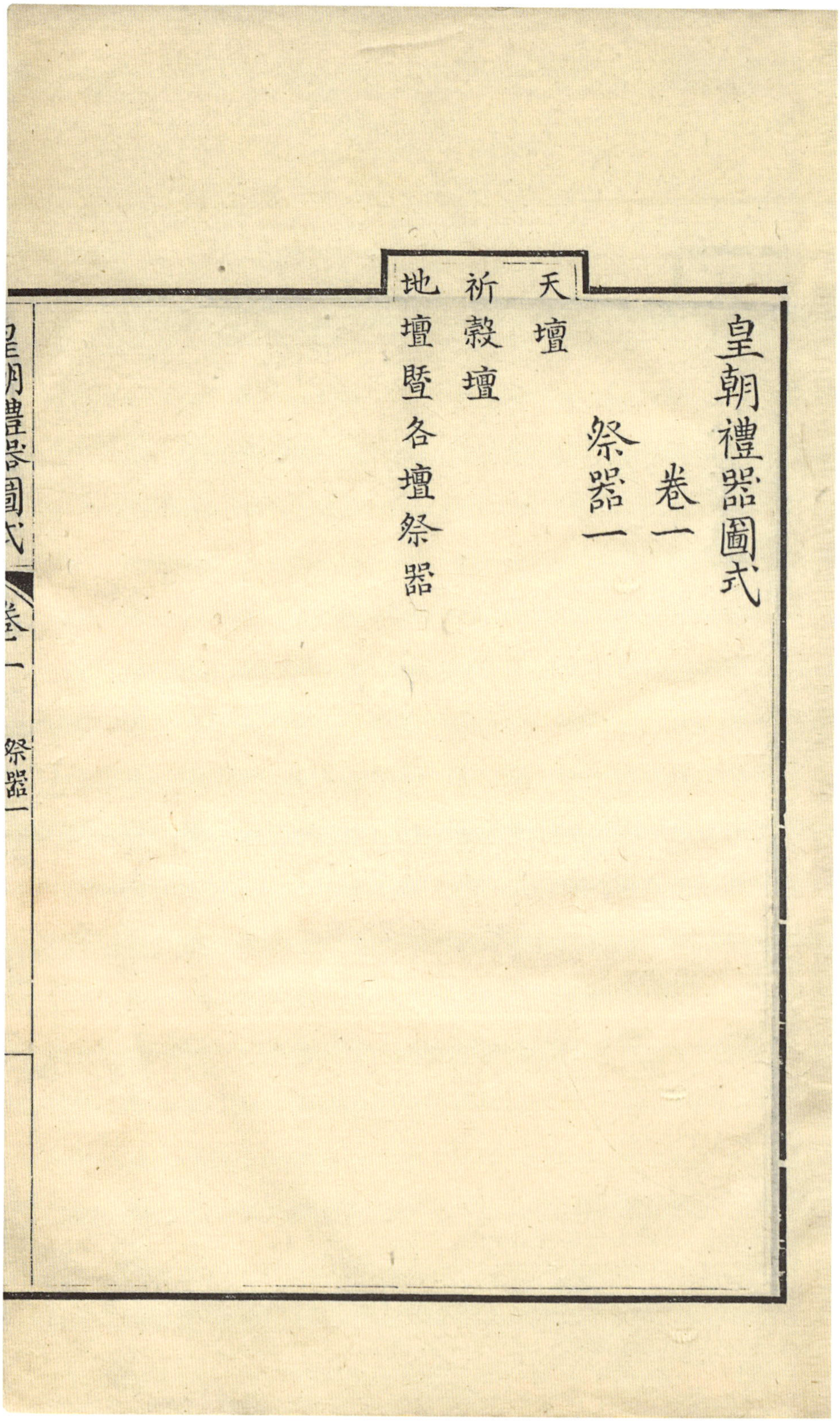
皇朝禮器圖式
卷一
祭器一
天壇
祈穀壇
地壇暨各壇祭器

皇朝禮器圖式　卷一　祭器一

10777　皇朝禮器圖式十八卷目録一卷　（清）允祿等纂　（清）福隆安等補纂　清乾隆三十一年（1766）武英殿刻本　瀋陽故宫博物院

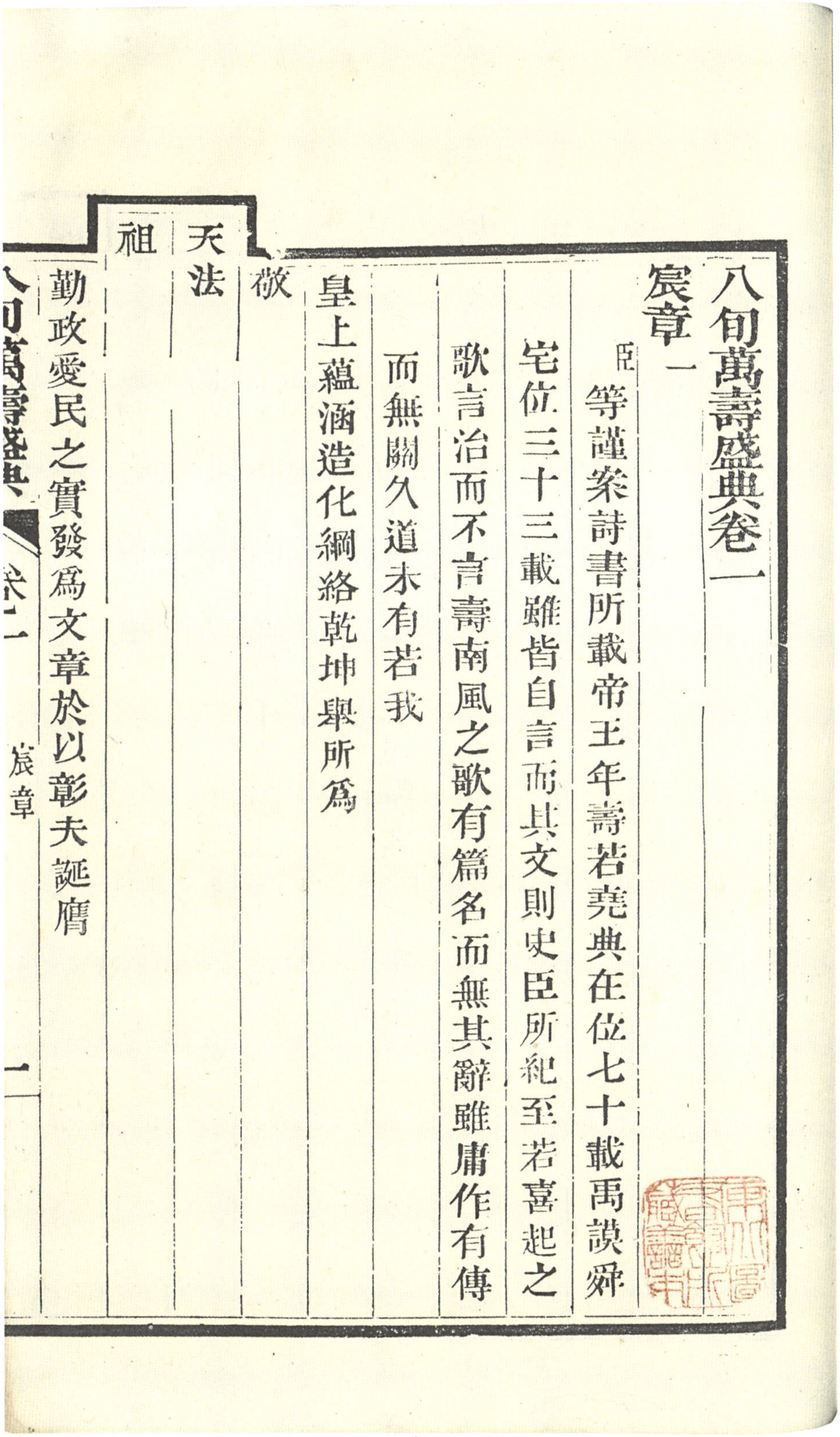

八旬萬壽盛典卷一
宸章一
臣等謹案詩書所載帝王年壽若堯典在位七十載禹謨舜
宅位三十三載雖皆自言而其文則史臣所紀至若喜起之
歌言治而不言壽南風之歌有篇名而無其辭雖庸作有傳
而無關久道未有若我
皇上蘊涵造化綱絡乾坤舉所爲
敬
天法
祖
勤政愛民之實發爲文章於以彰夫誕膺

八旬萬壽盛典　卷一　宸章　一

10778　八旬萬壽盛典一百二十卷首一卷　（清）阿桂等纂　清乾隆五十七年（1792）武英殿活字印本　遼寧省圖書館

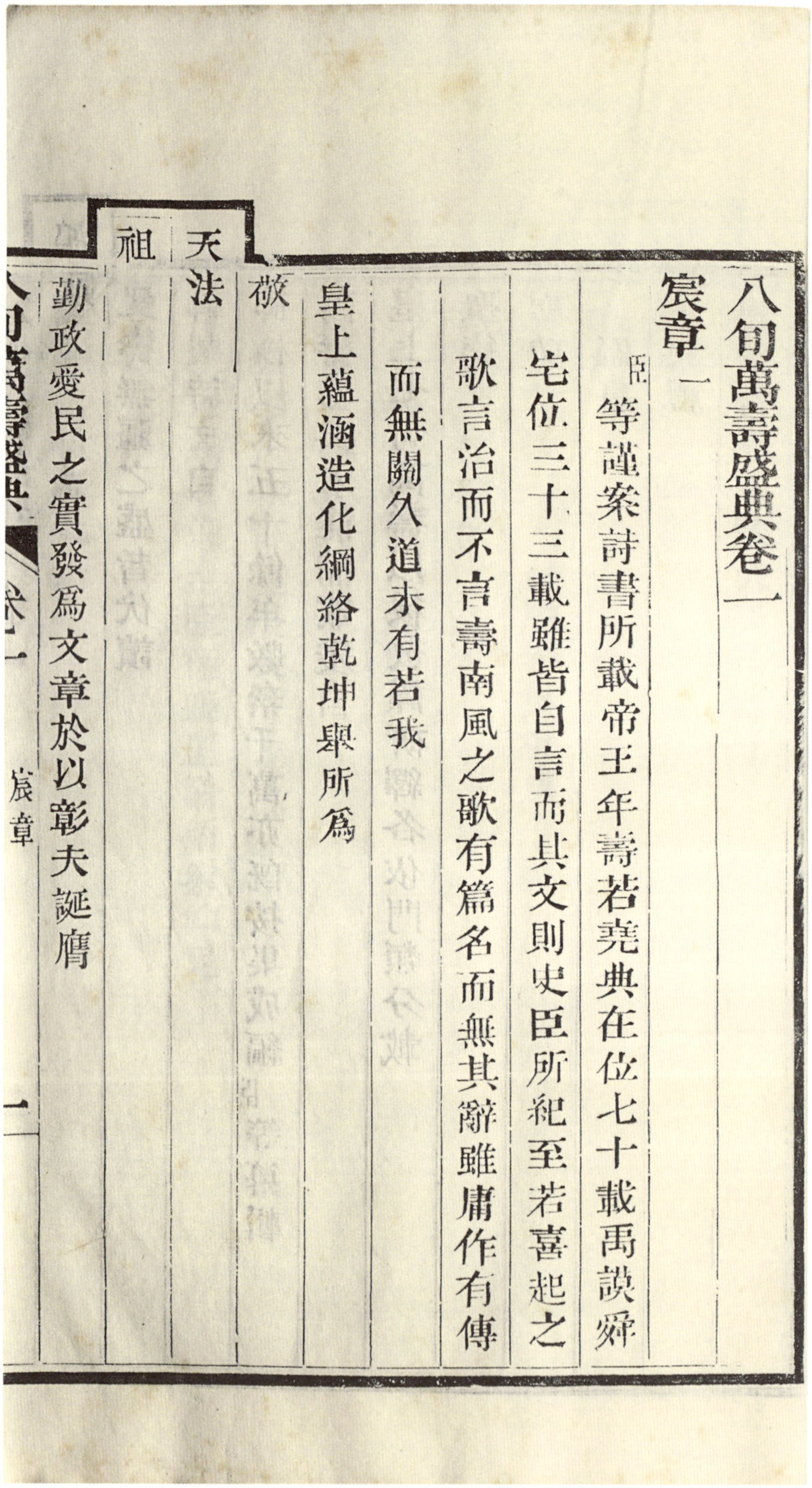
八旬萬壽盛典卷一
宸章一
臣等謹案詩書所載帝王年壽若堯典在位七十載禹謨舜
宅位三十三載雖皆自言而其文則史臣所紀至若喜起之
歌言治而不言壽南風之歌有篇名而無其辭雖庸作有傳
而無關久道未有若我
皇上蘊涵造化綱絡乾坤舉所爲
敬
天法
祖
勤政愛民之實發爲文章於以彰夫誕膺
八旬萬壽盛典　卷一　宸章　一

10779　八旬萬壽盛典一百二十卷首一卷　（清）阿桂等纂　清乾隆五十七年（1792）武英殿活字印本　大連圖書館

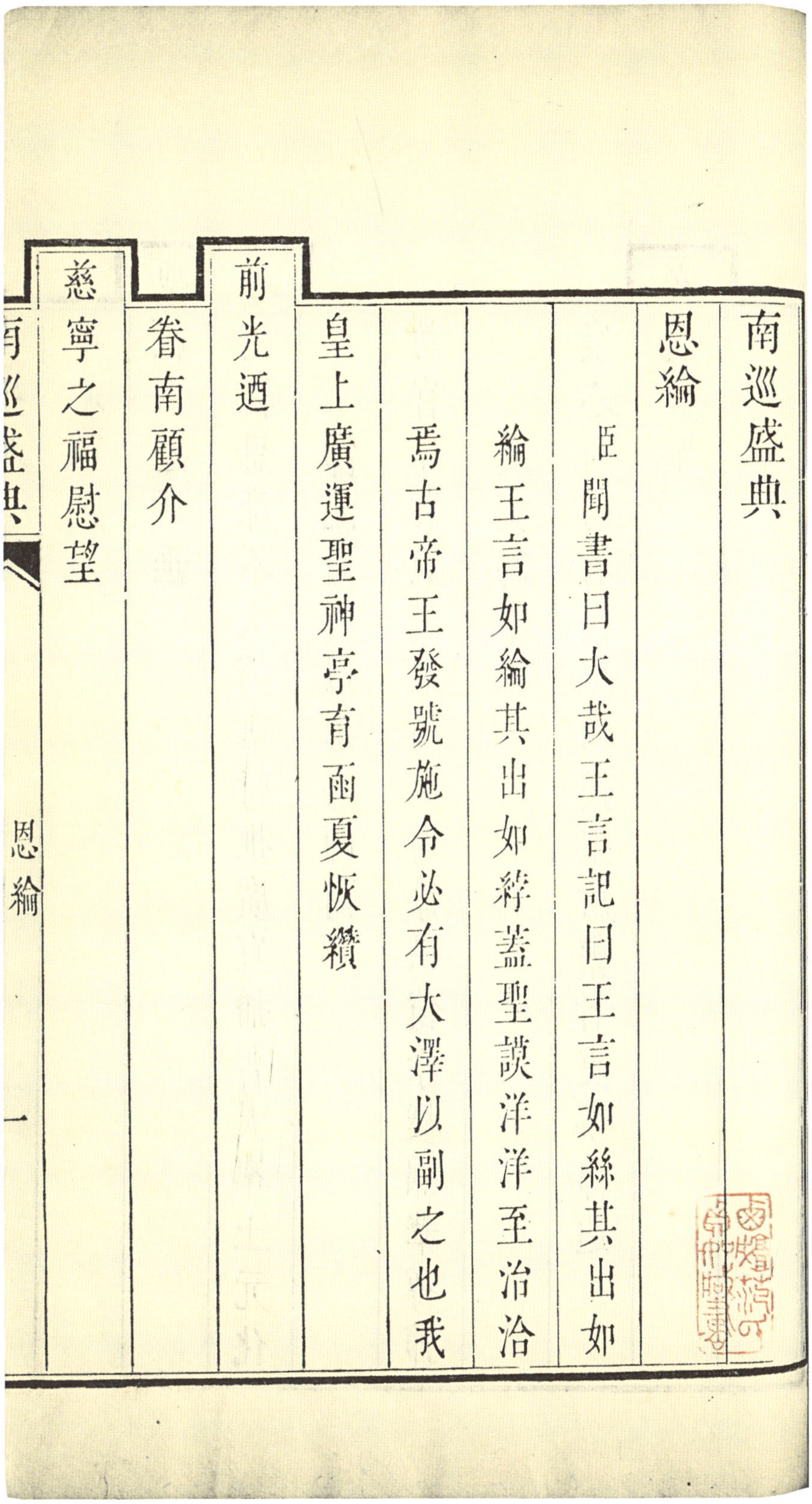

南巡盛典

恩綸

臣聞書曰大哉王言記曰王言如絲其出如綸王言如綸其出如綍蓋聖謨洋洋至治洽焉古帝王發號施令必有大澤以副之也我

皇上廣運聖神亭育函夏恢纘

前光迺

眷南顧介

慈寧之福慰望

南巡盛典　恩綸　一

10780　南巡盛典一百二十卷　（清）高晋等纂　清乾隆三十六年（1771）高晋等刻進呈本　遼寧省圖書館

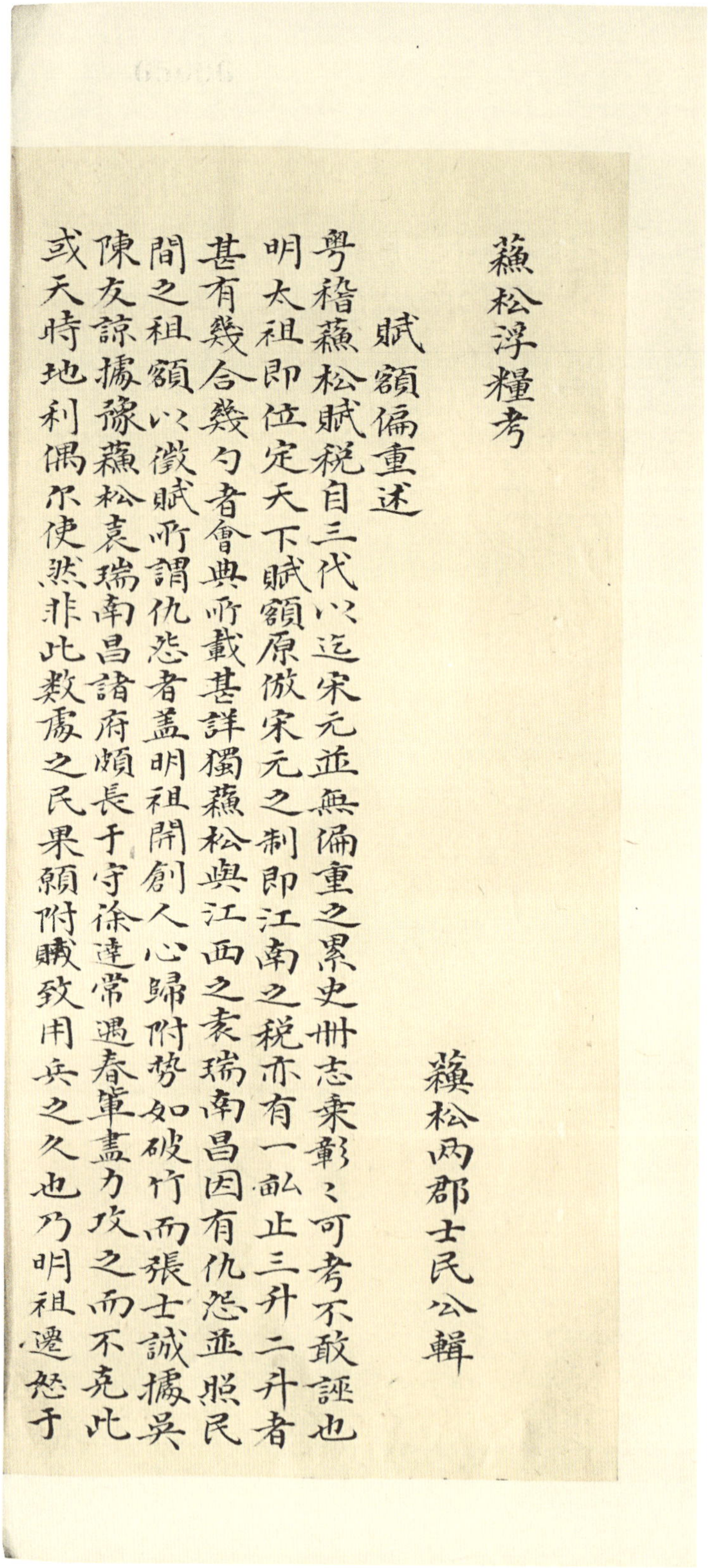

蘇松浮糧考

蘇松兩郡士民公輯

賦額偏重述

粤稽蘇松賦稅自三代以迄宋元並無偏重之累史冊志乘彰彰可考不敢誣也明太祖即位定天下賦額原倣宋元之制即江南之稅亦有一畝止三升二升者甚有幾合幾勺者會典所載甚詳獨蘇松與江西之袁瑞南昌因有仇怨並照民間之祖額以徵賦所謂仇怨者蓋明祖開創人心歸附勢如破竹而張士誠據吳陳友諒據豫蘇松袁瑞南昌諸府頗長于守徐達常遇春軍盡力攻之而不克此或天時地利偶尔使然非此數處之民果願附賊致用兵之久也乃明祖遷怒于

10781　蘇松浮糧考不分卷　清抄本　寅齋題識　大連圖書館

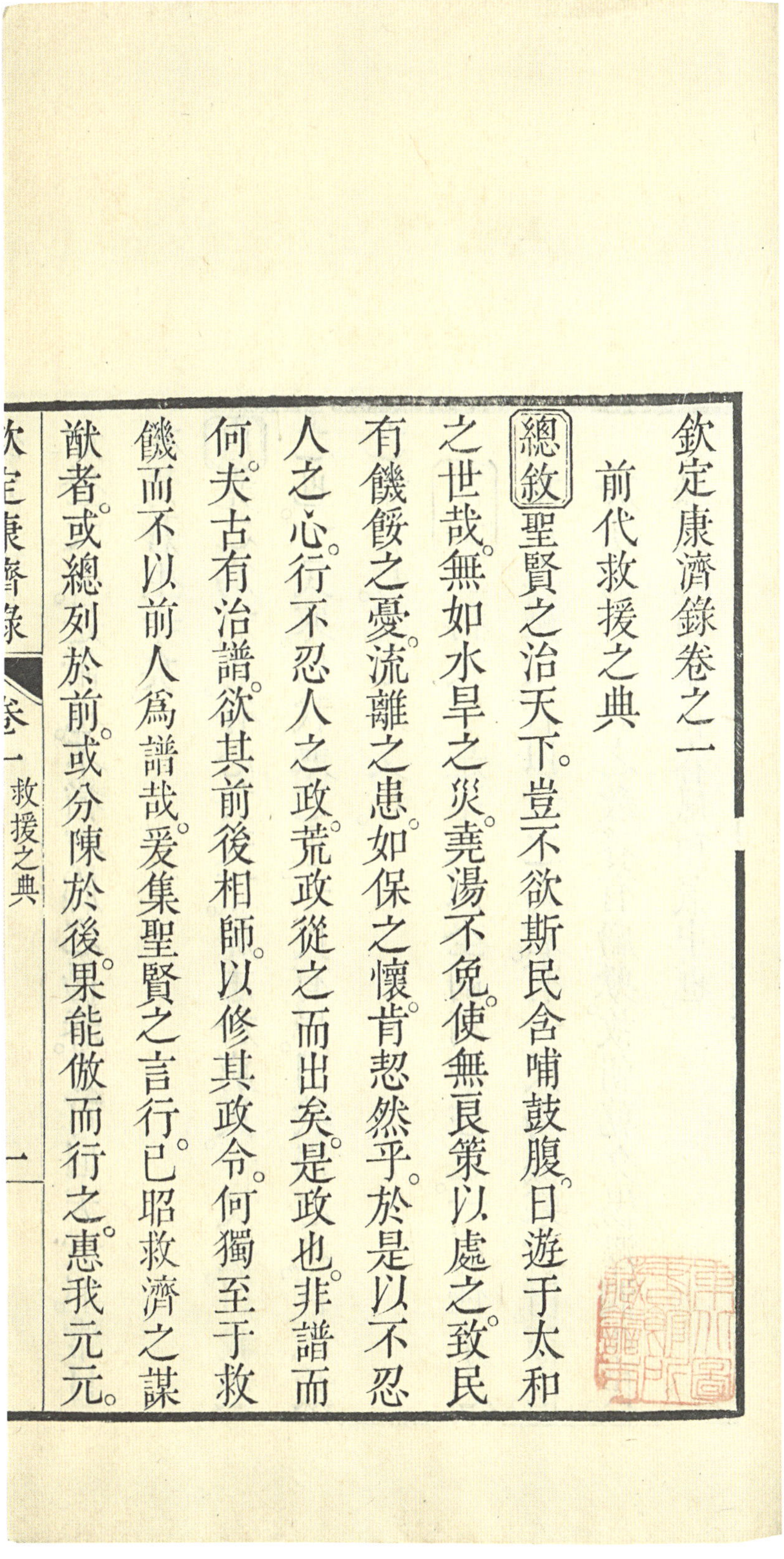
欽定康濟錄卷之一

前代救援之典

總敘 聖賢之治天下豈不欲斯民含哺鼓腹日遊于太和之世哉無如水旱之災堯湯不免使無良策以處之致民有饑餓之憂流離之患如保之懷肯恝然乎於是以不忍人之心行不忍人之政荒政從之而出矣是政也非譜而何夫古有治譜欲其前後相師以修其政令何獨至于救饑而不以前人爲譜哉爰集聖賢之言行已昭救濟之謨猷者或總列於前或分陳於後果能倣而行之惠我元元

欽定康濟錄 卷一 救援之典 一

10782 欽定康濟錄四卷附錄一卷 （清）倪國璉编 清乾隆五年（1740）武英殿刻本 遼寧省圖書館

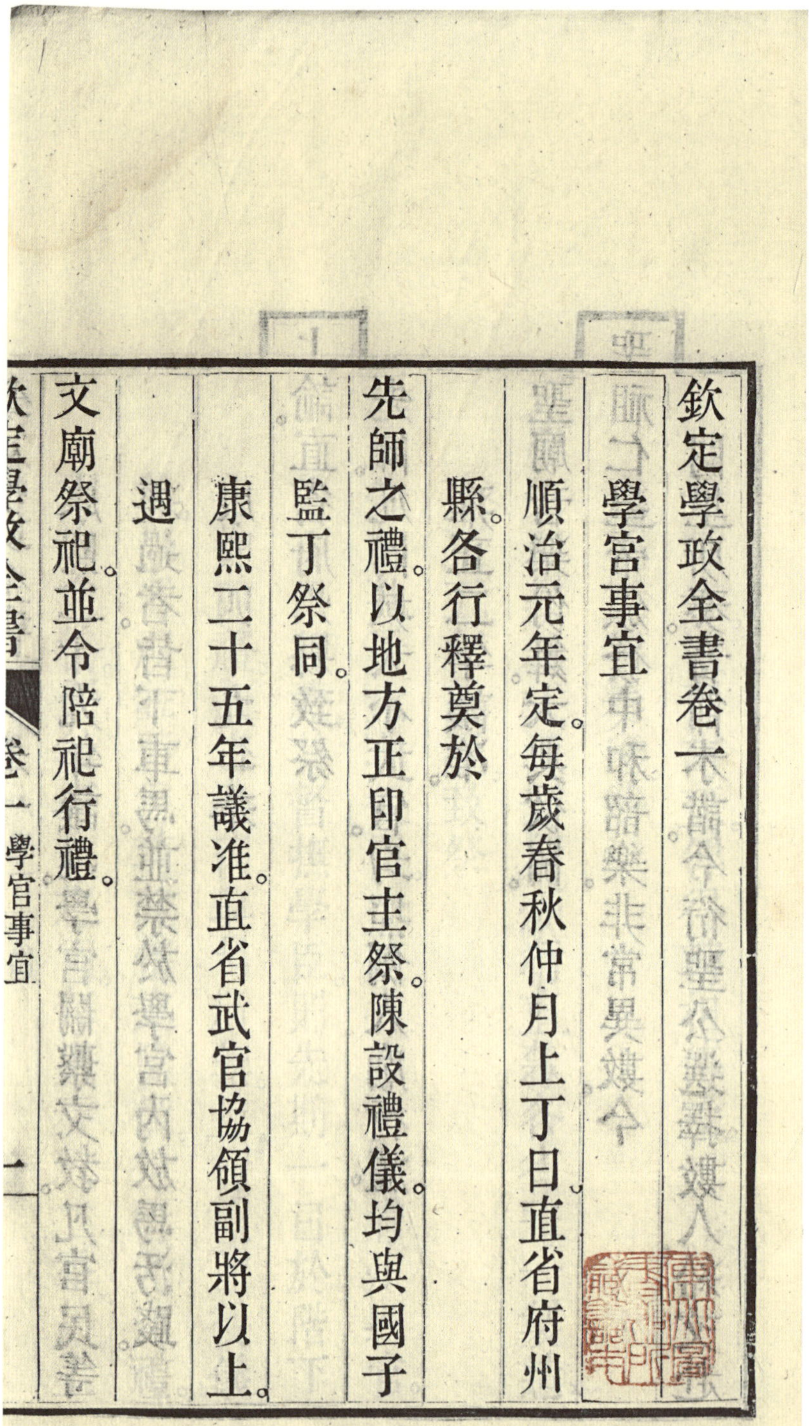

欽定學政全書卷一
學宮事宜
順治元年定每歲春秋仲月上丁日直省府州
縣各行釋奠於
先師之禮以地方正印官主祭陳設禮儀均與國子
監丁祭同
康熙二十五年議准直省武官協領副將以上
遇
文廟祭祀並令陪祀行禮

欽定學政全書　卷一　學宮事宜　一

10783　欽定學政全書八十卷　（清）素爾訥等纂修　清乾隆三十九年（1774）武英殿刻本　遼寧省圖書館

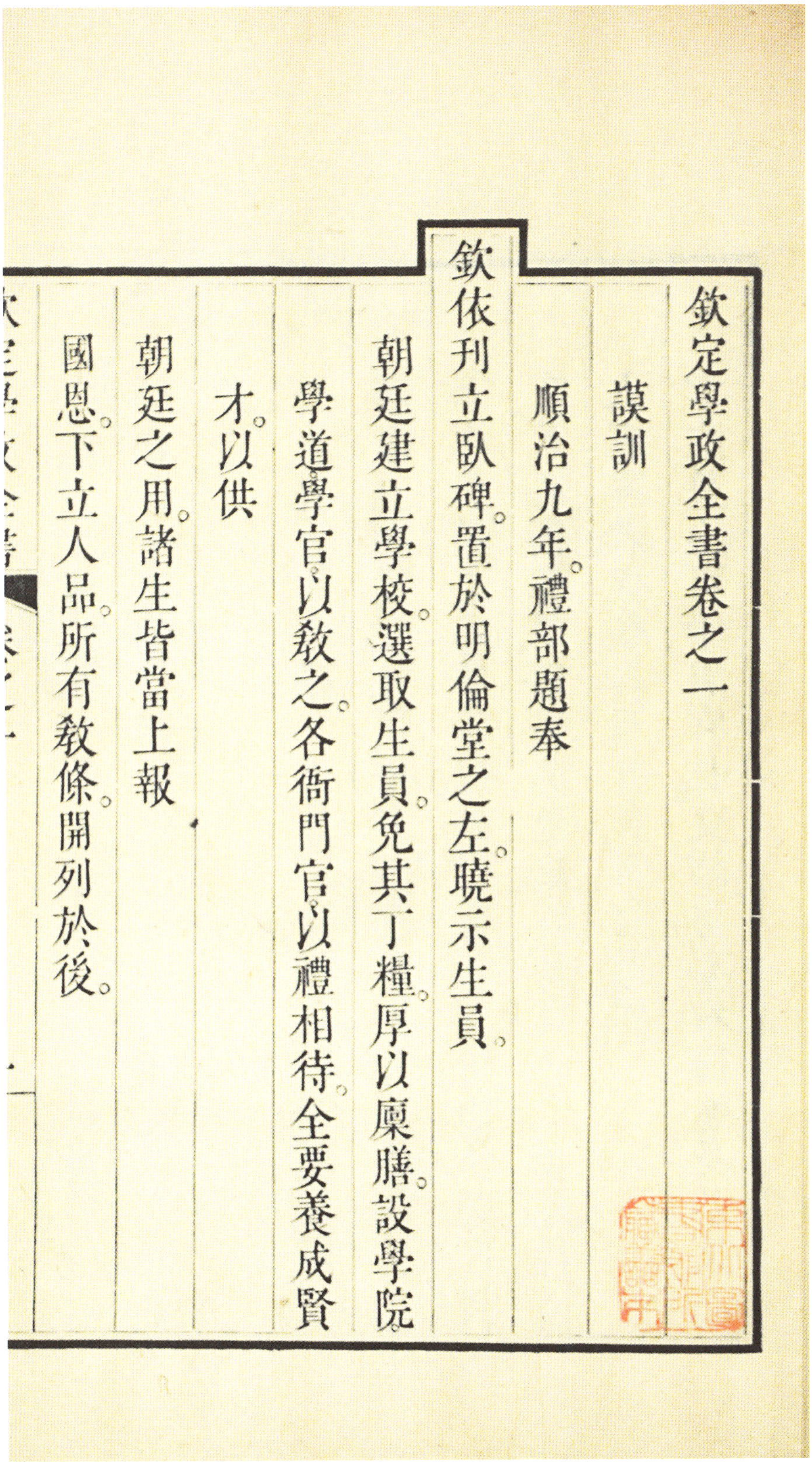

欽定學政全書卷之一
謨訓
順治九年禮部題奉
欽依刊立臥碑置於明倫堂之左曉示生員
朝廷建立學校選取生員免其丁糧厚以廪膳設學院
學道學官以敎之各衙門官以禮相待全要養成賢
才以供
朝廷之用諸生皆當上報
國恩下立人品所有敎條開列於後

10784　欽定學政全書八卷續增四卷　（清）禮部纂修　清乾隆武英殿刻本　遼寧省圖書館

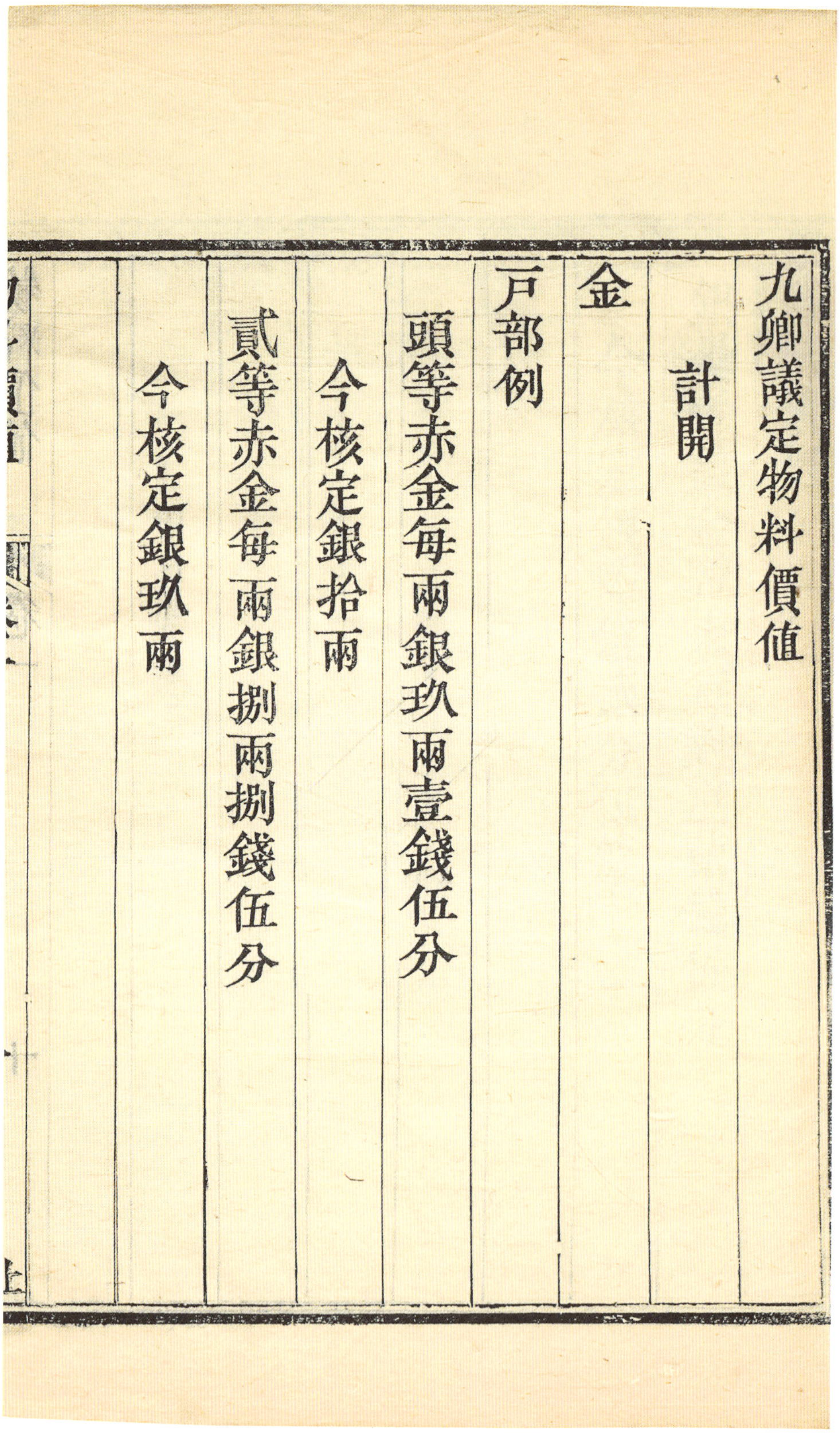
九卿議定物料價值
計開
金
戸部例
頭等赤金每兩銀玖兩壹錢伍分
今核定銀拾兩
貳等赤金每兩銀捌兩捌錢伍分
今核定銀玖兩

10785　九卿議定物料價值四卷續四卷　（清）邁柱　來保等纂修　清乾隆元年（1736）武英殿刻本　瀋陽故宮博物院
存四卷（九卿議定物料價值四卷）

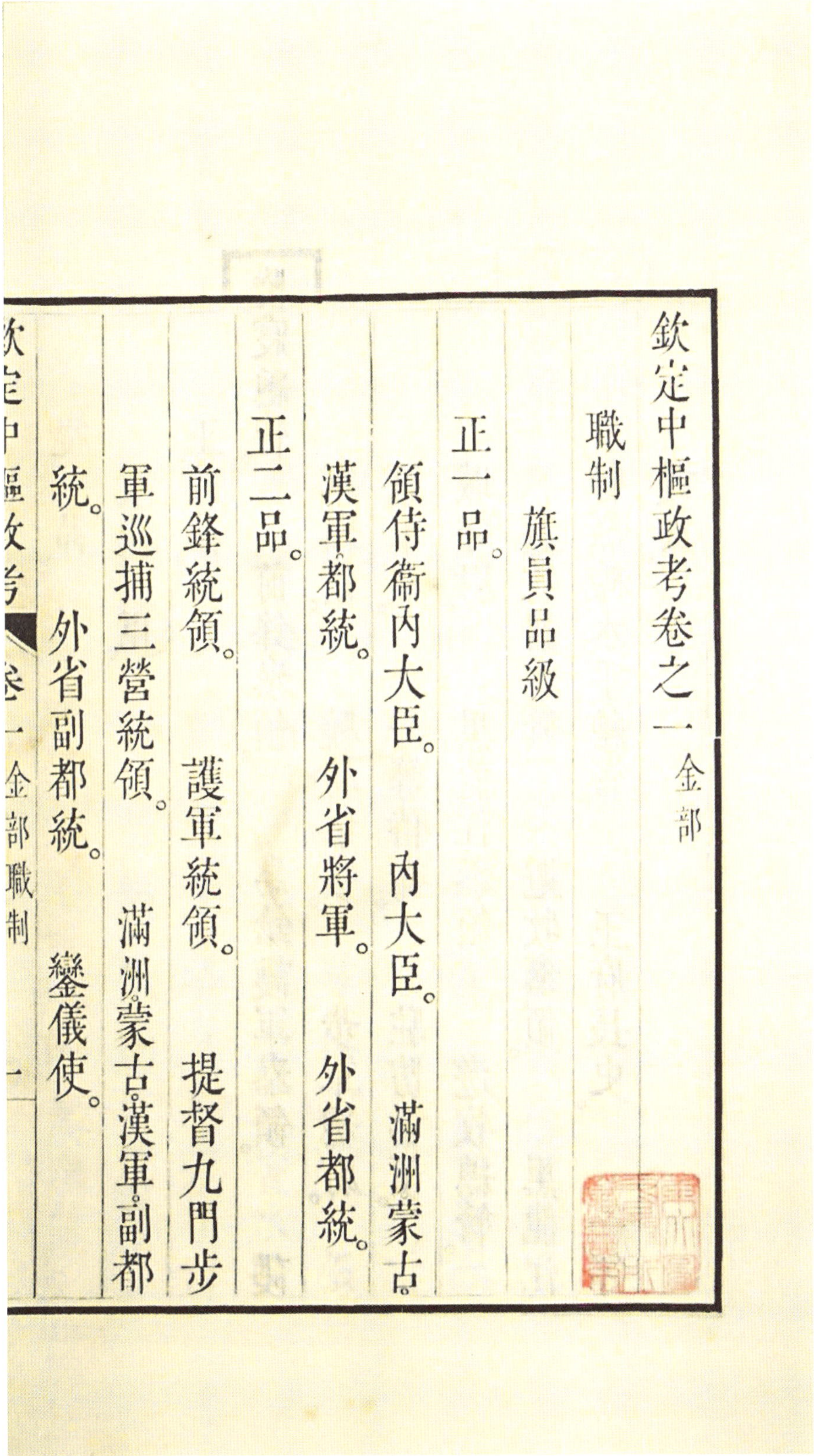

欽定中樞政考卷之一 金部

職制

旗員品級

正一品。

領侍衛內大臣。 內大臣。 滿洲蒙古漢軍都統。 外省將軍。 外省都統。

正二品。

前鋒統領。 護軍統領。 提督九門步軍巡捕三營統領。 滿洲蒙古漢軍副都統。 外省副都統。 鑾儀使。

欽定中樞政考 卷一 金部職制 一

10786 欽定中樞政考三十一卷 （清）鄂爾泰等纂修 清乾隆八年（1743）武英殿刻本 遼寧省圖書館

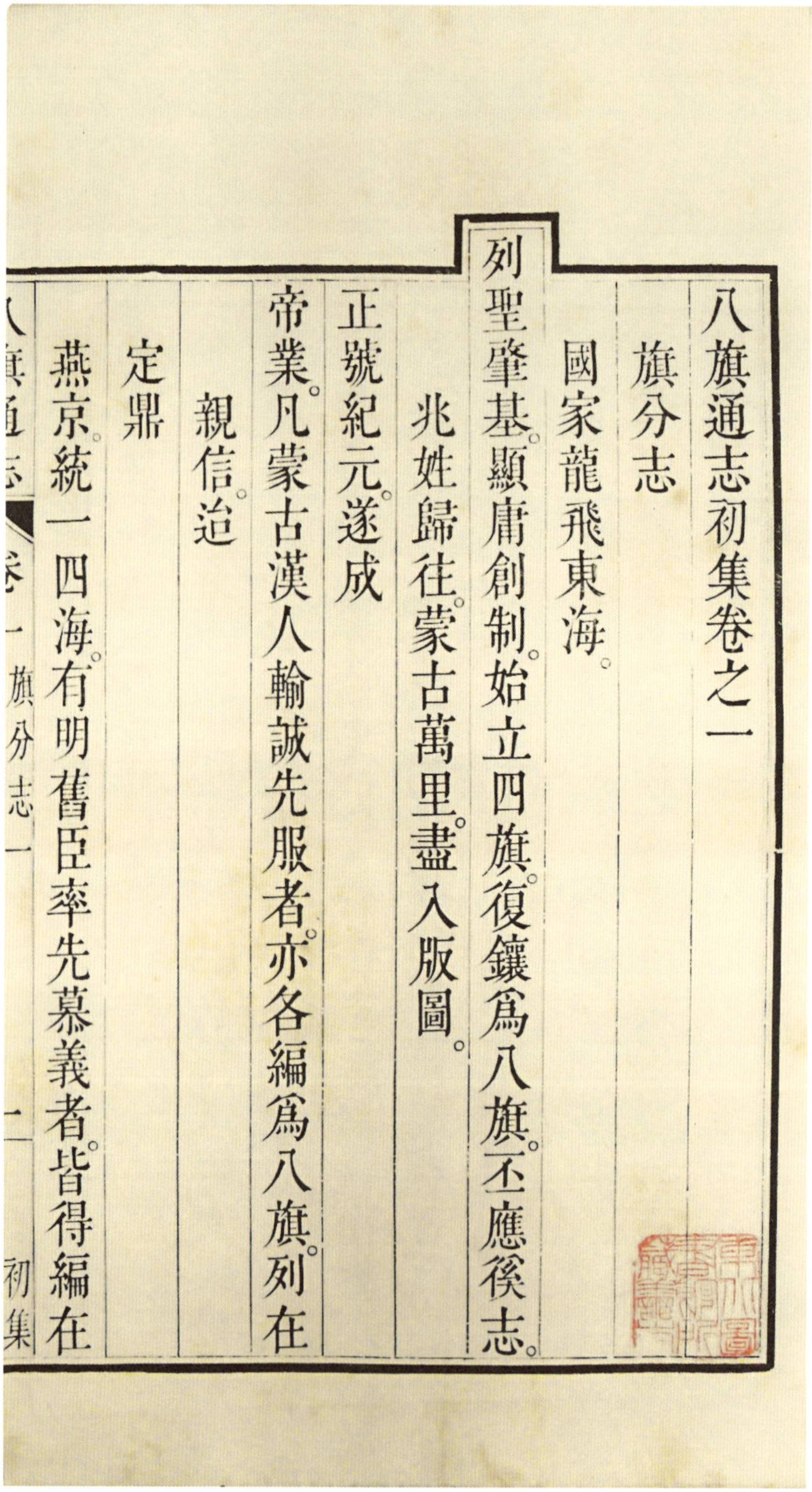
八旗通志初集卷之一
旗分志
國家龍飛東海。
列聖肇基。顯庸創制。始立四旗。復鑲爲八旗。丕應徯志。
兆姓歸往。蒙古萬里。盡入版圖。
正號紀元。遂成
帝業。凡蒙古漢人輸誠先服者。亦各編爲八旗。列在
親信。迨
定鼎
燕京。統一四海。有明舊臣率先慕義者。皆得編在
八旗通志　卷一　旗分志一　二　初集

10787　八旗通志初集二百五十卷目録二卷　（清）鄂爾泰等纂　清乾隆四年（1739）武英殿刻本　遼寧省圖書館

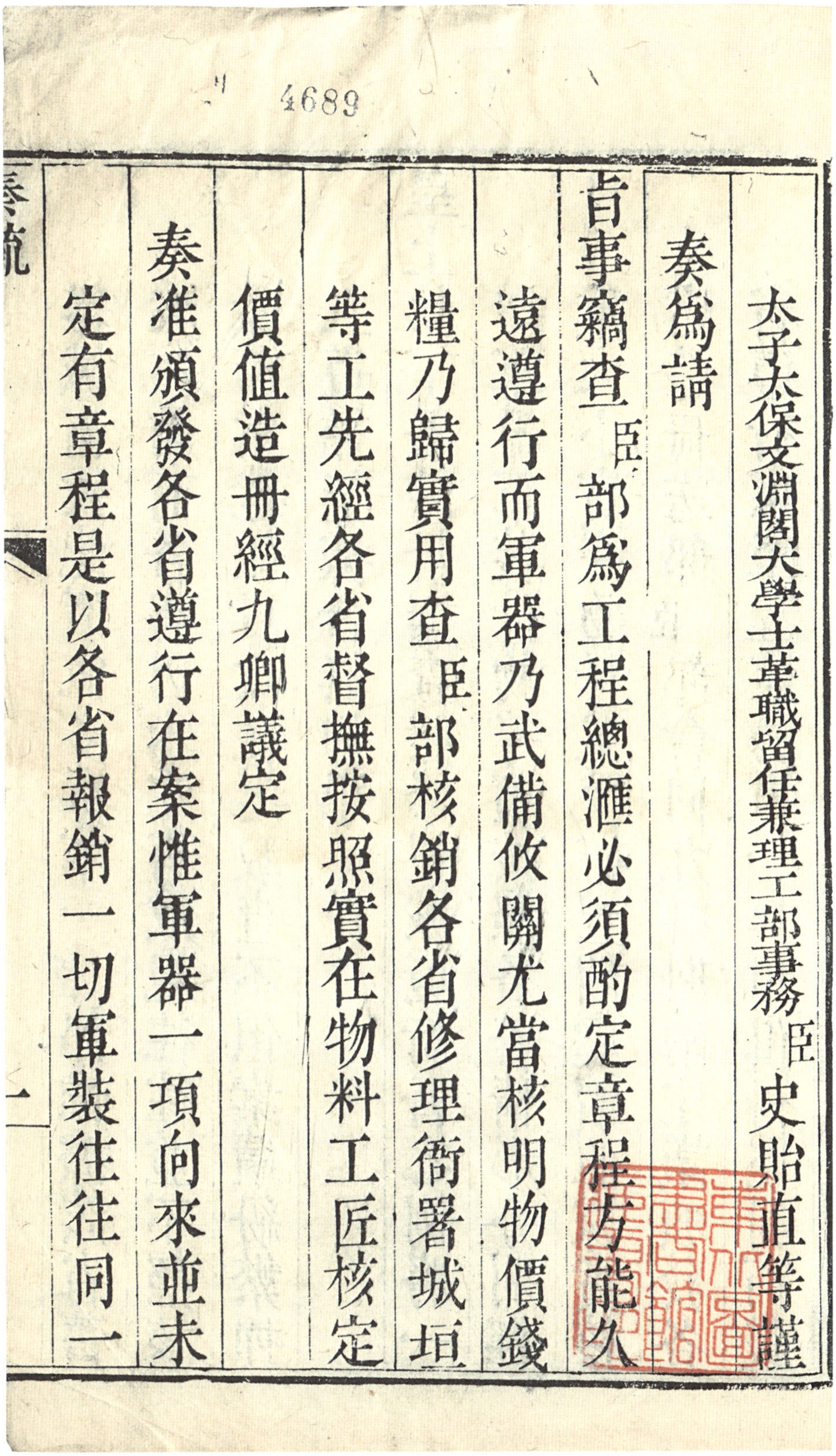
4689

太子太保文淵閣大學士革職留任兼理工部事務臣史貽直等謹
奏爲請
旨事竊查臣部爲工程總滙必須酌定章程方能久
遠遵行而軍器乃武備攸關尤當核明物價錢
糧乃歸實用查臣部核銷各省修理衙署城垣
等工先經各省督撫按照實在物料工匠核定
價值造冊經九卿議定
奏准頒發各省遵行在案惟軍器一項向來並未
定有章程是以各省報銷一切軍裝往往同一

奏疏　一

10788　欽定軍器則例二十卷　（清）史貽直等纂修　清乾隆二十一年（1756）工部刻本　遼寧省圖書館

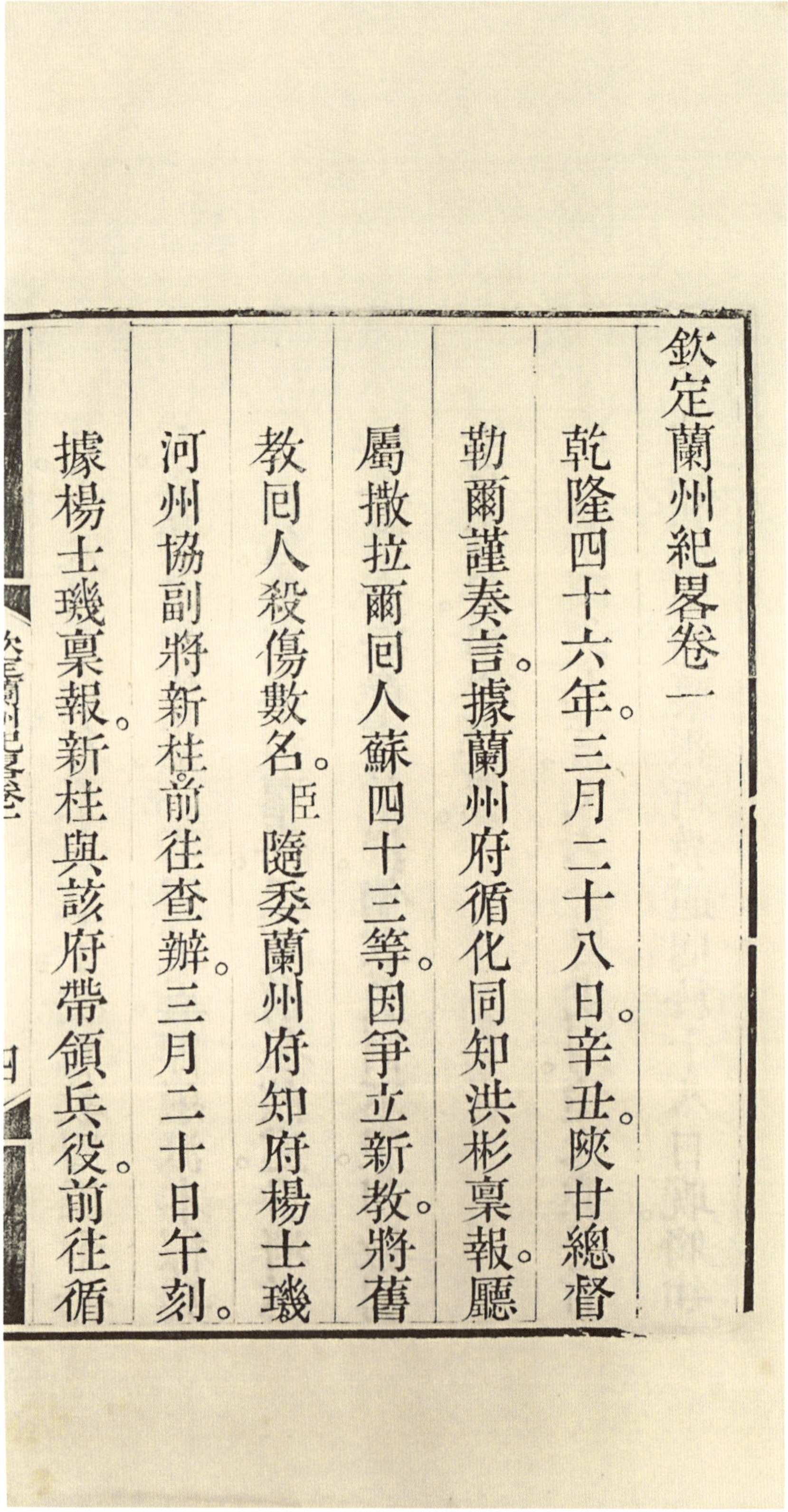
欽定蘭州紀畧卷一
乾隆四十六年。三月二十八日。辛丑。陝甘總督
勒爾謹奏言。據蘭州府循化同知洪彬稟報。廳
屬撒拉爾回人蘇四十三等。因爭立新教。將舊
教回人殺傷數名。臣隨委蘭州府知府楊士璣
河州協副將新柱前往查辦。三月二十日午刻。
據楊士璣稟報。新柱與該府帶領兵役。前往循

10789 欽定蘭州紀畧二十卷首一卷 （清）阿桂等纂 清乾隆武英殿刻本 遼寧省圖書館

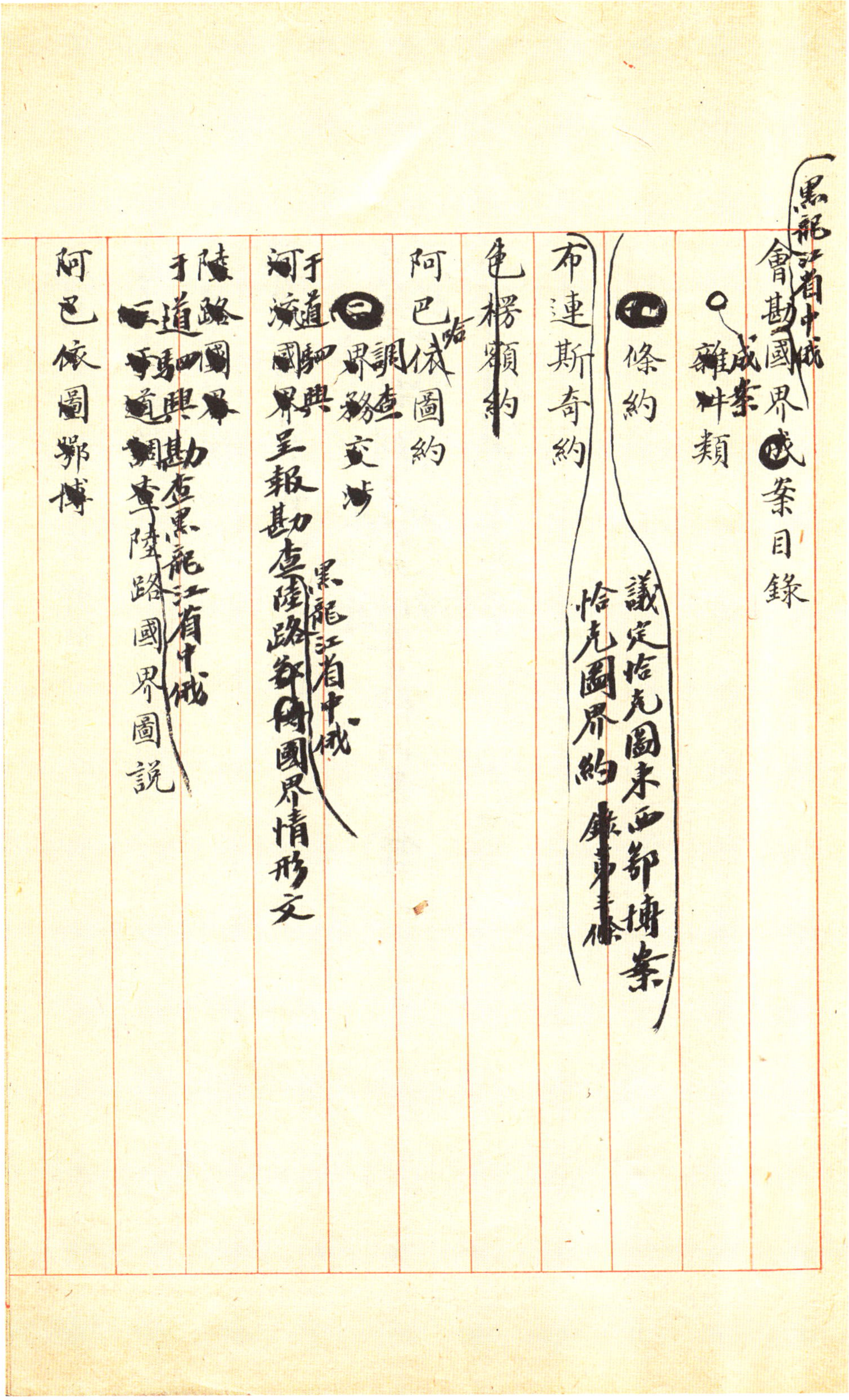
會勘黑龍江省中俄國界成案目錄
成案雜件類
條約
議定恰克圖東西鄂博案
布連斯奇約
恰克圖界約
色楞額約
阿巴哈依圖約
調查界務交涉
河道國界呈報勘查陸路鄂博國界情形文
陸路國界
勘查黑龍江省中俄陸路國界圖說
阿巴依圖鄂博

10790　**會勘黑龍江省中俄國界案不分卷**　清末抄本　大連圖書館

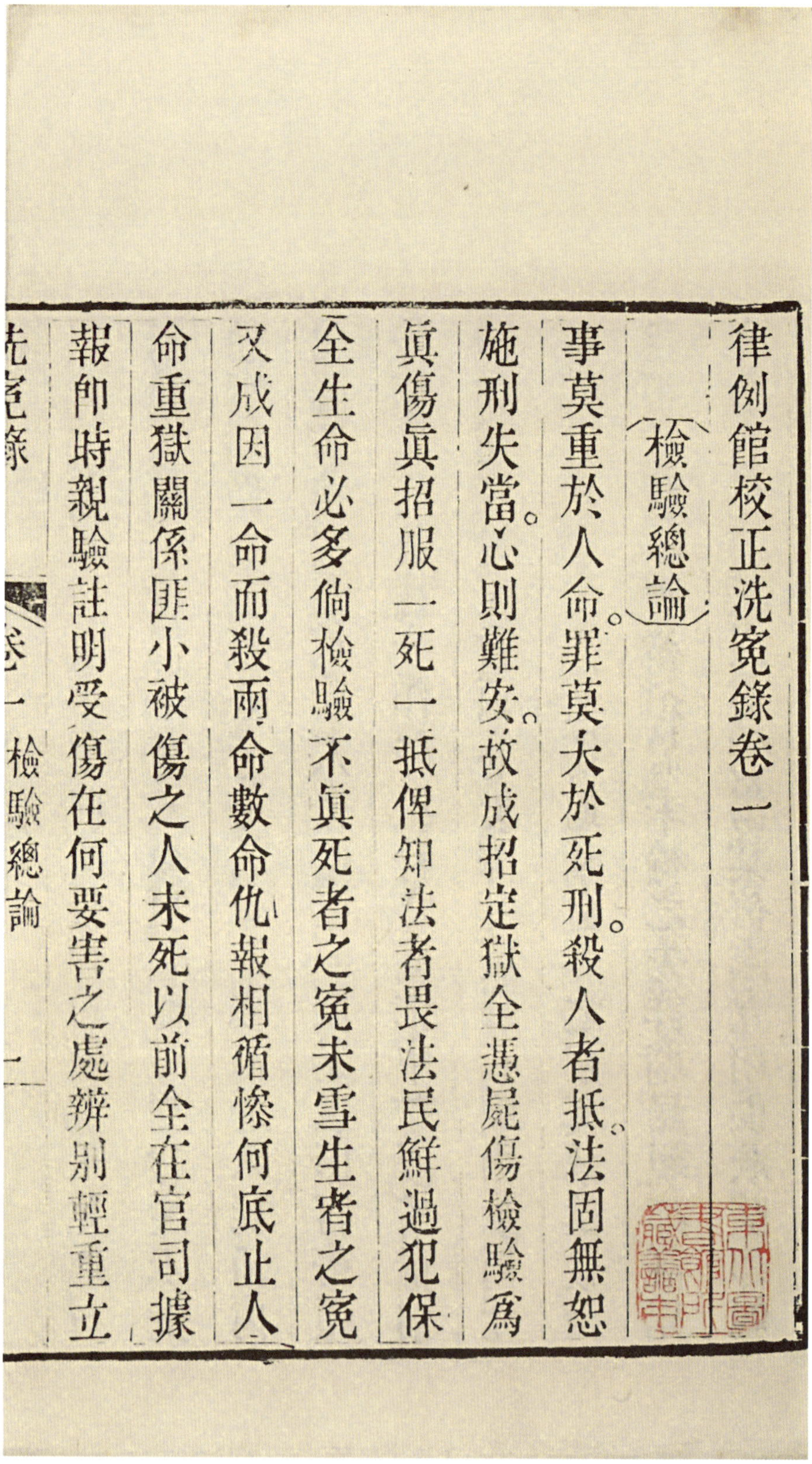

律例館校正洗冤錄卷一

檢驗總論

事莫重於人命罪莫大於死刑殺人者抵法固無恕施刑失當心則難安故成招定獄全憑屍傷檢驗爲眞傷眞招服一死一抵俾知法者畏法民鮮過犯保全生命必多倘檢驗不眞死者之冤未雪生者之冤又成因一命而殺兩命數命仇報相循慘何底止人命重獄關係匪小被傷之人未死以前全在官司據報卽時親驗註明受傷在何要害之處辨别輕重立

洗冤錄　卷一　檢驗總論　一

10791　律例館校正洗冤錄四卷　（宋）宋慈撰　（清）律例館編校　清乾隆五年（1740）武英殿刻本　遼寧省圖書館

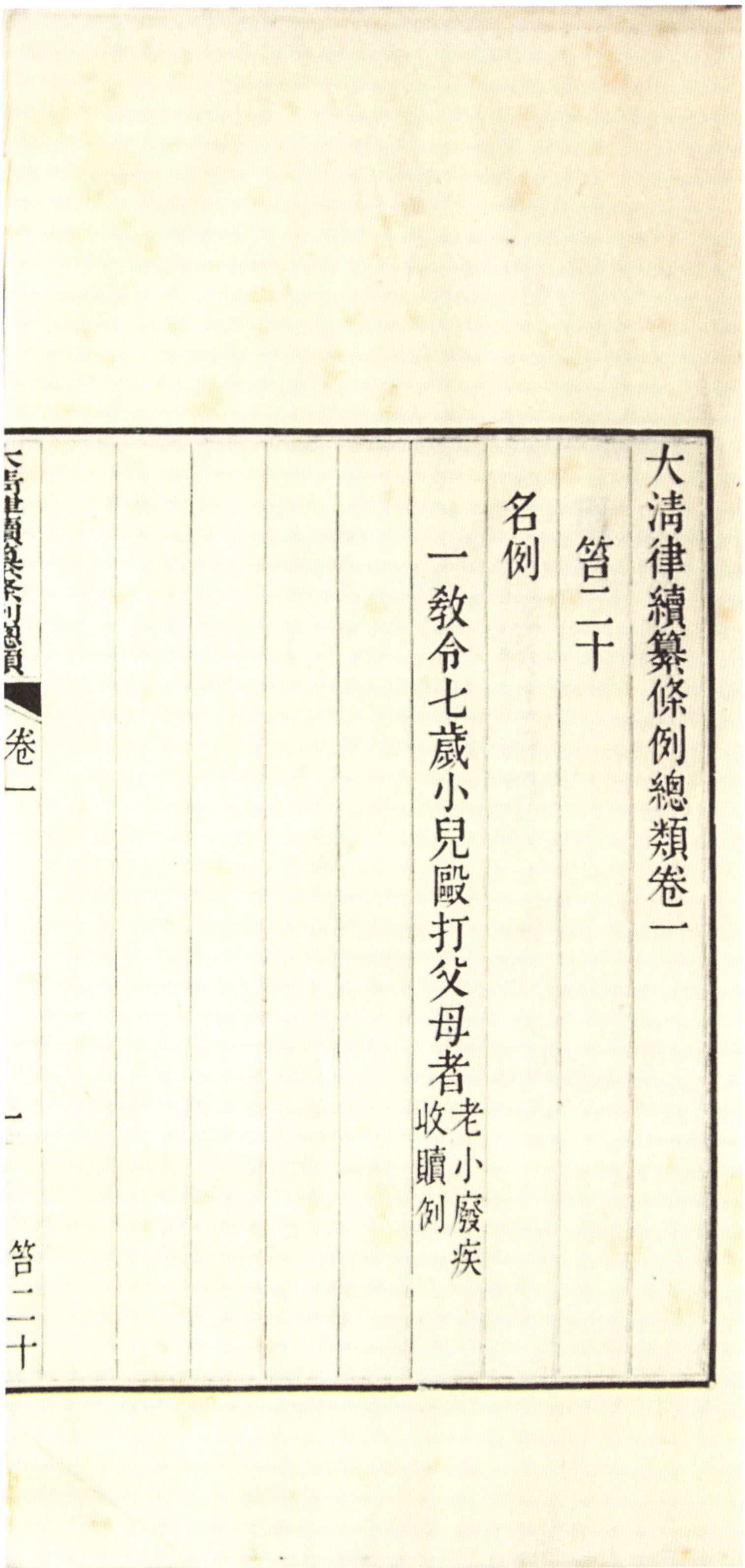
大清律續纂條例總類卷一

笞二十

名例

一教令七歲小兒毆打父母者老小廢疾收贖例

大清律續纂條例總類　卷一　一　笞二十

10792　大清律續纂條例總類二卷　（清）允禄　四達等纂修　清乾隆二十六年（1761）武英殿刻本　遼寧省圖書館

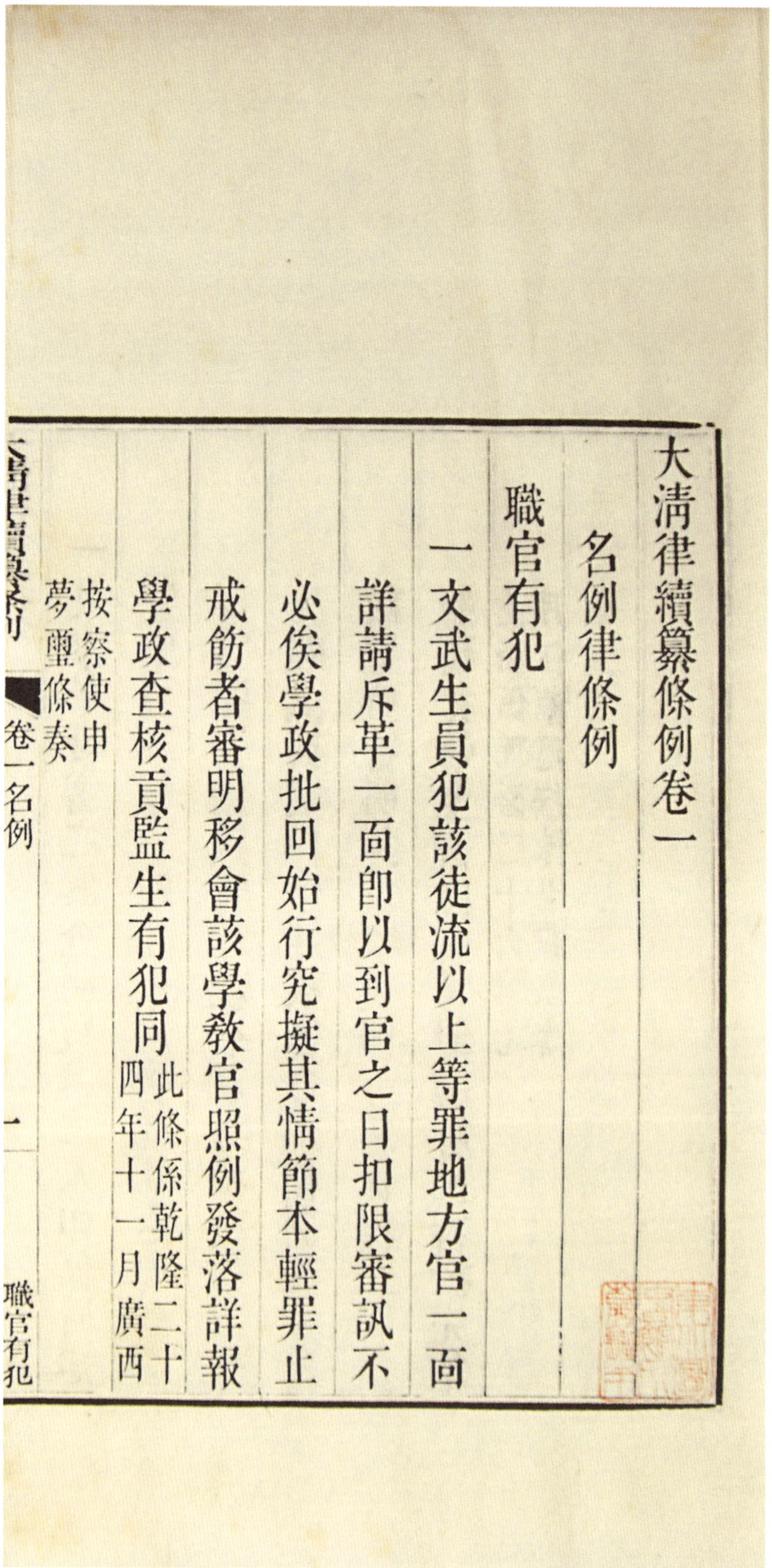
大清律續纂條例卷一
名例律條例
職官有犯
一文武生員犯該徒流以上等罪地方官一面
詳請斥革一面卽以到官之日扣限審訊不
必俟學政批回始行究擬其情節本輕罪止
戒飭者審明移會該學教官照例發落詳報
學政查核貢監生有犯同此條係乾隆二十四年十一月廣西
按察使申
夢璽條奏
大清律續纂條例 卷一 名例 一 職官有犯

10793 大清律續纂條例二卷 （清）允祿　四達等纂修　清乾隆二十六年（1761）武英殿刻本　遼寧省圖書館館

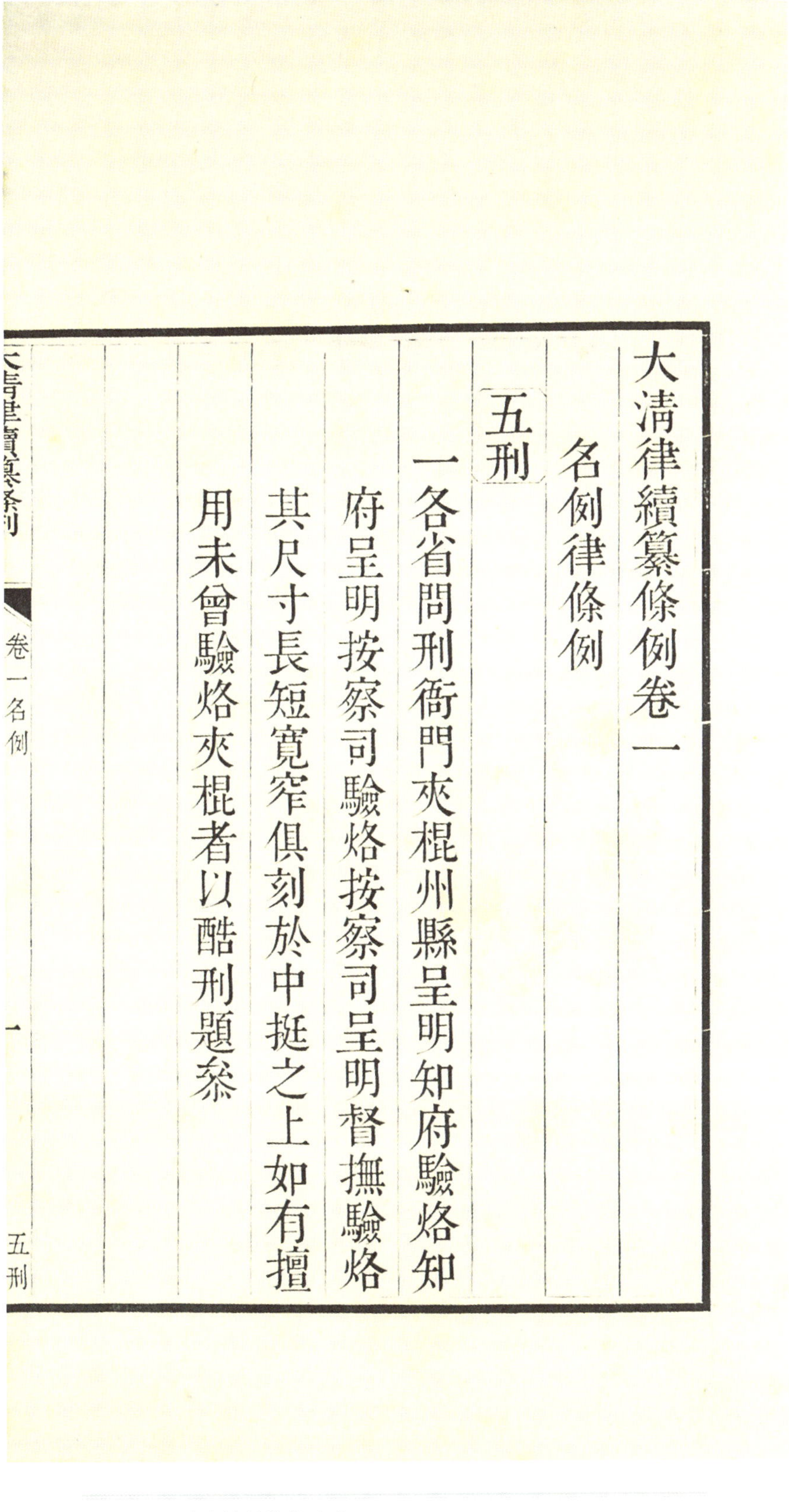

大清律續纂條例卷一

名例律條例

五刑

一各省問刑衙門夾棍州縣呈明知府驗烙知府呈明按察司驗烙按察司呈明督撫驗烙其尺寸長短寬窄俱刻於中挺之上如有擅用未曾驗烙夾棍者以酷刑題叅

大清律續纂條例　卷一名例　一　五刑

10794　大清律續纂條例六卷　（清）弘晝等纂修　清乾隆八年（1743）武英殿刻本　遼寧省圖書館

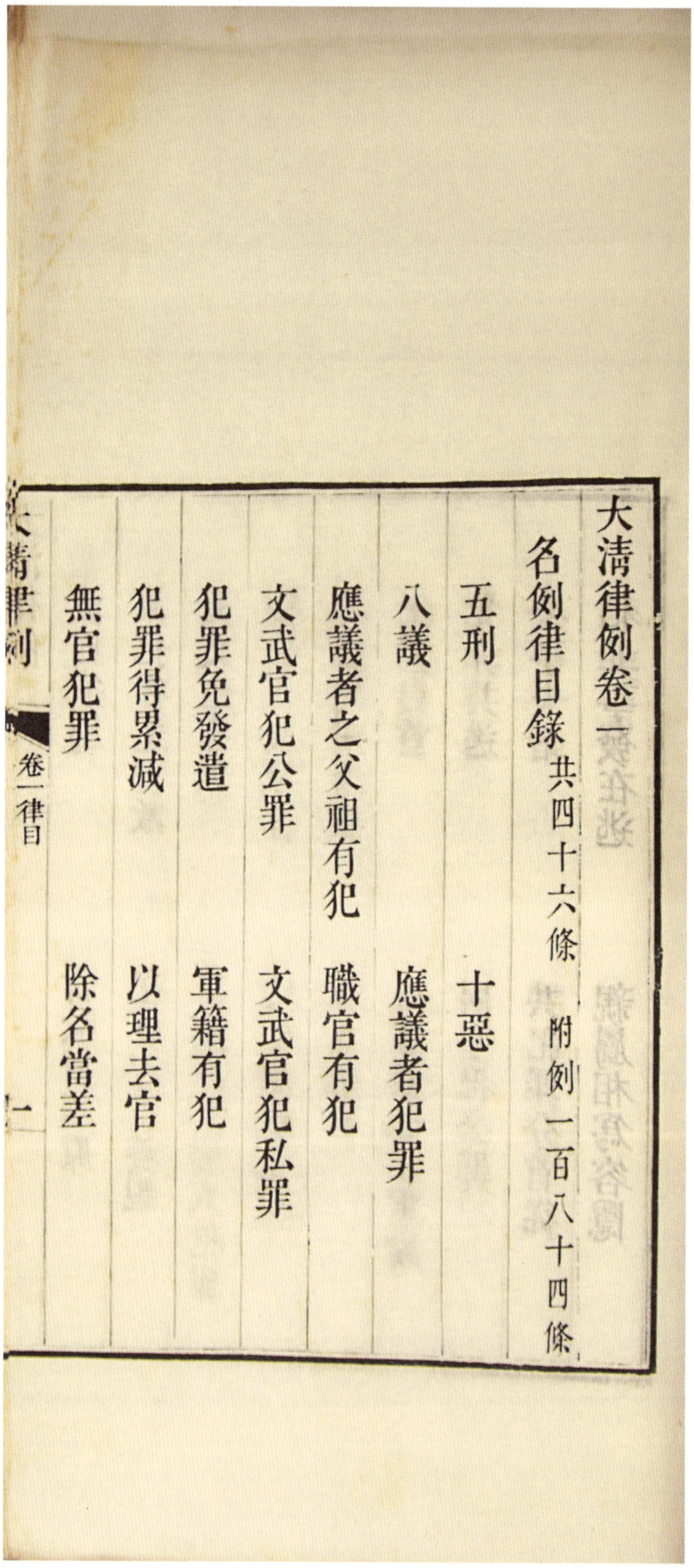

大清律例卷一

名例律目錄 共四十六條 附例一百八十四條

五刑 十惡

八議 應議者犯罪

應議者之父祖有犯 職官有犯

文武官犯公罪 文武官犯私罪

犯罪免發遣 軍籍有犯

犯罪得累減 以理去官

無官犯罪 除名當差

大清律例 卷一 律目 一

10795 欽定大清律例四十七卷 （清）劉統勛等纂修 清乾隆六年（1741）武英殿刻三十三年（1768）增修本 遼寧省圖書館

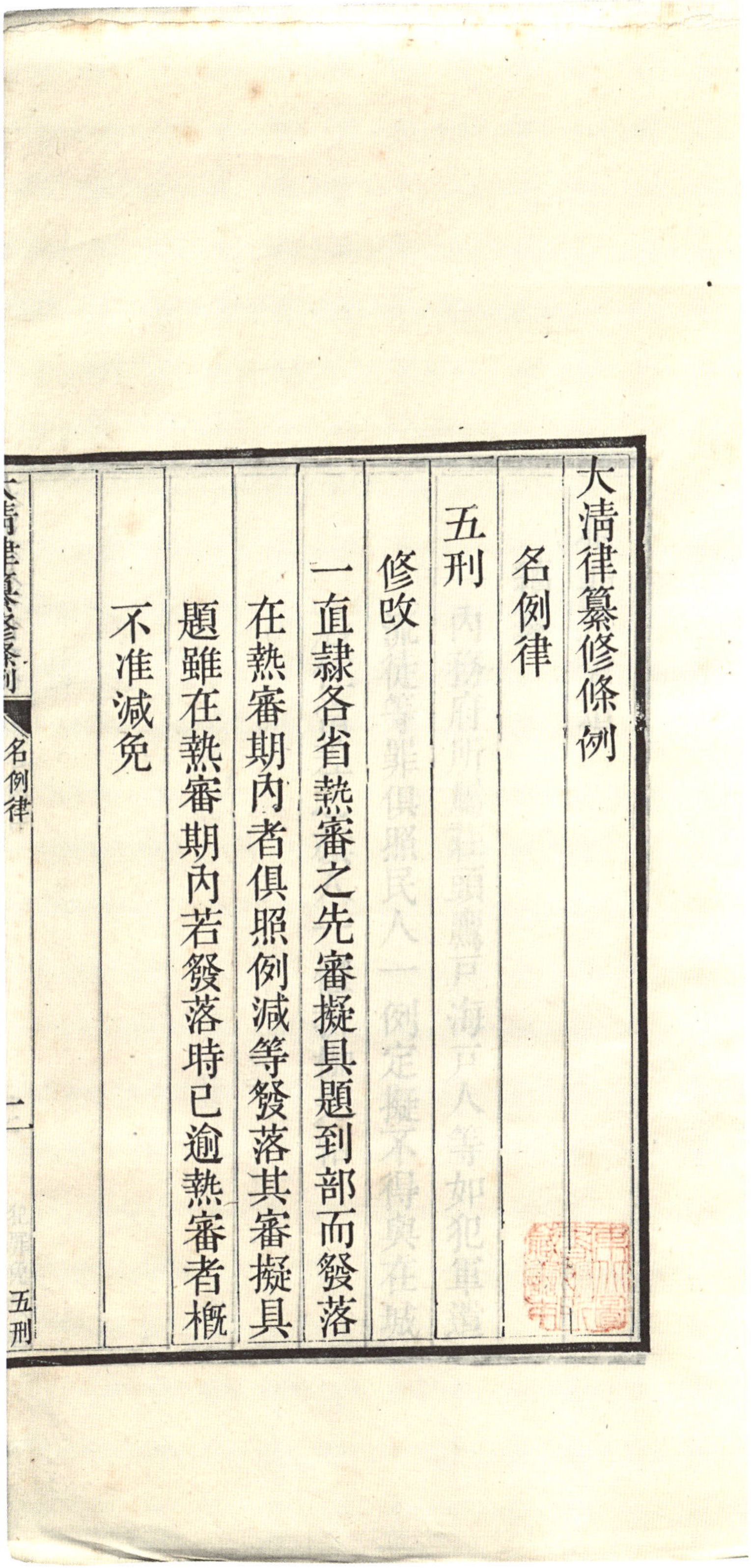

大清律纂修條例

名例律

五刑

修改

一直隸各省熱審之先審擬具題到部而發落在熱審期內者俱照例減等發落其審擬具題雖在熱審期內若發落時已逾熱審者概不准減免

大清律纂修條例　名例律　二　五刑

10796　大清律纂修條例二卷　（清）劉統勛等纂修　清乾隆三十八年（1773）武英殿刻本　遼寧省圖書館

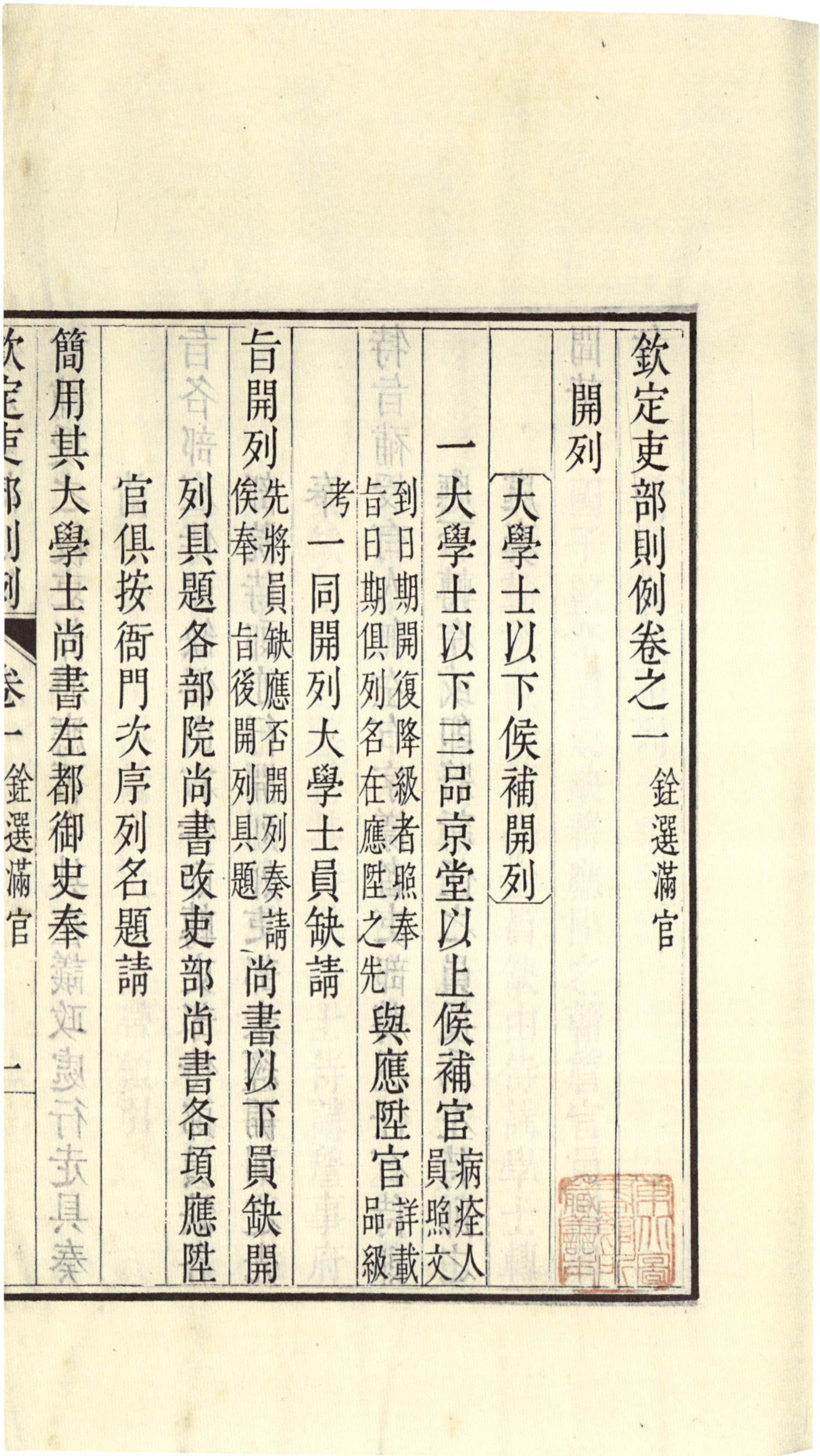

欽定吏部則例卷之一　銓選滿官

開列

大學士以下候補開列

一大學士以下三品京堂以上候補官病痊人員照文到日期開復降級者照奉旨日期俱列名在應陞之先與應陞官詳載品級考一同開列大學士員缺請旨開列先將員缺應否開列奏請俟奉旨後開列具題尚書以下員缺開列具題各部院尚書改吏部尚書各項應陞官俱按衙門次序列名題請簡用其大學士尚書左都御史奉

欽定吏部則例　卷一　銓選滿官　一

10797　欽定吏部則例六十六卷　（清）弘晝　吴嗣爵等纂修　清乾隆七年（1742）武英殿刻本　遼寧省圖書館

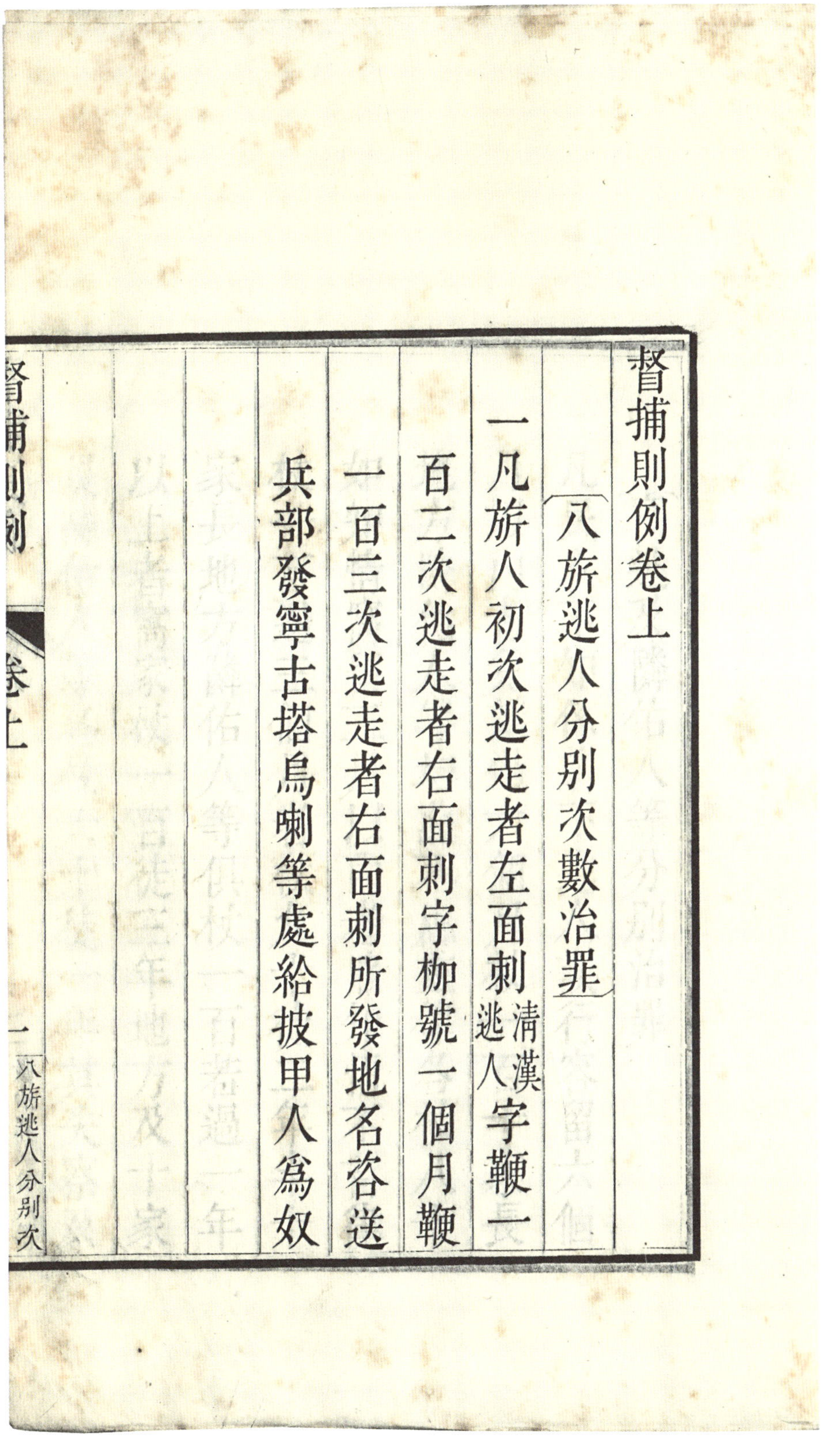

督捕則例卷上
八旗逃人分別次數治罪
一凡旗人初次逃走者左面刺清漢逃人字鞭一
百二次逃走者右面刺字枷號一個月鞭
一百三次逃走者右面刺所發地名咨送
兵部發寧古塔烏喇等處給披甲人爲奴

督捕則例　卷上　一　八旗逃人分別次

10798　督捕則例二卷　（清）徐本　唐紹祖等纂修　清乾隆八年（1743）武英殿刻本　遼寧省圖書館

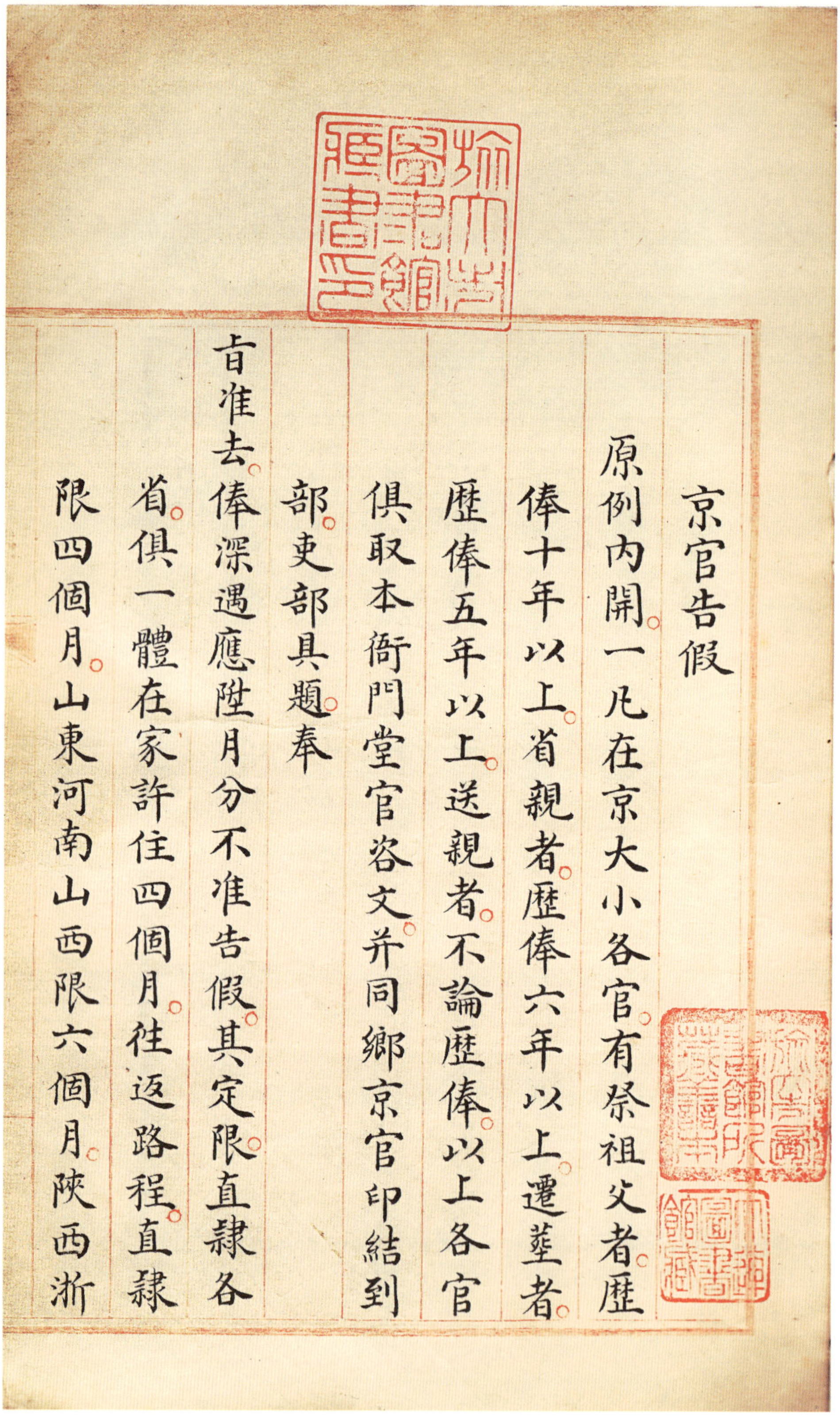

京官告假
原例内開一凡在京大小各官有祭祖父者歷俸十年以上省親者歷俸六年以上遷塟者歷俸五年以上送親者不論歷俸以上各官俱取本衙門堂官咨文并同鄉京官印結到
部吏部具題奉
旨准去俸深遇應陞月分不准告假其定限直隸各省俱一體在家許住四個月往返路程直隸限四個月山東河南山西限六個月陝西浙

10799　清吏部職官銓選則例不分卷　清抄本　大連圖書館

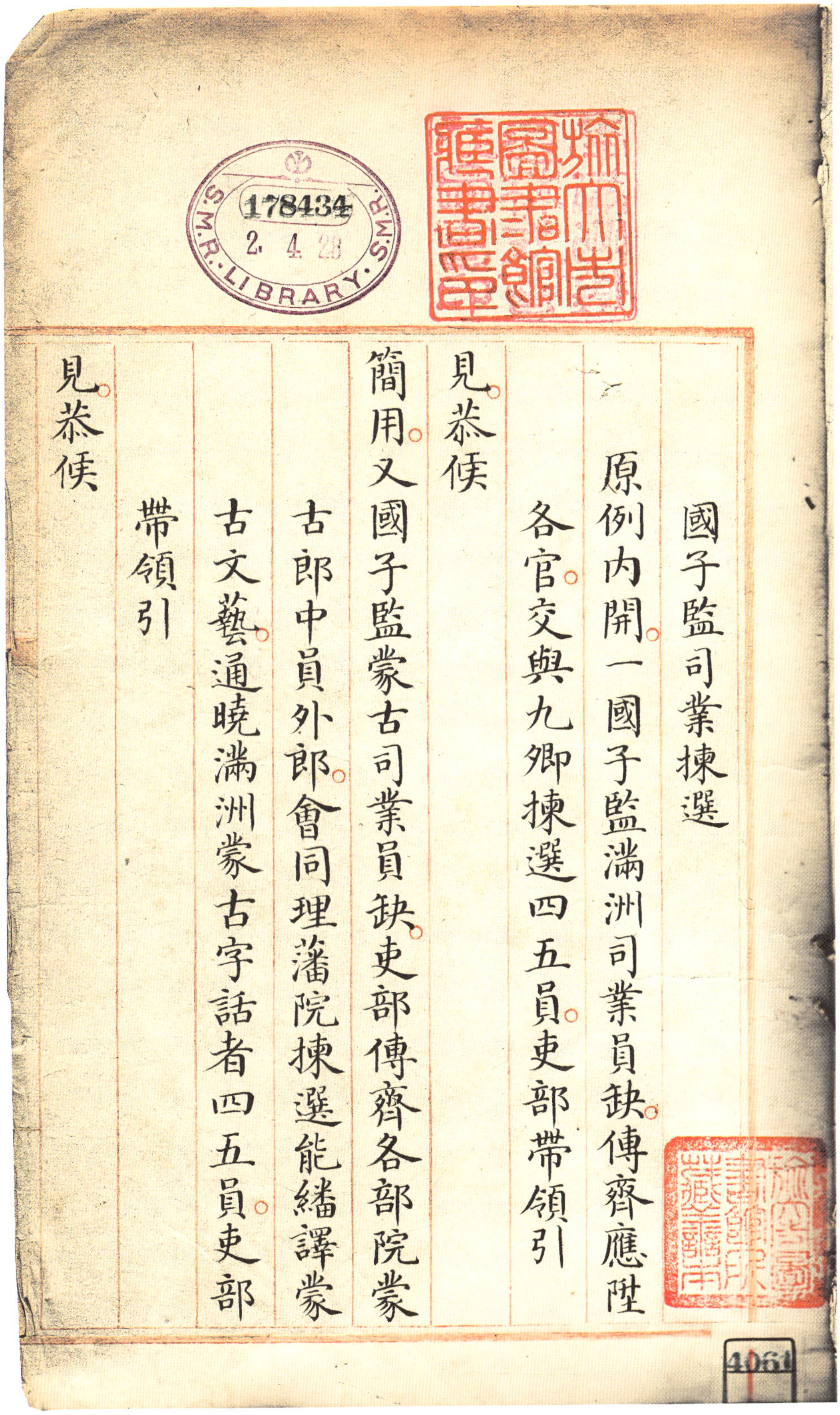

國子監司業揀選

原例內開一國子監滿洲司業員缺傳齊應陞

各官交與九卿揀選四五員吏部帶領引

見恭候

簡用又國子監蒙古司業員缺吏部傳齊各部院蒙

古郎中員外郎會同理藩院揀選能繙譯蒙

古文藝通曉滿洲蒙古字話者四五員吏部

帶領引

見恭候

10800　**乾隆職官揀選不分卷**　清乾隆內府抄本　大連圖書館

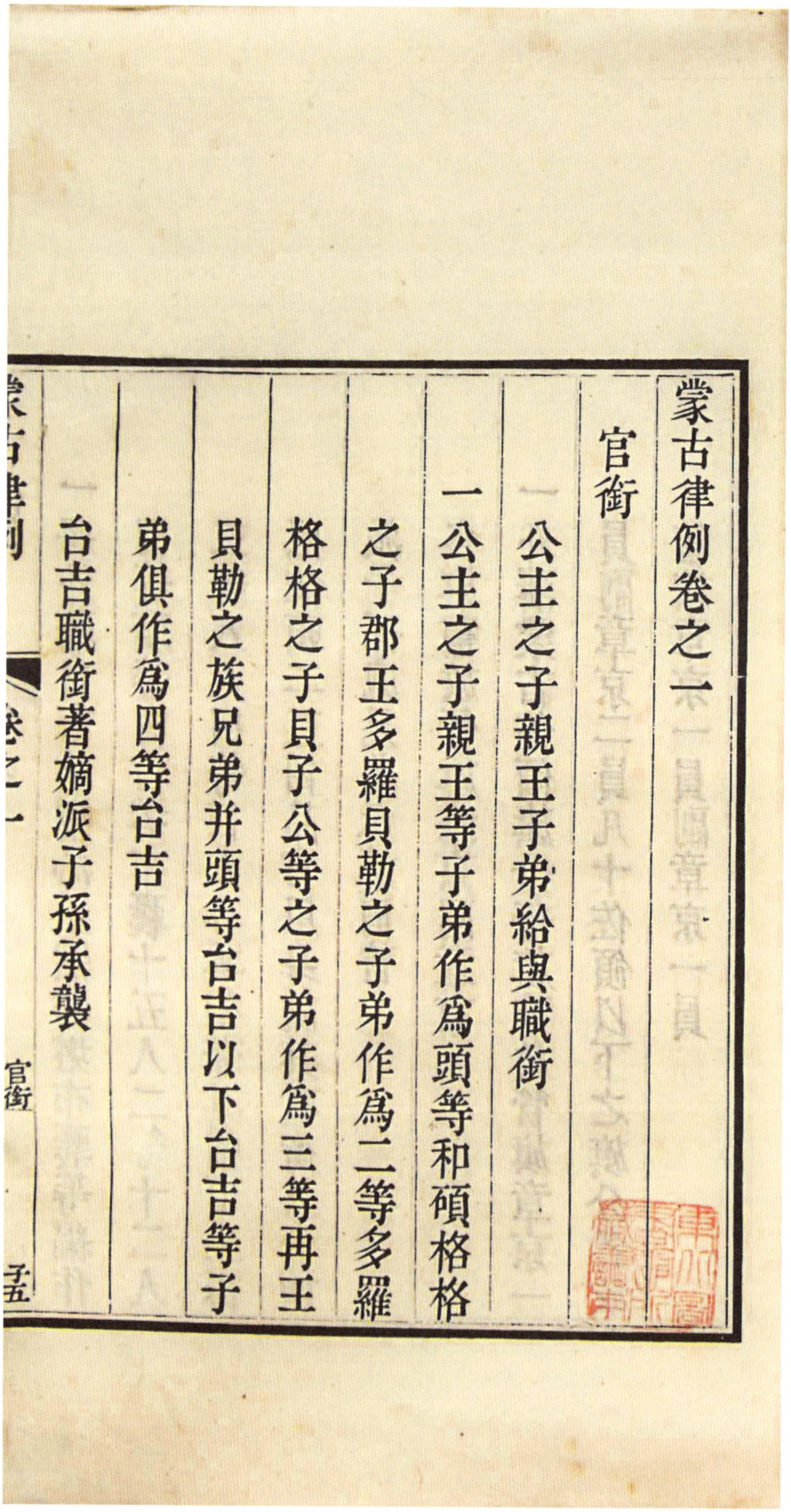

蒙古律例卷之一

官銜

一公主之子親王子弟給與職銜

一公主之子親王等子弟作爲頭等和碩格格
之子郡王多羅貝勒之子弟作爲二等多羅
格格之子貝子公等之子弟作爲三等再王
貝勒之族兄弟并頭等台吉以下台吉等子
弟俱作爲四等台吉

一台吉職銜著嫡派子孫承襲

蒙古律例 卷之一 官銜 五

10801 蒙古律例十二卷 （清）刑部纂修 清乾隆武英殿刻本 遼寧省圖書館

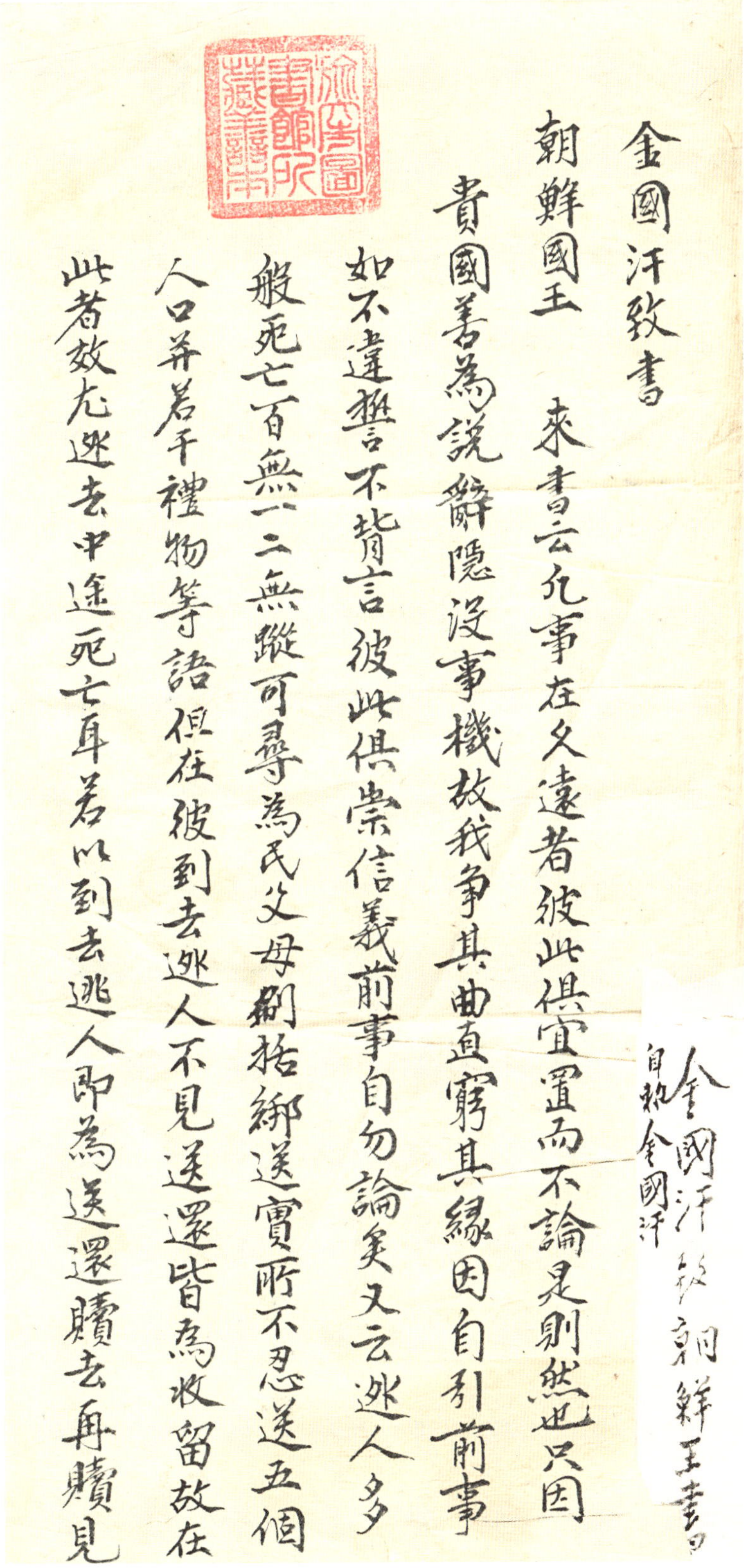
金國汗致朝鮮王書
自執金國汗
金國汗致書
朝鮮國王　來書云凡事在久遠者彼此俱宜置而不論是則然也只因
貴國善爲説辭隱没事機故我争其曲直窮其緣因自引前事
如不違誓不背言彼此俱崇信義前事自勿論矣又云逃人多
般死亡百無一二無蹤可尋爲民父母刷括綁送實所不忍送五個
人口并若干禮物等語但在彼到去逃人不見送還皆爲收留故在
此者效尤逃去中途死亡耳若以到去逃人即爲送還贖去再贖見

10802　後金天聰二年九月金國汗致朝鮮國王書不分卷　稿本　大連圖書館

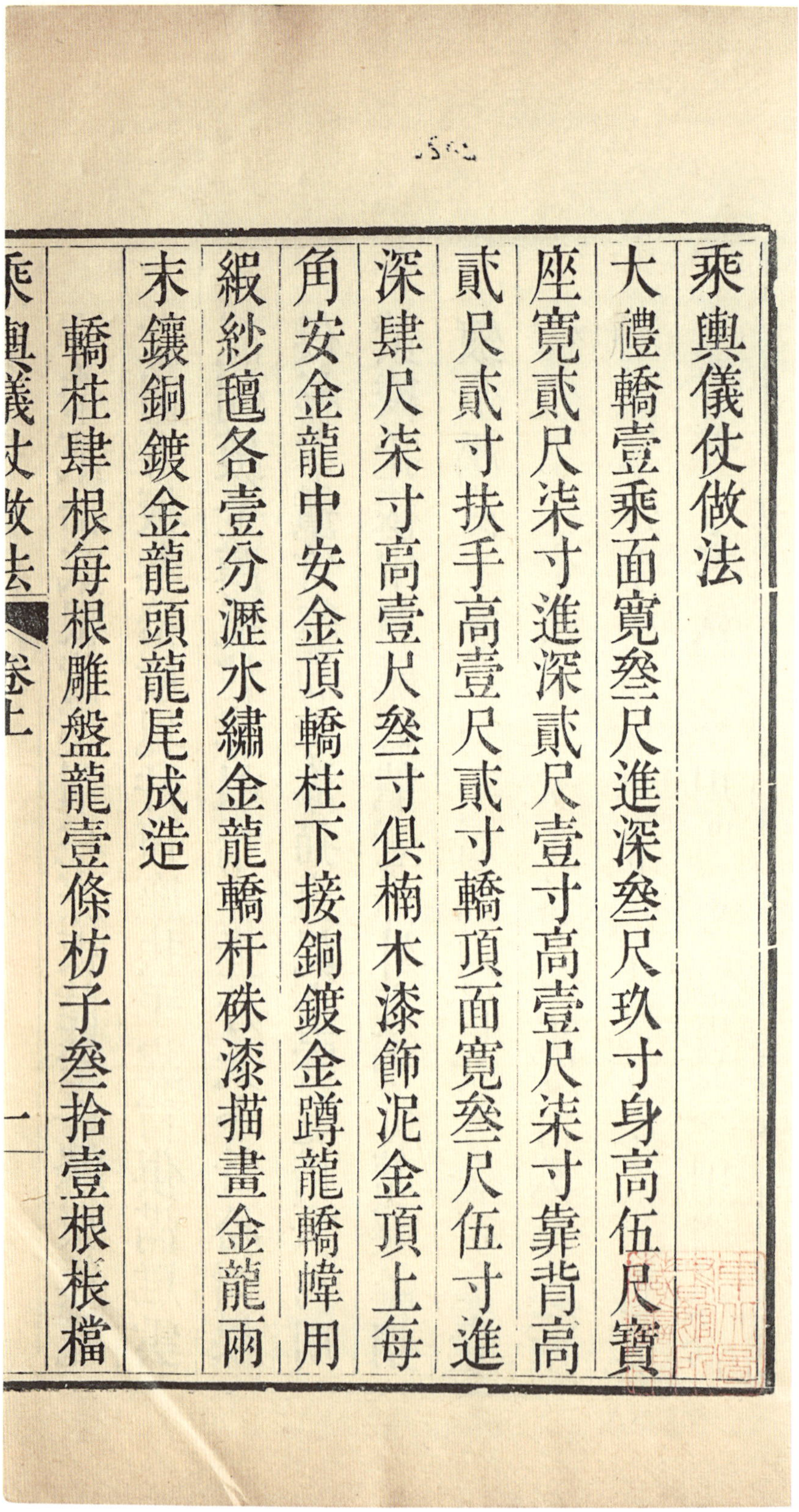
乘輿儀仗做法
大禮轎壹乘面寬叁尺進深叁尺玖寸身高伍尺寶
座寬貳尺柒寸進深貳尺壹寸高壹尺柒寸靠背高
貳尺貳寸扶手高壹尺貳寸轎頂面寬叁尺伍寸進
深肆尺柒寸高壹尺叁寸俱楠木漆飾泥金頂上每
角安金龍中安金頂轎柱下接銅鍍金蹲龍轎幃用
緞紗氈各壹分瀝水繡金龍轎杆硃漆描畫金龍兩
末鑲銅鍍金龍頭龍尾成造
轎柱肆根每根雕盤龍壹條枋子叁拾壹根帳檔
乘輿儀仗做法　卷上　一

10803　乘輿儀仗做法二卷　（清）工部輯　清乾隆十四年（1749）武英殿刻本　遼寧省圖書館

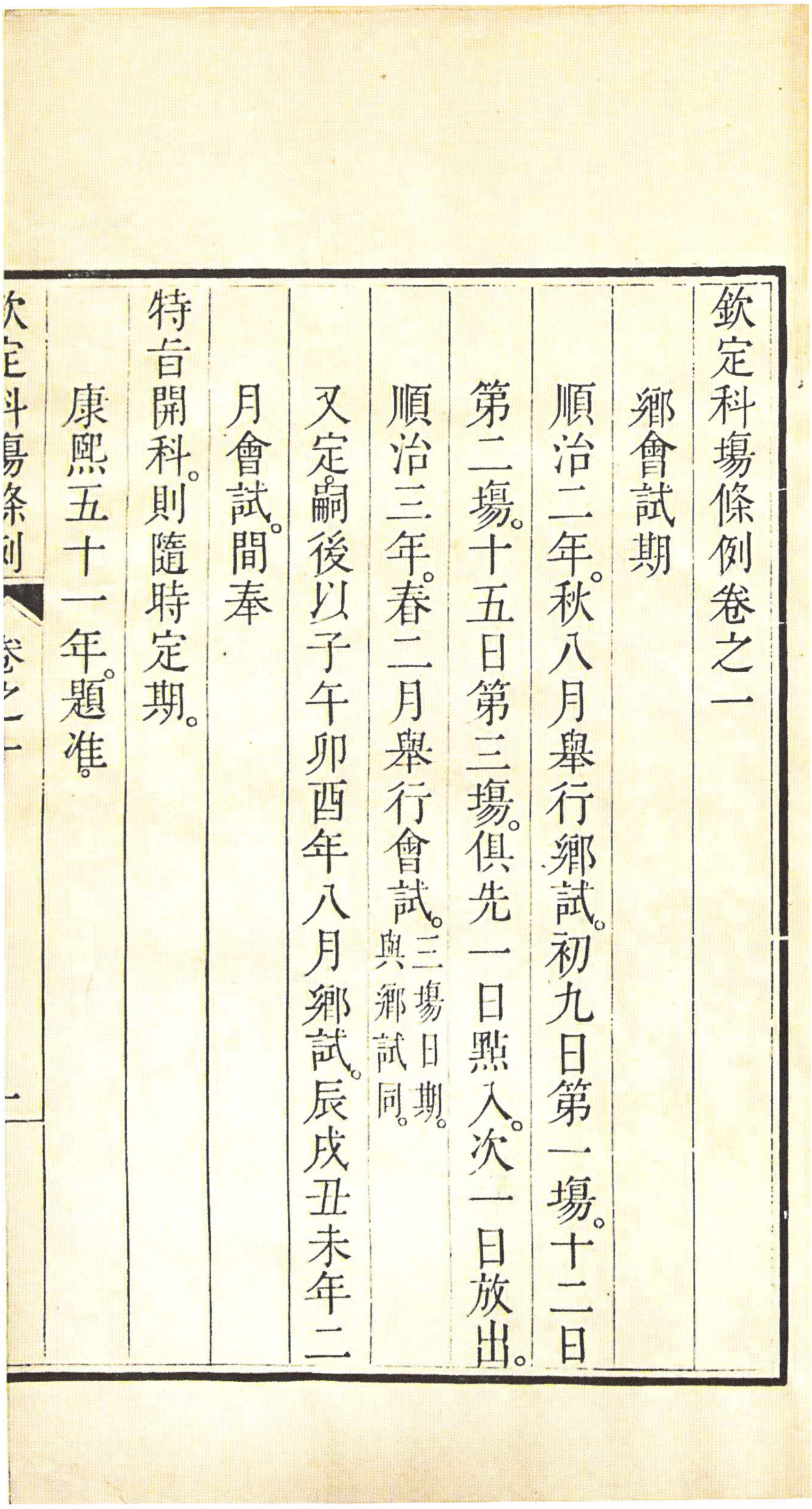

欽定科場條例卷之一

鄉會試期

順治二年。秋八月舉行鄉試。初九日第一場。十二日第二場。十五日第三場。俱先一日點入。次一日放出。

順治三年。春二月舉行會試。三場日期。與鄉試同。

又定嗣後以子午卯酉年八月鄉試。辰戌丑未年二月會試。間奉

特旨開科。則隨時定期。

康熙五十一年。題准。

欽定科場條例　卷之一　一

10804　**欽定科場條例四卷翻譯考試條例一卷**　（清）禮部纂修　清乾隆六年（1741）武英殿刻本　遼寧省圖書館

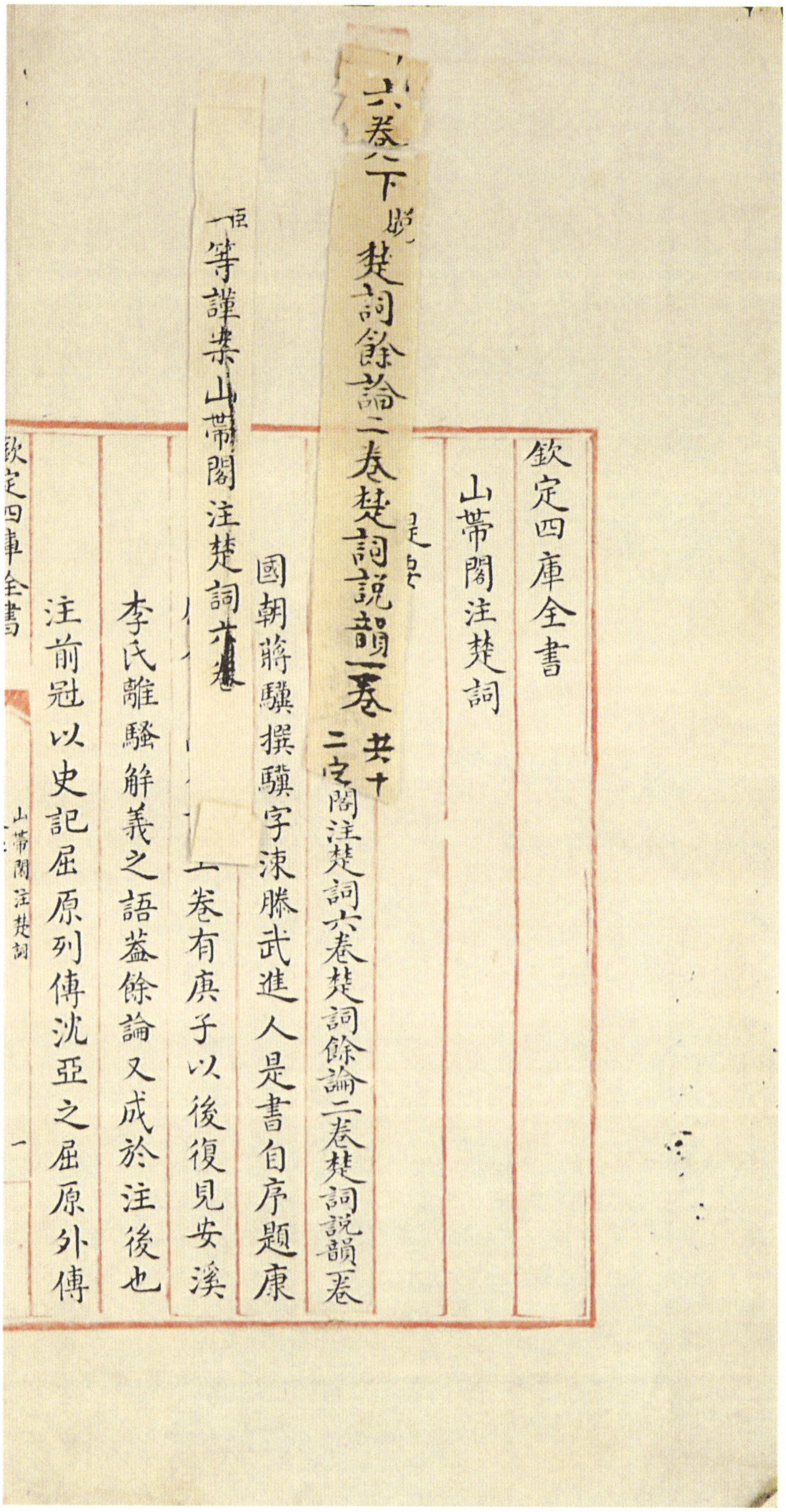
欽定四庫全書
山帶閣注楚詞
臣等謹案山帶閣注楚詞
楚詞餘論二卷楚詞說韻一卷
閣注楚詞六卷楚詞餘論二卷楚詞說韻一卷
國朝蔣驥撰驥字涑塍武進人是書自序題康
卷有庚子以後復見安溪
李氏離騷解義之語蓋餘論又成於注後也
注前冠以史記屈原列傳沈亞之屈原外傳
欽定四庫全書
山帶閣注楚詞
一

10805　四庫全書原本提要抄繕樣稿　清内府寫本　遼寧省圖書館

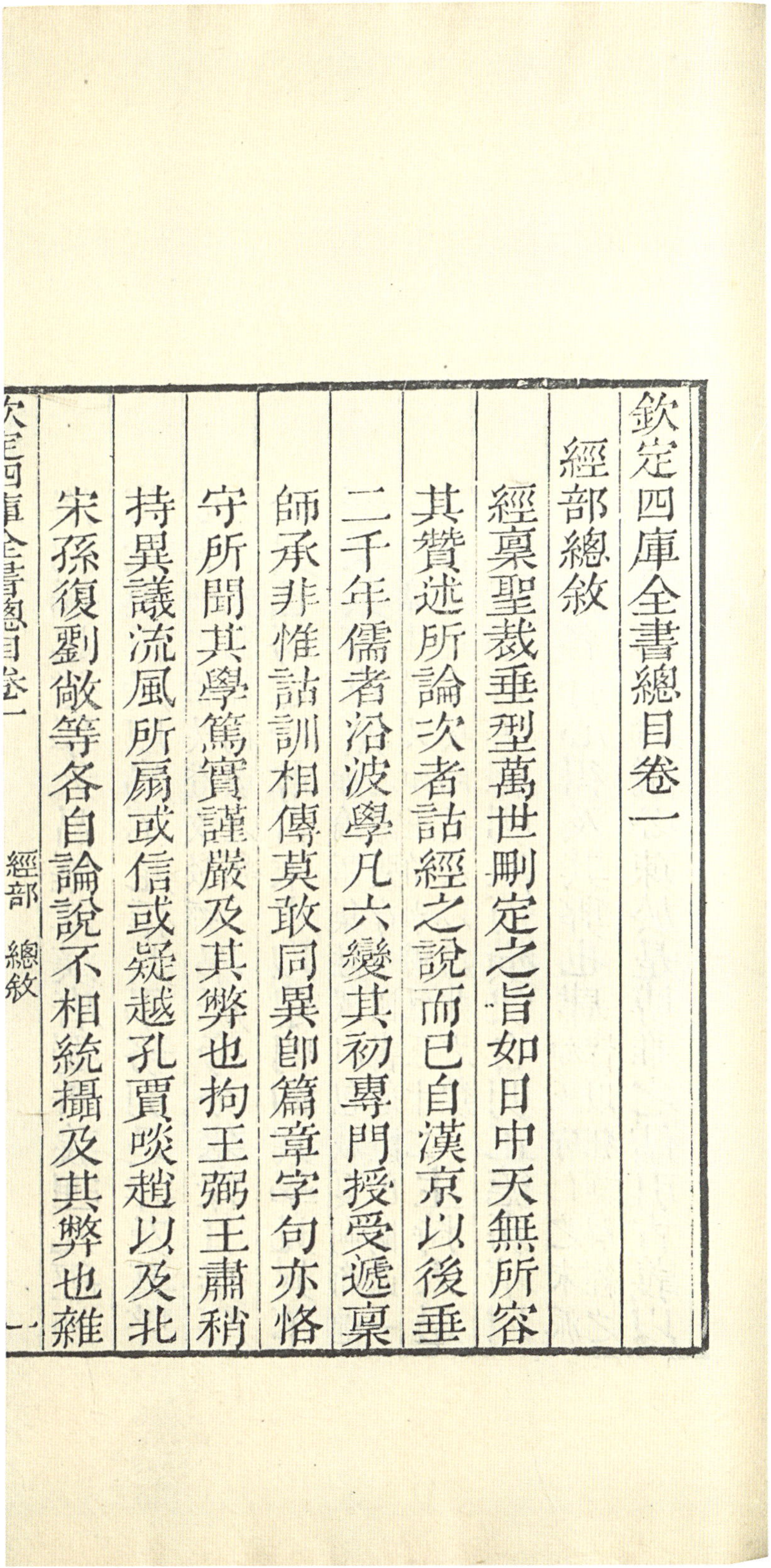
欽定四庫全書總目卷一
經部總敘
經稟聖裁垂型萬世刪定之旨如日中天無所容
其贊述所論次者詁經之說而已自漢京以後垂
二千年儒者沿波學凡六變其初專門授受遞稟
師承非惟詁訓相傳莫敢同異卽篇章字句亦恪
守所聞其學篤實謹嚴及其弊也拘王弼王肅稍
持異議流風所扇或信或疑越孔賈啖趙以及北
宋孫復劉敞等各自論說不相統攝及其弊也雜
欽定四庫全書總目卷一　經部　總敘　一

10806　欽定四庫全書總目二百卷首四卷　（清）紀昀等撰　清乾隆武英殿刻本　遼寧省圖書館

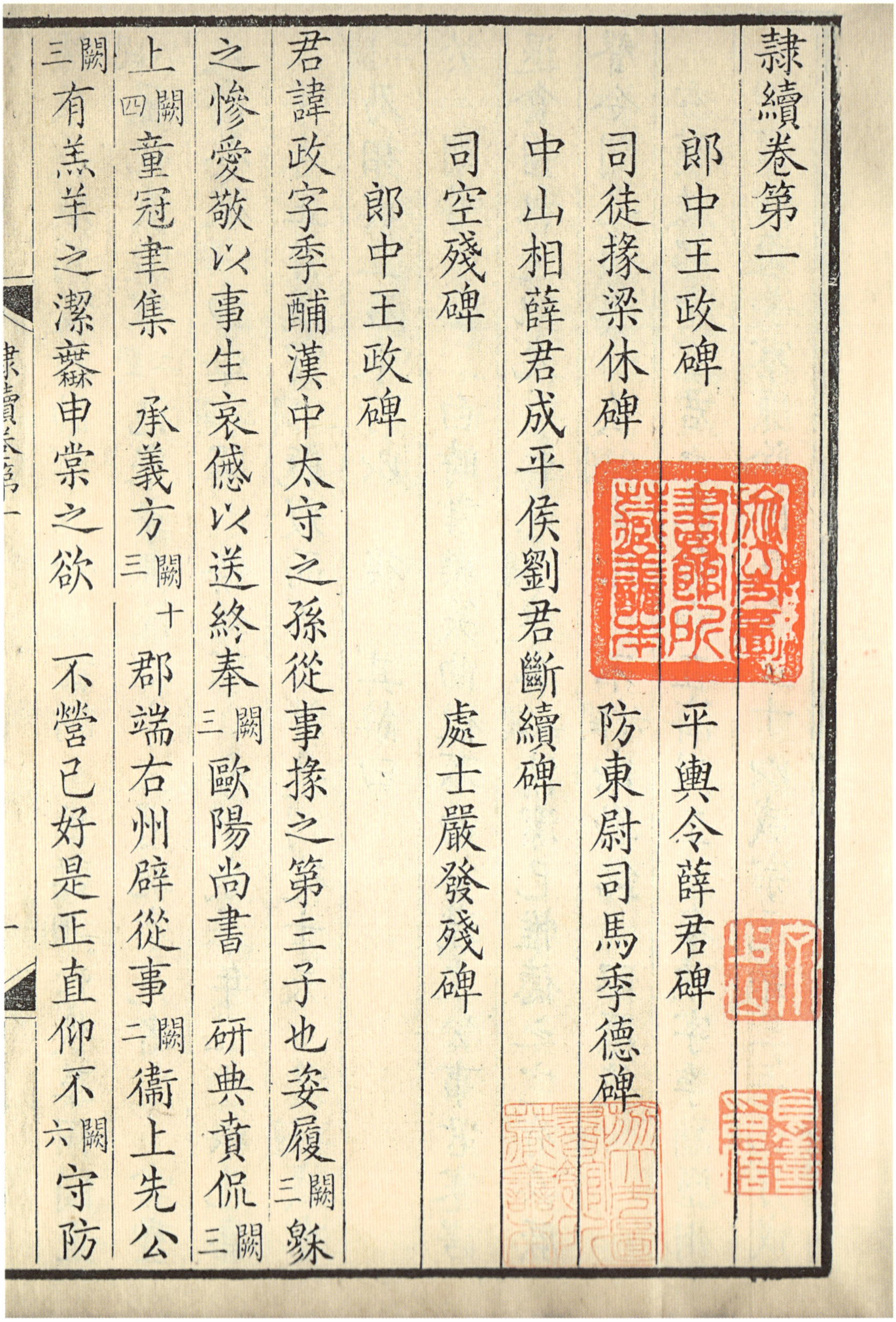
隸續卷第一
郎中王政碑　平輿令薛君碑
司徒掾梁休碑　防東尉司馬季德碑
中山相薛君成平侯劉君斷續碑
司空殘碑　處士嚴發殘碑
郎中王政碑
君諱政字季醻漢中太守之孫從事掾之第三子也姿履闕三穌
之慘愛敬以事生哀慼以送終奉闕三歐陽尚書研典貢侃闕三
上闕四童冠聿集　承義方闕十三郡端右州辟從事闕二衛上先公
闕三有羔羊之潔蘇申棠之欲　不營己好是正直仰不闕六守防

10807　隸續二十一卷　（宋）洪适撰　清康熙四十五年（1706）曹寅揚州詩局刻本　大連圖書館

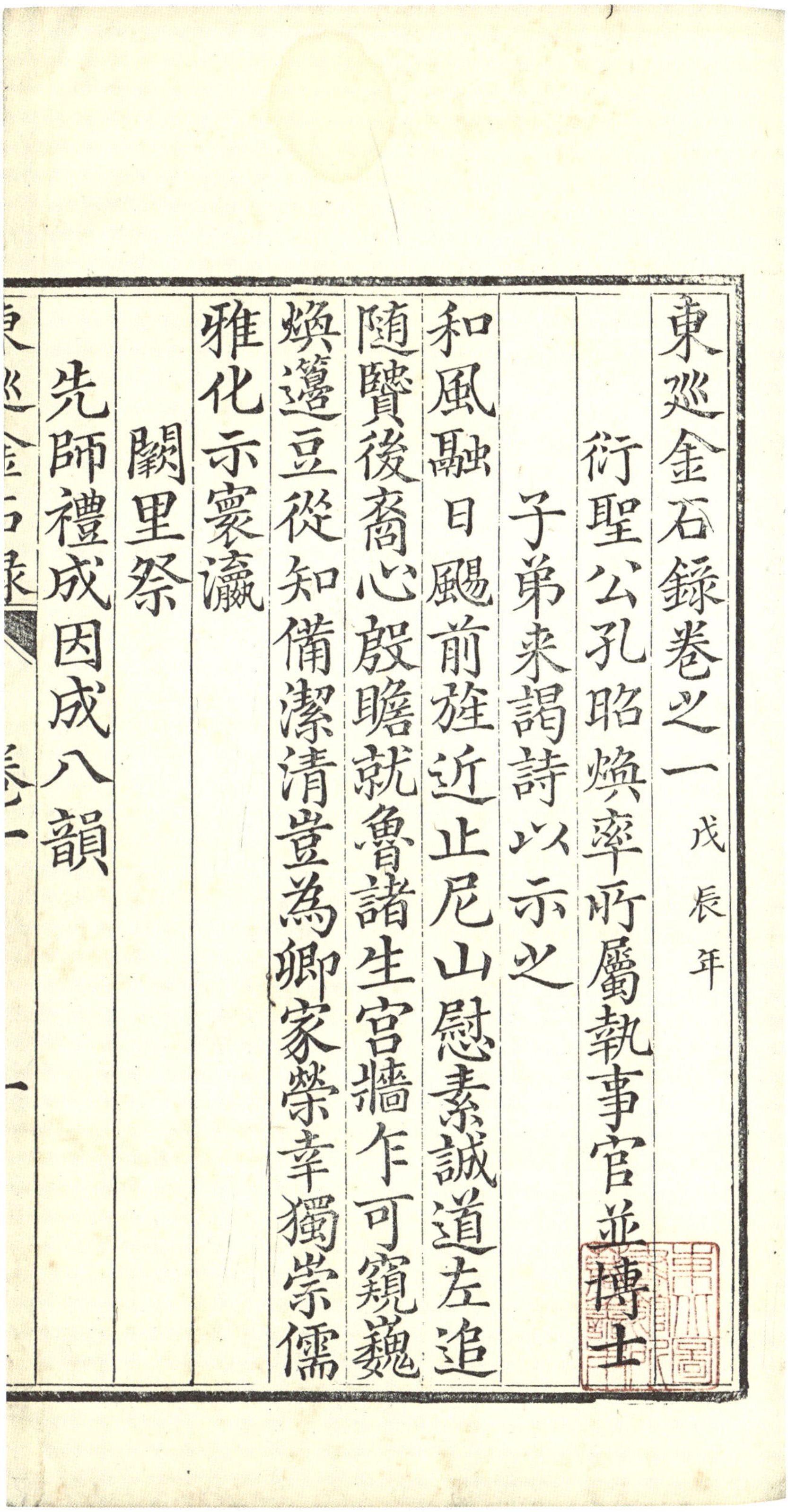
東巡金石録卷之一 戊辰年
衍聖公孔昭煥率所屬執事官並博士
子弟来謁詩以示之
和風融日颺前旌近止尼山慰素誠道左追
隨賢後裔心殷瞻就魯諸生宫牆乍可窺巍
煥籩豆從知備潔清豈為卿家榮幸獨崇儒
雅化示寰瀛
闕里祭
先師禮成因成八韻
東巡金石録 卷一 一

10808 東巡金石録八卷 （清）崔應階 梁翥鴻輯 清乾隆刻本 遼寧省圖書館

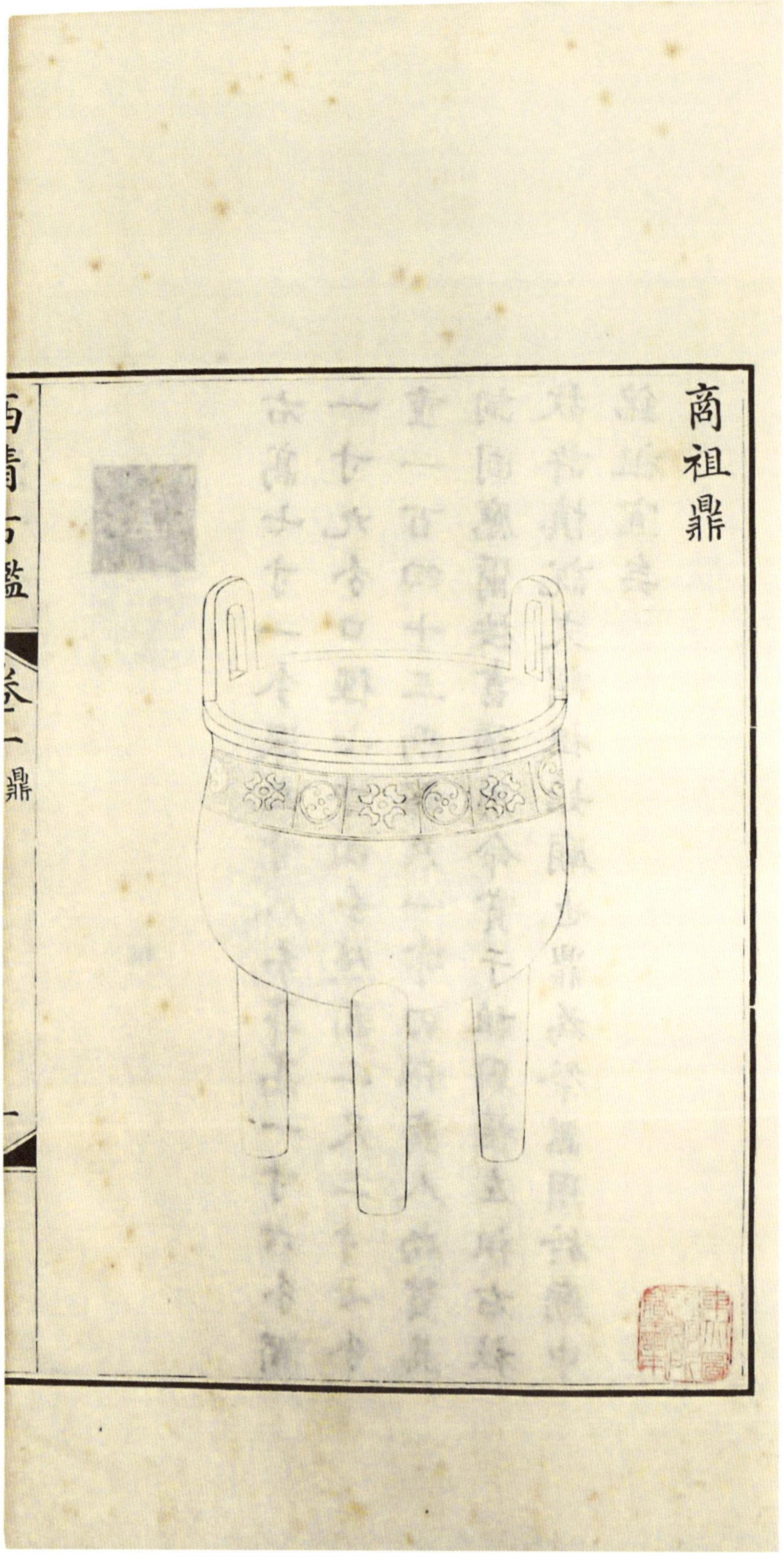

10809　西清古鑑四十卷錢録十六卷　（清）梁詩正　蔣溥等纂修　（清）允禄編　清乾隆二十年（1755）武英殿刻本　遼寧省圖書館

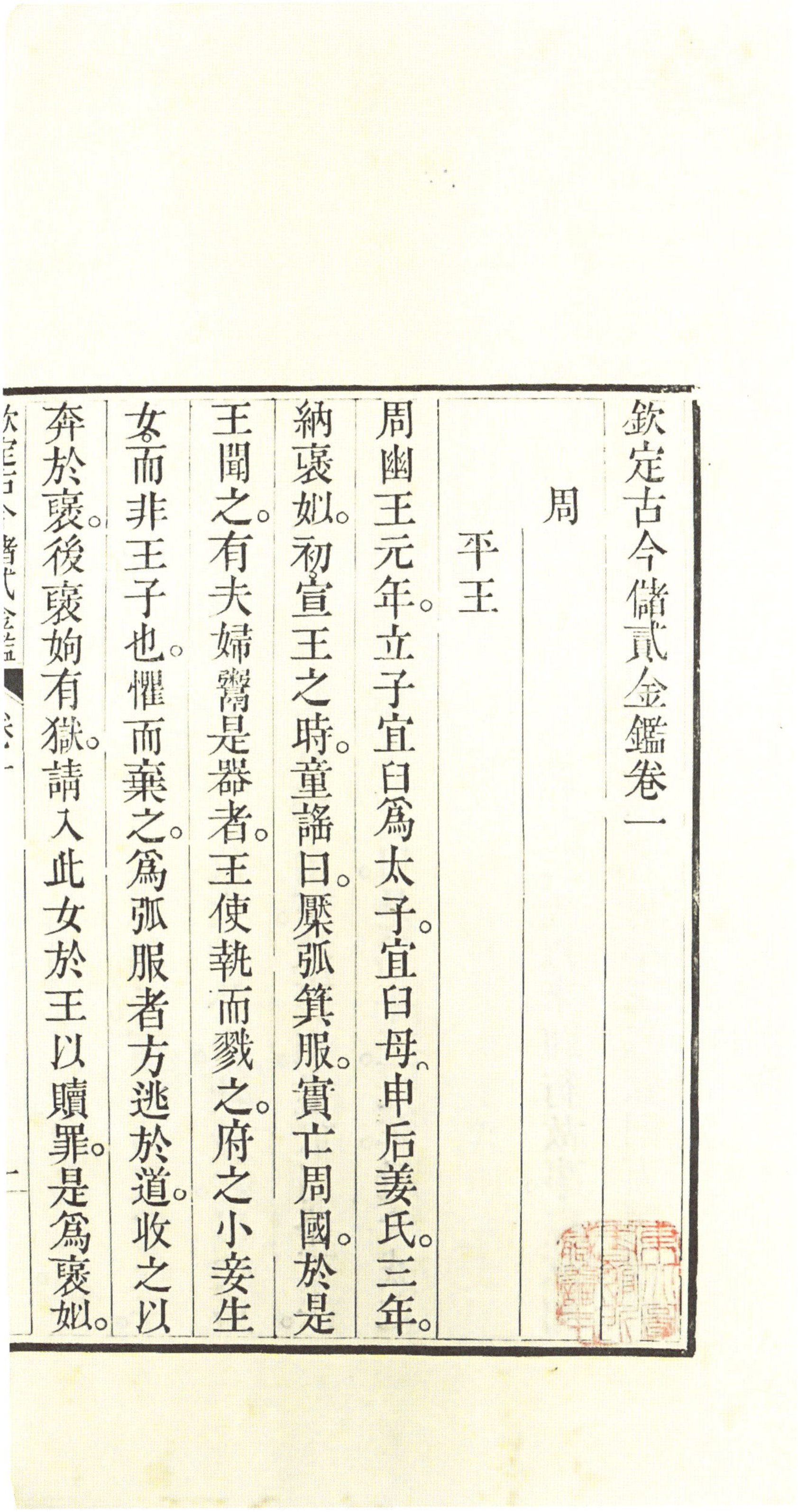
欽定古今儲貳金鑑卷一

周

平王

周幽王元年。立子宜臼爲太子。宜臼母、申后姜氏。三年。納褒姒。初宣王之時。童謠曰。檿弧箕服。實亡周國。於是王聞之。有夫婦鬻是器者。王使執而戮之。府之小妾生女。而非王子也。懼而棄之。爲弧服者方逃於道。收之以奔於褒。後褒姁有獄。請入此女於王以贖罪。是爲褒姒。

10810　欽定古今儲貳金鑑六卷首一卷　清乾隆五十一年（1786）武英殿刻本　遼寧省圖書館

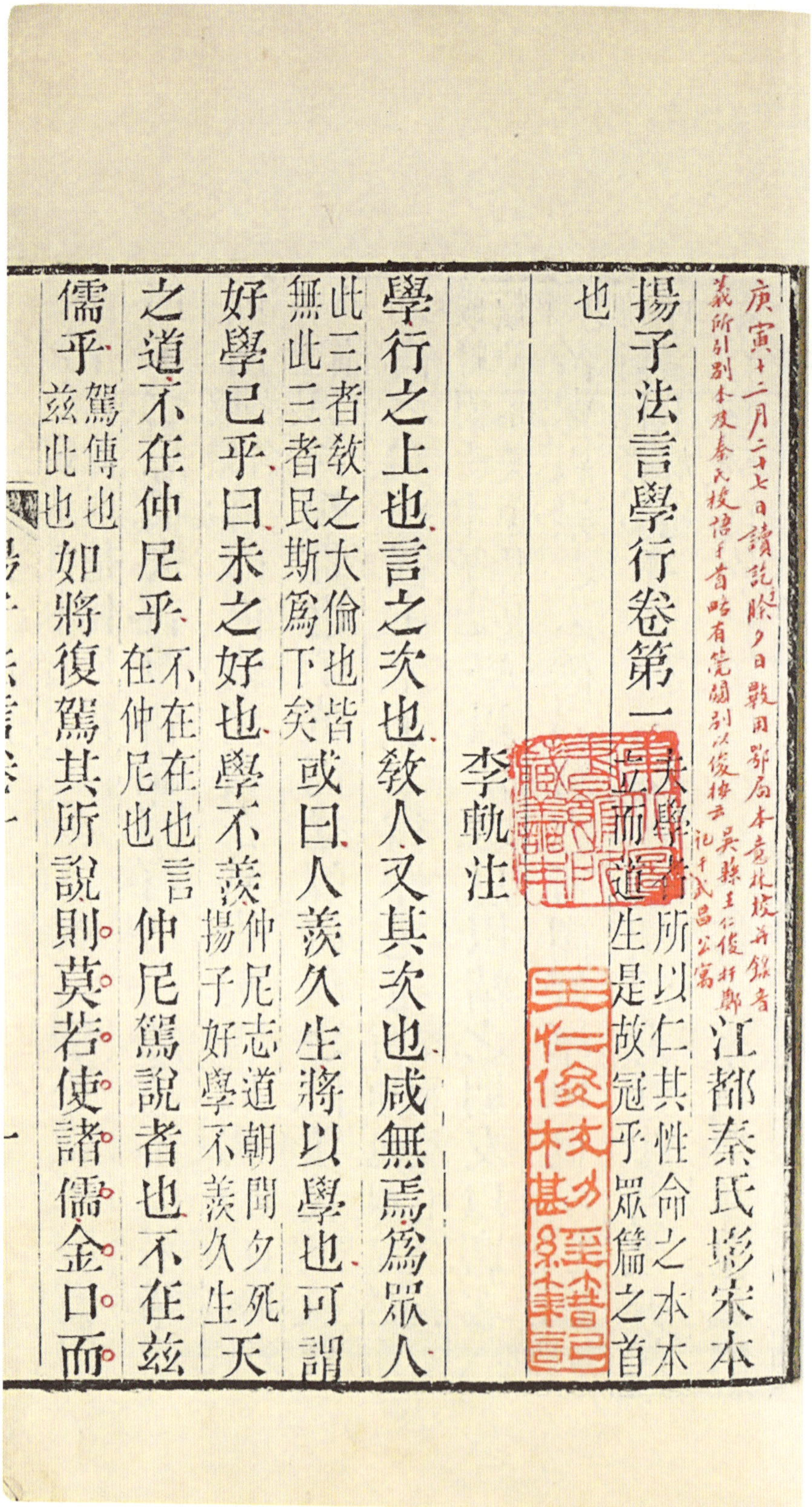
揚子法言學行卷第一　江都秦氏影宋本
夫學者所以仁其性命之本本立而道生是故冠乎衆篇之首也
李軌注
學行之上也言之次也教人又其次也咸無焉爲衆人此三者教之大倫也皆無此三者民斯爲下矣或曰人羨久生將以學也可謂好學已乎曰未之好也學不羨仲尼志道朝聞夕死天揚子好學不羨久生之道不在仲尼乎不在在也言在仲尼也仲尼駕說者也不在茲儒乎駕傳也茲此也如將復駕其所說則莫若使諸儒金口而

10811　揚子法言十三卷　（漢）揚雄撰　（晋）李軌注　**音義一卷**　清光緒二年（1876）浙江書局秦氏刻王仁俊批校本　遼寧省圖書館

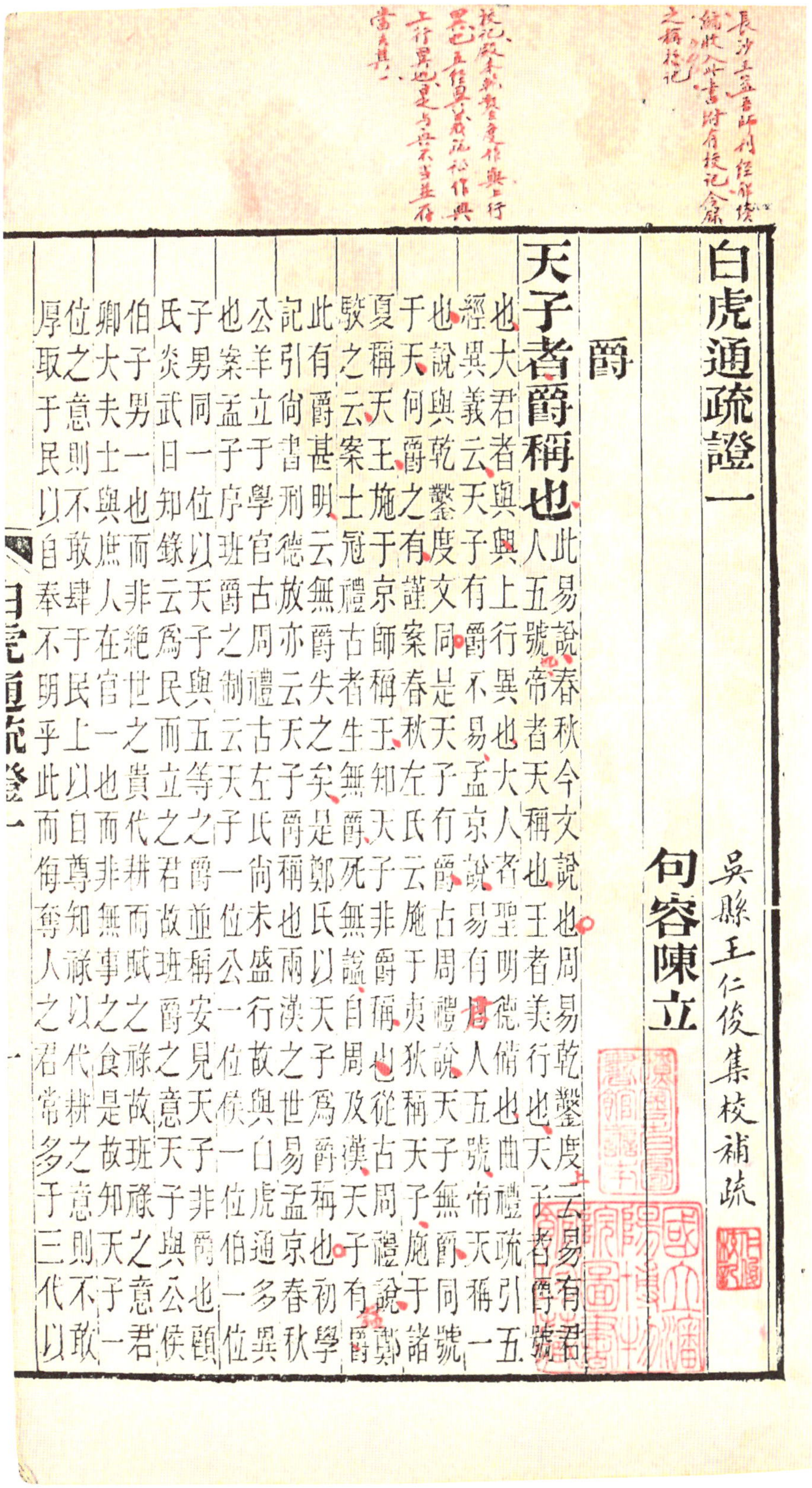
白虎通疏證一
吳縣王仁俊集校補疏
句容陳立
爵
天子者爵稱也此易說春秋今文說也周易乾鑿度云易有君人五號帝者天稱也王者美行也天子者爵號也大君者與與上行異也大人者聖明德備也曲禮疏引五經異義云天子有爵不易孟京說易有君人五號帝天稱一也說與乾鑿度文同是天子有爵古周禮說天子無爵同號于天何爵之有謹案春秋左氏云施于夷狄稱天子施于諸夏稱天王施于京師稱王知天子非爵稱也從古周禮說鄭駁之云案士冠禮古者生無爵死無諡自周及漢天子有爵此有爵甚明云無爵失之矣是鄭氏以天子爲爵稱也初學記引尚書刑德放亦云天子爵稱也兩漢之世易孟京春秋公羊立于學官古周禮古左氏尚未盛行故與白虎通多異也案孟子序班爵之制云天子一位公一位侯一位伯一位子男同一位以天子與五等之爵並稱安見天子非爵也顧氏炎武日知錄云爲民而立之君故班爵之意天子與公侯伯子男一也而非絕世之貴代耕而賦之祿故班祿之意君卿大夫士與庶人在官一也而非無事之食是故知天子一位之意則不敢肆于民上以自尊知祿以代耕之義則不敢厚取于民以自奉不明乎此而侮奪人之君常多于三代以

10812　白虎通疏證十二卷　（清）陳立撰　清光緒元年（1875）淮南書局刻王仁俊批校本　遼寧省圖書館

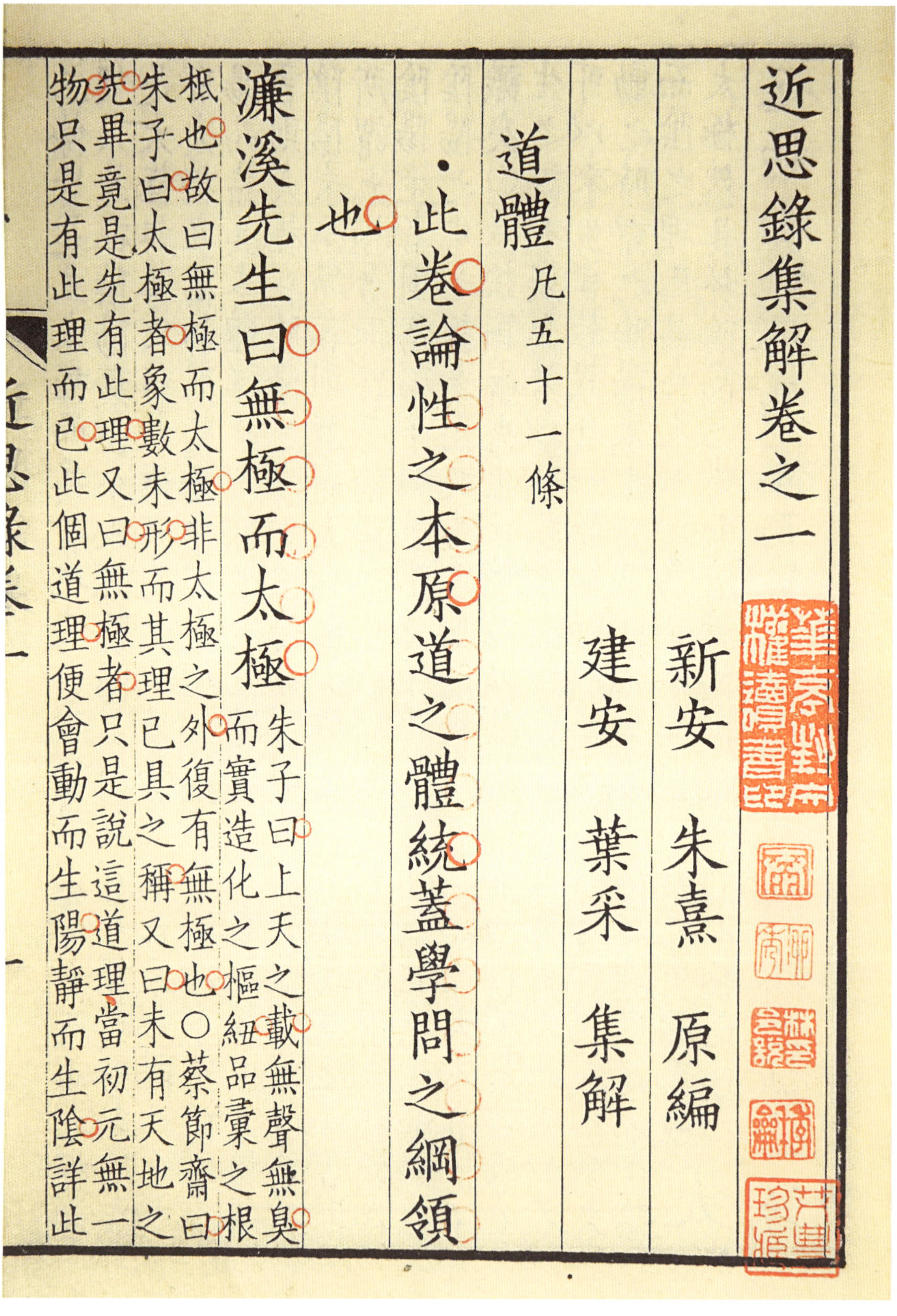

近思錄集解卷之一

新安　朱熹　原編

建安　葉采　集解

道體凡五十一條

·此卷論性之本原道之體統蓋學問之綱領也

濂溪先生曰無極而太極朱子曰上天之載無聲無臭而實造化之樞紐品彙之根柢也故曰無極而太極非太極之外復有無極也○蔡節齋曰朱子曰太極者象數未形而其理已具之稱又曰未有天地之先畢竟是先有此理又曰無極者只是說這道理當初元無一物只是有此理而已此個道理便會動而生陽靜而生陰詳此

近思錄卷一

10813　近思錄集解十四卷　（宋）葉采撰　清康熙刻本　撫順市圖書館

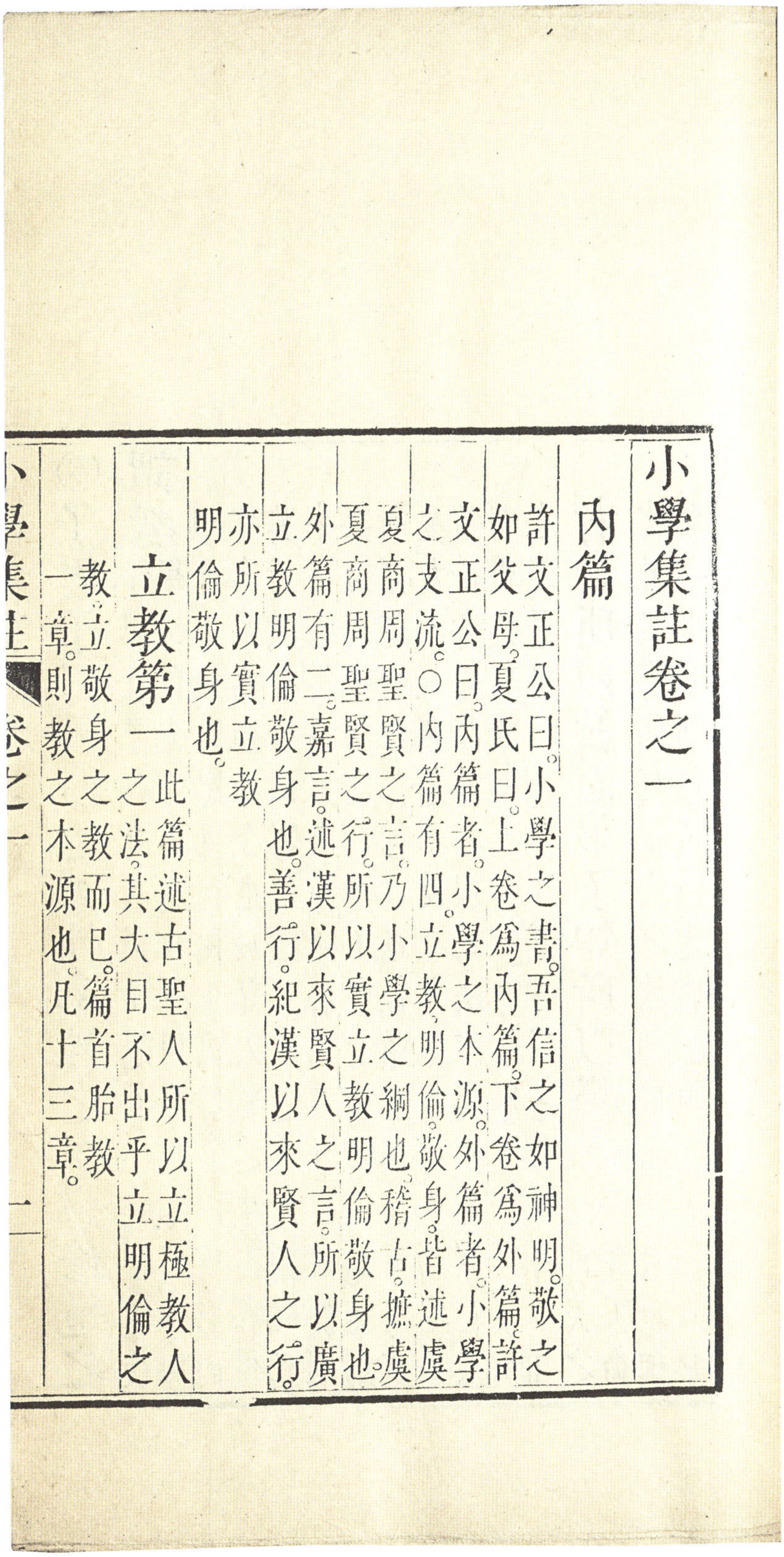

小學集註卷之一

內篇

許文正公曰。小學之書。吾信之如神明。敬之如父母。夏氏曰。上卷爲內篇。下卷爲外篇。許文正公曰。內篇者。小學之本源。外篇者。小學之支流。○內篇有四。立教。明倫。敬身。皆述虞夏商周聖賢之言。乃小學之綱也。稽古。摭虞夏商周聖賢之行。所以實立教明倫敬身也。外篇有二。嘉言。述漢以來賢人之言。所以廣立教明倫敬身也。善行。紀漢以來賢人之行。亦所以實立教明倫敬身也。

立教第一 此篇述古聖人所以立極教人之法。其大目不出乎立明倫之教。立敬身之教而已。篇首胎教一章。則教之本源也。凡十三章。

小學集註　卷之一　一

10814　小學集註六卷　（宋）朱熹撰　（明）陳選注　清雍正五年（1727）武英殿刻本　遼寧省圖書館

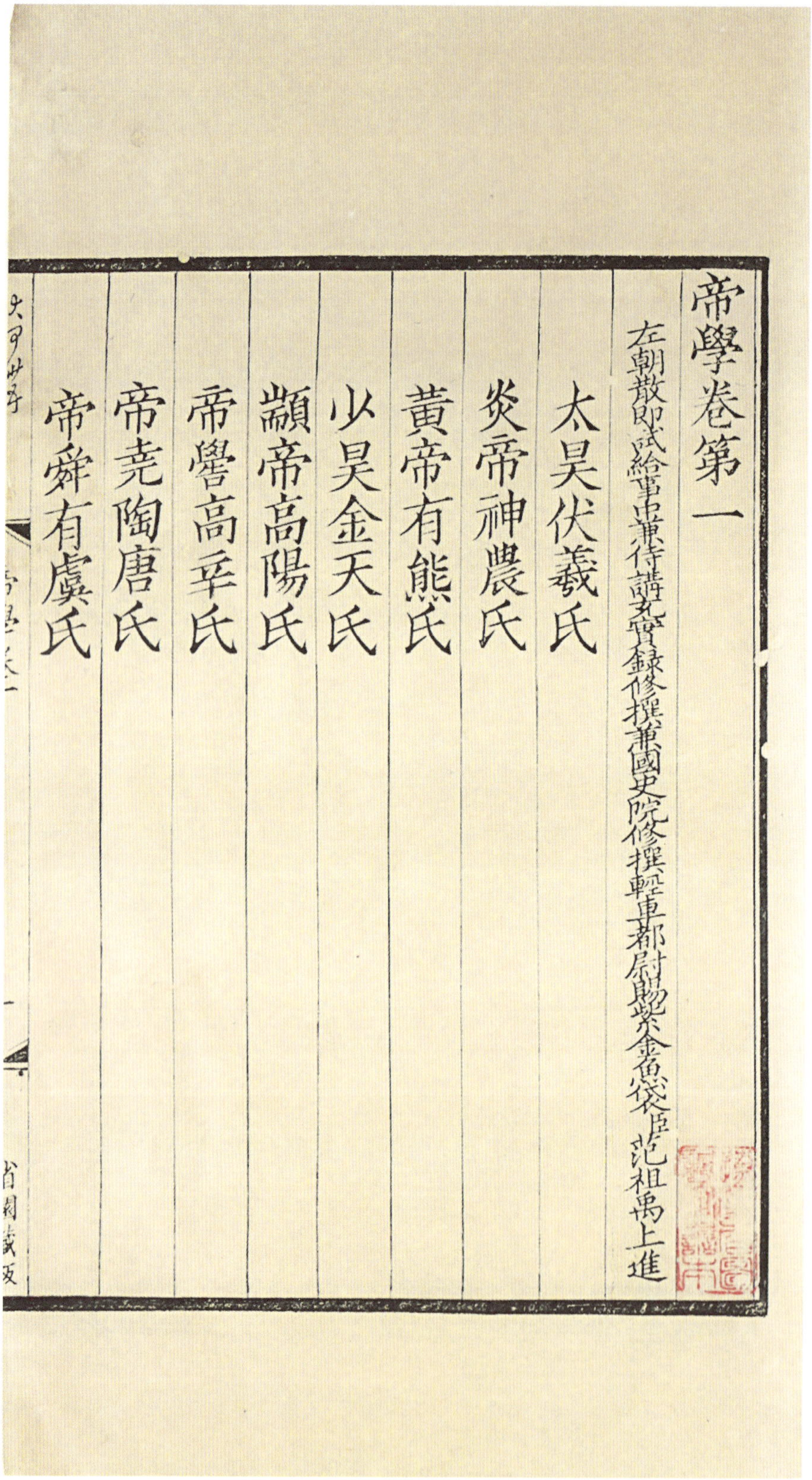
帝學卷第一
左朝散郎試給事中兼侍講充實錄修撰兼國史院修撰輕車都尉賜紫金魚袋臣范祖禹上進
太昊伏羲氏
炎帝神農氏
黄帝有熊氏
少昊金天氏
顓帝高陽氏
帝嚳高辛氏
帝堯陶唐氏
帝舜有虞氏
省園藏版

10815　帝學八卷　（宋）范祖禹撰　清省園刻本　遼寧省圖書館

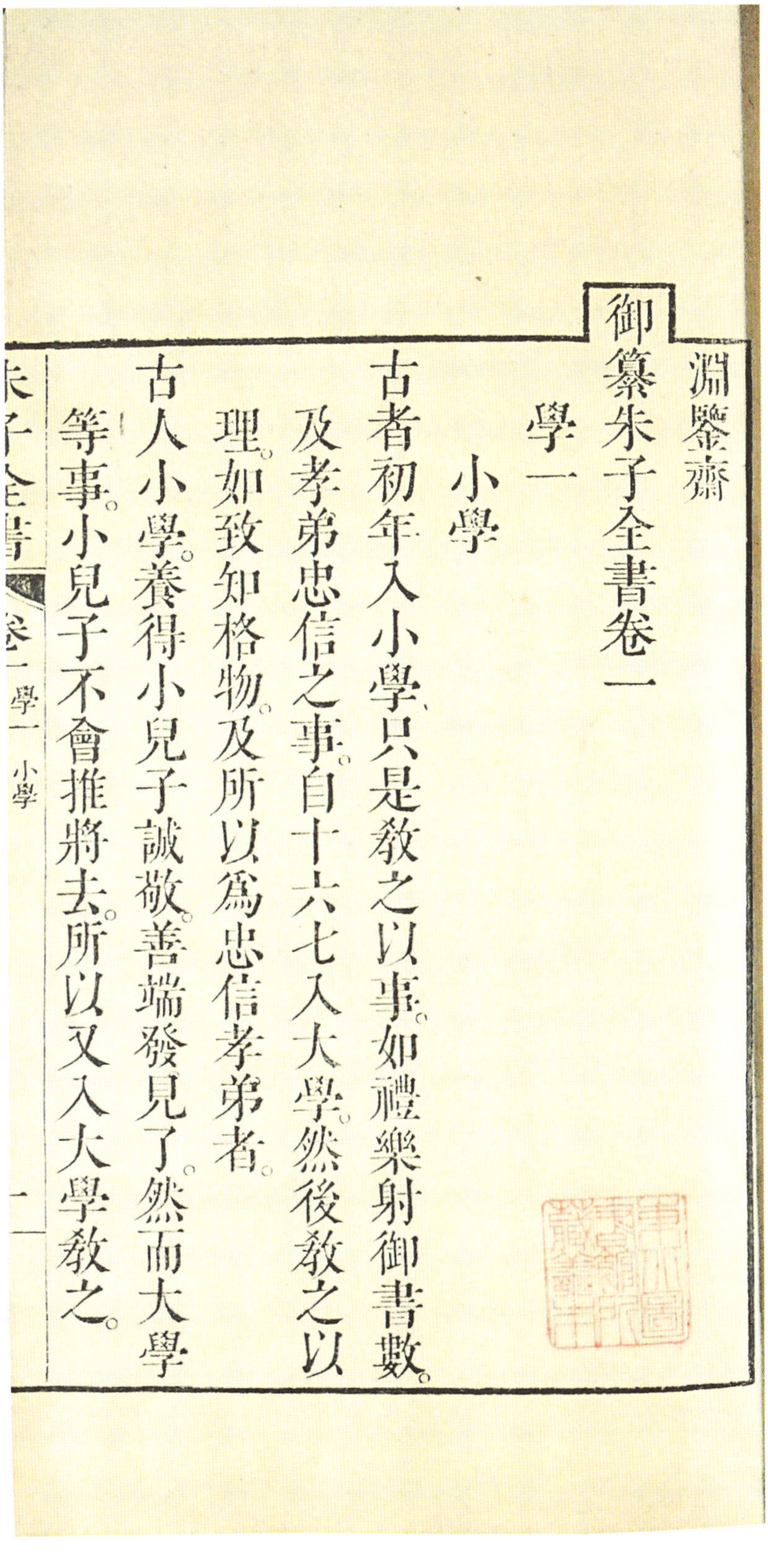

淵鑑齋
御纂朱子全書卷一
學一
小學
古者初年入小學。只是教之以事。如禮樂射御書數。
及孝弟忠信之事。自十六七入大學。然後教之以
理。如致知格物。及所以爲忠信孝弟者。
古人小學。養得小兒子誠敬。善端發見了。然而大學
等事。小兒子不會推將去。所以又入大學教之。

朱子全書 卷一 學一 小學 一

10816 淵鑒齋御纂朱子全書六十六卷 （清）熊賜履 李光地等纂修
清康熙五十三年（1714）武英殿刻本 遼寧省圖書館

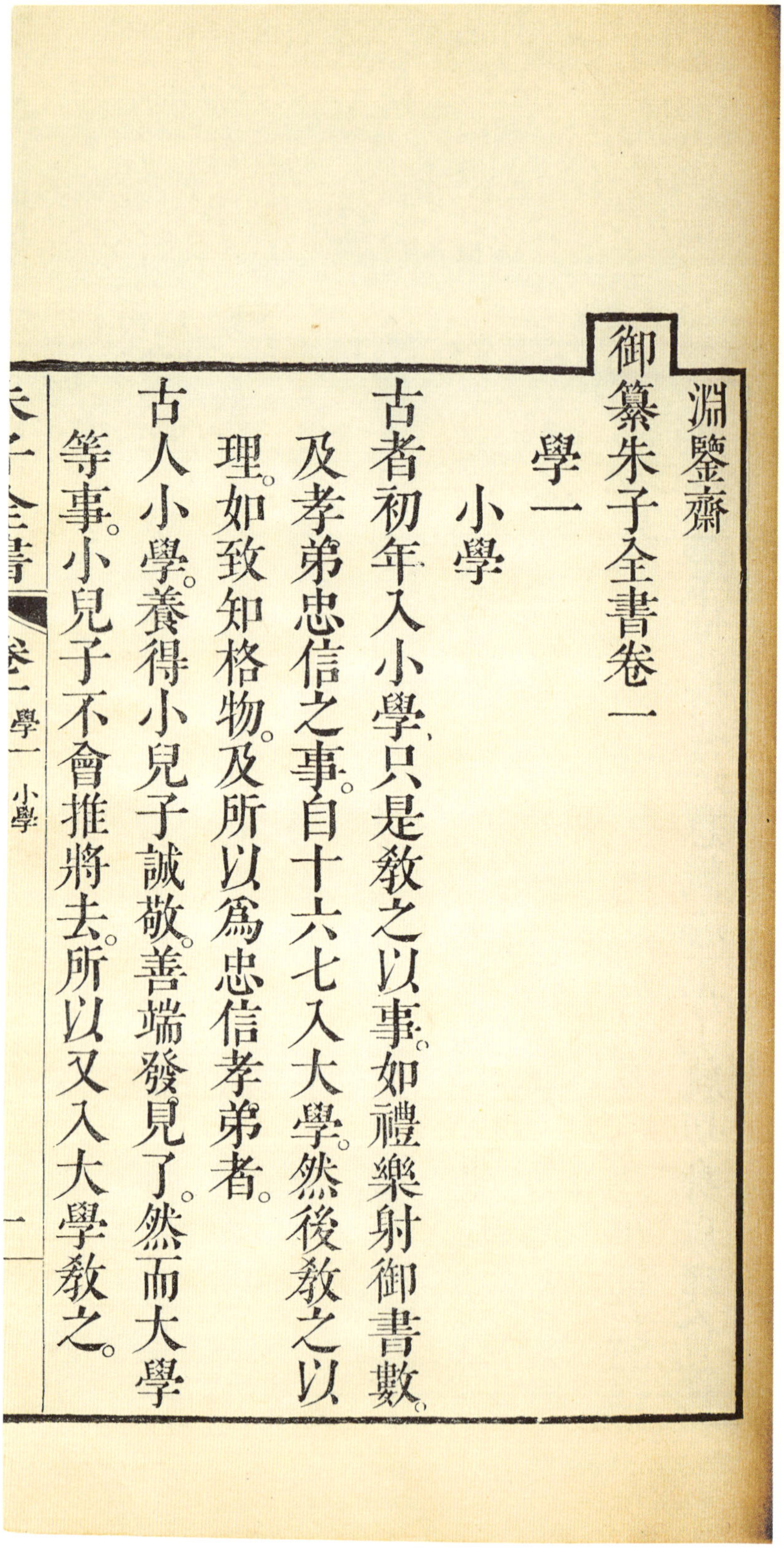

淵鑒齋
御纂朱子全書卷一
學一
小學
古者初年入小學。只是教之以事。如禮樂射御書數。及孝弟忠信之事。自十六七入大學。然後教之以理。如致知格物。及所以爲忠信孝弟者。
古人小學。養得小兒子誠敬。善端發見了。然而大學等事。小兒子不會推將去。所以又入大學教之。

朱子全書　卷一　學一　小學　一

10817　淵鑒齋御纂朱子全書六十六卷　（清）熊賜履　李光地等纂修

清康熙五十三年（1714）武英殿刻本　大連圖書館

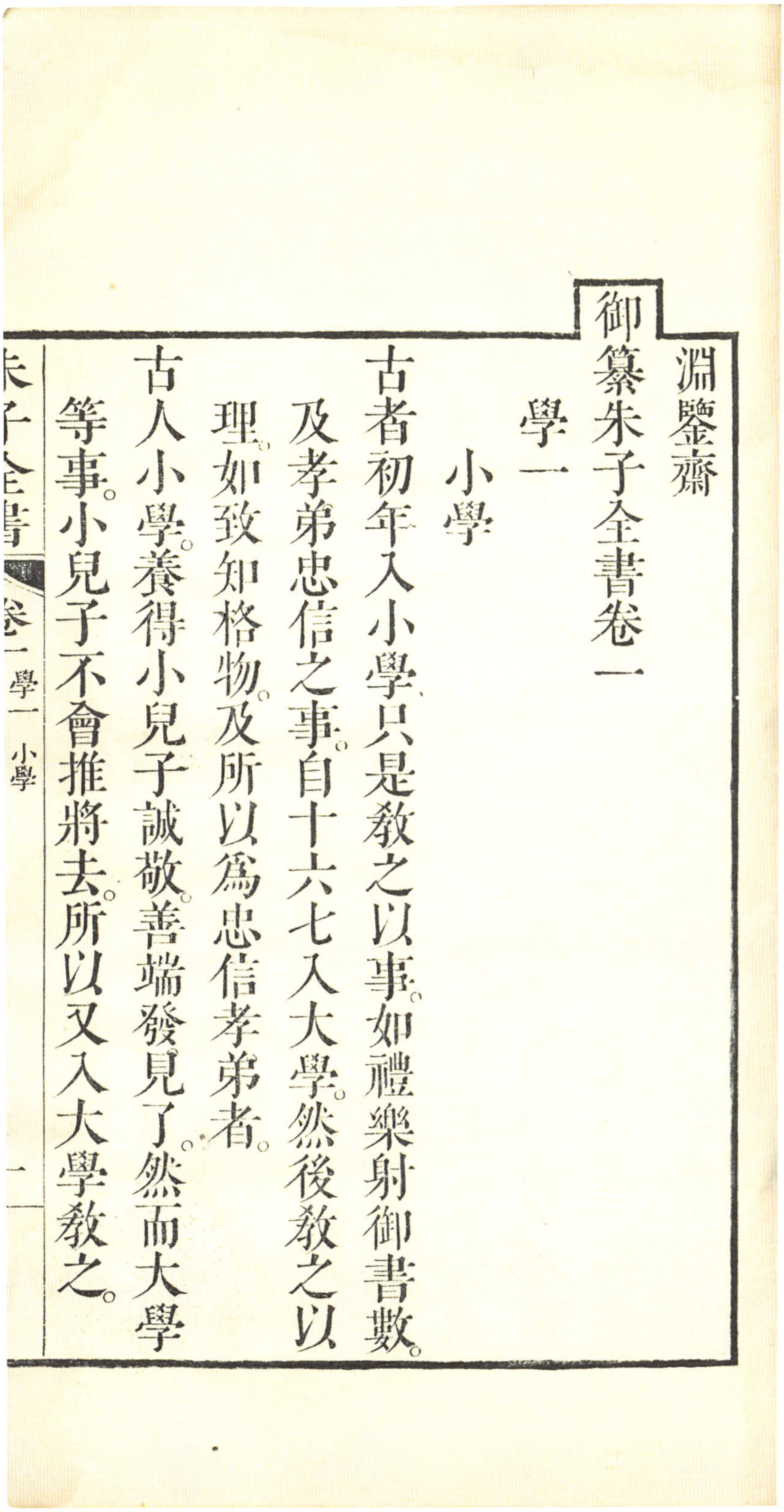

淵鑑齋
御纂朱子全書卷一
學一
小學
古者初年入小學只是教之以事。如禮樂射御書數。及孝弟忠信之事。自十六七入大學。然後教之以理。如致知格物。及所以爲忠信孝弟者。
古人小學。養得小兒子誠敬。善端發見了。然而大學等事。小兒子不會推將去。所以又入大學教之。

朱子全書　卷一　學一　小學　一

10818　淵鑑齋御纂朱子全書六十六卷　（清）熊賜履　李光地等纂修

清康熙五十三年（1714）武英殿刻本　瀋陽故宫博物院

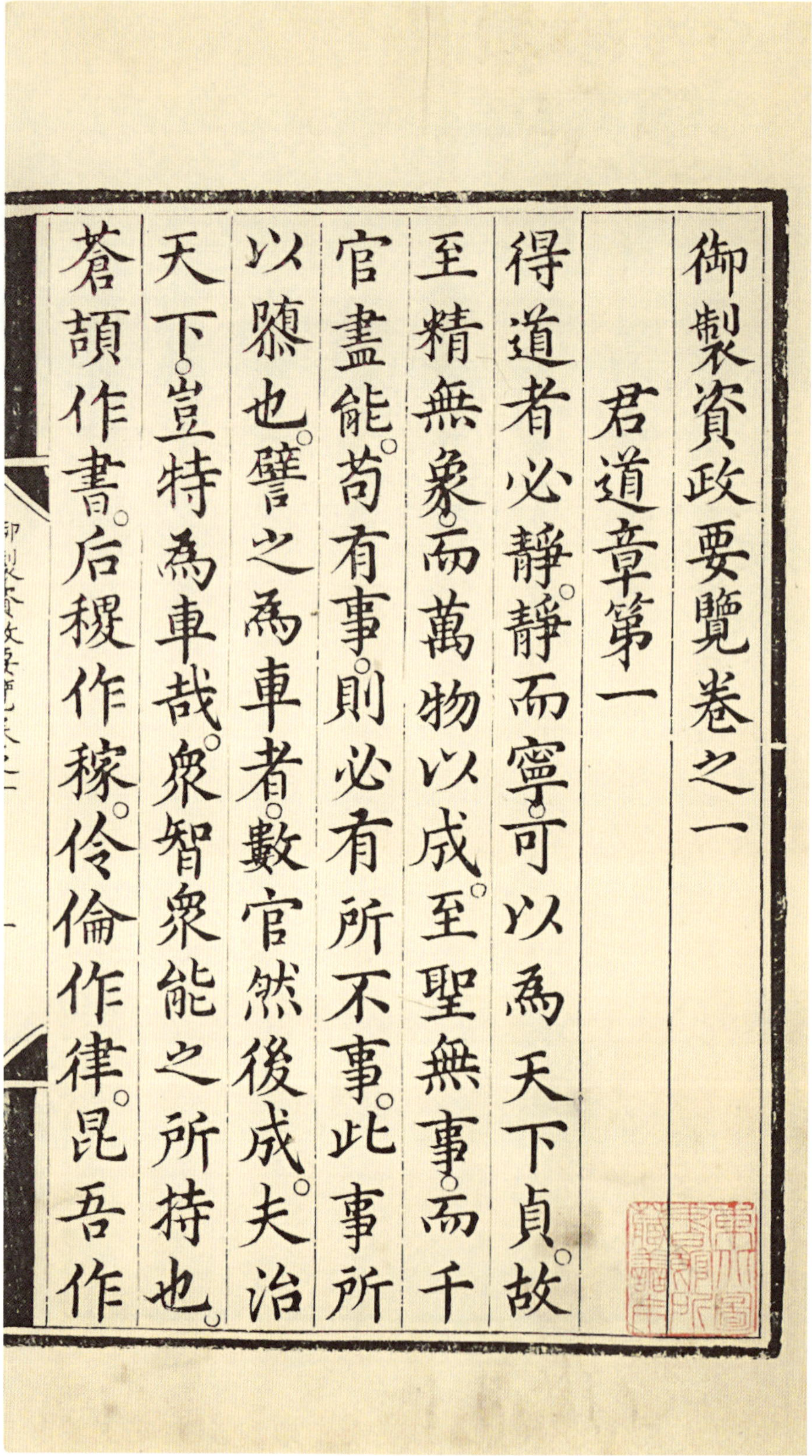

御製資政要覽卷之一
君道章第一
得道者必靜。靜而寧。可以為天下貞。故
至精無象。而萬物以成。至聖無事。而千
官盡能。苟有事。則必有所不事。此事所
以隳也。譬之為車者。數官然後成。夫治
天下。豈特為車哉。衆智衆能之所持也。
蒼頡作書。后稷作稼。伶倫作律。昆吾作

10819 御製資政要覽三卷 （清）世祖福臨撰 清順治十二年（1655）内府刻本 遼寧省圖書館

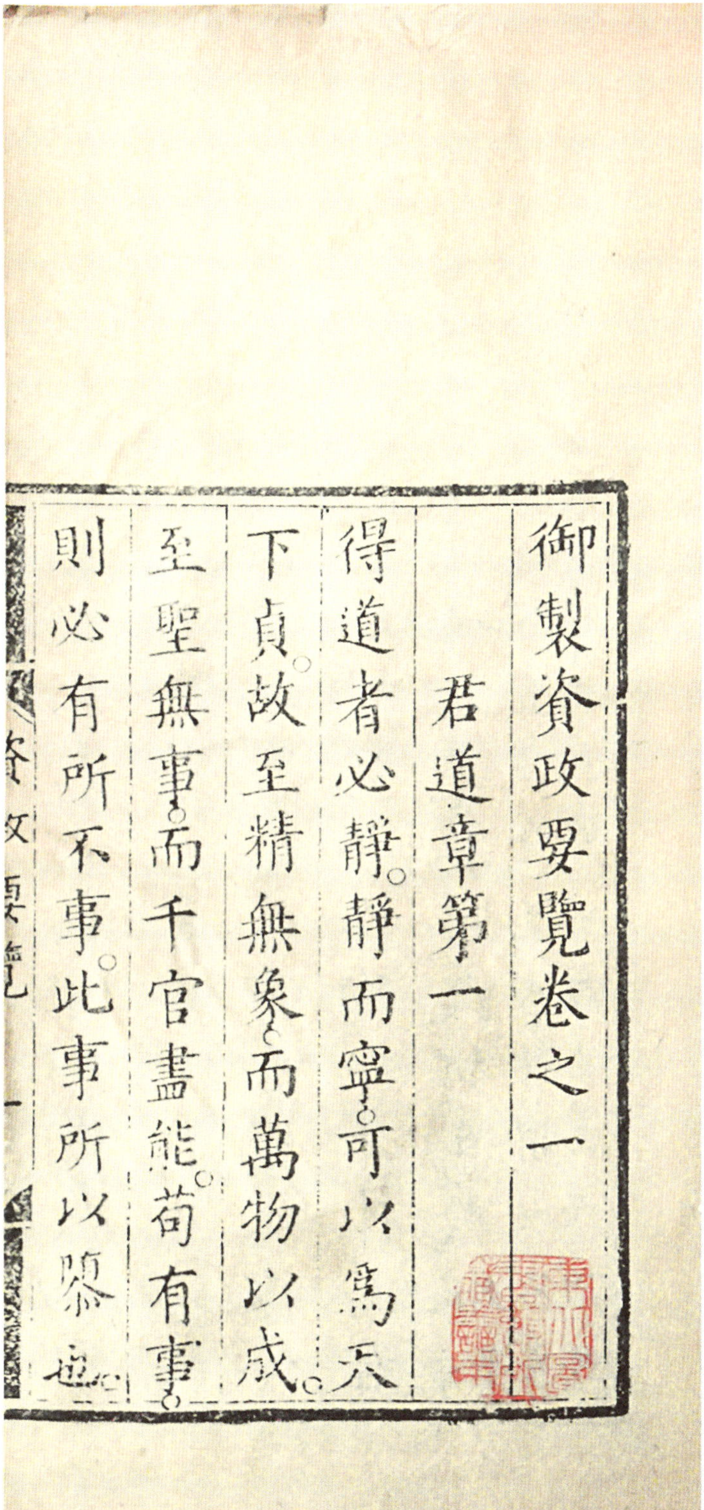
御製資政要覽卷之一
君道章第一
得道者必靜。靜而寧。可以爲天
下貞。故至精無象。而萬物以成。
至聖無事。而千官盡能。苟有事。
則必有所不事。此事所以隳也。

10820 **御製資政要覽三卷** （清）世祖福臨撰 **後序一卷** （清）宋之繩撰 清順治十二年（1655）內府刻本 遼寧省圖書館

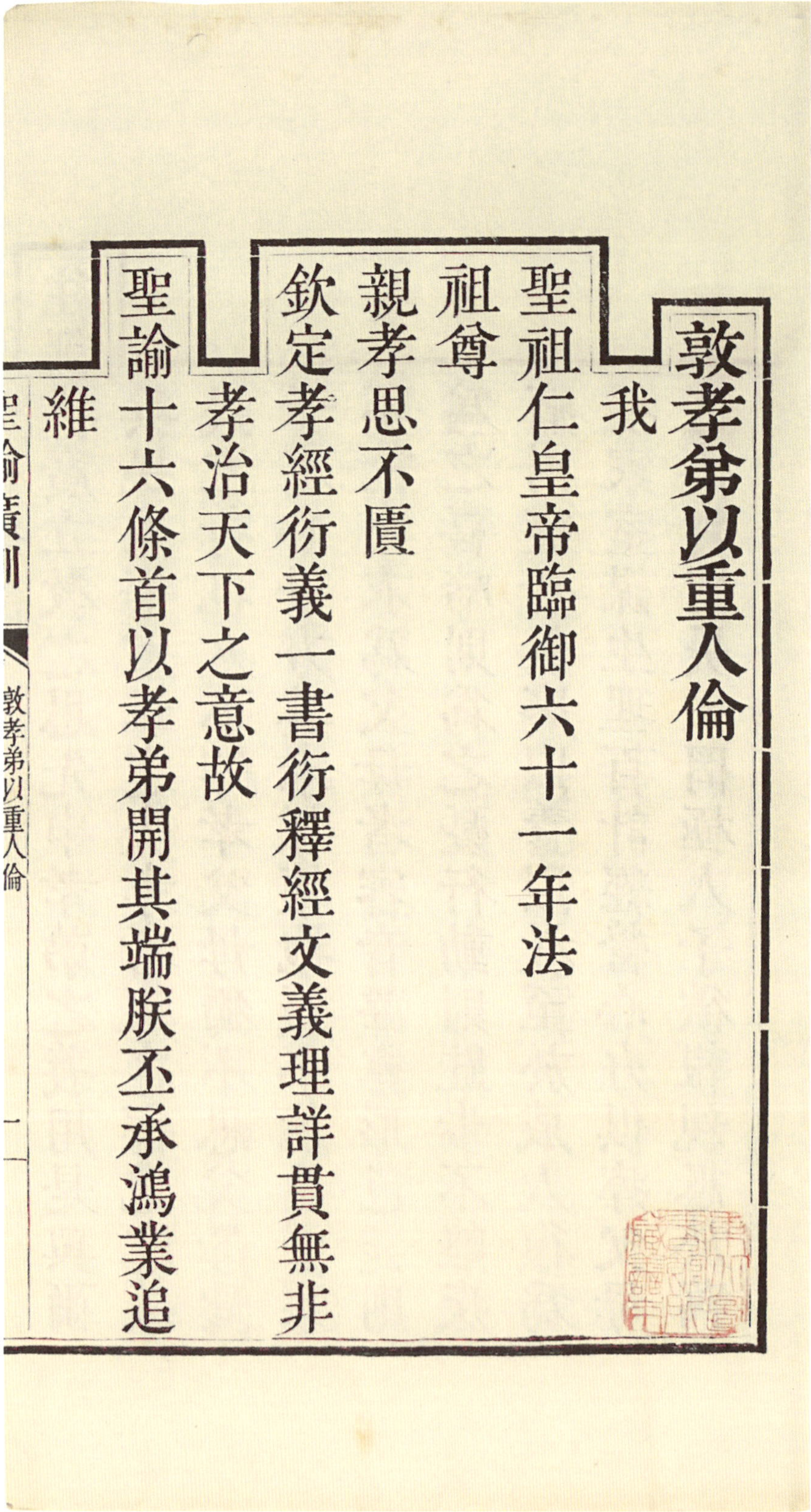

敦孝弟以重人倫

我
聖祖仁皇帝臨御六十一年法
祖尊
親孝思不匱
欽定孝經衍義一書衍釋經文義理詳貫無非
孝治天下之意故
聖諭十六條首以孝弟開其端朕丕承鴻業追
維

聖諭廣訓　敦孝弟以重人倫　一

10821　聖諭廣訓一卷　（清）聖祖玄燁撰　（清）世宗胤禛廣訓　清雍正二年（1724）内府刻本　遼寧省圖書館

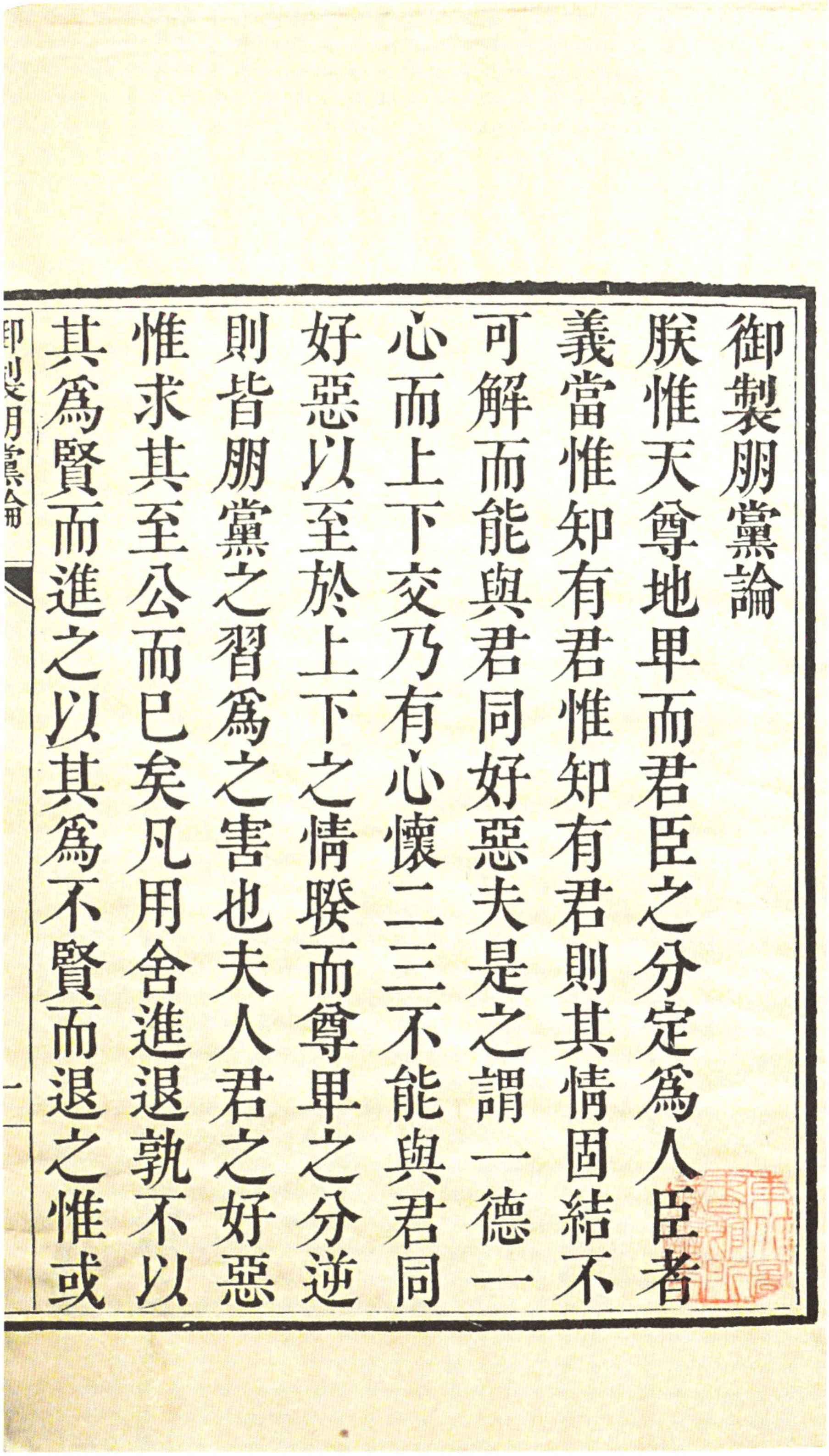

御製朋黨論

朕惟天尊地卑而君臣之分定爲人臣者義當惟知有君惟知有君則其情固結不可解而能與君同好惡夫是之謂一德一心而上下交乃有心懷二三不能與君同好惡以至於上下之情睽而尊卑之分逆則皆朋黨之習爲之害也夫人君之好惡惟求其至公而已矣凡用舍進退孰不以其爲賢而進之以其爲不賢而退之惟或

御製朋黨論　一

10822　御製朋黨論一卷　（清）世宗胤禛撰　清雍正三年（1725）内府刻本　遼寧省圖書館

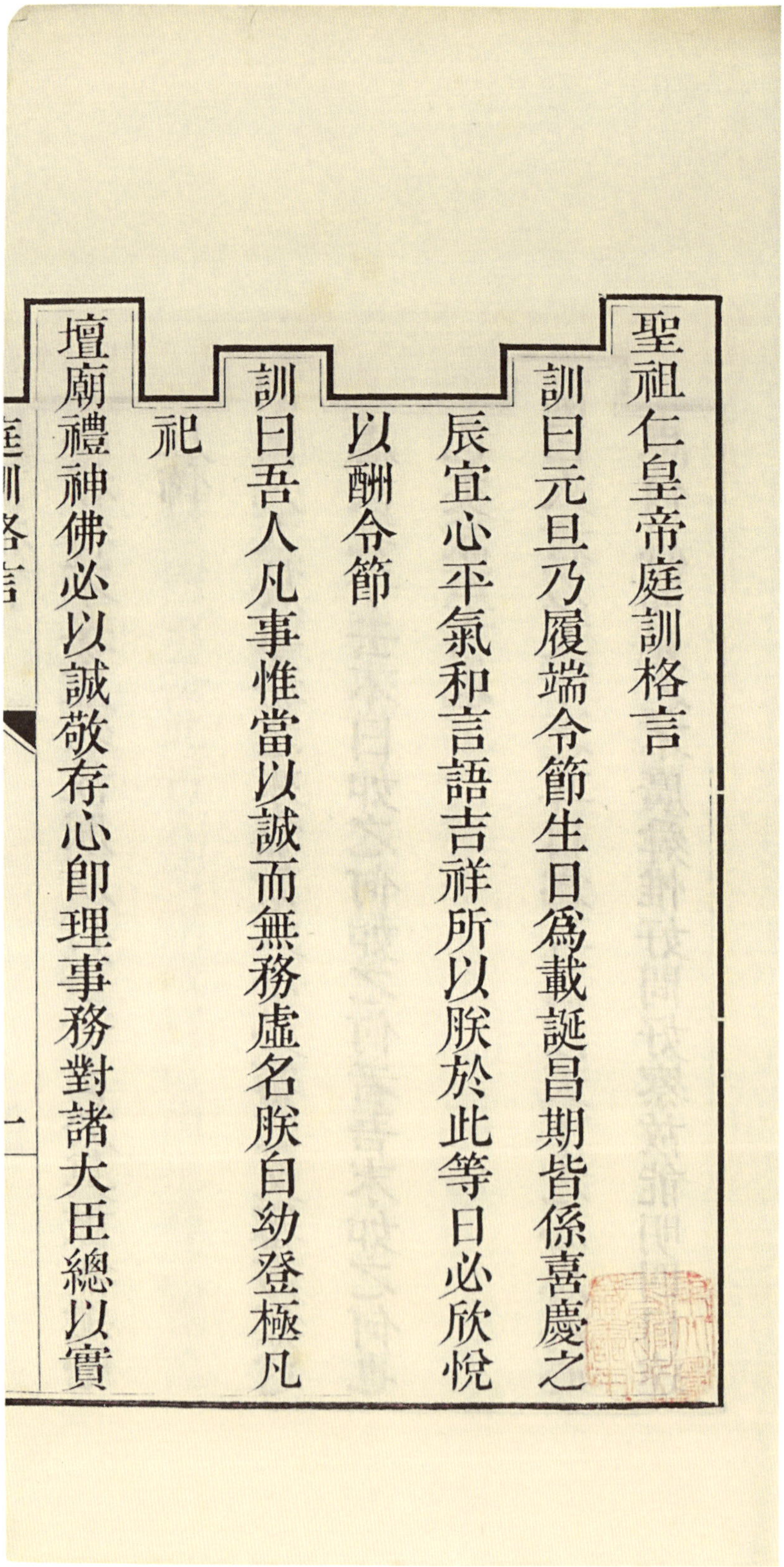
聖祖仁皇帝庭訓格言
訓曰元旦乃履端令節生日爲載誕昌期皆係喜慶之
辰宜心平氣和言語吉祥所以朕於此等日必欣悅
以酬令節
訓曰吾人凡事惟當以誠而無務虛名朕自幼登極凡
祀
壇廟禮神佛必以誠敬存心即理事務對諸大臣總以實

庭訓格言 一

10823 聖祖仁皇帝庭訓格言一卷 （清）世宗胤禛編 清雍正八年（1730）內府刻本 遼寧省圖書館

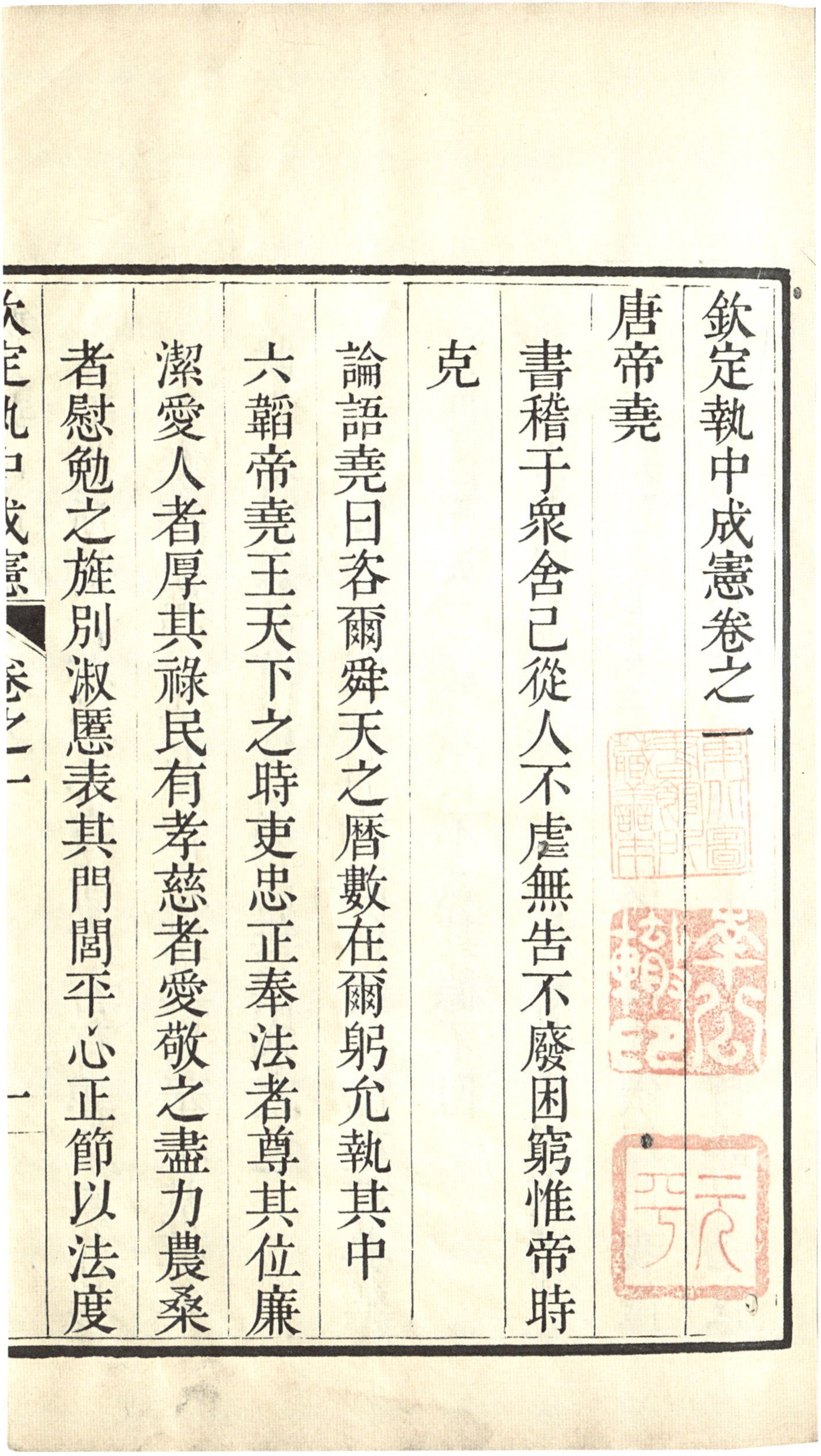
欽定執中成憲卷之一

唐帝堯

書稽于衆舍己從人不虐無告不廢困窮惟帝時

克

論語堯曰咨爾舜天之曆數在爾躬允執其中

六韜帝堯王天下之時吏忠正奉法者尊其位廉

潔愛人者厚其祿民有孝慈者愛敬之盡力農桑

者慰勉之旌別淑慝表其門閭平心正節以法度

欽定執中成憲　卷之一　一

10824　欽定執中成憲八卷　（清）世宗胤禛編　清乾隆元年（1736）武英殿刻本　遼寧省圖書館

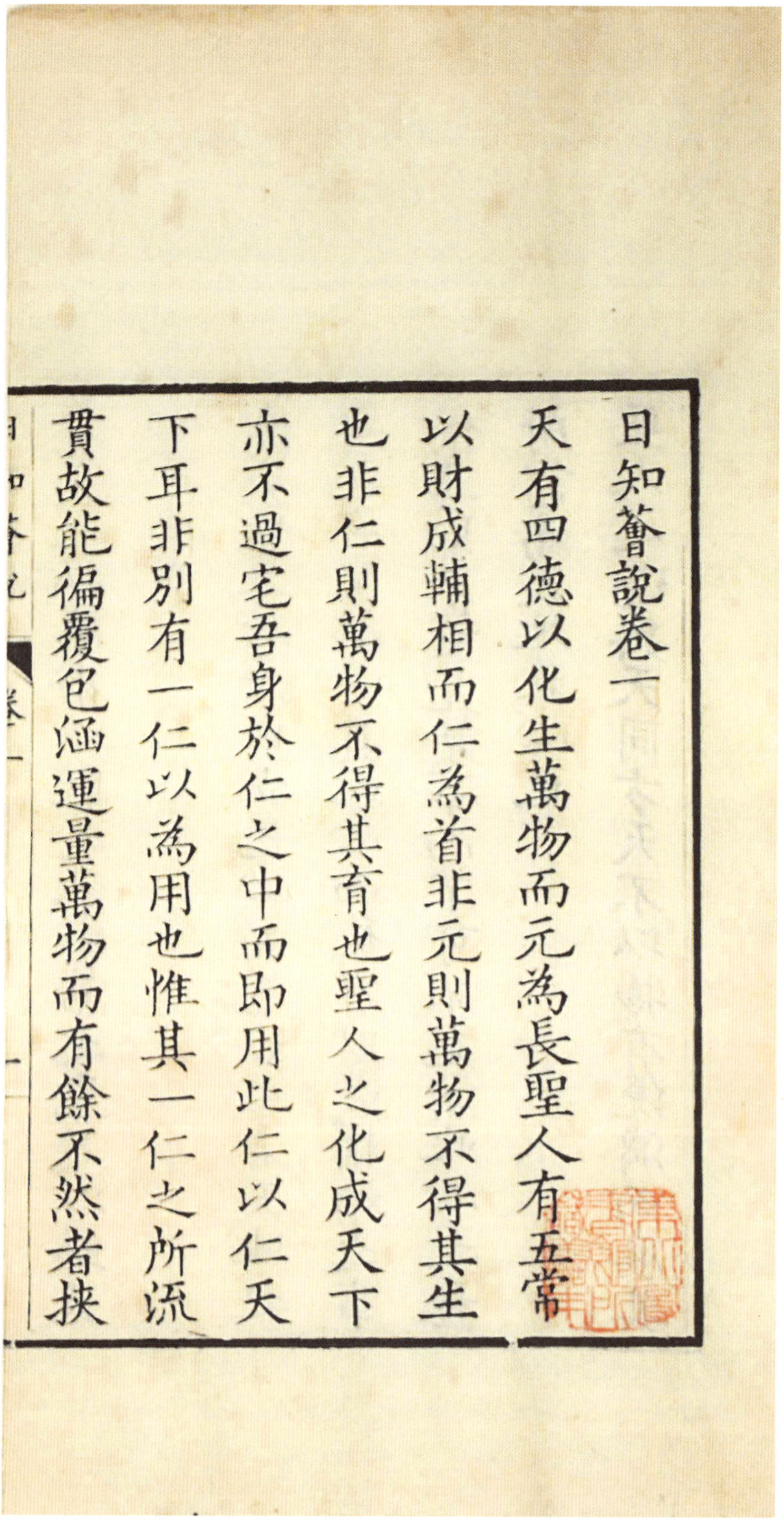

日知薈說卷一
天有四德以化生萬物而元為長聖人有五常
以財成輔相而仁為首非元則萬物不得其生
也非仁則萬物不得其育也聖人之化成天下
亦不過宅吾身於仁之中而即用此仁以仁天
下耳非別有一仁以為用也惟其一仁之所流
貫故能徧覆包涵運量萬物而有餘不然者挾

日知薈說　卷一

10825　日知薈說四卷　（清）高宗弘曆撰　清乾隆元年（1736）武英殿刻本

遼寧省圖書館

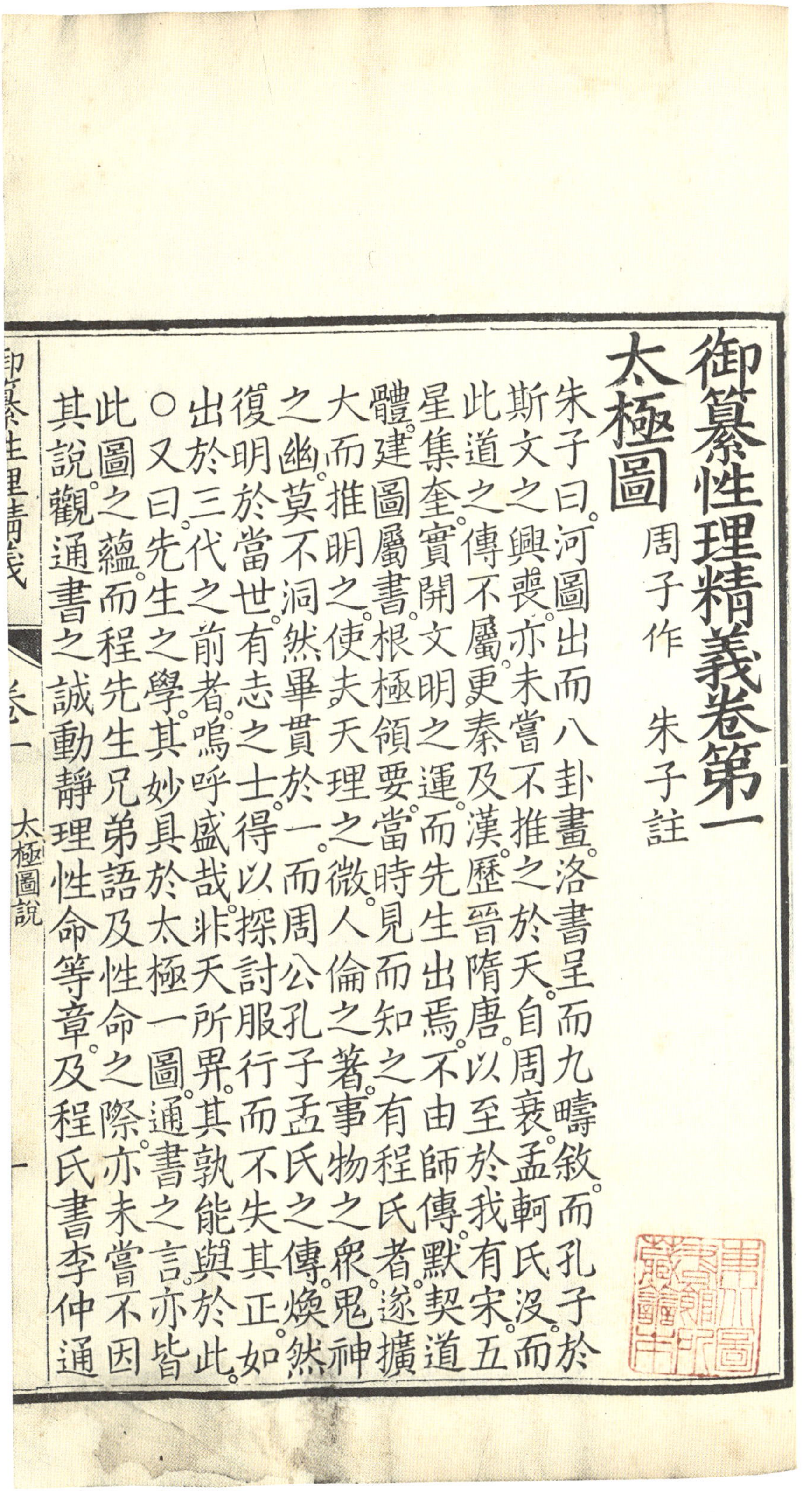

御纂性理精義卷第一

太極圖　周子作　朱子註

朱子曰河圖出而八卦畫洛書呈而九疇敘而孔子於斯文之興喪亦未嘗不推之於天自周衰孟軻氏沒而此道之傳不屬更秦及漢歷晉隋唐以至於我有宋五星集奎實開文明之運而先生出焉不由師傳默契道體建圖屬書根極領要當時見而知之有程氏者遂擴大而推明之使夫天理之微人倫之著事物之衆鬼神之幽莫不洞然畢貫於一而周公孔子孟氏之傳煥然復明於當世有志之士得以探討服行而不失其正如出於三代之前者嗚呼盛哉非天所畀其孰能與於此○又曰先生之學其妙具於太極一圖通書之言亦皆此圖之蘊而程先生兄弟語及性命之際亦未嘗不因其說觀通書之誠動靜理性命等章及程氏書李仲通

御纂性理精義　卷一　太極圖說　一

10826　御纂性理精義十二卷　(清)李光地等纂修　清康熙五十六年(1717)內府刻本　遼寧省圖書館

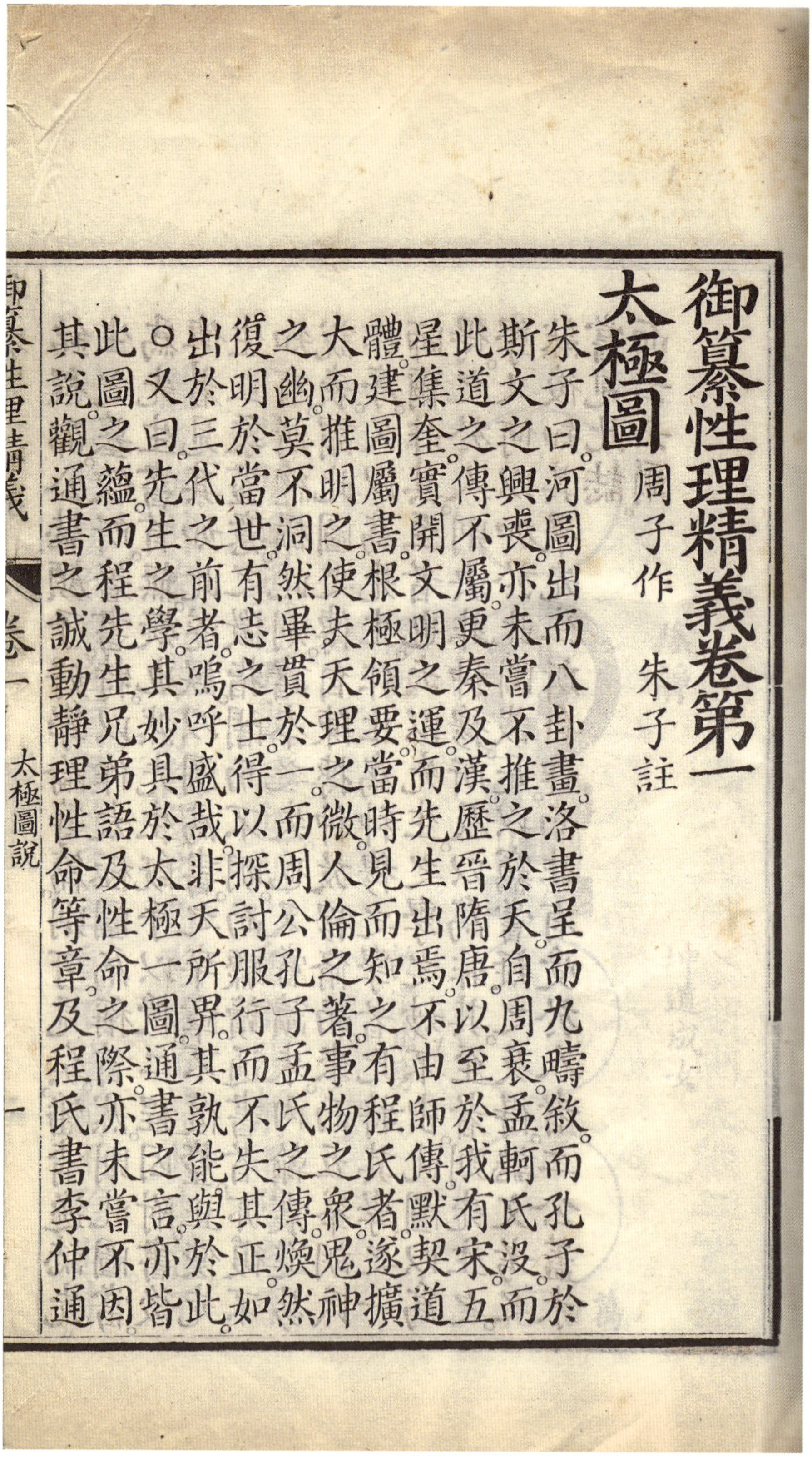

御纂性理精義卷第一

太極圖 周子作 朱子註

朱子曰河圖出而八卦畫洛書呈而九疇敘而孔子於斯文之興喪亦未嘗不推之於天自周衰孟軻氏沒而此道之傳不屬更秦及漢歷晉隋唐以至於我有宋五星集奎實開文明之運而先生出焉不由師傳默契道體建圖屬書根極領要當時見而知之有程氏者遂擴大而推明之使夫天理之微人倫之著事物之衆鬼神之幽莫不洞然畢貫於一而周公孔子孟氏之傳煥然復明於當世有志之士得以探討服行而不失其正如出於三代之前者嗚呼盛哉非天所畀其孰能與於此○又曰先生之學其妙具於太極一圖通書之言亦皆此圖之蘊而程先生兄弟語及性命之際亦未嘗不因其說觀通書之誠動靜理性命等章及程氏書李仲通

御纂性理精義 卷一 太極圖說 一

10827 御纂性理精義十二卷 （清）李光地等纂修 清康熙五十六年（1717）內府刻本 大連圖書館

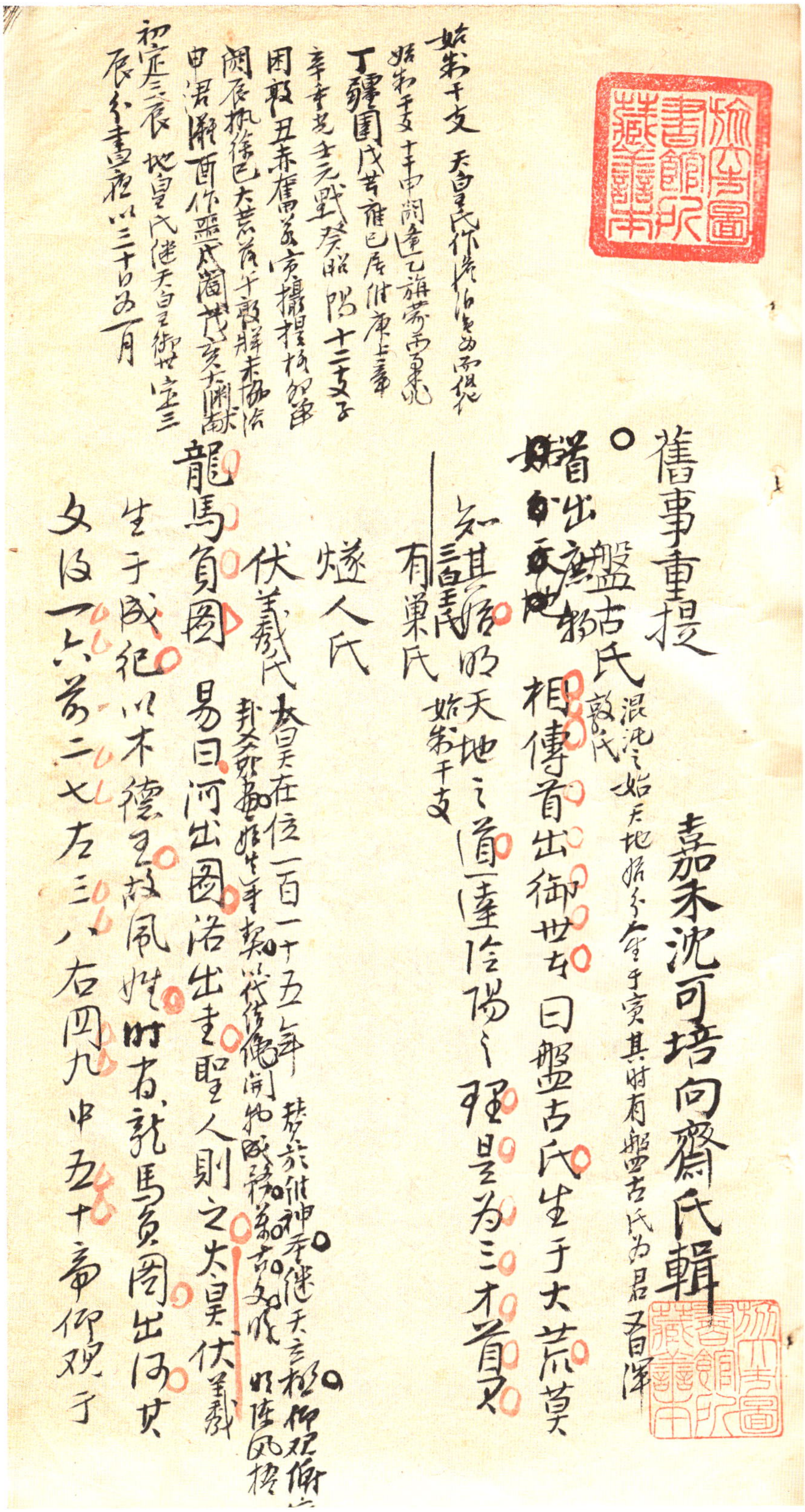
舊事重提
嘉禾沈可培向齋氏輯
盤古氏
有巢氏
燧人氏
伏羲氏
龍馬負圖

10828　舊事重提不分卷　（清）沈可培輯　稿本　大連圖書館

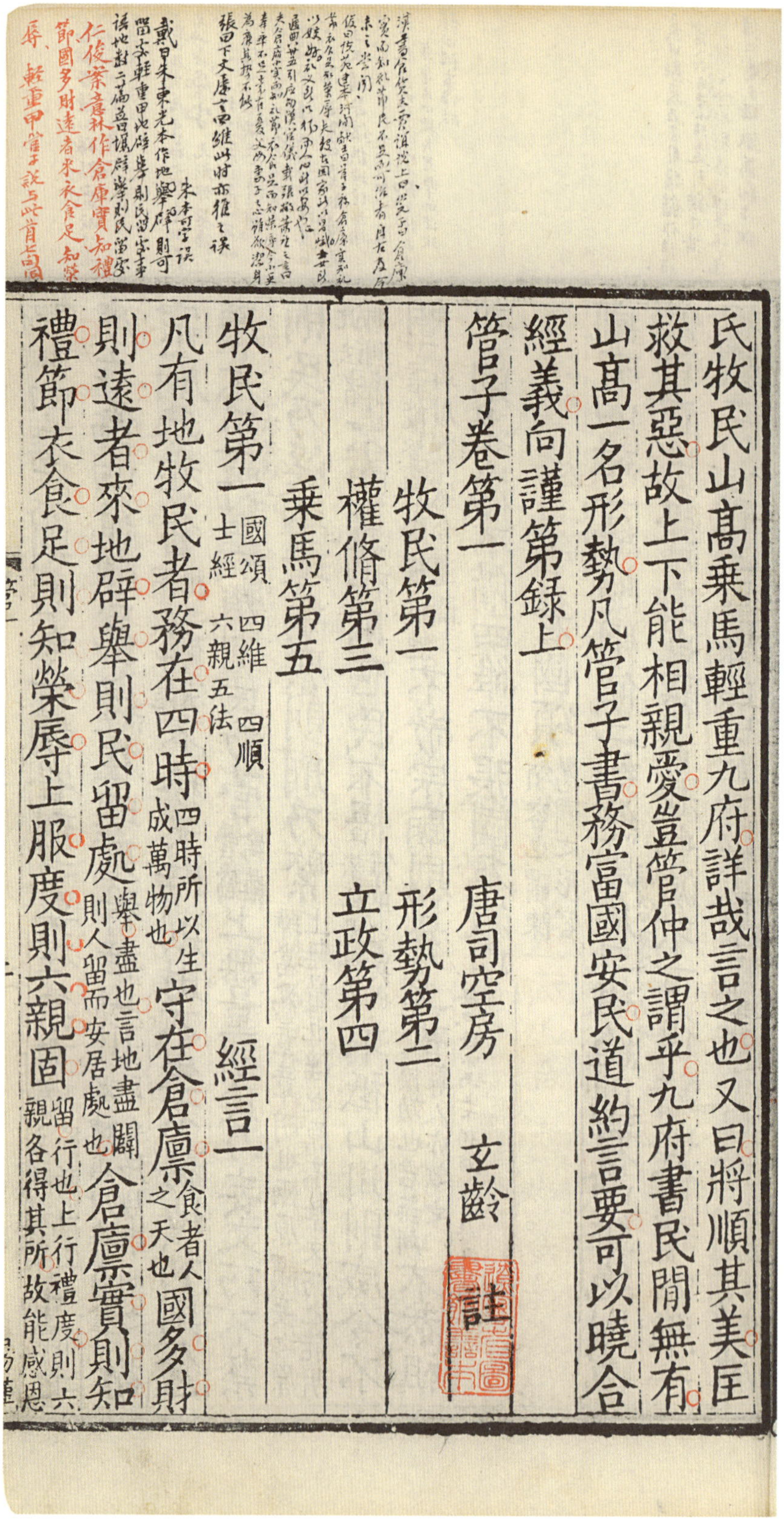

氏牧民山高乘馬輕重九府詳哉言之也又曰將順其美匡
救其惡故上下能相親愛豈管仲之謂乎九府書民間無有
山高一名形勢凡管子書務富國安民道約言要可以曉合
經義向謹第錄上
管子卷第一　唐司空房　玄齡　註
牧民第一　形勢第二
權脩第三　立政第四
乘馬第五
牧民第一　國頌　四維　四順　士經　六親　五法　經言一
凡有地牧民者務在四時四時所以生成萬物也守在倉廩食者人之天也國多財
則遠者來地辟舉則民留處舉盡也言地盡闢則人留而安居處也倉廩實則知
禮節衣食足則知榮辱上服度則六親固留行也上行禮度則六親各得其所故能感恩

10829　管子集註二十四卷　（清）王仁俊撰　稿本　遼寧省圖書館

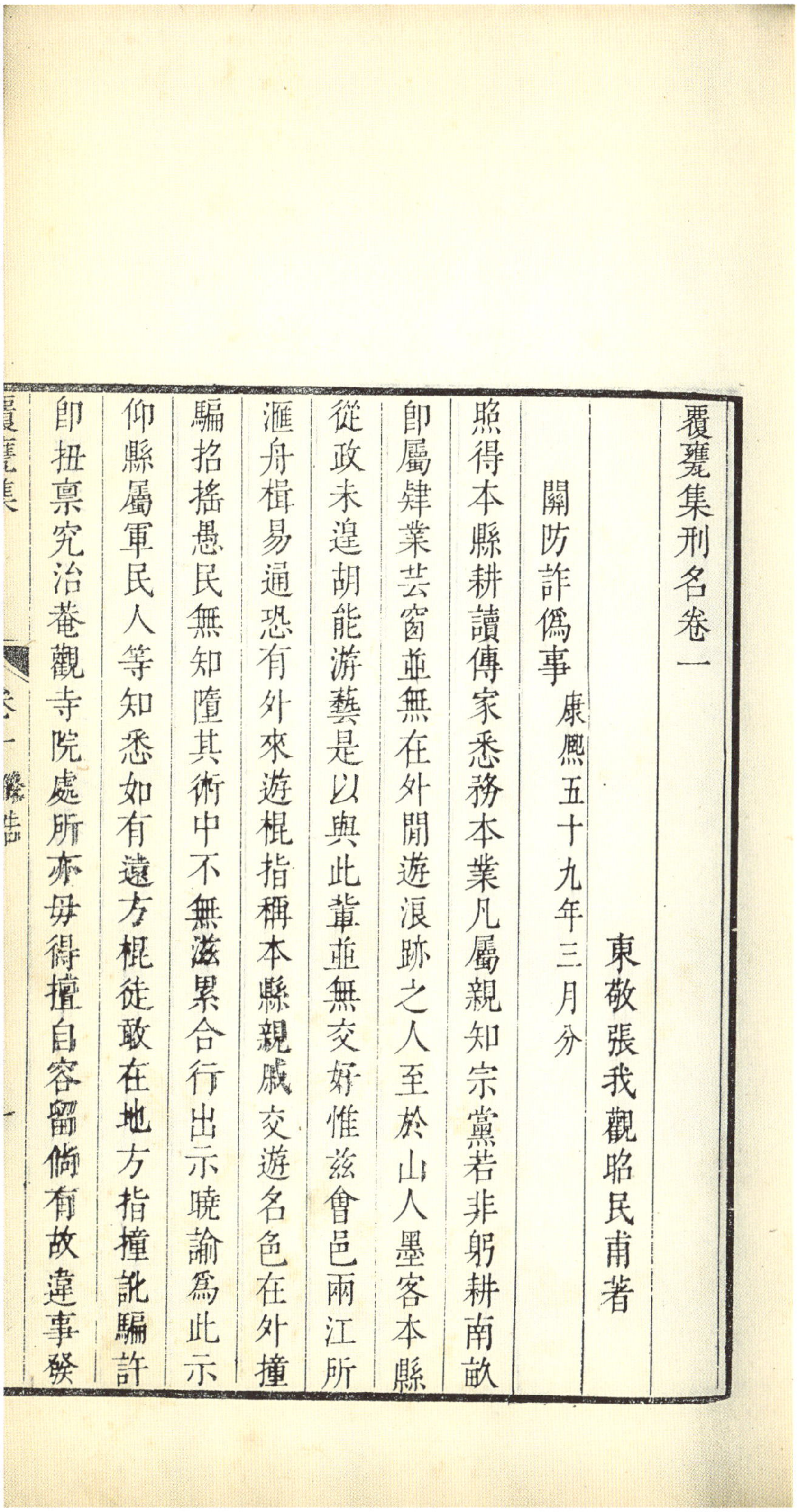

覆甕集刑名卷一

東敬張我觀昭民甫著

關防詐僞事　康熙五十九年三月分

照得本縣耕讀傳家悉務本業凡屬親知宗黨若非躬耕南畝即屬肄業芸窗並無在外閒遊浪跡之人至於山人墨客本縣從政未遑胡能游藝是以與此輩並無交好惟茲會邑兩江所滙舟楫易通恐有外來遊棍指稱本縣親戚交遊名色在外撞騙招搖愚民無知墮其術中不無滋累合行出示曉諭爲此示仰縣屬軍民人等知悉如有遠方棍徒敢在地方指撞詐騙許即扭稟究治菴觀寺院處所亦毋得擅自容留倘有故違事發

覆甕集　卷一　一

10830　覆甕集刑名十卷餘集一卷　（清）張我觀撰　清雍正四年（1726）刻本　大連圖書館

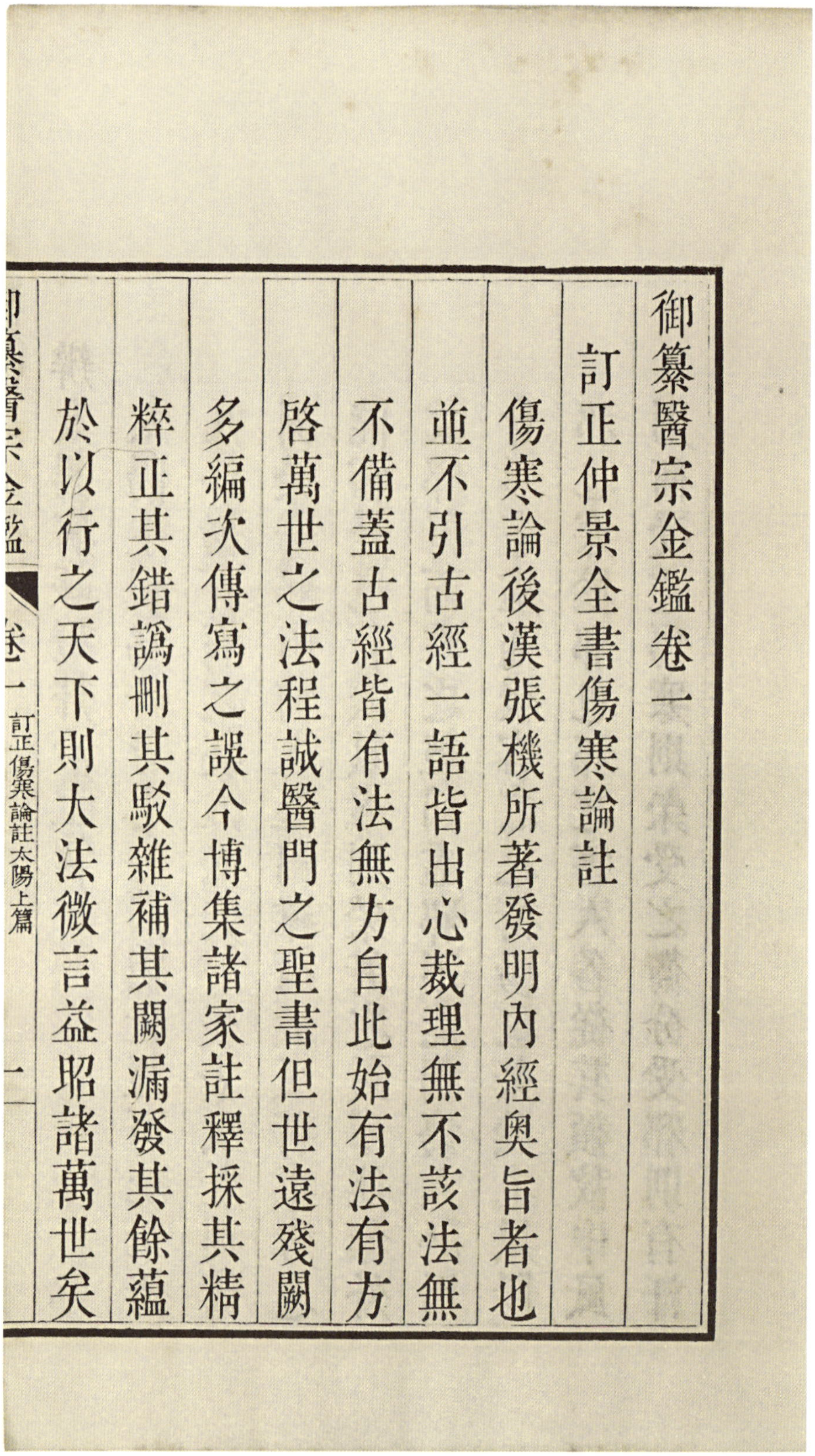

御纂醫宗金鑑卷一

訂正仲景全書傷寒論註

傷寒論後漢張機所著發明内經奥旨者也並不引古經一語皆出心裁理無不該法無不備蓋古經皆有法無方自此始有法有方啓萬世之法程誠醫門之聖書但世遠殘闕多編次傳寫之誤今博集諸家註釋採其精粹正其錯譌删其駁雜補其闕漏發其餘藴於以行之天下則大法微言益昭諸萬世矣

御纂醫宗金鑑　卷一　訂正傷寒論註太陽上篇　一

10831　御纂醫宗金鑑九十卷首一卷　（清）鄂爾泰　吳謙等纂　清乾隆七年（1742）武英殿刻本　遼寧省圖書館

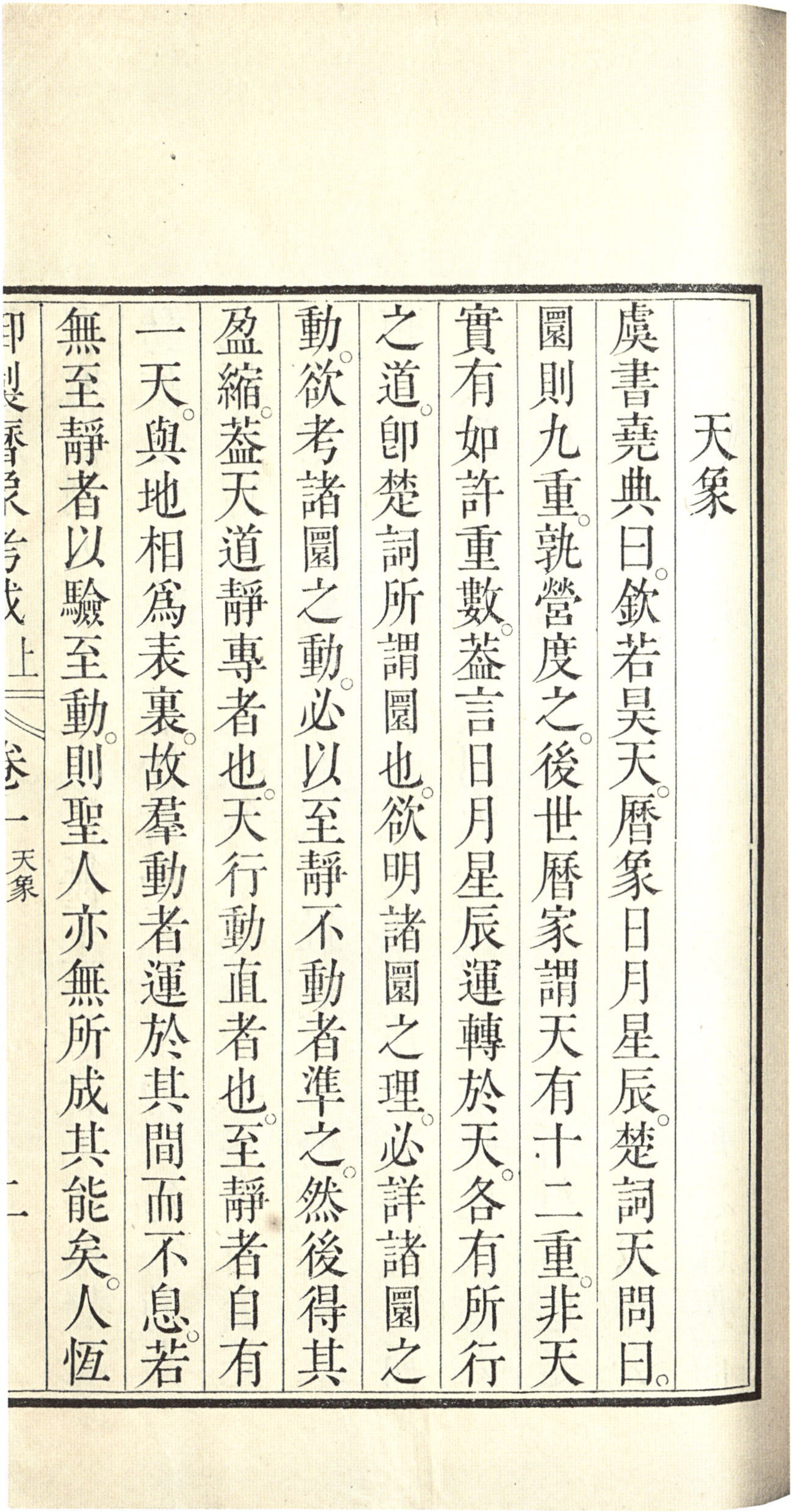

天象

虞書堯典曰欽若昊天曆象日月星辰楚詞天問曰圜則九重孰營度之後世曆家謂天有十二重非天實有如許重數蓋言日月星辰運轉於天各有所行之道卽楚詞所謂圜也欲明諸圜之理必詳諸圜之動欲考諸圜之動必以至靜不動者準之然後得其盈縮蓋天道靜專者也天行動直者也至靜者自有一天與地相爲表裏故羣動者運於其間而不息若無至靜者以驗至動則聖人亦無所成其能矣人恆

御製曆象考成上編　卷一　天象　二

10832　御製律曆淵源一百卷　（清）允祉　允禄等撰　清雍正二年（1724）內府刻本　遼寧省圖書館

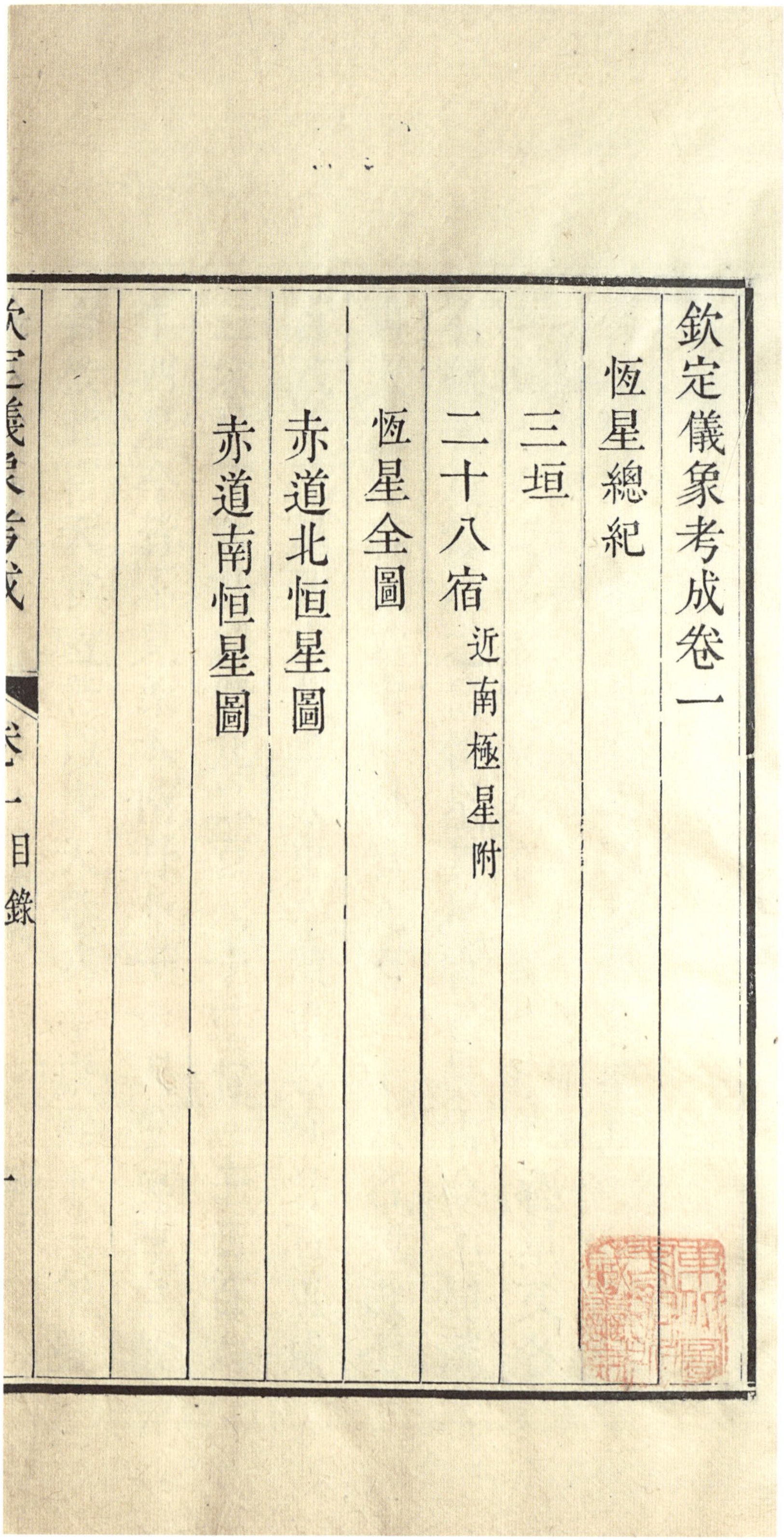
欽定儀象考成卷一
恆星總紀
三垣
二十八宿 近南極星附
恆星全圖
赤道北恆星圖
赤道南恆星圖

欽定儀象考成 卷一 目錄

10833 欽定儀象考成三十卷首二卷 （清）允祿 戴進賢等纂 清乾隆二十一年（1756）武英殿刻本 遼寧省圖書館

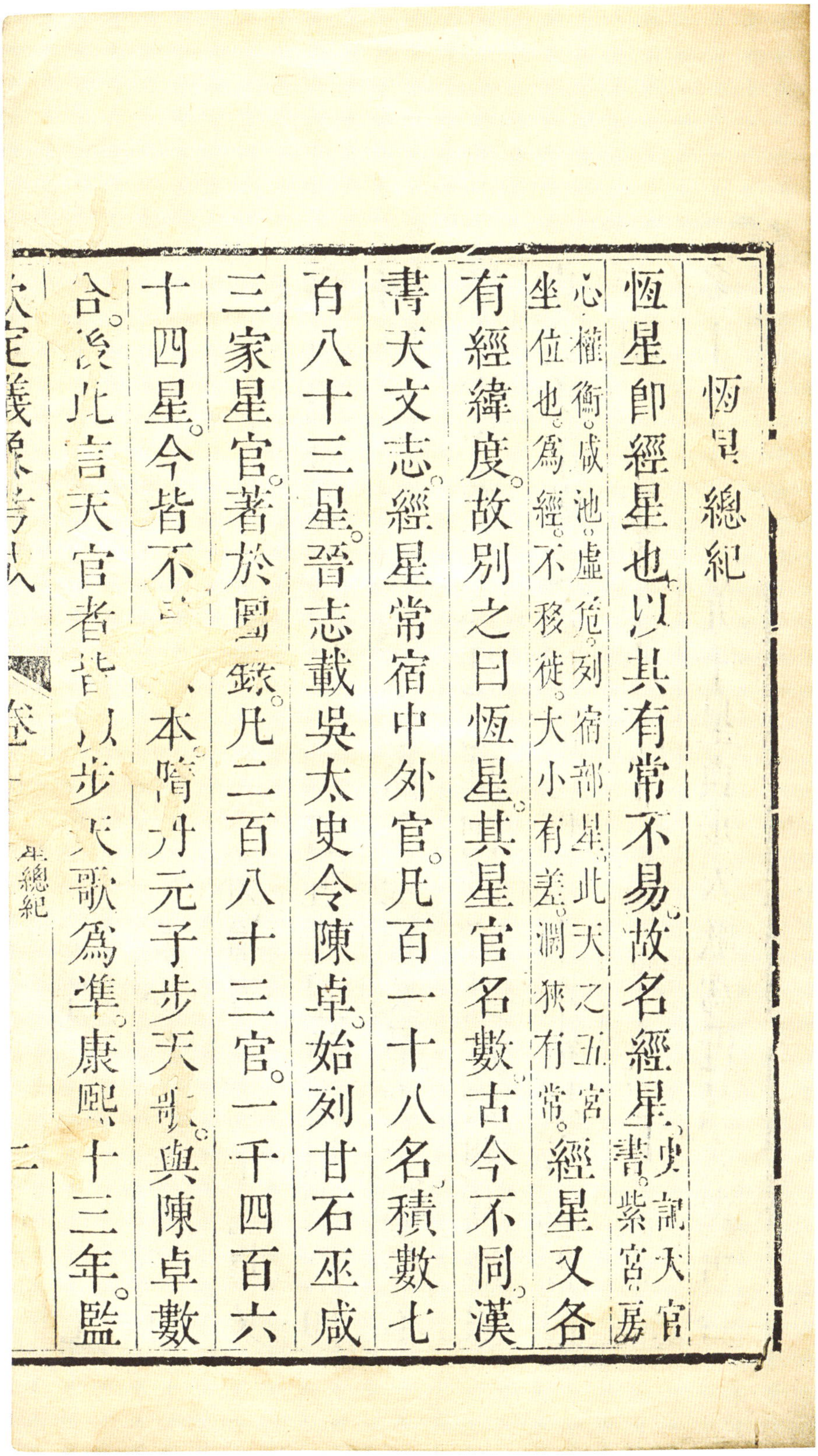

恆星總紀

恆星即經星也以其有常不易故名經星史記天官書紫宮房心權衡咸池虛危列宿部星此天之五官坐位也爲經不移徙大小有差濶狹有常經星又各有經緯度故別之曰恆星其星官名數古今不同漢書天文志經星常宿中外官凡百一十八名積數七百八十三星晉志載吳太史令陳卓始列甘石巫咸三家星官著於圖録凡二百八十三官一千四百六十四星今皆不可考本隋丹元子步天歌與陳卓數合後凡言天官者皆以步天歌爲準康熙十三年監

欽定儀象考成 卷一 恆星總紀 二

10834 欽定儀象考成三十卷首二卷 （清）允禄 戴進賢等纂 清乾隆二十一年（1756）武英殿刻本 大連圖書館

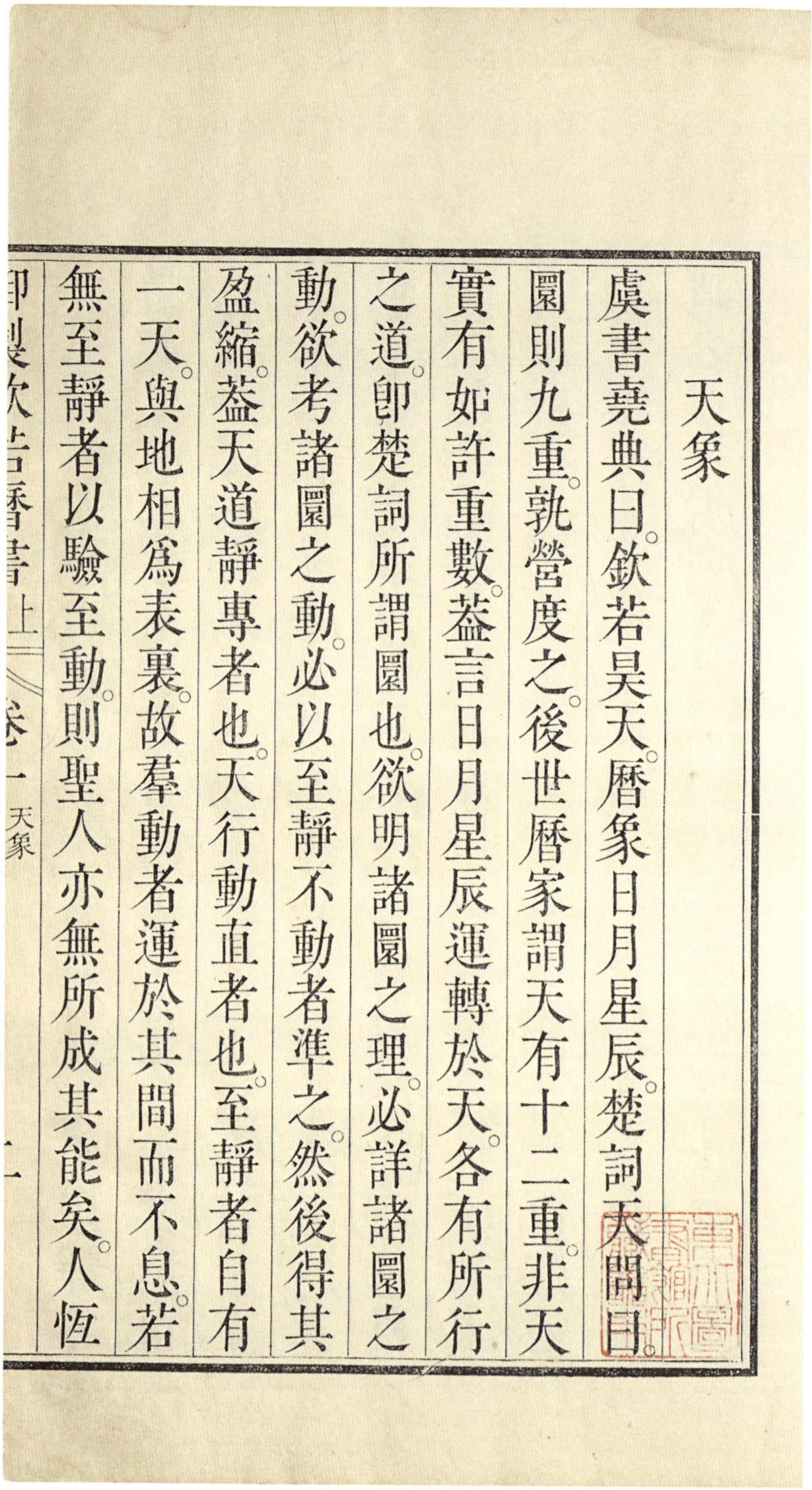

天象

虞書堯典曰欽若昊天曆象日月星辰楚詞天問曰圜則九重孰營度之後世曆家謂天有十二重非天實有如許重數葢言日月星辰運轉於天各有所行之道即楚詞所謂圜也欲明諸圜之理必詳諸圜之動欲考諸圜之動必以至靜不動者準之然後得其盈縮葢天道靜專者也天行動直者也至靜者自有一天與地相爲表裏故羣動者運於其間而不息若無至靜者以驗至動則聖人亦無所成其能矣人恆

御製欽若曆書上　卷一　天象　二

10835　御製欽若曆書上編十六卷下編十卷表十六卷　清康熙内府銅活字印本　遼寧省圖書館

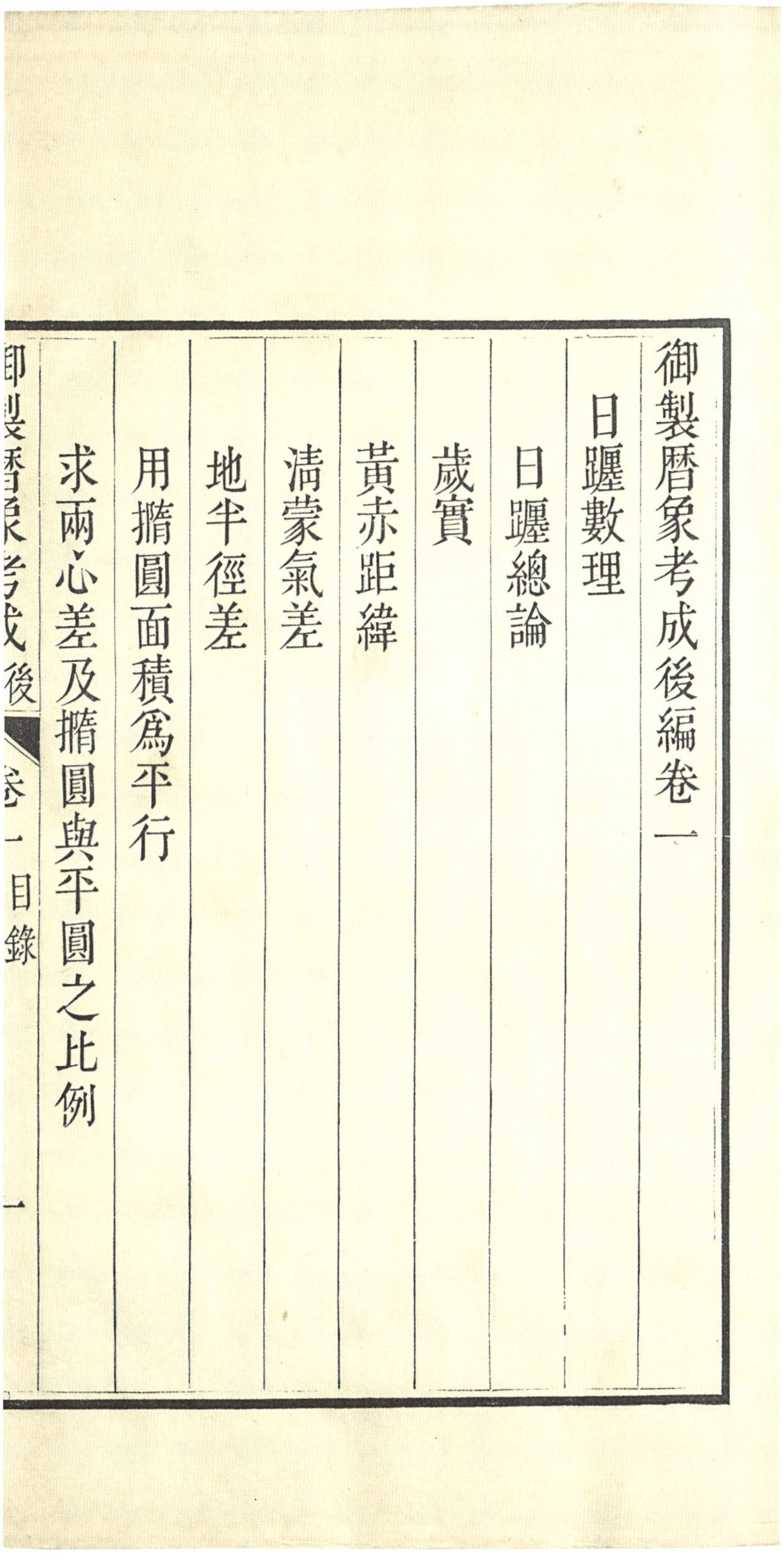

御製曆象考成後編卷一

日躔數理

日躔總論

歲實

黃赤距緯

清蒙氣差

地半徑差

用橢圓面積爲平行

求兩心差及橢圓與平圓之比例

御製曆象考成後　卷一　目錄　一

10836　御製曆象考成後編十卷　（清）允禄　弘晝等纂　清乾隆七年（1742）武英殿刻本　遼寧省圖書館

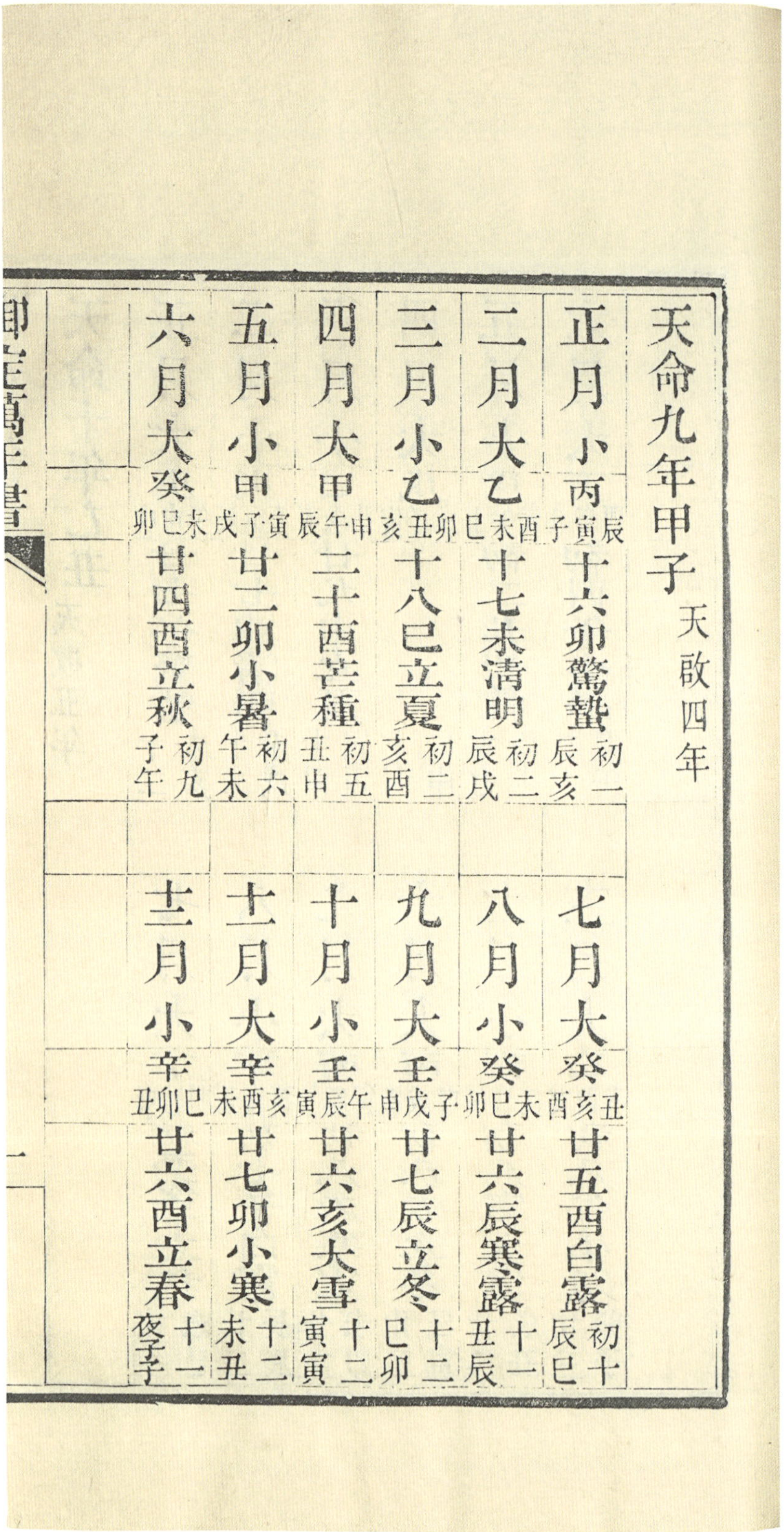
天命九年甲子 天啟四年

月	朔	節氣	時
正月小丙辰寅子	十六卯驚蟄	初一	辰亥
二月大乙酉未巳	十七未清明	初二	辰戌
三月小乙卯丑亥	十八巳立夏	初二	亥酉
四月大甲申午辰	二十酉芒種	初五	丑申
五月小甲寅子戌	廿二卯小暑	初六	午未
六月大癸未巳卯	廿四酉立秋	初九	子午
七月大癸丑亥酉	廿五酉白露	初十	辰巳
八月小癸未巳卯	廿六辰寒露	十一	丑辰
九月大壬子戌申	廿七辰立冬	十二	巳卯
十月小壬午辰寅	廿六亥大雪	十二	寅寅
十一月大辛亥酉未	廿七卯小寒	十二	未丑
十二月小辛巳卯丑	廿六酉立春	十一	夜子子

御定萬年書 一

10837 御選歷代三元甲子編年一卷御定萬年書一卷 清乾隆武英殿刻本 遼寧省圖書館

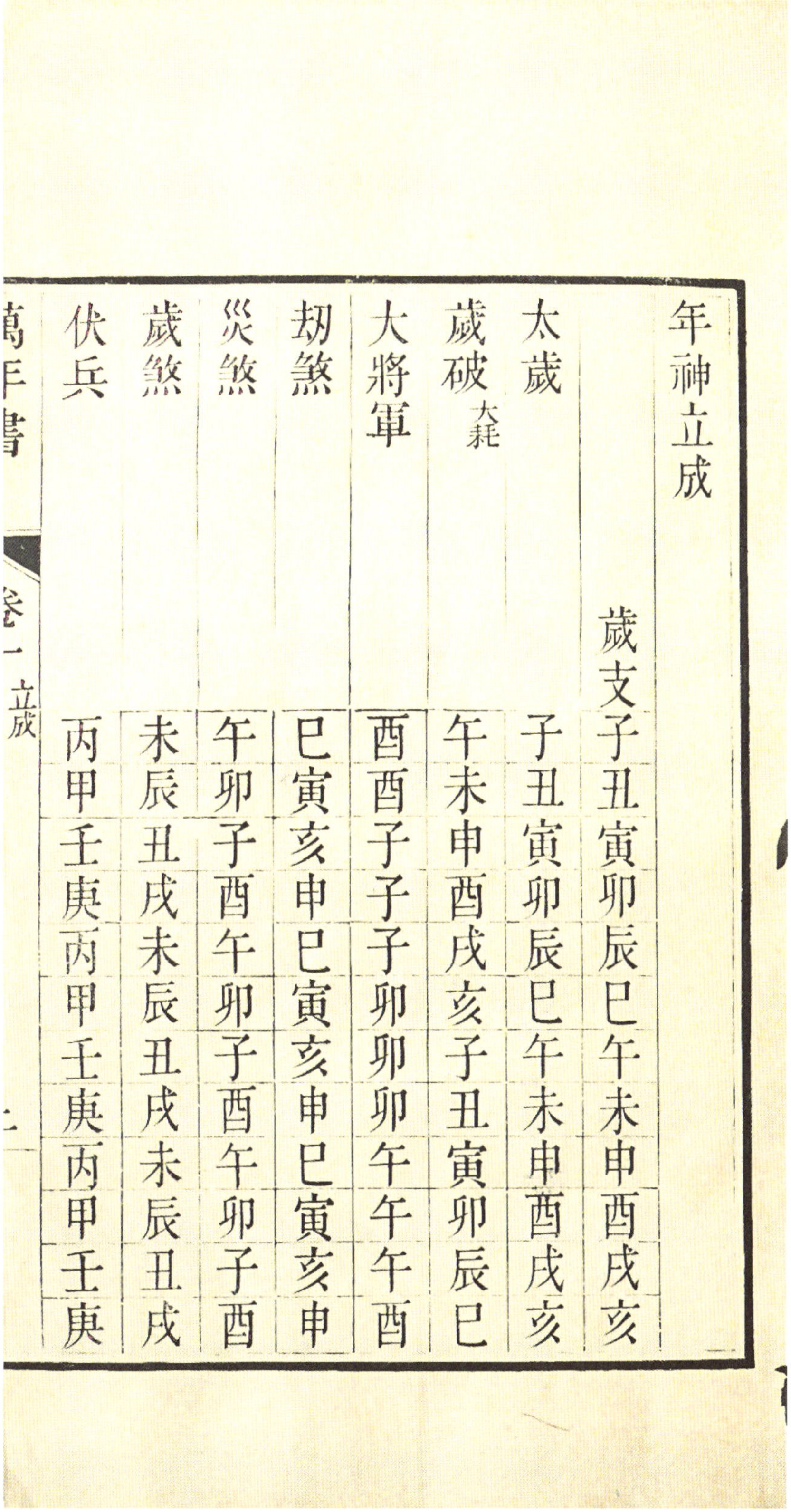
年神立成

歲支	太歲	歲破（大耗）	大將軍	劫煞	災煞	歲煞	伏兵
子	子	午	酉	巳	午	未	丙
丑	丑	未	酉	寅	卯	辰	甲
寅	寅	申	子	亥	子	丑	壬
卯	卯	酉	子	申	酉	戌	庚
辰	辰	戌	子	巳	午	未	丙
巳	巳	亥	卯	寅	卯	辰	甲
午	午	子	卯	亥	子	丑	壬
未	未	丑	卯	申	酉	戌	庚
申	申	寅	午	巳	午	未	丙
酉	酉	卯	午	寅	卯	辰	甲
戌	戌	辰	午	亥	子	丑	壬
亥	亥	巳	酉	申	酉	戌	庚

萬年書 卷一 立成

10838 萬年書十二卷 （清）欽天監纂 清乾隆武英殿刻朱墨套印本 遼寧省圖書館

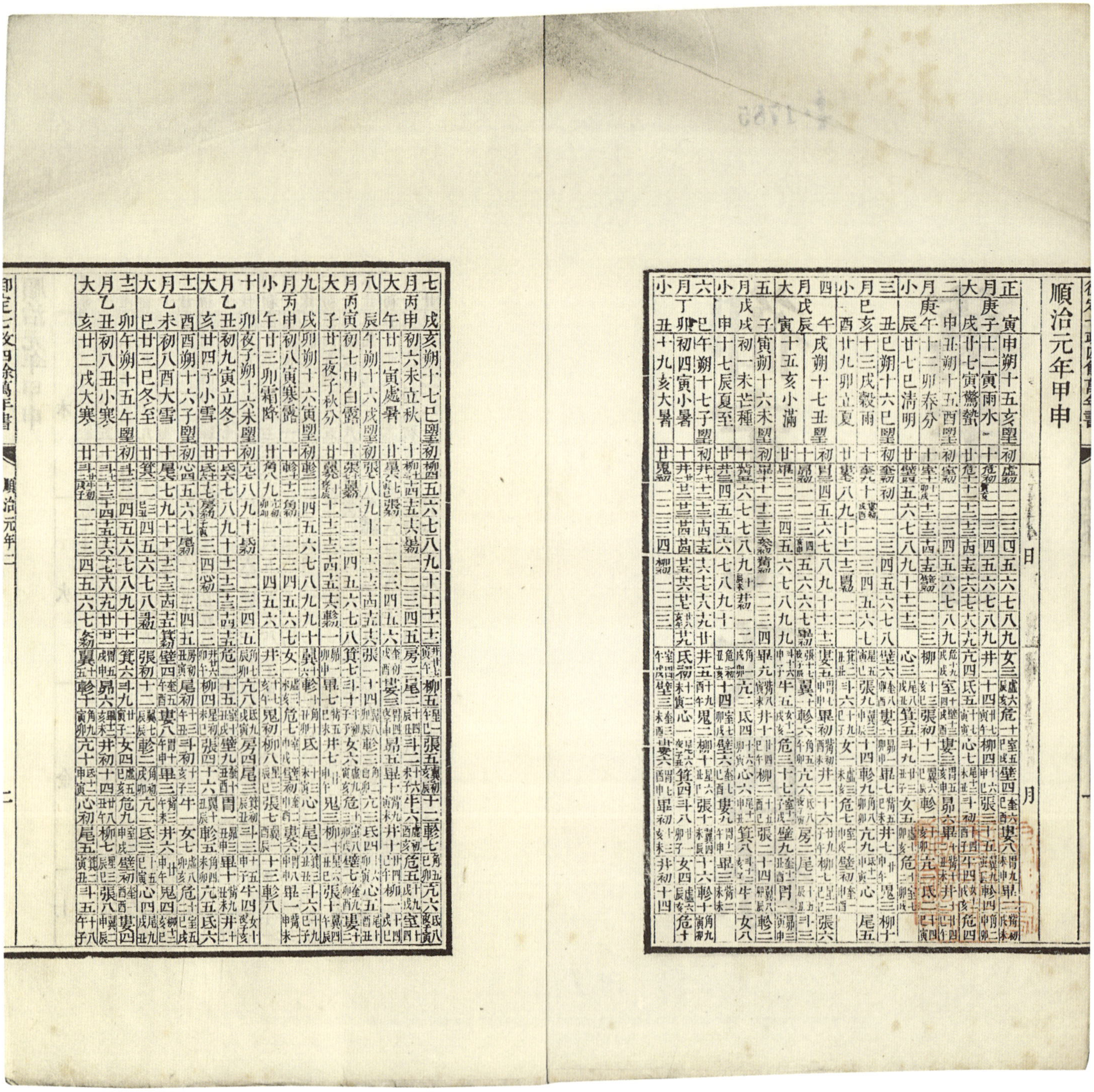

10839　御定七政四餘萬年書三卷　清乾隆内府刻本　遼寧省圖書館

面線不同		面積相等			尺寸不一		積數相等		
○○五二四五五○	○一二九二九四九	○一八一七四九七	○一一七八二四五	○二○七三二五九	○○九三六六七三	○一○○三四三三	○○六五三七三三	○○五八六九七一	○○三四九七○○

面線相等		面積不同			積數不一		尺寸相等		
○一○四九一○一	○二五八五八九三	○三六三四九九四	○二三五六四九○	○四一四六五一九	○二八一○○一三	○三○一○三○○	○一九六一一九九	○一七六○九一三	○一○四九一○一

10840　對數廣運一卷　清康熙内府刻本　遼寧省圖書館

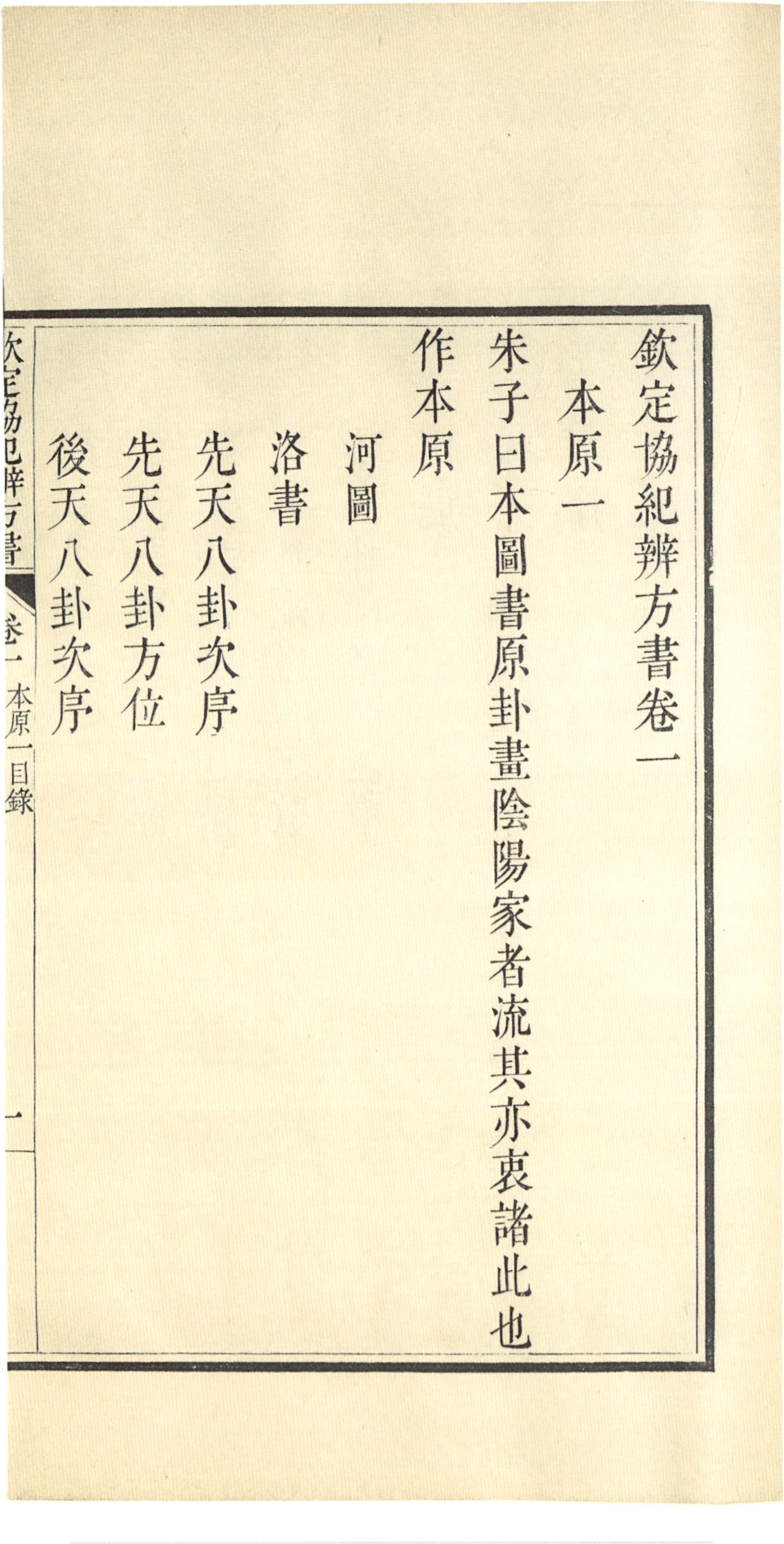

欽定協紀辨方書卷一

本原一

朱子曰本圖書原卦畫陰陽家者流其亦衷諸此也

作本原

河圖

洛書

先天八卦次序

先天八卦方位

後天八卦次序

欽定協紀辨方書　卷一　本原一目録　一

10841　欽定協紀辨方書三十六卷　（清）允禄　李廷耀等纂　清乾隆六年（1741）武英殿刻朱墨套印本　遼寧省圖書館

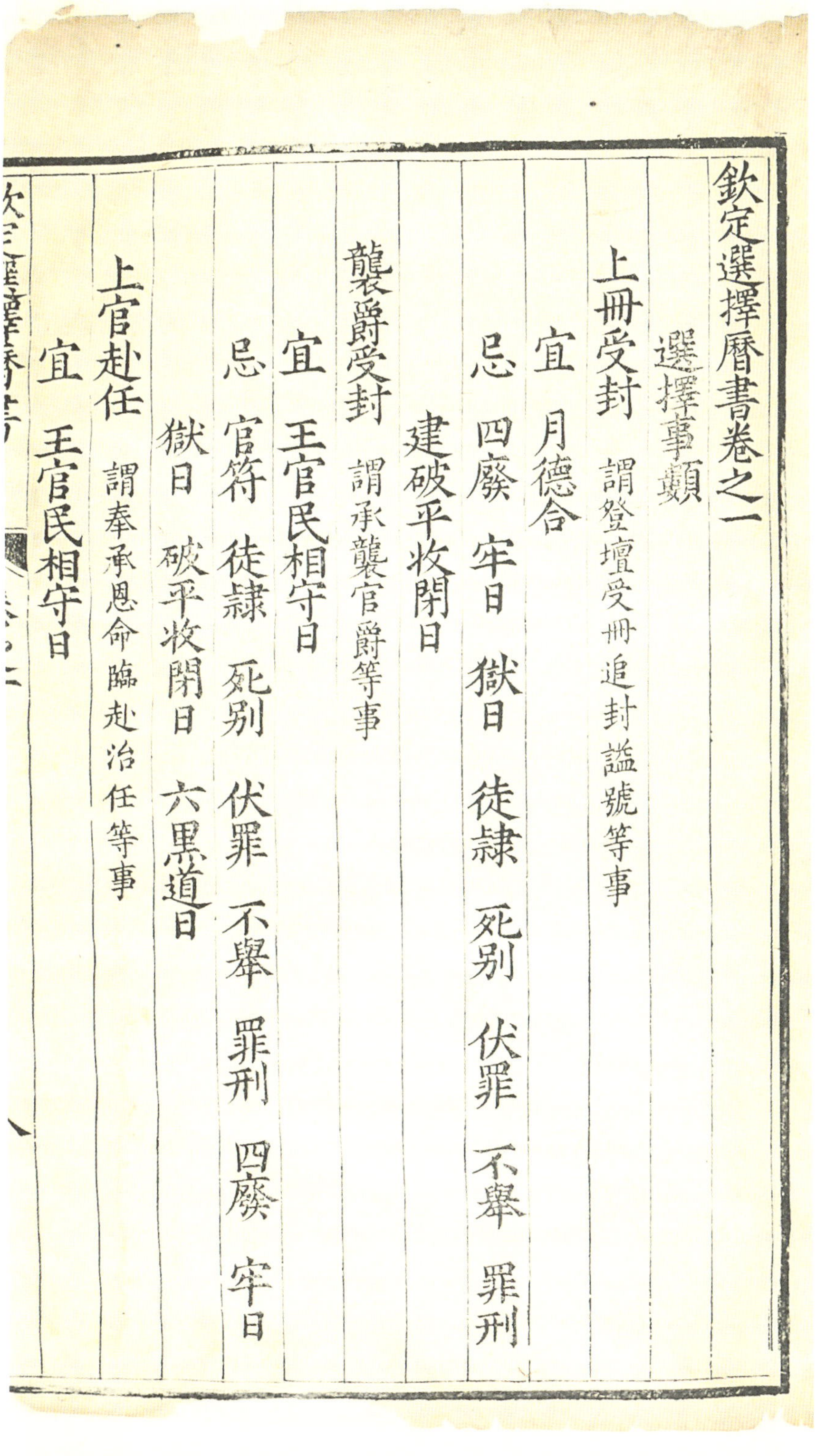

欽定選擇曆書卷之一
選擇事類
上冊受封　謂登壇受冊追封謚號等事
宜　月德合
忌　四廢　牢日　獄日　徒隸　死別　伏罪　不舉　罪刑
建破平收閉日
襲爵受封　謂承襲官爵等事
宜　王官民相守日
忌　官符　徒隸　死別　伏罪　不舉　罪刑　四廢　牢日
獄日　破平收閉日　六黑道日
上官赴任　謂奉承恩命臨赴治任等事
宜　王官民相守日

欽定選擇曆書　卷之一

10842　欽定選擇曆書十卷　（清）安泰等纂　清康熙二十四年（1685）欽天監刻本　遼寧省圖書館

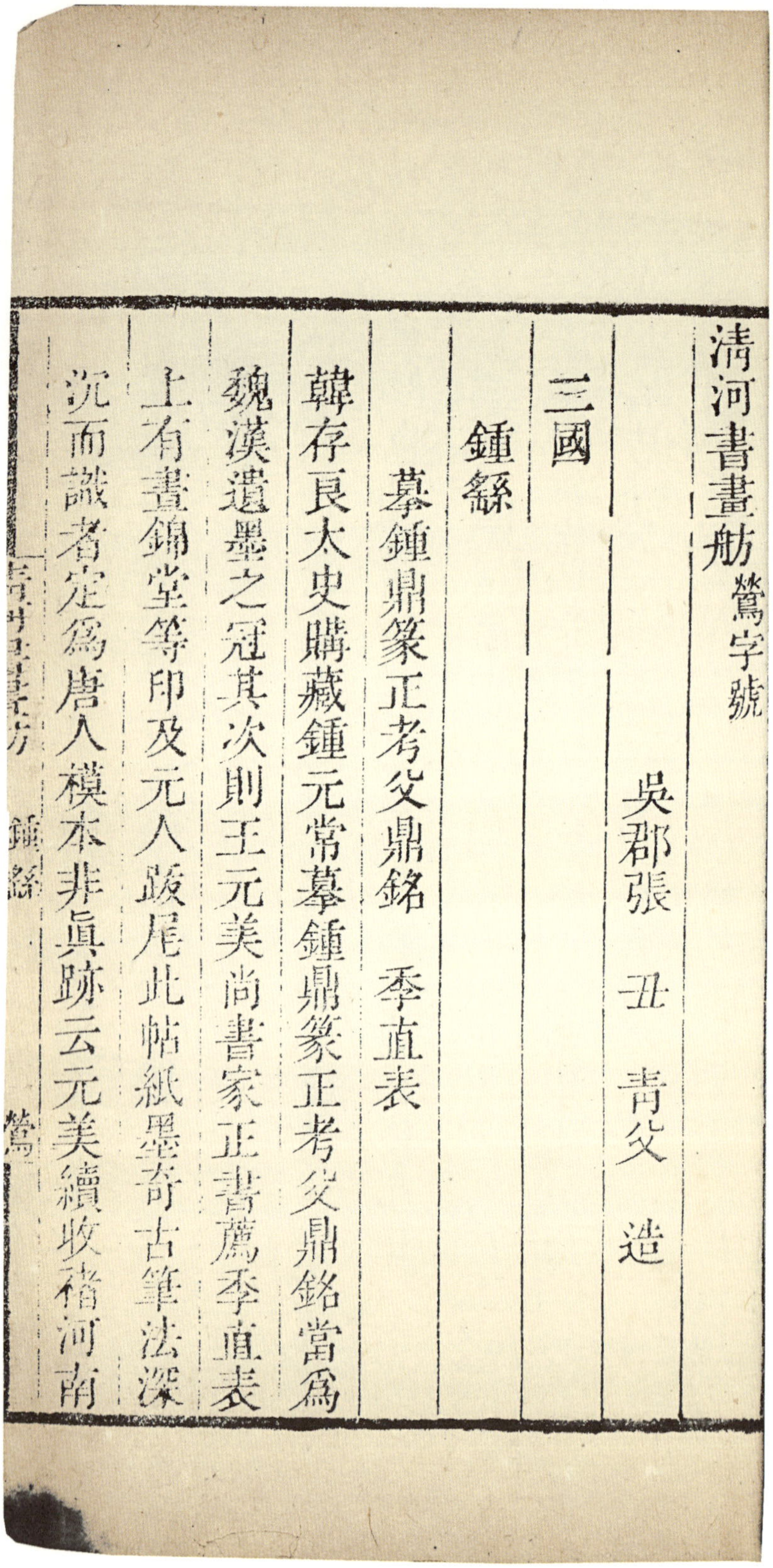

清河書畫舫　鶯字號

吳郡張　丑　青父　造

三國

鍾繇

摹鍾鼎篆正考父鼎銘　季直表

韓存良太史購藏鍾元常摹鍾鼎篆正考父鼎銘當爲魏漢遺墨之冠其次則王元美尚書家正書薦季直表上有畫錦堂等印及元人跋尾此帖紙墨奇古筆法深沉而識者定爲唐人模本非真跡云元美續收褚河南

清河書畫舫　鍾繇　鶯

10843　清河書畫舫十二卷　（明）張丑輯　清乾隆二十八年（1763）池北草堂刻本　遼寧省博物館

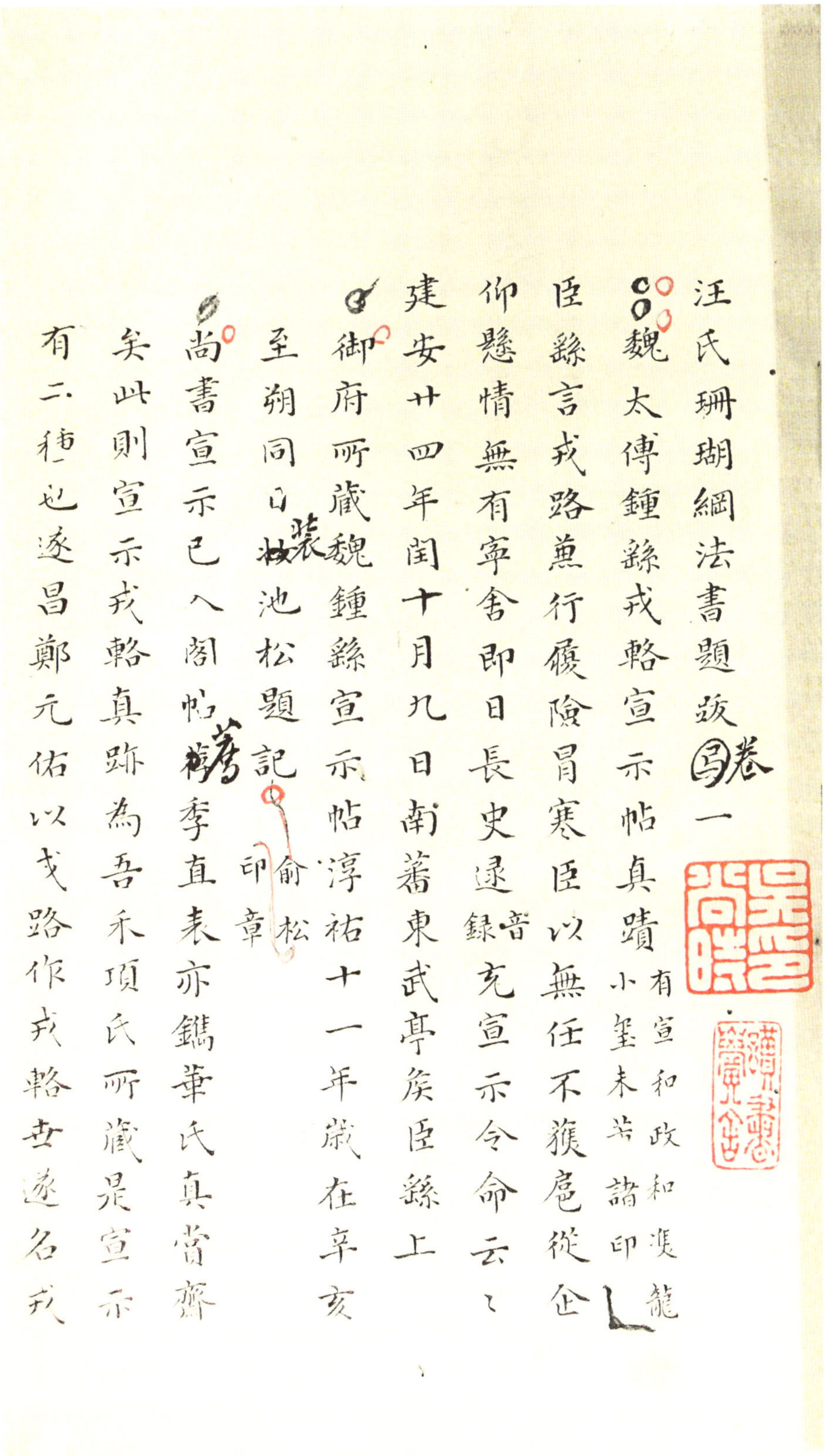
汪氏珊瑚網法書題跋卷一
魏太傅鍾繇戎輅宣示帖真蹟 有宣和政和渼龍小璽朱若諸印
臣繇言戎路兼行履險冒寒臣以無任不獲扈從企
仰懸情無有寧舍即日長史逯錄音充宣示令命云云
建安廿四年閏十月九日南蕃東武亭侯臣繇上
御府所藏魏鍾繇宣示帖淳祐十一年歲在辛亥
至朔同日裝池松題記 俞松印章
尚書宣示已入閣帖藏李直表亦鐫華氏真賞齋
矣此則宣示戎輅真跡為吾禾項氏所藏是宣示
有二種也遂昌鄭元佑以戎路作戎輅並遂名戎

10844　珊瑚網法書題跋二十四卷名畫題跋二十四卷　（明）汪砢玉撰

清抄本（四庫底本）　遼寧省圖書館

存四十五卷（一至三十八、四十二至四十八）

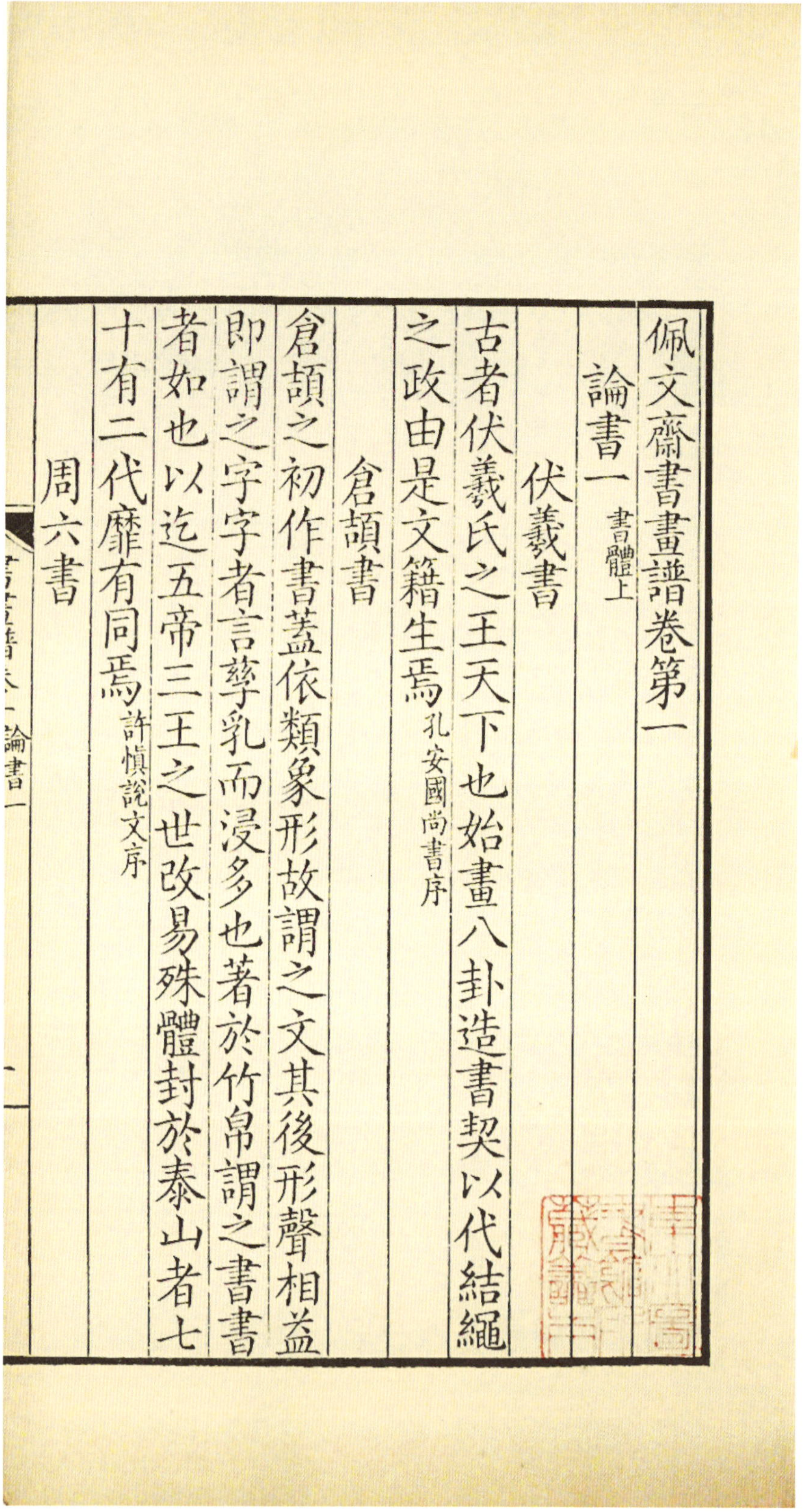
佩文齋書畫譜卷第一

論書一 書體上

伏羲書

古者伏羲氏之王天下也始畫八卦造書契以代結繩之政由是文籍生焉 孔安國尚書序

倉頡書

倉頡之初作書蓋依類象形故謂之文其後形聲相益即謂之字字者言孳乳而浸多也著於竹帛謂之書書者如也以迄五帝三王之世改易殊體封於泰山者七十有二代靡有同焉 許慎說文序

周六書

書畫譜卷一 論書一

10845 佩文齋書畫譜一百卷 （清）孫岳頒等纂輯 清康熙四十七年（1708）內府刻本 遼寧省圖書館

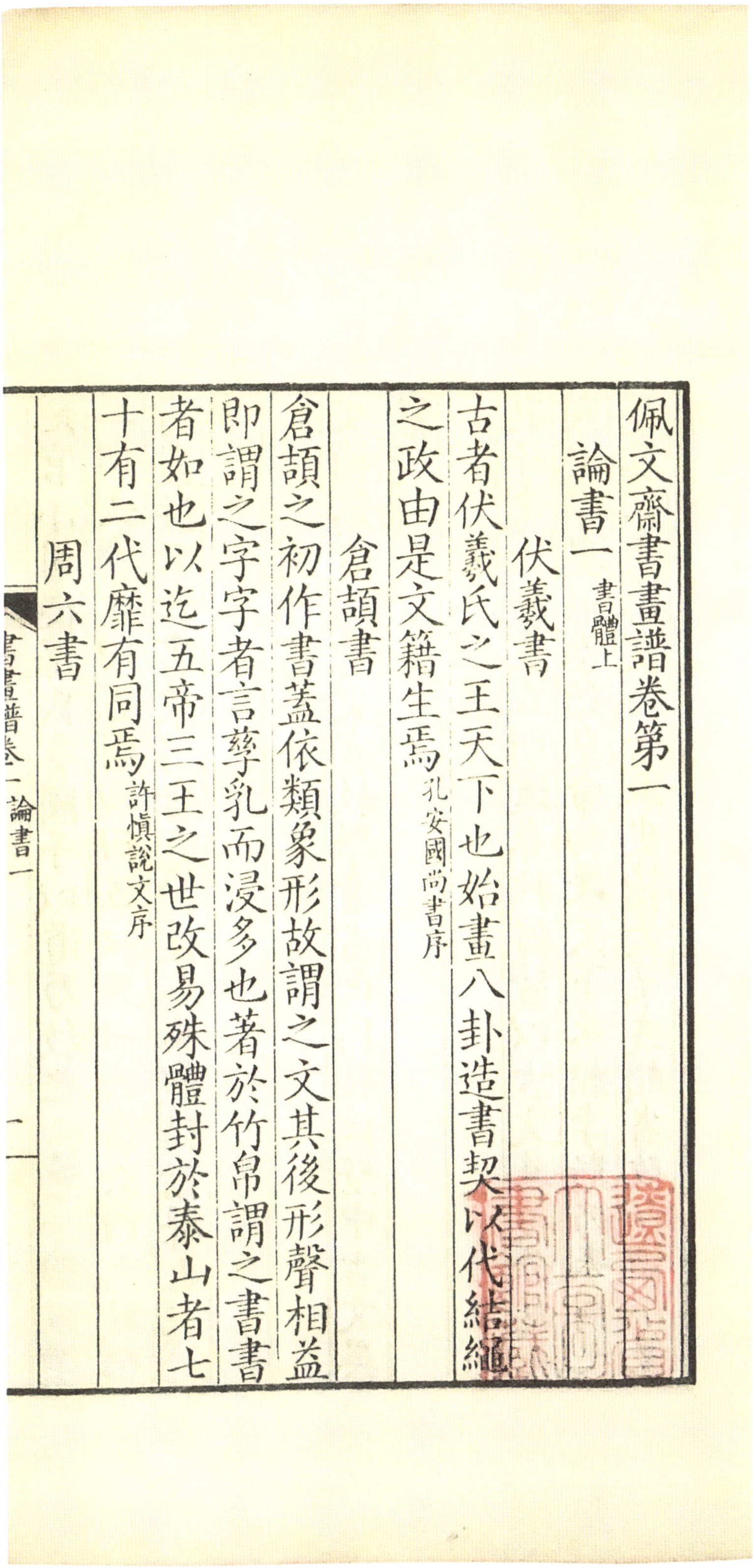
佩文齋書畫譜卷第一
論書一 書體上
伏羲書
古者伏羲氏之王天下也始畫八卦造書契以代結繩之政由是文籍生焉 孔安國尚書序
倉頡書
倉頡之初作書蓋依類象形故謂之文其後形聲相益即謂之字字者言孳乳而浸多也著於竹帛謂之書書者如也以迄五帝三王之世改易殊體封於泰山者七十有二代靡有同焉 許慎說文序
周六書
書畫譜卷一 論書一 一

10846 佩文齋書畫譜一百卷 （清）孫岳頒等纂輯 清康熙四十七年（1708）内府刻本 錦州市圖書館

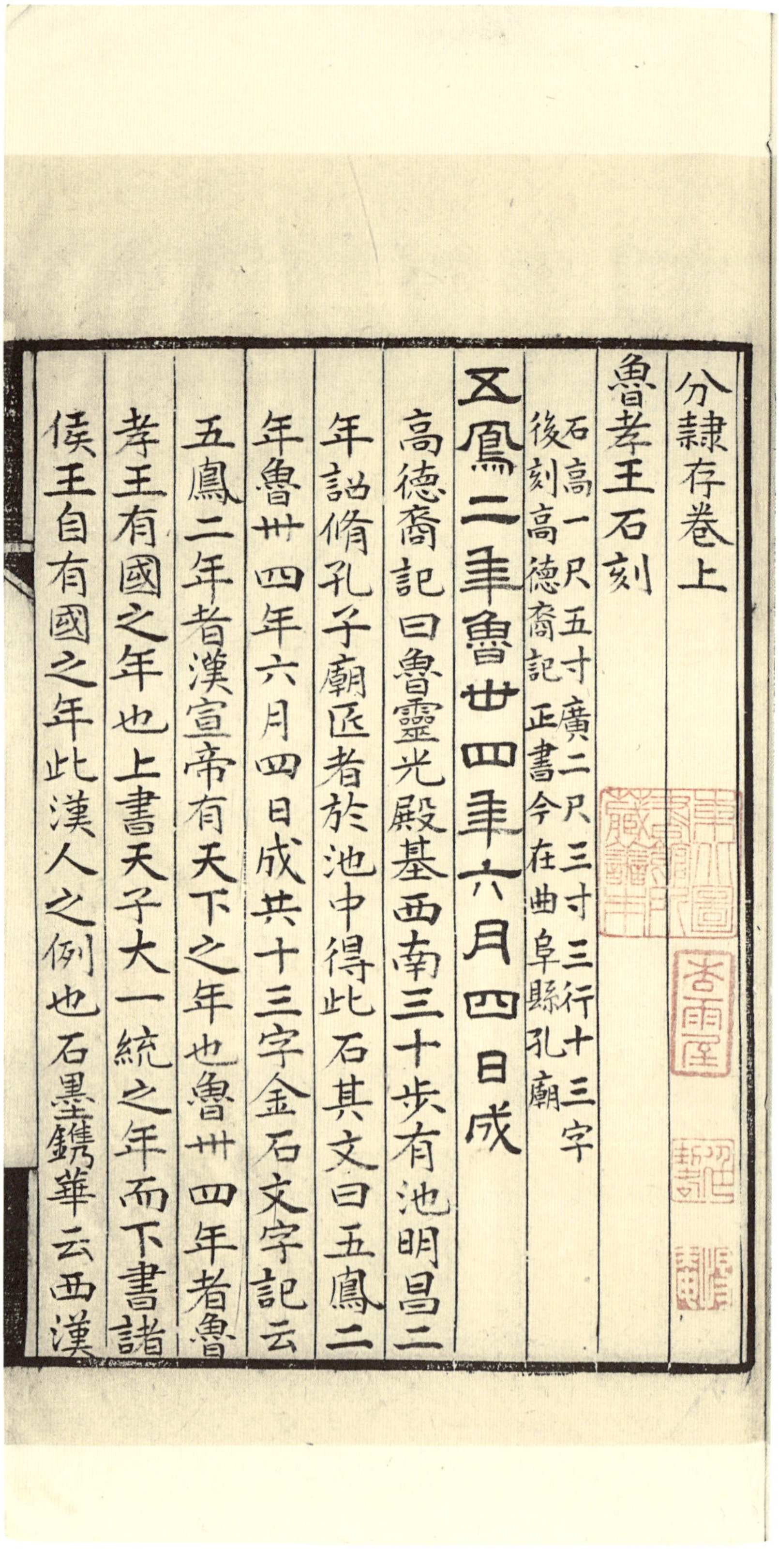

分隸存卷上
魯孝王石刻
石高一尺五寸廣二尺三寸三行十三字
後刻高德裔記正書今在曲阜縣孔廟
五鳳二年魯卅四年六月四日成
高德裔記曰魯靈光殿基西南三十步有池明昌二
年詔脩孔子廟匠者於池中得此石其文曰五鳳二
年魯卅四年六月四日成共十三字金石文字記云
五鳳二年者漢宣帝有天下之年也魯卅四年者魯
孝王有國之年也上書天子大一統之年而下書諸
侯王自有國之年此漢人之例也石墨鐫華云西漢

10847 分隸存三卷 （清）鈕樹玉撰 清抄本 郭麐題款 遼寧省圖書館

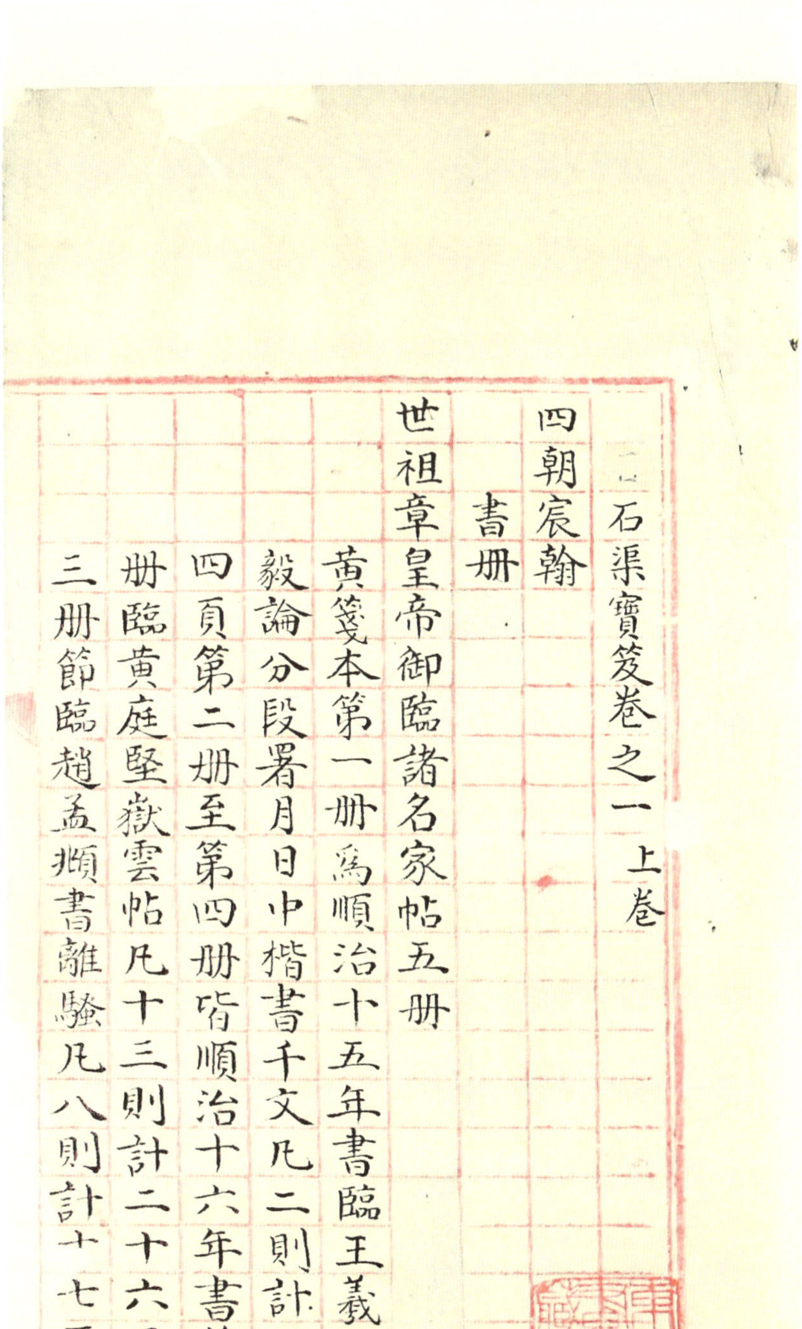

石渠寶笈卷之一 上卷

四朝宸翰

書册

世祖章皇帝御臨諸名家帖五册

黄箋本第一册爲順治十五年書臨王羲之樂
毅論分段署月日中楷書千文凡二則計二十
四頁第二册至第四册皆順治十六年書第二
册臨黄庭堅嶽雲帖凡十三則計二十六頁第
三册節臨趙孟頫書離騷凡八則計十七頁第

10848　石渠寶笈四十四卷　（清）張照撰　清内府抄本（四庫底本）　遼寧省圖書館

存四十三卷（一至十三、十五至四十四）

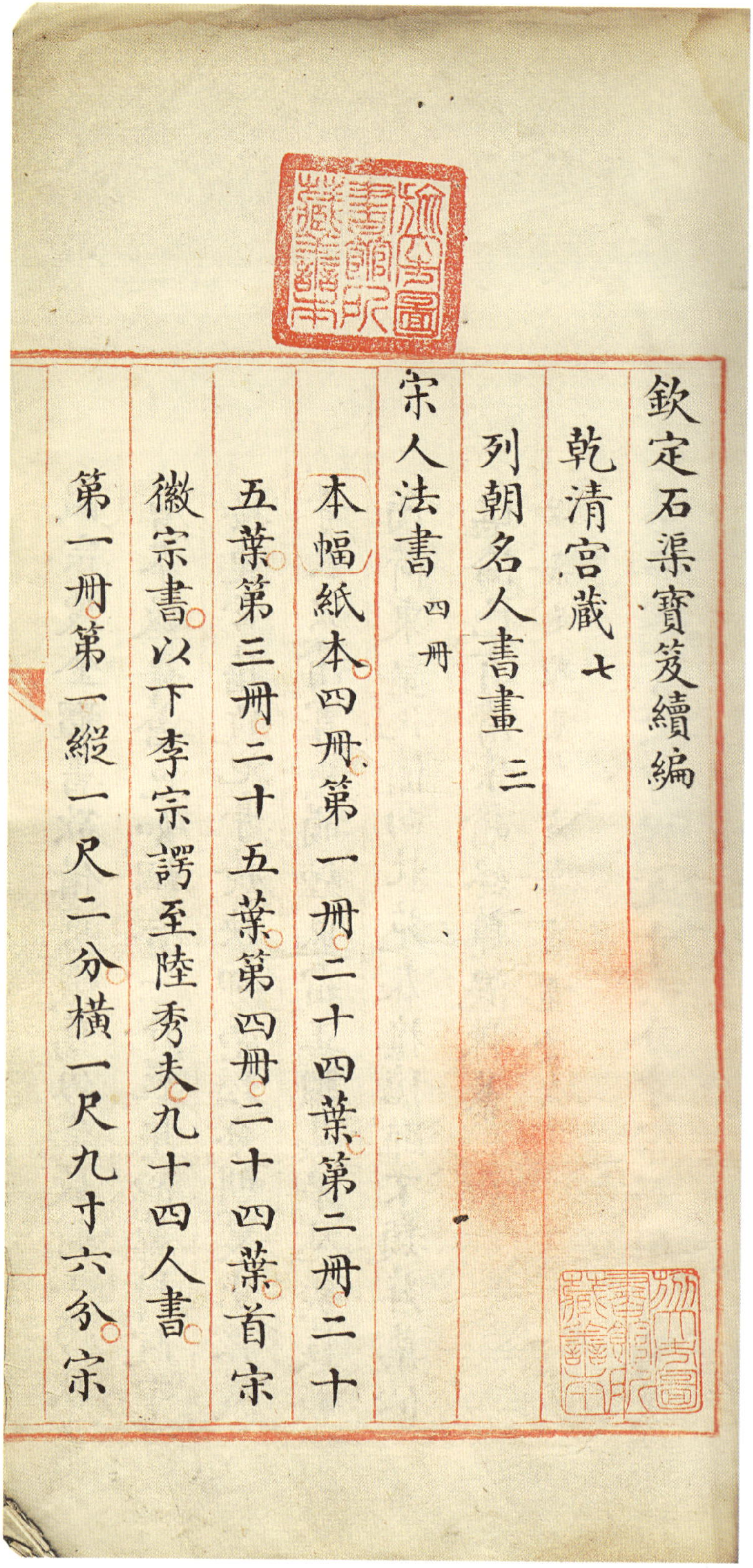
欽定石渠寶笈續編
乾清宮藏七
列朝名人書畫三
宋人法書四冊
本幅紙本四冊第一冊二十四葉第二冊二十
五葉第三冊二十五葉第四冊二十四葉首宗
徽宗書以下李宗諤至陸秀夫九十四人書
第一冊第一縱一尺二分橫一尺九寸六分宗

10849　欽定石渠寶笈續編□□卷　（清）王杰等輯　清内府抄本　大連圖書館

存一卷（乾清宮藏七）

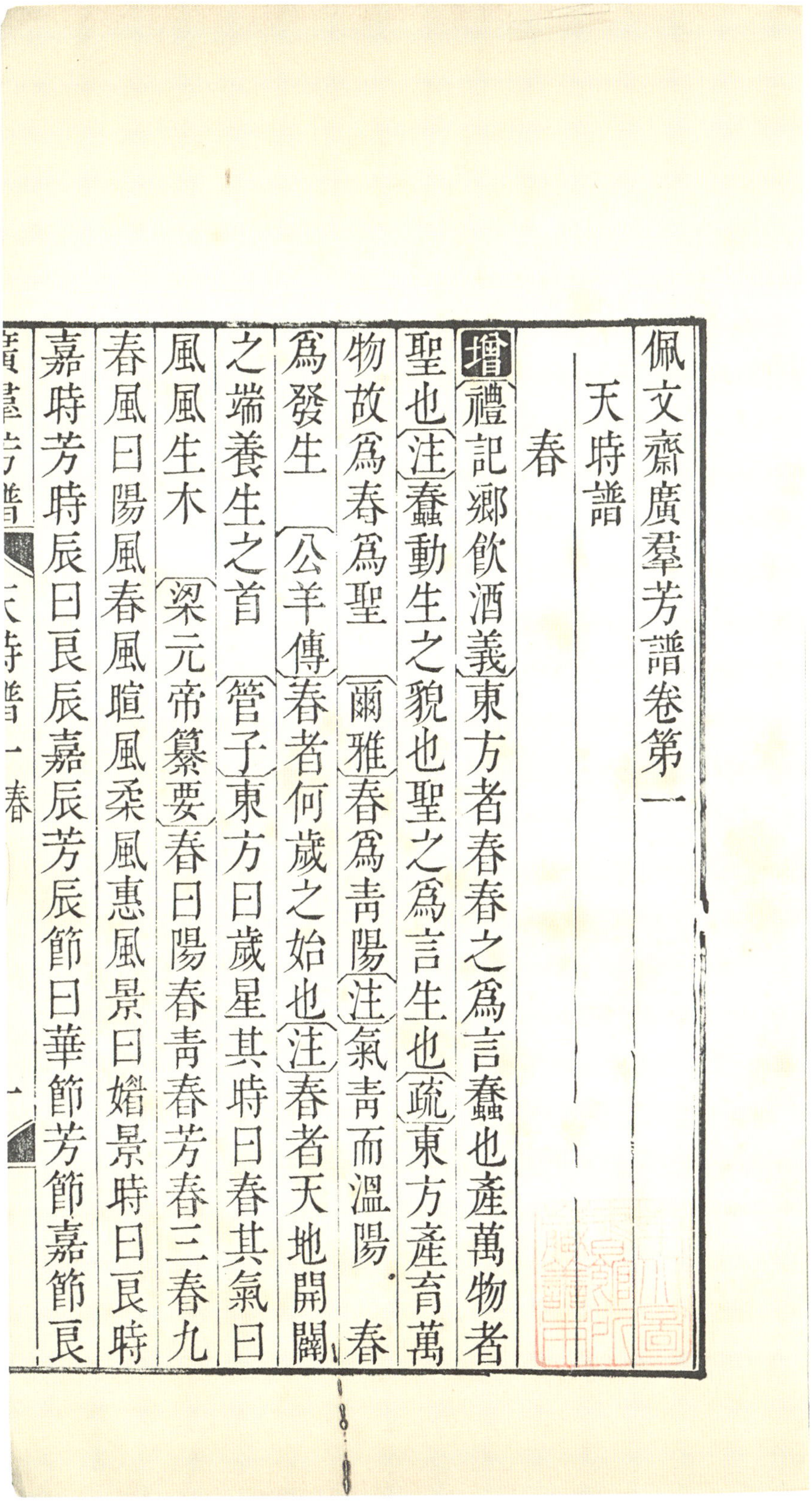

佩文齋廣羣芳譜卷第一

天時譜

春

增 禮記鄉飲酒義 東方者春春之爲言蠢也產萬物者聖也 注 蠢動生之貌也聖之爲言生也 疏 東方產育萬物故爲春爲聖 爾雅 春爲青陽 注 氣青而溫陽 春爲發生 公羊傳 春者何歲之始也 注 春者天地開闢之端養生之首 管子 東方曰歲星其時曰春其氣曰風風生木 梁元帝纂要 春曰陽春青春芳春三春九春風曰陽風春風暄風柔風惠風景曰媚景時曰良時嘉時芳時辰曰良辰嘉辰芳辰節曰華節芳節嘉節良

廣羣芳譜 卷一 天時譜一 春 一

10850 佩文齋廣羣芳譜一百卷 （清）汪灝等編校 清康熙四十七年（1708）內府刻本 遼寧省圖書館

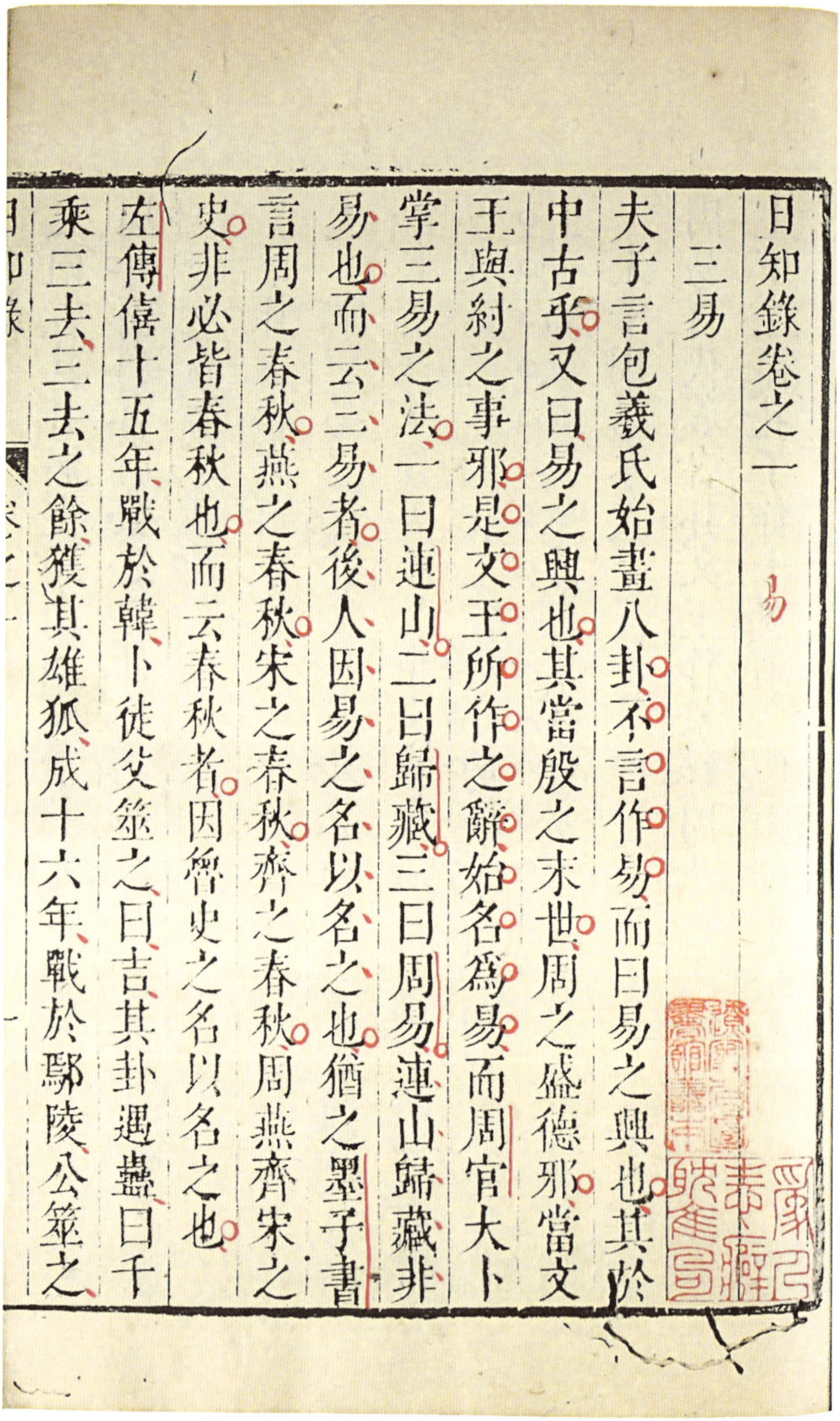

日知錄卷之一

三易

夫子言包義氏始畫八卦不言作易而曰易之興也其於中古乎又曰易之興也其當殷之末世周之盛德邪當文王與紂之事邪是文王所作之辭始名爲易而周官大卜掌三易之法一曰連山二曰歸藏三曰周易連山歸藏非易也而云三易者後人因易之名以名之也猶之墨子書言周之春秋燕之春秋宋之春秋齊之春秋周燕齊宋之史非必皆春秋也而云春秋者因魯史之名以名之也

左傳僖十五年戰於韓卜徒父筮之曰吉其卦遇蠱曰千乘三去三去之餘獲其雄狐成十六年戰於鄢陵公筮之

10851　日知錄三十二卷　（清）顧炎武撰　清康熙三十四年（1695）潘耒遂初堂刻本　遼寧省圖書館

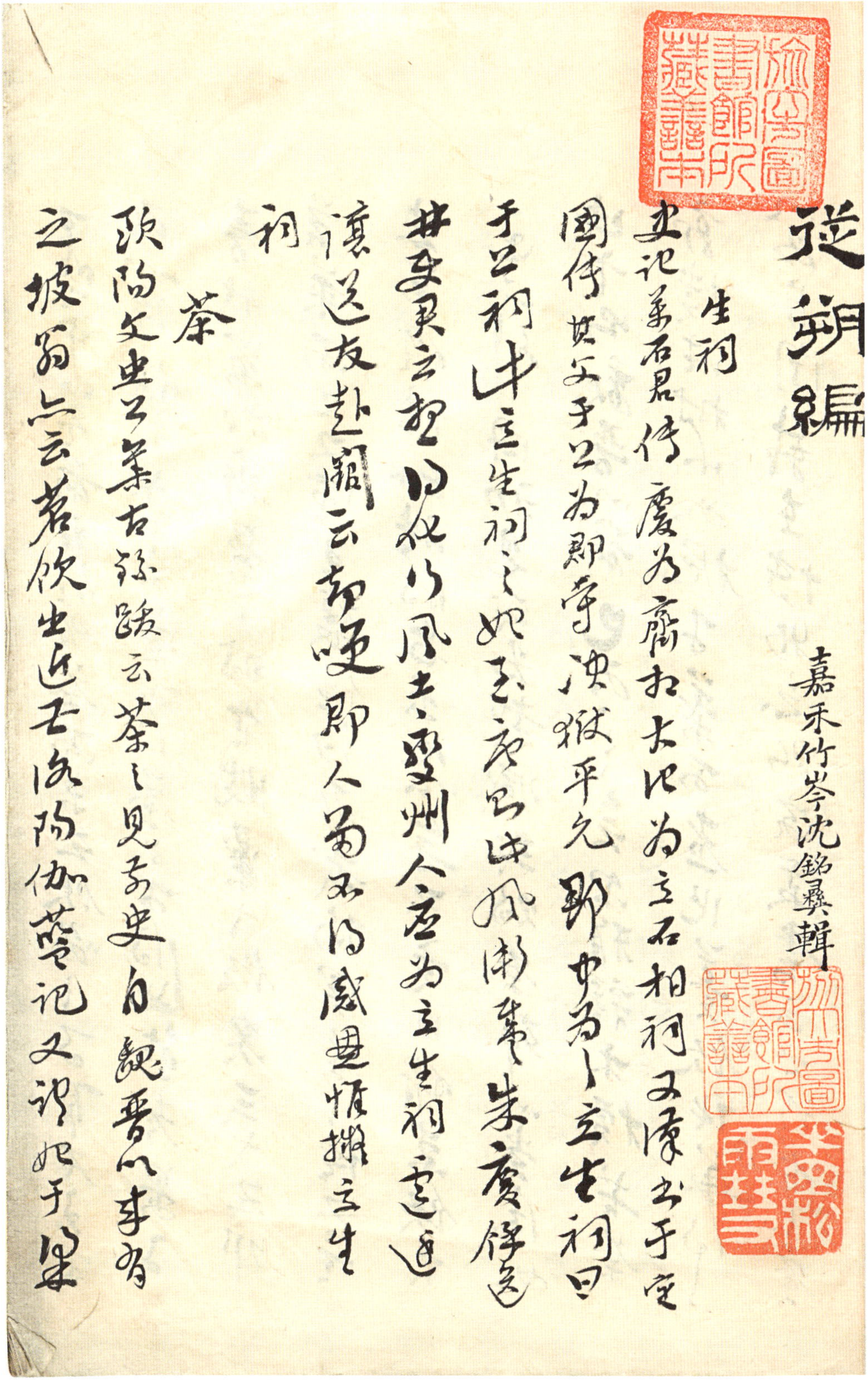
從朔編
嘉禾竹岑沈銘彝輯
生祠
史記萬石君傳慶為齊相太史為立石相祠又漢書于定國傳其父于公為郡決獄平允郡中為之立生祠曰于公祠
茶

10852　從朔編一卷　（清）沈銘彝撰　稿本　大連圖書館

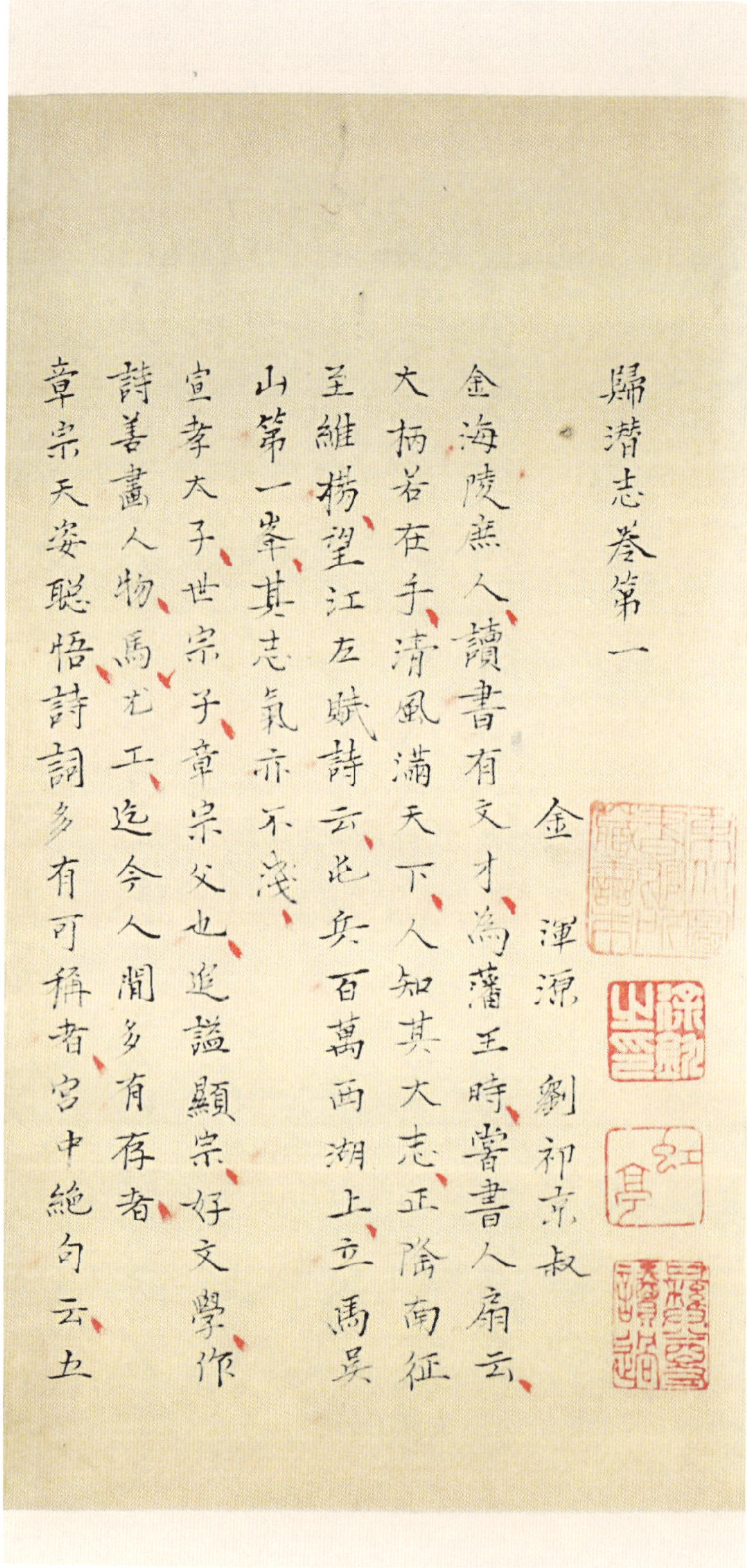
歸潛志卷第一
金　渾源　劉祁京叔
金海陵庶人讀書有文才爲藩王時嘗書人扇云
大柄若在手清風滿天下人知其大志正隆南征
至維楊望江左賦詩云屯兵百萬西湖上立馬吳
山第一峯其志氣亦不淺
宣孝太子世宗子章宗父也追謚顯宗好文學作
詩善畫人物馬尤工迨今人間多有存者
章宗天姿聰悟詩詞多有可稱者宮中絶句云五

10853　歸潛志八卷　（元）劉祁撰　**大唐傳載摘勝一卷**　清康熙四十二年（1703）徐釚家抄本　徐釚校跋　羅振玉題識　遼寧省圖書館

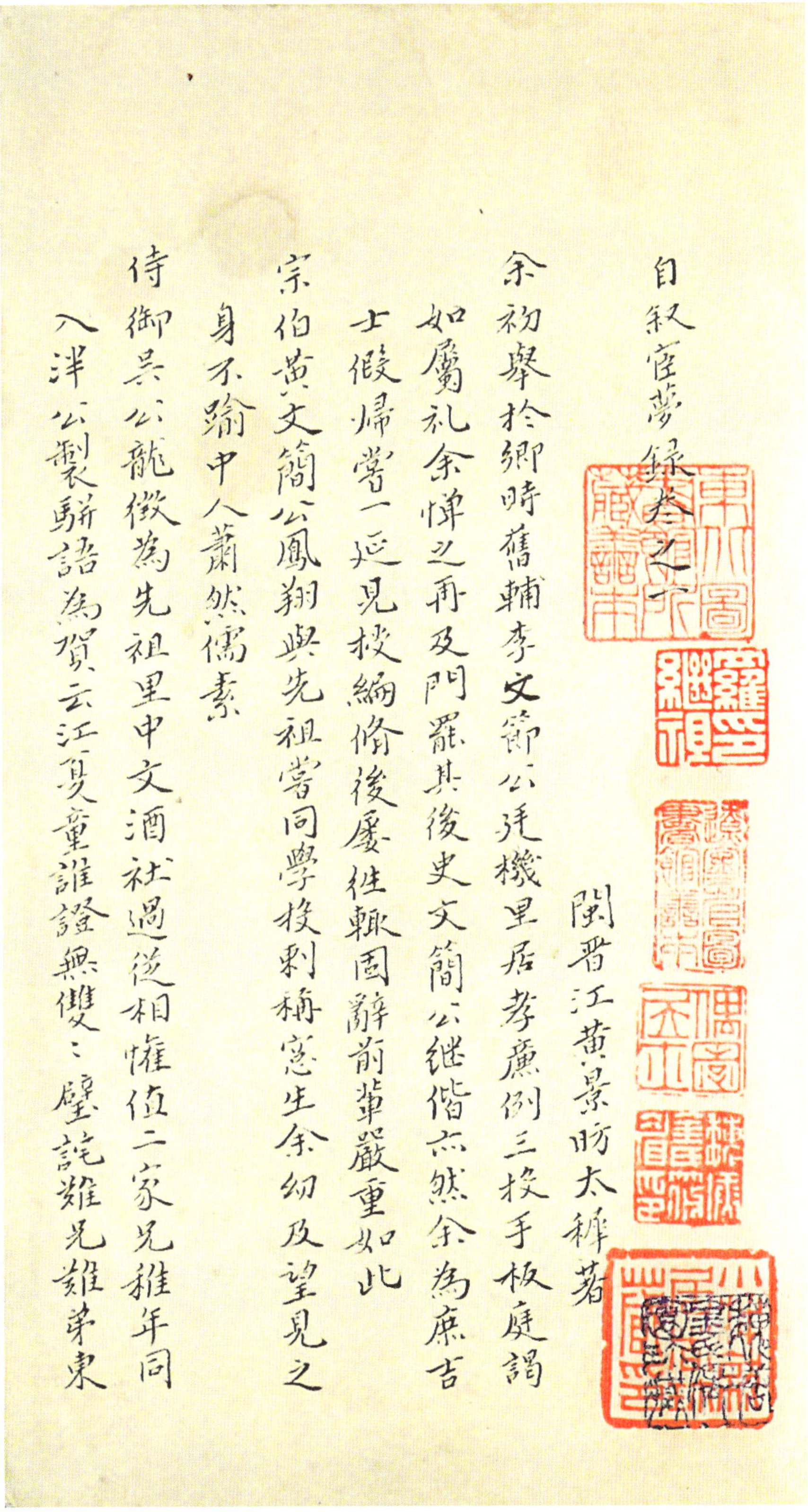

自叙宦夢録卷之一
閩晋江黄景昉太穉著
余初舉於鄉時舊輔李文節公廷機里居孝廉例三投手板庭謁如屬礼余憚之再及門罷其後史文簡公繼偕亦然余為庶吉士假歸嘗一延見授編脩後屢往輙固辭前輩嚴重如此
宗伯黄文簡公鳳翔與先祖嘗同學授剌稱意生余幼及望見之身不踰中人蕭然儒素
侍御吴公龍徵為先祖里中文酒社過從相懽值二家兒稚年同入泮公製駢語為賀云江夏童謡證無雙々璧詑雛兒雛弟束

10854　自叙宦夢録　（明）黄景昉撰　清初抄本　遼寧省圖書館

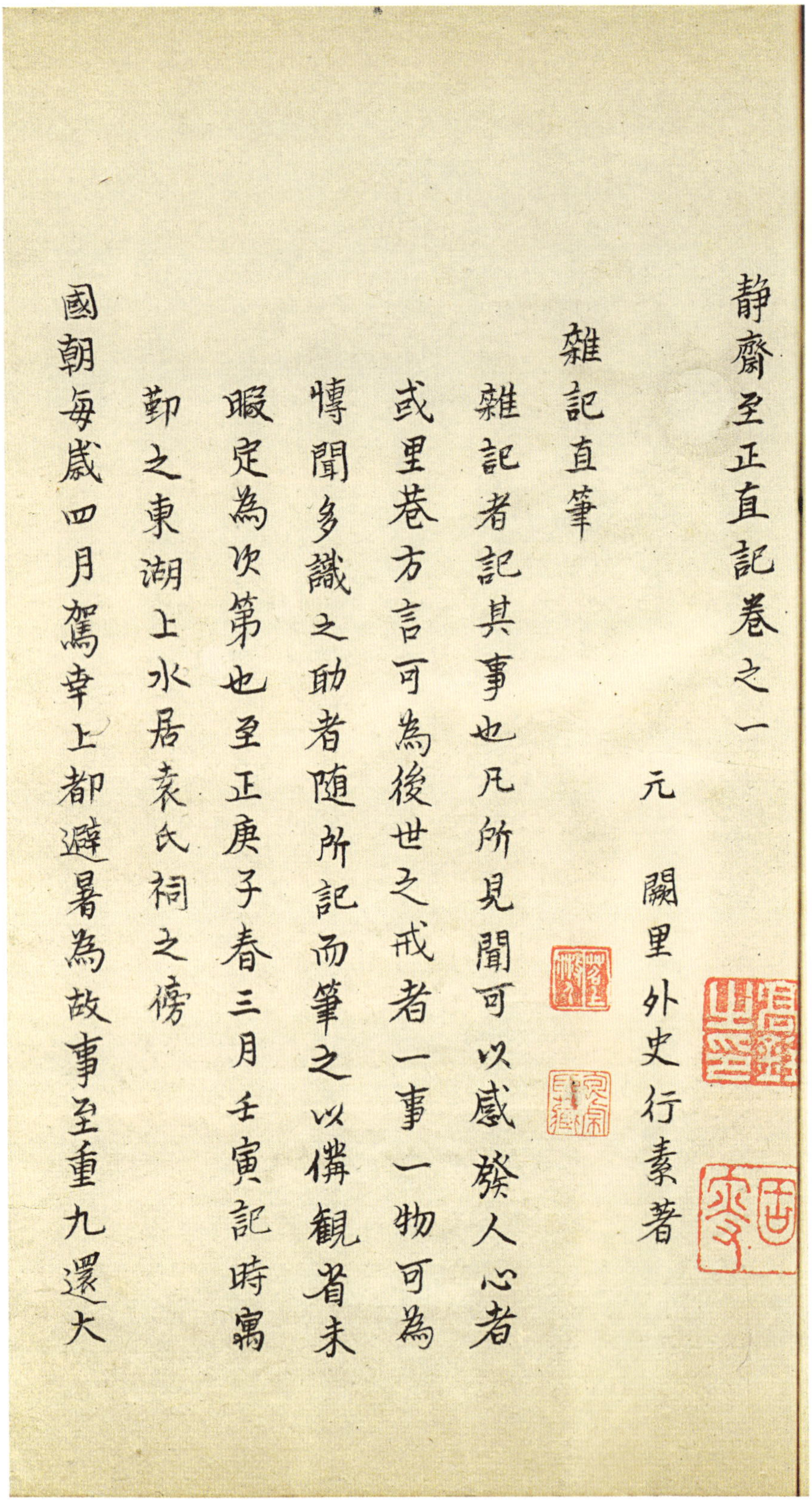

靜齋至正直記卷之一
元　闕里外史行素著
雜記直筆
雜記者記其事也凡所見聞可以感發人心者
或里巷方言可為後世之戒者一事一物可為
博聞多識之助者隨所記而筆之以備觀省未
暇定為次第也至正庚子春三月壬寅記時寓
鄞之東湖上水居袁氏祠之傍
國朝每歲四月駕幸上都避暑為故事至重九還大

10855　静齋至正直記四卷　（元）孔齊撰　清初抄本　大連圖書館

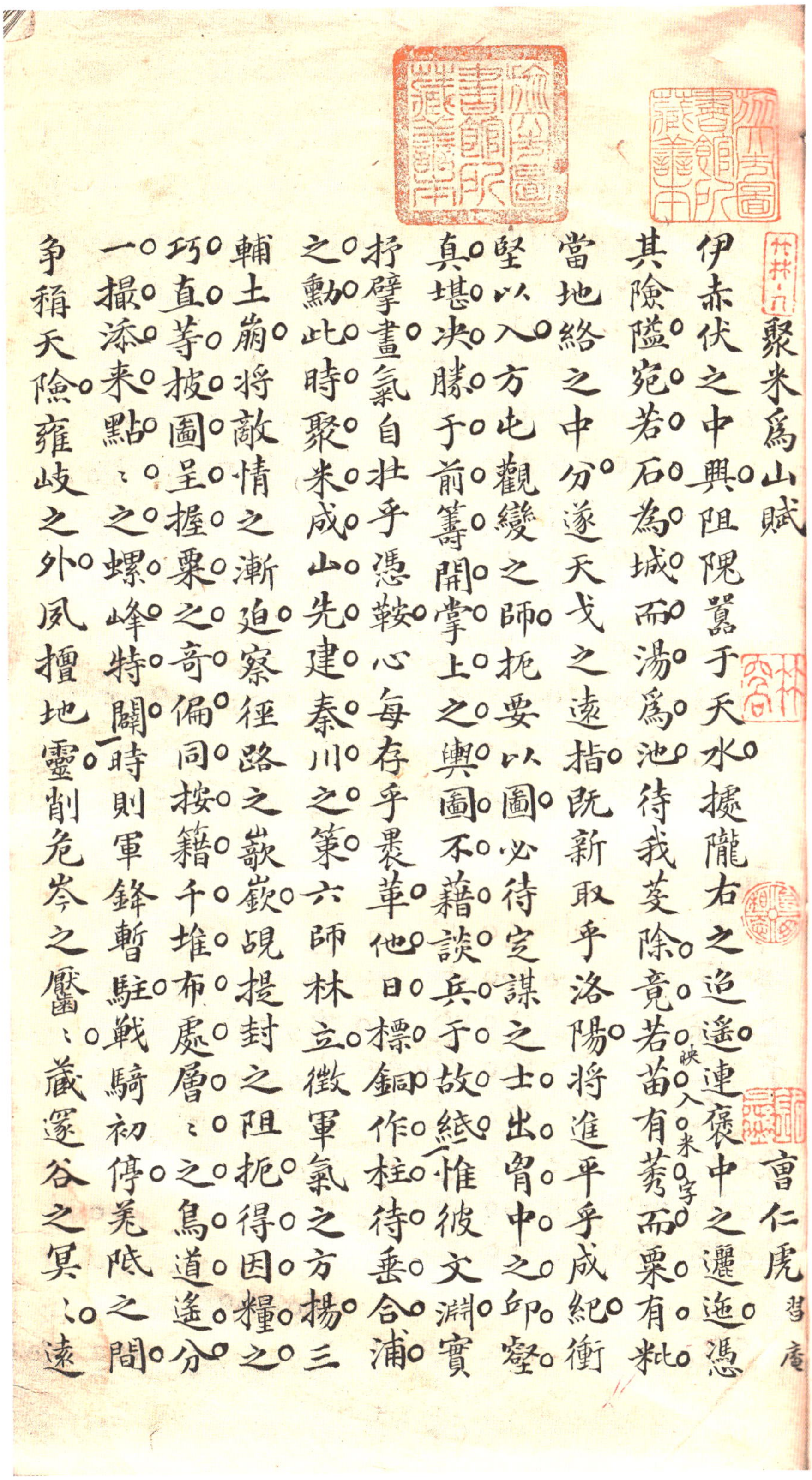

聚米爲山賦

曾仁虎 習庵

伊赤伏之中興，阻隗囂于天水，據隴右之迢遙，連褒中之邐迤，憑其險隘，宛若石爲城而湯爲池，待我芟除，竟若苗有莠而粟有粃。（映入米字）當地絡之中分，遂天戈之遠指，既新取乎洛陽，將進平乎成紀，衝堅以入方屯，觀變之師扼要以圖，必待定謀之士，出胷中之卯壑，真堪決勝于前籌，開掌上之輿圖，不藉談兵于故紙，惟彼文淵實抒壁畫，氣自壯乎憑鞍，心每存乎畏華。他日標銅作柱，待垂合浦之勳；此時聚米成山，先建秦川之策。六師林立，徵軍氣之方揚；三輔土崩，將敵情之漸迫。察徑路之嶔崟，覘提封之阻扼，得因糧之巧，直等披圖；呈握粟之奇，偏同按籍。千堆布處，層層之鳥道遙分；一撮添來，點點之螺峰特鬬。時則軍鋒暫駐，戰騎初停，羌氐之間，爭稱天險，雍岐之外，夙擅地靈，削危岑之矗矗，蔵邃谷之冥冥，遠

10856　竹岑札記不分卷　（清）沈銘彝撰　稿本　大連圖書館

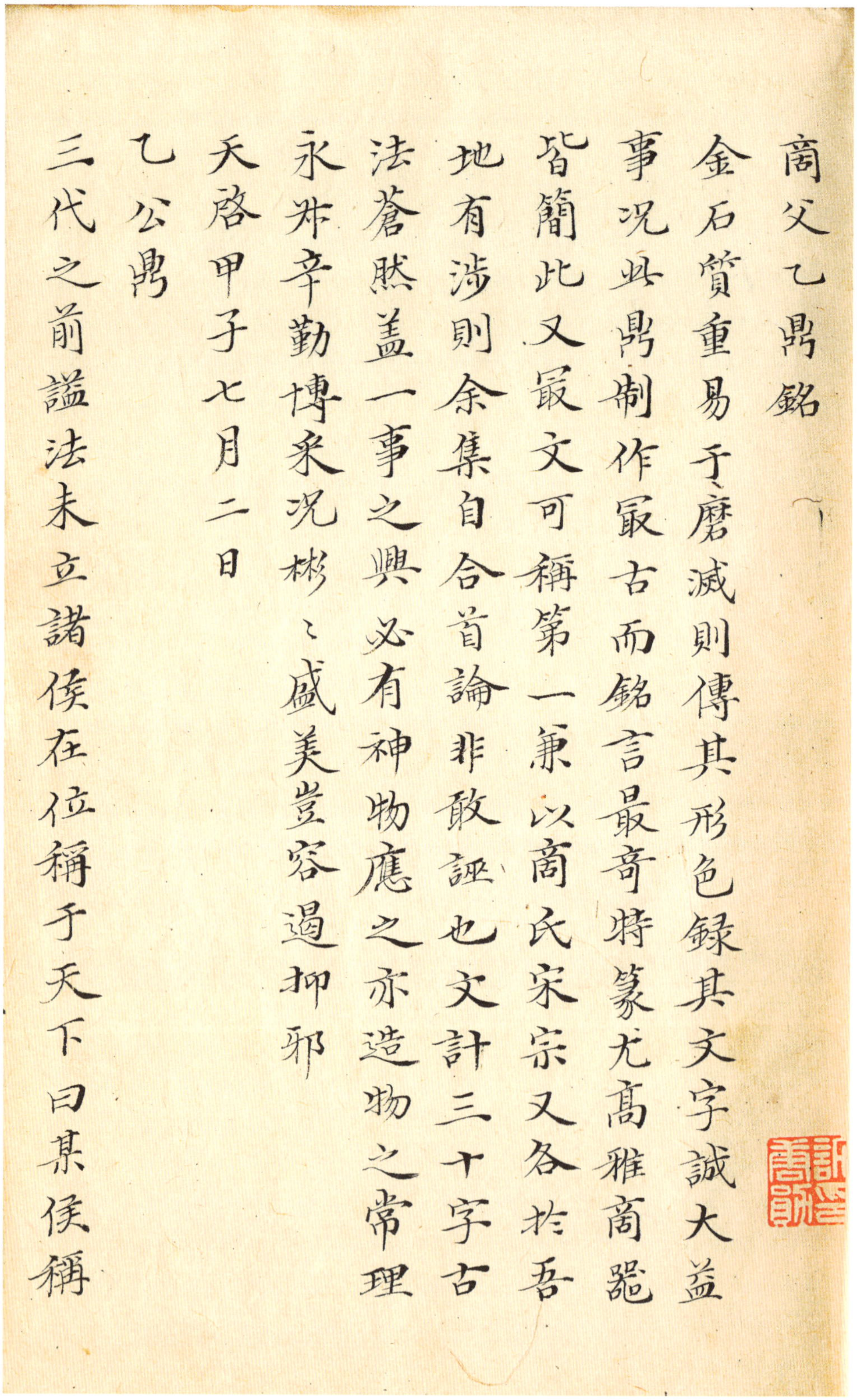
商父乙鼎銘
金石質重易于磨滅則傳其形色録其文字誠大益
事況此鼎制作最古而銘言最奇特篆尤高雅商彝
皆簡此又最文可稱第一兼以商氏宋宗又各於吾
地有涉則余集自合首論非敢誣也文計三十字古
法蒼然蓋一事之興必有神物應之亦造物之常理
永非辛勤博采況彬彬盛美豈容遏抑耶
天啓甲子七月二日
乙公鼎
三代之前謚法未立諸侯在位稱于天下曰某侯稱

10857 墨林快事十二卷 (明)安世鳳撰 清雍正三年(1725)許堯勛抄本 大連圖書館

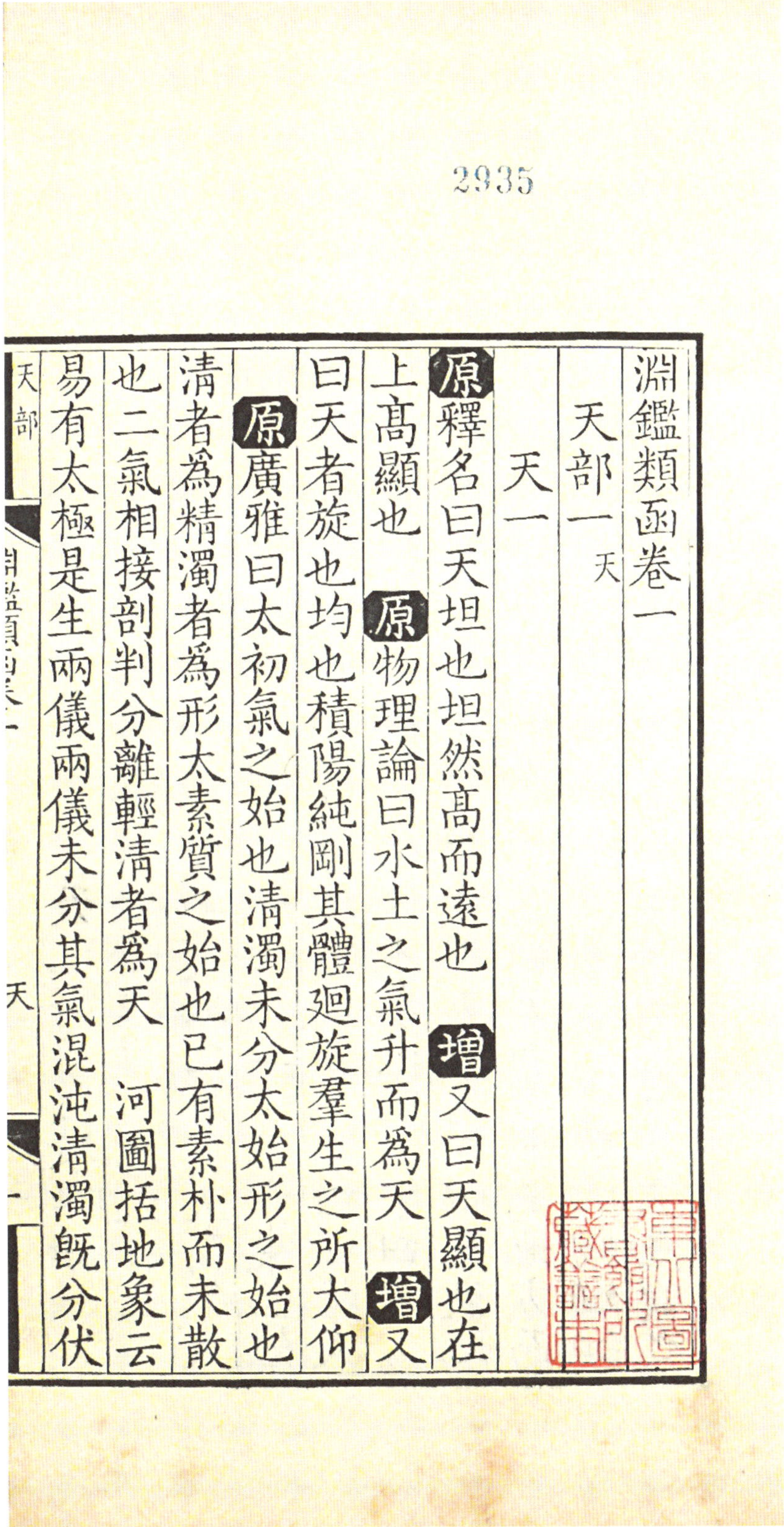

淵鑑類函卷一
天部一　天
天一
原釋名曰天坦也坦然高而遠也　增又曰天顯也在
上高顯也　原物理論曰水土之氣升而爲天　增又
曰天者旋也均也積陽純剛其體迴旋羣生之所大仰
原廣雅曰太初氣之始也清濁未分太始形之始也
清者爲精濁者爲形太素質之始也已有素朴而未散
也二氣相接剖判分離輕清者爲天　河圖括地象云
易有太極是生兩儀兩儀未分其氣混沌清濁既分伏
天部
天
一

10858　淵鑑類函四百五十卷目録四卷　（清）張英等撰　清康熙四十九年（1710）揚州詩局刻本　遼寧省圖書館

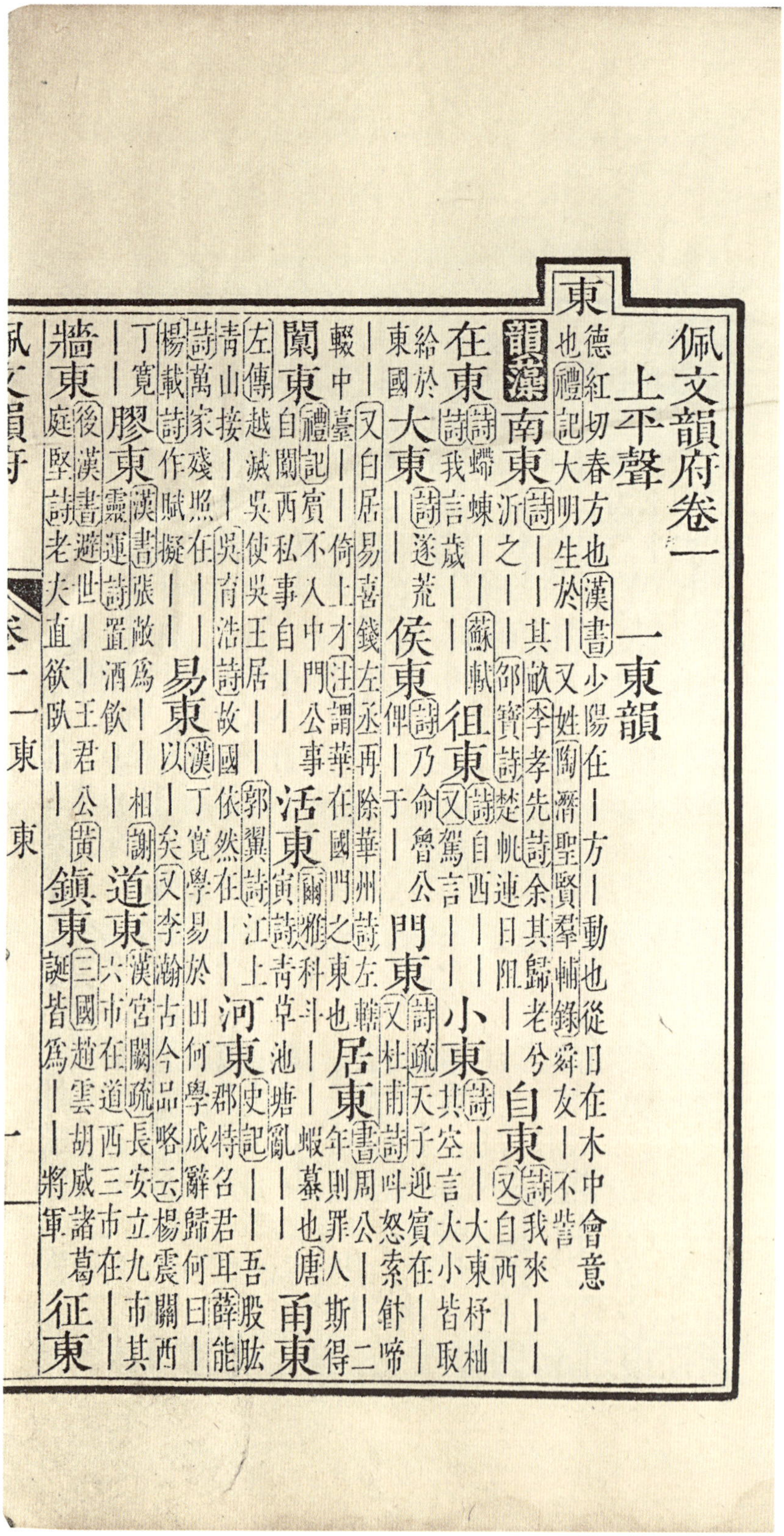

10859　佩文韻府一百六卷　（清）張玉書　蔡昇元等輯　清康熙五十年（1711）揚州詩局刻本　遼寧省圖書館

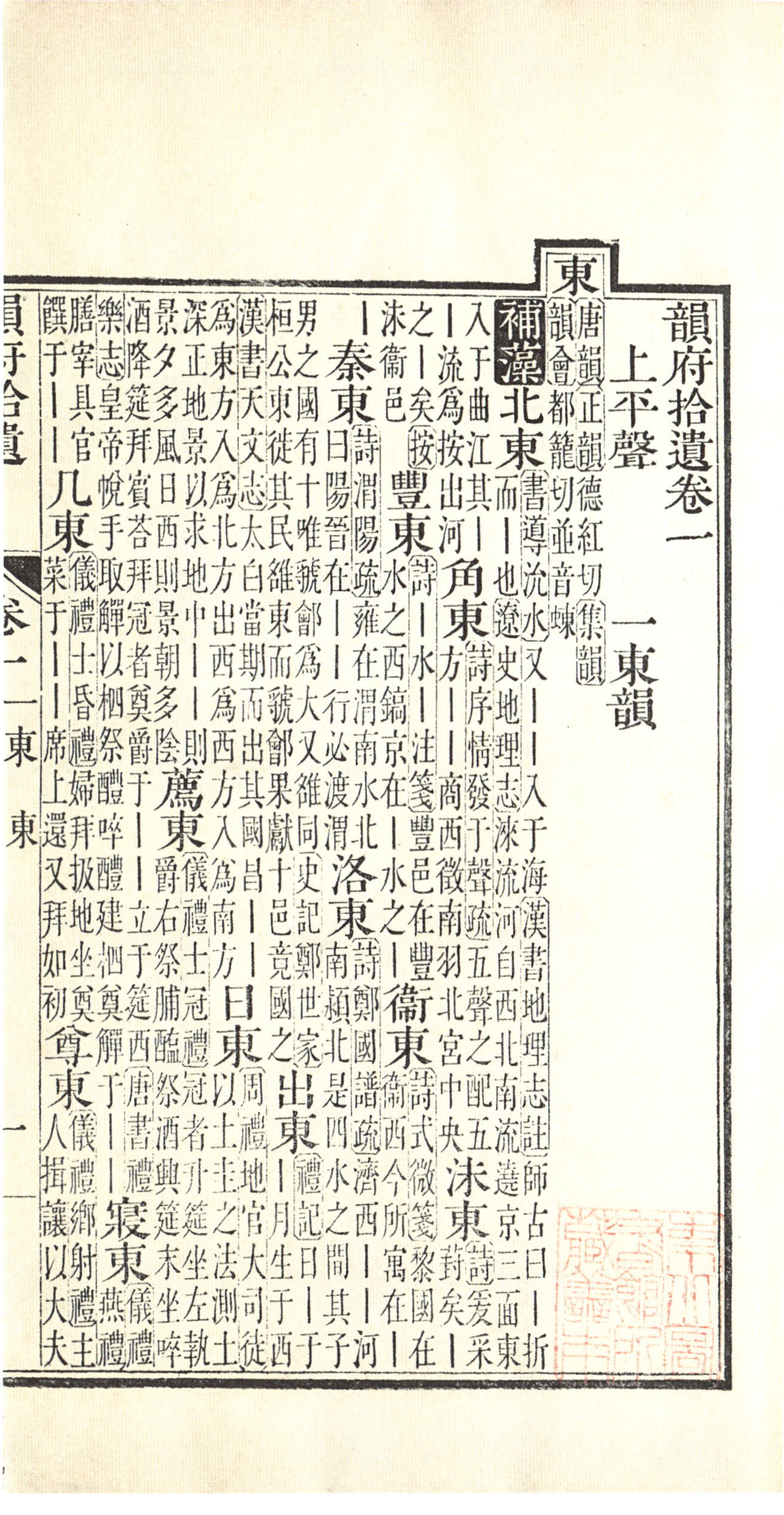
韻府拾遺卷一
上平聲　一東韻
東 唐韻正韻德紅切集韻 韻會都籠切並音蝀
補藻 北東 書導沇水又｜｜入于海漢書地理志註師古曰｜折而｜｜也遼史地理志淶流河自西北南流遶京三面東
入于曲江其｜｜｜流爲按出河 角東 詩序情發于聲疏五聲之配五方｜｜商西徵南羽北宮中央 沬東 詩爰采葑矣｜
之｜矣按沬衛邑 豐東 詩｜水｜｜注箋豐邑在豐水之西鎬京在｜水之｜ 衛東 詩式微箋黎國在衛西今所寓在｜
｜ 秦東 詩渭陽疏雍在渭南水北日陽晉在｜｜行必渡渭 洛東 詩鄭國譜疏濟西｜｜河南潁北是四水之間其子
男之國有十唯虢鄶爲大又雒同史記鄭世家桓公東徙其民雒東而虢鄶果獻十邑竟國之 出東 禮記日｜｜于｜月生于西
漢書天文志太白當期而出其國昌｜｜爲東方入爲北方出西爲西方入爲南方 日東 周禮地官大司徒以土圭之法測土
深正地景以求地中｜｜｜則景夕多風日西則景朝多陰 薦東 儀禮士冠禮冠者升筵坐左執爵右祭脯醢祭酒興筵末坐啐
酒降筵拜賓荅拜冠者奠爵于｜｜立于筵西唐書禮樂志皇帝帨手取觶以柶祭醴啐醴建柶奠觶于｜｜ 寢東 儀禮燕禮
膳宰具官饌于｜｜ 几東 儀禮士昏禮婦拜扱地坐奠菜于｜｜｜席上還又拜如初 尊東 儀禮鄉射禮主人揖讓以大夫
韻府拾遺　卷一　一東　東　一

10860　韻府拾遺一百六卷　（清）張廷玉　汪灝等輯　清康熙五十九年（1720）内府刻本　遼寧省圖書館

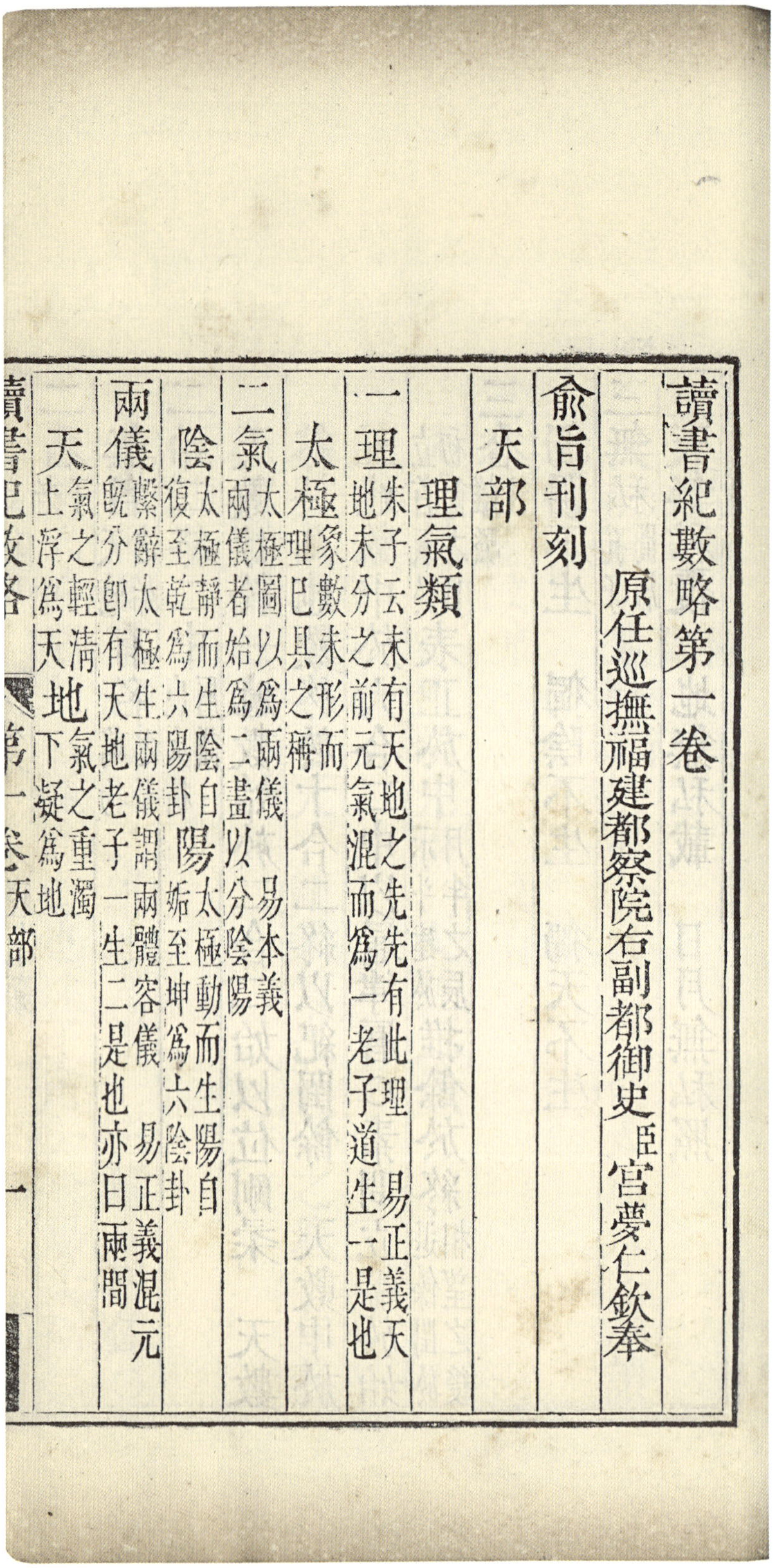
讀書紀數略第一卷
原任巡撫福建都察院右副都御史臣宮夢仁欽奉
諭旨刊刻
天部
理氣類
一理朱子云未有天地之先先有此理易正義天地未分之前元氣混而爲一老子道生一是也
太極象數未形而理已具之稱
二氣太極圖以爲兩儀易本義兩儀者始爲一畫以分陰陽
陰太極靜而生陰自復至乾爲六陽卦陽太極動而生陽自姤至坤爲六陰卦
兩儀繫辭太極生兩儀謂兩體容儀易正義混元既分即有天地老子一生二是也亦曰兩間
天氣之輕清上浮爲天地氣之重濁下凝爲地
讀書紀數略　卷第一　天部　一

10861　讀書紀數略五十四卷　（清）宮夢仁輯　清康熙四十七年（1708）宮夢仁刻進呈本　遼寧省圖書館

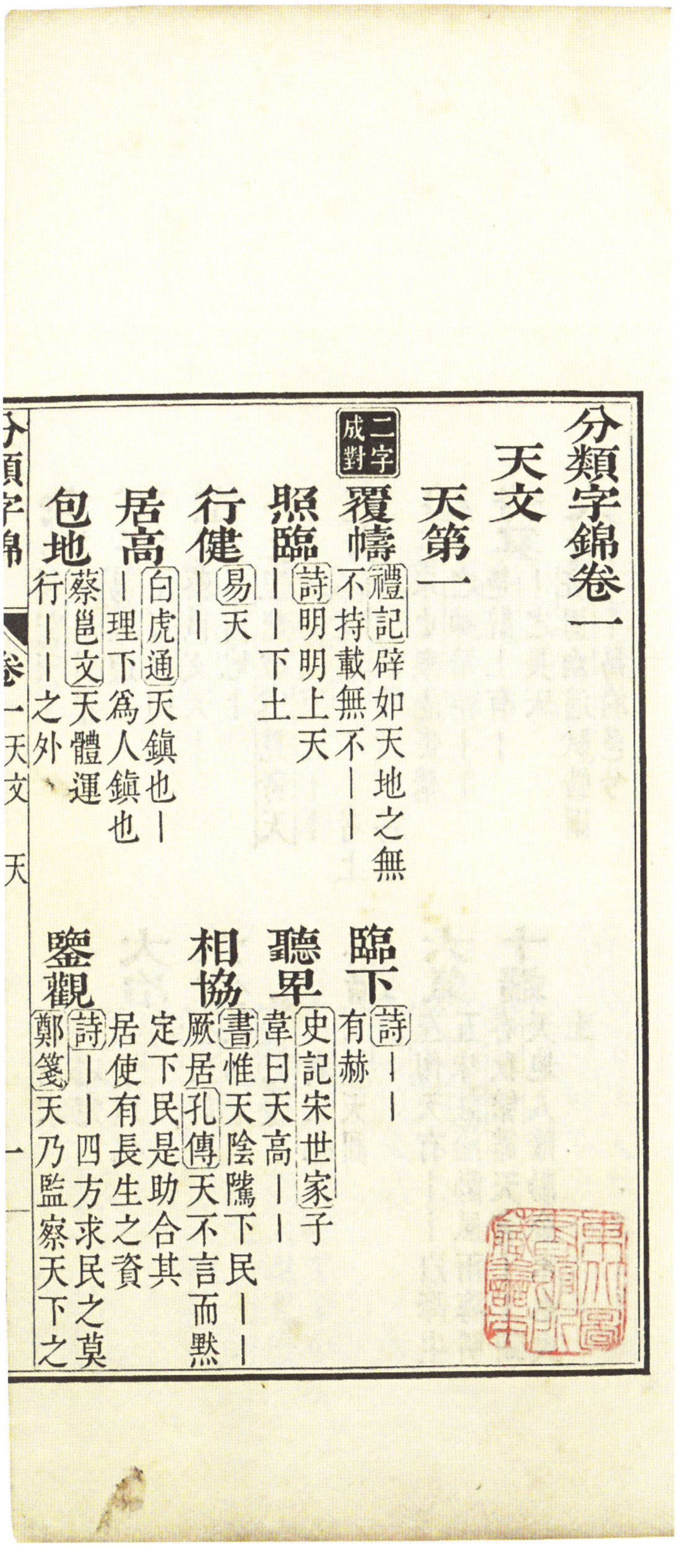

10862 分類字錦六十四卷 （清）何焯等撰 清康熙六十一年（1722）内府刻本 遼寧省圖書館

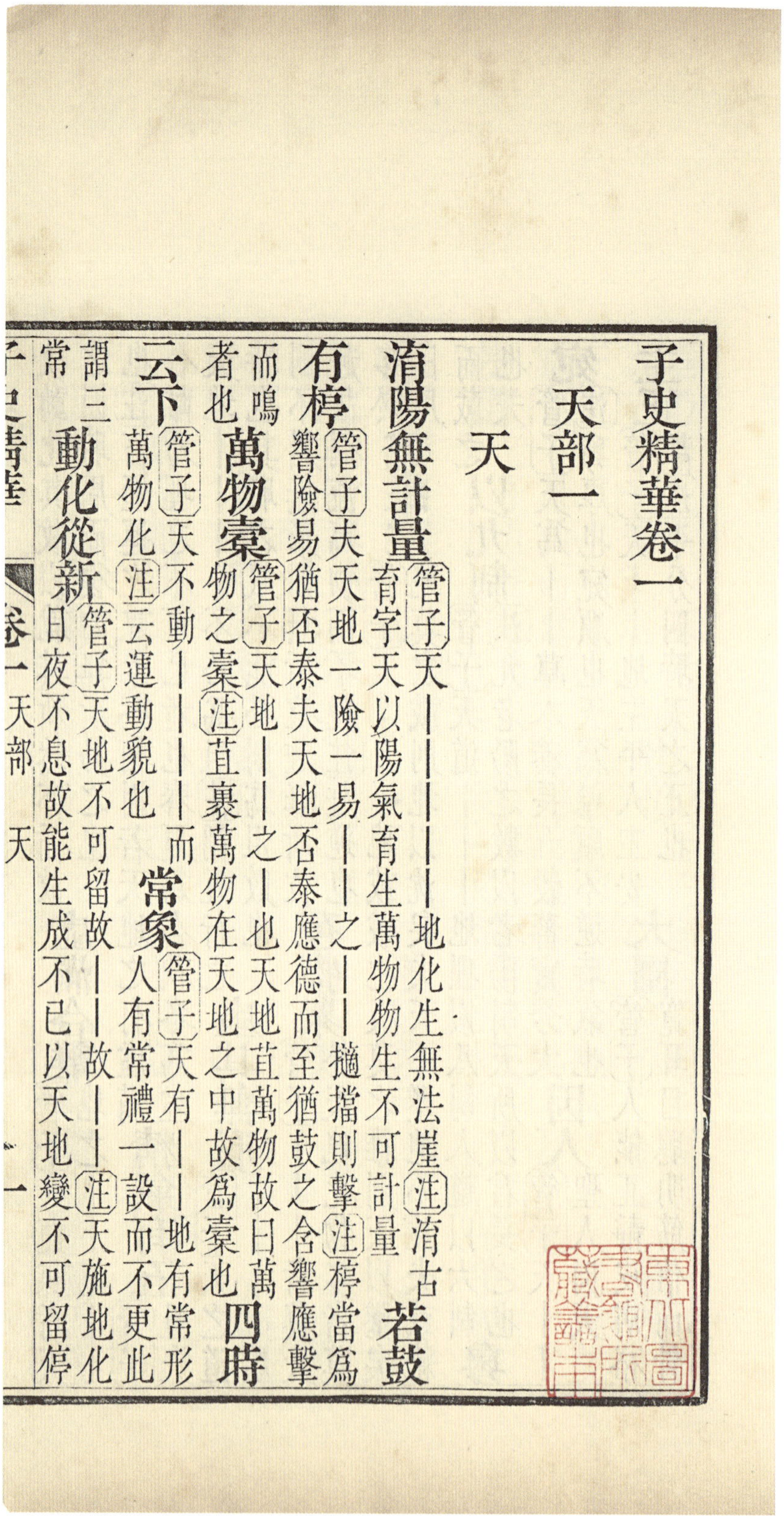

子史精華卷一

天部一

天

清陽無計量管子天｜｜｜｜｜地化生無法崖注湑古育字天以陽氣育生萬物物生不可計量若鼓有桴管子夫天地一險一易｜｜之｜｜擿揣則擊注桴當爲響險易猶否泰夫天地否泰應德而至猶鼓之含響應擊而鳴者也萬物橐管子天地｜｜之｜也天地苴萬物故曰萬物之橐注苴裹萬物在天地之中故爲橐也四時云下管子天不動｜｜｜｜而萬物化注云運動貌也常象管子天有｜｜地有常形人有常禮一設而不更此謂三常動化從新管子天地不可留故｜｜故｜｜注天施地化日夜不息故能生成不已以天地變不可留停

子史精華　卷一　天部　天　一

10863　子史精華一百六十卷　（清）允祿　吴襄等纂　清雍正五年（1727）內府刻本　遼寧省圖書館

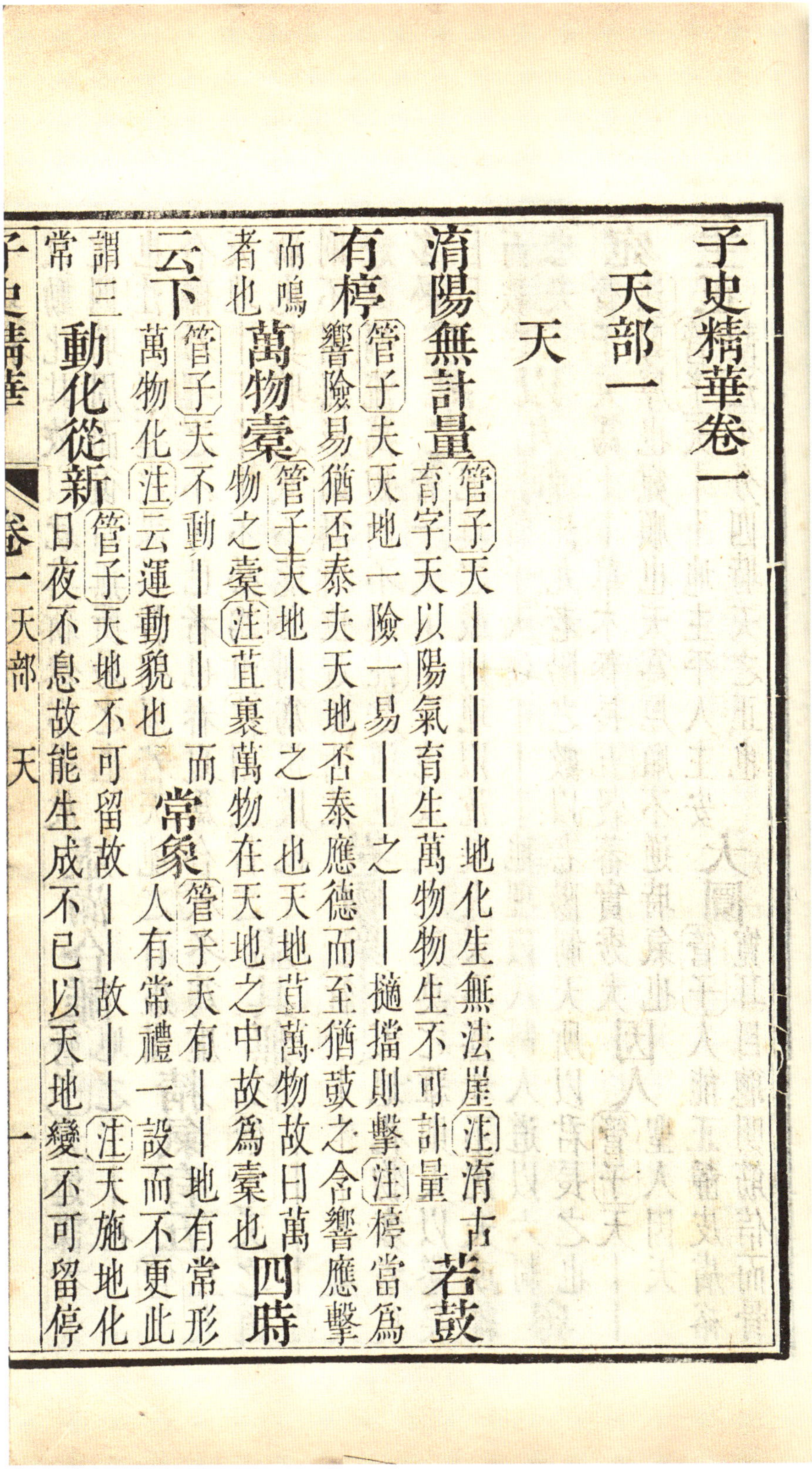
子史精華卷一
天部一
天
淯陽無計量管子天｜｜｜｜｜地化生無法崖注淯古育字天以陽氣育生萬物物生不可計量若鼓
有桴管子夫天地一險一易｜｜之｜｜擿擂則擊注桴當爲響險易猶否泰夫天地否泰應德而至猶鼓之含響應擊而鳴者也萬物橐管子天地｜｜之｜也天地苴萬物故曰萬物之橐注苴裹萬物在天地之中故爲橐也四時
云下管子天不動｜｜｜｜而萬物化注云運動貌也常象管子天有｜｜地有常形人有常禮一設而不更此謂三常動化從新管子天地不可留故｜｜故｜｜注天施地化日夜不息故能生成不已以天地變不可留停
子史精華　卷一　天部　天　一

10864　子史精華一百六十卷　（清）允禄　吴襄等纂　清雍正五年（1727）內府刻本　大連圖書館

天

清陽無計量　育字天以陽氣育生萬物物生不可計量　擿撞則擊注栫當為　地化生無法崖注清古　若鼓

有栫　管子夫天地一險一易│一之│││　響險易猶否泰夫天地否泰應德而至猶鼓之含響應擊　栫當擊注栫當為

而鳴　管子天地│││之│也天地苴襄萬物故曰萬　萬物臺注苴襄萬物在天地之中故為臺也　四時

者也　萬物臺注苴襄

云下　管子天不動│││而│││　地有常形　常象

謂三　萬物化注云運動貌也　注人有常禮一設而不更此

動化從新　管子天地不可留故│││故│││　注天施地化

常　日夜不息故能生成不已以天地變不可留停

子史精華　卷一　天部　天　一

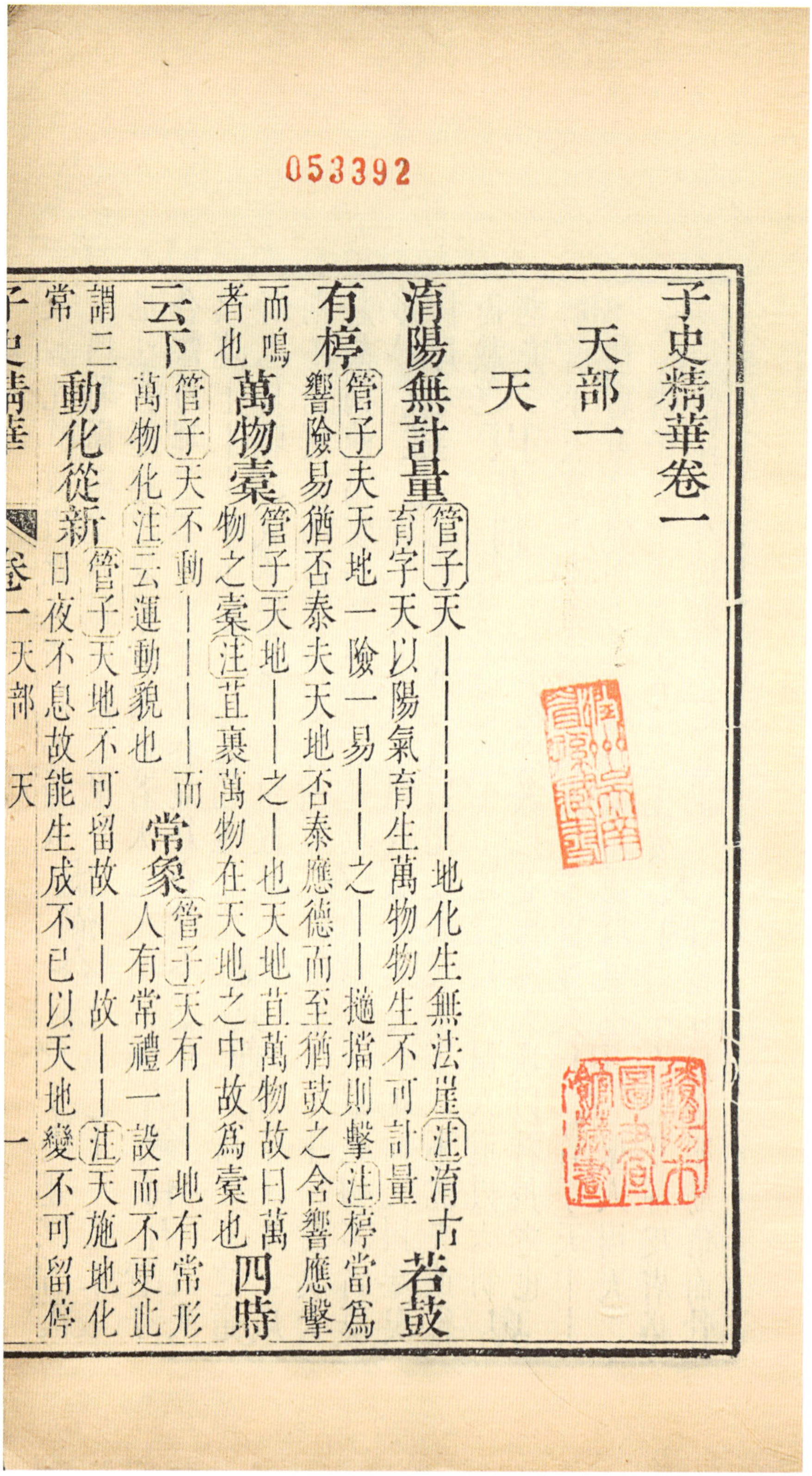

10865　子史精華一百六十卷　〔清〕允禄　吴襄等纂　清雍正五年（1727）

内府刻本　遼陽市圖書館

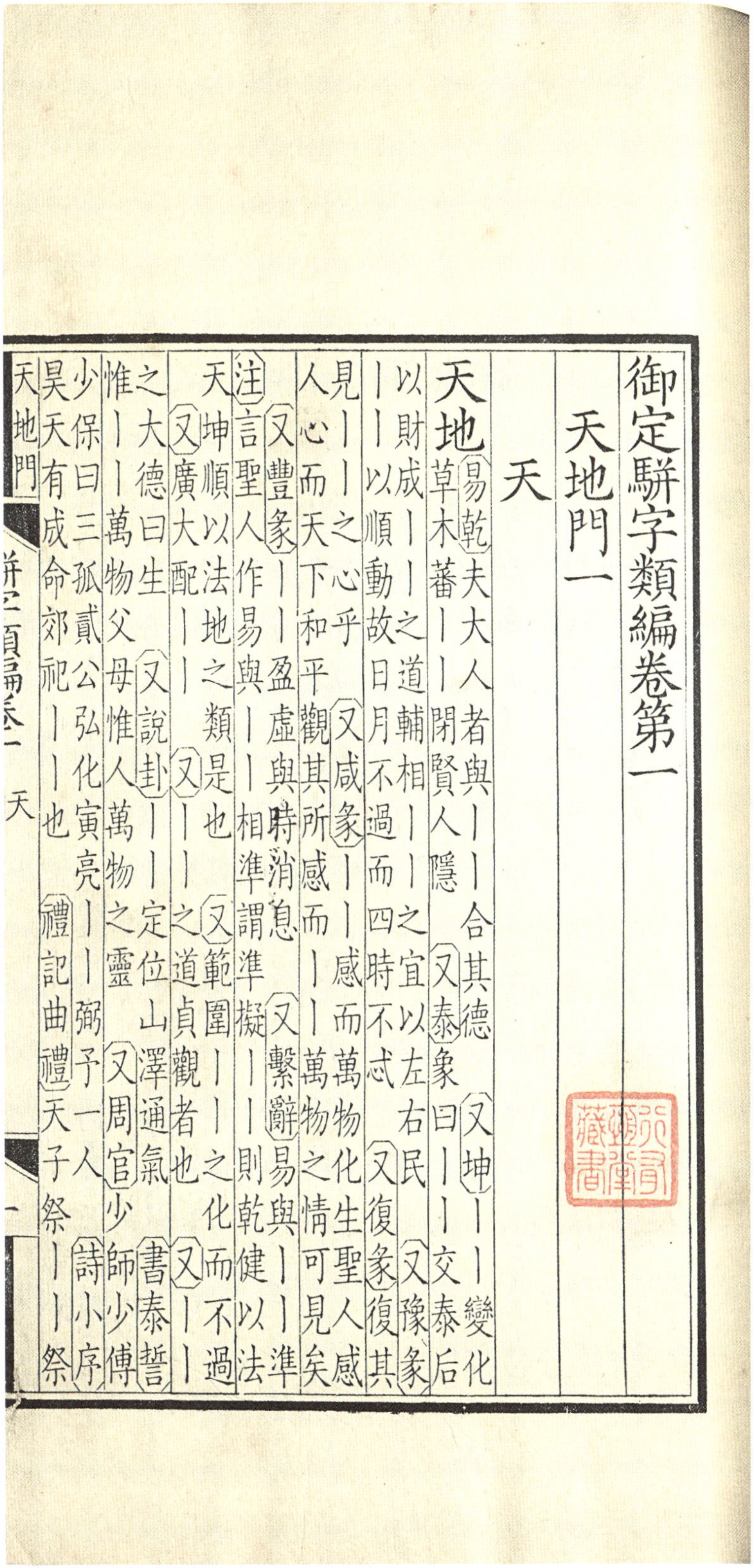

御定駢字類編卷第一

天地門一

天

天地易乾夫大人者與｜｜合其德又坤｜｜變化草木蕃｜｜閉賢人隱又泰象曰｜｜交泰后以財成｜｜之道輔相｜｜之宜以左右民又豫象｜｜以順動故日月不過而四時不忒又復象復其見｜｜之心乎又咸象｜｜感而萬物化生聖人感人心而天下和平觀其所感而｜｜萬物之情可見矣又豐象｜｜盈虛與時消息又繫辭易與｜｜準注言聖人作易與｜｜相準謂準擬｜｜則乾健以法天坤順以法地之類是也又｜｜之化而不過又廣大配｜｜又｜｜之道貞觀者也又｜｜之大德曰生又說卦｜｜定位山澤通氣書泰誓惟｜｜萬物父母惟人萬物之靈又周官少師少傅少保曰三孤貳公弘化寅亮｜｜弼予一人詩小序昊天有成命郊祀｜｜也禮記曲禮天子祭｜｜祭

天地門　駢字類編卷一　天　一

10866　御定駢字類編二百四十卷　（清）沈宗敬等輯　清雍正六年（1728）內府刻本　遼寧省圖書館

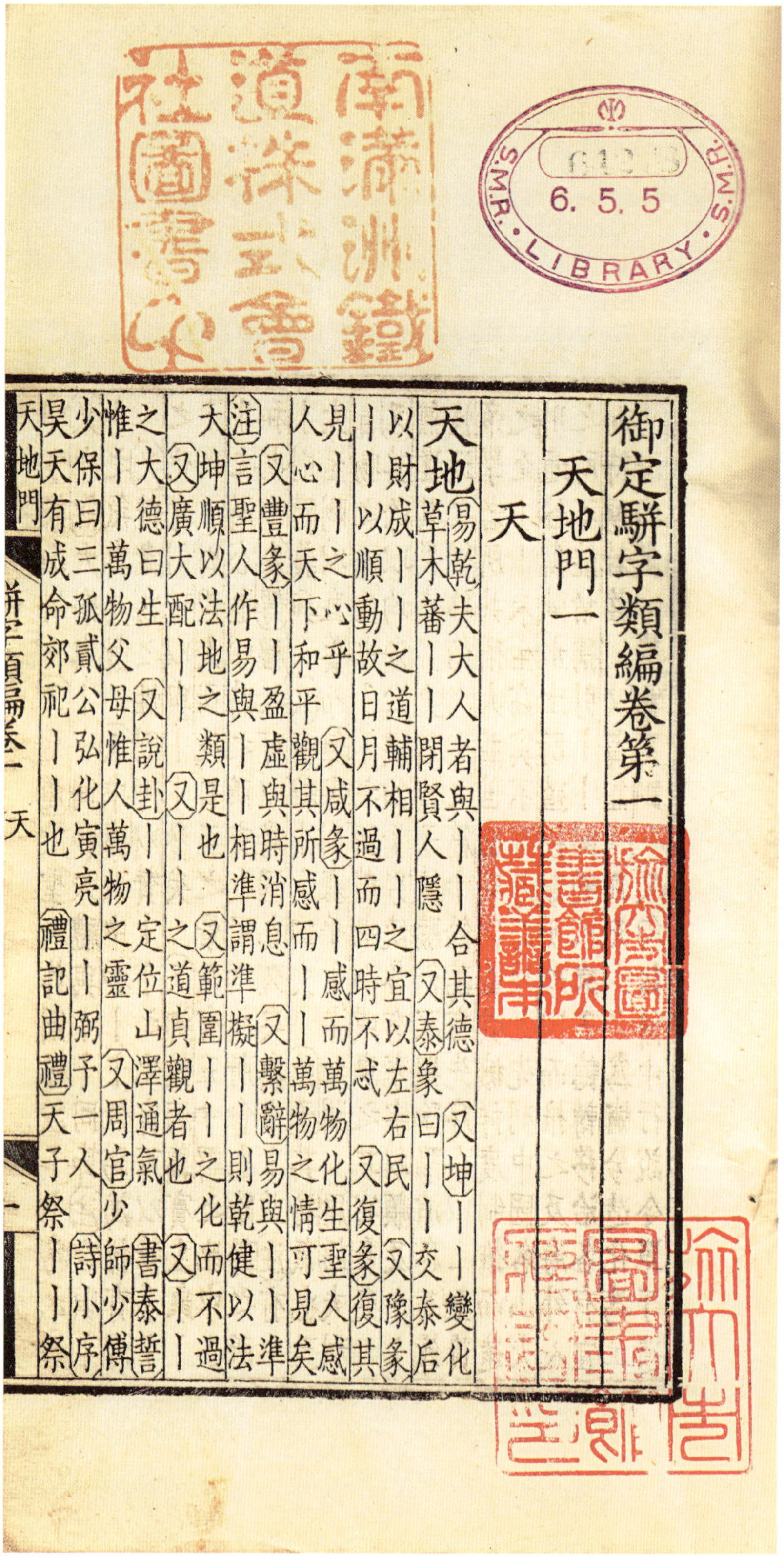

10867　御定駢字類編二百四十卷　（清）沈宗敬等輯　清雍正六年（1728）內府刻本　大連圖書館

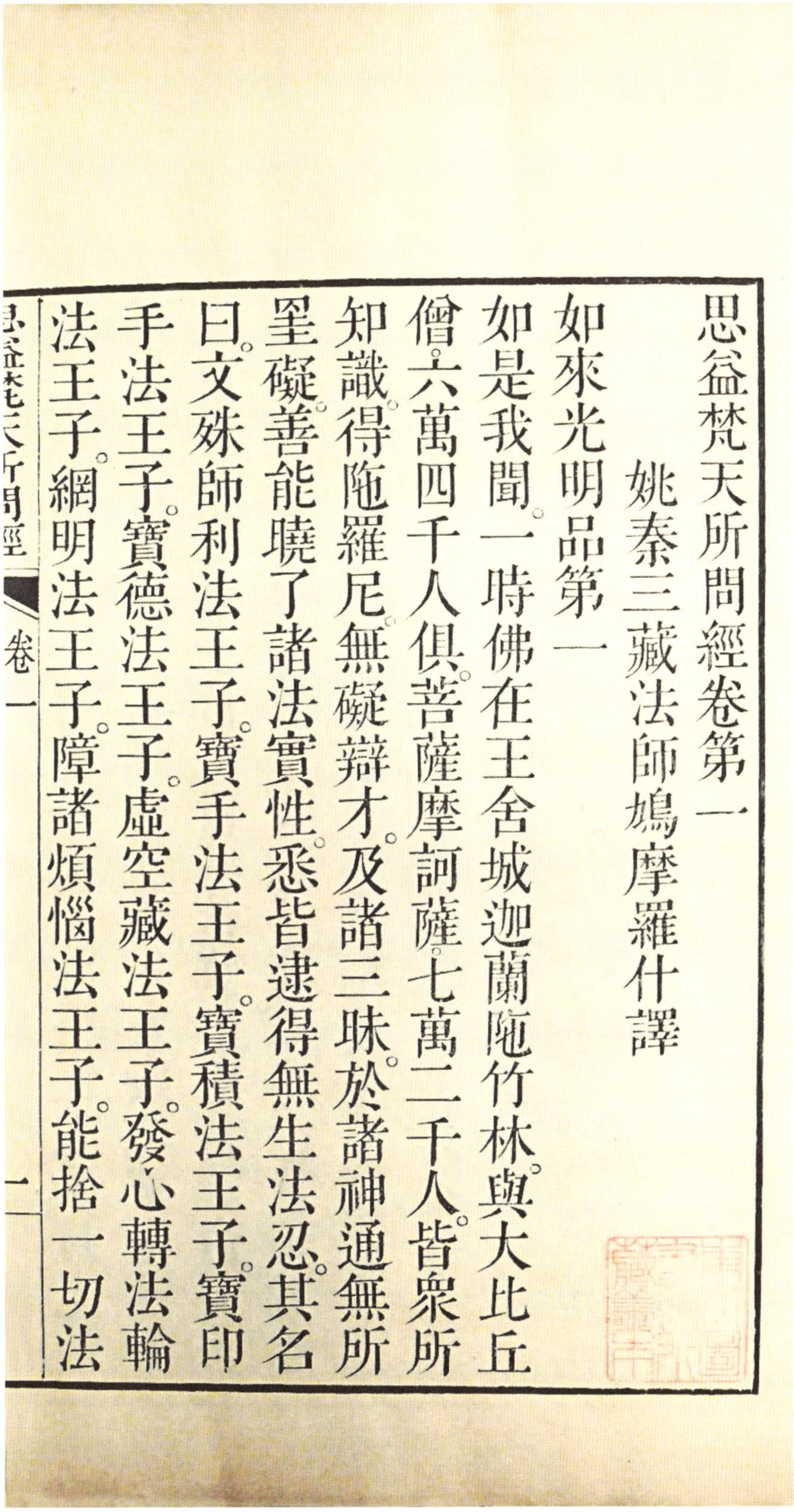

思益梵天所問經卷第一

姚秦三藏法師鳩摩羅什譯

如來光明品第一

如是我聞一時佛在王舍城迦蘭陁竹林與大比丘
僧六萬四千人俱菩薩摩訶薩七萬二千人皆衆所
知識得陁羅尼無礙辯才及諸三昧於諸神通無所
罣礙善能曉了諸法實性悉皆逮得無生法忍其名
曰文殊師利法王子寶手法王子寶積法王子寶印
手法王子寶德法王子虛空藏法王子發心轉法輪
法王子網明法王子障諸煩惱法王子能捨一切法

思益梵天所問經 卷一 一

10868　二十八經同函一百四十七卷　清雍正十三年（1735）內府刻本

遼寧省圖書館

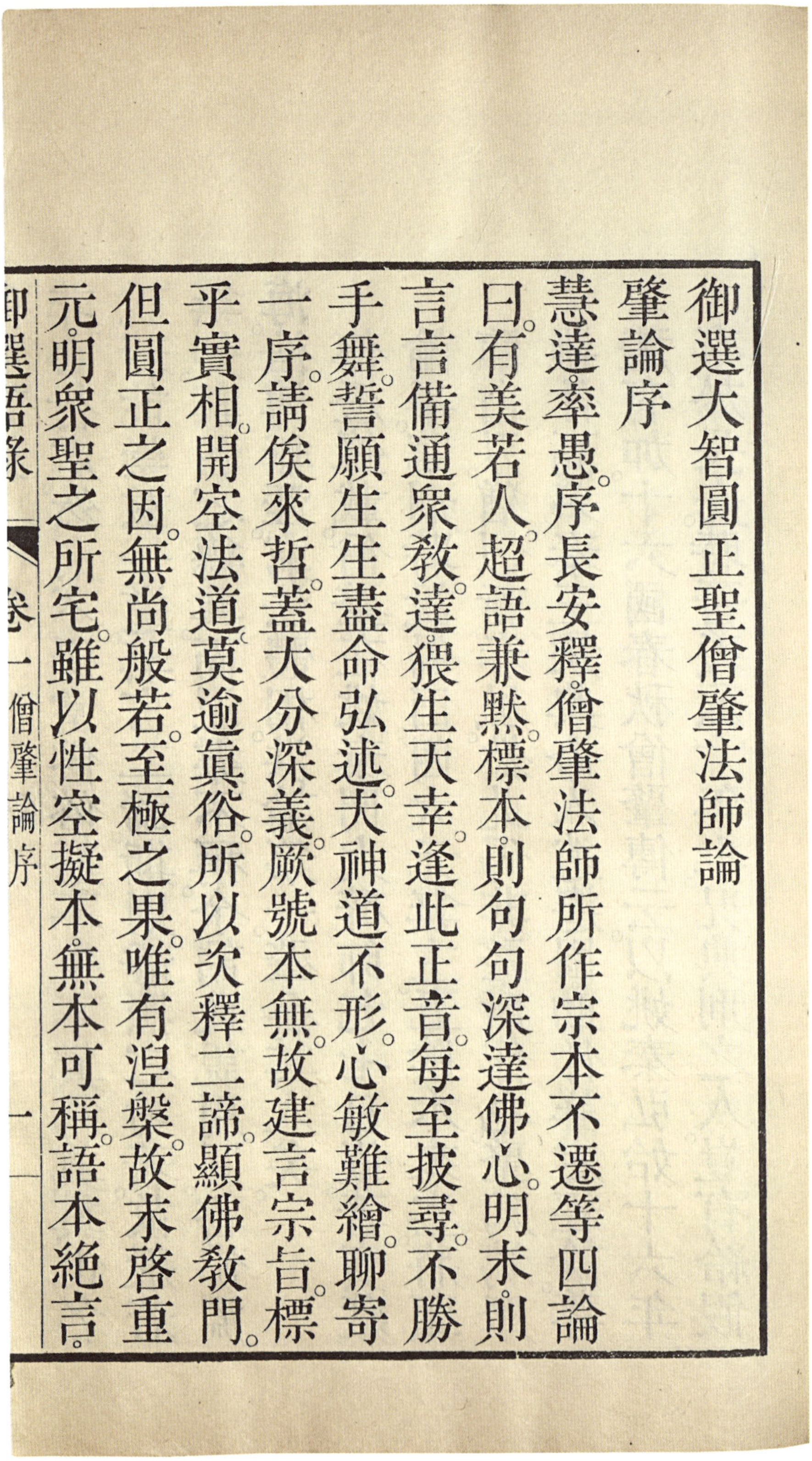
御選大智圓正聖僧肇法師論
肇論序
慧達率愚序長安釋僧肇法師所作宗本不遷等四論
曰有美若人超語兼默標本則句句深達佛心明末則
言言備通衆教達猥生天幸逢此正音每至披尋不勝
手舞誓願生生盡命弘述夫神道不形心敏難繪聊寄
一序請俟來哲蓋大分深義厥號本無故建言宗旨標
乎實相開空法道莫逾眞俗所以次釋二諦顯佛教門
但圓正之因無尚般若至極之果唯有涅槃故末啓重
元明衆聖之所宅雖以性空擬本無本可稱語本絕言
御選語録　卷一　僧肇論序　一

10869　御選語録十九卷　（清）世宗胤禛選　清雍正十一年（1733）内府刻本　遼寧省圖書館

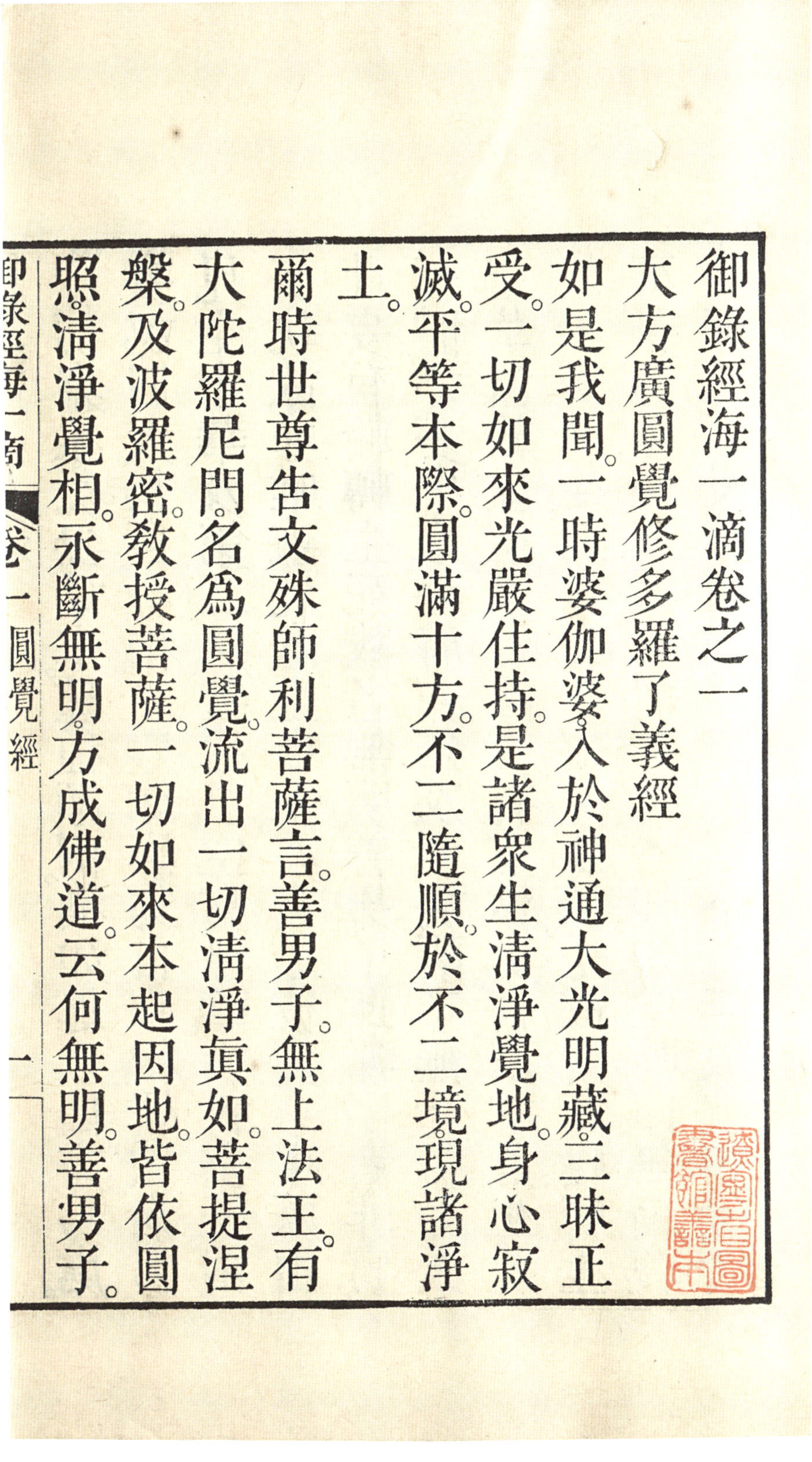
御錄經海一滴卷之一
大方廣圓覺修多羅了義經
如是我聞。一時婆伽婆。入於神通大光明藏。三昧正受。一切如來光嚴住持。是諸衆生清淨覺地。身心寂滅。平等本際。圓滿十方。不二隨順。於不二境。現諸淨土。
爾時世尊告文殊師利菩薩言。善男子。無上法王。有大陀羅尼門。名爲圓覺。流出一切清淨眞如。菩提涅槃及波羅密。教授菩薩。一切如來本起因地。皆依圓照。清淨覺相。永斷無明。方成佛道。云何無明。善男子。

御錄經海一滴　卷一　圓覺經　一

10870　御錄經海一滴六卷　（清）世宗胤禛撰　清雍正十三年（1735）內府刻本　遼寧省圖書館

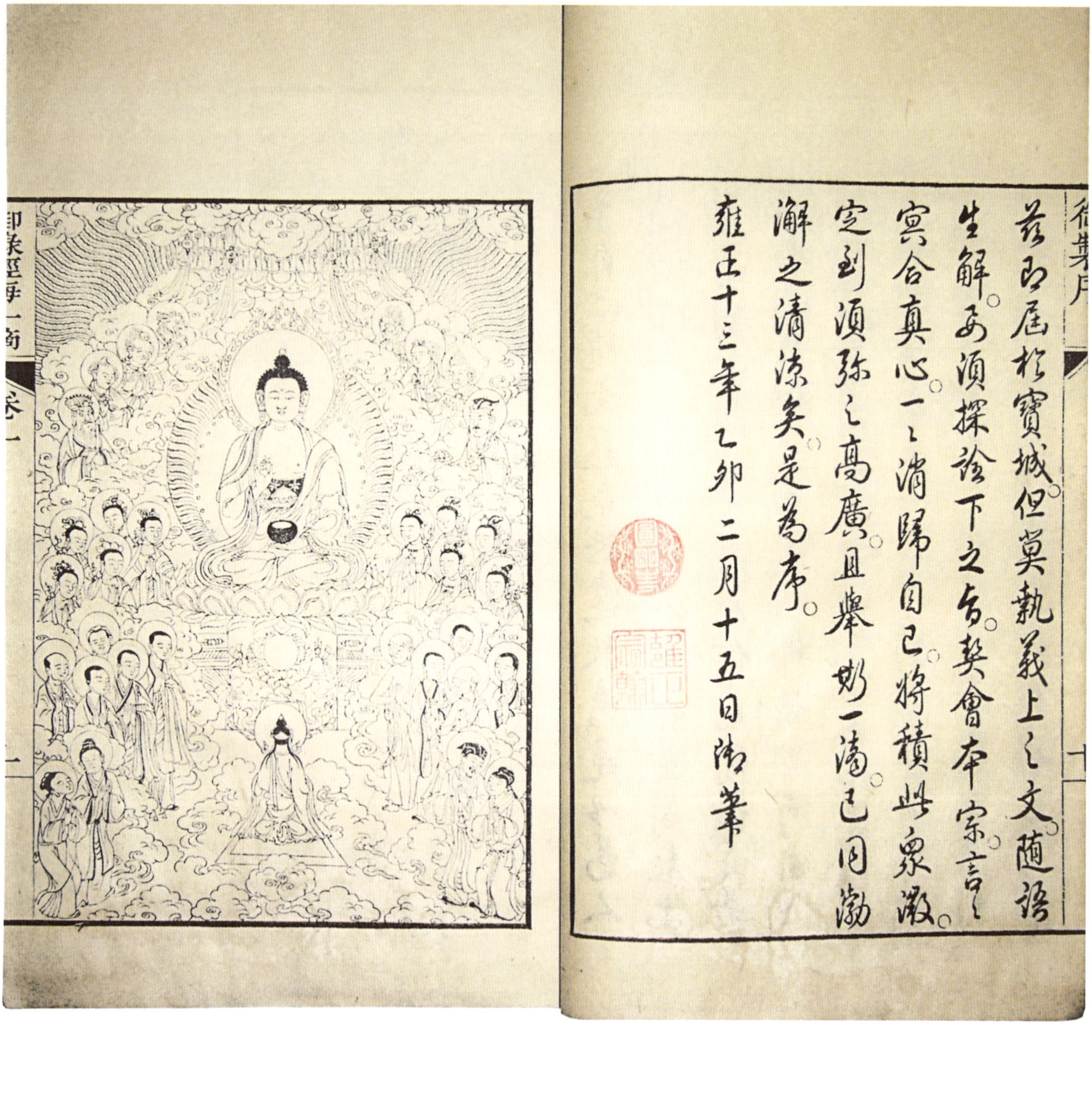

御製序

菩提居於寶城但莫執義上之文隨語生解。亦須探驪下之旨契會本宗言言冥合真心。一一消歸自己。將積此衆滴定到須彌之高廣。且舉此一滴已同渤澥之清涼矣。是爲序。

雍正十三年乙卯二月十五日御筆

御錄經海一滴 卷一

10871　御錄經海一滴六卷　（清）世宗胤禛撰　清雍正十三年（1735）内府刻本　瀋陽故宫博物院

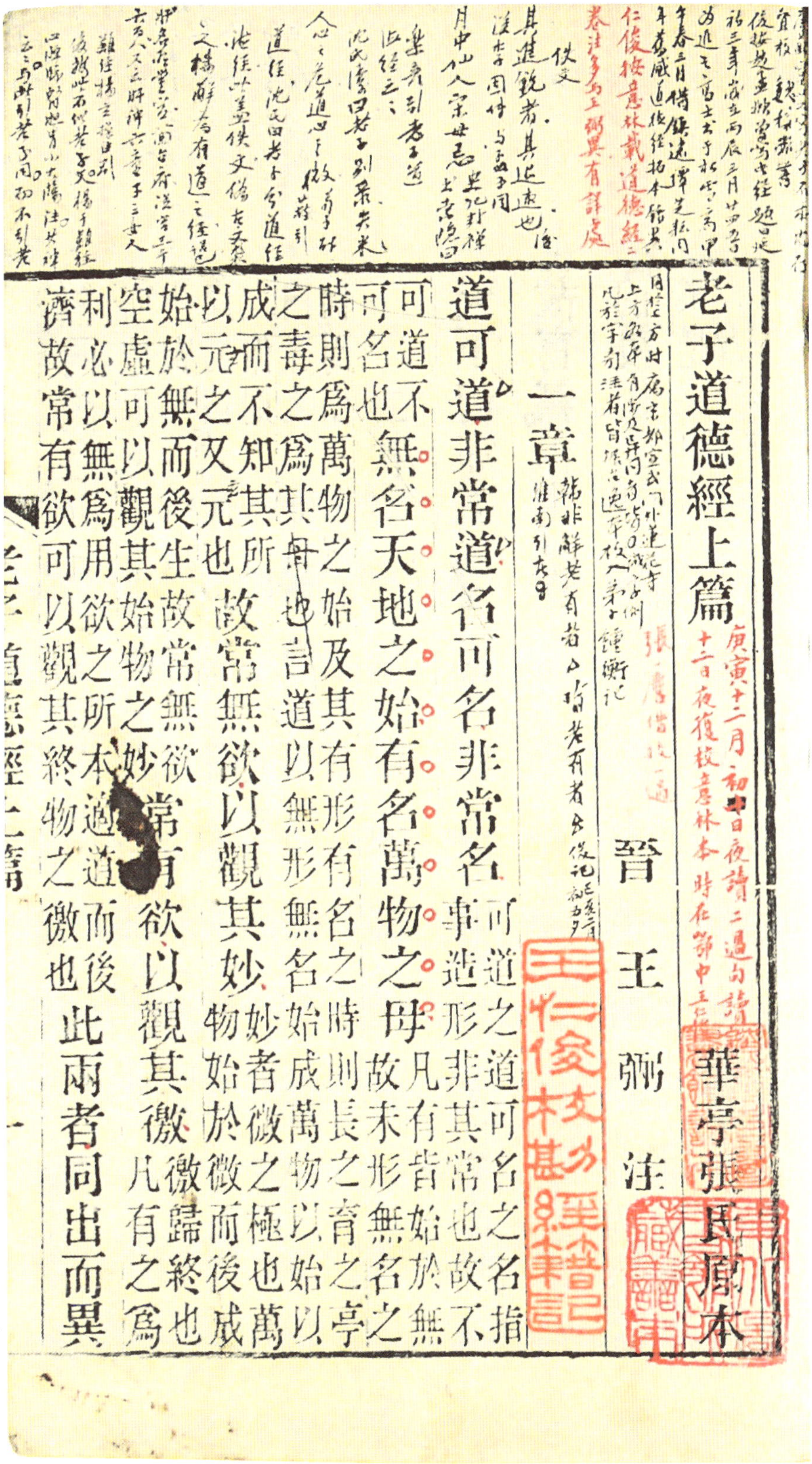

老子道德經上篇

華亭張氏原本

晉 王弼 注

一章

道可道非常道名可名非常名 可道之道可名之名指事造形非其常也故不可道不可名也 無名天地之始有名萬物之母 凡有皆始於無故未形無名之時則爲萬物之始及其有形有名之時則長之育之亭之毒之爲其母也言道以無形無名始成萬物以始以成而不知其所以然元之又元也 故常無欲以觀其妙 妙者微之極也萬物始於微而後成始於無而後生故常無欲空虛可以觀其始物之妙 常有欲以觀其徼 徼歸終也凡有之爲利必以無爲用欲之所本適道而後濟故常有欲可以觀其終物之徼也 此兩者同出而異

老子道德經上篇 一

10872 老子道德經二卷附老子道經音義老子德經音義 （晋）王弼注 清光緒元年（1875）浙江書局刻王仁俊批校本 遼寧省圖書館

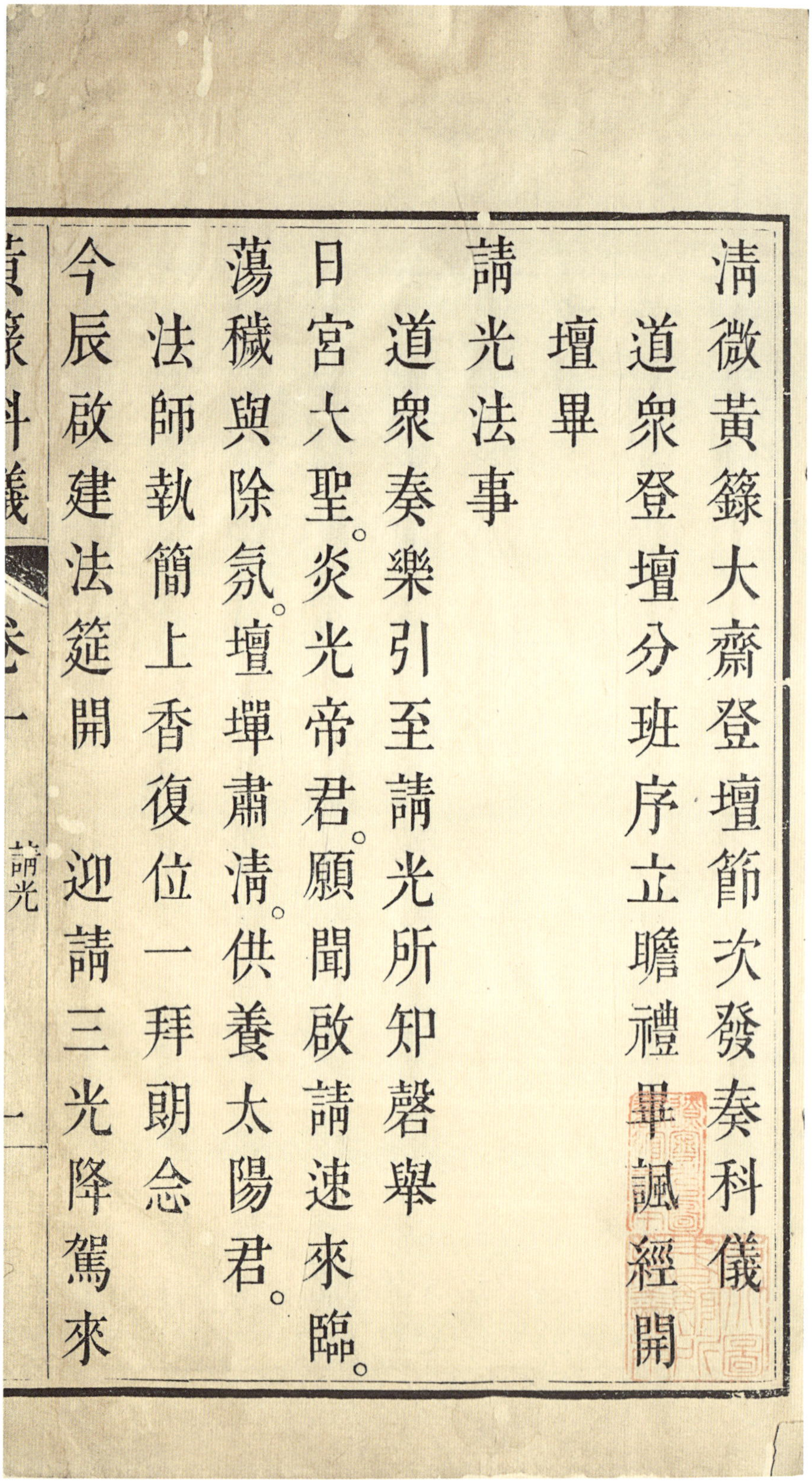
清微黃籙大齋登壇節次發奏科儀
道衆登壇分班序立瞻禮畢諷經開
壇畢
請光法事
道衆奏樂引至請光所知磬舉
日宮大聖。炎光帝君。願聞啓請速來臨。
蕩穢與除氛。壇墠肅清。供養太陽君。
法師執簡上香復位一拜朗念
今辰啓建法筵開　迎請三光降駕來
黃籙科儀　卷一　請光　一

10873　黃籙科儀十二卷　（清）婁近垣輯　清乾隆十五年（1750）弘晝刻朱墨套印本　遼寧省圖書館

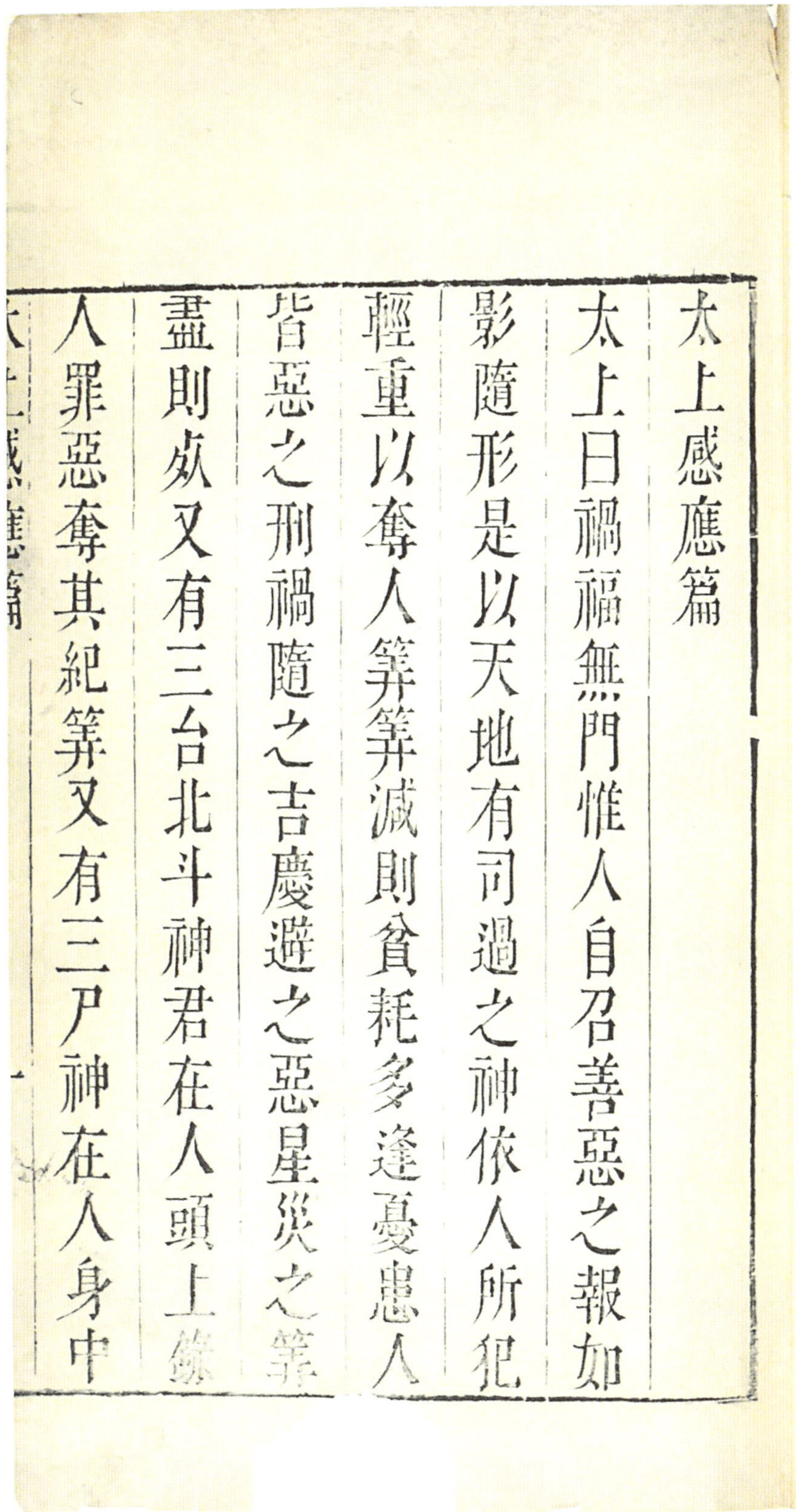

太上感應篇

太上曰禍福無門惟人自召善惡之報如
影隨形是以天地有司過之神依人所犯
輕重以奪人筭筭減則貧耗多逢憂患人
皆惡之刑禍隨之吉慶避之惡星災之筭
盡則死又有三台北斗神君在人頭上錄
人罪惡奪其紀筭又有三尸神在人身中

太上感應篇　一

10874　太上感應篇圖說八卷　（清）許瓚曾輯　清順治十四年（1657）刻本　遼寧省圖書館

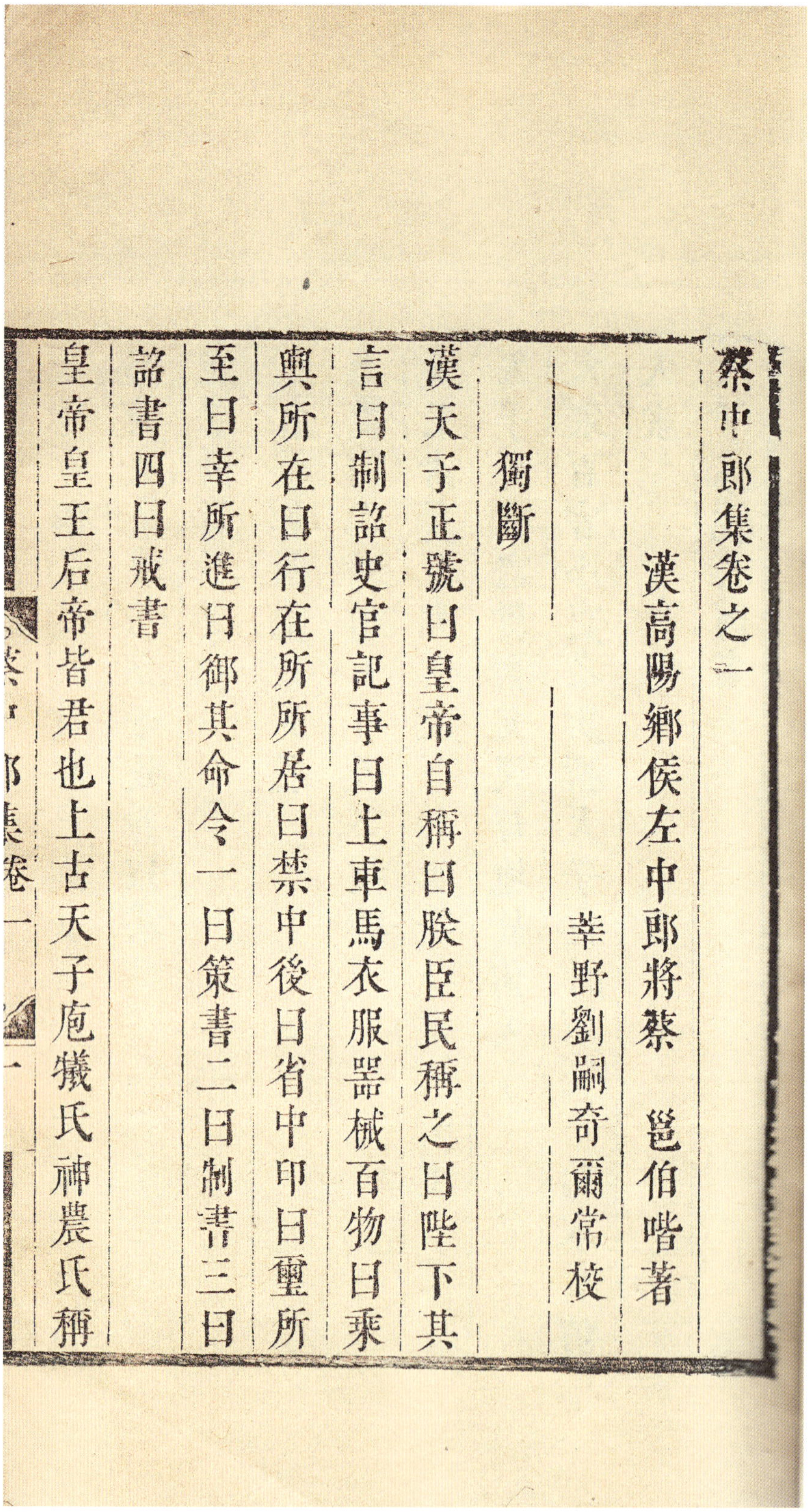
蔡中郎集卷之一
漢高陽鄉侯左中郎將蔡　邕伯喈著
莘野劉嗣奇爾常校
獨斷
漢天子正號曰皇帝自稱曰朕臣民稱之曰陛下其
言曰制詔史官記事曰上車馬衣服器械百物曰乘
輿所在曰行在所所居曰禁中後曰省中印曰璽所
至曰幸所進曰御其命令一曰策書二曰制書三曰
詔書四曰戒書
皇帝皇王后帝皆君也上古天子庖犧氏神農氏稱

10875　蔡中郎集六卷　（漢）蔡邕撰　清康熙劉嗣奇刻本　羅以智校并跋　羅繼祖跋　大連圖書館

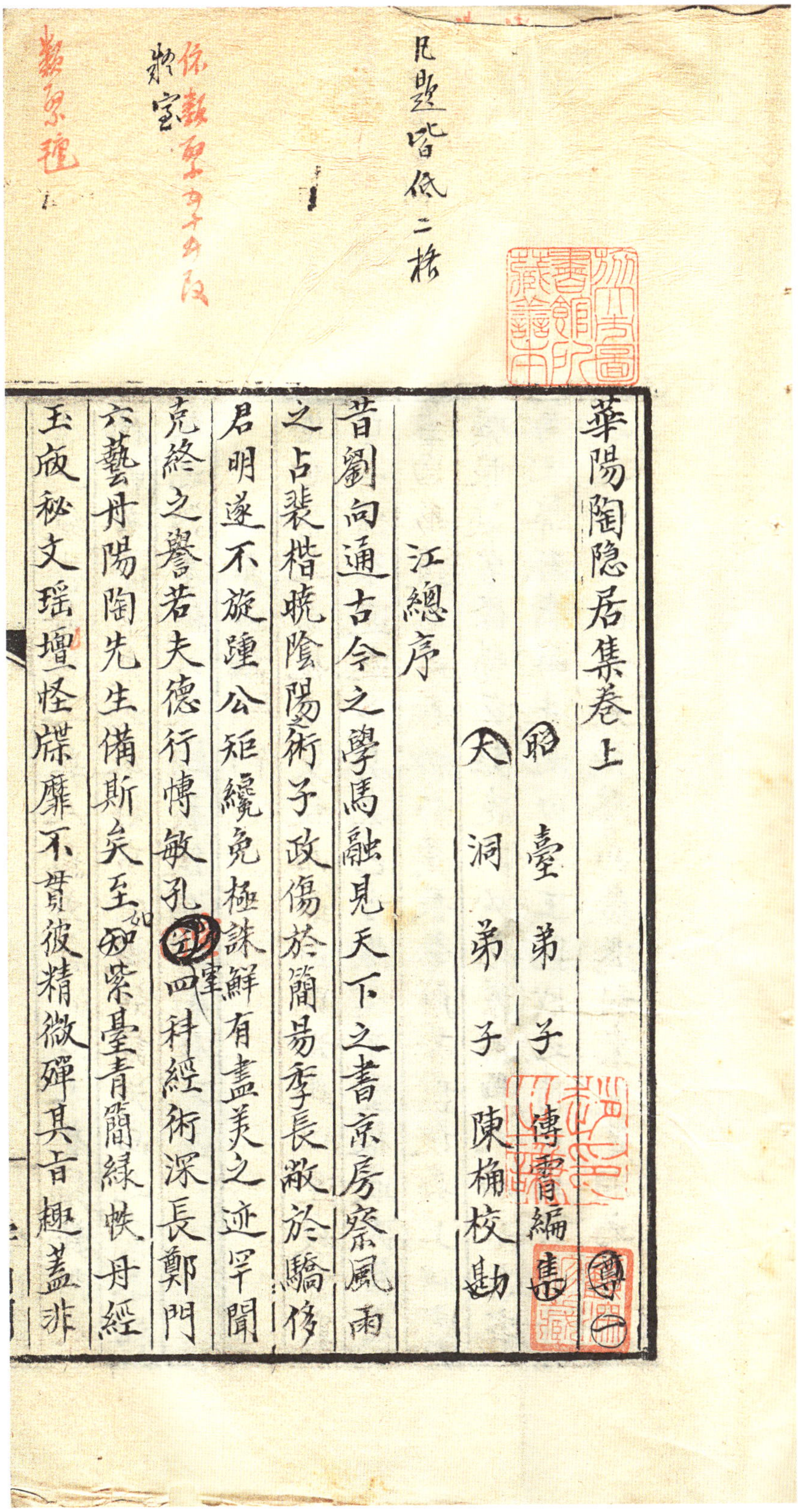

華陽陶隱居集卷上

昭臺弟子傅霄編集

天洞弟子陳楠校勘

江總序

昔劉向通古今之學馬融見天下之書京房察風雨之占裴楷曉陰陽術子政傷於簡易季長黻於驕侈君明遂不旋踵公矩纔免極誅鮮有盡美之迹罕聞克終之譽若夫德行博敏孔[illegible]四科經術深長鄭門六藝丹陽陶先生備斯矣至如紫臺青簡綠帙丹經玉庋秘文瑶壇怪牒靡不貫彼精微殫其旨趣蓋非

10876　華陽陶隱居集二卷　（南朝梁）陶弘景撰　清抄本　大連圖書館

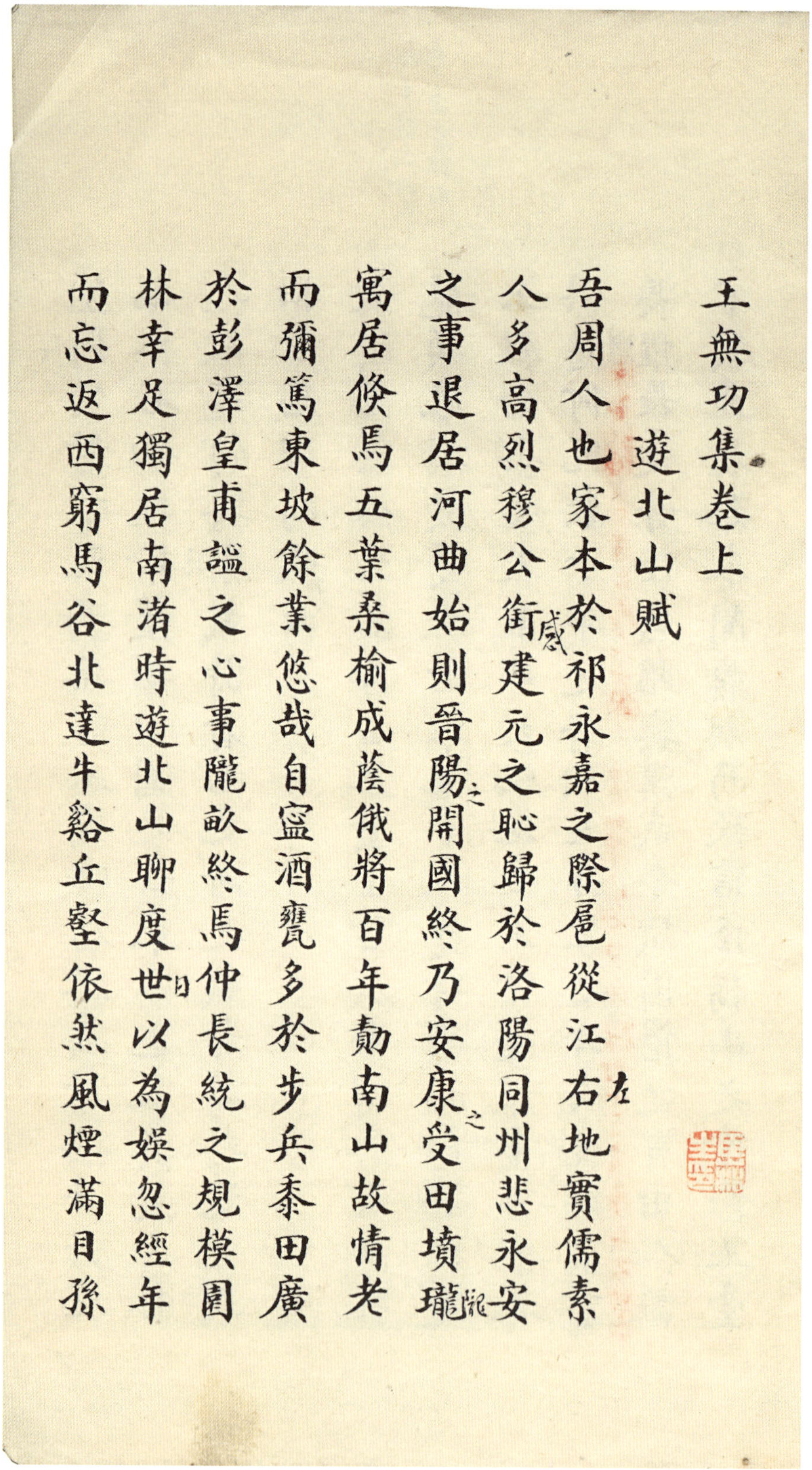

王無功集卷上

遊北山賦

吾周人也家本於祁永嘉之際扈從江右(左)地實儒素
人多高烈穆公銜(感)建元之恥歸於洛陽同州悲永安
之事退居河曲始則晉陽(之)開國終乃安康(之)受田墳瓏(隴)
寓居倏馬五葉桑榆成蔭俄將百年勳南山故情老
而彌篤東坡餘業悠哉自盜酒甕多於步兵黍田廣
於彭澤皇甫謐之心事壟畝終焉仲長統之規模園
林幸足獨居南渚時遊北山聊度世(日)以為娛忽經年
而忘返西窮馬谷北達牛谿丘壑依然風煙滿目孫

10877　王無功集二卷補遺一卷　（唐）王績撰　清光緒十八年（1892）抄本　大連圖書館

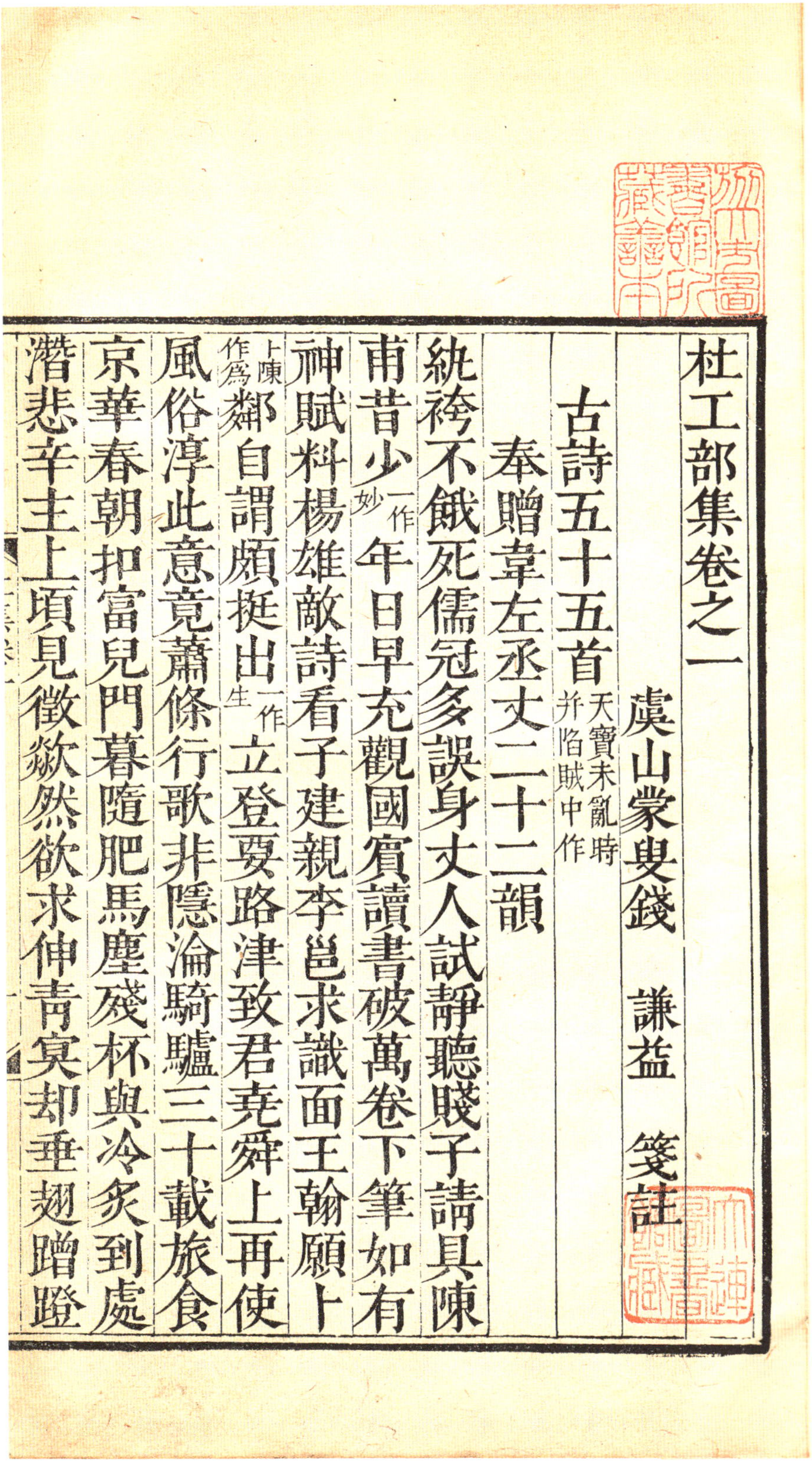

杜工部集卷之一

虞山蒙叟錢　謙益　箋注

古詩五十五首天寶未亂時并陷賊中作

奉贈韋左丞丈二十二韻

紈袴不餓死儒冠多誤身丈人試靜聽賤子請具陳甫昔少一作妙年日早充觀國賓讀書破萬卷下筆如有神賦料楊雄敵詩看子建親李邕求識面王翰願卜上陳作爲鄰自謂頗挺出一作生立登要路津致君堯舜上再使風俗淳此意竟蕭條行歌非隱淪騎驢三十載旅食京華春朝扣富兒門暮隨肥馬塵殘杯與冷炙到處潛悲辛主上頃見徵欻然欲求伸青冥却垂翅蹭蹬

10878　杜工部集二十卷　（唐）杜甫撰　（清）錢謙益箋注　清康熙六年（1667）季振宜静思堂刻本　大連圖書館

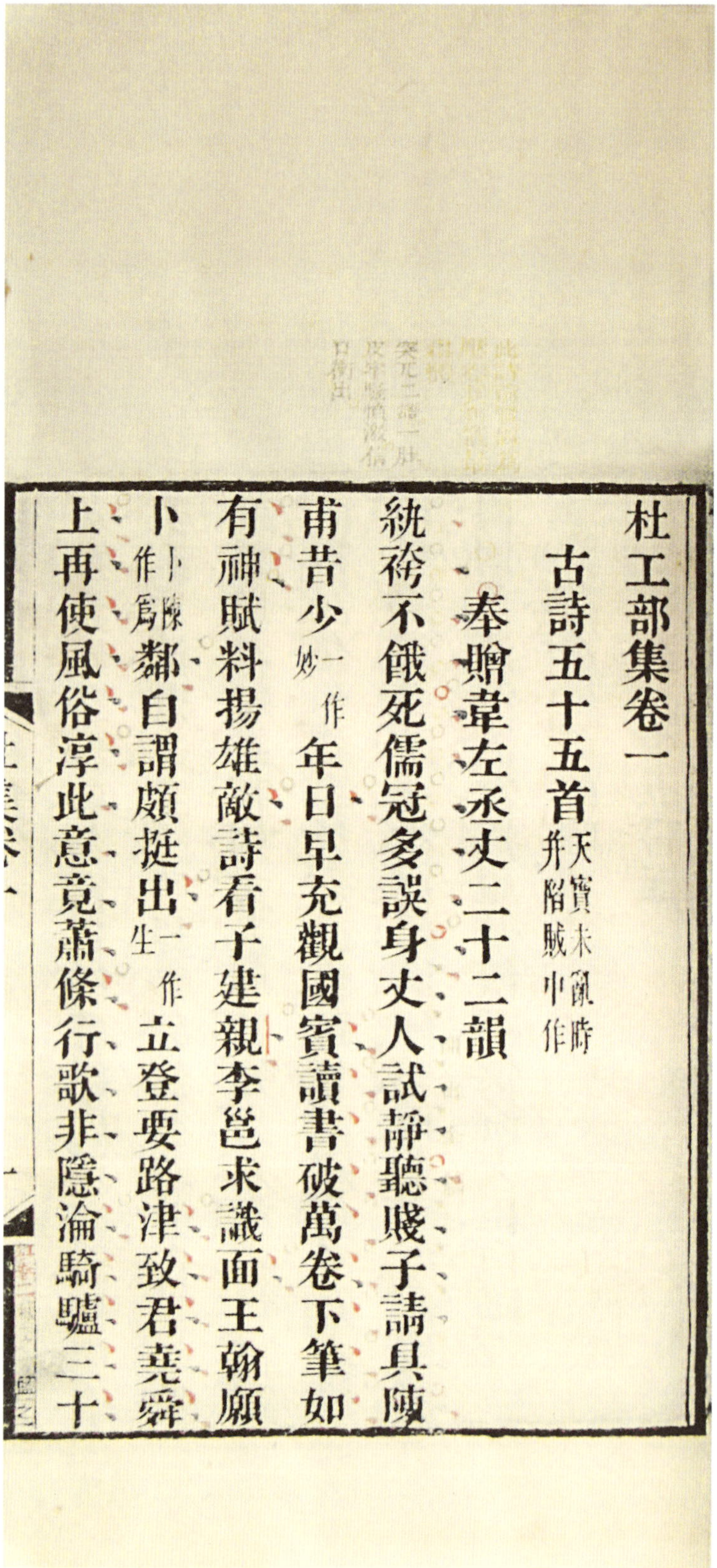
杜工部集卷一
古詩五十五首天寶未亂時并陷賊中作
奉贈韋左丞丈二十二韻
紈袴不餓死儒冠多誤身丈人試靜聽賤子請具陳
甫昔少一作妙年日早充觀國賓讀書破萬卷下筆如
有神賦料揚雄敵詩看子建親李邕求識面王翰願
卜卜隣作爲鄰自謂頗挺出一作生立登要路津致君堯舜
上再使風俗淳此意竟蕭條行歌非隱淪騎驢三十

10879　杜工部集二十卷首一卷　（唐）杜甫撰　（明）王世貞等評　清道光十四年（1834）盧坤蕓葉盦刻五色套印本　瀋陽師範大學圖書館

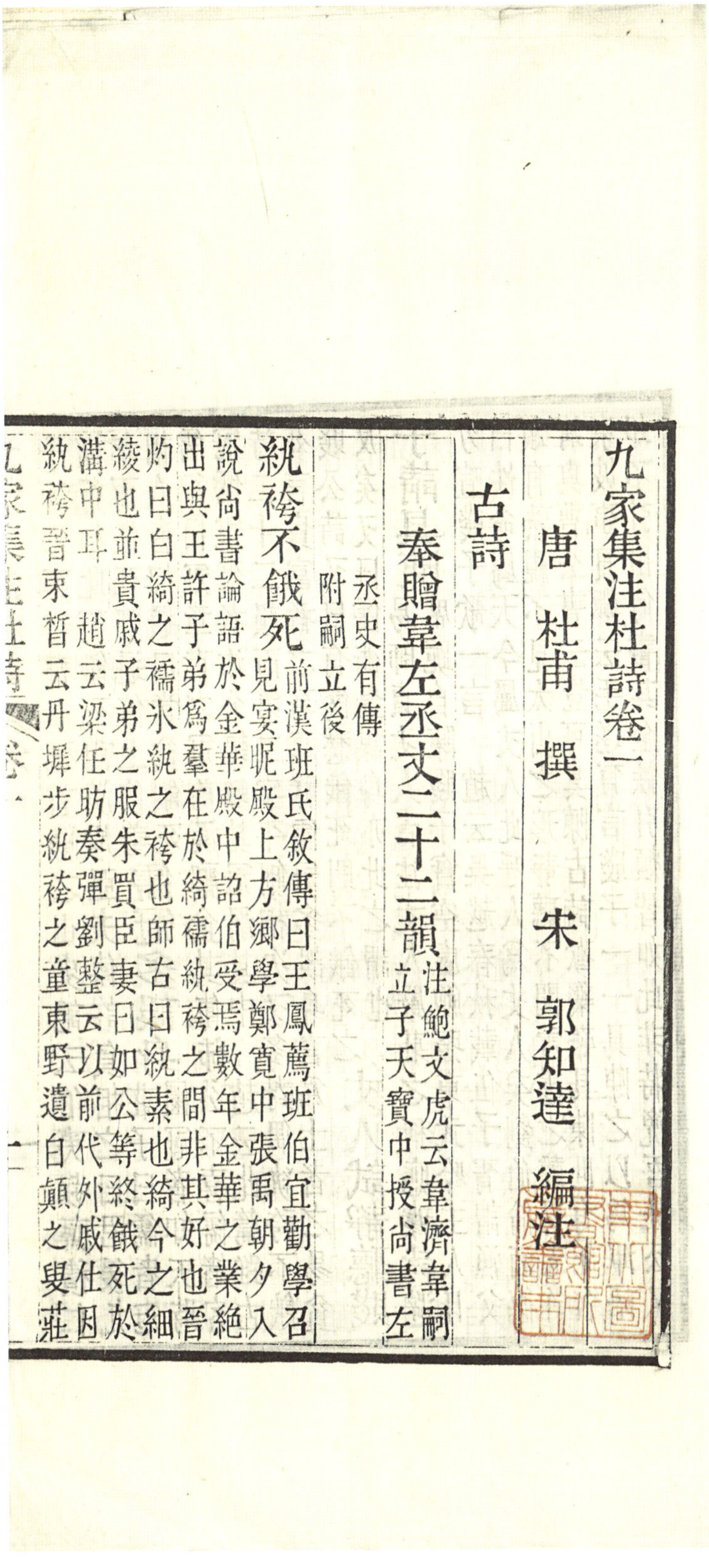

九家集注杜詩卷一

唐 杜甫 撰 宋 郭知達 編注

古詩

奉贈韋左丞丈二十二韻 注鮑文虎云韋濟韋嗣立子天寶中授尚書左丞史有傳附嗣立後

紈袴不餓死 前漢班氏敘傳曰王鳳薦班伯宜勸學召見宴昵殿上方鄉學鄭寬中張禹朝夕入說尚書論語於金華殿中詔伯受焉數年金華之業絕出與王許子弟爲羣在於綺襦紈袴之間非其好也晉灼曰白綺之襦氷紈之袴也師古曰紈素也綺今之細綾也並貴戚子弟之服朱買臣妻曰如公等終餓死於溝中耳 趙云梁任昉奏彈劉整云以前代外戚仕因紈袴晉東晳云丹墀步紈袴之童東野遺白顛之叟莊

10880 九家集注杜詩三十六卷 （唐）杜甫撰 （宋）郭知達輯 清乾隆武英殿刻本 遼寧省圖書館

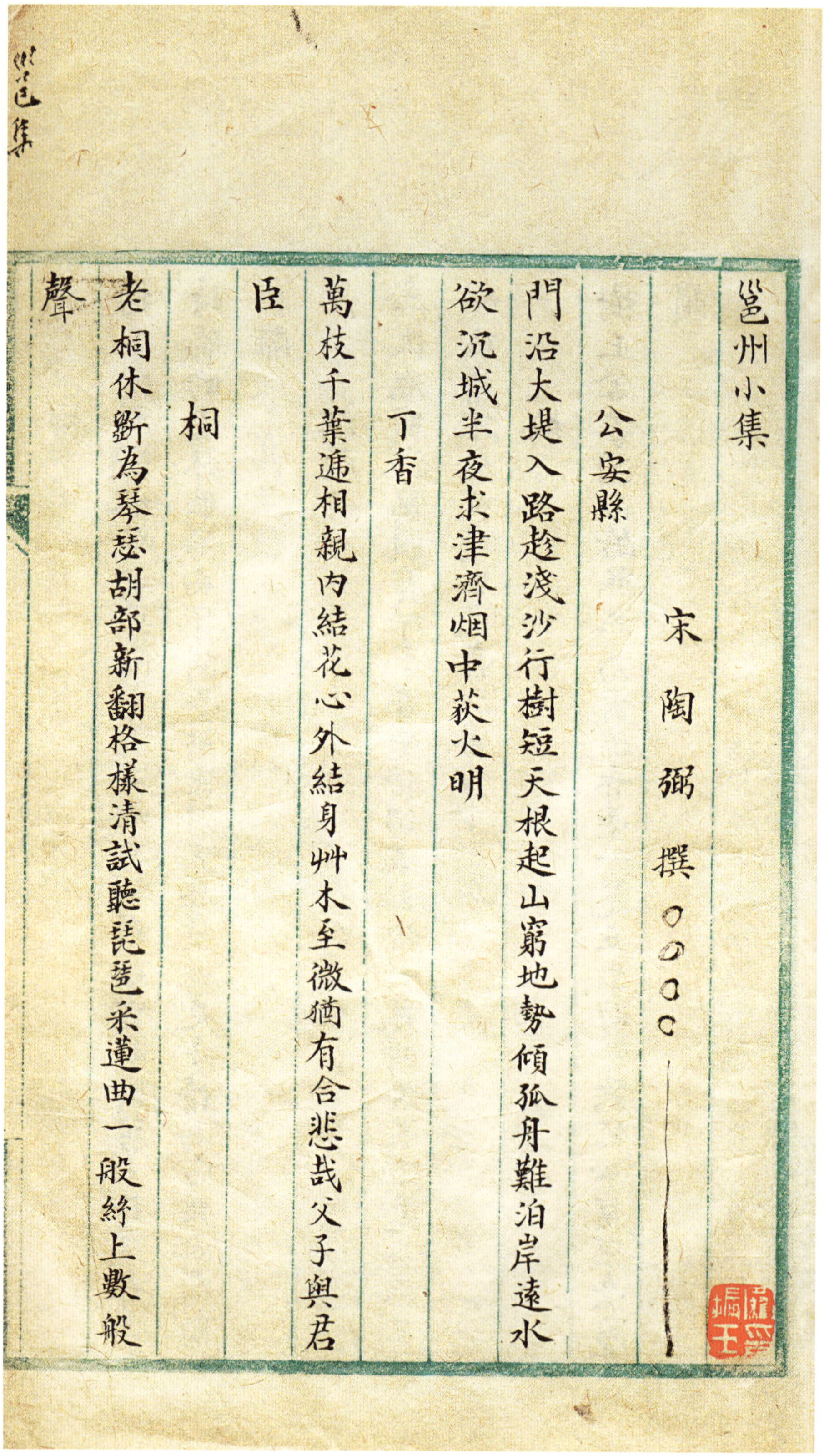
邕州小集
宋陶弼撰
公安縣
門沿大堤入路趍淺沙行樹短天根起山窮地勢傾孤舟難泊岸遠水欲沉城半夜求津濟烟中荻火明
丁香
萬枝千葉逓相親内結花心外結身艸木至微猶有合悲哉父子與君臣
桐
老桐休斵為琴瑟胡部新翻格樣清試聽琵琶采蓮曲一般絃上數般聲

10881　邕州小集不分卷　（宋）陶弼撰　清光緒三十三年（1907）羅福萇抄本　羅振玉跋　大連圖書館

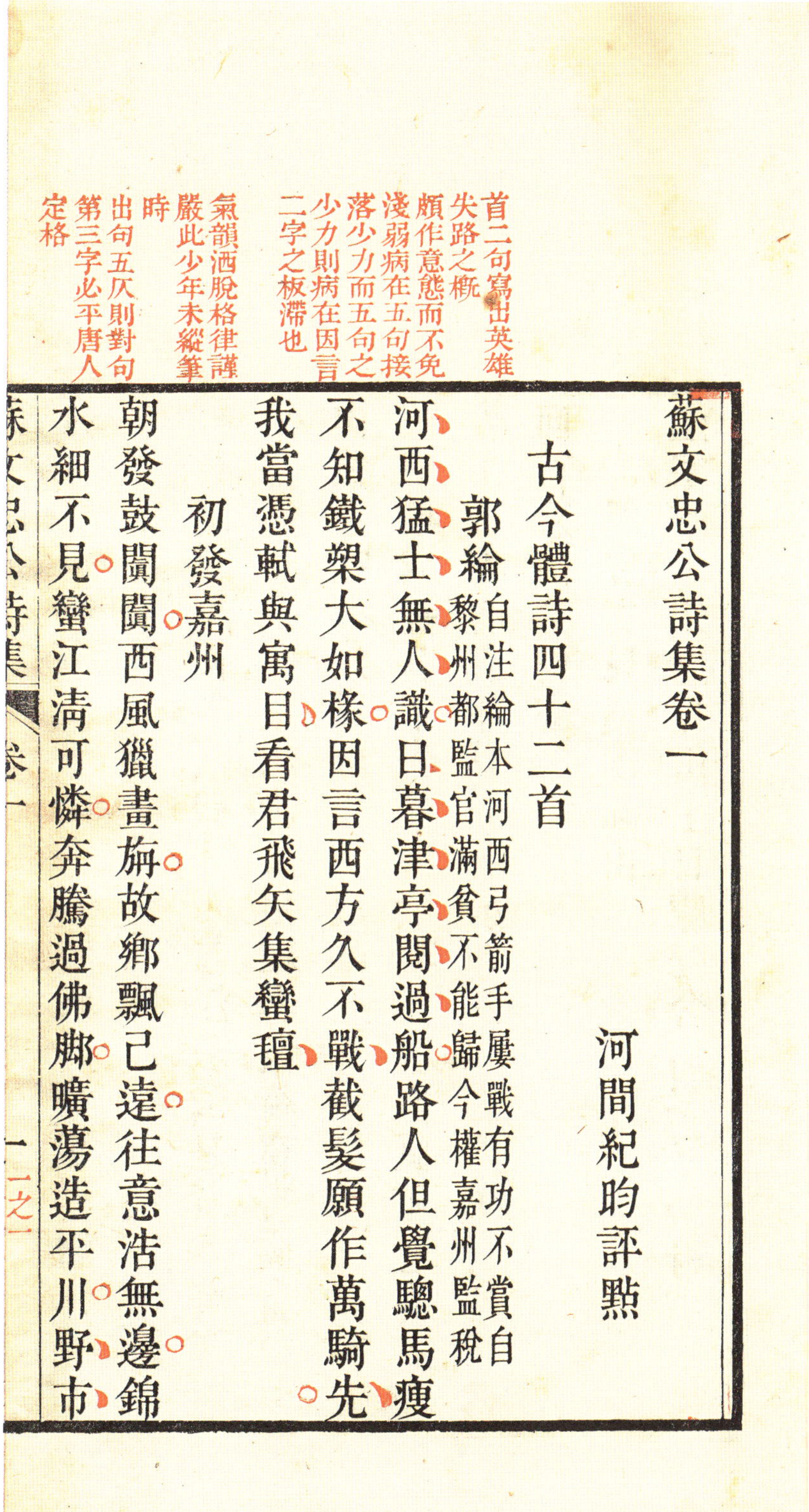

首二句寫出英雄失路之槪

頗作意態而不免淺弱病在五句接落少力而五句之少力則病在因言二字之板滯也

氣韻洒脫格律謹嚴此少年未縱筆時

出句五仄則對句第三字必平唐人定格

蘇文忠公詩集卷一

河間紀昀評點

古今體詩四十二首

郭綸 自注綸本河西弓箭手屢戰有功不賞自黎州都監官滿貧不能歸今權嘉州監稅

河西猛士無人識日暮津亭閱過船路人但覺驄馬瘦不知鐵槊大如椽因言西方久不戰截髮願作萬騎先我當憑軾與寓目看君飛矢集蠻氈

初發嘉州

朝發鼓闐闐西風獵畫旓故鄉飄已遠往意浩無邊錦水細不見蠻江淸可憐奔騰過佛腳曠蕩造平川野市

蘇文忠公詩集 卷一 一之一

10882 蘇文忠公詩集五十卷 （宋）蘇軾撰 （清）紀昀評 清道光十四年（1834）芸香堂刻朱墨套印本 大連圖書館

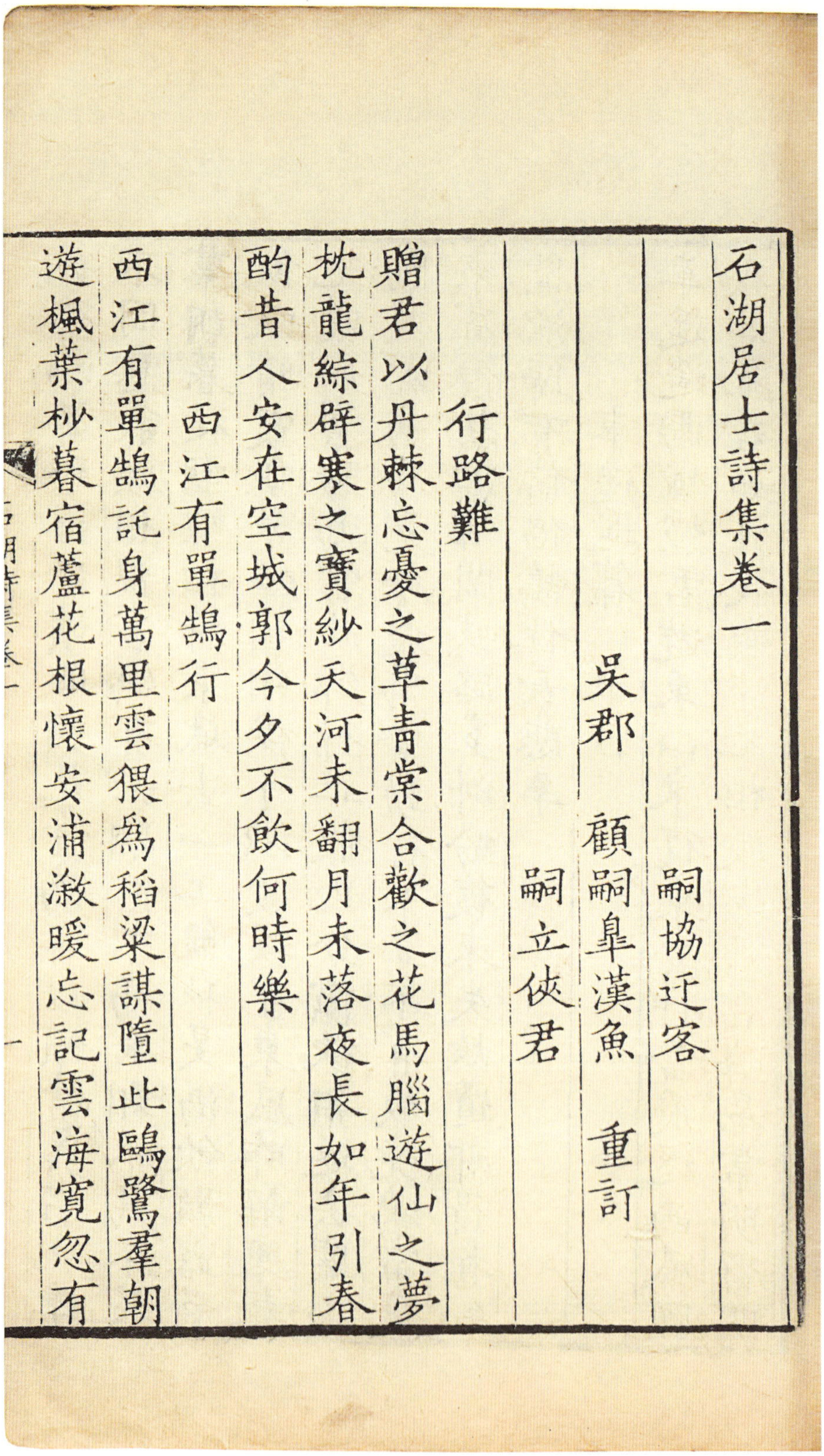
石湖居士詩集卷一
嗣協迂客
吴郡　顧嗣皐漢魚　重訂
嗣立俠君
行路難
贈君以丹棘忘憂之草青棠合歡之花馬腦遊仙之夢
枕龍綜辟寒之寶紗天河未翻月未落夜長如年引春
酌昔人安在空城郭今夕不飲何時樂
西江有單鵠行
西江有單鵠託身萬里雲猥爲稻粱謀墮此鷗鷺羣朝
遊楓葉杪暮宿蘆花根懷安浦溆暖忘記雲海寬忽有
石湖詩集卷一　一

10883　石湖居士詩集三十四卷　（宋）范成大撰　清康熙二十七年（1688）刻本　丹東市圖書館

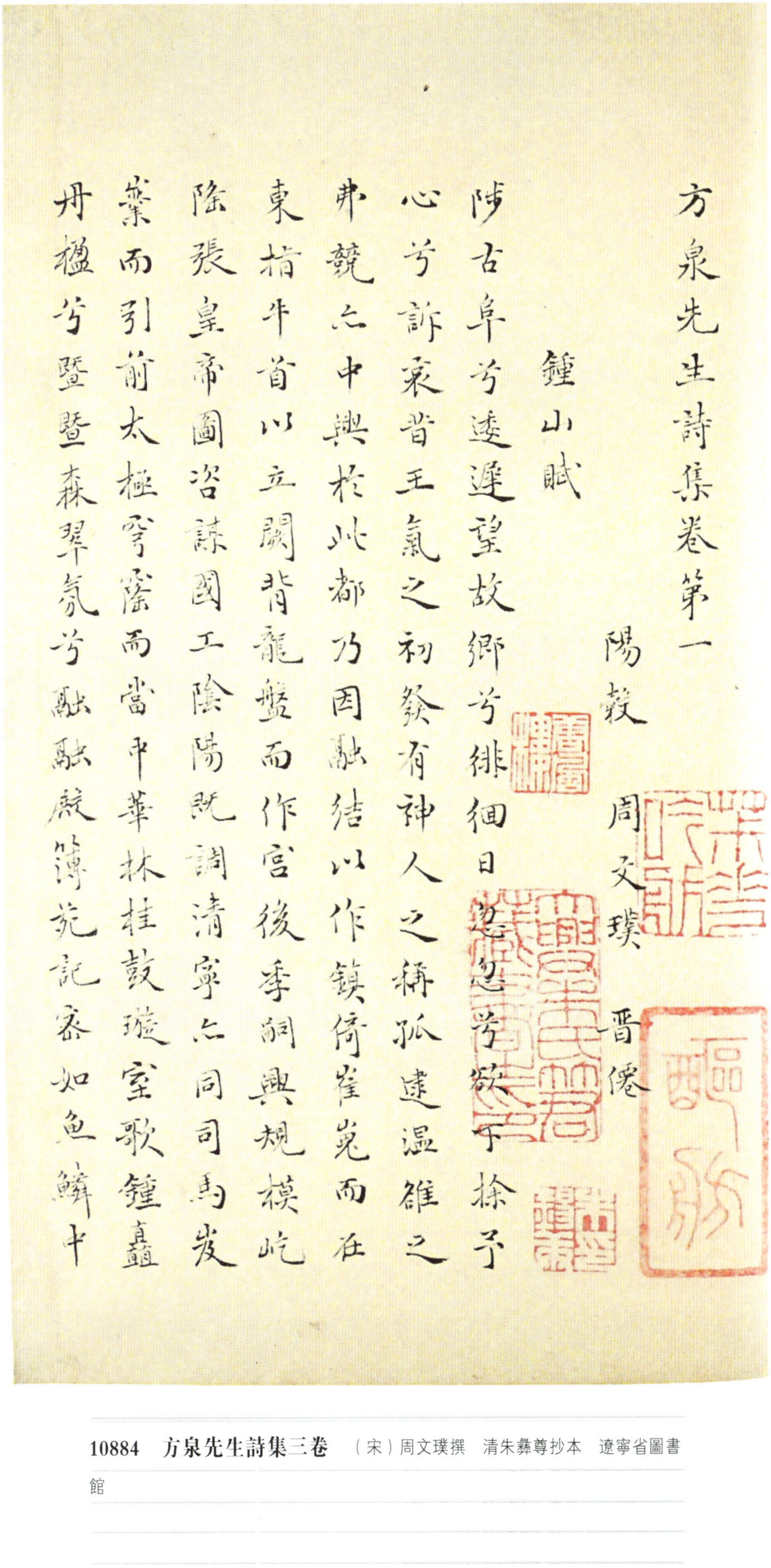
方泉先生詩集卷第一
陽穀　周文璞　晉僊
鍾山賦
陟古阜兮逶遲望故鄉兮徘徊日忽忽兮欲下捺予
心兮詐哀昔王氣之初發有神人之稱孤建溫雉之
弗競亾中興於此都乃因融結以作鎮倚崔嵬而在
東揖牛首以立闕背龍盤而作宮後季嗣興規模屹
陰張皇帝圖諮諏國工陰陽既調清寧亾同司馬发
葉而引前太極穹窿而當中華林桂鼓璇室歌鍾矗
丹楹兮暨暨森翠氣兮融融嚴簿苑記森如魚鱗中

10884　方泉先生詩集三卷　（宋）周文璞撰　清朱彝尊抄本　遼寧省圖書館

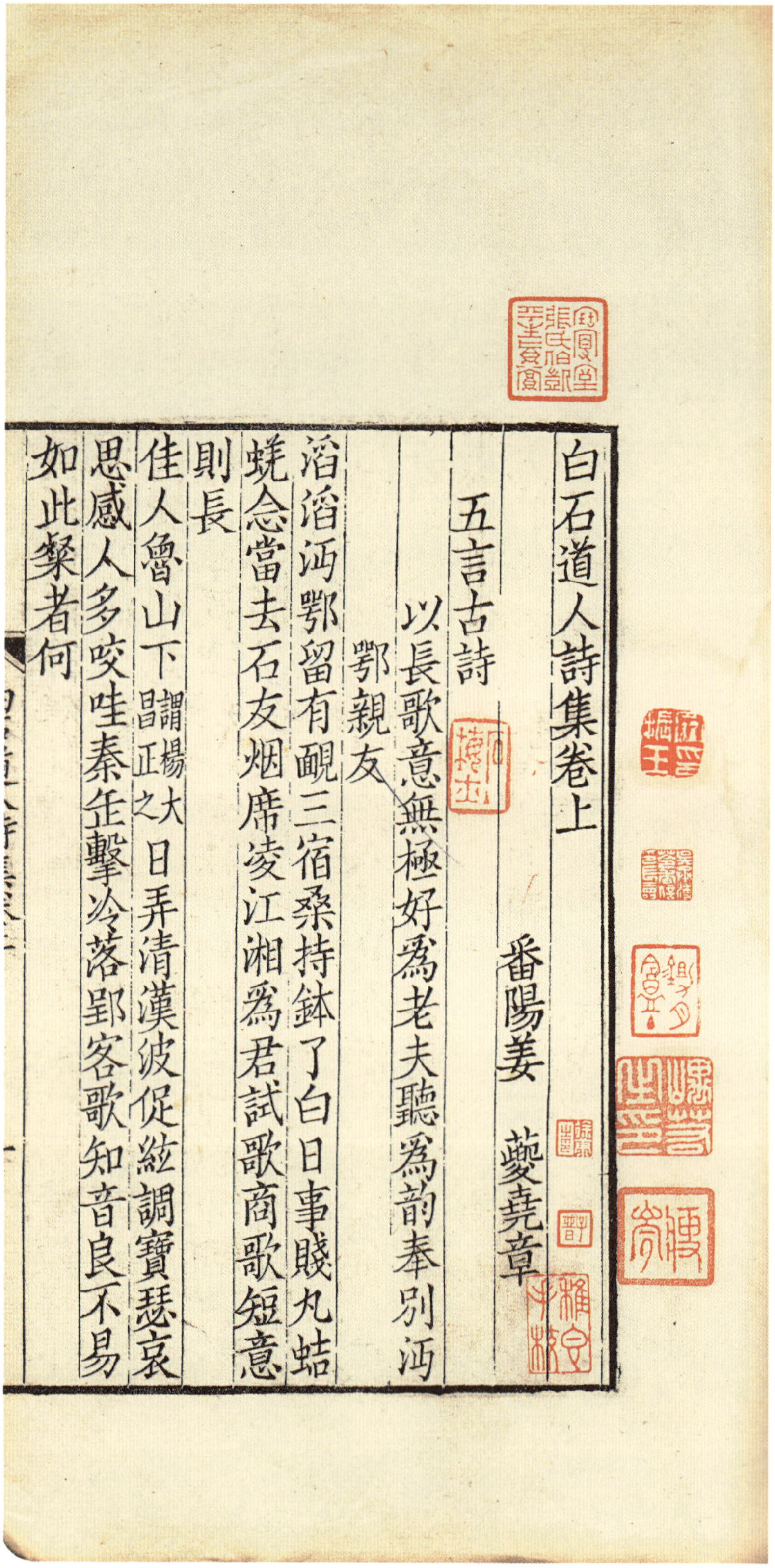
白石道人詩集卷上
番陽姜　夔堯章
五言古詩
以長歌意無極好爲老夫聽爲韻奉别沔
鄂親友
滔滔沔鄂留有覥三宿桑持鉢了白日事賤丸蛣
蜣念當去石友烟席凌江湘爲君試歌商歌短意
則長
佳人魯山下謂楊大昌正之日弄清漢波促絃調寶瑟哀
思感人多咬哇秦缶擊冷落郢客歌知音良不易
如此槩者何

10885　姜白石集九卷附録一卷　（宋）姜夔撰　清鮑廷博知不足齋刻本
瘦嶺題識　大連圖書館

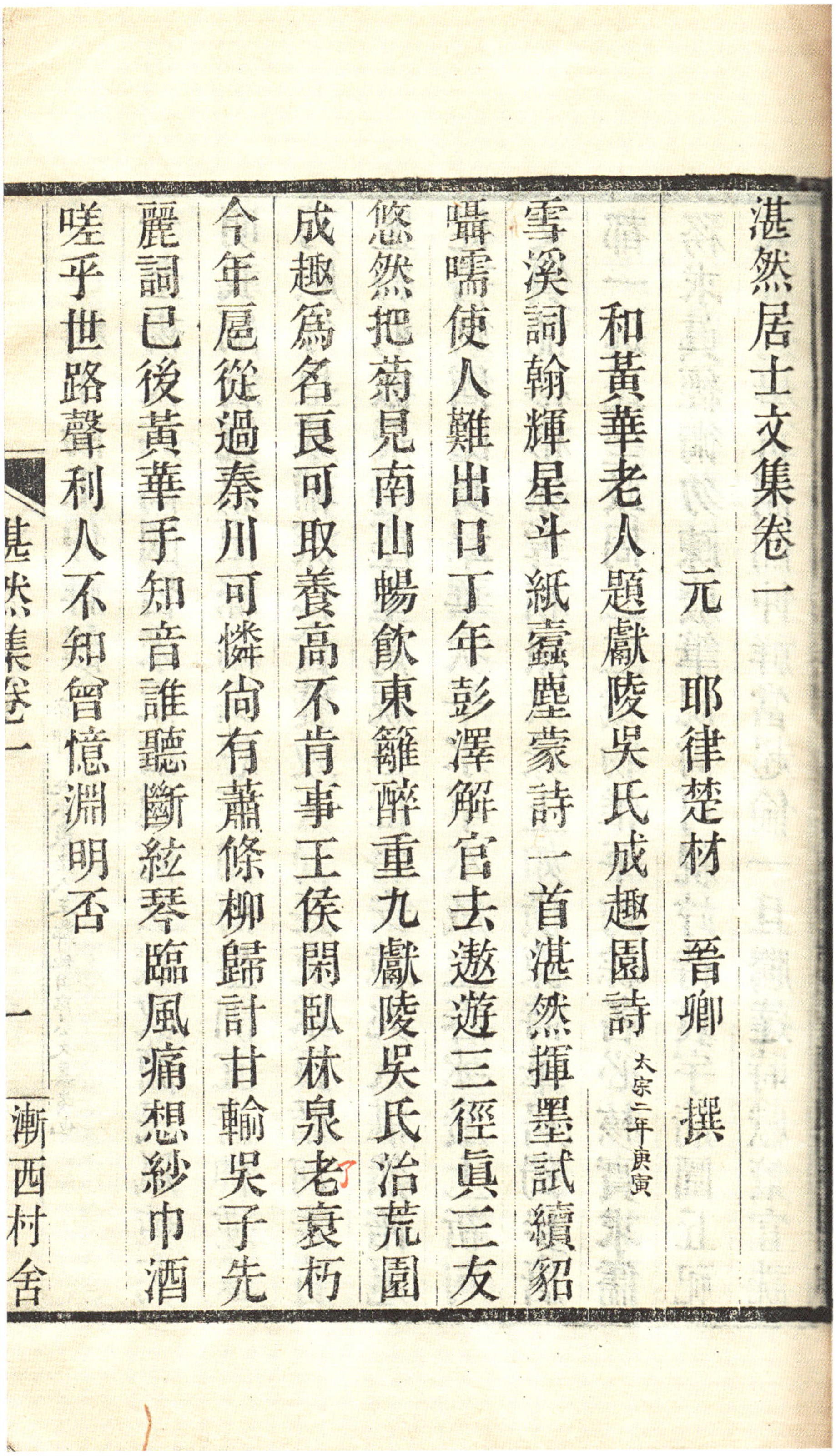
湛然居士文集卷一
元 耶律楚材 晉卿 撰
和黃華老人題獻陵吴氏成趣園詩 太宗二年庚寅
雪溪詞翰輝星斗紙蠹塵蒙詩一首湛然揮墨試續貂
囁嚅使人難出口丁年彭澤解官去遨遊三徑眞三友
悠然把菊見南山暢飲東籬醉重九獻陵吴氏治荒園
成趣爲名良可取養高不肯事王侯閑臥林泉老衰朽
今年扈從過秦川可憐尚有蕭條柳歸計甘輸吴子先
麗詞已後黃華手知音誰聽斷絃琴臨風痛想紗巾酒
嗟乎世路聲利人不知曾憶淵明否
湛然集卷一 一 漸西村舍

10886 湛然居士文集十四卷 （元）耶律楚材撰 清光緒二十一年（1895）

漸西村舍刻本 趙萬里題識 大連圖書館

存十卷（一至七、十二至十四）

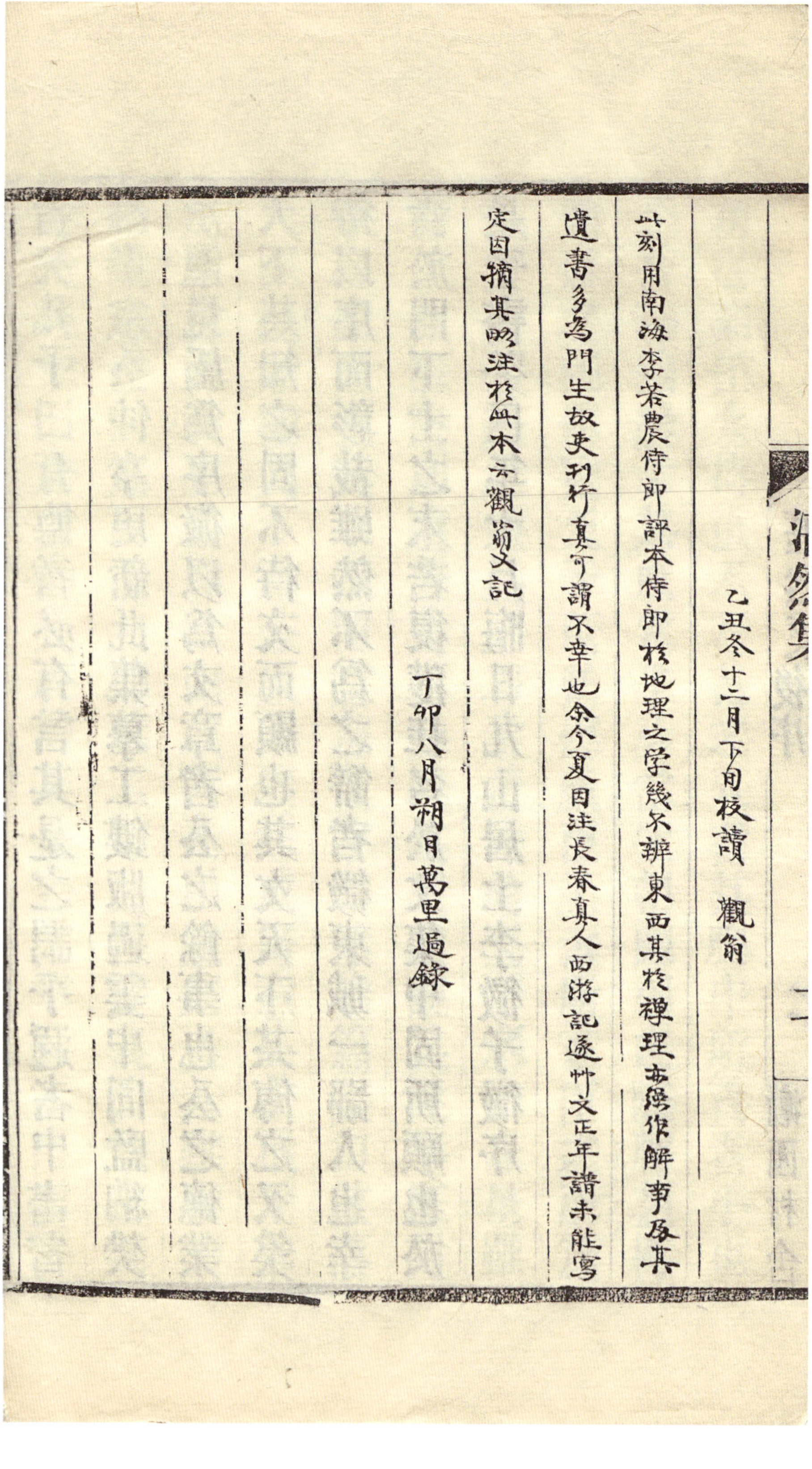
乙丑冬十二月下旬校讀　觀翁

此刻用南海李若農侍郎評本侍郎於地理之学幾不辨東西其於禪理亦強作解事及其遺書多為門生故吏刊行真可謂不幸也余今夏因注長春真人西游記遂艸文正年譜未能寫定因摘其所注於此本云觀翁又記

丁卯八月朔日萬里過錄

龍沙立教未全行故築精藍近帝城須仗檀那垂手力
一輪佛日煥然明

贈劉陽門

雲宣黎庶半逋逃獨爾千民案堵牢已預 天朝能吏數清名何啻泰山高
庚子之冬十月既望陽門劉滿將行索詩以此贈之實其能治也泰官猶吏豈不
媿哉　玉泉　此詩真蹟今藏武進袁氏

仁義說與當塗人恰似東風射馬耳　逸白　趙著双溪小集序引和人詩

十六夜月　逸題　龍庭風雪醉隱集卷三　雷字韻　大絨卷四　沙場懷古卷五　懷梅溪　題靈春園卷六

湛然居士文集卷十四終

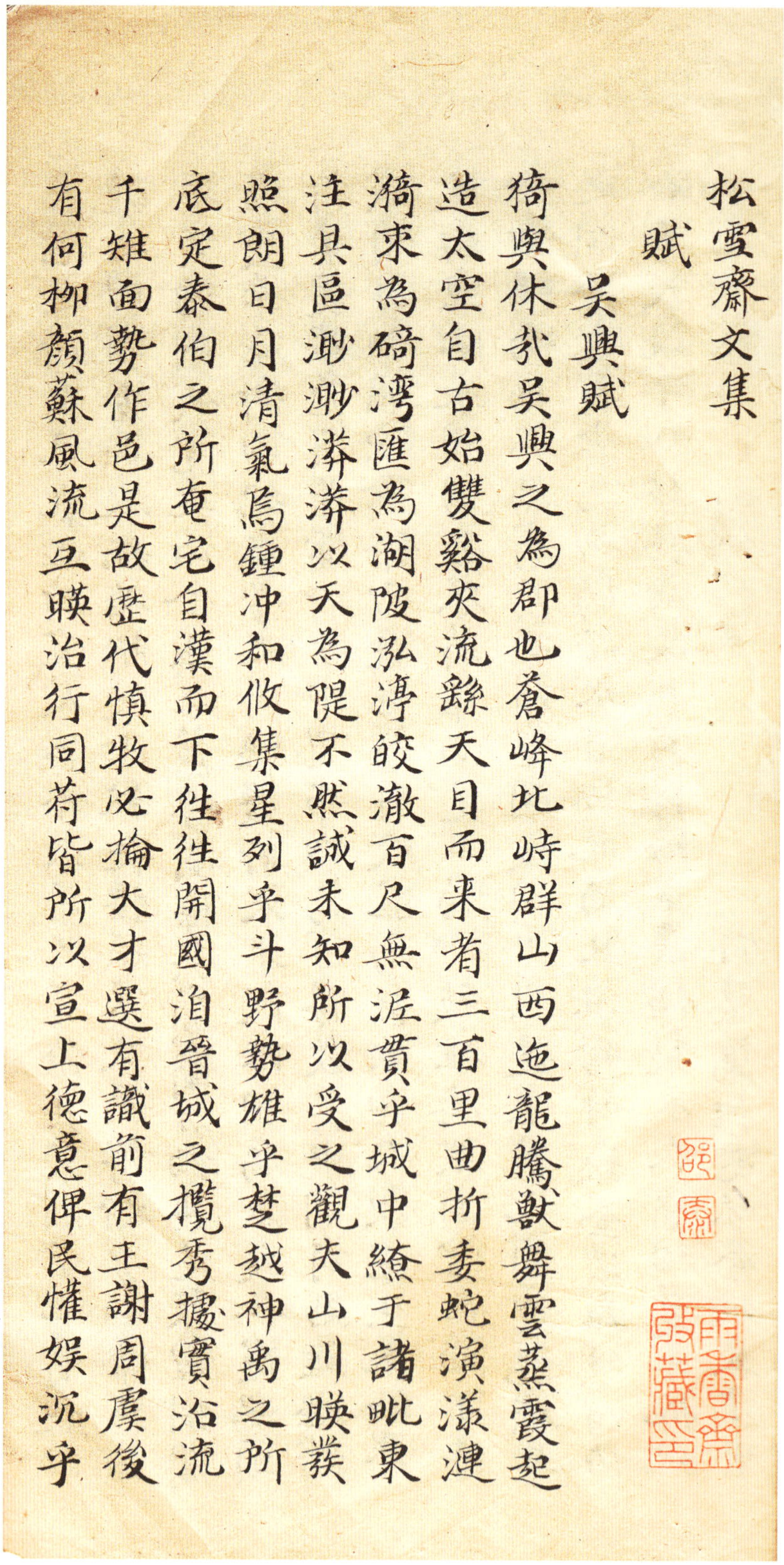
松雪齋文集
賦
吴興賦
猗與休哉吴興之為郡也蒼峰北峙群山西迤龍騰獸舞雲蒸霞起
造太空自古始雙谿夾流繇天目而来者三百里曲折委蛇演漾漣
漪來為碕灣匯為湖陂泓渟皎澈百尺無泥貫乎城中縈于諸毗東
注具區渺渺漭漭以天為隄不然誠未知所以受之觀夫山川映蔟
照朗日月清氣爲鍾冲和攸集星列乎斗野勢雄乎楚越神禹之所
底定泰伯之所奄宅自漢而下徃徃開國洎晉城之攬秀據實沿流
千雉面勢作邑是故歷代慎牧必掄大才選有識前有王謝周虞後
有何柳顔蘇風流互映治行同符皆所以宣上德意俾民憺娛況乎

10887　松雪齋文集不分卷　（元）趙孟頫撰　清初抄本　蔡孫峰批校題識
大連圖書館

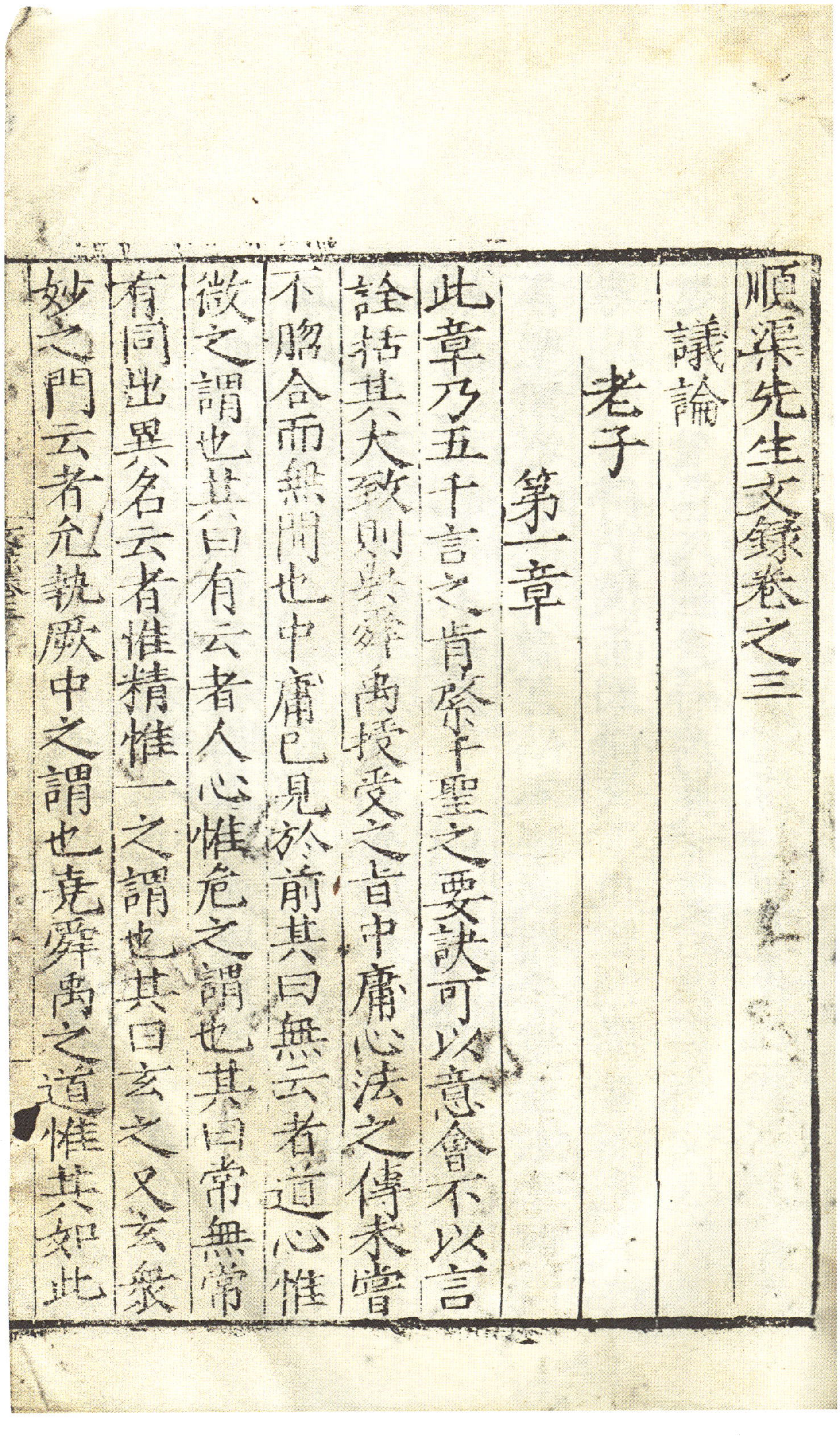

順渠先生文錄卷之三

議論

老子

第一章

此章乃五千言之肯綮千聖之要訣可以意會不以言詮括其大致則與舜禹授受之旨中庸心法之傳未嘗不脗合而無間也中庸已見於前其曰無云者道心惟微之謂也其曰有云者人心惟危之謂也其曰常無常有同出異名云者惟精惟一之謂也其曰玄之又玄衆妙之門云者允執厥中之謂也堯舜禹之道惟其如此

10888　順渠先生文録十二卷　（明）王道撰　清初刻本　大連圖書館

存十卷（三至十二）

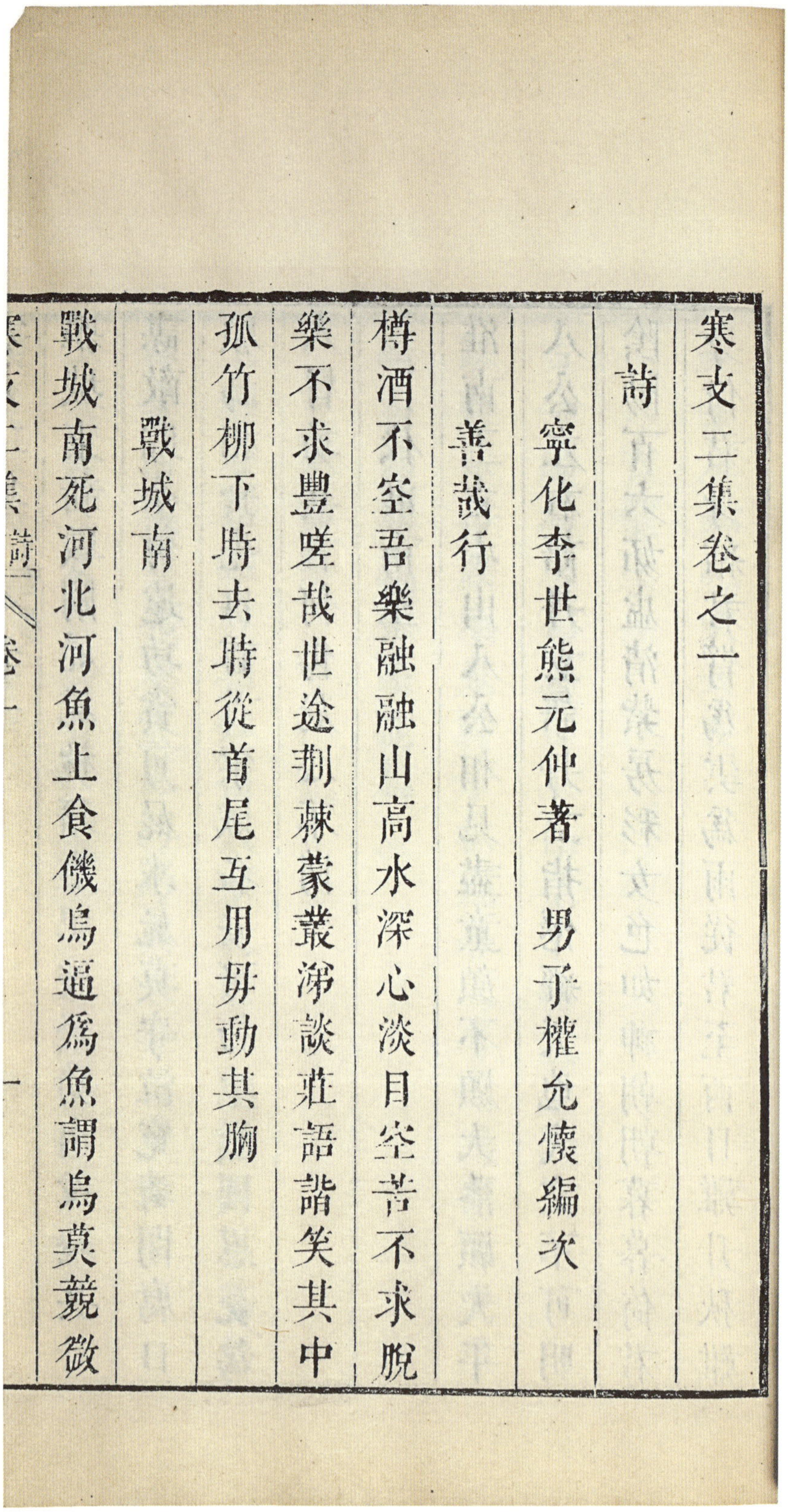
寒支二集卷之一
詩
寧化李世熊元仲著　男子權允懷編次
善哉行
樽酒不空吾樂融融山高水深心淡目空苦不求脫
樂不求豐嗟哉世途荆棘蒙叢滯談莊語諧笑其中
孤竹柳下時去時從首尾互用毋動其胸
戰城南
戰城南死河北河魚上食饑烏逼爲魚謂烏莫競微
寒支二集　詩一　卷一　一

10889　寒支初集十卷二集六卷附歲紀一卷　（清）李世熊撰　清初檀河精舍刻本　遼寧省博物館

存六卷（二集六卷）

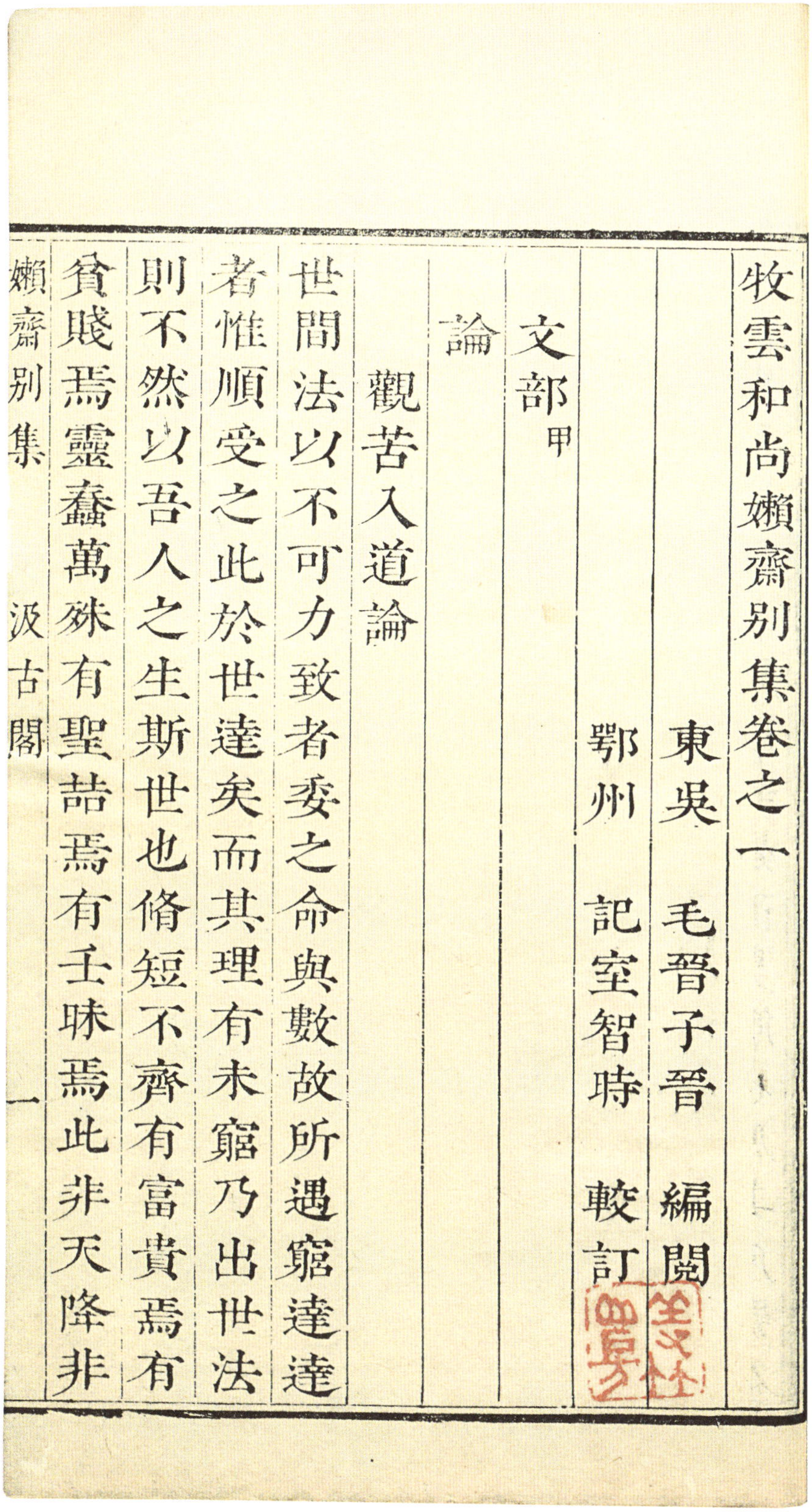

牧雲和尚嬾齋別集卷之一
東吳　毛晉子晉　編閱
鄂州　記室智時　較訂
文部甲
論
觀苦入道論
世間法以不可力致者委之命與數故所遇窮達達
者惟順受之此於世達矣而其理有未窮乃出世法
則不然以吾人之生斯世也脩短不齊有富貴焉有
貧賤焉蠢蠢萬殊有聖喆焉有壬昧焉此非天降非
嬾齋別集　汲古閣　一

10890　牧雲和尚嬾齋別集十四卷　（清）釋通門撰　清初毛氏汲古閣刻本

大連圖書館

存十一卷（一至十一）

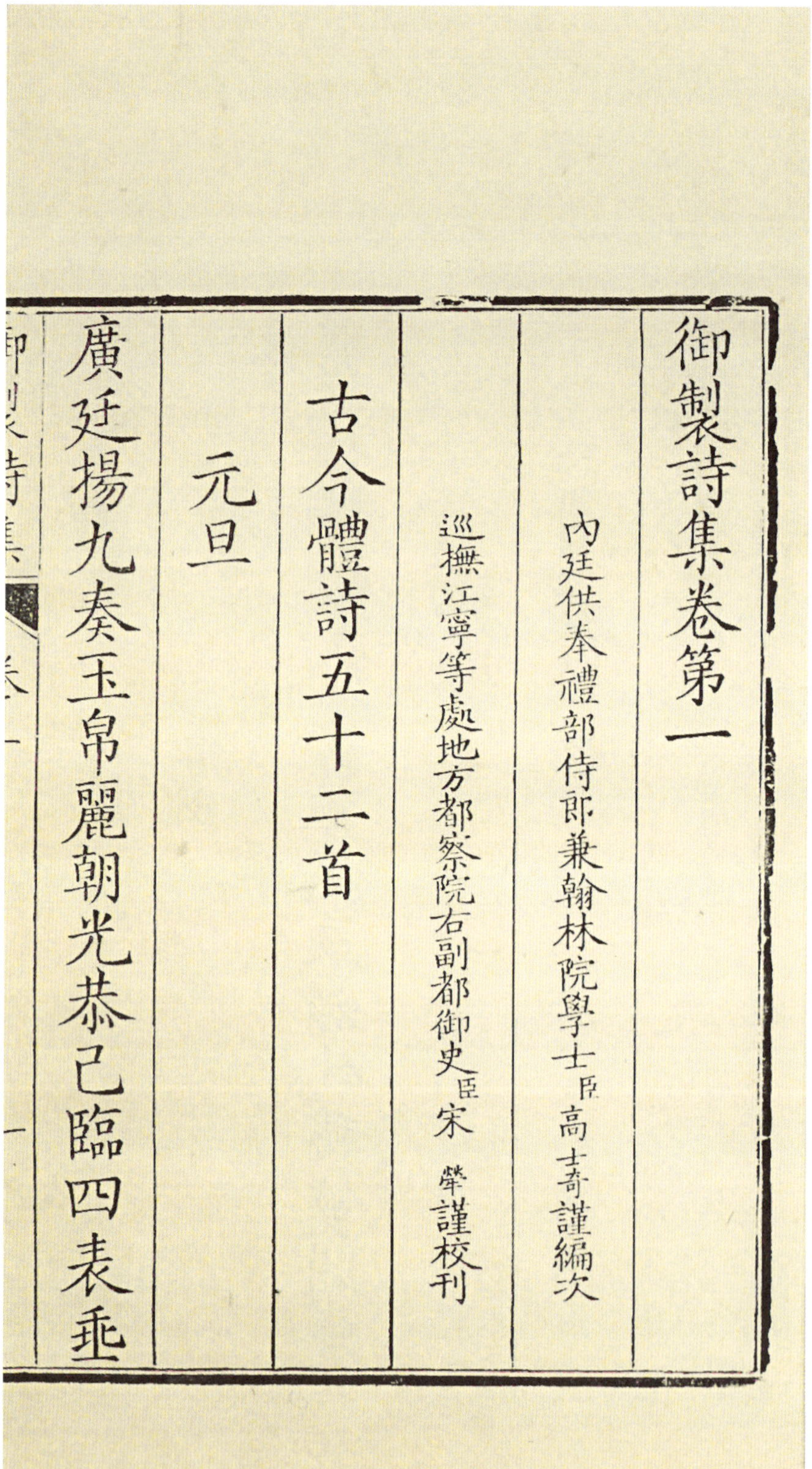

御製詩集卷第一

內廷供奉禮部侍郎兼翰林院學士臣高士奇謹編次

巡撫江寧等處地方都察院右副都御史臣宋犖謹校刊

古今體詩五十二首

元旦

廣廷揚九奏玉帛麗朝光恭己臨四表垂

御製詩集　卷一

10891　御製詩初集十卷二集十卷　（清）聖祖玄燁撰　（清）高士奇等編

清康熙四十二年（1703）宋犖揚州詩局刻本　遼寧省圖書館

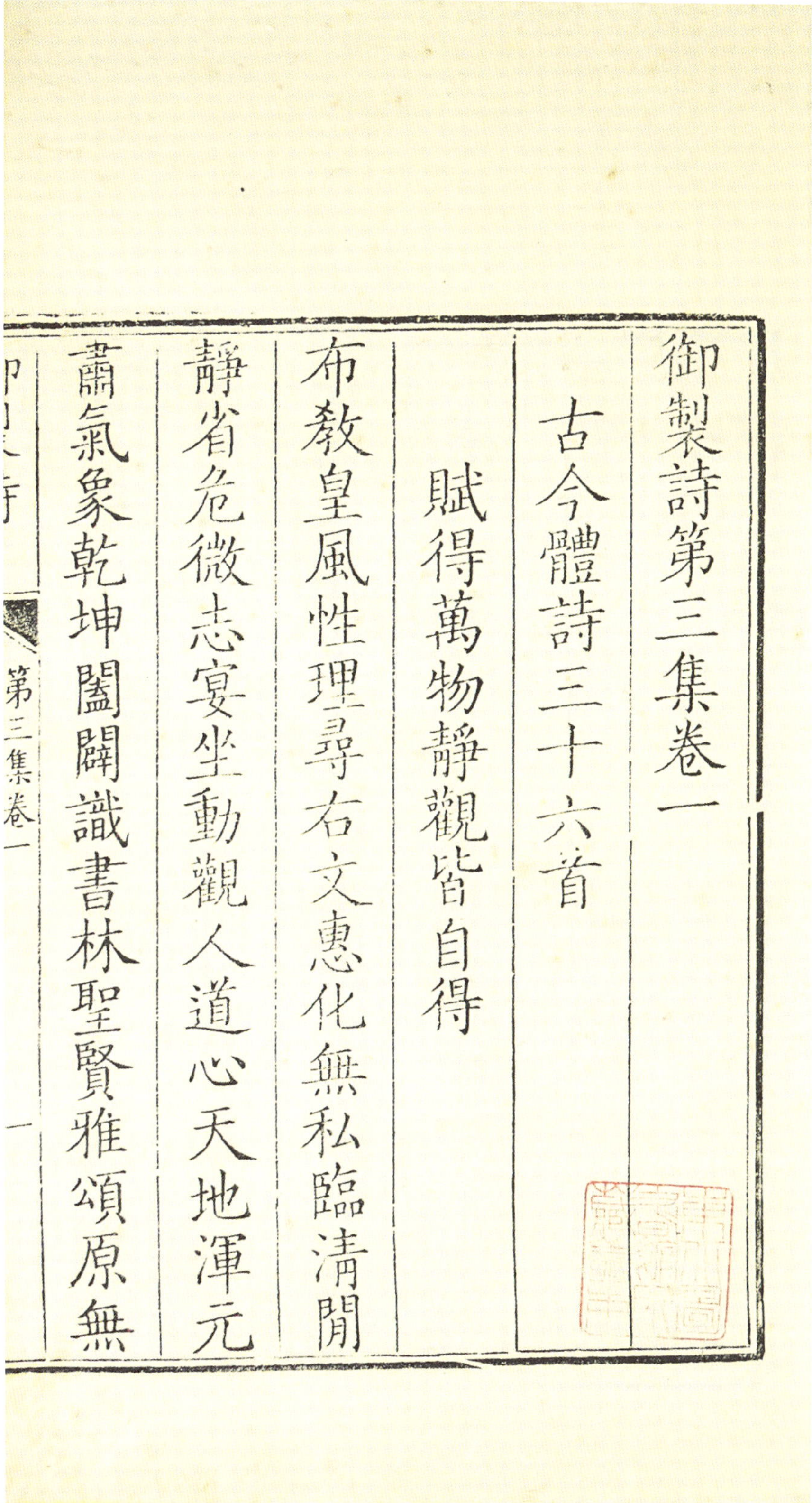

御製詩第三集卷一
古今體詩三十六首
賦得萬物靜觀皆自得
布教皇風性理尋右文惠化無私臨清閒
靜省危微志宴坐動觀人道心天地渾元
肅氣象乾坤闔闢識書林聖賢雅頌原無

御製詩　第三集卷一　一

10892　御製詩三集八卷　（清）聖祖玄燁撰　（清）高士奇等編　清康熙五十五年（1716）李煦蘇州詩局刻本　遼寧省圖書館

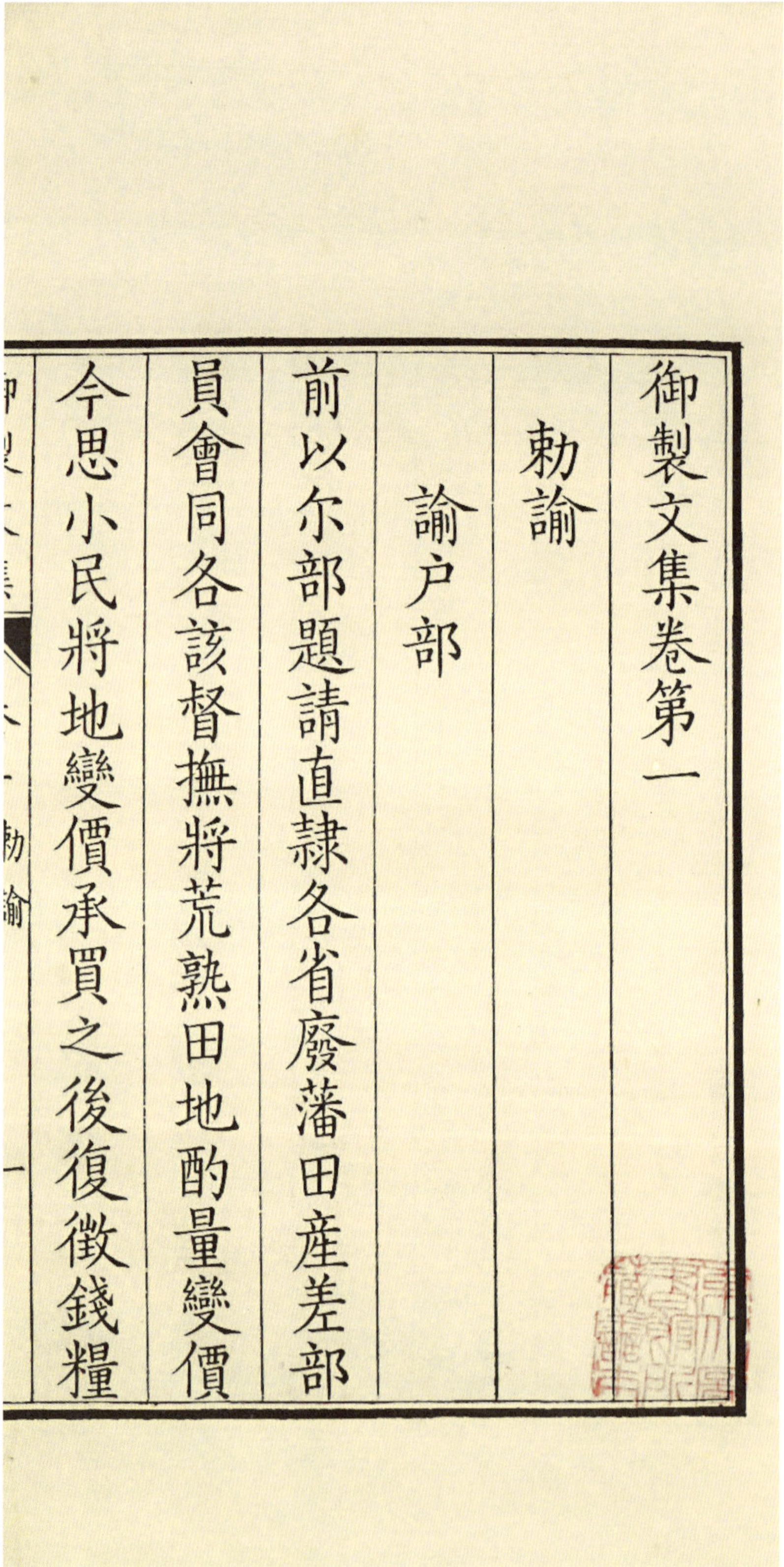

御製文集卷第一
勅諭
諭户部
前以尔部題請直隸各省廢藩田産差部
員會同各該督撫將荒熟田地酌量變價
今思小民將地變價承買之後復徵錢糧

10893　御製文集四十卷總目五卷二集五十卷總目六卷三集五十卷總目六卷　（清）聖祖玄燁撰　（清）張玉書等編　清康熙五十三年（1714）内府刻本　遼寧省圖書館

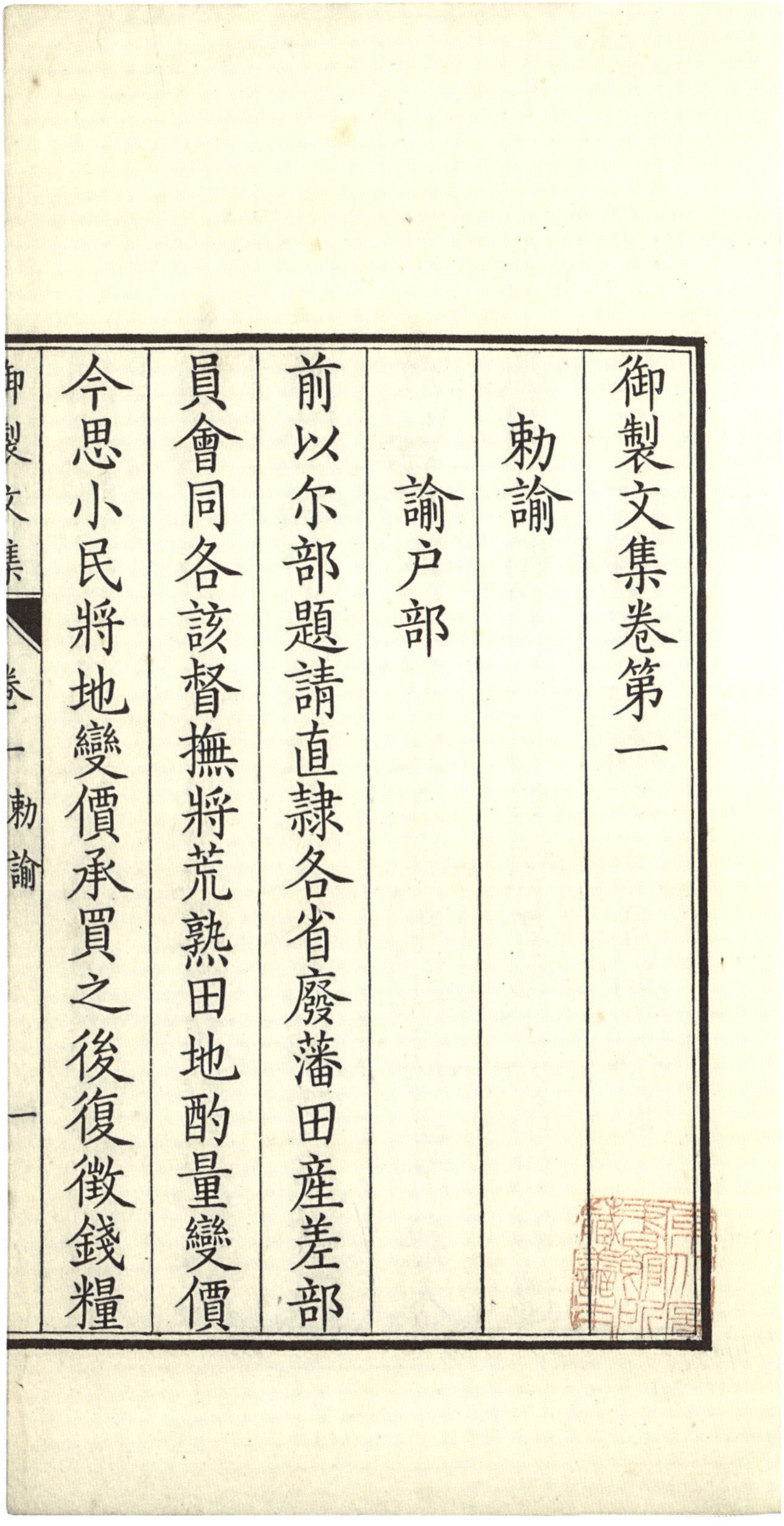

御製文集卷第一

勅諭

諭户部

前以尒部題請直隸各省廢藩田產差部
員會同各該督撫將荒熟田地酌量變價
今思小民將地變價承買之後復徵錢糧

御製文集 卷一 勅諭 一

10894　御製文集四十卷總目五卷二集五十卷總目六卷三集五十卷總目六卷四集三十六卷總目四卷　（清）聖祖玄燁撰　（清）張玉書等編

清康熙五十年至雍正十年（1711—1732）内府刻本　遼寧省圖書館

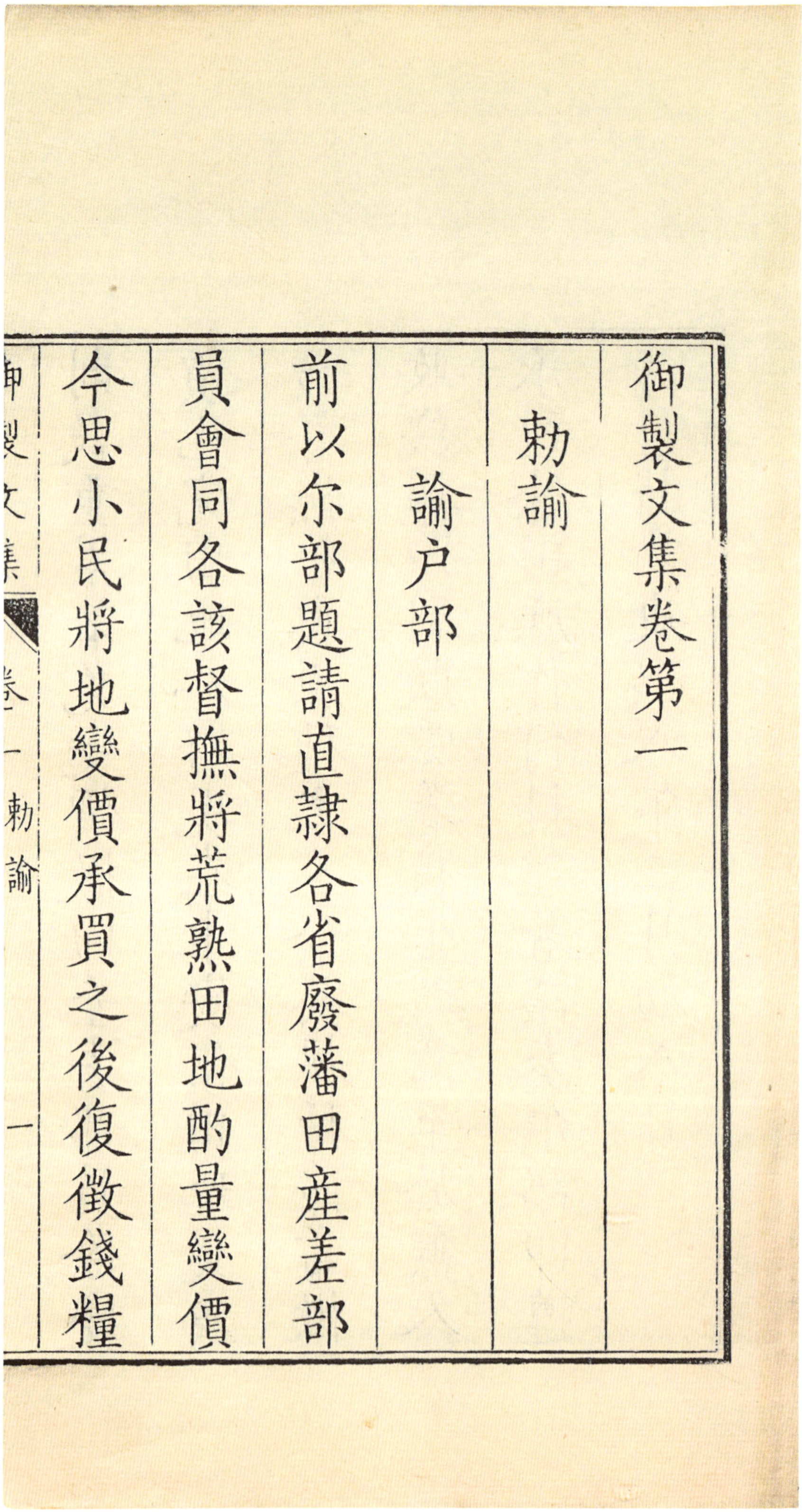
御製文集卷第一
勅諭
諭户部
前以尔部題請直隸各省廢藩田產差部
員會同各該督撫將荒熟田地酌量變價
今思小民將地變價承買之後復徵錢糧

御製文集　卷一　勅諭　一

10895　御製文集四十卷總目五卷二集五十卷總目六卷三集五十卷總目六卷四集三十六卷總目四卷　（清）聖祖玄燁撰　（清）張玉書等編
清康熙五十年至雍正十年（1711—1732）内府刻本　瀋陽市圖書館

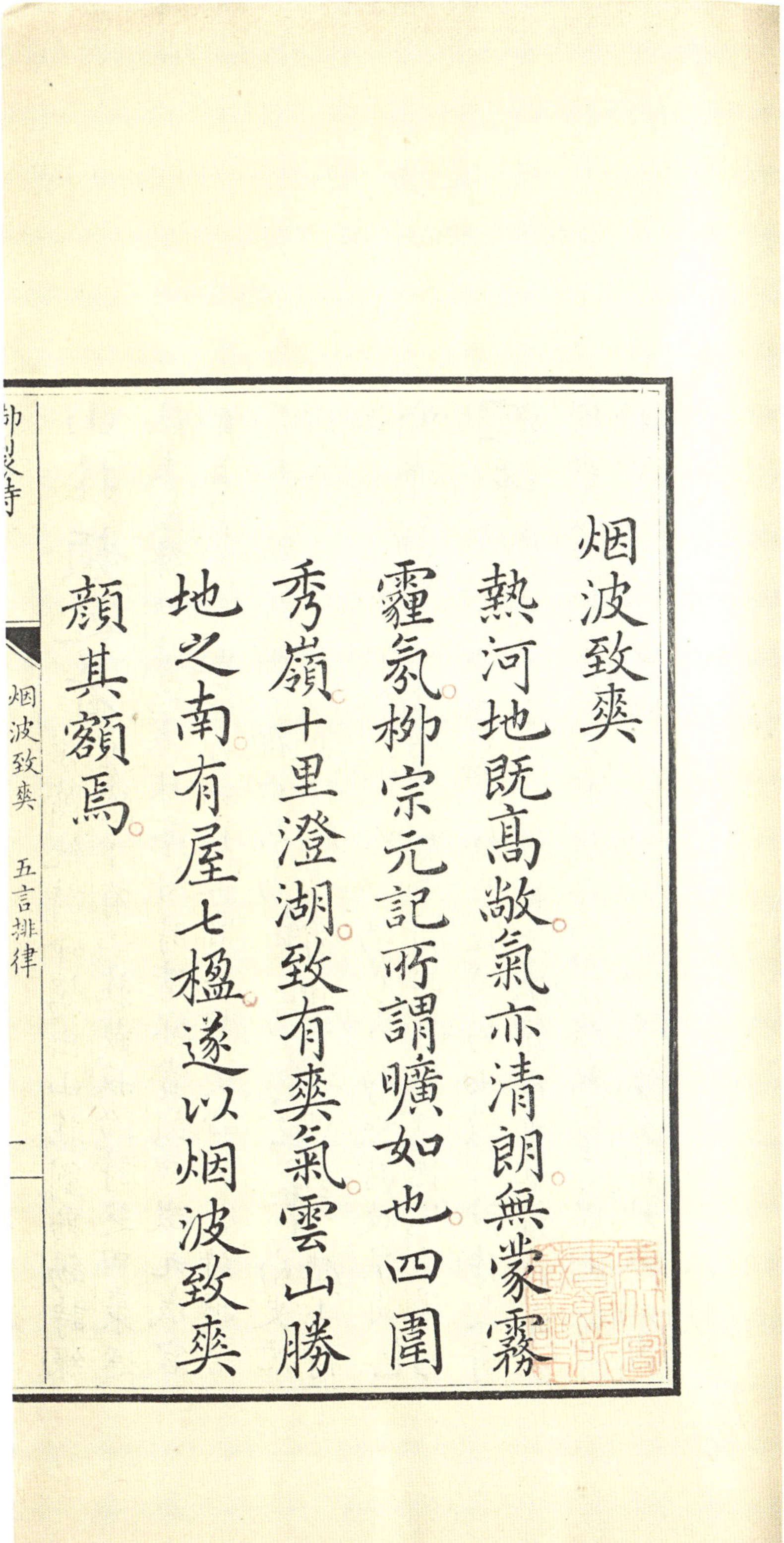

烟波致爽

熱河地旣高敞氣亦清朗無蒙霧霾氣柳宗元記所謂曠如也四圍秀嶺十里澄湖致有爽氣雲山勝地之南有屋七楹遂以烟波致爽顏其額焉

御製詩　烟波致爽　五言排律　一

10896　御製避暑山莊三十六景詩二卷　（清）聖祖玄燁　高宗弘曆撰　（清）揆敘　鄂爾泰等注　（清）沈嵛繪圖　清乾隆六年（1741）武英殿刻本　遼寧省圖書館

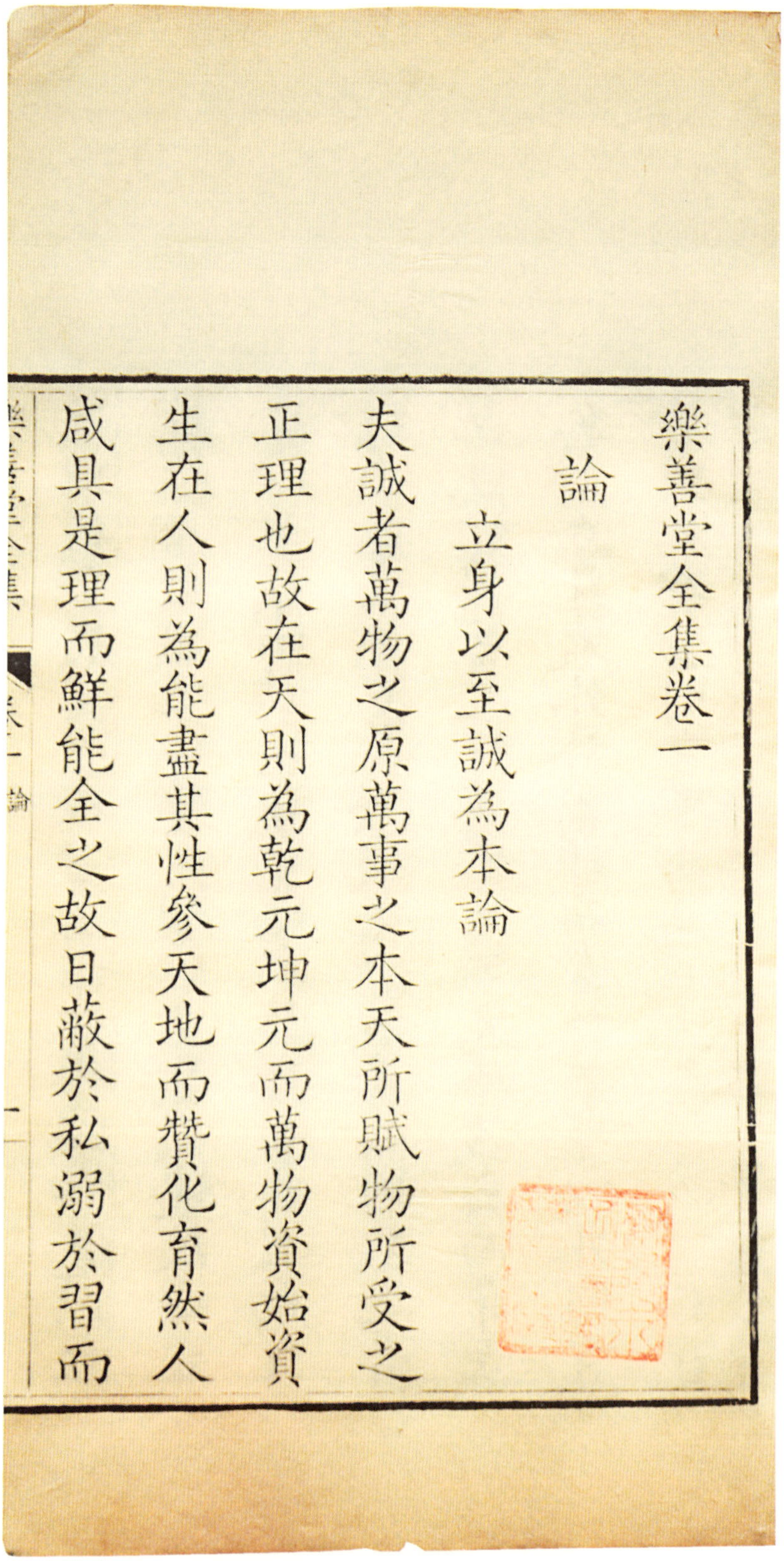

樂善堂全集卷一

論

立身以至誠為本論

夫誠者萬物之原萬事之本天所賦物所受之正理也故在天則為乾元坤元而萬物資始資生在人則為能盡其性參天地而贊化育然人咸具是理而鮮能全之故曰蔽於私溺於習而

樂善堂全集 卷一 論 一

10897 樂善堂全集四十卷目録四卷 （清）高宗弘曆撰 清乾隆二年（1737）武英殿刻本 瀋陽市圖書館

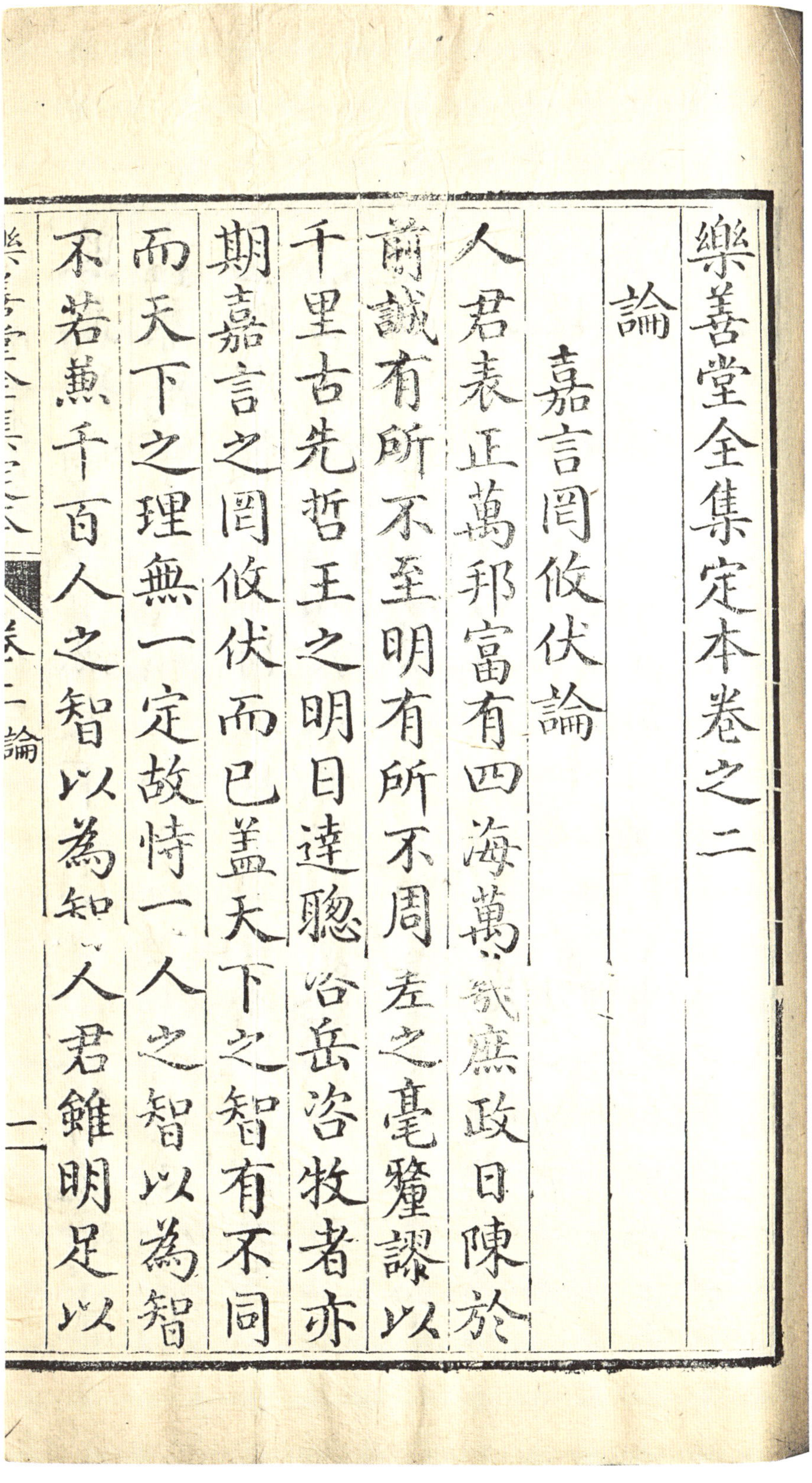
樂善堂全集定本卷之二
論
嘉言罔攸伏論
人君表正萬邦富有四海萬幾庶政日陳於
前識有所不至明有所不周差之毫釐謬以
千里古先哲王之明目達聰咨岳咨牧者亦
期嘉言之罔攸伏而已蓋天下之智有不同
而天下之理無一定故恃一人之智以為智
不若兼千百人之智以為知人君雖明足以
樂善堂全集定本　卷二　論　二

10898　樂善堂全集定本三十卷目録一卷　（清）高宗弘曆撰　清乾隆二十四年（1759）武英殿刻本　遼寧省圖書館

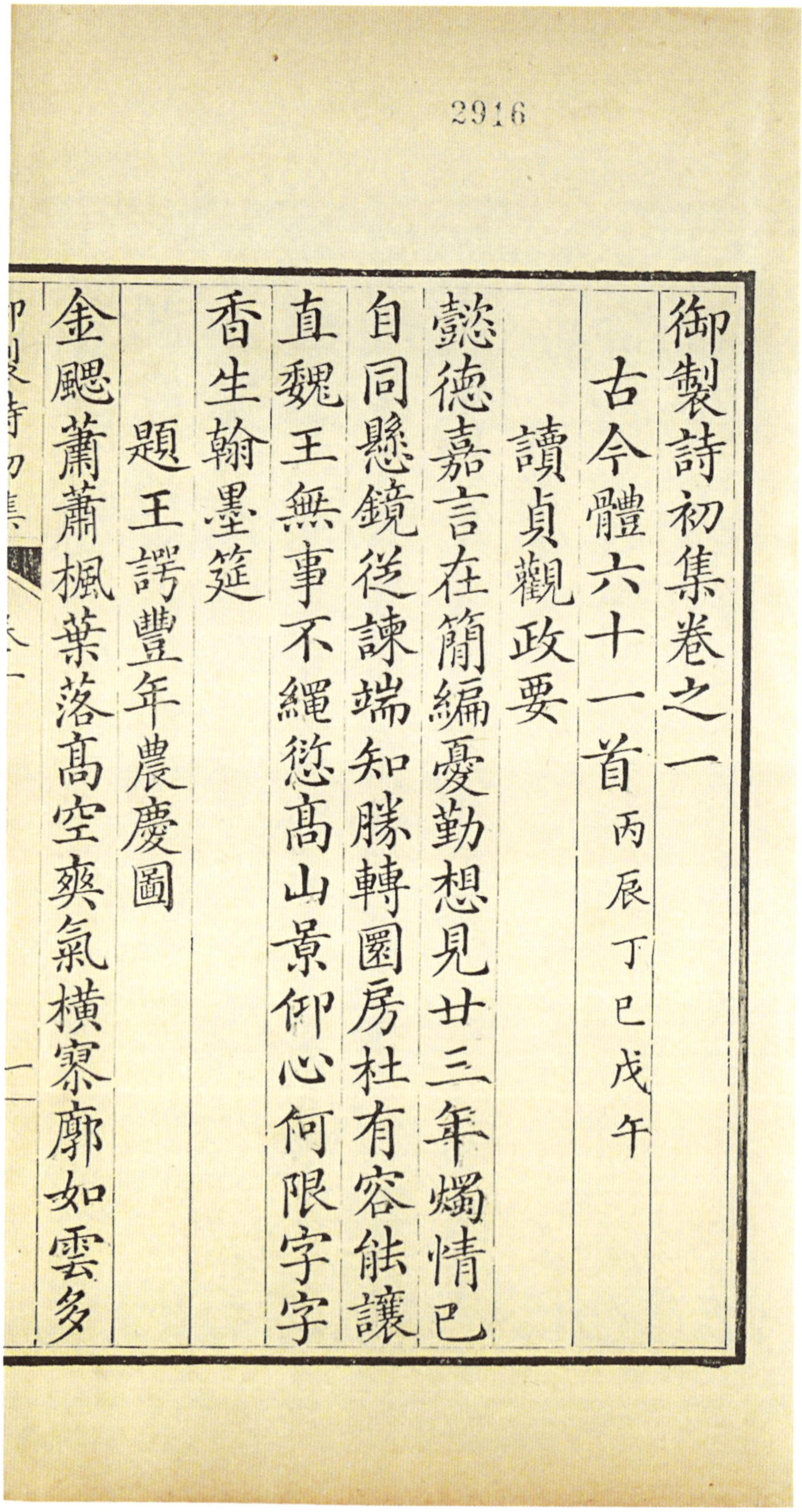

2916

御製詩初集卷之一

古今體六十一首 丙辰丁巳戊午

讀貞觀政要

懿德嘉言在簡編憂勤想見廿三年燭情已自同懸鏡從諫端知勝轉圜房杜有容能讓直魏王無事不繩愆高山景仰心何限字字香生翰墨筵

題王諤豐年農慶圖

金飈蕭蕭楓葉落高空爽氣横寥廓如雲多

御製詩初集 卷一 一

10899　御製詩初集四十四卷目録四卷二集九十卷目録十卷三集一百卷目録二十卷四集一百卷目録十二卷五集一百卷目録十二卷餘集二十卷目録三卷　（清）高宗弘曆撰　（清）蔣溥等編　清乾隆十四年至嘉慶五年（1749—1800）武英殿刻本　遼寧省圖書館

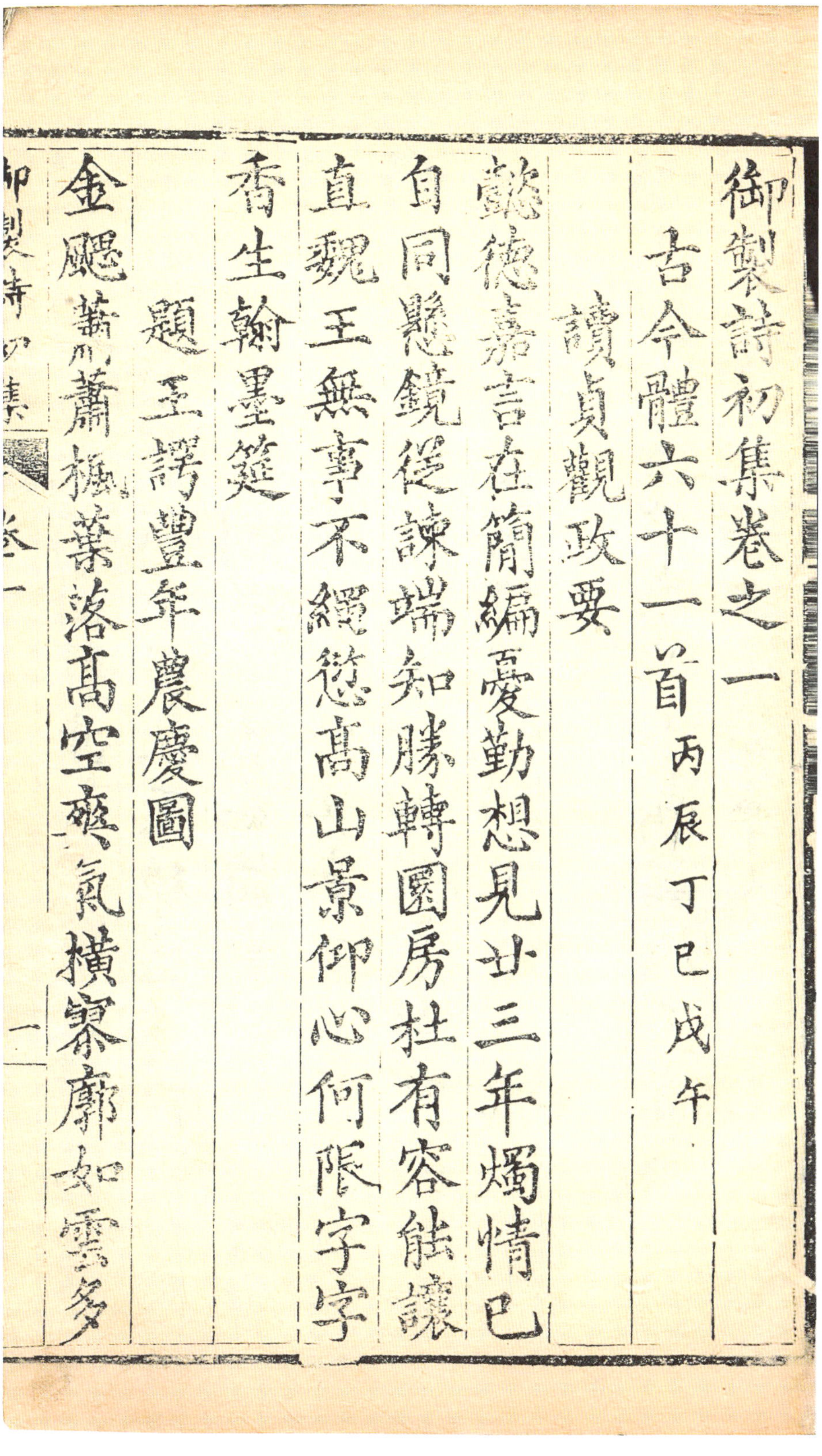

御製詩初集卷之一

古今體六十一首 丙辰丁巳戊午

讀貞觀政要

懿德嘉言在簡編憂勤想見廿三年燭情巳
自同懸鏡從諫端知勝轉圜房杜有容能讓
直魏王無事不繩愆高山景仰心何限字字
香生翰墨筵

題王翬豐年農慶圖

金飈蕭蕭槭葉落高空爽氣橫寥廓如雲多

御製詩初集 卷一 一

10900　御製詩初集四十四卷目録四卷二集九十卷目録十卷　（清）

高宗弘曆撰　（清）蔣溥等編　清乾隆十四年（1749）武英殿刻本　瀋陽市圖書館

存一百二十八卷（初集四十四卷，目録四卷，二集一至八、二十九至九十，目録十卷）

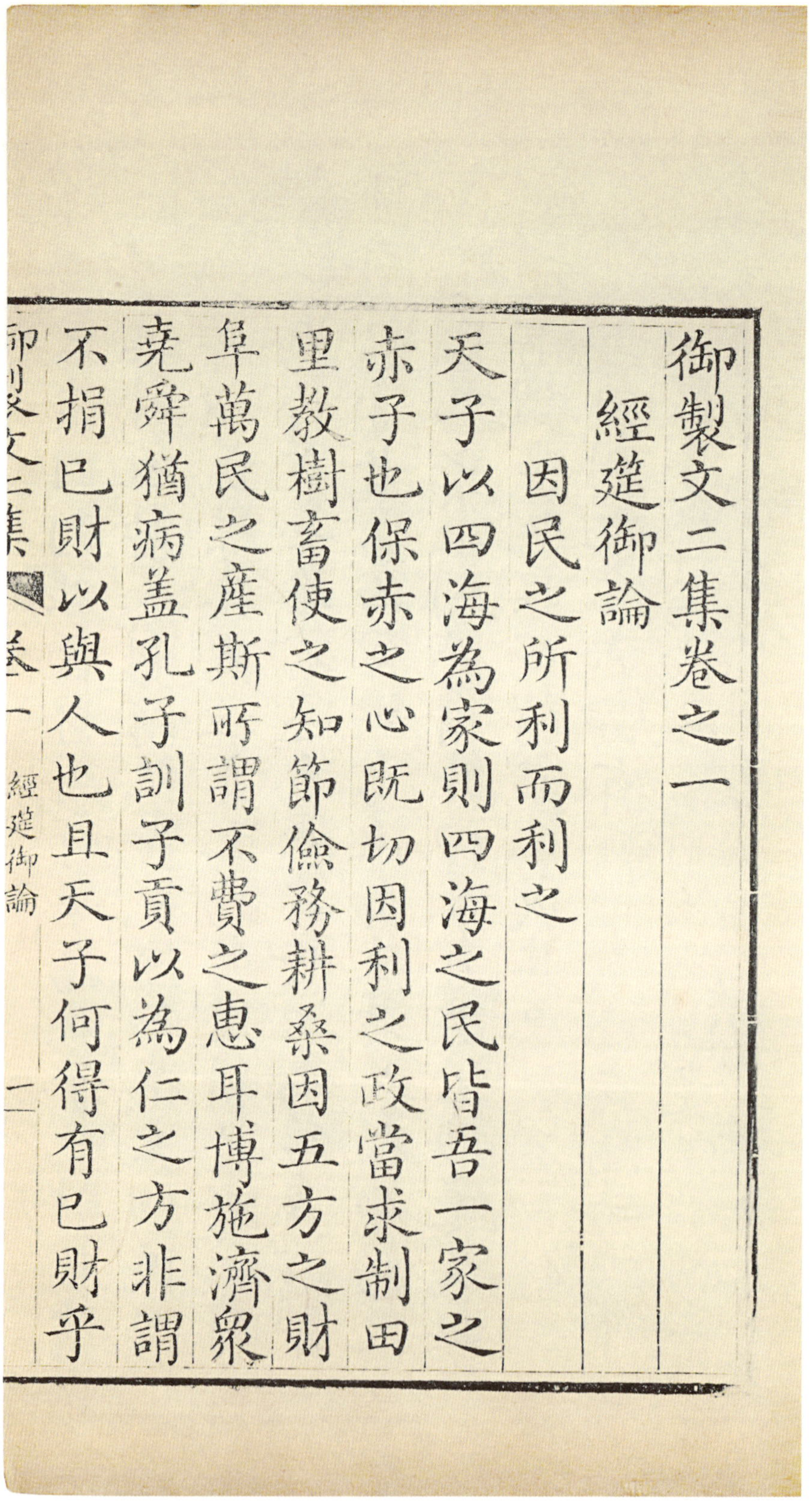

御製文二集卷之一

經筵御論

因民之所利而利之

天子以四海為家則四海之民皆吾一家之赤子也保赤之心既切因利之政當求制田里教樹畜使之知節儉務耕桑因五方之財阜萬民之產斯所謂不費之惠耳博施濟衆堯舜猶病蓋孔子訓子貢以為仁之方非謂不捐已財以與人也且天子何得有已財乎

御製文二集　卷一　經筵御論　二

10901　御製文二集四十四卷目録二卷　（清）高宗弘曆撰　清乾隆五十一年（1786）内府刻本　瀋陽市圖書館

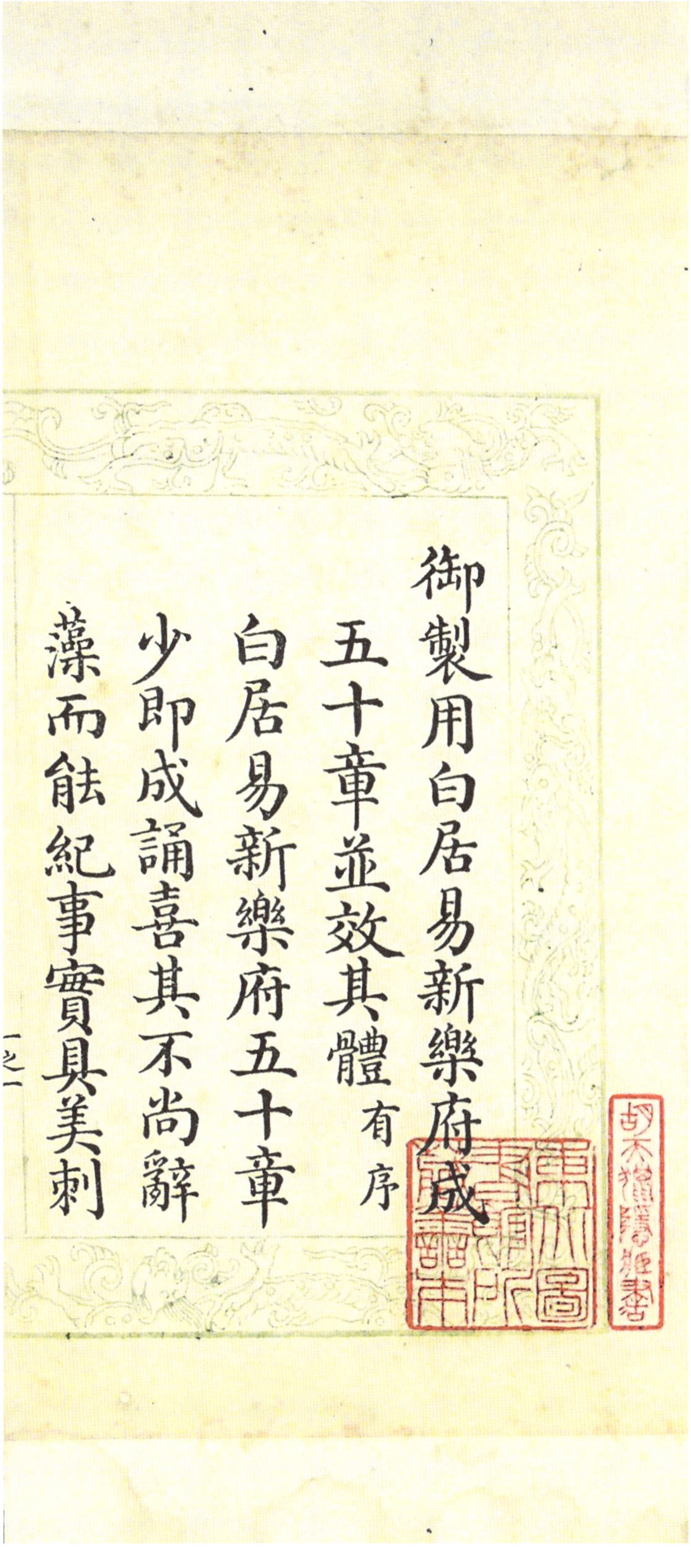

御製用白居易新樂府成
五十章並效其體有序
白居易新樂府五十章
少即成誦喜其不尚辭
藻而能紀事實具美刺

10902　御製擬白居易新樂府四卷　（清）高宗弘曆撰　清乾隆四十四年（1779）王杰寫刻進呈本　遼寧省圖書館

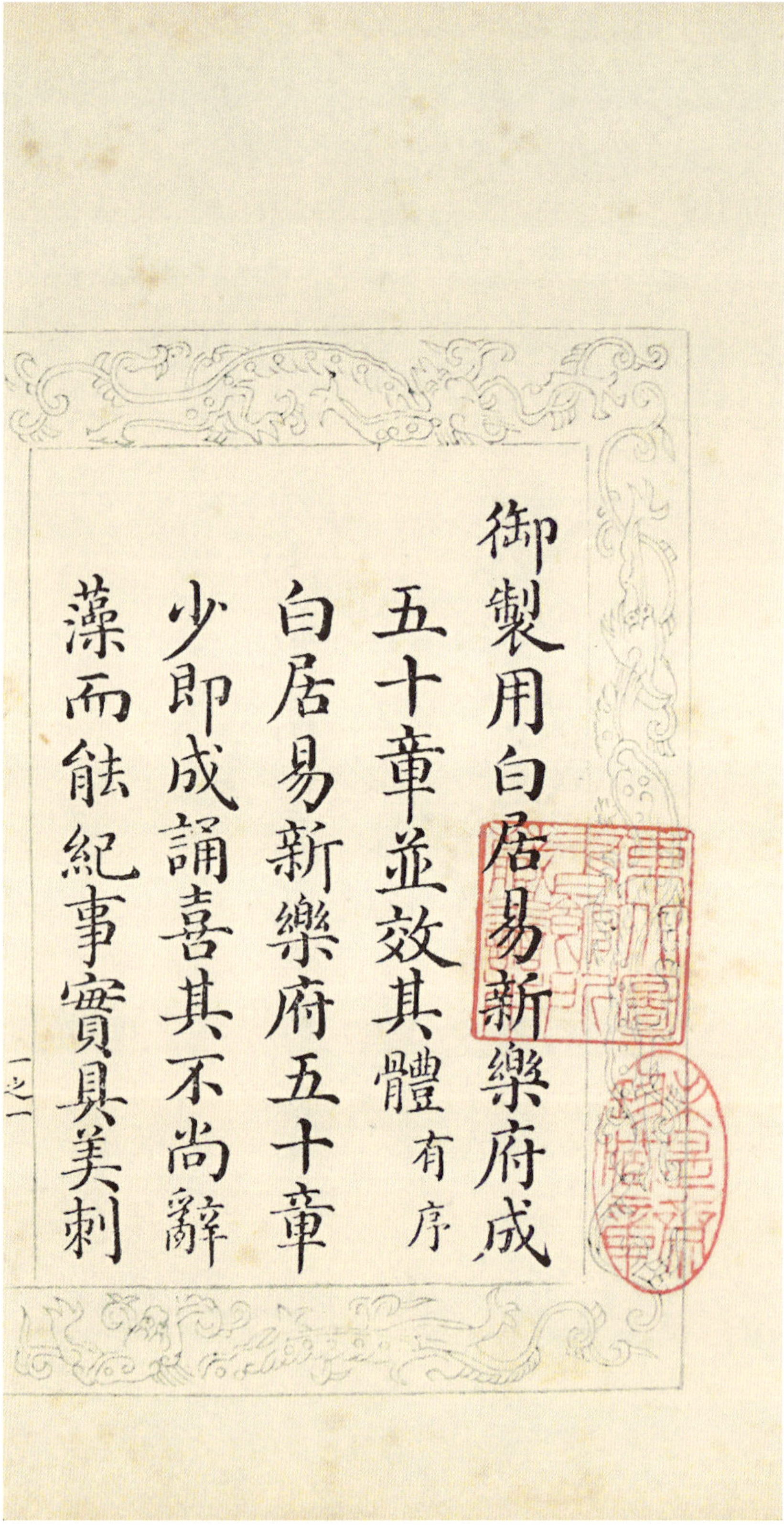

10903　御製擬白居易新樂府四卷　（清）高宗弘曆撰　清乾隆徐立綱寫刻進呈本　遼寧省圖書館

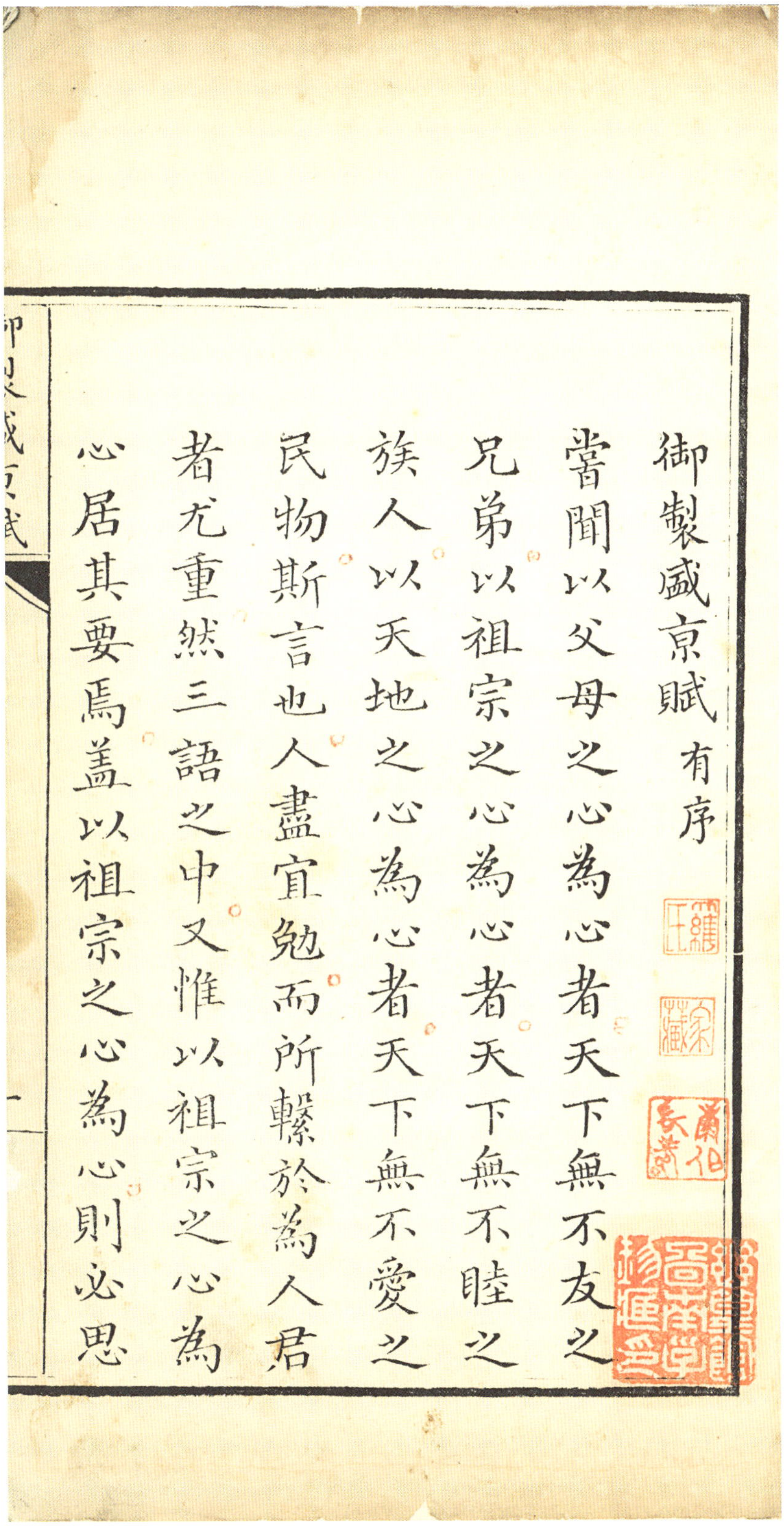

御製盛京賦
御製盛京賦 有序
嘗聞以父母之心為心者天下無不友之
兄弟以祖宗之心為心者天下無不睦之
族人以天地之心為心者天下無不愛之
民物斯言也人盡宜勉而所繫於為人君
者尤重然三語之中又惟以祖宗之心為
心居其要焉蓋以祖宗之心為心則必思

10904　御製盛京賦一卷　（清）高宗弘曆撰　（清）鄂爾泰等注　清乾隆十三年（1748）武英殿刻朱墨套印本　大連圖書館

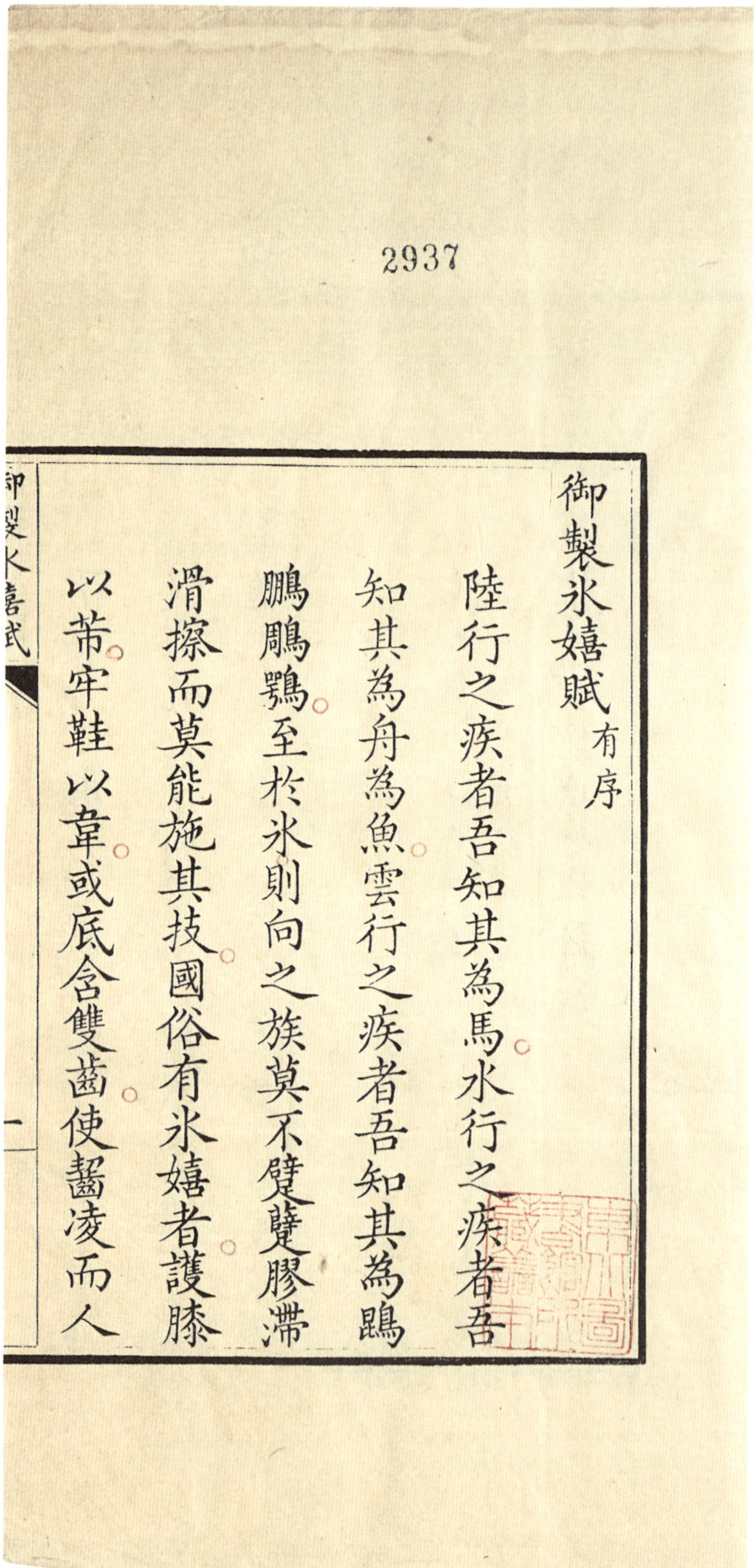

2937

御製氷嬉賦 有序

陸行之疾者吾知其為馬水行之疾者吾知其為舟為魚雲行之疾者吾知其為鵰鵬鶻鶚至於氷則向之族莫不躄躠膠滯滑擦而莫能施其技國俗有氷嬉者護膝以芾牢鞋以韋或底含雙齒使齧凌而人

御製氷嬉賦 一

10905 御製冰嬉賦一卷 （清）高宗弘曆撰 清乾隆十年（1745）武英殿刻朱墨套印本 遼寧省圖書館

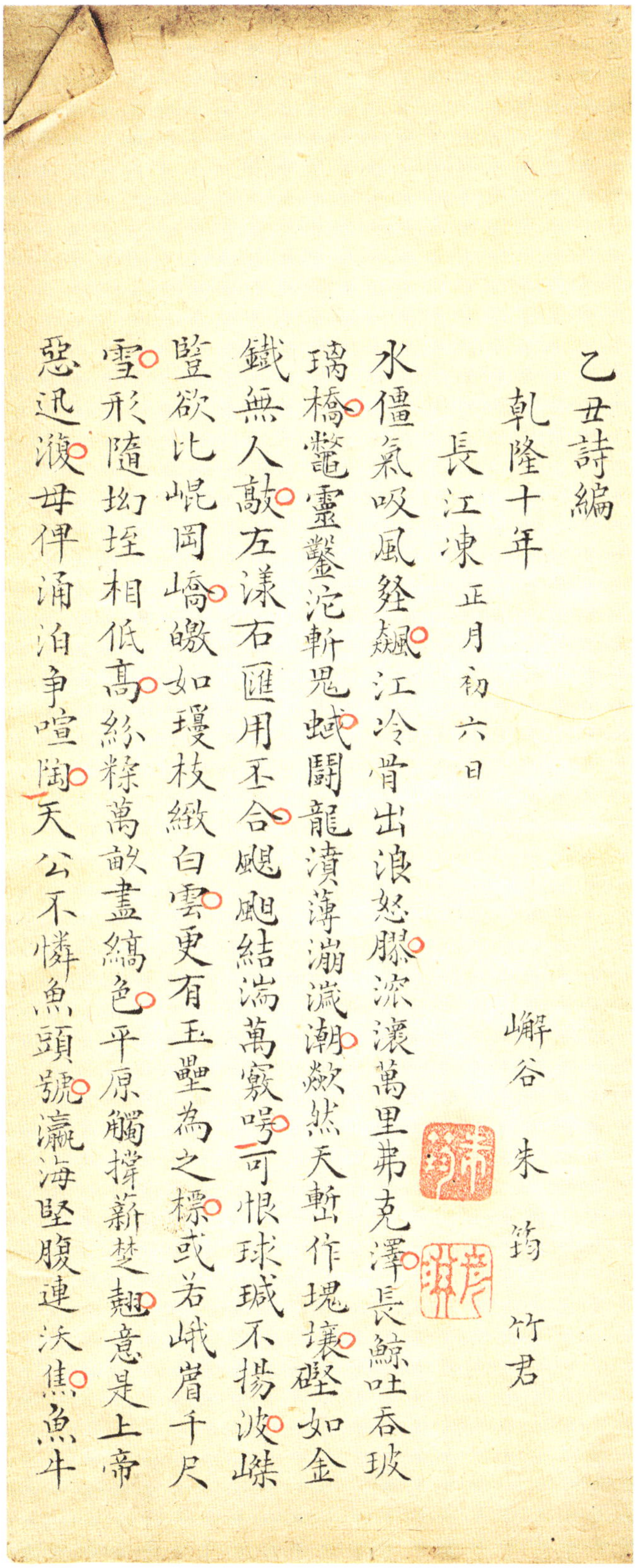

乙丑詩編

乾隆十年　　嶰谷　朱筠　竹君

長江凍正月初六日

水僵氣吸風發飆江冷骨出浪怒滕淙瀼萬里弗克澤長鯨吐吞玻璃橋鼉靈鼇沱斬虺蜮鬭龍瀆薄漰濊潮欻然天塹作塊壤硻如金鐵無人敲左漾右匯用丕合颸颶結湍萬竅呺可恨球瑊不揚波嶫豈欲比崐岡嶠曒如瓊枝綴白雲更有玉壘為之標或若峨嵋千尺雪形隨坳垤相低高紛糅萬畝盡縞色平原觸撐薪楚翹意是上帝惡迅澓毋俾涌泊爭喧閙天公不憐魚頭號瀛海堅腹連沃焦魚牛

10906　乙丑詩編一卷　（清）朱筠撰　清抄本　朱錫玠　朱珪批語　大連圖書館

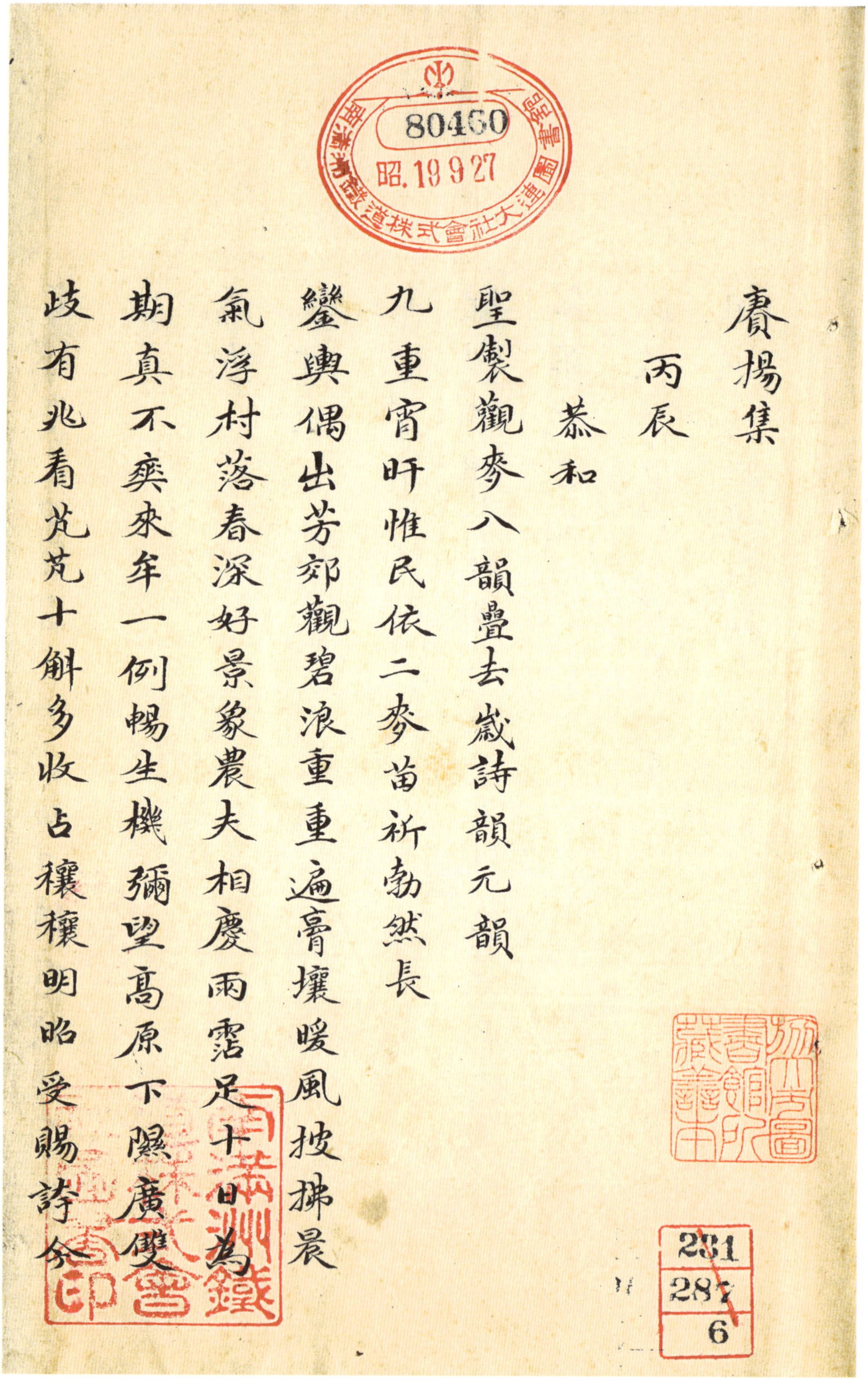

賡揚集

丙辰

恭和

聖製觀麥八韻疊去歲詩韻元韻

九重宵旰惟民依二麥苗祈勃然長

鑾輿偶出芳郊觀碧浪重重遍膏壤暖風披拂晨氣浮村落春深好景象農夫相慶雨霑足十日為期真不爽來牟一例暢生機彌望高原下隰廣雙岐有兆看芃芃十斛多收占穰穰明昭受賜詩余

10907　賡揚集不分卷　（清）英和撰　清抄本　大連圖書館

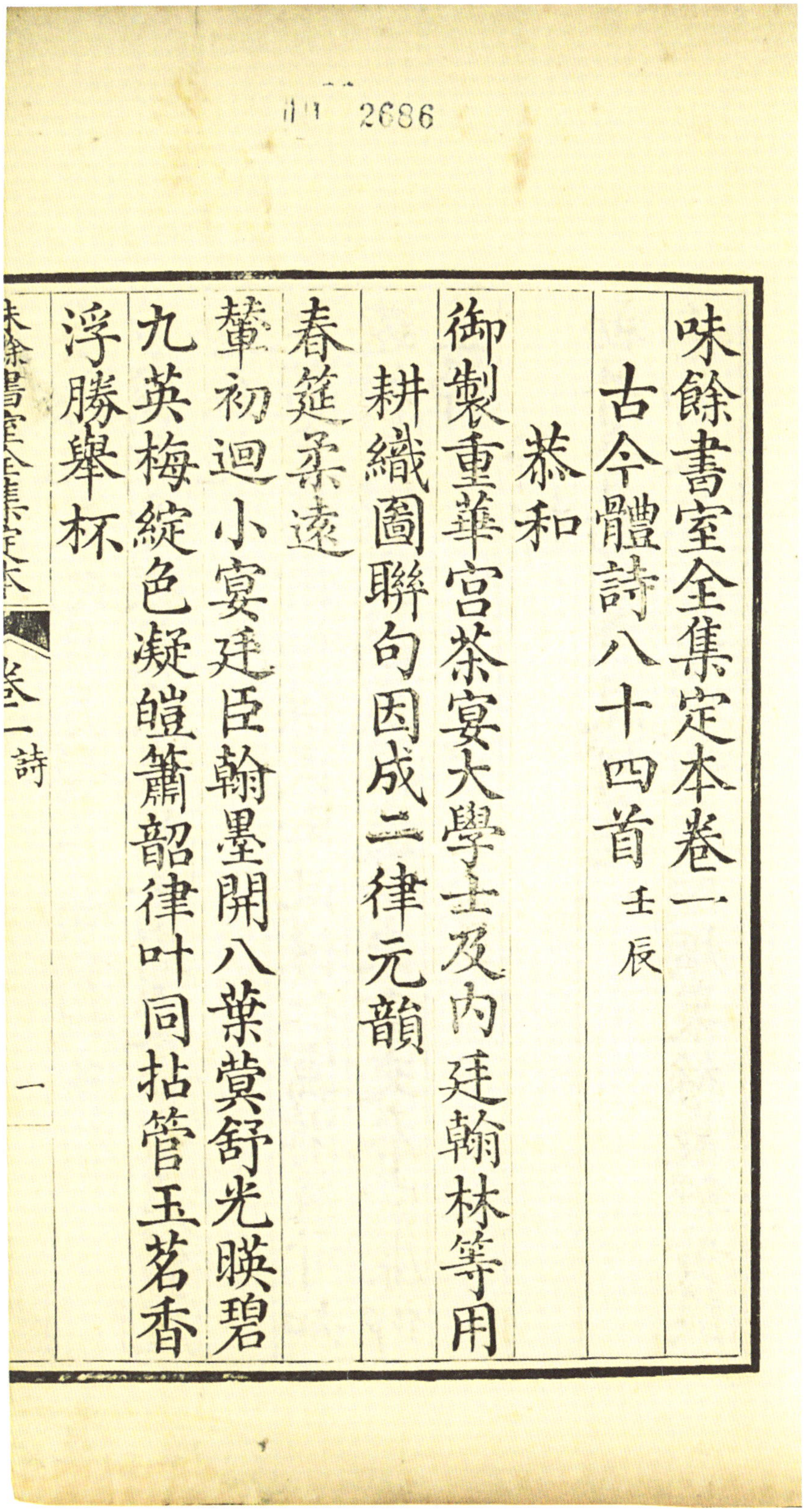

2686

味餘書室全集定本卷一
古今體詩八十四首壬辰
恭和
御製重華宮茶宴大學士及内廷翰林等用
耕織圖聯句因成二律元韻
春筵柔遠
輦初迴小宴廷臣翰墨開八葉蓂舒光映碧
九英梅綻色凝皚簫韶律叶同拈管玉茗香
浮勝舉杯

味餘書室全集定本　卷一詩　一

10908　味餘書室全集定本四十卷目録四卷隨筆二卷　（清）仁宗顒琰撰　清嘉慶五年（1800）内府刻本　遼寧省圖書館

2707

味餘書室全集定本卷一
古今體詩八十四首壬辰
恭和
御製重華宮茶宴大學士及內廷翰林等用
耕織圖聯句因成二律元韻
春筵柔遠
輦仞迴小宴廷臣翰墨開八葉蓂舒光暎碧
九英梅綻色凝鎧簫韶律叶同拈管玉茗香
浮勝舉杯

味餘書室全集 卷一 詩 一

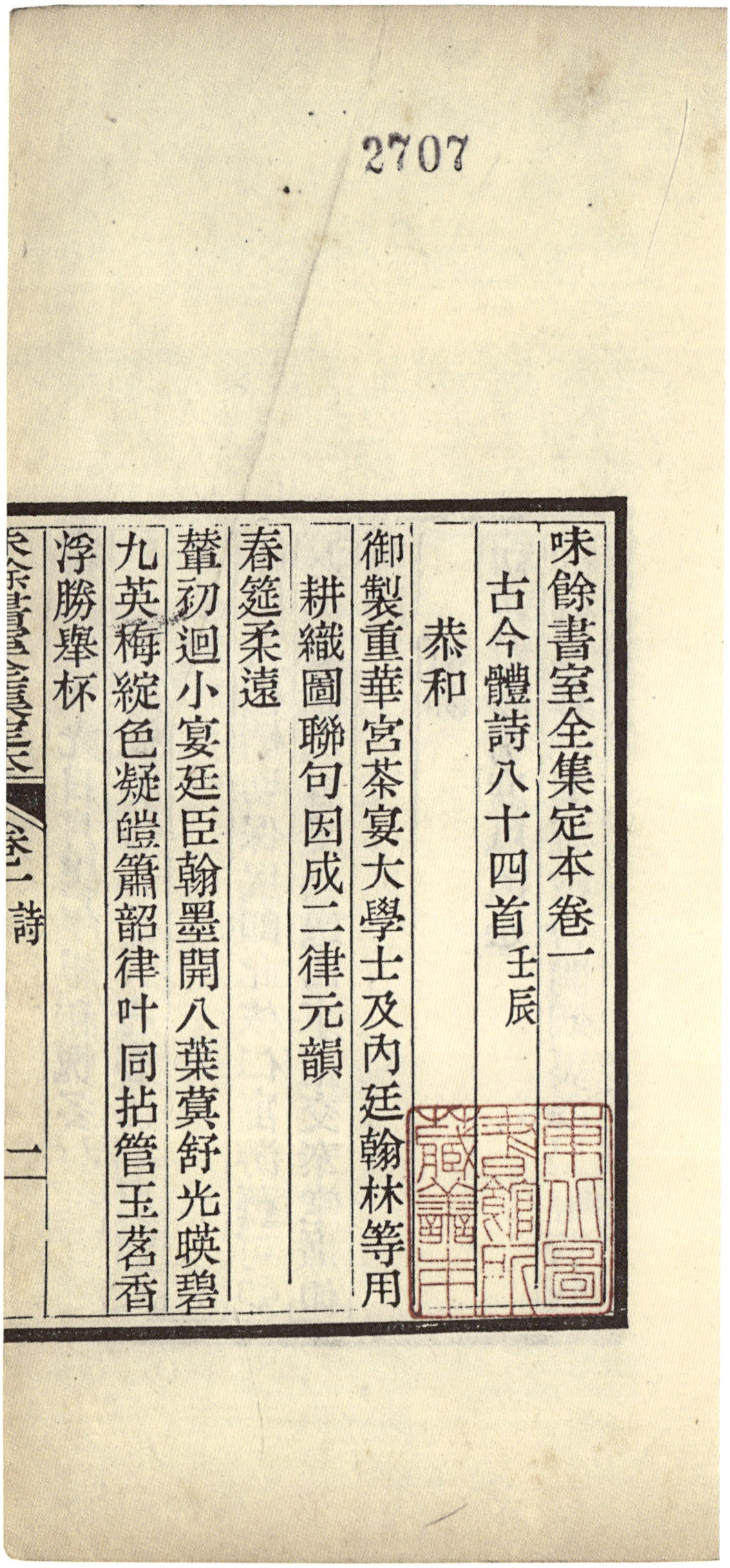

10909　味餘書室全集定本四十卷目録四卷隨筆二卷　（清）仁宗顒琰撰　清嘉慶五年（1800）內府刻本　遼寧省圖書館

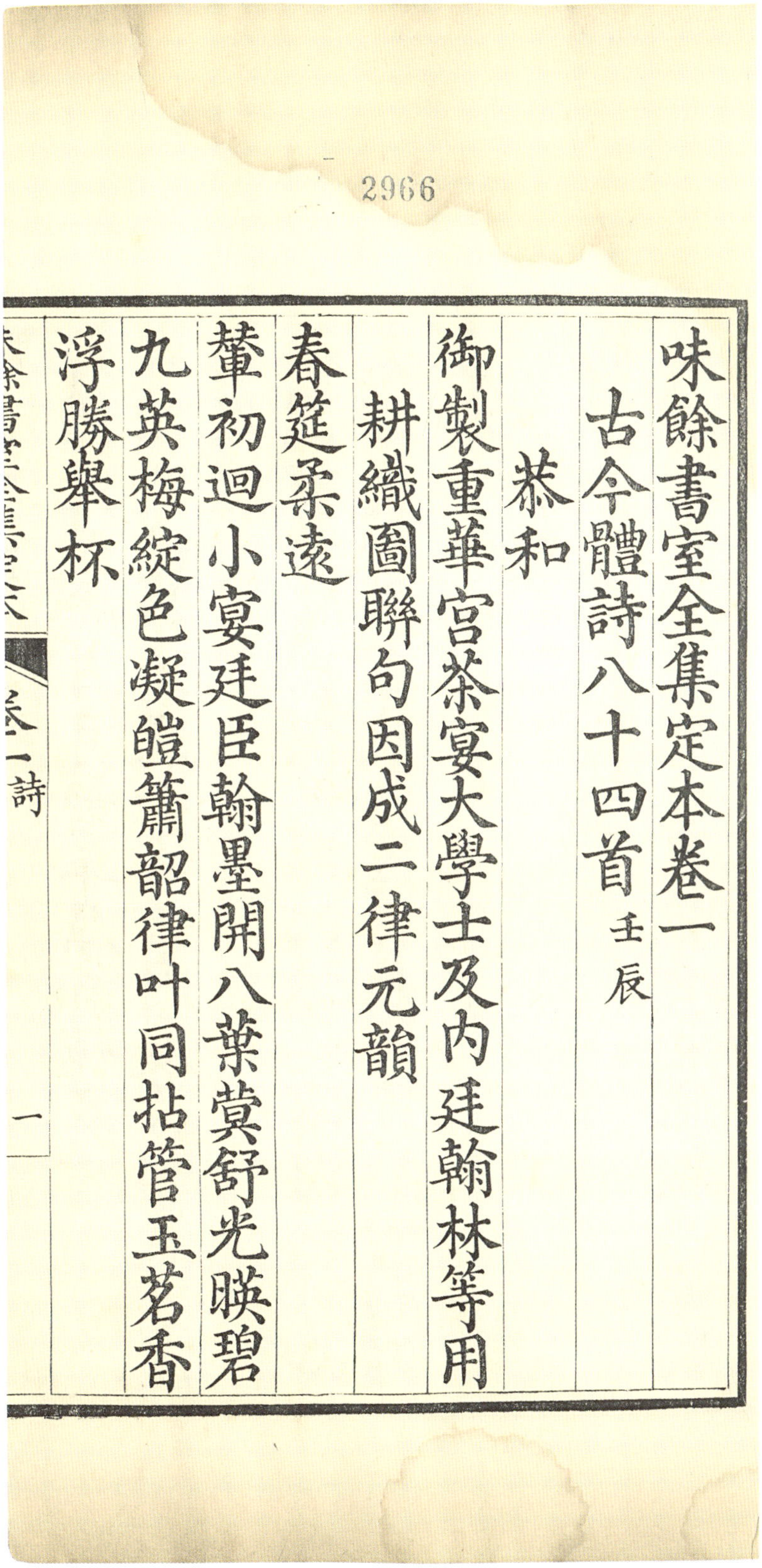

味餘書室全集定本卷一

古今體詩八十四首 壬辰

恭和

御製重華宮茶宴大學士及内廷翰林等用

耕織圖聯句因成二律元韻

春筵柔遠

輦初迴小宴廷臣翰墨開八葉蓂舒光暎碧

九英梅綻色凝皚簫韶律叶同拈管玉茗香

浮勝舉杯

味餘書室全集定本 卷一 詩 一

10910 味餘書室全集定本四十卷目録四卷隨筆二卷 （清）仁宗顒琰撰 清嘉慶五年（1800）内府刻本 遼寧省圖書館

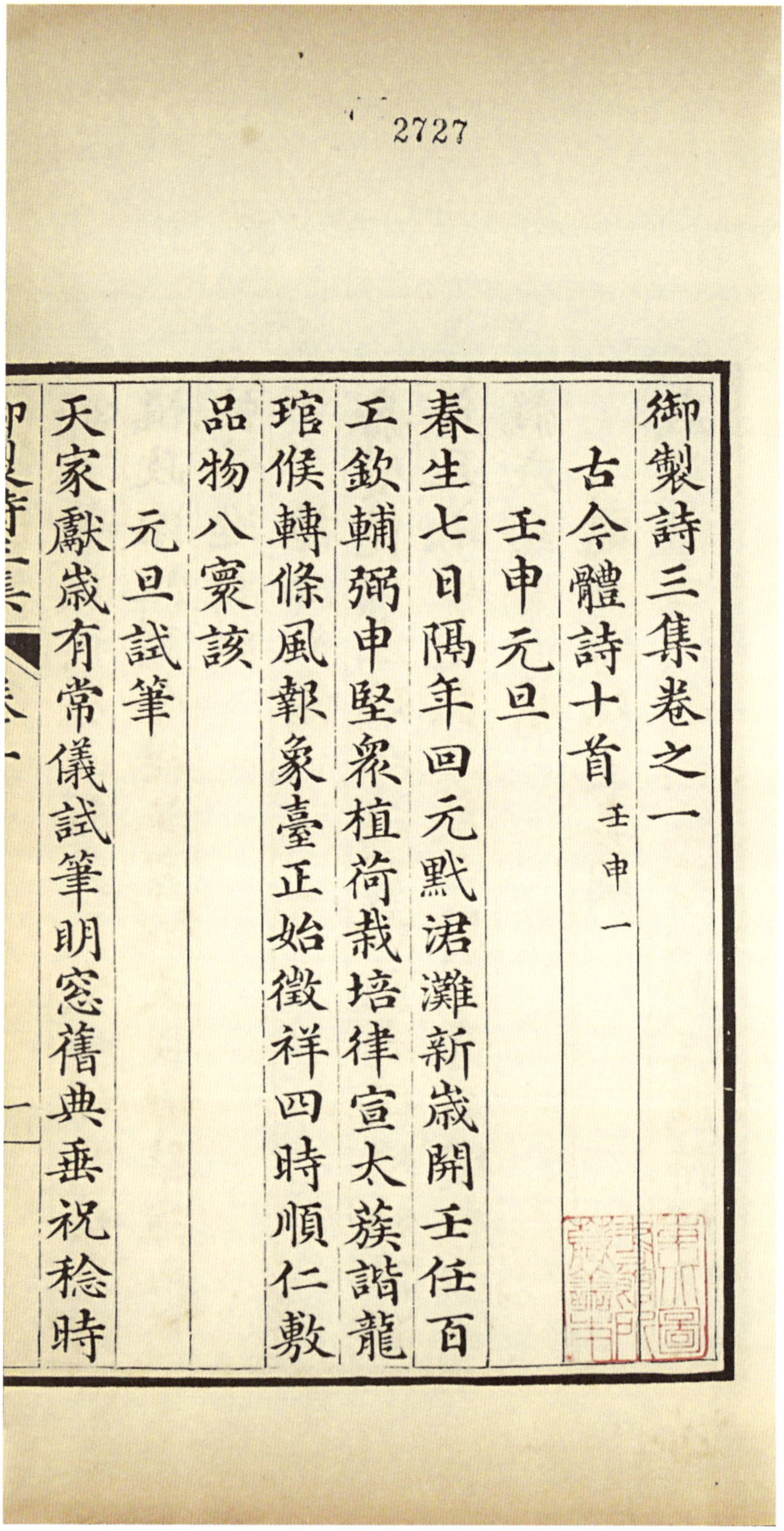
2727

御製詩三集卷之一
古今體詩十首 壬申一
壬申元旦
春生七日隔年回元默涒灘新歲開壬任百
工欽輔弼申堅衆植荷栽培律宣太蔟諧龍
琯候轉條風郭象臺正始徵祥四時順仁敷
品物八寰該
元旦試筆
天家獻歲有常儀試筆明窻舊典垂祝稔時

御製詩三集 卷一 一

10911 御製詩三集六十四卷目録四卷 （清）仁宗顒琰撰 清嘉慶至道光武英殿刻本 遼寧省圖書館

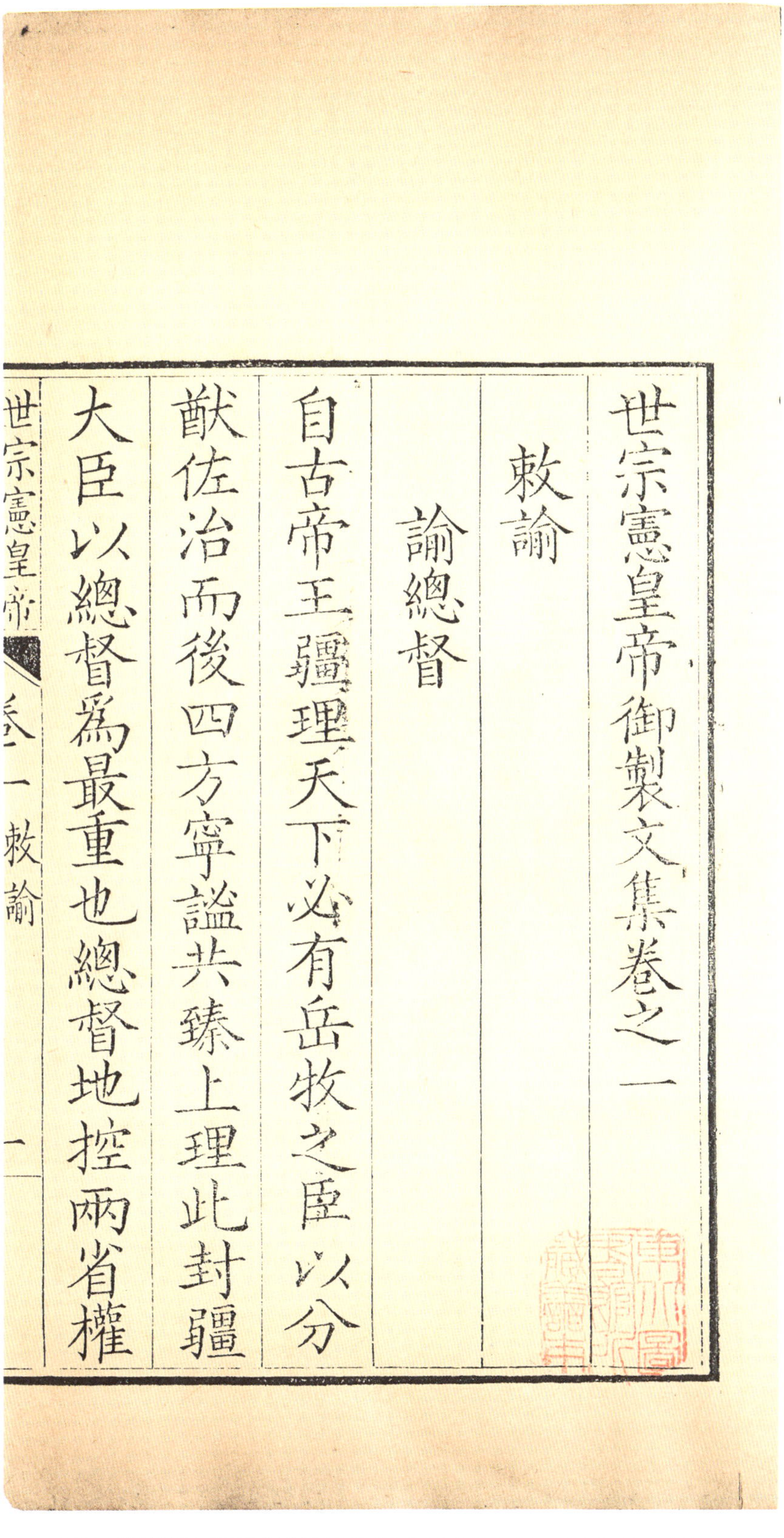

世宗憲皇帝御製文集卷之一

敕諭

諭總督

自古帝王疆理天下必有岳牧之臣以分

猷佐治而後四方寧謐共臻上理此封疆

大臣以總督爲最重也總督地控兩省權

世宗憲皇帝 卷一 敕諭 一

10912　御製文集三十卷總目四卷　（清）世宗胤禛撰　**交輝園遺稿一卷**　（清）允祥撰　清乾隆三年（1738）武英殿刻本　遼寧省圖書館

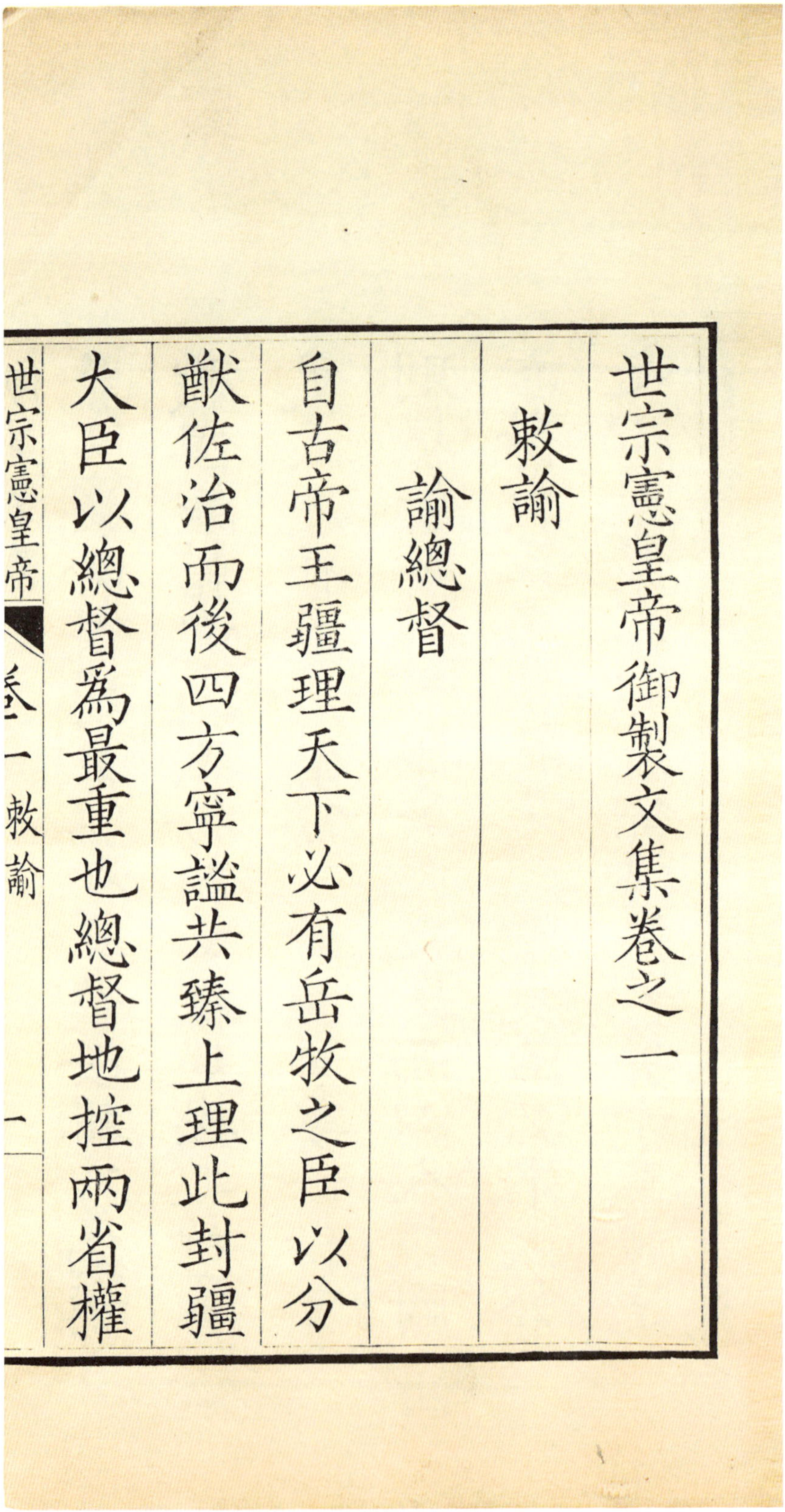
世宗憲皇帝御製文集卷之一

敕諭

諭總督

自古帝王疆理天下必有岳牧之臣以分猷佐治而後四方寧謐共臻上理此封疆大臣以總督爲最重也總督地控兩省權

世宗憲皇帝　卷一　敕諭　一

10913　御製文集三十卷總目四卷　（清）世宗胤禛撰　**交輝園遺稿一卷**　（清）允祥撰　清乾隆三年（1738）武英殿刻本　瀋陽市圖書館

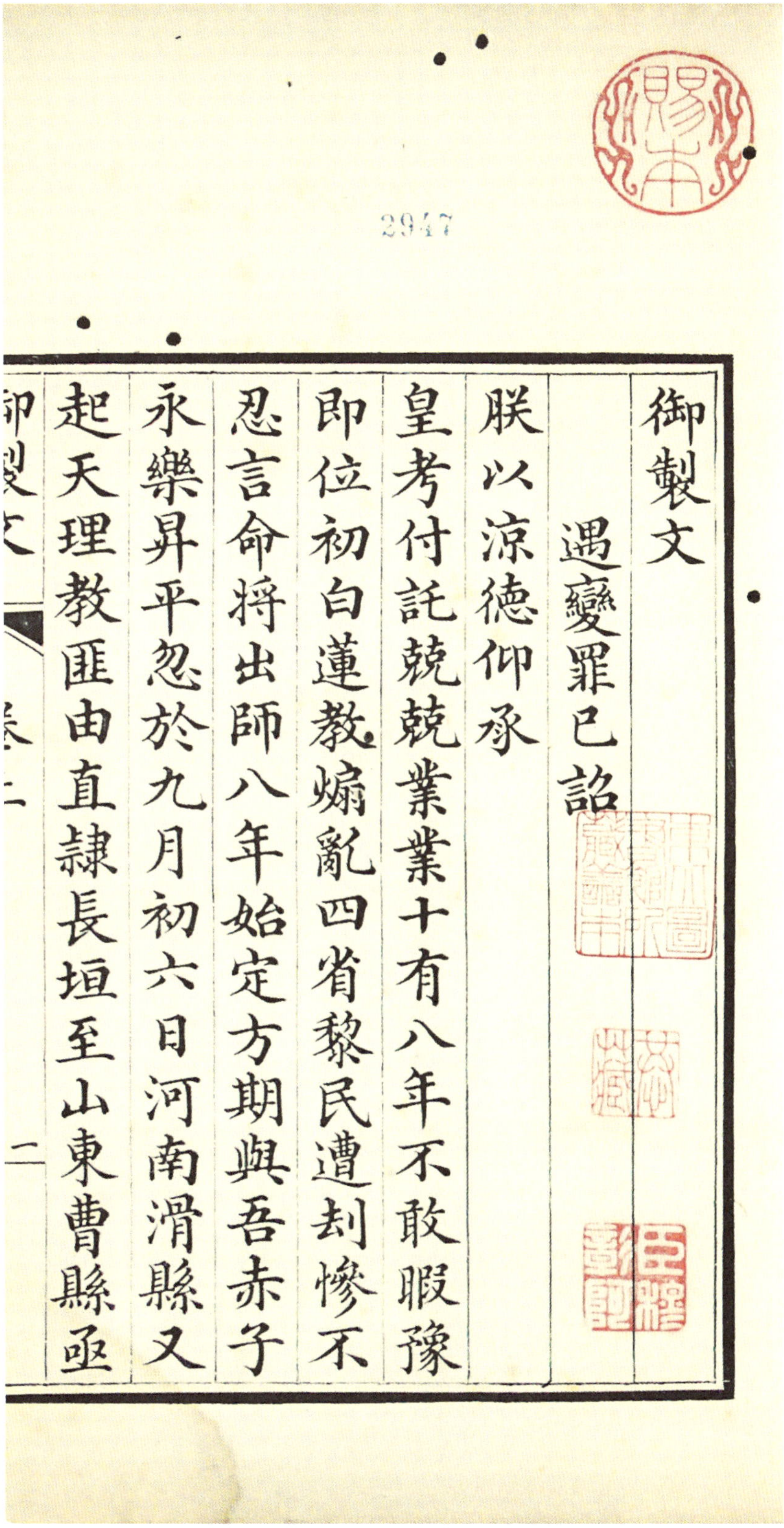

御製文

遇變罪己詔

朕以涼德仰承

皇考付託兢兢業業十有八年不敢暇豫

即位初白蓮教煽亂四省黎民遭刦慘不

忍言命將出師八年始定方期與吾赤子

永樂昇平忽於九月初六日河南滑縣又

起天理教匪由直隸長垣至山東曹縣亟

御製文　卷二　二

10914　御製文二卷　（清）仁宗顒琰撰　清嘉慶武英殿刻本　遼寧省圖書館

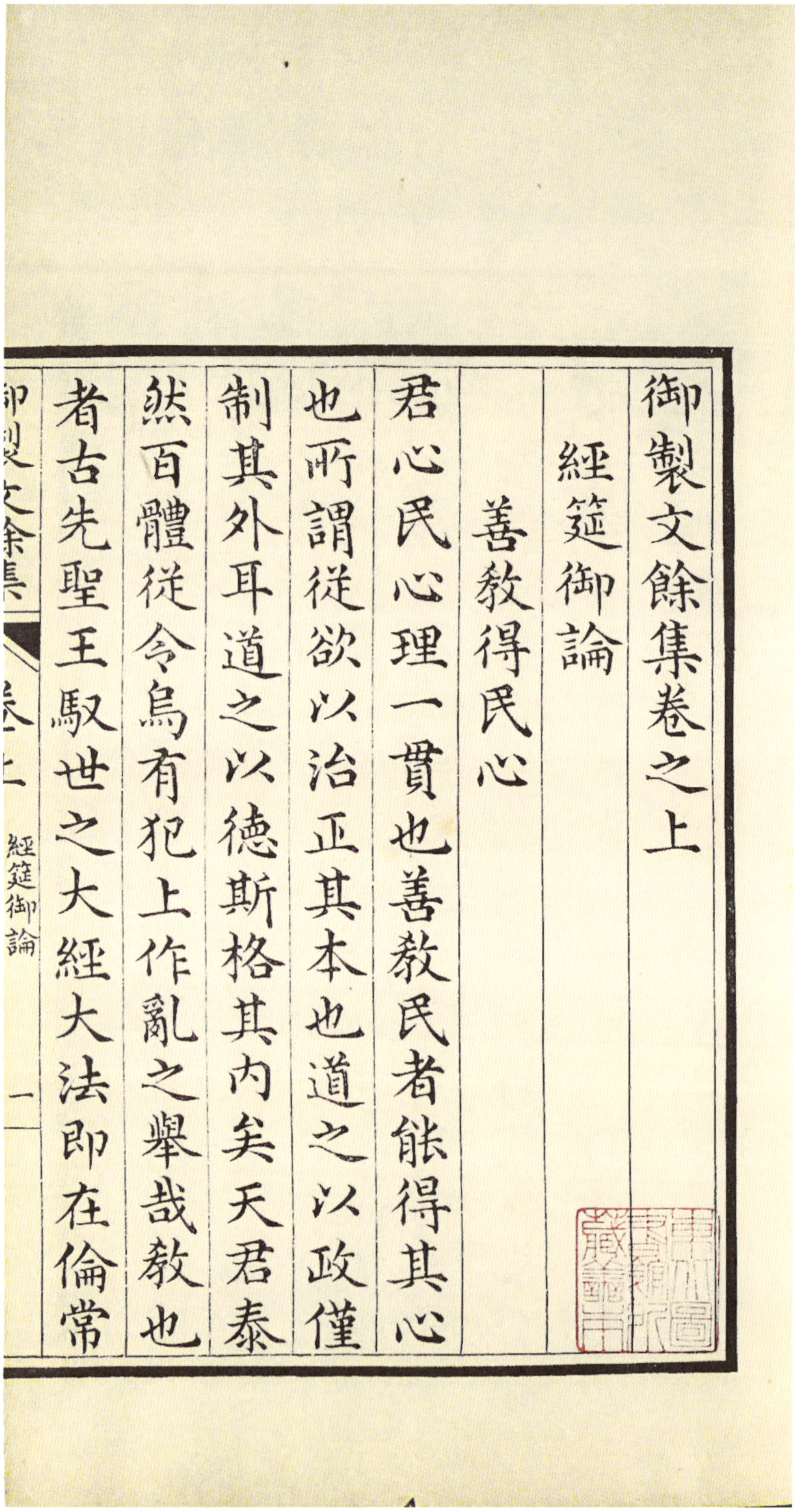

御製文餘集卷之上
經筵御論
善教得民心
君心民心理一貫也善教民者能得其心
也所謂從欲以治正其本也道之以政僅
制其外耳道之以德斯格其內矣天君泰
然百體從令烏有犯上作亂之舉哉教也
者古先聖王馭世之大經大法即在倫常

御製文餘集　卷之上　經筵御論　一

10915　御製文餘集二卷　（清）仁宗顒琰撰　清道光武英殿刻本　遼寧省圖書館

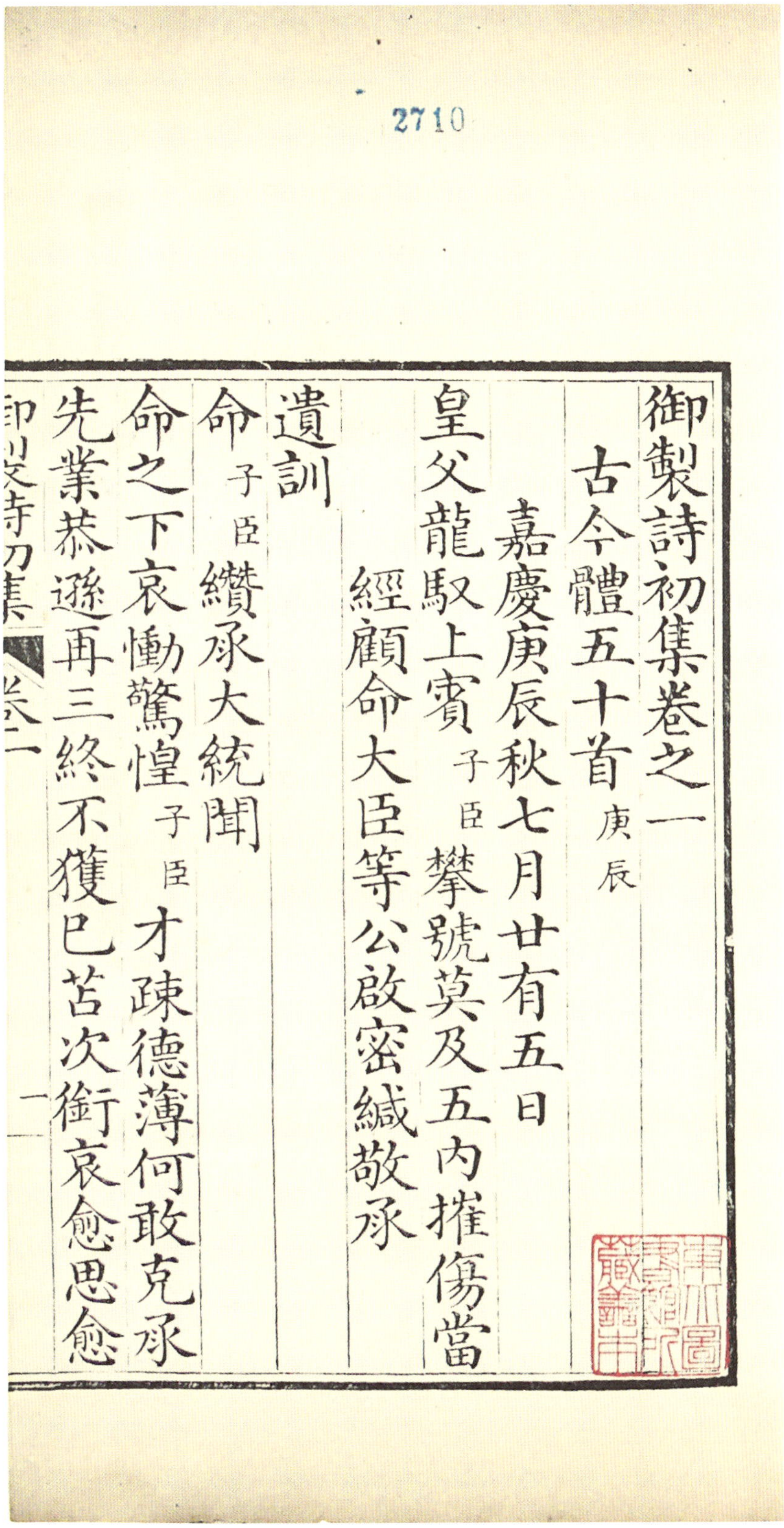

御製詩初集卷之一

古今體五十首 庚辰

嘉慶庚辰秋七月廿有五日

皇父龍馭上賓 子臣 攀號莫及五内摧傷當

經顧命大臣等公啟密緘敬承

遺訓

命 子臣 纘承大統聞

命之下哀慟驚惶 子臣 才疎德薄何敢克承

先業恭遜再三終不獲已苫次銜哀愈思愈

御製詩初集 卷一 一

10916 御製詩初集二十四卷目録四卷 （清）宣宗旻寧撰 清道光九年（1829）武英殿刻本 遼寧省圖書館

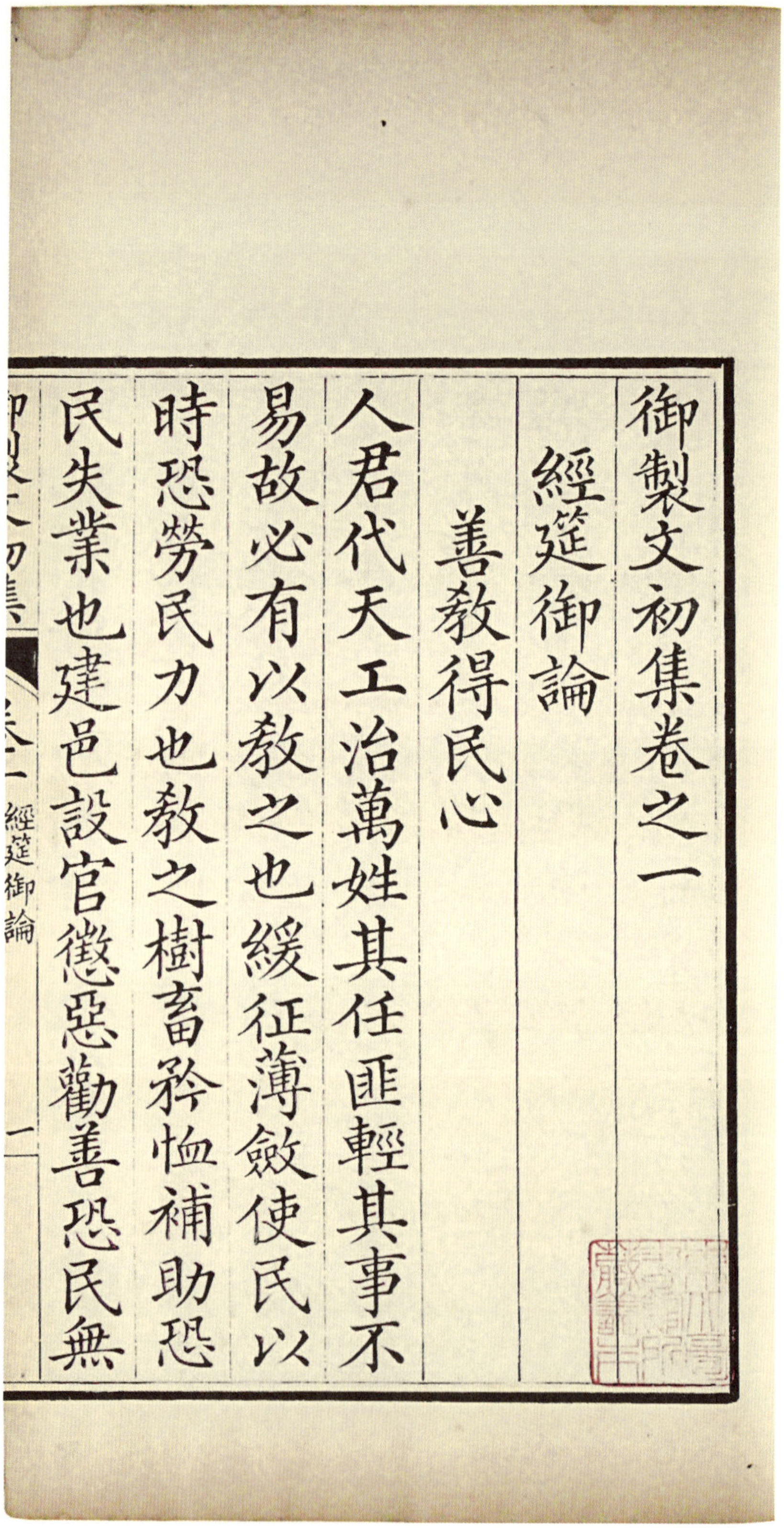

御製文初集卷之一

經筵御論

善教得民心

人君代天工治萬姓其任匪輕其事不易故必有以教之也緩征薄斂使民以時恐勞民力也教之樹畜矜恤補助恐民失業也建邑設官懲惡勸善恐民無

御製文初集　卷一　經筵御論　一

10917　御製文初集十卷　（清）宣宗旻寧撰　清道光十一年（1831）武英殿刻本　遼寧省圖書館

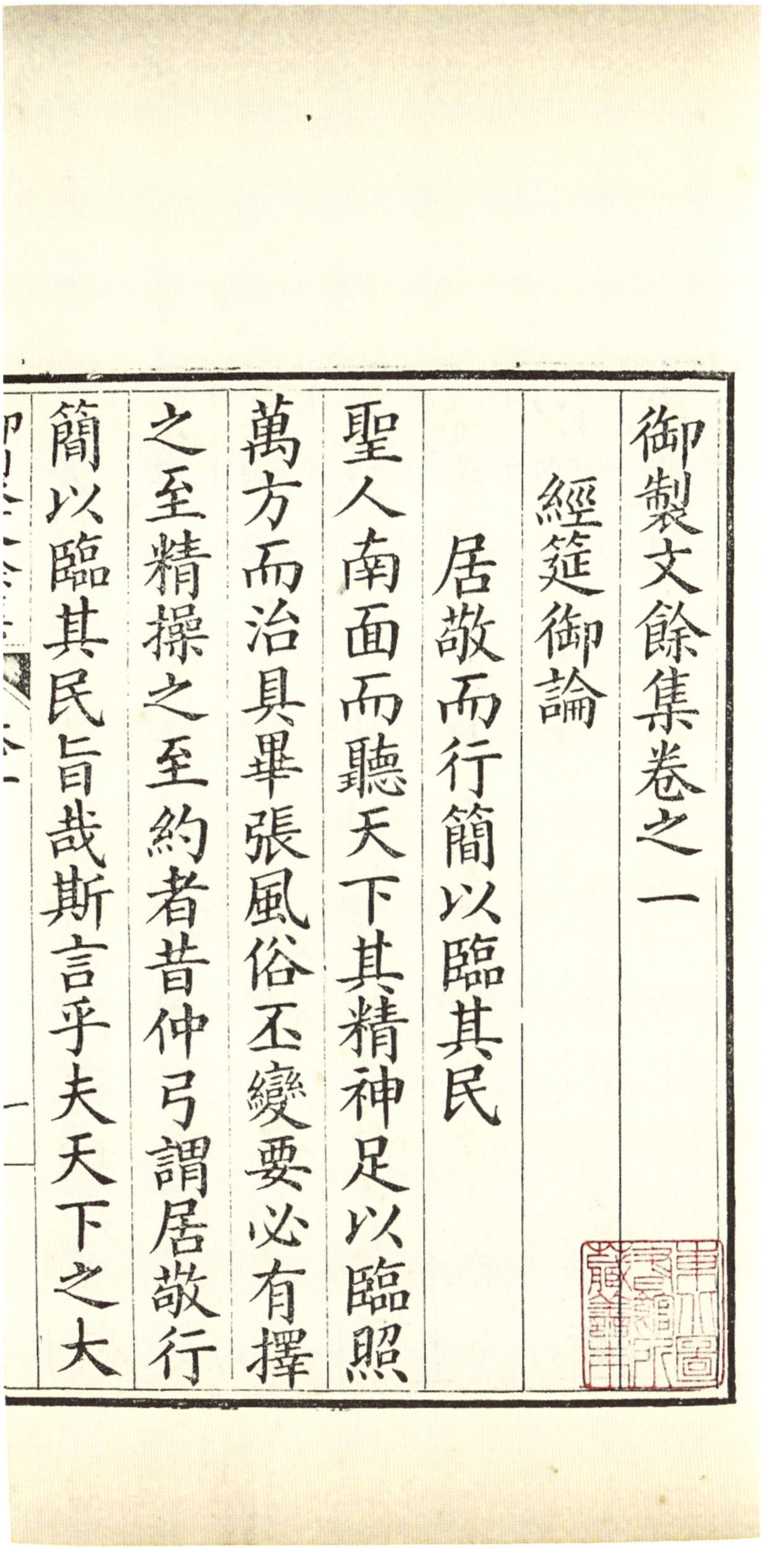

御製文餘集卷之一

經筵御論

居敬而行簡以臨其民

聖人南面而聽天下其精神足以臨照
萬方而治具畢張風俗丕變要必有擇
之至精操之至約者昔仲弓謂居敬行
簡以臨其民旨哉斯言乎夫天下之大

10918 御製文餘集六卷 （清）宣宗旻寧撰 清咸豐武英殿刻本 遼寧省圖書館

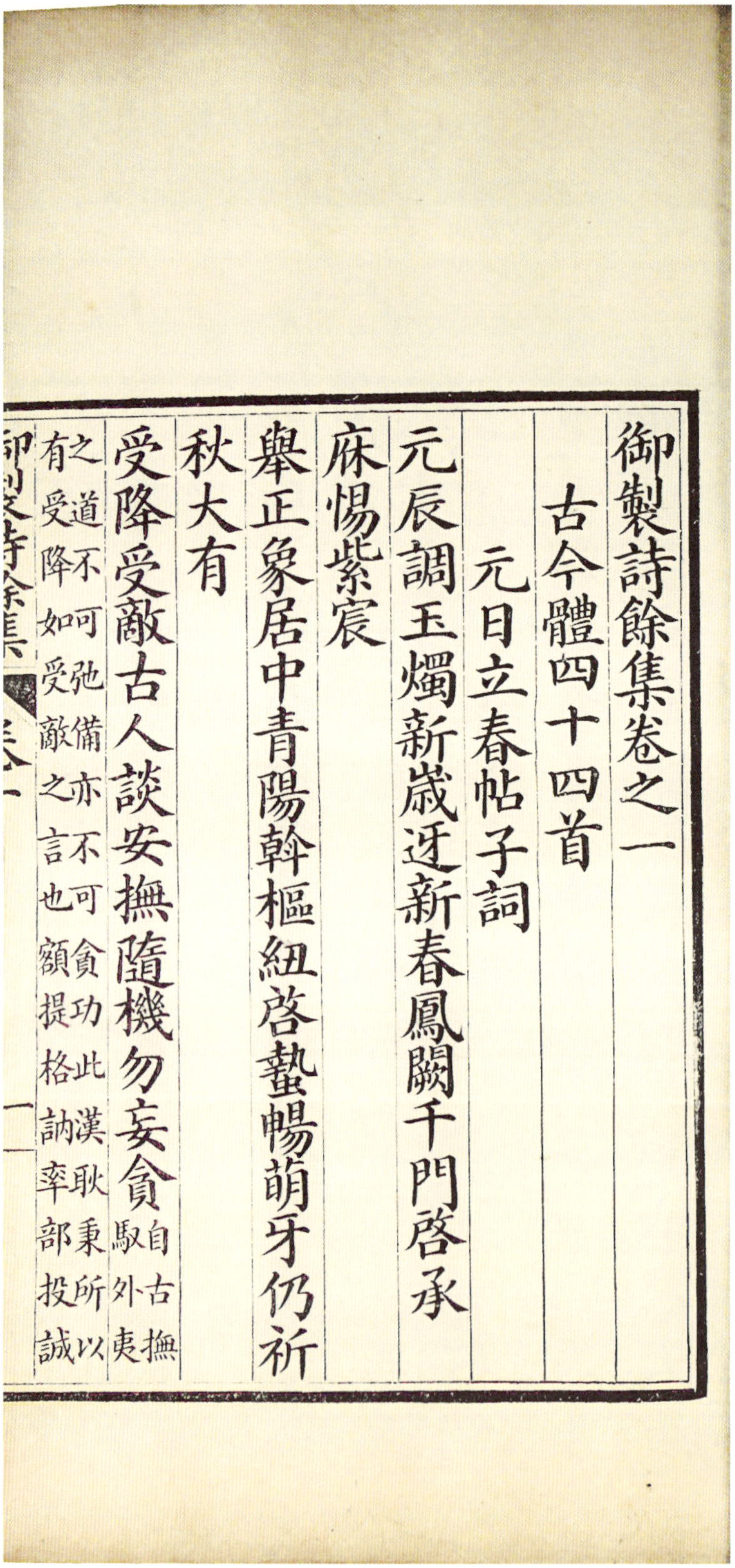
御製詩餘集卷之一
古今體四十四首
元日立春帖子詞
元辰調玉燭新歲迓新春鳳闕千門啓承
麻愓紫宸
舉正象居中青陽斡樞紐啓蟄暢萌芽仍祈
秋大有
受降受敵古人談安撫隨機勿妄貪自古撫馭外夷之道不可弛備亦不可貪功此漢耿秉所以有受降如受敵之言也額提格訥率部投誠
御製詩餘集 卷一 一

10919 御製文餘集十二卷目録二卷 （清）宣宗旻寧撰 清咸豐武英殿刻本 遼寧省圖書館

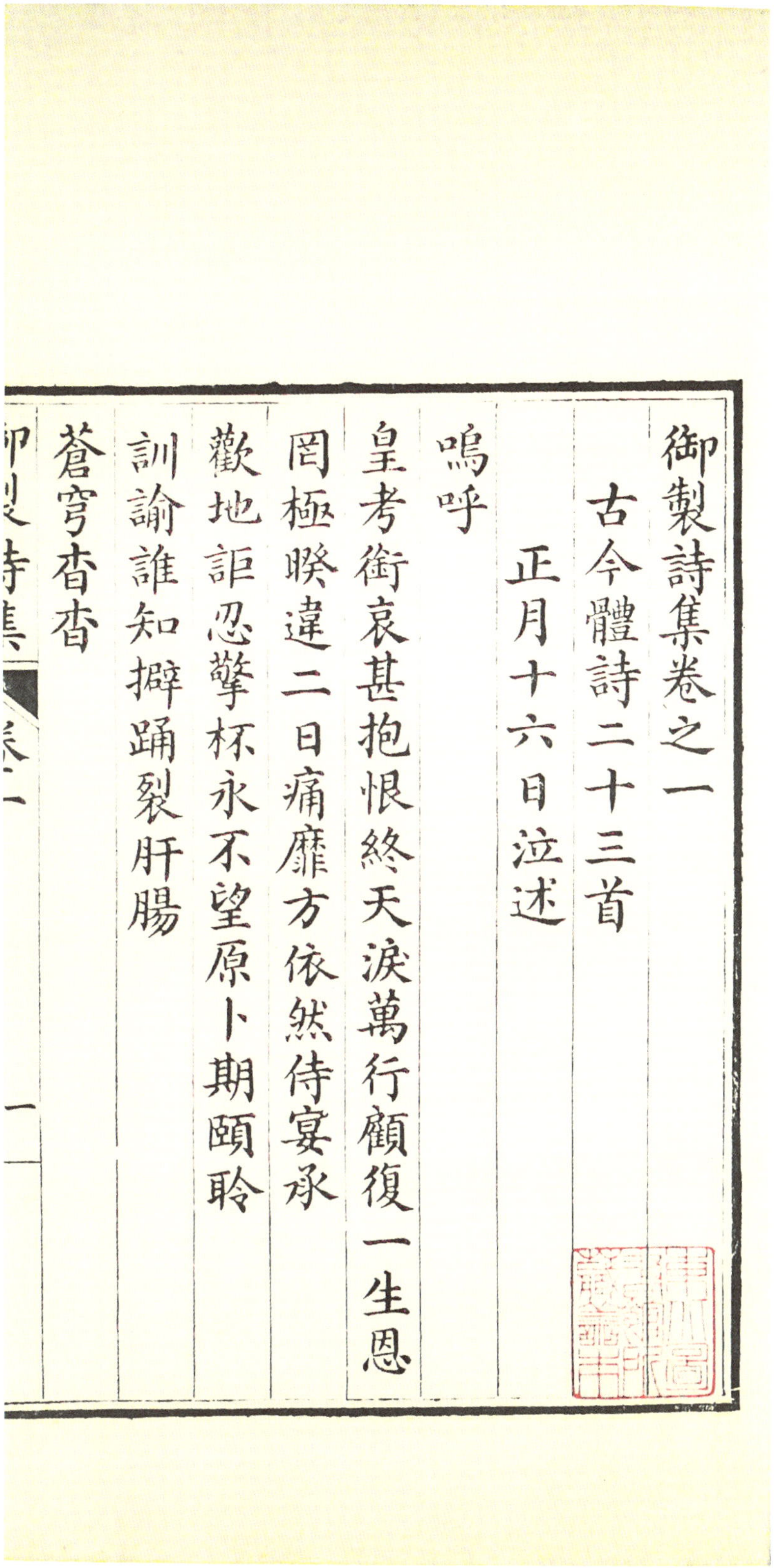
御製詩集卷之一
古今體詩二十三首
正月十六日泣述
嗚呼
皇考銜哀甚抱恨終天淚萬行顧復一生恩
罔極睽違二日痛靡方依然侍宴承
歡地詎忍攀杯永不望原卜期頤聆
訓諭誰知擗踊裂肝腸
蒼穹杳杳

御製詩集　卷一　一

10920　御製詩集八卷文集二卷　（清）文宗奕詝撰　清同治武英殿刻本

遼寧省圖書館

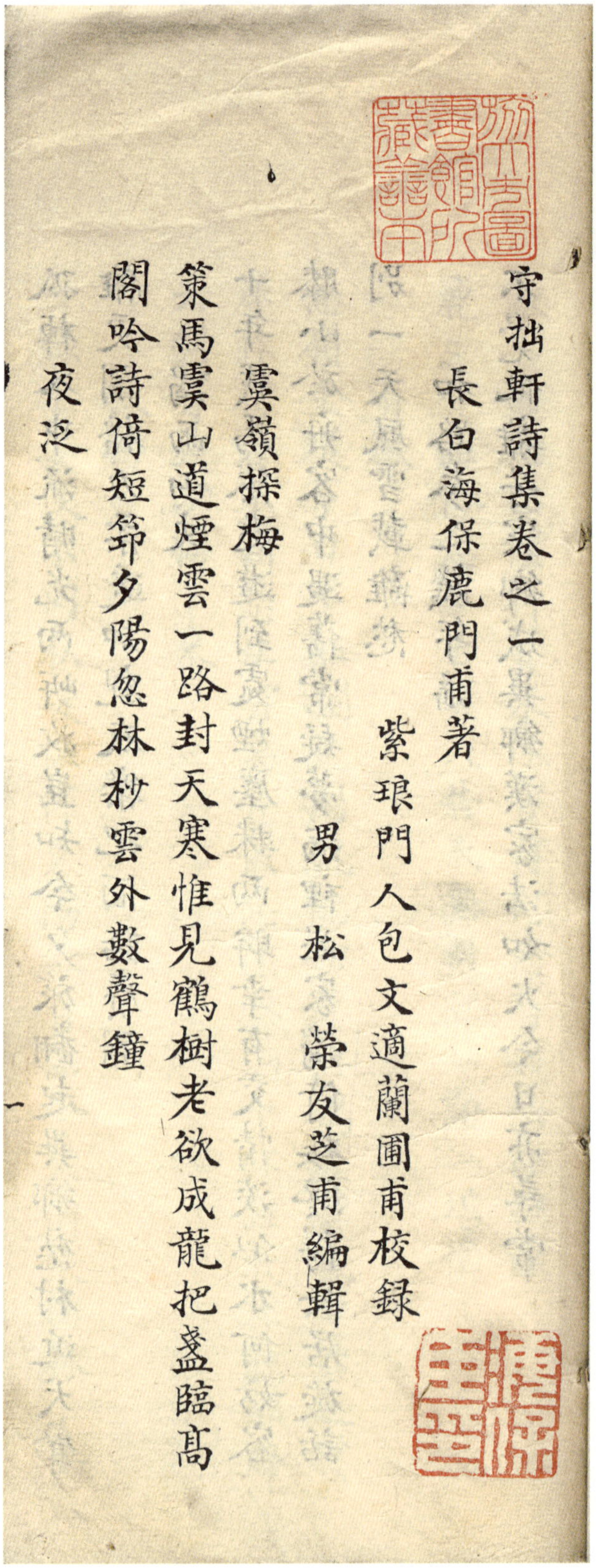
守拙軒詩集卷之一
長白海保鹿門甫著
紫瑯門人包文適蘭圃甫校録
男松榮友芝甫編輯
寘嶺探梅
策馬寘山道煙雲一路封天寒惟見鶴樹老欲成龍把盞臨高
閣吟詩倚短笻夕陽忽林杪雲外數聲鐘
夜泛

10921　守拙軒詩集三卷軍中雜稿一卷　（清）海保撰　稿本　大連圖書館

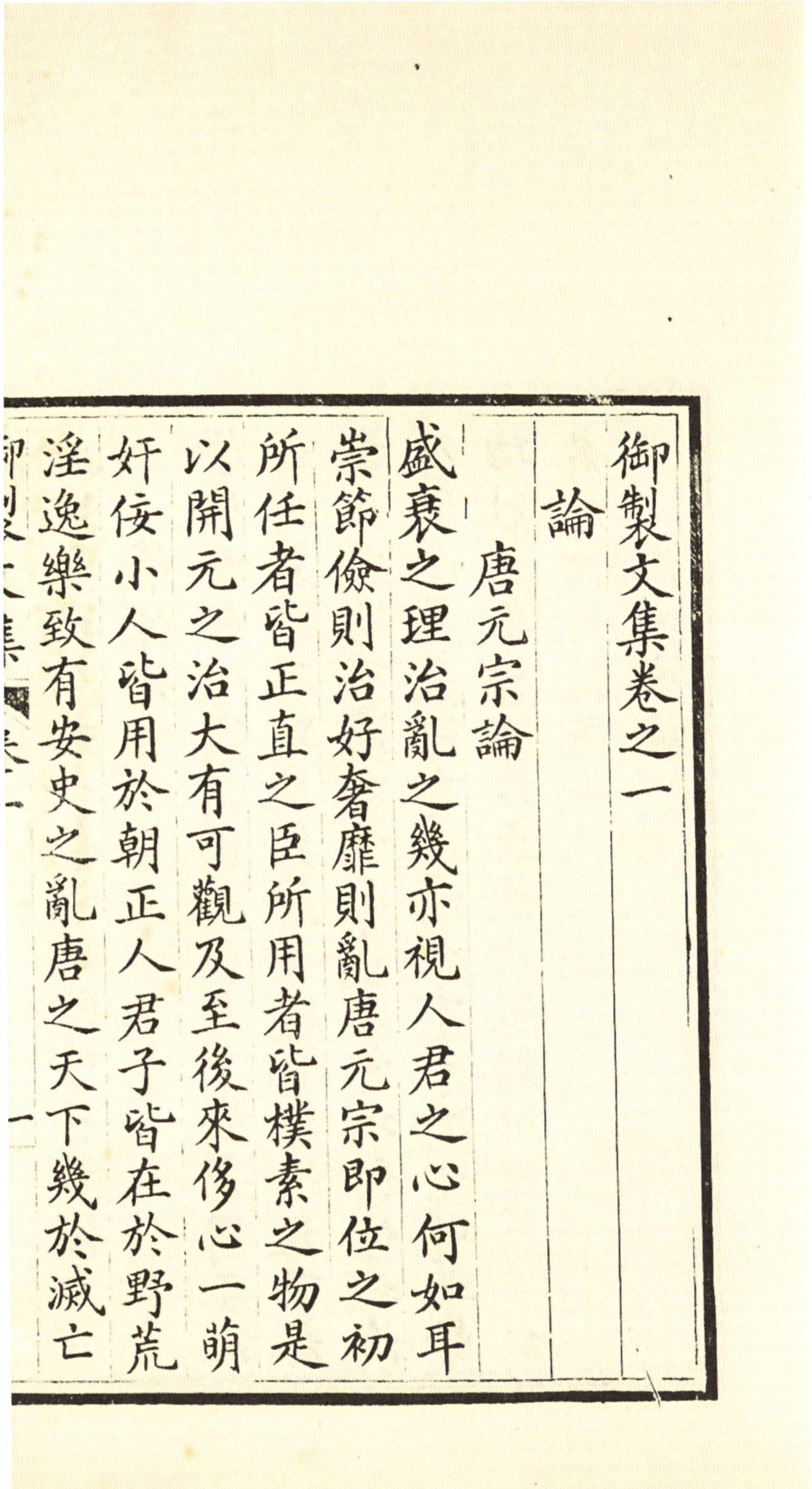

御製文集卷之一

論

唐元宗論

盛衰之理治亂之幾亦視人君之心何如耳崇節儉則治好奢靡則亂唐元宗即位之初所任者皆正直之臣所用者皆樸素之物是以開元之治大有可觀及至後來侈心一萌奸佞小人皆用於朝正人君子皆在於野荒淫逸樂致有安史之亂唐之天下幾於滅亡

御製文集　卷一　一

10922　御製文集十卷詩集六卷　（清）穆宗載淳撰　清光緒武英殿刻本

遼寧省圖書館

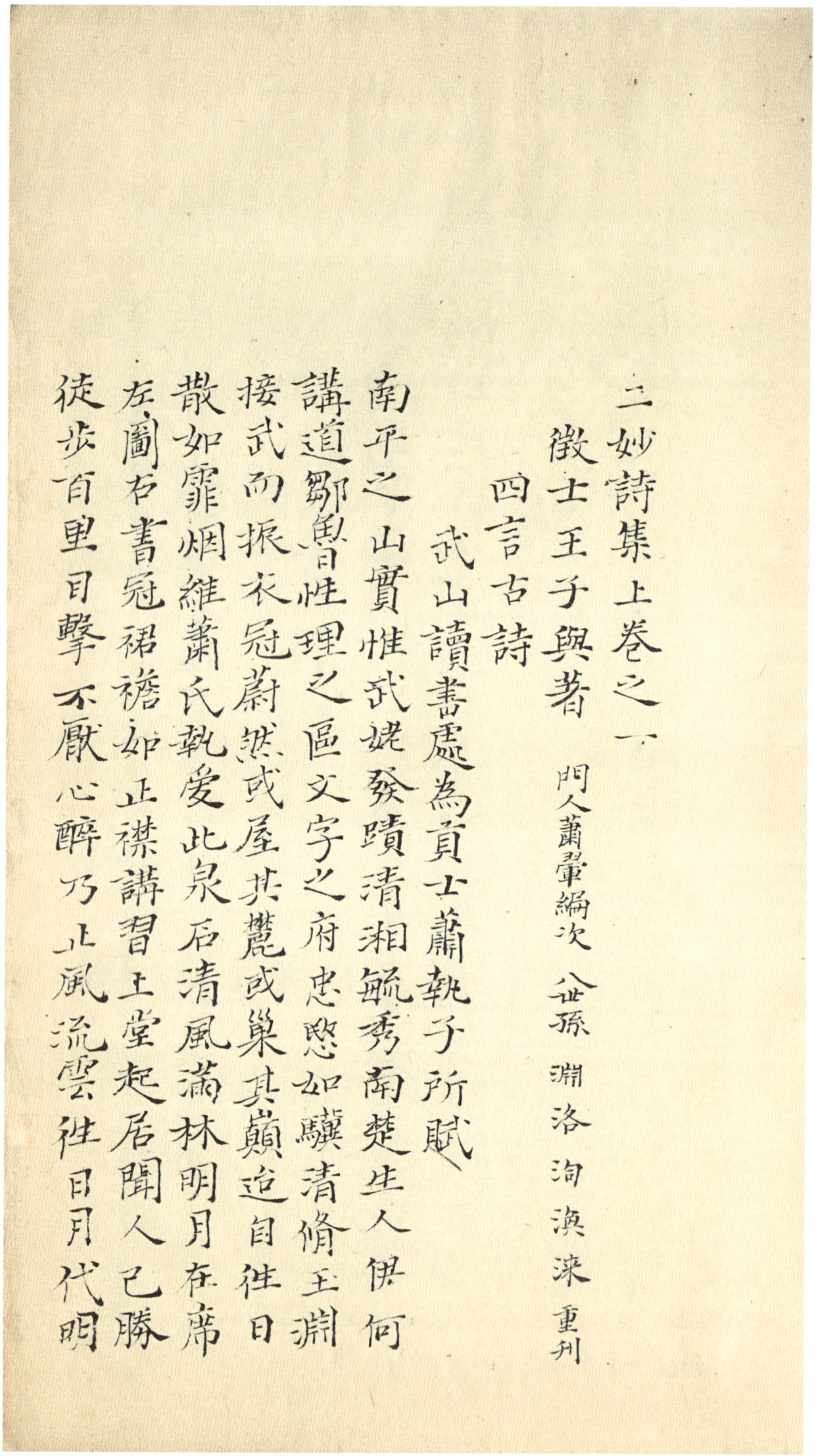
二妙詩集上卷之一
徵士王子與著　門人蕭翬編次　八世孫淵洛洵渙涑重刊
四言古詩
武山讀書處為貢士蕭執子所賦
南平之山實惟武姥發蹟清湘毓秀南楚生人伊何
講道鄒魯性理之區文字之府忠愍如蘗清脩玉淵
接武而振衣冠蔚然或屋其麓或巢其巔迫自往日
散如霏烟維蕭氏執愛此泉石清風滿林明月在席
左圖右書冠裙襜如正襟講習上堂起居闢人已勝
徒步百里目擊不厭心醉乃止風流雲往日月代明

10923　二妙詩集二卷　（明）王沂　王佑撰　（明）蕭翬輯　清抄本　大連圖書館

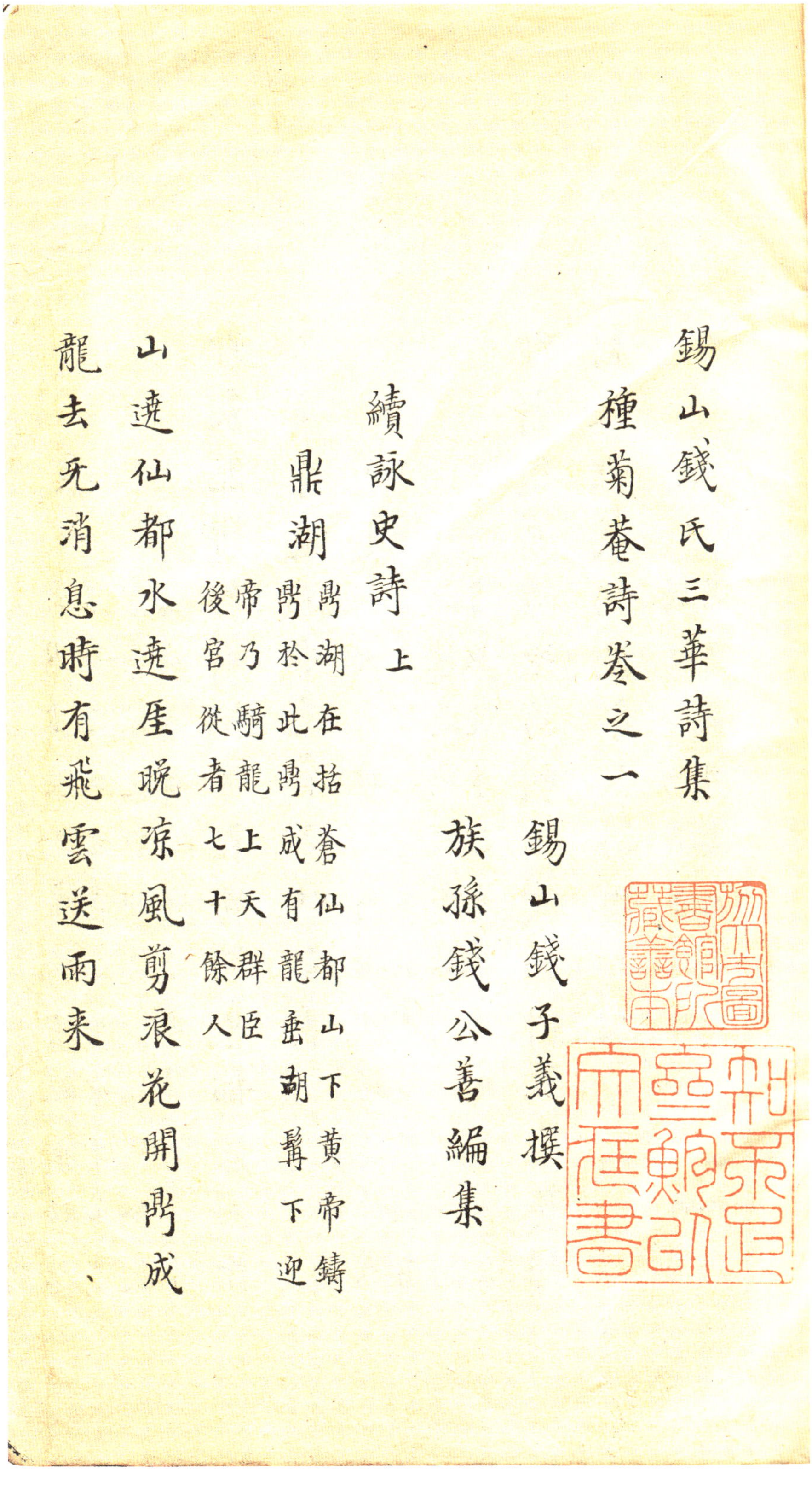

錫山錢氏三華詩集
種菊菴詩卷之一
錫山錢子義撰
族孫錢公善編集
續詠史詩 上
鼎湖 鼎湖在括蒼仙都山下黃帝鑄鼎於此鼎成有龍垂胡髯下迎帝乃騎龍上天群臣後宮從者七十餘人
山遶仙都水遶崖晛凉風剪浪花開鼎成
龍去无消息時有飛雲送雨来

10924 錫山錢氏三華詩集十八卷 （明）錢公善輯 清抄本 大連圖書館

存八卷（錢子義種菊庵集一至四、錢仲益錦樹集五至八）

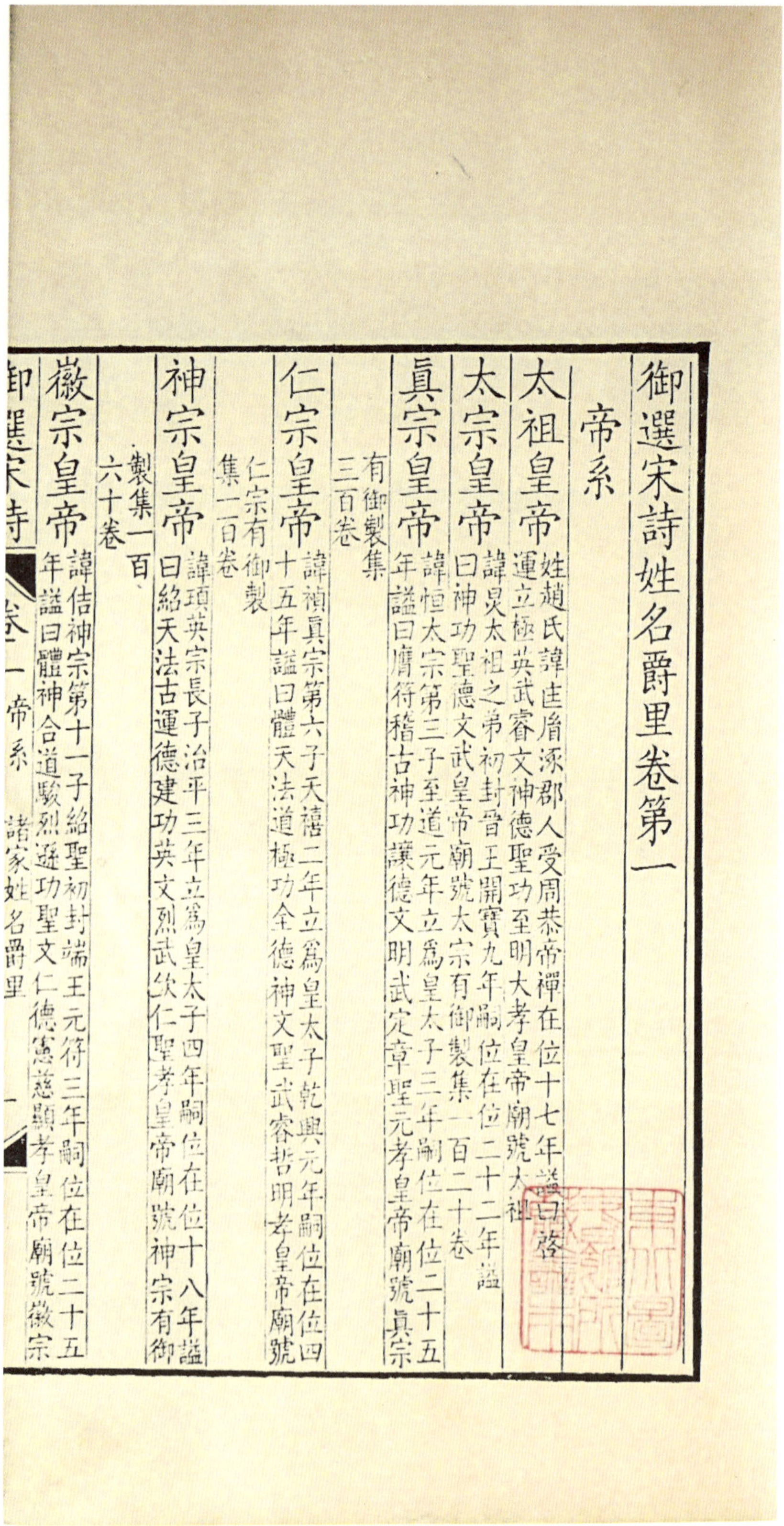

御選宋詩姓名爵里卷第一

帝系

太祖皇帝 姓趙氏諱匡胤涿郡人受周恭帝禪在位十七年謚曰啓運立極英武睿文神德聖功至明大孝皇帝廟號太祖

太宗皇帝 諱炅太祖之弟初封晉王開寶九年嗣位在位二十二年謚曰神功聖德文武皇帝廟號太宗有御製集一百二十卷

眞宗皇帝 諱恒太宗第三子至道元年立爲皇太子三年嗣位在位二十五年謚曰膺符稽古神功讓德文明武定章聖元孝皇帝廟號眞宗有御製集三百卷

仁宗皇帝 諱禎眞宗第六子天禧二年立爲皇太子乾興元年嗣位在位四十五年謚曰體天法道極功全德神文聖武睿哲明孝皇帝廟號仁宗有御製集一百卷

神宗皇帝 諱頊英宗長子治平三年立爲皇太子四年嗣位在位十八年謚曰紹天法古運德建功英文烈武欽仁聖孝皇帝廟號神宗有御製集一百六十卷

徽宗皇帝 諱佶神宗第十一子紹聖初封端王元符三年嗣位在位二十五年謚曰體神合道駿烈遜功聖文仁德憲慈顯孝皇帝廟號徽宗

御選宋詩 卷一 帝系 諸家姓名爵里 一

10925 御選宋金元明四朝詩三百二卷首二卷姓名爵里十三卷 （清）

張豫章等輯　清康熙四十八年（1709）揚州詩局刻張豫章進呈本　遼寧省圖書館

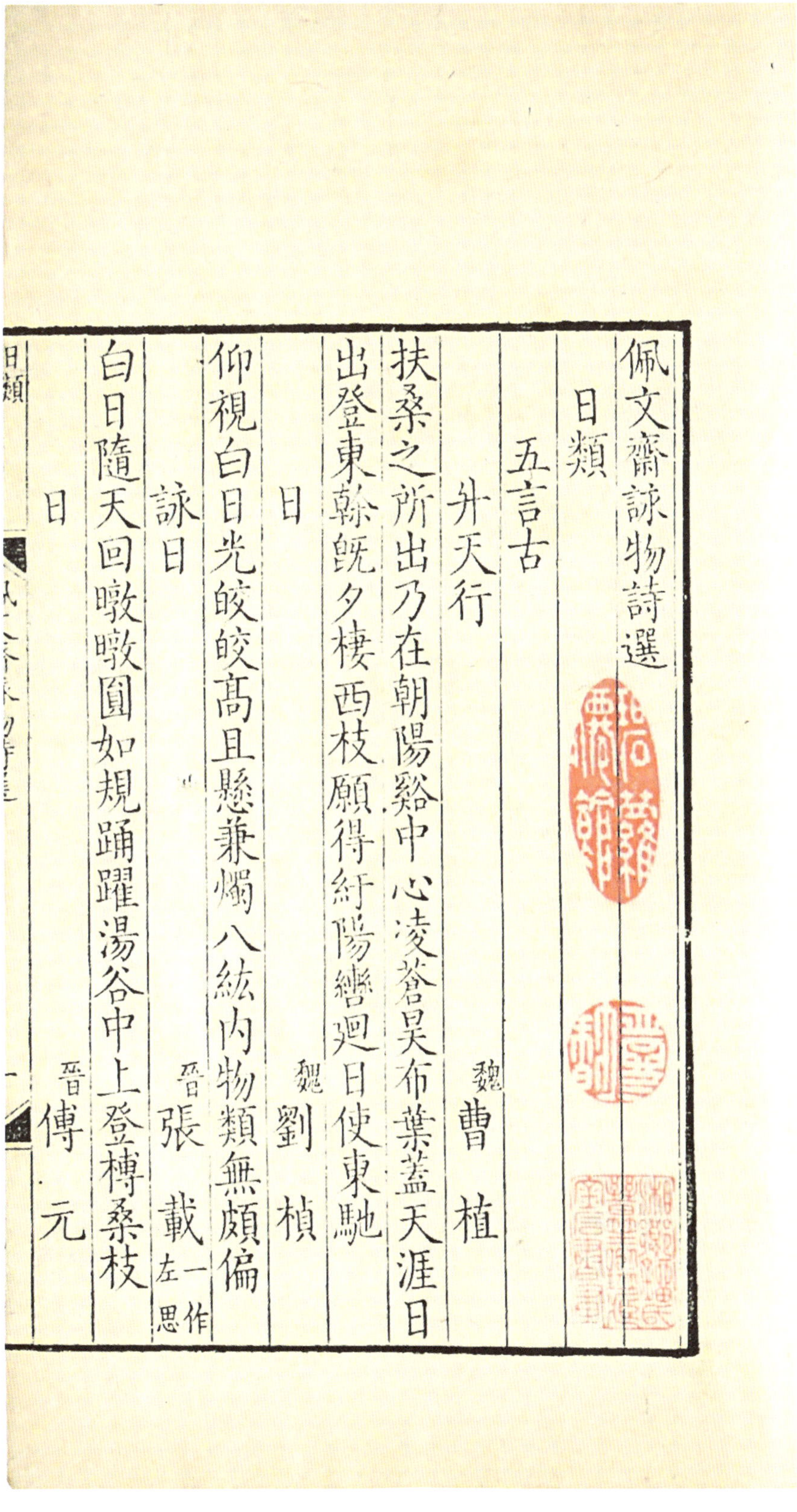
佩文齋詠物詩選

日類

五言古

升天行　魏　曹植

扶桑之所出乃在朝陽谿中心凌蒼昊布葉蓋天涯日出登東幹既夕棲西枝願得紆陽轡迴日使東馳

日　魏　劉楨

仰視白日光皎皎高且懸兼燭八紘內物類無頗偏

詠日　晉　張載（一作左思）

白日隨天回皦皦圓如規踊躍湯谷中上登榑桑枝

日　晉　傅元

10926　佩文齋詠物詩選四百八十六卷　（清）張玉書等編　（清）聖祖玄燁御定　清康熙四十六年（1707）揚州詩局刻高輿校進呈本　遼寧省圖書館

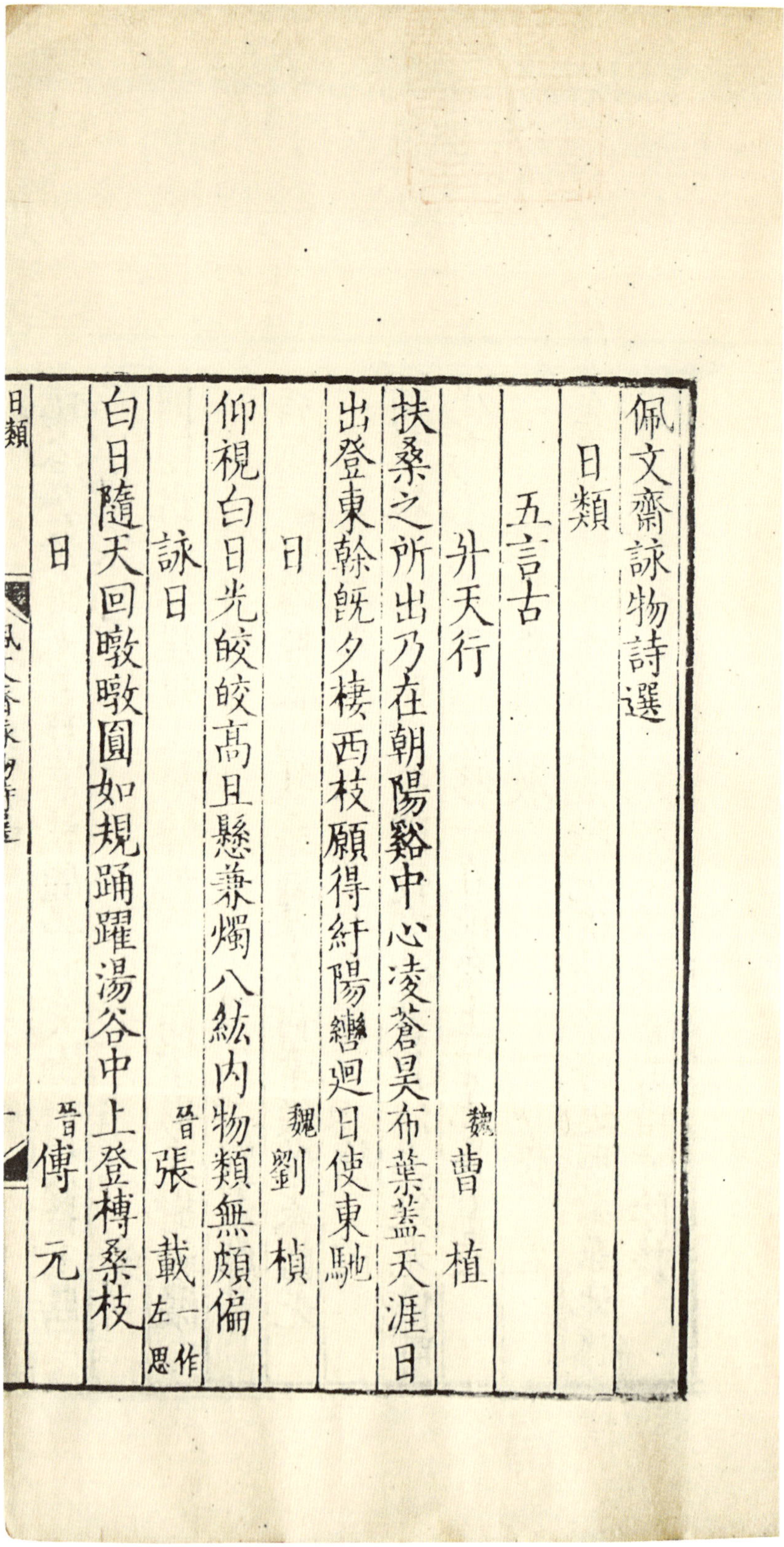
佩文齋詠物詩選
日類
五言古
升天行　魏　曹植
扶桑之所出乃在朝陽谿中心陵蒼昊布葉蓋天涯日
出登東幹既夕棲西枝願得紆陽轡迴日使東馳
日　魏　劉楨
仰視白日光皎皎高且懸兼燭八紘內物類無頗偏
詠日　晉　張載一作左思
白日隨天回皦皦圓如規踊躍湯谷中上登榑桑枝
日　晉　傅元
日類　佩文齋詠物詩選　一

10927　佩文齋詠物詩選四百八十六卷　（清）張玉書等編　（清）聖祖玄燁御定　清康熙四十六年（1707）揚州詩局刻高輿校進呈本　大連圖書館

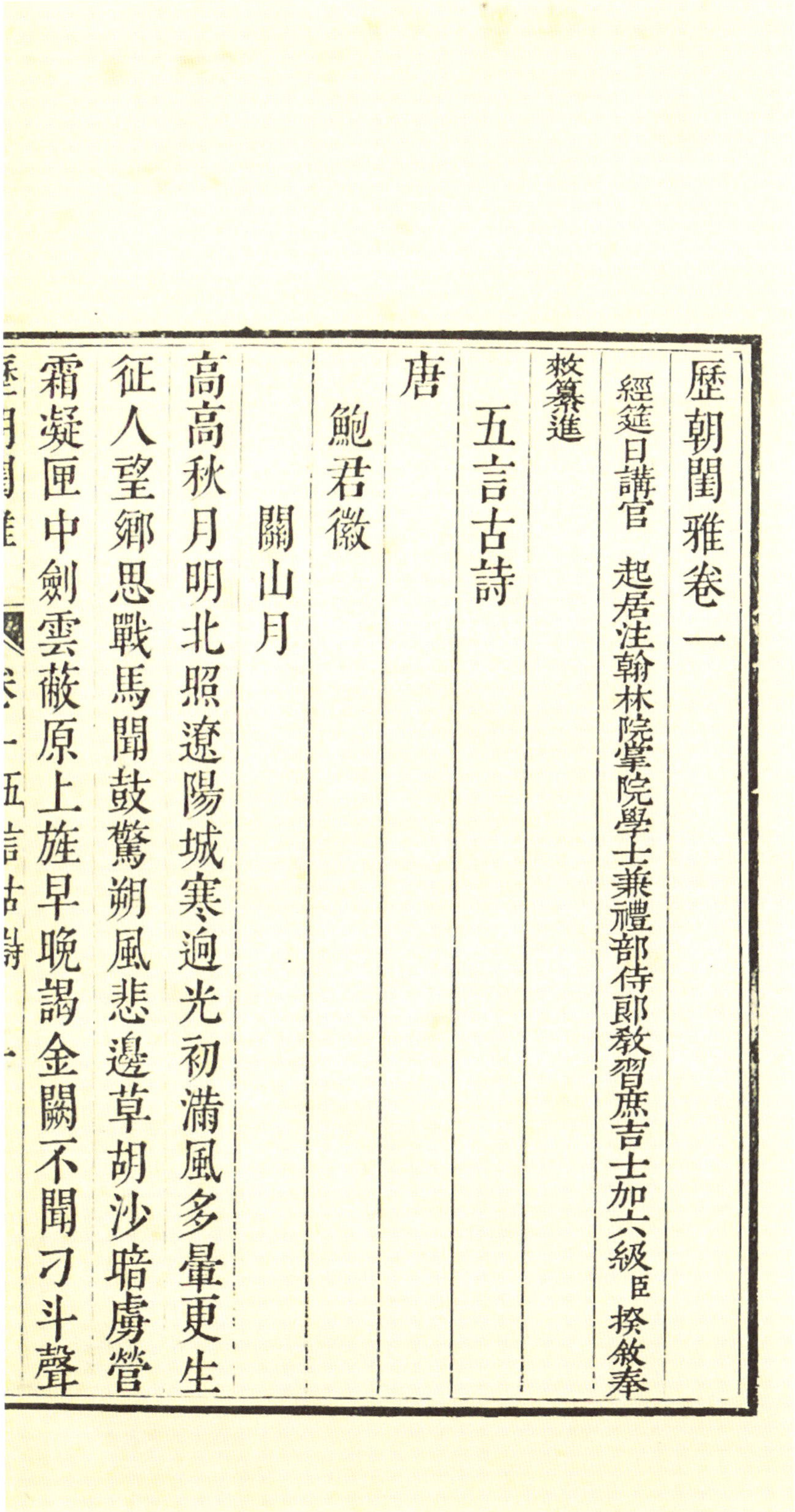

歷朝閨雅卷一

經筵日講官　起居注翰林院掌院學士兼禮部侍郎教習庶吉士加六級臣揆敘奉

敕纂進

五言古詩

唐

鮑君徽

關山月

高高秋月明北照遼陽城寒逈光初滿風多暈更生
征人望鄉思戰馬聞鼓驚朔風悲邊草胡沙暗虜營
霜凝匣中劍雲蔽原上旌早晚謁金闕不聞刁斗聲

歷朝閨雅　卷一　五言古詩　一

10928　歷朝閨雅十二卷　（清）揆叙等编　清康熙内府刻本　遼寧省圖書館

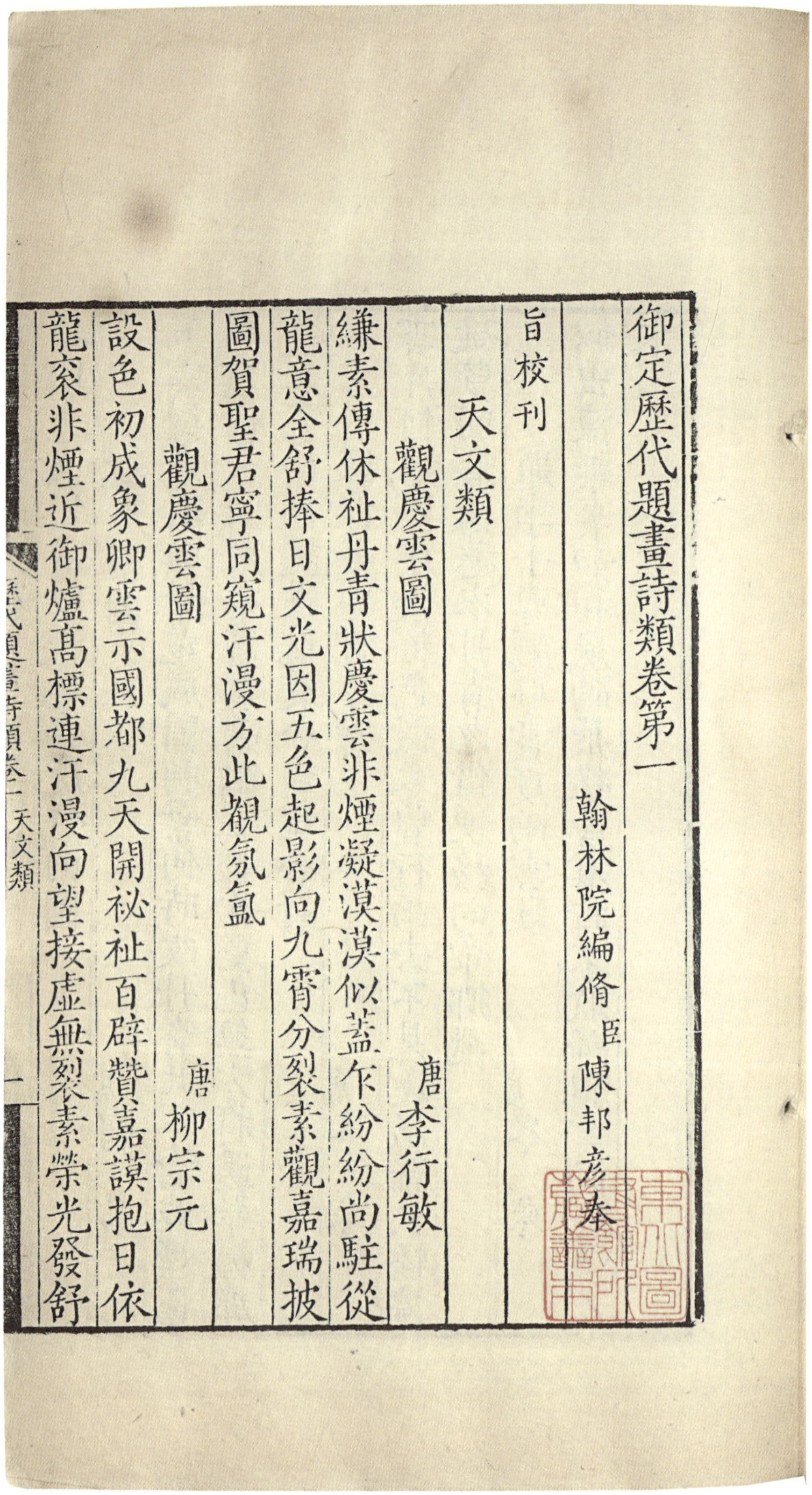
御定歷代題畫詩類卷第一

翰林院編脩臣陳邦彥奉

旨校刊

天文類

觀慶雲圖　唐　李行敏

縑素傳休祉丹青狀慶雲非煙凝漠漠似蓋乍紛紛尚駐從
龍意全舒捧日文光因五色起影向九霄分裂素觀嘉瑞披
圖賀聖君寧同窺汗漫方此覩氛氳

觀慶雲圖　唐　柳宗元

設色初成象卿雲示國都九天開祕祉百辟贊嘉謨抱日依
龍袞非煙近御爐高標連汗漫向望接虛無裂素榮光發舒

歷代題畫詩類卷一　天文類　一

10929　御定歷代題畫詩類一百二十卷　（清）陳邦彥輯　清康熙四十六年（1707）揚州詩局刻陳邦彥進呈本　遼寧省圖書館

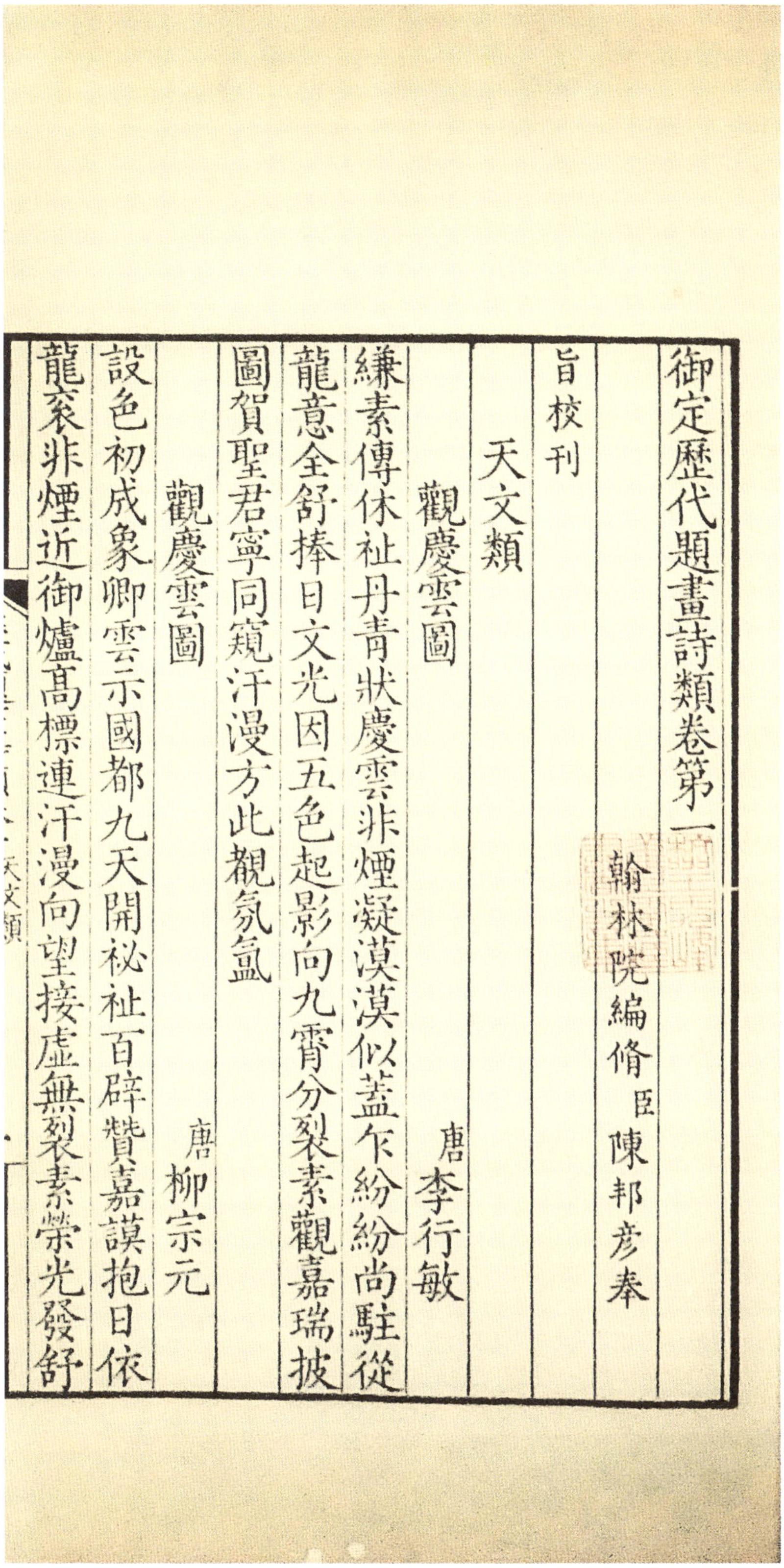

御定歷代題畫詩類卷第一
翰林院編脩臣陳邦彥奉
旨校刊
天文類
觀慶雲圖　唐　李行敏
縑素傳休祉丹青狀慶雲非煙凝漠漠似蓋乍紛紛尚駐從
龍意全舒捧日文光因五色起影向九霄分裂素觀嘉瑞披
圖賀聖君寧同窺汗漫方此覩氛氳
觀慶雲圖　唐　柳宗元
設色初成象卿雲示國都九天開祕祉百辟贊嘉謨抱日依
龍袞非煙近御爐高標連汗漫向望接虛無裂素榮光發舒

10930　御定歷代題畫詩類一百二十卷　（清）陳邦彥輯　清康熙四十六年（1707）揚州詩局刻陳邦彥進呈本　錦州市圖書館

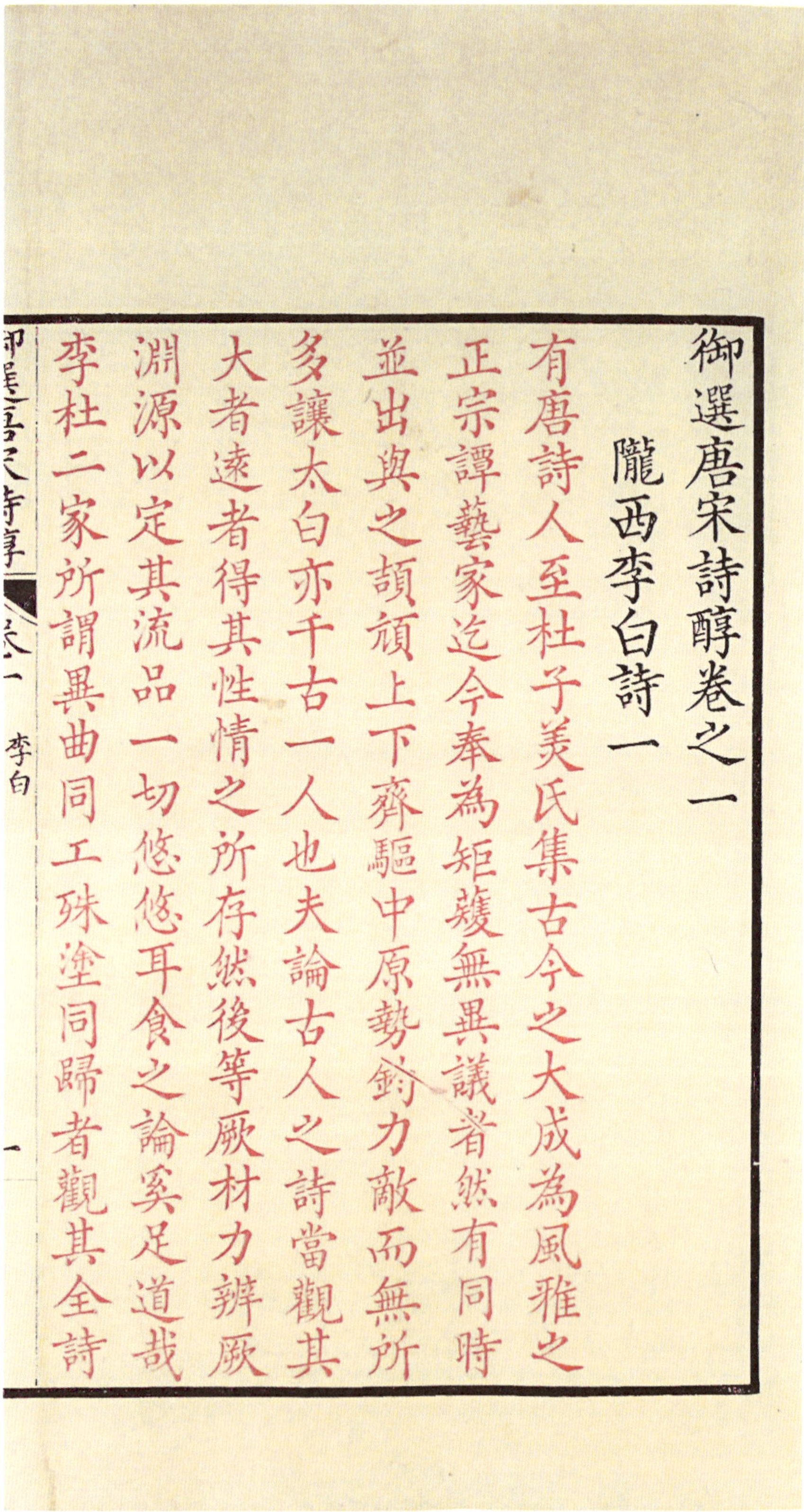

御選唐宋詩醇卷之一

隴西李白詩一

有唐詩人至杜子美氏集古今之大成為風雅之正宗譚藝家迄今奉為矩矱無異議者然有同時並出與之頡頏上下齊驅中原勢鈞力敵而無所多讓太白亦千古一人也夫論古人之詩當觀其大者遠者得其性情之所存然後等厥材力辨厥淵源以定其流品一切悠悠耳食之論奚足道哉李杜二家所謂異曲同工殊塗同歸者觀其全詩

御選唐宋詩醇　卷一　李白　一

10931　御選唐宋詩醇四十七卷　（清）弘晝　梁詩正等編　清乾隆十六年（1751）武英殿刻四色套印本　遼寧省圖書館

存十九卷（一至六、八、十一至十九、二十二至二十三，目録二）

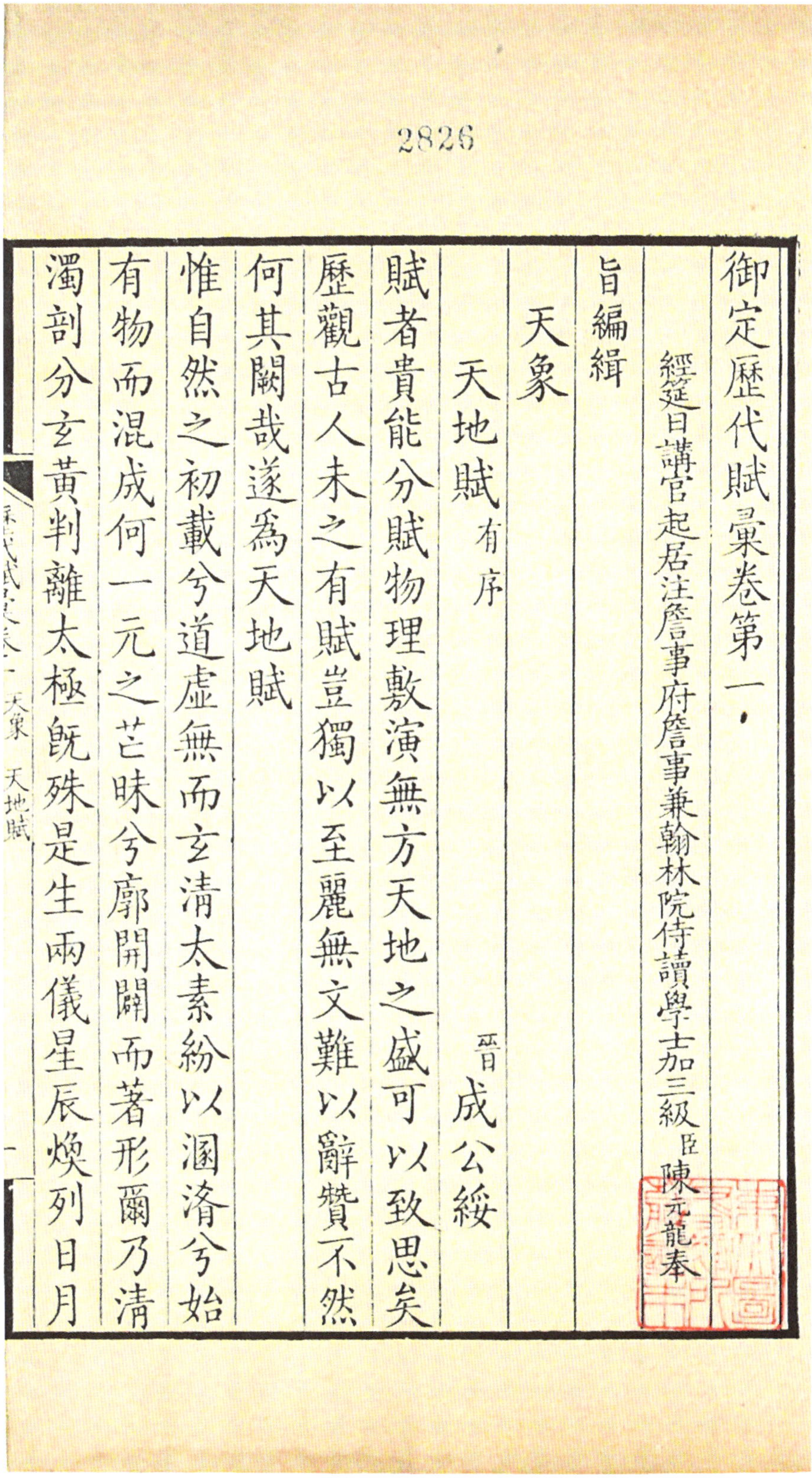

2826

御定歷代賦彙卷第一

經筵日講官起居注詹事府詹事兼翰林院侍讀學士加三級臣陳元龍奉

旨編輯

天象

天地賦有序　晉　成公綏

賦者貴能分賦物理敷演無方天地之盛可以致思矣歷觀古人未之有賦豈獨以至麗無文難以辭贊不然何其闕哉遂爲天地賦

惟自然之初載兮道虛無而玄清太素紛以溷淆兮始有物而混成何一元之芒昧兮廓開闢而著形爾乃清濁剖分玄黃判離太極既殊是生兩儀星辰煥列日月

歷代賦彙卷一　天象　天地賦　一

10932　御定歷代賦彙正集一百四十卷外集二十卷逸句二卷補遺二十二卷目録三卷　（清）陳元龍等輯　（清）聖祖玄燁御定　清康熙四十五年（1706）揚州詩局刻陳元龍進呈本　遼寧省圖書館

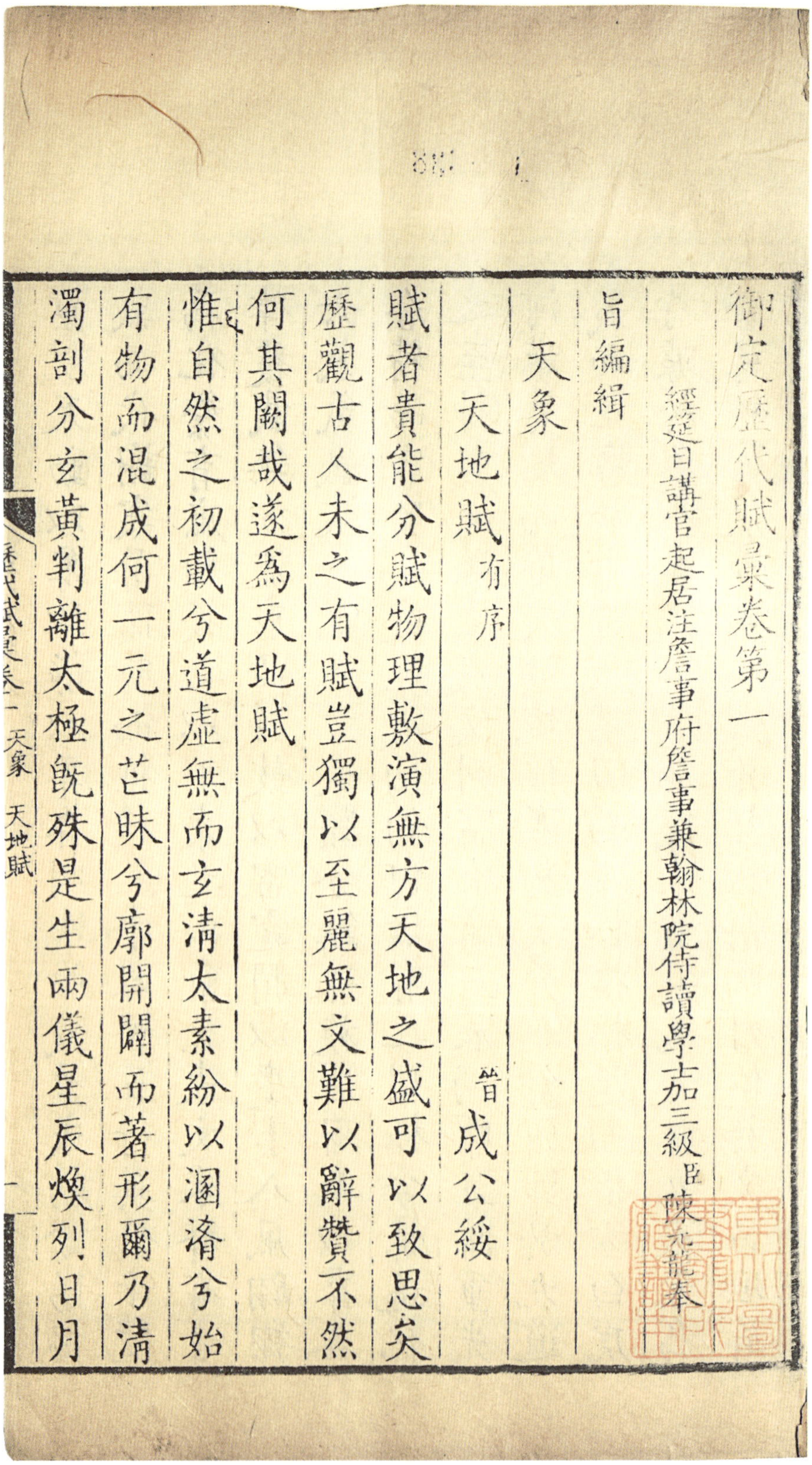

御定歷代賦彚卷第一

經筵日講官起居注詹事府詹事兼翰林院侍讀學士加三級臣陳元龍奉

旨編緝

天象

天地賦有序　　晉成公綏

賦者貴能分賦物理敷演無方天地之盛可以致思矣歷觀古人未之有賦豈獨以至麗無文難以辭贊不然何其闕哉遂爲天地賦

惟自然之初載兮道虛無而玄清太素紛以溷淆兮始有物而混成何一元之芒昧兮廓開闢而著形爾乃清濁剖分玄黃判離太極既殊是生兩儀星辰煥列日月

歷代賦彚卷一　天象　天地賦　一

10933　御定歷代賦彚正集一百四十卷外集二十卷逸句二卷補遺二十二卷目録三卷　（清）陳元龍等輯　（清）聖祖玄燁御定　清康熙四十五年（1706）揚州詩局刻陳元龍進呈本　遼寧省圖書館

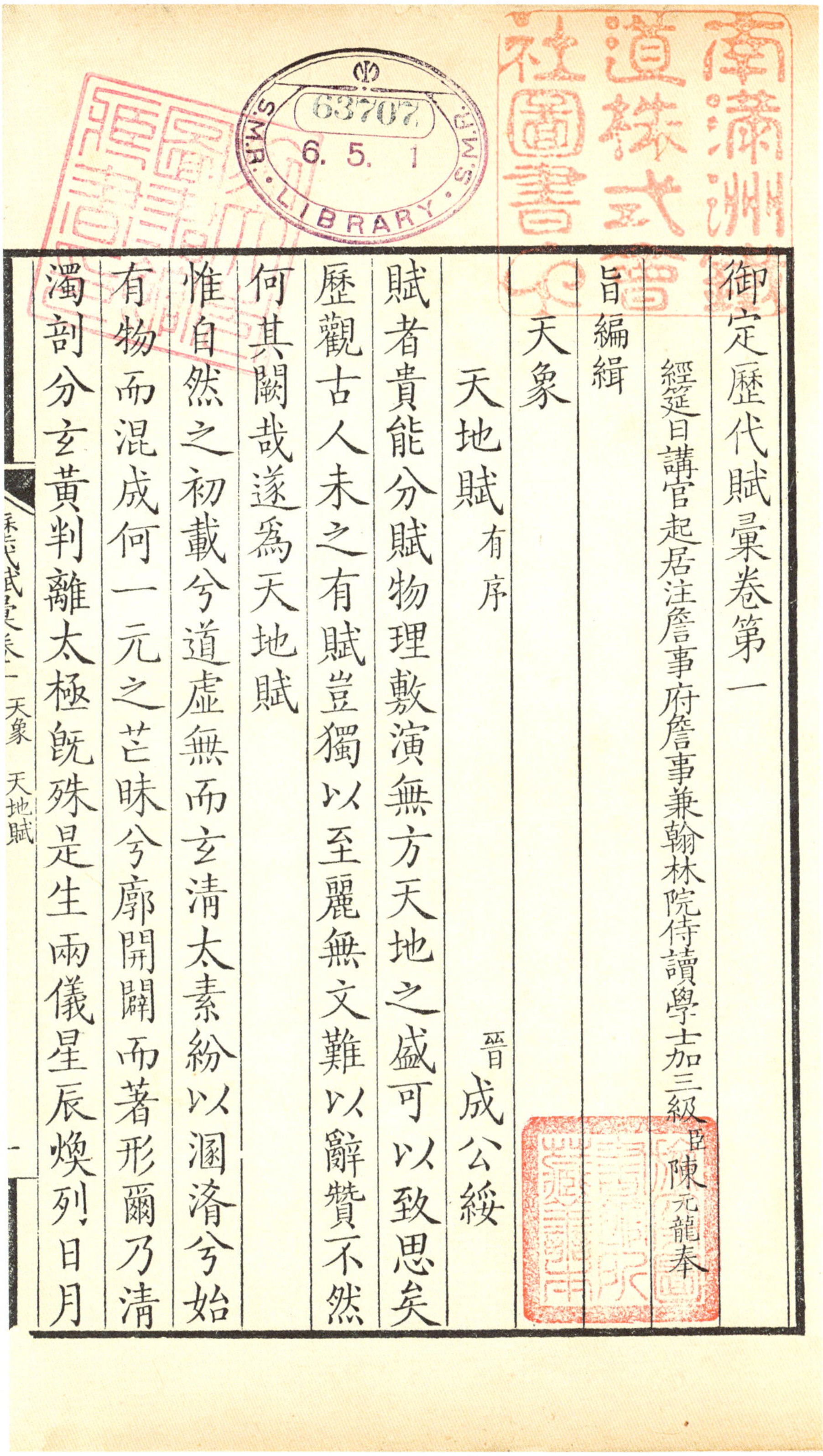

御定歷代賦彙卷第一

經筵日講官起居注詹事府詹事兼翰林院侍讀學士加三級臣陳元龍奉

旨編緝

天象

天地賦有序　　晉　成公綏

賦者貴能分賦物理敷演無方天地之盛可以致思矣歷觀古人未之有賦豈獨以至麗無文難以辭贊不然何其闕哉遂爲天地賦

惟自然之初載兮道虛無而玄清太素紛以溷淆兮始有物而混成何一元之芒昧兮廓開闢而著形爾乃清濁剖分玄黃判離太極既殊是生兩儀星辰煥列日月

歷代賦彙卷一　天象　天地賦　一

10934　御定歷代賦彙正集一百四十卷外集二十卷逸句二卷補遺二十二卷目録三卷　（清）陳元龍等輯　（清）聖祖玄燁御定　清康熙四十五年（1706）揚州詩局刻陳元龍進呈本　大連圖書館

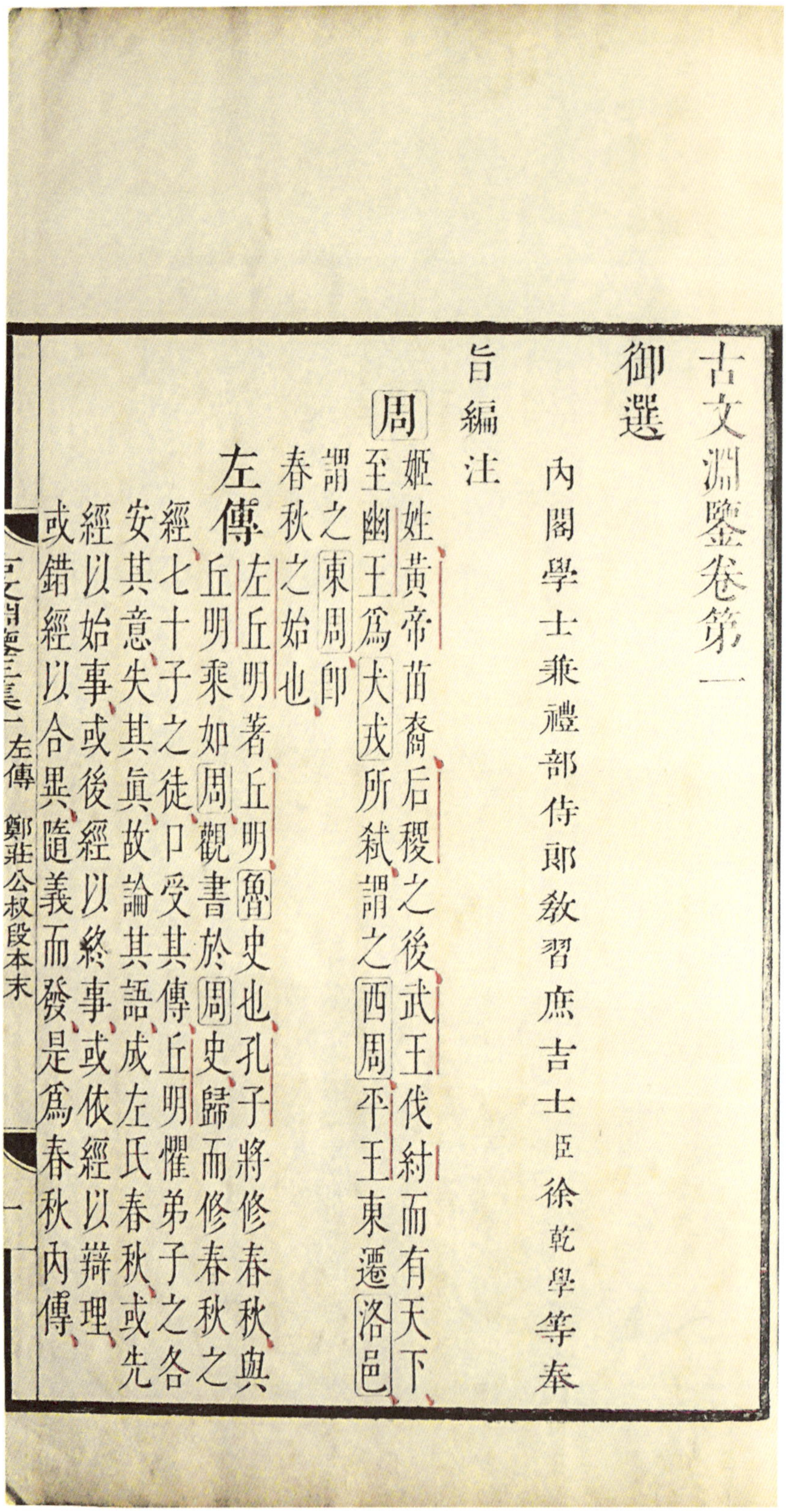

古文淵鑑卷第一

御選　内閣學士兼禮部侍郎教習庶吉士臣徐乾學等奉

旨編注

周　姬姓黄帝苗裔后稷之後武王伐紂而有天下至幽王爲犬戎所弒謂之西周平王東遷洛邑謂之東周即春秋之始也

左傳　左丘明著丘明魯史也孔子將修春秋與丘明乘如周觀書於周史歸而修春秋之經七十子之徒口受其傳丘明懼弟子之各安其意失其眞故論其語成左氏春秋或先經以始事或後經以終事或依經以辯理或錯經以合異隨義而發是爲春秋內傳

古文淵鑑卷一　左傳　鄭莊公叔段本末　一

10935　古文淵鑑六十四卷　（清）聖祖玄燁選　（清）徐乾學等輯并注

清康熙内府刻五色套印本　遼寧省圖書館

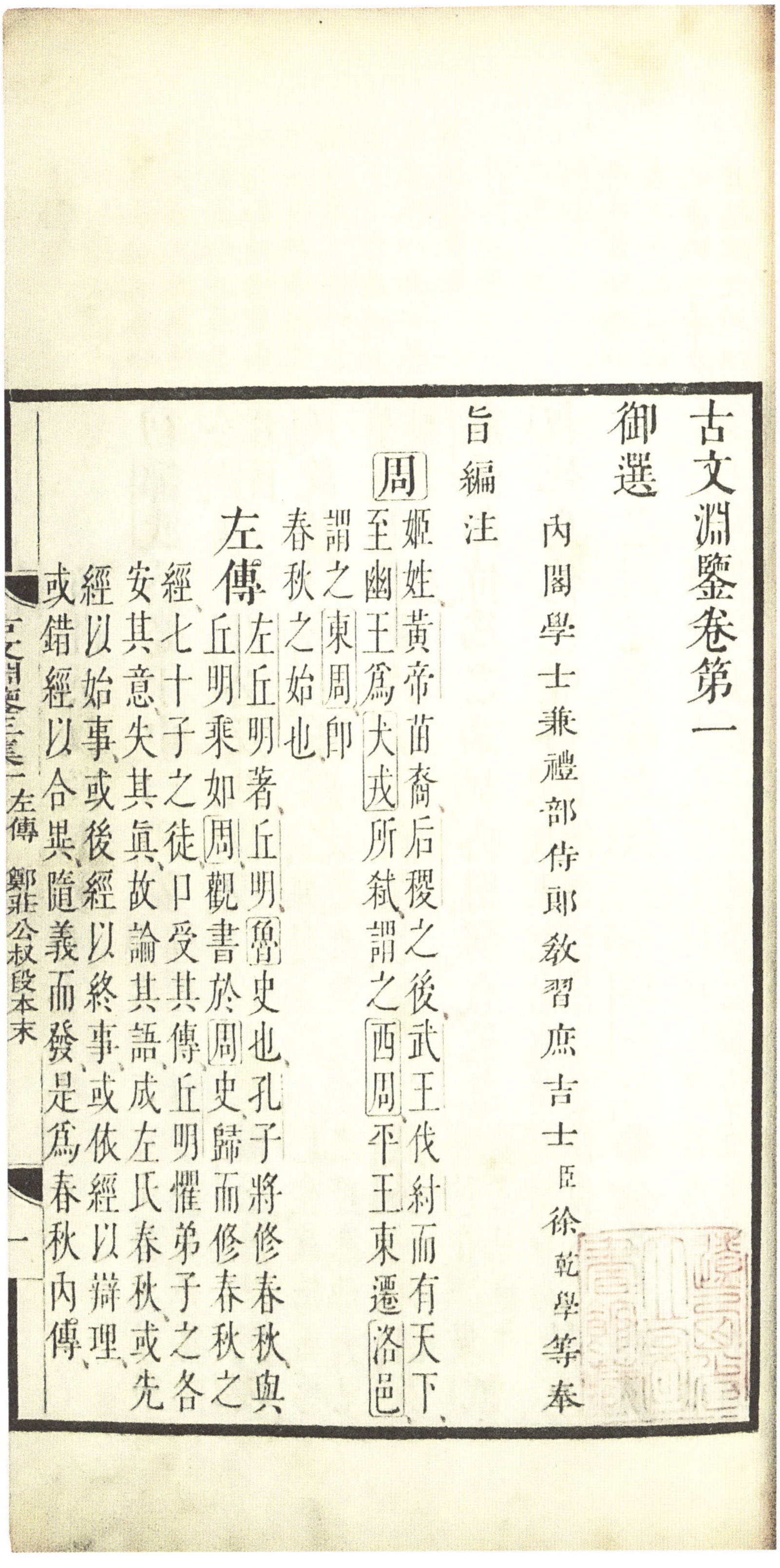
古文淵鑒卷第一

御選

內閣學士兼禮部侍郎教習庶吉士臣徐乾學等奉

旨編注

周 姬姓黃帝苗裔后稷之後武王伐紂而有天下至幽王爲犬戎所弒謂之西周平王東遷洛邑謂之東周即春秋之始也

左傳 左丘明著丘明魯史也孔子將修春秋與丘明乘如周觀書於周史歸而修春秋之經七十子之徒口受其傳丘明懼弟子之各安其意失其眞故論其語成左氏春秋或先經以始事或後經以終事或依經以辯理或錯經以合異隨義而發是爲春秋內傳

古文淵鑒卷一 左傳 鄭莊公叔段本末 一

10936 古文淵鑒六十四卷 （清）聖祖玄燁選 （清）徐乾學等輯并注

清康熙內府刻五色套印本 錦州市圖書館

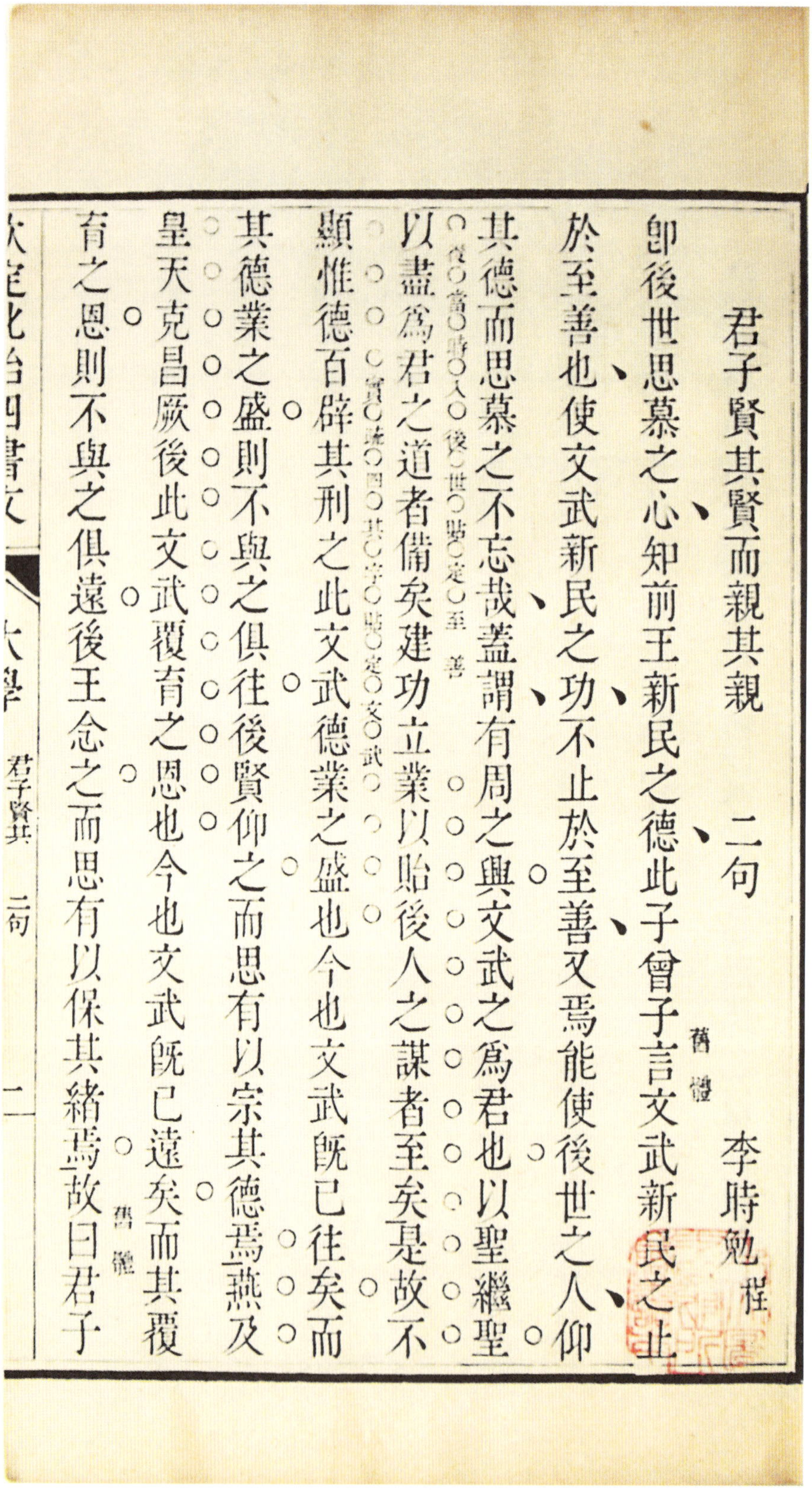
君子賢其賢而親其親　二句
李時勉
卽後世思慕之心知前王新民之德此子曾子言文武新民之止
於至善也使文武新民之功不止於至善又焉能使後世之人仰
其德而思慕之不忘哉蓋謂有周之與文武之爲君也以聖繼聖
以盡爲君之道者備矣建功立業以貽後人之謀者至矣是故不
顯惟德百辟其刑之此文武德業之盛也今也文武既已往矣而
其德業之盛則不與之俱往後賢仰之而思有以宗其德焉燕及
皇天克昌厥後此文武覆育之恩也今也文武既已遠矣而其覆
育之恩則不與之俱遠後王念之而思有以保其緒焉故曰君子
欽定化治四書文
大學　君子賢其　二句
二

10937　欽定四書文不分卷　（清）弘晝　方苞等輯　清乾隆五年（1740）武英殿刻本　遼寧省圖書館

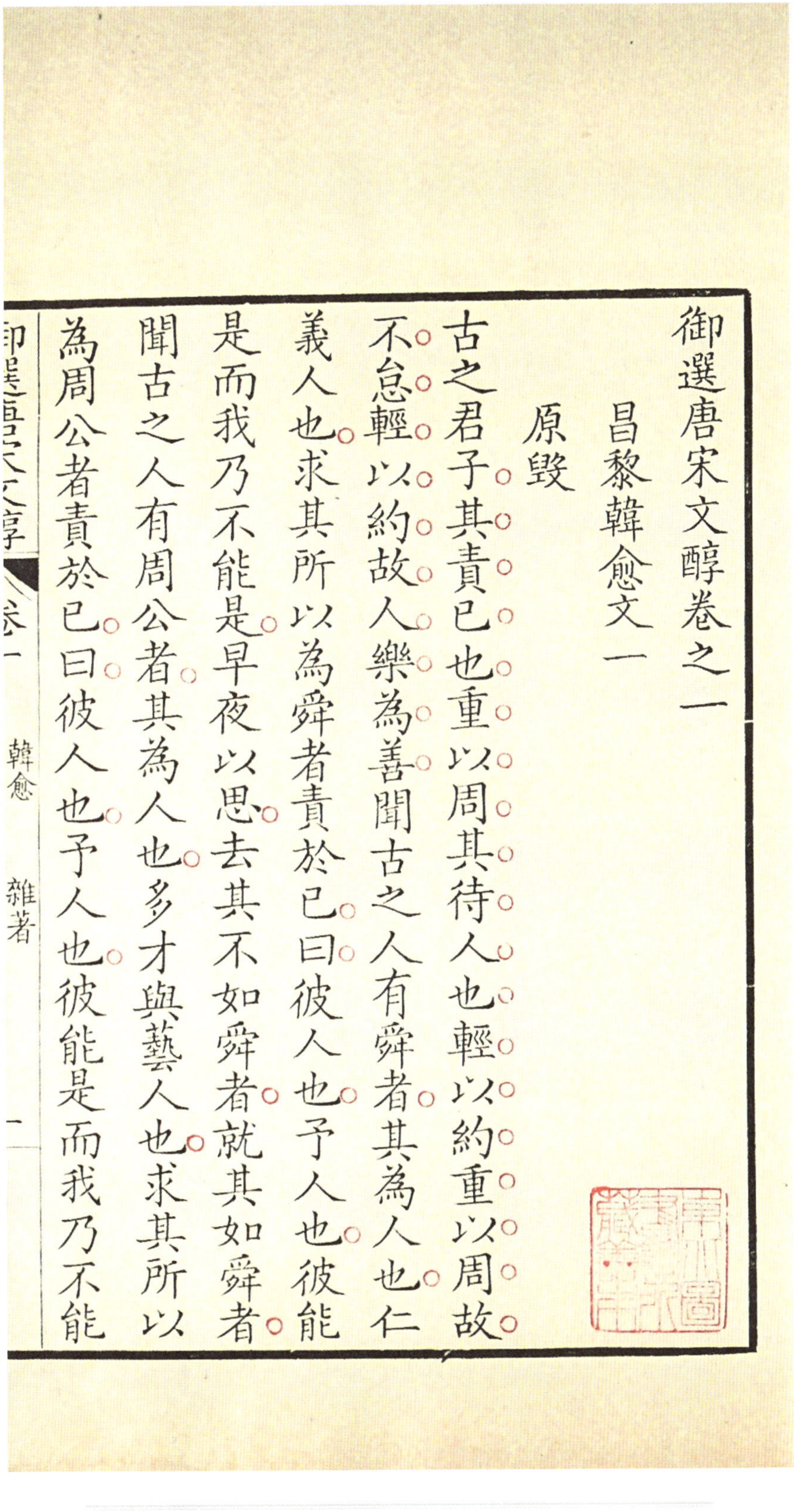

御選唐宋文醇卷之一

昌黎韓愈文一

原毀

古之君子其責己也重以周其待人也輕以約重以周故不怠輕以約故人樂為善聞古之人有舜者其為人也仁義人也求其所以為舜者責於己曰彼人也予人也彼能是而我乃不能是早夜以思去其不如舜者就其如舜者聞古之人有周公者其為人也多才與藝人也求其所以為周公者責於己曰彼人也予人也彼能是而我乃不能

御選唐宋文醇　卷一　韓愈　雜著　一

10938　御選唐宋文醇五十八卷　（清）高宗弘曆選　（清）允禄等輯　清乾隆三年（1738）武英殿刻四色套印本　遼寧省圖書館

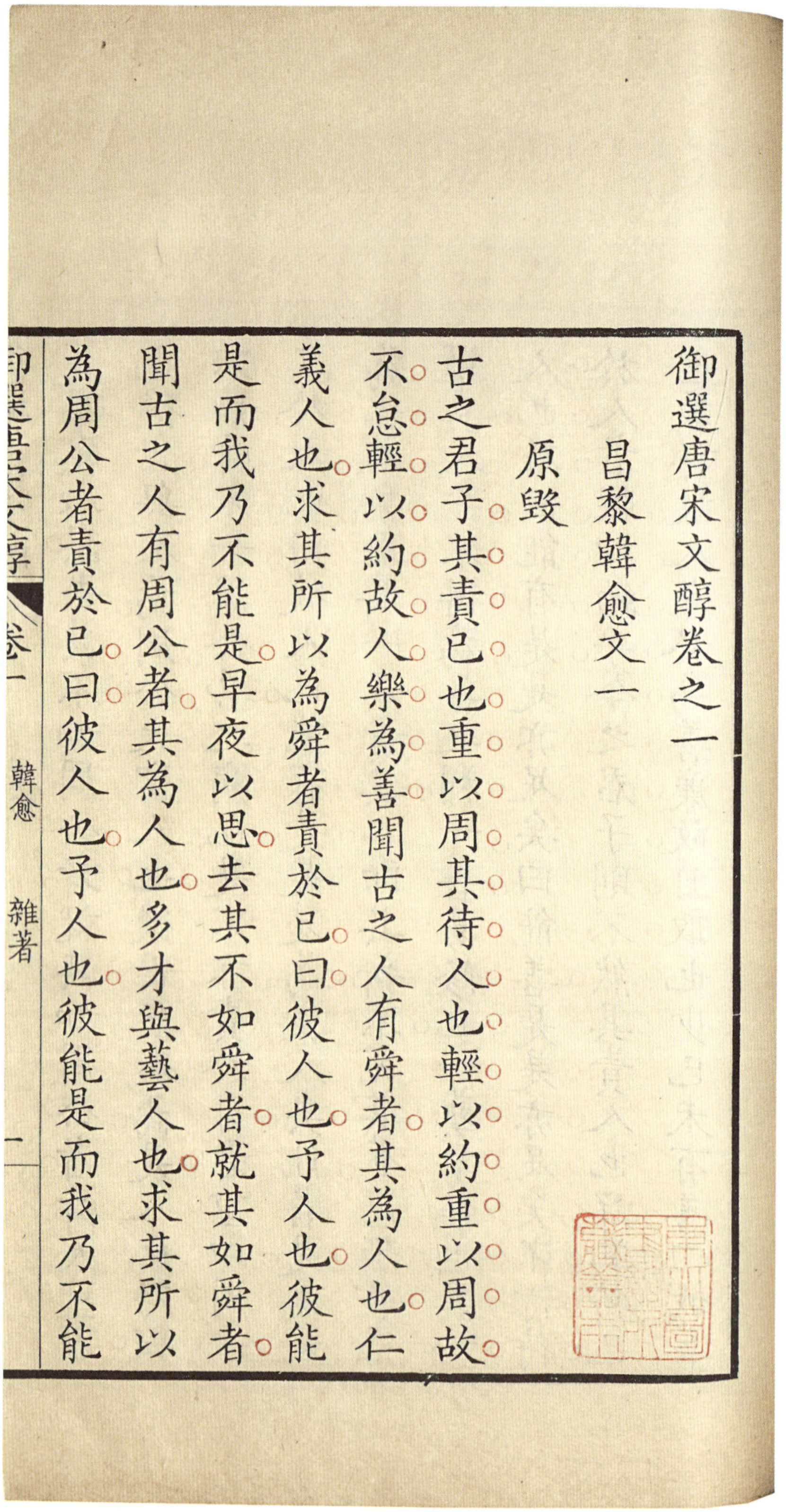

御選唐宋文醇卷之一

昌黎韓愈文一

原毁

古之君子其責已也重以周其待人也輕以約重以周故不怠輕以約故人樂為善聞古之人有舜者其為人也仁義人也求其所以為舜者責於已曰彼人也予人也彼能是而我乃不能是早夜以思去其不如舜者就其如舜者聞古之人有周公者其為人也多才與藝人也求其所以為周公者責於已曰彼人也予人也彼能是而我乃不能

御選唐宋文醇　卷一　韓愈　雜著　一

10939　御選唐宋文醇五十八卷　（清）高宗弘曆選　（清）允禄等輯　清乾隆三年（1738）武英殿刻四色套印本　遼寧省圖書館

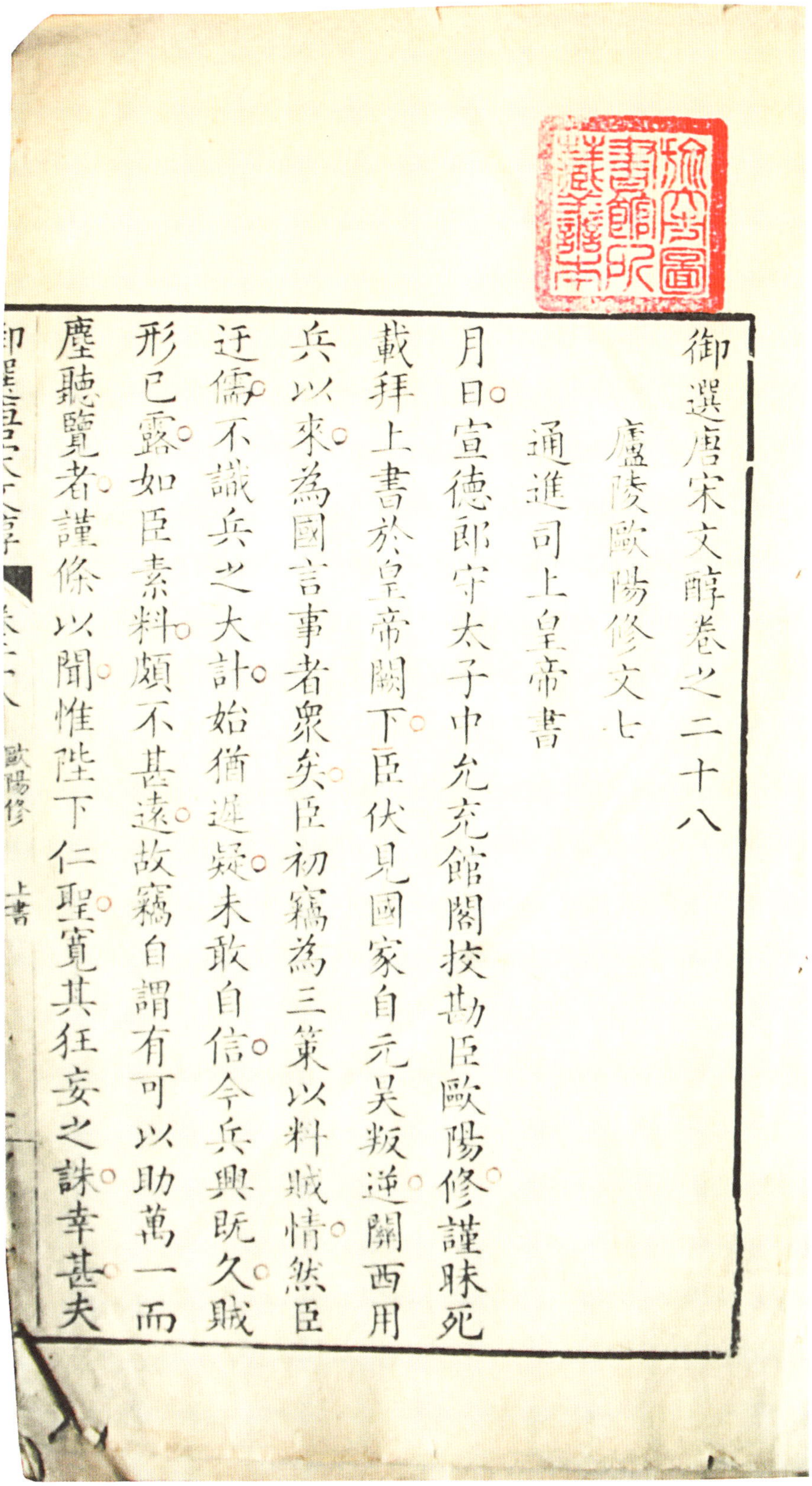
御選唐宋文醇卷之二十八
廬陵歐陽修文七
通進司上皇帝書
月日宣德郎守太子中允充館閣校勘臣歐陽修謹昧死
載拜上書於皇帝闕下臣伏見國家自元昊叛逆關西用
兵以來爲國言事者衆矣臣初竊爲三策以料賊情然臣
迂儒不識兵之大計始猶遲疑未敢自信今兵興既久賊
形已露如臣素料頗不甚遠故竊自謂有可以助萬一而
塵聽覽者謹條以聞惟陛下仁聖寬其狂妄之誅幸甚夫

10940 御選唐宋文醇五十八卷 （清）高宗弘曆選 （清）允祿等輯 清乾隆三年（1738）武英殿刻四色套印本 大連圖書館

存三十一卷（二十八至五十八）

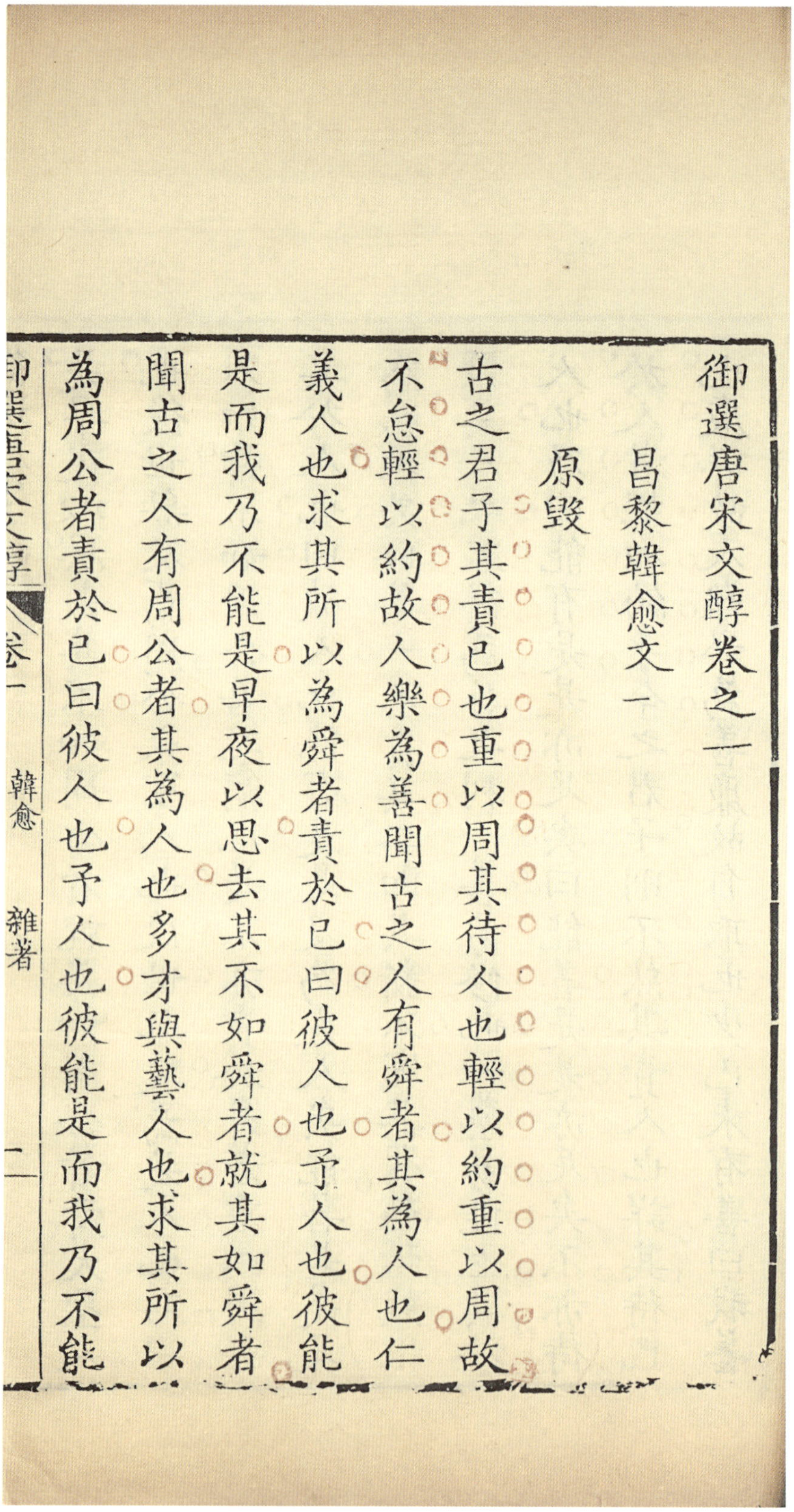
御選唐宋文醇卷之一
昌黎韓愈文一
原毀
古之君子其責己也重以周其待人也輕以約重以周故
不怠輕以約故人樂為善聞古之人有舜者其為人也仁
義人也求其所以為舜者責於己曰彼人也予人也彼能
是而我乃不能是早夜以思去其不如舜者就其如舜者
聞古之人有周公者其為人也多才與藝人也求其所以
為周公者責於己曰彼人也予人也彼能是而我乃不能

御選唐宋文醇 卷一 韓愈 雜著 二

10941 御選唐宋文醇五十八卷 （清）高宗弘曆選 （清）允祿等輯 清乾隆三年（1738）武英殿刻四色套印本 遼寧大學圖書館

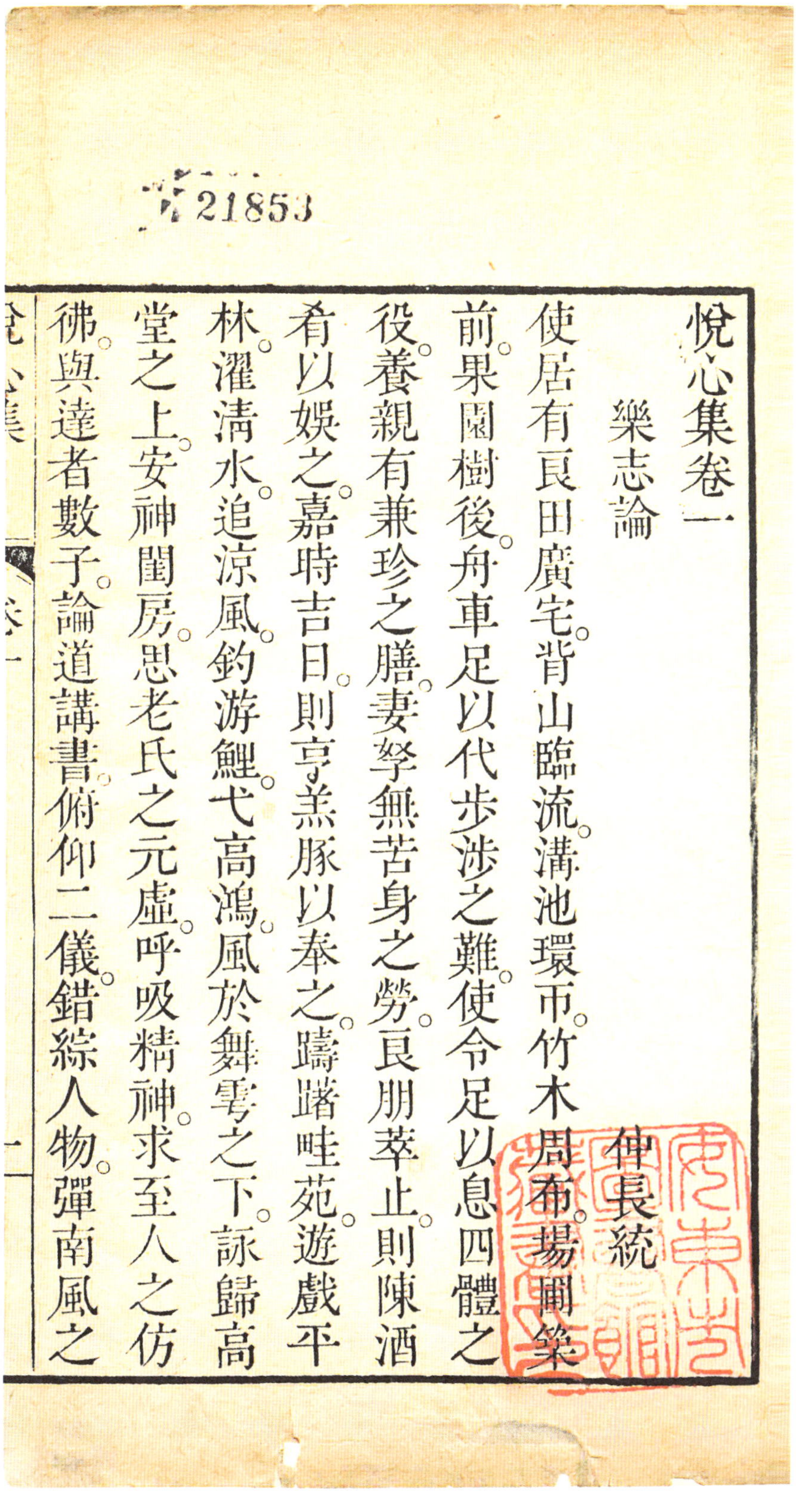

悅心集卷一

樂志論　仲長統

使居有良田廣宅背山臨流溝池環市竹木周布場圃築
前果園樹後舟車足以代步涉之難使令足以息四體之
役養親有兼珍之膳妻孥無苦身之勞良朋萃止則陳酒
肴以娛之嘉時吉日則亨羔豚以奉之躊躇畦苑遊戲平
林濯清水追涼風釣游鯉弋高鴻風於舞雩之下詠歸高
堂之上安神閨房思老氏之元虛呼吸精神求至人之仿
彿與達者數子論道講書俯仰二儀錯綜人物彈南風之

悅心集　卷一　一

10942　悅心集四卷　（清）世宗胤禛輯　清雍正内府刻本　丹東市圖書館

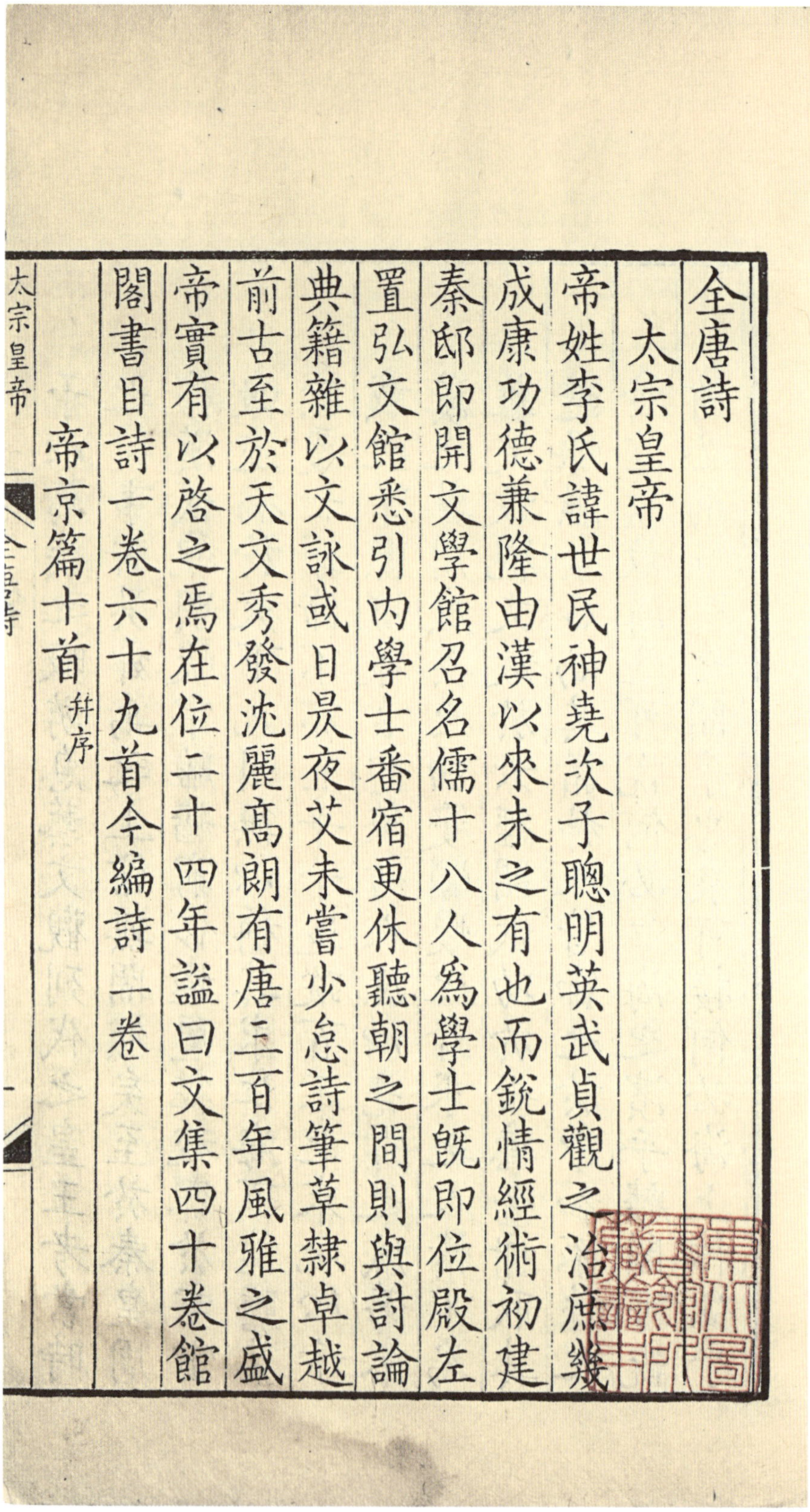
全唐詩
太宗皇帝
帝姓李氏諱世民神堯次子聰明英武貞觀之治庶幾
成康功德兼隆由漢以來未之有也而銳情經術初建
秦邸即開文學館召名儒十八人爲學士旣即位殿左
置弘文館悉引内學士番宿更休聽朝之間則與討論
典籍雜以文詠或日昃夜艾未嘗少怠詩筆草隸卓越
前古至於天文秀發沈麗高朗有唐三百年風雅之盛
帝實有以啓之焉在位二十四年謚曰文集四十卷館
閣書目詩一卷六十九首今編詩一卷
帝京篇十首 幷序

10943 全唐詩九百卷目録十二卷 （清）曹寅 彭定求等輯 清康熙四十四年至四十六年（1705—1707）揚州詩局刻本 遼寧省圖書館

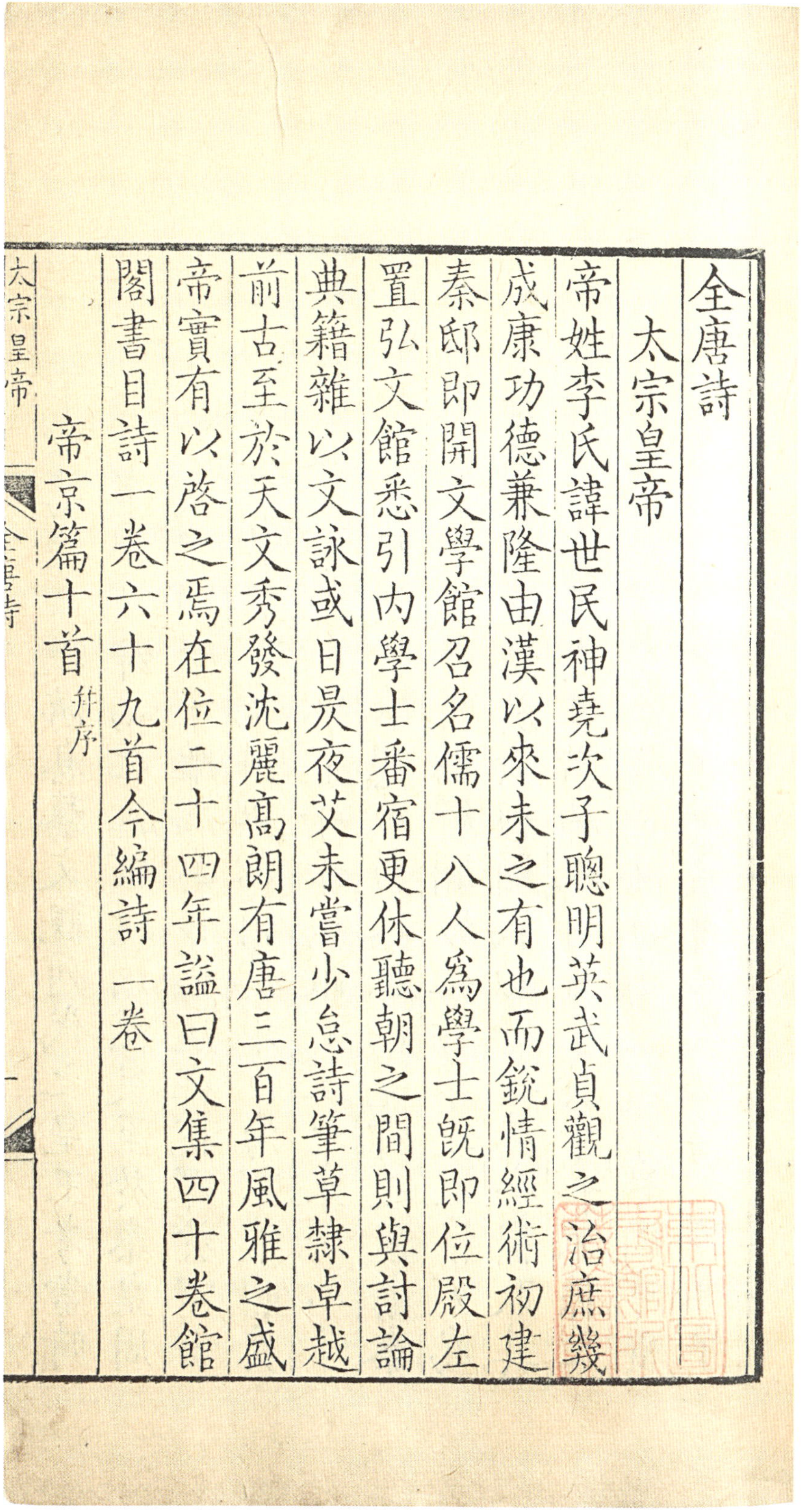

全唐詩

太宗皇帝

帝姓李氏諱世民神堯次子聰明英武貞觀之治庶幾成康功德兼隆由漢以來未之有也而鋭情經術初建秦邸即開文學館召名儒十八人爲學士既即位殿左置弘文館悉引内學士番宿更休聽朝之間則與討論典籍雜以文詠或日昃夜艾未嘗少怠詩筆草隸卓越前古至於天文秀發沈麗高朗有唐三百年風雅之盛帝實有以啓之焉在位二十四年謚曰文集四十卷館閣書目詩一卷六十九首今編詩一卷

帝京篇十首 幷序

太宗皇帝　一　全唐詩

10944　全唐詩九百卷目録十二卷　（清）曹寅　彭定求等輯　清康熙四十四年至四十六年（1705—1707）揚州詩局刻本　遼寧省圖書館

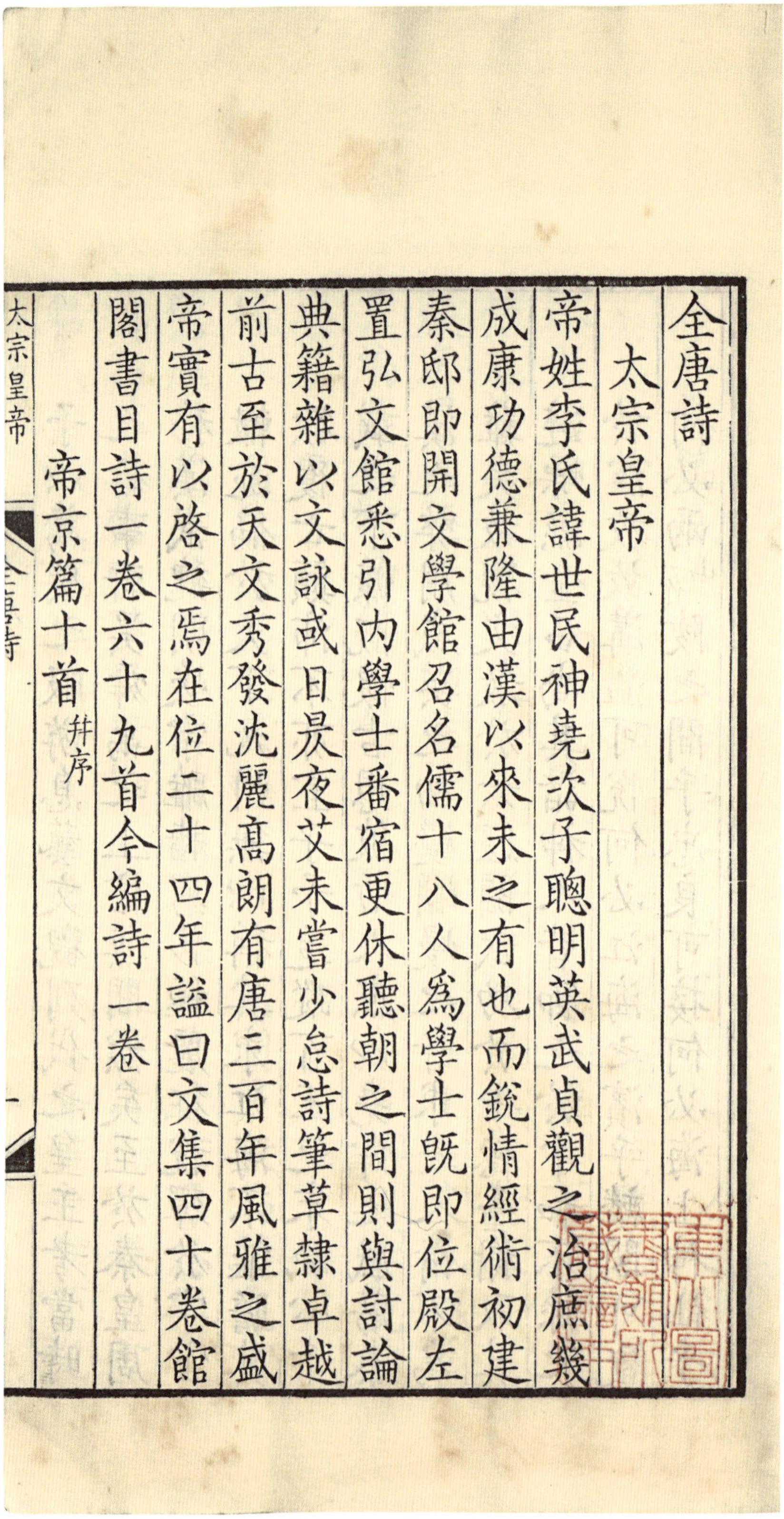
全唐詩

太宗皇帝

帝姓李氏諱世民神堯次子聰明英武貞觀之治庶幾成康功德兼隆由漢以來未之有也而銳情經術初建秦邸即開文學館召名儒十八人爲學士既即位殿左置弘文館悉引内學士番宿更休聽朝之間則與討論典籍雜以文詠或日昃夜艾未嘗少怠詩筆草隸卓越前古至於天文秀發沈麗高朗有唐三百年風雅之盛帝實有以啓之焉在位二十四年謚曰文集四十卷館閣書目詩一卷六十九首今編詩一卷

帝京篇十首 并序

太宗皇帝　全唐詩　一

10945　全唐詩九百卷目録十二卷　（清）曹寅　彭定求等輯　清康熙四十四年至四十六年（1705—1707）揚州詩局刻本　遼寧省圖書館

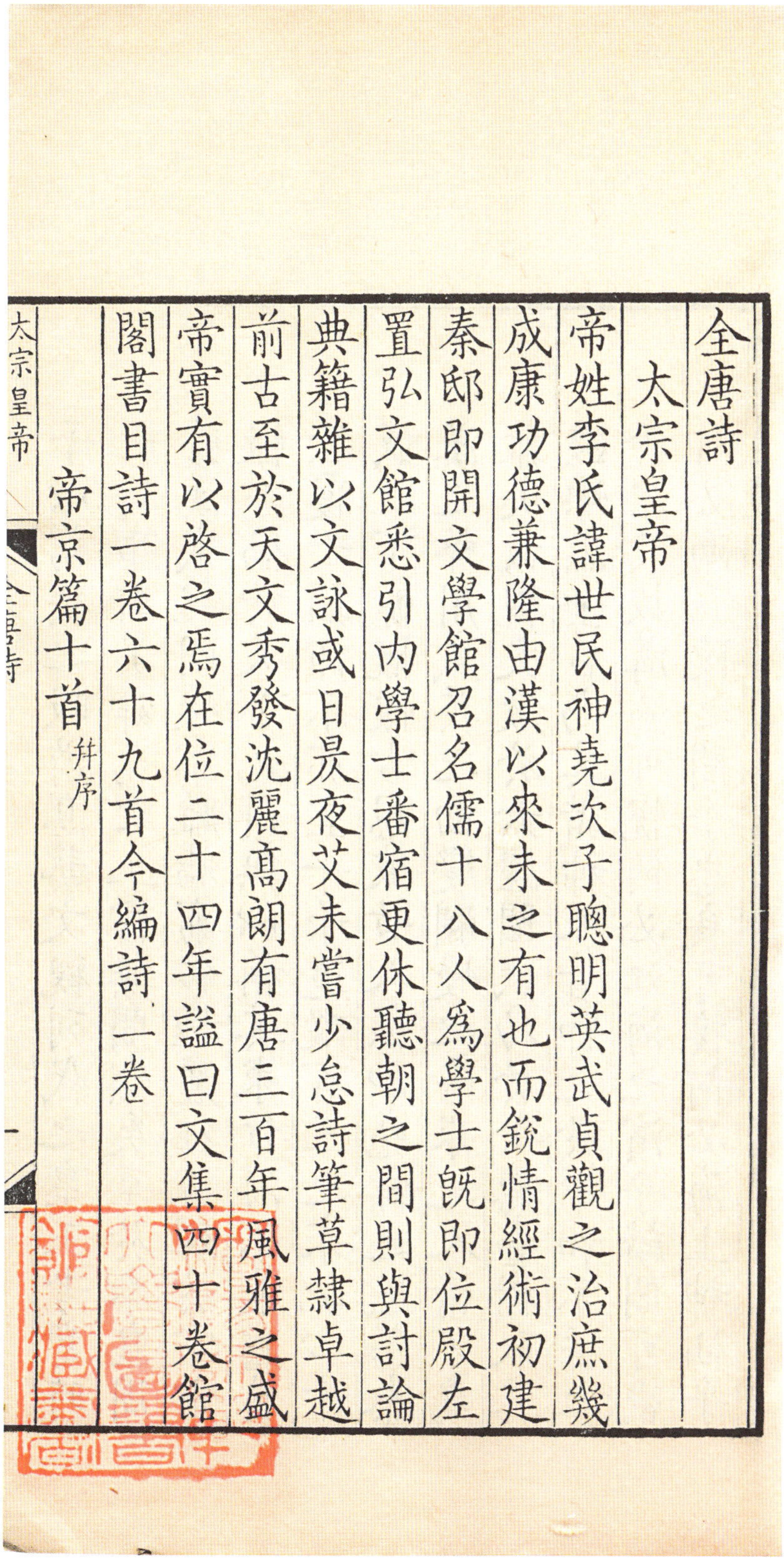
全唐詩
太宗皇帝
帝姓李氏諱世民神堯次子聰明英武貞觀之治庶幾成康功德兼隆由漢以來未之有也而銳情經術初建秦邸即開文學館召名儒十八人爲學士既即位殿左置弘文館悉引内學士番宿更休聽朝之間則與討論典籍雜以文詠或日昃夜艾未嘗少怠詩筆草隸卓越前古至於天文秀發沈麗高朗有唐三百年風雅之盛帝實有以啓之焉在位二十四年謚曰文集四十卷館閣書目詩一卷六十九首今編詩一卷
帝京篇十首 幷序

10946　全唐詩九百卷目録十二卷　（清）曹寅　彭定求等輯　清康熙四十四年至四十六年（1705—1707）揚州詩局刻本　瀋陽師範大學圖書館

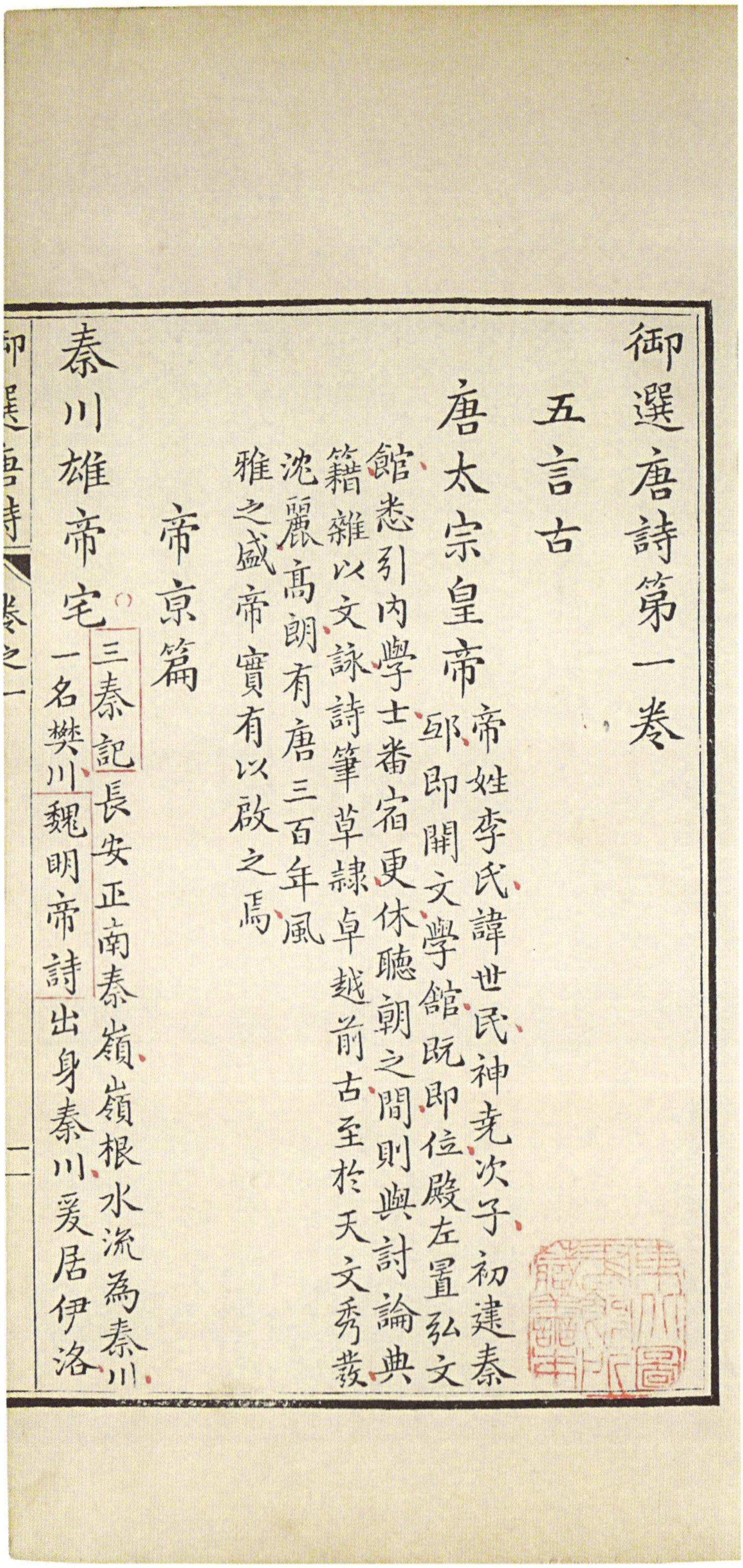

御選唐詩第一卷

五言古

唐太宗皇帝 帝姓李氏諱世民神堯次子初建秦邸即開文學館既即位殿左置弘文館悉引内學士番宿更休聽朝之間則與討論典籍雜以文詠詩筆草隸卓越前古至於天文秀發沈麗高朗有唐三百年風雅之盛帝實有以啟之焉

帝京篇

秦川雄帝宅 三秦記長安正南秦嶺嶺根水流為秦川一名樊川魏明帝詩出身秦川爰居伊洛

御選唐詩 卷之一 一

10947 御選唐詩三十二卷目録三卷 （清）聖祖玄燁選 （清）陳廷敬等輯注 清康熙五十二年（1713）内府刻朱墨套印本 遼寧省圖書館

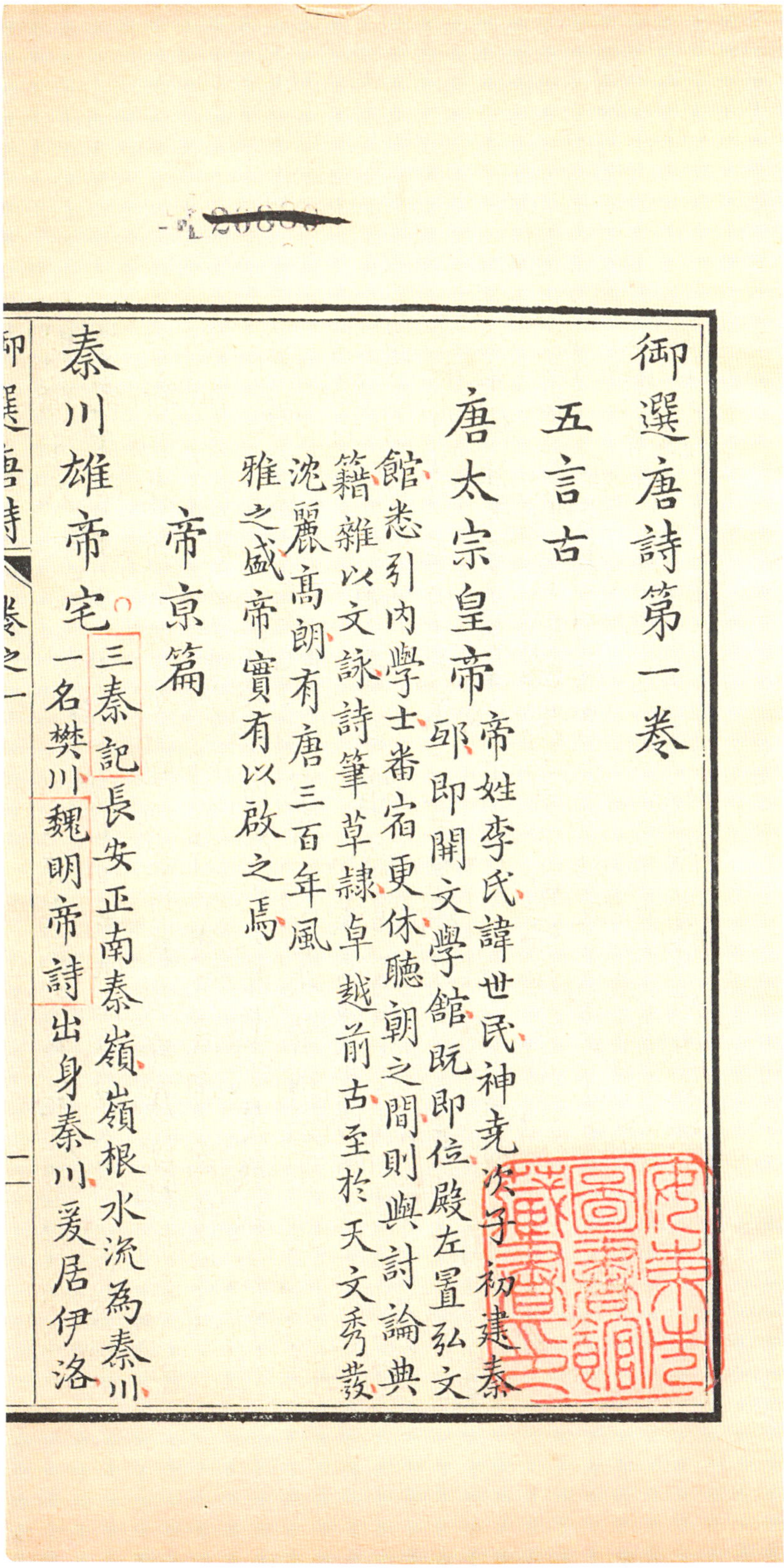

御選唐詩第一卷

五言古

唐太宗皇帝 帝姓李氏諱世民神堯次子初建秦邸即開文學館既即位殿左置弘文館悉引内學士番宿更休聽朝之間則與討論典籍雜以文詠詩筆草隸卓越前古至於天文秀發沈麗高朗有唐三百年風雅之盛帝實有以啟之焉

帝京篇

秦川雄帝宅 三秦記長安正南秦嶺嶺根水流爲秦川一名樊川魏明帝詩出身秦川爰居伊洛

御選唐詩 卷之一 一

10948 御選唐詩三十二卷目録三卷 （清）聖祖玄燁選 （清）陳廷敬等輯注 清康熙五十二年（1713）内府刻朱墨套印本 丹東市圖書館

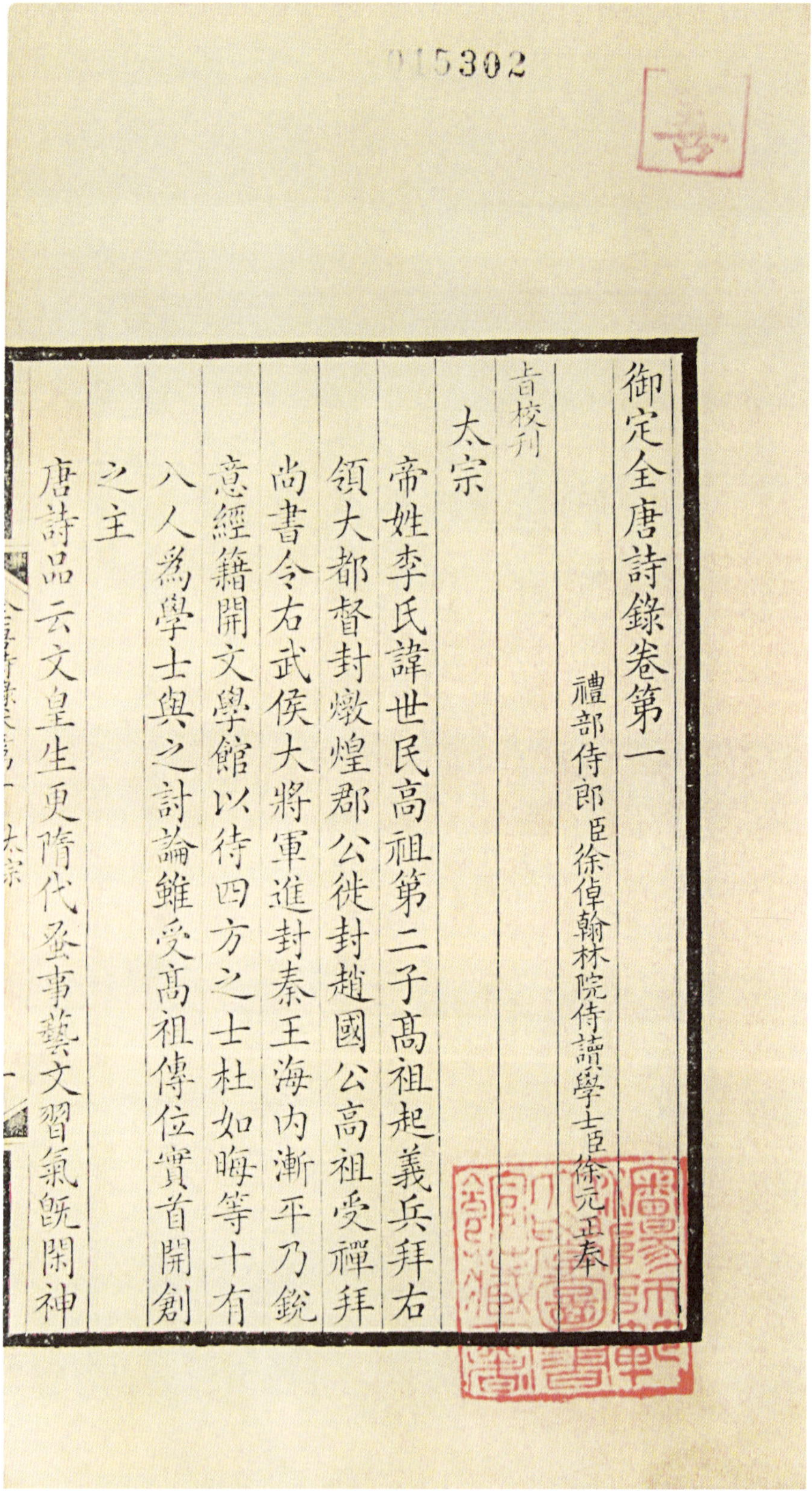
015302
御定全唐詩錄卷第一
禮部侍郎臣徐倬翰林院侍讀學士臣徐元正奉
旨校刊
太宗
帝姓李氏諱世民高祖第二子高祖起義兵拜右
領大都督封燉煌郡公徙封趙國公高祖受禪拜
尚書令右武侯大將軍進封秦王海內漸平乃鋭
意經籍開文學館以待四方之士杜如晦等十有
八人爲學士與之討論雖受高祖傳位實首開創
之主
唐詩品云文皇生更隋代丕事藝文習氣既開神

10949　御定全唐詩錄一百卷　（清）徐倬　徐元正編　清康熙四十五年（1706）内府刻本　瀋陽師範大學圖書館

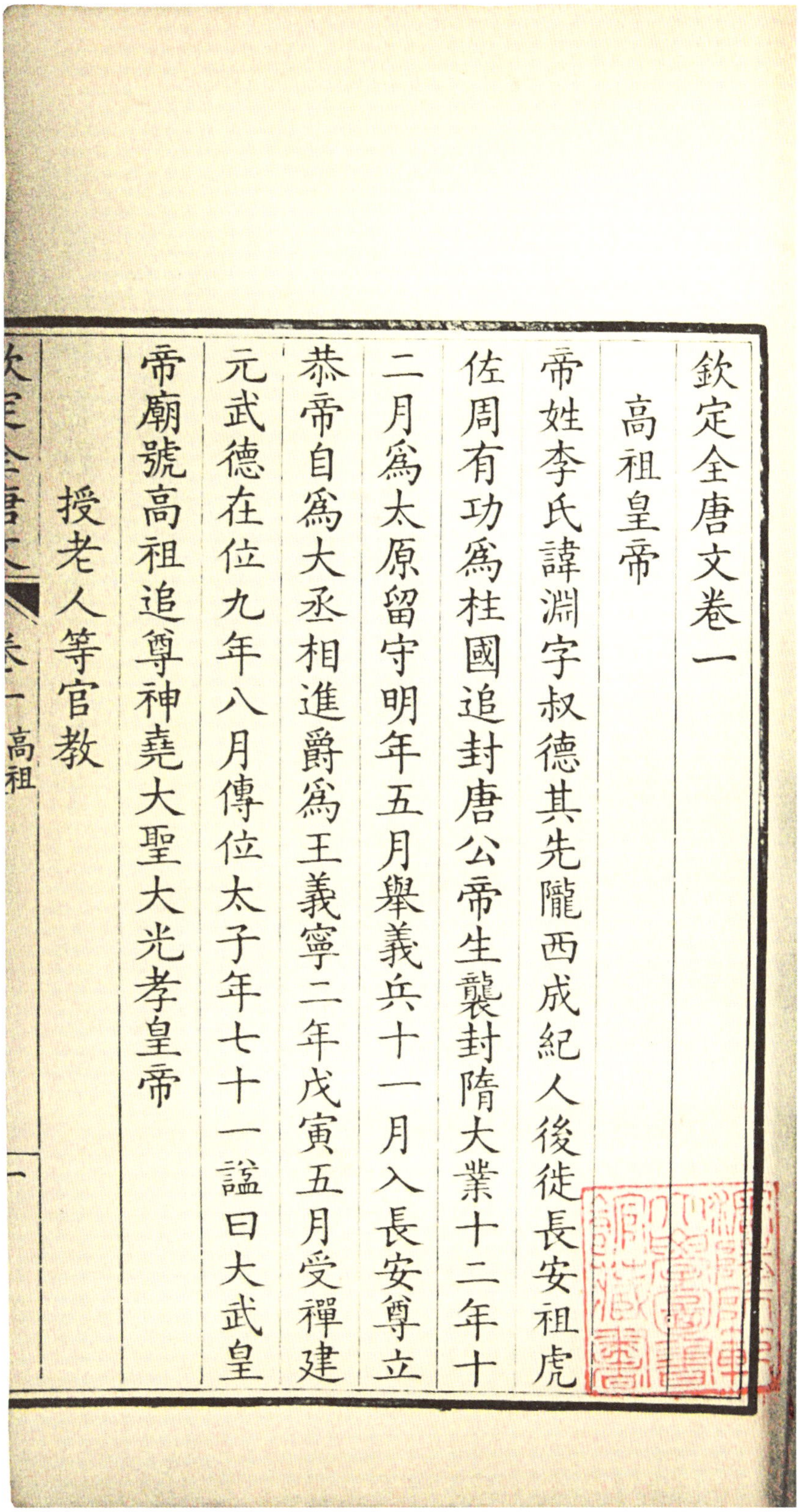

欽定全唐文卷一

高祖皇帝

帝姓李氏諱淵字叔德其先隴西成紀人後徙長安祖虎佐周有功爲柱國追封唐公帝生襲封隋大業十二年十二月爲太原留守明年五月舉義兵十一月入長安尊立恭帝自爲大丞相進爵爲王義寧二年戊寅五月受禪建元武德在位九年八月傳位太子年七十一謚曰大武皇帝廟號高祖追尊神堯大聖大光孝皇帝

授老人等官教

欽定全唐文 卷一 高祖 一

10950 欽定全唐文一千卷首四卷 （清）董誥等編　清嘉慶二十三年（1818）揚州詩局刻本（卷四百四十九至四百五十二補抄）　瀋陽師範大學圖書館

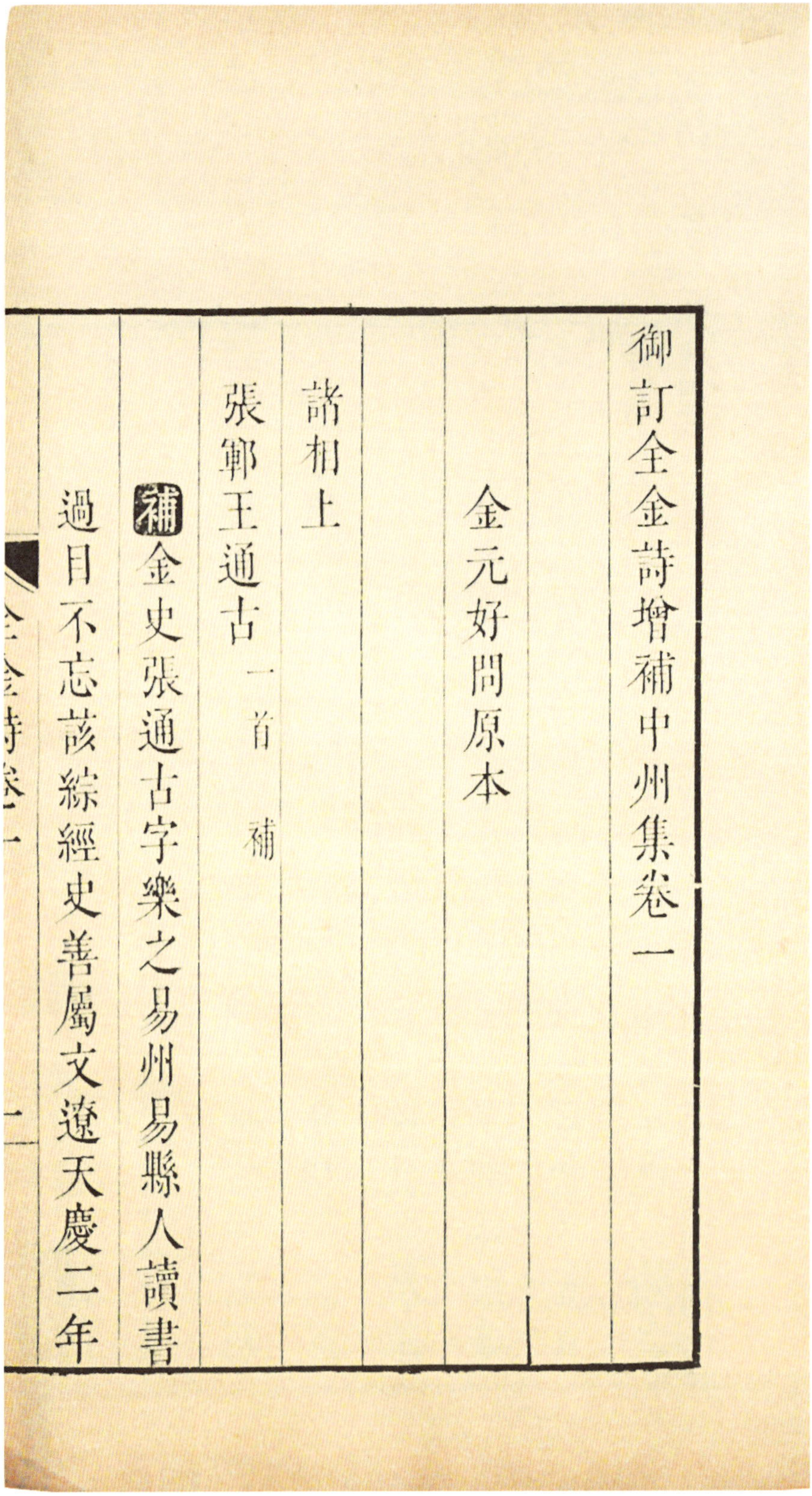
御訂全金詩增補中州集卷一

金元好問原本

諸相上

張鄭王通古 一首 補

補 金史張通古字樂之易州易縣人讀書

過目不忘該綜經史善屬文遼天慶二年

全金詩卷一 一

10951 **御訂全金詩增補中州集七十二卷首二卷** （金）元好問編 （清）郭元釪補輯 清康熙五十年（1711）揚州詩局刻郭元釪進呈本 遼寧省圖書館

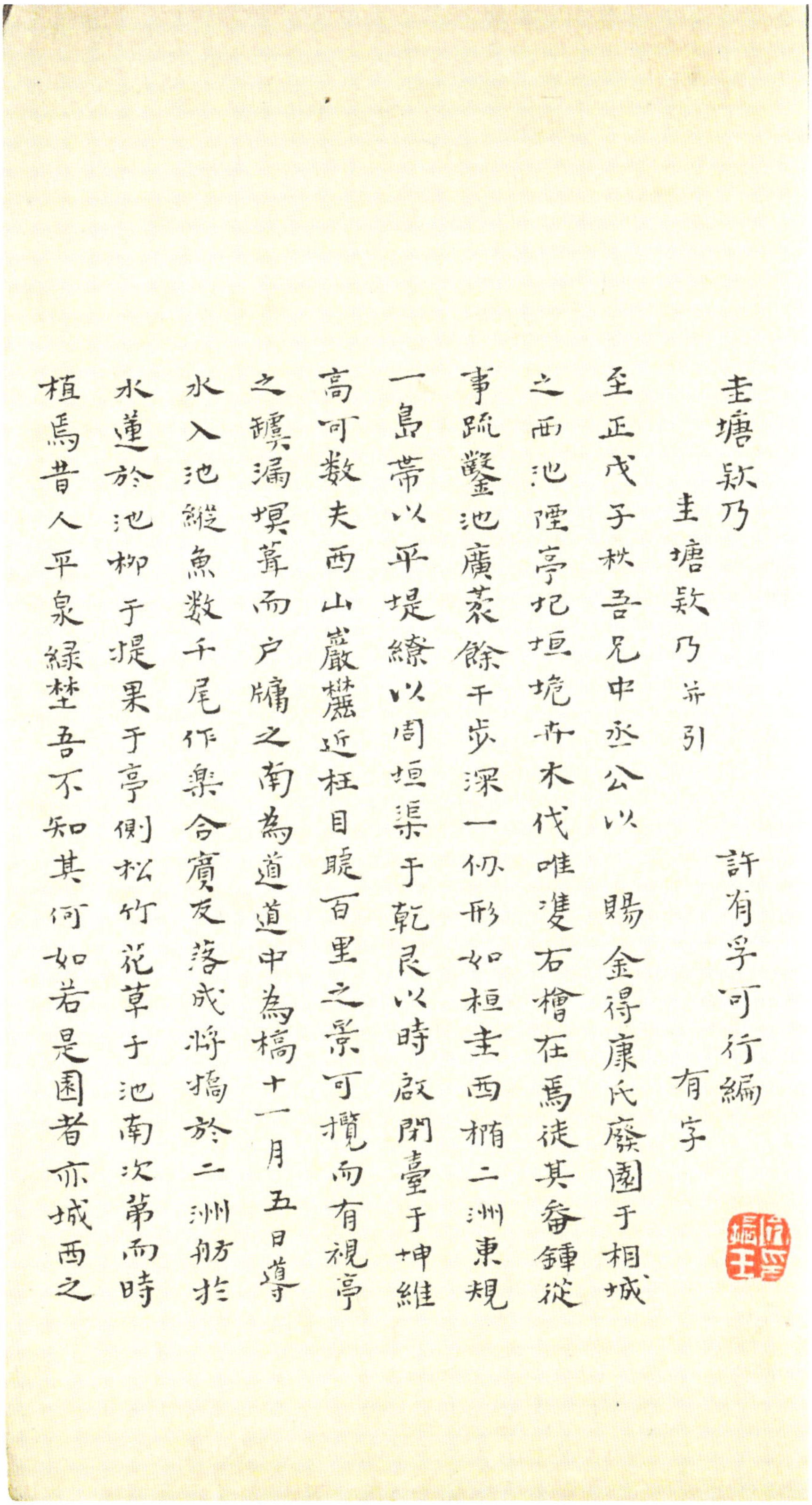
圭塘欵乃
圭塘欵乃并引　　許有孚可行編
有孚
至正戊子秋吾兄中丞公以　賜金得康氏廢園于相城
之西池陘亭圯垣壞亦木伐唯淩右檜在焉徒其畚鍾從
事疏鑿池廣袤餘千步深一仞形如桓圭西楯二洲東規
一島帶以平堤繚以周垣渠于乾艮以時啟閉臺于坤維
高可數丈西山巖巒近在目睫百里之景可攬而有視亭
之礦漏塓葺而户牖之南為道道中為橋十一月五日導
水入池縱魚數千尾作樂合賓友落成將犒於二洲舫於
水蓮於池柳于堤果于亭側松竹花草于池南次第而時
植焉昔人平泉緑埜吾不知其何如若是園者亦城西之

10952　圭塘欸乃一卷　（元）許有壬等撰　清乾隆抄本　彭元瑞跋　遼寧省圖書館

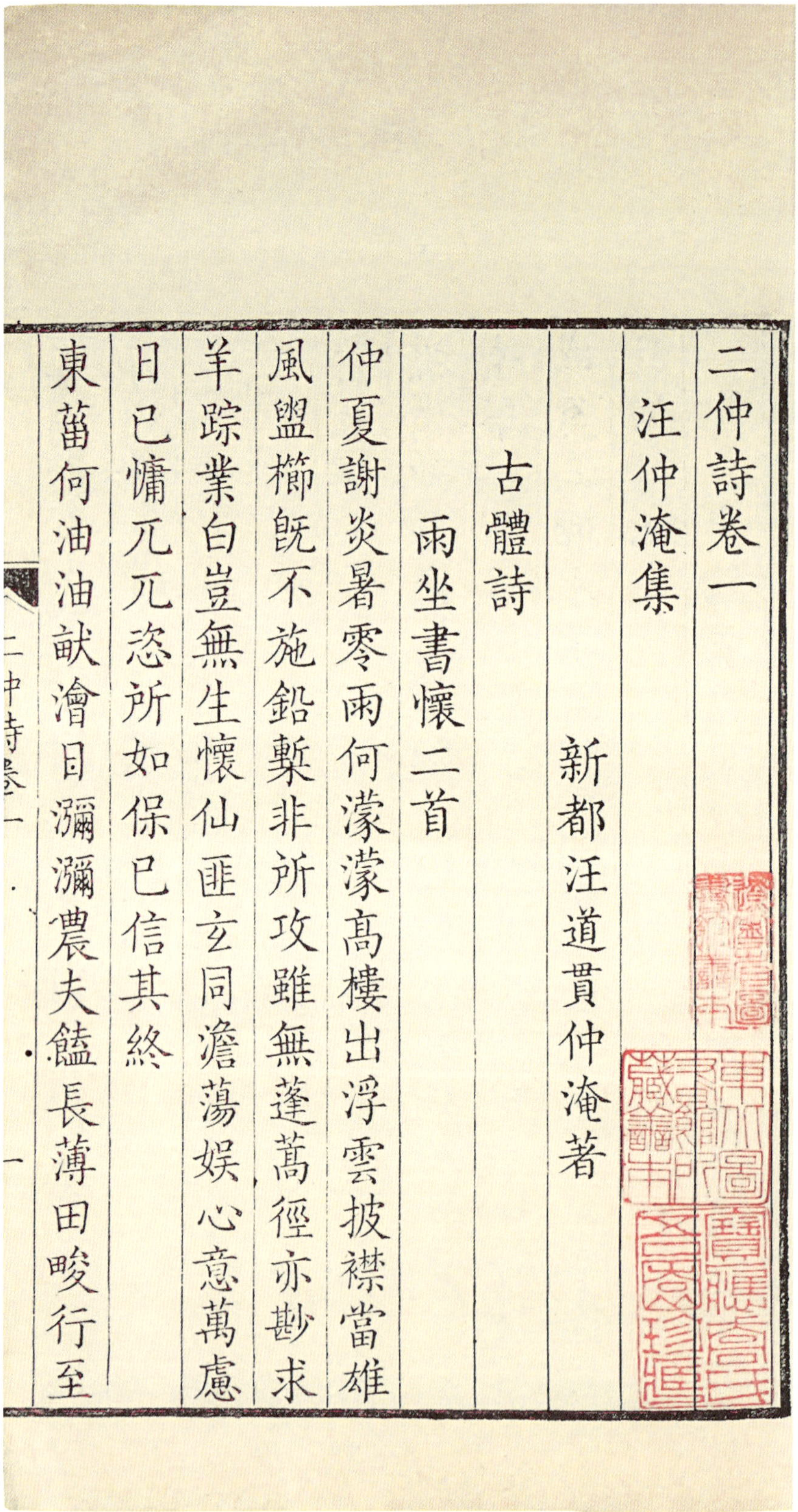

二仲詩卷一

汪仲淹集　　新都汪道貫仲淹著

古體詩

雨坐書懷二首

仲夏謝炎暑零雨何濛濛高樓出浮雲披襟當雄風盥櫛既不施鉛槧非所攻雖無蓬蒿徑亦尠求羊踪業白豈無生懷仙匪玄同澹蕩娱心意萬慮日已慵兀兀恣所如保已信其終

東菑何油油畝澮日瀰瀰農夫饁長薄田畯行至

二仲詩卷一　一

10953　二仲詩二卷　（明）汪道貫　汪道會撰　清康熙五十二年（1713）汪氏五世讀書園刻本　遼寧省圖書館

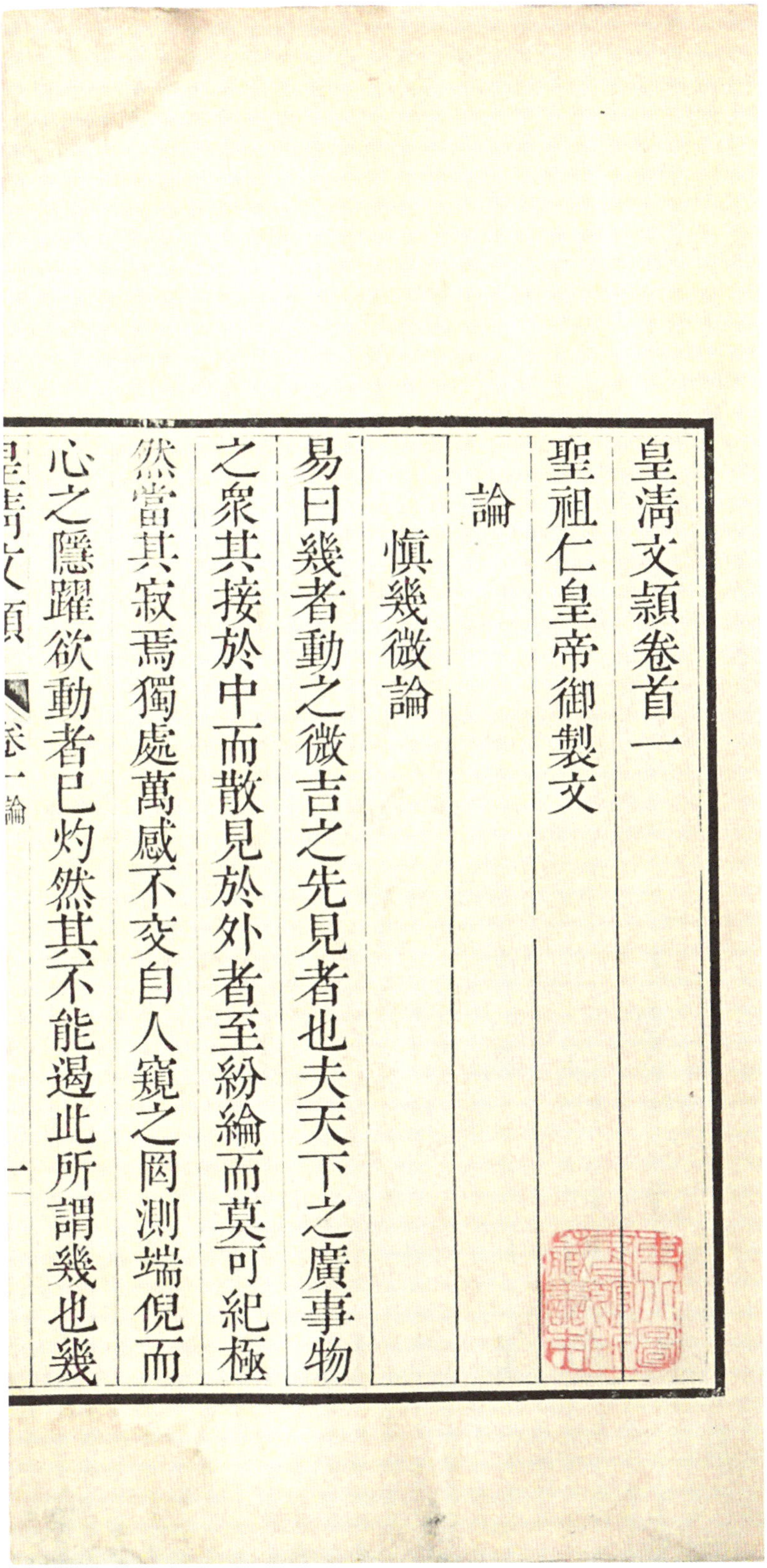

皇清文穎卷首一

聖祖仁皇帝御製文

論

慎幾微論

易曰幾者動之微吉之先見者也夫天下之廣事物之衆其接於中而散見於外者至紛綸而莫可紀極然當其寂焉獨處萬感不交自人窺之罔測端倪而心之隱躍欲動者已灼然其不能遏此所謂幾也幾

皇清文穎　卷一　論　一

10954　皇清文穎一百卷首二十四卷目録六卷　（清）張廷玉　梁詩正等輯　清乾隆十二年（1747）武英殿刻本　遼寧省圖書館

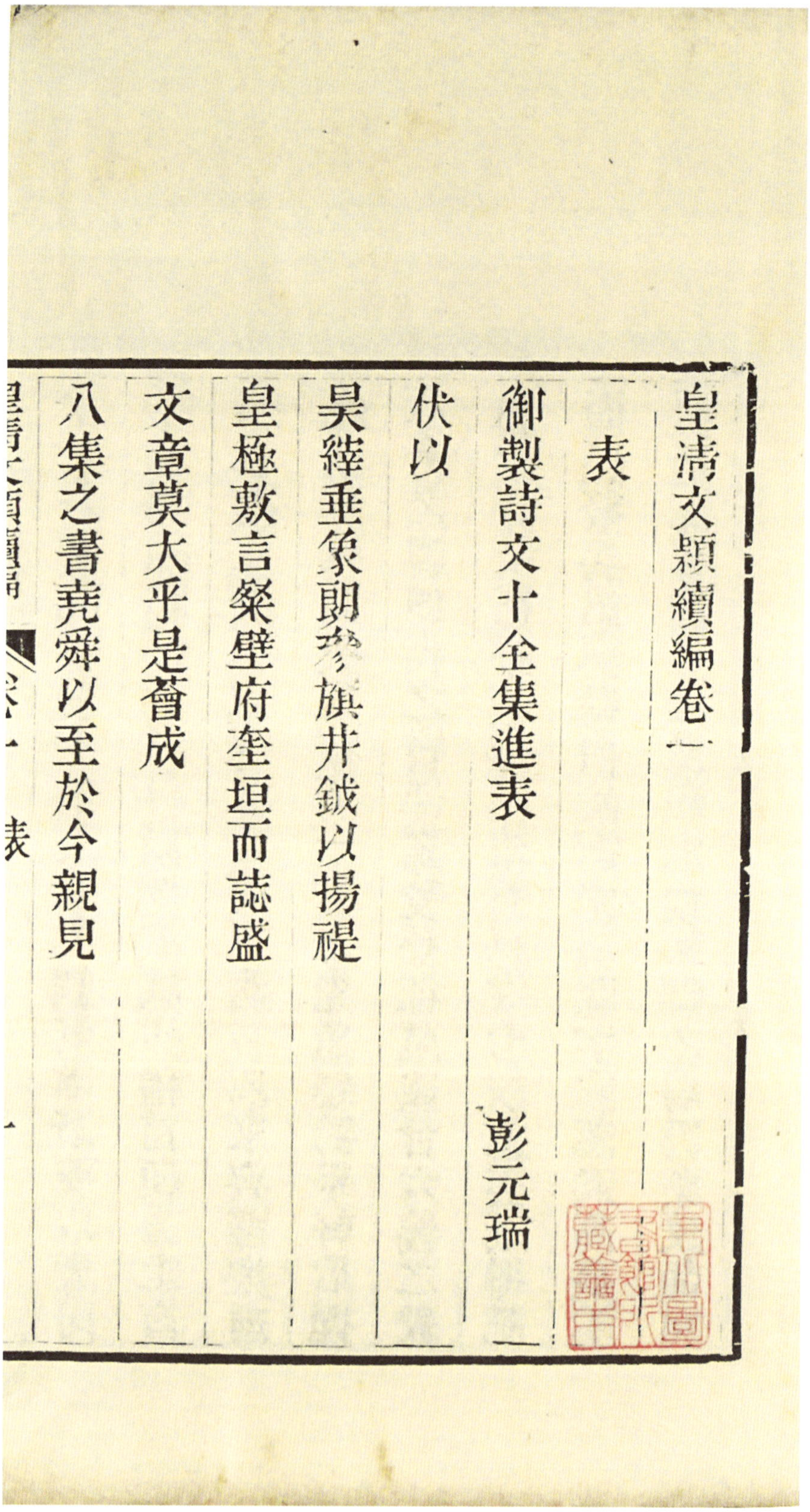
皇清文穎續編卷一
表
御製詩文十全集進表　彭元瑞
伏以
昊緯垂象朗參旗井鉞以揚禔
皇極敷言粲璧府奎垣而誌盛
文章莫大乎是薈成
八集之書堯舜以至於今親見
皇清文穎續編　卷一　表

10955　皇清文穎續編一百八卷首五十六卷目録十卷　（清）董誥等輯
清嘉慶十五年（1810）武英殿刻本　遼寧省圖書館

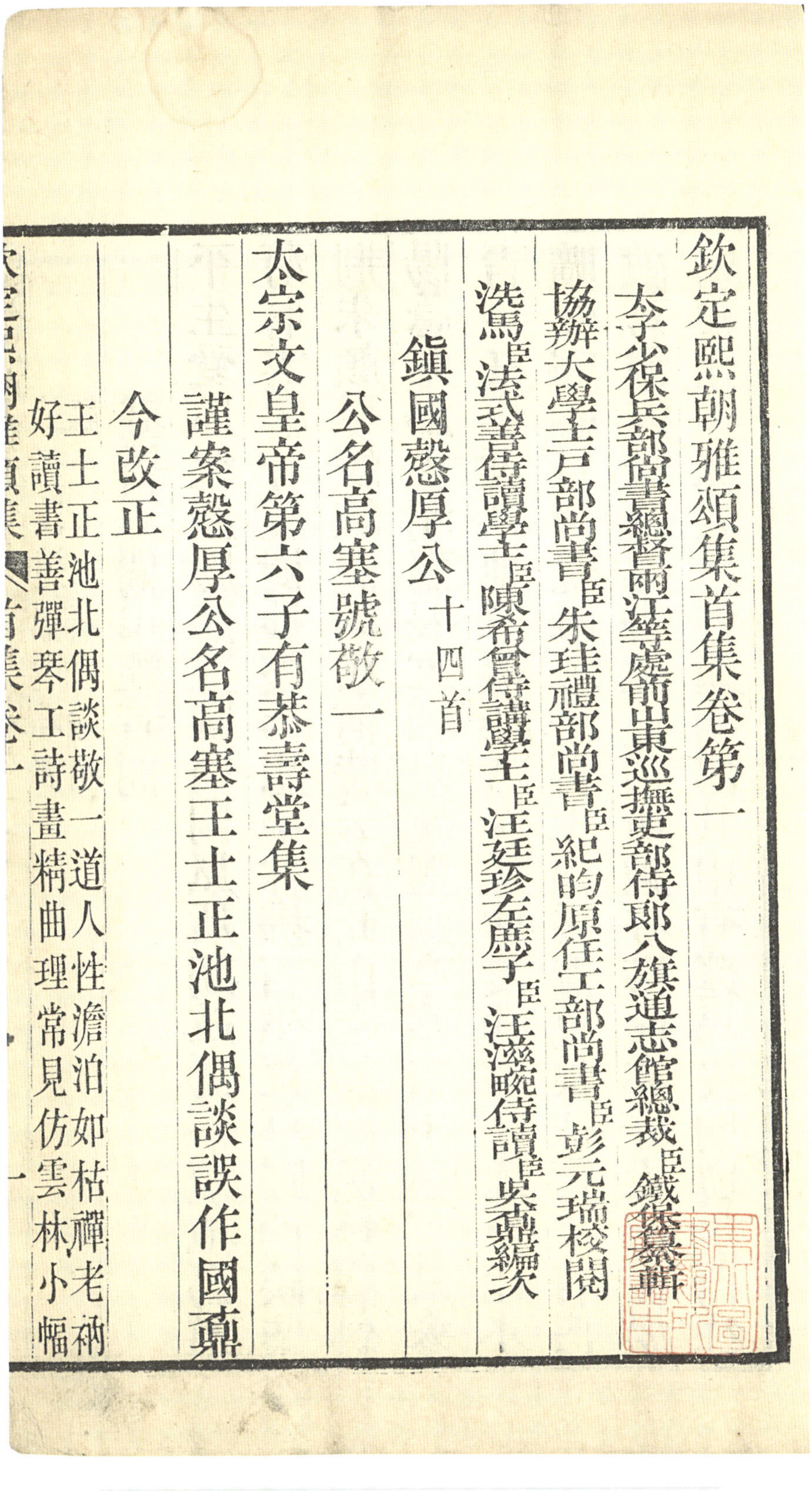
欽定熙朝雅頌集首集卷第一
太子少保兵部尚書總督兩江等處前山東巡撫吏部侍郎八旗通志館總裁臣鐵保纂輯
協辦大學士戶部尚書臣朱珪禮部尚書臣紀昀原任工部尚書臣彭元瑞校閱
洗馬臣法式善侍讀學士臣陳希曾侍讀學士臣汪廷珍左庶子臣汪滋畹侍讀臣吳鼒編次
鎮國慤厚公 十四首
公名高塞號敬一
太宗文皇帝第六子有恭壽堂集
謹案慤厚公名高塞王士正池北偶談誤作國鼐
今改正
王士正池北偶談敬一道人性澹泊如枯禪老衲
好讀書善彈琴工詩畫精曲理常見仿雲林小幅
欽定熙朝雅頌集　首集卷一　一

10956　欽定熙朝雅頌集一百六卷首集二十六卷餘集二卷首一卷目録一卷　（清）鐵保等輯　清嘉慶九年（1804）阮元刻武英殿印本　遼寧省圖書館

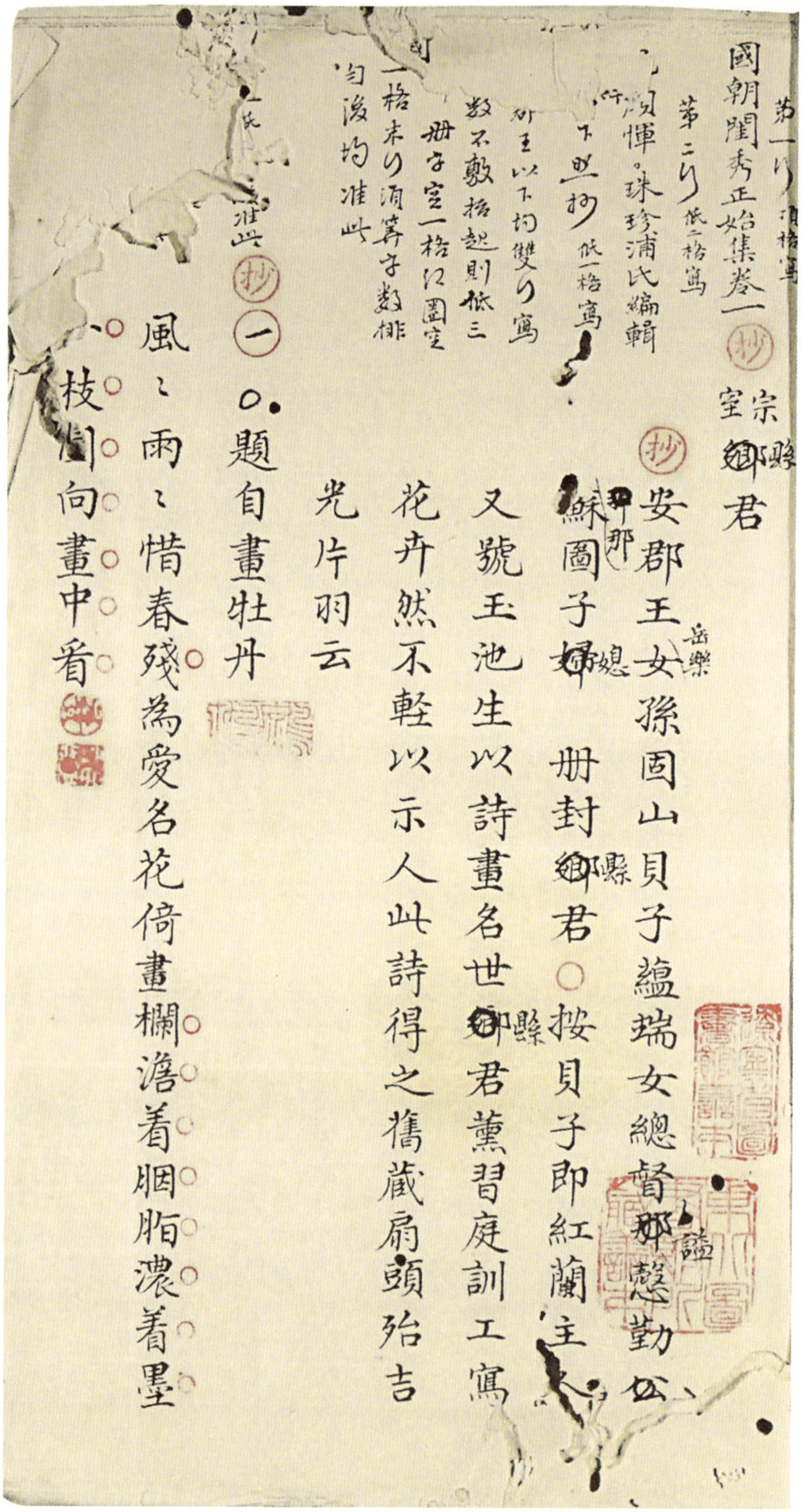
國朝閨秀正始集卷一
惲珠珍浦氏編輯
宗室縣君
安郡王女孫固山貝子緼端女總督鄂恪勤公
蘇圖子婦冊封縣君按貝子即紅蘭主人
又號玉池生以詩畫名世縣君薰習庭訓工寫
花卉然不輕以示人此詩得之舊藏扇頭殆吉
光片羽云
題自畫牡丹
風風雨雨惜春殘為愛名花倚畫欄澹着胭脂濃着墨
枝枝向畫中看

10957　國朝閨秀正始集二十卷附録一卷補遺一卷　（清）惲珠輯　稿本　遼寧省圖書館

存二十一卷（一、三至二十，附録一卷，補遺一卷）

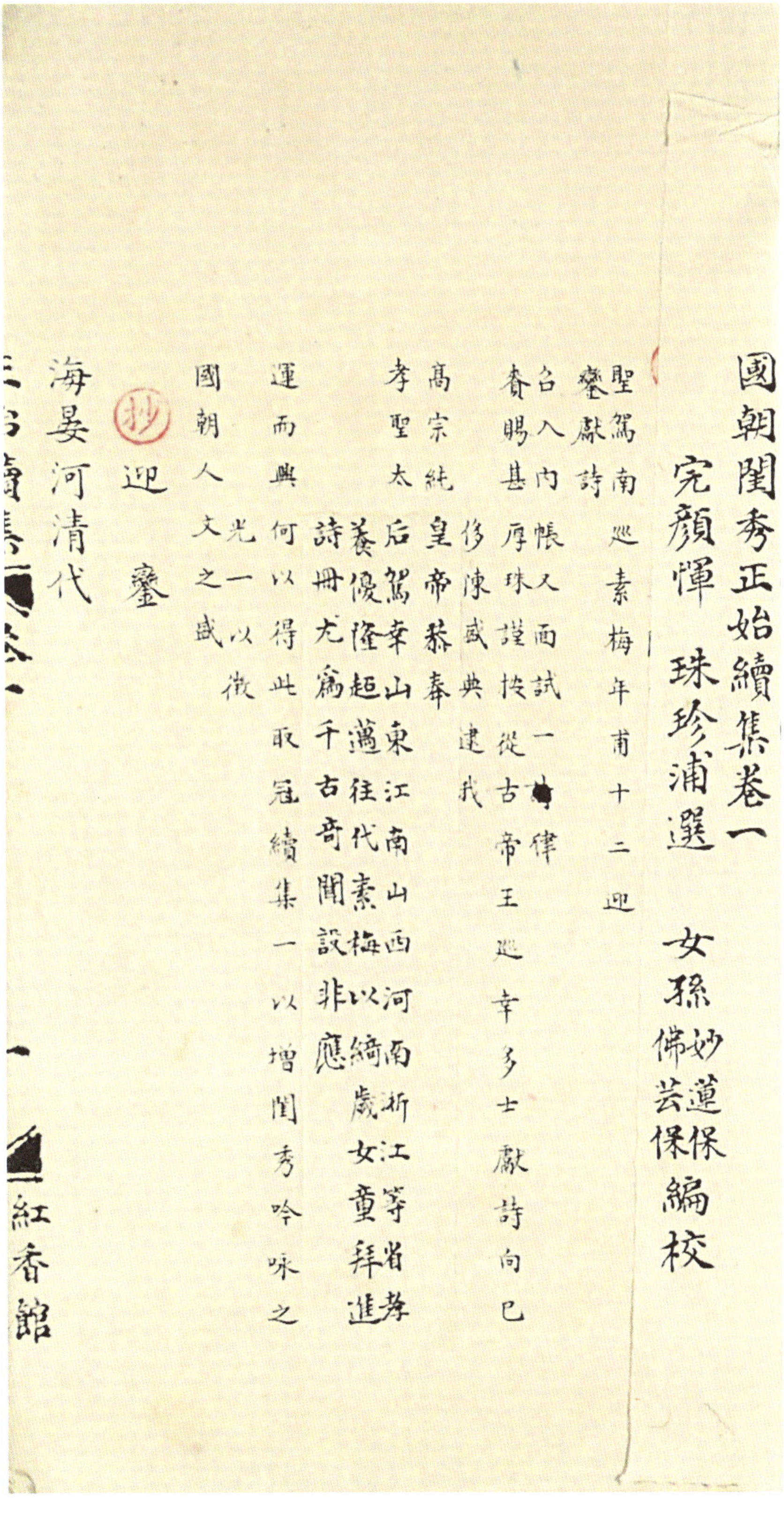
國朝閨秀正始續集卷一
完顏惲珠珍浦選　女孫妙蓮保 佛芸保編校
聖駕南巡素梅年甫十二迎
鑾獻詩
召入內帳入西試一詩律
賚賜甚厚珠謹按從古帝王巡幸多士獻詩向已
修陳盛典逮我
高宗純皇帝恭奉
孝聖太后駕幸山東江南山西河南浙江等省孝
養優隆超邁往代素梅以綺歲女童拜進
詩冊尤爲千古奇聞設非應
運而興何以得此取冠續集一以增閨秀吟咏之
光一以徵
國朝人文之盛
迎　鑾
海晏河清代
紅香館

10958　**國朝閨秀正始續集十卷附録一卷**　（清）惲珠輯　**補遺一卷**　（清）程孟梅輯　稿本　遼寧省圖書館

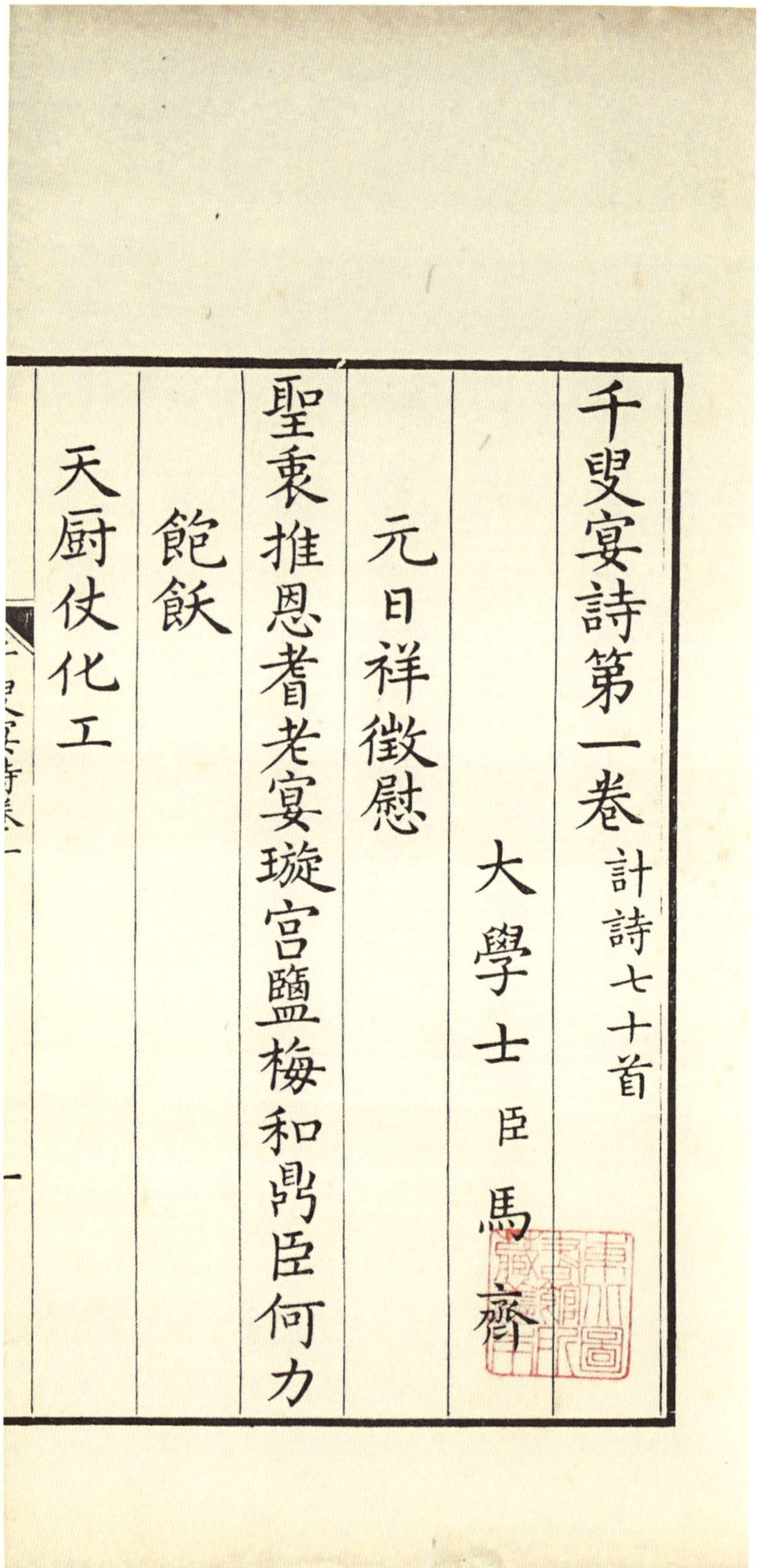
千叟宴詩第一卷 計詩七十首
大學士臣馬齊
元日祥徵慰
聖衷推恩耆老宴璇宫鹽梅和咼臣何力
飽飫
天厨仗化工
千叟宴詩卷一

10959　千叟宴詩三十四卷首二卷　（清）聖祖玄燁等撰　清康熙六十一年（1722）内府刻本　遼寧省圖書館

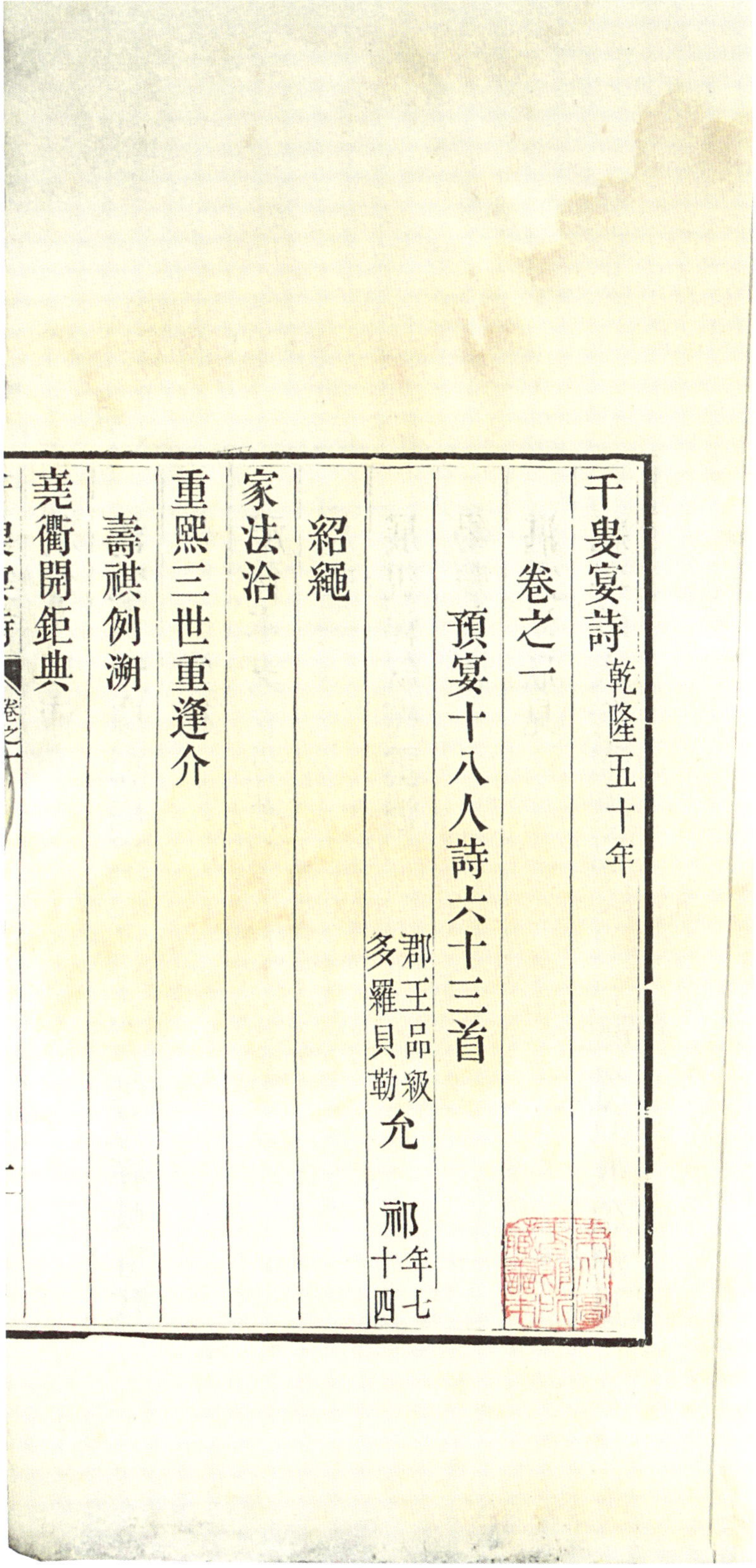
千叟宴詩 乾隆五十年
卷之一
預宴十八人詩六十三首
郡王品級多羅貝勒允祁 年七十四
紹繩
家法洽
重熙三世重逢介
壽祺例溯
堯衢開鉅典

10960　千叟宴詩三十四卷首二卷　（清）高宗弘曆等撰　清乾隆五十年（1785）武英殿刻本　遼寧省圖書館

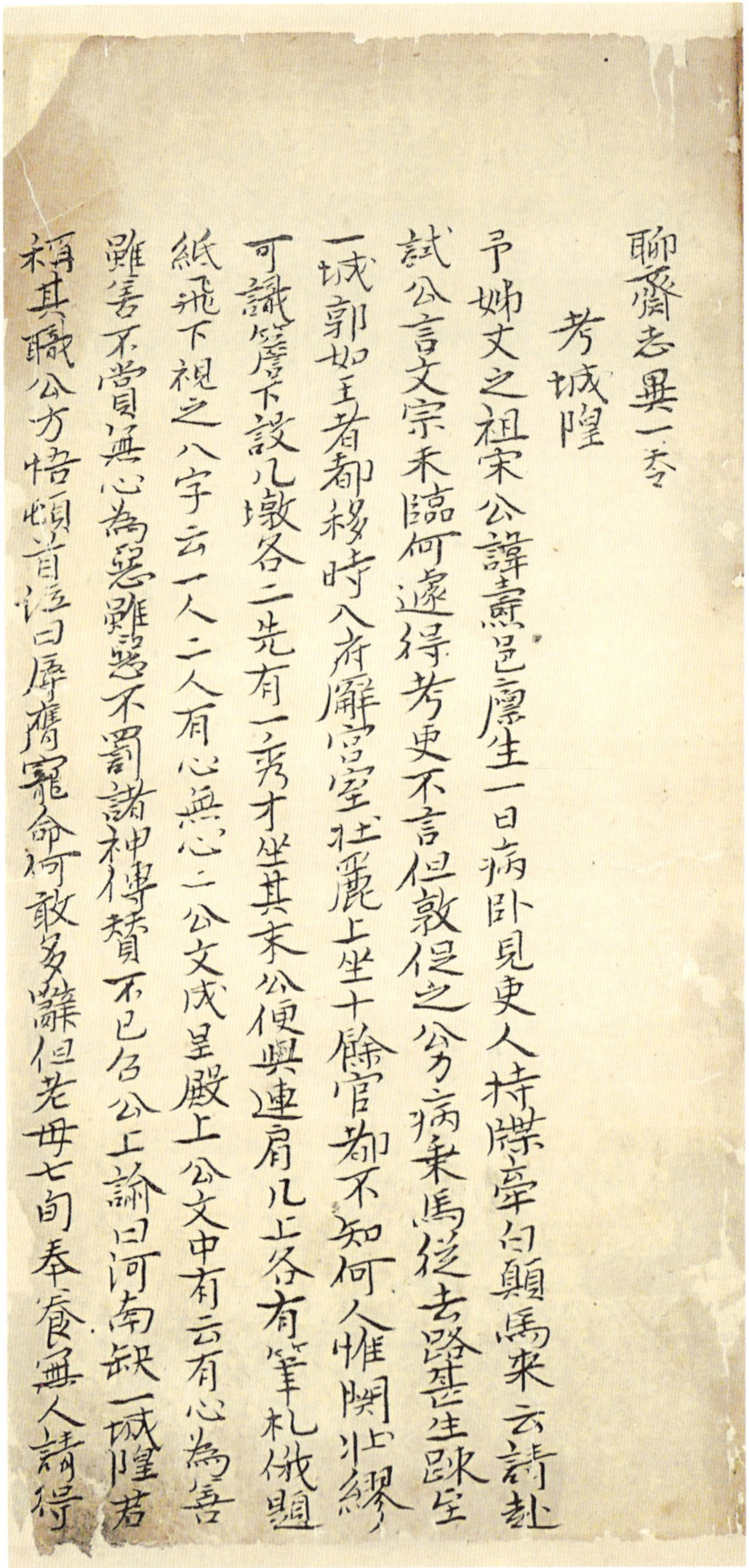

聊齋志異一卷

考城隍

予姊丈之祖宋公諱燾邑廩生一日病卧見吏人持牒牽白顛馬來云請赴
試公言文宗未臨何遽得考吏不言但敦促之公力病乘馬從去路甚生疎至
一城郭如王者都移時入府廨宮室壯麗上坐十餘官都不知何人惟關壯繆
可識簷下設几墩各二先有一秀才坐其末公便與連肩几上各有筆札俄題
紙飛下視之八字云一人二人有心無心二公文成呈殿上公文中有云有心為善
雖善不賞無心為惡雖惡不罰諸神傳贊不已召公上諭曰河南缺一城隍君
稱其職公方悟頓首泣曰辱膺寵命何敢多辭但老母七旬奉養無人請得

10961　聊齋志異不分卷　（清）蒲松齡撰　稿本　遼寧省圖書館

存（二百三十一篇）

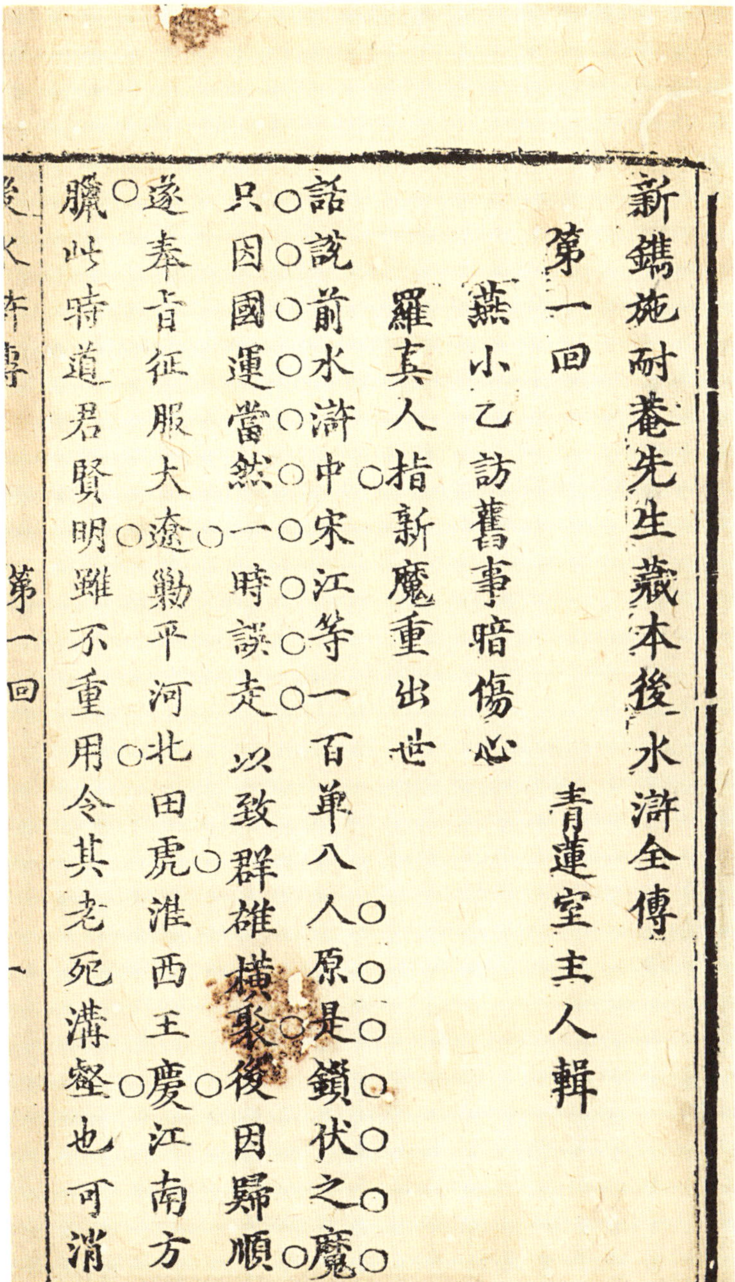
新鐫施耐菴先生藏本後水滸全傳
第一回　青蓮室主人輯
燕小乙訪舊事暗傷心
羅真人指新魔重出世
話說前水滸中宋江等一百單八人原是鎖伏之魔
只因國運當然一時誤走以致群雄橫聚後因歸順
遂奉旨征服大遼勦平河北田虎淮西王慶江南方
臘此時道君賢明雖不重用令其老死溝壑也可消
後水滸傳　第一回　一

10962　新鐫施耐庵先生藏本後水滸全傳四十五回　題（明）青蓮室主人輯　清初刻本　大連圖書館

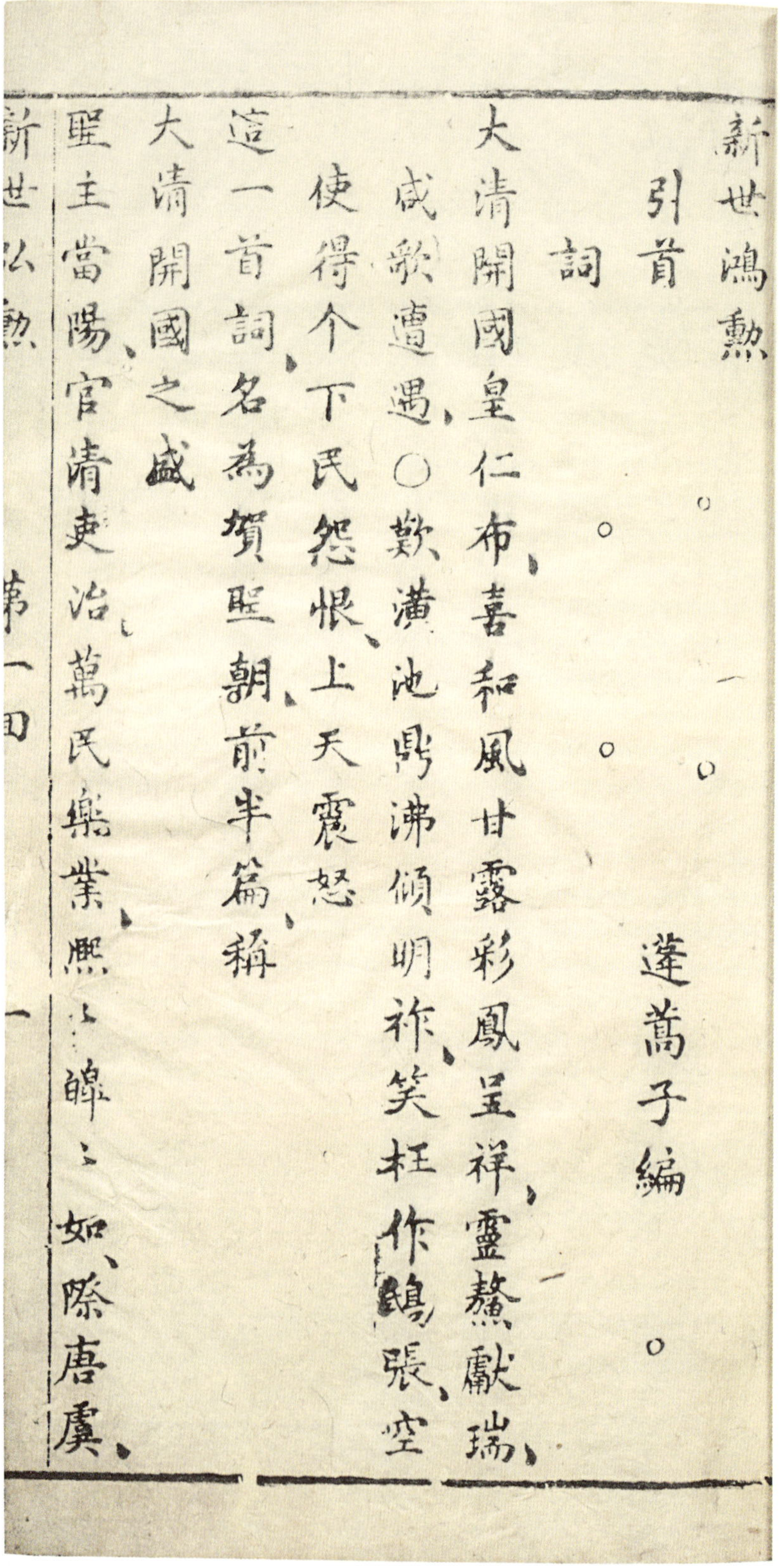

10963　新世鴻勳二十二回　題（清）蓬蒿子編　清順治慶雲樓刻本　大連圖書館

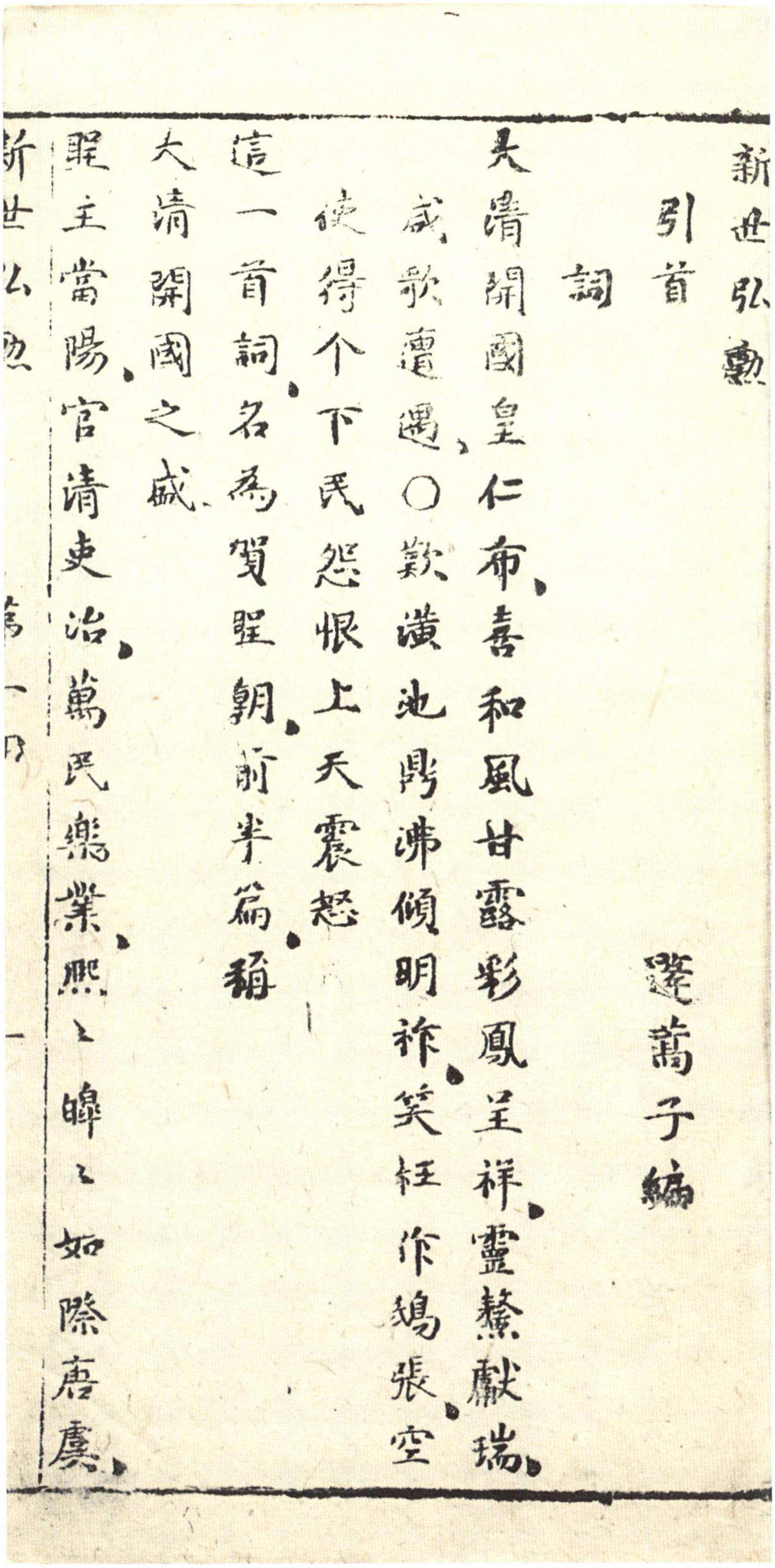

新世弘勳

引首　　蓬蒿子編

詞

大清開國皇仁布、喜和風甘露彩鳳呈祥、靈鰲獻瑞、
威歌遭遇〇歎潢池鬨沸傾明祚、笑枉作鴟張、空
使得个下民怨恨上天震怒
這一首詞、名爲賀聖朝、前半篇、稱
大清開國之盛、
聖主當陽、官清吏治、萬民樂業、熙熙皞皞、如際唐虞、

10964　新世弘勳二十二回　題（清）蓬蒿子編　清初載道堂刻本　大連圖書館

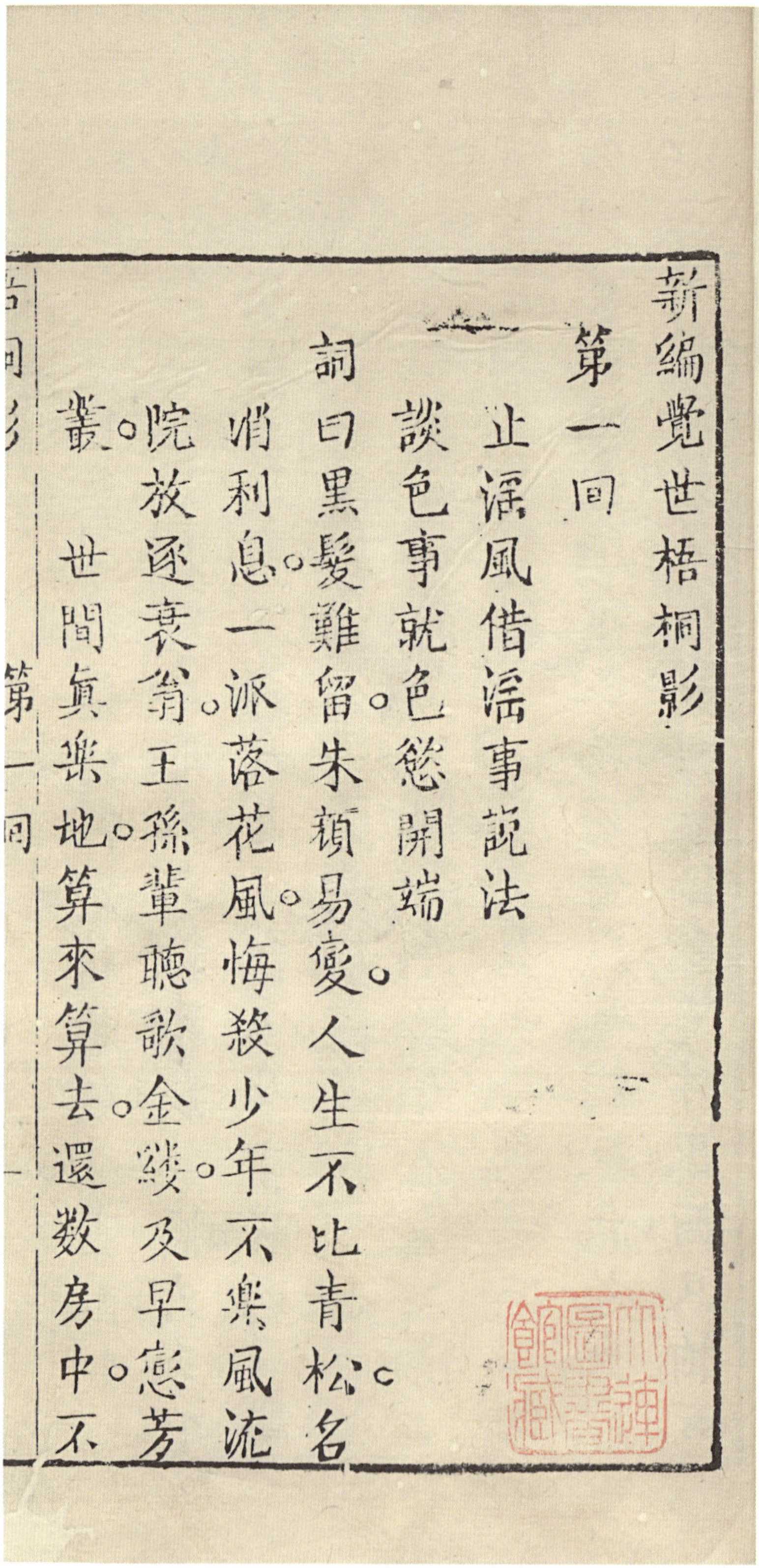

新編覺世梧桐影

第一回

止淫風借淫事說法
談色事就色慾開端

詞曰黑髮難留。朱顏易變。人生不比青松。名消利息。一派落花風。悔殺少年不樂。風流院。放逐衰翁。王孫輩。聽歌金縷。及早戀芳叢。世間眞樂地。算來算去。還數房中。不

10965　新編覺世梧桐影十二回　清初嘯花軒刻本　大連圖書館

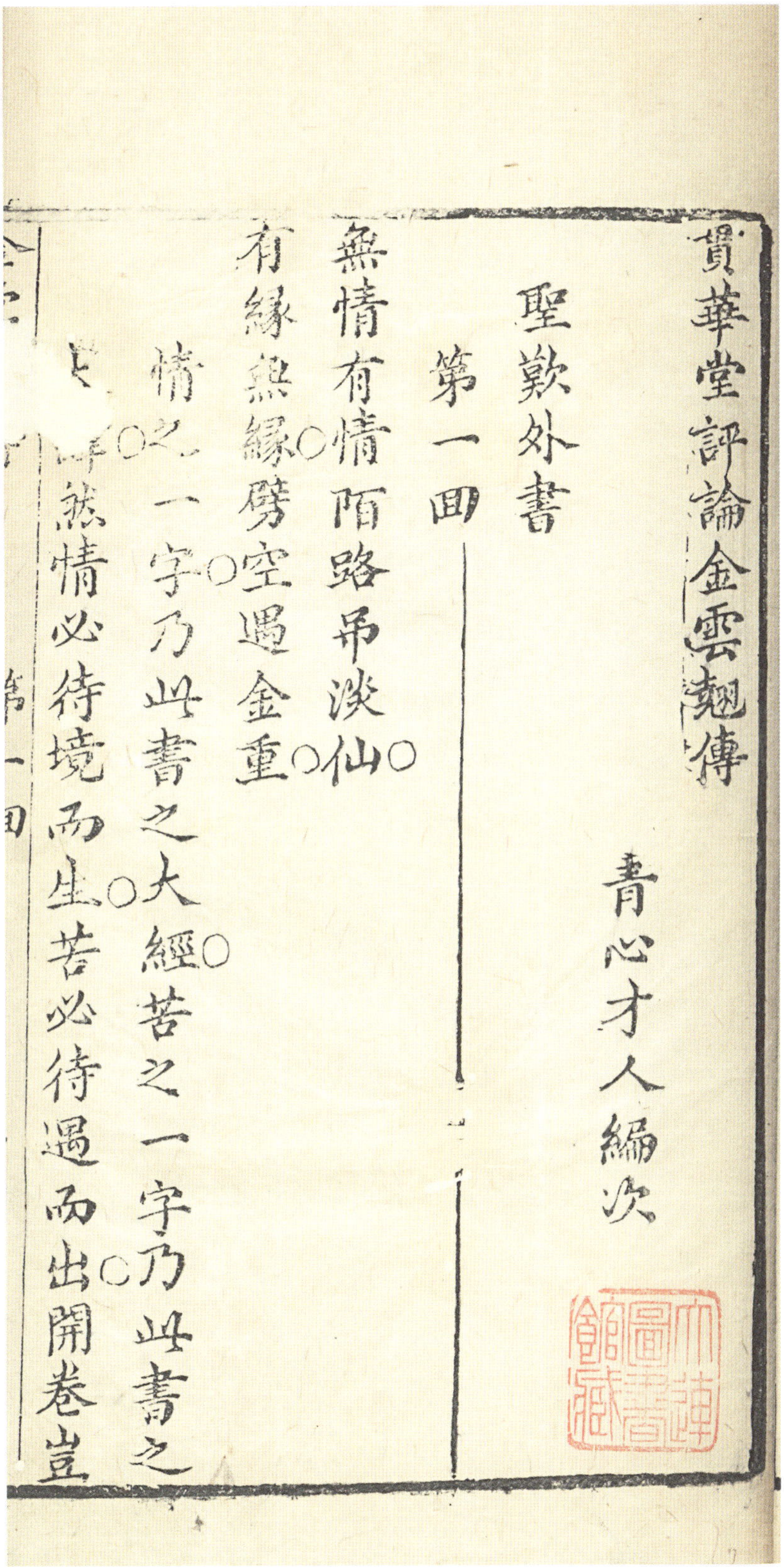
貫華堂評論金雲翹傳　青心才人編次
聖歎外書
第一回
無情有情陌路吊淡仙○
有緣無緣劈空遇金重○
情之一字○乃此書之大經○苦之一字乃此書之
[illegible]○然情必待境而生○苦必待遇而出○開卷豈

10966　貫華堂評論金雲翹傳四卷二十回　題（清）青心才人撰　清初刻本　大連圖書館

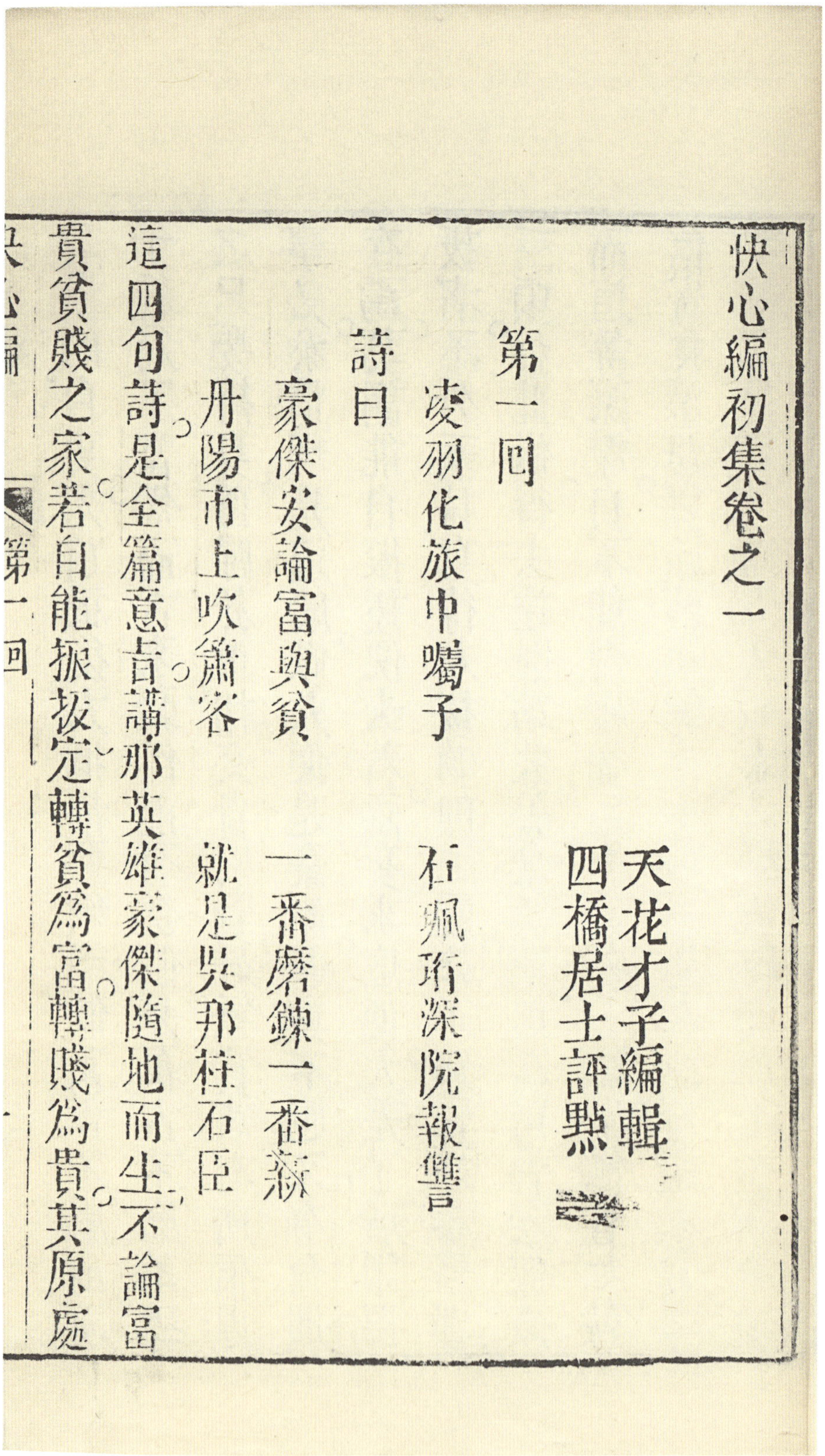

快心編初集卷之一

天花才子編輯

四橋居士評點

第一回

凌羽化旅中囑子　石珮珩深院報讐

詩曰

豪傑安論富與貧　一番磨鍊一番新

丹陽市上吹簫客　就是吳邦柱石臣

這四句詩是全篇意旨講那英雄豪傑隨地而生不論富貴貧賤之家若自能振拔定轉貧爲富轉賤爲貴其原處

快心編　第一回

10967　快心編初集五卷十回二集五卷十回三集六卷十二回　題（清）天花才子編輯　（清）四橋居士評　清課花書屋刻本　遼寧省圖書館

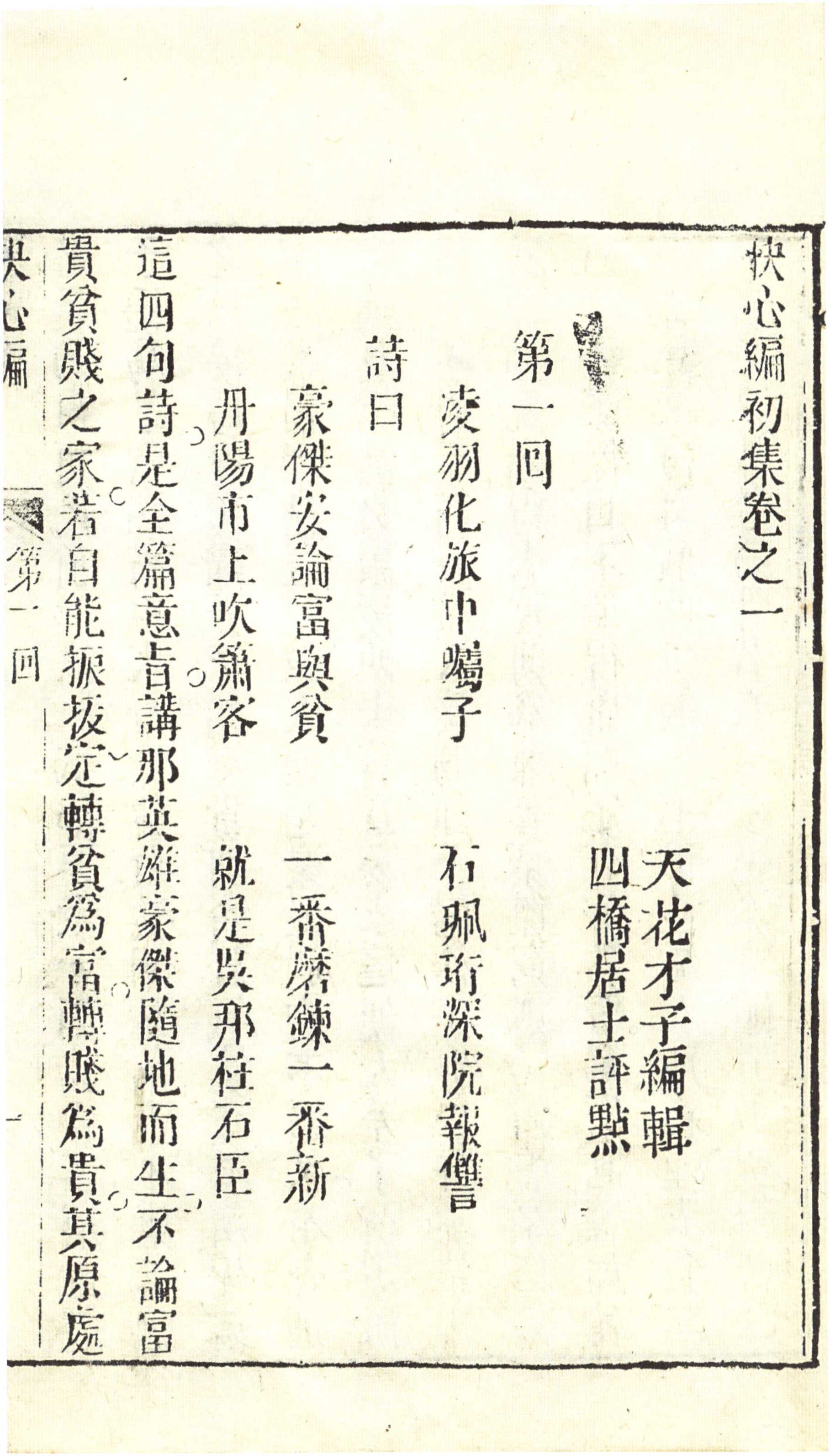

快心編初集卷之一

天花才子編輯
四橋居士評點

第一回

夌羽化旅中囑子　石珮珩深院報讐

詩曰

豪傑安論富與貧　一番磨鍊一番新
丹陽市上吹簫客　就是吳邦柱石臣

這四句詩是全篇意旨講那英雄豪傑隨地而生不論富
貴貧賤之家若自能振拔定轉貧爲富轉賤爲貴其原處

快心編　一　第一回　一

10968　快心編初集五卷十回二集五卷十回三集六卷十二回　題（清）天花才子編輯　（清）四橋居士評　清課花書屋刻本　大連圖書館

快心編傳奇二集卷之一

天花才子編輯
四橋居士評點

第一回

李按察陞官當重任　柳中軍殺賊顯英名

詞曰

英雄無運便埋藏神劍掩光芒有人提挈方能振拔緣福要相當　試思鸞鳳棲巖壑垂翅又何妨一旦飛騰羽儀王國方信是嘉祥

右調滿園春

快心二集　第一回　一

快心編傳奇三集卷之一

天花才子編輯
四橋居士評點

第一回

脫奸謀侍兒有智　搶新婦公子無緣

詞曰

埋途誰料起風波鬼域人情可柰何賴有靈心先覷破堪賀荆山美璞幸無磨　洞房擬便生春色未必那見鸞凰入網羅從此奸謀何處使休矣但教羞悶釀沉疴

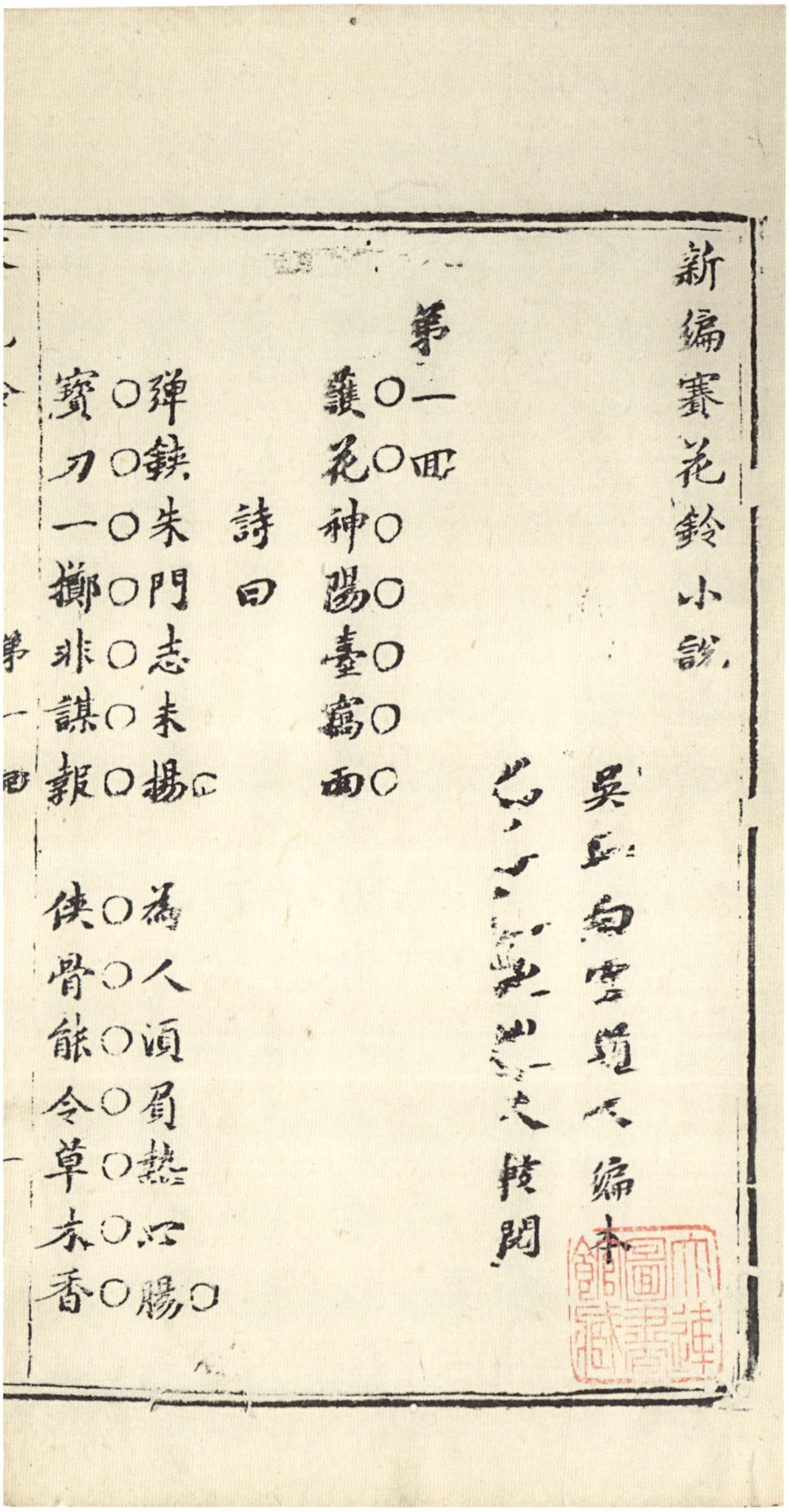
新編賽花鈴小說
吳山白雲道人編本
史較閱
第一回
護花神陽臺窩雨
詩曰
彈鋏朱門志未揚
為人須肩熱心腸
寳刀一擲非謀報
俠骨能令草木香

10969　新編賽花鈴十六回　題（清）白雲道人撰　清康熙刻本　大連圖書館

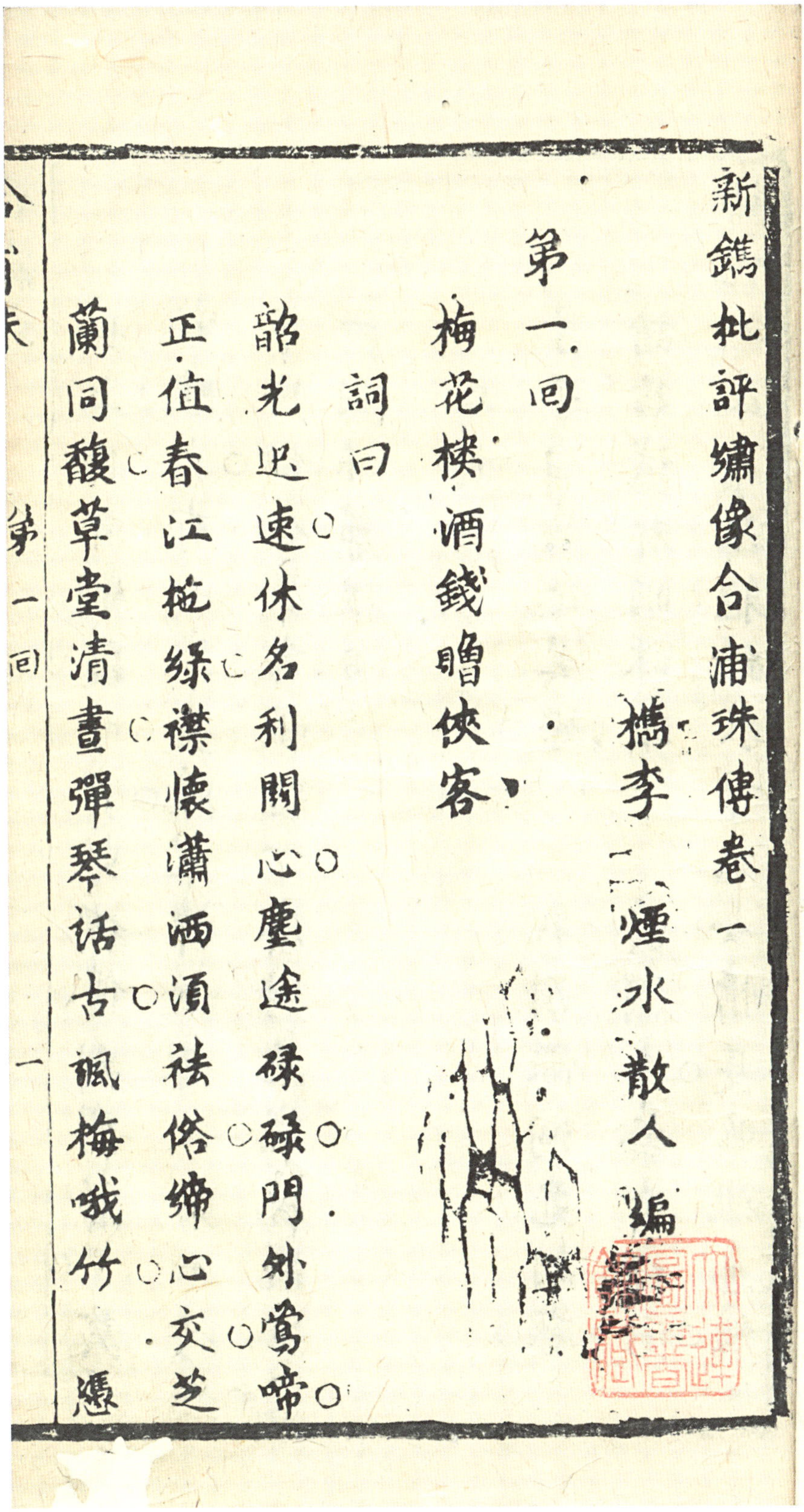
新鐫批評繡像合浦珠傳卷一
檇李煙水散人編
第一回
梅花楔酒錢贈俠客
詞曰
韶光迅速休名利鬪心塵途碌碌門外鶯啼
正值春江柳綠襟懷瀟灑須袪俗緒心交芝
蘭同馥草堂清晝彈琴話古諷梅哦竹憑
合浦珠　第一回　一

10970　新鐫批評繡像合浦珠傳四卷十六回　題（清）煙水散人撰　清初刻本　大連圖書館

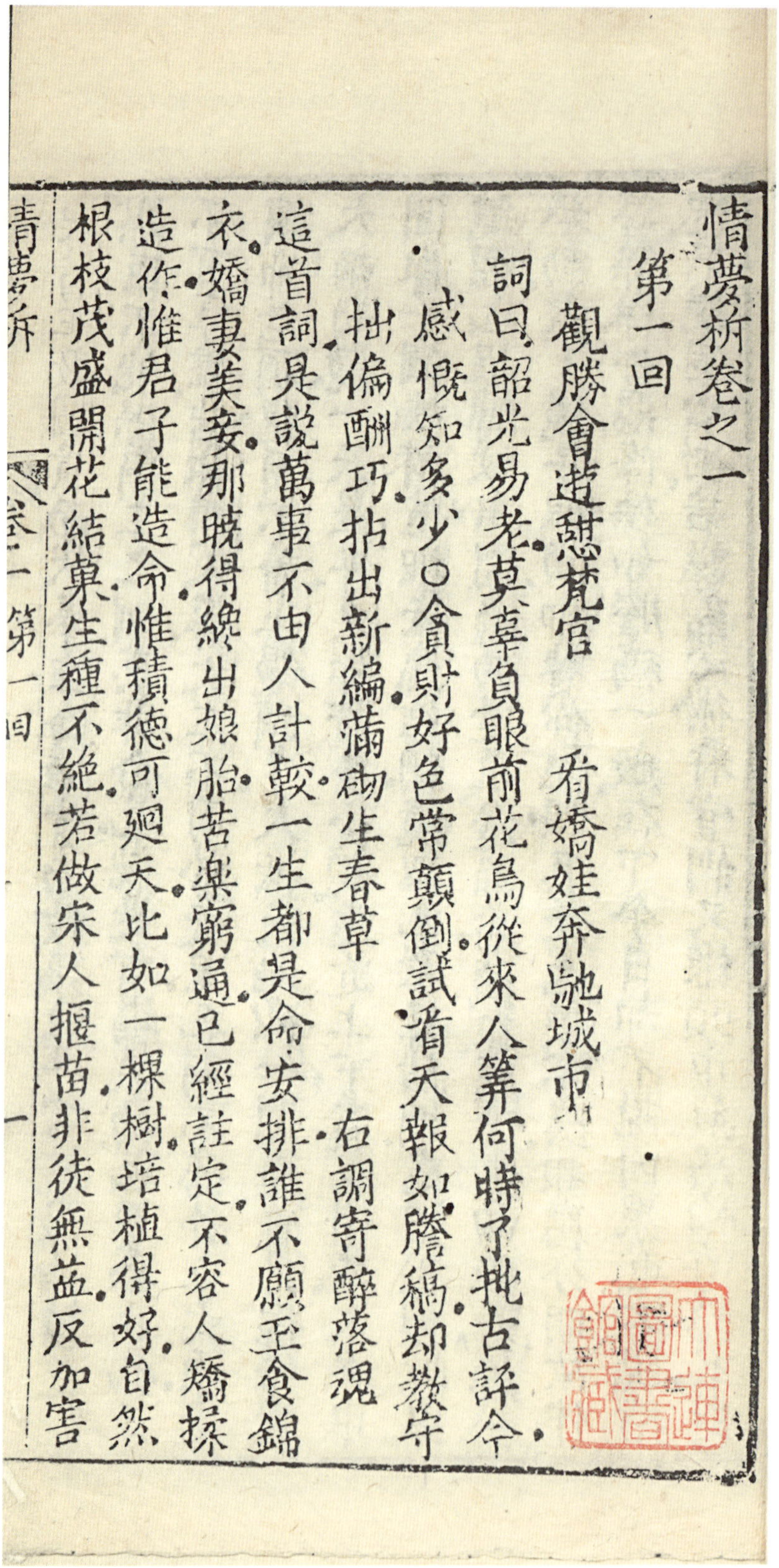
情夢柝卷之一
第一回
觀勝會遊憩梵宮　看嬌娃奔馳城市
詞曰韶光易老莫辜負眼前花鳥從來人筭何時了批古評今
感慨知多少○貪財好色常顛倒試看天報如騰稿却教守
拙偏酬巧拈出新編滿砌生春草　右調寄醉落魂
這首詞是說萬事不由人計較一生都是命安排誰不願玉食錦
衣嬌妻美妾那曉得總出娘胎苦樂窮通已經註定不容人矯揉
造作惟君子能造命惟積德可廻天比如一棵樹培植得好自然
根枝茂盛開花結菓生種不絕若做宋人揠苗非徒無益反加害
情夢柝　卷一第一回　一

10971　情夢柝四卷二十回　題（清）安陽酒民撰　（清）灌菊散人評　清康熙嘯花軒刻本　大連圖書館

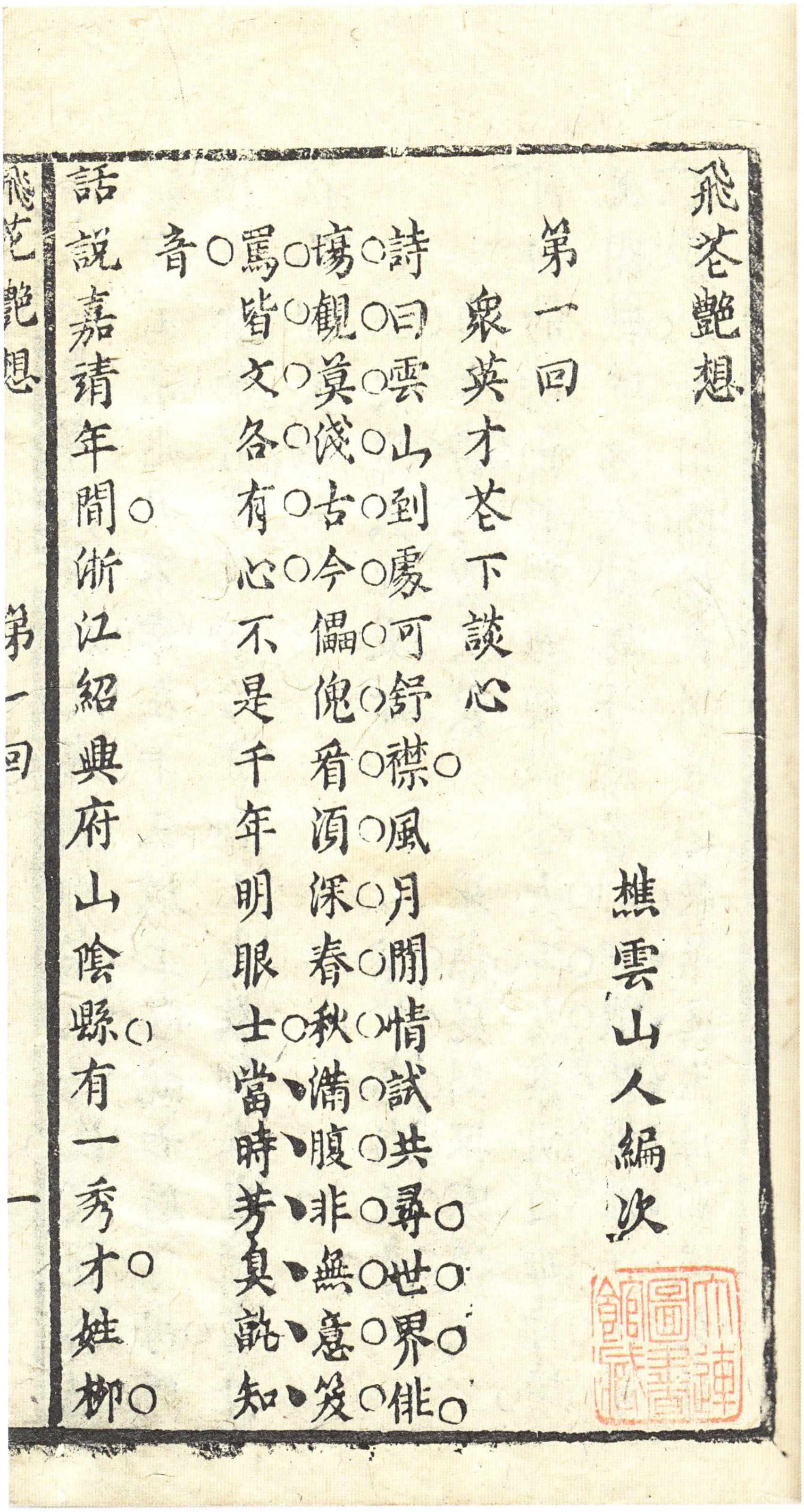
飛花艷想
第一回
衆英才花下談心
樵雲山人編次
詩曰雲山到處可舒襟風月閒情試共尋世界能壞觀莫戕古今傀儡看須深春秋滿腹非無意褒罵皆文各有心不是千年明眼士當時芳臭孰知音
話說嘉靖年間浙江紹興府山陰縣有一秀才姓柳
飛花艷想　第一回　一

10972　飛花艶想十八回　題（清）樵雲山人編次　清刻本　大連圖書館

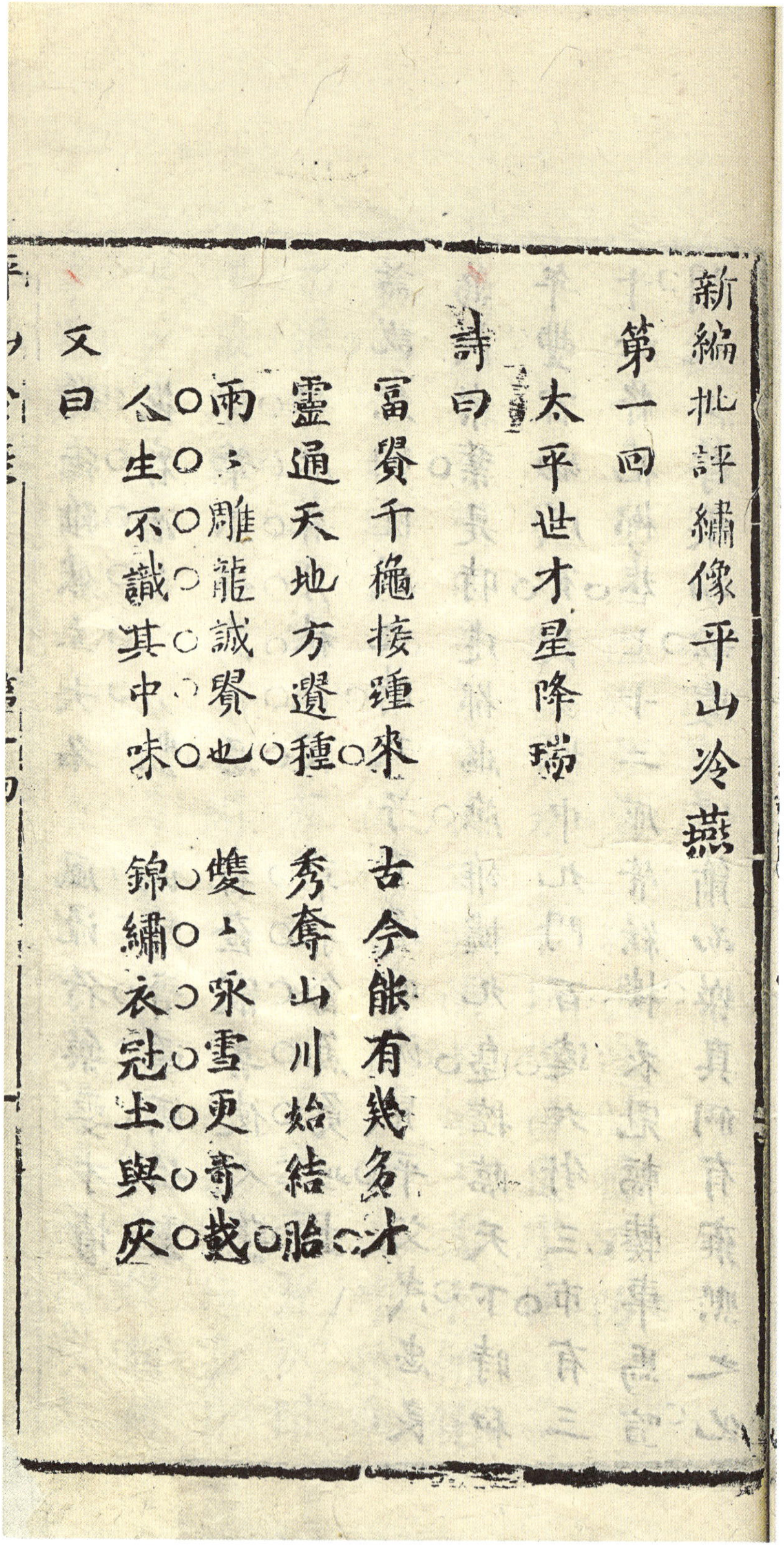
新編批評繡像平山冷燕
第一回　太平世才星降瑞
詩曰
富貴千鍾接踵來　古今能有幾多才
靈通天地方還種　秀奪山川始結胎
兩兩雕龍誠貴也　雙雙詠雪更奇哉
人生不識其中味　錦繡衣冠土與灰
又曰

10973　新編批評繡像平山冷燕二十回　題（清）荻岸散人撰　清初刻本

大連圖書館

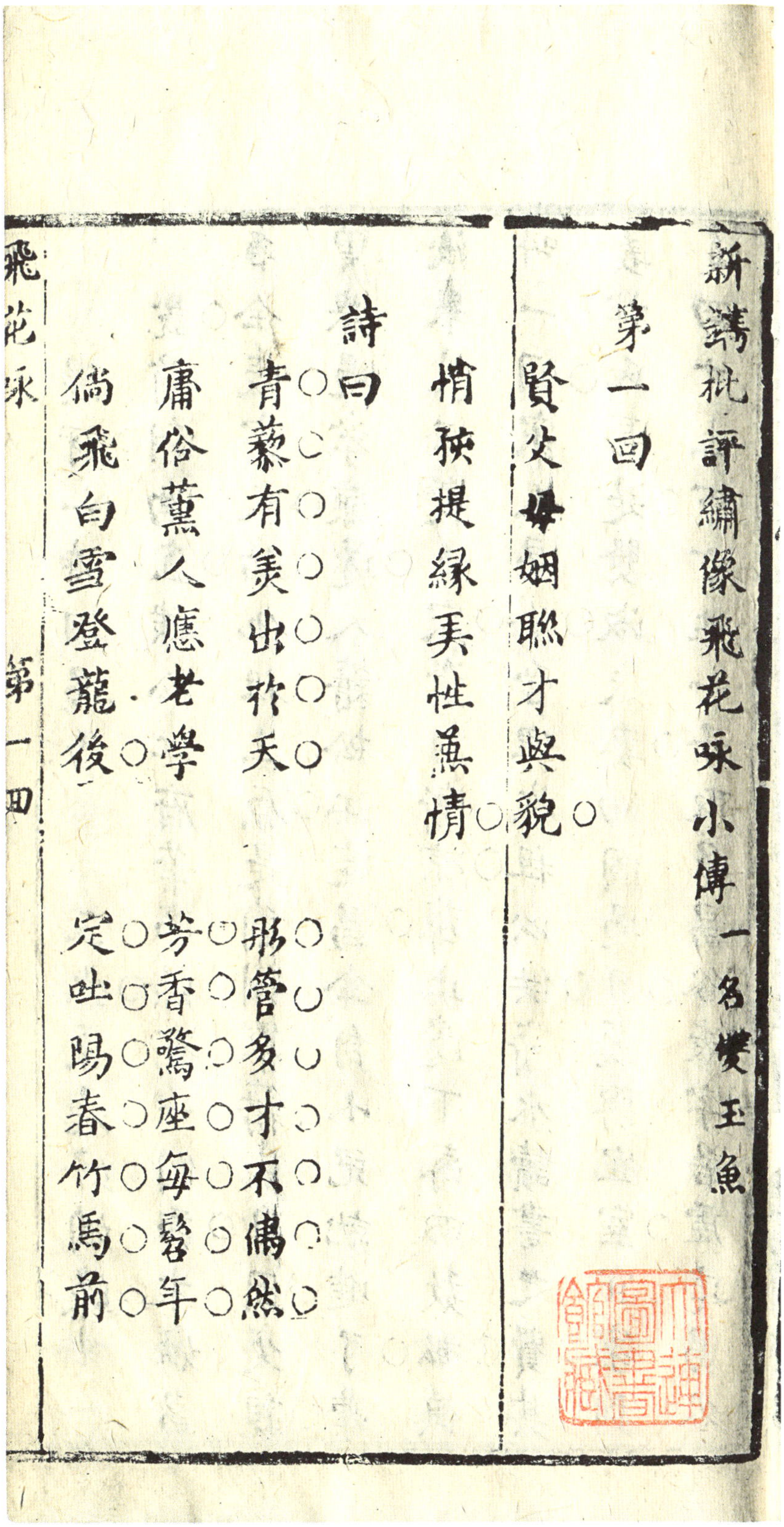
新鐫批評繡像飛花咏小傳一名雙玉魚

第一回

賢父母姻聯才與貌○

俏狹提緣美性兼情○

詩曰

青藜有美出於天○　彤管多才不偶然○

庸俗薰人應老學　芳香驚座每髫年

倘飛白雪登龍後○　定吐陽春竹馬前

飛花咏　第一回

10974　新鐫批評繡像飛花咏小傳十六回　清初刻本　大連圖書館

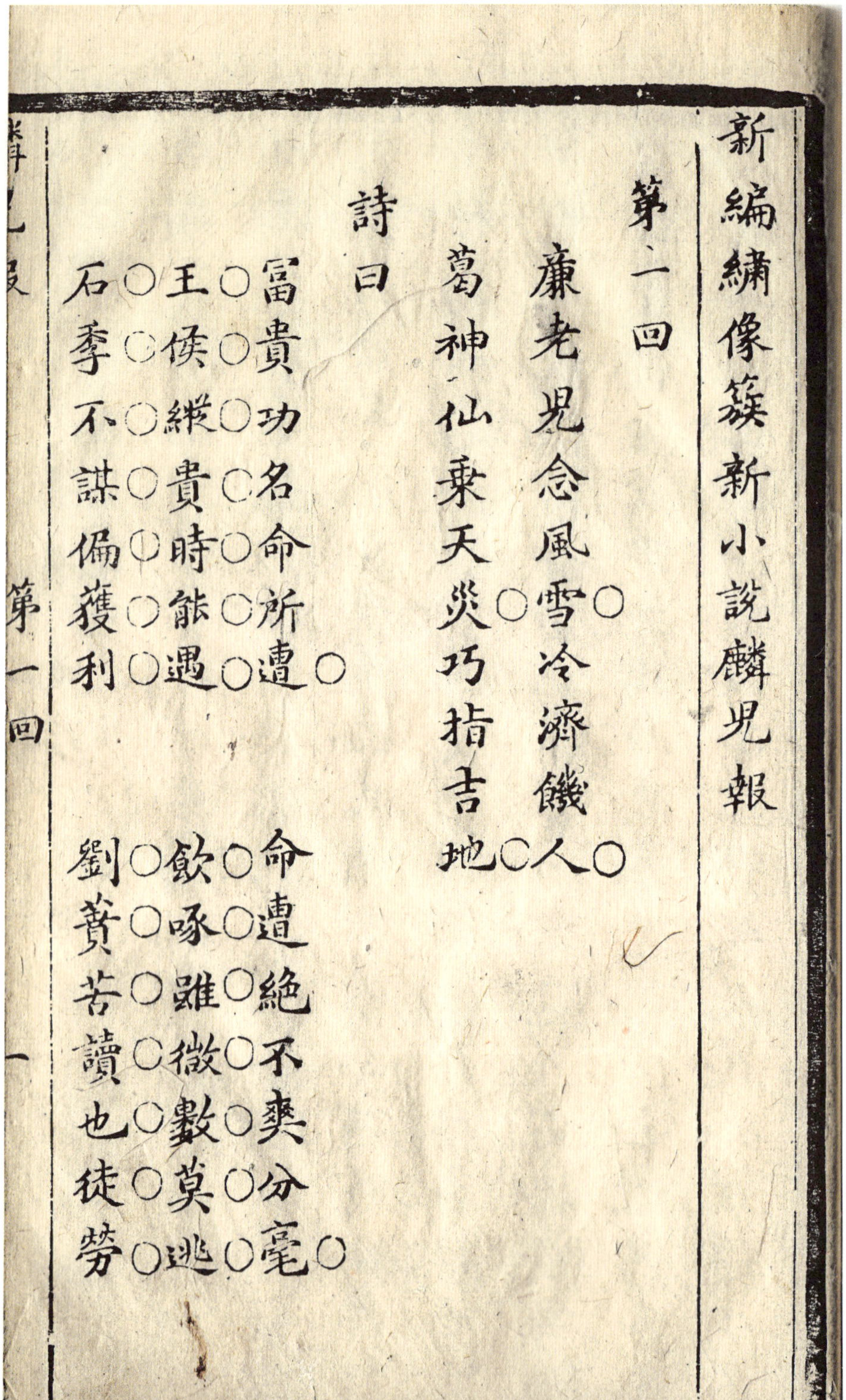

新編繡像簇新小説麟兒報

第一回

廉老兒念風雪○冷濟饑人○

葛神仙乘天災○巧指吉地○

詩曰

冨貴功名命所遭○

王侯縱貴時能遇○

石季不謀偏獲利○

命遭絶不爽分毫○

飲啄雖微數莫逃○

劉蕡苦讀也徒勞○

麟兒報　第一回　一

10975　**新編繡像簇新小説麟兒報十六回**　清刻本　大連圖書館

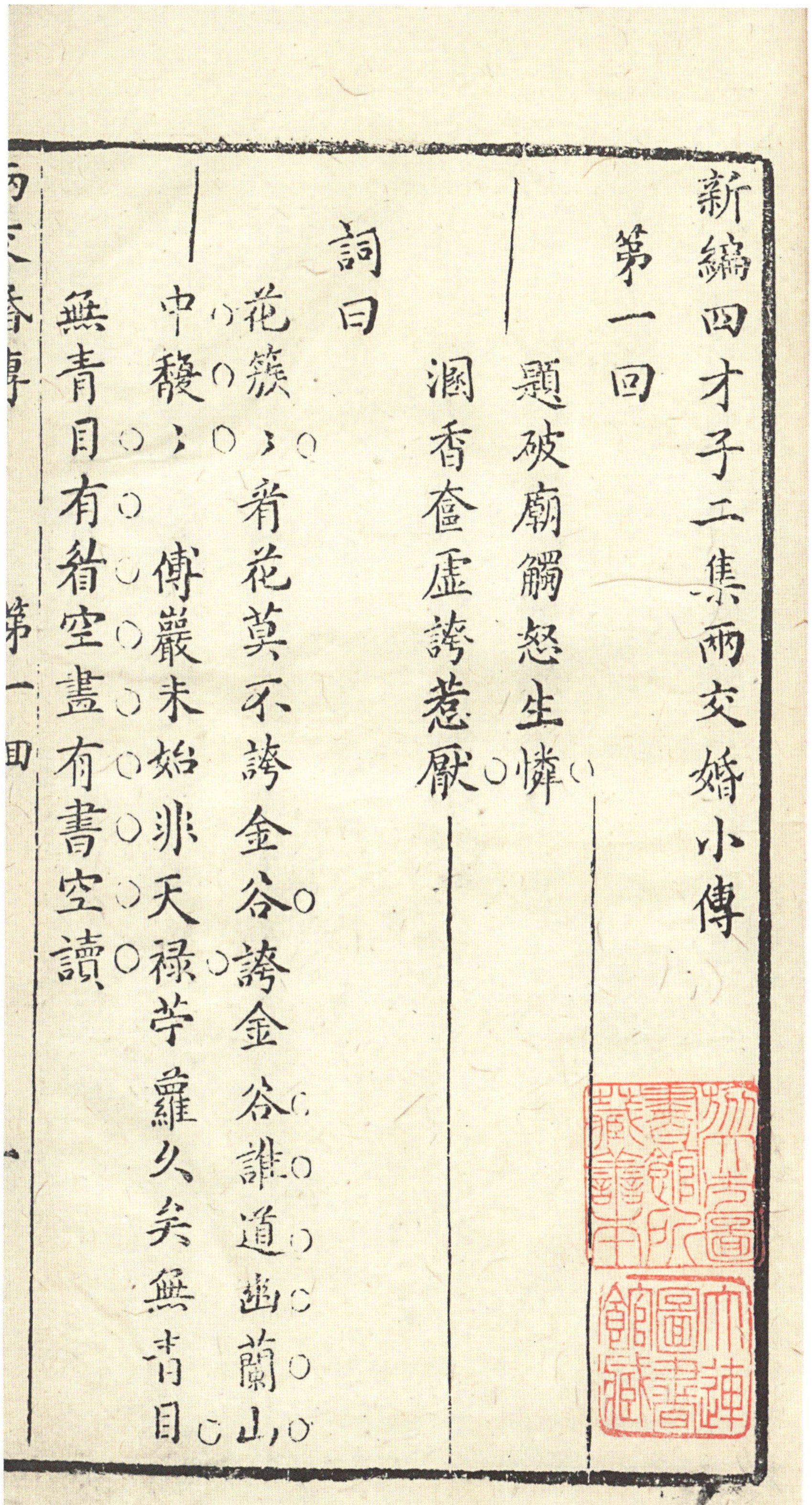

新編四才子二集兩交婚小傳

第一回

題破廟觸怒生憐

溷香奩誇惹厭

詞曰

花簇簇看花莫不誇金谷誇金谷誰道幽蘭山中發發傳巖未始非天祿苧蘿久矣無青目無青目有眉空畫有書空讀

兩交婚傳　第一回　一

10976　新編四才子二集兩交婚小傳十八回　清刻本　大連圖書館

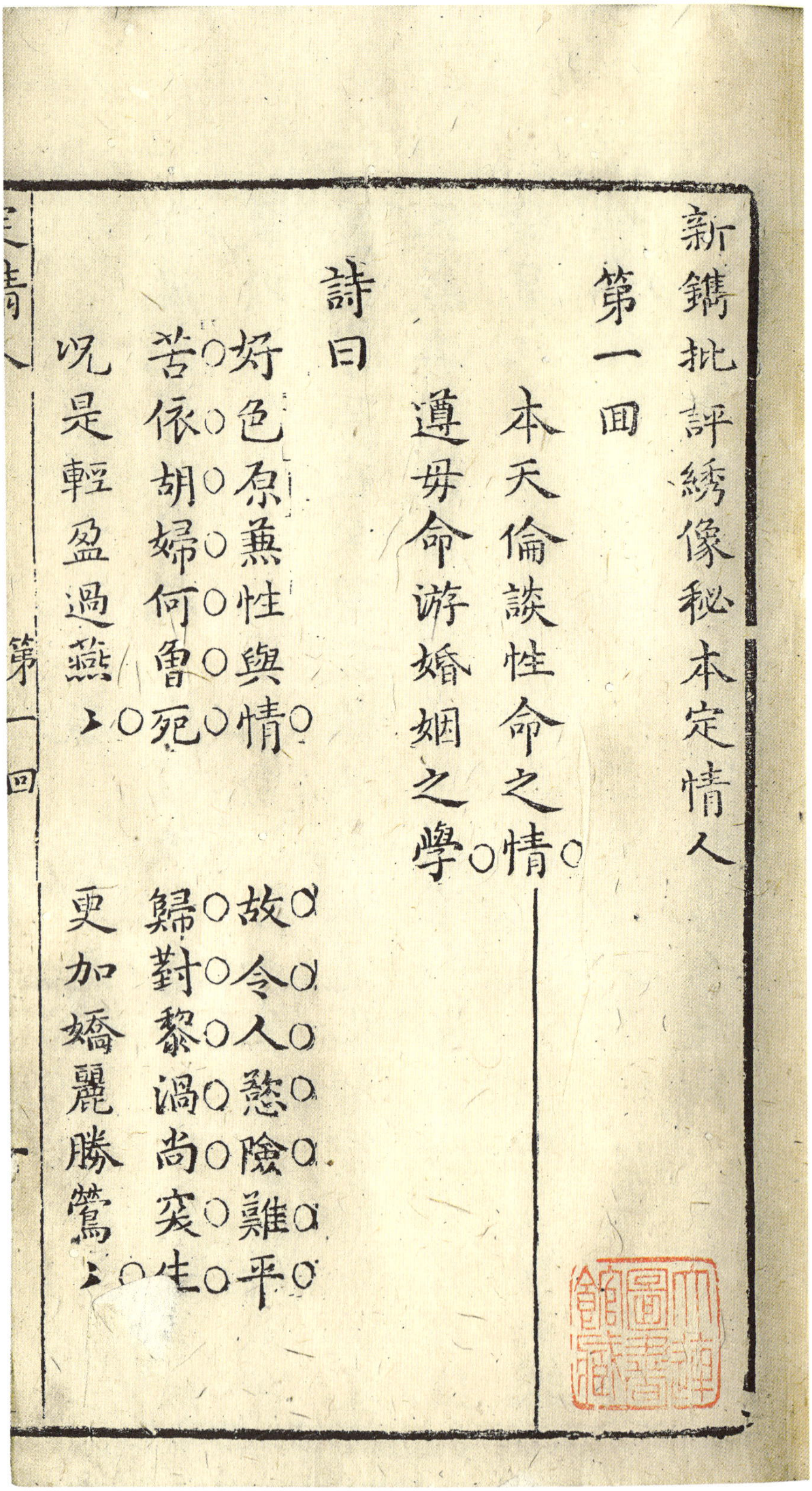

新鐫批評繡像秘本定情人

第一回

本天倫談性命之情

遵毋命游婚姻之學

詩曰

好色原兼性與情　故令人慾險難平

苦依胡婦何曾死　歸對黎渦尚突生

況是輕盈過燕燕　更加嬌麗勝鶯鶯

10977　**新鐫批評繡像秘本定情人十六回**　清初刻本　大連圖書館

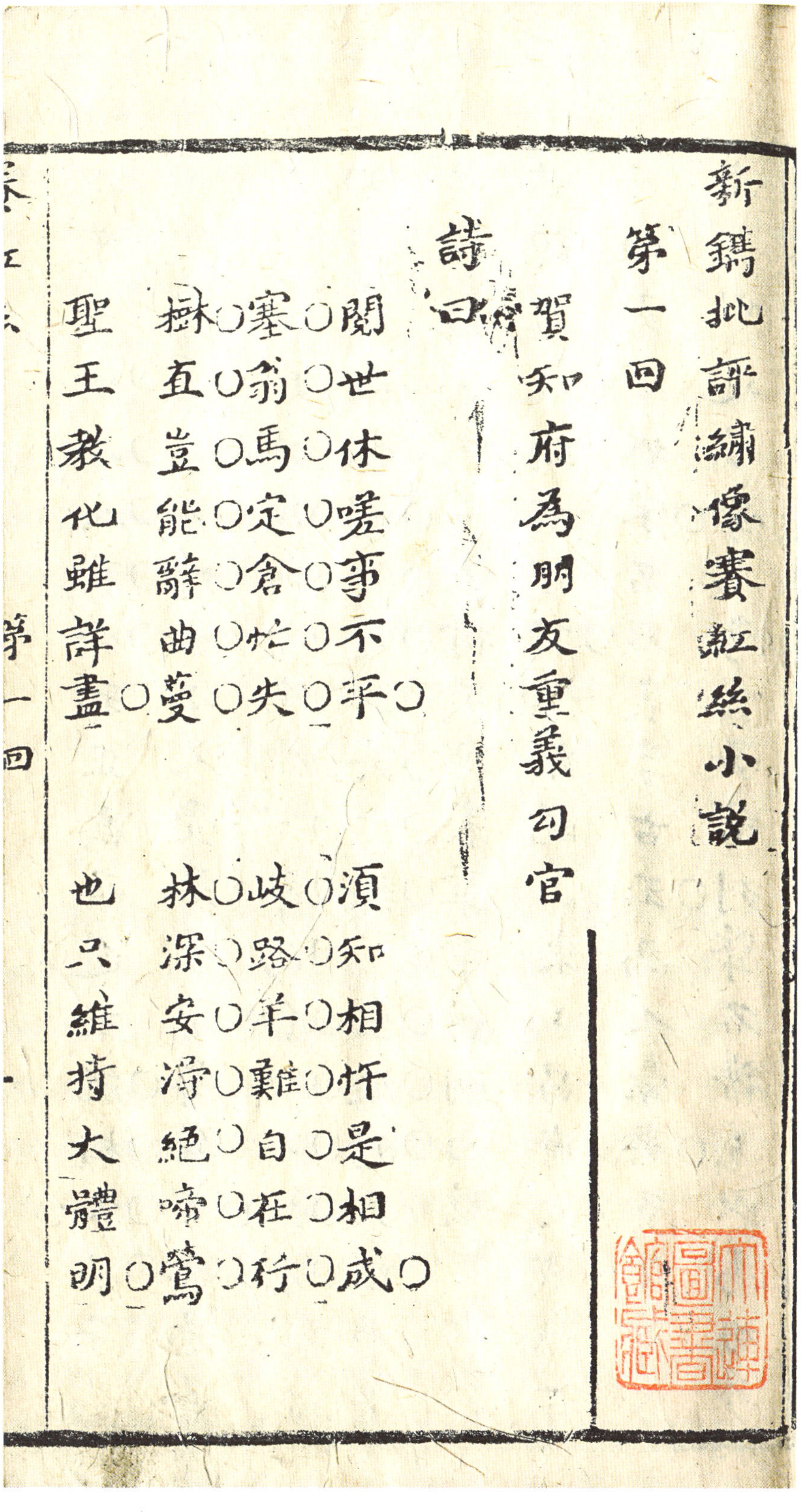
新鐫批評繡像賽紅絲小説

第一回

賀知府為朋友重義勾官

詩曰

閱世休嗟事不平　須知相忤是相成

塞翁馬定倉忙失　岐路羊難自在行

掛直豈能辭曲蔓　林深安得絕啼鶯

聖王教化雖詳盡　也只維持大體明

第一回

10978　新鐫批評繡像賽紅絲小説十六回　清初刻本　大連圖書館

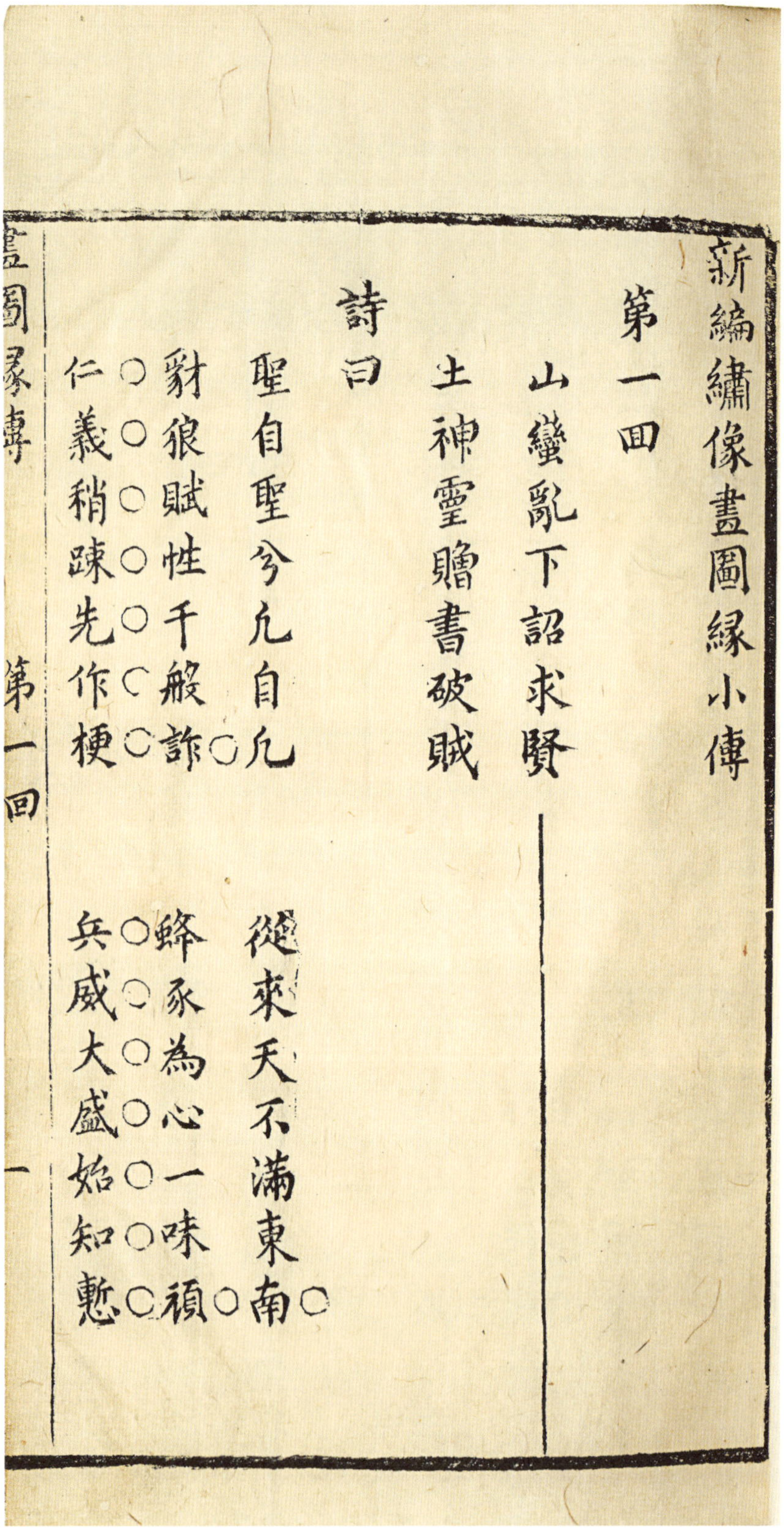

新編繡像畫圖緣小傳

第一回

山巒亂下詔求賢

土神靈贈書破賊

詩曰

聖自聖兮凡自凡○從來天不滿東南○

豺狼賦性千般詐○蜂豕為心一味頑○

仁義稍疎先作梗○兵威大盛始知懃○

畫圖緣傳　第一回　一

10979　新編繡像畫圖緣小傳十六回　清刻本　大連圖書館

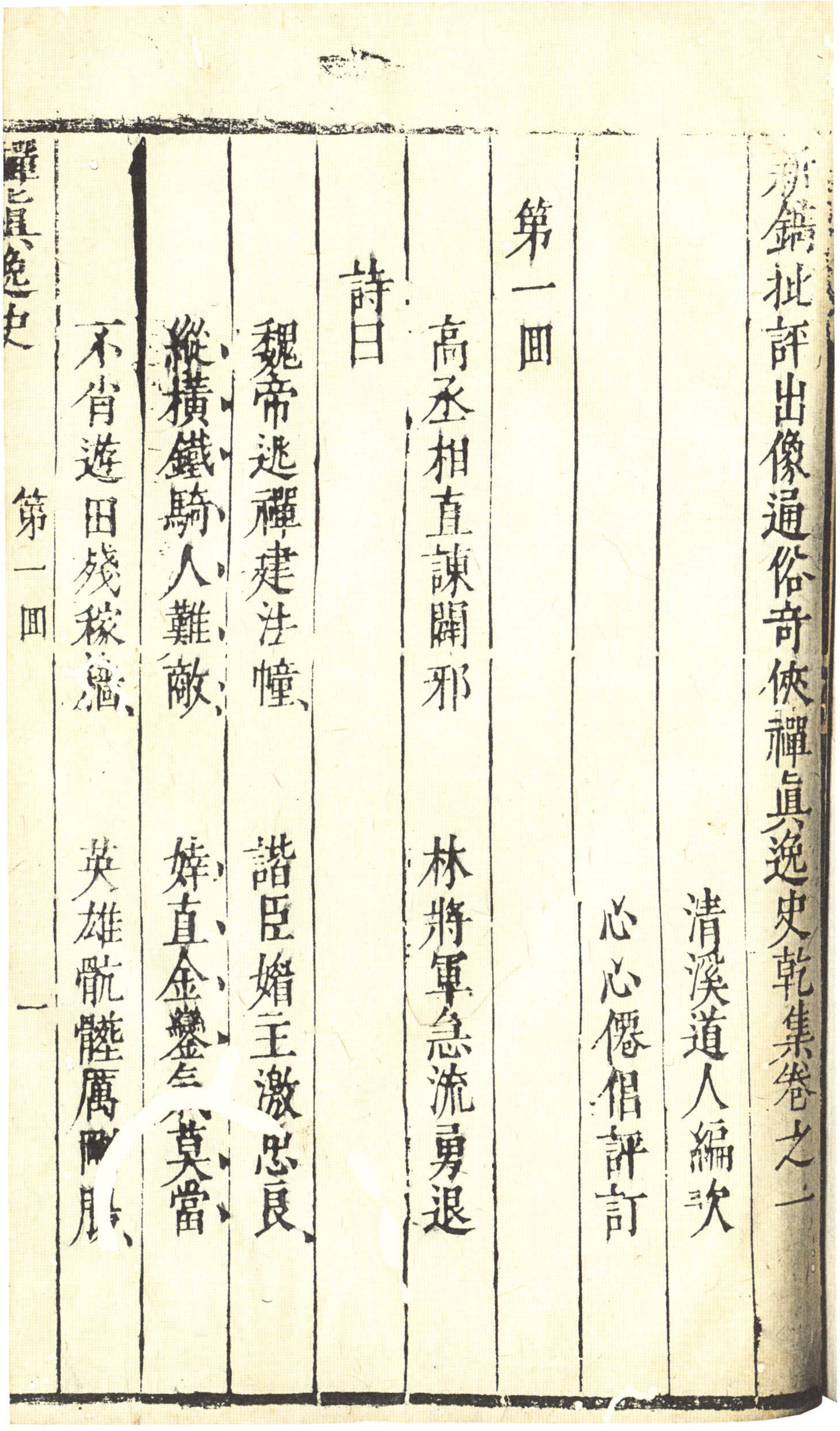
新鐫批評出像通俗奇俠禪眞逸史乾集卷之一
清溪道人編次
心心僊侶評訂
第一回
高丞相直諫闢邪　林將軍急流勇退
詩曰
魏帝逃禪建法幢、諸臣媚主激忠良、
縱横鐵騎人難敵、婞直金鑾氣莫當、
不肖遊田殘稼穡、英雄骯髒厲剛腸、
禪眞逸史　第一回　一

10980　新鐫批評出像通俗奇俠禪真逸史八集四十回　（明）方汝浩撰

清初爽閣刻本　大連圖書館

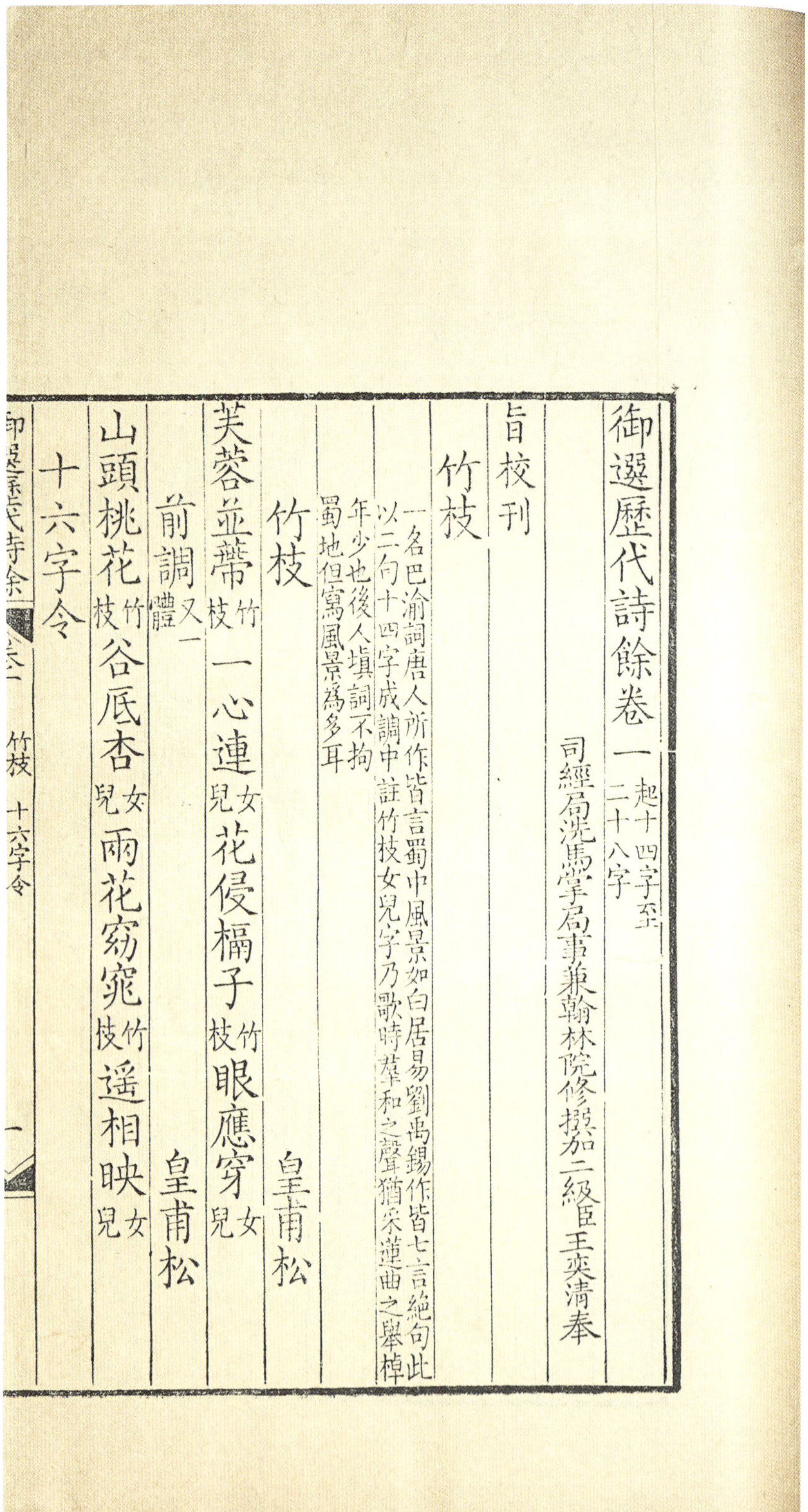

御選歷代詩餘卷一 起十四字至二十八字

司經局洗馬掌局事兼翰林院修撰加二級臣王奕清奉

旨校刊

竹枝

一名巴渝詞唐人所作皆言蜀中風景如白居易劉禹錫作皆七言絕句此以二句十四字成調中註竹枝女兒字乃歌時羣和之聲猶采蓮曲之舉棹年少也後人塡詞不拘蜀地但寫風景爲多耳

竹枝　皇甫松

芙蓉並蔕竹枝一心連女兒花侵槅子竹枝眼應穿女兒

前調又一體　皇甫松

山頭桃花竹枝谷底杏女兒兩花窈窕竹枝遥相映女兒

十六字令

御選歷代詩餘　卷一　竹枝　十六字令　一

10981　御選歷代詩餘一百二十卷　（清）沈辰垣　王奕清等輯　清康熙四十六年（1707）内府刻本　遼寧省圖書館

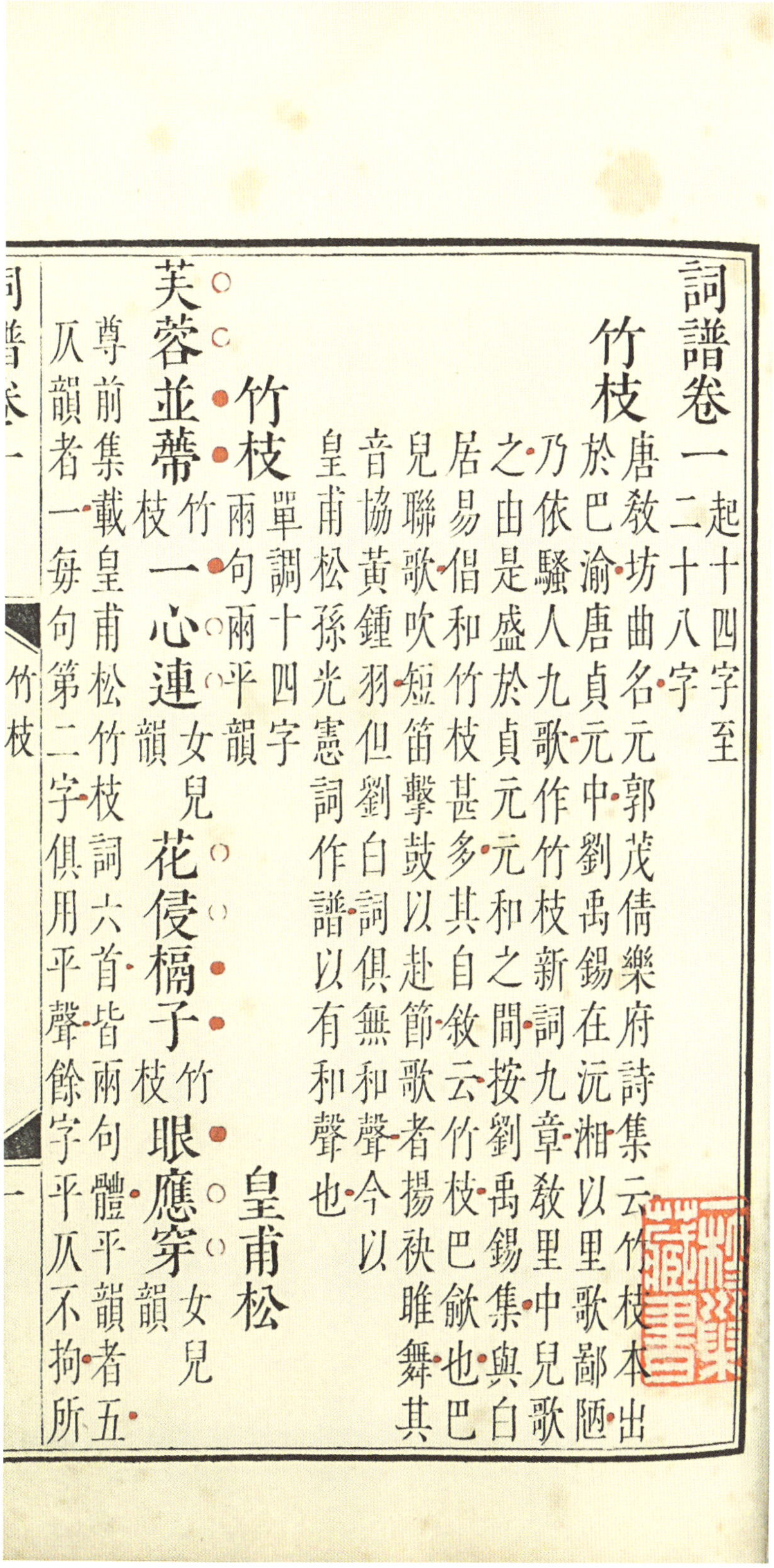
詞譜卷一 起十四字至二十八字
竹枝 唐教坊曲名元郭茂倩樂府詩集云竹枝本出於巴渝唐貞元中劉禹錫在沅湘以里歌鄙陋乃依騷人九歌作竹枝新詞九章教里中兒歌之由是盛於貞元元和之間按劉禹錫集與白居易倡和竹枝甚多其自敘云竹枝巴歈也巴兒聯歌吹短笛擊鼓以赴節歌者揚袂睢舞其音協黃鍾羽但劉白詞俱無和聲今以皇甫松孫光憲詞作譜以有和聲也
竹枝 單調十四字 兩句兩平韻 皇甫松
芙蓉並蔕竹枝一心連女兒韻 花侵槅子竹枝眼應穿女兒韻
尊前集載皇甫松竹枝詞六首皆兩句體平韻者五仄韻者一每句第二字俱用平聲餘字平仄不拘所
詞譜卷一 竹枝 一

10982　詞譜四十卷　（清）王奕清等撰　清康熙五十四年（1715）内府刻朱墨套印本　遼寧省圖書館

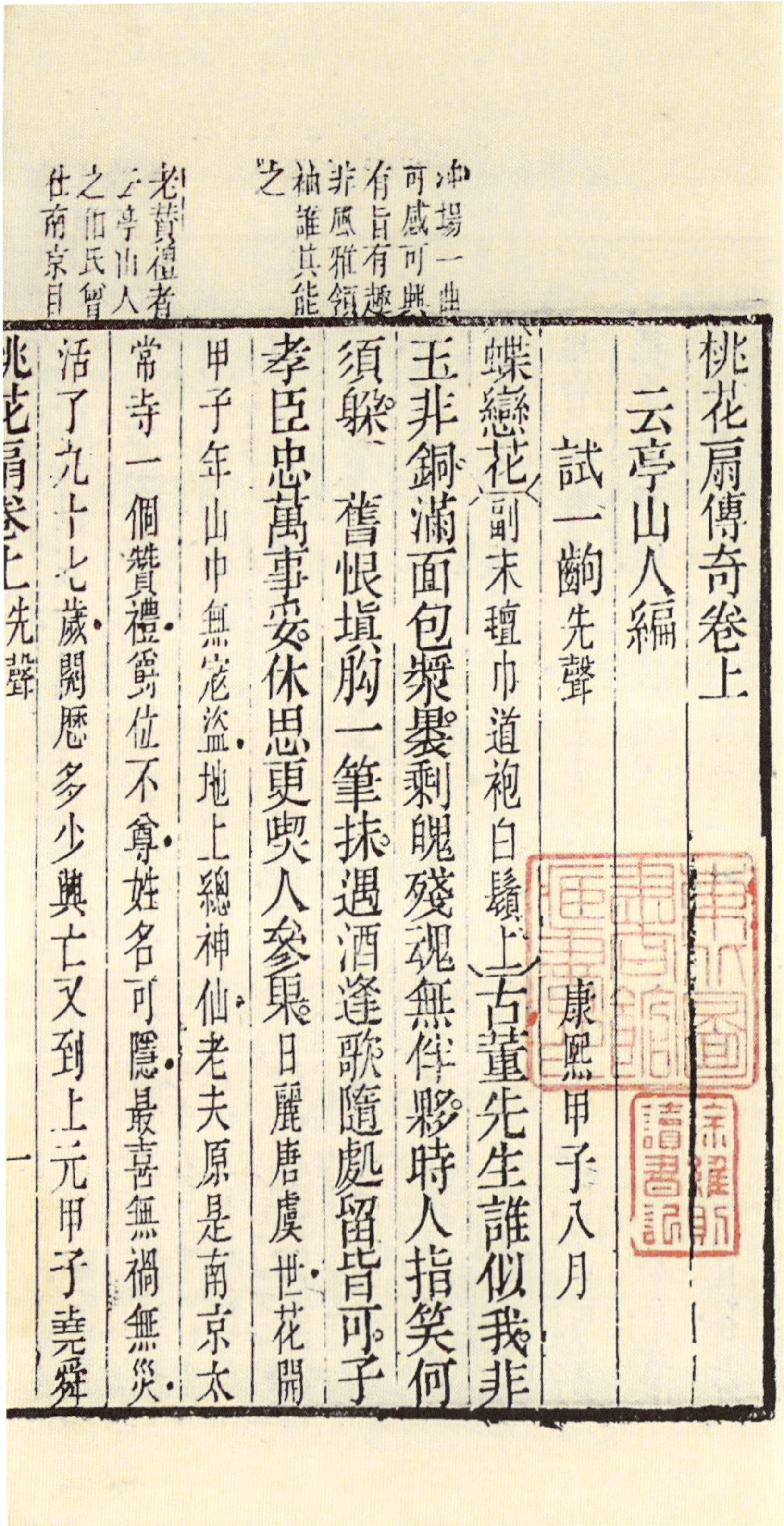
冲場一曲可感可興有旨有趣非風雅領袖誰其能之
老贊禮者云亭山人之伯氏曾仕南京目

桃花扇傳奇卷上
云亭山人編
試一齣　先聲　康熙甲子八月
蝶戀花（副末氊巾道袍白鬚上）古董先生誰似我非玉非銅滿面包漿裹剩魄殘魂無伴夥時人指笑何須躲　舊恨塡胸一筆抹遇酒逢歌隨處留皆可予孝臣忠萬事妥休思更喫人參果　日麗唐虞世花開甲子年山中無寇盜地上總神仙老夫原是南京太常寺一個贊禮爵位不尊姓名可隱最喜無禍無災活了九十七歲閱歷多少興亡又到上元甲子堯舜

桃花扇卷上　先聲　一

10983　桃花扇傳奇二卷　（清）孔尚任撰　清康熙刻本　遼寧省圖書館

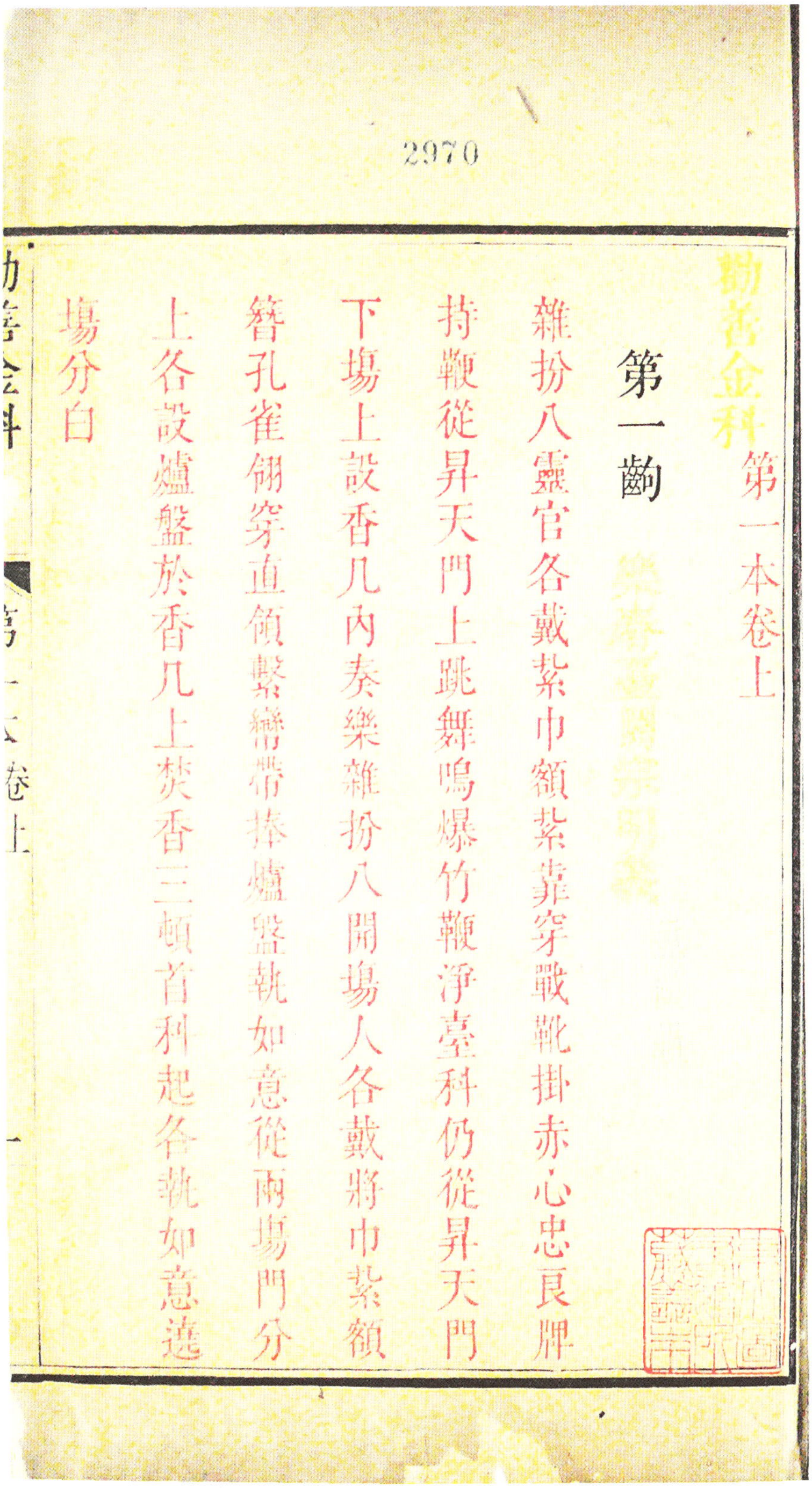
2970

勸善金科　第一本卷上

第一齣

雜扮八靈官各戴紥巾額紥靠穿戰靴掛赤心忠良牌
持鞭從昇天門上跳舞鳴爆竹鞭淨臺科仍從昇天門
下場上設香几內奏樂雜扮八開場人各戴將巾紥額
簪孔雀翎穿直領繫鑾帶捧爐盤執如意從兩場門分
上各設爐盤於香几上焚香三頓首科起各執如意遶
場分白

勸善金科　第一本卷上　一

10984　勸善金科二十卷首一卷　（清）張照等撰　清乾隆武英殿刻五色套印本　遼寧省圖書館

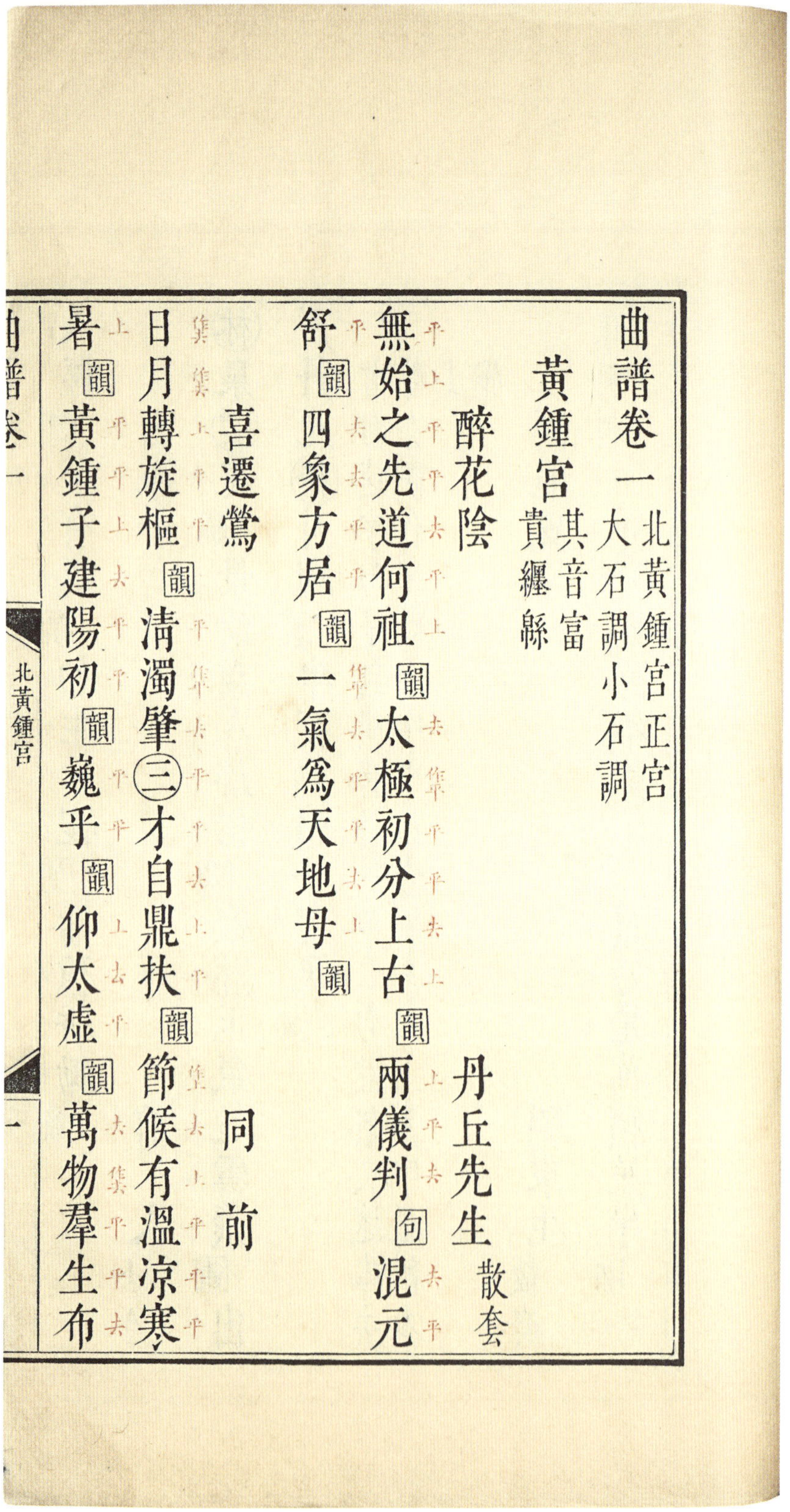
曲譜卷一　北黃鍾宮正宮　大石調小石調
黃鍾宮　其音富貴纏綿
醉花陰　丹丘先生　散套
無始之先道何祖韻太極初分上古韻兩儀判句混元
舒韻四象方居韻一氣爲天地母韻
喜遷鶯　同前
日月轉旋樞韻清濁肇㊂才自鼎扶韻節候有溫涼寒
暑韻黃鍾子建陽初韻巍乎韻仰太虛韻萬物羣生布
曲譜卷一　北黃鍾宮　一

10985　曲譜十二卷首一卷末一卷　（清）王奕清等撰　清康熙内府刻朱墨套印本　遼寧省圖書館

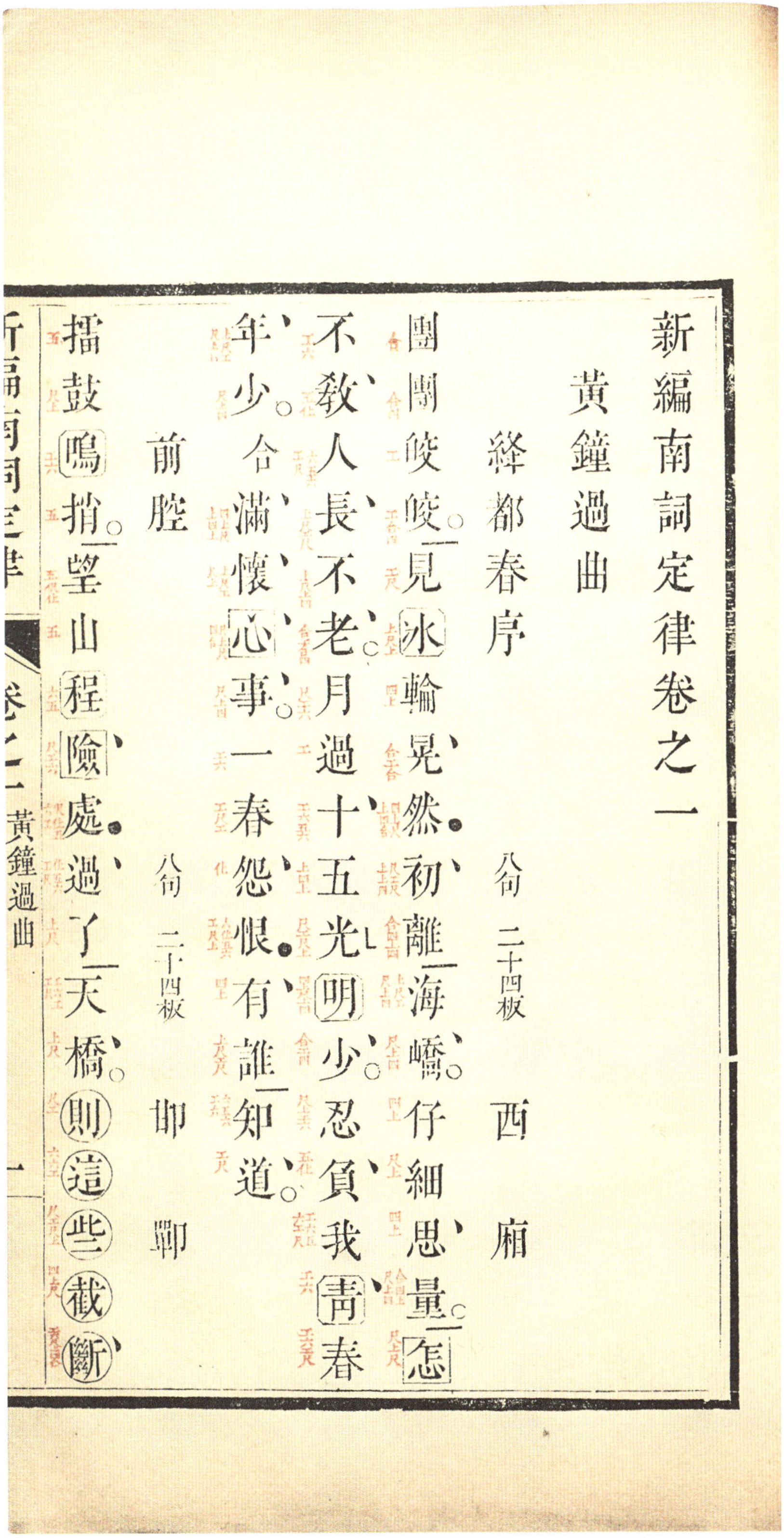
新編南詞定律卷之一
黃鐘過曲
絳都春序　八句　二十四板　西廂
團團皎皎。見冰輪晃然。初離海嶠。仔細思量。怎
不教人長不老。月過十五光明少。忍負我青春
年少。合滿懷心事。一春怨恨。有誰知道。
前腔　八句　二十四板　邯鄲
搯鼓鳴捎。望山程險處。過了天橋。則這些截斷
新編南詞定律　卷之一　黃鐘過曲　一

10986　新編南詞定律十三卷首一卷　（清）吕士雄等撰　清康熙五十九年（1720）刻朱墨套印本　大連圖書館

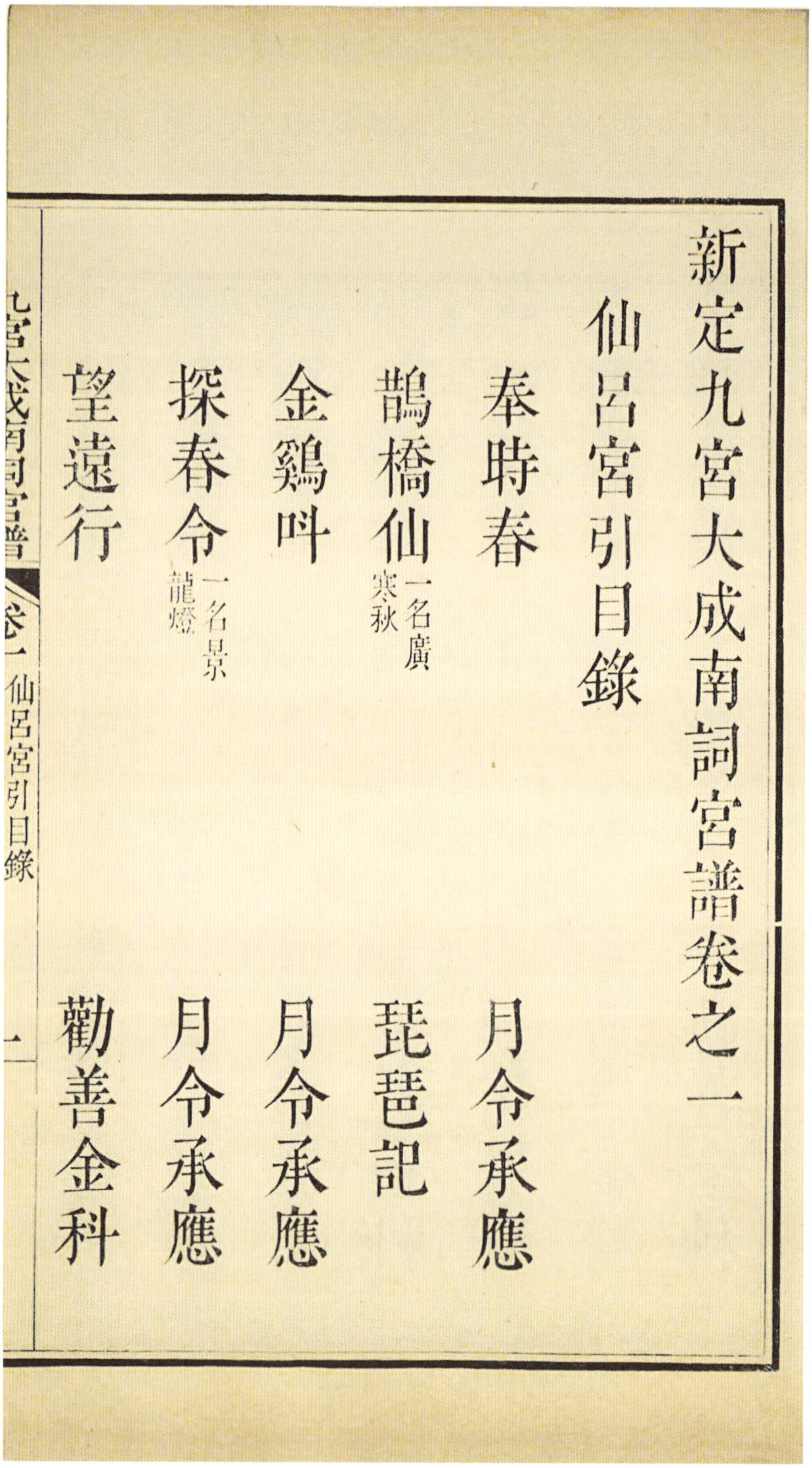

新定九宮大成南詞宮譜卷之一

仙呂宮引目錄

奉時春　月令承應

鵲橋仙（一名廣寒秋）　琵琶記

金鷄叫　月令承應

探春令（一名景龍燈）　月令承應

望遠行　勸善金科

九宮大成南詞宮譜　卷一　仙呂宮引目錄　一

10987　新定九宮大成南北詞宮譜八十一卷總目三卷閏集一卷（清）允禄等編　清乾隆十一年（1746）樂部刻朱墨套印本　遼寧省圖書館

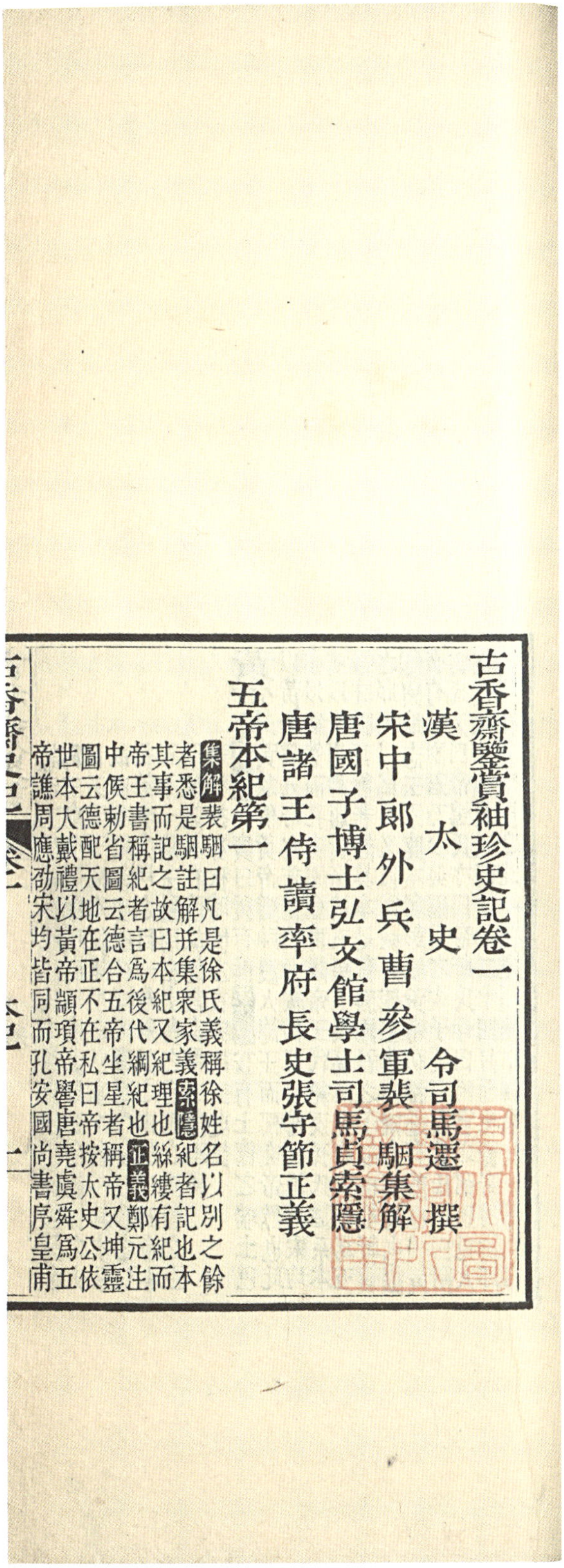
古香齋鑒賞袖珍史記卷一
漢　太　史　令司馬遷　撰
宋中郎外兵曹參軍裴駰集解
唐國子博士弘文館學士司馬貞索隱
唐諸王侍讀率府長史張守節正義
五帝本紀第一
集解裴駰曰凡是徐氏義稱徐姓名以別之餘
者悉是駰註解并集衆家義索隱紀者記也本
其事而記之故曰本紀又紀理也絲縷有紀而
帝王書稱紀者言爲後代綱紀也正義鄭元注
中候勑省圖云德合五帝坐星者稱帝又坤靈
圖云德配天地在正不在私曰帝按太史公依
世本大戴禮以黃帝顓頊帝嚳唐堯虞舜爲五
帝譙周應劭宋均皆同而孔安國尚書序皇甫

10988　欽定古香齋袖珍十種九百三卷　清乾隆内府刻本　遼寧省圖書館

少數民族文字
珍貴古籍

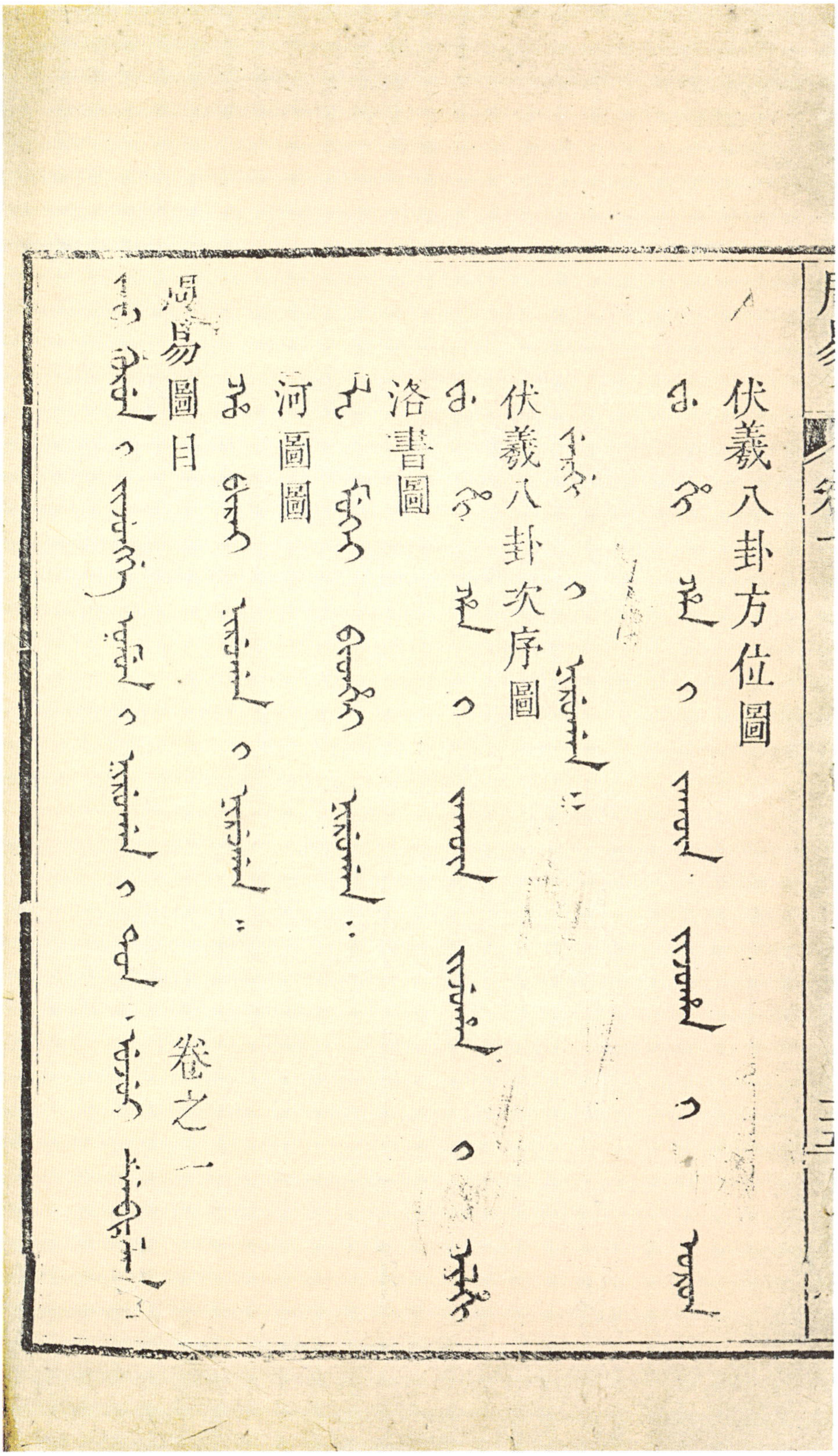
伏羲八卦方位圖
伏羲八卦次序圖
洛書圖
河圖圖
周易圖目 卷之一

10989 周易四卷 （清）高宗弘曆敕譯 清乾隆三十年（1765）武英殿刻本 滿漢合璧 大連圖書館

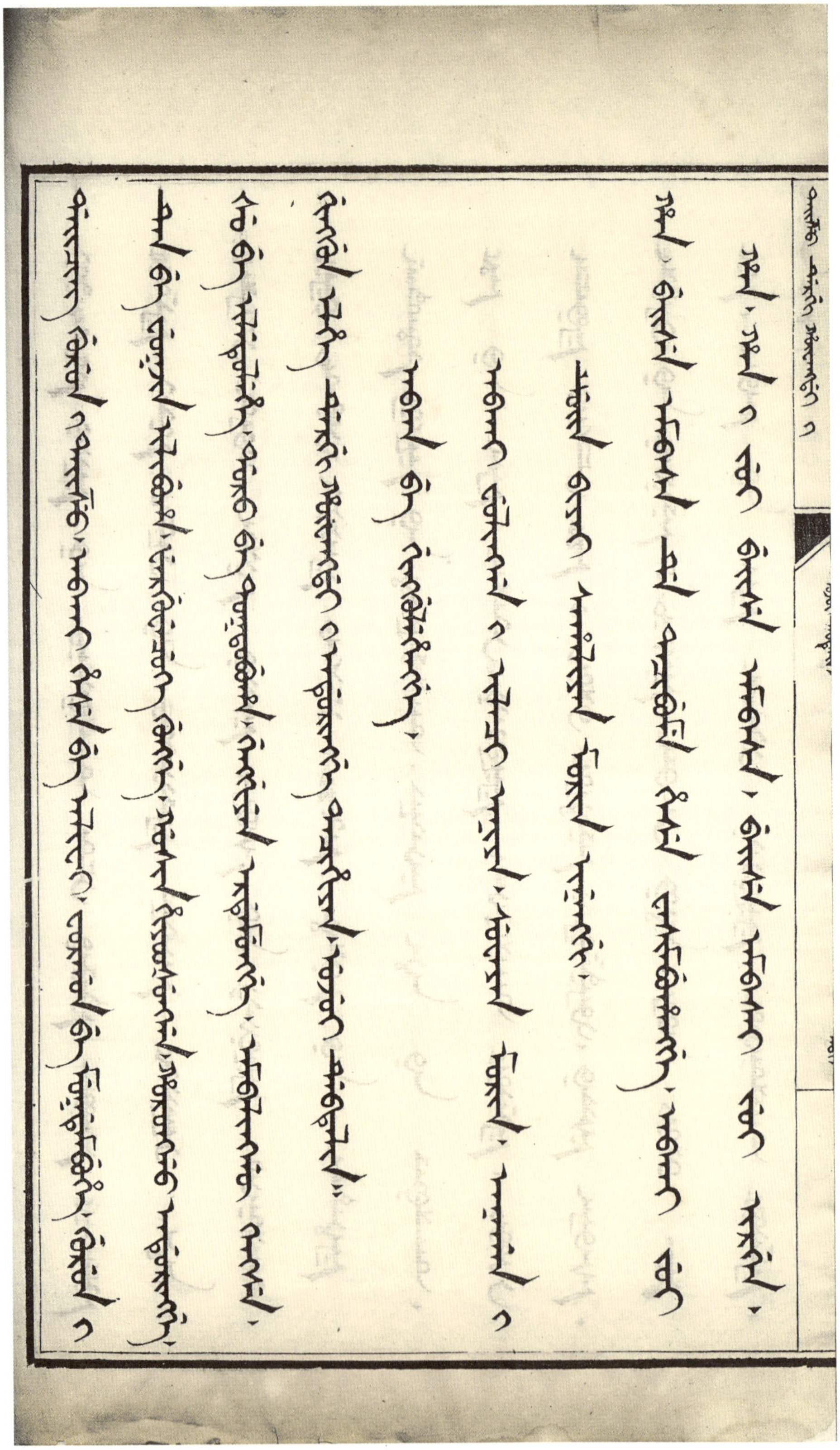

10990　太祖高皇帝聖訓四卷　（清）太祖努爾哈赤撰　清乾隆四年（1739）武英殿刻本　滿文　遼寧省圖書館

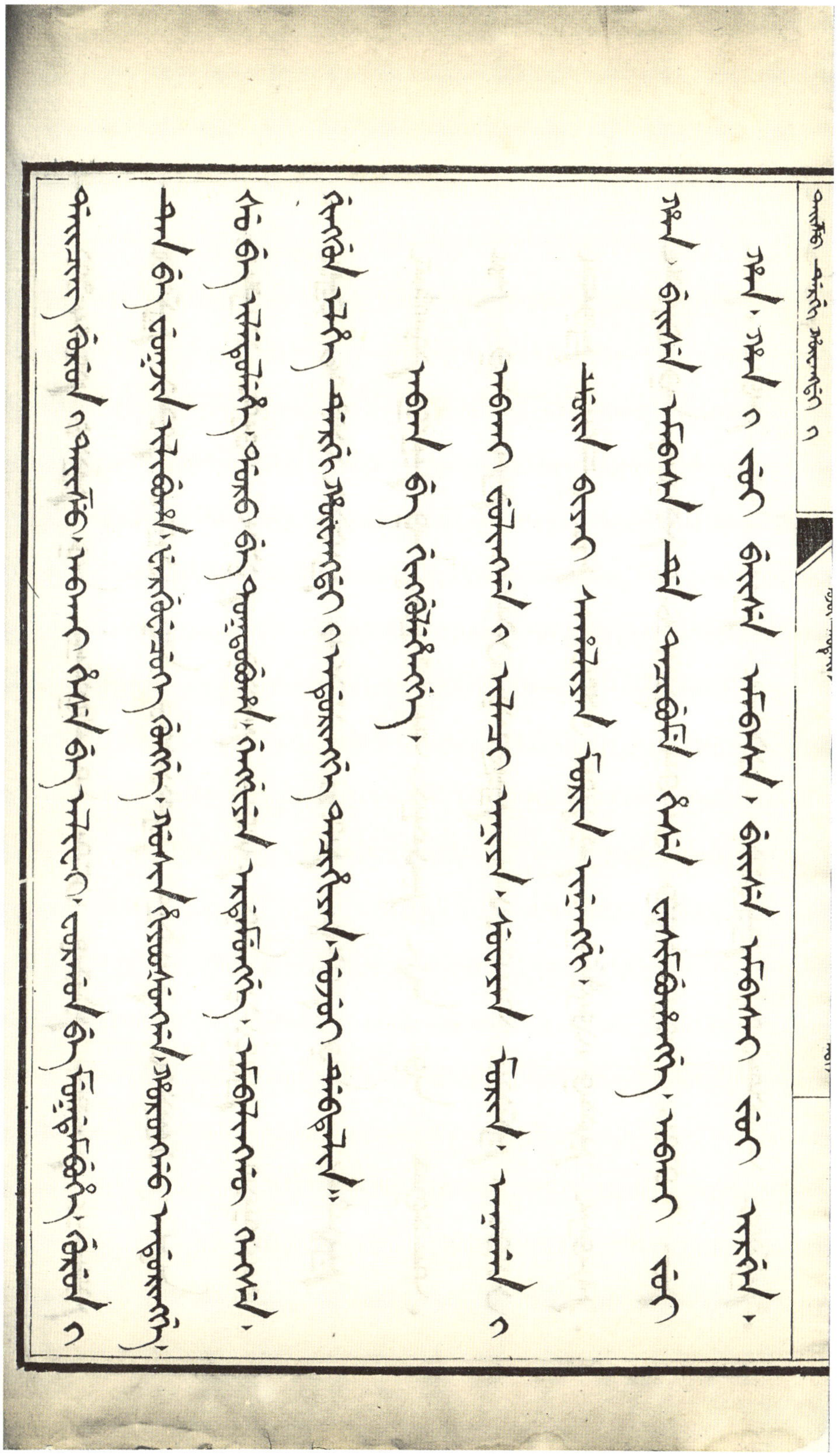

10991　太祖高皇帝聖訓四卷　（清）太祖努爾哈赤撰　清乾隆四年（1739）

武英殿刻本　滿文　大連圖書館

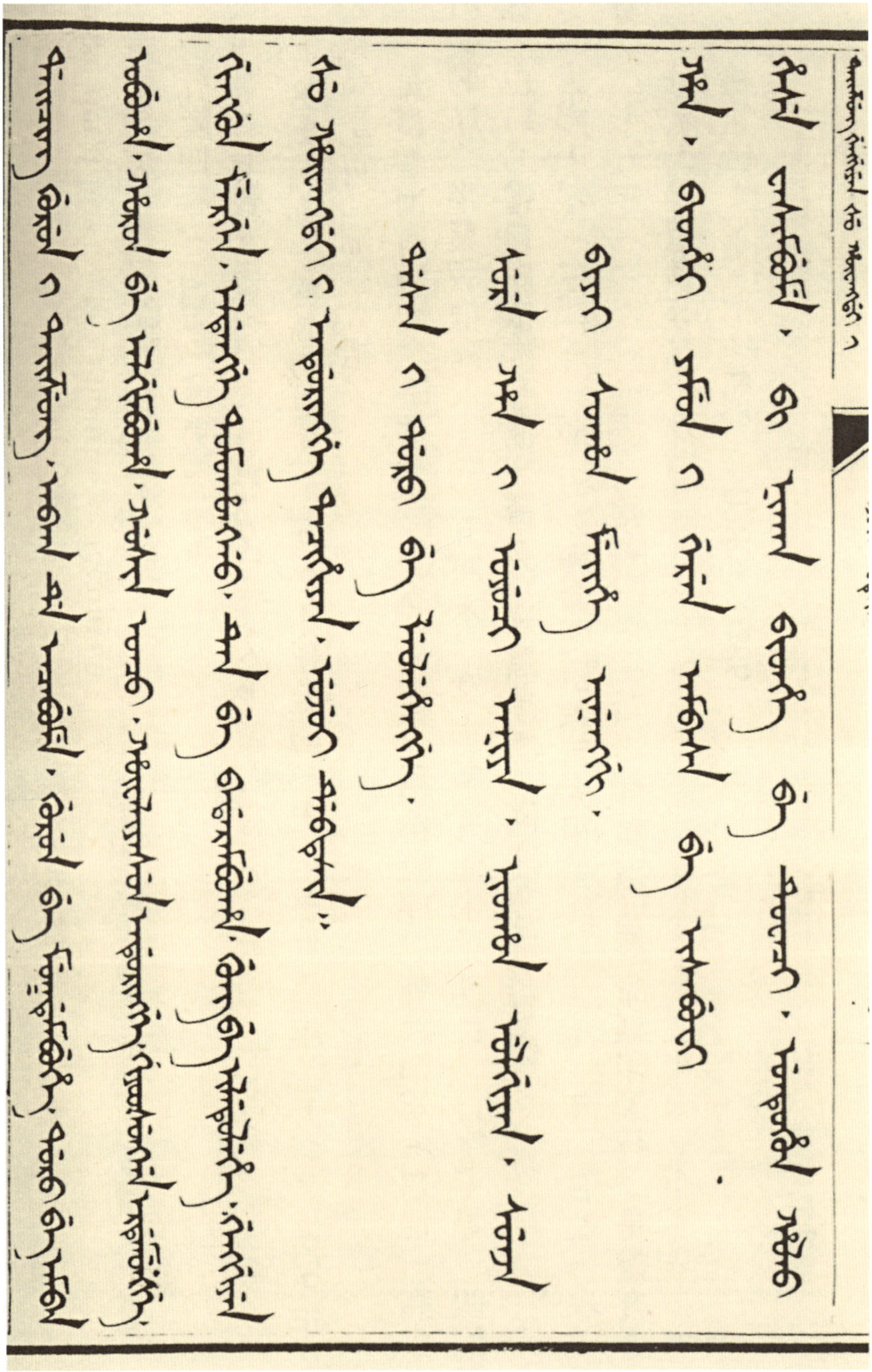

10992　太宗文皇帝聖訓六卷　（清）太宗皇太極撰　清乾隆四年（1739）

武英殿刻本　滿文　遼寧省圖書館

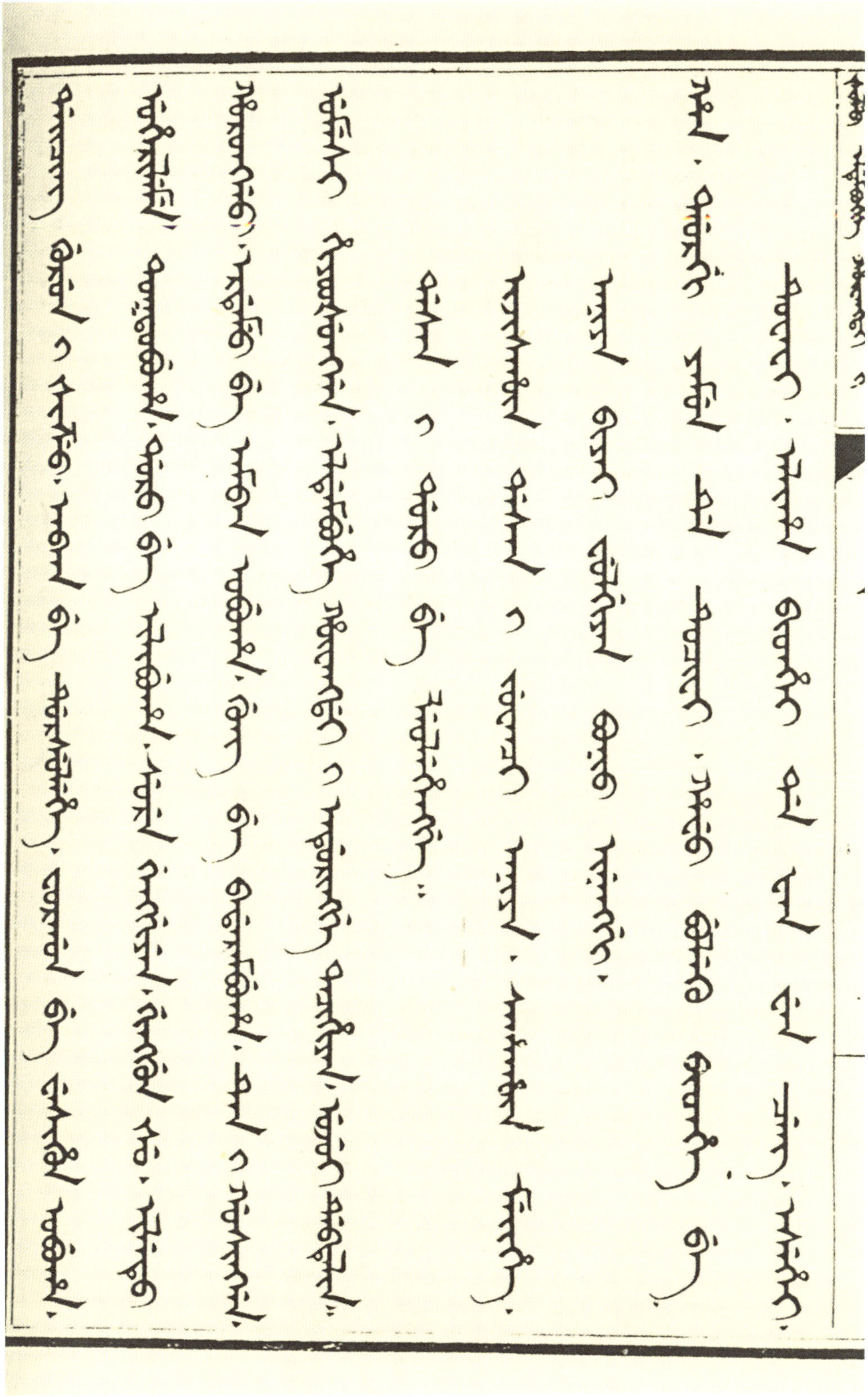

10993　世祖章皇帝聖訓六卷　（清）世祖福臨撰　清乾隆四年（1739）武英殿刻本　滿文　遼寧省圖書館

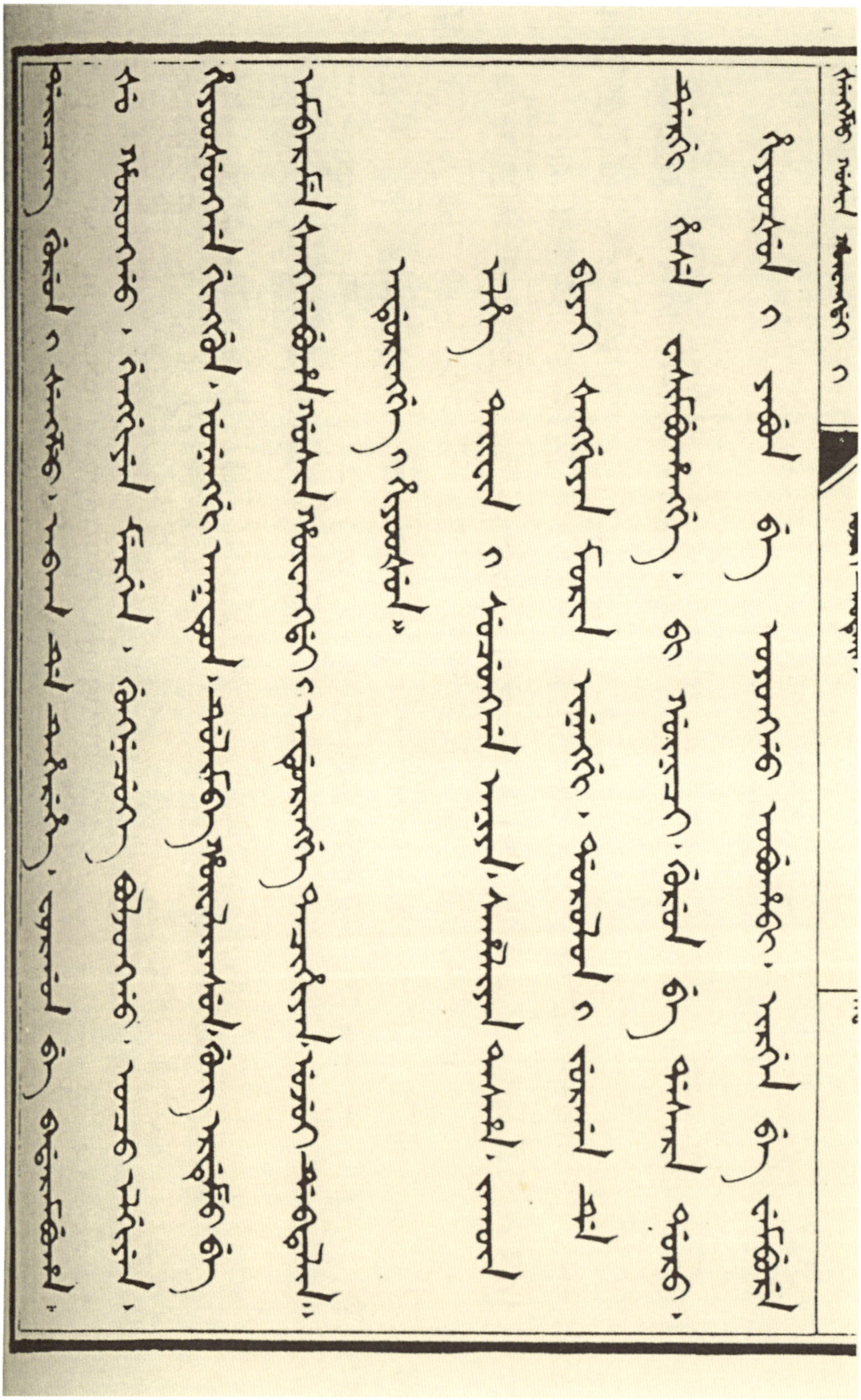

10994　聖祖仁皇帝聖訓六十卷　（清）聖祖玄燁撰　清乾隆六年（1741）武英殿刻本　滿文　遼寧省圖書館

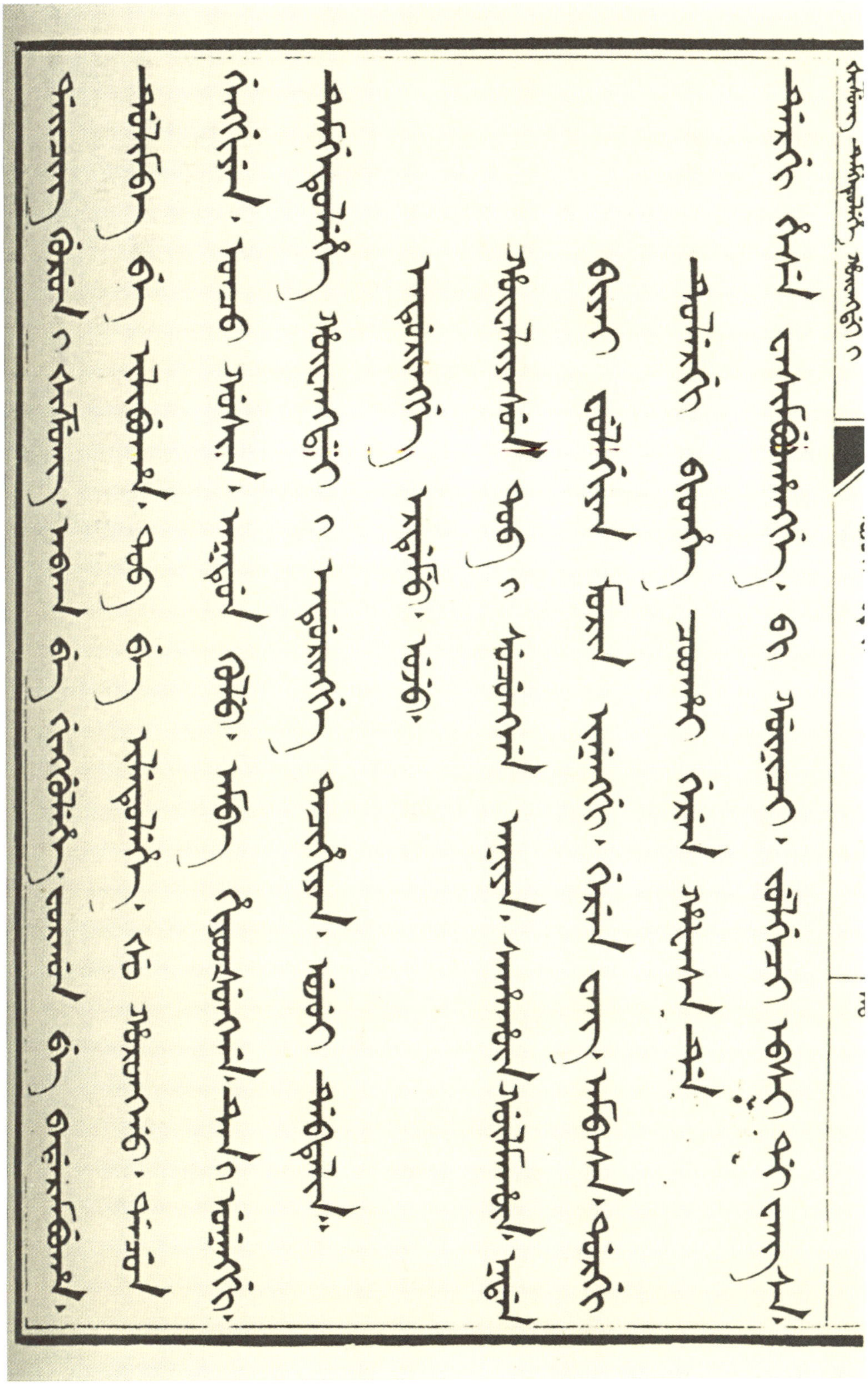

10995　世宗憲皇帝聖訓三十六卷　（清）世宗胤禛撰　清乾隆六年（1741）武英殿刻本　滿文　遼寧省圖書館

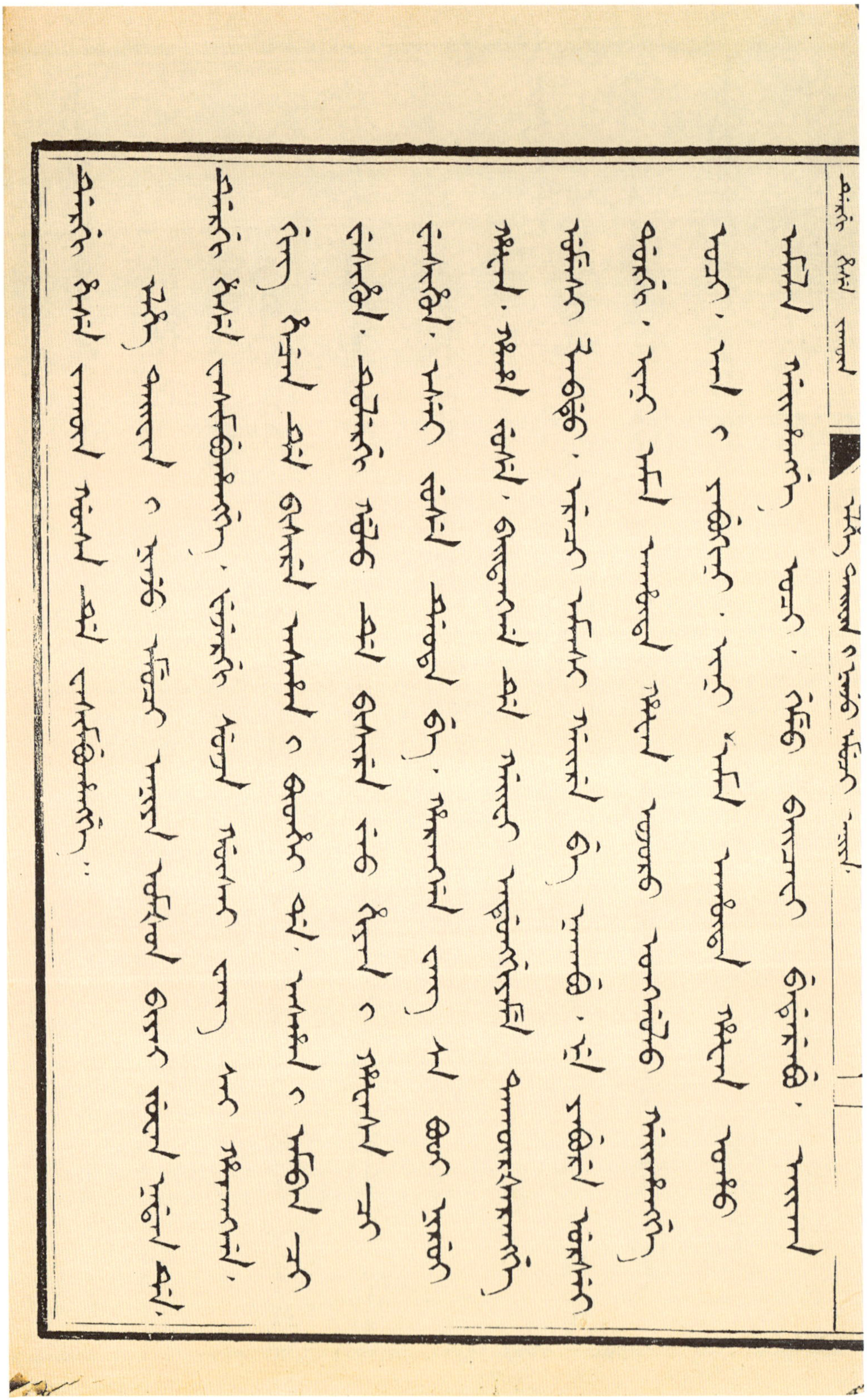

10996　上諭八旗十三卷　（清）世宗胤禛撰　清雍正九年（1731）内府刻乾隆六年（1741）武英殿續刻本　滿文　大連圖書館

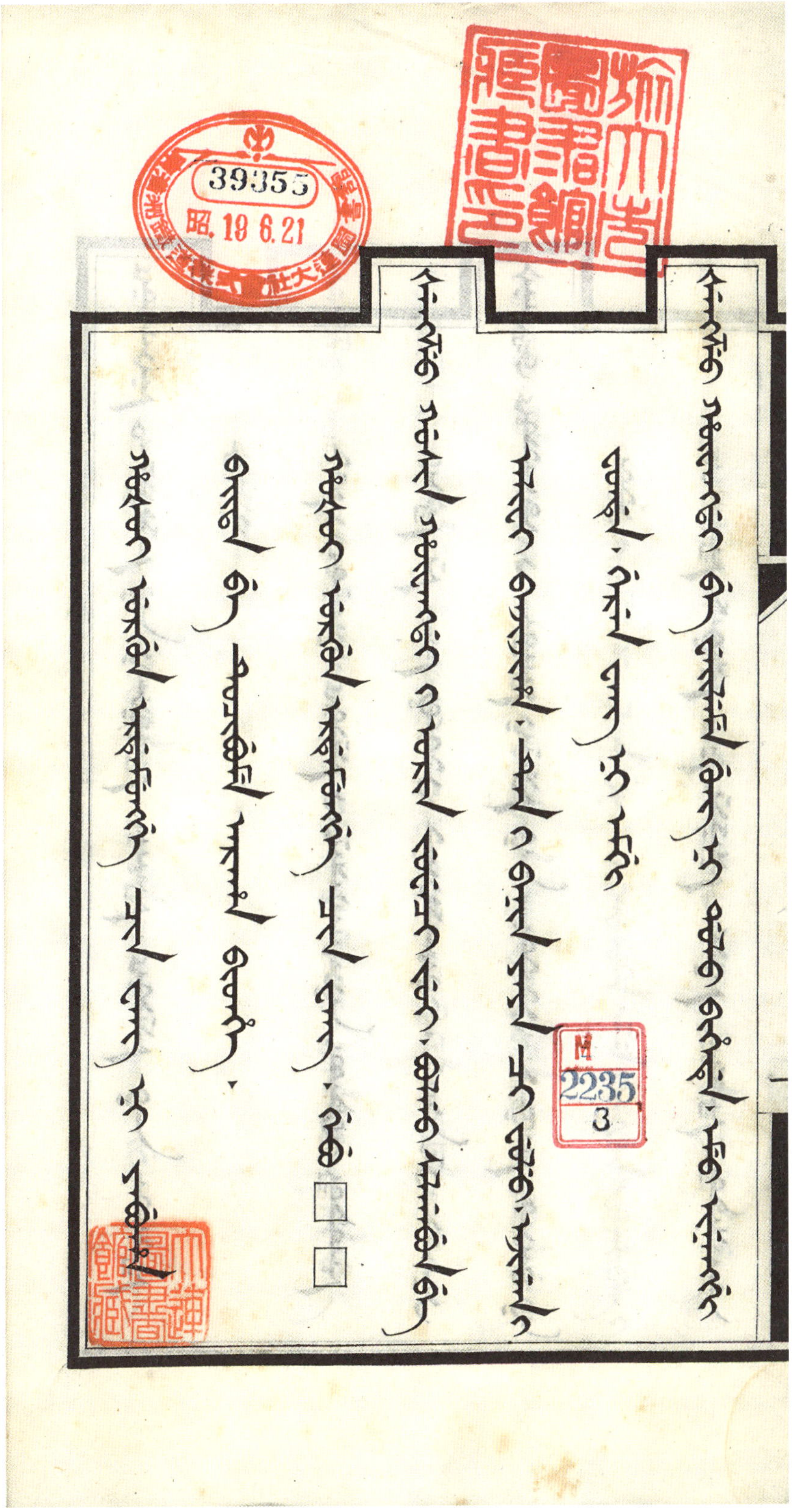

10997　和碩怡親王行狀不分卷　（清）張廷玉撰　清雍正刻本　滿文　大連圖書館

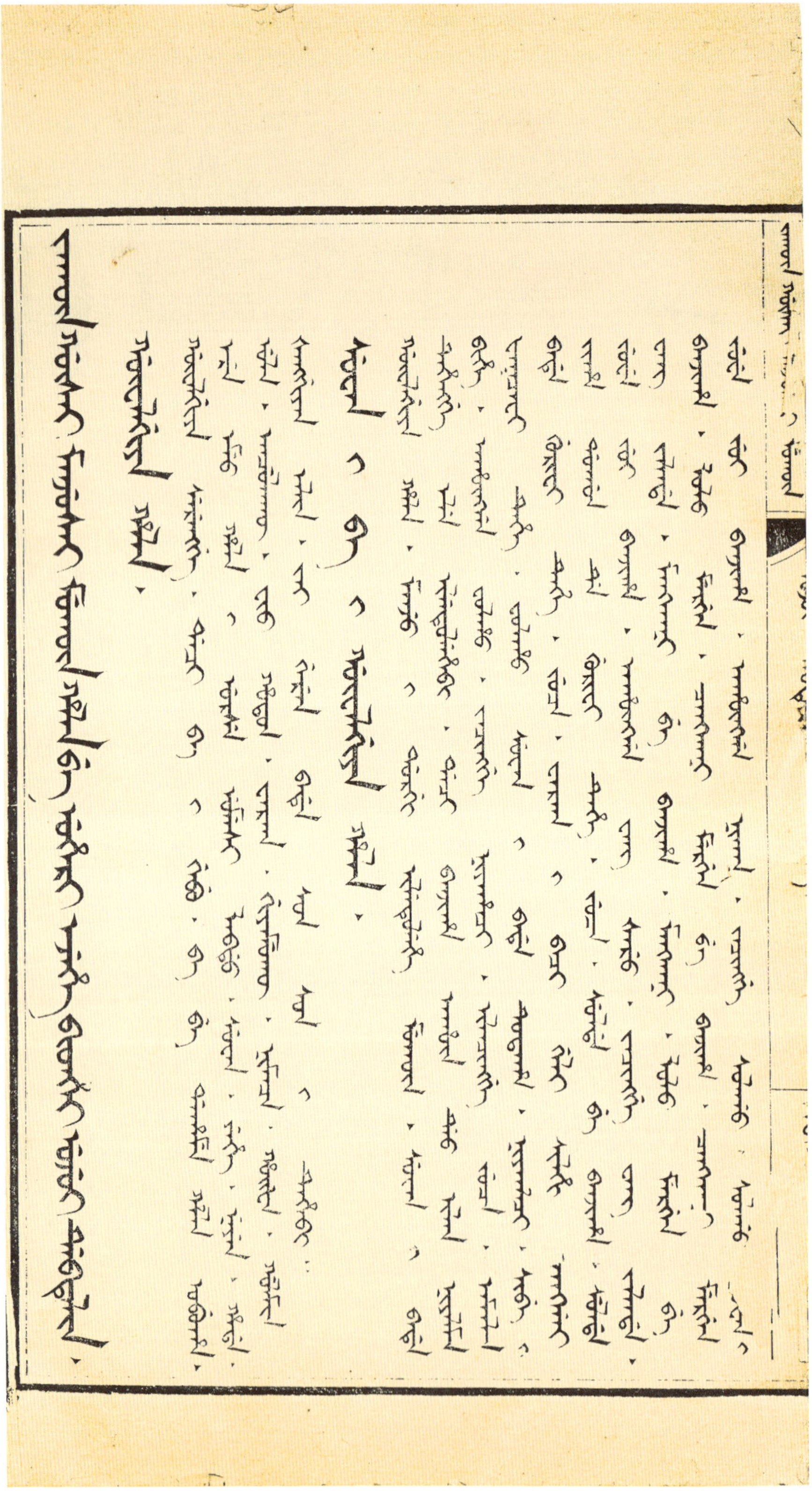

10998　八旗滿洲氏族通譜八十卷　（清）鄂爾泰等撰　（清）覺羅塔爾布等譯　清乾隆九年（1744）武英殿刻本　滿文　遼寧省圖書館

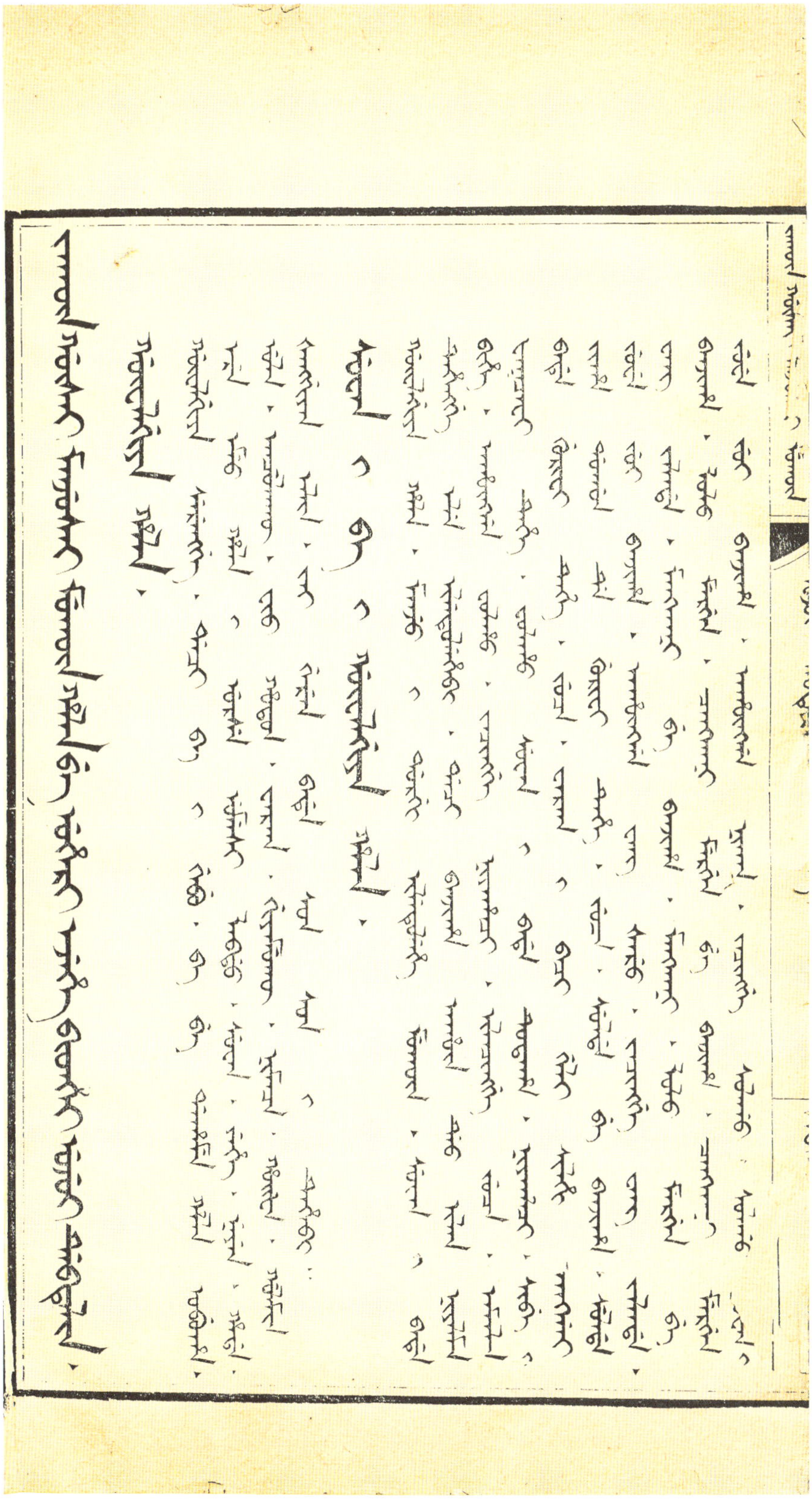

10999　八旗滿洲氏族通譜八十卷　（清）鄂爾泰等撰　（清）覺羅塔爾布等譯　清乾隆九年（1744）武英殿刻本　滿文　大連圖書館

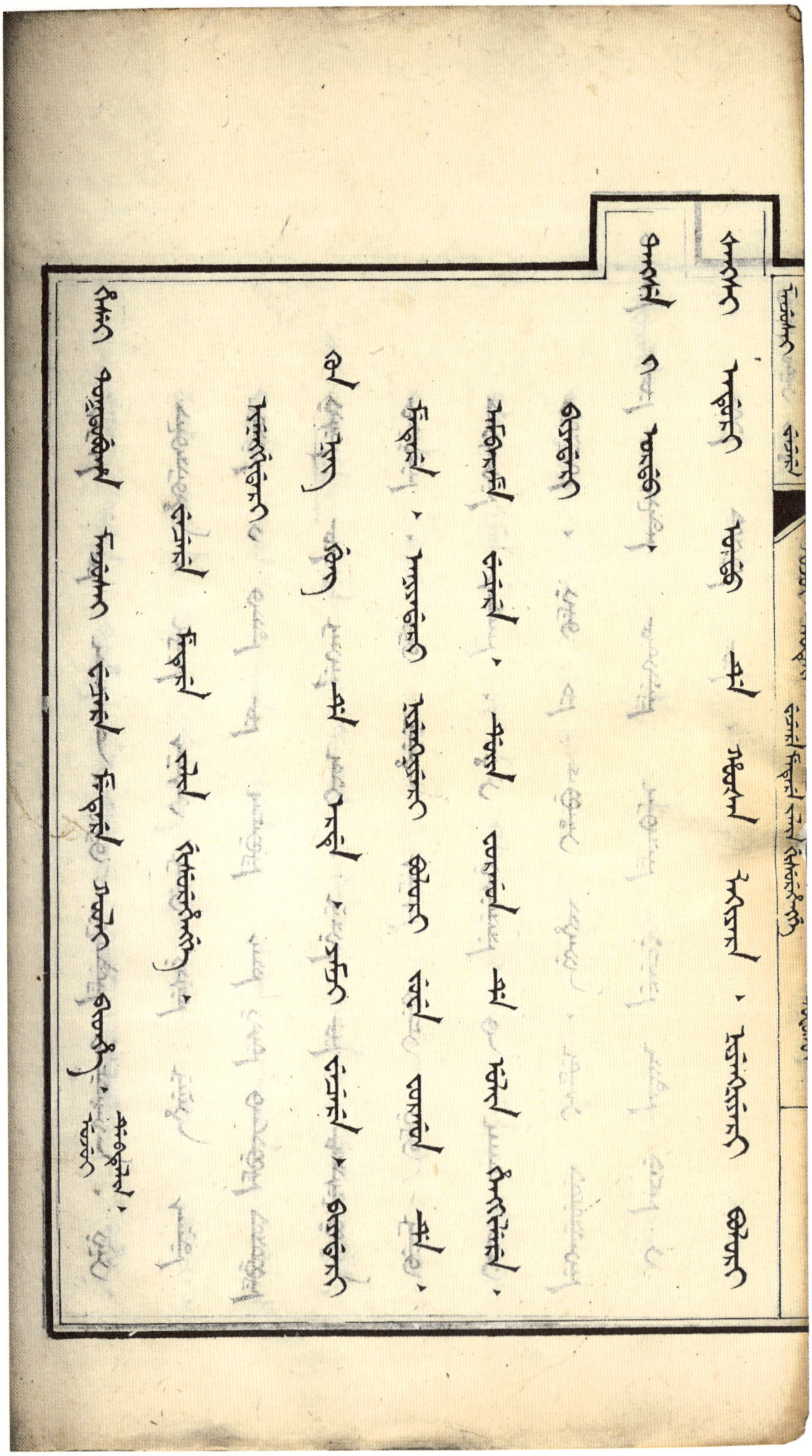

11000　欽定滿洲祭神祭天典禮六卷　（清）允禄等纂　清乾隆十二年（1747）武英殿刻本　滿文　大連圖書館

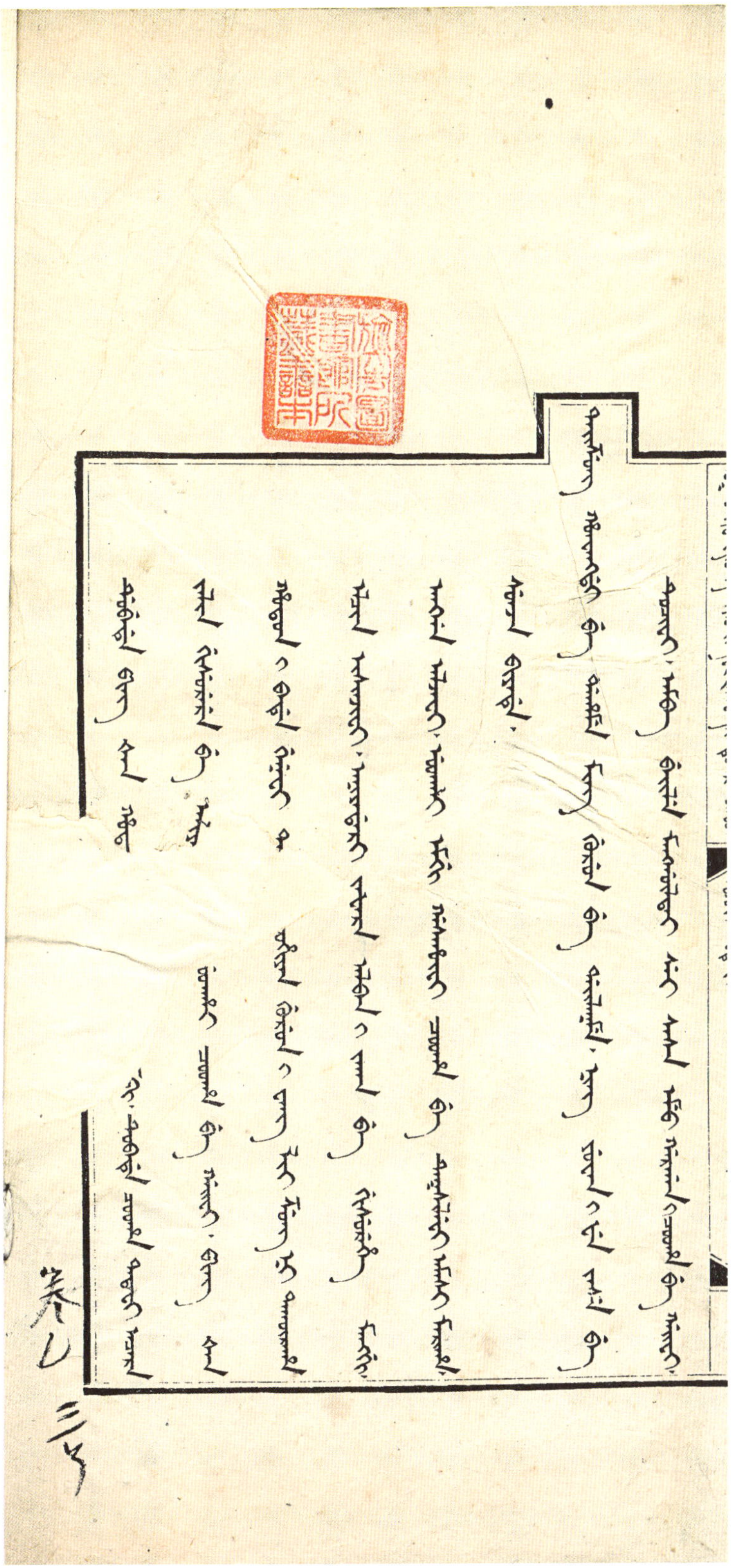

11001　宗室王公功績表傳六卷　（清）允秘等撰　清乾隆二十九年（1764）

武英殿刻朱墨套印本　滿文　大連圖書館

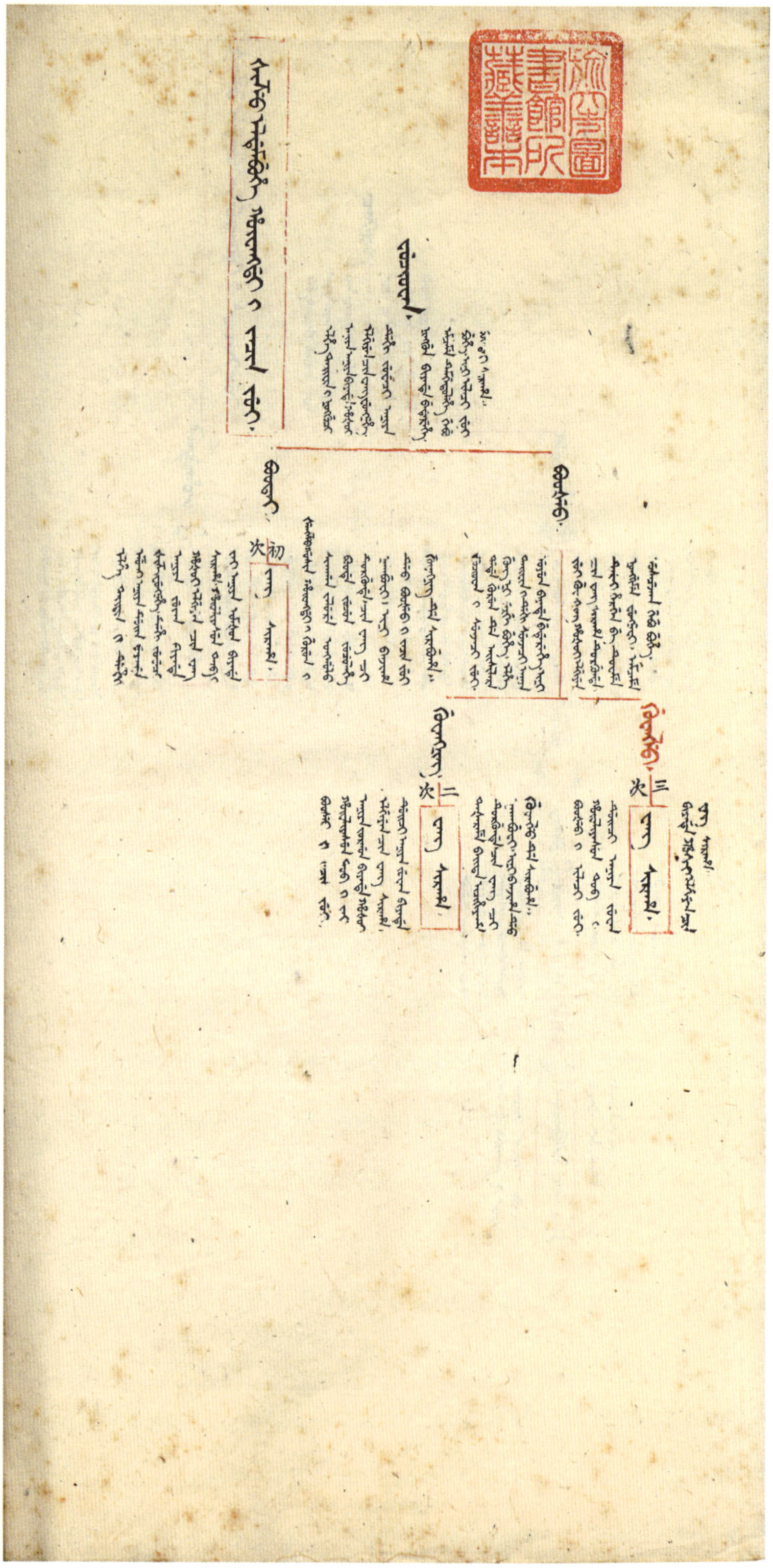

11002　恩封宗室王公表不分卷　（清）永瑢等撰　清乾隆四十一年（1776）刻朱墨套印本　滿文　大連圖書館

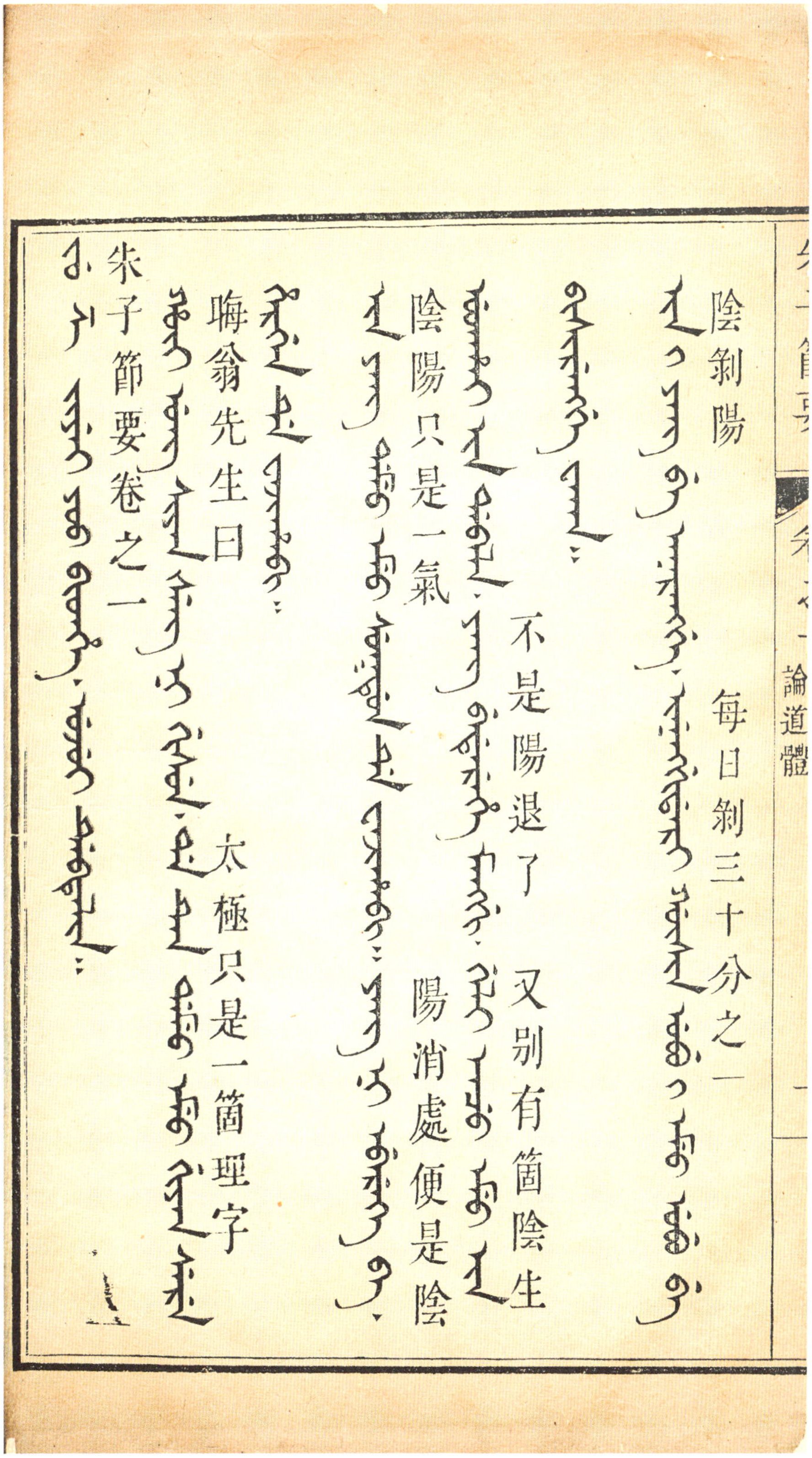
朱子節要卷之一
晦翁先生曰
太極只是一箇理字
陰陽只是一氣
陽消處便是陰
不是陽退了
又别有箇陰生
陰剝陽
每日剝三十分之一
朱子節要 卷之一 論道體

11003　朱子節要十四卷　（宋）朱熹撰　（明）高攀龍輯　清康熙十四年（1675）北平朱之弼刻本　滿漢合璧　大連圖書館

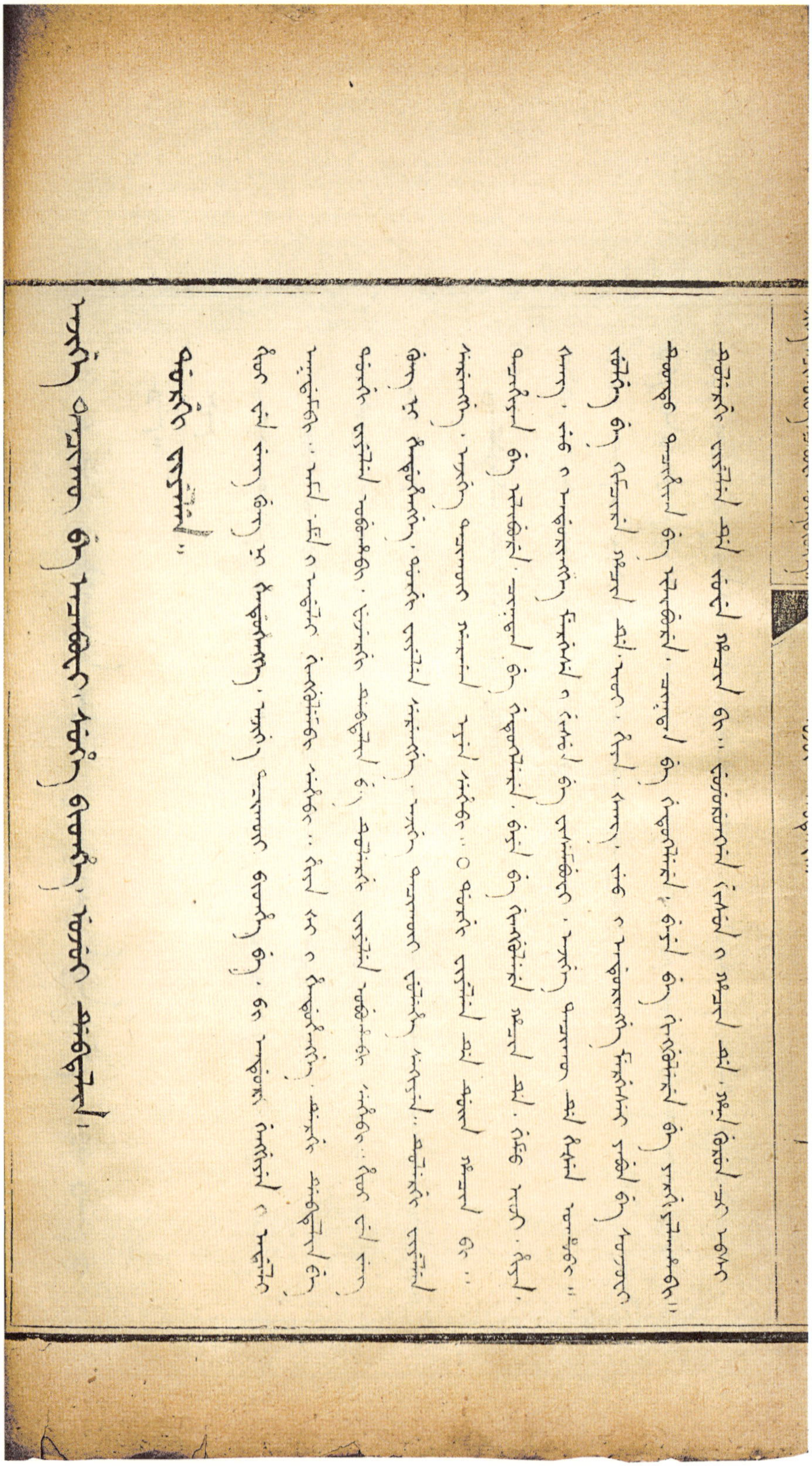

11004　小學集注六卷　（宋）朱熹撰　（明）陳選注　（清）古巴岱譯　清雍正五年（1727）武英殿刻本　滿文　大連圖書館

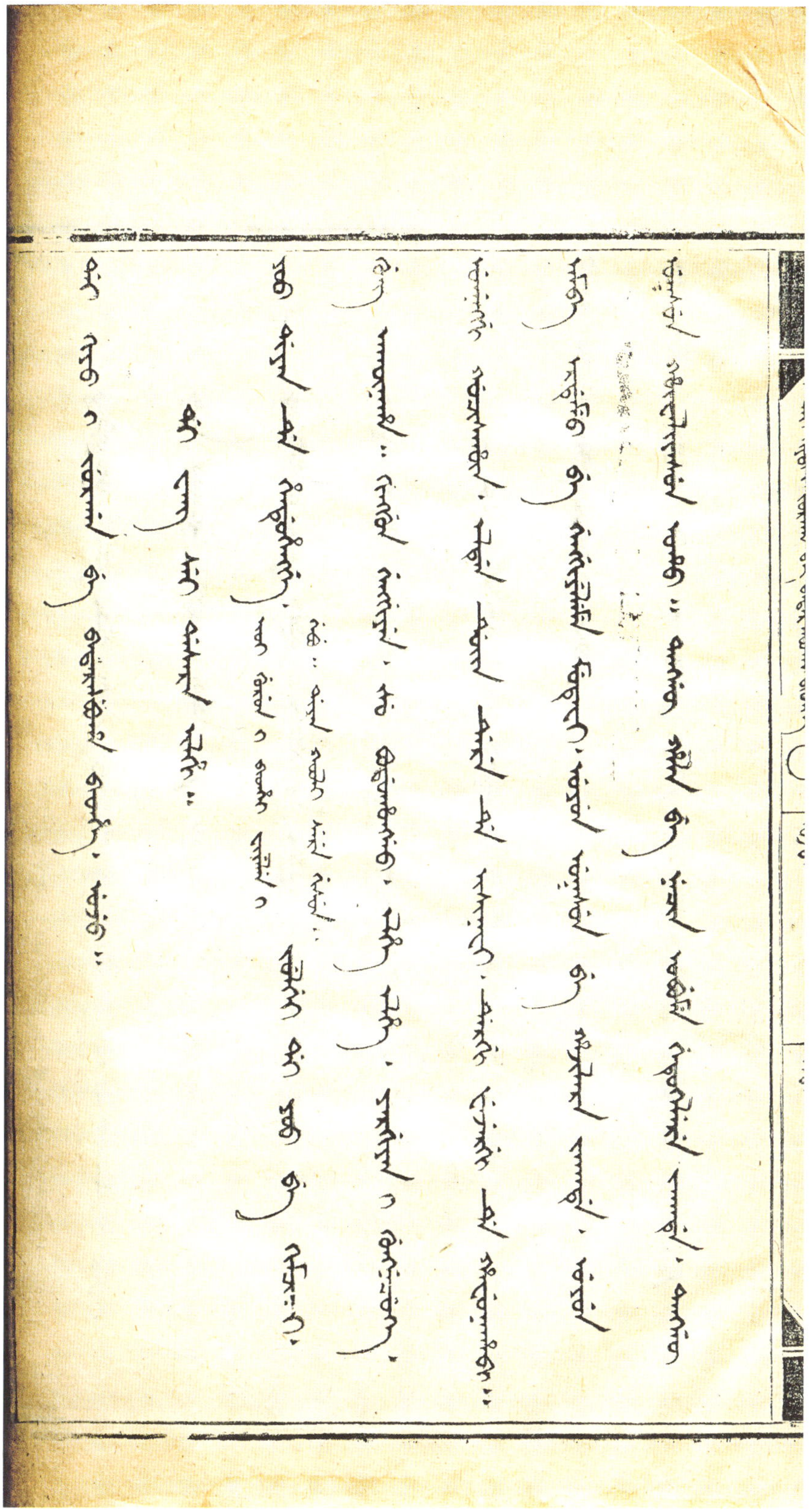

11005　大學衍義四十三卷　（宋）真德秀撰　清康熙十一年（1672）内府刻本　滿文　大連圖書館

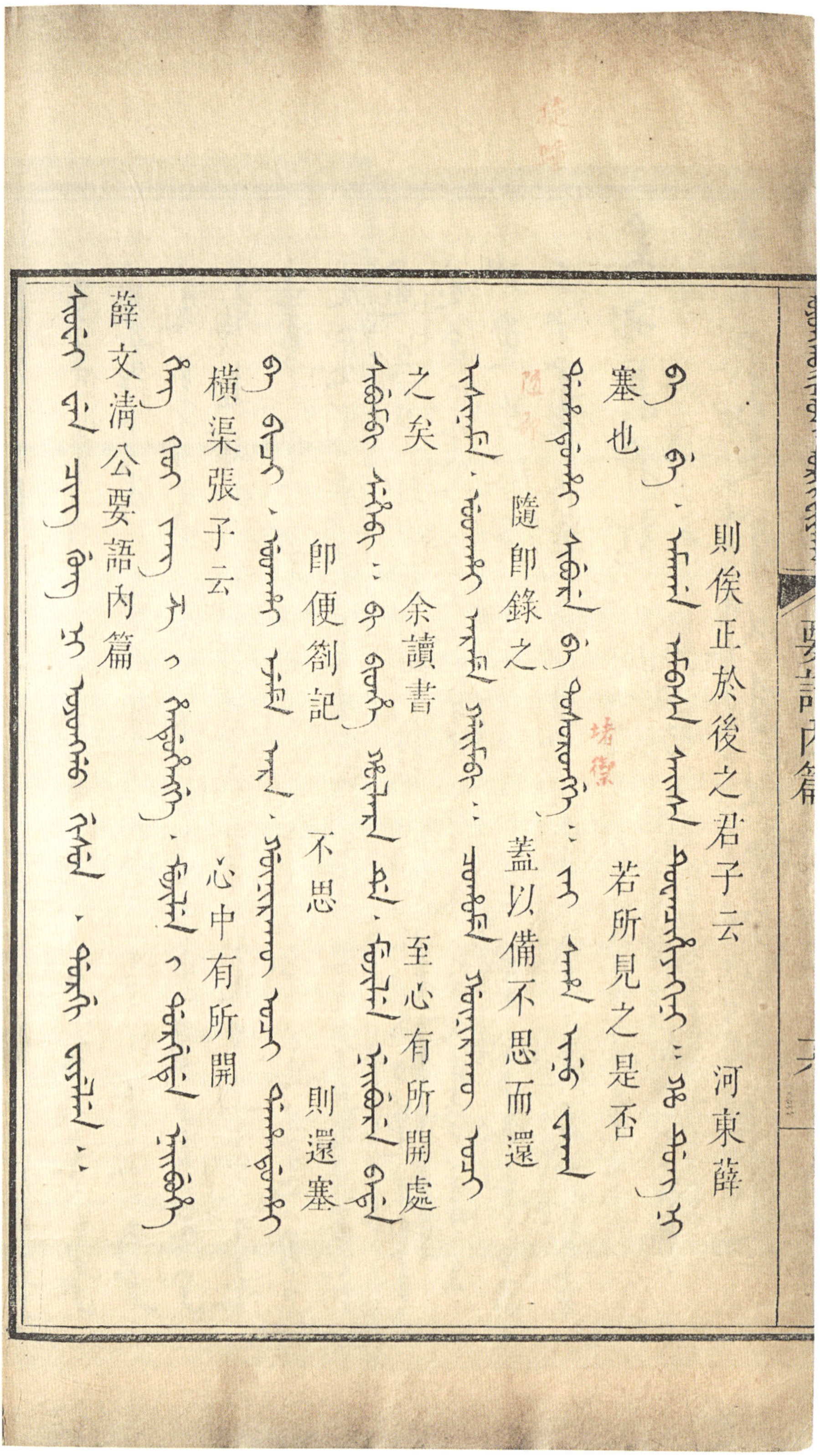

11008　薛文清公要語二卷　（明）薛瑄撰　（明）谷中虚輯　（清）富達禮譯　清康熙五十三年（1714）鄭洛刻本　滿漢合璧　遼寧省圖書館

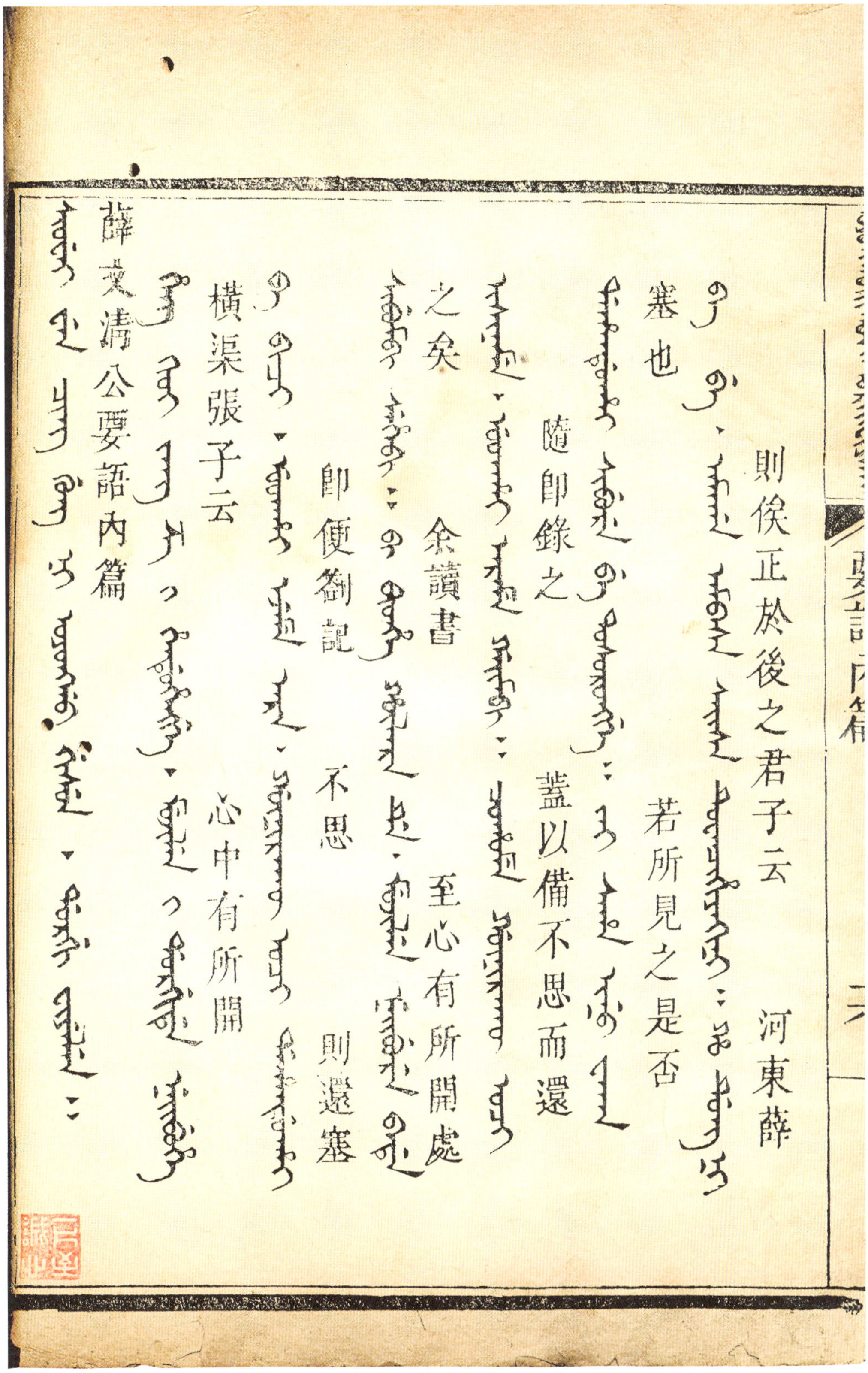
薛文清公要語內篇
橫渠張子云　心中有所開
即便劄記　不思則還塞
之矣　余讀書至心有所開處
隨即錄之　蓋以備不思而還
塞也　若所見之是否
則俟正於後之君子云　河東薛
要語內篇

11009　薛文清公要語二卷　（明）薛瑄撰　（明）谷中虛輯　（清）富達禮譯　清康熙五十三年（1714）鄭洛刻本　滿漢合璧　大連圖書館

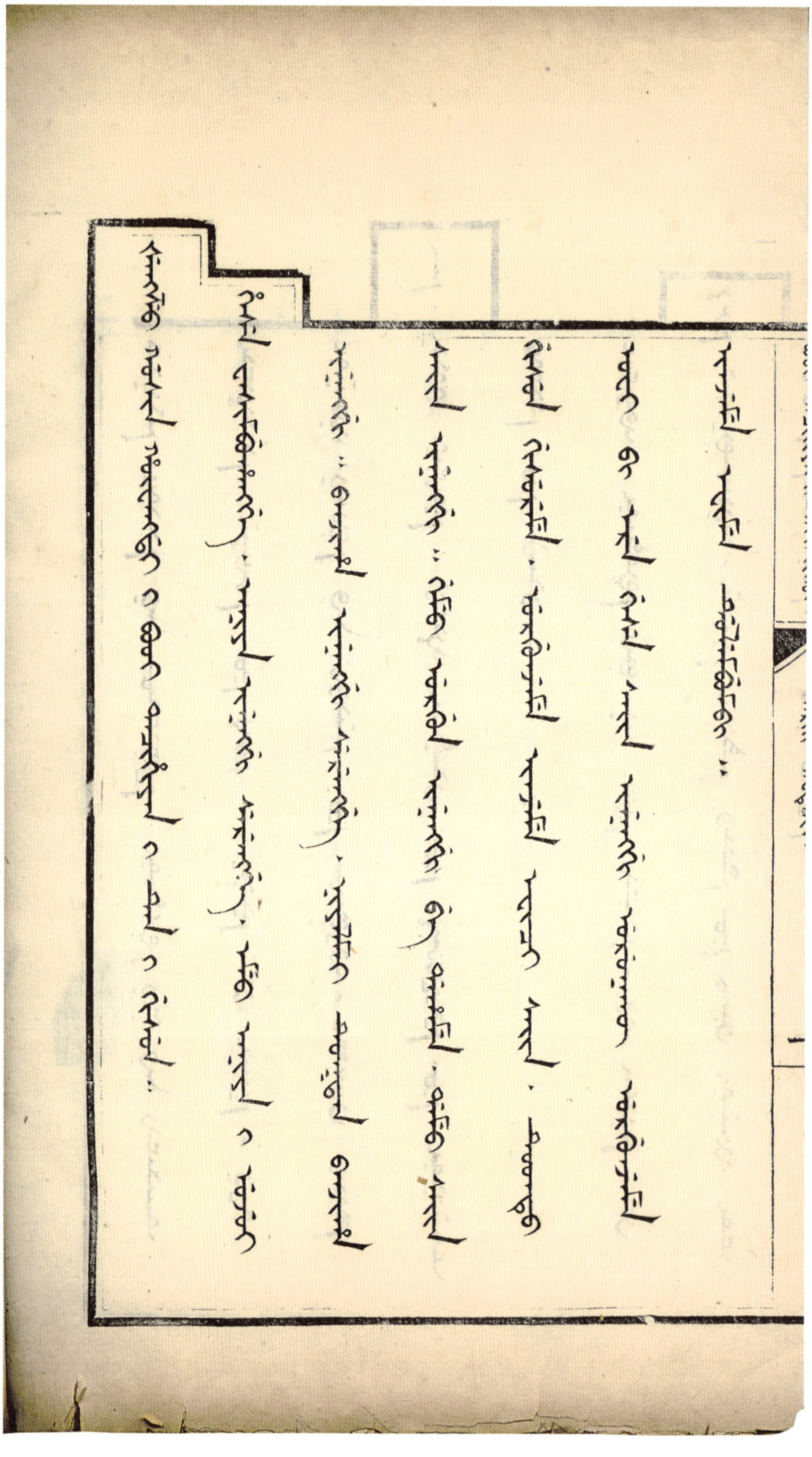

11010　聖祖仁皇帝庭訓格言二卷　（清）世宗胤禛輯　清雍正八年（1730）內府刻本　滿漢合璧　大連圖書館

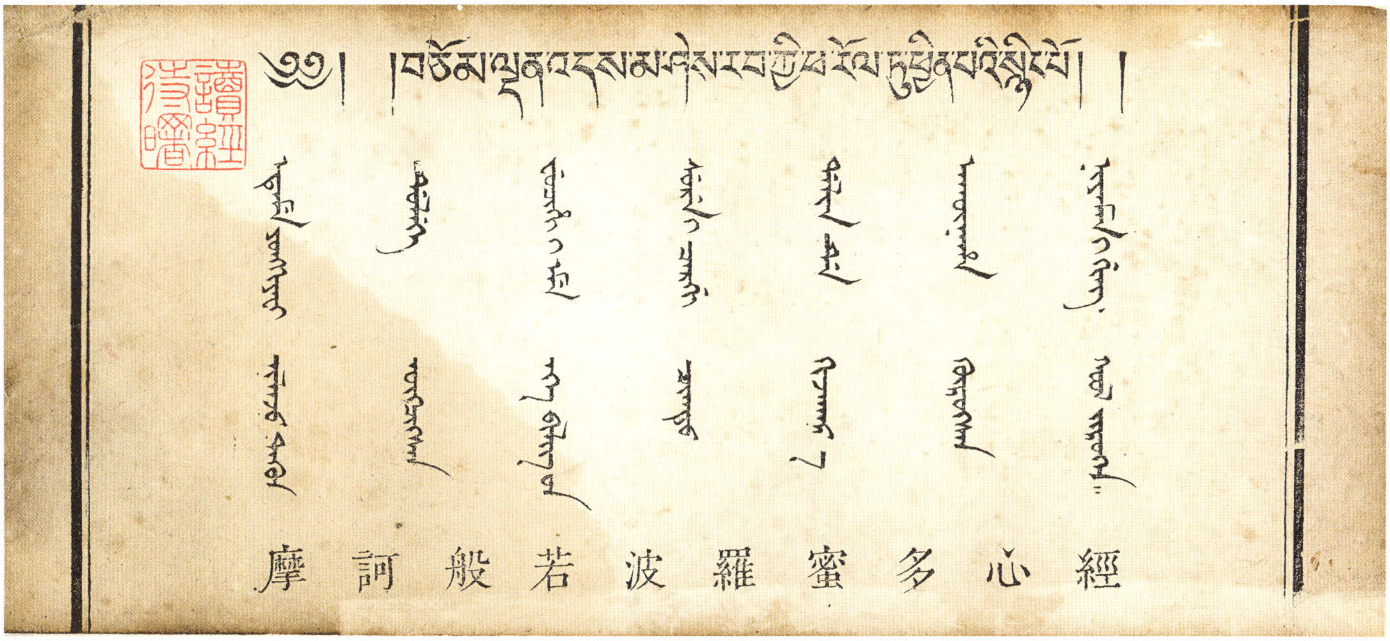

11011　摩訶般若波羅蜜多心經不分卷　（唐）釋玄奘譯　清雍正元年（1723）刻本　藏滿蒙漢合璧　大連圖書館

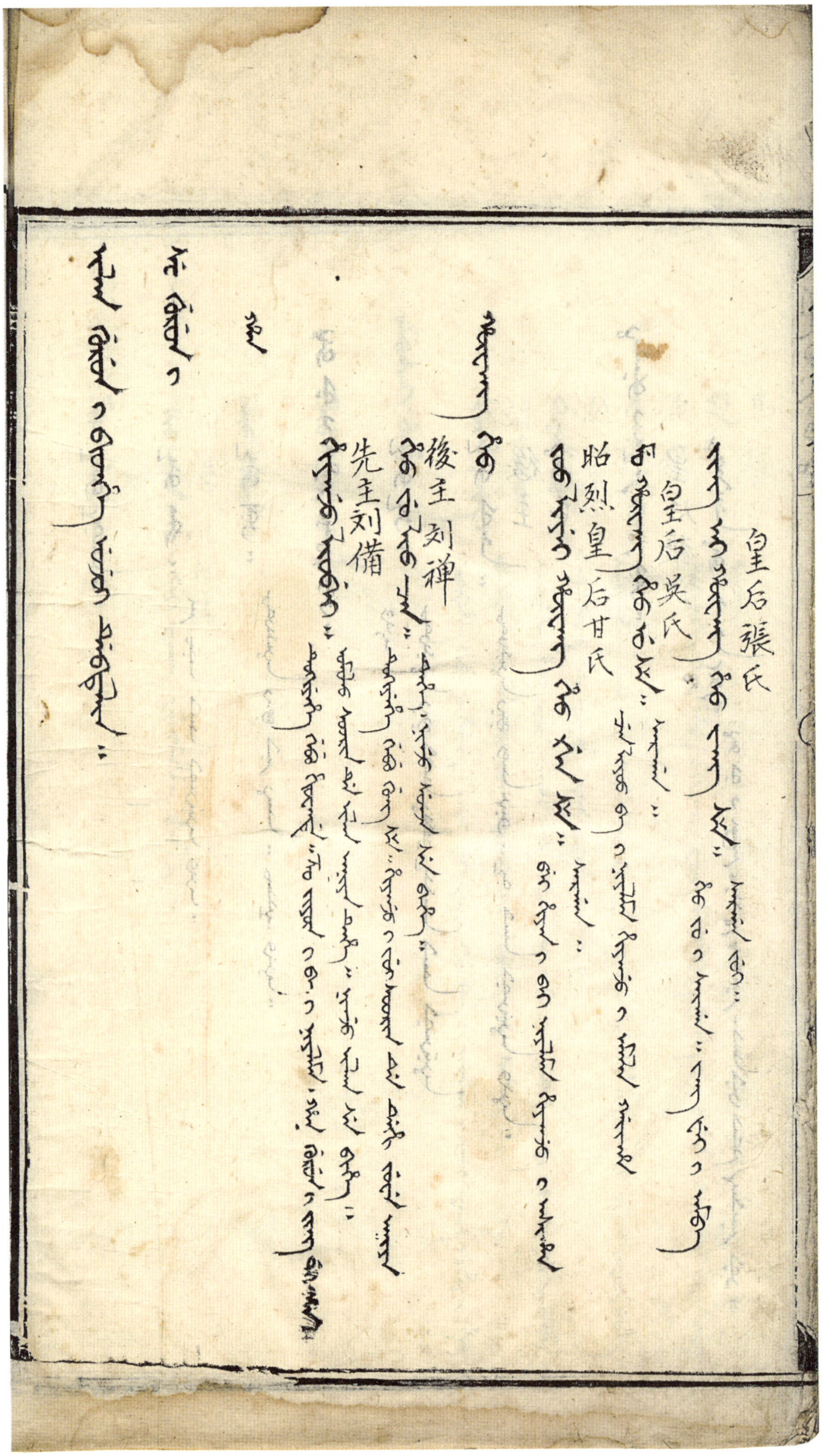

11012　三國演義二十四卷　（明）羅貫中撰　清雍正刻本　滿漢合璧　大連圖書館

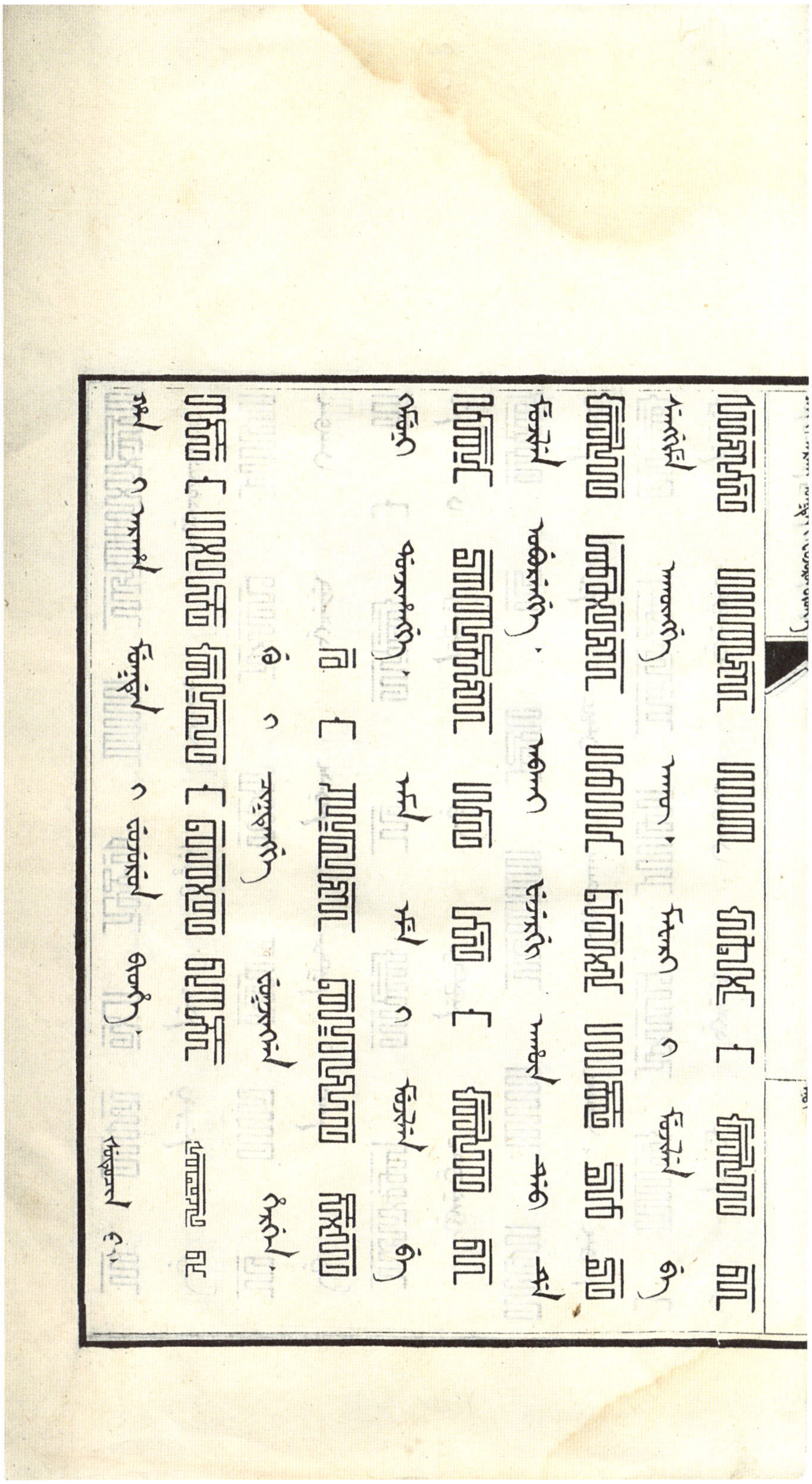

11013　御製盛京賦三十二卷　（清）高宗弘曆撰　清乾隆十三年（1748）内府刻本　滿漢合璧　大連圖書館

遼寧省第一批珍貴古籍名録圖録

第一册

《遼寧省第一批珍貴古籍名録圖録》編委會 編

國家圖書館出版社

圖書在版編目（CIP）數據

遼寧省第一批珍貴古籍名録圖録：全四册 /《遼寧省第一批珍貴古籍名録圖録》編委會編 . -- 北京：國家圖書館出版社，2016.12

ISBN 978-7-5013-5862-5

Ⅰ . ①遼…　Ⅱ . ①遼…　Ⅲ . ①古籍—圖書目録—遼寧省　Ⅳ . ① Z838

中國版本圖書館 CIP 數據核字 (2016) 第 147620 號

書　　名　遼寧省第一批珍貴古籍名録圖録（全四册）

著　　者　《遼寧省第一批珍貴古籍名録圖録》編委會　編
責任編輯　許海燕　趙嫄
裝幀設計　九雅工作室

出　　版　國家圖書館出版社（100034　北京市西城區文津街 7 號）
（原書目文獻出版社　北京圖書館出版社）
發　　行　（010）66114536　66126153　66051313　66175620
66121706（傳真）　66126156（門市部）
E-mail　nlcpress@nlc.cn（郵購）
Website　www.nlcpress.con →投稿中心
經　　銷　新華書店
印　　裝　北京信彩瑞禾印刷廠
版　　次　2016 年 12 月第 1 版　2016 年 12 月第 1 次印刷

開　　本　889 × 1194（毫米）　1/16
印　　張　69.25

書　　號　ISBN 978-7-5013-5862-5
定　　價　1200.00 圓（全四册）

《遼寧省第一批珍貴古籍名録圖録》工作委員會及編纂委員會

工作委員會

主　任：王筱雯

副主任：杜希林

委　員：于　忠　馬寶傑　馬　驊　王　宇　王振芬
白文煜　劉寧寧　劉志揚　劉樹春　劉　艷
莊革發　楊春宇　辛　欣　趙本平　高　萍
郭繼軍　海鎮淮

編纂委員會

主　編：杜希林

副主編：劉　冰

編　委：婁明輝　谷　毓　王　蕾　盧秀麗　康爾琴
孫　晶　鄧維維　趙長波　戴立言　薛立静

前　言

遼寧地區歷史悠久，文化繁榮。從古至今，在這片土地上不僅留下了無數的歷史遺存，更珍藏了卷帙浩繁的文化典籍。經過幾代人始終不渝地辛勤搜訪和不懈努力，形成了今天遼寧省内150萬册的古籍藏書規模，庋藏於省内各公共圖書館、高等院校圖書館、科研和文博單位、檔案館以及一些寺廟、道觀之中。

遼寧省内收藏的古籍經史子集齊備，約占國内現存古籍品種的三分之一以上，在全國各省中居於前列。尤其以文獻品質較高、藏書特色鮮明而爲海内外學人和圖書館界所矚目。例如，宋元版古籍精品琳琅，有一些爲初刻初印，且係海内孤本。在國務院批准頒布的四批《國家珍貴古籍名録》中，在古籍版本中最具影響力的宋元版古籍，我省共入選79部；閔凌刻套印版書收藏，可稱海内之最；陶湘《閔板書目》收録明代套色印本130種，我省所藏在120種以上；殿版書收藏品種全、特色突出，是國内收藏殿版書最豐富的地區之一；羅氏藏書完整豐富，既有宋元佳槧，也多名家抄校；明清小説數量多，品種全，以多有稀見本而聞名；稿本、抄本藏品精良；宋代以前文獻品質上乘；天禄琳琅藏書數量較多，共有40餘部，均是世間珍本，文獻價值極高。

新中國成立以來，特别是改革開放以來，我省的古籍保護事業取得了一定的成績。特别是2007年以來，省政府辦公廳下發了《關於進一步加强全省古籍保護工作的意見》，啓動了全省性的古籍保護工作，各級文化主管部門和古籍收藏單位按照"保護爲主、搶救第一、合理利用、加强管理"的古籍保護整體方針，積極推進古籍保護工作，在古籍普查、珍貴古籍修復、古籍保護隊伍建設、古籍整理出版、申報和建立珍貴古籍名録等方面取得了顯著的成績。遼寧省圖書館、大連圖書館、瀋陽市圖書館、遼寧大學圖書館、遼寧省博物館、遼寧省檔案館、旅順博物館、瀋陽師範大學圖書館榮膺"全國古籍重點保護單位"。在已經公布的第一至五批《國家珍貴古籍名録》中，我省共有544部珍貴古籍入選，充分展現了古籍收藏大省宏富的文獻資源。

這次編輯出版的《遼寧省第一批珍貴古籍名録圖録》，是我省古籍保護的階段性成果之一。共收録遼寧省24家單位的1013部古籍。《圖録》所收不乏珍稀善本佳槧，如後周顯德五年（958）寫本《南宗最上頓教大乘摩訶般若波羅蜜經》、宋刻《禮記》、蒲松齡《聊齋志異》稿本等。

本套《圖録》的出版既是遼寧文化建設的一大成果，也是繼承和發揚中華優秀傳統文化的媒介。文化的延續性在於繼承，文化的包容性在於開放，文化的生命力在於創新。弘揚中華優秀傳統文化的目的在於在發掘傳統文化的歷史意義和現實價值的基礎上，推陳出新，使其煥發生機和活力。本套書的出版，在這方面起到了引導和示範的作用，希望更多的有識之士參與到發掘、研究、宣傳、弘揚遼寧省文化的行動中來，共同創造遼寧省文化大發展大繁榮更加美好的明天。

編　者

2016 年 6 月

凡　例

一、收録範圍

本圖録收録入選第一批《遼寧省珍貴古籍名録》的古籍 1013 部。

二、編排方式

本圖録分爲漢文珍貴古籍和少數民族文字珍貴古籍兩大類。漢文古籍依據版本時期分爲唐五代及其以前、宋代、元代、明代、清代五部分，各時期内根據文獻類型慣常的分類方式分類；少數民族文字古籍根據文獻類型慣常的分類方式分類。

三、著録内容

本圖録著録第一批《遼寧省珍貴古籍名録》序號、題名、責任者、版本、題跋、收藏單位、存卷等，缺項則不録。

四、書影選配

本圖録每種古籍選擇書影一幀或多幀，以正文卷端爲主。

五、圖録序號

本圖録序號共五位，係第一批《遼寧省珍貴古籍名録》序號，首位“1”代表第一批。

目録

第一册

遼寧省第一批珍貴古籍名録 …… 001
遼寧省第一批珍貴古籍圖録 …… 037
漢文珍貴古籍 …… 039
唐五代及其以前 …… 041
10001 孔目司帖不分卷 …… 041
10002 承陽三年菩薩懺悔文 …… 042
10003 大般若波羅蜜多經六百卷 …… 043
10004 大般若波羅蜜多經六百卷 …… 044
10005 大寶積經一百二十卷 …… 045
10006 大般涅槃經四十卷 …… 046
10007 大般涅槃經四十卷 …… 047
10008 觀世音經殘卷 …… 048
10009 大通方廣經三卷 …… 049
10010 佛説佛名經十二卷 …… 050
10011 肇論 …… 052
10012 南宗最上頓教大乘摩訶般若波羅蜜經 …… 054
宋　代 …… 055
10013 周易本義十二卷五贊一卷筮儀一卷 …… 055
10014 禮記二十卷 …… 056
10015 魏書一百十四卷 …… 057
10016 九成宫醴泉銘 …… 058
10017 大般若波羅蜜多經六百卷 …… 059
10018 大般若波羅蜜多經六百卷 …… 060
10019 一切經音義一百卷 …… 061
10020 法苑珠林一百卷 …… 062
10021 沙門不應拜俗六卷 …… 063
10022 古今譯經圖紀四卷 …… 064
10023 續高僧傳音義 …… 065
10024 王狀元集百家註分類東坡先生詩二十五卷 …… 066
元　代 …… 067
10025 春秋屬辭十五卷 …… 067
10026 爾雅註疏十一卷 …… 068
10027 古今韻會舉要三十卷禮部韻略七音三十六母通考一卷 …… 069
10028 南史八十卷 …… 070
10029 南史八十卷 …… 071
10030 北史一百卷 …… 072
10031 唐書二百二十五卷 …… 073
10032 資治通鑑二百九十四卷 …… 074
10033 纂圖互註荀子二十卷 …… 075
10034 大德重校聖濟總録二百卷 …… 076
10035 世醫得効方二十卷 …… 077
10036 玉海二百卷辭學指南四卷詩考一卷詩地理考六卷漢藝文志考證十卷通鑑地理通釋十四卷漢制考四卷踐阼篇集解一卷周易鄭康成注一卷姓氏急就篇二卷急就篇補注四卷周書王會補注一卷小學紺珠十卷六經天文篇二卷通鑑答問五卷 …… 078
10037 玉海二百卷辭學指南四卷詩考一卷詩地理考六卷漢藝文志考證十卷通鑑地理通釋十四卷漢制考四卷踐阼篇集解一卷周易鄭康成注一卷姓氏急就篇二卷急就篇補注四卷周書王會補注一卷小學紺珠十卷六經天文篇二卷通鑑答問五卷 …… 079
10038 玉海二百卷辭學指南四卷 …… 080
10039 大般若波羅蜜多經六百卷 …… 081
10040 大般若波羅蜜多經六百卷 …… 082
10041 增壹阿含經五十一卷 …… 083
10042 大薩遮尼乾子受記經十卷 …… 084

10043 佛説寶生陀羅尼經一卷 …… 086
10044 根本説一切有部毗奈耶破僧事二十卷 …… 087
10045 虚空藏菩薩問七佛陀羅尼咒經一卷 …… 088
10046 樂瓔珞莊嚴方便經一卷 …… 089
10047 佛説耶祇經一卷佛説末羅王經一卷佛説摩達國王經一卷佛説旃陀越國王經一卷 …… 090
10048 妙法聖念處經八卷 …… 091
10049 增刊校正王狀元集註分類東坡先生詩二十五卷 …… 092
10050 太平金鏡策八卷 …… 093
明 代…… 094
10051 四書六經讀本一百十一卷 …… 094
10052 十三經註疏三百三十五卷 …… 095
10053 兩蘇經解七種六十四卷 …… 096
10054 兩蘇經解七種六十四卷 …… 097
10055 三經評注五卷 …… 098
10056 周易八卷 …… 099
10057 蘇氏易解八卷 …… 100
10058 誠齋先生易傳二十卷 …… 101
10059 周易參義十二卷 …… 102
10060 文所易説五卷 …… 103
10061 易經集註十卷 …… 105
10062 書經集傳六卷 …… 106
10063 書經集傳六卷 …… 107
10064 尚書金氏註十二卷 …… 108
10065 毛詩傳箋七卷 …… 109
10066 歐陽文忠公毛詩本義十六卷 …… 110
10067 詩集傳二十卷詩序辨説一卷詩傳綱領一卷詩圖一卷 …… 111
10068 詩緝三十六卷 …… 112
10069 詩傳大全二十卷綱領一卷圖一卷 …… 113
10070 詩傳大全二十卷綱領一卷圖一卷 …… 114
10071 新刻徐玄扈先生纂輯毛詩六帖講意四卷 …… 115
10072 讀風臆評不分卷 …… 116
10073 讀風臆評不分卷 …… 117
10074 周禮句解十二卷 …… 118
10075 禮記集説十六卷 …… 119
10076 禮記集説三十卷 …… 120
10077 禮記集註十卷 …… 121
10078 禮記纂註三十卷 …… 122
10079 禮記日録三十卷圖解一卷 …… 123
10080 大戴禮記八十五卷 …… 124
10081 讀禮日知二卷 …… 125
10082 禮書一百五十卷 …… 126
10083 苑洛志樂二十卷 …… 127
10084 樂經元義八卷 …… 128
10085 律吕正聲六十卷 …… 129
10086 樂律全書四十八卷 …… 130
10087 樂律全書四十八卷 …… 131
10088 春秋經傳集解三十卷 …… 132
10089 春秋經傳集解三十卷 …… 133
10090 春秋經傳集解三十卷 …… 134
10091 春秋經傳集解三十卷 …… 135
10092 春秋經傳集解三十卷 …… 136
10093 春秋左傳三十卷 …… 137
10094 春秋左傳類解二十卷地譜世系一卷 …… 138
10095 春秋左傳十五卷 …… 139
10096 春秋左傳註評測義七十卷 …… 140
10097 春秋公羊傳十二卷 …… 141
10098 春秋公羊傳十二卷 …… 142
10099 春秋公羊傳十二卷 …… 143
10100 春秋穀梁傳十二卷 …… 144
10101 春秋穀梁傳十二卷 …… 145
10102 春秋胡傳三十卷春秋列國東坡圖説一卷春秋正經音訓一卷春秋提要一卷 …… 146
10103 木訥先生春秋經筌十六卷 …… 147
10104 春秋集傳大全三十七卷序論一卷春秋二十國年表一卷諸國興廢説一卷 …… 148
10105 春秋私考三十六卷 …… 149
10106 春秋疑問十二卷 …… 150
10107 麟經指月十二卷 …… 151
10108 麟旨明微十二卷 …… 152
10109 春秋年考一卷 …… 153
10110 春秋繁露十七卷 …… 154
10111 四書集注四十一卷 …… 155
10112 四書人物考訂補四十卷 …… 159

10113 爾雅三卷 …… 160
10114 新刊埤雅二十卷 …… 161
10115 重刊許氏説文解字五音韻譜十二卷 …… 162
10116 大廣益會玉篇三十卷 …… 163
10117 漢隸字源五卷碑目一卷附字一卷 …… 164
10118 漢隸字源五卷碑目一卷附字一卷 …… 165
10119 漢隸字源五卷碑目一卷附字一卷 …… 166
10120 漢隸字源五卷碑目一卷附字一卷 …… 167
10121 漢隸字源五卷碑目一卷附字一卷 …… 168
10122 漢隸字源五卷碑目一卷附字一卷 …… 169
10123 六書正譌五卷 …… 170
10124 六書精藴六卷 …… 171
10125 六書精藴六卷 …… 172
10126 金石韻府五卷 …… 173
10127 古文奇字十二卷 …… 174
10128 廣韻五卷 …… 175
10129 廣韻五卷 …… 176
10130 大明正德乙亥重刊改併五音類聚四聲篇十五卷五音集韵十五卷 …… 177
10131 大明正德乙亥重刊改併五音類聚四聲篇十五卷 …… 178
10132 大明萬曆己丑重刊改併五音類聚四聲篇十五卷 …… 179
10133 古今韻會舉要三十卷禮部韻略七音三十六母通考一卷 …… 180
10134 古今韻會舉要小補三十卷 …… 181
10135 古今韻會舉要小補三十卷 …… 182
10136 新編經史正音切韻指南一卷 …… 183
10137 洪武正韻十六卷 …… 184
10138 洪武正韻十六卷 …… 185
10139 洪武正韻十六卷 …… 186
10140 洪武正韻十六卷 …… 187
10141 洪武正韻十六卷 …… 188
10142 洪武正韻十六卷 …… 189
10143 洪武正韻十卷 …… 190
10144 史記纂二十四卷 …… 191
10145 藏書六十八卷 …… 192
10146 前漢書一百卷 …… 193
10147 漢書評林一百卷 …… 194
10148 晉書詮要十二卷 …… 195
10149 晋書鈎玄二卷 …… 196
10150 宋史四百九十六卷目録三卷 …… 197
10151 資治通鑑大全三百八十三卷 …… 198
10152 宋元資治通鑑六十四卷 …… 199
10153 通鑑全史彙編歷朝傳統録八卷 …… 200
10154 新刊史學備要綱鑑會編四十八卷新刊史學備要史綱統會二十三卷 …… 201
10155 歷代帝王曆祚考八卷 …… 202
10156 三朝北盟會編二百五十卷 …… 203
10157 新刊皇明聖政記十卷 …… 204
10158 憲章録四十六卷 …… 205
10159 昭代典則二十八卷 …… 206
10160 憲章外史續編十四卷 …… 207
10161 大明宣宗章皇帝實録一百十五卷 …… 208
10162 大明光宗貞皇帝實録八卷 …… 209
10163 戰國策十二卷 …… 210
10164 弇山堂别集一百卷 …… 211
10165 皇明史概一百二十一卷 …… 212
10166 世廟識餘録二十六卷 …… 213
10167 湖湘五略十卷 …… 214
10168 荆川先生右編四十卷 …… 215
10169 秦漢書疏十八卷 …… 216
10170 疊山批點陸宣公奏議十五卷 …… 217
10171 撫津疏草四卷 …… 218
10172 聖門人物志十二卷 …… 219
10173 唐宋名臣筆録二卷 …… 220
10174 嘉靖以來首輔傳八卷 …… 221
10175 韓忠定公墓誌銘一卷 …… 222
10176 范文正公言行拾遺事録一卷附范文正公義莊規矩一卷 …… 223
10177 明歐陽德傳集三卷 …… 224
10178 楊大洪先生忠烈實録一卷 …… 225
10179 四代恩綸録不分卷 …… 226
10180 歐陽文忠公五代史抄二十卷 …… 227
10181 史鉞二十卷 …… 228
10182 梅太史訂選史記神駒四卷 …… 229

10183 月令通攷十六卷 …… 230
10184 歷代地理指掌圖不分卷 …… 231
10185 歷代地理指掌圖不分卷 …… 232
10186 大明一統志九十卷 …… 233
10187 皇輿考十二卷 …… 234
10188 皇明職方兩京十三省地圖表三卷 …… 235
10189 刻一握坤輿十三卷 …… 236
10190 地圖綜要三卷 …… 237
10191 ［正德］姑蘇志六十卷 …… 238
10192 名山勝概記四十八卷名山圖一卷附録一卷 …… 239
10193 阿育王山志畧二卷 …… 240
10194 武夷志畧四卷 …… 241
10195 普陀山志六卷 …… 242
10196 朝鮮紀事一卷 …… 243
10197 大明集禮五十三卷 …… 244
10198 大明會典一百八十卷 …… 245
10199 皇明世法錄九十二卷 …… 246
10200 諸家謚文類編不分卷 …… 247
10201 至大重修宣和博古圖録三十卷 …… 248
10202 寶古堂重考古玉圖二卷 …… 249
10203 小學史斷二卷 …… 250
10204 史義拾遺二卷 …… 251
10205 新刊陳眉公先生精選古今人物論三十六卷 …… 252
10206 鼎鐫金陵三元合評選戰國策狐白四卷 …… 253
10207 子彙二十四種三十四卷 …… 254
10208 新鐫分類評註文武合編百子金丹十卷 …… 255
10209 孔子家語十卷 …… 256
10210 鹽鐵論十二卷 …… 257
10211 劉向新序十卷 …… 258
10212 邵子全書二十四卷 …… 259
10213 近思録集解十四卷 …… 260
10214 大學衍義四十三卷 …… 261
10215 真西山讀書記乙集上大學衍義四十三卷 …… 262
10216 大學衍義補一百六十卷首一卷 …… 263
10217 大學衍義補一百六十卷首一卷 …… 264
10218 大學衍義補一百六十卷首一卷 …… 265
10219 周子全書六卷 …… 266

第二册

10220 先聖大訓六卷 …… 267
10221 性理大全書七十卷 …… 268
10222 性理大全書七十卷 …… 269
10223 勸忍百箴考註四卷 …… 270
10224 龍谿王先生文録鈔九卷 …… 271
10225 聖學心法四卷 …… 272
10226 五倫書六十二卷 …… 273
10227 呻吟語六卷 …… 274
10228 居家懿範八卷 …… 275
10229 新鐫武經七書十二卷 …… 276
10230 兵垣四編四卷附二種二卷 …… 277
10231 批點孫子正義十三卷 …… 278
10232 孫子參同五卷 …… 279
10233 紀効新書十八卷首一卷 …… 280
10234 新鐫漢丞相諸葛孔明異傳奇論註解評林五卷 …… 281
10235 登壇必究四十卷 …… 282
10236 左氏兵畧三十二卷 …… 283
10237 兵錄十四卷 …… 284
10238 新鐫繡像旁批詳註總斷廣百將傳二十卷 …… 285
10239 古今将畧四卷 …… 286
10240 管子二十四卷 …… 287
10241 管子榷二十四卷 …… 288
10242 韓子迂評二十卷 …… 289
10243 農政全書六十卷 …… 290
10244 證治準繩六種四十四卷 …… 291
10245 重廣補註黄帝内經素問二十四卷 …… 292
10246 黄帝内經素問二十四卷 …… 293
10247 黄帝内經素問十二卷 …… 294
10248 黄帝素問靈樞經十二卷 …… 295
10249 新刊黄帝内經靈樞二十四卷 …… 296
10250 重修政和經史證類備用本草三十卷 …… 297
10251 重修政和經史證類備用本草三十卷 …… 298
10252 重修政和經史證類備用本草三十卷 …… 299

10253 本草集要八卷 …… 300
10254 食物本草二卷 …… 301
10255 本草綱目五十二卷附圖三卷瀕湖脈學一卷脈訣考證一卷奇經八脈考一卷 …… 302
10256 撮要便覽本草蒙筌十二卷首一卷 …… 303
10257 臟腑證治圖説人鏡經八卷 …… 304
10258 脉經十卷 …… 305
10259 重刊巢氏諸病源候總論五十卷 …… 306
10260 家傳太素脉秘訣二卷 …… 307
10261 千金翼方三十卷 …… 308
10262 丹溪心法附餘二十四卷 …… 309
10263 丹溪心法附餘二十四卷首一卷 …… 310
10264 普濟方一百六十八卷 …… 311
10265 攝生衆妙方十一卷 …… 312
10266 攝生衆妙方十一卷 …… 313
10267 新刊袖珍方大全四卷 …… 314
10268 仲景全書二十六卷 …… 315
10269 心印紺珠經二卷 …… 316
10270 彙輯薛氏内科醫案三卷附方一卷 …… 317
10271 秘傳眼科龍木醫書總論十卷附葆光道人秘傳眼科一卷 …… 318
10272 太醫院校註婦人良方大全二十四卷 …… 319
10273 保嬰撮要二十卷 …… 320
10274 痘疹全書十六卷 …… 321
10275 瘍科選粹八卷 …… 322
10276 瘍科選粹八卷 …… 323
10277 新刊銅人鍼灸經七卷新編西方子明堂灸經八卷 …… 324
10278 針灸大成十卷 …… 325
10279 針灸大成十卷 …… 326
10280 三教聖人修身圖訣一卷清修捷徑一卷 …… 327
10281 赤水玄珠三十卷 …… 328
10282 重刊革象新書二卷 …… 329
10283 渾蓋通憲圖説二卷首一卷 …… 330
10284 元包經傳五卷 …… 331
10285 元包經傳五卷 …… 332
10286 天元玉曆祥異賦不分卷 …… 333
10287 新訂六壬總要四十八卷 …… 334
10288 類編曆法通書大全三十卷 …… 336
10289 重刊人子須知資孝地理心學統宗三十九卷 …… 337
10290 金精廖公秘授地學心法正傳畫筴扒砂經四卷補遺一卷 …… 338
10291 書畫萃苑八卷 …… 339
10292 草韻辨體五卷 …… 340
10293 圖繪宗彝八卷 …… 341
10294 劉雪湖梅譜二卷 …… 342
10295 漢郎中鄭固碑 …… 343
10296 晋祠銘 …… 344
10297 雁塔聖教序 …… 345
10298 千字文 …… 346
10299 顔氏家廟碑 …… 347
10300 集古印譜六卷 …… 348
10301 印史五卷 …… 349
10302 重修正文對音捷要真傳琴譜大全十卷 …… 350
10303 奕藪四卷附棋經注一卷 …… 351
10304 山居雜誌二十三種四十一卷 …… 352
10305 茶董二卷酒顛二卷 …… 353
10306 程氏墨苑十四卷人文爵里九卷 …… 354
10307 淮南鴻烈解二十一卷 …… 355
10308 風俗通義十卷 …… 356
10309 天禄閣外史八卷 …… 357
10310 東坡先生志林五卷 …… 358
10311 餘冬序録六十五卷 …… 359
10312 劉子威雜俎十卷 …… 360
10313 譚輅三卷 …… 361
10314 鴻苞集四十八卷 …… 362
10315 筆叢正集三十二卷續集十六卷 …… 363
10316 焦氏筆乘六卷續集八卷 …… 364
10317 程氏演繁露十六卷 …… 365
10318 野客叢書三十卷附録野老記聞一卷 …… 367
10319 古今玫三十八卷 …… 368
10320 丹鉛總録二十七卷 …… 369
10321 丹鉛總録二十七卷 …… 370
10322 升庵外集一百卷 …… 371
10323 經史直解六卷 …… 372

10324 世説新語三卷 …… 373
10325 世説新語三卷 …… 374
10326 雲谿友議三卷 …… 375
10327 桯史十五卷附録一卷 …… 376
10328 居家必用事類全集十卷 …… 377
10329 雅尚齋遵生八箋十九卷 …… 378
10330 瑯嬛記三卷 …… 379
10331 琅邪代醉編四十卷 …… 380
10332 琅邪代醉編四十卷 …… 381
10333 千一疏二十二卷 …… 382
10334 緝柳編三卷 …… 383
10335 智品十三卷 …… 384
10336 智囊二十八卷 …… 385
10337 智囊補二十八卷 …… 386
10338 古今韵史十二卷 …… 387
10339 初潭集三十卷 …… 388
10340 博物志十卷 …… 389
10341 語怪彙書□□種□□卷 …… 391
10342 甘澤謡一卷 …… 392
10343 祝子志怪錄五卷 …… 393
10344 北堂書鈔一百六十卷 …… 394
10345 北堂書鈔一百六十卷 …… 395
10346 初學記三十卷 …… 396
10347 唐宋白孔六帖一百卷目録二卷 …… 397
10348 册府元龜一千卷目録十卷 …… 398
10349 册府元龜一千卷目録十卷 …… 399
10350 事物紀原集類十卷 …… 400
10351 錦繡萬花谷前集四十卷後集四十卷續集四十卷 …… 401
10352 錦繡萬花谷前集四十卷後集四十卷續集四十卷 …… 402
10353 聖宋名賢四六叢珠一百卷 …… 403
10354 小字録一卷小字録補六卷 …… 404
10355 群書考索前集六十六卷後集六十五卷續集五十六卷别集二十五卷 …… 405
10356 古今合璧事類備要前集六十九卷後集八十一卷續集五十六卷 …… 408
10357 新刊纂圖大字群書類要事林廣記□□卷 …… 409
10358 新編事文類聚翰墨大全甲集十二卷乙集十八卷丙集十四卷丁集十一卷戊集十三卷己集十二卷庚集十五卷辛集十六卷壬集十七卷癸集十七卷後甲集十五卷後乙集十三卷後丙集十二卷後丁集十四卷後戊集九卷 …… 410
10359 新編事文類聚翰墨大全甲集十二卷乙集十八卷丙集十四卷丁集十一卷戊集十三卷己集十二卷庚集十五卷辛集十六卷壬集十七卷癸集十七卷後甲集十五卷後乙集十三卷後丙集十二卷後丁集十四卷後戊集九卷 …… 411
10360 群書集事淵海四十七卷 …… 412
10361 蒙求續編二卷 …… 413
10362 楮記室十五卷 …… 414
10363 新刊唐荆川先生稗編一百二十卷目録三卷 …… 415
10364 新刊唐荆川先生稗編一百二十卷目録三卷 …… 416
10365 古今萬姓統譜一百四十卷歷代帝王姓系統譜六卷氏族博考十四卷 …… 417
10366 喻林五十卷 …… 418
10367 群書備考六卷 …… 419
10368 唐類函二百卷目録二卷 …… 420
10369 唐類函二百卷目録二卷 …… 421
10370 唐類函二百卷目録二卷 …… 422
10371 古今事類四十九卷 …… 423
10372 金剛般若波羅蜜經一卷 …… 424
10373 大佛頂如來密因修證了義諸菩薩萬行首楞嚴經十卷 …… 425
10374 大方廣圓覺脩多羅了義經二卷 …… 426
10375 諸佛世尊如來菩薩尊者神僧名經不分卷 …… 427
10376 修習止觀坐禪法要二卷 …… 428
10377 禪林寶訓二卷 …… 429
10378 大藏一覽十卷 …… 430
10379 法藏碎金録十卷 …… 431
10380 禪那集四卷 …… 432
10381 大慈恩寺三藏法師傳十卷 …… 433

10382 道德經二卷老子考異一卷 …… 434
10383 解莊十二卷 …… 435
10384 楚辭二卷 …… 436
10385 楚辭二卷 …… 437
10386 楚辭章句十七卷 …… 438
10387 楚辭章句十七卷 …… 439
10388 楚辭集註八卷辯證二卷後語六卷 …… 440
10389 楚辭集注八卷辯證二卷後語八卷附覽二卷總評一卷 …… 441
10390 楚辭十卷 …… 442
10391 楚辭述註十卷 …… 443
10392 楚辭述註五卷 …… 444
10393 離騷經訂注不分卷 …… 445
10394 蔡中郎文集十卷外傳一卷 …… 446
10395 曹子建集十卷 …… 447
10396 曹子建集十卷 …… 448
10397 陳思王集十卷 …… 449
10398 唐丞相曲江張先生文集十二卷附録一卷 …… 450
10399 靈隱子六卷 …… 451
10400 新刊駱子集註四卷 …… 452
10401 唐王右丞詩集六卷 …… 453
10402 寒山子詩集一卷 …… 454
10403 讀杜詩愚得十八卷 …… 455
10404 杜詩分類五卷 …… 456
10405 杜律選註六卷 …… 457
10406 昌黎先生集四十卷外集十卷遺文一卷 …… 458
10407 昌黎先生集四十卷外集十卷遺文一卷朱子校昌黎先生集傳一卷 …… 459
10408 顧瑞屏太史評閱韓昌黎先生全集四十卷 …… 460
10409 韓文公文抄十六卷 …… 461
10410 韓文公文抄十六卷 …… 462
10411 河東先生集四十五卷外集二卷龍城録二卷 …… 463
10412 河東先生集四十五卷外集二卷龍城録二卷 …… 464
10413 河東先生集四十五卷外集二卷龍城録二卷 …… 465
10414 白氏文集七十一卷 …… 466
10415 杜樊川集十七卷 …… 467
10416 李商隱詩集三卷 …… 468
10417 林和靖先生詩集四卷補遺一卷省心録一卷附録一卷 …… 469
10418 蔡忠惠詩集全編二卷 …… 470
10419 南豐曾先生文粹十卷 …… 471
10420 伊川擊壤集二十卷 …… 472
10421 臨川先生文集一百卷 …… 473
10422 重刊嘉祐集十五卷 …… 474
10423 新刻臨川王介甫先生詩文集一百卷目録二卷 …… 475
10424 東坡先生全集七十五卷 …… 476
10425 東坡先生全集七十五卷 …… 477
10426 東坡文選二十卷 …… 478
10427 東坡文選二十卷 …… 479
10428 東坡文選二十卷 …… 480
10429 淮海集四十卷後集六卷長短句三卷 …… 481
10430 淮海集四十卷後集六卷長短句三卷 …… 482
10431 濟北晁先生鷄肋集七十卷 …… 483
10432 晦庵文抄七卷詩抄一卷 …… 484
10433 晦庵先生朱文公文集一百卷續集十一卷別集十卷 …… 485
10434 象山先生全集三十六卷 …… 486
10435 箋釋梅亭先生四六標準四十卷目録一卷 …… 487
10436 宋學士徐文惠公存稿五卷 …… 488
10437 宋學士徐文惠公存稿五卷 …… 489
10438 文文山先生集杜詩不分卷 …… 490
10439 晞髮集十卷 …… 491
10440 筠溪牧潜集七卷 …… 492
10441 魯齋遺書十四卷 …… 493
10442 誠意伯劉先生文集七卷 …… 494
10443 遜志齋集三十卷 …… 495
10444 方正學先生遜志齋集二十四卷 …… 496
10445 于忠肅公集十二卷附録四卷 …… 497
10446 白沙先生全集十二卷附録白沙先生行狀銘表一卷 …… 498
10447 類博稿十卷 …… 499
10448 穀庵集選十卷附錄二卷 …… 500

10449 楓山章先生文集九卷 …… 501
10450 王文恪公集三十六卷 …… 502
10451 空同先生集六十三卷 …… 503
10452 空同詩選一卷 …… 504
10453 空同子集六十六卷 …… 505
10454 對山集十九卷 …… 506
10455 可泉擬涯翁擬古樂府二卷 …… 508
10456 西村詩集二卷補遺一卷 …… 509
10457 皇甫司勳集六十卷 …… 510
10458 張月泉詩集不分卷 …… 511
10459 滄溟先生集三十二卷 …… 512
10460 甔甀洞藁五十四卷 …… 513
10461 甔甀洞藁五十四卷 …… 514
10462 李氏焚書六卷 …… 515
10463 李氏文集十八卷 …… 516
10464 王文肅公牘草十八卷 …… 517
10465 雅宜山人集十卷 …… 518
10466 穀城山館全集六十二卷 …… 519
10467 喙鳴文集二十一卷 …… 520
10468 快雪堂集六十四卷 …… 521
10469 鐫蒼霞草十五卷 …… 522
10470 容臺文集九卷詩集四卷別集四卷 …… 523
10471 幔亭集十五卷 …… 524
10472 解脱集四卷 …… 525
10473 緱山先生集二十七卷 …… 526
10474 從野堂存稿不分卷 …… 527
10475 白雲巢集二十四卷 …… 528
10476 牧齋初學集一百十卷目録二卷 …… 529
10477 海嶽靈秀集二十二卷 …… 530
10478 四明文獻志十卷 …… 531
10479 娥江贈言三卷 …… 532
10480 金華文統十三卷 …… 533
10481 洞庭吴氏集選十二卷 …… 534
10482 合諸名家評註三蘇文選十八卷 …… 535
10483 彙鍥註釋三蘇文苑八卷 …… 536
10484 眉山蘇氏三大家文選四卷 …… 537
10485 新鐫張太史評選眉山橋梓名文雋三卷 …… 538
10486 屈陶合刻十六卷 …… 539
10487 漢魏六朝百三家集一百十八卷 …… 540
10488 詩詞雜俎十二種二十五卷 …… 541
10489 詩詞雜俎十二種二十五卷 …… 542
10490 詩詞雜俎十二種二十五卷 …… 543
10491 宋元詩六十一種二百七十三卷 …… 544
10492 前唐十二家詩二十四卷 …… 545
10493 前唐十二家詩二十四卷 …… 546
10494 唐十二家詩四十九卷 …… 547
10495 唐人六集四十二卷 …… 548

第三册

10496 韓柳文一百卷 …… 549
10497 韓柳全集一百四卷 …… 550
10498 唐人八家詩四十二卷 …… 551
10499 唐三高僧詩集四十七卷 …… 552
10500 唐詩艶逸品四卷 …… 553
10501 唐人四集十二卷 …… 554
10502 蘇門六君子文粹七十卷 …… 555
10503 元人集十種五十四卷 …… 556
10504 元四大家詩集四種二十七卷 …… 557
10505 李卓吾先生批評三大家文集三種二十八卷 …… 558
10506 文選六十卷 …… 559
10507 文選六十卷 …… 560
10508 六家文選六十卷 …… 561
10509 六臣註文選六十卷 …… 562
10510 文選纂注十二卷 …… 563
10511 文選纂注評林十二卷 …… 564
10512 梁昭明文選十二卷 …… 565
10513 梁昭明文選二十四卷 …… 566
10514 孫月峯先生評文選三十卷 …… 567
10515 文選删註十二卷 …… 568
10516 選賦六卷 …… 569
10517 選賦六卷 …… 570
10518 選詩補註八卷 …… 571
10519 選詩補註八卷存補遺二卷續編四卷 …… 572
10520 文苑英華一千卷 …… 573

10521 文苑英華一千卷 …… 574
10522 文苑英華一千卷 …… 575
10523 文苑英華一千卷 …… 576
10524 文苑英華選雋二十八卷 …… 577
10525 玉臺新詠十卷 …… 578
10526 樂府詩集一百卷目録二卷 …… 579
10527 樂府詩集一百卷目録二卷 …… 580
10528 六朝聲偶集七卷 …… 581
10529 詩紀一百五十六卷目録三十六卷 …… 582
10530 詩删二十三卷 …… 583
10531 絶祖三卷 …… 584
10532 詩所五十六卷歷代名氏爵里一卷 …… 585
10533 詩所五十六卷歷代名氏爵里一卷 …… 586
10534 詩所五十六卷 …… 587
10535 詩歸五十一卷 …… 588
10536 名媛詩歸三十六卷 …… 589
10537 古賦辯體十卷 …… 590
10538 賦苑八卷 …… 591
10539 西山先生真文忠公文章正宗二十四卷 …… 592
10540 西山先生真文忠公文章正宗二十四卷 …… 593
10541 妙絶古今不分卷 …… 594
10542 妙絶古今不分卷 …… 595
10543 文翰類選大成一百六十三卷 …… 596
10544 何大復先生學約古文十卷 …… 597
10545 文編六十四卷 …… 598
10546 文編六十四卷 …… 599
10547 書記洞詮一百二十卷目録十卷 …… 600
10548 滑耀編四卷 …… 601
10549 文府滑稽十二卷 …… 602
10550 秦漢文懷二十卷 …… 603
10551 唐宋八大家選二十四卷 …… 604
10552 古逸書三十卷首一卷末一卷 …… 605
10553 秦漢文鈔六卷 …… 606
10554 秦漢文鈔六卷 …… 607
10555 文致不分卷 …… 608
10556 尺牘清裁六十卷補遺一卷 …… 609
10557 新鐫歷世諸大名家往來翰墨分類纂註品粹 …… 610
10558 尺牘雋言十二卷 …… 611
10559 尺牘青蓮鉢十二卷 …… 612
10560 唐文粹一百卷 …… 613
10561 唐文粹一百卷目録一卷 …… 614
10562 宋洪魏公進萬首唐人絶句四十卷目録四卷 …… 615
10563 唐詩歸三十六卷 …… 616
10564 唐詩品彙九十卷拾遺十卷詩人爵里詳節一卷 …… 617
10565 唐詩品彙九十卷 …… 618
10566 唐詩類苑二百卷 …… 619
10567 李于鱗唐詩廣選七卷 …… 620
10568 新刻李袁二先生精選唐詩訓解七卷首一卷 …… 621
10569 唐詩選七卷 …… 622
10570 唐詩紀一百七十卷目録三十四卷 …… 623
10571 唐詩三集合編七十四卷首一卷 …… 624
10572 唐詩所四十七卷 …… 625
10573 詳註百家唐詩彙選三十卷 …… 626
10574 弄石庵唐詩名花集四卷 …… 627
10575 古洋遺響集不分卷 …… 628
10576 宋文鑑一百五十卷目録三卷 …… 629
10577 宋文鑑一百五十卷目録三卷 …… 630
10578 宋文鑑一百五十卷目録三卷 …… 631
10579 中州集十卷樂府一卷 …… 632
10580 皇明經濟文録四十一卷 …… 633
10581 今文選十二卷續今文選五卷 …… 634
10582 皇明經濟文輯二十三卷 …… 635
10583 皇明經世文編五百四卷補遺四卷 …… 636
10584 媚幽閣文娱二集十卷 …… 637
10585 徽郡新刻國朝名公尺牘三卷 …… 638
10586 壬辰翰林館課纂二十三卷 …… 639
10587 國朝七名公尺牘八卷 …… 640
10588 楊升庵先生批點文心雕龍十卷 …… 641
10589 楊升庵先生批點文心雕龍十卷 …… 643
10590 楊升庵先生批點文心雕龍十卷 …… 644
10591 劉子文心雕龍二卷 …… 645
10592 唐詩紀事八十一卷 …… 646

10593 唐詩紀事八十一卷 …… 647
10594 唐詩紀事八十一卷 …… 648
10595 韻語陽秋二十卷 …… 649
10596 全唐詩話三卷 …… 650
10597 全唐詩話三卷 …… 651
10598 瓊臺詩話二卷 …… 652
10599 詩法指南二卷 …… 653
10600 虞初志七卷 …… 654
10601 廣虞初志四卷 …… 655
10602 醉醒石十五回 …… 656
10603 石點頭十四卷 …… 657
10604 新鐫出像批評通俗小説鼓掌絶塵四集四十回 …… 658
10605 鼎刻江湖歷覽杜騙新書四卷 …… 659
10606 新刻按鑑編纂開闢衍繹通俗志傳六卷八十回 …… 660
10607 新刊京本春秋五霸七雄全像列國志傳八卷 …… 661
10608 新鐫全像通俗演義隋煬帝艶史八卷四十回 …… 662
10609 鐫李卓吾批點殘唐五代史演義傳八卷六十回 …… 663
10610 新鐫玉茗堂批點按鑑參補北宋志傳十卷五十回 …… 664
10611 新鐫全像武穆精忠傳八卷 …… 665
10612 綉像雲合奇蹤二十卷 …… 666
10613 新刻全像三寶太監西洋記通俗演義二十卷一百回 …… 667
10614 新刻全像三寶太監西洋記通俗演義二十卷一百回 …… 668
10615 新刻全像楊家府世代忠勇通俗演義志傳八卷 …… 669
10616 新鐫警世陰陽夢十卷四十回 …… 670
10617 新鐫批評出像通俗演義禪真後史十集六十回 …… 671
10618 新鐫批評出相韓湘子三十回 …… 672
10619 詞苑英華四十五卷 …… 673
10620 詞苑英華四十五卷 …… 674
10621 宋名家詞六十一種九十卷 …… 676
10622 宋名家詞六十一種九十卷 …… 677
10623 宋元名家詞抄二十一種 …… 678
10624 花間集四卷 …… 679
10625 類編草堂詩餘四卷 …… 680
10626 類編草堂詩餘四卷 …… 681
10627 草堂詩餘五卷 …… 682
10628 類選箋釋草堂詩餘六卷 …… 683
10629 古香岑草堂詩餘四集十七卷 …… 684
10630 古香岑草堂詩餘四集十七卷 …… 685
10631 唐宋諸賢絶妙詞選十卷 …… 686
10632 草堂詩餘十六卷雜説一卷徐卓晤歌一卷 …… 687
10633 詞的四卷 …… 688
10634 稼軒長短句十二卷 …… 689
10635 盛明雜劇三十種三十卷 …… 690
10636 四聲猿四卷 …… 691
10637 綉刻演劇六十種一百二十卷 …… 692
10638 綉刻演劇六十種一百二十卷 …… 693
10639 粲花齋新樂府八卷 …… 694
10640 牡丹亭還魂記二卷 …… 695
10641 牡丹亭還魂記二卷 …… 696
10642 南柯記二卷 …… 697
10643 新鍥出像註釋李十郎霍小玉紫簫記題評二卷 …… 698
10644 秋水庵花影集五卷 …… 699
10645 江東白苧二卷續二卷 …… 700
10646 新鐫古今大雅北宫詞紀六卷 …… 701
10647 新鐫古今大雅南宫詞紀六卷 …… 702
10648 度曲須知二卷弦索辨訛二卷 …… 703
10649 古今説海一百三十五種一百四十二卷 …… 704
10650 古今説海一百三十五種一百四十二卷 …… 705
10651 漢魏叢書三十八種二百五十一卷 …… 706
10652 格致叢書九十九種一百九十九卷 …… 707
10653 百名家書一百種 …… 708
10654 尚白齋鐫陳眉公寶顏堂祕笈十六種四十七卷 …… 709
10655 尚白齋鐫陳眉公寶顏堂祕笈十六種四十七卷 …… 710
10656 快書五十種五十卷 …… 711

10657 快書五十種五十卷 …… 712
10658 廣快書五十種五十卷 …… 713
10659 宋三大臣彙志十二種 …… 714
10660 廣百川學海一百三十種一百五十六卷 …… 715
10661 廣百川學海一百三十種一百五十六卷 …… 716
10662 居家必備十卷 …… 717
10663 陸放翁全集六種一百五十七卷 …… 718
10664 少室山房四部一百八十九卷 …… 719
清代 …… 720
10665 五經四書讀本七十七卷 …… 720
10666 御定仿宋相臺岳氏五經九十六卷附考證 …… 721
10667 周易本義十二卷易圖一卷五贊一卷筮儀一卷 …… 722
10668 九正易因二卷 …… 723
10669 御纂周易折中二十二卷首一卷 …… 724
10670 御纂周易折中二十二卷首一卷 …… 725
10671 理象解原四卷 …… 727
10672 御纂周易述義十卷 …… 728
10673 御纂周易述義十卷 …… 729
10674 欽定書經傳説彙纂二十一卷首二卷書序一卷 …… 730
10675 欽定詩經傳説彙纂二十一卷詩序二卷首二卷 …… 731
10676 御纂詩義折中二十卷 …… 732
10677 禮記釋文不分卷 …… 733
10678 禮記附記□□卷 …… 734
10679 欽定三禮義疏一百七十八卷首四卷 …… 735
10680 御製律呂正義後編一百二十卷首一卷 …… 736
10681 御製律呂正義後編續八卷首一卷 …… 737
10682 春秋地考一卷 …… 738
10683 欽定春秋傳説彙纂三十八卷首二卷 …… 739
10684 日講春秋解義六十四卷總説一卷 …… 740
10685 御纂春秋直解十二卷 …… 741
10686 春秋經傳集解考正五卷 …… 742
10687 御註孝經一卷 …… 743
10688 孝經衍義一百卷首二卷 …… 744
10689 論語集解義疏十卷 …… 745
10690 孟子論文七卷 …… 746
10691 日講四書解義二十六卷 …… 747
10692 爾雅義疏三卷 …… 748
10693 説文解字十五卷 …… 749
10694 康熙字典十二集三十六卷總目一卷檢字一卷辨似一卷等韵一卷補遺一卷備考一卷 …… 750
10695 音韻闡微十八卷韻譜一卷 …… 751
10696 音韻闡微十八卷韻譜一卷 …… 752
10697 欽定同文韻統六卷 …… 754
10698 欽定叶韻彙輯十卷 …… 755
10699 通志二百卷 …… 756
10700 欽定續通志六百四十卷 …… 757
10701 御批資治通鑑綱目全書一百九卷 …… 758
10702 御批資治通鑑綱目全書一百九卷 …… 759
10703 御撰資治通鑑綱目三編二十卷 …… 760
10704 御定歷代紀事年表一百卷歷代三元甲子編年一卷 …… 761
10705 後漢紀三十卷 …… 762
10706 中興小紀四十卷 …… 763
10707 明實錄不分卷 …… 764
10708 康熙起居注不分卷 …… 765
10709 皇清開國方畧三十二卷首一卷 …… 766
10710 皇清開國方畧三十二卷首一卷 …… 767
10711 皇清開國方畧三十二卷首一卷 …… 768
10712 山書十八卷 …… 769
10713 御製親征朔漠紀略一卷 …… 770
10714 靖海紀不分卷 …… 771
10715 平定金川方略二十六卷圖説一卷 …… 772
10716 平定準噶爾方略前編五十四卷正編八十五卷續編三十二卷紀略一卷 …… 773
10717 繹史一百六十卷世系圖一卷年表一卷 …… 774
10718 欽定剿捕臨清逆匪紀略十六卷 …… 775
10719 欽定平定臺灣紀畧六十五卷首五卷 …… 776
10720 欽定廓爾喀紀畧五十四卷首四卷 …… 777
10721 甲申傳信録十卷訂録一卷 …… 778
10722 酌中志畧三卷 …… 779
10723 三朝野紀七卷 …… 780
10724 明季甲乙兩年彙畧三卷 …… 781

10725 欽定滿洲源流考二十卷 …… 782
10726 查辦伊犁蒙古事宜不分卷 …… 783
10727 太祖高皇帝聖訓四卷 …… 784
10728 太宗文皇帝聖訓六卷 …… 785
10729 世祖章皇帝聖訓六卷 …… 786
10730 聖祖仁皇帝聖訓六十卷 …… 787
10731 世宗憲皇帝聖訓三十六卷 …… 788
10732 大義覺迷録四卷 …… 789
10733 世宗上諭内閣一百五十九卷 …… 790
10734 世宗上諭八旗十三卷 …… 791
10735 上諭旗務議覆十二卷 …… 792
10736 諭行旗務奏議不分卷 …… 793
10737 諭行旗務奏議十三卷 …… 794
10738 硃批諭旨不分卷 …… 795
10739 雲東逸史年譜一卷 …… 796
10740 八旗滿洲氏族通譜八十卷目録二卷 …… 797
10741 八旗滿洲氏族通譜八十卷目録二卷 …… 798
10742 諸史提要十五卷 …… 799
10743 月令輯要二十四卷圖説一卷 …… 800
10744 皇輿表十六卷 …… 801
10745 皇輿表十六卷 …… 802
10746 大清一統志三百五十六卷 …… 803
10747 皇清職貢圖九卷 …… 804
10748 小方壺齋輿地叢抄三補編九十六種 …… 805
10749 欽定盛京通志三十二卷 …… 806
10750 欽定熱河志一百二十卷 …… 807
10751 盛京景物輯要十二卷 …… 808
10752 欽定日下舊聞考一百六十卷譯語總目一卷 …… 809
10753 治河上諭事宜二十四卷 …… 810
10754 盤山志十六卷首五卷 …… 811
10755 欽定河源紀畧三十五卷首一卷 …… 812
10756 清河縣河口圖説不分卷 …… 813
10757 杭州上天竺講寺志十五卷首一卷 …… 814
10758 詞林典故八卷 …… 815
10759 欽定歷代職官表七十二卷首一卷 …… 816
10760 欽定國子監則例三十卷首二卷 …… 817
10761 通典二百卷 …… 818
10762 欽定續通典一百五十卷 …… 819
10763 文獻通考三百四十八卷 …… 820
10764 欽定續文獻通考二百五十卷 …… 821
10765 文獻通考紀要二卷 …… 822
10766 大清會典一百六十二卷 …… 823
10767 欽定大清會典一百卷欽定大清會典則例一百八十卷 …… 824
10768 皇朝通志一百二十六卷 …… 825
10769 皇朝通典一百卷 …… 826
10770 皇朝文獻通考三百卷 …… 827
10771 萬壽盛典初集一百二十卷 …… 828
10772 萬壽盛典初集一百二十卷 …… 829
10773 幸魯盛典四十卷 …… 830

第四册

10774 國學禮樂録二十卷 …… 831
10775 大清通禮五十卷 …… 832
10776 皇朝禮器圖式十八卷目録一卷 …… 833
10777 皇朝禮器圖式十八卷目録一卷 …… 834
10778 八旬萬壽盛典一百二十卷首一卷 …… 835
10779 八旬萬壽盛典一百二十卷首一卷 …… 836
10780 南巡盛典一百二十卷 …… 837
10781 蘇松浮糧考不分卷 …… 838
10782 欽定康濟録四卷附録一卷 …… 839
10783 欽定學政全書八十卷 …… 840
10784 欽定學政全書八卷續增四卷 …… 841
10785 九卿議定物料價值四卷續四卷 …… 842
10786 欽定中樞政考三十一卷 …… 843
10787 八旗通志初集二百五十卷目録二卷 …… 844
10788 欽定軍器則例二十卷 …… 845
10789 欽定蘭州紀畧二十卷首一卷 …… 846
10790 會勘黑龍江省中俄國界案不分卷 …… 847
10791 律例館校正洗冤録四卷 …… 848
10792 大清律續纂條例總類二卷 …… 849
10793 大清律續纂條例二卷 …… 850
10794 大清律續纂條例六卷 …… 851
10795 欽定大清律例四十七卷 …… 852

10796 大清律纂修條例二卷 …… 853
10797 欽定吏部則例六十六卷 …… 854
10798 督捕則例二卷 …… 855
10799 清吏部職官銓選則例不分卷 …… 856
10800 乾隆職官揀選不分卷 …… 857
10801 蒙古律例十二卷 …… 858
10802 後金天聰二年九月金國汗致朝鮮國王書不分卷 …… 859
10803 乘輿儀仗做法二卷 …… 860
10804 欽定科場條例四卷翻譯考試條例一卷 …… 861
10805 四庫全書原本提要抄繕樣稿 …… 862
10806 欽定四庫全書總目二百卷首四卷 …… 863
10807 隸續二十一卷 …… 864
10808 東巡金石録八卷 …… 865
10809 西清古鑑四十卷錢録十六卷 …… 866
10810 欽定古今儲貳金鑑六卷首一卷 …… 867
10811 揚子法言十三卷 …… 868
10812 白虎通疏證十二卷 …… 869
10813 近思録集解十四卷 …… 870
10814 小學集註六卷 …… 871
10815 帝學八卷 …… 872
10816 淵鑒齋御纂朱子全書六十六卷 …… 873
10817 淵鑒齋御纂朱子全書六十六卷 …… 874
10818 淵鑒齋御纂朱子全書六十六卷 …… 875
10819 御製資政要覽三卷 …… 876
10820 御製資政要覽三卷 …… 877
10821 聖諭廣訓一卷 …… 878
10822 御製朋黨論一卷 …… 879
10823 聖祖仁皇帝庭訓格言一卷 …… 880
10824 欽定執中成憲八卷 …… 881
10825 日知薈說四卷 …… 882
10826 御纂性理精義十二卷 …… 883
10827 御纂性理精義十二卷 …… 884
10828 舊事重提不分卷 …… 885
10829 管子集註二十四卷 …… 886
10830 覆甕集刑名十卷餘集一卷 …… 887
10831 御纂醫宗金鑑九十卷首一卷 …… 888
10832 御製律曆淵源一百卷 …… 889
10833 欽定儀象考成三十卷首二卷 …… 890
10834 欽定儀象考成三十卷首二卷 …… 891
10835 御製欽若曆書上編十六卷下編十卷表十六卷 …… 892
10836 御製曆象考成後編十卷 …… 893
10837 御選歷代三元甲子編年一卷御定萬年書一卷 …… 894
10838 萬年書十二卷 …… 895
10839 御定七政四餘萬年書三卷 …… 896
10840 對數廣運一卷 …… 897
10841 欽定協紀辨方書三十六卷 …… 898
10842 欽定選擇曆書十卷 …… 899
10843 清河書畫舫十二卷 …… 900
10844 珊瑚網法書題跋二十四卷名畫題跋二十四卷 …… 901
10845 佩文齋書畫譜一百卷 …… 902
10846 佩文齋書畫譜一百卷 …… 903
10847 分隸存三卷 …… 904
10848 石渠寶笈四十四卷 …… 905
10849 欽定石渠寶笈續編□□卷 …… 906
10850 佩文齋廣羣芳譜一百卷 …… 907
10851 日知録三十二卷 …… 908
10852 從朔編一卷 …… 909
10853 歸潛志八卷 …… 910
10854 自叙宦夢録 …… 911
10855 静齋至正直記四卷 …… 912
10856 竹岑札記不分卷 …… 913
10857 墨林快事十二卷 …… 914
10858 淵鑑類函四百五十卷目録四卷 …… 915
10859 佩文韻府一百六卷 …… 916
10860 韻府拾遺一百六卷 …… 917
10861 讀書紀數略五十四卷 …… 918
10862 分類字錦六十四卷 …… 919
10863 子史精華一百六十卷 …… 920
10864 子史精華一百六十卷 …… 921
10865 子史精華一百六十卷 …… 922
10866 御定駢字類編二百四十卷 …… 923
10867 御定駢字類編二百四十卷 …… 924

10868 二十八經同函一百四十七卷 …………………… 925
10869 御選語錄十九卷 …………………………………… 926
10870 御錄經海一滴六卷 ………………………………… 927
10871 御錄經海一滴六卷 ………………………………… 928
10872 老子道德經二卷附老子道經音義老子德經音義 ………………………………………………… 929
10873 黄籙科儀十二卷 …………………………………… 930
10874 太上感應篇圖説八卷 ……………………………… 931
10875 蔡中郎集六卷 ……………………………………… 932
10876 華陽陶隱居集二卷 ………………………………… 933
10877 王無功集二卷補遺一卷 …………………………… 934
10878 杜工部集二十卷 …………………………………… 935
10879 杜工部集二十卷首一卷 …………………………… 936
10880 九家集注杜詩三十六卷 …………………………… 937
10881 邕州小集不分卷 …………………………………… 938
10882 蘇文忠公詩集五十卷 ……………………………… 939
10883 石湖居士詩集三十四卷 …………………………… 940
10884 方泉先生詩集三卷 ………………………………… 941
10885 姜白石集九卷附録一卷 …………………………… 942
10886 湛然居士文集十四卷 ……………………………… 943
10887 松雪齋文集不分卷 ………………………………… 946
10888 順渠先生文録十二卷 ……………………………… 947
10889 寒支初集十卷二集六卷附歲紀一卷 ……………… 948
10890 牧雲和尚嬾齋別集十四卷 ………………………… 949
10891 御製詩初集十卷二集十卷 ………………………… 950
10892 御製詩三集八卷 …………………………………… 951
10893 御製文集四十卷總目五卷二集五十卷總目六卷三集五十卷總目六卷 ………………………… 952
10894 御製文集四十卷總目五卷二集五十卷總目六卷三集五十卷總目六卷四集三十六卷總目四卷 ………………………………………………… 953
10895 御製文集四十卷總目五卷二集五十卷總目六卷三集五十卷總目六卷四集三十六卷總目四卷 ………………………………………………… 954
10896 御製避暑山莊三十六景詩二卷 …………………… 955
10897 樂善堂全集四十卷目録四卷 ……………………… 956
10898 樂善堂全集定本三十卷目録一卷 ………………… 957
10899 御製詩初集四十四卷目録四卷二集九十卷目録十卷三集一百卷目録二十卷四集一百卷目録十二卷五集一百卷目録十二卷餘集二十卷目録三卷 ………………………… 958
10900 御製詩初集四十四卷目録四卷二集九十卷目録十卷 ……………………………………… 959
10901 御製文二集四十四卷目録二卷 …………………… 960
10902 御製擬白居易新樂府四卷 ………………………… 961
10903 御製擬白居易新樂府四卷 ………………………… 962
10904 御製盛京賦一卷 …………………………………… 963
10905 御製冰嬉賦一卷 …………………………………… 964
10906 乙丑詩編一卷 ……………………………………… 965
10907 賡揚集不分卷 ……………………………………… 966
10908 味餘書室全集定本四十卷目録四卷隨筆二卷 ………………………………………………… 967
10909 味餘書室全集定本四十卷目録四卷隨筆二卷 ………………………………………………… 968
10910 味餘書室全集定本四十卷目録四卷隨筆二卷 ………………………………………………… 969
10911 御製詩三集六十四卷目録四卷 …………………… 970
10912 御製文集三十卷總目四卷 ………………………… 971
10913 御製文集三十卷總目四卷 ………………………… 972
10914 御製文二卷 ………………………………………… 973
10915 御製文餘集二卷 …………………………………… 974
10916 御製詩初集二十四卷目録四卷 …………………… 975
10917 御製文初集十卷 …………………………………… 976
10918 御製文餘集六卷 …………………………………… 977
10919 御製文餘集十二卷目録二卷 ……………………… 978
10920 御製詩集八卷文集二卷 …………………………… 979
10921 守拙軒詩集三卷軍中雜稿一卷 …………………… 980
10922 御製文集十卷詩集六卷 …………………………… 981
10923 二妙詩集二卷 ……………………………………… 982
10924 錫山錢氏三華詩集十八卷 ………………………… 983
10925 御選宋金元明四朝詩三百二卷首二卷姓名爵里十三卷 ……………………………………… 984
10926 佩文齋詠物詩選四百八十六卷 …………………… 985
10927 佩文齋詠物詩選四百八十六卷 …………………… 986
10928 歷朝閨雅十二卷 …………………………………… 987
10929 御定歷代題畫詩類一百二十卷 …………………… 988

10930 御定歷代題畫詩類一百二十卷 …… 989
10931 御選唐宋詩醇四十七卷 …… 990
10932 御定歷代賦彙正集一百四十卷外集二十卷逸句二卷補遺二十二卷目録三卷 …… 991
10933 御定歷代賦彙正集一百四十卷外集二十卷逸句二卷補遺二十二卷目録三卷 …… 992
10934 御定歷代賦彙正集一百四十卷外集二十卷逸句二卷補遺二十二卷目録三卷 …… 993
10935 古文淵鑒六十四卷 …… 994
10936 古文淵鑒六十四卷 …… 995
10937 欽定四書文不分卷 …… 996
10938 御選唐宋文醇五十八卷 …… 997
10939 御選唐宋文醇五十八卷 …… 998
10940 御選唐宋文醇五十八卷 …… 999
10941 御選唐宋文醇五十八卷 …… 1000
10942 悦心集四卷 …… 1001
10943 全唐詩九百卷目録十二卷 …… 1002
10944 全唐詩九百卷目録十二卷 …… 1003
10945 全唐詩九百卷目録十二卷 …… 1004
10946 全唐詩九百卷目録十二卷 …… 1005
10947 御選唐詩三十二卷目録三卷 …… 1006
10948 御選唐詩三十二卷目録三卷 …… 1007
10949 御定全唐詩錄一百卷 …… 1008
10950 欽定全唐文一千卷首四卷 …… 1009
10951 御訂全金詩增補中州集七十二卷首二卷 …… 1010
10952 圭塘欸乃一卷 …… 1011
10953 二仲詩二卷 …… 1012
10954 皇清文穎一百卷首二十四卷目録六卷 …… 1013
10955 皇清文穎續編一百八卷首五十六卷目録十卷 …… 1014
10956 欽定熙朝雅頌集一百六卷首集二十六卷餘集二卷首一卷目録一卷 …… 1015
10957 國朝閨秀正始集二十卷附録一卷補遺一卷 …… 1016
10958 國朝閨秀正始續集十卷附録一卷 …… 1017
10959 千叟宴詩三十四卷首二卷 …… 1018
10960 千叟宴詩三十四卷首二卷 …… 1019
10961 聊齋志異不分卷 …… 1020
10962 新鐫施耐庵先生藏本後水滸全傳四十五回 …… 1021
10963 新世鴻勳二十二回 …… 1022
10964 新世弘勳二十二回 …… 1023
10965 新編覺世梧桐影十二回 …… 1024
10966 貫華堂評論金雲翹傳四卷二十回 …… 1025
10967 快心編初集五卷十回二集五卷十回三集六卷十二回 …… 1026
10968 快心編初集五卷十回二集五卷十回三集六卷十二回 …… 1027
10969 新編賽花鈴十六回 …… 1030
10970 新鐫批評繡像合浦珠傳四卷十六回 …… 1031
10971 情夢柝四卷二十回 …… 1032
10972 飛花艷想十八回 …… 1033
10973 新編批評繡像平山冷燕二十回 …… 1034
10974 新鐫批評繡像飛花咏小傳十六回 …… 1035
10975 新編繡像簇新小說麟兒報十六回 …… 1036
10976 新編四才子二集兩交婚小傳十八回 …… 1037
10977 新鐫批評綉像秘本定情人十六回 …… 1038
10978 新鐫批評繡像賽紅絲小說十六回 …… 1039
10979 新編繡像畫圖緣小傳十六回 …… 1040
10980 新鐫批評出像通俗奇俠禪真逸史八集四十回 …… 1041
10981 御選歷代詩餘一百二十卷 …… 1042
10982 詞譜四十卷 …… 1043
10983 桃花扇傳奇二卷 …… 1044
10984 勸善金科二十卷首一卷 …… 1045
10985 曲譜十二卷首一卷末一卷 …… 1046
10986 新編南詞定律十三卷首一卷 …… 1047
10987 新定九宫大成南北詞宫譜八十一卷總目三卷閏集一卷 …… 1048
10988 欽定古香齋袖珍十種九百三卷 …… 1049

少數民族文字珍貴古籍 …… 1051

10989 周易四卷 …… 1053
10990 太祖高皇帝聖訓四卷 …… 1054
10991 太祖高皇帝聖訓四卷 …… 1055
10992 太宗文皇帝聖訓六卷 …… 1056

10993 世祖章皇帝聖訓六卷 ……1057
10994 聖祖仁皇帝聖訓六十卷 ……1058
10995 世宗憲皇帝聖訓三十六卷 ……1059
10996 上諭八旗十三卷 ……1060
10997 和碩怡親王行狀不分卷 ……1061
10998 八旗滿洲氏族通譜八十卷 ……1062
10999 八旗滿洲氏族通譜八十卷 ……1063
11000 欽定滿洲祭神祭天典禮六卷 ……1064
11001 宗室王公功績表傳六卷 ……1065
11002 恩封宗室王公表不分卷 ……1066
11003 朱子節要十四卷 ……1067
11004 小學集注六卷 ……1068
11005 大學衍義四十三卷 ……1069
11006 御纂性理精義十二卷 ……1070
11007 御纂性理精義十二卷 ……1071
11008 薛文清公要語二卷 ……1072
11009 薛文清公要語二卷 ……1073
11010 聖祖仁皇帝庭訓格言二卷 ……1074
11011 摩訶般若波羅蜜多心經不分卷 ……1075
11012 三國演義二十四卷 ……1076
11013 御製盛京賦三十二卷 ……1077

遼寧省第一批
珍貴古籍名録

漢文珍貴古籍

唐五代及其以前

10001 **孔目司帖不分卷** 唐建中五年（784）寫本 旅順博物館

10002 **承陽三年菩薩懺悔文** （南朝宋）釋求那跋摩譯 北凉寫本 旅順博物館

10003 **大般若波羅蜜多經六百卷** （唐）釋玄奘譯 唐寫本 遼寧省圖書館
存一卷（三百六十一）

10004 **大般若波羅蜜多經六百卷** （唐）釋玄奘譯 唐寫本 旅順博物館
存一卷（五百七十）

10005 **大寶積經一百二十卷** （晋）釋竺法護譯 唐寫本 旅順博物館
存一卷（一百十七）

10006 **大般涅槃經四十卷** （北凉）釋曇無讖譯 南北朝寫本 旅順博物館
存一卷（十五）

10007 **大般涅槃經四十卷** （北凉）釋曇無讖譯 唐寫本 旅順博物館
存一卷（二十六）

10008 **觀世音經殘卷** （後秦）釋鳩摩羅什譯 唐寫本 旅順博物館

10009 **大通方廣經三卷** 唐寫本 旅順博物館
存一卷（上殘）

10010 **佛説佛名經十二卷** 唐寫本 旅順博物館
存一卷（十九）

10011 **肇論** （後秦）釋僧肇著 卷背 **量處輕重儀** （唐）釋道宣輯 **因緣心論釋開決記** **六門陀羅尼經論廣釋** （唐）釋曇曠撰 唐寫本 旅順博物館

10012 **南宗最上頓教大乘摩訶般若波羅蜜經** （唐）釋法海等輯 後周顯德五年（958）寫本 旅順博物館

宋　代

10013 **周易本義十二卷五贊一卷筮儀一卷** （宋）朱熹撰 宋刻本 遼寧省圖書館
存一卷（下經）

10014 **禮記二十卷** （漢）鄭玄注 宋刻本 瀋陽故宫博物院
存一卷（十四）

10015 **魏書一百十四卷** （北齊）魏收撰 宋刻宋元明遞修本 大連圖書館

10016 **九成宫醴泉銘** （唐）魏徵撰文 （唐）歐陽詢書 唐貞觀六年（632）刻石 宋拓本 旅順博物館

10017 **大般若波羅蜜多經六百卷** （唐）釋玄奘譯 宋紹興刻毗盧藏經本 旅順博物館
存二卷（三百十三、三百十五）

10018 **大般若波羅蜜多經六百卷** （唐）釋玄奘譯 宋刻思溪藏本 大連圖書館
存一卷（十）

10019 **一切經音義一百卷** （唐）釋慧琳撰 宋紹興十八年（1148）福州開元寺刻毗盧藏本 旅順博物館
存二十二卷（一、三至二十、二十二至二十四）

10020 **法苑珠林一百卷** （唐）釋道世撰 宋宣和三年（1121）福州開元寺刻毗盧藏本 旅順博物館
存七卷（四十五、五十七、八十一、八十九、九十三至九十四、九十六）

10021 **沙門不應拜俗六卷** （唐）釋彦悰撰 宋紹興十八年（1148）刻毗盧藏本 旅順博物館
存二卷（二、六）

10022 **古今譯經圖紀四卷** （唐）釋靖邁撰 宋紹興十八年（1148）福州開元寺刻毗盧藏本 旅順博物館

10023 **續高僧傳音義** 宋福州開元寺刻毗盧藏本 旅順博物館
存承字函

10024 **王狀元集百家註分類東坡先生詩二十五卷** （宋）蘇軾撰 題（宋）王十朋纂集 （宋）劉辰翁批點 宋刻本（卷二十配建安熊氏刻本） 遼寧省圖書館
存三卷（七、十六、二十）

元　代

10025 **春秋屬辭十五卷** （元）趙汸撰 元至正二十年至二十四年（1360—1364）休寧商山義塾刻明弘治六年（1493）高忠重修本 羅振玉 羅振常題記 旅順博物館

10026 **爾雅註疏十一卷** （晋）郭璞注 （宋）邢昺疏 元刻明修本 大連圖書館

10027 **古今韻會舉要三十卷禮部韻略七音三十六母通考一卷** （元）熊忠撰　元刻本　遼寧大學圖書館

10028 **南史八十卷** （唐）李延壽撰　元大德十年（1306）刻明嘉靖遞修本　遼寧省圖書館

10029 **南史八十卷** （唐）李延壽撰　元大德十年（1306）刻明嘉靖遞修本　大連圖書館
存七十六卷（一至二十二、二十七至八十）

10030 **北史一百卷** （唐）李延壽撰　元大德信州路儒學刻明嘉靖遞修本　大連圖書館
存六卷（十三至十五、五十一至五十三）

10031 **唐書二百二十五卷** （宋）歐陽修　宋祁等撰　**釋音二十五卷** （宋）董衝撰　元大德九年（1305）建康路儒學刻明成化弘治南京國子監遞修本　遼寧省圖書館

10032 **資治通鑑二百九十四卷** （宋）司馬光撰　（元）胡三省音注　元刻本　錦州市圖書館
存一卷（六十六）

10033 **纂圖互註荀子二十卷** （唐）楊倞注　元刻明修本　遼寧省圖書館

10034 **大德重校聖濟總録二百卷** 元大德三年至四年（1299—1300）江浙等處行中書省刻本　中國醫科大學圖書館
存十卷（一下、二中、十七、十九至二十、六十一至六十二、八十三至八十四、九十九）

10035 **世醫得効方二十卷** （元）危亦林輯　元至正五年（1345）建寧路陳志刻本　遼寧省圖書館
存五卷（二至三、五至六、九）

10036 **玉海二百卷辭學指南四卷詩考一卷詩地理考六卷漢藝文志考證十卷通鑑地理通釋十四卷漢制考四卷踐阼篇集解一卷周易鄭康成注一卷姓氏急就篇二卷急就篇補注四卷周書王會補注一卷小學紺珠十卷六經天文篇二卷通鑑答問五卷** （宋）王應麟輯　元至元六年（1340）慶元路儒學刻元明遞修本　遼寧省圖書館

10037 **玉海二百卷辭學指南四卷詩考一卷詩地理考六卷漢藝文志考證十卷通鑑地理通釋十四卷漢制考四卷踐阼篇集解一卷周易鄭康成注一卷姓氏急就篇二卷急就篇補注四卷周書王會補注一卷小學紺珠十卷六經天文篇二卷通鑑答問五卷** （宋）王應麟輯　元至元六年（1340）慶元路儒學刻元明遞修本　大連圖書館

10038 **玉海二百卷辭學指南四卷** （宋）王應麟輯　元至元六年（1340）慶元路儒學刻元明遞修本　遼寧省圖書館
存一百九十六卷（一至二十七、三十一至三十六、四十二至二百，辭學指南四卷）

10039 **大般若波羅蜜多經六百卷** （唐）釋玄奘譯　元至元杭州路普寧寺刻普寧藏本　遼寧省圖書館
存一卷（二百一）

10040 **大般若波羅蜜多經六百卷** （唐）釋玄奘譯　元至元十五年（1278）杭州路普寧寺刻普寧藏本　大連圖書館
存一卷（四百十四）

10041 **增壹阿含經五十一卷** （前秦）釋曇摩難提譯　元至元杭州路普寧寺刻普寧藏本　遼寧省圖書館
存一卷（二）

10042 **大薩遮尼乾子受記經十卷** （北魏）釋菩提留支譯　元至元杭州路普寧寺刻普寧藏本　遼寧省圖書館
存一卷（六）

10043 **佛説寶生陀羅尼經一卷** （宋）釋施護譯　**佛説十號經一卷** （宋）釋天息灾譯　**毗沙門天王經一卷訶利帝母真言法一卷** （唐）釋不空譯　元至元杭州路普寧寺刻普寧藏本　遼寧省圖書館

10044 **根本説一切有部毗奈耶破僧事二十卷** （唐）釋義净譯　元至元杭州路普寧寺刻普寧藏本　遼寧省圖書館
存一卷（十五）

10045 **虚空藏菩薩問七佛陀羅尼咒經一卷** 元至元二十一年（1284）杭州路普寧寺刻普寧藏本　遼寧省圖書館

10046 **樂瓔珞莊嚴方便經一卷** （後秦）釋曇摩耶舍譯　元至元杭州路普寧寺刻普寧藏本　遼寧省圖書館

10047 **佛説耶祇經一卷佛説末羅王經一卷佛説摩達國王經一卷佛説旃陀越國王經一卷** （南朝宋）釋沮渠京聲譯　元至元杭州路普寧寺刻普寧藏本　遼寧省圖書館

10048 **妙法聖念處經八卷** （宋）釋法天譯　元延祐二年（1315）磧砂寺大藏經刻本　旅順博物館
存一卷（八）

10049 **增刊校正王狀元集註分類東坡先生詩二十五卷** （宋）蘇軾撰　題（宋）王十朋纂集　（宋）劉辰翁批點　元刻本　遼寧省圖書館

存六卷（四、八至十、十三、十七）

10050 **太平金鏡策八卷**　（元）趙天麟撰　元刻本　旅順博物館
存二卷（七至八）

明　代

10051 **四書六經讀本一百十一卷**　（明）毛晋編　明崇禎十四年（1641）毛氏汲古閣刻本　遼寧省圖書館

10052 **十三經註疏三百三十五卷**　明萬曆十四年至二十一年（1586—1593）北京國子監刻本　大連圖書館

10053 **兩蘇經解七種六十四卷**　（明）焦竑輯　明萬曆二十五年（1597）畢氏刻本　遼寧省圖書館

10054 **兩蘇經解七種六十四卷**　（明）焦竑輯　明萬曆三十九年（1611）顧氏刻本　大連圖書館

10055 **三經評注五卷**　明萬曆四十五年（1617）閔齊伋刻三色套印本　遼寧大學圖書館

10056 **周易八卷**　（宋）蘇軾傳　**附王輔嗣論易一卷**　（三國魏）王弼撰　明閔齊伋刻朱墨套印本　遼寧省圖書館

10057 **蘇氏易解八卷**　（宋）蘇軾撰　明萬曆二十二年（1594）冰玉堂刻本　旅順博物館

10058 **誠齋先生易傳二十卷**　（宋）楊萬里撰　明萬曆四十六年（1618）張惟任刻本　遼寧省圖書館

10059 **周易參義十二卷**　（元）梁寅撰　明末周元亮抄本　遼寧省圖書館

10060 **文所易説五卷**　（明）馮時可撰　明萬曆刻本　羅振玉題記　旅順博物館

10061 **易經集註十卷**　（明）蔡毅中撰　明天啓七年（1627）刻本　大連圖書館

10062 **書經集傳六卷**　（宋）蔡沈撰　明吴勉學刻本　遼寧大學圖書館

10063 **書經集傳六卷**　（宋）蔡沈撰　明金陵奎壁齋刻本　遼寧大學圖書館

10064 **尚書金氏註十二卷**　（宋）金履祥撰　明抄本　大連圖書館
存十卷（一至五、八至十二）

10065 **毛詩傳箋七卷**　（漢）毛萇傳　（漢）鄭玄箋　明刻本　遼寧省圖書館

10066 **歐陽文忠公毛詩本義十六卷**　（宋）歐陽修撰　明刻本　遼寧省圖書館

10067 **詩集傳二十卷詩序辨説一卷詩傳綱領一卷詩圖一卷**　（宋）朱熹撰　明正統十二年（1447）司禮監刻本　遼寧省圖書館

10068 **詩緝三十六卷**　（宋）嚴粲撰　明嘉靖趙府味經堂刻本　佚名批校　遼寧大學圖書館

10069 **詩傳大全二十卷綱領一卷圖一卷**　（宋）胡廣等輯　**詩序辨説一卷**　（宋）朱熹撰　**詩經考異一卷**　（宋）王應麟撰　明詩瘦閣刻本　朱筆佚名圈點批校　大連圖書館

10070 **詩傳大全二十卷綱領一卷圖一卷**　（明）胡廣等輯　**詩序辨説一卷**　（宋）朱熹撰　明刻本　魯迅美術學院圖書館

10071 **新刻徐玄扈先生纂輯毛詩六帖講意四卷**　（明）徐光啓輯　明萬曆四十五年（1617）金陵書林廣慶堂唐振吾刻本　羅振玉題識　遼寧省圖書館

10072 **讀風臆評不分卷**　（明）戴君恩撰　明萬曆四十八年（1620）閔齊伋刻朱墨套印本　遼寧省圖書館

10073 **讀風臆評不分卷**　（明）戴君恩撰　明萬曆四十八年（1620）閔齊伋刻朱墨套印本　遼寧大學圖書館

10074 **周禮句解十二卷**　（宋）朱申撰　明嘉靖三十五年（1556）蔡揚金刻本　遼寧省圖書館
存九卷（一至六、八至十）

10075 **禮記集説十六卷**　（元）陳澔撰　明正統十二年（1447）司禮監刻本　遼寧省圖書館

10076 **禮記集説三十卷**　（元）陳澔撰　明末刻本　遼寧省圖書館

10077 **禮記集註十卷**　（元）陳澔撰　明建邑書林興正堂刻本　佚名批校　錦州市圖書館

10078 **禮記纂註三十卷**　（元）陳澔集説　（明）徐師曾集注　（明）湯道衡纂輯　明刻本　佚名圈點批注　瀋陽師範大學圖書館

10079 **禮記日録三十卷圖解一卷**　（明）黄乾行撰　明嘉靖三十四年（1555）鍾一元刻本　大連圖書館

10080 **大戴禮記八十五卷**　（漢）戴德撰　（北周）盧辯注　明嘉靖十二年（1533）袁氏嘉趣堂刻本　旅順博物館
存七卷（一至七）

10081 **讀禮日知二卷**　（明）金㴻撰　明萬曆二年（1574）

海陽馮氏刻本　羅振玉題識　遼寧省圖書館

10082 **禮書一百五十卷**　（宋）陳祥道撰　明張溥刻本　遼寧省圖書館

10083 **苑洛志樂二十卷**　（明）韓邦奇撰　明嘉靖刻本　遼寧大學圖書館

10084 **樂經元義八卷**　（明）劉濂撰　明嘉靖刻本　遼寧省圖書館

10085 **律吕正聲六十卷**　（明）王邦直撰　（明）黄作孚校　明萬曆三十六年（1608）黄作孚刻本　遼寧省圖書館

10086 **樂律全書四十八卷**　（明）朱載堉撰　明萬曆鄭藩增修本　遼寧省圖書館

10087 **樂律全書四十八卷**　（明）朱載堉撰　明萬曆鄭藩增修本　遼寧省圖書館

10088 **春秋經傳集解三十卷**　（晋）杜預撰　（唐）陸德明釋文　**春秋名號歸一圖二卷**　（後蜀）馮繼先撰　明刻本　遼寧省圖書館

存二十九卷（一、三、五至二十三、二十五至三十，春秋名號歸一圖二卷）

10089 **春秋經傳集解三十卷**　（晋）杜預撰　（唐）陸德明釋文　明嘉靖刻本　遼寧省圖書館

10090 **春秋經傳集解三十卷**　（晋）杜預撰　（唐）陸德明釋文　明嘉靖刻本　遼寧省圖書館

10091 **春秋經傳集解三十卷**　（晋）杜預撰　（唐）陸德明釋文　明嘉靖刻本　遼寧省圖書館

存二十九卷（一至十三、十五至三十）

10092 **春秋經傳集解三十卷**　（晋）杜預撰　（唐）陸德明釋文　**春秋名號歸一圖二卷**　（後蜀）馮繼先撰　明刻本　遼寧省圖書館

存十六卷（一至八、十三至十八，春秋名號歸一圖二卷）

10093 **春秋左傳三十卷**　（晋）杜預注　（明）鍾惺評　明崇禎四年（1631）毛氏汲古閣刻本　遼寧省圖書館

10094 **春秋左傳類解二十卷地譜世系一卷**　（明）劉績撰　明嘉靖七年（1528）崇藩寶賢堂刻本　大連圖書館

存十一卷（一至十、地譜世系一卷）

10095 **春秋左傳十五卷**　（明）孫鑛批點　明萬曆四十四年（1616）閔齊伋朱墨套印本　遼寧大學圖書館

10096 **春秋左傳註評測義七十卷**　（明）凌稚隆撰　明萬曆十六年（1588）刻本　遼寧省圖書館

10097 **春秋公羊傳十二卷**　（明）閔齊伋裁注　**考一卷**　明天啓元年（1621）閔齊伋刻三色套印本　遼寧省圖書館

10098 **春秋公羊傳十二卷**　（明）閔齊伋裁注　**考一卷**　明天啓元年（1621）閔齊伋刻三色套印本　遼寧省圖書館

10099 **春秋公羊傳十二卷**　（明）閔齊伋裁注　**考一卷**　明天啓元年（1621）閔齊伋刻三色套印本　遼寧省圖書館

10100 **春秋穀梁傳十二卷**　（明）閔齊伋裁注　**考一卷**　明天啓元年（1621）閔齊伋刻三色套印本　遼寧省圖書館

10101 **春秋穀梁傳十二卷**　（明）閔齊伋裁注　**考一卷**　明天啓元年（1621）閔齊伋刻三色套印本　遼寧省圖書館

10102 **春秋胡傳三十卷春秋列國東坡圖説一卷春秋正經音訓一卷春秋提要一卷**　（宋）胡安國撰　明刻本　佚名題記　遼寧省圖書館

10103 **木訥先生春秋經筌十六卷**　（宋）趙鵬飛撰　明抄本　遼寧省圖書館

存三卷（七至九）

10104 **春秋集傳大全三十七卷序論一卷春秋二十國年表一卷諸國興廢説一卷**　（明）胡廣等輯　明永樂内府刻本　遼寧省圖書館

10105 **春秋私考三十六卷**　（明）季本撰　明刻本　遼寧省圖書館

10106 **春秋疑問十二卷**　（明）姚舜牧撰　明萬曆刻本　遼寧省圖書館

10107 **麟經指月十二卷**　（明）馮夢龍撰　明泰昌元年（1620）開美堂刻本　遼寧省圖書館

存二卷（隱公一卷、桓公一卷）

10108 **麟旨明微十二卷**　（明）吴希哲撰　明崇禎刻本　遼寧省圖書館

10109 **春秋年考一卷**　題天畸人撰　明末抄本（四庫進呈本）　遼寧省圖書館

10110 **春秋繁露十七卷**　（漢）董仲舒撰　（明）孫鑛批點　明天啓五年（1625）花齋刻本　遼寧大學圖書館

10111 **四書集注四十一卷**　（宋）朱熹撰　明刻本　錦州市

圖書館

10112 **四書人物考訂補四十卷** （明）薛應旂撰 （明）朱焯注 （明）許胥臣訂補 明天啓七年（1627）刻本 大連圖書館

10113 **爾雅三卷** （晋）郭璞注 明刻本 羅振玉 王國維跋 旅順博物館

10114 **新刊埤雅二十卷** （宋）陸佃撰 明刻本 遼寧大學圖書館

10115 **重刊許氏説文解字五音韻譜十二卷** （宋）李燾撰 明天啓七年（1627）世裕堂刻本 瀋陽市圖書館

10116 **大廣益會玉篇三十卷** （南朝梁）顧野王撰 （唐）孫强增字 （宋）陳彭年等重修 **玉篇廣韵指南一卷** 明刻本 遼寧省圖書館

10117 **漢隸字源五卷碑目一卷附字一卷** （宋）婁機撰 明末毛晋汲古閣刻本 陶湘過録翁方綱批校并跋 遼寧省圖書館

10118 **漢隸字源五卷碑目一卷附字一卷** （宋）婁機撰 明末毛晋汲古閣刻本 遼寧省圖書館

10119 **漢隸字源五卷碑目一卷附字一卷** （宋）婁機撰 明末毛晋汲古閣刻本 遼寧省圖書館

10120 **漢隸字源五卷碑目一卷附字一卷** （宋）婁機撰 明末毛晋汲古閣刻本 遼寧省圖書館

10121 **漢隸字源五卷碑目一卷附字一卷** （宋）婁機撰 明末毛晋汲古閣刻本 遼寧省圖書館

10122 **漢隸字源五卷碑目一卷附字一卷** （宋）婁機撰 明末毛晋汲古閣刻本 大連圖書館

10123 **六書正譌五卷** （元）周伯琦撰 明崇禎七年（1634）胡正言十竹齋刻本 遼寧省圖書館

10124 **六書精藴六卷** （明）魏校撰 **音釋舉要一卷** （明）徐官撰 明嘉靖十九年（1540）魏希明刻本 遼寧省圖書館

10125 **六書精藴六卷** （明）魏校撰 **音釋舉要一卷** （明）徐官撰 明嘉靖十九年（1540）魏希明刻本 遼寧省圖書館

10126 **金石韻府五卷** （明）朱雲撰 明嘉靖十年（1531）俞顯謨刻朱印本 遼寧省圖書館

10127 **古文奇字十二卷** （明）朱謀㙔撰 明萬曆四十年（1612）刻本 大連圖書館 存六卷（一至六）

10128 **廣韻五卷** 明刻本 遼寧省圖書館

10129 **廣韻五卷** 明刻本 遼寧省圖書館

10130 **大明正德乙亥重刊改併五音類聚四聲篇十五卷五音集韵十五卷** （金）韓道昭撰 **新編經史正音切韵指南一卷** （元）劉鑑撰 **新編篇韵貫珠集八卷直指玉鑰匙門法一卷** （明）釋真空撰 明正德十一年（1516）金臺衍法寺釋覺恒刻本 遼寧省圖書館

10131 **大明正德乙亥重刊改併五音類聚四聲篇十五卷** （金）韓道昭撰 明正德十一年（1516）金臺衍法寺釋覺恒刻嘉靖三十八年（1559）釋本贊修補印本 遼寧省圖書館

10132 **大明萬曆己丑重刊改併五音類聚四聲篇十五卷** （金）韓道昭撰 明崇禎二年至十年（1629—1637）圓覺寺刻本 大連圖書館

10133 **古今韻會舉要三十卷禮部韻略七音三十六母通考一卷** （元）熊忠撰 明嘉靖十五年（1536）秦鉞、李舜臣刻十七年（1538）劉儲秀補刻本 遼寧省圖書館

10134 **古今韻會舉要小補三十卷** （明）方日昇撰 明萬曆三十四年（1606）周士顯建陽刻本 遼寧省圖書館

10135 **古今韻會舉要小補三十卷** （明）方日昇撰 明萬曆三十四年（1606）周士顯建陽刻本 遼寧省圖書館

10136 **新編經史正音切韻指南一卷** （元）劉鑑撰 **直指玉鑰匙門法一卷** （明）釋真空撰 明嘉靖四十三年（1564）刻本 大連圖書館

10137 **洪武正韻十六卷** （明）樂韶鳳 宋濂等撰 明隆慶元年（1567）衡藩刻本 遼寧省圖書館

10138 **洪武正韻十六卷** （明）樂韶鳳 宋濂等撰 明隆慶元年（1567）衡藩刻本 大連圖書館

10139 **洪武正韻十六卷** （明）樂韶鳳 宋濂等撰 明萬曆三年（1575）司禮監刻本 遼寧省圖書館

10140 **洪武正韻十六卷** （明）樂韶鳳 宋濂等撰 明肅府刻本 大連圖書館

10141 **洪武正韻十六卷** （明）樂韶鳳 宋濂等撰 明刻本 遼寧省圖書館

10142 **洪武正韻十六卷** （明）樂韶鳳 宋濂等撰 **洪武正韻玉鍵一卷** （明）張士佩撰 明萬曆二年（1574）刻本 遼寧省圖書館

存十四卷（一至八、十一至十六）

10143 **洪武正韻十卷** （明）樂韶鳳 宋濂等撰 （明）楊時偉補箋 明崇禎四年（1631）刻本 遼寧省圖書館

10144 **史記纂二十四卷** （明）凌稚隆輯 明萬曆凌稚隆刻朱墨套印本 遼寧大學圖書館

10145 **藏書六十八卷** （明）李贄撰 明萬曆二十七年（1599）焦竑刻本 遼寧大學圖書館

10146 **前漢書一百卷** （漢）班固撰 明德藩最樂軒刻本 旅順博物館

10147 **漢書評林一百卷** （明）凌稚隆輯 明萬曆九年（1581）凌稚隆刻本（卷七第五至六頁補抄） 蕭夢松題識 瀋陽師範大學圖書館

10148 **晉書詮要十二卷** （明）陳臣忠輯 明刻本 遼寧省圖書館

10149 **晋書鈎玄二卷** （明）錢普撰 明萬曆六年（1578）刻本 遼寧省圖書館

10150 **宋史四百九十六卷目録三卷** （元）脱脱等撰 明成化七年至十六年（1471—1480）朱英刻明清遞修本 大連圖書館

10151 **資治通鑑大全三百八十三卷** （明）路進輯 明崇禎路進刻本 瀋陽師範大學圖書館

存三百十五卷（資治通鑑一至九十一、一百二十三至一百九十一、二百二十二至二百九十四，宋元資治通鑑六十四卷，增定通鑑前編十八卷）

10152 **宋元資治通鑑六十四卷** （明）王宗沐撰 明吴勉學刻本 遼寧大學圖書館

10153 **通鑑全史彙編歷朝傳統錄八卷** （明）劉綦輯 明崇禎程維培刻本 大連圖書館

10154 **新刊史學備要綱鑑會編四十八卷新刊史學備要史綱統會二十三卷** （明）王錫爵撰 明萬曆六年（1578）書林鄭以厚刻本 遼寧省圖書館

10155 **歷代帝王曆祚考八卷** （明）程揚輯 明崇禎刻本 大連圖書館

10156 **三朝北盟會編二百五十卷** （宋）徐夢莘撰 明抄本 遼寧省圖書館

存一百八十卷（七十一至二百五十）

10157 **新刊皇明聖政記十卷** 明刻本 大連圖書館

10158 **憲章録四十六卷** （明）薛應旂撰 明萬曆二年（1574）陸光宅刻本 大連圖書館

10159 **昭代典則二十八卷** （明）黄光昇撰 明萬曆二十八年（1600）周曰校萬卷樓刻本 遼寧省圖書館

10160 **憲章外史續編十四卷** （明）許重熙撰 明崇禎刻本 遼寧省圖書館

10161 **大明宣宗章皇帝實録一百十五卷** （明）張輔 楊士奇等纂修 明抄本 羅振玉跋 遼寧省圖書館

10162 **大明光宗貞皇帝實録八卷** （明）張惟賢等纂修 明抄本 遼寧省圖書館

10163 **戰國策十二卷** （明）閔齊伋裁注 **元本目録一卷** 明萬曆四十八年（1620）閔齊伋刻三色套印本 遼寧省圖書館

10164 **弇山堂别集一百卷** （明）王世貞撰 明萬曆十八年（1590）翁良瑜雨金堂刻本 大連圖書館

10165 **皇明史概一百二十一卷** （明）朱國禎輯 明崇禎刻本 大連圖書館

10166 **世廟識餘錄二十六卷** （明）徐學謨輯 明萬曆三十六年（1608）徐元嘏刻本 大連圖書館

10167 **湖湘五略十卷** （明）錢春撰 明萬曆刻本 遼寧省圖書館

存四卷（湖湘讞略二卷、湖湘詳略二卷）

10168 **荆川先生右編四十卷** （明）唐順之輯 （明）劉曰寧補遺 明萬曆南京國子監刻本 大連圖書館

10169 **秦漢書疏十八卷** 明隆慶六年（1572）刻本 遼寧大學圖書館

10170 **疊山批點陸宣公奏議十五卷** （唐）陸贄撰 （宋）謝枋得批點 明刻本 遼寧省圖書館

10171 **撫津疏草四卷** （明）畢自嚴撰 明天啓刻本 遼寧省圖書館

10172 **聖門人物志十二卷** （明）郭子章撰 明萬曆二十二年（1594）趙彦刻本 遼寧省圖書館

10173 **唐宋名臣筆錄二卷** （明）東棐輯 明崇禎八年（1635）史文楷刻本 遼寧省圖書館

10174 **嘉靖以來首輔傳八卷** （明）王世貞撰 明萬曆四十五年（1617）茅元儀刻本 大連圖書館

10175 **韓忠定公墓誌銘一卷** （明）楊一清撰 明嘉靖五年（1526）韓廷偉刻本 遼寧省圖書館

10176 **范文正公言行拾遺事録一卷附范文正公義莊規矩一卷**

（明）范惟元輯　明嘉靖三十九年（1560）范惟元刻本　遼寧省圖書館

10177 **明歐陽德傳集三卷**　（明）雷禮撰　明嘉靖刻本　遼寧省圖書館

10178 **楊大洪先生忠烈實錄一卷**　（明）胡繼先輯　**忠烈志銘一卷**　（明）錢謙益撰　明崇禎元年（1628）毛氏世美堂刻本　遼寧省圖書館

10179 **四代恩綸録不分卷**　（明）畢自嚴輯　明崇禎刻本　大連圖書館

10180 **歐陽文忠公五代史抄二十卷**　（明）茅坤輯　明刻朱墨套印本　遼寧大學圖書館

10181 **史鉞二十卷**　（明）晏璧撰　明嘉靖二十七年（1548）刻藍印本　遼寧省圖書館

10182 **梅太史訂選史記神駒四卷**　（明）梅之焕輯　明萬曆三十四年（1606）書林劉大易刻本　遼寧省圖書館

10183 **月令通攷十六卷**　（明）盧翰輯　明萬曆十七年（1589）王道增刻本　遼寧省圖書館

10184 **歷代地理指掌圖不分卷**　題（宋）蘇軾撰　明刻本　遼寧省圖書館

10185 **歷代地理指掌圖不分卷**　題（宋）蘇軾撰　明刻本　大連圖書館

10186 **大明一統志九十卷**　（明）李賢　萬安等纂修　明天順五年（1461）内府刻本　遼寧省圖書館

10187 **皇輿考十二卷**　（明）張天復撰　明萬曆十六年（1588）張象賢遐壽堂刻本　大連圖書館

10188 **皇明職方兩京十三省地圖表三卷**　（明）陳組綬撰　明崇禎九年（1636）刻本　大連圖書館

10189 **刻一握坤輿十三卷**　（明）鄧景南撰　明天啓七年（1627）刻本　大連圖書館

10190 **地圖綜要三卷**　（明）吴學儼等撰　明末刻本　遼寧省圖書館

10191 **［正德］姑蘇志六十卷**　（明）林世遠　王鏊等纂修　明正德刻嘉靖增修本　大連圖書館

10192 **名山勝概記四十八卷名山圖一卷附録一卷**　明崇禎刻本　大連圖書館

10193 **阿育王山志畧二卷**　（明）郭子章撰　明天啓四年（1624）陸基志刻本　遼寧省圖書館

10194 **武夷志畧四卷**　（明）徐表然撰　明萬曆四十七年（1619）孫世昌刻本　寶訓堂跋　大連圖書館

10195 **普陀山志六卷**　（明）周應賓纂　明萬曆三十五年（1607）張隨刻本　大連圖書館

10196 **朝鮮紀事一卷**　（明）倪謙撰　明抄本　遼寧省圖書館

10197 **大明集禮五十三卷**　（明）徐一夔　梁寅等撰　明嘉靖九年（1530）内府刻本　遼寧省圖書館

10198 **大明會典一百八十卷**　（明）徐溥等纂修　明正德六年（1511）司禮監刻本　遼寧省圖書館

10199 **皇明世法録九十二卷**　（明）陳仁錫撰　明崇禎刻本　大連圖書館

10200 **諸家謚文類編不分卷**　明抄本　大連圖書館

10201 **至大重修宣和博古圖録三十卷**　（宋）王黼等撰　明嘉靖七年（1528）蔣暘刻本　魯迅美術學院圖書館

10202 **寶古堂重考古玉圖二卷**　（元）朱德潤撰　明萬曆三十一年（1603）吴萬化刻本　遼寧省圖書館

10203 **小學史斷二卷**　（宋）南宫靖一撰　（明）晏彦文續　明嘉靖十二年（1533）遼藩朱寵瀼刻本　大連圖書館

10204 **史義拾遺二卷**　（元）楊維楨撰　**左逸一卷短長一卷**　（明）蔣謹輯　明崇禎五年（1632）蔣世枋刻本　遼寧省圖書館

10205 **新刊陳眉公先生精選古今人物論三十六卷**　（明）陳繼儒輯　明萬曆刻本　遼寧省圖書館

10206 **鼎鐫金陵三元合評選戰國策狐白四卷**　（明）湯賓尹輯　（明）朱之蕃注　（明）龔三益評　（明）林世選彙編　明萬曆元年（1573）余氏自新齋刻本　瀋陽師範大學圖書館

10207 **子彙二十四種三十四卷**　（明）周子義編　明萬曆四年至五年（1576—1577）南京國子監刻本　遼寧省圖書館

10208 **新鐫分類評註文武合編百子金丹十卷**　（明）郭偉選注　明刻朱墨套印本　甘鵬雲題跋　遼寧大學圖書館　存九卷（二至十）

10209 **孔子家語十卷**　明刻本　遼寧省圖書館

10210 **鹽鐵論十二卷**　（漢）桓寬撰　（明）張之象注　明嘉靖三十三年（1554）張氏猗蘭堂刻本　遼寧省圖書館

10211 **劉向新序十卷**　（漢）劉向撰　明正統五年（1440）

楚府正心書院刻本　佚名批校題識　遼寧省圖書館
存七卷（一至五、九至十）

10212 **邵子全書二十四卷**　（宋）邵雍撰　（明）徐必達校正　明萬曆三十四年（1606）徐必達刻本　遼寧大學圖書館

10213 **近思録集解十四卷**　（宋）葉采撰　明嘉靖十七年（1538）劉仕賢刻本　大連圖書館

10214 **大學衍義四十三卷**　（宋）真德秀撰　明嘉靖吉澄刻本　遼寧省圖書館

10215 **真西山讀書記乙集上大學衍義四十三卷**　（宋）真德秀撰　明刻公文紙印本　大連圖書館

10216 **大學衍義補一百六十卷首一卷**　（明）丘濬撰　明嘉靖三十八年（1559）吉澄刻本　遼寧省圖書館

10217 **大學衍義補一百六十卷首一卷**　（明）丘濬撰　明崇禎刻本　瀋陽市圖書館

10218 **大學衍義補一百六十卷首一卷**　（明）丘濬撰　明崇禎刻本　錦州市圖書館

10219 **周子全書六卷**　（宋）周敦頤撰　明萬曆二十四年（1596）張國璽刻本　大連圖書館

10220 **先聖大訓六卷**　（宋）楊簡撰　明萬曆四十三年（1615）張翼軫刻本　遼寧省圖書館

10221 **性理大全書七十卷**　（明）胡廣等撰　明嘉靖二十二年（1543）應天府學刻本　遼寧省圖書館

10222 **性理大全書七十卷**　（明）胡廣等撰　明永樂司禮監刻清康熙十二年（1673）内府重修本　遼寧省圖書館

10223 **勸忍百箴考註四卷**　（元）許名奎撰　明嘉靖二十七年（1548）張謙刻本　遼寧省圖書館

10224 **龍谿王先生文録鈔九卷**　（明）王畿撰　（明）李贄評　明萬曆二十七年（1599）何繼高刻本　遼寧省圖書館

10225 **聖學心法四卷**　（明）成祖朱棣撰　明永樂七年（1409）内府刻本　遼寧省圖書館

10226 **五倫書六十二卷**　（明）宣宗朱瞻基撰　明正統十二年（1447）内府刻本　遼寧大學圖書館

10227 **呻吟語六卷**　（明）吕坤撰　明萬曆二十一年（1593）刻本　丹東市圖書館

10228 **居家懿範八卷**　（明）龔廷賓輯　明萬曆二十七年（1599）自刻本　遼寧省圖書館

10229 **新鐫武經七書十二卷**　（明）王守仁批點　（明）胡宗憲參評　明天啓元年（1621）茅震東刻朱墨套印本　遼寧省圖書館

10230 **兵垣四編四卷附二種二卷**　（明）閔聲編　明天啓元年（1621）閔聲刻朱墨套印本　遼寧大學圖書館

10231 **批點孫子正義十三卷**　（明）施逢原批點　**新鐫孫子兵法衍義十三卷**　（明）施逢原撰　明崇禎十二年（1639）自刻本　遼寧省圖書館

10232 **孫子參同五卷**　（明）閔于忱輯　明萬曆四十八年（1620）閔于忱松筠館刻朱墨套印本　遼寧省圖書館

10233 **紀効新書十八卷首一卷**　（明）戚繼光撰　明萬曆二十三年（1595）周世選刻本　遼寧省圖書館

10234 **新鐫漢丞相諸葛孔明異傳奇論註解評林五卷**　（明）章嬰撰　明萬曆二十六年（1598）書林雙峰堂余象斗刻本　遼寧省圖書館

10235 **登壇必究四十卷**　（明）王鳴鶴撰　明萬曆刻本　遼寧省圖書館

10236 **左氏兵畧三十二卷**　（明）陳禹謨撰　明萬曆吴用先、彭端吾等刻本　遼寧省圖書館

10237 **兵録十四卷**　（明）何汝賓輯　明崇禎五年（1632）刻本　遼寧省圖書館

10238 **新鐫繡像旁批詳註總斷廣百將傳二十卷**　（明）黄道周撰　（明）周亮輔增補　明崇禎十六年（1643）本立堂刻本　遼寧省圖書館

10239 **古今將畧四卷**　（明）馮孜輯　明萬曆十八年（1590）刻本　遼寧省圖書館

10240 **管子二十四卷**　（明）凌汝亨集評　明萬曆四十八年（1620）凌汝亨刻朱墨套印本　遼寧省圖書館

10241 **管子榷二十四卷**　（明）朱長春撰　明萬曆四十年（1612）張維樞刻本　大連圖書館

10242 **韓子迂評二十卷**　題（明）門無子撰　明凌氏刻朱墨套印本　遼寧省圖書館

10243 **農政全書六十卷**　（明）徐光啓撰　明崇禎十二年（1639）平露堂刻本　遼寧省圖書館

10244 **證治準繩六種四十四卷**　（明）王肯堂撰　明萬曆三十年至三十六年（1602—1608）刻本　中國醫科大學圖書館

10245 **重廣補註黄帝内經素問二十四卷**　（唐）王冰注　（宋）

林億等校正　（宋）孫兆改誤　明嘉靖二十九年（1550）顧從德刻本　中國醫科大學圖書館

10246　**黄帝内經素問二十四卷**　（明）吴崑注　明萬曆三十七年（1609）刻本　遼寧中醫藥大學圖書館

10247　**黄帝内經素問十二卷**　明嘉靖刻本　中國醫科大學圖書館

10248　**黄帝素問靈樞經十二卷**　明嘉靖刻本　中國醫科大學圖書館

10249　**新刊黄帝内經靈樞二十四卷**　（宋）史崧音釋　明綉谷書林周曰校刻本　遼寧中醫藥大學圖書館

10250　**重修政和經史證類備用本草三十卷**　（宋）唐慎微撰　（宋）寇宗奭衍義　明嘉靖三十一年（1552）周珫、李遷刻本（卷一、四至五有補抄）　大連圖書館

10251　**重修政和經史證類備用本草三十卷**　（宋）唐慎微撰　（宋）寇宗奭衍義　明隆慶三年（1569）刻本　中國醫科大學圖書館

10252　**重修政和經史證類備用本草三十卷**　（宋）唐慎微撰　（宋）寇宗奭衍義　明隆慶六年（1572）施篤臣、曹科刻公文紙印本　羅振玉題識　遼寧省圖書館

10253　**本草集要八卷**　（明）王綸撰　明正德五年（1510）羅汝聲刻本　中國醫科大學圖書館
存五卷（一、四至五、七至八）

10254　**食物本草二卷**　明隆慶四年（1570）谷中虚刻本　中國醫科大學圖書館

10255　**本草綱目五十二卷附圖三卷瀕湖脈學一卷脈訣考證一卷奇經八脈考一卷**　（明）李時珍撰　明崇禎十三年（1640）錢蔚起刻本　中國醫科大學圖書館

10256　**撮要便覽本草蒙筌十二卷首一卷**　（明）陳嘉謨撰　明劉氏本誠書堂刻本　大連圖書館

10257　**臟腑證治圖説人鏡經八卷**　（明）錢雷撰　明萬曆三十四年（1606）洪啓睿刻本　遼寧中醫藥大學圖書館

10258　**脉經十卷**　（晋）王叔和撰　（宋）林億等校定　明萬曆三年（1575）福建布政司督糧道刻本　中國醫科大學圖書館

10259　**重刊巢氏諸病源候總論五十卷**　（隋）巢元方撰　明方東雲聚奎堂刻本　大連圖書館

10260　**家傳太素脉秘訣二卷**　（明）劉伯詳注　明周文煒刻本　遼寧省圖書館

10261　**千金翼方三十卷**　（唐）孫思邈撰　明萬曆三十三年（1605）王肯堂刻本　大連圖書館

10262　**丹溪心法附餘二十四卷**　（明）方廣撰　明隆慶六年（1572）刻本　中國醫科大學圖書館

10263　**丹溪心法附餘二十四卷首一卷**　（明）方廣撰　明刻本　大連圖書館

10264　**普濟方一百六十八卷**　（明）朱橚撰　明永樂周藩刻本中國醫科大學圖書館
存二卷（九十七至九十八）

10265　**攝生衆妙方十一卷**　（明）張時徹撰　**急救良方二卷**　（明）張時徹輯　明隆慶三年（1569）衡府刻本　中國醫科大學圖書館

10266　**攝生衆妙方十一卷**　（明）張時徹撰　明隆慶三年（1569）衡府刻本　大連圖書館

10267　**新刊袖珍方大全四卷**　（明）李恒撰　明嘉靖十八年（1539）楊氏清江書堂刻本　遼寧省圖書館

10268　**仲景全書二十六卷**　（漢）張仲景撰　明萬曆二十七年（1599）趙開美刻本　中國醫科大學圖書館

10269　**心印紺珠經二卷**　（明）李湯卿撰　明嘉靖二十一年（1542）邢址刻本　遼寧中醫藥大學圖書館

10270　**彙輯薛氏内科醫案三卷附方一卷**　（明）薛己撰　（明）黄承昊評輯　明崇禎刻本　中國醫科大學圖書館

10271　**秘傳眼科龍木醫書總論十卷附葆光道人秘傳眼科一卷**　題（明）葆光道人撰　明萬曆三年（1575）刻本　遼寧省圖書館

10272　**太醫院校註婦人良方大全二十四卷**　（宋）陳自明撰　（明）薛己注　明陳長卿刻本　遼寧省圖書館

10273　**保嬰撮要二十卷**　（明）薛鎧撰　明刻本　中國醫科大學圖書館

10274　**痘疹全書十六卷**　（明）萬全撰　明萬曆三十八年（1610）彭端吾刻本　中國醫科大學圖書館
存十四卷（痘疹世醫心法十二卷、痘疹碎金賦二卷）

10275　**瘍科選粹八卷**　（明）陳文治撰　明崇禎元年（1628）許僖刻本　中國醫科大學圖書館

10276　**瘍科選粹八卷**　（明）陳文治撰　明崇禎元年（1628）許僖刻本　遼寧中醫藥大學圖書館

10277　**新刊銅人鍼灸經七卷新編西方子明堂灸經八卷**　明山西平陽府刻本　中國醫科大學圖書館

10278 **針灸大成十卷** （明）楊繼洲撰 明萬曆二十九年（1601）趙文炳刻本 中國醫科大學圖書館

10279 **針灸大成十卷** （明）楊繼洲撰 明萬曆二十九年（1601）趙文炳刻本 遼寧中醫藥大學圖書館

10280 **三教聖人修身圖訣一卷清修捷徑一卷** （明）張我續撰 明崇禎刻本 遼寧省圖書館

10281 **赤水玄珠三十卷** （明）孫一奎撰 明萬曆二十四年（1596）孫泰來、孫朋來刻本 遼寧中醫藥大學圖書館

10282 **重刊革象新書二卷** （元）趙友欽撰 （明）王禕刪定 明刻本 大連圖書館

10283 **渾蓋通憲圖説二卷首一卷** （明）李之藻撰 明萬曆三十五年（1607）鄭懷魁刻本 大連圖書館

10284 **元包經傳五卷** （北周）衛元嵩撰 （唐）蘇源明傳 （唐）李江注 **元包數總義二卷** （宋）張行成撰 明刻本 遼寧省圖書館

10285 **元包經傳五卷** （北周）衛元嵩撰 （唐）蘇源明傳 **元包數總義二卷** （宋）張行成撰 明刻本 錦州市圖書館

10286 **天元玉曆祥異賦不分卷** （明）仁宗朱高熾撰 明抄本 遼寧大學圖書館

10287 **新訂六壬總要四十八卷** 明抄本 周道暹題跋 大連圖書館
存二十九卷（四至十四、三十一至四十八）

10288 **類編曆法通書大全三十卷** （元）宋魯珍通書 （元）何士泰曆法 （明）熊宗立類編 明刻本 遼寧省圖書館

10289 **重刊人子須知資孝地理心學統宗三十九卷** （明）徐善繼 徐善述撰 明萬曆十一年（1583）曾璠刻本 遼寧省圖書館

10290 **金精廖公秘授地學心法正傳畫筴扒砂經四卷補遺一卷** （宋）廖禹撰 （宋）彭大雄輯 明萬曆四十二年（1614）刻本 遼寧省圖書館

10291 **書畫萃苑八卷** （明）懷褐山人輯 稿本 遼寧省圖書館

10292 **草韻辨體五卷** （明）郭諶輯 明崇禎六年（1633）閔齊伋刻三色套印本（序文朱色，正文墨色，跋藍色） 遼寧省圖書館

10293 **圖繪宗彝八卷** （明）楊爾曾輯 明萬曆三十五年（1607）金陵文林閣刻本 遼寧省圖書館

10294 **劉雪湖梅譜二卷** （明）劉世儒撰 **像贊評林贈言二卷** （明）王思任輯 明萬曆二十三年（1595）刻清初墨妙山房印本 大連圖書館

10295 **漢郎中鄭固碑** 東漢延熹元年（158）刻石 明拓本 旅順博物館

10296 **晉祠銘** （唐）太宗李世民撰并書 唐貞觀二十年（646）刻石 明拓本 旅順博物館

10297 **雁塔聖教序** （唐）褚遂良書 唐永徽四年（653）刻石 明拓本 旅順博物館

10298 **千字文** （宋）釋夢英篆書 北宋乾德三年（965）刻石 明拓本 旅順博物館

10299 **顔氏家廟碑** （唐）顔真卿撰并書 （唐）李陽冰篆額 明拓本 旅順博物館

10300 **集古印譜六卷** （明）王常輯 明萬曆三年（1575）顧從德刻本 遼寧省圖書館

10301 **印史五卷** （明）何通撰 明天啓刻鈐印本 大連圖書館

10302 **重修正文對音捷要真傳琴譜大全十卷** （明）楊表正撰 明翼聖堂刻本 瀋陽音樂學院圖書館

10303 **奕藪四卷附棋經注一卷** （明）蘇之軾撰 （明）程明宗校評 明天啓二年（1622）自刻三色套印本 遼寧省圖書館

10304 **山居雜誌二十三種四十一卷** （明）汪士賢輯 明萬曆汪氏刻本 遼寧省圖書館

10305 **茶董二卷酒顛二卷** （明）夏樹芳輯 明萬曆夏氏清遠樓刻本 遼寧省圖書館

10306 **程氏墨苑十四卷人文爵里九卷** （明）程大約撰 明萬曆程氏滋蘭堂刻本 遼寧省圖書館

10307 **淮南鴻烈解二十一卷** （漢）劉安撰 （漢）高誘注 明萬曆八年（1580）茅一桂刻本 大連圖書館

10308 **風俗通義十卷** （漢）應劭撰 明刻本 遼寧省圖書館

10309 **天祿閣外史八卷** 題（漢）黄憲撰 明刻本 遼寧大學圖書館

10310 **東坡先生志林五卷** （宋）蘇軾撰 明刻朱墨套印本 遼寧省圖書館

10311 **餘冬序録六十五卷** （明）何孟春撰 明嘉靖七年（1528）郴州家塾刻明修本 撫順市圖書館
存四十五卷（一至十、二十六至六十）

10312 **劉子威雜俎十卷** （明）劉鳳撰 明萬曆劉鴻英刻本 遼寧省圖書館

10313 **譚輅三卷** （明）張鳳翼撰 明萬曆刻本 遼寧省圖書館

10314 **鴻苞集四十八卷** （明）屠隆撰 （明）茅元儀訂 明萬曆刻本 遼寧省圖書館

10315 **筆叢正集三十二卷續集十六卷** （明）胡應麟撰 明萬曆三十四年（1606）吴勉學刻本 大連圖書館

10316 **焦氏筆乘六卷續集八卷** （明）焦竑撰 明萬曆三十四年（1606）謝與棟刻本 大連圖書館

10317 **程氏演繁露十六卷** （宋）程大昌撰 明嘉靖刻本 羅振玉題記 旅順博物館

10318 **野客叢書三十卷附録野老記聞一卷** （宋）王楙撰 明刻本 遼寧省圖書館

10319 **古今攷三十八卷** （宋）魏了翁撰 （元）方回續 明萬曆十二年（1584）王圻刻本 大連圖書館

10320 **丹鉛總録二十七卷** （明）楊慎撰 明嘉靖三十三年（1554）梁佐刻本 遼寧大學圖書館

10321 **丹鉛總録二十七卷** （明）楊慎撰 明隆慶凌雲翼、黄思近刻本 遼寧省圖書館

10322 **升庵外集一百卷** （明）楊慎撰 （明）焦竑輯 明萬曆四十五年（1617）刻本 大連圖書館

10323 **經史直解六卷** （明）殷士儋撰 明隆慶元年（1567）郝杰刻本 遼寧省圖書館

10324 **世説新語三卷** （南朝宋）劉義慶撰 （南朝梁）劉孝標注 明萬曆二十五年（1597）趙氏野鹿園刻本 張拱端批校題跋 羅振玉題識 遼寧省圖書館

10325 **世説新語三卷** （南朝宋）劉義慶撰 （南朝梁）劉孝標注 明刻本 羅振玉題跋 旅順博物館

10326 **雲谿友議三卷** （明）范攄撰 明刻本 遼寧省圖書館

10327 **桯史十五卷附録一卷** （宋）岳珂撰 明嘉靖四年（1525）錢如京刻本 遼寧省圖書館

10328 **居家必用事類全集十卷** 明刻本 大連圖書館

10329 **雅尚齋遵生八箋十九卷** （明）高濂撰 明萬曆十九年（1591）自刻本（目録一卷抄配） 遼寧省圖書館

10330 **瑯嬛記三卷** 題（元）伊世珍輯 明萬曆曹學佺刻本 遼寧省圖書館

10331 **琅邪代醉編四十卷** （明）張鼎思輯 明萬曆二十五年（1597）陳性學刻本 遼寧省圖書館

10332 **琅邪代醉編四十卷** （明）張鼎思輯 明萬曆二十五年（1597）陳性學刻本 大連圖書館

10333 **千一疏二十二卷** （明）程涓撰 明萬曆三十七年（1609）陳所學、范榭刻本 大連圖書館

10334 **緝柳編三卷** （明）沈鏖元輯 明黄正位刻本 遼寧省圖書館

10335 **智品十三卷** （明）樊玉衡撰 （明）于倫增補 明萬曆四十二年（1614） 于斯行刻本 遼寧省圖書館

10336 **智囊二十八卷** （明）馮夢龍輯 明末刻本 遼寧省圖書館

10337 **智囊補二十八卷** （明）馮夢龍輯 明末刻本 遼寧省圖書館

10338 **古今韵史十二卷** （明）陳繼儒 程銓撰 明崇禎刻本 遼寧省圖書館

10339 **初潭集三十卷** （明）李贄撰 （明）閔邃 閔杲輯評 明閔氏刻朱墨套印本 遼寧省圖書館

10340 **博物志十卷** 題（晋）張華撰 **續志十卷** 題（宋）李石撰 明刻本 大連圖書館

10341 **語怪彙書□□種□□卷** 明末刻本 遼寧省圖書館
存二種十八卷（異苑十卷、録異記八卷）

10342 **甘澤謡一卷** （唐）袁郊撰 **附録一卷** 明抄本 大連圖書館

10343 **祝子志怪録五卷** （明）祝允明撰 明萬曆四十年（1612）祝世廉刻本 遼寧省圖書館

10344 **北堂書鈔一百六十卷** （唐）虞世南輯 （明）陳禹謨補注 明萬曆二十八年（1600）陳禹謨刻本（卷九十一至一百六補抄） 瀋陽師範大學圖書館

10345 **北堂書鈔一百六十卷** （唐）虞世南輯 （明）陳禹謨補注 明萬曆二十八年（1600）陳禹謨刻本 遼寧省博物館

10346 **初學記三十卷** （唐）徐堅等撰 明萬曆陳大科刻本 瀋陽師範大學圖書館

10347 **唐宋白孔六帖一百卷目録二卷** （唐）白居易 （宋）

孔傳輯　明刻本（卷十六至二十五、六十二、一百補抄）　瀋陽師範大學圖書館

10348 **冊府元龜一千卷目録十卷**　（宋）王欽若等輯　明崇禎十五年（1642）黄國琦刻本　遼寧省圖書館

10349 **冊府元龜一千卷目録十卷**　（宋）王欽若等輯　明崇禎十五年（1642）黄國琦刻本　魯迅美術學院圖書館

10350 **事物紀原集類十卷**　（宋）高承輯　（明）閻敬校　明成化八年（1472）李果刻本　遼寧省圖書館

10351 **錦繡萬花谷前集四十卷後集四十卷續集四十卷**　明嘉靖十四年（1535）徽藩崇古書院刻本　遼寧省圖書館

10352 **錦繡萬花谷前集四十卷後集四十卷續集四十卷**　明刻本　瀋陽師範大學圖書館

10353 **聖宋名賢四六叢珠一百卷**　（宋）葉蕡輯　明抄本　遼寧省圖書館

10354 **小字録一卷小字録補六卷**　（宋）陳思輯　明萬曆四十七年（1619）刻本　遼寧省圖書館

10355 **群書考索前集六十六卷後集六十五卷續集五十六卷別集二十五卷**　（宋）章如愚輯　明正德三年至十三年（1508—1518）劉洪慎獨書齋刻十六年（1521）重修本　大連圖書館

10356 **古今合璧事類備要前集六十九卷後集八十一卷續集五十六卷**　（宋）謝維新輯　**別集九十四卷外集六十六卷**　（宋）虞載輯　明嘉靖三十一年至三十五年（1552—1556）夏相刻本　大連圖書館

存六十六卷（外集六十六卷）

10357 **新刊纂圖大字群書類要事林廣記□□卷**　（宋）陳元靚輯　（明）佚名補輯　明嘉靖二十年（1541）余氏敬賢堂刻本　遼寧省圖書館

存五卷（後集一卷、續集一卷、別集一卷、外集一卷、新集一卷）

10358 **新編事文類聚翰墨大全甲集十二卷乙集十八卷丙集十四卷丁集十一卷戊集十三卷己集十二卷庚集十五卷辛集十六卷壬集十七卷癸集十七卷後甲集十五卷後乙集十三卷後丙集十二卷後丁集十四卷後戊集九卷**　（元）劉應李輯　明初刻本　遼寧省圖書館

存一百二十三卷（甲集十二卷，乙集十八卷，丙集一至十、十三至十四，丁集一至七，戊集一至二、六至十，己集十二卷，庚集一至六、九至十，辛集十六卷，壬集一至二、六至十七，癸集十七卷）

10359 **新編事文類聚翰墨大全甲集十二卷乙集十八卷丙集十四卷丁集十一卷戊集十三卷己集十二卷庚集十五卷辛集十六卷壬集十七卷癸集十七卷後甲集十五卷後乙集十三卷後丙集十二卷後丁集十四卷後戊集九卷**　（元）劉應李輯　明初刻本　旅順博物館

存三卷（丁集八、十，戊集三）

10360 **群書集事淵海四十七卷**　明弘治十八年（1505）賈性刻本　大連圖書館

10361 **蒙求續編二卷**　（明）孫緒撰　（明）李際可注　明嘉靖十六年（1537）孫悟刻本　遼寧省圖書館

10362 **楮記室十五卷**　（明）潘塤輯　明嘉靖潘蔓刻本　遼寧省圖書館

10363 **新刊唐荆川先生稗編一百二十卷目録三卷**　（明）唐順之輯　明萬曆九年（1581）茅一相文霞閣刻本　遼寧省圖書館

10364 **新刊唐荆川先生稗編一百二十卷目録三卷**　（明）唐順之輯　明萬曆九年（1581）茅一相文霞閣刻本　瀋陽師範大學圖書館

10365 **古今萬姓統譜一百四十卷歷代帝王姓系統譜六卷氏族博考十四卷**　（明）凌迪知輯　明萬曆刻本　遼寧省圖書館

10366 **喻林五十卷**　（明）徐元太輯　明抄本　大連圖書館

10367 **群書備考六卷**　（明）袁黄撰　**續二三場群書備考三卷**　（明）袁儼撰　明刻本　大連圖書館

10368 **唐類函二百卷目録二卷**　（明）俞安期輯　明萬曆三十一年（1603）自刻本　瀋陽市圖書館

10369 **唐類函二百卷目録二卷**　（明）俞安期輯　明萬曆三十一年（1603）自刻本　瀋陽師範大學圖書館

10370 **唐類函二百卷目録二卷**　（明）俞安期輯　明萬曆三十一年（1603）自刻本　遼寧省博物館

10371 **古今事類四十九卷**　（明）穆光胤輯　明抄本　大連圖書館

10372 **金剛般若波羅蜜經一卷**　（後秦）釋鳩摩羅什譯　**解一卷**　（元）釋明本撰　**般若波羅蜜多心經一卷**　（唐）釋玄奘譯　（明）釋如玘注　（明）李贄評　**解一卷**　（元）釋中峰禪師撰　明刻套印本　遼寧省圖書館

10373 **大佛頂如來密因修證了義諸菩薩萬行首楞嚴經十卷**

（唐）釋般剌密帝　彌伽釋迦譯　明凌毓枏刻朱墨套印本　遼寧省圖書館

10374　**大方廣圓覺脩多羅了義經二卷**　（唐）釋佛陀多羅譯　明刻朱墨套印本　遼寧省圖書館

10375　**諸佛世尊如來菩薩尊者神僧名經不分卷**　（明）成祖朱棣撰　明永樂十五年（1417）刻本　大連圖書館

10376　**修習止觀坐禪法要二卷**　（隋）釋智顗撰　明嘉靖四十三年（1564）趙瓚、秦鉞等刻本　遼寧省圖書館

10377　**禪林寶訓二卷**　（宋）釋净善輯　明弘治七年（1494）刻本　遼寧省圖書館

10378　**大藏一覽十卷**　（明）陳實撰　明吴覺隆刻本　遼寧省圖書館

10379　**法藏碎金録十卷**　（宋）晁迥撰　明嘉靖二十五年（1546）晁氏寶文堂刻本　遼寧省圖書館

10380　**禪那集四卷**　（明）張一卿撰　明萬曆二十四年（1596）刻本　遼寧省圖書館
存一卷（一）

10381　**大慈恩寺三藏法師傳十卷**　（唐）釋慧立撰　（唐）釋彦悰箋　明崇禎八年（1635）徑山化城寺刻本　瀋陽市圖書館

10382　**道德經二卷老子考異一卷**　（宋）蘇轍注　（明）凌以棟批點　明凌氏刻朱墨套印本　遼寧省圖書館

10383　**解莊十二卷**　（明）郭正域評　（明）陶望齡解　明天啓元年（1621）茅兆河刻朱墨套印本　遼寧省圖書館

10384　**楚辭二卷**　（戰國）屈原　宋玉　（漢）賈誼等撰　明萬曆四十八年（1620）閔齊伋刻三色套印本　遼寧省圖書館

10385　**楚辭二卷**　（戰國）屈原　宋玉　（漢）賈誼等撰　明萬曆四十八年（1620）閔齊伋刻三色套印本　遼寧省圖書館

10386　**楚辭章句十七卷**　（漢）王逸撰　明萬曆十四年（1586）馮紹祖觀妙齋刻本　遼寧省圖書館

10387　**楚辭章句十七卷**　（漢）王逸撰　**疑字直音補一卷**　明崇禎十七年（1644）嚴敏刻本　遼寧省圖書館

10388　**楚辭集註八卷辯證二卷後語六卷**　（宋）朱熹撰　明萬曆二十一年（1593）刻本　遼寧省圖書館

10389　**楚辭集注八卷辯證二卷後語八卷附覽二卷總評一卷**　（宋）朱熹撰　（明）蔣之翹輯并評校　明天啓六年（1626）蔣之翹刻本　遼寧省圖書館

10390　**楚辭十卷**　（漢）王逸章句　（宋）朱熹注　（明）張鳳翼合纂　明末刻本　遼寧省圖書館

10391　**楚辭述註十卷**　（明）林兆珂撰　明萬曆刻本　馬詒統題記　遼寧大學圖書館

10392　**楚辭述註五卷**　（明）來欽之撰　明崇禎十一年（1638）刻本　大連圖書館

10393　**離騷經訂注不分卷**　（明）趙南星撰　明萬曆四十一年（1613）高邑趙悦學刻本　大連圖書館

10394　**蔡中郎文集十卷外傳一卷**　（漢）蔡邕撰　明萬曆二年（1574）徐子器刻本　佚名過録顧廣圻、黄丕烈校并跋　遼寧省圖書館

10395　**曹子建集十卷**　（三國魏）曹植撰　（明）李夢陽　王世貞評　明天啓元年（1621）凌性德刻朱墨套印本　遼寧省圖書館

10396　**曹子建集十卷**　（三國魏）曹植撰　明刻本　錦州市圖書館

10397　**陳思王集十卷**　（三國魏）曹植撰　明萬曆二十年（1592）李楨刻本　遼寧省圖書館

10398　**唐丞相曲江張先生文集十二卷附録一卷**　（唐）張九齡撰　明萬曆二十八年（1600）蔣杰、柳希點刻本　大連圖書館

10399　**靈隱子六卷**　（唐）駱賓王撰　（明）陳魁士注　明萬曆二十四年（1596）陳大科刻本　大連圖書館

10400　**新刊駱子集註四卷**　（唐）駱賓王撰　（明）陳魁士注　明萬曆七年（1579）劉大烈等刻本　遼寧省圖書館

10401　**唐王右丞詩集六卷**　（唐）王維撰　（明）顧可久注　明萬曆十八年（1590）吴氏漱玉齋刻本　大連圖書館

10402　**寒山子詩集一卷**　（唐）釋寒山子撰　明萬曆刻本　旅順博物館

10403　**讀杜詩愚得十八卷**　（明）單復撰　明邵廉刻本　遼寧省圖書館
存十七卷（一至八、十至十八）

10404　**杜詩分類五卷**　（唐）杜甫撰　（明）傅振商輯　明萬曆四十六年（1618）刻本　遼寧省圖書館

10405　**杜律選註六卷**　（唐）杜甫撰　（明）范濂注　明萬

曆書林種德堂熊冲宇刻本　遼寧省圖書館

10406 **昌黎先生集四十卷外集十卷遺文一卷**　（唐）韓愈撰　明徐氏東雅堂刻本　錦州市圖書館

10407 **昌黎先生集四十卷外集十卷遺文一卷朱子校昌黎先生集傳一卷**　（唐）韓愈撰　（宋）廖瑩中校正　明徐氏東雅堂刻清初冠山堂重修本（卷一至二係補抄）　遼寧省圖書館

10408 **顧瑞屏太史評閱韓昌黎先生全集四十卷**　（唐）韓愈撰　（明）顧錫疇評　明崇禎六年（1633）胡文杜刻本　遼寧省圖書館

10409 **韓文公文抄十六卷**　（唐）韓愈撰　（明）茅坤評點　明萬曆四十五年（1617）閔齊伋刻朱墨套印本　遼寧省圖書館

10410 **韓文公文抄十六卷**　（唐）韓愈撰　（明）茅坤評點　明萬曆四十五年（1617）閔齊伋刻朱墨套印本　遼寧省圖書館

10411 **河東先生集四十五卷外集二卷龍城録二卷**　（唐）柳宗元撰　（宋）廖瑩中校正　**附録二卷傳一卷**　明郭雲鵬濟美堂刻本　遼寧省圖書館

10412 **河東先生集四十五卷外集二卷龍城録二卷**　（唐）柳宗元撰　（宋）廖瑩中校正　**附録二卷傳一卷**　明郭雲鵬濟美堂刻本　遼寧省圖書館

10413 **河東先生集四十五卷外集二卷龍城録二卷**　（唐）柳宗元撰　（宋）廖瑩中校正　**附録二卷傳一卷**　明郭雲鵬濟美堂刻本　遼寧省圖書館

10414 **白氏文集七十一卷**　（唐）白居易撰　明嘉靖十七年（1538）伍忠光龍池草堂刻本　大連圖書館

10415 **杜樊川集十七卷**　（唐）杜牧撰　（明）朱一是　吴璵評　明末吴氏西爽堂刻本　遼寧省圖書館

10416 **李商隱詩集三卷**　（唐）李商隱撰　（明）錢謙益校正　明末錢謙益抄本　遼寧省圖書館

10417 **林和靖先生詩集四卷補遺一卷省心録一卷附録一卷**　（宋）林逋撰　（明）何養純　諸時寳等輯　明萬曆四十一年（1613）何養純等刻本　遼寧省圖書館

10418 **蔡忠惠詩集全編二卷**　（宋）蔡襄撰　（明）宋珏輯　明天啓二年（1622）顔繼祖等刻本　大連圖書館

10419 **南豐曾先生文粹十卷**　（宋）曾鞏撰　明嘉靖二十八年（1549）安如石刻本　遼寧大學圖書館

10420 **伊川擊壤集二十卷**　（宋）邵雍撰　明文靖書院刻本　遼寧省博物館

10421 **臨川先生文集一百卷**　（宋）王安石撰　明隆慶五年（1571）邵廉刻本　大連圖書館
存七十二卷（一至二十一、五十至一百）

10422 **重刊嘉祐集十五卷**　（宋）蘇洵撰　明嘉靖十一年（1532）太原府刻本　大連圖書館
存九卷（一至四、十一至十五）

10423 **新刻臨川王介甫先生詩文集一百卷目録二卷**　（宋）王安石撰明萬曆四十年（1612）王鳳翔光啓堂刻本　大連圖書館

10424 **東坡先生全集七十五卷**　（宋）蘇軾撰　**宋史本傳一卷**　（元）脱脱撰　**東坡先生墓誌銘一卷**　（宋）蘇轍撰　**東坡先生年譜一卷**　（宋）王宗稷撰　明萬曆三十四年（1606）茅維刻本　遼寧省圖書館

10425 **東坡先生全集七十五卷**　（宋）蘇軾撰　明萬曆三十四年（1606）茅維刻本　丹東市圖書館

10426 **東坡文選二十卷**　（宋）蘇軾撰　（明）鍾惺評選　明萬曆四十八年（1620）閔氏刻朱墨套印本　遼寧省圖書館

10427 **東坡文選二十卷**　（宋）蘇軾撰　（明）鍾惺評選　明萬曆四十八年（1620）閔氏刻朱墨套印本　遼寧省圖書館

10428 **東坡文選二十卷**　（宋）蘇軾撰　（明）鍾惺評選　明萬曆四十八年（1620）閔氏刻朱墨套印本　遼寧省圖書館

10429 **淮海集四十卷後集六卷長短句三卷**　（宋）秦觀撰　明萬曆四十六年（1618）李之藻刻本　遼寧省圖書館

10430 **淮海集四十卷後集六卷長短句三卷**　（宋）秦觀撰　（明）徐渭評　**詩餘一卷**　（宋）秦觀撰　（明）鄧章漢輯　明末段之錦刻本　遼寧省圖書館

10431 **濟北晁先生鷄肋集七十卷**　（宋）晁補之撰　明崇禎八年（1635）顧凝遠詩瘦閣刻本　遼寧省圖書館

10432 **晦庵文抄七卷詩抄一卷**　（宋）朱熹撰　（明）吴納輯　明成化十八年（1482）周鳳等刻本　遼寧省圖書館
存五卷（文抄一至四、詩抄一卷）

10433 **晦庵先生朱文公文集一百卷續集十一卷别集十卷**

（宋）朱熹撰　明嘉靖十一年（1532）張大輪、胡岳等刻本　大連圖書館
存六十七卷（四十三至五十三、六十六至一百，續集十一卷，别集十卷）

10434 **象山先生全集三十六卷**　（宋）陸九淵撰　明嘉靖四十年（1561）何氏刻本　大連圖書館
存八卷（二十三至二十七、三十三至三十五）

10435 **箋釋梅亭先生四六標準四十卷目録一卷**　（宋）李劉撰　（明）孫雲翼箋　明萬曆四十四年（1616）金陵唐鯉飛刻本　遼寧省圖書館

10436 **宋學士徐文惠公存稿五卷**　（宋）徐經孫撰　**附録一卷**　明萬曆四十二年（1614）徐鑒刻本　遼寧省圖書館

10437 **宋學士徐文惠公存稿五卷**　（宋）徐經孫撰　**附録一卷**　明萬曆四十二年（1614）徐鑒刻本　大連圖書館

10438 **文文山先生集杜詩不分卷**　（宋）文天祥集　（明）文震孟　單恂訂　明崇禎十年（1637）净名齋刻本　遼寧省博物館

10439 **晞髮集十卷**　（宋）謝翱撰　明萬曆四十六年（1618）郭鳴琳刻本　大連圖書館

10440 **筠溪牧潛集七卷**　（元）釋圓至撰　明崇禎十二年（1639）毛氏汲古閣刻本　遼寧省圖書館

10441 **魯齋遺書十四卷**　（元）許衡撰　（明）怡愉輯　明萬曆二十四年（1596）怡愉、江學詩刻本　大連圖書館

10442 **誠意伯劉先生文集七卷**　（明）劉基撰　明成化六年（1470）刻本　大連圖書館

10443 **遜志齋集三十卷**　（明）方孝孺撰　明成化十六年（1480）郭坤刻本　大連圖書館
存十七卷（一至九、十一至十五、十九至二十一）

10444 **方正學先生遜志齋集二十四卷**　（明）方孝孺撰　明崇禎十六年（1643）張紹謙刻本　大連圖書館

10445 **于忠肅公集十二卷附録四卷**　（明）于謙撰　明天啓元年（1621）孫昌裔刻本　大連圖書館

10446 **白沙先生全集十二卷附録白沙先生行狀銘表一卷**　（明）陳憲章撰　明天啓刻本　大連圖書館
存五卷（七至十一）

10447 **類博稿十卷**　（明）岳正撰　（明）李東陽輯　明嘉靖十八年（1539）吴逵刻本　大連圖書館

10448 **穀庵集選十卷附録二卷**　（明）姚綬撰　明嘉靖三十五年（1556）刻本　大連圖書館
存二卷（附録二卷）

10449 **楓山章先生文集九卷**　（明）章懋撰　（明）章沛輯　明嘉靖九年（1530）張大輪刻本　大連圖書館

10450 **王文恪公集三十六卷**　（明）王鏊撰　（明）朱國楨訂　明萬曆十七年（1589）三槐堂刻本　羅繼祖題記　遼寧省圖書館

10451 **空同先生集六十三卷**　（明）李夢陽撰　明嘉靖刻本　遼寧省圖書館

10452 **空同詩選一卷**　（明）李夢陽撰　（明）楊慎評　明刻朱墨套印本　錦州市圖書館

10453 **空同子集六十六卷**　（明）李夢陽撰　明萬曆三十年（1602）鄧雲霄刻本　大連圖書館

10454 **對山集十九卷**　（明）康海撰　明嘉靖二十四年（1545）吴孟祺刻本　大連圖書館
存三卷（八至十）

10455 **可泉擬涯翁擬古樂府二卷**　（明）胡纘宗撰　（明）張光孝評　（明）胡統宗注　明嘉靖三十六年（1557）汪瀚刻本　龔治初題識　遼寧省圖書館

10456 **西村詩集二卷補遺一卷**　（明）朱朴撰　明嘉靖三十一年（1552）自刻萬曆二十九年（1601）朱彩續刻本　遼寧省博物館

10457 **皇甫司勳集六十卷**　（明）皇甫汸撰　明萬曆刻本　大連圖書館

10458 **張月泉詩集不分卷**　（明）張元諭撰　明抄本　遼寧省圖書館

10459 **滄溟先生集三十二卷**　（明）李攀龍撰　明萬曆二年（1574）徐中行刻本　遼寧大學圖書館

10460 **甔甀洞稾五十四卷**　（明）吴國倫撰　明萬曆刻本　遼寧省圖書館

10461 **甔甀洞稾五十四卷**　（明）吴國倫撰　明萬曆刻本　大連圖書館

10462 **李氏焚書六卷**　（明）李贄撰　明刻本　遼寧省圖書館

10463 **李氏文集十八卷**　（明）李贄撰　明萬曆刻本　大連圖書館

10464 **王文肅公牘草十八卷** （明）王錫爵撰 明萬曆四十三年（1615）王時敏刻本 大連圖書館

10465 **雅宜山人集十卷** （明）王寵撰 明嘉靖刻本 旅順博物館

10466 **穀城山館全集六十二卷** （明）于慎行撰 明萬曆刻本 大連圖書館

10467 **喙鳴文集二十一卷** （明）沈一貫撰 明刻本 大連圖書館

10468 **快雪堂集六十四卷** （明）馮夢禎撰 明萬曆四十四年（1616）黄汝亨、朱之蕃等刻本 遼寧省圖書館

10469 **鐫蒼霞草十五卷** （明）葉向高撰 明萬曆刻本 大連圖書館

10470 **容臺文集九卷詩集四卷别集四卷** （明）董其昌撰 明崇禎三年（1630）董庭刻本 大連圖書館

10471 **幔亭集十五卷** （明）徐熥撰 （明）陳薦夫輯 明萬曆二十九年（1601）王若刻本（補抄九至十卷，計五十一葉，末册補半葉四行） 遼寧省圖書館

10472 **解脱集四卷** （明）袁宏道撰 明萬曆三十八年（1610）袁氏書種堂刻本 大連圖書館

10473 **緱山先生集二十七卷** （明）王衡撰 明萬曆刻本 大連圖書館

10474 **從野堂存稿不分卷** （明）繆昌期撰 明崇禎十年（1637）繆虚白刻本 大連圖書館

10475 **白雲巢集二十四卷** （明）邢大道撰 明萬曆四十五年（1617）刻本 大連圖書館

10476 **牧齋初學集一百十卷目録二卷** （明）錢謙益撰 明崇禎十六年（1643）瞿式耜刻本 遼寧省圖書館

10477 **海嶽靈秀集二十二卷** （明）朱觀熰輯 明隆慶三年（1569）魯藩承訓書院刻本 遼寧省圖書館

10478 **四明文獻志十卷** （明）李堂輯 明嘉靖刻本 遼寧省圖書館

10479 **娥江贈言三卷** （明）鍾谷 葛焜輯 明萬曆十一年（1583）刻本 遼寧省圖書館

10480 **金華文統十三卷** （明）趙鶴輯 明正德七年（1512）趙鶴、李玘刻本 遼寧省圖書館

10481 **洞庭吴氏集選十二卷** （明）吴士毅輯 明天啓三年（1623）刻本 大連圖書館

10482 **合諸名家評註三蘇文選十八卷** （宋）蘇洵 蘇軾 蘇轍撰 （明）楊慎輯 （明）李維楨評注 明崇禎五年（1632）豹變齋刻本 遼寧省博物館

10483 **彙鍥註釋三蘇文苑八卷** （明）李叔元輯 明萬曆三十二年（1604）建陽余泗泉萃慶堂刻本 遼寧省圖書館

10484 **眉山蘇氏三大家文選四卷** （明）董應舉輯并評 明崇禎董慶舉刻本 遼寧省圖書館

10485 **新鐫張太史評選眉山橋梓名文雋三卷** （明）張鼐輯 明末書林蕭世熙刻本 遼寧省圖書館

10486 **屈陶合刻十六卷** （明）毛晋編 明萬曆四十六年（1618）天啓五年（1625）毛氏緑君亭刻本 遼寧省圖書館

10487 **漢魏六朝百三家集一百十八卷** （明）張溥編 明婁東張氏刻本 遼寧省圖書館

10488 **詩詞雜俎十二種二十五卷** （明）毛晋編 明天啓至崇禎毛氏汲古閣刻本 瀋陽故宫博物院

10489 **詩詞雜俎十二種二十五卷** （明）毛晋編 明天啓至崇禎毛氏汲古閣刻清乾隆古松堂印本 遼寧省圖書館
存十一種二十四卷（衆妙集一卷、剪綃集二卷、范石湖田園雜興詩不分卷、月泉吟社詩一卷、谷音二卷、河汾諸老詩集八卷、三家宫詞三卷、二家宫詞二卷、漱玉詞一卷、斷腸詞一卷、龍輔女紅餘志二卷）

10490 **詩詞雜俎十二種二十五卷** （明）毛晋編 明天啓崇禎毛氏汲古閣刻清乾隆古松堂印本 瀋陽師範大學圖書館

10491 **宋元詩六十一種二百七十三卷** （明）潘是仁編 明萬曆四十三年（1615）潘是仁刻天啓二年（1622）重修本 遼寧省圖書館
存二十五種九十四卷（元遺山詩集十卷、劉静修詩集三卷、陳笏齋詩集六卷、貫酸齋詩集二卷、困學齋詩集二卷、松雪齋詩集七卷、薩天錫詩集八卷、倪雲林詩集六卷、句曲張外史詩集六卷、陳荔溪詩集三卷、貢南湖詩集七卷、楊鐵崖古樂府三卷、張蜕庵詩集四卷、傅玉樓詩集四卷、柳初陽詩集三卷、泰顧北詩集一卷、李五峰詩集二卷、余竹窗詩集二卷、貢玩齋詩集三卷、成柳莊詩集四卷、陸湖峰詩集一卷、乃前岡詩集三卷、魚軒詩集二卷、松谷詩集二卷）

10492 **前唐十二家詩二十四卷** （明）許自昌編 明萬曆三

十一年（1603）霏玉軒刻本　大連圖書館
存四種八卷（王摩詰集二卷、孟浩然集二卷、高常侍集二卷、岑嘉州集二卷）

10493 **前唐十二家詩二十四卷**　（明）許自昌編　明琅環齋鄭能刻本　遼寧省圖書館

10494 **唐十二家詩四十九卷**　明刻本　遼寧省圖書館
存六種二十一卷（駱賓王集二卷、陳伯玉集二卷、杜審言集二卷、沈雲卿集三卷、宋之問集二卷、高常侍集十卷）

10495 **唐人六集四十二卷**　（明）毛晋輯　明崇禎毛氏汲古閣刻本　遼寧省圖書館

10496 **韓柳文一百卷**　（明）游居敬編　明嘉靖十六年（1537）游居敬刻本　遼寧省圖書館

10497 **韓柳全集一百四卷**　（明）蔣之翹編　明崇禎六年（1633）蔣氏三徑草堂刻本　遼寧省圖書館

10498 **唐人八家詩四十二卷**　（明）毛晋編　明崇禎十二年（1639）毛氏汲古閣刻本　遼寧省圖書館

10499 **唐三高僧詩集四十七卷**　（明）毛晋編　明崇禎毛氏汲古閣刻本　遼寧省圖書館

10500 **唐詩艷逸品四卷**　（明）楊肇祉輯　明天啓元年（1621）閔一栻刻朱墨套印本　遼寧省圖書館

10501 **唐人四集十二卷**　（明）毛晋編　明崇禎毛氏汲古閣刻本　遼寧省圖書館

10502 **蘇門六君子文粹七十卷**　（宋）陳亮編　明崇禎六年（1633）胡潜刻本　遼寧省圖書館

10503 **元人集十種五十四卷**　（明）毛晋編　明崇禎十一年（1638）毛氏汲古閣刻本　大連圖書館

10504 **元四大家詩集四種二十七卷**　（明）毛晋編　明崇禎毛氏汲古閣刻本　大連圖書館

10505 **李卓吾先生批評三大家文集三種二十八卷**　（明）李贄評　（明）葉敬池輯　明萬曆葉敬池書種堂刻本　遼寧省圖書館

10506 **文選六十卷**　（南朝梁）蕭統輯　（唐）李善注　明成化二十三年（1487）唐藩朱芝址刻本　旅順博物館
存五十卷（一至三十、三十五至四十一、四十八至六十）

10507 **文選六十卷**　（南朝梁）蕭統輯　（唐）李善注　明嘉靖四年（1525）晋府養德書院刻本　大連圖書館

10508 **六家文選六十卷**　（南朝梁）蕭統輯　（唐）李善　呂延濟　劉良　張銑　李周翰　呂向注　明嘉靖十三年至二十八年（1534—1549）袁褧嘉趣堂刻本　遼寧師範大學圖書館

10509 **六臣註文選六十卷**　（南朝梁）蕭統輯　（唐）李善　呂延濟　劉良　張銑　李周翰　呂向注　明萬曆二年（1574）崔孔昕刻六年（1578）徐成位重修本　鞍山市圖書館

10510 **文選纂注十二卷**　（南朝梁）蕭統輯　（明）張鳳翼纂注　明萬曆刻本　遼寧省圖書館

10511 **文選纂注評林十二卷**　（南朝梁）蕭統輯　（明）張鳳翼纂注　（明）惲紹龍參訂　明萬曆二十九年（1601）三衢舒氏四泉刻本　錦州市圖書館

10512 **梁昭明文選十二卷**　（南朝梁）蕭統輯　（明）張鳳翼纂注　明萬曆刻本　瀋陽市圖書館

10513 **梁昭明文選二十四卷**　（南朝梁）蕭統輯　（明）張鳳翼纂注　明天啓六年（1626）盧之頤刻本　遼寧省圖書館

10514 **孫月峯先生評文選三十卷**　（南朝梁）蕭統輯　（明）孫鑛評　（明）閔齊華注　明末閔氏刻本　遼寧省圖書館

10515 **文選删註十二卷**　（明）王象乾撰　明萬曆刻本　遼寧省圖書館

10516 **選賦六卷**　（南朝梁）蕭統輯　（明）郭正域評點　**名人世次爵里一卷**　明凌氏鳳笙閣刻朱墨套印本　遼寧省圖書館

10517 **選賦六卷**　（南朝梁）蕭統輯　（明）郭正域評點　明凌氏鳳笙閣刻朱墨套印本　丹東市圖書館

10518 **選詩補註八卷**　（元）劉履輯　明嘉靖刻本　大連圖書館
存四卷（五至八）

10519 **選詩補註八卷存補遺二卷續編四卷**　（元）劉履輯　明刻本　遼寧省圖書館

10520 **文苑英華一千卷**　（宋）李昉等輯　明隆慶元年（1567）胡維新、戚繼光刻本　遼寧省圖書館

10521 **文苑英華一千卷**　（宋）李昉等輯　明隆慶元年（1567）胡維新、戚繼光刻本　大連圖書館

10522 **文苑英華一千卷**　（宋）李昉等輯　明隆慶元年（1567）胡維新、戚繼光刻本　魯迅美術學院圖書館

10523 **文苑英華一千卷** （宋）李昉等輯 明隆慶元年（1567）胡維新、戚繼光刻隆慶萬曆遞修本 瀋陽師範大學圖書館

10524 **文苑英華選雋二十八卷** （明）傅振商輯 明崇禎六年（1633）刻本 大連圖書館
存十四卷（一至六、八至九、十一至十六）

10525 **玉臺新詠十卷** （南朝陳）徐陵輯 **續玉臺新詠五卷** （明）鄭玄撫輯 明萬曆七年（1579）吴興茅元禎刻本 方大年跋 遼寧省圖書館

10526 **樂府詩集一百卷目録二卷** （宋）郭茂倩輯 明崇禎十二年（1639）毛氏汲古閣刻本 遼寧省圖書館

10527 **樂府詩集一百卷目録二卷** （宋）郭茂倩輯 明崇禎十二年（1639）毛氏汲古閣刻康熙毛扆重修本 遼寧省圖書館

10528 **六朝聲偶集七卷** （明）徐獻忠輯 明華亭徐氏文房刻本 遼寧省圖書館

10529 **詩紀一百五十六卷目録三十六卷** （明）馮惟訥輯 明萬曆吴琯、謝陛、陸弼、俞策刻本 遼寧省圖書館

10530 **詩刪二十三卷** （明）李攀龍輯 （明）鍾惺 譚元春評 明刻朱墨套印本 遼寧省圖書館

10531 **絶祖三卷** （明）茅翁積輯 明茅兆河刻朱墨套印本 遼寧省圖書館

10532 **詩所五十六卷歷代名氏爵里一卷** （明）臧懋循輯 明萬曆雕蟲館刻本 遼寧省圖書館

10533 **詩所五十六卷歷代名氏爵里一卷** （明）臧懋循輯 明萬曆雕蟲館刻本 遼寧省圖書館

10534 **詩所五十六卷** （明）臧懋循輯 明萬曆雕蟲館刻本 大連圖書館

10535 **詩歸五十一卷** （明）鍾惺 譚元春輯 明末刻本 遼寧省圖書館

10536 **名媛詩歸三十六卷** （明）鍾惺撰 明刻本 大連圖書館
存二十五卷（一至二十五）

10537 **古賦辯體十卷** （元）祝堯輯 明嘉靖十六年（1537）金宗潤刻本 遼寧省圖書館

10538 **賦苑八卷** （明）李鴻輯 明萬曆刻本 遼寧省圖書館

10539 **西山先生真文忠公文章正宗二十四卷** （宋）真德秀編 明初刻本 遼寧省圖書館

10540 **西山先生真文忠公文章正宗二十四卷** （宋）真德秀編 明嘉靖四十三年（1564）李豸、李磐刻本 大連圖書館

10541 **妙絶古今不分卷** （宋）湯漢輯 明刻本 遼寧省圖書館

10542 **妙絶古今不分卷** （宋）湯漢輯 明刻本 大連圖書館

10543 **文翰類選大成一百六十三卷** （明）李伯璵輯 明成化八年（1472）淮府刻弘治十四年（1501）、嘉靖二十五年（1546）遞修本（卷一百六十至一百六十一係明抄本） 大連圖書館

10544 **何大復先生學約古文十卷** （明）何景明輯 明萬曆三十六年（1608）寶樹堂刻本 遼寧省圖書館

10545 **文編六十四卷** （明）唐順之輯 明嘉靖胡帛刻本 遼寧省圖書館

10546 **文編六十四卷** （明）唐順之輯 明天啓刻本 遼寧省圖書館

10547 **書記洞詮一百二十卷目録十卷** （明）梅鼎祚輯 明萬曆二十五年至二十七年（1597—1599）玄白堂刻本 遼寧省圖書館
存一百十八卷（一至一百九、目録一至九）

10548 **滑耀編四卷** （明）賈三近輯 明末毛氏汲古閣刻本 遼寧省圖書館

10549 **文府滑稽十二卷** （明）鄒迪光輯 明萬曆三十七年（1609）鄒同光刻本 遼寧省圖書館

10550 **秦漢文懷二十卷** （明）鍾惺輯并評 明崇禎六年（1633）刻本 遼寧省圖書館

10551 **唐宋八大家選二十四卷** （明）鍾惺輯并評 （明）汪應魁刪訂 明崇禎五年（1632）汪應魁刻本 遼寧省圖書館

10552 **古逸書三十卷首一卷末一卷** （明）潘基慶輯 明萬曆刻本 遼寧省圖書館

10553 **秦漢文鈔六卷** （明）閔邁德等輯 （明）楊融博批點 明萬曆四十八年（1620）閔氏刻朱墨套印本 遼寧省圖書館

10554 **秦漢文鈔六卷** （明）閔邁德等輯 （明）楊融博批點 明萬曆四十八年（1620）閔氏刻朱墨套印本 遼

寧大學圖書館

10555 **文致不分卷** （明）劉士鏻輯 明末刻本 遼寧省圖書館

10556 **尺牘清裁六十卷補遺一卷** （明）王世貞輯 明隆慶五年（1571）自刻本 遼寧省圖書館

10557 **新鐫歷世諸大名家往來翰墨分類纂註品粹** （明）黄志清輯 明萬曆二十五年（1597）書林余象斗刻本 遼寧省圖書館

10558 **尺牘雋言十二卷** （明）陳臣忠輯 明閔邁德刻朱墨套印本 遼寧省圖書館

10559 **尺牘青蓮鉢十二卷** （明）何偉然撰 明崇禎刻本 遼寧省圖書館

10560 **唐文粹一百卷** （宋）姚鉉輯 明末刻本（卷三十四補抄一頁、卷九十九補抄十頁、卷一百補抄十九頁） 沈欽韓批校 遼寧省圖書館

10561 **唐文粹一百卷目録一卷** （宋）姚鉉輯 明末刻本 鞍山市圖書館

10562 **宋洪魏公進萬首唐人絶句四十卷目録四卷** （宋）洪邁輯 （明）趙宧光 黄習遠補 明萬曆三十五年（1607）趙宧光刻本 遼寧省圖書館

10563 **唐詩歸三十六卷** （明）鍾惺 譚元春輯 明閔振業、閔振聲刻三色套印本 遼寧大學圖書館

10564 **唐詩品彙九十卷拾遺十卷詩人爵里詳節一卷** （明）高棅輯 （明）汪宗尼校訂 明刻本 遼寧省圖書館
存八十卷（一至五十五、七十六至九十，拾遺十卷）

10565 **唐詩品彙九十卷** （明）高棅輯 （明）汪宗尼校訂 明梅墅石渠閣刻本 瀋陽市圖書館

10566 **唐詩類苑二百卷** （明）張之象纂輯 （明）王徹增補 明萬曆二十九年（1601）曹仁孫刻本 遼寧省圖書館

10567 **李于鱗唐詩廣選七卷** （明）李攀龍輯 （明）凌瑞森 凌南榮輯評 明凌氏刻朱墨套印本 遼寧省圖書館

10568 **新刻李袁二先生精選唐詩訓解七卷首一卷** （明）李攀龍輯 （明）袁宏道校 明萬曆四十六年（1618）居仁堂余獻可刻本 遼寧省圖書館

10569 **唐詩選七卷** （明）李攀龍輯 （明）蔣一葵箋釋 （明）高江批點明刻本 遼寧省圖書館

10570 **唐詩紀一百七十卷目録三十四卷** （明）黄德水 吴琯輯 明萬曆十三年（1585）吴琯刻本 遼寧省圖書館

10571 **唐詩三集合編七十四卷首一卷** （明）沈子來輯 明天啓四年（1624）寧遠山房刻本 遼寧省圖書館

10572 **唐詩所四十七卷** （明）臧懋循輯 明萬曆刻本 遼寧省圖書館
存四十四卷（四至四十七）

10573 **詳註百家唐詩彙選三十卷** （明）徐充輯并注 明萬曆世美堂刻本 遼寧省圖書館

10574 **弄石庵唐詩名花集四卷** （明）楊肇祉輯 明末弄石庵刻本 遼寧省圖書館

10575 **古洋遺響集不分卷** （宋）文同撰 明刻本 旅順博物館

10576 **宋文鑑一百五十卷目録三卷** （宋）吕祖謙輯 明嘉靖五年（1526）晋藩朱知烊養德書院刻本 遼寧省圖書館

10577 **宋文鑑一百五十卷目録三卷** （宋）吕祖謙輯 明嘉靖五年（1526）晋藩朱知烊養德書院刻本 大連圖書館
存一百三十八卷（一至三十一、三十四至一百十、一百二十一至一百五十）

10578 **宋文鑑一百五十卷目録三卷** （宋）吕祖謙輯 明嘉靖五年（1526）晋藩朱知烊養德書院刻本 遼寧大學圖書館

10579 **中州集十卷樂府一卷** （金）元好問輯 明末毛氏汲古閣刻本 魯迅美術學院圖書館
存八卷（一至六、九至十）

10580 **皇明經濟文録四十一卷** （明）萬表輯 明嘉靖三十三年（1554）曲入繩、游居敬刻本（卷三十四至三十五、三十九至四十一係補抄） 大連圖書館

10581 **今文選十二卷續今文選五卷** （明）孫鑛選 （明）余寅 唐鶴徵訂 明萬曆三十一年（1603）刻本 遼寧省圖書館

10582 **皇明經濟文輯二十三卷** （明）陳其愫輯 明天啓七年（1627）自刻本 大連圖書館

10583 **皇明經世文編五百四卷補遺四卷** （明）陳子龍等輯 明崇禎平露堂刻本（卷三十三至三十四、七十五至七

十七、一百四十六至一百四十九、一百五十六至一百六十四、三百十六至三百二十六、三百三十七至三百四十五、三百五十一至三百五十六、三百六十一至三百六十九、三百七十四至三百八十七係補抄）　大連圖書館

10584 **媚幽閣文娱二集十卷**　（明）鄭元勛輯　明崇禎十二年（1639）刻本　遼寧省圖書館
存五卷（甲、乙、戊、己、癸）

10585 **徽郡新刻國朝名公尺牘三卷**　（明）程大約輯　明書林冲泉詹氏刻本　遼寧省圖書館

10586 **壬辰翰林館課纂二十三卷**　（明）翁正春　焦竑等撰　明萬曆劉孔當刻本　遼寧省圖書館

10587 **國朝七名公尺牘八卷**　（明）屠隆輯　明萬曆文斐堂刻本　大連圖書館

10588 **楊升庵先生批點文心雕龍十卷**　（南朝梁）劉勰撰　（明）楊慎批點　（明）梅慶生音注　明萬曆三十七年（1609）梅慶生刻天啓二年（1622）重修本　旅順博物館

10589 **楊升庵先生批點文心雕龍十卷**　（南朝梁）劉勰撰　（明）楊慎批點　（明）梅慶生音注　明萬曆三十七年（1609）梅慶生刻天啓二年（1622）重修金陵聚錦堂印本　瀋陽市圖書館

10590 **楊升庵先生批點文心雕龍十卷**　（南朝梁）劉勰撰　（明）楊慎批點　（明）梅慶生音注　明萬曆三十七年（1609）梅慶生刻天啓二年（1622）重修金陵聚錦堂印本　大連圖書館

10591 **劉子文心雕龍二卷**　（南朝梁）劉勰撰　（明）楊慎　（明）曹學佺等評點　**注二卷**　（明）梅慶生撰　明閔繩初刻五色套印本　大連圖書館

10592 **唐詩紀事八十一卷**　（宋）計有功撰　明嘉靖二十四年（1545）洪楩清平山堂刻本　遼寧省圖書館

10593 **唐詩紀事八十一卷**　（宋）計有功撰　明嘉靖二十四年（1545）張子立刻本　遼寧省圖書館
存七十二卷（一至二十六、三十一至五十六、六十二至八十一）

10594 **唐詩紀事八十一卷**　（宋）計有功撰　明崇禎五年（1632）毛氏汲古閣刻本　遼寧省圖書館

10595 **韻語陽秋二十卷**　（宋）葛立方撰　明正德二年（1507）葛諶刻本（卷二之九至十頁，卷四之五，七至八頁，卷八之三至四頁，卷十五之五至六頁，卷十六之七至八頁，卷十九之二至四、十一至十二頁補抄）　魯迅美術學院圖書館

10596 **全唐詩話三卷**　題（宋）尤袤撰　明正德二年（1507）秦昂刻本　遼寧省圖書館

10597 **全唐詩話三卷**　題（宋）尤袤撰　明正德二年（1507）秦昂刻本　遼寧大學圖書館

10598 **瓊臺詩話二卷**　（明）蔣冕撰　明崇禎十三年（1640）愛吾廬刻本　遼寧省圖書館

10599 **詩法指南二卷**　（明）王檟輯　明萬曆蘊古堂刻本　遼寧省圖書館

10600 **虞初志七卷**　（明）袁宏道評　（明）屠隆點閱　明凌性德刻朱墨套印本　遼寧省圖書館

10601 **廣虞初志四卷**　（明）鄧喬林輯　明末刻本　大連圖書館

10602 **醉醒石十五回**　題（明）東魯古狂生撰　明末刻本　遼寧省圖書館

10603 **石點頭十四卷**　題（明）天然痴叟撰　（明）馮夢龍評　明末金閶葉敬池刻遞修本　大連圖書館

10604 **新鐫出像批評通俗小説鼓掌絶塵四集四十回**　題(明)金木散人編　明崇禎刻本　大連圖書館

10605 **鼎刻江湖歷覽杜騙新書四卷**　（明）張應俞撰　明刻本　大連圖書館

10606 **新刻按鑑編纂開闢衍繹通俗志傳六卷八十回**　（明）周游撰　（明）王黌釋　明崇禎八年（1635）刻清書林麟瑞堂重修本　大連圖書館

10607 **新刊京本春秋五霸七雄全像列國志傳八卷**　（明）余邵魚撰　（明）余象斗評　明萬曆書林余象斗三臺館刻本　大連圖書館
存五卷（二至六）

10608 **新鐫全像通俗演義隋煬帝艷史八卷四十回**　題（明）齊東野人撰　明崇禎人瑞堂刻本　大連圖書館

10609 **鐫李卓吾批點殘唐五代史演義傳八卷六十回**　（明）羅貫中撰　（明）李贄評　明末刻本　大連圖書館

10610 **新鐫玉茗堂批點按鑑參補北宋志傳十卷五十回**　（明）熊大木撰　明末刻本　大連圖書館

10611 **新鐫全像武穆精忠傳八卷**　（明）李贄評　明末萃錦

堂刻本　大連圖書館

10612 **綉像雲合奇蹤二十卷**　題（明）徐渭撰　明刻本　大連圖書館

10613 **新刻全像三寶太監西洋記通俗演義二十卷一百回**　（明）羅懋登撰　明三山道人刻清初步月樓重修本　遼寧省圖書館

10614 **新刻全像三寶太監西洋記通俗演義二十卷一百回**　（明）羅懋登撰　明三山道人刻清初步月樓重修本　大連圖書館

10615 **新刻全像楊家府世代忠勇通俗演義志傳八卷**　題秦淮墨客校正　題烟波釣叟參訂　明刻本　大連圖書館
存七卷（二至八）

10616 **新鐫警世陰陽夢十卷四十回**　題（明）長安道人國清撰　明崇禎元年（1628）刻本　大連圖書館

10617 **新鐫批評出像通俗演義禪真後史十集六十回**　（明）方汝浩撰　明末金衙刻本　大連圖書館

10618 **新鐫批評出相韓湘子三十回**　（明）楊爾曾撰　明天啓刻金陵九如堂印本　大連圖書館

10619 **詞苑英華四十五卷**　（明）毛晋編　明末毛氏汲古閣刻本　遼寧省圖書館

10620 **詞苑英華四十五卷**　（明）毛晋編　明末毛氏汲古閣刻本　大連圖書館
存四十卷（花間集十卷、中興以來絶妙詞選十卷、樽前集二卷、草堂詩餘四卷、詞林萬選四卷、唐宋諸賢絶妙詞選十卷）

10621 **宋名家詞六十一種九十卷**　（明）毛晋編　明崇禎毛氏汲古閣刻本　遼寧省圖書館

10622 **宋名家詞六十一種九十卷**　（明）毛晋編　明崇禎毛氏汲古閣刻本　大連圖書館

10623 **宋元名家詞抄二十一種**　（明）毛晋編　明抄本　瀋陽師範大學圖書館

10624 **花間集四卷**　（後蜀）趙崇祚輯　（明）湯顯祖評　明刻朱墨套印本　遼寧省圖書館

10625 **類編草堂詩餘四卷**　（宋）何士信輯　（明）武陵逸史編次　（明）昆石山人校輯　明刻本　遼寧省圖書館

10626 **類編草堂詩餘四卷**　（明）顧從敬編次　（明）韓俞臣校正　明博雅堂刻本　遼寧省圖書館

10627 **草堂詩餘五卷**　（明）楊慎評點　明閔暎璧刻朱墨套印本　遼寧省圖書館

10628 **類選箋釋草堂詩餘六卷**　（明）顧從敬輯　**續選草堂詩餘二卷**　（明）錢允治箋釋　**類編箋釋國朝詩餘五卷**　（明）錢允治輯　（明）陳仁錫釋　明萬曆四十二年（1614）刻本　遼寧省圖書館

10629 **古香岑草堂詩餘四集十七卷**　明末刻本　遼寧省博物館
存十四卷（正集六卷、序集二卷、新集五卷、别集一卷）

10630 **古香岑草堂詩餘四集十七卷**　明末刻童涌泉印本　遼寧省圖書館

10631 **唐宋諸賢絶妙詞選十卷**　（宋）黄昇輯　明萬曆四十二年（1614）秦堣刻本　遼寧省圖書館

10632 **草堂詩餘十六卷雜説一卷徐卓晤歌一卷**　題（明）陳繼儒評選　（明）卓人月彙選　（明）徐士俊參評　明崇禎刻本　遼寧省圖書館

10633 **詞的四卷**　（明）茅暎輯　明刻朱墨套印本　遼寧省圖書館

10634 **稼軒長短句十二卷**　（宋）辛棄疾撰　（明）李濂評　明嘉靖十五年（1536）王詔刻本　遼寧省圖書館

10635 **盛明雜劇三十種三十卷**　（明）沈泰編　明崇禎刻本　大連圖書館

10636 **四聲猿四卷**　（明）徐渭撰　明延閣刻本　遼寧省圖書館

10637 **綉刻演劇六十種一百二十卷**　（明）毛晋編　明末毛氏汲古閣刻本　遼寧省圖書館

10638 **綉刻演劇六十種一百二十卷**　（明）毛晋編　明末毛氏汲古閣刻本　瀋陽師範大學圖書館
存五十四卷（三元記二卷、鳴鳳記二卷、琵琶記二卷、鸞鎞記二卷、懷香記二卷、玉合記二卷、青衫記二卷、白兔記二卷、金蓮記二卷、四喜記二卷、四賢記二卷、八義記二卷、精忠記二卷、節俠記下卷、紫簫記下、運甓記下、龍膏記下、投梭記二卷、金雀記二卷、玉簪記二卷、義俠記二卷、種玉記二卷、還魂記二卷、錦箋記二卷、蕉帕記二卷、灌園記二卷、玉玦記二卷、獅吼記二卷、水滸記二卷）

10639 **棃花齋新樂府八卷**　（明）吴炳撰　明末兩衡堂刻本　遼寧省圖書館

10640 **牡丹亭還魂記二卷** （明）湯顯祖撰 （明）朱元鎮校 明末刻清懷德堂印本 遼寧省圖書館

10641 **牡丹亭還魂記二卷** （明）湯顯祖撰 （明）朱元鎮校 明刻清懷德堂印本 丹東市圖書館

10642 **南柯記二卷** （明）湯顯祖撰 （明）臧懋循訂 明萬曆刻本 錦州市圖書館

10643 **新鐫出像註釋李十郎霍小玉紫簫記題評二卷** （明）湯顯祖撰 明萬曆二十四年（1596）世德堂刻本 大連圖書館

10644 **秋水庵花影集五卷** （明）施紹莘撰 明末刻本 遼寧省圖書館

10645 **江東白苧二卷續二卷** （明）梁辰魚撰 明末刻本 遼寧省圖書館

10646 **新鐫古今大雅北宫詞紀六卷** （明）陳所聞輯 明萬曆三十二年（1604）陳氏繼志齋刻本 錦州市圖書館

10647 **新鐫古今大雅南宫詞紀六卷** （明）陳所聞輯 明萬曆三十三年（1605）陳氏繼志齋刻本 錦州市圖書館

10648 **度曲須知二卷弦索辨訛二卷** （明）沈寵綏撰 明崇禎十二年（1639）自刻清順治六年（1649）沈標重修本 遼寧省圖書館

10649 **古今説海一百三十五種一百四十二卷** （明）陸楫等編 明嘉靖二十三年（1544）陸楫儼山書院、雲山書院刻本 遼寧省圖書館

10650 **古今説海一百三十五種一百四十二卷** （明）陸楫等編 明嘉靖二十三年（1544）陸楫儼山書院、雲山書院刻本（説淵四十四至五十九、説略三十一至三十二、説纂一至三配抄本，説纂二十一至二十三配明青藜館刻本） 大連圖書館

存一百十四卷（説選一至三、十五至二十三，説淵四至六十四，説略一至四、九至三十二，説纂一至十、二十一至二十三）

10651 **漢魏叢書三十八種二百五十一卷** （明）程榮編 明萬曆二十年（1592）程榮刻本 遼寧省圖書館

10652 **格致叢書九十九種一百九十九卷** （明）胡文焕輯 明刻本 大連圖書館

10653 **百名家書一百種** （明）胡文焕輯 明刻本（目録抄配） 大連圖書館

10654 **尚白齋鐫陳眉公寶顔堂祕笈十六種四十七卷** （明）陳繼儒編 明萬曆三十四年（1606）沈氏尚白齋刻本 大連圖書館

10655 **尚白齋鐫陳眉公寶顔堂祕笈十六種四十七卷** （明）陳繼儒編 明萬曆三十四年（1606）沈氏尚白齋刻本 瀋陽師範大學圖書館

10656 **快書五十種五十卷** （明）閔景賢編 明天啓六年（1626）快堂刻本 遼寧省圖書館

10657 **快書五十種五十卷** （明）閔景賢編 明天啓六年（1626）快堂刻本 大連圖書館

10658 **廣快書五十種五十卷** （明）何偉然編 明崇禎刻本 遼寧省圖書館

10659 **宋三大臣彙志十二種** （明）鄭鄤輯 明崇禎元年（1628）刻本 大連圖書館

10660 **廣百川學海一百三十種一百五十六卷** （明）馮可賓編 明末刻本 遼寧省圖書館

10661 **廣百川學海一百三十種一百五十六卷** （明）馮可賓編 明末刻本 大連圖書館

10662 **居家必備十卷** 明末刻本 遼寧省圖書館

10663 **陸放翁全集六種一百五十七卷** （宋）陸游撰 明末毛氏汲古閣刻張氏詩禮堂印本 鞍山市圖書館

10664 **少室山房四部一百八十九卷** （明）胡應麟撰 （明）江湛然編 明萬曆四十六年（1618）江湛然刻本 錦州市圖書館

存四十八卷（少室山房筆叢三十二卷、續筆叢十六卷）

清 代

10665 **五經四書讀本七十七卷** 清雍正國子監刻本 遼寧省圖書館

10666 **御定仿宋相臺岳氏五經九十六卷附考證** （元）岳浚編 清乾隆四十八年（1783）武英殿刻本 遼寧省圖書館

10667 **周易本義十二卷易圖一卷五贊一卷筮儀一卷** （宋）朱熹撰 清康熙内府刻本 遼寧省圖書館

10668 **九正易因二卷** （明）李贄撰 清初汲古閣刻本 遼寧省圖書館

10669 **御纂周易折中二十二卷首一卷** （清）李光地等撰 清康熙五十四年（1715）内府刻本 遼寧省圖書館

10670 **御纂周易折中二十二卷首一卷** （清）李光地等撰 清康熙五十四年（1715）内府刻本 大連圖書館

10671 **理象解原四卷** （清）肫圖撰　清乾隆十二年（1747）紫竹齋刻本　遼寧省圖書館

10672 **御纂周易述義十卷** （清）傅恒等撰　清乾隆二十年（1755）内府刻本　遼寧省圖書館

10673 **御纂周易述義十卷** （清）傅恒等撰　清乾隆二十年（1755）内府刻本　大連圖書館

10674 **欽定書經傳説彙纂二十一卷首二卷書序一卷** （清）王頊齡等撰　清雍正八年（1730）内府刻本　遼寧省圖書館

10675 **欽定詩經傳説彙纂二十一卷詩序二卷首二卷** （清）王鴻緒等撰　清雍正五年（1727）内府刻本　遼寧省圖書館

10676 **御纂詩義折中二十卷** （清）孫嘉淦等撰　清乾隆二十年（1755）武英殿刻本　遼寧省圖書館

10677 **禮記釋文不分卷** （唐）陸德明撰　清嘉慶十一年（1806）梅城張氏影宋刻本　旅順博物館

10678 **禮記附記□□卷** （清）翁方綱撰　稿本　遼寧省圖書館

存四卷（七至十）

10679 **欽定三禮義疏一百七十八卷首四卷** （清）鄂爾泰等撰　清乾隆十九年（1754）武英殿刻本　遼寧省圖書館

10680 **御製律吕正義後編一百二十卷首一卷** （清）允禄張照等撰　清乾隆十一年（1746）武英殿刻朱墨套印本　遼寧省圖書館

10681 **御製律吕正義後編續八卷首一卷** （清）德保等撰　清乾隆五十一年（1786）武英殿刻朱墨套印本　遼寧省圖書館

10682 **春秋地考一卷** （明）季本撰　清初抄本　遼寧省圖書館

10683 **欽定春秋傳説彙纂三十八卷首二卷** （清）王掞　張廷玉等撰　清康熙六十年（1721）内府刻本　遼寧省圖書館

10684 **日講春秋解義六十四卷總説一卷** （清）庫勒納等撰　清乾隆二年（1737）武英殿刻本　遼寧省圖書館

10685 **御纂春秋直解十二卷** （清）傅恒等撰　清乾隆二十三年（1758）武英殿刻本　遼寧省圖書館

10686 **春秋經傳集解考正五卷** （清）陳樹華撰　清稿本　旅順博物館

10687 **御註孝經一卷** （清）世祖福臨撰　清順治内府刻本　遼寧省圖書館

10688 **孝經衍義一百卷首二卷** （清）葉方藹等撰　清康熙二十九年（1690）内府刻本　遼寧省圖書館

10689 **論語集解義疏十卷** （三國魏）何晏集解　（南朝梁）皇侃義疏　清乾隆五十二年（1787）武英殿刻本　遼寧省圖書館

10690 **孟子論文七卷** （清）陳履中撰　稿本　大連圖書館

10691 **日講四書解義二十六卷** （清）沈荃撰　清康熙十六年（1677）内府刻本　大連圖書館

10692 **爾雅義疏三卷** （清）郝懿行撰　稿本　王念孫批注　旅順博物館

10693 **説文解字十五卷** （漢）許慎撰　（南唐）徐鉉校定　清初毛氏汲古閣刻初印本　遼寧省圖書館

10694 **康熙字典十二集三十六卷總目一卷檢字一卷辨似一卷等韵一卷補遺一卷備考一卷** （清）張玉書等纂　清康熙五十五年（1716）内府刻本　遼寧省圖書館

10695 **音韻闡微十八卷韻譜一卷** （清）李光地等撰　清雍正六年（1728）武英殿刻本　遼寧省圖書館

10696 **音韻闡微十八卷韻譜一卷** （清）李光地等撰　清雍正六年（1728）武英殿刻本　大連圖書館

10697 **欽定同文韻統六卷** （清）允禄等撰　清乾隆十五年（1750）武英殿刻朱墨套印本　遼寧省圖書館

10698 **欽定叶韻彙輯十卷** （清）梁詩正等撰　清乾隆十五年（1750）武英殿刻本　遼寧省圖書館

10699 **通志二百卷** （宋）鄭樵撰　清乾隆十二年（1747）武英殿刻本　遼寧省圖書館

10700 **欽定續通志六百四十卷** （清）嵇璜等撰　清乾隆武英殿刻本　遼寧省圖書館

10701 **御批資治通鑑綱目全書一百九卷** （清）宋犖等編　清康熙四十六年至四十九年（1707—1710）揚州詩局刻本　遼寧省圖書館

10702 **御批資治通鑑綱目全書一百九卷** （清）宋犖等編　清康熙四十六年至四十九年（1707—1710）揚州詩局刻本　瀋陽故宫博物院

存一百七卷（正編五十九卷、前編十八卷、舉要三卷、續編二十七卷）

10703 **御撰資治通鑑綱目三編二十卷** （清）張廷玉等纂 清乾隆十一年（1746）蘇州詩局刻本 遼寧省圖書館

10704 **御定歷代紀事年表一百卷歷代三元甲子編年一卷** （清）龔士炯撰 （清）王之樞等續撰 清康熙五十四年（1715）王之樞刻内府印本 遼寧省圖書館

10705 **後漢紀三十卷** （晋）袁宏撰 清初抄本 遼寧省圖書館

10706 **中興小紀四十卷** （宋）熊克撰 清抄本（廣雅書局付刊底本） 錦州市圖書館

10707 **明實錄不分卷** 清末民初吴廷燮抄本（宣德别録爲補配） 瀋陽市圖書館

10708 **康熙起居注不分卷** 稿本 旅順博物館
存（康熙十九年十月、二十一年十一月、二十四年二月、二十四年十一月）

10709 **皇清開國方畧三十二卷首一卷** （清）阿桂等撰 清乾隆五十一年（1786）武英殿刻本 遼寧省圖書館

10710 **皇清開國方畧三十二卷首一卷** （清）阿桂等撰 清乾隆五十一年（1786）武英殿刻本 大連圖書館

10711 **皇清開國方畧三十二卷首一卷** （清）阿桂等撰 清乾隆五十一年（1786）武英殿刻本 錦州市圖書館

10712 **山書十八卷** （清）孫承澤撰 清抄本 大連圖書館

10713 **御製親征朔漠紀略一卷** （清）聖祖玄燁撰 **親征平定朔漠方略四十八卷** （清）温達等撰 清康熙四十七年（1708）内府刻本 遼寧省圖書館

10714 **靖海紀不分卷** （清）施琅撰 （清）施世綸輯 清活字印本 遼寧省圖書館

10715 **平定金川方略二十六卷圖説一卷** （清）來保等撰 清乾隆十七年（1752）武英殿刻本 遼寧省圖書館

10716 **平定準噶爾方略前編五十四卷正編八十五卷續編三十二卷紀略一卷** （清）傅恒等纂 清乾隆三十五年（1770）武英殿刻本 遼寧省圖書館

10717 **繹史一百六十卷世系圖一卷年表一卷** （清）馬驌撰 清康熙九年（1670）馬驌刻内府印本 遼寧省圖書館

10718 **欽定剿捕臨清逆匪紀略十六卷** （清）舒赫德等纂 清乾隆四十六年（1781）武英殿刻本 遼寧省圖書館

10719 **欽定平定臺灣紀畧六十五卷首五卷** 清乾隆五十三年（1788）武英殿刻本 遼寧省圖書館

10720 **欽定廓爾喀紀畧五十四卷首四卷** 清乾隆六十年（1795）武英殿刻本 遼寧省圖書館

10721 **甲申傳信録十卷訂録一卷** （明）錢士馨撰 清抄本 大連圖書館

10722 **酌中志畧三卷** （明）劉若愚撰 清初抄本 大連圖書館

10723 **三朝野紀七卷** （明）李遜之撰 清抄本 大連圖書館

10724 **明季甲乙两年彙畧三卷** （明）許重熙撰 清初抄本 大連圖書館

10725 **欽定滿洲源流考二十卷** （清）阿桂等撰 清乾隆四十二年（1777）武英殿刻本 遼寧省圖書館

10726 **查辦伊犁蒙古事宜不分卷** （清）善耆撰 清抄本 大連圖書館

10727 **太祖高皇帝聖訓四卷** （清）太祖努爾哈赤撰 清乾隆四年（1739）武英殿刻本 遼寧省圖書館

10728 **太宗文皇帝聖訓六卷** （清）太宗皇太極撰 清乾隆四年（1739）武英殿刻本 遼寧省圖書館

10729 **世祖章皇帝聖訓六卷** （清）世祖福臨撰 清乾隆四年（1739）武英殿刻本 遼寧省圖書館

10730 **聖祖仁皇帝聖訓六十卷** （清）聖祖玄燁撰 清乾隆六年（1741）武英殿刻本 遼寧省圖書館

10731 **世宗憲皇帝聖訓三十六卷** （清）世宗胤禛撰 清乾隆六年（1741）武英殿刻本 遼寧省圖書館

10732 **大義覺迷録四卷** （清）世宗胤禛撰 清雍正八年（1730）内府刻本 遼寧省圖書館

10733 **世宗上諭内閣一百五十九卷** （清）世宗胤禛撰 （清）允禄等編 清雍正九年（1731）内府刻乾隆六年（1741）武英殿續刻本 遼寧省圖書館

10734 **世宗上諭八旗十三卷** （清）世宗胤禛撰 （清）允禄等編 清雍正九年（1731）内府刻乾隆六年（1741）武英殿續刻本 遼寧省圖書館

10735 **上諭旗務議覆十二卷** （清）世宗胤禛撰 （清）允禄等編 清雍正九年（1731）内府刻乾隆六年（1741）武英殿續刻本 遼寧省圖書館

10736 **諭行旗務奏議不分卷** （清）允祥等撰 清雍正内府抄本 大連圖書館

10737 **諭行旗務奏議十三卷** （清）世宗胤禛撰 （清）允禄等編 清雍正九年（1731）内府刻乾隆六年（1741）

武英殿續刻本　遼寧省圖書館

10738 **硃批諭旨不分卷**　（清）世宗胤禛撰　清雍正十年至乾隆三年（1732—1738）內府刻套印本　遼寧省圖書館

10739 **雲東逸史年譜一卷**　（清）沈銘彝撰　稿本　羅振玉題記　大連圖書館

10740 **八旗滿洲氏族通譜八十卷目録二卷**　（清）鄂爾泰等撰　清乾隆九年（1744）武英殿刻本　遼寧省圖書館

10741 **八旗滿洲氏族通譜八十卷目録二卷**　（清）鄂爾泰等撰　清乾隆九年（1744）武英殿刻本　瀋陽故宮博物院

10742 **諸史提要十五卷**　（宋）錢端禮撰　（清）張英補　清康熙五十二年（1713）張廷玉請旨刻本　遼寧省圖書館

10743 **月令輯要二十四卷圖説一卷**　（清）李光地等撰　清康熙五十五年（1716）內府刻本　遼寧省圖書館

10744 **皇輿表十六卷**　（清）喇沙裏等纂修　（清）揆叙增修　清康熙四十三年（1704）揚州詩局刻本　遼寧省圖書館

10745 **皇輿表十六卷**　（清）喇沙裏等纂修　（清）揆叙增修　清康熙四十三年（1704）揚州詩局刻本　魯迅美術學院圖書館

10746 **大清一統志三百五十六卷**　（清）蔣廷錫等纂　清乾隆九年（1744）武英殿刻本　遼寧省圖書館

10747 **皇清職貢圖九卷**　（清）傅恒等纂　（清）門慶安等繪　清乾隆武英殿刻本　瀋陽故宮博物院

10748 **小方壺齋輿地叢抄三補編九十六種**　（清）王錫祺輯　稿本　大連圖書館

10749 **欽定盛京通志三十二卷**　（清）汪由敦等修　清乾隆武英殿刻本　遼寧省圖書館

10750 **欽定熱河志一百二十卷**　（清）和珅等纂　清乾隆四十六年（1781）武英殿刻本　遼寧省圖書館

10751 **盛京景物輯要十二卷**　（清）勵宗萬輯　清乾隆十九年（1754）進呈抄本　遼寧大學圖書館
存二十七頁（卷六之十四至四十頁）

10752 **欽定日下舊聞考一百六十卷譯語總目一卷**　（清）英廉等撰　清乾隆武英殿刻本　遼寧省圖書館

10753 **治河上諭事宜二十四卷**　（清）張鵬翩纂輯　清抄本　大連圖書館

10754 **盤山志十六卷首五卷**　（清）蔣溥等纂　清乾隆二十年（1755）武英殿刻本　遼寧省圖書館

10755 **欽定河源紀畧三十五卷首一卷**　（清）紀昀等纂　清乾隆武英殿刻本　遼寧省圖書館

10756 **清河縣河口圖説不分卷**　（清）徐仰庭等撰　稿本　遼寧省圖書館

10757 **杭州上天竺講寺志十五卷首一卷**　（清）釋廣賓纂　清順治三年（1646）刻本　大連圖書館

10758 **詞林典故八卷**　（清）張廷玉等撰　清乾隆十三年（1748）武英殿刻本　遼寧省圖書館

10759 **欽定歷代職官表七十二卷首一卷**　（清）紀昀等撰　清乾隆武英殿刻本　遼寧省圖書館

10760 **欽定國子監則例三十卷首二卷**　（清）蔡新　達霖等纂修　清乾隆三十七年（1772）武英殿刻本　遼寧省圖書館

10761 **通典二百卷**　（唐）杜佑撰　清乾隆十二年（1747）武英殿刻本　遼寧省圖書館

10762 **欽定續通典一百五十卷**　（清）嵇璜等撰　清乾隆武英殿刻本　遼寧省圖書館

10763 **文獻通考三百四十八卷**　（元）馬端臨撰　清乾隆十二年（1747）武英殿刻本　遼寧省圖書館

10764 **欽定續文獻通考二百五十卷**　（清）嵇璜等撰　清乾隆武英殿刻本　遼寧省圖書館

10765 **文獻通考紀要二卷**　清武英殿刻本　遼寧省圖書館

10766 **大清會典一百六十二卷**　（清）伊桑阿　王熙等纂　清康熙二十九年（1690）內府刻本（卷一百三十四、一百四十抄配）　遼寧省圖書館

10767 **欽定大清會典一百卷欽定大清會典則例一百八十卷**　（清）允祹等纂　清乾隆二十九年（1764）武英殿刻本　遼寧省圖書館

10768 **皇朝通志一百二十六卷**　（清）嵇璜等撰　清乾隆武英殿刻本　遼寧省圖書館

10769 **皇朝通典一百卷**　（清）嵇璜等撰　清乾隆武英殿刻本　遼寧省圖書館

10770 **皇朝文獻通考三百卷**　（清）嵇璜等撰　清乾隆武英殿刻本　遼寧省圖書館

10771 **萬壽盛典初集一百二十卷**　（清）王原祁等纂　清康

熙五十四年至五十六年（1715—1717）武英殿刻本　遼寧省圖書館

10772 **萬壽盛典初集一百二十卷**　（清）王原祁等纂　清康熙五十四年至五十六年（1715—1717）武英殿刻本　魯迅美術學院圖書館

10773 **幸魯盛典四十卷**　（清）孔毓圻　金居敬等纂　清康熙五十年（1711）孔毓圻刻進呈本　遼寧省圖書館

10774 **國學禮樂録二十卷**　（清）李周望　謝履忠撰　清康熙五十八年（1719）國子監刻本　遼寧省圖書館

10775 **大清通禮五十卷**　（清）來保等纂　清乾隆武英殿刻本　遼寧省圖書館

10776 **皇朝禮器圖式十八卷目録一卷**　（清）允禄等纂　（清）福隆安等補纂　清乾隆三十一年（1766）武英殿刻本　遼寧省圖書館

10777 **皇朝禮器圖式十八卷目録一卷**　（清）允禄等纂　（清）福隆安等補纂　清乾隆三十一年（1766）武英殿刻本　瀋陽故宫博物院

10778 **八旬萬壽盛典一百二十卷首一卷**　（清）阿桂等纂　清乾隆五十七年（1792）武英殿活字印本　遼寧省圖書館

10779 **八旬萬壽盛典一百二十卷首一卷**　（清）阿桂等纂　清乾隆五十七年（1792）武英殿活字印本　大連圖書館

10780 **南巡盛典一百二十卷**　（清）高晋等纂　清乾隆三十六年（1771）高晋等刻進呈本　遼寧省圖書館

10781 **蘇松浮糧考不分卷**　清抄本　寅齋題識　大連圖書館

10782 **欽定康濟録四卷附録一卷**　（清）倪國璉編　清乾隆五年（1740）武英殿刻本　遼寧省圖書館

10783 **欽定學政全書八十卷**　（清）素爾訥等纂修　清乾隆三十九年（1774）武英殿刻本　遼寧省圖書館

10784 **欽定學政全書八卷續增四卷**　（清）禮部纂修　清乾隆武英殿刻本　遼寧省圖書館

10785 **九卿議定物料價值四卷續四卷**　（清）邁柱　來保等纂修　清乾隆元年（1736）武英殿刻本　瀋陽故宫博物院
存四卷（九卿議定物料價值四卷）

10786 **欽定中樞政考三十一卷**　（清）鄂爾泰等纂修　清乾隆八年（1743）武英殿刻本　遼寧省圖書館

10787 **八旗通志初集二百五十卷目録二卷**　（清）鄂爾泰等纂　清乾隆四年（1739）武英殿刻本　遼寧省圖書館

10788 **欽定軍器則例二十卷**　（清）史貽直等纂修　清乾隆二十一年（1756）工部刻本　遼寧省圖書館

10789 **欽定蘭州紀畧二十卷首一卷**　（清）阿桂等纂　清乾隆武英殿刻本　遼寧省圖書館

10790 **會勘黑龍江省中俄國界案不分卷**　清末抄本　大連圖書館

10791 **律例館校正洗冤録四卷**　（宋）宋慈撰　（清）律例館編校　清乾隆五年（1740）武英殿刻本　遼寧省圖書館

10792 **大清律續纂條例總類二卷**　（清）允禄　四達等纂修　清乾隆二十六年（1761）武英殿刻本　遼寧省圖書館

10793 **大清律續纂條例二卷**　（清）允禄　四達等纂修　清乾隆二十六年（1761）武英殿刻本　遼寧省圖書館館

10794 **大清律續纂條例六卷**　（清）弘晝等纂修　清乾隆八年（1743）武英殿刻本　遼寧省圖書館

10795 **欽定大清律例四十七卷**　（清）劉統勛等纂修　清乾隆六年（1741）武英殿刻三十三年（1768）增修本　遼寧省圖書館

10796 **大清律纂修條例二卷**　（清）劉統勛等纂修　清乾隆三十八年（1773）武英殿刻本　遼寧省圖書館

10797 **欽定吏部則例六十六卷**　（清）弘晝　吴嗣爵等纂修　清乾隆七年（1742）武英殿刻本　遼寧省圖書館

10798 **督捕則例二卷**　（清）徐本　唐紹祖等纂修　清乾隆八年（1743）武英殿刻本　遼寧省圖書館

10799 **清吏部職官銓選則例不分卷**　清抄本　大連圖書館

10800 **乾隆職官揀選不分卷**　清乾隆内府抄本　大連圖書館

10801 **蒙古律例十二卷**　（清）刑部纂修　清乾隆武英殿刻本　遼寧省圖書館

10802 **後金天聰二年九月金國汗致朝鮮國王書不分卷**　稿本　大連圖書館

10803 **乘輿儀仗做法二卷**　（清）工部輯　清乾隆十四年（1749）武英殿刻本　遼寧省圖書館

10804 **欽定科場條例四卷翻譯考試條例一卷**　（清）禮部纂修　清乾隆六年（1741）武英殿刻本　遼寧省圖書館

10805 **四庫全書原本提要抄繕樣稿**　清内府寫本　遼寧省圖書館

10806 **欽定四庫全書總目二百卷首四卷** （清）紀昀等撰 清乾隆武英殿刻本 遼寧省圖書館

10807 **隸續二十一卷** （宋）洪适撰 清康熙四十五年（1706）曹寅揚州詩局刻本 大連圖書館

10808 **東巡金石録八卷** （清）崔應階 梁翥鴻輯 清乾隆刻本 遼寧省圖書館

10809 **西清古鑑四十卷錢録十六卷** （清）梁詩正 蔣溥等纂修 （清）允禄編 清乾隆二十年（1755）武英殿刻本 遼寧省圖書館

10810 **欽定古今儲貳金鑑六卷首一卷** 清乾隆五十一年（1786）武英殿刻本 遼寧省圖書館

10811 **揚子法言十三卷** （漢）揚雄撰 （晉）李軌注 **音義一卷** 清光緒二年（1876）浙江書局秦氏刻王仁俊批校本 遼寧省圖書館

10812 **白虎通疏證十二卷** （清）陳立撰 清光緒元年（1875）淮南書局刻王仁俊批校本 遼寧省圖書館

10813 **近思錄集解十四卷** （宋）葉采撰 清康熙刻本 撫順市圖書館

10814 **小學集註六卷** （宋）朱熹撰 （明）陳選注 清雍正五年（1727）武英殿刻本 遼寧省圖書館

10815 **帝學八卷** （宋）范祖禹撰 清省園刻本 遼寧省圖書館

10816 **淵鑒齋御纂朱子全書六十六卷** （清）熊賜履 李光地等纂修 清康熙五十三年（1714）武英殿刻本 遼寧省圖書館

10817 **淵鑒齋御纂朱子全書六十六卷** （清）熊賜履 李光地等纂修 清康熙五十三年（1714）武英殿刻本 大連圖書館

10818 **淵鑒齋御纂朱子全書六十六卷** （清）熊賜履 李光地等纂修 清康熙五十三年（1714）武英殿刻本 瀋陽故宮博物院

10819 **御製資政要覽三卷** （清）世祖福臨撰 清順治十二年（1655）内府刻本 遼寧省圖書館

10820 **御製資政要覽三卷** （清）世祖福臨撰 **後序一卷** （清）宋之繩撰 清順治十二年（1655）内府刻本 遼寧省圖書館

10821 **聖諭廣訓一卷** （清）聖祖玄燁撰 （清）世宗胤禛廣訓 清雍正二年（1724）内府刻本 遼寧省圖書館

10822 **御製朋黨論一卷** （清）世宗胤禛撰 清雍正三年（1725）内府刻本 遼寧省圖書館

10823 **聖祖仁皇帝庭訓格言一卷** （清）世宗胤禛編 清雍正八年（1730）内府刻本 遼寧省圖書館

10824 **欽定執中成憲八卷** （清）世宗胤禛編 清乾隆元年（1736）武英殿刻本 遼寧省圖書館

10825 **日知薈説四卷** （清）高宗弘曆撰 清乾隆元年（1736）武英殿刻本 遼寧省圖書館

10826 **御纂性理精義十二卷** （清）李光地等纂修 清康熙五十六年（1717）内府刻本 遼寧省圖書館

10827 **御纂性理精義十二卷** （清）李光地等纂修 清康熙五十六年（1717）内府刻本 大連圖書館

10828 **舊事重提不分卷** （清）沈可培輯 稿本 大連圖書館

10829 **管子集註二十四卷** （清）王仁俊撰 稿本 遼寧省圖書館

10830 **覆甕集刑名十卷餘集一卷** （清）張我觀撰 清雍正四年（1726）刻本 大連圖書館

10831 **御纂醫宗金鑑九十卷首一卷** （清）鄂爾泰 吴謙等纂 清乾隆七年（1742）武英殿刻本 遼寧省圖書館

10832 **御製律曆淵源一百卷** （清）允祉 允禄等撰 清雍正二年（1724）内府刻本 遼寧省圖書館

10833 **欽定儀象考成三十卷首二卷** （清）允禄 戴進賢等纂 清乾隆二十一年（1756）武英殿刻本 遼寧省圖書館

10834 **欽定儀象考成三十卷首二卷** （清）允禄 戴進賢等纂 清乾隆二十一年（1756）武英殿刻本 大連圖書館

10835 **御製欽若曆書上編十六卷下編十卷表十六卷** 清康熙内府銅活字印本 遼寧省圖書館

10836 **御製曆象考成後編十卷** （清）允禄 弘晝等纂 清乾隆七年（1742）武英殿刻本 遼寧省圖書館

10837 **御選歷代三元甲子編年一卷御定萬年書一卷** 清乾隆武英殿刻本 遼寧省圖書館

10838 **萬年書十二卷** （清）欽天監纂 清乾隆武英殿刻朱墨套印本 遼寧省圖書館

10839 **御定七政四餘萬年書三卷** 清乾隆内府刻本 遼寧省圖書館

10840 **對數廣運一卷** 清康熙内府刻本 遼寧省圖書館

10841 **欽定協紀辨方書三十六卷** （清）允禄 李廷耀等纂 清乾隆六年（1741）武英殿刻朱墨套印本 遼寧省圖書館

10842 **欽定選擇曆書十卷** （清）安泰等纂 清康熙二十四年（1685）欽天監刻本 遼寧省圖書館

10843 **清河書畫舫十二卷** （明）張丑輯 清乾隆二十八年（1763）池北草堂刻本 遼寧省博物館

10844 **珊瑚網法書題跋二十四卷名畫題跋二十四卷** （明）汪砢玉撰 清抄本（四庫底本） 遼寧省圖書館
存四十五卷（一至三十八、四十二至四十八）

10845 **佩文齋書畫譜一百卷** （清）孫岳頒等纂輯 清康熙四十七年（1708）内府刻本 遼寧省圖書館

10846 **佩文齋書畫譜一百卷** （清）孫岳頒等纂輯 清康熙四十七年（1708）内府刻本 錦州市圖書館

10847 **分隸存三卷** （清）鈕樹玉撰 清抄本 郭麐題款 遼寧省圖書館

10848 **石渠寶笈四十四卷** （清）張照撰 清内府抄本（四庫底本） 遼寧省圖書館
存四十三卷（一至十三、十五至四十四）

10849 **欽定石渠寶笈續編□□卷** （清）王杰等輯 清内府抄本 大連圖書館
存一卷（乾清宫藏七）

10850 **佩文齋廣羣芳譜一百卷** （清）汪灝等編校 清康熙四十七年（1708）内府刻本 遼寧省圖書館

10851 **日知録三十二卷** （清）顧炎武撰 清康熙三十四年（1695）潘耒遂初堂刻本 遼寧省圖書館

10852 **從朔編一卷** （清）沈銘彝撰 稿本 大連圖書館

10853 **歸潛志八卷** （元）劉祁撰 **大唐傳載摘勝一卷** 清康熙四十二年（1703）徐釚家抄本 徐釚校跋 羅振玉題識 遼寧省圖書館

10854 **自叙宦夢録** （明）黄景昉撰 清初抄本 遼寧省圖書館

10855 **静齋至正直記四卷** （元）孔齊撰 清初抄本 大連圖書館

10856 **竹岑札記不分卷** （清）沈銘彝撰 稿本 大連圖書館

10857 **墨林快事十二卷** （明）安世鳳撰 清雍正三年（1725）許堯勛抄本 大連圖書館

10858 **淵鑑類函四百五十卷目録四卷** （清）張英等撰 清康熙四十九年（1710）揚州詩局刻本 遼寧省圖書館

10859 **佩文韻府一百六卷** （清）張玉書 蔡昇元等輯 清康熙五十年（1711）揚州詩局刻本 遼寧省圖書館

10860 **韻府拾遺一百六卷** （清）張廷玉 汪灝等輯 清康熙五十九年（1720）内府刻本 遼寧省圖書館

10861 **讀書紀數略五十四卷** （清）宫夢仁輯 清康熙四十七年（1708）宫夢仁刻進呈本 遼寧省圖書館

10862 **分類字錦六十四卷** （清）何焯等撰 清康熙六十一年（1722）内府刻本 遼寧省圖書館

10863 **子史精華一百六十卷** （清）允禄 吴襄等纂 清雍正五年（1727）内府刻本 遼寧省圖書館

10864 **子史精華一百六十卷** （清）允禄 吴襄等纂 清雍正五年（1727）内府刻本 大連圖書館

10865 **子史精華一百六十卷** （清）允禄 吴襄等纂 清雍正五年（1727）内府刻本 遼陽市圖書館

10866 **御定駢字類編二百四十卷** （清）沈宗敬等輯 清雍正六年（1728）内府刻本 遼寧省圖書館

10867 **御定駢字類編二百四十卷** （清）沈宗敬等輯 清雍正六年（1728）内府刻本 大連圖書館

10868 **二十八經同函一百四十七卷** 清雍正十三年（1735）内府刻本 遼寧省圖書館

10869 **御選語錄十九卷** （清）世宗胤禛選 清雍正十一年（1733）内府刻本 遼寧省圖書館

10870 **御録經海一滴六卷** （清）世宗胤禛撰 清雍正十三年（1735）内府刻本 遼寧省圖書館

10871 **御録經海一滴六卷** （清）世宗胤禛撰 清雍正十三年（1735）内府刻本 瀋陽故宫博物院

10872 **老子道德經二卷附老子道經音義老子德經音義** （晋）王弼注 清光緒元年（1875）浙江書局刻王仁俊批校本 遼寧省圖書館

10873 **黄籙科儀十二卷** （清）婁近垣輯 清乾隆十五年（1750）弘晝刻朱墨套印本 遼寧省圖書館

10874 **太上感應篇圖説八卷** （清）許纘曾輯 清順治十四年（1657）刻本 遼寧省圖書館

10875 **蔡中郎集六卷** （漢）蔡邕撰 清康熙劉嗣奇刻本 羅以智校并跋 羅繼祖跋 大連圖書館

10876 **華陽陶隱居集二卷** （南朝梁）陶弘景撰 清抄本 大連圖書館

10877 **王無功集二卷補遺一卷** （唐）王績撰 清光緒十八年（1892）抄本 大連圖書館

10878 **杜工部集二十卷** （唐）杜甫撰 （清）錢謙益箋注 清康熙六年（1667）季振宜静思堂刻本 大連圖書館

10879 **杜工部集二十卷首一卷** （唐）杜甫撰 （明）王世貞等評 清道光十四年（1834）盧坤芸葉盦刻五色套印本 瀋陽師範大學圖書館

10880 **九家集注杜詩三十六卷** （唐）杜甫撰 （宋）郭知達輯 清乾隆武英殿刻本 遼寧省圖書館

10881 **邕州小集不分卷** （宋）陶弼撰 清光緒三十三年（1907）羅福葨抄本 羅振玉跋 大連圖書館

10882 **蘇文忠公詩集五十卷** （宋）蘇軾撰 （清）紀昀評 清道光十四年（1834）芸香堂刻朱墨套印本 大連圖書館

10883 **石湖居士詩集三十四卷** （宋）范成大撰 清康熙二十七年（1688）刻本 丹東市圖書館

10884 **方泉先生詩集三卷** （宋）周文璞撰 清朱彝尊抄本 遼寧省圖書館

10885 **姜白石集九卷附録一卷** （宋）姜夔撰 清鮑廷博知不足齋刻本 瘦嶺題識 大連圖書館

10886 **湛然居士文集十四卷** （元）耶律楚材撰 清光緒二十一年（1895）漸西村舍刻本 趙萬里題識 大連圖書館

存十卷（一至七、十二至十四）

10887 **松雪齋文集不分卷** （元）趙孟頫撰 清初抄本 蔡孫峰批校題識 大連圖書館

10888 **順渠先生文録十二卷** （明）王道撰 清初刻本 大連圖書館

存十卷（三至十二）

10889 **寒支初集十卷二集六卷附歲紀一卷** （清）李世熊撰 清初檀河精舍刻本 遼寧省博物館

存六卷（二集六卷）

10890 **牧雲和尚嬾齋别集十四卷** （清）釋通門撰 清初毛氏汲古閣刻本 大連圖書館

存十一卷（一至十一）

10891 **御製詩初集十卷二集十卷** （清）聖祖玄燁撰 （清）高士奇等編 清康熙四十二年（1703）宋犖揚州詩局刻本 遼寧省圖書館

10892 **御製詩三集八卷** （清）聖祖玄燁撰 （清）高士奇等編 清康熙五十五年（1716）李煦蘇州詩局刻本 遼寧省圖書館

10893 **御製文集四十卷總目五卷二集五十卷總目六卷三集五十卷總目六卷** （清）聖祖玄燁撰 （清）張玉書等編 清康熙五十三年（1714）内府刻本 遼寧省圖書館

10894 **御製文集四十卷總目五卷二集五十卷總目六卷三集五十卷總目六卷四集三十六卷總目四卷** （清）聖祖玄燁撰 （清）張玉書等編 清康熙五十年至雍正十年（1711—1732）内府刻本 遼寧省圖書館

10895 **御製文集四十卷總目五卷二集五十卷總目六卷三集五十卷總目六卷四集三十六卷總目四卷** （清）聖祖玄燁撰 （清）張玉書等編 清康熙五十年至雍正十年（1711—1732）内府刻本 瀋陽市圖書館

10896 **御製避暑山莊三十六景詩二卷** （清）聖祖玄燁 高宗弘曆撰 （清）揆叙 鄂爾泰等注 （清）沈嵛繪圖 清乾隆六年（1741）武英殿刻本 遼寧省圖書館

10897 **樂善堂全集四十卷目録四卷** （清）高宗弘曆撰 清乾隆二年（1737）武英殿刻本 瀋陽市圖書館

10898 **樂善堂全集定本三十卷目録一卷** （清）高宗弘曆撰 清乾隆二十四年（1759）武英殿刻本 遼寧省圖書館

10899 **御製詩初集四十四卷目録四卷二集九十卷目録十卷三集一百卷目録十二卷四集一百卷目録十二卷五集一百卷目録十二卷餘集二十卷目録三卷** （清）高宗弘曆撰 （清）蔣溥等編 清乾隆十四年至嘉慶五年（1749—1800）武英殿刻本 遼寧省圖書館

10900 **御製詩初集四十四卷目録四卷二集九十卷目録十卷** （清）高宗弘曆撰 （清）蔣溥等編 清乾隆十四年（1749）武英殿刻本 瀋陽市圖書館

存一百二十八卷（初集四十四卷，目録四卷，二集一至八、二十九至九十，目録十卷）

10901 **御製文二集四十四卷目録二卷** （清）高宗弘曆撰 清乾隆五十一年（1786）内府刻本 瀋陽市圖書館

10902 **御製擬白居易新樂府四卷** （清）高宗弘曆撰 清乾隆四十四年（1779）王杰寫刻進呈本 遼寧省圖書館

10903 **御製擬白居易新樂府四卷** （清）高宗弘曆撰 清乾隆徐立綱寫刻進呈本 遼寧省圖書館

10904 **御製盛京賦一卷** （清）高宗弘曆撰 （清）鄂爾泰等注 清乾隆十三年（1748）武英殿刻朱墨套印本 大連圖書館

10905 **御製冰嬉賦一卷** （清）高宗弘曆撰 清乾隆十年（1745）武英殿刻朱墨套印本 遼寧省圖書館

10906 **乙丑詩編一卷** （清）朱筠撰 清抄本 朱錫玠 朱珪批語 大連圖書館

10907 **賡揚集不分卷** （清）英和撰 清抄本 大連圖書館

10908 **味餘書室全集定本四十卷目録四卷隨筆二卷** （清）仁宗顒琰撰 清嘉慶五年（1800）内府刻本 遼寧省圖書館

10909 **味餘書室全集定本四十卷目録四卷隨筆二卷** （清）仁宗顒琰撰 清嘉慶五年（1800）内府刻本 遼寧省圖書館

10910 **味餘書室全集定本四十卷目録四卷隨筆二卷** （清）仁宗顒琰撰 清嘉慶五年（1800）内府刻本 遼寧省圖書館

10911 **御製詩三集六十四卷目録四卷** （清）仁宗顒琰撰 清嘉慶至道光武英殿刻本 遼寧省圖書館

10912 **御製文集三十卷總目四卷** （清）世宗胤禛撰 **交輝園遺稿一卷** （清）允祥撰 清乾隆三年（1738）武英殿刻本 遼寧省圖書館

10913 **御製文集三十卷總目四卷** （清）世宗胤禛撰 **交輝園遺稿一卷** （清）允祥撰 清乾隆三年（1738）武英殿刻本 瀋陽市圖書館

10914 **御製文二卷** （清）仁宗顒琰撰 清嘉慶武英殿刻本 遼寧省圖書館

10915 **御製文餘集二卷** （清）仁宗顒琰撰 清道光武英殿刻本 遼寧省圖書館

10916 **御製詩初集二十四卷目録四卷** （清）宣宗旻寧撰 清道光九年（1829）武英殿刻本 遼寧省圖書館

10917 **御製文初集十卷** （清）宣宗旻寧撰 清道光十一年（1831）武英殿刻本 遼寧省圖書館

10918 **御製文餘集六卷** （清）宣宗旻寧撰 清咸豐武英殿刻本 遼寧省圖書館

10919 **御製文餘集十二卷目録二卷** （清）宣宗旻寧撰 清咸豐武英殿刻本 遼寧省圖書館

10920 **御製詩集八卷文集二卷** （清）文宗奕詝撰 清同治武英殿刻本 遼寧省圖書館

10921 **守拙軒詩集三卷軍中雜稿一卷** （清）海保撰 稿本 大連圖書館

10922 **御製文集十卷詩集六卷** （清）穆宗載淳撰 清光緒武英殿刻本 遼寧省圖書館

10923 **二妙詩集二卷** （明）王沂 王佑撰 （明）蕭翬輯 清抄本 大連圖書館

10924 **錫山錢氏三華詩集十八卷** （明）錢公善輯 清抄本 大連圖書館

存八卷（錢子義種菊庵集一至四、錢仲益錦樹集五至八）

10925 **御選宋金元明四朝詩三百二卷首二卷姓名爵里十三卷** （清）張豫章等輯 清康熙四十八年（1709）揚州詩局刻張豫章進呈本 遼寧省圖書館

10926 **佩文齋詠物詩選四百八十六卷** （清）張玉書等編 （清）聖祖玄燁御定 清康熙四十六年（1707）揚州詩局刻高輿校進呈本 遼寧省圖書館

10927 **佩文齋詠物詩選四百八十六卷** （清）張玉書等編 （清）聖祖玄燁御定 清康熙四十六年（1707）揚州詩局刻高輿校進呈本 大連圖書館

10928 **歷朝閨雅十二卷** （清）揆叙等編 清康熙内府刻本 遼寧省圖書館

10929 **御定歷代題畫詩類一百二十卷** （清）陳邦彦輯 清康熙四十六年（1707）揚州詩局刻陳邦彦進呈本 遼寧省圖書館

10930 **御定歷代題畫詩類一百二十卷** （清）陳邦彦輯 清康熙四十六年（1707）揚州詩局刻陳邦彦進呈本 錦州市圖書館

10931 **御選唐宋詩醇四十七卷** （清）弘晝 梁詩正等編 清乾隆十六年（1751）武英殿刻四色套印本 遼寧省圖書館

存十九卷（一至六、八、十一至十九、二十二至二十三，目録二）

10932 **御定歷代賦彙正集一百四十卷外集二十卷逸句二卷補遺二十二卷目録三卷** （清）陳元龍等輯 （清）聖祖玄燁御定 清康熙四十五年（1706）揚州詩局刻陳元龍進呈本 遼寧省圖書館

10933 **御定歷代賦彙正集一百四十卷外集二十卷逸句二卷補遺二十二卷目録三卷** （清）陳元龍等輯 （清）聖祖玄燁御定 清康熙四十五年（1706）揚州詩局刻陳元龍進呈本 遼寧省圖書館

10934 **御定歷代賦彙正集一百四十卷外集二十卷逸句二卷補遺二十二卷目録三卷** （清）陳元龍等輯 （清）聖祖玄燁御定 清康熙四十五年（1706）揚州詩局刻陳元龍進呈本 大連圖書館

10935 **古文淵鑒六十四卷** （清）聖祖玄燁選 （清）徐乾學等輯并注 清康熙內府刻五色套印本 遼寧省圖書館

10936 **古文淵鑒六十四卷** （清）聖祖玄燁選 （清）徐乾學等輯并注 清康熙內府刻五色套印本 錦州市圖書館

10937 **欽定四書文不分卷** （清）弘晝 方苞等輯 清乾隆五年（1740）武英殿刻本 遼寧省圖書館

10938 **御選唐宋文醇五十八卷** （清）高宗弘曆選 （清）允祿等輯 清乾隆三年（1738）武英殿刻四色套印本 遼寧省圖書館

10939 **御選唐宋文醇五十八卷** （清）高宗弘曆選 （清）允祿等輯 清乾隆三年（1738）武英殿刻四色套印本 遼寧省圖書館

10940 **御選唐宋文醇五十八卷** （清）高宗弘曆選 （清）允祿等輯 清乾隆三年（1738）武英殿刻四色套印本 大連圖書館
存三十一卷（二十八至五十八）

10941 **御選唐宋文醇五十八卷** （清）高宗弘曆選 （清）允祿等輯 清乾隆三年（1738）武英殿刻四色套印本 遼寧大學圖書館

10942 **悦心集四卷** （清）世宗胤禛輯 清雍正內府刻本 丹東市圖書館

10943 **全唐詩九百卷目録十二卷** （清）曹寅 彭定求等輯 清康熙四十四年至四十六年（1705—1707）揚州詩局刻本 遼寧省圖書館

10944 **全唐詩九百卷目録十二卷** （清）曹寅 彭定求等輯 清康熙四十四年至四十六年（1705—1707）揚州詩局刻本 遼寧省圖書館

10945 **全唐詩九百卷目録十二卷** （清）曹寅 彭定求等輯 清康熙四十四年至四十六年（1705—1707）揚州詩局刻本 遼寧省圖書館

10946 **全唐詩九百卷目録十二卷** （清）曹寅 彭定求等輯 清康熙四十四年至四十六年（1705—1707）揚州詩局刻本 瀋陽師範大學圖書館

10947 **御選唐詩三十二卷目録三卷** （清）聖祖玄燁選 （清）陳廷敬等輯注 清康熙五十二年（1713）內府刻朱墨套印本 遼寧省圖書館

10948 **御選唐詩三十二卷目録三卷** （清）聖祖玄燁選 （清）陳廷敬等輯注 清康熙五十二年（1713）內府刻朱墨套印本 丹東市圖書館

10949 **御定全唐詩録一百卷** （清）徐倬 徐元正編 清康熙四十五年（1706）內府刻本 瀋陽師範大學圖書館

10950 **欽定全唐文一千卷首四卷** （清）董誥等編 清嘉慶二十三年（1818）揚州詩局刻本（卷四百四十九至四百五十二補抄） 瀋陽師範大學圖書館

10951 **御訂全金詩增補中州集七十二卷首二卷** （金）元好問編 （清）郭元釪補輯 清康熙五十年（1711）揚州詩局刻郭元釪進呈本 遼寧省圖書館

10952 **圭塘欸乃一卷** （元）許有壬等撰 清乾隆抄本 彭元瑞跋 遼寧省圖書館

10953 **二仲詩二卷** （明）汪道貫 汪道會撰 清康熙五十二年（1713）汪氏五世讀書園刻本 遼寧省圖書館

10954 **皇清文穎一百卷首二十四卷目録六卷** （清）張廷玉 梁詩正等輯 清乾隆十二年（1747）武英殿刻本 遼寧省圖書館

10955 **皇清文穎續編一百八卷首五十六卷目録十卷** （清）董誥等輯 清嘉慶十五年（1810）武英殿刻本 遼寧省圖書館

10956 **欽定熙朝雅頌集一百六卷首集二十六卷餘集二卷首一卷目録一卷** （清）鐵保等輯 清嘉慶九年（1804）阮元刻武英殿印本 遼寧省圖書館

10957 **國朝閨秀正始集二十卷附録一卷補遺一卷** （清）惲珠輯 稿本 遼寧省圖書館
存二十一卷（一、三至二十，附録一卷，補遺一卷）

10958 **國朝閨秀正始續集十卷附録一卷** （清）惲珠輯 **補遺一卷** （清）程孟梅輯 稿本 遼寧省圖書館

10959 **千叟宴詩三十四卷首二卷** （清）聖祖玄燁等撰 清

康熙六十一年（1722）内府刻本　遼寧省圖書館

10960 **千叟宴詩三十四卷首二卷**　（清）高宗弘曆等撰　清乾隆五十年（1785）武英殿刻本　遼寧省圖書館

10961 **聊齋志異不分卷**　（清）蒲松齡撰　稿本　遼寧省圖書館
存（二百三十一篇）

10962 **新鐫施耐庵先生藏本後水滸全傳四十五回**　題（明）青蓮室主人輯　清初刻本　大連圖書館

10963 **新世鴻勳二十二回**　題（清）蓬蒿子編　清順治慶雲樓刻本　大連圖書館

10964 **新世弘勳二十二回**　題（清）蓬蒿子編　清初載道堂刻本　大連圖書館

10965 **新編覺世梧桐影十二回**　清初嘯花軒刻本　大連圖書館

10966 **貫華堂評論金雲翹傳四卷二十回**　題（清）青心才人撰　清初刻本　大連圖書館

10967 **快心編初集五卷十回二集五卷十回三集六卷十二回**　題（清）天花才子編輯　（清）四橋居士評　清課花書屋刻本　遼寧省圖書館

10968 **快心編初集五卷十回二集五卷十回三集六卷十二回**　題（清）天花才子編輯　（清）四橋居士評　清課花書屋刻本　大連圖書館

10969 **新編賽花鈴十六回**　題（清）白雲道人撰　清康熙刻本　大連圖書館

10970 **新鐫批評繡像合浦珠傳四卷十六回**　題（清）煙水散人撰　清初刻本　大連圖書館

10971 **情夢柝四卷二十回**　題（清）安陽酒民撰　（清）灌菊散人評　清康熙嘯花軒刻本　大連圖書館

10972 **飛花艶想十八回**　題（清）樵雲山人編次　清刻本　大連圖書館

10973 **新編批評繡像平山冷燕二十回**　題（清）荻岸散人撰　清初刻本　大連圖書館

10974 **新鐫批評繡像飛花咏小傳十六回**　清初刻本　大連圖書館

10975 **新編繡像簇新小說麟兒報十六回**　清刻本　大連圖書館

10976 **新編四才子二集兩交婚小傳十八回**　清刻本　大連圖書館

10977 **新鐫批評綉像秘本定情人十六回**　清初刻本　大連圖書館

10978 **新鐫批評繡像賽紅絲小說十六回**　清初刻本　大連圖書館

10979 **新編繡像畫圖緣小傳十六回**　清刻本　大連圖書館

10980 **新鐫批評出像通俗奇俠禪真逸史八集四十回**　（明）方汝浩撰　清初爽閣刻本　大連圖書館

10981 **御選歷代詩餘一百二十卷**　（清）沈辰垣　王奕清等輯　清康熙四十六年（1707）内府刻本　遼寧省圖書館

10982 **詞譜四十卷**　（清）王奕清等撰　清康熙五十四年（1715）内府刻朱墨套印本　遼寧省圖書館

10983 **桃花扇傳奇二卷**　（清）孔尚任撰　清康熙刻本　遼寧省圖書館

10984 **勸善金科二十卷首一卷**　（清）張照等撰　清乾隆武英殿刻五色套印本　遼寧省圖書館

10985 **曲譜十二卷首一卷末一卷**　（清）王奕清等撰　清康熙内府刻朱墨套印本　遼寧省圖書館

10986 **新編南詞定律十三卷首一卷**　（清）吕士雄等撰　清康熙五十九年（1720）刻朱墨套印本　大連圖書館

10987 **新定九宫大成南北詞宫譜八十一卷總目三卷閏集一卷**　（清）允禄等編　清乾隆十一年（1746）樂部刻朱墨套印本　遼寧省圖書館

10988 **欽定古香齋袖珍十種九百三卷**　清乾隆内府刻本　遼寧省圖書館

少數民族文字珍貴古籍

10989 **周易四卷**　（清）高宗弘曆敕譯　清乾隆三十年（1765）武英殿刻本　滿漢合璧　大連圖書館

10990 **太祖高皇帝聖訓四卷**　（清）太祖努爾哈赤撰　清乾隆四年（1739）武英殿刻本　滿文　遼寧省圖書館

10991 **太祖高皇帝聖訓四卷**　（清）太祖努爾哈赤撰　清乾隆四年（1739）武英殿刻本　滿文　大連圖書館

10992 **太宗文皇帝聖訓六卷**　（清）太宗皇太極撰　清乾隆四年（1739）武英殿刻本　滿文　遼寧省圖書館

10993 **世祖章皇帝聖訓六卷**　（清）世祖福臨撰　清乾隆四年（1739）武英殿刻本　滿文　遼寧省圖書館

10994 **聖祖仁皇帝聖訓六十卷**　（清）聖祖玄燁撰　清乾隆

六年（1741）武英殿刻本　滿文　遼寧省圖書館

10995 **世宗憲皇帝聖訓三十六卷**　（清）世宗胤禛撰　清乾隆六年（1741）武英殿刻本　滿文　遼寧省圖書館

10996 **上諭八旗十三卷**　（清）世宗胤禛撰　清雍正九年（1731）内府刻乾隆六年（1741）武英殿續刻本　滿文　大連圖書館

10997 **和碩怡親王行狀不分卷**　（清）張廷玉撰　清雍正刻本　滿文　大連圖書館

10998 **八旗滿洲氏族通譜八十卷**　（清）鄂爾泰等撰　（清）覺羅塔爾布等譯　清乾隆九年（1744）武英殿刻本　滿文　遼寧省圖書館

10999 **八旗滿洲氏族通譜八十卷**　（清）鄂爾泰等撰　（清）覺羅塔爾布等譯　清乾隆九年（1744）武英殿刻本　滿文　大連圖書館

11000 **欽定滿洲祭神祭天典禮六卷**　（清）允禄等纂　清乾隆十二年（1747）武英殿刻本　滿文　大連圖書館

11001 **宗室王公功績表傳六卷**　（清）允秘等撰　清乾隆二十九年（1764）武英殿刻朱墨套印本　滿文　大連圖書館

11002 **恩封宗室王公表不分卷**　（清）永瑢等撰　清乾隆四十一年（1776）刻朱墨套印本　滿文　大連圖書館

11003 **朱子節要十四卷**　（宋）朱熹撰　（明）高攀龍輯　清康熙十四年（1675）北平朱之弼刻本　滿漢合璧　大連圖書館

11004 **小學集注六卷**　（宋）朱熹撰　（明）陳選注　（清）古巴岱譯　清雍正五年（1727）武英殿刻本　滿文　大連圖書館

11005 **大學衍義四十三卷**　（宋）真德秀撰　清康熙十一年（1672）内府刻本　滿文　大連圖書館

11006 **御纂性理精義十二卷**　（清）李光地等纂　清康熙五十六年（1717）武英殿刻本　滿文　遼寧省圖書館

11007 **御纂性理精義十二卷**　（清）李光地等纂　清康熙五十六年（1717）武英殿刻本　滿文　大連圖書館

11008 **薛文清公要語二卷**　（明）薛瑄撰　（明）谷中虛輯　（清）富達禮譯　清康熙五十三年（1714）鄭洛刻本　滿漢合璧　遼寧省圖書館

11009 **薛文清公要語二卷**　（明）薛瑄撰　（明）谷中虛輯　（清）富達禮譯　清康熙五十三年（1714）鄭洛刻本　滿漢合璧　大連圖書館

11010 **聖祖仁皇帝庭訓格言二卷**　（清）世宗胤禛輯　清雍正八年（1730）内府刻本　滿漢合璧　大連圖書館

11011 **摩訶般若波羅蜜多心經不分卷**　（唐）釋玄奘譯　清雍正元年（1723）刻本　藏滿蒙漢合璧　大連圖書館

11012 **三國演義二十四卷**　（明）羅貫中撰　清雍正刻本　滿漢合璧　大連圖書館

11013 **御製盛京賦三十二卷**　（清）高宗弘曆撰　清乾隆十三年（1748）内府刻本　滿漢合璧　大連圖書館

遼寧省第一批
珍貴古籍圖録

漢文珍貴古籍

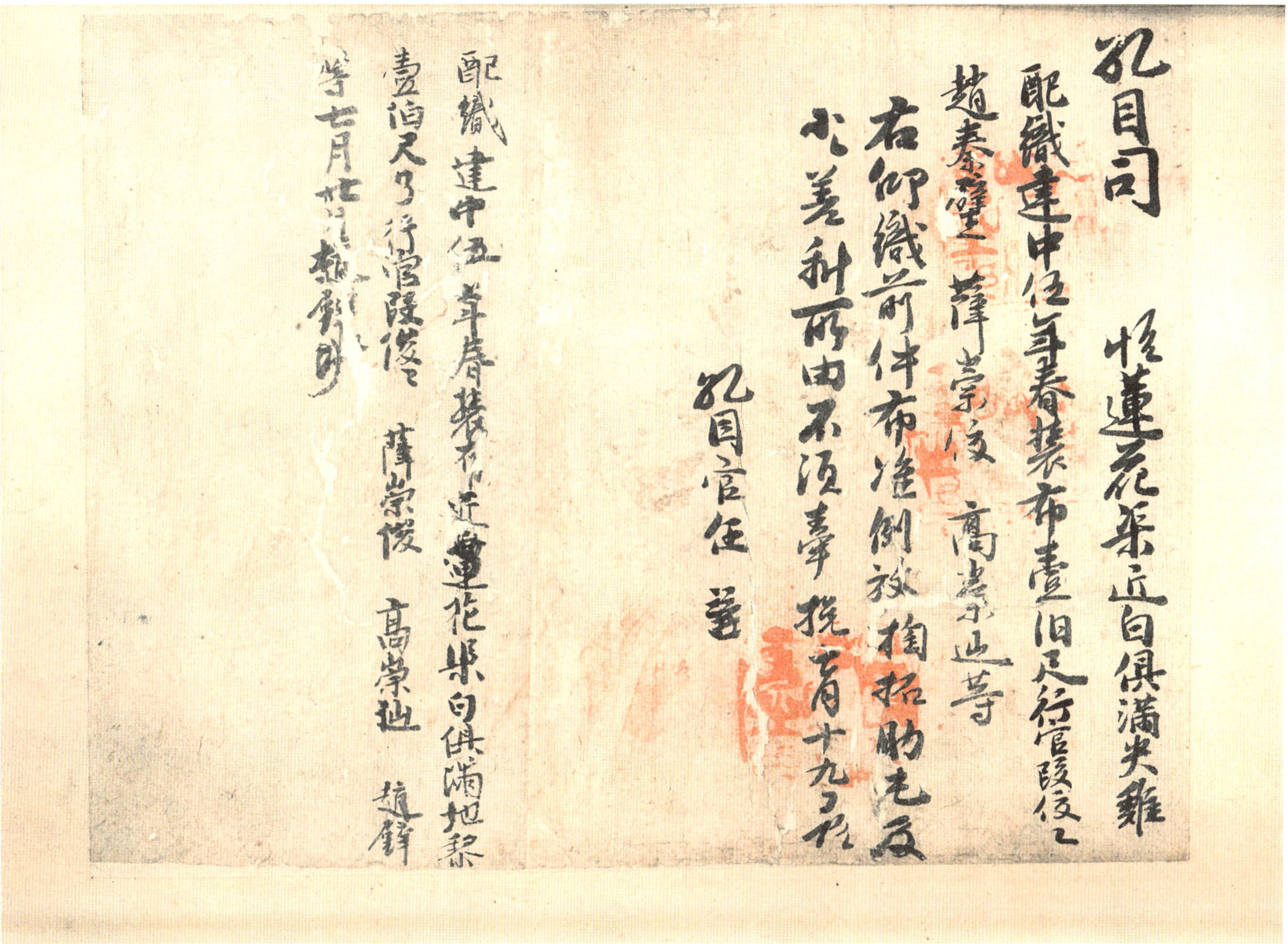
孔目司 帖 蓮花渠匠白俱滿失雞
配織建中伍年春裝布壹佰尺。行官段俊俊
趙秦璧 薛崇俊 高崇辿等
右仰織前件布，准例放掏拓、助屯及
小小差科，所由不須牽挽。七月十九日帖
孔目官任 善
配織建中伍年春裝布，匠蓮花渠白俱滿地黎
壹佰尺了。行官段俊俊 薛崇俊 高崇辿 趙璧
等 七月廿三日 趙璧抄

10001　孔目司帖不分卷　唐建中五年（784）寫本　旅順博物館

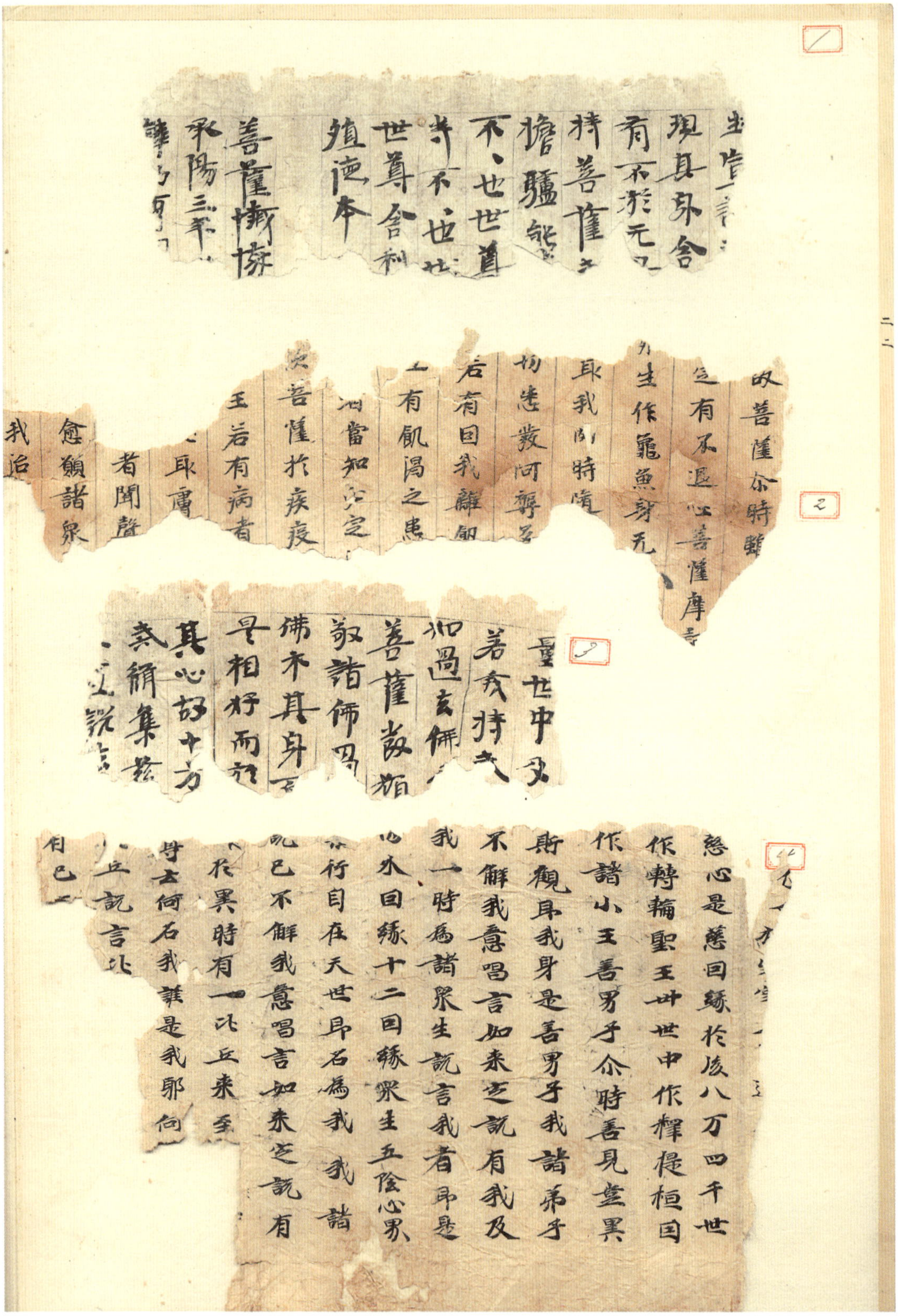

10002　承陽三年菩薩懺悔文　（南朝宋）釋求那跋摩譯　北凉寫本　旅順博物館

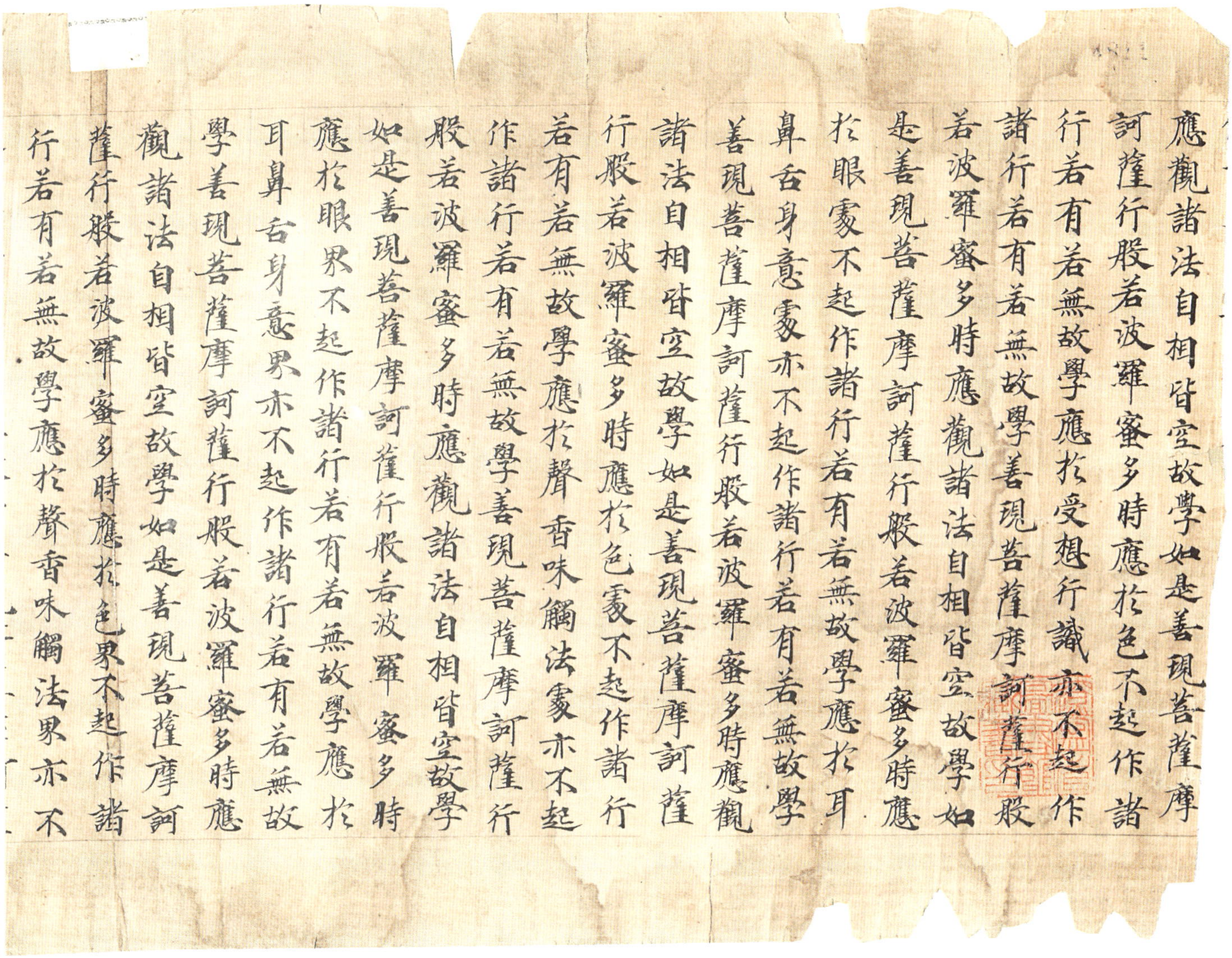
應觀諸法自相皆空故學如是善現菩薩摩
訶薩行般若波羅蜜多時應於色不起作諸
行若有若無故學應於受想行識亦不起作
諸行若有若無故學善現菩薩摩訶薩行般
若波羅蜜多時應觀諸法自相皆空故學如
是善現菩薩摩訶薩行般若波羅蜜多時應
於眼處不起作諸行若有若無故學應於耳
鼻舌身意處亦不起作諸行若有若無故學
善現菩薩摩訶薩行般若波羅蜜多時應觀
諸法自相皆空故學如是善現菩薩摩訶薩
行般若波羅蜜多時應於色處不起作諸行
若有若無故學應於聲香味觸法處亦不起
作諸行若有若無故學善現菩薩摩訶薩行
般若波羅蜜多時應觀諸法自相皆空故學
如是善現菩薩摩訶薩行般若波羅蜜多時
應於眼界不起作諸行若有若無故學應於
耳鼻舌身意界亦不起作諸行若有若無故
學善現菩薩摩訶薩行般若波羅蜜多時應
觀諸法自相皆空故學如是善現菩薩摩訶
薩行般若波羅蜜多時應於色界不起作諸
行若有若無故學應於聲香味觸法界亦不

10003 大般若波羅蜜多經六百卷 （唐）釋玄奘譯 唐寫本 遼寧省圖書館

存一卷（三百六十一）

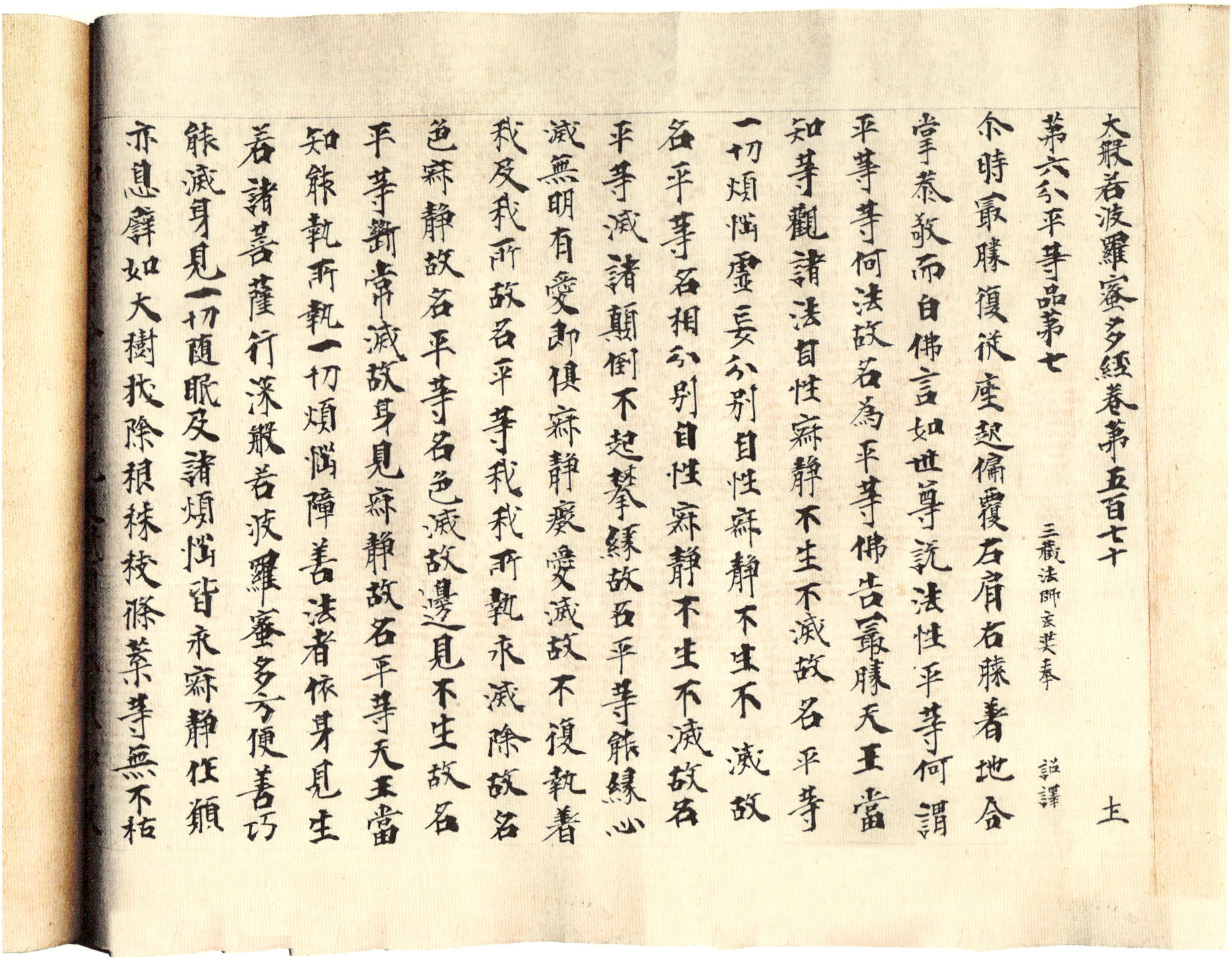

大般若波羅蜜多經卷第五百七十　土
三藏法師玄奘奉　詔譯
第六分平等品第七
爾時最勝復從座起偏覆右肩右膝著地合
掌恭敬而白佛言如世尊說法性平等何謂
平等等何法故名為平等佛告最勝天王當
知等觀諸法自性寂靜不生不滅故名平等
一切煩惱虛妄分別自性寂靜不生不滅故
名平等名相分別自性寂靜不生不滅故名
平等滅諸顛倒不起攀緣故名平等能緣心
滅無明有愛即俱寂靜癡愛滅故不復執著
我及我所故名平等我我所執永滅除故名
色寂靜故名平等名色滅故邊見不生故名
平等斷常滅故身見寂靜故名平等天王當
知能執所執一切煩惱障善法者依身見生
若諸菩薩行深般若波羅蜜多方便善巧
能滅身見一切隨眠及諸煩惱皆永寂靜作類
亦息譬如大樹拔除根株枝條葉等無不枯

10004　大般若波羅蜜多經六百卷　（唐）釋玄奘譯　唐寫本　旅順博物館

存一卷（五百七十）

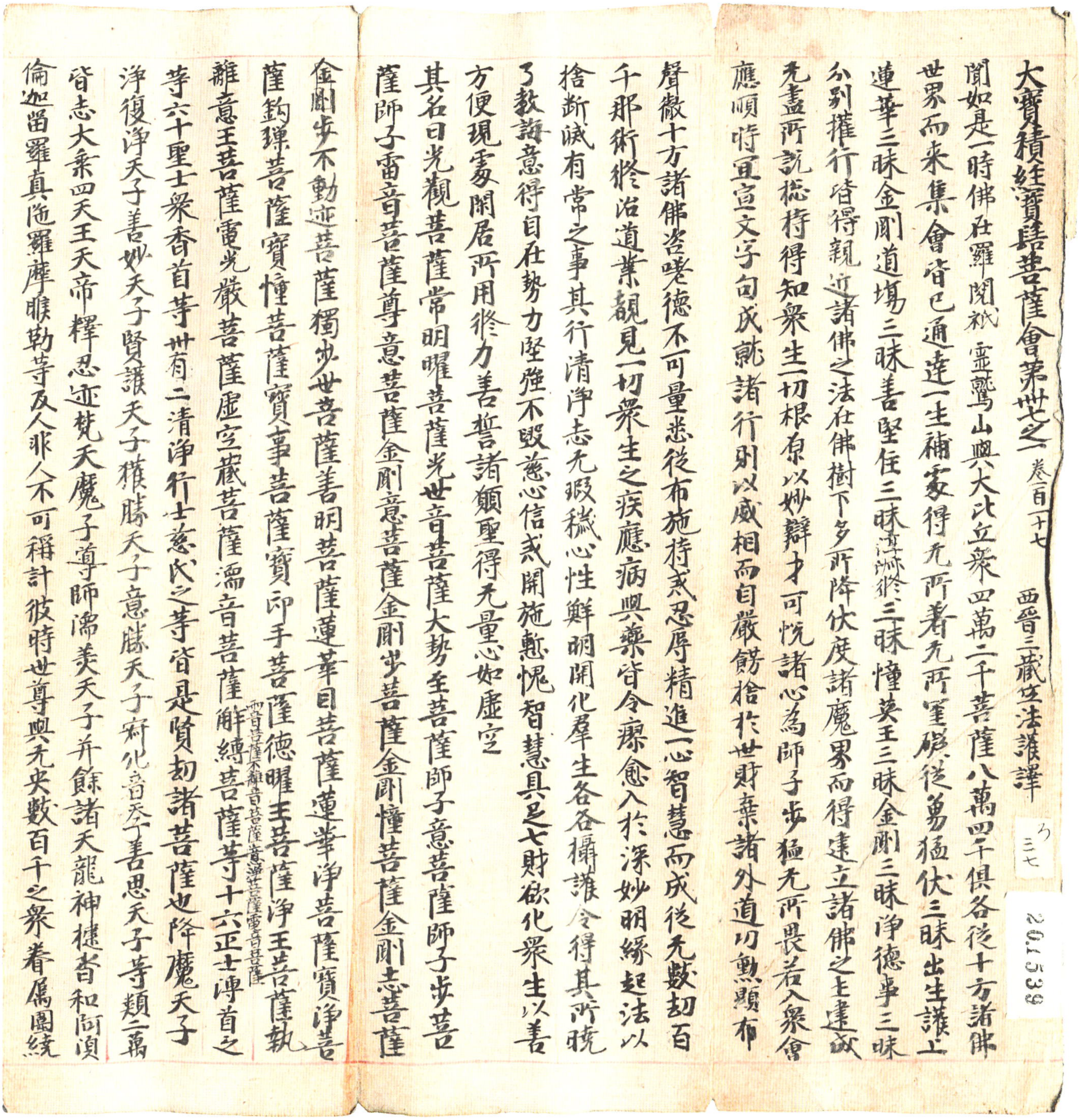

大寶積經賓髻菩薩會第廿七之一 卷百十七
西晉三藏竺法護譯
聞如是一時佛在羅閱祇靈鷲山與大比丘衆四萬二千菩薩八萬四千俱各從十方諸佛
世界而来集會皆已通達一生補處得无所著无所罣礙從勇猛伏三昧出生護上
蓮華三昧金剛道場三昧善堅住三昧淨無終三昧幢英王三昧金剛三昧淨德事三昧
分別權行皆得親近諸佛之法在佛樹下多所降伏度諸魔界而得建立諸佛之土建或
无盡所說總持得知衆生一切根原以妙辯才可悅諸心爲師子步猛无所畏若入衆會
應順時宜宣文字句成就諸行則以威相而自嚴飾捨於世財棄諸外道功勲顯布
聲徹十方諸佛咨嗟德不可量悉從布施持戒忍辱精進一心智慧而成從无數劫百
千那術修治道業覩見一切衆生之疾應病與藥皆令療愈入於深妙明緣起法以
捨斷滅有常之事其行清淨志无瑕穢心性鮮明開化羣生各各攝護令得其所曉
了教誨意得自在勢力堅強不毀慈心信戒開施慚愧智慧具足七財欲化衆生以善
方便現處閑居所用修力善哲諸願聖得无量心如虛空
其名曰光觀菩薩常明曜菩薩光世音菩薩大勢至菩薩師子意菩薩師子步菩
薩師子雷音菩薩尊意菩薩金剛意菩薩金剛步菩薩金剛幢菩薩金剛志菩薩
金剛步不動迹菩薩獨步世音菩薩善明菩薩蓮華目菩薩蓮華淨菩薩寶淨菩
薩鈞鏁菩薩寶幢菩薩寶事菩薩寶印手菩薩德曜王菩薩淨王菩薩執
離意王菩薩電光嚴菩薩虛空藏菩薩濡音菩薩解縛菩薩等十六正士溥首之
等六十聖士衆香首等卅有二清淨行士慈氏之等皆是賢劫諸菩薩也降魔天子
淨復淨天子善妙天子賢護天子獲勝天子意勝天子寂化音天子善思天子等類二萬
皆志大乘四天王天帝釋忍迹梵天魔子導師濡美天子并餘諸天龍神揵沓和阿須
倫迦留羅真陀羅摩睺勒等及人非人不可稱計彼時世尊與无央數百千之衆眷屬圍繞

10005 大寶積經一百二十卷 （晋）釋竺法護譯 唐寫本 旅順博物館

存一卷（一百十七）

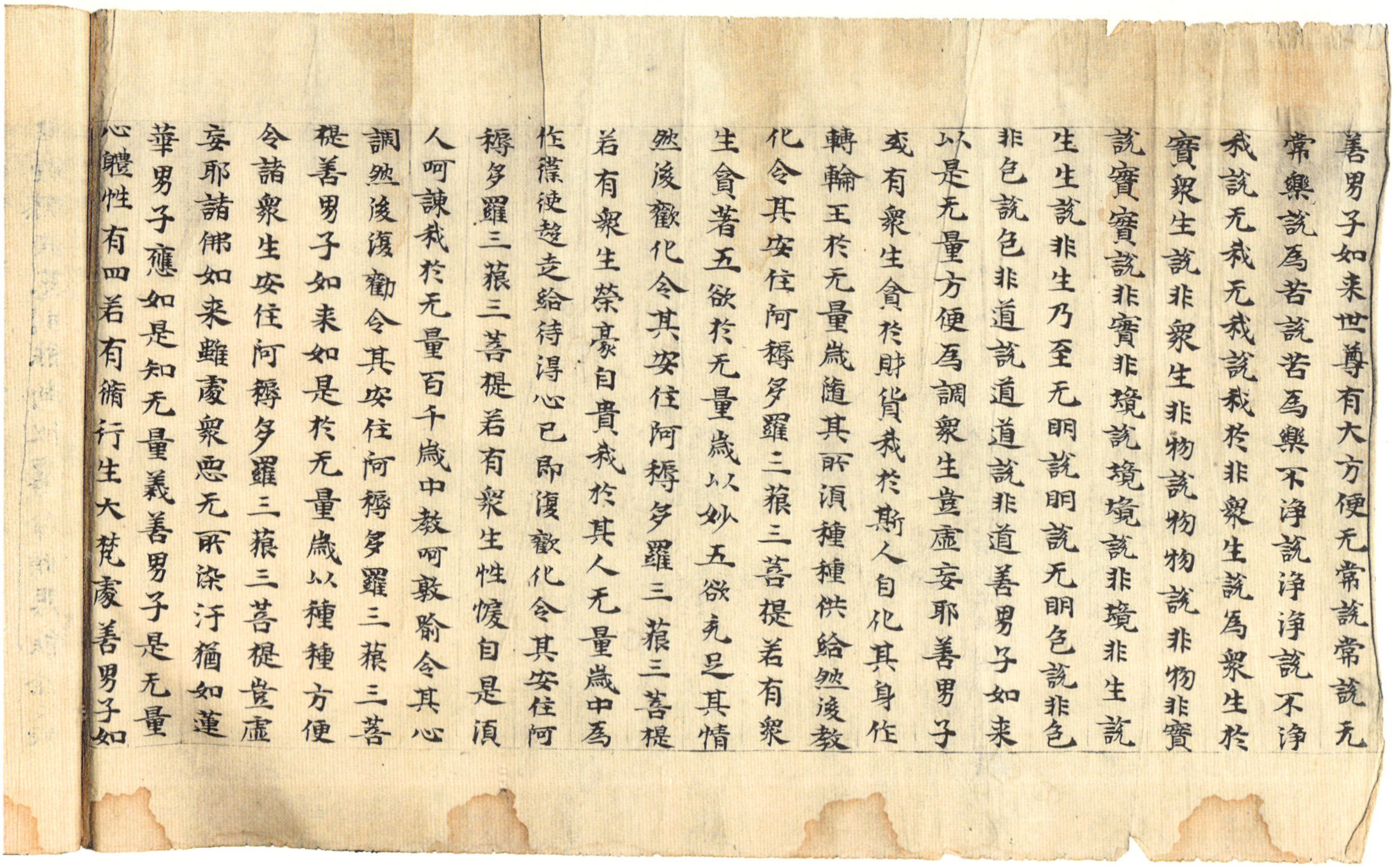
善男子如来世尊有大方便无常説常説无
常樂説爲苦説苦爲樂不淨説淨淨説不淨
我説无我无我説我於非衆生説爲衆生於
實衆生説非衆生非物説物物説非物非實
説實實説非實非境説境境説非境非生説
生生説非生乃至无明説明明説无明色説非色
非色説色非道説道道説非道善男子如来
以是无量方便爲調衆生豈虚妄耶善男子
或有衆生貪於財貨我於斯人自化其身作
轉輪王於无量歳隨其所須種種供給然後教
化令其安住阿耨多羅三藐三菩提若有衆
生貪著五欲於无量歳以妙五欲充足其情
然後勸化令其安住阿耨多羅三藐三菩提
若有衆生榮豪自貴我於其人无量歳中爲
作僕使趍走給待得心已即復勸化令其安住阿
耨多羅三藐三菩提若有衆生性悷自是須
人呵諫我於无量百千歳中教呵敦諭令其心
調然後復勸令其安住阿耨多羅三藐三菩
提善男子如来如是於无量歳以種種方便
令諸衆生安住阿耨多羅三藐三菩提豈虚
妄耶諸佛如来雖處衆惡无所染汙猶如蓮
華善男子應如是知无量義善男子是无量
心體性有四若有脩行生大梵處善男子如

10006　大般涅槃經四十卷　（北凉）釋曇無讖譯　南北朝寫本　旅順博物館

存一卷（十五）

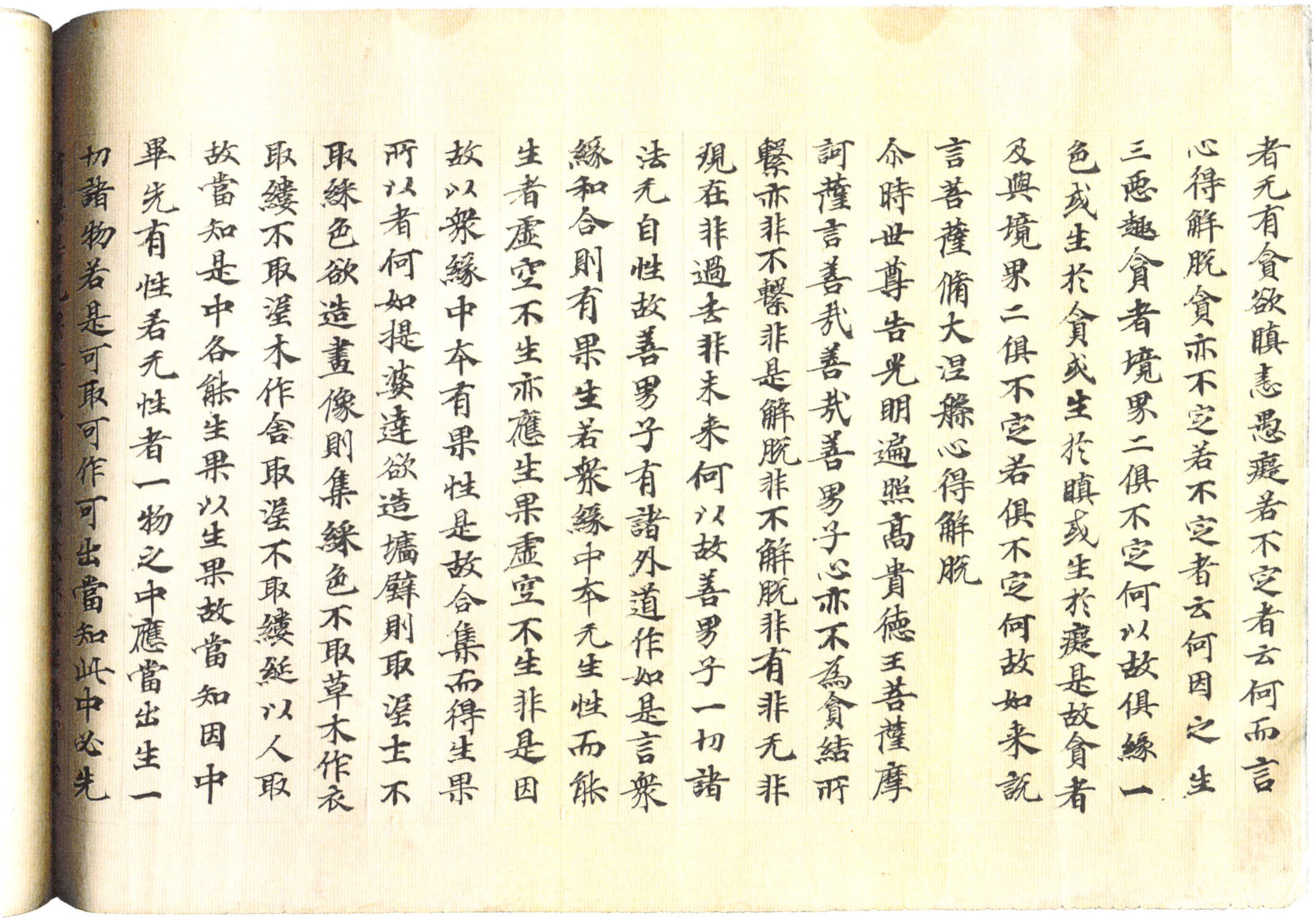
者无有貪欲瞋恚愚癡若不定者云何而言
心得解脫貪亦不定若不定者云何因之生
三惡趣貪者境界二俱不定何以故俱緣一
色或生於貪或生於瞋或生於癡是故貪者
及與境界二俱不定若俱不定何故如來說
言菩薩脩大涅槃心得解脫
尒時世尊告光明遍照高貴德王菩薩摩
訶薩言善哉善哉善男子心亦不爲貪結所
繫亦非不繫非是解脫非不解脫非有非无非
現在非過去非未來何以故善男子一切諸
法无自性故善男子有諸外道作如是言衆
緣和合則有果生若衆緣中本无生性而能
生者虛空不生亦應生果虛空不生非是因
故以衆緣中本有果性是故合集而得生果
所以者何如提婆達欲造墻壁則取埿土不
取綵色欲造畫像則集綵色不取草木作衣
取縷不取埿木作舍取埿不取縷綖以人取
故當知是中各能生果以生果故當知因中
畢先有性若无性者一物之中應當出生一
切諸物若是可取可作可出當知此中必先

10007　大般涅槃經四十卷　（北凉）釋曇無讖譯　唐寫本　旅順博物館

存一卷（二十六）

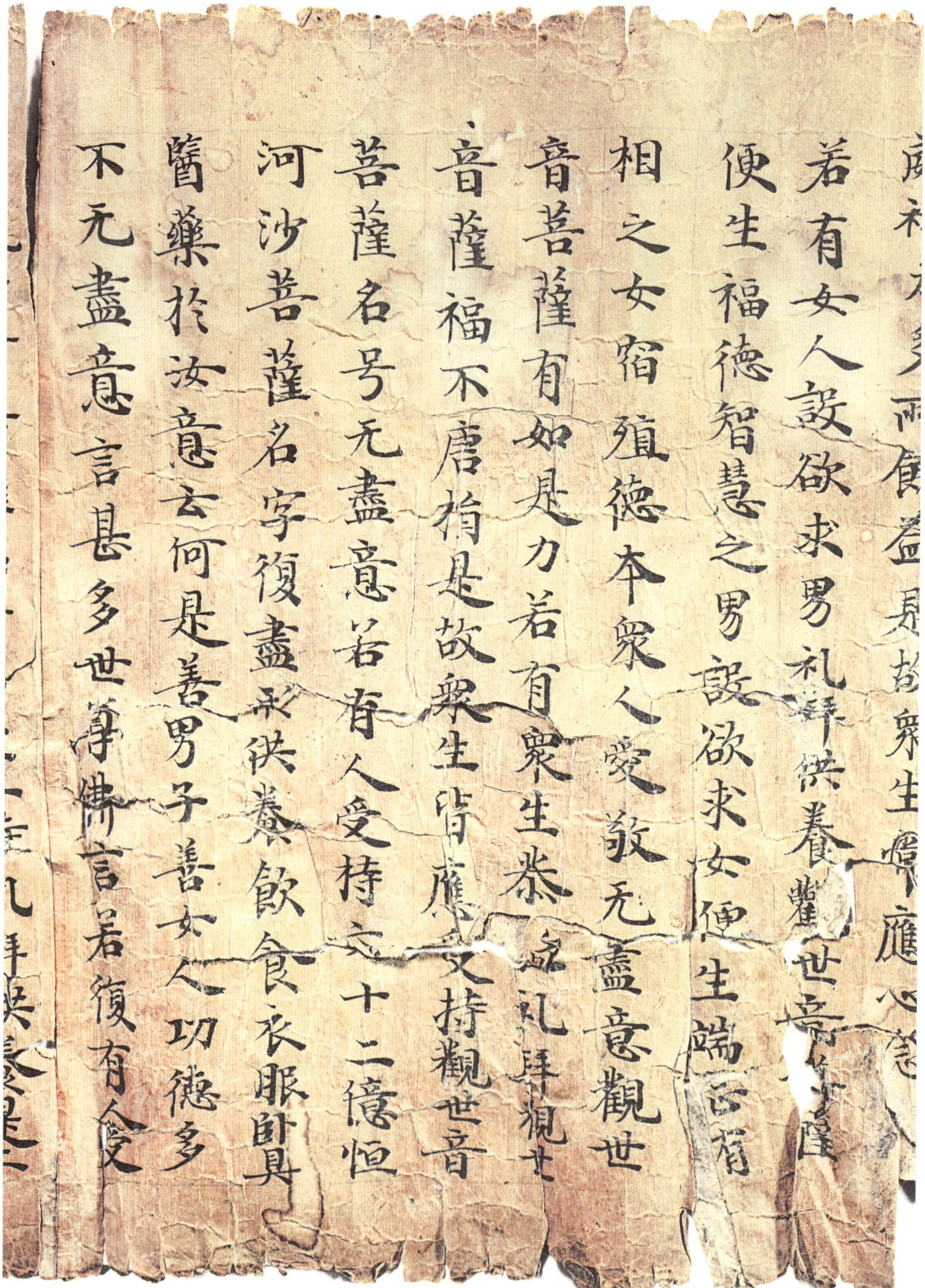

多所饒益是故衆生常應心念
若有女人設欲求男礼拜供養觀世音菩薩
便生福德智慧之男設欲求女便生端正有
相之女宿殖德本衆人愛敬无盡意觀世
音菩薩有如是力若有衆生恭敬礼拜觀世
音菩薩福不唐捐是故衆生皆應受持觀世音
菩薩名号无盡意若有人受持六十二億恒
河沙菩薩名字復盡形供養飲食衣服卧具
醫藥於汝意云何是善男子善女人功德多
不无盡意言甚多世尊佛言若復有人受

10008　觀世音經殘卷　（後秦）釋鳩摩羅什譯　唐寫本　旅順博物館

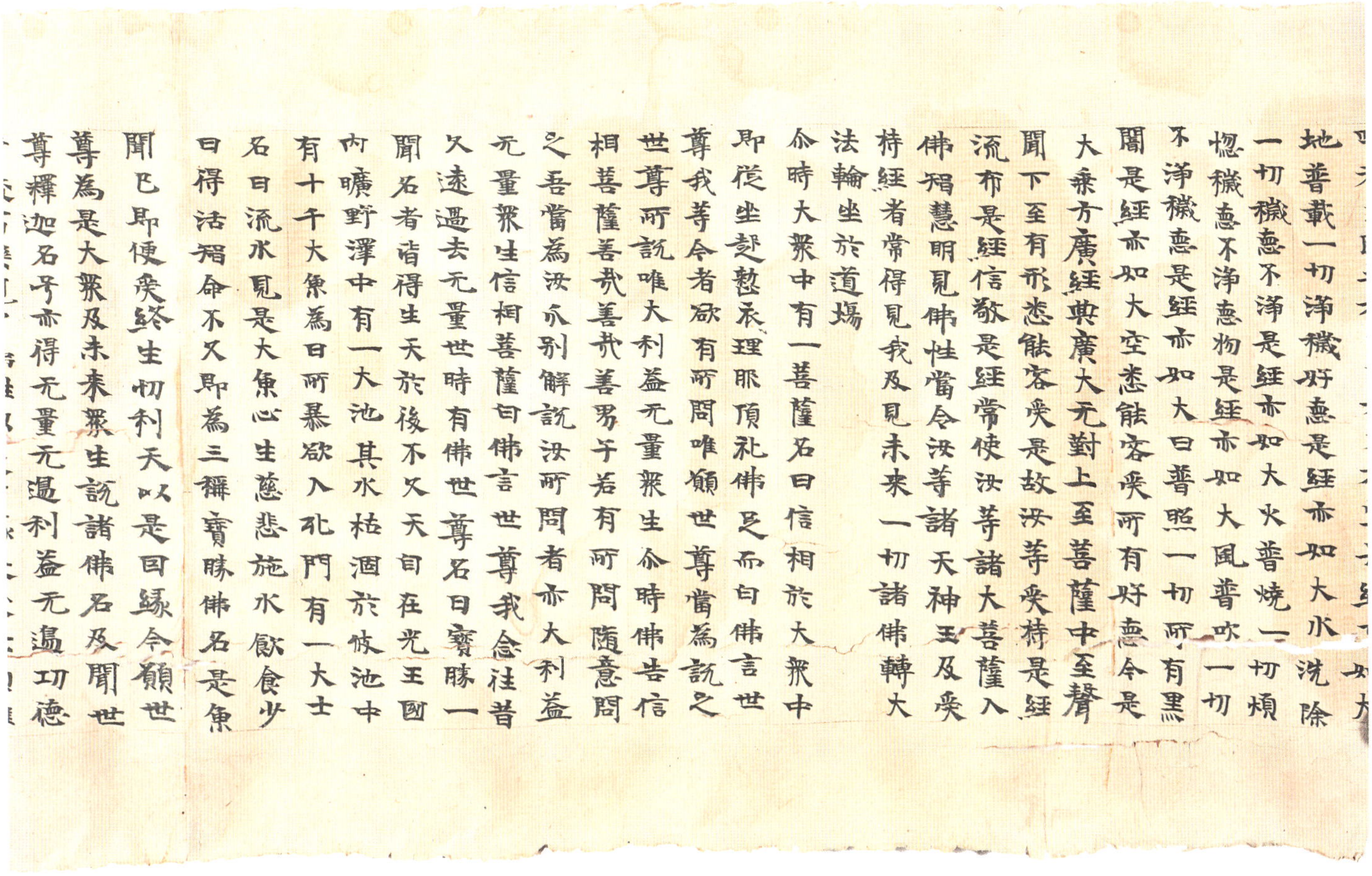
地普載一切淨穢好惡是經亦如大水洗除
一切穢惡不淨是經亦如大火普燒一切煩
惱穢惡不淨惡物是經亦如大風普吹一切
不淨穢惡是經亦如大日普照一切所有黑
闇是經亦如大空悉能容受所有好惡令是
大乘方廣經典廣大无對上至菩薩中至聲
聞下至有形悉能容受是故汝等受持是經
流布是經信敬是經常使汝等諸大菩薩入
佛福慧明見佛性當令汝等諸天神王及受
持經者常得見我及見未來一切諸佛轉大
法輪坐於道場
尒時大衆中有一菩薩名曰信相於大衆中
即從坐起整衣理服頂禮佛足而白佛言世
尊我等今者欲有所問唯願世尊當爲說之
世尊所說唯大利益无量衆生尒時佛告信
相菩薩善哉善哉善男子若有所問隨意問
之吾當爲汝分別解說汝所問者亦大利益
无量衆生信相菩薩白佛言世尊我念往昔
久遠過去无量世時有佛世尊名曰寶勝一
聞名者皆得生天於後不久天自在光王國
內曠野澤中有一大池其水枯涸於彼池中
有十千大魚爲日所暴欲入死門有一大士
名曰流水見是大魚心生慈悲施水飲食少
日得活福命不久即爲三稱寶勝佛名是魚
聞已即便受終生忉利天以是因緣令願世
尊爲是大衆及未來衆生說諸佛名及聞世
尊釋迦名号亦得无量无邊利益无邊功德

10009　大通方廣經三卷　唐寫本　旅順博物館

存一卷（上殘）

名受持讀誦憶念礼拜超越世間五百劫
舍利弗從此世界東方過千世界名樹提跋
提彼世有佛名
盧舍那鏡像
阿羅訶三藐三佛陁現在說法若善男子善女
人聞彼佛名受持讀誦至心憶念恭敬礼拜得
脫三惡道
舍利弗從此東方過二千世界有佛國土名
无量光明功德世界有佛名
盧舍那光明
阿羅訶三藐三佛陁若善男子善女人聞彼
佛名五體投地深心敬重受持讀誦恭敬礼

10010　佛説佛名經十二卷　唐寫本　旅順博物館

存一卷（十九）

一誦合掌礼
拜若復有善男子善女人以滿是三千大千世
界珎寶布施如是日月布施滿一百歲如此布
施福德比前至心礼拜功德百分不及一千分
不及一百千分不及一數分不及一筭不及一
譬喻不及一尒時世尊以偈頌曰
寶集世界　有佛寶勝　若人聞名　施不及一
舍利弗從此東方過八百世界有佛世界名
香積彼世界有佛名
成就盧舍那
阿羅訶三藐三佛陀現在說法若人聞彼佛

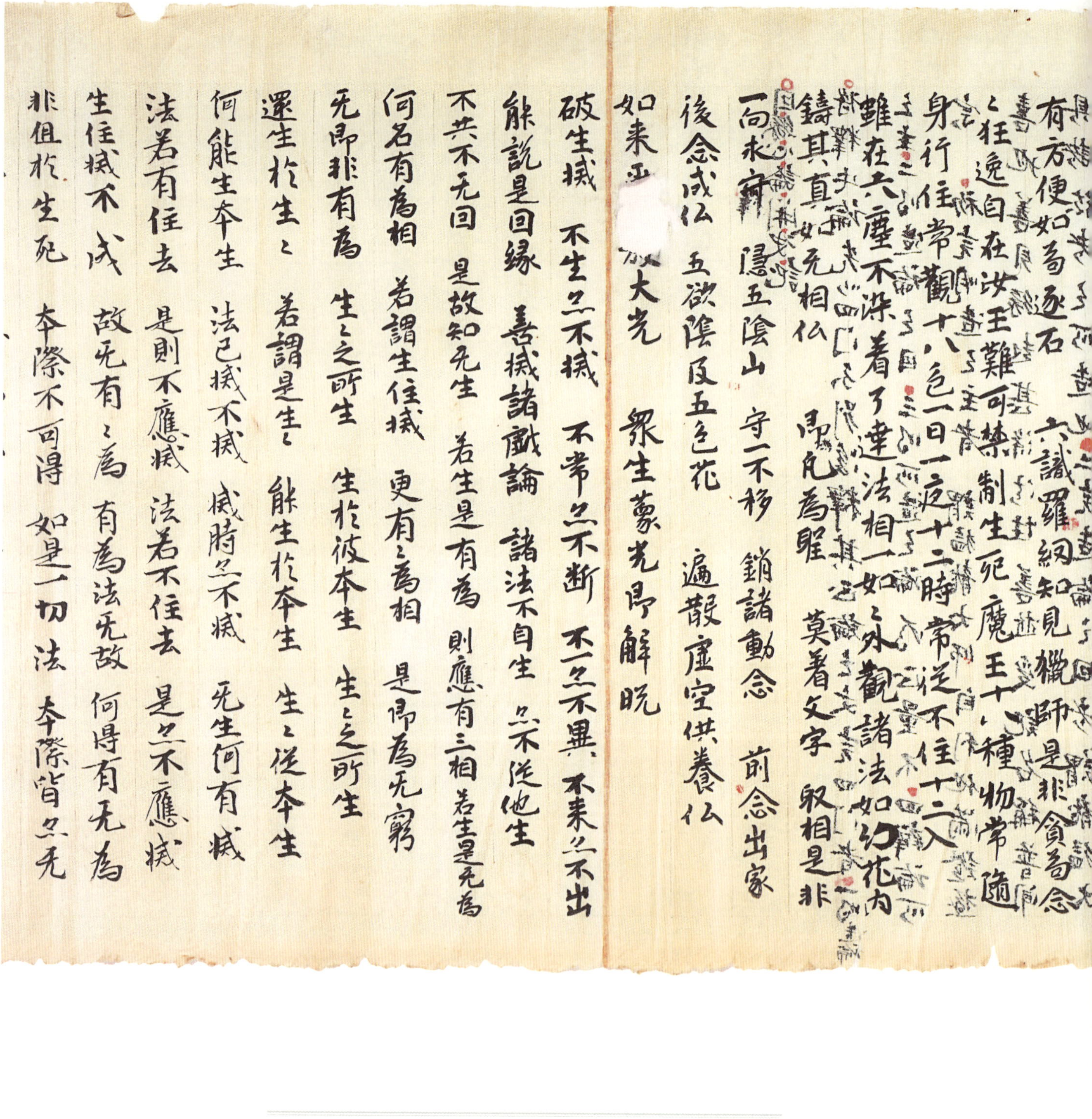
身行住常觀十八色一日一夜十二時常從不住十二入
雖在六塵不染着了達法相一如之外觀諸法如幻花內
鑄其真如无相佛 歸凡為聖 莫着文字 叙相是非
一向永寂隱五陰山 守一不移 銷諸動念 前念出家
後念成佛 五欲陰及五色花 遍散虛空供養佛
如來放大光 衆生蒙光得解脫
破生滅 不生亦不滅 不常亦不斷 不一亦不異 不來亦不出
能說是因緣 善滅諸戲論 諸法不自生 亦不從他生
不共不无因 是故知无生 若生是有為 則應有三相 若生是无為
何名有為相 若謂生住滅 更有有為相 是即為无窮
无即非有為 生生之所生 生於彼本生 生生之所生
還生於生生 若謂是生生 能生於本生 生生從本生
何能生本生 法已滅不滅 滅時亦不滅 无生何有滅
法若有住去 是則不應滅 法若不住去 是亦不應滅
生住滅不成 故无有為為 有為法无故 何得有无為
非但於生死 本際不可得 如是一切法 本際皆亦无

10011　肇論（後秦）釋僧肇著　卷背　**量處輕重儀**（唐）釋道宣輯　**因緣心論釋開決記　六門陀羅尼經論廣釋**（唐）釋曇曠撰　唐寫本　旅順博物館

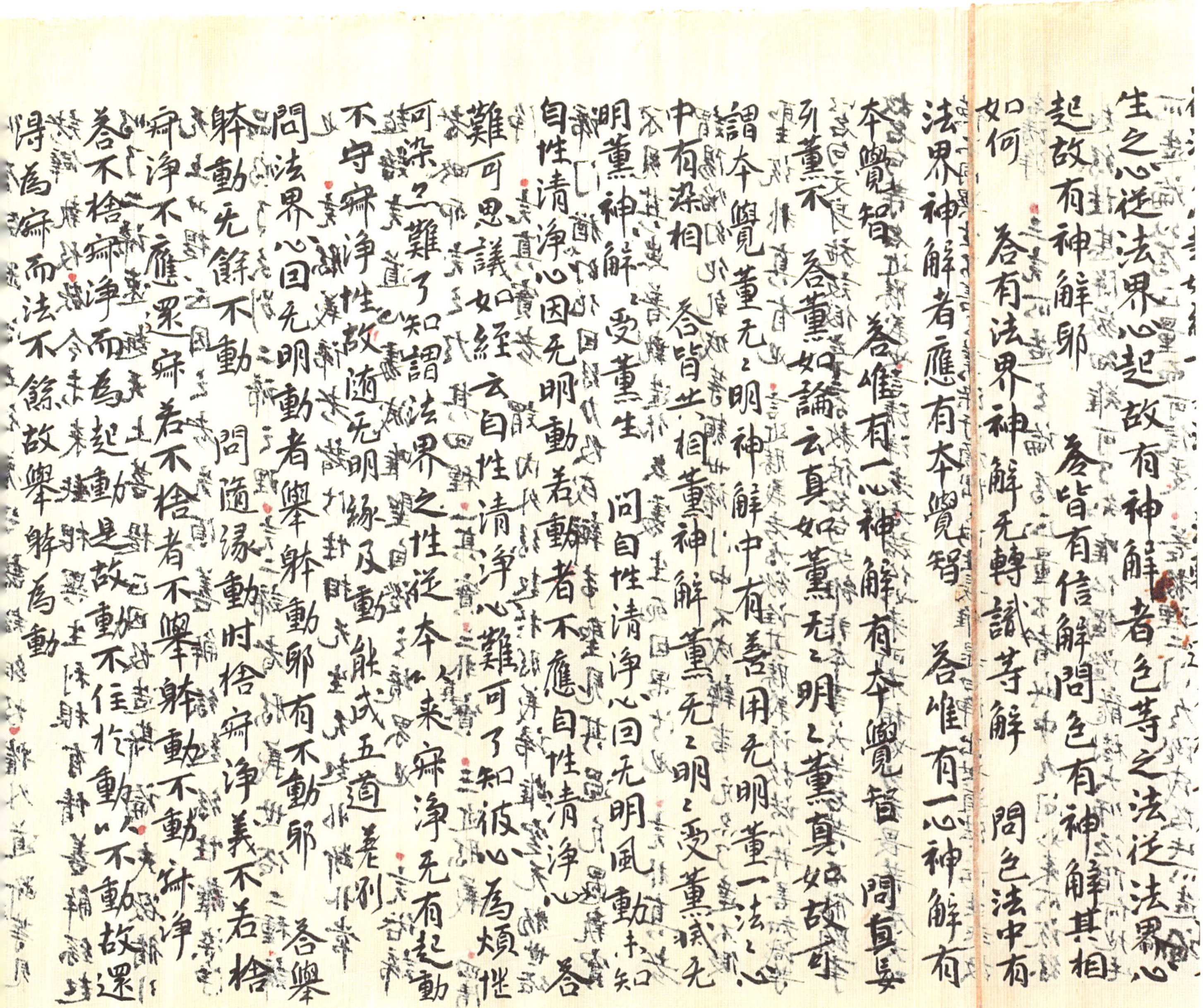

生之心從法界心起故有神解者色等之法從法界心
起故有神解耶　答皆有信解問色有神解其相
如何　答有法界神解无轉識等解　問色法中有
法界神解者應有本覺智　答唯有一心神解有
本覺智　答唯有一心神解有本覺智　問真妄
列薰不　答薰如論云真如薰无明々薰真如故亦
謂本覺薰无明々神解中有善用无明薰一法々心
中有染相　答皆共相薰神解薰无明々受薰識无
明薰神解々受薰生　問自性清淨心因无明風動未知
自性清淨心因无明動者動者不應自性清淨心　答
難可思議如經云自性清淨心難可了知彼心為煩惱
可染々難了知謂法界之性從本來寂淨无有起動
不守寂淨性故隨无明緣及動能成五道差別
問法界心因无明動者舉體動耶有不動耶　答舉
體動无餘不動　問隨緣動時捨寂淨義不若捨
寂淨不應還寂若不捨者不舉體動不動寂淨
答不捨寂淨而為起動是故動不住於動以不動故還
得為寂而法不餘故舉體為動

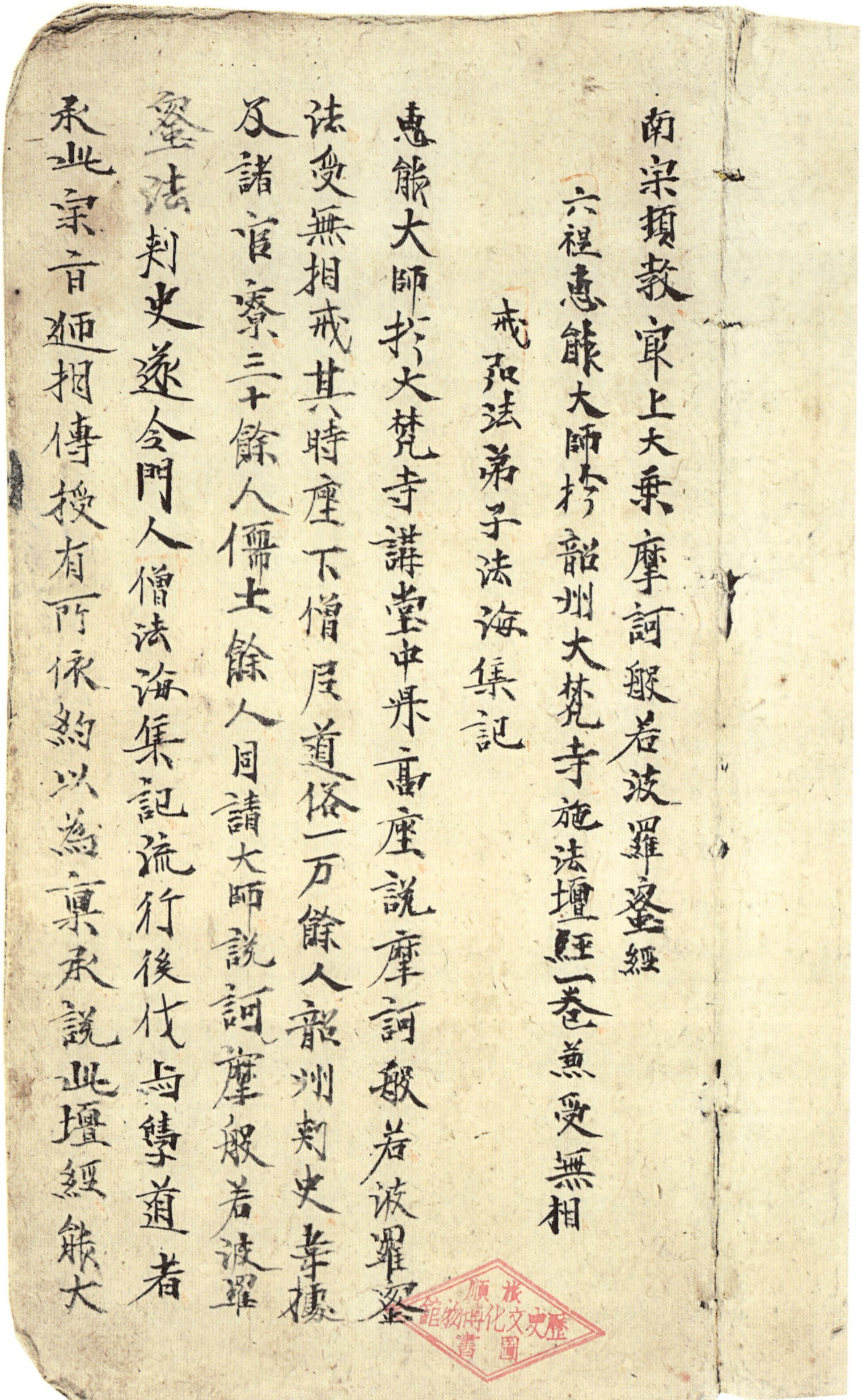
南宗頓教最上大乘摩訶般若波羅蜜經
六祖惠能大師於韶州大梵寺施法壇經一卷兼受無相
戒弘法弟子法海集記
惠能大師於大梵寺講堂中昇高座說摩訶般若波羅蜜
法受無相戒其時座下僧尼道俗一万餘人韶州刺史韋據
及諸官寮三十餘人儒士餘人同請大師說摩訶般若波羅
蜜法刺史遂令門人僧法海集記流行後代与學道者
承此宗旨遞相傳授有所依約以為稟承說此壇經能大

10012 南宗最上頓教大乘摩訶般若波羅蜜經 （唐）釋法海等輯 後周顯德五年（958）寫本 旅順博物館

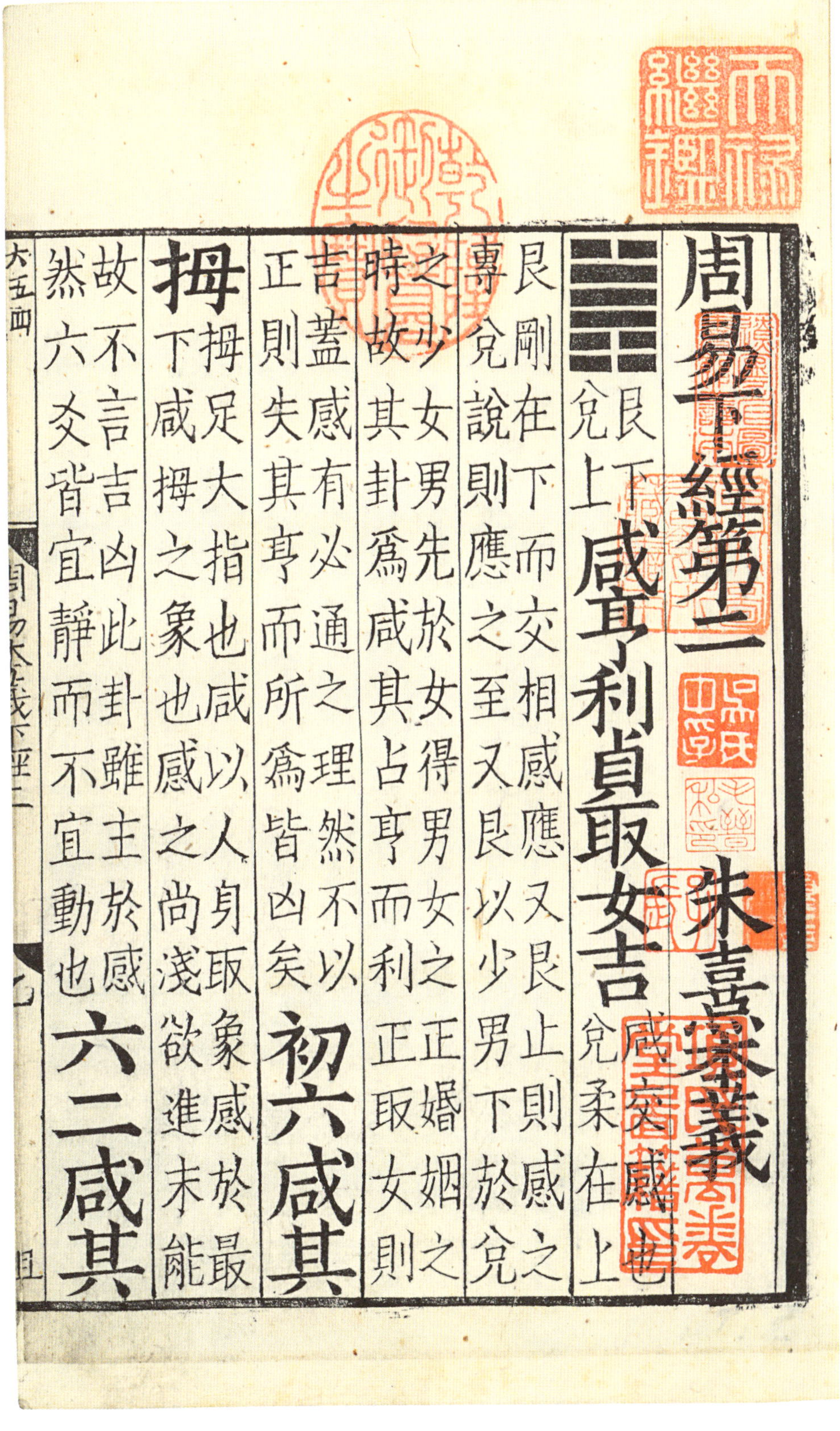
周易下經第二　朱熹本義

䷞艮下兌上　咸亨利貞取女吉　咸感也兌柔在上艮剛在下而交相感應又艮止則感之專兌說則應之至又艮以少男下於兌之少女男先於女得男女之正婚姻之時故其卦爲咸其占亨而利正取女則吉蓋感有必通之理然不以正則失其亨而所爲皆凶矣

初六咸其拇　拇足大指也咸以人身取象感於下咸拇之象也感之尚淺欲進未能故不言吉凶此卦雖主於感然六爻皆宜靜而不宜動也

六二咸其

10013　周易本義十二卷五贊一卷筮儀一卷　（宋）朱熹撰　宋刻本　遼寧省圖書館

存一卷（下經）

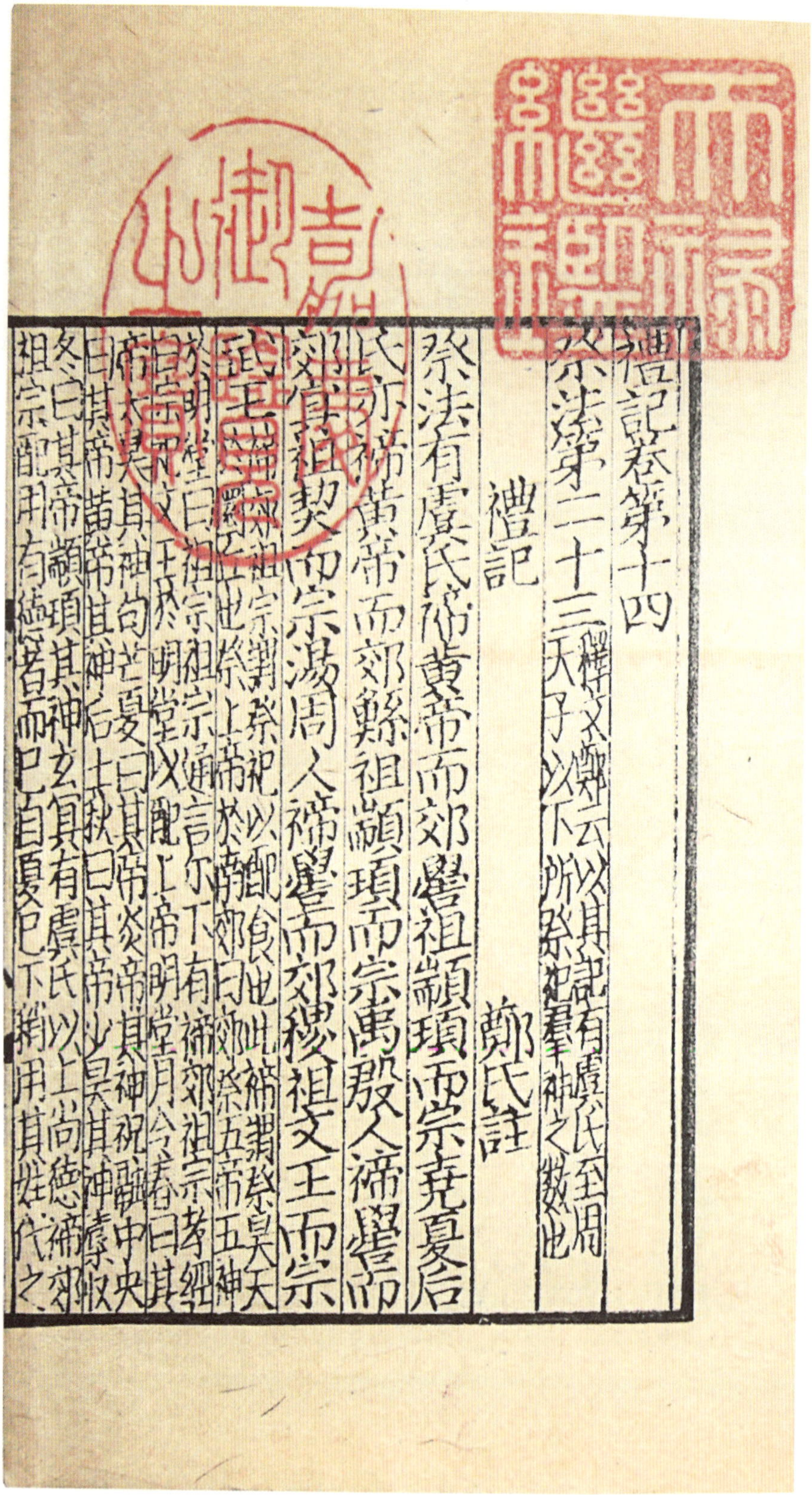
禮記卷第十四
祭法第二十三　釋文鄭云以其記有虞氏至周天子以下所祭祀羣神之數也
禮記　　鄭氏注
祭法有虞氏禘黃帝而郊嚳祖顓頊而宗堯夏后氏亦禘黃帝而郊鯀祖顓頊而宗禹殷人禘嚳而郊冥祖契而宗湯周人禘嚳而郊稷祖文王而宗武王　禘郊祖宗謂祭祀以配食也此禘謂祭昊天於圜丘也祭上帝於南郊曰郊祭五帝五神於明堂曰祖宗祖宗通言爾下有禘郊祖宗孝經曰宗祀文王於明堂以配上帝明堂月令春曰其帝大昊其神句芒夏曰其帝炎帝其神祝融中央曰其帝黃帝其神后土秋曰其帝少昊其神蓐收冬曰其帝顓頊其神玄冥有虞氏以上尚德禘郊祖宗配用有德者而已自夏已下稍用其姓代之

10014　禮記二十卷　（漢）鄭玄注　宋刻本　瀋陽故宮博物院
存一卷（十四）

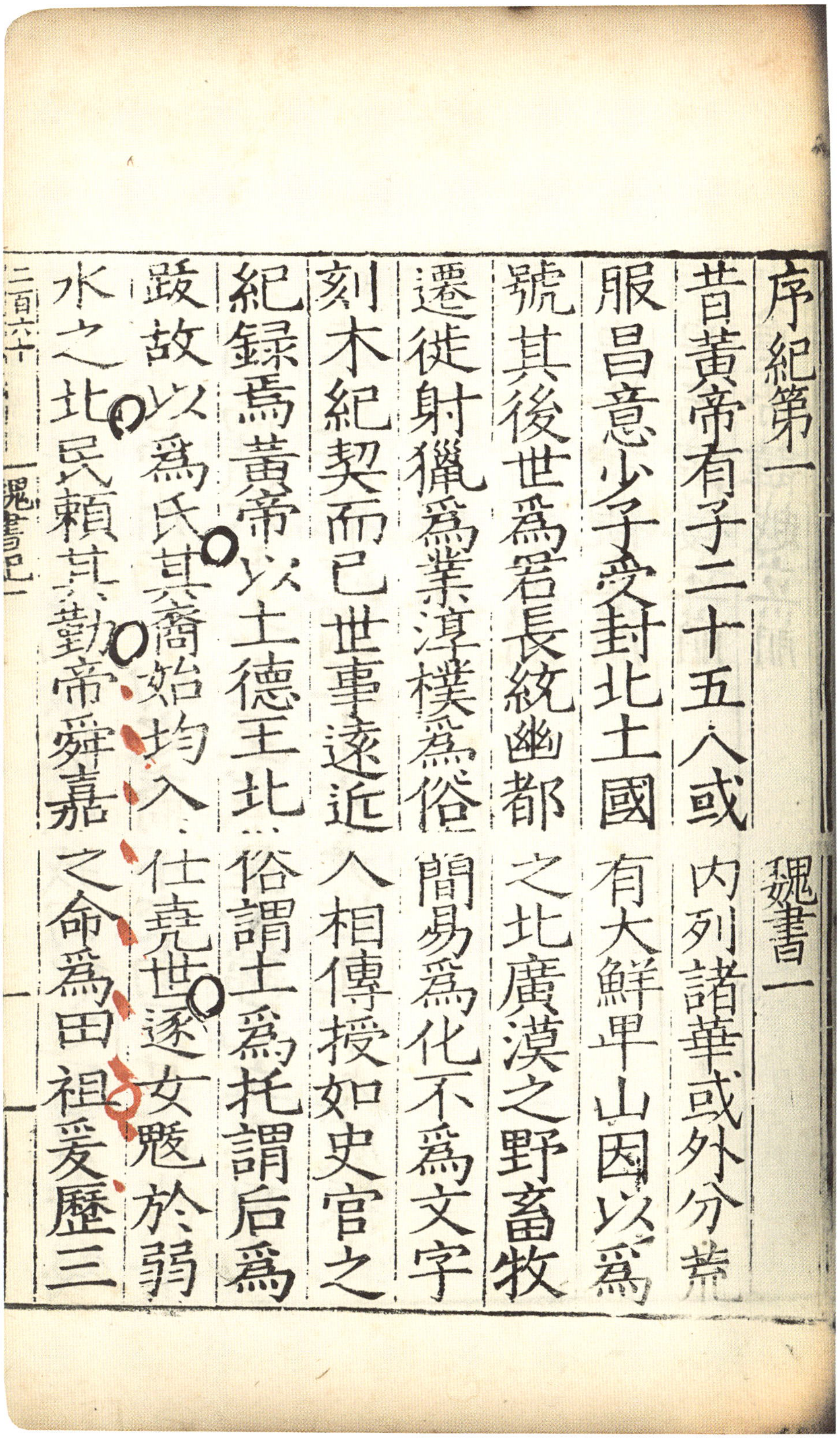

序紀第一　魏書一

昔黄帝有子二十五人或內列諸華或外分荒
服昌意少子受封北土國有大鮮卑山因以爲
號其後世爲君長統幽都之北廣漠之野畜牧
遷徙射獵爲業淳樸爲俗簡易爲化不爲文字
刻木紀契而已世事遠近人相傳授如史官之
紀録焉黄帝以土德王北俗謂土爲托謂后爲
跋故以爲氏其裔始均入仕堯世逐女魃於弱
水之北民頼其勤帝舜嘉之命爲田祖爰歷三

二百六十　魏書紀一

10015　魏書一百十四卷　（北齊）魏收撰　宋刻宋元明遞修本　大連圖書館

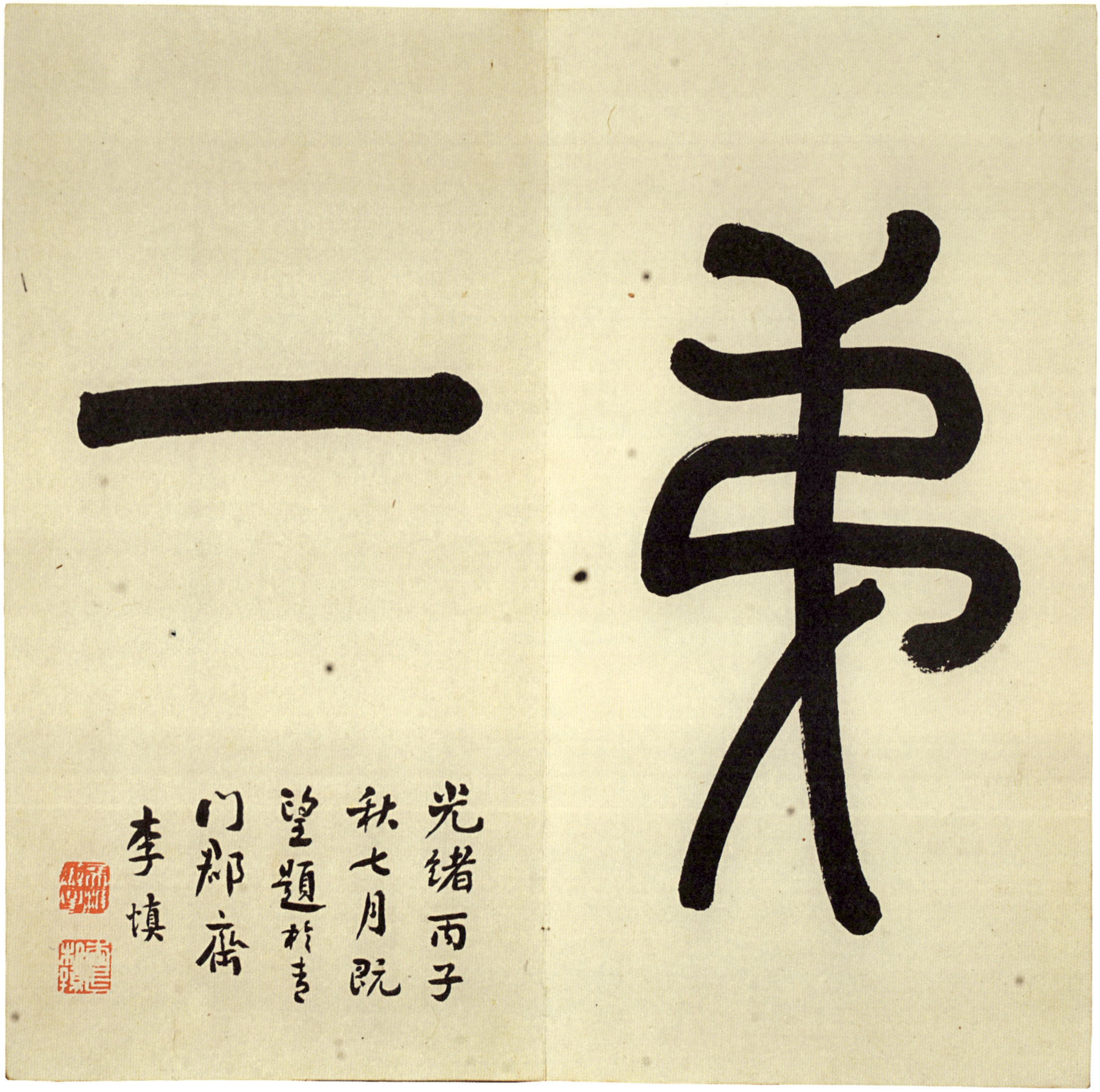

10016 九成宫醴泉銘 （唐）魏徵撰文 （唐）歐陽詢書 唐貞觀六年（632）

刻石 宋拓本 旅順博物館

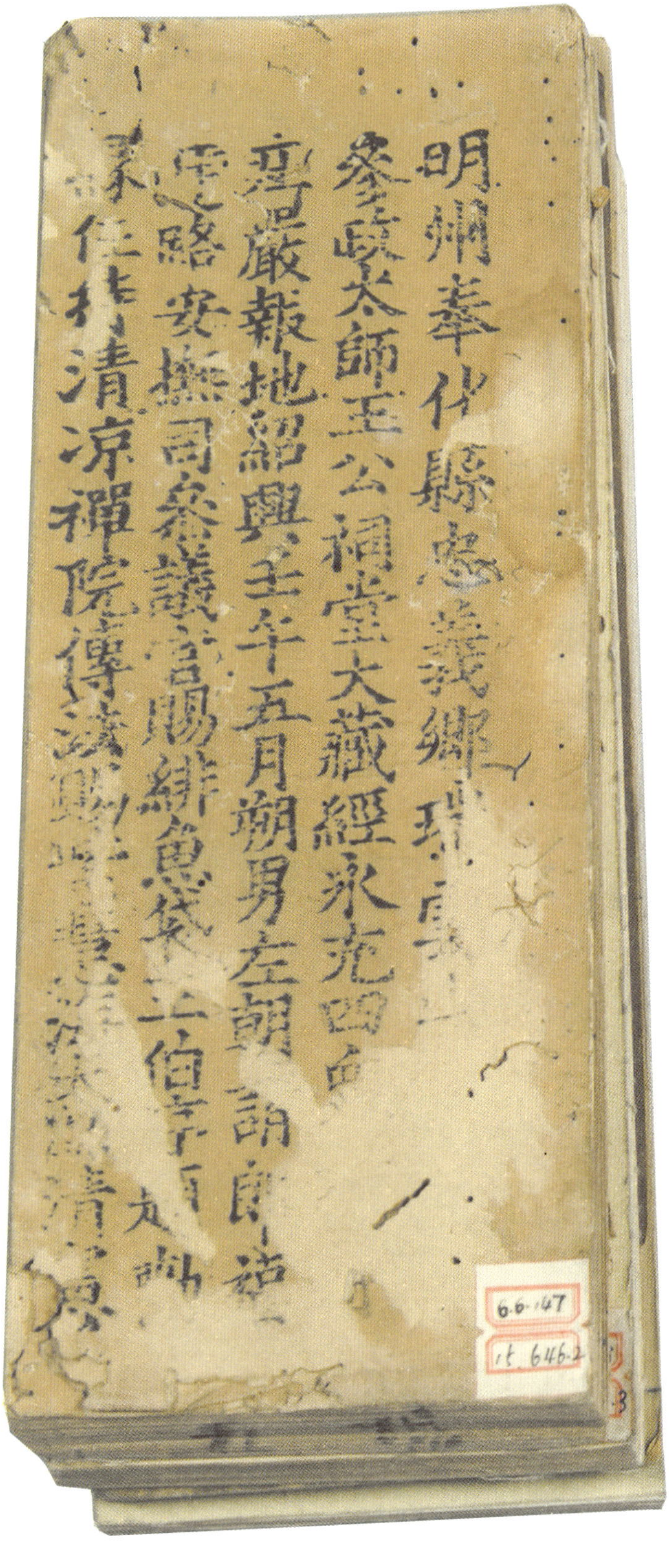

10017　大般若波羅蜜多經六百卷　（唐）釋玄奘譯　宋紹興刻毗盧藏經本

旅順博物館

存二卷（三百十三、三百十五）

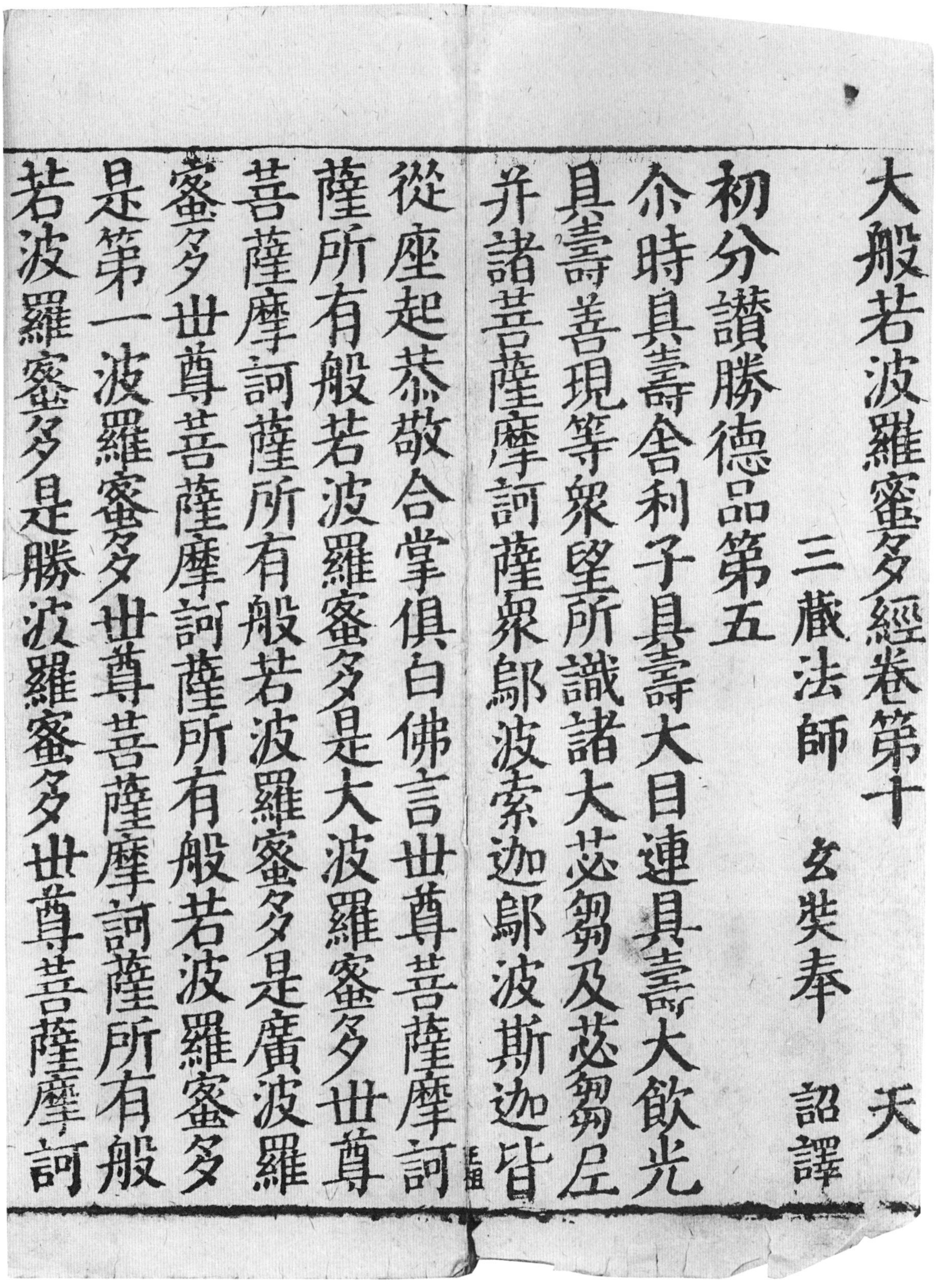

大般若波羅蜜多經卷第十　天
三藏法師　玄奘奉　詔譯
初分讚勝德品第五
尒時具壽舍利子具壽大目連具壽大飲光
具壽善現等衆望所識諸大苾芻及苾芻尼
并諸菩薩摩訶薩衆鄔波索迦鄔波斯迦皆
從座起恭敬合掌俱白佛言世尊菩薩摩訶
薩所有般若波羅蜜多是大波羅蜜多世尊
菩薩摩訶薩所有般若波羅蜜多是廣波羅
蜜多世尊菩薩摩訶薩所有般若波羅蜜多
是第一波羅蜜多世尊菩薩摩訶薩所有般
若波羅蜜多是勝波羅蜜多世尊菩薩摩訶

10018　大般若波羅蜜多經六百卷　（唐）釋玄奘譯　宋刻思溪藏本　大連圖書館

存一卷（十）

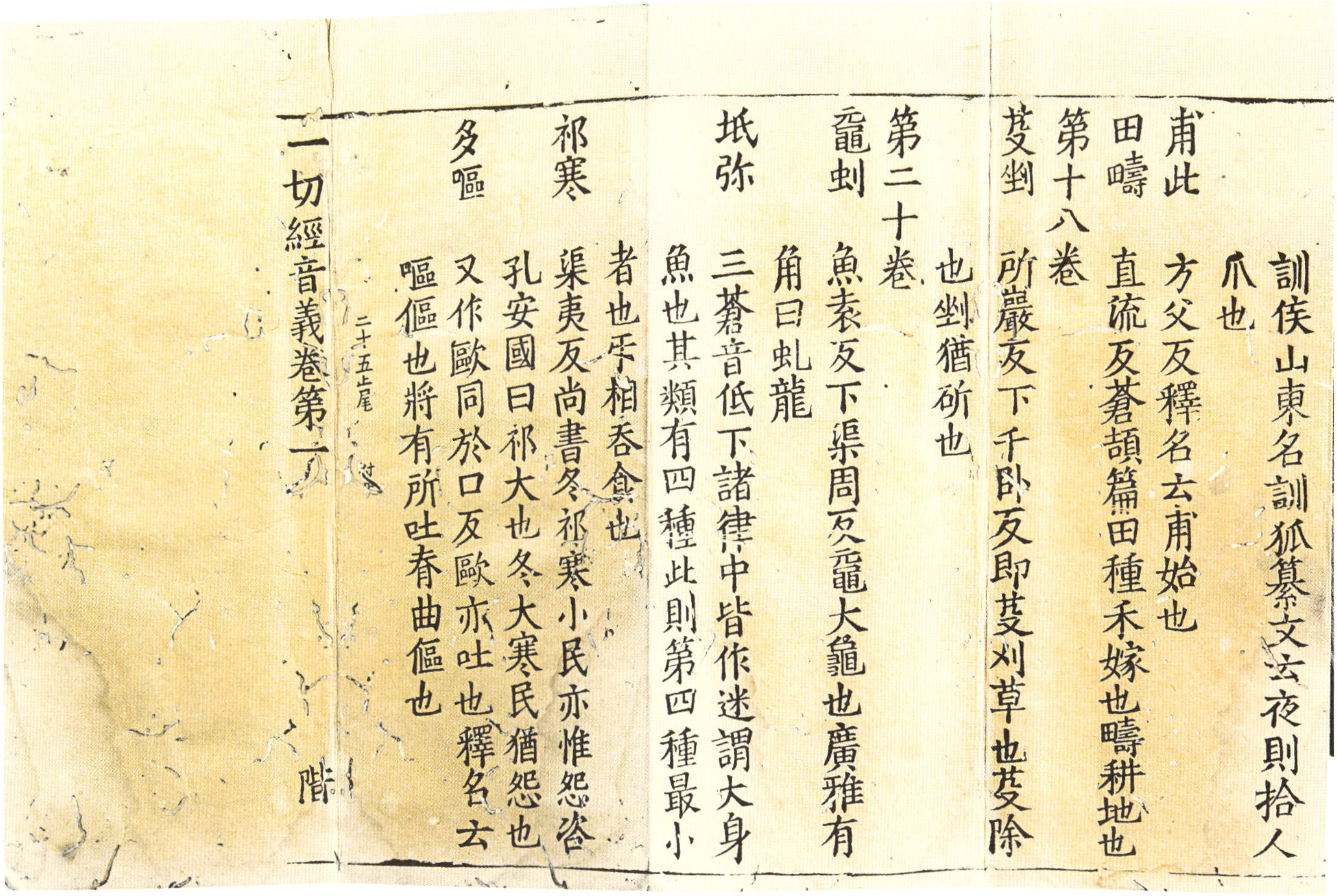
訓俟山東名訓狐纂文云夜則拾人
爪也
甫此　方父反釋名云甫始也
田疇　直流反蒼頡篇田種禾稼也疇耕地也
第十八卷
芟剉　所巖反下千卧反即芟刈草也芟除
也剉猶斫也
第二十卷
黿虬　魚袁反下渠周反黿大龜也廣雅有
角曰虬龍
坻弥　三蒼音低下諸律中皆作迷謂大身
魚也其類有四種此則第四種最小
者也互相吞食也
祁寒　渠夷反尚書冬祁寒小民亦惟怨咨
孔安國曰祁大也冬大寒民猶怨也
多嘔　又作歐同於口反歐亦吐也釋名云
嘔傴也將有所吐脊曲傴也
二十五上尾
一切經音義卷第二十　階

10019　一切經音義一百卷　（唐）釋慧琳撰　宋紹興十八年（1148）福州開元寺刻毗盧藏本　旅順博物館

存二十二卷（一、三至二十、二十二至二十四）

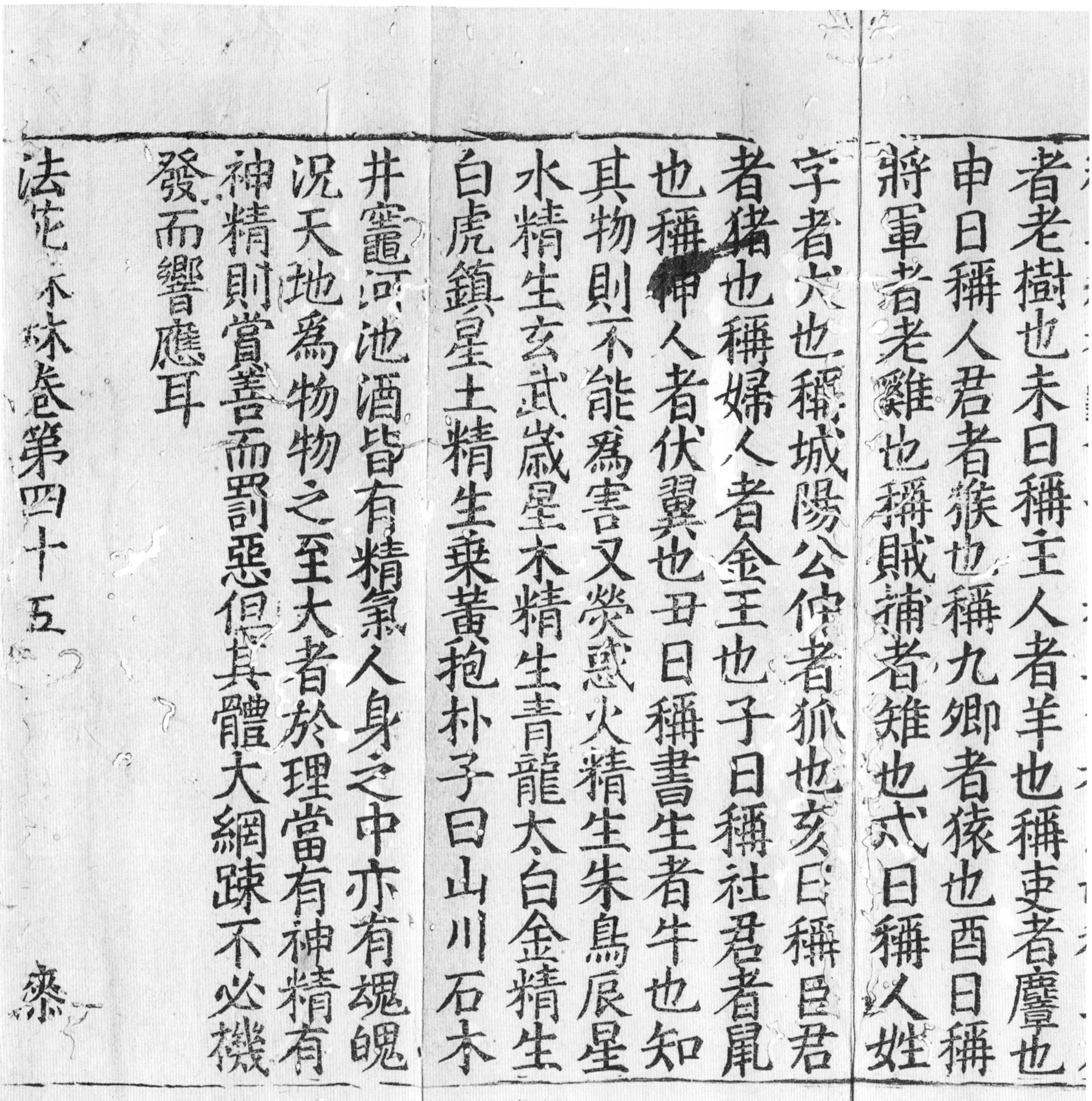
者老樹也未日稱主人者羊也稱吏者麞也
申日稱人君者猴也稱九卿者猿也酉日稱
將軍者老雞也稱賊捕者雉也戌日稱人姓
字者犬也稱城陽公伊者狐也亥日稱邑君
者猪也稱婦人者金王也子日稱社君者鼠
也稱神人者伏翼也丑日稱書生者牛也知
其物則不能爲害又熒惑火精生朱鳥辰星
水精生玄武歲星木精生青龍太白金精生
白虎鎮星土精生乘黃抱朴子曰山川石木
井竈河池酒皆有精氣人身之中亦有魂魄
況天地爲物物之至大者於理當有神精有
神精則賞善而罰惡但其體大網踈不必機
發而響應耳
法苑珠林卷第四十五　桼

10020　法苑珠林一百卷　（唐）釋道世撰　宋宣和三年（1121）福州開元寺刻毗盧藏本　旅順博物館

存七卷（四十五、五十七、八十一、八十九、九十三至九十四、九十六）

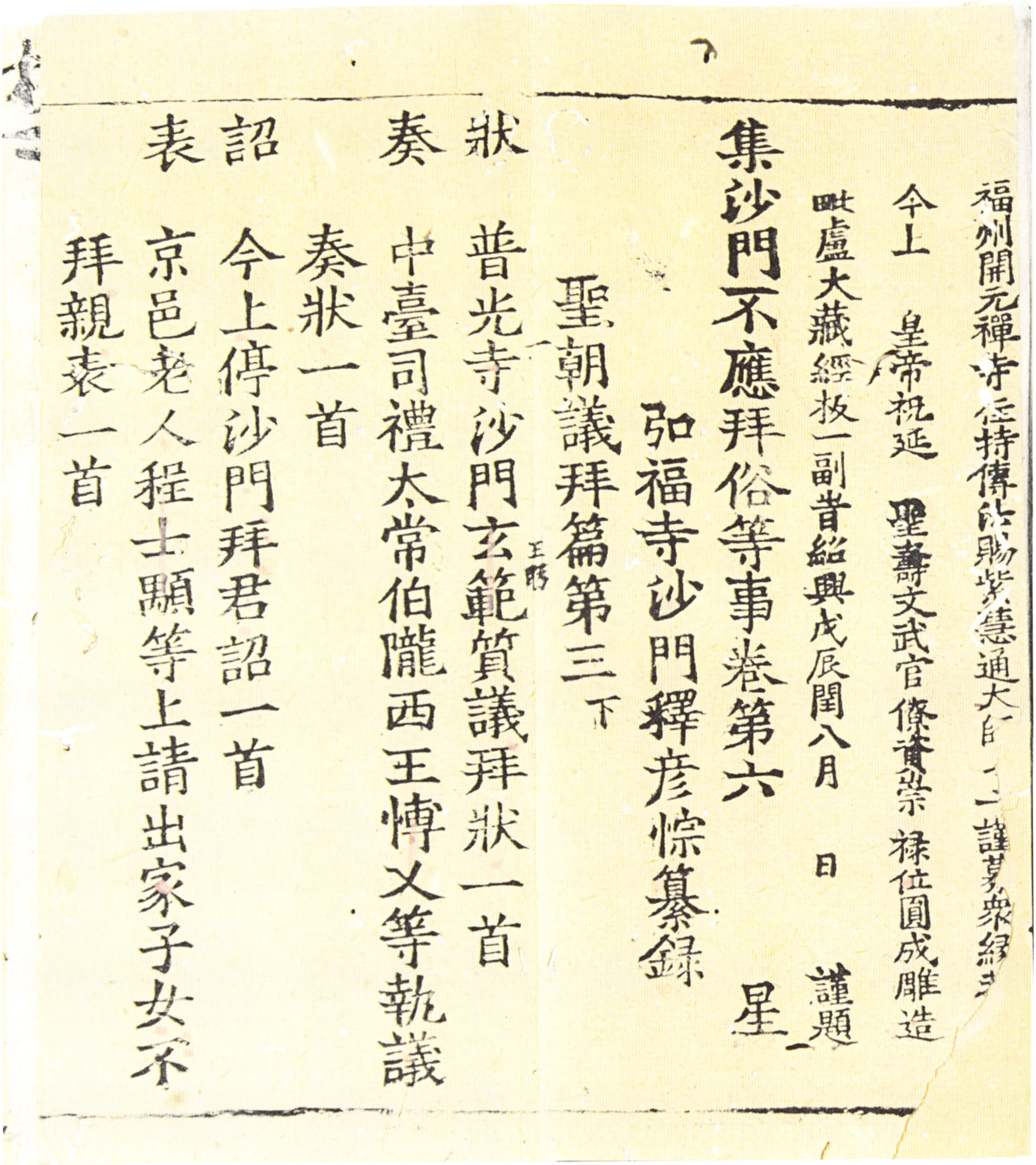

福州開元禪寺住持傳法賜紫慧通大師了一謹募衆緣
今上　皇帝祝延　聖壽文武官僚資崇　禄位圓成雕造
毗盧大藏經板一副時紹興戊辰閏八月　日　謹題
集沙門不應拜俗等事卷第六　星
弘福寺沙門釋彥悰纂録
聖朝議拜篇第三下
狀　普光寺沙門玄範質議拜狀一首
奏　中臺司禮太常伯隴西王博乂等執議
奏狀一首
詔　今上停沙門拜君詔一首
表　京邑老人程士顒等上請出家子女不
拜親表一首

10021　沙門不應拜俗六卷　（唐）釋彥悰撰　宋紹興十八年（1148）刻毗盧藏本　旅順博物館
存二卷（二、六）

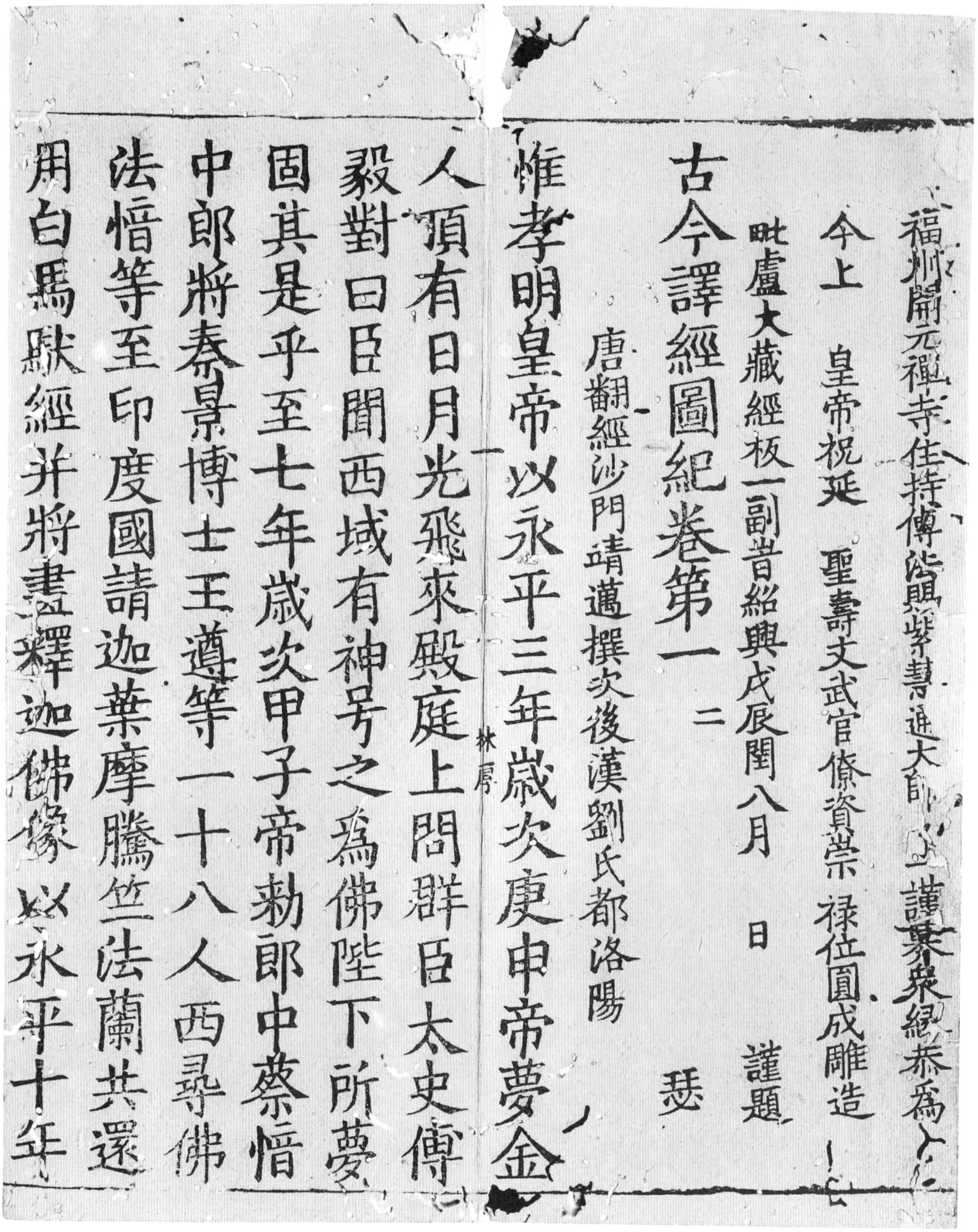
福州開元禪寺住持傳法賜紫慧通大師了一謹募衆緣恭爲
今上　皇帝祝延　聖壽文武官僚資崇　禄位圓成雕造
毗盧大藏經板一副時紹興戊辰閏八月　日　謹題
古今譯經圖紀卷第一　二　瑟
唐翻經沙門靖邁撰次後漢劉氏都洛陽
惟孝明皇帝以永平三年歲次庚申帝夢金
人頂有日月光飛來殿庭上問群臣太史傅
毅對曰臣聞西域有神号之爲佛陛下所夢
固其是乎至七年歲次甲子帝勑郎中蔡愔
中郎將秦景博士王遵等一十八人西尋佛
法愔等至印度國請迦葉摩騰竺法蘭共還
用白馬䭾經并將畫釋迦佛像以永平十年

10022　古今譯經圖紀四卷　（唐）釋靖邁撰　宋紹興十八年（1148）福州開元寺刻毗盧藏本　旅順博物館

承字函釋音一

續高僧傳八卷一裹

第二十四卷

（以下為雙行小字音義，自右向左、自上而下）

蕭 上烏蓋反 智炫 炫下玄絹反 續 棋 食甚反 滄寢 下七對反 錦 懲茇 上 耶鄲 阻音海反 潰 玄語反 陝岵 一寒丹音 陝岵 謂敝 兩下音續 組醢 二阻音 潰 檢
諿詐 彼上反 昌反 翁然 上工反 懲 音許反 檢

傷蠱 下音 姤也 鼄 尾音 老珊 老土音 甘名反 甘子反 裔然 音戝 音懲 陳 語反
被搶 音徒 浪也 七羊反 稂 姤也 羝福 剔音上田反 旆 留音 酬 胡子反 渦 音戈 猛 搵音 蹬音

宦 反徒 浪也 二音字迪 旆跙 雙音 旂狷 又古縣反 絹 渦 戈音 懲 工反 搵音 蹬音
瑋 反弭 晃 琳音林 欣狎 反上 許也 暇 綜子 總也 朝 宋 曻 旅音 丘 第二十五卷 操 七到反 眶閑音 暇 朝也 屋音下

墳 下音 典焚 孔也 旅也 又 第二十五卷 朝憲 聲咸也 獻 字 峙然 止下行音 憚懼 舉上 直里 遭反 音 丘

縣 玄上 悦也 謏 別音 也疢 全 汾州 分上 錫 取土 瞱然 反上 明于 鎮 辌贈反 賜下 理於 也例 怡然 穰反 可僉 服
皆七 廉也 師 人爲衆 浪 舜 賻下去 贈上 聲 迴 聲初反扶 奴 止隸 僕下 役先 役之帝也 稱反 怡然 可僉
怖懼 苫反 葉也 百 全 遺 贈下 殺音 陷 法干 鎮 輌反 隸 止下 僕 先役之帝也 擊 稱反 服

膺 反下 於陵 鶩 身也 銓 上音 諗道 用上 瞱 反房 清廟 含上 使 始音 蓄 色反 也息 懿然 穰反 詢 且反 旬反
駮 反胡 交 驚駭 也 創 初楚 暨 以及 其 探取也 肇 始音 反代 使 蓄 色上 鑒 反盧 上 窕 詢 旬反
曒 日上 屯 其反 巢助 交子居 天朣 伏陵 沆車 沆居 狀 器也 鈴 安車 岱宗 代上 強 區蒲 鑒駮 巢宂 反上
官 反在 其反 衡和 如 鸞鳳 也謂 之安 鑾音 也趙 使作 也 音 鑒駮 巢宂

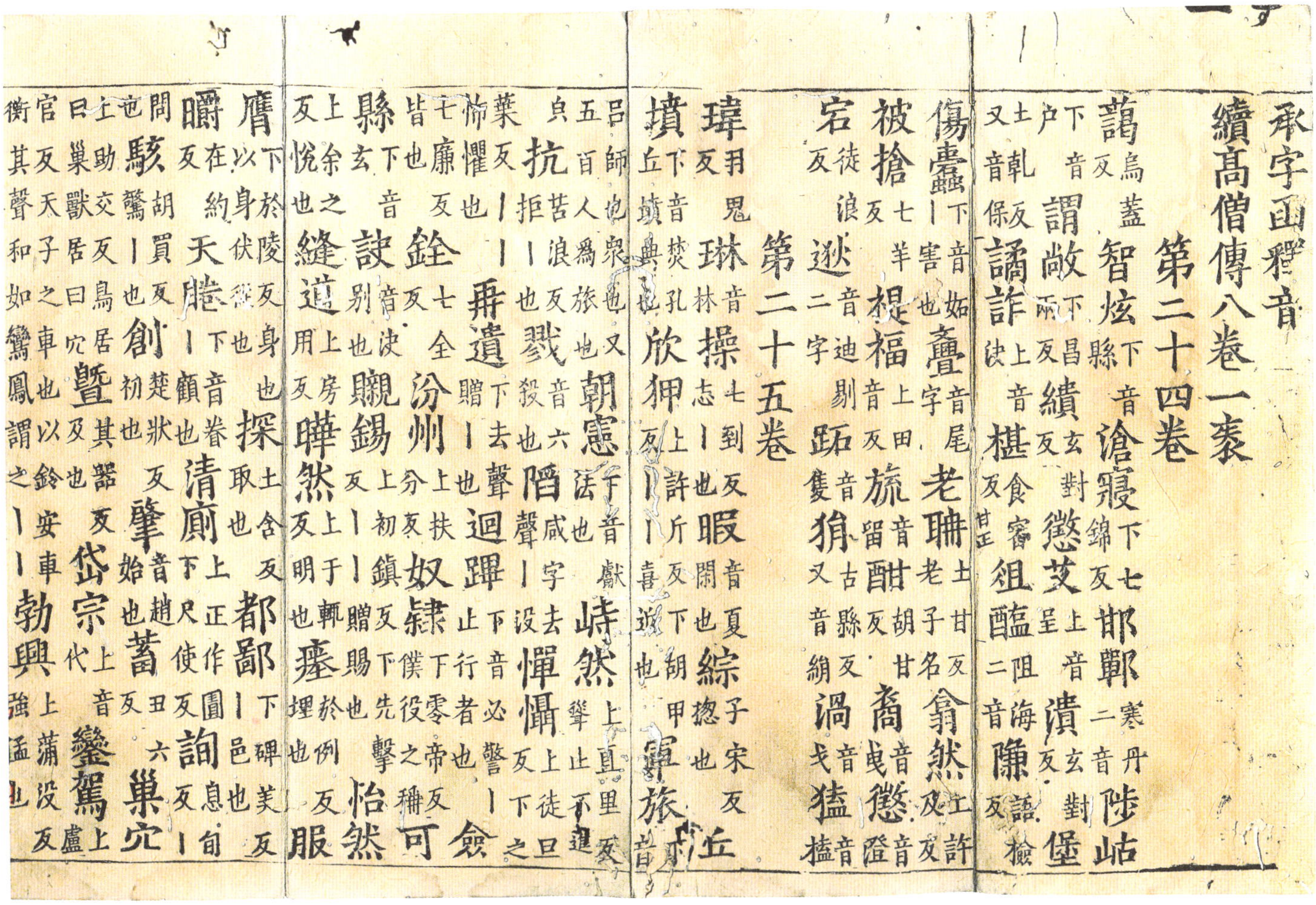

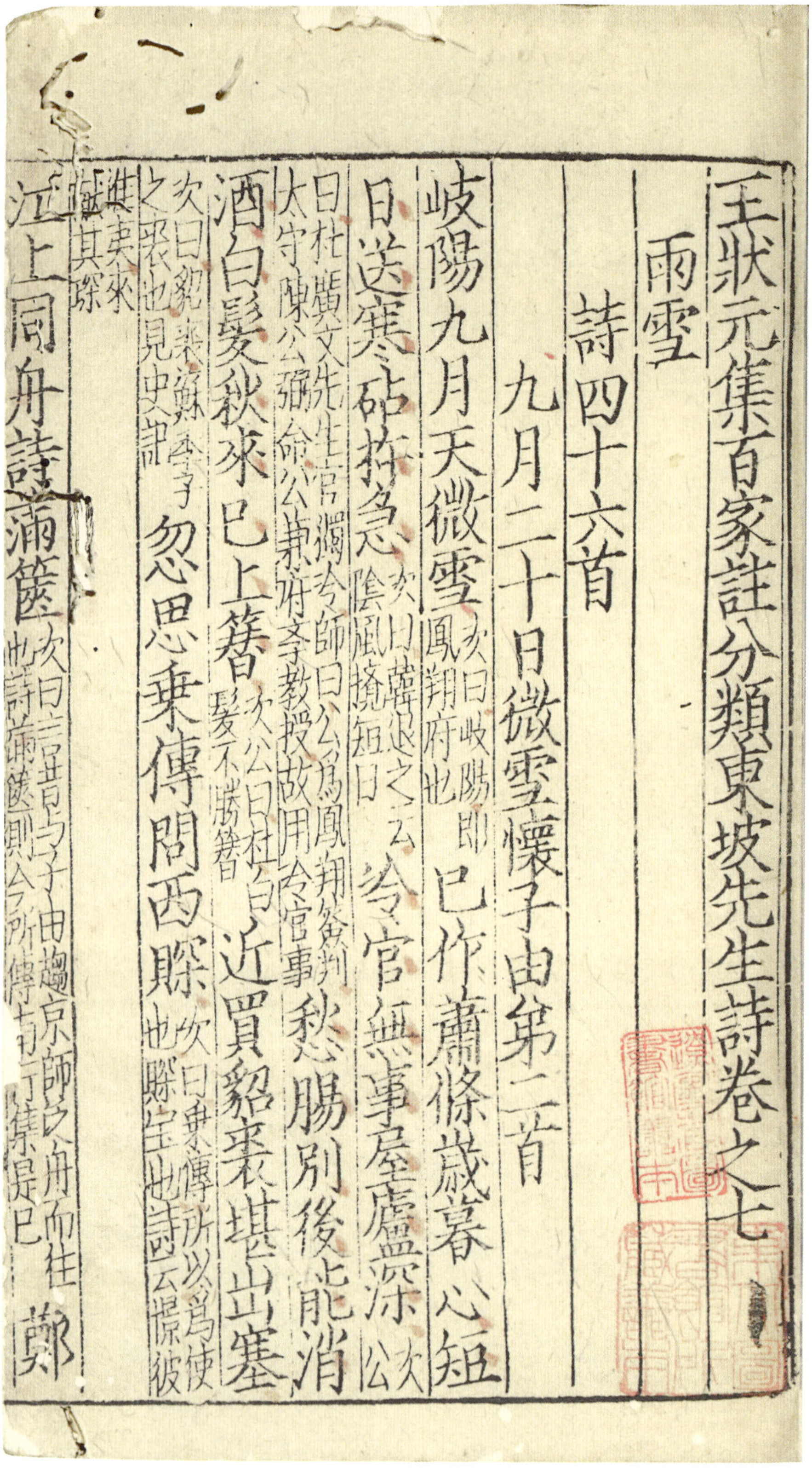
王狀元集百家註分類東坡先生詩卷之七
雨雪
詩四十六首
九月二十日微雪懷子由弟二首
岐陽九月天微雪（次曰岐陽即鳳翔府也）已作蕭條歲暮心短日送寒砧杵急（次曰韓退之云陰風攪短日）冷官無事屋廬深（次公曰杜甫與文先生官獨冷師曰公爲鳳翔簽判太守陳公弼命公兼府學教授故用冷官事）愁腸別後能消酒白髮秋來已上簪（次公曰杜白髮不勝簪）近買貂裘堪出塞（次曰貂裘蘇季子之裘也見史記）忽思乘傳問西賝（次曰乘傳所以爲使也賝寶也詩云憬彼淮夷來獻其琛）江上同舟詩滿篋（次曰言昔与子由趨京師以舟而往也詩滿篋則今所傳南行集是已）鄭

10024　王狀元集百家註分類東坡先生詩二十五卷　（宋）蘇軾撰　題（宋）王十朋纂集　（宋）劉辰翁批點　宋刻本（卷二十配建安熊氏刻本）　遼寧省圖書館

存三卷（七、十六、二十）

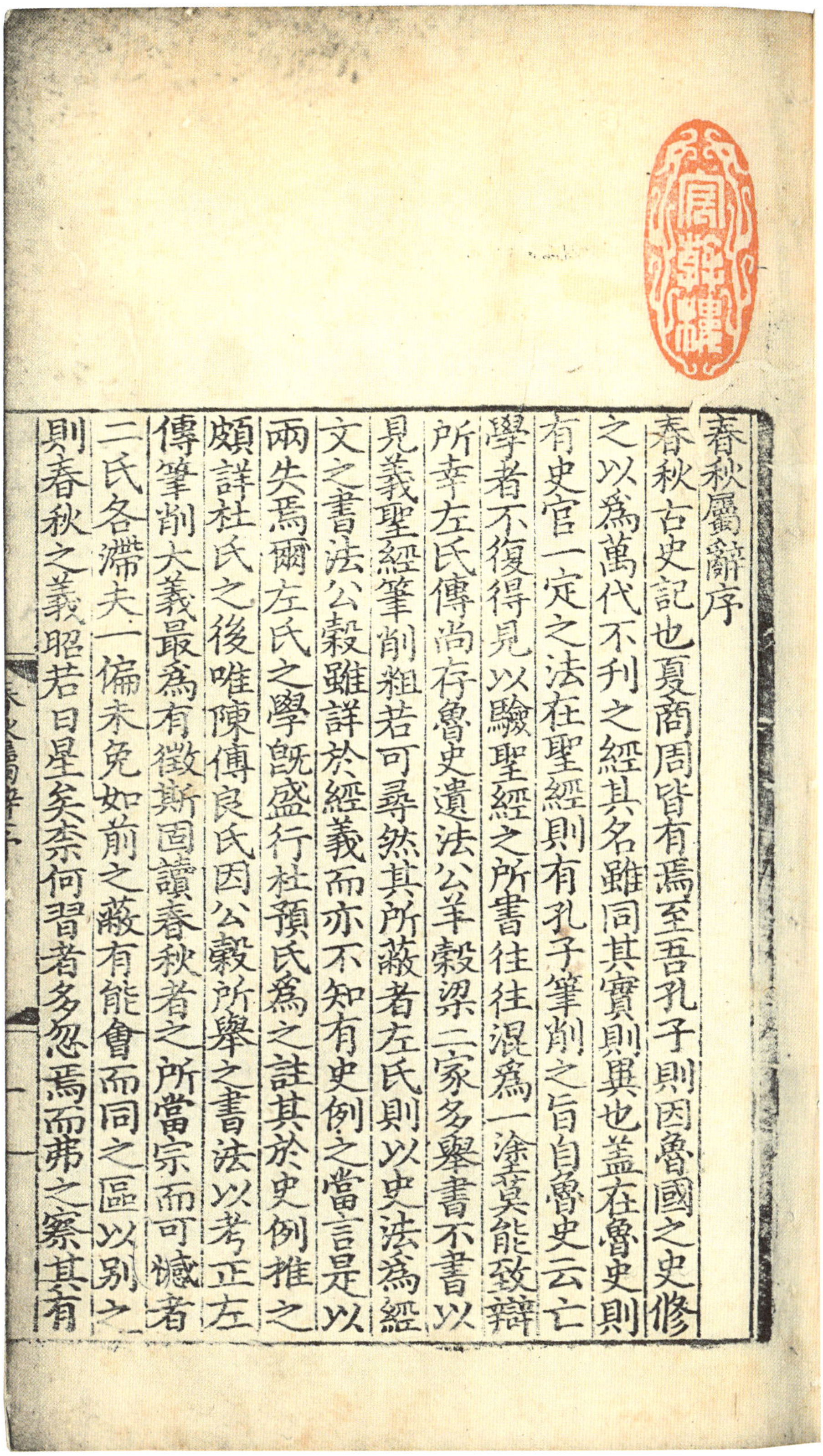

春秋屬辭序
春秋古史記也夏商周皆有焉至吾孔子則因魯國之史修之以爲萬代不刊之經其名雖同其實則異也蓋在魯史則有史官一定之法在聖經則有孔子筆削之旨自魯史云亡學者不復得見以驗聖經之所書往往混爲一塗莫能致辯所幸左氏傳尚存魯史遺法公羊穀梁二家多舉書不書以見義聖經筆削粗若可尋然其所蔽者左氏則以史法爲經文之書法公穀雖詳於經義而亦不知有史例之當言是以兩失焉爾左氏之學既盛行杜預氏爲之註其於史例推之頗詳杜氏之後唯陳傅良氏因公穀所舉之書法以考正左傳筆削大義最爲有徵斯固讀春秋者之所當宗而可憾者二氏各滯夫一偏未免如前之蔽有能會而同之區以別之則春秋之義昭若日星矣柰何習者多忽焉而弗之察其有

10025　春秋屬辭十五卷　（元）趙汸撰　元至正二十年至二十四年（1360—1364）休寧商山義塾刻明弘治六年（1493）高忠重修本　羅振玉　羅振常題記　旅順博物館

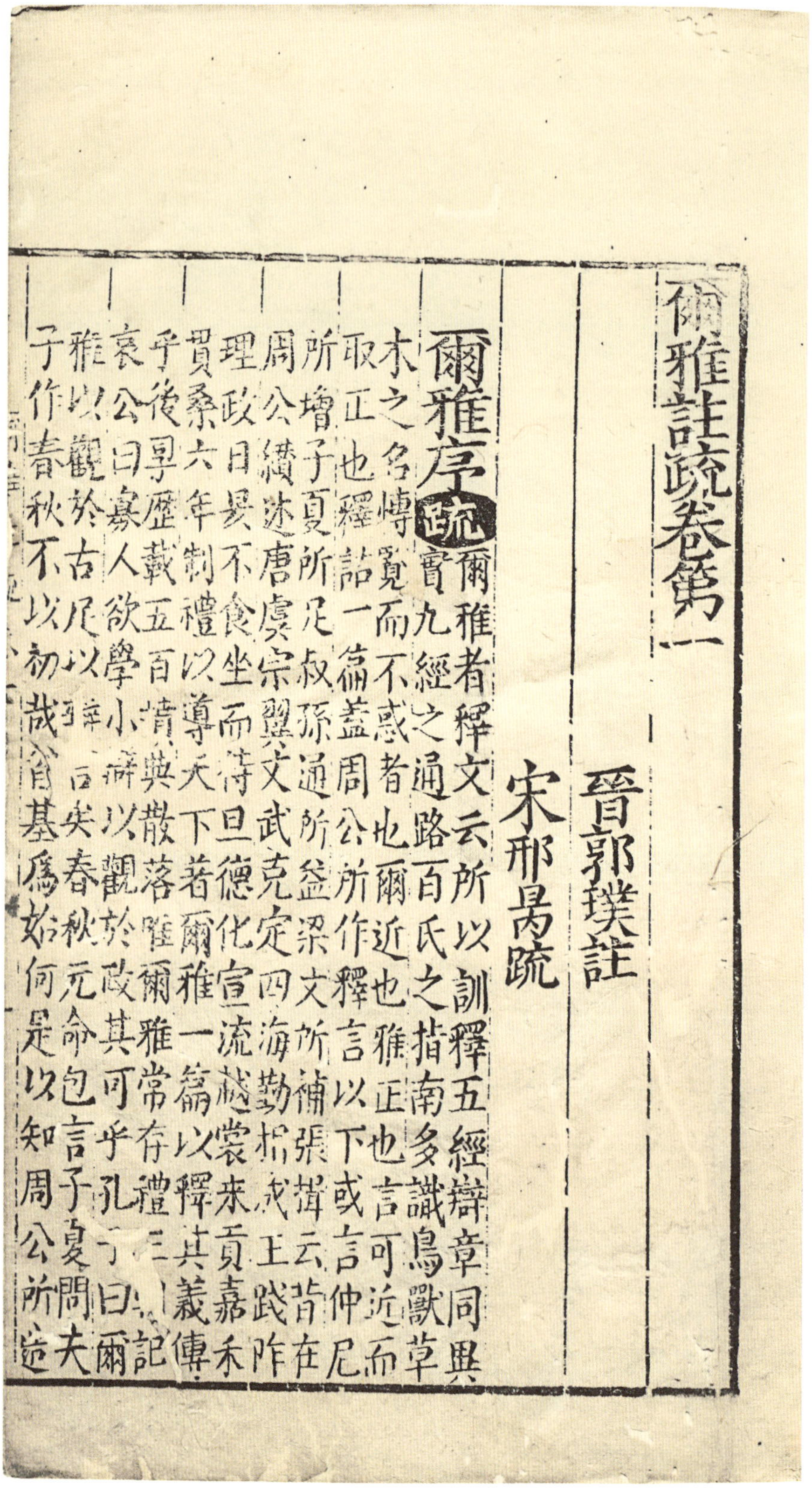

爾雅註疏卷第一

晉郭璞註

宋邢昺疏

爾雅序 疏 爾雅者釋文云所以訓釋五經辯章同異實九經之通路百氏之指南多識鳥獸草木之名博覽而不惑者也爾近也雅正也言可近而取正也經詁一篇蓋周公所作釋言以下或言仲尼所增子夏所足叔孫通所益梁文所補張揖云昔在周公續述唐虞宗翼文武克定四海勤相成王踐阼理政日昃不食坐而待旦德化宣流越裳來貢嘉禾貫桑六年制禮以導天下著爾雅一篇以釋其義傳乎後學歷載五百墳典散落唯爾雅常存禮三朝記哀公曰寡人欲學小辯以觀於政其可乎孔子曰爾雅以觀於古足以辨言矣春秋元命包言子夏問夫子作春秋不以初哉首基爲始何是以知周公所造

10026　爾雅註疏十一卷　（晉）郭璞注　（宋）邢昺疏　元刻明修本　大連圖書館

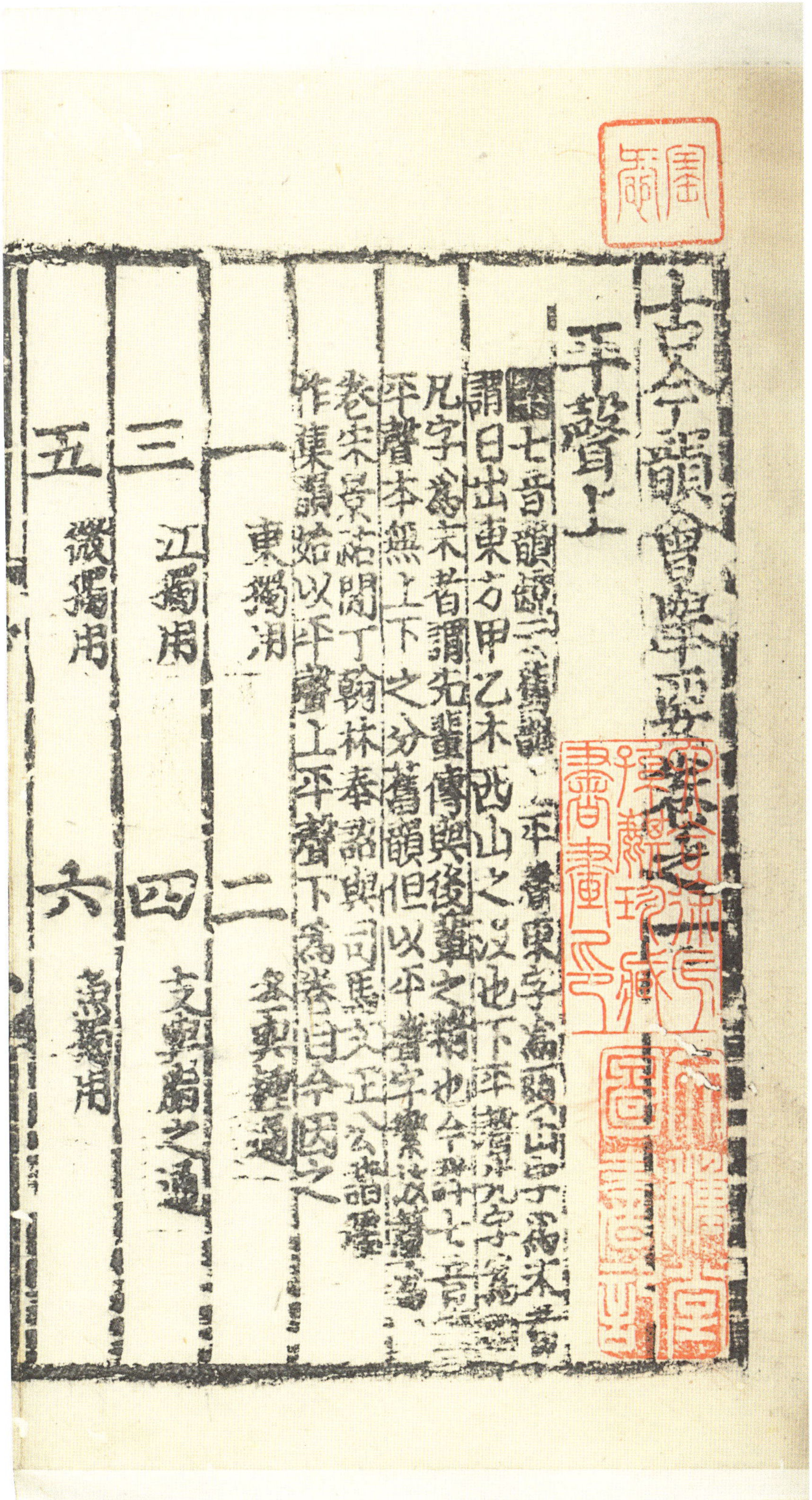
古今韻會舉要卷之一
平聲上
案七音韻……平聲東字爲頭……
謂日出東方甲乙木西山之没也下平聲以先字爲首
凡字爲宋首謂先輩傳與後輩之精也今以七音……
平聲本無上下之分舊韻但以平聲字繁故離爲二
卷宋景祐間丁度林奉詔與司馬文正公詔譔
作集韻始以平聲上平聲下爲卷目今因之
一 東獨用　二 冬鍾通
三 江獨用　四 支脂之通
五 微獨用　六 魚獨用

10027　古今韻會舉要三十卷禮部韻略七音三十六母通考一卷　（元）

熊忠撰　元刻本　遼寧大學圖書館

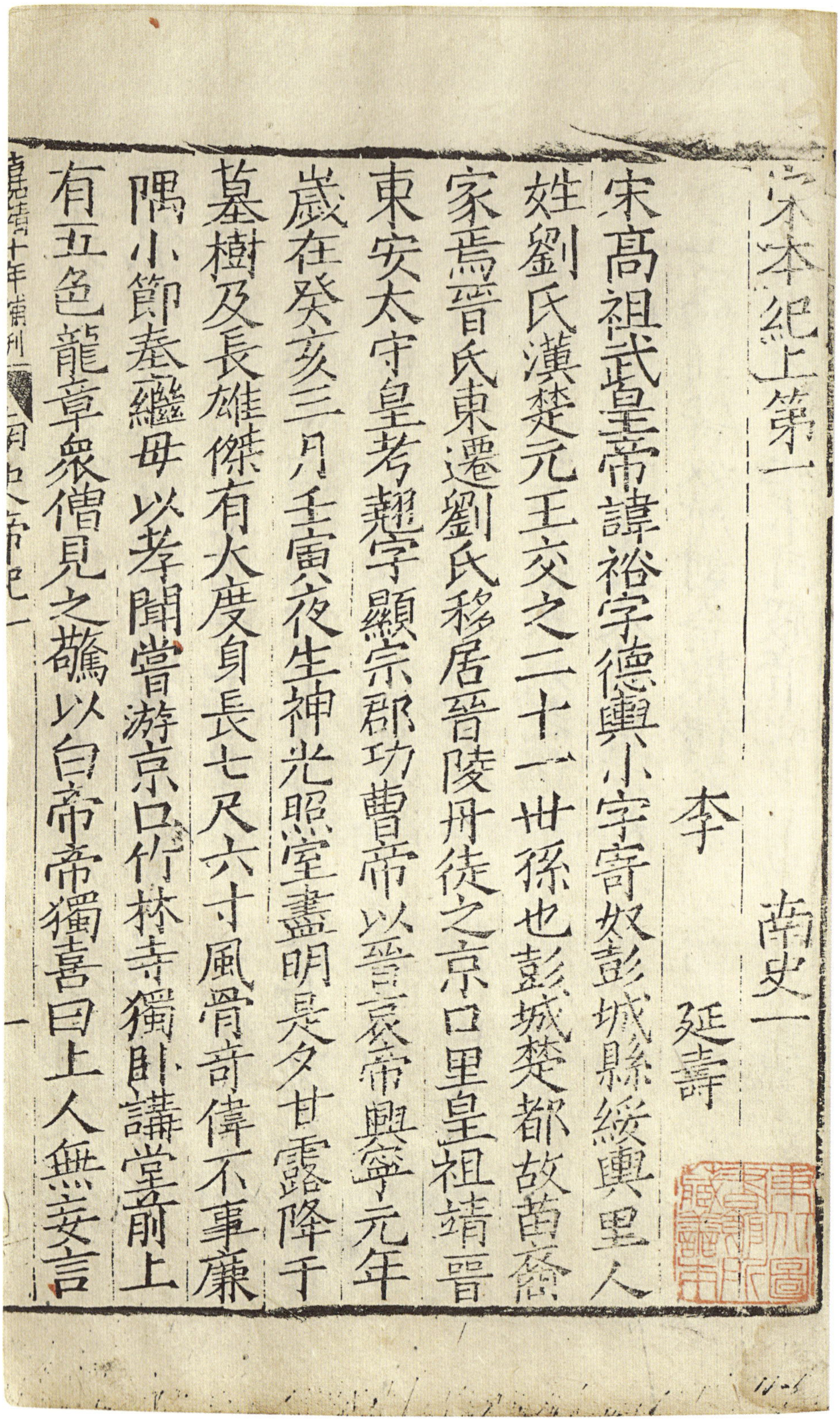
宋本紀上第一　南史一
李　延壽
宋高祖武皇帝諱裕字德輿小字寄奴彭城縣綏輿里人
姓劉氏漢楚元王交之二十一世孫也彭城楚都故苗裔
家焉晉氏東遷劉氏移居晉陵丹徒之京口里皇祖靖晉
東安太守皇考翹字顯宗郡功曹帝以晉哀帝興寧元年
歲在癸亥三月壬寅夜生神光照室盡明是夕甘露降于
墓樹及長雄傑有大度身長七尺六寸風骨奇偉不事廉
隅小節奉繼母以孝聞嘗游京口竹林寺獨卧講堂前上
有五色龍章衆僧見之驚以白帝帝獨喜曰上人無妄言
嘉靖十年補刊

10028　南史八十卷　（唐）李延壽撰　元大德十年（1306）刻明嘉靖遞修本

遼寧省圖書館

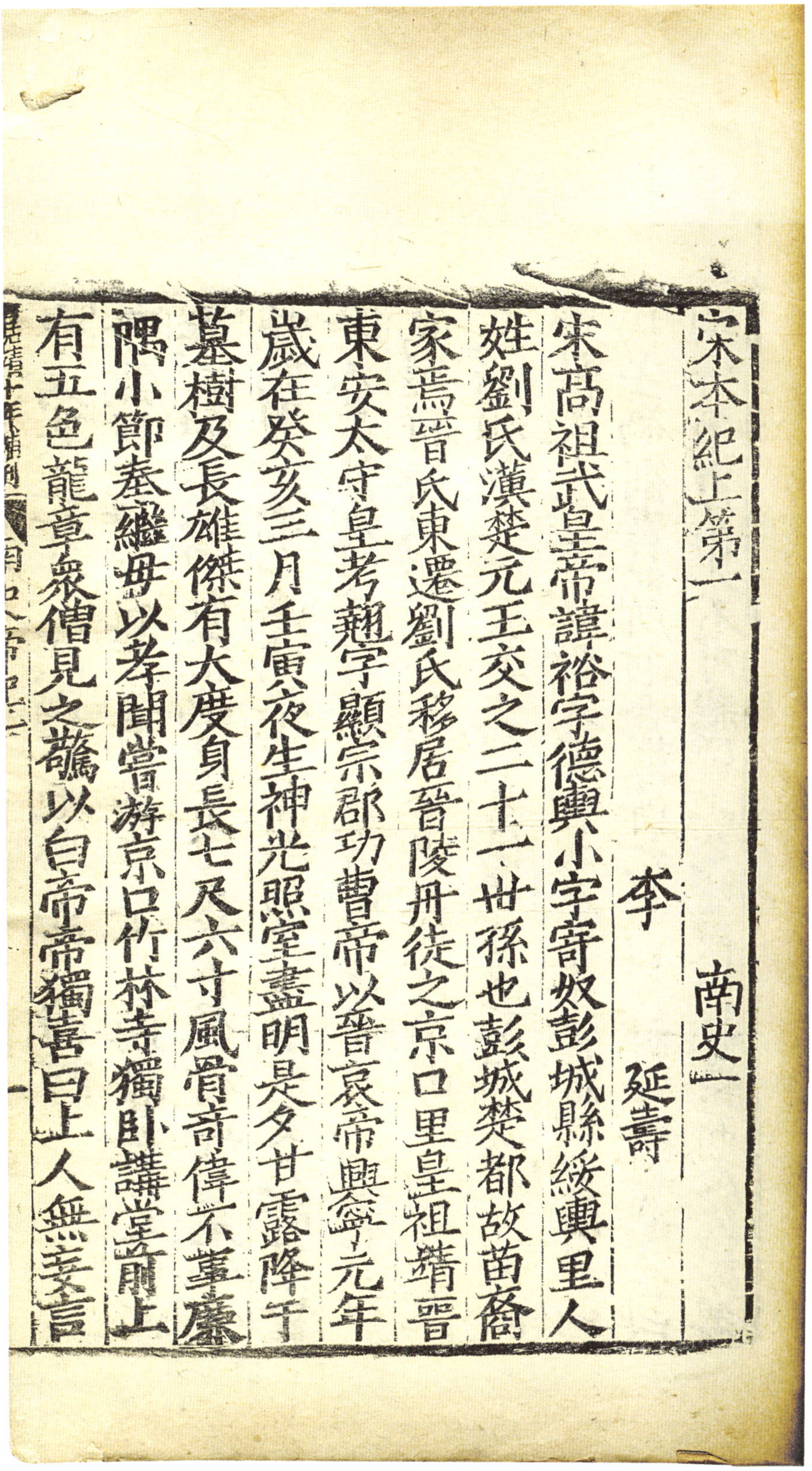
宋本紀上第一　　南史一
李　延壽
宋高祖武皇帝諱裕字德輿小字寄奴彭城縣綏輿里人
姓劉氏漢楚元王交之二十一世孫也彭城楚都故苗裔
家焉晉氏東遷劉氏移居晉陵丹徒之京口里皇祖靖晉
東安太守皇考翹字顯宗郡功曹帝以晉哀帝興寧元年
歲在癸亥三月壬寅夜生神光照室盡明是夕甘露降于
墓樹及長雄傑有大度身長七尺六寸風骨奇偉不事廉
隅小節奉繼母以孝聞嘗游京口竹林寺獨臥講堂前上
有五色龍章衆僧見之驚以白帝帝獨喜曰上人無妄言

10029　南史八十卷　（唐）李延壽撰　元大德十年（1306）刻明嘉靖遞修本

大連圖書館

存七十六卷（一至二十二、二十七至八十）

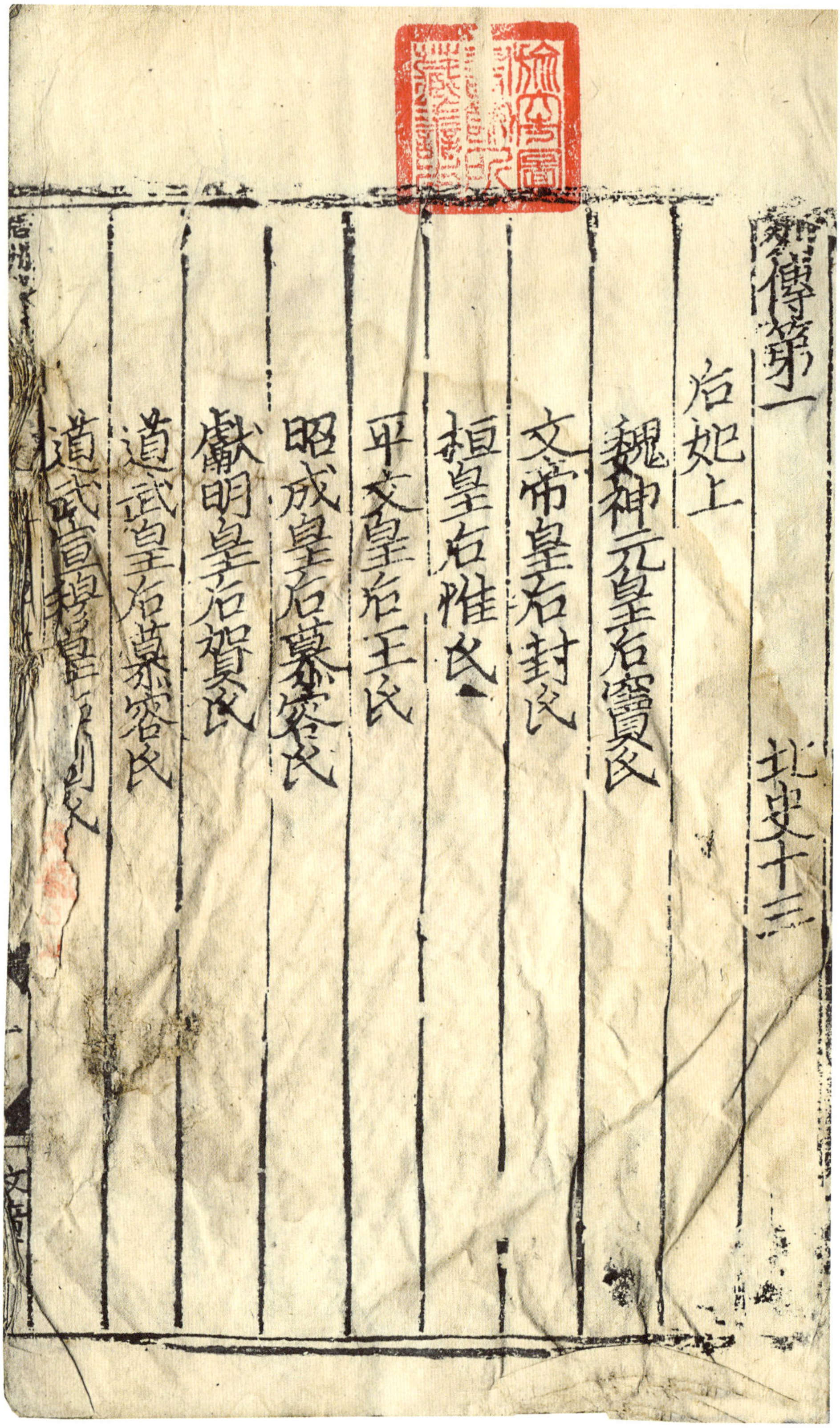

列傳第一　北史十三
后妃上
魏神元皇后竇氏
文帝皇后封氏
桓皇后惟氏
平文皇后王氏
昭成皇后慕容氏
獻明皇后賀氏
道武皇后慕容氏
道武宣穆皇后劉氏

10030　北史一百卷　（唐）李延壽撰　元大德信州路儒學刻明嘉靖遞修本

大連圖書館

存六卷（十三至十五、五十一至五十三）

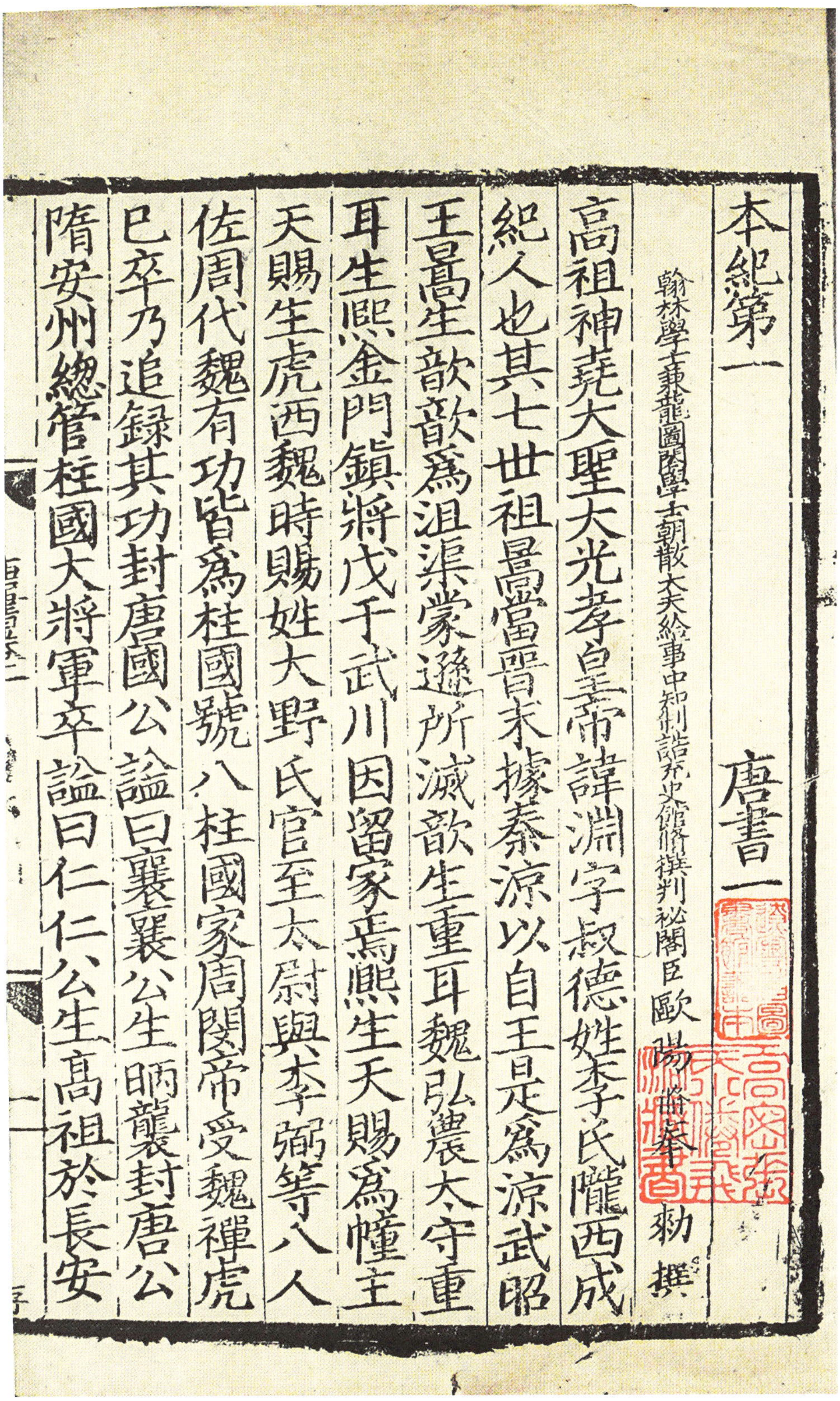
本紀第一　　唐書一
翰林學士兼龍圖閣學士朝散大夫給事中知制誥充史館脩撰判秘閣臣歐陽脩奉　勅撰
高祖神堯大聖大光孝皇帝諱淵字叔德姓李氏隴西成
紀人也其七世祖暠當晉末據秦涼以自王是爲涼武昭
王暠生歆歆爲沮渠蒙遜所滅歆生重耳魏弘農太守重
耳生熙金門鎮將戍于武川因留家焉熙生天賜爲幢主
天賜生虎西魏時賜姓大野氏官至太尉與李弼等八人
佐周代魏有功皆爲柱國號八柱國家周閔帝受魏禪虎
已卒乃追録其功封唐國公謚曰襄襄公生昞襲封唐公
隋安州總管柱國大將軍卒謚曰仁仁公生高祖於長安

10031　唐書二百二十五卷　（宋）歐陽修　宋祁等撰　**釋音二十五卷**
（宋）董衝撰　元大德九年（1305）建康路儒學刻明成化弘治南京國子監遞修本
遼寧省圖書館

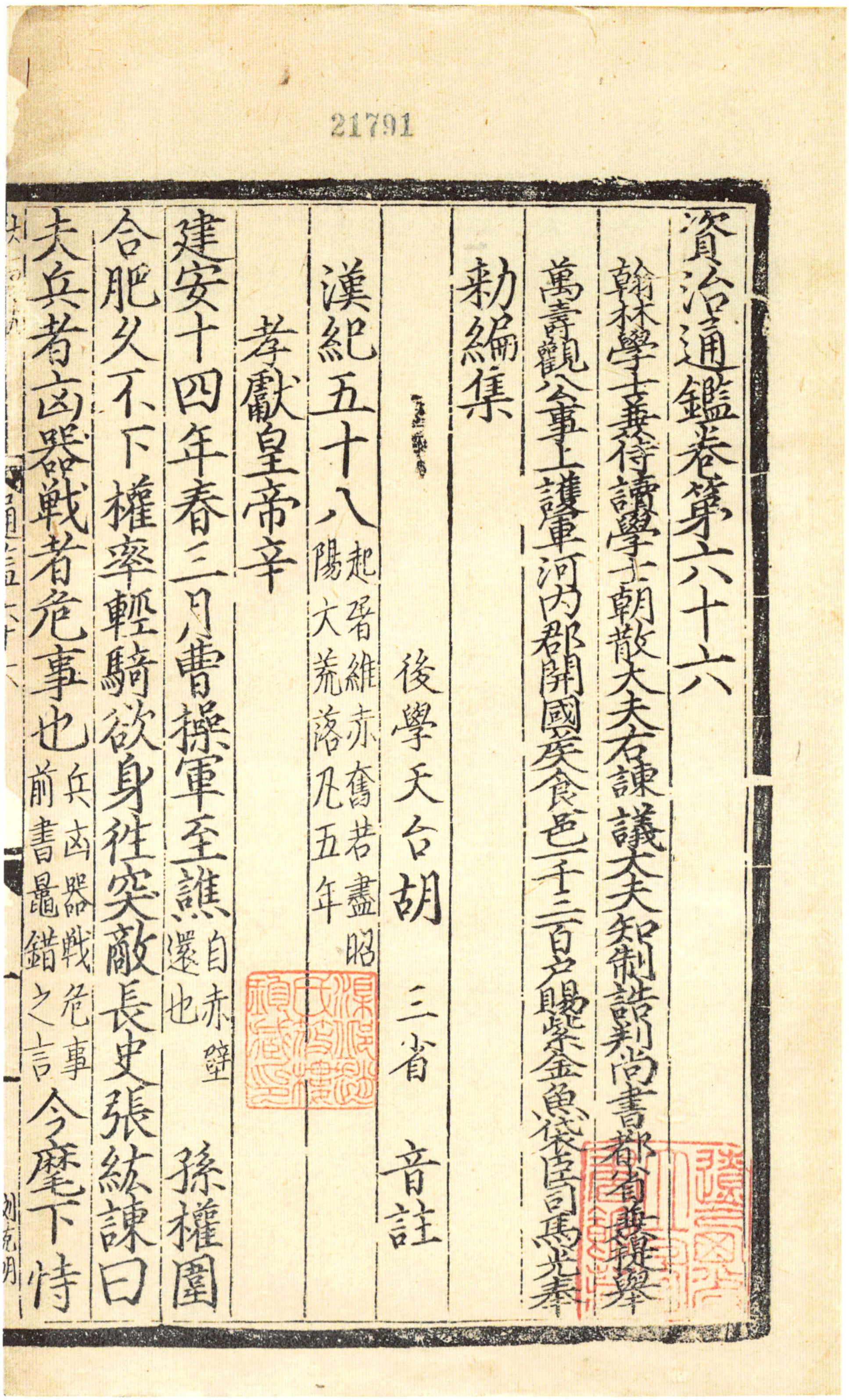

資治通鑑卷第六十六
翰林學士兼侍讀學士朝散大夫右諫議大夫知制誥判尚書都省護提舉
萬壽觀公事上護軍河内郡開國侯食邑一千三百户賜紫金魚袋臣司馬光奉
勅編集
後學天台胡三省音注
漢紀五十八 起屠維赤奮若盡昭陽大荒落凡五年
孝獻皇帝辛
建安十四年春三月曹操軍至譙 自赤壁還也 孫權圍
合肥久不下權率輕騎欲身往突敵長史張紘諫曰
夫兵者凶器戰者危事也 兵凶器戰危事前書鼂錯之言 今麾下恃

10032　資治通鑑二百九十四卷　（宋）司馬光撰　（元）胡三省音注　元刻本　錦州市圖書館

存一卷（六十六）

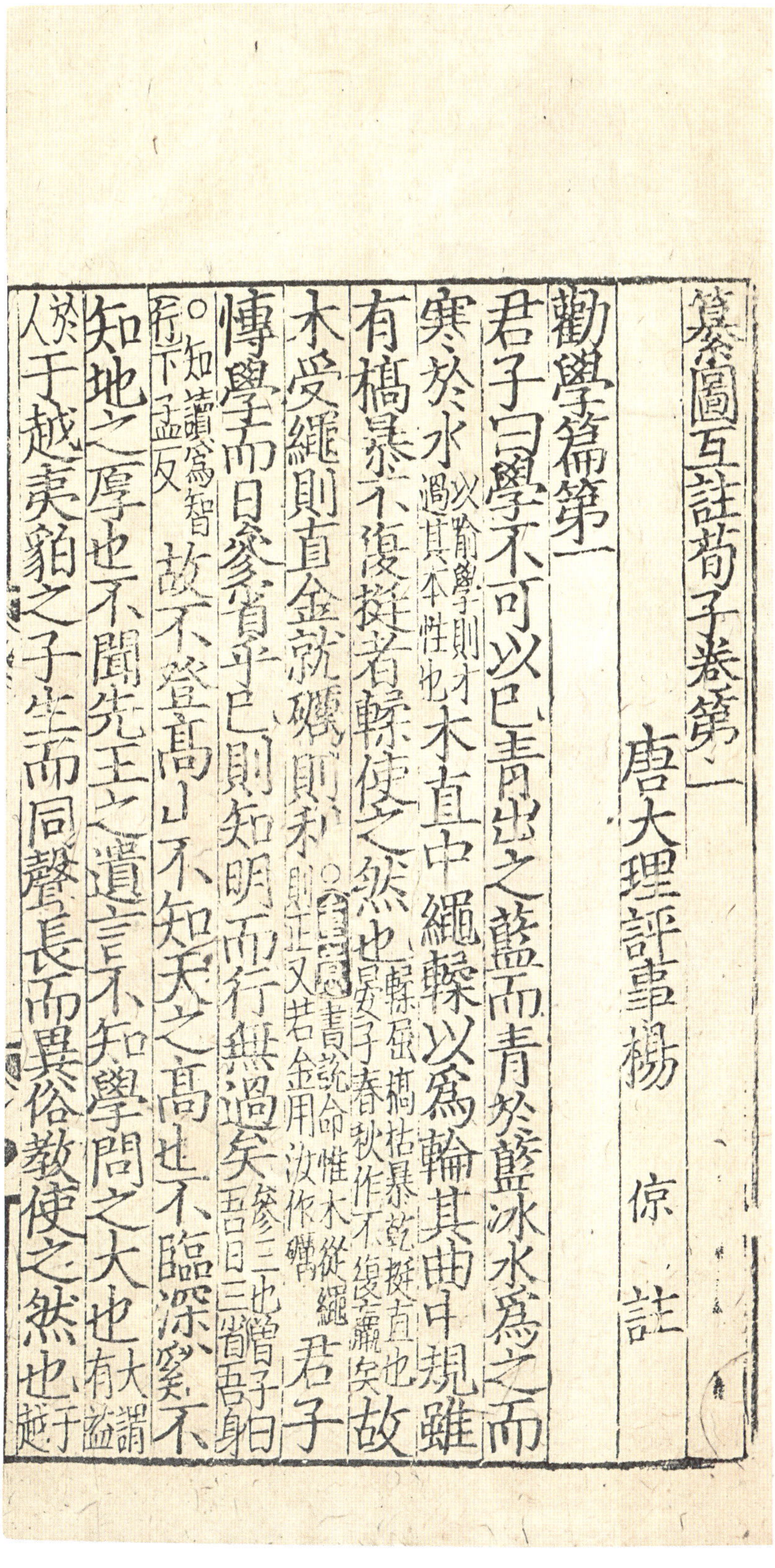
纂圖互註荀子卷第一
唐大理評事楊　倞　註
勸學篇第一
君子曰學不可以已青出之藍而青於藍冰水爲之而
寒於水（以喻學則才過其本性也）木直中繩輮以爲輪其曲中規雖
有槁暴不復挺者輮使之然也（輮屈槁枯暴乾挺直也晏子春秋作不復贏矣）故
木受繩則直金就礪則利（○重意書説命惟木從繩則正又若金用汝作礪）君子
博學而日參省乎己則知明而行無過矣（參三也曾子曰吾日三省吾身）
（○知讀爲智行下孟反）故不登高山不知天之高也不臨深谿不
知地之厚也不聞先王之遺言不知學問之大也（大謂有益
於人）干越夷貉之子生而同聲長而異俗教使之然也（干越）

10033　纂圖互註荀子二十卷　（唐）楊倞注　元刻明修本　遼寧省圖書館

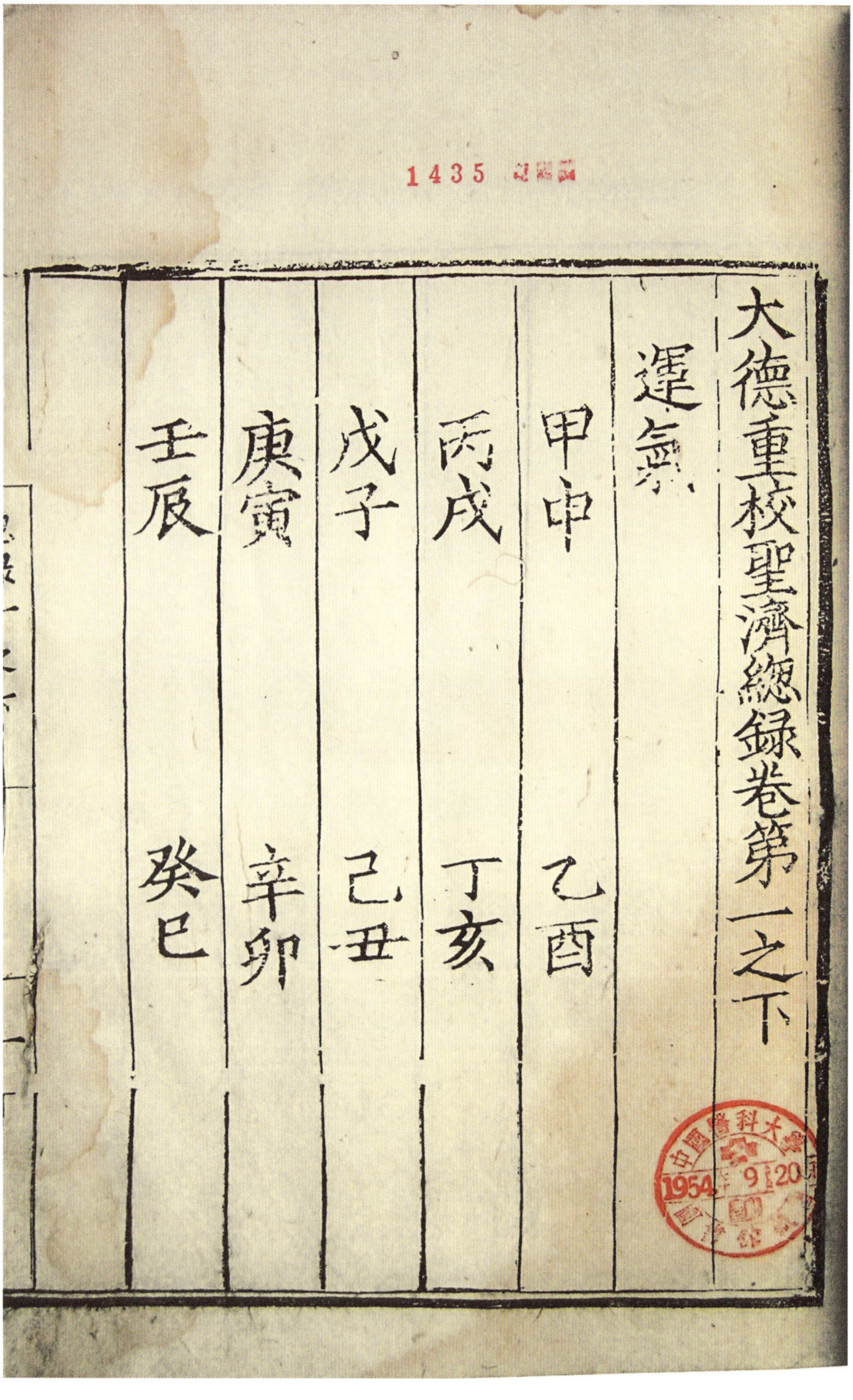

10034　大德重校聖濟總録二百卷　元大德三年至四年（1299—1300）江浙等處行中書省刻本　中國醫科大學圖書館

存十卷（一下、二中、十七、十九至二十、六十一至六十二、八十三至八十四、九十九）

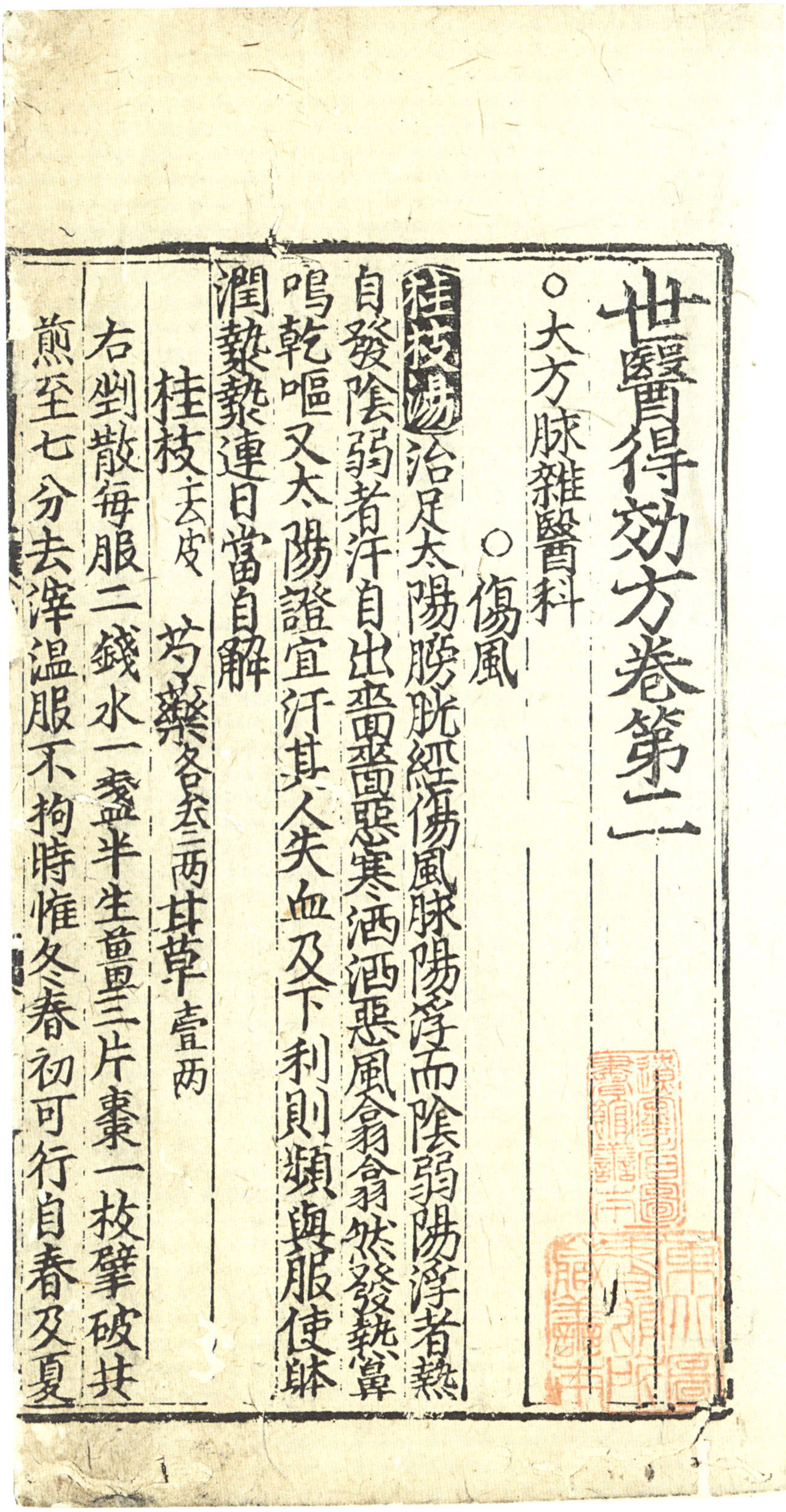

世醫得効方卷第二
○大方脉雜醫科
○傷風
桂枝湯 治足太陽膀胱經傷風脉陽浮而陰弱陽浮者熱自發陰弱者汗自出嗇嗇惡寒洒洒惡風翕翕然發熱鼻鳴乾嘔又太陽證宜汗其人失血及下利則頻與服使躰潤漐漐連日當自解
桂枝去皮 芍藥各弍兩 甘草壹兩
右剉散每服二錢水一盞半生薑三片棗一枚擘破共煎至七分去滓溫服不拘時惟冬春初可行自春及夏

10035 世醫得効方二十卷 （元）危元林輯 元至正五年（1345）建寧路陳志刻本 遼寧省圖書館
存五卷（二至三、五至六、九）

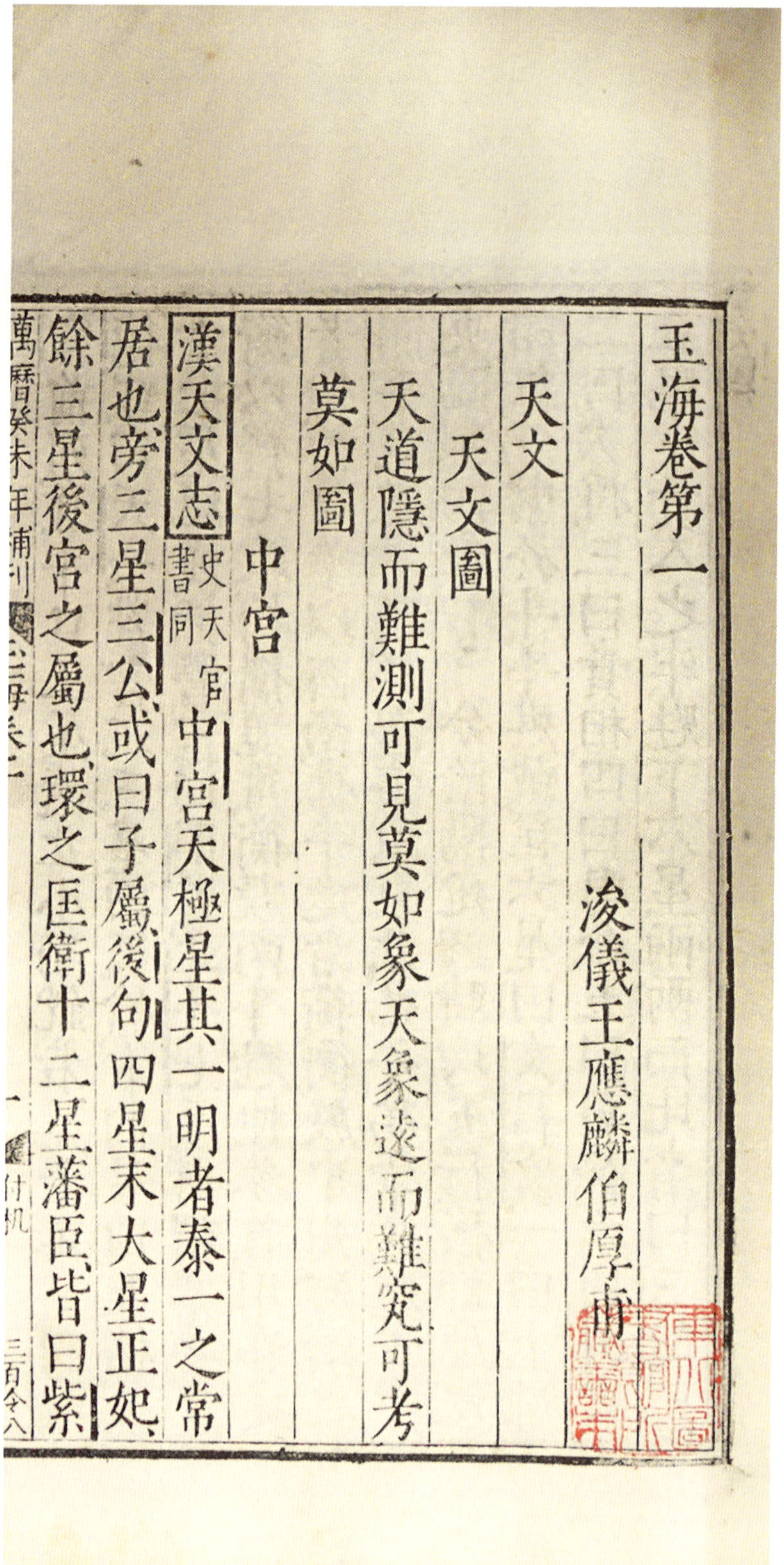
玉海卷第一　浚儀王應麟伯厚甫
天文
天文圖
天道隱而難測可見莫如象天象遠而難究可考
莫如圖
中宮
漢天文志史天官書同中宮天極星其一明者泰一之常
居也旁三星三公或曰子屬後句四星末大星正妃
餘三星後宮之屬也環之匡衛十二星藩臣皆曰紫
萬曆癸未年補刊　玉海卷一

10036　玉海二百卷辭學指南四卷詩考一卷詩地理考六卷漢藝文志考證十卷通鑑地理通釋十四卷漢制考四卷踐阼篇集解一卷周易鄭康成注一卷姓氏急就篇二卷急就篇補注四卷周書王會補注一卷小學紺珠十卷六經天文篇二卷通鑑答問五卷（宋）王應麟輯　元至元六年（1340）慶元路儒學刻元明遞修本　遼寧省圖書館

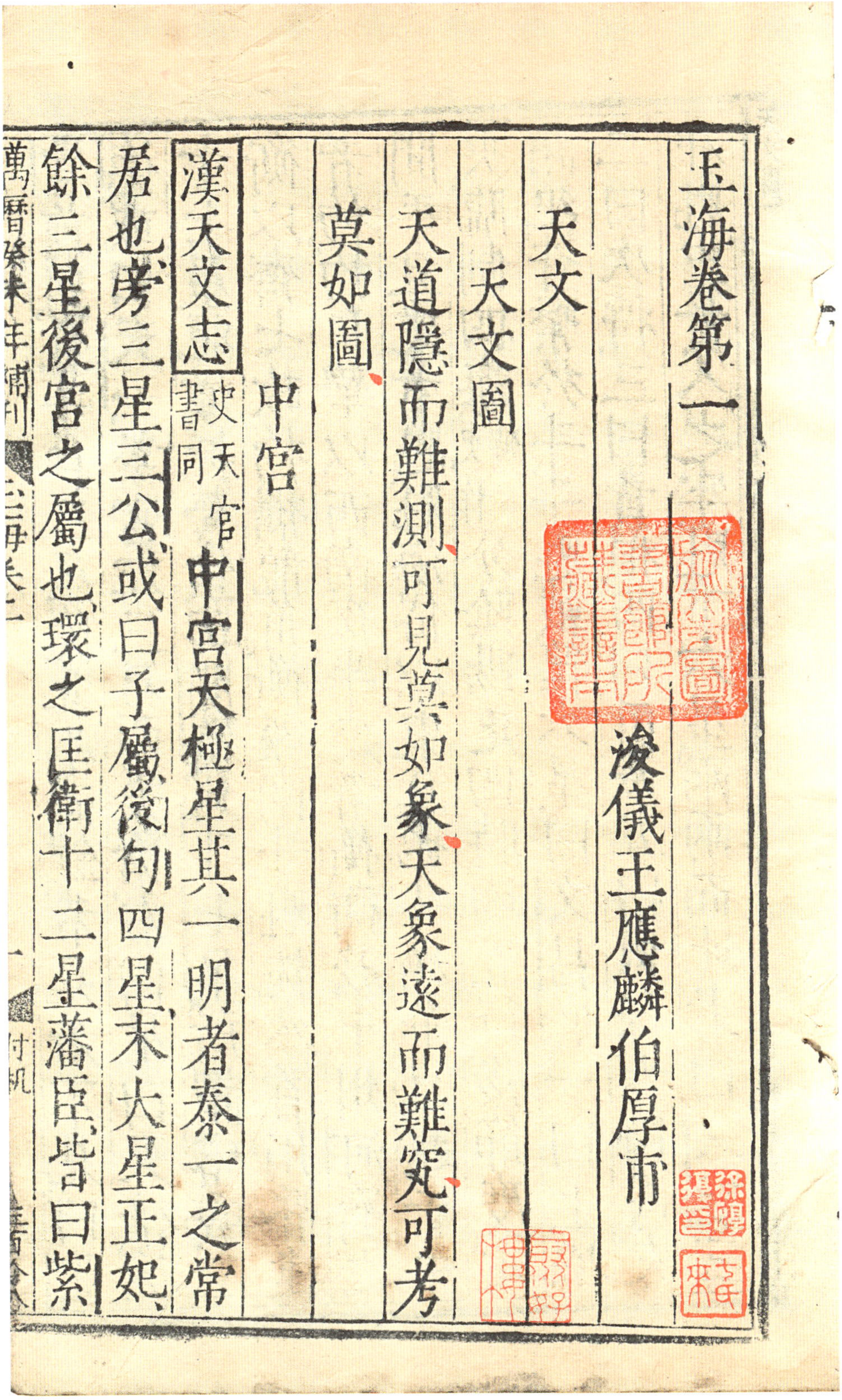
玉海卷第一
浚儀王應麟伯厚甫
天文
天文圖
天道隱而難測可見莫如象天象遠而難究可考
莫如圖
中宮
漢天文志 史天官書同 中宮天極星其一明者泰一之常
居也旁三星三公或曰子屬後句四星末大星正妃
餘三星後宮之屬也環之匡衛十二星藩臣皆曰紫
萬曆癸未年補刊 玉海卷一

10037　玉海二百卷辭學指南四卷詩考一卷詩地理考六卷漢藝文志考證十卷通鑑地理通釋十四卷漢制考四卷踐阼篇集解一卷周易鄭康成注一卷姓氏急就篇二卷急就篇補注四卷周書王會補注一卷小學紺珠十卷六經天文篇二卷通鑑答問五卷　（宋）王應麟輯　元至元六年（1340）慶元路儒學刻元明遞修本　大連圖書館

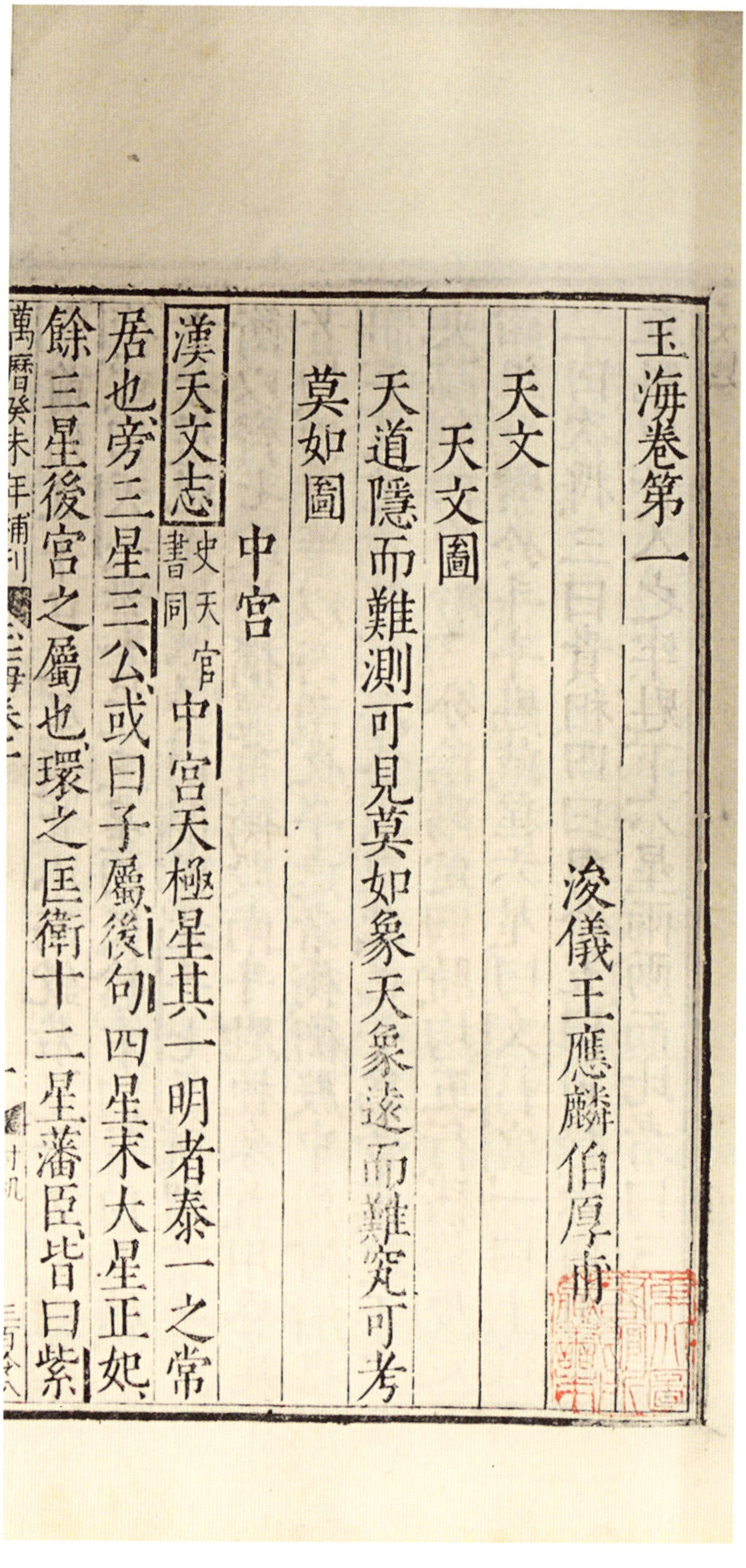
玉海卷第一
浚儀王應麟伯厚甫
天文
天文圖
天道隱而難測可見莫如象天象遠而難究可考
莫如圖
中宮
漢天文志 史天官書同 中宮天極星其一明者泰一之常
居也旁三星三公或曰子屬後句四星末大星正妃
餘三星後宮之屬也環之匡衛十二星藩臣皆曰紫
萬曆癸未年補刊

10038　玉海二百卷辭學指南四卷　（宋）王應麟輯　元至元六年（1340）慶元路儒學刻元明遞修本　遼寧省圖書館

存一百九十六卷（一至二十七、三十一至三十六、四十二至二百，辭學指南四卷）

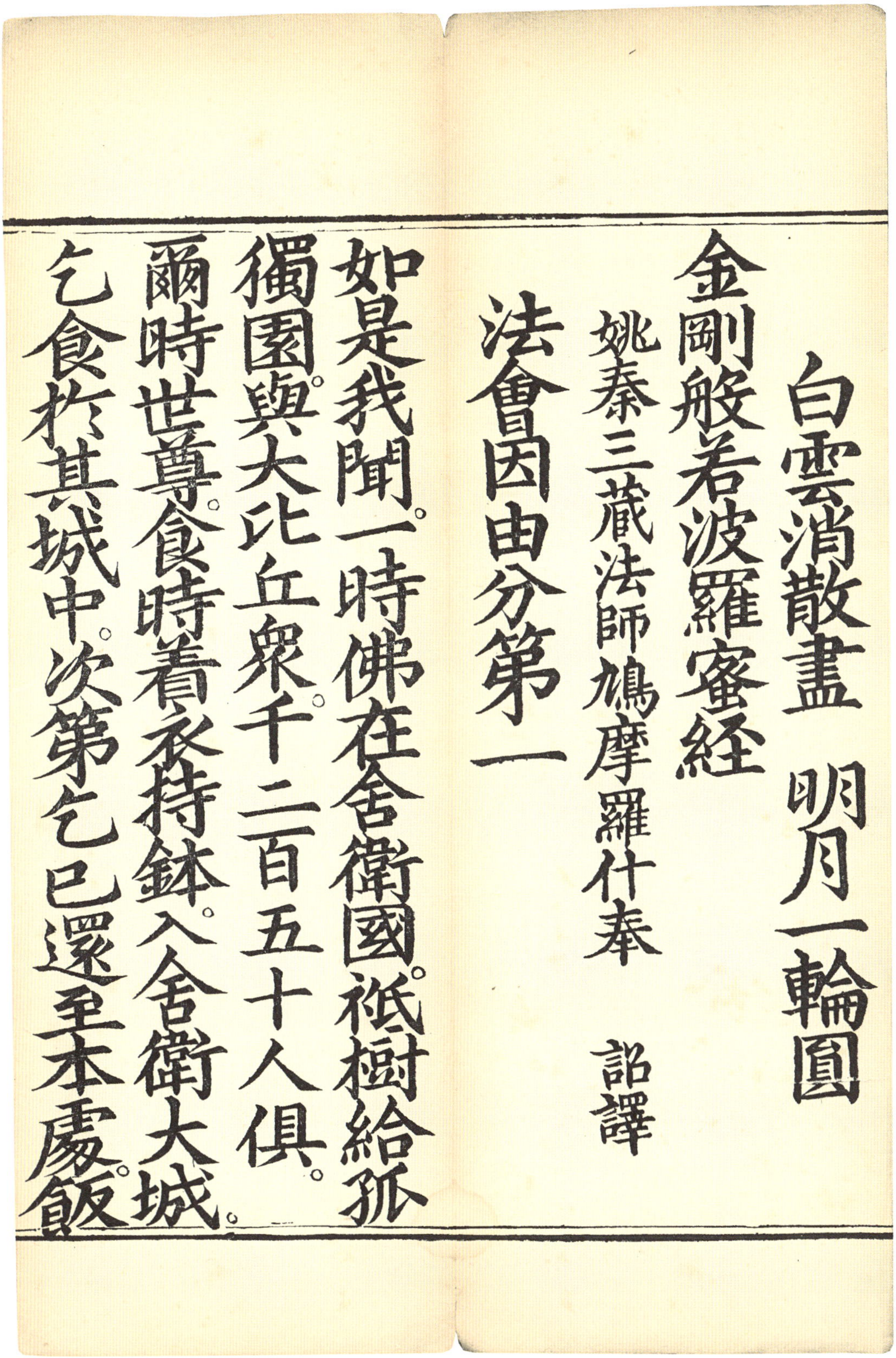
白雲消散盡　明月一輪圓
金剛般若波羅蜜經
姚秦三藏法師鳩摩羅什奉　詔譯
法會因由分第一
如是我聞。一時佛在舍衛國。祇樹給孤
獨園。與大比丘衆。千二百五十人俱。
爾時世尊。食時着衣持鉢。入舍衛大城。
乞食於其城中。次第乞已。還至本處。飯

10039　大般若波羅蜜多經六百卷　（唐）釋玄奘譯　元至元杭州路普寧寺刻普寧藏本　遼寧省圖書館

存一卷（二百一）

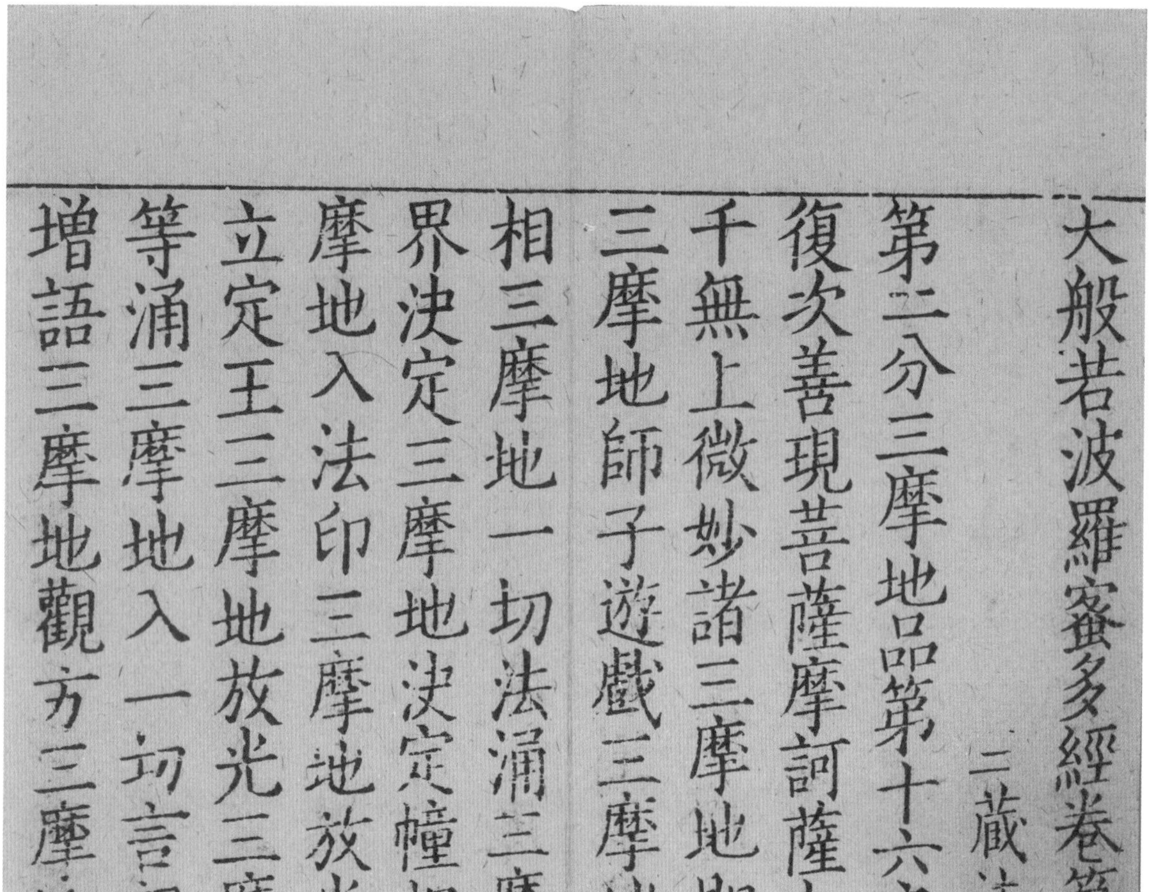

大般若波羅蜜多經卷第四百一十四　生
三藏法師　玄奘奉　詔譯
第二分三摩地品第十六之二
復次善現菩薩摩訶薩大乘相者謂無量百
千無上微妙諸三摩地即健行三摩地寶印
三摩地師子遊戲三摩地妙月三摩地月幢
相三摩地一切法涌三摩地觀頂三摩地法
界決定三摩地決定幢相三摩地金剛喻三
摩地入法印三摩地放光無忘失三摩地善
立定王三摩地放光三摩地精進力三摩地
等涌三摩地入一切言詞決定三摩地等入
增語三摩地觀方三摩地揔持印三摩地無

10040　大般若波羅蜜多經六百卷　（唐）釋玄奘譯　元至元十五年（1278）

杭州路普寧寺刻普寧藏本　大連圖書館

存一卷（四百十四）

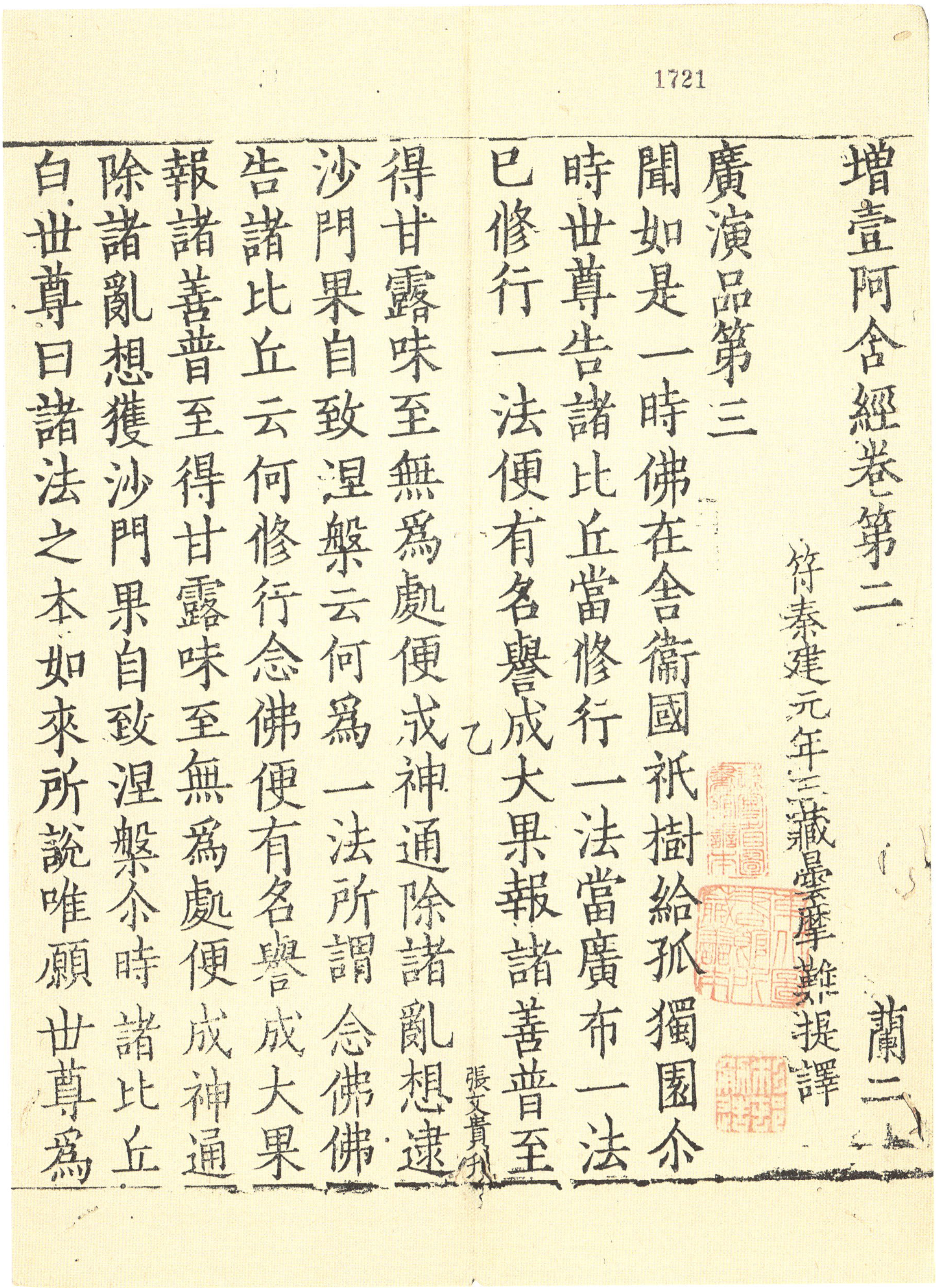
1721

增壹阿含經卷第二　蘭二
符秦建元年三藏曇摩難提譯
廣演品第三
聞如是一時佛在舍衛國祇樹給孤獨園尒
時世尊告諸比丘當修行一法當廣布一法
已修行一法便有名譽成大果報諸善普至
得甘露味至無爲處便成神通除諸亂想逮
乙　張文貴刊
沙門果自致涅槃云何爲一法所謂念佛佛
告諸比丘云何修行念佛便有名譽成大果
報諸善普至得甘露味至無爲處便成神通
除諸亂想獲沙門果自致涅槃尒時諸比丘
白世尊曰諸法之本如來所說唯願世尊爲

10041　增壹阿含經五十一卷　（前秦）釋曇摩難提譯　元至元杭州路普寧寺刻普寧藏本　遼寧省圖書館

存一卷（二）

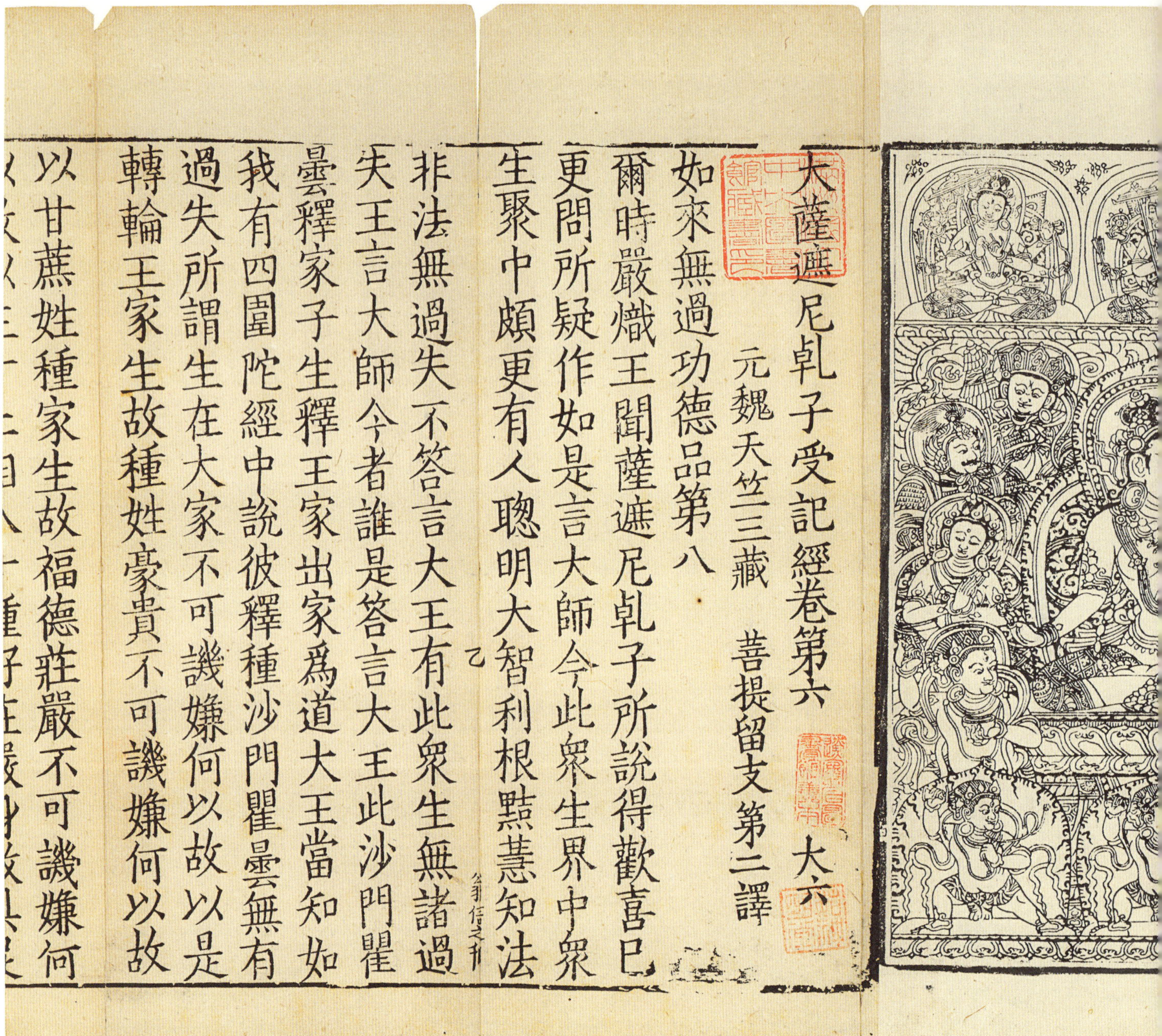
大薩遮尼乾子受記經卷第六　大六
元魏天竺三藏　菩提留支第二譯
如來無過功德品第八
爾時嚴熾王聞薩遮尼乾子所說得歡喜已
更問所疑作如是言大師今此衆生界中衆
生聚中頗更有人聰明大智利根黠慧知法
非法無過失不答言大王有此衆生無諸過
失王言大師今者誰是答言大王此沙門瞿
曇釋家子生釋王家出家爲道大王當知如
我有四圍陀經中說彼釋種沙門瞿曇無有
過失所謂生在大家不可譏嫌何以故以是
轉輪王家生故種姓豪貴不可譏嫌何以故
以甘蔗姓種家生故福德莊嚴不可譏嫌何

10042　大薩遮尼乾子受記經十卷　（北魏）釋菩提留支譯　元至元杭州路普寧寺刻普寧藏本　遼寧省圖書館

存一卷（六）

1719
1399
陳昇畫

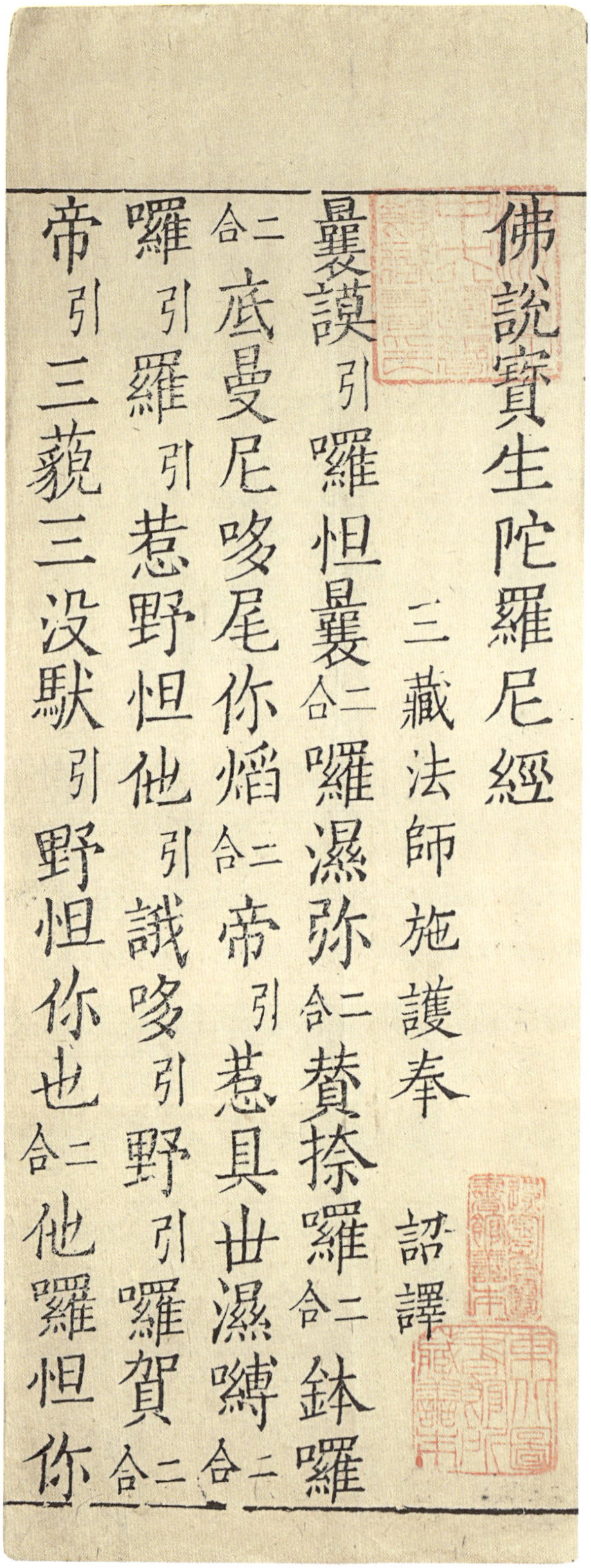

佛說寶生陀羅尼經
三藏法師施護奉　詔譯
曩謨引囉怛曩二合囉濕弥二合賛捺囉二合鉢囉
二合底曼尼哆尾你焰二合帝引惹具世濕嚩二合
囉引羅引惹野怛他引誐哆引野引囉賀二合
帝引三藐三没䭾引野怛你也二合他囉怛你

10043　佛說寶生陀羅尼經一卷　（宋）釋施護譯　**佛說十號經一卷**　（宋）釋天息灾譯　**毗沙門天王經一卷訶利帝母真言法一卷**　（唐）釋不空譯　元至元杭州路普寧寺刻普寧藏本　遼寧省圖書館

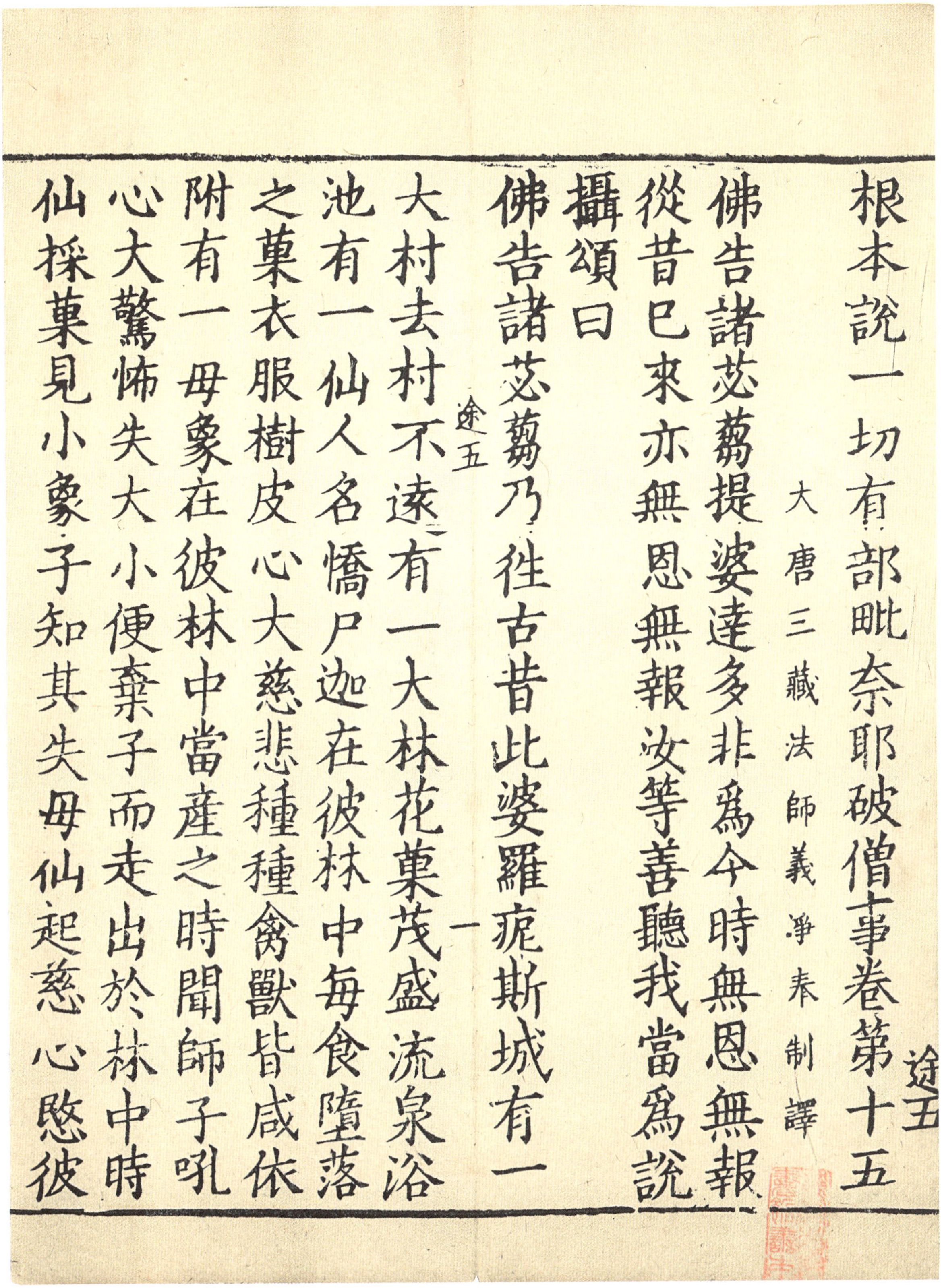

根本說一切有部毗奈耶破僧事卷第十五

大唐三藏法師義淨奉制譯

佛告諸苾芻提婆達多非爲今時無恩無報從昔已來亦無恩無報汝等善聽我當爲説

攝頌曰

佛告諸苾芻乃往古昔此婆羅痆斯城有一大村去村不遠有一大林花菓茂盛流泉浴池有一仙人名憍尸迦在彼林中每食墮落之菓衣服樹皮心大慈悲種種禽獸皆咸依附有一母象在彼林中當產之時聞師子吼心大驚怖失大小便棄子而走出於林中時仙採菓見小象子知其失母仙起慈心愍彼

10044　根本說一切有部毗奈耶破僧事二十卷　（唐）釋義净譯　元至元杭州路普寧寺刻普寧藏本　遼寧省圖書館

存一卷（十五）

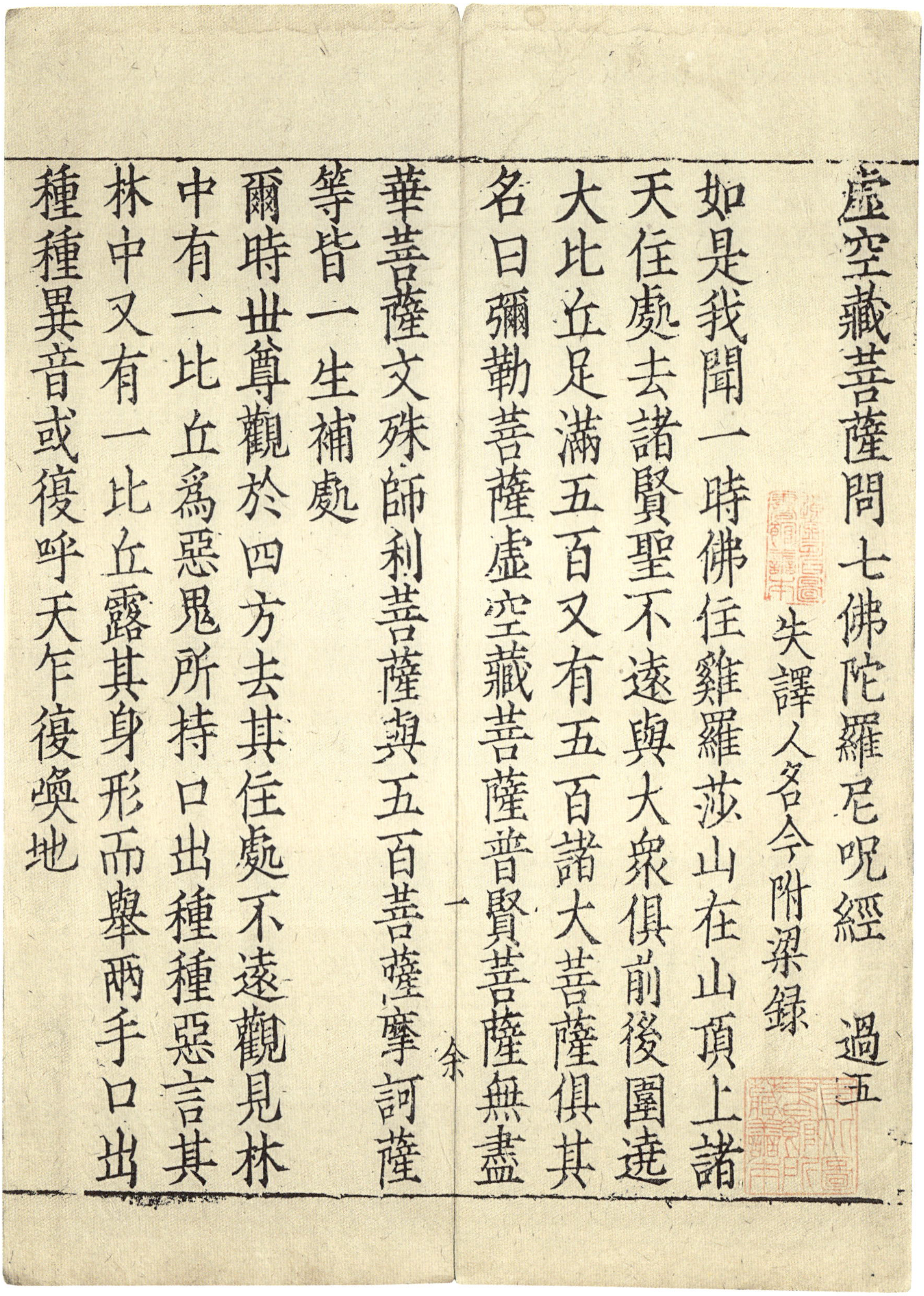

虛空藏菩薩問七佛陀羅尼呪經　過五
失譯人名今附梁録
如是我聞一時佛住雞羅莎山在山頂上諸
天住處去諸賢聖不遠與大衆俱前後圍遶
大比丘足滿五百又有五百諸大菩薩俱其
名曰彌勒菩薩虛空藏菩薩普賢菩薩無盡
一　余
華菩薩文殊師利菩薩與五百菩薩摩訶薩
等皆一生補處
爾時世尊觀於四方去其住處不遠觀見林
中有一比丘爲惡鬼所持口出種種惡言其
林中又有一比丘露其身形而舉兩手口出
種種異音或復呼天乍復唤地

10045　虛空藏菩薩問七佛陀羅尼咒經一卷　元至元二十一年（1284）
杭州路普寧寺刻普寧藏本　遼寧省圖書館

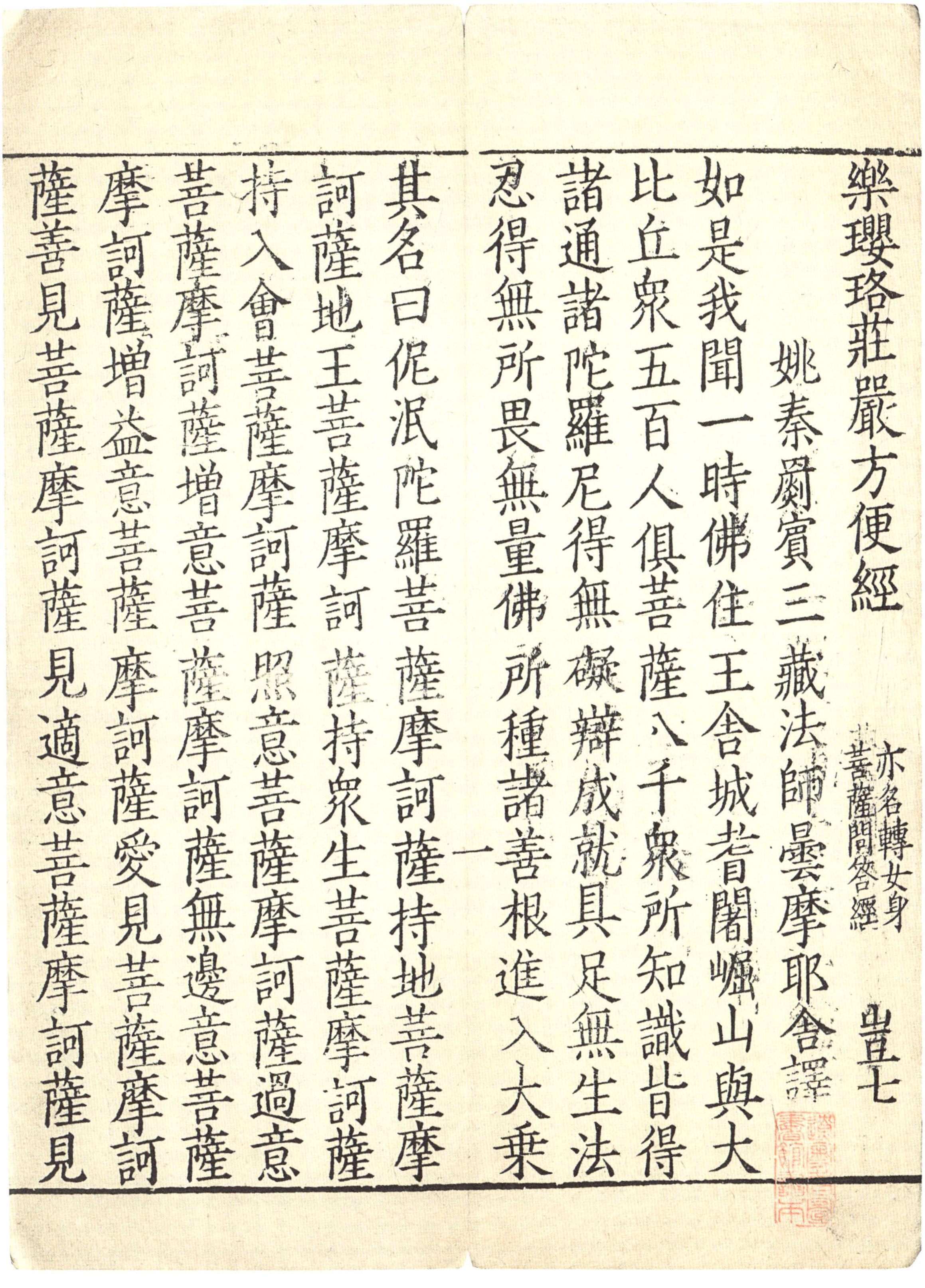
樂瓔珞莊嚴方便經 亦名轉女身菩薩問答經 豈七
姚秦罽賓三藏法師曇摩耶舍譯
如是我聞一時佛住王舍城耆闍崛山與大
比丘衆五百人倶菩薩八千衆所知識皆得
諸通諸陀羅尼得無礙辯成就具足無生法
忍得無所畏無量佛所種諸善根進入大乗
其名曰伲泯陀羅菩薩摩訶薩持地菩薩摩
訶薩地王菩薩摩訶薩持衆生菩薩摩訶薩
持入會菩薩摩訶薩照意菩薩摩訶薩過意
菩薩摩訶薩增意菩薩摩訶薩無邊意菩薩
摩訶薩增益意菩薩摩訶薩愛見菩薩摩訶
薩善見菩薩摩訶薩見適意菩薩摩訶薩見

10046　樂瓔珞莊嚴方便經一卷　（後秦）釋曇摩耶舍譯　元至元杭州路普寧寺刻普寧藏本　遼寧省圖書館

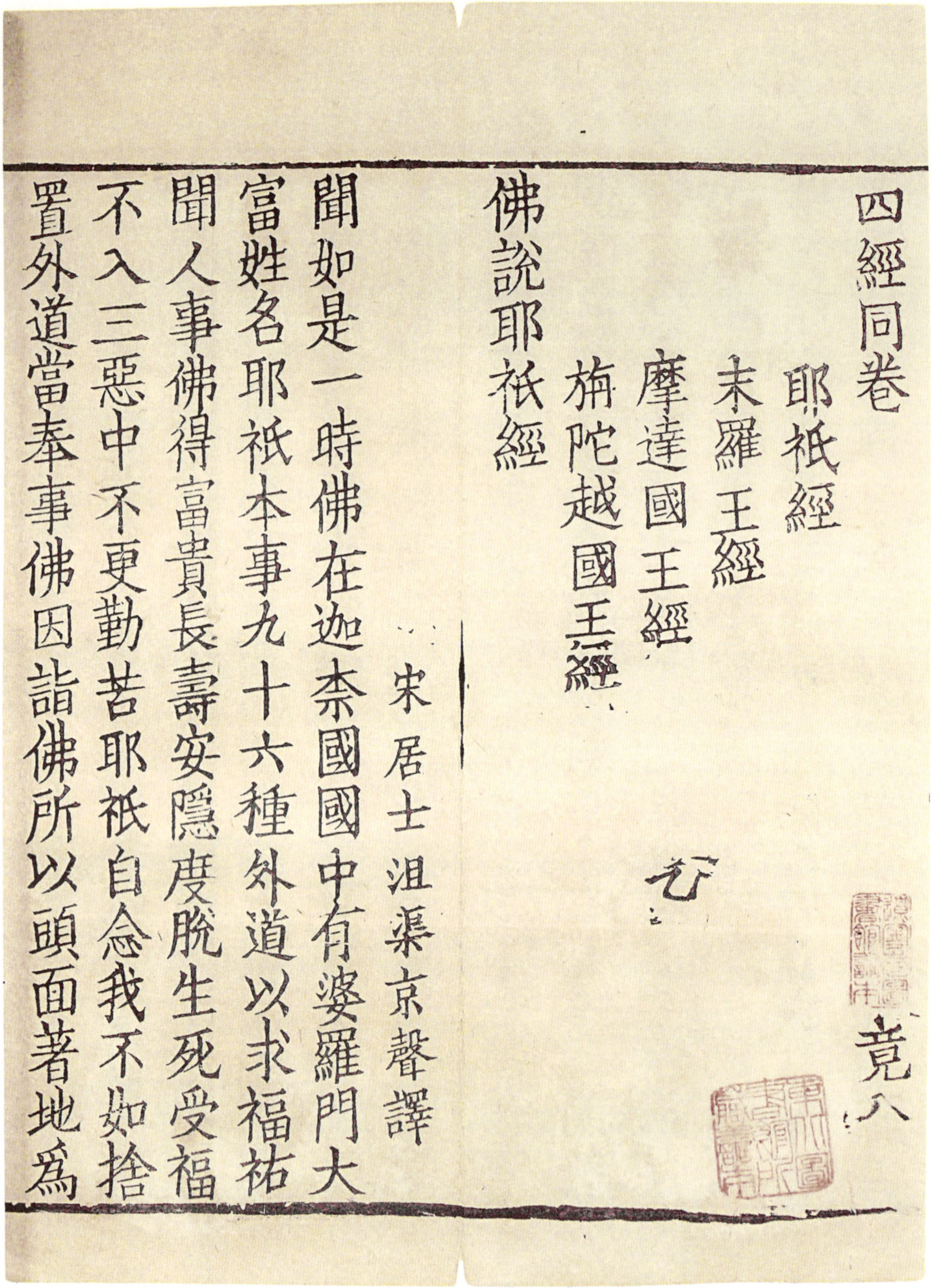
四經同卷
耶祇經
末羅王經
摩達國王經
旃陀越國王經
竟八

佛說耶祇經
宋居士沮渠京聲譯
聞如是一時佛在迦奈國國中有婆羅門大
富姓名耶祇本事九十六種外道以求福祐
聞人事佛得富貴長壽安隱度脫生死受福
不入三惡中不更勤苦耶祇自念我不如捨
置外道當奉事佛因詣佛所以頭面著地爲

10047　佛說耶祇經一卷佛說末羅王經一卷佛說摩達國王經一卷佛說旃陀越國王經一卷　（南朝宋）釋沮渠京聲譯　元至元杭州路普寧寺刻普寧藏本　遼寧省圖書館

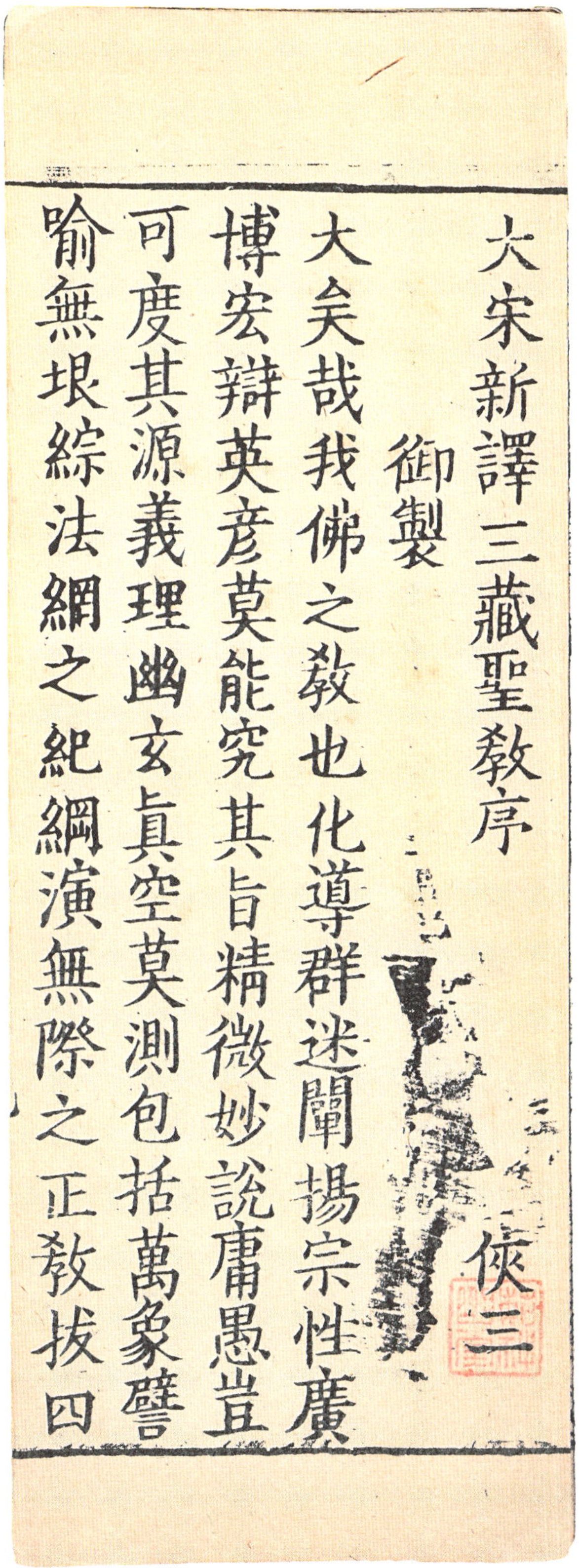

大宋新譯三藏聖教序　佚三
御製
大矣哉我佛之教也化導群迷闡揚宗性廣
博宏辯英彥莫能究其旨精微妙說庸愚豈
可度其源義理幽玄真空莫測包括萬象譬
喻無垠綜法網之紀綱演無際之正教拔四

10048　妙法聖念處經八卷　（宋）釋法天譯　元延祐二年（1315）磧砂寺大藏經刻本　旅順博物館

存一卷（八）

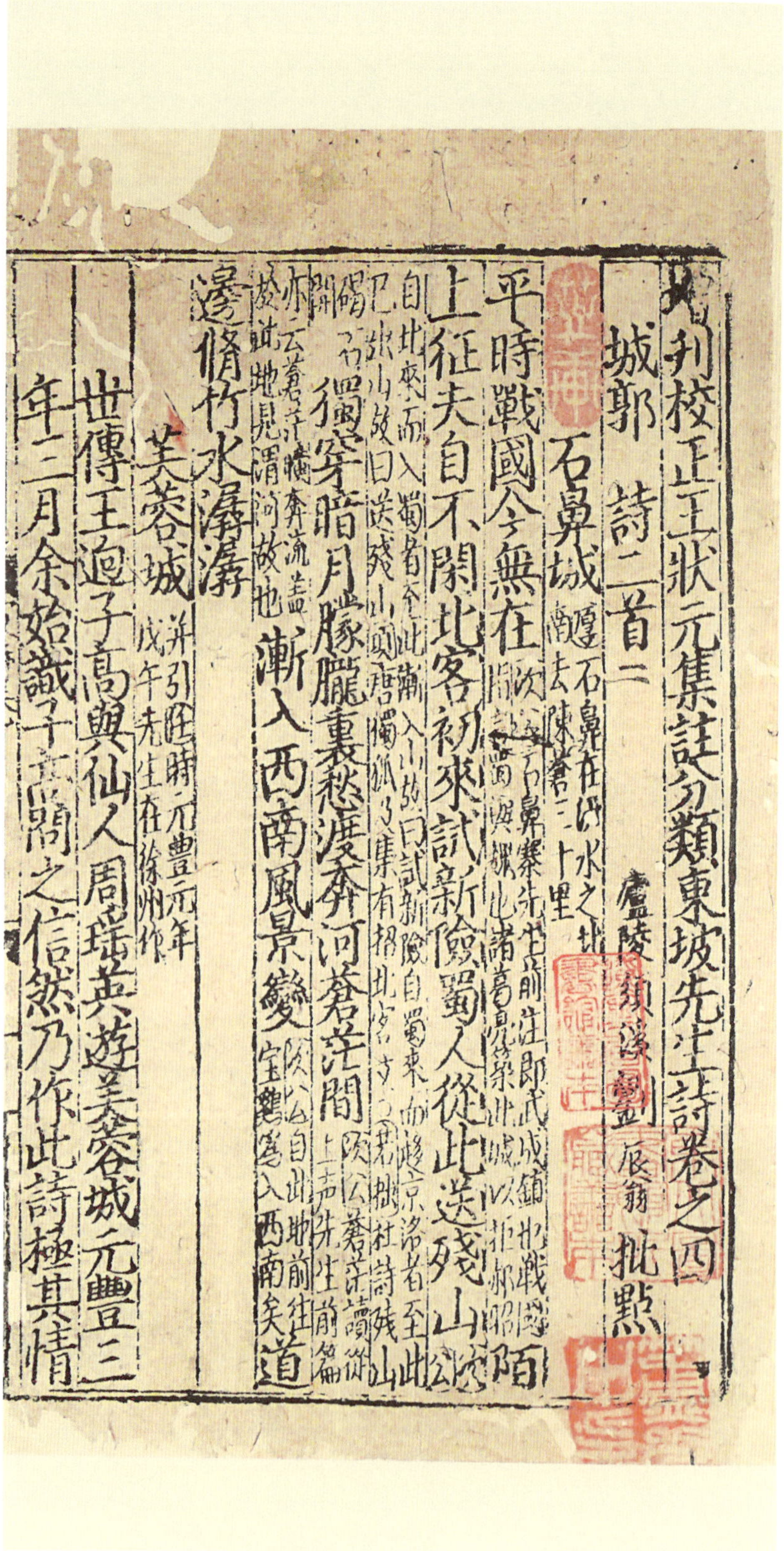

增刊校正王狀元集註分類東坡先生詩卷之四

廬陵須溪劉辰翁批點

城郭 詩二首二

石鼻城

平時戰國今無在，陌上征夫自不閑。北客初來試新險，蜀人從此送殘山。獨穿暗月朦朧裏，愁渡奔河蒼茫間。漸入西南風景變，道邊脩竹水潺潺。

芙蓉城 并引 熙寧元豐元年戊午先生在徐州作

世傳王迥子高與仙人周瑤英遊芙蓉城。元豐三年三月，余始識子高，問之信然，乃作此詩，極其情

10049 增刊校正王狀元集註分類東坡先生詩二十五卷 （宋）蘇軾撰 題（宋）王十朋纂集 （宋）劉辰翁批點 元刻本 遼寧省圖書館

存六卷（四、八至十、十三、十七）

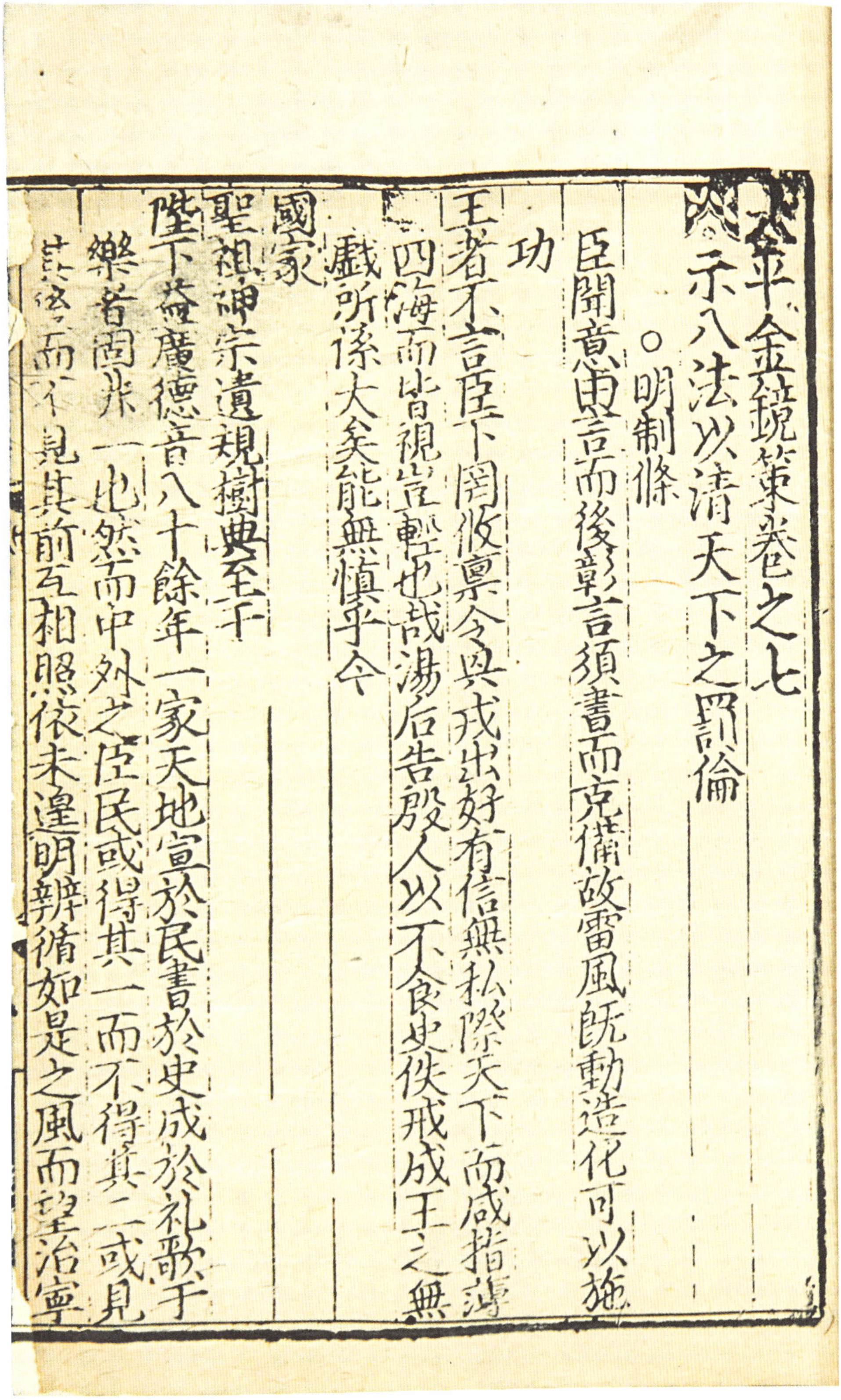

太平金鏡策卷之七

示八法以清天下之罰倫

○明制條

臣聞意由言而後彰言須書而克備故雷風既動造化可以施

功

王者不言臣下罔攸稟令與戎出好有信無私際天下而咸指溥

四海而皆視豈輕也哉湯后告殷人以不食也佚戒成王之無

戲所係大矣能無慎乎今

國家

聖祖神宗遺規樹典至于

陛下益廣德音八十餘年一家天地宣於民書於史成於禮歌于

樂者罔非一也然而中外之臣民或得其一而不得其二或見

其終而不見其前互相照依未遑明辨循如是之風而望治寧

10050　太平金鏡策八卷　（元）趙天麟撰　元刻本　旅順博物館

存二卷（七至八）

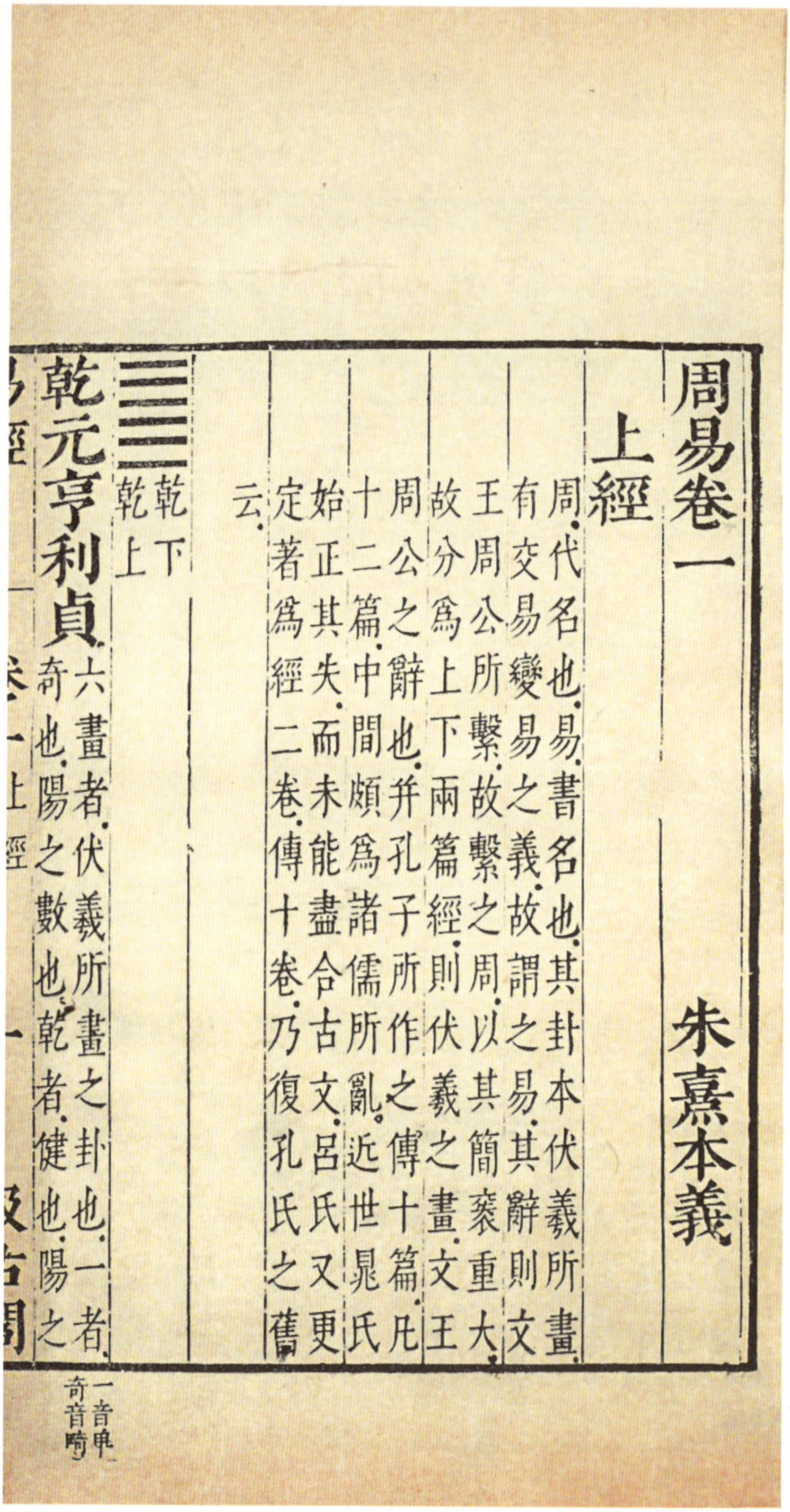

周易卷一　朱熹本義

上經

周代名也易書名也其卦本伏羲所畫有交易變易之義故謂之易其辭則文王周公所繫故繫之周以其簡袠重大故分爲上下兩篇經則伏羲之畫文王周公之辭也并孔子所作之傳十篇凡十二篇中間頗爲諸儒所亂近世晁氏始正其失而未能盡合古文呂氏又更定著爲經二卷傳十卷乃復孔氏之舊云

乾下乾上

乾元亨利貞　六畫者伏羲所畫之卦也一者奇也陽之數也乾者健也陽之

一音卑　奇音畸

易經　卷一上經　一　汲古閣

10051　四書六經讀本一百十一卷　（明）毛晋編　明崇禎十四年（1641）毛氏汲古閣刻本　遼寧省圖書館

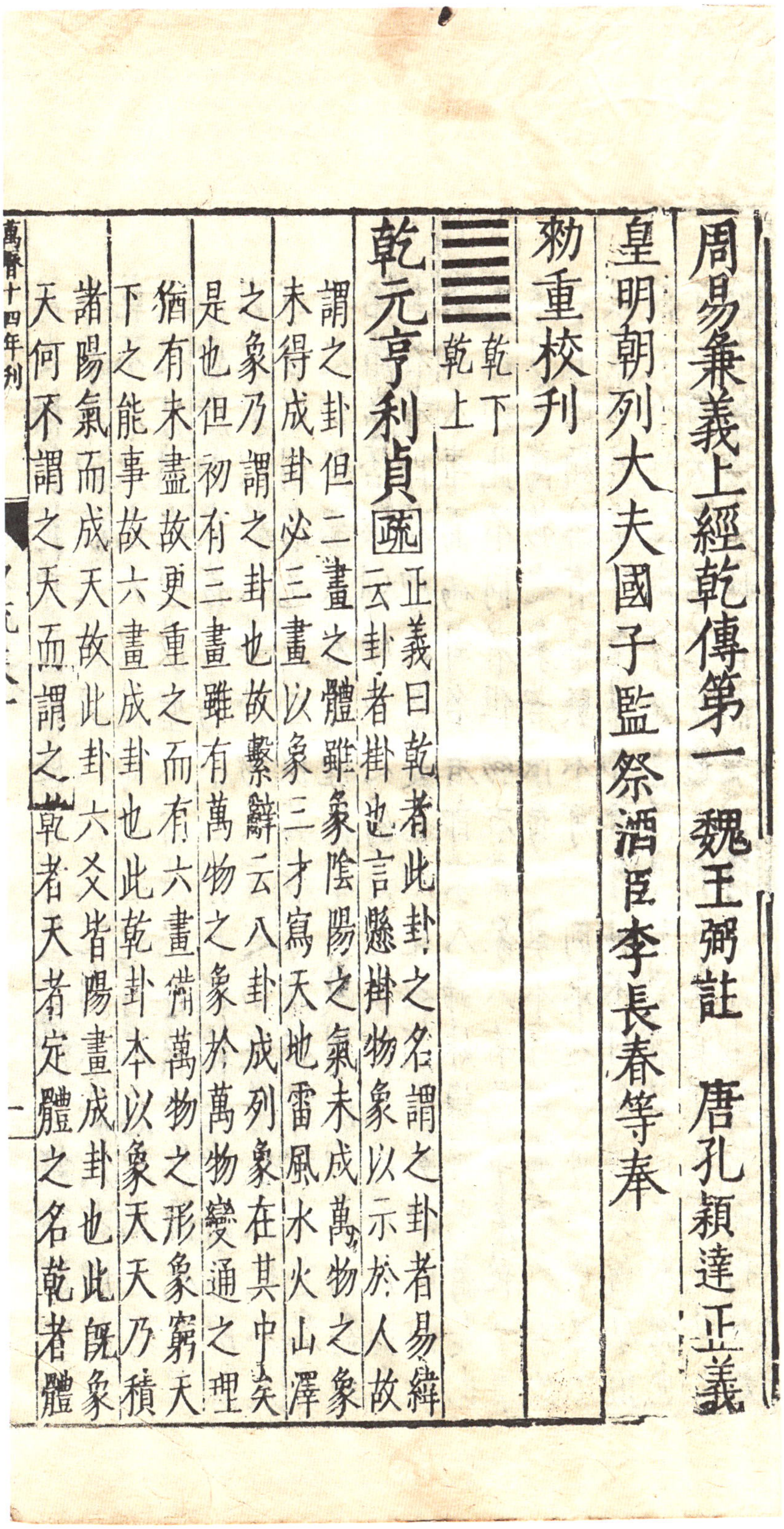
周易兼義上經乾傳第一　魏王弼註　唐孔穎達正義
皇明朝列大夫國子監祭酒臣李長春等奉
勑重校刊
乾下乾上
乾元亨利貞【疏】正義曰乾者此卦之名謂之卦者易緯
云卦者掛也言縣掛物象以示於人故
謂之卦但二畫之體雖象陰陽之氣未成萬物之象
未得成卦必三畫以象三才寫天地雷風水火山澤
之象乃謂之卦也故繫辭云八卦成列象在其中矣
是也但初有三畫雖有萬物之象於萬物變通之理
猶有未盡故更重之而有六畫備萬物之形象窮天
下之能事故六畫成卦也此乾卦本以象天天乃積
諸陽氣而成天故此卦六爻皆陽畫成卦也此既象
天何不謂之天而謂之乾者天者定體之名乾者體
萬曆十四年刊

10052　十三經註疏三百三十五卷　明萬曆十四年至二十一年（1586—1593）北京國子監刻本　大連圖書館

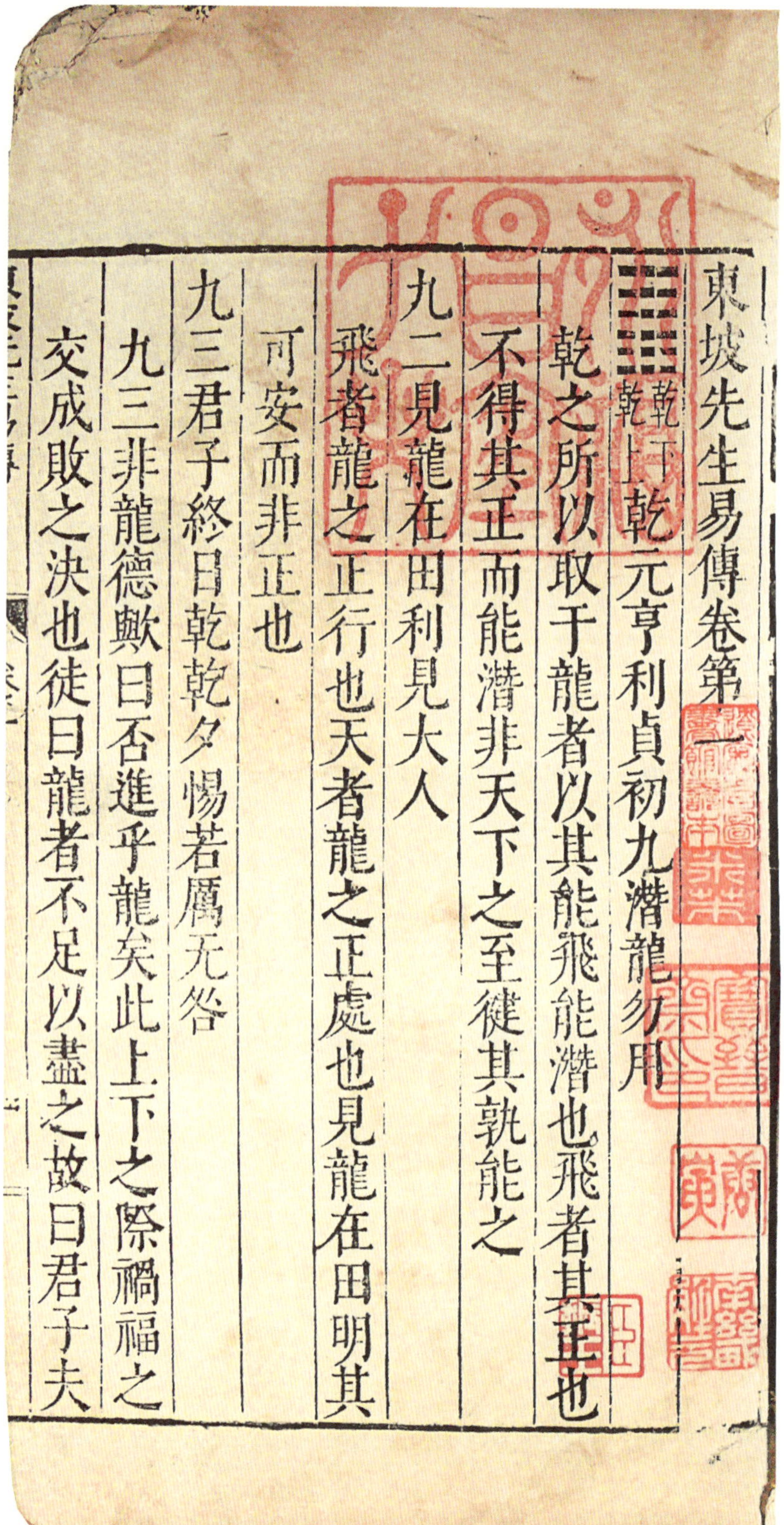
東坡先生易傳卷第一
☰☰乾下乾上 乾元亨利貞初九潛龍勿用
乾之所以取于龍者以其能飛能潛也飛者其正也
不得其正而能潛非天下之至健其孰能之
九二見龍在田利見大人
飛者龍之正行也天者龍之正處也見龍在田明其
可安而非正也
九三君子終日乾乾夕惕若厲无咎
九三非龍德歟曰否進乎龍矣此上下之際禍福之
交成敗之決也徒曰龍者不足以盡之故曰君子夫

10053　兩蘇經解七種六十四卷　（明）焦竑輯　明萬曆二十五年（1597）畢氏刻本　遼寧省圖書館

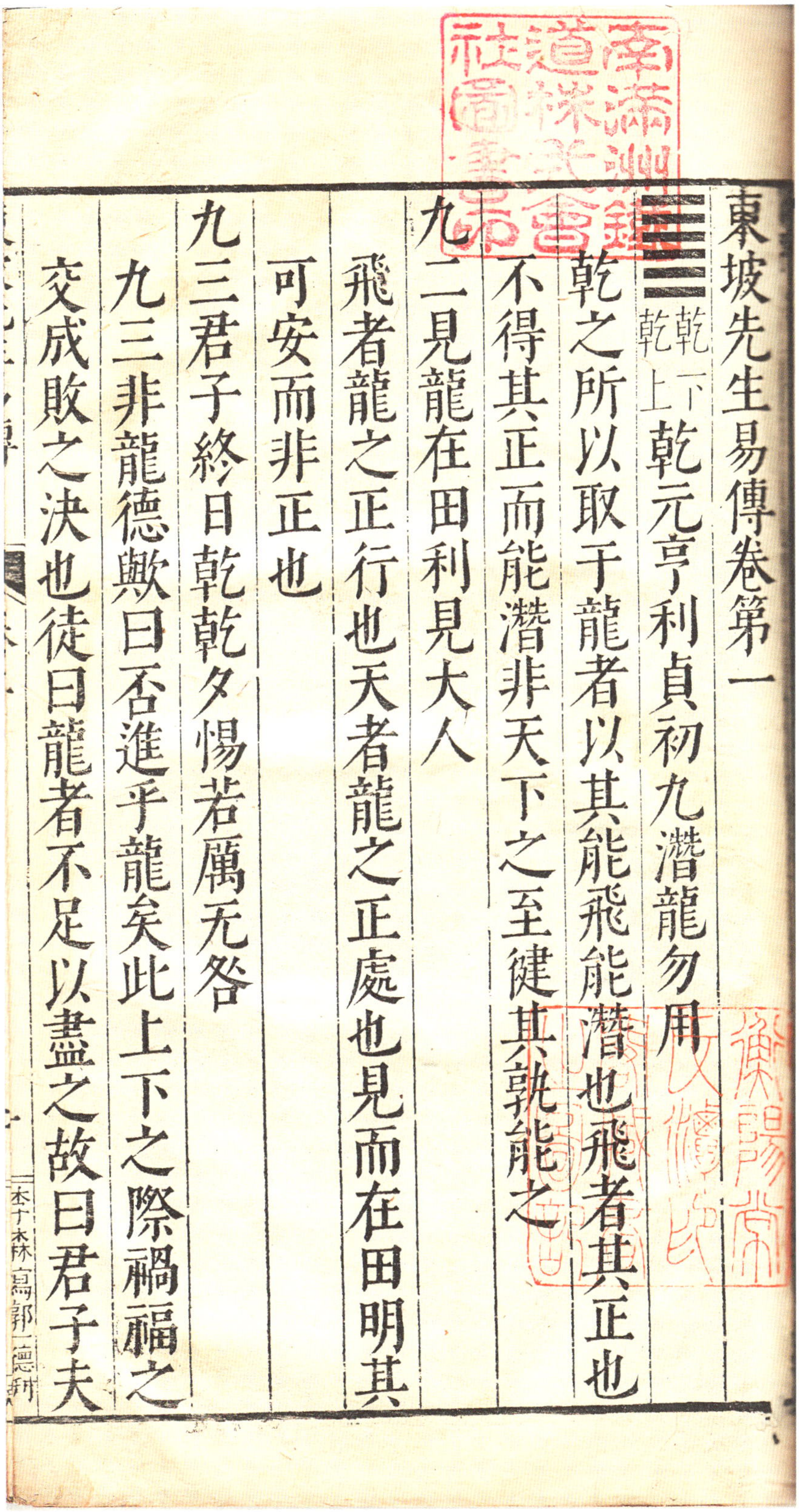

東坡先生易傳卷第一

☰ 乾下乾上 乾元亨利貞初九潛龍勿用

乾之所以取于龍者以其能飛能潛也飛者其正也不得其正而能潛非天下之至健其孰能之

九二見龍在田利見大人

飛者龍之正行也天者龍之正處也見而在田明其可安而非正也

九三君子終日乾乾夕惕若厲无咎

九三非龍德歟曰否進乎龍矣此上下之際禍福之交成敗之決也徒曰龍者不足以盡之故曰君子夫

10054　兩蘇經解七種六十四卷　（明）焦竑輯　明萬曆三十九年（1611）顧氏刻本　大連圖書館

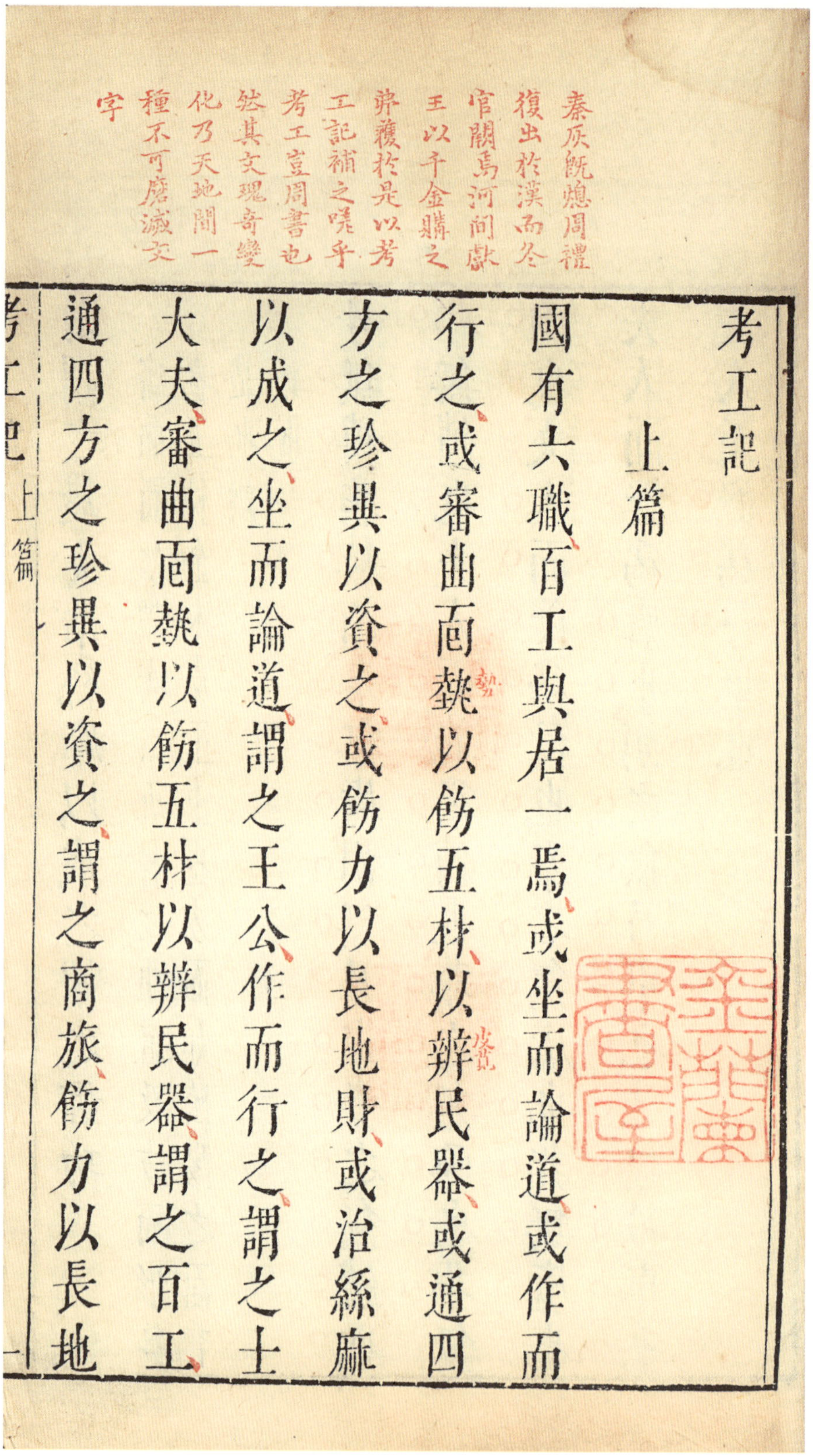
秦灰既熄周禮復出於漢而冬官闕焉河間獻王以千金購之弗獲於是以考工記補之嗟乎考工豈周書也然其文瑰奇變化乃天地間一種不可磨滅文字

考工記

上篇

國有六職百工與居一焉或坐而論道或作而行之或審曲面埶以飭五材以辨民器或通四方之珍異以資之或飭力以長地財或治絲麻以成之坐而論道謂之王公作而行之謂之士大夫審曲面埶以飭五材以辨民器謂之百工通四方之珍異以資之謂之商旅飭力以長地

考工記 上篇 一

10055　三經評注五卷　明萬曆四十五年（1617）閔齊伋刻三色套印本　遼寧大學圖書館

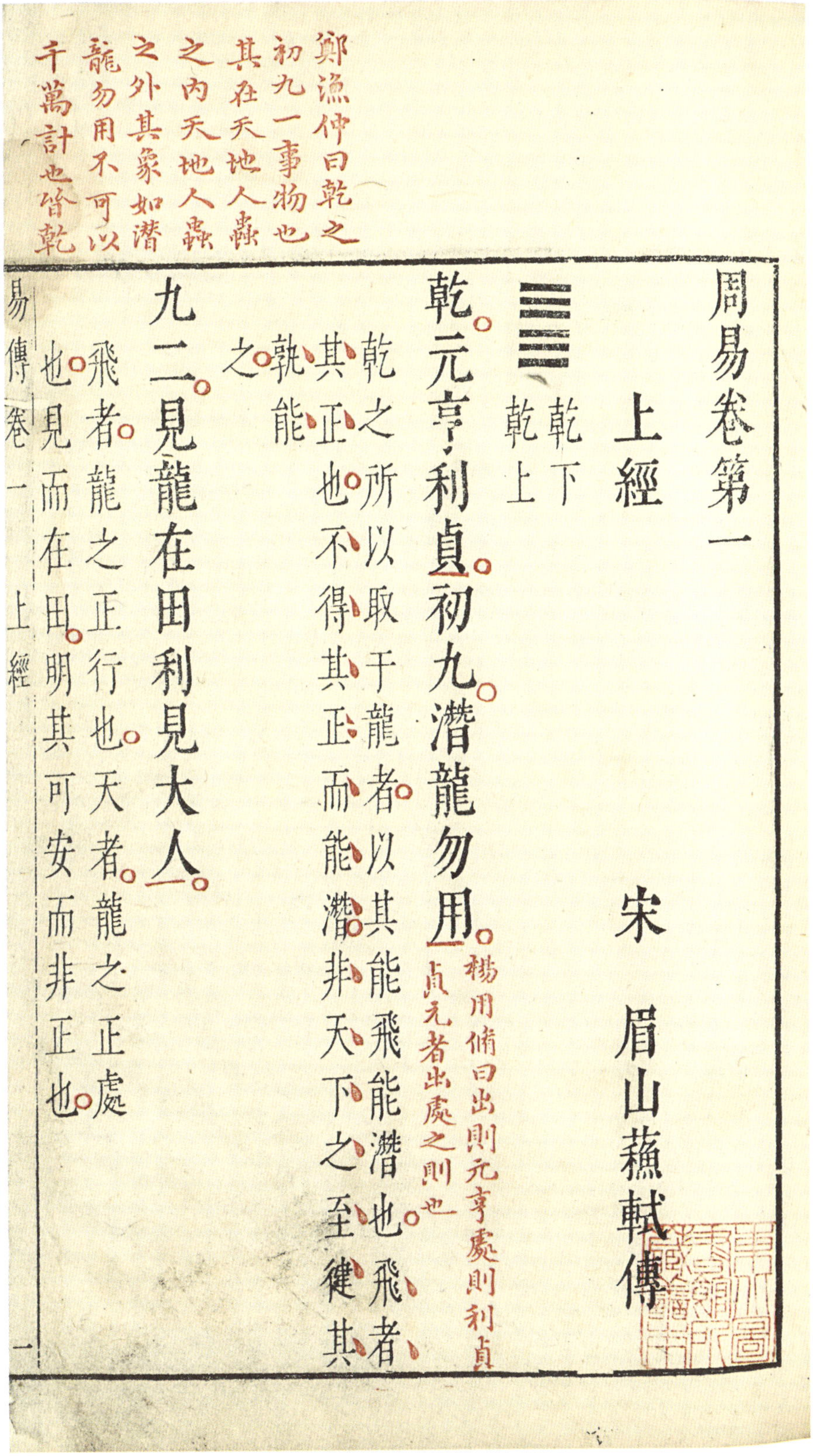
鄭漁仲曰乾之初九一事物也其在天地人蟲之内天地人蟲之外其象如潛龍勿用不可以千萬計也皆乾

周易卷第一

上經　　宋　眉山蘇軾傳

☰ 乾下乾上

乾。元亨利貞。初九。潛龍勿用。

楊用脩曰出則元亨處則利貞

貞元者出處之則也

乾之所以取于龍者。以其能飛能潛也。飛者其正也。不得其正而能潛。非天下之至健其孰能之。

九二。見龍在田。利見大人。

飛者龍之正行也。天者龍之正處也。見而在田。明其可安而非正也。

易傳卷一上經　一

10056　周易八卷　（宋）蘇軾傳　**附王輔嗣論易一卷**　（三國魏）王弼撰　明閔齊伋刻朱墨套印本　遼寧省圖書館

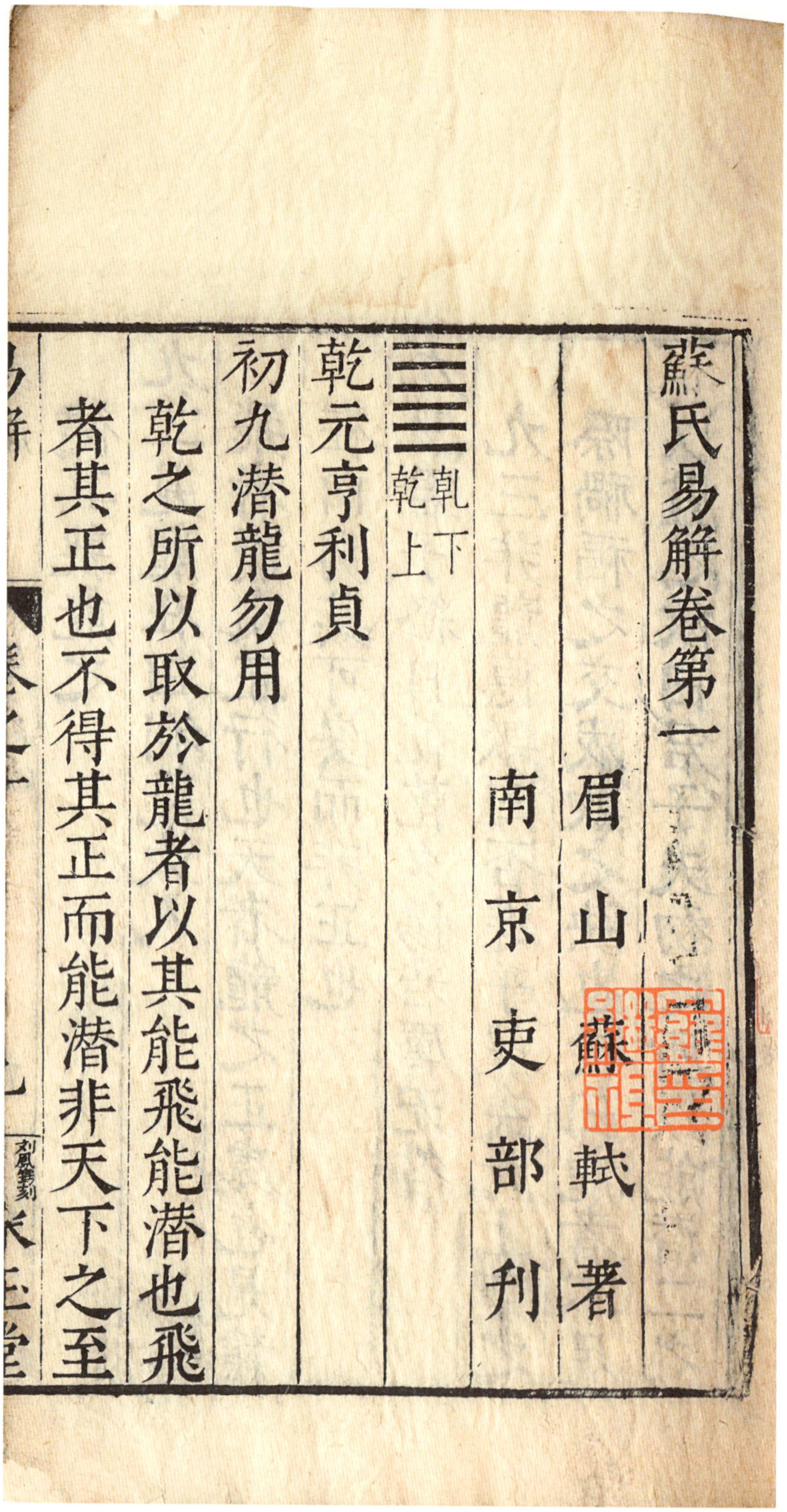

蘇氏易解卷第一
眉山蘇軾著
南京吏部刊
乾下乾上
乾元亨利貞
初九潛龍勿用
乾之所以取於龍者以其能飛能潛也飛
者其正也不得其正而能潛非天下之至

10057 蘇氏易解八卷 （宋）蘇軾撰 明萬曆二十二年（1594）冰玉堂刻本

旅順博物館

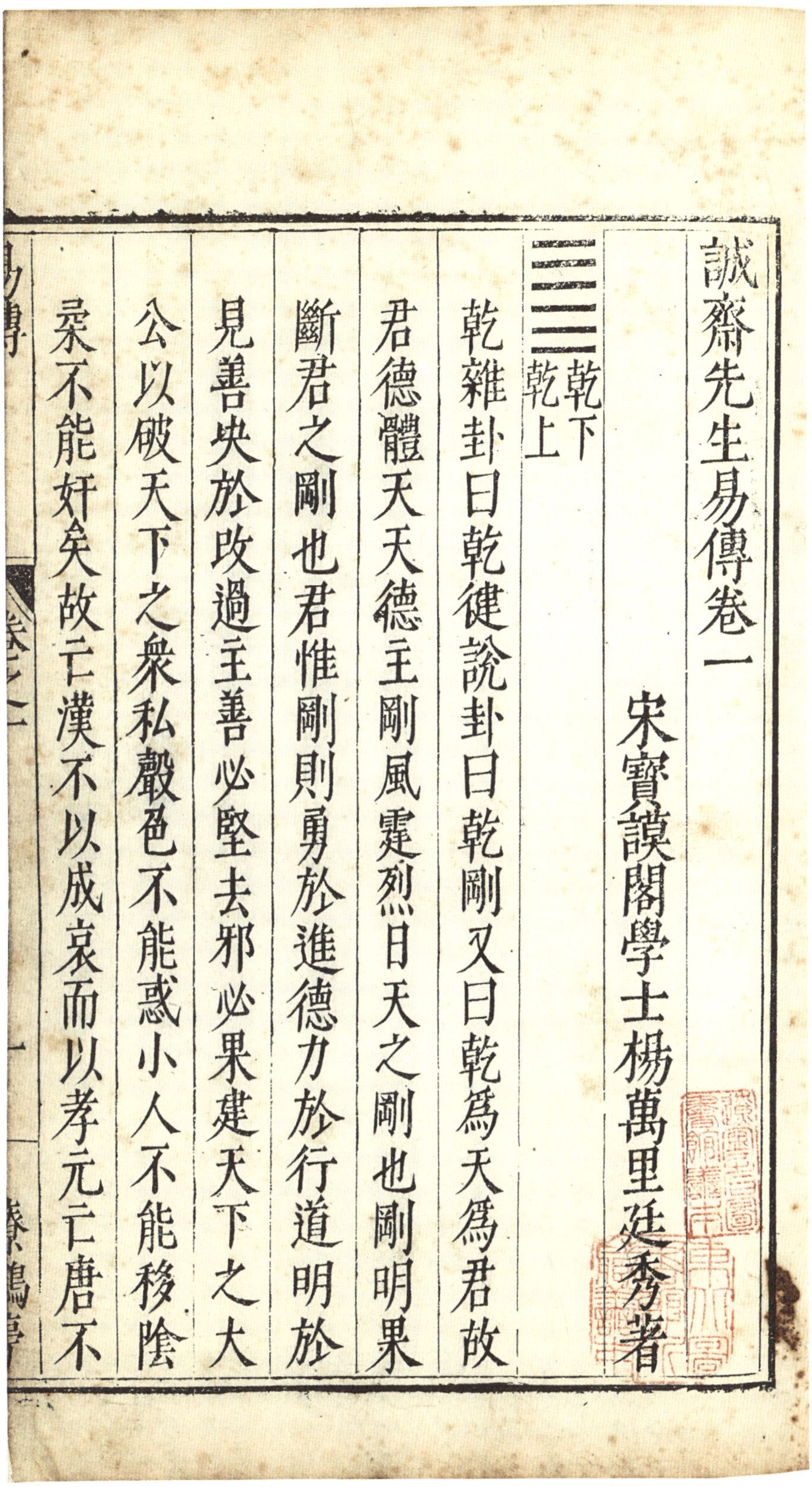
誠齋先生易傳卷一
宋寶謨閣學士楊萬里廷秀著
☰☰乾下乾上
乾雜卦曰乾健說卦曰乾剛又曰乾爲天爲君故
君德體天天德主剛風霆烈日天之剛也剛明果
斷君之剛也君惟剛則勇於進德力於行道明於
見善决於改過主善必堅去邪必果建天下之大
公以破天下之衆私聲色不能惑小人不能移陰
柔不能奸矣故亡漢不以成哀而以孝元亡唐不
易傳　卷之一

10058　誠齋先生易傳二十卷　（宋）楊萬里撰　明萬曆四十六年（1618）張惟任刻本　遼寧省圖書館

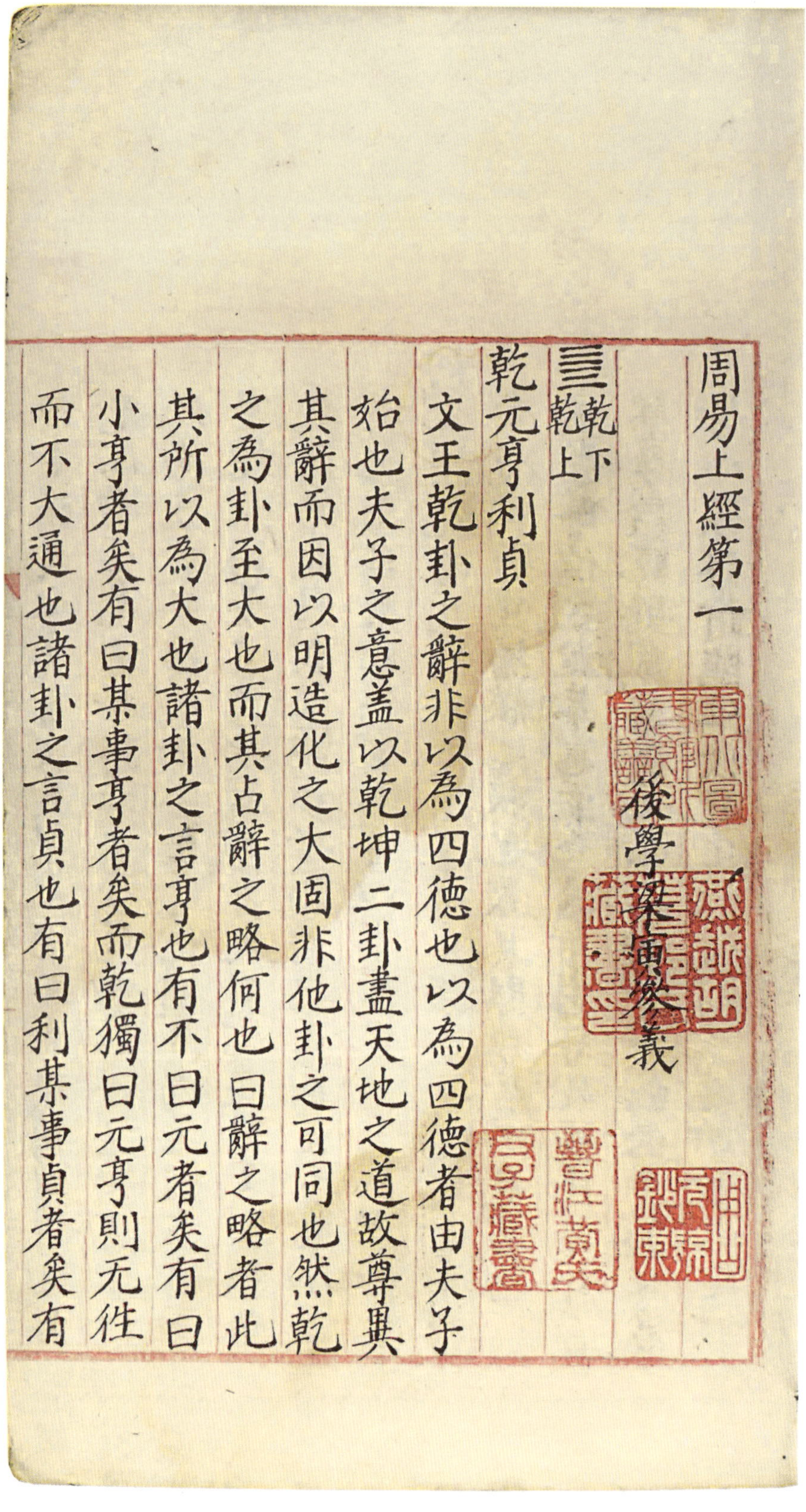

周易上經第一
後學梁寅參義
☰乾下乾上
乾元亨利貞
文王乾卦之辭非以為四德也以為四德者由夫子
始也夫子之意蓋以乾坤二卦盡天地之道故尊異
其辭而因以明造化之大固非他卦之可同也然乾
之為卦至大也而其占辭之略何也曰辭之略者此
其所以為大也諸卦之言亨也有不曰元者矣有曰
小亨者矣有曰某事亨者矣而乾獨曰元亨則无往
而不大通也諸卦之言貞也有曰利某事貞者矣有

10059　周易參義十二卷　（元）梁寅撰　明末周元亮抄本　遼寧省圖書館

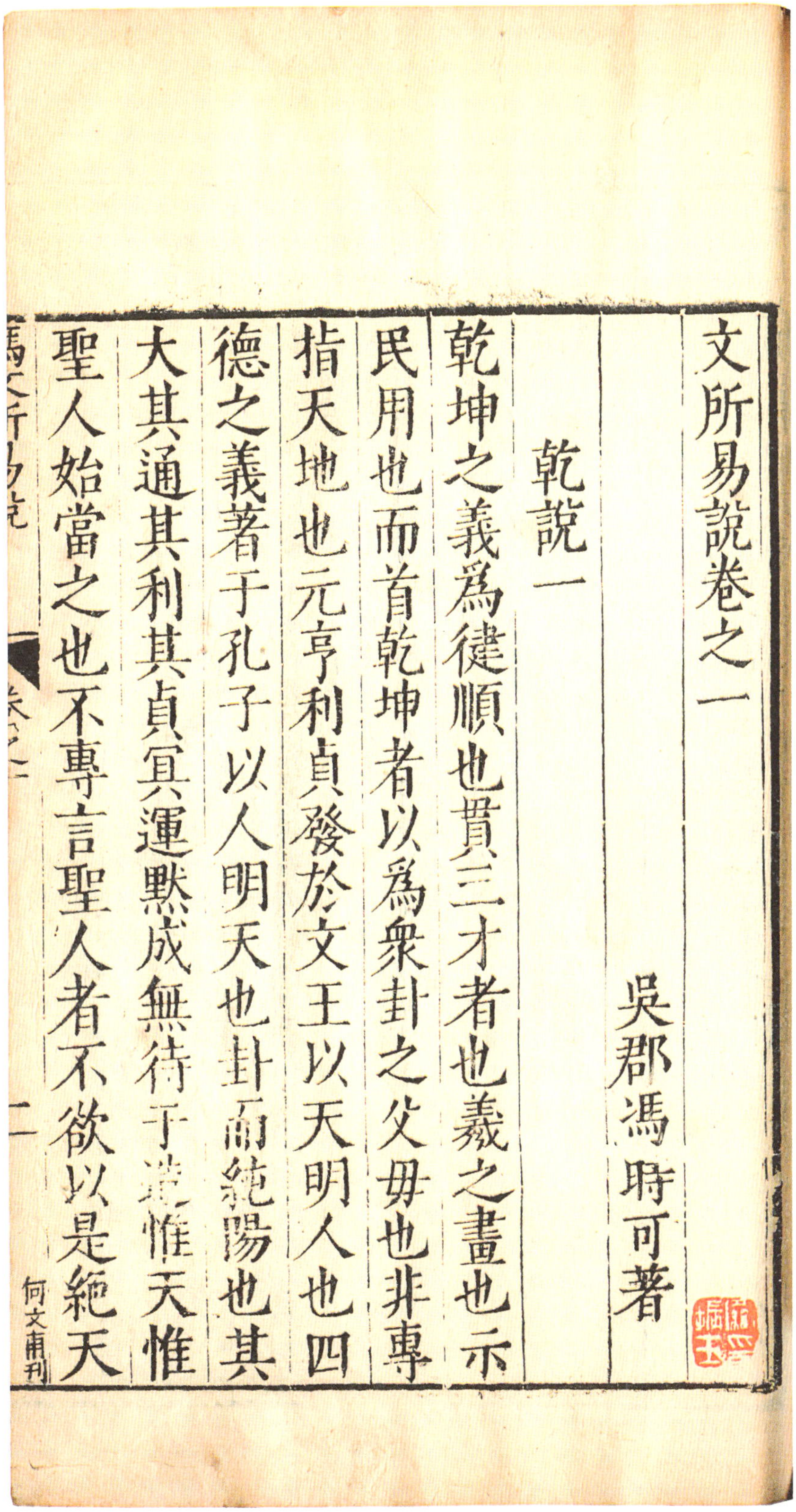

文所易說卷之一

吳郡馮時可著

乾說一

乾坤之義爲健順也貫三才者也羲之畫也示
民用也而首乾坤者以爲衆卦之父母也非專
指天地也元亨利貞發於文王以天明人也四
德之義著于孔子以人明天也卦而純陽也其
大其通其利其貞宜運默成無待于造惟天惟
聖人始當之也不專言聖人者不欲以是絕天

何文甫刊

10060　文所易說五卷　（明）馮時可撰　明萬曆刻本　羅振玉題記　旅順博物館

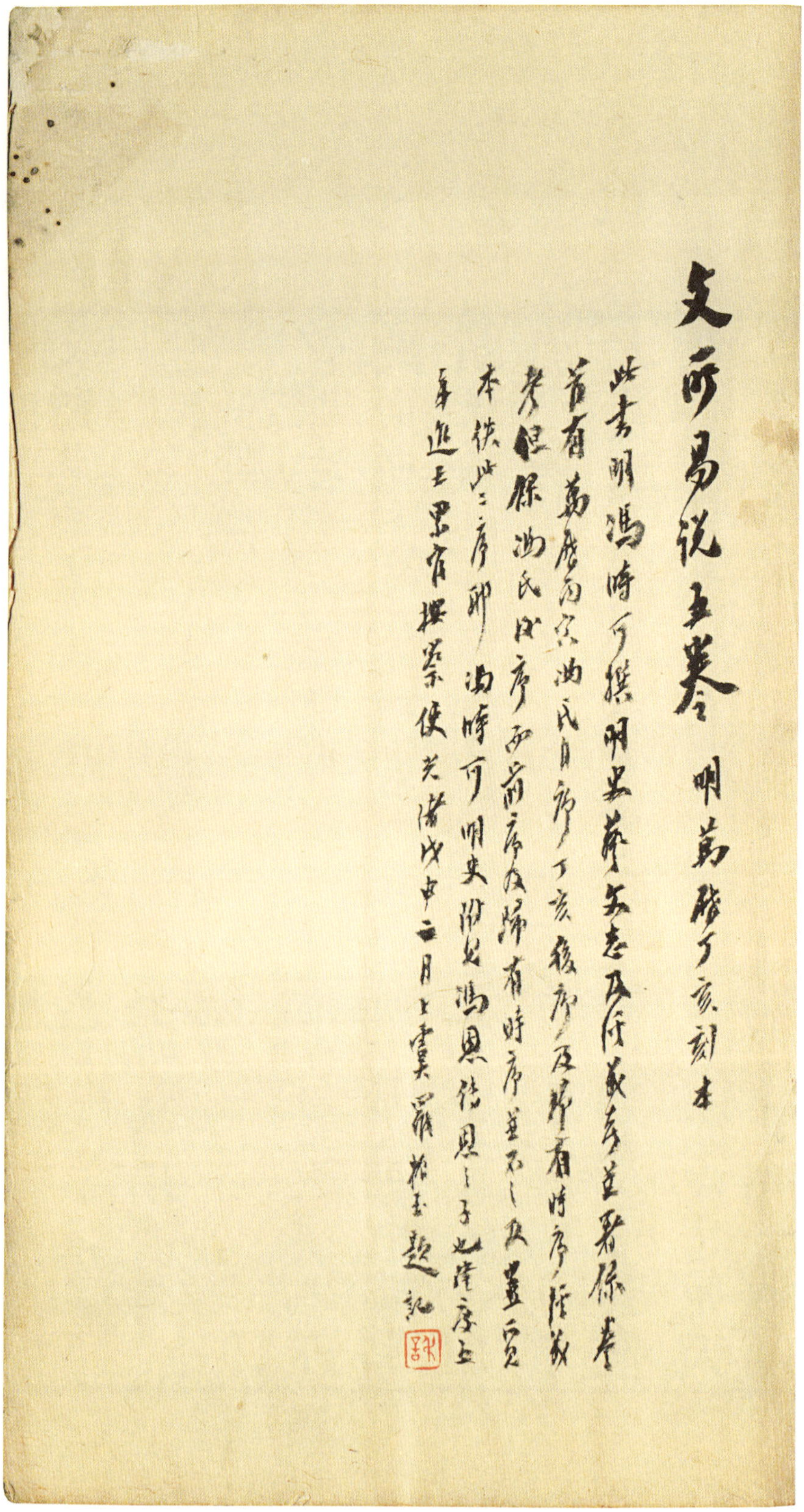
文所易說五卷　明萬曆丁亥刻本

此書明馮時可撰，明史藝文志及各藏書並著錄卷首有萬曆丙戌馮氏自序、丁亥後序，及歸有時序、陸教授俱係馮氏所序，而前序及歸有時序並不之及，蓋見本佚此二序耶。馮時可，明史附見馮恩傳，恩之子也。隆慶五年進士，累官按察使。光緒戊申二月上虞羅振玉題記

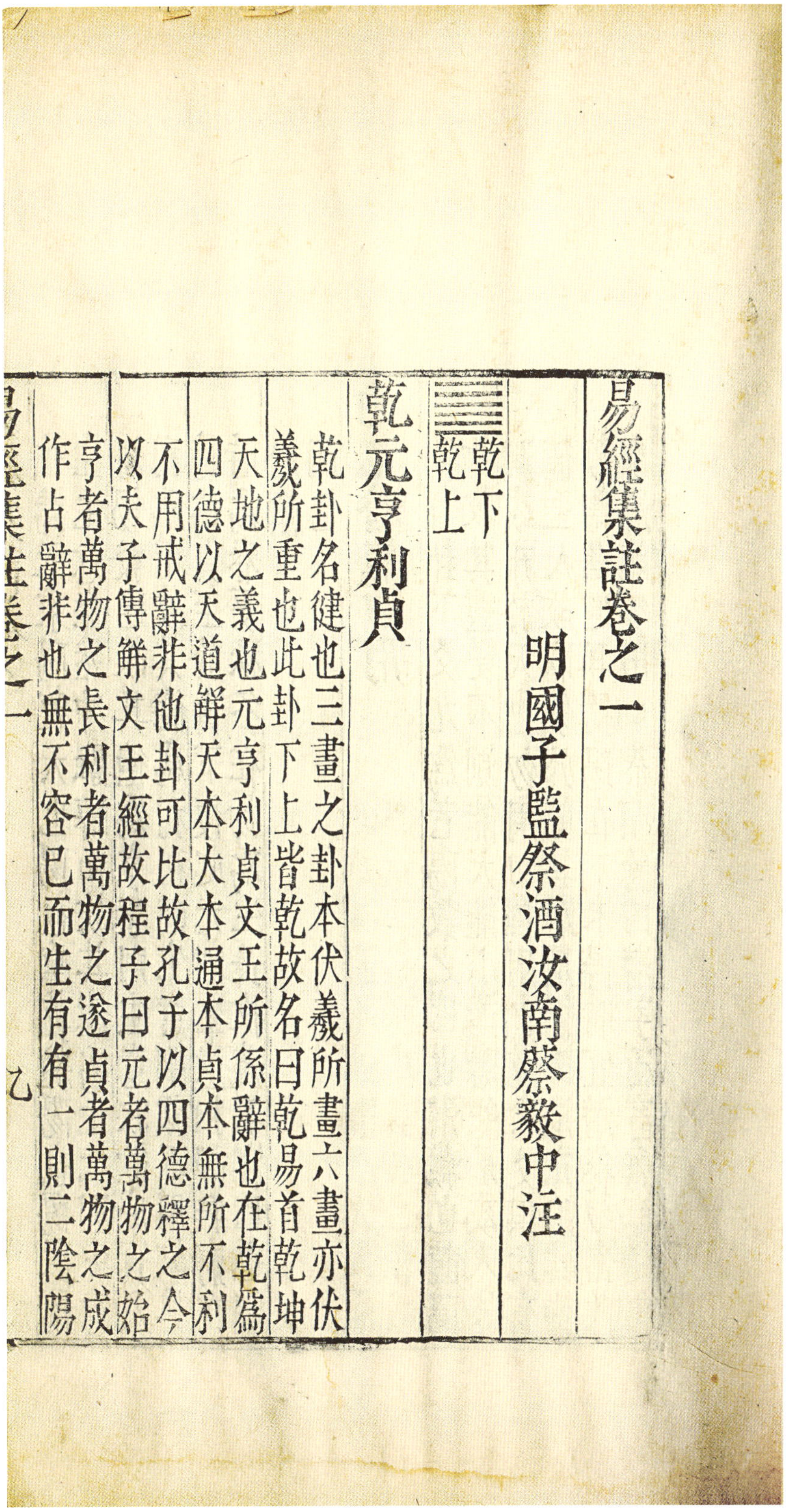
易經集註卷之一
明國子監祭酒汝南蔡毅中注
乾下
乾上
乾元亨利貞
乾卦名健也三畫之卦本伏羲所畫六畫亦伏
羲所重也此卦下上皆乾故名曰乾易首乾坤
天地之義也元亨利貞文王所係辭也在乾爲
四德以天道觧天本大本通本貞本無所不利
不用戒辭非他卦可比故孔子以四德釋之今
以夫子傳觧文王經故程子曰元者萬物之始
亨者萬物之長利者萬物之遂貞者萬物之成
作占辭非也無不容已而生有有一則二陰陽
易經集註卷之一　乙

10061　易經集註十卷　（明）蔡毅中撰　明天啓七年（1627）刻本　大連圖書館

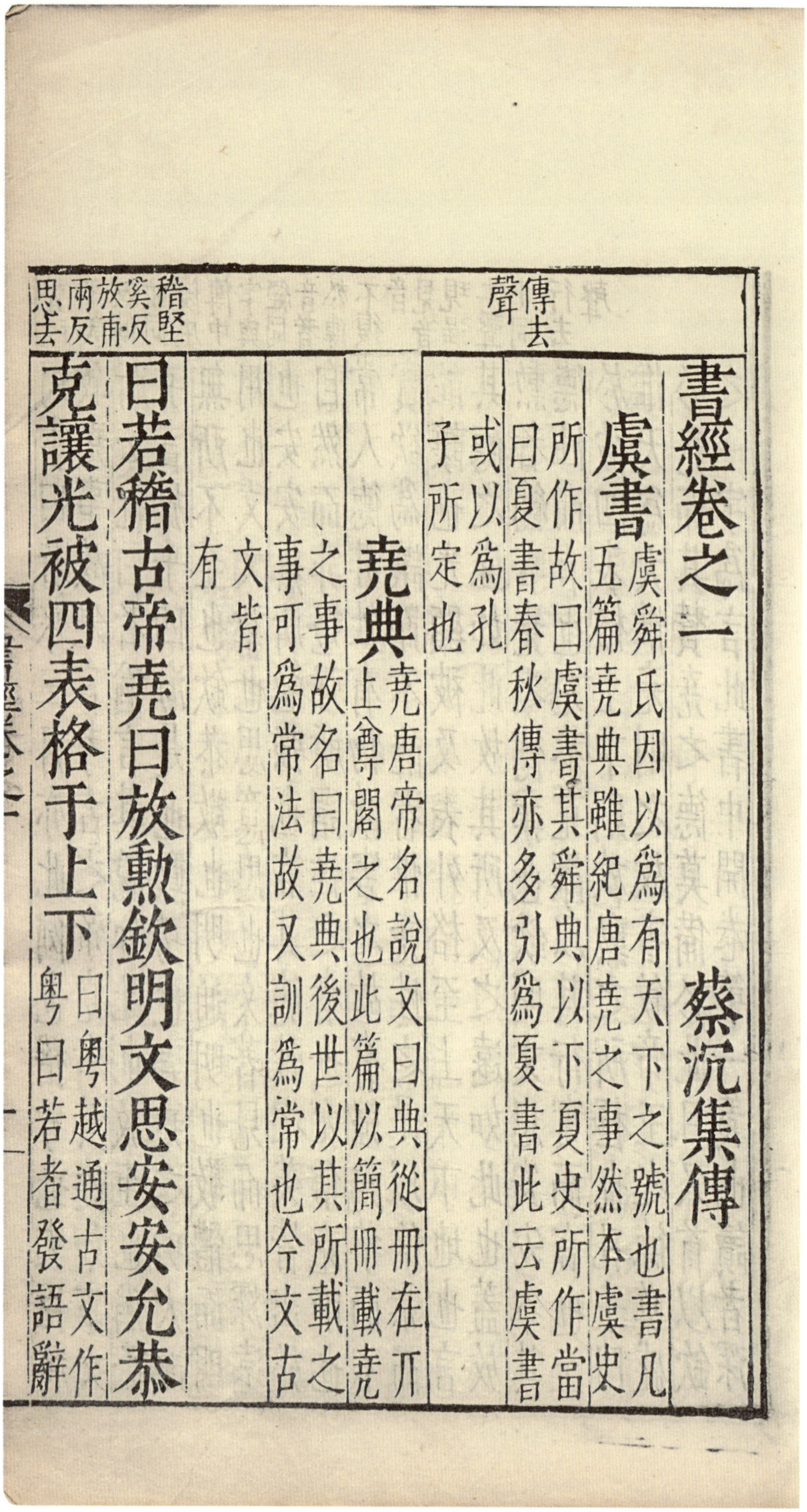
書經卷之一　　蔡沈集傳

傳去聲

虞書虞舜氏因以爲有天下之號也書凡五篇堯典雖紀唐堯之事然本虞史所作故曰虞書其舜典以下夏史所作當曰夏書春秋傳亦多引爲夏書此云虞書或以爲孔子所定也

堯典堯唐帝名說文曰典從冊在丌上尊閣之也此篇以簡冊載堯之事故名曰堯典後世以其所載之事可爲常法故又訓爲常也今文古文皆有

稽堅奚反 放甫兩反 思去

曰若稽古帝堯曰放勳欽明文思安安允恭克讓光被四表格于上下曰粵越通古文作粵曰若者發語辭

10062　**書經集傳六卷**　（宋）蔡沈撰　明吴勉學刻本　遼寧大學圖書館

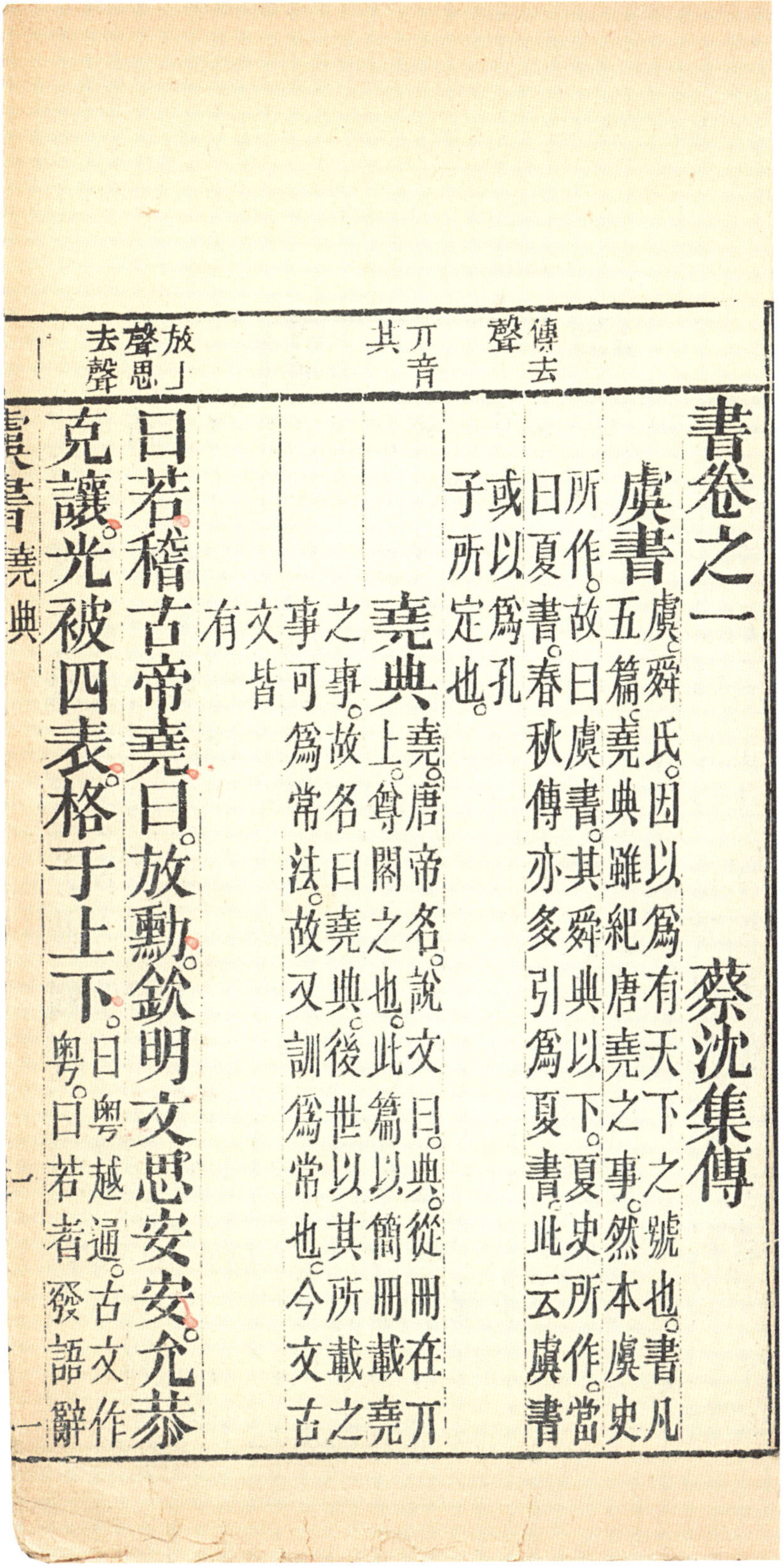
書卷之一　　蔡沈集傳
虞書虞舜氏因以爲有天下之號也書凡五篇堯典雖紀唐堯之事然本虞史所作故曰虞書其舜典以下夏史所作當曰夏書春秋傳亦多引爲夏書此云虞書或以爲孔子所定也（傳去聲）
堯典堯唐帝名說文曰典從冊在丌上尊閣之也此篇以簡冊載之堯之事故名曰堯典後世以其所載之事可爲常法故又訓爲常也今文古文皆有（丌音其）
曰若稽古帝堯曰放勳欽明文思安安允恭克讓光被四表格于上下曰粵越通古文作粵曰若者發語辭（放上聲思去聲）
虞書　堯典　一

10063　書經集傳六卷　（宋）蔡沈撰　明金陵奎壁齋刻本　遼寧大學圖書館

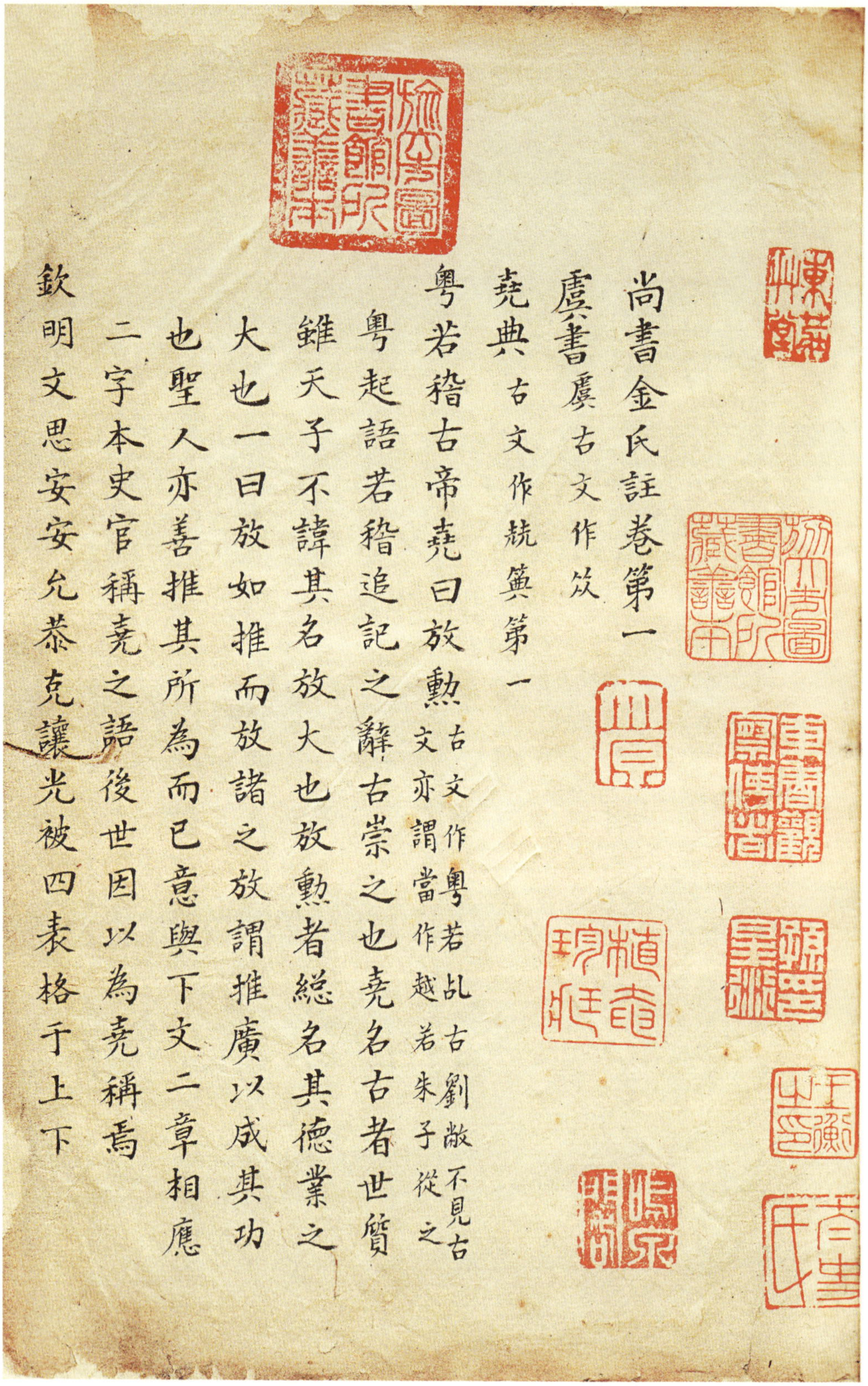

10064　尚書金氏註十二卷　（宋）金履祥撰　明抄本　大連圖書館

存十卷（一至五、八至十二）

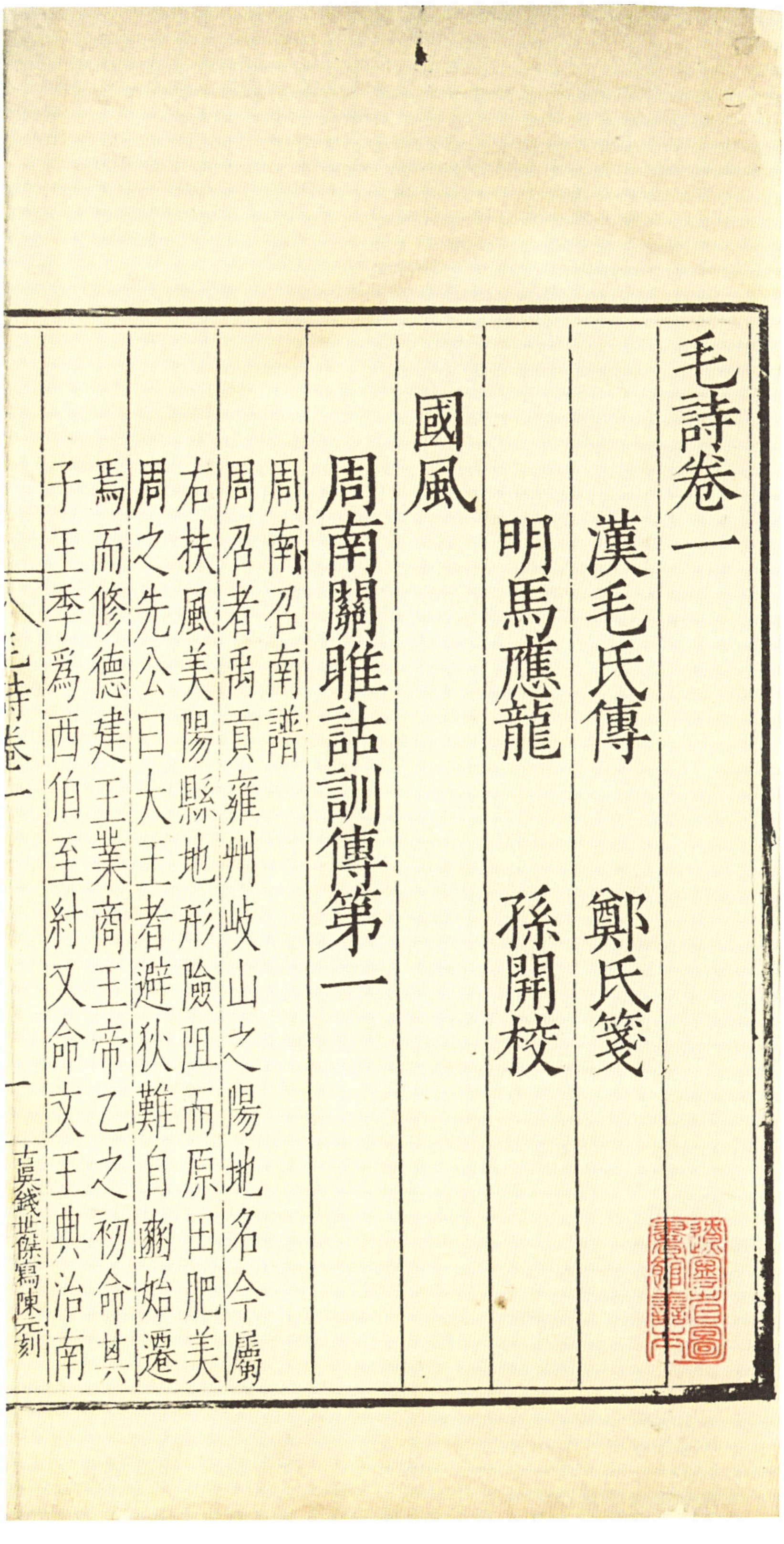

毛詩卷一
漢毛氏傳　鄭氏箋
明馬應龍　孫開校
國風
周南關雎詁訓傳第一
周南召南譜
周召者禹貢雍州岐山之陽地名今屬
右扶風美陽縣地形險阻而原田肥美
周之先公曰大王者避狄難自豳始遷
焉而修德建王業商王帝乙之初命其
子王季爲西伯至紂又命文王典治南

毛詩卷一　一
古虞錢世傑寫陳元刻

10065　毛詩傳箋七卷　（漢）毛萇傳　（漢）鄭玄箋　明刻本　遼寧省圖書館

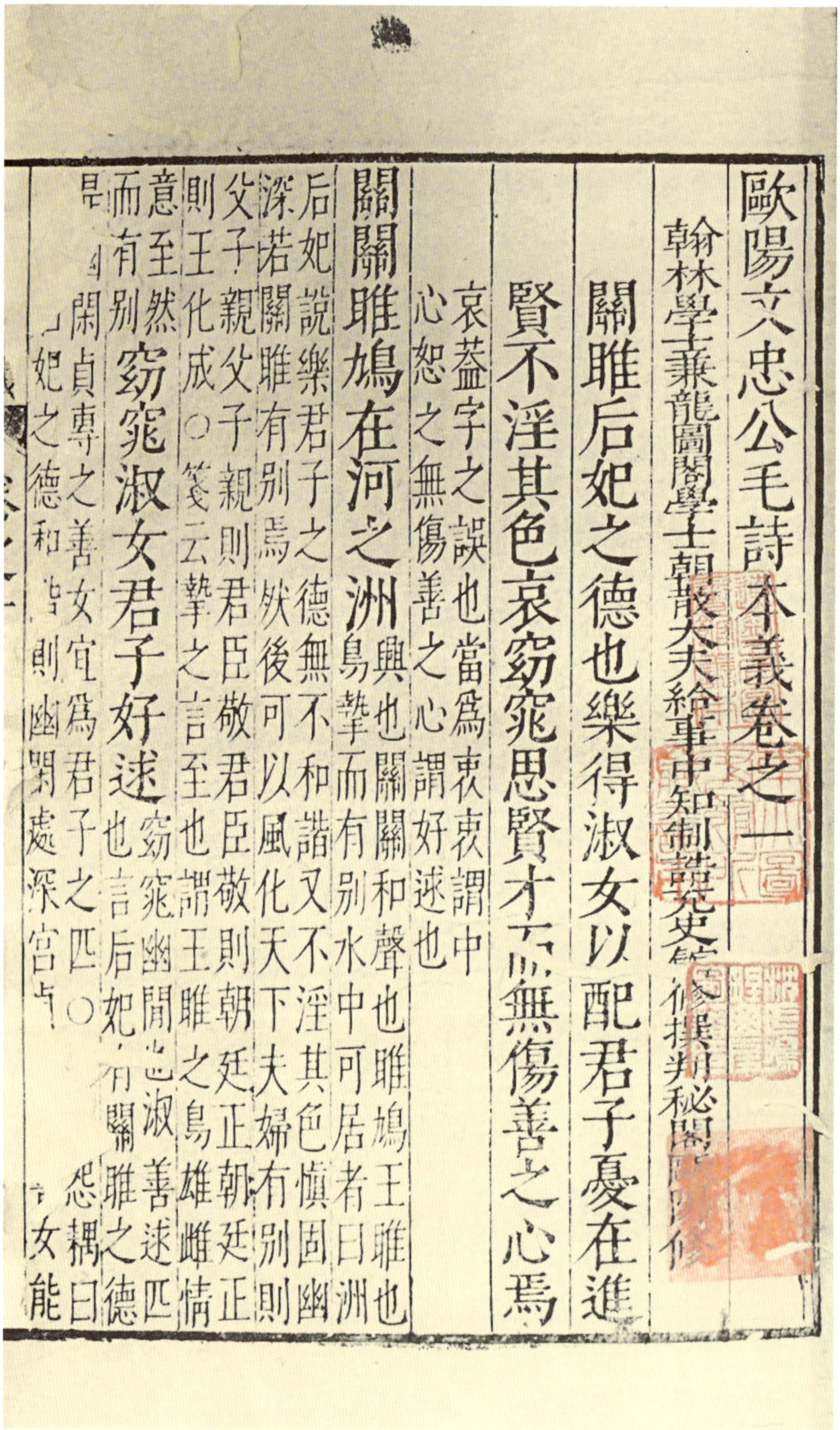

歐陽文忠公毛詩本義卷之一
翰林學士兼龍圖閣學士朝散大夫給事中知制誥充史館修撰判秘閣□□修
關雎后妃之德也樂得淑女以配君子憂在進
賢不淫其色哀窈窕思賢才而無傷善之心焉
哀蓋字之誤也當爲衷衷謂中心恕之無傷善之心謂好逑也
關關雎鳩在河之洲 興也關關和聲也雎鳩王雎也鳥摯而有別水中可居者曰洲
后妃說樂君子之德無不和諧又不淫其色慎固幽
深若關雎有別焉然後可以風化天下夫婦有別則
父子親父子親則君臣敬君臣敬則朝廷正朝廷正
則王化成○箋云摯之言至也謂王雎之鳥雄雌情
意至然而有別 窈窕淑女君子好逑 窈窕幽閒也淑善逑匹也言后妃有關雎之德
是幽閒貞專之善女宜爲君子之匹○怨耦曰
□妃之德和諧則幽閒處深宮□□女能

10066　歐陽文忠公毛詩本義十六卷　（宋）歐陽修撰　明刻本　遼寧省圖書館

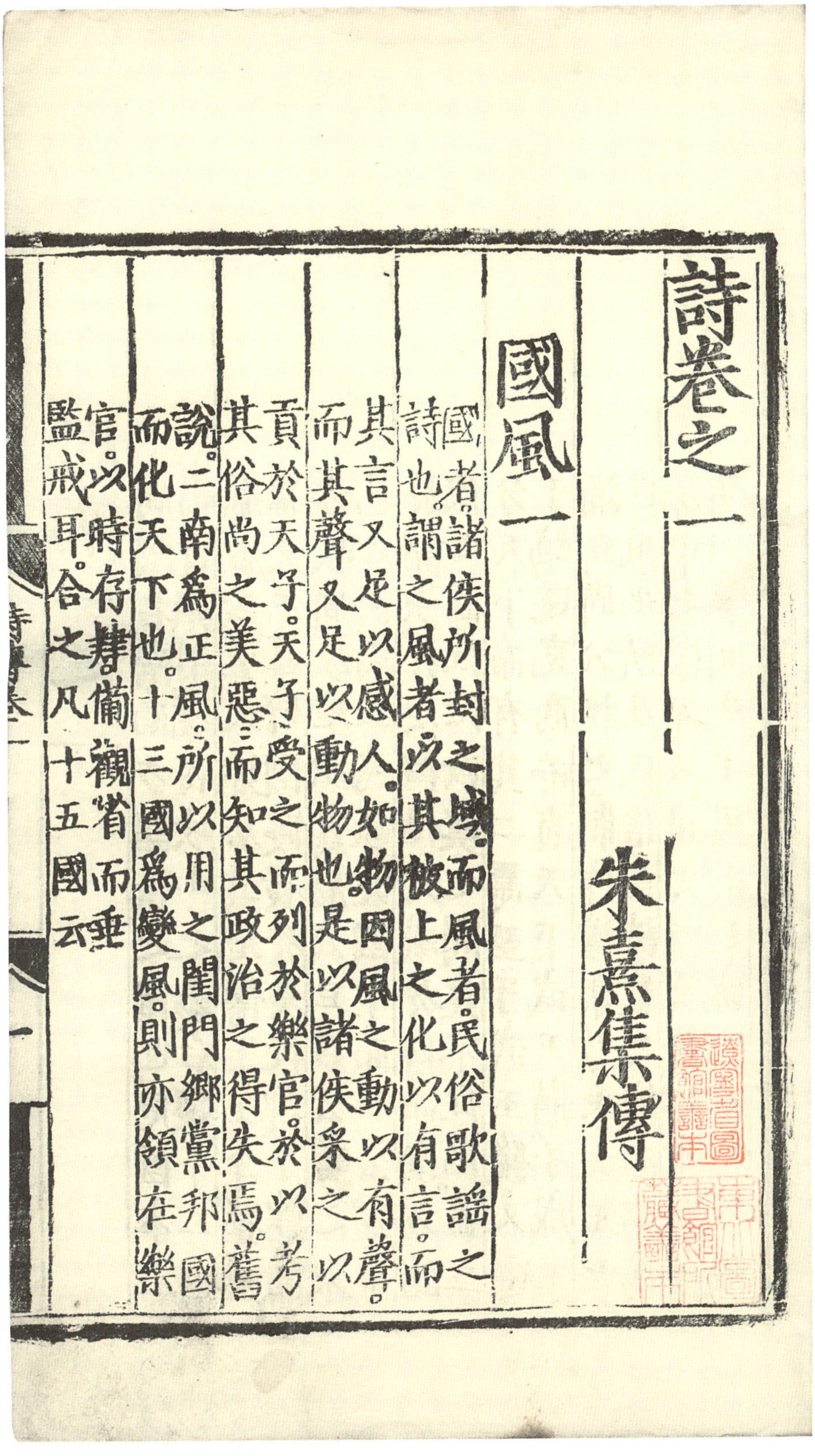
詩卷之一　朱熹集傳

國風一

國者諸侯所封之域而風者民俗歌謡之詩也謂之風者以其被上之化以有言而其言又足以感人如物因風之動以有聲而其聲又足以動物也是以諸侯采之以貢於天子天子受之而列於樂官於以考其俗尚之美惡而知其政治之得失焉舊說二南爲正風所以用之閨門鄉黨邦國而化天下也十三國爲變風則亦領在樂官以時存肄備觀省而垂監戒耳合之凡十五國云

10067　詩集傳二十卷詩序辨說一卷詩傳綱領一卷詩圖一卷　（宋）

朱熹撰　明正統十二年（1447）司禮監刻本　遼寧省圖書館

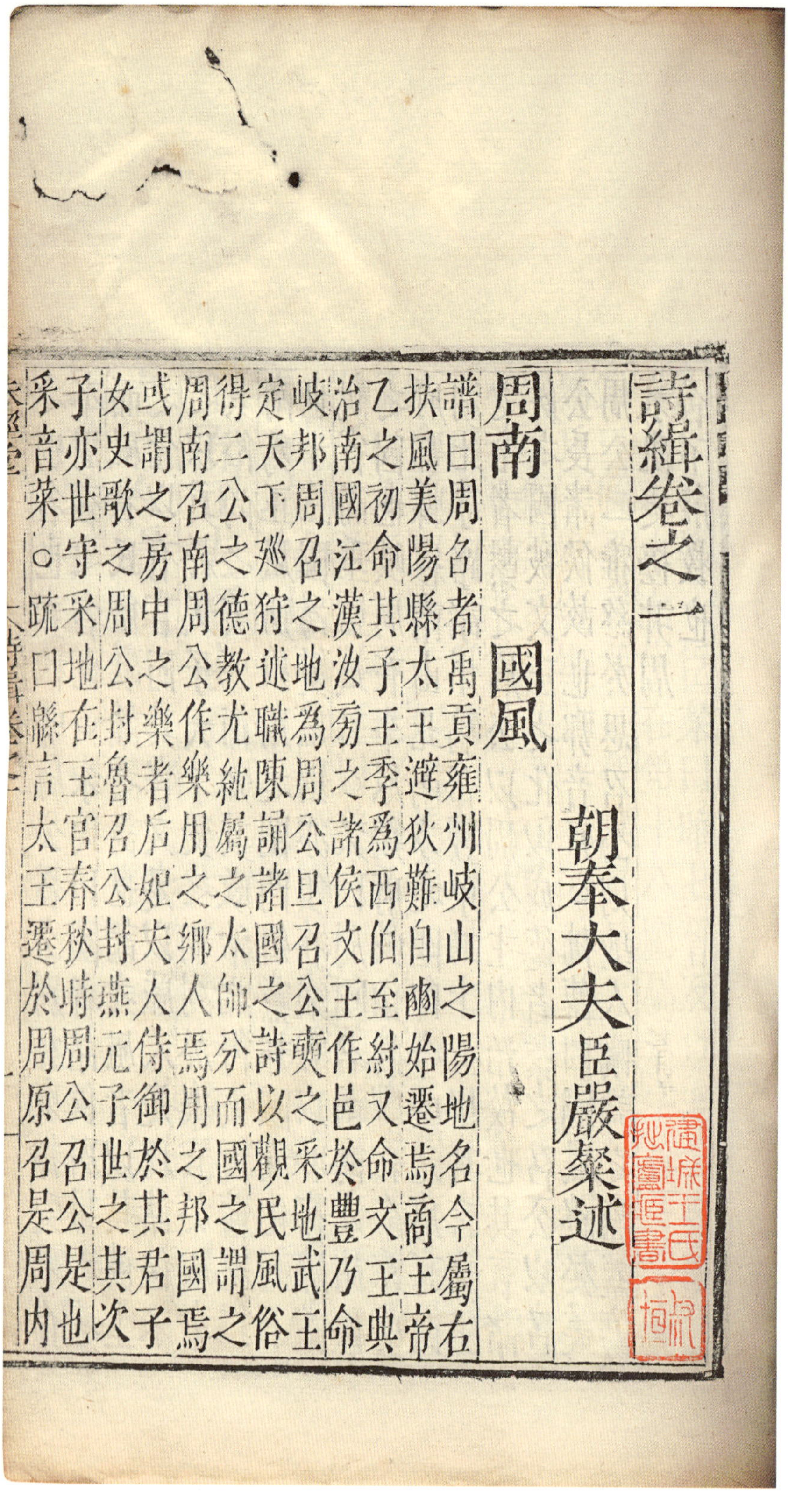
詩緝卷之一
朝奉大夫臣嚴粲述
周南　國風
譜曰周名者禹貢雍州岐山之陽地名今屬右扶風美陽縣太王避狄難自豳始遷焉商王帝乙之初命其子王季爲西伯至紂又命文王典治南國江漢汝旁之諸侯文王作邑於豐乃命岐邦周召之地爲周公旦召公奭之采地武王定天下廵狩述職陳誦諸國之詩以觀民風俗得二公之德教尤純屬之太師分而國之謂之周南召南周公作樂用之鄉人焉用之邦國焉或謂之房中之樂者后妃夫人侍御於其君子女史歌之周公封魯召公封燕元子世之其次子亦世守采地在王官春秋時周公召公是也采音菜○疏曰縣言太王遷於周原召是周內

10068　詩緝三十六卷　（宋）嚴粲撰　明嘉靖趙府味經堂刻本　佚名批校
遼寧大學圖書館

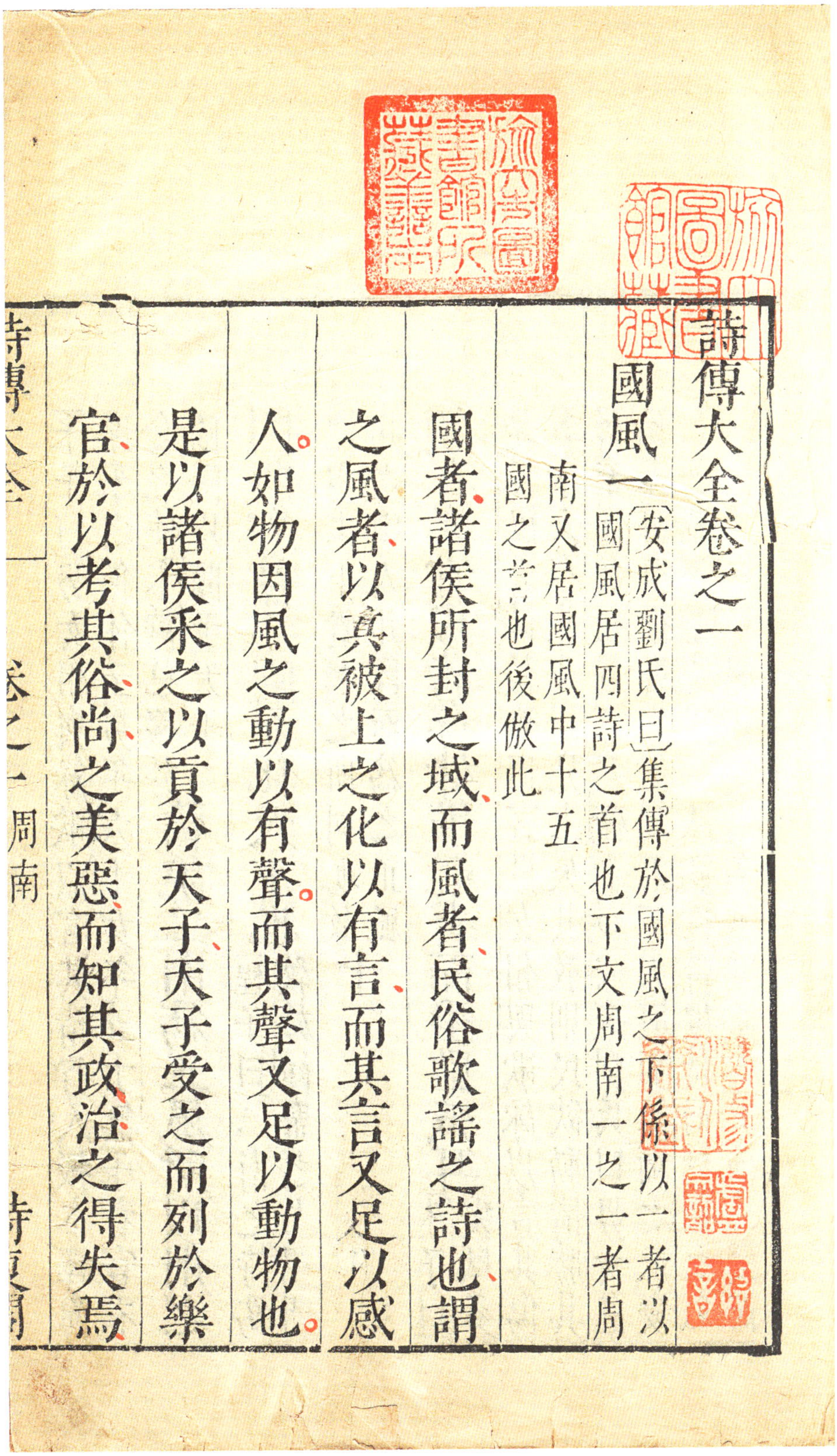

10069　詩傳大全二十卷綱領一卷圖一卷　（宋）胡廣等輯　**詩序辨説一卷**　（宋）朱熹撰　**詩經考異一卷**　（宋）王應麟撰　明詩瘦閣刻本　朱筆佚名圈點批校　大連圖書館

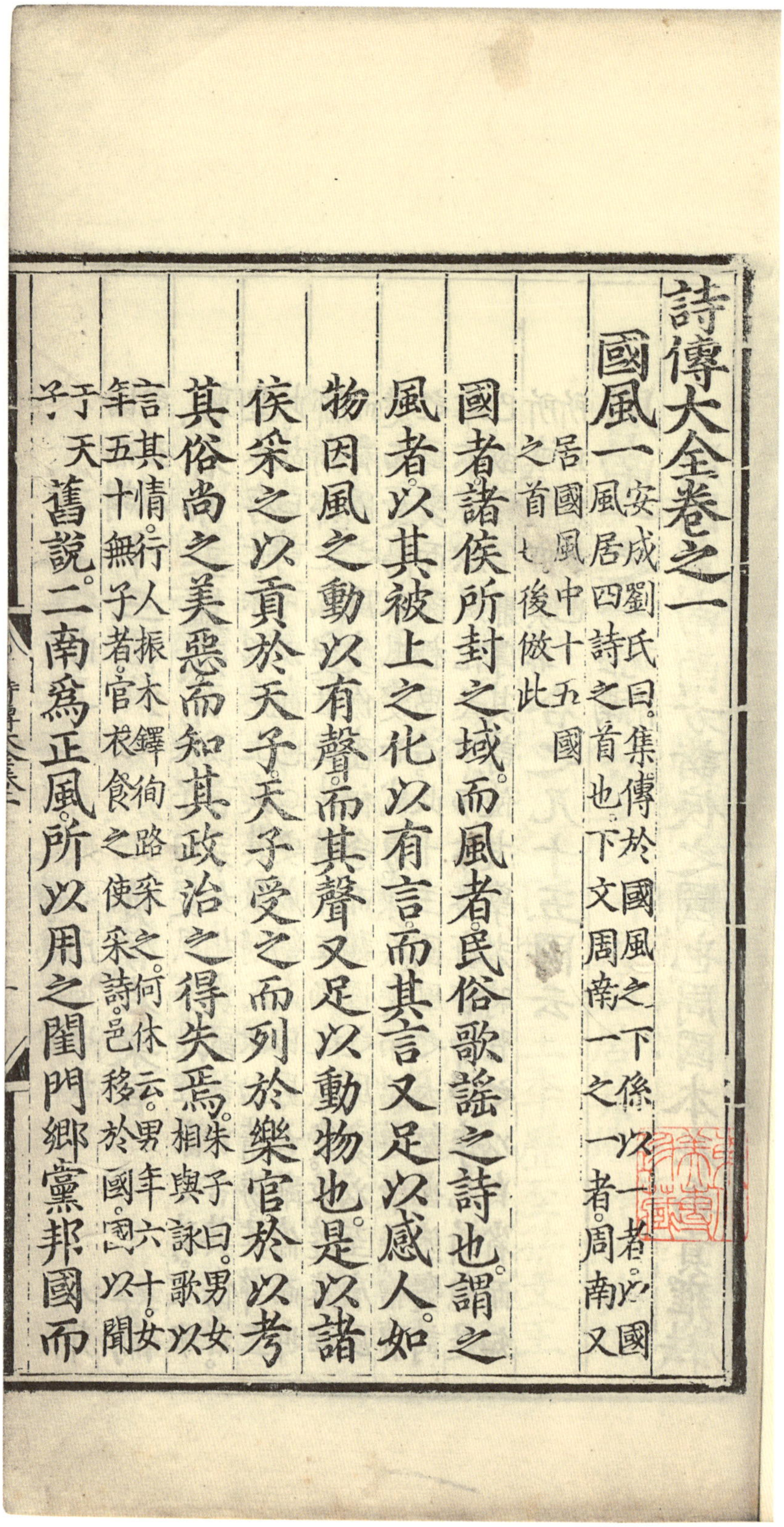

詩傳大全卷之一

國風一安成劉氏曰集傳於國風之下係以一者以國風居四詩之首也下文周南一之一者周南又居國風中十五國之首也後倣此

國者諸侯所封之域而風者民俗歌謠之詩也謂之風者以其被上之化以有言而其言又足以感人如物因風之動以有聲而其聲又足以動物也是以諸侯采之以貢於天子天子受之而列於樂官於以考其俗尚之美惡而知其政治之得失焉朱子曰男女相與詠歌以言其情行人振木鐸徇路采之何休云男年六十女年五十無子者官衣食之使采詩邑移於國國以聞于天子舊說二南為正風所以用之閨門鄉黨邦國而

10070　詩傳大全二十卷綱領一卷圖一卷　（明）胡廣等輯　**詩序辨說一卷**　（宋）朱熹撰　明刻本　魯迅美術學院圖書館

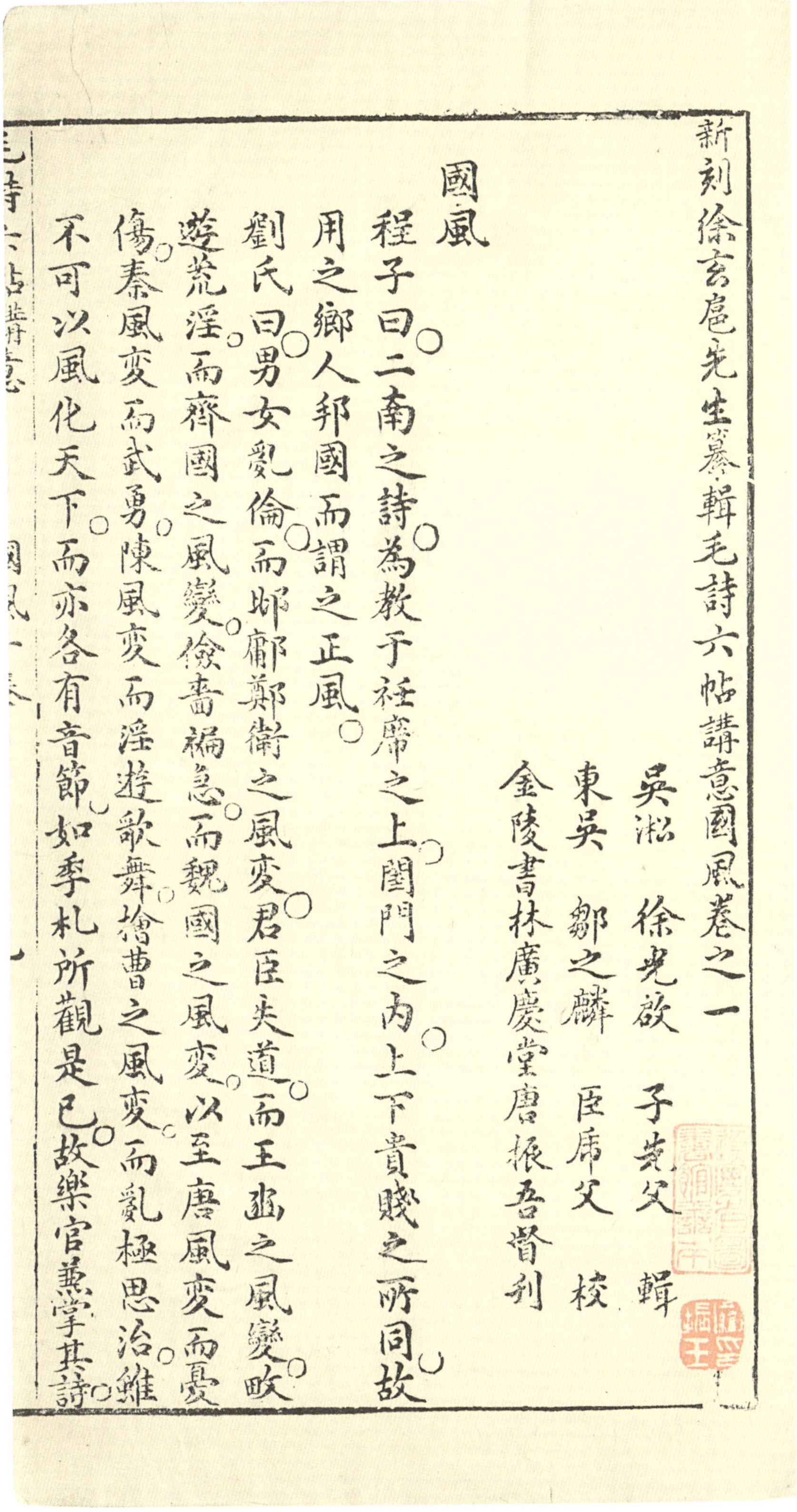

新刻徐玄扈先生纂輯毛詩六帖講意國風卷之一
吳淞　徐光啓　子先父　輯
東吳　鄒之麟　臣虎父　校
金陵書林廣慶堂唐振吾督刋

國風

程子曰二南之詩為教于衽席之上閨門之內上下貴賤之所同故用之鄉人邦國而謂之正風

劉氏曰男女亂倫而邶鄘鄭衛之風变君臣失道而王豳之風變畋遊荒淫而齊國之風變儉嗇褊急而魏國之風变以至唐風变而憂傷秦風变而武勇陳風变而淫遊歌舞檜曹之風变而亂極思治雖不可以風化天下而亦各有音節如季札所觀是已故樂官兼學其詩

毛詩六帖　國風　一

10071　新刻徐玄扈先生纂輯毛詩六帖講意四卷　（明）徐光啓輯　明萬曆四十五年（1617）金陵書林廣慶堂唐振吾刻本　羅振玉題識　遼寧省圖書館

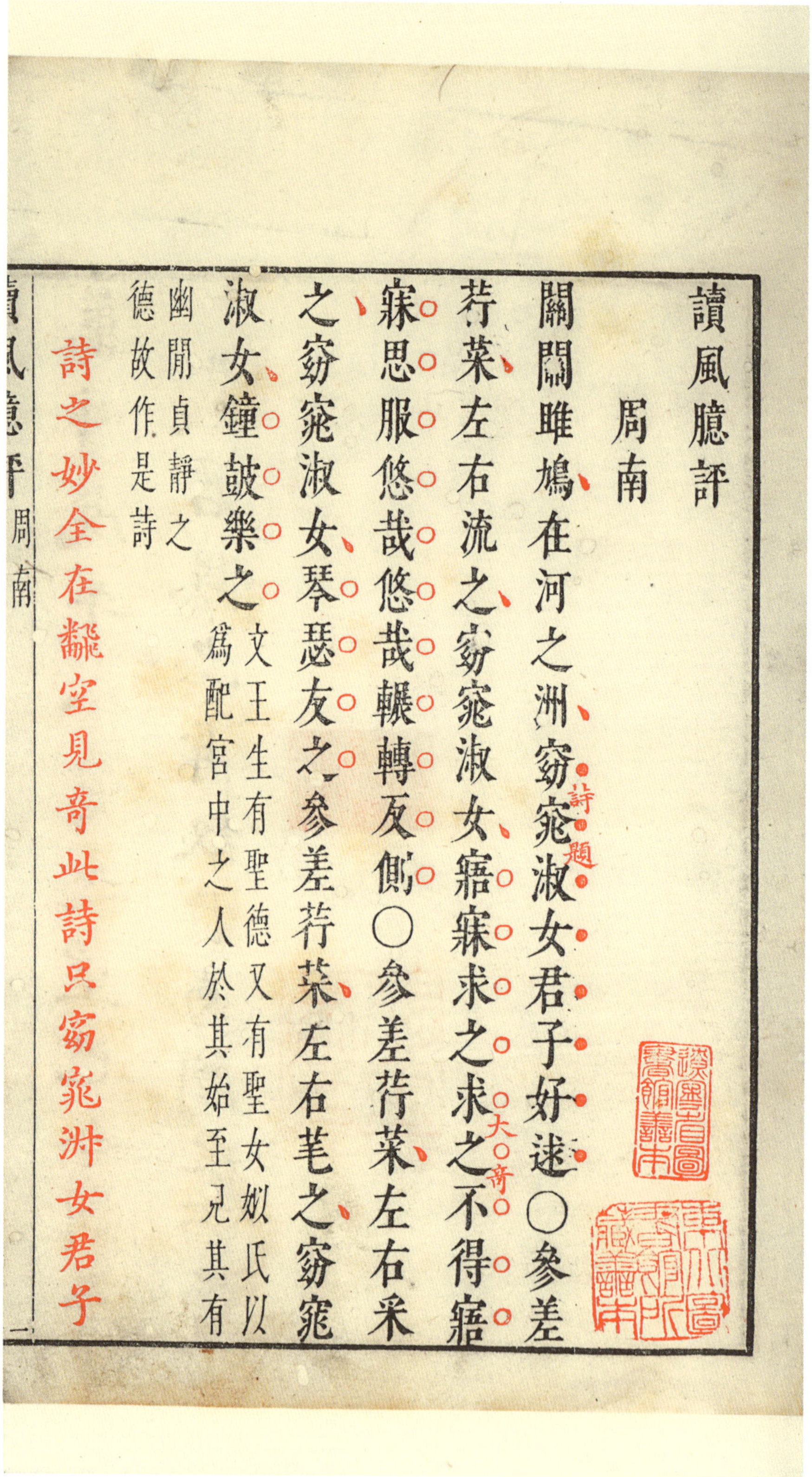
讀風臆評

周南

關關雎鳩在河之洲窈窕淑女君子好逑○參差荇菜左右流之窈窕淑女寤寐求之求之不得寤寐思服悠哉悠哉輾轉反側○參差荇菜左右采之窈窕淑女琴瑟友之參差荇菜左右芼之窈窕淑女鐘鼓樂之文王生有聖德又有聖女姒氏以爲配宫中之人於其始至見其有幽閒貞靜之德故作是詩

詩之妙全在翻空見奇此詩只窈窕淑女君子

詩題

大奇

讀風臆評　周南　一

10072　讀風臆評不分卷　（明）戴君恩撰　明萬曆四十八年（1620）閔齊伋刻朱墨套印本　遼寧省圖書館

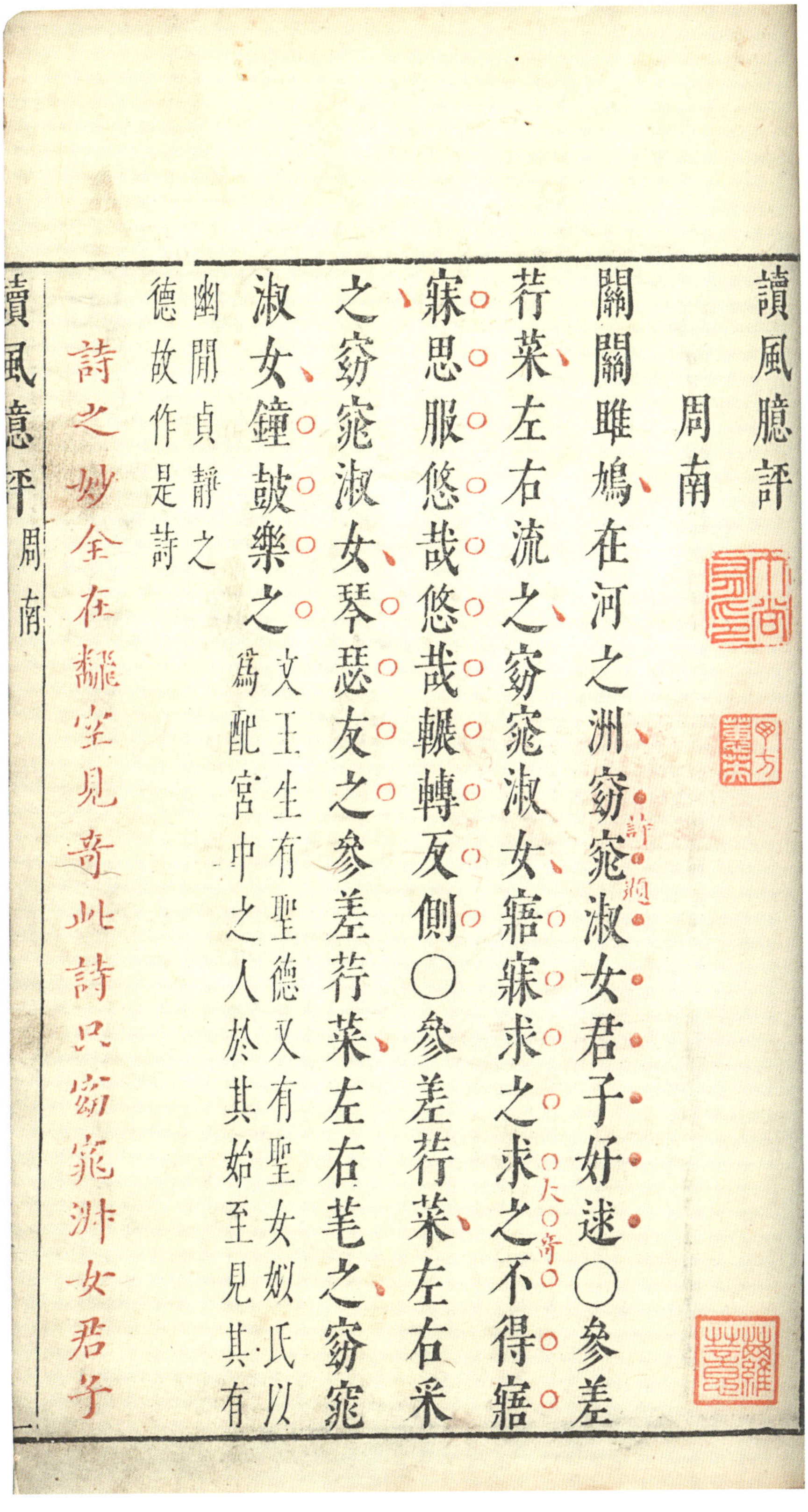

讀風臆評

周南

關關雎鳩在河之洲窈窕淑女君子好逑○參差荇菜左右流之窈窕淑女寤寐求之求之不得寤寐思服悠哉悠哉輾轉反側○參差荇菜左右采之窈窕淑女琴瑟友之參差荇菜左右芼之窈窕淑女鐘鼓樂之文王生有聖德又有聖女姒氏以爲配宮中之人於其始至見其有幽閒貞靜之德故作是詩

詩之妙全在翻空見奇此詩只窈窕淑女君子

讀風臆評　周南

10073　讀風臆評不分卷　（明）戴君恩撰　明萬曆四十八年（1620）閔齊伋刻朱墨套印本　遼寧大學圖書館

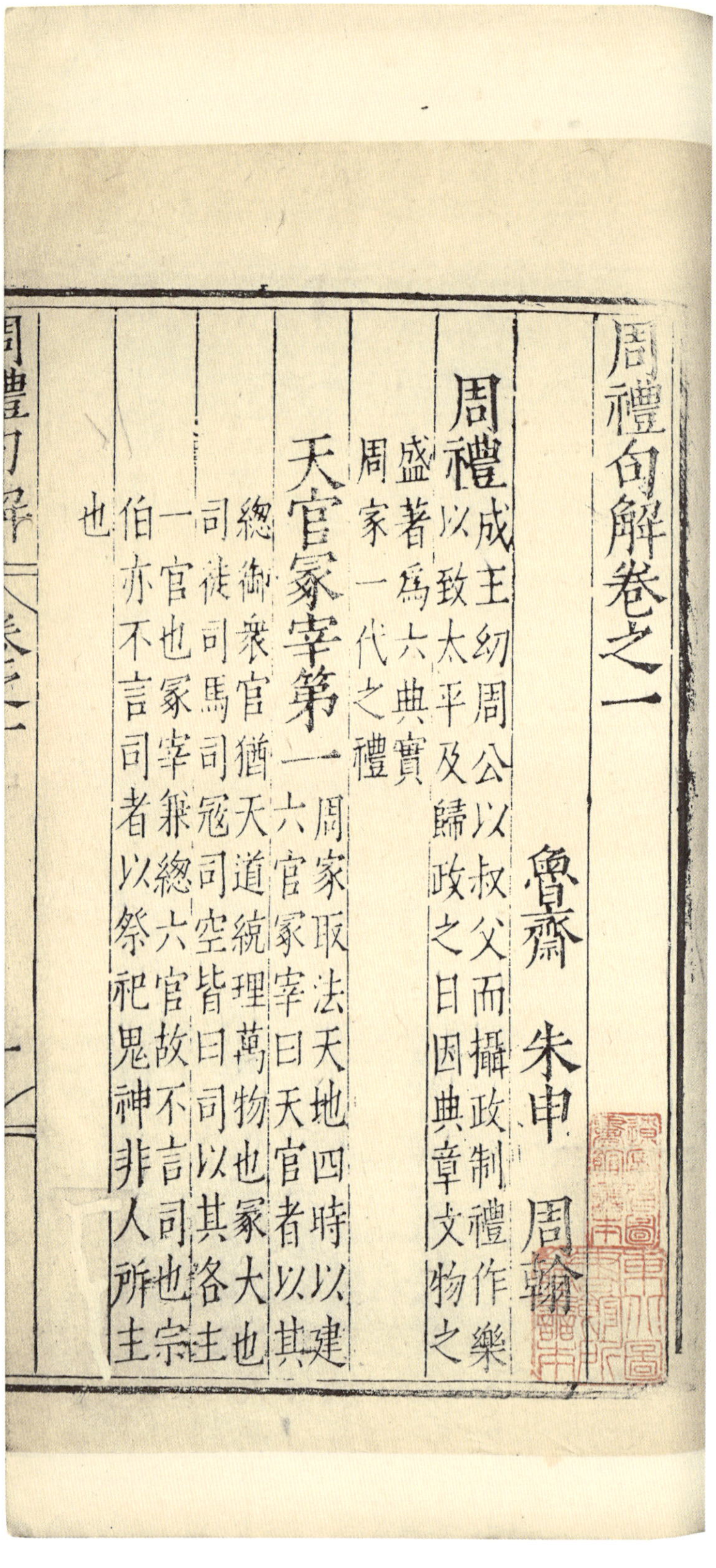

周禮句解卷之一

魯齋 朱申 周翰

周禮成王幼周公以叔父而攝政制禮作樂以致太平及歸政之日因典章文物之盛著爲六典實周家一代之禮

天官冢宰第一周家取法天地四時以建六官冢宰曰天官者以其總御衆官猶天道統理萬物也冢大也司徒司馬司寇司空皆曰司以其各主一官也冢宰兼總六官故不言司也宗伯亦不言司者以祭祀鬼神非人所主也

周禮句解 卷之一 一

10074　周禮句解十二卷　（宋）朱申撰　明嘉靖三十五年（1556）蔡揚金刻本　遼寧省圖書館

存九卷（一至六、八至十）

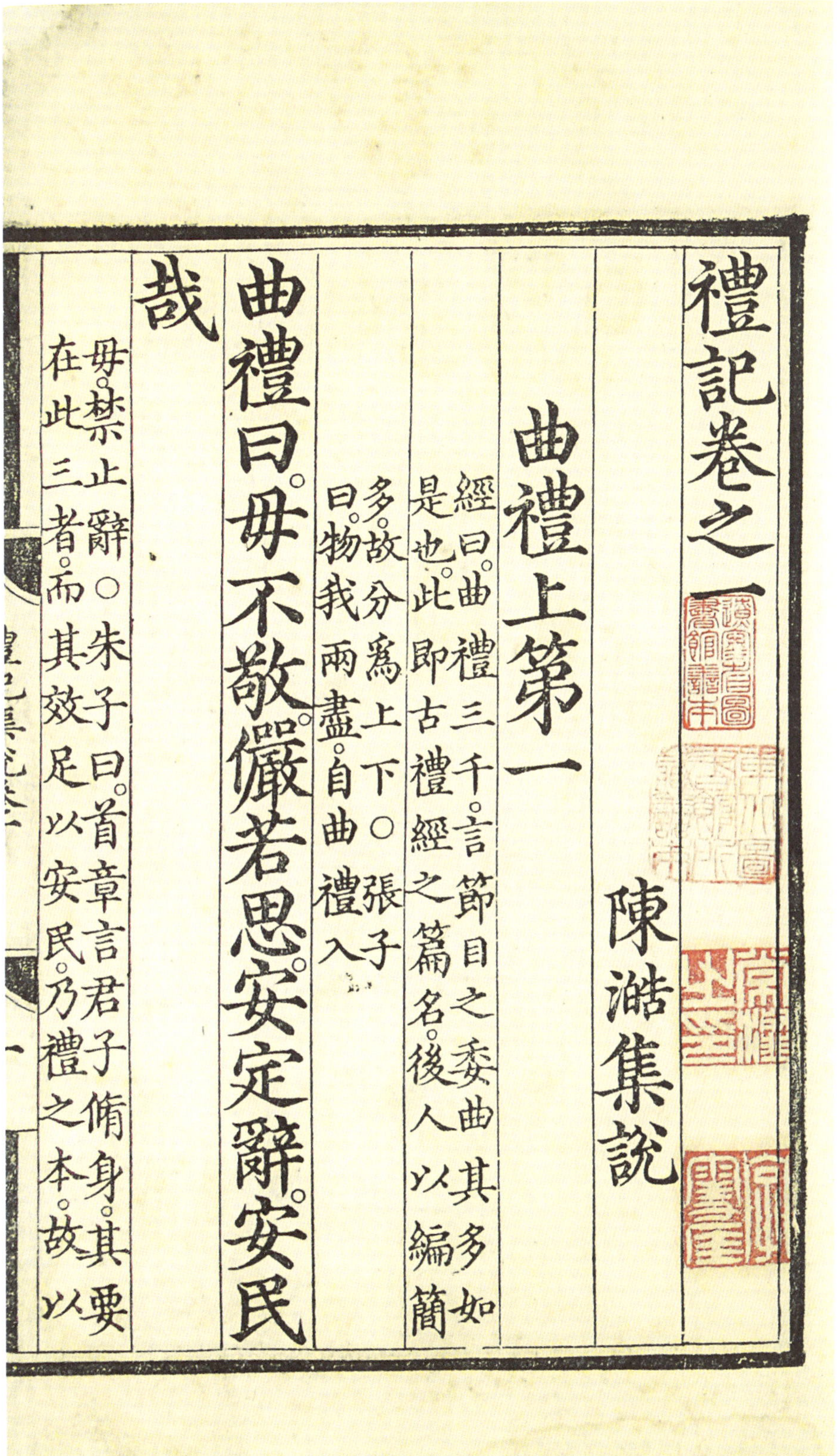

禮記卷之一

陳澔集說

曲禮上第一

經曰曲禮三千言節目之委曲其多如是也此即古禮經之篇名後人以編簡多故分爲上下○張子曰物我兩盡自曲禮入

曲禮曰毋不敬儼若思安定辭安民哉

毋禁止辭○朱子曰首章言君子脩身其要在此三者而其效足以安民乃禮之本故以

10075　禮記集說十六卷　（元）陳澔撰　明正統十二年（1447）司禮監刻本　遼寧省圖書館

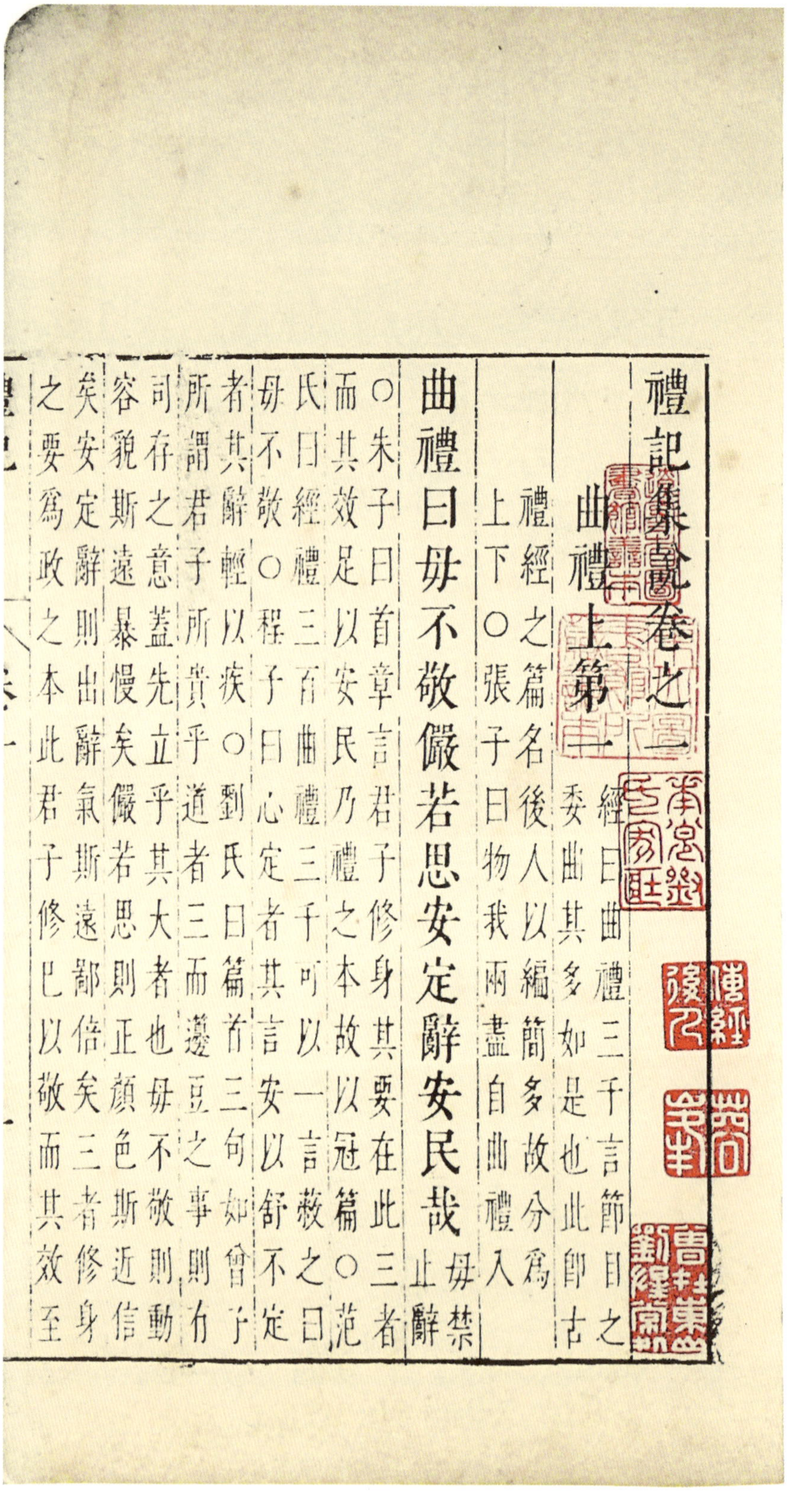
禮記集説卷之一
曲禮上第一
經曰曲禮三千言節目之委曲其多如是也此即古禮經之篇名後人以編簡多故分爲上下○張子曰物我兩盡自曲禮入
曲禮曰毋不敬儼若思安定辭安民哉毋禁止辭
○朱子曰首章言君子修身其要在此三者而其效足以安民乃禮之本故以冠篇○范氏曰經禮三百曲禮三千可以一言蔽之曰毋不敬○程子曰心定者其言安以舒不定者其辭輕以疾○劉氏曰篇首三句如曾子所謂君子所貴乎道者三而籩豆之事則有司存之意蓋先立乎其大者也毋不敬則動容貌斯遠暴慢矣儼若思則正顏色斯近信矣安定辭則出辭氣斯遠鄙倍矣三者修身之要爲政之本此君子修己以敬而其效至

10076　禮記集説三十卷　（元）陳澔撰　明末刻本　遼寧省圖書館

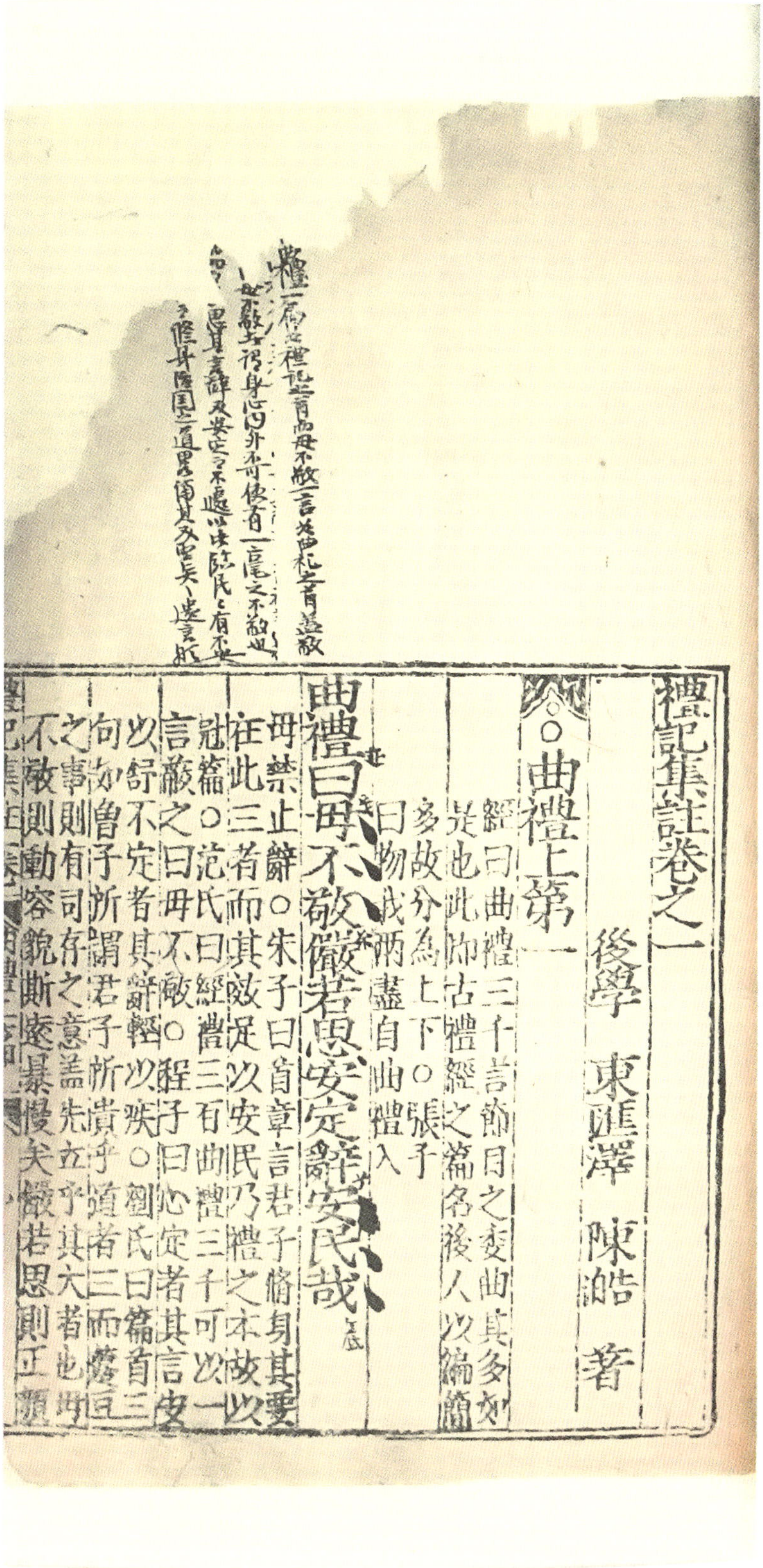

禮記集註卷之一

後學 東匯澤 陳澔 著

○曲禮上第一

經曰曲禮三千言節目之委曲其多如是也此亦古禮經之篇名後人以編簡多故分爲上下○張子曰物我兩盡自曲禮入

曲禮曰毋不敬儼若思安定辭安民哉

毋禁止辭○朱子曰首章言君子修身其要在此三者而其效足以安民乃禮之本故以冠篇○范氏曰經禮三百曲禮三千可以一言蔽之曰毋不敬○程子曰心定者其言安以舒不定者其辭輕以疾○劉氏曰篇首三句如曾子所謂君子所貴乎道者三而[illegible]之事則有司存之意蓋先立乎其大者也毋不敬則動容貌斯遠暴慢矣儼若思則正顏

10077　禮記集註十卷　（元）陳澔撰　明建邑書林興正堂刻本　佚名批校

錦州市圖書館

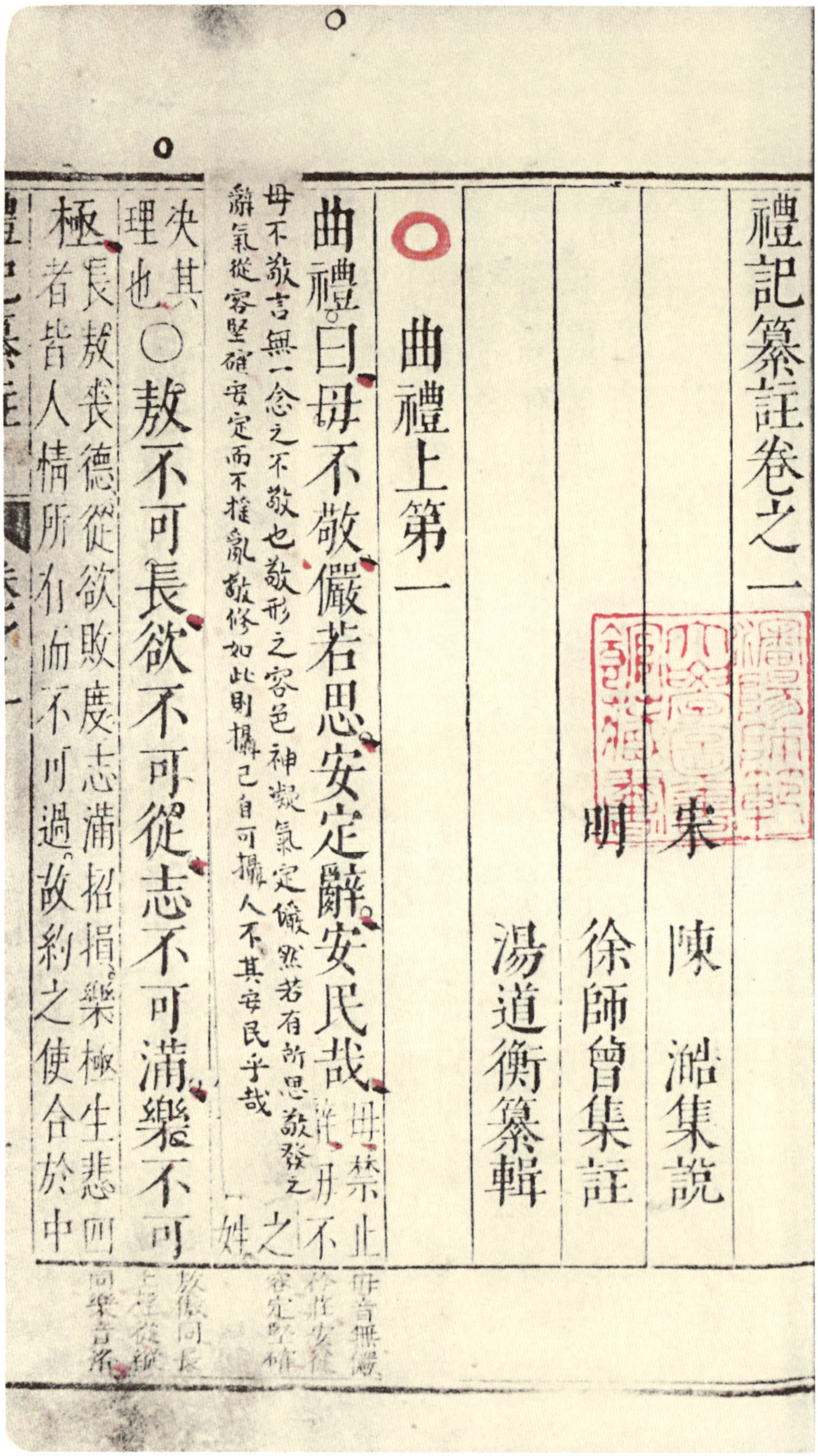
禮記纂註卷之一
宋　陳澔集說
明　徐師曾集註
湯道衡纂輯
曲禮上第一
○曲禮曰毋不敬儼若思安定辭安民哉
毋不敬言無一念之不敬也敬形之容色神凝氣定儼然若有所思敬發之辭氣從容堅確安定而不推亂敬脩如此則攝己自可攝人不其安民乎哉
敖不可長欲不可從志不可滿樂不可
極長敖褻德從欲敗度志滿招損樂極生悲回
者皆人情所有而不可過故約之使合於中
決其理也○
禮記纂註卷之一

10078　禮記纂註三十卷　（元）陳澔集説　（明）徐師曾集注　（明）湯道衡纂輯　明刻本　佚名圈點批注　瀋陽師範大學圖書館

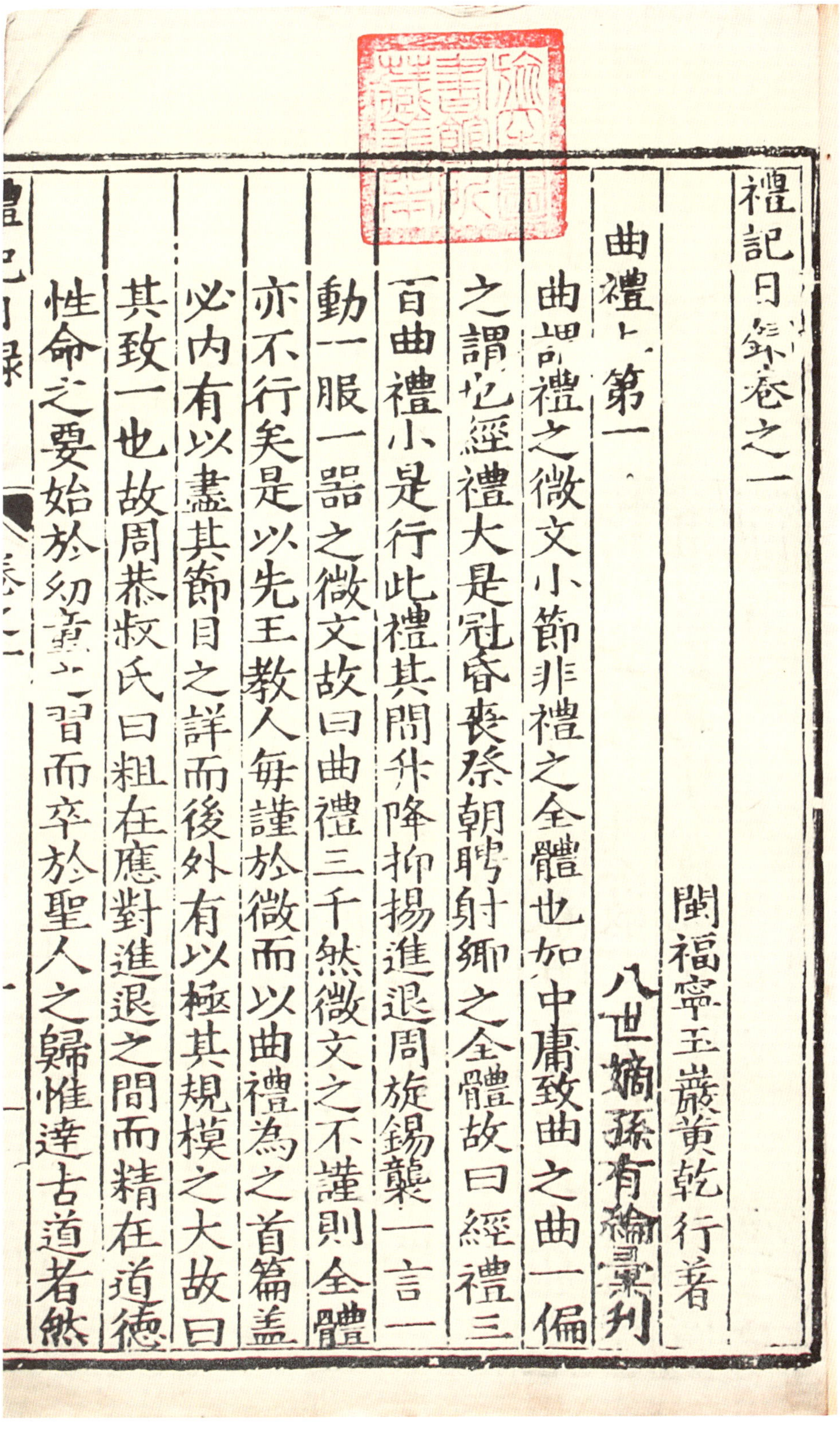

禮記日録卷之一
閩福寧玉巖黄乾行著
曲禮上第一
八世嫡孫有綸彙刊
曲謂禮之微文小節非禮之全體也如中庸致曲之曲一偏
之謂也經禮大是冠昏喪祭朝聘射鄉之全體故曰經禮三
百曲禮小是行此禮其間升降抑揚進退周旋裼襲一言一
動一服一器之微文故曰曲禮三千然微文之不謹則全體
亦不行矣是以先王教人每謹於微而以曲禮為之首篇蓋
必內有以盡其節目之詳而後外有以極其規模之大故曰
其致一也故周恭叔氏曰粗在應對進退之間而精在道德
性命之要始於幼童之習而卒於聖人之歸惟達古道者然

10079　禮記日録三十卷圖解一卷　（明）黄乾行撰　明嘉靖三十四年（1555）鍾一元刻本　大連圖書館

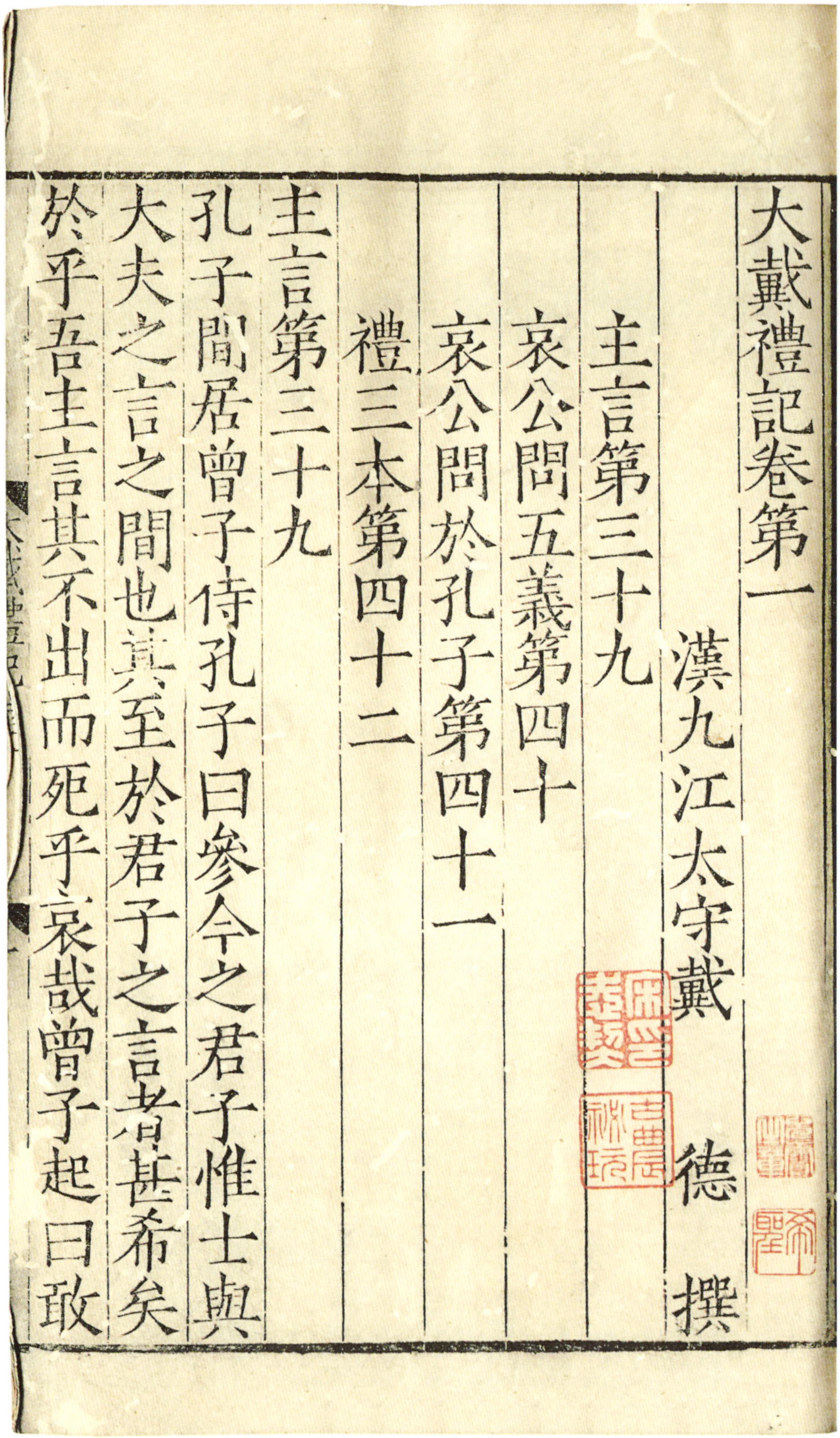

大戴禮記卷第一

漢九江太守戴　德　撰

主言第三十九

哀公問五義第四十

哀公問於孔子第四十一

禮三本第四十二

主言第三十九

孔子閒居曾子侍孔子曰參今之君子惟士與大夫之言之閒也其至於君子之言者甚希矣於乎吾主言其不出而死乎哀哉曾子起曰敢

10080　大戴禮記八十五卷　（漢）戴德撰　（北周）盧辯注　明嘉靖十二年（1533）袁氏嘉趣堂刻本　旅順博物館

存七卷（一至七）

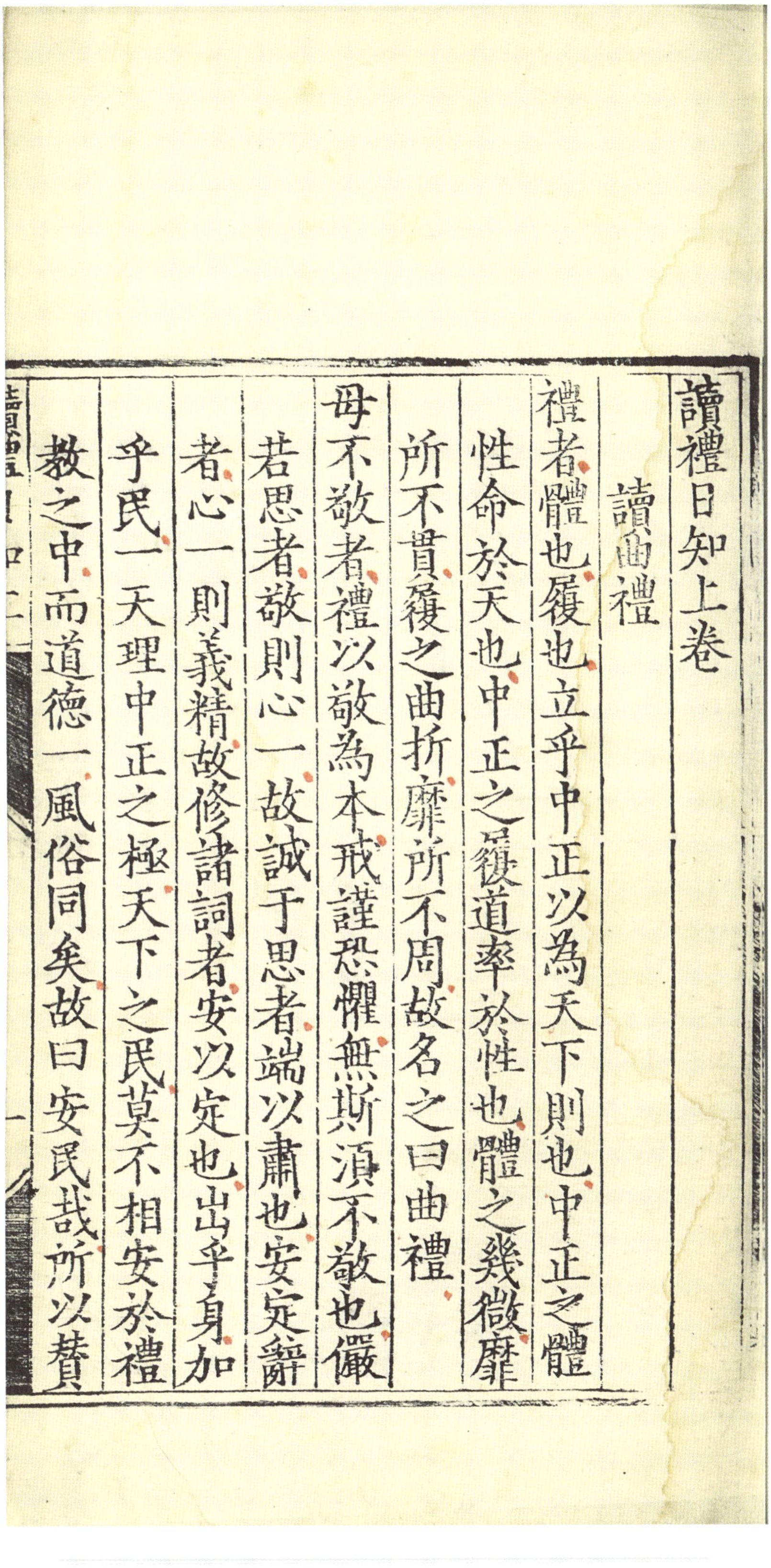

讀禮日知上卷
讀曲禮
禮者體也履也立乎中正以為天下則也中正之體
性命於天也中正之履道率於性也體之幾微靡
所不貫履之曲折靡所不周故名之曰曲禮
毋不敬者禮以敬為本戒謹恐懼無斯須不敬也儼
若思者敬則心一故誠于思者端以肅也安定辭
者心一則義精故修諸詞者安以定也出乎身加
乎民一天理中正之極天下之民莫不相安於禮
教之中而道德一風俗同矣故曰安民哉所以贊

10081　讀禮日知二卷　（明）金潮撰　明萬曆二年（1574）海陽馮氏刻本
羅振玉題識　遼寧省圖書館

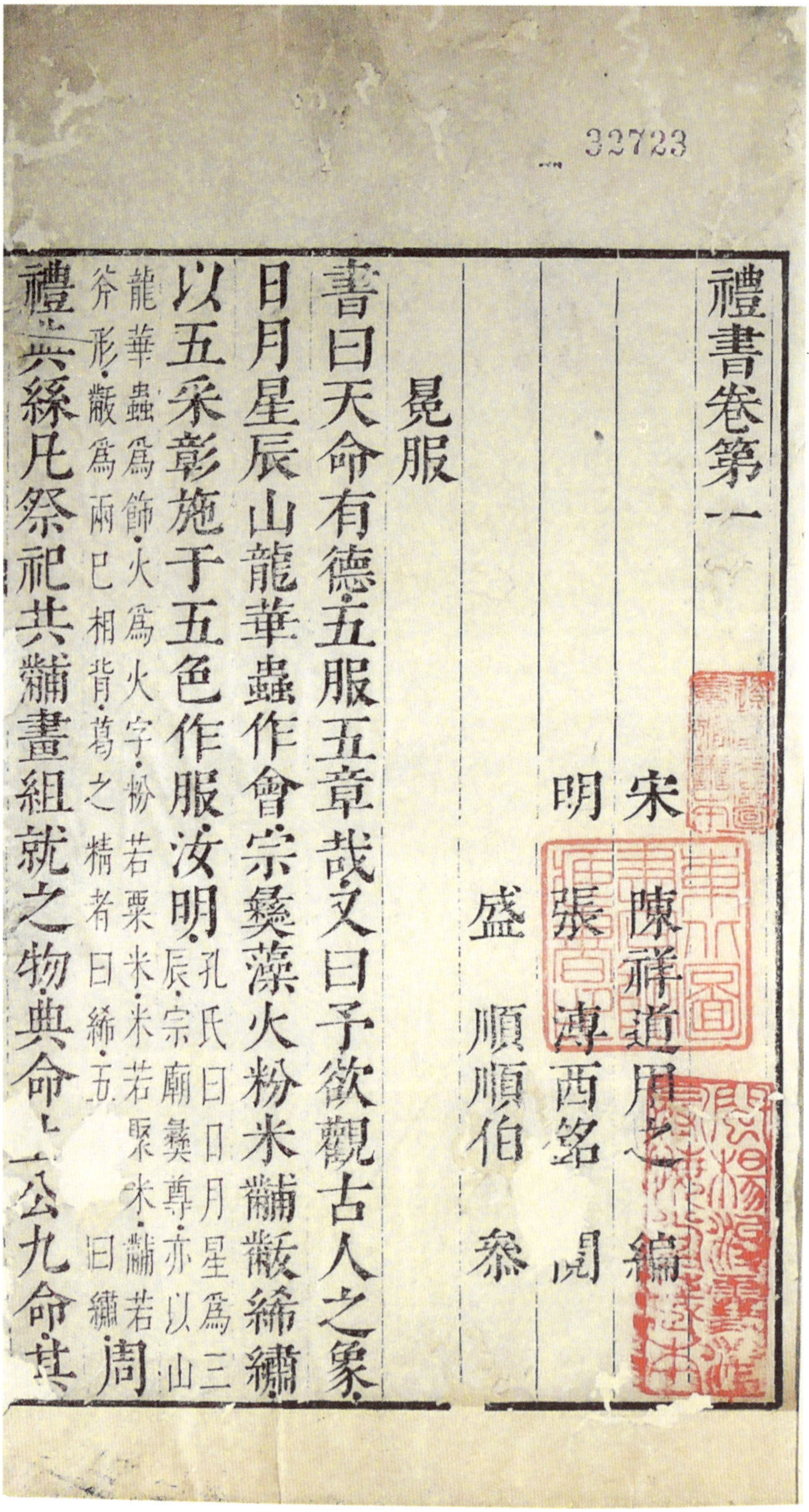

禮書卷第一

宋　陳祥道用之編

明　張溥西銘閲

盛　順順伯叅

冕服

書曰天命有德五服五章哉又曰予欲觀古人之象日月星辰山龍華蟲作會宗彝藻火粉米黼黻絺繡以五采彰施于五色作服汝明孔氏曰日月星爲三辰宗廟彝尊亦以山龍華蟲爲飾火爲火字粉若粟米若聚米黼若斧形黻爲兩已相背葛之精者曰絺五采曰繡周禮典絲凡祭祀共黼畫組就之物典命上公九命其

10082　禮書一百五十卷　（宋）陳祥道撰　明張溥刻本　遼寧省圖書館

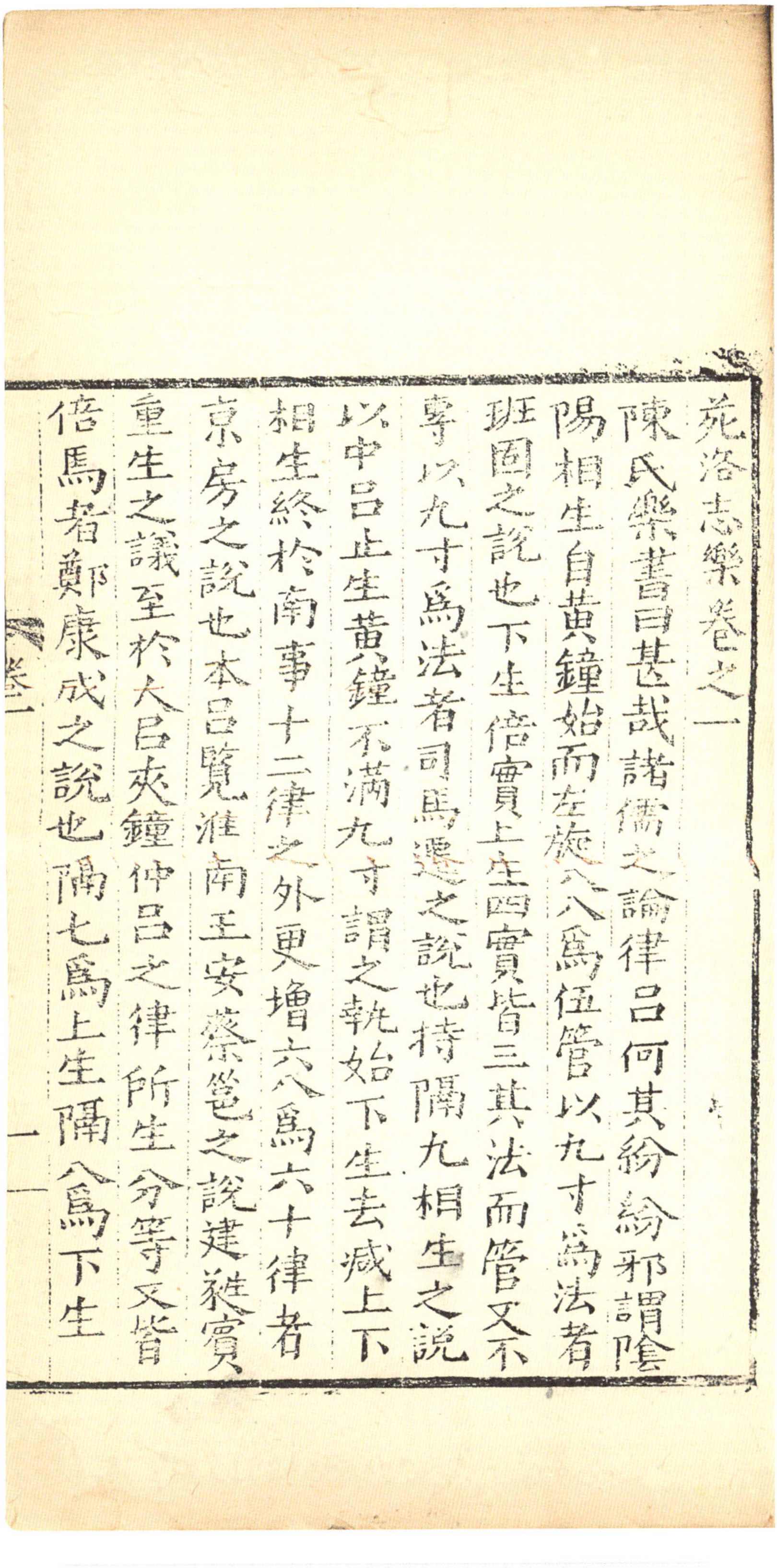

苑洛志樂卷之一

陳氏樂書曰甚哉諸儒之論律呂何其紛紛邪謂陰陽相生自黄鍾始而左旋八八爲伍管以九寸爲法者班固之說也下生倍實上生四實皆三其法而管又不專以九寸爲法者司馬遷之說也特隔九相生之說以中呂止生黄鍾不滿九寸謂之執始下生去滅上下相生終於南事十二律之外更增六八爲六十律者京房之說也本呂覽淮南王安蔡邕之說建蕤賓重生之議至於大呂夾鍾仲呂之律所生分等又皆倍焉者鄭康成之說也隔七爲上生隔八爲下生

卷一　一

10083　苑洛志樂二十卷　（明）韓邦奇撰　明嘉靖刻本　遼寧大學圖書館

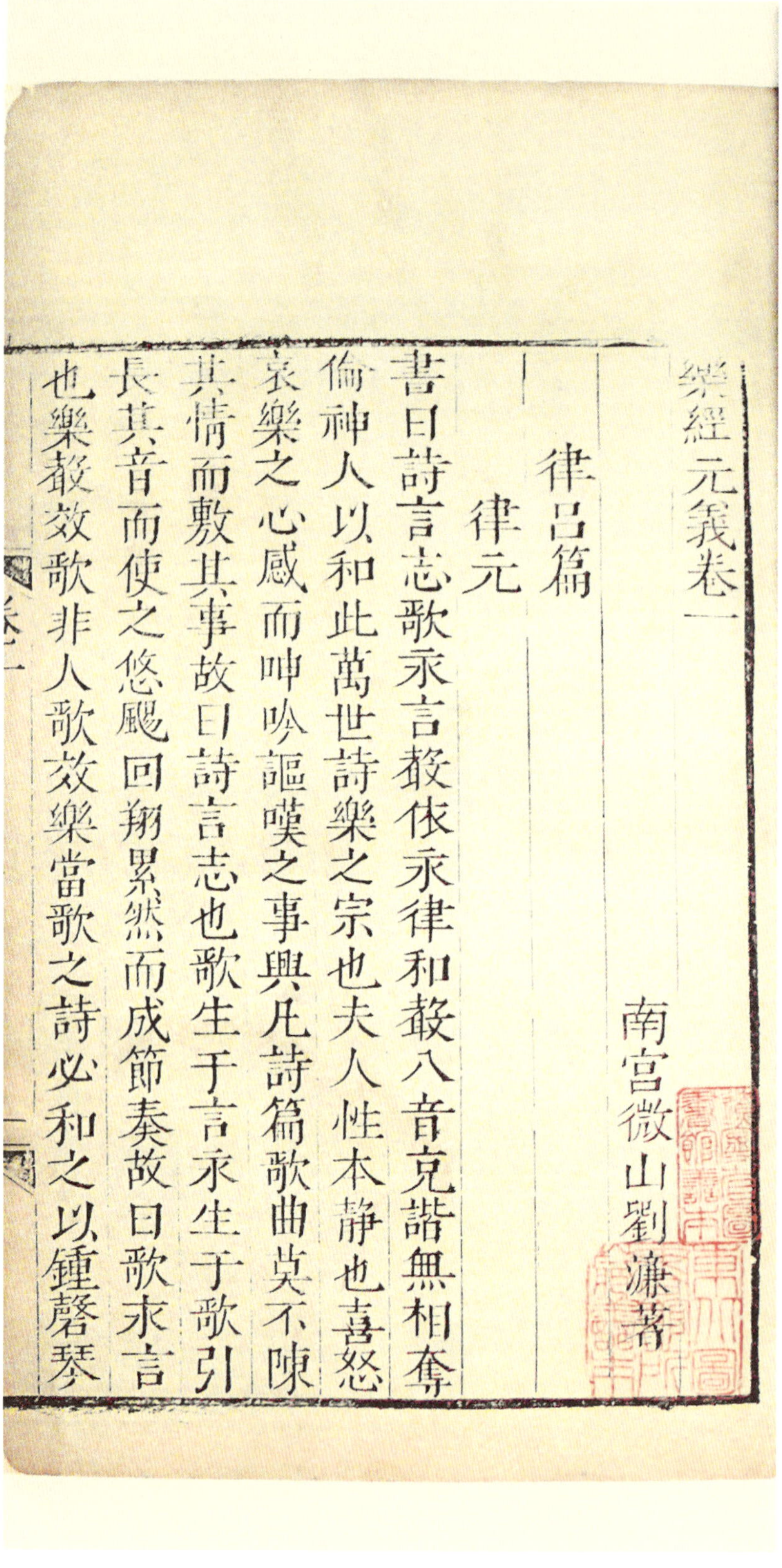
樂經元義卷一

南宮微山劉濂著

律呂篇

律元

書曰詩言志歌永言聲依永律和聲八音克諧無相奪倫神人以和此萬世詩樂之宗也夫人性本靜也喜怒哀樂之心感而呻吟謳嘆之事興凡詩篇歌曲莫不陳其情而敷其事故曰詩言志也歌生于言永生于歌引長其音而使之悠颺回翔累然而成節奏故曰歌永言也樂聲效歌非人歌效樂當歌之詩必和之以鍾磬琴

卷一　二

10084　樂經元義八卷　（明）劉濂撰　明嘉靖刻本　遼寧省圖書館

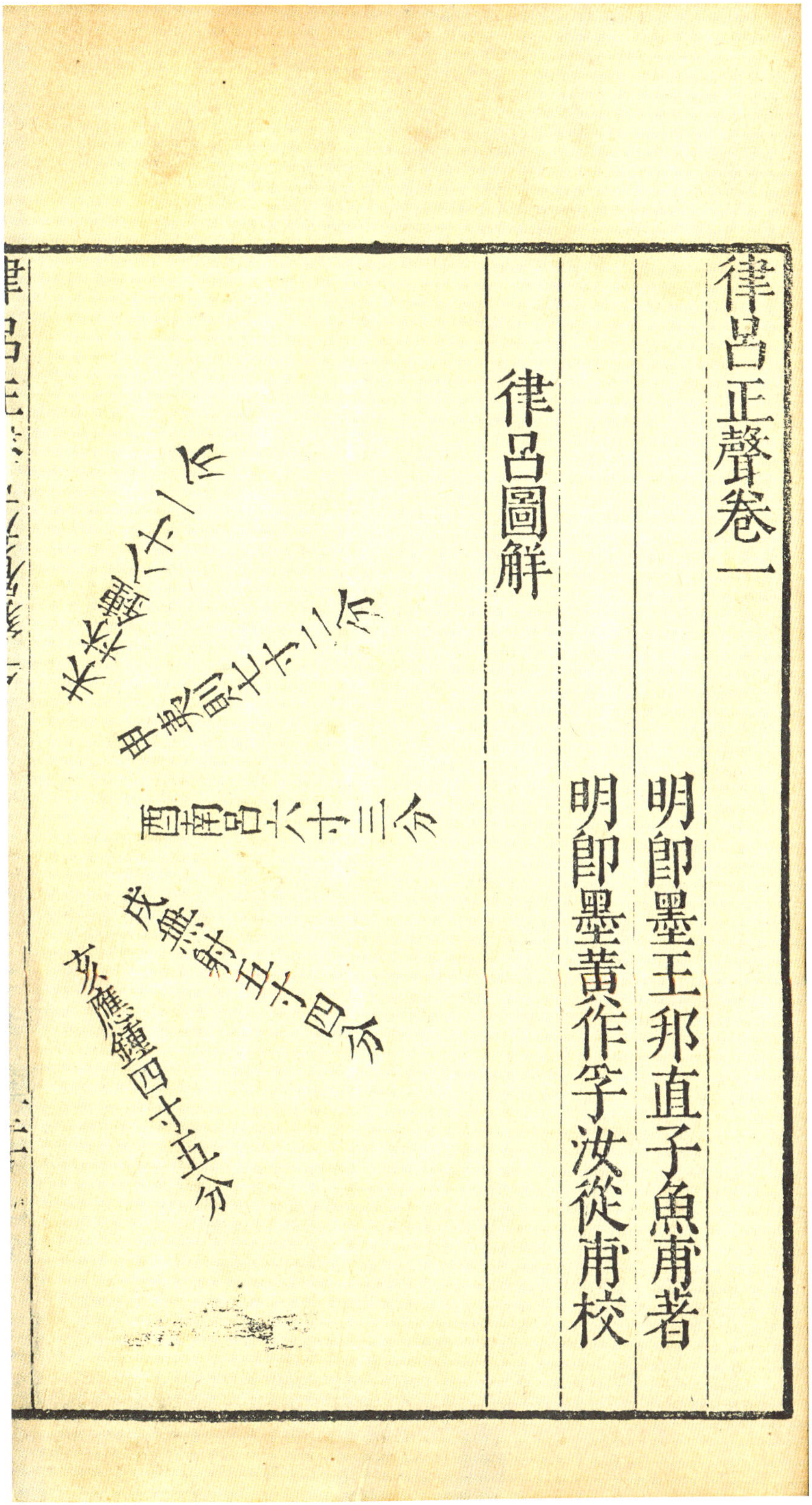
律呂正聲卷一
明郎墨王邦直子魚甫著
明郎墨黃作孚汝從甫校
律呂圖解

10085　律呂正聲六十卷　（明）王邦直撰　（明）黃作孚校　明萬曆三十六年（1608）黃作孚刻本　遼寧省圖書館

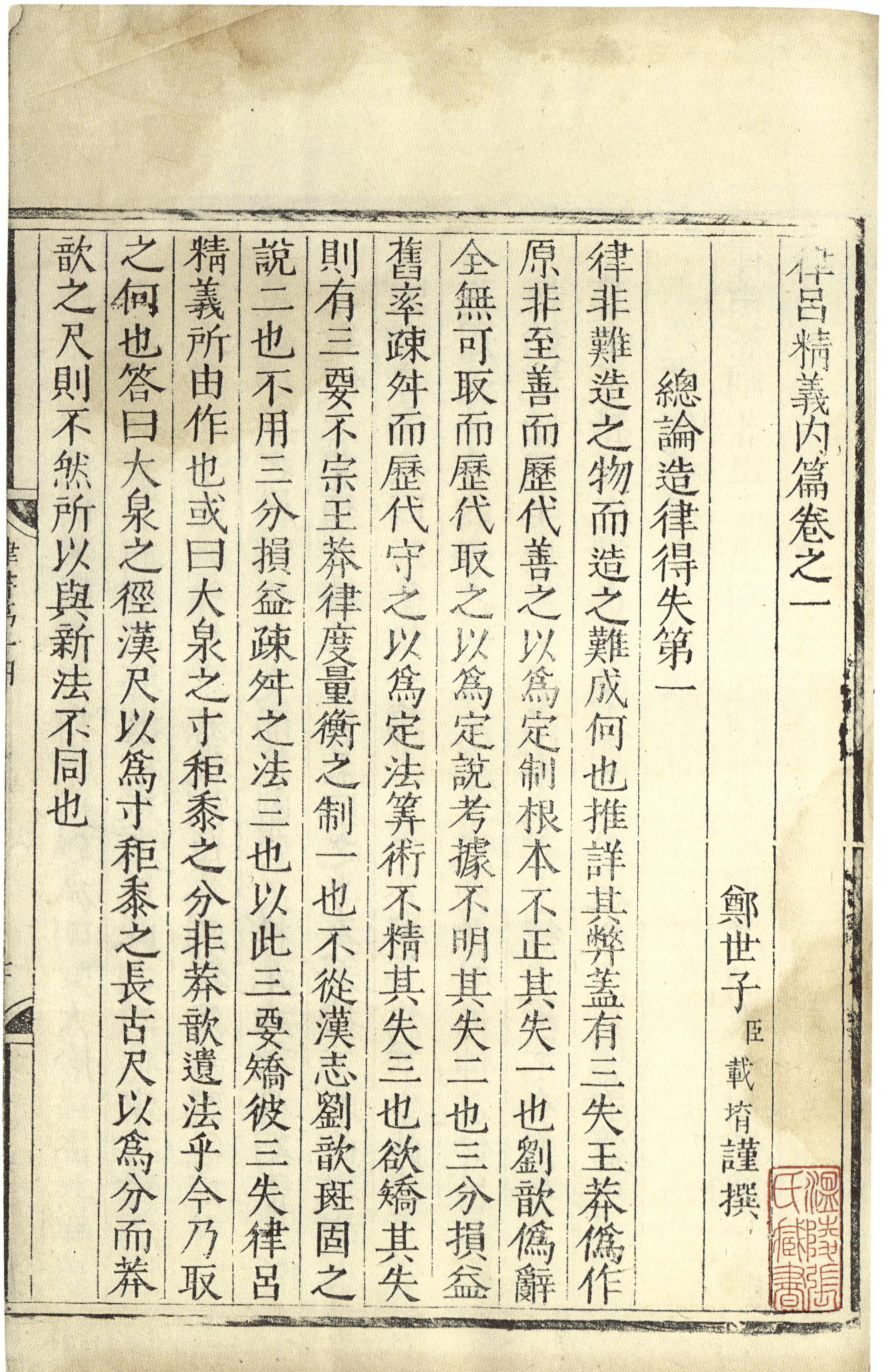

律呂精義內篇卷之一

鄭世子臣載堉謹撰

總論造律得失第一

律非難造之物而造之難成何也推詳其弊蓋有三失王莽僞作原非至善而歷代善之以爲定制根本不正其失一也劉歆僞辭全無可取而歷代取之以爲定說考據不明其失二也三分損益舊率疎舛而歷代守之以爲定法筭術不精其失三也欲矯其失則有三要不宗王莽律度量衡之制一也不從漢志劉歆班固之說二也不用三分損益疎舛之法三也以此三要矯彼三失律呂精義所由作也或曰大泉之寸秬黍之分非莽歆遺法乎今乃取之何也答曰大泉之徑漢尺以爲寸秬黍之長古尺以爲分而莽歆之尺則不然所以與新法不同也

10086　樂律全書四十八卷　（明）朱載堉撰　明萬曆鄭藩增修本　遼寧省圖書館

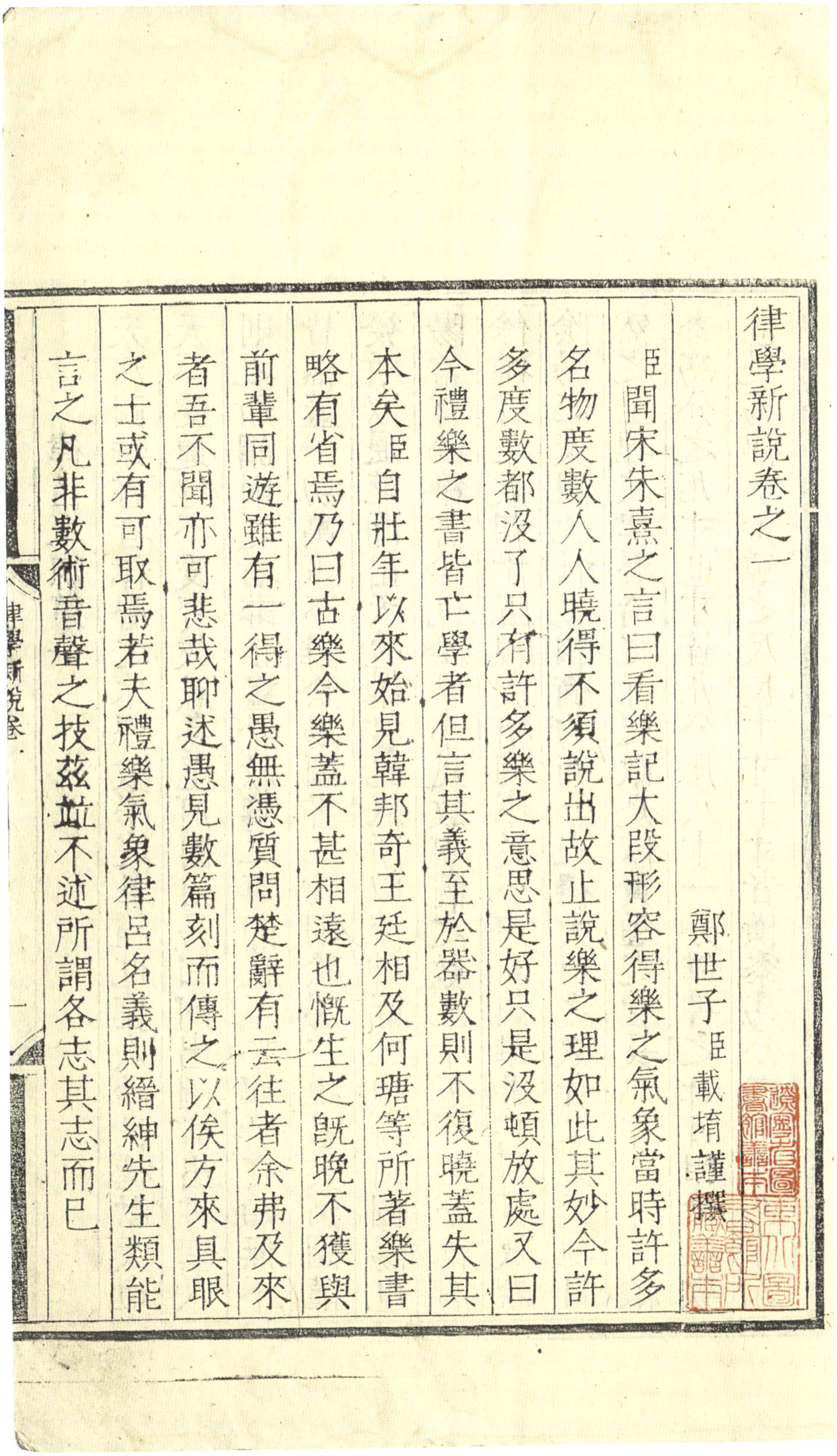

律學新說卷之一

鄭世子臣載堉謹撰

臣聞宋朱熹之言曰看樂記大段形容得樂之氣象當時許多名物度數人人曉得不須說出故止說樂之理如此其妙今許多度數都沒了只有許多樂之意思是好只是沒頓放處又曰今禮樂之書皆亡學者但言其義至於器數則不復曉蓋失其本矣臣自壯年以來始見韓邦奇王廷相及何瑭等所著樂書略有省焉乃曰古樂今樂蓋不甚相遠也慨生之既晚不獲與前輩同遊雖有一得之愚無憑質問楚辭有云往者余弗及來者吾不聞亦可悲哉聊述愚見數篇刻而傳之以俟方來具眼之士或有可取焉若夫禮樂氣象律呂名義則縉紳先生類能言之凡非數術音聲之技茲並不述所謂各志其志而已

10087　樂律全書四十八卷　（明）朱載堉撰　明萬曆鄭藩增修本　遼寧省圖書館

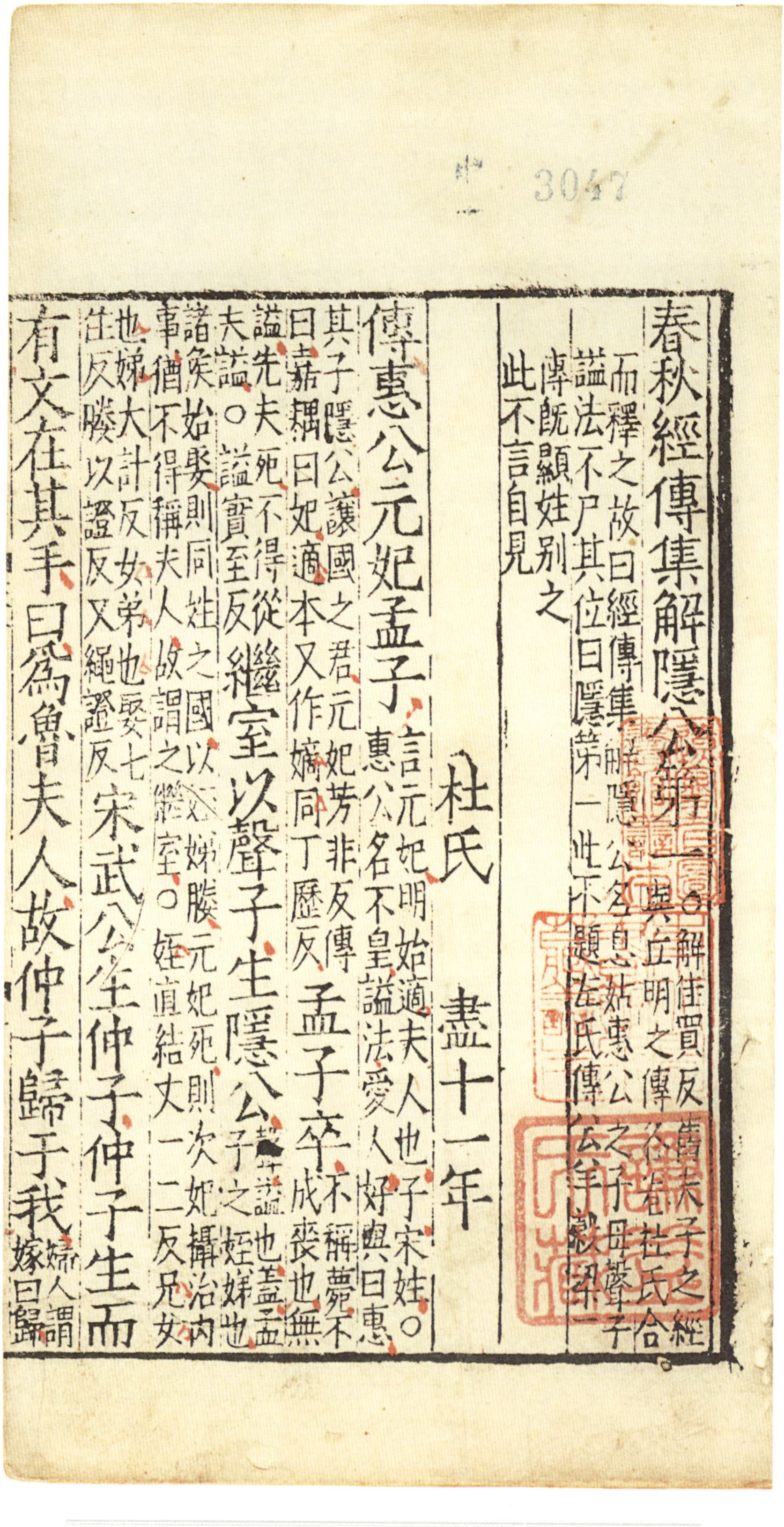

春秋經傳集解隱公第一〇解佳買反唐夫子之經與丘明之傳各有杜氏合
而釋之故曰經傳集解隱公名息姑惠公之子母聲子
諡法不尸其位曰隱第一此不題左氏傳公羊穀梁二
傳既顯姓別之
此不言自見
杜氏　盡十一年
傳惠公元妃孟子言元妃明始適夫人也子宋姓〇惠公名不皇諡法愛人好與曰惠
其子隱公讓國之君元妃芳非反傳曰嘉耦曰妃適本又作嫡同丁歷反孟子卒不稱薨不成喪也無
諡先夫死不得從夫諡〇諡實至反繼室以聲子生隱公聲子諡也蓋孟子之姪娣也
諸侯始娶則同姓之國以姪娣媵元妃死則次妃攝治內事猶不得稱夫人故謂之繼室〇姪直結反一二反兄女
也娣大計反女弟也媵七任反媵以證反又繩證反宋武公生仲子仲子生而
有文在其手曰為魯夫人故仲子歸于我婦人謂嫁曰歸

10088　春秋經傳集解三十卷　（晋）杜預撰　（唐）陸德明釋文　**春秋名號歸一圖二卷**　（後蜀）馮繼先撰　明刻本　遼寧省圖書館

存二十九卷（一、三、五至二十三、二十五至三十，春秋名號歸一圖二卷）

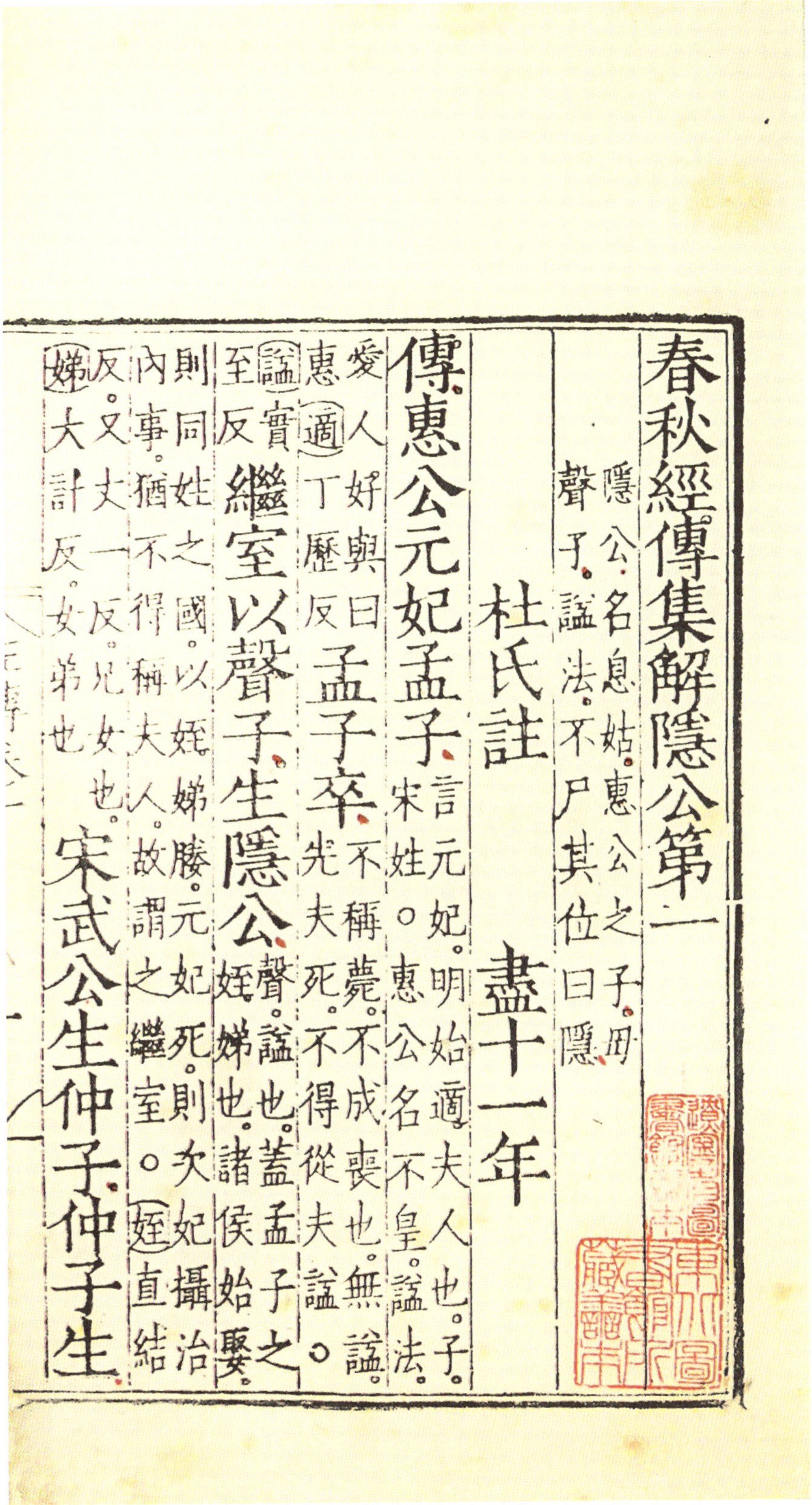
春秋經傳集解隱公第一
隱公名息姑惠公之子母聲子諡法不尸其位曰隱
杜氏註　盡十一年
傳惠公元妃孟子言元妃明始適夫人也子宋姓○惠公名不皇諡法愛人好與曰惠〔適〕丁歷反孟子卒不稱薨不成喪也無諡先夫死不得從夫諡○〔諡〕實至反繼室以聲子生隱公聲諡也蓋孟子之姪娣也諸侯始娶則同姓之國以姪娣媵元妃死則次妃攝治內事猶不得稱夫人故謂之繼室○〔姪〕直結反又丈一反兄女也〔娣〕大計反女弟也宋武公生仲子仲子生

10089　春秋經傳集解三十卷　（晋）杜預撰　（唐）陸德明釋文　明嘉靖刻本　遼寧省圖書館

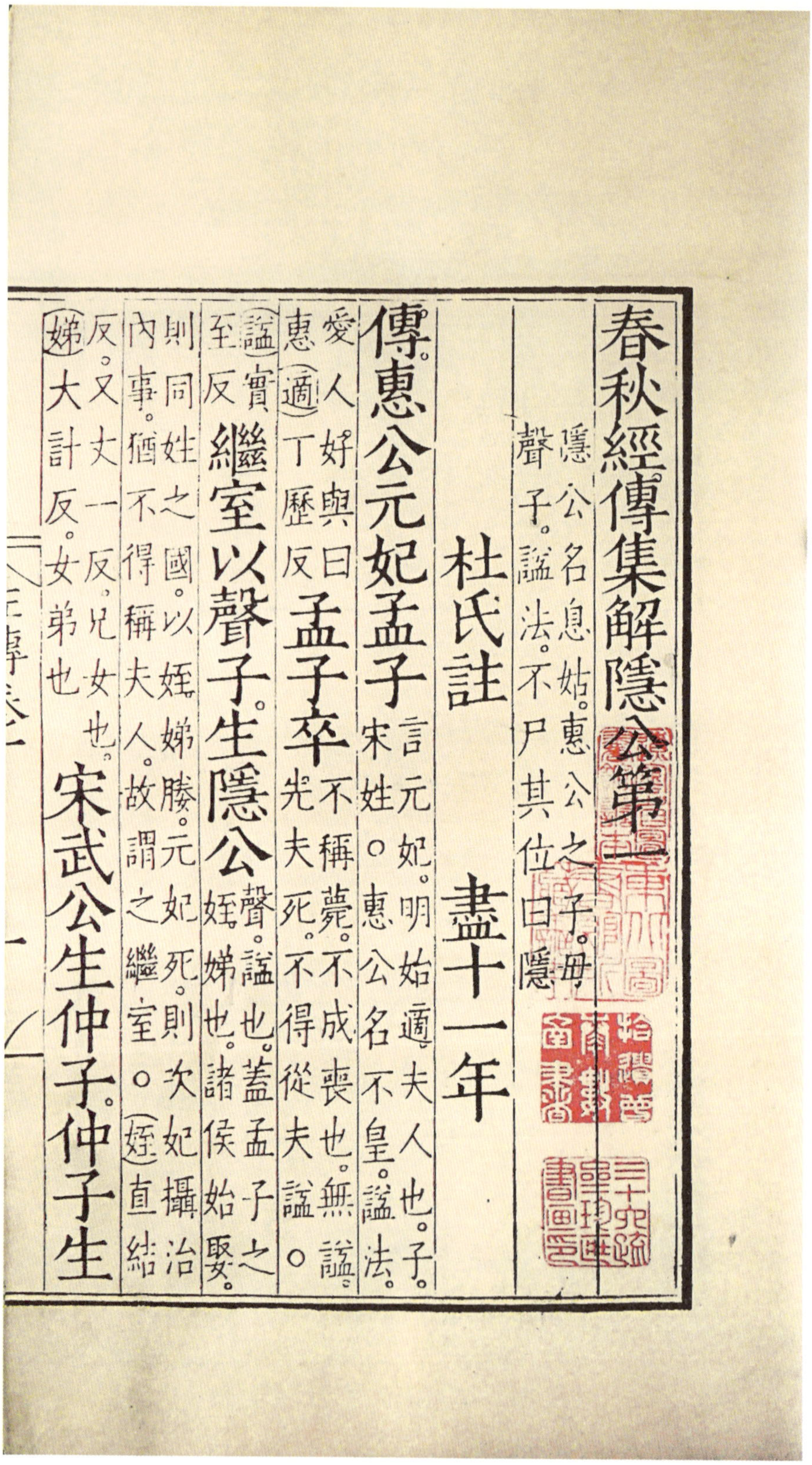

10090　春秋經傳集解三十卷　（晋）杜預撰　（唐）陸德明釋文　明嘉靖刻本　遼寧省圖書館

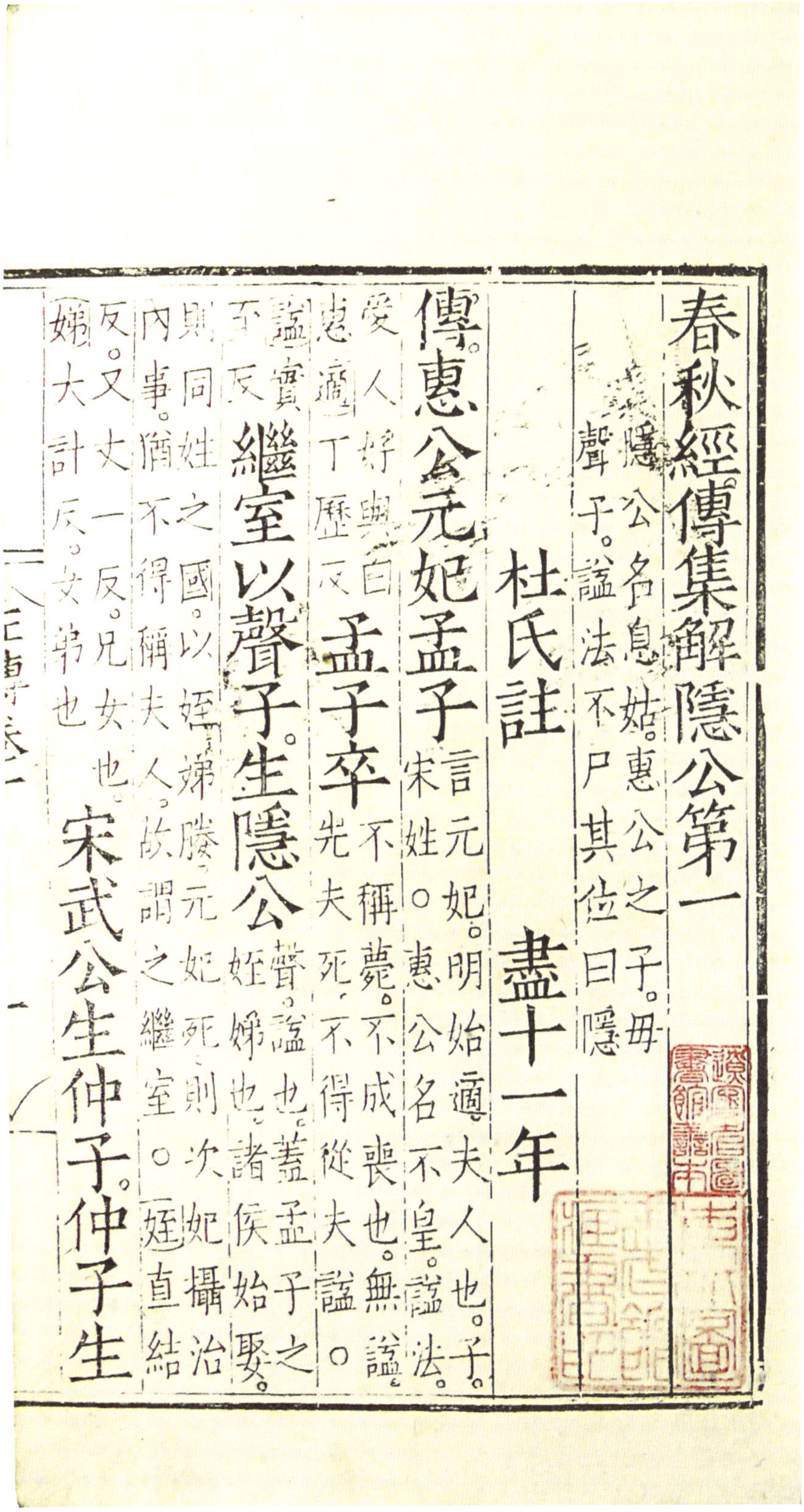
春秋經傳集解隱公第一
陸曰隱公名息姑。惠公之子。母聲子。謚法不尸其位曰隱
杜氏註　盡十一年
傳惠公元妃孟子言元妃。明始適夫人也。子。宋姓。○惠公名不皇。謚法。愛人好與曰惠。適丁歷反孟子卒不稱薨。不成喪也。無謚。先夫死。不得從夫謚。○謚實至反繼室以聲子。生隱公聲。謚也。蓋孟子之姪娣也。諸侯始娶則同姓之國以姪娣媵。元妃死則次妃攝治內事。猶不得稱夫人。故謂之繼室。○姪直結反。又丈一反。兄女也。娣大計反。女弟也。宋武公生仲子。仲子生

10091　春秋經傳集解三十卷　（晋）杜預撰　（唐）陸德明釋文　明嘉靖刻本　遼寧省圖書館
存二十九卷（一至十三、十五至三十）

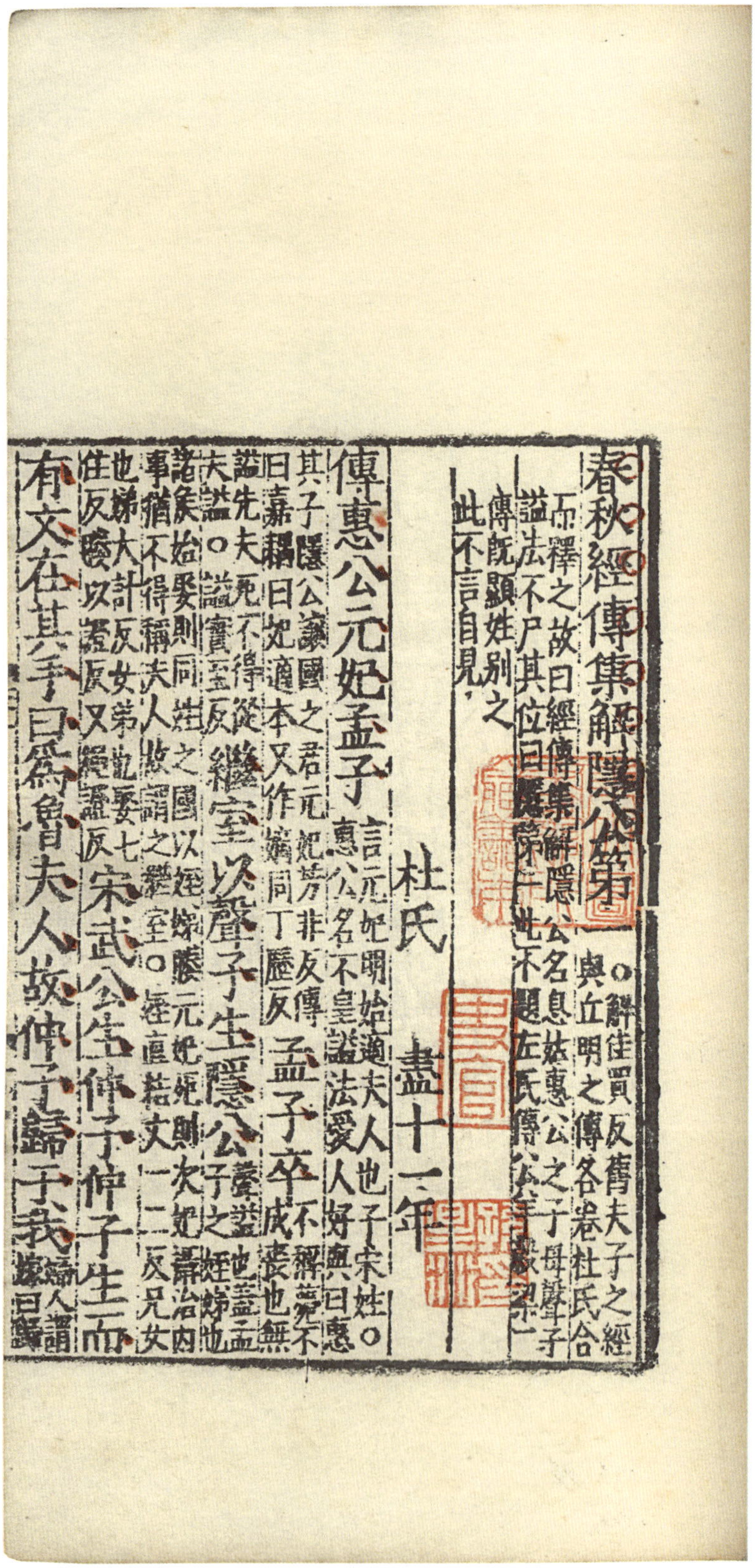

10092　春秋經傳集解三十卷　（晋）杜預撰　（唐）陸德明釋文　**春秋名號歸一圖二卷**　（後蜀）馮繼先撰　明刻本　遼寧省圖書館

存十六卷（一至八、十三至十八，春秋名號歸一圖二卷）

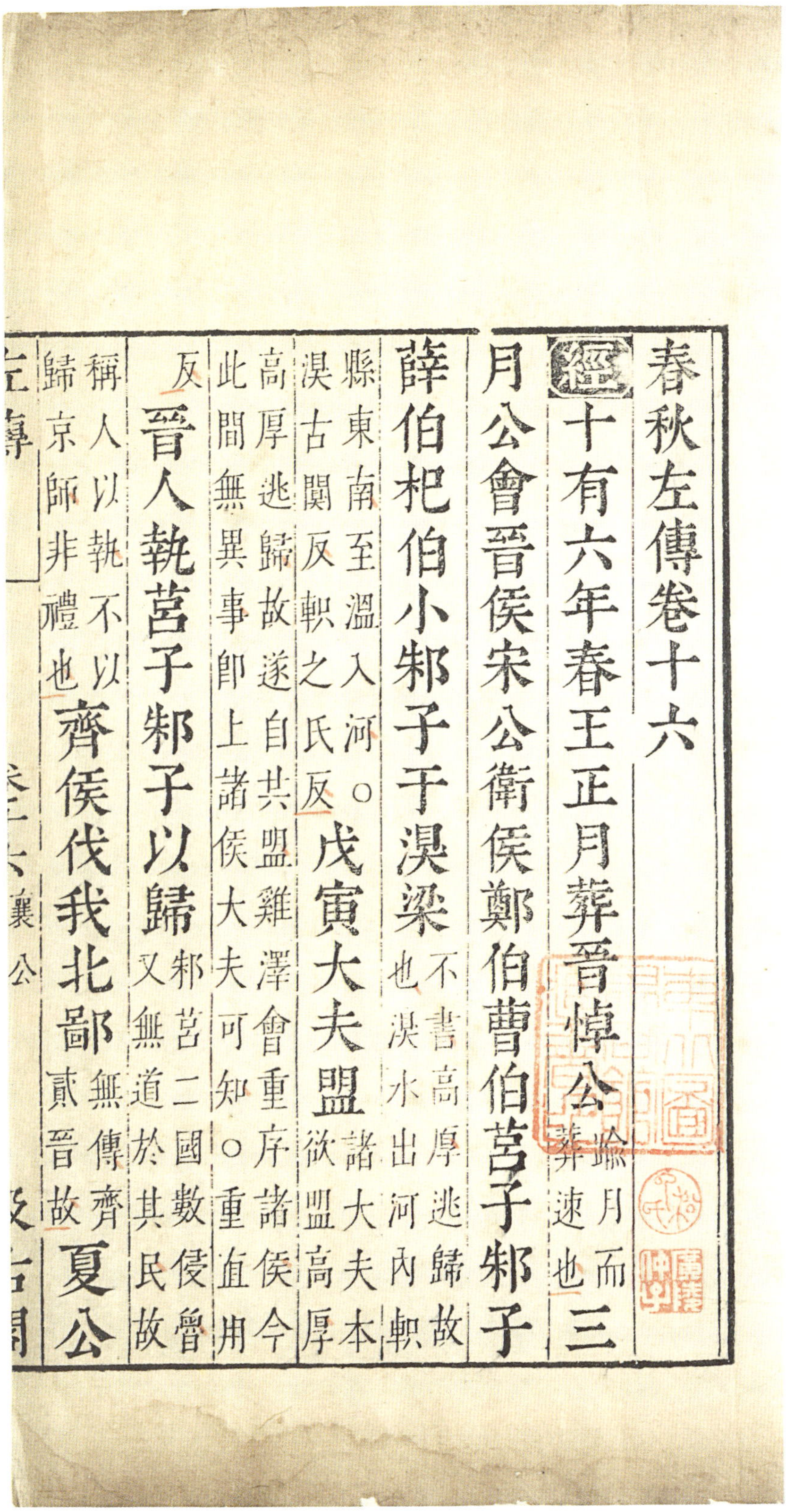

春秋左傳卷十六

經 十有六年春王正月葬晉悼公踰月而葬速也三月公會晉侯宋公衛侯鄭伯曹伯莒子邾子薛伯杞伯小邾子于溴梁不書高厚逃歸故也溴水出河內軹縣東南至溫入河○溴古闃反軹之氏反戊寅大夫盟諸大夫本欲盟高厚高厚逃歸故遂自共盟雞澤會重序諸侯今此間無異事即上諸侯大夫可知○重直用反晉人執莒子邾子以歸邾莒二國數侵魯又無道於其民故稱人以執不以歸京師非禮也齊侯伐我北鄙無傳齊貳晉故夏公

左傳　卷十六　襄公　汲古閣

10093　春秋左傳三十卷　（晉）杜預注　（明）鍾惺評　明崇禎四年（1631）毛氏汲古閣刻本　遼寧省圖書館

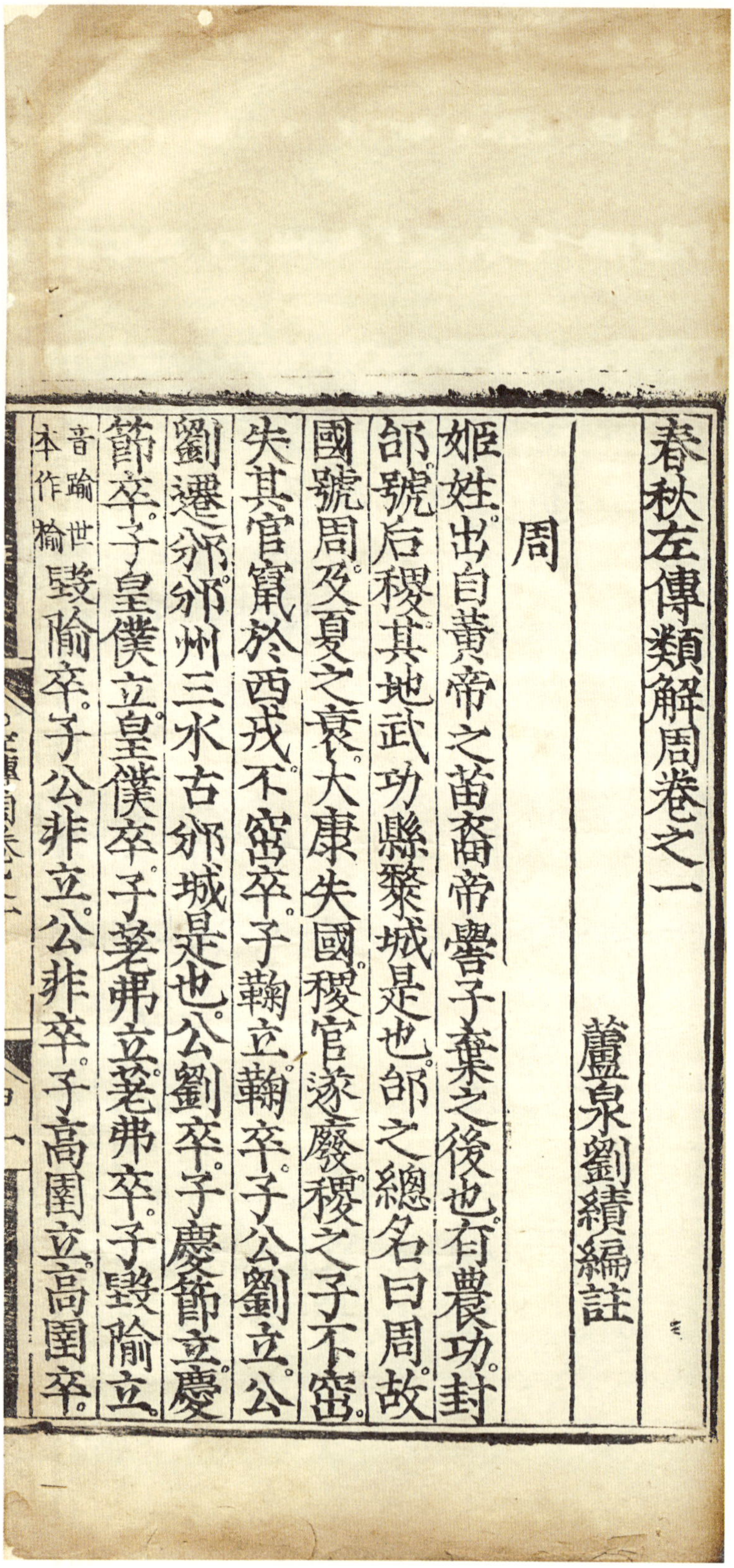

春秋左傳類解周卷之一

盧泉劉績編註

周

姬姓出自黃帝之苗裔帝嚳子棄之後也有農功封邰號后稷其地武功縣斄城是也邰之總名曰周故國號周及夏之衰太康失國稷官遂廢稷之子不窋失其官竄於西戎不窋卒子鞠立鞠卒子公劉立公劉遷邠邠州三水古邠城是也公劉卒子慶節立慶節卒子皇僕立皇僕卒子差弗立差弗卒子毀隃立音踰世本作揄毀隃卒子公非立公非卒子高圉立高圉卒

10094　春秋左傳類解二十卷地譜世系一卷　（明）劉績撰　明嘉靖七年（1528）崇藩寶賢堂刻本　大連圖書館

存十一卷（一至十、地譜世系一卷）

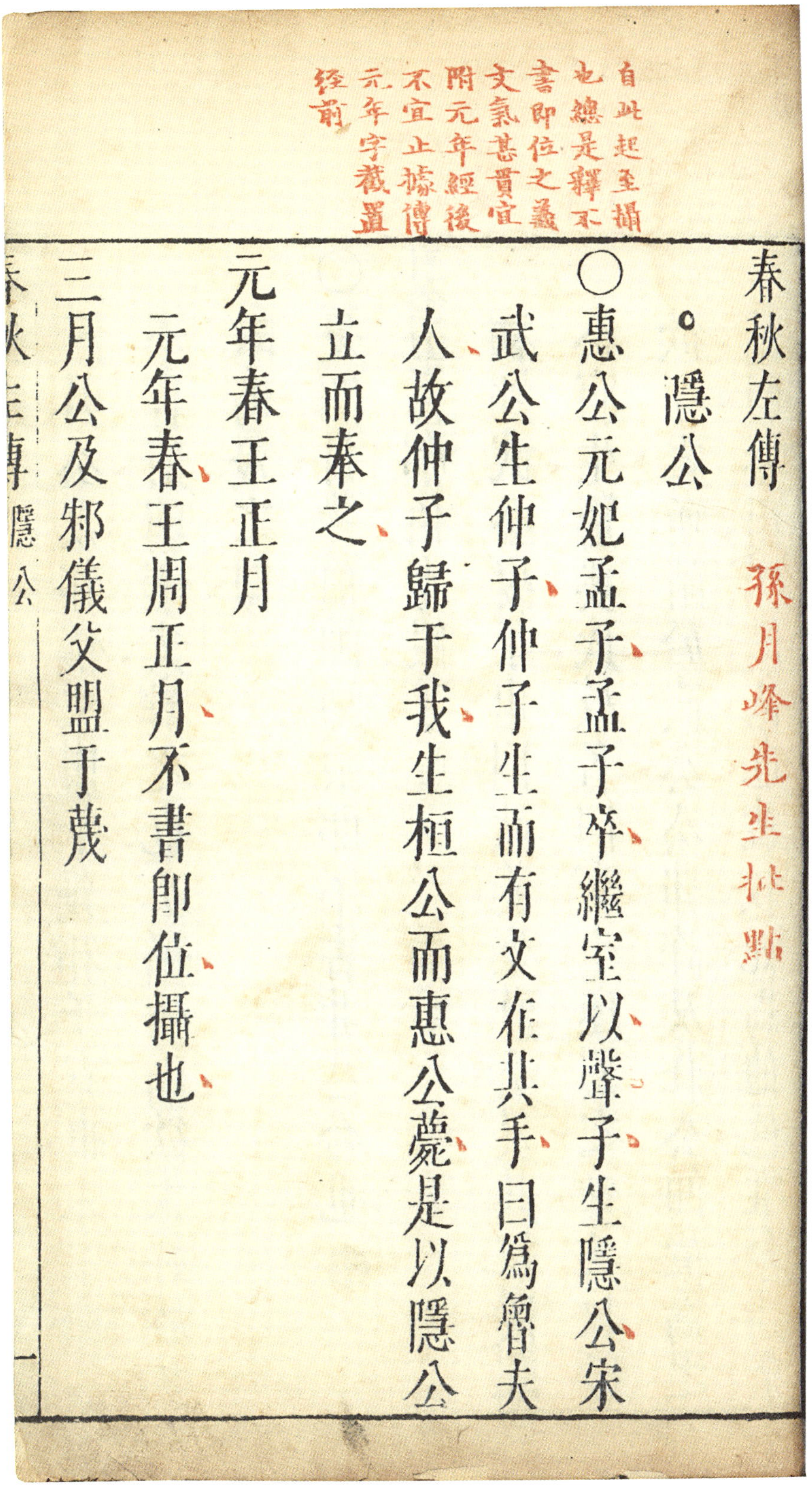

自此起至攝也總是釋不書即位之義文氣甚貫宜附元年經後不宜止據傳元年字截置經前

春秋左傳　孫月峰先生批點

○隱公

○惠公元妃孟子孟子卒繼室以聲子生隱公宋武公生仲子仲子生而有文在其手曰爲魯夫人故仲子歸于我生桓公而惠公薨是以隱公立而奉之

元年春王正月

元年春王周正月不書即位攝也

三月公及邾儀父盟于蔑

春秋左傳　隱公　一

10095　春秋左傳十五卷　（明）孫鑛批點　明萬曆四十四年（1616）閔齊伋朱墨套印本　遼寧大學圖書館

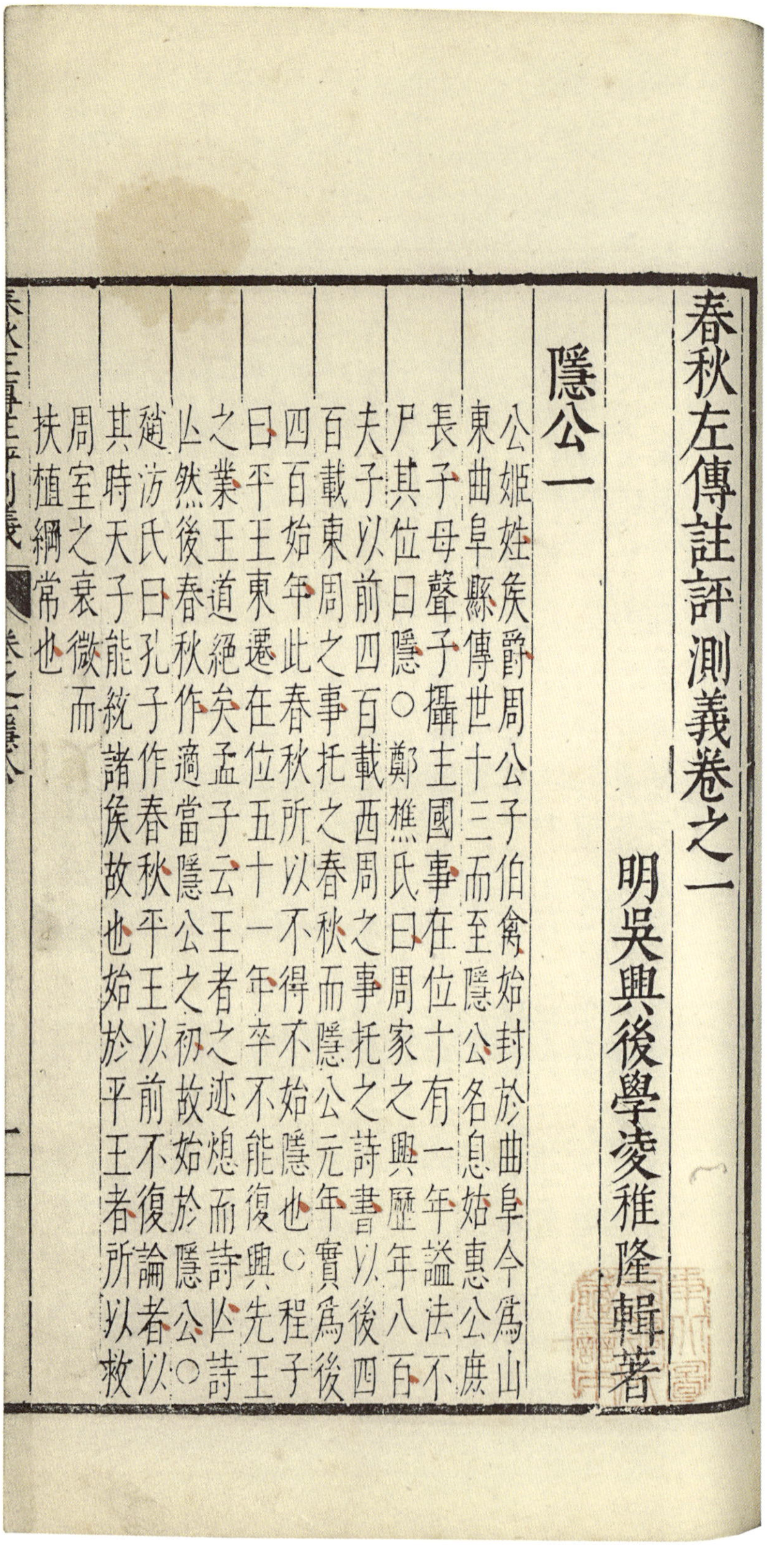
春秋左傳註評測義卷之一
明吳興後學凌稚隆輯著
隱公一
公姬姓侯爵周公子伯禽始封於曲阜今爲山東曲阜縣傳世十三而至隱公名息姑惠公庶長子母聲子攝主國事在位十有一年謚法不尸其位曰隱○鄭樵氏曰周家之興歷年八百夫子以前四百載西周之事托之詩書以後四百載東周之事托之春秋而隱公元年實爲後四百始年此春秋所以不得不始隱也○程子曰平王東遷在位五十一年卒不能復興先王之業王道絶矣孟子云王者之迹熄而詩亡詩亡然後春秋作適當隱公之初故始於隱公○趙汸氏曰孔子作春秋平王以前不復論者以其時天子能統諸侯故也始於平王者所以救周室之衰微而扶植綱常也
春秋左傳註評測義　卷之一隱公　一

10096　春秋左傳註評測義七十卷　（明）凌稚隆撰　明萬曆十六年（1588）刻本　遼寧省圖書館

春秋公羊傳

隱公

元年春王正月

音法
正音征又音
政後微此不
復音

陳洲父曰公
羊謂春秋王
魯嘗受命於
文王謂時王
故以王正月
為文王謀矣

章法
扳普頰反又
必額反舊敷
聞反

元年者何君之始年也春者何歲之始也王者
就謂謂文王也曷為先言王而後言正月王正
月也何言乎王正月大一統也公何以不言即
位成公意也何成乎公之意公將平國而反之
桓曷為反之桓幼而貴隱長而卑其為尊卑
也微國人莫知隱長又賢諸大夫扳隱而立之

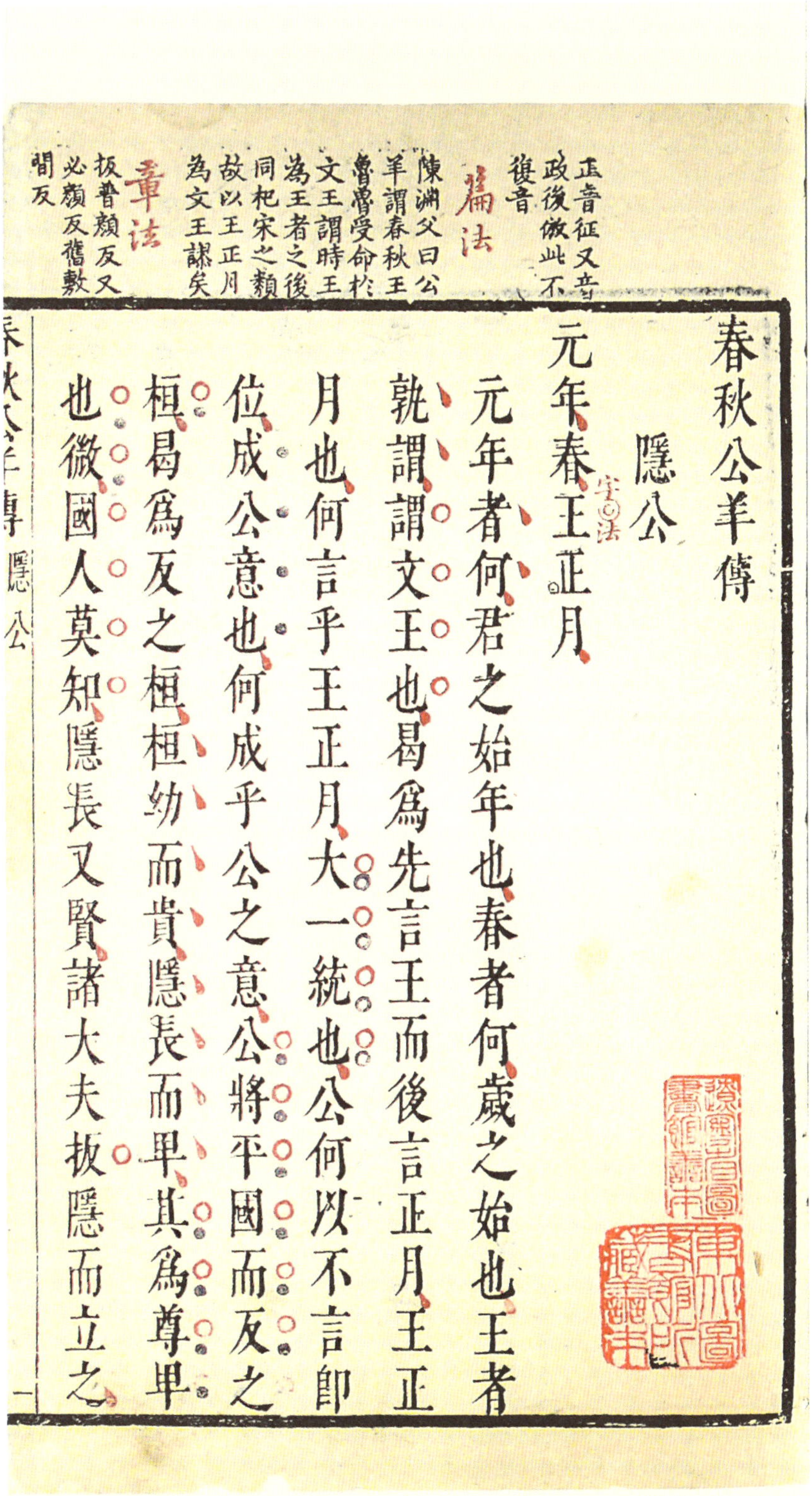

10097　春秋公羊傳十二卷　（明）閔齊伋裁注　**考一卷**　明天啓元年
（1621）閔齊伋刻三色套印本　遼寧省圖書館

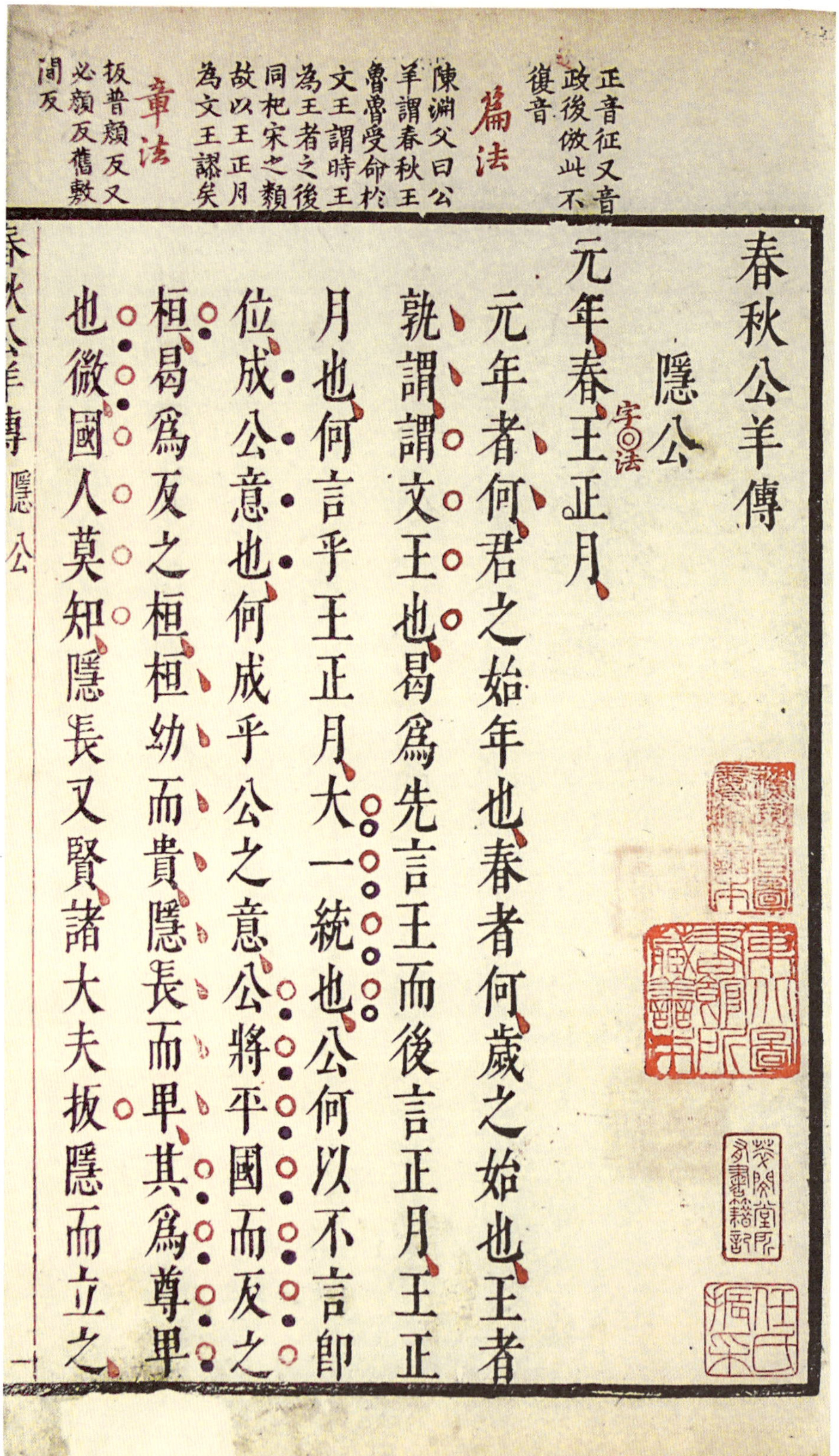

正音征又音政後倣此不復音

篇法

陳淵父曰公羊謂春秋王魯魯受命於文王謂時王為王者之後同杞宋之類故以王正月為文王謬矣

章法

扳普顏反又必顏反舊敷間反

春秋公羊傳

隱公　字法

元年春王正月

元年者何君之始年也春者何歲之始也王者孰謂謂文王也曷為先言王而後言正月王正月也何言乎王正月大一統也公何以不言即位成公意也何成乎公之意公將平國而反之桓曷為反之桓桓幼而貴隱長而卑其為尊卑也微國人莫知隱長又賢諸大夫扳隱而立之

春秋公羊傳　隱公　一

10098　春秋公羊傳十二卷　（明）閔齊伋裁注　**考一卷**　明天啓元年（1621）閔齊伋刻三色套印本　遼寧省圖書館

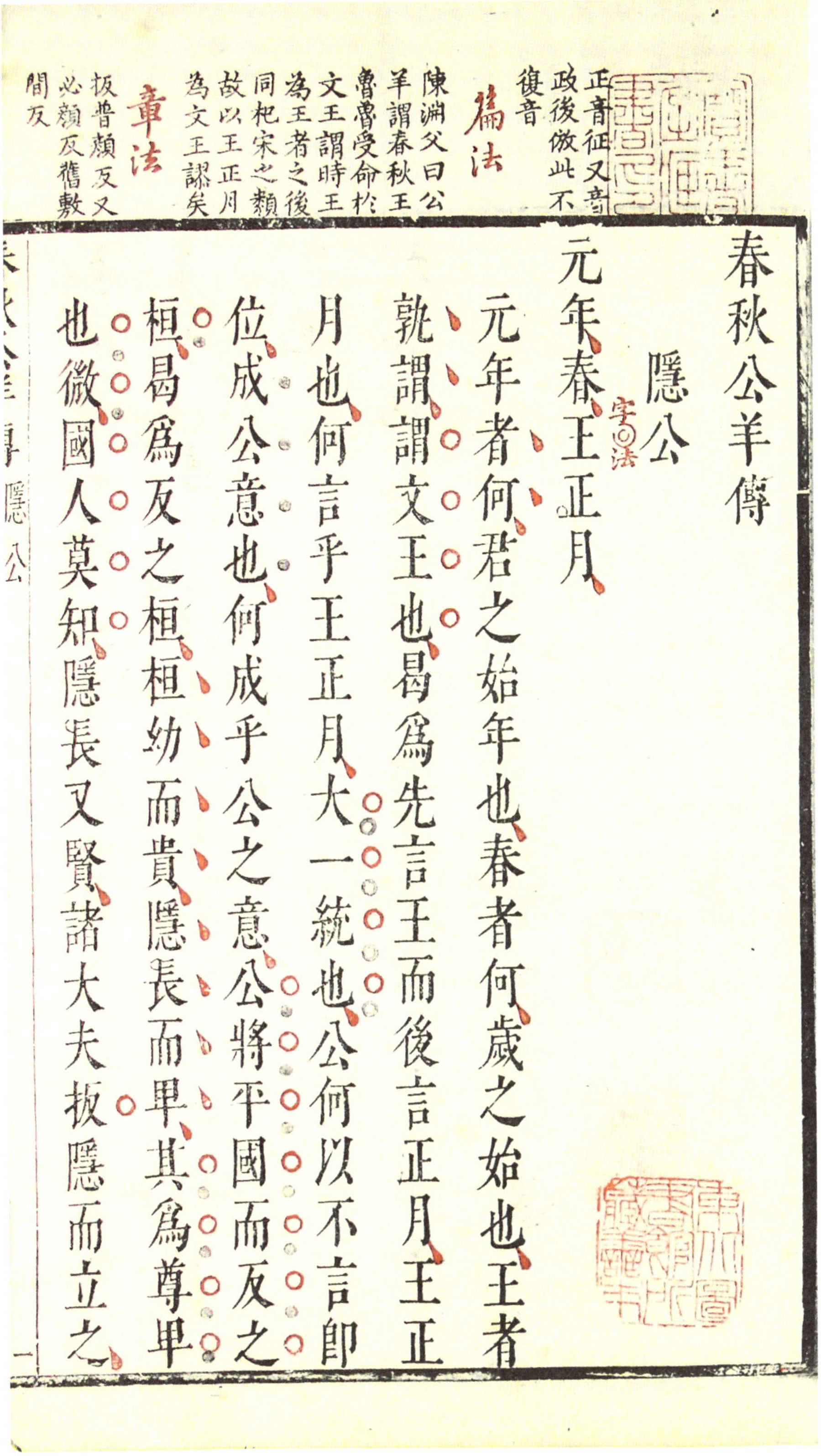

正音征又音政後倣此不復音

篇法　陳淵父曰公羊謂春秋王魯魯受命於文王謂時王爲王者之後同杞宋之類故以王正月爲文王謬矣

章法　扳普顔反又必顔反舊數間反

春秋公羊傳

隱公

元年春王正月　字法

元年者何君之始年也春者何歲之始也王者孰謂謂文王也曷爲先言王而後言正月王正月也何言乎王正月大一統也公何以不言即位成公意也何成乎公之意公將平國而反之桓曷爲反之桓桓幼而貴隱長而卑其爲尊卑也微國人莫知隱長又賢諸大夫扳隱而立之

10099　春秋公羊傳十二卷　（明）閔齊伋裁注　**考一卷**　明天啓元年（1621）閔齊伋刻三色套印本　遼寧省圖書館

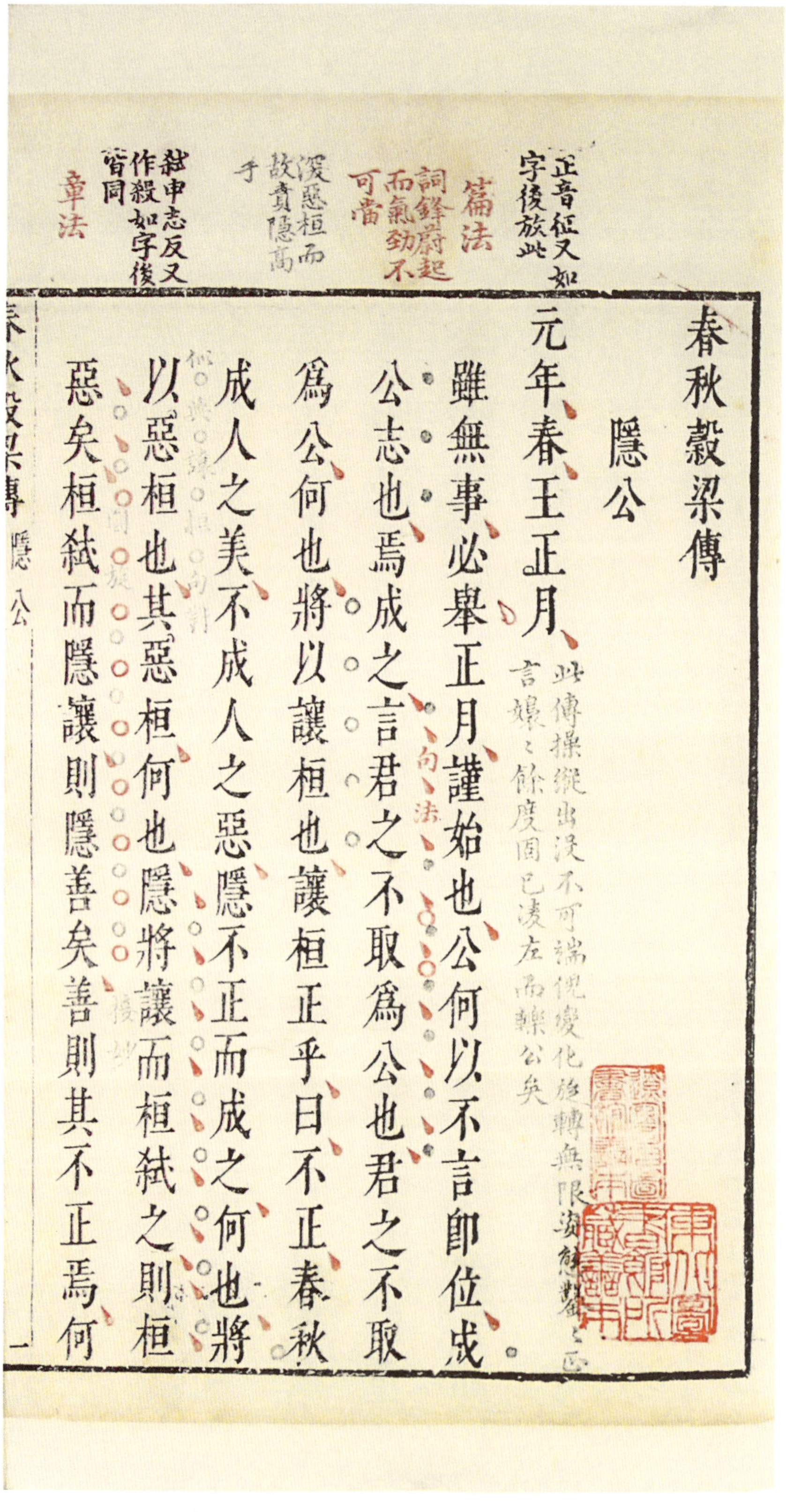
正音征又如字後放此
篇法
詞鋒蔚起而氣勁不可當
弑申志反又作殺如字後皆同
章法
春秋穀梁傳
隱公
元年春王正月
雖無事必舉正月謹始也公何以不言即位成
公志也焉成之言君之不取爲公也君之不取
爲公何也將以讓桓也讓桓正乎曰不正春秋
成人之美不成人之惡隱不正而成之何也將
以惡桓也其惡桓何也隱將讓而桓弑之則桓
惡矣桓弑而隱讓則隱善矣善則其不正焉何
春秋穀梁傳　隱公　一

10100　春秋穀梁傳十二卷　（明）閔齊伋裁注　**考一卷**　明天啓元年（1621）閔齊伋刻三色套印本　遼寧省圖書館

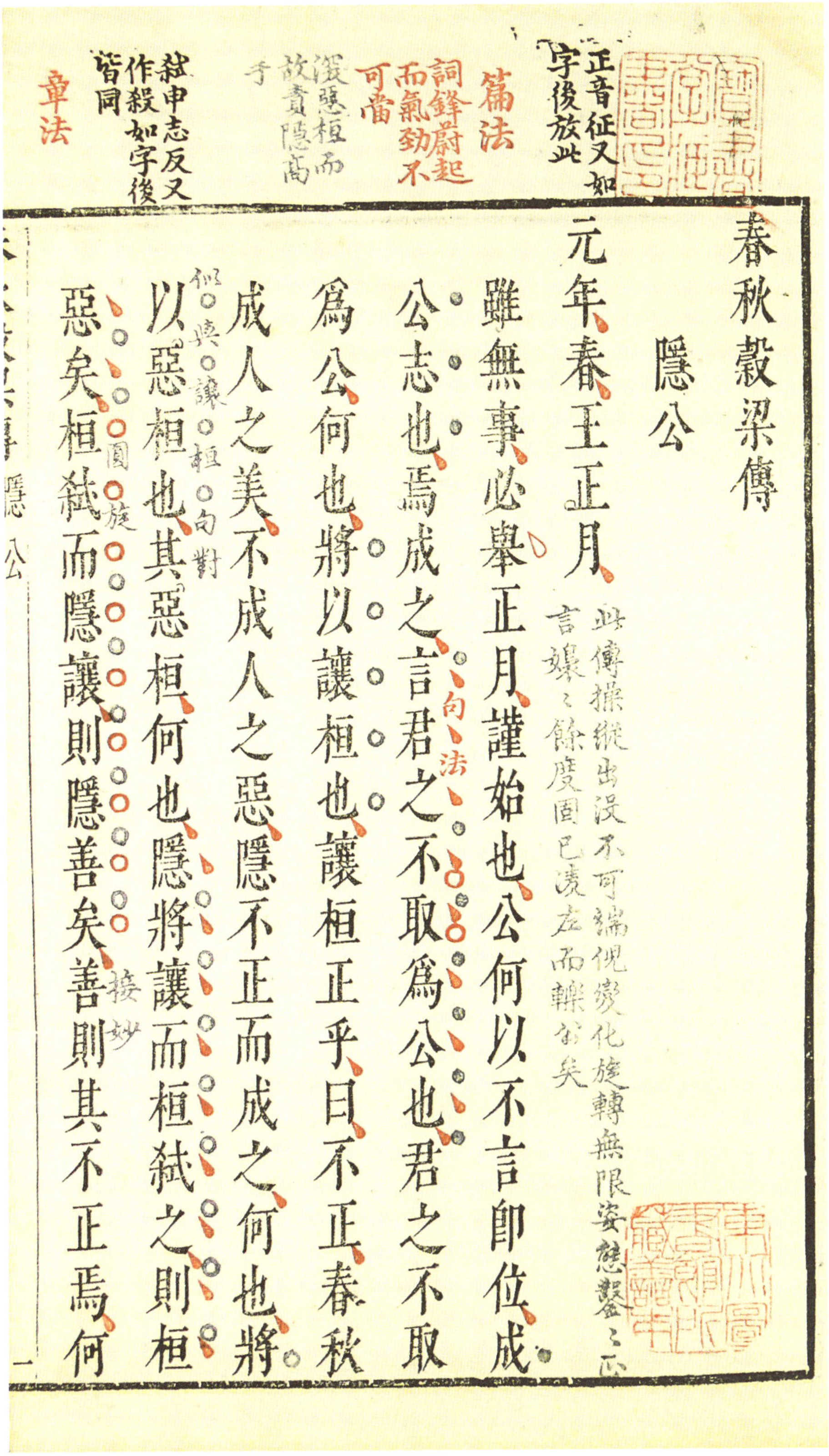
正音征又如字後放此
篇法
詞鋒蔚起而氣勁不可當
潑惡桓而故責隱高手
弑申志反又作殺如字後皆同
章法

春秋穀梁傳
隱公
元年春王正月
此傳操縱出没不可端倪變化旋轉無限姿態鑿鑿正言孃孃之餘度固已凌左而轢公矣
雖無事必舉正月謹始也公何以不言即位成
公志也焉成之言君之不取爲公也君之不取
句法
爲公何也將以讓桓也讓桓正乎曰不正春秋
成人之美不成人之惡隱不正而成之何也將
似與讓桓句對
以惡桓也其惡桓何也隱將讓而桓弑之則桓
圓旋
接妙
惡矣桓弑而隱讓則隱善矣善則其不正焉何

10101　春秋穀梁傳十二卷　（明）閔齊伋裁注　**考一卷**　明天啓元年（1621）閔齊伋刻三色套印本　遼寧省圖書館

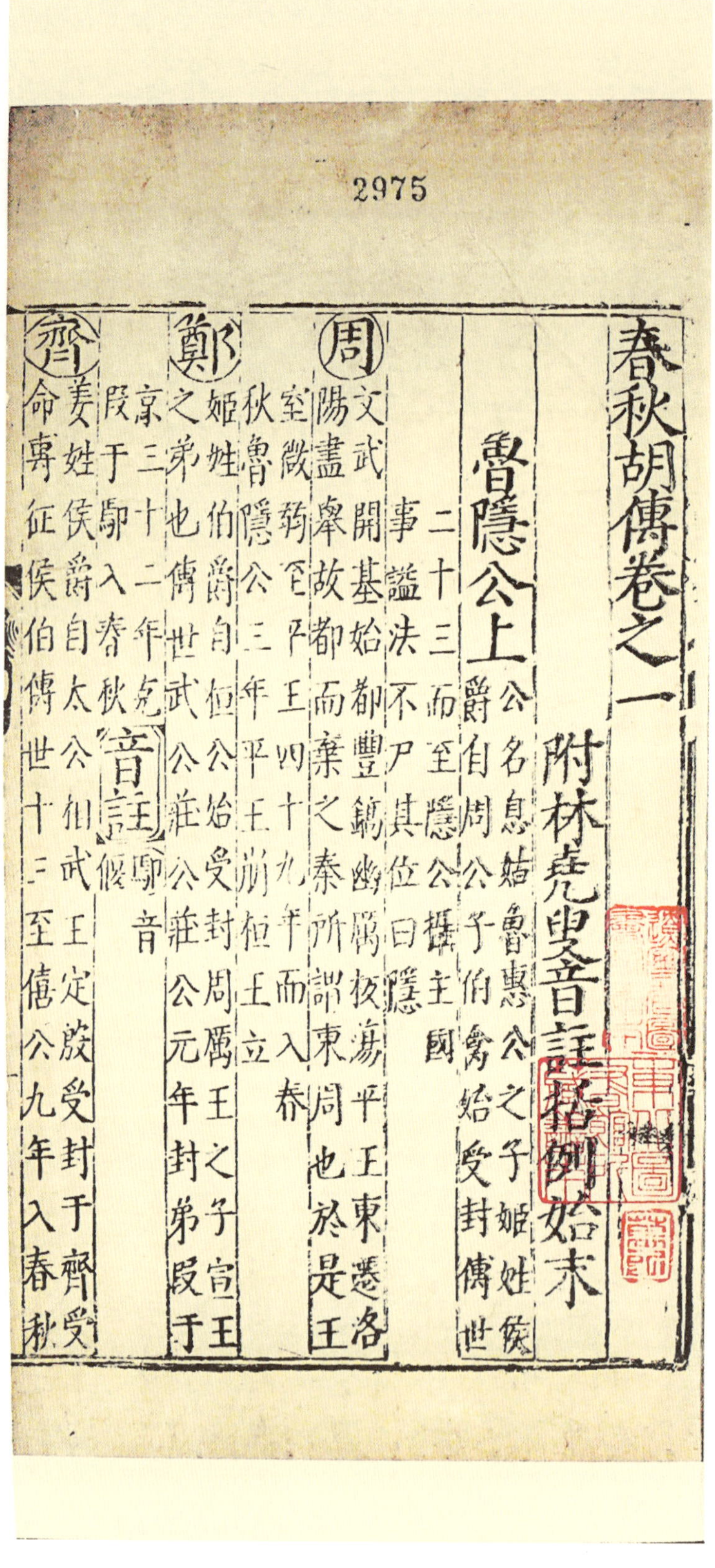
2975

春秋胡傳卷之一

附林堯叟音註括例始末

魯隱公上 公名息姑魯惠公之子姬姓侯爵自周公子伯禽始受封傳世二十三而至隱公攝主國事謚法不尸其位曰隱

周 文武開基始都豐鎬幽厲板蕩平王東遷洛陽盡棄故都而棄之秦所謂東周也於是王室微弱至平王四十九年而入春秋魯隱公三年平王崩桓王立

鄭 姬姓伯爵自桓公始受封周厲王之子宣王之弟也傳世武公莊公莊公元年封弟段于京三十二年克段于鄢入春秋 音註 鄢音偃

齊 姜姓侯爵自太公佃武王定殷受封于齊受命專征侯伯傳世十三至僖公九年入春秋

10102　春秋胡傳三十卷春秋列國東坡圖説一卷春秋正經音訓一卷春秋提要一卷　（宋）胡安國撰　明刻本　佚名題記　遼寧省圖書館

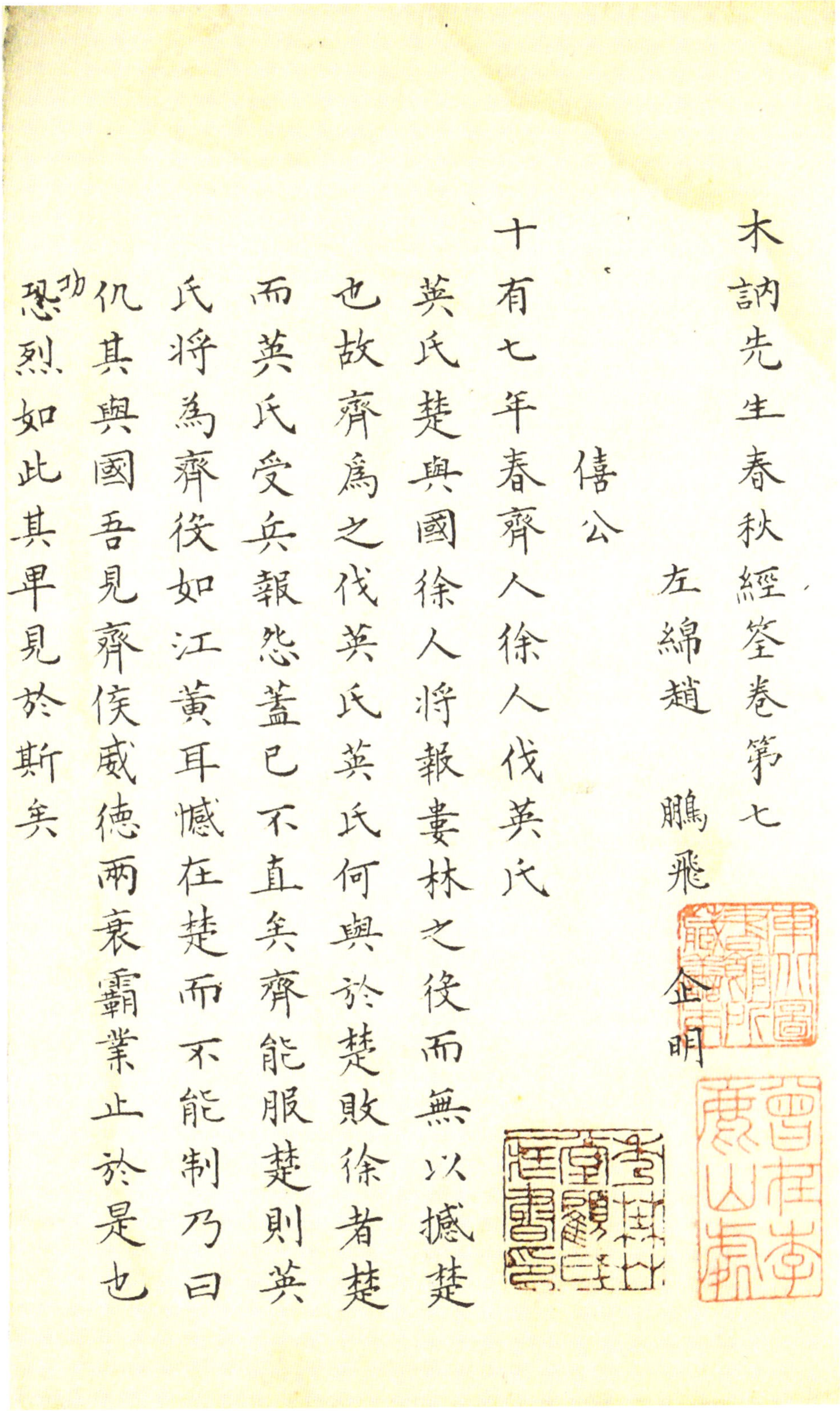

木訥先生春秋經筌卷第七

左綿趙　鵬飛　企明

僖公

十有七年春齊人徐人伐英氏

英氏楚與國徐人將報婁林之役而無以撼楚也故齊爲之伐英氏英氏何與於楚敗徐者楚而英氏受兵報怨蓋已不直矣齊能服楚則英氏將爲齊役如江黄耳憾在楚而不能制乃曰仇其與國吾見齊侯威德兩衰霸業止於是也功烈如此其卑見於斯矣

10103　木訥先生春秋經筌十六卷　（宋）趙鵬飛撰　明抄本　遼寧省圖書館

存三卷（七至九）

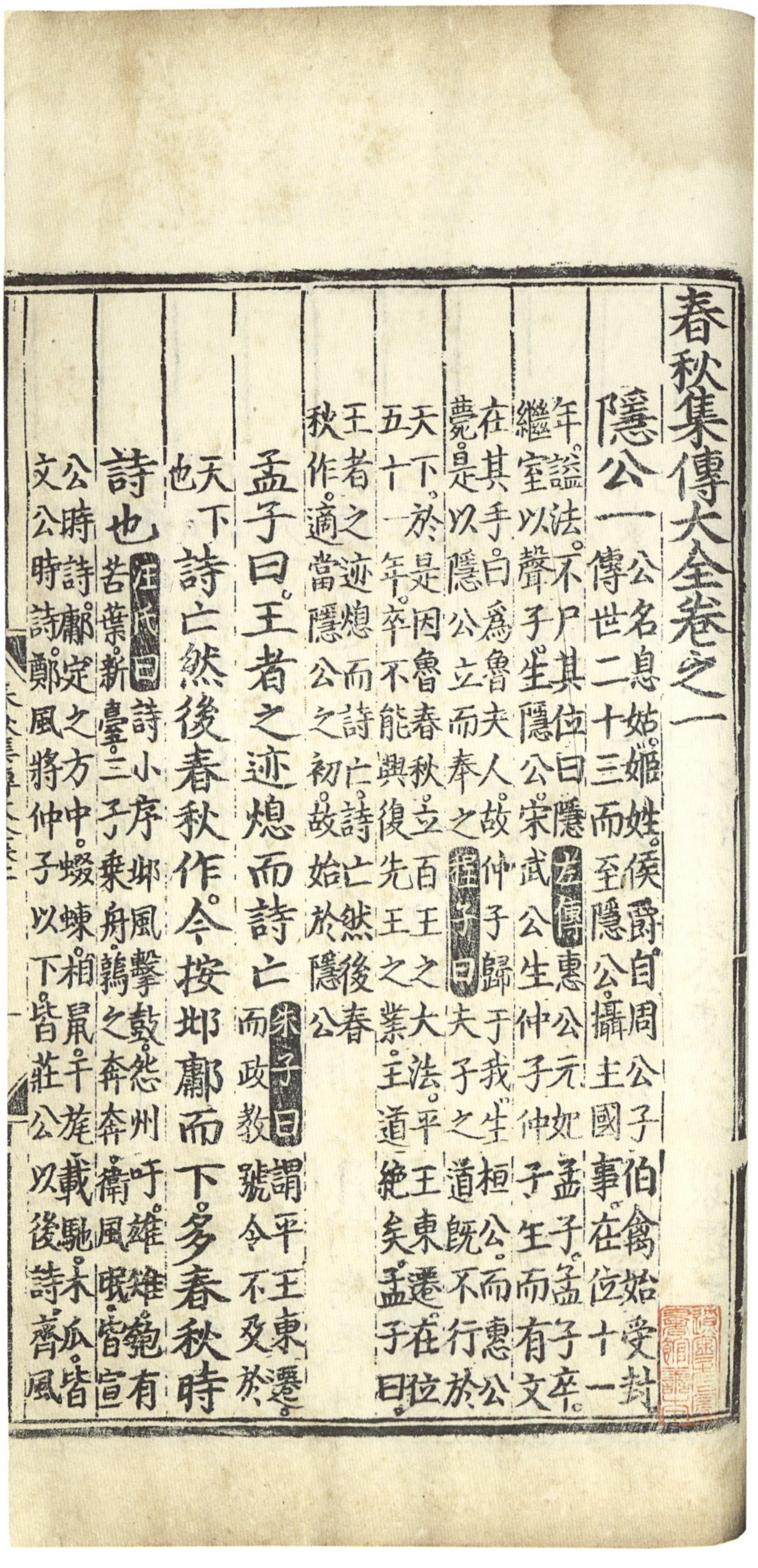
春秋集傳大全卷之一
隱公一 公名息姑。姬姓。侯爵。自周公子伯禽始受封傳世二十三而至隱公。攝主國事。在位十一
年。謚法。不尸其位曰隱。左傳 惠公元妃孟子。孟子卒。繼室以聲子。生隱公。宋武公生仲子。仲子生而有文
在其手曰爲魯夫人。故仲子歸于我。生桓公。而惠公薨。是以隱公立而奉之。程子曰 夫子之道既不行於
天下。於是因魯春秋立百王之大法。平王東遷在位五十一年。卒不能興復先王之業。王道絕矣。孟子曰
王者之迹熄而詩亡。詩亡然後春秋作。適當隱公之初。故始於隱公
孟子曰。王者之迹熄而詩亡 朱子曰 謂平王東遷。而政教號令不及於天下也
詩亡然後春秋作。今按邶鄘而下多春秋時
詩也 汪氏曰 詩小序。邶風擊鼓。怨州吁。雄雉匏有苦葉。新臺。二子乘舟。鶉之奔奔。衛風氓。皆宣
公時詩。鄘定之方中。蝃蝀。相鼠。干旄。載馳。木瓜。皆文公時詩。鄭風將仲子以下皆莊公以後詩。齊風

10104　春秋集傳大全三十七卷序論一卷春秋二十國年表一卷諸國興廢説一卷　（明）胡廣等輯　明永樂内府刻本　遼寧省圖書館

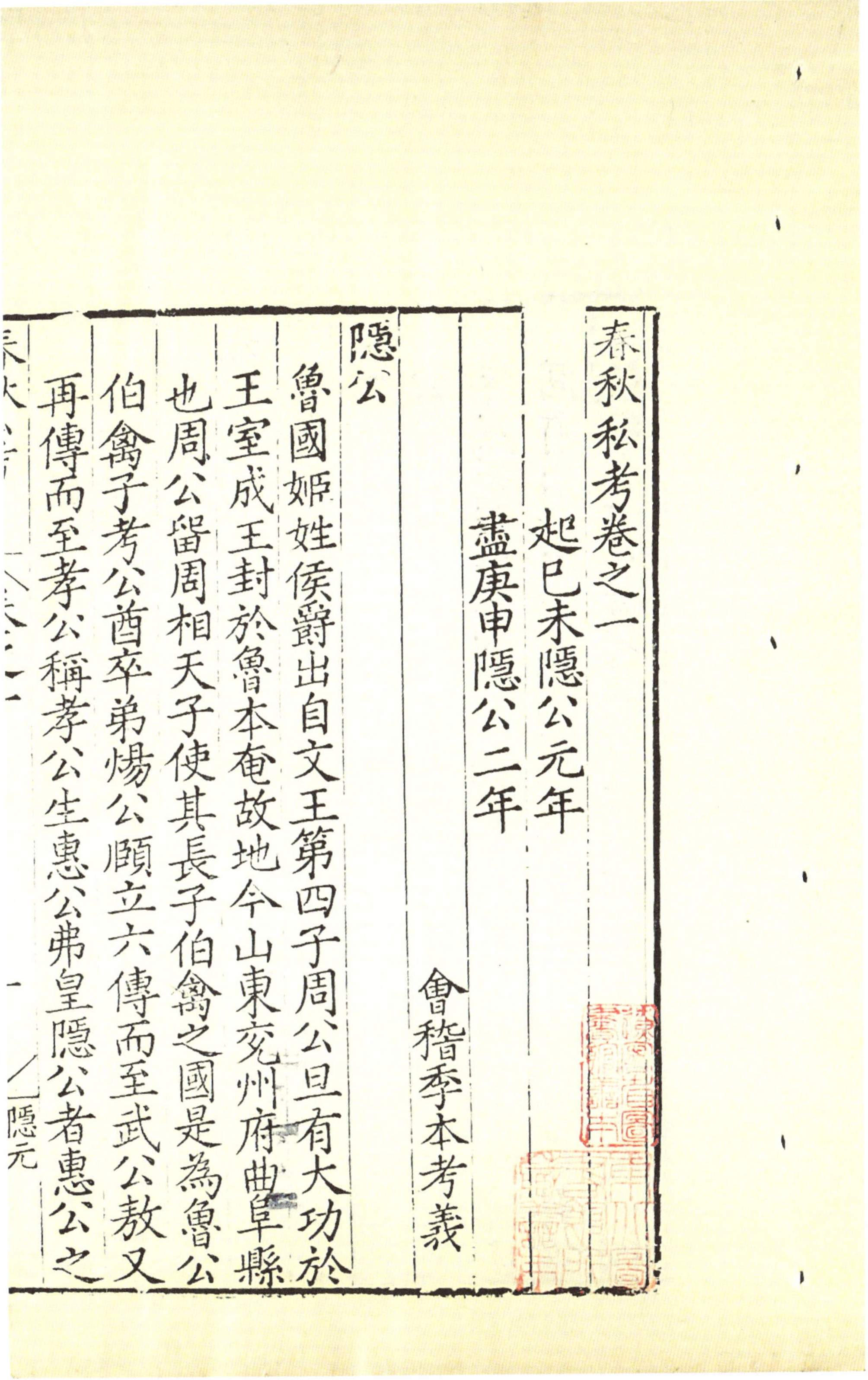

春秋私考卷之一

起己未隱公元年

盡庚申隱公二年

會稽季本考義

隱公

魯國姬姓侯爵出自文王第四子周公旦有大功於

王室成王封於魯本奄故地今山東兖州府曲阜縣

也周公留周相天子使其長子伯禽之國是為魯公

伯禽子考公酋卒弟煬公熙立六傳而至武公敖又

再傳而至孝公稱孝公生惠公弗皇隱公者惠公之

春秋私考　卷之一　一　隱元

10105　春秋私考三十六卷　（明）季本撰　明刻本　遼寧省圖書館

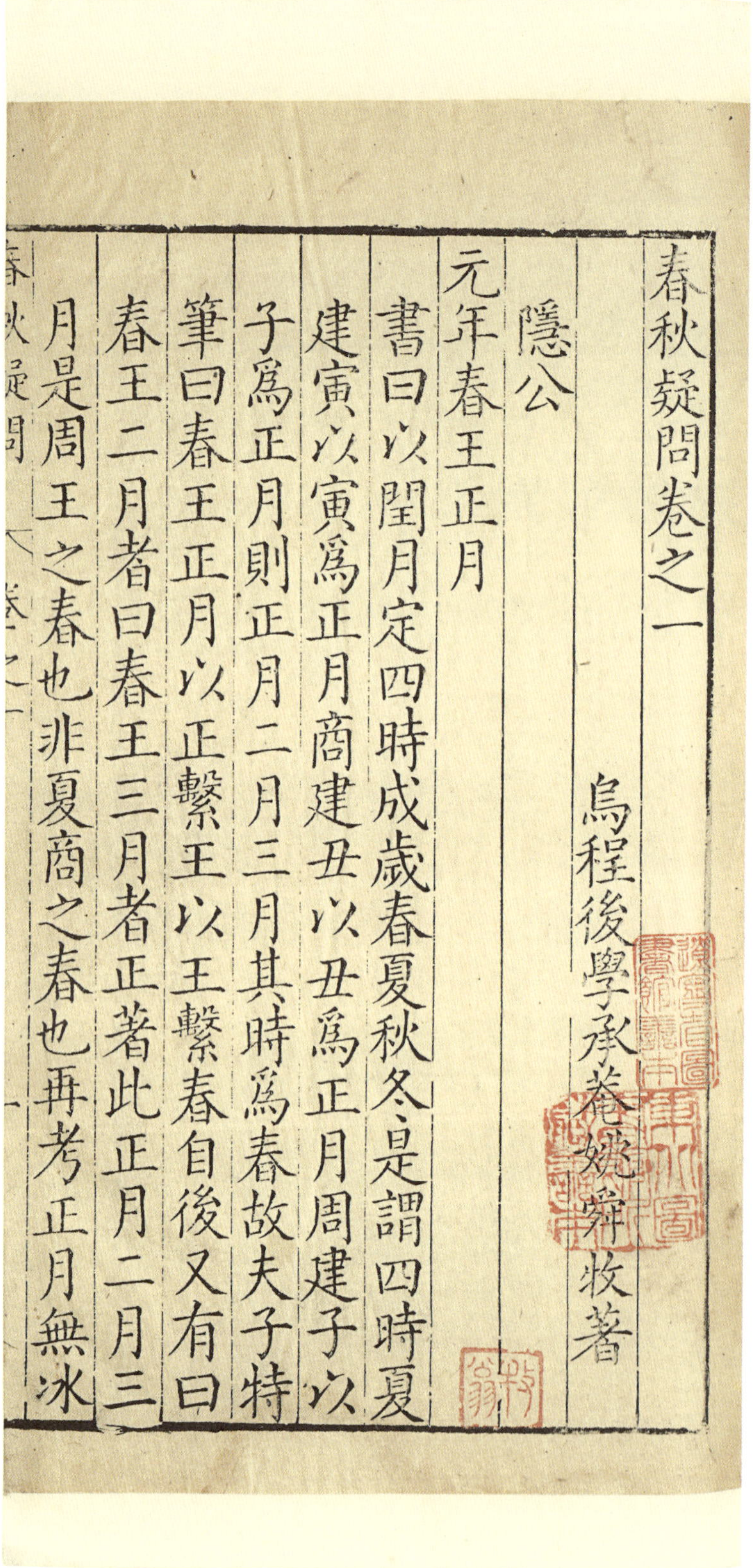
春秋疑問卷之一
烏程後學承菴姚舜牧著
隱公
元年春王正月
書曰以閏月定四時成歲春夏秋冬是謂四時夏建寅以寅爲正月商建丑以丑爲正月周建子以子爲正月則正月二月三月其時爲春故夫子特筆曰春王正月以正繫王以王繫春自後又有曰春王二月者曰春王三月者正著此正月二月三月是周王之春也非夏商之春也再考正月無冰
春秋疑問　卷之一　一

10106　春秋疑問十二卷　（明）姚舜牧撰　明萬曆刻本　遼寧省圖書館

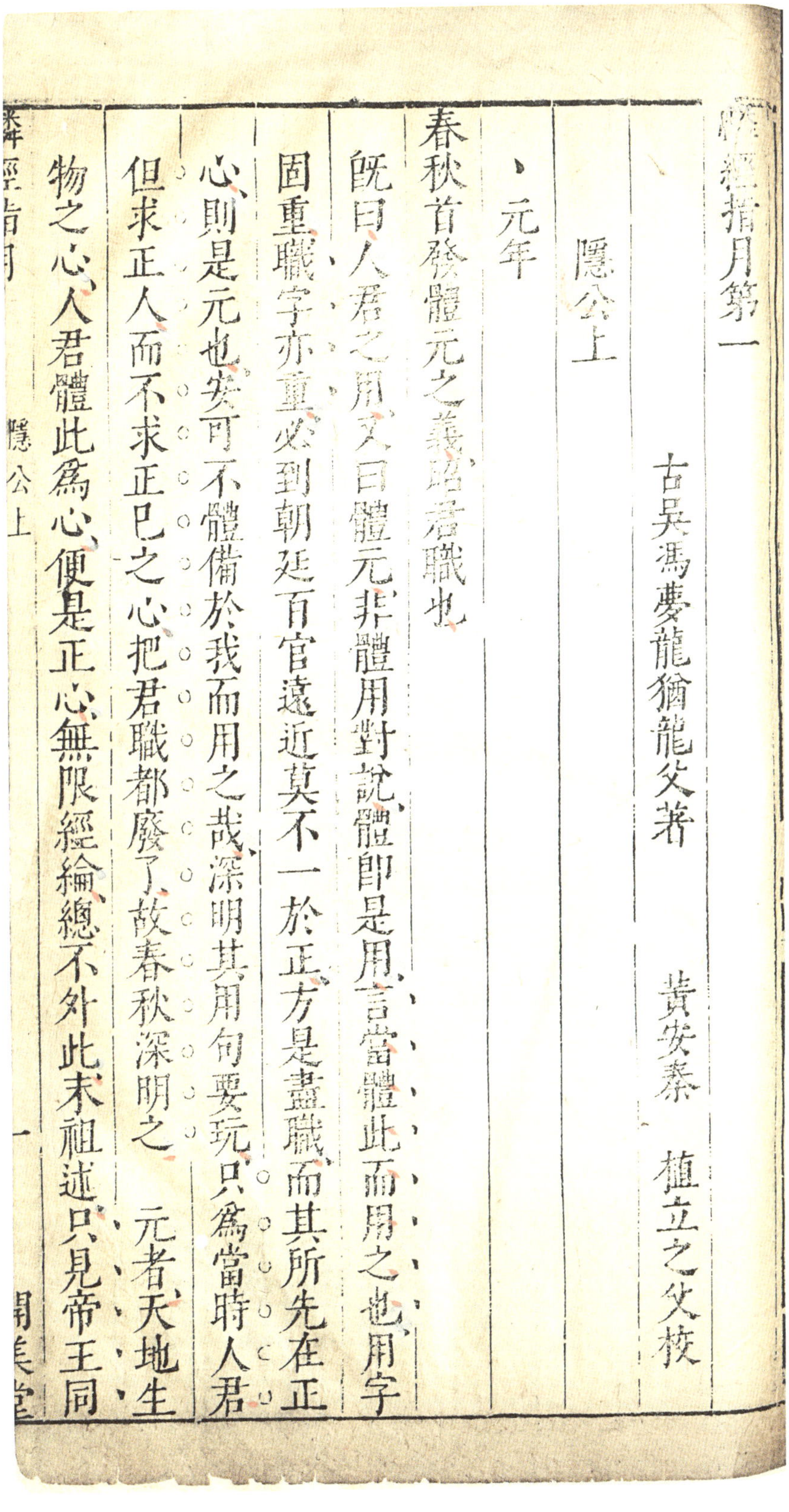

麟經指月第一

古吳馮夢龍猶龍父著　黄安秦　楨立之父校

隱公上

元年

春秋首發體元之義昭君職也

既曰人君之用又曰體元非體用對説體即是用言當體此而用之也用字固重職字亦重必到朝廷百官遠近莫不一於正方是盡職而其所先在正心則是元也安可不體備於我而用之哉深明其用句要玩只爲當時人君但求正人而不求正己之心把君職都廢了故春秋深明之　元者天地生物之心人君體此爲心便是正心無限經綸總不外此末祖述只見帝王同

麟經指月　隱公上　一　開美堂

10107　麟經指月十二卷　（明）馮夢龍撰　明泰昌元年（1620）開美堂刻本　遼寧省圖書館

存二卷（隱公一卷、桓公一卷）

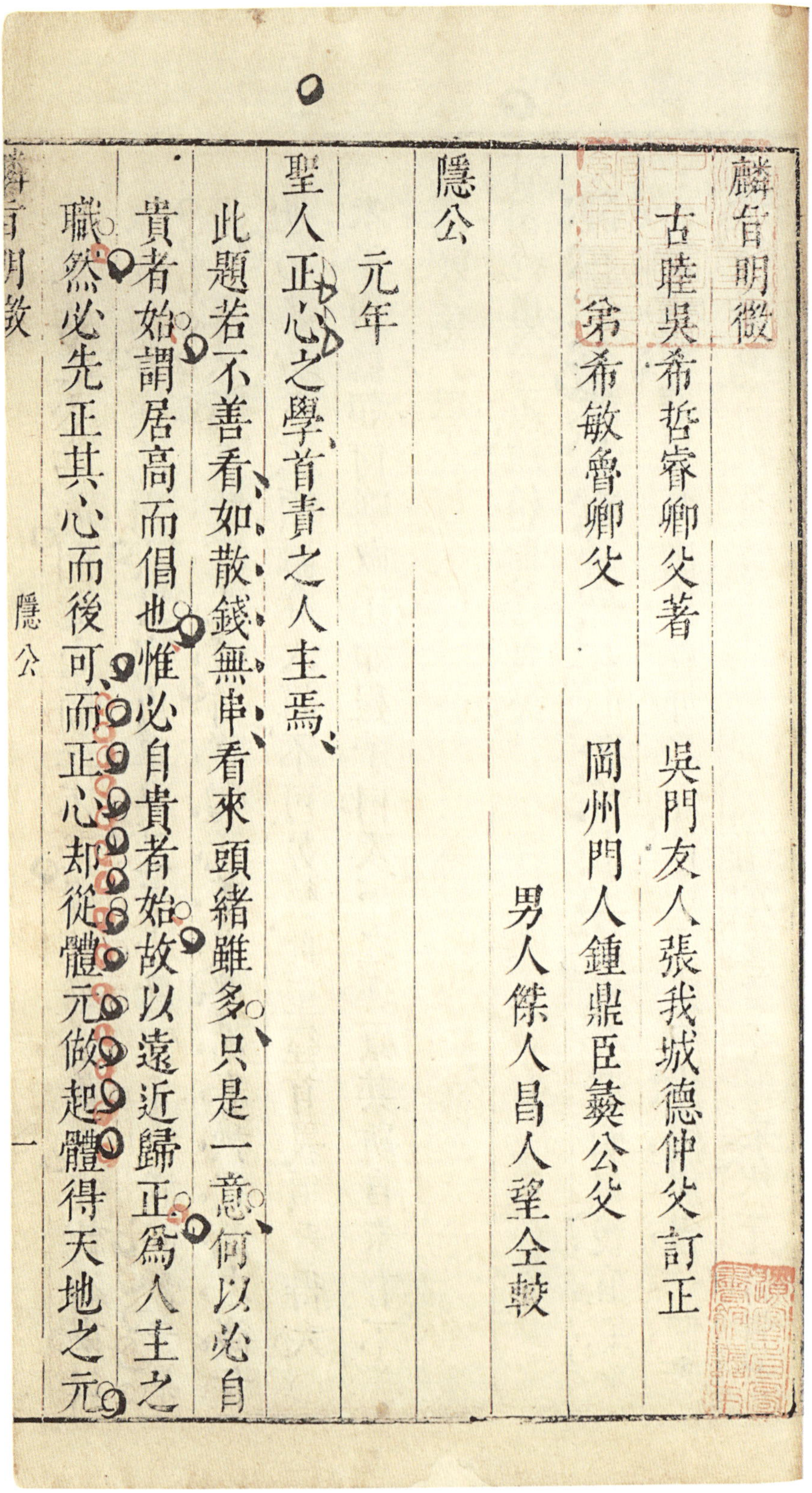

麟旨明微

古睦吳希哲睿卿父著　吳門友人張我城德仲父訂正

弟希敏魯卿父　閬州門人鍾鼎臣彝公父

男人傑人昌人望全較

隱公

元年

聖人正心之學首責之人主焉

此題若不善看如散錢無串看來頭緒雖多只是一意何以必自貴者始謂居高而倡也惟必自貴者始故以遠近歸正爲人主之職然必先正其心而後可而正心却從體元做起體得天地之元

麟旨明微　隱公　一

10108　麟旨明微十二卷　（明）吴希哲撰　明崇禎刻本　遼寧省圖書館

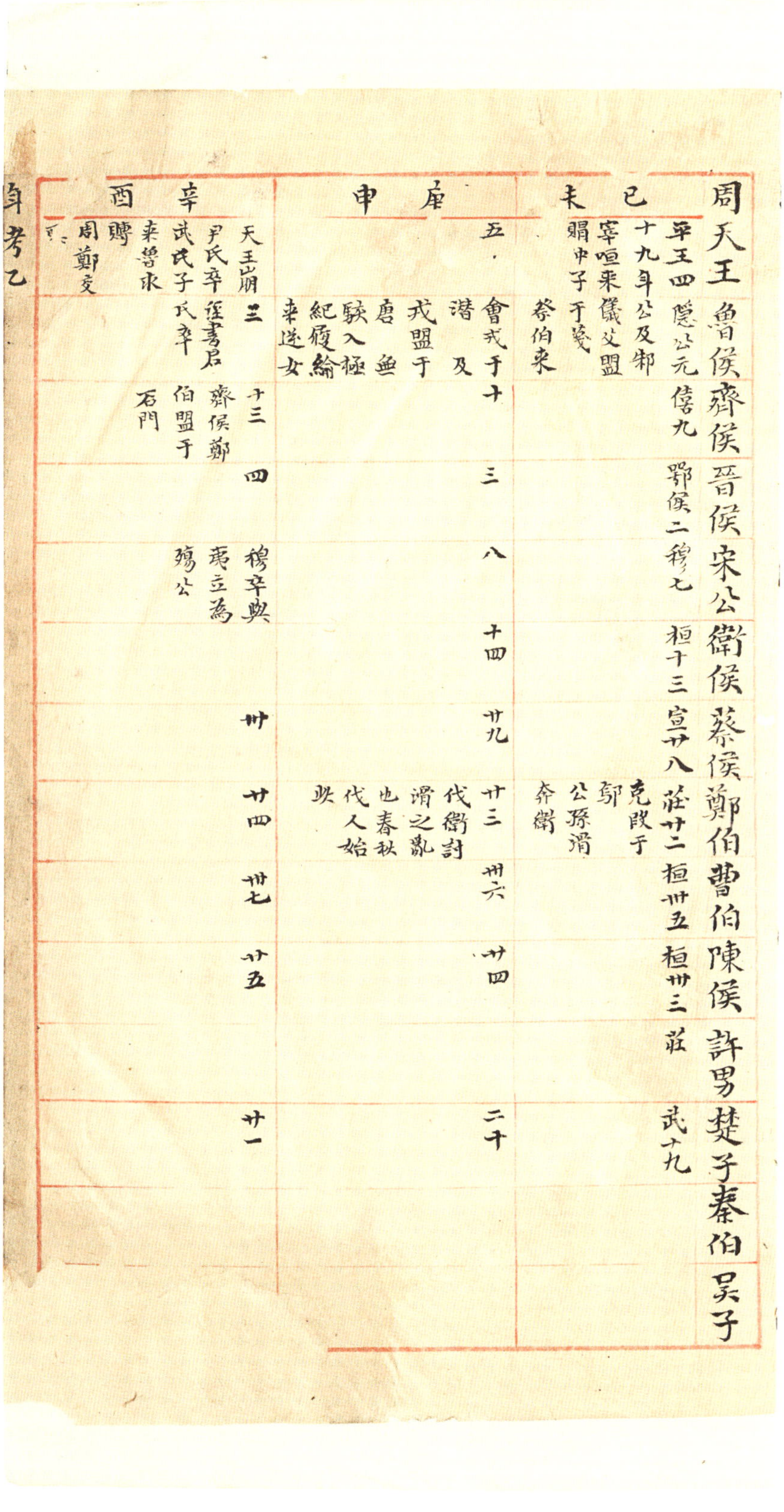

	周天王	魯侯	齊侯	晉侯	宋公	衛侯	蔡侯	鄭伯	曹伯	陳侯	許男	楚子	秦伯	吳子
己未	平王四十九年 宰咺來歸仲子之賵	隱公元 公及邾儀父盟 祭伯來	僖九	鄂侯二	穆七	桓十三	宣廿八	莊廿二 克段于鄢 公孫滑奔衛	桓卅五	桓卅三	莊		武十九	
庚申	五	會戎于潛 及戎盟于唐 無駭入極 紀履緰來逆女	十	三	八	十四	廿九	廿三 伐衛討滑之亂也 春秋伐人始此	卅六	廿四			二十	
辛酉	天王崩 三 周鄭交質	尹氏卒 武氏子來求賻	十三 齊侯鄭伯盟于石門	四	穆卒 與夷立 為殤公	卅	廿四	卅七	廿五				廿一	

10109　春秋年考一卷　題天畸人撰　明末抄本（四庫進呈本）　遼寧省圖書館

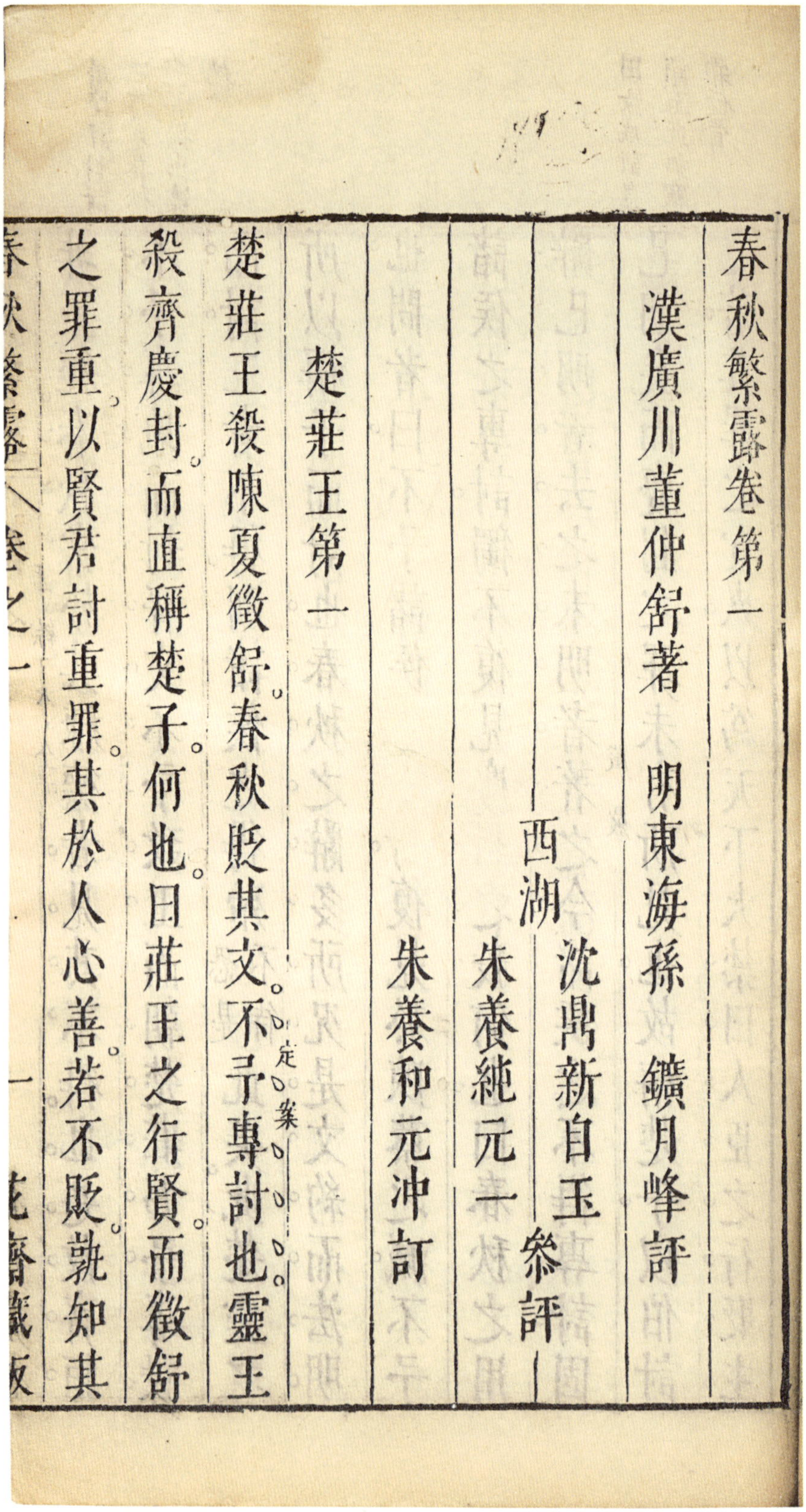
春秋繁露卷第一
漢廣川董仲舒著　明東海孫鑛月峰評
西湖　沈鼎新自玉　叅評
朱養純元一
朱養和元冲訂
楚莊王第一
楚莊王殺陳夏徵舒春秋貶其文不予專討也靈王
殺齊慶封而直稱楚子何也曰莊王之行賢而徵舒
之罪重以賢君討重罪其於人心善若不貶孰知其
定案
春秋繁露卷之一　一　花齋藏版

10110　春秋繁露十七卷　（漢）董仲舒撰　（明）孫鑛批點　明天啓五年（1625）花齋刻本　遼寧大學圖書館

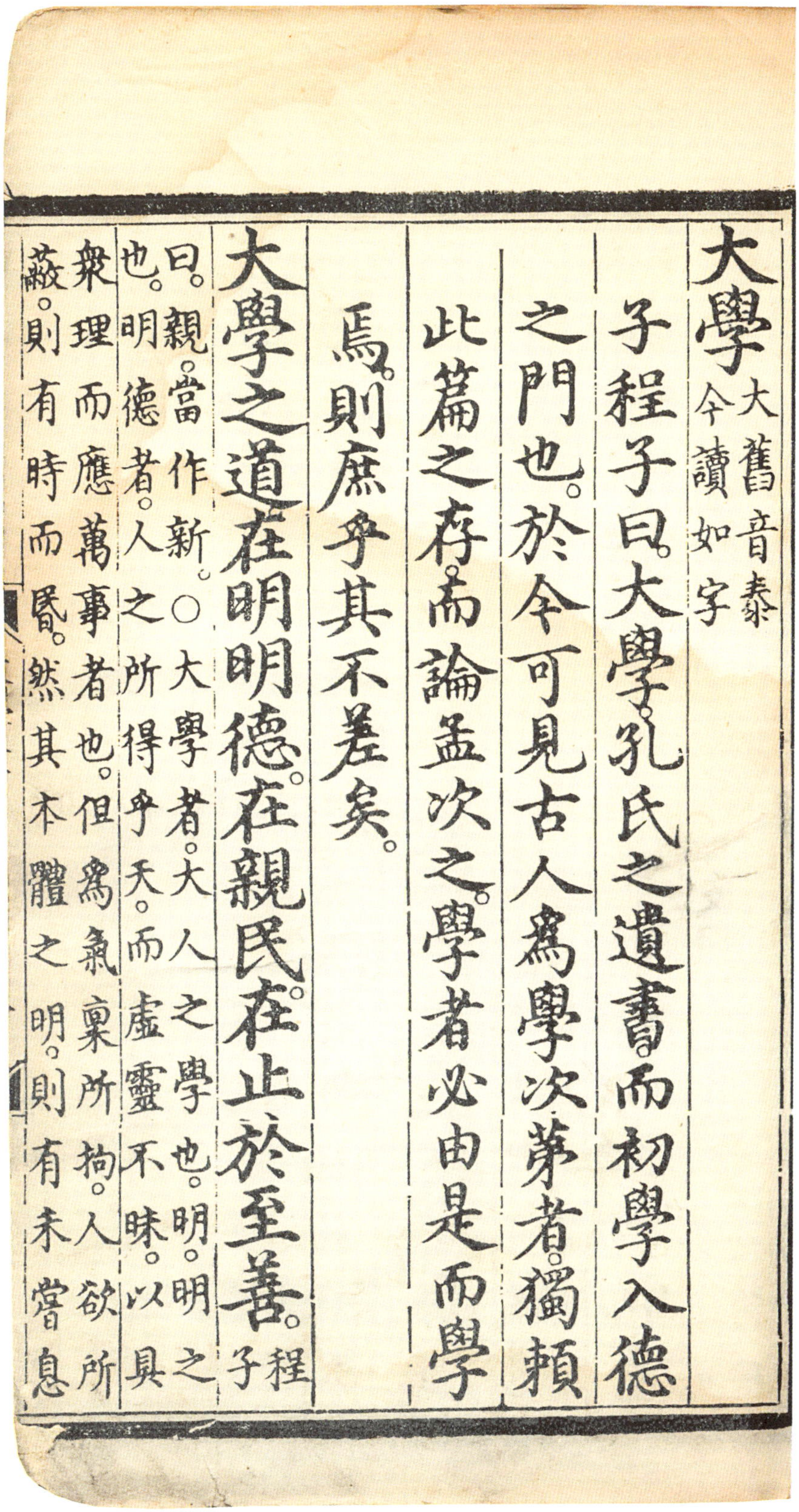

大學 大舊音泰今讀如字

子程子曰。大學孔氏之遺書而初學入德之門也。於今可見古人爲學次第者。獨賴此篇之存而論孟次之。學者必由是而學焉。則庶乎其不差矣。

大學之道在明明德。在親民。在止於至善。程子曰。親當作新。○大學者。大人之學也。明。明之也。明德者。人之所得乎天。而虛靈不昧。以具衆理而應萬事者也。但爲氣稟所拘。人欲所蔽。則有時而昏。然其本體之明。則有未嘗息

10111　四書集注四十一卷　（宋）朱熹撰　明刻本　錦州市圖書館

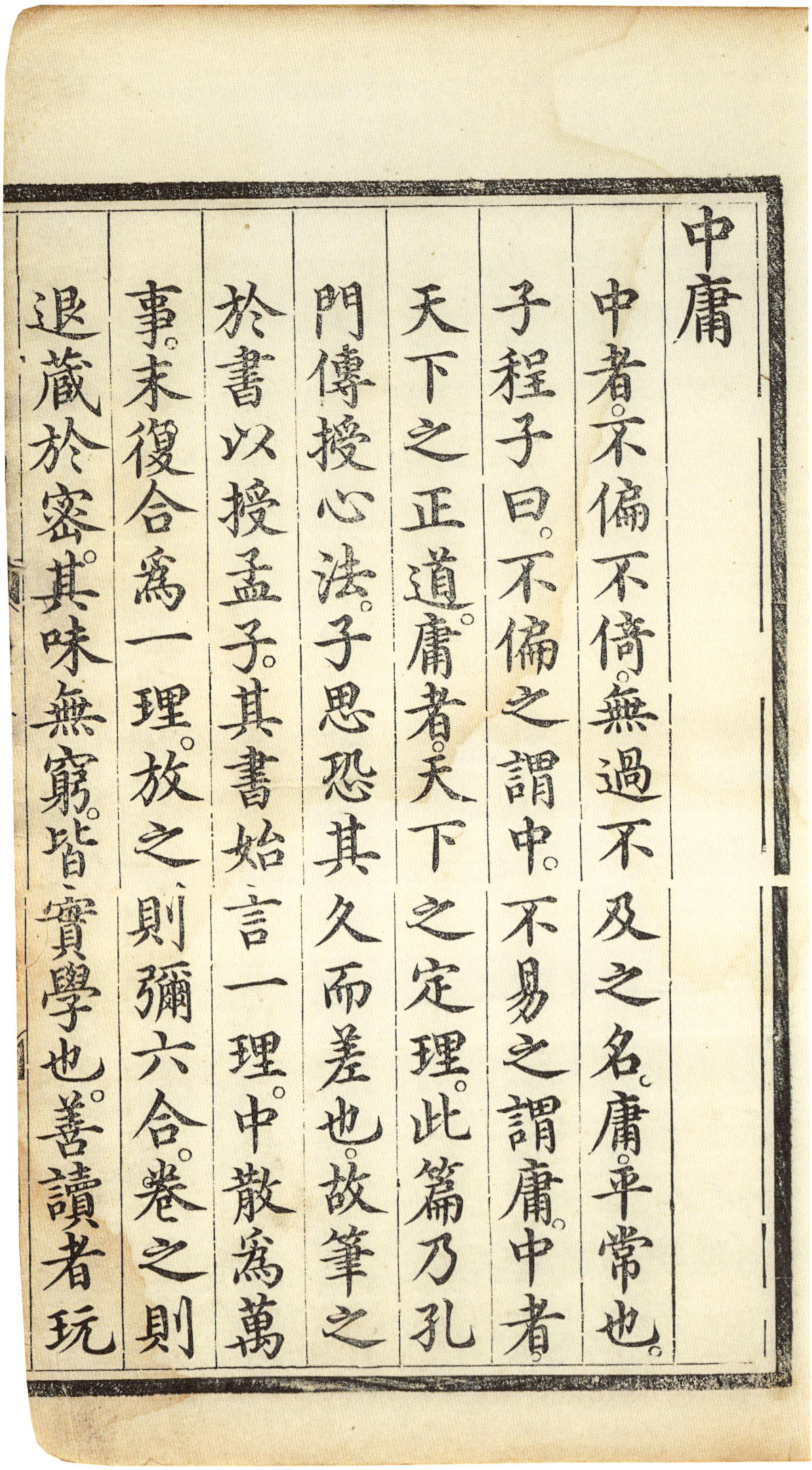

中庸

中者。不偏不倚。無過不及之名。庸。平常也。
子程子曰。不偏之謂中。不易之謂庸。中者
天下之正道。庸者。天下之定理。此篇乃孔
門傳授心法。子思恐其久而差也。故筆之
於書以授孟子。其書始言一理。中散爲萬
事。末復合爲一理。放之則彌六合。卷之則
退藏於密。其味無窮。皆實學也。善讀者玩

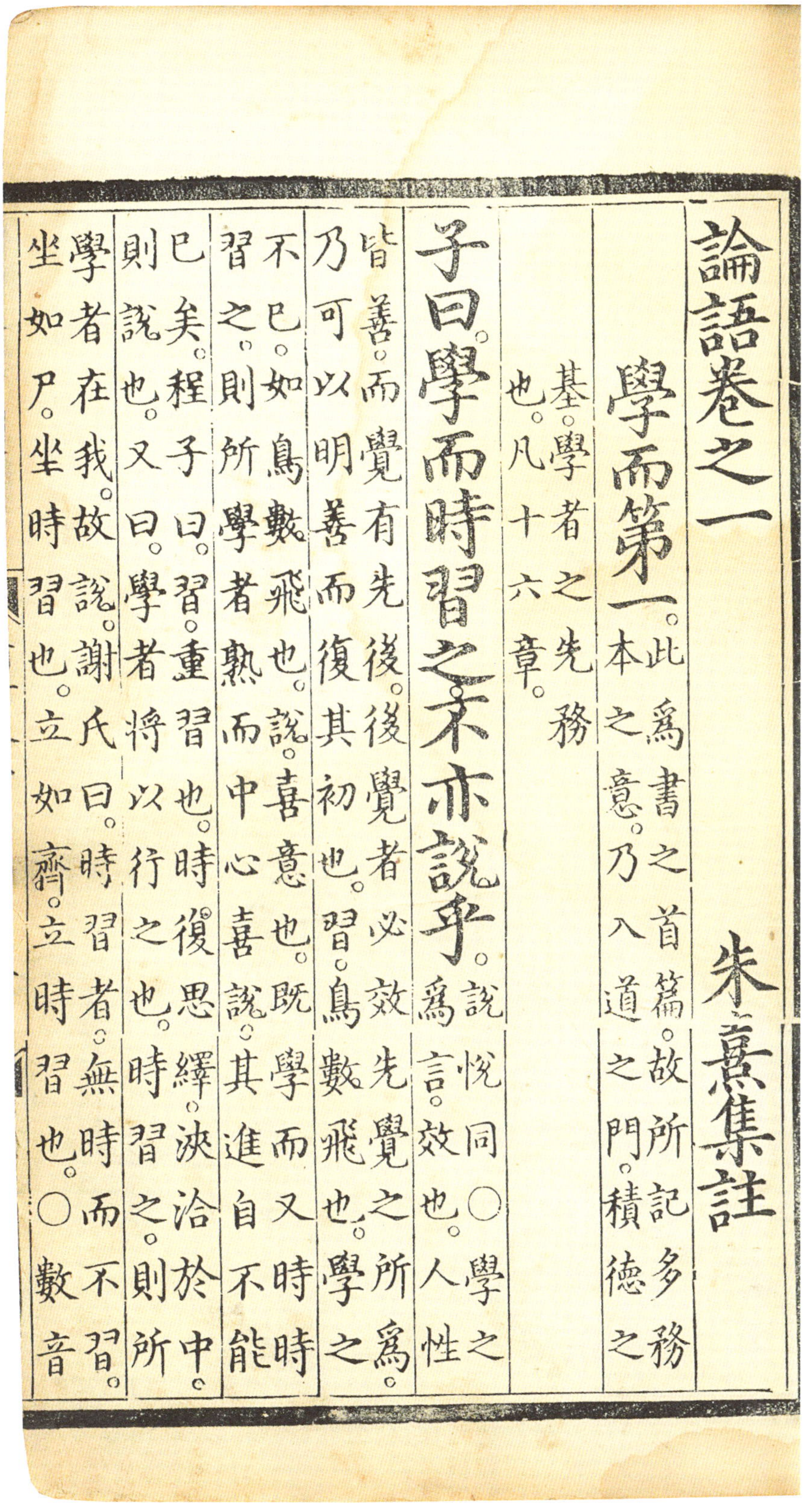

論語卷之一　朱熹集註

學而第一此爲書之首篇。故所記多務本之意。乃入道之門。積德之基。學者之先務也。凡十六章。

子曰。學而時習之。不亦說乎。說悅同。○學之爲言效也。人性皆善。而覺有先後。後覺者必效先覺之所爲。乃可以明善而復其初也。習。鳥數飛也。學之不已。如鳥數飛也。說。喜意也。既學而又時時習之。則所學者熟而中心喜說。其進自不能已矣。程子曰。習。重習也。時復思繹。浹洽於中。則說也。又曰。學者將以行之也。時習之。則所學者在我。故說。謝氏曰。時習者。無時而不習。坐如尸。坐時習也。立如齊。立時習也。○數音

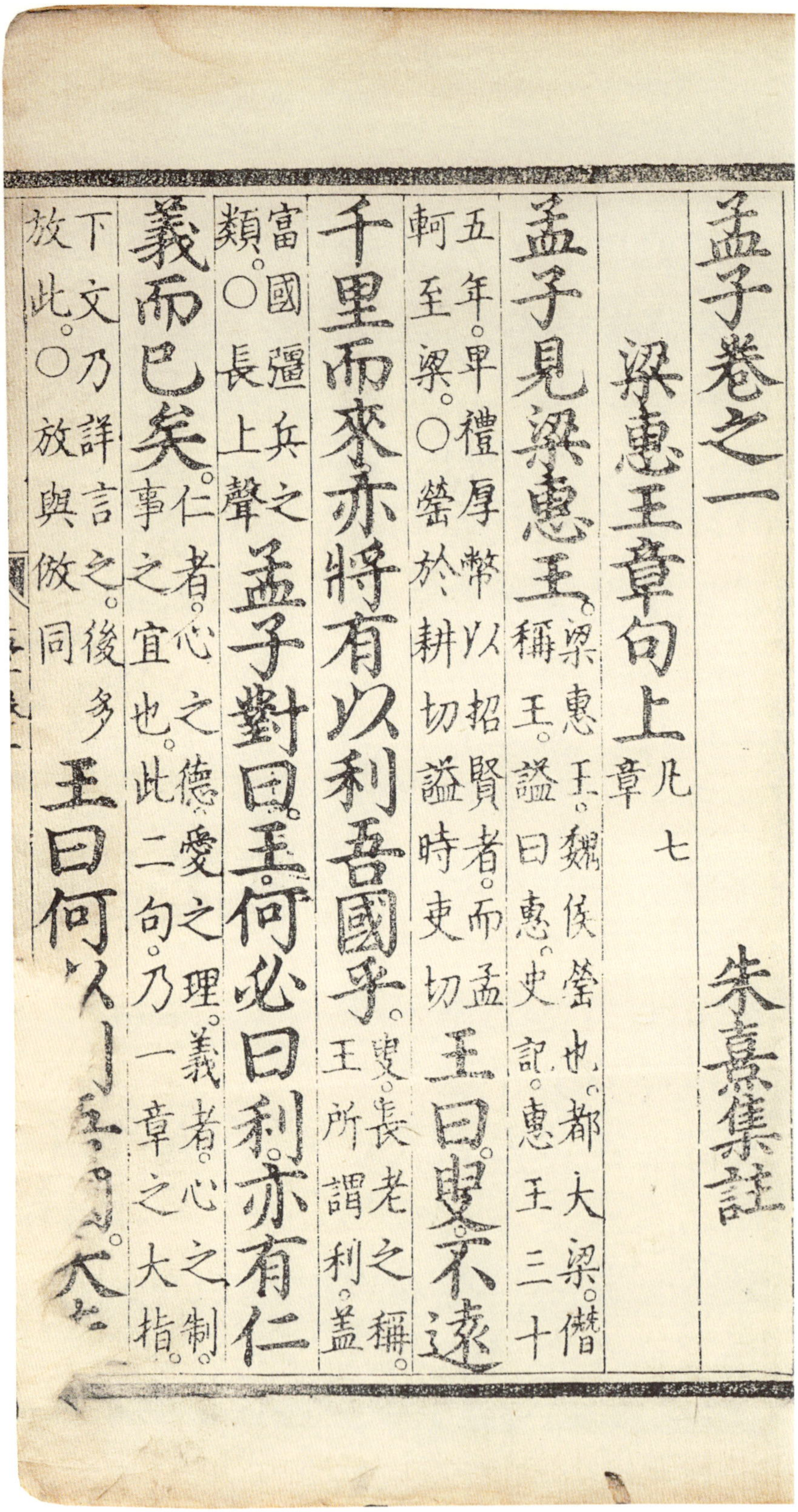
孟子卷之一　　朱熹集註

梁惠王章句上　凡七章

孟子見梁惠王。梁惠王。魏侯罃也。都大梁。僭稱王。謚曰惠。史記。惠王三十五年。卑禮厚幣以招賢者。而孟軻至梁。○罃於耕切謚時吏切王曰。叟不遠千里而來。亦將有以利吾國乎。叟。長老之稱。王所謂利。盖富國彊兵之類。○長上聲孟子對曰。王何必曰利。亦有仁義而已矣。仁者。心之德。愛之理。義者。心之制。事之宜也。此二句。乃一章之大指。下文乃詳言之。後多放此。○放與倣同王曰何以[illegible]

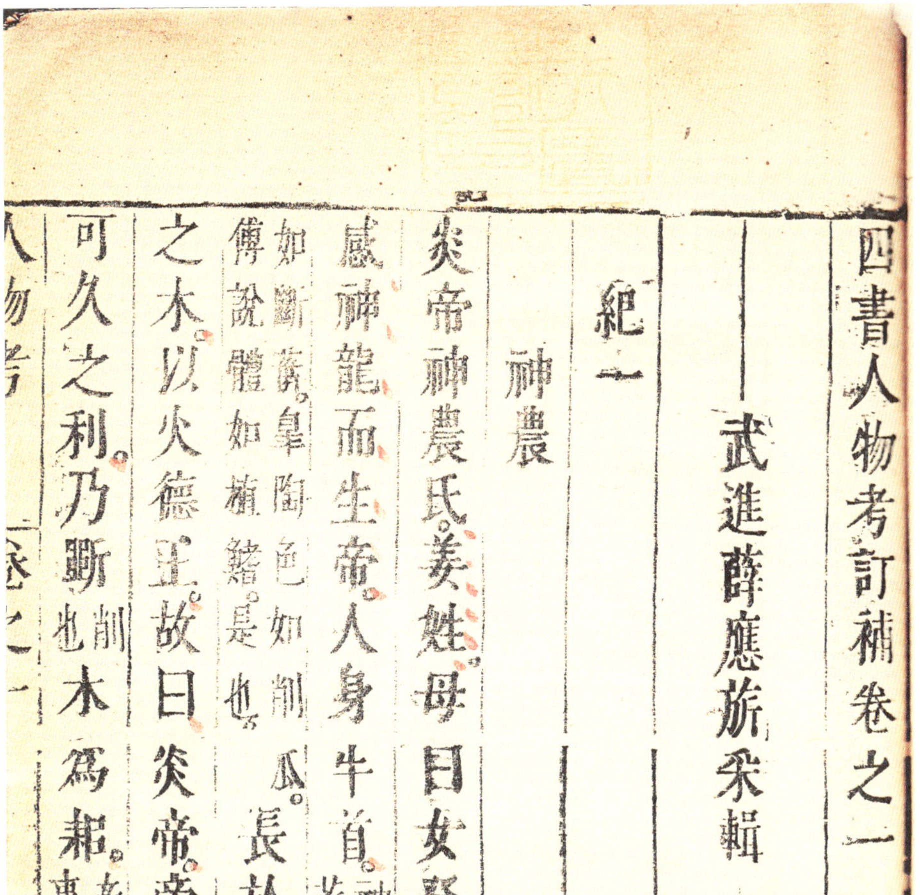
四書人物考訂補卷之一
武進薛應旂釆輯
邵武朱　焯註釋
錢塘許胥臣訂補
紀一
神農
炎帝神農氏姜姓母曰女登有媧氏之女爲少典妃感神龍而生帝人身牛首（神農牛首盖模擬略似耳若仲尼面如倛周公身如斷菑皐陶色如削瓜傳說體如植鰭是也）長於姜水因以爲姓承庖犧之木以火德王故曰炎帝帝以茹（呑也）毛飲血非生民可久之利乃斲（削也）木爲耜（音事）揉（屈也）木爲耒（鐵曰耜柄曰耒）教
人物考　卷之一　一

10112　四書人物考訂補四十卷　（明）薛應旂撰　（明）朱焯注　（明）許胥臣訂補　明天啓七年（1627）刻本　大連圖書館

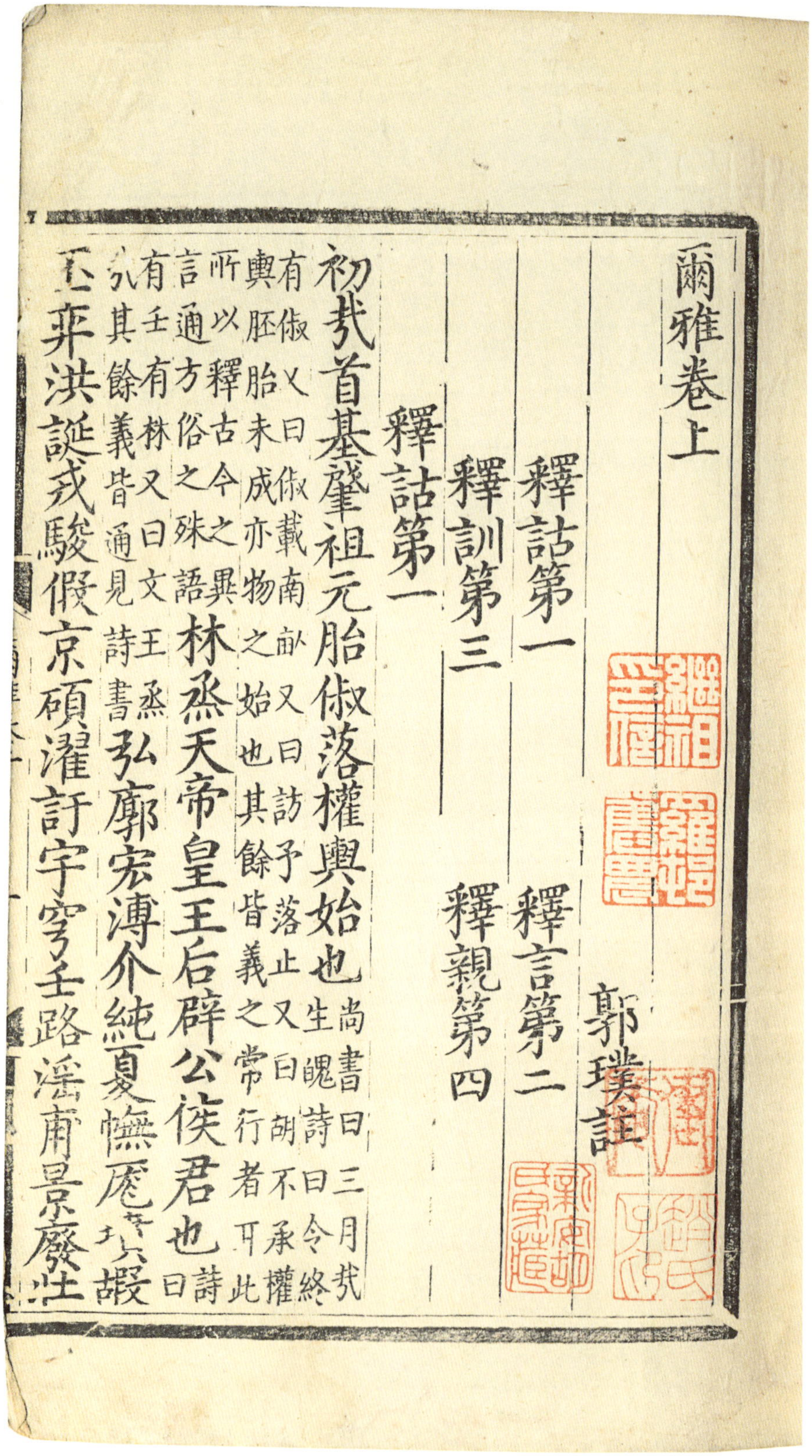

10113　爾雅三卷　（晋）郭璞注　明刻本　羅振玉　王國維跋　旅順博物館

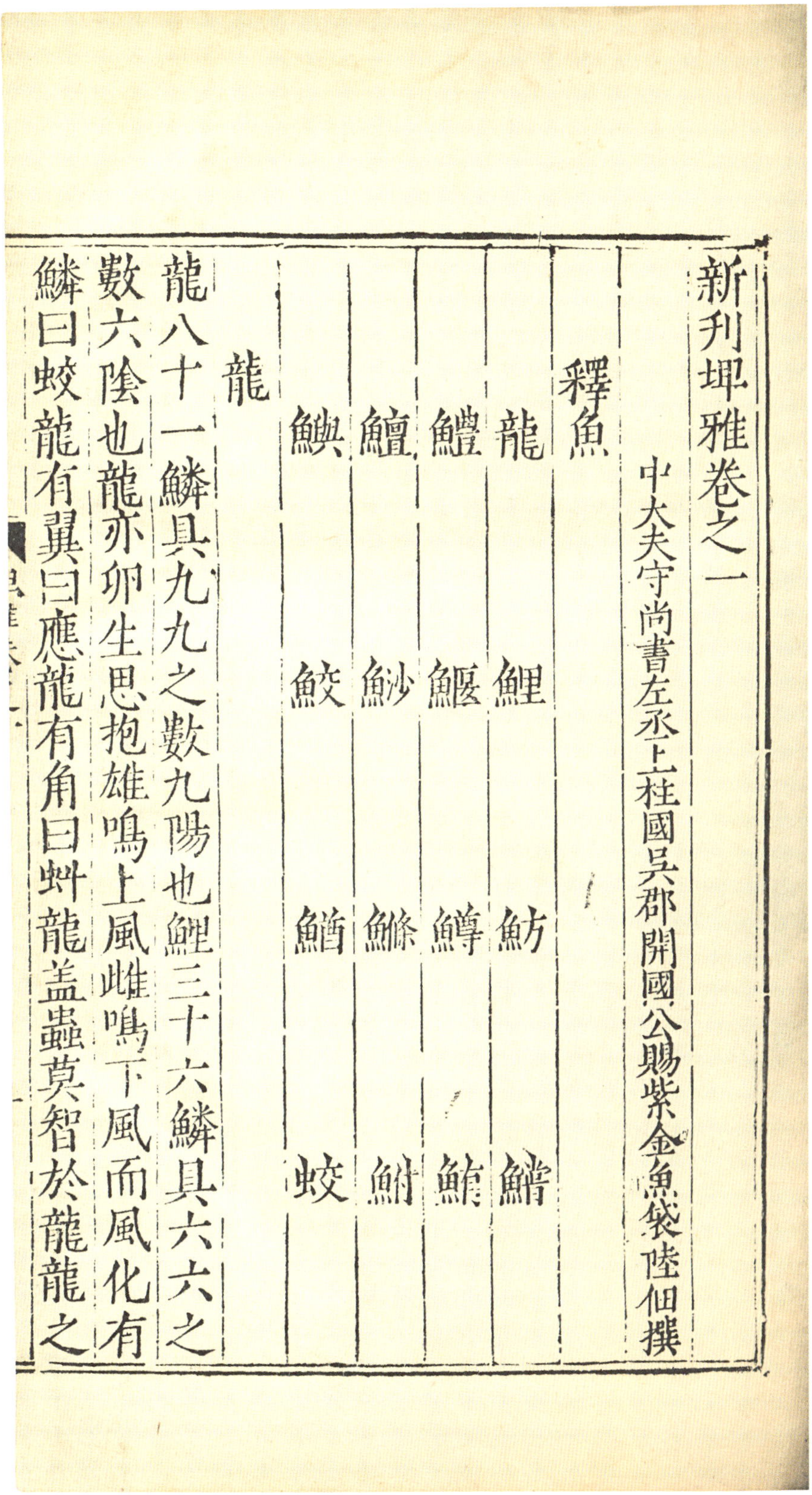
新刊埤雅卷之一
中大夫守尚書左丞上柱國吳郡開國公賜紫金魚袋陸佃撰
釋魚
龍　鯉　魴　鱨
鱧　鰋　鱒　鮪
鱣　鯊　鰷　鮒
鱮　鮫　鰌　蛟
龍
龍八十一鱗具九九之數九陽也鯉三十六鱗具六六之數六陰也龍亦卵生思抱雄鳴上風雌鳴下風而風化有鱗曰蛟龍有翼曰應龍有角曰虯龍蓋蟲莫智於龍龍之

10114　新刊埤雅二十卷　（宋）陸佃撰　明刻本　遼寧大學圖書館

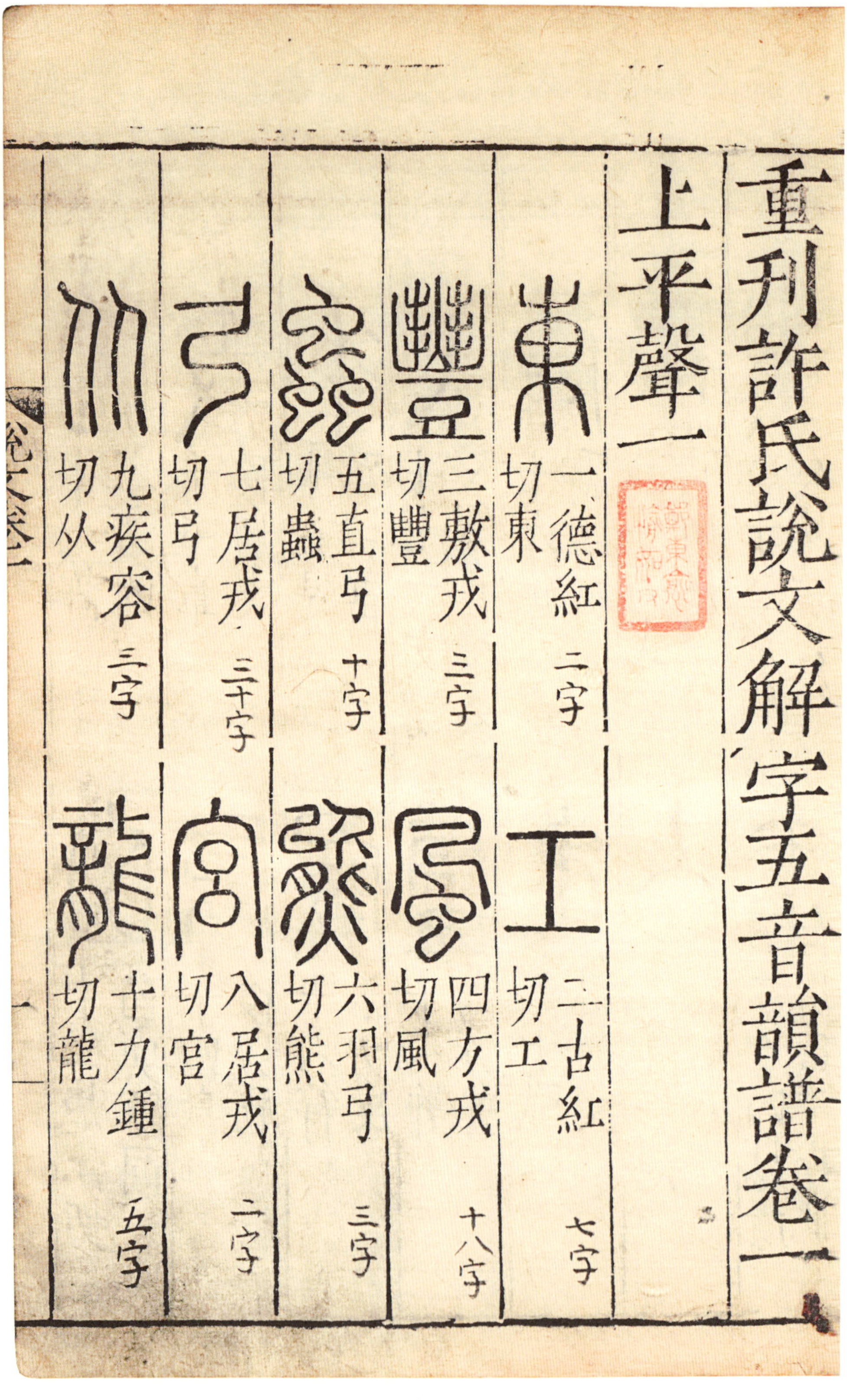

重刊許氏說文解字五音韻譜卷一

上平聲一

東 一德紅 二字 切東

豐 三敷戎 三字 切豐

蟲 五直弓 十字 切蟲

弓 七居戎 三十字 切弓

巛 九疾容 三字 切从

工 二古紅 七字 切工

風 四方戎 十八字 切風

熊 六羽弓 三字 切熊

宮 八居戎 二字 切宮

龍 十力鍾 五字 切龍

10115　重刊許氏說文説文解字五音韻譜十二卷　（宋）李燾撰　明天啓七年（1627）世裕堂刻本　瀋陽市圖書館

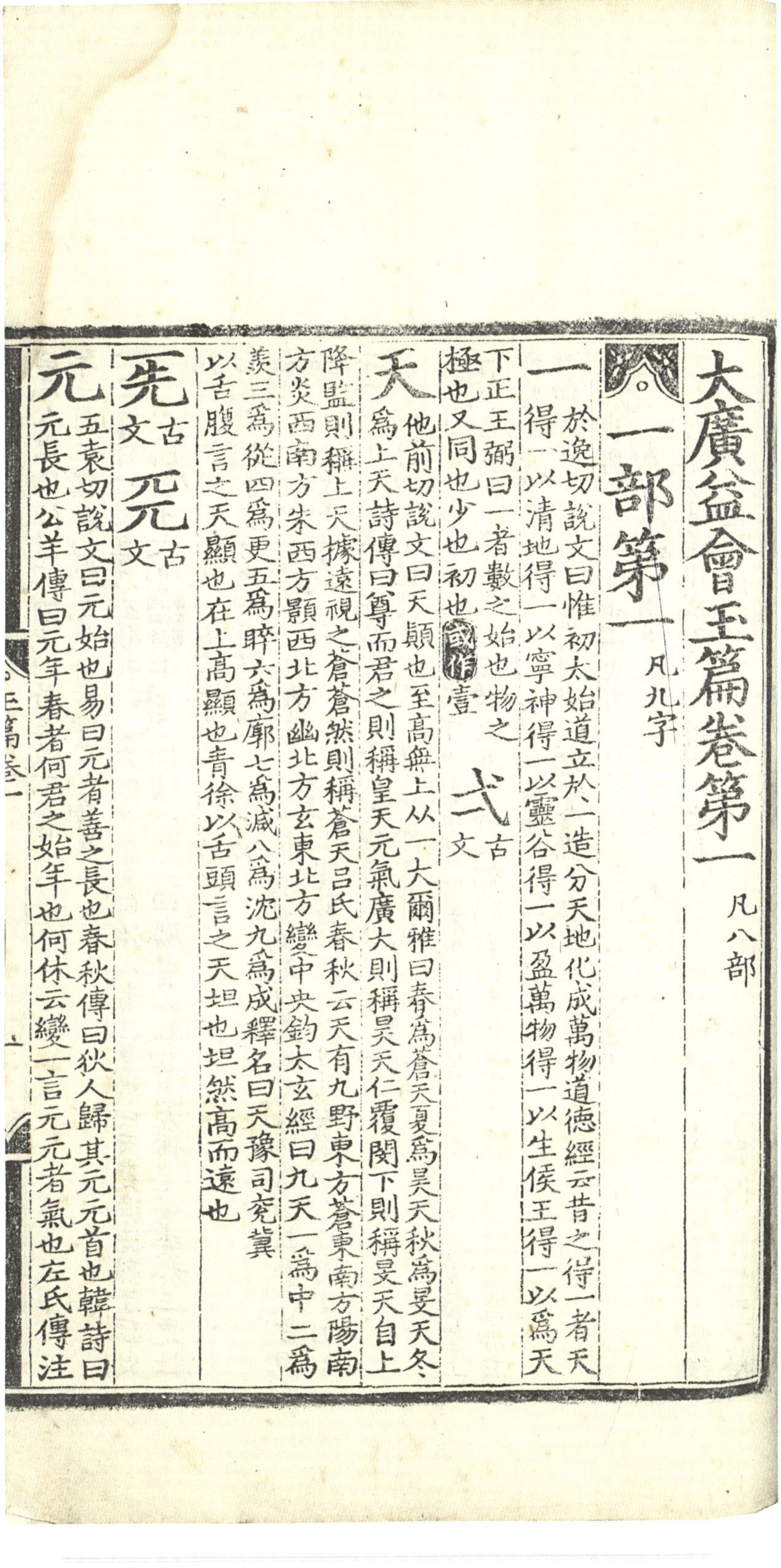

大廣益會玉篇卷第一 凡八部

〇一部第一 凡九字

一 於逸切說文曰惟初太始道立於一造分天地化成萬物道德經云昔之得一者天得一以清地得一以寧神得一以靈谷得一以盈萬物得一以生侯王得一以爲天下正王弼曰一者數之始也物之極也又同也少也初也或作壹 弌 古文

天 他前切說文曰天顛也至高無上从一大爾雅曰春爲蒼天夏爲昊天秋爲旻天冬爲上天詩傳曰尊而君之則稱皇天元氣廣大則稱昊天仁覆閔下則稱旻天自上降監則稱上天據遠視之蒼蒼然則稱蒼天呂氏春秋云天有九野東方蒼天東南方陽天南方炎天西南方朱天西方顥天西北方幽天北方玄天東北方變天中央鈞天太玄經曰九天一爲中天二爲羨天三爲從天四爲更天五爲睟天六爲廓天七爲減天八爲沈天九爲成天釋名曰天豫司兗冀以舌腹言之天顯也在上高顯也青徐以舌頭言之天坦也坦然高而遠也

兲 古文 𠀘 古文

元 五袁切說文曰元始也易曰元者善之長也春秋傳曰狄人歸其元元首也韓詩曰元長也公羊傳曰元年春者何君之始年也何休云變一言元元者氣也左氏傳注

10116 大廣益會玉篇三十卷 （南朝梁）顧野王撰 （唐）孫强增字 （宋）陳彭年等重修 **玉篇廣韵指南一卷** 明刻本 遼寧省圖書館

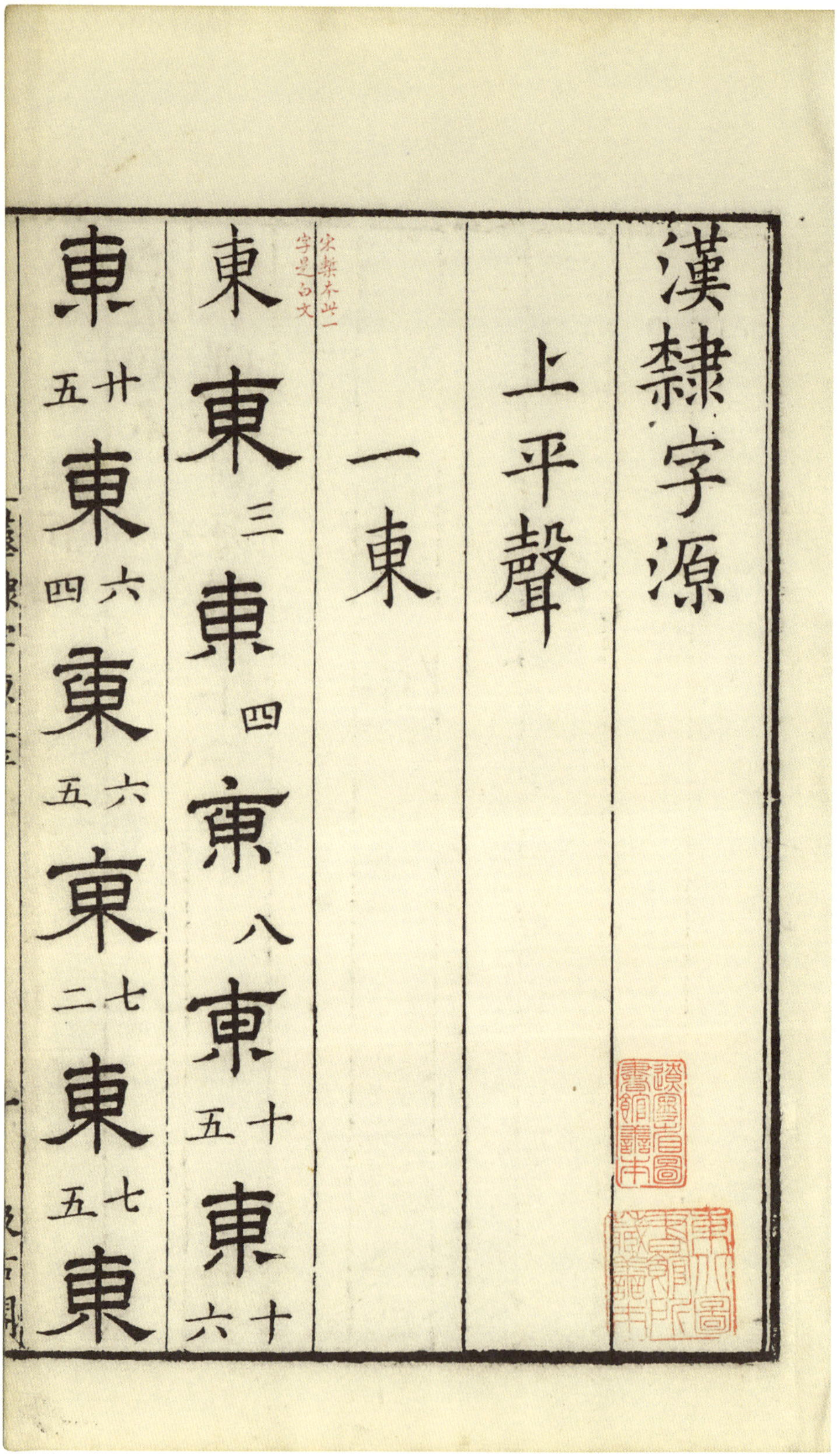
漢隸字源
上平聲
一東
東 東三 東四 東八 東十五 東十六
東廿五 東六四 東六五 東七二 東七五 東

10117　漢隸字源五卷碑目一卷附字一卷　（宋）婁機撰　明末毛晋汲古閣刻本　陶湘過録翁方綱批校并跋　遼寧省圖書館

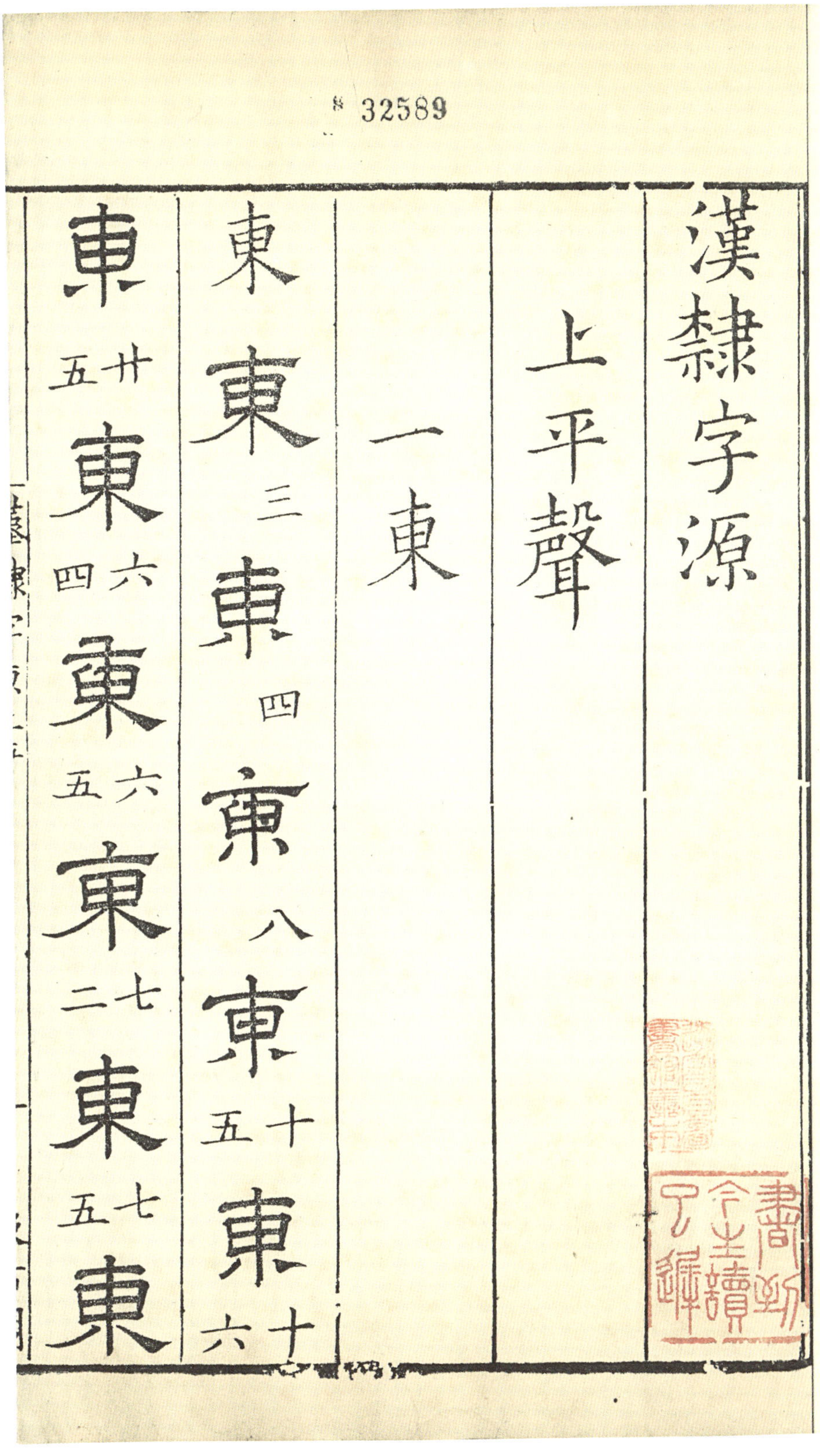

10118 漢隸字源五卷碑目一卷附字一卷 （宋）婁機撰 明末毛晋汲古閣刻本 遼寧省圖書館

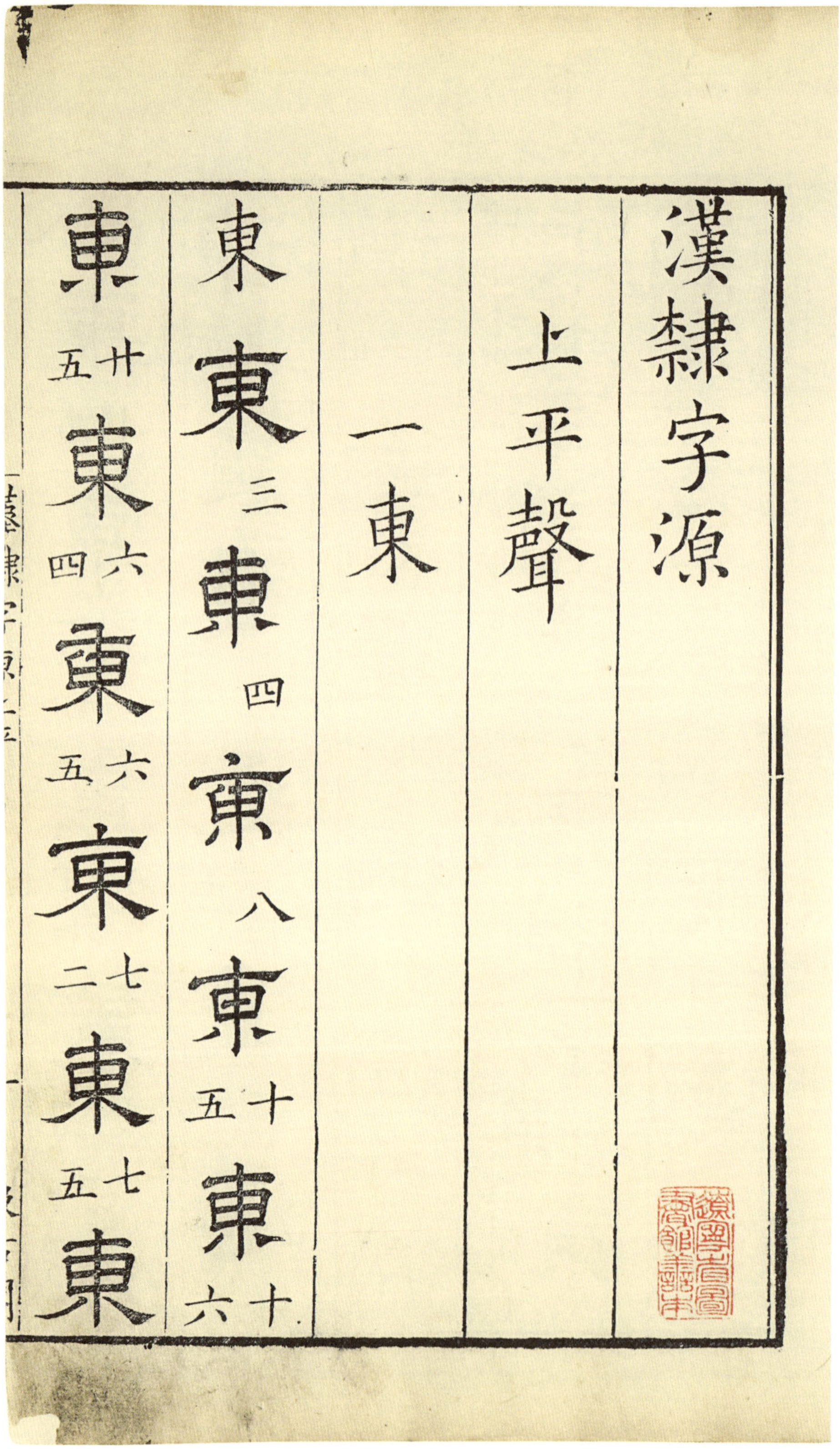
漢隸字源
上平聲
一東
東東三東四東八東十五東十六
東廿五東六四東六五東七二東七五東

10119　漢隸字源五卷碑目一卷附字一卷　（宋）婁機撰　明末毛晋汲古閣刻本　遼寧省圖書館

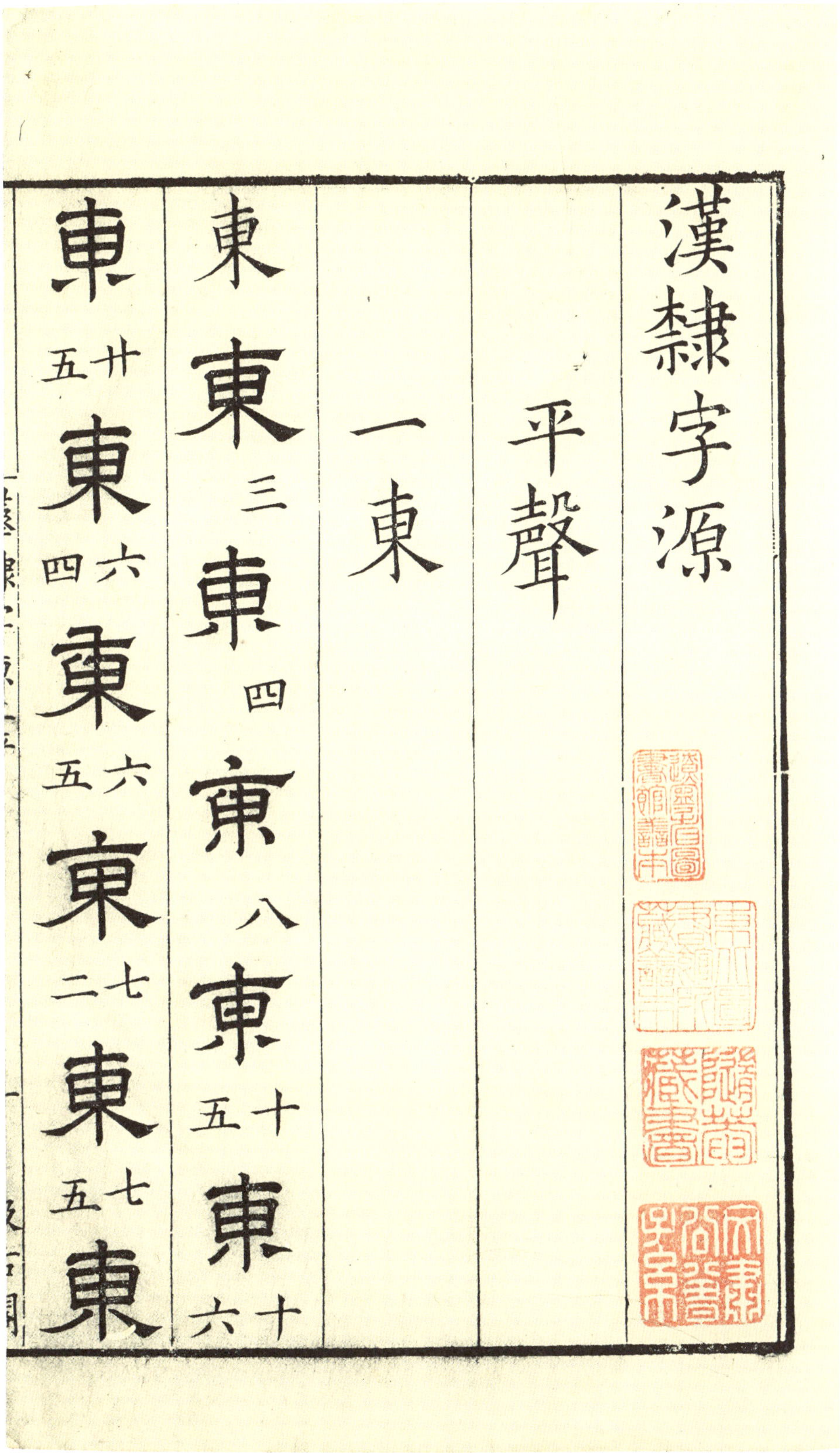

10120 漢隸字源五卷碑目一卷附字一卷 （宋）婁機撰　明末毛晋汲古閣刻本　遼寧省圖書館

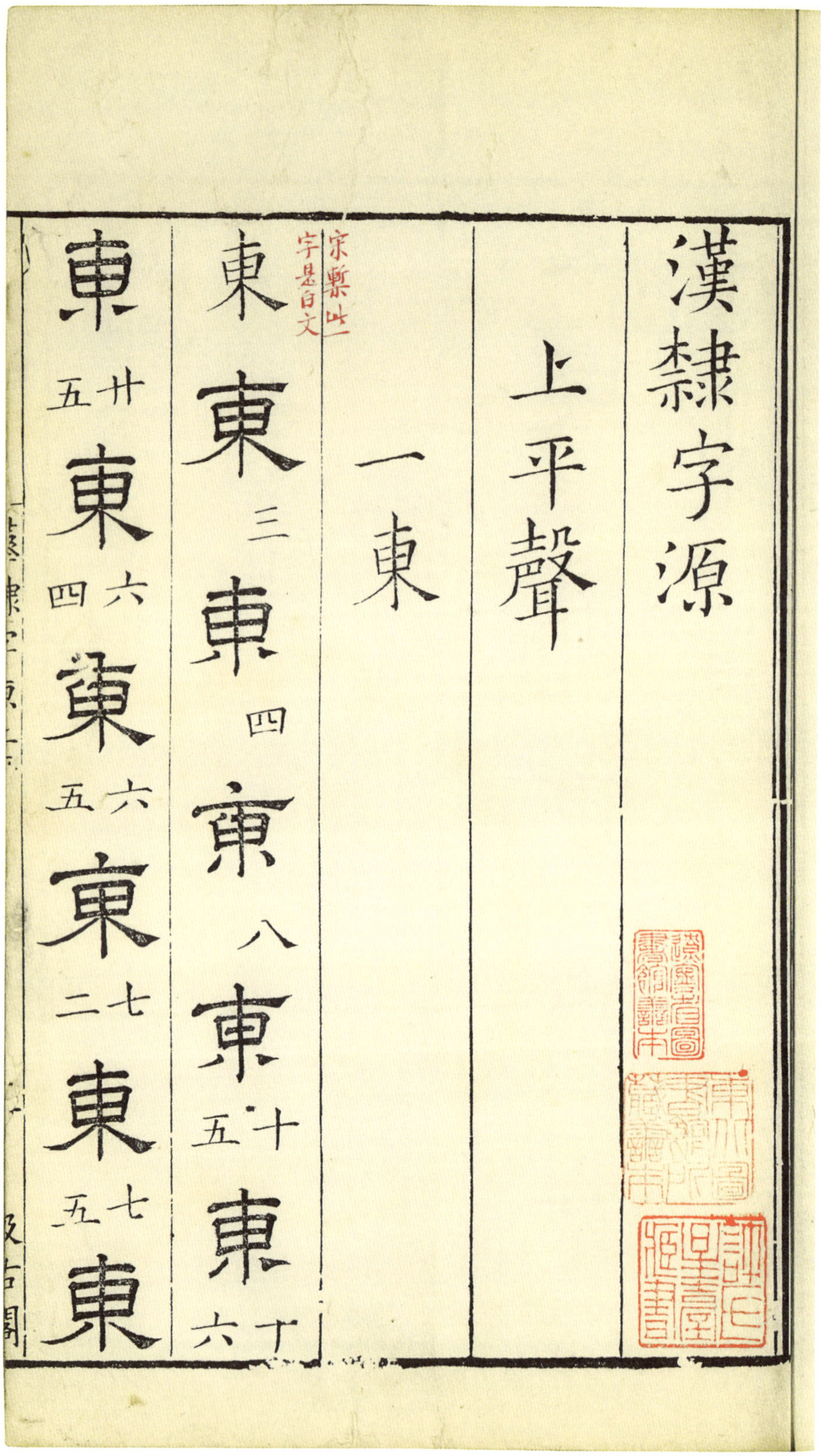

10121　漢隸字源五卷碑目一卷附字一卷　（宋）婁機撰　明末毛晋汲古閣刻本　遼寧省圖書館

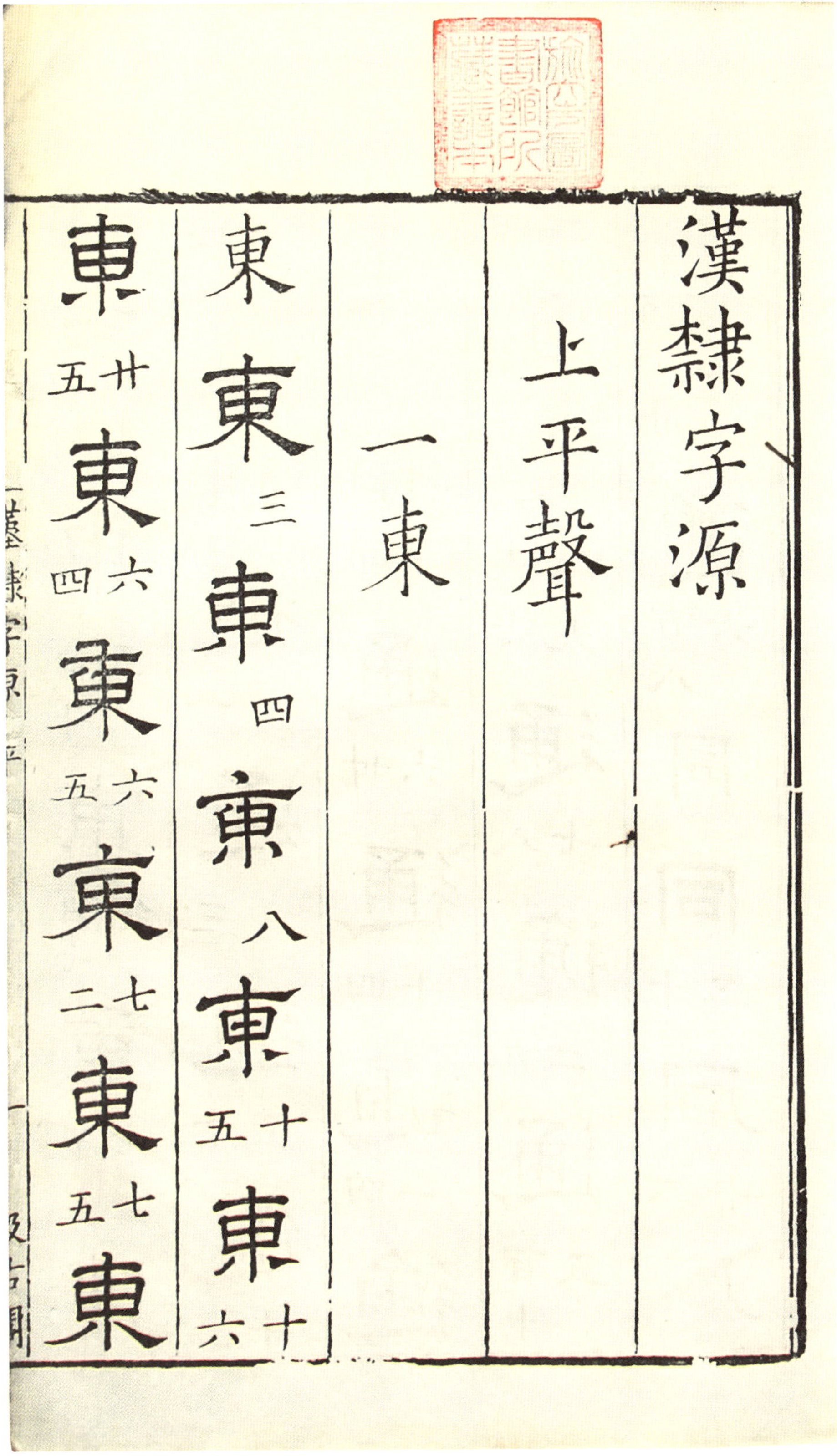
漢隸字源
上平聲
一東
東 東三 東四 東八 東十五 東十六
東廿五 東六四 東六五 東七二 東七五 東
漢隸字源 一 汲古閣

10122 漢隸字源五卷碑目一卷附字一卷 （宋）婁機撰 明末毛晉汲古閣刻本 大連圖書館

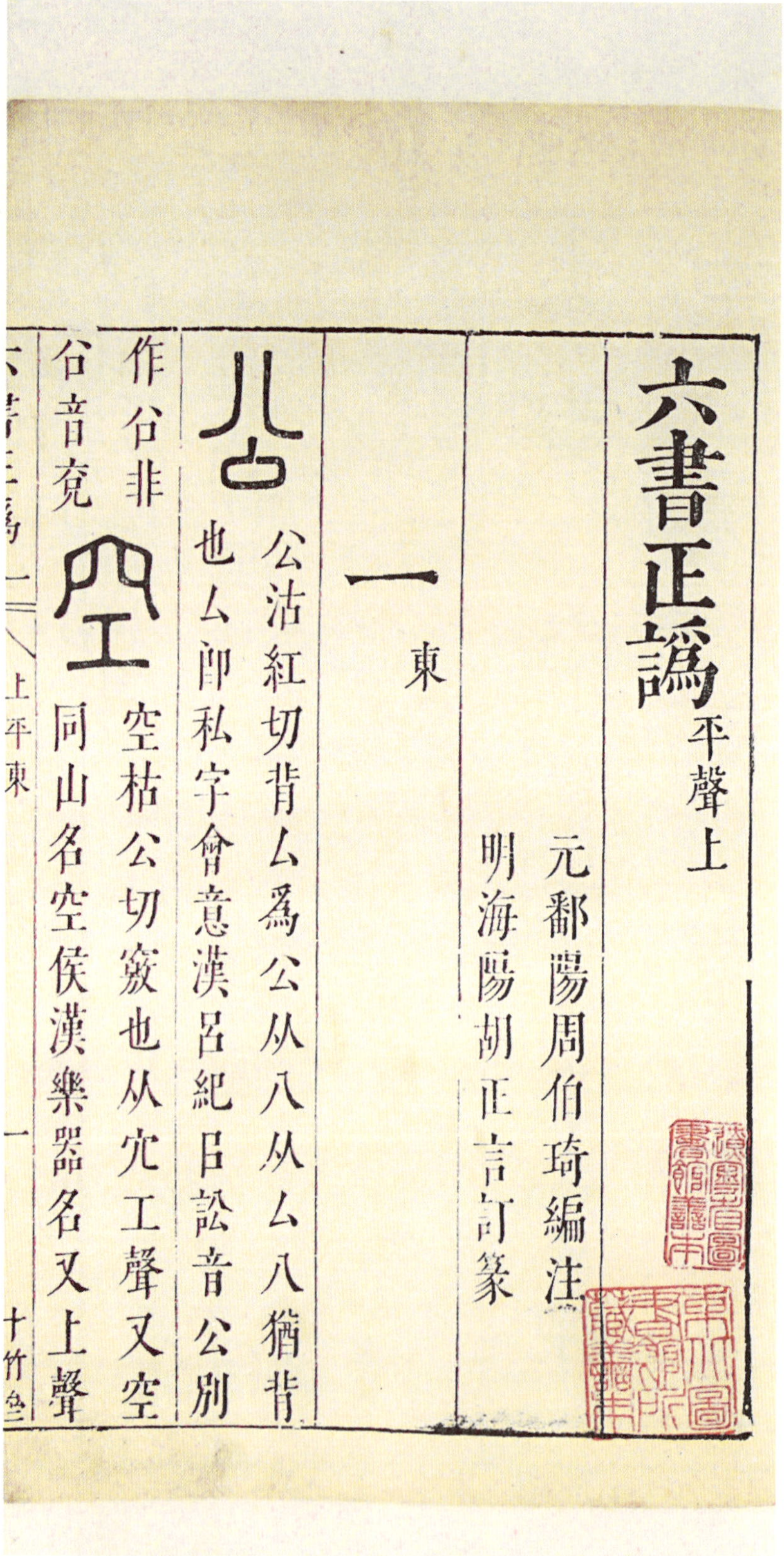
六書正譌 平聲上
元鄱陽周伯琦編注
明海陽胡正言訂篆
一 東
公沽紅切背厶爲公从八从厶八猶背
也厶即私字會意漢呂紀呂訟音公別
作谷非 空枯公切竅也从穴工聲又空
谷音兗 同山名空侯漢樂器名又上聲
六書正譌 一 上平東 一 十竹齋

10123 六書正譌五卷 （元）周伯琦撰 明崇禎七年（1634）胡正言十竹齋刻本 遼寧省圖書館

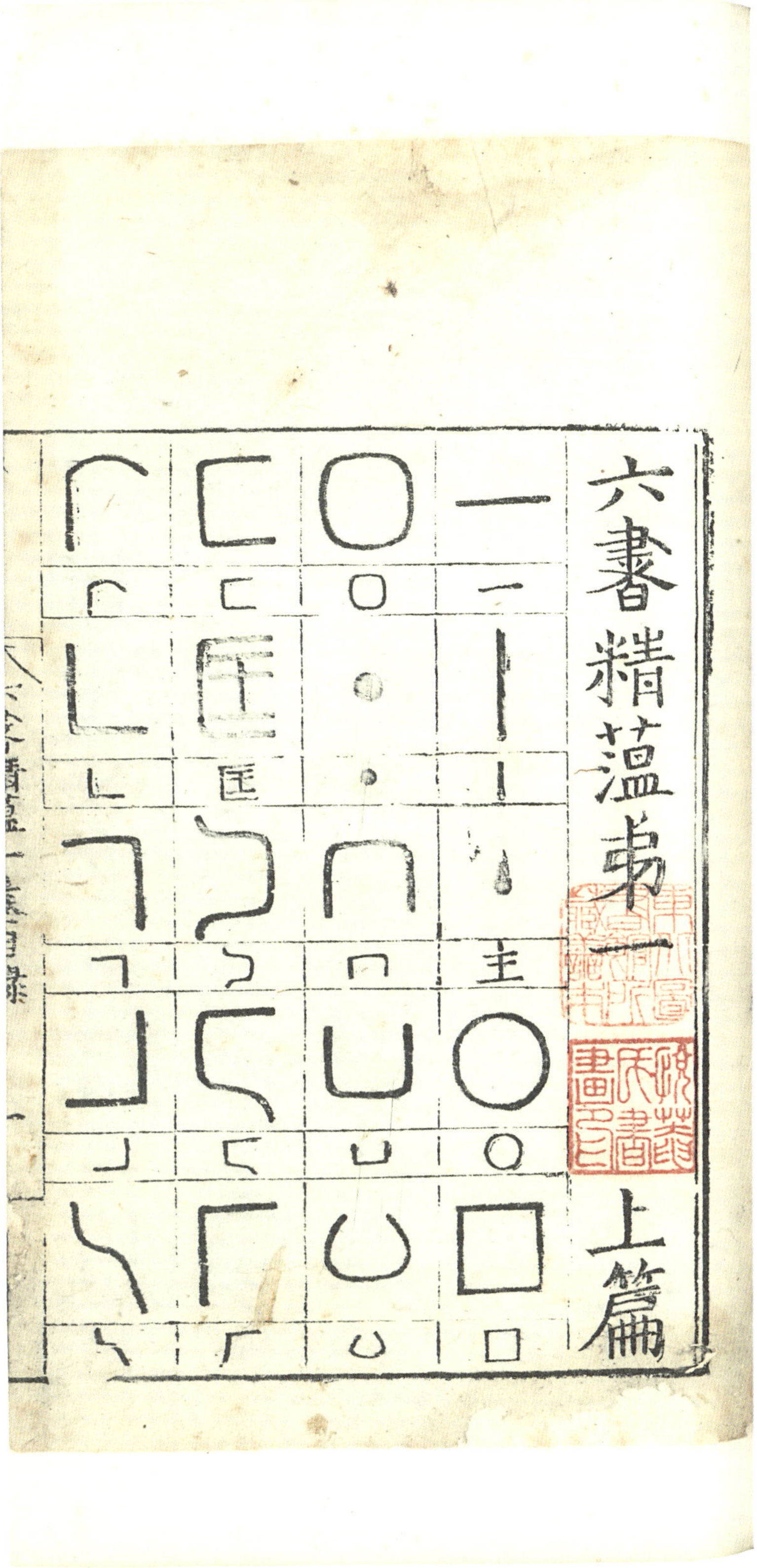

10124　六書精蘊六卷　（明）魏校撰　**音釋舉要一卷**　（明）徐官撰

明嘉靖十九年（1540）魏希明刻本　遼寧省圖書館

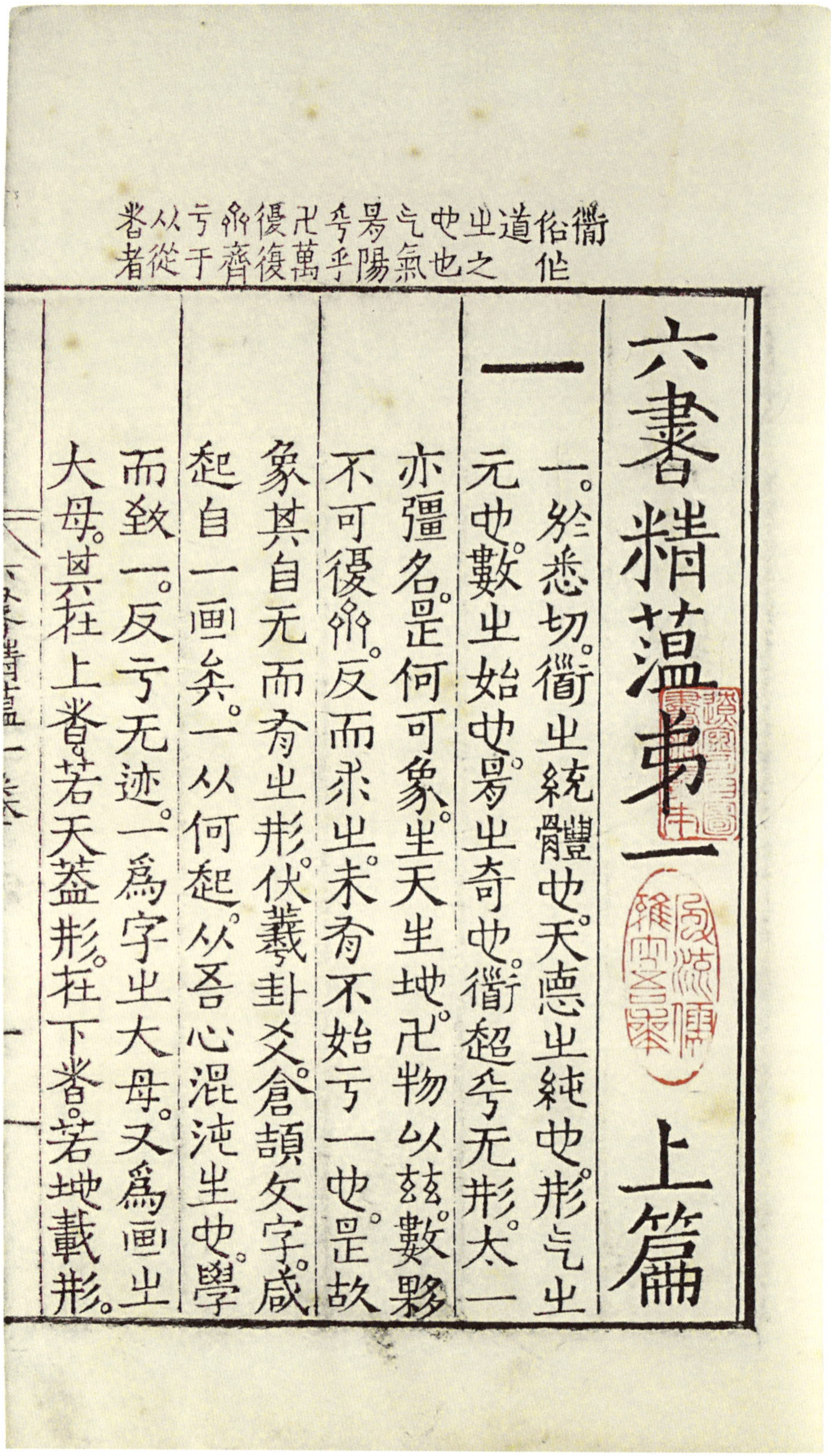

10125　六書精蘊六卷　（明）魏校撰　**音釋舉要一卷**　（明）徐官撰

明嘉靖十九年（1540）魏希明刻本　遼寧省圖書館

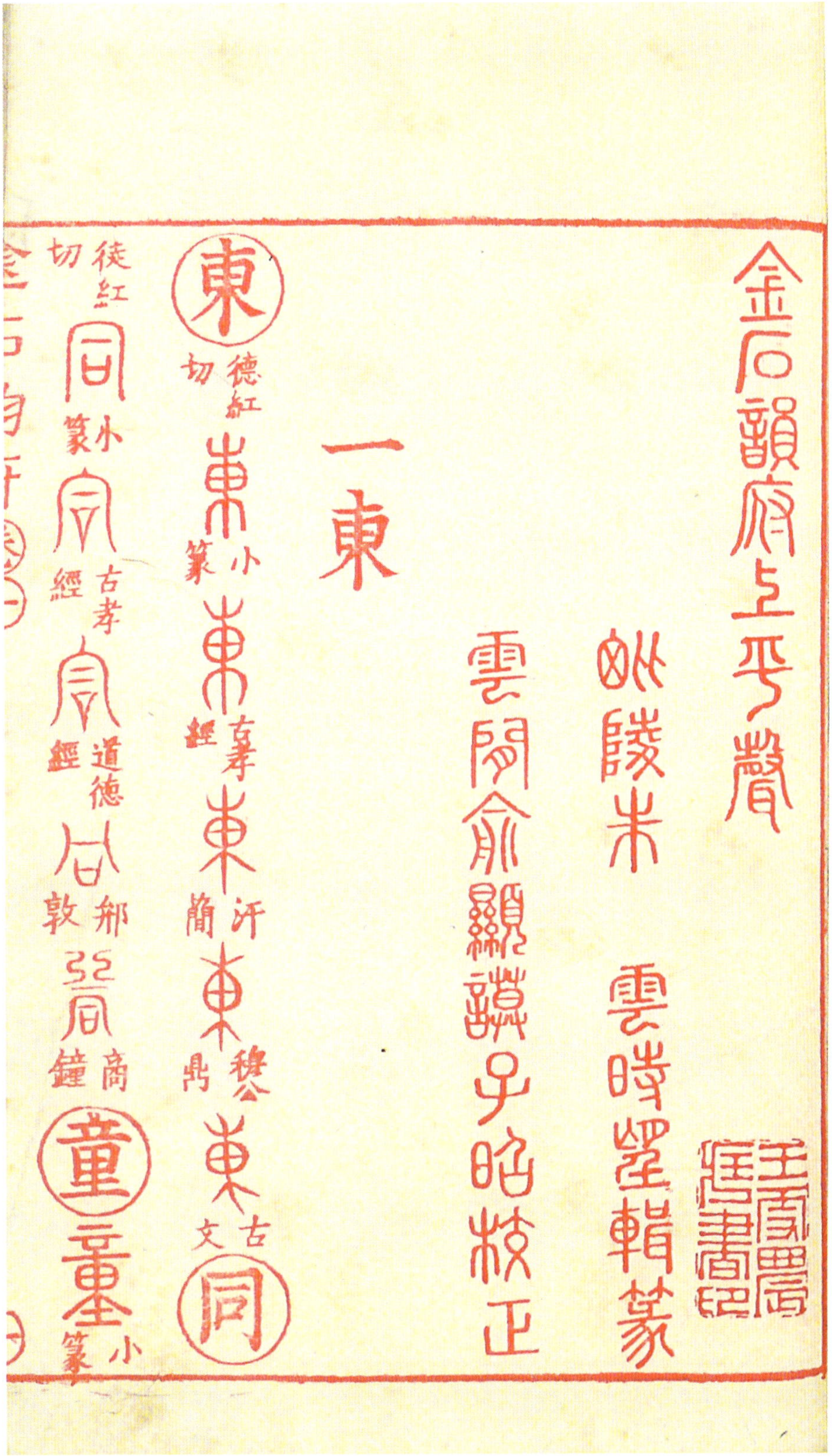

10126　金石韻府五卷　（明）朱雲撰　明嘉靖十年（1531）俞顯謨刻朱印本

遼寧省圖書館

古文奇字卷一

天部　南州朱謀㙔輯解

古天字本作⋂象穹窿覆冒形，此乃建字，天行周旋不巳也，小篆改作，故建字

鍾鼎天字小篆誤以一大訓之，非也，此正古无字九重之天一誤矣

望无極也，从一縱視爲意，說見備致別作天一誤矣　天字　俱古文　天字

延字从二聲

鍾鼎天字備致定爲元字

人之首也，从大古人字

俱古天字　古天字疑是旁

出六書統　字轉寫小譌耳

古日字，太陽之精也

象光耀動蕩不定形

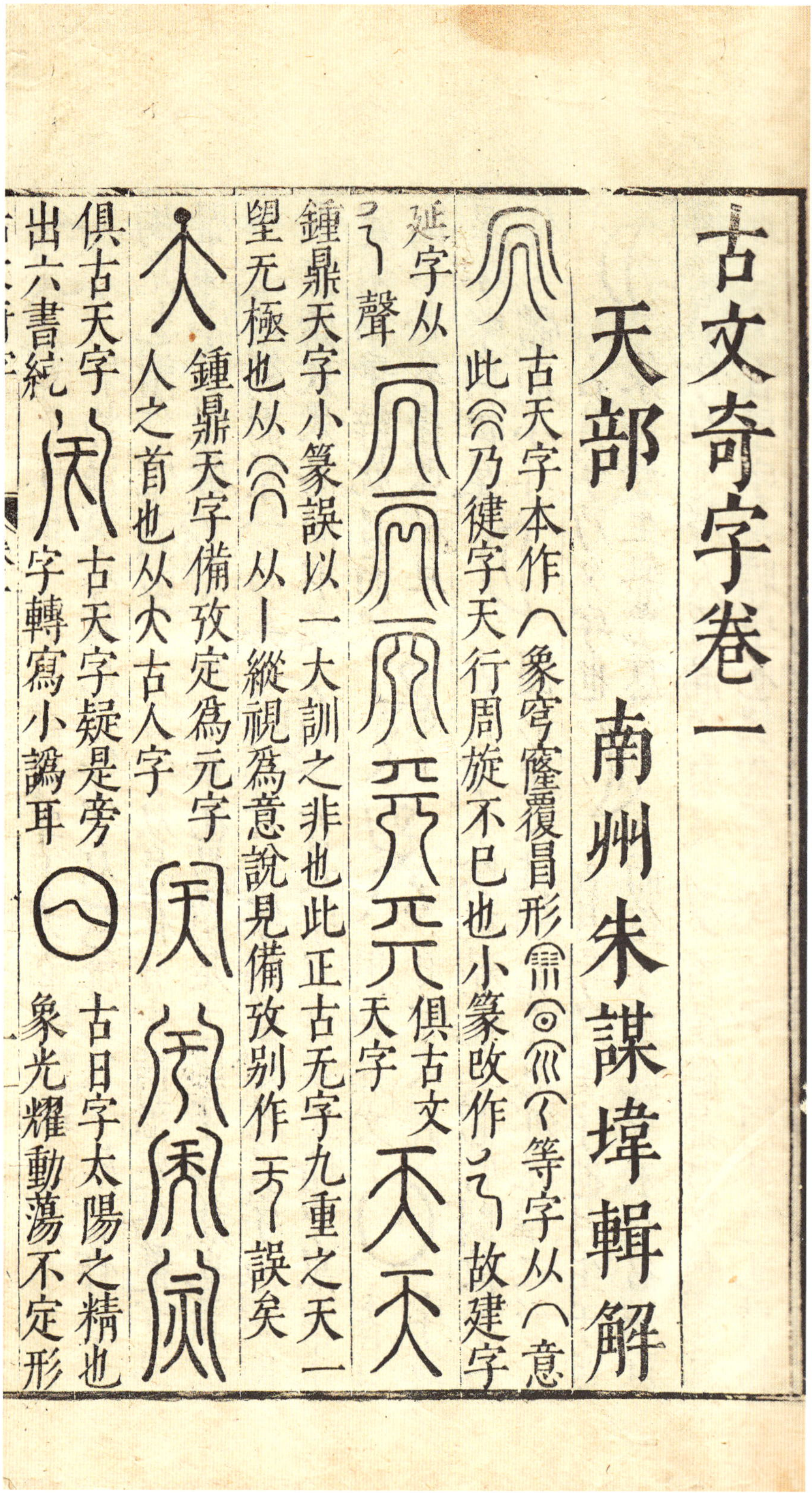

10127　古文奇字十二卷　（明）朱謀㙔撰　明萬曆四十年（1612）刻本

大連圖書館

存六卷（一至六）

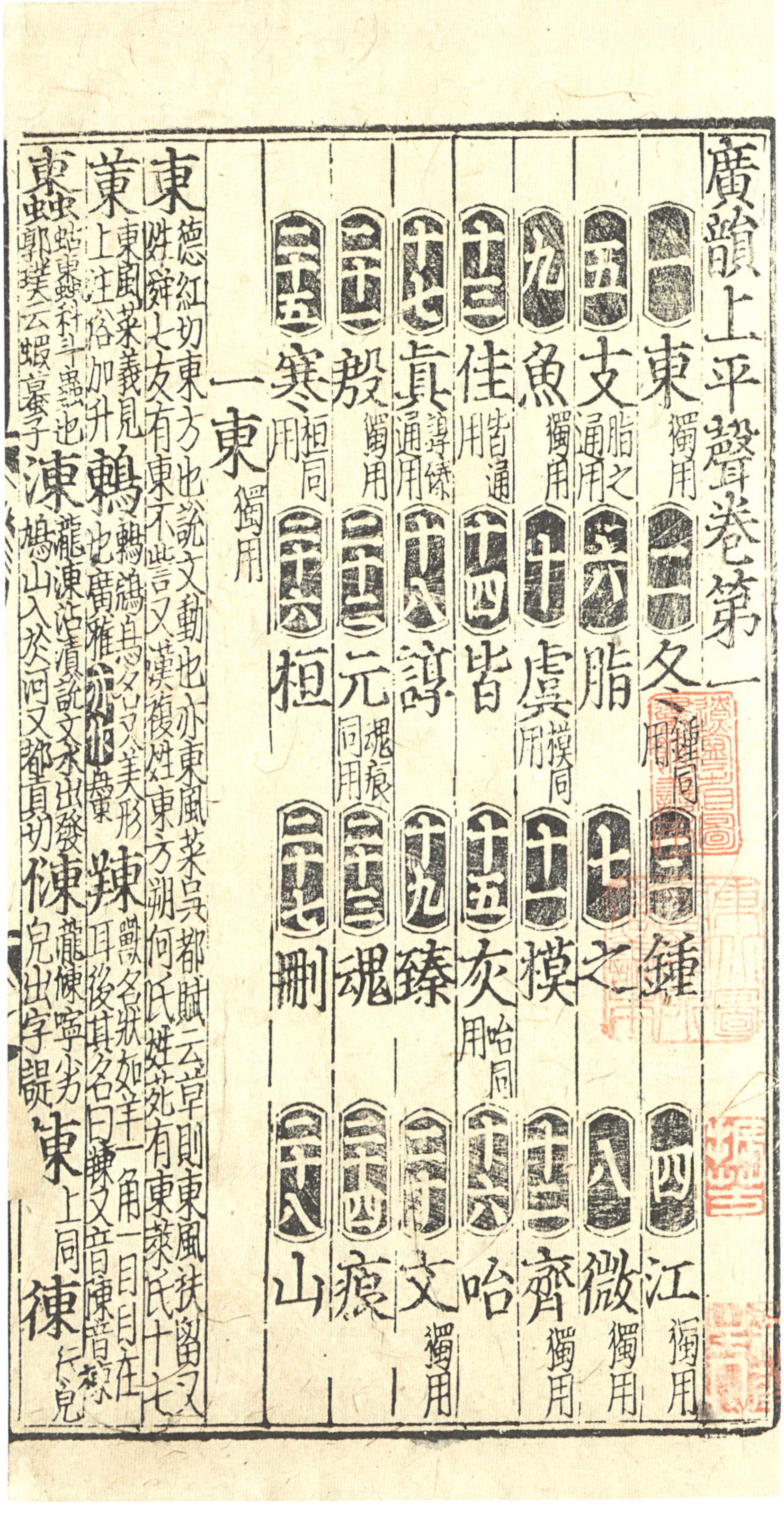

廣韻上平聲卷第一

一東獨用　二冬鍾同用　三鍾　四江獨用
五支脂之同用　六脂　七之　八微獨用
九魚獨用　十虞模同用　十一模　十二齊獨用
十三佳皆通用　十四皆　十五灰咍同用　十六咍
十七真諄臻通用　十八諄　十九臻　二十文獨用
二十一殷獨用　二十二元魂痕同用　二十三魂　二十四痕
二十五寒桓同用　二十六桓　二十七刪　二十八山

一東獨用

東德紅切東方也說文動也亦東風菜吳都賦云草則東風扶留又姓舜七友有東不訾又漢複姓東方朔何氏姓苑有東萊氏十七
菄東風菜義見上注俗加艹　鶇鶇鶝鳥名又美形也廣雅亦作䳉　䍶獸名狀如羊一角一目目在耳後其名曰䍶又音陳
𧒽𧒽蝀䗈科斗蟲也郭璞云蝦蟇子　涷瀧涷沾漬說文水出發鳩山入於河又都貢切　倲儱倲儜劣兒出字樣　東上同　徚行兒

10128　廣韻五卷　明刻本　遼寧省圖書館

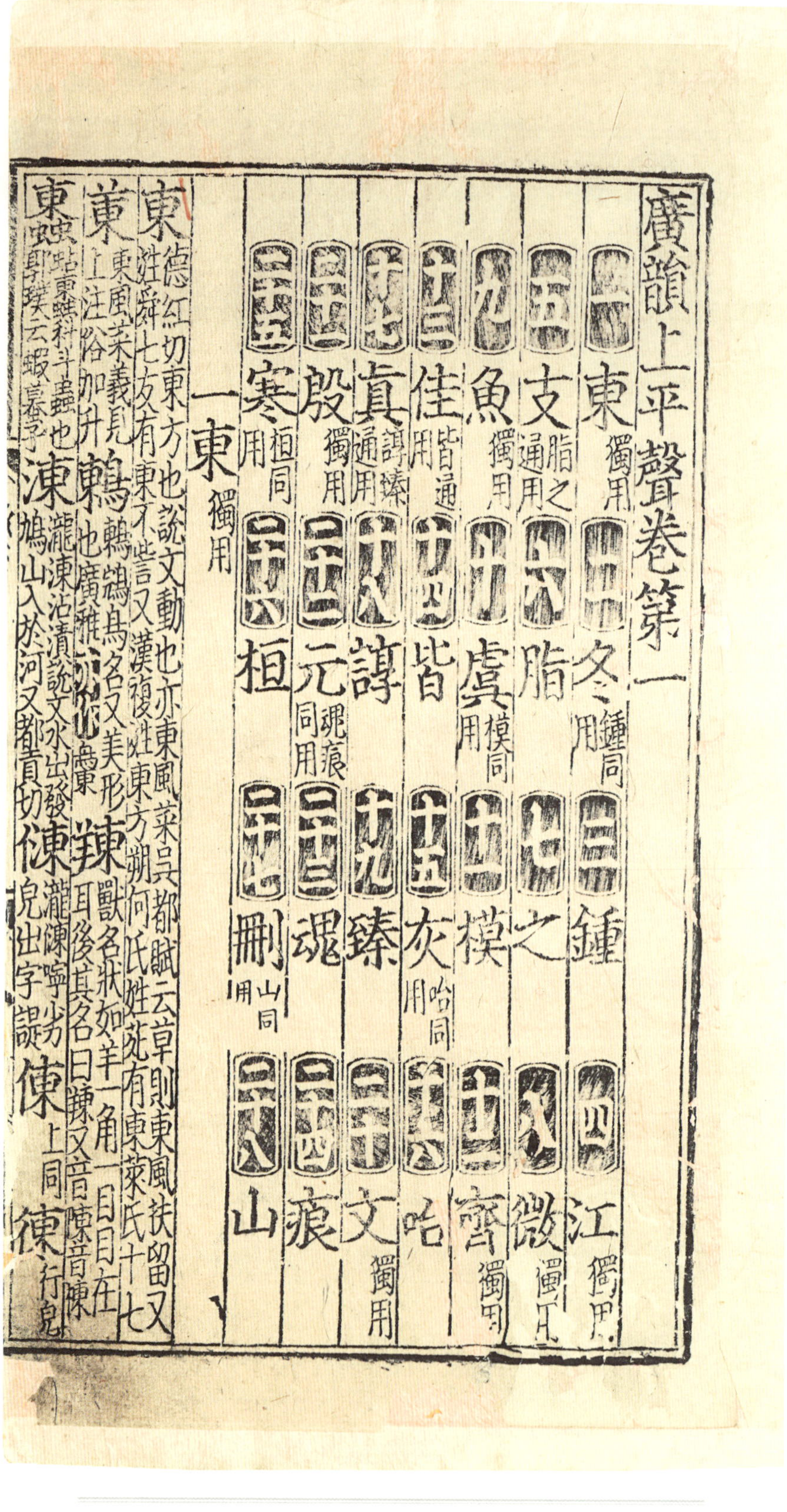
廣韻上平聲卷第一

一東獨用　二冬鍾同用　三鍾　四江獨用
五支脂之通用　六脂　七之　八微獨用
九魚獨用　十虞模同用　十一模　十二齊獨用
十三佳皆通用　十四皆　十五灰咍同用　十六咍
十七真諄臻通用　十八諄　十九臻　二十文獨用
二十一殷獨用　二十二元魂痕同用　二十三魂　二十四痕
二十五寒桓同用　二十六桓　二十七刪山同用　二十八山

一東獨用

東 德紅切東方也說文動也亦東風菜吳都賦云草則東風扶留又姓舜七友有東不訾又漢複姓東方朔何氏姓苑有東萊氏十七 菄 東風菜義見上注俗加艹 鶇 鶇鵍鳥名又美形也廣雅亦作鶇 䍶 獸名狀如羊一角一目目在耳後其名曰䍶又音陳音陳 蝀 蝀蛛科斗蟲也郭璞云蝦蟇子 涷 瀧涷沾漬說文水出發鳩山入於河又都貢切 倲 儱倲儜劣皃出字諟 倲 上同 徚 行皃

10129　廣韻五卷　明刻本　遼寧省圖書館

大明正德乙亥重刊改併五音類聚四聲篇卷第二

濰陽松水昌黎郡韓孝彥次男韓道昭改併重編

牙音見溪二母　凡收五十九部

見母第一　凡收四十六部

一西聲平金吟居部第一

方斤銀古部第二

高豪古部第三

世戈和古部第四

界交稍古部第五

弓崇古部第六

阿干寒古部第七

瓜華古部第八

彌巾勤居部第九

陀龜帷居部第十

甘談古部第十一

門縈古部第十三

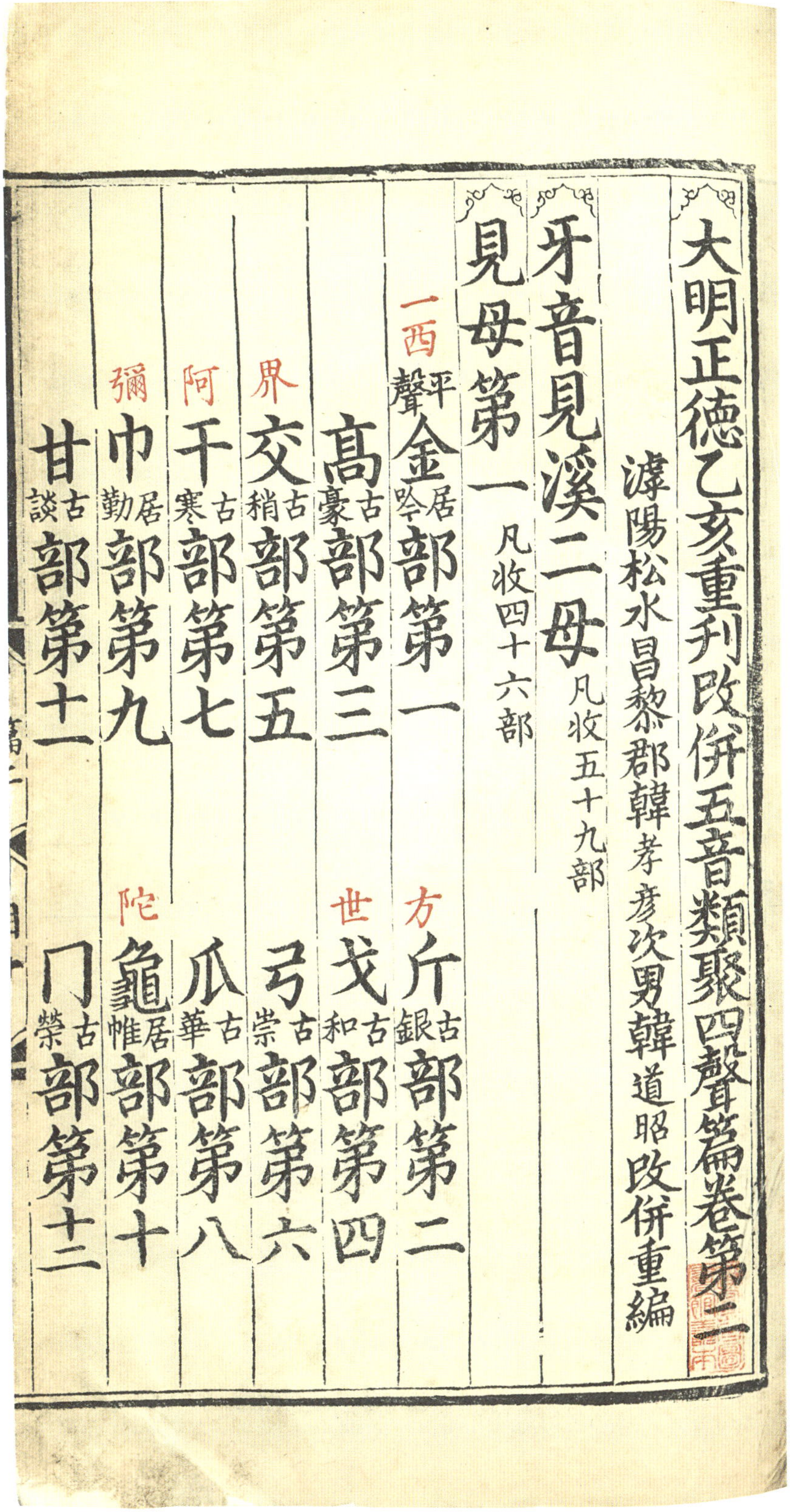

10130　大明正德乙亥重刊改併五音類聚四聲篇十五卷五音集韻十
五卷　（金）韓道昭撰　新編經史正音切韻指南一卷　（元）劉鑑撰
新編篇韻貫珠集八卷直指玉鑰匙門法一卷　（明）釋真空撰　明正德十
一年（1516）金臺衍法寺釋覺恒刻本　遼寧省圖書館

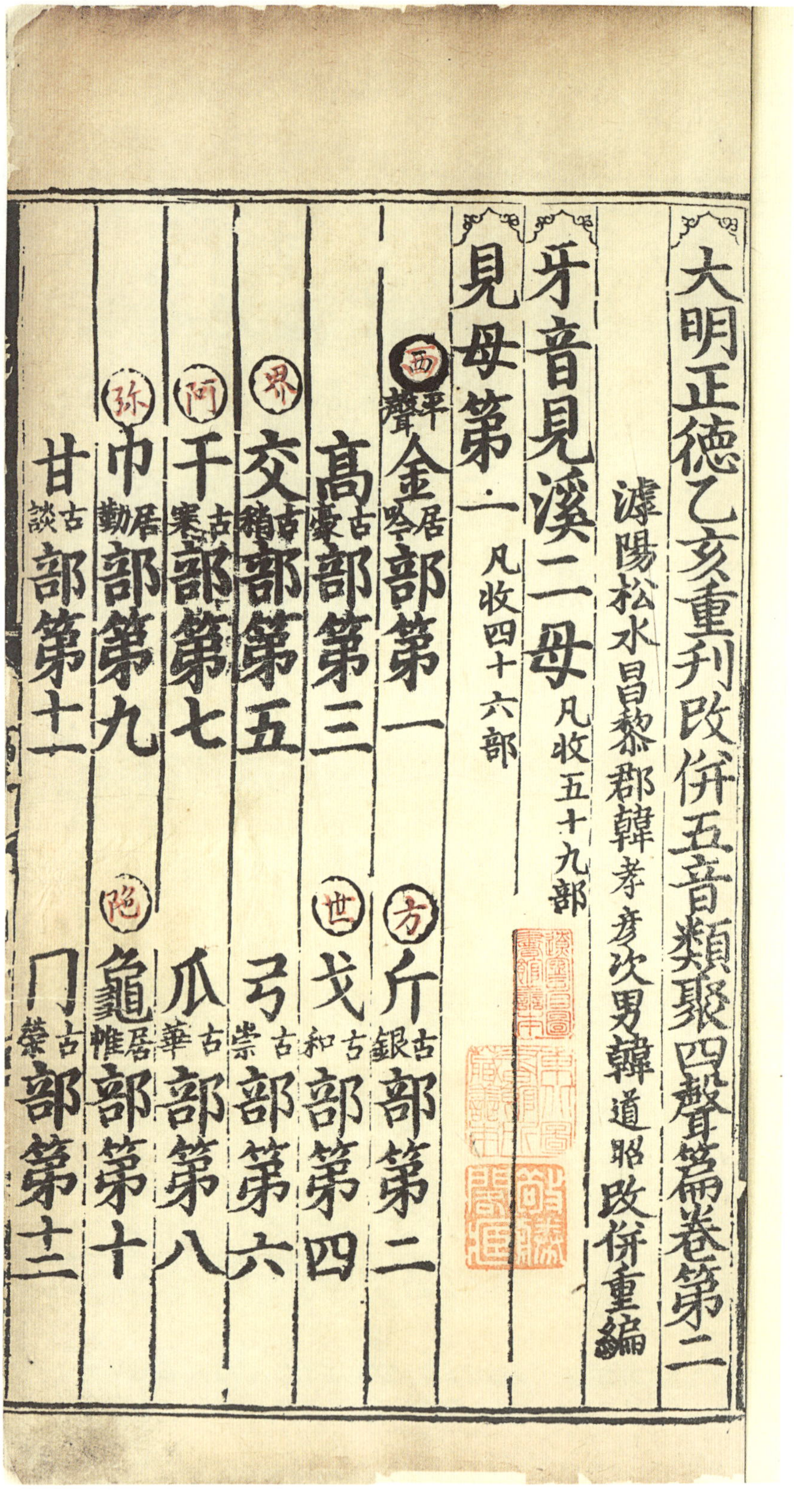
大明正德乙亥重刊改併五音類聚四聲篇卷第二
滹陽松水昌黎郡韓孝彥次男韓道昭改併重編
牙音見溪二母 凡收五十九部
見母第一 凡收四十六部
平聲 金 居吟 部第一　斤 古銀 部第二
高 古豪 部第三　戈 古和 部第四
交 古肴 部第五　弓 古崇 部第六
干 古寒 部第七　瓜 古華 部第八
巾 居勤 部第九　龜 居帷 部第十
甘 古談 部第十一　冂 古熒 部第十二

10131　大明正德乙亥重刊改併五音類聚四聲篇十五卷　（金）韓道昭撰　明正德十一年（1516）金臺衍法寺釋覺恒刻嘉靖三十八年（1559）釋本贊修補印本　遼寧省圖書館

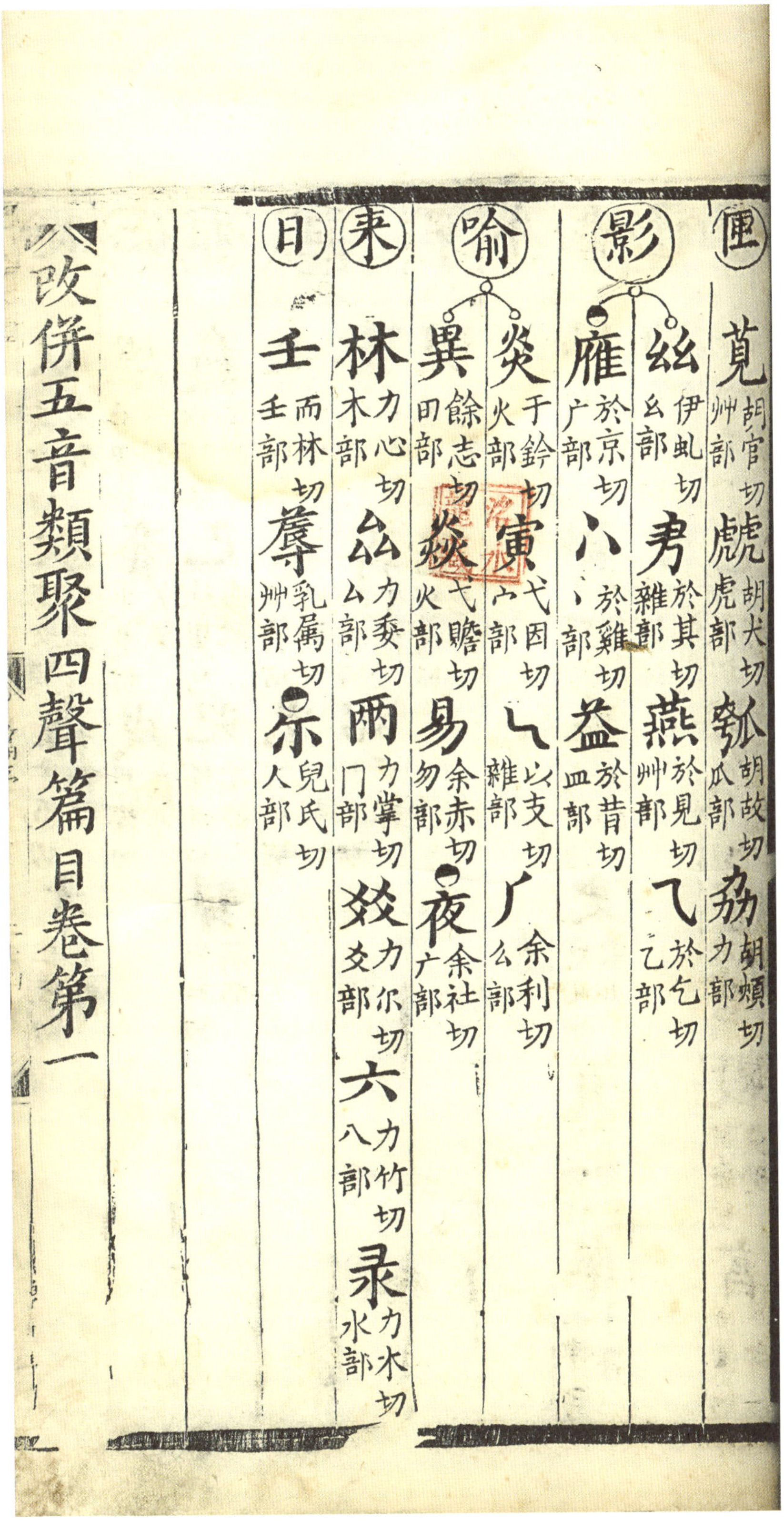

10132　大明萬曆己丑重刊改併五音類聚四聲篇十五卷　（金）韓道昭撰　明崇禎二年至十年（1629—1637）圓覺寺刻本　大連圖書館

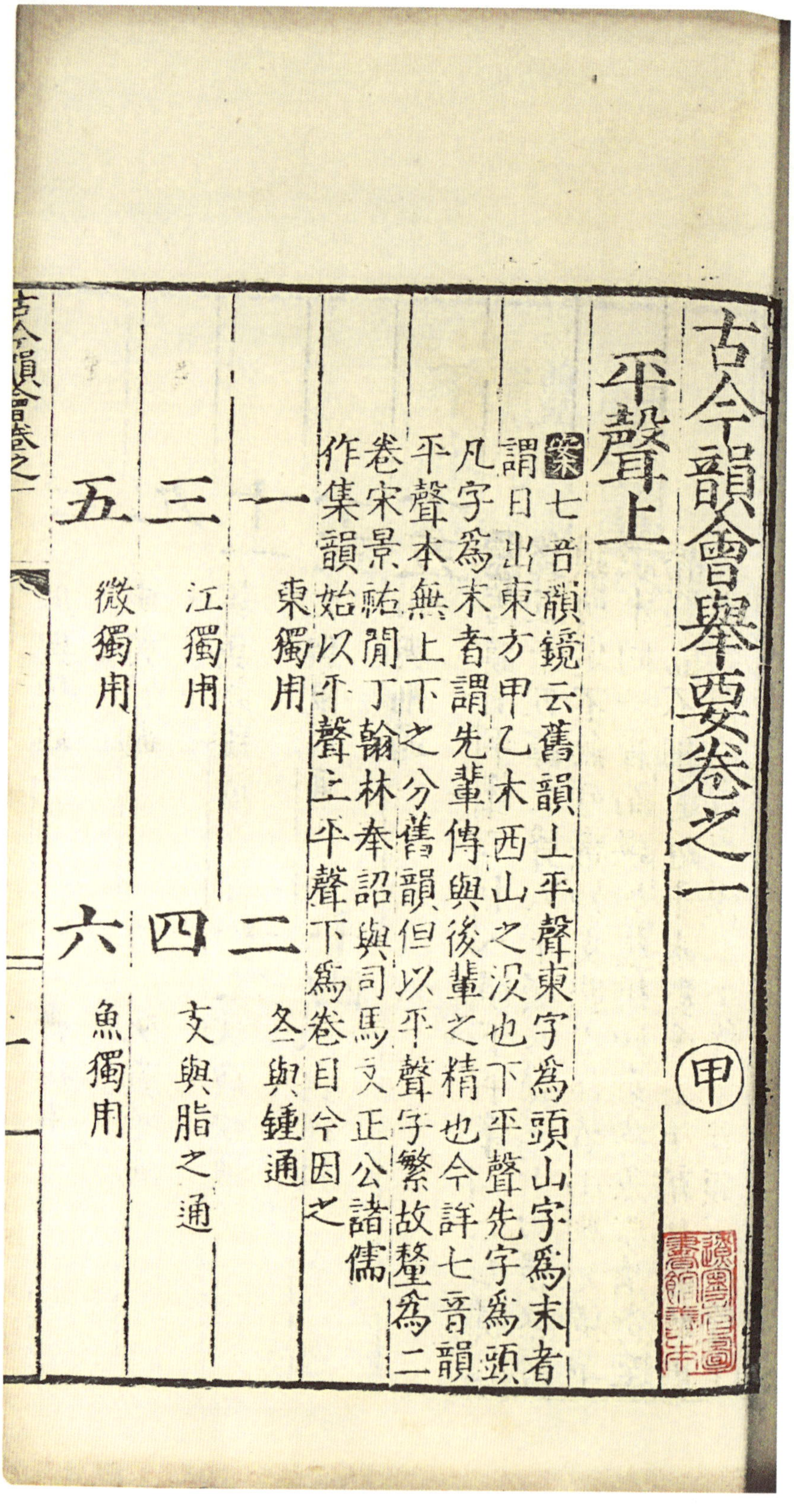
古今韻會舉要卷之一　甲
平聲上
案七音韻鏡云舊韻上平聲東字爲頭山字爲末者
謂日出東方甲乙木西山之沒也下平聲先字爲頭
凡字爲末者謂先輩傳與後輩之精也今詳七音韻
平聲本無上下之分舊韻但以平聲字繁故釐爲二
卷宋景祐間丁翰林奉詔與司馬文正公諸儒
作集韻始以平聲上平聲下爲卷目今因之
一　東獨用　　二　冬與鍾通
三　江獨用　　四　支與脂之通
五　微獨用　　六　魚獨用
古今韻會卷之一

10133　古今韻會舉要三十卷禮部韻略七音三十六母通考一卷（元）

熊忠撰　明嘉靖十五年（1536）秦鉞、李舜臣刻十七年（1538）劉儲秀補刻本

遼寧省圖書館

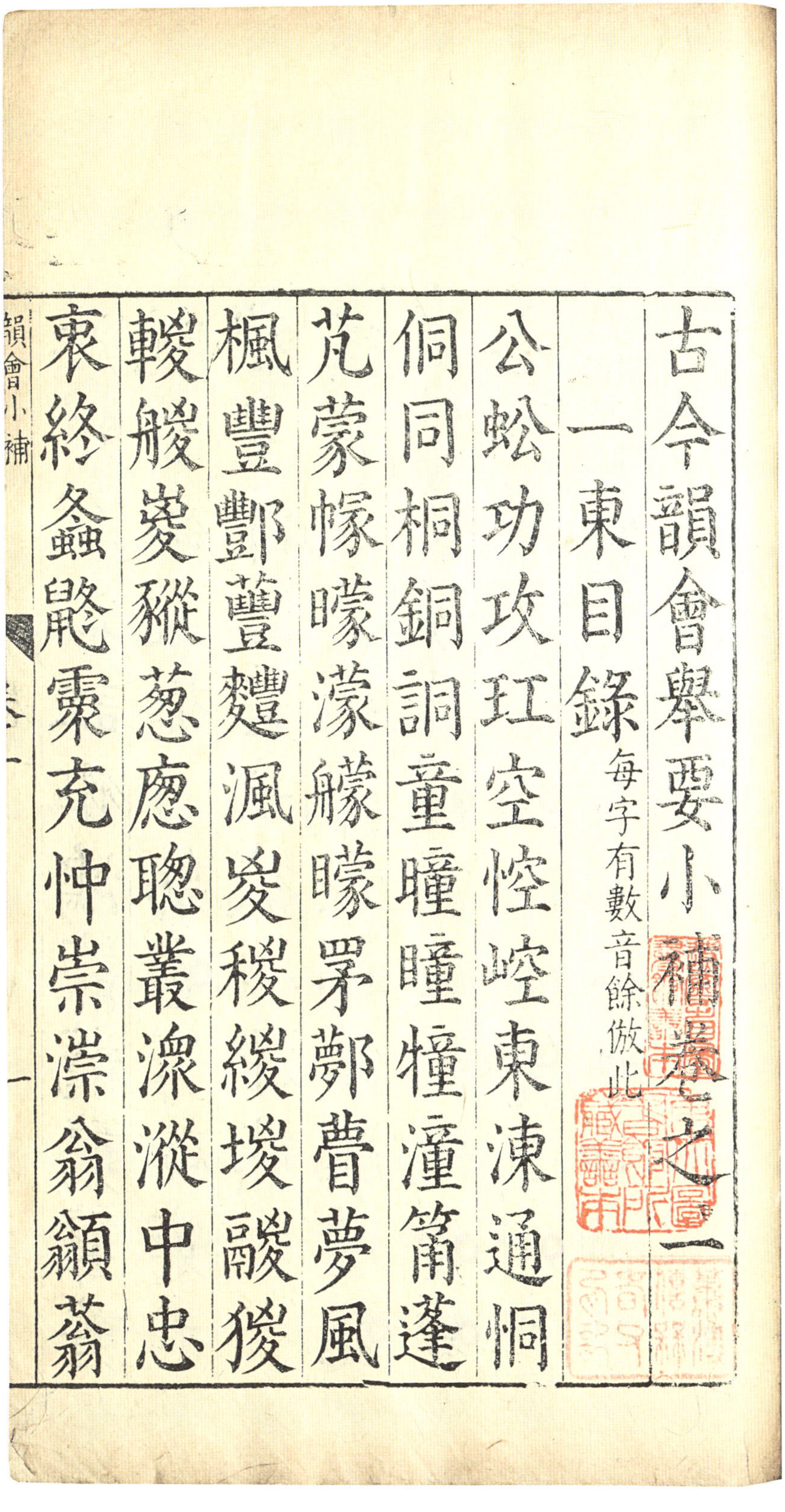

古今韻會舉要小補卷之一

一東目錄 每字有數音餘倣此

公蚣功攻玒空悾崆東涷通恫

侗同桐銅詷童瞳曈憧潼筩蓬

芃蒙幪曚濛艨矇罞鄸瞢夢風

楓豐酆蘴麷渢嵏稯緵堫鬷猣

[illegible]艐嵏豵蔥[illegible]聰叢潨漎中忠

衷終螽[illegible][illegible]充忡崇漴翁[illegible]蓊

韻會小補　卷一　一

10134　古今韻會舉要小補三十卷　（明）方日昇撰　明萬曆三十四年（1606）周士顯建陽刻本　遼寧省圖書館

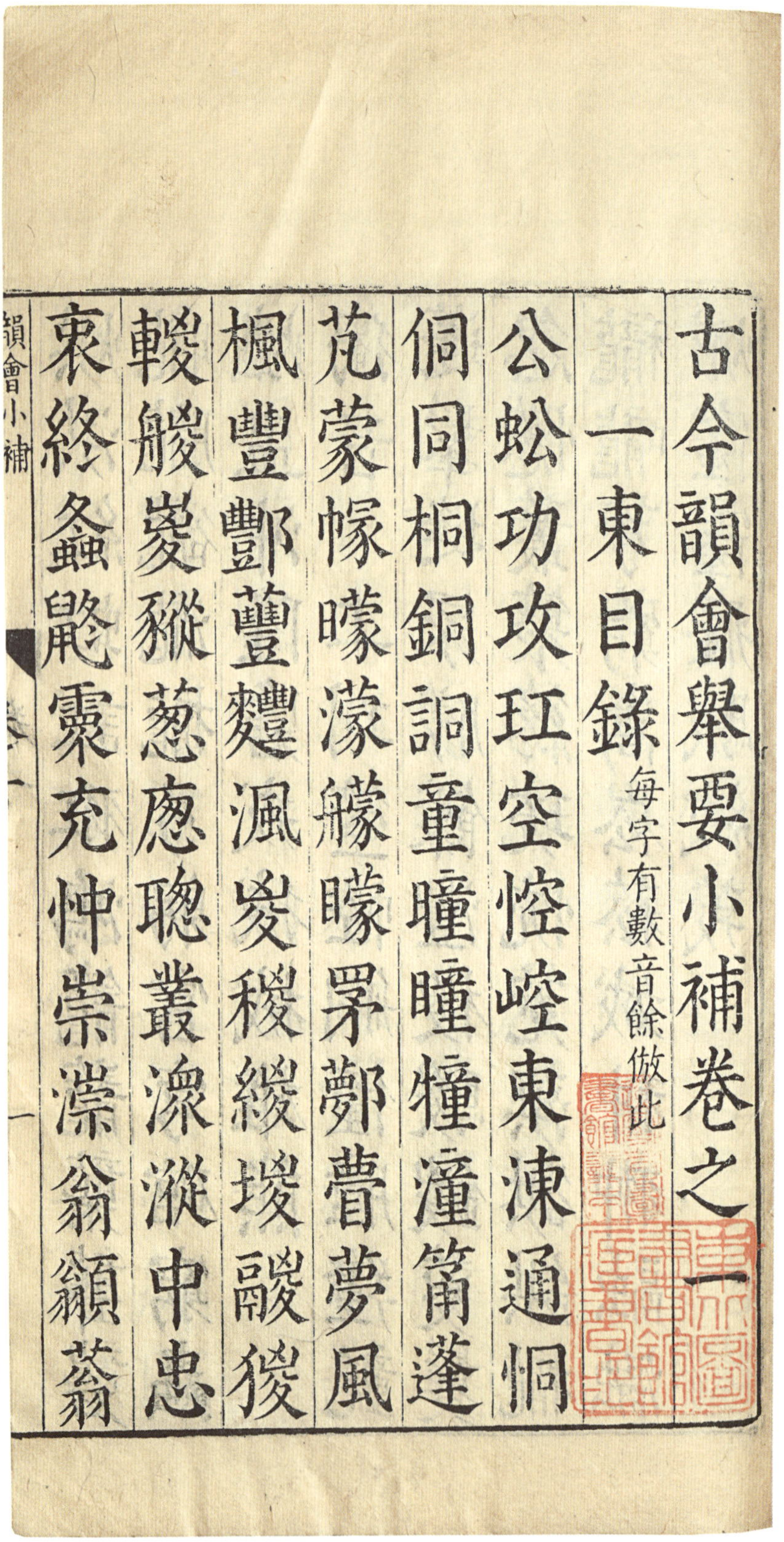
古今韻會舉要小補卷之一
一東目錄　每字有數音餘倣此
公蚣功攻玒空悾崆東涷通恫
侗同桐銅詷童曈瞳橦潼筩蓬
芃蒙幪曚濛艨矇罞鄸瞢夢風
楓豐酆蘴麷渢嵏稯緵堫鬷猣
[illegible]艐嵏豵葱悤聰叢潨潀中忠
衷終螽鼨[illegible]充忡崇漴翁[illegible]蓊
韻會小補　卷一　一

10135　古今韻會舉要小補三十卷　（明）方日昇撰　明萬曆三十四年（1606）周士顯建陽刻本　遼寧省圖書館

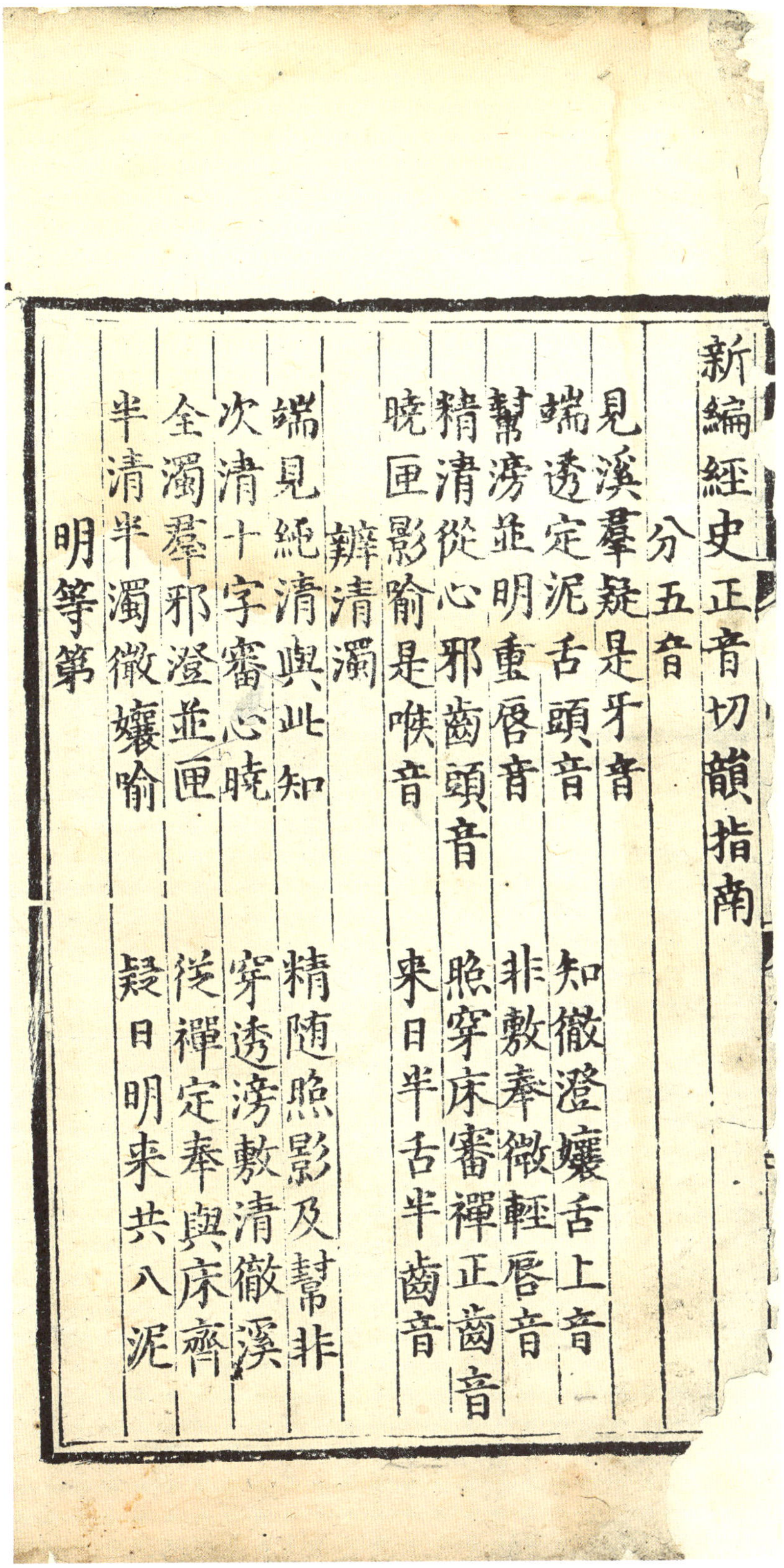
新編經史正音切韻指南

分五音

見溪羣疑是牙音
端透定泥舌頭音　知徹澄孃舌上音
幫滂並明重脣音　非敷奉微輕脣音
精清從心邪齒頭音　照穿床審禪正齒音
曉匣影喻是喉音　来日半舌半齒音

辨清濁

端見純清與此知　精隨照影及幫非
次清十字審心曉　穿透滂敷清徹溪
全濁羣邪澄並匣　從禪定奉與床齊
半清半濁微孃喻　疑日明来共八泥

明等第

10136　新編經史正音切韻指南一卷　（元）劉鑒撰　**直指玉鑰匙門法一卷**　（明）釋真空撰　明嘉靖四十三年（1564）刻本　大連圖書館

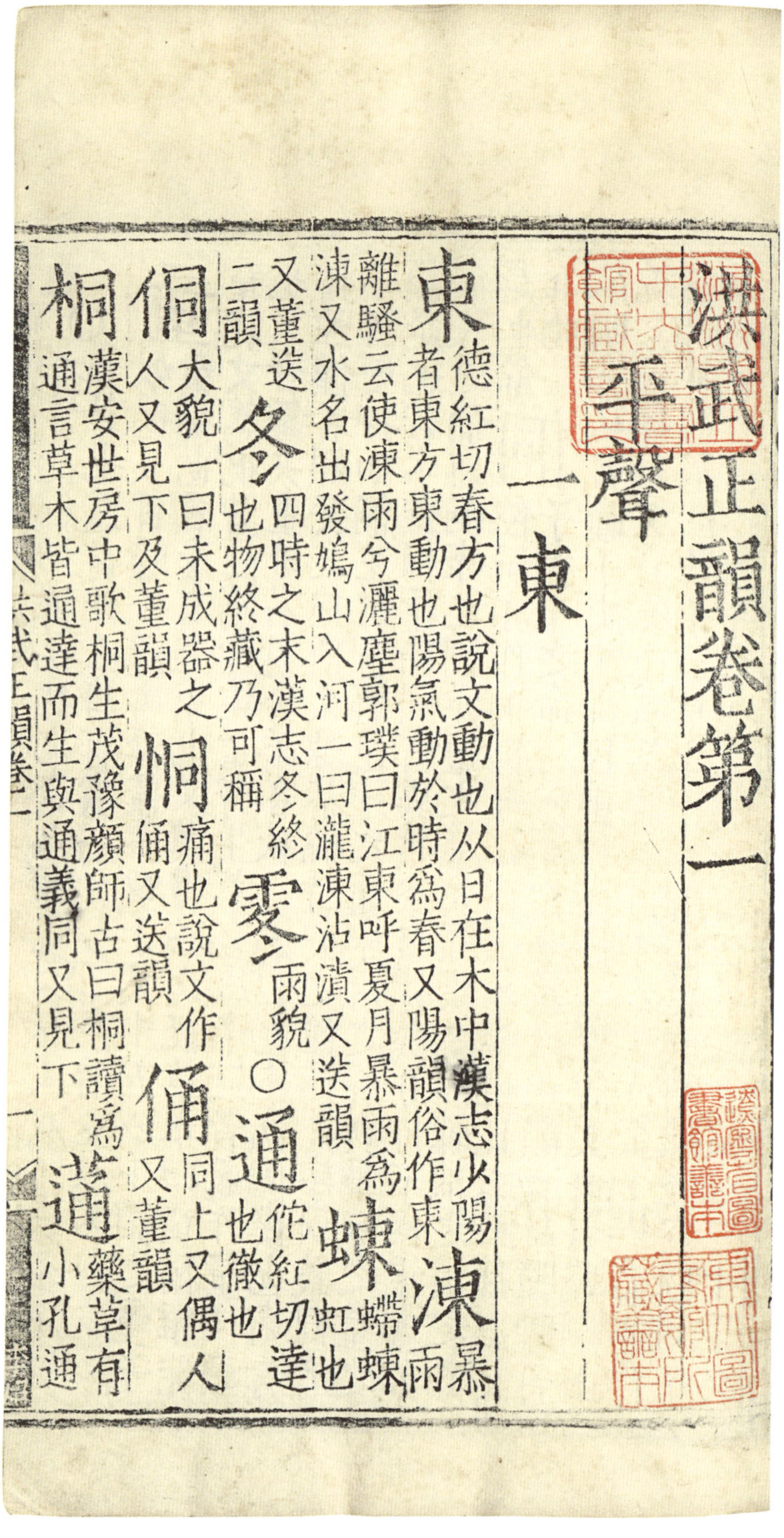

10137　洪武正韻十六卷　（明）樂韶鳳　宋濂等撰　明隆慶元年（1567）衡藩刻本　遼寧省圖書館

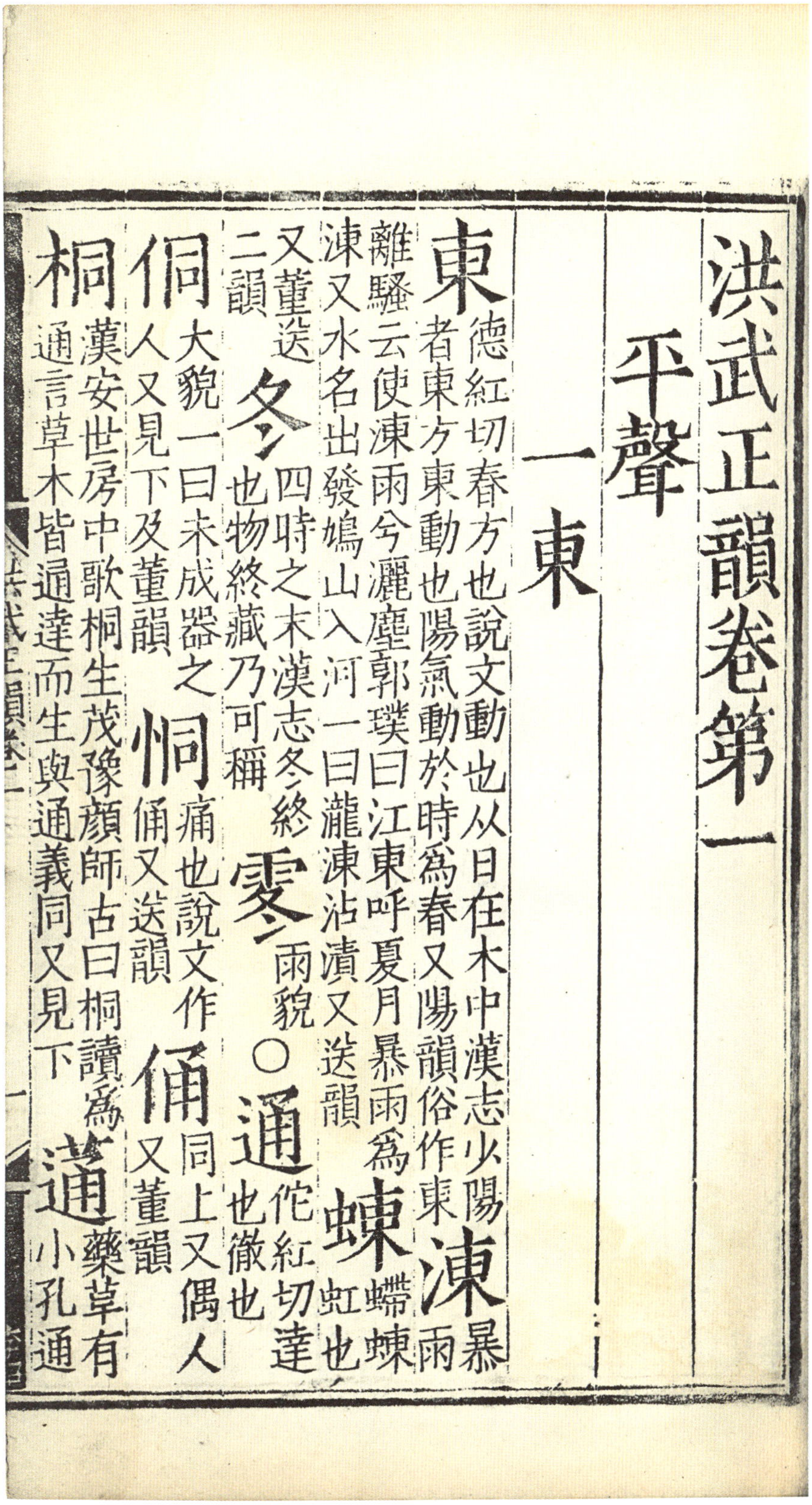

洪武正韻卷第一

平聲

一東

東 德紅切春方也說文動也从日在木中漢志少陽者東方東動也陽氣動於時爲春又陽韻俗作東 涷 暴雨離騷云使涷雨兮灑塵郭璞曰江東呼夏月暴雨爲涷又水名出發鳩山入河一曰瀧涷沾漬又送韻 蝀 螮蝀虹也又董送二韻 冬 四時之末漢志冬終也物終藏乃可稱 𩂓 雨貌 ○ 通 佗紅切達也徹也 侗 大貌一曰未成器之人又見下及董韻 恫 痛也說文作恫又送韻 俑 同上又偶人又董韻 桐 漢安世房中歌桐生茂豫顏師古曰桐讀爲通言草木皆通達而生與通義同又見下 蓪 藥草有小孔通

10138　洪武正韻十六卷　（明）樂韶鳳　宋濂等撰　明隆慶元年（1567）衡藩刻本　大連圖書館

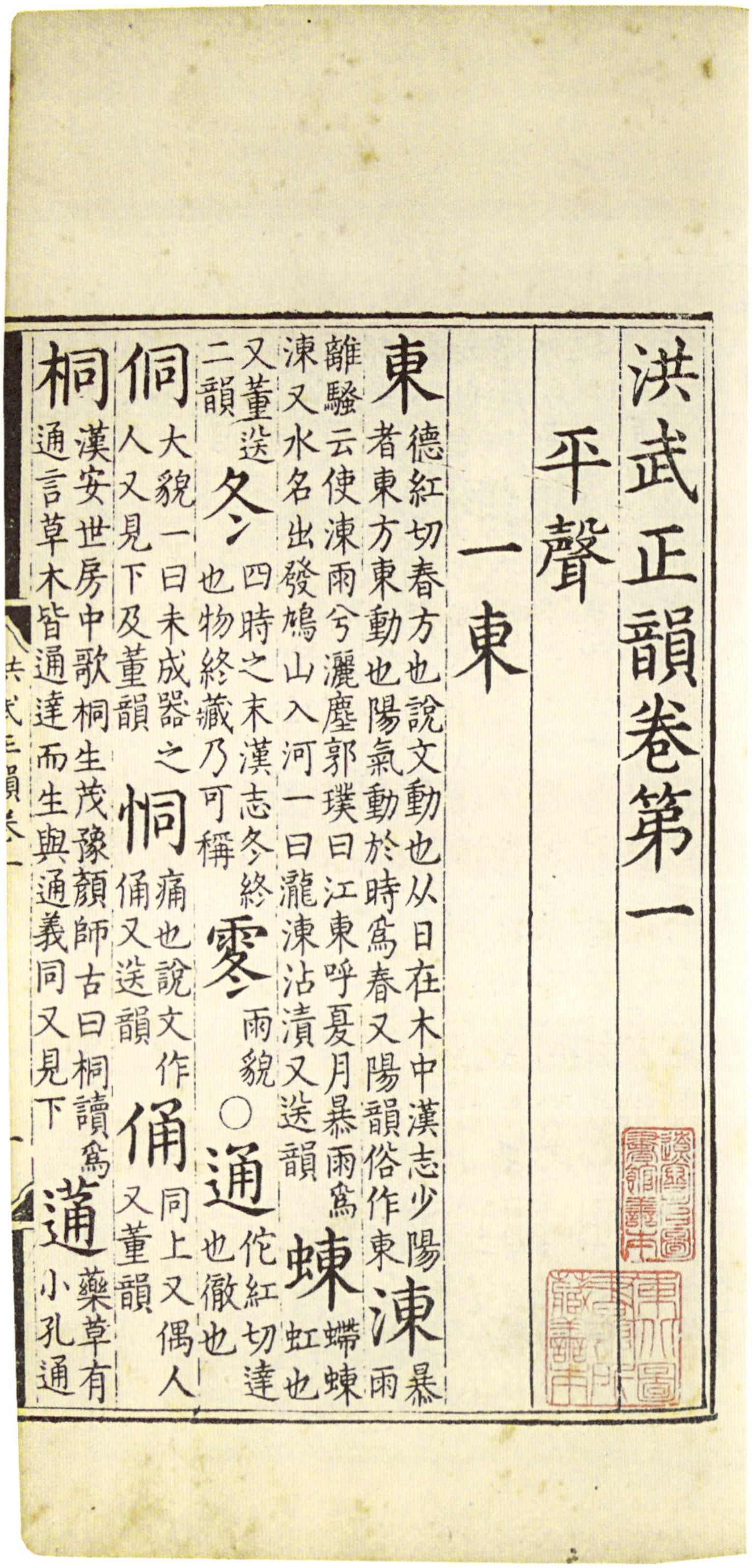
洪武正韻卷第一
平聲
一東
東德紅切春方也說文動也从日在木中漢志少陽者東方東動也陽氣動於時爲春又陽韻俗作東涷暴雨離騷云使涷雨兮灑塵郭璞曰江東呼夏月暴雨爲涷又水名出發鳩山入河一曰瀧涷沾漬又送韻蝀螮蝀虹也又董送二韻冬四時之末漢志冬終也物終藏乃可稱霯雨貌○通佗紅切達也徹也
侗大貌一曰未成器之人又見下及董韻恫痛也說文作侗又送韻俑同上又偶人又董韻
桐漢安世房中歌桐生茂豫顔師古曰桐讀爲通言草木皆通達而生與通義同又見下蓪藥草有小孔通

10139　洪武正韻十六卷　（明）樂韶鳳　宋濂等撰　明萬曆三年（1575）司禮監刻本　遼寧省圖書館

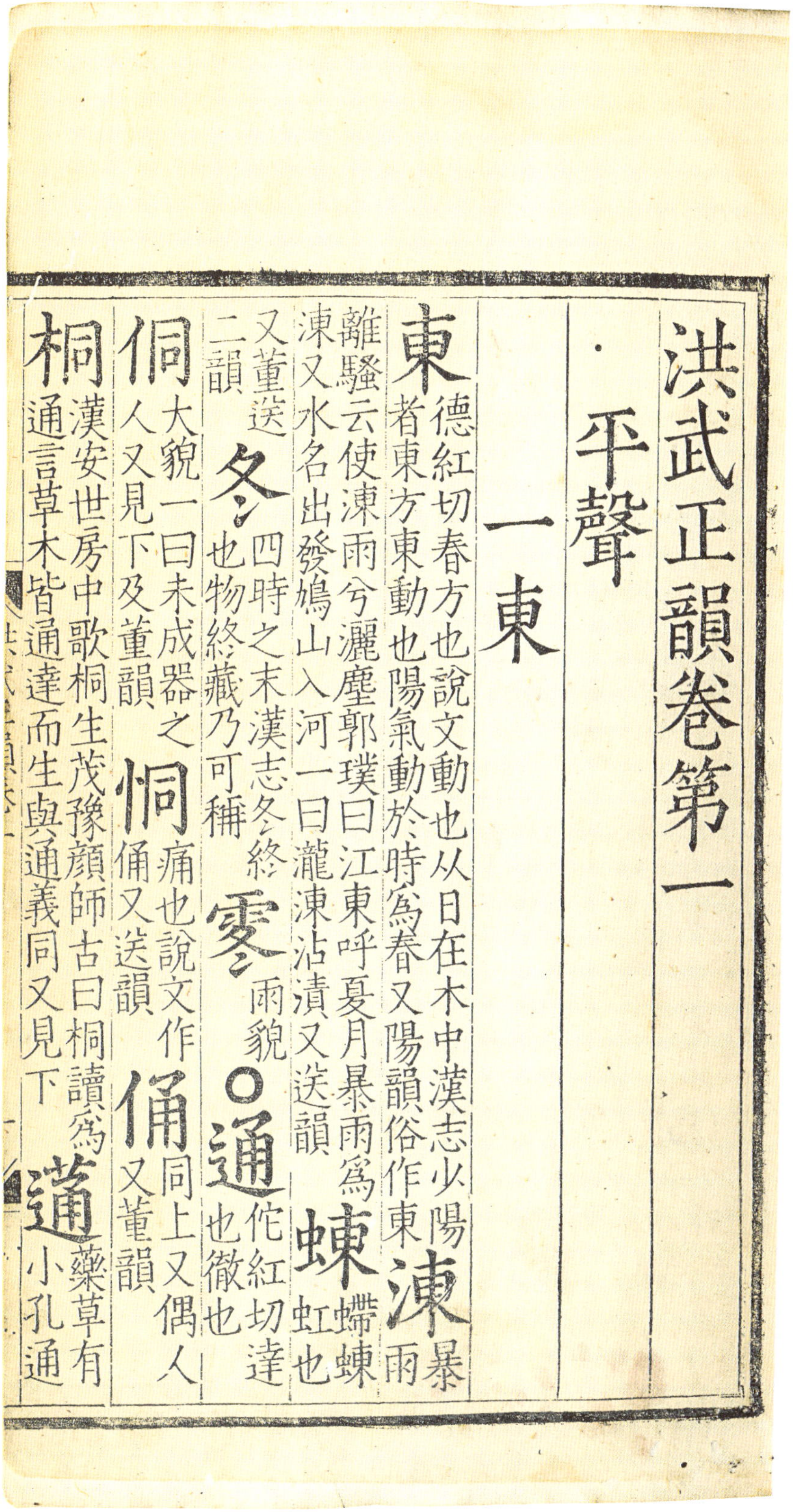

洪武正韻卷第一

平聲

一東

東德紅切春方也說文動也从日在木中漢志少陽者東方東動也陽氣動於時爲春又陽韻俗作東涷暴雨離騷云使涷雨兮灑塵郭璞曰江東呼夏月暴雨爲涷又水名出發鳩山入河一曰瀧涷沾漬又送韻蝀螮蝀虹也又董送二韻冬四時之末漢志冬終也物終藏乃可稱䨝雨貌○通佗紅切達也徹也侗大貌一曰未成器之人又見下及董韻恫痛也說文作俑又送韻俑同上又偶人又董韻桐漢安世房中歌桐生茂豫顏師古曰桐讀爲通言草木皆通達而生與通義同又見下蓪藥草有小孔通

10140　洪武正韻十六卷　（明）樂韶鳳　宋濂等撰　明肅府刻本　大連圖書館

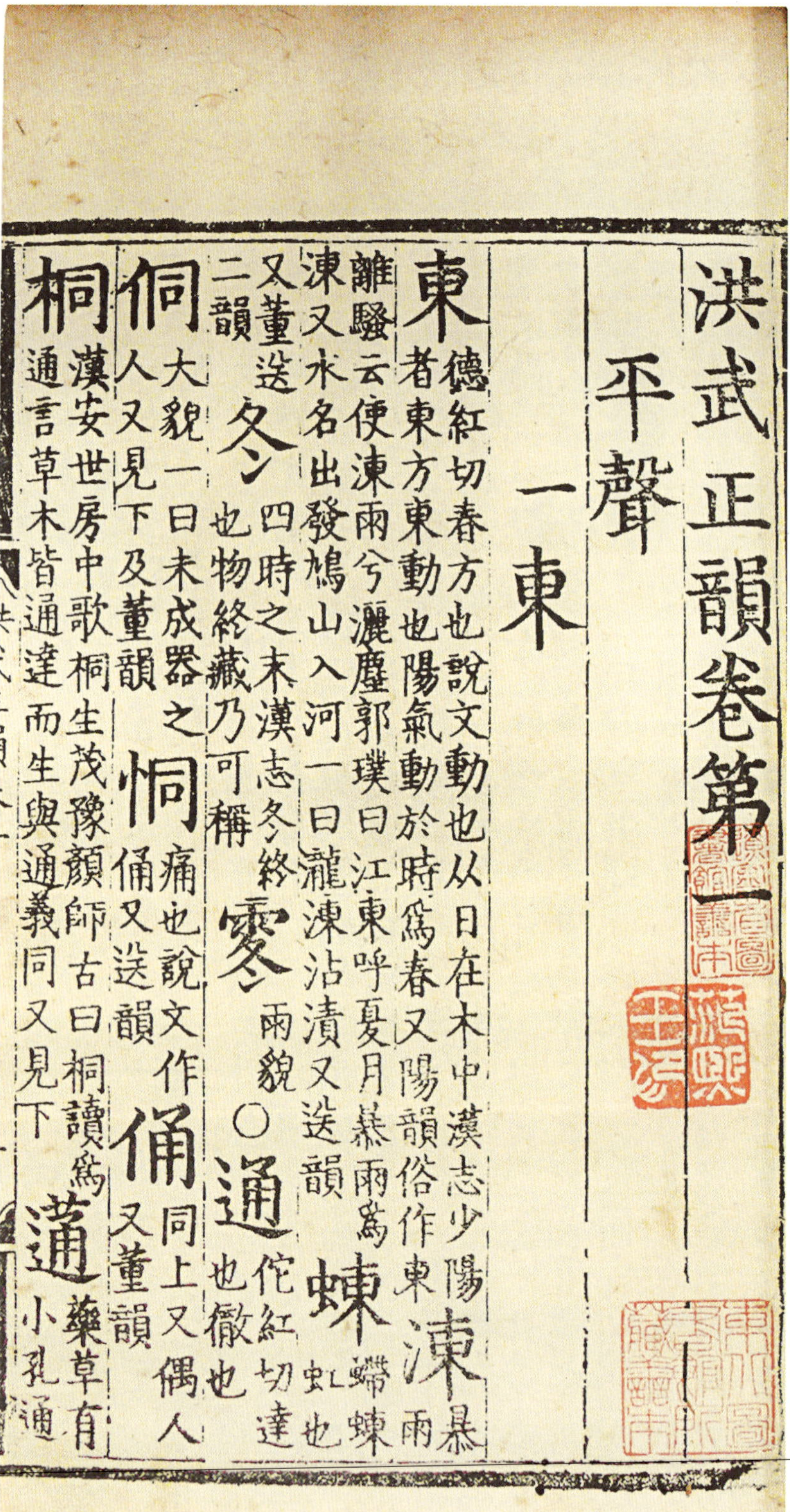

10141 洪武正韻十六卷 （明）樂韶鳳 宋濂等撰 明刻本 遼寧省圖書館

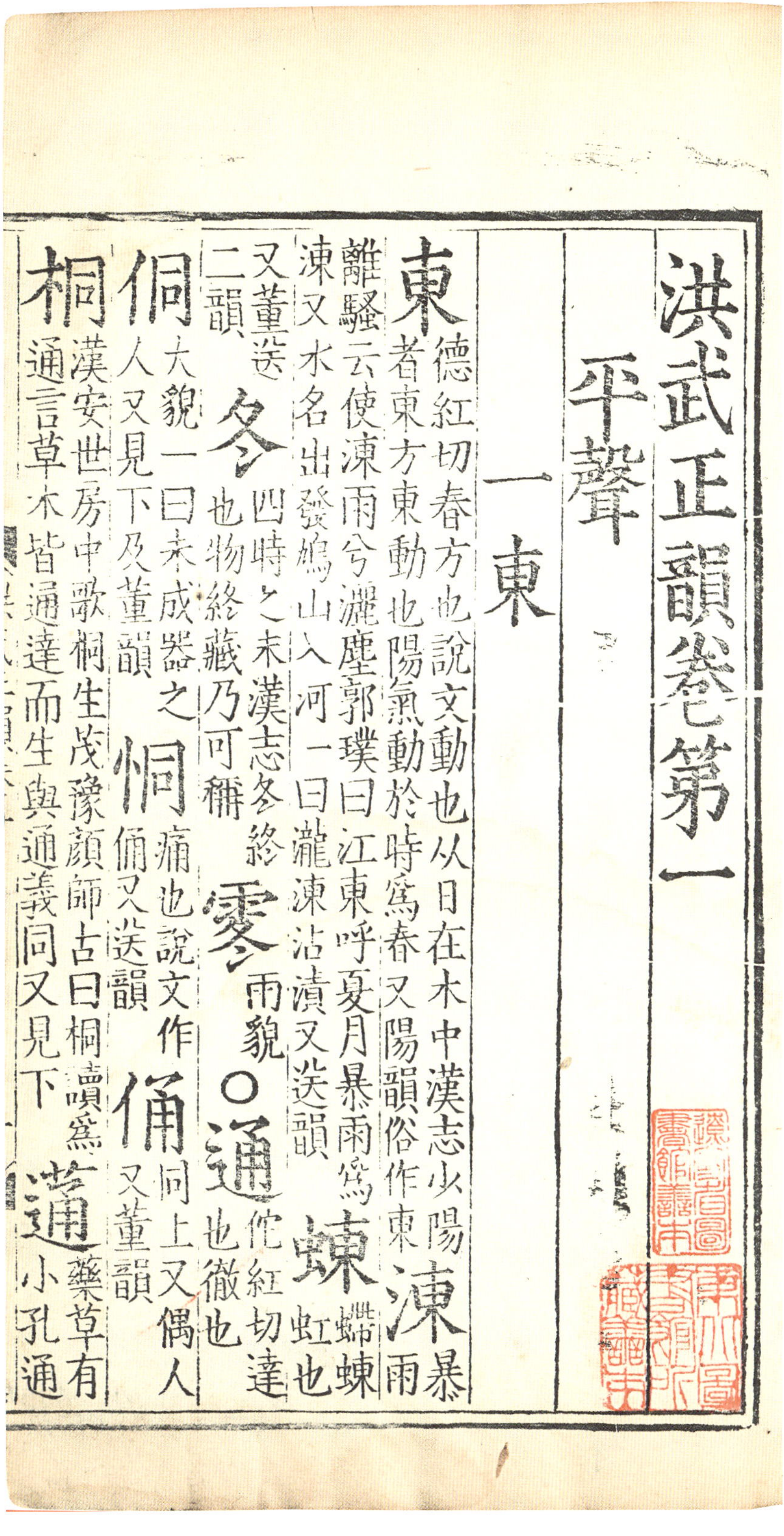
洪武正韻卷第一
平聲
一東
東德紅切春方也說文動也从日在木中漢志少陽者東方東動也陽氣動於時爲春又陽韻俗作東 凍暴雨離騷云使凍雨兮灑塵郭璞曰江東呼夏月暴雨爲凍又水名出發鳩山入河一曰瀧凍沾漬又送韻 蝀螮蝀虹也又董送二韻 冬四時之末漢志冬終也物終藏乃可稱 零雨貌 ○通佗紅切達也徹也
侗大貌一曰未成器之人又見下及董韻 恫痛也說文作恫又送韻 俑同上又偶人又董韻
桐漢安世房中歌桐生茂豫顏師古曰桐讀爲通言草木皆通達而生與通義同又見下 蓪蘂草有小孔通

10142　洪武正韻十六卷　（明）樂韶鳳　宋濂等撰　**洪武正韻玉鍵一卷**
（明）張士佩撰　明萬曆二年（1574）刻本　遼寧省圖書館
存十四卷（一至八、十一至十六）

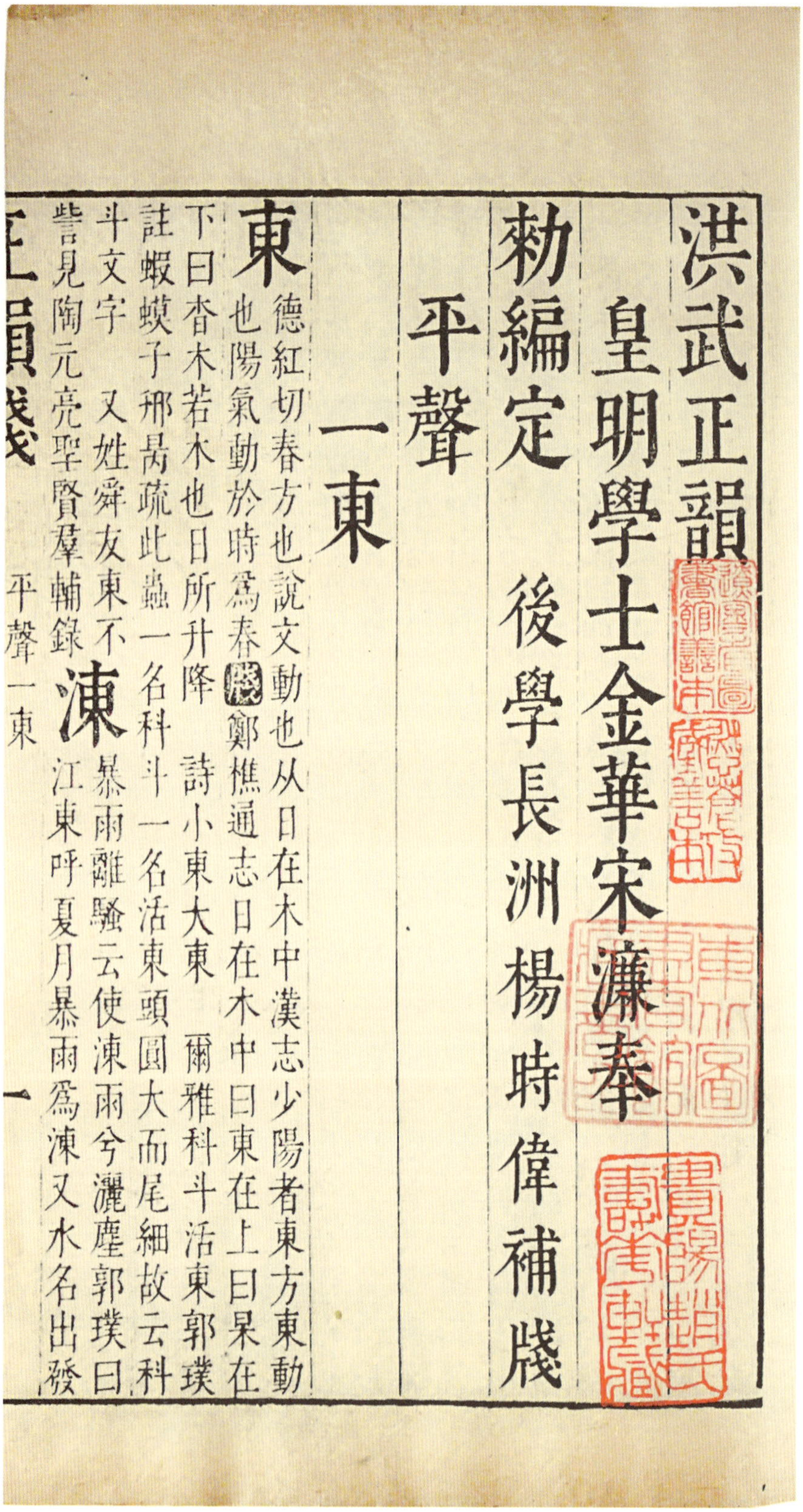
洪武正韻
皇明學士金華宋濂奉
勑編定　後學長洲楊時偉補牋
平聲
一東
東　德紅切春方也說文動也从日在木中漢志少陽者東方東動也陽氣動於時爲春【牋】鄭樵通志日在木中曰東在上曰杲在下曰杳木若木也日所升降　詩小東大東　爾雅科斗活東郭璞註蝦蟆子邢昺疏此蟲一名科斗一名活東頭圓大而尾細故云科斗文字　又姓舜友東不訾見陶元亮聖賢羣輔録
凍　暴雨離騷云使凍雨兮灑塵郭璞曰江東呼夏月暴雨爲凍又水名出發
正韻牋　平聲一東　一

10143　洪武正韻十卷　（明）樂韶鳳　宋濂等撰　（明）楊時偉補箋　明崇禎四年（1631）刻本　遼寧省圖書館

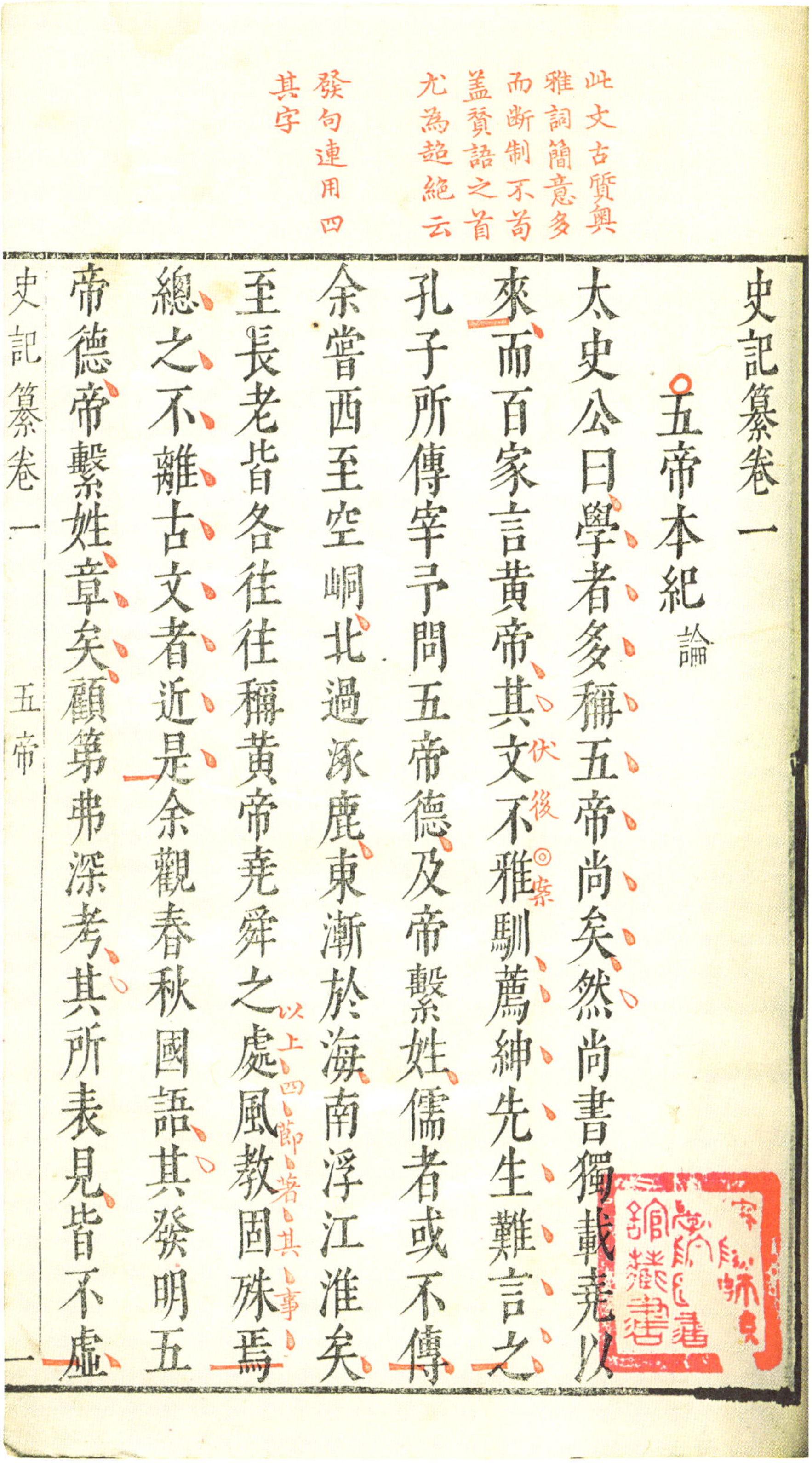
此文古質與雅詞簡意多而斷制不苟蓋贊語之首尤為超絕云
發句連用四其字

史記纂卷一

五帝本紀 論

太史公曰學者多稱五帝尚矣然尚書獨載堯以來而百家言黃帝其文不雅馴薦紳先生難言之孔子所傳宰予問五帝德及帝繫姓儒者或不傳余嘗西至空峒北過涿鹿東漸於海南浮江淮矣至長老皆各往往稱黃帝堯舜之處風教固殊焉總之不離古文者近是余觀春秋國語其發明五帝德帝繫姓章矣顧第弗深考其所表見皆不虛

伏後案

以上四節皆著其事

史記纂卷一　五帝　一

10144　史記纂二十四卷　（明）凌稚隆輯　明萬曆凌稚隆刻朱墨套印本　遼寧大學圖書館

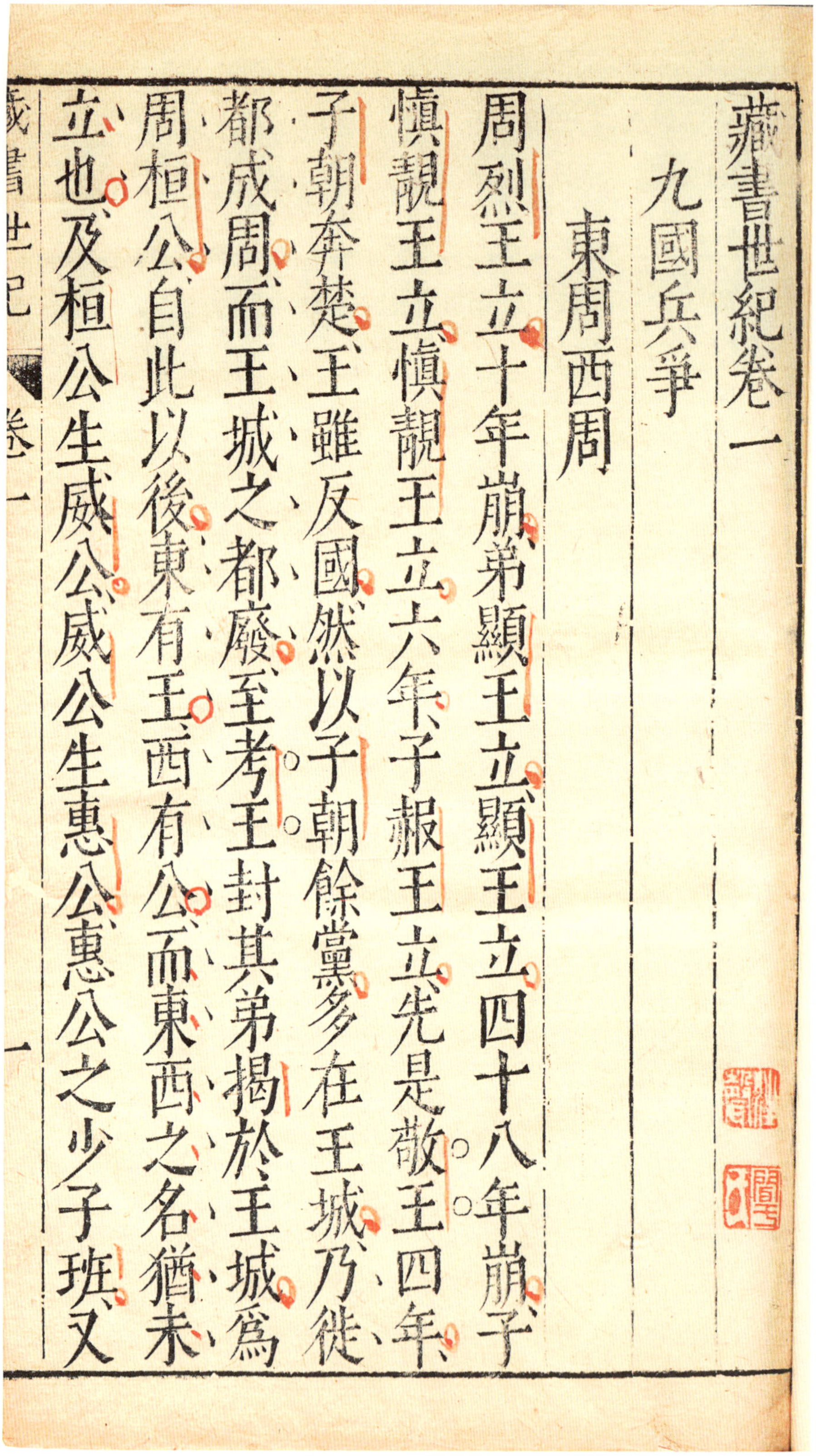

藏書世紀卷一

九國兵爭

東周西周

周烈王立十年崩弟顯王立顯王立四十八年崩子慎靚王立慎靚王立六年子赧王立先是敬王四年子朝奔楚王雖反國然以子朝餘黨多在王城乃徙都成周而王城之都廢至考王封其弟揭於王城爲周桓公自此以後東有王西有公而東西之名猶未立也及桓公生威公威公生惠公惠公之少子班又

藏書世紀　卷一　一

10145　藏書六十八卷　（明）李贄撰　明萬曆二十七年（1599）焦竑刻本

遼寧大學圖書館

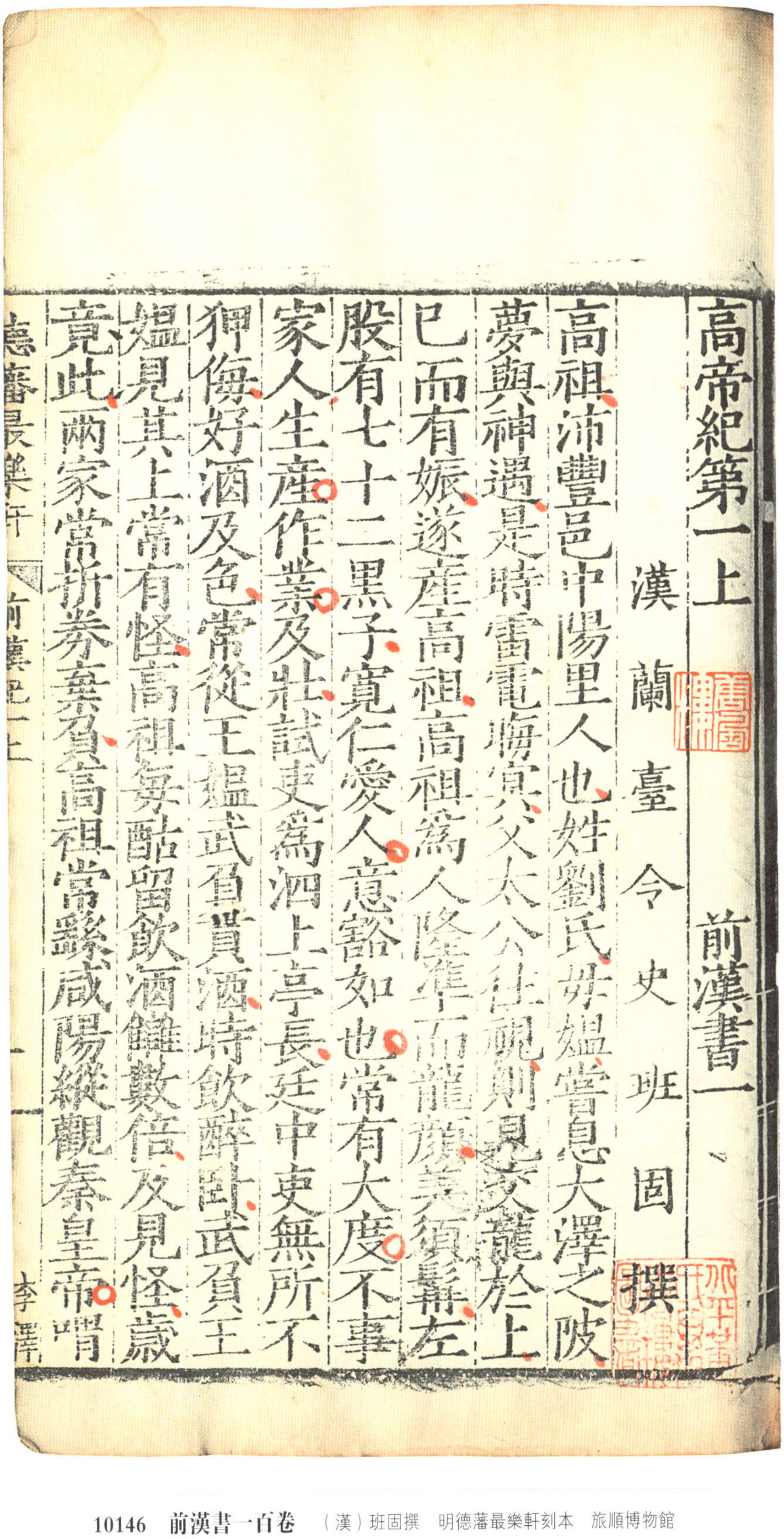
高帝紀第一上　　前漢書一
漢　蘭臺令史班固撰
高祖沛豐邑中陽里人也姓劉氏母媪嘗息大澤之陂
夢與神遇是時雷電晦冥父太公往視則見交龍於上
已而有娠遂產高祖高祖為人隆準而龍顏美須髯左
股有七十二黑子寬仁愛人意豁如也常有大度不事
家人生產作業及壯試吏為泗上亭長廷中吏無所不
狎侮好酒及色常從王媪武負貰酒時飲醉臥武負王
媪見其上常有怪高祖每酤留飲酒讎數倍及見怪歲
竟此兩家常折券棄責高祖常繇咸陽縱觀秦皇帝喟
德藩最樂軒　前漢紀一上　一　李澤

10146　前漢書一百卷　（漢）班固撰　明德藩最樂軒刻本　旅順博物館

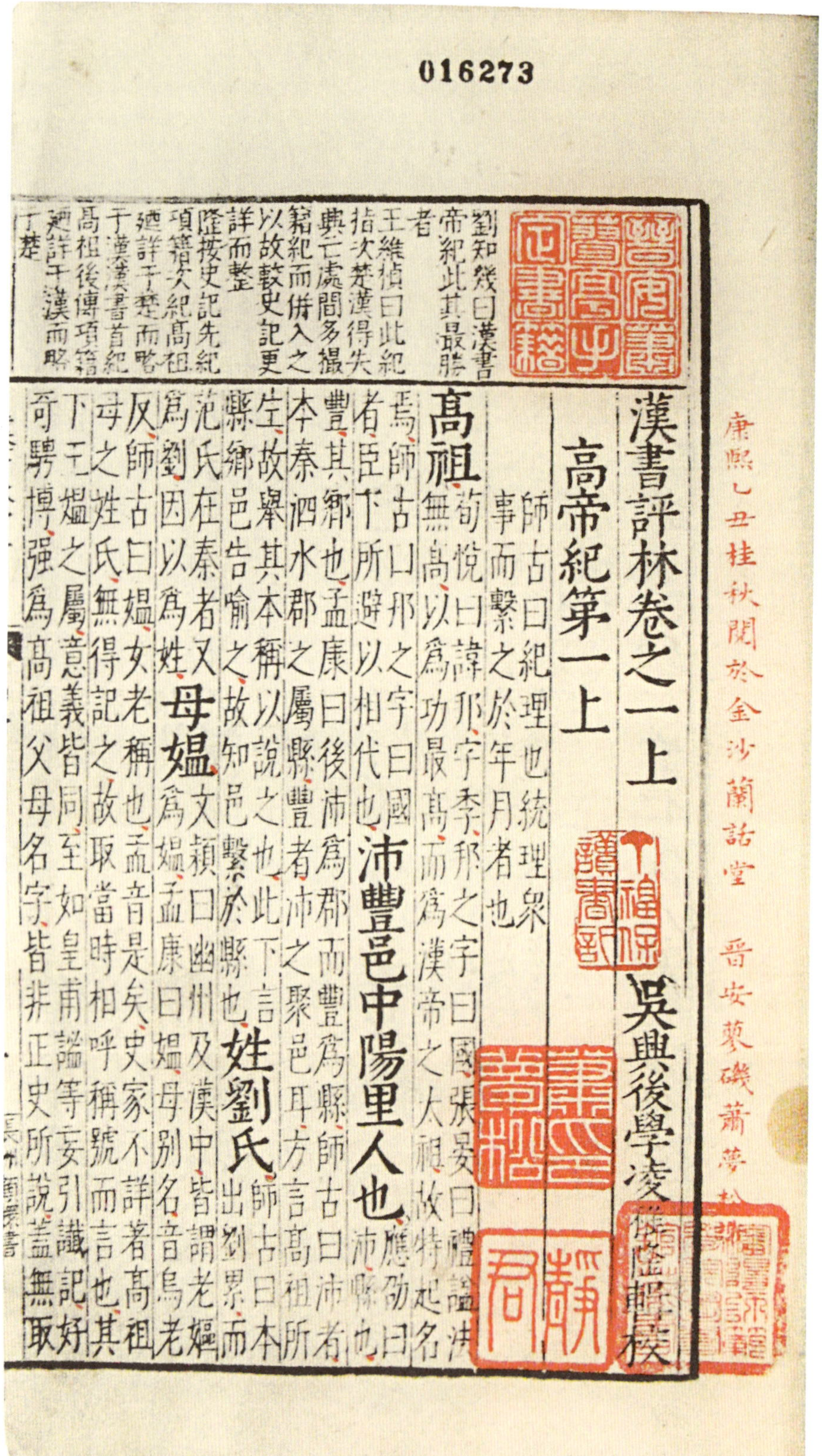
016273
漢書評林卷之一上
高帝紀第一上
吳興後學凌稚隆輯校
師古曰紀理也統理衆事而繫之於年月者也
高祖
沛豐邑中陽里人也
姓劉氏
母媼
康熙乙丑桂秋閱於金沙蘭話堂 晉安蓼磯蕭夢松

10147 漢書評林一百卷 (明)凌稚隆輯 明萬曆九年(1581)凌稚隆刻本(卷七第五至六頁補抄) 蕭夢松題識 瀋陽師範大學圖書館

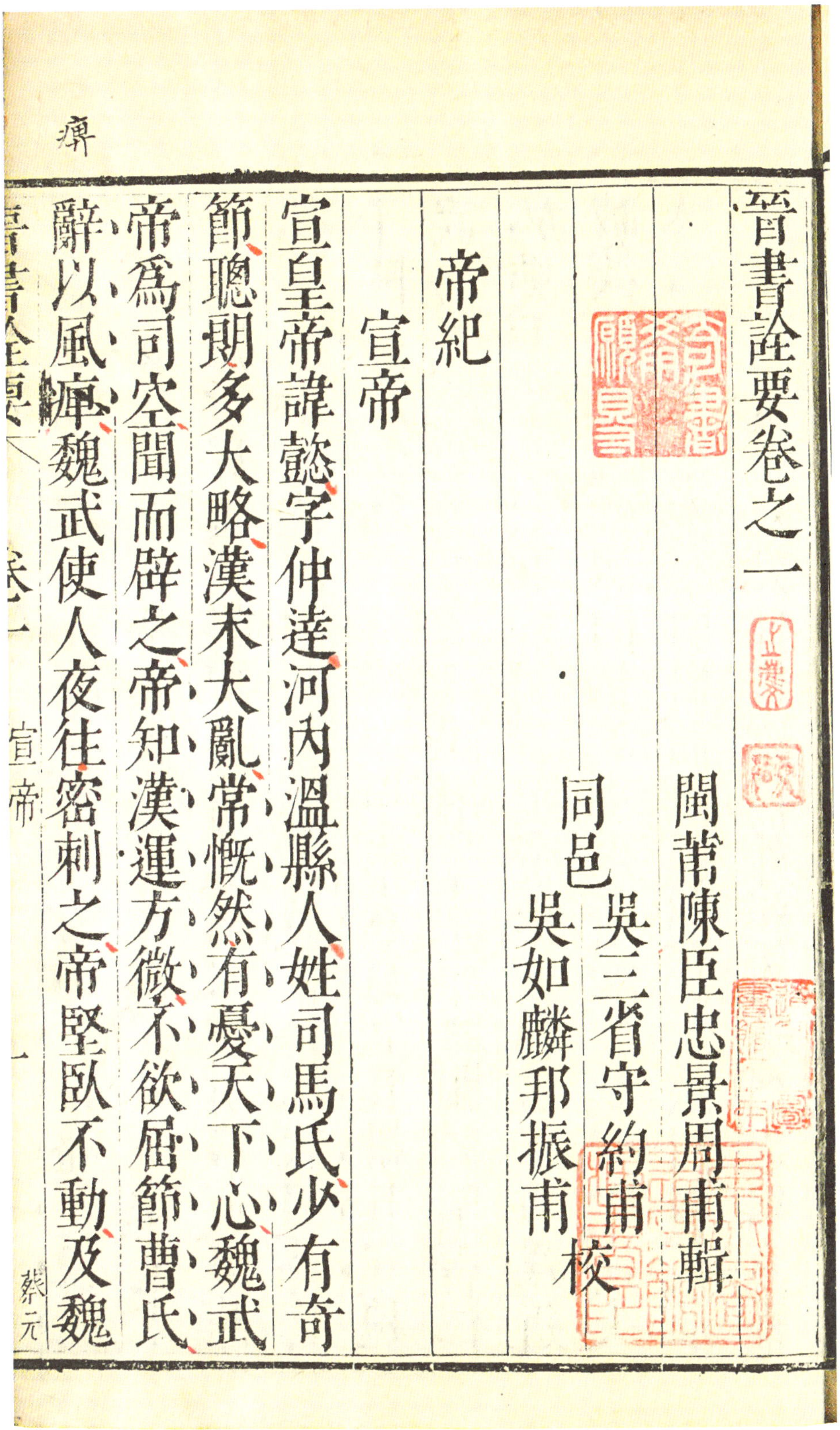
晉書詮要卷之一

閩莆陳臣忠景周甫輯

同邑 吳三省守約甫
吳如麟邦振甫 校

帝紀

宣帝

宣皇帝諱懿字仲達河內溫縣人姓司馬氏少有奇節聰朗多大略漢末大亂常慨然有憂天下心魏武帝爲司空聞而辟之帝知漢運方微不欲屈節曹氏辭以風痺魏武使人夜往密刺之帝堅臥不動及魏

晉書詮要 卷一 宣帝 一

10148 晉書詮要十二卷 （明）陳臣忠輯 明刻本 遼寧省圖書館

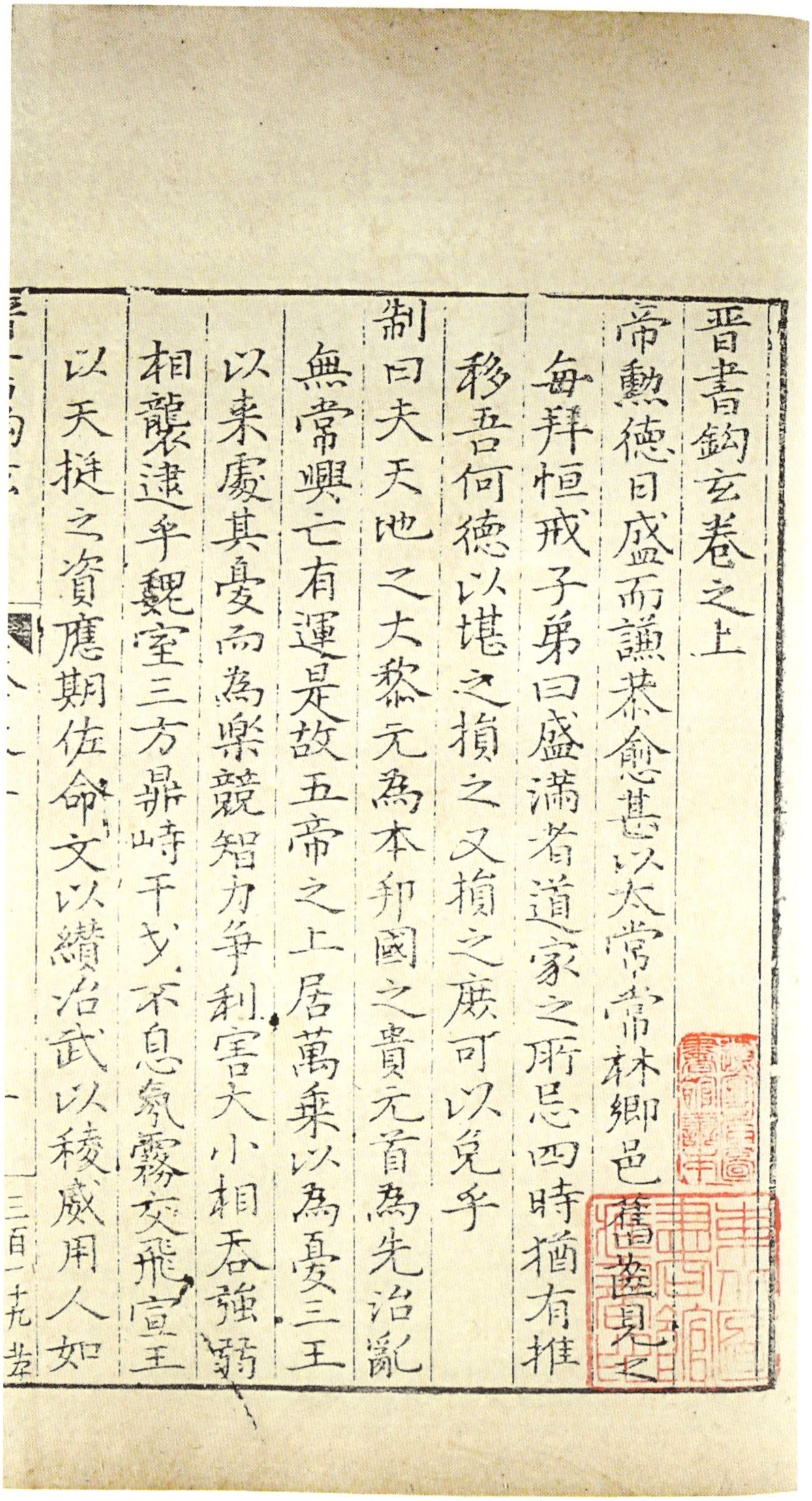

晋書鈎玄卷之上
帝勲德日盛而謙恭愈甚以太常常林鄉邑舊齒見之
每拜恒戒子弟曰盛滿者道家之所忌四時猶有推
移吾何德以堪之損之又損之庶可以免乎
制曰夫天地之大黎元為本邦國之貴元首為先治亂
無常興亡有運是故五帝之上居萬乘以為憂三王
以來處其憂而為樂競智力爭利害大小相吞強弱
相襲逮乎魏室三方鼎峙干戈不息氛霧交飛宣王
以天挺之資應期佐命文以纘治武以稜威用人如

10149　晋書鈎玄二卷　（明）錢普撰　明萬曆六年（1578）刻本　遼寧省圖書館

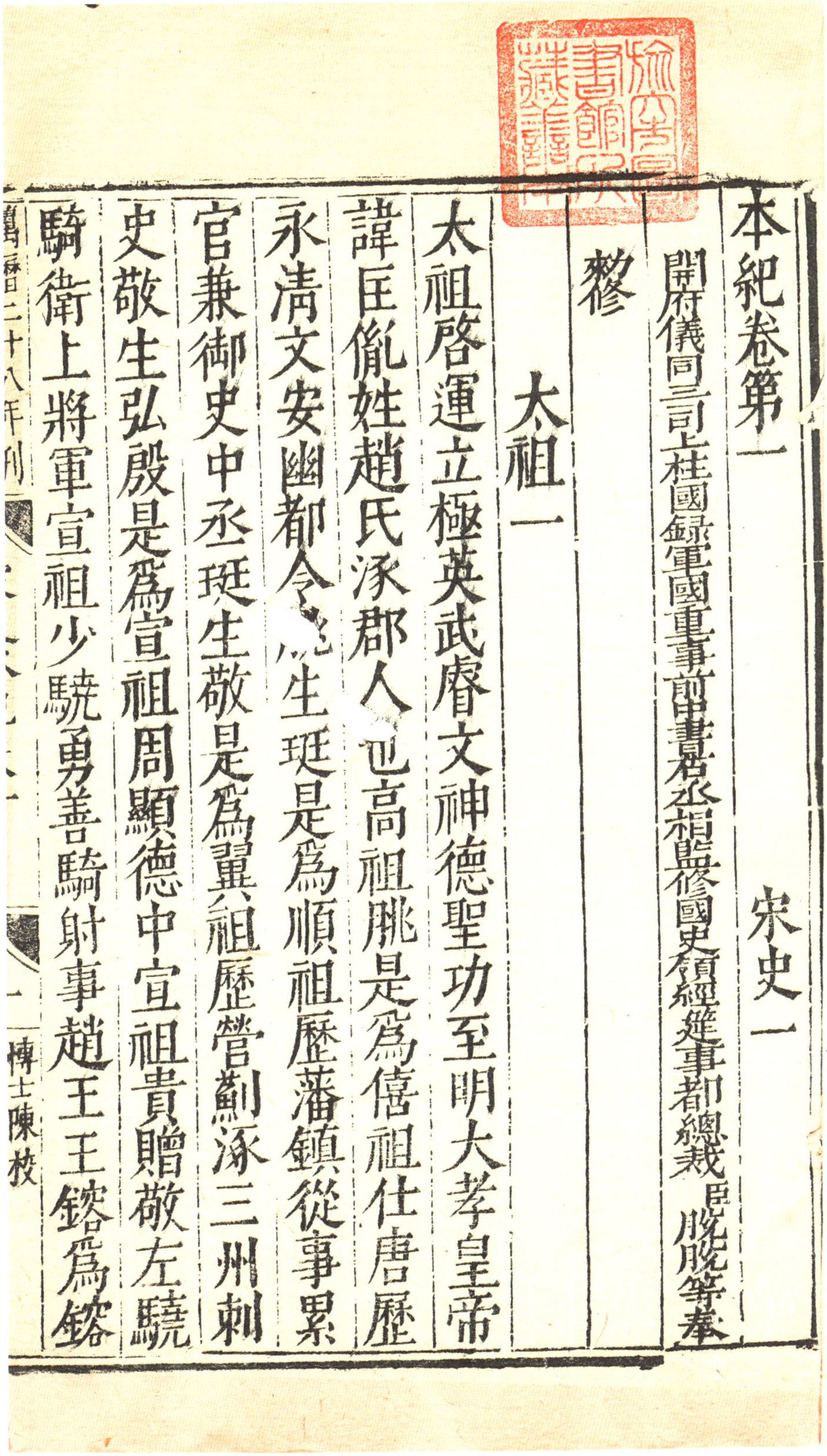
本紀卷第一　宋史一
開府儀同三司上柱國録軍國重事前中書右丞相監修國史領經筵事都總裁臣脫脫等奉
修
太祖一
太祖啓運立極英武睿文神德聖功至明大孝皇帝
諱匡胤姓趙氏涿郡人也高祖朓是爲僖祖仕唐歷
永淸文安幽都令朓生珽是爲順祖歷藩鎮從事累
官兼御史中丞珽生敬是爲翼祖歷營薊涿三州刺
史敬生弘殷是爲宣祖周顯德中宣祖貴贈敬左驍
騎衛上將軍宣祖少驍勇善騎射事趙王王鎔爲鎔
萬曆二十八年刊
博士陳校

10150　宋史四百九十六卷目録三卷　（元）脱脱等撰　明成化七年至十六年（1471—1480）朱英刻明清遞修本　大連圖書館

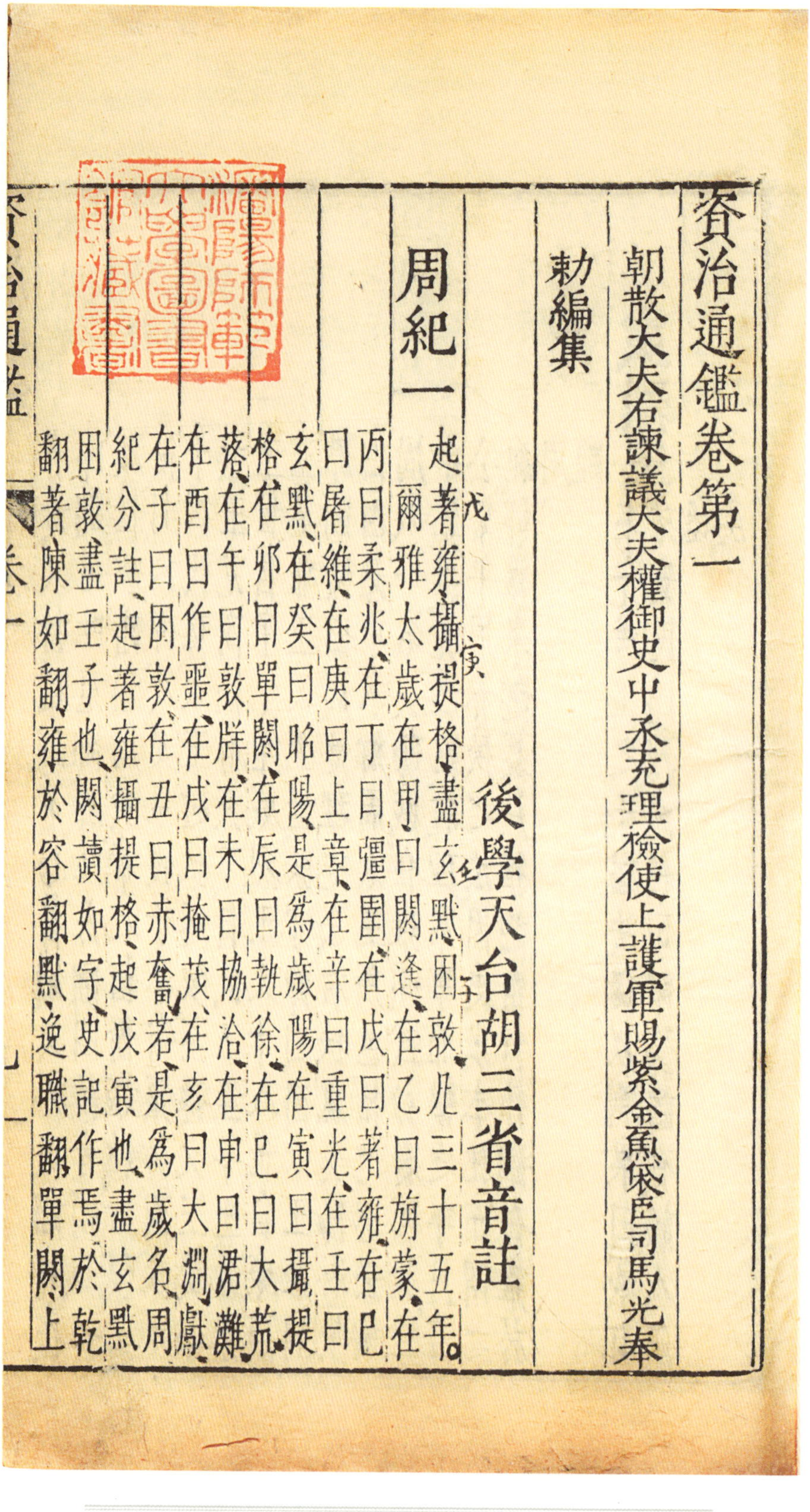
資治通鑑卷第一

朝散大夫右諫議大夫權御史中丞充理檢使上護軍賜紫金魚袋臣司馬光奉

勅編集

後學天台胡三省音註

周紀一 起著雍攝提格，盡玄黓困敦，凡三十五年。

爾雅太歲在甲曰閼逢在乙曰旃蒙在丙曰柔兆在丁曰彊圉在戊曰著雍在己曰屠維在庚曰上章在辛曰重光在壬曰玄黓在癸曰昭陽是爲歲陽在寅曰攝提格在卯曰單閼在辰曰執徐在巳曰大荒落在午曰敦牂在未曰協洽在申曰涒灘在酉曰作噩在戌曰掩茂在亥曰大淵獻在子曰困敦在丑曰赤奮若是爲歲名周紀分註起著雍攝提格起戊寅也盡玄黓困敦盡壬子也閼讀如字史記作焉於乾翻著陳如翻雍於容翻黓逸職翻單閼上

資治通鑑　卷一

10151　資治通鑑大全三百八十三卷　（明）路進輯　明崇禎路進刻本

瀋陽師範大學圖書館

存三百十五卷（資治通鑑一至九十一、一百二十三至一百九十一、二百二十二至二百九十四，宋元資治通鑑六十四卷，增定通鑑前編十八卷）

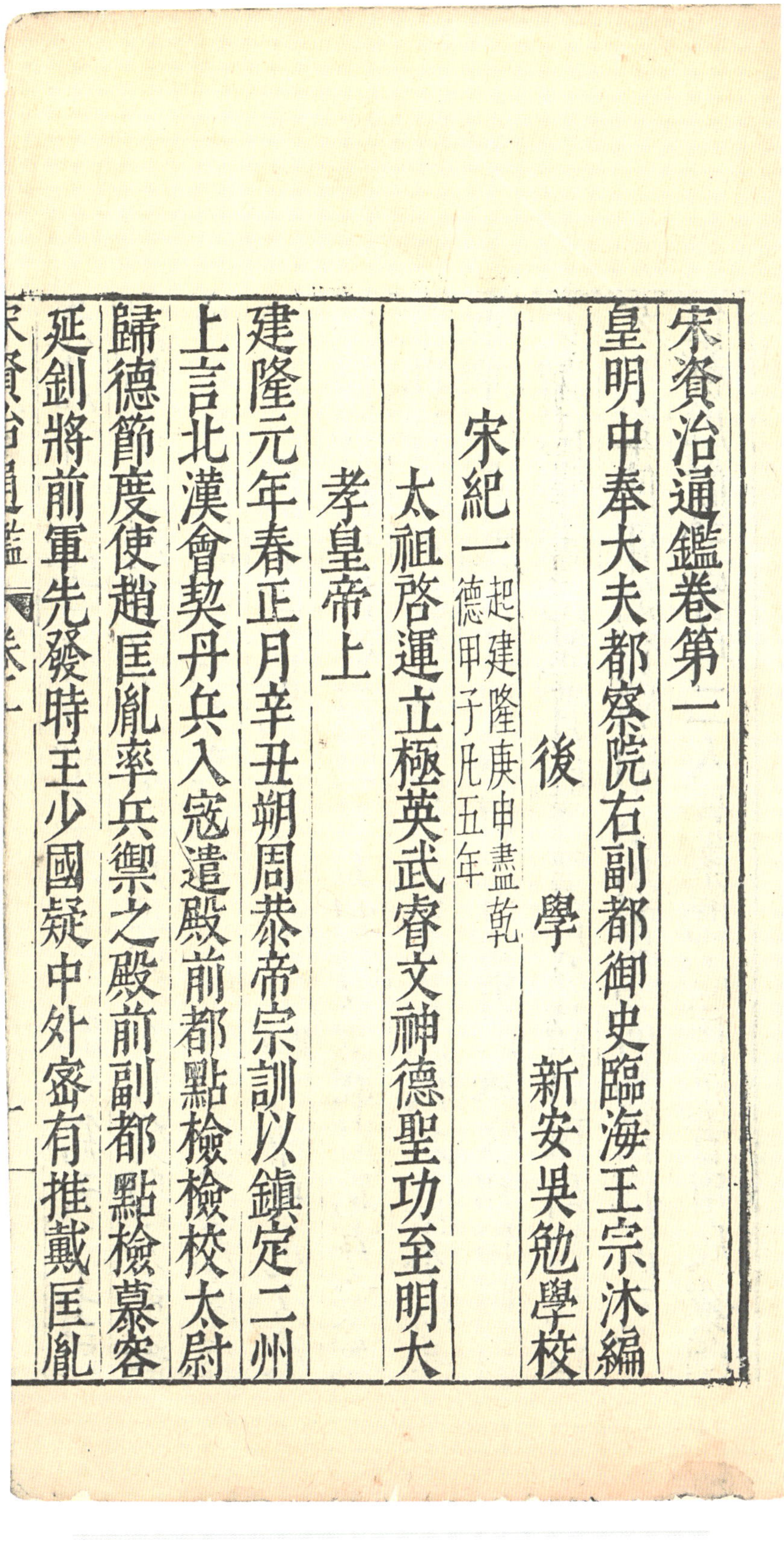
宋資治通鑑卷第一
皇明中奉大夫都察院右副都御史臨海王宗沐編
後學　新安吳勉學校
宋紀一 起建隆庚申盡乾德甲子凡五年
太祖啓運立極英武睿文神德聖功至明大
孝皇帝上
建隆元年春正月辛丑朔周恭帝宗訓以鎮定二州
上言北漢會契丹兵入寇遣殿前都點檢檢校太尉
歸德節度使趙匡胤率兵禦之殿前副都點檢慕容
延釗將前軍先發時王少國疑中外洶有推戴匡胤
宋資治通鑑　卷之一

10152　宋元資治通鑑六十四卷　（明）王宗沐撰　明吴勉學刻本　遼寧大學圖書館

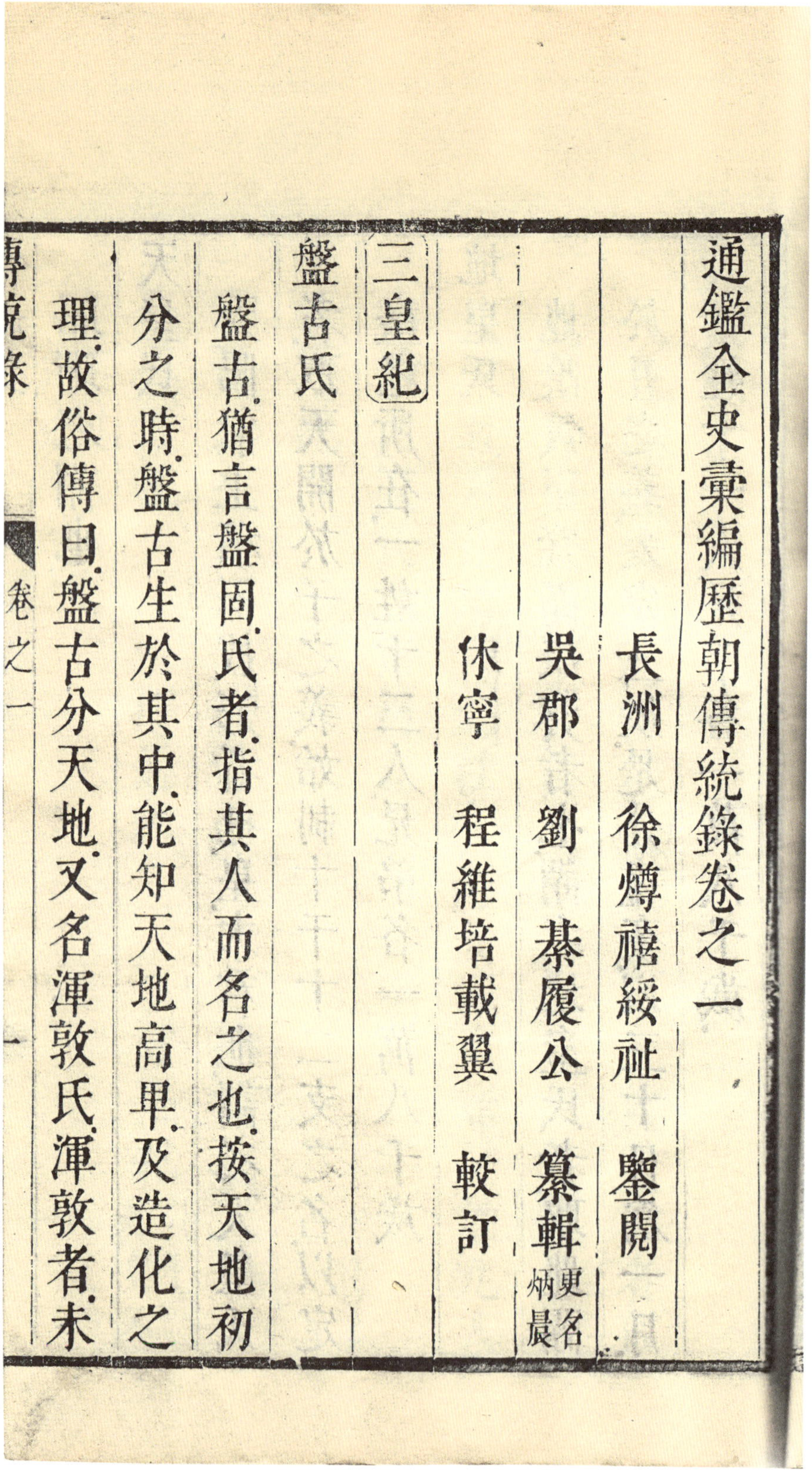

通鑑全史彙編歷朝傳統錄卷之一

長洲 徐燇禧綏祉 鑒閱

吳郡 劉綦履公 纂輯 更名炳晨

休寧 程維培載翼 較訂

三皇紀

盤古氏

盤古猶言盤固氏者指其人而名之也按天地初分之時盤古生於其中能知天地高卑及造化之理故俗傳曰盤古分天地又名渾敦氏渾敦者未

傳統錄 卷之一 一

10153　通鑑全史彙編歷朝傳統錄八卷　（明）劉綦輯　明崇禎程維培刻本　大連圖書館

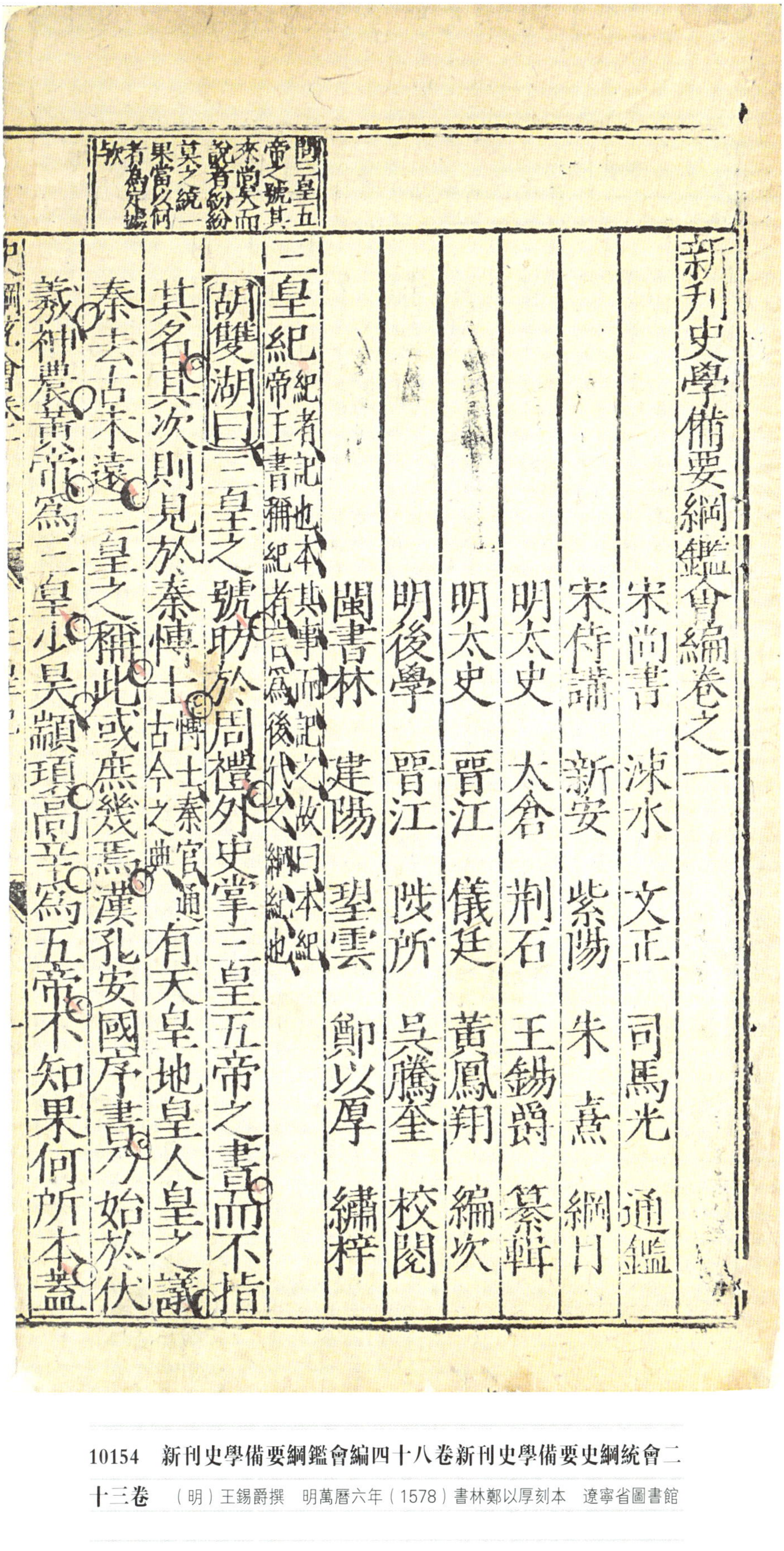

新刊史學備要綱鑑會編卷之一
宋尚書　涑水　文正　司馬光　通鑑
宋侍講　新安　紫陽　朱熹　綱目
明太史　太倉　荊石　王錫爵　纂輯
明太史　晉江　儀廷　黃鳳翔　編次
明後學　晉江　毀所　吴鷹奎　校閱
閩書林　建陽　望雲　鄭以厚　繡梓

問三皇五帝之號其來尚矣而說者紛紛莫之統一果當以何者為據歟

三皇紀紀者記也本其事而記之故曰本紀帝王書稱紀者言為後代之綱紀也

胡雙湖曰三皇之號見於周禮外史掌三皇五帝之書而不指其名其次則見於秦博士博士秦官通古今之典有天皇地皇人皇之議秦去古未遠三皇之稱此或庶幾焉漢孔安國序書乃始於伏羲神農黃帝為三皇少昊顓頊高辛為五帝不知果何所本蓋

10154　新刊史學備要綱鑑會編四十八卷新刊史學備要史綱統會二十三卷　（明）王錫爵撰　明萬曆六年（1578）書林鄭以厚刻本　遼寧省圖書館

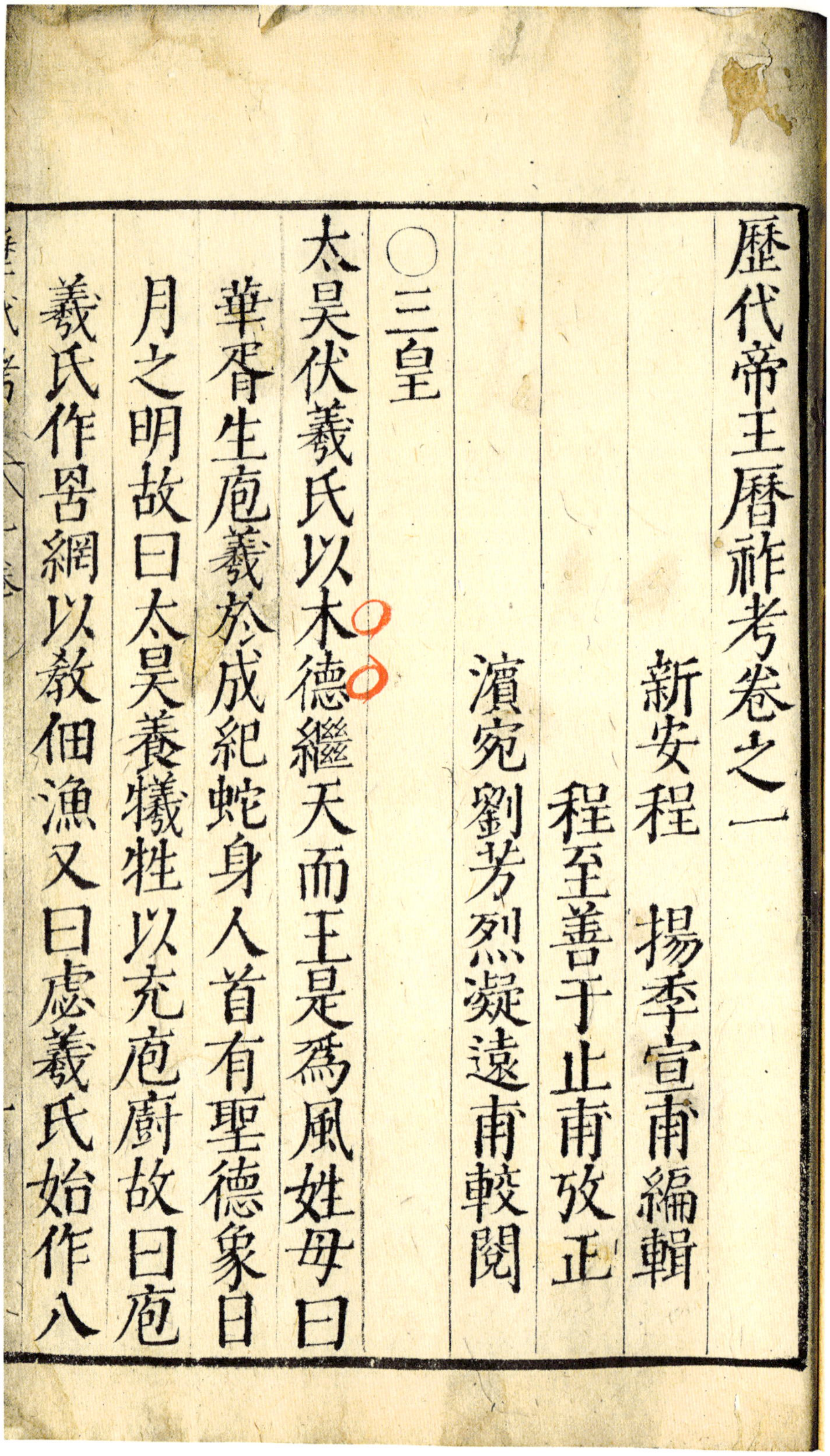

歷代帝王曆祚考卷之一
新安程　揚季宣甫編輯
程至善于止甫攷正
濵宛劉芳烈凝遠甫較閲
○三皇
太昊伏羲氏以木德繼天而王是爲風姓母曰
華胥生庖羲於成紀蛇身人首有聖德象日
月之明故曰太昊養犧牲以充庖廚故曰庖
羲氏作罟網以教佃漁又曰虙羲氏始作八

10155　歷代帝王曆祚考八卷　（明）程揚輯　明崇禎刻本　大連圖書館

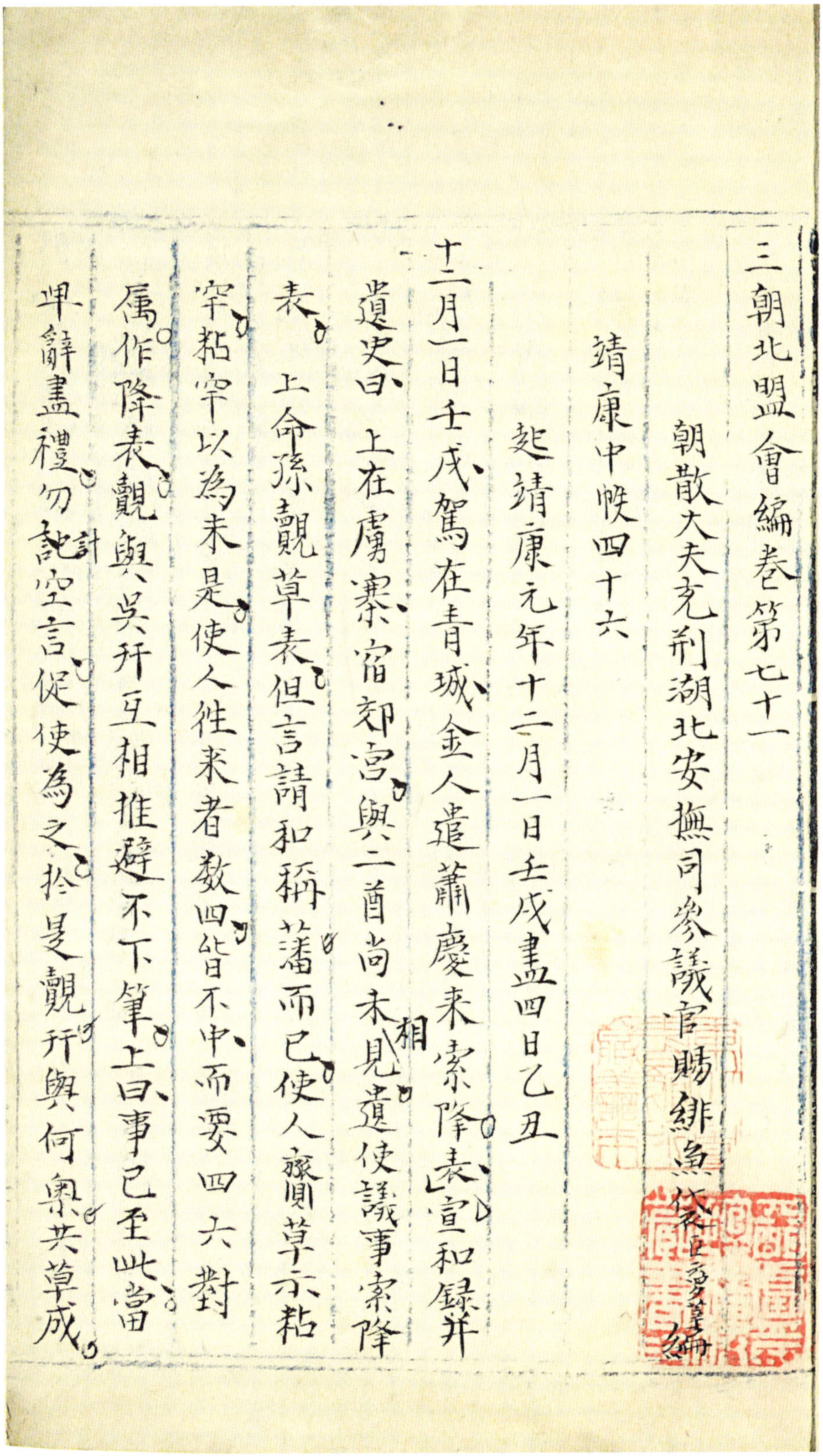

三朝北盟會編卷第七十一

朝散大夫充荊湖北安撫司參議官賜緋魚袋臣徐夢莘編

靖康中帙四十六

起靖康元年十二月一日壬戌盡四日乙丑

十二月一日壬戌駕在青城金人遣蕭慶來索降表宣和録并遺史曰上在虜寨宿郊宮與二酋尚未相見遣使議事索降表上命孫覿草表但言請和稱藩而已使人齎草示粘罕粘罕以為未是使人往來者數四皆不中而要四六對屬作降表覿與吳幵互相推避不下筆上曰事已至此當卑辭盡禮勿計空言促使為之於是覿幵與何㮚共草成

10156　三朝北盟會編二百五十卷　（宋）徐夢莘撰　明抄本　遼寧省圖書館

存一百八十卷（七十一至二百五十）

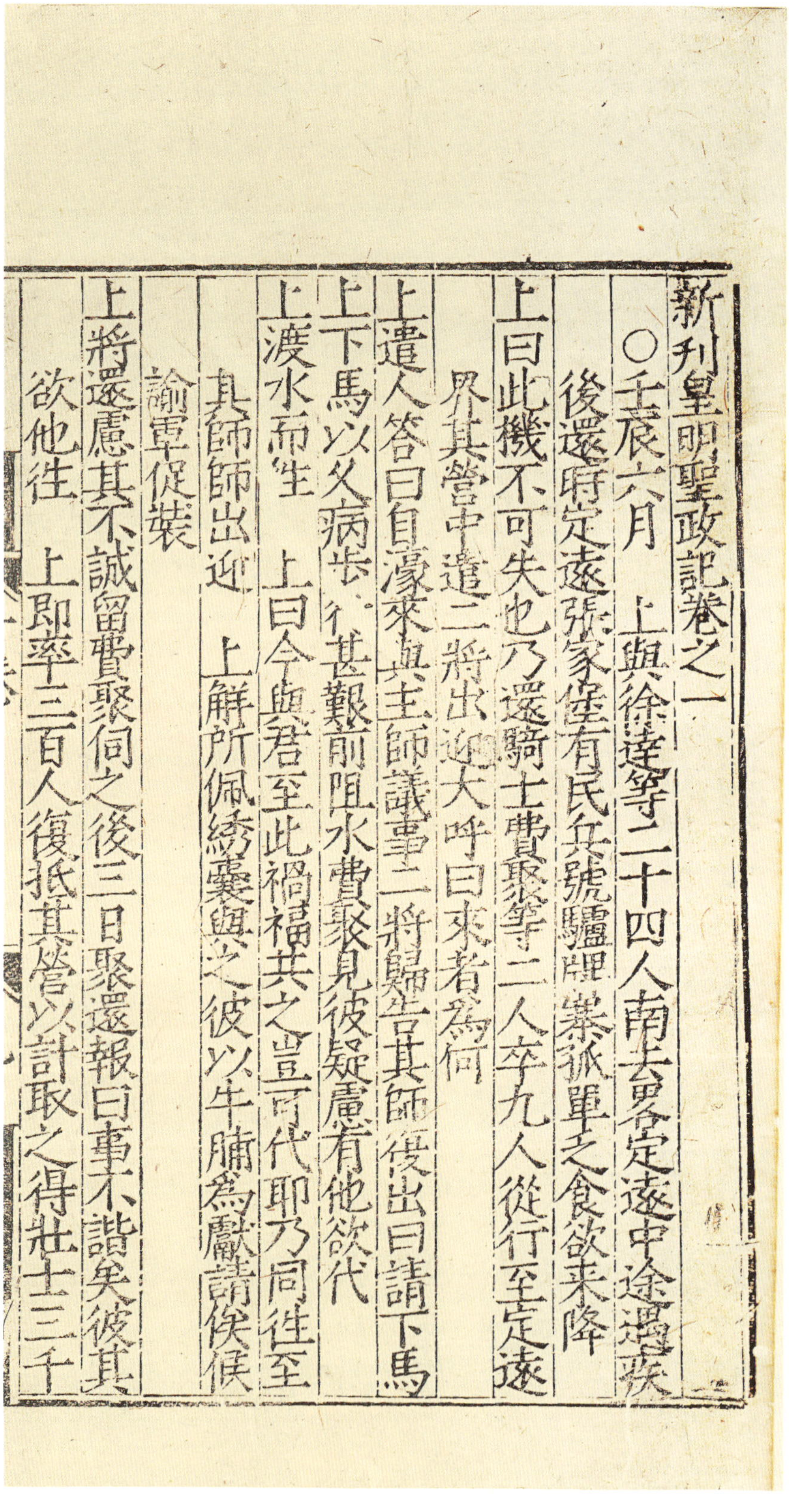
新刊皇明聖政記卷之一
○壬辰六月　上與徐達等二十四人南去畧定遠中途遇疾
後還時定遠張家堡有民兵號驢牌寨孤軍乏食欲來降
上曰此機不可失也乃還騎士費聚等二人卒九人從行至定遠
界其營中遣二將出迎大呼曰來者爲何
上遣人答曰自濠來與主帥議事二將歸告其師復出曰請下馬
上下馬以久病步行甚艱前阻水費聚見彼疑慮有他欲代
上渡水而生　上曰今與君至此禍福共之豈可代耶乃同往至
其師師出迎　上解所佩綉囊與之彼以牛脯爲獻請俟候
諭軍促裝
上將還慮其不誠留費聚伺之後三日聚還報曰事不諧矣彼其
欲他往　上即率三百人復抵其營以計取之得壯士三千

10157　新刊皇明聖政記十卷　明刻本　大連圖書館

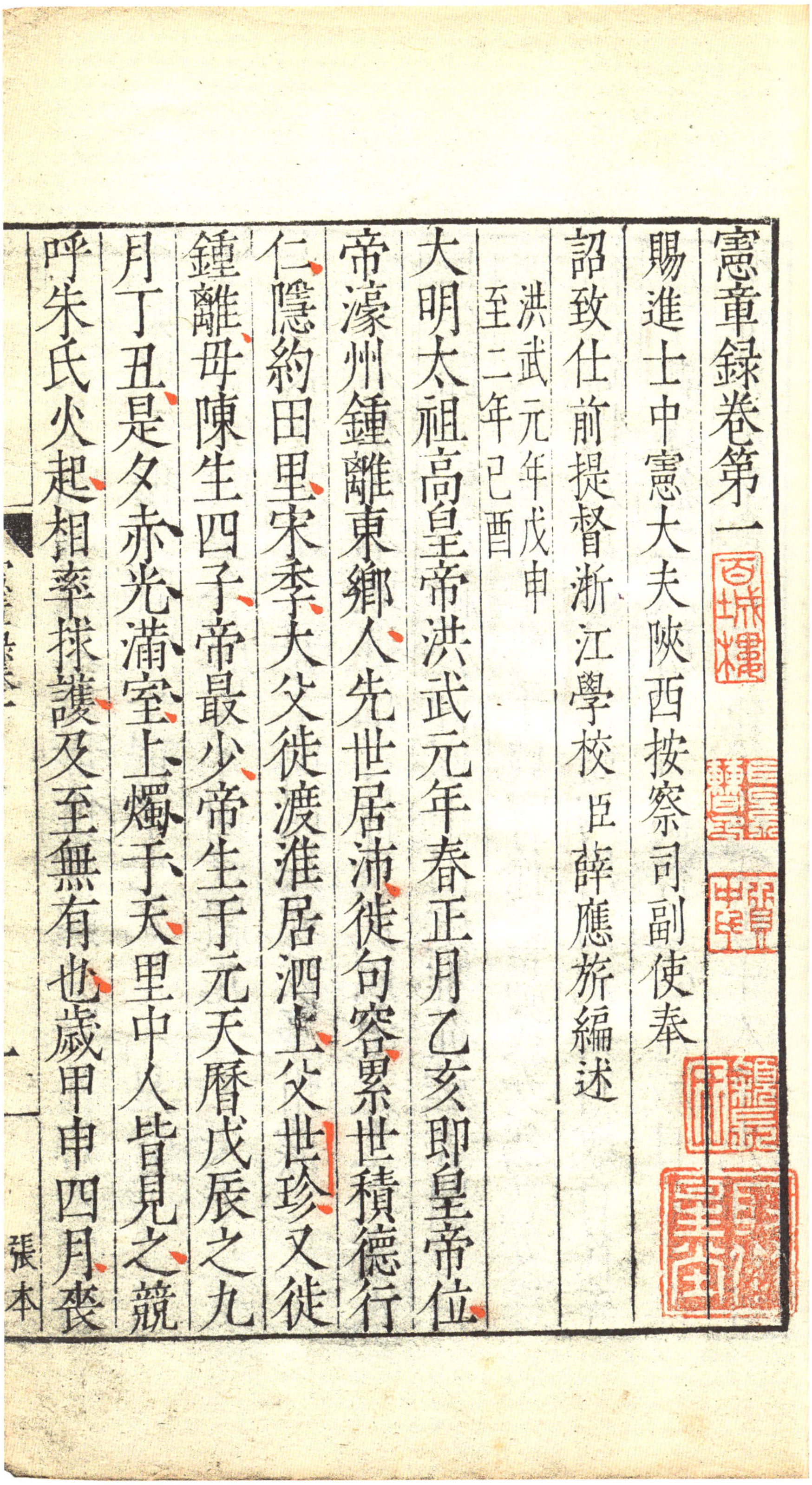

憲章録卷第一

賜進士中憲大夫陝西按察司副使奉
詔致仕前提督浙江學校臣薛應旂編述

洪武元年戊申
至二年己酉

大明太祖高皇帝洪武元年春正月乙亥即皇帝位
帝濠州鍾離東鄉人先世居沛徙句容累世積德行
仁隱約田里宋季大父徙渡淮居泗上父世珍又徙
鍾離母陳生四子帝最少帝生于元天曆戊辰之九
月丁丑是夕赤光滿室上燭于天里中人皆見之競
呼朱氏火起相率拯護及至無有也歲甲申四月喪

張本

10158　憲章録四十六卷　（明）薛應旂撰　明萬曆二年（1574）陸光宅刻本　大連圖書館

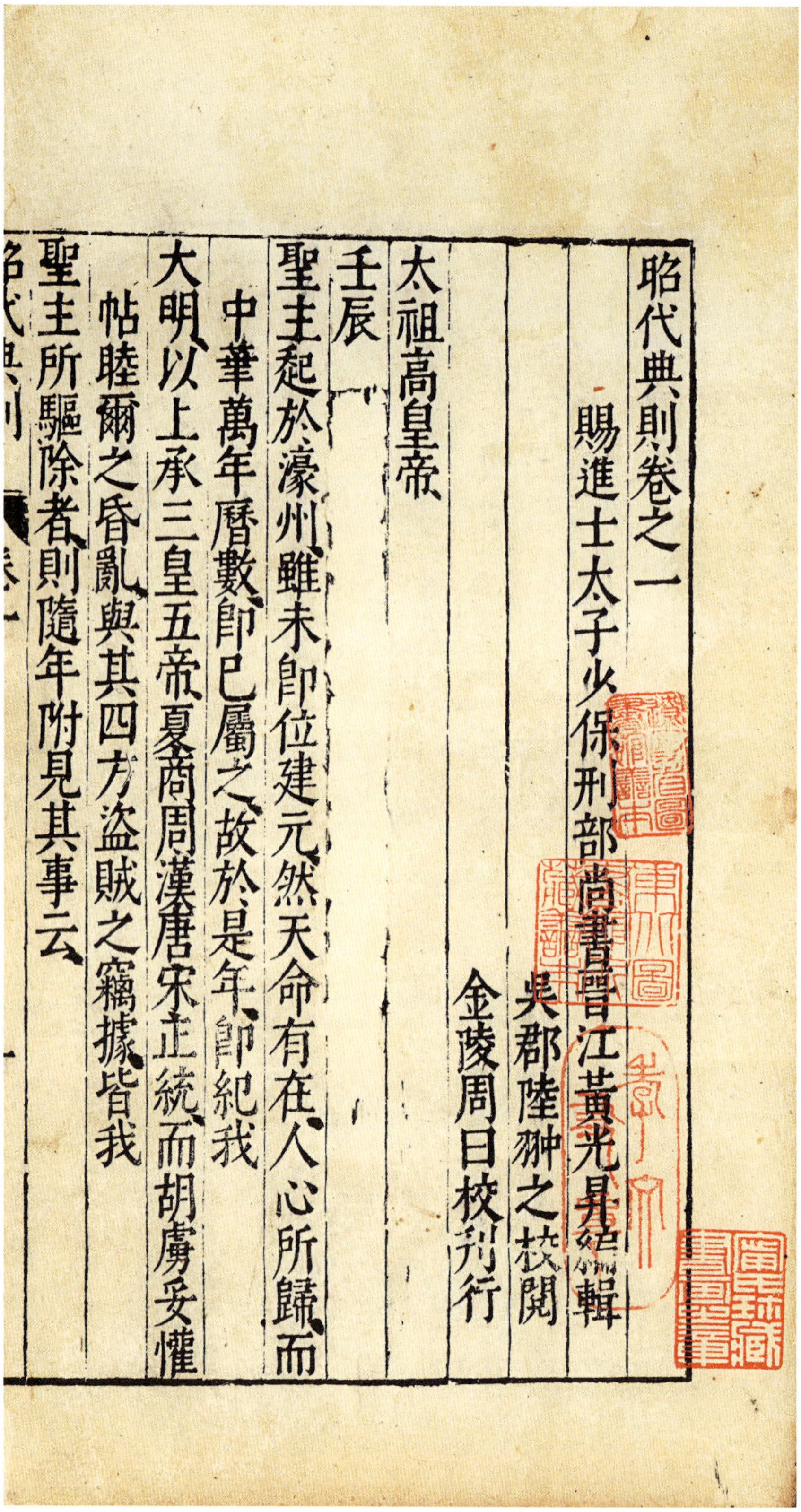
昭代典則卷之一
賜進士太子少保刑部尚書晉江黃光昇編輯
吳郡陸翀之校閱
金陵周日校刊行
太祖高皇帝
壬辰
聖主起於濠州雖未即位建元然天命有在人心所歸而
中華萬年曆數即已屬之故於是年即紀我
大明以上承三皇五帝夏商周漢唐宋正統而胡虜妥懽
帖睦爾之昏亂與其四方盜賊之竊據皆我
聖主所驅除者則隨年附見其事云
昭代典則　卷一　一

10159　昭代典則二十八卷　（明）黃光昇撰　明萬曆二十八年（1600）周日校萬卷樓刻本　遼寧省圖書館

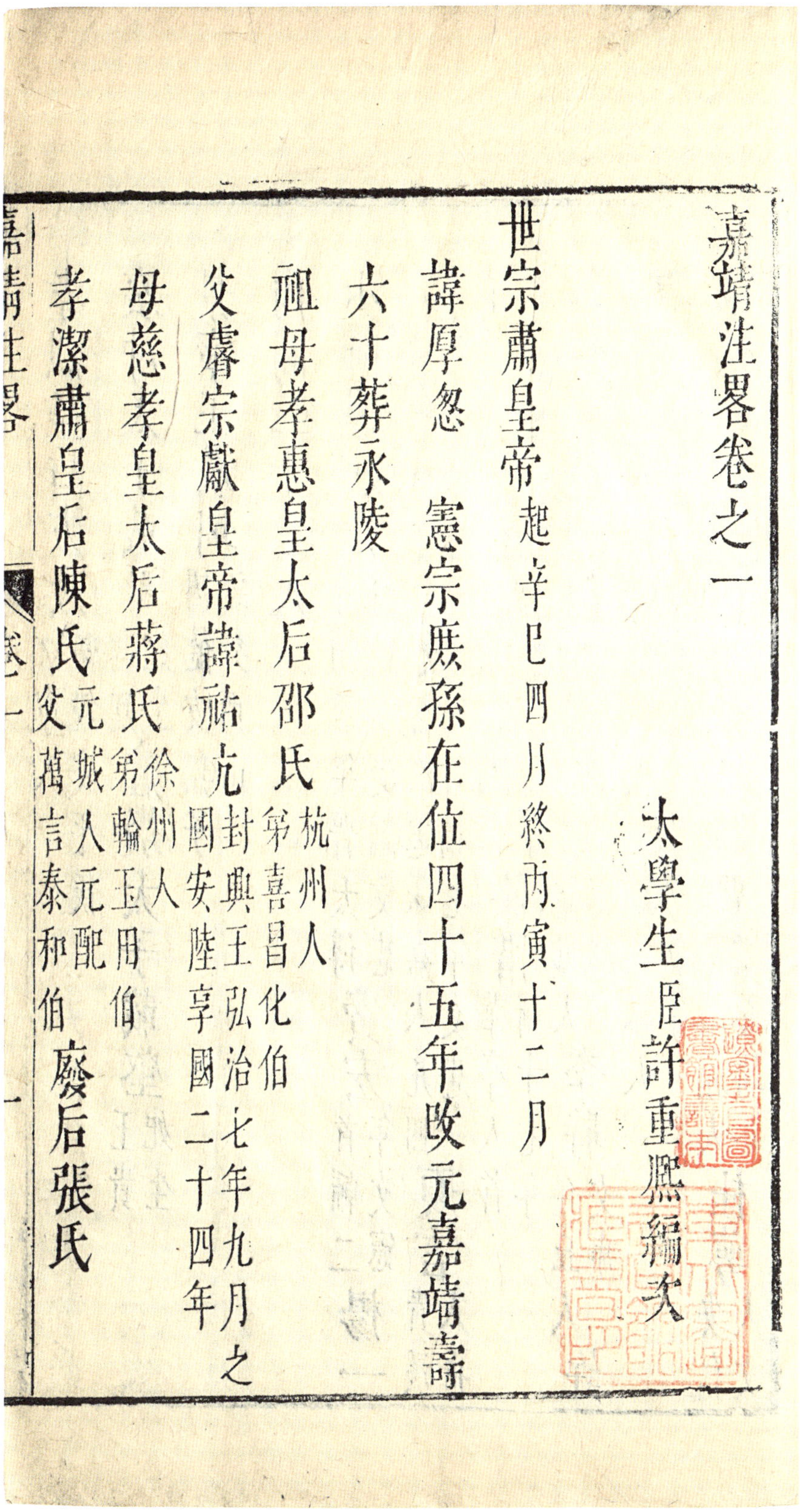
嘉靖注畧卷之一

太學生臣許重熙編次

世宗肅皇帝起辛巳四月終丙寅十二月

諱厚熜 憲宗庶孫在位四十五年改元嘉靖壽

六十葬永陵

祖母孝惠皇太后邵氏杭州人弟喜昌化伯

父睿宗獻皇帝諱祐杬封興王弘治七年九月之國安陸享國二十四年

母慈孝皇太后蔣氏徐州人弟輪玉田伯

孝潔肅皇后陳氏元城人元配父萬言泰和伯 廢后張氏

嘉靖注畧 卷之一 一

10160 憲章外史續編十四卷 （明）許重熙撰 明崇禎刻本 遼寧省圖書館

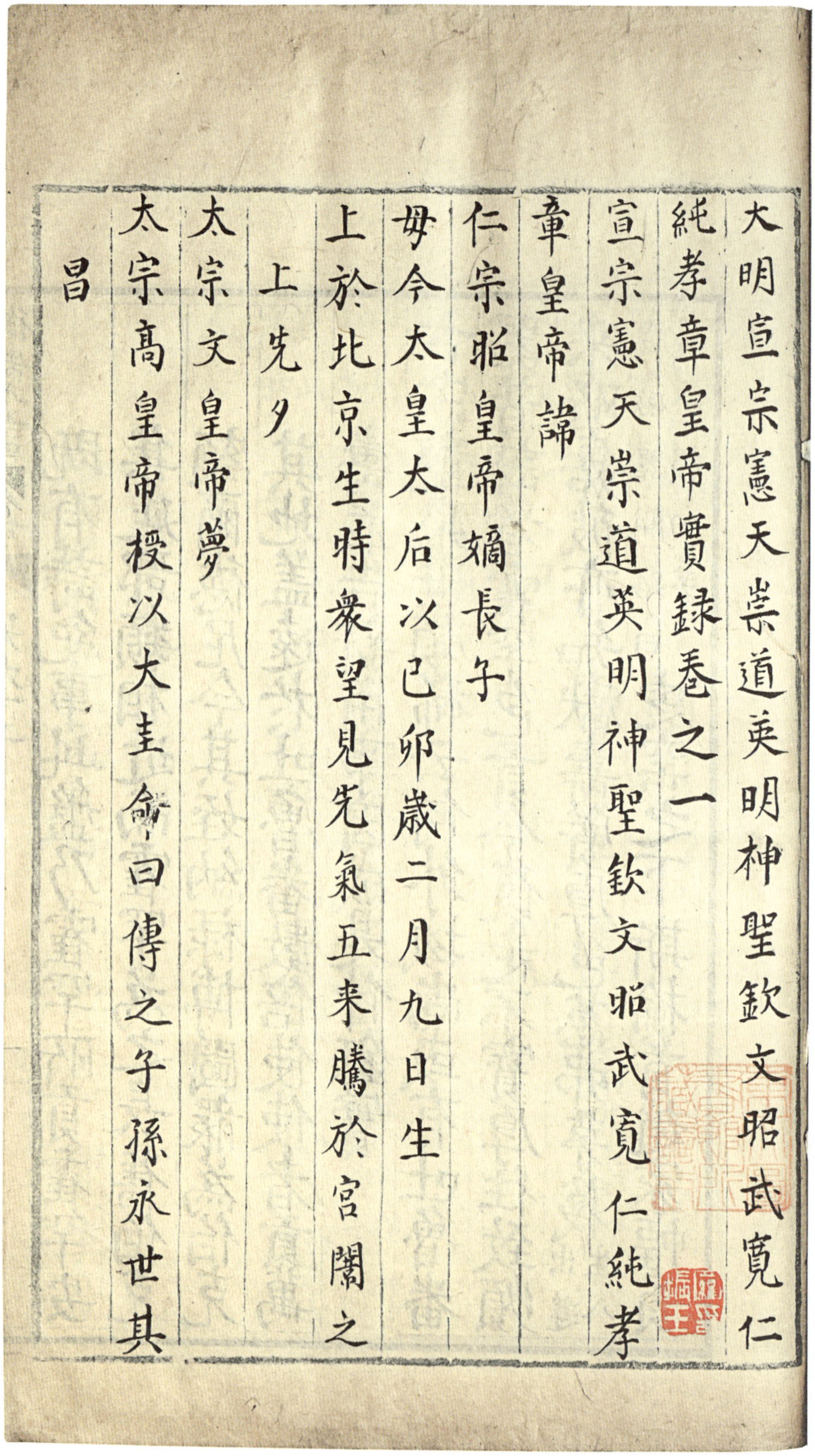

大明宣宗憲天崇道英明神聖欽文昭武寬仁
純孝章皇帝實録卷之一
宣宗憲天崇道英明神聖欽文昭武寬仁純孝
章皇帝諱
仁宗昭皇帝嫡長子
母今太皇太后以己卯歳二月九日生
上於北京生時衆望見先氣五来騰於宮闈之
上先夕
太宗文皇帝夢
太宗高皇帝授以大圭命曰傳之子孫永世其
昌

10161 大明宣宗章皇帝實録一百十五卷 （明）張輔 楊士奇等纂修

明抄本 羅振玉跋 遼寧省圖書館

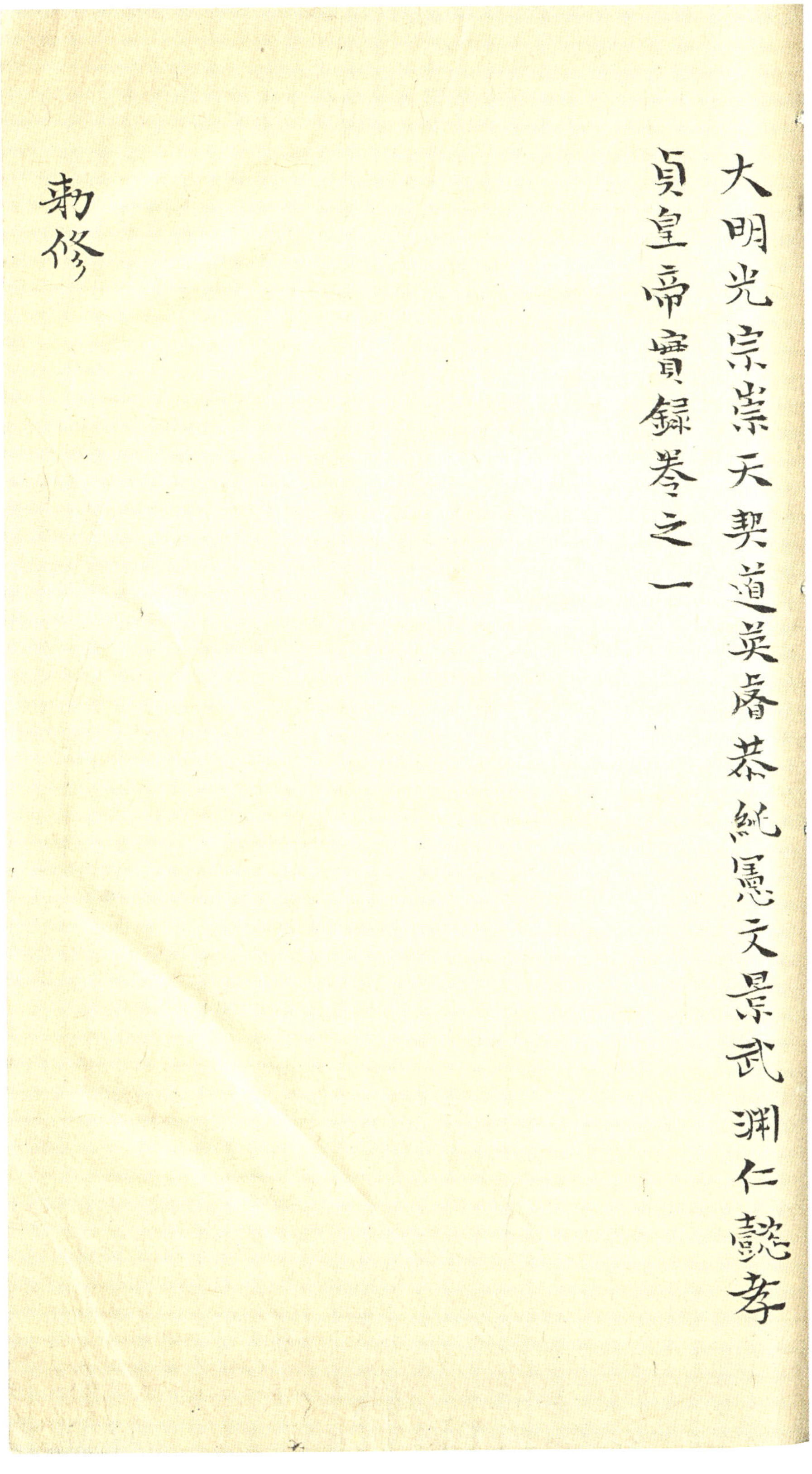
大明光宗崇天契道英睿恭純憲文景武淵仁懿孝
貞皇帝實録卷之一
勅修

10162　大明光宗貞皇帝實録八卷　（明）張惟賢等纂修　明抄本　遼寧省圖書館

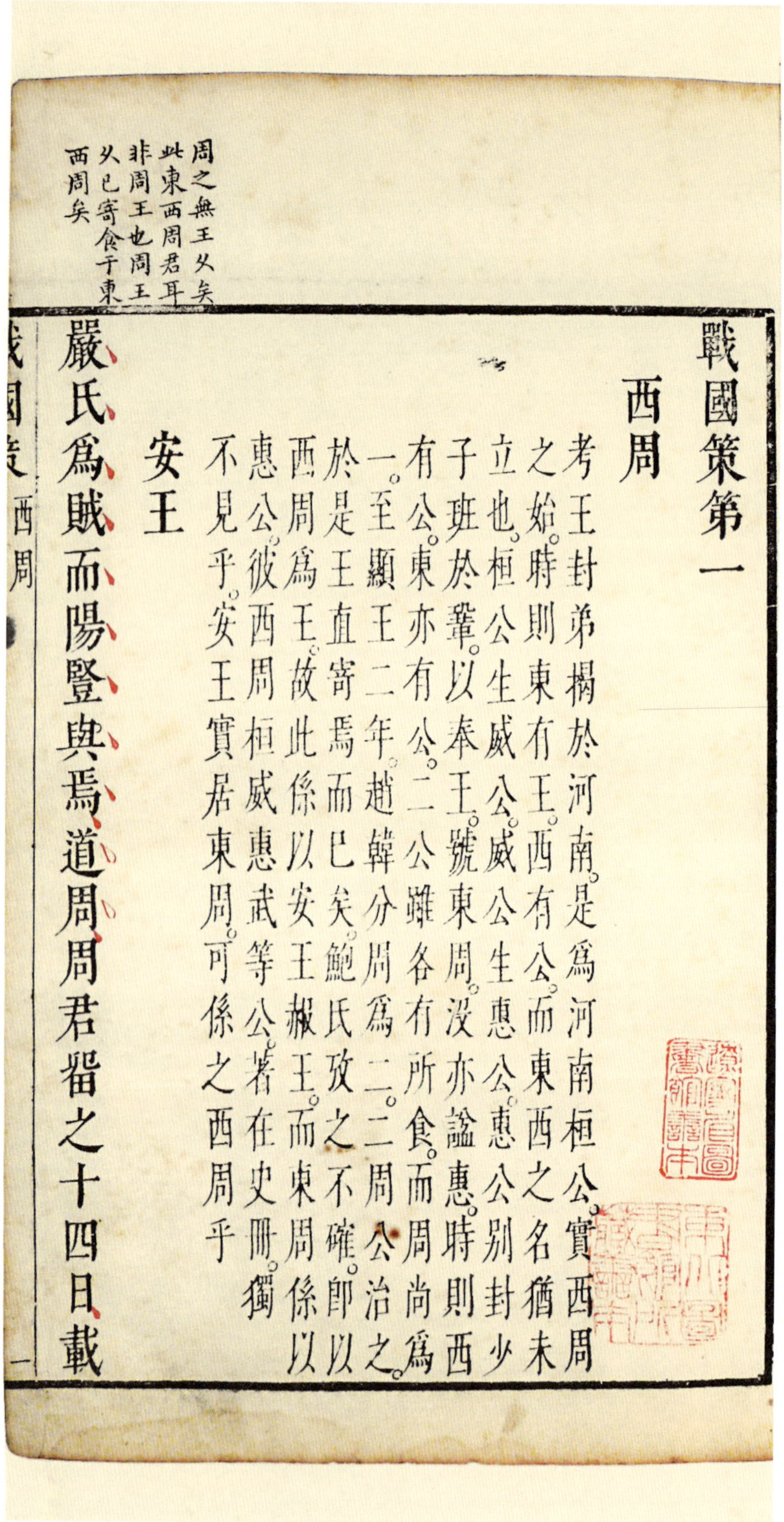
周之無王久矣
此東西周君耳
非周王也周王
久已寄食于東
西周矣
戰國策第一
西周
考王封弟揭於河南是爲河南桓公實西周
之始時則東有王西有公而東西之名猶未
立也桓公生威公威公生惠公惠公別封少
子班於鞏以奉王號東周沒亦謚惠時則西
有公東亦有公二公雖各有所食而周尚爲
一至顯王二年趙韓分周爲二二周公治之
於是王直寄焉而已矣鮑氏攷之不確卽以
西周爲王故此係以安王赧王而東周係以
惠公彼西周桓威惠武等公著在史冊獨
不見乎安王實居東周可係之西周乎
安王
嚴氏爲賊而陽豎與焉道周周君留之十四日載
戰國策 西周 一

10163 戰國策十二卷 （明）閔齊伋裁注 **元本目録一卷** 明萬曆四十八年（1620）閔齊伋刻三色套印本 遼寧省圖書館

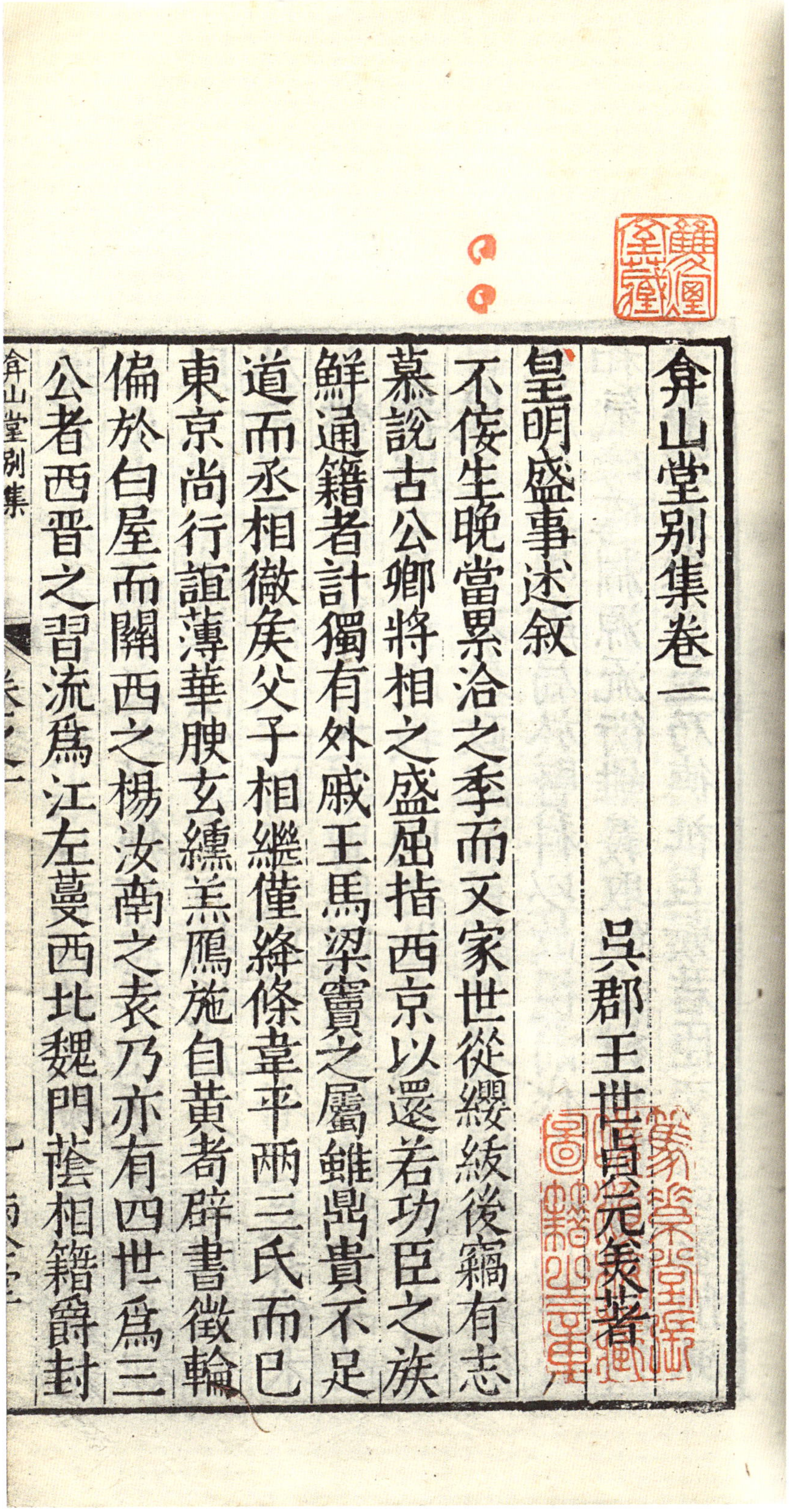
弇山堂别集卷一
吳郡王世貞元美著
皇明盛事述敘
不佞生晚當累洽之季而文家世從纓緌後竊有志
慕說古公卿將相之盛屈指西京以還若功臣之族
鮮通籍者計獨有外戚王馬梁竇之屬雖貴不足
道而丞相徹侯父子相繼僅絳條韋平兩三氏而已
東京尚行誼薄華腴玄纁羔鴈施自黃耇辟書徵輪
偏於白屋而關西之楊汝南之袁乃亦有四世爲三
公者西晋之習流爲江左蔓西北魏門蔭相籍爵封
弇山堂别集 卷之一

10164　弇山堂别集一百卷　（明）王世貞撰　明萬曆十八年（1590）翁良瑜雨金堂刻本　大連圖書館

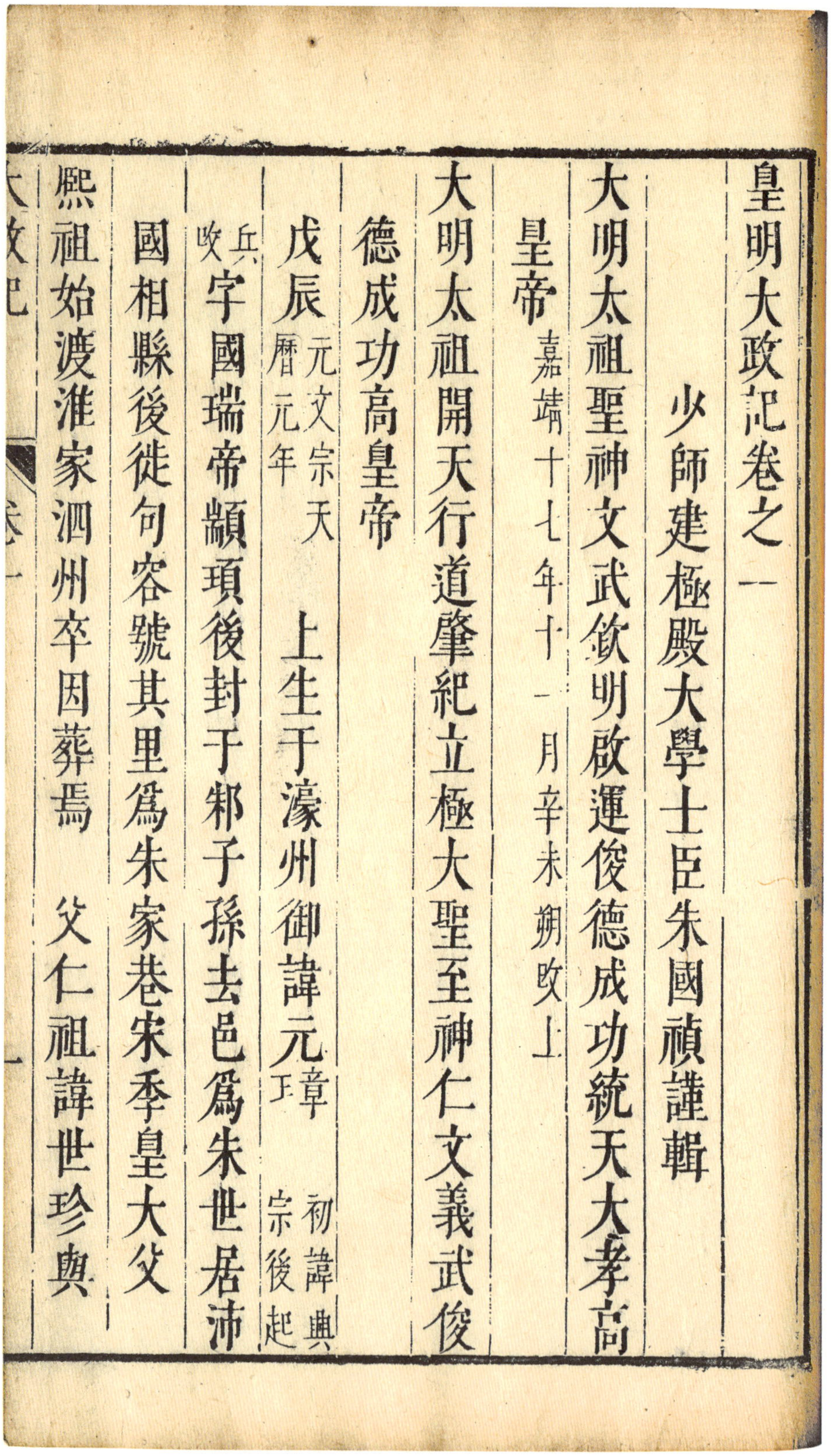

皇明大政記卷之一
少師建極殿大學士臣朱國禎謹輯
大明太祖聖神文武欽明啟運俊德成功統天大孝高
皇帝嘉靖十七年十一月辛未朔改上
大明太祖開天行道肇紀立極大聖至神仁文義武俊
德成功高皇帝
戊辰元文宗天曆元年 上生于濠州御諱元璋初諱興宗後起
兵改字國瑞帝顓頊後封于邾子孫去邑爲朱世居沛
國相縣後徙句容號其里爲朱家巷宋季皇大父
熙祖始渡淮家泗州卒因葬焉 父仁祖諱世珍與
大政記 卷一 一

10165 皇明史概一百二十一卷 （明）朱國禎輯 明崇禎刻本 大連圖書館

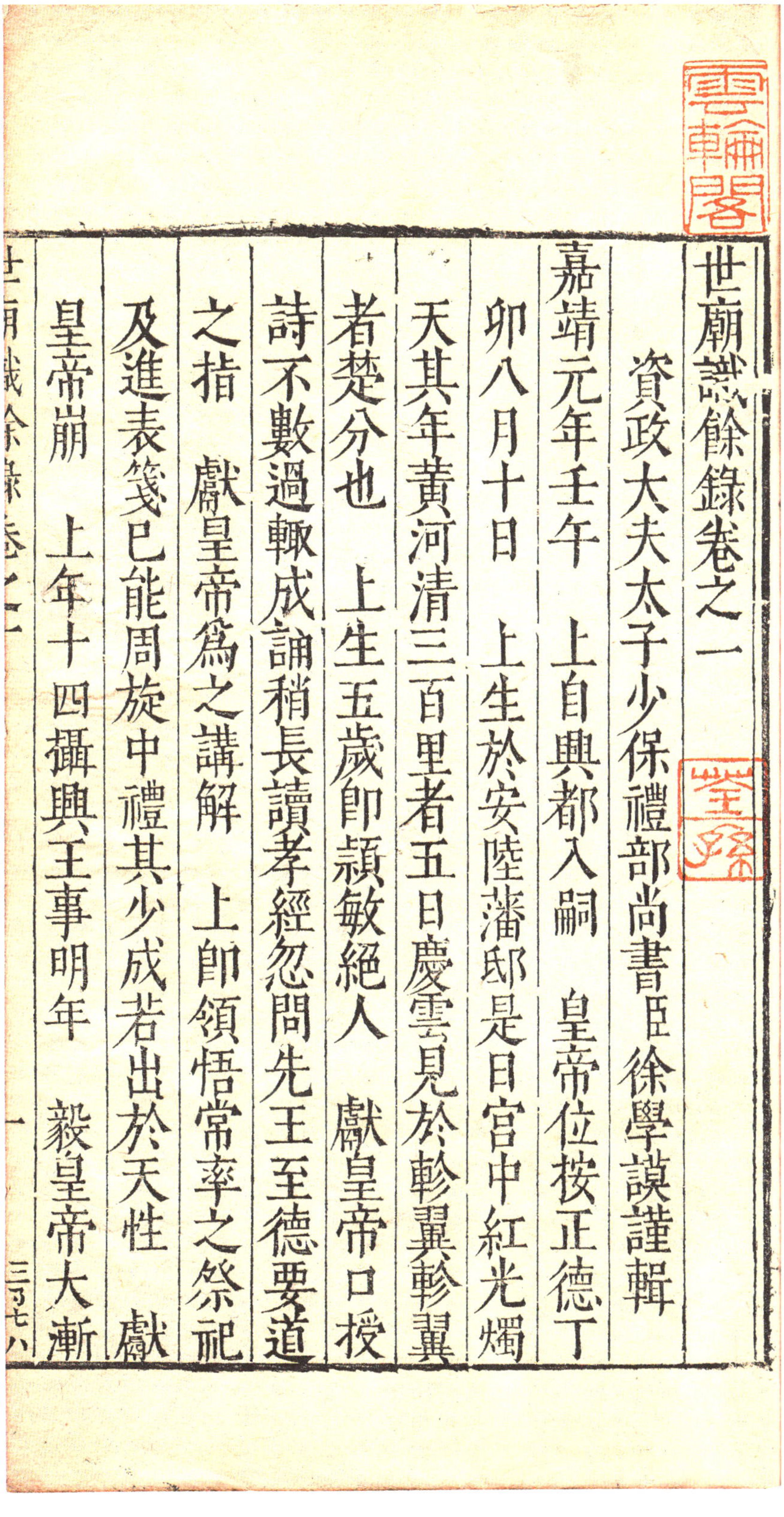

世廟識餘錄卷之一
資政大夫太子少保禮部尚書臣徐學謨謹輯
嘉靖元年壬午　上自興都入嗣　皇帝位按正德丁
卯八月十日　上生於安陸藩邸是日宮中紅光燭
天其年黃河清三百里者五日慶雲見於軫翼軫翼
者楚分也　上生五歲卽頴敏絕人　獻皇帝口授
詩不數過輙成誦稍長讀孝經忽問先王至德要道
之指　獻皇帝爲之講解　上卽領悟常率之祭祀
及進表箋已能周旋中禮其少成若出於天性　獻
皇帝崩　上年十四攝興王事明年　毅皇帝大漸
世廟識餘錄卷之一　一　三百七八

10166　世廟識餘錄二十六卷　（明）徐學謨輯　明萬曆三十六年（1608）徐元嘏刻本　大連圖書館

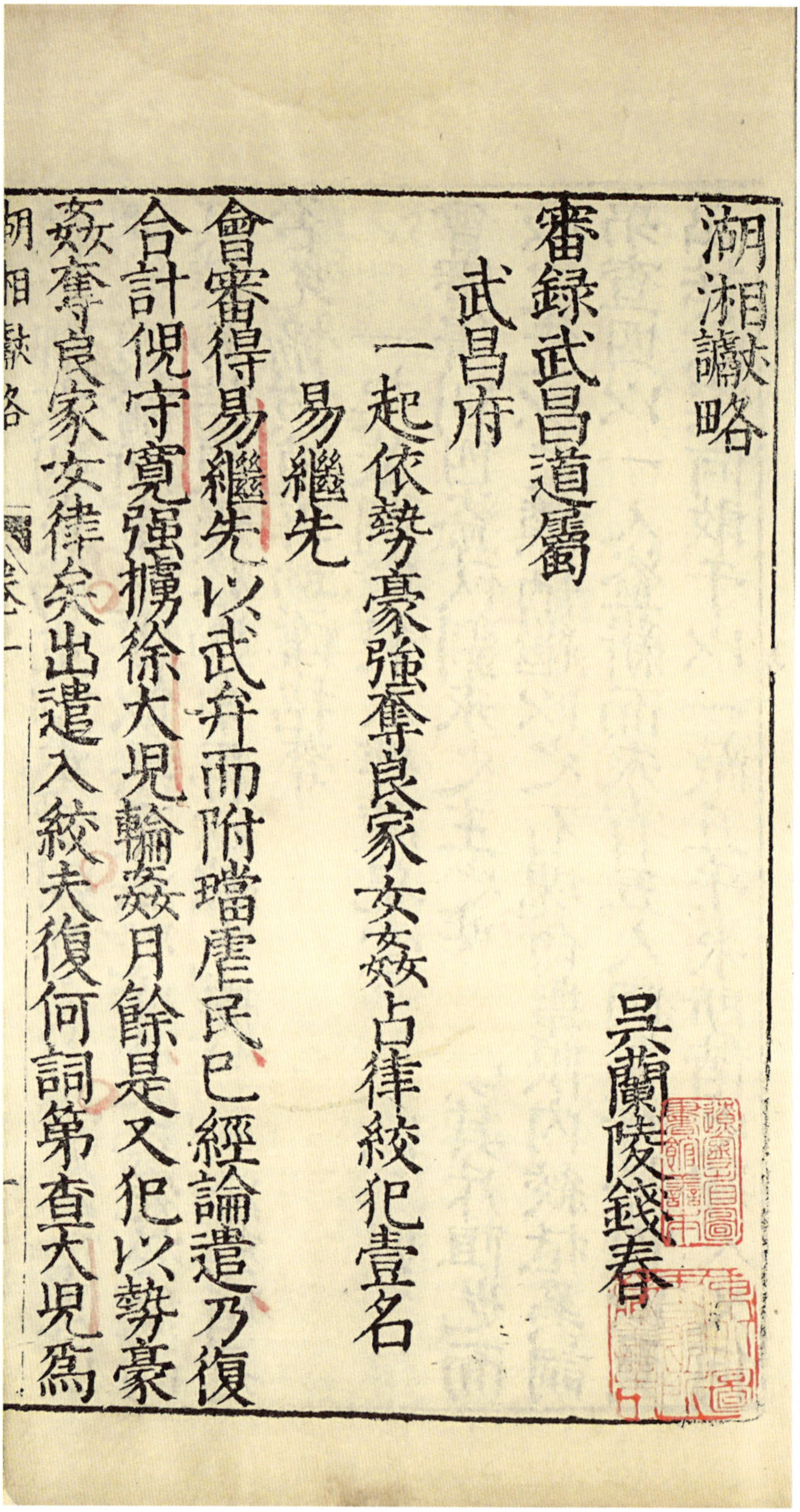
湖湘讞略
吳蘭陵錢春
審録武昌道屬
武昌府
一起依勢豪強奪良家女姦占律絞犯壹名
易繼先
會審得易繼先以武弁而附璫虐民已經論遣乃復
合計倪守寬强擄徐大兒輪姦月餘是又犯以勢豪
姦奪良家女律矣出遣入絞夫復何詞第查大兒爲
湖湘讞略 卷之一 一

10167 湖湘五略十卷 （明）錢春撰 明萬曆刻本 遼寧省圖書館

存四卷（湖湘讞略二卷、湖湘詳略二卷）

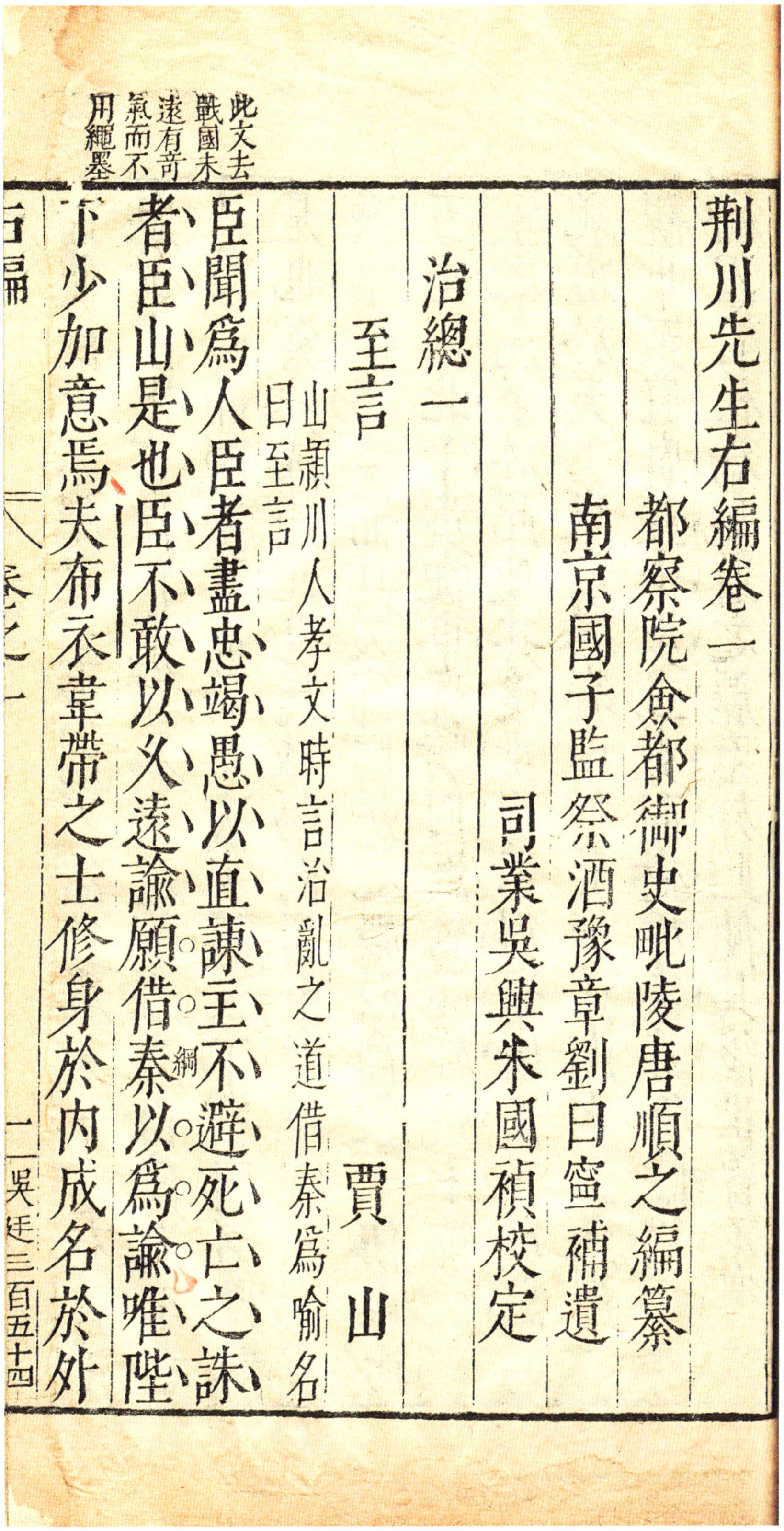
荆川先生右編卷一
都察院僉都御史毗陵唐順之編纂
南京國子監祭酒豫章劉日甯補遺
司業吳興朱國禎校定
治總一
至言　賈山
山潁川人孝文時言治亂之道借秦爲喻名曰至言
臣聞爲人臣者盡忠竭愚以直諫主不避死亡之誅
者臣山是也臣不敢以久遠諭願借秦以爲諭唯陛
下少加意焉夫布衣韋帶之士修身於内成名於外
此文去戰國未遠有奇氣而不用繩墨
右編　卷之一　一　吳廷三百五十四

10168　荆川先生右編四十卷　（明）唐順之輯　（明）劉曰寧補遺　明萬曆南京國子監刻本　大連圖書館

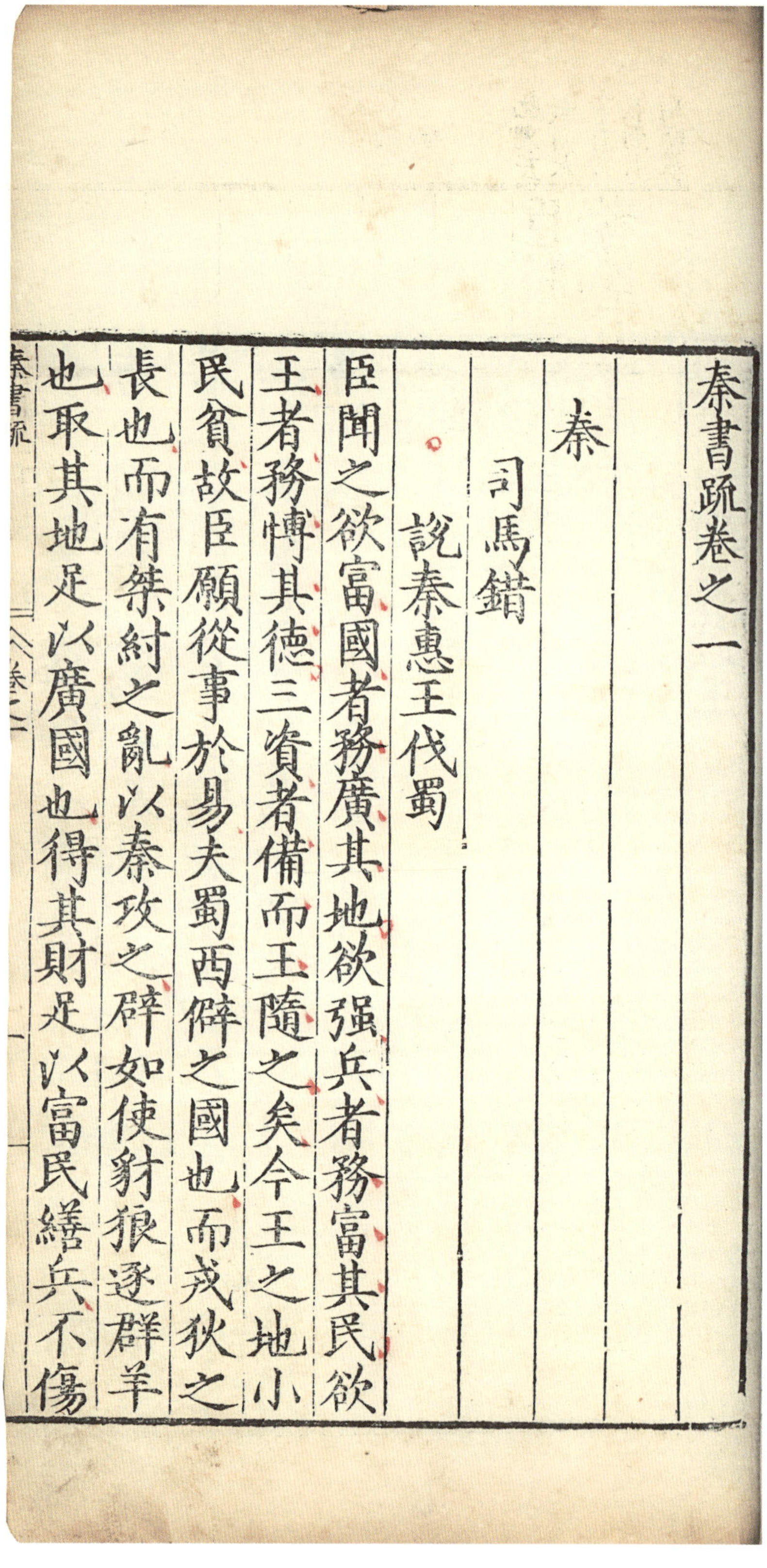

秦書疏卷之一

秦

司馬錯

説秦惠王伐蜀

臣聞之欲富國者務廣其地欲强兵者務富其民欲王者務博其德三資者備而王隨之矣今王之地小民貧故臣願從事於易夫蜀西僻之國也而戎狄之長也而有桀紂之亂以秦攻之譬如使豺狼逐群羊也取其地足以廣國也得其財足以富民繕兵不傷

秦書疏 卷之一 一

10169 秦漢書疏十八卷 明隆慶六年（1572）刻本 遼寧大學圖書館

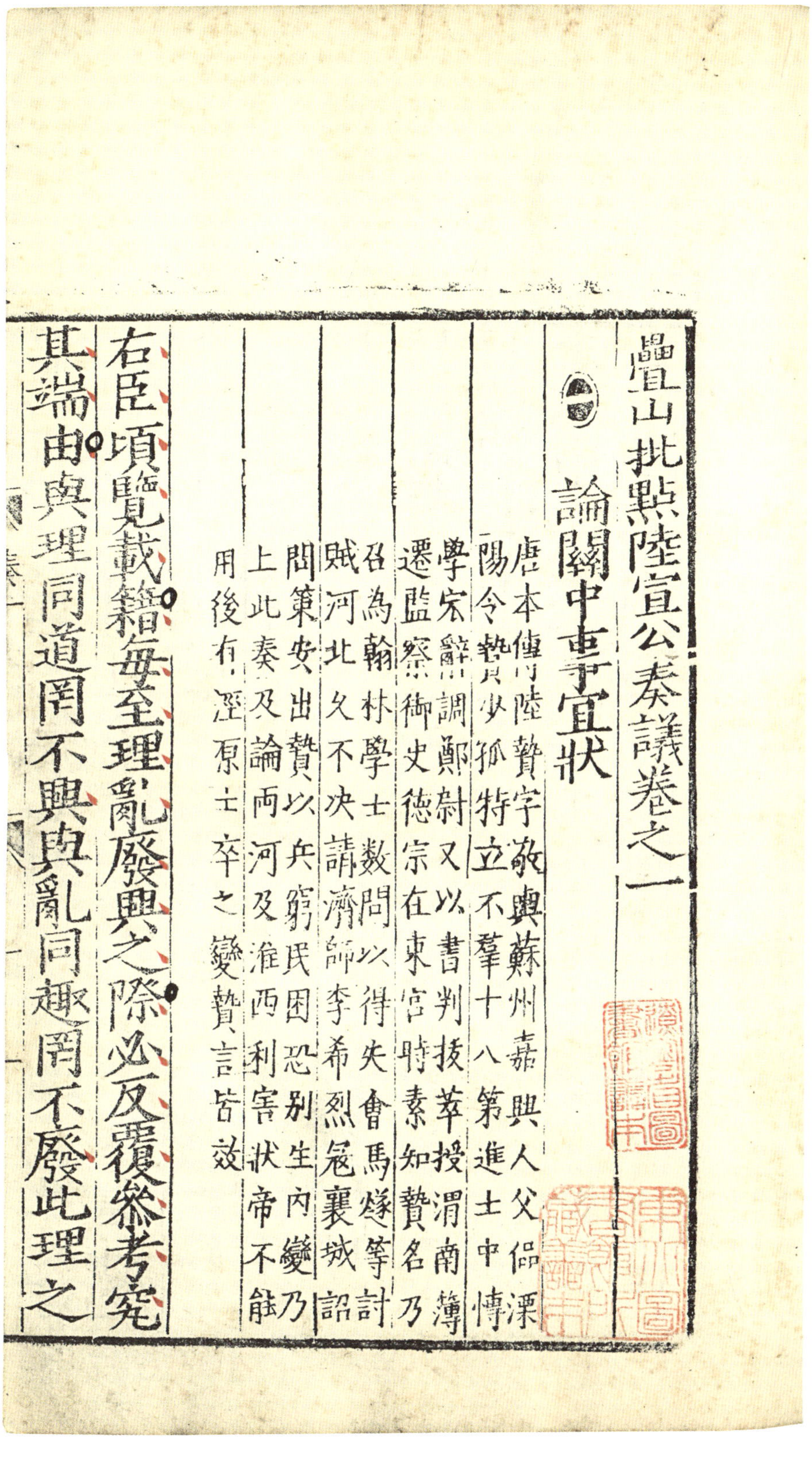
疊山批點陸宣公奏議卷之一
論關中事宜狀
唐本傳陸贄字敬輿蘇州嘉興人父侃溧陽令贄少孤特立不羣十八第進士中博學宏辭調鄭尉又以書判拔萃授渭南簿遷監察御史德宗在東宮時素知贄名乃召為翰林學士數問以得失會馬燧等討賊河北久不决請濟師李希烈寇襄城詔問策安出贄以兵窮民困恐別生內變乃上此奏及論兩河及淮西利害狀帝不能用後有涇原士卒之變贄言皆效
右臣頃覽載籍每至理亂廢興之際必反覆參考究其端由與理同道罔不興與亂同趣罔不廢此理之

10170　疊山批點陸宣公奏議十五卷　（唐）陸贄撰　（宋）謝枋得批點

明刻本　遼寧省圖書館

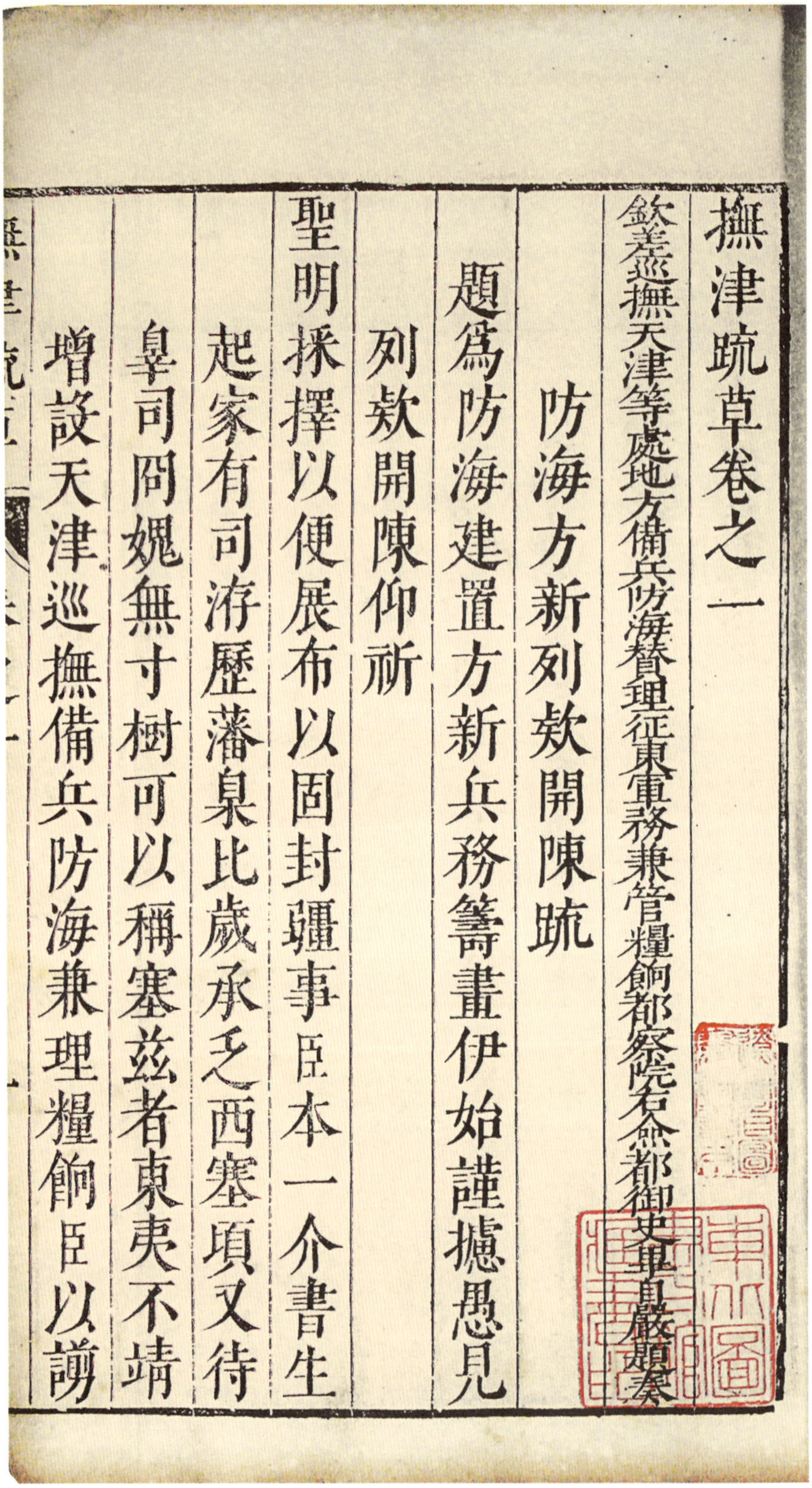
撫津疏草卷之一
欽差巡撫天津等處地方備兵防海贊理征東軍務兼管糧餉都察院右僉都御史畢自嚴題奏
防海方新列款開陳疏
題爲防海建置方新兵務籌畫伊始謹攄愚見
列款開陳仰祈
聖明採擇以便展布以固封疆事臣本一介書生
起家有司洊歷藩臬比歲承乏西塞頃又待
皋司罔娩無寸樹可以稱塞兹者東夷不靖
增設天津巡撫備兵防海兼理糧餉臣以謭

10171　撫津疏草四卷　（明）畢自嚴撰　明天啓刻本　遼寧省圖書館

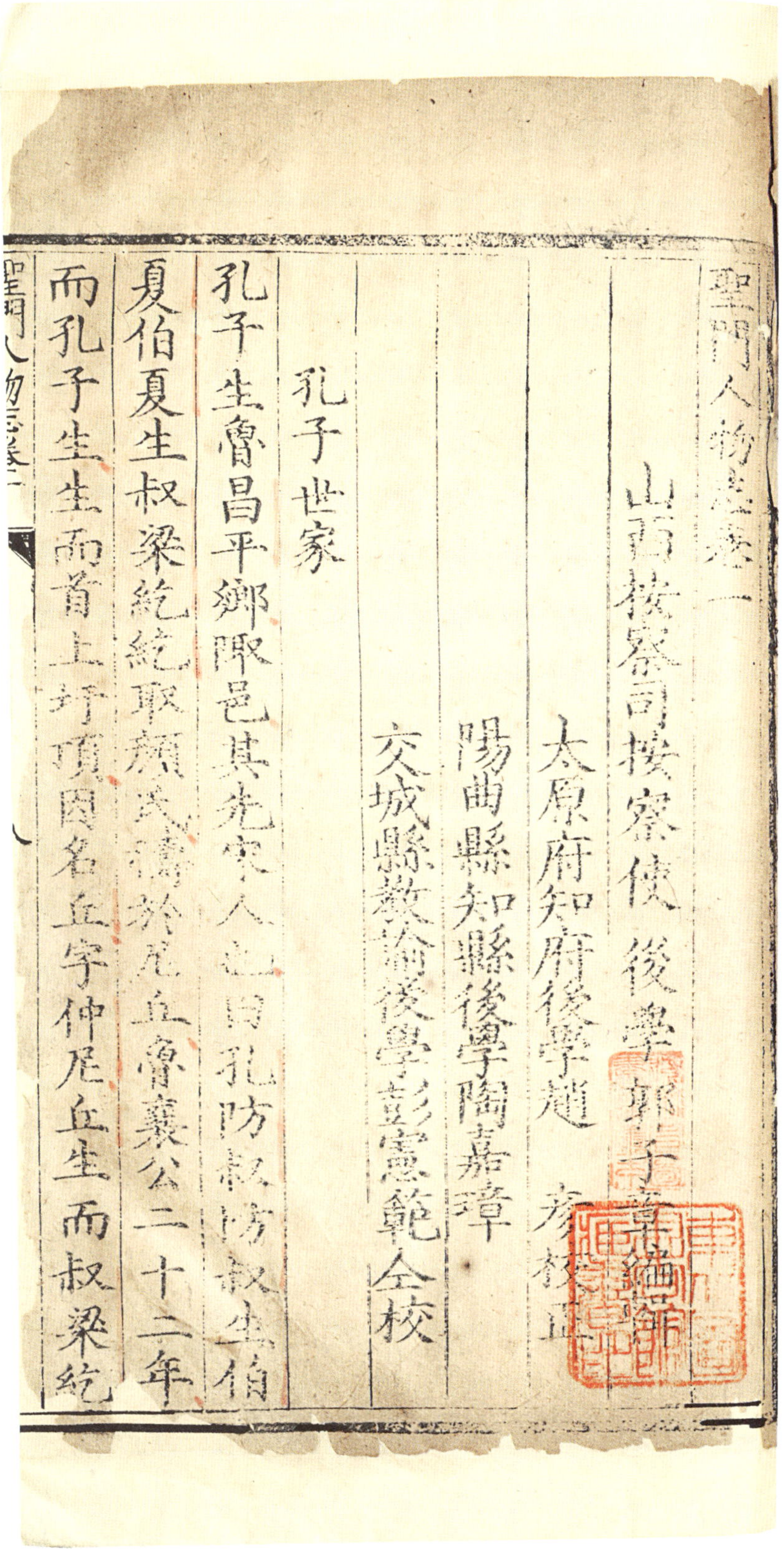
聖門人物志卷一
山西按察司按察使　後學郭子章纂輯
太原府知府後學趙　彥　校正
陽曲縣知縣後學陶嘉璋
交城縣教諭後學彭憲範仝校
孔子世家
孔子生魯昌平鄉陬邑其先宋人也曰孔防叔防叔生伯
夏伯夏生叔梁紇紇取顏氏禱於尼丘魯襄公二十二年
而孔子生生而首上圩頂因名丘字仲尼丘生而叔梁紇
聖門人物志卷一

10172　聖門人物志十二卷　（明）郭子章撰　明萬曆二十二年（1594）趙彦刻本　遼寧省圖書館

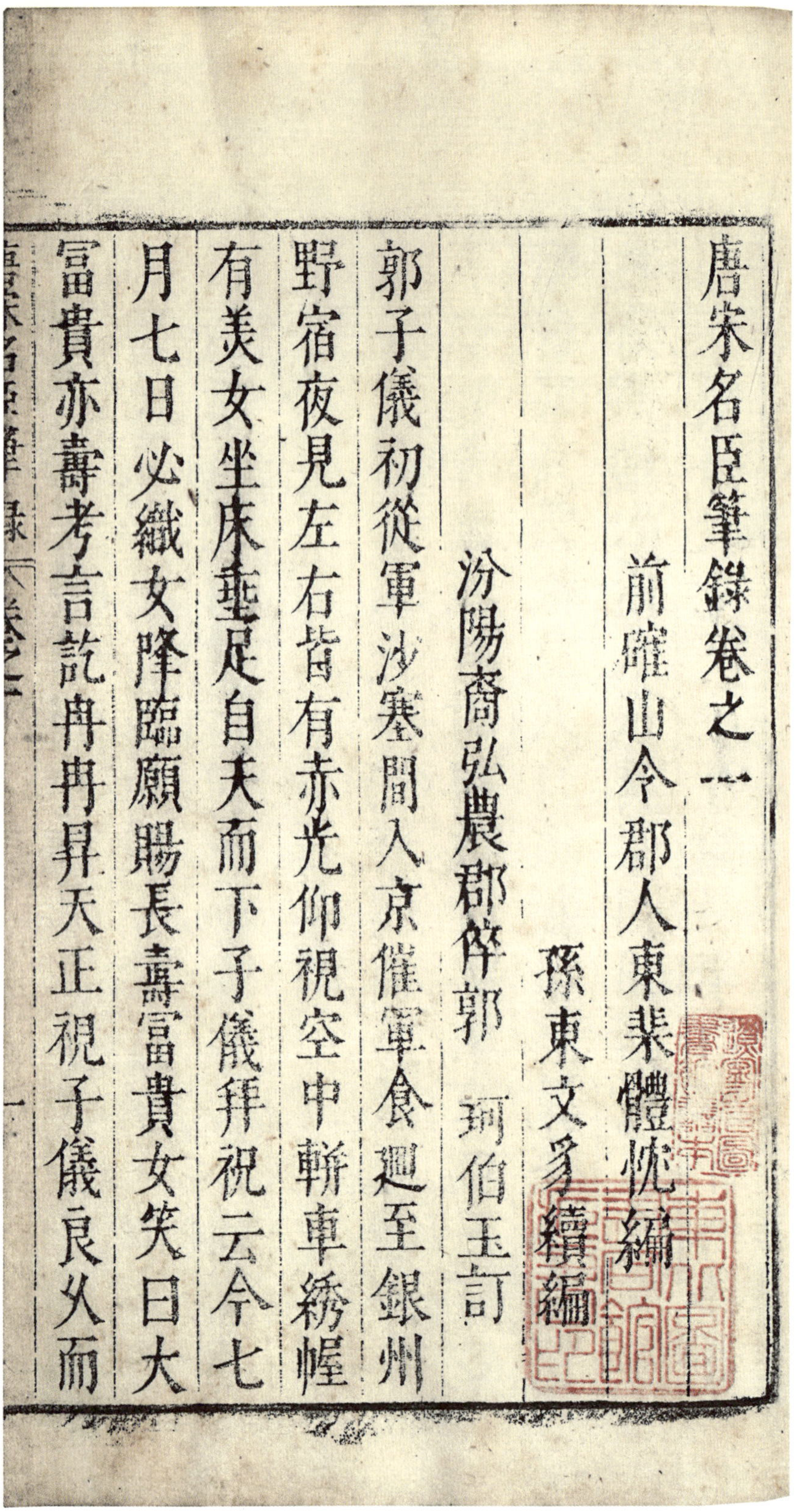
唐宋名臣筆錄卷之一
前確山令郡人東棐體忱編
孫東文豸續編
汾陽裔弘農郡倅郭　珂伯玉訂
郭子儀初從軍沙塞間入京催軍食迴至銀州野宿夜見左右皆有赤光仰視空中軿車綉幄有美女坐床垂足自天而下子儀拜祝云今七月七日必織女降臨願賜長壽富貴女笑曰大富貴亦壽考言訖冉冉昇天正視子儀良久而
唐宋名臣筆錄　卷之一　一

10173　唐宋名臣筆錄二卷　（明）東棐輯　明崇禎八年（1635）史文楷刻本　遼寧省圖書館

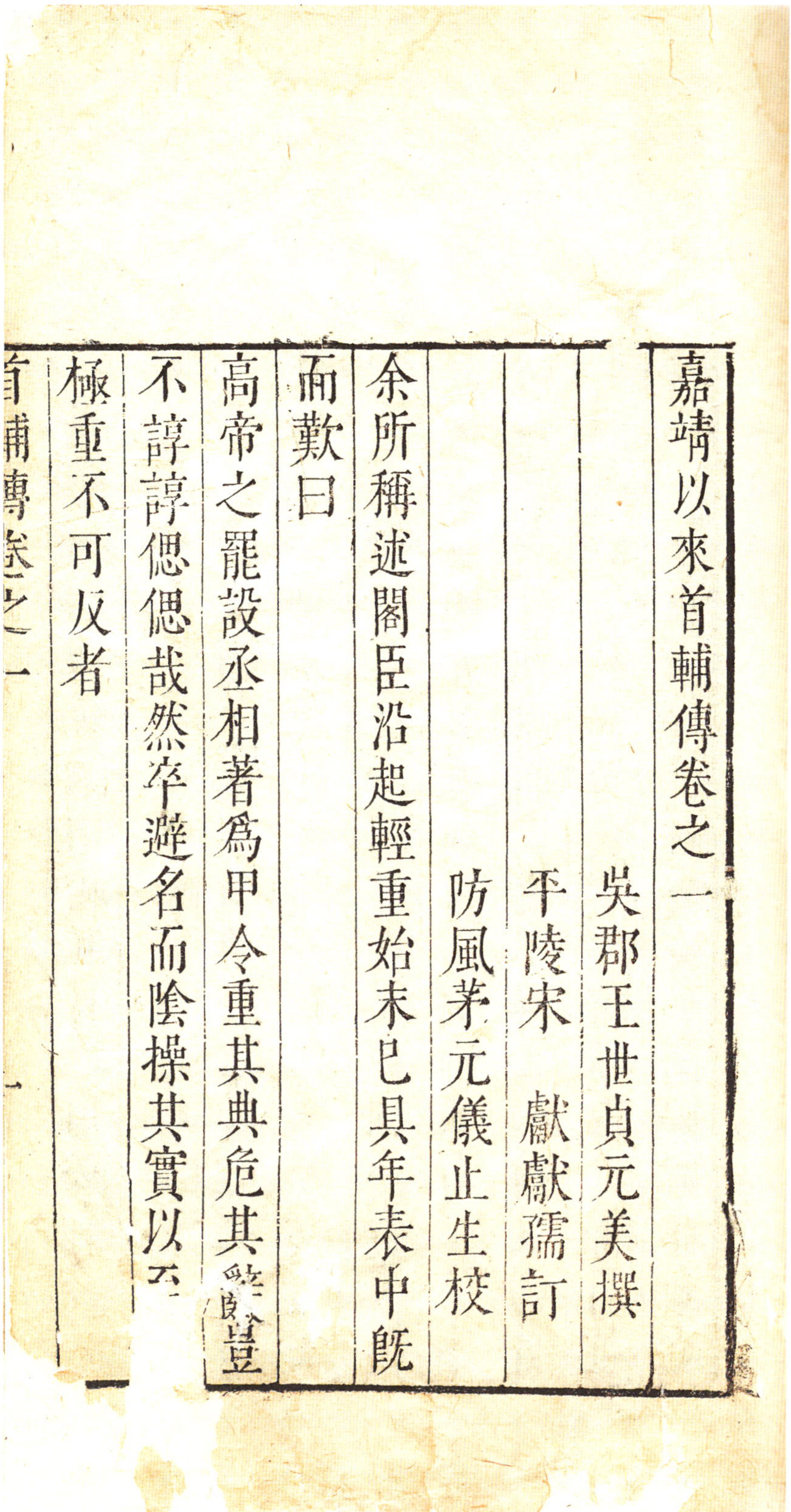
嘉靖以來首輔傳卷之一
吳郡王世貞元美撰
平陵宋　獻獻孺訂
防風茅元儀止生校
余所稱述閣臣沿起輕重始末已具年表中既
而歎曰
高帝之罷設丞相著爲甲令重其典危其聲豈
不諄諄偲偲哉然卒避名而陰操其實以至
極重不可反者
首輔傳卷之一

10174　嘉靖以來首輔傳八卷　（明）王世貞撰　明萬曆四十五年（1617）茅元儀刻本　大連圖書館

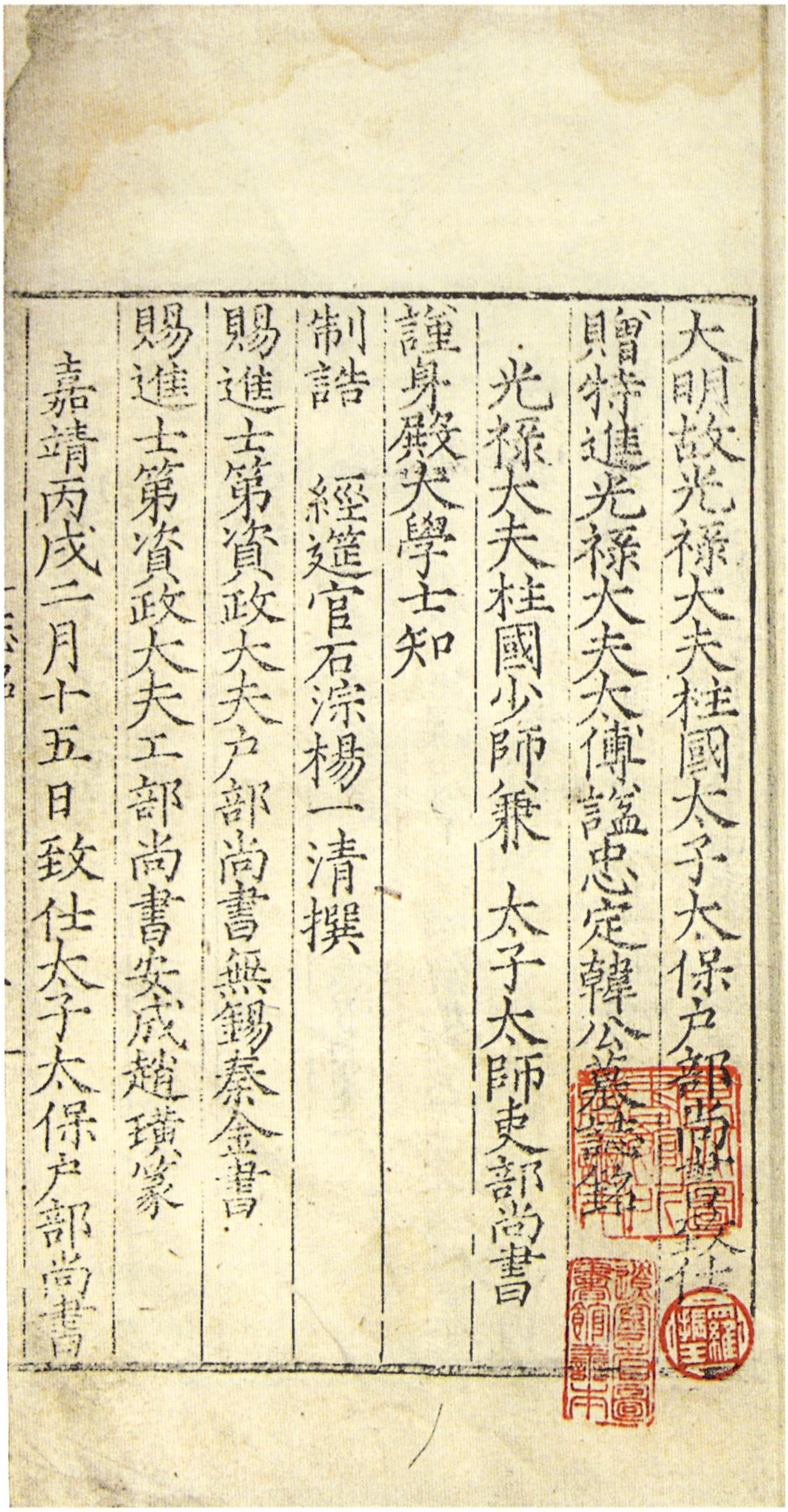
大明故光祿大夫柱國太子太保户部尚書
贈特進光祿大夫太傅謚忠定韓公墓誌銘
光祿大夫柱國少師兼　太子太師吏部尚書
謹身殿大學士知
制誥　經筵官石淙楊一清撰
賜進士第資政大夫户部尚書無錫秦金書
賜進士第資政大夫工部尚書安成趙璜篆
嘉靖丙戌二月十五日致仕太子太保户部尚書

10175　韓忠定公墓誌銘一卷　（明）楊一清撰　明嘉靖五年（1526）韓廷偉刻本　遼寧省圖書館

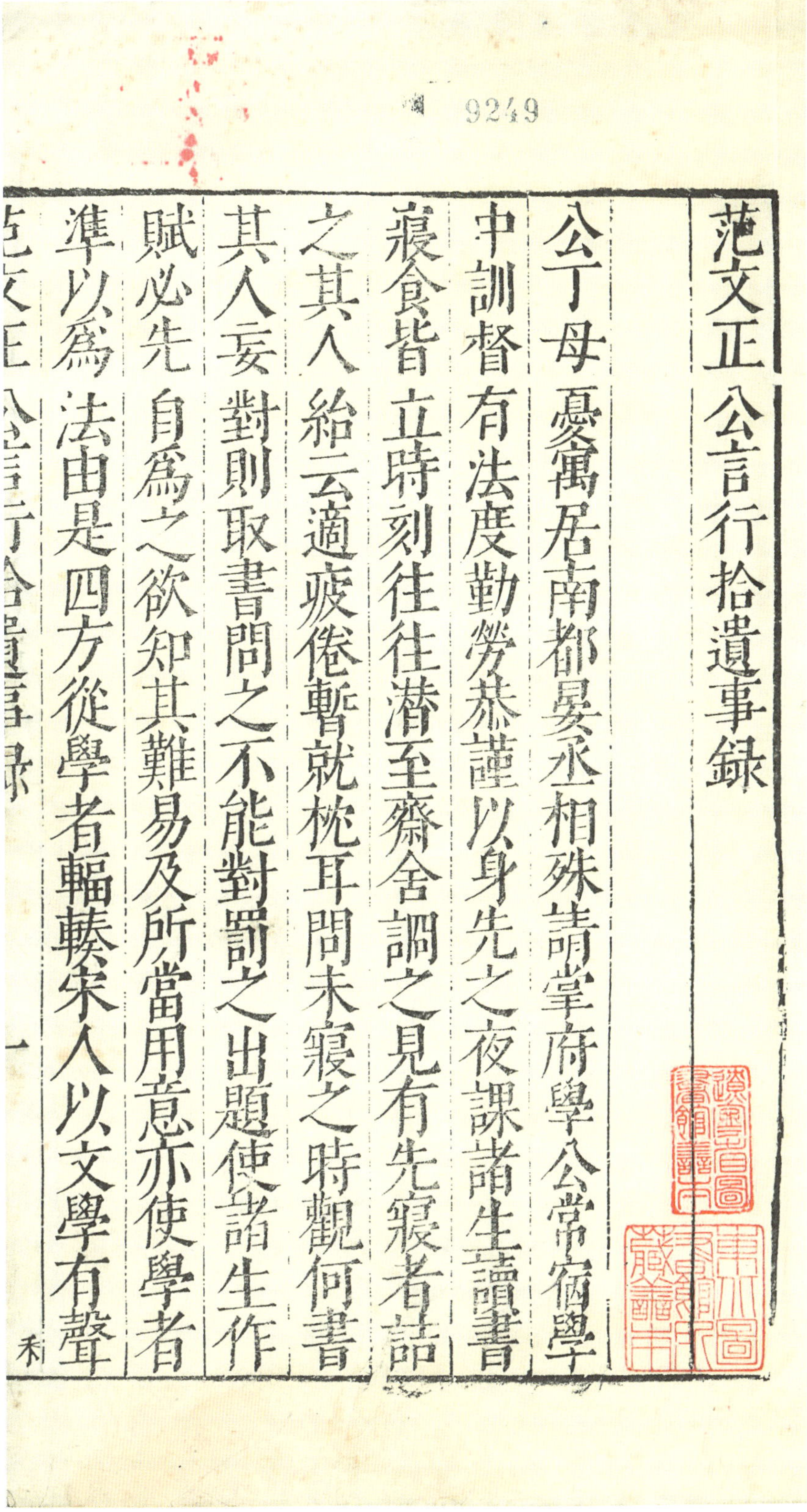

范文正公言行拾遺事録

公丁母憂寓居南都晏丞相殊請掌府學公常宿學中訓督有法度勤勞恭謹以身先之夜課諸生讀書寢食皆立時刻往往潛至齋舍詗之見有先寢者詰之其人紿云適疲倦暫就枕耳問未寢之時觀何書其人妄對則取書問之不能對罰之出題使諸生作賦必先自爲之欲知其難易及所當用意亦使學者準以爲法由是四方從學者輻輳宋人以文學有聲

范文正公言行拾遺事録　一

10176　范文正公言行拾遺事録一卷附范文正公義莊規矩一卷（明）

范惟元輯　明嘉靖三十九年（1560）范惟元刻本　遼寧省圖書館

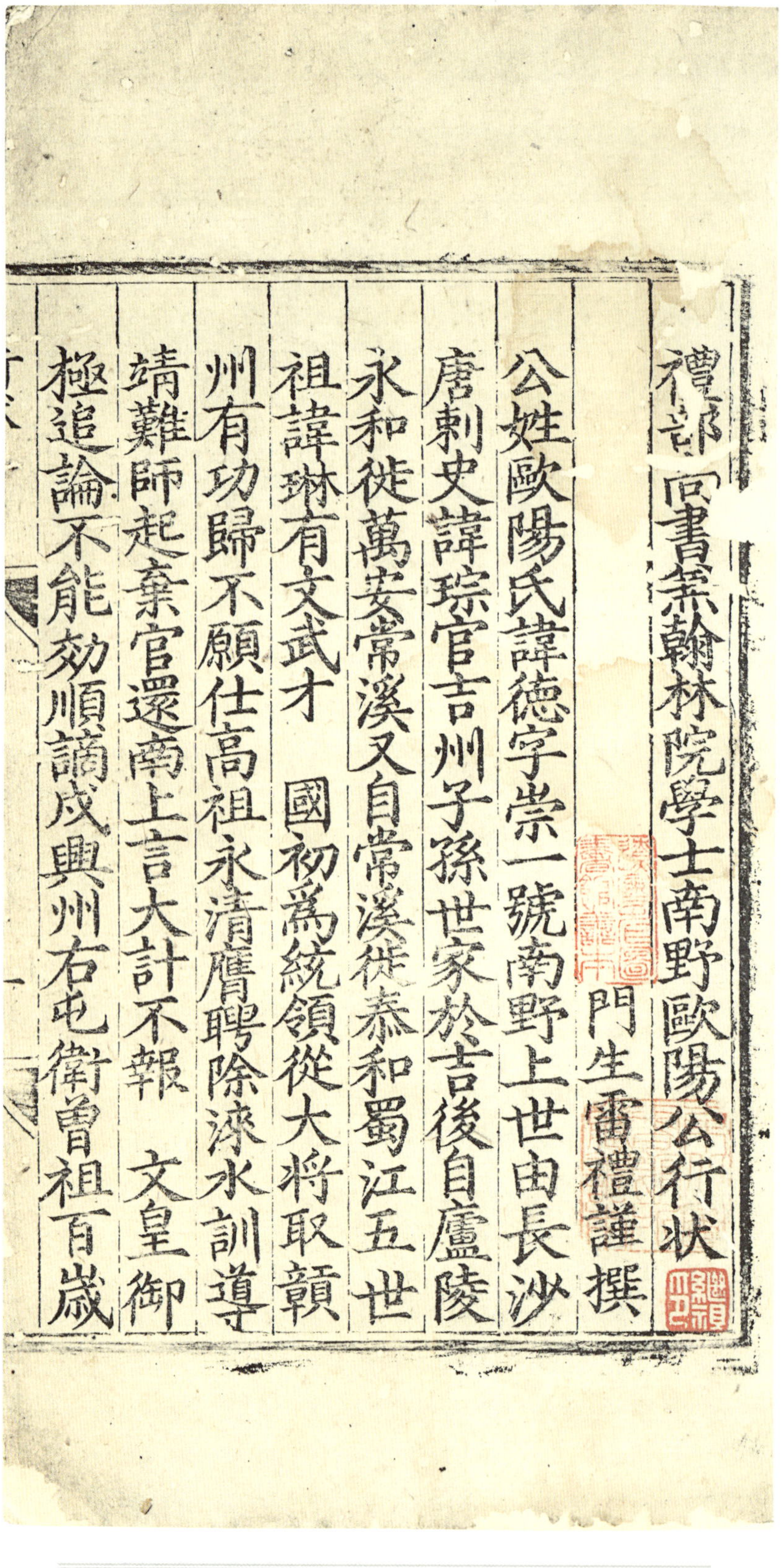
禮部尚書兼翰林院學士南野歐陽公行狀
門生雷禮謹撰
公姓歐陽氏諱德字崇一號南野上世由長沙
唐刺史諱琮官吉州子孫世家於吉後自廬陵
永和徙萬安常溪又自常溪徙泰和蜀江五世
祖諱琳有文武才 國初爲統領從大將取贛
州有功歸不願仕高祖永清膺聘除溧水訓導
靖難師起棄官還南上言大計不報 文皇御
極追論不能効順謫戍興州右屯衛曾祖百歲

10177 明歐陽德傳集三卷 （明）雷禮撰 明嘉靖刻本 遼寧省圖書館

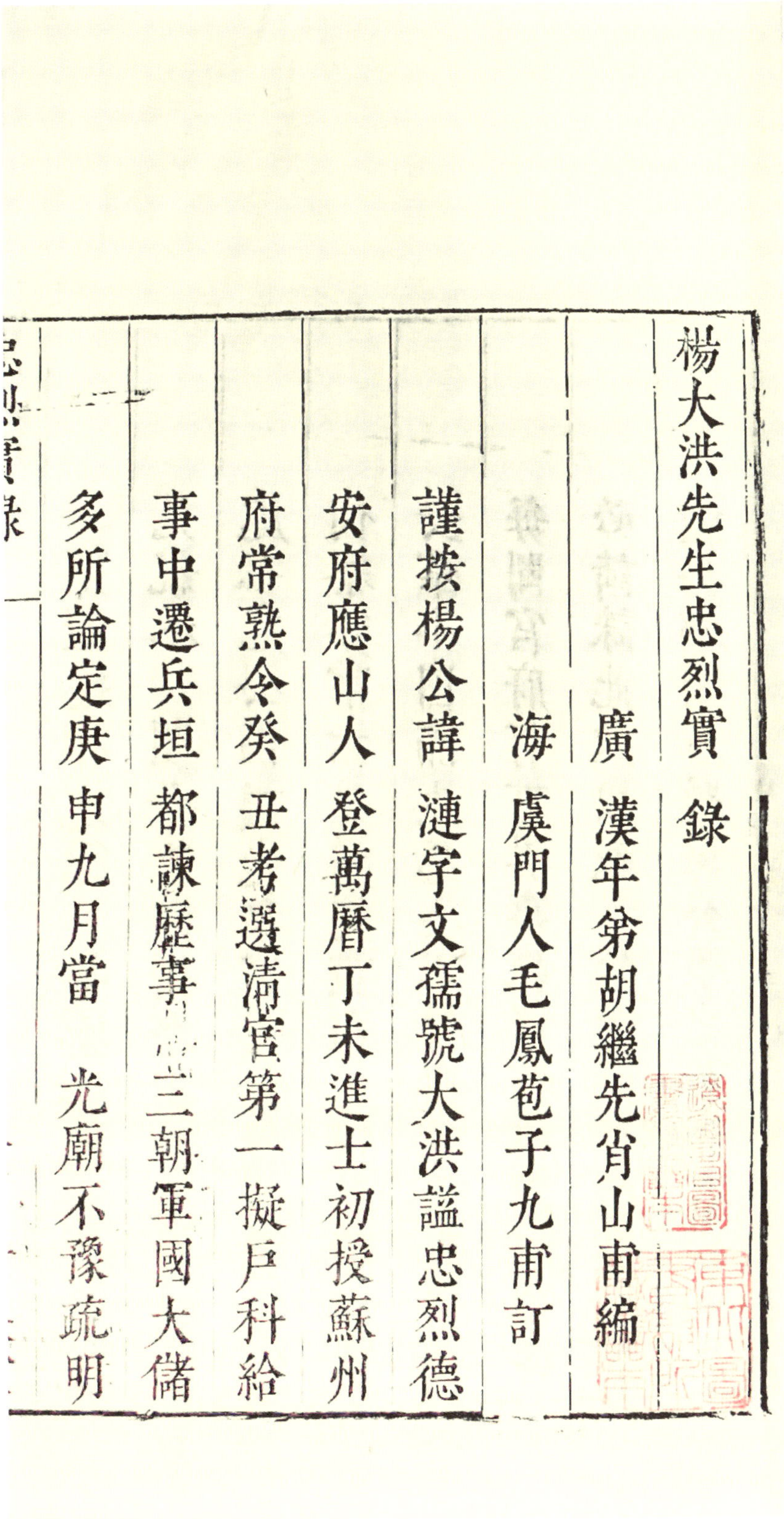
楊大洪先生忠烈實録
廣　漢年弟胡繼先肖山甫編
海　虞門人毛鳳苞子九甫訂
謹按楊公諱漣字文孺號大洪謚忠烈德
安府應山人登萬曆丁未進士初授蘇州
府常熟令癸丑考選清宦第一擬戶科給
事中遷兵垣都諫歷事三朝軍國大儲
多所論定庚申九月當光廟不豫疏明
忠烈實録

10178　楊大洪先生忠烈實録一卷　（明）胡繼先輯　**忠烈志銘一卷**　（明）錢謙益撰　明崇禎元年（1628）毛氏世美堂刻本　遼寧省圖書館

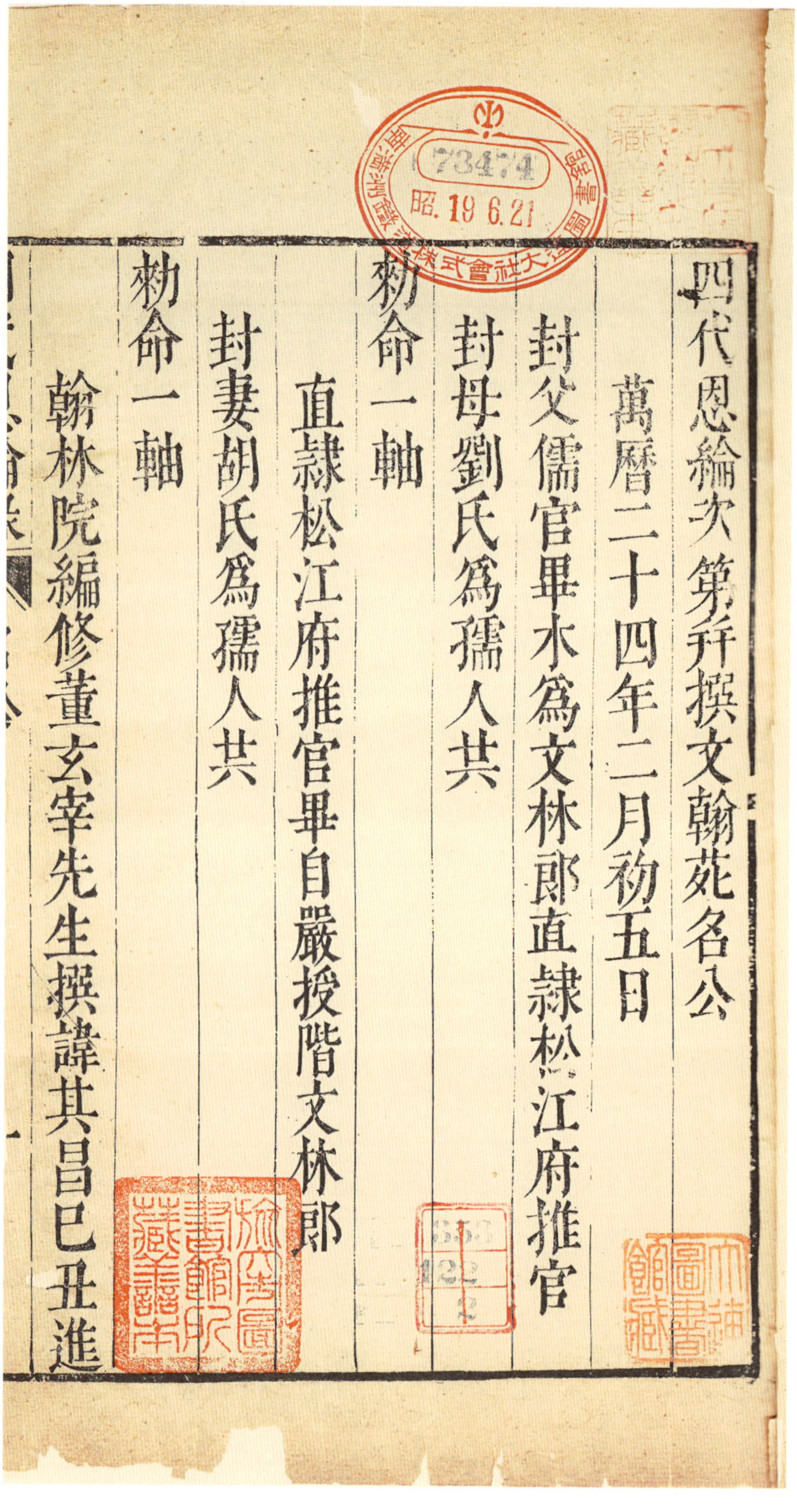
四代恩綸次第幷撰文翰苑名公
萬曆二十四年二月初五日
封父儒官畢木爲文林郎直隸松江府推官
封母劉氏爲孺人共
勑命一軸
直隸松江府推官畢自嚴授階文林郎
封妻胡氏爲孺人共
勑命一軸
翰林院編修董玄宰先生撰諱其昌巳丑進

10179　四代恩綸録不分卷　（明）畢自嚴輯　明崇禎刻本　大連圖書館

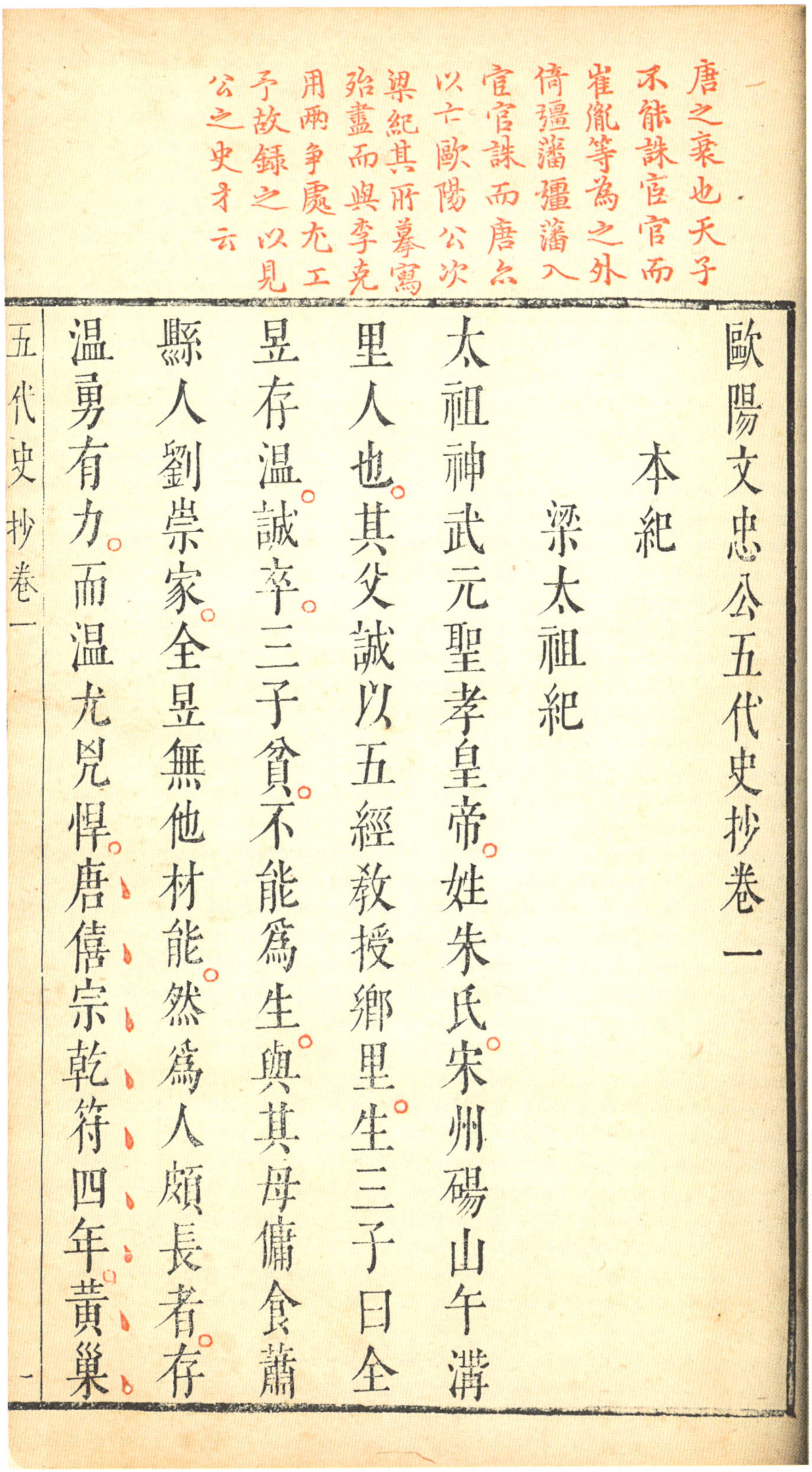
唐之衰也天子不能誅宦官而崔胤等爲之外倚彊藩彊藩入宦官誅而唐亦以亡歐陽公次梁紀其所摹寫殆盡而與李克用兩爭處尤工予故録之以見公之史才云

歐陽文忠公五代史抄卷一

本紀

梁太祖紀

太祖神武元聖孝皇帝姓朱氏宋州碭山午溝里人也其父誠以五經教授鄉里生三子曰全昱存温誠卒三子貧不能爲生與其母傭食蕭縣人劉崇家全昱無他材能然爲人頗長者存温勇有力而温尤兇悍唐僖宗乾符四年黄巢

五代史抄卷一　一

10180　歐陽文忠公五代史抄二十卷　（明）茅坤輯　明刻朱墨套印本

遼寧大學圖書館

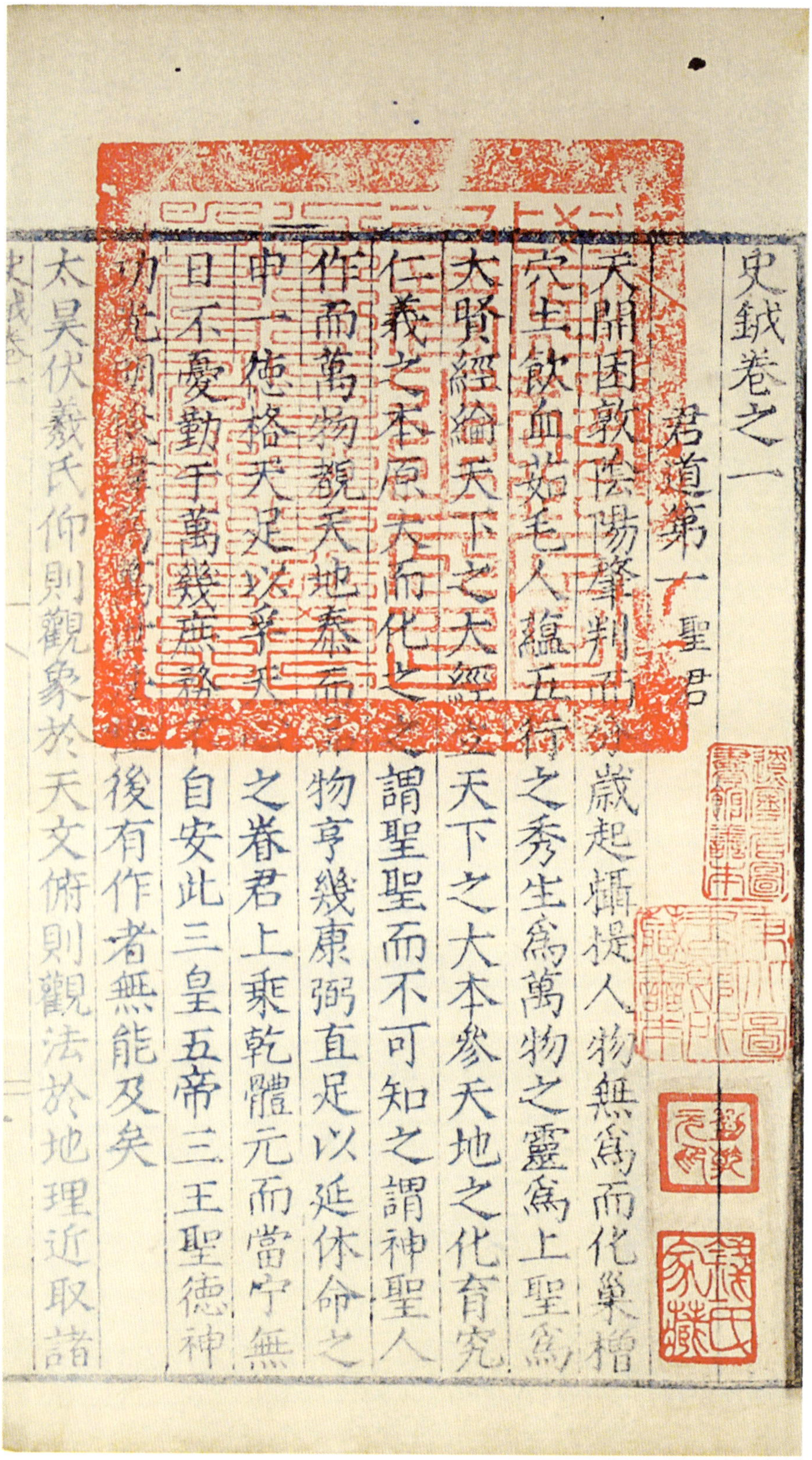

10181　史鉞二十卷　（明）晏璧撰　明嘉靖二十七年（1548）刻藍印本　遼寧省圖書館

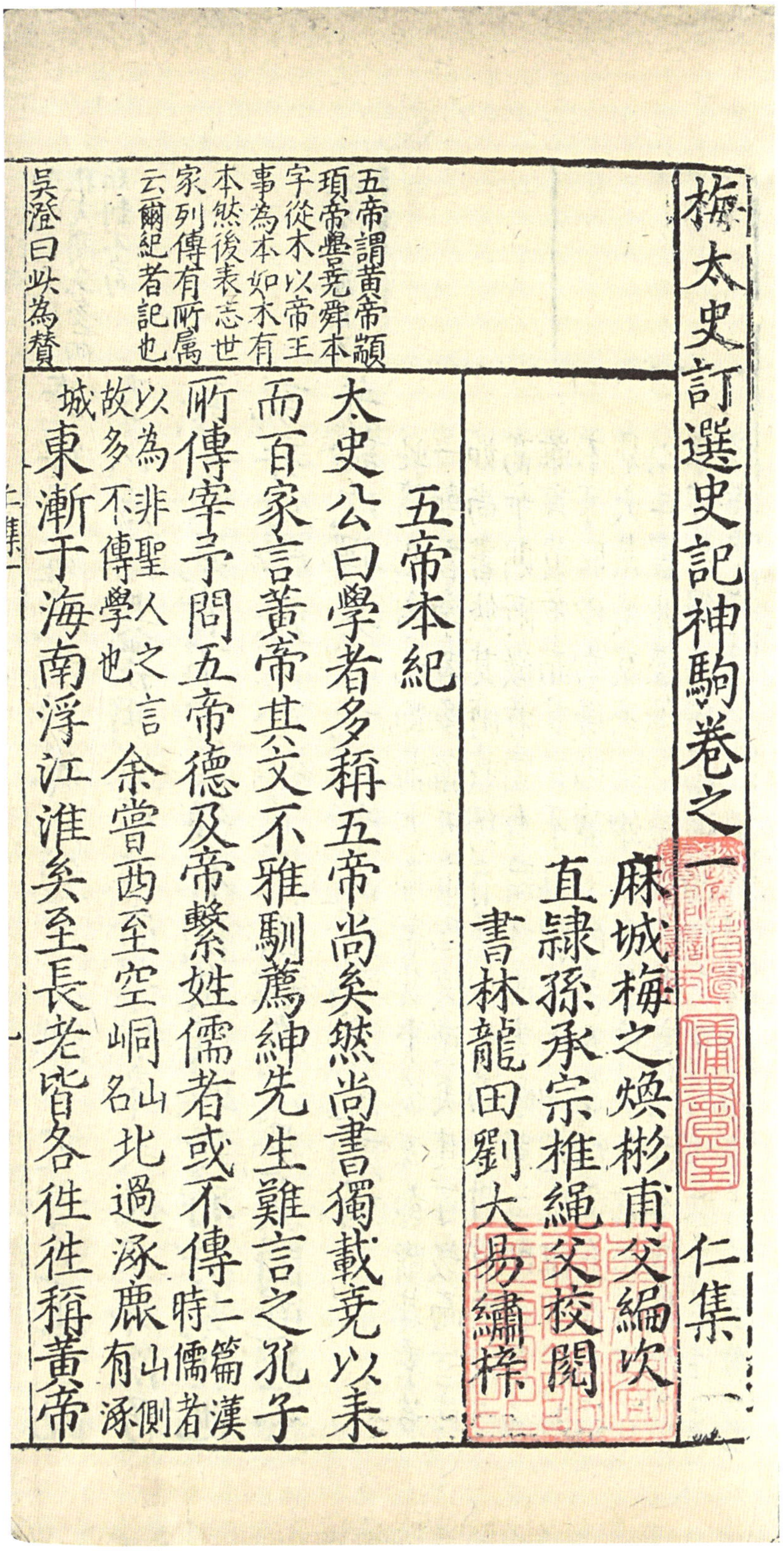
梅太史訂選史記神駒卷之一　仁集　一
麻城梅之煥彬甫父編次
直隸孫承宗稚繩父校閱
書林龍田劉大易繡梓
五帝謂黃帝顓頊帝嚳堯舜本字從木以帝王事為本如木有本然後表志世家列傳有所屬云爾紀者記也
吳澄曰此為贊
五帝本紀
太史公曰學者多稱五帝尚矣然尚書獨載堯以來而百家言黃帝其文不雅馴薦紳先生難言之孔子所傳宰予問五帝德及帝繫姓儒者或不傳（二篇漢時儒者以為非聖人之言故多不傳學也）余嘗西至空峒（山名）北過涿鹿（山側有涿城）東漸于海南浮江淮矣至長老皆各往往稱黃帝

10182　梅太史訂選史記神駒四卷　（明）梅之煥輯　明萬曆三十四年（1606）書林劉大易刻本　遼寧省圖書館

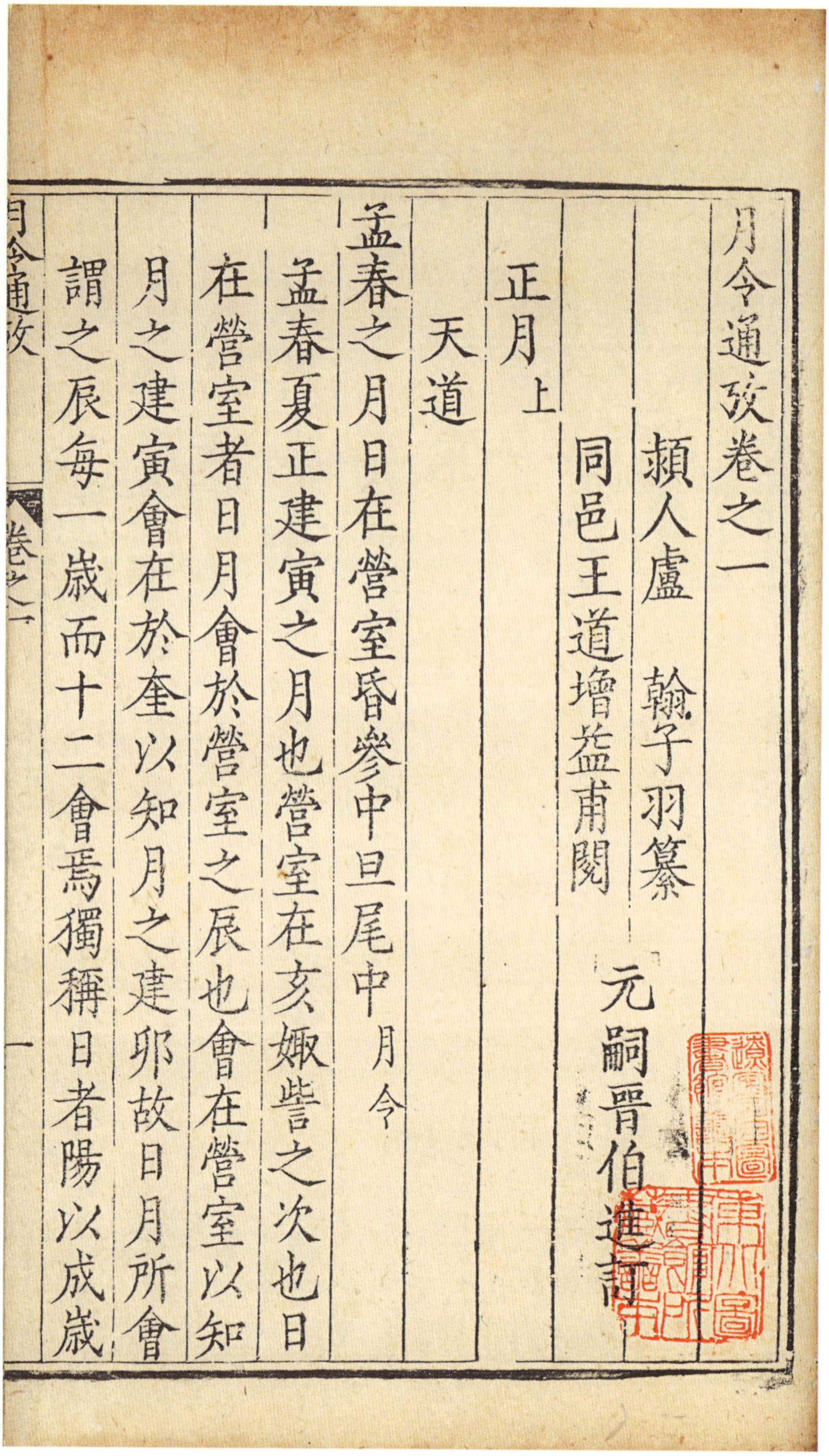
月令通攷卷之一
潁人盧　翰子羽纂
同邑王道增益甫閱　元嗣晉伯進訂
正月上
天道
孟春之月日在營室昏參中旦尾中　月令
孟春夏正建寅之月也營室在亥娵訾之次也日
在營室者日月會於營室之辰也會在營室以知
月之建寅會在於奎以知月之建卯故日月所會
謂之辰每一歲而十二會焉獨稱日者陽以成歲
月令通攷　卷之一　一

10183　月令通攷十六卷　（明）盧翰輯　明萬曆十七年（1589）王道增刻本　遼寧省圖書館

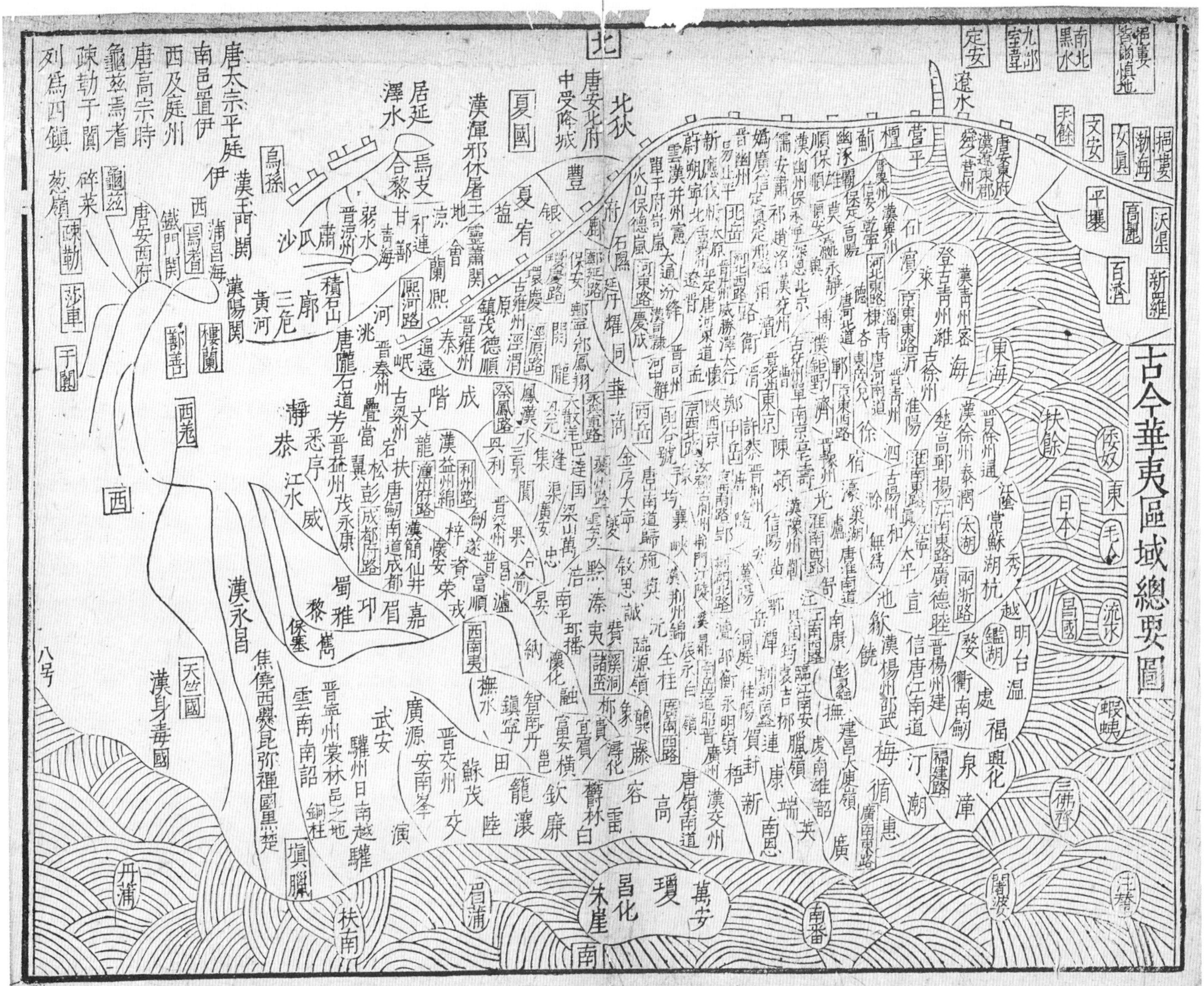

10184 歷代地理指掌圖不分卷 題（宋）蘇軾撰 明刻本 遼寧省圖書館

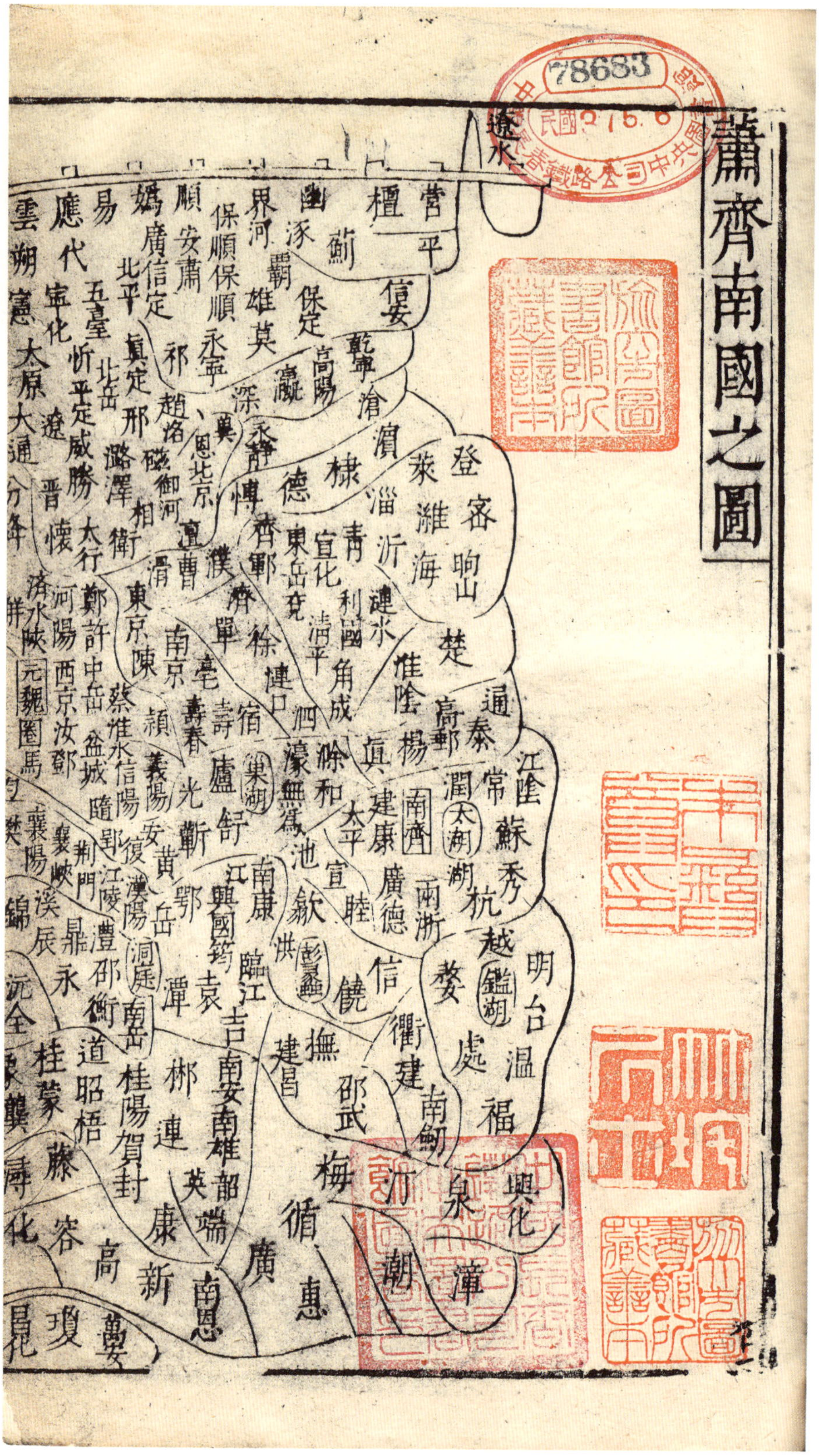

10185　歷代地理指掌圖不分卷　題（宋）蘇軾撰　明刻本　大連圖書館

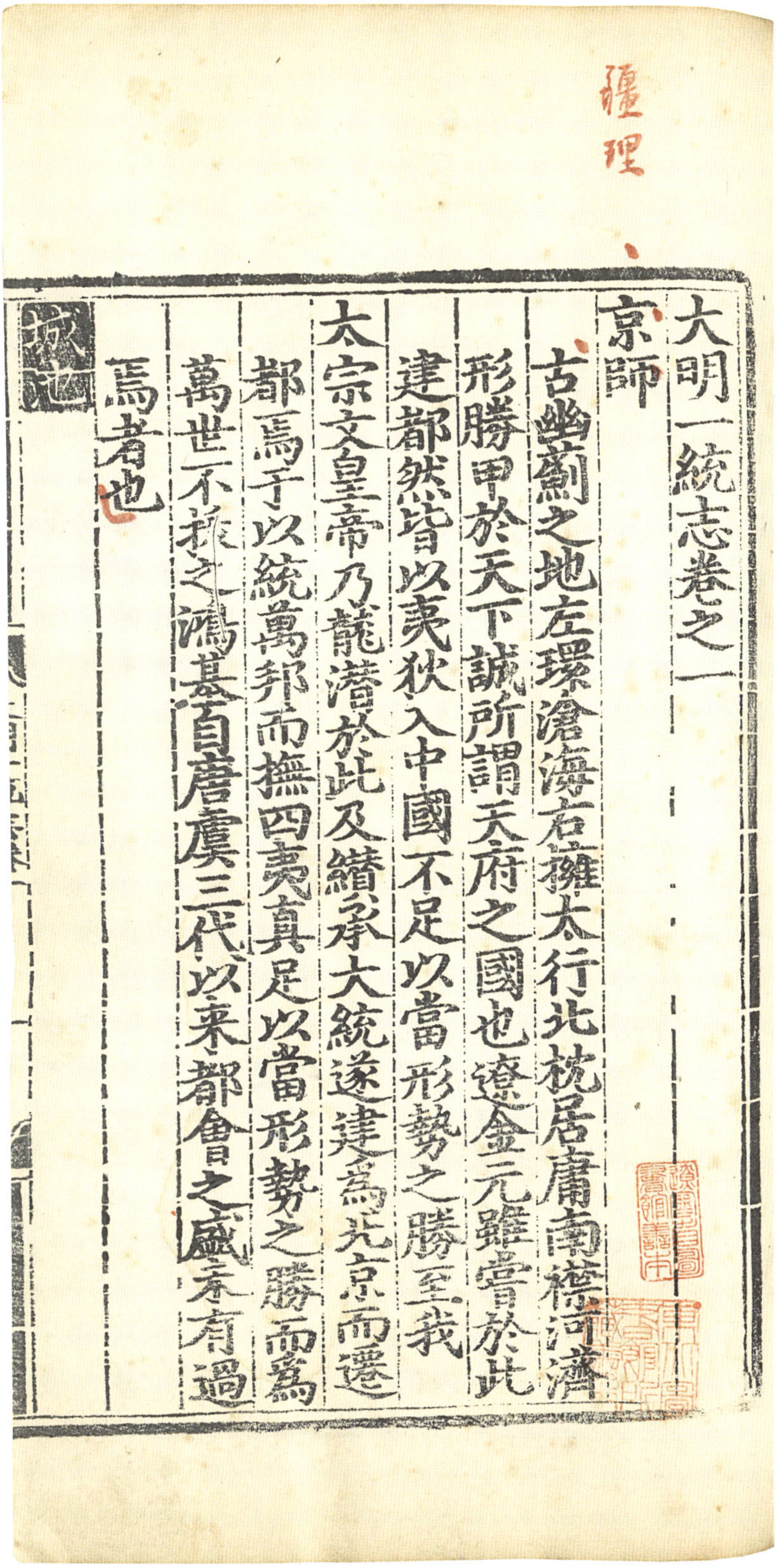
大明一統志卷之一
京師
古幽薊之地左環滄海右擁太行北枕居庸南襟河濟形勝甲於天下誠所謂天府之國也遼金元雖嘗於此建都然皆以夷狄入中國不足以當形勢之勝至我
太宗文皇帝乃龍潛於此及纘承大統遂建爲北京而遷都焉于以統萬邦而撫四夷真足以當形勢之勝而爲萬世不拔之鴻基自唐虞三代以來都會之盛未有過焉者也

10186　大明一統志九十卷　（明）李賢　萬安等纂修　明天順五年（1461）內府刻本　遼寧省圖書館

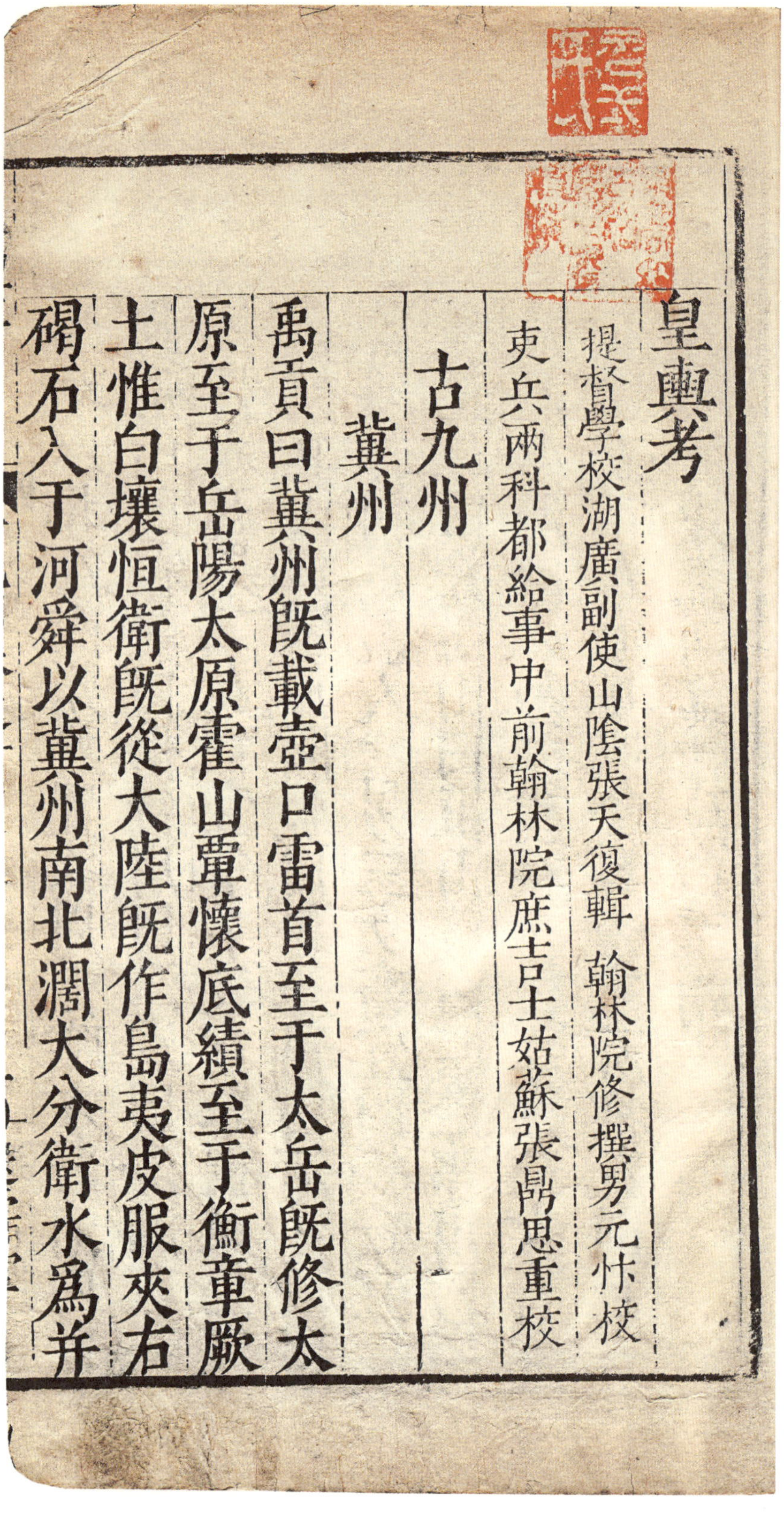
皇輿考
提督學校湖廣副使山陰張天復輯　翰林院修撰男元忭校
吏兵兩科都給事中前翰林院庶吉士姑蘇張鼎思重校
古九州
冀州
禹貢曰冀州既載壺口雷首至于太岳既修太
原至于岳陽太原霍山覃懷底績至于衡漳厥
土惟白壤恒衛既從大陸既作島夷皮服夾右
碣石入于河舜以冀州南北濶大分衛水爲并

10187　皇輿考十二卷　（明）張天復撰　明萬曆十六年（1588）張象賢遐壽堂刻本　大連圖書館

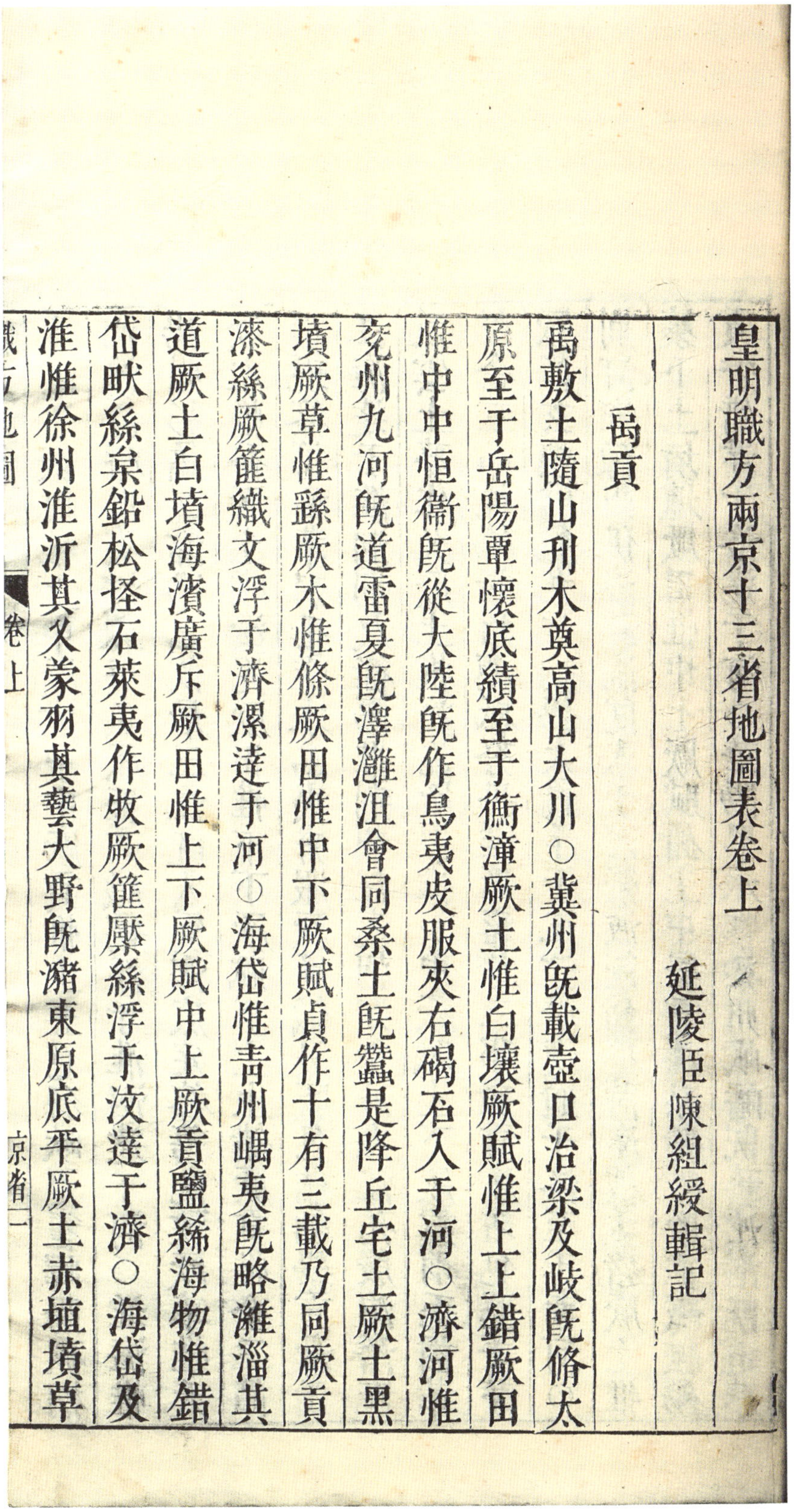
皇明職方兩京十三省地圖表卷上
延陵臣陳組綬輯記
禹貢
禹敷土隨山刊木奠高山大川○冀州既載壺口治梁及岐既脩太原至于岳陽覃懷底績至于衡漳厥土惟白壤厥賦惟上上錯厥田惟中中恒衛既從大陸既作鳥夷皮服夾右碣石入于河○濟河惟兖州九河既道雷夏既澤灉沮會同桑土既蠶是降丘宅土厥土黑墳厥草惟繇厥木惟條厥田惟中下厥賦貞作十有三載乃同厥貢漆絲厥篚織文浮于濟漯達于河○海岱惟青州嵎夷既略濰淄其道厥土白墳海濱廣斥厥田惟上下厥賦中上厥貢鹽絺海物惟錯岱畎絲枲鈆松怪石萊夷作牧厥篚檿絲浮于汶達于濟○海岱及淮惟徐州淮沂其乂蒙羽其藝大野既豬東原底平厥土赤埴墳草
職方地圖 卷上 京省 一

10188　皇明職方兩京十三省地圖表三卷　（明）陳組綬撰　明崇禎九年（1636）刻本　大連圖書館

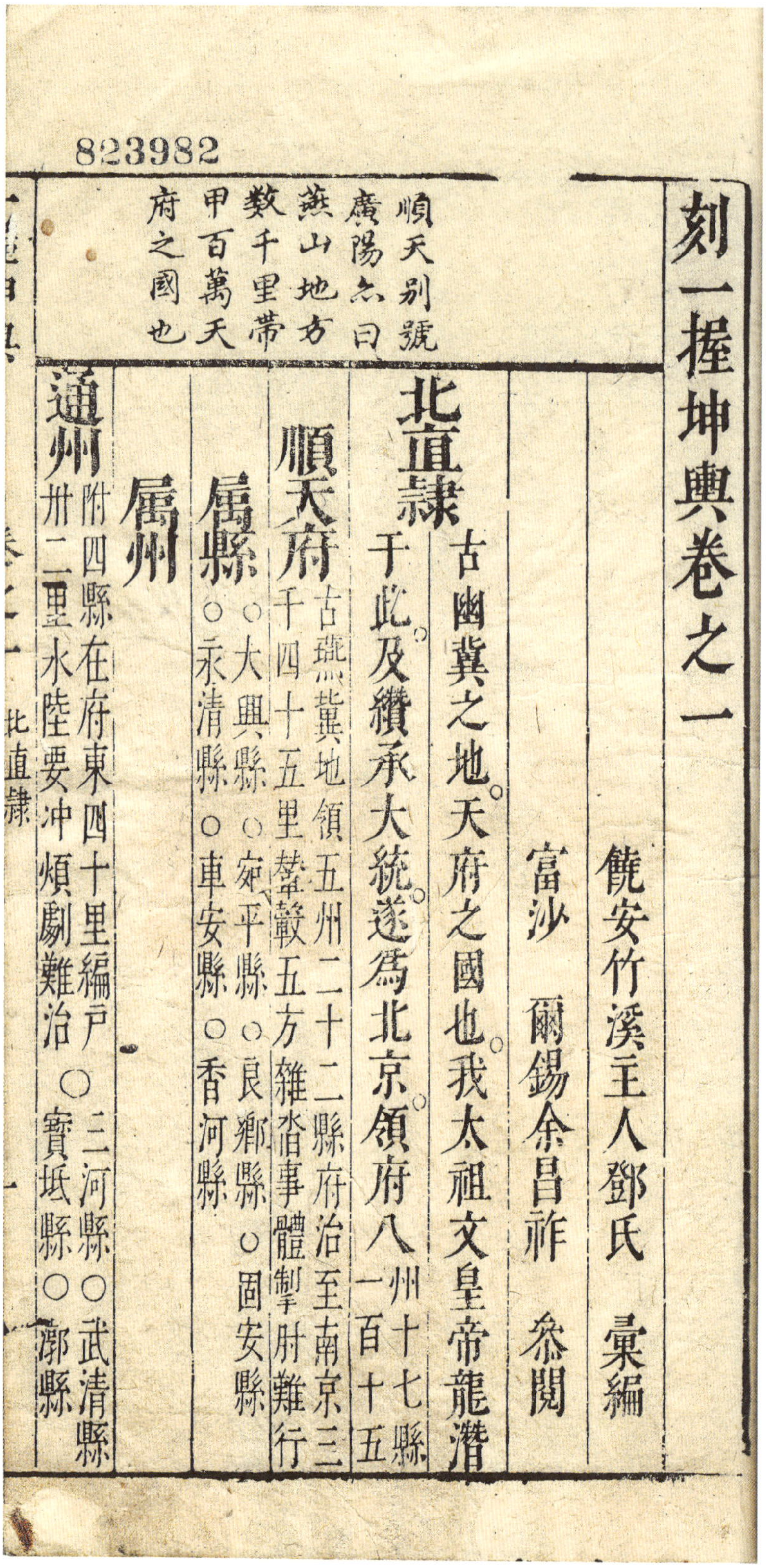

823982

順天別號廣陽亦曰燕山地方數千里帶甲百萬天府之國也

刻一握坤輿卷之一

饒安竹溪主人鄧氏 彙編

富沙 爾錫余昌祚 叅閱

北直隸 古幽冀之地。天府之國也。我太祖文皇帝龍潛于此。及纘承大統。遂為北京。領府八州十七縣一百十五

順天府 古燕冀地領五州二十二縣府治至南京三千四十五里輦轂五方雜沓事體掣肘難行

屬縣 ○大興縣 ○宛平縣 ○良鄉縣 ○固安縣 ○永清縣 ○東安縣 ○香河縣

屬州

通州 附四縣在府東四十里編戶卅二里水陸要沖煩劇難治 ○三河縣 ○武清縣 ○寶坻縣 ○漷縣

一握坤輿 卷之一 北直隸 一

10189 刻一握坤輿十三卷 （明）鄧景南撰 明天啓七年（1627）刻本

大連圖書館

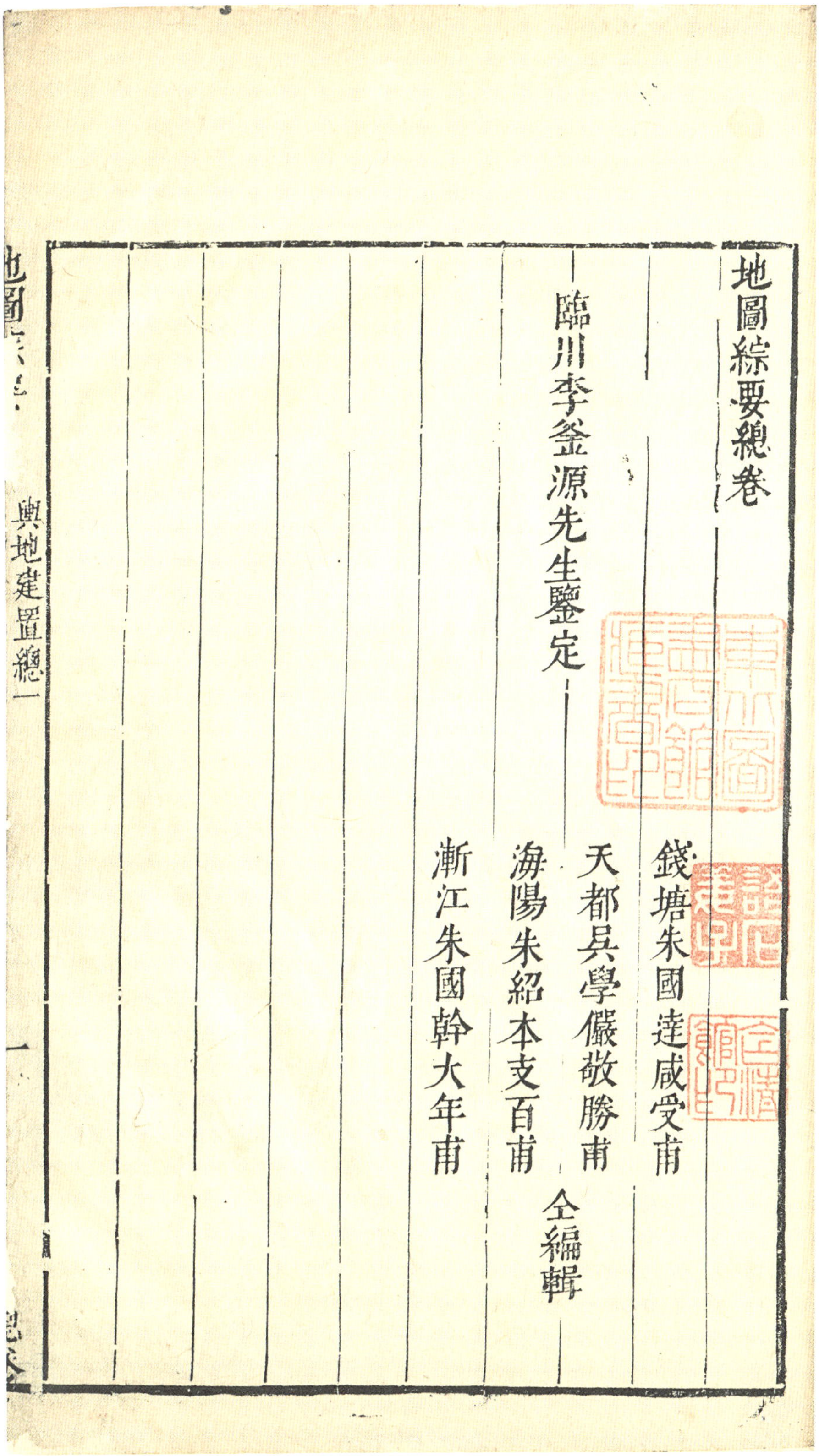
地圖綜要總卷
臨川李釜源先生鑒定
錢塘朱國達咸受甫
天都吳學儼敬勝甫
仝編輯
海陽朱紹本支百甫
漸江朱國幹大年甫

10190 **地圖綜要三卷** （明）吴學儼等撰 明末刻本 遼寧省圖書館

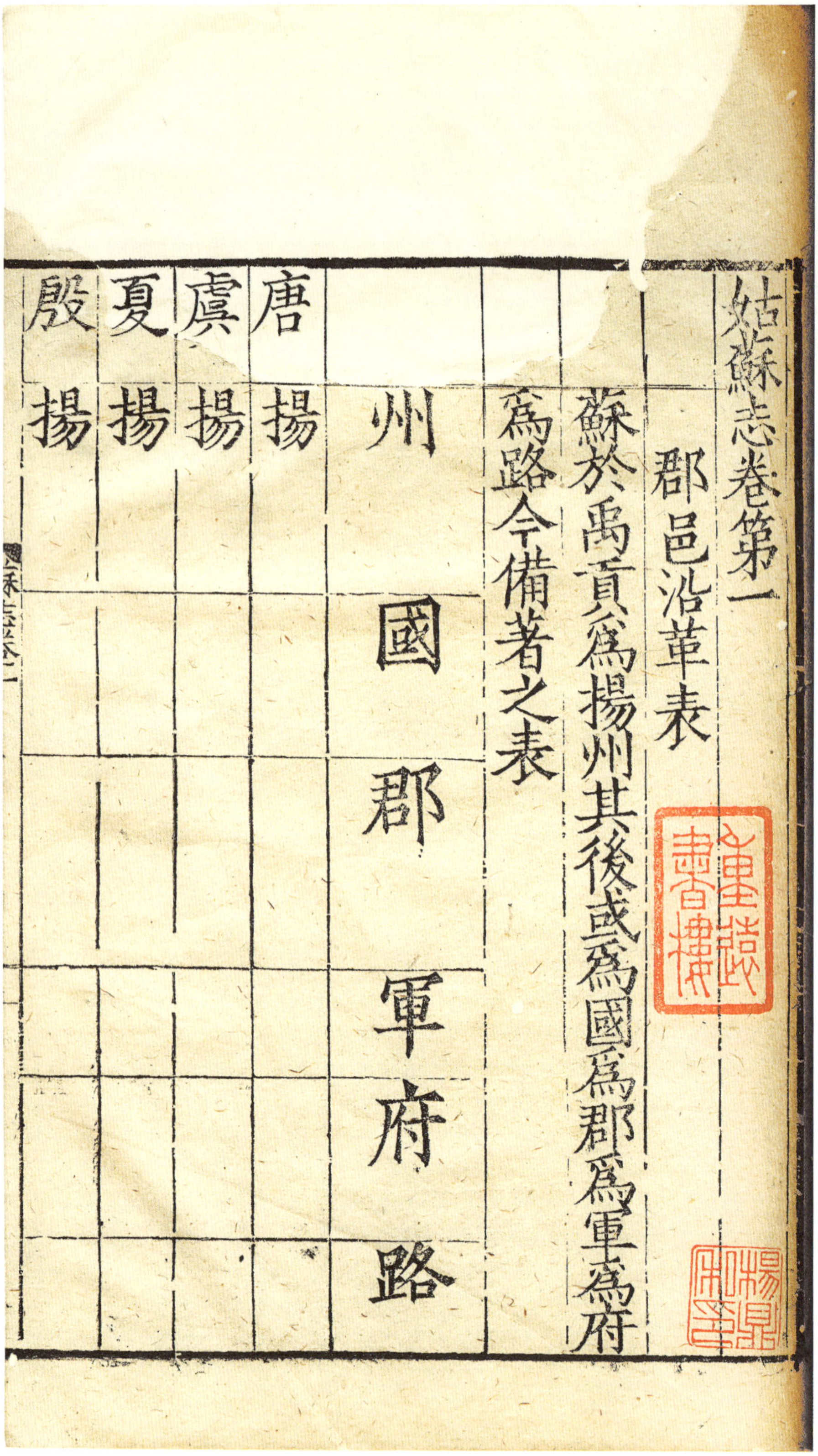

姑蘇志卷第一

郡邑沿革表

蘇於禹貢爲揚州其後或爲國爲郡爲軍爲府爲路今備著之表

	州	國	郡	軍	府	路
唐	揚					
虞	揚					
夏	揚					
殷	揚					

10191　［正德］姑蘇志六十卷　（明）林世遠　王鏊等纂修　明正德刻嘉靖增修本　大連圖書館

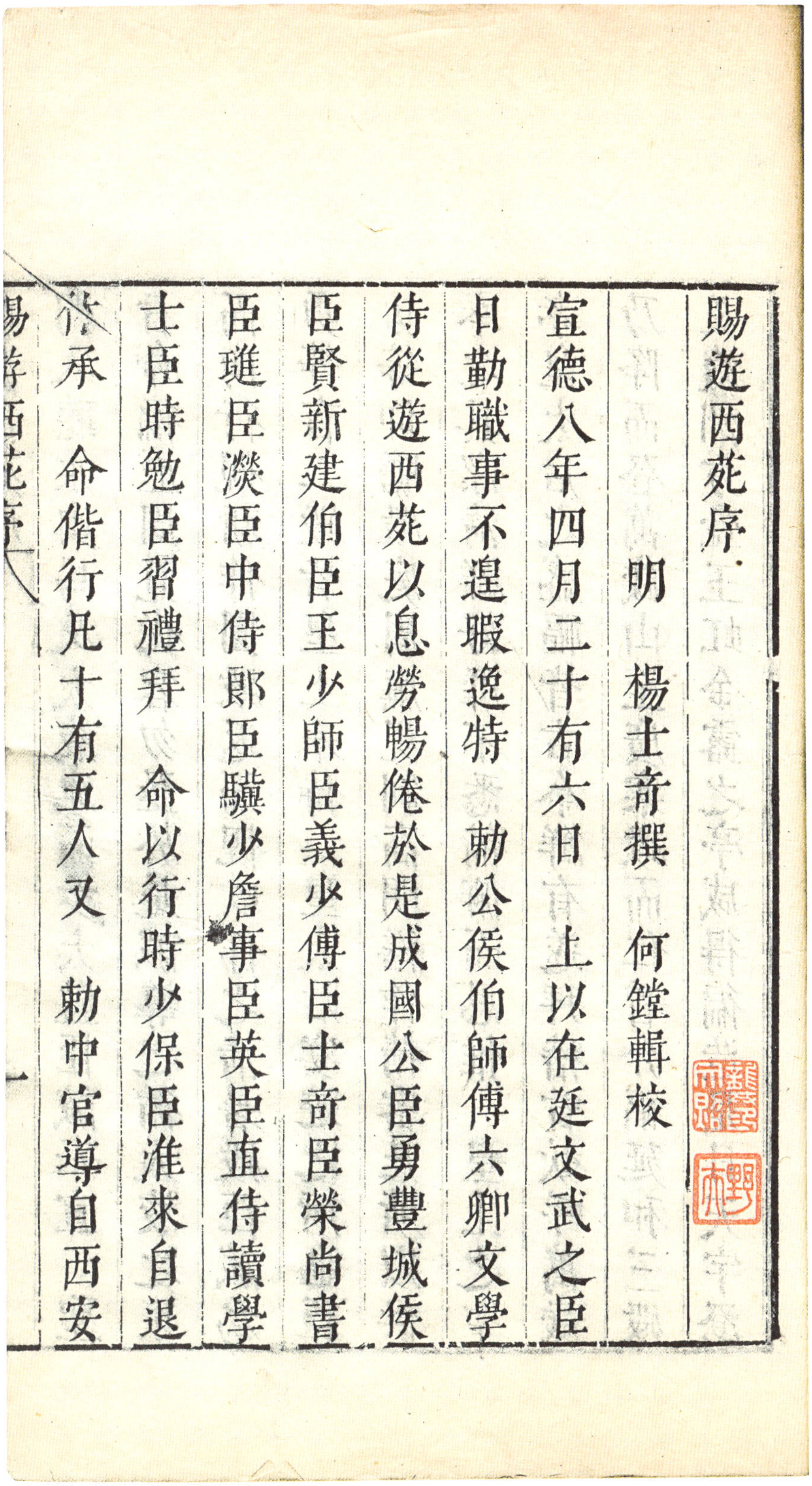

賜遊西苑序

明 楊士奇撰 何鏜輯校

宣德八年四月二十有六日 上以在廷文武之臣日勤職事不遑暇逸特 勅公侯伯師傅六卿文學侍從遊西苑以息勞暢倦於是成國公臣勇豐城侯臣賢新建伯臣王少師臣義少傅臣士奇臣榮尚書臣璡臣濙臣中侍郎臣驥少詹事臣英臣直侍讀學士臣時勉臣習禮拜 命以行時少保臣淮來自退休承 命偕行凡十有五人又 勅中官導自西安

賜遊西苑序 一

10192 名山勝概記四十八卷名山圖一卷附録一卷 明崇禎刻本 大連圖書館

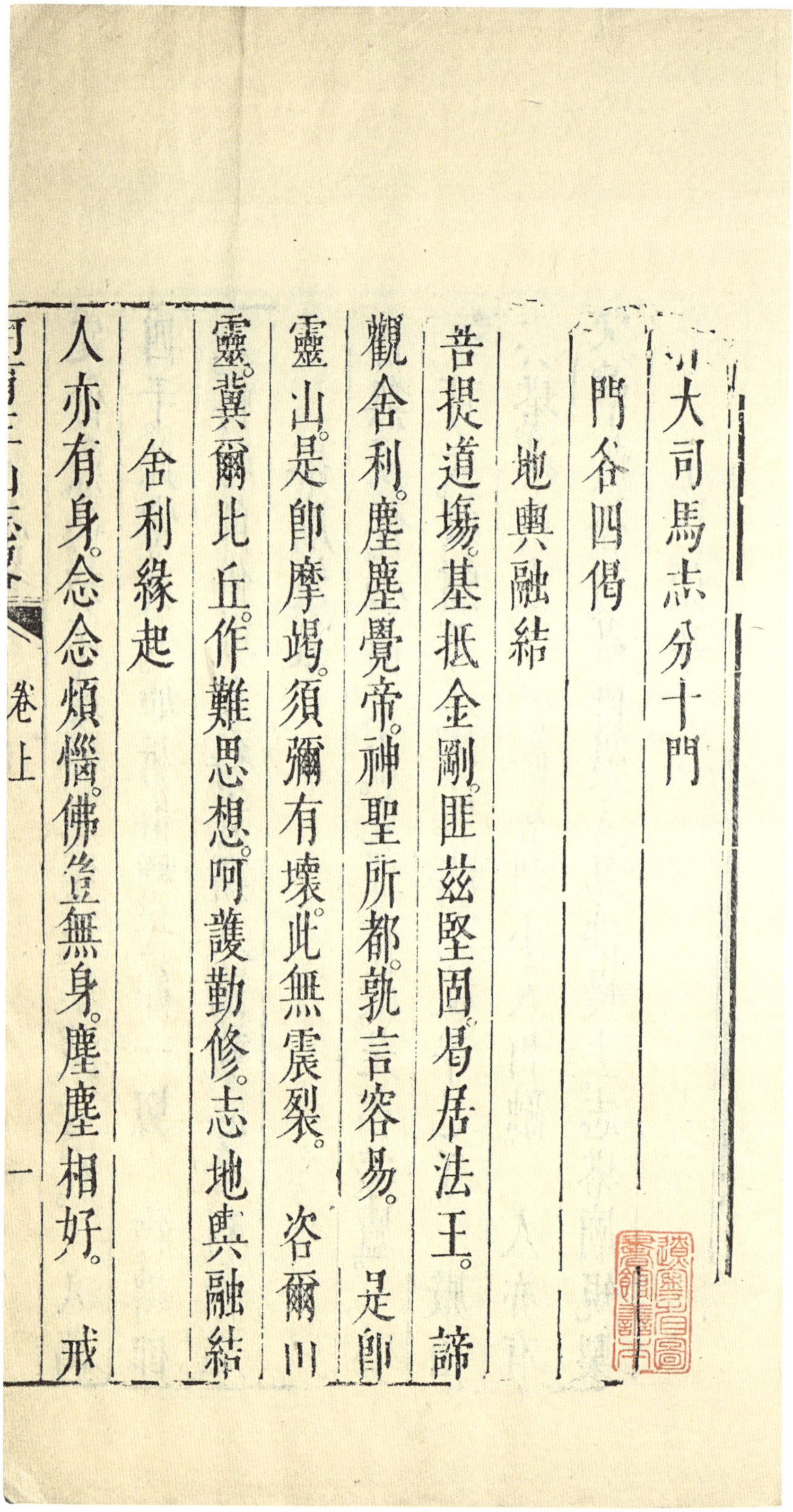
大司馬志分十門
門各四偈
地輿融結
菩提道場。基抵金剛。匪茲堅固。曷居法王。諦
觀舍利。塵塵覺帝。神聖所都。孰言容易。是卽
靈山。是卽摩竭。須彌有壞。此無震裂。咨爾川
靈。冀爾比丘。作難思想。呵護勤修。志地輿融結
舍利緣起
人亦有身。念念煩惱。佛豈無身。塵塵相好。戒
阿育王山志　卷上　一
遼寧省圖書館

10193　阿育王山志畧二卷　（明）郭子章撰　明天啓四年（1624）陸基志刻本　遼寧省圖書館

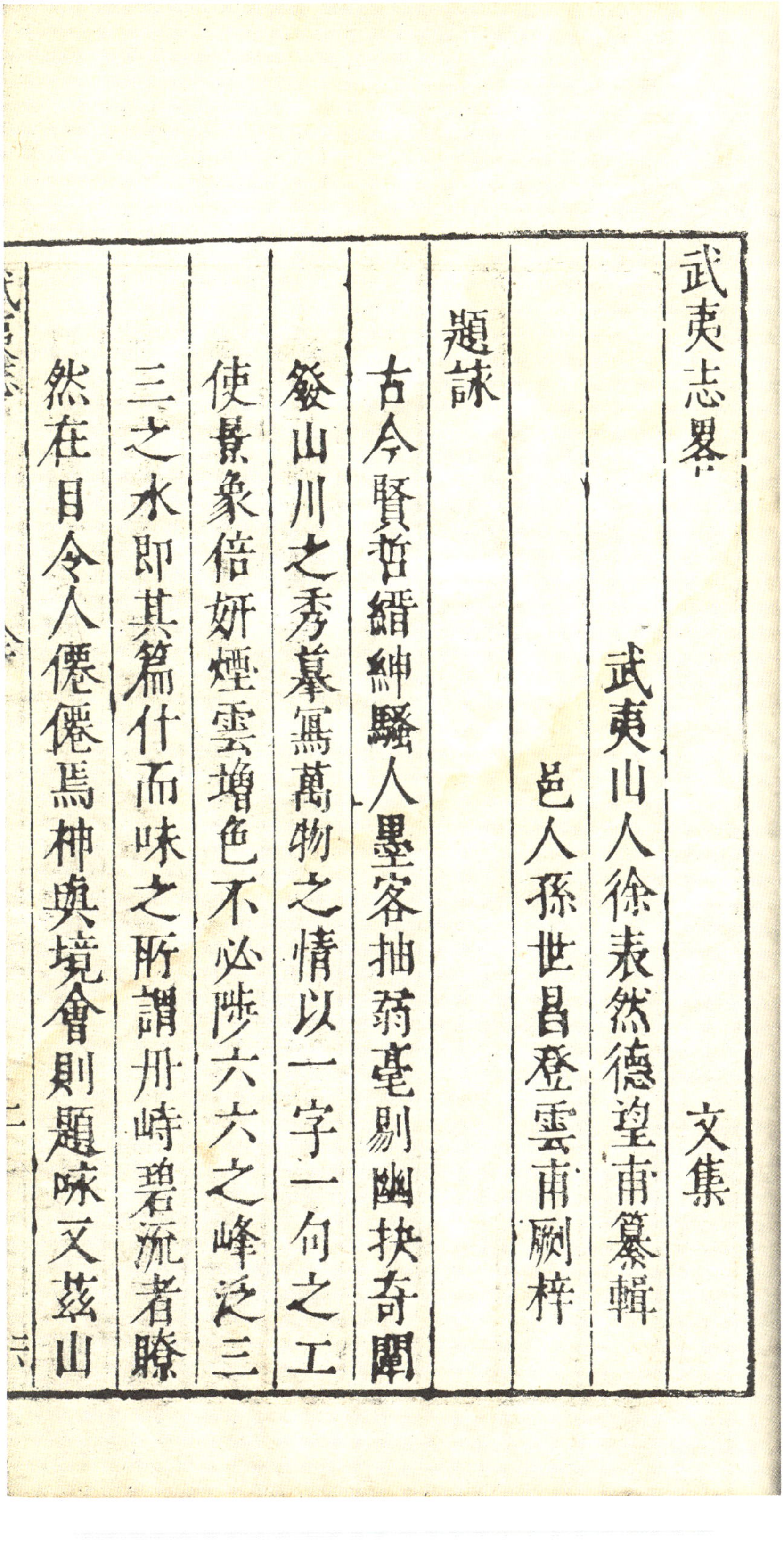
武夷志畧　文集
武夷山人徐表然德望甫纂輯
邑人孫世昌登雲甫剞梓
題詠
古今賢哲縉紳騷人墨客抽蒻毫剔幽抉奇闡
發山川之秀摹寫萬物之情以一字一句之工
使景象倍妍煙雲增色不必陟六六之峰泛三
三之水即其篇什而味之所謂丹崎碧流者瞭
然在目令人僊僊焉神與境會則題咏又茲山

10194　武夷志畧四卷　（明）徐表然撰　明萬曆四十七年（1619）孫世昌刻本　寶訓堂跋　大連圖書館

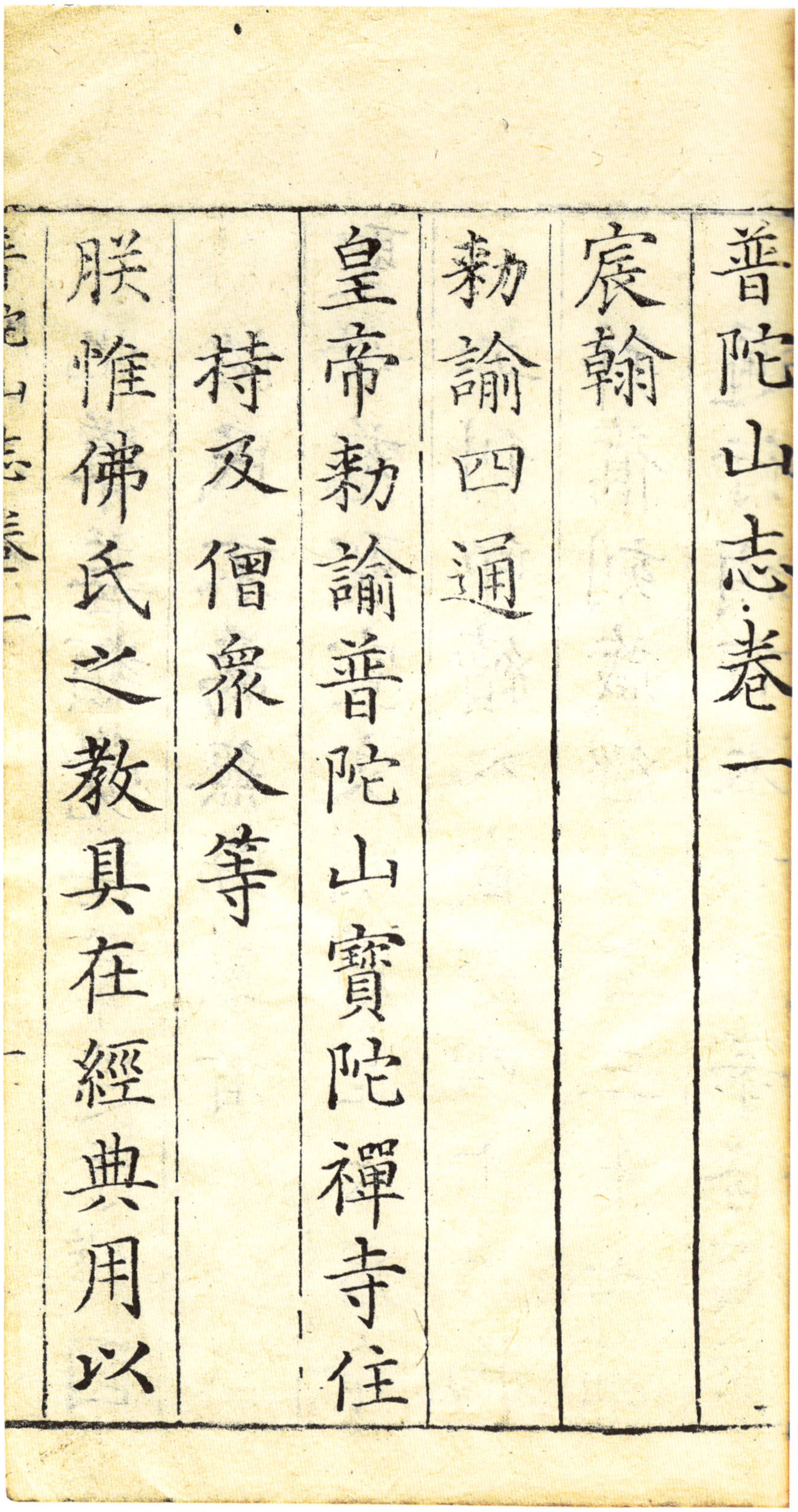
普陀山志卷一
宸翰
勅諭四通
皇帝勅諭普陀山寶陀禪寺住
持及僧衆人等
朕惟佛氏之教具在經典用以
普陀山志卷一　一

10195　普陀山志六卷　（明）周應賓纂　明萬曆三十五年（1607）張隨刻本
大連圖書館

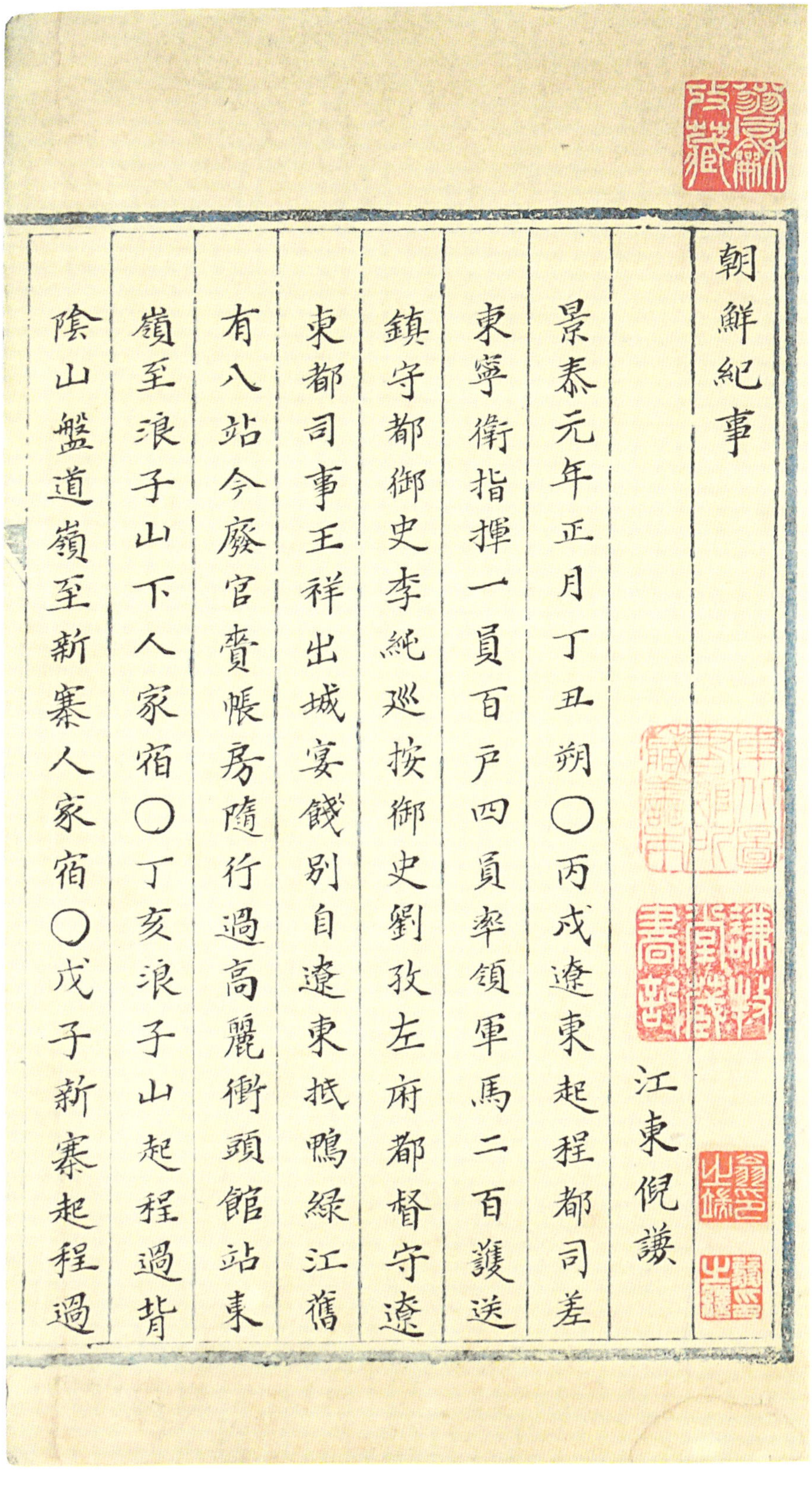

朝鮮紀事

江東倪謙

景泰元年正月丁丑朔〇丙戌遼東起程都司差
東寧衛指揮一員百戸四員率領軍馬二百護送
鎮守都御史李純巡按御史劉孜左府都督守遼
東都司事王祥出城宴餞别自遼東抵鴨緑江舊
有八站今廢官賫帳房隨行過高麗衙頭館站東
嶺至浪子山下人家宿〇丁亥浪子山起程過背
陰山盤道嶺至新寨人家宿〇戊子新寨起程過

10196　朝鮮紀事一卷　（明）倪謙撰　明抄本　遼寧省圖書館

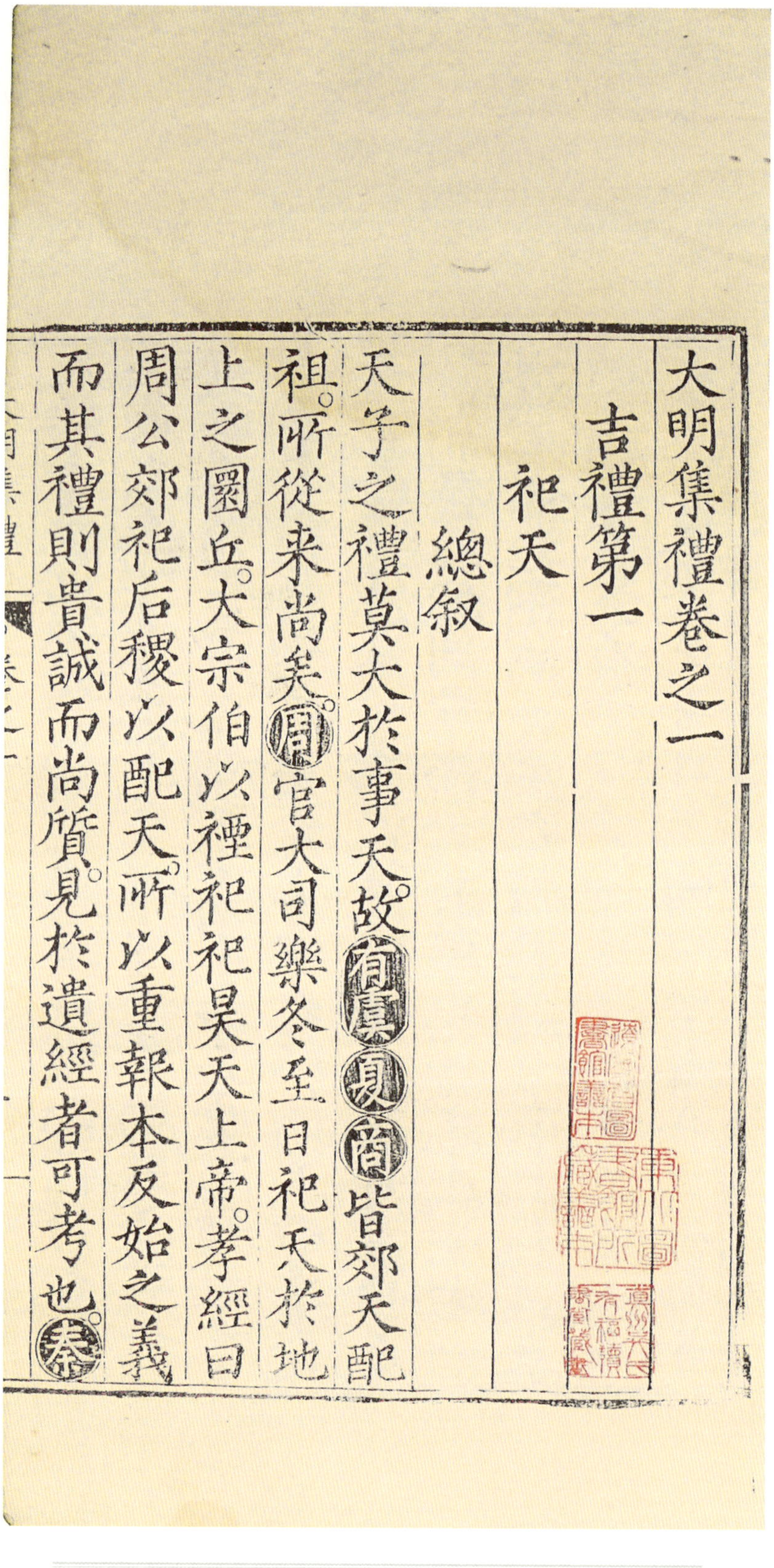
大明集禮卷之一

吉禮第一

祀天

總叙

天子之禮莫大於事天故有虞夏商皆郊天配祖。所從来尚矣。周官大司樂冬至日祀天於地上之圜丘。大宗伯以禋祀祀昊天上帝。孝經曰周公郊祀后稷以配天。所以重報本反始之義而其禮則貴誠而尚質。見於遺經者可考也。秦

10197　大明集禮五十三卷　（明）徐一夔　梁寅等撰　明嘉靖九年（1530）内府刻本　遼寧省圖書館

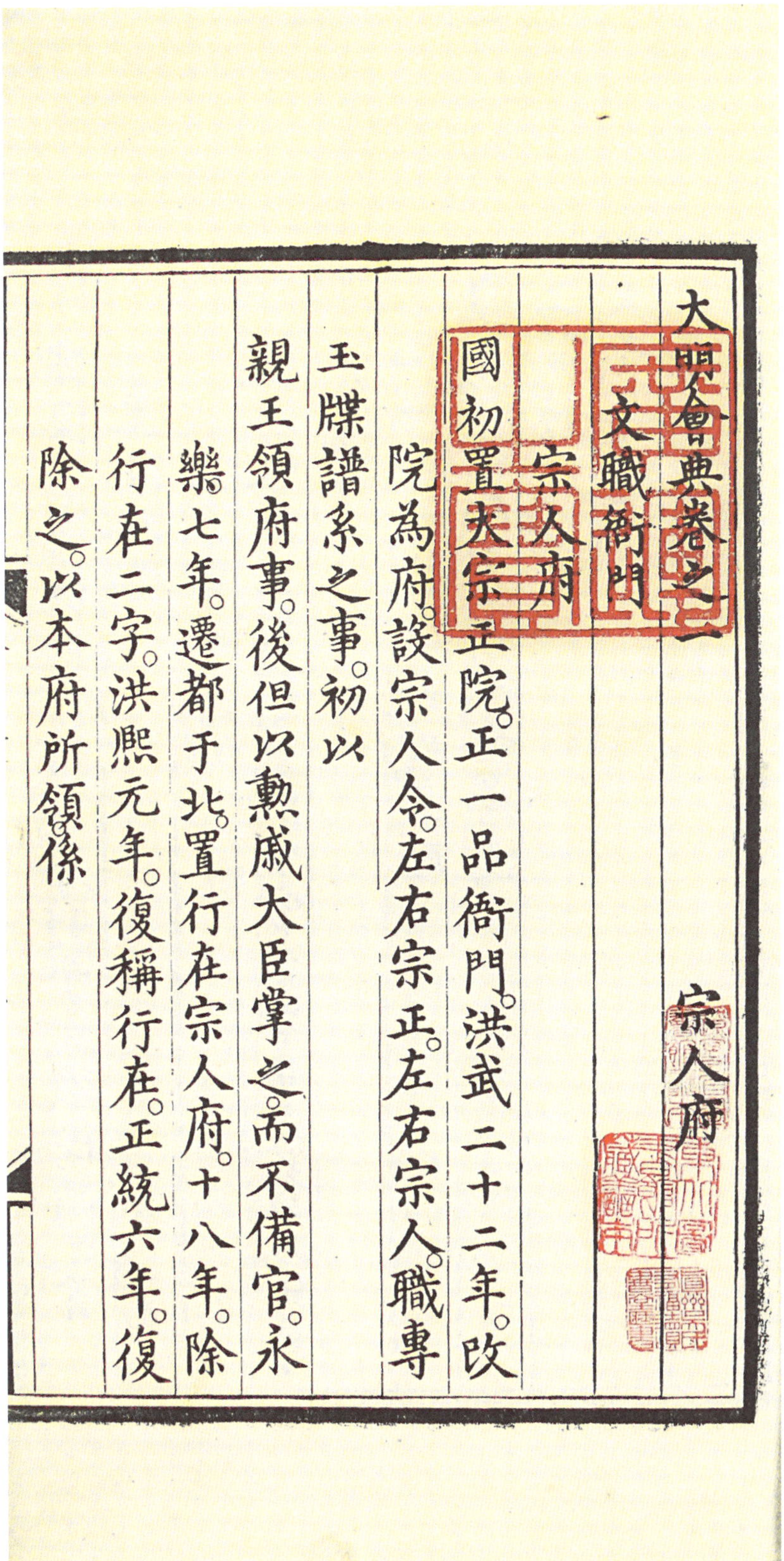
大明會典卷之一　宗人府
文職衙門
宗人府
國初置大宗正院。正一品衙門。洪武二十二年。改
院為府。設宗人令。左右宗正。左右宗人。職專
玉牒譜系之事。初以
親王領府事。後但以勳戚大臣掌之。而不備官。永
樂七年。遷都于北。置行在宗人府。十八年。除
行在二字。洪熙元年。復稱行在。正統六年。復
除之。以本府所領。係

10198　大明會典一百八十卷　（明）徐溥等纂修　明正德六年（1511）司禮監刻本　遼寧省圖書館

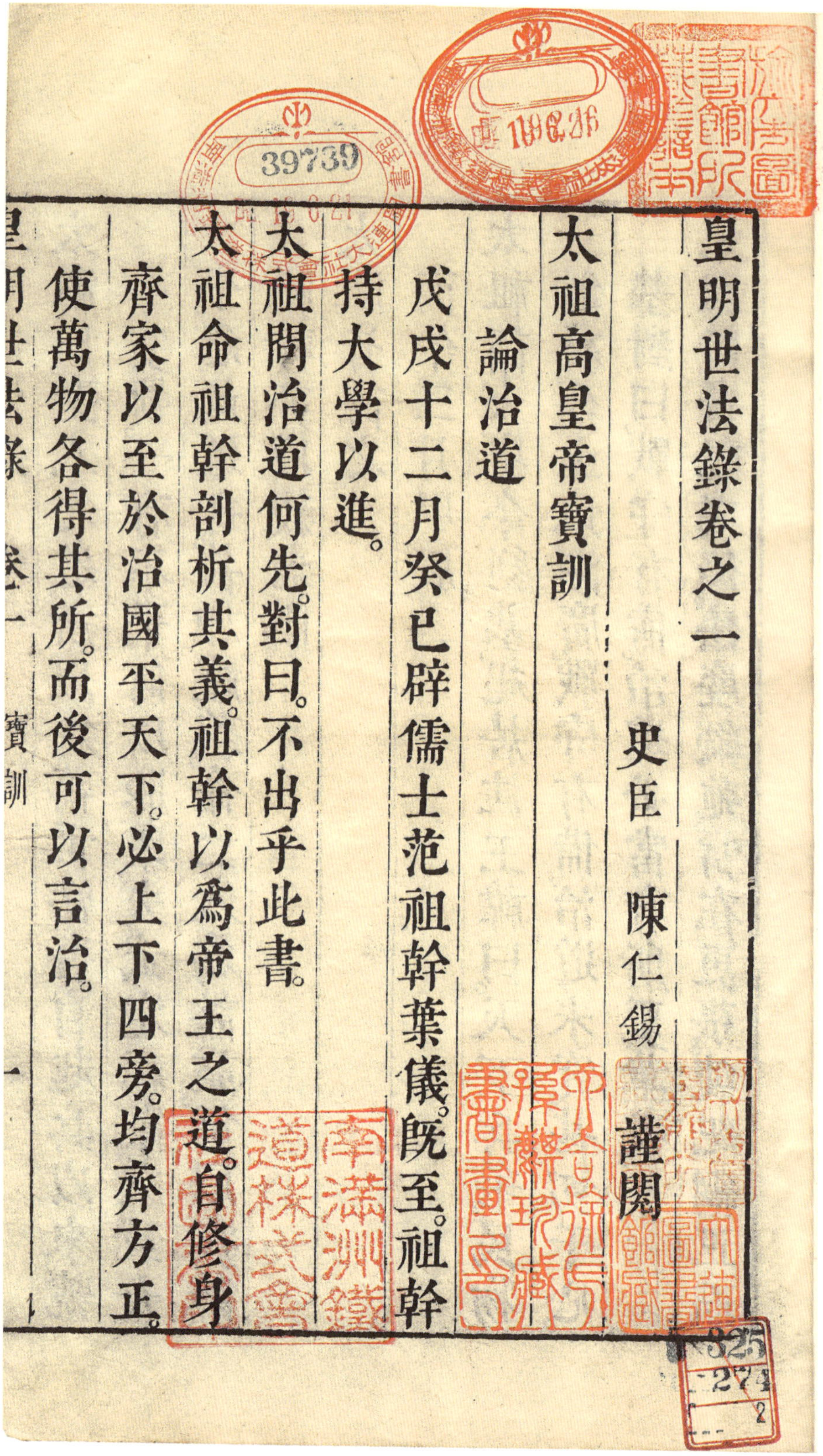
皇明世法錄卷之一
史臣 陳仁錫 謹閲
太祖高皇帝寶訓
論治道
戊戌十二月癸巳辟儒士范祖幹葉儀。既至。祖幹
持大學以進。
太祖問治道何先。對曰。不出乎此書。
太祖命祖幹剖析其義。祖幹以爲帝王之道。自修身
齊家以至於治國平天下。必上下四旁。均齊方正。
使萬物各得其所。而後可以言治。
皇明世法錄 卷一 寶訓 一

10199 皇明世法錄九十二卷 （明）陳仁錫撰 明崇禎刻本 大連圖書館

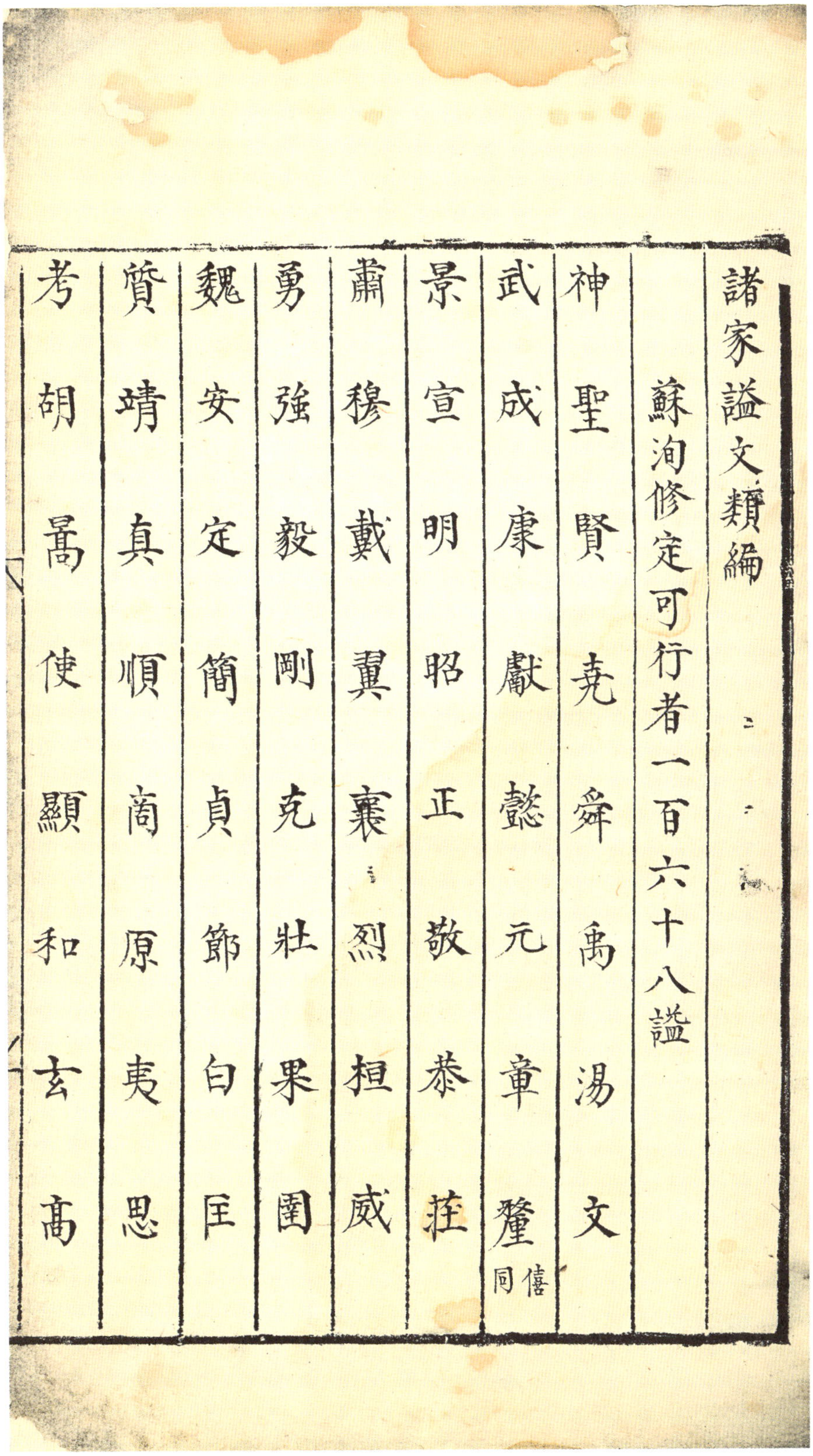

諸家謚文類編

蘇洵修定可行者一百六十八謚

神聖賢堯舜禹湯文

武成康獻懿元章釐僖同

景宣明昭正敬恭莊

肅穆戴翼襄烈桓威

勇強毅剛克壯果圉

魏安定簡貞節白匡

質靖真順商原夷思

考胡曷使顯和玄高

10200　諸家謚文類編不分卷　明抄本　大連圖書館

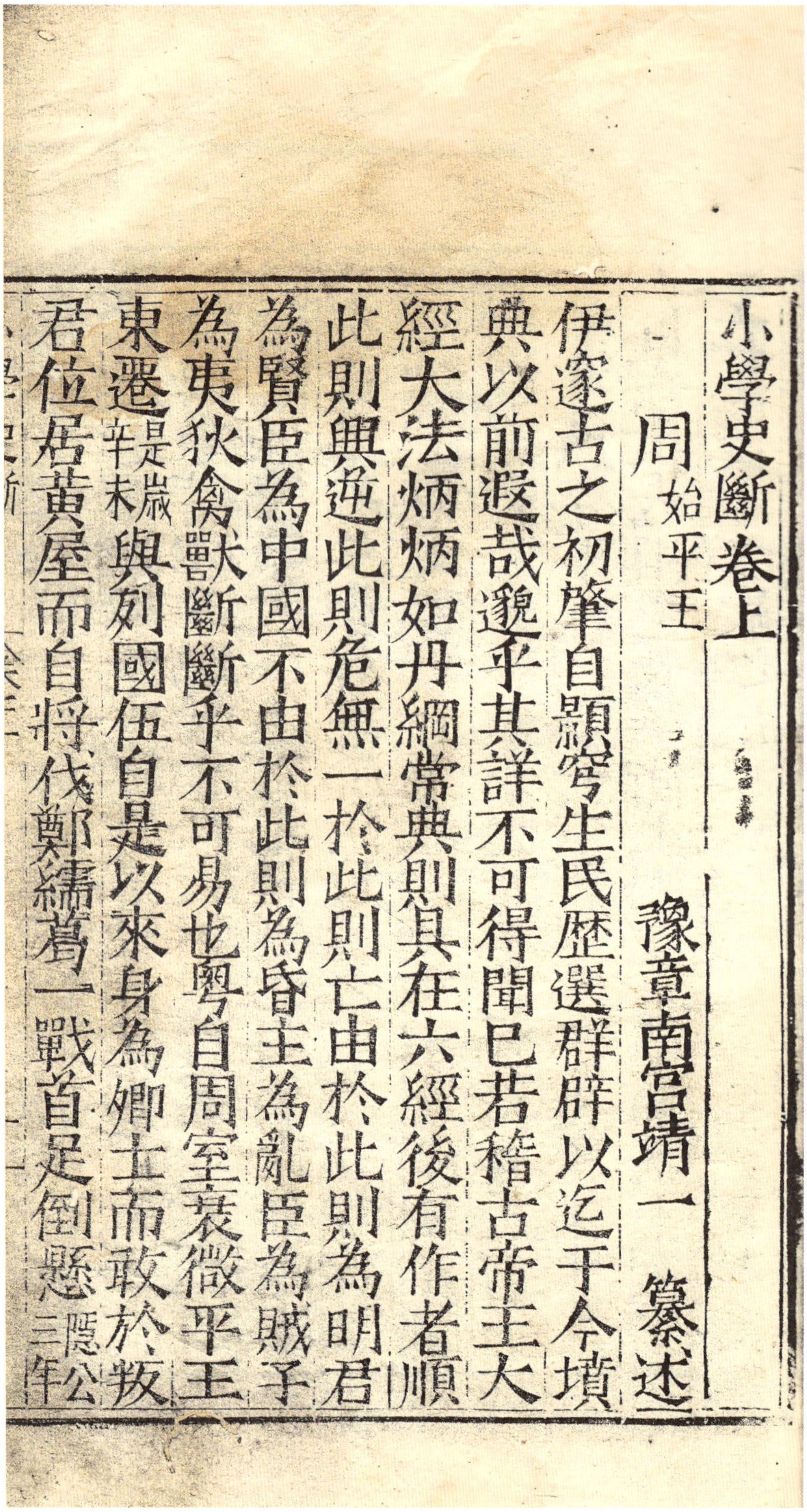
小學史斷卷上
周　始平王　　　豫章南宮靖一　纂述
伊邃古之初肇自顯穹生民歷選群辟以迄于今墳典以前遐哉邈乎其詳不可得聞已若稽古帝王大經大法炳炳如丹綱常典則具在六經後有作者順此則興逆此則危無一於此則亡由於此則為明君為賢臣為中國不由於此則為昏主為亂臣為賊子為夷狄禽獸斷斷乎不可易也粵自周室衰微平王東遷（是歲辛未）與列國伍自是以來身為卿士而敢於叛君位居黃屋而自將伐鄭繻葛一戰首足倒懸（隱公三年）

10203　小學史斷二卷　（宋）南宮靖一撰　（明）晏彦文續　明嘉靖十二年（1533）遼藩朱寵瀼刻本　大連圖書館

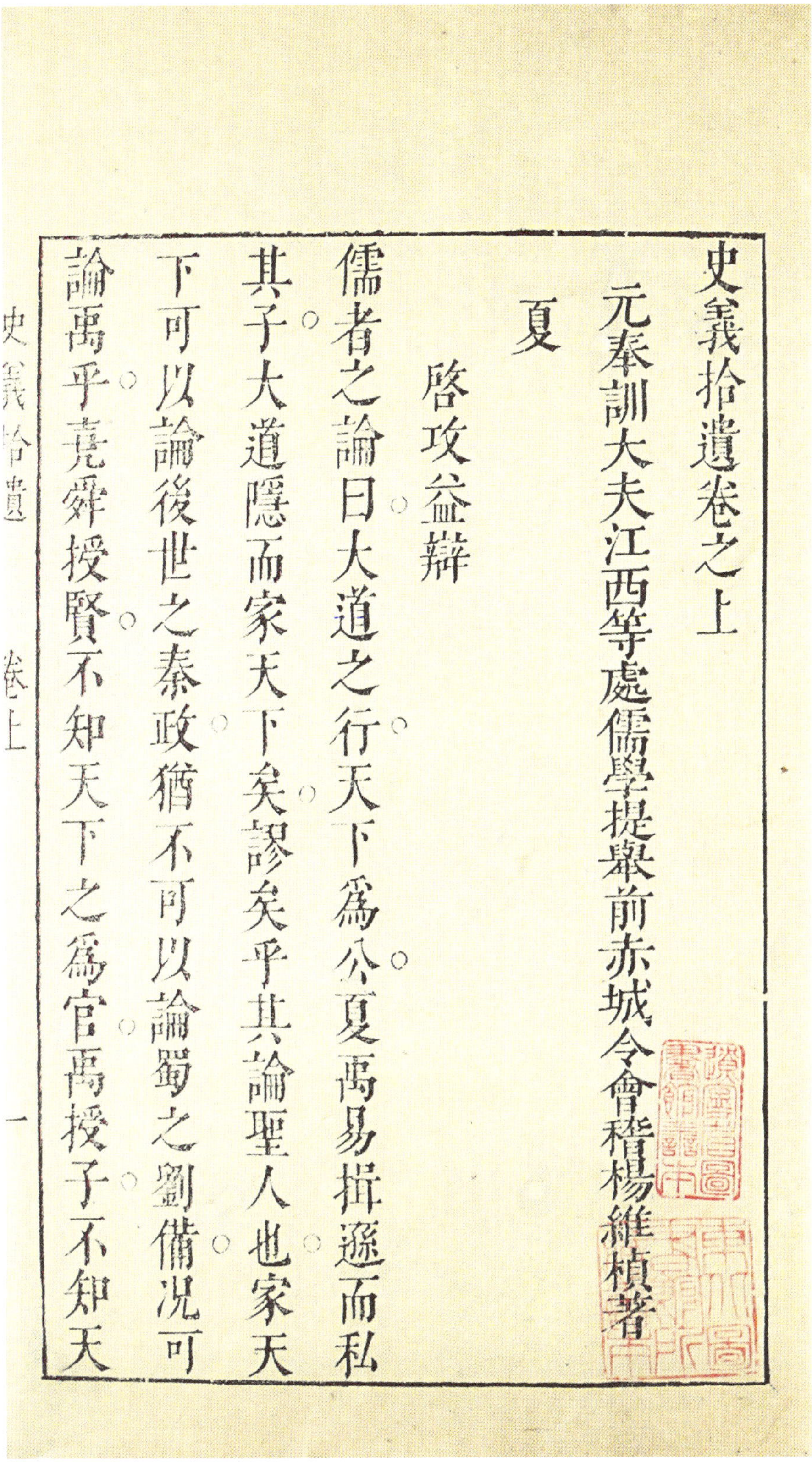

史義拾遺卷之上
元奉訓大夫江西等處儒學提舉前赤城令會稽楊維楨著
夏
啓攻益辯
儒者之論曰大道之行天下爲公夏禹易揖遜而私其子大道隱而家天下矣謬矣乎其論聖人也家天下可以論後世之秦政猶不可以論蜀之劉備況可論禹乎堯舜授賢不知天下之爲官禹授子不知天

史義拾遺　卷上　一

10204　史義拾遺二卷　（元）楊維楨撰　**左逸一卷短長一卷**　（明）蔣謹輯　明崇禎五年（1632）蔣世枋刻本　遼寧省圖書館

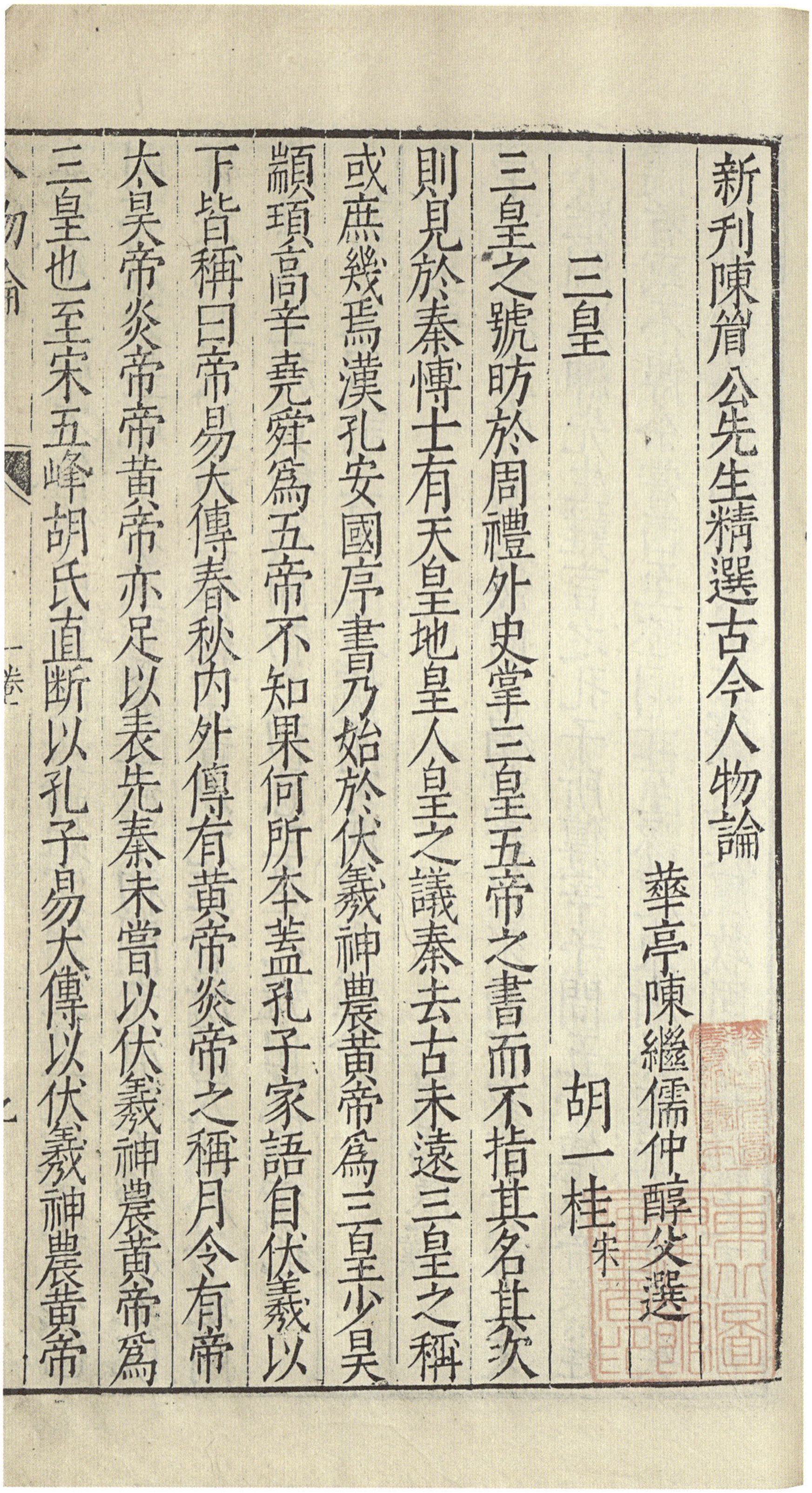

新刊陳眉公先生精選古今人物論

華亭陳繼儒仲醇父選

胡一桂 宋

三皇

三皇之號昉於周禮外史掌三皇五帝之書而不指其名其次則見於秦博士有天皇地皇人皇之議秦去古未遠三皇之稱或庶幾焉漢孔安國序書乃始於伏羲神農黄帝爲三皇少昊顓頊高辛堯舜爲五帝不知果何所本葢孔子家語自伏羲以下皆稱曰帝易大傳春秋内外傳有黄帝炎帝之稱月令有帝太昊帝炎帝帝黄帝亦足以表先秦未嘗以伏羲神農黄帝爲三皇也至宋五峰胡氏直斷以孔子易大傳以伏羲神農黄帝

人物論　卷一

10205　新刊陳眉公先生精選古今人物論三十六卷　（明）陳繼儒輯

明萬曆刻本　遼寧省圖書館

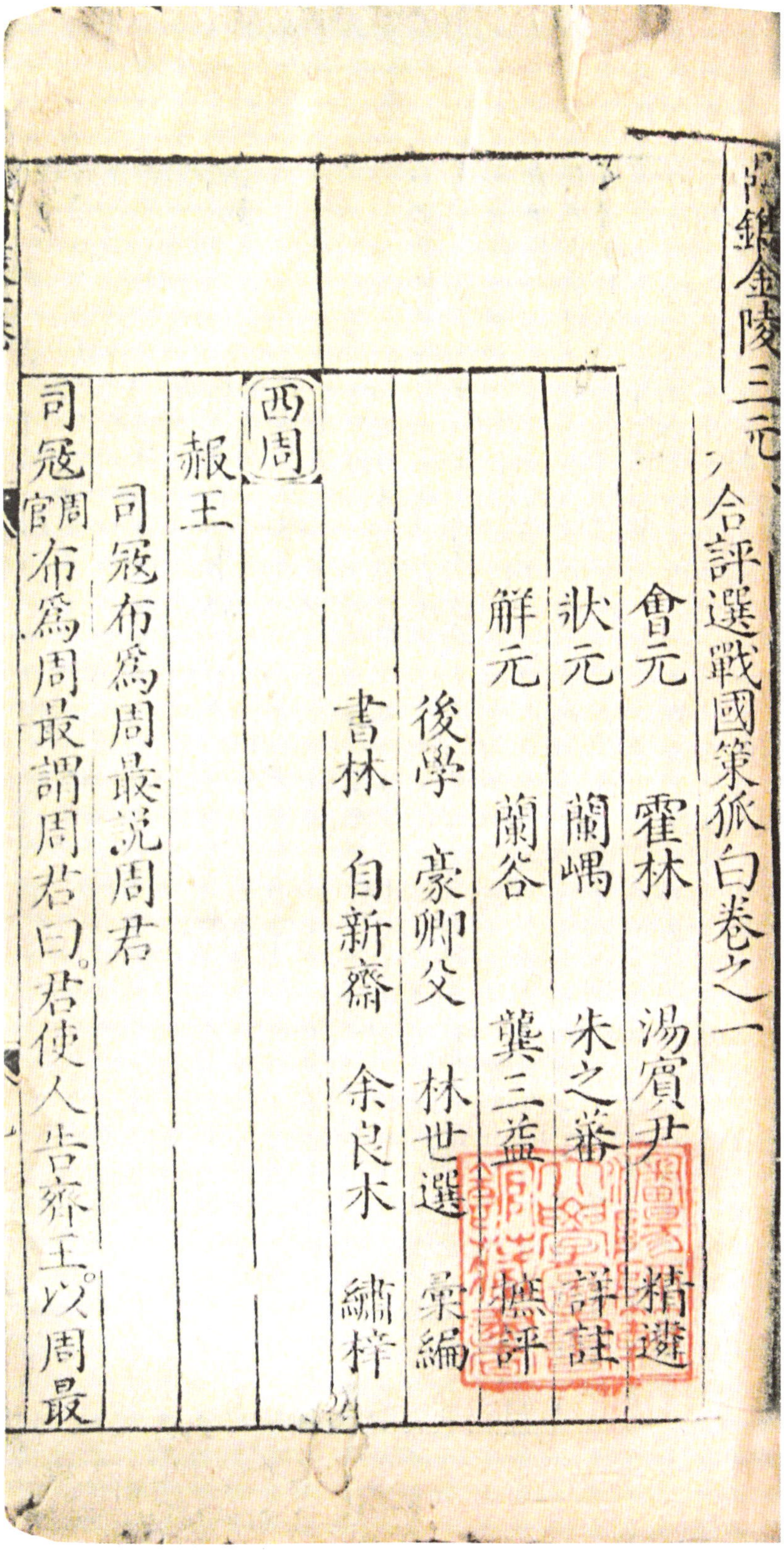

鼎鐫金陵三元合評選戰國策狐白卷之一

會元 霍林 湯賓尹 精選

狀元 蘭嵎 朱之蕃 詳註

解元 蘭谷 龔三益 評

後學 豪卿父 林世選 彙編

書林 自新齋 余良木 繡梓

西周

赧王

司寇布為周最說周君

司寇周官布為周最謂周君曰。君使人告齊王。以周最

10206 鼎鐫金陵三元合評選戰國策狐白四卷 （明）湯賓尹輯 （明）朱之蕃注 （明）龔三益評 （明）林世選彙編 明萬曆元年（1573）余氏自新齋刻本 瀋陽師範大學圖書館

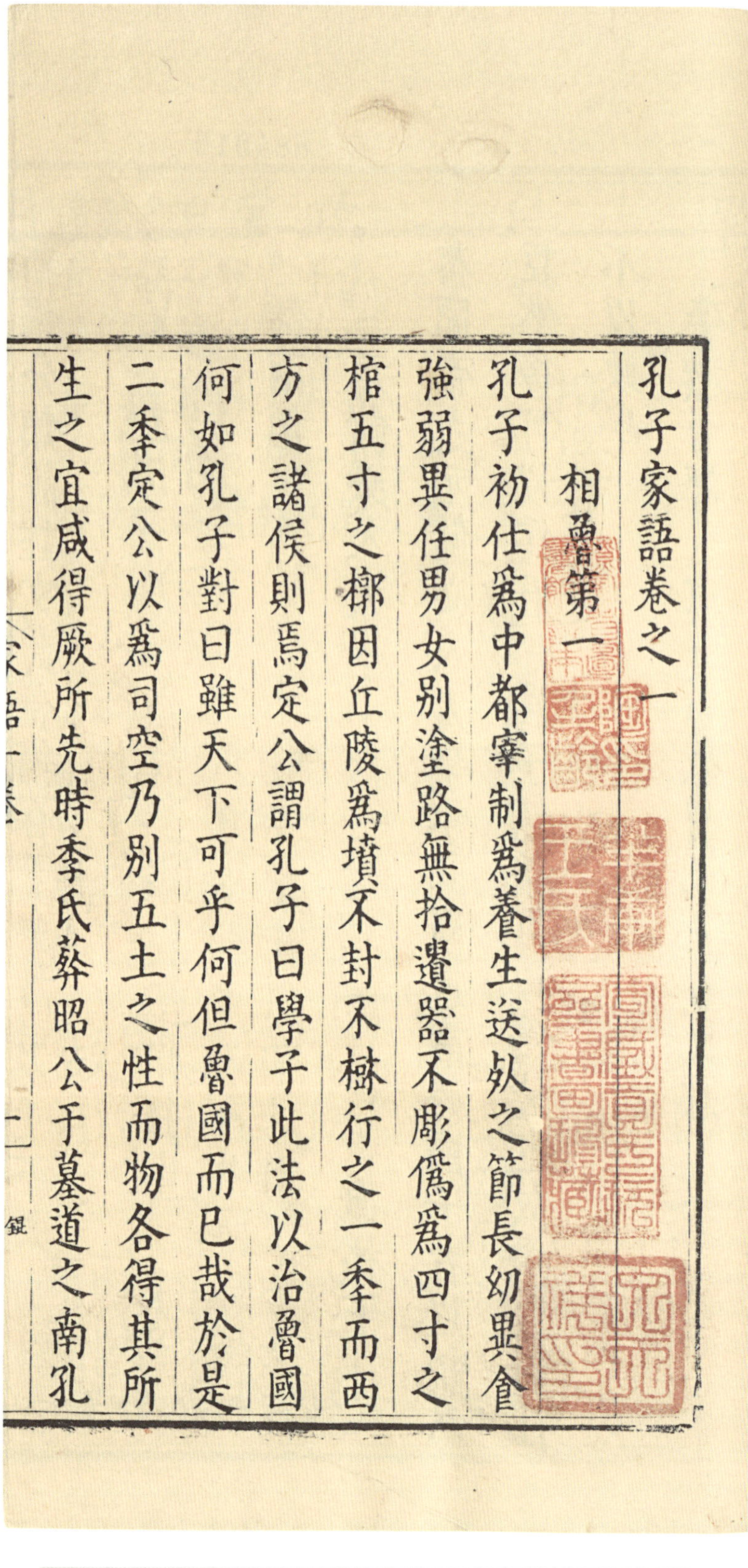

孔子家語卷之一

相魯第一

孔子初仕爲中都宰制爲養生送死之節長幼異食强弱異任男女別塗路無拾遺器不彫僞爲四寸之棺五寸之槨因丘陵爲墳不封不樹行之一季而西方之諸侯則焉定公謂孔子曰學子此法以治魯國何如孔子對曰雖天下可乎何但魯國而已哉於是二季定公以爲司空乃別五土之性而物各得其所生之宜咸得厥所先時季氏葬昭公于墓道之南孔

家語一卷　一

10209　孔子家語十卷　明刻本　遼寧省圖書館

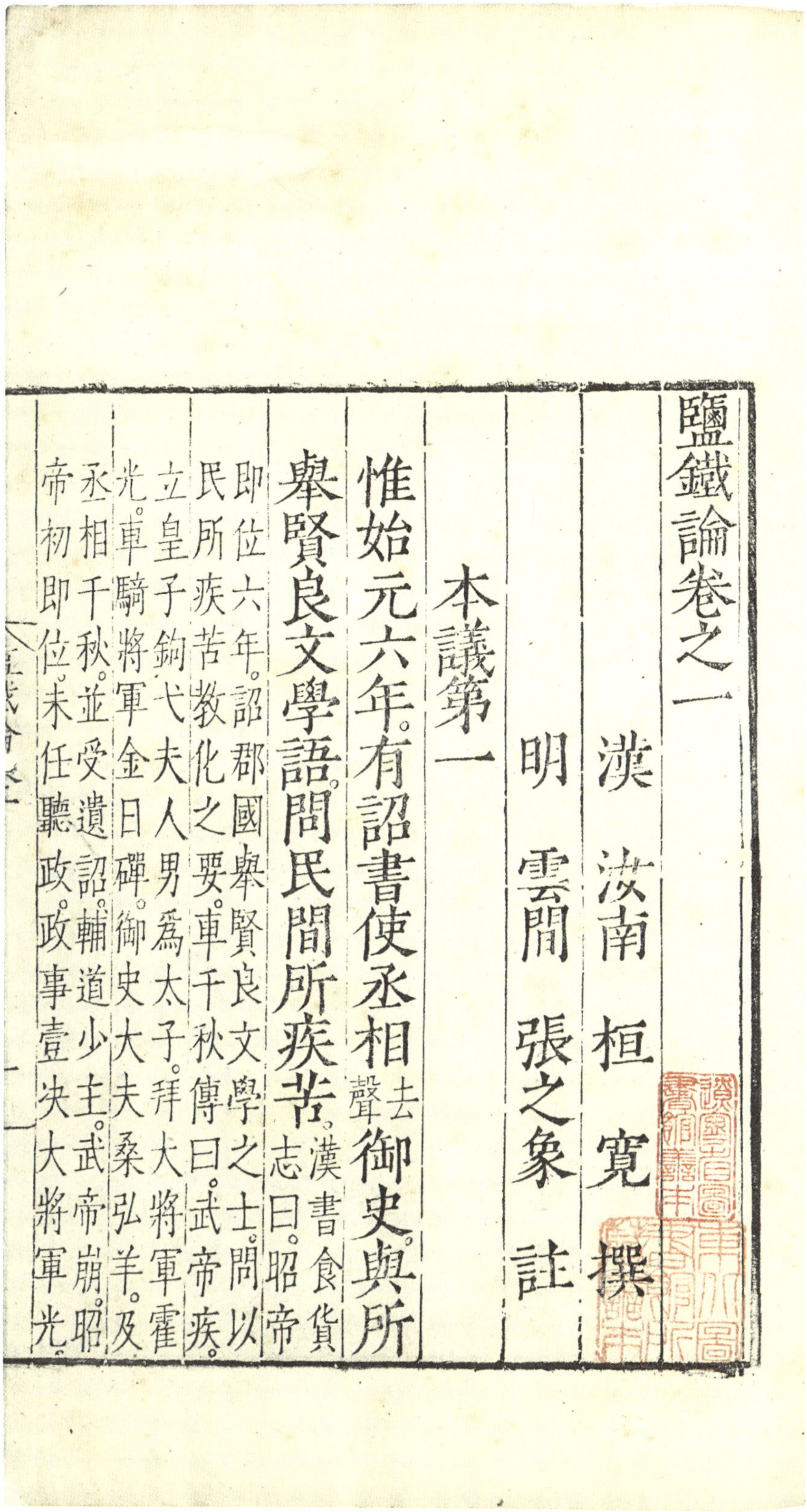
鹽鐵論卷之一
漢　汝南　桓寬　撰
明　雲間　張之象　註
本議第一
惟始元六年。有詔書使丞相去聲御史與所舉賢良文學語。問民間所疾苦。漢書食貨志曰。昭帝即位六年。詔郡國舉賢良文學之士。問以民所疾苦教化之要。車千秋傳曰。武帝疾。立皇子鉤弋夫人男爲太子。拜大將軍霍光。車騎將軍金日磾。御史大夫桑弘羊。及丞相千秋。並受遺詔。輔道少主。武帝崩。昭帝初即位。未任聽政。政事壹决大將軍光。

10210　鹽鐵論十二卷　（漢）桓寬撰　（明）張之象注　明嘉靖三十三年（1554）張氏猗蘭堂刻本　遼寧省圖書館

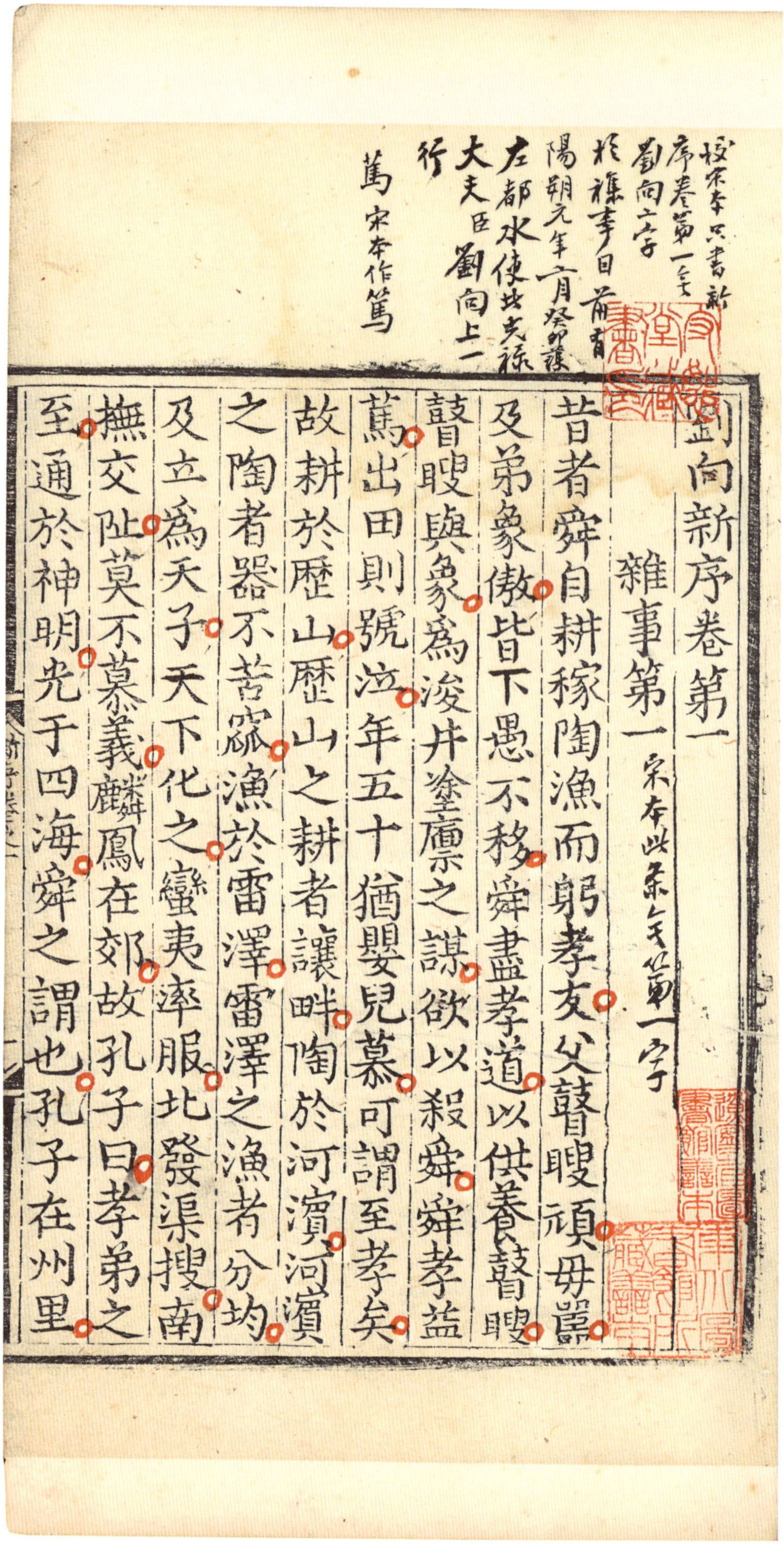

劉向新序卷第一

雜事第一　宋本以下无篇一字

昔者舜自耕稼陶漁而躬孝友父瞽瞍頑母嚚
及弟象傲皆下愚不移舜盡孝道以供養瞽瞍
瞽瞍與象為浚井塗廩之謀欲以殺舜舜孝益
蒸出田則號泣年五十猶嬰兒慕可謂至孝矣
故耕於歷山歷山之耕者讓畔陶於河濱河濱
之陶者器不苦窳漁於雷澤雷澤之漁者分均
及立為天子天下化之蠻夷率服北發渠搜南
撫交阯莫不慕義麟鳳在郊故孔子曰孝弟之
至通於神明光于四海舜之謂也孔子在州里

校宋本只書新
序卷第一至
劉向之學
林禄李曰前者
陽朔元年一月癸卯謹讓
左都水使出夫祿
大夫臣劉向上一
行
萬宋本作篤

10211　劉向新序十卷　（漢）劉向撰　明正統五年（1440）楚府正心書院刻
本　佚名批校題識　遼寧省圖書館
存七卷（一至五、九至十）

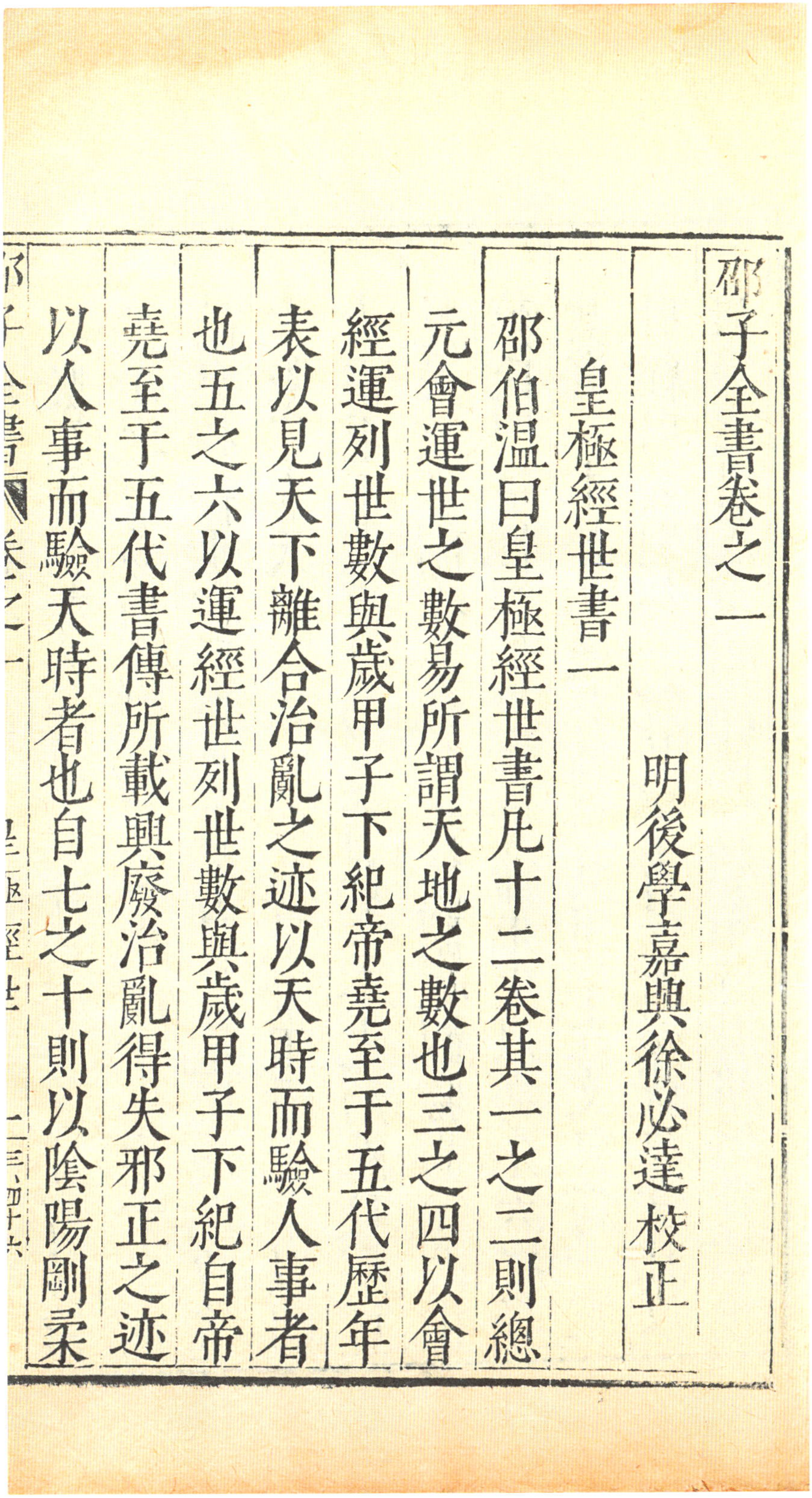

邵子全書卷之一

明後學嘉興徐必達校正

皇極經世書一

邵伯温曰皇極經世書凡十二卷其一之二則總元會運世之數易所謂天地之數也三之四以會經運列世數與歲甲子下紀帝堯至于五代歷年表以見天下離合治亂之迹以天時而驗人事者也五之六以運經世列世數與歲甲子下紀自帝堯至于五代書傳所載興廢治亂得失邪正之迹以人事而驗天時者也自七之十則以陰陽剛柔

邵子全書　卷之一　皇極經世

10212　邵子全書二十四卷　（宋）邵雍撰　（明）徐必達校正　明萬曆三十四年（1606）徐必達刻本　遼寧大學圖書館

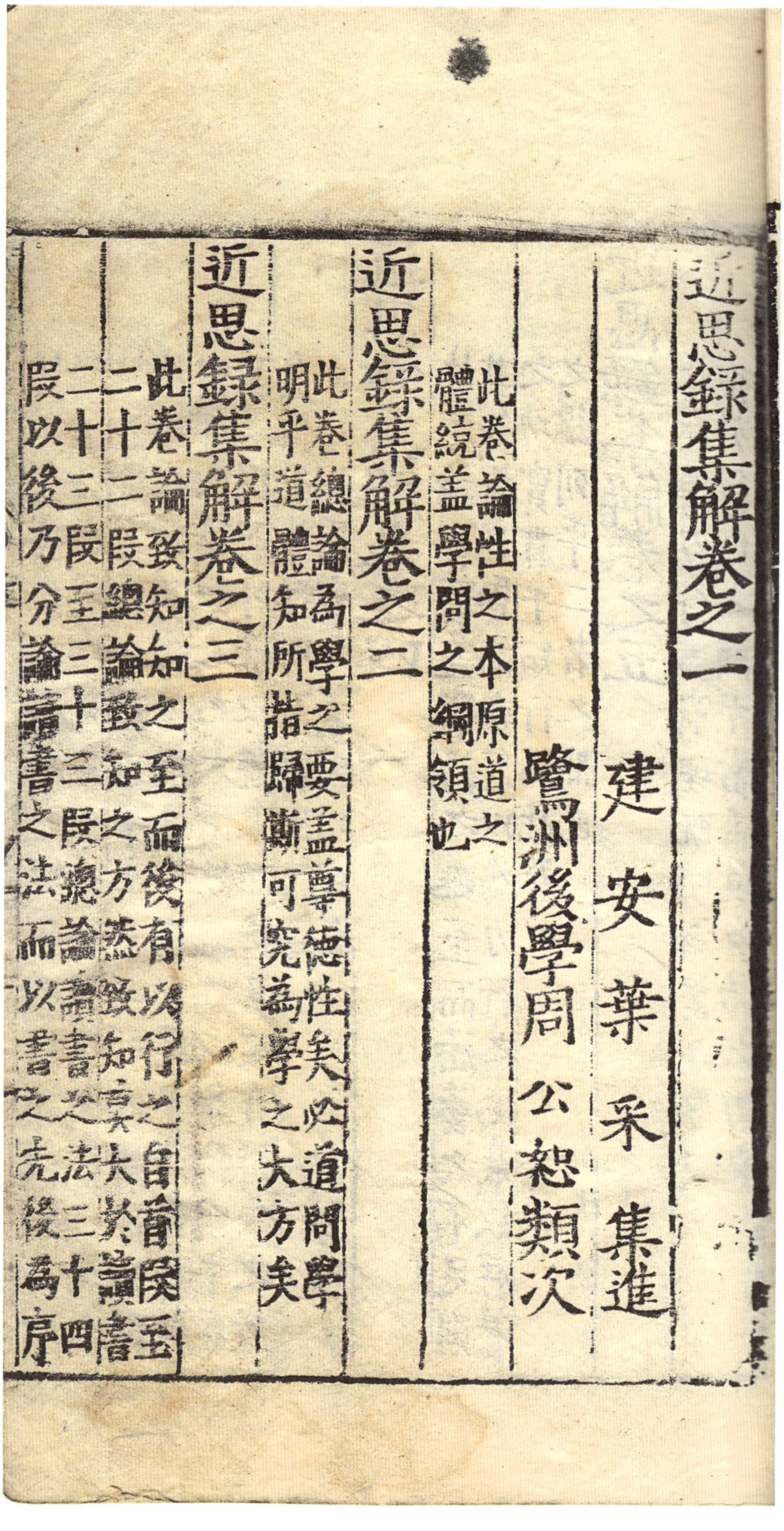
近思録集解卷之一
建安葉采集進
鷺洲後學周公恕類次
此卷論性之本原道之
體統盖學問之綱領也
近思録集解卷之二
此卷總論爲學之要盖尊德性矣必道問學
明乎道體知所指歸斯可究爲學之大方矣
近思録集解卷之三
此卷論致知知之至而後有以行之自首段至
二十一段總論致知之方然致知莫大於讀書
二十三段至三十三段總論讀書之法三十四
段以後乃分論讀書之法而以書之先後爲序

10213　近思録集解十四卷　（宋）葉采撰　明嘉靖十七年（1538）劉仕賢刻本　大連圖書館

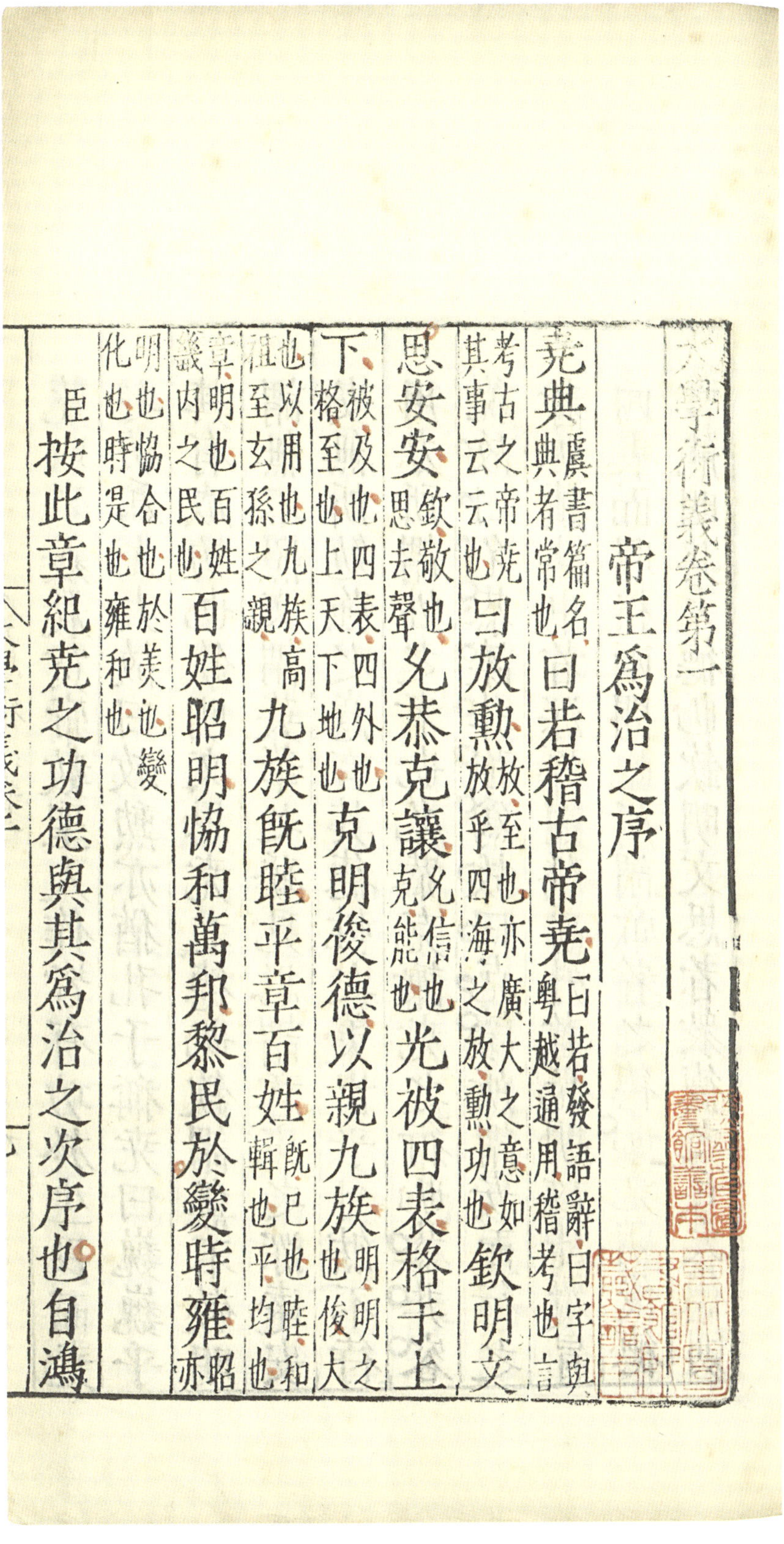
大學衍義卷第一
帝王爲治之序
堯典虞書篇名典者常也曰若稽古帝堯曰若發語辭曰字與粵越通用稽考也言
考古之帝堯其事云云也曰放勳放至也亦廣大之意如放乎四海之放勳功也欽明文
思安安欽敬也思去聲允恭克讓允信也克能也光被四表格于上
下被及也四表四外也格至也上天下地也克明俊德以親九族明明之也俊大
也以用也九族高祖至玄孫之親九族既睦平章百姓既已也睦和輯也平均也
章明也百姓畿內之民也百姓昭明協和萬邦黎民於變時雍昭亦
明也協合也於美也變化也時是也雍和也
臣按此章紀堯之功德與其爲治之次序也自鴻

10214　大學衍義四十三卷　（宋）真德秀撰　明嘉靖吉澄刻本　遼寧省圖書館

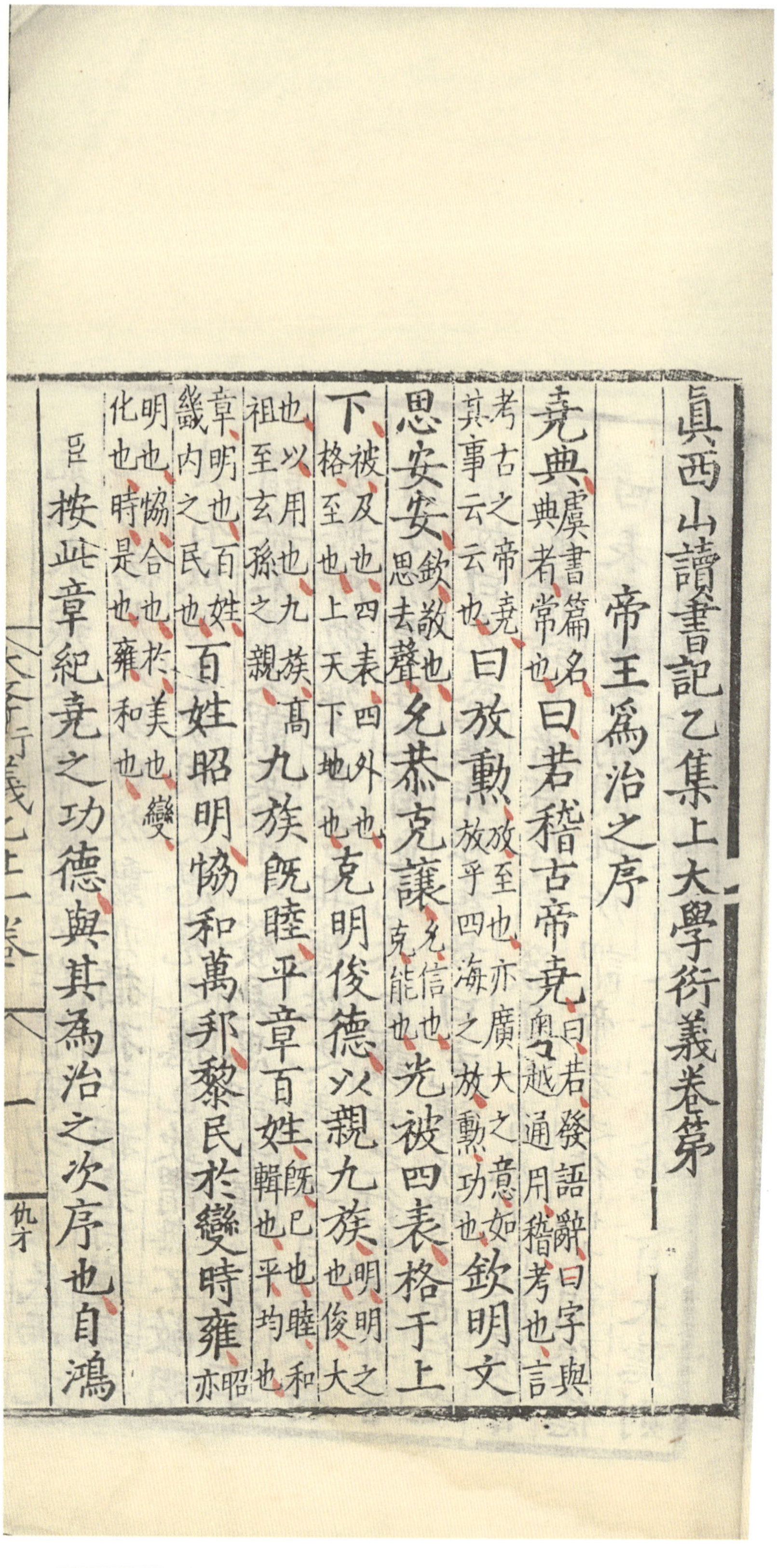
眞西山讀書記乙集上大學衍義卷第一
帝王爲治之序
堯典虞書篇名典者常也曰若稽古帝堯曰若發語辭曰字與粵越通用稽考也言考古之帝堯其事云云也曰放勳放至也亦廣大之意如放乎四海之放勳功也欽明文思安安欽敬也思去聲允恭克讓允信也克能也光被四表格于上下被及也四表四外也格至也上天下地也克明俊德以親九族明明之也俊大也以用也九族高祖至玄孫之親九族既睦平章百姓既已也睦和輯也平均也章明也百姓畿內之民也百姓昭明協和萬邦黎民於變時雍昭亦明也協合也於美也變化也時是也雍和也
臣按此章紀堯之功德與其爲治之次序也自鴻

10215　真西山讀書記乙集上大學衍義四十三卷　（宋）真德秀撰　明刻公文紙印本　大連圖書館

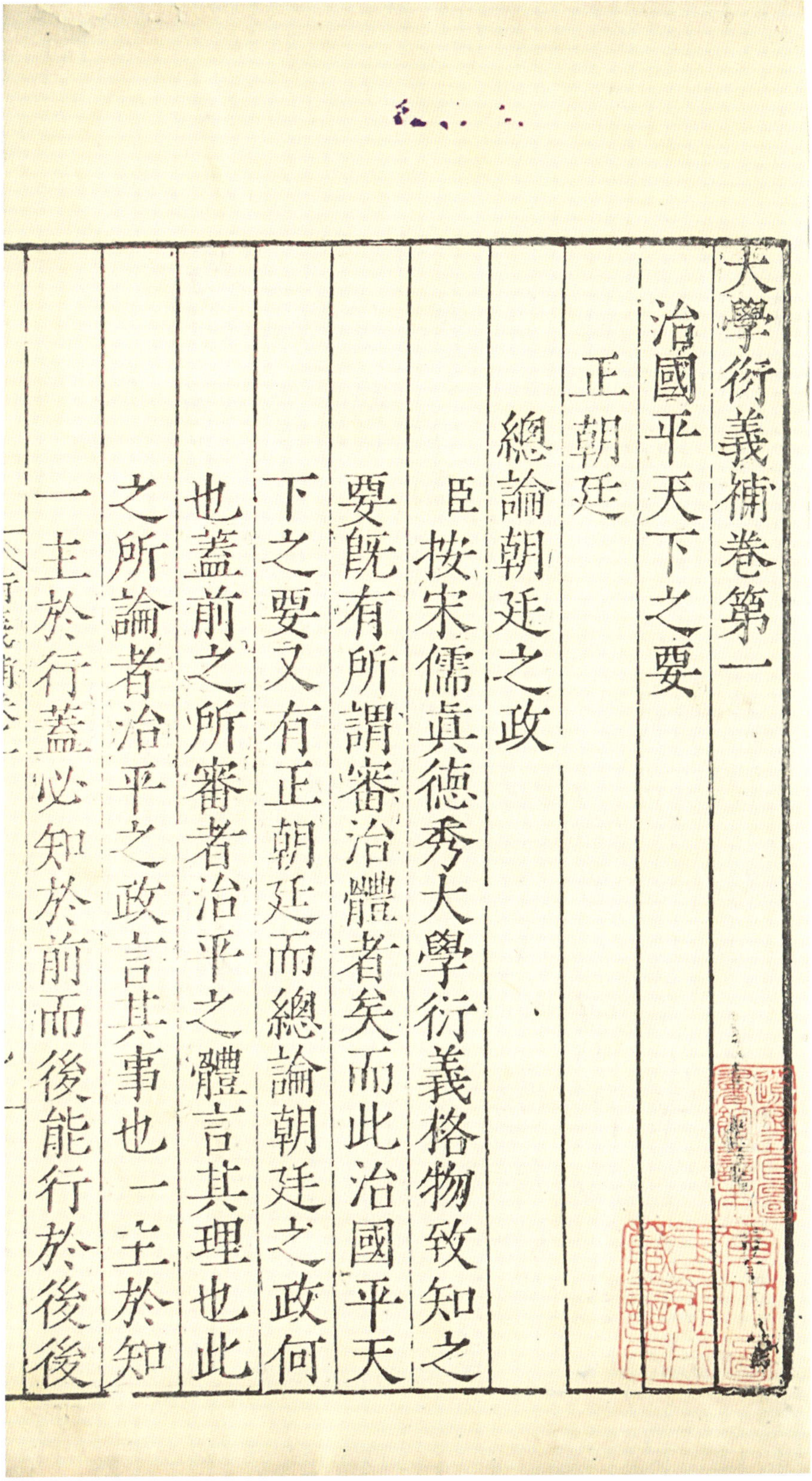

大學衍義補卷第一

治國平天下之要

正朝廷

總論朝廷之政

臣按宋儒真德秀大學衍義格物致知之要既有所謂審治體者矣而此治國平天下之要又有正朝廷而總論朝廷之政何也葢前之所審者治平之體言其理也此之所論者治平之政言其事也一主於知一主於行葢必知於前而後能行於後後

10216　大學衍義補一百六十卷首一卷　（明）丘濬撰　明嘉靖三十八年（1559）吉澄刻本　遼寧省圖書館

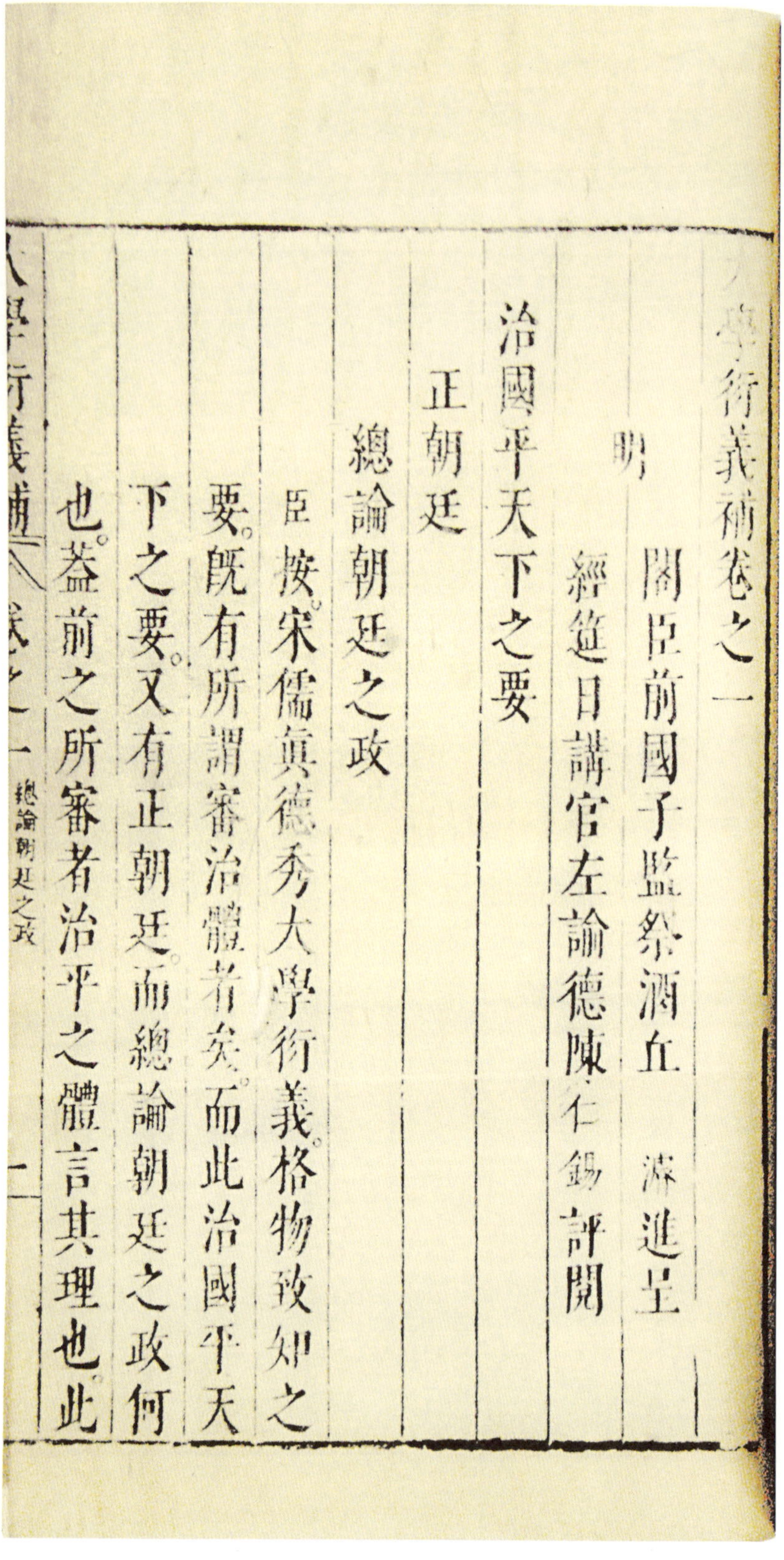

大學衍義補卷之一

明　閣臣前國子監祭酒丘　濬進呈
經筵日講官左諭德陳仁錫評閱

治國平天下之要
正朝廷
總論朝廷之政
臣按宋儒真德秀大學衍義格物致知之要。既有所謂審治體者矣。而此治國平天下之要。又有正朝廷而總論朝廷之政何也。蓋前之所審者治平之體言其理也。此

大學衍義補　卷之一　總論朝廷之政　一

10217　大學衍義補一百六十卷首一卷　（明）丘濬撰　明崇禎刻本　瀋陽市圖書館

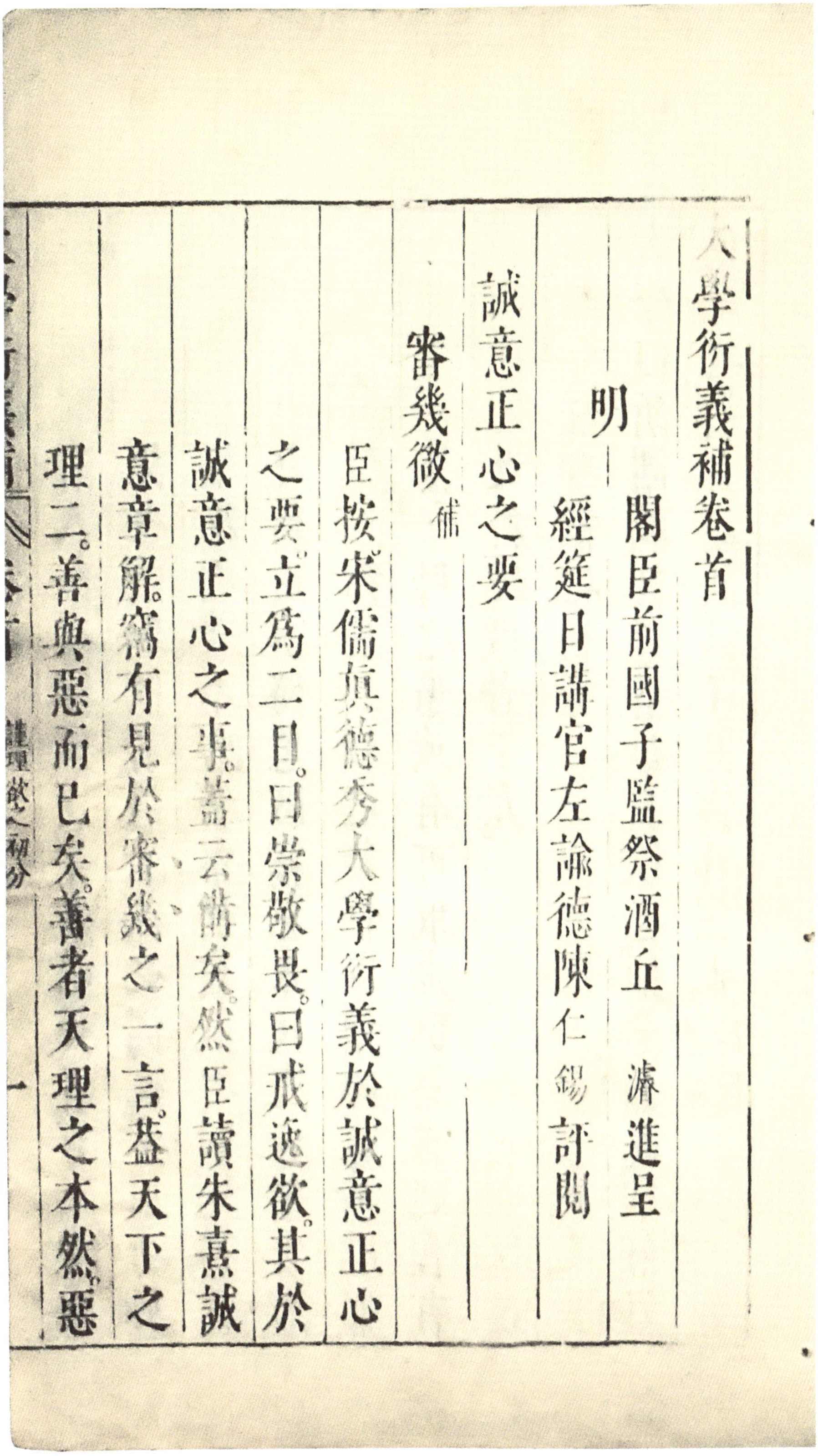
大學衍義補卷首

明　閣臣前國子監祭酒丘濬進呈
　經筵日講官左諭德陳仁錫評閱

誠意正心之要

審幾微補

臣按宋儒真德秀大學衍義於誠意正心之要立爲二目曰崇敬畏曰戒逸欲其於誠意正心之事蓋云備矣然臣讀朱熹誠意章解竊有見於審幾之一言蓋天下之理二善與惡而已矣善者天理之本然惡

大學衍義補　卷首　謹理欲之初分　一

10218　大學衍義補一百六十卷首一卷　（明）丘濬撰　明崇禎刻本　錦州市圖書館

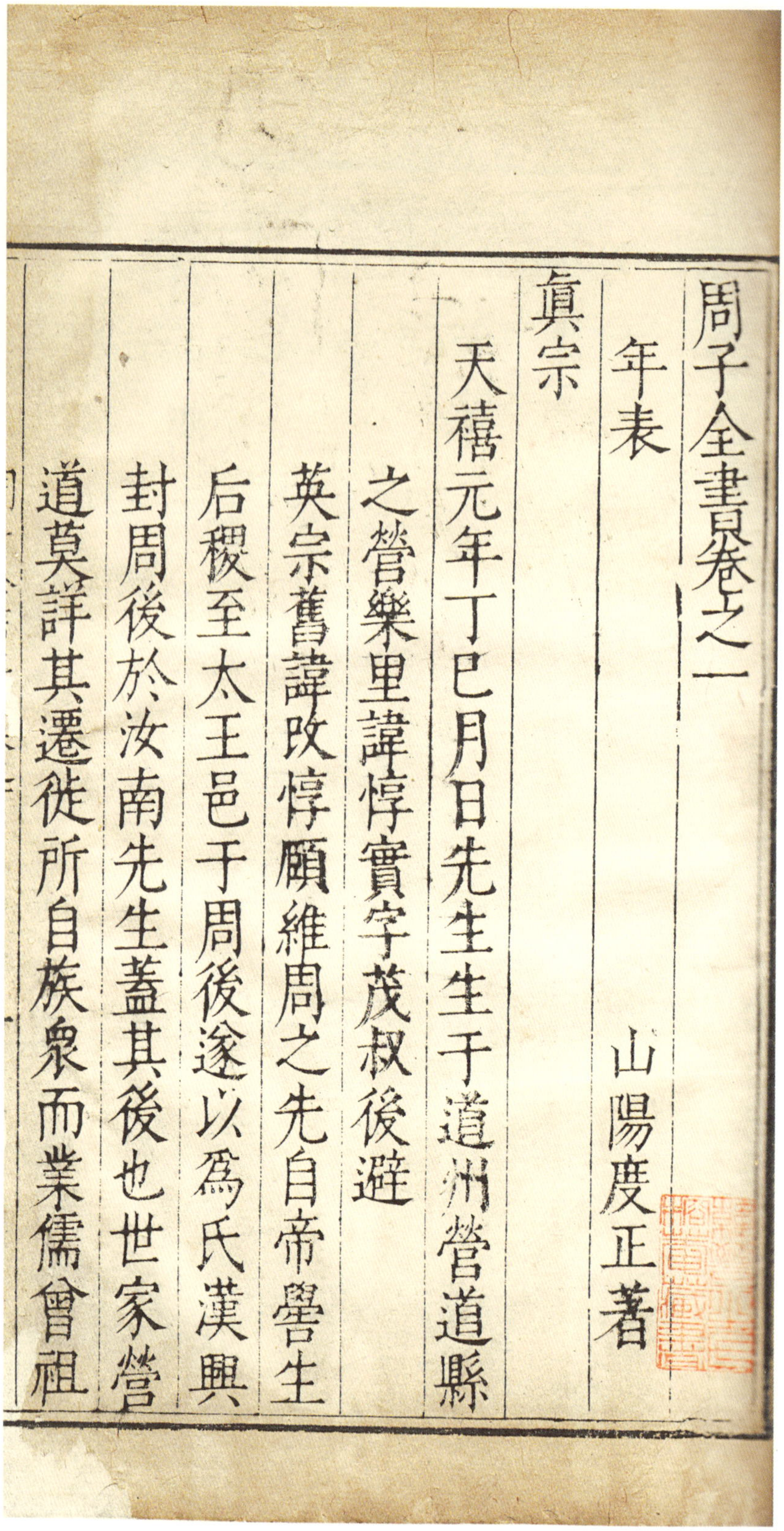

周子全書卷之一

年表

山陽度正著

眞宗

天禧元年丁巳月日先生生于道州營道縣
之營樂里諱惇實字茂叔後避
英宗舊諱改惇頤維周之先自帝嚳生
后稷至太王邑于周後遂以爲氏漢興
封周後於汝南先生蓋其後也世家營
道莫詳其遷徙所自族衆而業儒曾祖

10219　周子全書六卷　（宋）周敦頤撰　明萬曆二十四年（1596）張國璽刻本　大連圖書館